W9-CDD-346

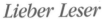

Lieber Leser

Im Jahre 1898 habe ich das Licht der Welt erblickt. So bin ich schon seit hundert Jahren als Bibendum Ihr treuer Wegbegleiter auf all Ihren Reisen und sorge für Ihre Sicherheit während der Fahrt und für Ihre Bequemlichkeit bei Ihren Aufenthalten in Hotels und Restaurants.

Es sind meine Erfahrungen und mein Know how, die alljährlich in den Roten Hotelführer einfliessen.

Um in dieser 35. Ausgabe gute Restaurants mit kleinen Preisen zu finden, hier mein Typ : folgen Sie meinem fröhlichen **"Bib Gourmand"** *Gesicht, es wird Ihnen den Weg zu zahlreichen Restaurants mir besonders günstigem Preis-/Leistungsverhältnis weisen!*

Ihre Kommentare sind uns jederzeit herzlich willkommen

Stets zu Diensten im Hinblick auf ein neues Jahrhundert voller Entdeckungen.

Mit freundlichen Grüssen *Bibendum*

Inhaltsverzeichnis

Blau umrandete Seiten
Einige Tips für Ihre Reifen

Wahl eines Hotels, eines Restaurants

Die Auswahl der in diesem Führer aufgeführten Hotels und Restaurants ist für Reisende gedacht. In jeder Kategorie drückt die Reihenfolge der Betriebe (sie sind nach ihrem Komfort klassifiziert) eine weitere Rangordnung aus.

Kategorien

🏨🏨🏨	XXXXX	*Großer Luxus und Tradition*
🏨🏨🏨	XXXX	*Großer Komfort*
🏨🏨	XXX	*Sehr komfortabel*
🏨	XX	*Mit gutem Komfort*
🏠	X	*Mit Standard-Komfort*
🏡		*Bürgerlich*
|M|		*Hotel mit moderner Einrichtung*
garni		*Hotel ohne Restaurant*
	mit Zim	*Restaurant vermietet auch Zimmer*

Annehmlichkeiten

Manche Häuser sind im Führer durch rote Symbole gekennzeichnet (s. unten.) Der Aufenthalt in diesen ist wegen der schönen, ruhigen Lage, der nicht alltäglichen Einrichtung und Atmosphäre sowie dem gebotenen Service besonders angenehm und erholsam.

🏨🏨🏨 bis 🏡		*Angenehme Hotels*
XXXXX bis X		*Angenehme Restaurants*
« Park »		*Besondere Annehmlichkeit*
	🖐	*Sehr ruhiges, oder abgelegenes und ruhiges Hotel*
	🖐	*Ruhiges Hotel*
← Rhein		*Reizvolle Aussicht*
	←	*Interessante oder weite Sicht*

Die Übersichtskarten S. 52 – S. 61, auf denen die Orte mit besonders angenehmen oder sehr ruhigen Häusern eingezeichnet sind, helfen Ihnen bei der Reisevorbereitung. Teilen Sie uns bitte nach der Reise Ihre Erfahrungen und Meinungen mit. Sie helfen uns damit, den Führer weiter zu verbessern.

Einrichtung

Die meisten der empfohlenen Hotels verfügen über Zimmer, die alle oder doch zum größten Teil mit Bad oder Dusche ausgestattet sind.
In den Häusern der Kategorien 🏨, 🏩 und ♤ können diese jedoch in einigen Zimmern fehlen.

30 Z	Anzahl der Zimmer
🛗	Fahrstuhl
🗎	Klimaanlage
TV	Fernsehen im Zimmer
🚭	Haus teilweise reserviert für Nichtraucher
☎	Zimmertelefon mit direkter Außenverbindung
📞	Modem-, Faxanschluß im Zimmer
🦽	Für Körperbehinderte leicht zugänglich
🧒	Spezielle Einrichtungen/Angebote für Kinder
🌳	Garten-, Terrassenrestaurant
🏊 🏊	Freibad, Hallenbad oder Thermalhallenbad
♨	Badeabteilung, Thermalkur
🛐 🏋 ⚒	Fitneßraum – Kneippabteilung – Sauna – Dampfbad
🏖 🎾	Strandbad – Liegewiese, Garten
🎾	Hoteleigener Tennisplatz
18 🐎	Golfplatz und Lochzahl – Reitpferde
🧗 150	Konferenzräume mit Höchstkapazität
🚗	Hotelgarage, überdachter Parkplatz (wird gewöhnlich berechnet)
Ⓟ	Parkplatz reserviert für Gäste
🐕	Hunde sind unerwünscht (im ganzen Haus bzw. in den Zimmern oder im Restaurant)
Fax	Telefonische Dokumentenübermittlung
Mai-Okt.	Öffnungszeit (Saisonhotel), vom Hotelier mitgeteilt
nur Saison	Unbestimmte Öffnungszeit eines Saisonhotels. Häuser ohne Angabe von Schließungszeiten sind ganzjährig geöffnet.

Küche

Die Sterne

*Einige Häuser verdienen wegen ihrer
überdurchschnittlich guten Küche Ihre besondere
Beachtung. Auf diese Häuser weisen die Sterne hin.
Bei den mit « Stern » ausgezeichneten Betrieben
nennen wir maximal drei kulinarische Spezialitäten,
die Sie probieren sollten.*

❀❀❀   **Eine der besten Küchen : eine Reise wert**
*Man ißt hier immer sehr gut, öfters auch
exzellent. Große Weine, tadelloser Service,
elegante Atmosphäre... entsprechende Preise.*

❀❀   **Eine hervorragende Küche : verdient einen Umweg**
Ausgesuchte Menus und Weine... angemessene Preise.

❀   **Eine sehr gute Küche : verdient Ihre besondere
Beachtung**
*Der Stern bedeutet eine angenehme Unterbrechung
Ihrer Reise.
Vergleichen Sie aber bitte nicht den Stern
eines sehr teuren Luxusrestaurants mit dem Stern
eines kleineren oder mittleren Hauses, wo man Ihnen
zu einem annehmbaren Preis eine ebenfalls
vorzügliche Mahlzeit reicht.*

Der "Bib Gourmand"

Sorgfältig zubereitete, preiswerte Mahlzeiten
*Für Sie wird es interessant sein, auch solche Häuser
kennenzulernen, die eine sehr gute, vorzugsweise
regionale Küche zu einem besonders günstigen
Preis/Leistungs-Verhältnis bieten.
Im Text sind die betreffenden Restaurants durch das rote
Symbol 🅰 "Bib Gourmand" und* Menu *kenntlich gemacht,
z. B* Menu 30/45.

*Siehe Karte der Sterne ❀❀❀, ❀❀, ❀
und "Bib Gourmand" 🅰 S. 52 bis S. 61.
Siehe auch ◉ nächste Seite.*
Biere und Weine : siehe S. 62, 64 bis 66

Preise

*Die in diesem Führer genannten Preise wurden
uns im Sommer 1997 angegeben, es sind* **Hoch-
saisonpreise.** *Sie können sich mit den Preisen
von Waren und Dienstleistungen ändern.
Sie enthalten Bedienung und MWSt.
Es sind Inklusivpreise, die sich nur noch durch
die evtl. zu zahlende Kurtaxe erhöhen können.*

*Erfahrungsgemäß werden bei größeren
Veranstaltungen, Messen und Ausstellungen
(siehe Seiten am Ende des Führers) in vielen Städten
und deren Umgebung erhöhte Preise verlangt.*

*Die Namen der Hotels und Restaurants, die ihre
Preise genannt haben, sind* **fettgedruckt.** *Gleichzeitig
haben sich diese Häuser verpflichtet, die von den
Hoteliers selbst angegebenen Preise den Benutzern
des Michelin-Führers zu berechnen.*

*Halten Sie beim Betreten des Hotels den Führer
in der Hand. Sie zeigen damit, daß Sie aufgrund
dieser Empfehlung gekommen sind.*

Mahlzeiten

⊜   **Mahlzeiten** *(3-gängig)* **unter** 25 DM

Feste Menupreise :

Menu 25/65   *Mindestpreis* 25 DM, *Höchstpreis* 65 DM

Mahlzeiten « à la carte »

Menu à la carte 44/82   *Der erste Preis entspricht einer einfachen Mahlzeit
und umfaßt Suppe, Hauptgericht, Dessert. Der zweite
Preis entspricht einer reichlicheren Mahlzeit
(mit Spezialität) bestehend aus: Vorspeise, Hauptgericht,
Käse oder Dessert.*

⌕   *Preiswerte offene Weine*

8

Zimmer

Z 80/210

Mindestpreis 80 DM *für ein Einzelzimmer,*
Höchstpreis 210 DM *für ein Doppelzimmer inkl.*
Frühstück.

Suiten und Junior suiten

Preise auf Anfrage

Halbpension

1/2 P 20/40

Aufschlag zum Zimmer preis für Halbpension
pro Person und Tag während der Hauptsaison.
Es ist ratsam, sich beim Hotelier vor der Anreise
nach den genauen Bedingungen zu erkundigen.

Anzahlung

Einige Hoteliers verlangen eine Anzahlung.
Diese ist als Garantie sowohl für den Hotelier
als auch für den Gast anzusehen.
Es ist ratsam, sich beim Hotelier nach den genauen
Bedingungen und Preisen zu erkundigen.

Kreditkarten

AE ⓪ E (⑧) VISA JCB

Vom Haus akzeptierte Kreditkarten
American Express, Diner's Club, Eurocard (Mastercard),
Visa, Japan Credit Bureau

Städte

In alphabetischer Reihenfolge
(ä = ae, ö = oe, ü = ue, ß = ss)

78267 Aach	*Postleitzahl und Name des Verteilerpostamtes*
L	*Landeshauptstadt*
413 R 20	*Nummer der Michelin-Karte mit Koordinaten bzw.*
987 ③	*Faltseite*
24 000 Ew.	*Einwohnerzahl*
Höhe 175 m	*Höhe*
Heilbad	
Kneippkurort	
Heilklimatischer	
Kurort-Luftkurort	*Art des Ortes*
Seebad	
Erholungsort	
Wintersport	
800/1 000 m	*Höhe des Wintersportgeländes und Maximal-Höhe, die mit Kabinenbahn oder Lift erreicht werden kann*
🚠 2	*Anzahl der Kabinenbahnen*
🎿 4	*Anzahl der Schlepp- oder Sessellifts*
🏃 4	*Anzahl der Langlaufloipen*
AX A	*Markierung auf dem Stadtplan*
❋ ⩿	*Rundblick, Aussichtspunkt*
⛳18	*Golfplatz mit Lochzahl*
✈	*Flughafen*
🚗	*Ladestelle für Autoreisezüge – Nähere Auskünfte bei allen Fahrkartenausgaben*
⛴ ⛴	*Autofähre, Personenfähre*
🛈	*Informationsstelle*
ADAC	*Allgemeiner Deutscher Automobilclub (mit Angabe der Geschäftsstelle)*

Sehenswürdigkeiten

Bewertung

★★★   *Eine Reise wert*
★★   *Verdient einen Umweg*
★   *Sehenswert*

Lage

Sehenswert   *In der Stadt*
Ausflugsziel   *In der Umgebung der Stadt*
N, S, O, W   *Im Norden (N), Süden (S), Osten (O), Westen (W)*
   der Stadt.
über ①, ④   *Zu erreichen über die Ausfallstraße ① bzw. ④,*
   die auf dem Stadtplan und der Michelin-Karte
   identisch gekennzeichnet sind
6 km   *Entfernung in Kilometern*

Reiseinformationen

Deutsche Zentrale für Tourismus (DZT)
Beethovenstr. 69, 60325 Frankfurt, ℰ (069) 97 46 40,
Fax 751903.

Allgemeine Deutsche Zimmerreservierung (ADZ)
Corneliusstr. 34, 60325 Frankfurt, ℰ (069) 74 07 67,
Fax 751056.

ADAC : *Adressen im jeweiligen Ortstext*
Notruf (Ortstarif, bundeseinheitlich)
ℰ (01802) 22 22 22.

AvD : *Lyoner Str. 16, 60528 Frankfurt – Niederrad,*
ℰ (069) 6 60 60, Fax 6606789, Notruf
(gebührenfrei) ℰ 0130-99 09.

ACE : *Schmidener Str. 233, 70374 Stuttgart,*
ℰ 0180-533 66 77, Fax 0180-533 66 78, Notruf :
ℰ 0180-234 35 36.

Umgebungskarten

Denken Sie daran sie zu benutzen

Die Umgebungskarte erleichtert Ihnen die Suche nach einem Hotel oder Restaurant in der Nähe einer größeren Stadt.

Wenn Sie zum Beispiel eine gute Adresse in der Nähe von München suchen, gibt Ihnen die Umgebungskarte schnell einen Überblick über alle Orte, die in diesem Führer erwähnt sind.

Innerhalb der in Kontrastfarbe gedruckten Grenze liegen die Orte, die in einem Zeitraum von 30 Minuten mit dem Auto zu erreichen sind...

Anmerkung :

Alle Orte die auf einer Nachbarschaftskarte verzeichnet sind haben im Ortsblock einen Hinweis. Der entsprechende Ortsname ist in diesem Falle in den Entfernungsangaben in „BLAU" gedruckt.

Beispiel :

Sie fiden FREISING auf der Umgebungskarte von München

FREISING Bayern **419 420** U 19, 42400 Ew – Höhe 448 m

Sehenswert : Domberg★ – Dom★ (Chorgestühl★, Benediktuskapelle★)

🛈 Fremdenverkehrsamt, Marienplatz 7, ⊠ 85354, 𝒸 (08161) 5 41 22, Fax (08161) 54231

Berlin 564 – München 34 – Ingolstadt 56 – Landshut 36 – Nürnberg 144

● Ort mit mindestens je einem empfohlenen Hotel und Restaurant
● Ort mit mindestens je einem empfohlenen Restaurant
□ Ort mit mindestens einem empfohlenen Hotel garni

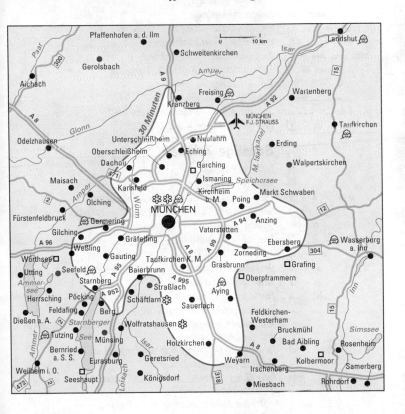

*Die Umgebungs-
karten sind im
Kartenteil am
Ende des Buches
eingezeichnet.*

Stadtpläne

□ ●   *Hotels*
■ ●   *Restaurants*

Sehenswürdigkeiten _____

Sehenswertes Gebäude mit Haupteingang
Sehenswerter Sakralbau
Kathedrale, Kirche oder Kapelle

Straßen _____

Autobahn, Schnellstraße
❶   ❶   *Nummern der Anschlußstellen : Autobahnein –*
und/oder –ausfahrt
Hauptverkehrsstraße
← ◄ ⁛ *Einbahnstraße – Gesperrte Straße,*
mit Verkehrsbeschränkungen
Fußgängerzone – Straßenbahn
Karlstr. 🅿 🅿   *Einkaufsstraße – Parkplatz, Parkhaus*
Tor – Passage – Tunnel
Bahnhof und Bahnlinie
Standseilbahn – Seilschwebebahn
△ 🅵   *Bewegliche Brücke – Autofähre*

Sonstige Zeichen _____

🛈   *Informationsstelle*
☪ ✡   *Moschee – Synagoge*
● ○ ⚡ ✹ 🛆   *Turm – Ruine – Windmühle – Wasserturm*
t ᵗt ‡   *Garten, Park, Wäldchen – Friedhof – Bildstock*
○ 🆕 🐎   *Stadion – Golfplatz – Pferderennbahn*
♨ 🏊 🏞 🏊   *Freibad – Hallenbad*
≼ ☀   *Aussicht – Rundblick*
■ ◎ ☼   *Denkmal – Brunnen – Fabrik*
♊ ⚑   *Jachthafen – Leuchtturm*
✈ ⊜   *Flughafen – U-Bahnstation, unterirdischer S-Bahnhof*
🚢 ⛴ ⛵   *Schiffsverbindungen : Autofähre – Personenfähre*
③   *Straßenkennzeichnung (identisch auf Michelin-Stadtplänen*
und -Abschnittskarten)
▣ ⊗   *Hauptpostamt (postlagernde Sendungen) und Telefon*
⊞ ⊠   *Krankenhaus – Markthalle*
▩ ▭   *Öffentliches Gebäude, durch einen Buchstaben*
gekennzeichnet :
L R   *- Sitz der Landesregierung – Rathaus*
J   *- Gerichtsgebäude*
M T   *- Museum – Theater*
U   *- Universität, Hochschule*
POL   *- Polizei (in größeren Städten Polizeipräsidium)*
ADAC   *Automobilclub*

14

Ami lecteur

C'est en 1898 que je suis né. Voici donc cent ans que, sous le nom de Bibendum, je vous accompagne sur toutes les routes du monde, soucieux du confort de votre conduite, de la sécurité de votre déplacement, de l'agrément de vos étapes.

L'expérience et le savoir-faire que j'ai acquis, c'est au Guide Rouge que je les confie chaque année.

Et dans cette 35e édition, pour trouver de bonnes adresses à petits prix, un conseil : suivez donc les nombreux restaurants que vous signale mon visage de "Bib Gourmand" !

N'hésitez pas à m'écrire...

Je reste à votre service pour un nouveau siècle de découvertes.

En toute confiance.

Bibendum _____

Sommaire

Pages bordées de bleu
Des conseils pour vos pneus

Le choix d'un hôtel, d'un restaurant

Ce guide vous propose une sélection d'hôtels et restaurants établie à l'usage de l'automobiliste de passage. Les établissements, classés selon leur confort, sont cités par ordre de préférence dans chaque catégorie.

Catégories

🏨	🍴🍴🍴🍴🍴	*Grand luxe et tradition*
🏨	🍴🍴🍴🍴	*Grand confort*
🏨	🍴🍴🍴	*Très confortable*
🏨	🍴🍴	*De bon confort*
🏨	🍴	*Assez confortable*
🛖		*Simple mais convenable*
M		*Dans sa catégorie, hôtel d'équipement moderne*
garni		*L'hôtel n'a pas de restaurant*
	mit Zim	*Le restaurant possède des chambres*

Agrément et tranquillité

Certains établissements se distinguent dans le guide par les symboles rouges indiqués ci-après.
Le séjour dans ces hôtels se révèle particulièrement agréable ou reposant.
Cela peut tenir d'une part au caractère de l'édifice, au décor original, au site, à l'accueil et aux services qui sont proposés, d'autre part à la tranquillité des lieux.

🏨 à 🛖	*Hôtels agréables*
🍴🍴🍴🍴🍴 à 🍴	*Restaurants agréables*
« Park »	*Élément particulièrement agréable*
🤚	*Hôtel très tranquille ou isolé et tranquille*
🤚	*Hôtel tranquille*
≤ Rhein	*Vue exceptionnelle*
≤	*Vue intéressante ou étendue.*

Les localités possédant des établissements agréables ou très tranquilles sont repérées sur les cartes pages 52 à 61.
Consultez-les pour la préparation de vos voyages et donnez-nous vos appréciations à votre retour, vous faciliterez ainsi nos enquêtes.

17

L'installation

Les chambres des hôtels que nous recommandons possèdent, en général, des installations sanitaires complètes. Il est toutefois possible que dans les catégories 🏠, 🏠 et ⚘, certaines chambres en soient dépourvues.

30 Z	Nombre de chambres
🛗	Ascenseur
▤	Air conditionné
TV	Télévision dans la chambre
🚭	Établissement en partie réservé aux non-fumeurs
☎	Téléphone dans la chambre, direct avec l'extérieur
📞	Prise Modem – Fax dans la chambre
♿	Accessible aux handicapés physiques
🤸	Equipements d'accueil pour les enfants
🌳	Repas servis au jardin ou en terrasse
🏊 🏊	Piscine : de plein air ou couverte
⚲	Balnéothérapie, Cure thermale
🚴 ♨ ⚲s	Salle de remise en forme – Cure Kneipp – Sauna
🏖 🌳	Plage aménagée – Jardin de repos
🎾	Tennis à l'hôtel
⛳18 🐎	Golf et nombre de trous – Chevaux de selle
🏛 150	Salles de conférences : capacité maximum
🚗	Garage dans l'hôtel (généralement payant)
🅿	Parking réservé à la clientèle
🚫	Accès interdit aux chiens (dans tout ou partie de l'établissement)
Fax	Transmission de documents par télécopie
Mai-Okt.	Période d'ouverture, communiquée par l'hôtelier
nur Saison	Ouverture probable en saison mais dates non précisées. En l'absence de mention, l'établissement est ouvert toute l'année.

La table

Les étoiles

*Certains établissements méritent d'être signalés
à votre attention pour la qualité de leur cuisine.
Nous les distinguons par
les étoiles de bonne table.
Nous indiquons, pour ces établissements,
trois spécialités culinaires qui pourront orienter
votre choix.*

❀❀❀ **Une des meilleures tables, vaut le voyage**
*On y mange toujours très bien, parfois merveilleusement.
Grands vins, service impeccable, cadre élégant...
Prix en conséquence.*

❀❀ **Table excellente, mérite un détour**
*Spécialités et vins de choix...
Attendez-vous à une dépense en rapport.*

❀ **Une très bonne table dans sa catégorie**
*L'étoile marque une bonne étape sur votre itinéraire.
Mais ne comparez pas l'étoile d'un établissement
de luxe à prix élevés avec celle d'une petite maison
où, à prix raisonnables, on sert également une cuisine
de qualité.*

Le "Bib Gourmand"

Repas soignés à prix modérés
*Vous souhaitez parfois trouver des tables
plus simples, à prix modérés ; c'est pourquoi
nous avons sélectionné des restaurants proposant,
pour un rapport qualité-prix particulièrement
favorable, un repas soigné, souvent de type régional.
Ces restaurants sont signalés par* 🍴 *le* "Bib Gourmand"
et Menu *en rouge.
Ex.* Menu 30/45.

Consultez les cartes des étoiles de bonne table ❀❀❀,
❀❀, ❀ *et des* "Bib Gourmand" 🍴 Menu, *pages 52 à 61.
Voir aussi* 🍴 *page suivante.*
La bière et les vins : voir p. 62, 64, 67 et 68

Les prix

Les prix que nous indiquons dans ce guide
ont été établis en été 1997, et s'appliquent
à la **haute saison**. Ils sont susceptibles de
modifications, notamment en cas de variations
des prix des biens et services. Ils s'entendent taxes
et services compris. Aucune majoration ne doit
figurer sur votre note, sauf éventuellement la taxe
de séjour.

A l'occasion de certaines manifestations
commerciales ou touristiques (voir les dernières
pages), les prix demandés par les hôteliers risquent
d'être sensiblement majorés dans certaines villes
jusqu'à leurs lointains environs.

Les hôtels et restaurants figurent en gros caractères
lorsque les hôteliers nous ont donné
tous leurs prix et se sont engagés,
sous leur propre responsabilité,
à les appliquer aux touristes
de passage porteurs de notre guide.

Entrez à l'hôtel le Guide à la main, vous montrerez
ainsi qu'il vous conduit là en confiance.

Repas

⊗	Établissement proposant un repas simple à **moins de** 25 DM
	Menus à prix fixe :
Menu 25/65	*minimum* 25 *maximum* 65
	Repas à la carte
Menu à la carte 44/82	Le premier prix correspond à un repas normal comprenant : potage, plat garni et dessert. Le 2ᵉ prix concerne un repas plus complet (avec spécialité) comprenant : entrée, plat garni, fromage ou dessert.
⚱	Vin de table en carafe à prix modéré.

Chambres

Z 80/210

Prix minimum 80 DM *pour une chambre
d'une personne, prix maximum* 210 DM
*pour une chambre de deux personnes,
petit déjeuner compris*

Suites et junior suites

Se renseigner auprès de l'hôtelier

Demi-pension

1/2 P 20/40

*Supplément pour la demi-pension
par personne et par jour, en saison.
Il est indispensable de s'entendre par avance
avec l'hôtelier pour conclure un arrangement définitif.*

Les arrhes

*Certains hôteliers demandent le versement d'arrhes.
Il s'agit d'un dépôt-garantie qui engage l'hôtelier
comme le client. Bien faire préciser les dispositions
de cette garantie.*

Cartes de crédit

AE ⓘ E (⊙) **VISA** JCB

Cartes de crédit acceptées par l'établissement
*American Express, Diner's Club, Eurocard (Mastercard),
Visa, Japan Crédit Bureau*

Les villes

Classées par ordre alphabétique
(mais ä = ae, ö = oe, ü = ue, ß = ss)

✉ 78267 Aach	*Numéro de code postal et nom du bureau distributeur du courrier*
🄻	*Capitale de « Land »*
🅐🅑🅒 R 20	*Numéro de la Carte Michelin et carroyage*
🄨🄩🄪 ③	*ou numéro du pli*
24 000 Ew	*Population*
Höhe 175 m	*Altitude de la localité*
Heilbad	*Station thermale*
Kneippkurort	*Station de cures Kneipp*
Heilklimatischer	*Station climatique*
Kurort-Luftkurort	*Station climatique*
Seebad	*Station balnéaire*
Erholungsort	*Station de villégiature*
Wintersport	*Sports d'hiver*
800/1 000 m	*Altitude de la station et altitude maximum atteinte par les rémontées mécaniques*
🚡 2	*Nombre de téléphériques ou télécabines*
🎿 4	*Nombre de remonte-pentes et télésièges*
⛷ 4	*Ski de fond et nombre de pistes*
AX A	*Lettres repérant un emplacement sur le plan*
❄ ⋖	*Panorama, vue*
⛳18	*Golf et nombre de trous*
✈	*Aéroport*
🚗	*Localité desservie par train-auto. Renseignements aux guichets*
🚢 ⛴	*Transports maritimes : passagers et voitures, passagers seulement*
🛈	*Information touristique*
ADAC	*Automobile Club d'Allemagne*

22

Les curiosités

Intérêt

★★★	*Vaut le voyage*
★★	*Mérite un détour*
★	*Intéressant*

Situation

Sehenswert	*Dans la ville*
Ausflugsziel	*Aux environs de la ville*
N, S, O, W	*La curiosité est située : au Nord, au Sud, à l'Est, ou à l'Ouest*
über ①, ④	*On s'y rend par la sortie ① ou ④ repérée*
	par le même signe sur le plan du Guide
	et sur la carte
6 km	*Distance en kilomètres*

Les cartes
de voisinage

Avez-vous pensé à les consulter ?

*Vous souhaitez trouver une bonne adresse,
par exemple aux environs de München ?
Consultez la carte qui accompagne le plan
de la ville.*

*La "carte de voisinage" (ci-contre) attire votre
attention sur toutes les localités citées au Guide
autour de la ville choisie, et particulièrement celles
qui sont accessibles en automobile en moins de
30 minutes (limite en couleur).*

*Les "cartes de voisinage" vous permettent ainsi le
repérage rapide de toutes les ressources proposées
par le Guide autour des métropoles régionales.*

Nota :

*Lorsqu'une localité est présente sur une "carte de
voisinage", sa métropole de rattachement est
imprimée en BLEU sur la ligne des distances
de ville à ville.*

Exemple :

FREISING *Bayern* **419** **420** *U 19, 42400 Ew – Höhe
448 m*

Sehenswert : *Domberg★ – Dom★ (Chorgestühl★,
Benediktuskapelle★)*

🛈 *Fremdenverkehrsamt, Marienplatz 7, ✉ 85354,
✆ (08161) 5 41 22, Fax (08161) 54231*
*Berlin 564 – München 34 – Ingolstadt 56 – Landshut 36
– Nürnberg 144*

*Vous trouverez
FREISING sur la
carte de voisinage
de München*

- *Localité possédant au moins un hôtel et un restaurant cités au Guide*
- *Localité possédant au moins un restaurant cité au Guide*
- *Localité possédant au moins un hôtel sans restaurant cité au Guide*

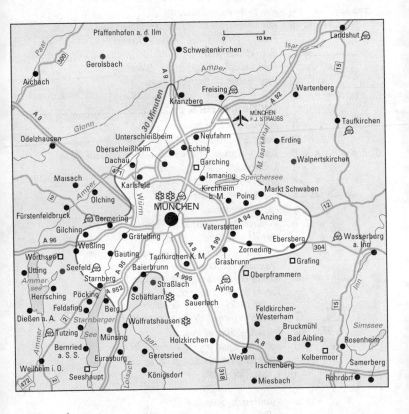

*Toutes les cartes
de voisinage sont
localisées sur l'Atlas
en fin de Guide.*

Les plans

□ ●   *Hôtels*
■ ●   *Restaurants*

Curiosités

Bâtiment intéressant et entrée principale
Édifice religieux intéressant :
cathédrale, église ou chapelle

Voirie

Autoroute, route à chaussées séparées
Echangeurs numérotés : complet, partiel
Grande voie de circulation
Sens unique – Rue impraticable, réglementée
Rue piétonne – Tramway
Karlstr. *Rue commerçante – Parc de stationnement*
Porte – Passage sous voûte – Tunnel
Gare et voie ferrée
Funiculaire – Téléphérique, télécabine
Pont mobile – Bac pour autos

Signes divers

Information touristique
Mosquée – Synagogue
Tour – Ruines – Moulin à vent – Château d'eau
Jardin, parc, bois – Cimetière – Calvaire
Stade – Golf – Hippodrome
Piscine de plein air, couverte
Vue – Panorama
Monument – Fontaine – Usine
Port de plaisance – Phare
Aéroport – Station de métro, gare souterraine
Transport par bateau :
passagers et voitures, passagers seulement
③   *Repère commun aux plans*
et aux cartes Michelin détaillées
Bureau principal de poste restante et téléphone
Hôpital – Marché couvert
Bâtiment public repéré par une lettre :
L   R   *- Conseil provincial – Hôtel de ville*
J   *- Palais de justice*
M   T   *- Musée – Théâtre*
U   *- Université, grande école*
POL   *- Police (commissariat central)*
ADAC   *Automobile Club*

26

Dear Reader

I was born in 1898. During my hundred years as Bibendum I have accompanied you all over the world, attentive to your safety while travelling and your comfort and enjoyment on and off the road.

The knowledge and experience I acquire each year is summarised for you in the Red Guide.

In this, the 35th edition, I offer some advice to help you find good food at moderate prices: look for the many restaurants identified by my red face, **"Bib Gourmand"**.

I look forward to receiving your comments...

I remain at your service for a new century of discoveries.

Bibendum _____

Contents

Pages bordered in blue
Useful tips for your tyres

Choosing a hotel
or restaurant

*This guide offers a selection of hotels and
restaurants to help the motorist on his travels. In
each category establishments are listed in order of
preference according to the degree of comfort they offer.*

Categories

🏨	XXXXX	*Luxury in the traditional style*
🏨	XXXX	*Top class comfort*
🏨	XXX	*Very comfortable*
🏨	XX	*Comfortable*
🏠	X	*Quite comfortable*
⌂		*Simple comfort*
M		*In its category, hotel with modern amenities*
garnl		*The hotel has no restaurant*
	mit Zim	*The restaurant also offers accommodation*

Peaceful atmosphere and setting

*Certain establishments are distinguished
in the guide by the red symbols shown below.*

*Your stay in such hotels will be particularly pleasant
or restful, owing to the character of the building,
its decor, the setting, the welcome and services
offered, or simply the peace and quiet to be enjoyed
there.*

🏨	to 🏠	*Pleasant hotels*
XXXXX	to X	*Pleasant restaurants*
« Park »		*Particularly attractive feature*
	🦢	*Very quiet or quiet, secluded hotel*
	🦢	*Quiet hotel*
← Rhein		*Exceptional view*
	←	*Interesting or extensive view*

*The maps on pages 52 to 61 indicate places with
such peaceful, pleasant hotels and restaurants.
By consulting them before setting out and sending
us your comments on your return you can help us
with our enquiries.*

Hotel facilities

In general the hotels we recommend have full bathroom and toilet facilities in each room. This may not be the case, however, for certain rooms in categories 🏚, 🏠 and 🛖.

30 Z	Number of rooms
🛗	Lift (elevator)
▤	Air conditioning
TV	Television in room
⇜✗	Hotel partly reserved for non-smokers
☎	Direct-dial phone in room
📞	Modem – Fax point in the bedrooms
♿	Accessible to disabled people
🤸	Special facilities for children
🍽	Meals served in garden or on terrace
🏊 🏊	Outdoor or indoor swimming pool
♨	Hydrotherapy
⅃ऴ 🚴 ⊑s	Exercise room – Kneipp cure service – Sauna
🏖 🌳	Beach with bathing facilities – Garden
🎾	Hotel tennis court
🏌18 🐎	Golf course and number of holes – Horse riding
🖼 150	Equipped conference hall (maximum capacity)
🚗	Hotel garage (additional charge in most cases)
🅿	Car park for customers only
🐕✗	Dogs are excluded from all or part of the hotel
Fax	Telephone document transmission
Mai-Okt.	Dates when open, as indicated by the hotelier
nur Saison	Probably open for the season – precise dates not available.

Where no date or season is shown, establishments are open all year round.

Cuisine

Stars

*Certain establishments deserve to be brought
to your attention for the particularly fine quality
of their cooking. **Michelin stars** are awarded
for the standard of meals served.*

*For such restaurants we list three
culinary specialities to assist you in your choice.*

ε3 ε3 ε3 ### Exceptional cuisine, worth a special journey
*One always eats here extremely well, sometimes
superbly. Fine wines, faultless service, elegant
surroundings. One will pay accordingly !*

ε3 ε3 ### Excellent cooking, worth a detour
*Specialities and wines of first class quality.
This will be reflected in the price.*

ε3 ### A very good restaurant in its category
*The star indicates a good place to stop on your journey.
But beware of comparing the star given to an
expensive « de luxe » establishment to that of a simple
restaurant where you can appreciate fine cuisine
at a reasonable price.*

The "Bib Gourmand"

Good food at moderate prices

*You may also like to know of other restaurants
with less elaborate, moderately priced menus
that offer good value for money and serve carefully
prepared meals, often of regional cooking.
In the guide such establishments are marked
the "Bib Gourmand" and Menu in red just before the
price of the menu, for example Menu 30/45.*

*Please refer to the map of star-rated restaurants ε3 ε3 ε3,
ε3 ε3, ε3 and the "Bib Gourmand" (pp 52 to 61).
See also following pages.*

Beer and wine : see pages 63, 64, 69 and 70

Prices

*The prices indicated in this Guide, supplied
in summer 1997, apply to high season.
Changes may arise if goods and service costs
are revised. The rates include tax and service
and no extra charge should appear on your bill,
with the possible exception of visitors' tax.*

*In the case of certain trade exhibitions or tourist
events (see end of guide), prices demanded
by hoteliers are liable to reasonable increases
in certain cities and for some distance
in the area around them.*

*Hotels and restaurants in bold type have supplied
details of all their rates and have assumed
responsibility for maintaining them
for all travellers in possession of this guide.*

*Your recommendation is selfevident if you always
walk into a hotel, Guide in hand.*

Meals

⊖	*Establishment serving a simple meal* **for less than** 25 DM

Set meals

Menu 25/65   *Lowest 25 and highest 65 prices for set meals*

« A la carte » meals

Menu à la carte 44/82

*The first figure is for a plain meal and includes soup,
main dish of the day with vegetables and dessert.
The second figure is for a fuller meal
(with « spécialité ») and includes hors d'œuvre
or soup, main dish with vegetables, cheese or dessert.*

ᶞ   *Table wine at a moderate price*

Rooms

14 Z 80/210

*Lowest price 80 for a single room and highest price
210 for a double room, breakfast included
Check with the hotelier for prices*

Suites and Junior suites

Half board

1/2 P 20/40

*This supplement per person per day should be
added to the cost of the room in order to obtain the
half-board price. It is advisable to agree on terms
with the hotelier before arriving.*

Deposits

*Some hotels will require a deposit, which confirms
the commitment of customer and hotelier alike.
Make sure the terms of the agreement are clear.*

Credit cards

AE ① E (⊙) *VISA* JCB

*Credit cards accepted by the establishment
American Express, Diner's Club, Eurocard (Mastercard),
Visa, Japan Credit Bureau*

Towns

in alphabetical order
(but ä = ae, ö = oe, ü = ue, ß = ss)

✉ 78267 Aach	*Postal number and Post Office serving the town*
Ⓛ	*Capital of « Land »*
413 R 20	*Michelin map number, co-ordinates*
987 ③	*or fold*
24 000 Ew	*Population*
Höhe 175 m	*Altitude (in metres)*
Heilbad	*Spa*
Kneippkurort	*Health resort (Kneipp)*
Heilklimatischer	*Health resort*
Kurort-Luftkurort	*Health resort*
Seebad	*Seaside resort*
Erholungsort	*Holiday resort*
Wintersport	*Winter sports*
800/1 000 m	*Altitude (in metres) of resort and highest point reached by lifts*
🚠 2	*Number of cable-cars*
🎿 4	*Number of ski and chairlifts*
🏃 4	*Cross-country skiing and number of runs*
AX A	*Letters giving the location of a place on the town plan*
❊ ≼	*Panoramic view, view*
🏌18	*Golf course and number of holes*
✈	*Airport*
🚗	*Place with a motorail connection, further information from ticket office*
⛴ ⛴	*Shipping line : passengers and cars, passengers only*
🛈	*Tourist Information Centre*
ADAC	*German Automobile Club*

Sights

Star-rating

★★★	*Worth a journey*
★★	*Worth a detour*
★	*Interesting*

Location

Sehenswert	*Sights in town*
Ausflugsziel	*On the outskirts*
N, S, O, W	*The sight lies north, south, east or west of the town*
über ①, ④	*Sign on town plan and on the Michelin road map indicating the road leading to a place of interest*
6 km	*Distance in kilometres*

Local maps

May we suggest that you consult them

Should you be looking for a hotel or a restaurant not too far from München for example, you can consult the map along with the town plan.

The local map (opposite) draws your attention to all places arround the town or city selected, provided they are mentioned in the Guide. Places located within a thirty minute drive are clearly identified by the use of a different coloured background.

The various facilities recommended near the different regional capitals can be located quickly and easily.

Note :

Entries in the Guide provide Information on distances to nearby towns. Whenever a place appears on one of the local maps, the name of the town or city to witch it is attached is printed "BLUE".

Example :

FREISING *Bayern* **419 420** *U 19, 42400 Ew – Höhe 448 m*

Sehenswert : *Domberg★ – Dom★ (Chorgestühl★, Benediktuskapelle★)*

FREISING is to be found on the local map München.

🛈 *Fremdenverkehrsamt, Marienplatz 7,* ✉ *85354,* ✆ *(08161) 5 41 22, Fax (08161) 54231*
Berlin 564 – München 34 – Ingolstadt 56 – Landshut 36 – Nürnberg 144

● *Place with at least one hotel and restaurant included in the Guide*
● *Place with at least one restaurant included in the Guide*
□ *Place with at least one Hotel, without restaurant included in the Guide*

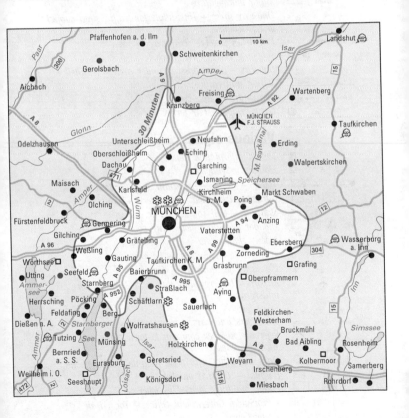

*All towns with local
maps are indicated
on the Atlas at the
end of the Guide*

Town plans

□　•　*Hotels*
■　•　*Restaurants*

Sights

Place of interest and its main entrance
Interesting place of worship:
cathedral, church or chapel

Roads

Motorway, dual carriageway
❶　❶　*Numbered junctions : complete, limited*
Major thoroughfare
←　◀　ɪ======ɪ　*One-way street – Unsuitable for traffic, street subject to restrictions*
Pedestrian street – Tramway
Karlstr.　P　P　*Shopping street – Car park*
Gateway – Street passing under arch – Tunnel
Station and railway
Funicular – Cable-car
△　F　*Lever bridge – Car ferry*

Various signs

🛈　*Tourist Information Centre*
☪　⊠　*Mosque – Synagogue*
●　●　⁂　✻　🗼　*Tower – Ruins – Windmill – Water tower*
t†t　†　*Garden, park, wood – Cemetery – Cross*
◯　⛳　🏇　*Stadium – Golf course – Racecourse*
≋　🏊　*Outdoor or indoor swimming pool*
◁　🙜　*View – Panorama*
■　◉　☼　*Monument – Fountain – Factory*
⚓　⌁　*Pleasure boat harbour – Lighthouse*
✈　●　*Airport – Underground station, S-Bahn station underground*
Ferry services :
🚢　⇀　⇀　*passengers and cars, passengers only*
③　*Reference number common to town plans and Michelin maps*
✉　⊗　*Main post office with poste restante and telephone*
⊞　⊠　*Hospital – Covered market*
▨　▢　*Public buildings located by letter :*
L　R　*- Provincial Government Office – Town Hall*
J　*- Law Courts*
M　T　*- Museum – Theatre*
U　*- University, College*
POL.　*- Police (in large towns police headquarters)*
ADAC　*Automobile Club*

38

Amico Lettore

*E' nel 1898 che sono nato e da cento
anni quindi, con il nome di Bibendum,
vi accompagno per le strade del mondo,
attento al comfort della vostra guida,
alla sicurezza dei vostri spostamenti,
alla piacevolezza delle vostre soste.*

*L'esperienza ed il savoir-faire acquisiti
li affido ogni anno alla Guida Rossa.*

*E, in questa 35^{esima} edizione,
un consiglio per trovare dei buoni
indirizzi a prezzi interessanti : cercate i
tanti ristoranti contrassegnati dal mio
faccino di* **"Bib Gourmand"** *!*

Non esitate a scrivermi...

*Resto al vostro servizio per un nuovo secolo
di scoperte.*

Cordialmente.

Bibendum —————

Sommario

Pagine bordate di blu
Consigli per i vostri pneumatici

40

La scelta di un albergo, di un ristorante

*Questa guida propone una selezione di alberghi
e ristoranti per orientare la scelta dell'automobilista.
Gli esercizi, classificati in base al confort
che offrono, vengono citati in ordine
di preferenza per ogni categoria.*

Categorie

🏨🏨	XXXXX	*Gran lusso e tradizione*
🏨	XXXX	*Gran confort*
🏨	XXX	*Molto confortevole*
🏠	XX	*Di buon confort*
🏠	X	*Abbastanza confortevole*
🏡		*Semplice, ma conveniente*
M		*Nella sua categoria, albergo con installazioni moderne*
garni		*L'albergo non ha ristorante*
	mit Zim	*Il ristorante dispone di camere*

Amenità e tranquillità

*Alcuni esercizi sono evidenziati nella guida
dai simboli rossi indicati qui di seguito.
Il soggiorno in questi alberghi si rivela
particolarmente ameno o riposante.*

*Ciò può dipendere sia dalle caratteristiche
dell'edificio, dalle decorazioni non comuni,
dalla sua posizione e dal servizio offerto,
sia dalla tranquillità dei luoghi.*

🏨🏨 🏠		*Alberghi ameni*
XXXXX X		*Ristoranti ameni*
« Park »		*Un particolare piacevole*
⟲		*Albergo molto tranquillo o isolato e tranquillo*
⟲		*Albergo tranquillo*
≤ Rhein		*Vista eccezionale*
≤		*Vista interessante o estesa*

*Le località che possiedono degli esercizi ameni
o molto tranquilli sono riportate sulle carte da
pagina 52 a 61.*

*Consultatele per la preparazione dei vostri viaggi
e, al ritorno, inviateci i vostri pareri ; in tal modo
agevolerete le nostre inchieste.*

Installazioni

Le camere degli alberghi che raccomandiamo possiedono, generalmente, delle installazioni sanitarie complete. È possibile tuttavia che nelle categorie 🏨, 🏠 e ✿ alcune camere ne siano sprovviste.

30 Z	Numero di camere
‖	Ascensore
▤	Aria condizionata
TV	Televisione in camera
⊄	Esercizio riservato in parte ai non fumatori
☎	Telefono in camera comunicante direttamente con l'esterno
☎	Presa Modem – Fax in camera
♿	Agevole accesso per i portatori di handicap
☆	Attrezzatura per accoglienza e ricreazione dei bambini
⛱	Pasti serviti in giardino o in terrazza
⟋ ⟋	Piscina : all'aperto, coperta
♨	Idroterapia, Cura termale
⅃ ⚡ ⩵s	Palestra – Cura Kneipp – Sauna
⛺ 🎋	Spiaggia attrezzata – Giardino
⚏	Tennis appartenente all'albergo
₁₈ 🐎	Golf e numero di buche – Cavalli da sella
🎿 150	Sale per conferenze : capienza massima
🚗	Garage nell'albergo (generalmente a pagamento)
Ⓟ	Parcheggio riservato alla clientela
⊅	Accesso vietato ai cani (in tutto o in parte dell'esercizio)
Fax	Trasmissione telefonica di documenti
Mai-Okt.	Periodo di apertura, comunicato dall'albergatore
nur Saison	Probabile apertura in stagione, ma periodo non precisato. Gli esercizi senza tali menzioni sono aperti tutto l'anno.

42

La tavola

Le stelle

Alcuni esercizi meritano di essere segnalati
alla vostra attenzione per la qualità
particolare della loro cucina ;
li abbiamo evidenziati
con le « stelle di ottima tavola ».
Per ognuno di questi ristoranti indichiamo
tre specialità culinarie che potranno aiutarvi
nella scelta.

❀❀❀ **Una delle migliori tavole, vale il viaggio**
Vi si mangia sempre molto bene, a volte
meravigliosamente, grandi vini, servizio impeccabile,
ambientazione accurata... Prezzi conformi.

❀❀ **Tavola eccellente, merita una deviazione**
Specialità e vini scelti... Aspettatevi una spesa
in proporzione.

❀ **Un'ottima tavola nella sua categoria**
La stella indica una tappa gastronomica
sul vostro itinerario.
Non mettete però a confronto la stella di un esercizio
di lusso, dai prezzi elevati, con quella di un piccolo
esercizio dove, a prezzi ragionevoli, viene offerta
una cucina di qualità.

🍲 Il "Bib Gourmand"

Pasti accurati a prezzi contenuti
Talvolta desiderate trovare delle tavole più semplici
a prezzi contenuti. Per questo motivo abbiamo
selezionato dei ristoranti che, per un rapporto
qualità-prezzo particolarmente favorevole, offrono un
pasto accurato spesso a carattere tipicamente
regionale.
Questi ristoranti sono evidenziati nel testo con
il "Bib Gourmand" 🍲 *e* Menu. Es. Menu 30/45.

Consultate le carte con stelle ❀❀❀, ❀❀, ❀ *e con*
"Bib Gourmand" 🍲 *(pagine 52 a 61).*
Vedere anche 🍴 *a pagina seguente.*
La birra e i vini : vedere p. 63, 64, 71 e 72

I prezzi

I prezzi che indichiamo in questa guida sono stati stabiliti nell'estate 1997, si riferiscono all' **alta stagione.** Potranno pertanto subire delle variazioni in relazione ai cambiamenti dei prezzi di beni e servizi. Essi s'intendono comprensivi di tasse e servizio. Nessuna maggiorazione deve figurare sul vostro conto, salvo eventualmente la tassa di soggiorno. In occasione di alcune manifestazioni commerciali o turistiche (vedere le ultime pagine), i prezzi richiesti dagli albergatori potrebbero subire un sensibile aumento nelle località interessate e nei loro dintorni.

Gli alberghi e ristoranti vengono menzionati in carattere grassetto quando gli albergatori ci hanno comunicato tutti i loro prezzi e si sono impegnati, sotto la propria responsabilità, ad applicarli ai turisti di passaggio, in possesso della nostra guida.

Entrate nell'albergo con la Guida alla mano, dimostrando in tal modo la fiducia in chi vi ha indirizzato.

Pasti

  Esercizio che offre un pasto semplice **per meno di** 25 DM

Menu a prezzo fisso :
Menu 25/65   minimo 25 massimo 65.

Pasto alla carta
Menu à la carte 44/82   Il primo prezzo corrisponde ad un pasto semplice comprendente : minestra, piatto con contorno e dessert. Il secondo prezzo corrisponde ad un pasto più completo (con specialità) comprendente : antipasto, piatto con contorno, formaggio o dessert.

Vino da tavola a prezzo modico

44

Camere

Z 80/210

Prezzo minimo 80 per una camera singola e prezzo massimo 210 per una camera per due persone, compresa la prima colazione.

Suite e Junior suite

Informarsi presso l'albergatore

Mezza pensione

1/2 P 20/40

Questo supplemento per persona al giorno va aggiunto al prezo della camera per ottenere quello della mezza pensione.
É indispensabile contattare precedentemente l'albergatore per raggiungere un accordo definitivo.

La caparra

Alcuni albergatori chiedono il versamento di una caparra. Si tratta di un deposito-garanzia che impegna tanto l'albergatore che il cliente. Vi consigliamo di farvi precisare le norme riguardanti la reciproca garanzia di tale caparra.

Carte di credito

Carte di credito accettate dall'esercizio
American Express, Diner's Club, Eurocard (Mastercard), Visa, Japan Credit Bureau

Le città

Elencate in ordine alfabetico
(ma ä = ae, ö = oe, ü = ue, ß = ss)

✉ 78267 Aach	*Numero di codice e sede dell'Ufficio postale*
Ⓛ	*Capoluogo di « Land »*
413 R 20	*Numero della carta Michelin e del riquadro*
987 ③	*o numero della piega*
24 000 Ew	*Popolazione*
Höhe 175 m	*Altitudine*
Heilbad	*Stazione termale*
Kneippkurort	*Stazione di cure Kneipp*
Heilklimatischer	*Stazione climatica*
Kurort-Luftkurort	*Stazione climatica*
Seebad	*Stazione balneare*
Erholungsort	*Stazione di villeggiatura*
Wintersport	*Sport invernali*
800/1 000 m	*Altitudine della località ed altitudine massima raggiungibile con gli impianti di risalita*
🚠 2	*Numero di funivie o cabinovie*
🚡 4	*Numero di sciovie e seggiovie*
🎿 4	*Sci di fondo e numero di piste*
AX B	*Lettere indicanti l'ubicazione sulla pianta*
☀ ≤	*Panorama, vista*
⛳18	*Golf e numero di buche*
✈	*Aeroporto*
🚗	*Località con servizio auto su treno. Informarsi agli sportelli*
🚢 ⛴	*Trasporti marittimi : passeggeri ed autovetture, solo passeggeri*
🛈	*Ufficio informazioni turistiche*
ADAC	*Automobile Club Tedesco*

46

Le curiosità

Grado di interesse

★★★   *Vale il viaggio*

★★   *Merita una deviazione*

★   *Interessante*

Ubicazione

Sehenswert   *Nella città*

Ausflugsziel   *Nei dintorni della città*

N, S, O, W   *La curiosità è situata : a Nord, a Sud, a Est, a Ovest*

über ①. ④   *Ci si va dall'uscita ① o ④ indicata con lo stesso segno sulla pianta*

6 km   *Distanza chilometrica*

Le carte dei dintorni

Sapete come usarle ?

Desiderate, per esempio, trovare un buon indirizzo nei dintorni di München ?

Potrete consultare la carta che accompagna la pianta della città.

La carta dei dintornei (qui accanto) richiama la vostra attenzione su tutte le località citate nella guida che si trovino nei dintorni della città prescelta, e in particolare su quelle raggiungibli n automobile in meno di 30 minuti (limite di colore).

In tal modo, le carte dei dintorni permettono la localizzazione rapida di tutte le risorse proposte dalla Guida nei dintorni delle metropoli regionali.

Nota :

Quando una località è presente su una carta dei dintorni la città a cui ci si riferisce è scritta in "BLU" nella linea delle distanze da città a città.

Esempio :

FREISING *Bayern* 🔲🔳🔲 *U 19, 42400 Ew – Höhe 448 m*

Sehenswert : *Domberg★ – Dom★ (Chorgestühl★, Benediktuskapelle★)*

🔲 *Fremdenverkehrsamt, Marienplatz 7, ✉ 85354, ℰ (08161) 5 41 22, Fax (08161) 54231*

Berlin 564 – München 34 – Ingolstadt 56 – Landshut 36 – Nürnberg 144

Troverete FREISING sulla carta dei dintorni di München

48

● *Località con almeno un albergo ed un ristorante segnalati in Guida*
● *Località con almeno un ristorante segnalato in Guida*
□ *Località con almeno un albergo senza ristorante segnalato in Guida*

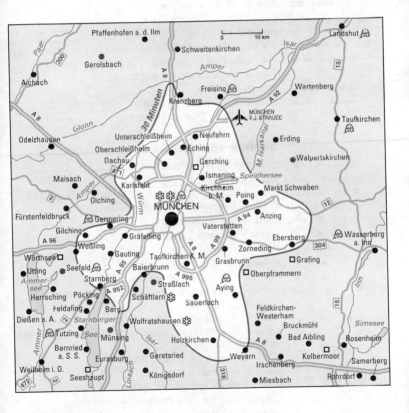

Pfaffenhofen a. d. Ilm
Landshut
Schweitenkirchen
Gerolsbach
Amper
Aichach
Freising
Wartenberg
Kranzberg
MÜNCHEN F.J. STRAUSS
Taufkirchen
Unterschleißheim
Neufahrn
Odelzhausen
Erding
Oberschleißheim
Eching
Walpertskirchen
Dachau
Garching
Maisach
Ismaning
Speichersee
Karlsfeld
Kirchheim b. M.
Markt Schwaben
Olching
Poing
MÜNCHEN
Fürstenfeldbruck
Germering
Anzing
Gilching
Vaterstetten
Ebersberg
Wasserburg a. Inn
Weßling
Gräfelfing
Zorneding
Wörthsee
Gauting
Taufkirchen K. M.
Grasbrunn
Grafing
Utting
Seefeld
Baierbrunn
Oberpframmern
Ammer-see
Starnberg
Herrsching
Pöcking
Straßlach
Aying
Schäftlarn
Feldafing
Berg
Sauerlach
Feldkirchen-Westerham
Dießen a. A.
Wolfratshausen
Bruckmühl
Simssee
Tutzing
Münsing
Holzkirchen
Bad Aibling
Rosenheim
Bernried a. S. S.
Eurasburg
Geretsried
Weyarn
Kolbermoor
Samerberg
Weilheim i. O.
Seeshaupt
Königsdorf
Irschenberg
Rohrdorf
Miesbach

Tutte le carte dei dintorni sono localizzate sull'atlantino alla fine della Guida

Le piante

□ ● *Alberghi*
■ ● *Ristoranti*

Curiosità

Edificio interessante ed entrata principale
Costruzione religiosa interessante :
cattedrale, chiesa o cappella

Viabilità

Autostrada, strada a carreggiate separate
Svincoli numerati : completo, parziale
Grande via di circolazione
Senso unico – Via impraticabile, a circolazione
regolamentata
Via pedonale – Tranvia
Karlstr. **P** **P** *Via commerciale – Parcheggio*
Porta – Sottopassaggio – Galleria
Stazione e ferrovia
Funicolare – Funivia, Cabinovia
F *Ponte mobile – Traghetto per auto*

Simboli vari

Ufficio informazioni turistiche
Moschea – Sinagoga
Torre – Ruderi – Mulino a vento – Torre dell'acquedotto
Giardino, parco, bosco – Cimitero – Calvario
Stadio – Golf – Ippodromo
Piscina : all'aperto, coperta
Vista – Panorama
Monumento – Fontana – Fabbrica
Porto per imbarcazioni da diporto – Faro
Aeroporto – Stazione della Metropolitana, stazione sotterranea
Trasporto con traghetto :
passeggeri ed autovetture, solo passeggeri
③ *Simbolo di riferimento comune alle piante ed alle carte*
Michelin particolareggiate
Ufficio centrale di fermo posta e telefono
Ospedale – Mercato coperto
Edificio pubblico indicato con lettera :
L R *- Sede del Governo della Provincia – Municipio*
J *- Palazzo di Giustizia*
M T *- Museo – Teatro*
U *- Università*
POL. *- Polizia (Questura, nelle grandi città)*
ADAC *Automobile Club*

❀❀❀ *Die Sterne*
❀❀ *Les étoiles*
❀ *The stars*
Le stelle

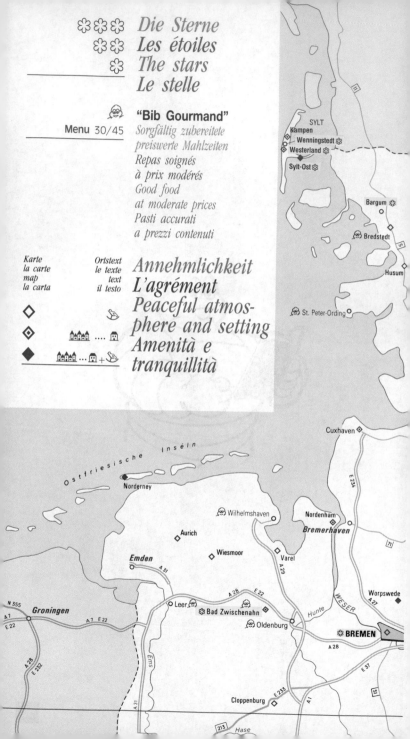

"Bib Gourmand"

Menu 30/45   *Sorgfältig zubereitete*
preiswerte Mahlzeiten
Repas soignés
à prix modérés
Good food
at moderate prices
Pasti accurati
a prezzi contenuti

Karte	Ortstext	*Annehmlichkeit*
la carte	le texte	*L'agrément*
map	text	*Peaceful atmos-*
la carta	il testo	*phere and setting*
		Amenità e
		tranquillità

◇

◈

◆

SYLT
Kampen
Wenningstedt ❀
Westerland ❀
Sylt-Ost ❀

Bargum ❀

Bredstedt

Husum

St. Peter-Ording

Cuxhaven

Ostfriesische Inséln

Norderney

Wilhelmshaven

Aurich

Wiesmoor

Nordenham

Bremerhaven

Emden

Varel

Worpswede

Leer

Bad Zwischenahn

Oldenburg

Groningen

❀ BREMEN

Cloppenburg

Hase

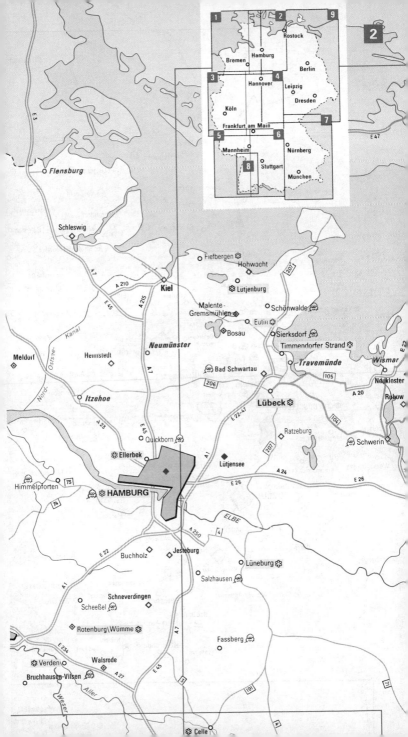

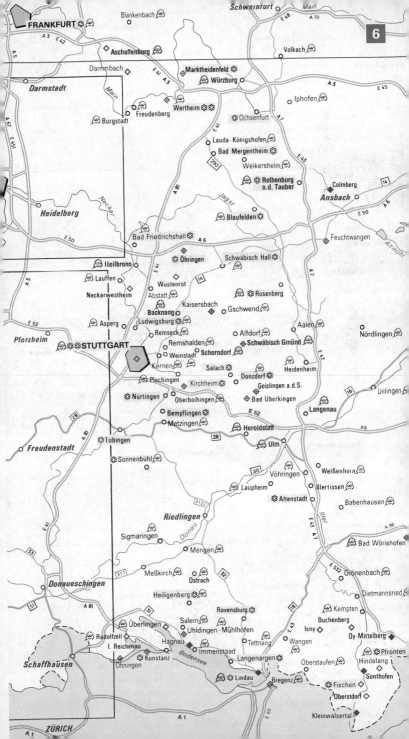

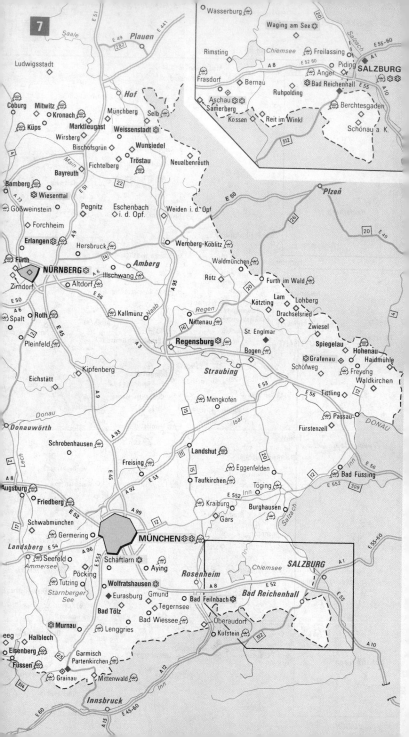

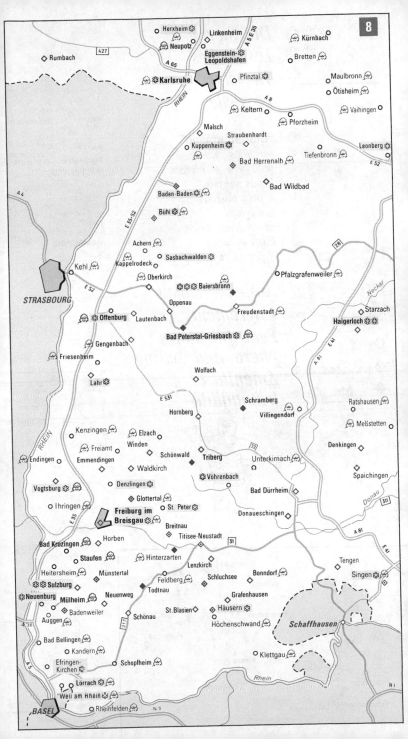

✿✿✿	*Die Sterne*
✿✿	*Les étoiles*
✿	*The stars*
	Le stelle

	"Bib Gourmand"
Menu 30/45	*Sorgfältig zubereitete*
	preiswerte Mahlzeiten
	Repas soignés
	à prix modérés
	Good food
	at moderate prices
	Pasti accurati
	a prezzi contenuti

Karte	Ortstext
la carte	le texte
map	text
la carta	il testo

Annehmlichkeit
L'agrément
Peaceful atmos-
phere and setting
Amenità e
tranquillità

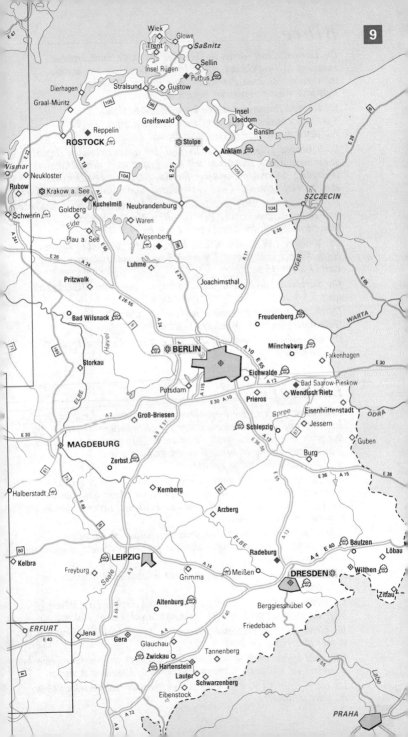

Biere

Die Bierherstellung, deren Anfänge bis ins 9. Jh. zurückreichen, unterliegt in Deutschland seit 1516 dem Reinheitsgebot, welches vorschreibt, daß zum Bierbrauen nur Hopfen, Gerstenmalz, Hefe und Wasser verwendet werden dürfen.

Etwa 1 400 Brauereien stellen heute in Deutschland ca. 4 000 verschiedene Biere her, deren geschmackliche Vielfalt auf den hauseigenen Braurezepten beruht.

Beim Brauen prägt die aus Malz und dem aromagebenden Hopfen gewonnene Würze zusammen mit dem Brauwasser, der Gärungsart (obergärig, untergärig) und der für das Gären verwendeten Hefe entscheidend Qualität, Geschmack, Farbe und Alkoholgehalt des Bieres.

Die alkoholfreien Biere und Leichtbiere enthalten 0,5 % bis 3 % Alkohol und einen Stammwürzgehalt (= vor der Gärung gemessener Malzextraktgehalt der Würze) von 1,5 % bis 9 %.

Die Vollbiere (Alt, Export, Kölsch, Märzen, Pils, Weizenbier) haben einen Alkoholgehalt von 3,7 % bis 5,5 % und einen Stammwürzegehalt von 11 % bis 15 %.

Die Starkbiere (Bock- und Doppelbockbiere) liegen im Alkoholgehalt über 5,3 % und im Stammwürzegehalt ab 16 %.

Durch den höheren Malzanteil wirken vor allem die dunklen Biere (Rauchbier, Bockbier, Malzbier) süßlich.

Die verschiedenen Biersorten sind je nach der Region unterschiedlich im Geschmack.

La bière

La fabrication de la bière en Allemagne remonte au début du 9e siècle. En 1516 une « ordonnance d'intégrité » (Reinheitsgebot) précise que seuls le houblon, le malt, la levure et l'eau peuvent être utilisés pour le brassage de la bière. Il en est toujours ainsi et le procédé utilisé est le suivant :

Le malt de brasserie – grains d'orge trempés, germés et grillés – est mis à tremper et à cuire en présence de houblon qui apporte au moût, ainsi élaboré, ses éléments aromatiques. Grâce à une levure, ce moût entre en fermentation.

Aujourd'hui environ 1 400 brasseries produisent en Allemagne 4 000 sortes de bières diverses par leur goût, leur couleur et également leur teneur en alcool.

Au restaurant ou à la taverne, la bière se consomme généralement à la pression « vom Fass ».

Les bières courantes ou Vollbiere (Kölsch, Alt, Export, Pils, Märzen, bière de froment) sont les plus légères et titrent 3 à 4° d'alcool.

Les bières fortes ou Starkbiere (Bockbier, Doppelbock) atteignent 5 à 6° et sont plus riches en malt.

Elles sont légères dans le Sud (Munich, Stuttgart), un peu plus fermentées et amères en Rhénanie (Dortmund, Cologne), douceâtres à Berlin.

Les bières brunes (malt torréfié) peuvent paraître sucrées (Rauchbier, Bockbier, Malzbier).

Beer

Beer has been brewed in Germany since the beginning of 9C. In 1516
a decree on quality (Reinheitsgebot) was passed which stated that only
hops, malt, yeast and water should be used for brewing.
This still applies and the following method is used :

Brewer's malt – obtained from barley after soaking, germination
and roasting – is mixed with water and hops which flavour the must,
and boiled. Yeast is added and the must is left to ferment.

Today about 1400 breweries in Germany produce 4000 kinds of beer
which vary in taste, colour and alcohol content.

In restaurants and bars, beer is generally on draught
"vom Fass".

Popular beers or Vollbiere (Kölsch, Alt, Export, Pils, Märzen and beer
from wheatgerm) are light and 3-4 % proof.

Strong beers or Starkbiere (Bockbier, Doppelbock) are rich in malt and
5-6 % proof.

These are light in the South (Munich, Stuttgart), stronger
and more bitter in Rhineland (Dortmund, Cologne) and sweeter
in Berlin.

Dark beers (roasted malt) may seem rather sugary (Rauchbier,
Bockbier, Malzbier).

La birra

La fabbricazione della birra in Germania risale all'inizio del nono
secolo. Nel 1516, un « ordinanza d'integrità » (Reinheitsgebot) precisa
che, per la produzione della birra, possono essere solamente adoperati
il luppolo, il malto, il lievito e l'acqua. Ciò è rimasto immutato
e il processo impiegato è il seguente :

Il malto – derivato da semi d'orzo macerati, germinati e tostati –
viene macerato e tostato unitamente al luppolo che aggiunge al mosto,
elaborato in tal modo, le sue componenti aromatiche. Grazie all'apporto
di un lievito, questo mosto entra in fermentazione.

Oggigiorno, circa 1400 birrerie producono in Germania
4000 tipi di birra diversi per il loro gusto, colore
e la loro gradazione alcolica.

Nei ristoranti o nelle taverne, la birra viene consumata alla spina
« vom Fass ».

Le birre comuni o Vollbiere (Kölsch, Alt, Export, Pils, Märzen, birra
di frumento) sono le più leggere e raggiungono una gradazione
alcolica di 3 o 4°.

Le birre forti o Starkbiere (Bockbier, Doppelbock)
raggiungono una gradazione alcolica di 5 o 6°
e sono le più ricche di malto.

Esse sono leggere nel Sud (Monaco, Stuttgart), leggermente più
fermentate e amare in Renania (Dortmund, Colonia), dolciastre
a Berlino.

Le birre scure (malto torrefatto) possono sembrare dolcificate
(Rauchbier, Bockbier, Malzbier).

Weinbaugebiete
Carte du vignoble
Map of the vineyards
Carta dei vigneti

Neben den Spitzengewächsen gibt es in vielen Regionen gebietstypische Weine, die – am Ort verkostet – für manche Überraschung gut sind.

En dehors des grands crus, il existe en maintes régions des vins locaux qui, bus sur place, vous réserveront d'heureuses surprises.

In addition to the fine wines there are many wines, best drunk in their region of origin and which you will find extremely pleasant.

Al di fuori dei grandi vini, esistono in molte regioni dei vini locali che, bevuti sul posto, Vi riserveranno piacevoli sorprese.

Weine

Auf einer Gesamtanbaufläche von ca. 104 000 ha
gedeiht in dreizehn bestimmten Anbaugebieten (Ahr, Mittelrhein,
Mosel-Saar-Ruwer, Nahe, Rheingau, Rheinhessen,
Hessische Bergstraße, Franken, Pfalz, Württemberg, Baden
Saale-Unstrut, Elbtal) eine Vielfalt von Weinen unterschiedlichsten
Charakters, geprägt von der Verschiedenartigkeit der Böden,
vom Klima und von der Rebsorte.

Die Wichtigsten Weine

Hauptanbaugebiet	Rebsorten und Charakteristik
	Weißwein (ca. 80 % der dt. Weinproduktion)
Baden	**Gutedel** *leicht, aromatisch*
Württemberg	**Kerner** *rieslingähnlich, rassig*
Pfalz	**Morio-Muskat** *aromatisch, bukettreich*
Franken, Rheinhessen, Baden, Nahe, Elbtal, Saale-Unstrut	**Müller-Thurgau** *würzig-süffig, feine Säure*
Mittelrhein, Mosel-Saar-Ruwer, Rheingau	**Riesling (in Baden : Klingelberger)** *rassig, spritzig, elegant, feine Fruchtsäure*
Baden	**Ruländer (Grauburgunder)** *kräftig, füllig, gehaltvoll*
Franken, Rheinhessen, Nahe, Pfalz	**Silvaner** *fruchtig, blumig, kräftig*
Baden, Elbtal	**(Gewürz-) Traminer (i. d. Ortenau : Clevner)** *würzig, harmonisch*
Baden, Elbtal, Saale-Unstrut	**Weißburgunder** *blumig, fruchtig, elegant*
	Rotwein
Württemberg	**Lemberger** *kernig, kräftig, wuchtig*
Ahr, Pfalz	**Portugieser** *leicht, süffig, mundig frisch*
Württemberg	**Schwarzriesling** *zart, fruchtig*
Ahr, Baden	**(blauer) Spätburgunder (in Württemberg : Clevner)** *rubinfarben, samtig, körperreich*
Württemberg	**Trollinger** *leicht, frisch, fruchtig*

Rebsorten und Charakteristik

Rotlinge

Badisch Rotgold *Mischung aus Grauburgunder und blauem Spätburgunder, meist im Verhältnis 3 : 1.*

Schillerwein *Aus roten und weißen Trauben, die gemeinsam gekeltert wurden.*

Weißherbst *Aus roten Trauben, die nach der Weißwein-Methode (nach dem Mahlen kommen die Trauben sofort auf die Presse) gekeltert wurden*

Das Weingesetz von 1971 und 1982 teilt die deutschen Weine in 4 Güteklassen ein :

deutscher Tafelwein *muß aus einer der 4 Weinregionen stammen (Tafelwein, ohne den Zusatz « deutscher » kann mit Weinen aus EG-Ländern verschnitten sein).*

Landwein *trägt eine allgemeine Herkunftsbezeichnung (z. B. Pfälzer Landwein), darf nur aus amtlich zugelassenen Rebsorten gewonnen werden, muß mindestens 55 Öchslegrade haben und darf nur trocken oder halbtrocken sein.*

Qualitätswein bestimmter Anbaugebiete *muß aus einem der deutschen Anbaugebiete stammen und auf dem Etikett eine Prüfnummer haben.*

Qualitätswein mit Prädikat *darf nur aus einem einzigen Bereich innerhalb der deutschen Anbaugebiete stammen, muß auf dem Etikett eine Prüfnummer haben und eines der 6 Prädikate besitzen : Kabinett, Spätlese, Auslese, Beerenauslese, Trockenbeeren-auslese, Eiswein.*
Eiswein wird aus Trauben gewonnen, die nach Frost von mindestens – 7 °C gelesen wurden.

Les vins

En Allemagne le vignoble s'étend sur plus de 104 000 ha. Les vins les plus connus proviennent principalement des 13 régions suivantes : Ahr, Mittelrhein (Rhin moyen), Mosel-Saar-Ruwer, Nahe, Rheingau, Rheinhessen (Hesse rhénane), Hessische Bergstraße (Montagne de Hesse), Franken (Franconie), Pfalz (Palatinat), Württemberg (Wurtemberg), Baden (Pays de Bade), Vallée de l'Elbe (entre Dresde et Meissen), Saale et l'Unstrut (entre Naumburg et Feyburg).

Principaux vins

Principales régions	Cépages et caractéristiques
	Vins blancs (80 % de la production)
Pays de Bade	**Gutedel** *léger, bouqueté*
Wurtemberg	**Kerner** *proche du Riesling*
Palatinat	**Morio-Muskat** *aromatique, bouqueté*
Franconie, Hesse rhénane, Pays de Bade, Nahe, vallée de l'Elbe, région de Saale-Unstrut	**Müller-Thurgau** *vigoureux, nerveux*
Rhin moyen Moselle-Sarre-Ruwer, Rheingau	**Riesling (dans le pays de Bade Klingelberger)** *racé, élégant, au fruité légèrement acidulé*
Pays de Bade	**Ruländer** *puissant, rond, riche*
Franconie, Hesse rhénane, Nahe, Palatinat	**Silvaner** *fruité, bouqueté, puissant*
Pays de Bade, vallée de l'Elbe	**Traminer, Gewürztraminer** *épicé, harmonieux*
Pays de Bade, vallée de l'Elbe, région de Saale-Unstrut	**Weißburgunder** *bouqueté, fruité, élégant*
	Vins rouges
Wurtemberg	**Lemberger** *charnu, puissant*
Ahr	**Portugieser** *léger, gouleyant, frais*
Wurtemberg	**Schwarzriesling** *tendre, fruité*
Ahr, Pays de Bade	**(blauer) Spätburgunder (en Wurtemberg : Clevner)** *de couleur rubis, velouté*
Wurtemberg	**Trollinger** *léger, frais, fruité*

Cépages et caractéristiques

Vins rosés

Badisch Rotgold *Assemblage de Grauburgunder (pinot gris) et de Spätburgunder (pinot noir) dans la plupart des cas dans la proportion 3 : 1.*

Schillerwein *Raisins noirs et blancs pressurés ensembles.*

Weißherbst *Raisins noirs pressurés immédiatement, puis fermentation du moût sans la râfle.*

La législation de 1971 et de 1982 classe les vins allemands en 4 catégories :

Tafelwein ou deutscher Tafelwein, *vins de table, sans provenance précise, pouvant être des coupages, soit de vins de la C.E.E., soit de vins exclusivement allemands.*

Landwein *porte une appellation d'origine générale (ex. Pfälzer Landwein), et ne peut provenir que de cépages officiellement reconnus ; il doit avoir au minimum 55° Öchsle et ne peut être que sec ou demi sec.*

Qualitätswein bestimmter Anbaugebiete, *vins de qualité supérieure, ils portent un numéro de contrôle officiel et ont pour origine une des régions (Gebiet) déterminées.*

Qualitätswein mit Prädikat, *vins strictement contrôlés, ils représentent l'aristocratie du vignoble, ils proviennent d'un seul vignoble d'appellation et portent en général l'une des dénominations suivantes : Kabinett (réserve spéciale), Spätlese (récolte tardive), Auslese (récolte tardive, raisins sélectionnés), Beerenauslese, Trockenbeerenauslese (vins liquoreux), Eiswein. Les « Eiswein » (vins des glaces) sont obtenus à partir de raisins récoltés après une gelée d'au moins −7 °C.*

Wines

The vineyards of Germany extend over 104 000 ha – 257 000 acres
and 13 regions : Ahr, Mittelrhein, Mosel-Saar-Ruwer, Nahe, Rheingau,
Rheinhessen, Hessische Bergstraße, Franken (Franconia), Pfalz
(Palatinate), Württemberg, Baden, Elbe Valley
(Dresden-Meissen), Saale and Unstrut (Naumburg-Feyburg).

Principal wines

Main regions	Grape stock and characteristics
	White wines *(80 % of production)*
Baden	**Gutedel** *light, fragrant*
Württemberg	**Kerner** *similar to Riesling*
Palatinate	**Morio-Muskat** *fragrant full bouquet*
Franconia, Rheinhessen, Baden, Nahe, valley of the Elbe, Saale-Unstrut region	**Müller-Thurgau** *potent, lively*
Mittelrhein, Mosel-Saar-Ruwer, Rheingau	**Riesling (in Baden : Klingelberger)** *noble, elegant, slightly acidic and fruity*
Baden	**Ruländer** *potent, smooth, robust*
Franconia, Rheinhessen, Nahe, Palatinate	**Silvaner** *fruity, good bouquet, potent*
Baden, valley of the Elbe	**Traminer, Gewürztraminer** *spicy, smooth*
Baden, valley of the Elbe, Saale-Unstrut region	**Weißburgunder** *delicate bouquet, fruity, elegant*
	Red wines
Baden	**Badisch Rotgold** *noble, robust, elegant*
Württemberg	**Lemberger** *full bodied, potent*
Ahr	**Portugieser** *light, smooth, fresh*
Württemberg	**Schwarzriesling** *delicate, fruity*
Ahr, Baden	**(blauer) Spätburgunder (in Württemberg : Clevner)** *ruby colour, velvety*
Württemberg	**Trollinger** *light, fresh, fruity*

Grape stock and characteristics

Rosé wines

Badisch Rotgold *Blend of Grauburgunder and Spätburgunder, mostly 3 parts to 1.*

Schillerwein *Red and green grapes pressed together.*

Weißherbst *Red grapes are pressed immediately then the must is left to ferment after extraction of the stems.*

Following legislation in 1971 and 1982, German wines fall into 4 categories:

Tafelwein or deutscher Tafelwein *are table wines with no clearly defined region of origin, and which in effect may be a blending of other Common Market wines or of purely German ones.*

Landwein *are medium quality wines between the table wines and the Qualitätswein b. A. which carry a general appellation of origin (i.e. Pfälzer Landwein) and can only be made from officially approved grapes, must have 55° "Öchslegrade" minimum and must be dry or medium dry.*

Qualitätswein bestimmter Anbaugebiete, *are wines of superior quality which carry an official control number and originate from one of the clearly defined regions (Gebiet) e.g. Moselle, Baden, Rhine.*

Qualitätswein mit Prädikat, *are strictly controlled wines of prime quality. These wines are grown and made in a clearly defined and limited area or vineyard and generally carry one of the following special descriptions:*
Kabinett (a perfect reserve wine), Spätlese (wine from late harvest grapes), Auslese (wine from specially selected grapes), Beerenauslese, Trockenbeerenauslese (sweet wines), Eiswein.
Eiswein (ice wines) are produced from grapes harvested after a minimum −7 °C frost.

I vini

Il vigneto della Germania si estende su più di 104.000 ettari. Esso comporta 13 regioni : Ahr, Mittelrhein (Reno medio), Mosel-Saar-Ruwer, Nahe, Rheingau, Rheinhessen (Hesse renano), Hessische Bergstraße (montagna di Hesse), Franken (Franconia), Pfalz (Palatinato), Württemberg, Baden, Valle dell Elba (Dresda e Meissen), Saale e Unstrut (Naumburg e Friburgo).

Vini principali

Principali regioni	Vitigni e caratteristiche
	Vini bianchi *(80 % della produzione)*
Baden	**Gutedel** *leggero, aromatico*
Württemberg	**Kerner** *molto simile al Riesling*
Palatinato	**Morio-Muskat** *aromatico*
Franconia, Hesse renano, Baden, Nahe, Valle di Elbe, regione Saale-Unstrut	**Müller-Thurgau** *vigoroso*
Reno medio, Mosella-Sarre-Ruwer, Rheingau	**Riesling (Nella regione di Baden : Klingelberger)** *aristocratico, elegante, fruttato leggermente acidulo*
Baden	**Ruländer** *forte, corposo, robusto*
Franconia, Hesse renano, Nahe Palatinato	**Silvaner** *fruttato, aromatico, forte*
Baden, valle di Elbe	**Traminer (Gewürz-)** *corposo, armonico*
Baden, valle di Elbe, regione Saale-Unstrut	**Weißburgunder** *aromatico, fruttato, elegante*
	Vini rossi
Baden	**Badisch Rotgold** *aristocratico, robusto, elegante*
Württemberg	**Lemberger** *corposo, forte*
Ahr	**Portugieser** *leggero, fresco*
Württemberg	**Schwarzriesling** *morbido, fruttato*
Ahr, Baden	**(blauer) Spätburgunder (nella regione di Württemberg : Clevner)** *colore rubino, vellutato, pieno, corposo*
Württemberg	**Trollinger** *leggero, fresco, fruttato*

Vitigni e caratteristiche

Vini rosé

Badisch Rotgold *miscela di Grauburgunder (pinot grigio)
e Spatburgunder (pinot nero), nella maggior parte
dei casi in proporzione 3 : 1.*

Schillerwein *miscuglio di uve nere e bianche pigiate insieme.*

Weissherbst *pigiatura immediata di uve nere,
seguita da fermentazione del mosto, senza graspi.*

*La legislazione del 1971 e del 1982 classifica i vini tedeschi
in 4 categorie :*

Tafelwein o deutscher Tafelwein : *vini da tavola, senza
provenienza precisa, possono essere di taglio, sia per i vini della C.E.E.
che per vini esclusivamente tedeschi.*

Landwein : *in termini di qualità è una via di mezzo
fra il vino da tavola e il Qualitätswein b.A., è contrassegnato
da denominazione di origine generale (es. : Pfälzer Landwein)
e proviene esclusivamente da uve ufficialmente riconosciute ;
deve raggiungere minimo 55° Öchsle
e può essere solo secco o semi secco.*

Qualitätswein bestimmter Anbaugebiete : *vini di qualità
superiore, sono contrassegnati da un numero di controllo ufficiale
e provengono da una delle regioni (Gebiet) determinate
(Mosel, Baden, Rhein...)*

Qualitätswein mit Prädikat : *vini rigorosamente controllati,
rappresentano l'aristocrazia del vigneto, provengono da un unico
vigneto di denominazione e sono generalmente contrassegnati
da una delle seguenti denominazioni :
Kabinett (riserva speciale), Spätlese (raccolta tardiva),
Auslese (raccolta tardiva, uve selezionate), Beerenauslese,
Trockenbeerenauslese (vini liquorosi), Eiswein.
Gli « Eiswein » (vini dei ghiacci) si ottengono a partire
da una raccolta dopo una gelata di almeno −7°C.*

Städte

in alphabetischer Reihenfolge

(ä – ae, ö – oe, ü – ue)

Villes

classées par ordre alphabétique

(mais ä = ae, ö = oe, ü = ue)

Towns

in alphabetical order

(but ä = ae, ö = oe, u = ue)

Città

in ordine alfabetico

(se non che ä = ae, ö = oe, ü = ue)

BREGENZ, KÖSSEN, KUFSTEIN, SALZBURG (Östorreich)
sind in der alphabetischen Reihenfolge.

AACHEN *Nordrhein-Westfalen* 🔢 N 2, 🔢 ㉕ – 253 000 Ew – Höhe 174 m – Heilbad.

Sehenswert : *Dom*★★ *(Domschatzkammer*★★★, *Ambo Heinrichs II*★★★, *Pala d'Oro*★★★, *Karlsschrein*★★★, *Marmorthron*★ *Karls des Großen)* BZ – *Couven-Museum*★ BY **M1** – *Suermondt-Ludwig-Museum*★ CZ **M2.**

Ausflugsziel : *Kornelimünster (Abteikirche*★) ④ : 10 km.

🏌️ *Aachen-Seffent (über* ⑨), *Schurzelter Str. 300,* 𝒫 *(0241) 1 25 01.* – 🚗 𝒫 *43 33 28.*
Kongreßzentrum Eurogress (CY), 𝒫 *15 10 11.*

🛈 *Verkehrsverein, Friedrich-Wilhelm-Platz,* ✉ *52062,* 𝒫 *(0241) 1 80 29 60, Fax (0241) 1802931.*

ADAC, *Strangenhäuschen 16,* ✉ *52070,* 𝒫 *(0221) 47 27 47, Fax (0241) 153835.*

Berlin 637 ③ – *Düsseldorf 81* ③ – *Antwerpen 140* ⑨ – *Bonn 91* ③ – *Bruxelles 142* ⑥ – *Köln 69* ③ – *Liège 54* ⑥ – *Luxemburg 182* ⑥

AACHEN

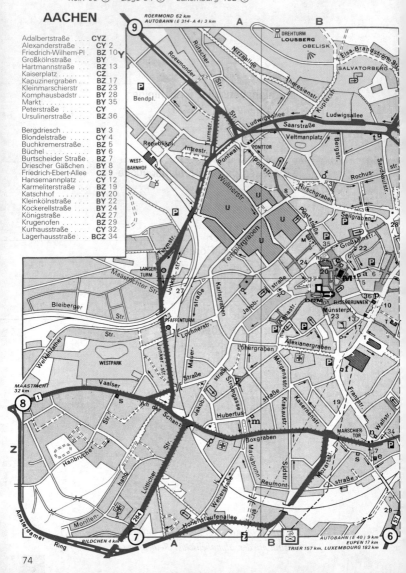

🏨 **Holiday Inn Garden Court** M, Krefelder Str. 221, ⊠ 52070, ℘ (0241) 1 80 30, Fax (0241) 1803444, 🌫 – 🛗, 💥 Zim, 📺 ☎ 📞 🕭 🅿 – 🛦 20. 🖭 ⑩ 🄴 𝗩𝗜𝗦𝗔 ᴊᴄʙ.
🛐 Rest
Menu à la carte 48/69 – **99 Z** 217/314.
über ①

🏨 **Aquis-Grana-Hotel**, Büchel 32, ⊠ 52062, ℘ (0241) 44 30, Fax (0241) 443137 – 🛗 📺 ☎ 📞 🕭 🚗 – 🛦 60. 🖭 ⑩ 🄴 𝗩𝗜𝗦𝗔
BY a
23. - 28. Dez. geschl. – (nur Abendessen für Hausgäste) – **94 Z** 175/225.

🏨 **Pannonia Hotel Aachen**, Jülicher Str. 10, ⊠ 52070, ℘ (0241) 5 10 60, Fax (0241) 501180, 🌫 – 🛗, 💥 Zim, 📺 ☎ 🚗 – 🛦 20. 🖭 ⑩ 🄴 𝗩𝗜𝗦𝗔 ᴊᴄʙ.
🛐 Rest
Menu à la carte 39/62 – **103 Z** 175/270.
CY s

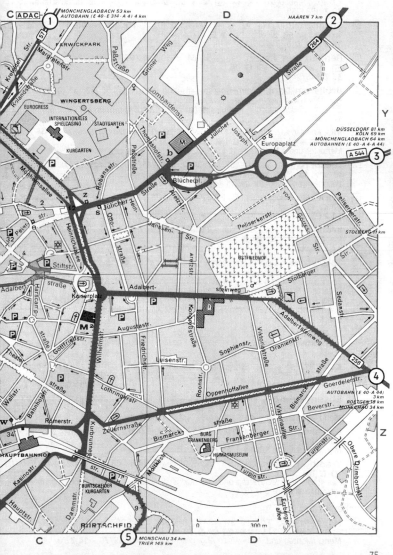

🏨 **Regence** garni, Peterstr. 71, ⊠ 52062, ℰ (0241) 4 78 70, *Fax (0241) 39055*, ⇆ – 🛗, ⇆ Zim, 🖾 📺 ☎ ⇦ – 🛗 25. 🖭 ⓪ Ɛ 𝘝𝘐𝘚𝘈   CY e
60 Z 195/320.

🏨 **Novotel,** Joseph-von-Görres-Straße (Am Europaplatz), ⊠ 52068, ℰ (0241) 1 68 70, *Fax (0241) 163911*, 🍴, 🏊 (geheizt), 🐾 – 🛗, ⇆ Zim, 🖾 📺 ☎ ᕕ ⓟ – 🛗 130. 🖭 ⓪ Ɛ 𝘝𝘐𝘚𝘈   DY s
Menu à la carte 37/60 – **118 Z** 176/207.

🏨 **Hotel am Marschiertor** garni, Wallstr. 1, ⊠ 52064, ℰ (0241) 3 19 41, *Fax (0241) 31944* – 🛗 📺 ☎ – 🛗 30. Ɛ 𝘝𝘐𝘚𝘈   BZ n
Weihnachten - Neujahr geschl. – **50 Z** 125/195.

🏨 **Burtscheider Markt** ⤳ garni, Burtscheider Markt 14, ⊠ 52066, ℰ (0241) 60 00 00, *Fax (0241) 6000020* – 🛗 ⇆ 📺 ☎ ᕕ. 🖭 ⓪ Ɛ 𝘝𝘐𝘚𝘈   über Dammstraße CZ
30 Z 120/260.

🏨 **Royal** garni, Jülicher Str. 1, ⊠ 52070, ℰ (0241) 1 50 61, *Fax (0241) 156813* – 🛗, ⇆ Zim, 🖾 📺 ☎ ⇦. 🖭 ⓪ Ɛ 𝘝𝘐𝘚𝘈   CY z
33 Z 175/300.

🏨 **Benelux** garni, Franzstr. 21, ⊠ 52064, ℰ (0241) 2 23 43, *Fax (0241) 22345*, 🛌 – 🛗 📺 ☎ ⇦ ⓟ. 🖭 ⓪ Ɛ 𝘝𝘐𝘚𝘈   BZ f
33 Z 145/240.

🏨 **Brülls am Dom,** Rommelsgasse 2 (Hühnermarkt), ⊠ 52062, ℰ (0241) 3 17 04, *Fax (0241) 404326* – 📺 ☎   BY c
23. Dez. - 6. Jan. geschl. – **Menu** *(Sonntagabend - Montag geschl.)* à la carte 36/68 – **12 Z** 120/180.

🏨 **Ibis,** Friedlandstr. 8, ⊠ 52064, ℰ (0241) 4 78 80, *Fax (0241) 4788110* – 🛗, ⇆ Zim, 📺 ☎ ᕕ ⓟ – 🛗 50. 🖭 ⓪ Ɛ 𝘝𝘐𝘚𝘈 ᴊᴄʙ   BZ s
Menu 29 und à la carte – **104 Z** 120/135.

🏨 **Lousberg** garni, Saarstr. 108, ⊠ 52062, ℰ (0241) 2 03 31, *Fax (0241) 22047* – 🛗 📺 ☎ ⇦. 🖭 ⓪ Ɛ 𝘝𝘐𝘚𝘈 ⤳   BY t
Weihnachten - Neujahr geschl. – **30 Z** 105/198.

🏨 **Marx** garni, Hubertusstr. 33, ⊠ 52064, ℰ (0241) 3 75 41, *Fax (0241) 26705* – 🛗 ⇆ 📺 ☎ ⓟ. Ɛ   AZ m
34 Z 85/160.

🏨 **Krone** garni, Jülicher Str. 91a, ⊠ 52070, ℰ (0241) 15 30 51, *Fax (0241) 152511* – 🛗 ⇆ 📺 ☎ ⇦. 🖭 ⓪ Ɛ 𝘝𝘐𝘚𝘈 ᴊᴄʙ   DY b
37 Z 89/160.

𝗫𝗫𝗫 **Gala,** Monheimsallee 44 (im Casino), ⊠ 52062, ℰ (0241) 15 30 13, *Fax (0241) 158578* ꕔ – 🖾. 🖭 ⓪ Ɛ 𝘝𝘐𝘚𝘈 ᴊᴄʙ   CY
Sonntag - Montag geschl. – **Menu** (nur Abendessen, Tischbestellung ratsam) 120 und à la carte – *Bistro (auch Mittagessen)* **Menu** à la carte 42/72
Spez. Filet vom St. Pierre mit Artischocken und Pimentovinaigrette. Getrüffelte Lasagne von Pilgermuscheln und Kartoffeln. Spanferkelkotelett mit Meerrettichkruste und dreierlei Linsen.

𝗫𝗫 **La Bécasse,** Hanbrucher Str. 1, ⊠ 52064, ℰ (0241) 7 44 44 – ⓪ Ɛ 𝘝𝘐𝘚𝘈   AZ s
Samstagmittag, Sonntag - Montagmittag geschl. – **Menu** (französische Küche) à la carte 78/98.

𝗫𝗫 **Kohlibri,** Sonnenscheinstr. 80/Ecke Neuenhofstraße, ⊠ 52078, ℰ (0241) 5 68 85 00, *Fax (0241) 5688560*, ≤, 🍴 – 🛗 🖾 ⓟ – 🛗 25. 🖭 ⓪ Ɛ 𝘝𝘐𝘚𝘈   über Adalbertsteinweg DZ
Menu à la carte 50/81.

𝗫𝗫 **Elisenbrunnen,** Friedrich-Wilhelm-Platz 14, ⊠ 52062, ℰ (0241) 2 97 72, *Fax (0241) 49962*, 🍴 – 🖭 ⓪ Ɛ 𝘝𝘐𝘚𝘈   BZ p
Menu à la carte 34/67.

𝗫𝗫 **Da Salvatore,** Bahnhofplatz 5, ⊠ 52064, ℰ (0241) 3 13 77, *Fax (0241) 29992* – 🖭 ⓪ Ɛ 𝘝𝘐𝘚𝘈 ᴊᴄʙ   CZ w
Menu (italienische Küche) à la carte 32/63.

𝗫 **Tradition,** Burtscheider Str. 11, ⊠ 52064, ℰ (0241) 4 48 42, *Fax (0241) 408108* – 🖭 ⓪ Ɛ 𝘝𝘐𝘚𝘈   BZ e
Dienstag - Mittwochmittag und über Karneval geschl. – **Menu** (abends Tischbestellung ratsam) à la carte 34/75.

In Aachen-Brand ④ : *7 km* :

🏨 **Haus Press,** Trierer Str. 842 (B 258), ⊠ 52078, ℰ (0241) 92 80 20, *Fax (0241) 9280211*, 🍴 – 📺 ☎ ⓟ. 🖭 ⓪ Ɛ 𝘝𝘐𝘚𝘈
Menu *(Montag und Juni - Mitte Aug. geschl.)* à la carte 35/70 – **14 Z** 70/130.

In Aachen-Eilendorf ④ : *2 Km* :

XX **Kaiserstühler Hof**, Von Coels-Str. 199, ⊠ 52080, ℰ (0241) 55 62 62, Fax (0241) 557384, 🌣 – ⁅ ⓞ ⋿ VISA
Donnerstag geschl. – **Menu** à la carte 57/95.

In Aachen-Kornelimünster ④ : *10 km* :

🏨 **Zur Abtei,** Napoleonsberg 132 (B 258), ⊠ 52076, ℰ (02408) 21 48, Fax (02408) 4151, 🌣, « Individuelle Einrichtung » – ⁅ ☎ ⇌ – ᇫ 20. ⁅ ⓞ ⋿ VISA JCB. ⁒ Rest
Menu *(Donnerstag geschl.)* 45 (mittags) und à la carte 70/102 – **12 Z** 90/280.

XX **St. Benedikt,** Benediktusplatz 12, ⊠ 52076, ℰ (02408) 28 88, Fax (02408) 2877
🌣 *Sonntag - Montag, über Ostern, Juli - Aug. 3 Wochen und Weihnachten - Anfang Jan. geschl.*
– **Menu** (nur Abendessen, Tischbestellung ratsam) 82/105 und à la carte 70/90
Spez. Seeteufel mit Rote Betebutter. Bresse Taube mit Trüffeljus. Warmer Ziegenkäse auf Apfelscheiben mit Kürbiskernöl.

In Aachen-Lichtenbusch ⑤ : *8 km* :

🏠 **Zur Heide,** Raafstr. 80, ⊠ 52076, ℰ (02408) 20 85, Fax (02408) 6268, 🌣 – ⁅ ☎ ⓟ
– ᇫ 50. ⁅ ⓞ ⋿ VISA
Menu à la carte 38/80 – **29 Z** 98/150.

🏠 **Schweizer Hof,** Werkstr. 16, ⊠ 52076, ℰ (02408) 9 45 30, Fax (02408) 9453117, ⁒ (Halle) Squash – ⁅ ⁅ ☎ ⋎ ⓟ – ᇫ 40. ⁅ ⓞ ⋿ VISA JCB
Menu *(Samstag - Sonntag und Juli - August geschl.)* à la carte 32/51 – **34 Z** 98/150

In Aachen-Richterich ⑨ : *5 km* :

XX **Schloß Schönau,** Schönauer Allee 20, ⊠ 52072, ℰ (0241) 17 35 77, 🍴 Fax (0241) 173577, 🌣 – ⁅ ⓞ ⋿ VISA
Montag, Jan. 1 Woche und Juli - Aug. 3 Wochen geschl. – **Menu** (wochentags nur Abendessen) 38/75 und à la carte 44/73.

In Aachen-Walheim ④ : *12 km* :

XX **Brunnenhof** mit Zim, Schleidener Str. 132 (B 258), ⊠ 52076, ℰ (02408) 5 88 50, Fax (02408) 588588 – ⁅ ☎ ⓟ. ⁅ ⓞ ⋿ VISA
Menu à la carte 55/82 – **10 Z** 85/145.

An der B 258 Richtung Monschau ⑤ : *12 km* :

XX **Gut Kalkhäuschen,** Schleidener Str. 400, ⊠ 52076 AC-Walheim, ℰ (02408) 5 83 10
– ⓟ. ⁒
Montag geschl. – **Menu** (nur Abendessen, Tischbestellung ratsam, italienische Küche) à la carte 68/75.

An der Straße Verlautenheide-Stolberg ③ : *9 km* :

XXX **Gut Schwarzenbruch,** ⊠ 52222 Stolberg, ℰ (02402) 2 22 75, Fax (02402) 4432, 🌣, « Stilvolle Einrichtung » – ⓟ – ᇫ 40. ⁅ ⓞ ⋿ VISA
Menu à la carte 52/87.

AALEN *Baden-Württemberg* 419 420 *T 14,* 987 ㉟ – *67 000 Ew – Höhe 433 m – Wintersport : 450/520 m ⁒1 ⁒2.*
🛈 *Fremdenverkehrsamt, Marktplatz 2,* ⊠ 73430, ℰ (07361) 52 23 58, Fax (07361) 521907.
ADAC, Bahnhofstr. 81, ⊠ 73430, ℰ (07361) 6 47 07, Fax (07361) 69801.
Berlin 560 – Stuttgart 78 – Augsburg 119 – Heilbronn 131 – Nürnberg 132 – Ulm (Donau) 67 – Würzburg 135.

🏨 **Treff Hotel Limes-Thermen** ⁒, Osterbucher Platz 1, ⊠ 73431, ℰ (07361) 94 40, Fax (07361) 944550, ≤, 🌣, direkter Zugang zu den Thermen – ⁅, ⁒ Zim, ⁅ ☎ ⋎ ⅙
ⓟ – ᇫ 140. ⁅ ⓞ ⋿ VISA
Menu à la carte 35/66 – **147 Z** 180/230.

🏠 **Aalener Ratshotel** garni, Friedrichstr. 7, ⊠ 73430, ℰ (07361) 9 58 40, Fax (07361) 958470 – ⁅ ⁅ ☎ ⓟ. ⁅ ⓞ ⋿ VISA
42 Z 83/136.

🏠 **Grauleshof,** Ziegelstr. 155, ⊠ 73431, ℰ (07361) 3 24 69, Fax (07361) 36218, Biergarten – ⁅ ☎ ⓟ. ⁒ Zim
Ende Aug. 1 Woche geschl. – **Menu** *(Montag geschl.)* à la carte 29/56 – **9 Z** 75/130.

🏠 **Weißer Ochsen,** Bahnhofstr. 47, ⊠ 73430, ℰ (07361) 6 26 85, Fax (07361) 6349 –
⁅ ☎ ⓟ
Menu *(Samstag geschl.)* à la carte 28/52 – **7 Z** 70/120.

XX **Eichenhof** mit Zim, Stadionweg 1, ⊠ 73430, ℰ (07361) 4 10 20, Fax (07361) 46688, 🍴, Biergarten – 📺 🖭 🚗 **ⓟ**. ⒶⒺ ⓪ Ⓔ 𝘝𝘐𝘚𝘈. 🏊 Zim
Ende Mai - Anfang Juni 2 Wochen geschl. – **Menu** *(Montag - Dienstagmittag geschl.)* à la carte 37/68 – **9 Z** 90/160.

XX **Zum Falken** mit Zim, Schubartstr. 12, ⊠ 73430, ℰ (07361) 6 27 80, Fax (07361) 62791 – 🚗 **ⓟ**
Aug. 2 Wochen geschl. – **Menu** *(Sonntagabend - Montag geschl.)* à la carte 28/60 – **7 Z** 53/90.

In Aalen-Ebnat *SO : 8 km :*

X **Landgasthof Lamm** mit Zim, Unterkochener Str. 16, ⊠ 73432, ℰ (07367) 24 12, Fax (07367) 4912, 🍴 – 🚗 **ⓟ**. 🏊
Menu *(Dienstag geschl.)* à la carte 31/71 ⅓ – **6 Z** 60/110.

In Aalen-Röthardt *NO : 4 km :*

🏠 **Vogthof** 🏖, Bergbaustr. 28, ⊠ 73433, ℰ (07361) 7 36 88, Fax (07361) 77882, 🍴 – 📺 ☎ **ⓟ**. ⒶⒺ ⓪ Ⓔ 𝘝𝘐𝘚𝘈. 🏊 Zim
Juli - Aug. 3 Wochen geschl. – **Menu** *(Freitag und letzter Sonntag im Monat geschl.)* à la carte 29/65 ⅓ – **14 Z** 68/130.

In Aalen-Unterkochen *SO : 4 km :*

🏨 **Asbrock - Goldenes Lamm**, Kocherstr. 8, ⊠ 73432, ℰ (07361) 81 82, Fax (07361) 88282 – 📱, ✼ Zim, 📺 🅱 🚗 **ⓟ** – 🏛 80. ⒶⒺ ⓪ Ⓔ 𝘝𝘐𝘚𝘈
Menu à la carte 41/74 *(auch vegetarische Gerichte)* – **50 Z** 125/249.

🏨 **Scholz**, Aalener Str. 80, ⊠ 73432, ℰ (07361) 56 70(Hotel) 8 75 00(Rest.), Fax (07361) 567200, Biergarten, « Kleiner Garten » – 📺 ☎ 🚗 **ⓟ** – 🏛 15. 🏊 Rest
Menu *(wochentags nur Abendessen)* à la carte 28/57 – **50 Z** 89/185.

🏠 **Läuterhäusle** 🏖, Waldhäuser Str. 109, ⊠ 73432, ℰ (07361) 9 88 90, Fax (07361) 988949, 🍴 – 📺 ☎ **ⓟ**. Ⓔ 𝘝𝘐𝘚𝘈
Menu *(Montag geschl.)* *(wochentags nur Abendessen)* à la carte 29/59 – **8 Z** 68/128.

In Aalen-Waldhausen *O : 9,5 km :*

🏨 **Adler**, Deutschordenstr. 8, ⊠ 73432, ℰ (07367) 95 00, Fax (07367) 950400, 🍴, 🚬s, 📺 – 📱, ✼ Zim, 📺 ☎ 🅱 🚗 **ⓟ** – 🏛 40. ⒶⒺ ⓪ Ⓔ 𝘝𝘐𝘚𝘈. 🏊 Rest
Menu *(Montag geschl.)* à la carte 33/70 *(auch vegetarische Gerichte)* – **31 Z** 95/145.

🏠 **Alte Linde**, Albstr. 121, ⊠ 73432, ℰ (07367) 20 01, Fax (07367) 2003, Biergarten – 📺 ☎ 🚗 **ⓟ** – 🏛 30. Ⓔ – *Mitte Okt. - Anfang Nov. geschl.* – **Menu** *(Mittwoch geschl.)* à la carte 24/58 – **17 Z** 65/105.

In Westhausen *NO : 10 km :*

🏨 **Adler** garni, Aalener Str.16, ⊠ 73463, ℰ (07363) 50 26, Fax (07363) 5028 – 📺 ☎ **ⓟ**. Ⓔ 𝘝𝘐𝘚𝘈 – *22. Dez. - Anfang Jan. geschl.* – **20 Z** 75/125.

ABBACH, BAD Bayern 𝟰𝟮𝟬 T 20 – 9 000 Ew – Höhe 374 m – Heilbad.
🏌 🏌 *Bad Abbach, Gut Dentenhof (SW : 5 km), ℰ (09405) 9 53 20.*
🛈 *Kurverwaltung, Kaiser-Karl V.-Allee 5, ⊠ 93077, ℰ (09405) 15 55, Fax (09405) 6493.*
Berlin 496 – München 109 – Ingolstadt 62 – Landshut 63 – Nürnberg 112 – Regensburg 10 – Straubing 56.

🏠 **Elisabeth** 🏖 garni, Ratsdienerweg 8, ⊠ 93077, ℰ (09405) 9 50 90, Fax (09405) 950977, 🚬s, 🍴 – 📺 ☎ **ⓟ**
31 Z 60/140.

XX **Gut Dentenhof** 🏖 mit Zim, Am Dentenhof 2 (beim Golfplatz SW : 5 km), ⊠ 93077, ℰ (09405) 95 32 20, Fax (09405) 953239, 🍴 – 📺 ☎ ✆ **ⓟ** – 🏛 60. ⒶⒺ ⓪ Ⓔ 𝘝𝘐𝘚𝘈. 🏊 Zim
Jan. 3 Wochen geschl. – **Menu** *(Montag geschl.)* – **13 Z** 85/180.

ABENBERG Bayern 𝟰𝟭𝟲 𝟰𝟭𝟴 J 15, 𝟵𝟴𝟳 ㉘ – 5 300 Ew – Höhe 410 m.
🏌 *Am Golfplatz 19, ℰ (09178) 55 41.*
🛈 *Fremdenverkehrsamt, Stillaplatz 1 (Rathaus), ⊠ 91183, ℰ (09178) 98 80 50, Fax (09178) 988080.*
Berlin 465 – München 158 – Nürnberg 41 – Ingolstadt 84 – Ansbach 31.

XX **Burg Abenberg** 🏖 mit Zim, Burgstr. 16, ⊠ 91183, ℰ (09178) 57 00, Fax (09178) 5706, 🍴, « Burganlage a.d. 11. Jh. » – ☎ **ⓟ** – 🏛 80. ⒶⒺ Ⓔ 𝘝𝘐𝘚𝘈
Jan. 2 Wochen geschl. – **Menu** *(Montag geschl.)* à la carte 28/58 – **6 Z** 80/145.

ABENSBERG Bayern 420 T 19, 987 ㉙ – 11 200 Ew – Höhe 371 m.

🛈 *Fremdenverkehrsamt, Dollingerstr.2, Rathaus,* ✉ 93326, ✆ *(09443) 91 03 17, Fax (09443) 910390.*
Berlin 521 – München 89 – Ingolstadt 39 – Landshut 46 – Regensburg 34.

🏠 Jungbräu, Weinbergerstr. 6, ✉ 93326, ✆ (09443) 9 10 70, Fax (09443) 910733 – ☎ 📵.
%% Rest
23 Z.

✗ **d'Latern**, Graf-Niclas-Str. 1, ✉ 93326, ✆ (09443) 53 46 – 🆀 🅴
Sonntagabend - Montag, Ende Juli - 20. Aug. und Ende Dez. - Mitte Jan. geschl. – **Menu**
(wochentags nur Abendessen, Tischbestellung ratsam) à la carte 31/63.

In Siegenburg *S : 6 km :*

✗ **Bräustüberl**, Hopfenstr. 3, ✉ 93354, ✆ (09444) 4 53, Fax (09444) 8614, 🍽 – 📵, 🆀
🐼 ① 🅴 𝘝𝘐𝘚𝘈
Montag und Ende Okt. - Anfang Nov. 2 Wochen geschl. – **Menu** à la carte 23/41.

ABENTHEUER Rheinland-Pfalz 417 R 5 – 500 Ew – Höhe 420 m – *Erholungsort.*
Berlin 705 – Mainz 116 – Idar-Oberstein 22 – Trier 57.

✗✗ **La Cachette**, Böckingstr. 11, ✉ 55767, ✆ (06782) 57 22, Fax (06782) 9440, 🍽, Biergarten, « Ehem. Jagdschloß a.d. 18. Jh. » – 📵
Montag geschl. – **Menu** (wochentags nur Abendessen) à la carte 39/66.

ABSTATT Baden-Württemberg 419 S 11 – 4 000 Ew – Höhe 264 m.
Berlin 602 – Stuttgart 40 – Heilbronn 11 – Schwäbisch Hall 40.

✗✗ **Sperbers Restaurant**, Rathausstr. 25, ✉ 74232, ✆ (07062) 6 70 01,
🐼 Fax (07062) 67002, 🍽, « Historisches Gebäude a.d. 18.Jh. » – 📵, 🆀 ① 🅴 𝘝𝘐𝘚𝘈
Montag - Dienstagmittag geschl. – **Menu** 45/99 und à la carte.

ABTSWIND Bayern 419 420 Q 15 – 700 Ew – Höhe 265 m.
Berlin 469 – München 249 – Nürnberg 79 – Würzburg 36.

🏠 **Weinstube Zur Linde** garni, Ebracher Gasse 2, ✉ 97355, ✆ (09383) 18 58,
Fax (09383) 6448 – 📵
9 Z 60/90.

✗ **Weingut Behringer**, Rehweiler Str. 7 (O : 2 km), ✉ 97355, ✆ (09383) 9 73 70,
Fax (09383) 973724, 🍽 📵
Montag - Dienstag und Mitte Dez. - Anfang Feb. geschl. – **Menu** à la carte 24/46 🍸

ACHERN Baden-Württemberg 419 U 8, 987 ㊲ – 22 300 Ew – Höhe 143 m.
🛈 *Achern-Schwarzwald-Information Hauptstr. 81 a,* ✉ 77855, ✆ (07841) 2 92 99, Fax
(07841) 25552.
Berlin 725 – Stuttgart 127 – Karlsruhe 54 – Offenburg 26 – Strasbourg 36.

🏛 **Götz Sonne-Eintracht**, Hauptstr. 112, ✉ 77855, ✆ (07841) 64 50,
Fax (07841) 645645, 🍽, 🔲, 🍽 – 🍴 📺 📞 👫 🛵 📵 – 🔔 80. 🆀 ① 🅴 𝘝𝘐𝘚𝘈
Menu à la carte 46/84 – **49 Z** 89/270.

🏠 **Schwarzwälder Hof**, Kirchstr. 38, ✉ 77855, ✆ (07841) 6 96 80, Fax (07841) 29526,
🍽 – 📺 ☎ 🛵 📵 – 🔔 25. 🆀 🅴 𝘝𝘐𝘚𝘈
Menu (Sonntagabend - Montag geschl.) à la carte 31/68 – **21 Z** 85/165.

In Achern-Oberachern *SO : 1,5 km :*

✗ **Zum Hirsch** mit Zim, Oberacherner Str. 26, ✉ 77855, ✆ (07841) 2 15 79,
🐼 Fax (07841) 29268, 🍽 – 📺 ☎ 📵. ① 🅴 𝘝𝘐𝘚𝘈
Menu (Montag - Dienstagmittag geschl.) à la carte 33/65 – **5 Z** 80/150.

In Achern-Önsbach *SW : 4 km :*

✗✗ **Adler** (Restauriertes Fachwerkhaus a.d.J. 1724), Rathausstr. 5, ✉ 77855,
🐼 ✆ (07841) 41 04, Fax (07841) 270857, 🍽 – 📵, 🅴
Montag - Dienstag, über Fastnacht 2 Wochen und Aug. 3 Wochen geschl. – **Menu** à la carte
44/72.

ACHIM Niedersachsen 415 G 11, 987 ⑯ – 31 000 Ew – Höhe 20 m.
Berlin 371 – Hannover 102 – Bremen 24 – Verden an der Aller 21.

🏠 **Gieschen's Hotel**, Obernstr. 12, ✉ 28832, ✆ (04202) 80 06, Fax (04202) 2711, 🍽
– 📺 ☎ 📵 – 🔔 80. 🆀 ① 🅴 𝘝𝘐𝘚𝘈
Menu à la carte 32/65 – **30 Z** 95/150.

In Achim-Uphusen *NW : 5,5 km :*

🏨 **Novotel Bremer Kreuz,** zum Klümoor, ✉ 28832, ℰ (04202) 52 80, Fax (04202) 84457, 佘, ⊒ (geheizt), ⚭ – ⧎, ⊱ Zim, 📺 ☎ ὲ ⊕ – 🏛 220. ⅀ ⊚
E *VISA*
Menu à la carte 29/48 – **116 Z** 150/180.

ACHSLACH Bayern 420 T 22 – 1 100 Ew – Höhe 600 m – Wintersport : 600/800 m ⚞1 ⚟2.
Berlin 521 – München 163 – Cham 41 – Deggendorf 19.

🏠 **Berghotel Kalteck** ⬟, Kalteck 9, ✉ 94250, ℰ (09905) 83 26, Fax (09905) 263, ≼,
⬟ 佘, ⇌s, ⊠, ⚭ ⚞ – ☎ ⊕. ⅀ E
9. März - 1. Mai und 26. Okt. - 20. Dez. geschl. – **Menu** à la carte 24/48 – **23 Z** 63/107,
3 Suiten – ½ P 16.

Les prix	Pour toutes précisions sur les prix indiqués dans ce guide, reportez-vous aux pages de l'introduction.

ADELSDORF Bayern 419 420 Q 16 – 6 500 Ew – Höhe 260 m.
Berlin 426 – München 210 – Nürnberg 41 – Bamberg 34 – Würzburg 80.

🏨 **Drei Kronen,** Hauptstr. 8, ✉ 91325, ℰ (09195) 92 00, Fax (09195) 920480, Biergarten, ⇌s, ⊠ – ⧎, ⊱ Zim, 📺 ☎ ⊕ – 🏛 70
Menu à la carte 25/53 – **47 Z** 85/170.

In Adelsdorf-Neuhaus *SO : 4 km :*

🏠 **Zum Löwenbräu** ⬟, Neuhauser Hauptstr. 3, ✉ 91325, ℰ (09195) 72 21,
⬟ Fax (09195) 8746, 佘 – ⊱ Zim, 📺 ☎ ⊕. ⊱ Zim
Menu (Montag - Dienstag, 16. Feb. - 4. März und 3. - 19. Aug. geschl.) à la carte 23/46
– **14 Z** 75/130.

✗ **Landgasthof Niebler** mit Zim, Neuhauser Hauptstr. 30, ✉ 91325, ℰ (09195) 86 82,
⬟ Fax (09195) 4468, 佘 – ⊕. ⅀ ⊚ E *VISA*. ⊱ Zim
Menu (Montagmittag und Mittwoch geschl.) à la carte 24/50 – **12 Z** 55/90.

ADELSRIED Bayern 419 420 U 16 – 1 500 Ew – Höhe 491 m.
Berlin 564 – München 76 – Augsburg 18 – Ulm (Donau) 65.

🏨 **Parkhotel Schmid,** Augsburger Str. 28, ✉ 86477, ℰ (08294) 29 10,
Fax (08294) 2429, Biergarten, « Badelandschaft », ⬧, ⇌s, ⚭ – ⧎ 📺 ☎ ⊕ – 🏛 120.
⅀ ⊚ E *VISA*
Weihnachten - Neujahr geschl. – **Menu** à la carte 37/64 – **94 Z** 115/195.

ADENAU Rheinland-Pfalz 417 O 4, 987 ㉟ ㉖ – 2 900 Ew – Höhe 300 m.
🛈 Tourist-Information, Kirchstr. 15, ✉ 53518, ℰ (02691) 3 05 16, Fax (02691) 30518.
Berlin 644 – Mainz 163 – Aachen 105 – Bonn 48 – Koblenz 72 – Trier 95.

🏨 **Landhaus Sonnenhof** ⬟, Auf dem Hirzenstein 1, ✉ 53518, ℰ (02691) 70 34,
Fax (02691) 8664, « Gartenterrasse », ⇌s, ⚭ – ⧎, ⊱ Zim, 📺 ☎ ὲ ⊕ – 🏛 70. ⅀
⊚ E *VISA*
Menu à la carte 43/75 (auch vegetarische Gerichte) – **38 Z** 85/280.

🏨 Zum Wilden Schwein, Hauptstr. 117, ✉ 53518, ℰ (02691) 70 61, Fax (02691) 1390,
佘 – 📺 ☎ ⇌ ⊕
19 Z.

✗✗ **Historisches Haus-Blaue Ecke** mit Zim, Markt 4, ✉ 53518, ℰ (02691) 20 05,
Fax (02691) 3805, 佘, « Fachwerkhaus a.d.J.1578 » – 📺 ☎ ⇌ ⊕. E *VISA*
10. Jan. - 10. Feb. geschl. – **Menu** (Montag geschl.) à la carte 46/79 – **7 Z** 100/180.

In Kaltenborn-Jammelshofen *O : 10 km, nahe der B 412 :*

🏠 **Waldhotel** ⬟, Bergstr. 18, ✉ 53520, ℰ (02691) 20 31, Fax (02691) 7630, ≼, 佘 –
⬟ ⊕. ⅀ E
Menu à la carte 24/55 – **23 Z** 65/150 – ½ P 15.

AERZEN Niedersachsen siehe Hameln.

AHAUS Nordrhein-Westfalen **417** J 5, **987** ⑭ – 35 000 Ew – Höhe 50 m.
- ⓘ8 ⓘ9 Ahaus-Alstätte, Schmäinghook 36, ℰ (02567) 4 05.
- 🅱 Verkehrsverein, Schloßstr. 16a, ⊠ 48683, ℰ (02561) 7 22 88, Fax (02561) 72105.
  Berlin 522 – Düsseldorf 116 – Bocholt 49 – Enschede 26 – Münster (Westfalen) 55.

🏨 **Ratshotel Rudolph,** Coesfelder Str. 21, ⊠ 48683, ℰ (02561) 91 10, Fax (02561) 911300, 😀, Biergarten, ≦s, 🔲 – 📶, 🛏 Zim, 🔲 🕿 🕭 🅟 – 🔬 80. 🖭 ⓞ
E 🆅🆂🅰. 🛠 Rest
La Toscana (italienische Küche) **Menu** à la carte 31/60 – **42 Z** 148/196, 3 Suiten.

🏨 **Oldenkott,** Oldenkottplatz 3, ⊠ 48683, ℰ (02561) 91 00, Fax (02561) 91099, 😀 –
📶, 🛏 Zim, 🔲 🕿 – 🔬 40. 🖭 ⓞ E 🆅🆂🅰. 🛠 Rest
Speisekammer : Menu à la carte 38/65 – **20 Z** 138/186.

In Ahaus-Alstätte NW : 9,5 km :

🏨 **Golfhotel Ahaus** 😀, Schmäinghook 36, ⊠ 48683, ℰ (02567) 3 80, Fax (02567) 38200, 😀, « Elegante Einrichtung », ≦s, ⓘ8 – 📶 🔲 ✂ 🕭 🅟 – 🔬 40. 🖭
ⓞ E 🆅🆂🅰. 🛠 Rest
Menu (bemerkenswerte Weinkarte) à la carte 47/69 – **33 Z** 175/290.

In Ahaus-Graes N : 6 km :

🏨 **Landhotel Elkemann,** Eper Str. 2, ⊠ 48683, ℰ (02561) 9 34 10, Fax (02561) 934188
– 🔲 🕿 ⓞ E 🆅🆂🅰
Menu (wochentags nur Abendessen) à la carte 27/55 (auch vegetarische Gerichte) – **36 Z**
50/140.

In Ahaus-Ottenstein W : 7 km :

🍴🍴 **Haus im Flör** 😀 mit Zim, Hörsteloe 49 (N : 2 km Richtung Alstätte), ⊠ 48683,
ℰ (02567) 10 57, Fax (02567) 3477, 😀, 🌳 – 🔲 🕿 👝 🅟. 🖭 ⓞ E 🆅🆂🅰. 🛠
Menu (Samstagmittag, Montag, Feb. 2 Wochen und Juli - Aug. 3 Wochen geschl.) à la carte
43/74 – **12 Z** 100/160.

In Ahaus-Wüllen SW : 3 km ·

🏨 **Hof zum Ahaus,** Argentréstr. 10, ⊠ 48683, ℰ (02561) 88 21, Fax (02561) 8437 – 🔲
👝 🕿 🅟. 🖭 E
Menu (Mittwoch geschl.) (nur Abendessen) à la carte 23/42 – **14 Z** 65/120.

AHLBECK Mecklenburg-Vorpommern siehe Usedom (Insel).

AHLEN Nordrhein-Westfalen **417** K 7, **987** ⑮ – 51 200 Ew – Höhe 83 m
Berlin 447 – Düsseldorf 124 – Bielefeld 67 – Hamm in Westfalen 13 – Münster
(Westfalen) 34.

In Ahlen-Tönnishäuschen N : 6 km :

🍴🍴 **Landgasthof Tönnishäuschen,** Tönnishäuschen 7, ⊠ 59227, ℰ (02528) 14 54,
Fax (02528) 3693, 😀 – 🅟. 🖭 ⓞ E 🆅🆂🅰
Donnerstag und Feb. geschl. – **Menu** (wochentags nur Abendessen) à la carte 33/63 (auch
vegetarische Gerichte).

In Ahlen-Vorhelm NO : 7 km :

🏨 **Witte,** Hauptstr. 32, ⊠ 59227, ℰ (02528) 88 86, Fax (02528) 3110 – 🔲 🕿 🅟. 🖭 E
🆅🆂🅰
Menu (Juli - Aug. 2 Wochen geschl.) à la carte 26/64 – **27 Z** 85/160.

AHORN Bayern siehe Coburg.

AHRENSBURG Schleswig-Holstein **415 416** E 14, **987** ⑤, **984** ⑥ ⑩ – 27 000 Ew – Höhe 25 m.
- ⓘ8 Ahrensburg, Am Haidschlag 39, ℰ (04102) 5 13 09.
  Berlin 276 – Kiel 79 – Hamburg 36 – Lübeck 47.

🏨 **Park Hotel,** Lübecker Str. 10a, ⊠ 22926, ℰ (04102) 23 00, Fax (04102) 230100, 😀,
📕, ≦s – 📶, 🛏 Zim, 🔲 🕿 👝 🅟 – 🔬 160. 🖭 ⓞ E 🆅🆂🅰
Menu à la carte 49/73 – **109 Z** 170/249, 10 Suiten.

🏨 **Am Schloss,** Am Alten Markt 17 (B 75), ⊠ 22926, ℰ (04102) 80 55, Fax (04102) 1801,
😀, ≦s – 📶, 🛏 Zim, 🔲 🕿 👝 🅟 – 🔬 80. 🖭 ⓞ E 🆅🆂🅰
Menu à la carte 39/67 – **80 Z** 127/230.

🏨 **Ringhotel Ahrensburg** garni, Ahrensfelder Weg 48, ⊠ 22926, ℰ (04102) 5 15 60,
Fax (04102) 515656 – 🛏 🔲 🕿 🅟. 🖭 ⓞ E 🆅🆂🅰 🅹🅲🅱. 🛠
24 Z 135/185.

In Ahrensburg-Ahrensfelde *S : 4 km :*

🏠 **Ahrensfelder Hof** 🛏, Dorfstr. 10, ✉ 22926, 🖋 (04102) 6 32 43, *Fax (04102) 64023*,
🍽, 🌳, 🐎 (Halle) – 📺 ☎ 🅿. 🖲. 🍴 Rest
Menu *(Montag geschl.)* à la carte 38/69 – **12 Z** 120/180.

AHRENSHOOP *Mecklenburg-Vorpommern* **416** *C 21 – 900 Ew – Seebad.*

🛈 *Kurverwaltung, Kirchnersgang 2,* ✉ *18347,* 🖋 *(038220) 2 34, Fax (038220) 300.*
Berlin 259 – Schwerin 130 – Rostock 46 – Stralsund 65.

🏨 **Café Namenlos** (mit Gästehäusern), Am Schifferberg 2, ✉ 18347, 🖋 (038220) 60 60,
Fax (038220) 606301, 🍽, « Einrichtung im Gästehaus Fischerwiege », 🛋, 🖲, 🌳 –
🏊 Zim, 📺 ☎ 🅿 – 🔥 50
Menu à la carte 32/65 – **35 Z** 90/230, 17 Suiten – ½ P 25.

🏨 **Haus am Meer,** Dorfstr. 36, ✉ 18347, 🖋 (038220) 8 08 16, *Fax (038220) 80610,* 🍽,
🌳 – 📺 ☎ 🅿. 🖲 ① 🖲 *VISA*
Nov. - April Garni – **Menu** à la carte 35/48 – **24 Z** 180/270 – ½ P 29.

🏨 **Möwe,** Schifferberg 16, ✉ 18347, 🖋 (038220) 60 80, *Fax (038220) 80616,* 🍽, 🛋 –
📺 ☎ 🅿
Menu à la carte 36/55 – **22 Z** 125/190.

In Ahrenshoop-Niehagen *S : 2,5 km :*

🏨 **Landhaus Morgensünn** Ⓜ garni (mit Gästehaus Susewind), Bauernreihe 4d,
✉ 18347, 🖋 (038220) 64 10, *Fax (038220) 64126,* 🛁, 🛋, 🖲, 🌳 – 🏊 📺 ☎ 🅿. 🖲
🖲 *VISA*
29 Z 165/225, 3 Suiten.

AIBLING, BAD *Bayern* **420** *W 20,* **987** ㊵ *– 16 000 Ew – Höhe 501 m – Moorheilbad.*

🏌 *Schloß Maxlrain, (N : 5 km),* 🖋 *(08061) 14 03.*

🛈 *Kurverwaltung, W.-Leibl-Platz,* ✉ *83043,* 🖋 *(08061) 9 08 00, Fax (08061) 37156.*
Berlin 636 – München 61 – Garmisch-Partenkirchen 98 – Salzburg 92 – Rosenheim 12.

🏨 **Romantik Hotel Lindner** (mit Gästehaus 🛏), Marienplatz 5, ✉ 83043,
🖋 (08061) 9 06 30, *Fax (08061) 30535,* 🍽, « Stilvolle Einrichtung », 🌳 – 🏊 Zim, 📺
☎ ⟿ 🅿 – 🔥 20. 🖲 ① 🖲 *VISA*
Menu à la carte 40/67 – **26 Z** 110/280 – ½ P 40.

🏨 **St. Georg** 🛏, Ghersburgstr. 18, ✉ 83043, 🖋 (08061) 49 70, *Fax (08061) 497105,* 🍽,
Massage, ♨, 🛋, 🖲, 🌳 – 🛗, 🏊 Zim, 📺 ☎ ♿ ⟿ 🅿 – 🔥 170. 🖲 ① 🖲 *VISA*
Menu à la carte 33/54 – **226 Z** 159/280, 17 Suiten – ½ P 25.

🏨 **Schmelmer Hof,** Schwimmbadstr. 15/Ecke Äußere Kolbermoorer Straße, ✉ 83043,
🖋 (08061) 49 20, *Fax (08061) 492551,* 🍽, Massage, ♨, 🛋, 🖲, 🌳 – 🛗 📺 ☎ 🅿 –
🔥 80. 🖲 🖲 *VISA*
Menu à la carte 31/59 – **117 Z** 100/190 – ½ P 30.

🏠 **Lindl-Hof,** Harthauser Str. 35, ✉ 83043, 🖋 (08061) 4 90 80, *Fax (08061) 490860,* 🛁,
🛋, 🌳 – 📺 ☎ ⟿ 🅿
Menu *(Samstag geschl.)* (nur Abendessen) à la carte 28/64 – **34 Z** 85/130 – ½ P 20.

🏠 **Bihler** 🛏 (mit Gästehaus), Katharinenstr. 8, ✉ 83043, 🖋 (08061) 9 07 50,
Fax (08061) 9075150, « Gartenterrasse », 🛋, 🌳 – 📺 ☎ ⟿ 🅿. 🍴 Zim
Feb. geschl. – **Menu** *(Donnerstag geschl.)* à la carte 29/63 – **23 Z** 80/170 – ½ P 27.

AICHACH *Bayern* **419 420** *U 17,* **987** ㊲ *– 15 500 Ew – Höhe 445 m.*
Berlin 565 – München 68 – Augsburg 24 – Ingolstadt 53 – Ulm (Donau) 98.

🏠 **Bauerntanz,** Stadtplatz 18, ✉ 86551, 🖋 (08251) 8 95 50, *Fax (08251) 52804* – 🛗 📺
☎ 🅿. 🖲 ① 🖲 *VISA*
Menu *(Sonntagabend - Montag geschl.)* à la carte 28/52 – **16 Z** 75/110.

🍴 **Gasthof Specht,** Stadtplatz 43, ✉ 86551, 🖋 (08251) 32 55, *Fax (08251) 50112,* 🍽
⟿ – 📺 ☎ Zim
18. - 31. Mai, 1. - 14. Sept. und 24. Dez. - 2. Jan. geschl. – **Menu** *(Sonn- und Feiertage abends
und Samstag geschl.)* à la carte 15/37 🍴 – **20 Z** 65/100.

In Aichach-Untergriesbach :

🏠 **Wagner** 🛏, Harthofstr. 38, ✉ 86551, 🖋 (08251) 8 97 70, *Fax (08251) 897750,* 🍽
⟿ – 📺 ☎ 🅿 – 🔥 30
Menu *(Dienstag geschl.)* à la carte 20/42 🍴 – **30 Z** 60/90.

AICHELBERG _Baden-Württemberg_ **419** _U 12 – 850 Ew – Höhe 400 m._
　　Ausflugsziel : _Holzmaden : Museum Hauff★, W : 3 km._
　　Berlin 614 – Stuttgart 48 – Göppingen 12 – Kirchheim unter Teck 11 – Ulm (Donau) 51.

🏛 **Panorama** 🦢, Boller Str. 11, ✉ 73101, ℰ (07164) 91 25 20, Fax (07164) 9125230,
　　⇐ – 📺 ☎ 🚗 🅟 – 🛎 30. 🄴
　　Menu _(Freitagabend geschl.)_ à la carte 37/60 – **16 Z** 82/140.

AICHTAL _Baden-Württemberg_ **419** _U 11 – 8 400 Ew – Höhe 385 m._
　　Berlin 637 – Stuttgart 27 – Reutlingen 19 – Ulm (Donau) 74.

In Aichtal-Grötzingen :

🏦 **Aichtaler Hof,** Raiffeisenstr. 5, ✉ 72631, ℰ (07127) 95 90, Fax (07127) 959959, �,
　　🛁, ⇌ – 📶, ↤ Zim, 📺 ☎ ✇ & 🚗 🅟 – 🛎 50. 🄰🄴 ⓪ 🄴 _VISA_
　　Menu à la carte 30/58 – **59 Z** 145/210.

AIDENBACH _Bayern_ **420** _U 23,_ **987** ㊶ _– 2 500 Ew – Höhe 337 m – Erholungsort._
　　Berlin 596 – München 155 – Passau 35 – Regensburg 103.

🏔 **Bergwirt,** Egglhamer Str. 9, ✉ 94498, ℰ (08543) 9 62 20, Fax (08543) 962230, �
🍴 – 📺 ☎ 🚗 🅟. 🄰🄴 🄴
　　2. - 31. Jan. geschl. – **Menu** à la carte 22/42 ⅃ – **14 Z** 55/96 – ½ P 20.

AIDLINGEN _Baden-Württemberg_ siehe Böblingen.

AITERN _Baden-Württemberg_ siehe Schönau im Schwarzwald.

ALBERSDORF _Schleswig-Holstein_ **415** _D 11,_ **987** ⑤, **984** ⑥ _– 3 800 Ew – Höhe 6 m – Luftkurort._
　　Berlin 376 – Kiel 72 – Itzehoe 37 – Neumünster 59 – Rendsburg 36.

🏛 **Ramundt,** Friedrichstr. 1, ✉ 25767, ℰ (04835) 2 21, Fax (04835) 222 – 📺 ☎ 🚗 🅟.
　　VISA
　　Menu _(Sonntag geschl.)_ (außer Dienstag nur Abendessen) à la carte 30/56 – **11 Z** 75/160.

ALBERSHAUSEN _Baden-Württemberg_ siehe Göppingen.

ALBSTADT _Baden-Württemberg_ **419** _V 11,_ **987** ㊳ _– 50 000 Ew – Höhe 730 m – Wintersport :_
　　_600/975 m ⬍6 ⬍5._
　　Ausflugsziel : _Raichberg★, ⇐★, N : 11 km._
　　🄱 _Städtisches Verkehrsamt, Albstadt-Ebingen, Marktstraße (Rathaus),_ ✉ 72458,
　　ℰ _(07431) 1 60 12 04, Fax (07431) 1601480._
　　Berlin 721 – Stuttgart 98 – Konstanz 99 – Freiburg im Breisgau 132 – Ulm (Donau) 97.

In Albstadt-Ebingen :

🏦 **Linde,** Untere Vorstadt 1, ✉ 72458, ℰ (07431) 5 30 61, Fax (07431) 53322, « Elegante,
　　individuelle Einrichtung » – ↤ Zim, 📺 ☎ 🅟
　　Aug. 3 Wochen und 23. Dez. - 7. Jan. geschl. – **Menu** _(Samstag sowie Sonn- und Feiertage_
　　geschl.) (Tischbestellung ratsam) à la carte 55/96 – **23 Z** 110/205.

🍴 **In der Breite** mit Zim, Flandernstr. 97, ✉ 72458, ℰ (07431) 9 00 70,
　　Fax (07431) 900777, � – 📺 ☎ 🅟
　　Juli - Aug. 3 Wochen geschl. – **Menu** _(Samstagmittag und Montag geschl.)_ à la carte 31/61
　　– **7 Z** 78/155.

In Albstadt-Tailfingen :

🏛 **Blume-Post,** Gerhardstr. 10, ✉ 72461, ℰ (07432) 1 20 22, Fax (07432) 14320 – 📶 📺
　　☎ 🚗 🅟 – 🛎 25. 🄴 _VISA_
　　(nur Abendessen für Hausgäste) – **23 Z** 89/160.

🍴 **Landhaus Stiegel** mit Zim, Zitterhofstr. 1, ✉ 72461, ℰ (07432) 53 59,
　　Fax (07432) 14720, � – 📺 ☎ 🚗 🅟 – 🛎 80. 🄰🄴 🄴 _VISA_. 🍴 Zim
　　Feb. geschl. – **Menu** _(Montag geschl.)_ à la carte 27/51 – **8 Z** 75/120.

ALDERSBACH _Bayern_ **420** _U 23 – 3 500 Ew – Höhe 324 m._
　　Berlin 594 – München 158 – Passau 32 – Regensburg 111 – Salzburg 122.

🏛 **Mayerhofer,** Ritter-Tuschl-Str. 2, ✉ 94501, ℰ (08543) 16 02, Fax (08543) 1604, Bier-
🍴 garten, 🌫 – ↤ Zim, 📺 ☎ ✇ 🅟. 🄴 _VISA_
　　1. - 21. Nov. geschl. – **Menu** _(Freitagabend und Montag geschl.)_ à la carte 22/50 ⅃ – **33 Z**
　　60/140.

ALEXANDERSBAD, BAD Bayern 420 P 20 – 1 500 Ew – Höhe 590 m – Heilbad.

🗓 Kurverwaltung, (altes Kurhaus), Markgrafenstr. 28, ⊠ 95680 𝒫 (09232) 9 92 50, Fax (09232) 992525.

Berlin 356 – München 262 – Bayreuth 46 – Hof 58.

🏨 **Alexandersbad** 🦢, Markgrafenstr. 24, ⊠ 95680, 𝒫 (09232) 88 90, Fax (09232) 889461, 🏤, Massage, ♨, 🔥, ≦s, 🖾, 🎾(Halle) – 🛗 📺 ☎ 🚗 🅿 – 🔬 70.
AE ⓪ E VISA
Menu à la carte 41/66 – **160 Z** 130/210 – ½ P 30.

ALEXISBAD Sachsen-Anhalt siehe Harzgerode.

ALF Rheinland-Pfalz 417 P 5, 987 ㉖ – 1 200 Ew – Höhe 95 m.

Ausflugsziele : Marienburg : Lage★★ (≤★★) S : 2 km.

Berlin 671 – Mainz 108 – Koblenz 84 – Trier 61.

🏠 **Bömer's,** Ferd.-Remy-Str. 27, ⊠ 56859, 𝒫 (06542) 23 10, Fax (06542) 1275, 🏤, 🌳
– 🛗 🅿 ⓪ E VISA
3. Jan. - Ostern und Mitte Nov. - 21. Dez. geschl. – **Menu** (nur Abendessen) à la carte 28/48
🍴 – **31 Z** 67/130 – ½ P 19.

ALFDORF Baden-Württemberg 419 T 13 – 5 700 Ew – Höhe 500 m.

Berlin 594 – Stuttgart 54 – Schwäbisch Gmünd 12 – Schwäbisch Hall 40.

In Alfdorf-Haghof W : 5 km :

🏨 **Haghof,** am Golfplatz, ⊠ 73553, 𝒫 (07182) 9 28 00, Fax (07182) 928088, 🏤, ≦s, 🖾,
🌳, 🕤 – 🛗, ✼ Zim, 📺 ☎ 🐾 🅿 – 🔬 50. AE E VISA
Menu à la carte 35/78 (auch vegetarisches Menu) – **45 Z** 115/180.

ALFELD (LEINE) Niedersachsen 417 418 K 13, 987 ⑯ – 23 400 Ew – Höhe 93 m.

Berlin 312 – Hannover 46 – Göttingen 66 – Hildesheim 26 – Kassel 108.

🏠 **Am Schlehberg** 🦢, Heinrich-Rinne-Str. 37, ⊠ 31061, 𝒫 (05181) 8 53 10,
Fax (05181) 853158, ≤, 🏤 – ✼ 📺 ☎ 🅿 – 🔬 25. AE E VISA. ✿ Zim
Menu (Freitag geschl.) (wochentags nur Abendessen) à la carte 34/62 – **28 Z** 110/190.

In Alfeld-Hörsum SO : 3,5 km :

🏠 **Zur Eule** 🦢, Horststr. 45, ⊠ 31061, 𝒫 (05181) 46 61, Fax (05181) 25790, 🖾, 🌳 –
📺 ☎ 🅿. AE E
Menu (Montagmittag geschl.) à la carte 26/42 – **32 Z** 55/140.

🏠 **Haus Rosemarie** garni, Horststr. 52, ⊠ 31061, 𝒫 (05181) 34 33, Fax (05181) 27365,
🌳 – ☎ 🚗 🅿. E
12 Z 50/100.

In Alfeld-Warzen W : 2,5 Km :

✗ **Grüner Wald,** Am Knick 7, ⊠ 31061, 𝒫 (05181) 2 42 48, Fax (05181) 280248, 🏤 –
🅿. ✿
Samstagmittag, Montag und Jan. 2 Wochen geschl. – **Menu** à la carte 32/61.

ALFTER Nordrhein-Westfalen 417 N 5 – 20 000 Ew – Höhe 173 m.

Berlin 602 – Düsseldorf 74 – Bonn 13 – Aachen 89 – Köln 24.

✗✗✗ **Herrenhaus Buchholz,** Buchholzweg 1 (NW : 2 km), ⊠ 53347, 𝒫 (02222) 6 00 05,
Fax (02222) 61469, « Gartenterrasse » – 🅿 – 🔬 40. AE ⓪ E VISA
Menu (Tischbestellung ratsam) à la carte 59/93.

ALKEN Rheinland-Pfalz 417 P 6 – 700 Ew – Höhe 85 m.

Berlin 622 – Mainz 93 – Koblenz 21 – Cochem 28.

🏠 **Landhaus Schnee** (mit Gästehaus), Moselstr. 6, ⊠ 56332, 𝒫 (02605) 33 83,
Fax (02605) 8126, ≤, 🏤, ≦s – ▤ Rest, 📺 🚗 🅿
2. Jan. - Anfang Feb. geschl. – **Menu** à la carte 36/66 🍴 – **30 Z** 80/160.

✗✗ **Burg Thurant** mit Zim, Moselstr. 15, ⊠ 56332, 𝒫 (02605) 35 81, 🏤 – 🅿
Feb. - 3. März geschl. – **Menu** (Montag geschl.) (Dienstag - Freitag nur Abendessen) à la
carte 38/70 – **4 Z** 70/110.

ALLENBACH Rheinland-Pfalz siehe Idar-Oberstein.

ALLERSBERG Bayern 419 420 S 17, 987 ㉘ – 7 800 Ew – Höhe 384 m.
Berlin 450 – München 139 – Nürnberg 33 – Ingolstadt 65 – Regensburg 94.

🏠 **Café Kattenbeck** garni, Marktplatz 12, ⌷ 90584, ℰ (09176) 9 83 00,
Fax (09176) 1702 – 📺 ⬥ 🅿. ℿ ⓞ Ɛ 𝘝𝘐𝘚𝘈
23 Z 68/125.

An der Straße nach Nürnberg N : 6 km :

XX **Faberhof**, ⌷ 90602 Pyrbaum, ℰ (09180) 6 13, Fax (09180) 2977, 🌳 – 🅿. ℿ Ɛ 𝘝𝘐𝘚𝘈
Dienstag geschl. – **Menu** à la carte 51/80.

ALPE ECK Bayern siehe Sonthofen.

Wenn Sie ein ruhiges Hotel suchen,
benutzen Sie zuerst die Übersichtskarte in der Einleitung
oder wählen Sie im Text ein Hotel mit dem Zeichen ☜ bzw. ☜

ALPIRSBACH Baden-Württemberg 419 U 9, 987 ㉟ – 7 000 Ew – Höhe 441 m – Luftkurort –
Wintersport : 628/749 m ⚡2 ⚡5.
Sehenswert : Ehemaliges Kloster★.
🛈 Kurverwaltung, Hauptstr. 20 (B 294), ⌷ 72275, ℰ (07444) 61 42 81, Fax (07444)
61 42 83.
Berlin 726 – Stuttgart 99 – Freiburg im Breisgau 78 – Schramberg 19 – Villingen-
Schwenningen 51.

🏠 **Rössle**, Aischbachstr. 5, ⌷ 72275, ℰ (07444) 22 81, Fax (07444) 2368 – 🛗 ☎ ⬥ 🅿.
ℿ Ɛ 𝘝𝘐𝘚𝘈
Nov. geschl. – **Menu** (Mittwoch geschl.) à la carte 35/58 – **26 Z** 69/116 – ½ P 20.

🏠 **Waldhorn**, Kreuzgasse 4, ⌷ 72275, ℰ (07444) 9 51 10, Fax (07444) 95 11 55 – 📺 ☎
🅿. ℿ ⓞ Ɛ 𝘝𝘐𝘚𝘈
Menu à la carte 30/62 – **18 Z** 62/136 – ½ P 16.

In Alpirsbach-Aischfeld O : 5 km :

🏠 **Sonne**, Im Aischfeld 2, ⌷ 72275, ℰ (07444) 23 30, Fax (07444) 2353, 🌳, 🐴 – 📺
☎ 🅿 ⓞ Ɛ 𝘝𝘐𝘚𝘈
Jan. 2 Wochen geschl. – **Menu** (Dienstag geschl.) à la carte 25/53 ⚘ – **24 Z** 55/105 –
½ P 15.

ALSFELD Hessen 417 N 11, 987 ㉗ – 18 000 Ew – Höhe 264 m.
Sehenswert : Marktplatz★ – Rathaus★ – Rittergasse (Fachwerkhäuser★).
🛈 Städt. Verkehrsbüro, Rittergasse 5, ⌷ 36304, ℰ (06631) 18 21 65, Fax (06631) 73896.
Berlin 442 – Wiesbaden 128 – Frankfurt am Main 107 – Fulda 44 – Kassel 93.

🏠 **Zum Schwalbennest**, Pfarrwiesenweg 12, ⌷ 36304, ℰ (06631) 50 61,
Fax (06631) 71081, Biergarten, 🌳 – 🛗 📺 ☎ 🅿 – 🔬 50. ℿ Ɛ 𝘝𝘐𝘚𝘈. ℀ Rest
Menu (wochentags nur Abendessen) à la carte 29/56 – **67 Z** 80/150.

🏠 **Klingelhöffer**, Hersfelder Str. 47, ⌷ 36304, ℰ (06631) 20 73, Fax (06631) 71064 –
📺 ☎ 🅿 – 🔬 30. ℿ Ɛ 𝘝𝘐𝘚𝘈. ℀ Rest
Menu à la carte 26/56 – **40 Z** 75/135.

🏠 **Zur Erholung**, Grünberger Str. 26 (B 49), ⌷ 36304, ℰ (06631) 20 23,
Fax (06631) 2043 – 📺 ☎ ⬥ 🅿 – 🔬 120. ℿ ⓞ Ɛ 𝘝𝘐𝘚𝘈
Menu à la carte 30/58 – **28 Z** 70/120.

In Alsfeld-Eudorf NO : 3 km :

🏠 **Zur Schmiede**, Ziegenhainer Str. 26 (B 254), ⌷ 36304, ℰ (06631) 60 31,
Fax (06631) 73335, Biergarten, 🌳, 🐴 – 🛗 📺 ☎ ⬥ 🅿 – 🔬 150. ℿ ⓞ Ɛ
𝘝𝘐𝘚𝘈
Menu (Montagmittag geschl.) à la carte 33/57 ⚘ – **54 Z** 70/110.

In Romrod SW : 6 km über die B 49 :

🏠🏠 **Sporthotel Vogelsberg** ☜, Kneippstr. 1 (S : 1 km), ⌷ 36329, ℰ (06636) 8 90,
Fax (06636) 89522, 🌳, ⛲, 🏊, 🌳, ℀(Halle) – 🛗, ⚡ Zim, 📺 ☎ ☏ 🅿 – 🔬 100. ℿ
ⓞ Ɛ 𝘝𝘐𝘚𝘈. ℀ Rest
Menu à la carte 31/70 – **104 Z** 95/230.

85

ALTBACH Baden-Württemberg siehe Plochingen.

ALTDORF Bayern 419 420 R 18, 987 ㉘ – 12 900 Ew – Höhe 446 m.
　　Berlin 436 – München 176 – Nürnberg 29 – Regensburg 80.

🏠　**Alte Nagelschmiede,** Oberer Markt 13, ✉ 90518, ☎ (09187) 9 52 70,
　　Fax (09187) 952727, ☞ – 🆃🆅 ☎ 🅿. 🅴
　　Menu (Sonntag, Mai und Aug. jeweils 2 Wochen geschl.) (Tischbestellung ratsam) à la carte
　　27/59 – **22 Z** 80/180.

✕　**Rotes Ross,** Oberer Markt 5, ✉ 90518, ☎ (09187) 52 72, Fax (09187) 804854 – 🅴
🚗　*VISA*
　　Montag, Donnerstagabend, Mitte Aug. - Mitte Sept. und 24. Dez. - 5. Jan. geschl. – **Menu**
　　(Tischbestellung ratsam) à la carte 27/58.

ALTDORF Bayern siehe Landshut.

ALTENA Nordrhein-Westfalen 417 M 7, 987 ⑮ – 24 000 Ew – Höhe 159 m.
　　Berlin 514 – Düsseldorf 86 – Hagen 25 – Iserlohn 16 – Lüdenscheid 14.

In Altena-Dahle O : 7 km :

🏠　**Alte Linden** (restauriertes Fachwerkhaus a.d. 17. Jh.), Hauptstr. 38, ✉ 58762,
　　☎ (02352) 7 12 10, Fax (02352) 75094, ☞ – 🆃🆅 ☎ 🅿. 🅴 *VISA*
　　Menu (Montagmittag und Samstagmittag geschl.) à la carte 36/66 – **12 Z** 85/135.

In Altena-Großendrescheid SW : 10 km, in Altroggenrahmede rechts ab :

🏠　**Gasthof Spelsberg** 🐾, Großendrescheid 17, ✉ 58762, ☎ (02352) 9 58 00,
　　Fax (02352) 958088, ≤, ☞, 🐎 – 🆃🆅 ☎ 🅿 – 🔬 40
　　Menu (Dienstag, Juli - Aug. 3 Wochen und Weihnachten - Anfang Jan. geschl.) à la carte
　　28/51 – **12 Z** 98/145.

ALTENAHR Rheinland-Pfalz 417 O 4, 987 ㉖ – 2 000 Ew – Höhe 169 m.
　　🅱 Verkehrsverein, im ehemaligen Bahnhof, ✉ 53505, ☎ (02643) 84 48, Fax (02643)
　　3516.
　　Berlin 624 – Mainz 163 – Bonn 31 – Euskirchen 29 – Koblenz 62 – Trier 113.

🏠　**Zur Post,** Brückenstr. 2, ✉ 53505, ☎ (02643) 93 10, Fax (02643) 931200, ⇌s, 🔲 –
　　📶 🆃🆅 ☎ 🅿 – 🔬 40. 🅾 🅴 *VISA*
　　20. Nov. - 20. Dez. geschl. – **Menu** à la carte 25/59 – **53 Z** 68/165.

✕✕　**Wein-Gasthaus Schäferkarre** (restauriertes Winzerhaus a.d.J. 1716), Brückenstr. 29,
　　✉ 53505, ☎ (02643) 71 28, Fax (02643) 1247 – 🅰🅴 🅾 🅴 *VISA*. 🛇
　　Montag und 20. Dez. - Ende Jan. geschl. – **Menu** à la carte 38/63.

ALTENAU Niedersachsen 418 K 15, 987 ⑰ – 2 900 Ew – Höhe 450 m – Heilklimatischer Kurort
　　– Wintersport : 450/850 m ⟨4 ⟩5.
　　🅱 Kurverwaltung, Hüttenstr. 9, ✉ 38707, ☎ (05328) 8 02 22, Fax (05328) 80238.
　　Berlin 269 – Hannover 102 – Braunschweig 61 – Göttingen 71 – Goslar 18.

🏠　**Moock's Hotel,** Am Schwarzenberg 11, ✉ 38707, ☎ (05328) 9 80 30,
　　Fax (05328) 8189, ☞ – 🆃🆅 ☎ ⟨ 🅿
　　Menu à la carte 27/67 – **14 Z** 75/180 – ½ P 25.

🏠　**Landhaus am Kunstberg** 🐾 garni, Bergmannsstieg 5, ✉ 38707, ☎ (05328) 2 55,
　　Fax (05328) 256, ≤, ⇌s, 🔲, 🐎 – 🆃🆅 ☎ ⟨ 🅿. 🛇
　　4. Nov. - 18. Dez. geschl. – **14 Z** 60/130.

ALTENBERG Sachsen 418 N 25, 984 ㉚, 987 ㉘ – 5 700 Ew – Höhe 754 m – Wintersport :
　　760/827 m ⟨2 ⟩4.
　　🅱 Verkehrsamt, Rathaus, Platz des Bergmanns 2, ✉ 01773, ☎ (035056) 3 33 40, Fax
　　(035056) 33366.
　　Berlin 233 – Dresden 42 – Chemnitz 74 – Leipzig 154.

In Altenberg-Hirschsprung N : 4 km :

🏠🏠　**Ladenmühle** 🐾 (mit Gästehaus), Bielatalstr. 8, ✉ 01773, ☎ (035056) 3 42 40,
🚗　Fax (035056) 34240, ☞, ⇌s, 🐎 – 🆃🆅 ☎ 🅿 – 🔬 25. 🅰🅴 🅴 *VISA*
　　Menu à la carte 22/43 – **46 Z** 70/170 – ½ P 18/21.

ALTENBERGE Nordrhein-Westfalen 👁️‍🗨️ J 6, 👁️‍🗨️ ⑮ – 8 000 Ew – Höhe 104 m.
Berlin 486 – Düsseldorf 138 – Enschede 49 – Münster (Westfalen) 15.

🏠 **Stüer** (mit Gästehäusern), Laerstr. 6, ✉ 48341, ℰ (02505) 9 33 10, Fax (02505) 933193,
🌇, ⇔, 🍴 – 🔟 ☎ ✆ ₭ 🖥 📞 – 🔏 80. 🖭 ① 🅴 𝘝𝘐𝘚𝘈. 🛠 Rest
Menu à la carte 29/64 – **54 Z** 89/135.

ALTENBURG Thüringen 👁️‍🗨️ N 21, 👁️‍🗨️ ㉓, 👁️‍🗨️ ⑱ – 47 000 Ew – Höhe 227 m.
Sehenswert : Rathaus und Markt★ – Schloß (Schloßkirche★) – Lindenau-Museum★ (Samm-
lung frühitalienischer Malerei★★).
🅑 Fremdenverkehrsamt, Moritzstr. 21, ✉ 04600, ℰ (03447) 1 94 33, Fax (03447)
594179.
Berlin 229 – Erfurt 115 – Gera 39 – Zwickau 33 – Leipzig 49.

🏨 **Parkhotel** 🅼 garni, August-Bebel-Str. 16, ✉ 04600, ℰ (03447) 58 30,
Fax (03447) 583444 – 🛗 ⇆ 🔟 ✆ ₭ 📞 – 🔏 60. 🖭 ① 🅴 𝘝𝘐𝘚𝘈
65 Z 79/180.

🏠 **Altenburger Hof** 🅼, Schmöllnsche Landstr. 8, ✉ 04600, ℰ (03447) 58 40,
Fax (03447) 584499, Massage, ⇔ – 🛗, ⇆ Zim, 🔟 ☎ ✆ ₭ 📞 – 🔏 120. 🖭 ① 🅴
𝘝𝘐𝘚𝘈
Menu (Sonntagmittag geschl.) à la carte 29/55 – **145 Z** 115/195.

🏠 **Astor** 🅼, Bahnhofstr. 4, ✉ 04600, ℰ (03447) 58 70, Fax (03447) 587444 – 🛗, ⇆ Zim,
🔟 ☎ ₭ 📞 – 🔏 40. 🖭 ① 🅴 𝘝𝘐𝘚𝘈
Menu à la carte 27/52 – **92 Z** 99/175.

🏠 **Am Rossplan** 🅼, Roßplan 8, ✉ 04600, ℰ (03447) 5 66 10, Fax (03447) 566161 – 🛗
⇔ 🔟 ☎ ⇨ 📞. 🖭 🅴 𝘝𝘐𝘚𝘈
Menu à la carte 24/40 – **27 Z** 80/140.

🏠 **Engel** 🅼, Johannisstr. 27, ✉ 04600, ℰ (03447) 5 65 10, Fax (03447) 565114 – 🔟 ☎
⇔ ⇨. 🖭 ① 🅴 𝘝𝘐𝘚𝘈
Menu à la carte 24/37 🍸 – **12 Z** 90/140.

🏠 **Treppengasse** ⇔ garni, Treppengasse 5, ✉ 04600, ℰ (03447) 31 35 49,
Fax (03447) 313549, ⇔ – 🔟 ☎ 📞. 🅴 𝘝𝘐𝘚𝘈. 🛠
13 Z /8/128.

XX **Die Villa**, Friedrich-Ebert-Str. 14, ✉ 04600, ℰ (03447) 55 18 39, Fax (03447) 311281,
🌇 – 📞. 🅴 𝘝𝘐𝘚𝘈
Sonntagabend - Montag geschl. – **Menu** à la carte 45/74.

X **Ratskeller**, Markt 1, ✉ 04600, ℰ (03447) 31 12 26, Fax (03447) 506918 – 🖭 ① 🅴
⇔ 𝘝𝘐𝘚𝘈
Menu à la carte 22/47.

In Treben-Serbitz N : 9 km :

🏠 **Serbitzer Hof**, Leipziger Str. 16 (B 93), ✉ 04617, ℰ (034343) 5 14 82,
⇔ Fax (034343) 52339, 🌇 – 🔟 ☎ 📞 – 🔏 30. 🖭 ① 🅴 𝘝𝘐𝘚𝘈
Menu à la carte 24/30 – **11 Z** 85/120

ALTENGLAN Rheinland-Pfalz 👁️‍🗨️ R 6 – 3 500 Ew – Höhe 199 m.
Berlin 667 – Mainz 102 – Saarbrücken 77 – Kaiserslautern 27 – Trier 94.

Beim Wildpark Potzberg SO : 7 km – Höhe 562 m :

🏠 **Turm-Hotel** ⇔, Auf dem Potzberg, ✉ 66887 Föckelberg, ℰ (06385) 7 20,
Fax (06385) 72156, ≤ Pfälzer Bergland, 🌇, ⇔ – 🔟 ☎ 📞 – 🔏 50
15. Jan. - 15. Feb. geschl. – **Menu** (Montag geschl.) à la carte 26/58 (auch vegetarische
Gerichte) 🍸 – **47 Z** 74/124 – ½ P 26.

LES GUIDES MICHELIN

Guides Rouges (hôtels et restaurants) :
Benelux, España Portugal, France, Great Britain and Ireland, Italia, Suisse,
Europe, Deutschland

Guides Verts (Paysages, monuments et routes touristiques) :
Allemagne, Autriche, Belgique, Bruxelles, Californie, Canada, Ecosse,
Espagne, Europe, Florence de la Toscane, Floride, France, Grande-Bretagne,
Grèce, Hollande, Irlande, Italie, Londres, Maroc, New York, Nouvelle
Angleterre, Pays Rhénans, Portugal, Québec, Rome, Scandinavie, Suisse,
Thaïlande, Venise, Washington
... et la collection sur la France.

ALTENKIRCHEN IM WESTERWALD Rheinland-Pfalz **417** N 6, **987** ㉖ – 6 000 Ew – Höhe 245 m.

Berlin 582 – Mainz 110 – Bonn 52 – Koblenz 56 – Köln 65 – Limburg an der Lahn 50.

🏨 **Glockenspitze,** Hochstr. 23, ✉ 57610, 𝒫 (02681) 8 00 50, Fax (02681) 800599, 🍴, ⇔s, ✂(Halle), Zugang zum öffentlichen ☐ – 🛗 📺 ☎ ℗ – 🔏 100. 🆎 ⓪ Ɛ *VISA*
Menu (Sonntagabend geschl.) à la carte 40/64 – **46 Z** 145/190 – ½ P 45.

🏨 **Haus Hubertus,** Frankfurter Str. 59a, ✉ 57610, 𝒫 (02681) 34 28, Fax (02681) 70539, 🍴, « Garten » – ⇔ Zim, 📺 ☎ ⇔ ℗
Menu (Montag und Freitag geschl.) à la carte 33/49 – **13 Z** 60/110.

In Weyerbusch NW : 8 km – Luftkurort :

🏨 **Sonnenhof,** Kölner Str. 33 (B 8), ✉ 57635, 𝒫 (02686) 83 33, Fax (02686) 8332, 🍴, ✂ – 📺 ☎ ℗ – 🔏 100. Ɛ
Menu (Montag geschl.) à la carte 30/57 – **14 Z** 69/105.

ALTENKUNSTADT Bayern siehe Burgkunstadt.

ALTENMARKT AN DER ALZ Bayern **420** V 21, **987** ㊵ – 3 300 Ew – Höhe 490 m.
Berlin 657 – München 82 – Bad Reichenhall 52 – Rosenheim 44 – Salzburg 60.

🏨 **Im Trauntal,** Grassacher Str. 2, ✉ 83352, 𝒫 (08621) 40 05, Fax (08621) 4009, 🍴, ⇔ Zim, 📺 ☎ ⇔ ℗ – 🔏 15
Menu (Samstagmittag geschl.) à la carte 30/57 – **18 Z** 88/140.

ALTENMEDINGEN Niedersachsen siehe Bevensen, Bad.

ALTENSTADT Bayern **419 420** V 14, **987** ㊴ – 4 500 Ew – Höhe 530 m.
Berlin 638 – München 165 – Bregenz 93 – Kempten (Allgäu) 58 – Ulm (Donau) 36.

🏨 **Zur Sonne,** Bahnhofstr. 8, ✉ 89281, 𝒫 (08337) 72 60, Fax (08337) 9112 – ☎ ⇔ ℗.
⇔ Ɛ
Menu (Sonntag und Aug. 3 Wochen geschl.) à la carte 17/39 ⅃ – **25 Z** 65/98.

In Altenstadt-Illereichen :

✕✕✕ **Landhotel Schloßwirtschaft** ⊗ mit Zim, Kirchplatz 2, ✉ 89281, 𝒫 (08337)
❀ 7 41 00, Fax (08337) 741020, 🍴, 🐎 – ⇔ Rest, 📺 ☎ ⇔ ℗. 🆎 ⓪ Ɛ *VISA*
Menu (Montag geschl.) (abends Tischbestellung ratsam) 60 (mittags) und à la carte 89/117
– **10 Z** 116/220
Spez. Gebackene Scampi im Fenchelblatt auf Mandel-Tomatenconfit. Wolfsbarsch in
Orangen-Koriandervinaigrette. Das Beste vom Zicklein mit Olivenbrotsoufflé.

ALTENSTEIG Baden-Württemberg **419** U 9, **987** ㊳ – 11 000 Ew – Höhe 504 m – Luftkurort
– Wintersport : 561/584 m ⚐1 ⚐1.
Sehenswert : Lage★.
🅱 Städt. Verkehrsamt, Rosenstr. 28 (ev. Gemeindehaus), ✉ 72213, 𝒫 (07453) 66 33,
Fax (07453) 27257.
Berlin 689 – Stuttgart 68 – Karlsruhe 79 – Tübingen 48 – Freudenstadt 25.

🏨 **Gasthof zur Traube,** Rosenstr. 6, ✉ 72213, 𝒫 (07453) 9 47 30, Fax (07453) 947355
– ✔ ⇔ ℗. 🆎 ⓪ Ɛ *VISA*
Ende Okt. - Mitte Nov. geschl. – **Menu** (Montag geschl.) à la carte 29/55 – **24 Z** 60/115
– ½ P 18.

In Altensteig-Spielberg SW : 5 km :

✕ **Ochsen** mit Zim, Römerstr. 2, ✉ 72213, 𝒫 (07453) 61 22, Fax (07453) 1448, 🍴, 🐎
⇔ – ⇔ ℗. ✂ Zim
über Fastnacht und Okt. - Nov. jeweils 1 Woche geschl. – **Menu** (Montag geschl.) à la carte
24/50 ⅃ – **9 Z** 65/110 – ½ P 20.

In Altensteig-Überberg NW : 2 km :

🕏 **Hirsch** (mit Gästehaus), Simmersfelder Str. 24, ✉ 72213, 𝒫 (07453) 82 90,
Fax (07453) 50989, ⇔s, 🐎 – ⇔ ℗. ✂ Rest
Menu (Dienstag geschl.) à la carte 28/59 ⅃ – **15 Z** 50/160 – ½ P 30.

In Altensteig-Wart NO : 7 km :

🏨 **Sonnenbühl** ⊗, Wildbader Str. 44, ✉ 72213, 𝒫 (07458) 77 10, Fax (07458) 771111,
🍴, Massage, ♨, 🔥, ⇔s, 🏊, 🐎, ✂ – 🛗, ⇔ Zim, 📺 🏋 ⇔ ℗ – 🔏 400. 🆎 ⓪ Ɛ *VISA*
Menu à la carte 43/72 – **126 Z** 155/228, 3 Suiten – ½ P 32.

ALTENTREPTOW Mecklenburg-Vorpommern **416** E 23, **984** ⑦ – 7 500 Ew – Höhe 15 m.
Berlin 158 – Schwerin 140 – Neubrandenburg 17 – Greifswald 51 – Stralsund 84.

🏠 **Am Markt,** Marktplatz 1, ⊠ 17087, ℰ (03961) 2 58 20, Fax (03961) 258299, 🍴 – 📶
📺 🕿 ✇ & 🅿. 🆎 E 𝘝𝘐𝘚𝘈
Menu à la carte 20/41 – **29 Z** 100/145.

ALTENWEDDINGEN Sachsen-Anhalt **418** K 18 – 2 000 Ew – Höhe 80 m.
Berlin 171 – Magdeburg 20 – Halberstadt 36.

🏠 **Körling,** Halberstädter Str. 1 (B 81, W : 2km), ⊠ 39171, ℰ (039205) 2 39 01,
Fax (039205) 23905 – 📺 🕿 ✇ & 🅿 – 🔬 30. 🆎 ⓪ E 𝘝𝘐𝘚𝘈
Menu à la carte 24/43 – **31 Z** 100/180.

In this guide,
a symbol or a character, printed in red or black, in bold or light type,
does not have the same meaning.
Please read the explanatory pages carefully.

ALTÖTTING Bayern **420** V 22, **987** ㊵ – 12 000 Ew – Höhe 402 m – Wallfahrtsort.
🄱 Wallfahrts- und Verkehrsbüro, Kapellplatz 2a, ⊠ 84503, ℰ (08671) 80 68, Fax (08671)
85050.
Berlin 625 – München 93 – Bad Reichenhall 75 – Passau 83 – Salzburg 66.

🏰 **Zur Post,** Kapellplatz 2, ⊠ 84503, ℰ (08671) 50 40, Fax (08671) 6214, 🍴, 🚇, 🔲
– 📶 📺 🅿 – 🔬 140. 🆎 ⓪ E 𝘝𝘐𝘚𝘈 𝗝𝗖𝗕
Menu à la carte 30/65 – **98 Z** 120/290.

🏠 **Plankl,** Schlotthamer Str. 4, ⊠ 84503, ℰ (08671) 8 51 51, Fax (08671) 12495, 🍴, 🚇,
🌳 – 📶, 🔄 Zim, 📺 🕿 🚗 🅿 – 🔬 80. 🆎 ⓪ E 𝘝𝘐𝘚𝘈
Menu à la carte 22/46 – **80 Z** 60/200, 5 Suiten.

🏠 **Parkhotel** garni, Neuöttinger Str. 28, ⊠ 84503, ℰ (08671) 1 20 27, Fax (08671) 4887
– 📺 🕿 🚗 🅿. 🆎 E 𝘝𝘐𝘚𝘈
1. - 10. Jan. geschl. – **12 Z** 95/150.

🏠 **Zwölf Apostel,** Bruder-Konrad-Platz 3, ⊠ 84503, ℰ (08671) 9 69 60,
Fax (08671) 84371, 🍴 – 📶, 🔄 Zim, 🅿 – 🔬 100
20. Jan. - Feb. geschl. – **Menu** à la carte 21/55 – **60 Z** 65/125.

In Teising W : 5 km :
🍴 **Gasthof Hutter,** Hauptstr. 17 (B 12), ⊠ 84576, ℰ (08633) 2 07, 🍴
Dienstagabend - Mittwoch und Nov. 3 Wochen geschl. – **Menu** à la carte 22/40.

In Tüßling-Bräu im Moos SW : 9,5 km über Tüßling, vor Mörmoosen links ab :
🍴 **Bräu im Moos,** Moos 21, ⊠ 84577, ℰ (08633) 10 41, Fax (08633) 7941, Biergarten,
Brauerei-Museum, Hirschgehege – 🅿
Montag und Jan. - Mitte Feb. geschl. – **Menu** à la carte 28/55.

In Tüßling-Kiefering SW : 6 km über die B 299 :
🏠 **Bauernsepp,** ⊠ 84577, ℰ (08633) 89 40, Fax (08633) 894200, « Innenhofterrasse »,
🎾 – 📺 🕿 🅿 – 🔬 50. 🆎 E 𝘝𝘐𝘚𝘈
Menu à la carte 30/65 – **40 Z** 85/140 – ½ P 29.

ALTRIP Rheinland-Pfalz siehe Ludwigshafen am Rhein.

ALZENAU Bayern **417** P 11, **987** ㉗ – 19 000 Ew – Höhe 114 m.
🄱 Städt. Verkehrsamt, Rathaus, Hanauer Str. 1, ⊠ 63755, ℰ (06023) 50 21 12,
Fax (06023) 30497.
Berlin 527 – München 378 – Frankfurt am Main 41 – Aschaffenburg 19.

🍴🍴 **Villa Meßmer,** Brentanostr. 30, ⊠ 63755, ℰ (06023) 65 95, Fax (06023) 32277, 🍴
– 🅿
Sonntag - Montag, Jan. 1 Woche und Sept. 2 Wochen geschl. – **Menu** (nur Abendessen)
à la carte 46/73.

In Alzenau-Hörstein S : 4 km :
🏠 **Käfernberg** 🌳, Mömbriser Str. 9, ⊠ 63755, ℰ (06023) 94 10, Fax (06023) 941115,
≤, 🍴, « Restaurant im alpenländischen Stil », 🚇 – 📶 📺 🕿 🅿 – 🔬 20. 🆎 𝘝𝘐𝘚𝘈
Menu (Samstagmittag, Sonntag und Anfang - Mitte Aug. geschl.) à la carte 45/75 – **29 Z**
85/185.

In Alzenau-Wasserlos *SO : 2 km :*

🏨 **Krone am Park** ⌂ garni, Hellersweg 1, ⊠ 63755, *☎* (06023) 60 52, *Fax (06023) 8724,*
≲, *ᵢ₆*, ⊜s, *↝*, *℀* – 🆃🆅 ☎ ⇔ 🅿 – 🏂 25. 🔤 🇪 *VISA*
28 Z 118/278.

🏨 **Krone** ⌂, Hahnenkammstr. 37, ⊠ 63755, *☎* (06023) 60 25, *Fax (06023) 31660* – 🆃🆅
☎ 🅿. 🔤 🇪 *VISA*
Mitte Juli - Mitte Aug. geschl. – **Menu** *(Sonntagabend - Montagmittag geschl.)* à la carte
35/66 – **22 Z** 78/165.

ALZEY *Rheinland-Pfalz* 🔢🔢🔢 *Q 8,* 🔢🔢🔢 ㉖ – *18 000 Ew – Höhe 173 m.*
🅱 *Tourist-Information (im Museum), Antoniterstr. 41,* ⊠ 55232, *☎* (06731) 49 52 38.
Berlin 600 – Mainz 34 – Darmstadt 48 – Kaiserslautern 49 – Bad Kreuznach 29 – Worms 28.

🏨 **Alzeyer Hof,** Antoniterstr. 60, ⊠ 55232, *☎* (06731) 88 05, *Fax (06731) 8808* – |☰| 🆃🆅
☎ ⇔ – 🏂 60. 🔤 ⓪ 🇪 *VISA* 🇯🇨🇧
Menu *(Freitag und Juli - Aug. 3 Wochen geschl.)* à la carte 36/63 *⅄* – **25 Z**
105/149.

🏨 **Am Schloss** ⌂, Amtgasse 39, ⊠ 55232, *☎* (06731) 86 56, *Fax (06731) 45605* – 🆃🆅
☎ ⅋ 🅿 – 🏂 50. 🔤 🇪 *VISA*
Menu *(Sonntagabend, Anfang Jan. 1 Woche und April 2 Wochen geschl.)* à la carte 35/60
– **25 Z** 100/149.

🏨 **Rheinhessen-Treff,** Industriestr. 13 (O : 1 km, nahe der Autobahn), ⊠ 55232,
☎ (06731) 40 30, *Fax (06731) 403106,* ♨, *℀* (Halle) – |☰|, ⅋ Zim, 🆃🆅 ☎ 🅿 – 🏂 300.
🔤 ⓪ 🇪 *VISA*
Menu à la carte 33/60 – **143 Z** 115/185.

🏨 **Diamant** garni, Hospitalstr. 28a, ⊠ 55232, *☎* (06731) 48 70, *Fax (06731) 48712* – |☰|
🆃🆅 ☎ ⇔. 🔤 🇪 *VISA*
17 Z 85/125.

🏨 **Krause** mit Zim, Gartenstr. 2, ⊠ 55232, *☎* (06731) 61 81, *Fax (06731) 45613,* ♨ – 🆃🆅
☎ 🅿. 🇪 *VISA*
Ende Dez. - Mitte Jan. und Juli - Aug. 2 Wochen geschl. – **Menu** *(Dienstag geschl.)* 36/99
und à la carte 41/72 – **10 Z** 92/145.

In Erbes-Büdesheim *W : 5 km :*

🏨 **Landhotel Krönchen** garni, Hauptstr. 4, ⊠ 55234, *☎* (06731) 17 11,
Fax (06731) 41010, ♨, « Renoviertes Landgasthaus », ⊜s – 🆃🆅 ☎ ⅋ 🅿
5 Z 65/110.

In Lonsheim *NW : 5 km :*

🏨 **Landhotel Ellernhof** ⌂ garni, Ellerngasse 5, ⊠ 55237, *☎* (06734) 2 60,
Fax (06734) 8442 – 🆃🆅 ☎ 🅿. 🇪
11 Z 80/120.

AMBERG *Bayern* 🔢🔢🔢 *R 19,* 🔢🔢🔢 ㉙ – *43 000 Ew – Höhe 374 m.*
Sehenswert : *Deutsche Schulkirche★* AZ **A** – *Wallfahrtskirche Maria-Hilf (Fresken★)* BY **B**.
🅱 *Tourist-Information, Zeughausstr. 1 a,* ⊠ 92224, *☎* (09621) 1 02 39, *Fax (09621)*
10281.
ADAC, *Kaiser-Wilhelm-Ring 29a,* ⊠ 92224, *☎* (09621) 2 23 80, *Fax (09621) 15499.*
Berlin 434 ⑤ *– München 204* ⑤ *– Bayreuth 79* ⑥ *– Nürnberg 61* ⑤ *– Regensburg 64* ③

Stadtplan siehe gegenüberliegende Seite

🏨 **Drahthammer Schlößl,** Drahthammer Str. 30, ⊠ 92224, *☎* (09621) 70 30,
Fax (09621) 88424, ♨, ⊜s – 🆃🆅 ☎ ⅋ 🅿 – 🏂 80. 🔤 ⓪ 🇪 *VISA* 🇯🇨🇧   BY **a**
Menu à la carte 42/65 – **44 Z** 89/289.

🏨 **Ramada** Ⓜ garni, Schießstätteweg 10, ⊠ 92224, *☎* (09621) 48 30,
Fax (09621) 483444 – |☰| ⅋ 🆃🆅 ☎ ⅋ ⅋ 🅿 – 🏂 25. 🔤 ⓪ 🇪 *VISA* 🇯🇨🇧   BZ **c**
110 Z 147/196.

🏨 **Fleischmann,** Wörthstr. 4, ⊠ 92224, *☎* (09621) 1 51 32, *Fax (09621) 33986* – 🆃🆅 ☎
⇔. 🇪 Rest   AZ **f**
24. Dez. - 6. Jan. geschl. – *(nur Abendessen für Hausgäste)* – **31 Z** 85/130.

🏨 **Brunner** garni, Batteriegasse 3, ⊠ 92224, *☎* (09621) 49 70, *Fax (09621) 497155* – |☰|
🆃🆅 ☎ ⇔ 🅿. 🔤 ⓪ 🇪 *VISA*   BZ **e**
24. - 29. Dez. geschl. – **41 Z** 80/150.

🏨 **Casino - Altdeutsche Stube,** Schrannenplatz 8, ⊠ 92224, *☎* (09621) 2 26 64,
Fax (09621) 22066, ♨ – 🏂 40. 🔤 🇪 *VISA*   AZ **T**
Menu à la carte 38/63.

AMBERG

In Ursensollen-Oberleinsiedl *SW : 7 km über Haager Weg* A :

🏠 **Pension Kleindienst** ⑤ garni, Oberleinsiedl 3b, ⊠ 92289, ℰ (09628) 9 20 00, Fax (09628) 920049, ⇌ – 📺 ☎ ✆ & ❷ – 🔬 20. 🖭 ⑩ Ε 𝘝𝘐𝘚𝘈
14 Z 45/78.

AMELINGHAUSEN Niedersachsen 𝟜𝟙𝟝 𝟜𝟙𝟞 G 14, 𝟡𝟠𝟟 ⑯ – 3 100 Ew – Höhe 65 m – Erholungsort.
🛈 Tourist-Information, Lüneburger Str. 55, ⊠ 21385, ℰ (04132) 1 94 33, Fax (04132) 920916.
Berlin 294 – Hannover 104 – Hamburg 67 – Lüneburg 26.

🏠 **Schenck's Gasthaus** (mit Gästehaus Bergpension ⑤, 🔲, ⇌), Lüneburger Str. 48 (B 209), ⊠ 21385, ℰ (04132) 6 30 (Hotel) 3 14 (Rest.), Fax (04132) 8998, 🛋 – 📺 ☎ ❷ – 🔬 80. ⑩ Ε 𝘝𝘐𝘚𝘈
20. - 30. Nov. geschl. – **Menu** à la carte 37/62 – **37 Z** 75/195 – ½ P 24.

AMERDINGEN Bayern 𝟜𝟙𝟡 𝟜𝟚𝟘 T 15 – 750 Ew – Höhe 530 m.
Berlin 535 – München 132 – Augsburg 66 – Nördlingen 17 – Ulm (Donau) 67.

🏠 **Landhotel Kesseltaler Hof** ⑤, Graf-Stauffenberg-Str. 21, ⊠ 86735, ℰ (09089) 6 16, Fax (09089) 1412, 🛋, « Renoviertes ehemaliges Bauernhaus », ⇌, 🌳 – ✖ Zim, 📺 ☎ ❷ – 🔬 20. Ε 𝘝𝘐𝘚𝘈 𝘑𝘊𝘉
Menu (Montag - Dienstag sowie Jan. und Aug. jeweils 2 Wochen geschl.) à la carte 32/60 – **14 Z** 70/100.

AMMERBUCH Baden-Württemberg 𝟜𝟙𝟡 U 10 – 10 000 Ew – Höhe 365 m.
Berlin 668 – Stuttgart 40 – Freudenstadt 51 – Pforzheim 67 – Reutlingen 25.

In Ammerbuch-Entringen :

XX **Im Gärtle,** Bebenhauser Str. 44, ⊠ 72119, ℰ (07073) 64 35, Fax (07073) 6435, « Gartenterrasse » – ❷. Ε 𝘝𝘐𝘚𝘈
Montag und Jan. geschl. – **Menu** à la carte 43/68.

In Ammerbuch-Pfäffingen :

🏠 **Lamm** ⑤, Dorfstr. 42, ⊠ 72119, ℰ (07073) 30 50, Fax (07073) 30513, 🛋 – 📺 ☎ ❷. 🖭 ⑩ Ε 𝘝𝘐𝘚𝘈 𝘑𝘊𝘉
Mitte Aug. 1 Woche geschl. – **Menu** (Samstagmittag und Montagmittag geschl.) à la carte 40/74 – **19 Z** 88/160.

AMÖNEBURG Hessen 𝟜𝟙𝟟 N 10 – 4 800 Ew – Höhe 362 m – Erholungsort.
Berlin 464 – Wiesbaden 125 – Kassel 81 – Bad Hersfeld 71 – Giessen 34 – Marburg 14.

XX **Dombäcker** mit Zim, Markt 18, ⊠ 35287, ℰ (06422) 9 40 90, Fax (06422) 51495, 🛋 – 📺 ☎ – 🔬 15
Menu (Montag, 1. - 7. Jan. und Juli - Aug. 2 Wochen geschl.) à la carte 40/78 – **5 Z** 110/190.

AMORBACH Bayern 𝟜𝟙𝟟 𝟜𝟙𝟡 R 11, 𝟡𝟠𝟟 ㉗ – 5 000 Ew – Höhe 166 m – Luftkurort.
Sehenswert : Abteikirche★ (Chorgitter★, Bibliothek★, Grüner Saal★).
🛈 Städt. Verkehrsamt, im alten Rathaus, Marktplatz, ⊠ 63916, ℰ (09373) 2 09 40, Fax (09373) 20933.
Berlin 569 – München 353 – Aschaffenburg 47 – Darmstadt 69 – Heidelberg 67 – Würzburg 77.

🏠 **Badischer Hof,** Am Stadttor 4, ⊠ 63916, ℰ (09373) 95 05, Fax (09373) 950300, 🛋 – 📺 ☎ ❷ – 🔬 20. 🖭 ⑩ Ε 𝘝𝘐𝘚𝘈
Menu à la carte 30/57 – **27 Z** 85/195 – ½ P 28.

🏠 **Post,** Schmiedgasse 2, ⊠ 63916, ℰ (09373) 14 10, Fax (09373) 1456, 🛋, ⇌, 🌳 – 📶 📺 ☎ 🚗 ❷. 🖭 ⑩ Ε
Mitte Jan. - Mitte Feb. geschl. – **Menu** à la carte 33/62 – **20 Z** 75/180.

🏠 **Frankenberg** ⑤, Gotthardsweg 12 (Sommerberg), ⊠ 63916, ℰ (09373) 12 50, Fax (09373) 4628, ≤, 🛋, 🔲, 🌳 – 📺 ☎ ❷. 🖭 ⑩ Ε 𝘝𝘐𝘚𝘈
Jan. geschl. – **Menu** (Dienstag geschl.) à la carte 29/60 – **18 Z** 80/140 – ½ P 29.

Im Otterbachtal *W : 3 km über Amorsbrunner Straße :*

🏨 **Der Schafhof** ⑤ (ehem. Klostergut), ⊠ 63916 Amorbach, ℰ (09373) 9 73 30, ✿ Fax (09373) 4120, ≤, 🛋, ⇌, 🌳, ✖ – 📶 📺 ☎ ✆ ❷ – 🔬 80. 🖭 ⑩ Ε 𝘝𝘐𝘚𝘈. ✖ Zim
Abtstube (bemerkenswerte Weinkarte) (Montag - Dienstag geschl.) **Menu** à la carte 81/109 – **Benediktinerstube** (Mittwoch - Donnerstag geschl.) **Menu** à la carte 42/58 – **23 Z** 190/450, 4 Suiten – ½ P 85
Spez. Variation vom Kaninchen. Lammrücken mit Kräutern. Caramelisierte Quarkkeulchen.

In Amorbach-Boxbrunn *NW : 10 km :*

Bayerischer Hof, Hauptstr. 8 (B 47), ✉ 63916, ℰ (09373) 14 35, *Fax (09373) 3208*
Jan. 3 Wochen und Juni 2 Wochen geschl. – **Menu** *(Donnerstag - Freitag geschl.)* à la carte 22/39 – **15 Z** 44/125 – ½ P 20.

AMPFING *Bayern* 420 *V 21,* 987 ㊵ *– 5 100 Ew – Höhe 415 m.*

Berlin 644 – München 74 – Landshut 60 – Salzburg 89.

Fohlenhof, Zangberger Str. 23, ✉ 84539, ℰ (08636) 98 50, *Fax (08636) 985100,* – 50. AE E VISA
Menu *(Samstag und Anfang Aug. - Anfang Sept. geschl.)* (wochentags nur Abendessen, Sonntag nur Mittagessen) à la carte 31/67 – **32 Z** 90/140.

AMRUM (Insel) *Schleswig-Holstein* 415 *C 8,* 987 ④, 984 ② *– Seeheilbad – Insel der Nordfriesischen Inselgruppe.*

Ausflugsziele : *Die Halligen★ (per Schiff).*

von Dagebüll (ca. 2 Std.). Für PKW Voranmeldung bei Wyker Dampfschiffs-Reederei GmbH in Wyk auf Föhr, ✉ *25938,* ℰ *(04681) 8 01 40, Fax 80116.*

Berlin 469 – Kiel 131 – Flensburg 62 – Niebüll 20.

Nebel *– 1 045 Ew :*

Kurverwaltung, ✉ *25946,* ℰ *(04682) 8 81, Fax (04682) 2999.*

Ekke-Nekkepenn, Waasterstigh 19, ✉ 25946, ℰ (04682) 22 45,
Dienstag sowie 6. Jan. - 15. Feb. und 2. Nov. - 15. Dez. geschl. – **Menu** à la carte 32/ 52.

Norddorf *– 600 Ew :*

Kurverwaltung, ✉ *25946,* ℰ *(04682) 8 11, Fax (04682) 1795.*

Hüttmann, Ual Saarepswai 2, ✉ 25946, ℰ (04682) 92 20, *Fax (04682) 922113,*
Menu *(16. Nov. - 20. Feb. geschl.)* à la carte 40/85 – **58 Z** 105/260 – ½ P 38.

Seeblick (Appartement-Hotel mit Gästehaus), Strunwai 13, ✉ 25946, ℰ (04682) 92 10, *Fax (04682) 2574,* Massage, (Halle) – Rest, – 70
Menu à la carte 35/75 – **43 Z** 145/270, 7 Suiten – ½ P 30.

Ual Öömrang Wiartshüs, Bräätlun 4, ✉ 25946, ℰ (04682) 8 36, *Fax (04682) 1432,* « Altfriesische Kate, Seemannsstube », Zim
7. Jan. - 21. Feb. geschl. – **Menu** *(im Winter Mittwoch - Donnerstag geschl.)* à la carte 38/60 – **10 Z** 90/180 – ½ P 25.

Graf Luckner, Madelwai 4, ✉ 25946, ℰ (04682) 9 45 00, *Fax (04682) 945037* –
Menu *(Mittwoch geschl.)* (nur Abendessen) à la carte 32/66 – **18 Z** 77/192 – ½ P 28.

Wittdün *– 700 Ew :*

Kurverwaltung, ✉ *25946,* ℰ *(04682) 9 43 40, Fax (04682) 943456.*

Weiße Düne, Achtern Strand 6, ✉ 25946, ℰ (04682) 94 00 00, *Fax (04682) 4359,* E VISA
15. Nov. - 15. Dez. geschl. – **Menu** *(Montag geschl.)* à la carte 37/74 – **12 Z** 136/260 – ½ P 39.

Strandhotel Vierjahreszeiten garni, Obere Wandelbahn 16, ✉ 25946, ℰ (04682) 3 50, *Fax (04682) 35350,*
32 Z 110/210.

ANDENHAUSEN *Thüringen* 418 420 *N 14 – 350 Ew – Höhe 600 m.*

Berlin 394 – Erfurt 109 – Bad Hersfeld 573 – Fulda 44.

Rhöngasthof Katzenstein, (NO : 1 km), ✉ 36452, ℰ (036964) 9 90, *Fax (036964) 99222,* – 70
26 Z.

Ganz EUROPA auf einer Karte (mit Ortsregister) :
Michelin-Karte Nr. 970.

ANDERNACH Rheinland-Pfalz **417** O 6, **987** ㉘ – 28000 Ew – Höhe 65 m.
▸ Touristinformation, Läufstr. 11, ✉ 56626, ✆ (02632) 92 23 00, Fax (02632) 922242.
Berlin 608 – Mainz 120 – *Koblenz 19 – Bonn 43 – Mayen 23.*

🏨 **Fischer,** Am Helmwartsturm 4, ✉ 56626, ✆ (02632) 9 63 60, Fax (02632) 963640, 🏤
– 📳 📺 ☎. 🆎 ⑩ 🗲 *VISA*
Juli - Aug. 3 Wochen geschl. – **Menu** *(Sonntag geschl.)* 45 und à la carte 50/70 – **20 Z**
125/240.

🏨 **Villa am Rhein,** Konrad-Adenauer-Allee 3, ✉ 56626, ✆ (02632) 9 27 40,
Fax (02632) 927450, ≤, 🏤 – 📺 ☎ ⇦ 🅿 – 🕍 20. 🆎 ⑩ 🗲 *VISA*
Jan. 2 Wochen geschl. – **Menu** *(Samstag geschl.)* à la carte 35/67 – **25 Z** 95/150.

🏨 **Alte Kanzlei** (historisches Haus a.d.J. 1677), Steinweg 30, ✉ 56626, ✆ (02632) 9 66 60,
Fax (02632) 966633, 🏤, « Rustikal-gemütliches Restaurant in einem Gewölbekeller,
Hofterrasse », ⇔ – 📺 ☎
Menu *(Sonntag geschl.)* (nur Abendessen) à la carte 42/65 – **11 Z** 98/180.

🏨 **Meder,** Konrad-Adenauer-Allee 36, ✉ 56626, ✆ (02632) 4 26 32, Fax (02632) 30111,
≤ – 📺 ☎. 🆎 ⑩ 🗲 *VISA*. ⅍ Rest
(Restaurant nur für Hausgäste) – **10 Z** 99/180.

🏠 **Am Martinsberg** ⑤ garni, Frankenstr. 6, ✉ 56626, ✆ (02632) 4 55 22,
Fax (02632) 1406 – ↔ 📺 ☎ ⇦ 🅿. 🗲 *VISA*. ⅍
28 Z 75/120.

ANGELBACHTAL Baden-Württemberg **417 419** S 10 – 3 600 Ew – Höhe 154 m.
Berlin 625 – Stuttgart 91 – *Karlsruhe 55 – Heilbronn 40 – Mannheim 44.*

In Angelbachtal-Michelfeld :

🏨 **Schloß Michelfeld,** Friedrichstr. 2, ✉ 74918, ✆ (07265) 70 41, Fax (07265) 279, 🏤
– 📳 📺 ☎ 🅿 – 🕍 30. 🆎 ⑩ 🗲 *VISA*
Menu *(Montag geschl.)* à la carte 55/87 – **21 Z** 105/210.

✂ **Engel** mit Zim, Friedrichstr. 7, ✉ 74918, ✆ (07265) 9 12 50, Fax (07265) 7030 – 📺 ☎
🅿. 🗲 *VISA*
Menu *(Donnerstag geschl.)* à la carte 32/54 – **5 Z** 75/105.

ANGER Bayern **420** W 22 – 4 200 Ew – Höhe 500 m – Luftkurort.
▸ Verkehrsamt, Dorfplatz 4, ✉ 83454, ✆ (08656) 98 89 22, Fax (08656) 988921.
Berlin 716 – München 122 – *Bad Reichenhall 13 – Rosenheim 75 – Salzburg 19.*

🏠 **Alpenhof,** Dorfplatz 15, ✉ 83454, ✆ (08656) 5 91, Fax (08656) 7375, 🏤 – 📺 ☎.
🗲
Ende Jan.- Mitte Feb. und Nov. geschl. – **Menu** *(Montag - Dienstagmittag geschl.)* à la carte
26/54 – **19 Z** 54/102 – ½ P 25.

In Anger-Aufham S : 3 km :

🌲 **Hölbinger Alm** ⑤, Kirchenstr. 53, ✉ 83454, ✆ (08656) 5 78, Fax (08656) 1732, ≤,
🏤, 🚲 – 📺 ☎ ⇦ 🅿
Nov. - Anfang Dez. geschl. – **Menu** *(Montag, Jan. - April auch Dienstag geschl.)* à la carte
21/52 – **18 Z** 54/104 – ½ P 18.

ANGERMÜNDE Brandenburg **416** G 26, **984** ⑫, **987** ⑲ – 11 500 Ew – Höhe 45 m.
Berlin 77 – Potsdam 114 – *Neubrandenburg 99 – Prenzlau 41 – Frankfurt (Oder) 106.*

🏨 **Weiss,** Puschkinallee 11, ✉ 16278, ✆ (03331) 2 18 54, Fax (03331) 23366, 🏤 – 📳 📺
☎ ♿ 🅿 – 🕍 50. 🆎 🗲 *VISA*
Menu à la carte 26/50 *(auch vegetarische Gerichte)* – **17 Z** 120/180.

In Stolpe SO : 10 km :

🏠 **Stolper Turm,** Dorfstr. 40, ✉ 16278, ✆ (033338) 5 40, Fax (033338) 334, 🏤 – 📺
☎ 🅿. 🗲
Menu à la carte 25/41 – **12 Z** 90/120 – ½ P 18.

ANIF Österreich siehe *Salzburg.*

ANKLAM Mecklenburg-Vorpommern **416** E 25, **984** ⑦, **987** ⑦ – 17 500 Ew – Höhe 6 m.
▸ Anklam-Information, Kleiner Wall 11, ✉ 17389, ✆ (03971) 21 05 41.
Berlin 179 – Schwerin 182 – *Neubrandenburg 49 – Stralsund 77.*

🏠 **Am Stadtwall** garni, Demminer Str. 5, ✉ 17389, ✆ (03971) 83 31 36,
Fax (03971) 833137 – 📺 ☎ 🅿. 🆎 🗲 *VISA*
18 Z 98/149.

In Auerose *SO : 6 km :*

🏠 **Auerose,** Nahe der B 109, ⌧ 17398, ℘ (039726) 2 03 13, *Fax (039726) 20314 –* 📺
☎ 🍴 ⓟ, ᴀᴇ ∈ 𝑽𝑰𝑺𝑨. ⚙
(nur Abendessen für Hausgäste) **– 16 Z** 79/119.

In Rubkow-Bömitz *N : 12 km :*

🏨 **Landhotel Bömitz** ⟨, Dorfstr. 14, ⌧ 17390, ℘ (039724) 2 25 40,
🍴 *Fax (039724) 22541,* ⌖, « Gutshof a.d. 18.Jh. », 🐎, 🐴 – 📺 ☎ ⓟ, ᴀᴇ ∈ 𝑽𝑰𝑺𝑨
Menu à la carte 28/57 – *von Hertell (Sonntag - Montag geschl., nur Abendessen)* **Menu**
à la carte 53/79 – **18 Z** 95/180.

ANKUM *Niedersachsen* **415** *I 7 – 6 000 Ew – Höhe 54 m.*
🏌 *Ankum-Westerholte (S : 6 km), ℘ (05466) 3 01, Fax 301.*
Berlin 435 – Hannover 149 – Bremen 103 – Nordhorn 62 – Osnabrück 40.

🏨 **Artland-Sporthotel** ⟨, Tütinger Str. 28, ⌧ 49577, ℘ (05462) 88 20,
Fax (05462) 882888, ⬅, 🏊, ⚽(Halle) – ▯, ↔ Zim, 📺 ☎ ⓟ – 🔨 50. ᴀᴇ ⓞ ∈ 𝑽𝑰𝑺𝑨
Menu à la carte 38/67 – **59 Z** 85/160.

🏨 **Schmidt,** Hauptstr. 35, ⌧ 49577, ℘ (05462) 88 90, *Fax (05462) 88988,* ⌖, ⬅ – 📺
☎ ⓟ – 🔨 20. ᴀᴇ ⓞ ∈ 𝑽𝑰𝑺𝑨 𝑱𝑪𝑩
Juli - Aug. 2 Wochen und 27. - 30. Dez. geschl. – **Menu** à la carte 30/60 – **19 Z** 85/130.

ANNABERG-BUCHHOLZ *Sachsen* **418 420** *O 23,* **984** ㉓ ㉔, **987** ㉙ *– 23 000 Ew –*
Höhe 831 m.
Sehenswert : *St. Annen-Kirche★★, Schöne Pforte★★, Kanzel★, Bergaltar★.*
🛈 *Tourist-Information, Markt 1, ⌧ 09456, ℘ (03733) 42 51 39, Fax (03733) 425138.*
Berlin 295 – Dresden 94 – Chemnitz 31 – Leipzig 108.

🏨 **Wilder Mann** Ⓜ, Markt 13, ⌧ 09456, ℘ (03733) 14 40, *Fax (03733) 144100,*
« Spätgotische Holzbalkendecke a.d.J. 1509 », ⬅ – ▯, ↔ Zim, 📺 ☎ 🥂 🍴 – 🔨 50.
ᴀᴇ ⓞ ∈ 𝑽𝑰𝑺𝑨 ⚙ Rest
Menu à la carte 31/56 – **65 Z** 125/165.

🏠 **Goldene Sonne,** Adam-Ries-Str. 11, ⌧ 09456, ℘ (03733) 2 21 83, *Fax (03733) 22183,*
🍴 ⌖ – ▯ 📺 ☎, ᴀᴇ ∈ 𝑽𝑰𝑺𝑨
Menu à la carte 24/40 – **26 Z** 90/140.

🏠 **Parkhotel Waldschlößchen,** Waldschlößchenpark 1, ⌧ 09456, ℘ (03733) 6 45 81,
🍴 *Fax (03733) 64588,* ⌖ – ▯ 📺 ☎ ⓟ, ᴀᴇ ⓞ ∈ 𝑽𝑰𝑺𝑨 ⚙ Zim
Menu à la carte 23/50 – **18 Z** 100/170.

ANNWEILER *Rheinland-Pfalz* **417 419** *S 7,* **987** ㉖ *– 7 800 Ew – Höhe 183 m – Luftkurort.*
Ausflugsziel : Burg Trifels★ (Kapellenturm ✳★) O : 7 km.
🛈 *Verkehrsamt, Rathaus, ⌧ 76855, ℘ (06346) 22 00, Fax (06346) 7917.*
Berlin 674 – Mainz 125 – Karlsruhe 54 – Neustadt an der Weinstraße 33 – Pirmasens 33
– Speyer 42.

🏠 **Bergterrasse** ⟨ garni, Trifelsstr. 8, ⌧ 76855, ℘ (06346) 72 19, *Fax (06346) 963517,*
⌖ – ↔ 📺 ⓟ, ⚙
30 Z 50/110.

ANRÖCHTE *Nordrhein-Westfalen* **417** *L 8 – 9 300 Ew – Höhe 200 m.*
Berlin 449 – Düsseldorf 134 – Lippstadt 13 – Meschede 30 – Soest 21.

🏮 **Café Buddeus,** Hauptstr. 128, ⌧ 59609, ℘ (02947) 39 95, *Fax (02947) 4876 –* 📺 ☎
🍴 ⓟ ∈ 𝑽𝑰𝑺𝑨
Menu *(Freitag geschl.)* à la carte 27/51 – **25 Z** 65/110.

ANSBACH *Bayern* **419 420** *S 15,* **987** ㉘ *– 40 000 Ew – Höhe 409 m.*
Sehenswert : *Residenz★ (Fayencenzimmer★★, Spiegelkabinett★).*
🏌 *Schloß Colmberg (NW : 17 km), ℘ (09803) 2 62 ;* 🏌 *Lichtenau, Weickershof 1 (O : 9 km),*
℘ (09827) 69 07.
🛈 *Amt für Kultur und Touristik, Johann-Sebastian-Bach-Platz 1, ⌧ 91522,*
℘ (0981) 5 12 43, Fax (0981) 51365.
ADAC, Residenzstr. 2, ⌧ 91522, ℘ (0981) 8 48 38, *Fax (0981) 85177.*
Berlin 481 – München 202 – Nürnberg 61 – Stuttgart 162 – Würzburg 78.

🏨 **Am Drechselsgarten** 🐾, Am Drechselsgarten 1, ✉ 91522, ✆ (0981) 8 90 20,
Fax (0981) 8902605, ≼, 🏡, 🍴 – 🔊 📺 ☎ ☻ – 🚗 50. 🖭 ⓞ ☰ 𝘝𝘐𝘚𝘈
Menu à la carte 49/72 – **51 Z** 160/240.

🏨 **Bürger-Palais** garni, Neustadt 48, ✉ 91522, ✆ (0981) 9 51 31, Fax (0981) 95600,
« Modernisiertes Barockhaus, elegante Einrichtung » – 📺 ☎ – 🚗 20. 🖭 ⓞ ☰ 𝘝𝘐𝘚𝘈
12 Z 140/220.

🏠 **Der Platengarten,** Promenade 30, ✉ 91522, ✆ (0981) 97 14 20,
Fax (0981) 9714242, Biergarten – 🔊 📺 ☎. ☰ 𝘝𝘐𝘚𝘈
Menu (Samstag geschl.) à la carte 32/60 – **23 Z** 90/200.

🏠 **Schwarzer Bock,** Pfarrstr. 31, ✉ 91522, ✆ (0981) 42 12 40, Fax (0981) 4212424, 🏡
– 📺 ☎. 🖭 ⓞ ☰ 𝘝𝘐𝘚𝘈
Menu (Sonntagabend geschl.) à la carte 39/69 – **16 Z** 78/195.

🏠 **Windmühle,** Rummelsberger Str. 1 (B 14), ✉ 91522, ✆ (0981) 1 50 88,
Fax (0981) 17980, 🏡 – 🔊 📺 ☎ ☻ – 🚗 40
Jan. 2 Wochen geschl. – **Menu** (Samstag geschl.) à la carte 25/52 – **34 Z** 82/160.

In Ansbach-Brodswinden SO : 7 km über die B 13 :

🏠 **Landgasthof Kaeßer** 🐾, Brodswinden 23, ✉ 91522, ✆ (0981) 97 01 80,
🍽 Fax (0981) 9701850, 🏡 – 📺 ☎ 🚗 ☻. 🖭 ⓞ ☰ 𝘝𝘐𝘚𝘈
Menu (Samstag geschl.) à la carte 21/45 ⓑ – **18 Z** 75/138.

ANZING Bayern **420** V 19 – 3 100 Ew – Höhe 516 m.
Berlin 596 – München 21 – Landshut 65 – Salzburg 148.

☘ **Kirchenwirt,** Hoegerstr. 2, ✉ 85646, ✆ (08121) 30 33, Fax (08121) 43159, 🏡 – 📺
🍽 ☎ 🚗 ☻. 🖭 ⓞ ☰ 𝘝𝘐𝘚𝘈
Menu (Montag und 10. - 25. Aug. geschl.) à la carte 23/60 – **21 Z** 85/160.

APFELSTÄDT Thüringen siehe Erfurt.

APOLDA Thüringen **418** M 18, **984** ㉓, **987** ㉘ – 30 000 Ew – Höhe 182 m.
Ausflugsziel : Naumburg : Dom St. Peter und Paul★★ (Stifterfiguren★★★, Lettner★) –
St. Wenzel-Kirche★ NO : 27 km.
🅱 Stadtinformation, Markt 16, ✉ 99510, ✆ (03644) 56 26 42, Fax (03644) 562642.
Berlin 255 – Erfurt 46 – Jena 17 – Weimar 17 – Leipzig 96.

🏨 **Holiday Inn,** Jenaer Str. 2, ✉ 99510, ✆ (03644) 58 00, Fax (03644) 580100, 🏡, ☰
– 🔊, ⇄ Zim,, 📺 ☎ ☚ 🚗 ☻ – 🚗 120. 🖭 ⓞ ☰ 𝘝𝘐𝘚𝘈 𝙅𝘾𝘉
Menu à la carte 29/50 – **114 Z** 165/245.

🏨 **2 Länder,** Erfurter Str. 31, ✉ 99510, ✆ (03644) 5 02 20, Fax (03644) 502240 –
⇄ Zim, 📺 ☎ ☚ 🚗 ☻ – 🚗 20. 🖭 ☰ 𝘝𝘐𝘚𝘈. ✂ Rest
(nur Abendessen für Hausgäste) – **36 Z** 90/130.

APPENWEIER Baden-Württemberg **419** U 7, **987** ㊲ – 8 800 Ew – Höhe 137 m.
Berlin 737 – Stuttgart 143 – Karlsruhe 67 – Freudenstadt 50 – Strasbourg 22 – Baden-
Baden 47.

🏠 **Hanauer Hof,** Ortenauer Str. 50 (B 3), ✉ 77767, ✆ (07805) 9 56 60, Fax (07805) 5365,
🏡 – 🔊 📺 ☎ ☻ – 🚗 25. 🖭 ⓞ ☰ 𝘝𝘐𝘚𝘈. ✂ Rest
ab Aschermittwoch 2 Wochen geschl. – **Menu** (Samstagmittag und Dienstag geschl.) à la
carte 27/63 – **27 Z** 70/120.

ARENDSEE Sachsen-Anhalt **416** H 18, **984** ⑪, **987** ⑰ – 3 000 Ew – Höhe 26 m.
🅱 Stadtinformation, Lindenstr.19a (Am Strandbad), ✉ 39619, ✆ (039384) 2 71 64,
Fax (039384) 27164.
Berlin 162 – Magdeburg 116 – Schwerin 119.

🏨 **Deutsches Haus,** Friedensstr. 91, ✉ 39619, ✆ (039384) 25 00, Fax (039384) 27294,
🏡 – 📺 ☎ ☚ 🚗. 🖭 ⓞ ☰ 𝘝𝘐𝘚𝘈
Menu à la carte 26/53 – **15 Z** 92/148.

🏠 **Stadt Arendsee,** Friedensstr. 113, ✉ 39619, ✆ (039384) 22 34, Fax (039384) 27290
– 📺 ☎ 🚗. 🖭 ⓞ ☰ 𝘝𝘐𝘚𝘈. ✂ Zim
Okt. 2 Wochen geschl. – **Menu** (Sonntagabend - Montagmittag geschl.) à la carte 31/45
– **15 Z** 85/120.

ARGENBÜHL Baden-Württemberg **419 420** W 13 – 5 200 Ew – Höhe 600 m – Erholungsort.
🏢 Verkehrsamt, Rathaus in Eisenharz, Eglofser Str. 4, ✉ 88260, ℘ (07566) 6 15,
Fax (07566) 2627.
Berlin 707 – Stuttgart 194 – Konstanz 95 – Ravensburg 34 – Ulm (Donau) 98 –
Bregenz 38.

In Argenbühl-Eglofs :

🏠 **Zur Rose** ☜, Dorfplatz 7, ✉ 88260, ℘ (07566) 3 36, Fax (07566) 1678, ≼, 🏡, ⊜s,
🌳 – ❷ – 🔏 25. **E**
15. - 26. Dez. geschl. – **Menu** (Montag geschl.) à la carte 22/49 – **29 Z** 39/100 – ½ P 22.

ARNSBERG Nordrhein-Westfalen **417** L 8, **987** ⑮ – 78 000 Ew – Höhe 230 m.
🛫 Neheim-Hüsten (NW : 9 km), ℘ (02932) 3 15 46.
🏢 Verkehrsverein, Neumarkt 6, ✉ 59821, ℘ (02931) 40 55, Fax (02931) 12331.
ADAC, Lange Wende 42 (Neheim-Hüsten), ✉ 59755, ℘ (02931) 2 79 79, Fax (02931)
82189.
Berlin 482 – Düsseldorf 129 – Dortmund 62 – Hamm in Westfalen 42 – Meschede 22.

🏨 **Menge,** Ruhrstr. 60, ✉ 59821, ℘ (02931) 5 25 20, Fax (02931) 525250, « Garten », 🌳
– 📺 ☎ ⇔ ❷ – 🔏 20. 🖭 �ⓞ **E** 𝘝𝘐𝘚𝘈
Menu (Sonntag - Montag und Juli - Aug. 3 Wochen geschl.) (nur Abendessen) à la carte
42/72 – **18 Z** 90/170.

🏨 **Landsberger Hof,** Alter Markt 18, ✉ 59821, ℘ (02931) 8 90 20, Fax (02931) 890230,
🏡 – 📺 ☎ ⇔ ❷ **E**. ⁂
Menu (Mittwoch geschl.) à la carte 35/60 – **10 Z** 85/140.

🏠 **Altes Backhaus,** Alter Markt 27, ✉ 59821, ℘ (02931) 5 22 00, Fax (02931) 522020,
🏡, « Gemütlich-rustikale Einrichtung » – 📺 ☎ ❬. 🖭 **E** 𝘝𝘐𝘚𝘈
Menu (Montagmittag geschl.) à la carte 31/66 – **6 Z** 85/140.

In Arnsberg-Neheim NW : 9 km :

🏨 **Dorint-Hotel,** Zu den Drei Bänken, ✉ 59757, ℘ (02932) 20 01, Fax (02932) 200228,
≼, 🏡, ⊜s, 🎱, ⅙➘ Zim, 📺 ☎ ❷ – 🔏 100. 🖭 ⓞ **E** 𝘝𝘐𝘚𝘈 𝗝𝗖𝗕
Menu à la carte 38/68 – **160 Z** 170/270.

🏨 **Waldhaus-Rodelhaus,** Zu den Drei Bänken 1, ✉ 59757, ℘ (02932) 9 70 40,
Fax (02932) 22437, ≼, 🏡, ⊜s – 📺 ☎ ❷ 🔏 50. 🖭 ⓞ **E** 𝘝𝘐𝘚𝘈. ⁂
Menu (Dienstag, 6. - 12. Jan. und Mitte Juli - Anfang Aug. geschl.) à la carte 34/51 – **21 Z**
78/145.

ARNSTADT Thüringen **418** N 16, **984** ㉓, **987** ㉘ – 30 000 Ew – Höhe 285 m.
Sehenswert : Neues Palais (Puppen-Sammlung★).
🏢 Arnstadt-Information, Markt 3, ✉ 99310, ℘ (03628) 60 20 49.
Berlin 311 – Erfurt 20 – Coburg 872 – Eisenach 63 – Gera 85.

🏨 **Krone,** Am Bahnhof 8, ✉ 99310, ℘ (03628) 7 70 60, Fax (03628) 602484, 🏡 –
⅙➘ Zim, 📺 ☎ ❷ – 🔏 50. 🖭 ⓞ **E** 𝘝𝘐𝘚𝘈
Menu à la carte 29/56 – **40 Z** 90/160.

🏨 **Anders,** Gehrener Str. 22, ✉ 99310, ℘ (03628) 74 53, Fax (03628) 745444, 🏡, ⊜s
– ⅙⮸ 📺 ☎ ♿ ❷ – 🔏 20. 🖭 ⓞ **E** 𝘝𝘐𝘚𝘈
Menu à la carte 27/45 – **37 Z** 115/155.

🏠 **Brauhaushotel,** Brauhausstr. 3, ✉ 99310, ℘ (03628) 60 74 00, Fax (03628) 607444,
Biergarten – 📺 ☎ ❷ – 🔏 30. 🖭 ⓞ **E** 𝘝𝘐𝘚𝘈
Menu à la carte 21/43 – **35 Z** 89/189.

🏠 **Hotel Prox** (mit Gästehaus), Stadtilmer Str. 45, ✉ 99310, ℘ (03628) 6 12 20,
Fax (03628) 612214, 🎱 – 📺 ☎ ❷. 🖭 ⓞ **E** 𝘝𝘐𝘚𝘈
Menu à la carte 23/42 – **21 Z** 85/120.

In Eischleben N : 7 km :

🏠 **Krone,** Erfurter Str. 22 (B 4), ✉ 99334, ℘ (03628) 7 58 77, Fax (03628) 640375, Biergarten – 📺 ☎ ❷. 🖭 ⓞ **E** 𝘝𝘐𝘚𝘈
Menu à la carte 25/41 – **10 Z** 85/130.

In Holzhausen NW : 5 km :

🍴 **Veste Wachsenburg** ☜ mit Zim (Burganlage a.d.17.Jh.), ✉ 99310, ℘ (03628)
7 42 40, Fax (03628) 742488, ≼ Thüringer Wald-Vorland, 🏡, « Stilvolle Einrichtung, Innenhofterrasse » – 📺 ⁕ ❷. **E** 𝘝𝘐𝘚𝘈
Pallas-Restaurant Schierholz (Sonntag - Montag geschl.) (nur Abendessen) **Menu** à la
carte 52/79 – **Rittersaal-Burgschänke : Menu** à la carte 26/46 – **9 Z** 130/350.

AROLSEN, BAD Hessen 👁️17 L 11, 👁️87 ⑯ – 17 000 Ew – Höhe 290 m – Heilbad.

🏛️ Kurverwaltung, Landauer Str. 1, ✉️ 34454, 𝒫 (05691) 20 30, Fax (05691) 5121.

Berlin 428 – Wiesbaden 205 – Kassel 45 – Marburg 85 – Paderborn 55.

🏛️🏛️ **Residenzschloß** 🦢, Königin-Emma-Str. 10, ✉️ 34454, 𝒫 (05691) 80 80, Fax (05691) 808529, 🌳, Massage, ♨️, ≘s, 🔄, 🛌 – 📶, 🔜 Zim, 📺 📞 ➡️ ℗ – 🔒 250.
🅰🅴 ⓞ 🅴 𝘝𝘐𝘚𝘈
Menu à la carte 40/61 – **120 Z** 130/198.

🏛️ **Brauhaus-Hotel,** Kaulbachstr. 33, ✉️ 34454, 𝒫 (05691) 8 98 60, Fax (05691) 6942 –
📶, 🔜 Zim, 📺 📞 ℗. ⓞ 🅴 𝘝𝘐𝘚𝘈. 🔜 Zim
Jan. und Juli - Aug. jeweils 2 Wochen geschl. – Menu à la carte 33/57 – **13 Z** 82/140.

XX **Schäfer's Restaurant,** Schloßstr. 15, ✉️ 34454, 𝒫 (05691) 76 52, Fax (05691) 7652
– 🅰🅴 ⓞ 🅴 𝘝𝘐𝘚𝘈
Mittwoch sowie Feb. und Okt. jeweils 2 Wochen geschl. – Menu 49/72 und à la carte.

In Arolsen-Mengeringhausen S : 4,5 km – Erholungsort :

🏛️ **Luisen-Mühle** 🦢, Luisenmühler Weg 1, ✉️ 34454, 𝒫 (05691) 30 21, Fax (05691) 2578,
🌳, ≘s, 🔄, 🚗 – 🔜 Zim, 📺 📞 ℗ – 🔒 25. ⓞ 🅴 𝘝𝘐𝘚𝘈. 🔜
Menu (Freitag geschl.) à la carte 31/55 – **25 Z** 65/140 – ½ P 20.

ARZBERG KREIS TORGAU Sachsen 👁️18 L 23 – 1 800 Ew – Höhe 85 m.

Berlin 133 – Dresden 90 – Leipzig 66 – Cottbus 124 – Wittenberg 61.

In Arzberg-Adelwitz S : 3 km :

🏛️ **Rittergut Adelwitz** 🦢, ✉️ 04886, 𝒫 (034222) 4 51 70, Fax (034222) 45100, 🌳 –
📺 📞 ℗. 🅴 𝘝𝘐𝘚𝘈
Menu (Montag geschl.) à la carte 28/55 – **14 Z** 80/120.

ASBACHERHÜTTE Rheinland-Pfalz siehe Kempfeld.

ASCHAFFENBURG Bayern 👁️17 Q 11, 👁️87 ㉗ – 67 000 Ew – Höhe 130 m.

Sehenswert : Schloß Johannisburg★ Z.

🏞️ Hösbach-Feldkahl (über ②), 𝒫 (06024) 72 22.

🏛️ Tourist-Information, Schloßplatz 1, ✉️ 63739, 𝒫 (06021) 39 58 00, Fax (06021) 395802.

ADAC, Wermbachstr. 10, ✉️ 63739, 𝒫 (0180) 5 10 11 12, Fax (06021) 29511.

Berlin 552 ④ – München 354 ① – Frankfurt am Main 45 ④ – Darmstadt 40 ③ – Würzburg 78 ①

Stadtplan siehe gegenüberliegende Seite

🏛️🏛️ **Post,** Goldbacher Str. 19, ✉️ 63739, 𝒫 (06021) 33 40, Fax (06021) 13483, ≘s, 🔄 –
📶, 🔜 Zim, 📧 Zim, 📺 📞 🚗 ℗ – 🔒 35. 🅰🅴 ⓞ 🅴 𝘝𝘐𝘚𝘈 🅹🅲🅱   Y p
Menu (Samstagmittag und Sonntagabend geschl.) à la carte 39/74 (auch vegetarisches Menu) – **71 Z** 115/255.

🏛️🏛️ **Aschaffenburger Hof,** Frohsinnstr. 11 (Einfahrt Weißenburger Str. 20), ✉️ 63739,
𝒫 (06021) 2 14 41, Fax (06021) 27298, 🌳 – 📶 📺 📞 🚗 ℗. 🅰🅴 ⓞ 🅴 𝘝𝘐𝘚𝘈   Y a
Menu (Samstag geschl.) (wochentags nur Abendessen, Sonntag nur Mittagessen) à la carte 39/80 (auch vegetarische Gerichte) – **62 Z** 108/220.

🏛️🏛️ **City Hotel** garni, Frohsinnstr. 23, ✉️ 63739, 𝒫 (06021) 2 15 15, Fax (06021) 21514 –
📶 📺 📞. 🅰🅴 ⓞ 🅴 𝘝𝘐𝘚𝘈   Y e
40 Z 98/198.

🏛️ **Zum Goldenen Ochsen,** Karlstr. 16, ✉️ 63739, 𝒫 (06021) 2 31 32, Fax (06021) 25785 – 📺 📞 🚗 ℗ – 🔒 25. 🅰🅴 ⓞ 🅴 𝘝𝘐𝘚𝘈   Y b
Menu (Montagmittag, Juli - Aug. 3 Wochen geschl.) à la carte 31/52 🍴 – **39 Z** 96/150.

🏛️ **Dalberg** 🦢, Pfaffengasse 12, ✉️ 63739, 𝒫 (06021) 35 60, Fax (06021) 219894 – 📶,
🚗 🔜 Zim, 📺 📞 🚗 ℗. 🅰🅴 ⓞ 🅴 𝘝𝘐𝘚𝘈   Z c
Menu (Montag - Freitag nur Abendessen, Sonn- und Feiertage geschl.) à la carte 24/56 – **26 Z** 125/215.

🏛️ **Pfaffenmühle** garni, Glattbacher Str. 44, ✉️ 63741, 𝒫 (06021) 3 46 60, Fax (06021) 346650 – 📶 📺 📞 ℗. 🅰🅴 ⓞ 🅴 𝘝𝘐𝘚𝘈 🅹🅲🅱   über Glattbacher Str.   Y
34 Z 80/150.

🏛️ **Café Fischer** garni, Weißenburger Str. 32, ✉️ 63739, 𝒫 (06021) 2 05 30, Fax (06021) 29727 – 📶 📺 📞. 🅰🅴 ⓞ 🅴 𝘝𝘐𝘚𝘈   Y r
22 Z 85/130.

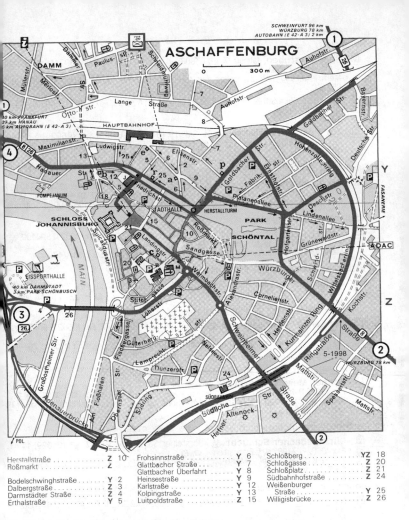

ASCHAFFENBURG

✗ **Hofgut Fasanerie** ⑤ mit Zim, Bismarckallee 1, ☒ 63739, ℘ (06021) 3 17 30,
Fax (06021) 317399, 🍽, Biergarten, « Ehem. Hofgut in einer Parkanlage » – 📺 ☎ 🅿.
E   über Lindenallee   Z
28. Okt. - 20. Nov. und 22. Dez. - 15. Jan. geschl. – **Menu** (Dienstag - Freitag nur Abendessen,
Sonntagabend - Montag und Donnerstag geschl.) à la carte 37/60 – **5 Z**
100/160.

✗ **Schlossweinstuben,** im Schloss Johannisburg, ☒ 63739, ℘ (06021) 1 24 40,
Fax (06021) 23131, 🍽   Z
Montag geschl. – **Menu** à la carte 26/55 ♨.

In Aschaffenburg-Nilkheim über ③ : 5 km :

🏠 **Classico** ⑤ garni, Geschwister-Scholl-Platz 10, ☒ 63741, ℘ (06021) 8 49 00,
Fax (06021) 849040 – 🛗 📺 ☎ ⇔ 🅿. AE ⓪ E 𝖵𝖨𝖲𝖠
20. Dez. - 7. Jan. geschl. – **24 Z** 100/200.

In Aschaffenburg-Schweinheim über ② :

🏠 **Altes Sudhaus** garni, Schweinheimer Str. 117, ☒ 63743, ℘ (06021) 96 06 09,
Fax (06021) 970103 – 🛗 📺 ☎ 🅿. AE ⓪ E 𝖵𝖨𝖲𝖠 JCB
15 Z 80/150.

99

In Haibach ② : 4,5 km :

🏠 **Spessartstuben,** Jahnstr. 7, ⌧ 63808, ✆ (06021) 6 36 60, Fax (06021) 636666, 🚗
– 📺 ☎ 🅿 🗜 𝘝𝘐𝘚𝘈
Menu (Samstag, Feb. 2 Wochen und Aug. 3 Wochen geschl.) à la carte 35/70 – **30 Z**
95/140.

🏠 **Edel** garni, Zum Stadion 17, ⌧ 63808, ✆ (06021) 6 30 30, Fax (06021) 66070 – 📺 ☎
🅿 🕸
10 Z 75/130.

🏠 **Zur Post** garni, Industriestraße Ost 19 (B 8), ⌧ 63808, ✆ (06021) 6 30 40,
Fax (06021) 630413 – 🗝 📺 ☎ 🅿 🅰🅴 ⓞ 🗜 𝘝𝘐𝘚𝘈, 🕸
18 Z 95/138.

In Sailauf NO : 8 km :

🏰 **Die Weyberhöfe,** Nahe der B 26, ⌧ 63877, ✆ (06093) 94 00, Fax (06093) 940100,
🌲, « Hofgut a.d. 13. Jh., Park » – 🗝 Zim, 📺 ✒ 🅿 – 🔬 120. 🅰🅴 ⓞ 🗜 𝘝𝘐𝘚𝘈
Menu (Sonntag - Montagmittag geschl.) à la carte 54/95 – **26 Z** 195/300, 3 Suiten.

In Hösbach-Bahnhof ① : 8 km :

🏰 **Gerber,** Aschaffenburger Str. 12, ⌧ 63768, ✆ (06021) 59 40, Fax (06021) 594100, 🌲
– 🗔, 🗝 Zim, 📺 ☎ ✒ 🗜 – 🔬 35. ⓞ 🗜 𝘝𝘐𝘚𝘈
Menu (Sonntag geschl.) (nur Abendessen) à la carte 36/64 – **50 Z** 119/179.

In Hösbach-Winzenhohl ② : 6,5 km, in Haibach-Ortsmitte links ab :

🏰 **Klingerhof** 🔖, Am Hügel 7, ⌧ 63768, ✆ (06021) 64 60, Fax (06021) 646180,
≼ Spessart, 🌲, Biergarten, 🚗, 🔲, 🗮 – 🗔 📺 ☎ 🅿 – 🔬 75. 🅰🅴 ⓞ 🗜
𝘝𝘐𝘚𝘈
Menu à la carte 30/55 – **50 Z** 115/190.

🏠 **Zur Sonne,** Haibacher Str. 108, ⌧ 63768, ✆ (06021) 6 99 72, Fax (06021) 60201, 🌲
– 📺 ☎ 🅿 🅰🅴 🗜 𝘝𝘐𝘚𝘈
Aug. 3 Wochen geschl. – **Menu** (Sonntagabend und Dienstag geschl.) à la carte 26/46 –
11 Z 90/140.

In Johannesberg N : 8 km über Müllerstraße Y :

💥 **Sonne - Meier's Restaurant** mit Zim, Hauptstr. 2, ⌧ 63867, ✆ (06021) 47 00 77,
Fax (06021) 413964, « Gartenterrasse » – 🗝 Rest, 📺 ☎ ✒ 🅿 🅰🅴 ⓞ 🗜 𝘝𝘐𝘚𝘈
Menu (Montagmittag und Ende Aug. - Mitte Sept. geschl.) (Tischbestellung ratsam) 88/129
und à la carte 66/106 – **5 Z** 78/120.

In Johannesberg-Rückersbach N : 10 km über Müllerstraße Y :

🏠 **Rückersbacher Schlucht** 🔖, Hörsteiner Str. 33, ⌧ 63867, ✆ (06029) 14 41,
🚗 Fax (06029) 7798, 🌲, Biergarten – ☎ 🅿
Aug. 2 Wochen geschl. – **Menu** (Montag - Dienstagmittag geschl.) à la carte 23/54 🍷 –
15 Z 65/110.

In Johannesberg-Steinbach N : 8 km über Müllerstraße Y :

🏠 **Berghof** 🔖, Heppenberg 7, ⌧ 63867, ✆ (06021) 42 38 31, Fax (06021) 412050, ≼,
🌲 – ✒ 🅿
Menu (Freitag und Aug. 2 Wochen geschl.) (wochentags nur Abendessen) à la carte 29/53
🍷 – **16 Z** 70/130.

🍴 **Gasthaus Fäth,** Steinbacher Str. 21, ⌧ 63867, ✆ (06021) 41 16 47,
Fax (06021) 411762 – 🅿 🗜
Samstagmittag und Dienstag geschl. – **Menu** à la carte 34/72.

ASCHAU IM CHIEMGAU Bayern 🐸🗝🗝 W 20, 🔢🔢🔢 ④⓪ – 5 200 Ew – Höhe 615 m – Luftkurort
– Wintersport : 700/1 550 m 🚡1 ≰15 🎿6.

🛈 Kurverwaltung, Kampenwandstr. 38, ⌧ 83229, ✆ (08052) 3 92, Fax (08052) 4717.
Berlin 671 – München 82 – Bad Reichenhall 60 – Salzburg 64 – Traunstein 35 – Rosenheim 23.

🏰 **Residenz Heinz Winkler** 🔖, Kirchplatz 1, ⌧ 83229, ✆ (08052) 1 79 90,
🕸🕸 Fax (08052) 179966, ≼ Kampenwand, 🌲, « Elegante Hotelanlage mit restauriertem Post-
gasthof a.d. 17. Jh. », Massage, 🚗, 🗮 – 🗔, 🗝 Zim, 📺 ✒ ✒ 🅿 🅰🅴 ⓞ 🗜 𝘝𝘐𝘚𝘈 🅹🅲🅱
🕸 Rest
Menu (Montagmittag geschl.) 168/215 und à la carte 85/138 – **32 Z** 220/460, 12 Suiten
Spez. Terrine vom Wildlachs und Kaviar mit Sauerrahm. Hummermedaillons mit Safran-
sauce und schwarzen Nudeln. Souffliertes Rehfilet mit Petersilienmousseline auf weißer
Pfeffersauce.

🏨 **Burghotel,** Kampenwandstr. 94, ✉ 83229, ℰ (08052) 90 80, Fax (08052) 908200, 🛋,
Biergarten, ⇔ – 📶, ⇔ Zim, 📺 ☎ ⇔ 🅿 – 🔬 140. 🖭 ◐ 🗲 𝘝𝘐𝘚𝘈
Menu à la carte 41/62 – **80 Z** 90/220.

🏨 **Aschauer Hof** garni, Frasdorfer Str. 4, ✉ 83229, ℰ (08052) 53 97, Fax (08052) 5398,
⇔ – ⇔ 📺 ☎ ⇔ 🅿
38 Z 65/220.

🏨 **Edeltraud,** Narzissenweg 15, ✉ 83229, ℰ (08052) 9 06 70, Fax (08052) 5170, ⩽, 🚐
– ☎ ⇔ 🅿. 🛇
Mitte Nov. - 20. Dez. geschl. – (nur Abendessen für Hausgäste) – **16 Z** 69/118.

🏡 **Alpengasthof Brucker** 🛇, Schloßbergstr. 12, ✉ 83229, ℰ (08052) 49 87,
Fax (08052) 1564, Biergarten, 🚐 – 🅿. 🗲. 🛇 Zim
Nov. geschl. – **Menu** (Mittwochabend - Donnerstag geschl.) à la carte 22/40 ₰ – **11 Z**
45/110.

ASCHEBERG Nordrhein-Westfalen 𝟜𝟷𝟽 K 6, 𝟿𝟪𝟽 ⑮ – 13 000 Ew – Höhe 65 m.
🏌 Ascheberg-Herbern, Horn 5, ℰ (02599) 25 69.
🛈 Verkehrsverein, Katharinenplatz 1, ✉ 59387, ℰ (02593) 6 09 36, Fax (02593) 7525.
Berlin 470 – Düsseldorf 115 – Dortmund 50 – Hamm in Westfalen 24 – Münster (West-
falen) 24.

🏨 **Jagdschlößchen,** Himmelstr. 2, ✉ 59387, ℰ (02593) 92 00, Fax (02593) 92020, 🛋,
Biergarten, « Restaurant mit rustikaler Einrichtung », ⇔, 🔲 – 📶, ⇔ Zim, 📺 ☎ ⇔
🅿 – 🔬 25. 🖭 ◐ 🗲 𝘝𝘐𝘚𝘈
Menu (Donnerstag geschl.) à la carte 38/67 – **25 Z** 90/210.

🏨 **Goldener Stern,** Appelhofstr. 5, ✉ 59387, ℰ (02593) 3 73, Fax (02593) 6405 – 📺
⇔ ☎ ⇔ 🅿. 🗲 𝘝𝘐𝘚𝘈. 🛇 Zim
Menu (Sonntagabend geschl.) à la carte 24/42 – **19 Z** 75/130.

In Ascheberg-Davensberg NW : 2 km :

🏡 **Clemens-August** (mit Gästehaus), Burgstr. 54, ✉ 59387, ℰ (02593) 60 40,
Fax (02593) 604178, 🛋, ⇔ – 📶 📺 ☎ 🅿 – 🔬 40. 🗲
März geschl. – **Menu** (Sonntagabend - Montag geschl.) à la carte 27/50 – **72 Z** 70/120.

ASCHERSLEBEN Sachsen-Anhalt 𝟜𝟷𝟪 K 18, 𝟿𝟪𝟺 ⑲, 𝟿𝟪𝟽 ⑰ – 33 800 Ew – Höhe 112 m.
🛈 Aschersleben Information, Poststr. 6, ✉ 06449, ℰ (03473) 42 46..
Berlin 201 – Magdeburg 50 – Halberstadt 36 – Halle 53 – Nordhausen 77.

🏨 **Ascania** 🅜, Jüdendorf 1, ✉ 06449, ℰ (03473) 95 20, Fax (03473) 952150, 🛋, ⇔
– 📶, ⇔ Zim, 📺 ☎ 📞 ♿ ⇔ 🅿 – 🔬 60. 🖭 ◐ 🗲 𝘝𝘐𝘚𝘈
Menu à la carte 33/64 – **44 Z** 125/170.

🏨 **Andersen,** Bahnhofstr. 32, ✉ 06449, ℰ (03473) 8 74 60, Fax (03473) 8746150 – 📶,
⇔ Zim, 📺 ☎ 📞 🅿 – 🔬 20. 🖭 ◐ 🗲 𝘝𝘐𝘚𝘈
Menu (nur Abendessen) à la carte 23/40 – **48 Z** 135/170.

🏡 **Nord,** Güstener Str. 4, ✉ 06449, ℰ (03473) 9 25 20, Fax (03473) 925293, 🛋 – 📶 📺
☎ 🅿. 🖭 🗲 𝘝𝘐𝘚𝘈. 🛇 Rest
Menu (Sonntag geschl.) (nur Abendessen) à la carte 27/52 – **35 Z** 75/140.

ASCHHEIM Bayern siehe München.

ASENDORF Niedersachsen siehe Jesteburg.

ASPACH Baden-Württemberg siehe Backnang.

ASPERG Baden-Württemberg 𝟜𝟷𝟿 T 11, 𝟿𝟪𝟽 ㉗ ㊳ – 12 000 Ew – Höhe 270 m.
Berlin 617 – Stuttgart 21 – Heilbronn 38 – Ludwigsburg 5 – Pforzheim 54.

🏨 **Adler** 🛇, Stuttgarter Str. 2, ✉ 71679, ℰ (07141) 2 66 00, Fax (07141) 266060, 🛋,
⇔, 🔲 – 📶, ⇔ Zim, 🍴 Rest, 📺 ⇔ 🅿 – 🔬 120. 🖭 ◐ 🗲 𝘝𝘐𝘚𝘈
Menu (Tischbestellung ratsam) à la carte 42/93 – **61 Z** 165/240.

🏡 **Landgasthof Lamm,** Lammstr. 1, ✉ 71679, ℰ (07141) 2 64 10, Fax (07141) 264150
– 📺 ☎ 🅿. 🖭 ◐ 🗲 𝘝𝘐𝘚𝘈
Menu (Juli - Aug. 3 Wochen geschl.) à la carte 33/64 – **15 Z** 110/170.

101

🏠 **Bären**, Königstr. 8, ⊠ 71679, ℰ (07141) 2 65 60, Fax (07141) 65478, ☆ – 📺 ☎ 🅿.
🖭 ⓪ Ɛ VISA
über Fasching und Aug. - Sept. 3 Wochen geschl. – **Menu** (Montag geschl.) à la carte 26/60
(auch vegetarische Gerichte) ⅋ – **16 Z** 88/139.

In Tamm NW : 2,5 km :

🏠🏠 **Historischer Gasthof Ochsen**, Hauptstr. 40, ⊠ 71732, ℰ (07141) 6 93 30,
Fax (07141) 693330, ☆, « Restauriertes Fachwerkhaus a.d. 18. Jh. » – 📺 ☎ ⇦, 🖭
⓪ Ɛ VISA JCB
Menu à la carte 51/105 – **16 Z** 130/185.

ATERITZ Sachsen-Anhalt siehe Kemberg.

ATTENDORN Nordrhein-Westfalen ⁴¹⁷ M 7, ⁹⁸⁷ ㉖ – 23 600 Ew – Höhe 255 m.
Sehenswert : Attahöhle★.
🛈 Verkehrsbüro am Rathaus, Rathauspassage, ⊠ 57439, ℰ (02722) 6 42 29, Fax (02722)
4775.
Berlin 539 – Düsseldorf 131 – Lüdenscheid 37 – Siegen 46.

🏠 **Zur Post**, Niederste Str. 7, ⊠ 57439, ℰ (02722) 24 65, Fax (02722) 4891, ⇆s, 🔲 –
🔌 📺 ☎ ⇦ 🅿. 🖭 ⓪ Ɛ VISA. ⅋ Rest
Menu (Sonntagabend geschl.) à la carte 27/55 – **23 Z** 95/160.

🏠 **Rauch** garni, Wasserstr. 6, ⊠ 57439, ℰ (02722) 9 24 20, Fax (02722) 924233 – 📺 ☎
🅿. 🖭 ⓪ Ɛ VISA
14 Z 98/190.

Außerhalb O : 3,5 km, Richtung Helden :

🏰 **Burghotel Schnellenberg** ⌂, ⊠ 57439 Attendorn, ℰ (02722) 69 40,
Fax (02722) 694169, ≤, ☆, « Burg a. d. 13. Jh., Burgkapelle, Burgmuseum », ⚒ – 📺
🍸 ⇦ 🅿 – ⚖ 80. 🖭 ⓪ Ɛ VISA
Jan. 2 Wochen geschl. – **Menu** à la carte 61/90 – **42 Z** 175/345.

In Attendorn-Niederhelden O : 8 km :

🏠🏠 **Romantik Hotel Haus Platte**, Repetalstr. 219, ⊠ 57439, ℰ (02721) 13 10,
Fax (02721) 131455, ☆, ⇆s, 🔲, ⋞, 🐎 (Halle) – ⅋ Zim, 📺 ☎ 🅿 – ⚖ 60. Ɛ
VISA
Menu à la carte 43/69 – **50 Z** 115/290 – ½ P 35.

🏠🏠 **Landhotel Struck** (mit Gästehaus), Repetalstr. 245, ⊠ 57439, ℰ (02721) 1 39 40,
Fax (02721) 20161, ☆, ⇆s, 🔲, ⋞ – ⅋ Zim, 📺 ☎ 🅿 – ⚖ 80. 🖭 Ɛ VISA
Menu à la carte 37/68 – **49 Z** 113/276 – ½ P 40.

ATTERWASCH Brandenburg siehe Guben.

AUE Sachsen ⁴¹⁸ ⁴²⁰ O 22, ⁹⁸⁴ ㉓, ⁹⁸⁷ ㉙ – 22 000 Ew – Höhe 343 m.
🛈 Stadtinformation, Goethestr. 5, ⊠ 08280, ℰ (03771) 28 11 25, Fax (03771) 22709.
Berlin 295 – Dresden 122 – Chemnitz 35 – Zwickau 23.

🏠 **Blauer Engel**, Altmarkt 1, ⊠ 08280, ℰ (03771) 59 20, Fax (03771) 23173, ⇆s – 🔌,
⅋ Zim, 📺 ☎ 🅿. 🖭 Ɛ VISA
Menu à la carte 24/50 – **61 Z** 110/200.

AUERBACH (VOGTLAND) Sachsen ⁴¹⁸ ⁴²⁰ O 21, ⁹⁸⁴ ㉗, ⁹⁸⁷ ㉙ – 21 000 Ew – Höhe
480 m.
🛈 Fremdenverkehrsamt, Schloßstr. 10, ⊠ 08209, ℰ (03744) 8 14 50, Fax (03744) 81437.
Berlin 305 – Dresden 147 – Gera 58 – Plauen 24.

🏠 **Auerbach**, Friedrich-Ebert-Str. 38, ⊠ 08209, ℰ (03744) 8 09 01, Fax (03744) 80911
– 📺 ☎ 🅿. 🖭 ⓪ Ɛ VISA. ⅋ Zim
8. - 16. Jan und 23.- 28. Dez. geschl. – **Menu** à la carte 22/42 – **23 Z** 80/120.

In Auerbach-Schnarrtanne O : 6 km :

✗✗ **Renoir**, Schönheider Str. 235, ⊠ 08209, ℰ (03744) 21 51 19, Fax (03744) 215119 – 🅿.
Ɛ
Montag - Dienstagmittag geschl. – **Menu** à la carte 27/58.

AUERBACH IN DER OBERPFALZ Bayern **420** Q 18, **987** ㉙ – 9 800 Ew – Höhe 435 m.
   Berlin 395 – München 212 – Nürnberg 67 – Bayreuth 42 – Regensburg 102 – Weiden in
   der Oberpfalz 49.

🏨 **Romantik Hotel Goldner Löwe,** Unterer Markt 9, ✉ 91275, ℰ (09643) 17 65,
   Fax (09643) 4670 – 📱, 🍴 Zim, 🍽 Rest, 📺 ☎ 📞 🚗 ℗ – 🔏 80. 🅰🅴 ⑩ 🅴 𝘝𝘐𝘚𝘈. 🛇 Rest
   Menu à la carte 41/87 – **27 Z** 90/260.

AUEROSE Mecklenburg-Vorpommern siehe Anklam.

AUETAL Niedersachsen **417** J 11 – 6 200 Ew – Höhe 160 m.
   Berlin 327 – Hannover 50 – Bückeburg 19 – Hameln 21 – Obernkirchen 19.

In Auetal-Rehren :

🏛 **Waldhotel Mühlenhof,** Zur Obersburg 7, ✉ 31749, ℰ (05752) 4 24,
   Fax (05752) 346, ☎s, ⤵, 🔲, 🛋 – 📱 ☎ 🚗 ℗ – 🔏 20. 🅴 𝘝𝘐𝘚𝘈
   1. Nov. - 20. Dez. geschl. – (Restaurant nur für Hausgäste) – **53 Z** 68/150.

AUFSESS Bayern **420** Q 17 – 1 400 Ew – Höhe 426 m.
   Berlin 388 – München 231 – Coburg 75 – Bayreuth 31 – Nürnberg 61 – Bamberg 29.

♨ **Sonnenhof** (Brauerei-Gasthof), Im Tal 70, ✉ 91347, ℰ (09198) 7 36, Fax (09198) 737,
🚗 ⤵ (geheizt), 🌲 – ☎ ℗ – 🔏 40. 🅴 𝘝𝘐𝘚𝘈
   Jan. und Nov. - Dez. jeweils 2 Wochen geschl. – **Menu** (Dienstag geschl.) à la carte 23/40
   🍺 – **19 Z** 50/108.

AUGGEN Baden-Württemberg **419** W 6 – 2 000 Ew – Höhe 266 m.
   Berlin 833 – Stuttgart 240 – Freiburg im Breisgau 35 – Basel 31 – Mulhouse 28.

🏨 **Gästehaus Krone** garni, Hauptstr. 6, ✉ 79424, ℰ (07631) 60 75, Fax (07631) 16913,
   « Geschmackvolle Einrichtung, Garten », ☎s, 🔲, 🌲 – 📱 📺 ☎ ℗. 🅰🅴 ⑩ 🅴 𝘝𝘐𝘚𝘈
   30 Z 98/230.

✕✕ **Zur Krone,** Hauptstr. 12, ✉ 79424, ℰ (07631) 25 56, Fax (07631) 12506 – ℗. 🅰🅴 ⑩
   🅴 𝘝𝘐𝘚𝘈 𝗝𝗖𝗕
   Mittwoch geschl. – **Menu** à la carte 39/66 🍺.

✕ **Bären** mit Zim, Bahnhofstr. 1 (B 3), ✉ 79424, ℰ (07631) 23 06, 🍽 – ℗
   1. - 15. Jan. geschl. – **Menu** (Donnerstag - Freitagmittag geschl.) à la carte 29/58 🍺 – **7 Z**
   50/120.

AUGSBURG Bayern **419 420** U 16, **987** ㊴ – 265 000 Ew – Höhe 496 m.
   Sehenswert : Fuggerei★ Y – Maximilianstraße★ Z – St. Ulrich- und Afra-Kirche★ (Sim-
   perluskapelle : Baldachin mit Statuen★) Z – Hoher Dom (Südportal★★ des Chores,
   Türflügel★, Prophetenfenster★, Gemälde★ von Holbein dem Älteren) Y – Städtische
   Kunstsammlungen (Festsaal★★) Z M1 – St. Anna-Kirche (Fuggerkapelle★) Y B – Staats-
   galerie in der Kunsthalle★ X M4.
   🛫 Bobingen-Burgwalden (④ : 17 km), ℰ (08234) 56 21 ; 🛫 Stadtbergen (3 km über Augs-
   burger Straße), ℰ (0821) 43 49 19 ; 🛫 Gessertshausen (SW : 15 km über ⑤), Weiherhof,
   ℰ (08238) 78 44.
   🛈 Tourist- und Kongreß Service, Bahnhofstr. 7, ✉ 86150, ℰ (0821) 50 20 70, Fax (0821)
   5020745.
   🛈 Tourist-Information, Rathausplatz, ✉ 86150, ℰ (0821) 50 20 24.
   ADAC, Ernst-Reuter-Platz 3, ✉ 86150, ℰ (0821) 50 28 80, Fax (0821) 512531.
   Berlin 560 ① – München 68 ① – Ulm (Donau) 80 ⑥

Stadtplan siehe nächste Seite

🏩 **Steigenberger Drei Mohren** 🐾, Maximilianstr. 40, ✉ 86150, ℰ (0821) 5 03 60,
   Fax (0821) 157864, « Gartenterrasse » – 📱, 🍴 Zim, 🍽 Rest, 📺 🚗 ℗ – 🔏 170. 🅰🅴
   ⑩ 🅴 𝘝𝘐𝘚𝘈 𝗝𝗖𝗕. 🛇 Rest   Z a
   Maximilians (Sonntagabend geschl.) **Menu** à la carte 41/68 – **Bistro :** **Menu** à la carte
   34/56 – **107 Z** 199/350, 5 Suiten.

🏨 **Romantik Hotel Augsburger Hof,** Auf dem Kreuz 2, ✉ 86152, ℰ (0821) 31 40
   83, Fax (0821) 38322, 🍽 – 📱 📺 ☎ 📞 & 🚗. 🅰🅴 ⑩ 🅴 𝘝𝘐𝘚𝘈   X v
   Menu à la carte 42/85 – **36 Z** 115/230.

🏨 **Augusta,** Ludwigstr. 2, ✉ 86152, ℰ (0821) 5 01 40, Fax (0821) 5014605, ☎s – 📱,
   🍴 Zim, 📺 ☎ & ℗ – 🔏 70. 🅰🅴 ⑩ 🅴 𝘝𝘐𝘚𝘈   Y v
   24. Dez. - 1. Jan. geschl. – **Menu** (Sonntagabend geschl.) à la carte 41/73 – **105 Z** 182/280.

AUGSBURG

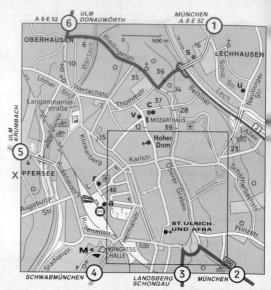

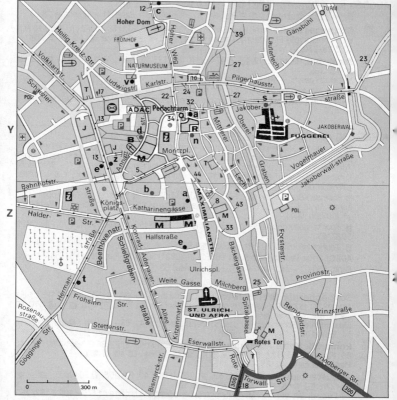

🏨 **Fischertor,** Pfärrle 16, ✉ 86152, 𝒫 (0821) 34 58 30, Fax (0821) 3458395, 🏤 – 📶
📺 ☎ 🚗, ᴁᴇ ⓞ Ɛ 𝑽𝑰𝑺𝑨 ᴊᴄʙ   X c
1.- 6. Jan. geschl. – **Menu** *(Sonntagabend - Montag geschl.)* à la carte 29/50 – **21 Z** 98/168.

🏨 **Riegele,** Viktoriastr. 4, ✉ 86150, 𝒫 (0821) 50 90 00, Fax (0821) 517746 – 📶 📺 ☎ 🍴
🄿 – ⚠ 80. ᴁᴇ ⓞ Ɛ 𝑽𝑰𝑺𝑨 ᴊᴄʙ   X r
Menu à la carte 33/63 – **28 Z** 100/205.

🏨 **InterCityHotel** Ⓜ, Halderst. 29, ✉ 86150, 𝒫 (0821) 5 03 90, Fax (0821) 5039999 –
📶, ⇆ Zim, 📺 ☎ 🍴 ♿ 🚗 – ⚠ 25. ᴁᴇ ⓞ Ɛ Rest   X a
Menu *(Samstag - Sonntag geschl.)* à la carte 33/59 – **120 Z** 190/250.

🏨 **Altstadthotel Ulrich** garni, Kapuzinergasse 6, ✉ 86150, 𝒫 (0821) 3 46 10,
Fax (0821) 3461346 – 📶 ⇆ 📺 ☎ 🚗 – ⚠ 15. ᴁᴇ ⓞ Ɛ 𝑽𝑰𝑺𝑨. ✄   Z e
31 Z 135/190.

🏨 **Am Rathaus** Ⓜ garni, Am Hinteren Perlachberg 1, ✉ 86150, 𝒫 (0821) 34 64 90,
Fax (0821) 3464999 – 📶 ⇆ 📺 ☎ 🍴 🚗. ᴁᴇ ⓞ Ɛ 𝑽𝑰𝑺𝑨 ᴊᴄʙ   Y a
32 Z 140/195.

🏠 **Ost am Kö** garni, Fuggerstr. 4, ✉ 86150, 𝒫 (0821) 50 20 40, Fax (0821) 5020444, ⇌s
– 📶 ⇆ 📺 ☎ 🍴 ᴁᴇ ⓞ Ɛ 𝑽𝑰𝑺𝑨   Y z
55 Z 99/220.

🏠 **Dom-Hotel** garni, Frauentorstr. 8, ✉ 86152, 𝒫 (0821) 34 39 30, Fax (0821) 34393200,
⇌s, 🏊 – 📶 📺 ☎ 🍴 🄿 – ⚠ 20. ᴁᴇ ⓞ Ɛ 𝑽𝑰𝑺𝑨   Y c
48 Z 110/210.

🏠 **Ibis,** Hermanstr. 25, ✉ 86150, 𝒫 (0821) 5 03 10, Fax (0821) 5031300 – 📶, ⇆ Zim, 📺
☎ ♿ 🚗 – ⚠ 50. ᴁᴇ ⓞ Ɛ 𝑽𝑰𝑺𝑨 ᴊᴄʙ   Z t
Menu à la carte 27/45 – **104 Z** 120/135.

✕✕ **Oblinger,** Pfärrle 14, ✉ 86152, 𝒫 (0821) 3 45 83 92, Fax (0821) 3458395 – ᴁᴇ ⓞ Ɛ
𝑽𝑰𝑺𝑨 ᴊᴄʙ   X c
Sonntagabend - Montag, 1.- 6. Jan. und Anfang - Mitte Aug. geschl. – **Menu** (Tischbestellung
ratsam, bemerkenswerte Weinkarte) à la carte 29/67.

✕✕ **Die Ecke,** Elias-Holl-Platz 2, ✉ 86150, 𝒫 (0821) 51 06 00, Fax (0821) 311992 – ᴁᴇ ⓞ
Ɛ 𝑽𝑰𝑺𝑨   Y n
Menu à la carte 41/85.

✕✕ **Restaurant im Feinkost Kahn,** Annastr. 16 (2. Etage), ✉ 86150, 𝒫 (0821)
31 20 31, Fax (0821) 516216 – ᴁᴇ ⓞ Ɛ 𝑽𝑰𝑺𝑨   Y d
nur Mittagessen, Freitag auch Abendessen, Sonn- und Feiertage geschl. – **Menu** à la carte
47/75.

✕ **Fuggerei-Stube,** Jakoberstr. 26, ✉ 86152, 𝒫 (0821) 3 08 70, Fax (0821) 159023 – ᴁᴇ
Ɛ 𝑽𝑰𝑺𝑨   Y s
Sonn- und Feiertage abends sowie Montag geschl. – **Menu** (Tischbestellung ratsam) à la
carte 36/68.

✕ **Zeughaus-Stuben,** Zeugplatz 4, ✉ 86150, 𝒫 (0821) 51 16 85, Fax (0821) 513864,
🏤, Biergarten – ᴁᴇ ⓞ Ɛ 𝑽𝑰𝑺𝑨   Z b
Sonn- und Feiertage abends sowie Jan.- März Montag geschl. – **Menu** à la carte 33/65 (auch
vegetarische Gerichte).

In Augsburg-Göggingen über ④ :

🏨 **Terratel** garni, Nanette-Streicher-Str. 4, ✉ 86199, 𝒫 (0821) 90 60 40,
Fax (0821) 9060450, ⇌s, 🏊 – 📶 📺 ☎ 🚗 – ⚠ 20. ᴁᴇ ⓞ Ɛ 𝑽𝑰𝑺𝑨
22 Z 100/160.

In Augsburg-Haunstetten ③ : 7 km :

🏨 **Gregor** garni, Landsberger Str. 62, ✉ 86179, 𝒫 (0821) 8 00 50, Fax (0821) 800569 –
📶 📺 ☎ 🄿 – ⚠ 150. ᴁᴇ ⓞ Ɛ 𝑽𝑰𝑺𝑨
40 Z 95/180.

🏠 **Prinz Leopold,** Bgm.-Widmeier-Str. 54, ✉ 86179, 𝒫 (0821) 8 07 70,
Fax (0821) 8077333 – 📶 📺 ☎ 🄿 – ⚠ 100
Menu *(Mittwoch - Donnerstagmittag und Sonntagabend geschl.)* à la carte 34/61 – **37 Z**
120/180.

In Augsburg-Lechhausen :

🏨 **CIRA Hotel** (Boarding House), Kurt-Schumacher-Str. 6, ✉ 86165, 𝒫 (0821) 7 94 40,
Fax (0821) 7944450 – 📶, ⇆ Zim, 📺 ☎ 🍴 ♿ 🚗 🄿 – ⚠ 40. ᴁᴇ ⓞ Ɛ 𝑽𝑰𝑺𝑨
22. Dez. - 6. Jan. geschl. – **Menu** *(Sonntag geschl.)* à la carte 33/50 – **77 Z** 150/220,
5 Suiten.   über Neuburger Str.X und Blücherstr.

✕ **Wirtshaus am Lech** (modernisiertes bayerisches Gasthaus), Leipziger Str. 50,
✉ 86169, 𝒫 (0821) 70 70 74, Fax (0821) 707084, 🏤, Biergarten – 🄿   X s
Donnerstag geschl. – **Menu** à la carte 34/74.

In Augsburg-Oberhausen über ⑥ :

🏨 **Alpenhof,** Donauwörther Str. 233, ⊠ 86154, 𝒫 (0821) 4 20 40, Fax (0821) 4204200, ⇛s̄, 🛗 – ⚄, ⇖ Zim, 🔟 ☎ 🕻 ⇐ 🅿 – 🏛 200. 🖭 ⓪ 🗲 𝑽𝑰𝑺𝑨
Menu à la carte 38/68 – **130 Z** 115/220.

AUGUSTUSBURG Sachsen **418** N 23, **987** ㉙ – 2 100 Ew – Höhe 470 m.
Sehenswert : Schloß Augustusburg (Jagdtier- und Vogelkundemuseum★, Motorradmuseum★★).
🛈 Fremdenverkehrsamt, Marienberger Str. 29b, ⊠ 09573, 𝒫 (037291) 65 51, Fax (037291) 6552.
Berlin 260 – Dresden 96 – Chemnitz 21 – Zwickau 52.

🏨 **Café Friedrich** ⑆, Hans-Planer-Str. 1, ⊠ 09573, 𝒫 (037291) 66 66, ⊜ Fax (037291) 60052, 🍴 – 🔟 ☎ ⇐ 🅿 🗲
Menu à la carte 20/41 – **11 Z** 75/140.

🏨 **Morgensonne,** Morgensternstr. 2, ⊠ 09573, 𝒫 (037291) 2 05 08, Fax (037291) 6582, 🍴 – 🔟 ☎ 🅿 🗲 𝑽𝑰𝑺𝑨
(Restaurant nur für Hausgäste) – **12 Z** 85/110.

AULENDORF Baden-Württemberg **419** W 12 – 7 500 Ew – Höhe 575 m – Kneippkurort.
Berlin 682 – Stuttgart 124 – Konstanz 90 – Ulm (Donau) 68 – Ravensburg 28.

🏨 **Aulendorfer Hof** garni, Hauptstr. 21, ⊠ 88326, 𝒫 (07525) 10 77, Fax (07525) 2900 – 🔟 ☎ 🅿 🖭 🗲 𝑽𝑰𝑺𝑨
Weihnachten - Anfang Jan. geschl. – **15 Z** 75/135.

AUMA Thüringen siehe Triptis.

AUMÜHLE Schleswig-Holstein **415 416** F 14 – 3 500 Ew – Höhe 35 m.
🛈8 Dassendorf (SO : 5 km), 𝒫 (04104) 61 20.
Berlin 266 – Kiel 104 – Hamburg 33 – Lübeck 57.

🏨 **Waldesruh am See** ⑆ (ehemaliges Jagdschloß a.d. 18. Jh.), Am Mühlenteich 2, ⊠ 21521, 𝒫 (04104) 30 46, Fax (04104) 2073, « Gartenterrasse mit ≼ » – ⚄ 🔟 ☎ 🅿. 🖭 ⓪ 🗲 𝑽𝑰𝑺𝑨
Menu (Dienstag geschl.) à la carte 37/64 – **14 Z** 98/198.

✕✕ **Fürst Bismarck Mühle** ⑆ mit Zim, Mühlenweg 3, ⊠ 21521, 𝒫 (04104) 20 28, Fax (04104) 1200, 🍴 – 🔟 ☎ 🅿. ⓪ 🗲 𝑽𝑰𝑺𝑨
Menu (Mittwoch geschl.) à la carte 44/80 – **7 Z** 120/190.

AURICH (OSTFRIESLAND) Niedersachsen **415** F 6, **987** ④ ⑮ – 37 000 Ew – Höhe 8 m.
🛈 Verkehrsverein, Norderstr. 32, ⊠ 26603, 𝒫 (04941) 44 64, Fax (04941) 10655.
ADAC, Esenser Str. 122a, ⊠ 26607, 𝒫 (04941) 7 29 98, Fax (04941) 7840.
Berlin 506 – Hannover 241 – Emden 26 – Oldenburg 70 – Wilhelmshaven 51.

🏥 **Stadt Aurich,** Hoheberger Weg 17, ⊠ 26603, 𝒫 (04941) 43 31, Fax (04941) 62572, 🍴, ⇛s̄ – ⚄, ⇖ Zim, 🔟 ☎ 🅿 – 🏛 50. 🖭 ⓪ 🗲 𝑽𝑰𝑺𝑨
Menu (Nov.- März nur Abendessen) à la carte 31/66 – **49 Z** 85/180.

🏥 **Brems Garten,** Kirchdorfer Str. 7, ⊠ 26603, 𝒫 (04941) 92 00, Fax (04941) 920920 – 🔟 ☎ 🅿 – 🏛 300. 🖭 ⓪ 🗲 𝑽𝑰𝑺𝑨
Menu à la carte 35/66 – **29 Z** 85/170.

In Aurich-Wallinghausen O : 3 km :

🏥 **Köhlers Forsthaus** ⑆, Hoheberger Weg 192, ⊠ 26605, 𝒫 (04941) 1 79 20, Fax (04941) 179217, 🍴, « Garten », ⇛s̄, 🛗 – 🔟 ☎ ⅙ 🅿 – 🏛 40. 🖭 ⓪ 🗲 𝑽𝑰𝑺𝑨
Menu à la carte 35/62 – **51 Z** 88/220.

In Aurich-Wiesens SO : 6 km :

🏥 **Waldhof** ⑆, Zum alten Moor 10, ⊠ 26605, 𝒫 (04941) 9 57 50, Fax (04941) 66579, « Park, Gartenterrasse » – 🔟 ☎ ⇐ 🅿
Menu (Montag geschl.) à la carte 44/71 – **9 Z** 95/250.

AYING Bayern **420** W 19 – 3 000 Ew – Höhe 611 m – Wintersport : ✦1.
Berlin 613 – München 29 – Rosenheim 34.

🏥 **Brauereigasthof Aying,** Zornedinger Str. 2, ⊠ 85653, 𝒫 (08095) 7 05, ⊜ Fax (08095) 2053, 🍴, « Rustikale Einrichtung » – 🔟 ☎ ⇐ 🅿 – 🏛 80. 🖭 ⓪ 🗲 𝑽𝑰𝑺𝑨
Menu à la carte 33/78 – **28 Z** 160/300.

AYL Rheinland-Pfalz **☶** R 3 – 1 200 Ew – Höhe 160 m.
Berlin 739 – Mainz 178 – Merzig 28 – Saarburg 3,5 – Trier 21.

🏠 **Weinhaus Ayler Kupp** ⌕, Trierer Str. 49, ☒ 54441, ℰ (06581) 30 31,
Fax (06581) 2344, « Gartenterrasse », 🐎 – 📺 ☎ ₽. ◐ 🗲 **VISA**
20. Dez. - Jan. geschl. – **Menu** (Sonntag - Montag geschl.) à la carte 43/66 – **13 Z** 65/120
– ½ P 30.

BAABE Mecklenburg-Vorpommern siehe Rügen (Insel).

BABENHAUSEN Bayern **☶☶☶** V 14, **☶☶☶** ㊴ – 5 000 Ew – Höhe 563 m – Erholungsort.
Berlin 612 – München 112 – Augsburg 64 – Memmingen 22 – Ulm (Donau) 39.

🏠 **Sailer Bräu** ⌕, Judengasse 10, ☒ 87727, ℰ (08333) 13 28, Fax (08333) 7102 – ⌕ ₽
Menu (Donnerstag, Mitte Jan. - Anfang Feb. und Mitte Juli - Anfang Aug. geschl.) à la carte
26/49 – **19 Z** 45/90.

XX **Post**, Stadtgasse 1, ☒ 87727, ℰ (08333) 13 03
🖭 ◐ 🗲 **VISA**
Montag - Dienstag und Mitte Aug. - Anfang Sept. geschl. – **Menu** à la carte 36/72.

BABENHAUSEN Hessen **☶** Q 10, **☶☶☶** ㊲ – 16 000 Ew – Höhe 126 m.
Berlin 559 – Wiesbaden 63 – Frankfurt am Main 48 – Darmstadt 26 – Aschaffenburg 14.

In Babenhausen-Langstadt . S . 4 km :

🏠 **Zur Bretzel**, Bürgermeistergasse 2, ☒ 64832, ℰ (06073) 8 77 42, Fax (06073) 9749
– 📺 ☎ ₽. 🖭 🗲 **VISA**
Anfang - Mitte Jan. und Juli - Aug. 3 Wochen geschl. – **Menu** (Freitagmittag und Samstag
geschl.) à la carte 26/38 – **15 Z** 55/120.

BACHARACH Rheinland-Pfalz **☶** P 7, **☶☶☶** ㊲ – 2 600 Ew – Höhe 80 m.
Sehenswert : Markt★ – Posthof★ – Burg Stahleck (Aussichtsturm ≼★★).
🛈 Städtisches Verkehrsamt, Oberstr. 1, ☒ 55422, ℰ (06743) 29 68, Fax (06743) 3155.
Berlin 615 – Mainz 50 – Koblenz 50 – Bad Kreuznach 33.

🏠 **Park-Hotel**, Marktstr. 8, ☒ 55422, ℰ (06743) 14 22, Fax (06743) 1541, ☎, 🖾 – 📶
📺 ☎ ⌕ ₽. **VISA** ⌕
Anfang März - Mitte Nov. – **Menu** (Mittwoch geschl.) à la carte 33/57 – **21 Z** 95/160.

🏠 **Altkölnischer Hof**, Blücherstr. 2, ☒ 55422, ℰ (06743) 13 39, Fax (06743) 2793, 🌣
– 📶 📺 ☎ ⌕ ₽. 🖭 🗲 **VISA**
April - Okt. – **Menu** à la carte 32/64 – **20 Z** 90/190.

In Bacharach-Henschhausen NW : 4 Km :

🏠🏠 **Landhaus Delle** ⌕, Gutenfelsstr. 16, ☒ 55422, ℰ (06743) 17 65, Fax (06743) 1011,
🐎 – ⌕ Zim, 📺 ☎ ₽. 🖭 🗲 **VISA**. ⌕
Ostern - Nov. – (nur Abendessen für Hausgäste, Voranmeldung erforderlich) – **8 Z** 240/350.

BACKNANG Baden-Württemberg **☶☶☶** T 12, **☶☶☶** ㊲ – 33 300 Ew – Höhe 271 m.
🛈 Tourist-Information, Bahnhofstr. 7(Bürgerhaus), ☒ 71522, ℰ (07191) 89 42 56,
Fax (07191) 86806.
Berlin 589 – Stuttgart 36 – Heilbronn 36 – Schwäbisch Gmünd 42 – Schwäbisch Hall 37.

🏠🏠 **Am Südtor** garni, Stuttgarter Str. 139, ☒ 71522, ℰ (07191) 14 40,
Fax (07191) 144144 – 📶 ⌕ 📺 ☎ ✆ ⌕ ₽ – 🕍 45. 🖭 ◐ 🗲 **VISA** **JCB**
70 Z 120/160.

🏠🏠 **Gerberhof** garni, Wilhelmstr. 16, ☒ 71522, ℰ (07191) 97 70, Fax (07191) 977377 –
📶 ⌕ 📺 ☎ ⌕. 🖭 ◐ 🗲 **VISA**
42 Z 130/200.

🏠 **Bitzer** garni, Eugen-Adolff-Str. 29, ☒ 71522, ℰ (07191) 9 63 35, Fax (07191) 87636 –
📺 ☎ ⌕ ₽. 🗲 **VISA**
32 Z 89/148.

🏠 **Rems-Murr Hotel** garni, Talstr. 45, ☒ 71522, ℰ (07191) 8 80 05, Fax (07191) 72974
– 📶 📺 ☎ ⌕ ₽. 🖭 ◐ 🗲 **VISA**
36 Z 110/160.

XX **Backnanger Stuben**, Bahnhofstr. 7 (Bürgerhaus), ☒ 71522, ℰ (07191) 3 25 60,
Fax (07191) 325626 – 🕍 30. 🖭 ◐ 🗲 **VISA**
Dienstag geschl. – **Menu** à la carte 35/64 (auch vegetarische Gerichte).

X **Tafelhaus**, Schillerstr. 6, ☒ 71522, ℰ (07191) 98 00 44, Fax (07191) 980077,
🏠 ⌕
Sonn- und Feiertage geschl. – **Menu** à la carte 40/75.

In Aspach-Großaspach *NW : 4 km :*

XX **Lamm,** Hauptstr. 23, ⊠ 71546, ℰ (07191) 2 02 71, *Fax (07191) 23131 –* ℗
Sonntagabend - Montag geschl. – **Menu** à la carte 44/70.

In Aspach-Kleinaspach *NW : 7 km :*

⌂ **Sonnenhof** ⊗, Oberstenfelder Straße, ⊠ 71546, ℰ (07148) 3 70, *Fax (07148) 37316,*
斉, Massage, ≘s, ⊒ (geheizt), ⊠, ☞, ※ – ⇔ ⊡ ☎ ℗ – 🛆 45. 🗚 ⓞ 🗲 VISA. ❄ Rest
Menu à la carte 30/61 *(auch vegetarische Gerichte)* – **142 Z** 70/240.

BAD...

siehe unter dem Eigennamen des Ortes (z. B. Bad Orb siehe Orb, Bad).

voir au nom propre de la localité (ex. : Bad Orb voir Orb, Bad).

see under second part of town name (e.g. for Bad Orb see under Orb, Bad).

vedere nome proprio della località (es. : Bad Orb vedere Orb, Bad).

BADEN-BADEN *Baden-Württemberg* 🐠🐠🐠 *T 8,* 🐠🐠🐠 ㊲ ㊳ *– 50 000 Ew – Höhe 181 m – Heilbad.*
Sehenswert : Lichtentaler Allee★★ BZ – Kurhaus (Spielsäle★) BZ – Stadtmuseum im
Baldreit★ BY.
Ausflugsziele : Ruine Yburg ※★★ *über Fremersbergstr. AX – Merkur* ⇐★ *AX –*
Autobahnkirche★, ① *: 8 km – Schwarzwaldhochstraße (Höhenstraße★★ von Baden-Baden*
bis Freudenstadt) – Badische Weinstraße (Rebland★) – Gernsbach (Rathaus★), über
Beuerner Str. AX.

🏌 *Baden-Baden, Fremersbergstr. 127 (AX),* ℰ (07221) 2 35 79.

🛈 *Tourist-Information, Augustaplatz 8,* ⊠ 76530, ℰ (07221) 27 52 00, *Fax (07221)*
275202.

🛈 *Tourist-Information, Schwarzwaldstr. 52 (Autobahnzubringer über* ①*),* ⊠ 76530,
ℰ (07221) 27 52 00, *Fax (07221) 275202.*

ADAC, *Lange Str. 57,* ⊠ 76530, ℰ (07221) 93 74 10, *Fax (07221) 937440.*
Berlin 709 ① *– Stuttgart 112* ① *– Karlsruhe 38* ① *– Freiburg 112* ① *– Strasbourg 61* ①

Stadtplan siehe gegenüberliegende Seite

🏨 **Brenner's Park-Hotel** ⊗, Schillerstr. 6, ⊠ 76530, ℰ (07221) 90 00,
Fax (07221) 38772, ⇐, 斉, « Park, Caféterrasse », Massage, ⚤, 🆓 (Brenner's Spa), 🜨,
≘s, ⊠, ☞ – 劇 ➡ Rest, ⊡ ⟵ – 🛆 60. 🗚 ⓞ 🗲 VISA jcb. ❄ Rest   BZ a
Park-Restaurant : Menu à la carte 79/112 – **Schwarzwaldstube** : Menu à la carte
65/100 – **100 Z** 355/1370, 15 Suiten – ½ P 70/80.

🏨 **Steigenberger Europäischer Hof,** Kaiserallee 2, ⊠ 76530, ℰ (07221) 93 30,
Fax (07221) 28831, ⇐, ≘s – 劇, ⇔ Zim, ➡ Rest, ⊡ ℗ – 🛆 70. 🗚 ⓞ 🗲 VISA jcb.
❄ Rest   BY b
Menu à la carte 62/85 – **131 Z** 195/440, 4 Suiten – ½ P 56.

🏨 **Steigenberger Badischer Hof,** Lange Str. 47, ⊠ 76530, ℰ (07221) 93 40,
Fax (07221) 934470, 斉, Massage, ⚤, ≘s, ⊒ (Thermal), ⊠, ☞ – 劇, ⇔ Zim, ⊡ ⟵
– 🛆 150. 🗚 ⓞ 🗲 VISA jcb. ❄ Rest   BY e
Menu à la carte 56/86 – **139 Z** 193/434, 4 Suiten – ½ P 52.

🏨 **Quisisana** ⊗, Bismarckstr. 21, ⊠ 76530, ℰ (07221) 36 90, *Fax (07221) 369269,*
Massage, ⚤, 🜨, ≘s, ⊠, ☞ – 劇 ⊡ ⟵ ℗ – 🛆 15. 🗲 VISA. ❄ Rest   AX n
11. - 31. Jan. geschl. – (Restaurant nur für Hausgäste) – **60 Z** 230/440, 6 Suiten – ½ P 70.

🏨 **Holland Hotel Sophienpark,** Sophienstr. 14, ⊠ 76530, ℰ (07221) 35 60,
Fax (07221) 356121, 斉, « Park » – 劇, ⇔ Zim, ⊡ ☎ & ℗ – 🛆 50. 🗚 ⓞ 🗲 VISA CY z
Parkrestaurant *(nur Lunchbuffet)* **Menu** 38 – **Bauernstuben** *(nur Abendessen)* **Menu**
à la carte 41/56 – **73 Z** 195/320, 5 Suiten – ½ P 35.

🏨 **Queens Hotel** ⊗, Falkenstr. 2, ⊠ 76530, ℰ (07221) 21 90, *Fax (07221) 219519,* 斉,
≘s, ⊠, ☞ – 劇, ⇔ Zim, ⊡ & ⟵ ℗ – 🛆 90. 🗚 ⓞ 🗲 VISA   AX e
Menu à la carte 50/79 – **121 Z** 200/410 – ½ P 40.

🏨 **Bad-Hotel Zum Hirsch** ⊗, Hirschstr. 1, ⊠ 76530, ℰ (07221) 93 90,
Fax (07221) 38148, « Ballsaal », Massage, ⚤ – 劇, ⇔ Zim, ⊡ ☎ ⟵ – 🛆 100. 🗚 ⓞ
🗲 VISA. ❄ Rest   BY g
(nur Abendessen für Hausgäste) – **58 Z** 150/280.

🏨 **Romantik Hotel Der kleine Prinz,** Lichtentaler Str. 36, ⊠ 76530, ℰ (07221) 34 64,
Fax (07221) 38264, « Elegante, individuelle Einrichtung » – 劇 ⊡ ☎ ℄ ⟵. 🗚 ⓞ 🗲 VISA
jcb. ❄   CZ u
Menu *(Montag - Dienstagmittag und Jan. 3 Wochen geschl.)* à la carte 79/104 – **33 Z**
195/425, 5 Suiten – ½ P 50.

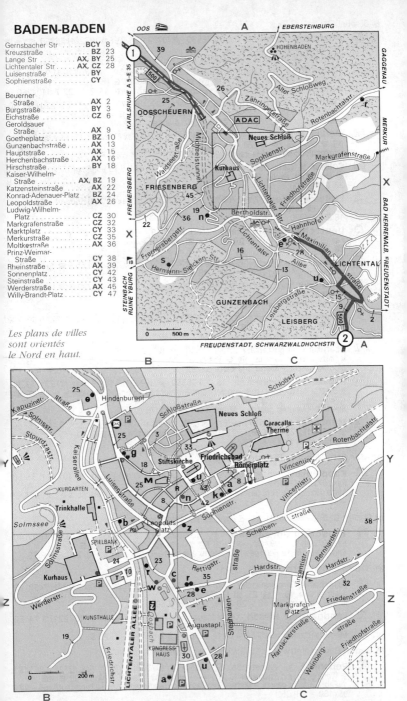

BADEN-BADEN

Les plans de villes sont orientés le Nord en haut.

109

🏨 **Atlantic** ⑤, Sophienstr. 2a, ✉ 76530, ℰ (07221) 36 10, Fax (07221) 26260, ✿ – 📶
🗦 📺 ☎ ⇦. 🖭 E VISA ✺ Rest
BZ r
Menu à la carte 36/51 – **52 Z** 110/310.

🏨 **Tannenhof** ⑤, Hans-Bredow-Str. 20, ✉ 76530, ℰ (07221) 27 11 81,
Fax (07221) 271186, ≼, ✿ – 📶 📺 ☎ 📵 – 🔬 40. 🖭 E VISA
AX s
Menu (Sonntag und Juli - Aug. 3 Wochen geschl.) à la carte 43/71 – **27 Z** 110/260.

🏨 **Kurhotel Quellenhof,** Sophienstr. 27, ✉ 76530, ℰ (07221) 93 80,
Fax (07221) 938100, Massage – 📶, 🗦 Zim, ☎. 🖭 ⓞ E VISA JCB
CY a
Menu à la carte 43/69 – **52 Z** 180/290, 4 Suiten – ½ P 40.

🏨 **Merkur,** Merkurstr. 8, ✉ 76530, ℰ (07221) 30 30, Fax (07221) 303333 – 📶, 🗦 Zim,
📺 ☎ ⇦. 🖭 ⓞ E VISA JCB. ✺
CZ e
Sterntaler : Menu à la carte 40/74 – **37 Z** 140/250 – ½ P 35.

🏨 **Colmar** ⑤ garni, Lange Str. 34, ✉ 76530, ℰ (07221) 9 38 90, Fax (07221) 938950 –
📶 🗦 📺 ☎ 📵. 🖭 E VISA
BY g
26 Z 110/200.

🏠 **Etol** garni, Merkurstr. 7, ✉ 76530, ℰ (07221) 3 60 40, Fax (07221) 360444 – 📺 ☎ ⇦.
📵. 🖭 ⓞ E VISA JCB. ✺
CZ r
18 Z 120/220.

🏠 **Deutscher Kaiser** garni, Merkurstr. 9, ✉ 76530, ℰ (07221) 27 00,
Fax (07221) 270270 – 📶 📺 ☎ ⇦. 🖭 ⓞ E VISA JCB
CZ r
28 Z 140/220.

🏠 **Greiner** ⑤ garni, Lichtentaler Allee 88, ✉ 76530, ℰ (07221) 7 11 35 – ☎ 📵. ✺AX u
Mitte Nov. - Anfang Dez. geschl. – **18 Z** 90/140.

🏠 **Am Markt,** Marktplatz 18, ✉ 76530, ℰ (07221) 2 70 40, Fax (07221) 270444 – 📶 ☎.
🖭 ⓞ E VISA
CY u
(nur Abendessen für Hausgäste) – **26 Z** 55/150.

🏠 **Römerhof** garni, Sophienstr. 25, ✉ 76530, ℰ (07221) 2 34 15, Fax (07221) 391707
– 📶 ☎ ⇦. 🖭 ⓞ E VISA JCB
CY k
Mitte Dez. - Anfang Feb. geschl. – **24 Z** 80/160.

XXX **Stahlbad,** Augustaplatz 2, ✉ 76530, ℰ (07221) 2 45 69, Fax (07221) 390222,
« Gartenterrasse » – 🖭 E VISA JCB
BZ w
Montag geschl. – **Menu** à la carte 55/95.

XX **Papalangi,** Lichtentaler Str. 13, ✉ 76530, ℰ (07221) 3 16 16, Fax (07221) 32788,
« Bistro-Restaurant mit modernem Ambiente, Innenhofterrasse » – 🖭 E VISA
JCB
BZ c
Sonntag - Montag geschl. – **Menu** à la carte 52/76.

X **Münchner Löwenbräu** (Brauerei-Gaststätte), Gernsbacher Str. 9, ✉ 76530,
ℰ (07221) 2 23 11, Fax (07221) 26320, ✿, Biergarten – E VISA JCB
CY n
Menu à la carte 29/47.

An der Straße nach Ebersteinburg :

🏨 **Kappelmann,** Rotenbachtalstr. 30, ✉ 76530 Baden-Baden, ℰ (07221) 35 50,
Fax (07221) 355100, ✿, 🌳 – 📶 📺 ☎ 📵 – 🔬 25
AX r
Mitte Jan. - Mitte Feb. geschl. – **Menu** (Sonntagabend - Montag geschl.) à la carte 43/69
– **42 Z** 160/230 – ½ P 35.

In Baden-Baden-Gaisbach SO : 5 km über Beuerner Str. AX :

🏨 **Waldhotel Forellenhof** ⑤, Gaisbach 91, ✉ 76534, ℰ (07221) 97 40,
Fax (07221) 974299, ✿, 🌳 – 📶 📺 ☎ ⇦ 📵 – 🔬 25. 🖭 ⓞ E VISA
Ende Jan. - Mitte Feb. geschl. – **Menu** à la carte 42/68 – **25 Z** 109/220 – ½ P 35.

In Baden-Baden-Geroldsau ② : 5 km :

🏨 **Auerhahn,** Geroldsauer Str. 160, ✉ 76534, ℰ (07221) 74 35, Fax (07221) 7432, ✿
– 📺 ☎ ⇦ 📵 – 🔬 25. 🖭 E VISA
Menu à la carte 37/68 – **28 Z** 96/156 – ½ P 30.

🏠 **Landgasthof Hirsch,** Geroldsauer Str. 130, ✉ 76534, ℰ (07221) 9 74 50,
Fax (07221) 72598, ✿ – 📺 ☎ 📵. E VISA
Menu (Mittwoch geschl.) à la carte 36/63 – **8 Z** 85/140 – ½ P 28.

In Baden-Baden-Neuweier SW : 10 km über Fremersbergstr. AX

🏨 **Rebenhof** ⑤, Weinstr. 58, ✉ 76534, ℰ (07223) 9 63 10, Fax (07223) 963131,
≼ Weinberge und Rheinebene, ✿, 🌳 – 📶 📺 ☎ ⇦ 📵 – 🔬 15. 🖭 E VISA
1. Feb. - 2. März geschl. – **Menu** (Sonntag - Montagmittag geschl.) à la carte 44/66 – **17 Z**
95/180 – ½ P 35.

🏨 **Heiligenstein** 🐝, Heiligensteinstr. 19a, ✉ 76534, 𝒫 (07223) 9 61 40, Fax (07223) 961450, ≤ Weinberge, Rheinebene und Yburg, 🌳, ⬛s, 🌳 – ⧉, ✦ Zim, 📺 ☎ 📵 – 🅐 25. 🅴
20. - 25. Dez. geschl. – **Menu** *(Dienstag geschl.)* *(nur Abendessen)* à la carte 41/59 – **24 Z** 98/175 – ½ P 40.

🏨 **Röderhof** 🐝 garni, Im Nußgärtel 2, ✉ 76534, 𝒫 (07223) 5 20 44, Fax (07223) 52612, 🌳 – 📺 ☎ 🚗 📵
15 Z 65/150.

🏨 **Zum Altenberg** 🐝 (mit Gästehaus), Schartenbergstr. 6, ✉ 76534, 𝒫 (07223) 5 72 36, Fax (07223) 60460, 🌳, ⬛, 🌳 – 📺 ☎ 🚗 📵
Menu *(Donnerstag und 10. Jan. - 1. Feb. geschl.)* à la carte 27/56 – **22 Z** 60/160 – ½ P 25.

XX **Zum Alde Gott**, Weinstr. 10, ✉ 76534, 𝒫 (07223) 55 13, Fax (07223) 60624, ≤, 🌳
✿ – 📵. 🅐🅴 ⓞ 🅴 ⓋⒾⓈⒶ ⒿⒸⒷ
Donnerstag - Freitagmittag und Jan. 3 Wochen geschl. – **Menu** à la carte 84/117
Spez. Lachssülze mit Schnittlauchsauce. Lamm mit Kräuterkruste und Bärlauchpüree (Frühjahr). Rehmedaillons mit Pfifferlingen und Ingwersauce.

XX **Schloß Neuweier**, Mauerbergstr. 21, ✉ 76534, 𝒫 (07223) 96 14 99, Fax (07223) 961550, « Gartenterrasse » – 📵. 🅐🅴 🅴 ⓋⒾⓈⒶ
Dienstag und 22. - 25. Dez. geschl. – **Menu** *(mittags)* und à la carte 64/96.

XX **Traube** (mit Zim. und Gästehaus), Mauerbergstr. 107, ✉ 76534, 𝒫 (07223) 9 68 20, Fax (07223) 6764, ⬛s, 🌳 – 📺 ☎ 🚗 📵 – 🅐 25
Menu *(Mittwoch geschl.)* 40 und à la carte 43/84 – **16 7** 85/250 – ½ P 35.

XX **Rebstock** 🐝 mit Zim, Schloßackerweg 3, ✉ 76534, 𝒫 (07223) 5 72 40, 🌳 – 📵. 🅐🅴 🅴 ⓋⒾⓈⒶ
30. Juli - 8. Aug. und 23. Dez. - 9. Jan. geschl. – **Menu** *(Montag - Dienstag geschl.)* à la carte 36/68 – **4 Z** 70/115 – ½ P 35.

In Baden-Baden - Oberbeuern *SO : 3 km über Beuerner Str.* AX :

XX **Waldhorn** mit Zim, Beuerner Str. 54, ✉ 76534, 𝒫 (07221) 7 22 88, Fax (07221) 73488, « Gartenterrasse » – 📺 ☎ 📵. 🅐🅴 🅴 ⓋⒾⓈⒶ
Feb., Aug. und Nov. je 2 Wochen geschl. – **Menu** *(Sonntagabend - Montag geschl.)* à la carte 44/75 – **12 Z** 95/170.

In Baden-Baden - Sandweier *NW : 8 km über Rheinstr.* AX :

🏨 **Blume**, Mühlstr. 24, ✉ 76532, 𝒫 (07221) 9 50 30, Fax (07221) 950370, 🌳, ⬛s, ⬛,
🌳 – ⧉ 📺 ☎ 📵 – 🅐 60. 🅴 ⓋⒾⓈⒶ
Menu à la carte 39/64 – **29 Z** 90/170 – ½ P 30.

In Baden-Baden - Umweg *SW : 8,5 km über Fremersbergstraße* AX :

XXX **Bocksbeutel** mit Zim, Umweger Str. 103, ✉ 76534, 𝒫 (07223) 5 80 31, Fax (07223) 60808, ≤ Weinberge und Rheinebene, 🌳, ⬛s – 📺 ☎ 📵. 🅐🅴 🅴 ⓋⒾⓈⒶ
Menu 40/98 und à la carte 57/92 *(auch vegetarisches Menu)* – **10 Z** 90/150 – ½ P 38.

X **Gasthaus Weinberg** (mit Gästehaus), Umweger Str. 68, ✉ 76534, 𝒫 (07223) 9 69 70, Fax (07223) 969730, 🌳, ⬛s, 🌳 – 📺 ☎ 📵. ⓞ 🅴 ⓋⒾⓈⒶ
Feb. - März 3 Wochen geschl. – **Menu** *(Dienstag - Mittwochmittag geschl.)* à la carte 38/70 – **11 Z** 92/160 – ½ P 30.

In Baden-Baden - Varnhalt *SW : 6 km über Fremersbergstr.* AX :

🏨 **Haus Rebland**, Umweger Str. 133, ✉ 76534, 𝒫 (07223) 5 20 47, Fax (07223) 60496, ≤ Weinberge und Rheinebene, 🌳, ⬛s, ⬛, – 📺 ☎ 📵. 🅐🅴 ⓞ 🅴 ⓋⒾⓈⒶ
15. Nov. - 15. Dez. geschl. – **Menu** *(Mittwoch geschl.)* à la carte 28/56 – **22 Z** 70/160 – ½ P 28.

An der Autobahn A 5 *über ① :*

🏨 **Rasthaus Baden-Baden,** Am Rasthof 4, ✉ 76532, 𝒫 (07221) 6 50 43, Fax (07221) 17661, 🌳 – ⧉ ✦ 📺 ☎ 🅖 🚗 📵 – 🅐 50. 🅐🅴 🅴 ⓋⒾⓈⒶ
Menu *(auch Self-Service)* à la carte 35/58 – **39 Z** 140/210.

An der Schwarzwaldhochstraße : *Hotel Bühlerhöhe siehe unter Bühl*

BADENWEILER *Baden-Württemberg* 🔢 *W 7,* 🔢 ㉗ – *3 700 Ew – Höhe 426 m – Heilbad – Das Kurzentrum ist von März bis Okt. für den Durchgangsverkehr gesperrt. Fahrerlaubnis nur für Hotelgäste oder mit Sondergenehmigung..*
Sehenswert : *Kurpark★★ – Burgruine ≤★.*
Ausflugsziele : *Blauen : Aussichtsturm ☀★★, SO : 8 km – Schloß Bürgeln★, S : 8 km.*
🅱 *Kur-Touristik, Ernst-Eisenlohr-Str. 4,* ✉ *79410,* 𝒫 *(07632) 7 21 10, Fax (07632) 72170.*
Berlin 834 – Stuttgart 242 – Freiburg im Breisgau 36 – Basel 45 – Mulhouse 30.

Römerbad ⦵, Schloßplatz 1, ✉ 79410, 𝄞 (07632) 7 00, Fax (07632) 70200, « Park », Massage, ⇌s, ⎓ (Thermal), ☒, ♨, ⚒ – ⧉ ☒ ⚒ ⟾ ⓟ – ⬥ 80. ⚼ ⑩ ℂ 𝘝𝘐𝘚𝘈. ⚘ Rest
Menu à la carte 56/97 – **84 Z** 220/480, 9 Suiten – ½ P 70.

Schwarzmatt ⦵, Akazienstr. 4, ✉ 79410, 𝄞 (07632) 8 20 10, Fax (07632) 820120, ⚶, ☒ – ⧉ ☒ ⚒ ⟾ ⓟ – ⬥ 40. ⚘ Rest
Menu (Tischbestellung ratsam) à la carte 61/93 – **41 Z** 205/500, 4 Suiten – ½ P 20.

Parkhotel Weißes Haus ⦵, Wilhelmstr. 6, ✉ 79410, 𝄞 (07632) 50 41, Fax (07632) 5045, ≤, « Park », ⇌s, ♨, ⚒ – ⧉, ⇌ Zim, ☒ ⚒ ⟾ ⓟ – ⬥ 25. ⚼ ℂ. ⚘
7. Jan. - 4. Feb. geschl. – **Menu** à la carte 43/79 – **40 Z** 90/230 – ½ P 30.

Ritter, Friedrichstr. 2, ✉ 79410, 𝄞 (07632) 83 10, Fax (07632) 831299, ⚶, « Garten », Massage, ⚓, ⇌s, ☒, ♨ – ⧉ ☒ ⚒ ⓟ – ⬥ 30. ⚼ ℂ 𝘝𝘐𝘚𝘈
Menu à la carte 35/60 – **75 Z** 105/400.

Anna ⦵, Oberer Kirchweg 2, ✉ 79410, 𝄞 (07632) 79 70, Fax (07632) 797150, ≤, ☒ (Thermal), ♨ – ⧉ ☒ ⚒ ⓟ. ⚘ Rest
Mitte Feb. - Mitte Nov. – (Restaurant nur für Hausgäste) – **37 Z** 105/240 – ½ P 25.

Eckerlin ⦵, Römerstr. 2, ✉ 79410, 𝄞 (07632) 83 20, Fax (07632) 832299, ≤, ⚶, « Garten », ⇌s, ⎓, ☒, ♨ – ⧉ ☒ ⚒ ⚼ ℂ 𝘝𝘐𝘚𝘈
Menu à la carte 33/57 – **55 Z** 90/250 – ½ P 25.

Romantik Hotel Zur Sonne ⦵, Moltkestr. 4, ✉ 79410, 𝄞 (07632) 7 50 80, Fax (07632) 750865, ⚶, ♨ – ☒ ⚒ ⟾ ⓟ. ⚼ ⑩ ℂ 𝘝𝘐𝘚𝘈
Menu à la carte 43/83 – **38 Z** 85/220 – ½ P 30.

Post ⦵, Sofienstr. 1, ✉ 79410, 𝄞 (07632) 50 51, Fax (07632) 5123, ⚶, ⇌s, ☒ – ⧉ ☒ ⚒ ⟾. ℂ 𝘝𝘐𝘚𝘈
Menu à la carte 40/70 – **50 Z** 86/350 – ½ P 29.

Schloßberg ⦵ garni, Schloßbergstr. 3, ✉ 79410, 𝄞 (07632) 8 21 80, Fax (07632) 6376, ≤, ⇌s, ♨ – ⧉ ☒ ⓟ. ⚼ ℂ. ⚘
Mitte Feb. - Mitte Nov. – **17 Z** 95/230.

Am Kurpark-Villa Hedwig ⦵, Römerstr. 10, ✉ 79410, 𝄞 (07632) 8 20 00, Fax (07632) 820031, « Jugendstil-Villa mit stilvoller Einrichtung », ♨ – ☒ ⚒ ⓟ. ⚼ 𝘝𝘐𝘚𝘈. ⚘ Rest
6. - 31. Jan. und 1. - 15. Dez. geschl. – **Menu** (Donnerstag geschl.) (nur Abendessen, Tischbestellung erforderlich) à la carte 41/62 – **15 Z** 115/240 – ½ P 45.

Försterhaus Lais ⦵, Badstr. 42, ✉ 79410, 𝄞 (07632) 8 21 20, Fax (07632) 821282, ⚶, ⇌s, ☒, ♨ – ☒ ⚒ ⓟ. ⚼ ⑩ ℂ 𝘝𝘐𝘚𝘈
Menu (Montag - Mittwoch nur Abendessen) à la carte 28/60 ⚙ – **30 Z** 60/218 – ½ P 24.

Schnepple ⦵, Hebelweg 15, ✉ 79410, 𝄞 (07632) 54 20, Fax (07632) 6001, ♨ – ⧉, ⇌ Zim, ☒ ⚒ ⟾ ⓟ. ⚼ ℂ 𝘝𝘐𝘚𝘈. ⚘ Rest
(nur Abendessen für Hausgäste) – **18 Z** 80/160 – ½ P 25.

Schlössle ⦵ garni, Kanderner Str. 4, ✉ 79410, 𝄞 (07632) 2 40, Fax (07632) 821031, ⎓ (beheizt), ♨ – ⇌ ⚒
Dez. - Feb. geschl. – **14 Z** 65/160.

In Badenweiler-Lipburg SW : 3 km :

Landgasthof Schwanen ⦵, E.-Scheffel-Str. 5, ✉ 79410, 𝄞 (07632) 8 20 90, Fax (07632) 820944, ⚶, ♨ – ⇌ Zim, ☒ ⚒ ⟾ ⓟ. ⚼ ⑩ ℂ 𝘝𝘐𝘚𝘈. ⚘ Zim
Anfang Jan. - Mitte Feb. geschl. – **Menu** (Donnerstag, im Winter auch Mittwoch geschl.) à la carte 31/65 ⚙ – **19 Z** 70/150 – ½ P 28.

In Badenweiler-Sehringen S : 3 km :

Gasthof zum grünen Baum ⦵, Sehringer Str. 19, ✉ 79410, 𝄞 (07632) 74 11, Fax (07632) 1580, ≤, ⚶ – ⚒ ⟾ ⓟ
Mitte Dez. - Anfang Feb. geschl. – **Menu** (Montag geschl.) à la carte 31/57 ⚙ – **15 Z** 57/134 – ½ P 32.

BÄRENFELS Sachsen **⁴¹⁸** N 24 25 – 300 Ew – Höhe 750 m.
🛈 Fremdenverkehrsamt, Böhmische Str. 36, ✉ 01776, 𝄞 (035052) 2 06 42, Fax (035052) 20642.
Berlin 215 – Dresden 35 – Chemnitz 66.

Felsenburg ⦵, Böhmische Str. 20, ✉ 01776, 𝄞 (035052) 2 04 50, Fax (035052) 340, ⚶ – ☒ ⚒ ⓟ – ⬥ 20. ⚼ ℂ
Menu (Montagmittag und Dienstagmittag geschl.) à la carte 27/47 – **14 Z** 74/98 – ½ P 20.

BAHLINGEN Baden-Württemberg 🔲🔲🔲 V 7 – 3 400 Ew – Höhe 248 m.
Berlin 789 – Stuttgart 190 – *Freiburg im Breisgau 23* – Offenburg 48.

🏠 **Lamm,** Hauptstr. 49, ✉ 79353, ℰ (07663) 13 11, Fax (07663) 5433, 🖙 – 📺 ☎ 🚗
◉ – 🔩 25. 🖭 🗲 *VISA*
Menu à la carte 30/60 ⅄ – **29 Z** 72/144.

BAIERBRUNN Bayern 🔲🔲🔲🔲🔲🔲 V 18 – 2 400 Ew – Höhe 638 m.
Berlin 601 – *München 17* – Garmisch-Partenkirchen 72.

🏠🏠 **Strobl** garni, Wolfratshauser Str. 54a, ✉ 82065, ℰ (089) 7 44 20 70, Fax (089) 7931173
– 📺 ☎ ⅙ ◉. 🖭 ◉ 🗲 *VISA* 🗾
20 Z 90/160.

In Baierbrunn-Buchenhain NO : 1 km :

🏠 **Waldgasthof Buchenhain,** Buchenhain 1, ✉ 82065, ℰ (089) 7 93 01 24,
Fax (089) 7938701, 🖾 – 🛗 📺 ☎ ◉. 🖭 🗲 *VISA*
Weihnachten - Anfang Jan. geschl. – **Menu** (Freitag geschl.) à la carte 27/56 – **40 Z** 95/160
– ½ P 25.

BAIERSBRONN Baden-Württemberg 🔲🔲🔲 U 9, 🔲🔲🔲 ㉘ – 16 000 Ew – Höhe 550 m – Luftkurort
– Wintersport : 584/1 065 m ⅘ 11 ⅚ 14.
🛈 *Tourist-Information,* Rosenplatz 3, ✉ 72270, ℰ (07442) 8 41 40, Fax (07442) 841448.
Berlin 720 ② – Stuttgart 100 ② – *Karlsruhe 70* ③ – Freudenstadt 7 ② – Baden-
Baden 50 ③

Stadtplan siehe gegenüberliegende Seite

🏠🏠 **Rose,** Bildstöckleweg 2, ✉ 72270, ℰ (07442) 8 49 40, Fax (07442) 849494, 🖙, 🔲 –
🛗 📺 ☎ 🚗 ◉ – 🔩 15. 🖭 ◉ 🗲 *VISA*. ⅙ Zim   AX h
20. Nov. - 20. Dez. geschl. – **Menu** (Dienstag geschl.) à la carte 30/65 – **41 Z** 85/180 –
½ P 24.

🏠🏠 **Falken,** Oberdorfstr. 95, ✉ 72270, ℰ (07442) 8 40 70, Fax (07442) 50525, 🖾, 🖙,
🛲 – 🛗 📺 ☎ ◉. 🖭 🗲 *VISA*   AY s
2.- 17. März und 16. Nov. - 10. Dez. geschl. – **Menu** (Dienstag geschl.) à la carte 26/52 –
21 Z 65/140 – ½ P 20.

🏠🏠 **Rosengarten** ⅏, Bildstöckleweg 35, ✉ 72270, ℰ (07442) 8 43 40,
Fax (07442) 843434, 🖾, 🖙, 🔲 – 📺 ☎ ◉. ⅙ Zim   AX a
Anfang Nov. - Mitte Dez. geschl. – **Menu** (Donnerstagabend und Mittwoch geschl.) à la carte
30/55 – **27 Z** 76/152 – ½ P 20.

🏠 **Krone,** Freudenstädter Str. 32, ✉ 72270, ℰ (07442) 8 41 10, Fax (07442) 4408, 🖙,
🔲 – 📺 ☎ 🚗 ◉   AY r
10. Jan. - 5. Feb. und 10. Nov. - 15. Dez. geschl. – **Menu** (Freitagmittag und Montag geschl.)
à la carte 30/58 – **43 Z** 60/145 – ½ P 19.

🏠 **Miller-Wagner,** Forbachstr. 4, ✉ 72270, ℰ (07442) 8 45 30, Fax (07442) 8454110 –
🛗. ⅙ Rest   AX e
Anfang Nov. - 15. Dez. geschl. – (Restaurant nur für Hausgäste) – **18 Z** 58/126 – ½ P 22.

🏠 **Hirsch,** Oberdorfstr. 74, ✉ 72270, ℰ (07442) 83 20, Fax (07442) 832250, 🖾, 🖙, 🔲,
🛲 – 🛗 📺 ☎ ◉   AY d
Ende Nov. - 20 Dez. geschl. – **Menu** (Donnerstag geschl.) à la carte 28/56 ⅄ – **33 Z** 71/150
– ½ P 22.

🏠 **Haus Petra** garni, Oberdorfstr. 142, ✉ 72270, ℰ (07442) 27 53, Fax (07442) 3825, 🛲
– 📺 🚗 ◉   AY a
20 Z 59/125.

🏠 **Pappel,** Oberdorfstr. 1, ✉ 72270, ℰ (07442) 8 41 20, Fax (07442) 841250, 🖙 – 🛗
📺 ◉   AY t
Jan. und April 2 Wochen geschl. – **Menu** (Mittwoch geschl.) à la carte 27/53 – **20 Z** 60/170
– ½ P 18.

In Baiersbronn-Tonbach :

🏠🏠🏠🏠 **Traube Tonbach** ⅏, Tonbachstr. 237, ✉ 72270, ℰ (07442) 49 20,
Fax (07442) 492692, ≼, « Gartenterrasse, Hauskapelle », Massage, ♀, 🜂, 🜂, 🖙,
🜃 (geheizt), 🔲, 🛲, ⅙ (Halle) – 🛗 📺 ⅝ 🚗 ◉ – 🔩 30.   BZ n
Menu nur für Hausgäste, siehe auch Rest. **Schwarzwaldstube** und **Köhlerstube** separat
erwähnt – **175 Z** 205/758, 10 Suiten – ½ P 25.

🏠🏠 **Kurhotel Sonnenhalde** ⅏, Obere Sonnenhalde 63, ✉ 72270, ℰ (07442) 8 45 40,
Fax (07442) 8454110, ≼, 🖾, 🖙, 🔲, 🛲 – 🛗 📺 ☎ 🚗 ◉ ⅙ Rest   BZ t
5. Nov. - 15. Dez. geschl. – **Menu** (Mittwoch geschl.) à la carte 38/64 – **33 Z** 65/208, 3 Suiten
– ½ P 30.

113

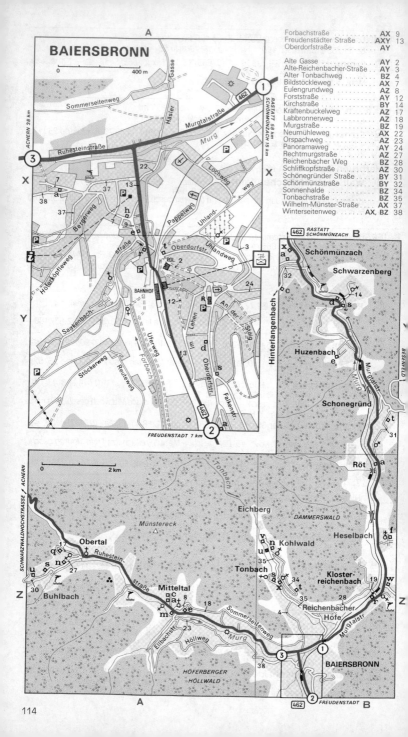

BAIERSBRONN

114

🏨 **Waldlust** (mit Gästehaus, ⚉), Tonbachstr. 174, ✉ 72270, ☏ (07442) 83 50,
Fax (07442) 2127, ⛉, ▨, ☞ – |♨| 🔲 ☎ ⇦ **Ⓟ**. ⚘ Zim   BZ x
Anfang Nov. - Mitte Dez. geschl. – **Menu** *(Dienstag geschl.)* à la carte 30/66 – **45 Z** 70/164
– ½ P 20.

🏠 **Tanne** ⚘, Tonbachstr. 243, ✉ 72270, ☏ (07442) 83 30, Fax (07442) 7657, ≤, 🏠,
Massage, ⛉, ▨, ☞ – |♨| 🔲 ☎ ⇦ **Ⓟ** – 🕭 30   BZ v
Mitte Nov. - Mitte Dez. geschl. – **Menu** *(Montag geschl.)* à la carte 40/79 – **55 Z** 89/216
– ½ P 7.

🏠 **Am Tonbach**, Tonbachstr. 177, ✉ 72270, ☏ (07442) 26 05, Fax (07442) 50591, 🏠,
⛉, ▨, ☞ – 🔲 ☎ ⇦ **Ⓟ**   BZ s
Ende Nov. - Mitte Dez. geschl. – **Menu** à la carte 30/55 – **16 Z** 89/172 – ½ P 21.

🍲🍲🍲 **Schwarzwaldstube** - Hotel Traube Tonbach, Tonbachstr 237, ✉ 72270,
🕄🕄🕄 ☏ (07442) 49 26 65, Fax (07442) 492692, ≤ – ▤ **Ⓟ**. 🄰🄴 ① **E** 𝘝𝘐𝘚𝘈   BZ u
Montag - Dienstag, 12. Jan. - 3. Feb. und 8. - 25. Aug. geschl. – **Menu** (Tischbestellung
ratsam) 165/208 und à la carte 101/149
Spez. Salat von gegrillten Gemüsen und Jakobsmuscheln mit Olivenmarinade. Gefüllte
Entenbrust mit Trüffeln, Wirsing und Entenleber auf Rotweinjus. Soufflé von weißer und
dunkler Schokolade mit Kompott von Zitrusfrüchten.

🍲🍲🍲 **Köhlerstube** - Hotel Traube Tonbach, Tonbachstr. 237, ✉ 72270, ☏ (07442)
49 26 65, Fax (07442) 492692, ≤, 🏠, « Behaglich-rustikale Restauranträume » – **Ⓟ**. 🄰🄴
① **E** 𝘝𝘐𝘚𝘈   BZ u
Menu (Tischbestellung ratsam) à la carte 62/90 – *Bauernstube :* Menu à la carte 53/60.

Im Murgtal, Richtung Schwarzwaldhochstraße :

In Baiersbronn-Mitteltal :

🏰 **Bareiss** ⚘, Gärtenbühlweg 14, ✉ 72270, ☏ (07442) 4 70, Fax (07442) 47320, ≤,
« Gartenterrasse », Massage, ♣, ⅃♨, ⚗, ⛉, 🇯 (geheizt), ▨, ☞, ⚒ – |♨|, ▤ Rest, 🔲
☜♨ ⇦ **Ⓟ**   AZ e
Menu siehe auch Rest. *Bareiss* und *Dorfstuben* separat erwähnt – **100 Z** 215/780,
7 Suiten – ½ P 10.

🏨 **Lamm**, Ellbachstr. 4, ✉ 72270, ☏ (07442) 49 80, Fax (07442) 49878, 🏠, ⛉, ▨, ☞
⚒ – |♨| 🔲 ☎ ⇦ **Ⓟ**. 🄰🄴 ① **E** 𝘝𝘐𝘚𝘈   AZ m
Menu à la carte 31/61 – **46 Z** 60/230 – ½ P 30.

🏠 **Ödenhof**, Ödenhofweg 9, ✉ 72270, ☏ (07442) 8 40 90, Fax (07442) 840919, ⅃♨, ⛉,
▨, ☞ – |♨| ⚒ **Ⓟ**. ⚘ Rest   AZ a
Jan. geschl. **Menu** *(Dienstag geschl.)* (Abendessen nur für Hausgäste) à la carte 29/51
– **34 Z** 63/154 – ½ P 16.

🏠 **Birkenhof**, Ödenhof 17, ✉ 72270, ☏ (07442) 8 42 40, Fax (07442) 842444, ☞ – |♨|
☎ **Ⓟ**. **E** 𝘝𝘐𝘚𝘈. ⚘ Rest   AZ c
10. - 30. Jan. geschl. – **Menu** à la carte 25/51 – **25 Z** 69/172 – ½ P 25.

🍲🍲 **Restaurant Bareiss** - Hotel Bareiss, Gärtenbühlweg 14, ✉ 72270, ☏ (07442) 4 70,
🕄🕄 Fax (07442) 47320, ≤ – ▤ **Ⓟ**. 🄰🄴 ① **E** 𝘝𝘐𝘚𝘈   AZ e
Montag - Dienstag, Juni - 2. Juli und 23. Nov. - 24. Dez. geschl. – **Menu** (Tischbestellung
ratsam, bemerkenswerte Weinkarte) 148/189 und à la carte 98/122 – *Kaminstube :*
Menu à la carte 52/79
Spez. Mosaik von Gänsestopfleber und Trüffel. Loup de mer auf der Haut gebraten mit
Artischocken. Glacierter Rehbockrücken mit Datteln.

🍴 **Dorfstuben** - Hotel Bareiss, Gärtenbühlweg 14, ✉ 72270, ☏ (07442) 4 70,
⚘ Fax (07442) 47320 – **Ⓟ**. 🄰🄴 ① **E** 𝘝𝘐𝘚𝘈   AZ e
Menu à la carte 45/61.

In Baiersbronn-Obertal

🏨 **Engel Obertal** ⚘, Rechtmurgstr. 28, ✉ 72270, ☏ (07449) 8 50, Fax (07449) 85200,
Massage, ♣, ⛉, ▨, ☞, ⚒ – |♨|, ☜♨ Rest, ▤ Rest, 🔲 **Ⓟ** – 🕭 20. ⚘ Rest   AZ n
Menu à la carte 38/71 *(auch vegetarisches Menu)* – **68 Z** 122/388 – ½ P 30.

🏠 **Waldhotel Sommerberg** ⚘, Hirschauerwald 23, ✉ 72270, ☏ (07449) 92 65,
Fax (07449) 8014, ≤ Obertal, ⛉, ▨, ☞ – |♨| 🔲 ☎ ⇦ **Ⓟ** – 🕭 40   AZ q
Menu à la carte 32/57 – **41 Z** 90/260 – ½ P 25.

🏠 **Pension Sigwart** ⚘, Am Hänger 24 (Buhlbach), ✉ 72270, ☏ (07449) 9 26 20,
Fax (07449) 926241, ≤, ☞ – 🔲 ☎ **Ⓟ**   AZ u
30. Nov. - 18. Dez. geschl. – (Restaurant nur für Hausgäste) – **18 Z** 56/140 – ½ P 20.

⚓ **Blume** ⚘, Rechtmurgstr. 108 (Buhlbach), ✉ 72270, ☏ (07449) 80 77,
Fax (07449) 8009, Biergarten, ☞ – ☜♨ Zim, 🔲 ☎ ⇦ **Ⓟ**   AZ s
Mitte Nov. - Mitte Dez. geschl. – **Menu** *(Mittwoch geschl.)* à la carte 25/44 – **21 Z** 48/130
– ½ P 20.

An der Schwarzwaldhochstraße NW : 18 km, Richtung Achern :

🏠🏠 **Schliffkopf-Hotel** Ⓜ – Höhe 1025 m, ✉ 72270 Baiersbronn, ✆ (07449) 92 00, Fax (07449) 920199, ≤ Schwarzwald, 🍴, Massage, ≘s, ⬚ – 🛗, ⇄ Zim, 📺 ☎ ✔ ⇦ Ⓟ – 🏛 45. 🅰🅴 🅴 𝐕𝐈𝐒𝐀
Menu à la carte 31/74 – **54 Z** 165/290 – ½ P 40.

Im Murgtal, Richtung Forbach :

In Baiersbronn-Klosterreichenbach :

🏠🏠 **Heselbacher Hof** ⤳, Heselbacher Weg 72, ✉ 72270, ✆ (07442) 83 80, Fax (07442) 838100, ≤, 🍴, ≘s, ⬚, 🍴 – 🛗 📺 Ⓟ – 🏛 20   BZ f
3. Nov. - 19. Dez. geschl. – **Menu** (Montag geschl.) à la carte 30/64 – **41 Z** 89/252 – ½ P 10.

🏠 **Schützen,** Murgstr. 1, ✉ 72270, ✆ (07442) 8 41 50, Fax (07442) 841534, 🍴 – 📺 ☎ Ⓟ   BZ r
Ende Okt. - Ende Nov. geschl. – **Menu** (Montag geschl.) à la carte 26/48 ⚖ – **15 Z** 53/102 – ½ P 14.

🏠 **Ochsen,** Musbacher Str. 5, ✉ 72270, ✆ (07442) 22 22, Fax (07442) 2217, 🍴 – 📺 ⇦ Ⓟ. ⇄ Zim   BZ w
April 3 Wochen und Ende Nov. - Mitte Dez. geschl. – **Menu** (Dienstag geschl.) à la carte 25/51 – **17 Z** 48/94.

In Baiersbronn-Röt :

🏠 **Sonne,** Murgtalstr. 323 (B 462), ✉ 72270, ✆ (07442) 23 86, Fax (07442) 60194, 🍴, ≘s, ⬚, 🍴 – 📺 ☎ Ⓟ   BZ a
15. Nov. - 15. Dez. geschl. – **Menu** à la carte 28/61 – **36 Z** 78/181 – ½ P 17.

In Baiersbronn-Schönegründ :

⤳ **Löwen** ⤳, Schönegründer Str. 90, ✉ 72270, ✆ (07447) 4 33, Fax (07447) 1722, ≤, 🍴, 🍴 – ☎ Ⓟ   BY t
Okt. - Nov. 3 Wochen geschl. – **Menu** (Dienstag geschl.) à la carte 25/43 ⚖ – **17 Z** 53/101 – ½ P 15.

In Baiersbronn-Huzenbach :

🏠🏠 **Pfeifle's Höhenhotel Huzenbach** ⤳, Roter Rain 47, ✉ 72270, ✆ (07447) 93 50, Fax (07447) 475, ≤, 🍴, Massage, ⚕, 🏃, ≘s, 🍴 – 🛗 📺 ☎ Ⓟ – 🏛 40. 🅰🅴 🅾 🅴 𝐕𝐈𝐒𝐀   BY e
Menu à la carte 33/62 – **Le Délice** (Montag - Dienstag geschl.) Menu à la carte 66/84 – **45 Z** 92/220 – ½ P 20.

In Baiersbronn-Schwarzenberg :

🏠🏠 **Sackmann,** Murgtalstr. 602 (B 462), ✉ 72270, ✆ (07447) 28 90, Fax (07447) 289400, 🍴, Massage, ⚕, 🏃, ≘s, ⬚, 🍴 – 🛗 📺 ⇦ Ⓟ – 🏛 40   BY s
Menu siehe Rest. **Schloßberg** separat erwähnt **Anita Stube :** Menu à la carte 40/73 – **68 Z** 82/280 – ½ P 26.

🏠🏠 **Löwen,** Murgtalstr. 604 (B 462), ✉ 72270, ✆ (07447) 93 20, Fax (07447) 1049, 🍴 – 🛗 📺 ☎ Ⓟ. ⇄ Rest   BY d
10. - 31. Jan. geschl. – **Menu** à la carte 32/60 – **28 Z** 79/155 – ½ P 22.

✕✕✕ **Schloßberg** - Hotel Sackmann, Murgtalstr. 602 (B 462), ✉ 72270, ✆ (07447) 28 90, ❀ Fax (07447) 289400 – Ⓟ. 🅰🅴 🅾 🅴 𝐕𝐈𝐒𝐀. ⇄
Montag - Dienstag, 7. - 18. Jan und 29. Juli - 16. Aug. geschl. – **Menu** (nur Abendessen) 98/135 und à la carte 68/106
Spez. Croustade vom Zander mit Bonitomarinade. Royal vom Hummer mit Blumenkohl. Milchziegenkeule mit Oliven-Zwiebelmousse.

In Baiersbronn-Schönmünzach :

🏠 **Holzschuh's Schwarzwaldhotel,** Murgtalstr. 655 (B 462), ✉ 72270, ✆ (07447) 9 46 30, Fax (07447) 946349, 🍴, Massage, ⚕, 🏃, ≘s, ⬚, 🍴 – 🛗 📺 ☎ ⇦ Ⓟ – 🏛 20. ⇄ Rest   BY x
15. Nov. - 15. Dez. geschl. – **Menu** (Dienstag geschl.) à la carte 30/66 – **34 Z** 78/204 – ½ P 23.

🏠 **Sonnenhof** ⤳, Schifferstr. 36, ✉ 72270, ✆ (07447) 93 00, Fax (07447) 930333, 🍴, ≘s, ⬚ – 🛗 📺 ☎ Ⓟ. ⇄ Rest   BY a
Mitte Nov. - Mitte Dez. geschl. – **Menu** à la carte 31/60 – **42 Z** 62/174 – ½ P 20.

🏠 **Elisabeth** ⤳, Schönmünzstr. 63, ✉ 72270, ✆ (07447) 93 10, Fax (07447) 931100, 🍴, ≘s, ⬚ – 🛗, ⇄ Zim, 📺 ☎ ⇦ Ⓟ   BY c
Mitte Nov. - Mitte Dez. geschl. – **Menu** (Montag geschl.) à la carte 33/63 – **26 Z** 74/220 – ½ P 22.

In Baiersbronn-Hinterlangenbach *W : 10,5 km ab Schönmünzach BY :*

Forsthaus Auerhahn (mit Gästehaus), ✉ 72270, ✆ (07447) 93 40, *Fax (07447) 934199*, Wildgehege, TV ☎ P
Mitte Nov. - Mitte Dez. geschl. – **Menu** *(Dienstag geschl.)* à la carte 32/58 – **30 Z** 79/235 – ½ P 24.

BAIERSDORF *Bayern siehe Erlangen.*

BALDUINSTEIN *Rheinland-Pfalz* 417 *O 7 - 600 Ew - Höhe 105 m.*

Berlin 557 – Mainz 69 – Koblenz 54 – Limburg an der Lahn 10.

Zum Bären, Bahnhofstr. 24, ✉ 65558, ✆ (06432) 8 10 91, *Fax (06432) 83643*, Biergarten – TV ☎ P – 30
ab Aschermittwoch 3 Wochen geschl. – **Menu** *(Montagabend - Dienstag geschl.)* (Tischbestellung ratsam, bemerkenswerte Weinkarte) 55 (mittags) und à la carte 58/96 – ***Weinstube :*** *(Dienstag geschl.)* **Menu** à la carte 35/51 – **10 Z** 80/164.

BALINGEN *Baden-Württemberg* 419 *V 10,* 987 ㊳ *– 31 500 Ew – Höhe 517 m.*

Ausflugsziel : *Lochenstein ≤★ vom Gipfelkreuz, S : 8 km.*

ADAC, *Wilhelm-Kraut-Str. 46, ✉ 72336, ✆ (07433) 9 96 30, Fax (07433) 996320.*

Berlin 711 – Stuttgart 82 – Konstanz 109 – Freiburg im Breisgau 116 – Tübingen 36 – Ulm (Donau) 134.

Hamann, Neue Str. 11, ✉ 72336, ✆ (07433) 95 00, *Fax (07433) 5123* – Zim, TV ☎ E VISA
24. Dez. - 6. Jan. geschl. – **Menu** *(Samstag - Sonntagmittag geschl.)* à la carte 33/61 *(auch vegetarische Gerichte)* – **48 Z** 105/200.

Thum, Klausenweg 20, ✉ 72336, ✆ (07433) 9 69 00, *Fax (07433) 969044*, – TV ☎ P. E VISA JCB
Menu *(Samstag geschl.)* à la carte 32/62 – **24 Z** 80/200.

Stadt Balingen, Hirschbergstr. 48 (Nähe Stadthalle), ✉ 72336, ✆ (07433) 80 21, *Fax (07433) 5119* – Zim, TV ☎ P – 15. AE E VISA. Rest
(nur Abendessen für Hausgäste) – **60 Z** 122/196.

Zum Hirschgulden, Charlottenstr. 27 (Stadthalle), ✉ 72336, ✆ (07433) 25 81, *Fax (07433) 22364*, – P. AE E VISA.
Menu à la carte 29/68.

BALJE *Niedersachsen* 415 *E 11 – 1 100 Ew – Höhe 2 m.*

Berlin 393 – Hannover 218 – Bremerhaven 74 – Cuxhaven 38 – Hamburg 114.

In Balje-Hörne *SW : 5 km :*

Zwei Linden, Itzwördener Str. 4, ✉ 21730, ✆ (04753) 8 43 00, *Fax (04753) 843030*, – TV ☎ P. E
Menu *(Okt. - Feb. Montagmittag geschl.)* à la carte 24/50 – **13 Z** 65/110.

BALLSTEDT *Thüringen siehe Weimar.*

BALTRUM (Insel) *Niedersachsen* 415 *E 6,* 984 ⑨, 987 ④ *– 500 Ew – Seeheilbad – Insel der Ostfriesischen Inselgruppe, Autos nicht zugelassen.*

von Neßmersiel (ca. 30 min.), ✆ 9 13 00.

Pavillon am Anleger, ✉ 26579, ✆ (04939) 80 48, Fax (04939) 1377.

Berlin 536 – Hannover 269 – Aurich (Ostfriesland) 28 – Norden 17 – Wilhelmshaven 70.

Strandhof, Nr. 123, ✉ 26579, ✆ (04939) 8 90, *Fax (04939) 8913*, – TV ☎.
Mitte März - Okt. – **Menu** *(Mittwoch geschl.)* à la carte 31/57 – **32 Z** 85/174 – ½ P 15.

Dünenschlößchen, Ostdorf 48, ✉ 26579, ✆ (04939) 9 12 30, *Fax (04939) 912313*, ≤, – Rest, ☎.
April - Mitte Okt. – **Menu** *(Montag geschl.)* à la carte 29/70 – **43 Z** 80/180 – ½ P 16.

Witthus (mit Gästehaus), Nr. 137, ✉ 26579, ✆ (04939) 9 11 90, *Fax (04939) 911913*, ≤, – TV ☎
Anfang Jan. - Mitte März und Nov. - 24. Dez. geschl. – **Menu** à la carte 33/69 – **12 Z** 75/160.

BALVE Nordrhein-Westfalen 四 M 7 – 11800 Ew – Höhe 250 m.
Berlin 510 – Düsseldorf 101 – Arnsberg 26 – Hagen 38 – Plettenberg 16.

In Balve-Binolen N : 5 km :

🏠 **Haus Recke,** an der B 515, ✉ 58802, ✆ (02379) 9 18 10, Fax (02379) 293, 🌳 – 📺
🕿 📵 – 🏛 30. ◮ ᴇ 𝘝𝘐𝘚𝘈 ᴊᴄʙ
Menu (Montag, 5. - 20. Feb. und 1. - 17. Nov. geschl.) à la carte 33/76 – **12 Z** 95/190.

In Balve-Eisborn N : 9 km :

🏠 **Antoniushütte** 🍴 (mit Gästehaus), Eisborner Dorfstr. 10, ✉ 58802,
✆ (02379) 91 50, Fax (02379) 644, 🌳 – 📺 🕿 📵 – 🏛 100. ◮ ᴇ 𝘝𝘐𝘚𝘈
Menu à la carte 37/74 – **62 Z** 90/210.

🏠 **Zur Post** 🍴 (mit Gästehaus), Eisborner Dorfstr. 3, ✉ 58802, ✆ (02379) 91 60,
Fax (02379) 916200, 🌳, 🍴, 🔲, 🌳 – 📶 📺 🕿 📵 – 🏛 60. ◮ ◍ ᴇ 𝘝𝘐𝘚𝘈
Juli 3 Wochen geschl. – **Menu** à la carte 42/63 – **50 Z** 93/170.

BAMBERG Bayern 四四 Q 16, 九八七 ㉘ – 70000 Ew – Höhe 260 m.
Sehenswert : Dom★★ (Bamberger Reiter★★★, St.-Heinrichs-Grab★★★) BZ – Altes
Rathaus★ BCZ – Diözesanmuseum★ BZ **M** – Alte Hofhaltung (Innenhof★★) BZ – Neue
Residenz : Rosengarten ≪★ BZ.

🏌 Breitengüßbach, Gut Leimershof (NO : 16 km über ⑤), ✆ (09547) 710 ; 🏌 Bamberg,
Äußere Zollnerstraße (NO : 2 km), ✆ (0951) 883301.

🅱 Tourismus Kongreß Service, Geyerswörthstr. 3, ✉ 96047, ✆ (0951) 87 11 61,
Fax (0951) 871960.

ADAC, Schützenstr. 4a (Parkhaus), ✉ 96047, ✆ (0951) 2 10 77, Fax (0951) 23462.
Berlin 406 ① – München 232 ② – Coburg 53 ① – Nürnberg 61 ② – Würzburg 96 ② –
Erfurt 154 ⑤

Stadtplan siehe gegenüberliegende Seite

🏰 **Residenzschloss,** Untere Sandstr. 32, ✉ 96049, ✆ (0951) 6 09 10,
Fax (0951) 6091701, 🌳, « Hauskapelle », 🍴, ≋ – 📶, 🔆 Zim, 📺 🌜 🛠 ☞ – 🏛 250.
◮ ◍ ᴇ 𝘝𝘐𝘚𝘈 ᴊᴄʙ. 🍴 Rest   BY r
Menu à la carte 53/78 – **185 Z** 225/325, 4 Suiten.

🏰 **Bamberger Hof - Bellevue,** Schönleinsplatz 4, ✉ 96047, ✆ (0951) 9 85 50,
Fax (0951) 985562, 🌳 – 📶 📺 🌜 ☞ – 🏛 30. ◮ ◍ ᴇ 𝘝𝘐𝘚𝘈   CZ e
Menu à la carte 42/79 – **49 Z** 160/320, 5 Suiten.

🏠 **Romantik Hotel Weinhaus Messerschmitt,** Lange Str. 41, ✉ 96047,
✆ (0951) 2 78 66, Fax (0951) 26141, « Brunnenhofterrasse » – 🔆 Zim, 📺 🕿 – 🏛 60.
◮ ◍ ᴇ 𝘝𝘐𝘚𝘈. 🍴 Zim   CZ x
9. - 20. Feb. geschl. – **Menu** à la carte 43/69 – **17 Z** 90/240.

🏠 **St. Nepomuk** 🍴 (mit Gästehäusern), Obere Mühlbrücke 9, ✉ 96049,
✆ (0951) 9 84 20, Fax (0951) 9842100, ≪, « Ehemalige Mühle in der Regnitz gelegen »
– 📶, 🔆 Zim, 📺 🕿 🛠 ☞ – 🏛 30. ◍ ᴇ 𝘝𝘐𝘚𝘈   CZ a
Menu à la carte 50/96 – **47 Z** 130/240, 3 Suiten.

🏠 **Berliner Ring** garni, Pödeldorfer Str. 146, ✉ 96050, ✆ (0951) 91 50 50,
Fax (0951) 14715 – 📶 📺 🕿 🌜 ☞ 📵. ◮ ᴇ 𝘝𝘐𝘚𝘈   AX a
40 Z 96/142.

🏠 **Barock-Hotel am Dom** 🍴 garni, Vorderer Bach 4, ✉ 96049, ✆ (0951) 5 40 31,
Fax (0951) 54021 – 📶 📺 🕿 🛠. ◮ ◍ ᴇ 𝘝𝘐𝘚𝘈   BZ k
Feb. geschl. – **19 Z** 100/160.

🏠 **Wilde Rose,** Keßlerstr. 7, ✉ 96047, ✆ (0951) 98 18 20, Fax (0951) 22071 – 📺 🕿. ◮
◍ ᴇ 𝘝𝘐𝘚𝘈   CZ h
Menu (Sonntagabend geschl.) à la carte 26/56 – **29 Z** 90/150.

🏠 **Alt Ringlein** (mit Gästehaus), Dominikanerstr. 9, ✉ 96049, ✆ (0951) 9 53 20,
Fax (0951) 9532500, 🌳 – 📶, 🔆 Zim, 📺 🕿 ☞. ◮ ◍ ᴇ 𝘝𝘐𝘚𝘈   BZ n
Menu (Sonntagabend geschl.) à la carte 28/60 – **50 Z** 85/200.

🏠 **Brudermühle,** Schranne 1, ✉ 96049, ✆ (0951) 95 52 20, Fax (0951) 9552255, 🌳 –
📺 🕿 – 🏛 20. ◍ ᴇ 𝘝𝘐𝘚𝘈   BZ b
Menu (Montag geschl.) à la carte 25/57 – **16 Z** 120/175.

🏠 **Weierich,** Lugbank 5, ✉ 96049, ✆ (0951) 5 40 04, Fax (0951) 55800, « Restaurant in
fränkischem Bauernstil » – 🔆 Zim, 📺 🕿 – 🏛 20. ◮ ◍ ᴇ 𝘝𝘐𝘚𝘈   BZ s
Menu (Sonntagabend - Montag geschl.) à la carte 25/56 🍴 – **23 Z** 100/160.

🏠 **Altenburgblick** 🍴 garni, Panzerleite 59, ✉ 96049, ✆ (0951) 9 53 10,
Fax (0951) 9531444, ≪ – 📶 🔆 📺 🕿 📵. ◮ ᴇ 𝘝𝘐𝘚𝘈   AX y
42 Z 75/150.

BAMBERG

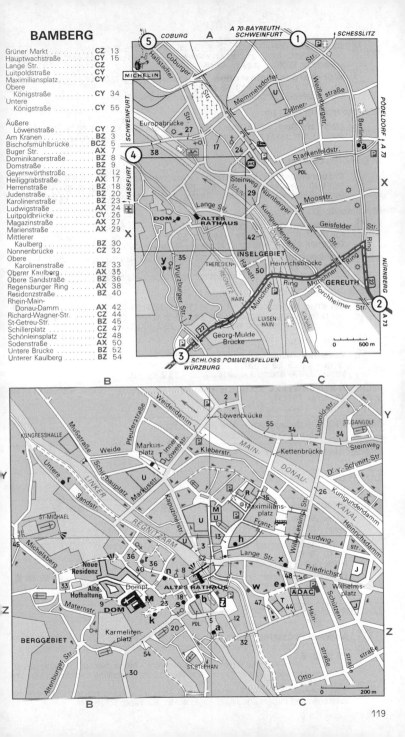

※※ **Bassanese**, Obere Sandstr. 32, ✉ 96049, ℰ (0951) 5 75 51 – ❀   BZ r
Sonntagabend - Montagmittag, über Pfingsten 2 Wochen und 1. - 15. Sept. geschl. – **Menu**
(italienische Küche) à la carte 48/83.

✗ **Würzburger Weinstuben**, Zinkenwörth 6, ✉ 96047, ℰ (0951) 2 26 67,
Fax (0951) 22656, 🌳 – 🆎 ⓪ ∈ *VISA*   CZ w
Dienstagabend - Mittwoch geschl. – **Menu** à la carte 39/62.

In Bamberg-Bug ③ : 4 km :

🏡 **Lieb-Café Bug** ⌇, Am Regnitzufer 23, ✉ 96049, ℰ (0951) 5 60 78, 🌳 – ❷
Menu *(Sonn- und Feiertage abends, Freitag und Nov. geschl.)* à la carte 25/47 🍷 – **15 Z**
40/98.

In Bamberg-Gaustadt ④ : 4 : km :

🏡 **Brauereigasthof Kaiserdom**, Gaustadter Hauptstr. 26, ✉ 96049, ℰ (0951)
🚗 96 51 40, *Fax (0951) 9651444*, 🌳 – 📺 ☎ ⇍ ❷ – 🍴 20. 🆎 ∈ *VISA*. ❀ Zim
Mitte - Ende Jan. geschl. – **Menu** *(Montag geschl.)* à la carte 40/55 – **18 Z** 90/150.

In Hallstadt ⑤ : 4 km :

🏨 **Holiday Inn Garden Court**, Lichtenfelser Str. 35, ✉ 96103, ℰ (0951) 9 72 70,
Fax (0951) 972790, 🌳, ⇍ – ❀ Zim, 📺 ☎ ✆ ⇍ – 🍴 40. 🆎 ⓪ ∈ *VISA* ᴊᴄʙ
Goldener Adler *(Samstagmittag geschl.)* **Menu** à la carte 38/63 – **46 Z** 135/185.

🏡 **Frankenland**, Bamberger Str. 76, ✉ 96103, ℰ (0951) 7 12 21, *Fax (0951) 73685* – ▯
⇔ 📺 ☎ ⇍ ❷. 🆎 ∈ *VISA*
Menu *(Freitag geschl.)* (wochentags nur Abendessen) à la carte 21/44 🍷 – **38 Z** 70/110.

In Stegaurach ③ : 5 km :

🏨 **Der Krug**, Mühlendorfer Str. 4, ✉ 96135, ℰ (0951) 99 49 90, *Fax (0951) 9949910*, 🌳,
⇔ Biergarten, 🕯, ⇔, ▣, ☞ – ❀ Zim, 📺 ☎ ✆ ⇍ ❷ – 🍴 40. 🆎 ⓪ ∈ *VISA*
Menu *(Dienstag geschl.)* à la carte 24/57 – **25 Z** 100/160.

In Kemmern N : 6 km :

🏨 **Rosenhof**, Hauptstr. 68, ✉ 96164, ℰ (09544) 92 40, *Fax (09544) 924240*, 🌳 – ▯
☎ ❷ – 🍴 25. ⓪ ∈ *VISA*
Menu *(Montag geschl.)* à la carte 27/50 – **36 Z** 89/139.

MICHELIN-REIFENWERKE KGaA. ✉96103 Hallstadt (über ⑤ : 5 km), Michelinstr. 130,
ℰ (0951)79 11 Fax 791231.

BANNESDORF *Schleswig-Holstein siehe Fehmarn (Insel).*

BANSIN *Mecklenburg-Vorpommern siehe Usedom (Insel).*

BANTIKOW *Brandenburg siehe Kyritz.*

BARGTEHEIDE *Schleswig-Holstein* 🔳🔳🔳 *E 14*, 🔳🔳🔳 ⑤ – *11 000 Ew – Höhe 48 m.*
🏌 *Gut Jersbek (W : 3 km)*, ℰ (04532) 2 35 55.
Berlin 279 – Kiel 73 – Hamburg 29 – Lübeck 38 – Bad Oldesloe 14.

🏡 **Papendoor**, Lindenstr. 1, ✉ 22941, ℰ (04532) 70 41, *Fax (04532) 7043* – 📺 ☎ ⇍
❷. 🆎 ⓪ ∈ *VISA*
Menu *(Sonn- und Feiertage geschl.)* à la carte 27/54 – **25 Z** 100/175.

✗ **Utspann**, Hamburger Str. 1 (B 75), ✉ 22941, ℰ (04532) 62 20, 🌳 – ❷. 🆎 ⓪ ∈
Montag und Mitte Jan. - Mitte Feb. geschl. – **Menu** à la carte 35/71.

BARGUM *Schleswig-Holstein* 🔳🔳🔳 *B 10 – 800 Ew – Höhe 3 m.*
Berlin 451 – Kiel 111 – Flensburg 37 – Schleswig 63.

※※※ **Andresen's Gasthof** mit Zim, Dörpstraat 63 (an der B 5), ✉ 25842, ℰ (04672) 10 98,
❀ *Fax (04672) 1099*, « Geschmackvoll eingerichtete Restauranträume in friesischem Stil » –
📺 ☎ ❷. ∈
Mitte Jan. - Mitte Feb. und Mitte - Ende Sept. geschl. – **Menu** *(Montag - Dienstag geschl.,*
Okt. - April Mittwoch - Donnerstag nur Abendessen) (Tischbestellung erforderlich) à la carte
78/98 – **5 Z** 138/198
Spez. Gebratener Steinbutt mit Mango und Anis-Aioli. Geschmorte Milchlammhaxe mit
Ratatouille und mildem Knoblauch. Angemachter Bargumer Schafskäse.

BARK Schleswig-Holstein siehe Segeberg, Bad.

BARLEBEN Sachsen-Anhalt siehe Magdeburg.

BARNSTORF Niedersachsen 405 H 9, 987 ⑮ – 5 300 Ew – Höhe 30 m.
Berlin 395 – Hannover 105 – Bremen 59 – Osnabrück 67.

🏨 **Roshop,** Am Markt 6, ⊠ 49406, 𝒫 (05442) 98 00, Fax (05442) 980444, 🎄, 🛋, 🖾 ,
🚗 – 📱, ✍ Zim, 🍴 Rest, 📺 ☎ 📞 🔌 ⟸ 🅿 – 🕍 80. 🖭 🗲 𝘝𝘐𝘚𝘈
Menu à la carte 32/66 – **62 Z** 99/180.

BARSINGHAUSEN Niedersachsen 407 408 J 12, 987 ⑯ – 35 000 Ew – Höhe 100 m.
🛈 Fremdenverkehrsamt, Deisterstr. 2, ⊠ 30890, 𝒫 (05105) 77 42 63, Fax (05105) 65632.
Berlin 315 – Hannover 25 – Bielefeld 87 – Hameln 42 – Osnabrück 117.

🏨 **Stadthotel** garni, Egestorfer Str. 6, ⊠ 30890, 𝒫 (05105) 6 50 95, Fax (05105) 9890
– 📺 ☎ 🅿 – 🕍 40. 🖭 ⑩ 🗲 𝘝𝘐𝘚𝘈
23. Dez. - 1. Jan. geschl. – **40 Z** 115/160.

🏨 **Sporthotel Fuchsbachtal** 🤿, Bergstr. 54, ⊠ 30890, 𝒫 (05105) 77 60,
Fax (05105) 776333, 🎄, 🛋, 🎾 – 📺 ☎ 🔌 🅿 – 🕍 140. 🖭 🗲 𝘝𝘐𝘚𝘈
Menu à la carte 37/63 – **54 Z** 115/225.

An der B 65, nahe der A 2, Abfahrt Bad Nenndorf NO : 5 Km :

🏨 **Echo Hotel** garni, ⊠ 30890 Barsinghausen-Bantorf, 𝒫 (05105) 52 70,
Fax (05105) 527199 – ✍ Zim, 🍴 Zim, 📺 ☎ 📞 🅿 – 🕍 30. 🖭 ⑩ 🗲 𝘝𝘐𝘚𝘈
64 Z 115/398.

BARSSEL Niedersachsen 405 G 7 – 12 000 Ew – Höhe 9 m.
🛈 Fremdenverkehrsverein, Rathaus, Theodor-Klinker-Platz, ⊠ 26676, 𝒫 (04499) 81 40,
Fax (04499) 8159.
Berlin 480 – Hannover 208 – Cloppenburg 53 – Oldenburg 37 – Papenburg 36.

🏨 **Ummen,** Friesoyther Str. 2, ⊠ 26676, 𝒫 (04499) 15 76, Fax (04499) 74342, 🎄 – 📺
☎ 🅿
Menu à la carte 30/47 – **18 Z** 65/125.

BARTH Mecklenburg-Vorpommern 406 C 22, 984 ③, 987 ⑦ – 11 000 Ew – Höhe 5 m.
🛈 Barth-Information, Markt 3, ⊠ 18356, 𝒫 (038231) 24 64, Fax (038231) 2464.
Berlin 272 – Schwerin 155 – Rostock 59 – Stralsund 33.

🏨 **Pommernhotel,** Divitzer Weg 2, ⊠ 18356, 𝒫 (038231) 8 20 00, Fax (038231) 82006,
⟸ 🎄 – 📺 ☎ 🔌 🅿 – 🕍 25. 🖭 ⑩ 🗲 𝘝𝘐𝘚𝘈 ✂
Menu à la carte 23/50 – **31 Z** 110/160.

In Karnin SO : 9 km :

🏠 **Carmina** Ⓜ, An der B 105, ⊠ 18469, 𝒫 (038324) 70 44, Fax (038324) 7045, 🎄 – 📺
⟸ ☎ 🅿. 🖭 🗲 𝘝𝘐𝘚𝘈
Menu à la carte 22/36 – **23 Z** 85/120.

BARTHOLOMÄ Baden-Württemberg 419 420 T 13 – 1 800 Ew – Höhe 642 m – Wintersport :
🎿 4.
Berlin 573 – Stuttgart 75 – Aalen 16 – Heidenheim an der Brenz 18 – Schwäbisch
Gmünd 21.

An der Straße nach Steinheim SO : 3 km :

🏠 **Landhotel Wental,** ⊠ 73566 Bartholomä, 𝒫 (07173) 97 81 90,
Fax (07173) 9781940, 🎄 – 📺 ☎ ⟸ 🅿 – 🕍 25. 🖭 ⑩ 🗲 𝘝𝘐𝘚𝘈 𝘫𝘤𝘣
Menu (Montag geschl.) à la carte 26/52 (auch vegetarische Gerichte) 🍴 – **27 Z** 80/120
– ½ P 25.

BATTENBERG AN DER EDER Hessen 417 M 9, 987 ㉗ – 5 400 Ew – Höhe 349 m.
Berlin 464 – Wiesbaden 151 – Kassel 85 – Marburg 31 – Siegen 71.

🛖 **Rohde** 🤿, Hauptstr. 53, ⊠ 35088, 𝒫 (06452) 9 33 30, Fax (06452) 933350, 🎄, 🚗
⟸ – 📺 🍴 ⟸ 🅿. 🖭 🗲
Menu (Samstagmittag geschl.) à la carte 24/57 – **11 Z** 56/122.

BAUMHOLDER Rheinland-Pfalz 🗺️ R 6, 987 ㉖ – 4 500 Ew – Höhe 450 m – Erholungsort.
Berlin 674 – Mainz 107 – Kaiserslautern 52 – Saarbrücken 75 – Trier 76.

🏠 **Berghof** ≫, Korngasse 12, ✉ 55774, 𝒫 (06783) 10 11, Fax (06783) 8787, 🏤 – 📺
☎ 🕿 ⇔. 🆎 ⓘ ⊑ 𝘝𝘐𝘚𝘈. ⅝ Rest
Menu (Sonntag geschl.) (nur Abendessen) à la carte 24/48 ⅞ – **19 Z** 71/103 – ½ P 25.

BAUNATAL Hessen 🗺️ M 12 – 25 400 Ew – Höhe 180 m.
Berlin 398 – Wiesbaden 218 – Kassel 14 – Göttingen 57 – Marburg 82.

In Baunatal-Altenbauna :

🏨 **Ambassador,** Friedrich-Ebert-Allee 1, ✉ 34225, 𝒫 (0561) 4 99 30,
Fax (0561) 4993500, 🏤, ⇌s – 📶, ↦ Zim, 📺 ☎ 🕿 ⇔ 🅿 – 🔼 55. 🆎 ⓘ ⊑ 𝘝𝘐𝘚𝘈
Menu à la carte 33/70 – **120 Z** 138/280.

BAUTZEN Sachsen 🗺️ M 27, 984 ⑳, 987 ⑲ – 47 000 Ew – Höhe 219 m.
Sehenswert : Dom St. Peter★ – Stadtbefestigung★ – Alte Wasserkunst★.
Ausflugsziele : Löbau : König-Friedrich-August-Turm★ – Obercunnersdorf★.
🛈 Bautzen-Information, Hauptmarkt 1, ✉ 02625, 𝒫 (03591) 4 20 16, Fax (03591) 534309.
ADAC, Steinstr. 26, ✉ 02625, 𝒫 (03591) 48 12 14, Fax (03591) 481214.
Berlin 200 – Dresden 65 – Cottbus 75 – Görlitz 45.

🏨 **Husarenhof** garni, Käthe-Kollwitz-Platz 1, ✉ 02625, 𝒫 (03591) 62 02 05,
Fax (03591) 620100 – 📺 ☎ 🕿 🅿 – 🔼 20. 🆎 ⊑ 𝘝𝘐𝘚𝘈
27 Z 90/140.

🏨 **Goldener Adler,** Hauptmarkt 4, ✉ 02625, 𝒫 (03591) 4 86 60, Fax (03591) 486620
– 📶 📺 ☎ 🅿 – 🔼 20. 🆎 ⊑ 𝘝𝘐𝘚𝘈. ⅝
Menu à la carte 27/48 **29 Z** 115/195.

XX **Schloss-Schänke** ≫ mit Zim, Burgplatz 5, ✉ 02625, 𝒫 (03591) 30 49 90,
Fax (03591) 490198, 🏤 – 📺 ☎ 🅿. 🆎 ⊑ 𝘝𝘐𝘚𝘈
Menu (Jan. 2 Wochen geschl.) à la carte 30/59 – **4 Z** 90/190.

In Bautzen-Burk NO : 3 km :

🏨 **Spree Hotel** ≫, An den Steinbrüchen, ✉ 02625, 𝒫 (03591) 2 13 00,
Fax (03591) 213010, ⇌s – 📶, ↦ Zim, 🍽 Rest, 📺 ☎ 🕭 🅿 – 🔼 70. 🆎 ⊑ 𝘝𝘐𝘚𝘈. ⅝
Menu à la carte 33/52 – **81 Z** 140/195.

In Niedergurig NO : 4,5 km :

🏠 **Parkhotel,** (im Gewerbepark), ✉ 02694, 𝒫 (03591) 2 17 80, Fax (03591) 217875, ⇌s,
▷, 🍴 – ↦ Zim, 📺 ☎ 🅿 – 🔼 100. 🆎 ⓘ ⊑ 𝘝𝘐𝘚𝘈. ⅝
(nur Abendessen für Hausgäste) **65 Z** 90/160.

In Hochkirch SO : 11 km :

🏠 **Zur Post,** Schulstr. 1, ✉ 02627, 𝒫 (035939) 82 40, Fax (035939) 82410, Biergarten –
⇔ 📺 ☎ 🅿. 🆎 ⊑ 𝘝𝘐𝘚𝘈
Menu à la carte 21/36 – **22 Z** 90/120.

In Weigsdorf - Köblitz O : 11 km :

🏨 **Alter Weber,** Hauptstr. 13, ✉ 02733, 𝒫 (035877) 2 52 36, Fax (035877) 25236, Bier-
🍃 garten, ⇌s, ▷, 🍴 – 📶, ↦ Zim, 📺 ☎ 🕿 🕭 🅿 – 🔼 45. 🆎 ⓘ ⊑ 𝘝𝘐𝘚𝘈
Menu à la carte 28/51 – **43 Z** 98/156.

BAYERISCH EISENSTEIN Bayern 🗺️ S 23, 987 ㉚ – 1 600 Ew – Höhe 724 m – Luftkurort
– Wintersport : 724/1 456 m ⬓7 ⬓5.
Ausflugsziel : Hindenburg-Kanzel ≤★, NW : 9 km.
🛈 Verkehrsamt, Schulbergstr. 1, ✉ 94252, 𝒫 (09925) 3 27, Fax (09925) 478.
Berlin 463 – München 193 – Passau 77 – Straubing 85.

🏨 **Waldspitze,** Hauptstr. 4, ✉ 94252, 𝒫 (09925) 3 08, Fax (09925) 1287, 🏤, ⇌s, ▷
– 📶 📺 ☎ 🅿
Nov. 3 Wochen geschl. – **Menu** à la carte 25/55 – **56 Z** 80/160 – ½ P 17.

🏨 **Eisensteiner Hof,** Anton-Pech-Weg 14, ✉ 94252, 𝒫 (09925) 9 41 20,
⇔ Fax (09925) 941230, 🏤, ⇌s – 📶 📺 ☎ 🅿. ⓘ ⊑ 𝘝𝘐𝘚𝘈
Nov. geschl. – **Menu** à la carte 23/45 – **21 Z** 67/144 – ½ P 18.

🏠 **Sportel** ≫ garni, Hafenbrädl-Allee 16, ✉ 94252, 𝒫 (09925) 6 25, Fax (09925) 428, ≤,
🍴 – 📺 ☎ 🅿. ⅝
Nov. - Mitte Dez. geschl. – **15 Z** 60/99.

122

🏠 **Pension am Regen** 🛏 garni, Anton-Pech-Weg 21, ⊠ 94252, ℰ (09925) 9 40 00,
Fax (09925) 940019, 🍴, 🔲, 🌳 – 📺 ☎ 🅿 E VISA
Mitte April - Mitte Mai und Mitte Okt. - Mitte Dez. geschl. – **14 Z** 70/140.

🏠 **Pension Wimmer** 🛏 garni, Am Buchenacker 13, ⊠ 94252, ℰ (09925) 4 38,
Fax (09925) 1395, ≤, 🍴, 🔲, 🌳 – 🅿. 🎾
16 Z 52/114.

BAYERISCH GMAIN Bayern siehe Reichenhall, Bad.

BAYERSOIEN, BAD Bayern 419 420 W 17 – 1 000 Ew – Höhe 812 m – Luftkurort und
Moorheilbad.

Ausflugsziel : Echelsbacher Brücke★ N : 3 km.

🔰 Kur- und Touristikinformation, Dorfstr. 45, ⊠ 82435, ℰ (08845) 18 90, Fax (08845)
9000.

Berlin 642 – München 102 – Garmisch-Partenkirchen 35 – Weilheim 38.

🏨 **Parkhotel** M 🛏, Am Kurpark 1, ⊠ 82435, ℰ (08845) 1 20, Fax (08845) 8398, ≤, 🌳,
Massage, ♣, 🏊, 🏋, 🍴, 🔲, 🌳 – 🔃, 🍴 Rest, 📺 ☎ 🖐 ⇔ 🅿 – 🏛 70. VISA
Menu à la carte 50/65 (auch Diät) – **89 Z** 140/260 – ½ P 35.

🏠 **Metzgerwirt**, Dorfstr. 39, ⊠ 82435, ℰ (08845) 7 40 80, Fax (08845) 740833 – 📺
⇔ ☎ 🅿. ℿ E VISA
17. Nov. - 8. Dez. geschl. – Menu à la carte 24/53 – **10 Z** 60/110 – ½ P 21.

🏠 **Haus am Kapellenberg** 🛏, Eckweg 8, ⊠ 82435, ℰ (08845) 5 22, Fax (08845) 7203,
⇔ ≤, 🌳, 🌳 – 🅿
Menu à la carte 23/45 ♣ – **14 Z** 48/94 – ½ P 18.

BAYREUTH Bayern 420 Q 18, 987 ㉘ ㉙ – 73 000 Ew – Höhe 340 m.

Sehenswert : Markgräfliches Opernhaus★ Y – Richard-Wagner-Museum★ Z **M1**.

Ausflugsziel : Schloß Eremitage★ : Schloßpark★ 4 km über ②.

Festspiel-Preise : siehe Seite 8
Prix pendant le festival : voir p. 18
Prices during tourist events . see p. 28
Prezzi duranti i festival : vedere p. 38.

✈ Bindlacher Berg, ① : 7 km, ℰ (09208) 85 22.

🔰 Fremdenverkehrsverein, Luitpoldplatz 9, ⊠ 95444, ℰ (0921) 8 85 88, Fax (0921)
88538.

ADAC, Hohenzollernring 64, ⊠ 95444, ℰ (0921) 6 96 60, Fax (0921) 58170.

Berlin 358 ① – München 231 ③ – Coburg 67 ⑤ – Nürnberg 80 ③ – Regensburg 159 ③
– Bamberg 65 ⑤

Stadtplan siehe nächste Seite

🏨 **Arvena Kongreß Hotel** M, Eduard-Bayerlein-Str. 5a, ⊠ 95445, ℰ (0921) 72 70,
Fax (0921) 727115, 🌳, 🏋, 🍴 – 🔃, 🍴 Zim, 📺 ☎ 🖐 ⇔ 🅿 – 🏛 400. ℿ ⓪
VISA   Y b
Menu à la carte 36/83 – **202 Z** 155/275.

🏨 **Treff Hotel Rheingold** M, Austr. 2/Unteres Tor, ⊠ 95445, ℰ (0921) 7 56 50,
Fax (0921) 7565801, 🌳, 🍴, 🔲 – 🔃, 🍴 Zim, 📺 ☎ 🖐 ⇔ 🅿 – 🏛 200. ℿ ⓪
E VISA 🎾 Rest   Y g
Menu à la carte 41/65 (auch vegetarische Gerichte) – **146 Z** 165/225.

🏨 **Treff Hotel Residenzschloss,** Erlanger Str. 37, ⊠ 95444, ℰ (0921) 7 58 50,
Fax (0921) 7585601, 🌳, 🍴 – 🔃, 🍴 Zim, ☰ Rest, 📺 ☎ 🖐 ⇔ 🅿 – 🏛 110. ℿ E
VISA   Z a
Menu à la carte 45/63 – **104 Z** 195/255, 3 Suiten.

🏨 **Bayerischer Hof,** Bahnhofstr. 14, ⊠ 95444, ℰ (0921) 7 86 00, Fax (0921) 7860560,
⇔🍴, 🔲, 🌳 – 🔃 📺 ☎ ⇔ 🅿 – 🏛 30. ℿ ⓪ E VISA   Y e
Menu à la carte 33/69 – **49 Z** 150/400.

🏠 **Akzent Hotel im Kolpinghaus,** Kolpingstr. 5, ⊠ 95444, ℰ (0921) 8 80 70,
Fax (0921) 880715, 🍴 – 🔃, 🍴 Zim, 📺 ☎ 🅿 – 🏛 250. ℿ ⓪ E VISA   Y x
Menu à la carte 34/66 – **45 Z** 105/320.

🏠 **Goldener Hirsch** garni, Bahnhofstr. 13, ⊠ 95444, ℰ (0921) 2 30 46, Fax (0921) 22483
– 🍴 📺 ☎ ⇔ 🅿 – 🏛 30. ⓪ E VISA JCB   Y c
40 Z 90/230.

BAYREUTH

Bahnhofstraße . . . . Y 4
Kanalstraße . . . . Y 15
Kanzleistraße . . . . YZ 17
Ludwigstraße . . . . Z 20
Maximilianstraße . . . . Y
Opernstraße . . . . Y 30
Richard-Wagner-Str. . . . . . . Z 32

Schulstraße . . . . Y 33
Sophienstraße . . . . Y 35

Am Mühltürlein . . . . Y 3
Balthasar-Neumann-Str. . . . . . Z 5
Bürgerreuther Str. . . . . Y 7
Erlanger Str. . . . . Y 8
Friedrich-von-Schiller-Str. . . . . Y 10

Josephsplatz . . . . Y 14
Karl-Marx-Str. . . . . Y 18
Luitpoldplatz . . . . Y 22
Markgrafenallee . . . . Y 24
Muncker Str. . . . . Y 26
Nürnberger Str. . . . . Z 28
Wieland-Wagner-Str. . . . . . . Z 36
Wilhelminenstraße . . . . Z 38
Wittelsbacherring . . . . Z 39
Wölfelstraße . . . . Y 40

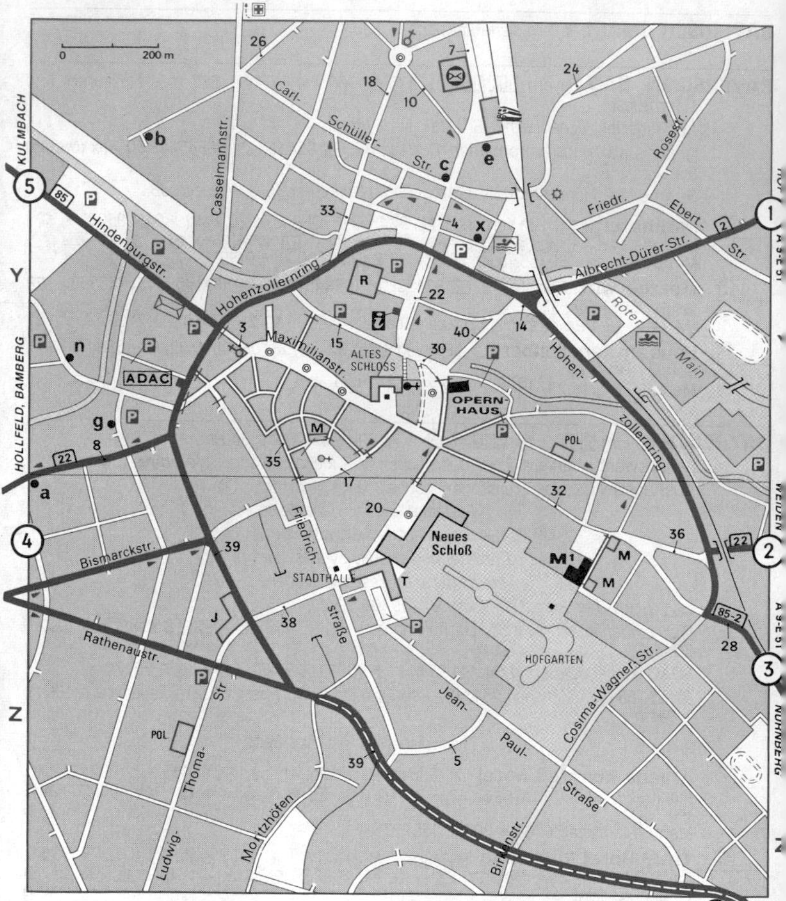

Goldener Löwe, Kulmbacher Str. 30, ✉ 95445, ✆ (0921) 74 60 60, *Fax (0921) 47777*, « Fränkische Gaststuben » – TV ☎ P. AE ① E VISA Y n
Menu *(Sonntagabend, Feiertage und 7. - 21. Sept. geschl.)* (abends Tischbestellung ratsam) à la carte 25/53 – **10 Z** 80/130.

Bürgerreuth mit Zim, An der Bürgerreuth 20, ✉ 95445, ✆ (0921) 7 84 00, *Fax (0921) 784024*, – TV ☎ P. AE E VISA über Bürgerreuther Str. Y
Menu *(Sept. - April Montag geschl.)* (italienische Küche) à la carte 44/70 – **8 Z** 90/168.

In Bayreuth-Grunau ② *: 3 km :*

Grunau Hotel M garni, Kemnather Str. 27 (B 22), ✉ 95448, ✆ (0921) 7 98 00, *Fax (0921) 7980100* – TV ☎ P – 15. AE E VISA
62 Z 115/195.

In Bayreuth-Oberkonnersreuth ③ : *3 km :*

XX **Zur Sudpfanne,** Oberkonnersreuther Str. 6, ✉ 95448, ℰ (0921) 5 28 83, Fax (0921) 515011, 🍴, Biergarten – 🅿 – ⛽ 150. 🆊 ① 🄴 𝗩𝗜𝗦𝗔 *Samstagmittag geschl.* – **Menu** à la carte 55/83.

In Bayreuth-Wolfsbach ③ : *6 km :*

XXX **Schloßhotel Thiergarten** mit Zim, Oberthiergärtner Str. 36, ✉ 95448, ℰ (09209) 98 40, Fax (09209) 98429, 🍴, 🍵 – 📺 ⇔ 🅿 – ⛽ 25. 🆊 ① 🄴 𝗩𝗜𝗦𝗔 🄹🄲🄱 **Menu** *(Sonntagabend - Montag geschl.)* à la carte 68/91 – **8 Z** 135/280.

Nahe der BAB-Ausfahrt Bayreuth-Nord ① : *2 km :*

🏨 **Transmar-Travel-Hotel,** Bühlstr. 12, ✉ 95463 Bindlach, ℰ (09208) 68 60, Fax (09208) 686100, 🍴, 🍵 – 🛗, ⚘ Zim, 📺 ☎ ✆ 🅿 – ⛽ 460. 🆊 ① 🄴 𝗩𝗜𝗦𝗔 🄹🄲🄱 **Menu** à la carte 39/58 – **147 Z** 120/265.

A l'occasion de certaines manifestations commerciales ou touristiques,
les prix demandés par les hôteliers risquent d'être sensiblement majorés
dans certaines villes et leurs alentours même éloignés.

BAYRISCHZELL Bayern 𝟰𝟮𝟬 W 20, 𝟵𝟴𝟳 ⑳ – 1 600 Ew – Höhe 802 m – Heilklimatischer Kurort
– Wintersport : 800/1800 m ❄5 ❄1 ⚡20.
   Ausflugsziele : Wendelstein ❊** (❄ ab Bayrischzell-Osterhofen)
   Ursprungpaß-Straße★ (von Bayrischzell nach Kufstein).
   🅱 Kuramt, Kirchplatz 2, ✉ 83735, ℰ (08023) 6 48, Fax (08023) 1034.
   Berlin 664 – München 77 – Garmisch-Partenkirchen 96 – Rosenheim 37 – Miesbach 23.

🏠 **Alpenrose** (mit Gästehaus), Schlierseer Str. 6, ✉ 83735, ℰ (08023) 10 40, Fax (08023) 1049, 🍴, Biergarten, – 📺 ⇔ 🅿 *Mitte Nov. - Mitte Dez. geschl.* – **Menu** à la carte 28/63 – **40 Z** 86/220 – ½ P 26.

🏠 **Gasthof zur Post,** Schulstr. 3, ✉ 83735, ℰ (08023) 2 26, Fax (08023) 775, 🍴, 🍵 – ☎ ⇔ 🅿. 🆊 ① 🄴 𝗩𝗜𝗦𝗔 *Ende Okt. - Mitte Dez. geschl.* – **Menu** *(Dienstag geschl.)* à la carte 25/56 – **47 Z** 60/160 – ½ P 25.

🏠 **Haus Effland** 🌿 garni, Tannermühlstr. 14, ✉ 83735, ℰ (08023) 2 63, Fax (08023) 1413, 🍵, 🎏, 🍵 – ☎ 🅿 *April 3 Wochen und Nov. - Mitte Dez. geschl.* – **14 Z** 70/156.

🏚 **Wendelstein,** Ursprungstr. 1, ✉ 83735, ℰ (08023) 6 10, Fax (08023) 245, Biergarten – ☎ 🅿. 🆊 🄴 *April 2 Wochen und Nov. - Mitte Dez. geschl.* – **Menu** *(Montag geschl.)* à la carte 25/69 ⛽ – **20 Z** 45/130 – ½ P 22.

In Bayrischzell-Geitau NW : *5 km :*

🏠 **Postgasthof Rote Wand** 🌿, ✉ 83735, ℰ (08023) 90 50, Fax (08023) 656, ⚘, « Gartenterrasse », 🎏 – ⚘ Rest, ☎ ⇔ 🅿. 🆊 🄴 𝗩𝗜𝗦𝗔 *April 2 Wochen und Nov. - Mitte Dez. geschl.* – **Menu** *(Dienstag geschl.)* à la carte 24/54 – **30 Z** 55/140 – ½ P 25.

In Bayrischzell-Osterhofen NW : *3 km :*

🏠 **Alpenhof,** Osterhofen 1, ✉ 83735, ℰ (08023) 2 87, Fax (08023) 586, ⚘, 🍴, 🍵, 🎏, 🎏 – 🛗 📺 ☎ ⇔ 🅿 – ⛽ 25. 🄴 *19. April - 8. Mai und 25. Okt. - 19. Dez. geschl.* – **Menu** *(Montag, Jan. - April auch Donnerstag geschl.)* à la carte 31/69 ⛽ – **42 Z** 85/200 – ½ P 12.

BEBRA Hessen 𝟰𝟭𝟳 𝟰𝟭𝟴 N 13, 𝟵𝟴𝟳 ⑳ – 16 500 Ew – Höhe 205 m.
   Berlin 395 – Wiesbaden 182 – Kassel 60 – Bad Hersfeld 15 – Erfurt 120.

🏨 **Röse,** Hersfelder Str. 1, ✉ 36179, ℰ (06622) 93 90, Fax (06622) 939393, Biergarten, 🍵 – ⚘ Zim, 📺 ☎ 🅿 – ⛽ 50. 🆊 ① 🄴 𝗩𝗜𝗦𝗔 **Menu** à la carte 32/66 – **45 Z** 88/189.

🏨 **Hessischer Hof,** Kasseler Str. 4, ✉ 36179, ℰ (06622) 93 60, Fax (06622) 936123 – 📺 ☎ 🅿 – ⛽ 150. 🆊 ① 🄴 𝗩𝗜𝗦𝗔 *Weihnachten - 10. Jan. geschl.* – **Menu** *(Samstagmittag geschl.)* à la carte 27/50 – **27 Z** 78/180.

BECKINGEN Saarland siehe Merzig.

BECKUM Nordrhein-Westfalen **417** K 8, **987** ⑮ – 38 500 Ew – Höhe 110 m.

　　🗗 Bauernschaft Ebbecke (S : 7 km über die B 475), ℰ (02527) 81 91.

　　🖪 Stadtinformation, Markt 1, ✉ 59269, ℰ (02521) 2 91 71.

　　Berlin 438 – Düsseldorf 130 – Bielefeld 56 – Hamm in Westfalen 20 – Lippstadt 25 – Münster (Westfalen) 41.

Am Höxberg S : 1,5 km :

　🏠　**Höxberg** ≫, Soestwarte 1, ✉ 59269, ℰ (02521) 8 30 40, Fax (02521) 830470, 🌇, ⇌ – ☗ Zim, 📺 ☎ ৬ ⇐ 🅿 – 🔏 40. ◪ ⑩ ᴇ ⅤⅠⅮ

　　Menu à la carte 45/74 – **41 Z** 129/207.

　🗶🗶　**Zur Windmühle** mit Zim, Unterberg 2/33, ✉ 59269, ℰ (02521) 8 60 30, Fax (02521) 860313, 🌇 – 📺 ☎ 🅿. ◪ ⑩ ᴇ ⅤⅠⅮ. ≫

　　Montag und Juli - Aug. 3 Wochen geschl. – **Menu** (nur Abendessen, bemerkenswerte Weinkarte) à la carte 41/80 – **11 Z** 80/160.

In Beckum-Vellern NO : 4 km :

　🏠　**Alt Vellern,** Dorfstr. 21, ✉ 59269, ℰ (02521) 1 45 33, Fax (02521) 16024, 🌇, « Gemütliche Stuben im westfälischen Stil » – |🛏|, ☗ Zim, 📺 ☎ ⇐ 🅿 – 🔏 20. ◪ ⑩ ᴇ ⅤⅠⅮ. ≫ Zim

　　Menu (Sonntagmittag und Freitagabend - Samstagmittag geschl.) à la carte 39/63 – **18 Z** 110/170.

BEDBURG Nordrhein-Westfalen **417** N 3 – 20 000 Ew – Höhe 70 m.

　　Berlin 602 – Düsseldorf 50 – Aachen 56 – Köln 36 – Mönchengladbach 29.

In Bedburg-Kaster NW : 2,5 km :

　🏠　**Landhaus Danielshof** Ⓜ, Hauptstr. 3, ✉ 50181, ℰ (02272) 98 00, Fax (02272) 980200, 🌇, « Ehemaliger Gutshof mit Park » – |🛏|, ☗ Zim, 📺 ☎ 🅿 – 🔏 60. ◪ ⑩ ᴇ ⅤⅠⅮ

　　Menu à la carte 37/61 – **40 Z** 140/190.

BEDERKESA, BAD Niedersachsen **415** F 10, **987** ④ ⑤, **984** ⑩ – 4 500 Ew – Höhe 10 m – Moorheilbad.

　　🗗 Gut Hainmühlen, (SO : 6 km), ℰ (04708) 92 00 36.

　　🖪 Kurverwaltung, Amtsstr. 8, ✉ 27624, ℰ (04745) 9 43 30, Fax (04745) 943322.

　　Berlin 400 – Hannover 198 – Bremerhaven 25 – Cuxhaven 39 – Hamburg 108.

　🏠🏠🏠　**Romantik Hotel Waldschlößchen Bösehof** ≫, Hauptmann-Böse-Str. 19, ✉ 27624, ℰ (04745) 94 80, Fax (04745) 948200, ≤, 🌇, ⇌, 🔲 – |🛏|, ☗ Zim, 📺 ☚ ⇐ 🅿 – 🔏 60. ◪ ⑩ ᴇ ⅤⅠⅮ

　　Menu à la carte 47/70 – **30 Z** 80/215 – ½ P 35.

BEEDENBOSTEL Niedersachsen siehe Lachendorf.

BEELEN Nordrhein-Westfalen **417** K 8 – 5 000 Ew – Höhe 52 m.

　　Berlin 433 – Düsseldorf 148 – Bielefeld 37 – Münster (Westfalen) 37.

　🗶🗶　**Hemfelder Hof** mit Zim, Clarholzer Str. 21 (SO : 3 km, B 64), ✉ 48361, ℰ (02586) 2 15, 🍴　Fax (02586) 8624, 🌇 – 📺 ☎ ⇐ 🅿. ᴇ. ≫ Zim

　　Juli - Aug. 3 Wochen geschl. – **Menu** (Freitag - Samstagmittag geschl.) à la carte 40/77 – **11 Z** 75/130.

BEERFELDEN Hessen **417 419** R 10, **987** ㉗ – 4 000 Ew – Höhe 427 m – Erholungsort – Wintersport : 450/550 m, ⚡5, ⚡1.

　　🗗 Beerfelden-Hetzbach (NW : 5 km), ℰ (06068) 91 20 50.

　　🖪 Städt. Verkehrsbüro, Metzkeil 1, ✉ 64743, ℰ (06068) 93 03 20, Fax (06068) 3529.

　　Berlin 605 – Wiesbaden 106 – Darmstadt 61 – Heidelberg 44 – Mannheim 58.

　🏠　**Schwanen,** Metzkeil 4, ✉ 64743, ℰ (06068) 22 27, Fax (06068) 2325 – 📺 ☎. ◪ ⑩ ᴇ ⅤⅠⅮ. ≫ Zim

　　Feb. und Okt. jeweils 2 Wochen geschl. – **Menu** (Montag geschl.) à la carte 28/52 (auch vegetarische Gerichte) ⅃ – **7 Z** 60/130 – ½ P 20.

In Beerfelden-Gammelsbach S : 7 km :

　🏠　**Grüner Baum,** Neckartalstr. 65, ✉ 64743, ℰ (06068) 21 56, Fax (06068) 47265, 🌇 – 📺 🅿. ᴇ. ≫ Rest

　　Mitte Jan. - Mitte Feb. geschl. – **Menu** (Dienstag geschl.) à la carte 26/62 ⅃ – **10 Z** 54/118.

Auf dem Krähberg *NO : 10 km :*

🏠 **Reussenkreuz** ⚲ (mit Gästehaus), ✉ 64759 Sensbachtal, ℰ (06068) 22 63,
Fax (06068) 4651, ≤, ⌂, ≋s, ≋ – 📺 ☎ ⇔ 🅿 – 🏄 15. ⓞ 🄴 *VISA*
Menu à la carte 31/60 ♨ – **18 Z** 65/150.

BEESKOW *Brandenburg* 🔢🔢 *J 26,* 🔢🔢 ⑲ – 9 700 Ew – Höhe 40 m.
🇪 Fremdenverkehrsverein, Berliner Str. 30, ✉ 15848, ℰ (03366) 2 29 49, Fax (03366)
22949.
Berlin 92 – Potsdam 127 – Fürstenwalde 22.

🏠 **Zum Schwan,** Berliner Str. 31, ✉ 15848, ℰ (03366) 2 03 98, Fax (03366) 23434, Bier-
🍴 garten – 📺 ☎ ⚰ 🅿 – 🏄 20. ⒶⒺ ⓞ 🄴 *VISA*
Menu à la carte 24/39 – **35 Z** 80/160.

BEHRINGEN *Thüringen siehe Eisenach.*

BEILNGRIES *Bayern* 🔢🔢 *S 18,* 🔢🔢 ㉙ – 8 400 Ew – Höhe 372 m – Erholungsort.
🇪 Touristik-Verband, Hauptstr. 14 (Haus des Gastes), ✉ 92339, ℰ (08461) 84 35,
Fax (08461) 70735.
Berlin 482 – München 108 – Nürnberg 76 – Ingolstadt 35 – Regensburg 51.

🏠🏠 **Die Gams** (mit Gästehaus), Hauptstr. 16, ✉ 92339, ℰ (08461) 61 00,
Fax (08461) 610100, ≋s – |≋|, ⋈ Zim, 📺 ☎ ⇔ 🅿 – 🏄 80. ⒶⒺ ⓞ 🄴 *VISA*
Menu à la carte 25/60 – **62 Z** 105/190 – ½ P 28.

🏠🏠 **Gasthof Gallus,** Neumarkter Str. 25, ✉ 92339, ℰ (08461) 2 47, Fax (08461) 7680,
⌂, ≋s, ≋ – |≋|, ⋈ Zim, 📺 ☎ 🅿 – 🏄 120. ⒶⒺ ⓞ 🄴 *VISA*
Menu à la carte 30/62 – **59 Z** 100/220 – ½ P 25.

🏠🏠 **Fuchs-Bräu,** Hauptstr. 23, ✉ 92339, ℰ (08461) 65 20, Fax (08461) 8357, Biergarten,
≋s, ▫ – |≋|, ⋈ Zim, 📺 ☎ ⚱ 🅿 – 🏄 70. ⒶⒺ ⓞ 🄴 *VISA*
Menu à la carte 26/54 – **67 Z** 85/140 – ½ P 25.

🏠 **Zur Krone,** Hauptstr. 20, ✉ 92339, ℰ (08461) 65 30, Fax (08461) 653190, Biergarten
🍴 – ☎ 🅿 – 🏄 30
Menu à la carte 20/41 – **49 Z** 60/105.

🏠 **Goldener Hahn** (Brauerei-Gasthof), Hauptstr. 44, ✉ 92339, ℰ (08461) 6 41 30,
🍴 Fax (08461) 641389, Biergarten, ≋s – |≋| 📺 ☎ ⚱ 🅿 – 🏄 30
Menu à la carte 22/44 – **46 Z** 70/120 – ½ P 24.

In Beilngries-Hirschberg *W : 3,5 km :*

🏠 **Zum Hirschen** ⚲, ✉ 92339, ℰ (08461) 5 20, Fax (08461) 9676, Biergarten – 📺 🅿.
🍴 ⋇ Rest
Nov. 2 Wochen geschl. – **Menu** (Montag geschl.) à la carte 19/40 – **35 Z** 56/92.

BEILSTEIN *Baden-Württemberg* 🔢🔢 *S 11* – 5 400 Ew – Höhe 258 m.
Berlin 598 – Stuttgart 43 – Heilbronn 16 – Schwäbisch Hall 47.

✕✕ **Alte Bauernschänke,** Heerweg 19 (Ecke Wunnensteinstraße), ✉ 71717,
ℰ (07062) 9 26 50, Fax (07062) 92654, ⌂ – 🅿. ⒶⒺ ⓞ 🄴 *VISA*
Donnerstag und Samstagmittag sowie April 2 Wochen und Sept. 3 Wochen geschl. – **Menu**
à la carte 36/67.

BEILSTEIN *Rheinland-Pfalz* 🔢🔢 *P 5* – 150 Ew – Höhe 86 m.
Sehenswert : Burg Metternich ≤★.
Berlin 655 – Mainz 111 – Bernkastel-Kues 68 – Cochem 11.

🏠 **Haus Burgfrieden,** Im Mühlental 62, ✉ 56814, ℰ (02673) 9 36 39,
Fax (02673) 936388, ≋s – |≋| 📺 ☎ 🅿. ⋇
April - Okt. – **Menu** à la carte 29/63 – **38 Z** 75/140.

🏠 **Am Klosterberg** ⚲ garni, Klosterstraße, ✉ 56814, ℰ (02673) 18 50,
Fax (02673) 1287 – 📺 ☎ ⇔ 🅿
Ostern - Anfang Nov. – **24 Z** 65/135.

✕ **Haus Lipmann** mit Zim, Marktplatz 3, ✉ 56814, ℰ (02673) 15 73, Fax (02673) 1521,
≤, « Rittersaal, Gartenterrasse » – 📺 ☎ 🅿
April - Okt. – **Menu** à la carte 29/55 ♨ – **5 Z** 130/150.

BELLHEIM *Rheinland-Pfalz* ⚄⚅⚇ ⚃⚀⚈ *S 8 – 7 000 Ew – Höhe 110 m.*
Berlin 659 – Mainz 126 – Karlsruhe 33 – Landau in der Pfalz 13 – Speyer 22.

🏛 **Lindner,** Postgrabenstr. 54, ✉ 76756, ℰ *(07272) 7 53 00, Fax (07272) 77236,* 🌳 –
📺 ☎ 📞 📞 – 🔏 20. 🇪 *VISA*
Menu *(Montag - Dienstagmittag und Juni - Juli 3 Wochen geschl.)* *(Tischbestellung ratsam)*
à la carte 30/65 ♨ – **15 Z** 85/125.

XX **Bellheimer Braustübl** mit Zim, Hauptstr. 78, ✉ 76756, ℰ *(07272) 7 55 00,*
🍴 *Fax (07272) 74013,* 🌳 – 📺 ☎ 📞 – 🔏 50. 🇪 *VISA*
30. Dez. - 14. Jan. und Aug. 2 Wochen geschl. – **Menu** *(Montag - Dienstag geschl.)* à la carte
36/74 ♨ – **7 Z** 80/120.

In Knittelsheim *W : 2 km :*

XX **Steverding's Isenhof,** Hauptstr. 15a, ✉ 76879, ℰ *(06348) 57 00, Fax (06348) 5917,*
❀ 🌳, « Renoviertes Bauernhaus a.d. 14 Jh., rustikale Einrichtung » – 📞 🇪 🌸
Dienstag - Mittwoch, 2. - 12. Jan. und Juli - Aug. 3 Wochen geschl. – **Menu** *(wochentags
nur Abendessen, Tischbestellung ratsam)* 98/130 und à la carte 67/88
Spez. Gratinierte Bisque von Jakobsmuscheln und Hummer (Frühjahr). Chartreuse von
Taubenbrüstchen und Steinpilzen (Herbst). Geeiste Sommerbeerensuppe mit Minzbaiser
überbacken.

In Zeiskam *NW : 4,5 km :*

🏛 **Zeiskamer Mühle** 🕊, Hauptstr. 87 (S : 1,5 km), ✉ 67378, ℰ *(06347) 9 74 00,*
Fax (06347) 974066, 🌳 – 📶 📺 ☎ 📞 🇪 *VISA* 🌸 Zim
Menu *(Montagmittag und Donnerstag geschl.)* à la carte 35/75 ♨ – **17 Z** 80/120.

BELLINGEN, BAD *Baden-Württemberg* ⚃⚀⚈ *W 6 – 3 400 Ew – Höhe 256 m – Heilbad.*
🔖 *Zimmernachweis, im Thermalbad,* ✉ 79415, ℰ *(07635) 80 82 20, Fax (07635) 808290.*
Berlin 841 – Stuttgart 247 – Freiburg im Breisgau 44 – Müllheim 12 – Basel 27.

🏛 **Paracelsus,** Akazienweg 1, ✉ 79415, ℰ *(07635) 8 10 40, Fax (07635) 3354, Massage,*
🌳 – 📺 ☎ 📞 🌸
Dez. - Jan. geschl. – (nur Abendessen für Hausgäste) – **23 Z** 90/188 – ½ P 25.

🏚 **Landgasthof Schwanen** (mit Gästehaus Rheintalblick, ≤), Rheinstr. 50, ✉ 79415,
🍴 ℰ *(07635) 13 14, Fax (07635) 2331,* 🌳 – 📺 ☎ 📞 *VISA*
Jan. 3 Wochen geschl. – **Menu** *(Dienstag - Mittwochmittag geschl.)* à la carte 36/70 – **25 Z**
85/160 – ½ P 25.

🏚 **Burger,** Im Mittelgrund 5, ✉ 79415, ℰ *(07635) 8 10 00, Fax (07635) 810035,* 🌳 – 📺
☎ 📞 🇪 *VISA*
Nov. geschl. – **Menu** *(Donnerstag geschl.)* à la carte 36/72 ♨ – **15 Z** 89/160 – ½ P 25.

🏚 **Markushof-Quellenhof,** Badstr. 6, ✉ 79415, ℰ *(07635) 3 10 80,*
Fax (07635) 310888, 🌳, 🔥, 🌳 – 📺 ☎ 📞 🇪 *VISA* 🌸 Zim
7. Jan. - 5. Feb. geschl. – **Menu** *(Mittwoch und Nov. - März auch Dienstagabend geschl.)*
à la carte 33/63 – **53 Z** 80/160 – ½ P 28.

🏚 **Kaiserhof,** Rheinstr. 68, ✉ 79415, ℰ *(07635) 6 00, Fax (07635) 8622,* 🌳, 🌳 – 📺
☎ 📞 🇪 *VISA* 🌸 Zim
Dez. - 12. Jan. geschl. – **Menu** *(Mittwochabend - Donnerstag geschl.)* à la carte 28/60 ♨
– **19 Z** 55/150 – ½ P 22.

🏚 **Birkenhof,** Rheinstr. 76, ✉ 79415, ℰ *(07635) 6 23, Fax (07635) 2546,* 🌳 – 📺 ☎ 📞.
🇪 🌸 Rest
Dez. - Jan. geschl. – (Restaurant nur für Pensionsgäste) – **16 Z** 65/140 – ½ P 19.

🏚 **Therme** garni, Rheinstr. 72, ✉ 79415, ℰ *(07635) 93 48, Fax (07635) 8622,* 🔊, 🌳 –
📺 ☎ 📞 🇪 *VISA*
Dez. - 12. Jan. geschl. – **15 Z** 55/150.

In Bad Bellingen-Hertingen *O : 3 km :*

🏛 **Hebelhof-Römerbrunnen** 🕊, Bellinger Str. 5, ✉ 79415, ℰ *(07635) 81 90 50,*
Fax (07635) 8190518, Massage, 🔊, 🔥, 🌳 – 📺 ☎ ♨ 📞 🇪 *VISA* *JCB*
Menu *(Donnerstag geschl.)* à la carte 38/77 – **18 Z** 85/190 – ½ P 35.

BELM *Niedersachsen siehe Osnabrück.*

Gute Küchen

haben wir durch

Menu 🍴, ❀, ❀❀ oder ❀❀❀ kenntlich gemacht.

BELZIG Brandenburg **416 418** J 21, **984** ⑮, **987** ⑱ – 8 000 Ew – Höhe 80 m.
  🛈 Informationsbüro, Wiesenburgerstr. 4, ✉ 14806, 𝒸 (033841) 3 48 15, Fax (033841) 34817.
  Berlin 87 – Potsdam 57 – Brandenburg 35 – Cottbus 150 – Dessau 57 – Magdeburg 72.

🏠 **Burghotel**, Wittenberger Str. 14, ✉ 14806, 𝒸 (033841) 3 12 96, Fax (033841) 31297, ≼, Biergarten, ⇌ – 📺 ☎ ℗ – 🔏 40. 🖭 🅴 𝘝𝘐𝘚𝘈
   Menu à la carte 25/52 – **34 Z** 95/150.

In Lüsse O : 6 km :

🏠 **Landhaus Sternberg** garni, Dorfstr. 31, ✉ 14806, 𝒸 (033841) 3 35 18, Fax (033841) 34075, Biergarten, 🚗 – 📺 ☎ ℗. 🅴
   11 Z 85/125.

Außerhalb N : / km über die B 102 :

🏠 **Fläminghof Wernicke** ⤤, Wenddoche 2, ✉ 14806, 𝒸 (033846) 4 00 40, Fax (033846) 40039, 🍴, Biergarten, 🚗, ⤳ (Halle) – ⤢ Zim, 📺 ☎ ℗
   Menu (Montag - Freitag nur Abendessen) à la carte 24/39 – **16 Z** 80/130.

🏠 **Fläming-Hotel Wenddoche** ⤤, Wenddoche, ✉ 14806, 𝒸 (033846) 59 90, Fax (033846) 40020, 🍴, ⇌, 🚗 – 📺 ☎ ℗ – 🔏 40. 🖭 ⓞ 🅴 𝘝𝘐𝘚𝘈
   Menu à la carte 28/52 – **32 Z** 85/140.

BEMPFLINGEN Baden-Württemberg **419** U 11 – 3 100 Ew – Höhe 336 m.
  Berlin 667 – Stuttgart 30 – Reutlingen 13 – Tübingen 21 – Ulm (Donau) 71.

𝕏𝕏𝕏 **Krone,** Brunnenweg 40, ✉ 72658, 𝒸 (07123) 3 10 83, Fax (07123) 35985, 🍴 – ℗
   ❀ Montag, Sonn- und Feiertage, Juli - Aug. 3 Wochen sowie 22. Dez. - 8. Jan. geschl. – **Menu** (abends Tischbestellung ratsam) 40 (mittags) und à la carte 52/86
   Spez. Gebratene Gänseleber auf Apfelrösti und Feigen. Seeteufel im Reismantel mit Tomaten-Basilikumsauce. Lammrücken mit Morchel-Lauchragout.

BENDESTORF Niedersachsen **415 416** F 13 – 2 000 Ew – Höhe 50 m – Luftkurort.
  Berlin 306 – Hannover 130 – Hamburg 39 – Lüneburg 40.

🏛 **Landhaus Meinsbur** ⤤, Gartenstr. 2, ✉ 21227, 𝒸 (04183) 7 79 90, Fax (04183) 6087, « Ehem. Bauernhaus mit geschmackvoller Einrichtung, Gartenterrasse » – 📺 ☎ ℗. 🖭 ⓞ 🅴 𝘝𝘐𝘚𝘈
   Menu à la carte 56/92 – **17 Z** 135/290.

BENDORF Rheinland-Pfalz **417** O 6, **987** ㉕ – 16 000 Ew – Höhe 67 m.
  Berlin 593 – Mainz 101 – Koblenz 12 – Bonn 63 – Limburg an der Lahn 42.

🏛 **Berghotel Rheinblick** Ⓜ ⤤, Remystr. 79, ✉ 56170, 𝒸 (02622) 12 71 27, Fax (02622) 14323, ≼ Rheintal, 🍴, 🚗, ⤳ – 📧 📺 ☎ 🐾 ⟸ ℗ – 🔏 30. 🖭 ⓞ 🅴 𝘝𝘐𝘚𝘈
   20. Dez. - 10. Jan. geschl. – **Menu** (Freitag geschl.) à la carte 36/64 – **35 Z** 95/190.

𝕏𝕏 **Weinhaus Syré**, Engersport 12, ✉ 56170, 𝒸 (02622) 25 81, Fax (02622) 2502, 🍴 – ℗. 🅴
   Montag - Dienstag und Juni 3 Wochen geschl. – **Menu** à la carte 50/82.

BENEDIKTBEUERN Bayern **419 420** W 18, **987** ㊵ – 3 000 Ew – Höhe 615 m – Erholungsort.
  Sehenswert : Ehemalige Klosterkirche (Anastasia-Kapelle★).
  🛈 Verkehrsamt, Prälatenstr. 5, ✉ 83671, 𝒸 (08857) 2 48, Fax (08857) 9470.
  Berlin 650 – München 61 – Garmisch-Partenkirchen 41 – Bad Tölz 15.

🏠 **Alpengasthof Friedenseiche** ⤤, Häusernstr. 34, ✉ 83671, 𝒸 (08857) 82 05, Fax (08857) 9981, 🍴, 🚗 – ☎ ⟸ ℗
   10. Nov. - 20. Dez. geschl. – **Menu** (Mittwoch geschl.) à la carte 26/50 – **32 Z** 65/130 – ½ P 23.

𝕏 **Klosterbräustüberl,** Zeiler Weg 2, ✉ 83671, 𝒸 (08857) 94 07, Fax (08857) 9408, Biergarten – ℗. 🖭 ⓞ 🅴 𝘝𝘐𝘚𝘈
   Menu à la carte 22/50.

BENNECKENSTEIN Sachsen-Anhalt **418** K 16, **987** ⑰ – 3 000 Ew – Höhe 560 m – Wintersport : 🎿 11.
  🛈 Tourist-Information, Haus des Gastes, Straße der Einheit, ✉ 38877, 𝒸 (039457) 26 12, Fax (039457) 2613.
  Berlin 250 – Magdeburg 99 – Erfurt 98 – Nordhausen 24 – Wernigerode 29 – Halberstadt 45.

🏠 **Harzhaus** ⤤, Horingsbrunnen 1, ✉ 38877, 𝒸 (039457) 9 40, Fax (039457) 94499, 🍴, ⇌, 🚗 – ⤢ Zim, 📺 ☎ 🐾 🅐 ℗ – 🔏 30. 🖭 ⓞ 🅴 𝘝𝘐𝘚𝘈, ⤤
   Menu à la carte 22/45 – **36 Z** 85/130 – ½ P 20.

BENNINGEN Baden-Württemberg siehe Marbach am Neckar.

BENSHEIM AN DER BERGSTRASSE Hessen 𝟰𝟭𝟳 𝟰𝟭𝟵 Q 9, 𝟵𝟴𝟳 ㉖ – 37 000 Ew – Höhe 115 m.
Ausflugsziel : Staatspark Fürstenlager★★ N : 3 km.
🔽 Bensheim, über Berliner Ring (S : 1 km), ℰ (06251) 6 77 32.
🛈 Tourist-Information, Rodensteinstr. 19, ✉ 64625, ℰ (06251) 1 41 17, Fax (06251) 14123.
ADAC, Bahnhofstr. 9, ✉ 64625, ℰ (06251) 6 98 88, Fax (06251) 67687.
Berlin 593 – Wiesbaden 66 – Darmstadt 26 – Heidelberg 35 – Mainz 59 – Mannheim 32 – Worms 20.

🏠 **Alleehotel Europa-Residenz** 🅼, Europa-Allee 45, ✉ 64625, ℰ (06251) 10 50, Fax (06251) 105100, 🛋, ⇌s – |✦|, ⅀⅀ Zim, 🆃🆅 ☎ ✆ ℗ – 🕿 150. 🖭 ⓪ 🗲 𝒱𝐼𝑆𝐴
Sankt Georg : Menu à la carte 34/64 – **155 Z** 148/210.

🏠 **Treff Hotel** 🅼, Wormser Str. 14, ✉ 64625, ℰ (06251) 10 10, Fax (06251) 4063, 🔂, ⇌s – |✦|, ⅀⅀ Zim, 🆃🆅 ☎ ✆ ℗ – 🕿 60. 🖭 ⓪ 🗲 𝒱𝐼𝑆𝐴. ✁ Rest
Ristorante Pro Secco (italienische Küche) (Samstagmittag geschl.) Menu à la carte 38/63 – **108 Z** 135/195.

🏠 **Bacchus,** Rodensteinstr. 30, ✉ 64625, ℰ (06251) 3 90 91(Hotel) 6 59 72 (Rest.), Fax (06251) 67608, 🛋 – |✦| 🆃🆅 ☎ ✆ ℗. 🖭 ⓪ 🗲 𝒱𝐼𝑆𝐴
Bacchus Keller (nur Abendessen, Dienstag geschl.) Menu à la carte 40/58 – **40 Z** 110/175.

🏠 **Felix,** Dammstr. 46, ✉ 64625, ℰ (06251) 6 64 71, Fax (06251) 66473, 🛋 – |✦| 🆃🆅 ☎ ℗. 🖭 🗲 𝒱𝐼𝑆𝐴
Zur Post : Menu à la carte 32/60 – **14 Z** 120/170.

✕ **Dalberger Hof,** Dalberger Gasse 15 (Bürgerhaus), ✉ 64625, ℰ (06251) 47 47, Fax (06251) 63795, 🛋 – 🕿 200. 🖭 🗲
Juli - Aug. 4 Wochen geschl. – Menu à la carte 37/60.

In Bensheim-Auerbach – Luftkurort :

🏠 **Poststuben** ✎ (mit Gästehaus), Schloßstr. 28, ✉ 64625, ℰ (06251) 7 29 87, Fax (06251) 74743, 🛋, « Behagliches Restaurant » – 🆃🆅 ☎ ⇌ ℗. 🖭 🗲 𝒱𝐼𝑆𝐴. ✁ Zim
Menu (Sonntagabend - Montag und Juli - Aug. 3 Wochen geschl.) à la carte 41/68 – **20 Z** 100/170.

🏠 **Parkhotel Herrenhaus** ✎, Im Staatspark Fürstenlager (O : 1 km), ✉ 64625, ℰ (06251) 7 22 74, Fax (06251) 78473, 🛋, 🌳 – 🆃🆅 ☎ ⇌ ⇌
Menu (abends Tischbestellung erforderlich) à la carte 41/79 – **9 Z** 120/250.

Benutzen Sie für weite Fahrten in Europa die Michelin-Länderkarten :

𝟵𝟳𝟬 *Europa,* **𝟵𝟳𝟲** *Tschechische Republik-Slowakische Republik,*
𝟵𝟴𝟬 *Griechenland,* **𝟵𝟴𝟰** *Deutschland,* **𝟵𝟴𝟱** *Skandinavien-Finnland,*
𝟵𝟴𝟲 *Großbritannien-Irland,* **𝟵𝟴𝟳** *Deutschland-Österreich-Benelux,*
𝟵𝟴𝟴 *Italien,***𝟵𝟴𝟵** *Frankreich,* **𝟵𝟵𝟬** *Spanien-Portugal,* **𝟵𝟵𝟭** *Jugoslawien.*

BENTHEIM, BAD Niedersachsen 𝟰𝟭𝟱 J 5, 𝟵𝟴𝟳 ⑮ – 14 300 Ew – Höhe 96 m – Heilbad.
🛈 Verkehrsamt, Schloßstr. 18, ✉ 48455, ℰ (05922) 50 98, Fax (05922) 5098.
Berlin 491 – Hannover 207 – Enschede 29 – Münster (Westfalen) 56 – Osnabrück 75.

🏠 **Großfeld** ✎ (mit Gästehäusern), Schloßstr. 6, ✉ 48455, ℰ (05922) 8 28, Fax (05922) 4349, ⇌s, 🄻, 🌳 – |✦| 🆃🆅 ☎ ℗ – 🕿 35. 🖭 ⓪ 🗲 𝒱𝐼𝑆𝐴. ✁ Rest
Menu à la carte 38/76 – **103 Z** 90/240, 13 Suiten – ½ P 30.

🏠 **Am Berghang** ✎, Am Kathagen 69, ✉ 48455, ℰ (05922) 9 84 80, Fax (05922) 984848, 🛋, ⇌s, 🄻, 🌳 – 🆃🆅 ☎ ℗. 🖭 ⓪ 𝒱𝐼𝑆𝐴. ✁
Menu à la carte 30/54 – **29 Z** 99/195 – ½ P 39.

🏠 **Café Diana,** Bahnhofstr. 16, ✉ 48455, ℰ (05922) 9 89 20, Fax (05922) 989231, 🛋 – 🆃🆅 ☎ ℗. 🖭 ⓪ 🗲 𝒱𝐼𝑆𝐴. ✁ Rest
Menu (Jan. 2 Wochen geschl.) à la carte 30/48 – **16 Z** 90/150.

✕✕ **Schulze-Berndt** mit Zim, Ochtruper Str. 38, ✉ 48455, ℰ (05922) 9 88 40, Fax (05922) 988422 – 🆃🆅 ☎ ℗. 🖭 𝒱𝐼𝑆𝐴
Menu à la carte 38/75 – **9 Z** 75/150 – ½ P 25.

In Bad Bentheim-Gildehaus W : 4 km – Erholungsort :

🏠 **Niedersächsischer Hof** ✎, Am Mühlenberg 5, ✉ 48455, ℰ (05924) 85 67, Fax (05924) 6016, 🛋, ⇌s, 🄻, 🌳 – 🆃🆅 ☎ ℗ – 🕿 25. 🖭 ⓪ 🗲 𝒱𝐼𝑆𝐴. ✁ Rest
Menu à la carte 33/72 – **25 Z** 90/190.

BERCHING *Bayern* 419 420 *S 18,* 987 ㉘ ㉙ – *7 900 Ew – Höhe 390 m – Erholungsort.*
🛈 *Fremdenverkehrsamt, Pettenkoferplatz 12 (Rathaus),* ✉ *92334,* 𝒞 *(08462) 2 05 13, Fax (08462) 20590.*
Berlin 474 – München 114 – Nürnberg 60 – Ingolstadt 41 – Regensburg 45.

🏛 **Gewürzmühle** (mit Gästehaus), Gredinger Str. 2, ✉ 92334, 𝒞 (08462) 9 40 10, Fax (08462) 940155, 🍽, « Landhotel mit moderner Einrichtung », ⊆s – 📺 ☎ 🅿 – 🔬 30. AE ⓪ E VISA – **Menu** à la carte 39/52 – **23 Z** 85/165.

🏛 **Altstadthotel Winkler** (mit 🏠 Brauerei-Gasthof), Reichenauplatz 22, ✉ 92334, 𝒞 (08462) 13 27, Fax (08462) 27128, 🍽, ⊆s – 🛗 📺 ☎ 🅿 – 🔬 40. AE E VISA
Menu (Sonntagabend geschl.) à la carte 19/40 – **21 Z** 65/160 – ½ P 15.

BERCHTESGADEN *Bayern* 420 *X 22,* 987 ㊶ – *8 200 Ew – Höhe 540 m – Heilklimatischer Kurort – Wintersport : 530/1 800 m ≰ 2 ≰ 29.*
Sehenswert : Schloßplatz★ – Schloß (Dormitorium★) – Salzbergwerk★.
Ausflugsziele : Deutsche Alpenstraße★★★ (von Berchtesgaden bis Lindau) – Kehlsteinstraße★★★ – Kehlstein ☀★★ (nur mit RVO - Bus ab Obersalzberg : O : 4 km) – Roßfeld-Ringstraße ≤★★ (O : 7 km über die B 425).
⛳ *Obersalzberg, Salzbergstr. 33,* 𝒞 *(08652) 21 00.*
🛈 *Kurdirektion, Königsseer Str. 2,* ✉ *83471,* 𝒞 *(08652) 96 70, Fax (08652) 63300.*
Berlin 744 ① – München 154 ① – Bad Reichenhall 20 ② – Kitzbühel 77 ② – Salzburg 23 ①

BERCHTESGADEN

Benutzen Sie
auf Ihren Reisen in Europa
die Michelin-
Länderkarten
1:400 000 bis 1:1 000 000.

Pour parcourir l'Europe
utilisez les cartes Michelin
Grandes Routes
1/400 000 à 1/1 000 000.

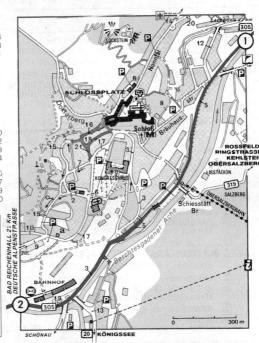

🏛 **Geiger,** Stanggass, ✉ 83471, 𝒞 (08652) 96 53, Fax (08652) 965400, ≤, 🍽, « Park », ⊆s, ⚒, 🏊, 🐎 – 🛗 📺 ☎ 🚗 🅿 – 🔬 35. E VISA über von-Hindenburg-Allee
Anfang Nov. - Mitte Dez. geschl. – **Menu** (Montag geschl.) (nur Abendessen) à la carte 47/78 – **53 Z** 123/356, 3 Suiten – ½ P 35.

🏛 **Fischer,** Königsseer Str. 51, ✉ 83471, 𝒞 (08652) 95 50, Fax (08652) 64873, ≤, ⊆s, 🏊 – 🛗 📺 ☎ 🚗 🅿 E VISA. 🛏 Rest über Königsseer Str.
14. März - 4. April und 25. Okt. - 18. Dez. geschl. – **Menu** (Montagmittag und Dienstagmittag geschl.) à la carte 38/60 – **54 Z** 99/246 – ½ P 10.

🏛 **Vier Jahreszeiten,** Maximilianstr. 20, ✉ 83471, 𝒞 (08652) 95 20, Fax (08652) 5029, ≤, 🍽, 🏊 – 🛗 📺 ☎ 🚗 🅿 – 🔬 60. AE ⓪ E VISA a
Menu à la carte 32/70 – **59 Z** 98/260 – ½ P 31.

🏨 **Krone** ⑤, Am Rad 5, ✉ 83471, ℰ (08652) 9 46 00, Fax (08652) 946010, ≼,
« Gemütlich eingerichtete Zimmer im Bauernstil », ⇌ – ⇎ Rest, 📺 ☎ 🄿 E.
⅍ über Locksteinstraße
Ende Okt. - 20. Dez. geschl. – (nur Abendessen für Hausgäste) – **21 Z** 68/156 – ½ P 18.

🏨 **Rosenbichl** ⑤, Rosenhofweg 24, ✉ 83471, ℰ (08652) 9 44 00, Fax (08652) 944050,
≼, Massage, ⇌ຣ, ⇌ – ⇎ 📺 ☎ ⇐ 🄿. E. ⅍ über Locksteinstraße
15. Nov. - 15. Dez. geschl. – (nur Abendessen für Hausgäste) – **13 Z** 85/170 – ½ P 20.

🏨 **Weiherbach** ⑤, Weiherbachweg 6, ✉ 83471, ℰ (08652) 6 20 93, Fax (08652) 62094,
≼, ⚟, ⇌ຣ, ⬚, ⇌ – ⇥ 📺 ☎ 🄿. ⅍ über Locksteinstraße
6. Nov. - 20. Dez. geschl. – (nur Abendessen für Hausgäste) – **23 Z** 60/150.

An der Roßfeld-Ringstraße O : 7 km :

🏨 **Grenzgasthaus Neuhäusl** ⑤, Wildmoos 45 – Höhe 850 m, ✉ 83471
⇔ Berchtesgaden, ℰ (08652) 94 00, Fax (08652) 64637, ≼ Untersberg, Kehlstein, ⇞, ⇌ຣ,
⇌ – ⇥ 📺 ☎ ⇐ 🄿
15. April - 1. Mai und 10. Nov. - 15. Dez. geschl. – **Menu** (Dienstag geschl.) à la carte 23/48
– **25 Z** 65/110, 3 Suiten – ½ P 22.

🏨 **Alpenhotel Denninglehen** ⑤, Am Priesterstein 7 – Höhe 900 m,
✉ 83471 Berchtesgaden, ℰ (08652) 50 85, Fax (08652) 64710, ≼ Berchtesgadener
Berge, ⇞, Massage, ⇌ຣ, ⬚, ⇌ – ⇥, ⇎ Rest, 📺 ☎ 🄿. ⅍ Rest
1.- 19. Dez. geschl. – **Menu** (nur Abendessen) à la carte 36/60 – **24 Z** 105/242 – ½ P 37.

BERG Baden-Württemberg siehe Ravensburg.

BERG Bayern **419 420** W 18 – 7 000 Ew – Höhe 630 m.
🛈 Berg-Leoni, Rottmannweg 5, ℰ (08041) 32 10.
Berlin 616 – München 30 – Garmisch-Partenkirchen 69 – Starnberg 6.

🏨 **Schloss Berg** ⑤, Seestr. 17, ✉ 82335, ℰ (08151) 96 30, Fax (08151) 96352, ≼ Starnberger See, Biergarten, « Seeterrasse », ⇌ຣ, ⬚, ⅍ – ⇥ 📺 ☎ 🄿 – ⚎ 35. ⬚ E 𝗩𝗜𝗦𝗔
Menu à la carte 33/64 – **50 Z** 120/250 – ½ P 33.

In Berg-Leoni S : 1 km :

🏨 **Dorint Hotel** ⑤, Assenbucher Str. 44, ✉ 82335, ℰ (08151) 50 60,
Fax (08151) 506140, ≼ Starnberger See, Biergarten, « Seeterrasse », ⇌ຣ, ⬚, ⚟, ⇌
– ⇥, ⇎ Zim, 📺 ☎ 🄿 – ⚎ 35. ⬚ ⓞ E 𝗩𝗜𝗦𝗔 ⓙⒸⓑ
Menu à la carte 42/70 – **70 Z** 185/295 – ½ P 39.

BERG Bayern **418 420** O 19 – 2 800 Ew – Höhe 614 m.
Berlin 302 – München 286 – Bayreuth 57 – Nürnberg 142.

In Berg-Rudolphstein N : 7 km **987** ㉗ :

🏨 **Saalehotel** (mit ♙ Gasthof), Panoramastr. 50, ✉ 95180, ℰ (09293) 94 10,
Fax (09293) 941666, ⇞, ⇌ຣ, ⬚, ⇌ – ⇥ 📺 ☎ 🄿 – ⚎ 50. ⬚ ⓞ E 𝗩𝗜𝗦𝗔
Menu à la carte 27/51 – **81 Z** 65/180 – ½ P 20.

BERG BEI NEUMARKT (OBERPFALZ) Bayern **419 420** R 18 – 6 000 Ew – Höhe 406 m.
Berlin 445 – München 145 – Nürnberg 38 – Amberg 50 – Regensburg 71.

🏠 **Lindenhof**, Rosenbergstr. 13, ✉ 92348, ℰ (09189) 41 00, Fax (09189) 410410, ⇞ –
⇔ ⇥ 📺 ☎ ⓒ 🄿 – ⚎ 20
Menu (Montagmittag geschl.) à la carte 24/32 – **46 Z** 65/110.

🏠 **Knör**, Hauptstr. 4, ✉ 92348, ℰ (09189) 3 95, Fax (09189) 9291 – ⇥ 📺 ☎ ⇐ 🄿. ⬚
⇔ E 𝗩𝗜𝗦𝗔. ⅍ Zim
Menu (Montagmittag geschl.) à la carte 19/35 ⚟ – **25 Z** 60/100.

BERGEN Bayern **420** W 21 – 4 000 Ew – Höhe 554 m – Luftkurort – Wintersport : 550/1 670 m
⚞1 ⚟5 ⚞4
🛈 Verkehrsamt, Raiffeisenplatz 4, ✉ 83346, ℰ (08662) 83 21, Fax (08662) 5855.
Berlin 700 – München 105 – Bad Reichenhall 37 – Salzburg 42 – Traunstein 10 – Rosenheim
46.

🏨 **Salzburger Hof** Ⓜ, Brunnweg 4, ✉ 83346, ℰ (08662) 4 88 40, Fax (08662) 488488,
⇔ ⇌ຣ – ⇥ 📺 ☎ 🄿
Menu (Dienstag geschl.) à la carte 24/52 – **26 Z** 105/180 – ½ P 20.

🏠 **Säulner Hof** ⑤, Hochplattenstr. 1, ✉ 83346, ℰ (08662) 86 55, Fax (08662) 5957, ⇌
– 🄿. E
Jan. 3 Wochen und Nov. geschl. – (nur Abendessen für Hausgäste) – **15 Z** 65/105 – ½ P 21.

BERGEN Mecklenburg-Vorpommern siehe Rügen (Insel).

BERGEN Niedersachsen siehe Celle.

BERGEN (Vogtland) Sachsen 418 420 O 20 – 1150 Ew – Höhe 450 m.
Berlin 303 – Dresden 145 – Gera 60 – Hof 45 – Plauen 20.

🏨 **Marienstein** ⌂, Thomas-Müntzer-Str. 9, ✉ 08239, ℘ (037463) 81 12,
Fax (037463) 8113, « Terrasse mit ≤ », ≦s, 🐾 – 🛗 TV ☎ & ❷ – 🔬 30. AE ⓞ E VISA
Menu à la carte 24/40 – **16 Z** 90/160 – ½ P 23.

BERGGIESSHÜBEL Sachsen 418 N 25, 984 ④, 987 ⑲ 1 800 Ew – Höhe 350 m – Kneippkurort.
Berlin 224 – Dresden 31 – Chemnitz 106 – Leipzig 142.

In Bad Gottleuba-Augustusberg S : 4,5 km :

🏠 **Augustusberg** ⌂, Augustusberg 15, ✉ 01816, ℘ (035023) 6 25 04,
Fax (035023) 62480, ≤ Bad Gottleuba, 🏝, ≦s, 🐾 – TV ☎ ❷ – 🔬 40. AE E VISA. ❄
Menu à la carte 25/41 – **24 Z** 75/140 – ½ P 20.

BERGHAUPTEN Baden-Württemberg siehe Gengenbach.

BERGHAUSEN Rheinland-Pfalz siehe Katzenelnbogen.

BERGHEIM Österreich siehe Salzburg.

BERGHEIM Nordrhein-Westfalen 417 N 3, 987 ㉘ – 60 000 Ew – Höhe 69 m.
Berlin 590 – Düsseldorf 56 – Bonn 53 – Mönchengladbach 38 – Köln 26.

🏨 **Meyer** garni, Beisselstr. 3, ✉ 50126, ℘ (02271) 80 60, Fax (02271) 41722, ≦s – TV
☎ ❷. AE E VISA
Weihnachten - Neujahr geschl. – **23 Z** 100/170.

🏠 **Parkhotel,** Kirchstr. 12, ✉ 50126, ℘ (02271) 4 70 80, Fax (02271) 470840 □ ☎
– 🔬 40. AE ⓞ E VISA. ❄
Menu à la carte 25/65 – **20 Z** 85/200.

BERGHÜLEN Baden-Württemberg siehe Merklingen.

BERGISCH GLADBACH Nordrhein-Westfalen 417 N 5, 987 ㉖ – 104 000 Ew – Höhe 86 m.
🔒 Bensberg-Refrath, ℘ (02204) 6 31 14.
ADAC, Bensberger Str. 99, ✉ 51469, ℘ (0221) 47 27 47, Fax (02202) 42931.
Berlin 571 – Düsseldorf 46 – Bonn 40 – Köln 17.

🏰 **Schloßhotel Lerbach** ⌂, Lerbacher Weg, ✉ 51465, ℘ (02202) 20 40,
Fax (02202) 204940, 🏝, « Modernisiertes Schloß in einer Parkanlage », Massage, ≦s,
🔲, 🐾, ❄ – 🛗 TV ❷ – 🔬 60. AE ⓞ E VISA JCB. ❄ Rest
Menu siehe **Restaurant Dieter Müller** separat erwähnt **Schloßschänke :** Menu à la
carte 54/75 – **54 Z** 340/640, 7 Suiten.

🏠 **Zur Post** garni, Johann-Wilhelm-Lindlar-Str. 7, ✉ 51465, ℘ (02202) 93 65 60,
Fax (02202) 9365656 – 🛗 TV ☎ ❷. AE ⓞ E VISA. ❄
10 Z 130/230.

🌸🌸🌸 **Restaurant Dieter Müller** - Schloßhotel Lerbach, Lerbacher Weg, ✉ 51465,
❁❁❁ ℘ (02202) 20 40, Fax (02202) 204940 – ❷. AE ⓞ E VISA JCB. ❄
Sonntag - Montag und 1. - 15. Jan. sowie Juli - Aug. 3 Wochen geschl. – **Menu** (Tischbestellung ratsam) 148/198 und à la carte 118/136
Spez. Gänseleberterrine im Sauternesgelee. St. Petersfisch auf Blattspinat und Thun-
fischsauce. Crépinette von der Taube mit gebackener Blutwurstscheibe und Trüffelsauce.

XXX **Eggemann's Bürgerhaus,** Bensberger Str. 102, ✉ 51469, ℘ (02202) 3 61 34,
Fax (02202) 32505 – ❷. AE ⓞ E
Donnerstag - Freitagmittag geschl. – **Menu** (Tischbestellung ratsam) à la carte 45/91.

X **Diepeschrather Mühle** ⌂ mit Zim, Diepeschrath 2 (W : 3,5 km über Paffrath),
✉ 51469, ℘ (02202) 5 16 51, Fax (02202) 50748, 🏝 – 🚗 ❷
2. - 16. Jan. geschl. – Menu (Montagabend und Donnerstag geschl.) à la carte 38/74 –
11 Z 70/130.

In Bergisch Gladbach-Bensberg :

🏨 **Waldhotel Mangold** ⊗, Am Milchbornbach 39, ⊠ 51429, ℰ (02204) 9 55 50, Fax (02204) 955560, 🍴, 🌲 – ⸸ Zim, 📺 ☎ 🄿 – 🄰 70. 🄰🄴 ⓪ 🄴 *VISA*. ⊗
Waldstuben (Sonntagabend - Montag und Juli - Aug. 4 Wochen geschl.) **Menu** à la carte 68/85 – **21 Z** 150/300.

🏨 **Malerwinkel** garni, Fischbachstr. 3 (am Rathaus), ⊠ 51429, ℰ (02204) 5 30 06, Fax (02204) 53009, « Renovierte Fachwerkhäuser a.d.18.Jh. », Massage, ⊜s – ⸸ 📺 ☎ 🄿, 🄰🄴 ⓪ 🄴 *VISA*
23. Dez. - 2. Jan. geschl. – **25 Z** 118/330.

🏠 **Das Fachwerkhaus**, Burggraben 37, ⊠ 51429, ℰ (02204) 5 49 11, Fax (02204) 57641, « Rustikale Einrichtung » –
Montag und Juli - Aug. 3 Wochen geschl. – **Menu** (Tischbestellung ratsam) à la carte 68/84.

In Bergisch Gladbach-Gronau :

🏨 **Gronauer Tannenhof**, Robert-Schuman-Str. 2, ⊠ 51469, ℰ (02202) 9 41 40, Fax (02202) 941444, 🍴 – 🛗 📺 ☎ ⇦ 🄿 – 🄰 100. 🄰🄴 ⓪ 🄴 *VISA*. ⊗
Menu à la carte 38/72 – **32 Z** 125/280.

In Bergisch Gladbach-Herkenrath :

🏠 **Hamm**, Strassen 14, ⊠ 51429, ℰ (02204) 80 41, Fax (02204) 85001, 🍴 – 📺 ☎ 🄿 – 🄰 60. 🄰🄴 ⓪ 🄴 *VISA*
Menu (Montagmittag geschl.) à la carte 35/60 – **29 Z** 105/195.

In Bergisch Gladbach-Refrath :

🏠 **Tannenhof-Refrath** garni, Lustheide 45a, ⊠ 51427, ℰ (02204) 6 70 85, Fax (02204) 21773 – ⸸ ☎ 📞 🄿. 🄰🄴 🄴 *VISA*
34 Z 95/250.

In Bergisch Gladbach-Sand :

🏨 **Privathotel Bremer** garni, Dombach-Sander-Str. 72, ⊠ 51465, ℰ (02202) 93 50 01, Fax (02202) 935050 – ⸸ Zim, 📺 ☎ 📞 🄿 – 🄰 30. 🄰🄴 ⓪ 🄴 *VISA*. ⊗
22 Z 120/380.

BERGKIRCHEN Bayern siehe Dachau.

BERGLEN Baden-Württemberg siehe Winnenden.

BERGNEUSTADT Nordrhein-Westfalen 🗺️**417** M 6, 🗺️**987** ㉖ – 21 000 Ew – Höhe 254 m.
Berlin 558 – Düsseldorf 89 – Köln 57 – Olpe 20 – Siegen 47.

🏠 **Feste Neustadt**, Hauptstr. 19, ⊠ 51702, ℰ (02261) 4 17 95, Fax (02261) 48021, 🍴 – 📺 ☎ ⇦ 🄿. ⊗ Rest
22. Dez. - 4. Jan. und Mitte Juli - Anfang Aug. geschl. – **Menu** (Sonntagabend - Montag geschl.) à la carte 31/60 – **14 Z** 75/150.

In Bergneustadt-Niederrengse NO : 7 km :

🏠 **Rengser Mühle** ⊗ mit Zim, ⊠ 51702, ℰ (02763) 9 14 50, Fax (02763) 914520, 🍴, « Rustikale gemütliche Einrichtung » – ⸸ Zim, 📺 ☎ 📞 🄿. ⊗
Menu (Dienstag geschl.) à la carte 47/76 – **4 Z** 105/145.

BERGRHEINFELD Bayern siehe Schweinfurt.

BERGZABERN, BAD Rheinland-Pfalz 🗺️**419** S 8, 🗺️**987** ㉖ – 7 700 Ew – Höhe 200 m – Heilklimatischer Kurort – Kneippheilbad.
Sehenswert : Gasthaus zum Engel★.
🛈 Kurverwaltung, Kurtalstr. 25 (im Thermalhallenbad), ⊠ 76887, ℰ (06343) 9 34 00, Fax (06343) 934040.
Berlin 683 – Mainz 127 – Karlsruhe 39 – Landau in der Pfalz 15 – Pirmasens 42 – Wissembourg 10.

🏨 **Petronella**, Kurtalstr. 47 (B 427), ⊠ 76887, ℰ (06343) 10 75, Fax (06343) 5313, « Gartenterrasse », Massage, ♨, ⊜s – 🛗 📺 ☎ & 🄿 – 🄰 30. ⓪ 🄴 *VISA*. ⊗ Rest
Menu (Jan. 3 Wochen und Nov. - März Dienstag geschl.) à la carte 39/84 – **48 Z** 95/200 – ½ P 25.

🏠 **Seeblick**, Kurtalstr. 71 (B 427), ⊠ 76887, ℰ (06343) 70 40, Fax (06343) 704100, 🖥️ – 🛗 📺 ☎ 🄿. ⊗ Rest
Mitte Jan. - Mitte Feb. geschl. – (Restaurant nur für Hausgäste) – **60 Z** 83/180 – ½ P 23.

🏠 **Pfälzer Wald,** Kurtalstr. 77 (B 427), ⊠ 76887, 𝒫 (06343) 10 56, *Fax (06343) 4893,*
🏤, 🍴 – 🔟 ☎ 🅿. 🆎 🗲 *VISA*.
Menu (nur Abendessen) à la carte 33/50 ⅍ – **25 Z** 75/160 – ½ P 23.

🏠 **Wasgau** 🦢, Friedrich-Ebert-Str. 21, ⊠ 76887, 𝒫 (06343) 84 01, *Fax (06343) 4825,*
🏤, 🍴 – 🅿. 🗲 *VISA*
Ende Jan. - Ende Feb. geschl. – **Menu** *(Donnerstagmittag geschl.)* à la carte 35/64 ⅍ – **22 Z**
60/160.

🍴 **Zum Engel,** Königstr. 45, ⊠ 76887, 𝒫 (06343) 49 33, 🏤, « Restauriertes Renaissancehaus a.d. 16. Jh. »
Montagabend - Dienstag und Jan.- Feb. 4 Wochen geschl. – **Menu** à la carte 27/53 ⅍.

🍴 **Weinstube Weinschlössel,** Kurtalstr. 10, ⊠ 76887, 𝒫 (06343) 38 60, 🏤
🍽 *Mittwochmittag und Samstag geschl.* – **Menu** (Nov. - März nur Abendessen) à la carte
24/42.

In Gleiszellen-Gleishorbach *N : 4,5 km :*

🏨 **Südpfalz-Terrassen** 🦢, Winzergasse 42 (Gleiszellen), ⊠ 76889, 𝒫 (06343) 20 66,
Fax (06343) 5952, ≼, 🏤, 🍴, 🖾, 🍴 – 📳 🔟 ☎ 🅿 – 🕍 60. 🆎 🗲 *VISA*
4. - 31. Jan. und 19. - 25. Dez. geschl. – **Menu** *(Montag geschl.)* à la carte 37/61 ⅍ – **57 Z**
95/230 – ½ P 25.

BERKA, BAD *Thüringen* 418 *N 17,* 984 ㉓. 987 ㉘ – *5 400 Ew – Höhe 275 m – Heilbad.*
Berlin 286 – Erfurt 31 – Jena 30 – Suhl 66 – Weimar 13

🏨 **Hubertushof,** Tannrodaer Str. 3, ⊠ 99438, 𝒫 (036458) 3 50, *Fax (036458) 35150,*
🏤, 🍴 – 📳, 🍴 Zim, 🍽 Rest, 🔟 ☎ ✆ 🅿 – 🕍 20. 🆎 🗲 *VISA*. 🍴 Rest
Menu à la carte 34/53 – **30 Z** 115/175 – ½ P 25.

🏠 **Am Goethebrunnen** 🦢, Goetheallee 1, ⊠ 99438, 𝒫 (036458) 57 10,
🍽 *Fax (036458) 57112,* 🏤 – 🔟 ☎ 🅿. 🆎 ⓞ 🗲 *VISA*
Menu à la carte 22/55 *(auch vegetarische Gerichte)* – **11 Z** 80/150.

🏠 **Wettiner Hof,** Bahnhofstr. 32 (B 87), ⊠ 99438, 𝒫 (036458) 34 30,
Fax (036458) 30704, 🏤 – 🔟 ☎ 🅿 – 🕍 25. ⓞ 🗲 *VISA*
Menu à la carte 25/44 – **30 Z** 95/135 – ½ P 22.

BERKHEIM *Baden-Württemberg* 419 420 *V 14,* 987 ㉙ – *2 000 Ew – Höhe 580 m.*
Berlin 657 – Stuttgart 138 – Memmingen 11 – Ravensburg 65 – Ulm (Donau) 46.

🏠 Ochsen, Alte Steige 1, ⊠ 88450, 𝒫 (08395) 9 29 29, *Fax (08395) 92955.* 🏤 – ☎ 🅿
(auch vegetarische Gerichte) **15 Z.**

BERLEBURG, BAD *Nordrhein-Westfalen* 417 *M 9,* 987 ㉖ – *21 500 Ew – Höhe 450 m – Kneipp-*
heilbad – Wintersport : 500/750 m ⚡2 ⚡9.
🛈 *Verkehrsbüro, Poststr. 44,* ⊠ 57319, 𝒫 (02751) 70 77, *Fax (02751) 13437.*
Berlin 494 – Düsseldorf 174 – Frankenberg an der Eder 46 – Meschede 56 – Siegen 44.

🏠 **Westfälischer Hof,** Astenbergstr. 6 (B 480), ⊠ 57319, 𝒫 (02751) 9 24 90,
Fax (02751) 924959, 🏤, Massage, ♨, 🕍, 🍴 – 🍴 Zim, 🔟 ☎ 🚗 🅿 – 🕍 25. 🆎 ⓞ
🗲 *VISA*. 🍴 Rest
Menu à la carte 32/61 – **38 Z** 70/180 – ½ P 25.

An der Straße nach Hallenberg *NO : 6 km :*

🍴 **Erholung** 🦢, ⊠ 57319 Bad Berleburg-Laibach, 𝒫 (02751) 72 18, *Fax (02751) 2866,* ≼,
🏤, 🍴 – 🚗 🅿
Menu à la carte 29/54 – **16 Z** 58/136 – ½ P 25.

In Bad Berleburg-Raumland *S : 4 km :*

🍴 **Raumland,** Hinterstöppel 7, ⊠ 57319, 𝒫 (02751) 5 18 60, *Fax (02751) 53254,* 🏤, 🍴
– 🔟 ☎ 🅿. 🗲 *VISA*. 🍴
Menu *(Sonntagabend geschl.)* à la carte 26/50 – **9 Z** 62/124 – ½ P 13.

In Bad Berleburg-Wemlighausen *NO : 3 km :*

🍴 **Landgasthof Aderhold,** An der Lindenstr. 22, ⊠ 57319, 𝒫 (02751) 39 60,
Fax (02751) 2041, 🍴 – 🚗 🅿
Menu *(Montag - Dienstagmittag geschl.)* à la carte 30/57 – **9 Z** 45/110 – ½ P 20.

In Bad Berleburg-Wingeshausen *W : 14 km :*

🍴 **Weber** 🦢 mit Zim, Inselweg 5, ⊠ 57319, 𝒫 (02759) 4 12, *Fax (02759) 540,* 🍴 – 🅿.
🍴 Zim
Juli und Nov. jeweils 2 Wochen geschl. – **Menu** *(Montag - Dienstag geschl.)* à la carte 30/77
– **8 Z** 50/140 – ½ P 15.

BERLIN

L Berlin **416** **418** ㉓, ㉔ – Bundeshauptstadt – 3 500 000 Ew – Höhe 40 m

Frankfurt/Oder 105 ① – Hamburg 289 ⑧ – Hannover 288 ⑤ – Leipzig 183 ⑤ – Rostock 222 ⑧.

PRAKTISCHE HINWEISE

目 Berlin Tourismus Marketing GmbH – Information im Europa-Center (Budapester Straße) ⌧ 10787, ℰ (030) 25 00 25, Fax (030) 25002424, Information im Brandenburer Tor (Seitenflügel)

ADAC, Berlin-Wilmersdorf, ⌧ 10717, Bundesallee 29-30, ℰ (030) 8 68 60, Fax (030) 8616025

⌐₁₈ ⌐₉ Berlin-Wannsee, Golfweg 22, ℰ (030) 8 06 70 60

⌐₉ Berlin-Gatow, Kladower Damm 182, ℰ (030) 3 65 76 60

⌐₁₈ ⌐₉ Kallin (NW : 32 km), an der B273, ℰ (033230) 5 02 14

⌐₉ Mahlow (S : 20 km), Kiefernweg, ℰ (033379) 37 05 95

⌐₁₈ Potsdam (W : 38 km), Tremmener Landstraße, ℰ (033233) 8 02 44

⌐₁₈ ⌐₁₈ Seddiner See (SW : 37 km), Fercher Weg, ℰ (033205) 6 49 04

⌐₁₈ Stolper Heide (N : 20 km), Frohnauer Weg 3, ℰ (03303) 54 90

⤳ Berlin-Tegel EX, ℰ (030) 4 10 11

⤳ Berlin-Schönefeld (S : 25 km) ℰ (030) 6 09 10

⤳ Berlin-Tempelhof GZ, ℰ (030) 6 95 10

Deutsche Lufthansa City Center, Kurfürstendamm 220, ℰ (030) 88 75 38 00, Fax (030) 88 75 38 01

🚗 Berlin-Wannsee, Nibelungenstraße

Messegelände am Funkturm BU ℰ (030) 3 03 80, Fax (030) 30382325

HAUPTSEHENSWÜRDIGKEITEN

Museen, Galerien, Sammlungen : *Museumsinsel*★★★ PY : *Pergamon-Museum (Antikensammlung*★★★, *Pergamon-Altar*★★★, *Markttor von Milet*★★) – *Vorderasiatisches Museum*★ *(Prozessionsstraße und Ischtartor*★★) – *Alte Nationalgalerie*★★ **M**[1] – *Bodemuseum* **M**[2] *(Ägyptisches Museum und Papyrussammlung*★★, *Gemälde-galerie*★) – *Altes Museum*★★ **M**[3] – *Kulturforum*★★★ NZ : *Kunstgewerbemuseum*★★ DV **M**[13] *(Welfenschatz*★★★, *Lüneburger Ratssilber*★★★) – *Neue Nationalgalerie*★★ NZ **M**[5] – *Deutsches Historisches Museum (Zeughaus)* PY – *Friedrichswerdersche Kirche* PZ *(Schinkelmuseum*★) – *Staatsbliothek preußischer Kulturbesitz*★ NZ – *Museumszentrum Dahlem*★★★ BV : *Gemäldegalerie*★★★, *Museum für Völkerkunde*★★★ *(Museum für Islamische Kunst*★★, *Museum für Indische Kunst*★★) – *Skulpturengalerie*★★ – *Museum für Deutsche Volkskunde*★ – *Schloß Charlottenburg*★★ EY : *Historische Räume*★★ *(Porzellan-Kabinett*★★, *Kronprinzsilber*★★) – *Knobelsdorff-Flügel*★★ *(Goldene Galerie*★★, *Winterkammer*★, *Gallerie der Romantik*★★) – *Museum für Vor-und Frühgeschichte*★ – *Sammlung Berggruen*★★ **M**[13] – *Bröhan Museum*★ – *Ägyptisches Museum*★★★ EY **M**[6] – *Schloßgarten*★★ *(Schinkel-Pavillon*★, *Belvedere*★, *Mausoleum*★) – *Museum für Gegenwart-Berlin*★★ NX – *Museum für Naturkunde*★ NX – *Museum für Verkehr und Technik*★★ GZ **M**[8] – *Käthe-Kollwitz Museum*★ LXY **M**[9] – *Brücke Museum*★ BY **M**[36] – *Märkisches Museum*★ RZ

Parks, Gärten, Seen : *Tiergarten*★★ MX – *Zoologischer Garten*★★★ MX – *Wannsee*★★ AV *(Volkspark Klein Glienicke*★★) – *Havel*★★ und *Pfaueninsel*★★ AV – *Tegeler See*★★ BT – *Großer Müggelsee*★★ – *Grunewald*★★ AUV *(Jagdschloß Grunewald*★ **M**[28] – *Botanischer Garten (Dahlem)*★★ BV **B**[1]

Gebäude, Straßen, Plätze : *Philharmonie*★★★ NZ – *Martin-Gropius-Bau*★★ NZ – *Brandenburger Tor*★★ NZ – *Reichstag*★ NY – *Unter den Linden*★★ NPZ – *Gendarmenmarkt*★★ PZ *(Schauspielhaus*★, *Deutscher Dom*★, *Französischer Dom*★) – *Zeughaus*★★ PY – *Berliner Dom*★ PY – *Alexanderplatz*★ RY – *Nikolaiviertel*★ RZ – *Friedrichstraße*★ PYZ – *Oranienburger Straße*★ PY – *Kurfürstendamm*★★ LXY *(Kaiser-Wilhelm-Gedächtniskirche*★) – *Olympia-Stadion*★ AU

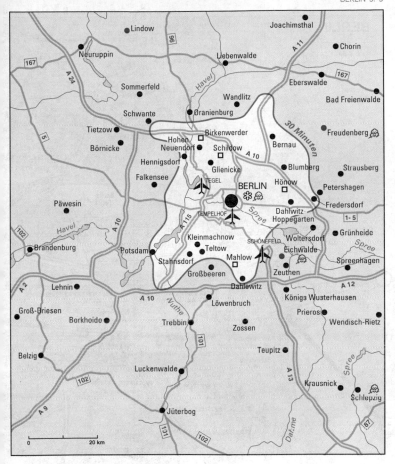

Benutzen Sie auf Ihren Reisen in EUROPA :

   die Michelin-Länderkarten (1:300 000 bis 1:1 000 000) ;

   die Michelin-Abschnittskarten (1:200 000) ;

   die Roten Michelin-Führer (Hotels und Restaurants) :
      ***Benelux, Deutschland, España Portugal, France, Europe, Great Britain
      and Ireland, Italia, Schweiz***

   die Grünen Michelin-Führer (Sehenswürdigkeiten und interessante Reisegebiete) :
      Berlin, Deutschland, Frankreich, Italien, Österreich, Schweiz, Spanien, Wien

   die Grünen Regionalführer von Frankreich
   (Sehenswürdigkeiten und interessante Reisegebiete) :

      ***Paris, Atlantikküste, Auvergne Périgord, Bretagne, Burgund Jura,
      Côte d'Azur (Französische Riviera) Elsaß Vogesen Champagne, Korsika,
      Nordfrankreich Umgebung von Paris, Oberrhein, Provence, Pyrenaen
      Roussillon Gorges du Tarn, Schlösser an der Loire***

BERLIN

0   2 km

● S-Bahn

8

HAMBURG

NIEDER-
NEUENDORF

BERLINER
FORST TEGEL

HERMSDORF

M

m

Ruppiner Chaussee

Dorfstr.

Alt-Heiligensee

Heiligenseestraße

Sandhauser Str.

Oranienburger Str.

Waldmannsluster Damm

WITTENAU

TEGEL

C 446

431

Holzhauser Str.

R

430

Roedernstr.

SIEDLUNG
SCHÖNWALDE

Schönwalder Allee

Niederneuendorfer Allee

KONRADSHÖHE

Villa
Borsig

436

a

HAVEL

T

BERLINER   FORST

SPANDAU

TEGELER
SEE

TEGELORT

Straße

JUNGFERN-
HEIDE

REINICKENDORF

467

476

n

Müllerstr.

Falkenseer Chaussee

410

488

Bernauer Str.

Berlin-
Tegel

AB. KR.
REINICKENDORF

A 111

E 26

A 100

GARTENSTADT
STAAKEN

497

SPANDAU

ZITADELLE

d

SIEMENSSTADT

b

S¹

u

A 100

7

HAMBURG
LÜBECK

Brunsbütteler Damm

455

Heerstr.

R

409   Spree

464

425

SCHLOSS
CHARLOTTENBURG

Alt-
Moabit

Spandauer   Damm

OLYMPIA-
STADION

T

Wilhelmstr.

Gatower Str.

487

Weinmeister-
horn

412

Schildhorn

West-
end

Straße, de

Bismarckstr.

ZOO

U

Messegelände

M

KURFÜRSTEN-
DAMM

△120
Teufelsberg

WILMERSDORF

GRUNEWALD

damm

SCHÖNEBERG

POTSDAM

Potsdamer   Chaussee

BERLINER

FORST

GRUNEWALD

TURM

Havelchaussee

c

Koenigsallee

Hohenzollerndamm

A 100

R

GATOW

2

Grunewaldsee

M 28

469   482

479

r

V 3

Lindwerder

Kladower Damm

Hüttenweg

M 48

M

c

481

a

Bergstr.

SACROW

Ritterfelddamm

HAVEL

Krumme
Lanke

Argentinische Allee

MUSEUM
DAHLEM

k

B 1

421

KLADOW

SCHWANEN-
WERDER

Schlachtensee

ONKEL-
TOMS-HÜTTE

490

U

STEGLITZ

PFAUEN-
INSEL

HAVEL

X

451

Clayallee

Berliner Str.

427

440

b

Drakestr.

Kaiser-
Wilhelm-

MEXIKOPL.

a

Teltower Damm

V

407

WANNSEE

Großer
Wannsee

NIKOLASSEE

473

ZEHLENDORF

R

LICHTERFELDE

Dahlemer Weg

439

BERLINER

103

1

6

POTSDAM

Königstraße

Potsdamer

Chaussee

M

452

S

454

Goerzallee

Lilienthalpark

Ostpreußendamm

Osdorfer Str.

478

18

FORST

DÜPPEL

A 115 · E 51

KLEINMACHNOW

e

TELTOW

c

101

5

HALLE LEIPZIG   A

B

DRESDEN

4

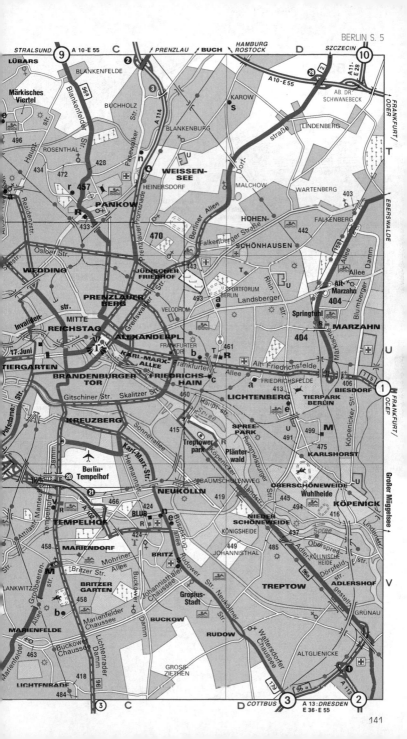

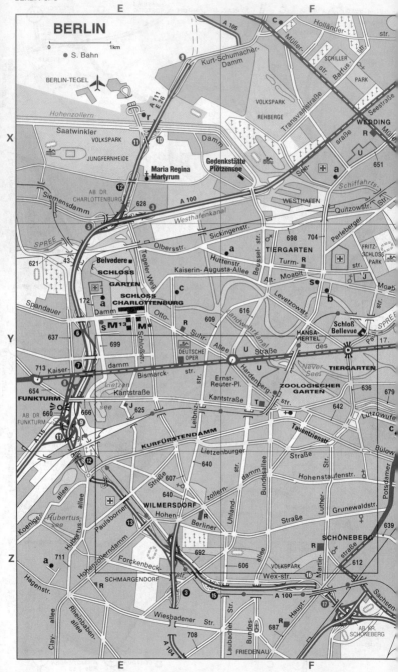

BERLIN

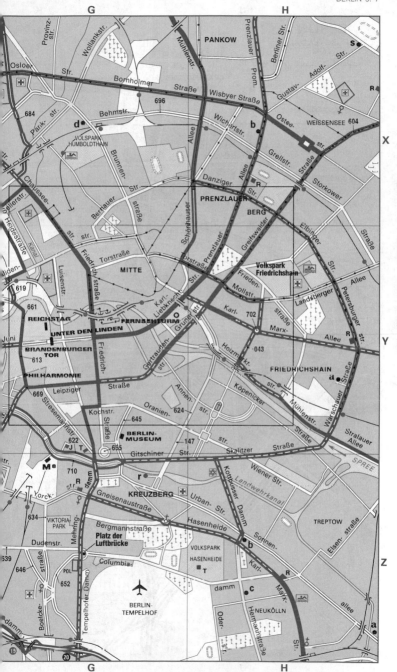

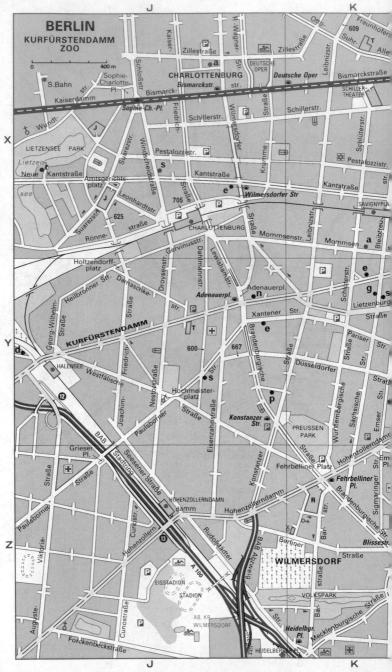

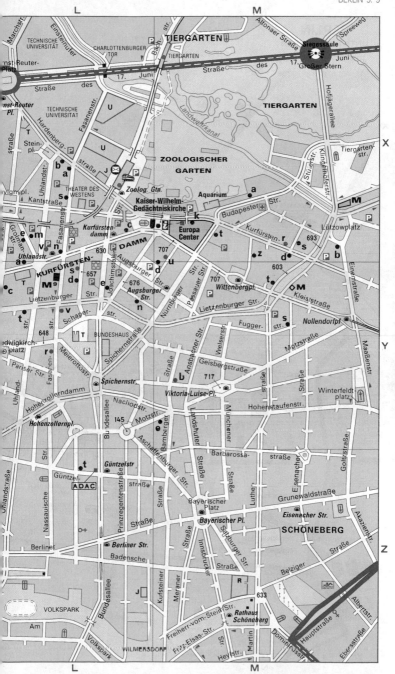

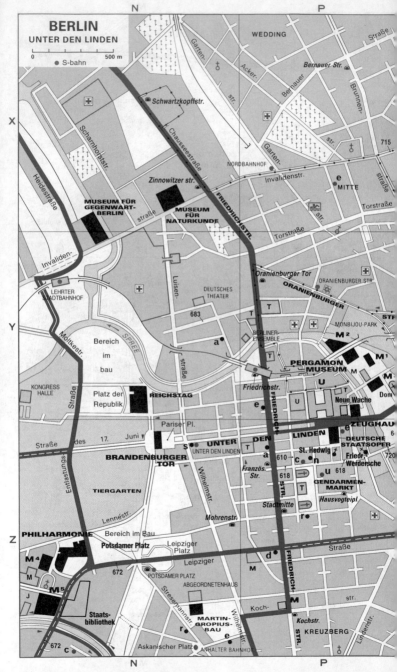

BERLIN
UNTER DEN LINDEN

0   500 m
● S-bahn

N   P

X

WEDDING

Straße

Garten-

Acker-

Bernauer Str.

Schwartzkopffstr.

Bernauer

Brunnen-

str.

Scharnhofstr.

Chausseestraße

Heidestraße

715

NORDBAHNHOF

Invalidenstr.

Zinnowitzer str.

straße

FRIEDRICHSTR.

MITTE

Garten-

straße

Torstraße

MUSEUM FÜR
GEGENWART-
BERLIN

MUSEUM
FÜR
NATURKUNDE

Invaliden-

Torstraße

Oranienburger Tor

ORANIENBURGER STR

Luisen-

DEUTSCHES
THEATER

ORANIENBURGER

LEHRTER
STADTBAHNHOF

Y

Moltkestr.

SPREE

683

a

BERLINER-
ENSEMBLE

T

T

MONBIJOU-PARK

M²

STR

M¹

straße

PERGAMON
MUSEUM

M

Bereich

im

bau

T

Friedrichstr.

M

U

T

Dom

KONGRESS
HALLE

Platz der
Republik

REICHSTAG

U

Neue Wache

Straße

Pariser Pl.

e

ZEUGHAUS

Straße   des

17.   Juni

UNTER   DEN   LINDEN

T

UNTER DEN LINDEN

BRANDENBURGER
TOR

a

St. Hedwig

DEUTSCHE
STAATSOPER

6

Entlastungs-

Wilhelmstr.

Französ.
Str.

610

C

n

Friedr.
Werdersche

720

TIERGARTEN

618

u

618

GENDARMEN-
MARKT

Lennéstr.

FRIEDRICH

STR.

Stadtmitte

r

Hausvogteipl.

Mohrenstr.

Z

PHILHARMONIE

Bereich im Bau

Potsdamer Platz

Leipziger
Platz

Straße

M⁴

Leipziger

d

FRIEDRICH

M

672

POTSDAMER PLATZ

M

M⁵

ABGEORDNETENHAUS

J

Stresemannstr.

Koch-

str.

Staats-
bibliothek

MARTIN-
GROPIUS-
BAU

Wilhelmstr.

Kochstr.

KREUZBERG

STR.

Lindenstr.

672

C

Askanischer Platz

e

ANHALTER BAHNHOF

N   P

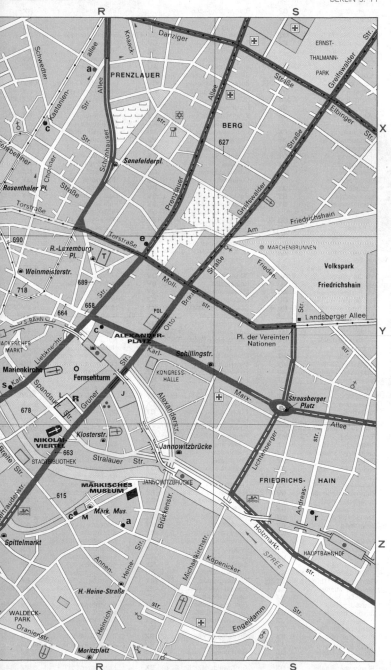

Liste alphabétique des hôtels et restaurants
Alphabetisches Verzeichnis der Hotels und Restaurants

Im Zentrum :

In Charlottenburg, Mitte, Schöneberg, Tiergarten und Wilmersdorf *Stadtplan Berlin : Seite 6 - 11 :*

🏛️ **Adlon** M, Unter den Linden 77, ⌧ 10177, ℘ (030) 2 26 10, *Fax (030) 22612222*, 🍴, Massage, 🎧, 🔲 – 📶 🌀 🗐 🔟 📞 🕹 ⇔ – 🚪 300. 🖭 ⓪ 🖪 🕅 🕸 🛇 Rest
Menu à la carte 67/90 – **L'Etoile** *(Sonntag - Montag geschl.)* Menu 100 (mittags) 160(abends) – **337 Z** 456/732, 37 Suiten.
NZ s

🏛️ **Four Seasons** M, Charlottenstr. 49/Am Gendarmenmarkt, ⌧ 10117, ℘ (030) 2 03 38, *Fax (030) 20336166*, Massage, 🎧 – 📶, 🌀 Zim, 🗐 🔟 📞 ⇔ – 🚪 75. 🖭 ⓪ 🖪 🕅 🕸 🛇 Rest
Seasons : Menu à la carte 55/90 – **204 Z** 427/759, 42 Suiten.
PZ n

🏛️ **Kempinski Hotel Bristol Berlin** 🌿, Kurfürstendamm 27, ⌧ 10719, ℘ (030) 88 43 40, *Fax (030) 8836075*, 🍴, Massage, 🎧, 🔲 – 📶, 🌀 Zim, 🗐 🔟 📞 ⇔ – 🚪 250. 🖭 ⓪ 🖪 🕅 🕅 🕸 🛇 Rest
LX n
Kempinski-Rest. *(Montag geschl.)* Menu à la carte 60/93 – **Kempinski-Eck :** Menu à la carte 47/80 – **301 Z** 372/604, 29 Suiten.

🏛️ **Grand Hotel Esplanade** M, Lützowufer 15, ⌧ 10785, ℘ (030) 25 47 80, *Fax (030) 2651171*, Tagungsschiff mit eigenem Anleger, « *Modernes Hotel mit integrierter Sammlung zeitgenössischer Kunst* », Massage, 🎧, 🎧, 🔲 – 📶, 🌀 Zim, 🗐 🔟 📞 – 🚪 260. 🖭 ⓪ 🖪 🕅 🕅 🕸 Rest
MX e
Menu siehe Restaurant **Harlekin** separat erwähnt **Eckkneipe :** Menu à la carte 34/51 – **402 Z** 409/588, 33 Suiten.

🏛️ **Grand Hotel,** Friedrichstr. 158, ⌧ 10117, ℘ (030) 2 02 70, *Fax (030) 20273362*, Massage, 🎧, 🎧, 🔲 – 📶, 🌀 Zim, 🔟 🕹 – 🚪 100. 🖭 ⓪ 🖪 🕅 🕅
PZ a
Coelln *(nur Abendessen, bemerkenswerte Weinkarte)* Menu à la carte 58/90 – **Goldene Gans** *(nur Abendessen)* Menu à la carte 41/70 – **Forellenquintett** (überwiegend Fischgerichte) Menu à la carte 39/53 – **358 Z** 354/553, 20 Suiten.

🏛️ **Palace,** Budapester Str. 42 (im Europa-Center), ⌧ 10789, ℘ (030) 2 50 20, *Fax (030) 2626577*, freier Zugang zu den Thermen – 📶, 🌀 Zim, 🔟 – 🚪 260. 🖭 ⓪ 🖪 🕅 🕅 🕸 Rest
MX k
Menu siehe Restaurant **First Floor** separat erwähnt – **Alt Nürnberg** Menu à la carte 37/53 – **321 Z** 279/592, 18 Suiten.

🏛️ **Inter-Continental,** Budapester Str. 2, ⌧ 10787, ℘ (030) 2 60 20, *Fax (030) 26022600*, Massage, 🎧, 🔲 – 📶, 🌀 Zim, 🗐 🔟 📞 🕹 ⇔ 🅿 – 🚪 800. 🖭 ⓪ 🖪 🕅 🕅
MX a
Menu siehe Restaurant **Zum Hugenotten** separat erwähnt – **L.A. Café :** Menu à la carte 50/65 – **511 Z** 377/609, 40 Suiten.

🏛️ **Radisson SAS-Hotel Berlin,** Karl-Liebknecht-Str. 5, ⌧ 10178, ℘ (030) 2 38 28, *Fax (030) 23827590*, 🍴, Massage, 🎧, 🔲 – 📶, 🌀 Zim, 🔟 ⇔ 🅿 – 🚪 360. 🖭 ⓪ 🖪 🕅 🕅 🕸 Rest
RY s
Menu à la carte 43/65 – **540 Z** 337/454, 17 Suiten.

🏛️ **Berlin,** Lützowplatz 17, ⌧ 10785, ℘ (030) 2 60 50, *Fax (030) 26052716*, 🍴, 🎧 – 📶, 🌀 Zim, 🗐 Rest, 🔟 ⇔ 🅿 – 🚪 400. 🖭 ⓪ 🖪 🕅 🕅 🕸 Rest
MX b
Menu 32 (Buffet) und à la carte 51/80 – **701 Z** 290/450, 7 Suiten.

🏛️ **Berlin Hilton** 🌿 (mit 🏰 Kroneflügel), Mohrenstr. 30, ⌧ 10117, ℘ (030) 2 02 30, *Fax (030) 20234269*, 🎧, 🎧, 🔲 – 📶, 🌀 Zim, 🗐 🔟 🕹 ⇔ – 🚪 300. 🖭 ⓪ 🖪 🕅 🕅
PZ r
La Coupole *(nur Abendessen, Sonntag - Montag geschl.)* Menu à la carte 68/90 – **Fellini** (italienische Küche) *(nur Abendessen)* Menu à la carte 50/75 – **Mark Brandenburg** (auch vegetarische Gerichte) Menu à la carte 45/70 – **502 Z** 377/559, 12 Suiten.

🏛️ **Steigenberger Berlin,** Los-Angeles-Platz 1, ⌧ 10789, ℘ (030) 2 12 70, *Fax (030) 2127117*, 🍴, Massage, 🎧, 🔲 – 📶, 🌀 Zim, 🗐 🔟 📞 🕹 ⇔ – 🚪 300. 🖭 ⓪ 🖪 🕅 🕅 🕸 Rest
MY d
Parkrestaurant *(nur Abendessen, Sonntag - Montag geschl.)* Menu à la carte 54/78 – **Berliner Stube :** Menu à la carte 39/64 – **397 Z** 320/565, 11 Suiten.

🏛️ **Holiday Inn Crowne Plaza** M 🌿, Nürnberger Str. 65, ⌧ 10787, ℘ (030) 21 00 70, *Fax (030) 2132009*, Massage, 🎧, 🔲 – 📶, 🌀 Zim, 🗐 🔟 📞 🕹 ⇔ 🅿 – 🚪 120. 🖭 ⓪ 🖪 🕅 🕅 🕸 Rest
MX t
Menu 38 und à la carte 52/72 – **425 Z** 348/566, 10 Suiten.

🏛️ **Brandenburger Hof** M, Eislebener Str. 14, ⌧ 10789, ℘ (030) 21 40 50, *Fax (030) 21405100*, 🍴, « *Modernisiertes Wilhelminisches Stadtpalais mit Bauhaus-Einrichtung* » – 📶 🔟 📞 🕹 ⇔ – 🚪 30. 🖭 ⓪ 🖪 🕅 🕅 🕸 Rest LY n
Die Quadriga *(nur Abendessen)* *(Samstag - Sonntag, 1.- 11. Jan. und 13. Juli - 16. Aug. geschl.)* Menu à la carte 72/110 – **Der Wintergarten :** Menu à la carte 46/73 – **86 Z** 275/445.

Maritim proArte Ⓜ, Friedrichstr. 151, ✉ 10117, ℰ (030) 2 03 35, Fax (030) 20334209, ₭, ⇔, ⊠ – |≩|, ✠ Zim, ▦ ⊡ 𝕍 & ⇔ – 🛦 720. 🖭 ⓞ ⋿ 𝖵𝖨𝖲𝖠 𝖩𝖢𝖡
Galerie Menu 47 (nur Lunch-Buffet) – *Atelier* (nur Abendessen) Menu à la carte 52/72 – **403 Z** 294/558, 28 Suiten.
PY e

Savoy, Fasanenstr. 9, ✉ 10623, ℰ (030) 31 10 30, Fax (030) 31103333, ₭, ⇔ – |≩|, ✠ Zim, ⊡ 𝕍 – 🛦 50. 🖭 ⓞ ⋿ 𝖵𝖨𝖲𝖠
Menu à la carte 48/70 – **125 Z** 277/455, 18 Suiten.
LX s

Mondial ⌕, Kurfürstendamm 47, ✉ 10707, ℰ (030) 88 41 10, Fax (030) 88411150, 🍴, Massage, ⊠ – |≩|, ✠ Zim, ⊡ 𝕍 & ⇔ – 🛦 50. 🖭 ⓞ ⋿ 𝖵𝖨𝖲𝖠. ⌖ Rest
Menu à la carte 47/69 – **75 Z** 190/480.
KY e

President, An der Urania 16, ✉ 10787, ℰ (030) 21 90 30, Fax (030) 2141200, ₭, ⇔ – |≩|, ✠ Zim, ▦ ⊡ 𝕍 ⇔ 🅟 – 🛦 80. 🖭 ⓞ ⋿ 𝖵𝖨𝖲𝖠. ⌖ Rest
Menu (Sonntag geschl.) à la carte 42/67 – **188 Z** 235/357.
MY l

Sorat Hotel Spree-Bogen Ⓜ ⌕, Alt Moabit 99, ✉ 10559, ℰ (030) 39 92 00, Fax (030) 39920999, 🍴, ⇔ – |≩|, ✠ Zim, ▦ ⊡ 𝕍 & ⇔ – 🛦 150. 🖭 ⓞ ⋿ 𝖵𝖨𝖲𝖠 𝖩𝖢𝖡. ⌖ Rest
Menu à la carte 47/60 – **221 Z** 220/430.
FY b

Seehof Ⓜ ⌕, Lietzensee-Ufer 11, ✉ 14057, ℰ (030) 32 00 20, Fax (030) 32002251, ⋖, « Gartenterrasse », ⇔, ⊠ – |≩| ⊡ ⇔ – 🛦 40. 🖭 ⓞ ⋿ 𝖵𝖨𝖲𝖠
Menu 43 (mittags) und à la carte 58/76 – **77 Z** 230/470.
JX r

art'otel Ermelerhaus Ⓜ, Wallstr. 70, ✉ 10179, ℰ (030) 24 06 20, Fax (030) 25062222, « Rekonstruiertes Patrizierhaus mit modernem Hotelbau », ⇔ – |≩|, ✠ Zim, ▦ Zim, ⊡ ☎ 𝕍 & ⇔ – 🛦 45. 🖭 ⓞ ⋿ 𝖵𝖨𝖲𝖠
Menu (Sonntag - Montag geschl.) (nur Abendessen) à la carte 46/82 – **109 Z** 235/355.
RZ c

Luisenhof, Köpenicker Str. 92, ✉ 10179, ℰ (030) 2 41 59 06, Fax (030) 2792983, « Elegante Einrichtung » – |≩| ⊡ ☎ 𝕍 – 🛦 30. 🖭 ⓞ ⋿ 𝖵𝖨𝖲𝖠 𝖩𝖢𝖡
Menu à la carte 29/47 – **27 Z** 210/360.
RZ a

Forum Hotel Berlin, Alexanderplatz, ✉ 10178, ℰ (030) 2 38 90, Fax (030) 23894305, ₭, ⇔ – |≩|, ✠ Zim, ⊡ ☎ 𝕍 & ⇔ – 🛦 240. 🖭 ⓞ ⋿ 𝖵𝖨𝖲𝖠 𝖩𝖢𝖡. ⌖ Rest
Menu à la carte 29/56 – **1006 Z** 235/325.
RY c

Ambassador, Bayreuther Str. 42, ✉ 10787, ℰ (030) 21 90 20, Fax (030) 21902380, Massage, ⇔, ⊠ – |≩|, ✠ Zim, ▦ Rest, ⊡ ☎ ⇔ 🅟 – 🛦 70. 🖭 ⓞ ⋿ 𝖵𝖨𝖲𝖠 𝖩𝖢𝖡 MX z
Menu à la carte 32/54 – **199 Z** 230/310.

Berlin Excelsior Hotel, Hardenbergstr. 14, ✉ 10623, ℰ (030) 3 15 50, Fax (030) 31551002, 🍴 |≩|, ✠ Zim, ▦ Rest, ⊡ ☎ ⇔ 🅟 – 🛦 60. 🖭 ⓞ ⋿ 𝖵𝖨𝖲𝖠 𝖩𝖢𝖡
LX b
Menu à la carte 44/70 – **317 Z** 335/385.

Hamburg, Landgrafenstr. 4, ✉ 10787, ℰ (030) 26 47 70, Fax (030) 2629394, 🍴 – |≩|, ✠ Zim, ⊡ ☎ 𝕍 ⇔ – 🛦 60. 🖭 ⓞ ⋿ 𝖵𝖨𝖲𝖠 𝖩𝖢𝖡. ⌖ Rest
Menu à la carte 44/68 – **240 Z** 225/320.
MX s

Residenz, Meinekestr. 9, ✉ 10719, ℰ (030) 88 44 30, Fax (030) 8824726 – |≩| ⊡ ☎. 🖭 ⓞ ⋿ 𝖵𝖨𝖲𝖠. ⌖ Rest
LY d
Menu à la carte 58/78 – **88 Z** 220/310.

Bleibtreu-Hotel, Bleibtreustr. 31, ✉ 10707, ℰ (030) 88 47 40, Fax (030) 88474444, 🍴, « Einrichtung mit Designer-Möbeln », Massage, ⇔ – |≩|, ✠ Zim, ⊡ ☎ 𝕍 &. 🖭 ⓞ ⋿ 𝖵𝖨𝖲𝖠 𝖩𝖢𝖡. ⌖ Rest
KY s
Menu à la carte 46/68 – **60 Z** 275/441.

Park Consul garni, Alt-Moabit 86a, ✉ 10555, ℰ (030) 39 07 80, Fax (030) 39078900 – |≩| ✠ Zim, ⊡ ☎ 𝕍 ⇔. 🖭 ⓞ ⋿ 𝖵𝖨𝖲𝖠
FY s
52 Z 215/325.

Sorat Art'otel Berlin (modernes Hotel mit Ausstellung zeitgenössischer Kunst), Joachimstaler Str. 29, ✉ 10719, ℰ (030) 88 44 70, Fax (030) 88447700, 🍴 – |≩|, ✠ Zim, ▦ ⊡ ☎ 𝕍 & ⇔ – 🛦 65. 🖭 ⓞ ⋿ 𝖵𝖨𝖲𝖠 𝖩𝖢𝖡
LY e
Menu (Sonntag geschl.) à la carte 34/50 – **133 Z** 180/395.

Sylter Hof, Kurfürstenstr. 114, ✉ 10787, ℰ (030) 2 12 00, Fax (030) 2142826 – |≩| ⊡ ☎ 🅟 – 🛦 90. 🖭 ⓞ ⋿ 𝖵𝖨𝖲𝖠. ⌖ Rest
MX d
Menu (Sonntag geschl.) à la carte 26/41 – **160 Z** 186/322, 18 Suiten.

Hecker's Hotel, Grolmanstr. 35, ✉ 10623, ℰ (030) 8 89 00, Fax (030) 8890260 – |≩|, ✠ Zim, ⊡ ☎ 𝕍 & ⇔ 🅟. 🖭 ⓞ ⋿ 𝖵𝖨𝖲𝖠 𝖩𝖢𝖡
LX e
Cassambalis (Sonntagmittag und Montagmittag geschl.) **Menu** à la carte 44/72 – **72 Z** 250/390.

Queens Hotel garni, Güntzelstr. 14, ✉ 10717, ℰ (030) 8 73 02 41, Fax (030) 8619326 – |≩| ✠ ⊡ ☎ 𝕍 ⇔ 🅟 – 🛦 40. 🖭 ⓞ ⋿ 𝖵𝖨𝖲𝖠
LZ t
108 Z 199/342.

🏨 **Kanthotel** garni, Kantstr. 111, ✉ 10627, ✆ (030) 32 30 20, *Fax (030) 3240952* – 🛗
📺 ☎ 🅿. 🆎 ⑩ ☰ 𝖵𝖨𝖲𝖠 𝖩𝖢𝖡. ✀   JX e
55 Z 170/269.

🏨 **Concept Hotel,** Grolmanstr. 41, ✉ 10623, ✆ (030) 88 42 60, *Fax (030) 88426820,*
🍴, Massage, ⛌s – 🛗, ✲ Zim, 📺 ☎ 🕭 🚳 – 🔏 85. 🆎 ⑩ ☰ 𝖵𝖨𝖲𝖠 𝖩𝖢𝖡. ✀ Rest
Menu à la carte 34/59 – **106 Z** 220/350, 5 Suiten.   LX m

🏨 **Holiday Inn Garden Court** garni, Bleibtreustr. 25, ✉ 10707, ✆ (030) 88 09 30,
Fax (030) 88093939 – 🛗 ✲ 📺 ☎ – 🔏 15. 🆎 ⑩ ☰ 𝖵𝖨𝖲𝖠 𝖩𝖢𝖡. ✀   KY g
73 Z 267/394.

🏨 **Albrechtshof,** Albrechtstr. 8, ✉ 10117, ✆ (030) 30 88 60, *Fax (030) 30886100,* 🍴
– 🛗, ✲ Zim, 📺 ☎ 🕭 🅿 – 🔏 50. 🆎 ⑩ ☰ 𝖵𝖨𝖲𝖠 𝖩𝖢𝖡   NY a
Menu à la carte 35/51 – **99 Z** 195/365.

🏨 **Kronprinz** garni (restauriertes Haus a.d.J. 1894), Kronprinzendamm 1, ✉ 10711,
✆ (030) 89 60 30, *Fax (030) 8931215* – 🛗 ✲ 📺 ☎ – 🔏 25. 🆎 ⑩ ☰ 𝖵𝖨𝖲𝖠 𝖩𝖢𝖡
61 Z 210/260.   JY d

🏨 **Schloßparkhotel** 🐾, Heubnerweg 2a, ✉ 14059, ✆ (030) 3 22 40 61,
Fax (030) 3258861, 🔳, 🍴 – 🛗 📺 ☎ 🅿 – 🔏 50. 🆎 ⑩ ☰ 𝖵𝖨𝖲𝖠 𝖩𝖢𝖡   EY a
Menu à la carte 32/63 – **39 Z** 189/244.

🏨 **California** garni, Kurfürstendamm 35, ✉ 10719, ✆ (030) 88 01 20,
Fax (030) 88012111, ⛌s – 🛗 ✲ 📺 ☎ 🕻 🚳. 🆎 ⑩ ☰ 𝖵𝖨𝖲𝖠.   LY a
45 Z 155/235.

🏩 **Boulevard** garni, Kurfürstendamm 12, ✉ 10719, ✆ (030) 88 42 50,
Fax (030) 88425450, 🍴 – 🛗 ✲ 📺 ☎ 🕻 – 🔏 25. 🆎 ⑩ ☰ 𝖵𝖨𝖲𝖠   LX c
57 Z 198/320.

🏩 **Kurfürstendamm am Adenauerplatz** garni, Kurfürstendamm 68, ✉ 10707,
✆ (030) 88 46 30, *Fax (030) 8825528* – 🛗 📺 ☎ 🕻 🅿 – 🔏 30. 🆎 ⑩ ☰ 𝖵𝖨𝖲𝖠 JY n
34 Z 180/270, 4 Suiten.

🏩 **Scandotel Castor** garni, Fuggerstr. 8, ✉ 10777, ✆ (030) 21 30 30,
Fax (030) 21303160 – 🛗 ✲ 📺 ☎ 🕻. 🆎 ⑩ ☰ 𝖵𝖨𝖲𝖠. ✀   MY s
78 Z 198/235.

🏩 **Berlin-Plaza,** Knesebeckstr. 63, ✉ 10719, ✆ (030) 88 41 30, *Fax (030) 88413754* – 🛗,
✲ Zim, 📺 ☎ 🚳 🅿 – 🔏 30. 🆎 ⑩ ☰ 𝖵𝖨𝖲𝖠 𝖩𝖢𝖡. ✀ Rest   LY c
Menu à la carte 32/50 – **131 Z** 198/335.

🏩 **Alfa-Hotel,** Ufnaustr. 1, ✉ 10553, ✆ (030) 3 44 00 31, *Fax (030) 3452111* – 🛗 📺 ☎
🕻 🚳 – 🔏 35. 🆎 ⑩ ☰ 𝖵𝖨𝖲𝖠 𝖩𝖢𝖡. ✀ Rest   FY a
(nur Abendessen für Hausgäste) – **33 Z** 226/270.

🏩 **Econtel** garni, Sömmeringstr. 24, ✉ 10589, ✆ (030) 34 68 10, *Fax (030) 34681163* –
🛗 ✲ 📺 ☎ 🕻 🚳 – 🔏 35. 🆎 ☰ 𝖵𝖨𝖲𝖠 𝖩𝖢𝖡   EY c
205 Z 146/249.

🏩 **Astoria** garni, Fasanenstr. 2, ✉ 10623, ✆ (030) 3 12 40 67, *Fax (030) 3125027* – 🛗
☎. 🆎 ⑩ ☰ 𝖵𝖨𝖲𝖠 𝖩𝖢𝖡   LX a
32 Z 176/279.

🏩 **Pension Wittelsbach** garni, Wittelsbacherstr. 22, ✉ 10707, ✆ (030) 8 73 63 45,
Fax (030) 8621532 – 🛗 ✲ 📺 ☎ ⚒. 🆎 ☰ 𝖵𝖨𝖲𝖠   JY p
31 Z 130/220.

🏩 **Imperial,** Lietzenburger Str. 79, ✉ 10719, ✆ (030) 88 00 50, *Fax (030) 8824579,* 🍴
⛌s, 🏊 – 🛗, ✲ Zim, 📺 ☎ 🚳 – 🔏 40. 🆎 ⑩ ☰ 𝖵𝖨𝖲𝖠   LY t
Menu à la carte 31/50 – **81 Z** 150/240.

🏩 **Atrium-Hotel** garni, Motzstr. 87, ✉ 10779, ✆ (030) 21 49 10, *Fax (030) 2117563* –
🛗 📺 ☎. ☰   MY e
22 Z 103/160.

🏩 **Kubrat,** Leipziger Str. 21, ✉ 10117, ✆ (030) 2 01 20 54, *Fax (030) 2012057* – 🛗 📺
☎ 🅿 – 🔏 25. 🆎 ☰ 𝖵𝖨𝖲𝖠. ✀   PZ d
Menu *(Sonntag geschl.)* (nur Abendessen) à la carte 26/39 – **36 Z** 160/285.

🏩 **Delta** garni, Pohlstr. 58, ✉ 10785, ✆ (030) 26 00 20, *Fax (030) 26002111* – 🛗 ✲
☎ 🚳. 🆎 ⑩ ☰ 𝖵𝖨𝖲𝖠   FY c
47 Z 150/200.

🏩 **Agon** garni, Xantener Str. 4, ✉ 10707, ✆ (030) 8 85 99 30, *Fax (030) 885993123* – 🛗
✲ 📺 ☎ 🕻 🅿 – 🔏 20. 🆎 ⑩ ☰ 𝖵𝖨𝖲𝖠 𝖩𝖢𝖡   JY e
60 Z 158/236.

🏩 **Kastanienhof** garni, Kastanienallee 65, ✉ 10119, ✆ (030) 44 30 50,
Fax (030) 44305111 – 🛗 📺 ☎ – 🔏 15. ☰ 𝖵𝖨𝖲𝖠. ✀   RX c
36 Z 115/180.

🏩 **Franke,** Albrecht-Achilles-Str. 57, ✉ 10709, ✆ (030) 8 92 10 97, *Fax (030) 8911639* –
🛗 📺 ☎ 🚳 🅿. 🆎 ⑩ ☰ 𝖵𝖨𝖲𝖠 𝖩𝖢𝖡. ✀ Rest   JY s
Menu à la carte 28/44 – **69 Z** 160/250.

XXXX **Zum Hugenotten** - Hotel Inter-Continental, Budapester Str. 2, ⊠ 10787, ℰ (030) 26 02 12 63, Fax (030) 260280760 - 🆎 ⑩ 🅴 𝘝𝘐𝘚𝘈 JCB. ⁒ MX a
Sonntag geschl. - **Menu** (nur Abendessen, bemerkenswerte Weinkarte) à la carte 83/100.

XXXX **First Floor** - Hotel Palace, Budapester Str. 42, ⊠ 10789, ℰ (030) 25 02 10 20, Fax (030) 25021197 - 🆎 ⑩ 🅴 𝘝𝘐𝘚𝘈 JCB. ⁒ MX k
🕄 *Samstagmittag und 20. Juli - 16. Aug. geschl.* - **Menu** à la carte 91/112
Spez. Beeftea mit Kaviar und Crème fraîche. Gänsestopfleber "Berliner Art", Kartoffelpüree und Trüffeljus. Rücken vom Pauillac Lamm mit Aromaten gebraten.

XXXX **Harlekin** - Grand Hotel Esplanade, Lützowufer 15, ⊠ 10785, ℰ (030) 25 47 88 58, Fax (030) 2651171 - 🍴. 🆎 ⑩ 🅴 𝘝𝘐𝘚𝘈 JCB. ⁒ Rest MX e
🕄 *Sonntag - Montag, 13. Juli - 11. Aug. und 2. - 9. Jan. geschl.* - **Menu** (nur Abendessen) à la carte 107/110
Spez. Gebackene Seezungengalantine mit Jakobsmuschel. Beluga Stör aus dem Korianderrauch auf Borschtschrisotto. Bresse Taube im Trüffeltempura mit Erdfruchtpanachée.

XXX **Opernpalais - Königin Luise,** Unter den Linden 5, ⊠ 10117, ℰ (030) 20 26 84 43, Fax (030) 2044438 - 🔥 50. 🆎 ⑩ 🅴 𝘝𝘐𝘚𝘈. ⁒ PZ e
Sonntag - Montag geschl. - **Menu** (nur Abendessen, Tischbestellung ratsam) à la carte 61/75.

XXX **Bamberger Reiter,** Regensburger Str. 7, ⊠ 10777, ℰ (030) 2 18 42 82, Fax (030) 2142248, 🌲 - 🆎 ⑩ 🅴 𝘝𝘐𝘚𝘈. ⁒ MY b
🕄 *Sonntag - Montag sowie 1. - 15. Jan. geschl.* - **Menu** (nur Abendessen, Tischbestellung ratsam) 145/185 und à la carte 99/117 - **Bistro** : **Menu** à la carte 66/76
Spez. Provençalische Rotbarbenterrine. Geschmorte Milchlammschulter mit Poweraden. Haselnußsoufflé mit Karameleis.

XX **Vau,** Jägerstr. 55, ⊠ 10117, ℰ (030) 2 02 97 30, Fax (030) 20297311, 🌲 - 🆎 ⑩ 🅴 𝘝𝘐𝘚𝘈 JCB. ⁒ PZ u
🕄 **Menu** (*Sonntag geschl.*) 60 (mittags) und à la carte 86/108
Spez. Zweierlei vom Lamm. Taube mit Gänseleber und Artischocken. Topfensoufflé.

XX **Alt Luxemburg,** Windscheidstr. 31, ⊠ 10627, ℰ (030) 3 23 87 30, Fax (030) 3274003 - 🍴. 🆎 ⑩ 🅴 𝘝𝘐𝘚𝘈 JX s
🕄 *Sonntag und Juli - Aug. 2 Wochen geschl.* - **Menu** (nur Abendessen, Tischbestellung ratsam) 95/135
Spez. Kartoffel-Zwiebelgalette mit Trüffelsauce. Seeteufel mit Senfkörnersauce und geschmorter Schalotte. Entenbrust mit gebratenen asiatischen Nudeln.

XX **Restaurant im Logenhaus,** Emser Str. 12, ⊠ 10719, ℰ (030) 8 73 25 60, Fax (030) 8612985 - 🆎 ⑩ 🅴 𝘝𝘐𝘚𝘈 KY t
Sonntag geschl. - **Menu** (nur Abendessen) 85/145 und à la carte.

XX **Ponte Vecchio,** Spielhagenstr. 3, ⊠ 10585, ℰ (030) 3 42 19 99, Fax (030) 3324713 - ⑩ JX a
Dienstag und Juli - Aug. 4 Wochen geschl. - **Menu** (nur Abendessen, Tischbestellung erforderlich, italienische Küche) à la carte 58/84.

XX **Ana e Bruno,** Sophie-Charlotten-Str. 101, ⊠ 14059, ℰ (030) 3 25 71 10, Fax (030) 3226895 - 🆎. ⁒ EY s
Sonntag - Montag, Jan. 1 Woche und Juni - Juli 3 Wochen geschl. - **Menu** (nur Abendessen, italienische Küche, bemerkenswertes Angebot ital. Weine) à la carte 80/100.

XX **Borchardt,** Französische Str. 47, ⊠ 10117, ℰ (030) 20 39 71 17, Fax (030) 20397150, « Innenhofterrasse » - 𝘝𝘐𝘚𝘈 PZ c
Menu à la carte 55/79.

XX **IL Sorriso,** Kurfürstenstr. 76, ⊠ 10787, ℰ (030) 2 62 13 13, Fax (030) 2650277, 🌲 - 🆎 ⑩ 🅴 𝘝𝘐𝘚𝘈. ⁒ MX r
Sonntag und 22. Dez. - 5. Jan. geschl. - **Menu** (abends Tischbestellung ratsam, italienische Küche) à la carte 52/75.

XX **Paris-Moskau,** Alt-Moabit 141, ⊠ 10557, ℰ (030) 3 94 20 81, Fax (030) 3942602, 🌲 GY s
Menu (nur Abendessen, Tischbestellung ratsam) 55/98 und à la carte.

XX **Funkturm-Restaurant** (🛗, Gebühr), Messedamm 22, ⊠ 14055, ℰ (030) 30 38 29 96, Fax (030) 30383915, ≤ Berlin - 🆎 ⑩ 🅴 𝘝𝘐𝘚𝘈. ⁒ EY
Menu (Tischbestellung ratsam) à la carte 55/76.

XX **Peppino,** Fasanenstr. 65, ⊠ 10719, ℰ (030) 8 83 67 22, Fax (030) 8836722, 🌲 - 🆎 🅴 LY v
Sonntag und Juli - Aug. 4 Wochen geschl. - **Menu** (italienische Küche) à la carte 51/77.

XX **Bacco,** Marburger Str. 5, ⊠ 10789, ℰ (030) 2 11 86 87, *Fax (030) 2115230* – ⒶⒺ Ɛ 𝚅𝙸𝚂𝙰
Mitte Juni - Ende Aug. nur Abendessen und Sonntag geschl. – **Menu** (italienische Küche)
à la carte 56/80.   MX u

XX **Zlatá Praha,** Meinekestr. 4, ⊠ 10719, ℰ (030) 8 81 97 50, *Fax (030) 3419247* – ⒶⒺ Ɛ
𝚅𝙸𝚂𝙰   LY s
Menu (nur Abendessen, böhmische Küche) à la carte 41/63.

X **Maxwell,** Bergstr. 22 (Eingang im Hof), ⊠ 10115, ℰ (030) 2 80 71 21,
Fax (030) 2807121, « Haus a.d. Zeit der Jahrhundertwende ; Innenhofterrasse » – ⒶⒺ Ⓞ
Ɛ 𝚅𝙸𝚂𝙰   PX e
Menu (Tischbestellung ratsam) 29 (mittags) und à la carte 60/77.

X **Am Karlsbad,** Am Karlsbad 11, ⊠ 10785, ℰ (030) 2 64 53 49, *Fax (030) 2644240,* 🍴,
🚗 (Modernes Restaurant im Bistro-Stil) ⓅⒺ Ɛ 𝚅𝙸𝚂𝙰   NZ c
Samstagmittag und Sonntag geschl. – **Menu** 24 (mittags) und à la carte 48/78.

X **Am Fasanenplatz** (Restaurant im Bistro-Stil), Fasanenstr. 42, ⊠ 10719,
ℰ (030) 8 83 97 23, *Fax (030) 8816637,* 🍴 – ⒶⒺ Ɛ 𝚅𝙸𝚂𝙰   LY r
Sonntagmittag und Montag - Dienstag geschl. – **Menu** à la carte 52/74.

X **Fischküche** (Bistro), Uhlandstr. 181 (Eingang Kempinski-Plaza-Passage), ⊠ 10623,
ℰ (030) 8 82 48 62, *Fax (030) 8860429,* 🍴 – ⒶⒺ Ɛ 𝚅𝙸𝚂𝙰   LX v
Sonn- und Feiertage geschl. – **Menu** (Tischbestellung ratsam) à la carte 46/84.

X **Marjellchen,** Mommsenstr. 9, ⊠ 10629, ℰ (030) 8 83 26 76, 🍴 – ⒶⒺ ⓄⒺ 𝚅𝙸𝚂𝙰 𝙹𝙲𝙱
Sonntag geschl. – **Menu** (nur Abendessen) à la carte 36/72.   KX a

In den Bezirken :

In Berlin-Britz *Stadtplan Berlin : S. 5 :*

🏨 **Park Hotel Blub,** Buschkrugallee 60, ⊠ 12359, ℰ (030) 60 00 36 00,
Fax (030) 60003777 – 📶, 🔄 Zim, 📺 🕿 👪 🔧 🚗 Ⓟ – 🔬 50. ⒶⒺ ⓄⒺ Ɛ 𝚅𝙸𝚂𝙰 CV n
Menu (nur Abendessen) à la carte 31/48 – **120 Z** 207/229.

🏨 **Buschkrugpark** garni, Buschkrugallee 107, ⊠ 12359, ℰ (030) 6 00 99 00,
Fax (030) 60099020 – 🔄 📺 🕿 ⒶⒺ ⓄⒺ 𝚅𝙸𝚂𝙰   CV e
23. Dez. - 1. Jan. geschl. – **25 Z** 197/259.

In Berlin-Buchholz *Stadtplan Berlin : S. 5 :*

🏨 **Businesshotel Berlin** garni, Pasewalker Str. 97, ⊠ 13127, ℰ (030) 47 69 80,
Fax (030) 47698453 – 📶 🔄 📺 🕿 👪 🔧 🚗 Ⓟ – 🔬 15. ⒶⒺ ⓄⒺ Ɛ 𝚅𝙸𝚂𝙰   CT n
99 Z 104/240.

In Berlin-Dahlem *Stadtplan Berlin : S. 4,6 :*

XX **Alter Krug,** Königin-Luise-Str. 52, ⊠ 14195, ℰ (030) 8 32 50 89, *Fax (030) 8327749,*
« Gartenterrasse » – Ⓟ. ⒶⒺ ⓄⒺ 𝚅𝙸𝚂𝙰   BV k
Montag geschl. – **Menu** (wochentags nur Abendessen, Sonnntag nur Mittagessen) à la carte
47/82.

In Berlin-Friedrichshain *Stadtplan Berlin : S. 5 :*

🏨🏨 **Inn Side Residence-Hotel** 𝙼, Lange Str. 31, ⊠ 10243, ℰ (030) 29 30 30,
Fax (030) 29303199, 🌂 – 📶, 🔄 Zim, 📺 👪 🚗 – 🔬 40. ⒶⒺ ⓄⒺ Ɛ 𝚅𝙸𝚂𝙰   SZ r
Menu à la carte 33/64 – **133 Z** 235/415.

🏨🏨 **Upstalsboom Hotel Kopernikus** 𝙼, Kopernikusstr. 36, ⊠ 10243,
ℰ (030) 29 37 58 00, *Fax (030) 29375888,* 🍴, 🌂 – 📶, 🔄 Zim, 📺 👪 🚗 – 🔬 65.
ⒶⒺ ⓄⒺ Ɛ 𝚅𝙸𝚂𝙰. 🍽 Rest   HY a
Menu à la carte 26/49 – **84 Z** 190/280.

🏨🏨 **Ramada** 𝙼 garni, Frankfurter Allee 73a/Ecke Voigtstraße, ⊠ 10247, ℰ (030) 42 83 10,
Fax (030) 42831831 – 📶 🔄 📧 📺 🕿 👪 – 🔬 16. ⒶⒺ ⓄⒺ Ɛ 𝚅𝙸𝚂𝙰 𝙹𝙲𝙱   CU b
120 Z 179/230, 4 Suiten.

🏨🏨 **Upstalsboom-Hotel Friedrichshain** garni, Gubener Str. 42, ⊠ 10243,
ℰ (030) 29 37 50, *Fax (030) 29375777,* 🛁, 🌂 – 📶 🔄 📺 🕿 👪 🚗 – 🔬 20. ⒶⒺ ⓄⒺ
Ɛ 𝚅𝙸𝚂𝙰   HY a
85 Z 160/215.

🏨 **Tulip Inn** 𝙼, Gürtelstr. 41, ⊠ 10247, ℰ (030) 29 38 30, *Fax (030) 29383222,* 🌂 – 📶,
🔄 Zim, 📧 📺 🕿 👪 🚗 – 🔬 15. ⒶⒺ ⓄⒺ Ɛ 𝚅𝙸𝚂𝙰   CU c
Menu *(Samstag - Sonntag geschl.)* (nur Abendessen) à la carte 28/50 – **60 Z** 145/205.

In Berlin-Grunewald *Stadtplan Berlin : S. 4,6 :*

🏨🏨🏨 **Schloßhotel Vier Jahreszeiten,** Brahmsstr. 10, ⊠ 14193, ℰ (030) 89 58 40,
Fax (030) 89584800, 🍴, « Ehemaliges Palais », Massage, 🛁, 🌂, 🖼 – 📶, 🔄 Zim,
📺 👪 🚗 Ⓟ – 🔬 40. ⒶⒺ ⓄⒺ Ɛ 𝚅𝙸𝚂𝙰 𝙹𝙲𝙱. 🍽 Rest   EZ a
Vivaldi (nur Abendessen, Anfang Jan. und Aug. 1. Woche geschl.) **Menu** à la carte 101/131
– *Le Jardin* : **Menu** à la carte 66/85 – **52 Z** 583/801, 12 Suiten.

XXXX **Grand Slam,** Gottfried-von-Cramm-Weg 47, ⊠ 14193, ℰ (030) 8 25 38 10,
⊛ Fax (030) 8266300, ⇪ – ᾏ ⑩ ᴇ ₪ᵴᴬ. BU c
Sonntag - Montag, Jan. 2 Wochen und Juli - Aug. 3 Wochen geschl. – **Menu** (nur Abend-
essen, Tischbestellung erforderlich) 135/175 und à la carte 88/111
Spez. Blumenkohlmousse mit mariniertem Felchen. Dreierlei Lammkoteletts mit Auber-
ginenconfit und Kräutercouscous. Gebratener weißer Pfirsich mit Lavendelblüteneis (Juni-
Juli).

In Berlin-Hohenschönhausen Stadtplan Berlin : S. 5 :

🏨 **BCA Wilhelmsberg** ⓜ, Landsberger Allee 203, ⊠ 13055, ℰ (030) 97 80 80,
Fax (030) 97808450, ⇪ – 🛗, ⇄ Zim, 🖵 ☎ ℗ – 🔬 120. ᾏ ⑩ ᴇ ₪ᵴᴬ ᴶᶜᴮ CU a
Menu (Sonntagabend geschl.) à la carte 30/49 – **310 Z** 195/260, 5 Suiten.

In Berlin-Karow Stadtplan Berlin : S. 5 :

🏨 **Alt-Karow,** Alt-Karow 2, ⊠ 13125, ℰ (030) 9 42 09 40, Fax (030) 94209423, ⇪ – 🛗
🖵 ☎. ᾏ ⑩ ᴇ ₪ᵴᴬ. ⠿ Rest DT s
Menu à la carte 29/50 – **12 Z** 95/160.

In Berlin-Kreuzberg Stadtplan Berlin : S. 7 u. 10 :

🏨 **Stuttgarter Hof,** Anhalter Str. 9, ⊠ 10963, ℰ (030) 26 48 30, Fax (030) 26483900,
⇪ – 🛗, ⇄ Zim, 🖵 ☎ ⇦ – 🔬 25. ᾏ ⑩ ᴇ ₪ᵴᴬ ᴶᶜᴮ NZ e
Menu (Sonntag geschl.) à la carte 29/50 – **110 Z** 185/370.

🏨 **Antares** garni, Stresemannstr. 97, ⊠ 10963, ℰ (030) 25 41 60, Fax (030) 2615027, ₤,
⇪ – 🛗 ⇄ 🖵 ☎ ℗ – 🔬 40. ᾏ ⑩ ᴇ ₪ᵴᴬ ᴶᶜᴮ NZ r
85 Z 165/320, 4 Suiten.

XX **Altes Zollhaus,** Carl-Herz-Ufer 30, ⊠ 10961, ℰ (030) 6 92 33 00, Fax (030) 6923566
– ᾏ ⑩ ᴇ ₪ᵴᴬ GZ r
Sonntag - Montag, sowie Jan. und Juli - Aug. jeweils 2 Wochen geschl. – **Menu** (nur Abendessen) 75/100.

In Berlin-Lichtenberg Stadtplan Berlin : S. 5 :

🏨 **Abacus Tierpark Hotel** ⓜ, Franz-Mett-Str. 3, ⊠ 10319, ℰ (030) 5 16 20,
Fax (030) 5162400 – 🛗, ⇄ Zim, 🖵 ☎ ⌗ & ℗ – 🔬 300. ᾏ ⑩ ᴇ ₪ᵴᴬ DU e
Menu 32 (nur Buffet) – **278 Z** 190/280.

🏨 **Nova** garni, Weitlingstr. 15, ⊠ 10317, ℰ (030) 5 25 24 66, Fax (030) 5252432 – 🛗 🖵
☎. ᾏ ⑩ ᴇ ₪ᵴᴬ DU a
38 Z 140/180.

In Berlin-Lichterfelde Stadtplan Berlin : S. 4 :

🏨 **Villa Toscana** garni, Bahnhofstr. 19, ⊠ 12207, ℰ (030) 7 68 92 70, Fax (030) 7734488,
« Ehemalige Villa mit geschmackvoller Einrichtung » – 🛗 🖵 ☎. ᾏ ⑩ ᴇ ₪ᵴᴬ ᴶᶜᴮ. ⠿
16 Z 180/280. BV b

In Berlin-Mariendorf Stadtplan Berlin : S. 5 :

🏨 **Landhaus Alpinia,** Säntisstr. 32, ⊠ 12107, ℰ (030) 76 17 70 (Hotel)7 41 99 98 (Rest.),
Fax (030) 7419835, « Gartenterrasse », ⇪ – 🛗, ⇄ Zim, 🖵 ⌗ ⇦ – 🔬 20. ᾏ ᴇ ₪ᵴᴬ
Villa Rossini : Menu à la carte 42/72 – **58 Z** 178/380. CV b

In Berlin-Neukölln Stadtplan Berlin : S. 7 :

🏨 **Estrel Residence** ⓜ, Sonnenallee 225, ⊠ 12057, ℰ (030) 6 83 10,
Fax (030) 68312345, Biergarten, Massage, ₤, ⇪ – 🛗, ⇄ Zim, 🖵 ☎ ⌗ & ⌗ ⇦
– 🔬 700. ᾏ ⑩ ᴇ ₪ᵴᴬ. ⠿ Rest HZ a
Portofino (italienische Küche) **Menu** à la carte 36/52 – **Sans Souci : Menu** à la carte
37/66 – **Sun-Thai** (thailändische Küche) **Menu** à la carte 29/50 – **1125 Z** 197/335, 80
Suiten.

🏨 **Mercure,** Hermannstr. 214, ⊠ 12049, ℰ (030) 62 78 00, Fax (030) 62780111, ⇪ –
🛗, ⇄ Zim, 🖥 ☎ ⇦ – 🔬 250. ᾏ ⑩ ᴇ ₪ᵴᴬ ᴶᶜᴮ HZ c
Menu à la carte 38/63 – **216 Z** 201/343.

🏨 **Euro-Consul am Hermannplatz** garni, Sonnenallee 6, ⊠ 12047, ℰ (030) 61 38 20,
Fax (030) 61382222 – 🛗 ⇄ 🖵 ☎ ⌗ – 🔬 50. ᾏ ⑩ ᴇ ₪ᵴᴬ HZ b
70 Z 165/285.

In Berlin-Pankow Stadtplan Berlin : S. 5 :

🏨 **Solitaire** ⓜ, Hermann-Hesse-Str. 64, ⊠ 13156, ℰ (030) 91 60 10, Fax (030) 91601100,
Massage, ⇪ – 🛗 🖵 ☎ & ℗ – 🔬 50. ᾏ ᴇ GT r
Zur fröhlichen Pfalz (Weinstube) (Sonntag geschl., nur Abendessen) **Menu** à la carte
36/69 – **60 Z** 135/165.

In Berlin Prenzlauer Berg *Stadtplan Berlin : S. 7 :*

🏠 **Sorat Hotel Gustavo** Ⓜ garni, Prenzlauer Allee 169, ⊠ 10409, ✆ (030) 44 66 10,
Fax (030) 44661661 – 🛗 ✳ 📺 ☎ ✆ 🚗 – 🏛 40. 🆎 ⓞ Ⓔ 𝓥𝓘𝓢𝓐 🇯🇨🇧   HX **b**
122 Z 185/310.

🏠 **Ibis** Ⓜ, Prenzlauer Allee 4, ⊠ 10405, ✆ (030) 44 33 30, *Fax (030) 44333111* – 🛗,
✳ Zim, 🍽 📺 ☎ ✆ ⅄ 🚗 – 🏛 40   RY **e**
Menu *(nur Abendessen)* 26 – **198 Z** 144/159.

🍴 **Rosenbaum,** Oderberger Str. 61, ⊠ 10435, ✆ (030) 4 48 46 10, *Fax (030) 4493077,*
☕ 🏛 – Ⓔ 𝓥𝓘𝓢𝓐   RX **a**
Jan. 2 Wochen geschl. – **Menu** *(Sonntag geschl.)* (nur Abendessen) à la carte
44/64.

In Berlin-Reinickendorf *Stadtplan Berlin : S. 4-5 :*

🏨 **Econtel Airport Tegel,** Gotthardtstr. 96, ⊠ 13403, ✆ (030) 49 88 40,
Fax (030) 49884555 – 🛗 ✳ 📺 ☎ ✆ ⅄ 🚗 Ⓟ – 🏛 70. 🆎 ⓞ Ⓔ 𝓥𝓘𝓢𝓐   FX **c**
Menu *(Sonntag geschl.)* à la carte 32/53 – **303 Z** 185/285.

🏨 **Rheinsberg am See,** Finsterwalder Str. 64, ⊠ 13435, ✆ (030) 4 02 10 02,
Fax (030) 4035057, « Gartenterrasse am See », Massage, 🎮, ⇌, ⅄, ◨, 🌳 – 🛗,
✳ Zim, 📺 ☎ ✆ Ⓟ – 🏛 50. Ⓔ 𝓥𝓘𝓢𝓐   CT **e**
Menu à la carte 36/62 – **81 Z** 185/235.

🏠 **Carat** garni, Ollenhauerstr. 111, ⊠ 13403, ✆ (030) 41 09 70, *Fax (030) 41097444,* Massage – 🛗 ✳ 📺 ☎ ✆ Ⓟ – 🏛 40. 🆎 Ⓔ 𝓥𝓘𝓢𝓐   BT **n**
41 Z 150/290.

🏠 **Ibis,** Alt Reinickendorf 4, ⊠ 13407, ✆ (030) 49 88 30, *Fax (030) 49883444,* ☕ – 🛗,
✳ Zim, 📺 ☎ ✆ 🚗 – 🏛 60. 🆎 ⓞ Ⓔ 𝓥𝓘𝓢𝓐   CT **a**
Menu à la carte 28/49 – **116 Z** 134/149.

In Berlin-Rudow *Stadtplan Berlin : S. 5 :*

🏨 **Sorat Hotel u. Office** garni, Rudower Str. 90, ⊠ 12351, ✆ (030) 60 00 80,
Fax (030) 60008666 – 🛗 ✳ 🍽 📺 ☎ ✆ 🚗 – 🏛 60. 🆎 ⓞ Ⓔ 𝓥𝓘𝓢𝓐 🇯🇨🇧   CV **s**
96 Z 185/290.

In Berlin-Siemensstadt *Stadtplan Berlin : S. 4 :*

🏨 **Holiday Inn Berlin-Esplanade** Ⓜ, Rohrdamm 80, ⊠ 13629, ✆ (030) 38 38 90,
Fax (030) 38389900, ☕, ⇌, ◨, – 🛗, ✳ Zim, 🍽 📺 ✆ ⅄ 🚗 – 🏛 170. 🆎 ⓞ Ⓔ
𝓥𝓘𝓢𝓐 🇯🇨🇧, ⅍ Rest   BU **b**
Il Faggio (Samstagabend und Sonntagabend geschl) **Menu** à la carte 54/70 – **336 Z**
258/416, 4 Suiten.

🏨 **Novotel,** Ohmstr. 4, ⊠ 13629, ✆ (030) 3 80 30, *Fax (030) 3819403,* ◨ – 🛗, ✳ Zim,
📺 ☎ ✆ ⅄ – 🏛 200. 🆎 ⓞ Ⓔ 𝓥𝓘𝓢𝓐 🇯🇨🇧   BU **u**
Menu à la carte 33/58 – **119 Z** 215/279.

In Berlin-Spandau *Stadtplan Berlin : S. 4 :*

🏠 **Achat** Ⓜ garni, Heidereuterstr. 37, ⊠ 13597, ✆ (030) 33 07 20, *Fax (030) 33072455,*
⇌ – 🛗 ✳ 📺 ☎ ✆ ⅄ Ⓟ – 🏛 60. 🆎 ⓞ Ⓔ 𝓥𝓘𝓢𝓐 🇯🇨🇧   AU **a**
69 Z 195/350.

🏠 **Neotel Senator,** Freiheit 5, ⊠ 13597, ✆ (030) 33 09 80, *Fax (030) 33098980* – 🛗 🍽
📺 ☎ ⅄ 🚗 – 🏛 90. 🆎 ⓞ Ⓔ 𝓥𝓘𝓢𝓐   AU **e**
Menu à la carte 34/64 – **115 Z** 180/300.

🍴 **Kolk,** Hoher Steinweg 7, ⊠ 13597, ✆ (030) 3 33 88 79, *Fax (030) 3338879,* ☕ –
⅍   AU **d**
Jan. - Okt. Montag geschl. – **Menu** à la carte 42/60 *(auch vegetarische Gerichte).*

In Berlin-Steglitz *Stadtplan Berlin : S. 4 :*

🏨 **Steglitz International,** Albrechtstr. 2 (Ecke Schloßstraße), ⊠ 12165,
✆ (030) 79 00 50, *Fax (030) 79005550* – 🛗, ✳ Zim, 🍽 Rest, 📺 ✆ – 🏛 300. 🆎 ⓞ
Ⓔ 𝓥𝓘𝓢𝓐   BV **a**
Menu à la carte 39/82 – **211 Z** 180/260, 3 Suiten.

🏠 **Am Forum Steglitz,** Büsingstr. 1, ⊠ 12161, ✆ (030) 8 50 80 40, *Fax (030) 8592298,*
☕ – 🛗 📺 ☎ 🚗. 🆎 Ⓔ 𝓥𝓘𝓢𝓐   BV **r**
22. Dez. - 2. Jan. geschl. – **Menu** (nur Abendessen) à la carte 35/55 – **32 Z**
165/195.

🏠 **Ravenna Hotel** garni, Grunewaldstr. 8, ⊠ 12165, ✆ (030) 79 09 10,
Fax (030) 7924412 – 🛗 📺 ☎ 🚗 Ⓟ. 🆎 Ⓔ 𝓥𝓘𝓢𝓐 🇯🇨🇧   BV **c**
61 Z 135/198, 4 Suiten.

In Berlin-Tegel *Stadtplan Berlin : S. 6 :*

🏨 **Sorat-Hotel Humboldt-Mühle** Ⓜ ◎, An der Mühle 5, ☒ 13507, ℘ (030) 43 90 40, *Fax (030) 43904444*, 🍴, 🖐, ⬅ – 📱, ✢ Zim, 🖥 📺 ☎ ✆ ♿ 🚗 – 🅼 50. 🆎 ◉ Ⓔ
🆅🆂🅰 🅹🅲🅱
Menu à la carte 35/57 – **120 Z** 220/310.
BT c

🏨 **Novotel Berlin Airport,** Kurt-Schumacher-Damm 202 (über Flughafen-Zufahrt), ☒ 13405, ℘ (030) 4 10 60, *Fax (030) 4106700*, 🍴, ⬅, 🏊 (geheizt) – 📱, ✢ Zim, 📺 ☎ ✆ ♿ ♿ – 🅼 150. 🆎 ◉ Ⓔ 🆅🆂🅰
Menu à la carte 44/64 – **184 Z** 217/269.
EX r

🏨 **Am Tegeler See** ◎ (mit Gästehaus), Wilkestr. 2, ☒ 13507, ℘ (030) 4 38 40, *Fax (030) 4384150*, Biergarten – 📱 📺 ☎ 🚗 ♿. 🆎 ◉ Ⓔ 🆅🆂🅰
BT a
Menu à la carte 27/52 – **50 Z** 145/195.

In Berlin-Tempelhof *Stadtplan Berlin : S. 5 :*

🏨 **Alt-Tempelhof** Ⓜ garni, Luise-Henriette-Str. 4, ☒ 12103, ℘ (030) 75 68 50, *Fax (030) 75685100* – 📱 ✢ 📺 ☎ ✆ ♿ 🚗 – 🅼 20. 🆎 ◉ Ⓔ 🆅🆂🅰
CV v
53 Z 167/264.

In Berlin-Waidmannslust *Stadtplan Berlin : S. 4 :*

🍴🍴🍴 **Rockendorf's Restaurant,** Düsterhauptstr. 1, ☒ 13469, ℘ (030) 4 02 30 99, *Fax (030) 4022742* – ♿ 🆎 ◉ Ⓔ 🆅🆂🅰
BT m
Sonntag - Montag, 22. Dez. - 6. Jan. und Juli geschl. – **Menu** (Tischbestellung ratsam) 110/175 (mittags) 140/198 (abends)
Spez. Cassoulet vom bretonischen Hummer. Soufflierte Taubenbrust auf Artischockenboden. Feigentarte mit Limonen.

In Berlin-Wannsee *Stadtplan Berlin : S. 4 :*

🏨 **Forsthaus an der Hubertusbrücke** ◎ garni, Stölpchenweg 45, ☒ 14109, ℘ (030) 8 05 30 54, *Fax (030) 8053524* – 📺 ☎ ♿. 🆎 ◉ Ⓔ 🆅🆂🅰
AV s
22 Z 180/320.

🍴🍴 **Schloß Glienicke Remise,** Königstr. 36, ☒ 14109, ℘ (030) 8 05 40 00, *Fax (030) 8059901*, « Parkterrasse »
über Königstraße AV
Montag - Dienstag und Jan. geschl. – **Menu** (abends Tischbestellung erforderlich) à la carte 62/75.

🍴 **Halali,** Königstr. 24, ☒ 14109, ℘ (030) 8 05 31 25, *Fax (030) 8059201*, Biergarten – 🆎 Ⓔ 🆅🆂🅰
AV r
Dienstag und Juli - Aug. 2 Wochen geschl. – **Menu** (wochentags nur Abendessen) à la carte 44/67.

🍴 **Blockhaus Nikolskoe** (histor. Holzhaus a.d.J. 1819), Nikolskoer Weg 15, ☒ 14109 Berlin, ℘ (030) 8 05 29 14, *Fax (030) 8052029*, 🍴, « Schöne Lage am Wannsee » – ♿ ♿. ◉ Ⓔ 🆅🆂🅰
über Königstraße AV
Donnerstag geschl., Nov. - Mitte April bis 20 Uhr geöffnet – **Menu** à la carte 30/67.

In Berlin-Weißensee *Stadtplan Berlin : S. 7 :*

🏨 **Comfort-Hotel Weißensee,** Rennbahnstr. 87, ☒ 13086, ℘ (030) 47 88 40, *Fax (030) 47884100* – 📱, ✢ Zim, 📺 ☎ ✆ 🚗 ♿ – 🅼 30. 🆎 ◉ Ⓔ 🆅🆂🅰.
✂ Rest
HX s
Menu à la carte 30/57 – **67 Z** 190/220, 3 Suiten.

In Berlin-Wedding *Stadtplan Berlin : S. 6 :*

🏨 **Holiday Inn Garden Court** Ⓜ, Hochstr. 2, ☒ 13357, ℘ (030) 46 00 30, *Fax (030) 46003444*, ⬅ – 📱, ✢ Zim, 📺 ☎ ✆ ♿ 🚗 – 🅼 120. 🆎 ◉ Ⓔ 🆅🆂🅰 🅹🅲🅱.
✂ Rest
GX d
Menu à la carte 40/55 – **220 Z** 195/340, 11 Suiten.

🏨 **Gästehaus Axel Springer** garni, Föhrer Str. 14, ☒ 13353, ℘ (030) 45 00 60, *Fax (030) 4500646* – 📱 📺 ☎ ♿. 🆎 ◉ Ⓔ 🆅🆂🅰. ✂
FX a
35 Z 149/204.

In Berlin-Zehlendorf *Stadtplan Berlin : S. 4 :*

🍴🍴 **Villa Medici,** Spanische Allee 1, ☒ 14129, ℘ (030) 8 02 89 21, *Fax (030) 8018313*, 🍴 – 🆎 ◉ Ⓔ 🆅🆂🅰
AV a
Montag geschl., Okt. - April Dienstag - Freitag nur Abendessen – **Menu** (italienische Küche) à la carte 44/70.

🍴🍴 **Cristallo,** Teltower Damm 52, ☒ 14167, ℘ (030) 8 15 66 09, *Fax (030) 8153299*, 🍴 – 🆎 🆅🆂🅰
BV s
Menu (italienische Küche) à la carte 47/78.

Berlin S. 24

An der Avus Stadtplan Berlin : S. 4 :

🏠 **Raststätte - Motel Grunewald,** Kronprinzessinnenweg 120, ✉ 14129 Berlin, ✆ (030) 80 30 40, Fax (030) 80304100, 🍴 – |🛗| 📺 ☎ 🅿 – 🅰 40. 🗲 🆅🅸🆂🅰   AV x
Menu à la carte 29/58 – **44 Z** 135/185.

Am Großen Müggelsee SO : 24 km über Adlergestell DV :

🏠🏠 **Müggelsee** 🦢, Am Müggelsee (südliches Ufer), ✉ 12559 Berlin, ✆ (030) 65 88 20, Fax (030) 65882263, 🍴, Massage, 🆕🆂, 🏊 – |🛗|, ↩ Zim, 🛏 Zim, 📺 ☎ 📞 🅿 – 🅰 200.
🅰🅴 🅾 🗲 🆅🅸🆂🅰 🅹🅲🅱
Menu à la carte 32/64 – **176 Z** 180/300, 4 Suiten.

MICHELIN-REIFENWERKE KGaA. Regionales Vertriebszentrum ✉ 15711 Schenkendorf (über ② und die A 13), Zeppelin-Ring 2, ✆ (03375) 91 81 00 Fax (03375) 918199.

BERMSGRÜN Sachsen siehe Schwarzenberg.

BERNAU Brandenburg 🇦🇮🇻🇦🇮🇸 H 24, 🇺🇸🇧🇮 ⑯, 🇺🇸🇧🇺 ⑱ – 21 000 Ew – Höhe 79 m.
🇮🇸 🇧🇸 Prenden, Waldweg 3 (NW : 13 km) ✆ (033396) 77 91.
🇮🇸 Fremdenverkehrsamt, Marktplatz 2 (Rathaus), ✉ 16321, ✆ (03338) 36 53 88, Fax (03338) 8736.
Berlin 23 – Potsdam 59 – Neubrandenburg 144 – Frankfurt (Oder) 95.

🏠🏠 **Kaisergarten** 🦢, Breitscheidstr. 32, ✉ 16321, ✆ (03338) 36 34 64, Fax (03338) 363466, 🍴 – |🛗|, ↩ Zim, 📺 ☎ 📞 🍴 📞 🅿 – 🅰 40. 🅰🅴 🅾 🗲 🆅🅸🆂🅰 🍴 Rest
Menu (Sonntagabend geschl.) à la carte 28/50 – **67 Z** 135/220.

🏠🏠 **Comfort Hotel** garni, Zepernicker Chaussee 39, ✉ 16321, ✆ (03338) 3 87 00, Fax (03338) 38702, 🆕🆂 – ↩ 📺 ☎ 🅿. 🅰🅴 🅾 🗲 🆅🅸🆂🅰
48 Z 130/160.

In Lanke N : 12 km :

🏠 Landhotel am Obersee, Am Obersee 3, ✉ 16359, ✆ (03337) 37 41, Fax (03337) 3739, 🍴, 🍴 – 📺 ☎ 🍴 🅿 – 🅰 20
20 Z.

🏠 **Seeschloss,** Am Obersee 6, ✉ 16359, ✆ (03337) 20 43, Fax (03337) 3412, 🍴 – 📺 ☎ 🅿 – 🅰 30. 🅰🅴 🗲 🆅🅸🆂🅰
Menu à la carte 25/50 – **26 Z** 100/150.

BERNAU AM CHIEMSEE Bayern 🇧🇾🇦🇺 W 21, 🇺🇸🇧🇺 ⑳ – 6 200 Ew – Höhe 555 m – Luftkurort.
🇮🇸 Kur- u. Verkehrsamt, Aschauer Str. 10, ✉ 83233 ✆ (08051) 9 86 80, Fax (08051) 986850.
Berlin 673 – München 84 – Bad Reichenhall 54 – Salzburg 59 – Traunstein 30 – Rosenheim 25.

🏠🏠 **Alter Wirt - Bonnschlößl,** Kirchplatz 9, ✉ 83233, ✆ (08051) 8 90 11, 🍴 Fax (08051) 89103, Biergarten, « Park », 🍴 – |🛗| ☎ 🍴 🅿. 🍴 Zim
Menu (Montag, nach Ostern 2 Wochen und Mitte Okt. - Mitte Nov. geschl.) à la carte 23/66 🍴 – **41 Z** 65/170 – ½ P 25.

🏠 **Talfriede,** Kastanienallee 1, ✉ 83233, ✆ (08051) 74 18, Fax (08051) 7702 – 🅿. 🅰🅴 🅾 🗲 🆅🅸🆂🅰. 🍴
April - Anfang Nov. – (nur Abendessen für Hausgäste) – **29 Z** 88/195.

🏠 **Jägerhof,** Rottauer Str. 15, ✉ 83233, ✆ (08051) 73 77, Fax (08051) 7829, 🍴 – ☎ 🅿
nach Ostern 2 Wochen und Ende Okt. - Ende Nov. geschl. – **Menu** (Dienstag - Mittwoch geschl.) à la carte 37/69 – **12 Z** 66/130 – ½ P 32.

In Bernau-Reit SW : 3 km – Höhe 700 m

🏠🏠 **Seiserhof** 🦢, Reit 5, ✉ 83233, ✆ (08051) 98 90, Fax (08051) 89646, ≤ Chiemgau und 🍴 Chiemsee, 🍴, 🌿, 🍴 – 📺 ☎ 🍴 🅿
Mitte - Ende Jan. und Mitte Nov. - 24. Dez. geschl. – **Menu** (Dienstag - Mittwoch geschl.) à la carte 24/54 – **23 Z** 75/140.

🏠🏠 **Seiser Alm** 🦢, Reit 4, ✉ 83233, ✆ (08051) 74 04, Fax (08051) 8620, ≤ Chiemgau und 🍴 Chiemsee, 🍴, 🆕🆂, 🍴 – |🛗| 📺 🍴 🍴 🅿. 🗲
Ende Okt. - Ende Nov. und März - April 2 Wochen geschl. – **Menu** (Donnerstag - Freitag geschl.) à la carte 23/43 🍴 – **24 Z** 50/120.

BERNAU IM SCHWARZWALD Baden-Württemberg **419** W 8, **987** ③⑦ – 2 000 Ew – Höhe 930 m – Luftkurort – Wintersport : 930/1 415 m ✚ 7 ✚ 4.
   🛈 Kurverwaltung, Bernau-Innerlehen, Rathaus, ⊠ 79872, ℘ (07675) 16 00 30, · Fax (07675) 160090.
Berlin 818 – Stuttgart 198 – Freiburg im Breisgau 56 – Basel 59 – Waldshut-Tiengen 35.

In Bernau-Dorf :

🏠   **Bergblick,** Hasenbuckweg 1, ⊠ 79872, ℘ (07675) 4 24, Fax (07675) 1466, ≤, 🍴, 🚗
   – 📺 ☎ **ⓟ**. ❄
   8. Nov. - 15. Dez. geschl. – **Menu** (Dienstag geschl.) à la carte 32/62 ⓛ – **12 Z** 62/120 –
   ½ P 24.

In Bernau-Innerlehen :

🏠   **Schwarzwaldhaus,** Am Kurpark 26, ⊠ 79872, ℘ (07675) 3 65, Fax (07675) 1371, 🚗
   – ☎ **ⓟ**
   Mitte Nov. - Mitte Dez. geschl. – **Menu** (Donnerstag geschl.) à la carte 28/60 ⓛ – **13 Z**
   58/100 – ½ P 20.

In Bernau-Oberlehen :

🏠   **Schwanen,** Todtmooser Str. 17, ⊠ 79872, ℘ (07675) 3 48, Fax (07675) 1758, 🚗 –
   ⇌ Zim, 📺 ☎ ☎ **ⓟ**. ⓞ **E** 𝘝𝘐𝘚𝘈
   Mitte Nov. - Mitte Dez. geschl. – **Menu** à la carte 26/48 ⓛ – **22 Z** 60/130 – ½ P 25.

BERNBURG Sachsen-Anhalt **418** K 19, **984** ⑲, **987** ⑰ – 39 000 Ew – Höhe 85 m.
   🛈 Stadtinformation, Lindenplatz 9, ⊠ 06406, ℘ (03471) 2 60 96, Fax (03471) 26098.
Berlin 161 – Magdeburg 45 – Leipzig 80.

🏛   **Parkhotel Parforce-Haus,** Aderstedter Str. 1 (B 185, SW : 2 km), ⊠ 06406,
   ℘ (03471) 36 20, Fax (03471) 362111, 🍴, Biergarten, **Ⅰ₅**, ≘s – ⧉, ⇌ Zim, 📺 **ⓟ** –
   🛋 90. **Ⅱ E** 𝘝𝘐𝘚𝘈. ❄ Rest
   Menu (nur Abendessen) à la carte 32/52 – **103 Z** 110/150.

🏠   **Askania** garni, Breite Str. 2, ⊠ 06406, ℘ (03471) 35 40, Fax (03471) 354135, ≘s –
   ⇌ Zim, 📺 ☎ ☎ **ⓟ** – 🛋 40. **Ⅱ ⓞ E** 𝘝𝘐𝘚𝘈
   47 Z 125/170.

🏠   **Ulmer Spatz** garni, Heinrich-Zille-Str. 2, ⊠ 06406, ℘ (03471) 62 40 21,
   Fax (03471) 624060 – 📺 ☎. **Ⅱ E** 𝘝𝘐𝘚𝘈
   18 Z 95/140.

BERNE Niedersachsen **411** I 7, **987** ⑮ – 6 900 Ew – Höhe 2 m.
Berlin 425 – Hannover 140 – Bremen 39 – Bremerhaven 47 – Oldenburg 25 – Wilhelmshaven 72.

🏛   **Weserblick** |M|, Jullusplatze 6 (an der Fähre nach Farge), ⊠ 27804, ℘ (04406) 9 28 20,
   Fax (04406) 928250, ≤, 🍴 – 📺 ☎ **ⓟ** – 🛋 50. **Ⅱ ⓞ E** 𝘝𝘐𝘚𝘈
   Menu (Montag und 2. - 10. Jan. geschl.) à la carte 40/69 – **12 Z** 119/230.

BERNECK IM FICHTELGEBIRGE, BAD Bayern **420** P 19, **987** ㉙ – 5 000 Ew – Höhe 377 m
Kneippheilbad – Luftkurort.
   🛈 Kurverwaltung, Rathaus, Bahnhofstr. 77, ⊠ 95460, ℘ (09273) 89 16, Fax (09273)
8917.
Berlin 343 – München 244 – Bayreuth 15 – Hof 45.

🏠   **Kurhotel Heissinger** ⑳ garni, An der Ölschnitz 51, ⊠ 95460, ℘ (09273) 3 31,
   Fax 362, Massage, ♨ – ⧉ 📺 ☎. **Ⅱ ⓞ E** 𝘝𝘐𝘚𝘈
   10. Jan. - Feb. und 15. Nov. - 20 Dez. geschl. – **18 Z** 60/140.

🏠   **Haus am Kurpark** ⑳, Heinersreuther Weg 1, ⊠ 95460, ℘ (09273) 76 18,
   Fax (09273) 1800 – 📺 ☎ **ⓟ**. ⓞ **E** 𝘝𝘐𝘚𝘈
   Nov. - Mitte Dez. geschl. – (Restaurant nur für Hausgäste) – **12 Z** 70/150.

✕   **Hübner's Marktplatzstüberl,** Marktplatz 34, ⊠ 95460, ℘ (09273) 82 82,
   Fax (09273) 8087 – **Ⅱ ⓞ E** 𝘝𝘐𝘚𝘈
   Donnerstag und Jan. geschl. – **Menu** à la carte 26/59.

In Bad Berneck-Goldmühl SO : 3 km :

🏠   **Schwarzes Roß** (mit Gästehäusern), Goldmühler Str. 11, ⊠ 95460, ℘ (09273) 3 64,
☎   Fax (09273) 5234, Biergarten, 🚗 – 📺 🍴 ☎ **ⓟ** – 🛋 30. **Ⅱ E**
   26. Okt. - 4. Nov. geschl. – **Menu** (Sonntagabend geschl.) à la carte 21/50 – **24 Z** 45/140
   – ½ P 16.

In Goldkronach *SO : 5 km – Erholungsort :*

🏠 **Alexander von Humboldt** (mit Gästehaus), Bad Bernecker Str. 4, ✉ 95497, ℘ (09273) 97 90, *Fax (09273) 979888,* 🐕, 🍴, 🗂, 🔲 – 📶 🔲 ☎ 🚗 **P** – 🏊 80. 🖭 ⓪ 🗲 🌋
Menu à la carte 25/57 – **40 Z** 98/298 – ½ P 24.

BERNKASTEL-KUES *Rheinland-Pfalz* 🔲 Q 5, 🔲 ㉖ *– 7 200 Ew – Höhe 115 m – Erholungsort.*
Sehenswert : *Markt★.*
Ausflugsziel : *Burg Landshut* ≤★★, *S : 3 km.*
🔳 *Tourist-Information, in Bernkastel, Gestade 5,* ✉ 54470, ℘ (06531) 40 23, Fax (06531) 7953.
Berlin 675 – Mainz 113 – Koblenz 103 – Trier 49 – Wittlich 16.

Im Ortsteil Bernkastel

🏠🏠 **Zur Post,** Gestade 17, ✉ 54470, ℘ (06531) 9 67 00, *Fax (06531) 967050,* « Gemütliche Gasträume », 🍴 – 📶 🔲 ☎ – 🏊 25. 🖭 ⓪ 🗲 🌋
Jan. geschl. – **Menu** à la carte 41/63 – **42 Z** 85/180 – ½ P 35.

🏠 **Behrens** garni, Schanzstr. 9, ✉ 54470, ℘ (06531) 60 88, *Fax (06531) 6089* – 📶 ⬦ 🔲 ☎ 🚗
5. Jan. - 15. Feb. geschl. – **25 Z** 65/180.

🏠 **Doctor Weinstuben,** Hebegasse 5, ✉ 54470, ℘ (06531) 60 81, *Fax (06531) 6296,* « Ehem. Zehnthaus a.d.J.1668, Innenhofterrasse » – 📶 ☎. 🖭 ⓪ 🗲 🌋. 🌤 Zim
Jan. - März geschl. – **Menu** *(Dienstag geschl.)* à la carte 38/67 – **19 Z** 85/160 – ½ P 35.

🏠 **Römischer Kaiser,** Markt 29, ✉ 54470, ℘ (06531) 9 68 60, *Fax (06531) 7672* – 🔲 ☎. 🖭 ⓪ 🗲 🌋
Feb. geschl. – **Menu** à la carte 29/66 – **35 Z** 75/160 – ½ P 25.

🏠 **Moselblümchen,** Schwanenstr. 10, ✉ 54470, ℘ (06531) 23 35, *Fax (06531) 7633* – 🗲 🌋
22 Dez. - 12. März geschl. – **Menu** *(Dienstag, Nov. - Mai auch Montagabend geschl.)* à la carte 26/60 – **21 Z** 70/160 – ½ P 22.

🏠 **Binz,** Markt 1, ✉ 54470, ℘ (06531) 22 25, *Fax (06531) 7103* – 🔲 ☎. 🗲 🌋
15. Dez. - Jan. geschl. – **Menu** *(Feb. - Juli Dienstag geschl.)* à la carte 26/52 – **9 Z** 65/130 – ½ P 25/35.

🏡 **Kapuziner-Stübchen,** Römerstr. 35, ✉ 54470, ℘ (06531) 23 53, *Fax (06531) 94556*
🚗 *Weihnachten - Anfang Jan. geschl.* – **Menu** *(Montag geschl.)* à la carte 21/36 🍴 – **10 Z** 35/90 – ½ P 18.

Im Ortsteil Kues :

🏠🏠 **Moselpark** 🚲, Am Kurpark, ✉ 54470, ℘ (06531) 50 80, *Fax (06531) 508612,* 🐕, 🔥, 🍴, 🗂, 🏊, 🎾 (Halle) – 📶 🔲 ☎ 🚗 **P** – 🏊 250. 🖭 🗲 🌋
Menu à la carte 34/58 – **150 Z** 145/278 – ½ P 32.

🏠 **Panorama** 🚲 garni, Rebschulweg 48, ✉ 54470, ℘ (06531) 30 61, *Fax (06531) 94214,* ≤, 🍴, 🚗 – 🔲 ☎ **P**. ⓪ 🗲
15. Jan. - 15. Feb. geschl. – **15 Z** 65/140.

🏠 **Am Kurpark,** Meisenweg 1, ✉ 54470, ℘ (06531) 30 31, *Fax (06531) 4926,* 🐕 – 🔲 ☎ 🚗 **P**. 🖭. 🌤 Zim
Menu à la carte 29/45 – **15 Z** 65/120 – ½ P 18.

🏠 **Drei Könige** garni, Bahnhofstr. 1, ✉ 54470, ℘ (06531) 20 35, *Fax (06531) 7815* – 📶 🔲 ☎ **P**. 🖭 ⓪ 🗲 🌋
Mitte März - Mitte Nov. – **40 Z** 85/170.

🏠 **Weinhaus St. Maximilian** garni, Saarallee 12/Triniusstraße, ✉ 54470, ℘ (06531) 9 65 00, *Fax (06531) 965030,* (Weinstube ab 17 Uhr geöffnet) – 🔲 **P**. 🗲 🌋
12 Z 65/130.

🍴 **Café Volz** mit Zim, Lindenweg 18, ✉ 54470, ℘ (06531) 66 27, *Fax (06531) 7611,* ≤ Weinberge, 🐕, 🚗 – 🔲 ☎ 🚗 **P**. 🖭 🗲 🌋 🗾
Anfang Jan. - Anfang Feb. geschl. – **Menu** *(Montag geschl.)* à la carte 27/54 🍴 – **7 Z** 60/120 – ½ P 23.

Im Ortsteil Wehlen *NW : 4 km :*

🏠 **Mosel-Hotel** 🚲, Uferallee 3, ✉ 54470, ℘ (06531) 85 27, *Fax (06531) 1546,* ≤, 🐕 – 🔲 **P**. 🖭 ⓪ 🗲 🌋
März - Mitte Nov. – **Menu** *(nur Abendessen)* à la carte 31/48 – **15 Z** 70/180 – ½ P 30.

In Bernried-Rebling *NO : 8 km :*

🏠 **Reblinger Hof** 🚲 (mit Gästehaus), Kreisstr. 3, ✉ 94505, ℘ (09905) 5 55, *Fax (09905) 1839,* ≤, 🐕, Damwildgehege, 🍴, 🗂, 🚗 – ☎ 🚗 **P**. 🗲. 🌤 Rest
Menu *(Montag geschl.)* à la carte 30/63 – **14 Z** 85/198 – ½ P 25.

BERNRIED AM STARNBERGER SEE Bayern **419 420** W 17 – 1800 Ew – Höhe 633 m – Erholungsort.

🛈 Verkehrsbüro, Bahnhofstr. 4, ✉ 82347, 𝒫 (08158) 80 45, Fax (08158) 8047.
Berlin 632 – München 45 – Garmisch-Partenkirchen 52 – Weilheim 18 – Starnberg 20.

🏠🏠 **Marina** ⪜, Am Yachthafen 1, ✉ 82347, 𝒫 (08158) 93 20, Fax (08158) 7117, ≤, 🌺,
≘s, 🔲, 🐎, 🚗 Yachthafen – 📺 ☎ & 🅿 – 🔏 80. 🖭 ⓞ 🗲 𝓥𝓘𝓢𝓐
20. Dez. - 7. Jan. geschl. – **Menu** à la carte 42/64 – **71 Z** 155/275 – ½ P 30.

BERTRICH, BAD Rheinland-Pfalz **417** P 5, **987** ㉖ – 1400 Ew – Höhe 165 m – Heilbad.

🛈 Verkehrsamt, Kurfürstenstr. 32, ✉56864, 𝒫 (02674) 93 22 22.
Berlin 659 – Mainz 118 – Koblenz 93 – Trier 60.

🏠🏠 **Fürstenhof** ⪜, Kurfürstenstr. 36, ✉ 56864, 𝒫 (02674) 93 40, Fax (02674) 737,
direkter Zugang zum Kurmittelhaus, ≘s, 🔲 – 🛗 📺 ☎ ⊜ 🅿. ℅ Rest
Menu à la carte 40/67 – **69 Z** 95/230, 5 Suiten – ½ P 25.

🏠 **Bertricher Hof**, Am Schwanenteich 7, ✉ 56864, 𝒫 (02674) 9 36 20,
Fax (02674) 936262, 🌺 – 📺 ☎ 🅿. ℅
15. Dez. - 15. Jan. geschl. – **Menu** à la carte 34/57 (auch vegetarische Gerichte) – **15 Z**
77/194 – ½ P 20.

🏠 **Café Am Schwanenweiher** ⪜ garni, Am Schwanenteich 11, ✉ 56864,
𝒫 (02674) 6 69, Fax (02674) 533 – 📺 ☎ ⊜ 🅿. ℅
14 Z 80/145, 3 Suiten.

BESCHEID Rheinland-Pfalz siehe Trittenheim.

BESIGHEIM Baden-Württemberg **419** T 11, **987** ㉗ – 10300 Ew – Höhe 185 m.
Berlin 610 – Stuttgart 29 – Heilbronn 20 – Ludwigsburg 14 – Pforzheim 60.

🏠 **Ortel,** Am Kelterplatz, ✉ 74354, 𝒫 (0/143) 8 07 10, Fax (07143) 807180, 🌺 – 📺 ☎.
🖭 ⓞ 🗲 𝓥𝓘𝓢𝓐 𝓙𝓒𝓑
Menu (Dienstag geschl.) à la carte 30/60 ⅋ – **7 Z** 92/135

🏠 **Hotel am Markt** garni, Kirchstr. 43, ✉ 74354, 𝒫 (07143) 38 98, Fax (07143) 3899,
« Renoviertes Fachwerkhaus a.d.J. 1615 » – 📺 ☎ 🅿. 🖭 ⓞ 🗲 𝓥𝓘𝓢𝓐
22. - 30. Dez. geschl. – **13 Z** 98/140.

In Freudental W : 6 km :

🍴 **Wolfsberg,** Wolfsbergweg 41, ✉ 74392, 𝒫 (07143) 2 55 04, Fax (07143) 26997,
Biergarten – 🅿. 🗲
Montag - Dienstag und Juli - Aug. 2 Wochen geschl. – **Menu** à la carte 34/58 (auch vege-
tarische Gerichte).

BESTWIG Nordrhein-Westfalen **417** L 9 – 12000 Ew – Höhe 350 m – Wintersport : 500/750 m
⚡3 ⚡4.

🛈 Verkehrsamt, Rathausplatz 1, ✉ 59909, 𝒫 (02904) 98 71 66, Fax (02904) 987274.
Berlin 481 – Düsseldorf 156 – Brilon 14 – Meschede 8.

In Bestwig-Föckinghausen N : 3,5 km :

🏠 **Waldhaus** ⪜, ✉ 59909, 𝒫 (02904) 9 77 60, Fax (02904) 977676, 🌺, 🚗 – 📺 ☎
⚓ 🅿. 🖭 🗲 𝓥𝓘𝓢𝓐
Mitte Nov. - Anfang Dez. geschl. – **Menu** (Montag geschl.) à la carte 30/57 – **17 Z** 72/125
– ½ P 18.

In Bestwig-Ostwig O : 1,5 km :

🏠🏠 **Nieder,** Hauptstr. 19, ✉ 59909, 𝒫 (02904) 9 71 00, Fax (02904) 971070,
« Gartenterrasse », ≘s, 🚗 – 🛗 ☎ ⚓ 🅿 – 🔏 30. 🗲. ℅ Rest
5. - 15. Jan. und 2. - 17. Juli geschl. – **Menu** (Montag geschl.) à la carte 34/58 – **35 Z** 78/130.

In Bestwig-Velmede W : 1,5 km :

🍴🍴 **Frielinghausen** mit Zim, Oststr. 4, ✉ 59909, 𝒫 (02904) 5 55, Fax (02904) 2391, Biergarten – ☎ 🅿. 🖭 ⓞ 🗲 𝓥𝓘𝓢𝓐
April und Okt. jeweils 2 Wochen geschl. – **Menu** (Montag geschl.) à la carte 35/72 –
8 Z 64/110.

Les cartes Michelin sont constamment tenues à jour.

BETZDORF *Rheinland-Pfalz* **[417]** N 7, **[987]** ㉖ – 10 700 Ew – Höhe 185 m.
Berlin 576 – Mainz 120 – Köln 99 – Limburg an der Lahn 65 – Siegen 23.

  🏠 **Breidenbacher Hof,** Klosterhof 7, ✉ 57518, ℰ (02741) 9 77 90, Fax (02741) 9779777, Biergarten – �... 💺 ☎ ⇔ 🅿 – 🔏 25. 🅰🅴 ⓞ 🅴 🆅🅸🆂🅰 🅹🅲🅱. ※ Rest
Ende Dez. - Anfang Jan. geschl. – **Menu** *(Samstag und Feiertage mittags sowie Sonntag geschl.)* à la carte 36/69 – **22 Z** 135/240.

In Kirchen-Katzenbach *NO : 5 km :*

  🏠 **Zum weißen Stein** 🐾, Dorfstr. 50, ✉ 57548, ℰ (02741) 9 59 50, Fax (02741) 62581, ≼, Biergarten, 🎠 – 📺 ☎ ⇔ 🅿 – 🔏 40. 🅰🅴 ⓞ 🅴 🆅🅸🆂🅰
Menu à la carte 37/65 – **31 Z** 95/149.

BETZENSTEIN *Bayern* **[420]** Q 18 – 2 300 Ew – Höhe 511 m – Erholungsort – Wintersport : 600/650 m ≰1, ≰1.
Berlin 397 – München 211 – Nürnberg 53 – Bayreuth 41 – Regensburg 125 – Weiden in der Oberpfalz 65.

In Betzenstein-Spies *SW : 7 km :*

  🏠 **Eibtaler Hof** 🐾, ✉ 91282, ℰ (09244) 3 63, Fax (09244) 1641, 🍴, 🍽, 🎠 – 📺 ⇔
  🅿
Menu *(Montag geschl.)* à la carte 18/52 ⚭ – **20 Z** 40/100 – ½ P 12.

BEUREN *Baden-Württemberg* **[419]** U 12 – 3 300 Ew – Höhe 434 m – Erholungsort.
Berlin 632 – Stuttgart 50 – Reutlingen 21 – Ulm (Donau) 66.

  ✕✕ **Beurener Hof** 🐾 mit Zim, Hohenneuffenstr. 16, ✉ 72660, ℰ (07025) 91 01 10, Fax (07025) 9101133, 🍴 – ☎ ⇔ 🅿
über Fastnacht 1 Woche geschl. – **Menu** *(Dienstag - Mittwochmittag geschl.)* à la carte 43/68 – **10 Z** 70/150 – ½ P 34.

BEURON *Baden-Württemberg* **[419]** V 10, **[987]** ㊳, **[984]** ㊳ – 900 Ew – Höhe 625 m.
Ausflugsziel : *Donautal★ (Richtung Sigmaringen).*
Berlin 731 – Stuttgart 117 – Konstanz 78 – Freiburg im Breisgau 114 – Ulm (Donau) 113.

  🏠 **Pelikan,** Abteistr. 12, ✉ 88631, ℰ (07466) 4 06, Fax (07466) 408, 🍴 – ▐♦▌ ☎ ⇔ 🅿
  – 🔏 35
Anfang Jan. - Anfang März geschl. – **Menu** à la carte 31/61 ⚭ – **30 Z** 80/120.

BEVENSEN, BAD *Niedersachsen* **[415][416]** G 15, **[987]** ⑰ – 9 600 Ew – Höhe 39 m – Heilbad und Kneipp-Kurort.
  🅱 *Bad Bevensen-Secklendorf (N : 4 km),* ℰ (05821) 9 82 50.
  🅳 *Kurverwaltung im Kurzentrum, Dahlenburger Str. 1,* ✉ 29549, ℰ (05821) 5 70, Fax (05821) 5766.
Berlin 264 – Hannover 113 – Hamburg 86 – Celle 70 – Lüneburg 24 – Braunschweig 100.

  🏨 **Fährhaus** 🐾, Alter Mühlenweg 1, ✉ 29549, ℰ (05821) 50 00, Fax (05821) 50089, 🍴, Massage, ♨, 🔥, 🍽, 🖼, 🎠 – ▐♦▌ ↪ Rest, 📺 ♿ ⇔ 🅿 – 🔏 50. 🅰🅴 ⓞ 🅴 🆅🅸🆂🅰
Menu à la carte 37/69 – **56 Z** 113/258, 5 Suiten – ½ P 28.

  🏠 **Kieferneck** 🐾, Lerchenweg 1, ✉ 29549, ℰ (05821) 5 60, Fax (05821) 5688, Massage, ♨, 🔥, 🍽, 🖼 – ▐♦▌ 📺 ☎ 🅿 – 🔏 25. 🅴
Menu à la carte 41/67 – **51 Z** 95/300 – ½ P 25.

  🏠 **Grünings Landhaus** 🐾, Haberkamp 2, ✉ 29549, ℰ (05821) 9 84 00, Fax (05821) 894041, « Gartenterrasse », Massage, ♨, 🍽, 🖼, 🎠 – ▐♦▌ 📺 ☎ 🅿. ※ Zim
6.- 24. Jan. und 5.- 16. Dez. geschl. – **Menu** *(Montag - Dienstag geschl.)* (Tischbestellung erforderlich) à la carte 58/80 – **25 Z** 130/230 – ½ P 30.

  🏠 **Zur Amtsheide** 🐾, Zur Amtsheide 5, ✉ 29549, ℰ (05821) 8 51, Fax (05821) 85338, Massage, ♨, 🔥, 🍽, 🖼, 🎠, 🅱 – ▐♦▌ 📺 ☎ 🅿 – 🔏 20. 🅰🅴 🅴 🆅🅸🆂🅰 ※ Rest
(Restaurant nur für Hausgäste) – **92 Z** 92/182, 10 Suiten – ½ P 27.

  🏠 **Heide-Hotel** Ⓜ, Haberkamp 11, ✉ 29549, ℰ (05821) 97 00, Fax (05821) 970100, 🍽
– ▐♦▌, ↪ Zim, 📺 ☎ ♿ 🅿 – 🔏 30. 🅰🅴 🅴 🆅🅸🆂🅰
Menu à la carte 31/58 – **76 Z** 105/260 – ½ P 26.

  🏠 **Sonnenhügel** 🐾, Zur Amtsheide 9, ✉ 29549, ℰ (05821) 54 10, Fax (05821) 54112, Massage, ♨, 🔥, 🍽 – ▐♦▌ 📺 🅿. ※
15. Dez. - 16. Jan. geschl. – (Restaurant nur für Hausgäste) – **35 Z** 80/182.

  🏠 **Ilmenautal** 🐾, Am Klaubusch 11, ✉ 29549, ℰ (05821) 54 00, Fax (05821) 42432, 🍴
– ▐♦▌ 📺 ☎ 🅿. 🅰🅴 🅴 🆅🅸🆂🅰 ※ Zim
Menu à la carte 32/60 – **40 Z** 72/180 – ½ P 25.

🏠 **Heidekrug,** Bergstr. 15, ⊠ 29549, ℰ (05821) 9 87 10, ≈ – ▐ ▥ ☎ ⇆ ℗
Mitte Jan. - Feb. geschl. – **Menu** *(Dienstag geschl.)* à la carte 34/71 – **17 Z** 71/170 – ½ P 23.

🏠 **Karstens** ⊗ (mit Gästehaus), Am Klaubusch 1, ⊠ 29549, ℰ (05821) 4 10 27,
Fax (05821) 41020, ㄾ, ≈ – ▥ ☎ ℗. ◭ ▨. ⊗
Menu à la carte 32/59 – **29 Z** 72/230.

In Bad Bevensen-Medingen *NW : 1,5 km :*

🏠 **Vier Linden,** Bevenser Str. 3, ⊠ 29549, ℰ (05821) 54 40, Fax (05821) 1584, ㄾ,
Massage, ∯, ≘s, ▧, ≈ – ▥ ☎ ♿ ℗ – ▵ 60. ◭ ⓪ ℇ ▨
Menu à la carte 34/74 – **41 Z** 95/350 – ½ P 24.

In Altenmedingen *N : 6 km :*

🏠 **Hof Rose** ⊗ (Niedersächsischer Gutshof), Niendorfer Weg 12, ⊠ 29575,
ℰ (05807) 2 21, Fax (05807) 1291, « Park », ≘s, ▧, ≈, ℀ – ⇆ Rest, ☎ ⇆ ℗. ⊗
6. Jan. - Feb. geschl. – (nur Abendessen für Hausgäste) – **16 Z** 95/148 – ½ P 25.

BEVERN *Niedersachsen* 🄐🄑🄒 🄐🄑🄓 *K 12 – 4 600 Ew – Höhe 90 m.*
Berlin 347 – Hannover 70 – Göttingen 63 – Kassel 85 – Paderborn 68.

🍴🍴 **Schloß Bevern** (Restaurant in einem Schloß der Weserrenaissance), Schloß 1, ⊠ 37639,
☸ ℰ (05531) 87 83, ㄾ – ℗. ◭ ⓪ ℇ ▨
Montag - Dienstagmittag, Feb. und Aug. jeweils 2 Wochen geschl. – **Menu** 59/95 und à
la carte 52/82
Spez. Fischrahmsuppe mit Safran. Pochiertes Lammfilet mit Kräutersauce. Gebackene
Apfelcharlotte mit Calvadossabayon.

BEVERUNGEN *Nordrhein-Westfalen* 🄐🄑🄖 *L 12,* 🄨🄪🄝 ⑯ *– 16 900 Ew – Höhe 96 m.*
🛈 *Verkehrsamt, Weserstr. 10,* ⊠ *37688,* ℰ *(05273) 39 20, Fax (05273) 392120.*
Berlin 376 – Düsseldorf 226 – Kassel 60 – Hannover 115 – Göttingen 63.

🏠 **Stadt Bremen,** Lange Str. 13, ⊠ 37688, ℰ (05273) 90 30, Fax (05273) 21575,
Biergarten, ≘s, ▧ – ▐ ▥ ☎ ♿ ℗ – ▵ 45. ◭ ℇ ▨
Menu à la carte 30/60 – **50 Z** 90/180 – ½ P 25.

🏠 **Hotel Pension Bevertal** garni, Jahnweg 1a, ⊠ 37688, ℰ (05273) 3 61 90,
Fax (05273) 361919, « Garten » – ▥ ☎ ℗
15 Z 50/100.

In Beverungen-Blankenau *N : 3 km :*

🏠 **Weserblick,** Kasseler Str. 2, ⊠ 37688, ℰ (05273) 3 02 20, Fax (05273) 362290, ㄾ,
🛁, ≘s, ≈ – ▥ ☎ ℗ – ▵ 60. ℇ ▨
Menu à la carte 29/48 – **48 Z** 65/120.

BEXBACH *Saarland* 🄐🄑🄖 *R 5 – 19 500 Ew – Höhe 249 m.*
*Berlin 683 – Saarbrücken 35 – Homburg/Saar 7 – Kaiserslautern 41 – Neunkirchen/
Saar 7.*

🏠🏠 **Hochwiesmühle** ⊗ (mit Gästehäusern), Hochwiesmühle 50 (N : 1,5 km), ⊠ 66450,
ℰ (06826) 81 90, Fax (06826) 819147, Biergarten, ≘s, ▧, ≈, ℀ – ▐ ⇆ Zim, ▥
☎ ℗ – ▵ 120. ◭ ⓪ ℇ ▨
Menu à la carte 36/68 – **80 Z** 75/220.

🏠 **Klein** garni, Rathausstr. 35, ⊠ 66450, ℰ (06826) 9 21 60, Fax (06826) 2280 – ▥ ☎. ℇ
19 Z 70/120.

BEYENDORF *Sachsen-Anhalt siehe Magdeburg.*

BIBERACH AN DER RISS *Baden-Württemberg* 🄐🄑🄙 *V 13,* 🄨🄪🄝 ㊴ *– 30 000 Ew – Höhe 532 m.*
🛈 *Städt. Fremdenverkehrsstelle, Theaterstr. 6,* ⊠ *88400,* ℰ *(07351) 5 14 83, Fax
(07351) 51511.*
ADAC, Rollinstr. 15, ⊠ *88400,* ℰ *(07351) 70 02, Fax (07351) 6697.*
Berlin 653 – Stuttgart 134 – Konstanz 119 – Ulm (Donau) 42 – Ravensburg 47.

🏠🏠 **Eberbacher Hof,** Schulstr. 11, ⊠ 88400, ℰ (07351) 1 59 70, Fax (07351) 159797, ㄾ
– ▐ ▥ ☎ ⇆ – ▵ 20. ◭ ℇ ▨
Menu *(Samstag geschl.)* à la carte 33/82 – **26 Z** 93/205.

🏠🏠 **Kapuzinerhof** ◍, Kapuzinerstr. 17, ⊠ 88400, ℰ (07351) 50 60, Fax (07351) 506100,
≘s – ▐, ⇆ Zim, ▥ ☎ ♿ ⇆ ℗ – ▵ 40. ◪ ⓪ ℇ ▨ ⊗
22. Dez. - 4. Jan. geschl. – **Menu** *(Samstag, Sonn- und Feiertage geschl.)* à la carte 29/49
– **75 Z** 142/222.

🏠 **Erlenhof** garni, Erlenweg 18, ⊠ 88400, 𝒫 (07351) 3 47 50, Fax (07351) 347533 – 📺
☎ ⇔ 🅿 🗲 𝘝𝘐𝘚𝘈
16 Z 95/150.

🏠 **Berliner Hof,** Berliner Platz 5, ⊠ 88400, 𝒫 (07351) 2 10 51, Fax (07351) 31064, 🌤,
⇔s – 🛗 📺 ☎ ⇔ 🅿 – 🔏 25. 🆎 ⦿ 🗲 𝘝𝘐𝘚𝘈
Menu (Montagabend und Freitag geschl.) à la carte 35/68 – **25 Z** 85/140.

🏠 **Brauerei-Gaststätte und Gästehaus Haberhäusle** 🌤, Haberhäuslestr. 22,
⊠ 88400, 𝒫 (07351) 5 80 20, Fax (07351) 12710, 🌤 – 🛗 📺 ☎ 🅿 🗲 𝘝𝘐𝘚𝘈. 🍴 Zim
Menu (Samstag - Sonntag geschl.) (nur Abendessen) à la carte 28/51 – **13 Z** 90/125.

In Maselheim NO : 9 km :

🏨 **Landhotel Maselheimer Hof,** Kronenstr. 1, ⊠ 88437, 𝒫 (07351) 7 12 99,
Fax (07351) 72593, ⇔s – 🛗, 🍴 Zim, 📺 ☎ 🚻 ⇔ 🅿 – 🔏 30. 🆎 ⦿ 🗲 𝘝𝘐𝘚𝘈 𝗝𝗖𝗕
Menu (Sonntagabend - Montagmittag und Anfang - Mitte Jan.geschl.) à la carte 32/63 –
23 Z 85/150 – ½ P 20.

In Hochdorf S : 10 km - über die B 30 :

🏠 **Landgasthof Grüner Baum,** Heinrichsburger Str. 2, ⊠ 88454, 𝒫 (07355) 23 50,
Fax (07355) 8717, 🌤 – 📺 ☎ 🅿 🗲
(Jan. 3 Wochen geschl.) – **Menu** à la carte 28/52 – **16 Z** 70/120.

In Rinenmoos S : 3,5 km :

🏠 **Landhotel Pfanne** Ⓜ 🌤 (mit Gaststätte zur Pfanne), Auwiesenstr.24, ⊠ 888400,
⇔ 𝒫 (07351) 3 40 30, Fax (07351) 340380, 🌤, ⇔s – 🛗 📺 ☎ 📞 🚻 🅿 – 🔏 20. 🆎 🗲
𝘝𝘐𝘚𝘈
Menu (Samstag geschl.) à la carte 22/42 🍷 – **20** 85/130.

BIBERACH IM KINZIGTAL Baden-Württemberg 🔢 U 8, 🔢 ㊲ – 3 000 Ew – Höhe 195 m
– Erholungsort.
🛈 Verkehrsbüro, Hauptstr. 27, ⊠ 77781, 𝒫 (07835) 63 65 11, Fax (07835) 636520.
Berlin 766 – Stuttgart 164 – Karlsruhe 96 – Freudenstadt 47 – Offenburg 18 – Freiburg
im Breisgau 55.

🏠 **Landgasthof Kinzigstrand,** Reiherwald 1 (SW : 2 km), ⊠ 77781, 𝒫 (07835) 6 39 90,
⇔ Fax (07835) 639920, 🌤, 🚲 – 📺 ☎ 🅿 𝘝𝘐𝘚𝘈
Menu (Dienstag und Nov. geschl.) à la carte 24/53 🍷 – **10 Z** 56/112 – ½ P 18.

In Biberach-Prinzbach SW : 4 km :

🏠 **Badischer Hof** 🌤 (mit 2 Gästehäusern), Dörfle 20, ⊠ 77781, 𝒫 (07835) 63 60,
Fax (07835) 636299, ⇔s, 🏊 (geheizt), 🚲 – 🛗 📺 ☎ ⇔ 🅿 – 🔏 30
Jan. - Feb. 2 Wochen geschl. – **Menu** (Okt.- Mai Mittwoch geschl.) à la carte 28/60 – **51 Z**
60/140.

BIEBELRIED Bayern siehe Würzburg.

BIEBEREHREN Baden-Württemberg siehe Creglingen.

BIEBERTAL Hessen 🔢 O 9 – 10 000 Ew – Höhe 190 m.
Berlin 501 – Wiesbaden 99 – Gießen 10 – Marburg 27.

In Biebertal-Fellingshausen :

🎣 **Pfaff** 🌤, Am Dünsberg, ⊠ 35444, 𝒫 (06409) 81 31, Fax (06409) 2036, ≤, 🌤, 🏊,
🚲 – ☎ 🅿 – 🔏 30. ⦿ 🗲 𝘝𝘐𝘚𝘈
Menu (Sonntagabend - Montagmittag geschl.) à la carte 28/60 🍷 – **19 Z** 65/130 – ½ P 20.

BIEDENKOPF Hessen 🔢 N 9, 🔢 ㉖ – 14 400 Ew – Höhe 271 m - Luftkurort – Wintersport :
500/674 m ✑2 ✑2.
🛈 Städt. Verkehrsbüro, Mühlweg 1, ⊠ 35216, 𝒫 (06461) 9 50 10, Fax (06461) 950128.
Berlin 482 – Wiesbaden 152 – Kassel 101 – Marburg 32 – Siegen 55.

🏨 **Parkhotel** 🌤, Auf dem Radeköppel 2, ⊠ 35216, 𝒫 (06461) 78 80,
Fax (06461) 788333, ≤, 🌤, ⇔s, 🏊, 🍴 Zim, 📺 ☎ 🅿 – 🔏 200. 🆎 ⦿ 🗲 𝘝𝘐𝘚𝘈
Menu à la carte 28/63 – **40 Z** 85/160.

BIEDERITZ Sachsen-Anhalt siehe Magdeburg.

BIELEFELD Nordrhein-Westfalen **417** J 9, **987** ⑮, **984** ⑱ – 325 000 Ew – Höhe 118 m.

⌐₁₈ Bielefeld, Dornberger Str. 377 (AY), ℰ (0521) 10 51 03.

🯄 Tourist-Information, Am Bahnhof (Leinenmeisterhaus), ✉ 33602, ℰ (0521) 17 88 44, Fax (0521) 178811.

🯄 Tourist-Information, Neues Rathaus, Niederwall 23, ✉ 33602, ℰ (0521) 17 88 99, Fax (0521) 516997.

ADAC, Stapenhorststr. 131, ✉ 33615, ℰ (0521) 1 08 10, Fax (0521) 1081290.

Berlin 394 ② – Düsseldorf 182 ⑤ – Dortmund 114 ⑤ – Hannover 108 ②

Stadtpläne siehe nächste Seiten

🏨 **Mövenpick-Hotel** Ⓜ, Am Bahnhof 3, ✉ 33602, ℰ (0521) 5 28 20, Fax (0521) 5282100, 🏥 – 📶, ⇄ Zim, 🗐 📺 ⓑ ⇦ – 🕿 35. 🖭 ⑩ 🅴 𝖵𝖨𝖲𝖠 DY n
Menu à la carte 28/57 – **162 Z** 166/307.

🏨 **Ravensberger Hof** ⑤, Güsenstr. 4, ✉ 33602, ℰ (0521) 9 62 11, Fax (0521) 9621300, ⚌ – 📶, 📺 🕿 ⓥ ⇦ – 🕿 60. 🖭 🅴 𝖵𝖨𝖲𝖠 ⑤ Rest DY c
Menu (Sonn- und Feiertage geschl.) (nur Abendessen) à la carte 44/62 – **51 Z** 145/335.

🏨 **Mercure,** Waldhof 15, ✉ 33602, ℰ (0521) 5 28 00, Fax (0521) 5280113, 🏠 – ⚌ – 📶, ⇄ Zim, 🗐 📺 🕿 ⓥ ⓑ – 🕿 210. 🖭 ⑩ 🅴 𝖵𝖨𝖲𝖠 DZ a
Menu (Freitagabend - Samstag und Sonntagabend geschl.) à la carte 40/64 – **124 Z** 190/295.

🏨 **Brenner Hotel Diekmann,** Otto-Brenner-Str. 133, ✉ 33607, ℰ (0521) 2 99 90, Fax (0521) 2999220, 🏠 – 📶, ⇄ Zim, 📺 🕿 ⓟ – 🕿 60. 🖭 ⑩ 🅴 𝖵𝖨𝖲𝖠 ᴊᴄʙ ⑤ Rest
Menu à la carte 37/76 – **70 Z** 120/200. BY y

🏨 **Ramada** Ⓜ garni, Niederwall 31, ✉ 33602, ℰ (0521) 5 25 30, Fax (0521) 5253444 – 📶 ⇄ 📺 🕿 ⓥ ⓑ ⇦ – 🕿 70. 🖭 ⑩ 🅴 𝖵𝖨𝖲𝖠 ᴊᴄʙ DZ c
120 Z 158/201.

🏨 **Novotel** ⑤, Am Johannisberg 5, ✉ 33615, ℰ (0521) 9 61 80, Fax (0521) 9618333, 🏠, ⚏ (geheizt), 🌳 – 📶, ⇄ Zim, 🗐 📺 🕿 ⓑ ⓟ – 🕿 250. 🖭 ⑩ 🅴 𝖵𝖨𝖲𝖠 BY r
Menu à la carte 34/66 – **118 Z** 151/202.

🏨 **Waldhotel Brand's Busch** ⑤, Furtwänglerstr. 52, ✉ 33604, ℰ (0521) 9 21 10, Fax (0521) 9211313, 🏠, Biergarten, ⚌ – 📶, ⇄ Zim, 📺 🕿 ⓟ – 🕿 70. 🖭 🅴 𝖵𝖨𝖲𝖠 BY m
Menu à la carte 37/57 – **82 Z** 98/195.

🏨 **Altstadt-Hotel** garni, Ritterstr. 15, ✉ 33602, ℰ (0521) 96 72 50, Fax (0521) 9672549, ⚌ – 📶 📺 🕿 ⓑ 🕿 40. 🖭 🅴 𝖵𝖨𝖲𝖠 DY v
23 Z 130/220.

❌❌ **Lecoeur's,** Oberntorwall 10, ✉ 33602, ℰ (0521) 12 23 47 – 🅴 𝖵𝖨𝖲𝖠 DY a
Sonntag - Montag und Ende Juli - Anfang Aug. geschl. – Menu (nur Abendessen) à la carte 51/72.

❌ **Klötzer's Kleines Restaurant** (Bistro), Ritterstr. 33, ✉ 33602, ℰ (0521) 6 89 54, Fax (0521) 64004 – 🖭 🅴 DY e
Samstagabend - Montag und Feiertage geschl. – Menu à la carte 56/72.

❌ **Im Bültmannshof** (restaurierter Fachwerkbau a.d.J. 1802), Kurt Schumacher-Str. 17a, ✉ 33615, ℰ (0521) 10 08 41, Fax (0521) 161390, 🏠 – ⓟ. ⑩ 🅴 𝖵𝖨𝖲𝖠 AY s
Montag, 1. - 7. Jan. und 28. Juli - 18. Aug. geschl. – Menu à la carte 38/75.

❌ **Sparrenburg,** Am Sparrenberg 38a, ✉ 33602, ℰ (0521) 6 59 39, Fax (0521) 65999, 🏠 – ⓟ. 🖭 🅴 DZ f
Dienstag und Aug. 3 Wochen geschl. – Menu à la carte 37/63.

In Bielefeld-Brackwede :

🏨 **Brackweder Hof** Ⓜ, Gütersloher Str. 236, ✉ 33649, ℰ (0521) 94 26 60, Fax (0521) 9426610, 🏠 – 📶, ⇄ Zim, 📺 🕿 ⓥ ⓟ – 🕿 70. 🖭 ⑩ 🅴 𝖵𝖨𝖲𝖠 AZ u
Menu à la carte 39/74 – **41 Z** 125/150.

In Bielefeld-Großdornberg :

❌❌ **Kreuzkrug,** Wertherstr. 462, ✉ 33619, ℰ (0521) 10 22 64, Fax (0521) 161197, Biergarten – ⓟ. 🖭 🅴 AX e
Montag und 7. - 24. Juli geschl. – Menu à la carte 34/65.

In Bielefeld-Heepen :

🏨 **Petter,** Alter Postweg 68, ✉ 33719, ℰ (0521) 93 41 40, Fax (0521) 9341425 – 📺 🕿 ⇦ ⓟ. 🖭 ⑩ 🅴 𝖵𝖨𝖲𝖠 ⑤ Rest CY h
23. Dez. - 2. Jan. geschl. – Menu (Freitag - Sonntag geschl.) (nur Abendessen) à la carte 38/63 – **18 Z** 119/160.

🏨 **Kraus,** Alter Postweg 60, ✉ 33719, ℰ (0521) 93 41 50, Fax (0521) 9341021 – 📶, ⇄ Zim, 📺 🕿 ⓟ. ⑤ Zim CY h
Menu (italienische Küche) à la carte 35/52 – **9 Z** 145/185.

BIELEFELD

169

In Bielefeld-Hillegossen :

🏨 **Berghotel Stiller Friede** ॐ, Selhausenstr. 12, ⊠ 33699, ℰ (0521) 92 28 80,
Fax (0521) 9228888, ☞, Biergarten, ⇌s, ⚍ – 🆃🆅 ☎ ⇌ ℗. 🅴 🆅🅸🆂🅰   BY g
Menu (Freitag geschl.) à la carte 34/59 – **28 Z** 75/220.

🏠 **Schweizer Haus,** Christophorusstr. 23, ⊠ 33699, ℰ (0521) 92 42 90,
Fax (0521) 206112, ☞, ⇌s – 🆃🆅 ☎ ⑩ ⇌ 🅰   CY Y
Weihnachten - Anfang Jan. geschl. – **Menu** (Freitag - Sonntag und Feiertage geschl.) (nur
Abendessen) à la carte 34/58 – **19 Z** 115/180.

In Bielefeld - Hoberge-Uerentrup :

🏨 **Hoberger Landhaus** ॐ, Schäferdreesch 18, ⊠ 33619, ℰ (0521) 10 10 31,
Fax (0521) 103927, ☞, ⇌s, 🅺 – ☒ Zim, 🆃🆅 ☎ ⇌ – 🅰 60. 🅰🅴 ⑩ 🅴 🆅🅸🆂🅰 AY f
Menu (Sonntag geschl.) (nur Abendessen) à la carte 36/69 – **30 Z** 123/190.

In Bielefeld-Oldentrup :

🏰 **Oldentruper Hof,** Niedernholz 2, ⊠ 33699, ℰ (0521) 2 09 00, Fax (0521) 2090100,
☞, ⇌s, 🅺 – 🔃, ☒ Zim, 🆃🆅 ☎ ♿ ℗ – 🅰 130. 🅰🅴 ⑩ 🅴 🆅🅸🆂🅰   CY z
Menu à la carte 37/64 – **136 Z** 185/241.

In Bielefeld-Quelle :

🏠 **Büscher,** Carl-Severing-Str. 136, ⊠ 33649, ℰ (0521) 94 61 40, Fax (0521) 452796, ☞,
⇌s, 🅺 – 🆃🆅 ☎ ❄ ⇌ ℗ – 🅰 80. 🅰🅴 ⑩ 🅴 🆅🅸🆂🅰   AY k
22. Dez. - 2. Jan. geschl. – **Menu** (Sonntagabend geschl.) à la carte 36/57 – **32 Z** 90/185.

🍴🍴 **Schlichte Hof** mit Zim (restauriertes Fachwerkhaus aus dem 15. Jh.), Osnabrücker Str.
100, ⊠ 33649, ℰ (0521) 4 55 88, Fax (0521) 452888 – 🆃🆅 ☎ ⇌ ℗ – 🅰 30. 🅰🅴 🅴
🆅🅸🆂🅰. ✑ Zim   AY r
Menu à la carte 42/71 – **11 Z** 89/139.

In Bielefeld-Schildesche :

🍴🍴 **Bonne Auberge** (restauriertes Fachwerkhaus a.d.J. 1775), An der Stiftskirche 10,
⊠ 33611, ℰ (0521) 8 16 68, ☞ – ℗. 🅴 🆅🅸🆂🅰   BX q
Montag und Jan. 2 Wochen geschl. – **Menu** (wochentags nur Abendessen) à la carte 38/64.

In Bielefeld-Senne :

🍴🍴🍴 **Auberge le Concarneau,** Buschkampstr. 75, ⊠ 33659, ℰ (0521) 49 37 17,
🌲 Fax (0521) 493388, « Restauriertes, westfälisches Fachwerkhaus im Museumshof Senne »
– ℗. 🅴   BZ b
Sonntag - Montag, Feiertage, März - April und Okt. jeweils 2 Wochen geschl. – **Menu** (nur
Abendessen, Tischbestellung ratsam, bemerkenswerte Weinkarte) 115/165 und à la carte
72/118
Spez. Austernragout mit Algen und Ingwer. Nesttaube mit der Blüte vom Thymian.
Grießpudding mit Himbeermark.

🍴🍴 **Gasthaus Buschkamp,** Buschkampstr. 75, ⊠ 33659, ℰ (0521) 49 28 00,
Fax (0521) 493388, « Historisches Gasthaus im Museumshof Senne » – ℗. 🅴   BZ b
Menu à la carte 42/65.

🍴🍴 **Waterbör,** Waterboerstr. 77, ⊠ 33659, ℰ (0521) 2 41 41, Fax (0521) 24346, ☞,
« Restauriertes Fachwerkhaus im Ravensberger Bauernstil » – ℗. 🅰🅴 🅴   BY q
Samstagmittag und Montag geschl. – **Menu** à la carte 37/69.

In Bielefeld-Sennestadt :

🏠 **Wintersmühle,** Sender Str. 6, ⊠ 33689, ℰ (05205) 9 82 50, Fax (05205) 982533, ⇌s,
⚍ – 🆃🆅 ☎ ❄ ⇌ ℗. 🅰🅴 ⑩ 🅴 🆅🅸🆂🅰. ✑ Rest   BZ r
(nur Abendessen für Hausgäste) – **15 Z** 95/140.

In Bielefeld-Ummeln :

🏠 **Diembeck,** Steinhagener Str. 45, ⊠ 33649, ℰ (0521) 48 78 78, Fax (0521) 489477,
Biergarten – 🆃🆅 ☎ ⇌ ℗. 🅰🅴 ⑩ 🅴 🆅🅸🆂🅰   AZ b
Menu (wochentags nur Abendessen) à la carte 31/62 – **29 Z** 75/190.

Besonders angenehme Hotels oder Restaurants
sind im Führer rot gekennzeichnet.

Sie können uns helfen, wenn Sie uns die Häuser angeben,
in denen Sie sich besonders wohl gefühlt haben.

Jährlich erscheint eine komplett überarbeitete Ausgabe
aller Roten Michelin-Führer.

🏨🏨🏨 ... 🏠

🍴🍴🍴🍴🍴 ... 🍴

BIETIGHEIM-BISSINGEN Baden-Württemberg **419** T 11, **987** ㉗ – 40 000 Ew – Höhe 220 m.
🛈 Stadtinformation, Arkadengebäude, Marktplatz, ✉ 74321, ℘ (07142) 7 42 27.
Berlin 611 – Stuttgart 25 – Heilbronn 25 – Ludwigsburg 9 – Pforzheim 55.

Im Stadtteil Bietigheim :

🏠 **Parkhotel,** Freiberger Str. 71, ✉ 74321, ℘ (07142) 5 10 77, Fax (07142) 54099, 🚗
– |🛗| 🆃🆅 ☎ ⇔ 🅿 – 🔥 50. 🆎 ⓞ 🇪 _VISA_
Menu (Sonntagabend geschl.) à la carte 35/65 – **58 Z** 100/158.

🏠 **Rose,** Kronenbergstr. 14, ✉ 74321, ℘ (07142) 4 20 04, Fax (07142) 45928 – 🆃🆅 ☎ ⇔.
🆎 🇪 _VISA_ – **Menu** à la carte 39/77 – **22 Z** 110/180.

🍽🍽 **Zum Schiller** mit Zim (und 🏠 Gästehaus), Marktplatz 5, ✉ 74321, ℘ (07142)
9 02 00, Fax (07142) 902090, 🚗 – |🛗| 🆃🆅 ☎. 🆎 ⓞ 🇪 _VISA_. 🛠
Menu (Sonn- und Feiertage, Montagmittag sowie Mai - Juni 3 Wochen geschl.) à la carte
60/97 (bemerkenswerte Weinkarte) 🍷 – **Huckebein :** Menu à la carte 39/49 – **30 Z**
98/190.

Im Stadtteil Bissingen :

🏠 **Otterbach,** Bahnhofstr. 153, ✉ 74321, ℘ (07142) 58 40, Fax (07142) 584305 – |🛗|,
🛏 Zim, 🆃🆅 ☎ 🅿 – 🔥 20. 🆎 ⓞ 🇪 _VISA_ _JCB_. 🛠 Zim
Menu (Samstagmittag geschl.) à la carte 36/73 – **58 Z** 95/160.

🏠 **Litz,** Bahnhofstr. 9/2, ✉ 74321, ℘ (07142) 39 12, Fax (07142) 33523 – 🆃🆅 ☎ 🅿. 🆎
ⓞ 🇪 _VISA_
Flößerstube (Samstag und Juli - Aug. 3 Wochen geschl.) **Menu** à la carte 28/54 – **32 Z**
88/135.

BILLERBECK Nordrhein-Westfalen **417** K 5, **987** ⑮ – 10 000 Ew – Höhe 138 m – Erholungsort.
🛈 Verkehrsamt, Markt 1, ✉ 48727, ℘ (02543) 73 73, Fax (02543) 7350.
Berlin 510 – Düsseldorf 110 – Enschede 56 – Münster (Westfalen) 32 – Nordhorn 65.

🏠 **Weissenburg** 🦌, Gantweg 18 (N : 2 km), ✉ 48727, ℘ (02543) 7 50,
Fax (02543) 75275, ≤, 🚗, « Wildgehege, Park », 🛏, 🔲, 🌳 – |🛗| 🆃🆅 ☎ ⇔ 🅿 –
🔥 100. 🆎 ⓞ 🇪 _VISA_ _JCB_. 🛠 Zim
Menu (Montag geschl.) à la carte 37/77 – **60 Z** 100/220.

🏠 **Domschenke,** Markt 6, ✉ 48727, ℘ (02543) 9 32 00, Fax (02543) 932030, 🚗,
« Gediegene, gemütliche Einrichtung » – 🆃🆅 ☎ ⇔. 🆎 ⓞ 🇪 _VISA_
Menu à la carte 35/67 – **25 Z** 85/150.

🏠 **Homoet,** Schmiedestr. 2, ✉ 48727, ℘ (02543) 3 26, Fax (02543) 8546, 🚗 – ☎ ⇔.
🇪 _VISA_. 🛠 Rest
Menu (Donnerstag geschl.) à la carte 30/49 – **14 Z** 70/145.

BILLIGHEIM-INGENHEIM Rheinland-Pfalz **417** **419** S 8, **87** ② – 3 800 Ew – Höhe 161 m.
Berlin 676 – Mainz 119 – Karlsruhe 44 – Landau in der Pfalz 7 – Wissembourg 20.

🍽🍽 **Pfälzer Hof** mit Zim, Hauptstr. 45 (Ingenheim), ✉ 76831, ℘ (06349) 70 45,
Fax (06349) 6822, 🚗 – 🆃🆅 ☎. 🆎 🇪 _VISA_
Ende Juli - Anfang Aug. geschl. – **Menu** (Mittwoch - Donnerstagmittag geschl.) à la carte
35/67 🍷 – **4 Z** 75/130.

BINGEN Rheinland-Pfalz **417** Q 7, **987** ㉖ – 24 000 Ew – Höhe 82 m.
Sehenswert : Burg Klopp ≤★.
Ausflugsziele : Burg Rheinstein ≤★★ ⑤ : 6 km – Rheintal★★★ (von Bingen bis Koblenz).
🛈 Städt. Verkehrsamt, Rheinkai 21, ✉ 55411, ℘ (06721) 18 42 05, Fax (06721) 16275.
Berlin 600 ① – Mainz 31 ① – Koblenz 66 ④ – Bad Kreuznach 15 ② – Wiesbaden 35 ①

Stadtplan siehe nächste Seite

🏠 **Atlantis-Rheinhotel,** Hindenburganlage 1, ✉ 55411, ℘ (06721) 79 60,
Fax (06721) 796500, ≤, 🚗, 🛏 – 🔲 Rest, 🆃🆅 ☎ ⇔ 🅿 – 🔥 400. 🆎 ⓞ 🇪 _VISA_
Menu à la carte 38/73 – **135 Z** 195/296.   Y b

🏠 **Weinhotel Michel** garni, Mainzer Str. 74, ✉ 55411, ℘ (06721) 9 15 10,
Fax (06721) 915152, 🛏 – |🛗| 🆃🆅 ☎ ⇔ 🅿 – 🔥 15. 🆎 🇪 _VISA_. 🛠
30 Z 135/205.

🏠 **Martinskeller** 🦌 garni, Martinstr. 1, ✉ 55411, ℘ (06721) 1 34 75, Fax (06721) 2508
– 🆃🆅 ☎ ⇔. 🆎 ⓞ 🇪 _VISA_   Y f
23. - 30. Dez. geschl. – **15 Z** 115/195.

🏠 **Krone,** Rheinkai 19, ✉ 55411, ℘ (06721) 1 70 16, Fax (06721) 17210 – 🆃🆅 ☎. 🆎 ⓞ
🇪 _VISA_   Y n
über Ostern 2 Wochen und 27. Dez. - 6. Jan. geschl. – **Menu** (Sonntagabend - Montag
geschl.) à la carte 25/50 🍷 – **26 Z** 60/140.

171

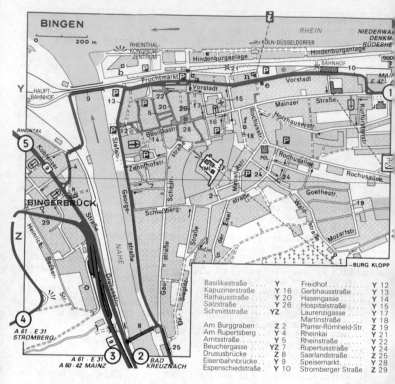

BINGEN

Basilikastraße	**Y**
Kapuzinerstraße . . .	**Y** 16
Rathausstraße	**Y** 20
Salzstraße	**Y** 26
Schmittstraße	**YZ**
Am Burggraben . .	**Z** 2
Am Rupertsberg . .	**Y** 4
Amtsstraße	**Y** 5
Beuchergasse . . .	**YZ** 7
Drususbrücke	**Z** 8
Eisenbahnbrücke . .	**Y** 9
Espenschiedstraße .	**Y** 10

Freidhof	**Y** 12
Gerbhausstraße . . .	**Y** 13
Hasengasse	**Y** 14
Hospitalstraße . . .	**Y** 15
Laurenzigasse . . .	**Y** 17
Martinstraße	**Y** 18
Pfarrer-Römheld-Str.	**Z** 19
Rheinkai	**Y** 21
Rheinstraße	**Y** 22
Rupertusstraße . . .	**Y** 24
Saarlandstraße . . .	**Z** 25
Speisemarkt	**Y** 28
Stromberger Straße	**Z** 29

🏠 **Rheinhotel Starkenburger Hof** garni, Rheinkai 1, ⊠ 55411, 𝒫 (06721) 1 43 41, Fax (06721) 13350 – 📺 ☎ 🝆 ⓐⓔ ⓞ 🝆 𝘝𝘐𝘚𝘈   **Y** a
Jan. - Feb. geschl. – **30 Z** 85/140.

✕✕ **Brunnenkeller,** Vorstadt 60, ⊠ 55411, 𝒫 (06721) 1 61 33, Fax (06721) 16133, 🍹 – ⓐⓔ 🝆 𝘝𝘐𝘚𝘈 𝖩𝖢𝖡   **Y** e
Freitagmittag, Samstagmittag und Sonntag geschl. – **Menu** (Tischbestellung ratsam) à la carte 45/80.

In Münster-Sarmsheim ② : 4 km :

🏠 **Münsterer Hof** garni, Rheinstr. 35, ⊠ 55424, 𝒫 (06721) 4 10 23, Fax (06721) 41025 – 📺 ☎ 🅿 ⓐⓔ 🝆
10 Z 95/145.

In Laubenheim ② : 6 km :

🍹 **Traube,** Naheweinstr. 66, ⊠ 55452, 𝒫 (06704) 12 28, Fax (06704) 1076 – 📺 ☎ 🅿 🍴 Aug. und Dez. - Jan. jeweils 2 Wochen geschl. – **Menu** (Sonn- und Feiertage geschl.) (nur Abendessen) à la carte 24/36 🝆 – **14 Z** 50/100.

BINZ Mecklenburg-Vorpommern siehe Rügen (Insel).

BINZEN Baden-Württemberg 𝟜𝟙𝟡 X 6 – 2 400 Ew – Höhe 285 m.
Berlin 858 – Stuttgart 260 – Freiburg im Breisgau 65 – Basel 11 – Lörrach 6.

🏛 **Mühle** ⓢ (mit 🏠 Gästehaus), Mühlenstr. 26, ⊠ 79589, 𝒫 (07621) 60 72, Fax (07621) 65808, « Gartenterrasse », 🍽 – ⨭ Zim, 📺 ☎ ⇔ 🅿 – ⚄ 40
Menu (Sonntag geschl.) à la carte 57/88 – **22 Z** 85/220.

🏠 **Ochsen,** Hauptstr. 42, ⊠ 79589, 𝒫 (07621) 6 23 26, Fax (07621) 69257, 🍹 – 📺 ☎ 🅿 ⓐⓔ 🝆 𝘝𝘐𝘚𝘈
Menu à la carte 38/63 – **24 Z** 75/180.

In Rümmingen *NO : 2 km :*

XX **Landgasthof Sonne,** Wittlinger Str. 3, ✉ 79595, ℰ (07621) 32 70, *Fax (07621) 3160,* – P. AE E VISA
Donnerstag, Jan. und Juni - Juli sowie Sept.- Okt. jeweils 2 Wochen geschl. – **Menu** 45/89 und à la carte.

In Schallbach *N : 4 km :*

Zur Alten Post, Alte Poststr. 16, ✉ 79597, ℰ (07621) 8 80 12, *Fax (07621) 88015,* – TV ☎ P – 25. AE E VISA
Menu *(Donnerstag - Freitagmittag und 1.- 8. Jan. geschl.)* à la carte 41/60 – **19 Z** 85/150.

BIPPEN *Niedersachsen* 415 *I 7 – 2 800 Ew – Höhe 90 m – Erholungsort.*
Berlin 445 – Hannover 163 – Bremen 111 – Lingen 32 – Osnabrück 45.

Forsthaus Maiburg, Maiburgstr. 26, ✉ 49626, ℰ (05435) 26 62, *Fax (05435) 2664,* – TV ☎ P – 20. AE E VISA
Menu *(Montag - Dienstagmittag geschl.)* à la carte 29/50 – **10 Z** 85/120.

BIRKENAU *Hessen* 417 419 *R 10 – 10 500 Ew – Höhe 110 m – Luftkurort.*
Verkehrsamt, Rathaus, Hauptstr. 119, ✉ 69488, ℰ (06201) 3 97 47, Fax (06201) 39755.
Berlin 611 – Wiesbaden 97 – Darmstadt 44 – Heidelberg 27 – Mannheim 22.

XX **Drei Birken,** Hauptstr. 170, ✉ 69488, ℰ (06201) 3 23 68, *Fax (06201) 3849,* P
Montag und 27. Juli - 14. Aug. geschl. – **Menu** à la carte 42/67.

BIRKENFELD *Baden-Württemberg siehe Pforzheim.*

BIRKENFELD (MAIN-SPESSART-KREIS) *Bayern* 417 419 *Q 13 – 1 800 Ew – Höhe 211 m.*
Berlin 517 – München 312 – Frankfurt am Main 100 – Würzburg 28.

In Birkenfeld-Billingshausen *NO : 2 km :*

XX **Goldenes Lamm** (Steinhaus a.d.J. 1883), Untertorstr. 13, ✉ 97834, ℰ (09398) 3 52, *Fax (09398) 514* – P – 50.
Montag - Dienstag geschl. – **Menu** à la carte 28/56.

BIRKENFELD *Rheinland-Pfalz* 417 *R 5 – 6 000 Ew – Höhe 396 m.*
Berlin 679 – Mainz 107 – Idar Oberstein 16 – Neunkirchen/Saar 46 – St. Wendel 26.

Oldenburger Hof, Achtstr. 7, ✉ 55765, ℰ (06782) 8 25, *Fax (06782) 9659,* , Biergarten – TV ☎ P – 25. AE E VISA
Menu *(Samstagmittag geschl.)* à la carte 31/50 – **11 Z** 80/110.

BIRKENWERDER *Brandenburg* 416 418 *H 23,* 984 ⑮ *– 5 700 Ew 60 m.*
Berlin 32 – Potsdam 45.

Andersen M garni, Clara-Zetkin-Str. 9 (2. Etage), ✉ 16547, ℰ (03303) 50 30 62, *Fax (03303) 503270* – TV ☎. AE E VISA JCB
17 Z 140/170.

BIRNBACH, BAD *Bayern* 420 *U 23 – 5 900 Ew – Höhe 450 m – Heilbad.*
Kurverwaltung, Neuer Marktplatz 1, ✉ 84364, ℰ (08563) 2 98 40, Fax (08563) 29850.
Berlin 618 – München 147 – Landshut 82 – Passau 46.

Sonnengut , Am Aunhamer Berg 2, ✉ 84364, ℰ (08563) 30 50, *Fax (08563) 305100,* , Massage, , , , (Thermal) – , Zim, TV ☎ P. AE E. Rest
Menu à la carte 43/60 – **89 Z** 140/280, 4 Suiten – ½ P 20.

Vital-Hotel Vierjahreszeiten , Brunnaderstr. 27, ✉ 84364, ℰ (08563) 30 80, *Fax (08563) 308111,* Massage, , , – , Zim, TV ☎ P. Rest *(nur Abendessen für Hausgäste)* – **77 Z** 83/232 – ½ P 25.

Sammareier Gutshof, Pfarrkirchner Str. 22, ✉ 84364, ℰ (08563) 29 70, *Fax (08563) 29713,* , Massage, , , , – TV ☎ . AE E
Menu à la carte 31/66 – **38 Z** 111/170, 5 Suiten – ½ P 33.

🏨 **Kurhotel Hofmark** 🦢, Professor-Drexel-Str. 16, ✉ 84364, 𝄞 (08563) 29 60, Fax (08563) 296295, 🍴, Massage, ♨, 🏊, direkter Zugang zur Therme – 🛗 📺 ☎ 👌 Ⓟ. 🍽 Rest
Menu à la carte 31/50 – **85 Z** 97/226, 4 Suiten – ½ P 29.

🏨 **Kurhotel Quellenhof** 🦢, Brunnaderstr. 11, ✉ 84364, 𝄞 (08563) 30 70, Fax (08563) 307200, 🍴, Massage, ♨, 🚾, 🔟, 🖈 – 🛗 📺 ☎ 👝 Ⓟ. 🍽 Rest
Dez. - Jan. geschl. – **Menu** (Donnerstag geschl.) à la carte 32/65 – **38 Z** 105/230 – ½ P 20.

🏠 **Alte Post**, Hofmark 23, ✉ 84364, 𝄞 (08563) 29 20, Fax (08563) 29299, 🍴, Massage,
🐝 ♨, 🚾, 🔟, 🖈 – 📺 ☎ Ⓟ. 🍽 Rest
29. Nov. - 20. Dez. geschl. – **Menu** à la carte 23/53 ♨ – **45 Z** 73/160, 3 Suiten – ½ P 20.

BISCHOFSGRÜN Bayern 420 P 19, 987 ㉙ – 2 200 Ew – Höhe 679 m – Heilklimatischer Kurort – Wintersport : 653/1 024 m ⟨4 ⟨6 (Skizirkus Ochsenkopf) – Sommerrodelbahn.
🅱 Verkehrsamt im Rathaus, Hauptstr. 27, ✉ 95493, 𝄞 (09276) 12 92, Fax (09276) 505.
Berlin 354 – München 259 – Bayreuth 27 – Hof 57.

🏨 **Sport-Hotel Kaiseralm** 🦢, Fröbershammer 31, ✉ 95493, 𝄞 (09276) 8 00, Fax (09276) 8145, ⟨ Bischofsgrün und Fichtelgebirge, 🍴, 🚾, 🔟, 🖈, 🏊(Halle) – 🛗,
⟨⟩ Zim, 📺 ☎ 👝 Ⓟ – 🔬 120. 🄰🄴 ⓞ Ⓔ 🆅🅸🆂🅰
Menu 27/30 und à la carte 49/65 – **117 Z** 110/260, 5 Suiten – ½ P 25.

🏠 **Kurhotel Puchtler - Deutscher Adler,** Kirchenring 4, ✉ 95493, 𝄞 (09276) 10 44, Fax (09276) 1250, Massage, ♨, ⟨⟩, 🚾, 🖈 ⟨ – 🛗, ⟨⟩ Zim, 📺 ☎ 👌 👝 Ⓟ – 🔬 40. 🆅🅸🆂🅰
Mitte Nov. - Mitte Dez. geschl. – **Menu** à la carte 24/54 – **41 Z** 68/196 – ½ P 20.

🏠 **Berghof** 🦢, Ochsenkopfstr. 40, ✉ 95493, 𝄞 (09276) 99 10, Fax (09276) 1301, ⟨, 🍴,
🚾, 🖈 – ☎ 👝 Ⓟ
Mitte Nov. - Mitte Dez. geschl. – **Menu** à la carte 27/54 – **30 Z** 65/126 – ½ P 21.

🏠 **Hirschmann** 🦢 garni, Fröbershammer 9, ✉ 95493, 𝄞 (09276) 4 37, Fax (09276) 1349, 🚾, 🖈 – 👝 Ⓟ. 🍽
6. Nov. - 20. Dez. geschl. – **18 Z** 50/96.

🏠 **Siebenstern** 🦢 garni, Kirchbühl 15, ✉ 95493, 𝄞 (09276) 3 07, Fax (09276) 8407, ⟨,
🏊, 🚾, 🖈 – Ⓟ
Nov. - 8. Dez. geschl. – **26 Z** 57/96.

🏠 **Jägerhof,** Hauptstr. 12, ✉ 95493, 𝄞 (09276) 2 57, Fax (09276) 8396, Biergarten, 🚾
👝 – 👝 Ⓟ
10. Nov. - 15. Dez. geschl. – **Menu** (Donnerstag geschl.) à la carte 23/49 ♨ – **16 Z** 58/96 – ½ P 17.

BISCHOFSHEIM A. D. RHÖN Bayern 418 420 O 14, 987 ㉗ – 5 700 Ew – Höhe 447 m – Erholungsort – Wintersport : 450/930 m ⟨10 ⟨5.
Ausflugsziel : Kreuzberg (Kreuzigungsgruppe ⟨★) SW : 7 km.
🅱 Verkehrsverein, Altes Amtsgericht, Kirchplatz 5, ✉ 97653, 𝄞 (09772) 14 52, Fax (09772) 1054.
Berlin 421 – München 364 – Fulda 39 – Bad Neustadt an der Saale 20 – Würzburg 96.

🏠 **Adler,** Ludwigstr. 28, ✉ 97653, 𝄞 (09772) 3 20, Fax (09772) 8898, 🚾, 🖈 – 📺 👝
Ⓟ
Mitte Nov. - Mitte Dez. geschl. – **Menu** à la carte 27/38 – **18 Z** 48/96 – ½ P 20.

In Bischofsheim-Haselbach :

🏠 **Luisenhof** 🦢, Haselbachstr. 93, ✉ 97653, 𝄞 (09772) 18 80, Fax (09772) 8654, 🍴,
🚾, 🖈 – Ⓟ – 🔬 30. 🄰🄴 Ⓔ
Mitte Nov. - Mitte Dez. geschl. – **Menu** (Mittwoch geschl.) à la carte 22/38 – **13 Z** 55/86 – ½ P 18.

In Bischofsheim-Oberweißenbrunn W : 5 km :

🏠 **Zum Lamm,** Geigensteinstr. 26 (B 279), ✉ 97653, 𝄞 (09772) 2 96, Fax (09772) 298,
🚾, 🖈 – 📺 ☎ 👝 Ⓟ. 🄰🄴 Ⓔ 🆅🅸🆂🅰
10. Nov. - 19. Dez. geschl. – **Menu** à la carte 22/44 ♨ – **23 Z** 40/92 – ½ P 21.

BISCHOFSMAIS Bayern 420 T 23 – 3 200 Ew – Höhe 685 m – Erholungsort – Wintersport : 700/1 097 m ⟨6 ⟨8.
🅱 Verkehrsamt im Rathaus, ✉ 94253, 𝄞 (09920) 13 80, Fax (09920) 1200.
Berlin 536 – München 159 – Deggendorf 18 – Regen 10.

🏠 **Alte Post,** Dorfstr. 2, ✉ 94253, 𝄞 (09920) 9 40 20, Fax (09920) 940244, 🚾 – 🛗,
⟨⟩ Zim, ☎ Ⓟ. 🄰🄴 Ⓔ 🆅🅸🆂🅰
Nov. - 18. Dez. geschl. – **Menu** (Donnerstag geschl.) à la carte 23/46 – **33 Z** 62/104 – ½ P 15.

In Bischofsmais-Habischried *NW : 4,5 km :*

Schäfflerstubn, Ortsstr. 2, ✉ 94253, ☎ (09920) 13 75, *Fax (09920) 8318,* – TV ☎ P
10. Nov. - 20. Dez. geschl. – **Menu** *(Montag geschl.)* (Dienstag - Donnerstag nur Abendessen) à la carte 24/42 – **12 Z** 49/95 – ½ P 15.

BISCHOFSWERDA *Sachsen* 418 *M 26,* 984 ⑳ ㉔, 987 ⑲ – *14 600 Ew – Höhe 290 m.*

Stadtinformation, Altmarkt 1 (Rathaus), ✉ 01877, ☎ (03594) 78 62 41, Fax (03594) 786214.

Berlin 213 – Dresden 32 – Cottbus 91 – Görlitz 62.

Holzmann Hotel am Markt, Altmarkt 30, ✉ 01877, ☎ (03594) 75 10, *Fax (03594) 751400* – Zim, TV ☎ – 25.
32 Z.

Goldener Engel, Altmarkt 25, ✉ 01877, ☎ (03594) 70 53 38, *Fax (03594) 705339* – TV ☎. E
Menu à la carte 19/36 – **21 Z** 65/130.

In Bischofswerda-Belmsdorf *SO : 2 km :*

Gutshof, Alte Belmsdorfer Str. 33, ✉ 01877, ☎ (03594) 70 52 00, *Fax (03594) 705201* – TV ☎ P
(nur Abendessen für Hausgäste) – **10 Z** 75/130.

Pour tirer le meilleur profit de ce guide, lisez les pages explicatives de l'introduction.

BISCHOFSWIESEN *Bayern* 420 *X 22,* 987 ㊶ – *7 500 Ew – Höhe 600 m – Heilklimatischer Kurort – Wintersport : 600/1 390 m* *2* *3.*

Verkehrsverein, Hauptstr. 48 (B 20), ✉ 83483, ☎ (08652) 72 25, Fax (08652) 7895.

Berlin 736 – München 148 – Bad Reichenhall 13 – Berchtesgaden 5 – Salzburg 28.

Mooshäusl, Jennerweg 11, ✉ 83483, ☎ (08652) 72 61, Fax (08652) 7340, ≤ Watzmann, Hoher Göll und Brett, – P. Rest
10. - 28. Jan. und 24. Okt. - 20. Dez. geschl. – (nur Abendessen für Hausgäste) – **20 Z** 55/115.

Gran Sasso, Hauptstr. 30(B 20), ✉ 83483, ☎ (08652) 82 50, *Fax (08652) 8250,* – P. AE E VISA
Dienstag und über Pfingsten geschl., Montag - Freitag nur Abendessen – **Menu** (italienische Küche) à la carte 48/70.

BISPINGEN *Niedersachsen* 415 416 *G 13,* 987 ⑯ – *5 300 Ew – Höhe 70 m – Luftkurort.*

Verkehrsverein, Rathaus, Borsteler Str. 4, ✉ 29646, ☎ (05194) 3 98 50, Fax (05194) 39816.

Berlin 335 – Hannover 94 – Hamburg 71 – Lüneburg 45.

König-Stuben, Luheweg 25, ✉ 29646, ☎ (05194) 5 14, *Fax (05194) 7447,* – TV ☎ P
20. Jan.- 25. Feb. geschl. – **Menu** à la carte 30/58 – **25 Z** 78/156.

Rieckmanns Gasthof, Kirchweg 1, ✉ 29646, ☎ (05194) 95 10, *Fax (05194) 95134,* « Cafégarten », – TV ☎ P. AE E VISA
Mitte Dez. - Mitte Jan. geschl. – **Menu** *(Nov. - April Montag geschl.)* à la carte 22/46 – **21 Z** 70/130.

In Bispingen-Behringen *NW : 4 km :*

Zur Grünen Eiche, Mühlenstr. 6, ✉ 29646, ☎ (05194) 9 85 80, *Fax (05194) 9858199* – Zim, TV ☎ P – 20
Menu *(Mahlzeiten in Riekmann's Gasthof)* – **24 Z** 65/130.

Niedersachsen Hof mit Zim, Widukindstr. 3, ✉ 29646, ☎ (05194) 77 50, *Fax (05194) 2755,* – TV ☎ P. AE E VISA
Jan. - Feb. geschl. – **Menu** *(Okt. - Juni Dienstag geschl.)* à la carte 33/67 – **5 Z** 75/130.

In Bispingen-Hützel *NO : 2,5 km :*

Ehlbeck's Gasthaus, Bispinger Str. 8, ✉ 29646, ☎ (05194) 23 19, *Fax (05194) 2319,* – TV P. AE E
Mitte Feb. - Mitte März geschl. – **Menu** *(Nov. - Juli Montag geschl.)* à la carte 29/55 – **14 Z** 65/128 – ½ P 24.

In Bispingen-Niederhaverbeck NW : 10 km

🏠 **Menke** ॐ, ✉ 29646, ℰ (05198) 3 30, Fax (05198) 1275, 🏡, ⊜s, 🛋 – 📺 ⬅ 🅿
– 🕮 25
Anfang Feb. - Mitte März geschl. – **Menu** (Nov. - Juli Donnerstag geschl.) à la carte 33/68
– **16 Z** 80/164.

🍽 **Landhaus Haverbeckhof** ॐ (mit Gästehäusern), ✉ 29646, ℰ (05198) 9 89 80,
Fax (05198) 989818, 🏡, 🛋 – 🅿. 🕮 E 𝓥𝓘𝓢𝓐
Menu à la carte 26/58 (auch vegetarische Gerichte) – **26 Z** 44/128 – ½ P 24.

BISSENDORF KRS. OSNABRÜCK Niedersachsen 🗺 J 8 – 13 100 Ew – Höhe 108 m.
🏌 Jeggen (N : 8 km), ℰ (05402) 6 36.
Berlin 414 – Hannover 129 – Bielefeld 49 – Osnabrück 13.

In Bissendorf-Schledehausen NO : 8 km – Luftkurort :

🏠 **Bracksiek,** Bergstr. 22, ✉ 49143, ℰ (05402) 9 90 30, Fax (05402) 990351, 🏡 – 🖊
📺 ☎ 📞 👌 ⬅ 🅿 – 🕮 100. 🎸 Rest
Menu (Montag - Mittwoch nur Abendessen) à la carte 34/79 – **24 Z** 88/180 – ½ P 20.

BISTENSEE Schleswig-Holstein siehe Rendsburg.

BITBURG Rheinland-Pfalz 🗺 Q 3, 🗺 ㉕ – 11 700 Ew – Höhe 339 m.
🏌 Golf Resort Bitburger Land, ✉ 54621 Bitburg, ℰ (06527) 18 63.
🅱 Tourist-Information Bitburger Land, Bedaplatz 11, ✉ 54634, ℰ (06561) 89 34, Fax
(06561) 4646.
Berlin 705 – Mainz 165 – Trier 31 – Wittlich 36.

🏠 **Eifelbräu,** Römermauer 36, ✉ 54634, ℰ (06561) 91 00, Fax (06561) 910100 – 📺 ☎
⬅ 🅿 – 🕮 150. ⓞ E 𝓥𝓘𝓢𝓐
Menu (Montag geschl.) à la carte 32/59 – **28 Z** 85/150.

🍽 **Zum Simonbräu** mit Zim, Am Markt 7, ✉ 54634, ℰ (06561) 33 33, Fax (06561) 3373,
Biergarten – 🖊 📺 ☎ 🅿 – 🕮 20. 🎸 ⓞ E 𝓥𝓘𝓢𝓐
Menu à la carte 36/64 – **5 Z** 90/150.

In Rittersdorf NW : 4 km :

🏠 **Am Wisselbach,** Bitburger Str. 2, ✉ 54636, ℰ (06561) 70 57, Fax (06561) 12293, ⊜s,
🛋 – 📺 ☎ 🅿. 🎸 ⓞ E 𝓥𝓘𝓢𝓐. 🎸 Rest
Menu (Mittwochmittag und 10. - 31. Jan. geschl.) à la carte 29/61 – **23 Z** 70/160.

🍽 **Burg Rittersdorf,** in der Burg, ✉ 54636, ℰ (06561) 9 65 70, 🏡, « Wasserburg a.d.
15. Jh. » – 🅿. 🎸 E 𝓥𝓘𝓢𝓐. 🎸
Montag geschl. – **Menu** à la carte 43/72.

In Dudeldorf O : 11 km über die B 50 :

🏨 **Romantik Hotel Zum alten Brauhaus,** Herrengasse 2, ✉ 54647,
ℰ (06565) 20 57, Fax (06565) 2125, « Gartenterrasse », 🛋 – 📺 ☎ 🅿. 🎸 ⓞ E 𝓥𝓘𝓢𝓐.
🎸 Rest
Jan. geschl. – **Menu** (Mittwoch geschl.) (wochentags nur Abendessen) à la carte 46/75 –
15 Z 120/240 – ½ P 39.

Am Stausee Bitburg NW : 12 km über Biersdorf

🏰 **Dorint Sporthotel Südeifel** ॐ, ✉ 54636 Biersdorf, ℰ (06569) 9 90,
Fax (06569) 7909, ≼, 🏡, Massage, ⊜s, 🖼, 🛋, 🎾 (Halle) – 🖊, ⇆ Zim, 📺 🪴 🅿 –
🕮 250. 🎸 ⓞ E 𝓥𝓘𝓢𝓐 𝓙𝓒𝓑. 🎸 Rest
Menu à la carte 41/66 – **100 Z** 175/290, 4 Suiten – ½ P 37.

🏠 **Waldhaus Seeblick** ॐ, Ferienstr. 1, ✉ 54636 Biersdorf, ℰ (06569) 9 69 90,
⬅ Fax (06569) 969950, ≼ Stausee, « Terrasse », 🛋 – 📺 ☎ 🅿. 🎸 Rest
5. Jan. - 15. Feb. geschl. – **Menu** à la carte 24/53 ⅃ – **22 Z** 68/120 – ½ P 20.

🏠 **Berghof** ॐ, Ferienstr. 3, ✉ 54636 Biersdorf, ℰ (06569) 8 88, Fax (06569) 880,
≼ Stausee, 🛋 – 📺 ☎ ⬅ 🅿
20. Nov. - 25. Dez. geschl. – (nur Abendessen für Hausgäste) – **12 Z** 60/110.

BITTERFELD Sachsen-Anhalt 🗺 L 20, 🗺 ⑲, 🗺 ⑱ – 25 000 Ew – Höhe 80 m.
Berlin 151 – Magdeburg 96 – Leipzig 40.

🏨 **Rema-Hotel Ambassador,** Zörbiger Str. 47, ✉ 06749, ℰ (03493) 2 13 40,
Fax (03493) 21346, Biergarten – ⇆ Zim, 📺 ☎ 🅿 – 🕮 50. 🎸 ⓞ E 𝓥𝓘𝓢𝓐 𝓙𝓒𝓑. 🎸 Rest
Menu (Samstagmittag und Sonntagabend geschl.) à la carte 30/54 – **68 Z** 170/330.

BLAIBACH Bayern siehe Kötzting.

BLAICHACH Bayern siehe Sonthofen.

BLANKENBACH Bayern **417** P 11 – 1 300 Ew – Höhe 175 m.
Berlin 538 – München 356 – Aschaffenburg 15 - Frankfurt am Main 48.

XX   **Landgasthof Behl,** Krombacher Str. 2, ⊠ 63825, ℰ (06024) 47 66, Fax (06024) 5766
🐾   – **P.** AE **O** E **VISA**
Montag geschl. – **Menu** à la carte 38/69.

BLANKENBURG Sachsen-Anhalt **418** K 16, **987** ⑰ – 22 400 Ew – Höhe 225 m.
🛈 Kurverwaltung, Langestr. 17, ⊠ 38889, ℰ (03944) 28 98, Fax (03944) 63102.
Berlin 222 – Magdeburg 71 – Göttingen 124 – Halle 88 – Nordhausen 42.

🏨   **Kurhotel Fürstenhof,** Mauerstr. 9, ⊠ 38889, ℰ (03944) 9 04 40,
Fax (03944) 9044299, 🏤 – 🛗 🔟 ☎ 🕭 🖚 **P.** AE **O** E **VISA**
Menu à la carte 32/60 – **27 Z** 98/170.

🏠   **Berghotel Vogelherd** ⬩, Am Vogelherd 10, ⊠ 38889, ℰ (03944) 92 60,
Fax (03944) 365035, ≤, 🏤, ≘s, 🐎 – 🛗 🔟 ☎ 🖚 **P** – 🕍 50. E **VISA**. ⬩ Rest
Menu à la carte 31/56 – **82 Z** 90/220 – ½ P 25.

BLANKENBURG, BAD Thüringen **418** N 17, **984** ㉓, **987** ㉘ – 8 000 Ew – Höhe 220 m.
🛈 Fremdenverkehrsamt, Magdeburger Gasse 1, ⊠ 07422, ℰ (036741) 26 67, Fax
(036741) 2667.
Berlin 293 – Erfurt 57 – Bayreuth 126 – Coburg 82 – Gera 77.

🏨   **Am Goldberg** M ⬩, Goetheweg 9, ⊠ 07422, ℰ (036741) 26 05, Fax (036741) 42213,
🏤, « Elegante Einrichtung », ≘s, 🔳, 🐎, ⬩ – 🛗, ⇥ Zim, 🔟 ⅋ **P** – 🕍 60. AE **O**
E **VISA**
Menu (bemerkenswerte Weinkarte) à la carte 36/64 (auch vegetarische Gerichte) –
40 Z 118/235 – ½ P 30.

🏠   **Weinhaus Eberitzsch,** Schwarzburger Str. 19, ⊠ 07422, ℰ (036741) 23 53,
Fax (036741) 2427, Biergarten, ≘s – 🔟 ☎ 🖚 **P** – 🕍 25
Menu (Donnerstag geschl.) à la carte 35/68 – **32 Z** 70/130 – ½ P 25.

🏠   **Zum Steinhof,** Wirbacher Str. 6, ⊠ 07422, ℰ (036741) 34 70, Fax (036741) 41035,
🐾   🏤, ≘s ⬩ 🔟 ☎ 🕭 **P.** AE **O** E **VISA** JCB
Menu à la carte 22/35 – **28 Z** 90/130.

BLANKENHEIM Nordrhein-Westfalen **417** O 3, **987** ㉕ – 9 500 Ew – Höhe 497 m – Erholungsort.
🛈 Verkehrsbüro im Rathaus, Rathausplatz, ⊠ 53945, ℰ (02449) 83 33, Fax (02449)
07115.
Berlin 638 – Düsseldorf 110 – Aachen 77 – Köln 74 – Trier 99.

🏠   **Kölner Hof,** Ahrstr. 22, ⊠ 53945, ℰ (02449) 14 05, Fax (02449) 1061, 🏤, ≘s – 🔟
☎ 🖚 **P.** AE E **VISA**
2.- 26. März geschl. – **Menu** (Mittwoch geschl.) à la carte 34/68 – **23 Z** 80/130 – ½ P 35.

BLAUBACH Rheinland-Pfalz siehe Kusel.

BLAUBEUREN Baden-Württemberg **419** U 13, **987** ㉚ ㊴ – 11 500 Ew – Höhe 519 m.
Sehenswert : Ehemalige Klosterkirche (Hochaltar★★, Chorgestühl★).
Berlin 633 – Stuttgart 81 – Reutlingen 57 – Ulm (Donau) 18.

🏨   **Ochsen,** Marktstr. 4, ⊠ 89143, ℰ (07344) 62 65, Fax (07344) 8430 – ⇥ Zim, 🔟 ☎
🖚 **P** – 🕍 15. AE **O** E **VISA**
Jan. 2 Wochen geschl. – **Menu** (Sonntagabend geschl.) à la carte 32/59 – **30 Z** 85/150.

🏠   **Adler,** Karlstr. 8, ⊠ 98143, ℰ (07344) 50 27, Fax (07344) 21147 🔟 ☎
🐾   **Menu** (Mittwoch geschl.) à la carte 21/38 – **15 Z** 75/120.

In Blaubeuren-Weiler W : 2 km :

🏠   **Forellenfischer** ⬩ garni, Aachtalstr. 5, ⊠ 89143, ℰ (07344) 50 24,
Fax (07344) 21199 – 🔟 ☎ **P.** E **VISA**
Mitte Dez. Mitte Jan. geschl. – **20 Z** 80/135.

XX   **Forellen-Fischer,** Aachtalstr. 6, ⊠ 89143, ℰ (07344) 65 45 – **P.** **O** **VISA**
Sonntagabend - Montag, Jan. 3 Wochen und 24. - 31. Aug. geschl. – **Menu** à la carte 39/67.

BLAUFELDEN Baden-Württemberg **419 420** S 13, **987** ㉘ – 4500 Ew – Höhe 460 m.
Berlin 539 – Stuttgart 123 – Heilbronn 80 – Nürnberg 122 – Würzburg 89.

🏠 **Zum Hirschen,** Hauptstr. 15, ✉ 74572, ℰ (07953) 10 41, Fax (07953) 1043, 🌧,
« Modern - elegante Einrichtung » – 📺 🕿 🍴 🄿 – 🔏 20. 🅴 🆅🆂🅰
Jan. geschl. – **Menu** (Montag, Okt. - März auch Sonntagabend geschl.) (Tischbestellung
ratsam, auch regionale Küche, bemerkenswerte Weinkarte) 48/145 und à la carte 45/98
– **12 Z** 88/296
Spez. Saibling auf Lauch gedämpft. Kotelett vom Hohenloher Charolais-Rind. Taube mit
Sauce Pèrigeux.

BLECKEDE Niedersachsen **415 416** G 16, **987** ⑰ – 8000 Ew – Höhe 10 m.
Berlin 268 – Hannover 148 – Schwerin 94 – Lüneburg 24 – Hamburg 66.

🏠 **Landhaus an der Elbe** 🦢, Elbstr. 5, ✉ 21354, ℰ (05852) 12 30, Fax (05852) 3022,
🌧, 🌳 – 📺 🕿 🄿
Menu (Freitag geschl.) à la carte 27/42 – **16 Z** 75/170.

BLEIALF Rheinland-Pfalz siehe Prüm.

BLEICHERODE Thüringen **418** L 15, **984** ⑲, **987** ⑰ – 7500 Ew – Höhe 405 m.
🛈 Stadtinformation, Hauptstr. 55, ✉ 99752, ℰ (036338) 4 35 35, Fax (036338) 43536.
Berlin 279 – Erfurt 80 – Göttingen 62 – Nordhausen 19.

🏠 **Confidenz Harz** 🦢, Förster-Genzel-Str. 4, ✉ 99752, ℰ (036338) 380,
Fax (036338) 38100, ≤, 🌧, 🍴, 🅾 – 🛗, 🗠 Zim, 📺 🕿 🍴 🐕 🄿 – 🔏 45. 🅴 🅾 🅴
🆅🆂🅰
Menu à la carte 32/69 – **31 Z** 110/180.

🏠 **Berliner Hof,** Hauptstr. 62, ✉ 99752, ℰ (036338) 4 24 54, Fax (036338) 60924 – 📺
🕿 – 🔏 50. 🅴 🅴 🆅🆂🅰
Menu à la carte 20/40 – **17 Z** 75/123 – ½ P 18.

BLIESKASTEL Saarland **417** S 5, **987** ㉖ – 25000 Ew – Höhe 211 m – Kneippkurort.
🛈 Kultur- und Verkehrsamt, Kardinal-Wendel-Str.56, ✉ 66440, ℰ (06842) 5 20 75, Fax
(06842) 52076.
Berlin 693 – Saarbrücken 30 – Neunkirchen/Saar 16 – Sarreguemines 24 –
Zweibrücken 12.

🏠 **Zur Post,** Kardinal-Wendel-Str. 19 a, ✉ 66440, ℰ (06842) 9 21 60 (Hotel) 5 22 53 (Rest.),
Fax (06842) 4202 – 📺 🕿
– **Zur Alten Post** (Samstagmittag und Mittwoch geschl.) **Menu** à la carte 42/60 –
12 Z 72/160.

✗ **Am Rathaus,** Von-der-Leyen-Str.9, ✉ 66440, ℰ (06842) 32 43 – 🅴 🆅🆂🅰
Dienstag geschl. – **Menu** à la carte 40/69.

✗ **Gasthaus Schwalb,** Gerbergasse 4, ✉ 66440, ℰ (06842) 23 06, Fax (06842) 4095 –
🦢
Sonntagabend – Montag geschl. – **Menu** à la carte 30/61 🦐.

In Blieskastel-Mimbach O : 1,5 km :

🏠 Bliestal-Hotel, Breitfurter Str. 10, ✉ 66440, ℰ (06842) 27 60, Fax (06842) 4156 – 📺
🕿 🄿. 🦢 Rest
13 Z.

In Blieskastel-Niederwürzbach NW : 5 km :

✗ **Hubertushof** 🦢 mit Zim, Kirschendell 32, ✉ 66440, ℰ (06842) 65 44,
Fax (06842) 7866, 🌧, Damwildgehege – 🦢 Rest, 📺 🕿 🄿. 🦢
1.- 14. Jan. und Juli-Aug. 2 Wochen geschl. – **Menu** (Dienstag geschl.) à la carte 36/75 –
6 Z 68/122.

BLOMBERG Nordrhein-Westfalen **417** K 11, **987** ⑯ – 16000 Ew – Höhe 200 m.
🛅 Blomberg-Cappel, ℰ (05236) 4 59.
🛈 Touristen Information, Hindenburgplatz 1, ✉ 32825, ℰ (05235) 50 44 10, Fax (05235)
504610.
Berlin 357 – Düsseldorf 208 – Hannover 75 – Detmold 21 – Paderborn 38.

🏠 **Burghotel Blomberg** 🦢, Am Brink 1, ✉ 32825, ℰ (05235) 5 00 10,
Fax (05235) 500145, 🌧, « Mittelalterliche Burg », ≘s, 🗠 – 🛗, 🗠 Zim, 📺 🄿 – 🔏 100.
🅴 🅾 🅴 🆅🆂🅰 🅹🅲🅱
Menu à la carte 58/89 – **52 Z** 130/280.

178

🏠 **Deutsches Haus,** Marktplatz 7, ✉ 32825, ☏ (05235) 4 68, *Fax (05235) 2715* – 📺 ☎
– 🛏 60
Menu à la carte 34/70 – **16 Z** 90/150.

🏠 **Café Knoll,** Langer Steinweg 33, ✉ 32825, ☏ (05235) 9 60 00, *Fax (05235) 7398,*
« Historische Fachwerkfassade a.d.J.1622 » – 📺 ☎ 🅿 🆎 ⋿ 𝖵𝖨𝖲𝖠
Menu *(Montag geschl.)* (wochentags nur Abendessen) à la carte 26/56 – **10 Z** 85/130.

BLUMBERG *Baden-Württemberg* 🔢 *W 9 – 10 000 Ew – Höhe 703 m.*
🛈 *Verkehrsamt, Hauptstr. 97 (Rathaus),* ✉ *78176,* ☏ *(07702) 51 28, Fax (07702) 5155.*
Berlin 760 – Stuttgart 143 – Freiburg im Breisgau 70 – Schaffhausen 26 – Waldshut-Tiengen 44 – Donaueschingen 17.

In Blumberg-Epfenhofen *SO : 3 km :*

🏠 **Löwen,** Kommentalstr. 2, ✉ 78176, ☏ (07702) 21 19, *Fax (07702) 3903,* 🚗 – 🛗 📺
🐾 🅿 ⋿
Jan. 3 Wochen geschl. – **Menu** *(Freitag geschl.)* à la carte 24/45 – **25 Z** 59/98.

BLUMBERG KREIS BERNAU *Brandenburg* 🔢🔢 *I 24,* 🔢 ⑱, 🔢 ⑯ *– 1 700 Ew –*
Höhe 75 m.
Berlin 22 – Potsdam 53 – Bad Freienwalde 37 – Frankfurt an der Oder 94.

🏠 **Bürotel - Am Rehhan** garni, Ehrig-Hahn-Str. 3 (Gewerbegebiet), ✉ 16356,
☏ (033394) 51 40, *Fax (033394) 51497* – 🛗 ✎ 📺 ☎ 📞 🅿 – 🛏 50. 🆎 ⋿ 𝖵𝖨𝖲𝖠
– **65 Z** 93/166.

🏠 **Hotel am Lennépark,** Kietz 2a (B 158), ✉ 16356, ☏ (033394) 5 00,
Fax (033394) 50251, 🌳 – 📺 ☎ 📞 👤 🅿 – 🛏 35. 𝖵𝖨𝖲𝖠
Menu à la carte 26/50 – **26 Z** 95/145.

Attenzione ! La Guida non elenca tutte le risorse alberghiere
È il risultato di una selezione, volontaria, limitata

BOBINGEN *Bayern* 🔢🔢 *V 16,* 🔢 ㉚ *15 100 Ew – Höhe 526 m*
Berlin 576 – München 78 – Augsburg 13.

🏠 **Schempp,** Hochstr. 74, ✉ 86399, ☏ (08234) 99 90, *Fax (08234) 999299,* 🌳 – 🛗,
✎ Zim, 📺 ☎ 🚗 🅿 – 🛏 30. 🆎 ⓞ ⋿ 𝖵𝖨𝖲𝖠
Menu à la carte 27/57 – **48 Z** 105/205.

BOCHOLT *Nordrhein-Westfalen* 🔢 *K 3,* 🔢 ⑭ *– 70 000 Ew – Höhe 26 m.*
🛈 *Stadtinformation, Kreuzstr. 27,* ✉ *46395,* ☏ *(02871) 50 44, Fax (02871) 105927.*
Berlin 575 – Düsseldorf 8183 – Arnhem 57 – Enschede 58 – Münster (Westfalen) 82.

🏛 **Am Erzengel,** Münsterstr. 250 (B 67), ✉ 46397, ☏ (02871) 1 40 95,
Fax (02871) 184499, 🌳 , « Elegante, individuelle Zimmereinrichtung » – 🛗, ✎ Zim, 📺
👤 🚗 🅿 – 🛏 100. 🆎 ⋿ 𝖵𝖨𝖲𝖠 𝖩𝖢𝖡
Menu *(Montagmittag und Juli - Aug. 3 Wochen geschl.)* à la carte 33/65 **35 Z** 140/
220.

🏠 **Zigeuner-Baron,** Bahnhofstr. 17, ✉ 46395, ☏ (02871) 1 23 95, *Fax (02871) 15318,*
Biergarten – 📺 ☎ 🅿 🆎 ⓞ ⋿ 𝖵𝖨𝖲𝖠 ✄
Menu à la carte 32/62 – **11 Z** 95/160.

🍴🍴 **Bacco,** Bismarckstr. 7, ✉ 46397, ☏ (02871) 18 31 41, *Fax (02871) 16901* – 🆎 ⓞ ⋿
𝖵𝖨𝖲𝖠
Montag geschl. – **Menu** (Tischbestellung ratsam, italienische Küche) à la carte 37/66.

BOCHUM *Nordrhein-Westfalen* 🔢 *L 5,* 🔢 ⑮ *– 403 000 Ew – Höhe 83 m.*
Sehenswert : *Bergbaumuseum*★★ Y – *Eisenbahnmuseum*★ X.
🛖 *Bochum-Stiepel, im Mailand 125 (über ③),* ☏ *(0234) 79 98 32.*
🛈 *Verkehrsverein im Hauptbahnhof,* ✉ *44787,* ☏ *(0234) 1 30 31, Fax (0234) 65727.*
🛈 *Informationszentrum Ruhr-Bochum, Rathaus, Rathausplatz,* ✉ *44787,*
☏ *(0234) 9 10 39 75*
ADAC, Ferdinandstr. 12, ✉ 44789, ☏ (0234) 31 10 01, *Fax (0234) 309809.*
Berlin 518 ① – Düsseldorf 47 ⑤ – Dortmund 21 ① – Essen 17 ⑤

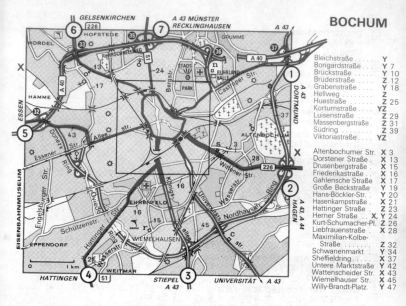

BOCHUM

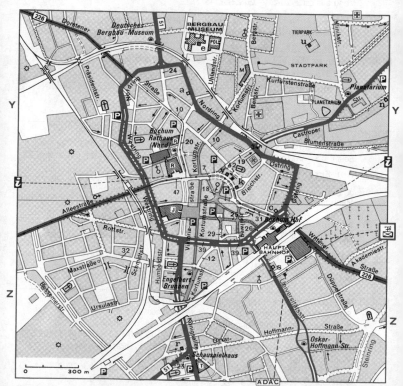

🏨 **Holiday Inn,** Massenbergstr. 19, ⊠ 44787, ℰ (0234) 96 90, Fax (0234) 9692222, 🚗
– 📳, 🛬 Zim, 🗏 📺 🕿 🕹 🚗 – 🕹 120. 🕮 🕮 🕦 🗲 VISA JCB
Menu à la carte 43/68 – **162 Z** 199/359. Z c

🏨 **Excelsior,** Max-Greve-Str. 32, ⊠ 44791, ℰ (0234) 9 55 50, Fax (0234) 9555555 – 📺
🕿 📞 📞 – 🕹 50. 🕮 🕮 🕦 🗲 VISA
Menu (Montag - Dienstag geschl.) (nur Abendessen) à la carte 42/56 – **32 Z** 125/206. Y n

🏨 **Novotel,** Stadionring 22, ⊠ 44791, ℰ (0234) 5 06 40, Fax (0234) 5064444, 🍴, 🚗,
🛁 (geheizt) – 📳, 🛬 Zim, 🗏 📺 🕿 🕹 📞 – 🕹 150. 🕮 🕮 🕦 🗲 VISA X n
Menu à la carte 40/67 – **119 Z** 190/241.

🏨 **Oekey,** Auf dem Alten Kamp 10, ⊠ 44803, ℰ (0234) 38 81 30, Fax (0234) 3881388,
🍴 – 📺 🕿 📞 📞 🕮 🕦 🗲 VISA JCB X c
Menu (Samstagmittag und Sonntag - Montag geschl.) à la carte 46/72 – **17 Z** 110/150.

🏨 **Acora,** Nordring 44, ⊠ 44787, ℰ (0234) 6 89 60, Fax (0234) 67473 – 📳, 🛬 Zim, 📺
🕿 📞 – 🕹 60. 🕮 🕮 🕦 🗲 VISA Y a
Menu (Sonntagmittag geschl.) à la carte 31/55 – **224 Z** 165/195.

🏨 **Schmidt-Mönnikes,** Drusenbergstr. 164, ℰ 44789, ℰ (0234) 33 39 60 (Hotel)
31 24 69 (Rest.), Fax (0234) 3339666 – 📺 🕿 📞 📞 🕮 🗲 VISA X r
Weihnachten - Anfang Jan. geschl. – **Vitrine** (Samstagmittag und Sonntagabend geschl.)
Menu à la carte 30/58 – **32 Z** 97/160.

🏨 **Ibis Bochum Zentrum,** Universitätsstr. 3, ⊠ 44789, ℰ (0234) 3 33 11,
Fax (0234) 3331867 – 📳, 🛬 Zim, 📺 🕿 📞 – 🕹 40. 🕮 🕦 🗲 VISA. 🍴 Rest Z s
Menu 29 und à la carte – **157 Z** 123/168.

🍴🍴🍴 **Gastronomie im Stadtpark,** Klinikstr. 41, ⊠ 44791, ℰ (0234) 50 70 90,
Fax (0234) 5070999, 🍴 – 🕹 📞 – 🕹 350. 🕮 🕦 🗲 VISA Y u
Montag, Okt.- März Sonntagabend und Jan. 2 Wochen geschl. – **Menu** à la carte 53/78.

🍴🍴 **Stammhaus Fiege,** Bongardstr. 23, ⊠ 44787, ℰ (0234) 1 26 43, Fax (0234) 66271,
« Rustikal-gemütliche Einrichtung » – 🕮 🗲 Y v
Sonntagabend, Donnerstag und Juli - Aug. 2 Wochen geschl. – **Menu** à la carte 46/72.

🍴🍴 **Jacky Ballière,** Wittener Str. 123, ⊠ 44803, ℰ (0234) 33 57 60 – 🗲 VISA. 🍴 X s
Sonntag - Montag geschl. – **Menu** (nur Abendessen, Tischbestellung ratsam) à la carte 54/64.

🍴🍴 **Alt Nurnberg,** Königsallee 16, ⊠ 44789, ℰ (0234) 31 16 98, Fax (0234) 311989 – 🕮
🕦 🗲 VISA Z r
Montag geschl. – **Menu** (nur Abendessen) à la carte 42/74.

🍴🍴 **Altes Bergamt,** Schillerstr. 20, ⊠ 44791, ℰ (0234) 95 19 80, Fax (0234) 9519888, 🍴
– 🕹 50. 🕦 🗲 VISA Y e
Sonn- und Feiertage geschl. – **Menu** à la carte 36/74.

🍴 **Mutter Wittig,** Bongardstr. 35, ⊠ 44787, ℰ (0234) 1 21 41, Fax (0234) 685501, 🍴,
« Rustikale Einrichtung » – 🕮 🕦 🗲 VISA Y k
Menu à la carte 32/60.

Beim Ruhrpark-Einkaufszentrum über die A 40 X :

🏨 **Avalon,** Kohlleppelsweg 45, ⊠ 44791, ℰ (0234) 9 25 90, Fax (0234) 9259625, 🍴, 🚗
– 📳, 🛬 Zim, 📺 🕿 🕹 📞 – 🕹 80. 🕮 🕦 🗲 VISA
Menu à la carte 42/72 – **108 Z** 188/296.

In Bochum-Harpen über ① :

🍴🍴 **Brinkhoff's Stammhaus,** Harpener Hellweg 157, ⊠ 44805, ℰ (0234) 23 35 49, 🍴
– 📞
Dienstag geschl. – **Menu** (nur Abendessen) à la carte 62/81.

In Bochum-Sundern über ④ :

🍴🍴🍴 **Haus Waldesruh,** Papenloh 8 (nahe der Sternwarte), ⊠ 44797, ℰ (0234) 47 16 76,
Fax (0234) 461815, ≤, 🍴 – 📞 – 🕹 100. 🕮 🗲 VISA
Montag und Feb. geschl. – **Menu** à la carte 38/69.

In Bochum-Wattenscheid ⑤ : *9 km* :

🏨 **Beckmannshof,** Berliner Str. 39, ⊠ 44866, ℰ (02327) 37 84, Fax (02327) 33857, 🍴
– 📺 🕿 📞 – 🕹 80. 🕮 🕦 🗲 VISA
27. Dez. - 7. Jan. geschl. – **Menu** (Samstagmittag und Sonntag geschl.) à la carte 42/74
– **21 Z** 100/160.

🏨 **Sol Inn Hotel,** Josef-Haumann-Str. 1, ⊠ 44866, ℰ (02327) 99 00, Fax (02327) 990444,
🍴 – 📳, 🛬 Zim, 📺 🕿 🕹 🕹 📞 – 🕹 60. 🕮 🕦 🗲 VISA JCB
Menu (Sonntag geschl.) (nur Abendessen) à la carte 31/47 – **110 Z** 140/179.

In Bochum-Weitmar über ④ :

🏨 **Zum Neuling,** Neulingstr. 42, ⊠ 44795, ℰ (0234) 94 09 80, Fax (0234) 9469815, Biergarten, 🚗, 🔲 – 📺 🕿 📞 🕮 🕦 🗲 VISA
Menu (Mittwoch geschl.) (wochentags nur Abendessen) à la carte 43/70 – **16 Z** 115/180.

BOCKLET, BAD Bayern 418 420 P 14 – 2 200 Ew – Höhe 230 m – Heilbad.

Ausflugsziel : Schloß Aschach : Graf-Luxburg-Museum★, SW : 1 km (Mai - Okt. Fahrten mit hist. Postkutsche).

🔰 Kurverwaltung, im Haus des Gastes, Kurhausstraße 2, ⊠ 97708, ℘ (09708) 2 17, Fax (09708) 60107.

Berlin 425 – München 339 – Fulda 62 – Bad Kissingen 10.

🏨 **Kurhotel Kunzmann** ⑤, An der Promenade 6, ⊠ 97708, ℘ (09708) 7 80, Fax (09708) 78100, 🍴, Massage, ♨, ♠, ≦s, 🔲, 🛒 – 🛗, 🍽 Rest, ☎ ⟸ ➋ – 🔬 80
Menu à la carte 30/57 (auch Diät) – **79 Z** 82/192 – ½ P 18.

🏠 **Laudensack**, von-Hutten-Str. 37, ⊠ 97708, ℘ (09708) 2 24, Fax (09708) 1285, « Gartenterrasse », 🛒 – 🗺 ☎ ⟸ ➋
20. Dez. - 16. Feb. geschl. – **Menu** (Dienstag geschl.) à la carte 29/57 ⅄ – **35 Z** 50/124 – ½ P 25.

BODELSHAUSEN Baden-Württemberg siehe Hechingen.

BODENHEIM Rheinland-Pfalz siehe Mainz.

BODENMAIS Bayern 420 S 23, 987 ㉚ – 3 600 Ew – Höhe 689 m – Heilklimatischer Kurort – Wintersport : 700/1 456 m ≤1 ≤1 ≤3, am Arber : ≤1 ≤6 ≤5.

Ausflugsziele : Großer Arber ≤★★ NO : 11 km und Sessellift – Großer Arbersee★ NO : 8 km.

🔰 Kurverwaltung, Bahnhofstr. 56, ⊠ 94249, ℘ (09924) 7 78 35, Fax (09924) 77850.

Berlin 521 – München 178 – Cham 51 – Deggendorf 35 – Passau 73.

🏨 **Waldhotel Riederin** ⑤, Riederin 1, ⊠ 94249, ℘ (09924) 77 60, Fax (09924) 7337, ≤ Bodenmais, Massage, ♨, ≦s, 🔄 (geheizt), 🔲, 🛒, 🎾(Halle) – 🛗 ≒ 🗺 ☎ ⟸ ➋. 🎿
(nur Abendessen für Hausgäste) – **60 Z** 127/352 – ½ P 10.

🏨 **Hofbräuhaus**, Marktplatz 5, ⊠ 94245, ℘ (09924) 77 70, Fax (09924) 777200, ≤, 🍴, ⟷ ♨, Massage, 🕭, ≦s, 🔄, 🔲, 🛒 – 🛗 🗺 ☎ ⟸ ➋
Anfang Nov. - Mitte Dez. geschl. – **Menu** à la carte 24/58 – **80 Z** 75/200 – ½ P 22.

🏨 **Neue Post** (mit Gästehaus ⑤), Kötztinger Str. 25, ⊠ 94249, ℘ (09924) 95 80, Fax (09924) 958100, 🍴, Massage, ≦s, 🔲, 🛒, 🎾 – 🗺 ☎ ⟸ ➋ 🍽 Rest
10. Nov. - 18. Dez. geschl. – **Menu** à la carte 29/51 – **64 Z** 73/196 – ½ P 24.

🏨 **Andrea** ⑤, Hölzlweg 10, ⊠ 94249, ℘ (09924) 3 86, Fax (09924) 7474, ≤ Bodenmais, ≦s, 🔲, 🛒 – 🗺 ☎ ➋. 🎿
(nur Abendessen für Hausgäste) – **26 Z** (nur ½ P) 95/208.

🏠 **Waldesruh** ⑤, Scharebenstr. 31, ⊠ 94249, ℘ (09924) 95 00, Fax (09924) 7217, ≤, 🍴, Massage, ≦s, 🔲, 🛒 – 🛗 🗺 ☎ ➋ – 🔬 30
5. Nov. - 20. Dez. geschl. – **Menu** (Montag geschl.) à la carte 22/47 – **71 Z** 64/144 – ½ P 19.

🏠 **Rothbacher Hof** ⑤, Miesleuthenweg 10, ⊠ 94249, ℘ (09924) 95 20, Fax (09924) 952100, 🍴, ≦s – 🗺 ☎ ➋
Menu à la carte 26/44 – **47 Z** 79/170 – ½ P 17.

🏠 **Waldeck** (mit Gästehaus), Arberseestr. 39, ⊠ 94249, ℘ (09924) 9 40 30, Fax (09924) 940330, ≤, Biergarten, 🔲, 🛒 – 🗺 🗺 ➋
Nov. - 16. Dez. geschl. – **Menu** à la carte 24/42 – **63 Z** 87/194 – ½ P 10.

🏠 **Hubertus** ⑤, Amselweg 2, ⊠ 94249, ℘ (09924) 9 42 10, Fax (09924) 942155, ≤, 🍴, ≦s, 🔲, 🛒 – 🗺 ☎ ⟸ ➋
20.- 28. April und 8. Nov. - 18. Dez. geschl. – **Menu** (Dienstag geschl.) à la carte 28/42 – **36 Z** 62/160 – ½ P 20.

🏠 **Kurparkhotel**, Amselweg 1, ⊠ 94249, ℘ (09924) 9 42 80, Fax (09924) 9428280, 🍴 – 🗺 ☎ ➋. 🎿 Rest
8. - 19. Dez. geschl. – **Menu** à la carte 27/50 ⅄ – **17 Z** 70/138 – ½ P 19.

In Bodenmais-Böhmhof SO : 1 km :

🏨 **Böhmhof** ⑤ (mit Gästehaus), Böhmhof 1, ⊠ 94249, ℘ (09924) 2 22, Fax (09924) 1718, 🍴, ≦s, 🔄 (geheizt), 🔲, 🛒 – 🛗 🗺 ☎ ⟸ ➋
Nov. - 20. Dez. geschl. – **Menu** à la carte 27/55 – **36 Z** 86/196, 4 Suiten – ½ P 10.

In Bodenmais-Kothinghammer SW : 2,5 km :

🏨 **Hammerhof**, Kothinghammer 1, ⊠ 94249, ℘ (09924) 95 70, Fax (09924) 95777, 🍴, ≦s, 🛒 – 🛗 ≒ 🗺 ☎ ➋. 🅰🎿
Nov. - 20. Dez. geschl. – **Menu** (nur Abendessen) à la carte 27/62 – **45 Z** 78/170 – ½ P 17.

In Bodenmais-Mais NW : 2,5 km :

🏠 **Waldblick** garni, ✉ 94249, ℰ (09924) 3 57, Fax (09924) 357, ⌑, 🔲, 🚗 – ⤬ 📺
🅿
Ende Okt. - Ende Jan. geschl. – **17 Z** 52/104.

In Bodenmais-Mooshof NW : 1 km :

🏨 **Mooshof,** Mooshof 7, ✉ 94249, ℰ (09924) 77 50, Fax (09924) 7238, ≤, 🏛, Massage,
♣, ℩, ⌑, 🔲, 🚗, ✗ – 🛗, ⤬ Zim, 📺 ☎ 🅿 Ɛ ✗ Rest
20. Nov. - 15. Dez. geschl. – **Menu** à la carte 27/55 ♨ – **58 Z** 85/200 – ½ P 24.

BODENSEE Baden-Württemberg und Bayern **419** X 12, **987** ㉟ ㊱ – Höhe 395 m.
Sehenswert : See★★ mit den Inseln Mainau★★ und Reichenau★ (Details siehe unter den
erwähnten Ufer-Orten).

BODENTEICH Niedersachsen **415 416** H 16, **987** ⑰ – 3 800 Ew – Höhe 55 m – Kneipp-und –
Luftkurort.
🛈 Kurverwaltung und Fremdenverkehrsamt, Burgstr. 8, ✉ 29389, ℰ (05824) 95 01 80,
Fax (05824) 3308.
Berlin 226 – Hannover 107 – Schwerin 135 – Lüneburg 50 – Wolfsburg 54 – Braunschweig 76.

🏨 **Braunschweiger Hof,** Neustädter Str. 2, ✉ 29389, ℰ (05824) 2 50, Fax (05824) 255,
🏛, Massage, ♣, ♨, ⌑, 🔲, 🚗, ✗ – 🛗 ☎ ♿ 🅿 – 🔬 50. 🆎 ⓪ Ɛ ✓ℐ⃝ℐ
Menu à la carte 26/58 ♨ – **40 Z** 85/150.

🏠 **Landhaus Bodenteich** garni, Neustädter Str. 100, ✉ 29389, ℰ (05824) 9 64 60,
Fax (05824) 964630, ⌑, 🚗 – 📺 ☎ 🅿 ✗
19 Z 65/130.

BODENWERDER Niedersachsen **417 418** K 12, **987** ⑯ – 6 000 Ew – Höhe 75 m – Luftkurort.
🛈 Fremdenverkehrsamt, Weserstr. 3, ✉ 37619, ℰ (05533) 4 05 41, Fax (05533) 6152.
Berlin 336 – Hannover 67 – Detmold 59 – Hameln 23 – Kassel 103.

🏠 **Deutsches Haus,** Münchhausenplatz 4, ✉ 37619, ℰ (05533) 39 25,
Fax (05533) 4113, 🏛 – 🛗 📺 ☎ 🅿 – 🔬 150. 🆎 Ɛ ✓ℐ⃝ℐ
Menu (Dez. - März Samstag geschl.) à la carte 30/62 – **43 Z** 85/155.

🍴 **Münchhausen-Stube,** Große Str. 5, ✉ 37619, ℰ (05533) 72 38, Fax (05533) 1254,
🏛
Dienstag geschl. – **Menu** à la carte 35/63.

BODENWÖHR Bayern **420** S 20, **987** ㉙ – 3 600 Ew – Höhe 378 m.
Berlin 466 – München 168 – Cham 34 – Nürnberg 99 – Regensburg 46.

🏨 **Brauereigasthof Jacob,** Ludwigsheide 2, ✉ 92439, ℰ (09434) 9 41 00,
Fax (09434) 941066, ≤, 🏛, « Geschmackvolle Einrichtung im Landhausstil », 🐾, 🚗
– ⤬ Zim, 📺 ☎ ◎ 🅿 – 🔬 50
Menu à la carte 20/43 – **23 Z** 78/170 – ½ P 20.

BODMAN-LUDWIGSHAFEN Baden-Württemberg **419** W 11, **987** ㊳ – 3 900 Ew – Höhe 408 m
– Erholungsort.
🛈 Verkehrsamt (Ludwigshafen), Hafenstr. 5 (Bürger- und Gästezentrum im Zollhaus),
✉ 78351, ℰ (07773) 93 00 42, Fax (07773) 930043.
Berlin 741 – Stuttgart 165 – Konstanz 31 – Bregenz 74 – Singen (Hohentwiel) 26.

Im Ortsteil Ludwigshafen :

🏨 **Seehotel Adler** ⋟, Hafenstr. 4, ✉ 78351, ℰ (07773) 9 33 90, Fax (07773) 933939,
≤, « Gartenterrasse am See », ⌑ – 📺 ☎ 🅿 – 🔬 30. 🆎 ⓪ Ɛ ✓ℐ⃝ℐ
Menu à la carte 29/53 – **34 Z** 95/240 – ½ P 35.

🏠 **Krone,** Hauptstr. 25 (B 31), ✉ 78351, ℰ (07773) 9 31 30, Fax (07773) 931340, 🏛 –
☎ 🅿 🆎 ⓪ Ɛ ✓ℐ⃝ℐ
Dez. geschl. – **Menu** (Mai - Okt. Montag - Mittwoch nur Abendessen) à la carte 24/49 –
23 Z 60/140 – ½ P 22.

BÖBINGEN Baden-Württemberg siehe Schwäbisch Gmünd.

BÖBLINGEN Baden-Württemberg **419** T 11, **987** ㊳ – 43 000 Ew – Höhe 464 m.
🛈 Stadt-Information, Kongresshalle, ✉ 71032, ℰ (07031) 66 11 00, Fax (07031) 661110.
Berlin 647 – Stuttgart 21 – Karlsruhe 80 – Reutlingen 36 ① – Ulm (Donau) 97.

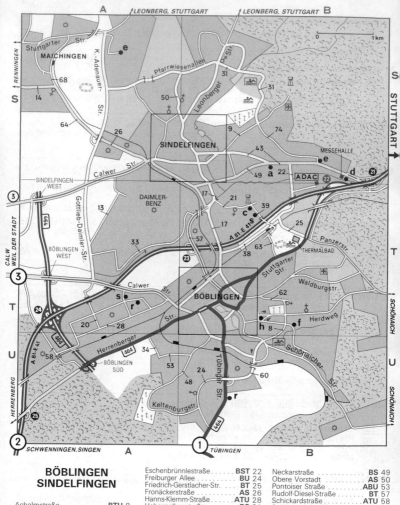

BÖBLINGEN
SINDELFINGEN

🏠 **Zum Reussenstein,** Kalkofenstr. 20, ⊠ 71032, 𝒫 (07031) 6 60 00, Fax (07031) 660055, ⇔s – 🛏 📺 ☎ 🛷 **P** – 🔏 30. 🖭 ① 🗲 𝘝𝘐𝘚𝘈. ⅏ Zim   BT h
Menu (Mahlzeiten im Gasthof Reussenstein) – **42 Z** 145/195.

🏠 **Böhler,** Postplatz 17, ⊠ 71032, 𝒫 (07031) 4 60 40, Fax (07031) 226168, ⇔s, 🔲 – 🛗, ⅏ Zim, 🗉 Zim, 📺 ☎ 📞 🛷 **P** – 🔏 20. 🖭 ① 🗲 𝘝𝘐𝘚𝘈   DY b
Menu (Freitag - Samstag und Juli - Aug. 3 Wochen geschl.) à la carte 44/79 – **42 Z** 150/235.

🏠 **List** garni, Friedrich-List-Str. 57, ⊠ 71032, 𝒫 (07031) 2 18 40, Fax (07031) 218484 – 🛗, ⅏ Zim, 📺 ☎ 📞 🛷. 🖭 ① 🗲 𝘝𝘐𝘚𝘈   DY a
20. Dez. - 6. Jan. geschl. – **18 Z** 125/165.

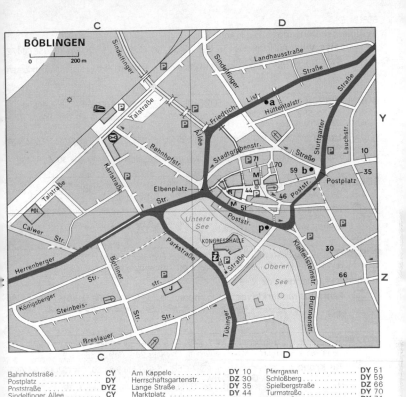

BÖBLINGEN

0   200 m

🏠 **Wanner** garni, Tübinger Str. 2, ⊠ 71032, ℰ (07031) 22 60 06, Fax (07031) 223386 –
|🛗|, ⇔ Zim, 📺 ☎ ⇔. ⅍ ⓪ ⅀ 𝑉𝐼𝑆𝐴. ⅍   DZ p
19. Dez. - 6. Jan. geschl. – **34 Z** 99/195.

🏠 **Böblinger Haus,** Keilbergstr. 2, ⊠ 71032, ℰ (07031) 21 10, Fax (07031) 229811, ☂
– |🛗|, ⇔ Zim, 📺 ☎ ⇔ ⓟ – ⅍ 20. ⅍ ⓪ ⅀ 𝑉𝐼𝑆𝐴 𝐽𝐶𝐵   BT f
23. Dez. - 6. Jan. geschl. – **Menu** (Sonntagabend und Samstag geschl.) à la carte 30/66
– **33 Z** 105/180.

🏠 **Rieth,** Tübinger Str. 155 (B 464), ⊠ 71032, ℰ (07031) 72 30, Fax (07031) 277760, ☖,
☂ – 📺 ☎ ⇔ ⓟ. ⅍ ⓪ ⅀ 𝑉𝐼𝑆𝐴   BU r
23. Dez. - 2. Jan. geschl. – **Menu** (Samstag - Sonntag geschl.) (nur Abendessen) à la carte
39/64 – **50 Z** 98/170.

In Böblingen-Dagersheim über ③ : 4,5 km :

🏠 **Waldhorn,** Böblinger Str. 1, ⊠ 71034, ℰ (07031) 7 67 20, Fax (07031) 767266 – 📺
☎ ⚭ ⓟ. ⅍ ⓪ ⅀ 𝑉𝐼𝑆𝐴. ⅍ Zim
Menu (Samstagmittag und Sonntag geschl.) à la carte 35/67 – **34 Z** 120/195.

In Böblingen-Hulb :

🏨 **Novotel,** Otto-Lilienthal-Str. 18, ⊠ 71034, ℰ (07031) 64 50, Fax (0/031) 228816, ☂,
☖, ⊿ – |🛗|, ⇔ Zim, 📺 ☎ ⚭ 🕭 ⓟ – ⅍ 150. ⅍ ⓪ ⅀ 𝑉𝐼𝑆𝐴   AT s
Menu à la carte 36/60 – **112 Z** 160/195.

In Schönaich SO : 6 km BU

🏠 **Sulzbachtal** ☖, im Sulzbachtal (NO : 2 km, Richtung Steinenbronn), ⊠ 71101,
ℰ (07031) 7 57 80 (Hotel) 7 54 80 (Rest.), Fax (07031) 757810, ☂ – 📺 ☎ ⓟ. ⅍ ⓪
⅀ 𝑉𝐼𝑆𝐴
19. Dez.- 17. Jan. geschl. – **Menu** (Montag - Dienstagmittag geschl.) à la carte 33/60 – **21 Z**
89/150.

In Aidlingen-Deufringen *W : 11 km :*

XX **Alte Villa,** Aidlinger Str. 36, ✉ 71134, ℰ (07056) 28 72, *Fax (07056) 4472,*
« Gartenterrasse » – **🄿**. ✖
Montag - Dienstag und Juli - Aug. 3 Wochen geschl. – **Menu** (wochentags nur Abendessen)
58/98 und à la carte.

BÖHMENKIRCH Baden-Württemberg **419 420** T 13, **987** ㊵ – *5 000 Ew – Höhe 696 m.*
Berlin 582 – Stuttgart 66 *– Göppingen 26 – Heidenheim an der Brenz 17 –*
Ulm (Donau) 45.

Lamm (mit Gästehaus), Kirchstr. 8, ✉ 89558, ℰ (07332) 52 43, *Fax (07332) 6013 –* 📺
🕿 **🄿**. **E**
Aug. 2 Wochen geschl. – **Menu** (Montag geschl.) à la carte 24/46 ⅃ – **30 Z** 58/108.

BÖRNICKE Brandenburg **416 418** H 22, **987** ⑱, **984** ⑮ – *760 Ew – Höhe 40 m.*
Berlin 46 – Brandenburg 56 – Neuruppin 37 – Potsdam 42.

🏠 **Landhaus Börnicke** ⩘, Grünfelder Str. 15, ✉ 14641, ℰ (033230) 5 13 06,
Fax (033230) 51408, Biergarten – ✦ Rest, 📺 🕿 **🄿**
Menu (Dienstag geschl.) à la carte 30/52 – **10 Z** 125/175.

BÖSDORF Schleswig-Holstein **415 416** D 15 – *1 500 Ew – Höhe 25 m.*
Berlin 308 – Kiel 36 – Eutin 8 – Lübeck 46 – Oldenburg in Holstein 48.

In Bösdorf-Niederkleveez *N : 3 km :*

🏠 **Fährhaus Niederkleveez** ⩘, garni, Am Dieksee 6, ✉ 24306, ℰ (04523) 99 59 29,
Fax (04523) 995910, ≼, « Lage am See », ⩬, 🐾, ⚘ – ✦ 📺 🕿 **🄿**. ✖
April - Sept. – **17 Z** 70/180.

BÖTZINGEN Baden-Württemberg **419** V 7, **242** ㉝ – *4 800 Ew – Höhe 186 m.*
Berlin 795 – Stuttgart 224 – Freiburg im Breisgau 24 *– Colmar 36.*

🏠 **Zur Krone,** Gottenheimer Str. 1, ✉ 79268, ℰ (07663) 9 44 60, *Fax (07663) 944699,*
🌳 – ✦ Zim, 📺 🕿 **🄿**. **AE ① E** *VISA*
Menu (Donnerstag geschl.) à la carte 27/56 ⅃ – **40 Z** 75/150 – ½ P 25.

BOGEN Bayern **420** T 22, **987** ㉙ – *9 900 Ew – Höhe 332 m.*
Berlin 541 – München 134 – Regensburg 60 – Straubing 12.

In Bogen-Bogenberg *SO : 3,5 km :*

X **Schöne Aussicht** ⩘ (mit Gästehaus), ✉ 94327, ℰ (09422) 15 39, ≼ Donauebene,
⊜ Biergarten – ⟸ **🄿**
10. Jan. - 15. Feb. geschl. – **Menu** (Freitag geschl.) à la carte 24/45 ⅃ – **8 Z** 60/90.

In Niederwinkling-Welchenberg *SO : 8 km :*

XX **Landgasthof Buchner,** Freymannstr. 15, ✉ 94559, ℰ (09962) 7 30,
Fax (09962) 2430, Biergarten – **🄿**. **AE ① E** *VISA*
Montag - Dienstag und Anfang - Mitte Nov. geschl. – **Menu** à la carte 49/73.

BOLL Baden-Württemberg **419** U 12 – *5 000 Ew – Höhe 425 m.*
🄑 *Kultur- und Verkehrsamt, Hauptstr. 81,* ✉ 73087, ℰ (07164) 8 08 28, *Fax (07164)
80833.*
Berlin 613 – Stuttgart 52 *– Göppingen 9 – Ulm (Donau) 49.*

🏰 **Badhotel Stauferland** ⩘, Gruibinger Str. 32, ✉ 73087, ℰ (07164) 20 77,
Fax (07164) 4146, « Terrasse mit ≼ », ⩬, 🏊, ⚘ – 🛗 📺 🕿 🔥 ⟸ **🄿** – 🅰 30. ✖ Rest
45 Z.

🏠 **Löwen,** Hauptstr. 46, ✉ 73087, ℰ (07164) 9 40 90, *Fax (07164) 940944,* 🌳, ⩬ – 📺
🕿 **🄿**. **AE ① E** *VISA*
21. Dez. - 20. Jan. geschl. – **Menu** (Montag geschl.) à la carte 30/58 – **31 Z** 78/130.

In Boll-Bad Boll :

🏨 **Seminaris** ⩘, Michael-Hörauf-Weg 2, ✉ 73087, ℰ (07164) 80 50, *Fax (07164) 12886,*
🌳, ⩬, 🏊 – 🛗, ✦ Zim, 📺 📞 🔥 ⟸ **🄿** – 🅰 90. **AE ① E** *VISA*. ✖ Rest
Menu à la carte 36/57 – **153 Z** 125/240.

BOLLENDORF Rheinland-Pfalz 💶 Q 3 – 1 700 Ew – Höhe 215 m – Luftkurort.

🛈 Tourist - Information, An der Brücke, ✉ 54669, ☎ (06526) 930 33, Fax (06526) 930 35.

Berlin 733 – Mainz 193 – Bitburg 28 – Luxembourg 43 – Trier 34.

🏨 **Burg Bollendorf** ⚘, ✉ 54669, ☎ (06526) 6 90, Fax (06526) 6938, 🛋, 🚗, 🎿 –
📶, 🐾 Zim, 📺 ☎ 🅿 – 🔬 80. 🆎 ⓪ 🖅 🎫. 🎿
Jan. - Mitte Feb. geschl. – **Menu** à la carte 32/60 – **36 Z** 106/172.

🏨 **Waldhotel Sonnenberg** ⚘, Sonnenbergallee 1 (NW : 1,5 km), ✉ 54669,
☎ (06526) 9 28 00, Fax (06526) 928079, ≤ Sauertal, 🛋, ≦s, 🔳, 🚗 – 📶, 🐾 Zim, 📺
☎ 🅿
Menu à la carte 34/75 – **25 Z** 102/208.

🏨 **Scheuerhof**, Sauerstaden 42, ✉ 54669, ☎ (06526) 3 95, Fax (06526) 8639 – 📺 ☎
🅿. 🎿 Rest
4.- 31. Jan. und 1.- 20. März geschl. – (Restaurant nur für Hausgäste) – **14 Z** 70/130 –
½ P 23.

🏨 **Hauer**, Sauerstaden 20, ✉ 54669, ☎ (06526) 3 23, Fax (06526) 314, 🛋 – 📶 📺. 🆎
⓪ 🖅 🎿 Rest
17. Nov. - 7. Dez. geschl. – **Menu** à la carte 28/54 – **21 Z** 66/132 – ½ P 28.

BOLTENHAGEN Mecklenburg-Vorpommern 💶 E 17, 💶 ⑥ – 2 700 Ew – Höhe 5 m – Seebad.

🛈 Kurverwaltung, Ostseeallee 34 ✉ 23944, ☎ (038825) 2 92 84, Fax (038825) 29285.

Berlin 250 – Schwerin 47 – Lübeck 43 – Wismar 26.

🏨 **Seehotel Grossherzog v. Mecklenburg** [M], Ostseeallee 1, ✉ 23946,
☎ (038825) 5 00, Fax (038825) 50500, 🛋, Massage, ≦s, 🔳, 🚗 – 📶, 🐾 Zim, 📺 ☎
📞 🅿 – 🔬 160. 🆎 ⓪ 🖅 🎿 Rest
Menu à la carte 32/57 – **149 Z** 190/240 – ½ P 30.

BONN Nordrhein-Westfalen 💶 N 5, 💶 ⑳ – Parlaments- und Regierungssitz – 309 000 Ew –
Höhe 64 m.

Schenswert : **In Bonn** : Schwarz-Rheindorf-Kirche★ AV – Alter Zoll ≤★ CZ – Rheinisches
Landesmuseum★ (Römische Abteilung★) BZ **M1** – Münster★ (Kreuzgang★) BCZ – Haus
der Geschichte der Bundesrepublik Deutschland ★ – Kunstmuseum Bonn ★ AX **M2** – **In
Bonn-Bad Godesberg** : Godesburg ⚘★.

✈ Köln-Bonn in Wahn (① : 27 km), ☎ (02205) 4 00.

🛈 Tourist-Information, Münsterstr. 20 (Cassius Bastei), ✉ 53111, ☎ (0228) 77 34 66, Fax
(0228) 690568.

ADAC, Godesberger Allee 127 (Bad Godesberg), ✉ 53175, ☎ (0221) 47 27 47, Fax (0228)
379873.

Berlin 593 ① – Düsseldorf 73 ⑥ – Aachen 91 ⑥ – Köln 28 ⑥ – Luxembourg 190 ④

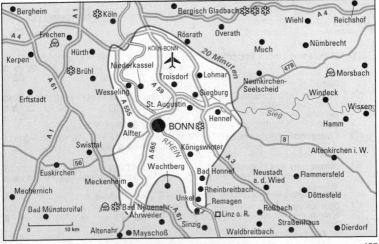

BONN

Günnewig Hotel Bristol ⌂, Prinz-Albert-Str. 2, ✉ 53113, ℰ (0228) 2 69 80, Fax (0228) 2698222, ☂, ⇔, ▨ – |彜| – ⇄ Zim, ▤ TV ⇔ – 🅰 220. AE ⓸ E VISA
CZ v
Menu à la carte 45/83 – **116 Z** 295/470.

Holiday Inn Crowne Plaza, Berliner Freiheit 2, ✉ 53111, ℰ (0228) 7 26 90, Fax (0228) 7269700, ☂, Ⅰ6, ⇔, ▨ – |彜| – ⇄ Zim, ▤ TV & ⇔ – 🅰 250. AE ⓸ E VISA JCB. ⅍ Rest
CY m
Menu 45 Lunchbuffet und à la carte 46/73 – **252 Z** 288/366, 8 Suiten.

Königshof, Adenauerallee 9, ✉ 53111, ℰ (0228) 2 60 10, Fax (0228) 2601529, ≤ Rhein, ☂ – |彜| ⇄ Zim, TV ⇔ – 🅰 150. AE ⓸ E VISA. ⅍
CZ a
Menu à la carte 43/75 – **136 Z** 225/360, 4 Suiten.

Günnewig Hotel Residence ⌂, Kaiserplatz 11, ✉ 53113, ℰ (0228) 2 69 70, Fax (0228) 2697777, Biergarten, ⇔, ▨ – |彜| ⇄ Zim, ▤ TV ⇔ – 🅰 180. AE ⓸ E VISA JCB
CZ f
Zirbelstube : **Menu** à la carte 44/69 – **144 Z** 239/373, 5 Suiten.

Domicil garni, Thomas-Mann-Str. 24, ✉ 53111, ℰ (0228) 72 90 90, Fax (0228) 691207, « Modern-elegante Einrichtung », ⇔ – |彜| TV – 🅰 35. AE ⓸ E VISA
BZ f
42 Z 201/462.

BONN

🏛 **Consul** garni, Oxfordstr. 12, ⊠ 53111, ℰ (0228) 7 29 20, Fax (0228) 7292250 – 🛗 ⇌
📺 ☎ ⇦ – 🛦 30. 🏧 ⓪ 🖻 𝘝𝘐𝘚𝘈   BY **t**
23. Dez. - 2. Jan. geschl. – **92 Z** 168/298.

🏛 **Continental** garni, Am Hauptbahnhof, ⊠ 53111, ℰ (0228) 63 53 60,
Fax (0228) 631190 – 🛗 📺 ☎. 🏧 ⓪ 🖻 𝘝𝘐𝘚𝘈 𝘑𝘊𝘉   BZ **n**
23. Dez. - 7. Jan. geschl. – **35 Z** 155/300.

🏛 **President,** Clemens-August-Str. 32, ⊠ 53115, ℰ (0228) 7 25 00, Fax (0228) 725072
– 🛗 ⇌ 📺 ☎ ⇦ Ⓟ – 🛦 50. 🏧 ⓪ 🖻 𝘝𝘐𝘚𝘈. ⇷ Rest   AX **s**
Menu à la carte 29/42 – **98 Z** 169/349.

🏛 **Astoria** garni, Hausdorffstr. 105, ⊠ 53129, ℰ (0228) 23 95 07, Fax (0228) 230378, ⇗
– 🛗 📺 ☎ Ⓟ – 🛦 30. 🏧 ⓪ 🖻 𝘝𝘐𝘚𝘈   AX **b**
46 **Z** 90/260.

🏠 **Schwan** garni, Mozartstr. 24, ⊠ 53115, ℰ (0228) 96 30 30, Fax (0228) 651793 – 📺
☎. 🏧 🖻 𝘝𝘐𝘚𝘈   BZ **e**
24 **Z** 110/220.

🏠 **Mozart** garni, Mozartstr. 1, ⊠ 53115, ℰ (0228) 65 90 71, Fax (0228) 659075 – 🛗 ⇌
📺 ☎ ⇦. 🏧 ⓪ 🖻 𝘝𝘐𝘚𝘈   BZ **d**
22. Dez. - 1. Jan. geschl. – **40 Z** 70/185.

BONN-
BAD GODESBERG

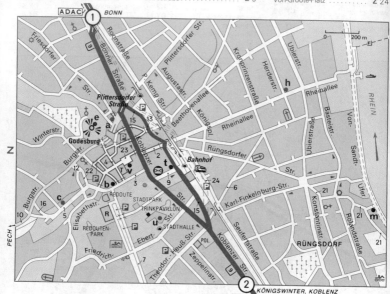

🏠 **Ibis,** Vorgebirgsstr. 33, ⊠ 53119, 𝒫 (0228) 7 26 60, Fax (0228) 7266405, 🎏 – 🛗, ⇌ Zim, 📺 ☎ 🔥 ⇌ 🅿 – 🔏 50. 🖭 ① 🝙 𝘝𝘐𝘚𝘈
              AV **d**
Menu *(Samstag - Sonntag geschl.)* 29 und à la carte – **147 Z** 114/160.

🏠 **Beethoven,** Rheingasse 26, ⊠ 53113, 𝒫 (0228) 63 14 11, Fax (0228) 691629 – 🛗 📺
☎ ⇌. 🖭 ① 🝙 𝘝𝘐𝘚𝘈. 🞥 Zim
            CY **s**
24. Dez. - 6. Jan. geschl. – **Menu** *(Samstag und Juli - Aug. 3 Wochen geschl.)* (nur Mittagessen) à la carte 30/58 – **59 Z** 135/185.

🏠 **Jacobs** garni, Bergstr. 85, ⊠ 53129, 𝒫 (0228) 23 28 22, Fax (0228) 232850,
« Einrichtung im Bauernstil », ⇌ – 🛗 📺 ☎ 🅿. 🝙   über Hausdorffstraße AX
50 Z 80/200.

🏠 **Römerhof** garni, Römerstr. 20, ⊠ 53111, 𝒫 (0228) 60 41 80, Fax (0228) 633838 – 📺
☎ 🅿. 🞥
             AV **f**
Juli - Aug. 3 Wochen geschl. – **26 Z** 118/195.

🏠 **Rheinland** garni, Berliner Freiheit 11, ⊠ 53111, 𝒫 (0228) 65 80 96, Fax (0228) 472844
– 🛗 📺 ☎ ⇌. 🝙 𝘝𝘐𝘚𝘈
             CY **q**
20. Dez. - 15. Jan. geschl. – **31 Z** 125/170.

✕✕ **Le Petit Poisson,** Wilhelmstr. 23a, ⊠ 53111, 𝒫 (0228) 63 38 83, Fax (0228) 9636629
– 🖭 ① 🝙 𝘝𝘐𝘚𝘈
             BY **x**
Sonntag - Montag geschl. – **Menu** (nur Abendessen, Tischbestellung ratsam) 65/120 und
à la carte.

✕✕ **Zur Lese,** Adenauerallee 37, ⊠ 53113, 𝒫 (0228) 22 33 22, Fax (0228) 222060, ≤ Rhein,
🎏 – 🛗 ⇌. 🖭 ① 🝙 𝘝𝘐𝘚𝘈. 🞥
             CZ **t**
Montag geschl. – **Menu** à la carte 54/77.

✕✕ **Ristorante Grand'Italia,** Bischofsplatz 1, ⊠ 53111, 𝒫 (0228) 63 83 33 – 🖭 ① 🝙
𝘝𝘐𝘚𝘈. 🞥
             CZ **c**
Menu (italienische Küche) à la carte 38/69.

✕✕ **Bistro Kaiser Karl,** Vorgebirgsstr. 50, ⊠ 53119, 𝒫 (0228) 69 69 67,
Fax (0228) 637899 – 🖭 ① 🝙 𝘝𝘐𝘚𝘈
             AV **a**
Samstagmittag, Sonntag und März - April 3 Wochen geschl. – **Menu** à la carte
53/77.

XX **Ristorante Caminetto,** Römerstr. 83, ✉ 53111, 𝒫 (0228) 65 42 27,
Fax (0228) 654227. ① 𝑉𝐼𝑆𝐴   AV h
Sonntag und Juli - Aug. 3 Wochen geschl. – Menu (italienische Küche, Tischbestellung rat-
sam) à la carte 44/68.

X **Im Bären** (Brauereigaststätte), Acherstr. 1, ✉ 53111, 𝒫 (0228) 63 32 00,
Fax (0228) 639245, 🍽   CZ r
Menu à la carte 30/54.

Auf dem Venusberg SW : 4 km über Trierer Straße AX und Im Wingert :

🏨 **Steigenberger Venusberg** 🦢, An der Casselsruhe 1, ✉ 53127 Bonn,
𝒫 (0228) 28 80, Fax (0228) 288288, 🍽, ⮑ – ▯ 📺 ✆ ⮜ 🅿 – 🔏 80. 🅰🅴 ① 🅴 𝑉𝐼𝑆𝐴
🅹🅲🅱. 🍽 Rest
Menu à la carte 63/88 – **85 Z** 250/360, 4 Suiten.

In Bonn-Beuel :

🏨 **Schloßhotel Kommende Ramersdorf** (ehem. Ritterordens-Schloß, Schloßmuse-
um), Oberkasseler Str. 10 (Ramersdorf), ✉ 53227, 𝒫 (0228) 44 07 34,
Fax (0228) 444400, ⮜, 🍽, « Einrichtung mit Stil-Möbeln und Antiquitäten » – 📺 ✆ 🅿
– 🔏 20. 🅰🅴 ① 🅴 𝑉𝐼𝑆𝐴   über ③ und die B 42
Juli - Aug. 4 Wochen geschl. – Menu (Dienstag geschl.) (italienische Küche) à la carte 51/91
– **18 Z** 100/200.

🏠 **Willkens,** Goeth:allee 1, ✉ 53225, 𝒫 (0228) 47 16 40, Fax (0228) 462293 – ▯ 📺 ✆.
🅰🅴 ① 🅴 𝑉𝐼𝑆𝐴. 🍽 Zim   AV m
Menu (Freitag - Samstag sowie Juli - Aug. 4 Wochen und Weihnachten - Anfang Jan. geschl.)
(nur Abendessen) à la carte 42/59 – **34 Z** 100/160.

🏠 **Florin** garni, Ölbergweg 17, ✉ 53227, 𝒫 (0228) 97 56 00, Fax (0228) 461794 – 📺 ✆
⮜ 🅿. 🅰🅴 🅴 𝑉𝐼𝑆𝐴   über Hermannstr. AX
Juli - Aug. 2 Wochen geschl. – **20 Z** 95/160.

In Bonn-Endenich :

XX **Altes Treppchen** (mit Gästehaus), Endenicher Str. 308, ✉ 53121, 𝒫 (0228) 62 50 04,
Fax (0228) 621264. 🍽 – 📺 ✆ 🅿. 🅰🅴 ① 🅴 𝑉𝐼𝑆𝐴. 🍽 Zim   AX p
23. Dez. - 3. Jan. geschl. – Menu (Samstag - Sonntag geschl.) à la carte 49/69 – **12 Z**
135/195.

In Bonn-Bad Godesberg :

🏨 **Maritim,** Godesberger Allee, ✉ 53175, 𝒫 (0228) 8 10 80, Fax (0228) 8108811, Massage, 𝟑̣, ⮑, 🏊 – ▯, 🏊 Zim, 🍴 📺 ✆ ⮜ 🅿 – 🔏 1800. 🅰🅴 ① 🅴 𝑉𝐼𝑆𝐴
🅹🅲🅱   über Bonner Str. und ①
Menu 52/60 (Buffet) und à la carte – **412 Z** 235/510, 43 Suiten.

🏨 **Rheinhotel Dreesen** 🦢, Rheinstr. 45, ✉ 53179, 𝒫 (0228) 8 20 20,
Fax (0228) 8202153, ⮜ Rhein und Siebengebirge, « Park, Terrasse » – ▯ 📺 ✆ ⮜ –
🔏 150. 🅰🅴 ① 🅴 𝑉𝐼𝑆𝐴. 🍽 Rest   Z m
1. - 11. Jan. geschl. – Menu à la carte 49/78 – **73 Z** 215/370.

🏨 **Günnewig Godesburg Hotel** 🦢, Auf dem Godesberg 5 (in der Godesburg-Ruine),
✉ 53177, 𝒫 (0228) 31 60 71, Fax (0228) 311218, ⮜ Bad Godesberg und Siebengebirge,
🍽 – 📺 ✆ 🅿 – 🔏 200. 🅰🅴 ① 🅴 𝑉𝐼𝑆𝐴   Z e
Menu (Sonntagabend - Montag geschl.) à la carte 47/70 – **14 Z** 140/170.

🏠 **Kaiserhof** garni, Moltkestr. 64, ✉ 53173, 𝒫 (0228) 36 20 16, Fax (0228) 363825 – ▯
📺 ✆ ⮜ – 🔏 15. 🅰🅴 ① 🅴 𝑉𝐼𝑆𝐴. 🍽   Z t
22. Dez. - 2. Jan. geschl. – **50 Z** 135/242.

🏠 **Insel-Hotel,** Theaterplatz 5, ✉ 53177, 𝒫 (0228) 36 40 82, Fax (0228) 352878, 🍽 –
▯ 📺 ✆ 🅿. 🅰🅴 ① 🅴 𝑉𝐼𝑆𝐴. 🍽 Rest   Z v
Menu (ab 20 Uhr geschl.) à la carte 33/54 – **65 Z** 160/240.

🏠 **Eden** garni, Am Kurpark 5a, ✉ 53177, 𝒫 (0228) 95 72 70, Fax (0228) 362494 – ▯ 📺
✆ 🅿. 🅰🅴 ① 🅴 𝑉𝐼𝑆𝐴   Z b
43 Z 135/210.

XXX **Halbedel's Gasthaus,** Rheinallee 47, ✉ 53173, 𝒫 (0228) 35 42 53,
🌸 Fax (0228) 354253, 🍽 – 🅰🅴 🅴   Z h
Montag und Juli - Aug. 3 Wochen geschl. – Menu (nur Abendessen, Tischbestellung ratsam,
bemerkenswerte Weinkarte) 98/125 und à la carte 77/106
Spez. Picata vom Seeteufel mit geschmolzenen Tomaten und Pestosauce. Bresse Taube
mit warmem Kartoffel-Trüffelsalat. Schokoladenkuchen im Baumkuchenmantel mit
Birneneis.

XX **Cäcilienhöhe - Da Bruno** mit Zim, Goldbergweg 17, ✉ 53177, 𝒫 (0228) 32 10 01,
Fax (0228) 328314, ⮜ Bad Godesberg und Siebengebirge, 🍽 📺 ✆ 🅿. 🅰🅴 ① 🅴 𝑉𝐼𝑆𝐴
Menu (Samstagmittag und Sonntag geschl.) (italienische Küche) à la carte 67/87 –
9 Z 140/170.   über Theodor-Heuss-Str. Z

191

St. Michael, Brunnenallee 26, ✉ 53177, ☎ (0228) 36 47 65, *Fax (0228) 361243,* – P. AE ⓓ E VISA Z c
Sonntag geschl. – **Menu** à la carte 59/76.

Zur Lindenwirtin Aennchen, Aennchenplatz 2, ✉ 53173, ☎ (0228) 31 20 51, *Fax (0228) 312061,* « Rekonstruiertes, historisches Studentenlokal ; Gartenterrasse » – AE ⓓ E VISA Z a
Sonntag geschl. – **Menu** (nur Abendessen) à la carte 54/76.

Stadthalle, Koblenzer Str. 80, ✉ 53177, ☎ (0228) 36 40 35, *Fax (0228) 357681,* – P – 620. E Z u
Menu à la carte 27/54.

In Bonn-Hardtberg *über ⑤ :*

Novotel, Max-Habermann-Str. 2, ✉ 53123, ☎ (0228) 2 59 90, *Fax (0228) 250893,* (geheizt) – Zim, TV ☎ P – 180. AE ⓓ E VISA
Menu à la carte 32/60 – **142 Z** 171/244.

In Bonn-Holzlar *über ③ und Konrad-Adenauer-Brücke :*

Wald-Café, Am Rehsprung 35, ✉ 53229, ☎ (0228) 48 20 44, *Fax (0228) 484254,* – TV ☎ P – 70. AE E
Menu *(Montag geschl.)* à la carte 39/60 – **25 Z** 95/169.

BONNDORF *Baden-Württemberg* 419 *W 9,* 987 ㊳ *– 6 000 Ew – Höhe 847 m – Luftkurort – Wintersport : 847/898 m 3 6.*
Tourist-Informations-Zentrum, Schloßstr. 1, ✉ 79848, ☎ (07703) 76 07, Fax (07703) 7507.
Berlin 773 – Stuttgart 151 – Freiburg im Breisgau 55 – Donaueschingen 25 – Schaffhausen 35.

Schwarzwald-Hotel, Rothausstr. 7, ✉ 79848, ☎ (07703) 4 21, *Fax (07703) 442,* – TV ☎ P – 50. AE ⓓ E VISA
Menu *(15. Nov. - 20. Dez. und Montag - Dienstagmittag geschl.)* à la carte 32/60 – **79 Z** 80/190 – ½ P 30.

Sommerau, Im Steinatal (W : 9 km), ✉ 79848, ☎ (07703) 6 70, *Fax (07703) 1541,* – ☎ P
Menu *(Montag - Dienstag geschl.)* à la carte 38/67 – **12 Z** 65/120 – ½ P 35.

Sonne, Martinstr. 7, ✉ 79848, ☎ (07703) 9 39 30, *Fax (07703) 939320* – P
6. Nov. - 6. Dez. geschl. – **Menu** *(Mittwoch geschl.)* à la carte 24/51 – **31 Z** 48/106 – ½ P 17.

In Bonndorf-Holzschlag *NW : 8 km :*

Schwarzwaldhof Nicklas, Bonndorfer Str. 66, ✉ 79848, ☎ (07653) 8 03, *Fax (07653) 804,* – TV ☎ P. AE ⓓ E
Okt. 1 Woche geschl. – **Menu** *(Dienstag geschl.)* (Tischbestellung ratsam) à la carte 33/64 – **12 Z** 65/140 – ½ P 30.

BOPFINGEN *Baden-Württemberg* 419 420 *T 15,* 987 ㉘ ㊴ *– 12 000 Ew – Höhe 470 m.*
Berlin 526 – Stuttgart 102 – Augsburg 82 – Nürnberg 104 – Ulm (Donau) 77.

Zum Sonnenwirt, Hauptstr. 20 (Am Markt), ✉ 73441, ☎ (07362) 9 60 60, *Fax (07362) 960640* – Zim, TV ☎ P – 120. ⓓ E VISA
Menu *(Mittwoch geschl.)* à la carte 40/67 – **18 Z** 80/120.

Dietz, Hauptstr. 63, ✉ 73441, ☎ (07362) 80 70, *Fax (07362) 80770,* – Zim, TV ☎ P. AE ⓓ E VISA
Birntor-Keller *(nur Abendessen)* **Menu** à la carte 25/46 – **35 Z** 80/140.

BOPPARD *Rheinland-Pfalz* 417 *P 6,* 987 ㉖ *– 16 500 Ew – Höhe 70 m – Kneippheilbad.*
Sehenswert : *Gedeonseck* ≤★.
Tourist-Information, Marktplatz, ✉ 56154, ☎ (06742) 38 88, Fax (06742) 81402.
Berlin 612 – Mainz 89 – Koblenz 21 – Bingen 42.

Bellevue, Rheinallee 41, ✉ 56154, ☎ (06742) 10 20, *Fax (06742) 102602,* ≤, , Massage, – Zim, Rest, TV – 140. AE ⓓ E VISA JCB. Rest
Menu (Montag - Freitag nur Abendessen) à la carte 54/80 – **95 Z** 122/324 – ½ P 35.

Günther garni, Rheinallee 40, ✉ 56154, ☎ (06742) 23 35, *Fax (06742) 1557,* ≤ – TV ☎. AE ⓓ E VISA JCB.
Mitte Nov. - Anfang Jan. geschl. – **19 Z** 84/156.

🏠 **Rebstock,** Rheinallee 31, ⊠ 56154, ℰ (06742) 48 76, Fax (06742) 4877, ≼, 🌤 – 📺
☎, 🕮 ⋿ 𝖵𝖨𝖲𝖠
Menu *(Montag - Dienstag und 6. Jan. - Ende März geschl.)* à la carte 35/63 – **15 Z** 70/160 – ½ P 25.

🏠 **Ebertor,** Heerstraße 172, ⊠ 56154, ℰ (06742) 20 81, Fax (06742) 82542, 🌤 –
⤞ Zim, 📺 ☎ 🚗 🄿 – 🏛 200. 🕮 ⓞ ⋿ 𝖵𝖨𝖲𝖠
Menu *(Jan. 2 Wochen geschl.)* à la carte 28/48 – **66 Z** 95/158 – ½ P 28.

In Boppard-Buchholz *W : 6,5 km – Höhe 406 m*

🏠 **Tannenheim,** Bahnhof Buchholz 3 (B 327), ⊠ 56154, ℰ (06742) 22 81,
Fax (06742) 2432, 🌤, 🌳 – 📺 🚗 🄿. 🕮 ⋿ 𝖵𝖨𝖲𝖠
Jan. geschl. – **Menu** *(Samstagmittag, Donnerstag sowie Sonn - und Feiertage abends geschl.)* à la carte 38/72 ⅄ – **14 Z** 56/115 – ½ P 19.

In Boppard-Hirzenach *S : 8 km :*

🍴🍴 **Gasthaus Hirsch** mit Zim, Rheinstr. 17, ⊠ 56154, ℰ (06741) 26 01, Fax (06741) 1328,
🌤 – 🕮 ⓞ ⋿ 𝖵𝖨𝖲𝖠. 🛇
1.- 10. Jan., Mai 2 Wochen und Nov. 1 Woche geschl. – **Menu** *(Montag geschl.)* (wochentags nur Abendessen, Tischbestellung ratsam) 40 und à la carte 46/66 – **5 Z** 70/95.

In Boppard-Bad Salzig *S : 3 km – Mineralheilbad :*

🏛 **Berghotel Rheinpracht** ⟨, Am Kurpark, ⊠ 56154, ℰ (06742) 62 79,
Fax (06742) 6279, ≼, 🌤, 🌳 – 🚗 🄿
Mitte Okt. - Mitte März geschl. – **Menu** *(Dienstag geschl.)* à la carte 23/41 ⅄ – **13 Z** 38/102 – ½ P 10.

Außerhalb *N : 12 km über die B 9 bis Spay, dann links, Auffahrt Jakobsberg :*

🏰 **Golfhotel Jakobsberg** ⟨, Im Tal der Loreley – Höhe 248 m, ⊠ 56154 Boppard,
ℰ (06742) 80 80, Fax (06742) 3069, ≼, 🌤, Massage, ♨, 🗲, 🏊, 🗔, 🌳, 🎾 (Halle),
🎿 – 🛗, ⤞ Zim, 📺 📞 🄿 – 🏛 120. 🕮 ⓞ ⋿ 𝖵𝖨𝖲𝖠 𝖩𝖢𝖡. 🛇 Rest
Menu (Tischbestellung ratsam) à la carte 45/97 – **108 Z** 169/289, 7 Suiten – ½ P 40.

BORCHEN *Nordrhein-Westfalen siehe Paderborn.*

BORGHOLZHAUSEN *Nordrhein-Westfalen* 𝟦𝟣𝟩 *J 8,* 𝟿𝟪𝟩 ⑮ *– 8 000 Ew – Höhe 155 m.*
Berlin 402 – Düsseldorf 185 – Bielefeld 26 – Münster (Westfalen) 57 – Osnabrück 35.

In Borgholzhausen-Winkelshütten *N : 3 km :*

🏠🏠 **Landhaus Uffmann,** Meller Str. 27, ⊠ 33829, ℰ (05425) 9 48 90, Fax (05425) 255,
🌤, 🚏, 🎾 – 📺 ☎ 🄿 – 🏛 80. 🕮 ⓞ ⋿ 𝖵𝖨𝖲𝖠
Menu *(Montagmittag geschl.)* à la carte 37/66 – **34 Z** 105/175.

BORKEN *Nordrhein-Westfalen* 𝟦𝟣𝟩 *K 4,* 𝟿𝟪𝟩 ⑭ *– 37 300 Ew – Höhe 46 m.*
🛈 *Verkehrsamt, Bahnhofstr. 22 (im Bahnhof),* ⊠ *46325,* ℰ *(02861) 93 92 52, Fax (02861) 66792.*
Berlin 537 – Düsseldorf 83 – Bocholt 18 – Enschede 57 – Münster (Westfalen) 64.

🏠🏠 **Lindenhof,** Raesfelder Str. 2, ⊠ 46325, ℰ (02861) 92 50, Fax (02861) 63430 – 🛗 📺
☎ 🄿 – 🏛 100. 🕮 ⓞ ⋿ 𝖵𝖨𝖲𝖠
Menu à la carte 33/75 – **57 Z** 110/220.

In Borken-Gemen *N : 1 km :*

🏠 **Demming,** Neustr. 15, ⊠ 46325, ℰ (02861) 6 20 99, Fax (02861) 66242, Biergarten
– 📺 ☎ 🄿. ⋿ 𝖵𝖨𝖲𝖠
Menu *(Montag geschl.)* (wochentags nur Abendessen) à la carte 34/59 – **16 Z** 75/150.

In Borken-Rhedebrügge *W : 6 km :*

🍴🍴 **Haus Grüneklee** mit Zim, Rhedebrügger Str. 16, ⊠ 46325, ℰ (02872) 18 18,
Fax (02872) 2716, « Einrichtung im westfälischen Bauernstil, Gartenterrasse » – 📺 ☎ 🄿.
🕮 ⋿
Jan. geschl. – **Menu** *(Montag - Dienstag geschl.)* (wochentags nur Abendessen) à la carte 41/71 – **5 Z** 60/120.

In Borken-Weseke *N : 6 km :*

🍴🍴 **Landhaus Lindenbusch** mit Zim, Hauptstr. 29, ⊠ 46325, ℰ (02862) 91 20,
Fax (02862) 41155 – 📺 ☎ 🄿. 🕮 ⋿ 𝖵𝖨𝖲𝖠 𝖩𝖢𝖡
1. - 15. Jan. geschl. – **Menu** *(Donnerstagmittag geschl.)* à la carte 30/61 – **8 Z** 65/98.

BORKHEIDE Brandenburg 🄰🄰🄶 🄰🄰🄷 *J 22 – 1 100 Ew – Höhe 51 m.*
Berlin 63 – Potsdam 31 – Brandenburg 44.

🏠 **Kieltyka,** Friedrich-Engels-Str. 45, ⊠ 14822, ℰ (033845) 4 03 15, Fax (033845) 41163,
🍽 ⛲ – 📺 📞 ✇ 🅿 – 🕍 20. 🛏 Zim
Menu *(Freitag geschl.)* à la carte 24/37 – **8 Z** 85/140.

BORKUM (Insel) Niedersachsen 🄰🄰🄵 *F 4,* 🄰🄰🄷 ③ – *6 000 Ew – Seeheilbad – Größte Insel der
Ostfriesischen Inselgruppe.*
🚢 *von Emden-Außenhafen (ca. 2h 30min) - Voranmeldung erforderlich,*
ℰ *(04921) 89 07 22, Fax 890746.*
🅱 *Verkehrsbüro am Bahnhof,* ⊠ 26757, ℰ (04922) 8 41, Fax (04922) 844.
Berlin 523 – Hannover 253 – Emden 50.

🏨 **Nordsee-Hotel** 🌊, Bubertstr. 9, ⊠ 26757, ℰ (04922) 30 80, Fax (04922) 308113, ≤,
Massage, 🌡, 🔥, ≘s, 🔲 – 📶 📺 📞 🅿 – 🕍 30. 🆎 ⓪ 🅴 🆅🅸🆂🅰. 🛏 Rest
30. Nov. - 25. Dez. geschl. – (Restaurant nur für Hausgäste) – **89 Z** 135/330, 4 Suiten –
½ P 37.

🏨 **Nautic-Kurhotel Upstalsboom** 🌊, Goethestr. 18, ⊠ 26757, ℰ (04922) 30 40,
Fax (04922) 304911, Massage, 🌡, ≘s – 📶 📺 📞 🅿 – 🕍 40. 🆎 ⓪ 🅴 🆅🅸🆂🅰. 🛏
(Restaurant nur für Hausgäste) – **74 Z** 145/310, 12 Suiten – ½ P 30.

🏨 **Seehotel Upstalsboom** 🌊, Viktoriastr. 2, ⊠ 26757, ℰ (04922) 91 50,
Fax (04922) 7173 – 📶 🛏 📺 📞. 🆎 ⓪ 🅴 🆅🅸🆂🅰. 🛏 Rest
Mitte Nov. - Mitte Feb. geschl. – (Restaurant nur für Hausgäste) – **39 Z** 135/250 – ½ P 29.

🏨 **Poseidon** 🌊, Bismarckstr. 40, ⊠ 26757, ℰ (04922) 8 11, Fax (04922) 4189, ≘s, 🔲
– 📶, 🛏 Rest, 📺 🅿
Menu *(Nov. - März Mittwoch geschl.)* (nur Abendessen) à la carte 50/69 – **59 Z** 125/320
– ½ P 30.

🏠 **Graf Waldersee** 🌊, Bahnhofstr. 6, ⊠ 26757, ℰ (04922) 10 94, Fax (04922) 7188 –
🛏 Rest, 📺 📞. ⓪ 🅴 🆅🅸🆂🅰. 🛏 Rest
Nov. - 20. März geschl. – **Menu** (Mittagessen nur für Hausgäste) à la carte 37/56 *(auch
Diät)* – **25 Z** 88/220 – ½ P 29.

BORNA Sachsen 🄰🄰🄸 *M 21 – 23 800 Ew – Höhe 150 m.*
Berlin 213 – Dresden 105 – Leipzig 29 – Chemnitz 52.

🏠 **Drei Rosen,** Bahnhofstr. 67, ⊠ 04552, ℰ (03433) 20 44 94, Fax (03433) 204498, Biergarten, ≘s – 📺 📞 🅿 – 🕍 15. 🆎 ⓪ 🅴 🆅🅸🆂🅰
Menu *(Sonntagabend geschl.)* à la carte 27/55 – **19 Z** 115/160.

BORNHEIM Nordrhein-Westfalen 🄰🄰🄷 *N 4 – 35 000 Ew – Höhe 55 m.*
Berlin 601 – Düsseldorf 71 – Aachen 86 – Bonn 11 – Köln 21.

🏠 **Bonnem Inn** 🌊 garni, Kalkstr. 4, ⊠ 53332, ℰ (02222) 9 40 50, Fax (02222) 940529
– 📺 📞 ✇ 🅿. 🅴 🆅🅸🆂🅰
17 Z 90/160.

In Bornheim-Waldorf *W : 2 km :*

🏠 **Zum Dorfbrunnen,** Schmiedegasse 36, ⊠ 53332, ℰ (02227) 8 80,
Fax (02227) 88222 – 📶 📺 📞 🅿 – 🕍 30. 🆎 🅴 🆅🅸🆂🅰 🇯🇨🇧
Jan. 1 Woche geschl. – **Menu** à la carte 31/64 – **32 Z** 90/170.

BORNHEIM Rheinland-Pfalz siehe Landau in der Pfalz.

BOSAU Schleswig-Holstein 🄰🄰🄵 🄰🄰🄶 *D 15 – 800 Ew – Höhe 25 m – Erholungsort.*
🇫9 *Bosau-Thürk (O : 5 km),* ℰ (04527) 16 48.
🅱 *Kurverwaltung, Bischof-Vicelin-Damm 11,* ⊠ 23715, ℰ (04527) 4 98, Fax (04527)
1050.
Berlin 315 – Kiel 41 – Eutin 16 – Lübeck 37.

🏨 **Strauers Hotel am See** 🌊, Gerolddamm 2, ⊠ 23715, ℰ (04527) 99 40,
Fax (04527) 994111, ≤, ⛲, « Lage am See », Massage, 🌡, ≘s, 🔲, 🛥, 🚣 Bootssteg
– 📺 📞 ✇ 🚗 🅿 – 🕍 50
Dez. - Feb. geschl. – **Menu** *(Mai - Okt. Montagabend, März - April und Nov. Montag geschl.)*
à la carte 43/86 – **35 Z** 120/240, 4 Suiten – ½ P 28.

🏠 **Zum Frohsinn** 🌊, Bischof-Vicelin-Damm 18, ⊠ 23715, ℰ (04527) 2 69,
🍽 Fax (04527) 1703, 🚣 Bootssteg – 🚗 🅿
Dez. - Feb. garni – **Menu** *(außer Saison Dienstag geschl.)* à la carte 24/45 – **31 Z** 63/112
– ½ P 15.

BOTHEL *Niedersachsen siehe Rotenburg (Wümme).*

BOTTROP *Nordrhein-Westfalen* **417** *L 4,* **987** ⑭ *– 121 300 Ew – Höhe 30 m.*
  Ausflugsziel : Warner Brothers Movie World★ (Museum für deutsche Filmgeschichte★)
  Bottrop- – Kirchhellen NW : 9 km.
  🛫 *Bottrop-Kirchhellen (N : 14 km),* 𝒫 *(02045) 8 24 88.*
  🛈 *Bottrop-Information, Gladbecker Str. 13,* ✉ *46236,* 𝒫 *(02041) 26 54 64, Fax (02041)*
  265467.
  ADAC, *Schützenstr. 3,* ✉ *46236,* 𝒫 *(02041) 2 80 32, Fax (02041) 29531.*
  Berlin 530 – Düsseldorf 44 – Essen 11 – Oberhausen 8,5.

🏨 **Ramada,** Paßstr. 6, ✉ 46236, 𝒫 (02041) 16 80, Fax (02041) 262699, 🖭 – |🛗|, 🔄 Zim,
  🖿 📺 ☎ 📞 🚗 – 🛗 120. 🖭 ⓞ 🇪 𝗩𝗜𝗦𝗔 𝗝𝗖𝗕. 🎯 Rest
  Menu à la carte 42/68 – **102 Z** 175/250.

🏨 **Brauhaus** garni, Gladbecker Str. 78, ✉ 46236, 𝒫 (02041) 2 48 90, Fax (02041) 24893
  – 📺 ☎ 📞 – 🛗 25. 🇪 𝗩𝗜𝗦𝗔
  28 Z 110/160.

🍴🍴 **Overbeckhof,** Im Stadtgarten 26, ✉ 46236, 𝒫 (02041) 2 27 19, Fax (02041) 688712,
  🌫 – 📞. 🖭 🇪
  Menu à la carte 32/75.

🍴 **Alter Koperpot,** Osterfelder Str. 76, ✉ 46236, 𝒫 (02041) 2 23 91,
  Fax (02041) 264510
  Menu (wochentags nur Abendessen) à la carte 46/64.

Außerhalb *N : 3 km :*

🍴🍴 **Forsthaus Specht,** Oberhausener Str. 391 (B 223), ✉ 46240 Bottrop, 𝒫 (02041) 9 40
  84, Fax (02041) 975307, 🌫 – 📞. 🖭 ⓞ 🇪 𝗩𝗜𝗦𝗔
  Menu à la carte 37/80.

In Bottrop-Kirchhellen *NW : 9 km über die B 223 :*

🍴🍴 **Petit marché,** Hauptstr. 16, ✉ 46244, 𝒫 (02045) 32 31, Fax (02045) 3231 – 🖭 🇪
  Samstagmittag und Sonntag geschl. – **Menu** à la carte 50/78.

In Bottrop-Kirchhellen-Feldhausen *N : 14 km über die B 223 :*

🏨 **Landhaus Berger** garni, Marienstr. 5, ✉ 46244, 𝒫 (02045) 30 61, Fax (02045) 81297
  – 📺 ☎ 🚗 📞 ⓞ 🇪 𝗩𝗜𝗦𝗔
  11 Z 85/140.

🍴 **Gasthof Berger** mit Zim, Schloßgasse 35, ✉ 46244, 𝒫 (02045) 26 68, 🌫 – 📺 📞.
  🇪 𝗩𝗜𝗦𝗔 🎯
  Weihnachten - Anfang Jan. und Juli - Aug. 4 Wochen geschl. – **Menu** *(Montag geschl.)*
  à la carte 25/73 – **4 Z** 70/130.

BOXDORF *Sachsen siehe Dresden.*

BRACKENHEIM *Baden-Württemberg* **419** *S 11,* **987** ㉗ *– 11 500 Ew – Höhe 192 m.*
  Berlin 604 – Stuttgart 41 – Heilbronn 15 – Karlsruhe 58.

In Brackenheim-Botenheim *S : 1,5 km :*

🏨 **Adler,** Hindenburgstr. 4, ✉ 74336, 𝒫 (07135) 9 81 10, Fax (07135) 981120 – 📺 ☎ 📞.
  𝗩𝗜𝗦𝗔. 🎯 Zim
  Juli - Aug. 3 Wochen geschl. – **Menu** *(Dienstag geschl.)* à la carte 48/78 – **15 Z** 95/140.

In Brackenheim-Dürrenzimmern *NO : 1,5 km :*

🍴 **Lamm,** Mönchbergstr. 52, ✉ 74336, 𝒫 (07135) 53 90
  Samstagmittag und Mittwoch geschl. – **Menu** à la carte 30/51 🍺.

BRÄUNLINGEN *Baden-Württemberg* **419** *W 9 – 5 800 Ew – Höhe 694 m – Erholungsort.*
  🛈 *Städt. Verkehrsamt, Kirchstr. 10,* ✉ *78199,* 𝒫 *(0771) 6 19 00, Fax (0771) 603169.*
  Berlin 754 – Stuttgart 132 – Freiburg im Breisgau 62 – Donaueschingen 6,5 – Schaff-
  hausen 41.

🏨 **Lindenhof,** Zähringer Str. 24, ✉ 78199, 𝒫 (0771) 92 90 50, Fax (0771) 6723 – |🛗| 📺
  ☎ 🚗 📞. 🖭 🇪 𝗩𝗜𝗦𝗔
  Menu *(Freitag geschl.)* à la carte 26/58 🍺 – **40 Z** 60/110.

BRÄUNSDORF *Sachsen siehe Freiberg.*

BRAKE Niedersachsen 🔲🔲🔲 F 9, 🔲🔲🔲 ⑮ – 16 100 Ew – Höhe 4 m.
Berlin 445 – Hannover 178 – Bremen 59 – Oldenburg 31.

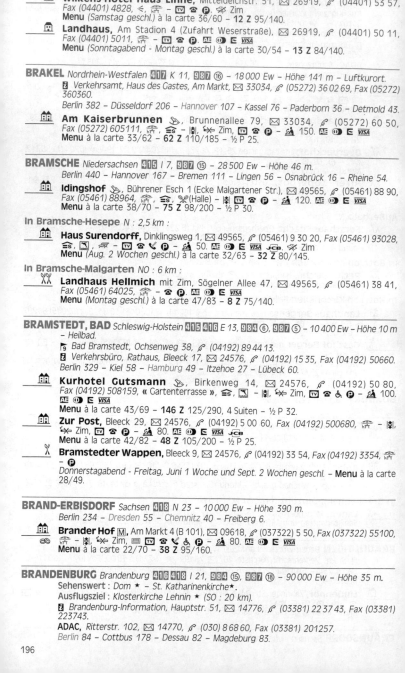

🏠 **Wilkens-Hotel Haus Linne,** Mitteldeichstr. 51, ⊠ 26919, ℰ (04401) 53 57,
Fax (04401) 4828, ≤, 🍴 – 🔲 ☎ 🅿, 🛠 Zim
Menu (Samstag geschl.) à la carte 36/60 – **12 Z** 95/140.

🏠 **Landhaus,** Am Stadion 4 (Zufahrt Weserstraße), ⊠ 26919, ℰ (04401) 50 11,
Fax (04401) 5011, 🍴 – 🔲 ☎ 🅿. 🖭 ⓪ 🗲 𝓥𝓘𝓢𝓐
Menu (Sonntagabend - Montag geschl.) à la carte 30/54 – **13 Z** 84/140.

BRAKEL Nordrhein-Westfalen 🔲🔲🔲 K 11, 🔲🔲🔲 ⑯ – 18 000 Ew – Höhe 141 m – Luftkurort.
🛈 Verkehrsamt, Haus des Gastes, Am Markt, ⊠ 33034, ℰ (05272) 36 02 69, Fax (05272)
360360.
Berlin 382 – Düsseldorf 206 – Hannover 107 – Kassel 76 – Paderborn 36 – Detmold 43.

🏛 **Am Kaiserbrunnen** 🐾, Brunnenallee 79, ⊠ 33034, ℰ (05272) 60 50,
Fax (05272) 605111, 🍴, ≦ – |💲|, ✺ Zim, 🔲 ☎ 🅿 – 🔬 150. 🖭 ⓪ 🗲 𝓥𝓘𝓢𝓐
Menu à la carte 33/62 – **62 Z** 110/185 – ½ P 25.

BRAMSCHE Niedersachsen 🔲🔲🔲 I 7, 🔲🔲🔲 ⑮ – 28 500 Ew – Höhe 46 m.
Berlin 440 – Hannover 167 – Bremen 111 – Lingen 56 – Osnabrück 16 – Rheine 54.

🏛 **Idingshof** 🐾, Bührener Esch 1 (Ecke Malgartener Str.), ⊠ 49565, ℰ (05461) 88 90,
Fax (05461) 88964, 🍴, ≦, ✺(Halle) – |💲| 🔲 ☎ 🅿 – 🔬 120. 🖭 ⓪ 🗲 𝓥𝓘𝓢𝓐
Menu à la carte 38/70 – **75 Z** 98/200 – ½ P 30.

In Bramsche-Hesepe N : 2,5 km :

🏛 **Haus Surendorff,** Dinklingsweg 1, ⊠ 49565, ℰ (05461) 9 30 20, Fax (05461) 93028,
≦, ▨, 🍴 – 🔲 ☎ 📞 🅿 – 🔬 50. 🖭 ⓪ 🗲 𝓥𝓘𝓢𝓐 𝗝𝗖𝗕. 🛠 Zim
Menu (Aug. 2 Wochen geschl.) à la carte 32/63 – **32 Z** 80/145.

In Bramsche-Malgarten NO : 6 km :

𝕏𝕏 **Landhaus Hellmich** mit Zim, Sögelner Allee 47, ⊠ 49565, ℰ (05461) 38 41,
Fax (05461) 64025, 🍴 – ☎ 🅿. 🖭 ⓪ 🗲 𝓥𝓘𝓢𝓐
Menu (Montag geschl.) à la carte 47/83 – **8 Z** 75/140.

BRAMSTEDT, BAD Schleswig-Holstein 🔲🔲🔲 🔲🔲🔲 E 13, 🔲🔲🔲 ⑥, 🔲🔲🔲 ⑤ – 10 400 Ew – Höhe 10 m
– Heilbad.
🖫 Bad Bramstedt, Ochsenweg 38, ℰ (04192) 89 44 13.
🛈 Verkehrsbüro, Rathaus, Bleeck 17, ⊠ 24576, ℰ (04192) 15 35, Fax (04192) 50660.
Berlin 329 – Kiel 58 – Hamburg 49 – Itzehoe 27 – Lübeck 60.

🏛 **Kurhotel Gutsmann** 🐾, Birkenweg 14, ⊠ 24576, ℰ (04192) 50 80,
Fax (04192) 508159, « Gartenterrasse », ≦, ▨ – |💲|, ✺ Zim, 🔲 ☎ 🖱 🅿 – 🔬 100.
🖭 ⓪ 🗲 𝓥𝓘𝓢𝓐
Menu à la carte 43/69 – **146 Z** 125/290, 4 Suiten – ½ P 32.

🏛 **Zur Post,** Bleeck 29, ⊠ 24576, ℰ (04192) 5 00 60, Fax (04192) 500680, 🍴 – |💲|,
✺ Zim, 🔲 ☎ 🅿 – 🔬 80. 🖭 ⓪ 🗲 𝓥𝓘𝓢𝓐 𝗝𝗖𝗕
Menu à la carte 42/82 – **48 Z** 105/200 – ½ P 25.

𝕏 **Bramstedter Wappen,** Bleeck 9, ⊠ 24576, ℰ (04192) 33 54, Fax (04192) 3354, 🍴
– 🅿
Donnerstagabend - Freitag, Juni 1 Woche und Sept. 2 Wochen geschl. – **Menu** à la carte
28/49.

BRAND-ERBISDORF Sachsen 🔲🔲🔲 N 23 – 10 000 Ew – Höhe 390 m.
Berlin 234 – Dresden 55 – Chemnitz 40 – Freiberg 6.

🏛 **Brander Hof** Ⓜ, Am Markt 4 (B 101), ⊠ 09618, ℰ (037322) 5 50, Fax (037322) 55100,
🐾 🍴 – |💲|, ✺ Zim, 🗐 🔲 ☎ 📞 🖱 🅿 – 🔬 80. 🖭 ⓪ 🗲 𝓥𝓘𝓢𝓐
Menu à la carte 22/70 – **38 Z** 95/160.

BRANDENBURG Brandenburg 🔲🔲🔲 🔲🔲🔲 I 21, 🔲🔲🔲 ⑮, 🔲🔲🔲 ⑱ – 90 000 Ew – Höhe 35 m.
Sehenswert : Dom ★ – St. Katharinenkirche★.
Ausflugsziel : Klosterkirche Lehnin ★ (SO : 20 km).
🛈 Brandenburg-Information, Hauptstr. 51, ⊠ 14776, ℰ (03381) 22 37 43, Fax (03381)
223743.
ADAC, Ritterstr. 102, ⊠ 14770, ℰ (030) 8 68 60, Fax (03381) 201257.
Berlin 84 – Cottbus 178 – Dessau 82 – Magdeburg 83.

🏨 **Sorat** M, Altstädtischer Markt 1, ⊠ 14770, ℰ (03381) 59 70, Fax *(03381) 597444*, 🍴,
🛋 – 🛗, ⇔ Zim, 🛏 Zim, 📺 ☎ 🤙 ♿ 🐾, – ▲ 40. 🆎 ⓪ 🄴 VISA JCB
Menu à la carte 35/64 – **88 Z** 180/260.

🏨 **Am St.Gotthardt,** Mühlentorstr. 56, ⊠ 14770, ℰ (03381) 5 29 00,
Fax (03381) 529030, 🍴 – ⇔ Zim, 📺 ☎. 🐾
Menu à la carte 26/41 – **10 Z** 90/160.

🏨 **Gerono** garni, Magdeburger Str. 12, ⊠ 14770, ℰ (03381) 3 40 90, Fax *(03381) 3409100*
– 📺 ☎
36 Z 55/130.

Am Beetzsee *N : 5 km :*

🏨 **Park Hotel Seehof** 🐾, ⊠ 14778 Brielow, ℰ (03381) 75 00, *Fax (03381) 702910,*
🍴, Biergarten, ⇔, 🛶, – 🛗, ⇔ Zim, 📺 ☎ ♿ 🅿 – ▲ 90. 🆎 ⓪ 🄴 VISA
24.- 29. Dez. geschl. – **Menu** à la carte 32/58 – **94 Z** 115/195.

In Brandenburg-Plaue *W : 8 km :*

🏨 **Lindenhof,** Chausseestr. 21 (B 1), ⊠ 14774, ℰ (03381) 40 35 10, *Fax (03381) 402495,*
🍴 – 📺 ☎ – ▲ 25. 🆎 🄴 VISA
Menu à la carte 32/55 – **16 Z** 90/160.

🏨 **Luisenhof** 🐾, Wendseeufer 8a, ⊠ 14774, ℰ (03381) 40 33 81, *Fax (03381) 403381,*
⇔, 🍴 – 📺 ☎ 🅿
Menu *(im Winter Montag - Freitag nur Abendessen)* à la carte 24/38 **7 Z** 85/150

In Götz *O : 10 km :*

🏨 **Garni Götz** M, Ringstr. 7, ⊠ 14778, ℰ (033207) 6 90 00, *Fax (033207) 69100* – ⇔
📺 ☎ 🤙 ⇔ 🅿 – ▲ 20. 🄴 VISA
20. Dez. - 6. Jan. geschl. – **39 Z** 89/159.

In Netzen *SO : 14 km :*

🏨 **Seehof** 🐾, Am Netzener See, ⊠ 14797, ℰ (03382) 76 70, *Fax (03382) 842,* 🍴, 🌾
– ⇔ Zim, 📺 ☎ 🤙 🅿 – ▲ 40. 🄴 VISA
Menu à la carte 31/49 – **32 Z** 100/179.

BRANNENBURG *Bayern* 420 *W 20 – 5 200 Ew – Höhe 509 m – Luftkurort – Wintersport :* 🎿 1,
🛷 1.
Ausflugsziel : *Wendelsteingipfel* ✳✱✱ *(mit Zahnradbahn, 55 Min.).*
🛈 *Verkehrsamt, Rosenheimer Str. 5,* ⊠ 83098, ℰ (08034) 45 15, Fax (08034) 9581.
Berlin 660 – München 72 – Bad Reichenhall 83 – Rosenheim 17 – Miesbach 72.

🛖 **Zur Post,** Sudelfeldstr. 20, ⊠ 83098, ℰ (08034) 9 06 70, Fax (08034) 1864, 🍴, ⇔,
🌾 – 📺 ☎ ⇔ 🅿 – ▲ 60
Menu *(Mittwoch - Donnerstagmittag geschl.)* à la carte 26/50 **35 Z** 60/130 – ½ P 20.

🛖 **Schloßwirt,** Kirchplatz 1, ⊠ 83098, ℰ (08034) 23 65, Fax (08034) 7187, 🍴, Biergarten – ☎ ⇔ 🅿. 🐾 Zim
14.- 20. April und Nov. geschl. – **Menu** *(Dienstag, Dez.- April auch Montag geschl.)* à la carte
24/42 ♿ – **16 Z** 55/110 – ½ P 18.

BRAUBACH *Rheinland-Pfalz* 417 *P 6,* 987 ㉘ *– 3 800 Ew – Höhe 71 m.*
Ausflugsziel : *Lage✱✱ der Marksburg✱ S : 2 km.*
🛈 *Verkehrsamt, Rathausstr. 8,* ⊠ 56338, ℰ (02627) 97 60 00, Fax (02627) 976005.
Berlin 600 – Mainz 87 – Koblenz 13.

🏨 **Zum weißen Schwanen** (mit Gästehaus), Brunnenstr. 4, ⊠ 56338, ℰ (02627) 98 20,
Fax (02627) 8802, 🍴, « *Weinhaus a.d. 17. Jh. und Mühle a.d.J. 1341* », 🌾 – ⇔ Zim, 📺
☎ 🅿 – ▲ 50. 🆎 🄴 VISA JCB
Menu *(Mittwoch und Juli geschl.)* *(nur Abendessen, Tischbestellung ratsam)* à la carte
42/73 – **16 Z** 80/140.

BRAUNEBERG *Rheinland-Pfalz* 417 *Q 4 – 1 200 Ew – Höhe 111 m.*
Berlin 683 – Mainz 123 – Bernkastel-Kues 10 – Trier 36 – Wittlich 18.

🏨 **Brauneberger Hof,** Moselweinstr. 136, ⊠ 54472, ℰ (06534) 14 00,
Fax (06534) 1401, 🍴, « *Fachwerkhaus a.d.18.Jh.* », 🌾 ☎ 🅿 🄴
Mitte Jan. - Mitte Feb. geschl. – **Menu** *(Montag geschl.)* *(wochentags nur Abendessen)*
à la carte 38/65 – **15 Z** 80/140.

197

BRAUNFELS *Hessen* [417] *O 9,* [987] *㉖ – 11 000 Ew – Höhe 236 m – Luftkurort.*

Braunfels, Homburger Hof (W : 1 km), ☎ (06442) 45 30.

Kur-GmbH, Fürst-Ferdinand-Str. 4 (Haus des Gastes), ✉ 35619, ☎ (06442) 9 34 40, Fax (06442) 934422.

Berlin 518 – Wiesbaden 84 – Frankfurt am Main 77 – Limburg an der Lahn 34 – Gießen 28.

Altes Amtsgericht [M], Gerichtsstr. 2, ✉ 35619, ☎ (06442) 9 34 80, *Fax (06442) 934811,* ☂, « Modern-elegante Einrichtung », ≘s – |‡|, ⇹ Zim, 📺 ☎ – 🅿 – 🏛 60. AE ⓓ E VISA. ✗ Rest
Menu *(Sonntag geschl.)* (nur Abendessen) à la carte 57/72 – **22 Z** 140/280.

Schloß Hotel garni, Hubertusstr. 2, ✉ 35619, ☎ (06442) 30 50, *Fax (06442) 305222,* ⛱ – 📺 ☎ 🅿 – 🏛 30. AE ⓓ E VISA
Weihnachten - Mitte Jan. geschl. – **36 Z** 98/195.

BRAUNLAGE *Niedersachsen* [418] *K 15,* [987] *⑰ – 5 100 Ew – Höhe 565 m – Heilklimatischer Kurort – Wintersport : 560/965 m* ⛷ *1* ⛷ *3* ⛷ *3.*

Kurverwaltung Braunlage, Elbingeroder Str. 17, ✉ 38700, ☎ (05520) 9 30 70, Fax (05520) 930720.

Kurverwaltung Hohegeiss, Kirchstr. 15 a, ✉ 38700, ☎ (05583) 2 41, Fax (05583) 1235.

Berlin 252 – Hannover 119 – Braunschweig 69 – Göttingen 67 – Goslar 33.

Maritim Berghotel ⛰, Pfaffenstieg, ✉ 38700, ☎ (05520) 80 50, *Fax (05520) 3620,* ≤, Massage, ♆, ⚖, ≘s, ⛱ (geheizt), 🏊, ⛱, ✂ – |‡|, ⇹ Zim, 📺 ⛹ 🚗 🅿 – 🏛 420. AE ⓓ E VISA JCB. ✗ Rest
Menu à la carte 53/85 – **309 Z** 185/368, 7 Suiten – ½ P 40.

Hohenzollern ⛰, Dr.-Barner-Str. 11, ✉ 38700, ☎ (05520) 30 91, *Fax (05520) 3093,* ≤, ≘s, 🏊, ⛱ – |‡| 📺 ☎ 🚗 🅿. ⓓ E VISA. ✗
Nov. - Mitte Dez. geschl. – **Menu** à la carte 41/60 – **35 Z** 95/200 – ½ P 27.

Brauner Hirsch, Am Brunnen 1, ✉ 38700, ☎ (05520) 80 60, *Fax (05520) 80675,* ☂ – |‡| ☎ 🚗 🅿. AE ⓓ E VISA
Menu à la carte 23/53 – **46 Z** 57/130 – ½ P 25.

Landhaus Foresta ⛰, Am Jermerstein 1, ✉ 38700, ☎ (05520) 9 32 20, *Fax (05520) 932213,* ≘s, ⛱ – 📺 🅿
Menu (nur Abendessen) à la carte 30/44 – **25 Z** 80/160 – ½ P 20.

Hasselhof ⛰ garni, Schützenstr. 6, ✉ 38700, ☎ (05520) 30 41, *Fax (05520) 1442,* 🏊, ⛱ – 📺 ☎ 🅿. AE ⓓ E VISA
März 2 Wochen und 10.- 27. Nov. geschl. – **20 Z** 85/166.

Harzhotel Regina, Bahnhofstr.12, ✉ 38700, ☎ (05520) 9 30 40, *Fax (05520) 1345,* ≘s, 🏊 – 📺 ☎ 🚗 🅿 – 🏛 20. AE ⓓ E VISA. ✗ Rest
Mitte April - Anfang Mai und Mitte Nov. - Mitte Dez. geschl. – (Restaurant nur für Hausgäste) – **24 Z** 65/170 – ½ P 20.

Rosenhof ⛰ garni, Herzog-Johann-Albrecht-Str.41, ✉ 38700, ☎ (05520) 9 32 90, *Fax (05520) 932993,* ≘s, ⛱ – 📺 🅿
15 Z 80/160.

Erholung, Lauterberger Str. 10, ✉ 38700, ☎ (05520) 9 30 00, *Fax (05520) 575,* ☂, ⛱ – 📺 ☎ 🚗 🅿
Menu à la carte 27/59 – **40 Z** 60/130 – ½ P 20.

🍴 **Romantik Hotel Zur Tanne** (mit Zim. und Gästehaus), Herzog-Wilhelm-Str. 8, ✉ 38700, ☎ (05520) 9 31 20, *Fax (05520) 3992,* « Geschmackvoll-behagliche Einrichtung » – 📺 ☎ 🚗 🅿. AE ⓓ E VISA. ✗ Zim
Menu (Tischbestellung ratsam) à la carte 39/86 – **22 Z** 75/225 – ½ P 35.

In Braunlage-Hohegeiss *SO : 12 km – Höhe 642 m – Heilklimatischer Kurort – Wintersport : 600/700 m* ⛷ *4* ⛷ *3*

Sonneneck ⛰, Hindenburgstr. 24, ✉ 38700, ☎ (05583) 9 48 00, *Fax (05583) 948040,* ≤, ☂, ≘s – ⇹ Zim, 📺 ☎ 🚗 🅿. ✗ Zim
Nov. - Mitte Dez. geschl. – **Menu** *(Mittwoch geschl.)* (nur Abendessen) à la carte 24/42 – **19 Z** 65/138 – ½ P 15.

Rust ⛰, Am Brande 5, ✉ 38700, ☎ (05583) 8 31, *Fax (05583) 364,* ≤, ☂, ≘s, 🏊, ⛱ – ⇹ Zim, 📺 ☎ 🅿. ✗
Nov. - 15. Dez. geschl. – **Menu** à la carte 28/45 – **18 Z** 85/140 – ½ P 12.

🍴 **Landhaus Bei Wolfgang,** Hindenburgstr. 6, ✉ 38700, ☎ (05583) 8 88, *Fax (05583) 1354* – AE ⓓ E VISA
Donnerstag und Nov. - Mitte Dez. geschl. – **Menu** à la carte 40/75.

BRAUNSBACH Baden-Württemberg **419** S 13 – 2 600 Ew – Höhe 235 m.
　Berlin 563 – Stuttgart 99 – Heilbronn 53 – Schwäbisch Hall 13.

In Braunsbach-Döttingen NW : 3 km :

　🏠 **Schloß Döttingen** 🦌 (mit Gästehäusern), ✉ 74542, ℰ (07906) 10 10, Fax (07906) 10110, 🍴, ⇔, 🛋 (geheizt), 🌳 – 📺 ☎ 🅿 – 🔬 80. 🗗. ✼ 20. - 31. Dez. geschl. – **Menu** (Sonntagmittag geschl.) à la carte 28/61 – **88 Z** 75/155.

BRAUNSCHWEIG Niedersachsen **416** **418** J 15, **987** ⑯ ⑰ – 260 000 Ew – Höhe 72 m.
　Sehenswert : Dom★ (Imerward-Kruzifix★★, Bronzeleuchter★) BY – Herzog-Anton-Ulrich-Museum (Mittelalter-Abteilung★) BY M1.
　📷 Braunschweig, Schwarzkopffstr. 10 (über ④), ℰ (0531) 26 42 40.
　✈ Lilienthalplatz, ② : 9 km, ℰ 35 00 05.
　🏢 Städt. Verkehrsverein, Hauptbahnhof, ✉ 38102, ℰ (0531) 27 35 50, Fax (0531) 2735519 und Bohlweg (Pavillon), ✉ 38100, ℰ 2 73 55 30, Fax 2735539.
　ADAC, Lange Str. 63, ✉ 38100, ℰ (0531) 4 40 14, Fax (0531) 125224.
　Berlin 228 ② – Hannover 66 ⑦ – Magdeburg 92 ②

Stadtpläne siehe nächste Seiten

　🏛 **Stadtpalais** Ⓜ garni, Hinter Liebfrauen 1a, ✉ 38100, ℰ (0531) 24 10 24, Fax (0531) 241025, « Historisches Gebäude a.d.J. 1787 mit eleganter Einrichtung » – 📶, ⇔ Zim, 📺 ☏ 🅿, 🆎 ⓪ 🗗 VISA　　　　　　　　　　　　BY **a**
45 **Z** 195/268.

　🏨 **Ramada**, Auguststr. 6, ✉ 38100, ℰ (0531) 4 81 40, Fax (0531) 4814100, 🏋, ⇔ – 📶, ⇔ Zim, 📺 ☎ 🇰 🛗 ☕ 🅿 – 🔬 100. 🆎 ⓪ 🗗 VISA JCB　　　　BY **w**
Menu à la carte 39/62 – **140 Z** 218/241.

　🏨 **Mövenpick-Hotel**, Jöddenstr. 3 (Welfenhof), ✉ 38100, ℰ (0531) 4 81 70, Fax (0531) 4817551, 🍴, direkter Zugang zum Fun-Club mit Saunarium, 🏊 und Sole-Grotte – 📶, ⇔ Zim, 📺 ☎ 🛗 – 🔬 90. 🆎 ⓪ 🗗 VISA JCB　　　　　BY **z**
Menu à la carte 37/82 – **128 Z** 161/307.

　🏨 **Stadthotel Magnitor**, Am Magnitor 1, ✉ 38100, ℰ (0531) 4 71 30, Fax (0531) 4713499, « Restaurierte Fachwerkhäuser a.d. 15.-18. Jh. mit modern-eleganter Einrichtung » – 📶 📺 ☎ – 🔬 20. 🆎 ⓪ 🗗 VISA　　　　　　　　BY **s**
Menu (Montag - Freitag nur Abendessen) à la carte 33/69 – **30 Z** 194/258.

　🏨 **Ritter St Georg**, Alte Knochenhauerstr. 13, ✉ 38100, ℰ (0531) 1 30 39, Fax (0531) 13038, « Fachwerkhaus aus dem 15.Jh., stilvoll eingerichtetes Restaurant » – 📺 ☎. 🆎 ⓪ 🗗 VISA. ✼　　　　　　　　　　　　　　　　　　AY **e**
Menu (Sonntag geschl.) (Tischbestellung ratsam) à la carte 45/83 – **22 Z** 175/360.

　🏨 **Mercure Atrium**, Berliner Platz 3, ✉ 38102, ℰ (0531) 7 00 80, Fax (0531) 7008125, 🍴 – 📶, ⇔ Zim, 📺 ☎ 🛗 – 🔬 240. 🆎 ⓪ 🗗 VISA JCB　　　　BZ **a**
Menu (Samstag - Sonntag geschl.) à la carte 31/66 – **130 Z** 238/320.

　🏨 **Deutsches Haus**, Ruhfäutchenplatz 1, ✉ 38100, ℰ (0531) 1 20 00, Fax (0531) 1200444, 🍴 – 📶 📺 ☎ 🇰 🅿 – 🔬 150. 🆎 ⓪ 🗗 VISA　　　　BY **u**
Menu à la carte 32/81 – **85 Z** 145/258.

　🏨 **Play Off**, Salzdahlumer Str. 137, ✉ 38126, ℰ (0531) 2 63 10, Fax (0531) 67119, Massage, 🏋, ⇔, ✼ – 📶, ⇔ Zim, 📺 ☎ 🇰 🅿 – 🔬 300. 🆎 ⓪ 🗗 VISA
Menu à la carte 31/65 – **184 Z** 175/380.　　　　über Salzdahlumer Str.　BZ

　🏠 **Lessing-Hof** 🦌 garni (mit Gästehaus), Okerstr. 13, ✉ 38100, ℰ (0531) 2 41 60, Fax (0531) 2416222 – 📶 📺 ☎ 🇰 ☕ 🅿. 🗗 VISA　　　　　　　　　AX **b**
41 **Z** 107/172.

　🏠 **An der Stadthalle** garni, Leonhardstr. 21, ✉ 38102, ℰ (0531) 7 30 68, Fax (0531) 75148 – 📶 📺 ☎ 🅿. 🆎 ⓪ 🗗 VISA　　　　　　　　　　BY **c**
Weihnachten - Neujahr geschl. – **24 Z** 105/170.

　🏠 **Wartburg** garni, Rennelbergstr. 12, ✉ 38114, ℰ (0531) 50 00 11, Fax (0531) 507629 – 📶 📺 ☎ 🇰. 🆎 🗗 VISA　　　　　　　　　　　　　　　AX **z**
21 **Z** 98/185.

　✕✕ **Gewandhaus**, Altstadtmarkt 1, ✉ 38100, ℰ (0531) 24 27 77, Fax (0531) 242775, 🍴, « Hist. Stadthaus a.d. 13. Jh. ; Gewölbekeller » 🆎 ⓪ 🗗 VISA JCB　　AY **a**
Sonntagabend geschl. – **Menu** à la carte 49/73.

　✕✕ **Brabanter Hof**, Güldenstr. 77, ✉ 38100, ℰ (0531) 4 30 90, Fax (0531) 43010 – 🗗 VISA
Montag und Juli - Aug. 3 Wochen geschl. – **Menu** (wochentags nur Abendessen) à la carte 62/70.　　　　　　　　　　　　　　　　　　　　　　　　　AY **c**

　✕✕ **Löwenkrone**, Leonhardplatz (Stadthalle), ✉ 38102, ℰ (0531) 70 70 70, Fax (0531) 7070777, 🍴 – 🅿 – 🔬 50. 🆎 ⓪ 🗗 VISA　　　　　　　BZ
Menu à la carte 31/56.

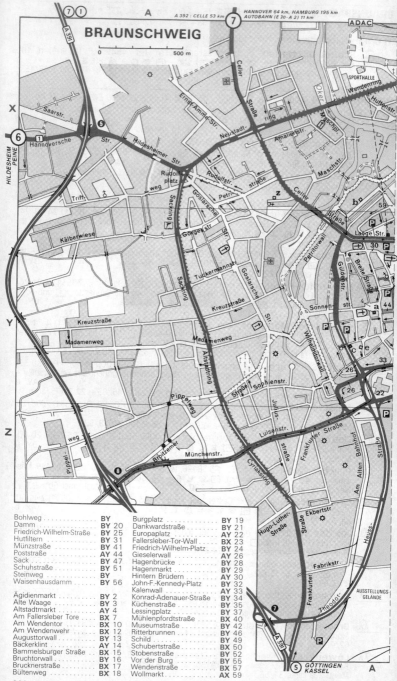

BRAUNSCHWEIG

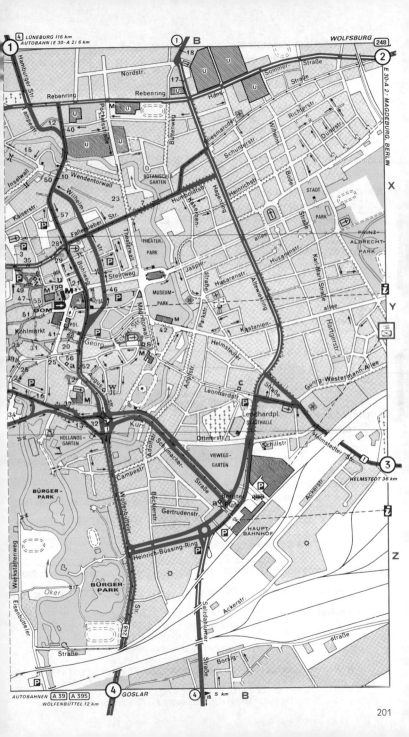

Im Industriegebiet Hansestraße *über Hamburger Str.* ① : *8 km* :

🏛 **Nord** garni, Robert-Bosch-Str. 7 (Nähe BAB Kreuz BS-Nord), ⊠ 38112, ℰ (0531) 31 08 60, *Fax (0531) 3108686* – 🛗 📺 ☎ ✆ 🚗 🅿
32 Z 89/190.

In Braunschweig-Riddagshausen *über Kastanienallee* BY :

🏛 **Landhaus Seela,** Messeweg 41, ⊠ 38104, ℰ (0531) 37 00 11 62, *Fax (0531) 37001193*, 🍴 – 🛗, 🛁 Zim, 📺 ☎ 🚗 🅿 – 🔬 110. ① 🗲 𝑉𝐼𝑆𝐴
Menu à la carte 39/66 – **57 Z** 120/300.

In Braunschweig-Rüningen ⑤ : *5 km* :

🏛 **Zum Starenkasten,** Thiedestr. 25 (B 248), ⊠ 38122, ℰ (0531) 87 41 21, *Fax (0531) 874126*, 🍴, 🗓 – 🛗 📺 🅿 – 🔬 100. 🆎 ① 🗲 𝑉𝐼𝑆𝐴
Menu à la carte 29/64 – **57 Z** 120/300.

In Braunschweig-Veltenhof ⑦ : *10 km* :

🏛 **Pfälzer Hof** Ⓜ garni, Ernst-Böhme-Str. 15, ⊠ 38112, ℰ (0531) 21 01 80, *Fax (0531) 2101850*, 🍴, 🎿 (Halle) – 🛗 🛁 📺 ☎ ✆ 🅿 – 🔬 40. 🗲 𝑉𝐼𝑆𝐴
40 Z 120/180.

BREDSTEDT *Schleswig-Holstein* **415** *C 10*, **987** ⑤ – *4 500 Ew* – *Höhe 5 m.*
🛈 *Fremdenverkehrsverein, Süderstr. 36,* ⊠ *25821,* ℰ *(04671) 58 57, Fax (04671) 6975.*
Berlin 440 – Kiel 101 – Flensburg 38 – Husum 17 – Niebüll 25.

🏛 **Ulmenhof** (ehem. Villa), Tondernsche Str. 4, ⊠ 25821, ℰ (04671) 9 18 10, *Fax (04671) 918171*, 🍴 – 📺 ☎ 🅿 🗲
Menu à la carte 30/56 – **15 Z** 75/145.

🍴 **Friesenhalle** mit Zim, Hohle Gasse 2, ⊠ 25821, ℰ (04671) 15 21, *Fax (04671) 2875*
– 📺 ☎ 🚗 🅿 🆎 ① 🗲 𝑉𝐼𝑆𝐴 🎿
Ende Feb. - Mitte März und Nov. 3 Wochen geschl. – **Menu** *(Sonntagabend - Montagmittag geschl.)* à la carte 34/68 – **8 Z** 70/160.

In Sterdebüll *NW : 4 km, Richtung Dagebüll* :

🏛 **Landhaus Sterdebüll,** Dorfstr. 90, ⊠ 25852, ℰ (04671) 9 11 00, *Fax (04671) 911099*, 🍴, 🍸 – 📺 ☎ ♿ 🅿 🆎 ① 🗲 𝑉𝐼𝑆𝐴 𝐽𝐶𝐵
Jan. geschl. – **Menu** *(im Winter Montag geschl.)* à la carte 31/73 – **34 Z** 95/170.

In Ockholm-Bongsiel *NW : 13 km, Richtung Dagebüll* :

🏛 **Gaststätte Bongsiel** 🐾 (nordfriesisches Dorfgasthaus und ehem. Schleusenwärter-haus), Am Kanal 2, ⊠ 25842, ℰ (04674) 14 45, *Fax (04674) 1458*, « *Bildersammlung bekannter deutscher Maler* », 🍴 – 🅿
Mitte Jan. - Mitte Feb. geschl. – **Menu** *(Dienstag geschl.)* à la carte 28/50 – **12 Z** 55/90 – ½ P 18.

In Ockholm-Schlüttsiel *NW : 17 km* :

🍴 **Fährhaus Schlüttsiel** 🐾 mit Zim, ⊠ 25842, ℰ (04674) 2 55, *Fax (04674) 1542*, ≤ *Nordsee und Halligen* – 📺 ☎ 🚗 🅿 🆎 🗲 𝑉𝐼𝑆𝐴
Mitte Nov. - Mitte Dez. geschl. – **Menu** à la carte 32/62 – **5 Z** 80/130.

BREEGE *Mecklenburg-Vorpommern siehe Rügen (Insel).*

BREGENZ 🖂 *Österreich* **419** *X 13*, **987** ㊴ – *27 000 Ew* – *Höhe 396 m* – *Wintersport : 414/1 020 m* ✦ 1 ✦ 2.
Sehenswert : ≤★ (vom Hafendamm) BY – *Vorarlberger Landesmuseum*★ BY – *Martin-sturm* ≤★ BY.
Ausflugsziele : *Pfänder*★★ : ≤★★, *Alpenwildpark (auch mit* ✦ *)* BY.

Festspiel-Preise : siehe Seite 8
Prix pendant le festival : voir p. 18
Prices during tourist events : see p. 28
Prezzi duranti i festival : vedere p. 38.

🛈 *Bregenz-Tourismus, Anton-Schneider-Str. 4a,* ⊠ *A-6900,* ℰ *(05574) 43 39 10, Fax (05574) 4339110.*
Wien 627 ① *– Innsbruck 199* ② *– Konstanz 62* ① *– Zürich 119* ③ *– München 196* ①
Die Preise sind in der Landeswährung (Ö. S.) angegeben.

BREGENZ

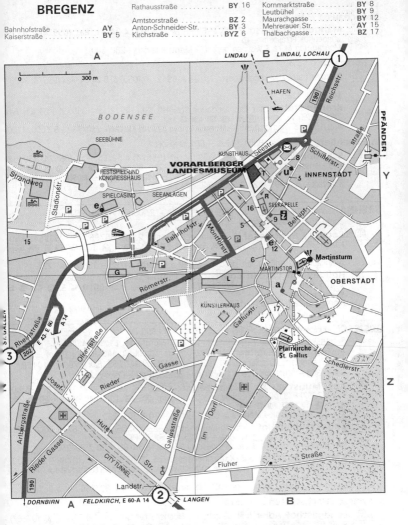

🏨 **Schwärzler,** Landstr. 9, ✉ A-6900, ✆ (05574) 49 90, *Fax (05574) 47575*, 🍴, Massage, ⌂, ▨, ⟋ – ▯, ⇔ Zim, 📺 ☎ ৬ ⟺ 🅿 – 🔬 50. 🆎 ⓞ ⋐ 𝘝𝘐𝘚𝘈 🅹🅲🅱. ⋇ Rest Menu à la carte 205/505 – **83 Z** 1015/2240. über Landstr. AZ

🏨 **Messmer Hotel am Kornmarkt,** Kornmarktstr. 16, ✉ A-6900, ✆ (05574) 4 23 56, *Fax (05574) 423566*, 🍴, ⌂ – ▯, ⇔ Zim, 📺 ☎ ⟺ – 🔬 60. 🆎 ⓞ ⋐ 𝘝𝘐𝘚𝘈 ⋇ Rest Menu à la carte 280/500 – **82 Z** 1000/2060. BY u

🏨 **Mercure,** Platz der Wiener Symphoniker, ✉ A-6900, ✆ (05574) 46 10 00, *Fax (05574) 47412*, 🍴 – ▯, ⇔ Zim, 🍴 Rest, 📺 ☎ ৬ 🅿 – 🔬 120. 🆎 ⓞ ⋐ 𝘝𝘐𝘚𝘈 AY e Menu à la carte 280/480 – **94 Z** 1050/2280.

🍴🍴🍴 **Deuring-Schlössle** ⟋ mit Zim (kleines Stadtschloß a.d.J. 1690), Ehre-Guta-Platz 4, ✉ A-6900, ✆ (05574) 4 78 00, *Fax (05574) 4780080*, 🍴 – ⇔ Rest, 📺 ☎ 🅿 – 🔬 70. 🆎 ⓞ ⋐ 𝘝𝘐𝘚𝘈 – **Menu** *(Montagmittag geschl.)* (Tischbestellung ratsam) und à la carte 410/770 – **13 Z** 1550/3080, 3 Suiten. BZ a

🍴 **Ilge** (Haus a.d. 15. Jh.), Maurachgasse 6, ✉ A-6900, ✆ (05574) 4 36 09 – ⓞ ⋐ 𝘝𝘐𝘚𝘈 BY e **Menu** (nur Abendessen) à la carte 360/570.

In Lochau ① : *3 km* :

介介 **Mangold,** Pfänderstr. 3, ✉ A-6911, ℰ (05574) 4 24 31, *Fax (05574) 424319,*
🍽 « Innenhofterrasse » – 🅿
Montag und März 3 Wochen geschl. – **Menu** à la carte 280/540.

In Hörbranz ① : *6 km* :

🏠 **Brauer** garni, Unterhochstegstr. 25, ✉ A-6912, ℰ (05573) 8 24 04, *Fax (05573) 84251*
– ☎ 🅿
34 Z 525/1260.

X **Kronen-Stuben** mit Zim, Lindauer Str. 48, ✉ A-6912, ℰ (05573) 8 23 41, *Fax*
(05573) 23416, 🍽 – 📺 ☎ 🅿. 🆎 ① 🇪 𝘝𝘐𝘚𝘈
Aug. - Sept. 3 Wochen geschl. – **Menu** *(Montag geschl.)* à la carte 230/360 – **5 Z** 600/1200.

In Eichenberg ① : *8 km – Höhe 796 m – Erholungsort* :

🏠 **Schönblick** 🍃, Dorf 6, ✉ A-6911, ℰ (05574) 4 59 65, *Fax (05574) 459657,*
⩽ Bodensee, Lindau und Alpen, 🍽, 🚿, 🔲, 🏊, 🎾 – 🛗 📺 ☎ 🚗 🅿. 🇪 𝘝𝘐𝘚𝘈
7. Jan. - 6. Feb. und 4. Nov. - 15. Dez. geschl. – **Menu** *(Montag - Dienstagmittag geschl.)*
à la carte 260/490 – **20 Z** 550/1540.

BREHNA Sachsen-Anhalt 🲁🲁🲁 *L 20,* 🲁🲁🲁 ⑲, 🲁🲁🲁 ⑱ – *2 500 Ew – Höhe 90 m.*
Berlin 154 – Magdeburg 94 – Leipzig 38.

介介 **Country Park-Hotel,** Thiemendorfer Mark 2, ✉ 06796, ℰ (034954) 6 50,
Fax (034954) 65556, 🍽, 🚿 – 🛗, 🌡 Zim, 📺 ☎ 📞 🅿 – 🔬 180. 🆎 ① 🇪 𝘝𝘐𝘚𝘈 𝐉𝐂𝐁.
🍽
Weihnachten - Anfang Jan. geschl. – **Menu** à la carte 41/65 – **188 Z** 180/225.

🏠 **Holiday Inn Garden Court,** Otto-Lilienthal-Str. 6 (Gewerbepark), ✉ 06796,
ℰ (034954) 6 16 00, *Fax (034954) 61500* – 🛗 🌡, 🍽 Rest, 📺 ☎ 📞 ♿ 🅿. 🆎 ① 🇪
𝘝𝘐𝘚𝘈 𝐉𝐂𝐁
Menu à la carte 34/53 – **153 Z** 115/150.

BREISACH Baden-Württemberg 🲁🲁🲁 *V 6,* 🲁🲁🲁 ㊲ – *11 800 Ew – Höhe 191 m.*
Sehenswert : *Münster★ (Hochaltar★★, Innendekoration★, Lage★), Münsterberg ⩽★.*
Ausflugsziel : *Niederrottweil : Schnitzaltar★ der Kirche St. Michael, N : 11 km.*
🅑 *Verkehrsamt, Maktplatz 9,* ✉ *79206,* ℰ *(07667) 94 01 55, Fax (07667) 94 01 58.*
Berlin 808 – Stuttgart 209 – Freiburg im Breisgau 30 – Colmar 24.

介介 **Am Münster** 🍃, Münsterbergstr. 23, ✉ 79206, ℰ (07667) 83 80,
Fax (07667) 838100, ⩽ Rheinebene und Vogesen, 🍽, 🚿, 🔲 – 🛗, 🌡 Zim, 📺 ☎ 🚗
🅿 – 🔬 120. 🆎 ① 🇪 𝘝𝘐𝘚𝘈
7. - 20. Jan. geschl. – **Menu** à la carte 39/72 – **70 Z** 105/260.

🏠 **Kaiserstühler Hof,** Richard-Müller-Str. 2, ✉ 79206, ℰ (07667) 8 30 60, *Fax*
(07667) 830666 – 🛗 📺 ☎ 🚗 – 🔬 25. 🆎 ① 🇪 𝘝𝘐𝘚𝘈
Menu *(über Fastnacht 1 Wochen geschl.)* à la carte 38/82 – **20 Z** 80/230.

🏠 **Kapuzinergarten** 🍃, Kapuzinergasse 26, ✉ 79206, ℰ (07667) 9 30 00,
Fax (07667) 930093, ⩽ Kaiserstuhl und Schwarzwald, « Dachgartenterrasse », 🚿 – 🛗,
🌡 Zim, ♿ 🅿. 🆎
Menu *(Nov. - März Montag geschl.)* à la carte 48/82 – **43 Z** 80/236.

In Breisach-Hochstetten SO : *2,5 km* :

🏠 **Landgasthof Adler** (mit Gästehaus), Hochstetter Str. 11, ✉ 79206, ℰ (07667)
9 39 30, *Fax (07667) 939393,* 🍽, 🏊, 🚿 – 📺 ☎ 🚗 🅿. 🇪 𝘝𝘐𝘚𝘈
Feb. 2 Wochen geschl. – **Menu** *(Donnerstag, Okt.- Mai auch Samstagmittag geschl.)*
à la carte 27/53 🍷 – **23 Z** 70/130.

BREISIG, BAD Rheinland-Pfalz 🲁🲁🲁 *O 5 – 8 500 Ew – Höhe 62 m – Heilbad.*
Ausflugsziel : *Burg Rheineck :* ⩽★ *S : 2 km.*
🅑 *Verkehrsamt, Albert-Mertes-Str. 11 (Heilbäderhaus Römer-Thermen),* ✉ *53498,*
ℰ *(02633) 9 70 71, Fax (02633) 9815.*
Berlin 618 – Mainz 133 – Koblenz 30 – Bonn 33.

介介 **Rheinhotel Vier Jahreszeiten** 🍃, Rheinstr. 11, ✉ 53498, ℰ (02633) 60 70,
Fax (02633) 9220, ⩽ Rhein, 🍽, 🔲, 🏊 – 🛗 📺 ☎ 🚗 🅿 – 🔬 400. 🆎 ① 🇪 𝘝𝘐𝘚𝘈
Menu à la carte 38/73 – **179 Z** 125/225 – ½ P 30.

🏠 **Zur Mühle** 🍃, Am Rheinufer, ✉ 53498, ℰ (02633) 9 70 61, *Fax (02633) 96017,* ⩽,
🍽, 🔲, 🏊 – 🛗 📺 ☎ 🅿. 🆎 ① 🇪 𝘝𝘐𝘚𝘈
5. Jan. - Feb. geschl. – **Menu** à la carte 26/47 🍷 – **33 Z** 76/158 – ½ P 19.

🏠 **Niederée,** Zehnerstr. 2 (B 9), ⊠ 53498, ℰ (02633) 4 57 00, Fax (02633) 96766, 🚗 –
🛗 📺 **❷**. 🆎 ⓪ ⓔ 𝘝𝘐𝘚𝘈, ⚡ Zim
Menu *(4. Jan. - 3. Feb. und Mittwoch geschl.)* à la carte 29/53 ⚟ – **29 Z** 75/150 – ½ P 22.

🏠 **Quellenhof,** Albert-Mertes-Str. 23, ⊠ 53498, ℰ (02633) 4 55 10 (Hotel) 47 00 10
(Rest.), Fax (02633) 455150, 🚗 – 📺 **❷ ❷**. ⚡ Zim
Nov. 3 Wochen geschl. – **Menu** *(Dienstag geschl.)* à la carte 34/59 – **17 Z** 65/150 – ½ P 24.

🏠 **Haus Mathilde** ⚟, Waldstr. 5, ⊠ 53498, ℰ (02633) 4 55 40, Fax (02633) 455446,
🌼 – **❷ ❷**. 🆎 ⓪ ⓔ 𝘝𝘐𝘚𝘈
Menu à la carte 34/57 – **18 Z** 53/132 – ½ P 18.

XX **Historisches Weinhaus Templerhof** (Haus a.d.J. 1657), Koblenzer Str.45 (B 9),
⊠ 53498, ℰ (02633) 94 35, Fax (02633) 7394, 🌼 – **❷**. 🆎 ⓪ ⓔ 𝘝𝘐𝘚𝘈
Mittwoch - Donnerstagmittag, Jan. 3 Wochen und Juni 2 Wochen geschl. – **Menu** à la carte
46/78 *(auch vegetarisches Menu)*.

X **Wirtshaus zum Weißen Roß** (Haus a.d.J. 1628), Zehnerstr. 19 (B 9), ⊠ 53498,
ℰ (02633) 91 35, Fax (02633) 95755, 🌼 – **❷**
Menu à la carte 33/51.

BREITENBACH AM HERZBERG Hessen 𝟜𝟙𝟟 𝟜𝟙𝟠 N 12 – 2 000 Ew – Höhe 250 m – Erholungsort.
Berlin 450 – Wiesbaden 149 – Fulda 35 – Gießen 42 – Kassel 75.

An der Autobahn A 5 *(Nordseite)* NW : 5 km :

🏠 **Rasthaus Motel Rimberg,** ⊠ 36287 Breitenbach-Rimberg, ℰ (06675) 9 20 20,
Fax (06675) 920288, ⇐ – 🛗, ⇝ Rest, 📺 **❷** ⚖ ⇜ **❷**. 🆎 ⓔ 𝘝𝘐𝘚𝘈
Menu à la carte 29/56 – **14 Z** 80/161.

BREITENGÜSSBACH Bayern 𝟜𝟚𝟘 Q 16, 𝟡𝟠𝟟 ㉘ – 3 600 Ew – Höhe 245 m.
▸ Breitenggüßbach, Gut Leimershof (O : 6 km), ℰ (09547) 71 09.
Berlin 406 – München 239 – Coburg 37 – Bayreuth 64 – Bamberg 9 – Schweinfurt 63.

🏠🏠 **Vierjahreszeiten** ⚟, Am Sportplatz 6, ⊠ 96149, ℰ (09544) 92 90,
⇜ Fax (09544) 929292, 🌼, 🚗, 🔲, 🌳 – 📺 **❷ ❷** – ⚖ 30. ⚡
Menu *(Sonntagabend und Freitag geschl.)* à la carte 24/52 – **38 Z** 79/140.

BREITNAU Baden-Württemberg 𝟜𝟙𝟡 W 8 – 1 800 Ew – Höhe 950 m – Luftkurort – Wintersport :
1 000/1 200 m ⚟2 ⚟1.
🅱 Kurverwaltung, Dorfstr. 11, ⊠ 79874, ℰ (07652) 91 09 20, Fax (07652) 910930.
Berlin 788 – Stuttgart 167 – Freiburg im Breisgau 28 – Donaueschingen 42.

🏠🏠 **Kaiser's Tanne Wirtshus,** Am Wirbstein 27 (B 500, SO : 2 km), ⊠ 79874,
ℰ (07652) 1 20 10, Fax (07652) 1507, « Gartenterrasse mit ⇐ », 🚗, 🔲, 🌳 – 🛗 📺
❷ ❷. ⚡ Zim
Menu à la carte 47/81 – **35 Z** 100/250 – ½ P 25.

🏠🏠 **Faller,** Im Ödenbach 5 (B 500, SO : 2 km), ⊠ 79874, ℰ (07652) 10 01, Fax (07652) 311,
« Terrasse mit ⇐ », 🚗, 🌳 – 🛗, ⇝ Rest, 📺 **❷** ⇜ **❷**
Nov.- Dez. 2 Wochen geschl. – **Menu** *(Mittwochabend - Donnerstag geschl.)* à la carte 36/66
– **23 Z** 80/200 – ½ P 28.

🏠 **Löwen,** an der B 500 (O : 1 km), ⊠ 79874, ℰ (07652) 3 59, Fax (07652) 5512, ⇐, 🌼,
🚗, 🌳, ⚡ – **❷**
Mitte Nov. - Mitte Dez. geschl. – **Menu** *(Mittwoch geschl.)* à la carte 31/54 ⚟ – **14 Z** 55/120.

In Breitnau-Höllsteig SW : 9 km über die B 31 :

🏠🏠 **Hofgut Sternen,** am Eingang der Ravennaschlucht, ⊠ 79874, ℰ (07652) 90 10,
Fax (07652) 1031, 🌼 – 🛗, ⇝ Zim, 📺 **❷** ⚖ **❷** – ⚖ 60. 🆎 ⓪ ⓔ 𝘝𝘐𝘚𝘈 𝙅𝘾𝘉
Jan. geschl. – **Menu** *(Montag geschl.)* à la carte 41/65 – **57 Z** 93/196 – ½ P 35.

BREITSCHEID Hessen siehe Herborn.

BREITUNGEN Thüringen 𝟜𝟙𝟠 N 14, 𝟡𝟠𝟟 ㉘ – 6 000 Ew – Höhe 290 m.
Berlin 373 – Erfurt 82 – Eisenach 29 – Bad Hersfeld 56 – Meiningen 24 – Suhl 41.

🏠 **Skaras Landhaushotel,** Wirtsgasse 15, ⊠ 98597, ℰ (036848) 88 00,
⇜ Fax (036848) 880122, 🌼 – 📺 **❷ ❷**. ⓔ 𝘝𝘐𝘚𝘈
Menu à la carte 24/52 – **16 Z** 65/140.

BREMEN Ⅼ *Stadtstaat Bremen* 🄰🄸🄵 *G 10,* 🄰🄱🄷 ⑮ ⑯ *– 552 000 Ew – Höhe 10 m.*

Sehenswert : Marktplatz★★ Z *– Focke-Museum*★★ VU **M3** *– Rathaus*★ *(Treppe*★★*)* Z R *– Dom St. Petri*★ *(Taufbecken*★★ *Madonna*★*)* Z *– Wallanlagen*★ YZ *– Böttcherstraße*★ Z *Roseliushaus (Nr.6) und Paula-Modersohn-Becker-Haus*★ *(Nr.8)* Z **E** *– Schnoor-Viertel*★ Z *– Kunsthalle*★ Z.

🛬 *Bremen-Vahr, Bgm.-Spitta-Allee 34* (U)*,* 🌀 *(0421) 23 00 41 ;* 🛬 *Garlstedt (N : 11 km über die B 6 U),* 🌀 *(04795) 4 17 ;* 🛬 *Bremen-Oberneuland (über* ① *), Heinrich-Baden-Weg 25,* 🌀 *25 93 21.*

🛥 *Bremen-Neustadt (S : 6 km)* V*,* 🌀 *5 59 51.*

🚗 🌀 *30 63 07.*

Ausstellungsgelände a. d. Stadthalle (CX)*,* 🌀 *3 50 50.*

🄱 *Touristinformation am Bahnhofsplatz,* ✉ *28195,* 🌀 *(0421) 30 80 00, Fax (0421) 3080030.*

ADAC, *Bennigsenstr. 2,* ✉ *28207,* 🌀 *(0421) 4 99 40, Fax (0421) 447147.*
Berlin 390 ① *– Hamburg 120* ① *– Hannover 123* ①

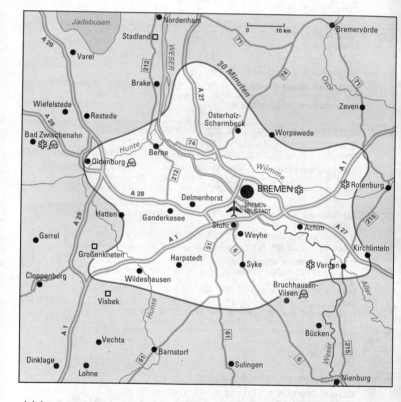

🏨 **Park Hotel** ⌖, *im Bürgerpark,* ✉ *28209,* 🌀 *(0421) 3 40 80, Fax (0421) 3408602,* ≤,
🌂 *–* 🛗 📺 🖨 🄿 *–* 🔏 *350.* 🄰🄴 ⑩ 🄴 *VISA*. 🍽 *Rest*   v f
Menu *(bemerkenswertes Weinangebot)* à la carte 72/100 *–* **150 Z** *350/600, 7 Suiten.*

🏨 **Maritim** Ⓜ, *Hollerallee 99,* ✉ *28215,* 🌀 *(0421) 3 78 90, Fax (0421) 3789600,* ⇌ₛ, 🅇
– 🛗 ⇌ *Zim,* 🛏 📺 📞 🖨 *–* 🔏 *1400.* 🄰🄴 ⑩ 🄴 *VISA* 🄹🄲🄱. 🍽 *Rest*   V n
L'echalote *(nur Abendessen, Juli - Aug. 6 Wochen geschl.)* **Menu** à la carte 70/95 *– **Brasserie*** *(nur Mittagessen)* **Menu** *46*(Buffet) *–* **261 Z** *229/580, 5 Suiten.*

🏨 **Holiday Inn Crowne Plaza** Ⓜ, *Böttcherstr. 2 (Eingang Wachtstr.),* ✉ *28195,*
🌀 *(0421) 3 69 60, Fax (0421) 3696960,* ⇌ₛ, 🅇 *–* 🛗, ⇌ *Zim,* 🛏 📺 📞 🖨 *–* 🔏 *250.*
🄰🄴 ⑩ 🄴 *VISA* 🄹🄲🄱   Z x
Menu à la carte 63/78 *–* **235 Z** *278/403.*

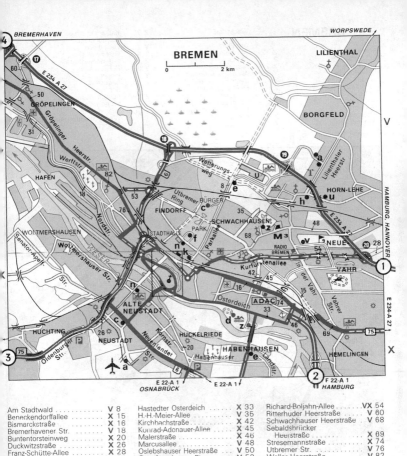

BREMEN

0 — 2 km

Zur Post, Bahnhofsplatz 11, ⊠ 28195, ℰ (0421) 3 05 90, Fax (0421) 3059591, ⇌, ▨
– ⊫, ⇄ Zim, TV ⇐ – ⚿ 100. AE ⓪ E VISA
Y x
Menu siehe Rest. *L'Orchidée* separat erwähnt *Café zur Post - Kachelstübchen* : Menu
à la carte 35/60 – **194 Z** 147/295, 4 Suiten.

Bremen Marriott M, Hillmannplatz 20, ⊠ 28195, ℰ (0421) 1 76 70,
Fax (0421) 1767238 – ⊫, ⇄ Zim, ▤ TV ⚬ – ⚿ 400. AE ⓪ E VISA JCB. ⚒ Zim
Menu à la carte 37/65 – **228 Z** 254/313, 4 Suiten. Y n

Mercure-Columbus M garni, Bahnhofsplatz 5, ⊠ 28195, ℰ (0421) 3 01 20,
Fax (0421) 15369, ⇌ – ⊫, ⇄ Zim, TV ⇐ – ⚿ 50. AE ⓪ E VISA Y f
148 Z 174/283.

Munte am Stadtwald M, Parkallee 299, ⊠ 28213, ℰ (0421) 2 20 20,
Fax (0421) 219876, ⇌, ▨ – ⊫, ⇄ Zim, TV ☎ ⚬ ⇐ ℗ – ⚿ 120. AE ⓪ E VISA JCB
Weihnachten geschl. – Menu à la carte 47/65 – **134 Z** 166/270. V e

Treff Überseehotel garni, Wachtstr. 27, ⊠ 28195, ℰ (0421) 3 60 10,
Fax (0421) 3601555 – ⊫ TV ☎ & ⇐ – ⚿ 30. AE ⓪ E VISA Z u
124 Z 150/260.

Hanseat garni, Bahnhofsplatz 8, ⊠ 28195, ℰ (0421) 1 46 88, Fax (0421) 170588 – ⊫
TV ☎ ⇐. AE ⓪ E VISA Y e
33 Z 148/238.

Schaper-Siedenburg garni, Bahnhofstr. 8, ⊠ 28195, ℰ (0421) 3 08 70,
Fax (0421) 308788 – ⊫, ⇄ Zim, TV ☎. AE ⓪ E VISA JCB Y r
22. Dez.- 2. Jan. geschl. – **93 Z** 130/185.

207

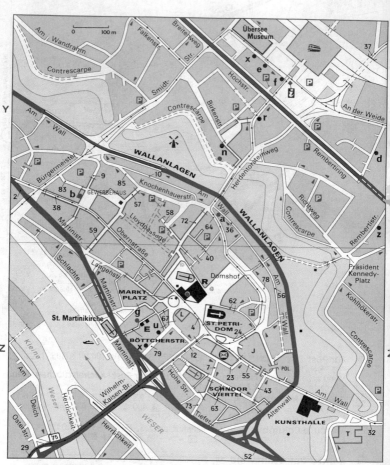

Bremer Haus, Löningstr. 16, ✉ 28195, ☎ (0421) 3 29 40, *Fax (0421) 3294411* – |₿|, ✧ Zim, 📺 ☎ ⇔ ℗ – 🔏 20. 🄰🄴 ⓪ ∈ *VISA*
Menu *(Sonntag geschl.)* à la carte 36/77 – **71 Z** 135/210.
Y d

Lichtsinn garni, Rembertistr. 11, ✉ 28203, ☎ (0421) 36 80 70, *Fax (0421) 327287* – |₿| 📺 ☎ ⇔. 🄰🄴 ⓪ ∈ *VISA* 🄹🄲🄱
34 Z 145/200.
Y z

Residence garni, Hohenlohestr. 42, ✉ 28209, ☎ (0421) 34 10 29, *Fax (0421) 342322*, ⇌s – |₿| ✧ 📺 ☎ ⇔. 🄰🄴 ⓪ ∈ *VISA*
Mitte Dez. - Anfang Jan. geschl. – **30 Z** 115/185.
VX k

XXX **L'Orchidée** - Hotel zur Post, Bahnhofsplatz 11 (6. Etage, |≑|), ⊠ 28195,
❀ ℘ (0421) 3 05 98 88, Fax (0421) 3059591 – ▤. AE ⊙ E VISA. ⅋ Y x
Sonntag - Montag, März - April 2 Wochen und Juli - Aug. 4 Wochen geschl. – **Menu** (nur
Abendessen, Tischbestellung ratsam) à la carte 70/105
Spez. Terrine von Räucheraal und Granat. Geröstete Fischsuppe mit Meeresfrüchten.
Rehrücken in Dunkelbiersauce.

XXX **Villa Verde,** Weserstadion (Weserseite, 2.Etage, |≑|), ⊠ 28205, ℘ (0421) 3 05 91 00,
❀ Fax (0421) 4987307 – AE ⊙ E VISA JCB. ⅋ X d
Sonntag - Montag sowie Jan. und Juli - Aug. jeweils 3 Wochen geschl. – **Menu** (Tischbestellung ratsam) 59 (mittags) und à la carte 80/115
Spez. Gefüllter Perlhuhnflügel mit gebratener Gänseleber und Pilzen. Moorschnuckenrük-
ken mit Senfschrotsauce und Wirsing. Koriander-Mascarpone-Crème in Schokoladenblät-
tern.

XXX **Meierei,** im Bürgerpark, ⊠ 28209, ℘ (0421) 3 40 86 19, Fax (0421) 219981, ≼,
« Cafeterrasse » – ℗ – 🏛 60. AE ⊙ E VISA JCB V c
Montag geschl. – **Menu** (bemerkenswertes Weinangebot) à la carte 60/84.

XX Ratskeller, im alten Rathaus, ⊠ 28195, ℘ (0421) 32 16 76, Fax (0421) 3378121 – ⅋
(Weinkarte mit etwa 600 deutschen Weinen). Z R

XX **Flett,** Böttcherstr. 3, ⊠ 28195, ℘ (0421) 32 09 95, Fax (0421) 320996 – AE ⊙ E VISA
Sonntag geschl. – **Menu** à la carte 53/75. Z g

XX **Jürgenshof,** Pauliner Marsch 1 (Nähe Weserstadion), ⊠ 28205, ℘ (0421) 44 10 37,
Fax (0421) 4985458, « Gartenterrasse » – ℗. AE ⊙ E VISA JCB X z
Menu (Tischbestellung ratsam) à la carte 49/75.

X **Grashoff's Bistro,** Contrescarpe 80 (neben der Hillmann-Passage), ⊠ 28195,
❀ ℘ (0421) 1 47 40, Fax (0421) 302040 – ▤. ⊙ VISA. ⅋ Y n
bis 18.30 Uhr geöffnet, Samstagabend - Sonntag geschl. – **Menu** (Tischbestellung erforderlich) 53 und à la carte 69/80
Spez. Hummer auf hausgemachten Spaghetti. Getrüffelte "Sieglinde" mit pochiertem Ei.
Schellfisch im Dampf gegart mit Senfsauce.

X **Bistro Feinkost Hocke,** Schüsselkorb 17, ⊠ 28195, ℘ (0421) 32 66 51,
Fax (0421) 327525 – AE E Y a
nur Mittagessen, Freitag auch Abendessen, Sonntag geschl. – **Menu** (Tischbestellung ratsam) à la carte 56/74.

X **Alte Gilde,** Ansgaritorstr. 24, ⊠ 28195, ℘ (0421) 17 17 12, Fax (0421) 15701, 🌣. AE
⊙ E VISA Y b
Sonntag geschl. – **Menu** à la carte 32/60.

In Bremen-Alte Neustadt :

🏨 **Atlantic Hotel Airport** Ⓜ garni, Hermann-Köhl-Str. 26, ⊠ 28199, ℘ (0421)5 57 10,
Fax (0421) 5571100, 🌣 – |≑|, ⅋ Zim, TV ☎ ✆ ⇔ ℗ – 🏛 60. AE ⊙ E VISA X a
112 Z 188/270.

🏨 **Westfalia,** Langemarckstr. 38, ⊠ 28199, ℘ (0421) 5 90 20, Fax (0421) 507457 – |≑| TV
☎ ♿ ℗ – 🏛 30. AE ⊙ E VISA X n
Menu *(Sonntag geschl.)* à la carte 42/70 – **65 Z** 120/180.

🏨 **Treff Hotel Airport,** Neuenlander Str.55 (B 6), ⊠ 28199, ℘ (0421) 5 09 50,
Fax (0421) 508652, ☎ – |≑|, ⅋ Zim, TV ☎ ✆ ♿ ℗ – 🏛 35. AE ⊙ E VISA JCB.
⅋ Rest X c
Menu *(Sonntag geschl.)* (nur Abendessen) à la carte 36/48 – **185 Z** 140/220.

In Bremen-Blumenthal ④ : 26 km :

🏠 **Zur Heidquelle,** Schwaneweder Str. 52, ⊠ 28779, ℘ (0421) 60 33 12,
Fax (0421) 6098110 – TV ☎ ⇔ ℗. AE ⊙ E VISA. ⅋
Menu à la carte 35/58 – **23 Z** 95/180.

🏠 **Zum Klüverbaum,** Mühlenstr. 43, ⊠ 28779, ℘ (0421) 60 00 77, Fax (0421) 608714,
🌣 – TV ☎ ⇔ ℗ – 🏛 80. AE ⊙ E VISA
Menu à la carte 27/60 – **34 Z** 98/145.

In Bremen-Farge ④ : 32 km :

🏨 **Fährhaus Meyer-Farge,** Wilhelmshavener Str. 1, ⊠ 28777, ℘ (0421) 6 86 81,
Fax (0421) 68684, ≼, 🌣, « Schiffsbegrüßungsanlage » – TV ☎ ⇔ ℗ – 🏛 100. AE
⊙ E VISA
Menu à la carte 42/71 – **20 Z** 129/190.

In Bremen-Habenhausen :

🏠 **Zum Werdersee,** Holzdamm 104, ⊠ 28279, ℘ (0421) 83 85 04, Fax (0421) 838507
– TV ☎ ℗. AE ⊙ E VISA X e
Menu à la carte 36/67 – **12 Z** 80/150.

In Bremen - Horn-Lehe :

🏨 **Landgut Horn,** Leher Heerstr. 140, ⊠ 28357, ℰ (0421) 2 58 90, Fax (0421) 2589222, 佘 – 🛗, ✻ Zim, 🔟 ⊙ ⇐⇒ 🅿 – 🏄 80. 🕮 ⊙ ᴇ 𝖵𝖨𝖲𝖠 𝖩𝖢𝖡   V u
Menu à la carte 48/68 – **106 Z** 150/210.

🏨 **Horner Eiche** Ⓜ garni, Im Hollergrund 1, ⊠ 28357, ℰ (0421) 2 78 20, Fax (0421) 2769666 – 🛗 ✻ 🔟 ☎ ⇐⇒ 🅿 – 🏄 40. 🕮 ⊙ ᴇ 𝖵𝖨𝖲𝖠   V a
68 Z 115/175.

🏛 **Deutsche Eiche,** Lilienthaler Heerstr. 174, ⊠ 28357, ℰ (0421) 25 10 11, Fax (0421) 251014, 佘 – 🛗 🔟 ☎ 🅿. 🕮 ⊙ ᴇ 𝖵𝖨𝖲𝖠   V a
Menu à la carte 33/60 – **39 Z** 115/175.

🏛 **Landhaus Louisenthal - Senator Bölkenhof,** Leher Heerstr. 105, ⊠ 28359, ℰ (0421) 23 20 76, Fax (0421) 236716, ☎s – 🔟 ☎ 🅿 – 🏄 40. 🕮 ⊙ ᴇ 𝖵𝖨𝖲𝖠 V h
Menu (wochentags nur Abendessen, italienische Küche) à la carte 35/56 – **58 Z** 90/199.

In Bremen-Neue Vahr :

🏨 **Queens Hotel,** August-Bebel-Allee 4, ⊠ 28329, ℰ (0421) 2 38 70, Fax (0421) 234617 – 🛗, ✻ Zim,, ▤ Rest, 🔟 ☎ ⅙ 🅿 – 🏄 225. 🕮 ⊙ ᴇ 𝖵𝖨𝖲𝖠. ✸ Rest   V v
Menu à la carte 39/58 – **144 Z** 211/282.

In Bremen - Oberneuland : O : 10 km über Franz-Schütte-Allee X :

✕✕ **Landhaus Höpkens Ruh** ⤳ mit Zim, Oberneulander Landstr. 69, ⊠ 28355, ℰ (0421) 20 58 53, Fax (0421) 2058545, « Park, Gartenterrasse » – ✻ Zim, 🔟 ☎ ✆ 🅿. 🕮 ⊙ ᴇ 𝖵𝖨𝖲𝖠 𝖩𝖢𝖡
Menu (Jan. - März Montag geschl.) à la carte 59/84 – **8 Z** 245/270.

In Bremen-Schwachhausen :

🏛 **Heldt** ⤳, Friedhofstr. 41, ⊠ 28213, ℰ (0421) 21 30 51, Fax (0421) 215145 – 🔟 ☎ ⇐⇒. 🕮 ᴇ 𝖵𝖨𝖲𝖠   V z
Menu (Freitag - Sonntag geschl.) (nur Abendessen) à la carte 30/48 – **55 Z** 94/180.

In Bremen-Vegesack ④ : 22 km :

🏨 **Strandlust Vegesack** Ⓜ, Rohrstr. 11, ⊠ 28757, ℰ (0421) 6 60 90, Fax (0421) 6609111, ≤, « Terrasse am Weserufer » – 🛗, ✻ Zim, 🔟 🅿 – 🏄 300. 🕮 ⊙ ᴇ 𝖵𝖨𝖲𝖠 𝖩𝖢𝖡
Menu à la carte 47/80 – **48 Z** 145/260.

🏨 **Atlantic Hotel** Ⓜ garni, Sagerstr. 20, ⊠ 28757, ℰ (0421) 6 60 50, Fax (0421) 664774 – 🛗, ✻ Zim, 🔟 ☎ ⅙ ⇐⇒ – 🏄 25. 🕮 ⊙ ᴇ 𝖵𝖨𝖲𝖠
87 Z 135/260.

In Lilienthal NO : 12 km Richtung Worpswede V

🏛 **Rohdenburg,** Trupermoorer Landstr. 28, ⊠ 28865, ℰ (04298) 36 10, Fax (04298) 3269, 佘 – 🔟 ☎ 🅿. 🕮 ⊙ ᴇ 𝖵𝖨𝖲𝖠. ✸ Rest
Menu (Montagmittag, Mittwochmittag, 2. - 9. Jan. und 21. Juli - 7. Aug. geschl.) à la carte 31/57 – **16 Z** 90/140.

🏛 **Schomacker,** Heidberger Str. 25, ⊠ 28865, ℰ (04298) 9 37 40, Fax (04298) 4291, 佘 – ✻ Zim, 🔟 ☎ 🅿 – 🏄 20. 🕮 ⊙ ᴇ 𝖵𝖨𝖲𝖠
23. Dez. - 1. Jan. geschl. – **Menu** (Dienstag - Freitag nur Abendessen) à la carte 33/55 – **28 Z** 92/150.

In Oyten SO : 17 km über die B 75

🏛 **Fehsenfeld** garni, Hauptstr. 50, ⊠ 28876, ℰ (04207) 70 48 – 🔟 ☎ ⇐⇒ 🅿. 🕮 ⊙ ᴇ 𝖵𝖨𝖲𝖠. ✸
24. Dez. - Mitte Jan. geschl. – **10 Z** 70/114.

🏛 **Oyten am Markt,** Hauptstr. 85, ⊠ 28876, ℰ (04207) 45 54, Fax (04207) 4149, 佘 – 🛗 🔟 ☎ ⇐⇒ 🅿. 🕮 ⊙ ᴇ 𝖵𝖨𝖲𝖠 𝖩𝖢𝖡
Weihnachten - Anfang Jan. geschl. – **Menu** (Samstagabend und Freitag geschl.) à la carte 28/50 – **24 Z** 88/125.

BREMERHAVEN Bremen 𝟦𝟷𝟧 F 9, 𝟿𝟪𝟦 ⑩, 𝟿𝟪𝟽 ④ – 132 000 Ew – Höhe 3 m.

Sehenswert : Deutsches Schiffahrtsmuseum★★★ AZ **M**.

🛈 Tourist-Info, Obere Bürger 17 (im Columbus-Center), ⊠ 27568, ℰ (0471) 4 30 00, Fax (0471) 43080.

ADAC, Deichstr. 91d, ⊠ 27568, ℰ (0471) 94 69 10, Fax (0471) 9469144.

Berlin 410 ③ – Bremen 58 ③ – Hamburg 134 ②

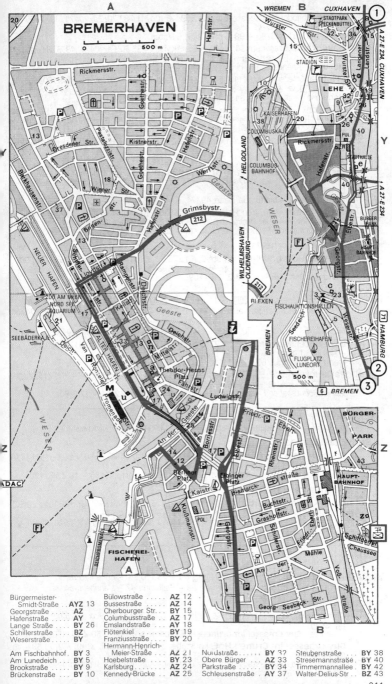

BREMERHAVEN

0   500 m

🏠🏠🏠 **Naber**, Theodor-Heuss-Platz 1, ✉ 27568, ℰ (0471) 4 87 70, Fax (0471) 4877999, 🏡
– 🍴, 🛬 Zim, 📺 ☎ 📞 🚗 🅿 – 🔬 90. 🖭 ⓞ 🅴 ⱽⁱˢᵃ ᴶᶜᴮ   AZ **a**
Menu à la carte 48/80 – **98 Z** 164/245, 5 Suiten.

🏠 **Haverkamp**, Prager Str. 34, ✉ 27568, ℰ (0471) 4 83 30, Fax (0471) 4833281, ⇌, 🗔
– 🍴, 🛬 Zim, 📺 ☎ 🚗 🅿 – 🔬 35. 🖭 ⓞ 🅴 ⱽⁱˢᵃ ⫸⫸ Rest   AZ **n**
Menu (nur Abendessen) à la carte 40/70 – **92 Z** 130/300.

🏠 **Primula**, Stresemannstr. 110, ✉ 27576, ℰ (0471) 9 55 00, Fax (0471) 9550550 – 🍴,
🛬 Zim, 📺 ☎ 🚗 🅿 – 🔬 35. 🖭 ⓞ 🅴 ⱽⁱˢᵃ ᴶᶜᴮ   BY **e**
Menu à la carte 40/60 – **81 Z** 115/149.

🏠 **Comfort Hotel** garni, Am Schaufenster 7, ✉ 27572, ℰ (0471) 9 32 00,
Fax (0471) 9320100 – 🍴 🛬 📺 ☎ 🚿 🅿 – 🔬 50. 🖭 ⓞ 🅴 ⱽⁱˢᵃ ᴶᶜᴮ   BY **c**
88 Z 125/165.

🏠 **Geestemünde** 🦮 garni, Am Klint 20, ✉ 27574, ℰ (0471) 2 88 00, Fax (0471) 24425
– 🅴   BZ **z**
13 Z 68/110.

✕✕ **Fischereihafen-Restaurant Natusch**, Am Fischbahnhof 1, ✉ 27572,
ℰ (0471) 7 10 21, Fax (0471) 75008, « Einrichtung aus Original-Schiffsteilen » – 🖭 ⓞ
🅴 ⱽⁱˢᵃ   BY **x**
Montag geschl. – **Menu** à la carte 49/74.

✕ **Seute Deern**, Am Alten Hafen, ✉ 27568, ℰ (0471) 41 62 64, Fax (0471) 45949,
« Restaurant auf einer Dreimast-Bark a.d.J. 1919 » – 🖭 ⓞ 🅴 ⱽⁱˢᵃ   AZ **u**
Menu (vorwiegend Fischgerichte) à la carte 36/60.

In Bremerhaven-Leherheide :

🏠🏠 **Übersee-Hotel**, Adolf-Kolping-Str. 2, ✉ 27578, ℰ (0471) 68 80 (Hotel), 6 88 38 (Rest.),
Fax (0471) 68899, 🏡, ⇌ – 🍴, 🛬 Zim, 📺 ☎ 📞 🚿 🅿 – 🔬 100. 🖭 🅴 ⱽⁱˢᵃ BY **a**
Menu à la carte 28/45 – **37 Z** 119/169.

BREMERVÖRDE Niedersachsen 🄰🄹🄶 F 11, 🄰🄸🄰 ⑩, 🄰🄸🄿 ⑤ ⑯ – 20 000 Ew – Höhe 4 m.
🄱 Touristik-Information, Rathausmarkt 1, ✉ 27432, ℰ (04761) 8 63 35, Fax (04761)
86376.
Berlin 374 – Hannover 170 – Bremen 68 – Bremerhaven 48 – Hamburg 78.

🏠 **Oste-Hotel**, Neue Str. 125, ✉ 27432, ℰ (04761) 87 60, Fax (04761) 87666, 🏡, ⇌
– 🛬 Zim, 📺 ☎ 🚗 🅿 – 🔬 150. 🖭 🅴 ⱽⁱˢᵃ ·
Menu à la carte 37/60 – **41 Z** 110/160.

🏠 **Park-Hotel**, Stader Str. 22 (B 74), ✉ 27432, ℰ (04761) 24 60, Fax (04761) 71327, 🏡,
🍴 – 📺 ☎ 🚗 🅿 – 🔬 100. 🖭 ⓞ 🅴 ⱽⁱˢᵃ ⫸⫸ Rest
Menu (Sonntagabend - Montagmittag geschl.) à la carte 32/54 – **17 Z** 80/130.

BRENSBACH Hessen 🄰🄸🄷 🄰🄸🄹 Q 10 – 5 200 Ew – Höhe 175 m.
Berlin 574 – Wiesbaden 73 – Darmstadt 26 – Mannheim 53 – Michelstadt 19.

In Brensbach-Stierbach SO : 4 km :

🏠 **Schnellertshof**, Erbacher Str. 100, ✉ 64395, ℰ (06161) 23 80, Fax (06161) 1438,
🦮 🏡, Wildgehege, 🗔, 🏛 – 📺 ☎ 🅿 ⓞ 🅴 ⱽⁱˢᵃ
Jan. 2 Wochen geschl. – **Menu** (Dienstag geschl.) à la carte 25/56 – **18 Z** 75/128.

In Brensbach-Wersau NW : 2 km :

🏠 **Zum Kühlen Grund**, Bahnhofstr. 81 (B 38), ✉ 64395, ℰ (06161) 20 88,
Fax (06161) 1561, 🏡 – 🍴 📺 ☎ 🚗 🅿 – 🔬 25. ⓞ 🅴 ⱽⁱˢᵃ ⫸⫸ Zim
2. - 9. Jan und 20. Juli - 14. Aug. geschl. – **Menu** (Montag geschl.) à la carte 26/64 🦮 –
26 Z 83/142.

BRETNIG Sachsen siehe Pulsnitz.

BRETTEN Baden-Württemberg 🄰🄸🄹 S 10, 🄰🄸🄿 ㉗ – 23 100 Ew – Höhe 170 m.
Berlin 634 – Stuttgart 54 – Karlsruhe 28 – Heilbronn 47 – Mannheim 64.

In Bretten-Diedelsheim W : 2 km :

🏠 **Grüner Hof**, Karlsruher Str. 2, ✉ 75015, ℰ (07252) 9 35 10, Fax (07252) 935116 – 🍴
📺 ☎ 🅿
siehe Rest. **Guy Graessel im Grünen Hof** separat erwähnt. – **30 Z** 94/150.

✕ **Guy Graessel im Grünen Hof**, Karlsruher Str. 2, ✉ 75015, ℰ (07252) 71 38 – 🅿.
🦮 🖭 ⓞ 🅴 ⱽⁱˢᵃ
Sonntagabend, Donnerstag, Feb.- März und Juli - Aug. jeweils 2 Wochen geschl. – **Menu**
à la carte 40/65.

BRETZENHEIM Rheinland-Pfalz 四17 Q 7 – 2200 Ew – Höhe 110 m.
Berlin 606 – Mainz 38 – Koblenz 75 – Bad Kreuznach 5.

🏚 **Grüner Baum,** Kreuznacher Str. 33, ☒ 55559, ℰ (0671) 83 63 40, Fax (0671) 8363450
– |✿|, ✥ Zim, 📺 ☎ ⇔ ⑫. E. ✗ Zim
18. Juli - 2. Aug. und 19. Dez. - 3. Jan. geschl. – **Menu** (Freitag und Sonntag geschl.) (nur
Abendessen) à la carte 27/43 ⅄ – **27 Z** 54/150.

BRETZFELD Baden-Württemberg 四19 S 12 – 10 000 Ew – Höhe 210 m.
Berlin 575 – Stuttgart 61 – Heilbronn 20 – Nürnberg 145 – Würzburg 107.

In Bretzfeld-Bitzfeld N : 2 km :

🏚🏚 **Zur Rose** (mit Gästehaus), Weißlensburger Str. 12, ☒ 74626, ℰ (07946) 77 50,
Fax (07946) 775400, ☎s, 🔲 – |✿| 📺 ☎ ⑫ – 🔏 35. E VISA
Feb. und Aug. jeweils 2 Wochen geschl. – **Menu** (Donnerstag geschl.) à la carte 30/60 ⅄
– **40 Z** 95/160.

In Bretzfeld-Brettach SO : 9 km, Richtung Mainhardt :

XX **Rössle** 🍴 mit Zim, Mainhardter Str. 26, ☒ 74626, ℰ (07945) 9 11 10,
Fax (07945) 911130, ☆ – 📺 ☎ ⑫. ℻ E. ✗ Zim
Feb., Mai und Sept. jeweils 2 Wochen geschl. – **Menu** (Montagabend - Dienstag geschl.)
à la carte 38/70 ⅄ – **4 Z** 64/105.

BREUBERG/ODENWALD Hessen 四17 四19 Q 11 – 7700 Ew – Höhe 150 m.
Berlin 577 – Wiesbaden 83 – Frankfurt am Main 65 – Darmstadt 38 – Aschaffenburg 24.

In Breuberg-Neustadt :

🏚🏚 **Rodensteiner,** Wertheimer Str. 3, ☒ 64747, ℰ (06165) 9 30 50, Fax (06165) 930550,
☆, Biergarten, ✍ – |✿| 📺 ☎ ⑫ – 🔏 35. ℻ E VISA
Menu (Sonntagabend - Montagmittag geschl.) à la carte 33/70 – **31 Z** 90/220 – ½ P 35.

BREUNA Hessen 四17 L 11 – 3600 Ew – Höhe 200 m – Luftkurort.
Berlin 421 – Wiesbaden 240 – Kassel 37 – Paderborn 59.

🏚🏚 **Sonneneck** 🍴, Stadtpfad 2, ☒ 34479, ℰ (05693) 2 93, Fax (05693) 7144, ☆, ☎s,
✍ – ✥ Zim, 📺 ☎ ⇔ ⑫. ⑩ E VISA
3.- 31. Jan geschl. – **Menu** (Montag geschl.) à la carte 32/57 – **20 Z** 78/168.

BRIETLINGEN Niedersachsen siehe Lüneburg.

BRILON Nordrhein-Westfalen 四17 L 9, 四87 ⑮ – 27 000 Ew – Höhe 455 m – Luftkurort – Win-
tersport : 450/600 m ⚡2 🗲6.
🛈 Verkehrsverein, Steinweg 26, ☒ 59929, ℰ (02961) 80 96, Fax (02961) 51199.
Berlin 469 – Düsseldorf 168 – Kassel 89 – Lippstadt 47 – Paderborn 47.

🏚🏚 **Haus Rech,** Hoppecker Str. 1, ☒ 59929, ℰ (02961) 9 75 40, Fax (02961) 975454, ☎s
– |✿| 📺 ☎ ⅄ – 🔏 20. ℻ ⑩ E VISA ✗ Zim
Menu (Montagabend geschl.) à la carte 32/65 – **26 Z** 85/160 – ½ P 20.

🏚🏚 **Zur Post** (mit Gästehaus), Königstr. 7, ☒ 59929, ℰ (02961) 40 44, Fax (02961) 973597,
☆, ☎s, 🔲 – |✿| 📺 ☎ ⑫ – 🔏 30. ℻ E VISA JCB. ✗ Rest
Postille (nur Abendessen, Sonntag - Montag und Juli - Aug. 4 Wochen geschl.) **Menu**
60/110 – **Brasserie** (Sonntagmittag geschl.) **Menu** à la carte 43/65 – **31 Z** 98/180.

🏚 **Waldhotel,** Hölsterloh 1 (SO : 1,5 km, nahe der B 251), ☒ 59929, ℰ (02961) 34 73,
Fax (02961) 50470, ≤, ☆, ☎s – 📺 ☎ ⇔ ⑫. ℻ ⑩ E VISA JCB
Menu à la carte 28/48 – **21 Z** 77/150 – ½ P 18.

In Brilon-Gudenhagen S : 4 km über die B 251 :

XX **Haus Waldsee** mit Zim, Am Waldfreibad, ☒ 59929, ℰ (02961) 9 79 20, ☆ – 📺 ☎
🏵 ⑫. ℻ E VISA
🍴 Sept. - Okt. 2 Wochen geschl. – **Menu** (Montag - Dienstag geschl.) 82 und à la carte 46/84
– **5 Z** 75/120
Spez. Flußkrebsterrine mit Sauerrahmmousse. Kaninchenrücken im Kartoffelmantel. Limo-
nen-Tiramisu mit Pistazieneis.

In Brilon-Wald S : 8 km über die B 251 :

XX **Jagdhaus Schellhorn** 🍴 mit Zim, In der Lüttmecke 9, ☒ 59929, ℰ (02961) 33 34,
Fax (02961) 6052, ☆, ☎s, 🔲, ✍ – 📺 ☎ ⑭. ℻ E VISA
Menu (Sonntagabend - Montag geschl.) (Dienstag - Freitag nur Abendessen, Tischbestel-
lung ratsam) 62/89 und à la carte – **12 Z** 70/120.

BRODENBACH *Rheinland-Pfalz* 417 *P 6 – 700 Ew – Höhe 85 m – Erholungsort.*
Berlin 621 – Mainz 94 – Koblenz 23 – Cochem 25.

Peifer, Moselufer 43 (SW : 1,5 km), ✉ 56332, ✆ (02605) 7 56, *Fax (02605) 84315,* ≤, 🏖, ⛱, 🌲 – |‡| 📺 ☎ 🅿 – 🏛 50. E
2. *Jan. - Anfang Feb. geschl.* – **Menu** à la carte 27/55 – **28 Z** 70/140 – ½ P 20.

BROME *Niedersachsen* 415 416 418 *I 16,* 987 ⑰ *– 3 000 Ew – Höhe 67 m.*
Berlin 240 – Hannover 118 – Magdeburg 117 – Braunschweig 60 – Hamburg 141.

In Brome-Zicherie *S : 4 km :*

Hubertus, an der B 244, ✉ 38465, ✆ (05833) 15 15, *Fax (05833) 7425,* 🏖, Wildgehege, ≘s – 📺 ☎ 🅿 – 🏛 50. AE. ✗ Rest
Menu *(Montagmittag geschl.)* à la carte 27/46 – **31 Z** 70/125.

BROTTERODE *Thüringen* 418 *N 15 – 3 200 Ew – Höhe 600 m.*
ℹ *Gästeinformation, Bad-Vilbeler-Pl. 4, Haus des Gastes ✉ 98599, ✆ (036840) 33 33, Fax (036840) 3335.*
Berlin 353 – Erfurt 62 – Bad Hersfeld 97 – Coburg 96.

Zur guten Quelle, Schmalkalder Str. 27, ✉ 98599, ✆ (036840) 3 40, *Fax (036840) 34111* – 📺 ☎ 🅿
Menu à la carte 22/37 🍷 – **34 Z** 60/120.

Außerhalb *W : 3 km :*

Waldschlößchen 🐌, Im Gehege, ✉ 98599, ✆ (036840) 3 22 63, *Fax (036840) 32127,* Biergarten, 🌲 – 📺 ♿ 🅿. E VISA
Menu à la carte 22/35 – **22 Z** 75/95 – ½ P 15.

BRUCHHAUSEN-VILSEN *Niedersachsen* 415 *H 11 – 6 000 Ew – Höhe 19 m – Luftkurort.*
Berlin 369 – Hannover 87 – Bremen 49 – Minden 83 – Verden an der Aller 30.

Forsthaus Heiligenberg mit Zim, Heiligenberg 3 (in Homberg, SW : 4km), ✉ 27305, ✆ (04252) 9 32 00, *Fax (04252) 932020,* 🏖 – 📺 ☎ 🅿 – 🏛 20. AE E VISA
Menu *(Montag und Nov. 2 Wochen geschl.)* à la carte 44/70 – **6 Z** 95/180.

Dillertal, an der B 6 (SW : 4 km), ✉ 27305, ✆ (04252) 26 80, *Fax (04252) 678,* 🏖 – 🅿 – 🏛 250. ⓓ E VISA
Menu à la carte 32/50.

BRUCHMÜHLBACH-MIESAU *Rheinland-Pfalz* 417 *R 6 – 11 000 Ew – Höhe 265 m.*
Berlin 671 – Mainz 109 – Saarbrücken 47 – Kaiserslautern 26 – Homburg/Saar 13.

Pfälzer Stuben, Langwieder Str. 5 (Bruchmühlbach), ✉ 66892, ✆ (06372) 9 12 00, *Fax (06372) 912099* – 📺 ☎ 🅿. AE ⓓ E VISA. ✗ Zim
Jan. - Feb. 3 Wochen geschl. – **Menu** *(Montag, Dienstag und Samstag nur Abendessen, Mittwoch geschl.)* à la carte 32/66 🍷 – **9 Z** 56/108.

BRUCHSAL *Baden-Württemberg* 419 *S 9,* 987 ㉗ *– 40 500 Ew – Höhe 115 m.*
Sehenswert : *Schloß★★ (Treppe★★, Museum mechanischer Musikinstrumente★★).*
⛳18 ⛳9 *Bruchsal, Langental 2, ✆ (07251) 8 74 74.*
ℹ *Stadtinformation, Am alten Schloß 2 (Bürgerzentrum), ✉ 76646, ✆ (07251) 7 27 71, Fax (07251) 72771.*
ADAC, *Moltkestr. 38, ✉ 76646, ✆ (0721) 8 10 40, Fax (07251) 87387.*
Berlin 646 – Stuttgart 68 – Karlsruhe 29 – Heilbronn 61 – Heidelberg 37 – Mannheim 49.

Scheffelhöhe 🐌, Adolf-Bieringer-Str. 20, ✉ 76646, ✆ (07251) 80 20 (Hotel) 30 0373 (Rest.), *Fax (07251) 802156,* ≤, 🏖, ≘s – |‡|, ⇹ Zim, 📺 ☎ 🅿 – 🏛 30. AE ⓓ E VISA JCB
Belvedere : Menu à la carte 38/70 – **95 Z** 130/230.

Business Hotel garni, Am Mantel 1a (B 35, nahe der BAB-Ausfahrt), ✉ 76646, ✆ (07251) 93 90, *Fax (07251) 939339* – |‡| ⇹ 📺 ☎ 📞 ♿ 🚗 🅿 – 🏛 100. AE ⓓ E VISA JCB
104 Z 95/170.

Wallhall, Kübelmarkt 8, ✉ 76646, ✆ (07251) 7 21 30, *Fax (07251) 721399,* 🏖, (Hausbrauerei mit Schänke) – 📺 ☎ 🚗. AE E VISA. ✗ Zim
Bruseler Stub *(Tischbestellung ratsam)* **Menu** à la carte 44/66 – **15 Z** 110/180.

Zum Bären, Schönbornstr. 28, ✉ 76646, ✆ (07251) 8 86 27, *Fax (07251) 88611,* 🏖 – 🅿. AE ⓓ E VISA
Menu à la carte 34/69.

In Bruchsal-Büchenau *SW : 7 km :*

🏨 **Ritter** (mit Gästehäusern), Au in den Buchen 92, ✉ 76646, 𝄞 (07257) 8 80, Fax (07257) 88111, 🌳, 🚗 – |♿| 📺 ☎ ⚓ 🅿 – 🕍 100. 🖭 ⓪ 🇪 *VISA*
27. Dez.- 6. Jan. geschl. – **Menu** à la carte 32/61 *(auch vegetarische Gerichte)* 🍴 – **Brasserie** *(nur Abendessen, Sonntag geschl.)* **Menu** à la carte 44/83 – **103 Z** 110/160, 4 Suiten.

In Karlsdorf-Neuthard *NW : 4 km :*

🏠 **Karlshof** (mit Gästehaus |♿|), Bruchsaler Str. 1 (B 35), ✉ 76689, 𝄞 (07251) 9 44 10, Fax (07251) 944132 – ✦⟵ 📺 ☎ 🅿. 🖭 ⓪ 🇪 *VISA*
Menu *(Sonntagabend geschl.)* à la carte 33/55 – **55 Z** 90/125.

🍴 **Schlindwein-Stuben,** Altenbürgstr. 6, ✉ 76689, 𝄞 (07251) 4 10 76, Fax (07251) 49343, 🌳 – ✦⟵. 🖭 ⓪ 🇪 *VISA*
Montag und Juli - Aug. 3 Wochen geschl. – **Menu** à la carte 35/70 *(auch vegetarische Gerichte)* 🍴.

In Forst *NW : 5 km :*

🍴🍴 **Löwen,** Kirchstraße 8, ✉ 76694, 𝄞 (07251) 30 08 96 – 🇪
Samstagmittag, Sonntagabend - Montag, Jan. und Aug.- Sept. jeweils 2 Wochen geschl. – **Menu** à la carte 46/69.

BRUCKMÜHL *Bayern* **420** *W 19,* **987** ㊵ – *12 000 Ew – Höhe 507 m.*
Berlin 630 – München 46 – Garmisch-Partenkirchen 92 – Salzburg 100 – Innsbruck 119.

🏠 **Demmel** garni, Rathausplatz 2, ✉ 83052, 𝄞 (08062) 31 11, Fax (08062) 3311 – ✦⟵ 📺 ☎ 🅿
15 Z 75/120.

In Bruckmühl-Kirchdorf *N : 1 km :*

🍴🍴 **Großer Wirt** mit Zim, Am Griesberg 2, ✉ 83052, 𝄞 (08062) 12 49, Fax (08062) 5888, 🌳, ⬛ (geheizt), 🌳 – 📺 ☎ ⟵ 🅿. 🖭
Menu *(Donnerstag geschl.)* à la carte 25/62 – **11 Z** 75/130.

BRÜCKENAU, BAD *Bayern* **417 418** *P 13,* **987** ㉗ – *7 500 Ew – Höhe 300 m – Heilbad.*
🅱 *Kur- und Fremdenverkehrsbüro, Marktplatz 2,* ✉ 97769, 𝄞 (09741) 56 69, Fax (09741) 80417.
Berlin 478 – München 345 – Frankfurt am Main 97 – Fulda 34 – Würzburg 78.

In Bad Brückenau – *Stadtmitte :*

🏠 **Zur Krone,** Marktplatz 5, ✉ 97769, 𝄞 (09741) 40 81, Fax (09741) 3851 – 📺 ☎ ⓪ 🇪 *VISA*
7. - 20. Jan. geschl. – **Menu** *(Sonntag geschl.)* (nur Abendessen) à la carte 27/48 – **10 Z** 80/140.

🏠 **Zur Mühle** ⤸, Ernst-Putz-Str. 17, ✉ 97769, 𝄞 (09741) 9 16 10, Fax (09741) 916191, « Kleiner Park mit Teich », 🌳 – ⟵ 🅿. 🇪 *VISA*
Menu à la carte 23/45 🍴 – **37 Z** 51/116 – ½ P 20.

In Bad Brückenau – *Staatsbad :*

🏨 **Dorint Hotel** ⤸, Heinrich-von-Bibra-Str. 13, ✉ 97769, 𝄞 (09741) 8 50, Fax (09741) 85425, 🌳, direkter Zugang zum Kurmittelzentrum – |♿|, ✦⟵ Zim, 📺 📞 ♿ ⟵ 🅿 – 🕍 130. 🖭 ⓪ 🇪 *VISA* 🍴 Rest
Menu à la carte 48/74 – **146 Z** 155/262 – ½ P 37.

In Bad Brückenau-Wernarz *SW : 4 km :*

🏠 **Landhotel Weißes Ross,** Frankfurter Str. 30, ✉ 97769, 𝄞 (09741) 20 60, Fax (09741) 5598, Biergarten, 🚗, ⬛, 🌳 – 📺 ☎ 🅿
Jan. 2 Wochen geschl. – **Menu** *(Sonntagabend geschl.)* à la carte 33/61 – **10 Z** 85/150 – ½ P 15.

BRÜGGEN *Nordrhein-Westfalen* **417** *M 2 – 14 000 Ew – Höhe 40 m.*
🅱 *Verkehrsamt, Klosterstr. 38,* ✉ 41379, 𝄞 (02163) 57 01 64, Fax (02163) 570165.
Berlin 600 – Düsseldorf 50 – Mönchengladbach 22 – Roermond 17 – Venlo 17.

🏨 **Brüggener Klimp** (mit Gästehaus), Burgwall 15, ✉ 41379, 𝄞 (02163) 95 50, Fax (02163) 7917, 🌳, 🚗, ⬛, 🌳 – 📺 ☎ 🅿 – 🕍 50. 🖭 🇪 *VISA*
Menu à la carte 30/56 – **63 Z** 100/170.

In Brüggen-Born *NO : 2 km :*

🏡 **Borner Mühle** ⌕, ✉ 41379, ℘ (02163) 95 59 50, *Fax (02163) 59003,* ☞ – |☰| 📺 ☎ ❷ – 🛋 25. 🕮 Ⅽ *VISA*
Menu à la carte 32/53 – **24 Z** 90/125.

BRÜHL *Nordrhein-Westfalen* **⑰** *N 4,* **⑨⑧⑦** ㉒ *– 45 000 Ew – Höhe 65 m.*
Sehenswert : *Schloß Augustusburg★★ (Treppenhaus★★, Deckenfresko★, Innenräume★★, Audienzsaal★, Garten★) – Schloß Falkenlust★ (Lackkabinett★, Spiegelkabinett★) – Phantasialand★ (Galaxy★, Wintergartenschau★).*
🛈 *Brühl-Info, Uhlstr.3,* ✉ *50321,* ℘ *(02232) 7 93 45, Fax (02232) 79346.*
Berlin 589 – Düsseldorf 61 – Bonn 25 – Düren 35 – Köln 13.

🏨 **Am Stern** garni, Uhlstr. 101, ✉ 50321, ℘ (02232) 1 80 00, *Fax (02232) 180055* – |☰|
↝ 📺 ☎ ❷. 🕮 ⓪ Ⅽ *VISA*
41 Z 130/250.

🏨 **Treff Hotel Hansa,** Römerstr. 1, ✉ 50321, ℘ (02232) 20 40, *Fax (02232) 204523,*
☞, ⥱ – |☰|, ↝ Zim, ▤ Rest, 📺 ☎ ☎ ⇦ ❷ – 🛋 220. 🕮 ⓪ Ⅽ *VISA.* ⌗ Rest
Menu à la carte 43/67 – **157 Z** 199/429.

🏡 **Rheinischer Hof** garni, Euskirchener Str. 123 (Pingsdorf), ✉ 50321, ℘ (02232) 93 30
10, *Fax (02232) 31689* – |☰| 📺 ☎ ❷. ⓪ Ⅽ *VISA.* ⌗
15. Dez.- 15. Jan. geschl. – **22 Z** 110/170.

XX **Orangerie,** Schloßstr. 6 (Schloss Augustusburg), ✉ 50321, ℘ (02232) 94 41 50,
❀ *Fax (02232) 9441534,* ☞ – ⓪ Ⅽ *VISA* *JCB*
Montag - Dienstag und Mitte Jan. - Mitte Feb. geschl. – **Menu** (nur Abendessen) à la carte
67/91
Spez. Cannelloni von Kalbsbries. Gebratener Milchlammrücken mit getrockneten Tomaten und Basilikum. Schokoladenvariation.

XX **Glaewe's Restaurant,** Balthasar-Neumann-Platz, ✉ 50321, ℘ (02232) 1 35 91,
Fax (02232) 44360 – ⌗
Montag - Dienstag, Ende Dez. - Anfang Jan. und Juli - Aug. 3 Wochen geschl. – **Menu** (wochentags nur Abendessen) à la carte 56/70.

BRUNSBÜTTEL *Schleswig-Holstein* **④⑮** *E 11,* **⑨⑧④** ⑥, **⑨⑧⑦** ⑤ *– 13 500 Ew – Höhe 2 m.*
Berlin 374 – Kiel 96 – Hamburg 83 – Itzehoe 27.

In Brunsbüttel-Ort :

🏡 **Zur Traube,** Markt 9, ✉ 25541, ℘ (04852) 5 46 10, *Fax (04852) 546150,* ⥱ – 📺 ☎
⇦ ❷ – 🛋 40. 🕮 ⓪ Ⅽ *VISA.* ⌗ Rest
Menu à la carte 41/67 – **18 Z** 98/138.

In St. Michaelisdonn *N : 12 km :*

🏨 **Landhaus Gardels,** Westerstr. 15, ✉ 25693, ℘ (04853) 5 66, *Fax (04853) 550,* ⥱,
🔲 – 📺 ☎ ⅙ ⇦ ❷ – 🛋 50. 🕮 ⓪ Ⅽ *VISA*
Menu *(Samstagmittag geschl.)* à la carte 38/73 – **64 Z** 145/280 – ½ P 35.

BRUSCHIED *Rheinland-Pfalz siehe Kirn.*

BUCHAU, BAD *Baden-Württemberg* **④⑲** *V 12,* **⑨⑧④** ㊳, **⑨⑧⑦** ㊳ *– 3 900 Ew – Höhe 586 m – Moorheilbad.*
Ausflugsziele : *Steinhausen : Wallfahrtskirche★ SO : 10 km – Bad Schussenried : ehemaliges Kloster (Klosterbibliothek★) SO : 9 km.*
🛈 *Städt. Kur- und Verkehrsamt, Marktplatz 1,* ✉ *88422,* ℘ *(07582) 8 08 12, Fax (07582) 80840.*
Berlin 679 – Stuttgart 112 – Konstanz 108 – Reutlingen 71 – Ulm (Donau) 63 – Ravensburg 43.

🏡 **Zum Kreuz,** Hofgartenstr. 1, ✉ 88422, ℘ (07582) 9 31 40, *Fax (07582) 931420* – 📺
☎ ⇦. ⌗ Zim
Ende Dez. - Mitte Jan. geschl. – **Menu** *(Mittwoch geschl.)* à la carte 26/64 – **25 Z** 60/126.

BUCHEN (ODENWALD) *Baden-Württemberg* **④⑰④⑲** *R 11,* **⑨⑧⑦** ㉗ *– 18 000 Ew – Höhe 340 m – Erholungsort.*
🛉 *Mudau, Donebacher Str. 41 (W : 10 km),* ℘ *(06284) 84 08.*
🛈 *Verkehrsamt, Hochstadtstr. 2,* ✉ *74722,* ℘ *(06281) 27 80, Fax (06281) 2732.*
Berlin 560 – Stuttgart 113 – Heidelberg 87 – Heilbronn 59 – Würzburg 68.

🏨 **Prinz Carl,** Hochstadtstr. 1, ✉ 74722, ✆ (06281) 18 77, Fax (06281) 1879, 🍴,
« Rustikale Weinstube » – 📶, ↳✦ Zim, 📺 ☎ ⇐ 🅿 – 🔥 25. ⒶⒺ ① Ɛ 𝗩𝗜𝗦𝗔
Menu à la carte 50/80 – **21 Z** 110/175 – ½ P 35.

🏨 **Reichsadler,** Walldürner Str. 1, ✉ 74722, ✆ (06281) 5 22 60, Fax (06281) 522640, 🍴
– 📺 ☎ 🅿. ⒶⒺ Ɛ 𝗩𝗜𝗦𝗔. ℅ Zim
Jan. 3 Wochen geschl. – **Menu** (Sonntagabend - Montagmittag geschl.) à la carte 28/51
⅄ – **18 Z** 70/135.

In Buchen-Hainstadt N : 1,5 km :

🏨 **Zum Schwanen,** Hornbacher Str. 4, ✉ 74722, ✆ (06281) 28 63, Fax (06281) 97098,
⇐ 🏊 – 📶 ☎ ⇐ 🅿. ℅
Juli - Aug. 3 Wochen geschl. – **Menu** (Mittwoch geschl.) à la carte 23/35 ⅄ – **17 Z** 55/90
– ½ P 16.

BUCHENBERG Bayern **419 420** W 14 – 3 800 Ew – Höhe 895 m – Luftkurort – Wintersport :
900/1 036 m ⟡6 ⟡5.
Berlin 703 – München 133 – Kempten (Allgäu) 8,5 – Isny 17.

🏨 **Kurhotel Sommerau** ⌾, Eschacher Str. 35, ✉ 87474, ✆ (08378) 70 11,
Fax (08378) 7014, ⇐, 🍴, Massage, ♨, ⇌, ⌑ – ↳✦ Zim, 📺 ☎ 🅿 – 🔥 80. ⒶⒺ ① Ɛ 𝗩𝗜𝗦𝗔
Menu (Dienstag geschl.) à la carte 32/58 ⅄ – **38 Z** 95/182 – ½ P 28.

🏨 **Schwarzer Bock** ⌾, Hölzlers 169 (NW : 1,5 km), ✉ 87474, ✆ (08378) 9 40 50,
Fax (08378) 940520, ⇐, 🏊, ⌑, ⇌, ℅ (Halle) – 📺 ☎ ⇐ 🅿 – 🔥 30. Ɛ 𝗩𝗜𝗦𝗔. ℅ Rest
Menu (Sonntagabend - Montagmittag und Mitte Nov.- Mitte Dez. geschl.) à la carte 33/57
– **23 Z** 98/190 – ½ P 35.

BUCHENHAIN Brandenburg **416** G 24 – 400 Ew – Höhe 30 m.
Berlin 105 – Potsdam 140 – Neubrandenburg 52 – Szczecin 90.

🏨 **Landhaus Arnimshain** ⌾, Dorfstr. 32, ✉ 17268, ✆ (039889) 6 40,
Fax (039889) 64150, 🍴, ⇌, ⇌ – ↳✦ Zim, 📺 ☎ ♿ 🅿 – 🔥 80
Menu à la carte 32/49 – **Nudelstube** (Montag - Dienstag geschl.) Menu à la carte 22/37
– **42 Z** 90/160.

BUCHHOLZ IN DER NORDHEIDE Niedersachsen **415 416** F 13, **987** ⑯ – 34 000 Ew – Höhe
46 m.
🏌 Holm-Seppensen (S : 5 km), ✆ (04181) 3 62 00.
🅸 Tourist-Information, Bahnhofstr. 7, ✉ 21244, ✆ (04181) 2 89 60, Fax (04181) 39384.
Berlin 312 – Hannover 124 – Hamburg 40 – Bremen 96.

In Buchholz-Dibbersen :

🏨 **Frommann,** Harburger Str. 8 (B 75), ✉ 21244, ✆ (04181) 28 70, Fax (04181) 287287,
🍴, 🏊, ⇌ – 📺 ☎ 🅿 – 🔥 40. ⒶⒺ ① Ɛ 𝗩𝗜𝗦𝗔
Menu à la carte 26/53 – **48 Z** 70/125.

🏨 **Gästehaus Ulmenhof** ⌾ garni (ehem. Bauernhaus), Am Sööl'n 1, ✉ 21244,
✆ (04181) 3 98 16, Fax (04181) 97103, ⇌ – 📺 ☎ ⇐ 🅿. ℅
12 Z 68/92.

In Buchholz-Holm-Seppensen :

🏨 **Seppenser Mühle** ⌾, ✉ 21244, ✆ (04187) 3 22 30, Fax (04187) 322399, 🍴 – 📶
☎ 🅿. ⒶⒺ Ɛ 𝗩𝗜𝗦𝗔
Jan. geschl. – **Menu** à la carte 32/62 – **21 Z** 92/140.

In Buchholz - Seppensen :

🏨 **Heitmann** garni, Buchholzer Landstr. 6, ✉ 21244, ✆ (04181) 9 32 50,
Fax (04181) 932525 – 📺 ☎ 🅿. ⒶⒺ ① Ɛ 𝗩𝗜𝗦𝗔. ℅
11 Z 95/140.

In Buchholz-Steinbeck :

🏨 **Zur Eiche,** Steinbecker Str. 111, ✉ 21244, ✆ (04181) 2 00 00, Fax (04181) 39509, 🍴
– 📺 ☎ ⇐ 🅿 – 🔥 40. ⒶⒺ ① Ɛ 𝗩𝗜𝗦𝗔
Menu (Dienstag geschl.) à la carte 34/56 – **18 Z** 105/168.

🏨 **Hoheluft,** Hoheluft 1 (an der B 75), ✉ 21244, ✆ (04181) 9 21 10, Fax (04181) 921150,
⇌ – ☎ ⇐ 🅿 – 🔥 40. Ɛ 𝗩𝗜𝗦𝗔
Menu (Samstag geschl.) à la carte 34/56 – **31 Z** 69/150.

BUCHLOE Bayern 419 420 V 16, 987 ㊴ – 8500 Ew – Höhe 627 m.
Berlin 606 – München 68 – Augsburg 42 – Kempten (Allgäu) 60 – Memmingen 49.

🏨 **Stadthotel,** Bahnhofstr. 47, ⊠ 86807, ℰ (08241) 50 60, Fax (08241) 506135, 🛁, 🌊
– 🗐, 👄 Zim, 🕾 🕿 ⬅ 🅿 – 🏄 90. 🖭 🗲 ᴠɪꜱᴀ
Menu à la carte 29/63 – **44 Z** 98/177.

BUCKOW Brandenburg 416 418 I 26, 984 ⑲, 987 ⑱ – 2000 Ew – Höhe 125 m – Kneippkurort.
🛈 Fremdenverkehrsamt, Wriezener Str. 1a, ⊠ 15377, ℰ (033433) 5 75 00, Fax (033433)
57500.
Berlin 62 – Potsdam 91 – Eberswalde 50 – Frankfurt (Oder) 48.

🏨 **Bergschlösschen** 🦢, Königstr. 38, ⊠ 15377, ℰ (033433) 5 73 12,
Fax (033433) 57412, ≼, 🕱, 🌊 – 🕾 🕿 🅿 – 🏄 15. 🖭 🗲 ᴠɪꜱᴀ
Menu à la carte 30/53 – **14 Z** 100/160.

🏠 **Kur- und Tagungshotel Am See,** Ringstr. 5, ⊠ 15377, ℰ (033433) 63 60,
Fax (033433) 636138, , 🕱, « Terrasse mit Seeblick », 🌊, 🐎 🕿 – 🗐 🕾 🕿 ♿ 🅿
– 🏄 30. 🗲 ᴠɪꜱᴀ
Menu à la carte 32/51 – **22 Z** 80/140.

BÜCHLBERG Bayern 420 T 24 – 3800 Ew – Höhe 489 m – Erholungsort – Wintersport : 🎿2.
🛈 Verkehrsamt, Hauptstr. 5 (Rathaus), ⊠ 94124, ℰ (08505) 9 00 80, Fax (08505)
900848.
Berlin 613 – München 192 – Freyung 21 – Passau 15.

🏠 **Binder,** Freihofer Str. 6, ⊠ 94124, ℰ (08505) 9 00 70, Fax (08505) 900799, ≼, 🕱, 🌊,
🐎 🌾 – 🗐 🕾 🕿 ⬅ 🅿 – 🏄 120. 🛠
Mitte Jan.- Mitte Feb. geschl. – **Menu** (Nov.- April Donnerstag geschl.) à la carte 23/38 –
57 Z 56/102 – ½ P 12.

🏠 **Pension Beinbauer** 🦢, Pangerlbergstr. 5, ⊠ 94124, ℰ (08505) 65 20,
Fax (08505) 6463, 🐎 – 🕾 🅿
Nov.- 20. Dez. geschl. – (nur Abendessen für Hausgäste) – **32 Z** 50/90 – ½ P 18.

BÜCKEBURG Niedersachsen 417 J 11, 987 ⑯ – 20500 Ew – Höhe 60 m.
Sehenswert : Schloß (Fassade★) – Hubschraubermuseum★.
🛈 Verkehrsbüro, Lange Str. 44, ⊠ 31675, ℰ (05722) 20 61 81, Fax (05722) 206210.
Berlin 340 – Hannover 64 – Bielefeld 63 – Bremen 106 – Osnabrück 93.

🏨 **Ambiente,** Herminenstr.11, ⊠ 31675, ℰ (05722) 10 12, Fax (05722) 3416, 🕱, 🌊 –
🗐, 👄 Zim, 🕾 🕿 🍷 ♿ ⬅ 🅿. 🖭 🗲 ᴠɪꜱᴀ
Menu à la carte 30/65 – **34 Z** 125/240.

🏨 **Altes Forsthaus** 🦢, Am Harrl 2, ⊠ 31675, ℰ (05722) 2 80 40, Fax (05722) 280444,
🕱, 🐎 – 🗐 🕾 🕿 🅿 – 🏄 60. 🖭 ⓞ 🗲 ᴠɪꜱᴀ
Menu à la carte 38/61 – **42 Z** 130/220.

🏨 **Am Schlosstor** garni, Lange Str. 31, ⊠ 31675, ℰ (05722) 9 59 90,
Fax (095722) 959950 – 👄 🕾 🕿 🅿. 🖭 🗲 ᴠɪꜱᴀ
24 Z 89/169.

In Bückeburg-Röcke W : 5 km :

🏨 **Große Klus,** Am Klusbrink 19, ⊠ 31675, ℰ (05722) 9 51 20, Fax (05722) 951250, 🕱
– 👄 Zim, 🕾 🕿 🅿. 🖭 🗲 ᴠɪꜱᴀ
Menu (Juli - Aug. 2 Wochen geschl.) (wochentags nur Abendessen, bemerkenswerte Wein-
karte) à la carte 52/75 – **18 Z** 85/190.

In Obernkirchen O : 6 Km :

🏠 **Zum Stadttor** garni, Lange Str.53, ⊠ 31683, ℰ (05724) 40 16, Fax (05724) 4017 –
🗐 🕾 🕿 🅿. 🗲 ᴠɪꜱᴀ
13 Z 85/180.

BÜCKEN Niedersachsen 415 H 11 – 1000 Ew – Höhe 20 m.
Berlin 355 – Hannover 72 – Bremen 63 – Hamburg 122.

🏠 **Thöle - Zur Linde,** Hoyaer Str. 33, ⊠ 27333, ℰ (04251) 9 30 00, Fax (04251) 930093,
🕱, 🐎 – 🕾 🕿 🅿 – 🏄 40. ⓞ 🗲 ᴠɪꜱᴀ
Menu (Sonntagabend geschl.) à la carte 28/46 – **27 Z** 30/105.

In Nordholz-Warpe S : 6,5 km :

🏠 **Landhaus Hünecke,** Haus Nr. 2, ⊠ 27333, ℰ (05022) 6 21, Fax (05022) 1726, 🌊
🌾, 🐎, 🛠 – 🕾 🕿 🅿. 🖭 🗲. 🛠 Zim
Menu (Sonntagabend geschl.) à la carte 23/40 – **14 Z** 55/95.

BÜDELSDORF Schleswig-Holstein siehe Rendsburg.

BÜDINGEN Hessen 𝟒𝟏𝟕 P 11, 𝟗𝟖𝟕 ㉗ – 21 000 Ew – Höhe 130 m – Luftkurort.

Sehenswert : Stadtmauer★ – Schloß (Kapelle : Chorgestühl★).

🛈 Städt. Verkehrsamt, Marktplatz 7, ✉ 63654, ☏ (06042) 9 63 70, Fax (06042) 963710.

Berlin 524 – Wiesbaden 91 – Frankfurt am Main 49 – Fulda 78.

🏫 **Stadt Büdingen,** Jahnstr. 16, ✉ 63654, ☏ (06042) 9 62 90, Fax (06042) 564, 🏤 –
📶 📺 ☎ 🅿 – 🔥 200. 🆎 ⓪ 🄴 𝘝𝘐𝘚𝘈
Menu (Sonntag geschl.) à la carte 32/56 – **52 Z** 95/145.

🏫 **Haus Sonnenberg,** Sudetenstr. 4, ✉ 63654, ☏ (06042) 30 51, Fax (06042) 1823, 🏤,
Biergarten – 📺 ☎ 🅿 – 🔥 80. 🆎 ⓪ 🄴 𝘝𝘐𝘚𝘈
Menu (Sonntagabend - Montagmittag geschl.) à la carte 36/62 – **13 Z** 98/180.

BÜHL Baden-Württemberg 𝟒𝟏𝟗 T 8, 𝟗𝟖𝟕 ㉞ – 26 500 Ew – Höhe 135 m.

Ausflugsziel : Burg Altwindeck ⪕★ SO : 4 km.

🛈 Verkehrsamt, Hauptstr. 41, ✉ 77815, ☏ (07223) 93 53 32, Fax (07223) 935339.

Berlin 716 – Stuttgart 117 – Karlsruhe 45 – Offenburg 41 – Baden-Baden 17.

🏨 **Badischer Hof** 🅼, Hauptstr. 36, ✉ 77815, ☏ (07223) 9 33 50, Fax (07223) 933550,
« Gartenrestaurant » – 📶 📺 ☎. 🆎 ⓪ 🄴 𝘝𝘐𝘚𝘈
Menu (Sonntag geschl.) à la carte 45/68 – **25 Z** 125/220.

🏫 **Zum Sternen,** Hauptstr. 32, ✉ 77815, ☏ (07223) 9 86 50, Fax (07223) 986533 – 📶
🚗 📺 ☎ 🅿. 🆎 🄴 𝘝𝘐𝘚𝘈
Menu (Mittwoch geschl.) à la carte 24/48 – **16 Z** 80/145.

✕✕ **Grüne Bettlad** mit Zim (Haus a.d. 16. Jh., bäuerliche Einrichtung), Blumenstr. 4,
✉ 77815, ☏ (07223) 9 31 30, Fax (07223) 931310, 🏤 – 📺 ☎. 🄴
Weihnachten - Mitte Jan. und Juli - Aug. 2 Wochen geschl. – **Menu** (Sonntag - Montag
geschl.) 45 (mittags) und à la carte 61/92 – **5 Z** 140/210.

✕✕ **Gude Stub,** Dreherstr. 9, ✉ 77815, ☏ (07223) 84 80, Fax (07223) 900180, 🏤,
🥢 « Kleine Stuben im Bauernstil » – 🄴 𝘝𝘐𝘚𝘈
Dienstag geschl. – **Menu** (Tischbestellung ratsam) à la carte 42/70.

In Bühl-Eisental :

✕ **Zum Rebstock,** Weinstr. 2 (B 3), ✉ 77815, ☏ (07223) 2 42 45, Fax (07223) 900708,
🏤 – 🅿
Montag, Juli 2 Wochen und Ende Dez.- Mitte Jan. geschl. – **Menu** (wochentags nur Abendessen) à la carte 42/82.

In Bühl-Kappelwindeck :

🏫 **Jägersteig** 🐾, Kappelwindeckstr. 95a, ✉ 77815, ☏ (07223) 9 85 90,
Fax (07223) 985998, ⪕ Buhl und Rheinebene, 🏤 – 📺 ☎ 🅿. 🄴 𝘝𝘐𝘚𝘈
Mitte Jan. - Mitte Feb. geschl. – **Menu** (Montagmittag und Donnerstag geschl.) à la carte
32/64 – **13 Z** 68/140 – ½ P 28.

✕ **Zum Rebstock** mit Zim, Kappelwindeckstr. 85, ✉ 77815, ☏ (07223) 2 21 09,
Fax (07223) 40142, 🏤 – 📺 🅿. 🍴 Rest
Menu (Mittwoch, Mitte Feb.- Anfang März und Nov. 1 Woche geschl.) à la carte 31/58 –
7 Z 60/140.

In Bühl-Neusatz :

🏫 **Pension Linz** 🐾 garni, Waldmattstr. 10, ✉ 77815, ☏ (07223) 9 86 70,
Fax (07223) 25206, ⪕, Massage, 🦶, 🖴 , 🌳, 🥢 – 📺 ☎ 🚗 🅿. 🄴
8 Z 79/138.

✕✕ **Traube,** Obere Windeckstr. 20 (Waldmatt), ✉ 77815, ☏ (07223) 2 16 42 – 🄴
Montag geschl. – **Menu** (wochentags nur Abendessen) à la carte 41/67.

In Bühl-Oberbruch : NW : 4 km, jenseits der A 5 :

✕✕ **Pospisil's Gasthof Krone** mit Zim, ✉ 77815, ☏ (07223) 9 36 00,
🥢 Fax (07223) 936018, 🏤 – 📺 ☎ 🅿. 🆎 𝘝𝘐𝘚𝘈
Montag geschl. – **Pavel's Restaurant** : Menu 55/100 und à la carte – **Kronenstube** :
Menu à la carte 41/59 – **6 Z** 65/120.

In Bühl-Rittersbach :

🏫 **Zur Blume,** Hubstr. 85, ✉ 77815, ☏ (07223) 2 21 04, Fax (07223) 22117 – ☎ 🚗 🅿
🄴
Menu (Donnerstag geschl.) à la carte 25/57 🍷 – **12 Z** 80/140 – ½ P 15.

An der Burgruine Altwindeck *SO : 4 km über Kappelwindeck :*

🏛 **Burg Windeck** ⌖, Kappelwindeckstr. 104, ⌑ 77815 Bühl, 𝒫 (07223) 9 49 20, Fax (07223) 40016, ⪜ Bühl und Rheinebene, �✀, « Schöne Lage in den Weinbergen », *Ƙ́*, ⇔s – ⥺ Zim, 📺 ☎ ⟸ 🄿 – 🍴 35. 🆎 ⓞ 🄴 *VISA*
Mitte Jan. - Mitte Feb. geschl. – **Menu** *(Montag geschl.)* à la carte 47/77 – **22 Z** 125/260, 3 Suiten.

An der Schwarzwaldhochstraße *O : 13 km, Richtung Baden-Baden :*

🏛🏛 **Schloßhotel Bühlerhöhe** ⌖ – Höhe 800 m, ⌑ 77815 Bühl, 𝒫 (07226) 5 50, Fax (07226) 55777, ⪜ Schwarzwald und Rheinebene, �✀, « Park », Massage, *Ƙ́*, ♨, ⛆, ⇔s, 🔲, ⬆✀, ✕(Halle) – 🛗, ⥺ Zim, ▤ Rest, 📺 ☾ ⟸ 🄿 – 🍴 120. 🆎 ⓞ 🄴 *VISA* JCB. ✄ Rest
Menu siehe Rest. **Imperial** separat erwähnt – **Schloßrestaurant** : **Menu** à la carte 79/111 – **90 Z** 300/690, 21 Suiten – ½ P 80.

✗✗✗✗✗ **Imperial** - Schlosshotel Bühlerhöhe, ⌑ 77815 Bühl, 𝒫 (07226) 5 51 00 – ▤ 🄿, 🆎 ⓞ
✿ 🄴 *VISA* JCB. ✄
Mittwoch - Donnerstag und 7. Jan. - 5. Feb. geschl. – **Menu** (wochentags nur Abendessen, bemerkenswerte Weinkarte) 135/185 und à la carte 94/139
Spez. Krosses Wolfsbarschfilet auf Ragout von Milchkalbskutteln. Entenbrust mit Hummer gefüllt auf Gemüse in Koriander-Ingwervinaigrette. Lauwarmer Schokoladen-Nusskuchen mit eingelegten Rumkirschen.

Dans ce guide
un même symbole, un même mot,
imprimé en **noir** *ou en* **rouge**, *en maigre ou en* **gras**,
n'ont pas tout à fait la même signification.
Lisez attentivement les pages explicatives.

In this guide,
a symbol or a character, printed in red *or* **black**, *in* **bold** *or light type,*
does not have the same meaning.
Please read the explanatory pages carefully.

BÜHLERTAL Baden-Württemberg 🄰🄵🄰 T 8 – 8 500 Ew – Höhe 500 m – Luftkurort.
🅱 Verkehrsamt, Hauptstr. 92, ⌑ 77830, 𝒫 (07223) 9 96 70, Fax (07223) 75984.
Berlin 721 – Stuttgart 120 – Karlsruhe 50 – Strasbourg 51 – Baden-Baden 20.

🏛 **Rebstock,** Hauptstr. 110 (Obertal), ⌑ 77830, 𝒫 (07223) 9 97 40, Fax (07223) 997499, « Gartenterrasse », ✀ – 🛗 📺 ☎ 🄿 – 🍴 120. 🆎 ⓞ 🄴 *VISA*
über Fasching 1 Woche und Nov. 2 Wochen geschl. – **Menu** *(Donnerstag geschl.)* à la carte 39/71 – **21 Z** 95/190 – ½ P 25.

🏛 **Badischer Löwe,** Sessgasse 3 (Untertal), ⌑ 77830, 𝒫 (07223) 99 80, Fax (07223) 998299, �✀ – ⥺ Zim, 📺 ☎ – 🍴 60. 🆎 🄴 *VISA*
Menu *(Sonntagabend - Montag und Jan. - Mitte Feb. geschl.)* à la carte 38/67 ⅄ – **21 Z** 80/160 – ½ P 28.

🏛 **Grüner Baum,** Hauptstr. 31 (Untertal), ⌑ 77830, 𝒫 (07223) 7 22 06, Fax (07223) 75848, ✀ – 📺 ☎ 🄿 – 🍴 80. 🆎 🄴
7. - 18. Jan. geschl. – **Menu** à la carte 41/62 – **50 Z** 75/170 – ½ P 25.

BÜHLERZELL Baden-Württemberg 🄰🄵🄰 🄵🄶🄾 S 13 – 1 700 Ew – Höhe 391 m.
Berlin 554 – Stuttgart 86 – Aalen 42 – Schwäbisch Hall 23.

♨ **Goldener Hirsch,** Heilbergerstr. 2, ⌑ 74426, 𝒫 (07974) 3 86, Fax (07974) 1223, Bier-
⊜ garten – 🄿 – 🍴 180. 🄴
Jan. - Feb. 2 Wochen geschl. – **Menu** *(Dienstag geschl.)* à la carte 24/47 ⅄ – **10 Z** 45/75 – ½ P 15.

BÜLOW KRS. TETEROW Mecklenburg-Vorpommern – 350 Ew – Höhe 33 m.
Berlin 174 – Schwerin 106 – Neubrandenburg 55 – Güstrow 44 – Rostock 73.

In Bülow-Schorssow *SW : 2 km :*

🏛🏛 **Schloß Schorssow** Ⓜ ⌖, Am Haussee, ⌑ 17166, 𝒫 (039933) 7 90, Fax (039933) 79100, �✀, « Park mit See », ⇔s, ⪡✀, ✀ – 🛗, ▤ Rest, 📺 ☾ & 🄿 – 🍴 60. 🆎 ⓞ 🄴 *VISA*
Hofjägermeister von Moltke *(Dienstag geschl.)* **Menu** à la carte 48/68 – **Weinkeller :** **Menu** à la carte 30/45 – **32 Z** 190/350.

BÜNDE *Nordrhein-Westfalen* [417] *J 9,* [987] *⑮ – 41 500 Ew – Höhe 70 m.*

ℹ *Tourist-Information, Rathaus, Bahnhofstr. 15,* ✉ *32257,* ☎ *(05223) 16 12 12, Fax (05223) 161351.*

Berlin 380 – Düsseldorf 203 – Bielefeld 23 – Hannover 97 – Osnabrück 46.

🏨 **Handelshof** garni, Bahnhofstr. 79, ✉ 32257, ☎ (05223) 9 29 30, Fax (05223) 929310 – 🛗 📺 ☎ 🅿. AE ⓓ E VISA JCB

15. Dez. - 10. Jan. geschl. – **21 Z** 98/175.

BÜRCHAU *Baden-Württemberg siehe Neuenweg.*

BÜREN *Nordrhein-Westfalen* [417] *L 9,* [987] *⑮ – 22 000 Ew – Höhe 232 m.*

Berlin 450 – Düsseldorf 152 – Kassel 92 – Paderborn 29.

🏨 **Kretzer,** Wilhelmstr. 2, ✉ 33142, ☎ (02951) 24 43, Fax (02951) 70119 – 📺 ☎ 🅿. ⓓ E. ✂ Zim

Menu *(Mittwochabend und 12. Juli - 1. Aug. geschl.)* à la carte 19/43 – **11 Z** 60/110.

🏨 **Ackfeld,** Bertholdstr. 9, ✉ 33142, ☎ (02951) 9 84 50, *Fax (02951) 984545,* Biergarten – 📺 ☎ 🚗. AE E VISA JCB

Menu *(Donnerstagabend, Samstagmittag, Juni 2 Wochen und Weihnachten - Anfang Jan. geschl.)* à la carte 24/46 – **8 Z** 65/120.

BÜRGEL *Thüringen* [418] *N 19,* [984] *㉓,* [987] *㉘ – 1 800 Ew – Höhe 263 m.*

Berlin 233 – Erfurt 55 – Gera 34 – Jena 12 – Halle 88.

🏨 **Sonne,** Markt 9, ✉ 07614, ☎ (036692) 2 25 22, Fax (036692) 20116, ☂ – 📺 ☎. AE E VISA

Menu à la carte 23/47 – **14 Z** 78/120.

BÜRGSTADT *Bayern* [417] [419] *Q 11 – 4 000 Ew – Höhe 130 m.*

Berlin 566 – München 352 – Aschaffenburg 43 – Heidelberg 79 – Würzburg 76.

🏨 **Adler,** Hauptstr. 30, ✉ 63927, ☎ (09371) 9 78 80, *Fax (09371) 978860,* ☂, ♨ – 📺 ☎ 🅿. AE E VISA

Menu *(Freitagmittag und Montag geschl.)* à la carte 34/64 🍷 – **20 Z** 75/190.

🍴 **Weinhaus Stern** mit Zim, Hauptstr. 23, ✉ 63927, ☎ (09371) 26 76, *Fax (09371) 65154,* « Weinlaube » – 📺 ☎ 🅿. AE E VISA

Feb. - März und Aug. jeweils 2 Wochen geschl. – **Menu** *(Mittwoch - Donnerstag und jeder 1. Sonntag im Monat geschl., Montag - Freitag nur Abendessen)* (bemerkenswerte Weinkarte) à la carte 39/72 – **13 Z** 59/195.

BÜRSTADT *Hessen* [417] [419] *R 9,* [987] *㉗ – 15 000 Ew – Höhe 90 m.*

⛳ *Biblis-Wattenheim, Golfparkallee 2 (N : 2 km),* ☎ *(06245) 9 06 00.*

Berlin 601 – Wiesbaden 73 – Frankfurt am Main 65 – Mannheim 21 – Worms 7.

🏨 **Berg,** Vinzenzstr. 6, ✉ 68642, ☎ (06206) 98 30, *Fax (06206) 98349,* ☂, ♨ – ✂ Zim, 📺 ☎ 📞 🚗 🅿 – 🏛 40. AE ⓓ E VISA JCB

Menu *(Samstagmittag und Sonntagabend geschl.)* à la carte 38/64 – **35 Z** 85/200.

BÜSCHERHEIDE *Niedersachsen siehe Preußisch-Oldendorf.*

BÜSUM *Schleswig-Holstein* [415] *D 10,* [984] *⑥,* [987] *④ – 5 000 Ew – Nordseeheilbad.*

⛳ *Warwerort (O : 8 km),* ☎ *(04834) 63 00.*

ℹ *Kurverwaltung, im Kurgastzentrum,* ✉ *25761,* ☎ *(04834) 90 90, Fax (04834) 6530.*

Berlin 406 – Kiel 102 – Flensburg 103 – Meldorf 25.

🏨 **Friesenhof** 🔇, Nordseestr. 66, ✉ 25761, ☎ (04834) 20 95, *Fax (04834) 8108,* ≤, ☂, ♨, 🛋, 🏃 – 🛗 📺 ☎ ♿ 🅿. AE ⓓ E VISA. ✂ Zim

Jan. 3 Wochen geschl. – **Menu** à la carte 37/80 *(auch vegetarische Gerichte)* – **44 Z** 110/270 – ½ P 28.

🏨 **Strandhotel Hohenzollern** 🔇, Strandstr. 2, ✉ 25761, ☎ (04834) 99 50, *Fax (04834) 995150,* ☂ – 🛗 📺 ☎ 🅿. AE. ✂ Rest

18. Nov. - 20. Dez. geschl. – **Menu** *(Jan. - Feb. nur Abendessen)* à la carte 29/62 – **43 Z** 81/172 – ½ P 25.

🏨 **Zur Alten Apotheke** garni, Hafenstr. 10, ✉ 25761, ☎ (04834) 20 46, 🛋 – 🛗 📺 ☎ 🚗 🅿. ✂

März - Okt. – **15 Z** 140/180.

🏛 **Windjammer** ⬙, Dithmarscher Str. 17, ✉ 25761, ✆ (04834) 66 61, *Fax (04834) 3040* – 📺 ☎ **Ⓟ**. ✘
10. Jan. - Ende Feb. geschl. – (nur Abendessen für Hausgäste) – **18 Z** 87/174 – ½ P 22.

🏛 **Seegarten** ⬙ garni, Strandstr. 3, ✉ 25761, ✆ (04834) 60 20, *Fax (04834) 60266,* ◁ – |⚫| 📺 ☎ ⬅ **Ⓟ**. ⓞ **E** 𝘝𝘐𝘚𝘈. ✘
Mitte März - Ende Okt. – **23 Z** 85/210.

🏛 **Büsum** ⬙ garni, Blauort 18, ✉ 25761, ✆ (04834) 6 01 40, *Fax (04834) 60188,* ⇌ – |⚫| 📺 ☎ **Ⓟ**
Mitte März - Okt. – **33 Z** 86/178.

In Büsumer Deichhausen *O : 2 km :*

🏚 **Der Rosenhof** ⬙, To Wurth 12, ✉ 25761, ✆ (04834) 98 00, *Fax (04834) 98080,* « Gartenterrasse », ⇌, ☞ – 📺 ☎ **Ⓟ** – 🔬 30. **AE** **E**
Menu *(Montag geschl.)* (Dienstag - Freitag nur Abendessen) à la carte 39/60 – **18 Z** 103/188, 3 Suiten.

In Westerdeichstrich *N : 3 km :*

🏚 **Der Mühlenhof** ⬙, Dorfstr. 22, ✉ 25761, ✆ (04834) 99 80(Hotel) 99862(Rest.), *Fax (04834) 99888,* ☞, ⇌ – 📺 ☎ **Ⓟ**. **AE** ⓞ **E** 𝘝𝘐𝘚𝘈
Menu à la carte 37/70 – **23 Z** 130/240, 5 Suiten – ½ P 35.

BÜTTELBORN *Hessen* **417** *Q 9 – 10 000 Ew – Höhe 85 m.*
Berlin 567 – Wiesbaden 35 – Frankfurt am Main 38 – Darmstadt 12 – Mainz 28 – Mannheim 56.

🏛 **Haus Monika,** an der B 42 (O : 1,5 km), ✉ 64572, ✆ (06152) 18 10, *Fax (06152) 181189,* ☞ – |⚫|, ✻ Zim, 📺 ☎ **Ⓟ**. **AE** ⓞ **E** 𝘝𝘐𝘚𝘈. ✘ Zim
24. Dez.- 2. Jan. geschl. – **Menu** *(Samstag, Sonntagabend und Juli 2 Wochen geschl.)* à la carte 33/71 – **39 Z** 90/170.

BÜTZOW *Mecklenburg-Vorpommern* **416** *E 19,* **984** ⑥ *– 10 000 Ew – Höhe 15 m.*
Berlin 203 – Schwerin 63 – Rostock 39 – Güstrow 19 – Wismar 38.

🏚 **Am Langen See** ⬙, Rühner Landweg 30, ✉ 18246, ✆ (038461) 41 90, *Fax (038461) 41999,* ☞ – 📺 ☎ **Ⓟ** – 🔬 25. **AE** **E** 𝘝𝘐𝘚𝘈. ✘
Menu à la carte 26/50 – **25 Z** 95/150 – ½ P 25.

BURG *Schleswig-Holstein siehe Fehmarn (Insel).*

BURG BEI MAGDEBURG *Sachsen-Anhalt* **416** **418** *J 19,* **984** ⑮, **987** ⑰ *– 26 300 Ew – Höhe 54 m.*
🛈 *Burg-Information, Schartauer Str. 10,* ✉ *39288,* ✆ *(03921) 68 95, Fax (03921) 6895.*
Berlin 130 – Magdeburg 26 – Brandenburg 55.

🏚 **Wittekind,** An den Krähenbergen 2 (im Gewerbegebiet Ost SO : 2 km), ✉ 39288, ✆ (03921) 9 23 90, *Fax (03921) 923939,* ⇌ – 📺 ☎ & **Ⓟ** – 🔬 25. **E** 𝘝𝘐𝘚𝘈
Menu à la carte 31/42 – **26 Z** 95/150.

🏚 **Carl von Clausewitz,** In der Alten Kaserne 35, ✉ 39288, ✆ (03921) 90 80, *Fax (03921) 45215,* Biergarten, ⇌ – |⚫| 📺 ☎ **Ⓟ** – 🔬 20. **AE** **E** 𝘝𝘐𝘚𝘈
Menu *(Samstag - Sonntag geschl.)* à la carte 33/60 – **51 Z** 95/190.

BURG/MOSEL *Rheinland-Pfalz siehe Enkirch.*

BURG (SPREEWALD) *Brandenburg* **418** *K 26 – 3 400 Ew – Höhe 58 m.*
Ausflugsziele : Spreewald ★★ *(Freilandmuseum Lehde* ★*, per Kahn ab Lübbenau, W : 19 km).*
🛈 *Fremdenverkehrsbüro, Am Hafen 1,* ✉ *03096,* ✆ *(035603) 4 17, Fax (035603) 417.*
Berlin 113 – Potsdam 144 – Cottbus 19 – Frankfurt (Oder) 98 – Leipzig 117.

🏚 **Romantik Hotel Zur Bleiche** ⬙, Bleichestr. 16 (W : 2 km), ✉ 03096, ✆ (035603) 6 20, *Fax (035603) 60292,* ☞, ☞ – ✻ Zim, 📺 ☎ **Ⓟ** – 🔬 160. **AE** ⓞ **E** 𝘝𝘐𝘚𝘈
Menu 49/98 und à la carte – **75 Z** 144/270 – ½ P 35.

🏚 **Zum Leineweber,** Am Bahndamm 1, ✉ 03096, ✆ (035603) 6 40, *Fax (035603) 61129,* ☞, ⇌ – ✻ Zim, 📺 ☎ **Ⓟ** – 🔬 25. **AE** ⓞ **E** 𝘝𝘐𝘚𝘈
Menu à la carte 27/55 – **41 Z** 110/180 – ½ P 20.

🏨 **Am Spreebogen,** Ringchaussee 140 (W : 2,5 km), ⌧ 03096, ℰ (035603) 68 00, Fax (035603) 68020, 🏤 – 📺 ☎ 🅿
Menu à la carte 24/48 ⅄ – **24 Z** 110/160 – ½ P 20.

🏠 **Zur Linde,** Hauptstr. 38, ⌧ 03096, ℰ (035603) 2 09, « Gartenterrasse » – 📺 🅿
Menu à la carte 27/36 – **16 Z** 70/130.

In Burg-Kauper N : 9 km :

🏯 **Waldhotel Eiche** 🌭, ⌧ 03096, ℰ (035603) 6 70 00, Fax (035603) 67222, 🏤, Biergarten, ⇌, 🐎 – 📳 📺 🅿 – 🏄 100. 🖭 ⓪ 🗲 𝘝𝘐𝘚𝘈
Menu à la carte 31/61 – **62 Z** 150/230, 6 Suiten.

🏨 **Landhotel Burg im Spreewald,** Ringchaussee 195, ⌧ 03096, ℰ (035603) 6 46, Fax (035603) 64800, 🏤, 🎣, ⇌ – 📺 ☎ 🅿 – 🏄 150. 🖭 ⓪ 🗲 𝘝𝘐𝘚𝘈 ᴊᴄʙ
Wendenkönig : Menu à la carte 30/55 – **51 Z** 150/225 – ½ P 25.

🏨 **Seehotel Burg im Spreewald** garni, Willischzaweg, ⌧ 03096, ℰ (035603) 6 50, Fax (035603) 65250 – 📺 ☎ 🅿. 🖭 ⓪ 🗲 𝘝𝘐𝘚𝘈
Jan. geschl. – **35 Z** 125/160.

In Werben SW : 3 km :

🏠 **Zum Stern,** Burger Str. 1, ⌧ 03096, ℰ (035603) 6 60, Fax (035603) 66199, Biergarten – ⇥ Zim, 📺 ☎ 📞 🅿 – 🏄 40. 🖭 ⓪ 𝘝𝘐𝘚𝘈
Jan. 3 Wochen geschl. – **Menu** à la carte 24/40 ⅄ – **32 Z** 95/140.

In Leipe NW : 8 km :

🏠 **Spreewaldhotel Leipe** 🌭, Dorfstraße 20, ⌧ 03226, ℰ (03542) 22 34, Fax (03542) 3891, 🏤 – 📺 ☎ 🅿. 🖭 ⓪ 🗲 𝘝𝘐𝘚𝘈
Jan.- Ostern geschl. – **Menu** à la carte 25/43 – **21 Z** 90/190 – ½ P 20/30.

BURG STARGARD Mecklenburg-Vorpommern siehe Neubrandenburg.

BURGDORF Niedersachsen 𝟜𝟙𝟝 𝟜𝟙𝟞 𝟜𝟙𝟠 I 14, 𝟡𝟠𝟟 ⑯ – 29 900 Ew – Höhe 56 m.
🏌 Burgdorf-Ehlershausen, ℰ (05085) 76 28.
Berlin 274 – Hannover 31 – Braunschweig 52 – Celle 24.

🏨 **Am Försterberg,** Immenser Str.10, ⌧ 31303, ℰ (05136) 8 80 80, Fax (05136) 873342, 🏤 – 📺 ☎ 🅿 – 🏄 50. 🖭 ⓪ 🗲 𝘝𝘐𝘚𝘈
Menu à la carte 36/67 – **24 Z** 88/280.

In Burgdorf-Beinhorn W : 7 km :

🏨 **Landhotel Moormühle,** Oldhorster Moor 4 (B3), ⌧ 31303, ℰ (05136) 8 89 80, Fax (05136) 889855, 🏤 – 📺 ☎ 🅿 – 🏄 25. 🖭 ⓪ 🗲 𝘝𝘐𝘚𝘈. 🛇
Menu (Samstag - Sonntag geschl.) (nur Abendessen) à la carte 38/63 – **28 Z** 110/260.

In Burgdorf-Ehlershausen N : 10 km :

🏠 **Bähre,** Ramlinger Str. 1, ⌧ 31303, ℰ (05085) 9 89 80, Fax (05085) 989898 – 📺 ☎ 🅿
Juli - Aug. 3 Wochen geschl. – **Menu** (Donnerstag geschl.) à la carte 27/60 – **23 Z** 75/160.

BURGHASLACH Bayern 𝟜𝟙𝟡 𝟜𝟚𝟘 Q 15 – 2 500 Ew – Höhe 300 m.
Berlin 448 – München 229 – Bamberg 46 – Nürnberg 58 – Würzburg 59.

🏠 **Pension Talblick** 🌭 garni, Fürstenforster Str. 32, ⌧ 96152, ℰ (09552) 17 70, ≤, 🐎 – 🖙 🅿. 🛇
6. Jan.- März und Mitte Nov.- 27. Dez. geschl. – **10 Z** 35/70.

In Burghaslach-Oberrimbach W : 5 km :

🏠 **Steigerwaldhaus,** ⌧ 96152, ℰ (09552) 78 58, Fax (09552) 6371, 🏤, 🐎 – 📺 ☎ 🖙 🅿. 🖭 ⓪ 🗲 𝘝𝘐𝘚𝘈. 🛇 Rest
Mitte Jan. - Mitte Feb. und Mitte - Ende Aug. geschl. – **Menu** (Montagabend - Dienstag geschl.) à la carte 28/58 ⅄ – **13 Z** 45/100 – ½ P 20.

BURGHAUSEN Bayern 𝟜𝟚𝟘 V 22, 𝟡𝟠𝟟 ㊶ – 19 000 Ew – Höhe 368 m.
Sehenswert : Lage★★ der Burg★★, ≤★.
Ausflugsziele : Wallfahrtskirche Marienberg★ SW : 4 km – Klosterkirche Raitenhaslach★ (Deckenmalerei★★) SW : 5 km.
🏌 Marktl, Falkenhof 1 (N : 13 km), ℰ (08678) 89 96 ; 🏌, 🏌, Haiming, Schloß Piesing (NO : 5 km), ℰ (08678) 70 01.
🅱 Verkehrsamt, Rathaus, Stadtplatz 112, ⌧ 84489, ℰ (08677) 24 35, Fax (08677) 887155.
Berlin 639 – München 110 – Bad Reichenhall 67 – Passau 81 – Salzburg 58 – Landshut 78.

🏨 **Lindacher Hof** Ⓜ garni, Mehringer Str. 47, ✉ 84489, ℰ (08677) 98 60, *Fax (08677) 986400,* 🖙 – 🛗, ✻ Zim, 📺 ☎ 🌙 ⟺ – 🛆 15. 🖭 ⓞ 🅴 𝘝𝘐𝘚𝘈 **42 Z** 110/180.

🏨 **Post** (mit Gästehäusern), Stadtplatz 39, ✉ 84489, ℰ (08677) 96 50, *Fax (08677) 965666,* 🖙 – 📺 ☎ ⟺ – 🛆 40. ⓞ 🅴 𝘝𝘐𝘚𝘈 **Menu** à la carte 28/63 – **51 Z** 98/155.

🏨 **Bayerische Alm** ⌖, Robert-Koch-Str. 211, ✉ 84489, ℰ (08677) 98 20,
🍴 *Fax (08677) 982200,* Biergarten, « Gartenterrasse » – 📺 ☎ 🌙 ⟺ 🅿. 🖭 ⓞ 🅴 𝘝𝘐𝘚𝘈
Menu *(Freitag, im Winter auch Sonntagabend geschl.)* à la carte 36/60 – **23 Z** 110/190.

🏨 **Glöcklhofer,** Ludwigsberg 4, ✉ 84489, ℰ (08677) 70 24, *Fax (08677) 65500,* Biergarten, ⚒ (geheizt), ☞ – 📺 ☎ 🕭 ⟺ 🅿 – 🛆 45. 🖭 ⓞ 🅴 𝘝𝘐𝘚𝘈, ✼ Rest **Menu** à la carte 38/65 – **49 Z** 105/170.

🎍 **Fuchsstuben,** Mautnerstr. 271, ✉ 84489, ℰ (08677) 6 27 24, 🍴
🍴 *Anfang - Mitte Juni, Mitte Aug. - Anfang Sept. und Sonntagabend - Montag geschl.* – **Menu** à la carte 33/60.

Bei der Wallfahrtskirche Marienberg *SW : 4 km :*

🎍 **Zur Einkehr,** Marienberg 119, ✉ 84489 Burghausen, ℰ (08677) 23 03, 🍴 – 🅿. 🅴 *Montag geschl., Dienstag - Freitag nur Abendessen* – **Menu** à la carte 31/60.

In Burghausen-Raitenhaslach *SW : 5 km :*

🏨 **Klostergasthof Raitenhaslach** ⌖, ✉ 84489, ℰ (08677) 97 30,
🍴 *Fax (08677) 66111,* 🍴, Biergarten, « Modernisierter Brauereigasthof a.d. 16. Jh. », 🏡
– 📺 ☎ 🅿. 🖭 🅴 𝘝𝘐𝘚𝘈
Menu à la carte 23/50 – **14 Z** 90/140.

BURGKUNSTADT *Bayern* ⓐⓑⓒ P 17, 𝟡𝟠𝟟 ㉖ – *6 800 Ew – Höhe 304 m.*
Berlin 366 – München 273 – Coburg 31 – Bayreuth 38 – Bamberg 48.

In Altenkunstadt *S : 2 km :*

🏨 **Gondel,** Marktplatz 7, ✉ 96264, ℰ (09572) 36 61, *Fax (09572) 4596,* 🍴 – 📺 ☎ ⟺ 🅿. 🖭 ⓞ 🅴 𝘝𝘐𝘚𝘈 *2. - 10. Jan. und 8. - 16. Aug. geschl.* – **Menu** *(Freitagabend - Samstagmittag geschl.)* à la carte 34/63 – **37 Z** 65/165.

In Altenkunstadt-Baiersdorf *S : 5 km :*

🎍 **Fränkischer Hof,** Altenkunstädter Str. 41, ✉ 96264, ℰ (09572) 38 30 00,
🍴 *Fax (09572) 383020,* 🍴, 🖳 – 🛗, ✻ Zim, 📺 ☎ 🌙 🕭 ⟺ 🅿 – 🛆 35
Menu à la carte 22/43 – **28 Z** 75/175.

BURGLENGENFELD *Bayern* ⓓ S 20, 𝟡𝟠𝟟 ㉙ – *10 600 Ew – Höhe 347 m.*
🌿 *Schmidmühlen (NW : 11 km),* ℰ (09474) 7 01.
Berlin 470 – München 149 – Amberg 34 – Nürnberg 90 – Regensburg 27.

🎍 **Gerstmeier,** Berggasse 5, ✉ 93133, ℰ (09471) 8 05 44, *Fax (09471) 80286,* 🍴 – 📺
🍴 ☎ ⟺ 🅿. ✼
Menu *(Montag geschl.)* (nur Abendessen) à la carte 23/41 – **27 Z** 60/100.

BURGTHANN *Bayern* ⓔⓕ R 17 – *9 800 Ew – Höhe 440 m.*
Berlin 439 – München 159 – Nürnberg 29 – Regensburg 79.

🎍 **Blaue Traube** mit Zim, Schwarzachstr. 7, ✉ 90559, ℰ (09183) 75 55,
Fax (09183) 3787, 🍴 – 📺 ☎ 🅴
Aug. - Sept. 3 Wochen geschl. – **Menu** *(Montagabend - Dienstag geschl.)* à la carte 32/61
– **7 Z** 60/120.

BURGWALD *Hessen* ⓖ N 10 – *4 900 Ew – Höhe 230 m.*
Berlin 462 – Wiesbaden 145 – Kassel 90 – Marburg 24 – Paderborn 111 – Siegen 82.

In Burgwald-Ernsthausen :

🎍 **Burgwald-Stuben,** Marburger Str. 25 (B 252), ✉ 35099, ℰ (06457) 80 66,
Fax (06457) 1076 – 🅿
Mittwoch geschl. – **Menu** (wochentags nur Abendessen) à la carte 48/85.

BURGWEDEL Niedersachsen 415 416 417 418 I 13 – 20 000 Ew – Höhe 58 m.

Berlin 283 – Hannover 30 – Bremen 107 – Celle 28 – Hamburg 137.

In Burgwedel-Grossburgwedel 987 ⑯ :

🏰 **Menge's Hof,** Isernhägener Str. 3, ⊠ 30938, ℘ (05139) 80 30, Fax (05139) 87355, « Hotelanlage in rekonstruierten Fachwerkhäusern, Innenhofterrasse mit Teich », Massage, ⊆, ⧈ – ⧇ ⊟ 🗹 ☎ ⚒ ૐ 🅿 – 🕸 70. 🖭 ◑ ⋿ 𝘝𝘐𝘚𝘈
Menu à la carte 45/75 – **44 Z** 165/250.

🏠 **Marktkieker** garni, Am Markt 7, ⊠ 30938, ℘ (05139) 70 93, Fax (05139) 894065, « 300 Jahre altes Fachwerkhaus » – ⇥ ⊟ 🗹 ☎ 🅿. 🖭 ◑ ⋿ 𝘝𝘐𝘚𝘈
22. Dez. - 4. Jan. geschl. – **16 Z** 104/209.

🏠 **Ole Deele** garni, Heinrich-Wöhler-Str. 14, ⊠ 30938, ℘ (05139) 9 98 30, Fax (05139) 998340 – 🗹 ☎ 🅿 – 🕸 40. ⋿ 𝘝𝘐𝘚𝘈
15 Z 105/165.

BURKHARDTSGRUEN Sachsen siehe Eibenstock.

BURLADINGEN Baden-Württemberg 419 V 11 – 13 100 Ew – Höhe 722 m.

Berlin 713 – Stuttgart 78 – Konstanz 106 – Ulm (Donau) 92 – Freiburg im Breisgau 173.

In Burladingen-Gauselfingen SO : 4,5 km :

🏠 **Wiesental,** Gauzolfstr. 23 (B 32), ⊠ 72393, ℘ (07475) 75 35, Fax (07475) 7317 – 🗹 ☎ ⇦ 🅿. ⋘ Rest
über Fastnacht und Juli - Aug. jeweils 1 Woche geschl. – **Menu** (Donnerstag geschl.) à la carte 29/53 ⅛ – **13 Z** 70/120.

In Burladingen-Melchingen N : 12 km :

🏠 **Gästehaus Hirlinger** ⦚ garni, Falltorstr. 9, ⊠ 72393, ℘ (07126) 9 29 70, Fax (07126) 929723, ⊆ – ⇥ ☎ ⇦ 🅿
21 Z 55/102.

BURSCHEID Nordrhein-Westfalen 417 M 5, 987 ㉖ – 17 500 Ew – Höhe 200 m.

Berlin 546 – Düsseldorf 42 – Köln 26 – Remscheid 19.

In Burscheid-Hilgen NO : 4 km :

🏠 **Heyder,** Kölner Str. 94 (B 51), ⊠ 51399, ℘ (02174) 50 91, Fax (02174) 61814 – 🗹 ☎ ⇦ 🅿. 🖭 ◑ ⋿ 𝘝𝘐𝘚𝘈. ⋘ Rest
Weihnachten - Anfang Jan. geschl. – **Menu** (Samstag geschl.) à la carte 29/61 – **29 Z** 78/195.

BUSCHVITZ Mecklenburg-Vorpommern siehe Rügen (Insel).

BUTJADINGEN Niedersachsen 415 F 8, 987 ④ – 6 000 Ew – Höhe 3 m.

🄱 Kurverwaltung, Strandallee (Burhave), ⊠ 26969, ℘ (04733) 9 29 30, Fax (04733) 929399.

Berlin 487 – Hannover 214 – Bremerhaven 15 – Oldenburg 67.

In Butjadingen-Burhave – Seebad :

🏠 **Haus am Meer** ⦚, Am Deich 26, ⊠ 26969, ℘ (04733) 4 22, Fax (04733) 422, 🍽, 🍴 – 🗹 🅿
Menu (Donnerstag geschl.) (Nov. - März nur Abendessen) à la carte 26/66 – **10 Z** 53/125 – ½ P 19.

In Butjadingen-Fedderwardersiel – Seebad :

🏠 **Zur Fischerklause** ⦚, Sielstr. 16, ⊠ 26969, ℘ (04733) 3 62, Fax (04733) 1847, 🍽, 🍴 – 🗹 ☎ 🅿. 🖭 ◑ ⋿ 𝘝𝘐𝘚𝘈. ⋘ Rest
Menu (Dienstag, Jan.- März auch Montag geschl.) à la carte 26/57 – **17 Z** 75/130.

In Butjadingen-Ruhwarden :

🏰 **Schild's Hotel** (mit Gästehäusern), Butjadinger Str. 8, ⊠ 26969, ℘ (04736) 2 25 (Hotel) 2 18 (Rest.), Fax (04736) 927205, 🍽, ⊆, ⧈ (geheizt), 🍴 – 🗹 ☎ 🅿. ⋘
Hotel Okt.- März geschl. – **Menu** (Okt.- Dez. Montag - Freitag geschl.) à la carte 40/72 – **68 Z** 65/124 – ½ P 18.

In Butjadingen-Tossens : – *Seebad* :

🏨 **Holiday Inn Resort** ⚐, Strandallee 36a, ✉ 26969, ✆ (0 47 36) 92 80, Fax (04736) 9289428, 🛤, Massage, ⚑s, 🔲, 🐾s, ✗ – 📶, 🔄 Zim, 📺 ☎ 👍 🎿 ♿ – 🛗 150. 🆎 ⓞ 🄴 𝗩𝗜𝗦𝗔 𝖩𝖢𝖡
Menu à la carte 35/52 – **76 Z** 130/200 – ½ P 29.

BUTTENHEIM Bayern siehe Hirschaid.

BUTZBACH Hessen **417** O 10, **987** ㉗ – 22 000 Ew – Höhe 205 m.
Ausflugsziel : Burg Münzenberg★, O : 9 km.
Berlin 501 – Wiesbaden 71 – Frankfurt am Main 41 – Gießen 23.

🏨 **Hessischer Hof** garni (mit Appartementhaus), Weiseler Str. 43, ✉ 35510, ✆ (06033) 94 40, Fax (06033) 16282 – 📶 📺 ☎ ⇔ ♿. 🆎 ⓞ 🄴 𝗩𝗜𝗦𝗔
41 Z 98/180.

BUXHEIM Bayern siehe Memmingen.

BUXTEHUDE Niedersachsen **415 416** F 13, **984** ⑩, **987** ⑤ ⑯ – 34 000 Ew – Höhe 5 m.
🏌 Zum Lehmfeld 1 (S : 4 km), ✆ (04161) 8 13 33 ; 🏌 Ardestorfer Weg 1 (SO : 6 km), ✆ (04161) 8 76 99.
🛈 Stadtinformation, Stavenort, ✉ 21614, ✆ (04161) 50 12 97, Fax (04161) 52693.
Berlin 326 – Hannover 158 – Hamburg 37 – Cuxhaven 93 – Bremen 99.

🏨 **Herzog Widukind** Ⓜ garni, Kottmeierstr. 1, ✉ 21614, ✆ (04161) 64 60, Fax (04161) 646146 📶 🔄 📺 ☎ ✆ 👍 ♿ – 🛗 20. 🆎 ⓞ 🄴 𝗩𝗜𝗦𝗔
35 Z 155/195.

🏨 **Zur Mühle**, Ritterstr. 16, ✉ 21614, ✆ (04161) 5 06 50, Fax (04161) 506530 – 📶 📺 ☎. 🆎 🄴 𝗩𝗜𝗦𝗔. ✂
Menu (Samstagmittag und Sonntag geschl.) à la carte 43/78 – **38 Z** 135/250.

🏨 **Am Stadtpark** garni, Bahnhofstr. 1, ✉ 21614, ✆ (04161) 50 68 10, Fax (04161) 506815 – 📶 📺 ☎ ⇔ ♿ – 🛗 20. 🆎 🄴 𝗩𝗜𝗦𝗔 𝖩𝖢𝖡
20 Z 115/155.

🏠 **An der Linah** garni, Harburger Str. 44, ✉ 21614, ✆ (04161) 6 00 90, Fax (04161) 600910 📺 ☎ ♿. 🆎 ⓞ 🄴 𝗩𝗜𝗦𝗔
28 Z 90/140.

In Buxtehude-Hedendorf W : 5 km :

🏠 **Zur Eiche**, Harsefelder Str. 64, ✉ 21614, ✆ (04163) 23 01, Fax (04163) 7727 – 📺 ☎ ♿ – 🛗 150
Menu (Donnerstag geschl.) (wochentags nur Abendessen) à la carte 28/55 – **10 Z** 85/130.

CADENBERGE Niedersachsen **415** E 11, **984** ⑥, **987** ⑤ – 3 200 Ew – Höhe 8 m.
Berlin 388 – Hannover 218 – Bremerhaven 56 – Cuxhaven 33 – Hamburg 97.

🏠 **Eylmann's Hotel** (mit Gästehaus), Bergstr. 5, ✉ 21781, ✆ (04777) 2 21, Fax (04777) 1514, 🛤 – 📶 📺 ☎ ⇔ ♿ – 🛗 60
Menu (Montag geschl.) à la carte 31/63 – **21 Z** 59/130.

CADOLZBURG Bayern **419 420** R 16 – 8 600 Ew – Höhe 351 m.
Berlin 462 – München 179 – Nürnberg 26 – Ansbach 30 – Würzburg 87.

In Cadolzburg-Egersdorf O : 2 km :

🏠 **Grüner Baum** ⚐, Dorfstr. 11, ✉ 90556, ✆ (09103) 9 21, Fax (09103) 5539, 🛤 –
⇔ ☎ ♿ – 🛗 20. 🆎 ⓞ 🄴 𝗩𝗜𝗦𝗔
Menu (Sonntagabend - Montagmittag, Anfang Jan. 1 Woche und Aug. 3 Wochen geschl.) à la carte 21/50 – **30 Z** 86/140.

CAHNSDORF Brandenburg **418** K 25 – 450 Ew – Höhe 62 m.
Berlin 91 – Potsdam 107 – Cottbus 49.

🏠 **Landhaus am Park**, Parkweg 3, ✉ 15926, ✆ (03544) 5 00 90, Fax (03544) 500944, ⇔ 🛤 – 📶, 🔄 Zim, 📺 ♿. 🆎 🄴 𝗩𝗜𝗦𝗔
Menu à la carte 23/48 – **25 Z** 100/150.

CALDEN Hessen siehe Kassel.

CALW Baden-Württemberg **419** T 10, **987** ㊳ – 24 000 Ew – Höhe 347 m.

🛈 Verkehrsamt, Aureliusplatz 10 (im Rathaus Hirsau), ✉ 75365, ℘ (07051) 96 88,66, Fax (07051) 968877.

Berlin 659 – Stuttgart 47 – Karlsruhe 54 – Pforzheim 26 – Tübingen 40 – Freudenstadt 66.

🏨 **Ratsstube,** Marktplatz 12, ✉ 75365, ℘ (07051) 9 20 50, Fax (07051) 70826, 🍽 – 📺 ☎ – 🔏 30. 🖭 ⅇ 𝖵𝖨𝖲𝖠
Menu à la carte 34/60 – **13 Z** 95/165.

🏨 **Rössle,** Hermann-Hesse-Platz 2, ✉ 75365, ℘ (07051) 7 90 00, Fax (07051) 790079 – 📺 ☎ 🚗. ⅇ 𝖵𝖨𝖲𝖠. ⅌
Aug. geschl. – **Menu** (Freitag geschl.) à la carte 27/57 ⅊ – **20 Z** 100/175.

In Calw-Hirsau N : 2,5 km – Luftkurort :

🏨 **Kloster Hirsau,** Wildbader Str. 2, ✉ 75365, ℘ (07051) 56 21, Fax (07051) 51795, 🍽, 🍴, 🔲, 🌳, ⅌(Halle) – 📳 📺 ☎ 🚗 🅿 – 🔏 80. ① 𝖵𝖨𝖲𝖠
Menu (Montag geschl.) à la carte 38/77 – **42 Z** 75/210.

In Calw-Stammheim SO : 4,5 km :

🍴🍴 **Adler** mit Zim, Hauptstr. 16, ✉ 75365, ℘ (07051) 42 87, Fax (07051) 20311, 🍽 – ⅌ Rest. 📺 ☎ 🅿. ⅌ Rest
über Fasching 2 Wochen geschl. – **Menu** à la carte 34/76 – **6 Z** 85/120.

🍴 **Sonne** mit Zim, Bärengasse 20, ✉ 75365, ℘ (07051) 4 04 71, Fax (07051) 77046, 🍽 – 📺 ☎ 🅿. ⅇ 𝖵𝖨𝖲𝖠 𝖩𝖢𝖡
Menu (Samstagmittag und Montag geschl.) à la carte 33/56 – **3 Z** 68/110.

Jährlich eine neue Ausgabe,
Aktuellste Informationen, jährlich für Sie !

CAMBERG, BAD Hessen **417** P 8, **987** ㉖ – 12 000 Ew – Höhe 200 m – Kneippheilbad.

🛈 Kurverwaltung, Chambray-les-Tours-Platz 2, ✉ 65520, ℘ (06434) 2 02 32, Fax (06434) 20223.

Berlin 544 – Wiesbaden 37 – Frankfurt am Main 60 – Limburg an der Lahn 17.

🏨 **Bad Camberg,** Caspar-Hofmann-Platz 2, ✉ 65520, ℘ (06434) 20 30, Fax (06434) 203180, 🍽 – 📳 📺 ☎ & 🅿 – 🔏 80. ⅇ ① ⅇ 𝖵𝖨𝖲𝖠
Menu (Samstagmittag geschl.) à la carte 39/69 – **54 Z** 145/220 – ½ P 20.

An der Autobahn A 3 W : 4 km :

🏨 **Rasthaus und Motel Camberg,** (Westseite), ✉ 65520 Bad Camberg, ℘ (06434) 60 66, Fax (06434) 7004, ⇐, 🍽 – 📺 ☎ 🚗 🅿 – 🔏 30. ⅇ ⅇ 𝖵𝖨𝖲𝖠
Menu (nur Selbstbedienung) – **27 Z** 105/145.

CAMBS Mecklenburg-Vorpommern siehe Schwerin.

CASTROP-RAUXEL Nordrhein-Westfalen **417** L 5, **987** ⑮ – 80 000 Ew – Höhe 55 m.

🏌 Castrop-Rauxel, Dortmunder Str. 383 (O : 3,5 km), ℘ (02305) 6 20 27.

Berlin 498 – Düsseldorf 63 – Bochum 12 – Dortmund 12 – Münster (Westfalen) 56.

🏨🏨 **Ramada Schloßhotel Goldschmieding,** Dortmunder Str. 55, ✉ 44575, ℘ (02305) 30 10, Fax (02305) 30145, 🍽 – ⅌ Zim, 📺 ⅆ 🅿 – 🔏 60. ⅇ ① ⅇ
𝖵𝖨𝖲𝖠
Menu siehe Rest. *Goldschmieding* separat erwähnt – **85 Z** 178/333.

🍴🍴 **Restaurant Goldschmieding,** Dortmunder Str. 49, ✉ 44575, ℘ (02305) 3 29 31, Fax (02305) 15945, « Ehemaliges Wasserschlößchen » – 🅿. ⅇ ① ⅇ 𝖵𝖨𝖲𝖠
Samstagmittag, Sonntagabend - Montag geschl. – **Menu** à la carte 66/102
Spez. Offene Ravioli mit Ochsenschwanz und Steinpilzen. Seeteufel mit provençalischem Gemüse und Balsamicojus. Gratinierte Eau de vie-Himbeeren mit Rahmeis.

CELLE Niedersachsen **415 416 418** I 14, **987** ⑯ – 74 000 Ew – Höhe 40 m.

Sehenswert : Altstadt★★ – Schloß (Hofkapelle★) Y.

Ausflugsziel : Wienhausen (Kloster★) ③ : 10 km.

🏌 Celle-Garßen (über ②), ℘ (05086) 3 95.

🛈 Verkehrsverein, Markt 6, ✉ 29221, ℘ (05141) 12 12, Fax (05141) 12459.

ADAC, Nordwall 1a, ✉ 29221, ℘ (05141) 10 60, Fax (05141) 217882.

Berlin 276 ③ – Hannover 51 ④ – Bremen 112 ⑤ – Hamburg 117 ①

CELLE

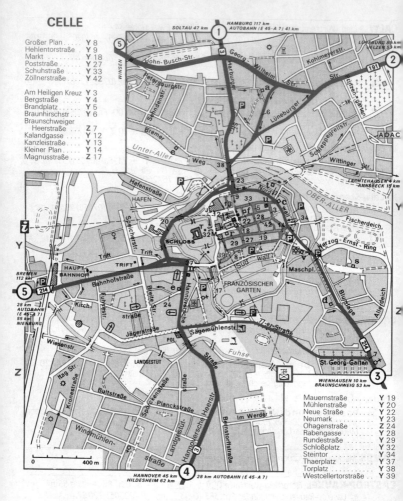

Fürstenhof ⑤, Hannoversche Str. 55, ✉ 29221, ℰ (05141) 20 10, Fax (05141) 201120, « Historisches Palais mit Hotelanbau », 全, 🔲 – 劇 📺 📞 ⟨⟩ 🅿 – 🔏 60. 🆎 ⑩ 🗷 VISA. 🛠 Rest
Z e
Menu siehe Rest. **Endtenfang** separat erwähnt – **Kutscherstube** (nur Abendessen, Sonn- und Feiertage geschl.) **Menu** à la carte 37/65 – **76 Z** 190/486, 3 Suiten.

Caroline Mathilde Ⓜ garni (mit Gästehaus), Bremer Weg 37, ✉ 29223, ℰ (05141) 3 20 23, Fax (05141) 32028, 全, 🔲 – 劇 📺 ☎ 📞 🅿 – 🔏 35. ⑩ 🗷 VISA
Y e
22. Dez. - 5. Jan. geschl. – **52 Z** 115/210.

Celler Hof garni, Stechbahn 11, ✉ 29221, ℰ (05141) 2 80 61, Fax (05141) 28065, 全 – 劇 ⅔ 📺 ☎ ⟨⟩. 🆎 ⑩ 🗷 VISA
Y r
49 Z 110/320.

Blumlage garni, Blumlage 87, ✉ 29221, ℰ (05141) 70 71, Fax (05141) 201120 – 📺 ☎ 🅿. 🆎 ⑩ 🗷 VISA
Z d
32 Z 110/320.

Am Stadtgraben garni, Fritzenwiese 22, ✉ 29221, ℰ (05141) 10 91, Fax (05141) 24082, « Ehem. Villa a.d. Jahre 1908, Einrichtung mit Antiquitäten », 全 – ⅔ 📺 ☎ 🅿. 🆎 ⑩ 🗷 VISA JCB
Y t
8 Z 120/260.

🏨 **Brauner Hirsch** garni, Münzstr. 9c, ⊠ 29223, ℘ (05141) 9 39 30, *Fax (05141) 939350*
– ⇆ 📺 ☎ 🅿. 🆎 🄴 𝘝𝘐𝘚𝘈   Y a
24 Z 110/260.

🏨 **Sol Inn,** Fuhrberger Str. 6, ⊠ 29225, ℘ (05141) 97 20, *Fax (05141) 972444*, � – 🛗,
⇆ Zim, 📺 ☎ 📞 🅿 – ▵ 60. 🆎 🅾 🄴 𝘝𝘐𝘚𝘈 🄹🄲🄱   über ⑤
Menu *(Samstagmittag geschl.)* à la carte 30/51 – **129 Z** 154/280.

🏨 **Borchers** garni, Schuhstr. 52 (Passage), ⊠ 29221, ℘ (05141) 70 61,
Fax (05141) 201120 – 🛗 📺 ☎ ⇐⇒. 🆎 🅾 🄴 𝘝𝘐𝘚𝘈   Y f
19 Z 105/320.

🏨 **Steigenberger Esprix Hotel** Ⓜ, Nordwall 20, ⊠ 29221, ℘ (05141) 20 00,
Fax (05141) 200200 – 🛗 📺 ☎ 📞 & ⇐⇒ 🅿 – ▵ 80. 🆎 🅾 🄴 𝘝𝘐𝘚𝘈 🄹🄲🄱   Y c
Menu à la carte 36/54 – **121 Z** 130/190.

🏨 **St. Georg** ⌑ garni, St. Georg-Str. 25, ⊠ 29221, ℘ (05141) 2 10 51,
Fax (05141) 217725, « Fachwerkhäuser a.d. 17. Jh. » – 📺 ☎. 🆎 🄴 𝘝𝘐𝘚𝘈. ⌘   Y s
15 Z 95/195.

🏨 **Schaper,** Heese 6, ⊠ 29225, ℘ (05141) 9 48 80, *Fax (05141) 948830* – 📺 ☎ 🅿. 🅾
🄴 𝘝𝘐𝘚𝘈. ⌘   über Bahnhofstraße   Z
Menu *(Samstagmittag, Sonntagabend - Montag geschl.)* à la carte 43/60 – **13 Z** 95/
170.

🏨 **Utspann,** Im Kreise 13, ⊠ 29221, ℘ (05141) 9 27 20, *Fax (05141) 927252*, 🌱,
« Restaurierte Fachwerkhäuser aus dem 17. Jh. », ⇔ – 📺 ☎ 🅿 – ▵ 20. 🆎 🅾 🄴 𝘝𝘐𝘚𝘈.
⌘ Rest   Y v
23. Dez. - 1. Jan. geschl. – **Menu** *(Sonntag geschl.)* (nur Abendessen) à la carte 37/66 –
21 Z 141/212.

XXXX **Endtenfang** - Hotel Fürstenhof, Hannoversche Str. 55, ⊠ 29221, ℘ (05141) 20 10,
ε3 *Fax (05141) 201120*, 🌱 – 🅿. 🆎 🅾 🄴 𝘝𝘐𝘚𝘈. ⌘   Z e
Menu 155 und à la carte 85/119
Spez. Atlantik Hummer mit Artischockensalat. Gebackenes Kalbsbries mit Pfifferlingen und
gebratene Gänsestopfleber. Geschmorte Heidschnucke mit Pfifferlingen und Kartoffel-
mousseline.

XX **Congress Union Celle,** Thaerplatz 1, ⊠ 29221, ℘ (05141) 91 93,
Fax (05141) 919444 – 🍽 ⇐⇒ – ▵ 600. 🄴 𝘝𝘐𝘚𝘈   YZ n
Menu à la carte 31/55.

XX **Hofstetter's Feinschmecker Treff,** Am Heiligen Kreuz 33, ⊠ 29221,
℘ (05141) 90 70 00, *Fax (05141) 25454* – 🆎 🅾 🄴 𝘝𝘐𝘚𝘈   Y u
Sonntag geschl. – **Menu** (nur Abendessen, Tischbestellung erforderlich) à la carte 55/83
(auch vegetarische Gerichte).

XX **Historischer Ratskeller,** Markt 14, ⊠ 29221, ℘ (05141) 2 90 99, *Fax (05141) 29090*
– 🆎 🄴 𝘝𝘐𝘚𝘈   Y R
Dienstag geschl. – **Menu** à la carte 43/75.

In Celle-Altencelle ③ : *3 km* :

🏨 **Schaperkrug,** Braunschweiger Heerstr. 85 (B 214), ⊠ 29227, ℘ (05141) 9 85 10,
Fax (05141) 881958, 🌱 – ⇆ Zim, 📺 ☎ ⇐⇒ 🅿 – ▵ 60. 🆎 🅾 🄴 𝘝𝘐𝘚𝘈 🄹🄲🄱
Menu *(Sonn- und Feiertage abends geschl.)* à la carte 35/65 – **36 Z** 95/220.

In Celle-Groß Hehlen ① : *4 km* :

🏛 **Celler Tor,** Scheuener Str. 2 (B 3), ⊠ 29229, ℘ (05141) 59 00, *Fax (05141) 590490*,
🌱, Massage, ⇔, 🄽, 🌿 – 🛗, ⇆ Zim, 📺 ☎ 📞 ⇐⇒ 🅿 – ▵ 170. 🆎 🅾 🄴 𝘝𝘐𝘚𝘈
Menu à la carte 46/78 – **66 Z** 157/450.

In Wienhausen *SO : 10 km über* ③ :

🏨 **Voß** garni, Hauptstr. 27, ⊠ 29342, ℘ (05149) 5 92, *Fax (05149) 202*, « Geschmackvolle
Einrichtung mit Antiquitäten », 🌿 – 📺 ☎ & 🅿. 🆎 🄴 𝘝𝘐𝘚𝘈
17. Jan. - 9. Feb. geschl. – **20 Z** 93/158.

In Wienhausen-Oppershausen *SO : 12 km über* ③ :

🏨 **Landhotel Klosterhof** garni (mit Gästehaus), Dorfstr. 16, ⊠ 29342, ℘ (05149)
9 80 30, *Fax (05149) 980335*, ⇔ – 📺 ☎ 🅿. 🄴
34 Z 118/248.

In Bergen-Altensalzkoth *N : 14 km über* ① :

🏨 **Helms** (mit Gästehaus), Altensalzkoth 7, ⊠ 29303, ℘ (05054) 81 82, *Fax (05054) 8180*,
🌱, ⇔, 🌿 – 🛗, ⇆ Zim, 📺 ☎ & ⇐⇒ 🅿 – ▵ 80. 🅾 🄴 𝘝𝘐𝘚𝘈. ⌘ Zim
15. Dez. - Jan. geschl. – **Menu** à la carte 30/62 – **50 Z** 88/198.

CHAM *Bayern* 420 *S 21,* 987 ㉙ *– 17 000 Ew – Höhe 368 m.*

🛈 *Fremdenverkehrsamt, Propsteistr. 46 (im Cordonhaus),* ✉ *93413,* ✆ *(09971) 49 33, Fax (09971) 79842.*

Berlin 481 – München 178 – Amberg 73 – Passau 109 – Plzen 94 – Regensburg 56.

🏠 **Randsberger Hof,** Randsberger-Hof-Str. 15, ✉ 93413, ✆ (09971) 12 66, Fax (09971) 20299, ㈏, ⇌, 🛋, – 🛗 📺 ☎ ⇦ 🅿 – 🕍 100. 🆎 ⓪ 🅴 𝖵𝖨𝖲𝖠
Menu à la carte 24/46 – **85 Z** 59/132.

✕ **Bräu-Pfandl,** Lucknerstr. 11, ✉ 93413, ✆ (09971) 2 07 87 – 🆎 ⓪ 🅴 𝖵𝖨𝖲𝖠
Sonntag - Montag geschl. – **Menu** à la carte 28/55.

In Cham-Altenmarkt *SW : 3 km :*

🏠 **Parkhotel Cham** garni, Prälat-Wolker-Str. 5, ✉ 93413, ✆ (09971) 39 50, Fax (09971) 395120 – 🛗 📺 ☎ 🕓 🅿 – 🕍 50. 🆎 ⓪ 🅴 𝖵𝖨𝖲𝖠
67 Z 87/190.

In Cham - Chammünster *O : 3 km über die B 85 :*

🏠 **Berggasthaus Oedenturm** ⟨, Am Oeden Turm 11, ✉ 93413, ✆ (09971) 8 92 70, Fax (09971) 892720, ⟨, ㈏, ≈ – 🅿. ⓪ 🅴
6. Okt. - 30. Nov. geschl. – **Menu** *(Sonntagabend und Montag geschl.)* à la carte 29/53 – **11 Z** 41/86.

In Chamerau *SO : 7 km :*

🏠 Landgasthof Schwalbenhof, Kalvarienberg 1 (B 85), ✉ 93466, ✆ (09944) 8 68, Fax (09944) 2654, ㈏ – 📺 ☎ 🅿
17 Z.

In Runding *O : 9 km :*

🏠 **Reiterhof** ⟨ (Appartement-und Ferienhotel), In den Sallerwiesen 1, ✉ 93486, ✆ (09971) 99 90, Fax (09971) 999200, ㈏, Massage, ⇌, 🛋, ≈, 🏇 (Halle) ♨ – 📺 ☎ ⚡ 🅿 – 🕍 80. 🆎 ⓪ 🅴 𝖵𝖨𝖲𝖠
Anfang Nov. - Mitte Dez. geschl. – **Menu** (nur Abendessen) à la carte 25/48 – **98 Z** 96/162.

CHAMERAU *Bayern siehe Cham.*

CHEMNITZ *Sachsen* 418 *N 22,* 984 ㉓ ㉔, 987 ㉙ *– 270 000 Ew – Höhe 300 m.*

Sehenswert : Museum für Naturkunde EU (versteinerter Wald★) **M1** *– Schloßkirche ET (Geißelsäule★).*

Ausflugsziel : Schloß Augustusburg★ (Museum für Jagdtier- und Vogelkunde★, Motorradmuseum★★), über Augustusburger Str. CY O : 15 km.

🛈 *Tourist-Information. Stadthalle, Rathausstr. 1,* ✉ *09111,* ✆ *(0371) 4 50 87 50, Fax (0371) 4508725.*

ADAC, *Bahnhofstr. 20,* ✉ *09111,* ✆ *(0371) 6 76 24 51, Fax (0371) 6762777.*

Berlin 257 ② – Dresden 70 ② – Leipzig 78 ⑦ – Praha 163 ③

Stadtpläne siehe nächste Seiten

🏨 **Renaissance Chemnitz Hotel** Ⓜ, Salzstr. 56, ✉ 09113, ✆ (0371) 3 34 10, Fax (0371) 3341777, ㈏, Massage, ♨, ⇌, 🛋, ≈ – 🛗, 🖐 Zim, 🗏 📺 ⚡ 🕓 ⇦ – 🕍 280. 🆎 ⓪ 🅴 𝖵𝖨𝖲𝖠 𝖩𝖢𝖡   ET s
Glashaus : Menu à la carte 38/74 – **226 Z** 219/332, 15 Suiten.

🏨 **Dorint Parkhotel Chemnitz** Ⓜ, Deubners Weg 12, ✉ 09112, ✆ (0371) 3 80 70, Fax (0371) 3807100, ㈏, ♨, ⇌ – 🛗, 🖐 Zim, 📺 🕓 ⇦ 🅿 – 🕍 180. 🆎 ⓪ 🅴 𝖵𝖨𝖲𝖠 𝖩𝖢𝖡, ⍟ Rest   EV a
Menu à la carte 36/64 – **187 Z** 190/290.

🏩 **Günnewig Hotel Chemnitzer Hof** Ⓜ, Theaterplatz 4, ✉ 09111, ✆ (0371) 68 40, Fax (0371) 6762587, ㈏ – 🛗, 🖐 Zim, 📺 ⚡ 🕓 – 🕍 150. 🆎 ⓪ 🅴 𝖵𝖨𝖲𝖠 𝖩𝖢𝖡. ⍟ Rest   EU b
Menu à la carte 48/73 – **98 Z** 179/268.

🏨 **Mercure** Ⓜ, Brückenstr. 19, ✉ 09111, ✆ (0371) 68 30, Fax (0371) 683505, ⇌ – 🛗, 🖐 Zim, 🗏 Rest, 📺 ☎ – 🕍 200. 🆎 ⓪ 🅴 𝖵𝖨𝖲𝖠. ⍟ Rest   EU e
Menu à la carte 35/67 – **386 Z** 141/233.

🏨 **Seaside Residenz Hotel,** Bernsdorfer Str. 2, ✉ 09126, ✆ (0371) 6 01 31, Fax (0371) 6762781, ㈏, ⇌ – 🛗, 🖐 Zim, 📺 ☎ ⚡ 🅿 – 🕍 80. 🆎 ⓪ 🅴 𝖵𝖨𝖲𝖠. ⍟ Rest   EV d
Menu à la carte 32/58 – **192 Z** 165/225.

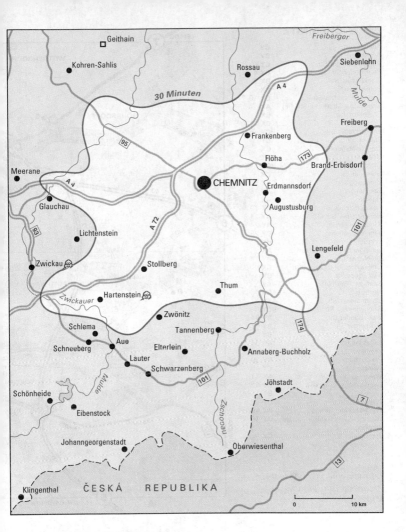

🏨 **Günnewig Hotel Europa** garni, Straße der Nationen 56, ✉ 09111, 𝒫 (0371) 68 11 28, Fax (0371) 670606 – 📶 ❄ 📺 ☎. 𝔸𝔼 ⓪ 𝔼 𝑉𝐼𝑆𝐴 𝐽𝐶𝐵   EU f
88 Z 119/159.

🏨 **Achat** garni, Winklhoferstr. 14 (Ecke Neefestr./Südring), ✉ 09116, 𝒫 (0371) 8 12 10, Fax (0371) 8121999, 🍴 – 📶 ❄ Zim, 📺 ☎ 🚻 🅿 – 🔏 20. 𝔸𝔼 𝔼 𝑉𝐼𝑆𝐴   BY c
101 Z 114/154.

🏨 **Elisenhof** garni, Mühlenstr. 102, ✉ 09111, 𝒫 (0371) 47 16 90, Fax (0371) 4716950 – 📶 ❄ 📺 ☎. 𝔸𝔼 ⓪ 𝔼 𝑉𝐼𝑆𝐴   ET h
24 Z 110/150.

✕✕ **Metropolitan,** An der alten Post 1, ✉ 09111, 𝒫 (0371) 6 76 28 58, Fax (0371) 6761191, 🍴 – 𝔼 𝑉𝐼𝑆𝐴   EU k
Menu à la carte 28/59.

In Chemnitz-Adelsberg SO : 4 km :

🏨 **Adelsberger Parkhotel Hoyer** 🛎, Wilhelm-Busch-Str. 61, ✉ 09127, 𝒫 (0371) 77 33 03, Fax (0371) 773377, 🍴, 🍴 – 📶, ❄ Zim, 📺 ☎ 🚻 – 🔏 50. 𝔸𝔼 𝔼 𝑉𝐼𝑆𝐴
Menu à la carte 24/58 – 27 Z 117/170.   CY m

CHEMNITZ

Jährlich eine neue Ausgabe,
Aktuellste Informationen,
jährlich für Sie !

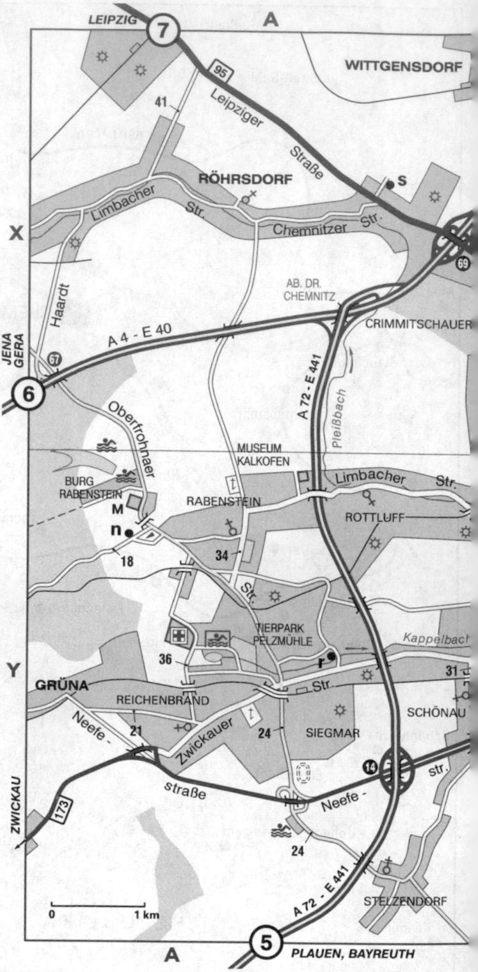

In Chemnitz-Klaffenbach *S : 10 km über ④* :

🏨 **Schlosshotel Klaffenbach** ⌂, Wasserschloßweg 6, ⊠ 09221, ℰ (0371) 2 61 10, Fax (0371) 2611100, 🍴, « Schloßanlage a.d. 16. Jh. », 🌳 – 📶, ⇔ Zim, 📺 ☎ 🅿 – 🕍 40. 🅰🅴 ⓪ 🗉 𝘝𝘐𝘚𝘈
Menu à la carte 29/62 – **53 Z** 135/220.

In Chemnitz-Kleinolbersdorf *SO : 9 km über ③* :

🏨 **Kleinolbersdorf,** Ferdinandstr. 105, ⊠ 09128, ℰ (0371) 77 24 02, Fax (0371) 772404, 🍴, 🌳 – 📺 ☎ 🚗 🅿 – 🕍 20. 🅰🅴 ⓪ 🗉 𝘝𝘐𝘚𝘈
Menu à la carte 26/53 – **18 Z** 95/135.

In Chemnitz-Rabenstein *W : 6 km* :

🏨 **Burghotel Rabenstein** ⌂, Grünaer Str. 2, ⊠ 09117, ℰ (0371) 85 65 02, Fax (0371) 850579, « Gartenterrasse » – 📺 ☎ 🅿 – 🕍 70. 🅰🅴 ⓪ 🗉 𝘝𝘐𝘚𝘈
Menu à la carte 29/58 – **20 Z** 135/205.   AY n

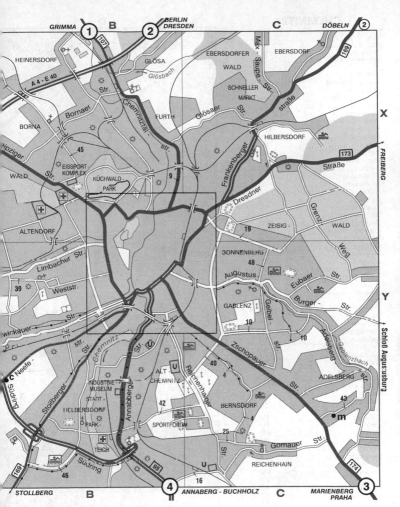

In Chemnitz-Siegmar *SW : 5 km :*

🏨 **Alte Mühle** Ⓜ 🦢, An der alten Mühle 10, ✉ 09117, ☎ (0371) 8 14 40, Fax (0371) 8144333, Biergarten, ⇌s – 🛗, ↔ Zim, 📺 ☎ 📞 📞 – 🔏 30. 🆎 ⓞ 🗲 𝑽𝑰𝑺𝑨
Menu à la carte 28/53 – **35 Z** 135/190. AY r

In Röhrsdorf Kreis Chemnitz *NW : 5 km :*

🏨 **Team Hotel Plaza Chemnitz Park,** Wildparkstr. 6, ✉ 09247, ☎ (03722) 51 30, Fax (03722) 513100, 🍽, ⇌s – 🛗, ↔ Zim, 📺 ☎ 📞 – 🔏 45. 🆎 ⓞ 🗲 𝑽𝑰𝑺𝑨 𝙹𝙲𝙱 AX s
Menu à la carte 26/57 – **103 Z** 130/200.

In Neukirchen *über Stollberger Straße* BY *SW : 8 km :*

🏨 **Almenrausch,** Bahnhofstr. 5, ✉ 09221, ☎ (0371) 26 66 60, Fax (0371) 2666640, 🍽
⊛ – 📺 ☎ 📞 🆎 🗲 𝑽𝑰𝑺𝑨 🧺
Menu à la carte 23/41 – **16 Z** 95/150.

In Hartmannsdorf *NW : 9 km über* ⑦ :

🏨 **Domizil,** Am Berg 3, ✉ 09232, ☎ (03722) 40 50, Fax (03722) 405405, 🍽, ⇌s 🛗,
↔ 7im, 📺 ☎ 📞 ♿ 🐕 📞 – 🔏 60. 🆎 ⓞ 🗲 𝑽𝑰𝑺𝑨
Menu à la carte 34/62 – **85 Z** 119/220.

CHEMNITZ

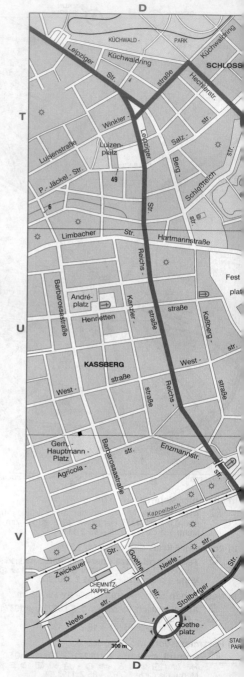

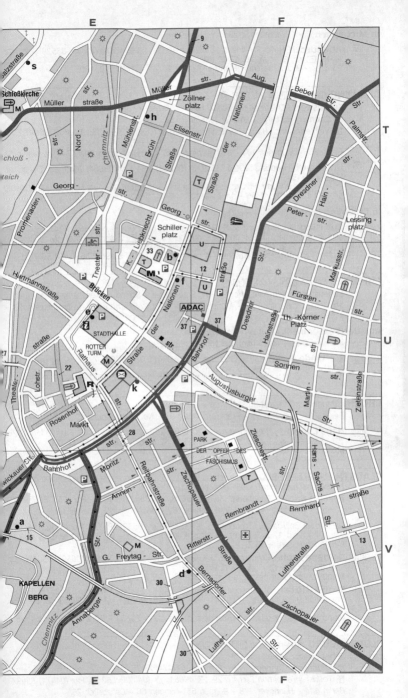

CHEMNITZ

In Mittelbach *über Zwickauer Straße* AY SW : *9 km :*

🏨 **Abendroth,** Hofer Str. 11a, ✉ 09224, ℘ *(0371) 85 52 13, Fax (0371) 855295,* 🏡, ⇘
– ⇔ 📺 ☎ 🅿 – 🛎 20. 🆎 ℰ 𝚅𝙸𝚂𝙰
23. Dez. - 2. Jan. geschl. – **Menu** à la carte 26/43 – **34 Z** 120/150.

CHIEMING *Bayern* 🔢 W 21, 🔢 ④ – *3 700 Ew* – *Höhe 532 m* – *Erholungsort.*
Sehenswert : Chiemsee★ – Schloß Herrenchiemsee★★.
🏌 *Chieming-Hart (N : 7 km),* ℘ *(08669) 75 57.*
🛈 *Verkehrsamt, Haus des Gastes, Hauptstr. 20b,* ✉ *83339,* ℘ *(08664) 2 45, Fax (08664) 8998.*
Berlin 666 – München 104 – Bad Reichenhall 43 – Wasserburg am Inn 37 – Traunstein 12.

🏨 **Unterwirt,** Hauptstr. 32, ✉ 83339, ℘ *(08664) 5 51, Fax (08664) 1649,* 🏡, Biergarten
– 📺 ⇘ 🅿
7. Jan. - 11. Feb. und 26. Okt. - 25. Nov. geschl. – **Menu** *(Okt. - Juni Montag und Dienstag geschl.)* à la carte 28/56 – **11 Z** 72/105.

In Chieming-Ising *NW : 7 km* – *Luftkurort :*

🏰 **Gut Ising** 🌿, Kirchberg 3, ✉ 83339, ℘ *(08667) 7 90, Fax (08667) 79432,* 🏡, Biergarten, « Zimmer mit Stil- und Bauernmöbeln », ⇘, 🏊, ☞, 🎾(Halle), 🐎 (Reitschule und -hallen) – 📶 📺 ⇘ 🅿 – 🛎 90. 🆎 ① ℰ 𝚅𝙸𝚂𝙰
7. Jan. - 8. Feb. geschl. – **Menu** à la carte 44/75 – **105 Z** 195/356 – ½ P 50.

CHIEMSEE *Bayern* 🔢 W 21, 🔢 ④ – *Höhe 518 m.*
Sehenswert : See ★ mit Herren- und Fraueninsel – Schloß Herrenchiemsee★★.
ab Gstadt : Berlin 660 – München 94 – Bad Reichenhall 57 – Traunstein 27 – Rosenheim 27.

Auf der Fraueninsel – *Autos nicht zugelassen*
⇘ *von Gstadt (ca. 5 min) und von Prien (ca. 20 min) :*

🏨 **Zur Linde** 🌿, ✉ 83256 Chiemsee, ℘ *(08054) 9 03 66, Fax 7299,* ≤, 🏡, « Gasthof a.d.J. 1396 » – ☎ – 🛎 15. 🌸 Zim
15. Jan. - 15. März geschl. – **Menu** à la carte 28/56 – **14 Z** 95/185 – ½ P 35.

CHORIN *Brandenburg* 🔢 H 25 – *500 Ew* – *Höhe 36 m.*
Berlin 71 – Potsdam 95 – Frankfurt (Oder) 96 – Neubrandenburg 108.

🏠 **Haus Chorin** 🌿, Neue Klosterallee 10, ✉ 16230, ℘ *(033366) 5 00, Fax (033366) 326,*
🏡, 🎿, ⇘, 🐎, ☞ – 📶 ⇔ Zim, 📺 ☎ 🌙 ♿ 🅿 – 🛎 230. 🆎 ℰ 𝚅𝙸𝚂𝙰
Menu à la carte 25/41 – **63 Z** 85/169.

CLAUSTHAL-ZELLERFELD *Niedersachsen* 🔢 K 15, 🔢 ⑰ – *17 000 Ew* – *Höhe 600 m* – *Heilklimatischer Kurort* – *Wintersport : 600/700 m* ⚡1 ⚡4.
🛈 *Kurverwaltung, Bahnhofstr. 5a,* ✉ *38678,* ℘ *(05323) 8 10 24, Fax (05323) 83962.*
Berlin 270 – Hannover 99 – Braunschweig 62 – Göttingen 59 – Goslar 19.

🏠 Parkhotel Calvör 🌿, Treuerstr. 6, ✉ 38678, ℘ *(05323) 95 00, Fax (05323) 950222,*
🏡, « Haus a.d 17.Jh., Einrichtung in rustikalem Stil », ⇘ – ⇔ Zim, 📺 ☎ 🌙 🅿 – 🛎 60
(nur Abendessen) – **35 Z.**

🏠 **Goldene Krone,** Kronenplatz 3, ✉ 38678, ℘ *(05323) 93 00, Fax (05323) 930100,* 🏡
– 📶 📺 ☎ ⇘ 🅿 – 🛎 30. ℰ 𝚅𝙸𝚂𝙰
Menu *(Donnerstag geschl.)* à la carte 33/66 – **25 Z** 98/200 – ½ P 18.

🏨 **Wolfs Hotel,** Goslarsche Str. 60 (B 241), ✉ 38678, ℘ *(05323) 8 10 14, Fax (05323) 81015,* ⇘, 🏊, ☞ – ⇔ Zim, 📺 ☎ 🅿 – 🛎 40. 🆎 ① ℰ 𝚅𝙸𝚂𝙰 𝙹𝙲𝙱
🌸 Rest
Menu *(Sonntag geschl.)* (nur Abendessen) à la carte 32/54 – **30 Z** 89/165 – ½ P 25.

CLOPPENBURG *Niedersachsen* 🔢 H 8, 🔢 ⑮ – *28 900 Ew* – *Höhe 39 m.*
Sehenswert : Museumsdorf★.
🏌 *Thülsfelder Talsperre (NW : 9km),* ℘ *(04474) 79 95.*
🛈 *Tourist-Information Eschstr. 29,* ✉ *49661,* ℘ *(04471) 1 52 56, Fax (04471) 85697.*
Berlin 444 – Hannover 178 – Bremen 65 – Lingen 68 – Osnabrück 76.

🏨 **Parkhotel** ⑤ garni, Burgstr. 8, ✉ 49661, ℰ (04471) 66 14, Fax (04471) 6617, ≦s –
│ ⊁ 📺 ☎ & Ⓟ – 🉐 50. 🆎 Ⓔ 𝘝𝘐𝘚𝘈
51 Z 98/195.

🏨 **Schäfers Hotel,** Lange Str. 66, ✉ 49661, ℰ (04471) 24 84, Fax (04471) 947714 – 📺
☎ ⇦ Ⓟ. 🆎 ① Ⓔ 𝘝𝘐𝘚𝘈
Menu *(Samstagmittag und Sonntagabend geschl.)* à la carte 42/68 – **12 Z** 75/130.

In Resthausen *NW : 6 km über Resthauser Straße :*

🏨 **Landhaus Schuler** ⑤, Kastanienallee 6, ✉ 49696, ℰ (04475) 4 95,
Fax (04475) 1705, 🌤 – ☎ Ⓟ. ⨯ Rest
Menu *(Freitag geschl.)* à la carte 31/60 – **11 Z** 70/140.

COBURG Bayern 🔢🔢🔢 P 16, 🔢🔢🔢 ㉘ – 44 000 Ew – Höhe 297 m.

Sehenswert : *Gymnasium Casimirianum*★ Z **A** – *Kunstsammlungen*★ *(Veste* Y*)*.

🏌 *Schloß Tambach (W : 10 km)*, ℰ (09567) 12 12.

🛈 *Tourist-Information, Herrngasse 4,* ✉ 96450, ℰ (09561) 7 41 80, Fax (09561) 741829.

ADAC, *Mauer 9,* ✉ 96450, ℰ (09561) 9 47 47, Fax (09561) 95620.

Berlin 383 ② – *München 279* ② – *Bamberg 47* ② – *Bayreuth 74* ②

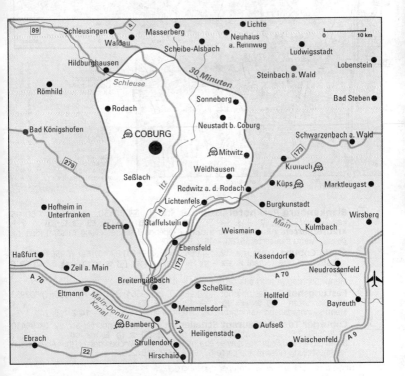

🏨 **Romantik Hotel Goldene Traube,** Am Viktoriabrunnen 2, ✉ 96450,
ℰ (09561) 87 60, Fax (09561) 876222, 🌤, ≦s – │, ⊁ Zim, 📺 ☎ ⇦ Ⓟ – 🉐 80.
🆎 ① Ⓔ 𝘝𝘐𝘚𝘈 𝗝𝗖𝗕   Z t
Menu 45 à la carte 47/80 – **70 Z** 125/210.

🏨 **Ramada** Ⓜ garni, Ketschendorfer Str. 86, ✉ 96450, ℰ (09561) 82 10,
Fax (09561) 821444 – │ ⊁ 📺 ☎ & & ⇦ – 🉐 30. 🆎 ① Ⓔ 𝘝𝘐𝘚𝘈 𝗝𝗖𝗕
123 Z 142/199.   über Ketschendorfer Straße   Z

Blankenburg-Parkhotel, Rosenauer Str. 30, ✉ 96450, ✆ (09561) 7 50 05, Fax (09561) 75674, 🌳 – 🛗, ⇔ Zim, 📺 ☎ 🚗 🅿 – 🕍 50. 🖭 ① Ɛ 𝑉𝐼𝑆𝐴   Y y
Kräutergarten « Rustikale Einrichtung » (abends Tischbestellung ratsam) *(Sonntag geschl.)* **Menu** à la carte 53/80 – **46 Z** 99/190.

Stadt Coburg, Lossaustr. 12, ✉ 96450, ✆ (09561) 87 40, Fax (09561) 874222, « Rustikales Grillrestaurant », ⇔ – 🛗, ⇔ Zim, ▤ Rest, 📺 ☎ 🦆 🅿 – 🕍 60. 🖭 ① Ɛ 𝑉𝐼𝑆𝐴 JCB   Y e
Menu *(Sonntag geschl.)* à la carte 41/71 – **44 Z** 125/186.

Festungshof 🐾, Festungshof 1, ✉ 96450, ✆ (09561) 8 02 90, Fax (09561) 802933, 🌳, Biergarten – 📺 ☎ 🚗 🅿 – 🕍 120. 🖭 Ɛ 𝑉𝐼𝑆𝐴   Y b
Menu *(Sonntagabend - Montagmittag geschl.)* à la carte 36/68 – **14 Z** 115/240.

Coburger Tor - Restaurant Schaller mit Zim, Ketschendorfer Str. 22, ✉ 96450, ✆ (09561) 2 50 74, Fax (09561) 28874, 🌳 – 🛗 📺 ☎ 🅿 Ɛ 𝑉𝐼𝑆𝐴 ✂   Z a
Menu *(Sonn- und Feiertage sowie Feb. und Juli jeweils 2 Wochen geschl.)* (nur Abendessen, Tischbestellung ratsam) à la carte 67/92 – **13 Z** 115/250.

In Coburg-Scheuerfeld W : 3 km über Judenberg Y :

Gasthof Löhnert 🐾, Schustersdamm 28 (Einfahrt Weidacher Straße), ✉ 96450, ✆ (09561) 3 10 31, Fax (09561) 32652, ⇔, 🔲 – ☎ 🅿
Menu *(Donnerstagmittag, Sonntag sowie Jan. und Aug. jeweils 2 Wochen geschl.)* à la carte 20/38 ⅃ – **56 Z** 48/105.

In Rödental-Oberwohlsbach NO : 10 Km über Neustadter Straße Y :

Alte Mühle 🐾, Mühlgarten 5, ✉ 96472, ✆ (09563) 7 23 80, Fax (09563) 723866, 🌳, (ehemalige Mühle a.d.J. 1902) – 🛗, ⇔ Zim, 📺 ☎ 🦆 🅿 – 🕍 20. 🖭 Ɛ 𝑉𝐼𝑆𝐴
Menu *(nur Abendessen)* à la carte 38/62 – **24 Z** 89/160.

In Rödental-Oeslau N : 7 km über Neustadter Straße Y :

🏨 **Brauereigasthof Grosch,** Oeslauer Str. 115, ⊠ 96472, 𝒫 (09563) 75 00, Fax (09563) 750147, 🌱 – 🌿 Zim, 📺 ☎ 🏸 🅿. E 𝑽𝑰𝑺𝑨
Menu à la carte 27/55 – **15 Z** 85/135.

In Ahorn-Witzmannsberg SW : 10 km über ② und die B 303 :

🏨 **Waldhotel am Löhrholz** 🌳 garni, Badstr. 20b, ⊠ 96482, 𝒫 (09561) 2 79 70, Fax (09561) 1641 – ☎ 🅿. 🆊 E 𝑽𝑰𝑺𝑨
19 Z 60/120.

In Großheirath ② : 11 km :

🏨 **Steiner,** Hauptstr. 5, ⊠ 96269, 𝒫 (09565) 79 40, Fax (09565) 79497, 🌱, 🌲, 🔲, 🌿
🍽 – 📶 📺 ☎ 🚗 🅿 – 🔏 120. 🆊 E 𝑽𝑰𝑺𝑨
Menu à la carte 23/50 – **71 Z** 52/146, 4 Suiten.

COCHEM Rheinland-Pfalz 🚩 P 5, 🚩 ② – 6 000 Ew – Höhe 91 m.
Sehenswert : Lage★★.
🅱 Verkehrsamt, Endertplatz, ⊠ 56812, 𝒫 (02671) 39 71, Fax (02671) 8410.
Berlin 645 – Mainz 139 – Koblenz 51 – Trier 92.

🏨 **Karl Müller,** Moselpromenade 9, ⊠ 56812, 𝒫 (02671) 13 33, Fax (02671) 7131, 🌱
– 📶 📺 ☎ E 𝑽𝑰𝑺𝑨
Mitte Jan. - Ende Feb. geschl. – Menu à la carte 30/60 – **36 Z** 85/150.

🏨 **Haus Erholung** garni (mit Gästehaus 📶), Moselpromenade 64, ⊠ 56812, 𝒫 (02671) 75 99; Fax (02671) 4362, 🌲, 🔲 – 🅿. E 𝑽𝑰𝑺𝑨. 🌿
Mitte März - Mitte Nov. – **23 Z** 55/120.

🍴 **Lohspeicher** 🌳 mit Zim, Obergasse 1, ⊠ 56812, 𝒫 (02671) 39 76, Fax (02671) 1772, 🌱 – 📶 📺 ☎ 🚗. 🆊 E 𝑽𝑰𝑺𝑨
Feb. geschl. – Menu (Nov. - Aug. Mittwoch geschl.) à la carte 43/66 – **8 Z** 95/170.

In Cochem-Cond :

🏨 **Thul** 🌳, Brauselaystr. 27, ⊠ 56812, 𝒫 (02671) 71 34, Fax (02671) 5367, ≤ Cochem und Mosel, 🌱, 🛁, 🌲, 🌿 – 📶, 🌿 Rest 📺 ☎ 🌙 🅿
Dez. - Jan. geschl. – Menu à la carte 32/52 🍷 – **23 Z** 79/188.

🏨 **Görg** garni, Bergstr. 6, ⊠ 56812, 𝒫 (02671) 00 94, Fax (02671) 8990, ≤, 🌲 – 📶 📺 🚗 🅿. 𝑽𝑰𝑺𝑨. 🌿
10. - 31. Jan. geschl. – **12 Z** 80/180.

🏨 **Am Rosenhügel,** Valwiger Str. 57, ⊠ 56812, 𝒫 (02671) 9 76 30, Fax (02671) 976363, ≤, 🌲, 🌿 – 📶, 🌿 Zim, 📺 ☎ 🏸 🅿 E 𝑽𝑰𝑺𝑨. 🌿 Rest
15. Dez. - 15. Feb. geschl. – (nur Abendessen für Hausgäste) – **23 Z** 85/190.

🏨 **Am Hafen,** Uferstr. 4, ⊠ 56812, 𝒫 (02671) 9 77 20, Fax (02671) 977227, ≤, 🌱 – 📺 ☎ 🚗. 🆊 ① E 𝑽𝑰𝑺𝑨
Menu (2. - 15. Jan. geschl.) à la carte 27/59 – **18 Z** 70/200.

In Cochem-Sehl :

🏨 **Panorama,** Klostergartenstr. 44, ⊠ 56812, 𝒫 (02671) 84 30, Fax (02671) 3064, 🌲, 🔲, 🌿 – 📶 📺 ☎ 🚗 🅿 – 🔏 100. 🆊 ① E 𝑽𝑰𝑺𝑨
Jan. geschl. – Menu à la carte 31/53 – **40 Z** 95/210.

🏨 **Keßler-Meyer** 🌳 garni, Am Reilsbach 12, ⊠ 56812, 𝒫 (02671) 45 64, Fax (02671) 3858, ≤, 🌲, 🔲 – 🌿 📺 ☎ 🚗 🅿
24 Z 98/268.

🏨 **Zur schönen Aussicht,** Sehler Anlagen 22, ⊠ 56812, 𝒫 (02671) 72 32, Fax (02671) 980295, ≤, 🌱 – 📺
Menu (Nov. - Juni Montag geschl.) à la carte 31/51 🍷 – **15 Z** 65/130.

🏨 **Weinhaus Klasen,** Sehler Anlagen 8, ⊠ 56812, 𝒫 (02671) 76 01, Fax (02671) 91380 – 📶 🏸 🅿. 🌿 Rest
Weihnachten - Anfang Jan. geschl. – Menu (Nov. - Mai Mittwoch geschl.) (nur Abendessen) à la carte 21/35 🍷 – **12 Z** 62/128.

Im Enderttal NW : 3 km :

🏨 **Weißmühle** 🌳, ⊠ 56812 Cochem, 𝒫 (02671) 89 55, Fax (02671) 8207, 🌱 – 📶 📺 ☎ 🅿 – 🔏 50. ① E 𝑽𝑰𝑺𝑨
Menu à la carte 47/71 – **36 Z** 100/250.

In Ernst *O : 5 km :*

🏠 **Pollmanns,** Moselstr. 54, ⊠ 56814, ℘ (02671) 86 83, Fax (02671) 5646, ☆ – 🛗 🅿
⊛ *Mitte Jan. - Mitte März geschl.* – **Menu** *(Donnerstagmittag geschl.)* à la carte 22/51 – **79 Z**
73/120.

COESFELD *Nordrhein-Westfalen* **417** *K 5,* **987** ⑮ – 35 000 *Ew – Höhe 81 m.*
🇬 *Coesfeld, Stevede 8a, ℘ (02541) 59 57.*
🛈 *Verkehrsamt, Rathaus, Markt 8,* ⊠ *48653, ℘ (02541) 93 91 50, Fax (02541) 939301.*
Berlin 513 – Düsseldorf 105 – Münster (Westfalen) 38.

🏨 **Zur Mühle** garni, Mühlenstr. 23, ⊠ 48653, ℘ (02541) 91 30, Fax (02541) 6577 – 📺
☎ ♿ ⇔ 🅿 ᴁ ⓪ 🔳 💳
31 Z 100/160.

🏨 **Haselhoff,** Ritterstr. 2, ⊠ 48653, ℘ (02541) 9 42 00, Fax (02541) 942030 – 📺 ☎ ⇔.
⓪ 🔳 💳 ⁒ Zim
24. - 31. Dez. geschl. – **Menu** *(Samstag geschl.)* à la carte 25/44 – **16 Z** 90/140.

> Les prix   Pour toutes précisions sur les prix indiqués dans ce guide,
> reportez-vous aux pages de l'introduction.

COLMBERG *Bayern* **419 420** *R 15 – 1 100 Ew – Höhe 442 m.*
🇬 *Colmberg, Rothenburger Str. 35, ℘ (09803) 6 00.*
*Berlin 498 – München 225 – Nürnberg 64 – Rothenburg ob der Tauber 18 – Würzburg
71 – Ansbach 17.*

🏠 **Burg Colmberg** ⌕, ⊠ 91598, ℘ (09803) 6 15, Fax (09803) 262, ≼, Wildpark, « Hotel
mit stilvoller Einrichtung in einer 1000-jährigen Burganlage, Hauskapelle, Gartenterrasse »
– ⁕ Zim, ☎ ⇔ 🅿 – ♨ 40. ᴁ 🔳 ⁒ Rest
Jan. geschl. – **Menu** *(Dienstag geschl.)* à la carte 31/64 – **26 Z** 80/195.

COTTBUS *Brandenburg* **418** *K 26,* **984** ⑳, **987** ⑲ – 120 000 *Ew – Höhe 64 m.*
Sehenswert : Schloß und Park Branitz★★ – Niederlausitzer Apothekenmuseum★ AY **M1**
– Wendisches Museum★ AY **M2** *– Klosterkirche (Doppelgrabmal)★ AY.*
*Ausflugsziele : Spreewald★★ (Kahnfahrt ab Lübbenau, Freilandmuseum Lehde★) über Am
Zollhaus S NW : 31 km – Bad Muskau : Muskauer Park★★ über ② : 42 km.*
🛈 *Cottbus-Information, Karl-Marx-Str. 68,* ⊠ *03044, ℘ (0355) 2 42 55, Fax (0355)
791931.*
ADAC, *Wilhelmstr. 3,* ⊠ *03046, ℘ (01805) 10 11 12, Fax (0355) 702972.*
Berlin 129 ⑥ – Potsdam 146 – Dresden 104 – Frankfurt (Oder) 80 – Leipzig 174.

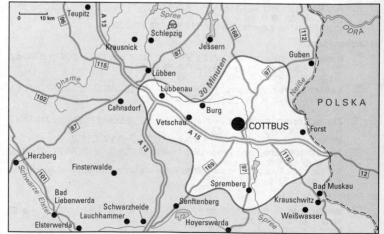

COTTBUS

Die Übernachtungs- und Pensionspreise können sich durch die Kurtaxe erhöhen.
Erfragen Sie daher bei der Zimmerreservierung den zu zahlenden Endpreis.

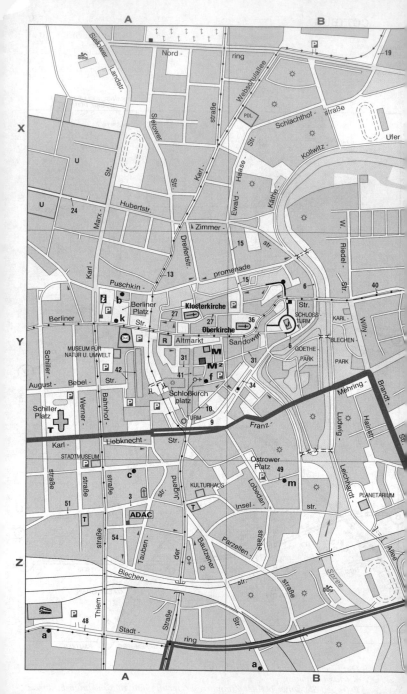

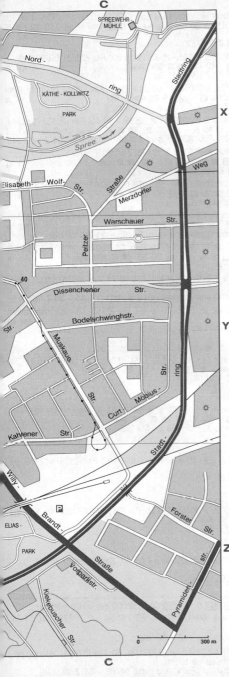

COTTBUS

Michelin hängt keine Schilder
an die empfohlenen
Hotels und Restaurants.

🏨🏨 **Radisson SAS Hotel Cottbus** Ⓜ, Vetschauer Str. 12, ⊠ 03048, ℰ (0355) 4 76 10, *Fax (0355) 4761900*, ♨, ⇌, 🖼 – 📶, ↔ Zim, 🖥 📺 🅺 ♿, ⇔ – 🔬 330. 🆎 ⓞ Ⓔ 𝗩𝗜𝗦𝗔 🇯𝗖𝗕
Menu à la carte 49/67 – **241 Z** 205/328.
AZ a

🏨🏨 **Holiday Inn** Ⓜ, Berliner Platz, ⊠ 03046, ℰ (0355) 36 60, *Fax (0355) 366999*, 🏜 – 📶, ↔ Zim, 🖥 📺 🅺 ♿ – 🔬 110. 🆎 ⓞ Ⓔ 𝗩𝗜𝗦𝗔 🇯𝗖𝗕
Menu à la carte 28/50 – **195 Z** 175/380, 11 Suiten.
AY b

🏨 **Dorotheenhof**, Waisenstr. 19, ⊠ 03046, ℰ (0355) 7 83 80, *Fax (0355) 7838444*, Biergarten – 📶, ↔ Zim, 📺 ☎ 🅺 ♿ ℗ – 🔬 45. 🆎 ⓞ Ⓔ 𝗩𝗜𝗦𝗔
Menu à la carte 41/70 – **62 Z** 140/235.
T e

🏨 **Sorat Hotel** Ⓜ, Schloßkirchplatz 2, ⊠ 03046, ℰ (0355) 7 84 40, *Fax (0355) 7844244*, ⇌, ↔ Zim, 🖥 📺 ☎ – 🔬 20. 🆎 ⓞ Ⓔ 𝗩𝗜𝗦𝗔 🇯𝗖𝗕. 🍽 Rest
Menu *(im Winter Sonntag geschl.)* (nur Abendessen) à la carte 32/50 – **101 Z** 145/240.
AY f

🏨 **Branitz** ⌂, Heinrich-Zille-Straße, ⊠ 03042, ℰ (0355) 7 51 00, *Fax (0355) 713172*, 🏜, Massage, ⇌ – 📶, ↔ Zim, 📺 ☎ ℗ – 🔬 450. 🆎 ⓞ Ⓔ 𝗩𝗜𝗦𝗔
Menu à la carte 34/55 – **205 Z** 145/195.
T g

🏨 **Waldhotel Cottbus** ⌂, Drachhausener Str. 70, ⊠ 03044, ℰ (0355) 8 76 40, *Fax (0355) 8764100*, 🏜 – 📺 ☎ ♿ ℗ – 🔬 50. 🆎 Ⓔ 𝗩𝗜𝗦𝗔
Menu à la carte 28/50 – **53 Z** 140/170.
S h

🏨 **Ahorn-Hotel**, Bautzener Str. 134, ⊠ 03050, ℰ (0355) 47 80 00, *Fax (0355) 4780040*, Biergarten – 📺 ☎ 🅺 ℗ – 🔬 15. 🆎 Ⓔ 𝗩𝗜𝗦𝗔
Menu *(Montag - Freitag nur Abendessen)* à la carte 24/43 – **21 Z** 130/190.
BZ a

🏨 **Holiday Inn Express** Ⓜ garni, Berliner Straße, ⊠ 03046, ℰ (0355) 35 60, *Fax (0355) 356999* – 📶 ↔ 📺 ☎ 🅺 ♿ – 🔬 20. 🆎 ⓞ Ⓔ 𝗩𝗜𝗦𝗔 🇯𝗖𝗕
110 Z 145/155.
AY k

🏨 **Giro**, Rudolf-Breitscheid-Str. 10, ⊠ 03046, ℰ (0355) 3 10 71, *Fax (0355) 31007*, 🏜 – 📺 ☎ ℗ – 🔬 40. Ⓔ 𝗩𝗜𝗦𝗔
AZ c
Menu *(Samstag - Sonntag geschl.)* (nur Abendessen) à la carte 27/44 – **20 Z** 100/130.

🏨 **Ostrow**, Wasserstr. 4, ⊠ 03046, ℰ (0355) 78 00 80, *Fax (0355) 7800820*, Biergarten – 📺 ☎ ℗. 🆎 Ⓔ 𝗩𝗜𝗦𝗔
BZ m
Menu à la carte 26/44 – **18 Z** 85/180.

In Kolkwitz *W : 4 km über ⑦* :

🏨 **Haus Irmer**, Berliner Str. 90c (an der B 115), ⊠ 03099, ℰ (0355) 28 74 74, *Fax (0355) 287477*, 🏜, ⇌, 🌳 – 📶 📺 ☎ ℗ – 🔬 40. 🆎 Ⓔ 𝗩𝗜𝗦𝗔
Menu à la carte 23/55 – **34 Z** 110/140.

In Gross Gaglow *S : 3,5 km* :

🏨 **Sol Inn Hotel** Ⓜ, Am Seegraben, ⊠ 03058, ℰ (0355) 5 83 70, *Fax (0355) 5837444*, 🏜 – 📶, ↔ Zim, 📺 ☎ 🅺 ℗ – 🔬 50. 🆎 ⓞ Ⓔ 𝗩𝗜𝗦𝗔 🇯𝗖𝗕
U n
Menu (nur Abendessen) à la carte 32/50 – **98 Z** 144/189.

In Gallinchen *S : 4 km* :

🏨 **Jahrmarkthof**, Friedensplatz 8, ⊠ 03058, ℰ (0355) 53 94 12, *Fax (0355) 542976*, 🏜 – 📺 ☎ ℗. Ⓔ 𝗩𝗜𝗦𝗔
U r
Menu à la carte 24/40 – **12 Z** 80/125.

In Limberg *W : 10 km über ⑦* :

🏨 **Limberg**, Hauptstr. 70, ⊠ 03099, ℰ (035604) 6 30, *Fax (035604) 63100*, 🏜, 🍴 – 📺 ☎ ℗ – 🔬 30. 🆎 ⓞ Ⓔ 𝗩𝗜𝗦𝗔. 🍽 Rest
Menu à la carte 24/57 🍷 – **30 Z** 95/175.

In Roggosen *SO : 12 km über ③* :

🏨 **Waldhotel**, Dorfstr. 61, ⊠ 03058, ℰ (035605) 4 05 60, *Fax (035605) 40502*, 🏜 – ↔ Zim, 📺 ☎ ℗. Ⓔ 𝗩𝗜𝗦𝗔
Menu à la carte 22/45 – **34 Z** 95/140.

CRAILSHEIM *Baden-Württemberg* 419 420 *S 14*, 987 ㉘ – *30 000 Ew – Höhe 413 m.*
🮰 *Städt. Verkehrsamt, Rathaus, Marktplatz 1*, ⊠ 74564, ℰ (07951) 40 31 25, *Fax (07951) 43234.*
Berlin 528 – Stuttgart 114 – Nürnberg 102 – Würzburg 112.

🏨 **Post-Faber**, Lange Str. 2 (B 14), ⊠ 74564, ℰ (07951) 96 50, *Fax (07951) 965555*, 🏜, ⇌ – 📶 📺 ☎ ⇔ ℗ – 🔬 30. 🆎 ⓞ Ⓔ 𝗩𝗜𝗦𝗔
Menu *(Freitagabend - Samstagmittag geschl.)* à la carte 34/68 – **61 Z** 98/188.

CREGLINGEN *Baden-Württemberg* 👁️👁️👁️ *R 14,* 👁️👁️👁️ ㉘ *– 4 900 Ew – Höhe 277 m –*
Erholungsort.
Sehenswert : *Herrgottskirche (Marienaltar★★).*
🛈 *Tourist-Information, Bad Mergentheimer Str.14,* ✉️ *97993,* ℰ *(07933) 6 31,*
Fax (07933) 631.
Berlin 506 – Stuttgart 145 – Ansbach 50 – Bad Mergentheim 28 – Würzburg 45.

⚓ **Krone,** Hauptstr. 12, ✉️ 97993, ℰ (07933) 5 58, Fax (07933) 1444 – 🕸 Zim
🚃 *Mitte Dez. - Jan. geschl.* – **Menu** *(Montag geschl.)* à la carte 23/40 🍷 – **14 Z** 63/115.

In Bieberehren-Klingen *NW : 3,5 Km :*

🏠 **Zur Romantischen Straße,** ✉️ 97243, ℰ (09338) 2 09, Fax (09338) 220 – 🕸 Zim,
⇔ 🅿️. 🛠
(nur Abendessen für Hausgäste) – **11 Z** 52/96 – ½ P 18.

CREUZBURG *Thüringen siehe Eisenach.*

CRIMMITSCHAU *Sachsen* 👁️👁️👁️ *N 21,* 👁️👁️👁️ ㉓, 👁️👁️👁️ ㉙ *– 22 400 Ew – Höhe 230 m.*
Berlin 262 – Dresden 114 – Gera 39 – Leipzig 72 – Zwickau 71 – Chemnitz 44.

🏠 Stadthotel Mauritius Ⓜ️, Herrengasse 11, ✉️ 08451, ℰ (03762) 9 51 60,
Fax (03762) 951620, 🍴, ⇔ – 📺 ☎ 🅿️ – 🔬 15
14 Z.

In Crimmitschau-Gablenz *O : 2 km :*

🏠 **Sperlingsberg** 🌳, Sperlingsberg 2, ✉️ 08451, ℰ (03762) 4 02 77, Fax (03762) 46851,
⇔ – 📺 ☎ 🅿️ – 🔬 20. Ⓔ. 🛠 Rest
(nur Abendessen für Hausgäste) – **14 Z** 85/135.

MICHELIN-REIFENWERKE KGaA. Niederlassung ✉️ 08451 Crimmitschau Gewer-
bering 6, ℰ (03762)79 51 00 Fax (03762) 795119.

CUXHAVEN *Niedersachsen* 👁️👁️👁️ *E 10,* 👁️👁️👁️ ⑥, 👁️👁️👁️ ④ *– 62 000 Ew – Höhe 3 m – Nordseeheilbad.*
Sehenswert : *Landungsbrücke "Alte Liebe★" ≼★ Y – Kugelbake ≼★ NW : 2 km.*
🏌️ *Oxstedt, Hohe Klint (SW : 11 km über ②),* ℰ *(04723) 27 37.*
🛈 *Touristic GmbH, Lichtenbergplatz,* ✉️ *27472,* ℰ *(04721) 3 60 46, Fax (04721) 52564.*
Berlin 421 ① – Hannover 222 ② – Bremerhaven 43 ① – Hamburg 130 ①

Stadtplan siehe nächste Seite

🏨 **Donner's Hotel** 🌳, Am Seedeich 2, ✉️ 27472, ℰ (04721) 50 90, Fax (04721) 509134,
≼, ⇔, 🔲 – 🛗, 🕸 Zim, 📺 ☎ 🅿️ – 🔬 100. Ⓐ Ⓞ Ⓔ 🆅🆂🅰 🛠 Zim   Y b
Menu à la carte 50/88 – **83 Z** 122/300.

🏨 **Seepavillon Donner** 🌳, Bei der Alten Liebe 5, ✉️ 27472, ℰ (04721) 56 60,
Fax (04721) 566130, ≼ Nordsee-Schiffsverkehr, 🍴, ⇔ – 🛗, 🕸 Zim, 📺 ☎ 🅿️ – 🔬 250.
Ⓐ Ⓞ Ⓔ 🆅🆂🅰   Y f
Menu à la carte 30/74 – **53 Z** 93/280 – ½ P 31.

🏠 **Stadt Cuxhaven,** Alter Deichweg 11, ✉️ 27472, ℰ (04721) 58 20,
Fax (04721) 582200 – 🛗 📺 ☎ 🅿️ – 🔬 25. Ⓐ Ⓞ Ⓔ 🆅🆂🅰   Y e
Menu à la carte 35/72 – **42 Z** 85/195 – ½ P 25.

In Cuxhaven-Döse *NW : 3 km über Feldweg Y :*

🏨 **Kur-Hotel Deichgraf** 🌳, Nordfeldstr. 16, ✉️ 27476, ℰ (04721) 40 50,
Fax (04721) 405614, ≼, ♨, ⇔, 🔲 – 🛗, 🕸 Zim, 📺 ☎ 📞 ⇔ 🅿️ – 🔬 60. Ⓐ Ⓔ 🆅🆂🅰.
🛠 Rest
Menu à la carte 52/80 – **74 Z** 161/298, 3 Suiten – ½ P 40.

In Cuxhaven-Duhnen *NW : 6 km über Strichweg Y :*

🏩 **Badhotel Sternhagen** Ⓜ️ 🌳, Cuxhavener Str. 86, ✉️ 27476, ℰ (04721) 43 40,
Fax (04721) 434444, ≼, Massage, ♨, ⇔, 🔲 – 🛗 🕸 Rest, 📺 ☎ 🅿️. Ⓐ Ⓞ. 🛠 Rest
Ende Nov. - Mitte Dez. geschl. – **Menu** à la carte 44/96 – **49 Z** 190/450, 9 Suiten – ½ P 48.

🏠 **Strandperle** 🌳 (mit Appartementhäusern), Duhner Strandstr. 15, ✉️ 27476,
ℰ (04721) 4 00 60, Fax (04721) 400696, ≼, 🍴, ⇔, 🔲 – 🛗 🕸 Rest, 📺 ☎ ⇔ 🅿️.
Ⓐ Ⓞ Ⓔ 🆅🆂🅰
Menu à la carte 44/75 – **50 Z** 142/324, 10 Suiten – ½ P 27.

🏠 **Kur-Strand-Hotel Duhnen** 🌳, Duhner Strandstr. 7, ✉️ 27476, ℰ (04721) 40 30,
Fax (04721) 403333, ≼, ⇔, 🔲 – 🛗 📺 ☎ 🅿️ – 🔬 60. Ⓐ Ⓞ Ⓔ 🆅🆂🅰
Menu à la carte 44/86 – **85 Z** 120/400 – ½ P 38.

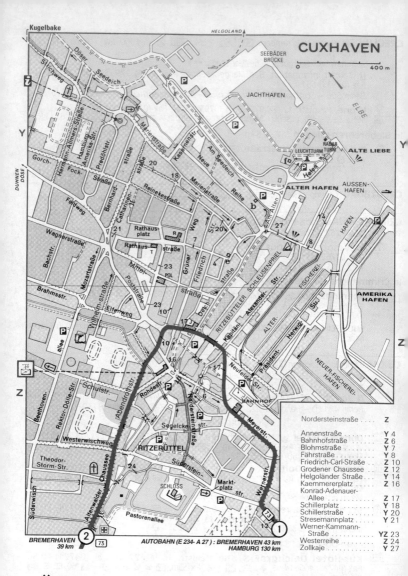

Wehrburg ⚘ garni (mit Gästehaus), Wehrbergsweg 53, ⊠ 27476, ℰ (04721) 4 00 80, Fax (04721) 4008276, ⇐s, 🍴 – 劇, ⇔ Zim, 📺 ☎ ⟨⟩ ℗. ⓪ 🅴 𝘝𝘐𝘚𝘈. ⚭ Rest
65 Z 75/190.

Seeschwalbe garni, Cuxhavener Str. 87, ⊠ 27476, ℰ (04721) 42 01 00, Fax (04721) 420144, ⇐s – 劇 ⚭
Mitte Nov. - Weihnachten und Jan. geschl. – **48 Z** 95/210.

Meeresfriede ⚘, Wehrbergsweg 11, ⊠ 27476, ℰ (04721) 43 50, Fax (04721) 435222, ⟨⟩, 🍴 – 📺 ☎ ⟨⟩ ℗. ⚭
Jan. - Feb. geschl. – (nur Abendessen für Hausgäste) – **29 Z** 86/230 – ½ P 30.

Fischerstube, Nordstr. 8a, ⊠ 27476, ℰ (04721) 4 20 70, Fax (04721) 420742 – ℗.
🄰🄴 ⓪ 🅴 𝘝𝘐𝘚𝘈
März - Okt. – **Menu** à la carte 30/57.

In Cuxhaven-Sahlenburg W : 10 km über Westerwischweg Z :

🏨 **Wattenkieker** ⑤, Am Sahlenburger Strand 27, ✉ 27476, ✆ (04721) 20 00,
Fax (04721) 200200, ≤, 🐾, ⬛s – 🛗 🎬 ☎ ⓟ. 🅰🄴 🄴
Mitte März - Ende Okt. – **Menu** à la carte 35/65 – **21 Z** 108/260.

🏨 **Muschelgrund** ⑤ garni, Muschelgrund 1, ✉ 27476, ✆ (04721) 20 90,
Fax (04721) 209209, ⬛s – 🛗 ☎ ⓟ. ⑊
15. Feb. - 15. Nov. – **18 Z** 100/190.

🏠 **Itjen** ⑤ garni, Am Sahlenburger Strand 3, ✉ 27476, ✆ (04721) 2 03 10,
Fax (04721) 203119, ≤ – 🛗 ☎ ⓟ. ⑊
März - Okt. – **21 Z** 85/135.

DACHAU Bayern 🔢🔢🔢 V 18, 🔢🔢🔢 ㊵ – 36 000 Ew – Höhe 505 m.
🏌 Dachau, An der Floßlände 1, ✆ (08131) 1 08 79 ; 🏌 🏌 Eschenried (SW : 4 km),
✆ (08131) 32 38.
Berlin 583 – München 19 – Augsburg 54 – Landshut 72.

🏨 **Central,** Münchner Str. 46a, ✉ 85221, ✆ (08131) 56 40 (Hotel), 56 41 81 (Rest.),
Fax (08131) 564121 – 🛗, ⑊ Zim, 🛗 ☎ ✆ 🔧 ⬛ – 🈺 15. 🅰🄴 🅅🅸🅂🄰. ⑊
Menu à la carte 31/62 – **44 Z** 139/250.

🏨 **Fischer,** Bahnhofstr. 4, ✉ 85221, ✆ (08131) 7 82 05, Fax (08131) 78508, 🐾 – 🛗 🛗
☎ ⬛ ⓟ – 🈺 20. 🅰🄴 ⓞ 🄴 🅅🅸🅂🄰
24. Dez. - 10. Jan. geschl. – **Menu** (Samstagmittag geschl.) à la carte 28/55 – **26 Z** 100/210.

🏠 **Hörhammerbräu,** Konrad-Adenauer-Str. 12, ✉ 85221, ✆ (08131) 3 62 30,
Fax (08131) 362340, 🐾 – 🛗 ☎ ✆ ⬛ – 🈺 200. 🅰🄴 ⓞ 🄴 🅅🅸🅂🄰
Menu à la carte 26/58 – **20 Z** 115/195.

In Dachau-Ost :

🏨 **Aurora,** Roßwachtstr. 1, ✉ 85221, ✆ (08131) 5 15 30, Fax (08131) 515332, 🐾, Massage, ⬛s – 🛗, ⑊ Zim, 🛗 ☎ ✆ ⬛ ⓟ. 🅰🄴 ⓞ 🄴 🅅🅸🅂🄰
Menu à la carte 66/82 – **14 Z** 130/225.

🏨 **Huber** ⑤ garni, Josef-Seliger-Str. 7, ✉ 85221, ✆ (08131) 5 15 20, Fax (08131) 515250
– 🛗 ☎ ✆ ⬛ ⓟ. 🅰🄴 ⓞ 🄴 🅅🅸🅂🄰 ⑊
15 Z 98/150.

🏠 **Götz,** Pollnstr. 6, ✉ 85221, ✆ (08131) 2 10 61, Fax (08131) 26387, ⬛s, 🔲 (Gebühr) –
🛗 🛗 ☎ ✆ ⬛ ⓟ 🈺 20. 🅰🄴 🄴 🅅🅸🅂🄰
Menu (Sonntag geschl.) (nur Abendessen) à la carte 34/56 – **38 Z** 122/166.

In Bergkirchen-Günding W : 3 km :

🏠 **Forelle** garni, Brucker Str. 16, ✉ 85232, ✆ (08131) 5 67 30, Fax (08131) 80119 – ⑊
🛗 ☎ ✆ ⬛ ⓟ. 🄴 🅅🅸🅂🄰
27 Z 95/180.

In Hebertshausen N : 4 km :

🏠 **Landgasthof Herzog,** Heripertplatz 1, ✉ 85241, ✆ (08131) 16 21,
Fax (08131) 1623, 🐾 – 🛗 🛗 ☎ ⓟ – 🈺 35. 🅰🄴 🅅🅸🅂🄰
Menu (Montag geschl.) à la carte 25/55 – **25 Z** 79/125.

DACHWIG Thüringen 🔢🔢🔢 M 16 – 1600 Ew – Höhe 183 m.
Berlin 290 – Erfurt 19 – Gotha 27 – Bad Langensalza 16 – Bad Tennstedt 14 –
Sömmerda 25.

🏠 **Landgasthof zur Tanne,** Anger 1, ✉ 99100, ✆ (036206) 2 31 70,
⬛ Fax (036206) 23170 – 🛗 ☎. 🅰🄴 🄴
Menu (Montagmittag geschl.) à la carte 24/44 – **9 Z** 85/120.

DAHLEWITZ Brandenburg 🔢🔢🔢 🔢🔢🔢 J 24 – 1700 Ew – Höhe 35 m.
Berlin 21 – Potsdam 29 – Cottbus 107 – Frankfurt (Oder) 80.

🏨🏨 **Berliner Ring** 🅼, Eschenweg 18, ✉ 15827, ✆ (033708) 5 80, Fax (033708) 58888,
🐾 – 🛗, ⑊ Zim, 🛗 ☎ ✆ ⬛ – 🈺 80. 🅰🄴 ⓞ 🄴 🅅🅸🅂🄰
Menu à la carte 28/58 – **268 Z** 120/135.

DAHLWITZ-HOPPEGARTEN Brandenburg 🔢🔢🔢 🔢🔢🔢 I 24 – 3900 Ew – Höhe 35 m.
Berlin 16 – Potsdam 49.

🏨 **Hoppegarten Berlin** 🅼, Köpenicker Str. 1, ✉ 15366, ✆ (03342) 36 70,
Fax (03342) 367367, 🐾 – ⬛s – 🛗, ⑊ Zim, 🛗 ☎ ✆ 🔧 ✆ ⬛ – 🈺 60. 🅰🄴 ⓞ 🄴 🅅🅸🅂🄰
Menu à la carte 30/58 – **161 Z** 155/350.

DAHME Schleswig-Holstein 🔲🔲 D 17, 🔲🔲 ⑥ – 1 200 Ew – Höhe 5 m – Ostseeheilbad.
🔲 Kurverwaltung, Kurpromenade, ✉ 23747, 𝒫 (04364) 80 11, Fax (04364) 1256.
Berlin 323 – Kiel 79 – Grömitz 13 – Heiligenhafen 22.

🏠 **Holsteinischer Hof** 🦢, Strandstr. 9, ✉ 23747, 𝒫 (04364) 10 85, Fax (04364) 8746,
– 📺 ☎ 🅿
Mitte März - Anfang Okt. – **Menu** (außer Saison Dienstag geschl.) (nur Abendessen)
à la carte 31/50 – **36 Z** 90/180.

DAHN Rheinland-Pfalz 🔲🔲 S 7, 🔲🔲 ㉖ – 5 200 Ew – Höhe 210 m – Luftkurort.
Sehenswert : Burgruinen★.
🔲 Tourist-Information, Schulstr. 29, Rathaus, ✉ 66994, 𝒫 (06391) 58 11,
Fax (06391) 1362.
Berlin 698 – Mainz 143 – Karlsruhe 57 – Saarbrücken 82 – Wissembourg 24 – Landau in
der Pfalz 35 – Pirmasens 22.

🏩 **Pfalzblick** 🦢, Goethestr. 1, ✉ 66994, 𝒫 (06391) 40 40, Fax (06391) 404540, 🍽, ⇌s,
🔲, 🛋 – ⇆ Zim, 📺 ☎ 🅿 – 🔬 30. ⚠ ⓞ 🅴 𝖵𝖨𝖲𝖠. 🧹 Rest
Menu à la carte 41/72 – **77 Z** 119/280.

In Erfweiler NO : 3 km :

🏩 **Die kleine Blume** 🦢, Winterbergstr. 106, ✉ 66996, 𝒫 (06391) 9 23 00,
Fax (06391) 923030, 🍽, ⇌s, 🔲 – ⇆ 📺 ☎ ⇌ 🅿. 🧹
Jan. - Feb. 3 Wochen geschl. – **Menu** (Montag - Freitag nur Abendessen) à la carte 35/64
– **26 Z** 105/180 – ½ P 20.

DAMMBACH Bayern 🔲🔲 Q 11 – 1 900 Ew – Höhe 290 m.
Berlin 557 – München 342 – Aschaffenburg 25 – Miltenberg 25 – Würzburg 61.

🏠 **Wald-Hotel Heppe** 🦢, Heppe 1 (SO : 2,5 km), ✉ 63874, 𝒫 (06092) 94 10,
Fax (06092) 941285, ≤, 🍽, ⇌s, 🔲, 🛋 – ☎ ⇌ 🅿 ⚠ 20
Mitte Dez. - Mitte Feb. geschl. – **Menu** (Freitagabend und Dienstag geschl.) à la carte 23/58
– **29 Z** 64/134.

DAMME Niedersachsen 🔲🔲 I 8, 🔲🔲 ⑮ – 14 500 Ew – Höhe 63 m.
Berlin 416 – Hannover 114 – Bremen 98 – Osnabrück 37.

🏠 **Lindenhof,** Osterdammer Str. 51, ✉ 49401, 𝒫 (05491) 12 49, Fax (05491) 5652, 🍽,
🚗 – 📺 ☎ ⇌ 🅿. ⚠ 🅴 𝖵𝖨𝖲𝖠
Menu (Dienstagmittag und Juli - Aug. 1 Woche geschl.) à la carte 37/72 – **10 Z** 95/160.

DANNENBERG Niedersachsen 🔲🔲 G 17, 🔲🔲 ⑰ – 8 000 Ew – Höhe 22 m.
🔲 Zernien-Braasche (W : 14 km), 𝒫 (05863) 5 56.
🔲 Gästeinformation, Markt 5, ✉ 29451, 𝒫 (05861) 80 81 90, Fax (05861) 808100.
Berlin 223 – Hannover 137 – Schwerin 80 – Lüneburg 51 – Braunschweig 125.

🏠 **Alter Markt,** Am Markt 9, ✉ 29451, 𝒫 (05861) 78 80, Fax (05861) 7836 – 📺 ☎ 📞
🚗
Menu à la carte 26/51 – **10 Z** 80/160.

DANNENFELS Rheinland-Pfalz siehe Kirchheimbolanden.

DARGUN Mecklenburg-Vorpommern 🔲🔲 E 22, 🔲🔲 ⑦, 🔲🔲 ⑦ – 4 500 Ew – Höhe 25 m.
Berlin 211 – Schwerin 121 – Rostock 61 – Güstrow 61 – Greifswald 56 – Stralsund 69.

🏠 **Am Klostersee,** Am Klosterdamm, ✉ 17159, 𝒫 (039959) 25 20, Fax (039959) 25228,
🍽, 🚗 – 📺 ☎ 🅿. ⓞ 🅴 𝖵𝖨𝖲𝖠
Menu à la carte 28/51 – **22 Z** 80/140.

DARMSTADT Hessen 🔲🔲 Q 9, 🔲🔲 ㉗ – 140 000 Ew – Höhe 146 m.
Sehenswert : Hessisches Landesmuseum★ X **M1** – Prinz-Georg-Palais (Großherzogliche
Porzellansammlung★) X **M2.**
🔲 Mühltal-Traisa, Dippelshof, 𝒫 (06151) 14 65 43.
🔲 Stadt-Information, Luisen-Center, Luisenplatz 5, ✉ 64283, 𝒫 (06151) 13 27 81,
Fax (06151) 132075.
🔲 Tourist-Information am Hauptbahnhof, ✉ 64293, 𝒫 (06151) 13 27 82, Fax (06151)
132783.
ADAC, Marktplatz 4, ✉ 64283, 𝒫 (06151) 2 62 77, Fax (06151) 294612.
Berlin 569 ⑤ – Wiesbaden 44 ④ – Frankfurt am Main 36 ⑤ – Mannheim 50 ④

DARMSTADT

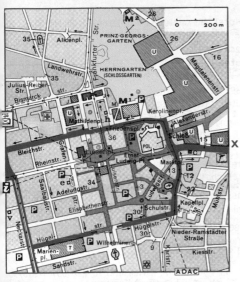

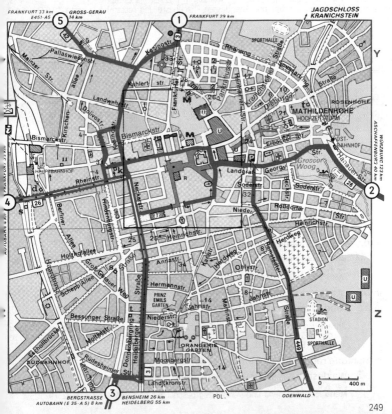

🏨🏨 **Maritim Rhein-Main Hotel,** Am Kavalleriesand 6, ✉ 64295, ℰ (06151) 30 30, Fax (06151) 303111, 🍴, 🛋, 🔲 – 🛗, 🕬 Zim, 📺 ⚅ ⬅ – 🛎 200. ⒶⒺ ⓞ 🄴 𝐕𝐈𝐒𝐀 𝐉𝐂𝐁. % Rest
Menu à la carte 50/85 – **248 Z** 238/436, 4 Suiten.   Y s

🏨🏨 **Maritim-Konferenzhotel,** Rheinstr. 105 (B 26), ✉ 64295, ℰ (06151) 87 80, Fax (06151) 893194, 🛋, 🔲 – 🛗, 🕬 Zim, 📺 ⬅ ⬅ – 🛎 350. ⒶⒺ ⓞ 🄴 𝐕𝐈𝐒𝐀 𝐉𝐂𝐁. % Rest
Menu à la carte 35/72 – **352 Z** 278/426.   Y d

🏨 **Contel** (Appartementhotel), Otto-Röhm-Str. 90, ✉ 64293, ℰ (06151) 88 20, Fax (06151) 882888, 🍴 – 🛗, 🕬 Zim, 📺 ☎ ☍ ⚅ – 🛎 100. ⒶⒺ ⓞ 🄴 𝐕𝐈𝐒𝐀   über ⑤
Menu (Samstag - Sonntagmittag geschl.) à la carte 37/55 – **275 Z** 167/288.

🏨 **Weinmichel,** Schleiermacherstr. 10, ✉ 64283, ℰ (06151) 2 90 80, Fax (06151) 23592 – 🛗, 🕬 Zim, 📺 ☎ ⚅ – 🛎 40. ⒶⒺ ⓞ 🄴 𝐕𝐈𝐒𝐀   X h
Menu (Sonn- und Feiertage geschl.) 45 (mittags) und à la carte 50/81 – **Taverne** (nur Abendessen) **Menu** à la carte 33/56 – **74 Z** 149/248.

🏨 **Treff Page Hotel** Ⓜ, Eschollbrücker Str.16, ✉ 64295, ℰ (06151) 38 50, Fax (06151) 385100 – 🛗, 🕬 Zim, 📺 ☎ ☍ ⬅ ⬅ – 🛎 80. ⒶⒺ ⓞ 🄴 𝐕𝐈𝐒𝐀   Z s
Menu à la carte 33/51 – **169 Z** 170/250.

🏨 **Parkhaus-Hotel** garni, Grafenstr. 31, ✉ 64283, ℰ (06151) 2 81 00, Fax (06151) 293908 – 🛗 🕬 📺 ☎ ⬅ – 🛎 80. ⒶⒺ ⓞ 🄴 𝐕𝐈𝐒𝐀   X e
24. Dez. - 4. Jan. geschl. – **80 Z** 155/190.

🏨 **Donnersberg** garni, Donnersbergring 38, ✉ 64295, ℰ (06151) 3 10 40, Fax (06151) 33147 – 🛗 📺 ☎ ☍. ⒶⒺ 🄴 𝐕𝐈𝐒𝐀   Z t
Weihnachten - Anfang Jan. geschl. – **19 Z** 105/195.

🏨 **Prinz Heinrich,** Bleichstr. 48, ✉ 64293, ℰ (06151) 8 13 70, Fax (06151) 813713, « Rustikale Einrichtung » – 🛗, 🕬 Zim, 📺 ☎. ⒶⒺ ⓞ 🄴 𝐕𝐈𝐒𝐀   Y k
Menu (wochentags nur Abendessen, Tischbestellung ratsam) à la carte 30/60 – **64 Z** 105/185.

🏨 **Mathildenhöhe** garni, Spessartring 53, ✉ 64287, ℰ (06151) 4 98 40, Fax (06151) 498450 – 🛗 🕬 📺 ☎ ⬅ ⚅. ⒶⒺ ⓞ 🄴 𝐕𝐈𝐒𝐀   Y t
22 Z 120/200.

🏨 **Hornung,** Mornewegstr. 43, ✉ 64293, ℰ (06151) 92 66, Fax (06151) 891892 – 🛗 📺 ☎ ⚅. ⒶⒺ ⓞ 🄴 𝐕𝐈𝐒𝐀   Y n
(nur Abendessen für Hausgäste) – **36 Z** 110/195.

🏨 **City-Hotel** garni, Adelungstr. 44, ✉ 64283, ℰ (06151) 3 36 91, Fax (06151) 316096 – 🛗 📺 ☎ ⬅ ⬅ ⚅. ⓞ 🄴 𝐕𝐈𝐒𝐀   X v
Weihnachten - Anfang Jan. geschl. – **50 Z** 100/170.

X **Alt Hamburg,** Landgraf-Georg-Str. 17, ✉ 64283, ℰ (06151) 2 13 21   X c
Montag und 15. - 30. Aug. geschl. – **Menu** (überwiegend Fischgerichte) à la carte 34/67.

In Darmstadt-Eberstadt ③ : 7 km :

🏨 **Rehm** garni, Heidelberger Landstr. 306, ✉ 64297, ℰ (06151) 9 41 30, Fax (06151) 941313 – 🕬 📺 ☎ ☍ ⬅. %
Juni - Juli 3 Wochen geschl. – **22 Z** 65/135.

🏨 **Schweizerhaus,** Mühltalstr. 35, ✉ 64297, ℰ (06151) 9 41 80, Fax (06151) 57740, « Gartenterrasse » – 📺 ☎ ⬅ ⚅. ⒶⒺ 🄴 𝐕𝐈𝐒𝐀
Menu (Freitag - Samstagmittag geschl.) à la carte 44/61 – **20 Z** 85/150.

In Darmstadt-Einsiedel NO : 7 km über Dieburger Straße Y :

XX **Einsiedel,** Dieburger Str. 263, ✉ 64287, ℰ (06159) 2 44, Fax (06159) 1744, 🍴 – ⚅. ⒶⒺ 🄴
Dienstag - Mittwochmittag geschl. – **Menu** à la carte 62/84.

In Darmstadt-Kranichstein NO : 5 km über Kranichsteiner Str. Y :

🏨🏨 **Jagdschloss Kranichstein,** Kranichsteiner Str. 261, ✉ 64289, ℰ (06151) 9 77 90, Fax (06151) 977920, 🍴 – 🛗 📺 ☍ ⚅ – 🛎 100. ⒶⒺ ⓞ 🄴 𝐕𝐈𝐒𝐀
Anfang Jan. 1 Woche geschl. – **Der Grill** (nur Abendessen, Sonntag - Montag geschl.) **Menu** à la carte 63/90 – **Kavaliersbau** (nur Mittagessen, Montag geschl.) **Menu** 39 und à la carte 40/54 – **15 Z** 220/300, 4 Suiten.

In Mühltal-Trautheim SO : 5 km über Nieder-Ramstädter-Straße Z :

🏨 **Waldesruh** ☍, Am Bessunger Forst 28 (über Waldstr.), ✉ 64367, ℰ (06151) 9 11 50, Fax (06151) 911563, 🍴, 🔲 – 🛗 📺 ☎ ⚅. 🄴
Menu (Sonntagabend und Donnerstag geschl.) à la carte 33/65 ⚘ – **36 Z** 79/125.

In Weiterstadt NW : 7 km über ⑤ :

🏠 **Hamm** garni, Kreuzstr. 30, ✉ 64331, 𝒫 (06150) 1 08 80, Fax (06150) 15757 – 📺 ☎
〰 🅿 – 🏡 40. 🖭 ⓞ 🗲 𝘝𝘐𝘚𝘈
35 Z 100/150.

In Weiterstadt-Gräfenhausen NW : 8 km über ⑤ :

🏠 **Zum Löwen,** Darmstädter Landstr. 11, ✉ 64331, 𝒫 (06150) 5 10 25,
Fax (06150) 50247 – 📺 ☎ 🅿. 🗲 𝘝𝘐𝘚𝘈. ✳
27. Dez. - 4. Jan. geschl. – **Menu** (Samstag und Juli geschl.) à la carte 24/52 🕯 – **16 Z** 85/120.

DARSCHEID Rheinland-Pfalz siehe Daun.

DASING Bayern 419 420 U 17, 984 ㉟ – 4 600 Ew – Höhe 482 m.
Berlin 577 – München 54 – Augsburg 13 – Ingolstadt 62.

In Dasing-Lindl NO : 2 km nahe der A 8 :

🏠 **Highway-Hotel** Ⓜ garni, Robert-Bosch-Str. 1, ✉ 86453, 𝒫 (08205) 60 90,
Fax (08205) 609255, 🛥 – 📳 ✳ 📺 ☎ 📞 👍 🅿 – 🏡 15. 🖭 ⓞ 🗲 𝘝𝘐𝘚𝘈
85 Z 135/180.

DASSEL Niedersachsen 417 418 K 13, 987 ⑯ 11 600 Ew – Höhe 125 m – Erholungsort.
Berlin 335 – Hannover 82 – Braunschweig 105 – Göttingen 52 – Goslar 75.

In Dassel-Lüthorst NO : 6 km :

🏠 **Wilhelm-Busch-Landhotel** ☞, Weiße Mühle 11, ✉ 37586, 𝒫 (05562) 9 40 40,
Fax (05562) 940413, 🌳, 🛥 – 📺 ☎ 〰 🅿. 🖭 🗲 𝘝𝘐𝘚𝘈 𝗝𝗖𝗕
Menu (Montag - Donnerstag nur Abendessen) à la carte 31/63 – **28 Z** 84/118.

DATTELN Nordrhein-Westfalen 417 L 6, 987 ⑭ – 37 000 Ew – Höhe 53 m.
Berlin 500 – Düsseldorf 73 – Dortmund 20 – Münster (Westfalen) 44 – Recklinghausen 12.

🏠 **Zum Ring,** Ostring 41 (B 235), ✉ 45711, 𝒫 (02363) 5 24 65, Fax (02363) 53501, 🌳,
« Individuelle, gemütliche Einrichtung », 🛥 – 📺 ☎ 🅿. 🖭 ⓞ 🗲 𝘝𝘐𝘚𝘈
Menu à la carte 43/71 – **9 Z** 85/150.

In Datteln-Ahsen NW : 7 km über Westring :

🏛 **Landhotel Jammertal** ☞ (mit 🏠 Stammhaus), Redderstr. 421, ✉ 45711,
𝒫 (02363) 37 70, Fax (02363) 377100, 🌳, « Modern-elegante Badelandschaft »,
Massage, 🛥, ⊿ (geheizt), ☒, 🌿, ✳ – 📳 ✳ Zim, 📺 🅿 – 🏡 60. 🖭 ⓞ 🗲 𝘝𝘐𝘚𝘈. ✳ Rest
Menu à la carte 48/72 – **72 Z** 125/260, 8 Suiten.

DAUN Rheinland-Pfalz 417 P 4, 987 ㉟ – 8 200 Ew – Höhe 420 m – Heilklimatischer Kurort -
Kneippkurort – Mineralheilbad.
Ausflugsziele : Die Maare★ (Weinfelder Maar, Totenmaar, Pulvermaar).
🅱 Kurverwaltung, Leopoldstr. 5 ✉ 54550, 𝒫 (06592) 93 91 77, Fax (06592) 939181.
Berlin 666 – Mainz 161 – Bonn 79 – Koblenz 70 – Trier 64.

🏛 **Schloß-Hotel Kurfürstliches Amtshaus** ☞, Auf dem Burgberg, ✉ 54550,
𝒫 (06592) 92 50, Fax (06592) 4942, ≼, 🛥, ☒, 🌿 – 📳 📺 🅿 – 🏡 40. 🖭 ⓞ 🗲 𝘝𝘐𝘚𝘈.
✳ Rest
4. - 29. Jan. geschl. – **Menu** (Montag - Dienstag geschl.) à la carte 85/105 – **42 Z** 115/260
– ½ P 55.

🏠 **Panorama** ☞, Rosenbergstr. 26, ✉ 54550, 𝒫 (06592) 93 40, Fax (06592) 934230, ≼,
🌳, Massage, ♨, ♨, 🛥, ☒, 🌿 – 📳 📺 ☎ 👍 🅿
17. Feb. - 25. März und 15. Nov. - 20. Dez. geschl. – **Menu** (Montag geschl.) à la carte 39/65
🕯 – **26 Z** 96/180 – ½ P 26.

🏠 **Zum Goldenen Fäßchen,** Rosenbergstr. 5, ✉ 54550, 𝒫 (06592) 30 97,
Fax (06592) 8673, 🛥 – 📳 ☎ 〰 🅿. 🖭 ⓞ 🗲 𝘝𝘐𝘚𝘈. ✳ Zim
Menu (Donnerstag geschl.) à la carte 24/52 – **28 Z** 70/170 – ½ P 15.

In Daun-Gemünden S : 2 km :

🏠 **Berghof** ☞, Lieserstr. 20, ✉ 54550, 𝒫 (06592) 28 91, Fax (06592) 1414, ≼, 🌿 – ☎
〰 🅿. ✳ Rest
März 3 Wochen und 4. Nov. 4. Dez. geschl. – **Menu** (Montag geschl.) à la carte 30/59
– **17 Z** 51/106 – ½ P 18.

🏠 **Müller,** Lieserstr. 17, ✉ 54550, 𝄐 (06592) 25 06, *Fax (06592) 2524*, 🍽, 🚗 – 🚗 🅿.
   🎿 Rest
   4. Jan. - Feb. geschl. – **Menu** *(Donnerstag geschl.)* à la carte 27/53 ⅃ – **12 Z** 55/100 –
   ½ P 18.

In Schalkenmehren *SO : 6 km – Erholungsort*

🏨 **Landgasthof Michels** 🐎, St.-Martin-Str. 9, ✉ 54552, 𝄐 (06592) 92 80,
   Fax (06592) 928160, ⟬s, 🔲, 🍽 – ⌷ 📺 ☎ 🔥 ⟷ 🅿 – 🔥 30. 🆎 ⓞ 🄴 🆅🆂🅰 🅹🅲🅱
   Menu à la carte 36/66 – **38 Z** 88/190 – ½ P 27.

🏠 **Schneider-Haus am Maar,** Maarstr. 22, ✉ 54552, 𝄐 (06592) 5 51, *Fax (06592) 554*,
   🍽, 🍽 – 📺 ☎ ⟷ 🅿
   10. Jan. - 27. Feb. geschl. – **Menu** à la carte 26/53 – **15 Z** 55/140 – ½ P 22.

In Darscheid *NO : 6 km – Erholungsort :*

🏛 **Kucher's Landhotel** mit Zim, Karl-Kaufmann-Str. 2, ✉ 54552, 𝄐 (06592) 6 29,
   Fax (06592) 3677, 🍽, 🍽 – 🅿. 🆎 🄴
   Jan. 3 Wochen und März 2 Wochen geschl. – **Menu** *(Montag - Dienstagmittag geschl.)*
   (bemerkenswerte Weinkarte) à la carte 59/86 – **14 Z** 68/160 – ½ P 28.

DEDELSTORF *Niedersachsen siehe Hankensbüttel.*

DEGGENDORF *Bayern* 420 *T 22,* 987 ㉚ *– 31 000 Ew – Höhe 312 m – Wintersport : 500/1 114 m*
   🚠 *4* 🎿 *8.*
   Ausflugsziele : *Kloster Metten (Kirche und Bibliothek★) NW : 5 km – Klosterkirche★ in*
   Niederalteich SO : 11 km.
   🏌 *Schaufling, Rusel 123 (NO : 10 km),* 𝄐 *(09920) 89 11.*
   🅱 *Kultur- und Verkehrsamt, Oberer Stadtplatz,* ✉ *94469,* 𝄐 *(0991) 2 96 01 69,*
   Fax (0991) 31586.
   Berlin 563 – München 144 – Landshut 74 – Passau 65 – Regensburg 80.

🏨 **Flamberg Parkhotel,** Edlmairstr. 4, ✉ 94469, 𝄐 (0991) 60 13, *Fax (0991) 31551*,
   Massage, 🔥, ⟬s – ⌷, ⁑ Zim, 📺 ☎ ⟷ 🅿 – 🔥 50. 🆎 ⓞ 🄴 🆅🆂🅰
   Menu *(Aug. 3 Wochen geschl.)* à la carte 47/68 – **125 Z** 168/216 – ½ P 30.

🏨 **Donauhof,** Hafenstr. 1, ✉ 94469, 𝄐 (0991) 3 89 90, *Fax (0991) 389966*, ⟬s – ⌷ 📺
   ☎ 🅿 – 🔥 30. 🆎 ⓞ 🄴 🆅🆂🅰 🎿 Rest
   Menu *(Sonntag geschl.)* *(nur Abendessen)* à la carte 25/50 – **45 Z** 80/130, 3 Suiten –
   ½ P 23.

🏛 **Grauer Hase,** Untere Vorstadt 12, ✉ 94469, 𝄐 (0991) 37 12 70, *Fax (0991) 3712720*,
   🍽 – 🍽 – 🔥 50. 🆎 ⓞ 🄴 🆅🆂🅰
   Montag, Jan. 3 Wochen und Aug. 2 Wochen geschl. – **Menu** 35 (mittags) und à la carte
   54/80.

🍴 **La padella,** Rosengasse 7, ✉ 94469, 𝄐 (0991) 55 41 – 🆎 ⓞ 🄴 🆅🆂🅰
   Sonntagabend - Montag sowie April und Sept. jeweils 2 Wochen geschl. – **Menu** *(Tisch-*
   bestellung ratsam) à la carte 54/68.

In Deggendorf-Fischerdorf *S : 2 km :*

🏛 **Rosenhof** 🐎 garni, Rosenstr. 7, ✉ 94469, 𝄐 (0991) 82 55, *Fax (0991) 382313* – ⁑
   🅿. 🆎 ⓞ 🄴 🆅🆂🅰
   20 Z 65/120.

In Deggendorf-Natternberg *SW : 6 km :*

🏨 **Burgwirt** 🐎 (mit Gästehaus), Deggendorfer Str. 7, ✉ 94469, 𝄐 (0991) 3 00 45,
⟷ *Fax (0991) 31287*, 🍽, ⟬s – 📺 ☎ ⟷ 🅿 – 🔥 25
   Menu *(Sonntagabend - Montag geschl.)* à la carte 24/46 – **36 Z** 80/160 – ½ P 22.

DEGGENHAUSERTAL *Baden-Württemberg* 419 *W 12 – 3 000 Ew – Höhe 497 m.*
   Berlin 728 – Stuttgart 144 – Konstanz 33 – Ravensburg 20 – Bregenz 55.

In Deggenhausertal-Limpach :

🏛 **Gutsgasthof Mohren,** Kirchgasse 1, ✉ 88693, 𝄐 (07555) 93 00,
   Fax (07555) 930100, 🍽, 🍽 – 📺 ☎ 🅿 – 🔥 50. 🄴 🆅🆂🅰
   7. - 24. Jan. geschl. – **Menu** *(Montagmittag und Dienstagmittag geschl.)* à la carte 33/55
   ⅃ – **40 Z** 80/120 – ½ P 27.

In Deggenhausertal-Roggenbeuren :

🏠 **Krone,** Lindenplatz 2, ✉ 88693, 𝄐 (07555) 9 22 90, *Fax (07555) 922992*, 🍽, ⟬s, 🔲,
   🍽 – 📺 ☎ 🅿. 🄴 🆅🆂🅰
   12. Jan. - 24. Feb. geschl. – **Menu** *(Montag geschl.)* à la carte 25/53 – **25 Z** 65/120.

In Deggenhausertal-Wittenhofen :

🏠 **Landhotel Adler,** Roggenbeurer Str. 2, ✉ 88693, 𝒫 (07555) 2 02, Fax (07555) 5273, 🌾 – 📺 🚗 🅿. 🄴
Feb. 2 Wochen geschl. – **Menu** *(Mittwoch - Donnerstagmittag geschl.)* à la carte 34/59 – **18 Z** 60/120.

DEIDESHEIM *Rheinland-Pfalz* 417 419 *R 8,* 987 ㉘ – *3 900 Ew – Höhe 117 m – Luftkurort.*
🛈 *Tourist Information, Bahnhofstraße,* ✉ 67146, 𝒫 (06326) 50 21, Fax (06326) 5023.
Berlin 645 – Mainz 88 – Kaiserslautern 39 – Mannheim 23 – Neustadt an der Weinstraße 8.

🏨 **Deidesheimer Hof,** Am Marktplatz 1, ✉ 67146, 𝒫 (06326) 9 68 70, Fax (06326) 7685, 🌾 – 📺 ☎ 🅿. 🄰🄴 ① 🄴 *VISA*. ✻
1. - 6. Jan. geschl – **Menu** *siehe Rest.* **Schwarzer Hahn** *separat erwähnt* – **St. Urban :** **Menu** 59/96 *und à la carte* – **21 Z** 175/460.

🏨 **Hatterer's Hotel,** Weinstr. 12, ✉ 67146, 𝒫 (06326) 60 11, Fax (06326) 7539, 🌾 – 📶 📺 🕸 🅿. – 🛁 80. 🄰🄴 ① 🄴 *VISA*
Menu *à la carte* 70/106 *(auch vegetarisches Menu)* – **57 Z** 150/220 – ½ P 40.

🏨 **Steigenberger MAXX Hotel** ⌄, Am Paradiesgarten 1, ✉ 67146, 𝒫 (06326) 97 00, Fax (06326) 970333, 🌾, ≤s – 📶 ✻ 📺 ☎ ♿ 🚗 🅿 – 🛁 70. 🄰🄴 ① 🄴 *VISA* 🄹🄲🄱
Menu *(Sonntagabend geschl.)* à la carte 42/68 🍷 – **128 Z** 168/231.

🏠 **Gästehaus Hebinger** garni, Bahnhofstr. 21, ✉ 67146, 𝒫 (06326) 3 87, Fax (06326) 7494 – 📺 ☎ 🅿. ✻
20. Dez. - 1. Feb. geschl. – **10 Z** 90/162.

🏮🏮🏮🏮 **Schwarzer Hahn** – Hotel Deidesheimer Hof, Am Marktplatz 1, ✉ 67146, ❀ 𝒫 (06326) 9 68 70, Fax (06326) 7685, « Gewölbekeller mit eleganter Einrichtung » – 🄰🄴 ① 🄴 *VISA*. ✻
Sonntag - Montag, 1. - 6. Jan. und Juli - Aug. 4 Wochen geschl. – **Menu** *(nur Abendessen, bemerkenswerte Weinkarte)* 86/169 *und à la carte* 60/120
Spez. Heißgeräucherter Hummer mit Olivenkartoffeln und Zuckerschoten. Seezungenröllchen in Kokosmilch und Limone pochiert mit Curryreis. Törtchen vom Rehbock mit glasierten Portweinäpfeln.

🏮🏮 **Gasthaus zur Kanne,** Weinstr.31, ✉ 67146, 𝒫 (06326) 9 66 00, Fax (06326) 966096, « Haus aus dem 12. Jh., Innenhof » – 🄰🄴 ① 🄴 *VISA*
Menu *à la carte* 42/65 *(auch vegetarisches Menu).*

In Forst *N : 2 km :*

🏮 **Landhaus an der Wehr,** Im Elster 8, ✉ 67147, 𝒫 (06326) 69 84, 🌾 – 🅿. ✻
Montag - Dienstag und Juli 1 Woche geschl. – **Menu** *à la carte* 32/65 🍷.

DEISSLINGEN *Baden-Württemberg siehe Rottweil.*

DEIZISAU *Baden-Württemberg siehe Plochingen.*

DELBRÜCK *Nordrhein-Westfalen* 417 *K 9 – 24 500 Ew – Höhe 95 m.*
Berlin 432 – Düsseldorf 171 – Bielefeld 39 – Münster (Westfalen) 74 – Paderborn 16.

🏨 **Landgasthaus Waldkrug,** Graf-Sporck-Str. 34, ✉ 33129, 𝒫 (05250) 5 32 03, Fax (05250) 5699 – 📶, ✻ Zim, 📺 ☎ 🅿 – 🛁 30. 🄰🄴 🄴 *VISA*. ✻ Zim
Menu *à la carte* 30/57 – **19 Z** 95/180.

DELITZSCH *Sachsen* 418 *L 21,* 984 ⑲ – *29 000 Ew – Höhe 98 m.*
🛈 *Tourist-Information, Kreuzgasse 10 (Schulze-Delitzsch-Haus),* ✉ 04509, 𝒫 (034202) 5 57 21, Fax (034202) 55722.
Berlin 162 – Dresden 116 – Leipzig 23.

🏠 **Goldener Adler,** Hallesche Str. 13, ✉ 04509, 𝒫 (034202) 6 10 33, Fax (034202) 61033, ≤s – 📶 📺 ☎ ♿ 🅿. 🄰🄴 ① 🄴 *VISA*
Menu *à la carte* 25/46 – **27 Z** 90/185.

🏠 **Akzent Hotel** garni, Grünstr. 43, ✉ 04509, 𝒫 (034202) 81 10, Fax (034202) 81199 – ✻ 📺 ☎ 🅿 – 🛁 30. 🄴 *VISA*
23. Dez. - 6. Jan. geschl. – **28 Z** 99/145.

In Delitzsch-Kertitz *NW : 2 km :*

🏠 **Flämingsthaler Hof,** Schenkenbergerstr. 3, ✉ 04509, 𝒫 (034202) 6 38 07, 🚗 Fax (034202) 62629, ≤s – ✻ Zim, 📺 ☎ 🅿. 🄰🄴 🄴 *VISA*
Menu *(Samstagmittag und Sonntag geschl.)* à la carte 23/48 – **19 Z** 85/148.

In Delitzsch-Schenkenberg *NW : 2,5 km* :

🏨 **Schenkenberger Hof,** Hofegasse 3, ⊠ 04509, ✆ (034202) 73 00, Fax (034202) 73073, ⤵, ☞ – ᪣ Zim, 📺 ☎ 🅿. 🅰🅴 🅴 𝘝𝘐𝘚𝘈
   (nur Abendessen für Hausgäste) – **27 Z** 90/150.

In Rackwitz *SO : 12 km* :

🏨 **Schladitzer Hof,** Hauptstr. 2a, ⊠ 04519, ✆ (034294) 66 51, Fax (034294) 6657, Biergarten, ⇌ – ᪣ Zim, 📺 ☎ 🅿 – 🍴 20. 🅰🅴 🅴 𝘝𝘐𝘚𝘈
   Menu (nur Abendessen) à la carte 33/55 – **41 Z** 130/195.

DELLIGSEN Niedersachsen 𝟰𝟭𝟳 𝟰𝟭𝟴 K 13 – 4 000 Ew – Höhe 130 m.
   Berlin 329 – Hannover 53 – Hameln 55 – Hildesheim 41.

In Grünenplan *NW : 4 km – Erholungsort* :

🏨 **Lampes Posthotel,** Obere Hilsstr. 1, ⊠ 31074, ✆ (05187) 9 44 40, Fax (05187) 944444, 🍴 – 🛗 📺 ☎ 🅿 – 🍴 50. 🅰🅴 🅴 𝘝𝘐𝘚𝘈
   5. - 11. Jan. geschl. – **Menu** (Montag geschl.) à la carte 36/62 – **21 Z** 93/160 –
   ½ P 28.

DELMENHORST Niedersachsen 𝟰𝟭𝟱 G 9, 𝟵𝟴𝟳 ⑮ – 78 000 Ew – Höhe 18 m.
   🅱 Verkehrsverein, Delmegarten 5, ⊠ 27749, ✆ (04221) 12 04 79, Fax (04221) 150312.
   ADAC, Reinersweg 34, ⊠ 27751, ✆ (04221) 7 10 00, Fax (04221) 72571.
   Berlin 403 – Hannover 136 – Bremen 17 – Oldenburg 37.

🏨 **Gut Hasport** garni, Hasporter Damm 220, ⊠ 27755, ✆ (04221) 2 60 81, Fax (04221) 26084, ⤵, ☞ – 📺 ☎ ⇌ 🅿. ✂
   21 Z 75/120, 3 Suiten.

🏨 **Goldenstedt,** Urselstr. 18, ⊠ 27751, ✆ (04221) 96 00, Fax (04221) 960100, 🍴 – 📺 ☎ ⇌ 🅿 – 🍴 50. ⓞ 🅴 𝘝𝘐𝘚𝘈. ✂
   23. Dez. - Anfang Jan. geschl. – **Menu** (nur Abendessen) à la carte 27/61 – **35 Z** 105/160.

🏨 **Thomsen,** Bremer Str. 186, ⊠ 27751, ✆ (04221) 97 00, Fax (04221) 70001 – 🛗 📺 ⇌ 🅿 – 🍴 40. 🅰🅴 ⓞ 🅴 𝘝𝘐𝘚𝘈
   Menu (Samstagmittag geschl.) à la carte 24/55 – **88 Z** 55/140.

🍴🍴 **Die Scheune,** Bremer Str. 327, ⊠ 27751, ✆ (04221) 7 02 15, Fax (04221) 70216, 🍴 – 🅿. 🅰🅴 ⓞ 🅴 𝘝𝘐𝘚𝘈
   Montag und Anfang Jan. 1 Woche geschl. – **Menu** (nur Abendessen) à la carte 55/80.

DEMMIN Mecklenburg-Vorpommern 𝟰𝟭𝟲 E 23, 𝟵𝟴𝟳 ⑦ – 15 000 Ew – Höhe 10 m.
   🅱 Stadtinformation, Am Bahnhof, ⊠ 17109, ✆ (03998) 22 50 77, Fax (03998) 225077.
   Berlin 190 – Schwerin 145 – Neubrandenburg 48 – Stralsund 57.

🏨 **Trebeltal,** Klänhammerweg 3, ⊠ 17109, ✆ (03998) 25 10, Fax (03998) 251251, 🍴,
   ⇌ – 🛗 📺 ☎ 🅿 – 🍴 30. 🅰🅴 🅴
   Menu à la carte 28/44 – **42 Z** 86/160.

🏨 **Am Stadtpark,** Kirchhofstraße, ⊠ 17109, ✆ (03998) 36 23 68, Fax (03998) 362369
   ⇌ – 📺 ☎. 🅰🅴 🅴 𝘝𝘐𝘚𝘈
   Menu à la carte 21/48 – **17 Z** 95/120.

In Rustow *NO : 8 km* :

🏨 **Peenetal,** Demminer Str. 17, ⊠ 17121, ✆ (039998) 1 01 55, Fax (039998) 10156, 🍴
   – 📺 ☎ 🅿
   Menu à la carte 25/46 – **13 Z** 90/130.

In Vanselow *SO : 10 km* :

🏨 **Schloß Vanselow** 🦌, ⊠ 17111, ✆ (03998) 22 20 96, Fax (03998) 222647,
   « Restauriertes Herrenhaus a.d.J. 1870 » – 📺 ☎ 🅿 – 🍴 25. ✂
   (nur Abendessen für Hausgäste) – **12 Z** 120/200.

In Loitz *NO : 11 km* :

🏨 **Am Markt** garni, Marktstr. 162, ⊠ 17121, ✆ (039998) 30 10, Fax (039998) 30128 –
   📺 ☎ ⇌ 🅿. 🅴
   15 Z 75/95.

DENKENDORF Baden-Württemberg **419** T 11 – 9 400 Ew – Höhe 300 m.
Berlin 647 – Stuttgart 22 – Göppingen 34 – Reutlingen 32 – Ulm (Donau) 71.

🏠 **Bären-Post,** Deizisauer Str. 12, ⊠ 73770, ℰ (0711) 34 40 26, Fax (0711) 3460625, 🏤
– 🛗 📺 ☎ 📞 – 🕍 40. 🖭 🗲 VISA JCB
23. Dez. - 7. Jan. geschl. – **Menu** (Sonntagabend und Samstag geschl.) à la carte 37/57
– **62 Z** 130/190.

DENKENDORF Bayern **419 420** T 18, **987** ㉙ – 3 600 Ew – Höhe 480 m.
Berlin 493 – München 95 – Augsburg 107 – Ingolstadt 22 – Nürnberg 72 – Regensburg 88.

🏨 Mozartstuben, Mozartstr. 12, ⊠ 85095, ℰ (08466) 10 92, Fax (08466) 8329, 🏤 – 📺
☎ ⇐ 📞 – 🕍 25
40 Z.

DENKINGEN Baden-Württemberg **419** V 10 – 2 200 Ew – Höhe 697 m.
Berlin 736 – Stuttgart 107 – Konstanz 75 – Offenburg 97 – Tübingen 73 – Donaueschingen 37.

Auf dem Klippeneck O : 4,5 km – Höhe 998 m
🍴🍴 **Höhenrestaurant Klippeneck** 🦢 mit Zim, ⊠ 78588 Denkingen, ℰ (07424) 80 57,
Fax (07424) 85059, ≤ Baar und Schwarzwald, 🏤 – 📺 ☎ 📞. 🖭 VISA
Jan. 3 Wochen geschl. – **Menu** (Montag geschl.) à la carte 33/64 – **8 Z** 80/130.

DENZLINGEN Baden-Württemberg **419** V 7 – 11 500 Ew – Höhe 235 m.
Berlin 802 – Stuttgart 203 – Freiburg im Breisgau 19 – Offenburg 61.

🍴🍴 **Rebstock-Stube** mit Zim (Gasthof a.d. 14. Jh.), Hauptstr. 74, ⊠ 79211,
❀ ℰ (07666) 20 71, Fax (07666) 7942 – 📺 ☎ 📞. 🖭 ⑩ 🗲 VISA
Menu (Sonntag - Montag und 1. - 15. Aug. geschl.) (Tischbestellung ratsam) 80/120 und
à la carte 45/103 – **10 Z** 60/140
Spez. Salat von lauwarmem Kalbskopf und Waldpilzen. Gebratener Steinbutt mit grüner
Pfeffersauce. Karamelisiertes Passionsfruchtparfait.

In Vörstetten W : 3 km :
🏡 **Sonne,** Freiburger Str. 4, ⊠ 79279, ℰ (07666) 23 26, Fax (07666) 8595, 🏤 – 📞. 🗲
VISA
Menu (Samstagmittag und Montag geschl.) à la carte 28/59 🍷 – **11 Z** 59/99.

DERMBACH Thüringen **418** N 14 – 3 800 Ew – Höhe 350 m.
Berlin 385 – Erfurt 107 – Bad Hersfeld 40 – Fulda 36.

🏠 **Rhönpaulus,** Bahnhofstr.21 (B 285), ⊠ 36466, ℰ (036964) 8 22 34,
⇐ Fax (036964) 7096 – 📺 ☎ 📞. 🗲
Menu à la carte 22/37 – **9 Z** 60/90.

DERNBACH (KREIS NEUWIED) Rheinland-Pfalz **417** O 6 – 750 Ew – Höhe 310 m.
Berlin 594 – Mainz 109 – Koblenz 37 – Bonn 51 – Limburg an der Lahn 48.

🏨 **Country-Hotel,** Hauptstraße, ⊠ 56307, ℰ (02689) 29 90, Fax (02689) 299322, 🏤,
⇐s, 🏊, 🐎, 🎾 – 🛗 📺 📞 – 🕍 250. 🖭 ⑩ 🗲 VISA
Menu à la carte 46/73 – **144 Z** 110/190.

DERSAU Schleswig-Holstein **415 416** D 15 – 800 Ew – Höhe 40 m – Luftkurort.
Berlin 332 – Kiel 39 – Hamburg 92 – Lübeck 60.

🏠 **Zur Mühle am See** (mit Gästehäusern), Dorfstr. 47, ⊠ 24326, ℰ (04526) 30 50,
Fax (04526) 305205, 🏤, 🐝, 🐎 – 📺 ☎ 📞 – 🕍 20. 🖭 ⑩ 🗲 VISA
Nov. 2 Wochen geschl. – **Menu** à la carte 28/56 – **37 Z** 80/145.

🏠 **Landhaus Redderberg** 🦢 garni, Redderberg 18a, ⊠ 24326, ℰ (04526) 3 07 80,
Fax (04526) 620, 🐎 – 📺 ☎ 📞 – 🕍 30. 🗲
27 Z 60/130.

Benutzen Sie für weite Fahrten in Europa die **Michelin-Länderkarten** :

970 *Europa,* **976** *Tschechische Republik-Slowakische Republik,*
980 *Griechenland,* **984** *Deutschland,* **985** *Skandinavien-Finnland,*
986 *Großbritannien Irland,* **987** *Deutschland-Österreich-Benelux,*
988 *Italien,***989** *Frankreich,* **990** *Spanien-Portugal,* **991** *Jugoslawien.*

DESSAU *Sachsen-Anhalt* 🅐🅑🅒 *K 20,* 🅐🅑🅒 ⑲, 🅐🅑🅒 ⑱ *– 93 000 Ew – Höhe 61 m.*

Sehenswert : *Bauhausbauten*★★ *AX – Schloß Mosigkau*★ *(Gartensaal*★*).*

Ausflugsziel : *Wörlitz : Wörlitzer Park*★★*, Schloß Wörlitz*★*, Gotisches Haus*★ *(Schweizer Glasmalereien*★*) O : 13 km.*

🛈 *Dessau-Information, Zerbster Str. 2c (Rathaus),* ✉ *06844,* ☏ *(0340) 2 04 14 42, Fax (0340) 2203003.*

Berlin 122 ② *– Magdeburg 64* ① *– Leipzig 74* ③ *– Halle 53* ③*– Nordhausen 140* ③ *– Wittenberg 32* ③

DESSAU

Check-in :
Nicht schriftlich reservierte
Zimmer werden in
den meisten Hotels
nur bis 18 Uhr freigehalten.
Bei späterer Anreise ist daher
der ausdrückliche Hinweis
auf die Ankunftzeit
oder - besser noch - schriftliche
Zimmerreservierung ratsam.

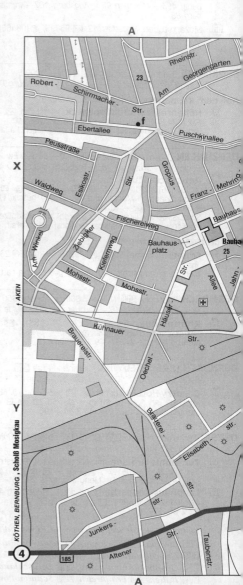

Steigenberger Seminar-Konferenzhotel Ⓜ, Friedensplatz, ⊠ 06844, ℘ (0340) 2 51 50, Fax (0340) 2515177, ⇗, « Einrichtung im Bauhausstil », ♨, ⇌s – ▐﹩|, ⇄ Zim, ⊡ ✆ ⇔ – 🔬 160. 🖭 ⓪ Ε 𝘝𝘐𝘚𝘈 𝗝𝗖𝗕
BX a
Menu à la carte 42/68 – **204 Z** 195/305, 6 Suiten.

Astron Ⓜ, Zerbster Str. 29, ⊠ 06844, ℘ (0340) 2 51 40, Fax (0340) 2514100, ⇌s – ▐﹩|, ⇄ Zim, ⊡ ☎ � & ⇔ Ⓟ – 🔬 100. 🖭 ⓪ Ε 𝘝𝘐𝘚𝘈 𝗝𝗖𝗕
CX e
Menu à la carte 37/65 – **161 Z** 190/250.

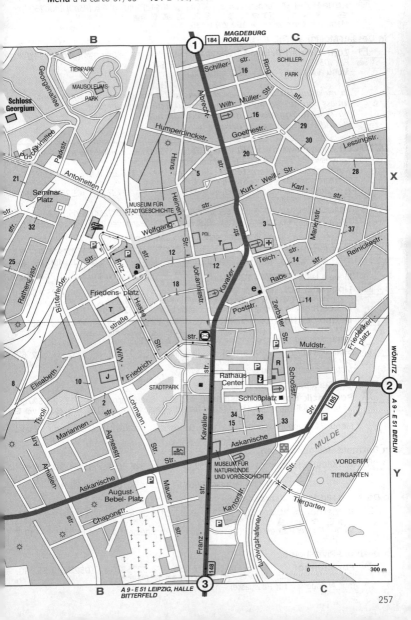

257

🏠 **An den 7 Säulen** garni, Ebertallee 66, ✉ 06846, ℘ (0340) 61 96 20, *Fax (0340) 619622* – 🚭 [TV] ☎ [P] AX f
23 Z 130/180.

🏠 **City-Pension** garni, Ackerstr. 3a, ✉ 06842, ℘ (0340) 8 78 20, *Fax (0340) 8825017* – 🛗 [TV] ☎ 🚗. [AE] [E] [VISA] über ③ : 1,5 km
24 Z 85/140.

In Dessau-Mildensee *O : 5 km über ②, an der BAB-Ausfahrt Dessau-Ost :*

🏨 **Adria-Hotel** [M], Sonnenalle 4, ✉ 06842, ℘ (0340) 2 10 00, *Fax (0340) 2100250*, 🍽, ♨ – 🛗, 🚭 Zim, [TV] ☎ 📱 [P] – 👥 60. [AE] [D] [E] [VISA]
Menu à la carte 28/51 – **102 Z** 90/135.

In Dessau-Mosigkau ④ *: 6,5 km :*

🏠 **Zum kleinen Prinzen**, Erich-Weinert-Str. 16, ✉ 06847, ℘ (0340) 51 70 71, *Fax (0340) 517073*, 🍽 – [TV] ☎ [P]. [AE] [D] [E] [VISA]
Menu à la carte 24/54 – **23 Z** 100/200.

In most hotels telephone reservations will be respected only until 6pm, unless you have come to an agreement with the proprietor. Written confirmation is strongly recommended should you expect to be arriving later.

DETMOLD *Nordrhein-Westfalen* [417] *K 10,* [987] ⑯ *– 75 000 Ew – Höhe 134 m.*

Sehenswert : *Westfälisches Freilichtmuseum★* BX.

Ausflugsziele : *Externsteine★ (Flachrelief★★ a.d. 12. Jh.), S : 11 km* BY – *Hermannsdenkmal★ (✳★) SW : 6 km* AY.

[i] *Städt. Verkehrsamt, Rathaus, Marktplatz 5,* ✉ *32756,* ℘ *(05231) 97 73 28, Fax (05231) 977447.*

ADAC, *Paulinenstr. 64,* ✉ *32756,* ℘ *(05231) 2 34 06, Fax (05231) 38050.*

Berlin 384 ③ – Düsseldorf 197 ⑤ – Bielefeld 29 ① – Hannover 95 ③ – Paderborn 27 ④

Stadtplan siehe gegenüberliegende Seite

🏨 **Residenz Hotel** [M], Paulinenstr. 19, ✉ 32756, ℘ (05231) 93 70, *Fax (05231) 937333*, 🍽, ♨, 🏊 – 🛗, 🚭 Zim, [TV] ☎ 📱 🚗 – 👥 120. [AE] [D] [E] [VISA]. 🚫 Rest AZ a
Menu à la carte 41/71 – **83 Z** 178/258.

🏨 **Lippischer Hof**, Willy-Brandt-Platz 1, ✉ 32756, ℘ (05231) 93 60, *Fax (05231) 24470* – 🛗, 🚭 Zim, [TV] ☎ 📱 ♿ [P] – 👥 55. [AE] [D] [E] [VISA] [JCB] AZ n
Le Gourmet *(Sonntag geschl.)* **Menu** à la carte 45/83 – **27 Z** 131/290.

🏨 **Detmolder Hof** (Steingiebelhaus a.d.J. 1560), Lange Str. 19, ✉ 32756, ℘ (05231) 9 91 20, *Fax (05231) 991299*, 🍽 – 🛗 [TV] ☎ – 👥 40. [AE] [D] [E] [VISA] AZ v
Menu *(Montag geschl.)* à la carte 45/73 – **39 Z** 128/215.

🍴🍴 **Speisekeller im Rosental**, Schloßplatz 7, ✉ 32756, ℘ (05231) 2 22 67, *Fax (05231) 33756*, 🍽 – 👥 200. [AE] [E] [VISA] AZ
Montag geschl. – **Menu** und à la carte 37/60.

In Detmold-Berlebeck :

🍴🍴🍴 **Romantik Hotel Hirschsprung** mit Zim, Paderborner Str. 212, ✉ 32760, ℘ (05231) 49 11, *Fax (05231) 4172*, « Gartenterrasse », 🍽 – [TV] ☎ 🚗 [P]. [AE] [D] [E] [VISA] BY t
Menu *(Montagmittag und Jan. - März Donnerstag geschl.)* (Tischbestellung ratsam) à la carte 46/78 – **17 Z** 100/225.

In Detmold-Heiligenkirchen :

🏠 **Achilles**, Paderborner Str. 87, ✉ 32732, ℘ (05231) 9 46 30, *Fax (05231) 946355*, 🍽, ♨ – [TV] ☎ 🚗 [P]. [E] [VISA] BY g
1. - 15. Jan. geschl. – **Menu** *(Montag geschl.)* à la carte 30/64 – **22 Z** 79/149.

In Detmold-Hiddesen – *Kneippkurort :*

🏠 **Römerhof** 🌳, Maiweg 37, ✉ 32760, ℘ (05231) 9 86 10, *Fax (05231) 986150*, ≤, 🍽 – 🛗 [TV] ☎ [P] – 👥 60. [AE] [D] [E] [VISA] AY d
Menu *(Donnerstag geschl.)* (wochentags nur Abendessen) à la carte 33/59 – **19 Z** 95/195.

In Detmold-Pivitsheide :

🏠 **Forellenhof** 🌳, Gebr.-Meyer-Str. 50, ✉ 32758, ℘ (05232) 9 85 00, *Fax (05232) 985040*, 🍽 – 🚭 [TV] ☎ [P]. [AE] [D] [E] [VISA]. 🚫 AX b
(nur Abendessen für Hausgäste) – **12** 85/140.

DETMOLD

DETTELBACH Bayern 419 420 Q 14, 987 ⊗ – 4 300 Ew – Höhe 189 m.
Sehenswert : Wallfahrtskirche (Kanzel★, Renaissance-Portal★).
🔓 Dettelbach-Mainsondheim, Schloßweg 1, 𝒫 (09324) 46 56.
Berlin 483 – München 264 – Bamberg 61 – Nürnberg 93 – Würzburg 19.

☂ **Grüner Baum** (altfränkischer Gasthof), Falterstr. 2, ✉ 97337, 𝒫 (09324) 14 93,
🕻 Fax (09324) 3734, � – 📺 ☎ 🚗. 🅴
24. Dez. - 15. Jan. geschl. – **Menu** (Sonntagabend - Montagmittag geschl.) à la carte 24/50
🍴 – **18 Z** 75/120.

✗✗ **Himmelstoss,** Bamberger Str. 3, ✉ 97337, 𝒫 (09324) 47 76, Fax (09324) 4969,
« Innenhofterrasse » – 🌦
Montag - Dienstag, Jan. 3 Wochen und Aug. 2 Wochen geschl. – **Menu** à la carte 50/75.

DETTINGEN AN DER ERMS Baden-Württemberg 419 U 12 – 8 000 Ew – Höhe 398 m.
Berlin 678 – Stuttgart 39 – Reutlingen 13 – Ulm (Donau) 61.

🏠 **Rößle,** Uracher Str. 30, ✉ 72581, 𝒫 (07123) 9 78 00, Fax (07123) 978010, 🌦 –
🛏 Zim, 📺 ☎ 🅿. 🕦 🅴 𝓥𝓘𝓢𝓐. 🌦 Rest
Menu (Montag geschl.) à la carte 31/70 – **22 Z** 60/160.

DETTINGEN UNTER TECK Baden-Württemberg 419 U 12 – 5 200 Ew – Höhe 385 m.
Berlin 624 – Stuttgart 42 – Reutlingen 34 – Ulm (Donau) 57.

🏠 **Rößle** garni, Austr. 32, ✉ 73265, 𝒫 (07021) 9 84 90, Fax (07021) 9849150 – 🛗 📺 ☎
🚗 🅿. 🅴 𝓥𝓘𝓢𝓐
48 Z 75/110.

🏠 **Teckblick,** Teckstr. 44, ✉ 73265, 𝒫 (07021) 8 30 48, Fax (07021) 53024, 🌦 – 🛗 📺
☎ 🅿 – 🔬 30. 🅰🅴 ⊙ 🅴 𝓥𝓘𝓢𝓐
1.- 6. Jan. geschl. – **Menu** (Sonntagabend geschl.) à la carte 30/61 – **25 Z** 70/100.

DEUDESFELD Rheinland-Pfalz 417 P 4 – 500 Ew – Höhe 450 m – Erholungsort.
Berlin 688 – Mainz 181 – Bitburg 28 – Bonn 107 – Trier 67.

☂ **Zur Post,** Hauptstr. 8, ✉ 54570, 𝒫 (06599) 8 66, Fax (06599) 1304, 🌦, 🛋, 🌲 – 🅿.
🌦 Rest
Nov. 3 Wochen geschl. – **Menu** (im Winter Donnerstag geschl.) à la carte 21/50 – **23 Z**
39/78.

DEUTSCH-EVERN Niedersachsen siehe Lüneburg.

DEUTSCHE ALPENSTRASSE Bayern 419 420 X 13 bis X 22, 987 ⊗ ⊙ ⊕.
Sehenswert : Panoramastraße★★★ von Lindau bis Berchtesgaden (Details siehe unter den
erwähnten Orten entlang der Strecke).

DIEBLICH Rheinland-Pfalz 417 P 6 – 2 200 Ew – Höhe 65 m.
Berlin 616 – Mainz 96 – Koblenz 15 – Cochem 39.

🏠 **Pistono,** Hauptstr. 30, ✉ 56332, 𝒫 (02607) 2 18, Fax (02607) 1039, 🌦, 🛋, 🔲, 🌲
– 🛗 📺 ☎ 🅿. 🅴. 🌦
nach Karneval 2 Wochen geschl. – **Menu** (Montag geschl.) à la carte 26/61 – **84 Z** 65/180.

DIEBURG Hessen 417 Q 10, 987 ⊗ – 14 000 Ew – Höhe 144 m.
Berlin 558 – Wiesbaden 61 – Frankfurt am Main 41 – Darmstadt 16 – Aschaffenburg 28.

🏠 **Mainzer Hof** garni, Markt 22, ✉ 64807, 𝒫 (06071) 2 50 95, Fax (06071) 25090 – 📺
☎ 📞 🅿 – 🔬 20. 🅰🅴 ⊙ 🅴 𝓥𝓘𝓢𝓐
Weihnachten - Anfang Jan. geschl. – **34 Z** 98/180.

DIEKHOLZEN Niedersachsen siehe Hildesheim.

DIELHEIM Baden-Württemberg 417 419 S 10 – 7 600 Ew – Höhe 130 m.
Berlin 635 – Stuttgart 102 – Heidelberg 25 – Heilbronn 50 – Karlsruhe 48 –
Mannheim 38.

In Dielheim-Horrenberg O : 3,5 km :

✗ **Zum wilden Mann,** Burgweg 1, ✉ 69234, 𝒫 (06222) 7 10 53, Fax (06222) 73171 –
🅿. 🅴
Dienstag, Aug. 3 Wochen und 27. Dez. - Anfang Jan. geschl. – **Menu** à la carte 48/67.

DIEMELSEE Hessen 👓7 L 10 – 6 300 Ew – Höhe 340 m.
: 🇮 Haus des Gastes, Heringhausen, 𝒫 (05633) 9 11 33, Fax (05633) 91134.
: Berlin 458 – Wiesbaden 200 – Kassel 70 – Marburg 80 – Paderborn 62.

In Diemelsee-Heringhausen :

🏨 **Fewotel Diemelsee,** Seestr. 17, ⊠ 34519, 𝒫 (05633) 60 80, Fax (05633) 5429, ≤,
⇆ 😊, ☒ – 🍴 🖵 ☎ 🏃 🅿 – 🔬 60. 🆎 ⓞ 🗲 𝘝𝘐𝘚𝘈
Menu à la carte 30/53 – **69 Z** 110/220.

In Diemelsee-Ottlar :

🏠 **Landhotel Ottonenhof,** Zum Upland 8, ⊠ 34519, 𝒫 (05633) 10 55,
Fax (05633) 5958, 🍴, 😊, 🍴 – 🚗 🅿. 🚫 Zim
Ende Nov. - Anfang Dez. geschl. – **Menu** (Mittwoch geschl.) à la carte 27/50 – **19 Z** 65/120.

DIEMELSTADT Hessen 👓7 L 10, 👓7 ⑯ – 6 000 Ew – Höhe 280 m.
: 🇮 Städt. Verkehrsamt, Ramser Str. 6 (Wrexen), ⊠ 34474, 𝒫 (05642) 84 34.
: Berlin 437 – Wiesbaden 218 – Kassel 53 – Dortmund 126 – Paderborn 38.

In Diemelstadt-Rhoden :

🏠 **Montana,** Zum Jungfernborn 1 (B 252), ⊠ 34474, 𝒫 (05694) 9 79 70,
Fax (05694) 979797 – 🍴 Zim, 🖵 ☎ 🍴 🅿 – 🔬 40. 🆎 🗲 𝘝𝘐𝘚𝘈
Menu (nur Abendessen) à la carte 25/34 – **40 Z** 90/121.

🍴 **Rosengarten** 😊 mit Zim, Schloßplatz 1, ⊠ 34474, 𝒫 (05694) 2 28, Fax (05694) 770,
🍴 – 🖵 ☎. 🗲
Menu (Dienstag geschl.) à la carte 36/58 – **8 Z** 78/125.

DIERDORF Rheinland-Pfalz 👓7 O 6, 👓7 ㉚ – 4 400 Ew – Höhe 240 m.
: Berlin 584 – Mainz 106 – Koblenz 48 – Bonn 60 – Limburg an der Lahn 47 – Köln 77.

🏠 **Waldhotel** 😊, nahe der B 413, ⊠ 56269, 𝒫 (02689) 20 88, Fax (02689) 7881, ≤,
😊 🅇 (geheizt), 🍴 – 🖵 ☎ 🚗 🅿
Menu (Montag und Weihnachten - Silvester geschl.) à la carte 22/49 – **17 Z** 64/98.

In Großmaischeid SW : 6 km :

🏠 **Tannenhof** 😊, Stebacher Str. 64, ⊠ 56276, 𝒫 (02689) 60 41, Fax (02689) 5513, 🍴,
😊 🍴, 🚫 – 🖵 ☎ 🅿 – 🔬 45. 🆎 🗲 𝘝𝘐𝘚𝘈
Menu à la carte 24/56 – **22 Z** 70/150.

In Isenburg SW : 11 km :

🏠 **Haus Maria** 😊, Caaner Str. 6, ⊠ 56271, 𝒫 (02601) 29 80, Fax (02601) 2964, 🍴, 🍴
– 🚗 🅿 – 🔬 20. 🆎 ⓞ 🗲 𝘝𝘐𝘚𝘈
28. Dez. - Mitte Jan. geschl. – **Menu** (Montagmittag geschl.) à la carte 28/61 – **14 Z** 55/120.

DIERHAGEN Mecklenburg-Vorpommern 👓6 D 21 – 1 500 Ew – Seebad.
: 🇮 Kurverwaltung, Waldstr. 4 (in Strand), ⊠ 18347, 𝒫 (038226) 2 01, Fax (038226)
80466.
: Berlin 248 – Schwerin 122 – Rostock 35 – Stralsund 57.

In Dierhagen-Dorf :

🏨 **Blinkfüer,** An der Schwedenschanze 20 (N : 1,5 km), ⊠ 18347, 𝒫 (038226) 8 03 84,
Fax (038226) 80392, 🍴, 😊, 🔥 – 🍴 🖵 ☎ 🚗 🅿 – 🔬 55. 🆎 ⓞ 🗲 𝘝𝘐𝘚𝘈
Menu à la carte 37/60 – **28 Z** 110/195, 5 Suiten – ½ P 25.

🍴 **Werth's Hof** 😊 (mit Gästehaus), Neue Str. 6, ⊠ 18347, 𝒫 (038226) 50 80,
Fax (038226) 50840, 🍴, « Ehemaliges niedersächsisches Hallenhaus a.d.J. 1850 » –
🍴 Zim, 🖵 ☎ 🅿. 🗲. 🚫
Menu à la carte 24/38 – **18 Z** 75/110 – ½ P 15.

In Dierhagen-Strand W : 2 km :

🏨 **Strandhotel Fischland** Ⓜ 😊, Ernst-Moritz-Arndt-Str. 6, ⊠ 18347,
𝒫 (038226) 5 20, Fax (038226) 52999, ≤, 🍴, « Parkanlage », Massage, 🔥, 😊, ☒,
🍴, 🚫 (Halle) – 🍴 🖵 ☎ 🍴 🅿 – 🔬 150. 🆎 ⓞ 🗲 𝘝𝘐𝘚𝘈. 🚫 Rest
Menu à la carte 34/71 – **63 Z** 260/290, 13 Suiten – ½ P 25.

In Dierhagen-Neuhaus SW : 3 km :

🏠 **An de See** 😊, Zwischen den Kiefern 1, ⊠ 18347, 𝒫 (038226) 50 10,
Fax (038226) 80391, 🍴, 😊, 🔥, 🍴 – 🖵 ☎ 🅿 – 🔬 30. 🚫 Rest
Menu à la carte 22/35 – **40 Z** 100/180 – ½ P 20.

DIESSEN AM AMMERSEE *Bayern* 419 420 *W 17,* 987 ㊴ *– 9 000 Ew – Höhe 536 m – Luftkurort.*

Sehenswert : *Stiftskirche★ – Ammersee★.*

Verkehrsamt, Mühlstr. 4a, ✉ 86911, ✆ (08807) 10 48, Fax (08807) 4459.

Berlin 635 – München 55 – Garmisch-Partenkirchen 62 – Landsberg am Lech 22.

Strand-Hotel, Jahnstr. 10, ✉ 86911, ✆ (08807) 9 22 20, *Fax (08807) 8958,* ←, – TV ☎ P. VISA. Zim
23. - 27. Dez. geschl. – **Menu** *(Montag sowie Dez. und Jan. geschl.)* à la carte 38/72 – **18 Z** 104/270.

In Diessen-Riederau *N : 4 km :*

Seehaus, Seeweg 22, ✉ 86911, ✆ (08807) 73 00, *Fax (08807) 6810,* ← Ammersee, « Terrassen am See » Bootssteg – P. AE E VISA
Menu à la carte 37/67.

DIETENHOFEN *Bayern* 419 420 *R 16 – 5 200 Ew – Höhe 356 m.*

Berlin 473 – München 201 – Nürnberg 37 – Ansbach 17.

Moosmühle, Mühlstr. 12, ✉ 90599, ✆ (09824) 95 90, *Fax (09824) 95959,* , (Halle) – , Zim, TV ☎ P – 35. E
Menu *(Montag - Dienstagmittag geschl.)* à la carte 36/69 – **31 Z** 92/145.

DIETERSHEIM *Bayern siehe Neustadt an der Aisch.*

DIETFURT AN DER ALTMÜHL *Bayern* 419 420 *S 18,* 987 ㉙ *– 5 300 Ew – Höhe 365 m – Erholungsort.*

Verkehrsbüro, Rathaus, Hauptstraße 26, ✉ 92345, ✆ (08464) 64 00 19, Fax (08464) 640033.

Berlin 496 – München 126 – Nürnberg 82 – Ingolstadt 44 – Regensburg 61.

Zur Post, Hauptstr. 25, ✉ 92345, ✆ (08464) 3 21, *Fax (08464) 9126,* Biergarten, – P
Nov. 3 Wochen geschl. – **Menu** *(außer Saison Dienstag geschl.)* à la carte 23/34 – **28 Z** 45/80 – ½ P 14.

DIETMANNSRIED *Bayern* 419 420 *W 14,* 987 ㊴ *– 5 900 Ew – Höhe 682 m.*

Berlin 684 – München 112 – Augsburg 90 – Kempten 13 – Memmingen 25.

In Dietmannsried-Probstried *NO : 4 km :*

Landhaus Henze mit Zim, Wohlmutser Weg 2, ✉ 87463, ✆ (08374) 5 83 20, *Fax (08374) 583222,* , « Elegant-rustikale Einrichtung » – TV ☎ P. E VISA
Aug. 2 Wochen geschl. – **Menu** *(Donnerstag geschl.)* (wochentags nur Abendessen, Tischbestellung ratsam) à la carte 42/74 – **8 Z** 75/165.

DIETZENBACH *Hessen* 417 *P 10 – 31 000 Ew – Höhe 170 m.*

Berlin 556 – Wiesbaden 47 – Frankfurt am Main 17 – Darmstadt 33 – Aschaffenburg 30.

Sonnenhof, Otto-Hahn-Str. 7 (O : 2 km), ✉ 63128, ✆ (06074) 48 90, *Fax (06074) 489333,* – , Zim, TV ☎ P – 25. AE E VISA
20. Dez. - 5. Jan. geschl. – **Menu** à la carte 32/73 – **70 Z** 155/207.

Alte Schmiede, Rathenaustr. 7, ✉ 63128, ✆ (06074) 4 27 45, *Fax (06074) 3834,* – P
Samstagmittag geschl. – **Menu** à la carte 38/74.

DIEZ/LAHN *Rheinland-Pfalz* 417 *O 8,* 987 ㉕ *– 11 000 Ew – Höhe 119 m – Felke- und Luftkurort.*

Verkehrsamt, Rathaus, Wilhelmstr. 63, ✉ 65582, ✆ (06432) 50 12 70, Fax (06432) 5136.

Berlin 554 – Mainz 54 – Koblenz 51 – Limburg an der Lahn 4,5.

In Diez-Freiendiez :

Wilhelm von Nassau, Weiherstr. 38, ✉ 65582, ✆ (06432) 10 14, *Fax (06432) 1447,* , , – , Zim, TV ☎ P – 40. AE E VISA
Menu *(Samstagmittag geschl.)* à la carte 27/56 – **37 Z** 108/182.

DILLENBURG Hessen **417** N 8, **987** ㉖ – 25 200 Ew – Höhe 220 m.
🛈 Fremdenverkehrsamt, Hauptstr. 19, ✉ 35683, ✆ (02771) 89 61 17, Fax (02771) 896115.
Berlin 541 – Wiesbaden 127 – Gießen 47 – Marburg 52 – Siegen 30.

🏠 **Oranien** garni, Am Untertor 1, ✉ 35683, ✆ (02771) 70 85, Fax (02771) 22951 – 📺
☎ 🚗 🅿. 🄰🄴 ⓞ 🄴 𝖵𝖨𝖲𝖠
22. Dez. - 3. Jan. geschl. – **25 Z** 105/150.

🏠 **Zum Schwan,** Wilhelmsplatz 6, ✉ 35683, ✆ (02771) 8 99 00, Fax (02771) 899050 –
📺 ☎ 🅿. 🄰🄴 ⓞ 🄴 𝖵𝖨𝖲𝖠
27. Dez. - 10. Jan. geschl. – **Menu** (Samstag geschl.) à la carte 32/70 – **15 Z** 79/145.

🗙🗙 **Bartmannshaus,** Untertor 3, ✉ 35683, ✆ (02771) 78 51, Fax (02771) 21028,
« Restauriertes Fachwerkhaus mit geschmackvoller Einrichtung ». 🄴 𝖵𝖨𝖲𝖠
Montag geschl. – **Menu** a la carte 42/73.

In Dillenburg-Eibach O : 2,5 km :

🏠 **Kanzelstein** 🔍, Fasanenweg 2, ✉ 35689, ✆ (02771) 58 36, Fax (02771) 24831, 🏡
– 📺 ☎ 🅿. 🄴
Menu à la carte 27/46 🍷 – **21 Z** 73/115.

DILLINGEN AN DER DONAU Bayern **419 420** U 15, **987** ㉟ – 17 000 Ew – Höhe 434 m.
Berlin 545 – München 108 – Augsburg 50 – Nürnberg 121 – Ulm (Donau) 53.

🏠 **Dillinger Hof,** Rudolf-Diesel-Str. 8 (an der B 16), ✉ 89407, ✆ (09071) 80 61 (Hotel)
86 71 (Rest.), Fax (09071) 8323, 🏡, 🎰, 🔒 – 📺 ☎ 🚗 🅿 – 🔬 40. 🄰🄴 ⓞ 🄴 𝖵𝖨𝖲𝖠
Menu à la carte 29/59 – **49 Z** 90/135.

🏠 **Hotel am Fluss** garni, Donaustr. 23 1/2, ✉ 89407, ✆ (09071) 47 95,
Fax (09071) 71453 – 📺 ☎ 🚗 🅿. 🄴. 🎆
Weihnachten - Anfang Jan. geschl. – **11 Z** 55/95.

🏠 **Garni Trumm,** Donauwörther Str. 62 (B 16), ✉ 89407, ✆ (09071) 30 72,
Fax (09071) 4100 – 🌀 Zim, 📺 ☎ 🚗 🅿. 🄰🄴 🄴 𝖵𝖨𝖲𝖠. 🎆
24. Dez. - 2. Jan. geschl. – **18 Z** 65/105.

In Dillingen-Fristingen SO : 6 km :

🗙🗙 **Storchennest,** Demleitnerstr. 6, ✉ 89407, ✆ (09071) 45 69, Fax (09071) 6180,
🕸 🏡 – 🅿. 🄰🄴 🄴
Montag - Dienstag geschl. – **Menu** à la carte 45/89.

DILLINGEN/SAAR Saarland **417** R 4, **987** ㉕ – 21 600 Ew – Höhe 182 m.
Berlin 730 – Saarbrücken 33 – Saarlouis 5 – Trier 62.

🏠 **Saarland-Hotel König,** Göbenstr. 1, ✉ 66763, ✆ (06831) 90 50, Fax (06831) 905123
– 📺 ☎ 🅿 – 🔬 40. 🄰🄴 ⓞ 🄴 𝖵𝖨𝖲𝖠 𝖩𝖢𝖡
Menu (Montagmittag, Samstagmittag, Sonntagabend und Anfang Jan. 1 Woche geschl.)
à la carte 39/83 – **23 Z** 75/200.

In Dillingen-Diefflen NO : 3,5 km :

🏨 **Bawelsberger Hof,** Dillinger Str. 5a, ✉ 66763, ✆ (06831) 70 39 93,
Fax (06831) 73976, 🔒 – 📶, 🌀 Zim, 📺 ☎ 🅿 – 🔬 70. 🄰🄴 ⓞ 🄴 𝖵𝖨𝖲𝖠
Ma cuisine : Menu à la carte 38/77 – **Saarstube :** Menu à la carte 33/60 – **46 Z** 117/194.

DILLSTÄDT Thüringen **418 420** O 15 – 1 000 Ew – Höhe 320 m.
Berlin 375 – Erfurt 82 – Coburg 64 – Suhl 11.

🏠 **Der Distelhof,** Dorfstr. 3, ✉ 98530, ✆ (036846) 6 05 47, Fax (036846) 61332,
🚗 🏡 – 🌀 Zim, 📺 ☎ 🚗 🅿
Menu à la carte 22/46 – **26 Z** 85/129.

DINGOLFING Bayern **420** U 21, **987** ㊵ – 15 000 Ew – Höhe 364 m.
Berlin 582 – München 101 – Landshut 32 – Straubing 34.

🏠 **Maximilian** garni, Wollerstr. 2, ✉ 84130, ✆ (08731) 5 06 20, Fax (08731) 506250 📶
📺 ☎ 🅿. 🄰🄴 ⓞ 🄴 𝖵𝖨𝖲𝖠
40 Z 78/130.

In Loiching-Oberteisbach SW : 5 km :

🏨 **Räucherhansl** 🔍, ✉ 84180, ✆ (08731) 32 00, Fax (08731) 40670, 🏡, 🎰 – 📶.
🚗 🌀 Zim, 📺 ☎ 🅿 – 🔬 40. 🄰🄴 🄴 𝖵𝖨𝖲𝖠
Menu (Dienstagmittag geschl.) à la carte 24/46 – **55 Z** 85/160.

DINKELSBÜHL Bayern 419 420 S 14, 987 ㉘ – 11 000 Ew – Höhe 440 m.

Sehenswert : St.-Georg-Kirche★ – Deutsches Haus★.

🏌 *Dinkelsbühl-Seidelsdorf, (NW : 3 km)* ℰ *(09851) 57 56 13.*

🛈 Verkehrsamt, Marktplatz, ⊠ 91550, ℰ *(09851) 9 02 40, Fax (09851) 90279.*

Berlin 520 – München 159 – Stuttgart 117 – Nürnberg 93 – Ulm (Donau) 103 – Würzburg 105.

🏨 **Blauer Hecht,** Schweinemarkt 1, ⊠ 91550, ℰ (09851) 58 10, Fax (09851) 581170, ⇌, ▦ – ⇌ Zim, ▥ ☎ – 🔬 30. Æ ⑩ Ε ☑☑☑. ✦
Jan. geschl. – **Menu** *(Sonntagabend - Montag und Jan. - Mitte Feb. geschl.)* à la carte 34/62 – **44 Z** 99/174.

🏠 **Goldener Anker** (mit Gästehaus), Untere Schmiedsgasse 22, ⊠ 91550, ℰ (09851) 5 78 00, Fax (09851) 578080, 🌧 – ▥ ☎ 🚗. Æ ⑩ Ε
Menu à la carte 26/62 – **17 Z** 80/160.

🏠 **Goldene Rose** (mit Gästehaus), Marktplatz 4, ⊠ 91550, ℰ (09851) 5 77 50, Fax (09851) 577575 – ▥ ☎ ℗ – 🔬 30. Æ ⑩ Ε ☑☑☑ ⱼⲥⲃ
Menu à la carte 29/58 – **34 Z** 90/200.

🏠 **Goldene Krone,** Nördlinger Str. 24, ⊠ 91550, ℰ (09851) 22 93, Fax (09851) 6520 – ⇌ 🚗. Æ ⑩ Ε ☑☑☑ ⱼⲥⲃ
Mitte - Ende Aug. und Mitte - Ende Nov. geschl. – **Menu** *(Mittwoch geschl.)* à la carte 23/44 ♨ – **25 Z** 65/110.

In Dürrwangen *NO : 8 km :*

🏠 **Zum Hirschen,** Hauptstr. 13, ⊠ 91602, ℰ (09856) 2 60, Fax (09856) 1801 – ☎ 🚗 ℗. ⇌ Zim
Aug. 2 Wochen geschl. – **Menu** *(Montagmittag geschl.)* à la carte 20/52 ♨ – **32 Z** 55/98.

In Fichtenau-Lautenbach : *W : 7 km :*

🏠 **Storchenmühle,** Buckenweiler Str. 42, ⊠ 74579, ℰ (07962) 5 66, Fax (07962) 1234, 🌧, ⇌, 🥤 – ▥ ☎ ℗. Æ ⑩ Ε ☑☑☑
Menu *(Montagmittag und Dienstag geschl.)* à la carte 24/42 – **10 Z** 75/115.

DINKLAGE Niedersachsen 415 I 8, 987 ⑮ – 9 600 Ew – Höhe 30 m.
Berlin 417 – Hannover 131 – Bremen 78 – Oldenburg 59 – Osnabrück 48.

🏨 **Burghotel** 🦢, Burgallee 1, ⊠ 49413, ℰ (04443) 89 70, Fax (04443) 897444, 🌧, Wildgehege, ⇌ – ▐, ⇌ Zim, ▥ ☎ ὅ ℗ – 🔬 90. Æ ⑩ Ε ☑☑☑ ⱼⲥⲃ
Menu à la carte 42/74 – **53 Z** 175/240.

🏠 **Rheinischer Hof,** Burgstr. 54, ⊠ 49413, ℰ (04443) 12 60, Fax (04443) 3748 – ▥ ☎ 🚗 ℗. ⑩ Ε ☑☑☑
Menu *(Mittwoch geschl.)* à la carte 25/48 – **9 Z** 85/130.

An der Straße zur Autobahn : *O : 2 km :*

🏠 **Wiesengrund,** Lohner Str. 17, ⊠ 49413 Dinklage, ℰ (04443) 20 50, Fax (04443) 3798, 🌧 – ▥ ☎ 🚗 – 🔬 24. Æ ⑩ Ε ☑☑☑
Menu *(Montagmittag und Samstagmittag geschl.)* à la carte 27/48 – **20 Z** 79/120.

XX **Landhaus Stuben,** Dinklager Str. 132, ⊠ 49393 Lohne, ℰ (04443) 43 83, Fax (04443) 3767, 🌧 – ℗. Æ ⑩ Ε ☑☑☑. ✦
Samstagmittag und Sonntagabend - Montag geschl. – **Menu** à la carte 45/67.

DINSLAKEN Nordrhein-Westfalen 417 L 4, 987 ⑭ – 66 500 Ew – Höhe 30 m.
🏌 Hünxe (NO : 8 km), ℰ (02858) 64 80.

🛈 Stadtinformation, Friedrich-Ebert-Str. 82, ⊠ 46535, ℰ (02064) 6 62 22.
Berlin 545 – Düsseldorf 46 – Duisburg 16 – Oberhausen 20 – Wesel 14.

🏨 **Hotel am Park** garni, Althoffstr. 16, ⊠ 46535, ℰ (02064) 5 40 54, Fax (02064) 54057 – ▐ ▥ ☎ ℃ ℗. Æ ⑩ Ε ☑☑☑. ✦
24 Z 150/240.

In Dinslaken-Hiesfeld *SO : 3 km :*

🏠 **Landhotel Galland-Im kühlen Grunde,** Dickerstr. 346, ⊠ 46539, ℰ (02064) 4 95 90, Fax (02064) 495935, 🌧 – ▥ ☎ ℃ ℗ – 🔬 40. Æ Ε ☑☑☑
Menu *(Sonntag - Montagmittag geschl.)* à la carte 27/69 – **20 Z** 85/160.

DIPPOLDISWALDE *Sachsen* [418] *N 25,* [987] ⑲ *– 6 700 Ew – Höhe 350 m.*

Berlin 213 – Dresden 22 – Chemnitz 65 – Marienberg 64 – Pirna 36.

🏨 **Landhaus Heidehof,** Hohe Str. 2 (NO : 1,5 km), ✉ 01744, ✆ (03504) 6 48 70, *Fax (03504) 648755,* ←, ⛱ – ✗ Zim, [TV] ☎ [P] – 🧑‍🏫 80. [AE] ◐ [E] [VISA]
Menu à la carte 24/55 – **22 Z** 110/165.

🏨 **Am Schloß** 🔇, Rosengasse 12, ✉ 01744, ✆ (03504) 61 79 47, *Fax (03504) 617948* – [TV] ☎. [E]
Feb. 1 Woche geschl. – **Menu** *(Donnerstagmittag geschl.)* à la carte 24/46 – **12 Z** 85/130.

DIRMSTEIN *Rheinland-Pfalz* [417] [419] *R 8 – 2 500 Ew – Höhe 108 m.*

Berlin 629 – Mainz 61 – Kaiserslautern 43 – Mannheim 24 – Worms 13.

🏨 **Kempf,** Marktstr. 3, ✉ 67246, ✆ (06238) 9 84 00, *Fax (06238) 984088,* ⛱ – |♦| [TV] ☎ – 🧑‍🏫 60. [AE] [E] [VISA]
Menu *(Dienstag geschl.)* à la carte 31/67 🍷 – ***Ambiente*** *(nur Abendessen, Dienstag geschl.)* **Menu** à la carte 69/97 – **25 Z** 60/160.

In Großkarlbach *SW : 4 km :*

🍴🍴 **Restaurant Gebr. Meurer,** Hauptstr. 67, ✉ 67229, ✆ (06238) 6 78, *Fax (06238) 1007,* « Gartenterrasse » – 🧑‍🏫 80. [AE] [E]
Menu (wochentags nur Abendessen, Tischbestellung ratsam) à la carte 50/73.

🍴🍴 **Karlbacher** (Fachwerkhaus a.d.17.Jh.), Hauptstr. 57, ✉ 67229, ✆ (06238) 37 37, *Fax (06238) 4535,* ⛱ – [P] [E] [VISA]
Dienstag geschl. – **Menu** (wochentags nur Abendessen) à la carte 55/82.

DISSEN *Niedersachsen* [417] *J 8,* [987] ⑮ *– 8 100 Ew – Höhe 100 m.*

Berlin 411 – Hannover 132 – Bielefeld 29 – Osnabrück 26.

In Dissen-Nolle *N : 2 km :*

🍴🍴 **Heimathof Nolle,** Norte 83, ✉ 49201, ✆ (05421) 44 50, *Fax (05421) 2252* – [P]. [E] [VISA]
Montag und Donnerstag sowie Feb. und Juni - Juli jeweils 2 Wochen geschl. – **Menu** (wochentags nur Abendessen, Tischbestellung ratsam) à la carte 56/79.

DITZENBACH, BAD *Baden-Württemberg* [419] *U 13 – 3 300 Ew – Höhe 509 m – Heilbad.*

[i] *Verkehrsamt, Haus des Gastes, Helfensteinstr. 20,* ✉ *73342,* ✆ *(07334) 69 11.*

Berlin 607 – Stuttgart 61 – Göppingen 19 – Reutlingen 51 – Ulm (Donau) 44.

🏨 **Zum Lamm** (mit 🏨 Gästehaus 🔇), Hauptstr. 30, ✉ 73342, ✆ (07334) 50 80, *Fax (07334) 5089,* 🐎 – ✗ Zim, [TV] ☎ ♿ 🚗 [P]. [AE] [E]. ✗
Feb. - März 4 Wochen geschl. – **Menu** *(Sonntag - Montagmittag geschl.)* à la carte 45/78 – **16 Z** 75/220 – ½ P 25.

In Bad Ditzenbach-Gosbach *SW : 2 km :*

🏨 **Hirsch,** Unterdorfstr. 2 (an der B 466), ✉ 73342, ✆ (07335) 9 63 00, *Fax (07335) 963030* – [TV] ☎ 📞 [P]. [AE] [E]. ✗
Jan. 2 Wochen, Aug. 1 Woche und Ende Okt. - Anfang Nov. geschl. – **Menu** *(Montag geschl.)* à la carte 37/73 *(auch vegetarische Gerichte)* – **8 Z** 70/120 – ½ P 25.

DITZINGEN *Baden-Württemberg* [419] *T 11,* [984] ㉞ *– 23 500 Ew – Höhe 381 m.*

Berlin 626 – Stuttgart 18 – Pforzheim 33.

🏨 **Blankenburg Hotel Ditzingen,** Gerlinger Str. 27, ✉ 71254, ✆ (07156) 93 20, *Fax (07156) 932190* – |♦|, ✗ Zim, [TV] ☎ 🚗 – 🧑‍🏫 25. [AE] ◐ [E] [VISA]. ✗ Rest
Menu à la carte 38/65 – **72 Z** 125/195.

DOBEL *Baden-Württemberg* [419] *T 9,* [987] ㊳ *– 2 200 Ew – Höhe 689 m – Heilklimatischer Kurort – Wintersport : 500/720 m* ⛷2 ⛷2.

[i] *Kurverwaltung, im Kurhaus,* ✉ *75335,* ✆ *(07083) 7 45 13, Fax (07083) 74535.*

Berlin 686 – Stuttgart 74 – Karlsruhe 36 – Baden-Baden 28 – Pforzheim 24.

🏨 **Rössle** 🔇, Joh.-P.-Hebel-Str. 7, ✉ 75335, ✆ (07083) 9 25 30, *Fax (07083) 925392,* ⛱, ≘s – |♦| ☎ 🚗 [P] – 🧑‍🏫 15
15. Nov. - 15. Dez. geschl. – **Menu** *(Dienstag geschl.)* à la carte 23/51 🍷 – **26 Z** 42/130 – ½ P 20.

DOBERAN, BAD *Mecklenburg-Vorpommern* [416] *D 19,* [984] *⑦,* [987] *⑥ – 11 500 Ew – Höhe 50 m – Kur- und Badeort.*

Sehenswert : *Münster★★ (Altar★, Triumphkreuz★, Sakramentshaus★).*

[i] *Bad Doberan-Information, Goethestr. 1, ✉ 18209, ✆ (038203) 21 54, Fax (038203) 2154.*

Berlin 237 – Schwerin 79 – Rostock 17 – Wismar 48.

🏨 **Romantik Kurhotel,** Am Kamp, ✉ 18209, ✆ (038203) 6 30 36, *Fax (038203) 62126,* ⛱, « Palais a.d.J. 1793 », ♨ – [lift] [TV] ☎ [P] – 🎤 40. [AE] [D] [E] [VISA]. 🚫🐕 Rest
Menu (Nov. - März nur Abendessen) à la carte 36/58 – **60 Z** 130/258 – ½ P 20.

DOBRA *Sachsen siehe Radeburg.*

DÖBELN *Sachsen* [418] *M 23,* [984] *㉔,* [987] *⑱ – 27 000 Ew – Höhe 151 m.*

[i] *Fremdenverkehrsbüro, Straße des Friedens 3, ✉ 04720, ✆ (03431) 73 59 03, Fax (03431) 735911.*

Berlin 234 – Dresden 55 – Leipzig 68.

🏨 **Weiße Taube,** Eisenbahnstr. 1, ✉ 04720, ✆ (03431) 61 17 14, *Fax (03431) 611714,* ⛱ – [TV] ☎ [P] – 🎤 15. [AE] [D] [E] [VISA]
Menu *(Sonntagabend - Montagmittag geschl.)* à la carte 28/51 – **15 Z** 95/150.

In Großweitzschen-Obergoseln *NO : 5 km :*

🏨 **Zum Nicolaner** 🐚, Obergoseln 4, ✉ 04720, ✆ (03431) 6 62 10, *Fax (03431) 662143,* ⛱ – 🚭 Rest, [TV] ☎ [P] – 🎤 50. [AE] [D] [E] [VISA]
Menu *(Montagmittag geschl.)* à la carte 31/56 – **13 Z** 90/164.

DÖLBAU *Sachsen-Anhalt siehe Halle.*

DOELZIG *Sachsen siehe Leipzig.*

DÖRENTRUP *Nordrhein-Westfalen* [417] *J 11 – 8 000 Ew – Höhe 200 m.*

Berlin 368 – Düsseldorf 206 – Hannover 78 – Detmold 20 – Bielefeld 37.

In Dörentrup-Farmbeck :

🏨 **Landhaus Begatal,** Bundesstr. 2 (B 66), ✉ 32694, ✆ (05265) 82 55, *Fax (05265) 8225,* ⛱ – 🚭 Zim, [TV] ☎ ♿ [P] – 🎤 20. [D] [E] [VISA]. 🚫🐕 Rest
Menu *(Samstagmittag und Montag geschl.)* à la carte 32/53 – **12 Z** 78/126.

DÖRPEN *Niedersachsen* [415] *H 5 – 3 300 Ew – Höhe 5 m.*

Berlin 504 – Hannover 242 – Bremen 118 – Groningen 64 – Oldenburg 71 – Osnabrück 115.

🏨 **Borchers** (mit Gästehaus), Neudörpener Str. 48, ✉ 26892, ✆ (04963) 16 72, *Fax (04963) 4434,* ⛱, ♨ – [TV] ☎ 🚗 [P] – 🎤 30. [AE] [D] [E] [VISA]
Menu *(Samstag geschl.)* à la carte 29/68 – **31 Z** 70/130.

DOERVERDEN *Niedersachsen siehe Verden (Aller).*

DÖTTESFELD *Rheinland-Pfalz* [417] *O 6 – 350 Ew – Höhe 220 m – Erholungsort.*

Berlin 608 – Mainz 117 – Bonn 59 – Köln 74 – Limburg an der Lahn 58 – Koblenz 43.

🏨 **Zum Wiedbachtal** 🐚, Wiedstr. 14, ✉ 56305, ✆ (02685) 10 60, *Fax (02685) 8660,* ⛱, 🏊, 🌳 – [TV] ☎ [P]. [AE] [D] [E] [VISA]. 🚫🐕
Menu *(Dienstag geschl.)* à la carte 29/56 – **10 Z** 65/120 – ½ P 16.

DOLLE *Sachsen-Anhalt* [416] [418] *I 18,* [984] *⑮,* [987] *⑰ – 550 Ew – Höhe 100 m.*

Berlin 170 – Magdeburg 32 – Gardelegen 44 – Stendal 29 – Wolfsburg 102.

🏨 **Deutsches Haus,** Magdeburger Str. 25 (B 189), ✉ 39517, ✆ (039364) 43 95,
🔗 *Fax (039364) 247* – [TV] ☎ ♿ [P] – 🎤 30. [E] [VISA]
Menu *(Okt. - März Samstagabend geschl.)* à la carte 21/46 – **24 Z** 75/130.

DOLLNSTEIN Bayern 419 420 T 17 – 1800 Ew – Höhe 400 m.
Berlin 515 – München 122 – Ingolstadt 42 – Nürnberg 91.

In Dollnstein-Obereichstätt NO : 7 km :

🏠 **Zur Hüttenschänke,** Allee 15, ✉ 91795, ℰ (08421) 9 79 70, Fax (08421) 979797 –
☎ 🅿. 🗲. ❄
Nov. 2 Wochen geschl. – **Menu** (Mittwoch geschl.) à la carte 28/45 – **22 Z** 65/110.

DONAUESCHINGEN Baden-Württemberg 419 W 9, 987 ㉛ – 20 000 Ew – Höhe 686 m.
Sehenswert : Fürstenberg-Sammlungen (Gemäldegalerie★ : Passionsaltar★★).
🏌 Donaueschingen-Aasen (NO : 4 km), ℰ (0771) 8 45 25.
🅱 Verkehrsamt, Karlstr. 58, ✉ 78166, ℰ (0771) 85 72 21, Fax (0771) 857228.
Berlin 747 – Stuttgart 131 – Freiburg im Breisgau 648 – Basel 108 – Konstanz 67 – Reut-
lingen 124 – Zürich 99.

🏨 **Öschberghof** ⤵, am Golfplatz (NO : 4 km), ✉ 78166, ℰ (0771) 8 40,
Fax (0771) 84600, ≤, 😤, Massage, 🛁, 🏋, ≘, 🔲, 🔐, 🏌 – 🛗 📺 ᵹ 🚗 🅿 – 🔬 100.
🖭 🗲 VISA. ❄
27. Dez. - 19. Jan. geschl. – **Menu** à la carte 50/80 – **53 Z** 219/338.

🏠 **Ochsen** garni, Käferstr. 18, ✉ 78166, ℰ (0771) 8 09 90, Fax (0771) 809988, ≘, 🔲
– 🛗 ↙ 📺 ☎ 🚗 🅿. 🖭 🗲 VISA
40 Z 85/125.

🏠 **Linde,** Karlstr. 18, ✉ 78166, ℰ (0771) 8 31 80, Fax (0771) 831840 – 🛗 📺 ☎ 🅿. ⓪
🗲 VISA
über Fastnacht und 20. Dez. - 20. Jan. geschl. – **Menu** (Freitag - Samstag geschl.) (nur
Abendessen) à la carte 31/60 – **21 Z** 88/170.

🏠 **Zur Sonne,** Karlstr. 38, ✉ 78166, ℰ (0771) 8 31 30, Fax (0771) 831330, ≘ – 📺 ☎
🚗 🅿. ❄ Zim
15. Dez. - 15. Jan. und über Fastnacht geschl. – **Menu** (Sonntagabend - Montag geschl.)
à la carte 35/63 – **20 Z** 75/150.

🏠 **Zum Hirschen,** Herdstr. 5, ✉ 78166, ℰ (0771) 25 49, Fax (0771) 7859, ≘ – 🛗 📺
🚗 🅿. 🗲 VISA
20. Dez. - 10. Jan. geschl. – **Menu** (Dienstag geschl.) à la carte 23/45 🍷 – **28 Z** 70/120.

In Donaueschingen-Aufen NW : 2,5 km – Erholungsort :

🏠 **Waldblick** ⤵, Am Hinteren Berg 7, ✉ 78166, ℰ (0771) 83 25 20, Fax (0771) 8325225,
😤, ≘, 🔲, 🔐 – 🛗 📺 ☎ 🚗 🅿 – 🔬 45. 🖭 ⓪ 🗲 VISA
1. - 15. Aug. geschl. – **Menu** (Montag geschl.) à la carte 27/60 🍷 – **45 Z** 90/170.

Beim Flughafen N : 2 km :

🏨 **Concorde,** Dürrheimer Str. 82, ✉ 78166 Donaueschingen, ℰ (0771) 8 36 30,
Fax (0771) 8363120, 😤, ≘ – 🛗, ↙ Zim, 📺 ☎ ᵹ 🅿 – 🔬 90. 🖭 ⓪ 🗲 VISA
20. - 27. Dez. geschl. – **Menu** à la carte 33/64 🍷 – **76 Z** 98/165.

DONAUSTAUF Bayern siehe Regensburg.

DONAUWÖRTH Bayern 419 420 T 16, 987 ㊴ – 18 000 Ew – Höhe 405 m.
Ausflugsziele : Kaisheim : ehemalige Klosterkirche (Chorumgang★) N : 6 km – Harburg :
Schloß (Sammlungen★) NW : 11 km.
🏌 Donauwörth, Lederstatt 1 (N : 2 km), ℰ (0906) 40 44.
🅱 Verkehrsamt, Rathaus, Rathausgasse 1, ✉ 86609, ℰ (0906) 78 91 45, Fax (0906)
789222.
Berlin 518 – München 100 – Ingolstadt 56 – Nürnberg 95 – Ulm (Donau) 79.

XX **Goldener Greifen** mit Zim, Pflegstr. 15, ✉ 86609, ℰ (0906) 70 60 70,
Fax (0906) 7060737, 😤 – 🚗. 🖭 ⓪ 🗲 VISA
Menu (Sonntag - Montag und Jan. 2 Wochen geschl.) à la carte 46/77 – **10 Z** 65/110.

In Donauwörth-Parkstadt :

🏨 **Parkhotel,** Sternschanzenstr. 1, ✉ 86609, ℰ (0906) 70 65 10, Fax (0906) 7065180,
≤ Donauwörth, 😤 – ↙ Zim, 📺 ☎ 🅿 – 🔬 30. 🖭 ⓪ 🗲 VISA
Menu à la carte 37/70 – **45 Z** 98/180.

🏠 **Parkstadt** garni, Andreas-Mayr-Str. 11, ✉ 86609, ℰ (0906) 40 39, Fax (0906) 23986,
🔲 – 📺 ☎. 🖭 🗲 VISA
Mitte Juli - Mitte Aug. geschl. – **14 Z** 57/110.

DONZDORF Baden-Württemberg **419** T 13 – 12 000 Ew – Höhe 405 m.

௫ Donzdorf, Schloß Ramsberg, ℰ (07162) 2 71 71.

Berlin 594 – Stuttgart 54 – Göppingen 13 – Schwäbisch Gmünd 17 – Ulm (Donau) 45.

🏛 **Becher-Restaurant De Balzac** (mit 🏠 Gästehaus), Schloßstr. 7, ✉ 73072,
ℰ (07162) 2 00 50, Fax (07162) 200555, 斧, ⇔s – 🔟 📺 🅿 – 🔏 120. ஊ ⓞ ㉿
𝒱𝐼𝑆𝐴
Menu (Sonn- und Feiertage, Montag sowie Jan. 1 Woche und Aug. 2 Wochen geschl.)
(Tischbestellung ratsam, bemerkenswerte Weinkarte) 77/128 und à la carte 70/95 –
Bauernstube (Sonntagabend - Montagmittag geschl.) **Menu** à la carte 36/63 –
65 Z 105/220
Spez. Carpaccio von Jakobsmuscheln. Flußzander in Speck gebraten auf Linsengemüse.
Rehrücken von der Schwäbischen Alb.

DORF MECKLENBURG Mecklenburg-Vorpommern **416** E 18 – 2 100 Ew – Höhe 23 m.

Berlin 230 – Schwerin 26 – Rostock 46 – Lübeck 63 – Güstrow 73 – Wismar 6.

🏛 **Mecklenburger Mühle** 🅼, ✉ 23972, ℰ (03841) 39 80, Fax (03841) 398198, 🖙,
⇔s – ☎ 👋 🅿 – 🔏 60. ❀ Rest
Menu à la carte 27/47 – **40 Z** 90/130.

DORF ZECHLIN Brandenburg **416** G 22 – 350 Ew – Höhe 60 m.

Berlin 98 – Potsdam 104 – Neubrandenburg 81 – Neuruppin 24.

🏠 **Waldeck,** Am Kunkelberg 4, ✉ 16837, ℰ (033923) 7 04 80, Fax (033923) 70592, 斧,
⇔ ⇔s, ⌛, 🐎 – 📺 ☎ 🅿 – 🔏 30. ஊ ㉿ 𝒱𝐼𝑆𝐴
Menu à la carte 24/49 ⅄ – **26 Z** 85/135.

Am Großen Zechliner See NO : 2 km :

🏠 **Gutenmorgen** ❧, Zur Beckersmühle 103, ✉ 16837, ℰ (033923) 7 02 75,
⇔ Fax (033923) 70510, 斧, 🐎 – 📺 🅿 – 🔏 30. ஊ ⓞ ㉿ 𝒱𝐼𝑆𝐴
Menu à la carte 23/45 – **65 Z** 70/120 – ½ P 20.

DORMAGEN Nordrhein-Westfalen **417** M 4, **987** ㉘ – 59 000 Ew – Höhe 45 m.

Ausflugsziel : Zons : befestigtes Städtchen★ N : 6 km.

Berlin 571 – Düsseldorf 17 – Köln 24 – Neuß 19.

🏠 **Zur Flora,** Florastr. 49, ✉ 41539, ℰ (02133) 4 60 11, Fax (02133) 477824, 斧 – 📺
☎ 🅿. ஊ ㉿ 𝒱𝐼𝑆𝐴
Menu (Sonntagabend - Montagmittag geschl.) à la carte 40/68 – **16 Z** 105/160.

🏠 **Ragusa,** Marktplatz 7, ✉ 41539, ℰ (02133) 4 35 02, Fax (02133) 43609, 斧 – 📺 ☎
🅿. ஊ ⓞ ㉿
Menu à la carte 28/60 – **18 Z** 110/205.

🏠 **Cöllner Hof** garni, Kölner Str. 14, ✉ 41539, ℰ (02133) 2 48 50, Fax (02133) 248585
– 🔟 📺 ☎ 🅿. ஊ ⓞ ㉿ 𝒱𝐼𝑆𝐴
36 Z 98/130.

In Dormagen-St. Peter NW : 5,5 km über die B 9 :

🏠 **Stadt Dormagen** garni, Robert-Bosch-Str. 2, ✉ 41541, ℰ (02133) 78 28,
Fax (02133) 70940, ⇔s – 📺 ☎ 🅿. ஊ ⓞ ㉿ 𝒱𝐼𝑆𝐴. ❀
22. Dez. - 5. Jan. geschl. – **14 Z** 100/150.

In Dormagen-Zons N : 6 km :

🏛 **Schloss Friedestrom** ❧, Parkstr. 2, ✉ 41541, ℰ (02133) 50 30,
Fax (02133) 503290, 斧, ⇔s – 🔟 📺 ☎ 🚗 🅿. ஊ ⓞ ㉿ 𝒱𝐼𝑆𝐴 𝐽𝐶𝐵
Menu à la carte 44/71 – **43 Z** 175/375.

DORNBURG Hessen **417** O 8 – 8 000 Ew – Höhe 400 m.

Berlin 556 – Mainz 75 – Koblenz 69 – Frankfurt am Main 88 – Siegen 55.

In Dornburg-Frickhofen :

🏠 **Café Bock** garni, Hauptstr. 30, ✉ 65599, ℰ (06436) 9 13 80, Fax (06436) 913838
– 📺 ☎ 🚗 🅿. ㉿. ❀
10 Z 75/170.

DORNSTADT Baden-Württemberg siehe Ulm (Donau).

DORNSTETTEN *Baden-Württemberg* 🔢 *U 9,* 🔢 ㊳ *– 7 000 Ew – Höhe 615 m – Luftkurort.*
🛈 *Kurverwaltung, Rathaus, Marktplatz 2,* ⊠ *72280,* ℘ *(07443) 58 68.*
Berlin 705 – Stuttgart 87 – Karlsruhe 85 – Freudenstadt 8.

In Dornstetten-Hallwangen *NO : 2,5 km – Luftkurort :*
ⅩⅩ **Zur Mühle,** Eichenweg 23 (nahe der B 28), ⊠ 72280, ℘ (07443) 63 29, �ております – ⓟ
Montag geschl. – **Menu** à la carte 47/79.

DORSTEN *Nordrhein-Westfalen* 🔢 *L 4,* 🔢 ⑭ *– 81 000 Ew – Höhe 37 m.*
Ausflugsziel : Wasserschloß Lembeck ★ (NO : 10,5 km).
Berlin 529 – Düsseldorf 61 – Bottrop 17 – Essen 29 – Recklinghausen 19.
ⅩⅩⅩ **Henschel,** Borkener Str. 47 (B 224), ⊠ 46284, ℘ (02362) 6 26 70 – 🍽 ⓟ. 🅰🅴 ⑩ 🅴
𝑽𝑰𝑺𝑨. ✁
Samstagmittag, Sonntagmittag und Montag geschl. – **Menu** à la carte 79/96.

In Dorsten-Deuten *N : 9 km :*
🏠 **Grewer,** Weseler Str. 351 (B 58), ⊠ 46286, ℘ (02369) 80 83, *Fax (02369) 8322,* �)(
– 📺 ☎ ⇦ ⓟ. ⑩ 🅴 𝑽𝑰𝑺𝑨. ✁ Zim
Juli - Aug. 3 Wochen geschl. – **Menu** *(Donnerstag geschl.)* à la carte 25/53 – **11 Z** 65/120.

In Dorsten-Lembeck *NO : 10,5 km :*
ⅩⅩ **Schloßhotel Lembeck** ⚯ mit Zim, im Schloß (S : 2 km), ⊠ 46286, ℘ (02369) 72 13,
Fax (02369) 77370, 🌙, « Wasserschloß a.d. 17. Jh. mit Schloßkapelle und Museum, Park »
– 📺 ☎ ⓟ. ⑩ 🅴 𝑽𝑰𝑺𝑨
Menu *(Montag, Donnerstag und Freitag nur Abendessen)* à la carte 29/75 – **10 Z** 89/198.

In Dorsten-Wulfen *NO : 7 km :*
🏠 **Humbert,** Am Burghof 2 (B 58), ⊠ 46286, ℘ (02369) 41 09, *Fax (02369) 6853,* 🌙 –
📺 ☎ ⇦ ⓟ – 🔏 50. 🅰🅴 ⑩ 🅴 𝑽𝑰𝑺𝑨
Menu *(Montag und 6. - 24. Juli geschl.)* à la carte 26/60 – **20 Z** 65/140.

DORTMUND *Nordrhein-Westfalen* 🔢 *L 6,* 🔢 ⑮ *– 610 000 Ew – Höhe 87 m.*
Sehenswert : Fernsehturm ✳ *★ CZ – Westfalenpark★ BCZ – Marienkirche (Marienaltar★)*
BYZ B – Reinoldikirche★ BY A – Petrikirche (Antwerpener Schnitzaltar★) AY D – Museum
für Kunst und Kulturgeschichte (Dortmunder Goldschatz★) AY M1.
🛆 *Dortmund-Reichsmark (④ : 7 km),* ℘ *(0231) 77 41 33 ;* 🛆 *Dortmund-Brakel, Heßlings-*
weg (② : 5 km), ℘ *(0231) 20 25 51.*
🛩 *Dortmund-Wickede. (② · 11 km,* ℘ *(0231) 21 89 01.*
Ausstellungsgelände Westfalenhallen (AZ), ℘ *1 20 40, Telex 822521.*
🛈 *Tourist-Information am Hauptbahnhof, Königswall 20,* ⊠ *44137,*
℘ *(0231) 14 03 41Fax (0231) 163593.*
ADAC, Kaiserstr. 63, ⊠ *44135,* ℘ *(0231) 5 49 90, Fax (0231) 5499298.*
Berlin 492 ① – Düsseldorf 78 ④ – Bremen 236 ② – Frankfurt am Main 224 ④ –
Hannover 212 ① – Köln ④)

Stadtpläne siehe nächste Seiten

🏨 **Renaissance Dortmund Hotel** Ⓜ, Lindemannstr. 88, ⊠ 44137, ℘ (0231) 9 11 30,
Fax (0231) 9113999, 🌙, Biergarten, ⇌ – ▌▌, ⇜ Zim, 🍽 📺 📞 🔌 ⇦ – 🔏 190. 🅰🅴
⑩ 🅴 𝑽𝑰𝑺𝑨. ✁ Rest   AZ a
Menu 38 (Lunchbuffet) und à la carte 50/72 – **228 Z** 232/354.

🏨 **Holiday Inn Crowne Plaza,** An der Buschmühle 1, ⊠ 44139, ℘ (0231) 1 08 60,
Fax (0231) 1086777, 🌙, 🏋, ⇌, ▨ – ▌▌, ⇜ Zim, 🍽 📺 🔌 ⇦ ⓟ – 🔏 300. 🅰🅴 ⑩
🅴 𝑽𝑰𝑺𝑨 𝐉𝐂𝐁. ✁ Rest   BZ r
Menu à la carte 42/68 – **190 Z** 278/356, 5 Suiten.

🏨 **Parkhotel Wittekindshof,** Westfalendamm 270 (B 1), ⊠ 44141, ℘ (0231) 5 19 30,
Fax (0231) 5193100, 🌙, ⇌ – ▌▌, ⇜ Zim, 🍽 📺 🔌 ⓟ – 🔏 120. 🅰🅴 ⑩ 🅴 𝑽𝑰𝑺𝑨   R b
Menu *(Samstagmittag geschl.)* à la carte 51/78 – **65 Z** 195/250.

🏨 **Holiday Inn-Römischer Kaiser,** Olpe 2, ⊠ 44135, ℘ (0231) 54 32 00,
Fax (0231) 574354, ⇌ – ▌▌, ⇜ Zim, 📺 🔌 ⇦ – 🔏 120. 🅰🅴 ⑩ 🅴 𝑽𝑰𝑺𝑨 𝐉𝐂𝐁   BZ a
Menu à la carte 37/70 – **118 Z** 221/374, 3 Suiten.

🏨 **Astron Suite-Hotel** Ⓜ garni, Königswall 1, ⊠ 44137, ℘ (0231) 9 05 50,
Fax (0231) 9055900, ⇌ – ▌▌ ⇜ 📺 ☎ 🔌 🔌 ⇦ – 🔏 40. 🅰🅴 ⑩ 🅴 𝑽𝑰𝑺𝑨 𝐉𝐂𝐁   AY c
190 Z 230/360.

🏨 **Steigenberger MAXX Hotel,** Berswordtstr. 2, ⊠ 44139, ℘ (0231) 9 02 10,
Fax (0231) 9021999, 🌙, 🏋, ⇌ – ▌▌, ⇜ Zim, 🍽 Rest, 📺 ☎ 🔌 ⇦ ⓟ – 🔏 110. 🅰🅴
⑩ 🅴 𝑽𝑰𝑺𝑨 𝐉𝐂𝐁. ✁ Rest   AZ a
Menu *(Sonntag geschl.)* à la carte 34/62 – **166 Z** 200/260.

269

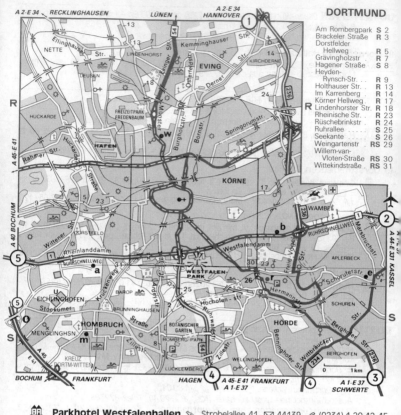

DORTMUND

Am Rombergpark . . . . . S 2
Brackeler Straße . . . . . R 3
Dorstfelder
  Hellweg . . . . R 5
Grävingholzstr. . . . . . R 7
Hagener Straße . . . . . S 8
Heyden-
  Rynsch-Str. . . . . . . R 9
Holthauser Str. . . . . . R 13
Im Karrenberg . . . . . . R 14
Körner Hellweg . . . . . R 17
Lindenhorster Str. . . . R 18
Rheinische Str. . . . . . R 23
Rüschebrinkstr . . . . . R 24
Ruhrallee . . . . S 25
Seekante . . . . S 26
Weingartenstr . . . . . . RS 29
Willem-van-
  Vloten-Straße . . . . . RS 30
Wittekindstraße . . . . . RS 31

🏨 **Parkhotel Westfalenhallen** ⑤, Strobelallee 41, ☒ 44139, ℘ (0231) 1 20 42 45, Fax (0231) 1204555, ≤, 🏛, ⇌s, 🔲 – 🛗, ⇥ Zim, 📺 ☎ & ⇦ 🅿 – 🔥 250. 🅰🅴 ⓞ 🅴 𝘝𝘐𝘚𝘈
20. Juli - 9. Aug. geschl. – Menu à la carte 36/108 – **142 Z** 158/265.
AZ s

🏨 **Senator** garni, Münsterstr. 187 (B 54), ☒ 44145, ℘ (0231) 8 61 01 20, Fax (0231) 813690, ⇌s – 🛗 📺 ☎ ⇦ 🅿. 🅰🅴 ⓞ 🅴 𝘝𝘐𝘚𝘈
Ende Dez. - Anfang Jan. geschl. – **34 Z** 120/190.
R w

🏨 **City-Hotel** garni, Silberstr. 37, ☒ 44137, ℘ (0231) 14 20 86, Fax (0231) 162765 – 🛗 ⇥ 📺 ☎ 🅿. 🅰🅴 ⓞ 🅴 𝘝𝘐𝘚𝘈
50 Z 155/220.
AZ u

🏨 **Esplanade** garni, Bornstr. 4, ☒ 44135, ℘ (0231) 5 85 30, Fax (0231) 5853270 – 🛗 ⇥ 📺 ☎ ☏ 🅿 – 🔥 20. 🅰🅴 🅴 𝘝𝘐𝘚𝘈
23. Dez. - 2. Jan. geschl. – **48 Z** 125/180.
BY e

🏨 **Sport Hotel**, Mallinckrodtstr. 214, ☒ 44147, ℘ (0231) 9 98 30, Fax (0231) 9983100 – 🛗, ⇥ Zim, 📺 ☎ ☏ ⇦ 🅿. 🅰🅴 ⓞ 🅴 𝘝𝘐𝘚𝘈. ⑊ Rest
Menu (nur Abendessen) à la carte 32/65 – **31 Z** 120/160.
AY e

🏨 **Königshof** garni, Königswall 4, ☒ 44137, ℘ (0231) 5 70 41, Fax (0231) 57040 – 🛗 📺 ☎ – 🔥 35. 🅰🅴 🅴 𝘝𝘐𝘚𝘈
45 Z 145/178.
BY v

🏨 **Gildenhof** garni, Hohe Str. 139, ☒ 44139, ℘ (0231) 12 20 35, Fax (0231) 122038 – 🛗 📺 ☎ – 🔥 30. 🅰🅴 ⓞ 🅴 𝘝𝘐𝘚𝘈
23. Dez. - 2. Jan. geschl. – **42 Z** 119/159.
AZ x

🏨 **Stadthotel** garni, Reinoldistr. 14, ☒ 44135, ℘ (0231) 57 10 00, Fax (0231) 577194 – 🛗 📺 ☎ ⇦. 🅰🅴 ⓞ 🅴 𝘝𝘐𝘚𝘈
31 Z 120/150.
BY u

XX **Mövenpick-Appenzeller Stube**, Kleppingstr. 11, ☒ 44135, ℘ (0231) 57 92 25, Fax (0231) 524160, 🏛
BZ c

✗ **SBB-Restaurant**, Westfalendamm 166 (B 1), ⊠ 44141, ℘ (0231) 59 78 15,
Fax (0231) 5600637, 🏤 – 📞. 🆎 ⓞ Ε 𝑽𝑰𝑺𝑨 CZ e
Samstagmittag geschl. – Menu à la carte 40/68 – **Edo** (japanisches Restaurant) (nur
Abendessen) Menu 65/110.

✗ **Hövels Hausbrauerei**, Hoher Wall 5, ⊠ 44137, ℘ (0231) 9 14 54 70,
Fax (0231) 91454720, Biergarten, « Kleine Brauerei im Restaurant » – 🆎 ⓞ Ε 𝑽𝑰𝑺𝑨 AZ c
Menu à la carte 33/62.

In Dortmund-Aplerbeck :

🏠 **Postkutsche** garni, Postkutschenstr. 20, ⊠ 44287, ℘ (0231) 45 00 80,
Fax (0231) 441003 – 📺 📞 ⇔ 📞. 🆎 Ε 𝑽𝑰𝑺𝑨 S e
27 Z 95/140.

In Dortmund-Barop :

🏨 **Romantik Hotel Lennhof**, Menglinghauser Str. 20, ⊠ 44227, ℘ (0231) 7 57 26,
Fax (0231) 759361, 🏤, « Rustikale Einrichtung », ⊆s, 🔲, 🚿 – 📺 📞 📞 – 🏛 20. 🆎
ⓞ Ε 𝑽𝑰𝑺𝑨 S m
Menu à la carte 68/104 – **36 Z** 140/280.

🏨 **Sol Inn Hotel**, Emil-Figge-Str. 41, ⊠ 44227, ℘ (0231) 9 70 50, Fax (0231) 9705444,
🏤 – ⦃, ⤢ Zim, 📺 📞 ⇔ 📞 – 🏛 70. 🆎 ⓞ Ε 𝑽𝑰𝑺𝑨 𝐉𝐂𝐁 S a
Menu à la carte 43/57 – **90 Z** 154/183.

In Dortmund-Bövinghausen ⑤ : 8 km :

🏠 **Commerz** garni, Provinzialstr. 396, ⊠ 44388, ℘ (0231) 6 96 20, Fax (0231) 6962100
– ⦃ 📺 📞 ⇔ 📞 – 🏛 30. 🆎 ⓞ Ε 𝑽𝑰𝑺𝑨
24. Dez. - 1. Jan. geschl. – **69 Z** 108/150.

In Dortmund-Höchsten über Wittbräucker Str. S :

🏠 **Haus Überacker**, Wittbräucker Str. 504 (B 234), ⊠ 44267, ℘ (02304) 8 04 21,
Fax (02304) 86844, « Gartenterrasse » – 📺 📞 ⇔ 📞. 🆎 ⓞ Ε 𝑽𝑰𝑺𝑨
Juli 3 Wochen und Weihnachten - Neujahr geschl. – Menu (Donnerstag geschl.) à la carte
32/79 – **17 Z** 85/160.

In Dortmund-Hörde :

✗ **Zum Treppchen**, Faßstr. 21, ⊠ 44263, ℘ (0231) 43 14 42, Fax (0231) 430078, 🏤,
« Haus a.d.J. 1763, rustikale Einrichtung » – 🆎 S r
Samstag und Feiertage nur Abendessen, Sonntag geschl. – Menu (Tischbestellung ratsam)
à la carte 41/66.

In Dortmund-Körne :

🏨 **Körner Hof** garni, Hallesche Str. 102, ⊠ 44143, ℘ (0231) 5 62 08 40,
Fax (0231) 561071, ⊆s, 🔲 – ⦃ ⤢ 📺 📞 📞 ⇔. 🆎 ⓞ Ε 𝑽𝑰𝑺𝑨 CY a
Weihnachten - Anfang Jan. geschl. – **21 Z** 130/195.

In Dortmund-Lücklemberg über Hagener Str. S :

🏠 **Zum Kühlen Grunde** 🍴, Galoppstr. 57, ⊠ 44229, ℘ (0231) 7 38 70,
Fax (0231) 7387100, Biergarten, ⊆s, 🔲 – 📺 📞 📞 – 🏛 40. 🆎 ⓞ Ε 𝑽𝑰𝑺𝑨 𝐉𝐂𝐁
20. Dez. - 10. Jan. geschl. – Menu (Sonn- und Feiertage geschl.) (nur Abendessen) à la carte
30/62 – **30 Z** 105/155.

In Dortmund-Syburg ④ : 13 km :

🏨 **Landhaushotel Syburg**, Westhofener Str. 1, ⊠ 44265, ℘ (0231) 7 74 50,
Fax (0231) 774421, 🏤, Massage, ⊆s, 🔲 – ⦃, ⤢ Zim, 📺 📞 ⇔ 📞 – 🏛 50. 🆎 ⓞ
Ε 𝑽𝑰𝑺𝑨 𝐉𝐂𝐁
Menu à la carte 49/72 – **64 Z** 175/255.

✗✗✗ **La Table**, Hohensyburgstr. 200 (im Spielcasino), ⊠ 44265, ℘ (0231) 9 77 70 37,
🎖 Fax (0231) 9777077, 🏤 – 📞 – 🏛 30. 🆎 ⓞ Ε 𝑽𝑰𝑺𝑨 𝐉𝐂𝐁. 🛇
Montag und Juli - Aug. 2 Wochen geschl. – Menu (nur Abendessen, bemerkenswerte Wein-
karte) 99/158 und à la carte 98/120
Spez. Asiatische Variation vom Lachs. Charlotte von getrüffeltem Kalbsbries mit grünem
Spargel. Rehrücken mit Knoblauch-Korianderwürze (Juni-Jan.).

Le ottime tavole

Per voi abbiamo contraddistinto alcuni ristoranti con
Menu 🏵, 🏵, 🏵🏵 o 🏵🏵🏵.

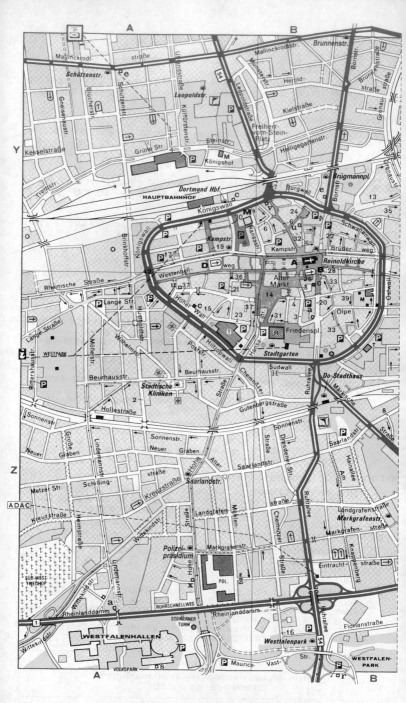

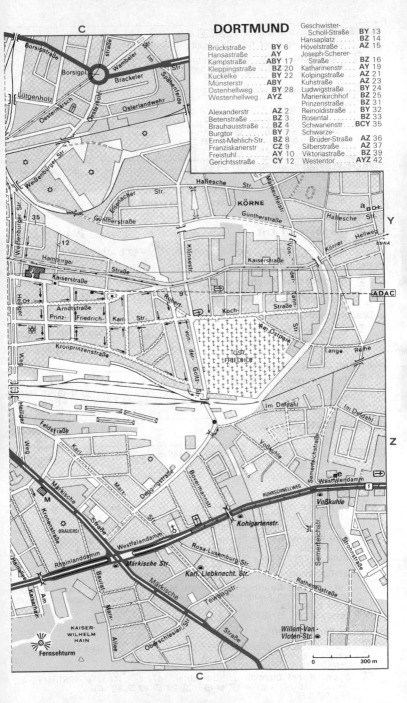

DORTMUND

DOSSENHEIM Baden-Württemberg **417 419** R 10 – 10 500 Ew – Höhe 120 m.
Berlin 622 – Stuttgart 126 – Darmstadt 57 – Heidelberg 5,5 – Mainz 86 – Mannheim 22.

🏠 **Am Kirchberg** 🍴 garni, Steinbruchweg 4, ✉ 69221, ℰ (06221) 8 75 60,
Fax (06221) 863835 – 📺 ☎ 📵. 🖪 VISA
15 Z 78/120.

🏠 **Goldener Hirsch,** Hauptstr. 59, ✉ 69221, ℰ (06221) 8 51 19, Fax (06221) 863835 –
🍴 📺 ☎
Menu (Montag und 27. Dez. - 10. Jan. geschl.) à la carte 24/58 – **10 Z** 78/120.

🏠 **Heidelberger Tor,** Heidelberger Str. 32, ✉ 69221, ℰ (06221) 8 52 34,
Fax (06221) 875740 – 📺 ☎ 📵
(nur Abendessen für Hausgäste) – **25 Z** 69/100.

DRACHSELSRIED Bayern **420** S 23 – 2 300 Ew – Höhe 533 m – Erholungsort – Wintersport :
700/850 m ✎2 ✎7.
🚩 Verkehrsamt, Zellertalstr. 8, ✉ 94256, ℰ (09945) 5 05, Fax (09945) 1200.
Berlin 512 – München 178 – Cham 37 – Deggendorf 35.

In Drachselsried-Asbach S : 6 km :

🏠 **Berggasthof Fritz** 🍴 (mit Gästehaus, 🛗), ✉ 94256, ℰ (09923) 22 12,
🍴 Fax (09923) 3767, ≤, 🌳, ≦s, 🔲, 🎿 – 🚐 📵
Nov. - 15. Dez. geschl. – **Menu** à la carte 23/44 🍴 – **48 Z** 40/132 – ½ P 16.

In Drachselsried-Oberried SO : 2 km :

🏠 **Berggasthof Hochstein** 🍴 (mit Gästehaus), Hochfallweg 7, ✉ 94256,
🍴 ℰ (09945) 4 63, Fax (09945) 2621, ≤, 🌳, ≦s, 🎿 – 📵
Ende Okt. - Mitte Dez. geschl. – **Menu** à la carte 24/43 🍴 – **37 Z** 50/84 – ½ P 13.

In Drachselsried-Unterried SO : 3 km :

🏠 **Lindenwirt** 🍴, Unterried 9, ✉ 94256, ℰ (09945) 95 10, Fax (09945) 951299, 🌳,
🍴 ≦s, 🔲, 🎿 🏊 – 🛗 📵. 🛎 Rest
7. Nov. - 17. Dez. geschl. – **Menu** à la carte 24/45 🍴 – **55 Z** 62/176 – ½ P 10.

Außerhalb O : 6 km, über Oberried – Höhe 730 m

🏠 **Ferienhotel Riedlberg** 🍴, ✉ 94256 Drachselsried, ℰ (09924) 70 35,
🍴 Fax (09924) 7273, ≤, 🌳, ≦s, 🔲 (geheizt), 🔲, 🎿 2 🏊, 🏊 – 📺 ☎ 📵. 🛎 Rest
Nov. - Mitte Dez. geschl. – **Menu** à la carte 21/39 🍴 – **34 Z** 80/230 – ½ P 10.

DREIBURGENSEE Bayern siehe Tittling.

DREIEICH Hessen **417** P 10 – 39 400 Ew – Höhe 130 m.
🏌 Hofgut Neuhof, ℰ (06102) 3 33 31.
Berlin 557 – Wiesbaden 45 – Frankfurt am Main 16 – Darmstadt 17.

In Dreieich-Dreieichenhain :

✗✗ **Le Maître,** Siemensstr. 14 (Industriegebiet), ✉ 63303, ℰ (06103) 8 20 85,
Fax (06103) 84966, 🌳 – 📵. 🖭 ① 🖪 VISA
Sonntag geschl. – **Menu** (italienische Küche) à la carte 35/67 🍴.

✗✗ **Alte Bergmühle** (mit Gästehaus), Geisberg 25, ✉ 63303, ℰ (06103) 8 18 58,
Fax (06103) 88999, « Gartenterrasse » – 🌀 Zim, 📺 ☎ 📵. 🖭 ① 🖪 VISA JCB
Menu à la carte 54/82 – **9 Z** 167/239.

In Dreieich-Götzenhain :

✗✗✗ **Gutsschänke Neuhof,** an der Straße nach Neu-Isenburg N : 2 km, ✉ 63303,
ℰ (06102) 3 00 00, Fax (06102) 300055, « Rustikale Einrichtung, Gartenterrasse » – 📵.
🖭 ① 🖪 VISA JCB
Menu à la carte 53/86.

In Dreieich-Sprendlingen :

🏨 **Dorint-Hotel,** Eisenbahnstr. 200, ✉ 63303, ℰ (06103) 60 60, Fax (06103) 63019, 🌳,
≦s, 🔲 – 🛗, 🌀 Zim, 📺 ☎ 📵 – 🛗 60. 🖭 ① 🖪 VISA JCB
Menu à la carte 45/75 – **92 Z** 232/414, 4 Suiten.

🏨 **Bauer Hotel Europa** garni, Hauptstr. 47, ✉ 63303, ℰ (06103) 60 40,
Fax (06103) 65265 – 🛗 🌀 📺 ☎ 📵 – 🛗 20. 🖭 ① 🖪 VISA JCB
75 Z 169/269.

DRESDEN Ⓛ *Sachsen* 🔲**418** *M 25,* 🔲**984** ㉔*,* 🔲**987** ⑲ *– 470 000 Ew – Höhe 105 m.*

Sehenswert : *Zwinger* ★★★ *(Wallpavillon* ★★*, Nymphenbad* ★★*, Porzellansammlung* ★★*, Mathematisch-physikalischer Salon* ★★*, Rüstkammer* ★★ *) AY – Semper-Oper* ★★ *AY – Hofkirche* ★★ *BY – Schloss (Fürstenzug-Mosaik* ★*, Langer Gang* ★ *) BY – Albertinum (Gemäldegalerie Alte Meister* ★★★*, Gemäldegalerie Neue Meister* ★★★*, Grünes Gewölbe* ★★★*) BY – Prager Straße* ★ *ABZ – Museum für Geschichte der Stadt Dresden* ★ *BY* **M4** *– Kreuzkirche* ★ *BY – Japanisches Palais* ★ *(Garten* ≤ ★ *) ABX – Museum für Volkskunst* ★ *BX* **M2** *– Großer Garten* ★ *CDZ – Russisch-orthodoxe Kirche* ★ *V – Brühlsche Terrasse* ≤ ★ *BY – Reiterstandbild* ★ *Augusts des Starken BX* **E** *– Pfunds Molkerei (Innenausstattung)* ★ *(Bautzener Str. 79) CX.*

Ausflugsziele : *Schloß Moritzburg* ★ *(NW : 14 km über Moritzburger Landstr. U) – Schloß Pillnitz* ★ *(SO : 15 km über Pillnitzer Landstr. V) – Sächsische Schwelz* ★★★ *(Bastei* ★★★*, Festung Königstein* ★★ ≤ ★★*, Großedlitz : Barockgarten* ★*).*

🏌️ *Possendorf (S : 13 km)* ☎ *(035206) 24 30 ;* 🏌️ *Herzogswalde (SW : 19 km)* ☎ *(0172) 3 53 09 10 ;* 🏌️ *Ullersdorf (NO : 8 km),* ☎ *(03528) 44 73 48.*

✈️ *Dresden-Klotzsche (②: 13 km),* ☎ *58 31 41. Stadtbüro, Rampische Str. 2,* ✉ *01067,* ☎ *4 95 60 13.*

🚹 *Tourist-Information, Prager Str. 10,* ✉ *01069,* ☎ *(0351) 49 19 20, Fax (0351) 4951276.*

🚹 *Tourist-Information, Neustädter Markt,* ✉ *01097,* ☎ *(0351) 49 19 20.*

ADAC, *Schandauer Str. 46,* ✉ *01277,* ☎ *(0351) 44 78 80, Fax (0351) 4478850.*

Berlin 192 – Chemnitz 70 ⑦ *– Görlitz 98* ① *– Leipzig 111* ⑦ *– Praha 152* ⑤

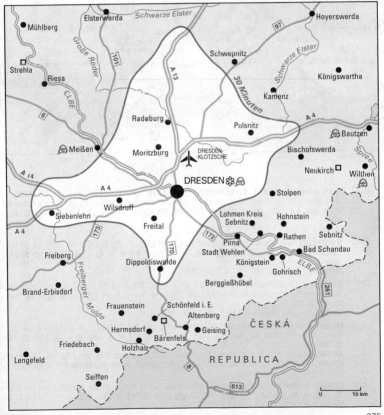

DRESDEN

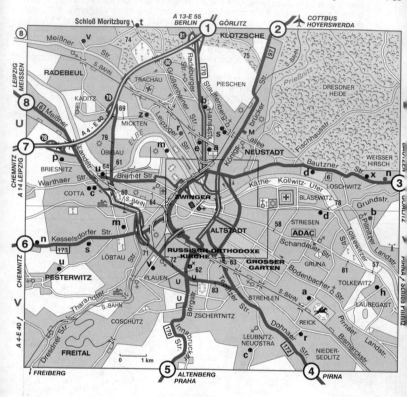

Kempinski Hotel Taschenbergpalais M, Taschenberg 3, ⊠ 01067, ℰ (0351) 4 91 20, Fax (0351) 4912812, ㎡, « Hotel in einem ehemaligen Barock-Palais », Massage, ₤₅, ⇌s, ◪ – ▮, ⇌ Zim, 🔲 ☎ ✆ ₺ ☎ – 🔬 320. ◪ ⓪ ℇ 𝘝𝘐𝘚𝘈 ⑆
Menu à la carte 59/80 – **213 Z** 427/629, 19 Suiten.
BY **a**

Radisson SAS Gewandhaushotel M, Ringstr. 1, ⊠ 01067, ℰ (0351) 4 94 90, Fax (0351) 4949490, ₤₅, ⇌s, ◪ – ▮, ⇌ Zim, 🔲 ☎ ✆ ₺ ₱ – 🔬 60. ◪ ⓪ ℇ 𝘝𝘐𝘚𝘈 ⑆
Menu à la carte 55/81 – **97 Z** 324/463.
BY **s**

Bellevue, Große Meißner Str. 15, ⊠ 01097, ℰ (0351) 8 12 00, Fax (0351) 8120609, ≤, « Frei- und Innenhofterrassen », ₤₅, ⇌s, ◪ – ▮, ⇌ Zim, 🔲 ☎ ₺ ☎ ₱ – 🔬 260. ◪ ⓪ ℇ 𝘝𝘐𝘚𝘈 ⑆
Menu à la carte 45/91 – **339 Z** 255/490, 16 Suiten.
BX **a**

Dresden Hilton, An der Frauenkirche 5, ⊠ 01067, ℰ (0351) 8 64 20, Fax (0351) 8642725, ₤₅, ⇌s, ◪ – ▮, ⇌ Zim, 🔲 ☎ ✆ ₺ ☎ ₱ – 🔬 350. ◪ ⓪ ℇ 𝘝𝘐𝘚𝘈 ⑆
Rossini (italienische Küche) (Juli - Mitte Aug. geschl.) Menu à la carte 52/74 – **Grüner Baum** (Freitagabend, Samstagmittag und Sonntagmittag geschl.) Menu 45/49 (Buffet) – **333 Z** 436/527, 4 Suiten.
BY **e**

Dorint Hotel M, Grunaer Str. 14, ⊠ 01069, ℰ (0351) 4 91 50, Fax (0351) 4915100, ⇌s, ◪ – ▮, ⇌ Zim, 🔲 ✆ ₺ ☎ – 🔬 160. ◪ ⓪ ℇ 𝘝𝘐𝘚𝘈 ⑆
Menu à la carte 40/65 – **244 Z** 225/290.
CYZ **n**

Bülow Residenz, Rähnitzgasse 19, ⊠ 01097, ℰ (0351) 8 00 30, Fax (0351) 8003100, « Innenhofterrasse » – |≡|, 📺 ❤ ₰, ₱ – 益 25. ⁜ ⊕ ☰ 𝘝𝘐𝘚𝘈. ✻ Rest   BX c
Menu (nur Abendessen, Tischbestellung ratsam) à la carte 73/96 – **31 Z** 315/650
Spez. Gebratener Steinbutt mit Steinpilzrisotto. Rehmedaillons mit weißer Pfeffersauce und Selleriepüree. Crépinette vom Lamm mit Pestojus.

Bayerischer Hof, Antonstr. 35, ⊠ 01097, ℰ (0351) 82 93 70, Fax (0351) 8014860,
🏯 – |≡|, 🖙 Zim, 📺 ⇔ ₱ – 益 40. ⁜ ⊕ ☰ 𝘝𝘐𝘚𝘈 𝘫𝘤𝘣. ✻ Rest   BX r
22. Dez. - 5. Jan. geschl. – Menu (Sonntag geschl.) (nur Abendessen) à la carte 31/52 –
50 Z 180/260, 5 Suiten.

art'otel, Ostra-Allee 33, ⊠ 01067, ℰ (0351) 4 92 20, Fax (0351) 4922777, « Modernes Designer-Hotel, Kunsthalle », 𝘧ₐ, ⇔ – |≡|, 🖙 Zim, 🖾 📺 ₰, ⇔ – 益 280. ⁜ ⊕
☰ 𝘝𝘐𝘚𝘈   AY s
Menu à la carte 45/62 – **174 Z** 225/450.

Holiday Inn 𝘔, Stauffenbergallee 25, ⊠ 01099, ℰ (0351) 8 15 10,
Fax (0351) 8151333, 𝘧ₐ, ⇔ – |≡|, 🖙 Zim, 🖾 Rest, 📺 ❤ ₰, ⇔ ₱ – 益 120. ⁜
⊕ ☰ 𝘝𝘐𝘚𝘈 𝘫𝘤𝘣   U s
Menu à la carte 50/78 – **120 Z** 180/240.

Elbflorenz 𝘔 garni, Rosenstr. 36, ⊠ 01067, ℰ (0351) 8 64 00, Fax (0351) 8640100,
⇔ – |≡| 🖙 📺 ❤ ⇔ – 益 150. ⁜ ⊕ ☰ 𝘝𝘐𝘚𝘈   AZ v
209 Z 180/280.

Am Terrassenufer, Terrassenufer 12, ⊠ 01069, ℰ (0351) 4 40 95 00,
Fax (0351) 4409600, 🏯 – |≡|, 🖙 Zim, 📺 ❤ ❤ – 益 20. ⁜ ⊕ ☰ 𝘝𝘐𝘚𝘈 𝘫𝘤𝘣 CY a
Menu à la carte 27/49 – **196 Z** 240/370, 6 Suiten.

Astron 𝘔, Hansastr. 43, ⊠ 01097, ℰ (0351) 8 42 40, Fax (0351) 8424200, 𝘧ₐ, ⇔ –
|≡|, 🖙 Zim, 🖾 📺 ❤ ❤ ₰, ⇔ – 益 220. ⁜ ⊕ ☰ 𝘝𝘐𝘚𝘈 𝘫𝘤𝘣   U e
Menu à la carte 36/55 – **269 Z** 210/290.

Ramada 𝘔, Melanchthonstr. 2, ⊠ 01099, ℰ (0351) 8 06 10 (Hotel) 8 03 60 33 (Rest.),
Fax (0351) 8061444 – |≡| 🖙, 🖾 Zim, 📺 ❤ ❤ ₰, ⇔ – 益 25. ⁜ ⊕ ☰ 𝘝𝘐𝘚𝘈 𝘫𝘤𝘣
Am Glacis (nur Abendessen) Menu à la carte 40/54 – **Bistro** (nur Mittagessen) Menu
à la carte 28/46 – **132 Z** 169/213, 6 Suiten.   CX x

Verde 𝘔, Buchenstr. 10, ⊠ 01097, ℰ (0351) 8 11 10, Fax (0351) 8111333, ⇔ – |≡|,
🖙 Zim, 📺 ❤ ❤ ⇔ – 益 15. ⁜ ⊕ ☰ 𝘝𝘐𝘚𝘈 𝘫𝘤𝘣   U s
Menu à la carte 27/46 – **77 Z** 180/230, 9 Suiten.

Transmar Leonardo 𝘔, Bamberger Str. 12, ⊠ 01187, ℰ (0351) 4 66 00,
Fax (0351) 4660100, 🏯 |≡|, 🖙 Zim, 🖾 📺 ❤ ₰, ⇔ – 益 50. ⁜ ⊕ ☰ 𝘝𝘐𝘚𝘈
Menu (Samstagmittag geschl.) à la carte 30/60 – **94 Z** 194/344.   V v

Mercure Newa, St. Petersburger Str. 34, ⊠ 01069, ℰ (0351) 4 81 41 09,
Fax (0351) 4955157, 🏯, ⇔ – |≡|, 🖙 Zim, 🖾 📺 ❤ ⇔ – 益 180. ⁜ ⊕ ☰ 𝘝𝘐𝘚𝘈. ✻ Rest
Menu à la carte 39/61 – **315 Z** 200/252.   BZ n

Windsor, Roßmäßlerstr. 13, ⊠ 01139, ℰ (0351) 8 49 01 41, Fax (0351) 8490144 – |≡|
📺 ❤. ⁜ ⊕ ☰ 𝘝𝘐𝘚𝘈   U z
Menu (Sonntag - Montag geschl.) (nur Abendessen) à la carte 27/42 – **25 Z** 160/250.

Martha Hospiz garni, Nieritzstr. 11, ⊠ 01097, ℰ (0351) 8 17 60, Fax (0351) 8170222
– |≡| 📺 ❤ ❤ ₰. ⁜ ☰ 𝘝𝘐𝘚𝘈. ✻   BX s
23.- 27. Dez. geschl. – **50 Z** 140/230.

Tulip Inn, Fritz-Reuter-Str. 21, ⊠ 01097, ℰ (0351) 8 04 69 02, Fax (0351) 8046901,
⇔ – |≡|, 🖙 Zim, 📺 ❤ ❤ ₱ – 益 15. ⁜ ⊕ ☰ 𝘝𝘐𝘚𝘈. ✻   U a
Menu à la carte 33/53 – **76 Z** 180/230.

Novalis 𝘔 garni, Bärnsdorfer Str. 185, ⊠ 01127, ℰ (0351) 8 21 30,
Fax (0351) 8213180, ⇔ – |≡| 📺 ❤ ❤ ₱ – 益 40. ⁜ ⊕ ☰ 𝘝𝘐𝘚𝘈   U b
85 Z 160/195.

Wenotel garni, Schlachthofring 24, ⊠ 01067, ℰ (0351) 4 97 60, Fax (0351) 4976100
– |≡| 🖙 📺 ❤ ₱ – 益 20. ⁜ ⊕ ☰ 𝘝𝘐𝘚𝘈   U m
82 Z 114/140.

An der Rennbahn, Winterbergstr. 96, ⊠ 01237, ℰ (0351) 2 54 00 30,
Fax (0351) 2522785, 🏯 – 📺 ❤ ₱. ⁜ ☰ 𝘝𝘐𝘚𝘈   V a
Menu à la carte 28/52 – **22 Z** 145/210.

Italienisches Dörfchen, Theaterplatz 3, ⊠ 01067, ℰ (0351) 49 81 60,
Fax (0351) 4981688, Biergarten, « Terrasse mit ≤ » – ⁜ ⊕ ☰ 𝘝𝘐𝘚𝘈   BY n
Erlwein (nur Abendessen) (Sonntag - Montag, Jan. 2 Wochen und Juli - Aug. 3 Wochen geschl.) Menu à la carte 77/118 – **Weinzimmer :** Menu à la carte 43/60 – **Kurfür-stenzimmer :** Menu à la carte 35/50.

Opernrestaurant, Theaterplatz 2 (1. Etage), ⊠ 01067, ℰ (0351) 4 91 15 21,
Fax (0351) 4956097 – ⁜ ⊕ ☰ 𝘝𝘐𝘚𝘈 𝘫𝘤𝘣   AY r
Montag und 20. Juli - 10. Aug. geschl. – Menu (wochentags nur Abendessen) à la carte
40/70.

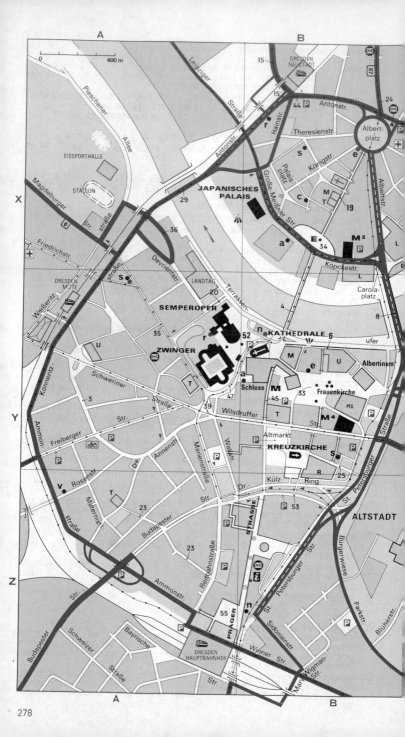

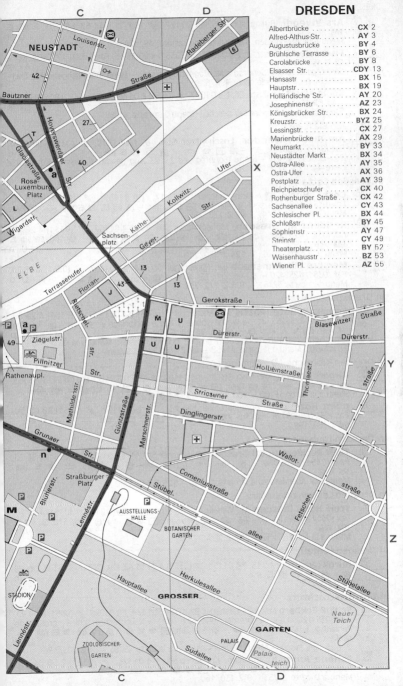

DRESDEN

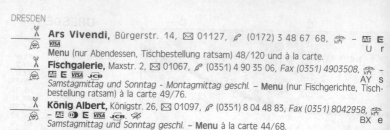

XX **Ars Vivendi**, Bürgerstr. 14, ⌧ 01127, ℰ (0172) 3 48 67 68, 🛋 – 🝔 **E**
VISA U r
Menu (nur Abendessen, Tischbestellung ratsam) 48/120 und à la carte.

XX **Fischgalerie,** Maxstr. 2, ⌧ 01067, ℰ (0351) 4 90 35 06, Fax (0351) 4903508, 🛋 –
🝔 **E** **VISA** **JCB** AY s
Samstagmittag und Sonntag - Montagmittag geschl. – **Menu** (nur Fischgerichte, Tisch-
bestellung ratsam) à la carte 49/76.

XX **König Albert,** Königstr. 26, ⌧ 01097, ℰ (0351) 8 04 48 83, Fax (0351) 8042958, 🛋
– 🝔 ⓞ **E** **VISA** **JCB** –
BX e
Samstagmittag und Sonntag geschl. – **Menu** à la carte 44/68.

In Dresden-Blasewitz :

🏨 **Am Blauen Wunder,** Loschwitzer Str. 48, ⌧ 01309, ℰ (0351) 3 36 60,
Fax (0351) 3366299, 🛋 – 📶 📺 ☎ ⇔ – 🔬 25. 🝔 **E** **VISA**
UV d
23. - 30. Dez. geschl. – **Menu** (Sonntag und 2. - 23. Aug. geschl.) (italienische Küche) à la
carte 44/72 – **37 Z** 190/260.

In Dresden-Cotta :

🏨 **Cotta Hotel** 🅼, Mobschatzer Str. 17, ⌧ 01157, ℰ (0351) 4 28 60,
Fax (0351) 4286333, 🛋 – 📶 🕈⇒ Zim, 📺 ☎ ⓑ ⇔ – 🔬 45. 🝔 ⓞ **E** **VISA** **JCB** 🍽 Rest
Menu à la carte 27/47 – **44 Z** 170/255. U c

🏨 **Residenz Alt Dresden,** Mobschatzer Str. 29, ⌧ 01157, ℰ (0351) 4 28 10,
Fax (0351) 4281988, 🛋, 🛋, 🚴 – 📶, 🕈⇒ Zim, 📺 ☎ ⓑ ⇔ ⓟ – 🔬 100. 🝔 ⓞ **E**
VISA **JCB**
Menu à la carte 40/61 – **124 Z** 170/210. U c

🏨 **Mercure Elbpromenade** 🅼, Hamburger Str. 64, ⌧ 01157, ℰ (0351) 4 25 20,
Fax (0351) 4252420 – 📶, 🕈⇒ Zim, 📺 ☎ ⇔ ⓟ – 🔬 50. 🝔 ⓞ **E** **VISA** **JCB** U u
Menu à la carte 32/51 – **103 Z** 170/232.

In Dresden-Kemnitz :

🏨 **Romantik-Hotel Pattis** 🅼, Merbitzer Str. 53, ⌧ 01157, ℰ (0351) 4 25 50,
Fax (0351) 4255255, 🛋, « Wellnessbereich, kleine Parkanlage », 🚴, 🌳 – 📶, 🕈⇒ Zim,
🍽 Rest, 📺 📞 ⇔ ⓟ – 🔬 35. 🝔 ⓞ **E** **VISA**
U p
Gourmet-Restaurant (Sonntag geschl., nur Abendessen) **Menu** à la carte 74/92 –
Erholung : Menu à la carte 41/58 – **47 Z** 190/320, 3 Suiten.

In Dresden-Klotzsche NO : 7 km über ② :

🏨 **Airport Hotel** 🅼, Karl-Marx-Str. 25, ⌧ 01109, ℰ (0351) 8 83 30, Fax (0351) 8833333,
🛋, 🚴 – 📶, 🕈⇒ Zim, 🍽 Rest, 📺 ☎ ⓑ ⇔ ⓟ – 🔬 45. 🝔 ⓞ **E** **VISA** **JCB**
Menu à la carte 31/60 – **100 Z** 245/315, 7 Suiten.

🏨 **point Hotel** garni, Königsbrücker Landstr. 71, ⌧ 01109, ℰ (0351) 88 49 50,
Fax (0351) 8808126 – 📶 🕈⇒ 📺 ☎ 📞 ⇔ – 🔬 40. 🝔 **E** **VISA**
34 Z 160/198.

In Dresden-Laubegast :

🏨 **Treff Resident Hotel Dresden** 🅼, Brünner Str. 11, ⌧ 01279, ℰ (0351) 2 56 20,
Fax (0351) 2562800 – 📶, 🕈⇒ Zim, 📺 ☎ ⇔ ⓟ – 🔬 45. 🝔 ⓞ **E** **VISA**.
🍽 Rest V h
Menu (nur Abendessen) à la carte 31/52 – **125 Z** 135/235.

In Dresden-Leubnitz-Neuostra :

🏨 **Treff Hotel Dresden** 🅼, Wilhelm-Franke-Straße 90, ⌧ 01219, ℰ (0351) 4 78 20,
Fax (0351) 4782550, 🛋, 🛋, 🚴 – 📶, 🕈⇒ Zim, 📺 ☎ ⓑ ⇔ ⓟ – 🔬 370. 🝔 ⓞ **E**
VISA **JCB**
Menu à la carte 37/55 – **262 Z** 209/273. V c

In Dresden-Löbtau :

🏨 **Burgk** garni, Burgkstr. 15, ⌧ 01159, ℰ (0351) 4 21 51 42, Fax (0351) 4215109 – 📶 📺
☎ – 🔬 15. 🝔 ⓞ **E** **VISA**
V m
27 Z 130/190.

In Dresden-Loschwitz :

🏨 **Schloß Eckberg** (mit Kavaliershaus), Bautzner Str. 134, ⌧ 01099, ℰ (0351) 8 09 90,
Fax (0351) 8099199, ≤ Dresden und Elbe, 🛋, « Neugotisches Schloß ; großzügige
Parkanlage », Massage, 🚴, 🌳 – 📶, 🕈⇒ Zim, 📺 ☎ 📞 ⓟ – 🔬 70. 🝔 ⓞ **E** **VISA** **JCB**
🍽 Rest U d
2. - 25. Jan. geschl. – **Menu** 39 (mittags) und à la carte 49/85 – **84 Z** 203/396.

XX **Schöne Aussicht** mit Zim, Krügerstr. 1, ⌧ 01326, ℰ (0351) 2 68 33 05,
Fax (0351) 2683305, « Terrasse » – 📺 ☎ ⓟ. 🝔 **E** **VISA**
V b
Menu à la carte 29/53 – **9 Z** 130/160.

In Dresden-Niedersedlitz *SO : 10 km über Bismarckstr.* V :

🏠 **Ambiente** 🦢 garni, Meusegaster Str. 23, ✉ 01259, 𝒫 (0351) 20 78 80, *Fax (0351) 2078836* – 📳 📺 ☎ ✆ 🅿. 🅴 [VISA]
20 Z 158/265.

In Dresden-Reick :

🏠 **Coventry,** Hülßestr. 1, ✉ 01237, 𝒫 (0351) 2 82 60, *Fax (0351) 2816310*, 🌿 – 📳, ✦ Zim, 📺 ☎ ✆ ❤ ⇔ 🅿 – 🔏 25. 🅰🅴 🅾 🅴 [VISA]   V r
Menu *(Montag geschl.)* à la carte 28/46 – **53 Z** 175/250.

In Dresden-Weißer Hirsch :

🏠 **Villa Emma** 🦢, Stechgrundstr.2, ✉ 01324, 𝒫 (0351) 37 48 10, *Fax (0351) 3748118*, 🌿, « Restaurierte Jugendstilvilla », 🈺 – ✦ Zim, 📺 ☎ 🅿. 🅰🅴 🅾 🅴
[VISA]   U x
Menu (nur Abendessen, Tischbestellung ratsam) à la carte 52/73 – **21 Z** 240/380.

🍴 **Villa Herzog** mit Zim, Bautzner Landstr. 41, ✉ 01324, 𝒫 (0351) 26 98 80, *Fax (0351) 2698817*, 🌿 – 🅰🅴 🅴   U n
Sonntag - Montag sowie Jan. und Juli jeweils 1 Woche geschl. – **Menu** (nur Abendessen) à la carte 52/81 – **10 Z** 100/160.

In Dresden-Wölfnitz :

🏠 **Wölfnitz** 🦢 garni, Altwölfnitz 5, ✉ 01169, 𝒫 (0351) 4 11 99 11, *Fax (0351) 4119912* – 📺 ☎ 🅿. 🅰🅴 🅴   V s
24. Dez. - 31. Jan. geschl. – **13 Z** 148/178.

In Boxdorf :

🏠 **Landhotel Baumwiese** [M], Dresdner Str. 2, ✉ 01468, 𝒫 (0351) 8 32 50, *Fax (0351) 8325252*, Biergarten, 🈺 – 📳, ✦ Zim, 📺 ☎ ✆ 🅿 – 🔏 50. 🅰🅴 🅾 🅴
[VISA]   U t
Menu à la carte 36/63 – **39 Z** 155/240.

In Gompitz *W : 7 km :*

🏠 **Kim** garni, Gompitzer Höhe 2, ✉ 01462, 𝒫 (0351) 4 10 20, *Fax (0351) 4102160* – 📳 ✦ 📺 ☎ ✆ 🅿 – 🔏 100. 🅰🅴 🅾 🅴 [VISA]   V n
98 Z 100/180.

In Radebeul *NW : 7 km :*

🏨 **Steigenberger Parkhotel** [M] 🦢, Nizzastr. 55, ✉ 01445, 𝒫 (0351) 8 32 10, *Fax (0351) 8321445*, 🌿, Massage, 🏋, 🈺, 🖼 – 📳 ✦ 📺 ✆ ⇔ – 🔏 170. 🅰🅴 🅾
🅴 [VISA] [JCB]. ✦ Rest   U v
La Vigna : Menu à la carte 48/74 – *Bistro Rienzi :* Menu à la carte 39/56 – **200 Z** 245/400, 11 Suiten.

🏠 **Landhotel Lindenau,** Moritzburgerstr. 91, ✉ 01445, 𝒫 (0351) 83 92 30, *Fax (0351) 8392391*, Biergarten – 📳, ✦ Zim, 📺 ☎ ✆ ⇔ 🅿. 🅰🅴 🅾 🅴 [VISA]
Menu à la carte 30/67 – **24 Z** 110/240, 4 Suiten.   über ⑧

In Goppeln-Kauscha *SO : 7 km über ④ :*

🏠 **Landhotel Garni Dresden,** Dresdener Str. 20, ✉ 01728, 𝒫 (0351) 2 80 30, *Fax (0351) 2803130*, 🈺, 🌿 – 📺 ☎ ✆ 🅿. 🅰🅴 🅾 🅴 [VISA]
(nur Abendessen für Hausgäste) **43 Z** 95/130.

In Marsdorf *über ① : 13 km und die A 13, Ausfahrt Marsdorf :*

🏠 **Landhaus Marsdorf** [M], Hauptstr. 22, ✉ 01478, 𝒫 (0351) 8 80 81 01, *Fax (0351) 8805760*, Biergarten, « Idyllische Gartenanlage » – 📺 ☎ ✆ 🅿 – 🔏 60. 🅰🅴
🅴 [VISA]
Menu à la carte 28/52 – **23 Z** 110/165.

In Kreischa *S : 15 km über ⑤ :*

🏠 **Kreischaer Hof** 🦢, Alte Str. 4, ✉ 01731, 𝒫 (035206) 2 20 51, *Fax (035206) 22051*, 🌿, 🈺, 🌿 – 📳 📺 ☎ 🅿 – 🔏 40. 🅰🅴 🅴 [VISA] [JCB]
23. - 28. Dez. geschl. – **Menu** (Montag - Freitag nur Abendessen) à la carte 25/43 – **49 Z** 105/140.

Benutzen Sie immer die neuesten Ausgaben
der Michelin-Straßenkarten und Reiseführer.

DRIBURG, BAD Nordrhein-Westfalen 𝟜𝟙𝟟 K 11, 𝟡𝟠𝟟 ⑯ – 18 500 Ew – Höhe 220 m – Heilbad.

🛪 Bad Driburg, Am Kurpark, 𝒫 (05253) 84 23 49.

🛈 Verkehrsamt, Lange Str. 140, ⊠ 33014, 𝒫 (05253) 8 81 80.

Berlin 390 – Düsseldorf 190 – Hannover 108 – Kassel 86 – Paderborn 20 – Detmold 28.

🏛🏛 **Gräfliches Parkhotel** ♠, Im Kurpark, ⊠ 33014, 𝒫 (05253) 95 20, Fax (05253) 952204, 🌿, Massage, ♨, ≘s, ◨, 🏊, ✗, 🟔₁₈ – 🛗 📺 ⇌ 🅿 – 🔬 70. 🆑 ⓞ 🇪 𝘝𝘐𝘚𝘈. ✗
Menu à la carte 46/65 – **86 Z** 135/236.

🏛 **Schwallenhof**, Brunnenstr. 34, ⊠ 33014, 𝒫 (05253) 98 13 00, Fax (05253) 981388, 🌿, ≘s, ◨, 🏊 – 🛗 📺 ☎ ⇌ 🅿 – 🔬 40. 🆑 ⓞ 🇪 𝘝𝘐𝘚𝘈
Menu à la carte 37/61 – **43 Z** 75/170 – ½ P 20.

🏛 **Neuhaus** ♠, Steinbergstieg 18, ⊠ 33014, 𝒫 (05253) 40 80, Fax (05253) 408616, 🌿, ≘s, ◨, 🏊 – 🛗, ✯ Zim, 📺 ☎ 🅿 – 🔬 75. 🆑 ⓞ 🇪. ✗ Rest
Mitte Juli - Anfang Aug. geschl. – **Menu** à la carte 40/63 – **66 Z** 99/170 – ½ P 20.

🏛 **Café am Rosenberg** ♠, Hinter dem Rosenberge 22, ⊠ 33014, 𝒫 (05253) 9 79 70, Fax (05253) 979797, ≼, « Gartenterrasse », ≘s, 🏊, 🏊 – ✯ Zim, 📺 ☎ 🅿. ⓞ 🇪 𝘝𝘐𝘚𝘈 ✗ Zim
Menu (Mittwoch geschl.) à la carte 31/55 🍷 – **22 Z** 65/140 – ½ P 15.

🏛 **Mikado** ♠ garni, Steinbergstieg 15, ⊠ 33014, 𝒫 (05253) 4 00 10, Fax (05253) 400111, ≘s, ◨, 🏊 – 🛗 📺 ☎ 🅿. 🆑 ⓞ 🇪
39 Z 71/98.

DROLSHAGEN Nordrhein-Westfalen 𝟜𝟙𝟟 M 7 – 12 500 Ew – Höhe 375 m.

🛈 Verkehrsamt, Klosterhof 2, ⊠ 57489, 𝒫 (02761) 97 01 81, Fax (02761) 970201.

Berlin 555 – Düsseldorf 114 – Hagen 59 – Köln 70 – Siegen 34.

⚒ **Zur alten Quelle**, Hagener Str. 40 (B 54/55), ⊠ 57489, 𝒫 (02761) 7 10 01, Fax (02761) 73007, 🌿 – 📺 ☎ 🅿. ✗ Rest
Menu (Donnerstag geschl.) à la carte 27/62 – **8 Z** 70/130.

✗✗ **Zur Brücke** mit Zim, Hagener Str. 12 (B 54/55), ⊠ 57489, 𝒫 (02761) 75 48, Fax (02761) 7540, 🌿 – 📺 ☎ ⇌ 🅿. ⓞ 🇪 𝘝𝘐𝘚𝘈. ✗ Zim
Juli 3 Wochen geschl. – **Menu** (Dienstag geschl.) à la carte 30/57 – **12 Z** 75/140.

In Drolshagen-Frenkhauserhöh NO : 4 km :

🏛 **Zur schönen Aussicht**, Biggeseestr. 4, ⊠ 57489, 𝒫 (02761) 25 83, ⇔ Fax (02761) 5124, ≼, 🌿, 🌿 – 📺 ☎ 🅿 – 🔬 30. 🇪. ✗
Menu (Sonntagabend - Montagmittag geschl.) à la carte 24/45 – **13 Z** 55/110.

In Drolshagen-Scheda NW : 6 km :

⚒ **Haus Schulte** ♠, Zum Höchsten 2, ⊠ 57489, 𝒫 (02763) 3 88, Fax (02763) 7871, Biergarten, 🌿, ✗ – 📺 ☎ ⇌ 🅿. 🇪
Juli 1 Woche geschl. – **Menu** (Mittwoch geschl.) à la carte 30/62 – **17 Z** 50/110.

DUDELDORF Rheinland-Pfalz siehe Bitburg.

DUDERSTADT Niedersachsen 𝟜𝟙𝟠 L 14, 𝟡𝟠𝟟 ⑯ ⑰ – 24 000 Ew – Höhe 172 m.

🛈 Gästeinformation, Rathaus, Marktstr. 66, ⊠ 37115, 𝒫 (05527) 84 12 00, Fax (05527) 841201.

Berlin 350 – Hannover 131 – Erfurt 98 – Göttingen 32 – Braunschweig 118.

🏛🏛 **Zum Löwen**, Marktstr. 30, ⊠ 37115, 𝒫 (05527) 30 72, Fax (05527) 72630, 🌿, « Elegante Einrichtung », ≘s, ◨ – 🛗, ✯ Zim, 📺 🕭 ✗✗ – 🔬 70. 🆑 ⓞ 🇪 𝘝𝘐𝘚𝘈 𝗝𝗖𝗕
Menu à la carte 39/66 – **42 Z** 135/280.

In Duderstadt-Fuhrbach NO : 6 km :

🏛 **Zum Kronprinzen** ♠, Fuhrbacher Str. 31, ⊠ 37115, 𝒫 (05527) 91 00, Fax (05527) 910250, 🌿, ≘s, 🌿 – 🛗, ✯ Zim, 📺 ☎ 🅿 – 🔬 50. 🆑 ⓞ 𝘝𝘐𝘚𝘈. ✗ Zim
Menu à la carte 31/64 – **50 Z** 95/165.

DÜBEN, BAD Sachsen **418** L 21, **987** ⑱ – 9 000 Ew – Höhe 92 m.
  🛈 Stadtinformation, Markt 11, ✉04849, 𝄞 (034243) 7 22 30, Fax (034243) 52882.
  Berlin 140 – Dresden 137 – Leipzig 33 – Halle 56 – Dessau 41.

🏠 **Schützenhaus** 🦢, Schützenstr. 8, ✉ 04849, 𝄞 (034243) 2 44 56, Fax (034243) 24456, Biergarten – 📶 📺 ☎ 🅿 – 🔏 120. 🆎 ⓪ ⋿ 𝗩𝗜𝗦𝗔 JCB
Menu à la carte 25/42 – **28 Z** 85/140 – ½ P 30.

🏠 **Kühne,** Hüfnermark 10, ✉ 04849, 𝄞 (034243) 2 30 21, Fax (034243) 25377, Biergarten
🍴 – 📺 ☎ 🅿 – 🔏 50. 🆎 ⓪ ⋿ 𝗩𝗜𝗦𝗔
Menu à la carte 24/46 – **19 Z** 70/140.

*Inclusion in the **Michelin Guide**
cannot be achieved by pulling strings
or by offering favours.*

DÜLMEN Nordrhein-Westfalen **417** K 5, **987** ⑮ – 44 000 Ew – Höhe 70 m.
  🛈 Verkehrsamt, Rathaus, ✉ 48249, 𝄞 (02594) 1 22 92, Fax (02594) 3135.
  Berlin 508 – Düsseldorf 90 – Münster (Westfalen) 34 – Recklinghausen 27.

🏨 **Merfelder Hof,** Borkener Str. 60, ✉ 48249, 𝄞 (02594) 97 00, Fax (02594) 970100, 🍴, 🍸 – 📶 📺 ☎ 🅿 – 🔏 20. 🆎 ⓪ ⋿ 𝗩𝗜𝗦𝗔 JCB
Menu à la carte 30/71 – **55 Z** 90/170.

🏠 **Zum Wildpferd,** Münsterstr. 52 (B51), ✉ 48249, 𝄞 (02594) 97 10, Fax (02594) 85235, 🍸 – 📶 📺 ☎ ⟷ 🅿 – 🔏 50. 🆎 ⓪ ⋿ 𝗩𝗜𝗦𝗔
Menu (Sonntag geschl.) à la carte 28/52 – **37 Z** 79/155.

In Dülmen-Hausdülmen SW : 3 km :

🏠 **Große Teichsmühle,** Borkenbergestr. 78, ✉ 48249, 𝄞 (02594) 9 43 50, Fax (02594) 943537, 🍴 – 📺 ☎ 🅿 – 🔏 30. 🆎 ⓪ ⋿ 𝗩𝗜𝗦𝗔
Menu à la carte 36/70 (auch vegetarische Gerichte) – **15 Z** 88/155.

Außerhalb NW : 5 km über Borkener Straße :

🍴 **Haus Waldfrieden,** Börnste 20, ✉ 48249 Dülmen, 𝄞 (02594) 22 73, Fax (02594) 3739, 🍴 – 🅿 🎾
Freitag und 5. Jan. - 6. Feb. geschl. – **Menu** à la carte 27/59.

DÜREN Nordrhein-Westfalen **417** N 3, **987** ㉕ – 89 000 Ew – Höhe 130 m.
  🛅 Düren-Gürzenich (über ⑤ und die B 264 X), 𝄞 (02421) 6 72 78.
  ADAC, Kölnstr. 52, ✉ 52349, 𝄞 (0221) 47 27 47.
  Berlin 611 ① – Düsseldorf 71 ① – Aachen 34 ① – Bonn 57 ③ – Köln 48 ①

Stadtplan siehe nächste Seite

🏨 **Düren's Post-Hotel,** Josef-Schregel-Str. 36, ✉ 52349, 𝄞 (02421) 1 70 01, Fax (02421) 10138 – 📶 🔲 📺 ☎ ⟷ 🅿 – 🔏 150. 🆎 ⓪ ⋿ 𝗩𝗜𝗦𝗔 JCB   Y r
Menu (Samstagmittag und Sonntag geschl.) à la carte 46/68 – **51 Z** 160/250.

🏠 **Germania,** Josef-Schregel-Str. 20, ✉ 52349, 𝄞 (02421) 1 50 00, Fax (02421) 10745
– 📶 📺 ☎ – 🔏 80. ⓪ ⋿ 𝗩𝗜𝗦𝗔   Y c
Menu à la carte 33/62 – **50 Z** 95/160.

🍴🍴🍴 **Hefter's,** Kreuzstr. 82, ✉ 52351, 𝄞 (02421) 1 45 85, Fax (02421) 14585,
❀ « Gartenterrasse »   Y a
Sonntagmittag, Montag - Dienstag sowie Feb. - März und Juli - Aug. jeweils 2 Wochen geschl.
– **Menu** (Tischbestellung erforderlich) 125/140 und à la carte 62/103
Spez. Variation von der Gänsestopfleber. Sautierte Jakobsmuscheln mit Orangenbutter
und geschmortem Chicorée. Gebratener Spanferkelrücken mit Honig und Thymian
glasiert.

In Düren-Rölsdorf :

🏠 **Jägerhof** garni, Monschauer Str. 217, ✉ 52355, 𝄞 (02421) 9 67 10, Fax (02421) 967171 – 📺 ☎ 🅿. 🆎 ⋿   X s
23 Z 90/130.

In Kreuzau-Untermaubach S : 11 km über Nideggener Str. X :

🍴 **Muhlenbach,** Rurstr. 16, ✉ 52372, 𝄞 (02422) 41 58 – 🅿 ⋿
Montag und Feb. 1 Woche geschl. – **Menu** à la carte 33/56.

283

DÜREN

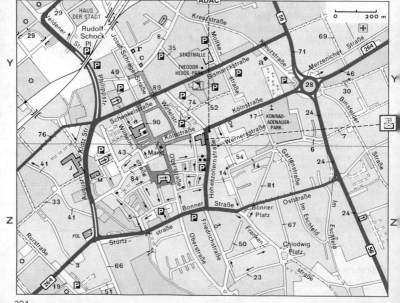

DÜRKHEIM, BAD *Rheinland-Pfalz* 🔲🔲🔲 *R 8,* 🔲🔲🔲 ㉖ *– 19 000 Ew – Höhe 120 m – Heilbad.*

🔓 *Dackenheim, Im Blitzgrund 1 (N : 3 km),* 🔲 *(06353) 98 92 10.*

🔲 *Städt. Verkehrsamt, Mannheimer Str. 24 (Rathaus),* ✉ *67098,* 🔲 *(06322) 93 51 56, Fax (06322) 935159.*

Berlin 639 – Mainz 82 – Kaiserslautern 33 – Mannheim 22 – Neustadt an der Weinstraße 14.

🏨 **Dorint Hotel** ⑤, Kurbrunnenstr. 30, ✉ 67098, 🔲 (06322) 60 10, Fax (06322) 601603, ☞ direkter Zugang zum Salinarium – 🛗, ⇜ Zim, 📺 ৬ 🅿 – ⚖ 500. 🅰🅴 ⓞ ⋿ 𝖵𝖨𝖲𝖠 𝖩𝖢𝖡.
⚗ Rest
Menu à la carte 36/67 – **100 Z** 190/280 – ½ P 39.

🏨 **Kurparkhotel** ⑤, Schloßplatz 1, ✉ 67098, 🔲 (06322) 79 70, Fax (06322) 797158, ≼, ☞, Massage, 🔱, ⇌, 🔲 – 🛗, ⇜ Zim, 📺 ⇨ 🅿 – ⚖ 180. 🅰🅴 ⓞ ⋿ 𝖵𝖨𝖲𝖠
Menu à la carte 40/69 – **113 Z** 175/235 – ½ P 32.

🏨 **Gartenhotel Heusser** ⑤, Seebacher Str. 50, ✉ 67098, 🔲 (06322) 93 00, Fax (06322) 930499, ☞, « Garten », ⇌, 🔲 (geheizt), 🔲 – 🛗 📺 ☎ 🅿 – ⚖ 45. 🅰🅴 ⓞ ⋿ 𝖵𝖨𝖲𝖠
Menu à la carte 37/64 🍴 – **76 Z** 120/195 – ½ P 30.

🏨 **Bollers Parkhotel Leininger Hof,** Kurgartenstr. 17, ✉ 67098, 🔲 (06322) 60 20, Fax (06322) 602300, ⇌, 🔲 – 🛗, ⇜ Zim, 📺 ☎ ⇨ – ⚖ 80. 🅰🅴 ⓞ ⋿ 𝖵𝖨𝖲𝖠
Menu à la carte 38/69 – **86 Z** 115/250 – ½ P 30.

🏨 **Weingarten** garni, Triftweg 11a, ✉ 67098, 🔲 (06322) 9 40 10, Fax (06322) 940155, ⇌, 🌳 – ⇜ 📺 ☎ 🅿 – ⚖ 20. 🅰🅴 ⋿ 𝖵𝖨𝖲𝖠 ⚗
2. - 16. Jan. geschl. – **18 Z** 110/160.

🏨 **Fronmühle,** Salinenstr. 15, ✉ 67098, 🔲 (06322) 9 40 90, Fax (06322) 940940, ☞, ⇌, 🔲 – 🛗 📺 ☎ 🅿 – ⚖ 20. 🅰🅴 ⓞ ⋿ 𝖵𝖨𝖲𝖠
Menu (Montag geschl.) à la carte 44/79 – **21 Z** 95/160.

🏠 **An den Salinen** garni, Salinenstr. 40, ✉ 67098, 🔲 (06322) 9 40 40, Fax (06322) 940434 – 📺 ☎ 🅿. ⋿ 𝖵𝖨𝖲𝖠
13 Z 75/150.

🍴🍴 **Weinrefugium,** Schlachthausstr. 1a, ✉ 67098, 🔲 (06322) 6 89 74, Fax (06322) 2417, ☞
Montag - Dienstag und über Fasching 2 Wochen geschl. – **Menu** (Tischbestellung ratsam) à la carte 60/82.

🍴 **Weinstube Ester,** Triftweg 21, ✉ 67098, 🔲 (06322) 98 90 65, Fax (06322) 989726, ☞ – 🅿
Montag - Dienstag sowie über Fasching und Sept. jeweils 2 Wochen geschl. – **Menu** (wochentags nur Abendessen, Tischbestellung ratsam) à la carte 27/65 (auch vegetarische Gerichte) 🍴.

In Bad Dürkheim-Seebach *SW : 1,5 km :*

🏠 **Landhaus Fluch** ⑤ garni, Seebacher Str. 95, ✉ 67098, 🔲 (06322) 24 88, Fax (06322) 65729, 🌳 – ☎ 🅿. ⚗
Weihnachten - Neujahr geschl. – **25 Z** 80/150.

DÜRRHEIM, BAD *Baden-Württemberg* 🔲🔲🔲 *V 9,* 🔲🔲🔲 ㉟ *– 11 000 Ew – Höhe 706 m – Heilbad – Heilklimatischer Kurort – Wintersport : 🎿2.*

🔲 *Information im Haus des Gastes,* ✉ *78073,* 🔲 *(07726) 66 62 66, Fax (07726) 666301.*
Berlin 737 – Stuttgart 113 – Freiburg im Breisgau 71 – Konstanz 76 – Villingen-Schwenningen 8.

🏠 **Salinensee** ⑤, Am Salinensee 1, ✉ 78073, 🔲 (07726) 80 21, Fax (07726) 4387, ≼, « Terrasse am See », Massage, ⇌, 🌳 – 🛗 📺 ☎ ⇨ 🅿
Menu à la carte 35/70 – **36 Z** 78/190.

🏠 **Haus Baden** ⑤ garni, Kapfstr. 6, ✉ 78073, 🔲 (07726) 9 23 90, Fax (07726) 923950, 🌳 – ⇜ ☎ ⇨ 🅿
19 Z 72/146.

DÜRRWANGEN *Bayern siehe Dinkelsbühl.*

DÜSEDAU *Sachsen-Anhalt siehe Osterburg.*

MICHELIN-STRASSENKARTEN für **Deutschland** : Nr. 🔲🔲🔲 im Maßstab 1:750 000
Nr. 🔲🔲🔲 im Maßstab 1:1 000 000
Nr. 🔲🔲🔲-🔲🔲🔲 im Maßstab 1.300 000

DÜSSELDORF 🔟 *Nordrhein-Westfalen* **㐄㏑㏉** M 4, **㤥㠹㠷** ㉕ ㉖ – *570 000 Ew – Höhe 40 m.*

Sehenswert : *Königsallee★ EZ – Hofgarten★ und Schloß Jägerhof*DEY *(Goethe-Museum★ EY* **M1**) – *Hetjensmuseum★ DZ* **M4** – *Landesmuseum Volk u. Wirtschaft★ DY* **M5** – *Kunstmuseum★ DY* **M2** – *Kunstsammlung NRW★ DY* **M3** – *Löbbecke-Museum und Aquazoo★ S* **M6** – *Schloß Benrath★.*

Ausflugsziel : *Schloß Benrath (Park★) S : 10 km über Kölner Landstr.* T.

🔟₉ *Düsseldorf-Grafenberg, Rennbahnstr. 24 S, ℰ (0211) 96 49 50 ;* 🔟₁₈ *Gut Rommeljans (12 km über die A 44 S), ℰ (02102) 8 10 92 ;* 🔟₁₈ *Düsseldorf-Hubbelr.(12 km über die B 7 S), ℰ (02104) 7 21 78 ;* 🔟₅ *Düsseldorf-Hafen (T), Auf der Lausward, ℰ (0211) 39 65 98* 🔟₁₈ *Düsseldorf-Schmidtberg (12 km über die B 7 S) ℰ (02104) 7 70 60.*

✈ *Düsseldorf-Lohausen (①) : 8 km), ℰ 42 10.*

🚂 *Hauptbahnhof.*

*Messe-Gelände (*S*), ℰ 45 60 01, Fax 4560668.*

🄱 *Verkehrsverein, Konrad-Adenauer-Platz,* ✉ *40210, ℰ (0211) 17 20 20, Fax (0211) 161071.*

ADAC, *Himmelgeister Str. 63,* ✉ *40225, ℰ (0221) 47 27 47, Fax (0211) 332633.*

Berlin 552 ④ – Amsterdam 225 ② – Essen 31 ② – Köln 40 ⑤ – Rotterdam 237 ②

Messe-Preise : siehe S. 8	Foires et salons : voir p. 20
Fairs : see p. 32	Fiere : vedere p. 44

Stadtpläne siehe nächste Seiten

🏨🏨 **Breidenbacher Hof,** Heinrich-Heine-Allee 36, ✉ 40213, ℰ (0211) 1 30 30, *Fax (0211) 1303830,* 🍽 – 📶, ✳ Zim, ▤ 📺 ✓ ☎ – 🔏 60. 🄰🄴 ⓸ 🄴 *VISA* 🄹🄲🄱. ✳ **Grill Royal** *(Samstag sowie Sonn- und Feiertage nur Abendessen)* Menu à la carte 80/124 – **Breidenbacher Eck :** Menu à la carte 54/80 – **Trader Vic's** *(nur Abendessen)* Menu à la carte 56/92 – **129 Z** 480/850, 7 Suiten.
EY **a**

🏨🏨 **Steigenberger Parkhotel,** Corneliusplatz 1, ✉ 40213, ℰ (0211) 1 38 10, *Fax (0211) 131679,* 🍽 – 📶, ✳ Zim, ▤ Rest, 📺 ✓ ❶ – 🔏 200. 🄰🄴 ⓸ 🄴 *VISA* 🄹🄲🄱. ✳ Rest
EY **p**
Menu à la carte 64/97 – **135 Z** 340/590, 9 Suiten.

🏨 **Nikko,** Immermannstr. 41, ✉ 40210, ℰ (0211) 83 40, *Fax (0211) 161216,* 🕭, 📘 – 📶, ✳ Zim, ▤ 📺 ✓ ♿ – 🔏 300. 🄰🄴 ⓸ 🄴 *VISA* 🄹🄲🄱. ✳ Rest
BV **g**
Benkay *(japanische Küche)* Menu à la carte 65/90 – **Brasserie Nikkolette :** Menu à la carte 37/60 – **301 Z** 340/560, 5 Suiten.

🏨 **Queens Hotel** 🅼, Ludwig-Erhard-Allee 3, ✉ 40227, ℰ (0211) 7 77 10, *Fax (0211) 7771777,* 🕭 – 📶, ✳ Zim, ▤ 📺 ✓ ♿ ♿ – 🔏 50. 🄰🄴 ⓸ 🄴 *VISA* 🄹🄲🄱. ✳ Rest
BV **s**
Menu à la carte 41/60 – **120 Z** 299/628, 5 Suiten.

🏨 **Holiday Inn,** Graf-Adolf-Platz 10, ✉ 40213, ℰ (0211) 3 84 80, *Fax (0211) 3848390,* 🕭, 📘 – 📶, ✳ Zim, ▤ Zim, 📺 ✓ ♿ – 🔏 50. 🄰🄴 ⓸ 🄴 *VISA* 🄹🄲🄱
EZ **t**
Menu à la carte 50/70 – **177 Z** 375/675.

🏨 **Majestic** garni, Cantadorstr. 4, ✉ 40211, ℰ (0211) 36 70 30, *Fax (0211) 3670399,* 🕭 – 📶 📺 ☎ ✓ – 🔏 30. 🄰🄴 ⓸ 🄴 *VISA* 🄹🄲🄱. ✳
BV **a**
21. Dez. - 5. Jan. geschl. – **52 Z** 245/460.

🏨 **Günnewig Hotel Esplanade** garni, Fürstenplatz 17, ✉ 40215, ℰ (0211) 38 68 50, *Fax (0211) 374032,* 🕭, 📘 – 📶 ✳ 📺 ☎ ✓ ♿ – 🔏 40. 🄰🄴 ⓸ 🄴 *VISA* 🄹🄲🄱 BX **s**
81 Z 179/468.

🏨 **Madison I** garni, Graf-Adolf-Str. 94, ✉ 40210, ℰ (0211) 1 68 50, *Fax (0211) 1685328,* 🕭, 📘 – 📶 ✳ 📺 ☎ ♿ – 🔏 40. 🄰🄴 ⓸ 🄴 *VISA* 🄹🄲🄱
BV **n**
100 Z 175/285.

🏨 **Eden,** Adersstr. 29, ✉ 40215, ℰ (0211) 3 89 70, *Fax (0211) 3897777* – 📶, ✳ Zim, 📺 ☎ ✓ ♿ – 🔏 80. 🄰🄴 ⓸ 🄴 *VISA* 🄹🄲🄱
EZ **m**
Menu *(Samstagmittag und Sonntag geschl., außer Messen)* à la carte 44/64 – **120 Z** 218/506.

🏨 **Dorint Hotel,** Stresemannplatz 1, ✉ 40210, ℰ (0211) 3 55 40, *Fax (0211) 354120* – 📶, ✳ Zim, 📺 ☎ ♿ – 🔏 50. 🄰🄴 ⓸ 🄴 *VISA* 🄹🄲🄱. ✳ Rest
EZ **j**
Menu à la carte 42/60 – **162 Z** 219/443, 3 Suiten.

🏨 **Madison II** garni, Graf-Adolf-Str. 47, ✉ 40210, ℰ (0211) 38 80 30, *Fax (0211) 3880388* – 📶 ✳ 📺 ☎ ✓ – 🄰🄴 ⓸ 🄴 *VISA* 🄹🄲🄱
EZ **e**
Juli und 20. Dez. - 8. Jan. geschl. – **24 Z** 150/260.

🏨 **Hotel An der Kö** garni, Talstr. 9, ✉ 40217, ℰ (0211) 37 10 48, *Fax (0211) 370835* – 📶 📺 ☎ ❶. 🄰🄴 ⓸ 🄴 *VISA* 🄹🄲🄱
EZ **n**
45 Z 158/420.

🏠 **Astoria** garni, Jahnstr. 72, ✉ 40215, 𝒫 (0211) 38 51 30, *Fax (0211) 372089* – |≡| ↪
📺 ☎ 🗲 AE ⓞ 🖃 𝑉𝐼𝑆𝐴 JCB ⚓   BX b
22. Dez. - 8. Jan. geschl. – **26 Z** 149/380, 4 Suiten.

🏠 **Rema-Hotel Concorde** garni, Graf-Adolf-Str. 60, ✉ 40210, 𝒫 (0211) 36 98 25,
Fax (0211) 354604 – |≡| ↪ 📺 ☎ 🗲 AE ⓞ 🖃 𝑉𝐼𝑆𝐴 JCB   EZ f
84 Z 170/390.

🏠 **Carat Hotel** garni, Benrather Str. 7a, ✉ 40213, 𝒫 (0211) 1 30 50, *Fax (0211) 322214*,
≘s – |≡| ↪ 📺 ☎ – 🛦 20. AE ⓞ 🖃 𝑉𝐼𝑆𝐴   DZ r
73 Z 220/275.

🏠 **Rema-Hotel Monopol** garni, Oststr. 135, ✉ 40210, 𝒫 (0211) 8 42 08,
Fax (0211) 328843 – |≡| ↪ 📺 ☎. AE ⓞ 🖃 𝑉𝐼𝑆𝐴 JCB   EZ d
51 Z 170/390.

🏠 **Günnewig Hotel Uebachs** garni, Leopoldstr. 5, ✉ 40211, 𝒫 (0211) 17 37 10,
Fax (0211) 358064 – |≡| ↪ 📺 ☎ 🗲 ⚓ – 🛦 30. AE ⓞ 🖃 𝑉𝐼𝑆𝐴 JCB   BV r
82 Z 179/390.

🏠 **Cornelius** garni, Corneliusstr. 82, ✉ 40215, 𝒫 (0211) 38 65 60, *Fax (0211) 382050*, ≘s
– |≡| 📺 ☎ 🗲 ⓟ – 🛦 30. AE ⓞ 🖃 𝑉𝐼𝑆𝐴   BX s
20. Dez. - 7. Jan. geschl. – **52 Z** 140/190.

🏠 **Windsor** garni, Grafenberger Allee 36, ✉ 40237, 𝒫 (0211) 91 46 80,
Fax (0211) 9146840, ≘s – 📺 ☎ ⚓. AE ⓞ 🖃 𝑉𝐼𝑆𝐴   BV c
18 Z 180/280.

🏠 **City-Hotel** garni, Bismarckstr. 73, ✉ 40210, 𝒫 (0211) 36 50 23, *Fax (0211) 365343* –
|≡| ↪ 📺 ☎ 🗲. AE ⓞ 🖃 𝑉𝐼𝑆𝐴 JCB   EZ k
23. Dez. - 2. Jan. geschl. – **54 Z** 148/320.

🏠 **Terminus** garni, Am Wehrhahn 81, ✉ 40211, 𝒫 (0211) 35 05 91, *Fax (0211) 358350*,
≘s, 🔲 – |≡| ☎. AE 🖃 𝑉𝐼𝑆𝐴   BV f
23. Dez. - 4. Jan. geschl. – **45 Z** 150/220.

🏡 **Orangerie** ⚘ garni, Bäckergasse 1, ✉ 40213à la car4, 𝒫 (0211) 86 68 00,
Fax (0211) 8668099 – |≡| 📺 ☎ – 🛦 30. AE ⓞ 🖃 𝑉𝐼𝑆𝐴   DZ n
27 Z 195/295.

🏡 **Großer Kurfürst** garni, Kurfürstenstr. 18, ✉ 40211, 𝒫 (0211) 17 33 70,
Fax (0211) 162597 – |≡| 📺 ☎. AE 🖃 𝑉𝐼𝑆𝐴 JCB   BV k
22. Dez. - 4. Jan. geschl. – **21 Z** 125/260.

🏡 **Residenz** garni, Worringer Str. 88, ✉ 40211, 𝒫 (0211) 36 08 54, *Fax (0211) 364676*
– |≡| ↪ 📺 ☎. AE ⓞ 🖃 𝑉𝐼𝑆𝐴   BV z
34 Z 148/350.

🏡 **Ibis Hauptbahnhof** garni, Konrad-Adenauer-Platz 14, ✉ 40210, 𝒫 (0211) 1 67 20,
Fax (0211) 1672101 – |≡| ↪ 📺 ☎ 🗇 – 🛦 30. AE ⓞ 🖃 𝑉𝐼𝑆𝐴 JCB   BV u
166 Z 148/213.

🏡 **Astor** garni, Kurfürstenstr. 23, ✉ 40211, 𝒫 (0211) 96 60 90, *Fax (0211) 162597*, ≘s
– 📺 ☎. AE 🖃 𝑉𝐼𝑆𝐴 JCB   BV k
22. Dez. - 4. Jan. geschl. – **16 Z** 125/260.

🏡 **Schumacher** garni, Worringer Str. 55, ✉ 40211, 𝒫 (0211) 36 78 50,
Fax (0211) 3678570, ≘s – |≡| 📺 ☎ 🗲. AE ⓞ 🖃 𝑉𝐼𝑆𝐴 JCB   BV d
29 Z 150/380.

XXX **Victorian**, Königstr. 3a (1. Etage), ✉ 40212, 𝒫 (0211) 8 65 50 22, *Fax (0211) 8655013*
✿ – ▤. AE ⓞ 🖃 𝑉𝐼𝑆𝐴. ⚓   EZ c
Sonn- und Feiertage geschl. – **Menu** (Tischbestellung erforderlich, bemerkenswerte Wein-
karte) 55 (mittags) und à la carte 83/120 – **Bistro im Victorian** (*Juli - Aug. Sonntag
geschl.*) **Menu** à la carte 39/72
Spez. Gänseleberterrine mit weißen Feigen in Sauternes mariniert. Krebsschwänze à la nage
(Mai-Aug.). Epigramm vom Angusfilet mit Selleriepüree.

XX **Weinhaus Tante Anna** (ehemalige Hauskapelle a.d.J. 1593), Andreasstr. 2, ✉ 40213,
𝒫 (0211) 13 11 63, *Fax (0211) 132974*, « Antike Bilder und Möbel » – AE ⓞ 🖃 𝑉𝐼𝑆𝐴 JCB
Sonntag geschl. (außer Messen) – **Menu** (nur Abendessen, Tischbestellung ratsam, bemer-
kenswerte Weinkarte) à la carte 58/85.   DY A

XX **La Terrazza**, Königsallee 30 (Kö-Center, 2. Etage, |≡|), ✉ 40212, 𝒫 (0211) 32 75 40,
Fax (0211) 320975 – ▤. AE ⓞ 🖃 𝑉𝐼𝑆𝐴 JCB   EZ v
Sonn- und Feiertage geschl. (außer Messen) – **Menu** à la carte 64/92.

XX **Calvados**, Hohe Str. 33, ✉ 40213, 𝒫 (0211) 32 84 96, *Fax (0211) 327877*, �ற – AE
ⓞ 🖃 𝑉𝐼𝑆𝐴. ⚓   DZ a
Sonn- und Feiertage geschl. – **Menu** à la carte 48/74.

X Käfer, Königsallee 60a (Kö-Galerie), ✉ 40212, 𝒫 (0211) 86 62 60, *Fax (0211) 8662658*,
🌳 – ▤.   EZ z

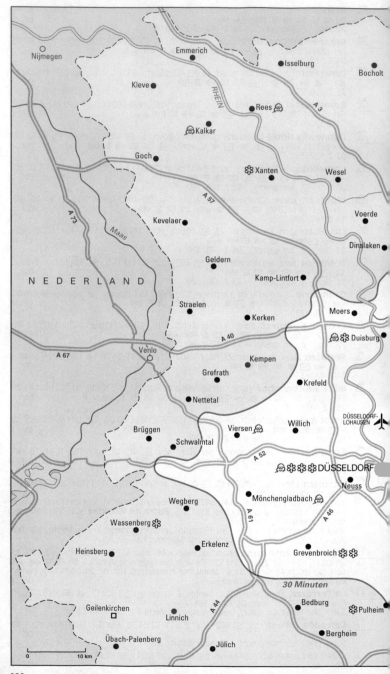

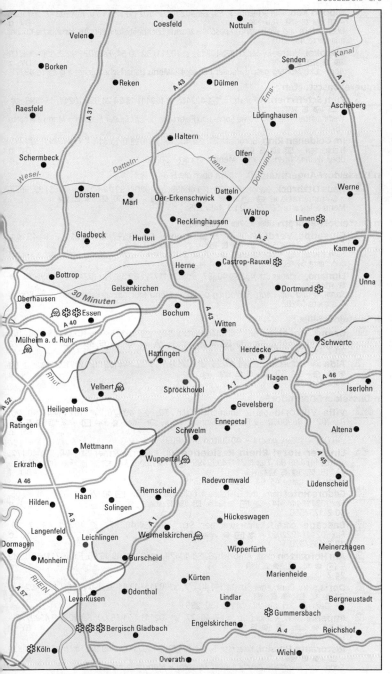

X **Nippon Kan,** Immermannstr. 35, ✉ 40210, ℘ (0211) 17 34 70, *Fax (0211) 3613625*
– 🆎 ⓘ 🅴 *VISA* 🅹🅲🅱 ⁓ BV g
über Ostern und Weihnachten geschl. – **Menu** (Tischbestellung ratsam, japanische Küche)
à la carte 43/110.

X **Daitokai,** Mutter-Ey-Str. 1, ✉ 40213, ℘ (0211) 32 50 54, *Fax (0211) 325056* – 🔲. 🆎
ⓘ 🅴 *VISA* 🅹🅲🅱 ⁓ DY z
April - Okt. Montag geschl., (außer Messen) – **Menu** (japanische Küche) à la carte 49/78.

Brauerei-Gaststätten :

X **Zum Schiffchen,** Hafenstr. 5, ✉ 40213, ℘ (0211) 13 24 21, *Fax (0211) 134596,* 🏮
– 🆎 ⓘ 🅴 *VISA* DZ f
Weihnachten - Neujahr sowie Sonn- und Feiertage geschl. (außer Messen) – **Menu** à la carte
38/68.

X **Im Goldenen Ring,** Burgplatz 21, ✉ 40213, ℘ (0211) 13 31 61, *Fax (0211) 324780,*
Biergarten – 🆎 ⓘ 🅴 *VISA* DY n
über Weihnachten geschl. – **Menu** à la carte 30/60.

In Düsseldorf-Angermund ① *: 15 km über die B 8 :*

🏨 **Haus Litzbrück,** Bahnhofstr. 33, ✉ 40489, ℘ (0203) 99 79 60, *Fax (0203) 9979653,*
« Gartenterrasse », ⇌, 🔲, 🌳 – 📺 ☎ ⁓ ⓟ – 🏆 30. 🆎 ⓘ 🅴 *VISA*
Menu à la carte 50/77 – **21 Z** 145/285.

In Düsseldorf-Benrath *über Kölner Landstr.* T *:*

XX **Giuseppe Verdi,** Paulistr. 5 (1. Etage), ✉ 40597, ℘ (0211) 7 18 49 44,
Fax (0211) 7182053 – 🆎 ⓘ 🅴 *VISA*
Samstagmittag, Montag und Juli - Aug. 2 Wochen geschl. – **Menu** (italienische Küche)
à la carte 57/80.

XX **Lignano,** Hildener Str. 43, ✉ 40597, ℘ (0211) 7 11 89 36, *Fax (0211) 718959* – 🆎 ⓘ
🅴 *VISA* ⁓
Sonntag und Juli - Aug. 3 Wochen geschl. – **Menu** (nur Abendessen, italienische Küche)
à la carte 57/83.

In Düsseldorf-Bilk :

🏨 **Grand Hotel** garni, Varnhagenstr. 37, ✉ 40225, ℘ (0211) 31 08 00,
Fax (0211) 316667, ⇌ – 📶 📺 ☎ 🅱 ⁓ – 🏆 30. 🆎 ⓘ 🅴 *VISA* 🅹🅲🅱 BX a
70 Z 315/365.

🏨 **Aida** garni, Ubierstr. 36, ✉ 40223, ℘ (0211) 1 59 90, *Fax (0211) 1599103,* ⇌ – 📶 📺
☎ 🅱 ⓟ – 🏆 30. 🆎 ⓘ 🅴 *VISA* 🅹🅲🅱 ⁓ T a
93 Z 158/198.

In Düsseldorf-Derendorf :

🏨 **Villa Viktoria** garni, Blumenthalstr. 12, ✉ 40476, ℘ (0211) 46 90 00,
Fax (0211) 46900601, « Elegante Einrichtung », ⇌, 🌳 – 📶 ⤬ 📺 ⁓. 🆎 ⓘ 🅴 *VISA*
🅹🅲🅱 BU c
24. Dez. - 1. Jan. geschl. – **40 Suiten** 377/909.

🏨 **Lindner Hotel Rhein Residence** Ⓜ, Kaiserswerther Str. 20, ✉ 40477,
℘ (0211) 4 99 90, *Fax (0211) 4999499,* 🏮, Massage, 🏋, ⇌ – 📶, ⤬ Zim, 📺 ☎ –
🏆 18. 🆎 ⓘ 🅴 *VISA* 🅹🅲🅱 ABU f
Menu à la carte 43/64 – **126 Z** 272/519.

🏨 **Gildors Hotel** garni (mit Gästehaus), Collenbachstr. 51, ✉ 40476, ℘ (0211) 48 80 05,
Fax (0211) 444844 – 📶 📺 ☎ ⁓. 🆎 ⓘ 🅴 *VISA* BU n
50 Z 175/350.

🏨 **Cascade** garni, Kaiserswerther Str. 59, ✉ 40477, ℘ (0211) 49 22 00,
Fax (0211) 4922022 – 📶 📺 ☎ ⁓. 🆎 ⓘ 🅴 *VISA* AU c
29 Z 155/320.

🏨 **Am Hofgarten** garni, Arnoldstr. 5, ✉ 40479, ℘ (0211) 49 19 90, *Fax (0211) 4919949*
– 📺 ☎ ✆. 🆎 ⓘ 🅴 *VISA* EY c
24 Z 135/295.

🏨 **Doria** garni, Duisburger Str. 1a, ✉ 40477, ℘ (0211) 49 91 92, *Fax (0211) 4910402* – 📶
📺 ☎ ✆. 🆎 ⓘ 🅴 *VISA* EY s
23. Dez. - 2. Jan. geschl. – **41 Z** 130/295.

🏨 **Imperial** garni, Venloer Str.9, ✉ 40477, ℘ (0211) 4 91 36 00, *Fax (0211) 4982778* –
📶 📺 ☎ ⁓. 🆎 ⓘ 🅴 *VISA* EY v
61 Z 124/279.

XX **Ristorante Rossini,** Kaiserstr. 5, ✉ 40479, ℘ (0211) 49 49 94, *Fax (0211) 4910819*
– 🆎 ⓘ 🅴 *VISA* EY r
Sonn- und Feiertage geschl. (außer Messen) – **Menu** à la carte 61/89.

XX **Gatto Verde,** Rheinbabenstr. 5, ⊠ 40476, 𝒞 (0211) 46 18 17, Fax (0211) 462933, ☜
– AE ⓞ E VISA　　　　　　　　　　　　　　　　　　　　　　　　　　　　BU a
Samstagmittag, Sonntag und Juli 3 Wochen geschl. – **Menu** (italienische Küche) à la carte
59/114.

In Düsseldorf-Düsseltal :

🏠 **Haus am Zoo** ⌂ garni, Sybelstr. 21, ⊠ 40239, 𝒞 (0211) 62 63 33, *Fax (0211) 626536*,
« Garten », ☜, ⊒ (geheizt) – ⑂ TV ☎ ⌫. AE E VISA. ⋇　　　　　　　BU h
23 Z 180/350.

In Düsseldorf-Eller :

🏠 **Novotel Düsseldorf Süd,** Am Schönenkamp 9, ⊠ 40599, 𝒞 (0211) 7 40 80,
Fax (0211) 745512, ☜, ⊒ (geheizt), ⌫ – ⑂, ⋇ Zim, ▤ TV ☎ ⅄ ℗ – 🔏 200. AE
ⓞ E VISA JCB　　　　　　　　　　　　　　　　　　　　　　　　　　　　T Z
Menu à la carte 37/62 – **118 Z** 188/320.

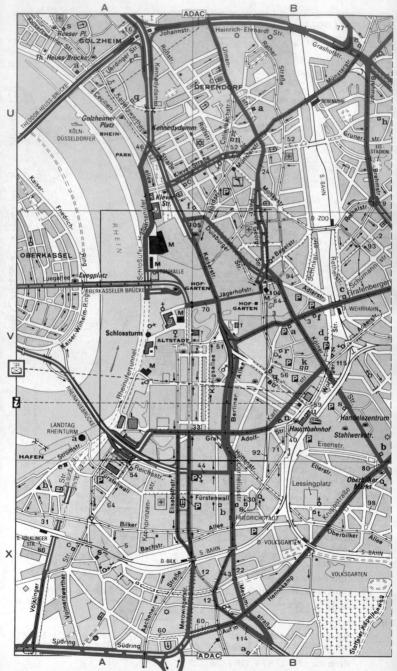

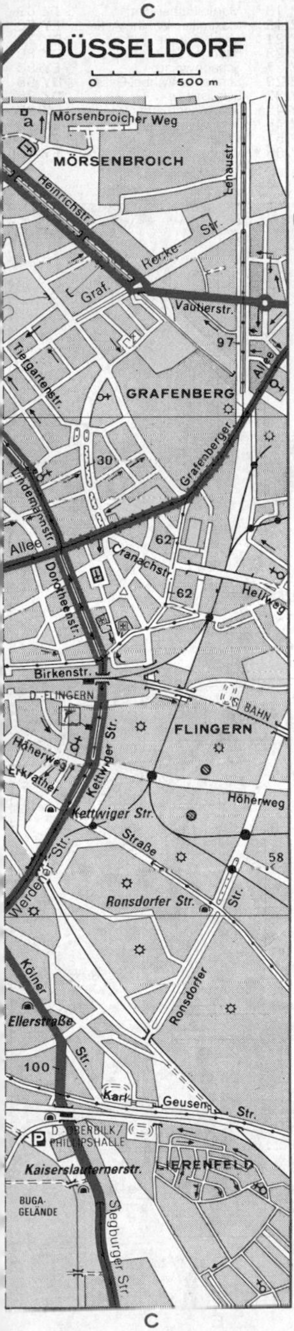

C

DÜSSELDORF

0   500 m

Mörsenbroicher Weg

MÖRSENBROICH

U

GRAFENBERG

V

FLINGERN

Höherweg

Ronsdorfer Str.

Ellerstraße

X

Kaiserslauternerstr.   LIERENFELD

BUGA-GELÄNDE

C

6

DÜSSELDORF

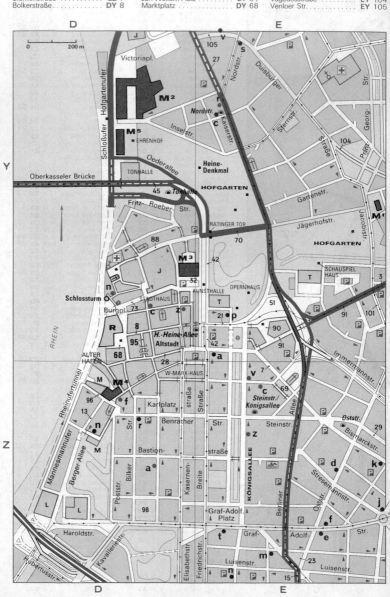

In Düsseldorf-Gerresheim :

 X **Thomas,** Gerricusstr. 1, ⊠ 40625, ℰ (0211) 29 95 74, Fax (0211) 285597 – 𝖠𝖤 ⊙ 𝖤
VISA, 🦑
T C
Samstagmittag, Montag, 1. - 10. Jan. und Juli 3 Wochen geschl. – **Menu** à la carte 56/79.

In Düsseldorf-Golzheim :

🏨 **Radisson SAS Hotel,** Karl-Arnold-Platz 5, ⊠ 40474, ℰ (0211) 4 55 30,
Fax (0211) 4553110, 🌧, Massage, ⇔s, 🏊 – 🛗, ⊱⇔ Zim, ▤ 𝕋𝕍 ✆ 🔥 ⇔ 🄿 – 🔏 400.
𝖠𝖤 ⊙ 𝖤 *VISA* 𝗝𝖢𝖡. 🦑 Rest
AU q
Menu à la carte 48/76 – **309 Z** 383/732, 15 Suiten.

🏨 **Düsseldorf Hilton,** Georg-Glock-Str. 20, ⊠ 40474, ℰ (0211) 4 37 70,
Fax (0211) 4377650, 🌧, Massage, ⇔s, 🏊, 🖙 – 🛗, ⊱⇔ Zim, ▤ 𝕋𝕍 ✆ 🔥 ⇔ 🄿 –
🔏 900. 𝖠𝖤 ⊙ 𝖤 *VISA* 𝗝𝖢𝖡
AU r
Menu à la carte 54/88 – **372 Z** 362/729, 9 Suiten.

 XXX **Rosati,** Felix-Klein-Str. 1, ⊠ 40474, ℰ (0211) 4 36 05 03, Fax (0211) 452963, 🌧 – 🄿.
𝖠𝖤 ⊙ 𝖤 *VISA* 𝗝𝖢𝖡. 🦑 – *Samstagmittag und Sonntag geschl. (außer Messen)* – **Menu**
(Tischbestellung ratsam, italienische Küche) à la carte 63/85.
AU s

 XX **An'ne Bell,** Rotterdamer Str. 11, ⊠ 40474, ℰ (0211) 4 37 08 88, Fax (0211) 4380369,
☺ 🌧, Biergarten – 𝖠𝖤 𝖤 – *Samstagmittag, Okt. - April Donnerstag, Anfang Jan., Karwoche
und Okt. 2 Wochen geschl.* – **Menu** 68/125 und à la carte 67/129
AU a
Spez. Blumenkohlragout mit Kartoffeln und Kaviar. Gebratener Loup de mer mit Hummercannelloni. Frischkäsemousse und Passionsfruchtsorbet.

In Düsseldorf-Holthausen :

 🏠 **Elbroich** garni, Bonner Str. 7 (Ecke Am Langen Weiher), ⊠ 40589, ℰ (0211) 79 90 71,
Fax (0211) 7900088 – 🛗 ⊱⇔ 𝕋𝕍 ☎ ⇔ 𝖠𝖤 ⊙ 𝖤 *VISA* über Kölner Landstr. T
52 Z 140/265.

 🏠 **Concorde Hotel Schumann** garni, Bonner Str. 15, ⊠ 40589, ℰ (0211) 79 11 16,
Fax (0211) 792439 – 🛗 ⊱⇔ 𝕋𝕍 ☎. 𝖠𝖤 ⊙ 𝖤 *VISA*. 🦑 über Kölner Landstr. T
38 Z 150/280.

In Düsseldorf-Kaiserswerth *über ① und die B 8 :*

 XXXX **Im Schiffchen,** Kaiserswerther Markt 9 (1. Etage), ⊠ 40489, ℰ (0211) 40 10 50,
☺☺☺ Fax (0211) 403667 – 𝖠𝖤 ⊙ 𝖤 *VISA*. 🦑
Sonntag - Montag geschl. – **Menu** (nur Abendessen, Tischbestellung erforderlich) 179/198
und à la carte 119/135
Spez. Beuchelle vom Bresse Kaninchen. Risotto vom Pauillac Lamm mit Haselnußjus. Warmer Passionsfruchtauflauf mit Schokoladensorbet.

 XX **Aalschokker,** Kaiserswerther Markt 9 (Erdgeschoß), ⊠ 40489, ℰ (0211) 40 39 48,
☺ Fax (0211) 403667 – 𝖠𝖤 ⊙ 𝖤 *VISA*. 🦑
Sonntag - Montag geschl. – **Menu** (nur Abendessen, Tischbestellung erforderlich) à la carte
80/107
Spez. Kartoffel mit Sylter-Royal gefüllt in Kaviar-Sud. "Himmel und Erde" mit gebratener
Gänseleber. Schwarzwälder Kirschtorte "neue Art".

In Düsseldorf-Lörick :

 🏢 **Fischerhaus** 🦐, Bonifatiusstr. 35, ⊠ 40547, ℰ (0211) 59 79 79, Fax (0211) 5979759
– 𝕋𝕍 ☎ ✆ 🄿. 𝖠𝖤 ⊙ 𝖤 *VISA*
S z
Menu siehe Rest. Hummerstübchen separat erwähnt – **40 Z** 179/380.

 XXX **Hummerstübchen** - Hotel Fischerhaus, Bonifatiusstr. 35, ⊠ 40547,
☺☺☺ ℰ (0211) 59 44 02, Fax (0211) 5979759 – 🄿. 𝖠𝖤 ⊙ 𝖤 *VISA*
S z
Sonntag - Montag und 1. - 10. Jan. geschl. – **Menu** (nur Abendessen, Tischbestellung
ratsam) 139/169 und à la carte 101/131
Spez. Hummer-Menu. Hummersuppe mit Champagner. Kalbsfilet mit gebackenem Ziegenkäse auf Sprossengemüse.

In Düsseldorf-Lohausen :

 🏨 **Arabella Airport Hotel** 🦐, im Flughafen, ⊠ 40474, ℰ (0211) 4 17 30,
Fax (0211) 4173707 – 🛗, ⊱⇔ Zim, 𝕋𝕍 🔥 – 🔏 180. 𝖠𝖤 ⊙ 𝖤 *VISA* 𝗝𝖢𝖡. 🦑 Rest S t
Menu à la carte 49/63 – **184 Z** 306/372.

In Düsseldorf-Mörsenbroich :

🏨 **Renaissance Hotel,** Nördlicher Zubringer 6, ⊠ 40470, ℰ (0211) 6 21 60,
Fax (0211) 6216666, 🌧, Massage, ⇔s, 🏊 – 🛗, ⊱⇔ Zim, ▤ 𝕋𝕍 ✆ 🔥 ⇔ – 🔏 260.
𝖠𝖤 ⊙ 𝖤 *VISA* 𝗝𝖢𝖡
BU e
Menu à la carte 56/82 – **245 Z** 320/600, 3 Suiten.

 🏠 **Merkur** garni, Mörsenbroicher Weg 49, ⊠ 40470, ℰ (0211) 63 40 31,
Fax (0211) 622525 – 𝕋𝕍 ☎ ⇔ 🄿. 𝖠𝖤 ⊙ 𝖤 *VISA*
CU a
Weihnachten - Anfang Jan. geschl. – **28 Z** 110/210.

In Düsseldorf-Oberbilk :

🏨🏨 **Astron** Ⓜ, Kölner Str. 186, ⊠ 40227, ℰ (0211) 7 81 10, Fax (0211) 7811800, �である, *L₅*,
🖙 – 🛗, 🗏 ⅏ ☎ ᴋ 🔥 ⇔ – 🛆 160. ஊ ⅏ �️ 🆅🆂🅰 ᴊᴄв   BV b
Menu à la carte 43/69 – **320 Z** 250/410.

🏨🏨 **Lessing** garni, Volksgartenstr. 6, ⊠ 40227, ℰ (0211) 9 77 00, Fax (0211) 9770100, 🖙
– 🛗 ᗕᴋ ⅏ ☎ ⇔. ஊ ⅏ �️ 🆅🆂🅰   BX t
30 Z 165/350.

In Düsseldorf-Oberkassel :

🏨🏨🏨 **Lindner Hotel Rheinstern**, Emanuel-Leutze-Str. 17, ⊠ 40547, ℰ (0211) 5 99 70,
Fax (0211) 5997339, 🖙, 🅽 – 🛗, ᗕᴋ Zim, 🗏 ⅏ ᴋ ⇔ – 🛆 240. ஊ ⅏ �️ 🆅🆂🅰
ᴊᴄв. ᗕᴋ Rest   S e
Menu 39 Lunchbuffet und à la carte 50/78 – **254 Z** 212/629.

🏨🏨🏨 **Ramada**, Am Seestern 16, ⊠ 40547, ℰ (0211) 59 59 59, Fax (0211) 593569, 🖙, 🅽
– 🛗, ᗕᴋ Zim, 🗏 ⅏ ⅏ – 🛆 120. ஊ ⅏ �️ 🆅🆂🅰 ᴊᴄв   S a
Menu à la carte 45/72 – **222 Z** 257/646.

🏨🏨 **Hanseat** garni, Belsenstr. 6, ⊠ 40545, ℰ (0211) 57 50 69, Fax (0211) 589662,
« Geschmackvolle Einrichtung » – ⅏ ஊ ⅏ �️ 🆅🆂🅰   T n
Weihnachten - Neujahr geschl. – **37 Z** 180/350.

ХХ **De' Medici**, Amboßstr. 3, ⊠ 40547, ℰ (0211) 59 41 51, Fax (0211) 592612 – ஊ ⅏
�️ 🆅🆂🅰   S m
Samstagmittag sowie Sonn- und Feiertage geschl. (außer Messen) – **Menu** (Tischbestellung
ratsam, italienische Küche) à la carte 48/82.

Х **Edo**, Am Seestern 5, ⊠ 40547, ℰ (0211) 59 10 82, Fax (0211) 591394, « Japanische
Gartenanlage, Terrasse » – 🗏 ⅏. ஊ ⅏ �️ 🆅🆂🅰 ᴊᴄв   S r
Samstagmittag sowie Sonn- und Feiertage geschl. (außer Messen) – **Menu** (japanische
Küche) 90/150.

In Düsseldorf-Stockum :

🏨 **Fashion Hotel**, Am Hain 44, ⊠ 40468, ℰ (0211) 4 39 50 (Hotel) 4 35 01 97 (Rest.),
Fax (0211) 4395200 – 🛗 ᗕᴋ ⅏ ⅏. ஊ ⅏ �️ 🆅🆂🅰   S b
Hotel : Weihnachten - Neujahr geschl. – **Müller's Heideröschen** (*Montag - Freitag nur
Abendessen*) Menu à la carte 30/60 – **29 Z** 130/300.

In Düsseldorf-Unterbach *SO : 11 km über Torfbruchstraße* T :

🏨🏨 **Landhotel Am Zault - Residenz**, Gerresheimer Landstr. 40, ⊠ 40627,
ℰ (0211) 2 09 40, Fax (0211) 254718, �, 🖙 – ⅏ ☎ ⅏ – 🛆 100. ஊ ⅏ �️ 🆅🆂🅰
Menu 34 (mittags) und à la carte 45/79 – **59 Z** 190/360.

In Düsseldorf-Unterbilk :

🏨🏨 **Sorat** Ⓜ, Volmerswerther Str. 35, ⊠ 40221, ℰ (0211) 3 02 20, Fax (0211) 3022555,
🖙 – 🛗, ᗕᴋ Zim, 🗏 ⅏ ☎ ⇔ – 🛆 160. ஊ ⅏ �️ 🆅🆂🅰 ᴊᴄв   AX c
Menu à la carte 44/62 – **160 Z** 198/461.

🏨🏨 **Kastens Hotel** garni, Jürgensplatz 52, ⊠ 40219, ℰ (0211) 3 02 50,
Fax (0211) 3025110 – 🛗 ᗕᴋ ⅏ ☎ – 🛆 15. ஊ ⅏ �️ 🆅🆂🅰   AX t
Weihnachten - Neujahr geschl. – **48 Z** 140/240.

ХХХ **Savini**, Stromstr. 47, ⊠ 40221, ℰ (0211) 39 39 31, Fax (0211) 391719, � – ஊ �️
Samstagmittag und Sonntag geschl. (außer Messen) – **Menu** (bemerkenswerte Weinkarte,
Tischbestellung ratsam) à la carte 62/93.

ХХ **Rheinturm Top 180** (rotierendes Restaurant in 172 m Höhe), Stromstr. 20, ⊠ 40221,
ℰ (0211) 8 48 58, Fax (0211) 325619, ❊ Düsseldorf und Rhein (🛗, Gebühr) – 🗏 ㅎ –
🛆 40. ஊ ⅏ �️ 🆅🆂🅰 ᴊᴄв. ᗕᴋ   AV a
Menu à la carte 54/87.

ХХ **Schorn**, Martinstr. 46a, ⊠ 40223, ℰ (0211) 3 98 19 72, Fax (0211) 3981972 AX s
Sonntag - Montag, über Ostern 1 Woche und Juli - Aug. 4 Wochen geschl. – **Menu**
(nur Abendessen, Tischbestellung ratsam, bemerkenswerte Weinkarte)
à la carte 56/79.

ХХ **Breuer's Restaurant**, Hammer Str. 38, ⊠ 40219, ℰ (0211) 39 31 13,
Fax (0211) 307979, � – ஊ ⅏ �️ 🆅🆂🅰   AX b
Sonntag geschl. (außer Messen) – **Menu** (nur Abendessen) à la carte 64/74.

In Düsseldorf-Unterrath :

🏨🏨🏨 **Lindner Hotel Airport** Ⓜ, Unterrather Str. 108, ⊠ 40468, ℰ (0211) 9 51 60,
Fax (0211) 9516516, *L₅*, 🖙 – 🛗, ᗕᴋ Zim, ⅏ ☎ ᴋ ⇔ ⅏ – 🛆 140. ஊ ⅏ �️ 🆅🆂🅰
ᴊᴄв. ᗕᴋ Rest   S s
Menu à la carte 47/70 – **201 Z** 287/520.

In Düsseldorf-Wittlaer ① : *12 km über die B 8 :*

XX **Brand's Jupp,** Kalkstr. 49, ⊠ 40489, ℰ (0211) 40 40 49, *Fax (0211) 4790403,* « Gartenterrasse » – AE ① E *VISA*
Montag - Dienstagmittag geschl. – **Menu** à la carte 42/74.

In Meerbusch-Büderich :

🏠 **Zum Deutschen Eck** garni, Düsseldorfer Str. 87, ⊠ 40667, ℰ (02132) 9 92 20, Fax (02132) 992220 – |≢| TV ☎ ✆ ⟳ ① E *VISA*. ⌘ T s
Weihnachten - Neujahr geschl. – **24 Z** 135/285.

XXX **Landsknecht** mit Zim, Poststr. 70, ⊠ 40667, ℰ (02132) 9 33 90, *Fax (02132) 10978,* ⌂ – ⇔ Zim, TV ☎ ☎. AE ① E *VISA*. ⌘ S u
Menu *(Samstagmittag und Montag geschl.)* (bemerkenswerte Weinkarte) à la carte 55/90 – **9 Z** 168/280.

XXX **Landhaus Mönchenwerth,** Niederlöricker Str. 56 (an der Schiffsanlegestelle), ⊠ 40667, ℰ (02132) 7 79 31, *Fax (02132) 71899,* ≤, « Gartenterrasse » – ℗. AE ① E *VISA* JCB. ⌘ S c
Samstagmittag und Montagmittag geschl. – **Menu** (bemerkenswerte Weinkarte) à la carte 56/87.

X **Lindenhof,** Dorfstr. 48, ⊠ 40667, ℰ (02132) 26 64, *Fax (02132) 10196,* ⌂ – AE *VISA* S v
Montag geschl. – **Menu** (Tischbestellung ratsam) à la carte 49/64.

In Meerbusch - Langst-Kierst *NW : 14 km über Neusser Straße S :*

🏠 **Rheinhotel Vier Jahreszeiten** M ⌘, Zur Rheinfähre 14, ⊠ 40668, ℰ (02150) 91 40, *Fax (02150) 914900,* ⌂, Biergarten, ☎ – |≢|, ⇔ Zim, ☰ TV ☎ ✆ ℗ – ⚠ 120. AE ① E *VISA*
Bellevue (wochentags nur Abendessen) **Menu** à la carte 56/86 – *Orangerie* (nur Mittagessen) **Menu** à la carte 43/65 – **78 Z** 190/370, 3 Suiten.

"Check in (all'arrivo)
Nella maggior parte degli alberghi, le camere non prenotate per iscritto,
non sono più disponibili dopo le 18.
Se si prevede di arrivare dopo tale ora,
è preferibile precisare l'orario di arrivo o,
meglio ancora, effettuare la prenotazione per iscritto."

DUISBURG Nordrhein-Westfalen **417** L 4, **987** ⑭ – 538 900 Ew – Höhe 33 m.
⛳ *Großenbaumer Allee 240 (AZ), ℰ (0203) 72 14 69*
🛈 *Stadtinformation, Königstr. 53, ⊠ 47051, ℰ (0203) 2 83 21 89, Fax (0203) 3052562.*
ADAC, *Claubergstr. 4, ⊠ 47051, ℰ (0221) 47 27 47, Fax (0203) 287617.*
Berlin 547 – Düsseldorf 33 ④ – Essen 20 ② – Nijmegen 107 ⑥

Stadtplan siehe gegenüberliegende Seite

🏠 **Steigenberger Duisburger Hof,** Neckarstr. 2, ⊠ 47051, ℰ (0203) 3 00 70, Fax (0203) 3007400, ⌂, ♨, ☎ – |≢|, ⇔ Zim, TV ✆ ℗ – ⚠ 200. AE ① E *VISA* JCB. ⌘ Rest CX e
Menu 39 und à la carte 53/84 – **115 Z** 240/380, 9 Suiten.

🏠 **Conti** garni (mit Gästehaus), Düsseldorfer Str. 131, ⊠ 47051, ℰ (0203) 28 70 05, Fax (0203) 288148 – |≢| ⇔ TV ☎ ✆. AE ① E *VISA*. ⌘ CY a
50 Z 159/349.

🏠 **Plaza,** Düsseldorfer Str. 54, ⊠ 47051, ℰ (0203) 2 82 20, *Fax (0203) 2822300,* ☎, ☒ – |≢|, ⇔ Zim, TV ☎ ⟳ – ⚠ 60. AE ① E *VISA* JCB CY e
Menu *(Freitag - Sonntag und Juli - Aug. geschl.)* (nur Abendessen) à la carte 45/66 – **74 Z** 179/269, 3 Suiten.

🏠 **Stadt Duisburg** garni, Düsseldorfer Str. 124, ⊠ 47051, ℰ (0203) 28 70 85, Fax (0203) 287754 – |≢| ⇔ TV ☎ ✆ ⟳ ℗. AE ① E *VISA* CY n
30 Z 139/259.

🏠 **Novotel,** Landfermannstr. 20, ⊠ 47051, ℰ (0203) 30 00 30, *Fax (0203) 30003555,* ☎, ☒ – |≢|, ⇔ Zim, ☰ TV ☎ ⌘ – ⚠ 140. AE ① E *VISA* CX w
Menu à la carte 39/65 – **162 Z** 170/210.

🏠 **Regent** garni (mit Haus Hammerstein), Dellplatz 1, ⊠ 47051, ℰ (0203) 29 59 00, Fax (0203) 22288 – |≢| ⇔ TV ☎. AE ① E *VISA* BY c
60 Z 159/199.

DUISBURG

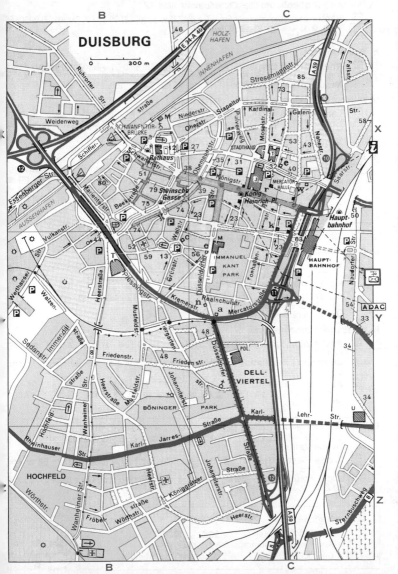

XX **La Provence,** Hohe Str. 29, ⊠ 47051, ℰ (0203) 2 44 53 – ❀ CX k
❀ *Samstagmittag, Sonn- und Feiertage sowie über Ostern 2 Wochen, Juli - Aug. 2 Wochen und 23. Dez. - 7. Jan. geschl.* – **Menu** (Tischbestellung ratsam) 90/135 à la carte 78/102
Spez. Carpaccio vom Seeteufel mit Orangenvinaigrette. Steinbutt mit Linsen und Nudeln. Lammcarré mit Roquefortkruste.

XX **Mercatorhalle,** König-Heinrich-Platz, ⊠ 47051, ℰ (0203) 33 20 66, Fax (0203) 338308, ☆ – 🗏 – 🔏 200. AE ① E VISA CX r
Menu 45 und à la carte 39/72.

In Duisburg-Großenbaum *über Großenbaumer Allee AZ :*

🏠 **Ramor** garni, Angermunder Str. 37, ⊠ 47269, ℰ (0203) 99 80 60, Fax (0203) 9980655 – TV ☎ ✆ ⇔ ℗. AE ① E VISA JCB
20 Z 150/280.

In Duisburg-Homberg :

🏠 **Rheingarten,** Königstr. 78, ⊠ 47198, ℰ (02066) 5 50 01, Fax (02066) 55004, ≤, ☆ – 🛗 TV ☎ ✆ ℗ – 🔏 70. AE ① E VISA AZ s
Menu *(Samstagmittag geschl.)* à la carte 45/88 – **27 Z** 160/230.

In Duisburg-Huckingen *über Düsseldorfer Straße :*

🏠 **Landhaus Milser** M, Zur Sandmühle 2 (an der B 8), ⊠ 47259, ℰ (0203) 7 58 00, Fax (0203) 7580199, ☆, Biergarten, 🎣, ≦s – 🛗, 🌣 Zim, TV ☎ ✆ ⇔ ℗ – 🔏 50. AE ① E VISA
Menu (italienische Küche) à la carte 45/76 – **60 Z** 195/380, 3 Suiten.

In Duisburg-Rheinhausen :

XX **Mühlenberger Hof** mit Zim, Hohenbudberger Str. 88 (Mühlenberg), ⊠ 47229, ℰ (02065) 4 15 65, Fax (02065) 41342, ☆, « Rustikal-elegante Einrichtung » – TV ☎ ℗. 🌣 Zim AZ t
Menu *(Montag, Feb. 2 Wochen und Sept. 1 Woche geschl.)* (wochentags nur Abendessen) à la carte 50/76 – **9 Z** 80/170.

X **Gasthof Brendel,** Kaiserstr. 81 (Friemersheim), ⊠ 47229, ℰ (02065) 4 70 16, Fax (02065) 40192, ☆ – ℗ AZ n
Samstagmittag und Montag geschl. – **Menu** à la carte 41/68.

In Duisburg-Ruhrort :

🏠 **La Vigie** M, Kasteelstr. 1, ⊠ 47119, ℰ (0203) 80 05 50, Fax (0203) 8005550, ≤ – 🛗 🗏 TV ☎ ✆ ℗ – 🔏 30. AE ① E VISA ❀ AZ a
Menu *(Samstagmittag und Sonntag geschl.)* à la carte 66/95 – **11 Z** 169/199.

XX **Schifferbörse,** Am Hafen, ⊠ 47119, ℰ (0203) 8 23 42, ≤, ☆, Innenhof – ℗ – 🔏 100. AE ① E VISA AZ a
Menu à la carte 45/85.

In Duisburg-Wanheimerort :

🏠 **Am Stadion,** Kalkweg 26, ⊠ 47055, ℰ (0203) 72 40 24, Fax (0203) 729213, ☆ – TV ☎ ✆. AE AZ r
Dettmann's Restaurant *(Samstagmittag, Montag und 1. - 15. Jan. geschl.)* **Menu** à la carte 57/84 – **16 Z** 120/180.

🏠 **Am Sportpark** garni, Buchholzstr. 27, ⊠ 47055, ℰ (0203) 77 03 40, Fax (0203) 771250, ≦s, 🔲 – 🛗 TV ☎ ✆ ⇔ ℗. AE ① E VISA AZ f
20 Z 99/175.

DUNNINGEN Baden-Württemberg 419 V 9 – 5 000 Ew – Höhe 665 m.
Berlin 727 – Stuttgart 101 – *Freiburg im Breisgau 77* – Villingen-Schwenningen 25 – Freudenstadt 49.

🏔 **Krone,** Hauptstr. 8 (B 462), ⊠ 78655, ℰ (07403) 2 75, Fax (07403) 8122 – TV ☎ ⇔ ℗. 🌣 Zim
Aug. 3 Wochen geschl. – **Menu** *(Freitagabend und Montag geschl.)* à la carte 27/53 ⅋ – **10 Z** 60/100.

Verwechseln Sie nicht :
　　Komfort der Hotels　　　: 🏨🏨🏨 ... 🏠, 🏔
　　Komfort der Restaurants : XXXXX ... X
　　Gute Küche　　　　　　 : ❀❀❀, ❀❀, ❀, **Menu** ⊛

DURBACH Baden-Württemberg **419** U 8 – 3 800 Ew – Höhe 216 m – Erholungsort.
🚩 Verkehrsverein, Talstr. 36, ✉ 77770, 𝒫 (0781) 4 21 53, Fax (0781) 43989.
Berlin 752 – Stuttgart 148 – Karlsruhe 80 – Freudenstadt 51 – Offenburg 9 – Baden-Baden 54.

🏨 **Ritter Durbach** ⦶, Tal 1, ✉ 77770, 𝒫 (0781) 9 32 30, Fax (0781) 9323100, 🍽, ⛟,
🔲 – 🛗 📺 ⚓ ᶜ ♿ 🔁 ♿ – 🅰 30. 🆀 ⓪ 🄴 𝒱𝐼𝒮𝒜
Menu 38 (mittags) und à la carte 51/90 – **60 Z** 112/255, 6 Suiten – ½ P 48.

🏨 **Rebstock** ⦶, Halbgütle 30, ✉ 77770, 𝒫 (0781) 48 20, Fax (0781) 482160, 🍽, ⛟,
🔁 – 🛗 📺 ⚓ ♿ – 🅰 30. 🆀 🄴 𝒱𝐼𝒮𝒜 ✂ Rest
Menu (Montag und Jan. geschl.) à la carte 43/72 – **38 Z** 95/260 – ½ P 40.

🏨 **Linde,** Lindenplatz 1, ✉ 77770, 𝒫 (0781) 9 36 30, Fax (0781) 936339, 🍽 – 📺 ⚓ ♿
– 🅰 40. 🆀 ⓪ 🄴 𝒱𝐼𝒮𝒜 𝒥𝒞𝐵
Menu à la carte 41//0 – **20 Z** 98/200 – ½ P 30.

EBELSBACH Bayern siehe Eltmann.

EBENSFELD Bayern **420** P 16 – 5 200 Ew – Höhe 254 m.
Berlin 384 – München 251 – Coburg 29 – Bayreuth 67 – Bamberg 21 – Hof 88.

🏨 **Pension Veitsberg** ⦶, Prächtinger Str. 14, ✉ 96250, 𝒫 (09573) 64 00,
Fax (09573) 31430, ⛟ – ⇔ ♿
(nur Abendessen für Hausgäste) – **26 Z** 45/100.

EBERBACH AM NECKAR Baden-Württemberg **417 419** R 10, **987** ㉗ – 15 600 Ew – Höhe 131 m – Heilquellen-Kurbetrieb.
🚩 Verkehrsamt, Kellereistr. 36, ✉ 69412, 𝒫 (06271) 48 99, Fax (06271) 1319.
Berlin 611 – Stuttgart 107 – Heidelberg 33 – Heilbronn 53 – Würzburg 111.

🏨 **Karpfen** (Fassade mit Fresken der Stadtgeschichte), Am alten Markt 1, ✉ 69412,
𝒫 (06271) 7 10 15, Fax (06271) 71010 – 🛗 📺 ⚓ ♿. 🆀 🄴 𝒱𝐼𝒮𝒜
Menu (Dienstag und Feb. - März 3 Wochen geschl.) à la carte 36/66 – **51 Z** 80/200 – ½ P 25.

🏨 **Krone-Post,** Hauptstr. 1, ✉ 69412, 𝒫 (06271) 20 13, Fax (06271) 1633, 🍽 – 🛗 📺
⚓ ♿ – 🅰 25. 🆀 ⓪ 🄴 𝒱𝐼𝒮𝒜 ✂ 7im
Menu (Nov. - März Samstag geschl.) à la carte 34/71 – **45 Z** 85/224 – ½ P 30.

EBERMANNSTADT Bayern **420** Q 17, **987** ㉘ – 5 800 Ew – Höhe 290 m – Erholungsort.
🏌 Kanndorf 8, 𝒫 (09194) 48 27.
🚩 Verkehrsamt, im Bürgerhaus, Bahnhofstr. 5, ✉ 91320, 𝒫 (09194) 5 06 40, Fax (09194) 50641.
Berlin 406 – München 219 – Nürnberg 50 – Bayreuth 61 – Bamberg 30.

🏨 **Resengörg** (mit Gästehäusern), Hauptstr. 36, ✉ 91320, 𝒫 (09194) 7 39 30,
Fax (09194) 739373, ⛟ – 🛗 📺 ⚓ ⇔ ♿ – 🅰 40. ⓪ 🄴 𝒱𝐼𝒮𝒜
12. - 28. Feb. geschl. – **Menu** (Montagmittag geschl.) à la carte 24/47 – **34 Z** 72/140 – ½ P 20.

🏨 **Schwanenbräu,** Marktplatz 2, ✉ 91320, 𝒫 (09194) 2 09, Fax (09194) 5836 – 📺 ⚓
⇔ – 🅰 60
1. - 20. Jan. geschl. – **Menu** (Sonntagabend geschl.) à la carte 22/47 – **13 Z** 70/120.

🏨 **Haus Feuerstein** garni, Georg-Wagner-Str. 15, ✉ 91320, 𝒫 (09194) 85 05,
Fax (09194) 5836, ⛟ ⇔. ⓪ 🄴 𝒱𝐼𝒮𝒜
Jan. geschl. – **14 Z** 42/76.

EBERN Bayern **418 420** P 16, **987** ㉘ – 7 000 Ew – Höhe 269 m.
Berlin 422 – München 255 – Coburg 28 – Bamberg 26 – Schweinfurt 56.

In Pfarrweisach NW : 7 km :

🏨 **Gasthof Eisfelder,** Lohrer Str. 2 (B 279), ✉ 96176, 𝒫 (09535) 2 69, Fax (09535) 723
⇔ – ♿
25. Juli - 14. Aug. geschl. – **Menu** (Mittwochabend geschl.) à la carte 18/29 🍷 – **16 Z** 35/65.

EBERSBACH AN DER FILS Baden-Württemberg **419** T 12 – 15 300 Ew – Höhe 292 m.
Berlin 614 – Stuttgart 33 – Göppingen 10 – Ulm (Donau) 70.

🏨 **Goldene Rose,** Hauptstr. 16 (B 10), ✉ 73061, 𝒫 (07163) 20 94, Fax (07163) 52927
– 📺 ⚓. 🆀 ⓪ 🄴 𝒱𝐼𝒮𝒜
Menu (Samstagmittag geschl.) (italienische Küche) à la carte 27/59 – **23 Z** 79/120.

EBERSBERG Bayern 420 V 19, 987 40 – 10000 Ew – Höhe 563 m – Erholungsort.

🛏 Steinhöring, Zaißing 4 (NO : 8 km), 🏌 (08092) 2 01 23 ; 🛏 Steinhöring, Thailing (NO : 6 km), 🏌 (08094) 92 10.

Berlin 610 – München 35 – Landshut 69 – Rosenheim 31.

🏨 **Hölzerbräu,** Sieghartstr. 1, ✉ 85560, 🏌 (08092) 2 40 20, Fax (08092) 24031, Biergarten – 🕴 📺 ☎ ⇔ 🅿 – 🔏 30. ⓞ 🗲 𝖵𝖨𝖲𝖠
Menu à la carte 27/55 – **51 Z** 100/180 – ½ P 28.

🏠 **Klostersee** 🐾, Am Priel 3, ✉ 85560, 🏌 (08092) 8 28 50, Fax (08092) 828550, 🍽 – 📺 ☎ 🅿 – 🔏 30. 🖭 🗲 𝖵𝖨𝖲𝖠
Juni 2 Wochen und Mitte Dez. - Anfang Jan. geschl. – **Menu** (Samstag - Sonntag geschl.) (nur Abendessen) à la carte 30/50 – **25 Z** 75/130 – ½ P 28.

In Ebersberg-Oberndorf O : 2,5 km :

🏠 **Huber,** Münchner Str. 11, ✉ 85560, 🏌 (08092) 86 70, Fax (08092) 21442, ≘s – 🕴 📺 ☎ 🅿 – 🔏 60. 🖭 ⓞ 🗲
Menu à la carte 26/60 – **49 Z** 90/140 – ½ P 30.

EBERSBURG Hessen 417 418 420 O 13 – 3 900 Ew – Höhe 382 m.

Berlin 468 – Wiesbaden 141 – Frankfurt am Main 102 – Fulda 14 – Würzburg 93.

In Ebersburg-Weyhers :

🏠 **Rhönhotel Alte Mühle,** Altenmühle 4 (O : 2 km), ✉ 36157, 🏌 (06656) 81 00,
⊛ Fax (06656) 7748, 🍽, ≘s, 🐎 – 🔆 Zim, 📺 🅿 – 🔏 25. 🕊 Rest
Menu (Montag geschl.) à la carte 21/37 – **29 Z** 78/120 – ½ P 25.

EBERSTADT Baden-Württemberg siehe Weinsberg.

EBERSWALDE Brandenburg 416 H 25, 984 ⑫, 987 ⑲ – 53000 Ew – Höhe 70 m.

🛈 Touristinformation, Pavillon am Markt, ✉ 16225, 🏌 (03334) 2 31 68.

Berlin 57 – Potsdam 85 – Neubrandenburg 118 – Frankfurt (Oder) 86.

🏠 **Am Brunnenberg** garni, Brunnenstr. 7, ✉ 16225, 🏌 (03334) 2 58 70,
Fax (03334) 2587105 – 🕴 📺 ☎ 👣 🅿 🗲 𝖵𝖨𝖲𝖠 🕊
24. Dez. - 4. Jan. geschl. – **18 Z** 90/140.

In Eberswalde-Finow W : 4 km :

🏠 **Saturn,** Angermünder Straße, ✉ 16227, 🏌 (03334) 3 03 50, Fax (03334) 3035125 – 📺 ☎ 🅿 – 🔏 30. 🖭 🗲 𝖵𝖨𝖲𝖠
Menu à la carte 26/53 – **49 Z** 99/145.

In Finowfurt W : 8 km :

🏠 **Motel 5,** Finowfurter Ring 2 (Gewerbepark), ✉ 16244, 🏌 (03335) 3 09 20,
Fax (03335) 30919 – 📺 ☎ 🅿 🖭 ⓞ 🗲 𝖵𝖨𝖲𝖠
Menu à la carte 27/35 – **30 Z** 75/99.

In Sandkrug N : 6 km :

🏠 **Mühlenhaus,** Ragöser Mühle 1, ✉ 16230 Sandkrug, 🏌 (033366) 2 41,
Fax (033366) 202, « Terrasse am See », ≘s, 🐎 – 🕴 📺 ☎ 👣 🕭 🅿 – 🔏 60. 🖭 ⓞ 🗲 𝖵𝖨𝖲𝖠
Menu à la carte 29/53 – **33 Z** 90/175.

In Niederfinow O : 10 km :

🏠 **Am Schiffshebewerk,** Hebewerkstr. 43, ✉ 16248, 🏌 (033362) 7 00 99,
Fax (033362) 209, 🍽, 🐎 ⇔ 🅿 – 🔏 20
Menu à la carte 28/48 – **20 Z** 85/135.

EBRACH Bayern 419 420 Q 15, 987 ㉘ – 1950 Ew – Höhe 340 m – Erholungsort.

Sehenswert : Ehemaliges Kloster (Kirche★).

🛈 Verkehrsamt, Rathausplatz 4, ✉ 96157, 🏌 (09553) 2 17, Fax (09553) 361.

Berlin 441 – München 248 – Coburg 84 – Nürnberg 77 – Würzburg 47 – Bamberg 34.

🏨 **Klosterbräu,** Marktplatz 4, ✉ 96157, 🏌 (09553) 1 80, Fax (09553) 1888, 🍽, ≘s, 🐎
– 🕴 📺 ☎ 🕭 🅿 – 🔏 80. 🖭 ⓞ 🗲 𝖵𝖨𝖲𝖠
Menu à la carte 27/60 – **40 Z** 94/188 – ½ P 28.

🏠 **Zum Alten Bahnhof,** Bahnhofstr. 4, ✉ 96157, 🏌 (09553) 12 41, Fax (09553) 1468,
⊛ Biergarten, ≘s – 📺 🅿 🗲
6. Jan. - 6. Feb. geschl. – **Menu** (Mittwoch geschl.) à la carte 20/39 – **16 Z** 46/82 – ½ P 15.

EBSDORFERGRUND Hessen siehe Marburg.

ECHING Bayern **419 420** V 18 – 10 500 Ew – Höhe 460 m.
Berlin 567 – München 21 – Ingolstadt 59 – Landshut 55.

🏨 **Olymp,** Wielandstr. 3, ⌂ 85386, ℰ (089) 32 71 00, Fax (089) 32710112, 🏡, �, ⊡
– |⋕|, 🕎 Zim, 🕎 🕾 🕊 🖙 🕎 🕭 50. 🄰🄴 ⓞ 🄴 𝘝𝘐𝘚𝘈 🌣
Menu à la carte 49/78 – **92 Z** 135/280.

🏠 **Höckmayr** garni, Obere Hauptstr. 2a, ⌂ 85386, ℰ (089) 3 19 74 20,
Fax (089) 31974234 – |⋕| 🕎 🕾 🖙 🕭 🄰🄴 ⓞ 🄴 𝘝𝘐𝘚𝘈
19 Z 90/160.

ECKENTAL Bayern **420** R 17 – 14 000 Ew – Höhe 330 m.
Berlin 413 – München 186 – Nürnberg 21 – Bamberg 39.

In Eckental-Eschenau :

🏨 Weißer Löwe, Herrengasse 5, ⌂ 90542, ℰ (09126) 2 79 40, Fax (09126) 279427, 🏡
– 🕎 🕾 🕊 🕭 – 🕭 30
12 Z.

ECKERNFÖRDE Schleswig-Holstein **415 416** C 13, **987** ⑤ – 23 000 Ew – Höhe 5 m – Seebad.
Sehenswert : Nikolaikirche (Innenausstattung★).
🏌 Gut Altenhof, ℰ (04351) 4 12 27.
🛈 Kurverwaltung, Am Exer 1, ⌂ 24340, ℰ (04351) 7 17 90, Fax (04351) 6282.
Berlin 376 – Kiel 28 – Rendsburg 30 – Schleswig 24.

🏨🏨 **Stadthotel** garni, Am Exer 3, ⌂ 24340, ℰ (04351) 60 44, Fax (04351) 6043, 🚲 – |⋕|
🕎 🕎 🕭 🖙 – 🕭 70. 🄰🄴 🄴 𝘝𝘐𝘚𝘈
63 Z 150/250.

🏨 **Seelust,** Preußerstr. 3, ⌂ 24340, ℰ (04351) 50 75, Fax (04351) 2714, ≤ – |⋕| 🕎 🕾
🕭 🕭 🄰🄴 🄴 𝘝𝘐𝘚𝘈 🌣 Rest
Menu (Montag geschl.) à la carte 27/56 – **32 Z** 90/220 – ½ P 25.

🍴 **Ratskeller** (Haus a.d.J. 1420), Rathausmarkt 8, ⌂ 24340, ℰ (04351) 24 12,
Fax (04351) 712824, 🏡
Nov. - März Montag geschl. – **Menu** à la carte 38/64.

In Gammelby NW : 5 km über die B 76 :

🏠 **Gammelby,** Dorfstr. 6, ⌂ 24340, ℰ (04351) 88 10, Fax (04351) 88166, 🚲, 🍴 – 🕎
🕾 🖙 🕭 – 🕭 50. 🄰🄴 ⓞ 🄴 𝘝𝘐𝘚𝘈 🌣. 🌣
Menu à la carte 38/60 – **32 Z** 85/170.

In Groß Wittensee SW : 11,5 km, an der B 203 :

🏠 **Schützenhof** (mit Gästehäusern), Rendsburger Str. 2, ⌂ 24361, ℰ (04356) 1 70,
Fax (04356) 1766, 🗫, 🚲, 🍲 – 🕎 Zim, 🕎 🕾 🖙 🕭 – 🕭 50. 🄰🄴 ⓞ 🄴 𝘝𝘐𝘚𝘈
20. Dez. - 6. Jan. geschl. – **Menu** (Mai - Sept. Donnerstagmittag, Okt. - April Donnerstag
geschl.) à la carte 34/64 – **60 Z** 94/198.

In Klein Wittensee SW : 14 km, an der B 203 :

🍴 **Landhaus Wolfskrug,** Dorfstr. 11, ⌂ 24361, ℰ (04356) 3 54, Fax (04356) 354, 🏡
– 🕭 🄰🄴
Dienstag geschl. – **Menu** à la carte 45/74.

EDELSFELD Bayern siehe Königstein.

EDENKOBEN Rheinland-Pfalz **417 419** S 8, **987** ㉖ – 6 300 Ew – Höhe 148 m – Luftkurort.
Ausflugsziele : Schloß Ludwigshöhe (Max-Slevogt - Sammlung) W : 2 km – Rietburg :
≤ ★ W : 2 km und Sessellift.
🛈 Verkehrsamt, Poststr. 23, ⌂ 67480, ℰ (06323) 95 92 22, Fax (06323) 959288.
Berlin 655 – Mainz 101 – Landau in der Pfalz 11 – Neustadt an der Weinstraße 10.

🏨 **Park Hotel** 🗫, Unter dem Kloster 1, ⌂ 67480, ℰ (06323) 95 20, Fax (06323) 952222,
🏡, 🚲, ⊡ – |⋕| 🕎 🕭 – 🕭 50. 🄴 𝘝𝘐𝘚𝘈
Menu (Sonntagabend - Montag geschl.) 30/78 und à la carte 🕭 – **44 Z** 98/195 – ½ P 30.

🏠 **Gutshof Ziegelhütte,** Luitpoldstr. 79, ⌂ 67480, ℰ (06323) 70 51,
Fax (06323) 81108, 🏡 – 🕎 Zim, 🕎 🕾 🕭 🄰🄴 ⓞ 🄴 𝘝𝘐𝘚𝘈
Menu (Montag - Dienstag sowie 1. - 7. Jan. geschl.) à la carte 26/60 (auch vegetarische
Gerichte) 🕭 – **17 Z** 80/140 – ½ P 25.

In Rhodt unter Rietburg *SW : 2 Km :*

🏠 **Weinstube Waldkirch** 🦐, Weinstr. 53, ✉ 76835, 𝒫 (06323) 70 53,
🍴 *Fax (06323) 81137,* « Hofterrasse » – ☎ 🅿
Menu *(Nov. - Mai Donnerstag und 15. Jan. - 15. Feb. geschl.)* (ab 17 Uhr geöffnet) à la carte
23/35 *(nur Eigenbauweine)* 🍷 – **15 Z** 70/115 – ½ P 30.

In Weyher *W : 2 km :*

🏠 **Zum Kronprinzen,** Josef-Meyer-Str. 11, ✉ 76835, 𝒫 (06323) 70 63,
Fax (06323) 7065 – 📺 ☎
Jan. und Juli - Aug. je 2 Wochen geschl. – **Menu** *(Dienstag geschl.)* à la carte 28/57 🍷 –
11 Z 75/120 – ½ P 25.

EDERSEE *Hessen siehe Waldeck.*

EDESHEIM *Rheinland-Pfalz* 🔢🔢 *S 8 – 2 400 Ew – Höhe 150 m.*
Berlin 657 – Mainz 101 – Kaiserslautern 48 – Karlsruhe 46 – Mannheim 41.

🏛 **Schloss Edesheim,** Luitpoldstr. 9, ✉ 67483, 𝒫 (06323) 9 42 40, *Fax (06323) 942411,*
🌣, « Bischofssitz a.d. 16.Jh. ; geschmackvolle Einrichtung », 🛳 – 📺 ☎ 🅿 – 🏛 30.
🌸
Jan. 3 Wochen geschl. – **Liselotte Stube** *(Montag - Dienstag geschl.)* **Menu** à la carte
64/93 – **21 Z** 150/300, 4 Suiten.

🏠 **Wein-Castell** (Sandsteinbau a.d.J. 1840), Staatsstr. 21 (B 38), ✉ 67483,
𝒫 (06323) 23 92, *Fax (06323) 81676,* 🌣 – 📺 🚗 🅿. 🌸
Jan. - Feb. 3 Wochen und Anfang Aug. 1 Woche geschl. – **Menu** *(Montag - Dienstag geschl.)*
à la carte 32/67 🍷 – **10 Z** 68/130.

EDIGER-ELLER *Rheinland-Pfalz* 🔢 *P 5 – 1 500 Ew – Höhe 92 m.*
🅱 *Verkehrsamt, im Ortsteil Ediger, Pelzerstr. 1,* ✉ 56814, 𝒫 (02675) 13 44, *Fax (02675)*
1643.
Berlin 666 – Mainz 118 – Cochem 8 – Koblenz 61 – Trier 70.

Im Ortsteil Ediger :

🏠 **Weinhaus Feiden,** Moselweinstr. 22, ✉ 56814, 𝒫 (02675) 2 59, *Fax (02675) 1583,*
≼, « Blumenterrasse » – 🚗 🅿. 🄴 𝘝𝘐𝘚𝘈
Jan. - Feb. geschl. – **Menu** *(Mittwoch geschl.)* à la carte 29/67 🍷 – **20 Z** 68/140.

🏠 **Zum Löwen,** Moselweinstr. 23, ✉ 56814, 𝒫 (02675) 2 08, *Fax (02675) 214,* ≼, 🌣 –
🚗 🅿. 🄰🄴 🄴 𝘝𝘐𝘚𝘈
Menu à la carte 34/81 🍷 – **24 Z** 60/180.

Im Ortsteil Eller :

🏠 **Oster,** Moselweinstr. 61, ✉ 56814, 𝒫 (02675) 2 32, *Fax (02675) 1570,* 🌣 – 🔆 Zim,
🚗 🅿. 🄰🄴 🄾 🄴 𝘝𝘐𝘚𝘈. 🌸 Zim
Anfang Jan. - Mitte Feb. geschl. – **Menu** *(Dienstagmittag geschl.)* à la carte 26/46 🍷 – **14 Z**
60/120.

EFRINGEN-KIRCHEN *Baden-Württemberg* 🔢 *X 6 – 7 100 Ew – Höhe 266 m.*
Berlin 852 – Stuttgart 254 – Freiburg im Breisgau 59 – Basel 15 – Müllheim 28.

In Efringen-Kirchen - Blansingen *NW : 5 km :*

❀❀ **Traube** 🦐 mit Zim, Alemannstr. 19, ✉ 79588, 𝒫 (07628) 82 90, *Fax (07628) 8736,*
❀ ≼, « Ehemaliges Bauernhaus a.d.J. 1811 » – 📺 ☎ 🅿.
Menu *(Dienstag - Mittwochmittag geschl.)* 39 (mittags) und à la carte 70/98 – **7 Z** 120/
190
Spez. Tafelspitzterrine mit Gänseleber und Spinatsalat. Hechttörtchen mit Flußkrebsen und
Morcheln. Gefüllte Kalbshaxe mit gebratenen Steinpilzen und Gemüsesauce.

In Efringen-Kirchen - Egringen *NO : 3 km :*

❌ **Rebstock** mit Zim, Kanderner Str. 21, ✉ 79588, 𝒫 (07628) 3 70, *Fax (07628) 1024,* 🌣
– 📺 ☎ 🅿. 🄴 𝘝𝘐𝘚𝘈. 🌸 Zim
Feb. und Aug. jeweils 1 Woche geschl. – **Menu** *(Montag - Dienstag geschl.)* à la carte 43/70
🍷 – **9 Z** 70/140.

Einige Hotels in größeren Städten
bieten preisgünstige Wochenendpauschalen an.

EGESTORF Niedersachsen **415 416** G 14, **987** ⑯ – 2 200 Ew – Höhe 80 m – Erholungsort.
🛈 Verkehrsverein, Barkhof 1 b, ✉ 21272, 🖉 (04175) 15 16.
Berlin 322 – Hannover 107 – Hamburg 57 – Lüneburg 29.

🏠 **Zu den acht Linden,** Alte Dorfstr. 1, ✉ 21272, 🖉 (04175) 8 43 33,
Fax (04175) 843359, 🍽 – 📺 ☎ 🅿 – 🔬 100. 🖭 ⓪ 🅴 𝚅𝙸𝚂𝙰. ⁂ Rest
Menu à la carte 36/71 – **30 Z** 80/200 – ½ P 25.

🏠 **Egestorfer Hof,** Lübberstedter Str. 1, ✉ 21272, 🖉 (04175) 4 80, Fax (04175) 1090,
🍽 – 📺 ☎ 🅿 – 🔬 25. 🅴 𝚅𝙸𝚂𝙰 🗝𝙲𝙱
Menu à la carte 29/55 – **25 Z** 70/160 – ½ P 25.

In Egestorf - Sahrendorf NW : 3 km :

🏠 **Studtmann's Gasthof,** Im Sahrendorf 19, ✉ 21272, 🖉 (04175) 5 03,
Fax (04175) 1086, 🍽, 🌳 – ⁂ Zim, 📺 ☎ 🅿 – 🔬 30. 🖭 🅴 𝚅𝙸𝚂𝙰
15. Jan. - 15. Feb. geschl. – **Menu** (Dienstag geschl.) à la carte 27/45 – **22 Z** 66/135 – ½ P 18.

EGGENFELDEN Bayern **420** U 22, **987** ㊵ ㊶ – 13 000 Ew – Höhe 415 m.
🌲 Hebertsfelden, Am Fischgartl 2 (O : 11 km), 🖉 (08561) 59 69.
Berlin 599 – München 117 – Landshut 56 – Passau 72 – Salzburg 98 – Straubing 62.

🏠 **Bachmeier,** Schönauer Str. 2, ✉ 84307, 🖉 (08721) 9 71 00, Fax (08721) 9710100, 🍽,
Biergarten, 🍸, 🌳 – 📺 ☎ 🛏 🅿 – 🔬 30. 🖭 🅴 𝚅𝙸𝚂𝙰. ⁂ Rest
Menu à la carte 36/62 – **40 Z** 80/140.

EGGENSTEIN-LEOPOLDSHAFEN Baden-Württemberg **419** S 9 – 13 000 Ew – Höhe 112 m.
Berlin 660 – Stuttgart 97 – Karlsruhe 12 – Mannheim 63.

Im Ortsteil Eggenstein :

🏠 **Goldener Anker,** Hauptstr. 20, ✉ 76344, 🖉 (0721) 70 60 29, Fax (0721) 782333 –
📶 📺 ☎ 🅿. 🅴. ⁂
Menu (Dienstag, Samstagabend und Juli - Aug. 4 Wochen geschl.) à la carte 26/46 – **27 Z**
85/150.

ℤℤℤ **Zum Löwen** mit Zim, Hauptstr. 51, ✉ 76344, 🖉 (0721) 78 00 70, Fax (0721) 7800799
❀ – 📺 ☎. 🅴 𝚅𝙸𝚂𝙰
Menu (Samstagmittag und Sonntag geschl.) (Tischbestellung ratsam) à la carte 67/98 –
11 Z 95/150
Spez. Zander im Kartoffelmantel mit Zucchinispaghetti und Estragonjus. Wachtelbrüstchen
und Gänseleber auf Rösti mit rotem Apfelmus. In Aromaten gebratener Lammrücken unter
der Meerrettichkruste.

EGGESIN Mecklenburg-Vorpommern **416** E 26, **984** ⑧ – 9 000 Ew – Höhe 20 m.
Berlin 160 – Schwerin 208 – Neubrandenburg 69 – Greifswald 74 – Szczecin 86.

🏠 **Waldidyll,** Luckower Str. 14, ✉ 17367, 🖉 (039779) 2 05 31, Fax (039779) 20531, 🍽
🛏 – 📺 ☎ 🅿
Menu à la carte 22/36 – **12 Z** 80/120.

🏠 **Garni Hotel Gutgesell,** Ueckermünder Str. 2a, ✉ 17367, 🖉 (039779) 26 60,
Fax (039779) 26640 – 📺 ☎ 🅿
20 Z 70/90.

EGGSTÄTT Bayern **420** W 21 – 2 400 Ew – Höhe 539 m – Erholungsort.
🛈 Verkehrsamt, Obinger Str. 7, ✉ 83125, 🖉 (08056) 15 00, Fax (08056) 1422.
Berlin 656 – München 99 – Bad Reichenhall 59 – Traunstein 28 – Rosenheim 23.

🏠 **Zur Linde** (mit Gästehaus 🍽, 🔲, 🍸), Priener Str. 42, ✉ 83125, 🖉 (08056) 2 47,
Fax (08056) 1536 – 📺 🅿 – 🔬 20
3. Jan. - Feb. und Nov. - Mitte Dez. geschl. – (Restaurant nur für Pensionsgäste) – **37 Z**
60/140 – ½ P 20.

🎿 **Unterwirt-Widemann,** Kirchplatz 8, ✉ 83125, 🖉 (08056) 3 37, Fax (08056) 1666,
🛏 🍽, 🌳 – 🅿
Menu (Montag geschl) à la carte 20/39 – **40 Z** 50/96 – ½ P 15.

EGLOFFSTEIN Bayern **420** Q 17, **987** ㉘ – 2 000 Ew – Höhe 350 m – Luftkurort.
🛈 Tourist-Information, Felsenkellerstr. 20, ✉ 91349, 🖉 (09197) 6 29 20, Fax (09197)
629220.
Berlin 417 – München 201 – Nürnberg 37 – Bayreuth 52 – Bamberg 45.

🏠 **Zur Post,** Talstr. 8, ✉ 91349, 🖉 (09197) 5 55, Fax (09197) 8801, 🍽, 🌳 – 📶 ☎ 🅿
12. Jan. - Feb. geschl. – **Menu** (Montag geschl.) à la carte 20/53 – **23 Z** 50/106 – ½ P 16.

EHEKIRCHEN Bayern **419** **420** U 17 – 3 200 Ew – Höhe 405 m.
Berlin 553 – München 54 – Augsburg 40 – Ingolstadt 35.

🏠 **Strixner Hof,** Leitenweg 5 (Schönesberg), ✉ 86676, ℘ (08435) 18 77,
⇔ 🐎 (08435) 1260, ☞, ⇔ – ☜ – ⬤ 🐾
Feb. 1 Woche und Ende Aug. - Anfang Sept. geschl. – **Menu** (Donnerstag geschl.) à la carte
20/40 – **8 Z** 65/95.

EHINGEN Baden-Württemberg **419** V 13, **987** ㊳ – 23 800 Ew – Höhe 511 m.
Ausflugsziel : Obermarchtal : ehem. Kloster★ SW : 14 km.
Berlin 644 – Stuttgart 101 – Konstanz 119 – Ulm (Donau) 26 – Ravensburg 70.

🏠🏠 **Adler,** Hauptstr. 116, ✉ 89584, ℘ (07391) 80 43, Fax (07391) 54921 – 🔊 📺 ☎ ⇔
⇔ ⬤ – 🛏 100
Jan. 1 Woche und Juli - Aug. 2 Wochen geschl. – **Menu** (Sonntagabend - Montag geschl.)
à la carte 24/61 – **40 Z** 78/140.

🏠🏠 **Gasthof zum Ochsen,** Schulgasse 3, ✉ 89584, ℘ (07391) 5 35 68,
Fax (07391) 52867, ☞ – 🔊 📺 ☎. ⬤. 🐾 Zim
Menu à la carte 43/65 – **20 Z** 95/134.

✕ **Rose,** Hauptstr. 10, ✉ 89584, ℘ (07391) 83 00, Fax (07391) 73436 – ⬤
Montag und Juli - Aug. 3 Wochen geschl. – **Menu** à la carte 29/61 (auch vegetarische Gerichte).

In Ehingen-Kirchen W : 7,5 km :

🏠🏠 **Zum Hirsch** ⌂, Osterstr. 3, ✉ 89584, ℘ (07393) 9 50 10, Fax (07393) 4101, ☞ –
⇔ ⬤ – 🛏 20
Menu (Montag geschl.) à la carte 23/63 ⌂ – **17 Z** 60/130.

In Ehingen-Nasgenstadt O : 3 km :

🏠🏠 **Panorama** garni, Karpfenweg 7, ✉ 89584, ℘ (07391) 5 45 00, Fax (07391) 54415, ⇔
– 🔊 📺 ☎ ✆ ⇔ ⬤. ⒶⒺ ⑩ ⬤ 𝘝𝘐𝘚𝘈
32 Z 70/130.

EHLSCHEID Rheinland-Pfalz **417** O 6 – 1 200 Ew – Höhe 360 m – Heilklimatischer Kurort.
🅱 Kurverwaltung, Haus des Kurgastes, ✉ 56581, ℘ (02634) 22 07, Fax (02634) 8489.
Berlin 608 – Mainz 118 – Koblenz 30 – Köln 73.

🏠 **Haus Westerwald** ⌂, ✉ 56581, ℘ (02634) 65 60, Fax (02634) 65610,
☞, ⇔, 🖽, ☞ – 🔊 📺 ☎ ⬤ – 🛏 60. ⒶⒺ ⬤ 𝘝𝘐𝘚𝘈
Menu à la carte 34/54 – **60 Z** 75/149 – ½ P 26.

🏠 **Park-Hotel** ⌂, Parkstr. 17, ✉ 56581, ℘ (02634) 9 68 70, Fax (02634) 2421, ☞ – 📺
☎ ⌂ ⇔ ⬤ – 🛏 25
Menu (Okt. - März Donnerstag geschl.) à la carte 26/52 – **12 Z** 65/118 – ½ P 18.

🏠 **Müller-Krug** ⌂, Parkstr. 15, ✉ 56581, ℘ (02634) 80 65, Fax (02634) 3569, ☞, ⇔,
🖽, ☞ – 📺 ⇔ ⬤. ⒶⒺ ⑩ ⬤ 𝘝𝘐𝘚𝘈
Mitte Jan. - Anfang Feb. geschl. – **Menu** (Montag geschl.) à la carte 29/54 – **24 Z** 85/160
– ½ P 20.

EHRENBERG (RHÖN) Hessen **418** **420** O 14, **987** ㉗ – 2 700 Ew – Höhe 577 m – Wintersport :
800/900 m ⚐ 3.
🅱 Verkehrsamt, Rathaus in Wüstensachsen, ✉ 36115, ℘ (06683) 12 06.
Berlin 432 – Wiesbaden 168 – Frankfurt am Main 124 – Fulda 30 – Nürnberg 171.

In Ehrenberg-Seiferts N : 4,5 km :

🏠 **Zur Krone,** Eisenacher Str. 24 (B 278), ✉ 36115, ℘ (06683) 9 63 40, Fax (06683) 1482,
⇔ ☞, ☞ – ☎ ⇔ ⬤ – 🛏 25
Menu (Mittwoch geschl.) à la carte 24/42 ⌂ – **20 Z** 40/110 – ½ P 18.

EHRENKIRCHEN Baden-Württemberg **419** W 7 – 5 600 Ew – Höhe 265 m.
Berlin 813 – Stuttgart 221 – Freiburg im Breisgau 10 – Basel 56.

In Ehrenkirchen-Kirchhofen :

🏠 **Sonne-Winzerstuben,** Lazarus-Schwendi-Str. 20, ✉ 79238, ℘ (07633) 70 70,
Fax (07633) 6060, ☞, « Garten » – 🖂 Zim, ⇔ ⬤. ⒶⒺ ⑩ ⬤ 𝘝𝘐𝘚𝘈
1. - 12. Aug. geschl. – **Menu** (Donnerstagabend - Freitag und Ende Dez. - Mitte Jan. geschl.)
à la carte 38/76 – **12 Z** 70/150.

✕✕ **Zur Krone** mit Zim, Herrenstr. 5, ✉ 79238, ℘ (07633) 52 13, Fax (07633) 83550, ☞,
☞ – 📺 ⇔ ⬤. ⑩ ⬤ 𝘝𝘐𝘚𝘈
19. Jan. - 13. Feb. geschl. – **Menu** (Dienstag - Mittwochmittag geschl.) à la carte 35/65
⌂ – **10 Z** 55/110.

EIBAU Sachsen siehe Löbau.

EIBENSTOCK Sachsen 𝟺𝟷𝟾 𝟺𝟸𝟶 O 21, 𝟿𝟾𝟺 ㉗, 𝟿𝟾𝟽 ㉙ – 6 500 Ew – Höhe 640 m.
  🛈 Tourist-Information, Postplatz 4, ✉ 08309, ℰ (037752) 22 44.
  Berlin 311 – Dresden 108 – Chemnitz 52 – Zwickau 34.

🏨 **Am Bühl** M ⌂, Am Bühl 1, ✉ 08309, ℰ (037752) 5 60, Fax (037752) 56888, ㄇ,
    direkter Zugang zu den Badegärten, ☞ – ▯, ⇆ Zim, ▥ ☎ ⓦ & ➋ – ⚄ 120. ⅀ ⓞ
    ⴹ 𝘝𝘐𝘚𝘈
    Menu à la carte 29/49 – **129 Z** 90/185.

🏨 **Bühlhaus** ⌂, Bühlstr. 16, ✉ 08309, ℰ (037752) 21 27, Fax (037752) 2924, Biergarten
    – ▥ ☎ ➋. ⅀ ⴹ
    Menu à la carte 22/36 – **21 Z** 65/140.

🏨 **Grüner Graben,** Hoher Weg 2, ✉ 08309, ℰ (037752) 44 94, Fax (037752) 2957, ㄇ,
    ⇆ – ▥ ☎ ➋ – ⚄ 40
    Menu (Dienstag geschl.) à la carte 24/36 – **13 Z** 65/110.

🏨 **Ratskeller,** Schönheider Str. 9, ✉ 08309, ℰ (037752) 28 00, Fax (037752) 2987, ㄇ
    – ⇆ Zim, ▤ Rest, ▥ ☎ – ⚄ 25. ⅀ ⓞ ⴹ 𝘝𝘐𝘚𝘈 ⌖ Zim
    Menu à la carte 22/39 – **23 Z** 50/160.

Auf dem Auersberg SO : 13 km : – Höhe 1 019 m

🏨 **Berggasthof Auersberg** ⌂, Auersbergweg 8, ✉ 08309 Eibenstock,
    ℰ (037752) 38 50, Fax (037752) 3744, ≤ Erzgebirge – ▥ ☎ ➋. ⅀ ⓞ ⴹ 𝘝𝘐𝘚𝘈
    Nov. geschl – **Menu** à la carte 24/43 – **11 Z** 65/100.

In Burkhardtsgrün NO : 6 km :

🏨 **Landhotel Am Alten Zollhaus,** Hauptstr. 19, ✉ 08318, ℰ (037752) 62 00,
    Fax (037752) 6206, ㄇ, ⇆, ▣ – ⇆ Zim, ▥ ☎ ➋ – ⚄ 20. ⅀ ⓞ ⴹ 𝘝𝘐𝘚𝘈
    Menu à la carte 25/45 – **18 Z** 95/180.

EICHENBERG Österreich siehe Bregenz.

EICHENDORF Bayern siehe Landau an der Isar.

EICHENZELL Hessen 𝟺𝟷𝟽 𝟺𝟷𝟾 O 13 – 8 200 Ew – Höhe 285 m.
  Berlin 457 – Wiesbaden 134 – Frankfurt am Main 95 – Fulda 8 – Würzburg 100.

🏨 **Kramer,** Fuldaer Str. 4, ✉ 36124, ℰ (06659) 16 91, Fax (06659) 4091, ㄇ – ☜ ➋.
    ⓞ ⴹ 𝘝𝘐𝘚𝘈
    Menu (Donnerstag geschl.) à la carte 22/41 – **34 Z** 60/120.

In Eichenzell-Löschenrod W : 2,5 km :

✕✕ **Zur Alten Brauerei,** Frankfurter Str. 1, ✉ 36124, ℰ (06659) 12 08,
    Fax (06659) 4036, ㄇ – ➋. 𝘝𝘐𝘚𝘈
    Montag geschl. – **Menu** (wochentags nur Abendessen, Tischbestellung ratsam) à la carte
    45/74.

EICHSTÄTT Bayern 𝟺𝟷𝟿 𝟺𝟸𝟶 T 17, 𝟿𝟾𝟽 ㉘ – 13 000 Ew – Höhe 390 m.
  Sehenswert : Bischöflicher Residenzbezirk★ : Residenzplatz★ – Dom (Pappenheimer
  Altar★★, Mortuarium★, Kreuzgang★) – Hofgarten (Muschelpavillon★) – Jura-Museum★.
  🛈 Städt. Verkehrsamt, Kardinal-Preysing-Platz 14, ✉ 85072, ℰ (08421) 79 77,
  Fax (08421) 7636.
  Berlin 501 – München 107 – Augsburg 76 – Ingolstadt 27 – Nürnberg 93.

🏨 **Adler** garni, Marktplatz 22, ✉ 85072, ℰ (08421) 67 67, Fax (08421) 8283,
    « Restauriertes Barockhaus a.d. 17. Jh. », ⇆ – ▯ ⇆ ▥ ☎ & ☜ – ⚄ 20. ⅀ ⓞ ⴹ
    𝘝𝘐𝘚𝘈 ⌖
    Nov. 1 Woche und 15. Dez - 15. Jan. geschl. – **28 Z** 110/210.

🏨 **Klosterstuben,** Pedettistr. 26, ✉ 85072, ℰ (08421) 9 80 00, Fax (08421) 3900 – ▥
    ☎ ☜
    Menu à la carte 22/45 (auch vegetarische Gerichte) – **22 Z** 70/140.

🏨 **Sonne** (mit Gästehaus), Buchtal 17, ✉ 85072, ℰ (08421) 67 91, Fax (08421) 89836 –
    ▥ ☎ ➋. ⌖
    Weihnachten - Mitte Jan. geschl. – **Menu** (Mittwoch geschl.) (wochentags nur Abendessen)
    à la carte 24/42 – **20 Z** 70/120.

🏨 **Ratskeller,** Kardinal-Preysing-Platz 8, ✉ 85072, ℰ (08421) 12 58, Fax (08421) 2417,
    Biergarten – ☜
    Weihnachten - Mitte Jan. geschl. – **Menu** (Mittwoch geschl.) à la carte 20/33 – **23 Z** 55/104.

🏠 **Café Fuchs** garni, Ostenstr. 8, ⊠ 85072, ℘ (08421) 67 88, Fax *(08421) 80117* – ♿ 📺
🐾 🖭 🄴 𝘝𝘐𝘚𝘈
23 Z 65/120.

XX **Domherrnhof,** Domplatz 5 (1. Etage ♿), ⊠ 85072, ℘ (08421) 61 26,
Fax *(08421) 80849*, « Restauriertes Stadthaus a.d. Rokokozeit » – 🏛 30. 🖭 🄴
Montag und Jan. - Feb. 3 Wochen geschl. – **Menu** 38/48 (mittags) und à la carte 60/82.

X **Krone,** Domplatz 3, ⊠ 85072, ℘ (08421) 44 06, Fax *(08421) 4172*, Biergarten – 🄴
🐾 Okt. - April Mittwoch und Nov. 2 Wochen geschl. – **Menu** à la carte 21/50.

In Eichstätt-Wasserzell *SW : 4,5 km :*

🏠 **Zum Hirschen** (mit Gästehaus ♿), Brückenstr. 9, ⊠ 85072, ℘ (08421) 96 80,
🐾 Fax *(08421) 968888*, Biergarten, 🌲 – 📺 🐾 🐜 🗢 🅿 – 🏛 40
Jan. - Mitte Feb. geschl. – **Menu** *(Nov. - April Mittwochmittag geschl.)* à la carte 24/42 –
40 Z 62/108.

An der B 13 *NW : 9 km :*

🏠 **Zum Geländer** ♨, ⊠ 85132 Schernfeld-Geländer, ℘ (08421) 67 61,
🐾 Fax *(08421) 2614*, Biergarten, Wildschweingehege, 🌲 – 🐾 🗢 🅿 – 🏛 25. 🄴 𝘝𝘐𝘚𝘈
Feb. 2 Wochen geschl. – **Menu** *(außer Saison Donnerstag geschl.)* à la carte 23/40 🍴 –
31 Z 59/108.

EICHSTETTEN Baden-Württemberg 419 V 7 – 2 600 Ew – Höhe 190 m.
Berlin 792 – Stuttgart 193 – *Freiburg im Breisgau* 21 – Offenburg 51.

X **Zum Ochsen,** Altweg 2, ⊠ 79356, ℘ (07663) 15 16, Fax (07663) 1020, 🌲 – ⤚ Rest.
🅿
Montag - Dienstagmittag, Feb. und Juni - Juli jeweils 2 Wochen geschl. – **Menu** à la carte
30/60 🍴.

EICHWALDE Brandenburg 416 418 I 24 – 5 500 Ew – Höhe 35 m.
Berlin 31 – Potsdam 65 – Cottbus 115 – Frankfurt an der Oder 79.

X **C+W Gourmet,** Bahnhofstr. 9, ⊠ 15732, ℘ (030) 6 75 84 23, Fax (030) 6758423,
🐜 Restaurant im Bistrostil
Montag - Dienstag geschl. – **Menu** (nur Abendessen, Okt. - April Sonntag auch Mittagessen)
49/80.

EIGELTINGEN Baden-Württemberg 419 W 10 – 2 700 Ew – Höhe 450 m.
Berlin 740 – Stuttgart 148 – Konstanz 403 – Freiburg im Breisgau 104 – Stockach 10 –
Ulm (Donau) 124.

🏠 **Zur Lochmühle** ♨ (mit 2 Gästehäuser), Hinterdorfstr. 44, ⊠ 78253, ℘ (07774) 70 86,
Fax *(07774) 6865*, « Einrichtung mit bäuerlichen Antiquitäten, Sammlung von Kutschen
und Traktoren, Gartenterrasse », 🌲 – 📺 🐾 🅿 – 🏛 30. 🄴 𝘝𝘐𝘚𝘈
Feb. 3 Wochen geschl. – **Menu** à la carte 31/57 🍴 – **38 Z** 85/150.

EILENBURG Sachsen 418 L 21, 984 ⑲, 987 ⑱ – 20 300 Ew – Höhe 150 m.
Berlin 157 – Dresden 106 – Leipzig 24 – Halle 52 – Dessau 59 – Wittenberg 50.

🏠 **Il-Burg** garni, Puschkinstr. 33, ⊠ 04838, ℘ (03423) 75 94 04, Fax (03423) 759405 – ♿
⤚ 📺 🐾 🗢 🅿 – 🏛 25. 🖭 ⓞ 🄴 𝘝𝘐𝘚𝘈
24. Dez. - 2. Jan. geschl. – **34 Z** 150/180.

EILSEN, BAD Niedersachsen 417 J 11 – 2 200 Ew – Höhe 70 m – Heilbad.
🅱 Kurverwaltung, Haus des Gastes, Bückeburger Str. 2, ⊠ 31707, ℘ (05722) 8 53 72, Fax
(05722) 88651.
Berlin 342 – Hannover 60 – Hameln 27 – Minden 15.

🏠 **Haus Christopher** ♨ garni, Rosenstr. 11, ⊠ 31707, ℘ (05722) 8 44 46,
Fax *(05722) 81589*, 🌲 – 📺 🅿 🄴 ✄
22. - 28. Dez. geschl. – **18 Z** 60/155.

EIMELDINGEN Baden-Württemberg 419 X 6 – 1 600 Ew – Höhe 266 m.
Berlin 857 – Stuttgart 260 – Freiburg im Breisgau 64 – Basel 11 – Lörrach 7.

X **Zum Löwen** (mit Gästehaus), Hauptstr. 23 (B 3), ⊠ 79591, ℘ (07621) 96 46 40(Hotel)
6 25 88(Rest.), Fax (07621) 69726, 🌲, 🍸 – 📺 🐾 🗢 🅿
Menu *(Dienstag - Mittwoch und 26. Aug. - 9. Sept. geschl.)* à la carte 36/66 🍴 – **6 Z** 90/150.

EIMKE *Niedersachsen* 🅰🅸🅵 🅰🅸🅶 *H 14 – 1100 Ew – Höhe 45 m.*
Berlin 249 – Hannover 120 – Braunschweig 93 – Celle 54 – Lüneburg 48.

🏠 **Wacholderheide** (mit Gästehaus), Dorfstr. 6, ⊠ 29578, ✆ (05873) 3 29,
Fax (05873) 1450, 🍽 – ☎ 🅿
Feb. - März 2 Wochen geschl. – **Menu** *(Montag geschl.)* à la carte 31/61 – **24 Z** 55/145.

EINBECK *Niedersachsen* 🅰🅸🅷 🅰🅸🅸 *K 13,* 🆘🅴🅾 ⑯ *– 29 400 Ew – Höhe 114 m.*
*Sehenswert : Marktplatz★★ (Fachwerkhäuser★★) – Haus Marktstraße 13★★ – Tiedexer
Straße★★ – Ratswaage★.*
🅱 *Tourist-Information, Rathaus, Marktplatz 6,* ⊠ 37574, ✆ (05561) 91 61 21,
Fax (05561) 916300.
Berlin 326 – Hannover 72 – Braunschweig 94 – Göttingen 41 – Goslar 64.

🏨 **Panorama** 🦢, Mozartstr. 2, ⊠ 37574, ✆ (05561) 9 37 70, Fax (05561) 74011, 🍽,
🚭 – 🛗, 🌺 Zim, 📺 ☎ 🚗 🅿 – 🔬 140. 🆎 ⑩ 🇪 𝗩𝗜𝗦𝗔
Menu à la carte 38/66 – **41 Z** 120/170.

🏠 **Hasenjäger** 🦢, Hubeweg 119, ⊠ 37574, ✆ (05561) 9 30 20, Fax (05561) 73667, ≤,
🍽 – 📺 ☎ 🚗 🅿 – 🔬 40. 🆎 ⑩ 🇪 𝗩𝗜𝗦𝗔
Menu à la carte 38/67 – **19 Z** 100/160.

🍴🍴 **Der Schwan** mit Zim, Tiedexer Str. 1, ⊠ 37574, ✆ (05561) 46 09, Fax (05561) 72366,
🍽 – 🌺 Zim, 📺 ☎ 🚗 🅿. 🍴 Rest
Menu *(Sonntag geschl.)* (nur Abendessen) à la carte 46/80 *(auch vegetarisches Menu)* –
12 Z 95/170.

EISCHLEBEN *Thüringen siehe Arnstadt.*

EISENACH *Thüringen* 🅰🅸🅸 *N 14,* 🆘🅴🅾 ㉘ *– 44 000 Ew – Höhe 208 m.*
Sehenswert : Predigerkirche (Mittelalterliche Schnitzplastik★) BY.
Ausflugsziele : Wartburg★★ (Palas★, ≤ ★) AZ – Thüringer Wald★★.
🅱 *Eisenach-Information, Markt 2,* ⊠ 99817, ✆ (03691) 48 95, Fax (03691) 76161.
ADAC, Bahnhofstr. 1, ⊠ 99817, ✆ (03691) 21 50 28, Fax (03691) 210230.
Berlin 353 ③ – Erfurt 62 ③ – Kassel 92 ① – Nordhausen 130 ②

Stadtpläne siehe nächste Seiten

🏨🏨 **Romantik Hotel Kaiserhof,** Wartburgallee 2, ⊠ 99817, ✆ (03691) 21 35 13(Hotel)
21 35 53(Rest.), Fax (03691) 203653, 🚭 – 🛗, 🌺 Zim, 📺 ✔ 🅿 – 🔬 100. 🆎 ⑩ 🇪
𝗩𝗜𝗦𝗔   BCY a
Turmschänke *(Sonntag geschl.) (nur Abendessen)* **Menu** à la carte 47/72 – **64 Z** 130/280.

🏨 **Thüringer Hof,** Karlsplatz 11, ⊠ 99817, ✆ (03691) 2 80, Fax (03691) 28190, 🚭 –
🛗, 🌺 Zim, 📺 ☎ ✔ 🚗 – 🔬 145. 🆎 ⑩ 🇪 𝗩𝗜𝗦𝗔 𝗝𝗖𝗕   BY e
Menu à la carte 37/50 – **127 Z** 195/235.

🏨 **Schloßhotel,** Markt 10, ⊠ 99817, ✆ (03691) 21 42 60, Fax (03691) 214259, 🍽 – 🛗,
🌺 Zim, 📺 ☎ 🚗 🅿 – 🔬 50. 🆎 🇪 𝗩𝗜𝗦𝗔 𝗝𝗖𝗕   BY b
Menu à la carte 32/43 – **43 Z** 140/220.

🏨 **Sophienhotel** Ⓜ, Sophienstr. 41, ⊠ 99817, ✆ (03691) 25 10, Fax (03691) 25111, 🚭
– 🛗, 🌺 Zim, 📺 ☎ ✔ 🚗 – 🔬 40. 🆎 ⑩ 🇪 𝗩𝗜𝗦𝗔. 🍴 Rest   BY f
Menu à la carte 31/52 – **58 Z** 115/170.

🏨 **Villa Anna** 🦢 garni, Fritz-Koch-Str. 12, ⊠ 99817, ✆ (03691) 2 39 50,
Fax (03691) 239530, « Gründerzeitvilla mit modern-eleganter Einrichtung » – 📺 ☎ 🚗.
🆎 🇪 𝗩𝗜𝗦𝗔 𝗝𝗖𝗕   BZ r
14 Z 115/185.

🏨 **Logotel** Ⓜ, Karl-Marx-Str. 30, ⊠ 99817, ✆ (03691) 23 50, Fax (03691) 235100 – 🛗,
🌺 Zim, 📺 ☎ ✔ 🚗 🅿 – 🔬 80. 🆎 ⑩ 🇪 𝗩𝗜𝗦𝗔   BY h
Menu à la carte 28/52 – **50 Z** 110/140.

🏨 **Andersen** garni, Clemensstr. 31, ⊠ 99817, ✆ (03691) 25 50, Fax (03691) 255300 – 🛗
🌺 📺 ☎ ✔ 🚗 🅿 – 🔬 70. 🆎 ⑩ 🇪 𝗩𝗜𝗦𝗔   CY m
48 Z 135/164.

🏨 **Burgfried** Ⓜ garni, Marienstr. 60, ⊠ 99817, ✆ (03691) 21 42 21, Fax (03691) 214224
– 📺 ☎ 🅿. 🆎 ⑩ 🇪 𝗩𝗜𝗦𝗔   BZ s
19 Z 110/160.

🏨 **Hellgrafenhof** (mit Gästehaus, 🦢, 🚭), Katharinenstr. 13, ⊠ 99817, ✆ (03691) 2 93
90, Fax (03691) 293926, 🍽 – 📺 ☎ 🅿 – 🔬 60. 🆎 ⑩ 🇪 𝗩𝗜𝗦𝗔 𝗝𝗖𝗕   ADY t
Menu à la carte 30/59 – **40 Z** 108/144.

EISENACH

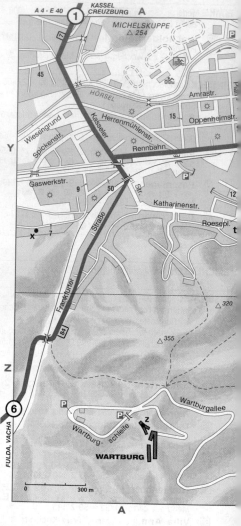

Die im Michelin-Führer verwendeten Zeichen und Symbole haben - fett oder dünn gedruckt, rot oder schwarz - jeweils eine andere Bedeutung. Lesen Sie daher die Erklärungen aufmerksam durch.

Glockenhof, Grimmelgasse 4, ⊠ 99817, ℘ (03691) 23 40, Fax (03691) 234131 – 📱, ⇔ Zim, 📺 ☎ ⇔ – 🔏 30. 🆎 Ε 𝑉𝐼𝑆𝐴. ⚶
Menu à la carte 37/55 ⚬ – **41 Z** 125/175.　　　　　　　　　　　　　BZ **v**

Haus Hainstein ⑊, Am Hainstein 16, ⊠ 99817, ℘ (03691) 24 20, Fax (03691) 242109, ☞ – 📱 📺 ☎ ⚸ 🅿 – 🔏 80. 🆎 ⑩ Ε 𝑉𝐼𝑆𝐴. ⚶ Rest　BZ **w**
Menu à la carte 26/45 – **46 Z** 80/150.

Klostergarten ⑊ garni, Am Klosterholz 23, ⊠ 99817, ℘ (03691) 78 51 66, Fax (03691) 785148, ☞ – 📺 ☎ 🅿. 🆎 Ε 𝑉𝐼𝑆𝐴. ⚶
19 Z 80/120.　　　　　　　　　　　　　　　　　　　　　　　AY **x**

Auf der Wartburg *SO : 4 km – Höhe 416 m :*

Wartburg-Hotel ⑊ (Zufahrt zur An- und Abreise für Hausgäste erlaubt), ⊠ 99817 Eisenach, ℘ (03691) 79 70, Fax (03691) 797100, ≤ Eisenach und Thüringer Wald, ☞ – ⇔ Zim, 📺 ☎ – 🔏 80. 🆎 ⑩ Ε 𝑉𝐼𝑆𝐴 𝐽𝐶𝐵. ⚶ Rest　AZ **z**
Jan. geschl. – Menu à la carte 37/69 – **35 Z** 195/380.

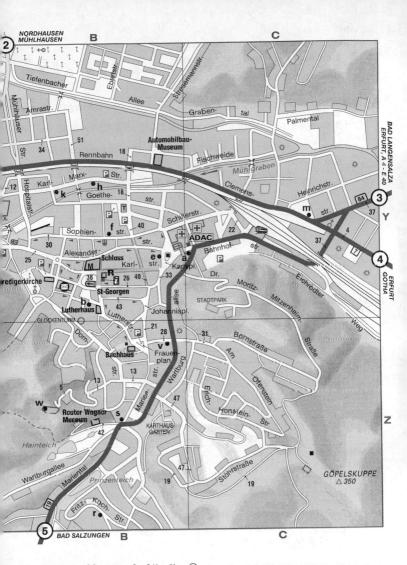

In **Eisenach-Stockhausen** *O : 6 km über* ③ :

🏠 **Comfort Hotel Eisenach** Ⓜ ⌂ garni, Am Grundbach 1, ⊠ 99819, 𝒫 (036920) 8 21 00, Fax (036920) 82299 – ⇎ 🖵 ☎ & ℗. 𝔸𝔼 ⓞ 𝖤 𝘝𝘐𝘚𝘈
99 Z 79/99.

In **Eisenach-Stedtfeld** *NW : 4 km über Stedtfelder Straße* AY :

🏨 **Ramada Hotel** Ⓜ ⌂, Weinbergstr. 5, ⊠ 99819, 𝒫 (03691) 81 50, Fax (03691) 815100, 🏤, ⌂s – 🛗, ⇎ Zim, 🖵 ☎ ✆ & ℗ – 🔬 160. 𝔸𝔼 ⓞ 𝖤 𝘝𝘐𝘚𝘈
🃟
Menu à la carte 32/62 – **138 Z** 179/219.

In **Creuzburg** *NW : 11 km über* ① :

✕ **Auf der Creuzburg** ⌂ mit Zim (mittelalterliche Burganlage), ⊠ 99831, 𝒫 (036920) 9 84 70, Fax (036920) 90479, ≤, 🏤 – 🖵 ☎ ℗. 𝔸𝔼 ⓞ 𝖤 𝘝𝘐𝘚𝘈
Jan. - Feb. geschl. – **Menu** à la carte 26/60 – **6 Z** 96/160.

In Behringen-Hütscheroda *NO : 14 km über ③ :*

🏠 ꝏ **Zum Herrenhaus** 🔇 (ehem. Gutshof a.d. 17.Jh.), Schloßstr. 1, ✉ 99947, 📞 (036254) 72 00, *Fax (036254) 72023*, 🪑 – 🚭 Zim, 📺 ☎ 🅿 – 👥 50. [E] [VISA]
Menu à la carte 23/33 – **31 Z** 85/160.

EISENBACH *Baden-Württemberg* [419] *W 8 – 2 200 Ew – Höhe 950 m – Luftkurort – Wintersport : 959/1 138 m ⛷2 ⛷2.*

[i] *Kurverwaltung, im Bürgermeisteramt, ✉ 79871, 📞 (07657) 91 03 30, Fax (07657) 910350.*

Berlin 770 – Stuttgart 148 – Freiburg im Breisgau 42 – Donaueschingen 22.

🏠 ꝏ **Bad,** Hauptstr. 55, ✉ 79871, 📞 (07657) 4 71, *Fax (07657) 1505*, ⛱, 🏊, 🏋, 🪑 ⛷ – 🚭 Rest, 🚗 🅿 – 👥 50. [VISA]
März - April 2 Wochen und Nov. geschl. – **Menu** *(Montag geschl.)* à la carte 24/50 🍷 – **36 Z** 55/100.

EISENBERG *Bayern* [419] [420] *X 15 – 1 000 Ew – Höhe 870 m – Erholungsort.*

[i] *Touristikbüro, Pröbstener Str. 9, ✉ 87637, 📞 (08364) 12 37, Fax (08364) 987154.*

Berlin 664 – München 125 – Füssen 12 – Kempten (Allgäu) 34.

🏠 **Landgasthof Gockelwirt** (mit Gästehaus 🔇, 🏊, 🏋), Pröbstener Str. 23, ✉ 87637, 📞 (08364) 8 30, *Fax (08364) 8320*, ⛱, 🪑, 🎾 – 📺 ☎ 🚗 🅿
16. - 27. März und Nov. - 26. Dez. geschl. – **Menu** *(Okt. - Mitte Juli Donnerstag geschl.)* à la carte 26/63 – **23 Z** 72/190 – ½ P 29.

In Eisenberg-Zell *SW : 2 km :*

🏠 **Burghotel Bären** 🔇, Dorfstr. 4, ✉ 87637, 📞 (08363) 50 11, *Fax (08363) 73119*, ⛱, 🏊, 🪑 – 🛗 📺 ☎ 🚗 🅿. 🚫 Zim
20. April - 1. Mai und Mitte Nov. - 24. Dez. geschl. – **Menu** *(Dienstag geschl.)* à la carte 33/62 – **35 Z** 73/154 – ½ P 25.

EISENBERG (PFALZ) *Rheinland-Pfalz* [417] *R 8 – 9 500 Ew – Höhe 248 m.*

Berlin 623 – Mainz 59 – Kaiserslautern 29 – Mannheim 40.

🏠 **Waldhotel** 🔇, Martin-Luther-Str. 20, ✉ 67304, 📞 (06351) 14 30, *Fax (06351) 143100*, ⛱, 🏊, 🪑 – 🛗, 🚭 Zim, 📺 ☎ ♿ 🅿 – 👥 80. [AE] ◐ [E] [VISA]
Menu à la carte 35/67 – **39 Z** 105/160.

EISENHEIM *Bayern siehe Volkach.*

EISENHÜTTENSTADT *Brandenburg* [416] [418] *J 27,* [984] *⑯,* [987] *⑲ – 48 000 Ew – Höhe 30 m.*

[i] *Fremdenverkehrsbüro, Beeskower Str. 114, ✉ 15890, 📞 (03364) 41 36 90, Fax (03364) 413687.*

Berlin 123 – Potsdam 141 – Cottbus 64 – Frankfurt (Oder) 28.

🏠 **Berlin** garni, Beeskower Str. 114, ✉ 15890, 📞 (03364) 42 60, *Fax (03364) 414750* – 🛗 🚭 📺 ☎ 🅿. [AE] ◐ [E] [VISA]
104 Z 121/180, 4 Suiten.

In Eisenhüttenstadt-Fürstenberg :

🏠 **Fürstenberg,** Gubener Str. 12, ✉ 15890, 📞 (03364) 7 54 40, *Fax (03364) 750132*, ⛱ – 🛗, ▤ Rest, 📺 ☎ 🚗 🅿 – 👥 25. [AE] ◐ [E] [VISA]
Menu à la carte 28/55 – **34 Z** 120/160.

In Neuzelle *S : 6 km :*

🏠 **Prinz Albrecht,** Frankfurter Str. 34, ✉ 15898, 📞 (033652) 8 13 22, *Fax (033652) 81325*, ⛱ – 🚭 Zim, 📺 ☎ 📱 🅿. [E] [VISA]
Menu à la carte 27/49 – **17 Z** 99/129.

Im Fünfeichener Forst *W : 7 km :*

🏠 **Forsthaus Schierenberg** 🔇, ✉ 15890 Fünfeichen, 📞 (033654) 2 07, *Fax (033654) 207*, ⛱, 🪑 – 📺 🚗 🅿 – 👥 30. [AE] ◐ [E] [VISA]
Menu à la carte 26/38 – **12 Z** 75/140.

EISENSCHMITT *Rheinland-Pfalz* **417** *P 4 – 600 Ew – Höhe 328 m – Erholungsort.*
Berlin 691 – Mainz 146 – Kyllburg 13 – Trier 54 – Wittlich 17.

In Eisenschmitt-Eichelhütte :

🏨 **Molitors Mühle** ⊗, ✉ 54533, 𝒫 (06567) 96 60, Fax (06567) 966100, ≼,
« Gartenterrasse », ≋, 🔲, 🐾, ✕ – 📺 ☎ ⇔ 🅿. 🆎 ⋿ 𝑽𝑰𝑺𝑨
5. Jan. - 18. Feb. geschl. – **Menu** (Nov. - März Montag geschl.) à la carte 37/68 – **30 Z** 77/174
– ½ P 30.

EISLEBEN (LUTHERSTADT) *Sachsen-Anhalt* **416** **418** *L 18,* **984** ⑲ – *25 000 Ew – Höhe 128 m.*
🛈 *Fremdenverkehrsverein, Hallesche Str. 6,* ✉ 06295, 𝒫 (03475) 60 21 24, Fax (03475)
602634.
Berlin 179 – Magdeburg 85 – Erfurt 94 – Leipzig 66 – Nordhausen 59 – Halle 32.

🏨 **Mansfelder Hof,** Hallesche Str. 33 (B 180), ✉ 06295, 𝒫 (03475) 66 90,
Fax (03475) 669221, ☆ – 📶, ⇔ Zim, 📺 ☎ ⅋ 🅿 – 🔬 120. 🆎 ⓪ ⋿ 𝑽𝑰𝑺𝑨
Menu à la carte 32/46 – **32 Z** 85/145.

🏨 **Gerichtslaube,** Friedenstr. 2 (B 80/180), ✉ 06295, 𝒫 (03475) 60 22 34,
⇔ Fax (03475) 680013, Biergarten – 📺 ☎ 🅿. 🆎 ⓪ ⋿ 𝑽𝑰𝑺𝑨
Menu à la carte 24/43 – **15 Z** 90/145.

In Wolferode *SW : 4 km :*

🏨 **Wolferode,** Wimmelburger Str. 10, ✉ 06295, 𝒫 (03475) 63 80 06,
Fax (03475) 658008 – 📺 ☎ 🅿. 🆎 ⓪ ⋿ 𝑽𝑰𝑺𝑨
(nur Abendessen für Hausgaste) – **20 Z** 85/128.

Prices	For full details of the prices quoted in this Guide, consult the introduction.

EISLINGEN AN DER FILS *Baden-Württemberg* **419** *T 13,* **987** ㊳ – *18 300 Ew – Höhe 336 m.*
Berlin 602 – Stuttgart 46 – Göppingen 5 – Heidenheim an der Brenz 38 – Ulm (Donau) 45.

🏨 **Eichenhof,** Leonhardstr. 81, ✉ 73054, 𝒫 (07161) 85 20, Fax (07161) 852162 – 📶,
⇔ Zim, 📺 ☎ ⇔ 🅿 – 🔬 150. 🆎 ⓪ ⋿ 𝑽𝑰𝑺𝑨 ⚹
Menu (Freitagabend - Sonntag, 1.- 8. Jan. und 24.- 30. Dez. geschl.) 35 (Buffet) – **124 Z**
98/185.

✕✕ **Schönblick,** Höhenweg 11, ✉ 73054, 𝒫 (07161) 98 44 30, Fax (07161) 9844318, Terrasse mit ≼ – ⋿ 𝑽𝑰𝑺𝑨
Montag - Dienstag geschl. – **Menu** à la carte 38/68.

ELCHINGEN *Bayern* **419** **420** *U 14 – 12 000 Ew – Höhe 464 m.*
Berlin 607 – München 127 – Stuttgart 94 – Ulm (Donau) 14 – Augsburg 69.

In Elchingen-Unterelchingen :

🏨 **Zahn,** Hauptstr. 35, ✉ 89275, 𝒫 (07308) 30 07, Fax (07308) 42389, ☆ – 📺 ☎ 🅿
Menu (Freitag geschl.) à la carte 27/63 – **16 Z** 73/120.

ELEND *Sachsen-Anhalt siehe Schierke.*

ELFERSHAUSEN *Bayern* **417** **418** **420** *P 13 – 1500 Ew – Höhe 199 m.*
Berlin 484 – München 318 – Fulda 69 – Bad Kissingen 12 – Würzburg 52.

🏨 **Ullrich,** August-Ullrich-Str. 42, ✉ 97725, 𝒫 (09704) 2 81, Fax (09704) 6107, ☆,
« Garten », ≋, 🔲, 🐾 – 📶 📺 ☎ ⇔ 🅿 – 🔬 80. 🆎 ⓪ ⋿ 𝑽𝑰𝑺𝑨
Menu à la carte 34/63 – **66 Z** 90/160.

ELIXHAUSEN *Österreich siehe Salzburg.*

ELLENZ-POLTERSDORF *Rheinland-Pfalz* **417** *P 5 – 900 Ew – Höhe 85 m.*
Berlin 654 – Mainz 130 – Bernkastel-Kues 69 – Cochem 11.

🏨 **Weinhaus Fuhrmann,** Moselweinstr. 21 (Ellenz), ✉ 56821, 𝒫 (02673) 93 10,
Fax (02673) 931464, ≼, ☆, ≋ – 🐾. 🆎 ⓪ ⋿ 𝑽𝑰𝑺𝑨
Dez. - Feb. geschl. – **Menu** à la carte 28/54 ⚖ – **39 Z** 77/150.

ELLERBEK Schleswig-Holstein 🔲🔲🔲 E 13 – 4 300 Ew – Höhe 12 m.
  Berlin 310 – Kiel 84 – Hamburg 20 – Lübeck 89 – Stade 74.

  ✕✕ **Stock's Fischrestaurant,** Hauptstr. 1, ⊠ 25474, ℰ (04101) 38 35 65,
  ✿ Fax (04101) 383567, ✿ – **❶**, 🆎 **E** _VISA_
  Samstagmittag und Montag geschl. – **Menu** (abends Tischbestellung erforderlich)
  42 (mittags) und à la carte 52/76
  Spez. Hummernudeln mit Basilikum. Fischsuppe von Nordseefischen mit Rouille. Ellerbeker
  Pannfisch mit Senfkörnersauce.

ELLWANGEN Baden-Württemberg 🔲🔲🔲🔲🔲 T 14, 🔲🔲🔲 ㉘ – 22 500 Ew – Höhe 439 m –
  Erholungsort.
  🗓 Städt. Verkehrsamt, Rathaus, Spitalstr. 4, ⊠ 73479, ℰ (07961) 24 63, Fax (07961)
  55267.
  Berlin 547 – Stuttgart 97 – Aalen 19 – Nürnberg 114 – Ulm (Donau) 82 – Würzburg 135.

  🏨 **Roter Ochsen,** Schmiedstr. 16, ⊠ 73479, ℰ (07961) 40 71, Fax (07961) 53613 – 🛗,
  ⇔ Zim, 📺 ✿ ♿ ⇔ **❶** – 🔬 25. 🆎 **E** _VISA_
  Menu (Sonntagabend - Montag geschl.) à la carte 34/72 – **35 Z** 75/180 – ½ P 30.

  🏨 **Stadthotel Germania** garni, Wolfgangstr. 4, ⊠ 73479, ℰ (07961) 9 88 00,
  Fax (07961) 988049 – 🛗 ⇔ 📺 ✿ ♿. 🆎 ❶ **E** _VISA_. ✿
  28 Z 85/150.

  🏠 **Weißer Ochsen,** Schmiedstr. 20, ⊠ 73479, ℰ (07961) 5 50 81, Fax (07961) 53396 –
  📺 ✿ ♿. **E**
  Menu (Dienstag geschl.) à la carte 26/65 – **18 Z** 75/120 – ½ P 20.

In Ellwangen-Espachweiler SW : 4 km :

  🏠 **Seegasthof** ✿, Bussardweg 1, ⊠ 73479, ℰ (07961) 77 60, Fax (07961) 53846, ✿
  – 📺 ✿ ♿
  27. Dez. - 20. Jan. geschl. – **Menu** (Freitag geschl.) à la carte 31/54 ⅄ – **10 Z** 50/110 –
  ½ P 25.

In Ellwangen-Neunheim O : 2,5 km :

  🏠 **Hirsch,** Maierstr. 2, ⊠ 73479, ℰ (07961) 9 19 80, Fax (07961) 919870, ✿ – 📺 ✿ ♿.
  E
  Menu (Mittwoch und jeden 3. Sonntag im Monat geschl.) à la carte 26/54 – **9 Z** 58/130.

ELMSHORN Schleswig-Holstein 🔲🔲🔲🔲🔲 E 12, 🔲🔲🔲 ⑥, 🔲🔲🔲 ⑤ – 46 000 Ew – Höhe 5 m.
  🏌 Lutzhorn, Bramstedter Landstraße (NO : 12 km), ℰ (04123) 74 08.
  🗓 Verkehrs- und Bürgerverein, Torhaus, ⊠ 25333, ℰ (04121) 23 12 36, Fax (04121)
  25627.
  Berlin 323 – Kiel 90 – Hamburg 41 – Cuxhaven 77 – Itzehoe 25.

  🏠 **Royal,** Lönsweg 5, ⊠ 25335, ℰ (04121) 4 26 40, Fax (04121) 426494, ✿, 🔲 – 📺
  ✿ ♿ ♿ – 🔬 300. 🆎 ❶ **E** _VISA_
  Menu à la carte 35/72 – **63 Z** 95/180.

  🏠 **Drei Kronen,** Gärtnerstr. 92, ⊠ 25335, ℰ (04121) 4 21 90, Fax (04121) 421950 – 📺
  ✿ ⇔ ♿. 🆎 ❶ **E** _VISA_
  Menu à la carte 27/62 – **33 Z** 85/135.

ELSBETHEN Österreich siehe Salzburg.

ELSTER, BAD Sachsen 🔲🔲🔲🔲🔲 P 20, 🔲🔲🔲 ㉗ – 5 000 Ew – Höhe 480 m.
  🗓 Kur- und Fremdenverkehrsverein, Badeplatz (Kolonnaden), ⊠ 08645,
  ℰ (037437) 7 14 61, Fax (037437) 71260.
  Berlin 331 – Dresden 176 – Hof 44 – Plauen 27.

  🏠 **Quellenpark** ✿ garni, Ascher Str. 20, ⊠ 08645, ℰ (037437) 56 00,
  Fax (037437) 56056, ✿ ⇔ 📺 ✿ ♿. **E** _VISA_
  21 Z 70/170.

  🏠 **Goldener Anker** ✿, Walter-Rathenau-Str. 9, ⊠ 08645, ℰ (037437) 55 80,
  ✿ Fax (037437) 55866, ✿ – 🛗 📺 ✿ ♿ – 🔬 45. **E** _VISA_
  Menu à la carte 23/46 – **26 Z** 55/170 – ½ P 15.

In Mühlhausen NO : 5 km :

  🏨 **Vogtland,** Brambacher Str. 38 (B 92), ⊠ 08626, ℰ (037437) 4 60 24,
  Fax (037437) 3484, ✿, ✿ – 🛗 📺 ✿ ⇔ ♿ – 🔬 30. **E** _VISA_
  Menu à la carte 26/51 – **30 Z** 80/160 – ½ P 18.

ELSTERWERDA Brandenburg **418** L 24, **984** ㉕, **987** ⑲ – 11 000 Ew – Höhe 93 m.
  Berlin 163 – Potsdam 122 – Cottbus 76 – Dresden 66 – Leipzig 97.

🏠 **Arcus,** Hauptstr. 14, ✉ 04910, ✆ (03533) 16 23 55, Fax (03533) 162354 – 📺 ☎ 🅿.
  🆎 ⑩ E 𝘝𝘐𝘚𝘈
  (nur Abendessen für Hausgäste) – **16 Z** 90/160.

🏠 **City-Hotel** garni, Denkmalsplatz 4, ✉ 04910, ✆ (03533) 16 18 18, Fax (03533) 3967
  – 📺 ☎ 🅿. 🆎 ⑩ E 𝘝𝘐𝘚𝘈
  12 Z 85/150.

ELTERLEIN Sachsen **418 420** O 22 – 2 300 Ew – Höhe 650 m.
  Berlin 298 – Dresden 117 – Chemnitz 38 – Chomutov 72 – Kalovy Vary 56 – Zwickau 36.

🏠 **Bergkristall,** Zwönitzer Str. 32, ✉ 09481, ✆ (037349) 75 26, Fax (037349) 7529, 🚗
⊜ – 🔆 Zim, 📺 ☎ 🅿. 🆎 E 𝘝𝘐𝘚𝘈
  Menu *(Montag - Freitag nur Abendessen)* à la carte 24/38 – **17 Z** 70/95.

ELTMANN Bayern **420** Q 16, **987** ㉘ – 5 000 Ew – Höhe 240 m.
  Berlin 421 – München 254 – Coburg 64 – Schweinfurt 35 – Bamberg 19.

🏠 **Haus am Wald** 🦢, Georg-Göpfert-Str. 31, ✉ 97483, ✆ (09522) 2 31,
  Fax (09522) 70620, ≤, ⍘ (geheizt), 🚗 – 🔆 Zim, 📺 ☎ 🅿
  Feb. geschl. – *(nur Abendessen für Hausgäste)* – **15 Z** 60/125.

🏠 **Zur Wallburg,** Wallburgstr. 1, ✉ 97483, ✆ (09522) 60 11, Fax (09522) 8138, 🍴, ⇔,
⊜ 🚗 – 🔆 Zim, 📺 ☎ ⇔ 🅿. 🎬
  20. - 28. Dez. geschl. – **Menu** *(Dienstag geschl.)* (wochentags nur Abendessen) à la carte
  19/38 ♨ – **14 Z** 53/100.

In Ebelsbach N : 1 km :

🦌 **Brauereigasthof Klosterbräu,** Georg-Schäfer-Str. 11, ✉ 97500, ✆ (09522) 60 27,
⊜ Fax (09522) 8530, Biergarten – 📺 ☎ ⇔ 🅿 – 🔏 20. 🎬 Rest
  Menu *(Donnerstag geschl.)* à la carte 23/39 ♨ – **15 Z** 40/120.

In Ebelsbach-Steinbach NW : 3,5 km :

🏠 **Landgasthof Neeb,** Dorfstr. 1 (an der B 26), ✉ 97500, ✆ (09522) 9 23 10,
⊜ Fax (09522) 923144, 🍴 – 🔆 Zim, 📺 ☎ 🅿 – 🔏 80. 🆎 E 𝘝𝘐𝘚𝘈
  Menu *(Montag, 23. Dez. - 15. Jan. und Aug. 2 Wochen geschl.)* à la carte 21/43 ♨ – **16 Z**
  64/130.

In Oberaurach - Oberschleichach SW : 7 km :

🏠 **Landhaus Oberaurach** 🦢, Steigerwaldstr. 23, ✉ 97514, ✆ (09529) 9 22 00,
  Fax (09529) 922060, 🍴, ⇔, ⍘, 🚗 – 📺 ☎ 🅿 – 🔏 20. ⑩ E 𝘝𝘐𝘚𝘈
  Menu *(Montag geschl.)* à la carte 25/56 – **16 Z** 75/150.

ELTVILLE AM RHEIN Hessen **417** P 8 – 16 500 Ew – Höhe 90 m.
  Ausflugsziel : Kloster Eberbach★★ (Weinkeltern★★) NW : 9 km.
  🅱 Kultur- und Gästeamt, Schmittstr. 2, ✉ 65343, ✆ (06123) 69 71 54, Fax (06123)
  81187.
  Berlin 576 – Wiesbaden 14 – Limburg an der Lahn 51 – Mainz 17.

🏨 **Frankenbach - Mainzer Hof** garni, Wilhelmstr. 13, ✉ 65343, ✆ (06123) 90 40,
  Fax (06123) 63602 – 📺 ☎ 🅿 – 🔏 80. 🆎 ⑩ E 𝘝𝘐𝘚𝘈
  21 Z 120/200.

🏨 **Sonnenberg** 🦢 garni, Friedrichstr. 65, ✉ 65343, ✆ (06123) 30 81,
  Fax (06123) 61829 – ⧨ 📺 ☎ ⇔ 🅿. 🆎 E
  15. Dez. - 5. Jan. geschl. – **30 Z** 105/175.

In Eltville-Erbach W : 2 km :

🏰 **Schloss Reinhartshausen,** Hauptstr. 43, ✉ 65346, ✆ (06123) 67 60,
  Fax (06123) 676400, « Parkterrasse », ⇔, ⍘ – ⧨ ▤ 📺 ✆ 🔆 ⇔ 🅿 – 🔏 80. 🆎 ⑩
  E 𝘝𝘐𝘚𝘈
  Menu siehe Rest. **Marcobrunn** separat erwähnt **Schloßkeller** und **Wintergarten** : Menu
  à la carte 65/84 – 54 Z 390/550, 13 Suiten.

🏨 **Tillmanns** garni, Hauptstr. 2, ✉ 65346, ✆ (06123) 9 23 30, Fax (06123) 923366,
  « Ehemaliges Weingut im Stil eines französischen Landhauses », 🚗 – 📺 ☎ 🅿 – 🔏 10.
  🆎 E 𝘝𝘐𝘚𝘈
  Jan. - Feb. 2 Wochen geschl. – **15 Z** 110/185.

XXXX **Marcobrunn** - Hotel Schloß Reinhartshausen, Hauptstr. 43, ⊠ 65346, 𝒫 (06123) 67 64
✿✿ 32, Fax (06123) 676400, « Parkterrasse » – 🗏 **❷**. 🖭 **◕** 🔄 𝘝𝘐𝘚𝘈. ❀
Mittwoch - Freitag nur Abendessen, Montag - Dienstag und 1. Jan. - 5. Feb. geschl. – **Menu**
95/185 und à la carte 81/136
Spez. Kalbsfuß mit Trüffeln und Kartoffeln gefüllt auf Langustinen-Spargelragout. Carpaccio von Hummer und Steinpilzen mit Muskat-Kürbissalat (Sept.). Bresse Taube mit Oliven
in der Artischocke geschmort und Rosmarinjus.

XX **Pan zu Erbach,** Eberbacher Str. 44, ⊠ 65346, 𝒫 (06123) 6 35 38, Fax (06123) 4209,
🍽 – 🖭 **◕** 🔄 𝘝𝘐𝘚𝘈
Mittwoch geschl. – **Menu** (wochentags nur Abendessen, Tischbestellung ratsam) à la carte
62/97.

In Eltville - Hattenheim *W : 4 km :*

🏤 **Kronenschlösschen,** Rheinallee, ⊠ 65347, 𝒫 (06723) 6 40, Fax (06723) 7663,
« Gartenterrasse » – ⇔ Zim, 🖭 **❷** – 🔌 60. 🖭 **◕** 🔄 𝘝𝘐𝘚𝘈 𝐽𝐶𝐵
Menu *(Feb. geschl.)* (wochentags nur Abendessen) à la carte 82/110 – **Bistro :** Menu
à la carte 61/86 – **18 Z** 295/390, 4 Suiten.

🏠 **Zum Krug** (Fachwerkhaus a.d.J. 1720), Hauptstr. 34, ⊠ 65347, 𝒫 (06723) 9 96 80,
Fax (06723) 996825, « Gemütliche, rustikale Gasträume » – 🖭 ☎ **❷**. 🖭 **◕** 🔄 𝘝𝘐𝘚𝘈
20. Juli - 6. Aug. und 20. Dez. - 20. Jan. geschl. – **Menu** *(Sonntagabend - Montag geschl.)*
(bemerkenswertes Angebot Rheingauer Weine) à la carte 39/73 ⅋ – **10 Z** 110/200.

X **Die Adler Wirtschaft,** Hauptstr. 31, ⊠ 65347, 𝒫 (06723) 79 82, Fax (06723) 87867
Sonntag - Montag, 1. Feb. - 2. März und 26. Juli - 11. Aug. geschl. – **Menu** (nur Abendessen,
Tischbestellung ratsam) à la carte 59/74.

In Eltville-Kloster Eberbach *NW : 6 km :*

🏤 **Kloster Eberbach,** ⊠ 65346, 𝒫 (06723) 99 30, Fax (06723) 993100, 🍽 – ⇔ Zim,
🖭 ☎ ✆ & **❷**. 🖭 🔄 𝘝𝘐𝘚𝘈
2. - 30. Jan. geschl. – **Menu** à la carte 29/57 – **22 Z** 95/160.

ELZACH Baden-Württemberg 🔢 V 8, 🔢 ㊲ – 6 400 Ew – Höhe 361 m – Luftkurort.
🚹 Verkehrsamt, im Haus des Gastes, ⊠ 79215, 𝒫 (07682) 79 90, Fax (07682) 80472.
Berlin 764 – Stuttgart 189 – Freiburg im Breisgau 39 – Offenburg 43.

In Elzach-Oberprechtal *NO : 7,5 km – Höhe 459 m*

🏠 **Adler,** Waldkircher Str. 2, ⊠ 79215, 𝒫 (07682) 12 91, Fax (07682) 1225 – ⇔ Zim, 🖭
🚗 **❷**. 🔄 𝘝𝘐𝘚𝘈
18. Jan. - 17. Feb. geschl. – **Menu** *(Dienstag geschl.)* à la carte 37/65 – **12 Z** 55/160.

ELZE Niedersachsen 🔢🔢🔢 J 13, 🔢 ⑯ – 9 600 Ew – Höhe 76 m.
Berlin 294 – Hannover 30 – Göttingen 82 – Hameln 31 – Hildesheim 17.

🏠 Papenhof ⬙, Papendahlweg 14, ⊠ 31008, 𝒫 (05068) 40 45, Fax (05068) 2260, 🍽,
🔄 – 🖭 ☎ **❷**
(nur Abendessen) – **16 Z.**

In Elze-Mehle *SW : 3 km :*

XXX **Schökel** mit Zim, Alte Poststr. 35 (B 1), ⊠ 31008, 𝒫 (05068) 30 66, Fax (05068) 3069,
🍽 – 🖭 ☎ **❷**. 🖭
Menu *(Montag - Dienstag geschl.)* (wochentags nur Abendessen) à la carte 52/90 – **10 Z**
80/180.

ELZTAL Baden-Württemberg siehe Mosbach.

EMBSEN Niedersachsen siehe Lüneburg.

EMDEN Niedersachsen 🔢 F 5, 🔢 ⑭ ⑮ – 53 000 Ew – Höhe 4 m.
Sehenswert : Ostfriesisches Landesmuseum★ (Rüstkammer★★) Z M –
Kunsthalle★ (Stiftung Henri Nannen) Y **M.**
⛴ nach Borkum (Autofähre, Voranmeldung erforderlich) 𝒫 89 07 22, Fax 890746.
🚹 Verkehrsverein, Pavillon, Alter Markt, ⊠ 26721, 𝒫 (04921) 9 74 09, Fax (04921)
32528.
Berlin 517 ② – Hannover 251 ② – Groningen 98 ② – Oldenburg 80 ② – Wilhelms-
haven 77 ①

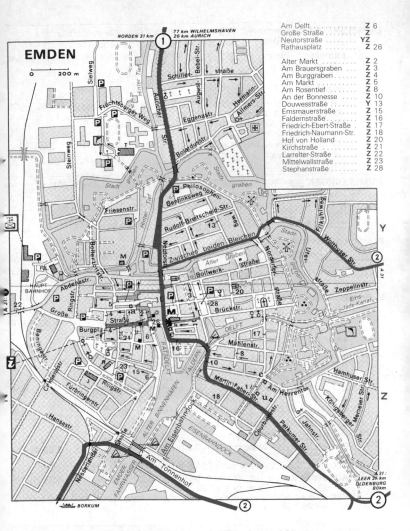

Parkhotel Upstalsboom, Friedrich-Ebert-Str. 73, ⊠ 26725, ℘ (04921) 82 80, Fax (04921) 828599, 😳, 🍴 – 🛗, ⇔ Zim, 📺 ⇔ 🅿 – 🔬 50. 🆎 ⑩ 🗲 *VISA* 🄹🄲🄱. 🛠 Rest
Menu *(Samstagmittag geschl.)* à la carte 38/62 – **95 Z** 170/230.   Z u

Faldernpoort, (mit Gästehaus), Courbièrestr. 6, ⊠ 26725, ℘ (04921) 9 75 20, Fax (04921) 28761 – 📺 ☎ 🅿 – 🔬 180. 🆎 ⑩ 🗲 *VISA*   Z u
Menu *(Sonntag geschl.)* (nur Abendessen) à la carte 31/63 – **41 Z** 140/220.

Heerens Hotel, Friedrich-Ebert-Str. 67, ⊠ 26725, ℘ (04921) 2 37 40, Fax (04921) 23158 – 📺 ☎ ⇔ 🅿 – 🔬 20. 🆎 ⑩ 🗲 *VISA*. 🛠 Zim   Z c
Menu *(Sonntagabend, Samstag, und Juli - Aug. 4 Wochen geschl.)* à la carte 38/71 – **21 Z** 100/200.

Goldener Adler, Neutorstr. 5, ⊠ 26721, ℘ (04921) 9 27 30, Fax (04921) 927339 – 📺 ☎. 🆎 ⑩ 🗲 *VISA*   Z e
Menu à la carte 35/68 – **18 Z** 120/180.

Deutsches Haus, Neuer Markt 7, ⊠ 26721, ℘ (04921) 9 27 60, Fax (04921) 927640 – 📺 ☎ ⇔ 🅿. 🆎 ⑩ 🗲 *VISA*   Z a
Weihnachten - Anfang Jan. geschl. – **Menu** *(Sonntagabend geschl.)* à la carte 55/72 – **27 Z** 120/190.

EMMELSHAUSEN Rheinland-Pfalz **417** P 6 – 4 100 Ew – Höhe 490 m – Luftkurort.
Berlin 621 – Mainz 76 – Koblenz 30 – Bad Kreuznach 57 – Trier 112.

🏠 **Münster** ⚘, Waldstr. 3a, ✉ 56281, ✆ (06747) 9 39 40, Fax (06747) 939413, ⇔s, ⚞
⚞ – 📺 ☎ ⇦ 🅿 🝙 *VISA*
(Restaurant nur für Hausgäste) – **18 Z** 60/115 – ½ P 16.

In Halsenbach-Ehr N : 3,5 km :

🏠 **Zur Katz**, Auf der Katz 6 (B 327), ✉ 56283, ✆ (06747) 66 26, Fax (06747) 6625, ⚘,
⇔s, 🔲, ⚞ – 📺 ☎ ⇦ 🅿 – 🍴 80. 🝙 🝙 Rest
Menu (Montag geschl.) à la carte 25/58 🝙 – **17 Z** 62/124 – ½ P 8.

Die im Michelin-Führer erwähnten Orte sind auf den Karten Nr. **415-420**
rot unterstrichen.

EMMENDINGEN Baden-Württemberg **419** V 7, **987** ㉞ – 24 000 Ew – Höhe 201 m.
Sehenswert : Ruinen der Hochburg★.
🛈 Verkehrsamt, Neues Rathaus, Landvogtei 10, ✉ 79312, ✆ (07641) 45 23 26,
Fax (07641) 452306.
Berlin 794 – Stuttgart 193 – Freiburg im Breisgau 23 – Offenburg 51.

In Emmendingen-Maleck NO : 4 km :

🏰 **Park-Hotel Krone** ⚘, Brandelweg 1, ✉ 79312, ✆ (07641) 84 96, Fax (07641) 52576,
« Hübsche Gartenanlage », ⚞ – 📺 ☎ 🅿 – 🍴 20. 🝙 🝙 🝙 *VISA*
Anfang Feb. - Anfang März geschl. – **Menu** (Montag geschl.) (Tischbestellung ratsam)
à la carte 48/90 – **17 Z** 90/160.

In Emmendingen-Windenreute O : 3,5 km :

🏰 **Windenreuter Hof** ⚘, Rathausweg 19, ✉ 79312, ✆ (07641) 40 86,
Fax (07641) 53275, ⬱, ⚘, ⇔s, ⚞ – ⇥ Zim, 📺 🝙 🅿 – 🍴 95. 🝙 🝙 🝙
VISA
Menu à la carte 45/90 – **70 Z** 95/185, 3 Suiten.

EMMERICH Nordrhein-Westfalen **417** K 2, **987** ⑭ – 31 900 Ew – Höhe 19 m.
🏌 Borghees, Albersweg 30, ✆ (02822) 9 27 10.
🛈 Fremdenverkehrsamt, Martinikirchgang 2 (Rheinmuseum), ✉ 46446,
✆ (02822) 7 54 00, Fax (02822) 75417.
Berlin 597 – Düsseldorf 103 – Arnhem 33 – Nijmegen 34 – Wesel 40.

In Emmerich-Elten NW : 7 km – Erholungsort :

🏰 **Waldhotel Hoch-Elten** ⚘, Lindenallee 34, ✉ 46446, ✆ (02828) 70 41,
Fax (02828) 7122, ⬱ Niederrheinische Tiefebene, ⚘, ⇔s, 🔲, ⚞, ⚓ – 🝙 📺 ☎ 🅿 –
🍴 25. 🝙 🝙 🝙 *VISA*. 🝙 Rest
Menu (nur Abendessen) à la carte 60/88 – **32 Z** 115/230.

🏠 **Auf der Heide** ⚘, Luitgardisstr. 8, ✉ 46446, ✆ (02828) 9 14 20, Fax (02828) 7336,
⚘, ⇔s – ⇥ Zim, 📺 ☎ 🅿 – 🍴 20
Menu (Montag geschl.) (wochentags nur Abendessen, Sonntag nur Mittagessen) à la carte
43/73 – **26 Z** 88/178.

EMS, BAD Rheinland-Pfalz **417** O 7, **987** ㉖ – 10 000 Ew – Höhe 85 m – Heilbad.
🏌 Denzerheide (N : 5 km), ✆ (02603) 65 41.
🛈 Kurverwaltung und Gästezentrum, Römerstr. 1, ✉ 56130, ✆ (02603) 1 94 33,
Fax (02603) 4488.
Berlin 590 – Mainz 66 – Koblenz 19 – Limburg an der Lahn 40 – Wiesbaden 61.

🏰 **Atlantis Kurhotel**, Römerstr. 1, ✉ 56130, ✆ (02603) 79 90, Fax (02603) 799252,
⚘, ⇔s, 🔲 (Thermal) – 🝙 📺 ☎ 🅿 – 🍴 60. 🝙 🝙 🝙 *VISA*
Menu à la carte 41/71 – **107 Z** 195/259, 4 Suiten.

🍴🍴 **Schweizerhaus** ⚘ mit Zim, Malbergstr. 21, ✉ 56130, ✆ (02603) 7 07 83,
Fax (02603) 70784, ⚘ – 📺 ☎ 🅿 🝙 🝙 🝙 *VISA*
Ende Okt. - Mitte Nov. geschl. – **Menu** (Donnerstag geschl.) à la carte 48/74 – **11 Z** 75/150
– ½ P 30.

Außerhalb S : 3 km über Braubacher Str. :

🏠 **Berghotel Café Wintersberg** ⚘ garni, ✉ 56130 Bad Ems, ✆ (02603) 42 82,
Fax (02603) 42820, ⬱ Bad Ems und Umgebung, ⇔s, ⚞ – 🅿
15. Dez. - 15. Jan. geschl. – **14 Z** 75/148.

In Kemmenau *NO : 5 km – Erholungsort :*

🏨🏨 **Kupferpfanne-Maurer-Schmidt** (mit Gästehaus, 🐾), Hauptstr. 17, ✉ 56132,
  ℰ (02603) 9 61 30, *Fax (02603) 14198*, 🌳, 🌐 – 📺 ☎ 🚗 🅿 – 🚸 35. 🖭 ① 🗲 𝘝𝘐𝘚𝘈.
  🦐
  Feb. 2 Wochen geschl. – **Menu** *(Dienstag geschl.)* à la carte 51/72 – **12 Z** 60/180 – ½ P 30.

EMSBÜREN *Niedersachsen* 𝟜𝟙𝟝 *I 5 – 8 600 Ew – Höhe 49 m.*
  Berlin 489 – Hannover 218 – Groningen 136 – Münster (Westfalen) 71 – Osnabrück 77.

🎋 **Evering,** Lange Str. 24, ✉ 48488, ℰ (05903) 2 94, *Fax (05903) 7499* – 📺 ☎ 🚗 🅿.
🐾 🖭 ① 🗲 𝘝𝘐𝘚𝘈
  Menu *(Montag geschl.)* (nur Abendessen) à la carte 21/52 – **10 Z** 55/110.

EMSDETTEN *Nordrhein-Westfalen* 𝟜𝟙𝟟 *J 6,* 𝟵𝟴𝟳 ⑮ *– 34 000 Ew – Höhe 45 m.*
  🛈 *Verkehrsverein, Friedrichstr. 1, ✉ 48282, ℰ (02572) 9 30 70, Fax (02572) 930750.*
  Berlin 466 – Düsseldorf 152 – Enschede 50 – Münster (Westfalen) 31 – Osnabrück 46.

🏨🏨 **Lindenhof,** Alte Emsstr. 7, ✉ 48282, ℰ (02572) 92 60, *Fax (02572) 926200*, 🚡 – 🛗
📺 ☎ 🚗 🅿. 🖭
  22. Dez. - 6. Jan. geschl. – **Menu** *(Sonntag und Juli - Aug. 2 Wochen geschl.)*(nur Abendessen)
  à la carte 34/60 – **27 Z** 90/150.

🏨 **Wefer's Hotel,** Emsstr. 19, ✉ 48282, ℰ (02572) 9 36 10, *Fax (02572) 936120*, 🚡
  – 📺 ☎ 🅿. 🗲 𝘝𝘐𝘚𝘈
  Menu (nur Abendessen) à la carte 30/49 – **12 Z** 95/140.

🏨 **Kloppenborg,** Frauenstr. 15, ✉ 48282, ℰ (02572) 92 10, *Fax (02572) 921150*,
  « Restaurant im münsterländischen Stil » – 🛗 📺 ☎ 🦯 🚗 🅿. 🗲 𝘝𝘐𝘚𝘈
  Menu *(Sonntag, Juli - Aug. 3 Wochen und 24. - 31. Dez. geschl.)* (nur Abendessen) à la carte
  29/56 – **22 Z** 105/165.

In Emsdetten-Hembergen *SO : 6 km :*

🏨🏨 **Altes Gasthaus Lanvers** 🐾, Dorfstr. 11, ✉ 48282, ℰ (02572) 1 50 90,
  Fax (02572) 150990, 🚡 – 🛗 📺 ☎ 🦯 🅿 – 🚸 35. 🖭 🗲 𝘝𝘐𝘚𝘈
  5. - 18. Jan. geschl. – **Menu** (wochentags nur Abendessen) à la carte 31/63 – **30 Z** 90/190.

EMSKIRCHEN *Bayern* 𝟜𝟙𝟡 𝟜𝟚𝟘 *R 16,* 𝟵𝟴𝟳 ㉘ *– 5 000 Ew – Höhe 359 m.*
  Berlin 464 – München 207 – Nürnberg 39 – Bamberg 59 – Würzburg 69.

🏨 **Rotes Herz,** Hindenburgstr. 21 (B 8), ✉ 91448, ℰ (09104) 6 94, 🚡 – 📺 🚗 🅿.
🐾 🦐 Rest
  24. Dez. - 9. Jan. und 1. - 20. Juni geschl. – **Menu** *(Samstag - Sonntag geschl.)* à la carte
  22/40 ⚱ – **12 Z** 54/94.

EMSTAL, BAD *Hessen* 𝟜𝟙𝟟 *M 11 – 6 000 Ew – Höhe 320 m – Heilbad - Luftkurort.*
  🛈 *Kurverwaltung im Thermalbad, Karlsbader Str. 4, ✉ 34308, ℰ (05624) 9 99 70,*
  Fax (05624) 5541.
  Berlin 416 – Wiesbaden 212 – Kassel 343 – Frankfurt am Main 203.

In Bad Emstal-Sand :

🏨 Grischäfer, Kasseler Str. 78, ✉ 34308, ℰ (05624) 9 98 50, *Fax (05624) 8778*, Biergarten,
  « Rustikal-gemütliche Einrichtung » – ☎ 🅿
  (Wochentags nur Abendessen) **Alter Grischäfer** – **17 Z.**

ENDINGEN *Baden-Württemberg* 𝟜𝟙𝟡 *V 7 – 8 600 Ew – Höhe 187 m.*
  🛈 *Verkehrsbüro, Adelshof 20, ✉ 79346, ℰ (07642) 68 99 90, Fax (07642) 689999.*
  Berlin 789 – Stuttgart 189 – Freiburg im Breisgau 28 – Offenburg 47.

🏨🏨 **Kaiserstuhl,** Alfred-Herr-Str. 1, ✉ 79346, ℰ (07642) 91 90, *Fax (07642) 919109*, 🚡,
  🚡 – 🛗, ⇔ Zim, 📺 ☎ 🦯 🅿 – 🚸 35. 🖭 🗲 𝘝𝘐𝘚𝘈
  Jan. 1 Woche geschl. – **Menu** *(Dienstag geschl.)* à la carte 45/72 – **34 Z** 110/170.

🏨 **Pfauen** garni, Hauptstr. 78, ✉ 79346, ℰ (07642) 9 02 30, *Fax (07642) 902340* – 🛗 📺
  ☎ 🚗 🅿. 𝘝𝘐𝘚𝘈
  35 Z 78/180.

🏨🏨 **Schindlers Ratsstube,** Marktplatz 10, ✉ 79346, ℰ (07642) 34 58,
  Fax (07642) 40270, 🚡 – ▣. 🖭 🗲
  Sonntagabend - Montag geschl. – **Menu** (Tischbestellung ratsam) à la carte 34/68.

🏨 **Weinstube Zur Sonne,** Hauptstr. 67, ✉ 79346, ℰ (07642) 4 04 50,
  Fax (07642) 3053
  Jan. - Aug. Montag geschl. – **Menu** (wochentags nur Abendessen) à la carte 40/65.

In Endingen-Kiechlinsbergen *SW : 5,5 km :*

XX **Stube** mit Zim (Fachwerkhaus a.d. 16. Jh.), Winterstr. 28, ⊠ 79346, ℰ (07642) 17 86, Fax (07642) 4286 – 🔟 ☎ 🅴 VISA
nach Fastnacht und Juli jeweils 2 Wochen geschl. – **Menu** *(Montag - Dienstag geschl.)*
(bemerkenswerte Auswahl badischer Weine) à la carte 43/74 ⅃ – **4 Z** 70/110.

ENDORF, BAD *Bayern* 420 W 20, 987 ④ – 6 600 Ew – Höhe 520 m – Heilbad.
🇫🇹 *Höslwang (N : 8 km),* ℰ *(08075) 7 14.*
🅱 *Kurverwaltung im Rathaus, Bahnhofstr. 6,* ⊠ *83093,* ℰ *(08053) 94 22, Fax (08053) 300830.*
Berlin 648 – München 85 – Bad Reichenhall 66 – Wasserburg am Inn 19 – Rosenheim 15.

🏨 **Der Kurfer Hof** ≫, Kurf 1, ⊠ 83093, ℰ (08053) 20 50, Fax (08053) 205219, 🍴, Massage, ♨, ≘s, 🔟, 🐦, 🐎 – 🛗 🔟 🅿 ⟺ 🅿 – 🔬 25. 🛇 Rest
Menu à la carte 37/68 – **34 Z** 115/240 – ½ P 25.

🏨 **Zum Alten Ziehbrunnen** ≫, Bergstr. 30, ⊠ 83093, ℰ (08053) 93 29, Fax (08053) 49417, 🐎 – 🅿
Nov. - 24. Dez. geschl. – (nur Abendessen für Hausgäste) – **10 Z** 55/140 – ½ P 25.

In Bad Endorf-Pelham *NO : 5 km :*

🏨 **Seeblick** ≫, ⊠ 83093, ℰ (08053) 30 90, Fax (08053) 309500, ≼, 🍴, Massage, ♨, 🐦, ≘s, 🐎, 🐎 – 🛗 ☎ 🅿 – 🔬 40. 🛇 Rest
Nov. - 15. Dez. geschl. – **Menu** à la carte 22/57 ⅃ – **76 Z** 58/170.

ENGELSKIRCHEN *Nordrhein-Westfalen* 417 N 6, 987 ㉖ – 21 500 Ew – Höhe 120 m.
🅱 *Verkehrsamt im Rathaus, Engels-Platz 4,* ⊠ *51766,* ℰ *(02263) 8 31 37, Fax (02263) 1610.*
Berlin 575 – Düsseldorf 68 – Köln 36 – Olpe 43.

XX **Alte Schlosserei,** Engelsplatz 7, ⊠ 51766, ℰ (02263) 2 02 12, Fax (02263) 2225, Biergarten – 🅿. 🆎 🅾 🅴 VISA
Montag und Samstagmittag geschl. – **Menu** à la carte 51/70.

In Engelskirchen-Bickenbach *NW : 4 km :*

🏨 **Zur Post,** Gelpestr. 1, ⊠ 51766, ℰ (02263) 37 04, Fax (02263) 3903, 🍴, 🔟 – 🔟 ☎ 🅿 🆎 🅾 🅴 VISA
Menu *(Donnerstag geschl.)* à la carte 23/60 – **18 Z** 95/140.

ENGELTHAL *Bayern siehe Hersbruck.*

ENINGEN UNTER ACHALM *Baden-Württemberg siehe Reutlingen.*

ENKENBACH-ALSENBORN *Rheinland-Pfalz* 417 R 7 – 7 500 Ew – Höhe 290 m.
Berlin 632 – Mainz 80 – Mannheim 51 – Kaiserslautern 10.

Im Ortsteil Enkenbach :

🏨 **Schläfer,** Hauptstr. 3, ⊠ 67677, ℰ (06303) 30 71, Fax (06303) 4485, 🍴 – 🔟 ☎. 🆎 🅾 🅴 VISA
Okt. 2 Wochen geschl. – **Menu** *(Montag - Dienstagmittag und Samstagmittag geschl.)* à la carte 39/74 – **15 Z** 85/130.

ENKERING *Bayern siehe Kinding.*

ENKIRCH *Rheinland-Pfalz* 417 Q 5 – 1 950 Ew – Höhe 100 m – Erholungsort.
Ausflugsziel : Starkenburg ≼★, S : 5 km.
🅱 *Verkehrsbüro, Brunnenplatz 2,* ⊠ *56850,* ℰ *(06541) 92 65, Fax (06541) 5269.*
Berlin 677 – Mainz 104 – Bernkastel-Kues 29 – Cochem 51.

🏨 **Dampfmühle,** Am Steffensberg 80, ⊠ 56850, ℰ (06541) 68 67, Fax (06541) 4904, 🍴, 🔟 (geheizt), 🐎 – ⅍ Zim, 🔟 🅿. 🆎 🅾 🅴 VISA
Jan. und Nov. jeweils 2 Wochen geschl. – **Menu** *(Mittwoch geschl.)* à la carte 30/54 ⅃ – **18 Z** 71/140 – ½ P 25.

🏨 **Sponheimer Hof** ≫ (mit Gästehaus), Sponheimer Str. 23, ⊠ 56850, ℰ (06541) 66 28, Fax (06541) 1043, ≘s, 🔟, 🐎 – 🔟 ☎ 🅿. 🆎 🅾 🅴 VISA
5. Jan. - 15. Feb. geschl. – **Menu** *(Dienstag geschl.)* à la carte 25/52 *(auch vegetarische Gerichte)* ⅃ – **19 Z** 47/94 – ½ P 25.

In Burg/Mosel *N : 3 km :*

🏠 **Zur Post,** Moselstr. 18, ✉ 56843, ℰ (06541) 92 14, *Fax (06541) 2865,* ⌂ – 📺 ⇐. **E**
12. Jan. - 27. Feb. geschl. – **Menu** *(Mittwoch geschl.)* à la carte 33/62 ⅃ – **12 Z** 62/112
– ½ P 10.

ENNEPETAL *Nordrhein-Westfalen* 🔲 *M 6,* 🔲 ⑮ – *36 000 Ew – Höhe 200 m.*
🔋 *Haus Ennepetal, Casstr. 10 (Milspe),* ✉ 58256, ℰ (02333) 9 88 00, *Fax (02333) 73373.*
Berlin 527 – Düsseldorf 57 – Hagen 12 – Köln 61 – Wuppertal 14.

In Ennepetal-Voerde :

🏠 **Haus Grete,** Breckerfelder Str. 15, ✉ 58256, ℰ (02333) 82 08, *Fax (02333) 88891* –
📺 ☎ 🅿 🎖 ⓪ **E** 𝘝𝘐𝘚𝘈
Weihnachten - Neujahr geschl. – **Menu** *(Sonntag geschl.)* (nur Abendessen) à la carte 31/61
– **25 Z** 55/172.

ENNIGERLOH *Nordrhein-Westfalen* 🔲 *K 8 – 20 400 Ew – Höhe 106 m.*
Ausflugsziel : *Wasserburg Vornholz★ NO : 5 km.*
🎏 *Ennigerloh-Ostenfelde (NO : 5 km),* ℰ (02524) 57 99.
Berlin 443 – Düsseldorf 134 – Beckum 10 – Bielefeld 60 – Warendorf 16.

🏠 **Hubertus,** Enniger Str. 4, ✉ 59320, ℰ (02524) 9 30 80, *Fax (02524) 930840,* ⇐ – 📺
☎ 🥢 ⇐ 🅿 – 🔏 30. 🎖 ⓪ **E** 𝘝𝘐𝘚𝘈
Menu *(Samstagmittag, Donnerstag und Feb. geschl.)* à la carte 33/65 – **19 Z** 85/150.

In Ennigerloh-Ostenfelde *NO : 5 km :*

🏠 **Kröger,** Hessenknapp 17, ✉ 59320, ℰ (02524) 9 31 90, *Fax (02524) 931910,* ⌂ – 📺
☎ ⇐ 🅿 – 🔏 80. **E**
Menu *(Freitag und Mitte Juni - Mitte Aug. geschl.)* (nur Abendessen) à la carte 27/51 –
15 Z 75/120.

ENZKLÖSTERLE *Baden-Württemberg* 🔲 *T 9 – 1 500 Ew – Höhe 598 m – Luftkurort –*
Wintersport : 600/900 m ⊀2 ⊀4.
🔋 *Kurverwaltung, Friedenstr. 16,* ✉ 75337, ℰ (07085) 75 16, *Fax (07085) 1398.*
Berlin 693 – Stuttgart 89 – Karlsruhe 64 – Pforzheim 39 – Freudenstadt 26.

🏨 **Enztalhotel,** Freudenstädter Str. 67, ✉ 75337, ℰ (07085) 1 80, *Fax (07085) 1642,*
⌂, Massage, ⇐ 🔲 – 🛗 📺 ⇐ 🅿.
10. - 20. Dez. geschl. – **Menu** à la carte 42/80 – **50 Z** 152/240 – ½ P 25.

🏠 **Schwarzwaldschäfer** ⬚, Am Dietersberg 2, ✉ 75337, ℰ (07085) 17 12,
Fax (07085) 7502, ⇐, 🔲, ☎ – 📺 ☎ ⇐ 🅿
Mitte Nov. - Mitte Dez. geschl. – (nur Abendessen für Hausgäste) – **25 Z** 90/170 – ½ P 28.

🏠 **Wiesengrund** ⬚, Friedenstr. 1, ✉ 75337, ℰ (07085) 9 23 20, *Fax (07085) 923243,*
⌂, 🎐 – 🛗 🅿. 🎿 Zim
Nov. - 20. Dez. geschl. – **Menu** *(Nov. - März Montag geschl.)* à la carte 31/58 – **24 Z** 83/138
– ½ P 24.

🏠 **Hirsch - Café Klösterle** (mit Gästehaus), Freudenstädter Str. 2, ✉ 75337,
ℰ (07085) 72 61, *Fax (07085) 1686,* ⌂, ⇐ – 🅿. **E** Zim
10. Jan. - 15. Feb. und 20. Okt. - 20. Dez. geschl. – **Menu** à la carte 29/64 ⅃ – **48 Z** 71/146
– ½ P 18.

🏠 **Schwarzwaldhof,** Freudenstädter Str. 9, ✉ 75337, ℰ (07085) 17 08,
Fax (07085) 1328, ⌂ – 🛗 📺 ☎ ⇐ 🅿
Feb. - März 3 Wochen geschl. – **Menu** à la carte 30/54 – **27 Z** 80/144 – ½ P 18.

🏠 **Gästehaus am Lappach** garni, Aichelberger Weg 4, ✉ 75337, ℰ (07085) 75 11,
Fax (07085) 7611, 🔲, 🎐 – 🛗 ☎ 🅿. 🎿
Nov. - 20. Dez. geschl. – **32 Z** 80/142.

In Enzklösterle-Poppeltal *SW : 5 km :*

🏠 **Waldeck** ⬚, Eschentalweg 10, ✉ 75337, ℰ (07085) 10 72, *Fax (07085) 1032,* ⌂ –
⇐ 🛗 📺 ☎ 🅿
Ende Nov. - Mitte Dez. geschl. – **Menu** à la carte 23/44 – **28 Z** 65/120 – ½ P 22.

EPPELBORN *Saarland* 🔲 *R 4 – 19 500 Ew – Höhe 285 m.*
Berlin 716 – Saarbrücken 29 – Neunkirchen 29 – Saarlouis 21.

🏠 **Eppelborner Hof** 🅼, Rathausstr. 1, ✉ 66571, ℰ (06881) 89 50, *Fax (06881) 895200,*
⌂, 🎾, ⇐ – 🛗 📺 🌡 ♿ 🅿 – 🔏 60. 🎖 **E** 𝘝𝘐𝘚𝘈
Menu *(Samstagmittag geschl.)* à la carte 32/76 – **33 Z** 105/210.

EPPENBRUNN *Rheinland-Pfalz* 🔲 *S 6 – 1 800 Ew – Höhe 390 m – Luftkurort.*
　Berlin 698 – Mainz 135 – Saarbrücken 76 – Pirmasens 14 – Landau in der Pfalz 135.

🏠 **Kupper** ⚘, Himbaumstr. 22, ⊠ 66957, ℰ (06335) 91 30, Fax (06335) 5177, Biergarten, ⇌, 🔲 – ☎ 🅟. 🅔. ⚡ Rest
　Menu *(Sonntagabend, Mittwoch und Jan. 2 Wochen geschl.)* à la carte 27/53 ⚜ – **24 Z**
　65/110 – ½ P 15.

EPPERTSHAUSEN *Hessen* 🔲 *Q 10 – 5 300 Ew – Höhe 140 m.*
　Berlin 552 – Wiesbaden 57 – Frankfurt am Main 35 – Darmstadt 22 – Aschaffenburg 27.

🏠 **Alte Krone,** Dieburger Str. 1, ⊠ 64859, ℰ (06071) 3 00 00(Hotel) 30 00 20(Rest.),
　Fax (06071) 300010, 🕿 – 🛗 🆃🆅 ☎ 🅟 – ⚖ 60. 🆎 🅔 *VISA*. ⚡ Zim
　Menu *(Samstagmittag geschl.)* à la carte 30/56 – **43 Z** 75/180.

🏠 **Am Rotkäppchenwald** garni, Jahnstr. 22 (Gewerbegebiet West), ⊠ 64859,
　ℰ (06071) 3 90 40, Fax (06071) 390444 – 🛗 🌬 🆃🆅 ☎ ⇐ 🅟. 🅔 *VISA*
　23. Dez. - 2. Jan. geschl. – **18 Z** 95/130.

EPPINGEN *Baden-Württemberg* 🔲 *S 10,* 🔲 ㉗ *– 18 500 Ew – Höhe 190 m.*
　Berlin 615 – Stuttgart 71 – Heilbronn 26 – Karlsruhe 48 – Mannheim 64.

🏠🏠 **Altstadthotel Wilde Rose** ⚘, Kirchgasse 29, ⊠ 75031, ℰ (07262) 9 14 00,
　Fax (07262) 914090, « Fachwerkhaus a.d. 16. Jh. » – 🆃🆅 ☎. ⚡ Zim
　Menu *(Sonntag geschl.)* *(nur Abendessen)* à la carte 41/53 – **10 Z** 132/178.

XX **Palmbräuhaus,** Rappenauer Str. 5, ⊠ 75031, ℰ (07262) 84 22, Fax (07262) 8422, 🕍
　– 🅔
　Montagabend - Dienstag und Juli - Aug. 2 Wochen geschl. – **Menu** à la carte 38/73.

EPPSTEIN *Hessen* 🔲 *P 9 – 12 500 Ew – Höhe 184 m – Luftkurort.*
　Berlin 549 – Wiesbaden 20 – Frankfurt am Main 31 – Limburg an der Lahn 41.

In Eppstein-Vockenhausen :

🏠 **Nassauer Hof,** Hauptstr. 104, ⊠ 65817, ℰ (06198) 5 90 20, Fax (06198) 590222, 🕍
　– 🆃🆅 ☎ ⇐ 🅟. 🅞 🅔 *VISA*. ⚡ Zim
　Menu *(Dienstag sowie Jan. 2 Wochen und Juli - Aug. 3 Wochen geschl.)* à la carte 26/57
　– **12 Z** 85/135.

ERBACH (ALB-DONAU-KREIS) *Baden-Württemberg* 🔲 🔲 *V 13 – 11 000 Ew – Höhe*
　530 m – Berlin 630 – Stuttgart 104 – Konstanz 133 – Ulm (Donau) 12 – Tuttlingen 105.

🏠 **Kögel,** Ehinger Str. 44 (B 311), ⊠ 89155, ℰ (07305) 80 21, Fax (07305) 5084, 🕍 –
　🌬 Zim, 🆃🆅 ☎ ⇐ 🅟 – ⚖ 20. 🅞 🅔
　Weihnachten - Anfang Jan. und Aug. 2 Wochen geschl. – **Trüffel** *(Sonn- und Feiertage*
　geschl.) **Menu** à la carte 39/74 – **19 Z** 80/120.

🏠 **Zur Linde,** Bahnhofstr. 8, ⊠ 89155, ℰ (07305) 50 21, Fax (07305) 5023 – 🌬 Zim, 🆃🆅
　☎ ⇐ 🅟. 🅔 *VISA*
　Menu *(Sonntag und März 1 Woche geschl.)* à la carte 26/44 – **14 Z** 70/120.

XX **Schloß-Restaurant,** Am Schloßberg 1, ⊠ 89155, ℰ (07305) 69 54,
　Fax (07305) 6963, 🕍 – 🅟. 🆎 🅞 🅔 *VISA* – Montag - Dienstagmittag, Jan. 3 Wochen und
　Aug. 2 Wochen geschl. – **Menu** à la carte 53/78.

In Erbach-Dellmensingen *SO : 3 km :*

🏠 **Brauereigasthof Adler,** Adlergasse 2, ⊠ 89155, ℰ (07305) 73 42,
　⇐ Fax (07305) 7374 – ☎ 🅟. *VISA*
　Menu *(Montag, vor Ostern 1 Woche und 24. - 31. Dez. geschl.)* à la carte 22/53 ⚜ – **13 Z**
　52/93 – ½ P 16.

ERBACH IM ODENWALD *Hessen* 🔲 🔲 *R 10,* 🔲 ㉘ *– 14 000 Ew – Höhe 212 m – Luft-*
　kurort – Sehenswert : Schloß (Hirschgalerie★*).*
　🅱 *Tourist-Information, Marktplatz 1,* ⊠ 64711, ℰ (06062) 9 43 30, Fax (06062) 943317.
　Berlin 595 – Wiesbaden 95 – Darmstadt 50 – Heilbronn 79 – Mannheim 59 – Würzburg 100.

🏠 **Odenwälder Wappenstube** ⚘, Am Schloßgraben 30, ⊠ 64711, ℰ (06062) 22 36,
　Fax (06062) 4789, 🕍, 🍴 – ☎ 🅟. 🆎 🅞 🅔 *VISA*
　Feb. geschl. – **Menu** *(Montag geschl.)* *(nur Abendessen)* à la carte 31/56 – **12 Z** 80/180
　– ½ P 22.

In Erbach-Erlenbach *SO : 2 km :*

🏠 **Erlenhof,** Bullauer Str. 10, ⊠ 64711, ℰ (06062) 31 74, Fax (06062) 62666, 🕍, 🅕,
　⇌, 🍴 – 🆃🆅 ☎ 🅟. 🅔 *VISA*
　Menu *(Montagmittag und Dienstagmittag geschl.)* à la carte 28/58 – **26 Z** 84/142 – ½ P 18.

ERBENDORF Bayern **420** Q 20, **987** ㉙ – 5 300 Ew – Höhe 509 m – Erholungsort.
🛈 Verkehrsamt, Marktplatz, ✉ 92681, ℰ (09682) 92 10 22, Fax (09682) 921092.
Berlin 395 – München 248 – Bayreuth 40 – Nürnberg 108 – Weiden in der Oberpfalz 24.

In Erbendorf-Pfaben N : 6 km, – Höhe 720 m – Wintersport 🎿 1 :

🏠 **Steinwaldhaus** 🦌, ✉ 92681, ℰ (09682) 93 30, Fax (09682) 933199, ⇐ Oberpfälzer
Wald, 🖼 – ⬧ 🔟 ☎ ⓟ – 🕍 50. 🕮 ⓞ ⓔ 𝘝𝘐𝘚𝘈
12. Jan. - 12. Feb. geschl. – **Menu** à la carte 27/57 – **95 Z** 81/159 – ½ P 24.

ERBES-BÜDESHEIM Rheinland-Pfalz siehe Alzey.

ERDING Bayern **420** V 19, **987** ㊵ – 25 500 Ew – Höhe 462 m.
🌿 Grünbach (O : 8 km über die B 388), ℰ (08122) 64 65.
Berlin 597 – München 40 – Landshut 39 – Rosenheim 66.

🏨 **Parkhotel** 🅼, Am Bahnhof 3, ✉ 85435, ℰ (08122) 49 90, Fax (08122) 499499 – ⬧,
🛏 Zim, 🔟 ☎ ✆ ⅋ ⇌ – 🕍 50. 🕮 ⓞ ⓔ 𝘝𝘐𝘚𝘈
Menu à la carte 30/66 – **68 Z** 195/235.

🏨 **Kastanienhof**, Am Bahnhof 7, ✉ 85435, ℰ (08122) 98 00, Fax (08122) 42477, 🌳,
🖴 – ⬧, 🛏 Zim, 🔟 ☎ ⇌ – 🕍 70. 🕮 ⓞ ⓔ 𝘝𝘐𝘚𝘈 🄹🄲🄱
Menu à la carte 38/62 – **88 Z** 165/285.

🏠 **Mayr-Wirt**, Haager Str. 4, ✉ 85435, ℰ (08122) 70 94, Fax (08122) 7098 – ⬧ 🔟 ☎
🕍 60. 🕮 ⓞ ⓔ 𝘝𝘐𝘚𝘈 🄹🄲🄱
Menu (Samstag geschl.) à la carte 29/60 – **30 Z** 95/210.

ERDMANNSDORF Sachsen **418** N 23 – 2 300 Ew – Höhe 470 m.
Berlin 258 – Dresden 72 – Chemnitz 19 – Marienberg 27.

🏠 **Landhaus Puschke**, Chemnitzer Str. 62, ✉ 09573, ℰ (037291) 2 94 60,
Fax (037291) 29461, 🌳, 🖴 – ⬧ 🔟 ☎ ⓟ – 🕍 30. 🕮 ⓔ
Menu à la carte 32/51 – **28 Z** 90/180.

ERFTSTADT Nordrhein-Westfalen **417** N 4, **987** ㉕ – 47 500 Ew – Höhe 90 m.
🌿 Erftstadt-Konradsheim, Frenzenstr. 148a, ℰ (02235) 7 60 94.
Berlin 593 – Düsseldorf 64 – Bonn 41 – Köln 18 – Brühl 8.

In Erftstadt-Gymnich .

🏰 **SchloßGymnich**, Balkhausener Str. 2, ✉ 50374, ℰ (02235) 95 51 50,
Fax (02235) 9551544, 🌳, 🖴 – ⬧ 🔟 ☎ ⓟ – 🕍 30. 🕮 ⓞ ⓔ 𝘝𝘐𝘚𝘈 🍽 Rest
Menu (Sonntagabend geschl.) (Tischbestellungratsam) à la carte 70/82 – **23 Z** 180/350,
3 Suiten.

In Erftstadt-Lechenich :

🍴 **Husarenquartier** mit Zim, Schloßstr. 10, ✉ 50374, ℰ (02235) 50 96,
Fax (02235) 691143 – 🔟 ☎ ⓟ. ⓞ ⓔ 𝘝𝘐𝘚𝘈
Menu (Montag - Dienstag geschl.) à la carte 61/83 – **7 Z** 90/150.

ERFURT 🅻 Thüringen **418** N 17, **984** ㉓, **987** ㉘ – 212 000 Ew – Höhe 200 m.
Sehenswert : Mariendom★★ (Nordportale★★, Mosaikfenster★ im Chor, Kandelaber-
Statue★) A – Severi-Kirche★ (Sarkophag★ des Hl. Severin) A – Rathaus (Fresken★) A R –
Krämerbrücke★ B – Angermuseum★ (Altaraufsätze★★, Pieta★★) B M1.
✈ Erfurt-Bindersleben (W : 4 km) Y, ℰ 65 60.
🛈 Tourist-Information, Fischmarkt 27, ☏ 99084, ℰ (0361) 1 94 33, Fax (0361)
5 62 33 55.
ADAC, Johannsstr.176, ✉ 99084, ℰ (0361) 5 66 88 30, Fax (0361) 5668832.
Berlin 304 – Chemnitz 154 ② – Leipzig 130 ② – Nordhausen 77 ④

Stadtpläne siehe nächste Seiten

🏨 **Dorint** 🅼, Meienbergstr. 26, ✉ 99084, ℰ (0361) 5 94 90, Fax (0361) 5949100, 🌳, 🖴
– ⬧, 🛏 Zim, 🔟 ☎ ✆ ⅋ ⇌ ⓟ – 🕍 120. 🕮 ⓞ ⓔ 𝘝𝘐𝘚𝘈 🄹🄲🄱   B n
Menu à la carte 32/59 – **142 Z** 210/310, 3 Suiten.

🏨 **Sorat** 🅼, Gotthardtstr. 27, ✉ 99084, ℰ (0361) 6 74 00, Fax (0361) 6740444, 🌳, Bier-
garten, 🖴 – ⬧, 🛏 Zim, 🍴 Zim, 🔟 ☎ ✆ ⇌ ⓟ – 🕍 100. 🕮 ⓞ ⓔ 𝘝𝘐𝘚𝘈 🄹🄲🄱
🍽 Rest   D a
Zum alten Schwan : **Menu** à la carte 55/70 – **85 Z** 170/290.

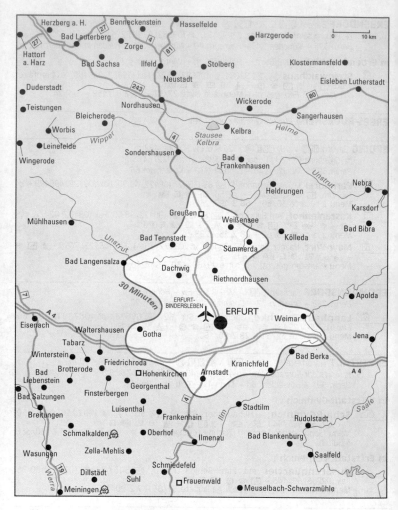

🏨 **Zumnorde am Anger** Ⓜ garni, Anger 50 (Eingang Weitergasse), ⊠ 99084, ℰ (0361) 5 68 00, *Fax (0361) 5680400* – 📱 ⇔ 📺 ☎ ❤ ₺ ⇦ – 🔏 30. 🆎 ⓪ Ⓔ 𝑉𝐼𝑆𝐴 ᴊᴄʙ
B s
52 Z 185/310, 3 Suiten.

🏨 **Bauer Hotel Excelsior** Ⓜ garni, Bahnhofstr. 35, ⊠ 99084, ℰ (0361) 5 67 00, *Fax (0361) 5670100*, ⇔ₛ – 📱 ⇔ 📺 ☎ ❤ ℗ – 🔏 35. 🆎 ⓪ Ⓔ 𝑉𝐼𝑆𝐴 ᴊᴄʙ B c
77 Z 159/259.

🏨 **Carat,** Hans-Grundig-Str. 40, ⊠ 99099, ℰ (0361) 3 43 00, *Fax (0361) 3430100*, 𝕁ᴓ, ⇔ₛ – 📱 ⇔ Zim, 📺 ☎ ⇦ ℗ – 🔏 40. 🆎 ⓪ Ⓔ 𝑉𝐼𝑆𝐴 Y n
(nur Abendessen für Hausgäste) – **60 Z** 170/250.

🏨 **Radisson SAS,** Juri-Gagarin-Ring 127, ⊠ 99084, ℰ (0361) 5 51 00, *Fax (0361) 5510210* – 📱, ⇔ Zim, 🍴 Rest, 📺 ☎ ℗ – 🔏 220. 🆎 ⓪ Ⓔ 𝑉𝐼𝑆𝐴 ᴊᴄʙ.
⁒ Rest B e
Menu à la carte 47/67 – **317 Z** 180/255.

🏨 **InterCityHotel** Ⓜ, Willy-Brandt-Platz 11, ⊠ 99084, ℰ (0361) 5 60 00, *Fax (0361) 5600999* – 📱, ⇔ Zim, 🍴 Rest, 📺 ☎ ❤ ₺ ⇦ – 🔏 60. 🆎 ⓪ Ⓔ 𝑉𝐼𝑆𝐴
⁒ Rest B d
Menu *(Samstag - Sonntag und Feiertage geschl.)* à la carte 33/50 – **161 Z** 173/236.

ERFURT

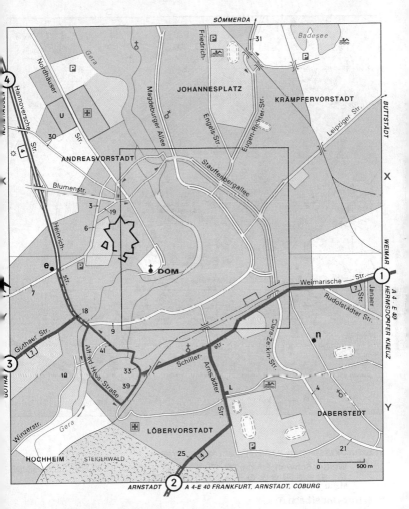

🏨 **Airport Hotel** Ⓜ, Binderslebener Straße 100 (W : 4 km), ⊠ 99092, ℰ (0361)
6 56 11 11, Fax (0361) 6561060, ☎ – 🛏 Zim, 📺 ☎ 🅿 – 🔬 100. 🖭 ⓪ 🄴 𝘝𝘐𝘚𝘈
Menu à la carte 30/47 – **72 Z** 115/145.   über Bindeslebener Landstraße   Y

🏨 **Spielbergtor** garni, Spielbergtor 20, ⊠ 99096, ℰ (0361) 3 48 10, Fax (0361) 3481134
– 🛗 📺 ☎ 🅿. 🖭 ⓪ 🄴 𝘝𝘐𝘚𝘈. ✕   B x
20 Z 115/230.

🏨 **Zum Bären** garni, Andreasstr. 26, ⊠ 99084, ℰ (0361) 5 62 86 98, Fax (0361) 5628698
– 📺 ☎ 🅿. 🖭 🄴 𝘝𝘐𝘚𝘈   A a
Weihnachten - Anfang Jan. geschl. – **15 Z** 145/185.

🏨 **Gartenstadt,** Binderslebener Landstr. 212, ⊠ 99092, ℰ (0361) 2 10 45 12,
Fax (0361) 2104513, ㋡, ☎ – 📺 ☎ 🅿. 🖭 ⓪ 🄴 𝘝𝘐𝘚𝘈   Y o
Menu à la carte 26/44 ⅃ – **13 Z** 95/145.

ERFURT

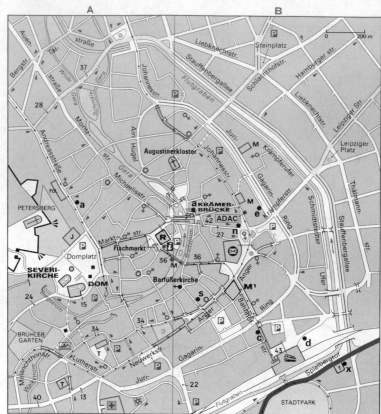

In Erfurt-Kerspleben *NO : 5 km über Leipziger Straße* X :

🏨 **Weißer Schwan,** Erfurter Str. 179, ⊠ 99198, ✆ (036203) 5 80, *Fax (036203) 58100*,
🍴, ⇌s – ⚕ 📺 ☎ ₺ **P** – 🔥 50. 🖭 ⓪ **E** 𝘷𝘪𝘴𝘢
Menu à la carte 32/55 – **44 Z** 95/150.

In Erfurt-Linderbach ① : *5 km* :

🏨 **Linderhof** Ⓜ, Straße des Friedens 12, ⊠ 99198, ✆ (0361) 4 41 80,
Fax (0361) 4418333, 🍴, ⇌s – ⚕, ↔ Zim, 📺 ☎ ₡ ₺ ⇌ **P** – 🔥 40. 🖭 ⓪ **E**
𝘷𝘪𝘴𝘢
Menu à la carte 34/66 – **52 Z** 128/216.

🏨 **Sleep und Meet Hotel** Ⓜ, Auf der großen Mühle 4 (an der B 7), ⊠ 99198,
✆ (0361) 4 38 30, *Fax (0361) 4383400* – ⚕, ↔ Zim, 📺 ☎ ₡ ₺ **P** – 🔥 60. 🖭 ⓪ **E**
𝘷𝘪𝘴𝘢
(nur Abendessen für Hausgäste) – **96 Z** 110/175.

In Erfurt-Molsdorf *SW : 10 km über Winzerstr.* Y :

🏨 **Landhotel Burgenblick** 🐾, Am Zwetschgenberg 1, ⊠ 99192, ✆ (036202)
8 11 11, *Fax (036202) 81112*, 🍴, ⇌s – 📺 ☎ **P** – 🔥 20. 🖭 ⓪ **E** 𝘷𝘪𝘴𝘢
Menu (Montag - Freitag nur Abendessen) à la carte 32/55 – **24 Z** 118/168.

In Apfelstädt SW : 12 km :

🏠 **Domizil Drei Burgen** Ⓜ, Riedweg 1, ⊠ 99192, ℰ (036202) 8 50, Fax (036202) 85410, 🍴, ⇔ – 📶, 💥 Zim, 📺 ☎ 📞 ♿ 🅿 – 🕍 30. 🆎 ⓪ 🅴 VISA
Menu à la carte 31/52 – **100 Z** 154/250.

ERFWEILER Rheinland-Pfalz siehe Dahn.

ERGOLDING Bayern siehe Landshut.

ERGOLDSBACH Bayern 420 T 20, 987 ㉙ ㊵ – 6 000 Ew – Höhe 417 m.
Berlin 532 – München 88 – Ingolstadt 80 – Landshut 16 – Regensburg 44.

🏞 **Dallmaier**, Hauptstr. 26 (B 15), ⊠ 84061, ℰ (08771) 12 10, Biergarten – 🚗 🅿 🆎 ⇔ ⓪ 🅴 VISA
27. Dez. - 8. Jan. geschl. – **Menu** à la carte 21/48 ⅜ – **16 Z** 50/114.

ERKELENZ Nordrhein-Westfalen 417 M 2, 987 ㉕ – 41 000 Ew – Höhe 97 m.
Berlin 597 – Düsseldorf 45 – Aachen 38 – Mönchengladbach 15.

🏠 **Am Weiher**, Nordpromenade 7, ⊠ 41812, ℰ (02431) 9 69 30, Fax (02431) 9693299 – 📶 📺 ☎ ♿ – 🕍 15. 🅴 VISA. 🎿 Zim
Menu (Samstagmittag, Mittwoch und über Karneval 1 Woche geschl.) à la carte 35/70 – **23 Z** 130/260.

🏠 **Rheinischer Hof-Breuer** garni, Kölner Str. 18, ⊠ 41812, ℰ (02431) 7 41 24, Fax (02431) 74666 – 📺 ☎ 🚗. 🆎 ⓪ 🅴 VISA
21 Z 95/220.

🏛 **Oerather Mühle**, Roermonder Str. 36, ⊠ 41812, ℰ (02431) 24 02, Fax (02431) 72857, 🍴 – 🅿. 🆎 ⓪ 🅴 VISA
Menu à la carte 34/68.

ERKHEIM Bayern 419 420 V 15 – 2 500 Ew – Höhe 600 m.
Berlin 631 – München 98 – Augsburg 67 – Memmingen 14 – Ulm (Donau) 68.

🏠 **Gästehaus Herzner** 🎿, Färberstr. 37, ⊠ 87746, ℰ (08336) 3 00, Fax (08336) 80729, ⇔, 🔲, ⇆ – 🅿
21. Dez. - 12. Jan. geschl. – (nur Abendessen für Hausgäste) – **14 Z** 35/95.

ERKRATH Nordrhein-Westfalen 417 M 4 – 49 000 Ew – Höhe 50 m.
Berlin 552 – Düsseldorf 6 – Wuppertal 26.

🏠 **Country Inn** Ⓜ, Neanderstr. 2, ⊠ 40699, ℰ (0211) 9 27 50, Fax (0211) 9275666, 🍴, ⇔ – 📶, 💥 Zim, 📺 ☎ 📞 🚗 🅿 – 🕍 70. 🆎 ⓪ 🅴 VISA JCB
Menu à la carte 42/62 – **62 Z** 189/309.

In Erkrath-Hochdahl O : 3 km :

🏠 **Schildsheide**, Schildsheider Str. 47, ⊠ 40699, ℰ (02104) 4 60 81 (Hotel), 44 90 82 (Rest.), Fax (02104) 46083, 🍴, ⇆, 🔲 – 📺 ☎ 🅿. 🆎 ⓪ 🅴 VISA JCB
La Terrazza (italienische Küche) (wochentags nur Abendessen) **Menu** à la carte 41/68 – **38 Z** 120/318.

In Erkrath-Unterfeldhaus S : 4,5 km :

🏠 **Unterfeldhaus** 🎿, garni, Millrather Weg 21, ⊠ 40699, ℰ (0211) 25 30 00, Fax (0211) 254332 – 📺 ☎ 🅿. 🅴 VISA. 🎿
22. Dez. - 2. Jan. geschl. – **12 Z** 110/160.

ERLABRUNN Bayern siehe Würzburg.

ERLANGEN Bayern 419 420 R 17, 987 ㉘ – 103 000 Ew – Höhe 285 m.
🛫 Kleinsendelbach (O : 14 km über ②), ℰ (09126) 50 40.
🖪 Tourist-Information, Rathausplatz 1, ⊠ 91052, ℰ (09131) 8 95 10, Fax (09131) 895151.
ADAC, Henkestr. 26, ⊠ 91054, ℰ (09131) 2 56 52, Fax (09131) 206230.
Berlin 444 ④ – München 191 ④ – Nürnberg 19 ④ – Bamberg 40 ① – Würzburg 91 ⑥

ERLANGEN

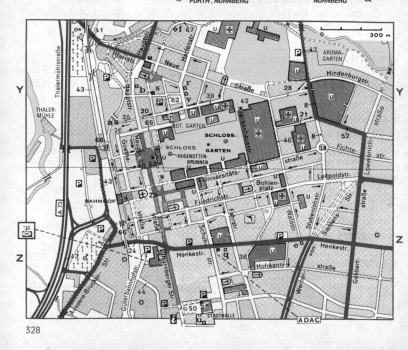

🏨 **Bayerischer Hof,** Schuhstr. 31, ✉ 91052, ☎ (09131) 78 50, Fax (09131) 25800, 🍴,
Massage, ⇔ – 📱, ✳ Zim, 📺 📞 ⇔ 📶 – 🏊 100. 🖭 ⓪ 🗲 VISA JCB   Z q
Menu à la carte 38/73 – **158 Z** 225/260, 5 Suiten.

🏨 **Transmar-Kongress-Hotel,** Beethovenstr. 3, ✉ 91052, ☎ (09131) 78 40,
Fax (09131) 784130, ⇔ – 📱, ✳ Zim, 📺 📞 ⇔ – 🏊 40. 🖭 ⓪ 🗲 VISA JCB   Z u
Menu à la carte 30/52 – **120 Z** 194/369.

🏨 **König Otto,** Henkestr. 56, ✉ 91054, ☎ (09131) 87 80, Fax (09131) 878503 – 📱,
✳ Zim, 📺 📞 📶. 🖭 ⓪ 🗲 VISA JCB. ✳   Z e
Menu (Samstag, Sonntagabend, Aug. und 24. - 31. Dez geschl.) à la carte 33/54 – **60 Z**
140/250.

🏨 **Luise** garni, Sophienstr. 10, ✉ 91052, ☎ (09131) 12 20, Fax (09131) 122100, 🍴, 🖴
– 📱 ✳ 📺 📞 📶 🍷 ⇔ 📶 📶. 🖭 🗲 VISA JCB   X p
24. Dez. - 2. Jan. geschl. – **100 Z** 139/209.

🏨 **Rokokohaus** ⑤ garni, Theaterplatz 13, ✉ 91054, ☎ (09131) 78 30,
Fax (09131) 783199 – 📱 📺 📞 ⇔. 🖭 ⓪ 🗲 VISA JCB   Y r
23. Dez. - 5. Jan. geschl. – **37 Z** 125/210.

🏨 **Grauer Wolf,** Hauptstr. 80, ✉ 91054, ☎ (09131) 8 10 60, Fax (09131) 810647, ⇔
– 📱 📺 📞. 🖭 ⓪ 🗲 VISA JCB   Y b
Kaleidoskop (nur Abendessen, Aug. 3 Wochen geschl.) **Menu** à la carte 36/60 – **25 Z**
110/189.

🏨 **Fränkischer Hof** garni, Goethestr. 34, ✉ 91054, ☎ (09131) 87 20, Fax (09131) 23798
– 📱 ✳ 📺 📞 ⇔. 🖭 ⓪ 🗲 VISA   Z a
40 **Z** 98/180.

🏨 **Silberhorn** ⑤ garni, Wöhrstr. 13, ✉ 91054, ☎ (09131) 8 09 90, Fax (09131) 206969
– 📺 📞 📶. 🖭 🗲 VISA   Y f
22 **Z** 100/195.

🍴 **Altmann's Stube** mit Zim, Theaterplatz 9, ✉ 91054, ☎ (09131) 8 91 60,
Fax (09131) 891666, 🍴 – 📺 📞. 🖭 ⓪ 🗲 VISA   Y v
Menu (Sonntag und Anfang Jan. 1 Woche geschl.) à la carte 48/75 – **14 Z** 86/160.

🍴 **Weinstube Kach,** Kirchenstr. 2, ✉ 91054, ☎ (09131) 20 31 91, Fax (09131) 203191,
🍴 – 🗲 VISA   Y s
Sonntag geschl. – **Menu** à la carte 33/52.

🍴 **Bärengarten,** Rathsberger Str. 2, ✉ 91054, ☎ (09131) 2 50 25, Fax (09131) 205689,
Biergarten – 🖭 ⓪ 🗲 VISA JCB   V a
Menu (wochentags nur Abendessen, Tischbestellung ratsam) à la carte 41/63

In Erlangen-Alterlangen :

🏨 **West** garni, Mohrendorfer Str. 44, ✉ 91056, ☎ (09131) 7 54 80, Fax (09131) 754855,
🖴 – 📺 📞 📶. 🖭 ⓪ 🗲 VISA   V f
40 **Z** 95/150.

In Erlangen-Bruck :

🏨 **Art Hotel Erlangen** Ⓜ, Äußere Brucker Str. 90, ✉ 91052, ☎ (09131) 7 14 00,
Fax (09131) 714013, ⇔ – ✳ Zim, 📺 📞 ⇔ – 🏊 20. 🖭 ⓪ 🗲 VISA   X a
Menu siehe Rest. *Basilikum* separat erwähnt – **36 Z** 145/254.

🏨 **Roter Adler,** Fürther Str. 5, ✉ 91058, ☎ (09131) 6 60 01 (Hotel) 6 60 04 (Rest.),
Fax (09131) 66001, 🍴 – ✳ Zim, 📺 📞 📶. 🖭 🗲 VISA   X r
24. Dez. - 6. Jan. geschl. – **Menu** (Samstag geschl.) à la carte 22/43 – **30 Z** 89/140.

🍴 **Basilikum** - Art Hotel Erlangen, Äußere Brucker Str. 90, ✉ 91052, ☎ (09131) 3 73 33,
Fax (09131) 37788 – 🖭 🗲 VISA JCB   X a
Samstagmittag, Montag, über Pfingsten 2 Wochen und Aug. 3 Wochen geschl. – **Menu**
(abends Tischbestellung ratsam) à la carte 63/83.

In Erlangen-Büchenbach über Büchenbacher Damm X :

🏨 **Zur Einkehr,** Dorfstr. 14, ✉ 91056, ☎ (09131) 79 20, Fax (09131) 792188, Biergarten
– 📺 📞 📶. 🖭 🗲
Menu (Jan. 2 Wochen geschl.) à la carte 24/41 – **44 Z** 90/160.

In Erlangen-Eltersdorf S : 5 km über Fürther Str. X :

🏨 **Rotes Ross** garni, Eltersdorfer Str. 15a, ✉ 91058, ☎ (09131) 6 00 84,
Fax (09131) 60087, ⇔, 🍴 – ✳ 📺 📞 ⇔ 📶. 🖭 ⓪ 🗲 VISA
31 **Z** 87/160.

In Erlangen-Frauenaurach über ⑤ :

🏨 **Schwarzer Adler** ⑤ garni, Herdegenplatz 1, ✉ 91056, ☎ (09131) 99 20 51,
Fax (09131) 993195, « Renoviertes Fachwerkhaus a.d. 17. Jh., Weinstube » – ✳ 📺 📞.
🖭 ⓪ 🗲 VISA
Anfang Aug. - Anfang Sept. und Weihnachten - Anfang Jan. geschl. – **14 Z** 120/200.

In Erlangen-Kosbach W : 6 km über Büchenbacher Damm X :

XXX **Polster** mit Zim, Am Deckersweiher 26, ☒ 91056, ℰ (09131) 7 55 40,
❀ Fax (09131) 755445, 斎 – ⧄ ▥ ☎ ✆ ❷ – 🛎 25. ℻ ⓞ ℇ *VISA*
Menu (Tischbestellung ratsam, bemerkenswerte Weinkarte) à la carte 48/84 – **Polster Stube** : **Menu** à la carte 31/56 – **12 Z** 135/185
Spez. Jakobsmuscheln mit Koriander mariniert. Kerbelsuppe mit Zanderweißwurst. Lamm-rücken mit Auberginenkruste.

In Erlangen-Tennenlohe über ③ :

🏨 **Transmar-Event-Hotel**, Am Wetterkreuz 7, ☒ 91058, ℰ (09131) 60 80,
Fax (09131) 608100, 🈺, 🥨 – ⧄ ▥ ☎ ❷ – 🛎 180. ℻ ⓞ ℇ *VISA* ᴊᴄʙ
Menu à la carte 43/72 – **125 Z** 194/244.

🏨 **Lachnerhof** garni, Märterleinsweg 2, ☒ 91058, ℰ (09131) 7 70 70,
Fax (09131) 770747 – ⧄ ▥ ☎ ❷ – 🛎 40. ℻ ⓞ ℇ *VISA* ᴊᴄʙ
28 Z 115/158.

🏛 **Tennenloher Hof** (mit Gästehaus), Am Wetterkreuz 32, ☒ 91058, ℰ (09131) 69 60,
⊜ Fax (09131) 696295, Biergarten, 🈺, ▥ – ⧄, ⇆ Zim, ▥ ☎ ❷ – 🛎 20. ℻ ⓞ ℇ *VISA*
Menu (wochentags nur Abendessen, Sonntag nur Mittagessen) à la carte 23/52 – **26 Z** 90/150.

In Marloffstein NO : 5 km :

🏛 **Alter Brunnen,** Am alten Brunnen 1, ☒ 91080, ℰ (09131) 5 36 50,
⊜ Fax (09131) 501770, 斎 – ▥ ☎ ❷
Menu (Dienstag, Jan. 1 Woche und Aug. 2 Wochen geschl.) à la carte 23/51 – **18 Z** 60/90.

In Baiersdorf ① : 7 km :

XX **Wagners Restaurant Zum Storchennest,** Hauptstr. 41, ☒ 91083,
❀ ℰ (09133) 8 26, Fax (09133) 5744 – ❷. ℻ ⓞ ℇ *VISA*
Sonntag - Montag sowie Jan. und Aug. jeweils 2 Wochen geschl. – **Menu** 49 (mittags) und à la carte 71/88
Spez. Perlhuhnbrust mit Meerrettich unter der Haut gebraten. Steinbutt mit Pfifferlingen und Algensauce. Holunderblütenparfait mit Zimtküchle.

ERLBACH Sachsen ⟦418⟧⟦420⟧ P 21, ⟦413⟧ U 16 – 1 800 Ew – Höhe 520 m – Erholungsort.
🛈 Fremdenverkehrsamt, Klingenthaler Str. 1, ☒ 08265, ℰ (037422) 61 25, Fax (037422) 6225.
Berlin 337 – Dresden 183 – Hof 48 – Karlovy Vary 90 – Weiden in der Oberpfalz 118.

🏨 **Landhotel Lindenhöhe** 🦌, Hetzschen 10, ☒ 08265, ℰ (037422) 60 66,
⊜ Fax (037422) 6165, Biergarten, 🈺 – ▥ ☎ ❷ – 🛎 25. ℇ
Menu à la carte 24/47 🍴 – **25 Z** 75/120 – ½ P 20.

ERLENBACH AM MAIN Bayern ⟦417⟧⟦419⟧ Q 11 – 8 500 Ew – Höhe 125 m.
Berlin 593 – München 354 – Frankfurt am Main 76 – Miltenberg 16 – Würzburg 78 – Aschaffenburg 25.

🏛 **Fränkische Weinstuben,** Mechenharder Str. 5, ☒ 63906, ℰ (09372) 50 49,
Fax (09372) 5048, 斎, 🥨 – ▥ ☎ ❷. ℇ *VISA*
Menu (Montagmittag geschl.) à la carte 29/65 🍴 – **18 Z** 75/130.

ERLENSEE Hessen ⟦417⟧ P 10 – 10 700 Ew – Höhe 105 m.
Berlin 525 – Wiesbaden 65 – Frankfurt am Main 26 – Fulda 81 – Würzburg 114.

In Neuberg-Ravolzhausen N : 2 km :

🏨 **Bei den Tongruben** 🦌 garni, Unterfeld 19, ☒ 63543, ℰ (06183) 20 40,
Fax (06183) 74131, 🈺 – ⇆ ▥ ☎ 🅖 ❷ – 🛎 20. ℻ *VISA* 🥨
20. Dez. - 8. Jan. geschl. – **28 Z** 120/170.

ERNST Rheinland-Pfalz siehe Cochem.

ERPOLZHEIM Rheinland-Pfalz – 1 200 Ew – Höhe 102 m.
Berlin 645 – Mainz 82 – Mannheim 18 – Kaiserslautern 38 – Neustadt a. d. Weinstraße 20 – Speyer 42.

X **Zum Schwanen,** Hauptstr. 11, ☒ 67167, ℰ (06353) 74 09, 斎 – ❷. ℇ *VISA*
Montag und Juli 2 Wochen geschl. – **Menu** (wochentags nur Abendessen) à la carte 35/77 🍴.

ERWITTE Nordrhein-Westfalen 📖 L 9, 📖 ⑮ – 14000 Ew – Höhe 106 m.
  🗓 Kurverwaltung Bad Westernkotten, Weringhauser Straße (Haus des Gastes), ✉ 59597,
  ℰ (02943) 80 90, Fax (02943) 809129.
  Berlin 443 – Düsseldorf 135 – Lippstadt 7 – Meschede 36 – Soest 17.

🏠 **Büker,** Am Markt 14, ✉ 59597, ℰ (02943) 23 36, Fax (02943) 4168, 🌦 – 📺 ☎ 🚗
  🅿 🖭 **E.** 🛇 Zim
  23. Jez. - 5. Jan. geschl. – **Menu** (Sonntagabend - Montagmittag geschl.) à la carte 35/66
  – **22 Z** 69/135.

In Erwitte-Bad Westernkotten NO : 3 km – Heilbad :

🏨 **Hotel und Kurpension Grüttner,** Salzstr. 15, ✉ 59597, ℰ (02943) 80 70,
  Fax (02943) 807290, Massage, ♨, ♠, ⛵, 🏊, 🖛 – 🛗, ⇌ Zim, 📺 ☎ ᴧ 🅿 🛇
  29. Nov. - 20. Dez. geschl. – (Restaurant nur für Hausgäste) – **54 Z** 78/156 – ½ P 15.

ESCHAU Bayern 📖📖 Q 11 – 4100 Ew – Höhe 171 m.
  Berlin 567 – München 347 – Aschaffenburg 32 – Miltenberg 16 – Würzburg 71.

In Eschau-Hobbach NO : 5,5 km :

🏠 **Gasthof Engel,** Bayernstr. 47, ✉ 63863, ℰ (09374) 3 88, Fax (09374) 7831, 🌦,
  « Gaststuben in ehem. Bauernhof a.d.J. 1786 », 🖛 – ☎ 🅿 – 🛆 25. **E.** 🛇 Zim
  18. - 25. Dez. geschl. – **Menu** (Freitag geschl.) à la carte 30/60 🍷 – **26 Z** 70/130.

In Eschau-Wildensee O : 10 km – Erholungsort :

🏠 **Waldfrieden** 🍃, Wildensee 74, ✉ 63863, ℰ (093/4) 3 28, 🖛 – 🚗 🅿 🛇 Zim
🚗 Nov. - Mitte Dez. geschl. – **Menu** (Montag und Freitagabend geschl.) à la carte 21/40 🍷
  – **28 Z** 50/100.

ESCHBACH Rheinland-Pfalz 📖 P 7 – 300 Ew – Höhe 380 m.
  Berlin 614 – Mainz 57 – Koblenz 28 – Bingen 37.

🏠 **Zur Suhle** 🍃, Talstr. 2, ✉ 56357, ℰ (06771) 79 21, Fax (06771) 365, ≤, 🌦, « Garten
  mit Teich », ⇌, 🏊 – 🛗 📺 ☎ 🅿 – 🛆 20. **E.** 🛇 Rest
  Ende Juli - Anfang Aug. geschl. – **Menu** à la carte 27/53 🍷 – **21 Z** 75/150.

ESCHBORN Hessen siehe Frankfurt am Main.

ESCHEDE Niedersachsen 📖📖 I 14, 📖 ⑯ – 6500 Ew – Höhe 70 m.
  Berlin 293 – Hannover 62 – Celle 17 – Lüneburg 69.

🏠 **Deutsches Haus,** Albert-König-Str. 8, ✉ 29348, ℰ (05142) 22 36, Fax (05142) 2505,
  🖛 – 📺 ☎ 🚗 🅿. 🛇 Zim
  12 Feb. - 12. März und 23 Juli - 6. Aug. geschl. – **Menu** (Montag geschl.) à la carte 31/68
  – **11 Z** 80/120.

ESCHENBACH i. d. Opf. Bayern 📖 Q 19, 📖 ㉙ – 3800 Ew – Höhe 430 m.
  Berlin 391 – München 211 – Bayreuth 35 – Nürnberg 80 – Regensburg 96 – Weiden in
  der Oberpfalz 28.

In Eschenbach - Klein-Kotzenreuth W : 2,5 km :

🏠 **Obersee** 🍃, ✉ 92676, ℰ (09645) 60 00, Fax (09645) 6154, 🌦, Biergarten – 📺 ☎
🚗 🅿 – 🛆 20. 🖭 **E**
  Menu à la carte 24/56 – **13 Z** 70/130.

ESCHENLOHE Bayern 📖📖 X 17 – 1400 Ew – Höhe 636 m – Erholungsort.
  🗓 Verkehrsamt im Rathaus, Murnauer Str. 1, ✉ 82438, ℰ (08824) 2 21, Fax (08824)
  8956.
  Berlin 661 – München 74 – Garmisch-Partenkirchen 15 – Weilheim 30.

🏨 **Tonihof** 🍃, Walchenseestr. 42, ✉ 82438, ℰ (08824) 9 29 30, Fax (08824) 929399,
  ≤ Loisachtal mit Wettersteingebirge, 🌦, Massage, ⇌, 🖛 – 📺 ☎ ᴧ 🚗 🅿 – 🛆 20
  Menu (Mittwoch geschl.) à la carte 47/84 – **25 Z** 95/234 – ½ P 40.

🏠 **Zur Brücke,** Loisachstr. 1, ✉ 82438, ℰ (08824) 2 10, Fax (08824) 232, 🌦 – ☎ 🚗
🚗 🅿
  Mitte Nov. - Mitte Dez. geschl. – **Menu** (Dienstag geschl.) à la carte 24/53 – **17 Z** 62/130.

🏠 **Villa Bergkristall** 🍃, garni, Walchenseestr. 33, ✉ 82438, ℰ (08824) 6 32, ≤, 🖛 –
  ☎ 🅿. 🛇
  über Pfingsten geschl. – **8 Z** 62/130.

In Eschenlohe-Wengen :

🏨 **Alpenhotel Wengererhof** ⑤ garni, ⊠ 82438, 𝒫 (08824) 9 20 30, Fax (08824) 920345, ≤, 🐎 – ☎ 🅿
23 Z 75/135.

ESCHLKAM Bayern 420 S 22 – 3 600 Ew – Höhe 480 m – Wintersport : 🎿4.
🛈 Rathaus, Waldschmidtplatz 2, ⊠ 93458, 𝒫 (09948) 94 08 15, Fax (09948) 940830.
Berlin 500 – München 204 – Regensburg 82.

In Warzenried O : 7 km :

🏨 **Böhmerwald** ⑤ (mit Gästehäusern), Siegmund-Adam-Str. 54, ⊠ 93458, 𝒫 (09947) 20 00, Fax (09947) 200140, Massage, ≘s, 🔲 – 📳, ⇔ Zim, 📺 ☎ 🅿 – 🔬 20. 🎿 – 🦌
Jan. 3 Wochen geschl. – **Menu** à la carte 27/50 – **107 Z** 75/178.

*Les localités citées dans ce guide sont soulignées de rouge sur les **cartes Michelin** n° 415-420.*

ESCHWEGE Hessen 418 M 14, 987 ⑯ – 24 000 Ew – Höhe 170 m.
🛈 Verkehrsbüro, Hospitalplatz 16, ⊠ 37269, 𝒫 (05651) 30 42 10, Fax (05651) 50291.
Berlin 389 – Wiesbaden 221 – Kassel 54 – Bad Hersfeld 58 – Göttingen 49.

🏨 **Dölle's Nr. 1**, Friedrich-Wilhelm-Str. 2, ⊠ 37269, 𝒫 (05651) 7 44 40, Fax (05651) 744477, 🏤 – 📺 🐎 ⇔ 🅿 – 🔬 80. 🎿 ⓪ ☰ 𝘝𝘐𝘚𝘈
Menu (Sonntag geschl.) à la carte 41/79 (auch vegetarisches Menu) – **38 Z** 80/190.

🏨 **Zur Struth** ⑤, Struthstr. 7a, ⊠ 37269, 𝒫 (05651) 92 28 13, Fax (05651) 2788, 🏤, 🐎 – 📺 🐎 🅿. ⓪ ☰ 𝘝𝘐𝘚𝘈
Menu (Samstagmittag, Sonntagabend - Montagmittag und Ende Juli - Mitte Aug. geschl.) à la carte 27/54 – **36 Z** 65/130.

🏨 **Stadthalle**, Wiesenstr. 9, ⊠ 37269, 𝒫 (05651) 7 44 30, Fax (05651) 744333, 🏤 – 📳 📺 🐎 🅿 – 🔬 60. 🎿 ⓪ ☰ 𝘝𝘐𝘚𝘈
Menu (Montag geschl.) à la carte 30/65 – **13 Z** 75/120.

In Meinhard-Schwebda NO : 5 km :

🏨 **Schloß Wolfsbrunnen** ⑤ (Herrensitz a.d. Zeit der Jahrhundertwende), ⊠ 37276, 𝒫 (05651) 30 50, Fax (05651) 305333, ≤ Eschwege und Werratal, 🏤, Massage, ≘s, 🔲, 🐎, ✗ – 📳 📺 🅿 – 🔬 80. 🎿 ⓪ ☰ 𝘝𝘐𝘚𝘈, ✗ Rest
3. Jan. - 15. Feb. geschl. – **Menu** à la carte 50/82 – **65 Z** 150/305.

ESCHWEILER Nordrhein-Westfalen 417 N 2, 987 ㉕ – 56 000 Ew – Höhe 161 m.
🛈 Haus Kambach (in Kinzweiler, NW : 3,5 km), 𝒫 (02403) 3 76 15.
Berlin 623 – Düsseldorf 74 – Aachen 15 – Düren 17 – Köln 55.

🏨 **De Ville**, Dürener Str. 5, ⊠ 52249, 𝒫 (02403) 86 10, Fax (02403) 861150, 🏤 – 📳, ⇔ Zim, 📺 🐎 ✆ 🔥 ⇔ 🅿 – 🔬 60. 🎿 ⓪ ☰ 𝘝𝘐𝘚𝘈
Menu (Montag - Dienstag geschl.) à la carte 50/81 – **66 Z** 165/205.

🏨 **Park-Hotel**, Parkstr. 16, ⊠ 52249, 𝒫 (02403) 7 87 70, Fax (02403) 36809 – 📺 🐎. 🎿 ⓪ ☰ 𝘝𝘐𝘚𝘈
(Restaurant nur für Hausgäste) – **16 Z** 87/138.

✗✗ **Landhaus Spitzer** mit Zim, Stich 39, ⊠ 52249, 𝒫 (02403) 7 87 40, Fax (02403) 787419, 🏤 – 📺 🐎 ✆ 🅿 – 🔬 15. 🎿 ⓪ ☰ 𝘝𝘐𝘚𝘈
Menu à la carte 44/75 – **Gaststube** : **Menu** à la carte 37/63 – **13 Z** 115/210.

ESENS Niedersachsen 415 F 6, 987 ④ – 6 000 Ew – Höhe 3 m – Seebad.
🛈 Kurverwaltung, Kirchplatz 1, ⊠ 26427, 𝒫 (04971) 91 50, Fax (04971) 4988.
Berlin 520 – Hannover 261 – Emden 50 – Oldenburg 91 – Wilhelmshaven 50.

🏨 **Krögers Hotel** (mit Gästehaus), Bahnhofstr. 18, ⊠ 26427, 𝒫 (04971) 30 65, Fax (04971) 4265, 🏤, ≘s, 🐎 – 📳, ⇔ Zim, 📺 🐎 🅿. 🎿 ⓪ ☰ 𝘝𝘐𝘚𝘈
Menu (Montag geschl.) à la carte 32/60 – **41 Z** 108/210 – ½ P 25.

🏨 **Wieting's Hotel**, Am Markt 7, ⊠ 26427, 𝒫 (04971) 45 68, Fax (04971) 4151, 🏤, ≘s, 🐎 – ⇔ Zim, 📺 🐎 🅿. 🎿 ⓪ ☰ 𝘝𝘐𝘚𝘈
Menu (im Winter Mittwoch geschl.) à la carte 28/58 – **26 Z** 83/136 – ½ P 18.

In Esens-Bensersiel *NW : 4 km :*

🏠 **Hörn van Diek** garni, Lammertshörn 1, ✉ 26427, ✆ (04971) 24 29, Fax (04971) 2429, 🔲 – 🅿. ⚞
Nov. 3 Wochen geschl. – **20 Z** 80/160.

🏠 **Röttgers** ⚞ garni, Am Wattenmeer 6, ✉ 26427, ✆ (04971) 30 18, Fax (04971) 3867 – 📺 🅿
20 Z 100/130.

🏠 **Störtebeker** ⚞ garni, Am Wattenmeer 4, ✉ 26427, ✆ (04971) 9 19 00, Fax (04971) 919055, ⚞ – 📺 ☎ 🅿. ⚞
10. Jan. - 10. Feb. geschl. – **25 Z** 48/95.

ESLOHE Nordrhein-Westfalen 👁 M 8, 👁 ⑮ – 8 900 Ew – Höhe 310 m – Luftkurort.
🛈 Verkehrsbüro, Kurhaus, Kupferstr. 30, ✉ 59889, ✆ (02973) 4 42, Fax (02973) 2510.
Berlin 502 – Düsseldorf 159 – Meschede 20 – Olpe 43.

🏠 **Forellenhof Poggel**, Homertstr. 21, ✉ 59889, ✆ (02973) 9 71 80, Fax (02973) 971878, ⚞, ⚞ – ⚞ 📺 ☎ 🕭 🅿 – ⚞ 35. ⚞ 🆅🆂🅰
Menu à la carte 33/58 (auch vegetarische Gerichte) – **25 Z** 65/180 – ½ P 20.

In Eslohe-Cobbenrode *S : 7,5 km :*

🏠🏠 **Hennemann**, Olper Str. 28 (B 55), ✉ 59889, ✆ (02973) 37 01, Fax (02973) 3703, ⚞, 🔲, ⚞, ⚞(Halle) – ⚞ 📺 ⚞ ⚞ 🅿 ⚞ 20. 🆀🅴 ⚞ 🅴 🆅🆂🅰. ⚞ Rest
Juli 2 Wochen geschl. – **Menu** (Montag geschl.) à la carte 32/72 – **24 Z** 95/240 – ½ P 15.

In Eslohe-Niedersalwey *W : 4 km :*

🏠 Woiler Hof, Salweytal 10, ✉ 59889, ✆ (02973) 8 16 00, Fax (02973) 81602, ⚞ – 📺 ⚞ 🅿. ⚞ Zim
22 Z.

In Eslohe-Wenholthausen *N : 4 km :*

🏠 **Sauerländer Hof**, Südstr. 35, ✉ 59889, ✆ (02973) 7 77, Fax (02973) 2363, ⚞, ⚞, 🔲 – 📺 ☎ 🅿. ⚞ Rest
9. - 29. März geschl. – **Menu** (im Winter Donnerstag geschl.) à la carte 31/69 – **21 Z** 70/188 – ½ P 27

ESPELKAMP Nordrhein-Westfalen 👁 I 9, 👁 ⑮ – 26 000 Ew – Höhe 43 m.
Berlin 375 – Düsseldorf 223 – Bremen 99 – Hannover 93 – Osnabrück 46.

🏠🏠 **Mittwald** ⚞, Ostlandstr. 23, ✉ 32339, ✆ (05772) 40 29, Fax (05772) 7149, ⚞, ⚞ – ⚞, ⚞ Zim, 📺 ☎ – ⚞ 40. 🆀🅴 ⚞ 🅴 🆅🆂🅰
Menu (Samstag geschl.) à la carte 35/62 – **48 Z** 85/175.

In Espelkamp-Frotheim *SO : 4 km :*

🏠 **Im Loh**, Diepenauer Str. 53, ✉ 32339, ✆ (05743) 40 90, Fax (05743) 40930, ⚞ – 📺 ☎ ⚞ 🅿 – ⚞ 100. 🅴. ⚞
Menu (wochentags nur Abendessen) à la carte 32/58 – **19 Z** 79/150.

🏠 **Birkenhof**, Schmiedestr. 4, ✉ 32339, ✆ (05743) 80 00, Fax (05743) 4500, ⚞ – 📺 ☎ 🅿 – ⚞ 100. 🆀🅴 ⚞ 🅴 🆅🆂🅰 🅹🅲🅱
Menu (wochentags nur Abendessen) à la carte 33/56 – **24 Z** 60/110.

ESPENAU Hessen siehe Kassel.

ESSEN Nordrhein-Westfalen 👁 L 5, 👁 ⑭ ⑮ – 670 000 Ew – Höhe 120 m.
Sehenswert : Münster (Westchor★, Goldene Madonna★★★) : Münsterschatzkammer★★ (M1) mit Vortragekreuzen★★★ DZ – Museum Folkwang★★ ABY – Villa Hügel★ (Historische Sammlung Krupp★★) S – Johanniskirche (Altar★) DZ **A.**
Ausflugsziel : Essen-Werden : St. Ludger (Vierungskuppel★, Bronzekruzifixus★) S.
🏌 Essen-Heidhausen (über die B 224 S), ✆ (0201) 40 41 11 ; 🏌 Essen-Kettwig, Laupendahler Landstr. (S), ✆ (02054) 8 39 11 ; 🏌 Essen-Hügel, Frh.-vom-Stein-Str. 92a (S), ✆ (0201) 44 14 26.
Messegelände und Grugahalle (AZ), ✆ 7 24 40, Fax 226692.
🛈 Tourist-Information, Hollestr. 1, ✉ 45127, ✆ (0201) 8 10 60 81, Fax (0201) 8106082.
ADAC, Viehoferstr. 14, ✉ 45127, ✆ (0221) 47 27 47, Fax (0201) 237394.
Berlin 528 ① – Düsseldorf 37 ⑥ – Amsterdam 204 ⑨ – Arnhem 108 ⑨ – Dortmund 38 ③

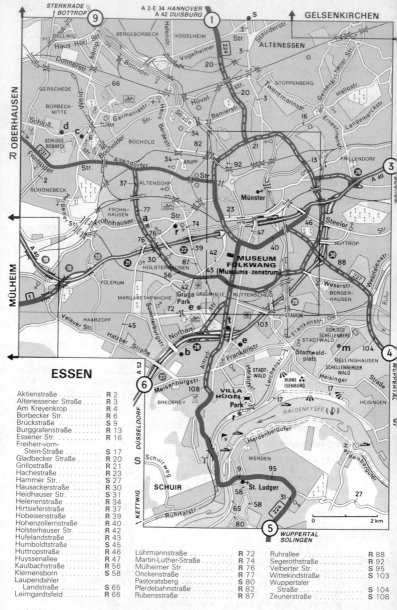

ESSEN

Sheraton Hotel ⚛, Huyssenallee 55, ⊠ 45128, ✆ (0201) 1 00 70, Fax (0201) 1007777, ☂, Massage, ⛭, ⛭, ⊠ – ⮕, ↗ Zim, ▦ ▦ ✆ ⅄ ⛱ – ⚿ 80. ⚿ ⑩ Ε VISA JCB. ⚿ Rest
Menu à la carte 63/98 – **205 Z** 330/590, 11 Suiten.

BV e

Mövenpick Ⓜ, Am Hauptbahnhof 2, ⊠ 45127, ✆ (0201) 1 70 80, Fax (0201) 1708173 – ⮕, ↗ Zim, ▦ ⅄ – ⚿ 50. ⚿ ⑩ Ε VISA JCB
Menu à la carte 40/76 – **194 Z** 237/354.

DZ n

334

Essener Hof, Teichstr. 2, ✉ 45127, ℰ (0201) 2 42 50, Fax (0201) 238351 – 📶 📺 ☎
🕯 ⅙ – 🔬 80. 🅰🅴 ⓞ 🄴 𝘝𝘐𝘚𝘈. ⅚
DZ c
Menu (Samstag - Sonntag geschl.) (nur Abendessen) à la carte 40/66 – **130 Z** 155/260,
4 Suiten.

Balance Hotel Ⓜ, Frohnhauser Str. 6, ✉ 45127, ℰ (0201) 2 40 70,
Fax (0201) 2407240, 🖙 – 📶, ⅗ Zim, 📺 ☎ 🕯 ⅙ ⇦ – 🔬 70. 🅰🅴 ⓞ 🄴 𝘝𝘐𝘚𝘈 ᴊᴄʙ.
⅚ Rest
BU a
Menu à la carte 45/70 – **168 Z** 185, 15 Suiten.

Europa garni, Hindenburgstr. 35, ✉ 45127, ℰ (0201) 23 20 41, Fax (0201) 232656 –
📶 📺 ☎. 🅰🅴 ⓞ 🄴 𝘝𝘐𝘚𝘈
DZ m
Weihnachten - Neujahr geschl. – **49 Z** 120/220.

Luise garni, Dreilindenstr 96, ✉ 45128, ℰ (0201) 23 92 53, Fax (0201) 200219 – 📶 📺
☎. 🅰🅴 ⓞ 🄴 𝘝𝘐𝘚𝘈
BV a
29 Z 98/160.

Atelier garni, Niederstr. 13, ✉ 45141, ℰ (0201) 31 30 14, Fax (0201) 325548 – 📶 📺
☎ Ⓟ. 🅰🅴 ⓞ 🄴 𝘝𝘐𝘚𝘈. ⅚
AU s
23. Dez. - 2. Jan. und Juli - Aug. 2 Wochen geschl. – **24 Z** 135/165.

La Grappa, Rellinghauser Str. 4, ✉ 45128, ℰ (0201) 23 17 66, Fax (0201) 229146 – 🅰🅴
ⓞ 🄴 𝘝𝘐𝘚𝘈
BV v
Samstagmittag und Sonntag geschl. – **Menu** (Tischbestellung ratsam, bemerkenswerte
Grappaauswahl) à la carte 69/100.

In Essen-Altenessen :

Astoria, Wilhelm-Nieswand-Allee 175, ✉ 45326, ℰ (0201) 8 35 84,
Fax (0201) 8358040, ⅙, 🖙 – 📶, ⅗ Zim, 📺 ☎ 🕯 ⇦ Ⓟ – 🔬 90. 🅰🅴 ⓞ 🄴 𝘝𝘐𝘚𝘈 R s
Menu (Samstagmittag geschl.) à la carte 39/74 – **102 Z** 175/350.

In Essen-Borbeck :

Haus Gimken Ⓜ, Schloßstr. 182, ✉ 45355, ℰ (0201) 86 70 80, Fax (0201) 8670888,
�, ⅙, 🖙 – 📺 ☎ 🕯 ⅙ ⇦ Ⓟ – 🔬 30. 🅰🅴 ⓞ 🄴 𝘝𝘐𝘚𝘈
R d
Menu (Samstagmittag und Dienstag geschl.) à la carte 41/67 – **25 Z** 140/220.

Hotel am Schloßpark-Gasthof Krebs (mit Gästehaus), Borbecker Str. 180,
✉ 45355, ℰ (0201) 67 50 01, Fax (0201) 687762, Biergarten – 📺 ☎ 🕯 ⇦ Ⓟ. 🅰🅴 🄴
𝘝𝘐𝘚𝘈
R c
Menu (Donnerstag geschl.) (wochentags nur Abendessen) à la carte 30/50 – **28 Z** 105/235

In Essen Bredeney :

Holiday Inn ⋟, Theodor-Althoff-Str. 5, ✉ 45133, ℰ (0201) 76 90,
Fax (0201) 7693143, �, 🖙, ⊠ – 📶, ⅗ Zim, ▤ Rest, 📺 ☎ ⅙ Ⓟ – 🔬 250. 🅰🅴 ⓞ
🄴 𝘝𝘐𝘚𝘈 ᴊᴄʙ. ⅚ Rest
S b
Menu à la carte 48/70 – **293 Z** 258/356, 6 Suiten.

Waidhaus Langenbrahm garni, Wiedfeldtstr. 23, ✉ 45133, ℰ (0201) 4 50 40,
Fax (0201) 4504299 – 📶 ⅗ 📺 ☎ 🕯 Ⓟ. 🅰🅴 🄴 𝘝𝘐𝘚𝘈
S e
30 Z 200/340.

Parkhaus Hügel, Freiherr-vom-Stein-Str. 209, ✉ 45133, ℰ (0201) 47 10 91,
Fax (0201) 444207, ⋞, � – Ⓟ – 🔬 60. 🅰🅴 ⓞ 🄴 𝘝𝘐𝘚𝘈
S r
Menu à la carte 45/70.

In Essen-Burgaltendorf SO : 12 km über Wuppertaler Str. S :

Mintrops Burghotel Ⓜ ⋟, Schwarzensteinweg 81, ✉ 45289, ℰ (0201) 57 17 10,
Fax (0201) 5717147, 🖙, ⊠, 🌺 – 📶, ⅗ Zim, 📺 ☎ ⅙ Ⓟ – 🔬 40. 🅰🅴 ⓞ 🄴 VISA. ⅚ Rest
Menu à la carte 49/79 – **60 Z** 165/285.

In Essen-Frohnhausen :

Oehler garni, Liebigstr. 8, ✉ 45145, ℰ (0201) 70 53 27, Fax (0201) 733792 – 📺 ☎
Ⓟ. ⅚
R r
23. Dez. - 3. Jan. geschl. – **12 Z** 80/140.

Kölner Hof, Duisburger Str. 20, ✉ 45145, ℰ (0201) 76 34 30, Fax (0201) 763430 –
🅰🅴 ⓞ 𝘝𝘐𝘚𝘈. ⅚
R a
Montag - Dienstagmittag geschl. – **Menu** à la carte 65/91.

In Essen-Horst O : 3 km, über Steeler Straße R :

Hannappel, Dahlhauser Str. 173, ✉ 45279, ℰ (0201) 53 45 06, Fax (0201) 534506 –
🅰🅴 🄴 𝘝𝘐𝘚𝘈
Dienstag und Juli 3 Wochen geschl. – **Menu** (nur Abendessen) à la carte 43/79.

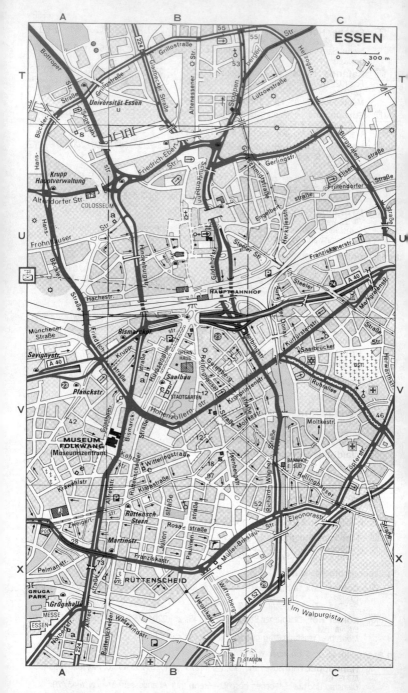

ESSEN

Die Namen der wichtigsten Einkaufsstraßen sind am Anfang des Straßenverzeichnisses in Rot aufgeführt

In Essen-Kettwig S : 11 km über Ruhrtalstraße S :

Schloß Hugenpoet (ehem. Wasserschloß), August-Thyssen-Str. 51 (W : 2,5 km), ⊠ 45219, ℘ (02054) 1 20 40, Fax (02054) 120450, 龠, « Park, umfangreiche Gemäldesammlung », ✖ – 濱 ⊡ & ⇔ ℗ – 益 40. 전 ① E VISA JCB. ✖ Rest
Menu (bemerkenswerte Weinkarte) à la carte 88/124 – **25 Z** 325/595.

Sengelmannshof, Sengelmannsweg 35, ⊠ 45219, ℘ (02054) 9 59 70, Fax (02054) 83200, 龠, ≘ – 濱 ⊡ ☎ ✆ ⇔ ℗ – 益 30. 전 ① E VISA
Menu (Samstagmittag geschl.) à la carte 45/70 – **26 Z** 130/225.

Schmachtenbergshof, Schmachtenbergstr. 157, ⊠ 45219, ℘ (02054) 89 33, Fax (02054) 16547, 龠 – ⊡ ☎ ℗ – 益 70
Menu (Montag geschl.) (wochentags nur Abendessen) à la carte 27/50 – **22 Z** 105/175.

Knappmann, Ringstr. 198, ⊠ 45219, ℘ (02054) 97 06 26, Fax (02054) 970628, Biergarten – ⊡ ☎ ℗. 전 E VISA JCB. ✖ Zim
23. Dez. - 2. Jan. geschl. – Menu (Montag - Freitag nur Abendessen, Donnerstag geschl.) à la carte 28/50 – **10 Z** 115/155.

XXXX ✿✿✿ **Résidence** ✍ mit Zim, Auf der Forst 1, ⊠ 45219, ℘ (02054) 89 11, Fax (02054) 82501, 龠 – ⊡ ☎ ⇔ ℗. 전 ① E VISA
1. - 8. Jan. und Juli - Aug. 3 Wochen geschl. – Menu (Sonntag - Montag geschl.) (nur Abendessen, Tischbestellung ratsam, bemerkenswerte Weinkarte) 125/175 und à la carte 92/142 – **Benedikt** (euro-asiatische Küche) Menu 148/185 – **18 Z** 188/387
Spez. Hummer mit Dicken Bohnen in Thymianrahm. Roulade vom Entrecôte mit Gänseleberkartoffel. Quarksoufflé mit Beerenkompott und Zitronengrassorbet.

X **le petit**, Ruhrtalstr. 417, ⊠ 45219, ℘ (02054) 1 85 78 – ⇐
Samstagmittag, Dienstag und Juli - Aug. 3 Wochen geschl. – Menu (Tischbestellung erforderlich) à la carte 65/90.

X **Ange d'or Junior**, Ruhrtalstr. 326, ⊠ 45219, ℘ (02054) 23 07, Fax (02054) 6343, 龠, « Restaurant im Bistro-Stil mit moderner Designereinrichtung » – ℗
Montag - Dienstag und 20. Dez. - 10. Jan. geschl. – Menu (nur Abendessen) à la carte 54/70.

337

In Essen-Rellinghausen :

XXX **Kockshusen** (Fachwerkhaus a.d. 17. Jh.), Pilgrimsteig 51, ⊠ 45134, ℘ (0201) 47 17 21, Fax (0201) 472099, 斿 – ❶. ஊ ⑩ Ɛ 𝘝𝘐𝘚𝘈
Dienstag geschl. – **Menu** (Tischbestellung ratsam) à la carte 50/77.
S m

In Essen-Rüttenscheid :

🏨 **Hotel an der Gruga** garni, Eduard-Lucas-Str. 17, ⊠ 45131, ℘ (0201) 4 19 10, Fax (0201) 425102, « Behagliche Einrichtung » – 📳 ⊡ ☎ ⟵ ❶. ஊ ⑩ Ɛ 𝘝𝘐𝘚𝘈
39 Z 140/230.
AX a

🏨 **Ypsilon,** Müller-Breslau-Str. 18c, ⊠ 45130, ℘ (0201) 8 96 90, Fax (0201) 8969100 – 📳, ⋇ Zim, ⊡ ☎ ⟵ ❶ – 🕮 20. ஊ ⑩ Ɛ 𝘝𝘐𝘚𝘈
Menu (nur Abendessen) à la carte 35/55 – **101 Z** 205/295.
BX e

🏨 **Maximilian** garni, Manfredstr. 10, ⊠ 45131, ℘ (0201) 45 01 70, Fax (0201) 4501799 – 📳 ⊡ ☎ ❝ ❶. ஊ ⑩ Ɛ 𝘝𝘐𝘚𝘈
31 Z 150/240.
S t

🏨 **Alma** garni, Almastr. 7, ⊠ 45130, ℘ (0201) 7 24 00, Fax (0201) 7240106 – 📳 ⊡ ☎ ❝ ⟵. ஊ ⑩ Ɛ 𝘝𝘐𝘚𝘈 𝙅𝘾𝘽. ⋇
41 Z 160/300.
BV c

🏠 **Ruhr-Hotel** garni, Krawehlstr. 42, ⊠ 45130, ℘ (0201) 77 80 53, Fax (0201) 780283 – 📳 ⊡ ☎ ❝ ஊ Ɛ 𝘝𝘐𝘚𝘈 𝙅𝘾𝘽
29 Z 135/250.
AV e

🏠 **Behr's Parkhotel** garni, Alfredstr. 118, ⊠ 45131, ℘ (0201) 77 90 95, Fax (0201) 789816 – ⊡ ☎ ❶. ஊ Ɛ 𝘝𝘐𝘚𝘈
20 Z 130/220.
AX r

XX **Bonne Auberge,** Witteringstr. 92, ⊠ 45130, ℘ (0201) 78 39 99, Fax (0201) 783999 – ஊ ⑩ Ɛ 𝘝𝘐𝘚𝘈
Samstagmittag und Sonn- und Feiertage geschl. – **Menu** à la carte 62/85.
BV s

XX **Silberkuhlshof,** Lührmannstr. 80, ⊠ 45131, ℘ (0201) 77 32 67, Fax (0201) 774635, « Gartenterrasse » – ❶ – 🕮 50. ஊ ⑩ Ɛ 𝘝𝘐𝘚𝘈
Montag und 1. - 23. Jan. geschl. – **Menu** à la carte 38/79.
R e

XX **Emile,** Emilienstr. 2, ⊠ 45128, ℘ (0201) 79 13 18, Fax (0201) 791331 – Ɛ 𝘝𝘐𝘚𝘈
Samstagmittag und Sonntag geschl. – **Menu** (italienische Küche, Tischbestellung ratsam) à la carte 65/85.
BV r

ESSEN, BAD Niedersachsen 𝟜𝟙𝟝 J 9, 𝟡𝟠𝟟 ⑮ – 13 500 Ew – Höhe 90 m – Sole-Heilbad.
🛈 Kurverwaltung, Ludwigsweg 6, ⊠ 49152, ℘ (05472) 9 41 90, Fax (05472) 94151.
Berlin 396 – Hannover 133 – Bielefeld 54 – Osnabrück 24.

🏨 **Landhotel Buchenhof** garni, Bergstr. 22, ⊠ 49152, ℘ (05472) 93 90, Fax (05472) 939200, 斿, « Renoviertes Bauernhaus a.d.J. 1703, Gartenanlage », Massage, ⇌, 🌄 – ⋇ ⊡ ☎ ❝ ⟵ ❶ – 🕮 20. ஊ ⑩ Ɛ 𝘝𝘐𝘚𝘈
25 Z 90/230.

🏠 **Haus Deutsch Krone** 🐾, Ludwigsweg 10, ⊠ 49152, ℘ (05472) 40 80, Fax (05472) 408222, ⇌, 🔲 – 📳 ⊡ ☎ ❶ – 🕮 120. ஊ ⑩ Ɛ 𝘝𝘐𝘚𝘈
Menu à la carte 26/61 – **80 Z** 89/245 – ½ P 23.

ESSING Bayern siehe Kelheim.

ESSLINGEN AM NECKAR Baden-Württemberg 𝟜𝟙𝟡 T 11, 𝟡𝟠𝟟 ㉞ – 95 000 Ew – Höhe 240 m.
Sehenswert : Altes Rathaus★ Y B – Marktplatz★ Y – Stadtkirche (Glasmalereien★) Y – Frauenkirche (Turm★) Y.
🛈 Tourist-Information, Rathausplatz 2, ⊠ 73728, ℘ (0711) 35 12 24 41, Fax (0711) 35122612.
ADAC, Hindenburgstr. 95, ⊠ 73728, ℘ (0711) 31 10 72, Fax (0711) 3180752.
Berlin 641 ④ – Stuttgart 17 ④ – Reutlingen 40 ③ – Ulm (Donau) 80 ③

Stadtplan siehe gegenüberliegende Seite

🏨 **Am Schelztor** garni, Schelztorstr. 5, ⊠ 73728, ℘ (0711) 3 96 96 40, Fax (0711) 359887, ⇌ – 📳 ⊡ ☎ – 🕮 20. ஊ ⑩ Ɛ 𝘝𝘐𝘚𝘈
33 Z 130/190.
Z e

🏨 **Am Schillerpark** garni, Neckarstr. 60, ⊠ 73728, ℘ (0711) 93 13 30, Fax (0711) 93133100 – 📳 ⋇ ⊡ ☎ ❝ & ⟵. ஊ ⑩ Ɛ 𝘝𝘐𝘚𝘈
49 Z 115/275.
Z r

ESSLINGEN AM NECKAR

0   300 m

Rosenau, Plochinger Str. 65, ⊠ 73730, ℰ (0711) 31 63 97, Fax (0711) 3161344, ⇌s, ▨ – ⫴ ▥ ☎ 🅿. ☒ ☱ Ε *VISA* ᴊᴄʙ   über Plochinger Straße   Z
Menu *(Samstag, Aug. und 24. Dez. - 6. Jan. geschl.)* (nur Abendessen) à la carte 29/62 – 57 **Z** 95/190.

Dicker Turm, Auf der Burg (Zufahrt über Mülberger Str.), ⊠ 73728, ℰ (0711) 35 50 35, Fax (0711) 3508596, ≼ Esslingen – ⫴ 🅿. ① Ε *VISA*   Y d
Sonntag geschl. – Menu à la carte 58/83.

In Esslingen-Berkheim ③ : 4 km :

Linde, Ruiter Str. 2, ⊠ 73734, ℰ (0711) 34 53 05, Fax (0711) 3454125, ኤ, ⇌s, ▨ – ⫴, ⇼ Zim, ▥ ☎ ⟿ 🅿 – ᴬ 50. ☒ ① Ε *VISA*
Menu *(Samstag und 23. Dez. - 7. Jan. geschl.)* à la carte 37/82 – **83 Z** 100/220.

Esslingen-Neckarhalde *NW : 3 km über Geiselbachstraße 55Y :*

Kelter ⠿, Kelterstr. 104, ⊠ 73733, ℰ (0711) 9 18 90 60, Fax (0711) 91890628, ≼, ኤ – ⫴ ▥ ☎ 🅿. Ε *VISA*
Menu *(Montag geschl.)* à la carte 29/57 – **12 Z** 80/150.

In Esslingen-Zell ② : 4 km :

Zeller Zehnt, Hauptstr. 97, ⊠ 73730, ℰ (0711) 9 30 81 00, Fax (0711) 367545, ⇌s – ⫴ ▥ ☎ ① Ε *VISA* ᴊᴄʙ. ⅏ Rest
Menu *(Samstagmittag, Sonntag und Aug. 2 Wochen geschl.)* (italienische Küche) à la carte 45/77 – **29 Z** 110/200.

Don't get lost, use **Michelin Maps** which are kept up to date.

ESTERWEGEN Niedersachsen **405** H 6 – 3 700 Ew – Höhe 35 m.

Berlin 482 – Hannover 200 – Bremen 96 – Lingen 63 – Osnabrück 121.

🏠 **Graf Balduin** ⚓, Am Sportpark, ✉ 26897, 𝒫 (05955) 2 02 00, Fax (05955) 20299,
�, ✕(Halle) – 🛗 📺 ☎ 🅿 – 🔼 50. 🆎 ⓞ 🇪 𝗩𝗜𝗦𝗔
Menu à la carte 28/56 – **33 Z** 70/140.

ETTAL Bayern **419 420** X 17 – 1 000 Ew – Höhe 878 m – Luftkurort – Wintersport : 🎿 2.
Ausflugsziel : Schloß Linderhof★★ (Schloßpark★★) W : 9,5 km.
🅱 Verkehrsamt, Ammergauer Str. 8, ✉ 82488, 𝒫 (08822) 35 34, Fax (08822) 6399.
Berlin 674 – München 88 – Garmisch-Partenkirchen 15 – Landsberg am Lech 62.

🏠 **Ludwig der Bayer**, Kaiser-Ludwig-Platz 10, ✉ 82488, 𝒫 (08822) 66 01,
Fax (08822) 74480, �, ≦, 🔲, 🌡, ✕ – 🛗 📺 ☎ ⟸ 🅿 – 🔼 30
5. Nov. - 22. Dez. geschl. – **Menu** à la carte 21/56 – **72 Z** 80/160 – ½ P 22.

🏠 **Zur Post**, Kaiser-Ludwig-Platz 18, ✉ 82488, 𝒫 (08822) 35 96, Fax (08822) 6971, �
– 📺 ⟸ 🅿 🇪 𝗩𝗜𝗦𝗔 𝗝𝗖𝗕
Nov. - 20. Dez. geschl. – **Menu** (nur Abendessen) à la carte 28/60 – **21 Z** 95/180 – ½ P 40.

In Ettal-Linderhof W : 11 km :

🏠 **Schlosshotel Linderhof** ⚓, Linderhof 14, ✉ 82488, 𝒫 (08822) 7 90,
Fax (08822) 4347, �, – 🛗 📺 ☎ ⟸ 🅿 – 🔼 40. 🆎 ⓞ 🇪 𝗩𝗜𝗦𝗔 𝗝𝗖𝗕
Menu à la carte 28/56 – **29 Z** 80/180 – ½ P 23.

ETTLINGEN Baden-Württemberg **419** T 9, **987** ㉗ ㉚ – 38 000 Ew – Höhe 135 m.
🅱 Verkehrsamt im Schloß, ✉ 76275, 𝒫 (07243) 10 12 21, Fax (07243) 101430.
Berlin 678 – Stuttgart 79 – Karlsruhe 10 – Baden-Baden 36 – Pforzheim 30.

🏠 **Erbprinz**, Rheinstr. 1, ✉ 76275, 𝒫 (07243) 32 20, Fax (07243) 322427, �
« Elegantes Restaurant » – 🛗 📺 ☎ ⟸ 🅿 – 🔼 50. 🆎 ⓞ 🇪 𝗩𝗜𝗦𝗔 𝗝𝗖𝗕
Menu à la carte 72/125 – **Weinstube Sibylla** : **Menu** à la carte 46/76 – **47 Z** 185/
295.

🏠 **Stadthotel Engel** Ⓜ, Kronenstr. 13, ✉ 76275, 𝒫 (07243) 33 00,
Fax (07243) 330199, ≦ – 🛗, ⁕ Zim, 📺 ☎ & ⟸ 🅿 – 🔼 40. 🆎 🇪 𝗩𝗜𝗦𝗔
Weihnachten - Anfang Jan. geschl. – **Menu** siehe **Weinstube zum Engele** separat erwähnt
– **94 Z** 155/198.

🏠 **Holder**, Lindenweg 16, ✉ 76275, 𝒫 (07243) 1 60 08, Fax (07243) 79595, ≦ – 📺 ☎
🅿. 🆎 🇪 𝗩𝗜𝗦𝗔. ⁕ Rest   Stadtplan Karlsruhe AV b
(nur Abendessen für Hausgäste) – **29 Z** 106/172.

🏠 **Drei Mohren**, Rheinstr. 15, ✉ 76275, 𝒫 (07243) 1 60 31, Fax (07243) 15791, � –
🛗 📺 ☎ ⟸ 🅿. 🆎 ⓞ 🇪 𝗩𝗜𝗦𝗔
Menu (Samstag - Sonntag geschl.) à la carte 41/63 – **26 Z** 168/185.

🏠 **Sonne** garni, Pforzheimer Str. 21, ✉ 76275, 𝒫 (07243) 7 74 30, Fax (07243) 330199
– 🅿. 🆎 🇪 𝗩𝗜𝗦𝗔
Weihnachten - Anfang Jan. geschl. – **26 Z** 75/140.

❀❀❀ **Weinstube zum Engele** - Stadthotel Engel, Kronenstr. 13, ✉ 76275,
𝒫 (07243) 76 17 20, Fax (07243) 4673, � – 🆎 🇪 𝗩𝗜𝗦𝗔
Sonntag geschl. – **Menu** (bemerkenswerte Weinkarte) 45 (mittags) und à la carte 57/85.

❀❀ **Ratsstuben**, Kirchenplatz 1, ✉ 76275, 𝒫 (07243) 7 61 30, Fax (07243) 761320, �
– 🆎 ⓞ 🇪 𝗩𝗜𝗦𝗔
Menu à la carte 37/73.

An der Autobahn A 5 (Anschlußstelle Karlsruhe-Süd) NW : 2,5 km :

🏠 **Holiday Inn**, Am Hardtwald 10 (Industriegebiet), ✉ 76275 Ettlingen, 𝒫 (07243) 38 00,
Fax (07243) 380666, �, ⓕ, ≦, 🔲 – 🛗, ⁕ Zim, ▬ 📺 ☎ & 🅿 – 🔼 220. 🆎 ⓞ
🇪 𝗩𝗜𝗦𝗔 𝗝𝗖𝗕. ⁕ Rest   Stadtplan Karlsruhe AV e
Menu à la carte 57/73 – **199 Z** 240/355, 4 Suiten.

ETTRINGEN Rheinland-Pfalz siehe Mayen.

EURASBURG KREIS BAD TÖLZ-WOLFRATSHAUSEN Bayern **419 420** W 18 – 3 600 Ew
– Höhe 614 m.
🏌 Beuerberg, Gut Sterz (SO : 4 km), 𝒫 (08179) 6 17.
Berlin 642 – München 48 – Garmisch-Partenkirchen 54 – Bad Tölz 20 – Weilheim 26.

In Eurasburg-Faistenberg *SW : 9 km :*

🏡 **Gut Faistenberg** 🐾, ✉ 82547, 𝒫 (08179) 16 16, *Fax (08179) 433,* ≤ *Alpenland-schaft,* « Gutshotel in malerischer Voralpenlage ; Gartenrestaurant », 🍴 – 📺 ☎ 📞 ⟸
🅿 – 🛁 45. 🆎 🗲 🆅🆂🅰. ⚗ Rest
Menu (wochentags nur Abendessen, Tischbestellung erforderlich) à la carte 65/87 *(bemer-kenswerte Weinkarte)* – **10 Z** 198/339.

EUSKIRCHEN *Nordrhein-Westfalen* 🔢 *O 4,* 🔢 ㉘ – *45 000 Ew – Höhe 150 m.*
ADAC, *Hochstr. 64,* ✉ 53879, 𝒫 (0221) 47 27 47, *Fax (02251) 75964.*
Berlin 611 – Düsseldorf 78 – Bonn 32 – Düren 30 – Köln 41.

🏡 **Eifel-Hotel** garni, *Frauenberger Str. 181,* ✉ 53879, 𝒫 (02251) 50 10,
Fax (02251) 73847, 🦶, ⊜ – 📶 ⇆ 📺 ☎ 🔧 🅿 – 🛁 20. 🆎 ⓪ 🆅🆂🅰 🆭🅲🅱
26 Z 160/180.

🏠 **Rothkopf,** *Kommerner Str. 76 (B 56),* ✉ 53879, 𝒫 (02251) 5 56 11, *Fax (02251) 30 60*
🍴 – ⇆ Zim, 📺 ☎ 🅿. 🆎 ⓪ 🗲 🆅🆂🅰. ⚗ Rest
20. Dez. – 6. Jan. geschl. – **Menu** *(Freitag geschl.)* (wochentags nur Abendessen) à la carte
23/58 – **33 Z** 110/180.

EUTIN *Schleswig-Holstein* 🔢🔢 *D 15,* 🔢 ⑥, 🔢 ⑤ – *20 000 Ew – Höhe 43 m – Luftkurort.*
🅱 *Tourist-Information, Haus des Kurgastes,* ✉ 23701, 𝒫 (04521) 31 55, *Fax (04521)*
3597.
Berlin 299 – Kiel 44 – Lübeck 40 – Oldenburg in Holstein 29.

🏡 **Voss-Haus,** *Vossplatz 6,* ✉ 23701, 𝒫 (04521) 7 07 70, *Fax (04521) 707777,* 🍴,
« Historische Räume a.d.18.Jh. » – 📺 ☎ ⟸ – 🛁 120. 🆎 🗲 🆅🆂🅰
Menu à la carte 49/72 – **15 Z** 110/190.

XX **L'Etoile,** *Lübecker Landstr. 36,* ✉ 23701, 𝒫 (04521) 70 28 60, *Fax (04521) 702866,* 🍴
⚗ – 🅿. 🆎 ⓪ 🗲 🆅🆂🅰
Montag - Dienstag und Jan. geschl. – **Menu** (Tischbestellung ratsam) à la carte 62/89 –
Le Bistro Menu à la carte 31/67
Spez. Variation von der Gänsestopfleber. Pot au feu von Meeresfrüchten mit Zwiebel-Zitronenconfit. Nantaiser Ente in zwei Gängen serviert.

In Eutin-Fissau *N : 2,5 km :*

🏠 **Wiesenhof,** *Leonhardt Boldt-Str. 25,* ✉ 23701, 𝒫 (04521) 7 07 60,
Fax (04521) 707666, 🍴, ⊜, 🏊, 🍴 – 📺 ☎ ⟸ 🅿 🗲 🆅🆂🅰. ⚗ Zim
Menu *(Mittwoch geschl.)* à la carte 35/49 – **34 Z** 70/164.

In Eutin-Sielbeck *N : 5,5 km :*

🏠 **Uklei-Fährhaus,** *Eutiner Str. 7 (am Kellersee),* ✉ 23701, 𝒫 (04521) 24 58,
Fax (04521) 5576, ⚗, « Terrasse am See », 🍴 – 📺 ☎ 🅿
Dez. - Anfang Feb. geschl. – **Menu** *(außer Saison Donnerstag geschl.)* à la carte 32/74
22 Z 65/150 – ½ P 25.

An der Straße nach Schönwalde *NO : 3 km :*

🏠 **Hotel am See-Der Redderkrug,** *Am Redderkrug 5,* ✉ 23701 Eutin,
𝒫 (04521) 22 32, *Fax (04521) 2293,* ≤, 🍴, ⊜, 🐾, 🍴 – 📺 ☎ 🅿 – 🛁 25. 🆎 🗲
🆅🆂🅰
Menu à la carte 31/46 – **21 Z** 89/155 – ½ P 22.

EXTERTAL *Nordrhein-Westfalen* 🔢 *J 11 – 14 300 Ew – Höhe 220 m.*
🅱 *Verkehrsamt, Mittelstr. 33 (Bösingfeld),* ✉ 32699, 𝒫 (05262) 40 20, *Fax (05262)*
40258.
Berlin 359 – Düsseldorf 221 – Hannover 77 – Paderborn 64 – Osnabrück 103.

In Extertal-Bösingfeld :

🏠 **Timpenkrug,** *Mittelstr. 14,* ✉ 32699, 𝒫 (05262) 7 52, *Fax (05262) 2220* – 📺 ☎ 🅿
Menu à la carte 31/54 – **17 Z** 68/128.

FALKENBERG *Brandenburg siehe Freienwalde, Bad.*

FALKENHAGEN *Brandenburg siehe Pritzwalk.*

FALKENHAGEN KREIS SEELOW Brandenburg 416 I 26 – 900 Ew – Höhe 60 m.
  Berlin 73 – Potsdam 117 – Frankfurt (Oder) 22.

  🏨 **Seehotel Luisenhof** M ⌂, Am Gabelsee (S : 1 km), ✉ 15306, 🐾 (033603) 4 00,
  Fax (033603) 40400, �📷, ⌕s, 🐾s, 🌡, ✂ – 📺 ☎ 🕻 👍 ❶ – 🚗 40. 🖭 🗉 𝘝𝘐𝘚𝘈
  🕸 Rest
  Menu à la carte 35/63 – **32 Z** 95/195 – ½ P 25.

FALKENSEE Brandenburg 416 418 I 23, 987 ⑱, 984 ⑮ – 22 300 Ew – Höhe 30 m.
  Berlin 24 – Potsdam 22.

  🏨 **Falkensee,** Spandauer Str. 6, ✉ 14612, 🐾 (03322) 2 50 10, Fax (03322) 250155, 🌡
  ⊶ – 📳 📺 ☎ 🕻 ❶ – 🚗 20. 🖭 🗉 𝘝𝘐𝘚𝘈
  Menu (Montag - Freitag nur Abendessen) à la carte 24/50 – **26 Z** 110/198.

FALKENSTEIN KREIS CHAM Bayern 420 S 21 – 3 000 Ew – Höhe 627 m – Luftkurort –
  Wintersport : 630/700 m 🚡1 🎿1.
  🛈 Verkehrsamt im Rathaus, ✉ 93167, 🐾 (09462) 2 44, Fax (09462) 5310.
  Berlin 499 – München 162 – Cham 21 – Regensburg 29.

  🏨 **Am Schloßpark,** Rodinger Str. 5, ✉ 93167, 🐾 (09462) 9 40 40, Fax (09462) 1664,
  Biergarten, ⌕s – 📳 📺 ☎ ⇦ ❶ – 🚗 30. 🖭 ❶ 🗉 𝘝𝘐𝘚𝘈
  Menu (Montag geschl.) à la carte 24/48 – **17 Z** 75/130 – ½ P 20.

  🏨 **Café Schwarz** ⌂, Arracher Höhe 1, ✉ 93167, 🐾 (09462) 2 50, Fax (09462) 674, ≤,
  ⌕s, 🔲, 🌡 – ⇦ ❶
  Ende Nov. - Mitte Dez. geschl. – (nur Abendessen für Hausgäste) – **23 Z** 55/100 – ½ P 10.

FALKENSTEIN (Vogtland) Sachsen 418 420 O 21, 984 ㉗, 987 ㉙ – 10 000 Ew –
  Höhe 500 m.
  🛈 Fremdenverkehrsamt im Heimatmuseum, Schlossplatz 1, ✉ 08223, 🐾 (03745) 60 76,
  Fax (03745) 6076.
  Berlin 310 – Dresden 151 – Gera 63 – Plauen 20.

  🏨 **Falkenstein,** Amtsstr. 1, ✉ 08223, 🐾 (03745) 74 20, Fax (03745) 742444, ⌕s – 📳,
  ⌇ Zim, 📺 ☎ ⇦ ❶ – 🚗 80. 🖭 ❶ 🗉 𝘝𝘐𝘚𝘈 🕸 Rest
  Menu à la carte 27/41 – **50 Z** 115/185 – ½ P 21/26.

  🏨 **Jägerhalle,** Schloßstr. 50 (B 169), ✉ 08223, 🐾 (03745) 7 12 83, Fax (03745) 71324
  ⊶ – 📺 ☎ ⇦ 🗉
  Menu à la carte 22/37 – **12 Z** 65/95.

FALLINGBOSTEL Niedersachsen 415 416 H 13, 987 ⑯ – 14 000 Ew – Höhe 50 m – Kneippheilbad
  und Luftkurort.
  🛈 Kurverwaltung, Sebastian-Kneipp-Platz 1, ✉ 29683, 🐾 (05162) 40 00, Fax (05162)
  400500.
  Berlin 329 – Hannover 69 – Bremen 70 – Hamburg 95 – Lüneburg 69.

  🏨 **Berlin,** Düshorner Str. 7, ✉ 29683, 🐾 (05162) 30 66, Fax (05162) 1636, 🌡, 🌡 – 📺
  ☎ ⇦ ❶ – 🚗 25. 🖭 🗉 𝘝𝘐𝘚𝘈 🕸 Rest
  Menu (Sonntagabend geschl.) à la carte 39/49 – **20 Z** 95/150.

  🏨 **Haus Petersen** garni, Schlüterberg 1, ✉ 29683, 🐾 (05162) 59 66, Fax (05162) 1262,
  ⌕s, 🔲, 🌡 – 📺 ☎ ⇦ ❶. ❶ 🗉 𝘝𝘐𝘚𝘈
  16 Z 85/160.

  🏨 **Karpinski** garni, Kirchplatz 1, ✉ 29683, 🐾 (05162) 30 41, Fax (05162) 6405 – 📳 📺
  ☎ ⇦ ❶. 🖭 ❶ 🗉 𝘝𝘐𝘚𝘈 🕸
  Mitte Dez. - Mitte Jan. geschl. – **22 Z** 75/125.

  MICHELIN-REIFENWERKE KGaA. Regionales Vertriebszentrum ✉ 29683 Fallingbostel, Bockhorner Weg 11, 🐾 (05162) 40 50 Fax (05162) 405299.

FARCHANT Bayern 419 420 X 17 – 3 900 Ew – Höhe 700 m – Erholungsort – Wintersport :
  650/700 m 🎿2.
  🎿 Oberau, Gut Buchwies (NO : 4 km), 🐾 (08824) 83 44..
  🛈 Verkehrsamt im Rathaus, Am Gern 1, ✉ 82490, 🐾 (08821) 96 16 96, Fax (08821)
  961622.
  Berlin 671 – München 84 – Garmisch-Partenkirchen 4 – Landsberg am Lech 73.

🏠 **Alter Wirt,** Bahnhofstr. 1, ✉ 82490, ✆ (08821) 62 38, Fax (08821) 61455, 🏦 – ☎
🅿 ⚠ ⓪ 🇪 𝘝𝘐𝘚𝘈
Menu (außer Saison Donnerstag geschl.) à la carte 27/51 – **35 Z** 75/130 – ½ P 25.

🏠 **Kirchmayer,** Hauptstr. 14, ✉ 82490, ✆ (08821) 6 87 33, Fax (08821) 6345, 🏦 – 🛗
🐎 📺 ☎ 🅿 ⚠ 🇪 𝘝𝘐𝘚𝘈 𝙅𝘾𝘽
5. Nov. - 15. Dez. geschl. – Menu à la carte 24/49 – **18 Z** 80/140 – ½ P 25.

🏠 **Gästehaus Zugspitz** garni, Mühldörflstr. 4, ✉ 82490, ✆ (08821) 9 62 60,
Fax (08821) 962636, ≼, ≘s, 🍽 – 📺 ☎ 🅿
nach Ostern 1 Woche geschl. – **14 Z** 60/110.

FASSBERG Niedersachsen 𝟰𝟭𝟱 𝟰𝟭𝟲 H 14 – 6 800 Ew – Höhe 60 m.
🅱 Verkehrsbüro in Müden, Hauptstr. 6, ✉ 29328, ✆ (05053) 3 29.
Berlin 308 – Hannover 90 – Celle 44 – Munster 14.

In Faßberg-Müden SW : 4 km – Erholungsort

🏨 **Niemeyer's Posthotel,** Hauptstr. 7, ✉ 29328, ✆ (05053) 9 89 00,
Fax (05053) 989064, « Gartenterrasse », ≘s – ⚡ Zim, 📺 ☎ 🅿 – 🔬 40. 🇪 𝘝𝘐𝘚𝘈. ❀ Zim
Menu (Sonntagabend und Jan. 2 Wochen geschl.) à la carte 43/66 – **33 Z** 120/280 – ½ P 35.

🏨 **Landhotel Bauernwald** ❀, Alte Dorfstr. 8, ✉ 29328, ✆ (05053) 5 88,
Fax (05053) 1556, « Gartenterrasse », ≘s, 🍽 – ⚡ Zim, 📺 ☎ ⇦ 🅿 – 🔬 50. 𝘝𝘐𝘚𝘈
Mitte Dez. - Anfang Jan. geschl. – Menu à la carte 40/68 – **37 Z** 105/185.

FEHMARN (Insel) Schleswig-Holstein 𝟰𝟭𝟱 𝟰𝟭𝟲 C 17, 𝟵𝟴𝟳 ⑥ – Ostseeinsel, durch die
Fehmarnsundbrücke★ (Auto und Eisenbahn) mit dem Festland verbunden.
🏌 Burg-Wulfen, ✆ (04371) 69 69.
🚢 (Fähre), ✆ (04371) 86 51 11.
⚓ von Puttgarden nach Rodbyhavn/Dänemark.
🅱 Insel-Information in Burg, Breite Str. 28, ✉ 23769, ✆ 30 54, Fax 50681.
🅱 Kurverwaltung in Burg-Südstrand, ✉ 23769, ✆ 5 00 50, Fax 500590.

Bannesdorf – 2 300 Ew.
Burg 5.

In Bannesdorf - Neue Tiefe S : 6 km (ab Burg 2 km) :

🏠 **Strandhotel** garni, Am Binnensee 2 (Nähe Südstrand), ✉ 23769, ✆ (04371) 31 42,
Fax (04371) 9730 – 📺 ☎ 🅿 🇪. ❀
24 Z 70/140.

Burg – 6 000 Ew – Ostseeheilbad.
Berlin 350 – Kiel 86 – Lübeck 86 – Oldenburg in Holstein 31.

In Burg-Burgstaaken :

🏠 **Schützenhof** ❀, Menzelweg 2, ✉ 23769, ✆ (04371) 5 00 80, Fax (04371) 9670 – 📺
☎ 🅿 ⚠ 🇪. ❀ Zim
Jan. geschl. – Menu (Dienstag geschl.) à la carte 29/58 – **29 Z** 70/150 – ½ P 25.

In Burg-Südstrand :

🏨 **Intersol** ❀, Südstrandpromenade, ✉ 23769, ✆ (04371) 86 53, Fax (04371) 3765, ≼,
🏦 – 🛗 📺 ☎ 🔥 🅿 – 🔬 40. ⓪ 🇪 𝘝𝘐𝘚𝘈
Jan. - Feb. geschl. – Menu à la carte 32/63 – **44 Z** 118/277 – ½ P 48.

FEILNBACH, BAD Bayern 𝟰𝟮𝟬 W 20 – 6 800 Ew – Höhe 540 m – Moorheilbad.
🅱 Kur- und Verkehrsamt, Bahnhofstr. 5, ✉ 83075, ✆ (08066) 14 44, Fax (08066) 88750.
Berlin 650 – München 62 – Garmisch-Partenkirchen 99 – Rosenheim 19 – Miesbach 22.

🏨 **Kur- und Sporthotel** garni, Am Heilholz 3, ✉ 83075, ✆ (08066) 88 80,
Fax (08066) 88855, ⚕, ≘s, 🏊, 🍽 – 📺 ☎ ⇦ 🅿 – 🔬 20. ❀
Dez. - Jan. geschl. – **24 Z** 79/189.

🏠 **Gästehaus Funk** ❀ garni, Nordweg 21, ✉ 83075, ✆ (08066) 80 15,
Fax (08066) 8442, ≘s, 🍽 – 📺 ☎ 🅿
12 Z 55/100.

🏠 **Gästehaus Kniep** ❀ garni, Wendelsteinstr. 41, ✉ 83075, ✆ (08066) 3 37, ≘s, 🍽
– 🅿. ❀
Nov. - 20. Dez. geschl. – **12 Z** 48/102.

In Bad Feilnbach-Au NW : 5 km :

XX **Landgasthof zur Post** mit Zim, Hauptstr. 48, ⊠ 83075, ℰ (08064) 7 42, 龠 – ❶.
E
Ende Aug. - Mitte Sept. geschl. – **Menu** (Sonntagabend - Montag geschl.) (wochentags nur
Abendessen, Tischbestellung erforderlich) 80/110 – **6 Z** 70/130
Spez. Terrine vom Freilandhühnchen. Rahmsuppe von Pilzen. Zanderfilet in Rieslingsauce.

In Bad Feilnbach-Oberhofen NW : 6,5 km :

Forellen Stuben, Oberhofen 81, ⊠ 83075, ℰ (08064) 3 81, Fax (08064) 1792, 龠,
龠 – 龠 ❶
Mitte Jan. - Mitte Feb. geschl. – **Menu** (Montag geschl.) à la carte 21/50 ⅓ – **15 Z** 52/90
– ½ P 18.

FELDAFING Bayern 419 420 W 17, 987 ㊵ – 4 900 Ew – Höhe 650 m – Erholungsort.
 Feldafing, Tutzinger Str. 15, ℰ (08157) 9 33 40.
Berlin 621 – München 35 – Garmisch-Partenkirchen 65 – Weilheim 19.

 Kaiserin Elisabeth, Tutzinger Str. 2, ⊠ 82340, ℰ (08157) 10 13, Fax (08157) 4939,
≤ Starnberger See, 龠, « Park », 龠, ℀ – 劇, 龠 Zim, 📺 ☎ 龠 ❶ – 益 50. 歴 ⑩
E VISA JCB. ℀ Rest
Menu à la carte 51/77 – **69 Z** 90/290 – ½ P 48.

In Feldafing-Wieling W : 2 km :

 Zur Linde, An der B 2, ⊠ 82340, ℰ (08157) 93 31 80, Fax (08157) 933188, Biergarten
– 龠 Zim, 📺 ☎ ❶. E
Menu à la carte 26/52 – **11 Z** 75/115 – ½ P 25.

FELDBERG IM SCHWARZWALD Baden-Württemberg 419 W 8, 987 ㊲ – 1 500 Ew – Höhe
1 230 m – Luftkurort – Wintersport : 1 000/1 500 m ⚡17 ⚡3.
Sehenswert : Gipfel ✱★★ – Bismarck-Denkmal ≤★.
 Tourist-Information, Feldberg-Altglashütten, Kirchgasse 1, ⊠ 79868,
ℰ (07655) 80 19, Fax (07655) 80143.
Berlin 791 – Stuttgart 170 – Basel 60 – Donaueschingen 45 – Freiburg im Breisgau 43.

In Feldberg-Altglashütten – Höhe 950 m

 Waldeck-Gästehaus Monika, Windgfällstr. 19, ⊠ 79868, ℰ (07655) 3 64,
Fax (07655) 231, ≤, 龠, 龠, 龠 – 📺 ☎ 龠 ❶ E VISA
Nov. - Mitte Dez. geschl. – **Menu** (Mittwoch geschl.) à la carte 33/58 – **20 Z** 62/132 –
½ P 23.

 Pension Schlehdorn, Sommerberg 1 (B 500), ⊠ 79868, ℰ (07655) 5 64,
Fax (07655) 1320, ≤, 龠, 龠 – 📺 ☎ 龠 ❶. E VISA. ℀ Rest
(nur Abendessen für Hausgäste) – **16 Z** 70/160 – ½ P 23.

X **Haus Sommerberg** mit Zim, Am Sommerberg 14, ⊠ 79868, ℰ (07655) 14 11,
Fax (07655) 1640, 龠, 龠 – 📺 龠 ❶. E
16. Nov. - 9. Dez. geschl. – **Menu** (Montag - Dienstagmittag geschl.) à la carte 38/66 – **9 Z**
48/116 – ½ P 25.

In Feldberg-Bärental – Höhe 980 m

 Tannhof 龠, Im Dobel 1, ⊠ 79868, ℰ (07655) 6 62, Fax (07655) 1631, 龠, 龠, ▨,
龠, ℀ – 龠 Zim, 📺 ☎ 龠 ❶. 歴 ⑩ E VISA
3. März - 4. April und 3. Nov.- 5. Dez. geschl. – **Menu** à la carte 52/65 – **22 Z** 105/190
– ½ P 32.

 Adler, Feldbergstr. 4 (B 317), ⊠ 79868, ℰ (07655) 12 42, Fax (07655) 1228, 龠,
« Schwarzwaldgasthof a.d.J. 1840 » – 📺 ☎ ❶ 歴 ⑩ E VISA
Menu à la carte 28/60 – **16 Z** 100/240 – ½ P 32.

In Feldberg-Falkau – Höhe 950 m

 Sporthotel Falkau, Haslachstr. 12, ⊠ 79868, ℰ (07655) 90 81 20,
Fax (07655) 9081220, 龠, 龠, 龠, ℀ – 📺 ❶ – 益 40. ℀
Ende Nov. - Mitte Dez. geschl. – **Menu** (nur Abendessen) à la carte 27/60 ⅓ – **24 Z** 65/126
– ½ P 10.

 Peterle 龠, Schuppenhörnlestr. 18, ⊠ 79868, ℰ (07655) 6 77, Fax (07655) 1771, ≤,
龠, 龠 – 龠 Zim, 📺 ☎ 龠 ❶. E VISA
Mitte Nov.- Mitte Dez. geschl. – **Menu** (Donnerstag geschl.) à la carte 27/55 ⅓ – **14 Z**
49/110 – ½ P 20.

FELDKIRCHEN-WESTERHAM Bayern 🔢 W 19 – 8 500 Ew – Höhe 551 m.
- 🚈 Feldkirchen-Westerham, Oed 1, ℰ (08063) 63 00.
  Berlin 623 – München 39 – Rosenheim 24.

Im Ortsteil Aschbach NW : 3 km ab Feldkirchen :
- �ⅩⅩ **Berggasthof Aschbach** mit Zim, ⊠ 83620, ℰ (08063) 8 06 60, Fax (08063) 806620,
  <, 🏔 – 📺 ☎ 🅿. ⓔ 𝑽𝑰𝑺𝑨
  Menu (Montag geschl.) à la carte 34/70 – **9 Z** 90/180.

FELLBACH Baden-Württemberg siehe Stuttgart.

FENSTERBACH Bayern siehe Schwarzenfeld.

FERCH Brandenburg siehe Potsdam.

FEUCHT Bayern 🔢🔢 R 17, 🔢🔢 ㉘ – 13 200 Ew – Höhe 361 m.
Siehe Nürnberg (Umgebungsplan).
Berlin 441 – München 153 – Nürnberg 19 – Regensburg 95.

- 🏠 **Bauer** garni, Schwabacher Str. 25b, ⊠ 90537, ℰ (09128) 29 33, Fax (09128) 16090 –
  📳 ☎ 🚗 🅿. ⓔ 𝑽𝑰𝑺𝑨   CT x
  24. Dez. - 6. Jan. geschl. – **36 Z** 58/120.

An der Autobahn A 9 SW : 2 km :
- 🏠 **Motel Feucht** garni, Ostseite, ⊠ 90537 Feucht, ℰ (09128) 27 77, Fax (09128) 12317
  – 🕭 🚗 🅿. 🆎 ⓔ 𝑽𝑰𝑺𝑨   CT e
  60 Z 97/166.

FEUCHTWANGEN Bayern 🔢🔢 S 14, 🔢🔢 ㉘ – 12 000 Ew – Höhe 450 m – Erholungsort.
- 🅱 Verkehrsbüro, Marktplatz 1, ⊠ 91555, ℰ (09852) 9 04 44, Fax (09852) 90466.
  Berlin 509 – München 171 – Stuttgart 131 – Schwäbisch Hall 52 – Ulm (Donau) 115 –
  Ansbach 25.

- 🏨 **Romantik Hotel Greifen-Post,** Marktplatz 8, ⊠ 91555, ℰ (09852) 68 00,
  Fax (09852) 68068, 🚄, 🖾 – 📳, 🙌 Zim, 📺 ☎ 🚗 – 🏔 15. 🆎 ⓞ ⓔ 𝑽𝑰𝑺𝑨 𝙅𝘾𝘽. 🛇 Rest
  Menu à la carte 53/80 – **38 Z** 139/279 – ½ P 49.
- 🏠 **Ballheimer,** Ringstr. 57, ⊠ 91555, ℰ (09852) 91 82, Fax (09852) 3738, 🏔 – 📺 🅿.
  ⓔ 𝑽𝑰𝑺𝑨 𝙅𝘾𝘽
  Menu (Okt. - Mai Montag geschl.) à la carte 29/60 – **14 Z** 70/145.
- 🍽 **Lamm,** Marktplatz 5, ⊠ 91555, ℰ (09852) 25 00, Fax (09852) 2884 – 📺 ☎
  🚗 20. Dez. - 10. Jan. geschl. – **Menu** (Dienstag geschl.) à la carte 22/37 ⚱ – **8 Z** 65/140.

In Feuchtwangen-Dorfgütingen N : 6 km :
- 🏠 **Landgasthof Zum Ross,** Dorfgütingen 37 (B 25), ⊠ 91555, ℰ (09852) 6 74 30,
  Fax (09852) 6743116, Biergarten, 🚄, 🛇 – 📺 ☎ 🚗 🅿
  23. Dez. - 10. Jan. und 26. Okt. - 3. Nov. geschl. – **Menu** (Sonntagabend - Montag geschl.)
  à la carte 29/57 – **12 Z** 70/110.

FICHTELBERG Bayern 🔢 Q 19 – 2 800 Ew – Höhe 684 m – Luftkurort – Wintersport :
700/1 024 m ⚡1 ⚡5.
- 🅱 Verkehrsamt im Rathaus, Bayreuther Str. 4, ⊠ 95686, ℰ (09272) 9 70 33, Fax (09272)
  97044.
  Berlin 366 – München 259 – Bayreuth 30 – Marktredwitz 21.

- 🏨 **Schönblick** 🏖 (mit Ferienwohnanlage), Gustav-Leuteld-Str. 18, ⊠ 95686,
  ℰ (09272) 9 78 00, Fax (09272) 9780200, 🏔, 🚄, 🖾, 🔥 – 📳, 🙌 Zim, 📺 ☎ 🚗
  🅿 – 🏔 50
  Menu à la carte 36/65 – **58 Z** 75/176 – ½ P 25.

In Fichtelberg-Neubau NW : 2 km :
- 🏠 **Specht,** Fichtelberger Str. 41, ⊠ 95686, ℰ (09272) 97 30, Fax (09272) 97320, 🏔, 🔥
  🚗 – ☎ 🅿 – 🏔 30
  Menu à la carte 21/44 ⚱ – **26 Z** 35/90 – ½ P 15.
- 🏠 **Waldhotel am Fichtelsee** 🏖 (Zufahrt nur für Hotelgäste), ⊠ 95686,
  ℰ (09272) 4 66, Fax (09272) 469, <, 🏔, 🔥 – 📺 🛎 🅿
  Ende Okt. - Mitte Dez. geschl. – **Menu** à la carte 27/51 – **18 Z** 55/110 – ½ P 16.

FICHTENAU Baden-Württemberg siehe Dinkelsbühl.

FIEFBERGEN Schleswig-Holstein 415 416 C 15 – 350 Ew – Höhe 30 m.
Berlin 348 – Kiel 19 – Lütjenburg 27 – Preetz 24.

X · **Sommerhof**, Am Dorfteich 11, ⊠ 24217, ℰ (04344) 66 85, Fax (04344) 4498,
« Gartenterrasse » – ℗. ☼
Montag - Dienstag sowie Feb. und Okt. - Nov. jeweils 2 Wochen geschl. – **Menu** (nur Abend-
essen, Tischbestellung ratsam) à la carte 68/73
Spez. Terrine von Bückling und Kartoffel. Gegrillte Hechtweißwurst mit Knoblauch-
Kartoffelpüree. Kalbsleber mit Speck und Trüffelrisotto.

FILDERSTADT Baden-Württemberg 419 T 11 – 37 000 Ew – Höhe 370 m.
Berlin 656 – Stuttgart 19 – Reutlingen 25 – Ulm (Donau) 80.

In Filderstadt-Bernhausen :

🏨 · **Duotel** garni, Karl-Benz-Str. 25, ⊠ 70794, ℰ (0711) 7 09 00, Fax (0711) 7090100 – 🛗,
☼ Zim, 📺 ☎ ℰ ⇔ ℗ – 🔬 15. 🖭 ⓞ 🄴 𝚅𝙸𝚂𝙰
113 **Z** 170/276.

🏨 · **Schwanen** garni, Obere Bachstr. 5, ⊠ 70794, ℰ (0711) 7 08 20, Fax (0711) 7082411
– 🛗 📺 ☎ ⇔. 🖭 ⓞ 🄴 𝚅𝙸𝚂𝙰
39 **Z** 134/185.

🏨 · **Schumacher** garni, Volmarstr. 19, ⊠ 70794, ℰ (0711) 70 30 83, Fax (0711) 704420
– 🛗 📺 ☎. 🄴 𝚅𝙸𝚂𝙰
25 **Z** 100/150.

In Filderstadt-Bonlanden :

🏨 · **Astron,** Bonländer Hauptstr. 145 (nahe der B 27/312), ⊠ 70794, ℰ (0711) 7 78 10,
Fax (0711) 7781555, ☞, ≦s, – 🛗, ☼ Zim, 📺 ☎ ℗ – 🔬 120. 🖭 ⓞ 🄴 𝚅𝙸𝚂𝙰
Menu à la carte 42/70 – **117 Z** 154/250.

🏨 · **Comfort Inn** garni, Reinäckerstr. 61, ⊠ 70794, ℰ (0711) 7 78 30, Fax (0711) 7783387,
≦s – 🛗 ☼ 📺 ☎ ℰ ⅙ ⇔ ℗ – 🔬 30. 🖭 ⓞ 🄴 𝚅𝙸𝚂𝙰 𝙹𝙲𝙱
62 **Z** 99/145.

In Filderstadt-Sielmingen :

🏨 · **Zimmermann** garni, Wielandstr. 2, ⊠ 70794, ℰ (07158) 93 30, Fax (07158) 933275
– 🛗 ☼ 📺 ☎ ⅙ ⇔ ℗ – 🔬 20. 🄴 𝚅𝙸𝚂𝙰
45 **Z** 99/170.

FINNENTROP Nordrhein-Westfalen 417 M 7, 987 ㉖ – 17 400 Ew – Höhe 230 m.
Berlin 529 – Düsseldorf 130 – Lüdenscheid 43 – Meschede 46 – Olpe 25.

In Finnentrop-Bamenohl SO : 2 km :

🏨 · **Cordes,** Bamenohler Str. 59 (B 236), ⊠ 57413, ℰ (02721) 7 07 36, Fax (02721) 6905
– 📺 ☎ ⇔. 🖭 🄴 Rest
Menu (Dienstag geschl.) à la carte 35/81 – **10 Z** 80/160.

In Finnentrop-Rönkhausen N : 7 km :

🏨 · **Im Stillen Winkel** ☞, Kapellenstr. 11, ⊠ 57413, ℰ (02395) 3 71, Fax (02395) 1583,
☞ – 📺 ☎ ℗. 🖭 ⓞ 🄴 𝚅𝙸𝚂𝙰. ☼ Rest
Menu (Donnerstag geschl.) (wochentags nur Abendessen) à la carte 33/60 – **8 Z** 90/145
– ½ P 18.

FINOWFURT Brandenburg siehe Eberswalde-Finow.

FINSTERBERGEN Thüringen 418 N 15 – 1 600 Ew – Höhe 419 m – Erholungsort.
🛈 Fremdenverkehrsamt, Hauptstr. 17, ⊠ 99898, ℰ (03623) 30 61 22.
Berlin 341 – Erfurt 50 – Bad Hersfeld 89 – Coburg 104.

🏨 · **Zur Tanne,** Hauptstr. 37, ⊠ 99898, ℰ (03623) 3 60 30, Fax (03623) 360312 – 📺 ☎
⇔ ℗. 🖭 🄴
Menu (Donnerstag geschl.) à la carte 19/35 ⅙ – **10 Z** 60/80.

🏨 · **Spießberghaus** ☞ (mit Gästehaus), Schmalkalder Str. 3 (W : 3,5 Km), ⊠ 99898,
⇔ ℰ (03623) 30 45 50, Fax (03623) 363543, ☞ – 📺 ☎ ℗. 🄴 𝚅𝙸𝚂𝙰
Menu à la carte 24/41 – **33 Z** 75/110 – ½ P 10.

FINSTERWALDE *Brandenburg* 🔢🔢🔢 *L 25,* 🔢🔢🔢 ⑳*,* 🔢🔢🔢 ⑲ *– 23 000 Ew – Höhe 106 m.*
    🅱 *Fremdenverkehrsbüro, Markt 1 (Rathaus),* ⊠ *03238,* 🖉 *(03531) 70 30 79, Fax (03531)*
    703079.
    Berlin 120 – Potsdam 144 – Cottbus 55 – Dresden 93 – Leipzig 115.

🏨 **Boulevardhotel Sängerstadt,** Markt 2, ⊠ 03238, 🖉 (03531) 25 57,
   Fax (03531) 3389 – 📺 ☎. ⒶⒺ Ⓔ 𝘝𝘐𝘚𝘈
   Menu à la carte 24/50 – **27 Z** 80/130.

🏨 **Zum Vetter** garni, Lange Str. 15, ⊠ 03238, 🖉 (03531) 22 69, Fax (03531) 3205 – 📺
   ☎ ⇨. Ⓔ 𝘝𝘐𝘚𝘈
   20 Z 79/149.

🍴🍴 **Goldener Hahn** mit Zim, Bahnhofstr. 3, ⊠ 03238, 🖉 (03531) 22 14, Fax (03531) 8535,
   Biergarten – 📺 ☎. ⒶⒺ ⓄⒺ 𝘝𝘐𝘚𝘈
   Menu *(Samstagmittag und Sonntagabend geschl.)* à la carte 24/61 – **12 Z** 70/160.

FISCHACH *Bayern* 🔢🔢🔢 🔢🔢🔢 *V 15 – 4 600 Ew – Höhe 490 m.*
    🏌 *Gessertshausen, Weiherhof (O : 14 km),* 🖉 *(08238) 78 44.*
    Berlin 578 – München 90 – Augsburg 22   Ulm (Donau) 73.

🍴🍴 **Zur Posthalterei** mit Zim, Poststr. 14, ⊠ 86850, 🖉 (08236) 15 57, Fax (08236) 306,
   🍽 – 📺 ☎ ⓟ. ⓞ
   Menu *(Donnerstag geschl.)* à la carte 32/54 – **9 Z** 50/95 – ½ P 15.

FISCHBACHAU *Bayern* 🔢🔢🔢 *W 19 – 4 700 Ew – Höhe 771 m – Erholungsort – Wintersport :*
    770/900 m ≰1 ≰7.
    🅱 *Verkehrsamt, Rathaus, Kirchplatz 10,* ⊠ *83730,* 🖉 *(08028) 8 76, Fax (08028) 2040.*
    Berlin 661 – München 72 – Garmisch-Partenkirchen 90 – Miesbach 18.

In Fischbachau-Birkenstein *O : 1 km :*

🏠 **Oberwirt** 🍴, Birkensteinstr. 91, ⊠ 83730, 🖉 (08028) 8 14, 🍽, 🍴 – ⓟ. 🍴 Zim
   15. - 30. Jan. geschl. – **Menu** *(Mittwoch geschl.)* à la carte 24/48 🍷 – **18 Z** 65/95 – ½ P 13.

In Fischbachau-Winkl *N : 1 km :*

🍴 **Café Winklstüberl** mit Zim, Leitzachtalstr. 68, ⊠ 83730, 🖉 (08028) 7 42,
   Fax (08028) 1586, « Gemütliche Bauernstuben, Sammlung von Kaffeemühlen, Gartenter-
   rasse mit ≤ » – ⓟ
   Menu à la carte 25/42 – **8 Z** 40/80.

FISCHBACHTAL *Hessen* 🔢🔢🔢 🔢🔢🔢 *Q 10 – 2 500 Ew – Höhe 300 m.*
    Berlin 575 – Wiesbaden 72 – Darmstadt 25 – Mannheim 57.

In Fischbachtal-Lichtenberg *– Erholungsort :*

🍴🍴🍴 **Landhaus Baur** 🍴 mit Zim (ehem. Villa in einem kleinen Park), Lippmannweg 15,
   ❀ ⊠ 64405, 🖉 (06166) 83 13, Fax (06166) 8841, ≤, 🍽 – 📺 ⓟ. ⒶⒺ Ⓔ. 🍴 Rest
   Jan. und Okt. jeweils 2 Wochen geschl. – **Menu** *(Montag - Dienstagmittag geschl.)* (Tischbestellung erforderlich) 125/170 und à la carte 80/118 – **5 Z** 140/250
   Spez. Praline von der geräucherten Forelle. Rehrücken auf Ingwercouscous. Pflaumen-
   bonbons mit Muskatnußeis (Aug.-Sept.).

FISCHEN IM ALLGÄU *Bayern* 🔢🔢🔢 🔢🔢🔢 *X 14,* 🔢🔢🔢 ㊴ *– 2 800 Ew – Höhe 760 m – Heilklimatischer*
    Kurort – Wintersport : 760/1 665 m ≰3 ≰5.
    🅱 *Verkehrsamt, Am Anger 15,* ⊠ *87538,* 🖉 *(08326) 18 15, Fax (08326) 9066.*
    Berlin 731 – München 157 – Kempten (Allgäu) 33 – Oberstdorf 6.

🏨🏨 **Rosenstock,** Berger Weg 14, ⊠ 87538, 🖉 (08326) 18 95, Fax (08326) 9676, ≘s, 🏊,
   🍽 – 🛗 📺 ☎ ⓟ. 🍴
   3. Nov. - 17. Dez. geschl. – (Restaurant nur für Hausgäste) – **44 Z** 85/208 – ½ P 14.

🏨🏨 **Burgmühle** 🍴, Auf der Insel 4a, ⊠ 87538, 🖉 (08326) 99 50, Fax (08326) 7352, ≘s,
   🏊, 🍽 – ⇝ 📺 ☎ ⇨ ⓟ. 🍴
   Anfang Nov. - Mitte Dez. geschl. – (nur Abendessen für Hausgäste) – **25 Z** 99/320 –
   ½ P 22/30.

🏨 **Café Haus Alpenblick** 🍴, Maderhalmer Weg 10, ⊠ 87538, 🖉 (08326) 97 91,
   Fax (08326) 9794, ≤, 🍽 – ☎ ⇨ ⓟ
   Nov. - Mitte Dez. geschl. – **Menu** *(Dienstag - Mittwoch geschl.)* (nur Abendessen) à la carte
   26/56 – **20 Z** 72/140 – ½ P 12.

🍴 **Krone** mit Zim, Auf der Insel 1, ⊠ 87538, 🖉 (08326) 2 87, Fax (08326) 9351, 🍽 – 📺
   ⓟ
   30. März - 9. April und 11. Nov. - 10. Dez. geschl. – **Menu** *(Montag - Dienstagmittag geschl.)*
   à la carte 32/62 – **9 Z** 75/140 – ½ P 20.

In Fischen-Langenwang *S : 3 km :*

🏠🏠 **Kur- und Sporthotel Sonnenbichl** ॐ, Sägestr. 19, ⊠ 87538, ℰ (08326) 99 40, *Fax (08326) 994180*, ≼, 龠, Massage, ⚎, ♨, ⊆s, 🔲, 龠, ⚒ - ⧖| ⇆ Zim, 🔲 ☎ ⇔
🅿. ✄
Nov. - 19. Dez. und 15. April - 7. Mai geschl. – **Menu** *à la carte 31/69 –* **54 Z** *90/292 –* ½ P 30.

🏠 **Café Frohsinn** ॐ, Wiesenweg 4, ⊠ 87538, ℰ (08326) 18 48, *Fax (08326) 1840*, ≼, Massage, ⚎, ♨, ⊆s, 🔲, 龠 - ⧖| ☎ 🅿. ✄
2. Nov. - 20. Dez. geschl. – (Restaurant nur für Hausgäste) – **54 Z** *97/200 –* ½ P 10.

In Fischen-Maderhalm :

🏠🏠 **Kur- und Sporthotel Tanneck** ॐ, Maderhalm 20, ⊠ 87538, ℰ (08326) 99 90, *Fax (08326) 999133*, ≼ Fischen und Allgäuer Berge, 龠, Massage, ⚎, ⨍⧖, ♨, ⊆s, 🔲, 龠, ⚒ - ⧖| 🔲 ⇔ 🅿 - 🔬 40. ✄ Rest
Mitte April - Anfang Mai und Anfang Nov. - Mitte Dez. geschl. – **Menu** *à la carte 43/65 –* **63 Z** *137/332, 3 Suiten –* ½ P 24.

🏠 **Café Maderhalm** ॐ, Maderhalmer Weg 19, ⊠ 87538, ℰ (08326) 3 60 50, *Fax (08326) 7492*, ≼ Fischen und Allgäuer Berge, 龠 - ☎ ⇔ 🅿
Nov. - Mitte Dez. geschl. – **Menu** *à la carte 29/58 –* **13 Z** *69/130 –* ½ P 17.

In Obermaiselstein *W : 3 km :*

🏔 **Café Steiner** ॐ, Niederdorf 21, ⊠ 87538, ℰ (08326) 4 90, *Fax (08326) 7241*, ≼, 龠 - 🅿. ⊑
Nov. - Mitte Dez. geschl. – (Restaurant nur für Hausgäste) – **10 Z** *52/124 –* ½ P 13/15.

🍴🍴 **Langer's Schlemmerstuben**, Paßstr. 2, ⊠ 87538, ℰ (08326) 95 00,
🕸 *Fax (08326) 9496*, 龠 - 🅿
Mitte April - Okt. Dienstag - Mittwochmittag, Nov. - Anfang April Montag - Mittwochmittag, Jan. 3 Wochen sowie April 1 Woche und Nov. 3 Wochen geschl. – **Menu** *à la carte 60/87*
Spez. *Gratinierter Hummer mit Gemüsenudeln. Gänseleber in Honigbutter. Allgäuer Charolaisfilet mit Schupfnudeln.*

FISCHERBACH *Baden-Württemberg* **419** *V 8 – 1600 Ew – Höhe 220 m – Erholungsort.*
Berlin 780 – Stuttgart 149 – Freiburg im Breisgau 52 – Freudenstadt 50 – Offenburg 33.

🏠 **Krone** ॐ, Vordertalstr. 17, ⊠ 77716, ℰ (07832) 29 97, *Fax (07832) 5575*, 龠, 龠 -
⇔ ⧖| 🅿 ⇔ 🅿. ÆE ⓸ ⊑ 🆅🆂🅰. ✄ Zim
Feb.- März und Ende Okt. - Anfang Nov. jeweils 2 Wochen geschl. – **Menu** *(Montag geschl.) à la carte 24/52* ♨ – **18 Z** *60/115 –* ½ P 18.

FLADUNGEN *Bayern* **418 420** *O 14 – 2400 Ew – Höhe 416 m.*
Berlin 405 – Wiesbaden 183 – Bad Neustadt 32 – Fulda 52 – Thann 27.

🏠🏠 **Sonnentau** ॐ (mit 🏔 Pension Sonnentau), Wurmbergstr. 1, ⊠ 97650,
⇔ ℰ (09778) 9 12 20, *Fax (09778) 912255*, ≼, 龠, ⊆s, 🔲, 龠 - ⧖| 🔲 ☎ 🅿 - 🔬 40
Menu *(Dienstag geschl.) à la carte 20/41 –* **49 Z** *48/132 –* ½ P 20.

FLAMMERSFELD *Rheinland-Pfalz* **417** *O 6 – 1200 Ew – Höhe 270 m – Luftkurort.*
🈁 *Fremdenverkehrsbüro (Rathaus), Rheinstr. 17, ⊠57632, ℰ (02685) 80 91 19, Fax (02685) 809100.*
Berlin 592 – Mainz 119 – Bonn 60 – Köln 66 – Limburg an der Lahn 60 – Koblenz 45.

In Rott *SW : 2 km :*

🏠 **Zur Schönen Aussicht** ॐ, Gartenstraße, ⊠ 57632, ℰ (02685) 3 44, *Fax (02685) 8478*, « Garten », ⊆s, 🔲, 龠 - 🔲 🅿
5. - 12. März und 22. Okt. - 18. Dez. geschl. – (Restaurant nur für Hausgäste) – **18 Z** *54/120 –* ½ P 16.

FLEIN *Baden-Württemberg siehe Heilbronn.*

FLENSBURG *Schleswig-Holstein* **415** *B 12,* **987** ⑤ *– 89000 Ew – Höhe 20 m.*
Sehenswert : *Städtisches Museum⋆* Y **M1** *– Nikolaikirche (Orgel⋆) Z – Flensburger Förde⋆* Y.
🈁 *Verkehrsverein, Speicherlinie 40, ⊠ 24937, ℰ (0461) 2 30 90, Fax (0461) 17352.*
ADAC, *Schleswiger Str.130, ⊠ 24941, ℰ (0461) 90 22 00, Fax (0461) 9022011.*
Berlin 426 ③ – Kiel 88 ③ – Hamburg 158 ③

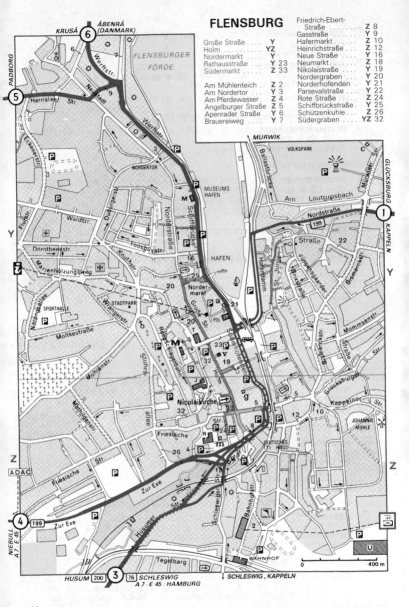

FLENSBURG

Große Straße .... **Y**
Holm .... **YZ**
Nordermarkt .... **Y**
Rathausstraße .. **Y** 23
Südermarkt ..... **Z** 33

Am Mühlenteich .. **Z** 2
Am Nordertor ... **Y** 3
Am Pferdewasser . **Z** 4
Angelburger Straße **Z** 5
Apenrader Straße . **Y** 6
Brauereiweg .... **Y** 7

Friedrich-Ebert-
  Straße .... **Z** 8
Gasstraße ...... **Y** 9
Hafermarkt...... **Z** 10
Heinrichstraße .. **Z** 12
Neue Straße .... **Y** 16
Neumarkt ...... **Z** 18
Nikolaistraße ... **Y** 19
Nordergraben ... **Y** 20
Norderhofenden . **Y** 21
Parsevalstraße .. **Y** 22
Rote Straße .... **Z** 24
Schiffbrückstraße. **Y** 25
Schützenkuhle .. **Z** 26
Südergraben .... **YZ** 32

🏨 **Ramada** Ⓜ garni, Norderhofenden 6, ☒ 24937, ✆ (0461) 8 41 10, Fax (0461) 8411299, ⇌ – |\$|, ✳ Zim, 📺 ☎ &. – 🏛 70. 🖭 ⓞ Ε 𝘝𝘐𝘚𝘈 JCB   Y a
95 Z 147/194, 4 Suiten.

🏨 **Flensburger Hof** garni, Süderhofenden 38, ☒ 24937, ✆ (0461) 14 19 90, Fax (0461) 1419999 – |\$| ✳ 📺 ☎ ✆ 🅿. 🖭 ⓞ 𝘝𝘐𝘚𝘈   Z g
28 Z 110/185.

🏨 **Central-Hotel** garni, Neumarkt 1, ☒ 24937, ✆ (0461) 8 60 00, Fax (0461) 22599 – |\$|
📺 ☎ ⇌ 🅿. 🖭 ⓞ Ε 𝘝𝘐𝘚𝘈   Z a
54 Z 95/180.

🏠 **Am Rathaus** garni, Rote Str. 32, ⊠ 24937, 𝒸 (0461) 1 73 33, Fax (0461) 181382 – 📶
📺 ☎ 🚗 🅿
Z m
23. Dez.- 4. Jan. geschl. – **37 Z** 85/150.

🏠 **Am Wasserturm** 📎, Blasberg 13, ⊠ 24943, 𝒸 (0461) 3 15 06 00,
Fax (0461) 312287, 🍴, ☎s, 🏊, 🔟, 🌳 – 📺 ☎ 🅿. 🖭 ① 🗲 𝘝𝘐𝘚𝘈
Y c
Menu à la carte 39/61 – **34 Z** 100/180.

XX **Marienhölzung,** Marienhölzungsweg 150, ⊠ 24939, 𝒸 (0461) 58 22 94, Biergarten
– 🅿. 🗲
über Dorotheenstraße   Y
Montag und Feb. geschl. – **Menu** à la carte 37/64.

X **Borgerforeningen,** Holm 17, ⊠ 24937, 𝒸 (0461) 2 33 85, Fax (0461) 23085, 🍴 –
🅿. 🖭 ① 🗲 𝘝𝘐𝘚𝘈
Y v
Sonntag geschl. – **Menu** à la carte 45/62.

In Harrislee-Wassersleben ⑥ : 5 km :

🏠 **Wassersleben,** Wassersleben 4, ⊠ 24955, 𝒸 (0461) 7 74 20, Fax (0461) 7742133, ≤,
🍴 – 📺 ☎ 🅿 – 🛄 60. 🖭 ① 🗲 𝘝𝘐𝘚𝘈
Menu à la carte 45/68 – **25 Z** 105/260.

In Oeversee ③ : 9 km an der B 76 :

🏠🏠 **Romantik Hotel Historischer Krug** (mit Gästehäusern), ⊠ 24988,
𝒸 (04630) 94 00, Fax (04630) 780, 🍴, « Garten », Massage, ☎s, 🏊, 🔟, 🌳 – 📺 ☎
🅿 – 🛄 25. 🖭 ① 🗲 𝘝𝘐𝘚𝘈
Menu à la carte 52/82 – **50 Z** 99/250 – ½ P 40.

FLINTSBACH AM INN Bayern 𝟰𝟮𝟬 W 20 – 2 400 Ew – Höhe 496 m – Erholungsort.
🛈 Verkehrsamt, Rathaus, Kirchstr. 9, ⊠ 83126, 𝒸 (08034) 18 13, Fax (08034) 2062.
Berlin 662 – München 73 – Bad Reichenhall 85 – Rosenheim 18.

🏠 **Dannerwirt** 📎, Kirchplatz 4, ⊠ 83126, 𝒸 (08034) 9 06 00, Fax (08034) 906050, 🍴
– 📺 ☎ 🅿. 🗲
Nov. 3 Wochen geschl. – **Menu** (Donnerstag geschl.) à la carte 25/48 – **24 Z** 75/105 –
½ P 25.

FLÖHA Sachsen 𝟰𝟭𝟴 N 23, 𝟵𝟴𝟰 ㉓, 𝟵𝟴𝟳 ㉙ – 12 400 Ew – Höhe 340 m.
🛈 Stadtinformation, Markt 9, ⊠ 09569 Oederan, 𝒸 (037292) 2 23 10, Fax (037292)
22310.
Berlin 252 – Dresden 59 – Chemnitz 13 – Chomutov 72 – Karlovy Vary 95 – Zwickau 56.

In Oederan O : 7 km :

🏠🏠 **Andersen** garni, Durchfahrt 1a, ⊠ 09569, 𝒸 (037292) 6 06 05, Fax (037292) 60607
– 📶 ✎ 📺 ☎ ✆ – 🛄 30. 🖭 ① 🗲 𝘝𝘐𝘚𝘈
24 Z 95/135.

FLÖRSHEIM Hessen 𝟰𝟭𝟳 P 9 – 16 600 Ew – Höhe 95 m.
Berlin 556 – Wiesbaden 21 – Frankfurt am Main 29 – Darmstadt 28 – Mainz 15.

🏠 **Herrnberg,** Bürgermeister-Lauck-Straße/Ecke Kapellenstraße, ⊠ 65439,
𝒸 (06145) 95 30, Fax (06145) 953222 – 📶 📺 ☎ 🅿. 🖭 ① 🗲 𝘝𝘐𝘚𝘈 𝘑𝘊𝘉. ✎ Zim
Menu (Freitag und Juli - Aug. 3 Wochen geschl.) (wochentags nur Abendessen) à la carte
28/51 – **36 Z** 125/195.

In Flörsheim-Bad Weilbach NO 2,5 km :

🏠🏠 **Airport Country Hotel,** Alleestr. 18, ⊠ 65439, 𝒸 (06145) 93 00,
Fax (06145) 930230, 🍴 – 📶, ▦ Rest, 📺 ☎ 🅿 – 🛄 50. 🖭 ① 🗲 𝘝𝘐𝘚𝘈 ✎
24. Dez. - 3. Jan. geschl. – **Menu** à la carte 48/76 – **56 Z** 195/370 – ½ P 38.

Pleasant hotels or restaurants
are shown in the Guide by a red sign.
Please send us the names
of any where you have enjoyed your stay.
Your **Michelin Guide** will be even better.

🏠🏠🏠 ... 🏠

XXXXX ... X

FLOSS Bayern 4️⃣2️⃣0️⃣ Q 20 – 3 700 Ew – Höhe 500 m.
Berlin 405 – München 254 – Weiden 11.

🏠 **Goldener Löwe,** Marktplatz 2, ✉ 92685, ✆ (09603) 10 74, Fax (09603) 1076, ➠s –
📶, ✦ Zim, 📺 ☎ ⛟ ♿ – 🅰 20. 🆎 ⓪ ⋐ 𝘝𝘐𝘚𝘈
Menu à la carte 27/53 – **26 Z** 88/148.

FÖHR (Insel) Schleswig-Holstein 4️⃣1️⃣5️⃣ B 9, 9️⃣8️⃣4️⃣ ②, 9️⃣8️⃣7️⃣ ④ Insel der Nordfriesischen Inselgruppe
– Seebad.
Ausflugsziele : Die Halligen★ (per Schiff).
🏌 Nieblum, ✆ (04681) 58 04 55.
🚢 von Dagebüll (ca. 45 min). Für PKW Voranmeldung bei Wyker Dampfschiffs-Reederei
GmbH in Wyk, ✆ (04681) 8 01 40, Fax 80116.
Berlin 466 – Kiel 126 – Flensburg 57 – Niebüll 15.

Nieblum – 800 Ew.
🏨 **Landhotel Witt,** Alkersumstieg 4, ✉ 25938, ✆ (04681) 5 87 70, Fax (04681) 587758,
« Gartenterrasse », ➠s, ☞ – ✦ Zim, 📺 ☎ ℗
Menu (Montagmittag geschl.) à la carte 46/70 – **16 Z** 145/240 – ½ P 38.

Oevenum – 500 Ew.
🏨 **Landhaus Laura** ⑀, Bruunstrat 49, ✉ 25938, ✆ (04681) 5 97 90,
Fax (04681) 597935, ☞, « Einrichtung im "Laura Ashley"-Stil » – 📺 ☎ ℗
Menu (Dienstag geschl.) à la carte 36/65 – **17 Z** 115/280.

Utersum – 510 Ew.
🏨 **Luisenhof** ⑀ garni, Poolstich 5 (Hedehusum), ✉ 25938, ✆ (04683) 12 21,
Fax (04683) 1223, « Restauriertes Bauernhaus a.d.J. 1635 mit individueller Einrichtung »,
☞ – ✦ 📺 ☎ ℗
März - Nov. – **7 Z** 180/280.

Wyk – 5 000 Ew – Heilbad.
🅱 Städt. Kurverwaltung, Rathaus, Hafenstraße, ✉ 25938, ✆ (04681) 30 40, Fax (04681)
3060.
🏠 **Duus,** Hafenstr. 40, ✉ 25938, ✆ (04681) 5 98 10, Fax (04681) 598140 – 📺 ☎. 🆎 ⓪
⋐ 𝘝𝘐𝘚𝘈 𝙅𝘾𝘉
Mitte Nov.- 24. Dez. geschl. – **Menu** (Donnerstag geschl.) à la carte 37/63 – **22 Z**
120/190.
🏠 **Colosseum** ⑀, Große Str. 42, ✉ 25938, ✆ (04681) 5 97 00, Fax (04681) 597037 –
📺 ☎ ℗. ⋐
Feb.- März 3 Wochen geschl. – **Menu** (Mittwoch geschl.) à la carte 35/59 – **20 Z** 100/190
– ½ P 24.
✗ **Alt Wyk,** Große Str. 4, ✉ 25938, ✆ (04681) 32 12, Fax (04681) 59172
Dienstag, 10. Jan. - Feb. und 24. Nov. - 5. Dez. geschl. – **Menu** (nur Abendessen) à la carte
40/71.
✗ **Friesenstube,** Süderstr. 8, ✉ 25938, ✆ (04681) 24 04, Fax (04681) 915 – 🆎 ⋐ 𝘝𝘐𝘚𝘈.
✾
Montag und 10. Jan. - 18. Feb. geschl. – **Menu** à la carte 36/55.

FORBACH Baden-Württemberg 4️⃣1️⃣9️⃣ T 9 – 6 000 Ew – Höhe 331 m – Luftkurort.
🅱 Kurverwaltung, Kurhaus, Striedstr. 14, ✉ 76596, ✆ (07228) 23 40, Fax (07228) 2997.
Berlin 717 – Stuttgart 106 – Karlsruhe 46 – Freudenstadt 31 – Baden-Baden 26.

An der Schwarzenbachtalsperre SW : 9,5 km über Raumünzach - Höhe 670 m :
🏠 **Schwarzenbach-Hotel** ⑀, ✉ 76596 Forbach, ✆ (07228) 91 90,
Fax (07228) 919160, ☞, 🔲, ☞ – 📶 📺 ☎ ⟿ ℗ – 🅰 50. ⋐
Jan. geschl. – **Menu** à la carte 30/58 – **33 Z** 76/164 – ½ P 27.

In Forbach-Hundsbach SW : 14 km über Raumünzach – Wintersport : 750/1000 m ⚡1
⚡1 :
🏠 **Feiner Schnabel** ⑀, Hundseckstr. 24, ✉ 76596, ✆ (07220) 2 72, Fax (07220) 272,
👹 ☞, ➠s, 🔲, ☞ – 📺 ⟿ ℗. 🆎 ⓪ 𝘝𝘐𝘚𝘈. ✾ Rest
2. Nov. - 18. Dez. geschl. – **Menu** (Dienstag geschl.) à la carte 24/52 🍷 – **10 Z** 56/140 –
½ P 22.

351

FORCHHEIM Bayern 420 Q 17, 987 ㉘ – 31 000 Ew – Höhe 265 m.
   Sehenswert : Pfarrkirche (Bilder der Martinslegende★).
   🛈 Tourist-Information, Rathaus, ✉ 91301, ℰ (09191) 71 43 38, Fax (09191) 714206.
   Berlin 429 – München 206 – Nürnberg 38 – Bamberg 25 – Würzburg 93.

🏨 **Franken** ⑤ garni, Ziegeleistr. 17, ✉ 91301, ℰ (09191) 62 40, Fax (09191) 62480 – 📺 ☎ ⇔ 🅿. 🆎 ⑩ 🗲 𝑉𝐼𝑆𝐴. ⅏
   40 Z 74/109.

🏨 **Am Kronengarten** garni, Bamberger Str. 6 a, ✉ 91301, ℰ (09191) 6 67 68, Fax (09191) 66331 – 🛗 📺 ☎. 🆎 ⑩ 🗲 𝑉𝐼𝑆𝐴
   25 Z 90/120.

🏨 **Pilatushof** ⑤ garni, Kapellenstr. 13, ✉ 91301, ℰ (09191) 8 99 70, Fax (09191) 65835 – 📺 ☎. 🆎 ⑩ 🗲 𝑉𝐼𝑆𝐴
   8 Z 70/120.

In Forchheim-Burk W : 1,5 km :

🏨 **Schweizer Grom**, Röthenstr. 5, ✉ 91301, ℰ (09191) 39 55, Fax (09191) 3955, Biergarten – 📺 🅿 – 🔬 25. 🗲 𝑉𝐼𝑆𝐴
   Menu (Freitag und 6. - 22. Juni geschl.) à la carte 23/40 – **30 Z** 75/120 – ½ P 22.

In Kunreuth-Regensberg SO : 15 km :

🏨 **Berggasthof Hötzelein** ⑤, ✉ 91358, ℰ (09199) 80 90, Fax (09199) 80999, ⪡Fränkische Schweiz, 🍴, ⪧, 🐎 – 🛗 📺 ☎ 🅿 – 🔬 30. 🗲 𝑉𝐼𝑆𝐴. ⅏
   24. Nov. - 24. Dez. geschl. – **Menu** (Dienstag geschl.) à la carte 32/51 – **31 Z** 85/140.

FORCHTENBERG Baden-Württemberg 419 S 12 – 3 800 Ew – Höhe 189 m.
   Berlin 573 – Stuttgart 83 – Heilbronn 41 – Künzelsau 13 – Würzburg 93.

In Forchtenberg-Sindringen W : 6 km :

🏨 **Krone** (mit Gästehaus), Untere Str. 2, ✉ 74670, ℰ (07948) 9 10 00, Fax (07948) 2492, 🍴 – 📺 ☎ ⇔ 🅿 – 🔬 40. 🗲
   2. - 28. Jan. geschl. – **Menu** (Dienstag geschl.) à la carte 25/46 🍷 – **27 Z** 70/120.

FORST Baden-Württemberg siehe Bruchsal.

FORST Rheinland-Pfalz siehe Deidesheim.

FORST (LAUSITZ) Brandenburg 418 K 27, 984 ⑳, 987 ⑲ – 25 000 Ew – Höhe 78 m.
   Berlin 149 – Potsdam 180 – Cottbus 26.

🏨 **Wiwo**, Domsdorfer Kirchweg 14, ✉ 03149, ℰ (03562) 95 10, Fax (03562) 984379 – 🛗, ⅏ Zim, 🍴 Rest, 📺 ☎ 🅿 – 🔬 120. 🆎 🗲 𝑉𝐼𝑆𝐴
   Menu (Montag - Freitag nur Abendessen, Sonntag nur Mittagessen) à la carte 24/45 – **76 Z** 115/135.

🏨 **Giro**, Taubenstr. 30, ✉ 03149, ℰ (03562) 98 30 41, Fax (03562) 983999, 🍴 – ⅏ Zim, 📺 ☎ ℰ 🅿 – 🔬 40. 🆎 🗲 𝑉𝐼𝑆𝐴
   Menu à la carte 24/47 – **32 Z** 110/150.

FRAMMERSBACH Bayern 417 P 12, 987 ㉗ – 5 100 Ew – Höhe 225 m – Erholungsort – Wintersport : 450/530 m ⚡1 ⚡3.
   🛈 Verkehrsverein im Rathaus, Marktplatz 3, ✉97833, ℰ (09355) 48 00, Fax (09355) 971233.
   Berlin 527 – München 332 – Frankfurt am Main 71 – Fulda 74 – Würzburg 52.

🏨 **Landgasthof Kessler**, Orber Str. 23 (B 276), ✉ 97833, ℰ (09355) 12 36, Fax (09355) 99741 – 📺 ☎ ⇔ 🅿 – 🔬 30
   Mitte Jan. - Mitte Feb. geschl. – **Menu** (Mittwochabend geschl.) à la carte 24/49 🍷 – **15 Z** 59/101 – ½ P 15.

🍽🍽 **Schwarzkopf** mit Zim, Lohrer Str. 80 (B 276), ✉ 97833, ℰ (09355) 3 07, Fax (09355) 4412, Biergarten – 📺 ☎ ⇔. 🗲. ⅏
   Jan. und Sept. jeweils 1 Woche geschl. – **Menu** (Montag - Dienstagmittag geschl.) (Tischbestellung ratsam) à la carte 27/62 – **6 Z** 55/120 – ½ P 15.

In Frammersbach-Habichsthal *W : 7,5 km :*

🏠 **Zur frischen Quelle,** Dorfstr. 10, ✉ 97833, ℰ (06020) 13 93, *Fax (06020) 2815,* 🍴,
🍽 ⛭, 🚗 – ☻
Feb. - März und Nov. - Dez. jeweils 2 Wochen geschl. – **Menu** *(Mittwoch geschl.)* à la carte
22/49 ♨ – **19 Z** 40/74 – ½ P 20.

FRANKENBERG *Sachsen* 🔢 *N 23,* 🔢 ㉓, 🔢 ㉙ – *16 000 Ew – Höhe 262 m.*
🚩 *Fremdenverkehrsamt, Markt 5,* ✉ 09669, ℰ (037206) 7 04 24, *Fax (037206) 70424.*
Berlin 245 – Dresden 63 – Chemnitz 13 – Chomutov 79 – Karlovy Vary 95 – Zwickau 54.

🏨 **Landhotel Kaiser** Ⓜ 🔉, Am Dammplatz, ✉ 09669, ℰ (037206) 7 73,
Fax (037206) 77599, 🍴, 🍽 – 📶, 🔑 Zim, 📺 ☎ 📞 ☻ – 🔒 80. 🖽 ⓪ ☰ 🆅🆂🅰
🅹🅲🅱
Menu à la carte 29/50 – **76 Z** 135/189.

🏠 **Lützelhöhe** 🔉 garni, Dr.-Wilhelm-Külz-Str. 53, ✉ 09669, ℰ (037206) 53 20,
Fax (037206) 5300 – 🔑 📺 ☎ ☻ – 🔒 20. ☰ 🆅🆂🅰
17 Z 90/130.

This book is not an exhaustive list of all hotels
but a selection which has been limited on purpose.

FRANKENBERG AN DER EDER *Hessen* 🔢 *M 10,* 🔢 ㉗ – *18 000 Ew – Höhe 296 m.*
Sehenswert : *Rathaus★.*
Ausflugsziel : *Haina : Ehemaliges Kloster★, O : 18 km.*
🚩 *Verkehrsamt, Obermarkt 13 (Stadthaus),* ✉ 35066, ℰ (06451) 50 51 13, *Fax (06451)
505203.*
Berlin 451 – Wiesbaden 156 – Kassel 78 – Marburg 36 – Paderborn 104 – Siegen 83.

🏨 **Sonne** 🔉, Marktplatz 2, ✉ 35066, ℰ (06451) 75 00, *Fax (06451) 22147,* 🍴, Massage,
🍽 – 📶 🍽 📺 ☎ – 🔒 150. 🖽 ⓪ ☰ 🆅🆂🅰
Menu *(Sonntagabend, Juli - Aug. Sonntag - Montag geschl.)* (bemerkenswerte Weinkarte)
à la carte 40/80 – **42 Z** 98/280 – ½ P 35.

🏠 **Rats-Schänke** 🔉, Marktplatz 7, ✉ 35066, ℰ (06451) 7 26 60, *Fax (06451) 726655*
– 📶 📺 ☎ 🚗. 🖽 ⓪ ☰ 🆅🆂🅰
2. - 15. Jan. geschl. – **Menu** *(Donnerstag geschl.)* à la carte 30/60 – **38 Z** 90/240 –
½ P 25.

FRANKENHAIN *Thüringen* 🔢 *N 16* – *1 100 Ew – Höhe 398 m.*
Berlin 330 – Erfurt 39 – Gotha 28 – Ilmenau 14 – Suhl 25.

🏠 **Gasthof am Gisselgrund,** Ohrdrufer Str. 9, ✉ 99330, ℰ (036205) 74 30,
🍽 *Fax (036205) 74334,* 🍴, 🍽 – 📺 ☎ ☻. 🖽 ⓪ ☰ 🆅🆂🅰 🅹🅲🅱
Menu à la carte 23/35 – **17 Z** 75/127 – ½ P 19.

FRANKENHAUSEN, BAD *Thüringen* 🔢 *L 17,* 🔢 ⑰ – *10 000 Ew – Höhe 138 m – Kurort.*
🚩 *Kyffhäuser-Information, Am Anger 14,* ✉ 06567, ℰ (034671) 7 17 17, *Fax (034671)
71719.*
Berlin 246 – Erfurt 57 – Göttingen 110 – Halle 81 – Nordhausen 31.

🏨 **Residence Frankenburg** Ⓜ 🔉, Am Schlachtberg 3, ✉ 06567, ℰ (034671) 7 50,
Fax (034671) 75300, ◁, 🍴, Massage, ⚕, 🍽, 🔲 (Gebühr) – 📶, 🔑 Zim, 🍽 Rest, 📺 ☎ 🔥
🏋 ☻ – 🔒 30. 🖽 ⓪ ☰ 🆅🆂🅰. 🦌 Rest – **Menu** à la carte 45/70
87 Z 140/215 – ½ P 33.

🏨 **Reichental** Ⓜ, Rottleber Str. 4, ✉ 06567, ℰ (034671) 6 80, *Fax (034672) 68100,* 🍴,
🍽, 🔲 – 📶, 🔑 Zim, 📺 ☎ 🔥 🔥 ☻ – 🔒 100. 🖽 ⓪ ☰ 🆅🆂🅰
Menu à la carte 31/65 – **51 Z** 130/185 – ½ P 25.

🏠 **Grabenmühle,** Am Wallgraben 1, ✉ 06567, ℰ (034671) 7 98 82, *Fax (034671) 79883,*
🍽 Biergarten – 📺 ☎ ☻. ☰ 🆅🆂🅰. 🦌
Menu *(Sonntagabend geschl.)* à la carte 23/43 – **14 Z** 60/120 – ½ P 15.

FRANKENTHAL IN DER PFALZ *Rheinland-Pfalz* 🔢🔢 *R 9,* 🔢 ㉖ – *47 000 Ew – Höhe
94 m.*
Siehe auch Mannheim-Ludwigshafen (Umgebungsplan).
🚩 *Städt. Verkehrsverein, Rathaus,* ✉ 67227, ℰ (06233) 8 93 95, *Fax (06233) 89400.*
Berlin 618 – Mainz 66 – Kaiserslautern 47 – Mannheim 13 – Worms 10.

FRANKENTHAL
IN DER PFALZ

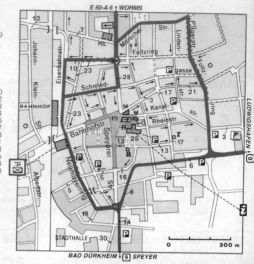

Bauer Hotel Residenz M garni, Mina-Karcher-Platz 9, ⊠ 67227, ✆ (06233) 34 30, *Fax (06233) 343434*, Ⅰ⅕, ⇌s – |፥| ❦ 🆃🆅 ☎ ✆ ⇌ – ⚐ 20. 🆎 ⑩ Ⅎ 🆅🆂🅰 🅹🅲🅱 Umgebungsplan Mannheim-Ludwigshafen AU c 104 **Z** 159/239, 8 Suiten.

Achat M garni, Mahlastr. 18, ⊠ 67227, ✆ (06233) 49 20, *Fax (06233) 492999* – |፥| ❦ 🆃🆅 ☎ ✆ ⇌ ⚐ – ⚐ 12. 🆎 Ⅎ 🆅🆂🅰 Umgebungsplan Mannheim-Ludwigshafen AU a *Weihnachten - Anfang Jan. geschl.* – 126 **Z** 125/165.

Central, Karolinenstr. 6, ⊠ 67227, ✆ (06233) 87 80, *Fax (06233) 22151*, Biergarten, ⇌s, 🄻 – |፥| ❦ Zim, 🆃🆅 ☎ ⚐ – ⚐ 80. 🆎 ⑩ Ⅎ 🆅🆂🅰 a **Menu** *(Samstagmittag und Sonntag geschl.)* à la carte 38/63 – 75 **Z** 99/259.

Filling garni, Nürnberger Str. 14, ⊠ 67227, ✆ (06233) 3 16 60, *Fax (06233) 28259* – 🆃🆅 ☎ ✆ ⚐. Ⅎ 🆅🆂🅰 r 18 **Z** 75/110.

Adamslust, An der Adamslust 10, ⊠ 67227, ✆ (06233) 6 17 16, *Fax (06233) 68249*, 🏠 – ⚐. ⑩ Ⅎ 🆅🆂🅰 Umgebungsplan Mannheim-Ludwigshafen AU n *Feb. 3 Wochen und Montag geschl.* – **Menu** (Tischbestellung ratsam) à la carte 52/72.

FRANKFURT AM MAIN Hessen 💶📆 P 10, 💶💶💶 ㉗ – 660 000 Ew – Höhe 91 m.

Sehenswert : Zoo★★★ FV – Goethehaus★ GZ – Dom★ (Westturm★★, Chorgestühl★, Dom-Museum★) HZ – Palmengarten★ CV – Senckenberg-Museum★ (Paläontologie★★) CV **M9** – Städelsches Museum und Städtische Galerie★★ GZ – Museum für Kunsthandwerk★ HZ – Deutsches Filmmuseum★ GZ **M7** – Henninger Turm ※ ★ FX – Museum für moderne Kunst★ HY **M10**.

🏌 Frankfurt-Niederrad, Golfstr. 41 BT, 🖉 (06996 66 23 18 ; 🏌 Frankfurt-Niederrad, Schwarzwaldstr.125BT, 🖉 (069)96 74 13 53 – ✈ Frankfurt Main (AU), 🖉 6 90 25 95.
🚗 in Neu-Isenburg – Messegelände (CX), 🖉 7 57 50, Fax 75756433.

🛈 Tourismus-und Kongress GmbH im Hauptbahnhof, ✉ 60329, 🖉 (069) 21 23 88 49, Fax (069) 21240512.

🛈 Tourismus-und Kongress GmbH im Römer, ✉ 60311, 🖉 (069) 21 23 87 08.
ADAC, Schumannstr. 4, ✉ 60325, 🖉 (069) 74 38 00, Fax (069) 749254.
ADAC, Schillerstr. 12, ✉ 60313, 🖉 (069) 74 38 03 55, Fax (069) 283597.
Berlin 537 ⑧ – Wiesbaden 41 ⑦ – Bonn 178 ⑤ – Nürnberg 226 ③ – Stuttgart 204 ⑤

Messe-Preise : siehe S. 8   Foires et salons : voir p. 20

Fairs : see p. 32   Fiere : vedere p. 44

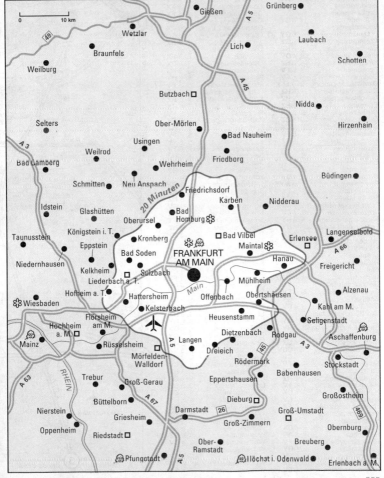

355

STRASSENVERZEICHNIS

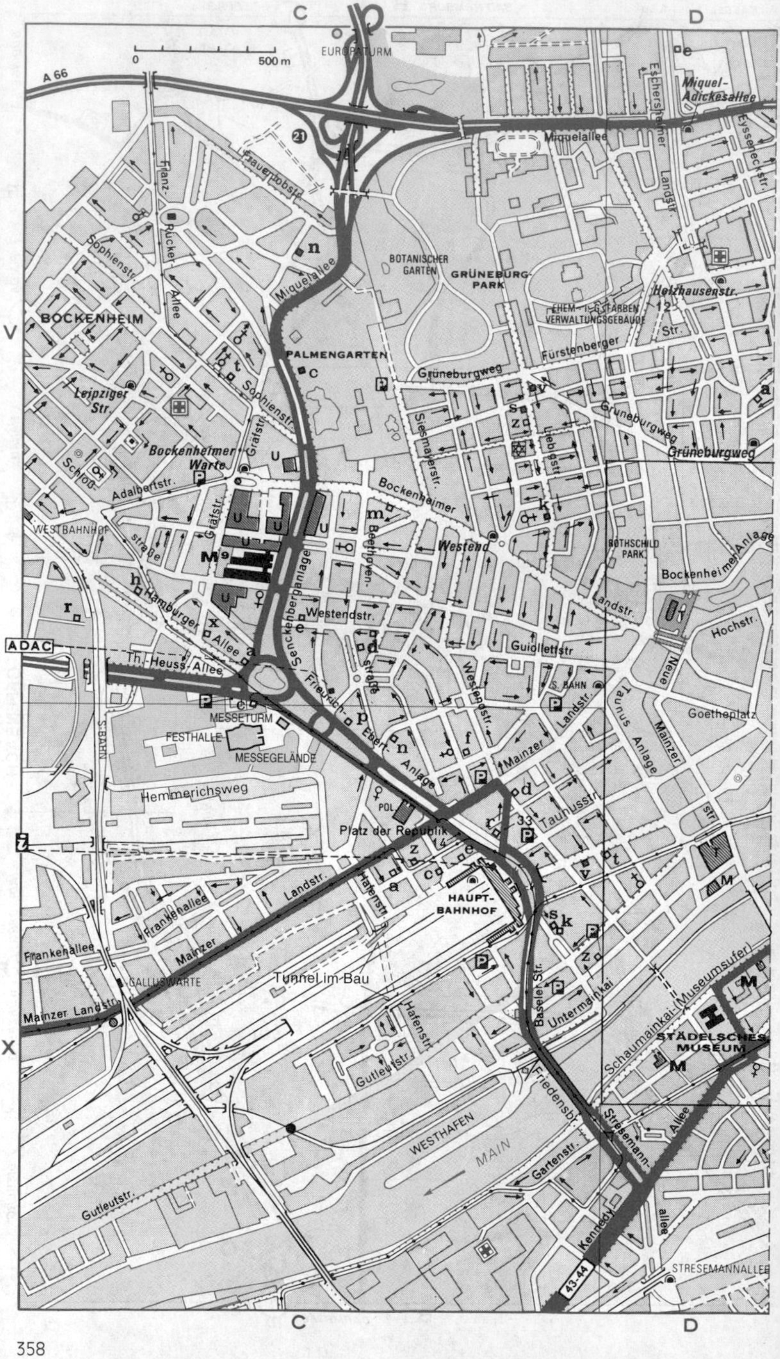

A 66

EUROPTURM

C · D

500 m

Miquel-Adickesallee

Miquelallee

BOCKENHEIM

Franz-Rücker-Allee

Sophienstr.

BOTANISCHER GARTEN

GRÜNEBURG PARK

EHEM. I.-G.-STABBEN VERWALTUNGSGEBÄUDE

Holzhausenstr.

Leipziger Str.

Bockenheimer Warte

PALMENGARTEN

Grüneburgweg

Grüneburgweg

Grüneburgweg

Adalbertstr.

Miquelallee

Fürstenberger

WESTBAHNHOF

Sophienstr.

Bockenheimer

Westend

ROTHSCHILD PARK

Bockenheimer Anlage

Hochstr.

Hamburger Allee

Beethoven-str.

Senckenberganlage

Westendstr.

Guiolettstr.

Taunus-Anlage

Goetheplatz

ADAC

Th.-Heuss-Allee

MESSETURM

FESTHALLE

MESSEGELÄNDE

Hemmerichsweg

Friedrich-Ebert-Anlage

Mainzer Landstr.

S-BAHN

POL.

Platz der Republik

33

Taunusstr.

HAUPT-BAHNHOF

Frankenallee

Landstr.

Hafenstr.

Mainzer

Baseler Str.

SALLUSWARTE

Frankenallee

Mainzer Landstr.

Tunnel im Bau

Gutleutstr.

Schaumainkai · Museumsufer

STÄDELSCHES MUSEUM

X

WESTHAFEN

MAIN

Untermainkai

Friedensbr.

Stresemann

Gutleutstr.

Gartenstr.

Kennedy-allee

Stresemannallee

43·44

STRESEMANNALLEE

C · D

358

FRANKFURT
AM MAIN

Straßenverzeichnis siehe Frankfurt S. 2

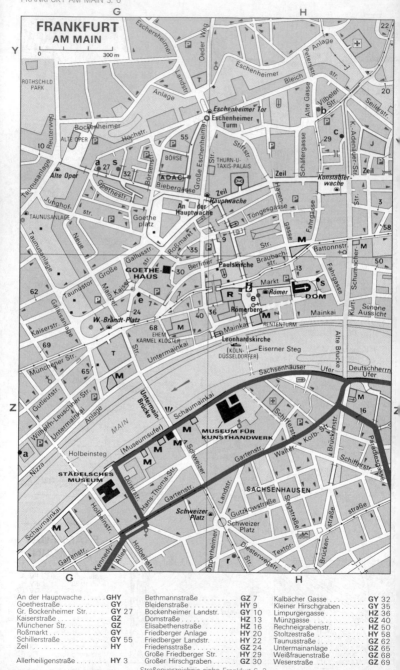

Straßenverzeichnis siehe Frankfurt S. 2

🏨 **Steigenberger Frankfurter Hof**, Bethmannstr. 33, ✉ 60311, ℰ (069) 2 15 02, *Fax (069) 215900*, ☖, Massage – |‡|, ⇔ Zim, 🗏 📺 ✆ – 🕭 120. 🖭 ⓪ ⴹ *VISA* ᴊᴄʙ, ⅏ Rest
Menu siehe Rest. *Français* separat erwähnt *Frankfurter Stubb* (Tischbestellung ratsam) *(Samstag - Sonntag und Feiertage sowie Juli - Aug. 4 Wochen geschl.)* **Menu** à la carte 39/66 – *Oscar's (Juli - Aug. 4 Wochen geschl.)* **Menu** à la carte 44/75 – **332 Z** 407/694, 20 Suiten.   GZ e

🏨 **Hessischer Hof**, Friedrich-Ebert-Anlage 40, ✉ 60325, ℰ (069) 7 54 00, *Fax (069) 75402924*, « Sèvres-Porzellansammlung im Restaurant » – |‡|, ⇔ Zim, 🗏 📺 ✆ ⬁ ❷ – 🕭 120. 🖭 ⓪ ⴹ Rest   CX p
Menu 49 (mittags) und à la carte 72/93 – **117 Z** 390/660, 11 Suiten.

🏨 **Arabella Grand Hotel**, Konrad-Adenauer-Str. 7, ✉ 60313, ℰ (069) 2 98 10, *Fax (069) 2981810*, Massage, 🛵, ⇔ₛ, 🔲 – |‡|, ⇔ Zim, 🗏 📺 ⬁ – 🕭 300. 🖭 ⓪ ⴹ *VISA* ᴊᴄʙ, ⅏ Rest   HY c
Premiere *(nur Abendessen, Juli - Aug. 4 Wochen geschl.)* **Menu** 90/136 und à la carte 76/107 – *Brasserie (nur Mittagessen)* **Menu** à la carte 47/89 – **378 Z** 417/749, 11 Suiten.

🏨 **Maritim Hotel Frankfurt** 🅼, Theodor-Heuss-Allee 3, ✉ 60486, ℰ (069) 7 57 80, *Fax (069) 75781000*, Massage, 🛵, ⇔ₛ, 🔲 – |‡|, ⇔ Zim, 🗏 📺 ✆ ⅄ ⬁ – 🕭 1900. 🖭 ⓪ ⴹ *VISA* ᴊᴄʙ, ⅏ Rest   CVX c
Classico (Samstagmittag und Sonntagmittag geschl.) **Menu** à la carte 57/86 – *Ambiente (nur Mittagessen) (Freitag geschl.)* **Menu** 50 (Buffet) – **543 Z** 365/704, 24 Suiten.

🏨 **Intercontinental Frankfurt**, Wilhelm-Leuschner-Str. 43, ✉ 60329, ℰ (069) 2 60 50, *Fax (069) 252467*, 🛵, ⇔ₛ, 🔲 – |‡|, ⇔ Zim, 🗏 📺 ✆ ⅄ – 🕭 500. 🖭 ⓪ ⴹ *VISA* ᴊᴄʙ   GZ a
Menu à la carte 56/82 – *Kyoto* (japanische Küche) *(Samstagmittag und Sonntag geschl.)* **Menu** à la carte 36/72 – **465 Z** 412/689, 35 Suiten.

🏨 **Frankfurt Marriott Hotel**, Hamburger Allee 2, ✉ 60486, ℰ (069) 7 95 50, *Fax (069) 79552432*, ≤ Frankfurt, Massage, 🛵, ⇔ₛ – |‡|, ⇔ Zim, 🗏 📺 ✆ ⬁ – 🕭 600. 🖭 ⓪ ⴹ *VISA* ᴊᴄʙ, ⅏ Rest   CV a
Menu à la carte 38/92 – **588 Z** 316/565, 17 Suiten.

🏨 **Le Meridien Parkhotel**, Wiesenhüttenplatz 28, ✉ 60329, ℰ (069) 2 69 70, *Fax (069) 269/884*, 🛵, ⇔ₛ – |‡|, ⇔ Zim, 🗏 📺 ✆ ⬁ ❷ – 🕭 160. 🖭 ⓪ ⴹ *VISA* ᴊᴄʙ
Menu à la carte 49/82 – **296 Z** 346/714, 11 Suiten.   CX k

🏨 **Alexander am Zoo** 🅼 garni, Waldschmidtstr. 59, ✉ 60316, ℰ (069) 94 96 00, *Fax (069) 94960720*, ⇔ₛ – |‡| ⇔ 📺 ✆ ⬁ – 🕭 30. 🖭 ⓪ ⴹ *VISA*. ⅏   FV c
59 Z 210/390, 9 Suiten.

🏨 **Palmenhof**, Bockenheimer Landstr. 89, ✉ 60325, ℰ (069) 7 53 00 60, *Fax (069) 75300666* – |‡| 📺 ✆ ⬁. 🖭 ⓪ ⴹ *VISA* ᴊᴄʙ   CV m
23. Dez. - 2. Jan. geschl. – **Menu** *(Samstag sowie Sonn- und Feiertage geschl.)* à la carte 60/77 – **47 Z** 195/305.

🏨 **An der Messe** garni, Westendstr. 104, ✉ 60325, ℰ (069) 74 79 79, *Fax (069) 748349* – |‡| 📺 ⬁. 🖭 ⓪ ⴹ *VISA* ᴊᴄʙ – **46 Z** 230/480.   CV e

🏨 **Sofitel**, Savignystr. 14, ✉ 60325, ℰ (069) 7 53 30, *Fax (069) 7533175* – |‡|, ⇔ Zim, 📺 – 🕭 80. 🖭 ⓪ ⴹ *VISA* ᴊᴄʙ, ⅏ Rest   CX f
Menu à la carte 46/87 – **155 Z** 390/480.

🏨 **Forum Hotel** 🅼 garni, Wilhelm-Leuschner-Str. 34, ✉ 60329, ℰ (069) 2 60 60, *Fax (069) 260602925* – |‡|, ⇔ Zim, 🗏 📺 ✆. 🖭 ⓪ ⴹ *VISA* ᴊᴄʙ   CX z
301 Z 327/589.

🏨 **Mercure**, Voltastr. 29, ✉ 60486, ℰ (069) 7 92 60, *Fax (069) 79261606*, ☖, ⇔ₛ – |‡|, ⇔ Zim, 📺 ☎ ✆ ⬁ – 🕭 80. 🖭 ⓪ ⴹ *VISA* ᴊᴄʙ   BS t
Menu à la carte 38/75 – **346 Z** 203/430, 12 Suiten.

🏨 **Scandic Crown Savoy**, Wiesenhüttenstr. 42, ✉ 60329, ℰ (069) 27 39 60, *Fax (069) 27396795*, Massage, ⇔ₛ, 🔲 – |‡|, ⇔ Zim,, 🗏 Rest, 📺 ☎ – 🕭 100. 🖭 ⓪ ⴹ *VISA* ᴊᴄʙ   CX s
Menu à la carte 46/67 – **144 Z** 260/335.

🏨 **Imperial**, Sophienstr. 40, ✉ 60487, ℰ (069) 7 93 00 30, *Fax (069) 79300388* – |‡|, ⇔ Zim, 🗏 📺 ☎ ✆ ⬁ ❷. 🖭 ⓪ ⴹ *VISA* ᴊᴄʙ   CV t
Menu *(Sonntag geschl.)* (nur Abendessen) à la carte 44/66 – **60 Z** 190/480.

🏨 **Victoria Hotel** garni, Elbestr. 24, ✉ 60329, ℰ (069) 27 30 60, *Fax (069) 27306100* – |‡| ⇔ 📺 ☎ ✆. 🖭 ⓪ ⴹ *VISA* ᴊᴄʙ   CDX t
75 Z 160/390.

🏨 **Bauer Hotel Domicil** garni, Karlstr. 14, ✉ 60329, ℰ (069) 27 11 10, *Fax (069) 253266* – |‡| ⇔ 📺 ☎. 🖭 ⓪ ⴹ *VISA* ᴊᴄʙ   CX d
Weihnachten - Neujahr geschl. – **70 Z** 166/309.

🏨 **Rema-Hotel Bristol** garni, Ludwigstr. 13, ✉ 60327, ℰ (069) 24 23 90, *Fax (069) 251539* – |‡| ⇔ 📺 ☎ – 🕭 25. 🖭 ⓪ ⴹ *VISA* ᴊᴄʙ   CX a
145 Z 170/390.

🏨 **InterCityHotel**, Poststr. 8, ☒ 60329, 𝒫 (069) 27 39 10, *Fax (069) 27391999* – |彈|, 쑴 Zim, 📺 ☎ 🐾 🅿 – 🔏 80. 🖭 ⓪ 🖃 𝚟𝚒𝚜𝚊 𝙹𝙲𝙱. 🛠 Rest   CX e
Menu *(Samstag - Sonntagmittag geschl.)* à la carte 38/61 – **384 Z** 230/395.

🏨 **Novotel Frankfurt City West**, Lise-Meitner-Str. 2, ☒ 60486, 𝒫 (069) 79 30 30, *Fax (069) 79303930*, 🍴, 🕿 – |彈|, 쑴 Zim, 🖃 📺 ☎ 🕹 ⇦ 🅿 – 🔏 140. 🖭 ⓪ 🖃 𝚟𝚒𝚜𝚊
Menu à la carte 36/63 – **235 Z** 200/304.   CV r

🏨 **Die Villa** garni, Emil-Sulzbach-Str. 14, ☒ 60486, 𝒫 (069) 9 79 90 70, *Fax (069) 97990711* – 📺 ☎ 🅿. 🖭 ⓪ 🖃 𝚟𝚒𝚜𝚊 𝙹𝙲𝙱   CV x
20. Dez. - 2. Jan. geschl. – **22 Z** 273/496.

🏨 **Atrium** garni, Beethovenstr. 30, ☒ 60325, 𝒫 (069) 97 56 70, *Fax (069) 97567100* – |彈| 📺 ☎. 🖭 🖃 𝚟𝚒𝚜𝚊.   CV d
22. Dez. - 2. Jan. und über Ostern geschl. – **45 Z** 195/455.

🏨 **Manhatten** garni, Düsseldorfer Str. 10, ☒ 60329, 𝒫 (069) 23 47 48, *Fax (069) 234532* – |彈| 📺 ☎. 🖭 ⓪ 🖃 𝚟𝚒𝚜𝚊 𝙹𝙲𝙱   CX r
60 Z 160/390.

🏨 **Liebig-Hotel** garni, Liebigstr. 45, ☒ 60323, 𝒫 (069) 72 75 51, *Fax (069) 727555* – 쑴 📺 ☎. 🖭 ⓪ 🖃 𝚟𝚒𝚜𝚊   CV z
19 Z 203/356.

🏨 **Am Dom** garni, Kannengießergasse 3, ☒ 60311, 𝒫 (069) 28 21 41, *Fax (069) 283237* – |彈| 📺 ☎. 🖭 𝚟𝚒𝚜𝚊   HZ s
30 Z 155/300.

🏨 **Topas** garni, Niddastr. 88, ☒ 60329, 𝒫 (069) 23 08 52, *Fax (069) 237228* – |彈| 📺 ☎. 🖭 ⓪ 🖃 𝚟𝚒𝚜𝚊 𝙹𝙲𝙱. 🛠   CX z
31 Z 110/310.

🏨 **Cristall** garni, Ottostr. 3, ☒ 60329, 𝒫 (069) 23 03 51, *Fax (069) 253368* – |彈| 📺 ☎. 🖭 ⓪ 🖃 𝚟𝚒𝚜𝚊 𝙹𝙲𝙱. 🛠   CX c
30 Z 110/310.

🏨 **Mondial** garni, Heinestr. 13, ☒ 60322, 𝒫 (069) 59 04 22, *Fax (069) 590424* – |彈| 📺 ☎ ⇦ 🅿. 🖭 ⓪ 🖃 𝚟𝚒𝚜𝚊 𝙹𝙲𝙱   DV a
20 Z 150/195.

🏨 **Astoria** garni, Rheinstr. 25, ☒ 60325, 𝒫 (069) 97 56 00, *Fax (069) 97560140*, 🕿 – 📺 ☎ 🅿. 🖭 ⓪ 🖃 𝚟𝚒𝚜𝚊 𝙹𝙲𝙱   CX n
70 Z 99/240.

🏨 **Diana** garni, Westendstr. 83, ☒ 60325, 𝒫 (069) 74 70 07, *Fax (069) 747079* – 📺 ☎. 🖭 ⓪ 🖃 𝚟𝚒𝚜𝚊 𝙹𝙲𝙱   CV d
26 Z 95/166.

🏨 **Corona** garni, Hamburger Allee 48, ☒ 60486, 𝒫 (069) 77 90 77, *Fax (069) 708639* – |彈| 📺 ☎ 🅿. 🖭 ⓪ 🖃 𝚟𝚒𝚜𝚊   CV h
23. Dez. - 3. Jan. geschl. – **26 Z** 115/325.

𝕏𝕏𝕏𝕏 **Restaurant Français** - Hotel Steigenberger Frankfurter Hof, Bethmannstr. 33,
⊰⊱ ☒ 60311, 𝒫 (069) 2 15 02 – 🖃. 🖭 ⓪ 🖃 𝚟𝚒𝚜𝚊 𝙹𝙲𝙱. 🛠   GZ e
Samstagmittag, Montag, Sonn- und Feiertage (außer Messen), sowie Ende Juli - Mitte Aug. geschl. – **Menu** (Tischbestellung ratsam) à la carte 63/125
Spez. Warme Gänseleberterrine mit Granatapfeljus. Geschmortes Rindfleisch "en Daube" mit schwarzem Trüffel. Variation von der Bitterschokolade mit Gewürzorangenkompott.

𝕏𝕏𝕏 **Humperdinck,** Grüneburgweg 95, ☒ 60323, 𝒫 (069) 72 21 22, *Fax (069) 97203155*,
⊰⊱ 🍴 – 🖭 ⓪ 🖃 𝚟𝚒𝚜𝚊   CV v
Samstagmittag, Sonn- u. Feiertage, Juli - Aug. 3 Wochen sowie Weihnachten - Anfang Jan. geschl. – **Menu** 49 (mittags) und à la carte 81/127
Spez. Gebackene Kartoffelschalen mit Langostinos und Kaviar. Waller mit Kalbskopf und Liebstöckel. Geräucherte Gänsestopfleber mit Steinpilzen (Sept.-Nov.).

𝕏𝕏𝕏 **Union Club Restaurant,** Am Leonhardsbrunnen 12, ☒ 60487, 𝒫 (069) 70 30 33, *Fax (069) 7073820*, 🍴 – 🖭 ⓪ 🖃 𝚟𝚒𝚜𝚊   CV n
Sonntagabend, Samstag und 25. Dez. - 5. Jan. geschl. – **Menu** (Tischbestellung ratsam) à la carte 71/86.

𝕏𝕏 **Tigerpalast-Restaurant,** Heiligkreuzgasse 20, ☒ 60313, 𝒫 (069) 92 00 22 25,
⊰⊱ *Fax (069) 92002217*, (Varieté-Theater im Haus) – 🖃. 🖭 ⓪ 🖃 𝚟𝚒𝚜𝚊. 🛠   FV s
Montag und 19 Juli - Aug. geschl. – **Menu** (nur Abendessen) à la carte 70/95
Spez. Ravioli gefüllt mit Kalbsbäckchen. Gebratene Brust und gefüllte Keule vom Schwarzfederhuhn. Lauwarme Topfentarte mit Sauerrahmeis.

𝕏𝕏 **Villa Leonhardi,** Zeppelinallee 18, ☒ 60325, 𝒫 (069) 74 25 35, *Fax (069) 740476*, « Parkterrasse » – 🖭 ⓪ 🖃 𝚟𝚒𝚜𝚊 𝙹𝙲𝙱. 🛠   CV c
23. Dez. - Anfang Jan., Samstagmittag sowie Sonn- und Feiertage geschl., außer Messen – **Menu** à la carte 72/88.

XX **Aubergine,** Alte Gasse 14, ✉ 60313, ☎ (069) 9 20 07 80, Fax *(069) 9200786* – 🆎 🔘
E *VISA* HY b
Samstagmittag, Sonntag (außer Messen), und Juli - Aug. 3 Wochen geschl. – **Menu** (Tisch-
bestellung ratsam, bewerkenswerte Weinkarte) à la carte 70/89.

XX **Tse-Yang,** Kaiserstr. 67, ✉ 60329, ☎ (069) 23 25 41, *Fax (069) 237825* – 🆎 🔘 E *VISA*
JCB CX v
Menu (chinesische Küche) à la carte 44/80.

XX **Gallo Nero,** Kaiserhofstr. 7, ✉ 60313, ☎ (069) 28 48 40, *Fax (069) 291645,* 🍴 – 🆎
🔘 E *VISA* JCB GY s
Sonntag geschl., außer Messen – **Menu** (italienische Küche) à la carte 63/93.

X **Gargantua,** Liebigstr. 47, ✉ 60323, ☎ (069) 72 07 18, *Fax (069) 720717,* 🍴 – 🆎 🔘
E *VISA* CV s
Samstagmittag, Sonntag und Ende Dez. - Anfang Jan. geschl. – **Menu** (Tischbestellung
ratsam) 49 (mittags) und à la carte 82/108.

X **Ernos Bistro,** Liebigstr. 15, ✉ 60323, ☎ (069) 72 19 97, *Fax (069) 173838,* 🍴 – 🆎
🕸 E *VISA* CV k
Samstag - Sonntag (außer Messen), 18. Juli - 9. Aug. und 23. Dez. - 4. Jan. geschl. – **Menu**
(Tischbestellung ratsam, französische Küche) 50 (mittags) und à la carte 91/112
Spez. Rotbarbe mit Calamari-Risotto. Entencassoulet nach Art des Hauses. Schokoladen-
variation.

X **Meyer's Restaurant,** Große Bockenheimerstr. 54, ✉ 60313, ☎ (069) 91 39 70 70,
Fax (069) 91397072, 🍴 – 🆎 🔘 E *VISA* GY a
Sonntagmittag und Feiertage geschl. – **Menu** à la carte 44/71.

Frankfurter Äppelwoilokale *(kleines Speisenangebot)* :

X **Das Rad,** Leonhardsgasse 2 (Seckbach), ✉ 60389, ☎ (069) 47 91 28, Fax *(069) 472942,*
🍴 BR s
Dienstag, Nov. - März Montag - Dienstag geschl. – **Menu** (wochentags ab 17 Uhr, Sonn-
und Feiertage ab 15 Uhr geöffnet) à la carte 25/47.

X **Römerbembel,** Römerberg 22, ✉ 60311, ☎ (069) 28 83 83, *Fax (069) 557644,* 🍴
Menu à la carte 25/35. HZ e

X **Klaane Sachsehäuser,** Neuer Wall 11 (Sachsenhausen), ✉ 60594, ☎ (069) 61 59 83,
🐟 *Fax (069) 622141,* 🍴 FX n
Sonntag geschl. – **Menu** (ab 16 Uhr geöffnet) à la carte 21/42.

X **Zum gemalten Haus,** Schweizer Str. 67 (Sachsenhausen), ✉ 60594, ☎ (069) 614559,
🐟 *Fax (069) 6031457,* 🍴 EX c
Montag - Dienstag, Ende Dez. - Anfang Jan. und Ende Juli - Mitte Aug. geschl. –
Menu à la carte 20/27.

X **Adolf Wagner,** Schweizer Str. 71 (Sachsenhausen), ✉ 60594, ☎ (069) 61 25 65,
Fax (069) 611445, 🍴 – 🆎 EX c
Menu à la carte 25/39.

X **Zur Buchscheer,** Schwarzsteinkautweg 17 (Sachsenhausen), ✉ 60598,
🐟 ☎ (069) 63 51 21, 🍴 – ❶ BT s
Dienstag und Nov. 3 Wochen geschl. **Menu** (wochentags ab 15 Uhr geöffnet) à la carte
20/38.

X **Zur Eulenburg,** Eulengasse 46 (Bornheim), ✉ 60385, ☎ (069) 45 12 03,
Fax (069) 4692645, 🍴 BS x
Montag - Dienstag geschl. – **Menu** (ab 16 Uhr geöffnet) à la carte 26/44.

In Frankfurt - Bergen-Enkheim

🏨 **Amadeus,** Röntgenstr. 5, ✉ 60338, ☎ (06109) 37 00, *Fax (06109) 370720* – 🛗,
⇔ Zim, 🛏 📺 ☎ 🅫 ⚓ ❶ – 🛎 80. 🆎 🔘 E *VISA* JCB BR r
Menu *(Samstag geschl.)* à la carte 43/60 – **160 Z** 195/345.

🏠 **Borger** garni, Triebstr. 51, ✉ 60388, ☎ (06109) 3 09 00, *Fax (06109) 309030* – 📺 ☎
⚓ ❶. 🆎 🔘 E *VISA* JCB. 🎇 BR c
24. Dez. - 6. Jan. geschl. – **34 Z** 150/240.

🏠 **Schöne Aussicht,** Im Sperber 24, ✉ 60388, ☎ (06109) 28 13, *Fax (06109) 2 17 85,*
≼, 🍴 – 🛗 ⇔ 📺 ☎ ❶ – 🛎 50. 🆎 🔘 E *VISA* BR n
Menu à la carte 32/65 – **39 Z** 190/260.

🏠 **Klein,** Vilbeler Landstr. 55, ✉ 60388, ☎ (06109) 7 34 60, *Fax (06109) 7346421,* 🍴 –
🛗 📺 ☎ ❶ – 🛎 35. 🆎 🔘 E *VISA* 🎇 Rest BR e
Menu *(Samstagmittag und Sonntagabend geschl.)* à la carte 42/68 – **56 Z** 108/260.

In Frankfurt-Griesheim :

🏰 **Ramada Caravelle,** Oeserstr. 180, ✉ 65933, ☎ (069) 3 90 50, *Fax (069) 3808218,*
🏠, 🏊 – 🛗, ⇔ Zim, 🛏 Rest, 📺 ❶ – 🛎 220. 🆎 🔘 E *VISA* 🚗 AS p
Menu à la carte 36/57 – **236 Z** 224/425.

In Frankfurt-Harheim *N : 12 km über Homburger Landstraße* BR *und Bonames :*

🏨 **Harheimer Hof,** Alt Harheim 11, ⊠ 60437, ℰ *(06101)* 40 50, *Fax (06101) 405411,* �
– |🛏|, 👉 Zim, 📺 ☎ & ⇔ 🅿 – 🍴 30. 🅰🅴 ⊕ 🅴 𝘝𝘐𝘚𝘈 𝙅𝘾𝘽
Menu *(Sonntagabend und Samstag geschl.)* à la carte 47/70 – **46 Z** 175/350.

In Frankfurt-Hausen :

🏠 **Hausener Dorfkrug** 🦐, Alt Hausen 11, ⊠ 60488, ℰ *(069)* 7 89 40 16,
Fax (069) 7891367, � – 📺 ☎ 🅿 🅴 𝘝𝘐𝘚𝘈   BS a
Menu *(Montag geschl.)* à la carte 25/56 – **14 Z** 110/210.

In Frankfurt-Heddernheim :

🏨 **Relexa** 🅼, Lurgiallee 2, ⊠ 60439, ℰ *(069)* 95 77 80, *Fax (069) 95778878,* 🖂 – |🛏|,
👉 Zim, 📺 ☎ 🥢 ⇔ 🅿 – 🍴 190. 🅰🅴 ⊕ 🅴 𝘝𝘐𝘚𝘈   BR x
Menu à la carte 42/65 – **163 Z** 195/510.

In Frankfurt - Höchst *W : 10 km über Mainzer Landstr.* AS :

🏨 **Lindner Congress Hotel** 🅼, Bolongarostr. 90, ⊠ 65929, ℰ *(069)* 3 30 02 00,
Fax (069) 33002999, 🎱, 🖂 – |🛏|, 👉 Zim, 🛏 📺 ☎ 🥢 & ⇔ – 🍴 200. 🅰🅴 ⊕ 🅴 𝘝𝘐𝘚𝘈
𝙅𝘾𝘽, 🎃 Rest
Menu à la carte 46/78 – **285 Z** 281/504.

In Frankfurt - Nieder-Erlenbach *N : 14 km über Homburger Landstraße* BR :

🏨 **Landhaus Alte Scheune,** Alt Erlenbach 44, ⊠ 60437, ℰ *(06101)* 54 40 00,
Fax (06101) 544045, « Rustikales Restaurant mit Backsteingewölbe, Innenhofterrasse » –
📺 ☎ ⇔ 🅿 – 🍴 20. 🅰🅴 🅴 𝘝𝘐𝘚𝘈
Menu *(Sonn- und Feiertage geschl.)* (Tischbestellung ratsam) à la carte 48/80 – **33 Z**
135/210.

🍴🍴 **Erlenbach 33,** Alt Erlenbach 33, ⊠ 60437, ℰ *(06101)* 4 80 98, *Fax (06101) 48783* –
⇔ 🅰🅴 ⊕ 🅴 𝘝𝘐𝘚𝘈
Dienstag und Juli - Aug. 3 Wochen geschl. – **Menu** (wochentags nur Abendessen) à la carte
46/68.

In Frankfurt - Nieder-Eschbach *über Homburger Landstraße* BR :

🏠 **Darmstädter Hof,** An der Walkmühle 1, ⊠ 60437, ℰ *(069)* 5 09 10 90,
Fax (069) 50910950, � – 📺 ☎ 🅿 – 🍴 100. 🅰🅴 ⊕ 𝘝𝘐𝘚𝘈. 🎃
Menu *(Montag und Juli - Aug. 2 Wochen geschl.)* à la carte 41/64 – **14 Z** 135/190.

🏠 **Markgraf,** Deuil-La-Barre-Str. 103, ⊠ 60437, ℰ *(069)* 9 50 76 30, *Fax (069) 95076315*
– 👉 Zim, 📺 ☎ ⇔ 🅿. 🅰🅴 🅴 𝘝𝘐𝘚𝘈. 🎃 Zim
Menu *(Samstag geschl.)* à la carte 28/58 – **22 Z** 100/200.

In Frankfurt-Niederrad :

🏨 **Queens Hotel,** Isenburger Schneise 40, ⊠ 60528, ℰ *(069)* 6 78 40, *Fax (069) 6784190,*
� – |🛏|, 👉 Zim, 🛏 Rest, 📺 🥢 🅿 – 🍴 450. 🅰🅴 ⊕ 🅴 𝘝𝘐𝘚𝘈 𝙅𝘾𝘽   BT m
Menu à la carte 58/74 – **295 Z** 321/592.

🏨 **Arabella Congress Hotel,** Lyoner Str. 44, ⊠ 60528, ℰ *(069)* 6 63 30,
Fax (069) 6633666, 🖂, 🔲 – |🛏|, 👉 Zim, 🛏 📺 🥢 ⇔ 🅿 – 🍴 300. 🅰🅴 ⊕ 🅴 𝘝𝘐𝘚𝘈
Menu à la carte 42/72 – **396 Z** 246/360, 4 Suiten.   BT u

🏨 **Dorint** 🅼, Hahnstr. 9, ⊠ 60528, ℰ *(069)* 66 30 60, *Fax (069) 66306600,* 🖂, 🔲 – |🛏|,
👉 Zim, 🛏 📺 ☎ 🥢 🅿 – 🍴 180. 🅰🅴 🅴 𝘝𝘐𝘚𝘈 𝙅𝘾𝘽. 🎃 Rest   BT a
Menu à la carte 42/66 – **191 Z** 294/528.

🍴🍴 **Weidemann,** Kelsterbacher Str. 66, ⊠ 60528, ℰ *(069)* 67 59 96, *Fax (069) 673928,*
� – 🅿. 🅰🅴 ⊕ 🅴 𝘝𝘐𝘚𝘈   BT r
Samstagmittag sowie Sonn- und Feiertage geschl. – **Menu** (Tischbestellung ratsam)
53 (mittags) und à la carte 77/115.

In Frankfurt-Nordweststadt :

🏨 **Ramada Hotel Nordwest Zentrum** 🅼 garni, Walter-Möller-Platz, ⊠ 60439,
ℰ *(069)* 58 09 30, *Fax (069) 582447* – |🛏|, 👉 Zim, 📺 ☎ 🥢 & ⇔ – 🍴 20. 🅰🅴 ⊕ 🅴
𝘝𝘐𝘚𝘈 𝙅𝘾𝘽   BR a
93 Z 179/222.

In Frankfurt-Rödelheim :

🍴🍴 **Osteria Enoteca,** Arnoldshainer Str. 2/Ecke Lorscher Str., ⊠ 60489, ℰ *(069)* 7 89 22
🦋 16, � – 🅰🅴 🅴 𝘝𝘐𝘚𝘈. 🎃   AS v
Samstagmittag, Sonntag und Ende Dez. - Anfang Jan. geschl. – **Menu** (italienische Küche,
Tischbestellung ratsam) 47/105 und à la carte 78/96
Spez. Carpaccio vom Loup de mer mit Nussöl und Limetten mariniert. Presskopf vom
Octopus mit Sauerampfer-Kerbelvinaigrette. Zicklein aus dem Ofen.

In Frankfurt-Sachsenhausen :

🏛 **Holiday Inn Crowne Plaza,** Mailänder-Str. 1, ✉ 60598, ℰ (069) 6 80 20, Fax (069) 6802333, 🛏, ⇌ – 📳, ⥰ Zim, 📺 🖪 ⅋ ⇔ ℗ – 🔔 220. 🆎 ⓞ 🅴 𝖵𝖨𝖲𝖠 𝖩𝖢𝖡.
⌘ Rest   BT y
Menu à la carte 40/75 – **404 Z** 299/640.

🍴 **Bistrot 77,** Ziegelhüttenweg 1, ✉ 60598, ℰ (069) 61 40 40, Fax (069) 615998, ⌂. 🆎
🅴 𝖵𝖨𝖲𝖠   EX a
Samstagmittag, Sonntag und Weihnachten - Anfang Jan. geschl. – **Menu** (bemerkenswerte Weinkarte) 48 (mittags) und à la carte 75/103.

🍴 **Die Gans** (Bistro-Restaurant), Schweizer Str. 76, ✉ 60594, ℰ (069) 61 50 75, Fax (069) 622625, ⌂ – 🆎 ⓞ 🅴 𝖵𝖨𝖲𝖠 𝖩𝖢𝖡   HZ r
Sonntag, außer Messen und Weihnachten - Anfang Jan. geschl. – **Menu** (nur Abendessen) à la carte 54/77.

In Eschborn NW : 12 km :

🏛 **Novotel,** Philipp-Helfmann-Str. 10, ✉ 65760, ℰ (06196) 90 10, Fax (06196) 482114, ⌂, ⤓ (geheizt), ⤫ – 📳, ⥰ Zim, 📺 🖪 ☎ ⅋ ℗ – 🔔 200. 🆎 ⓞ 🅴 𝖵𝖨𝖲𝖠   AR n
Menu à la carte 37/65 – **227 Z** 200/260.

In Eschborn-Niederhöchstadt NW : 2 km ab Eschborn AR :

🏛 **Bommersheim,** Hauptstr. 418, ✉ 65760, ℰ (06173) 60 08 00, Fax (06173) 600840, ⌂, « Stilvolle Restauranträume » – 📳 📺 ☎ 📞 ℗. 🆎 🅴 𝖵𝖨𝖲𝖠
Menu (Sonntag geschl.) (nur Abendessen) à la carte 35/59 – **35 Z** 160/260.

In Neu-Isenburg S : 7 km

🏛 **Balance Hotel** Ⓜ, Wernher-von-Braun-Str. 12 (Gewerbegebiet Ost), ✉ 63263, ℰ (06102) 74 60, Fax (06102) 746746, ⇌ – 📳, ⥰ Zim, 📺 🖪 ☎ 📞 ⅋ ⇔ ℗ – 🔔 140.
🆎 ⓞ 🅴 𝖵𝖨𝖲𝖠 𝖩𝖢𝖡. ⌘ Rest   BU r
23. Dez. - 1. Jan. geschl. – **Menu** à la carte 37/75 – **164 Z** 190/370, 19 Suiten.

🏛 **Wessinger,** Alicestr. 2, ✉ 63263, ℰ (06102) 80 80, Fax (06102) 808280, « Gartenterrasse » – 📳 📺 ☎ ℗ – 🔔 25. 🆎 ⓞ 🅴 𝖵𝖨𝖲𝖠   BU n
Menu à la carte 45/85 (auch vegetarische Gerichte) – **37 Z** 159/265.

🏛 **Hugenottenhof** garni, Carl-Ulrich-Str. 161, ✉ 63263, ℰ (06102) 1 70 53, Fax (06102) 25212 – 📳, ⥰ Zim, 📺 ☎ ⇔ – 🔔 25. 🆎 ⓞ 🅴 𝖵𝖨𝖲𝖠   BU s
23. Dez. - 4. Jan. geschl. – **86 Z** 190/230.

🏛 **Linde,** Frankfurter Str. 111, ✉ 63263, ℰ (06102) 70 20, Fax (06102) 4079 – 📳 📺 ☎ ⇔ ℗ – 🔔 35. 🆎 ⓞ 🅴 𝖵𝖨𝖲𝖠   BU c
Ende Dez. 1 Woche geschl. – **Menu** à la carte 22/42 – **37 Z** 80/150.

🍴 **Neuer Haferkasten,** Frankfurter Str. 118, ✉ 63263, ℰ (06102) 3 53 29, Fax (06102) 34542, ⌂ – ℗. 🆎 ⓞ 🅴 𝖵𝖨𝖲𝖠   BU a
Menu (italienische Küche) à la carte 53/77.

🍴 **Luigi's Haferkasten,** Löwengasse 4, ✉ 63263, ℰ (06102) 3 36 63 – 🆎 ⓞ 🅴 𝖵𝖨𝖲𝖠
Sonntag geschl. – **Menu** à la carte 46/70.   BU e

In Neu-Isenburg-Gravenbruch SO : 11 km :

🏛 **Kempinski Hotel Gravenbruch Frankfurt,** ✉ 63263, ℰ (06102) 50 50, Fax (06102) 505900, ⌂, « Park », Massage, ⇌, ⤓ (geheizt), 🖫, ⤫, ⌘ – 📳, ⥰ Zim, 📺 📺 📞 ⇔ ℗ – 🔔 350. 🆎 ⓞ 🅴 𝖵𝖨𝖲𝖠. ⌘ Rest   BU t
Menu 49 (mittags) und à la carte 60/88 – **285 Z** 289/590, 21 Suiten.

Beim Flughafen Frankfurt Main SW : 12 km – ✉

🏛 **Sheraton,** Hugo-Eckener-Ring 15 (Terminal 1), ✉ 60549 Frankfurt, ℰ (069) 6 97 70, Fax (069) 69772209, Massage, ⇌, 🖫 – 📳, ⥰ Zim, 📺 📺 📞 ⅋ ℗ – 🔔 900. 🆎 ⓞ 🅴 𝖵𝖨𝖲𝖠 𝖩𝖢𝖡. ⌘ Rest   AU a
Papillon (bemerkenswerte Weinkarte) (Samstagmittag sowie Sonn- und Feiertage geschl.)
Menu 65 (mittags) und à la carte 89/126 – **Maxwell's Bistro :** Menu à la carte 50/84 – **Taverne** (Samstag - Sonntagmittag geschl.) **Menu** à la carte 54/82 – **1050 Z** 465/745, 30 Suiten.

MICHELIN-REIFENWERKE KGaA. Niederlassung ✉ 60386 Frankfurt-Fechenheim, Orber Str.16 (BS), ℰ (069) 4 20 10 40 Fax (069) 426315.

FRANKFURT (ODER) Brandenburg 416 418 I 27, 984 ⑯, 987 ⑲ – 79 000 Ew – Höhe 30 m.
🛈 Touristinformation, Karl-Marx-Str. 8a, ✉ 15230, ℰ (0335) 32 52 16, Fax (0335) 22565.
ADAC, An der Autobahn 3, ✉ 15236, ℰ (030) 8 68 60, Fax (0335) 5551918.
Berlin 101 ② – Potsdam 121 ② – Cottbus 80 ②

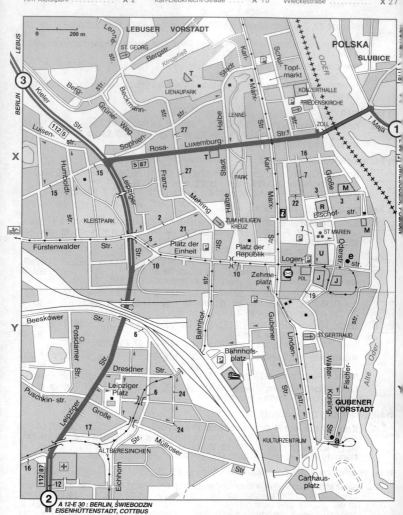

A 12-E 30 : BERLIN, ŚWIEBODZIN
EISENHÜTTENSTADT, COTTBUS

Messehotel M, Nuhnenstr. 47, ⊠ 15234, ℰ (0335) 41 47 00, Fax (0335) 414747 –
⧉, ⇌ Zim, 📺 ☎ ✆ ⅙ ⊕ Ⓟ – ⚖ 30. 🆎 ⓪ ⅇ 🆅🆂🅰 über Fürstenwalder Str. X
Menu à la carte 26/46 – **70 Z** 130/180.

Centralhotel Frankfurter Hof, Logenstr. 2, ⊠ 15230, ℰ (0335) 5 53 60,
Fax (0335) 5536100, Massage – ⧉, ⇌ Zim, 📺 ☎ ✆ ⅙ – ⚖ 300. 🆎 ⓪ ⅇ
🆅🆂🅰
Menu à la carte 28/58 – **153 Z** 150/350.   X e

City Park Hotel M, Lindenstr. 12, ⊠ 15230, ℰ 5 53 20, Fax 5532605 – ⧉, ⇌ Zim,
📺 ☎ ✆ 🚗 Ⓟ 🆎 ⓪ ⅇ 🆅🆂🅰 🅹🅲🅱
Menu à la carte 29/53 – **90 Z** 120/220.   Y c

In Frankfurt-Lichtenberg *SW : 7 km, über Leipziger Straße Y und Müllroser Chaussee :*

🏨 **Holiday Inn,** Turmstr. 1, ✉ 15234, ℘ (0335) 5 56 50, Fax (0335) 5565100, 🌳, ⬛s
– 📶, ⇔ Zim, ▦ 📺 ✆ & 🅿 – ⚖ 240. 🖭 ⓪ ⋐ 𝗩𝗜𝗦𝗔 𝗝𝗖𝗕
Menu à la carte 35/53 – **168 Z** 152/214.

In Frankfurt-Rosengarten *W : 5 km, über Fürstenwalder Str. X :*

🏠 **Landhof Rosengarten,** Pflaumenallee 11a, ✉ 15234, ℘ (0335) 41 30 10,
Fax (0335) 4130130, 🌳, ⬛s – ▦ 📺 ✆ 🅿 – ⚖ 40. 🖭 ⓪ ⋐ 𝗩𝗜𝗦𝗔
Menu (Montag - Freitag nur Abendessen) à la carte 21/29 – **18 Z** 90/110.

FRANKWEILER *Rheinland-Pfalz* 𝟰𝟭𝟳 𝟰𝟭𝟵 *S 8 – 900 Ew – Höhe 250 m.*
Berlin 664 – Mainz 113 – Landau in der Pfalz 11 – Neustadt 17 – Pirmasens 12.

🍴🍴 **Robichon,** Orensfelsstr. 31, ✉ 76833, ℘ (06345) 32 68, Fax (06345) 8529, 🌳 – 🅿
⋐
Montagabend - Dienstag, Jan. 1 Woche und Juli - Aug. 3 Wochen geschl. – **Menu** 58/79
und à la carte.

FRASDORF *Bayern* 𝟰𝟮𝟬 *W 20,* 𝟵𝟴𝟳 ㊵ *– 2400 Ew – Höhe 598 m.*
🅱 *Verkehrsamt, Schulstr. 7, ✉ 83112, ℘ (08052) 7 71.*
Berlin 667 – München 78 – Bad Reichenhall 60 – Salzburg 64 – Innsbruck 115.

🏠 **Landgasthof Karner** ⌖, Nußbaumstr. 6, ✉ 83112, ℘ (08052) 40 71,
Fax (08052) 4711, « Einrichtung im alpenländischen Stil, Gartenrestaurant », ⬛s, 🌿 – 📺
✆ 🅿 – ⚖ 40. 🖭 ⓪ ⋐ 𝗩𝗜𝗦𝗔
Menu (Sonntagabend - Montag geschl.) à la carte 64/92 – **26 Z** 95/205 – ½ P 48.

🍴 **Alpenhof,** Hauptstr. 31, ✉ 83112, ℘ (08052) 22 95, Fax (08052) 5118, 🌳
🅿
Mittwoch - Donnerstag geschl. – **Menu** à la carte 37/70.

In Frasdorf-Umrathshausen *NO : 3 km :*

🏠 **Landgasthof Goldener Pflug,** Humprehtstr. 1, ✉ 83112, ℘ (08052) 9 07 80,
Fax (08052) 4684, 🌳, Biergarten, ⬛s, 🌿 – 📺 ✆ 🅿 – ⚖ 30. 🖭 ⓪ ⋐ 𝗩𝗜𝗦𝗔 𝗝𝗖𝗕
Menu à la carte 34/52 – **23 Z** 100/160 – ½ P 37.

FRAUENAU *Bayern* 𝟰𝟮𝟬 *T 23 – 3300 Ew – Höhe 616 m – Erholungsort – Wintersport : 620/800 m*
🚠1 ⛷5.
🅱 *Tourist-Information, Hauptstr. 12, ✉ 94258, ℘ (09926) 7 10, Fax (09926) 1799.*
Berlin 482 – München 187 – Cham 66 – Deggendorf 43 – Passau 57.

🏠 **Eibl-Brunner,** Hauptstr. 18, ✉ 94258, ℘ (09926) 95 10, Fax (09926) 726, 🌡, ⬛s, 🔲,
🌿 – 📶 📺 ✆ 🅿 ⓪ ⋐ 𝗩𝗜𝗦𝗔 ⌖ Zim
4. Nov.- 20. Dez. geschl. – **Menu** à la carte 29/53 ⌖ – **50 Z** 51/178 – ½ P 19.

🏠 **St. Florian,** Althüttenstr. 22, ✉ 94258, ℘ (09926) 95 20, Fax (09926) 8266, 🌳, ⬛s,
🔲, 🌿 – 📶, ⇔ Zim, 📺 ✆ & 🅿
Nov. - Mitte Dez. geschl. – **Menu** à la carte 26/46 – **26 Z** 65/134 – ½ P 18.

🏠 **Landgasthof Hubertus** ⌖ (mit Gästehaus), Loderbauerweg 2, ✉ 94258,
℘ (09926) 95 00, Fax (09926) 8187, 🌳, ⬛s, 🌿 – 📶 📺 ✆ ⟜ 🅿. 🖭 ⋐ 𝗩𝗜𝗦𝗔
10. Nov.- 15. Dez. geschl. – **Menu** à la carte 22/44 – **52 Z** 51/108 – ½ P 14.

🍴 **Büchler,** Dorfstr. 18, ✉ 94258, ℘ (09926) 9 40 40, Fax (09926) 757, ≤, 🌳, ⬛s, 🌿
– ✆ ⟜ 🅿. 🖭 ⓪ ⋐
6. Nov.- 20. Dez. geschl. – **Menu** à la carte 21/42 – **20 Z** 48/92 – ½ P 14.

FRAUENBERG *Bayern siehe Laaber.*

FRAUENSTEIN *Sachsen* 𝟰𝟭𝟴 *N 24,* 𝟵𝟴𝟰 ㉔, 𝟵𝟴𝟳 ㉚ *– 3600 Ew – Höhe 654 m.*
🅱 *Fremdenverkehrsamt, Markt 28, ✉ 09623, ℘ (037326) 93 35, Fax (037326) 306.*
Berlin 231 – Dresden 40 – Chemnitz 51.

🏠 **Frauensteiner Hof,** Freiberger Str. 25, ✉ 09623, ℘ (037326) 91 14,
Fax (037326) 9115, 🌳 – 📺 ✆ 🅿 ⋐ 𝗩𝗜𝗦𝗔
Menu à la carte 27/48 – **25 Z** 75/125.

🍴 **Goldener Stern,** Markt 22, ✉ 09623, ℘ (037326) 94 01, Fax (037326) 9403, 🌳 –
🅿
Jan. geschl. – **Menu** à la carte 18/34 – **32 Z** 70/110 – ½ P 15.

In Frauenstein-Nassau *S : 7 Km – Wintersport ⚡3 :*

🏨 **Conrad** 🐾, Dorfstr. 116, ✉ 09623, ℰ (037327) 71 25, Fax (037327) 1311, ☞, ☞
– 📺 ☎ 📞 🅿 – 🍴 20. 🆎 🅴 VISA
Menu à la carte 25/47 – **15 Z** 80/120 – ½ P 15.

FRAUENWALD *Thüringen* 418 420 *O 16 – 1 300 Ew – Höhe 786 m – Erholungsort – Wintersport :*
⚡6.
🛈 *Fremdenverkehrsamt, Nordstr. 96,* ✉98711, ℰ (036782) 6 19 25, Fax
(036782) 61239.
Berlin 345 – Erfurt 62 – Coburg 56 – Suhl 17.

🏨 **Drei Kronen,** Südstr. 18, ✉ 98711, ℰ (036782) 68 00, Fax (036782) 68068, ☞ – 📺
🚃 ☎ 📞 📞 🅿
Menu à la carte 24/41 – **20 Z** 65/120 – ½ P 15.

FRECHEN *Nordrhein-Westfalen* 417 *N 4,* 987 ㉟ – *45 000 Ew – Höhe 65 m.*
Berlin 579 – Düsseldorf 47 – Bonn 39 – Aachen 62 – Köln 13.

🏨 **Halm - Schützenhaus,** Johann-Schmitz-Platz 22, ✉ 50226, ℰ (02234) 95 70 00,
Fax (02234) 52232, ☞ – 📶 📺 ☎ 📞 🅿 – 🍴 150. 🆎 ◑ 🅴 VISA ⚡ Zim
Menu *(Montagmittag geschl.)* à la carte 28/71 – **39 Z** 160/300.

In Frechen-Königsdorf :

🏨 **Königsdorfer Hof** Ⓜ, Augustinusstr. 15, ✉ 50226, ℰ (02234) 6 00 70,
Fax (02234) 600770, ☞ – ⚡ Zim, 📺 ☎ 📞 🅿 – 🍴 30. 🆎 ◑ 🅴 VISA
Ende Dez. - Anfang Januar geschl. – **Menu** siehe Rest. **Erftkönig** separat erwähnt – **37 Z**
161/290, 3 Suiten.

🍴🍴 **Erftkönig** - Hotel Königsdorfer Hof, Augustinusstr. 15, ✉ 50226, ℰ (02234) 69 11 94,
☞ – 🅿. 🅴 VISA
*Samstagmittag, Montagmittag, Sonntag, 23. Dez. - 10. Jan., März 1 Woche und Aug.
2 Wochen geschl.* – **Menu** à la carte 49/82.

FREDEBURG *Schleswig-Holstein siehe Ratzeburg.*

FREDENBECK *Niedersachsen* 415 *F 12 – 4 500 Ew – Höhe 5 m.*
🏌 *Deinster Mühle, (O : 2 km), ℰ (04149) 92 15 17.*
Berlin 354 – Hannover 181 – Hamburg 64 – Bremerhaven 69 – Bremen 91.

🏨 **Fredenbeck** garni, Dinghorner Str. 19, ✉ 21717, ℰ (04149) 9 28 20,
Fax (04149) 928234 – 📺 ☎ 🅿. VISA
10 Z 80/120.

FREDERSDORF *Brandenburg* 416 418 *I 25 – 5 700 Ew – Höhe 60 m.*
Berlin 26 – Potsdam 69 – Frankfurt (Oder) 73.

🏨 Flora, Mittelstr. 13a, ✉ 15370, ℰ (033439) 8 30, Fax (033439) 83113, ☞ – ⚡ Zim,
📺 ☎ 📞 📞 🅿 – 🍴 50. ⚡ Rest
55 Z.

FREIAMT *Baden-Württemberg* 419 *V 7 – 4 100 Ew – Höhe 434 m.*
🛈 *Verkehrsbüro, Kurhaus, Badstraße,* ✉ 79348, ℰ (07645) 9 10 30, Fax (07645) 910399.
Berlin 790 – Stuttgart 195 – Freiburg im Breisgau 40 – Offenburg 53.

In Freiamt-Brettental :

🏨 **Ludinmühle** 🐾, Brettental 31, ✉ 79348, ℰ (07645) 9 11 90, Fax (07645) 911999,
☞, Massage, ☞, 📶, ☞ – ⚡ Zim, 📺 ☎ 🅿 – 🍴 30. 🆎 ◑ 🅴 VISA ⚡ Rest
Menu à la carte 42/83 🍷 – **45 Z** 98/260 – ½ P 25.

In Freiamt-Mussbach :

🍴 **Krone,** ✉ 79348, ℰ (07645) 2 27, Fax (07645) 227 – 🅿
Jan. 3 Wochen, Aug. 2 Wochen und Mittwoch geschl. – **Menu** (wochentags nur Abendessen,
Tischbestellung ratsam) à la carte 31/59 🍷.

> **Les bonnes tables**
> Nous distinguons à votre intention certains restaurants par
> Menu 🐾, ✿, ✿✿ ou ✿✿✿.

FREIBERG Sachsen **418** N 24, **984** ㉔, **987** ⑱ ⑲ – 47 000 Ew – Höhe 400 m.

Sehenswert : Freiberg★ – Dom★★ (Triumphkreuz★, Tulpenkanzel★★, Silbermannorgel★★, Goldene Pforte★★, Begräbniskapelle★) – Mineralogische Sammlung der TU Bergakademie★ – Lehr- und Besucherbergwerk★.

🛈 Freiberg-Information, Burgstr. 1, ✉ 09599, ✆ (03731) 2 36 02, Fax (03731) 273260.
Berlin 228 – Dresden 49 – Chemnitz 35 – Leipzig 98.

🏨 **Silberhof,** Silberhofstr. 1, ✉ 09599, ✆ (03731) 2 39 70, Fax (03731) 23403, ☆ – 🛗
📺 ☎ 🅿 – 🔬 15. 🆎 🇪 𝘝𝘐𝘚𝘈
Menu (Sonntag geschl.) (nur Abendessen) à la carte 26/40 – **30 Z** 99/185.

🏨 **Am Obermarkt,** Waisenhausstr. 2, ✉ 09599, ✆ (03731) 3 43 61, Fax (03731) 34338
– 📺 ☎ 🅿 – 🔬 15. 🆎 ⓞ 🇪 𝘝𝘐𝘚𝘈
Menu à la carte 26/52 – **33 Z** 99/180.

🏨 **Kreller,** Fischerstr. 5, ✉ 09599, ✆ (03731) 3 59 00, Fax (03731) 23219, ☆ – 🛗,
✨ Zim, 📺 ☎ – 🔬 40. 🆎 ⓞ 🇪 𝘝𝘐𝘚𝘈
Menu à la carte 25/60 – **28 Z** 99/170.

🍴 **Brauhof** mit Zim, Körnerstr. 2, ✉ 09599, ✆ (03731) 2 32 81, Fax (03731) 23281, Biergarten – 📺 ☎ 🕻 🅿 – 🔬 100. 🆎 ⓞ 🇪 𝘝𝘐𝘚𝘈
Menu à la carte 26/40 – **8 Z** 80/100.

In Bräunsdorf NW : 9 km :

🏨 **Landhaus Striegistal** ☞, An der Striegis 141, ✉ 09603, ✆ (037321) 88 10,
Fax (037321) 88150, ☆ – ✨ Zim, 📺 ☎ 🅿
Menu (Montagmittag und Donnerstag geschl.) à la carte 26/43 – **19 Z** 74/148.

In Hetzdorf NO : 12 km :

🏨 **Waldhotel Bergschlößchen** ☞, Am Bergschlößchen 14, ✉ 09600,
✆ (035209) 23 80, Fax (035209) 23819, ≤, ☆, ☞ – 📺 ☎ 🅿 – 🔬 20. 🆎 🇪 𝘝𝘐𝘚𝘈. ※ Rest
Menu à la carte 23/47 – **18 Z** 78/148.

FREIBERG AM NECKAR Baden-Württemberg siehe Ludwigsburg.

FREIBURG (ELBE) Niedersachsen **415** E 11, **984** ⑥, **987** ⑤ – 2 000 Ew – Höhe 2 m – Erholungsort.

Berlin 381 – Hannover 197 – Bremerhaven 76 – Cuxhaven 51 – Hamburg 82 - Stade 33.

🏨 **Gut Schöneworth** ☞, Landesbrücker Str 42, ✉ 21729, ✆ (04779) 9 23 50,
Fax (04779) 8203, ≲, ☞ – ✨ Zim, 📺 ☎ ⇨ – 🔬 25
Menu (Montag - Dienstag geschl.) (Nov. - März nur Donnerstag - Sonntag auf Voranmeldung geöffnet) à la carte 40/70 – **15 Z** 98/198 – ½ P 35.

FREIBURG IM BREISGAU Baden-Württemberg **419** V 7, **987** ㊲ – 197 000 Ew – Höhe 278 m.

Sehenswert : Münster★★ : Turm★★★ (≤★), Hochaltar von Baldung Grien★★ Y – Ehemaliges Kaufhaus★ YZ B – Rathausplatz★ und Neues Rathaus★ Y R1 – Augustiner-Museum★★ (mittelalterliche Kunst★★) Z M1 – Museum für Ur- und Frühgeschichte (Keltischer Stierkopf★, alemannische Fibel★) Y.

Ausflugsziel : Schloßberg★ (mit -≶) Z – Schauinsland★ (≤★), über Günterstalstr. X 21 km.
🏌 Freiburg-Munzingen (③ : 14 km), Großer Brühl 1, ✆ (07664) 9 30 60 ; 🏌 Kirchzarten, Krütteweg (② : 9 km), ✆ (07661) 55 69.

Messegelände an der Stadthalle (über ②), ✆ 7 03 70, Fax 709885.

🛈 Freiburg-Information, Rotteckring 14, ✉ 79098, ✆ (0761) 3 88 18 80,, Fax (0761) 37003.

ADAC, Karlsplatz 1, ✉ 79098, ✆ (0761) 4 51 70, Fax (0761) 368815.

Berlin 805 ④ – Stuttgart 208 ④ – Basel 71 ④ – Karlsruhe 134 ④ – Strasbourg 86 ④

Stadtpläne siehe nächste Seiten

🏨 **Colombi-Hotel,** Rotteckring 16, ✉ 79098, ✆ (0761) 2 10 60, Fax (0761) 31410, ☆,
❀ Massage, ≲, 🔲 – ✨ Zim, 📺 ⇨ – 🔬 150. 🆎 ⓞ 🇪 𝘝𝘐𝘚𝘈. ※ Rest Y r
Colombi-Restaurant : Menu 46 (mittags) und à la carte 83/125 – **Hans-Thoma-Stube** :
Menu à la carte 53/82 – **128 Z** 274/478, 7 Suiten.
Spez. St. Pierre mit Basilikum und Oliven gebraten auf Tomaten-Beurre Blanc. Taubenbrust mit Sellerie- und Trüffelscheiben gebraten. Verschiedene Sorbets mit marinierten Waldbeeren.

🏨 **Dorint Kongress-Hotel** Ⓜ, Konrad-Adenauer-Platz 2, ✉ 79098, ✆ (0761) 3 88 90,
Fax (0761) 3889100, ☆, Massage, ≲, 🔲 – 🛗, ✨ Zim, 📺 🕻 ৬ ⇨ – 🔬 170.
🆎 ⓞ 🇪 𝘝𝘐𝘚𝘈. ※ Rest X e
Menu à la carte 42/63 – **219 Z** 237/314, 7 Suiten.

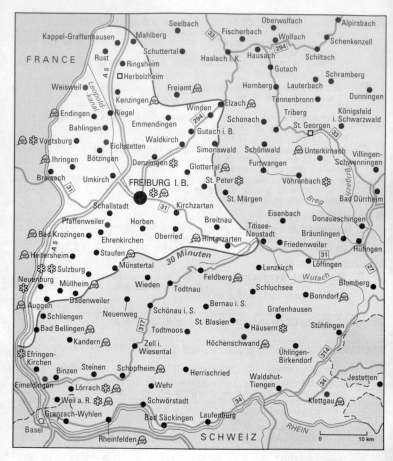

| 🏨 | **Zum Roten Bären** (Haus a.d.J. 1120, seit 1311 Gasthof), Oberlinden 12, ⊠ 79098, 𝒫 (0761) 38 78 70, Fax (0761) 3878717, ⇆s – 🛗 📺 ☎ ⟻ – 🔬 30. ⒶⒺ ① Ⓔ 𝖵𝖨𝖲𝖠 | Z u |

Menu (Sonntagabend - Montag geschl.) à la carte 48/84 – **25 Z** 185/330.

| 🏨 | **Oberkirchs Weinstuben,** Münsterplatz 22, ⊠ 79098, 𝒫 (0761) 3 10 11, Fax (0761) 31031, 🍴 – 🛗 📺 ☎ ⟻. ⒶⒺ Ⓔ 𝖵𝖨𝖲𝖠 | Y a |

Jan. geschl. – **Menu** (Sonn- und Feiertage geschl.) à la carte 43/75 ⅄ – **26 Z** 125/275.

| 🏨 | **Park Hotel Post** garni, Eisenbahnstr. 35, ⊠ 79098, 𝒫 (0761) 38 54 80, Fax (0761) 31680 – 🛗 ⥮ 📺 ☎ ⟻. Ⓔ 𝖵𝖨𝖲𝖠. ⋇ | Y h |

43 Z 149/269.

| 🏨 | **Victoria** garni, Eisenbahnstr. 54, ⊠ 79098, 𝒫 (0761) 20 73 40, Fax (0761) 20734444 – 🛗 ⥮ 📺 ☎ ✆ ⟻ ℗ – 🔬 25. ⒶⒺ ① Ⓔ 𝖵𝖨𝖲𝖠 | Y p |

63 Z 149/239.

| 🏨 | **Rheingold,** Eisenbahnstr. 47, ⊠ 79098, 𝒫 (0761) 2 82 10, Fax (0761) 2821111 – 🛗, ⥮ Zim, 📺 ☎ ✆ ⟻ – 🔬 60. ⒶⒺ ① Ⓔ 𝖵𝖨𝖲𝖠 | Y d |

Menu (Sonntag geschl.) à la carte 48/68 – **49 Z** 195/240.

| 🏨 | **Central-Hotel** garni, Wasserstr. 6, ⊠ 79098, 𝒫 (0761) 3 19 70, Fax (0761) 3197100 – 🛗 ⥮ 📺 ☎ ⟻ – 🔬 30. ⒶⒺ ① Ⓔ 𝖵𝖨𝖲𝖠 𝖩𝖢𝖡 | Y s |

49 Z 145/210.

| 🏨 | **InterCityHotel,** Bismarckallee 3, ⊠ 79098, 𝒫 (0761) 3 80 00, Fax (0761) 3800999 – 🛗, ⥮ Zim, 📺 ☎ ✆ – 🔬 40. ⒶⒺ ① Ⓔ 𝖵𝖨𝖲𝖠 | Y n |

Menu à la carte 26/48 – **152 Z** 203/266.

FREIBURG
IM BREISGAU

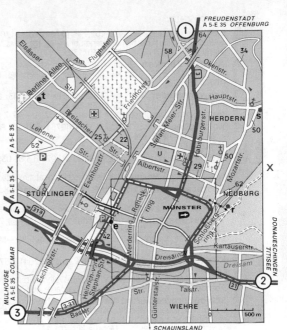

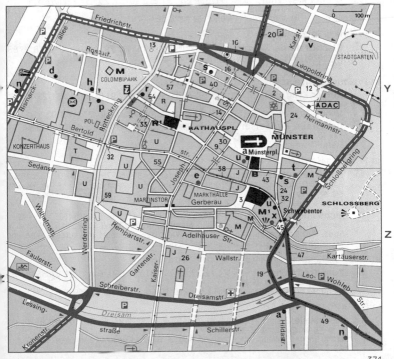

🏨 **Schiller,** Hildastr. 2, ⊠ 79102, ℰ (0761) 70 33 70, *Fax (0761) 7033777*, 🌧,
« Restaurant im typischen Brasserie-Stil » – 📶 📺 ☎ ✆ 🐧 AE E VISA   Z a
Menu à la carte 44/70 – **23 Z** 130/170.

🏨 **An den Kliniken** Ⓜ garni, Breisacher Str. 84, ⊠ 79110, ℰ (0761) 8 96 80,
Fax (0761) 8095030 – 📶, ✦ Zim, 📺 ☎ ✆ 🐧 ⬟ ⟵ ℗. AE ⓞ E VISA   X t
167 Z 93/120.

🏨 **Schwarzwälder Hof** (mit Gästehaus), Herrenstr. 43, ⊠ 79098, ℰ (0761) 3 80 30,
Fax (0761) 3803135 – 📶 📺 ☎. AE ⓞ E VISA. ⬧   Z s
Menu *(Sonntagabend geschl.)* à la carte 28/52 ⅃ – **47 Z** 68/175.

🏨 **Kolpinghaus,** Karlstr. 7, ⊠ 79104, ℰ (0761) 3 19 30, *Fax (0761) 3193202* – 📶 📺 ☎
– 🔬 40. AE ⓞ E VISA   Y v
Menu à la carte 37/57 ⅃ – **94 Z** 106/184.

XXX **Wolfshöhle,** Konviktstr. 8, ⊠ 79098, ℰ (0761) 3 03 03, *Fax (0761) 288884*, 🌧 – AE
ⓞ E VISA. ⬧   Z t
Sonntag geschl. – Menu (abends Tischbestellung ratsam, italienische Küche) à la carte 44/72.

XX **Enoteca,** Gerberau 21, ⊠ 79098, ℰ (0761) 3 89 91 30, *Fax (0761) 38991324* – AE ⓞ
E VISA   Z x
Sonn- und Feiertage geschl. – Menu 36/78 und à la carte 48/78.

XX **Weinstube zur Traube,** Schusterstr. 17, ⊠ 79098, ℰ (0761) 3 21 90,
Fax (0761) 26313 – AE VISA   Y u
Sonntag - Montagmittag und Aug. 3 Wochen geschl. – Menu (Tischbestellung ratsam)
à la carte 58/98.

XX **Klösterle,** Dreikönigstr. 8, ⊠ 79102, ℰ (0761) 7 57 84, *Fax (0761) 73788*, 🌧
– 🔬   Z n
Sonntag - Montag, Sept. 2 Wochen und Weihnachten - Ende Jan. geschl. – Menu (nur
Abendessen, Tischbestellung ratsam) à la carte 46/76.

XX **Schloßbergrestaurant Dattler,** Am Schloßberg 1 (Zufahrt über Wintererstraße,
oder mit Schloßberg-Seilbahn, DM 3,00), ⊠ 79098, ℰ (0761) 3 17 29, *Fax (0761) 26243*,
≤ Freiburg und Kaiserstuhl, 🌧 – ℗. AE ⓞ VISA   X r
Dienstag und Feb. geschl. – Menu à la carte 42/73 ⅃.

X **Großer Meyerhof,** Grünwälderstr. 7, ⊠ 79098, ℰ (0761) 2 25 52, *Fax (0761) 281173*,
🌧   Z e
Montag - Dienstag geschl. – Menu à la carte 30/60 ⅃.

In Freiburg-Betzenhausen ④ : 2 km :

🏨 **Bischofslinde** ⬧ garni, Am Bischofskreuz 15, ⊠ 79114, ℰ (0761) 8 26 88,
Fax (0761) 808345 – 📺 ☎ ⟵ ℗. AE ⓞ E VISA
26 Z 85/125.

In Freiburg-Günterstal S : 2 km über Günterstalstraße X :

XX **Kühler Krug** mit Zim, Torplatz 1, ⊠ 79100, ℰ (0761) 2 91 03, *Fax (0761) 29782*, 🌧
– 📺 ☎. E VISA
Menu *(Mittwoch geschl.)* (Tischbestellung ratsam) à la carte 40/77 – **7 Z** 90/120.

X **Gasthaus Kybfelsen,** Schauinslandstr. 49, ⊠ 79100, ℰ (0761) 2 94 40,
Fax (0761) 290117, 🌧 – ℗
Menu *(Montag geschl.)* à la carte 40/70.

In Freiburg-Herdern :

🏨 **Panorama Hotel Mercure** ⬧, Wintererstr. 89, ⊠ 79104, ℰ (0761) 5 10 30,
Fax (0761) 5103300, ≤ Freiburg und Kaiserstuhl, 🌧, Massage, ⇌s, 🔲, ⬧ – 📶, ✦ Zim,
📺 ☎ ✆ ℗ – 🔬 60. AE ⓞ E VISA   über Stadtstraße X
Menu à la carte 63/88 – **84 Z** 202/314.

XX **Eichhalde,** Stadtstr. 91, ⊠ 79104, ℰ (0761) 5 48 17, *Fax (0761) 54386*, 🌧 – E
⟨ヨ⟩ *Samstagmittag und Dienstag geschl.* – Menu 39 (mittags) und à la carte 70/91   X s
Spez. Kaninchenterrine mit marinierten Waldpilzen. Steinbutt mit Kürbisgemüse und
Koriandersauce. Gewürzkaffeecrème mit Honigeis.

In Freiburg-Kappel SO : 7 km über ② und FR-Littenweiler :

🏨 **Zum Kreuz,** Großtalstr. 28, ⊠ 79117, ℰ (0761) 62 05 50, *Fax (0761) 6205540*, 🌧,
⇌s – 📺 ☎ ⟵ ℗. E VISA
Menu *(Montag - Dienstag geschl.)* à la carte 35/60 ⅃ – **17 Z** 100/190.

In Freiburg-Lehen ④ : 3 km :

🏨 **Bierhäusle,** Breisgauer Str. 41, ⊠ 79110, ℰ (0761) 8 83 00, *Fax (0761) 806820*, 🌧
– 📶 📺 ☎ ℗. AE ⓞ E VISA
Menu *(Sonntagabend - Montag und Aug. 3 Wochen geschl.)* à la carte 36/70 ⅃ –
42 Z 85/200.

🏠 **Hirschengarten-Hotel** garni, Breisgauer Str. 51, ⊠ 79110, ℰ (0761) 8 03 03, Fax (0761) 8833339 – 📶 ✆ 📺 ☎ 🅿. 🖭 E VISA
23. Dez. - 9. Jan. geschl. – **20 Z** 85/130.

🍴 **Hirschen** mit Zim, Breisgauer Str. 47, ⊠ 79110, ℰ (0761) 8 21 18, Fax (0761) 87994, 🌳 – 🅿
Menu *(Donnerstag geschl.)* (Tischbestellung erforderlich) à la carte 38/71 ⅜ – **10 Z** 65/90.

In Freiburg-Littenweiler ② : 2 km :

🏨 **Schwär's Hotel Löwen** (mit Gasthof), Kappler Str. 120, ⊠ 79117, ℰ (0761) 6 30 41, Fax (0761) 60690, 🌳 – 📶 📺 ☎ 🚗 🅿 – 🔬 70. 🖭 ⓞ E VISA
Menu à la carte 31/76 *(auch vegetarische Gerichte)* ⅜ – **42 Z** 140/220.

In Freiburg-Munzingen ③ : 13 km :

🏨 **Schloß Reinach,** St.Erentrudis-Str. 12 (B 31), ⊠ 79112, ℰ (07664) 40 70, Fax (07664) 407155, 🌳, « Ehemaliger Gutshof a.d.J. 1647 », Massage – 📶, ✳ Zim, 📺
☎ 🔥 🚗 🅿 – 🔬 150. E VISA. ✻ Rest
Menu *(Sonntag - Montag geschl.)* à la carte 44/72 – **69 Z** 105/170.

In Freiburg-Opfingen W : 10,5 km über Eschholzstr.X :

🏠 **Zur Tanne** (Badischer Gasthof a.d. 18. Jh.), Altgasse 2, ⊠ 79112, ℰ (07664) 18 10, Fax (07664) 5303 – 📺 ☎ 🅿. E VISA
26. Jan. - 5. März und Aug. 2 Wochen geschl. – **Menu** *(Juli - Sept. Montag - Freitag nur Abendessen, Juli - April Dienstag geschl.)* (von Mitte April - Mitte Juni nur Spargelgerichte) à la carte 30/64 ⅜ – **7 Z** 80/155.

In Freiburg-St. Georgen ③ : 5 km :

🏨 **Zum Schiff,** Basler Landstr. 35, ⊠ 79111, ℰ (0761) 47 30 41, Fax (0761) 475563, 🌳,
🌳 – 📶, ✳ Zim, 📺 ☎ ✆ 🔥 🚗 🅿. 🖭 ⓞ E VISA
Menu *(Sonntagmittag geschl.)* à la carte 29/66 – **65 Z** 118/205.

🏨 **Ritter St. Georg** garni, Basler Landstr. 82, ⊠ 79111, ℰ (0761) 4 35 93, Fax (0761) 44946 – ✳ 📺 ☎ 🅿. E VISA. ✻
Weihnachten - Neujahr geschl. – **13 Z** 90/140.

In Freiburg-Zähringen N : 2 km über Zähringer Str. X :

🍴 **Zähringer Burg,** Reutebachgasse 19, ⊠ 79108, ℰ (0761) 5 40 41, Fax (0761) 555755, « Badische Gaststube a.d. 18. Jh. » – 🅿. 🖭 E VISA
Menu à la carte 43/77.

Beim Thermalbad ③ : 9 km über die B 3 und B 31 :

🏨 **Dorint** 🦢, An den Heilquellen 8, ⊠ 79111 Freiburg-St.Georgen, ℰ (0761) 4 90 80, Fax (0761) 4908100, 🌳, direkter Zugang zum Thermalbad – 📶, ✳ Zim, 🍽 Rest, 📺 🔥
🚗 🅿 – 🔬 70. 🖭 ⓞ E VISA JCB
Menu à la carte 39/59 *(auch vegetarische Gerichte)* – **130 Z** 198/260.

FREIENSTEINAU Hessen 👁👁 O 12 – 400 Ew – Höhe 400 m.
Berlin 479 – Wiesbaden 125 – Frankfurt am Main 84 – Fulda 30.

In Freiensteinau-Nieder-Moos N : 6 km :

🏠 **Gästehaus Jöckel,** Zum See 5, ⊠ 36399, ℰ (06644) 3 43, Fax (06644) 1886, 🌳, 🍃,
🦢 📶 📺 ☎ 🚗 – 🔬 50
Mitte Feb. - Mitte März und Nov. geschl. – **Menu** à la carte 22/49 ⅜ – **27 Z** 55/110 – ½ P 10.

GRÜNE **MICHELIN-FÜHRER** *in deutsch*		
Paris	Elsaß Vogesen Champagne	Italien
Atlantikküste	Korsika	Euro Disney
Auvergne Perigord	Provence	Deutschland
Bretagne	Pyrenäen Roussillon Gorges du Tarn	Frankreich
Burgund Jura		Österreich
	Schlösser an der Loire	Schweiz
Côte d'Azur (Französische Riviera)	Oberrhein	Spanien

FREIENWALDE BAD Brandenburg 𝟒𝟏𝟔 H 26, 𝟗𝟖𝟒 ⑫, 𝟗𝟖𝟕 ⑲ – 11 000 Ew – Höhe 30 m.
 🛈 Touristikinformation der Kurverwaltung, Karl-Marx-Str. 25, ✉ 16259,
 𝒫 (03344) 34 02, Fax (03344) 331795.
 Berlin 58 – Potsdam 102 – Frankfurt(Oder) 69.

In Falkenberg NW : 6 km :

🏠 **Villa Fontane** garni, Fontaneweg 4, ✉ 16259, 𝒫 (033458) 3 03 80,
 Fax (033458) 30381, 🌳 – 📺 ☎ 🅿 ☰ 𝘝𝘐𝘚𝘈 ⚆
 21. - 29. Dez. geschl. – **8 Z** 80/120.

FREIGERICHT Hessen 𝟒𝟏𝟕 P 11 – 13 000 Ew – Höhe 178 m.
 🏌₁₈ Hofgut Trages, 𝒫 (06055) 9 13 80.
 Berlin 519 – Wiesbaden 77 – Frankfurt am Main 44 – Aschaffenburg 28.

In Freigericht-Horbach – Erholungsort :

🏠 **Vorspessart,** Geiselbacher Str. 11, ✉ 63579, 𝒫 (06055) 8 30 74, Fax (06055) 83490,
 🖳 – 📲 ☎ 🅿 ☰ 𝘝𝘐𝘚𝘈
 23. Dez. - 15. Jan. geschl. – **Menu** (Sonntag geschl.) à la carte 32/57 – **16 Z** 70/130 – ½ P 25.

FREILASSING Bayern 𝟒𝟐𝟎 W 22, 𝟗𝟖𝟕 ㊶ – 15 000 Ew – Höhe 420 m – Erholungsort.
 🛈 Verkehrsbüro, Bahnhofstr. 2, ✉ 83395, 𝒫 (08654) 23 12, Fax (08654) 1795.
 Berlin 729 – München 139 – Bad Reichenhall 20 – Salzburg 7 – Traunstein 29.

🏨 **Moosleitner,** Wasserburger Str. 52 (W : 2,5 km), ✉ 83395, 𝒫 (08654) 6 30 60,
 Fax (08654) 630699, 🌧, ☰s, 🌳, ⚒ (Halle) – 📲, ✦ Zim, 📺 ☎ 𝓥 🚗 🅿 – 🔏 30.
 ☰ ⓪ ☰ 𝘝𝘐𝘚𝘈
 Menu (Samstag und Anfang Jan. 1 Woche geschl.) à la carte 36/69 – **50 Z** 119/245.

🏠 **Krone** garni, Hauptstr. 26, ✉ 83395, 𝒫 (08654) 6 01 70, Fax (08654) 601717 – 📲 📺
 ☎ 🚗 ☰ ⓪ ☰ 𝘝𝘐𝘚𝘈 ⚆
 Anfang Jan. 1 Woche geschl. – **32 Z** 98/160.

FREINSHEIM Rheinland-Pfalz 𝟒𝟏𝟕 𝟒𝟏𝟗 R 8 – 4 500 Ew – Höhe 100 m.
 🏌₉ Dackenheim, Im Blitzgrund 1 (NW : 3 km), 𝒫 (06353) 98 92 10.
 🛈 Verkehrsverein, Hauptstr. 2, ✉ 67251, 𝒫 (06353) 17 79, Fax (06353) 4577.
 Berlin 630 – Mainz 79 – Kaiserslautern 42 – Mannheim 22.

🏨 **Luther,** Hauptstr. 29, ✉ 67251, 𝒫 (06353) 20 21, Fax (06353) 8388, 🌧, « Modernes
✿ Hotel in einem Haus aus der Barockzeit », ☰s, 🌳 – 📺 ☎ 🅿 – 🔏 25. ☰ ☰ 𝘝𝘐𝘚𝘈 ⚆
 Juli - Aug. 3 Wochen geschl. – **Menu** (Sonntag geschl.) (nur Abendessen, Tischbestellung
 ratsam, bemerkenswerte Weinkarte) à la carte 77/112 – **23 Z** 110/250
 Spez. Artischockensülze mit gebratenem Kaisergranat. Steinbutt auf Kartoffel-
 Olivenkompott. Valrhona-Schokolade aus dem Ofen.

🍴 **von-Busch-Hof** (Restaurant in einem ehemaligen Kloster), Von-Busch-Hof 5, ✉ 67251,
 𝒫 (06353) 77 05, Fax (06353) 3741, 🌧 – ☰ 𝘝𝘐𝘚𝘈
 Dienstag und Mitte Jan.- Mitte Feb. geschl. – **Menu** (wochentags nur Abendessen) à la carte
 51/64.

FREISING Bayern 𝟒𝟏𝟗 𝟒𝟐𝟎 U 19, 𝟗𝟖𝟕 ㊵ – 42 400 Ew – Höhe 448 m.
 Sehenswert : Domberg★ – Dom★ (Chorgestühl★, Benediktuskapelle★).
 🛈 Fremdenverkehrsamt, Marienplatz 7, ✉ 85354, 𝒫 (08161) 5 41 22, Fax (08161)
 54231.
 Berlin 564 – München 37 – Ingolstadt 56 – Landshut 36 – Nürnberg 144.

🏨 **Ramada** 📵, Alois-Steinecker-Str. 20, ✉ 85354, 𝒫 (08161) 96 60, Fax (08161) 966281,
 ☰s, 🖳 – 📲, ✦ Zim, 🖥 📺 ⟁ 🚗 – 🔏 200. ☰ ⓪ ☰ 𝘝𝘐𝘚𝘈 𝘑𝘊𝘉 ⚆ Rest
 Menu à la carte 42/75 – **252 Z** 229/395, 4 Suiten.

🏨 **Dorint,** Dr.-von-Daller-Str. 1, ✉ 85356, 𝒫 (08161) 53 20, Fax (08161) 532100, 🌧, ☰s
 – 📲, ✦ Zim, 📺 ☎ 🚗 – 🔏 70. ☰ ⓪ ☰ 𝘝𝘐𝘚𝘈 𝘑𝘊𝘉
 Menu à la carte 38/70 – **137 Z** 268/386.

🏨 **Isar** garni, Isarstr. 4, ✉ 85356, 𝒫 (08161) 86 50, Fax (08161) 865555 – 📲 ✦ 📺 ☎
 🅿 ☰ ⓪ ☰ 𝘝𝘐𝘚𝘈
 53 Z 140/195.

🏠 **Bayerischer Hof,** Untere Hauptstr. 3, ✉ 85354, 𝒫 (08161) 30 37, Fax (08161) 94838
 – 📲 📺 ☎ 🚗 🅿 ☰ ☰ 𝘝𝘐𝘚𝘈
 Menu (Freitagabend, Samstag und Aug. geschl.) à la carte 26/50 – **70 Z** 85/145.

In Freising-Haindlfing NW : 5 km :

X **Gasthaus Landbrecht,** Freisinger Str. 1, ⊠ 85354, ℘ (08167) 89 26, ㄹ – ᕁ **ᑭ**
🐑 Mittwoch - Freitag nur Abendessen, Montag - Dienstag, nach Pfingsten 1 Woche und Ende
Aug.- Mitte Sept. geschl. – **Menu** à la carte 33/58.

Im Flughafen Franz-Josef-Strauß SO : 8 km :

🏨🏨 **Kempinski Airport München** 🅼, Terminalstraße/Mitte 20, ⊠ 85356 München,
℘ (089) 9 78 20, Fax (089) 97822610, Ⅰᕥ, ㄹㅅ, ⦶ – 🛗, 🕪 Zim, 🖭 🖭 🕻 ᕁ ⇔ –
🔬 280. 🆎 ⓞ ᇀ 𝘝𝘐𝘚𝘈 ᒍᴄʙ. ﹩ Rest
Menu à la carte 58/90 – **389 Z** 441/472, 17 Suiten.

XX **Il Mondo,** Bereich B - Ebene 07, ⊠ 85356 München, ℘ (089) 97 59 32 22,
Fax (089) 97593106 – **ᑭ**. 🆎 ⓞ ᇀ 𝘝𝘐𝘚𝘈
Menu (italienische Küche) à la carte 45/76.

XX **Zirbelstube,** Zentralgebäude - Ebene 04, ⊠ 85356 München, ℘ (089) 97 59 31 11,
Fax (089) 97593106, « Original Riemer Zirbelstube » – **ᑭ**. 🆎 ⓞ ᇀ 𝘝𝘐𝘚𝘈
Menu à la carte 36/55.

In Hallbergmoos S : 10 km :

🏨 **Mövenpick Hotel München-Airport,** Ludwigstr. 43, ⊠ 85399, ℘ (0811) 88 80,
Fax (0811) 888444, ㄹㅅ – 🛗, 🕪 Zim, 🖭 🖭 ☎ ᕁ **ᑭ** – 🔬 30. 🆎 ⓞ ᇀ 𝘝𝘐𝘚𝘈 ᒍᴄʙ
Menu à la carte 35/55 – **165 Z** 219/241.

In Hallbergmoos-Goldach S : 12 km :

🏨 **Daniel's** garni, Hauptstr. 11, ⊠ 85399, ℘ (0811) 5 51 20, Fax (0811) 551213,
« Geschmackvolle Einrichtung » – 🖭 ☎ **ᑭ** – 🔬 15. 🆎 ⓞ ᇀ 𝘝𝘐𝘚𝘈
27 Z 105/200.

X **Landgasthof Alter Wirt** (mit 🏨 Gästehaus), Hauptstr. 66, ⊠ 85399,
℘ (0811) 5 51 40(Hotel) 37 74(Rest.), Fax (0811) 95050, Biergarten – 🕪 Zim, 🖭 ☎ **ᑭ**
Menu (wochentags nur Abendessen) à la carte 30/53 – **14 Z** 99/149.

In Oberding-Schwaig SO : 12 km :

🏨🏨 **Arabella Airport Hotel** 🌭, Freisinger Str. 80, ⊠ 85445, ℘ (08122) 92 72 20,
Fax (08122) 92722800, 霏, ㄹㅅ, ⦶ – 🛗, 🕪 Zim, 🖭 🖭 🕻 ᕁ ⇔ **ᑭ** – 🔬 130. 🆎
ⓞ ᇀ 𝘝𝘐𝘚𝘈
Menu à la carte 43/68 – **170 Z** 245/370.

🏨 **Astron Hotel München Airport** 🅼, Löhstr. 21 (N : 2 km), ⊠ 85445,
℘ (08122) 96 70, Fax (08122) 967100, Ⅰᕥ, ㄹㅅ – 🛗, 🕪 Zim, 🖭 ☎ ᕁ **ᑭ** – 🔬 300. 🆎
ⓞ ᇀ 𝘝𝘐𝘚𝘈 ᒍᴄʙ
Menu à la carte 48/68 – **236 Z** 253/346.

FREITAL Sachsen 🔢 N 24, 🔢 ㉔, 🔢 ⑲ – 38 000 Ew – Höhe 184 m.
🔢 Possendorf (O : 3 km) ℘ (035206) 33 76 51 11.
🅱 Fremdenverkehrsbüro, Dresdner Str. 56, ⊠01705, ℘ (0351) 6 47 61 12, Fax (0351)
6476111.
Berlin 205 – Dresden 14 – Freiberg 22 – Chemnitz 70.

🏨 **Stadt Freital,** Bahnhofstr. 10, ⊠ 01705, ℘ (0351) 4 76 03 44, Fax (0351) 4760346,
🐑 霏 – 🖭 ☎ 🕻 – 🔬 20. 🆎 ᇀ 𝘝𝘐𝘚𝘈
Menu à la carte 22/45 – **15 Z** 99/140.

In Freital-Wurgwitz NW : 5km :

🏨 **Solar Parkhotel** 🌭, Pesterwitzer Str. 8, ⊠ 01705, ℘ (0351) 6 56 60,
Fax (0351) 6502951, ⩹, 霏, ㄹㅅ – 🛗, 🕪 Zim, 🖭 Rest, 🖭 ☎ 🕻 ᕁ **ᑭ** – 🔬 80. 🆎 ⓞ
ᇀ 𝘝𝘐𝘚𝘈 ᒍᴄʙ
Menu à la carte 30/56 – **71 Z** 168/186.

In Rabenau SO : 2,5 km :

🏨 **Rabenauer Mühle** 🌭, Bahnhofstr. 23, ⊠ 01734, ℘ (0351) 4 60 20 61,
Fax (0351) 4602062, 霏, Biergarten – 🕪 Zim, 🖭 ☎ **ᑭ**. 🆎 ᇀ 𝘝𝘐𝘚𝘈 ﹩
Menu (Montag - Freitag nur Abendessen) à la carte 27/48 – **21 Z** 65/160.

🏨 **König Albert Höhe** 🌭, Höhenstr. 26, ⊠ 01734, ℘ (0351) 64 47 50,
Fax (0351) 6447555, ⩹, Biergarten – 🕪 Zim, 🖭 ☎ **ᑭ** – 🔬 80. 🆎 ⓞ ᇀ 𝘝𝘐𝘚𝘈
Menu à la carte 25/43 – **43 Z** 75/160.

🏨 **Rabennest** 🌭, Nordstr. 8, ⊠ 01734, ℘ (0351) 4 76 03 23, Fax (0351) 4760325, 霏
🐑 – 🖭 ☎ **ᑭ** – 🔬 40. 🆎 ᇀ 𝘝𝘐𝘚𝘈. ﹩ Zim
Menu à la carte 24/42 – **12 Z** 75/150.

In Kesselsdorf *NW : 6 km :*

🏨 **Intor Hotel Dresden,** Zschoner Ring 6 (Gewerbegebiet), ✉ 01723, ☎ (035204) 45 90, *Fax (035204) 459113,* ⛱, 🧖 – ⇅, 🚭 Zim, ▤ [TV] ☎ ♿ 🚗 [P] – 👥 100. [AE] [O] [E] [VISA]
Menu à la carte 32/49 – **126 Z** 105/180.

In Hartha, Kurort *W : 7 km :*

ℹ *Touristinformation, Talmühlenstr. 11, ✉01737, ☎ (0351) 3 76 16, Fax (0351) 37617*

🏨 **Parkhotel Forsthaus,** Am Kurplatz 13, ✉ 01737, ☎ (035203) 3 40, *Fax (035203) 34150,* ⛱, Biergarten, 🧖 – ⇅ 🚭 [TV] ☎ [P] – 👥 40. [AE] [O] [E] [VISA].
🚭 Rest
Menu à la carte 25/45 – **37 Z** 95/170.

🏨 💰 **Kirchner,** Talmühlenstr. 14, ✉ 01737, ☎ (035203) 24 50, *Fax (035203) 2447,* 🧖 – [TV] ☎ [P] – 👥 15
Menu *(Donnerstagmittag geschl.)* à la carte 19/34 – **28 Z** 85/140.

FREMDINGEN *Bayern* [419] [420] *T 15 – 2 200 Ew – Höhe 475 m.*

Berlin 511 – München 143 – Nürnberg 114 – Würzburg 124.

In Fremdingen-Raustetten *SW : 2 km :*

🏨 💰 **Waldeck** 🐎, Raustetten 12, ✉ 86742, ☎ (09086) 2 30, *Fax (09086) 1400,* ⛱, [🏊] (Gebühr) – 🚗 [P]. 🚭
20. Dez. - Ende Feb. geschl. – **Menu** *(Montag - Freitag nur Abendessen)* à la carte 21/40 – **20 Z** 40/74 – ½ P 12.

FREUDENBERG *Brandenburg* [416] *H 25 – 315 Ew – Höhe 172 m.*

Berlin 23 – Potsdam 54 – Eberswalde 17 – Frankfurt an der Oder 76.

🍴 😊 **Gasthaus am Weiher,** Dorfstr. 16, ✉ 16259, ☎ (033451) 62 29, *Fax (033451) 6229,* ⛱, « Schöne Lage am Weiher » – [P]. [E] [VISA]
Montag geschl. – **Menu** *(Dienstag - Freitag nur Abendessen)* à la carte 42/68.

FREUDENBERG *Baden-Württemberg* [417] [419] *Q 11,* [987] *㉗ – 4 000 Ew – Höhe 127 m.*

Berlin 559 – Stuttgart 145 – Aschaffenburg 48 – Heidelberg 85 – Würzburg 64.

🍴 😊 **Rose** mit Zim, Hauptstr. 230, ✉ 97896, ☎ (09375) 6 53, *Fax (09375) 1491,* ⛱ – [TV] 🚗 [P]. [AE] [O] [E] [VISA]
Feb. 2 Wochen geschl. – **Menu** *(Dienstag geschl.)* à la carte 33/73 – **6 Z** 78/120.

In Freudenberg-Boxtal *O : 10 km – Erholungsort :*

🏨 💰 **Rose** 🐎, Kirchstr. 15, ✉ 97896, ☎ (09377) 12 12, *Fax (09377) 1427,* ⛱, 🌳 – [TV] ☎ [P]. [E]
Nov. 2 Wochen und Feb. geschl. – **Menu** *(Montag geschl.)* à la carte 23/54 🧒 – **24 Z** 50/110.

FREUDENBERG *Nordrhein-Westfalen* [417] *N 7,* [987] *㉔ – 18 000 Ew – Höhe 300 m – Luftkurort.*

Sehenswert : *Fachwerkhäuser.*

Ausflugsziel : *Wasserschloß Crottorf* ★ *W : 11 km.*

ℹ *Kultur- und Touristikbüro der Stadt Freudenberg, ✉ 57258, ☎ (02734) 4 31 64, Fax (02734) 43115.*

Berlin 572 – Düsseldorf 119 – Dortmund 94 – Hagen 75 – Köln 82 – Siegen 17.

🏨 **Zur Altstadt,** Oranienstr. 41, ✉ 57258, ☎ (02734) 49 60, *Fax (02734) 49649,* ⛱, 🧖 – ⇅ [TV] ☎ 🚗 – 👥 60. [AE] [O] [E] [VISA]. 🚭 Rest
Menu à la carte 43/83 – **28 Z** 129/180.

🏨 **Siegerland Hotel Haus im Walde** 🐎, Schützenstr. 31, ✉ 57258, ☎ (02734) 46 70, *Fax (02734) 467251,* ⛱, 🧖, [🏊], 🌳 – ⇅ [TV] ☎ ✆ [P] – 👥 50. [AE] [E] [VISA].
🚭 Rest
Menu à la carte 38/66 – **40 Z** 105/180.

In Freudenberg-Wilhelmshöhe *O : 3 km :*

🏨 **Waldhotel,** Krumme Birke 7 (an der BAB-Ausfahrt), ✉ 57258, ☎ (02734) 27 80, *Fax (02734) 278100,* ⛱, 🧖 – [TV] ☎ [P] – 👥 35. [AE] [O] [E] [VISA]
Menu à la carte 35/69 – **25 Z** 120/210.

FREUDENSTADT Baden-Württemberg **419** U 9, **987** ㊳ – 23000 Ew – Höhe 735 m – Heil-klimatischer Kurort – Wintersport : 660/938 m ⚡4 ⚡8.

Sehenswert : Marktplatz★ A – Stadtkirche (Lesepult★★) AB.

Ausflugsziel : Schwarzwaldhochstraße (Höhenstraße★★ von Freudenstadt bis Baden-Baden) ④.

🏌 Freudenstadt, Hohenrieder Straße, ℘ (07441) 30 60.

🏢 Kurverwaltung, Promenadeplatz 1, ⊠ 72250, ℘ (07441) 86 40, Fax (07441) 85176.

Berlin 713 ② – Stuttgart 88 ② – Karlsruhe 77 ⑤ – Freiburg im Breisgau 96 ③ – Tübingen 73 ② – Baden-Baden 57 ⑤

FREUDENSTADT

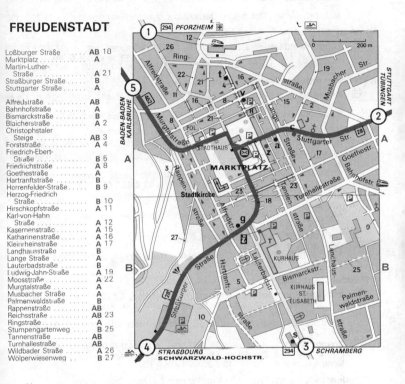

🏨 **Palmenwald,** Lauterbadstr. 56, ⊠ 72250, ℘ (07441) 80 70, Fax (07441) 807400, 🏕, Massage, ⚕, ♨, 🏊, 🔲, 🌳 – ⇆ 🔲 ☎ 🅿 – 🔏 60. 🆎 ⊙ 🄴 *VISA* JCB   B s
Menu (nur Abendessen) à la carte 38/59 – **82 Z** 110/250 – ½ P 35.

🏨 **Schwarzwaldhotel Birkenhof,** Wildbader Str. 95, ⊠ 72250, ℘ (07441) 89 20, Fax (07441) 4763, 🏕, Massage, ⚕, ⇆, 🔲 – 🕪, ⇆ Zim, 🔲 ☎ 🏃 🚗 🅿 – 🔏 80.
🆎 ⊙ 🄴 *VISA*   über ①
Menu à la carte 37/60 (auch vegetarische Gerichte) – **57 Z** 139/226 – ½ P 35.

🏨 **Hohenried** ⌂, Zeppelinstr. 5, ⊠ 72250, ℘ (07441) 24 14, Fax (07441) 2559, 🏕, « Rosengarten », ⇆, 🔲, 🌳 – 🔲 ☎ 🚗 – 🔏 25. 🆎 ⊙ 🄴 *VISA*   über ③
Menu (Montag geschl.) à la carte 40/60 – **25 Z** 90/180 – ½ P 35.

🏨 **Bären,** Langestr. 33, ⊠ 72250, ℘ (07441) 27 29, Fax (07441) 2887, 🏕 – 🔲 ☎ 🚗.
⊙ 🄴 *VISA*   A a
Menu (Sonntagabend - Montag geschl.) à la carte 39/63 – **24 Z** 75/170 – ½ P 28.

🏨 **Schwanen,** Forststr. 6, ⊠ 72250, ℘ (07441) 9 15 50, Fax (07441) 915544, 🏕 – ⇆ Zim, 🔲 ☎. 🄴 *VISA*   A v
Menu à la carte 33/59 ♨ – **17 Z** 62/140 – ½ P 23.

🏠 **Alte Kanzlei,** Straßburger Str. 6, ⊠ 72250, ℘ (07441) 8 88 60, Fax (07441) 888666 – 🔲 ☎ 🅿. 🆎 ⊙ 🄴 *VISA*   B g
Menu à la carte 37/61 ♨ – **17 Z** 50/150 – ½ P 20.

⚘ **Adler,** Forststr. 17, ⊠ 72250, ℘ (07441) 9 15 20, Fax (07441) 915252 – ⬅ **P**. 🅰 t
① **E** 𝚅𝙸𝚂𝙰, ✀ Zim   A t
21. April - 3. Mai und 27. Okt.- 17. Nov. geschl. – **Menu** (Mittwoch geschl.) à la carte 26/43
🍷 – **13 Z** 60/126 – ½ P 22.

XX **Zum Warteck** mit Zim, Stuttgarter Str. 14, ⊠ 72250, ℘ (07441) 9 19 20,
☜ Fax (07441) 919293 – 📺 ☎. ① 𝚅𝙸𝚂𝙰   A c
Menu (Dienstag geschl.) (bemerkenswerte Weinkarte) à la carte 44/84 – **13 Z** 75/140 –
½ P 25.

X **Jägerstüble** mit Zim, Marktplatz 12, ⊠ 72250, ℘ (07441) 23 87, Fax (07441) 51543,
✀ – **E**   A z
Mitte Okt. - Anfang Nov. geschl. – **Menu** (Montag geschl.) à la carte 31/58 – **12 Z** 60/150.

An der B 28 ④ : 2 km :

🏨 **Langenwaldsee,** Straßburger Str. 99, ⊠ 72250 Freudenstadt, ℘ (07441) 8 89 30,
Fax (07441) 88936, ≼, 🏡, ⩵s, 🔳, 🐎 – ⅍ Rest, 📺 ☎ **P**. ① **E** 𝚅𝙸𝚂𝙰
2. Nov.- 15. Dez. geschl. – **Menu** à la carte 33/69 – **36 Z** 120/190 – ½ P 25.

In Freudenstadt-Igelsberg ① : 11 km – Erholungsort :

🏨 **Krone,** Hauptstr. 8, ⊠ 72250, ℘ (07442) 8 42 80, Fax (07442) 50372, 🔳 , 🐎 – 🛏 ☎
P – 🅰 30
1.- 22. Dez. geschl. – **Menu** à la carte 32/75 – **28 Z** 86/186 – ½ P 25.

In Freudenstadt-Kniebis W : 10 km – Höhe 920 m – Luftkurort :.
🅱 Kurverwaltung, Baiersbronner Str. 23, ⊠72250, ℘ (07224) 75 70, Fax (07224) 50632

🏠 **Waldblick** ♨, Eichelbachstr. 47, ⊠ 72250, ℘ (07442) 83 40, Fax (07442) 3011, 🔳 ,
🐎 – 🛏 📺 ☎ ⬅ **P** – 🅰 50
April - Mai 2 Wochen und Anfang Nov. - Mitte Dez. geschl. – **Menu** (Dienstag geschl.)
à la carte 40/70 (auch vegetarische Gerichte) – **32 Z** 93/245 – ½ P 27.

🏠 **Kniebishöhe** ♨, Alter Weg 42, ⊠ 72250, ℘ (07442) 23 97, Fax (07442) 50276, ⩵s
– 🛏 ☎ **P**
April 2 Wochen und 6. Nov. - 18. Dez. geschl. – **Menu** (Dienstag geschl.) à la carte 29/56
🍷 – **14 Z** 60/140 – ½ P 20.

🏠 **Café Günter,** Baiersbronner Str. 26, ⊠ 72250, ℘ (07442) 8 41 30, Fax (07442) 4252,
🏡 – 🛏 📺 ☎ ⬅ **P**. **E**
15. - 30. April und 2. Nov. - 15. Dez. geschl. – **Menu** (Montag geschl.) à la carte 26/52 –
17 Z 55/130 – ½ P 25.

In Freudenstadt-Lauterbad ③ : 3 km – Luftkurort :

🏨 **Kur- und Sporthotel Lauterbad** ♨, Amselweg 5, ⊠ 72250, ℘ (07441) 8 10 06,
Fax (07441) 82688, 🏡 , Massage, 🛁, ⩵s, 🔳, 🐎 – ⅍ Rest, 📺 ☎ **P** – 🅰 30. 🅰
① **E** 𝚅𝙸𝚂𝙰, ✀ Rest
Menu (Donnerstag geschl.) à la carte 38/67 (auch vegetarische Gerichte) – **37 Z** 106/232
– ½ P 20.

🏨 **Grüner Wald** ♨, Kinzigtalstr. 23, ⊠ 72250, ℘ (07441) 70 51, Fax (07441) 7055, 🏡 ,
🔳 , 🐎, 🐎 – ⅍ Zim, 📺 ☎ 🚴 ⬅ **P** – 🅰 25. **E** 𝚅𝙸𝚂𝙰
Menu à la carte 40/68 🍷 – **40 Z** 90/220 – ½ P 30.

In Freudenstadt-Zwieselberg ④ : 8 km Richtung Bad Rippoldsau :

🏠 **Hirsch,** Hauptstr. 10, ⊠ 72250, ℘ (07441) 21 10, Fax (07441) 84810, 🏡 , 🐎 – 📺 ☎
⬅ **P**
Anfang Nov.- Mitte Dez. geschl. – **Menu** à la carte 29/53 🍷 – **30 Z** 60/120 – ½ P 15.

FREUDENTAL Baden-Württemberg siehe Besigheim.

FREYBURG (UNSTRUT) Sachsen-Anhalt 𝟜𝟙𝟠 M 19, 𝟗𝟴𝟒 ㉓, 𝟗𝟴𝟳 ⑰ ⑱ – 5 000 Ew – Höhe
120 m.
🅱 Fremdenverkehrsverein, Markt 2, ⊠ 06632, ℘ (034464) 2 72 60, Fax (034464) 27376.
Berlin 213 – Magdeburg 130 – Leipzig 52 – Halle 41.

🏨 **Berghotel zum Edelacker** Ⓜ ♨, Schloss 25, ⊠ 06632, ℘ (034464) 3 50,
Fax (034464) 35333, ≼ Freyburg, 🏡 , Biergarten, ⩵s – 🛏, ⅍ Zim, 📺 ☎ 🅒 ♿ **P** –
🅰 100. 🅰 ① **E** 𝚅𝙸𝚂𝙰
Menu à la carte 28/50 – **80 Z** 125/175 – ½ P 25.

🏨 **Unstruttal,** Markt 11, ⊠ 06632, ℘ (034463) 70 70, Fax (034464) 70740, 🏡 – 🛏 📺
☎ **P** – 🅰 50
Menu à la carte 25/50 – **17 Z** 95/150 – ½ P 20.

🏠 **Altdeutsche Weinstuben Zum Künstlerkeller,** Breite Str. 14, ⊠ 06632, ℘ (034464) 7 07 50, Fax (034464) 70799, « Weinkeller und Innenhofterrasse » – 📺 ☎ – 🍴 50
Menu à la carte 30/58 – **32 Z** 85/180 – ½ P 20.

🏠 **Rebschule** ⤷, Ehrauberge 33, ⊠ 06632, ℘ (034464) 30 80, Fax (034464) 28036, ☙
⊜ – 📺 ☎ 🅿. 🖭 🃏
Menu à la carte 22/40 – **23 Z** 95/145.

FREYSTADT Bayern **419 420** S 17 – 6 600 Ew – Höhe 410 m.
Berlin 459 – München 134 – Nürnberg 51 – Ingolstadt 61 – Ansbach 67.

🏠 **Pietsch,** Marktplatz 55, ⊠ 92342, ℘ (09179) 51 04, Fax (09179) 2758, Biergarten – 📳
⊜ 📺 ☎ 🅿. 🖭 🃏
Menu (Sonntag geschl.) à la carte 23/59 – **55 Z** 73/115.

MICHELIN-REIFENWERKE KGaA. Niederlassung ⊠ 92342 Freystadt, Am Retteloh 13, ℘ (09179) 94 71 00 Fax (09179) 947199.

FREYUNG Bayern **420** T 24, **987** ③⓪ – 7 500 Ew – Höhe 658 m – Luftkurort – Wintersport : 658/800 m ⥥3 ⥥7.
🛈 Verkehrsamt im Kurhaus, Rathausplatz 2, ⊠ 94078, ℘ (08551) 5 88 50, Fax (08551) 58855.
Berlin 529 – München 205 – Grafenau 15 – Passau 34.

🏠 **Brodinger - Am Freibad,** Zuppinger Str. 3, ⊠ 94078, ℘ (08551) 43 42, Fax (08551) 7973, ☙, 🍴, 🔲, 🏕 – 📳 📺 ☎ 🅿. ⓪ 🃏
März und Nov. jeweils 2 Wochen geschl. – **Menu** (Sonntagabend - Montag geschl.) à la carte 29/52 – **20 Z** 55/160 – ½ P 20.

🏠 **Zur Post,** Stadtplatz 2, ⊠ 94078, ℘ (08551) 40 25, Fax (08551) 7752, ☙, 🏕 – 📳
⊜ ☎ 🅿. 🖭 🃏
Mai - Juni 2 Wochen und Nov. 3 Wochen geschl. – **Menu** (Montag geschl.) à la carte 23/36 – **42 Z** 48/130 – ½ P 20.

🏠 **Brodinger** ⤷, Schulgasse 15, ⊠ 94078, ℘ (08551) 40 04, Fax (08551) 7283, 🔲, 🏕
⊜ – 📳 🅿. ⓪ 🃏
April und Nov. jeweils 2 Wochen geschl. – **Menu** (Samstagabend - Sonntag geschl.) à la carte 24/49 – **18 Z** 55/150 – ½ P 20.

In Freyung-Ort SW : 1 Km :

XX **Landgasthaus Schuster,** Ort 19, ⊠ 94078, ℘ (08551) 71 84
🅿
Montag - Dienstagmittag geschl. – **Menu** 29/89 und à la carte.

FRICKENHAUSEN Bayern **419 420** Q 14 – 1 300 Ew – Höhe 180 m.
Berlin 495 – München 277 – Ansbach 61 – Würzburg 21.

🏠 **Meintzinger** ⤷ garni, Babenbergplatz 2, ⊠ 97252, ℘ (09331) 8 72 10, Fax (09331) 7578 – 📺 ☎ 🅿. 🖭 🃏 🏧
22 Z 95/240.

XX **Ehrbars Fränkische Weinstube,** Hauptstr. 17, ⊠ 97252, ℘ (09331) 6 51, Fax (09331) 5207, ☙
Montag, Jan. und Mitte - Ende Juni geschl. – **Menu** à la carte 39/66.

FRICKINGEN Baden-Württemberg **419** W 11 – 2 600 Ew – Höhe 500 m.
Berlin 721 – Stuttgart 142 – Konstanz 34 – Sigmaringen 41 – Bregenz 67.

⭐ **Paradies,** Kirchstr. 8, ⊠ 88699, ℘ (07554) 81 71, Fax (07554) 1042, ☙ – 📺 ☎ 🅿.
❀ Zim
Weihnachten - Mitte Jan. geschl. – **Menu** (Freitagabend - Samstagmittag geschl.) à la carte 26/47 – **19 Z** 50/100.

FRIDINGEN AN DER DONAU Baden-Württemberg **419** V 10, **987** ㉟ – 2 900 Ew – Höhe 600 m – Erholungsort.
Ausflugsziel : Knopfmacherfelsen : Aussichtskanzel ⩽★, O : 3 km.
Berlin 748 – Stuttgart 118 – Konstanz 70 – Freiburg im Breisgau 107 – Ulm (Donau) 120.

In Fridingen-Bergsteig SW : 2 km Richtung Mühlheim – Höhe 670 m

XX **Landhaus Donautal** mit Zim, ⊠ 78567, ℘ (07463) 4 69, Fax (07463) 5099, ⩽, ☙, 🏕 – 📺 ☎ ⟺ 🅿. 🃏
Mitte Jan. - Ende Feb. geschl. – **Menu** (Montag - Dienstag geschl.) à la carte 33/62 – **7 Z** 92/136.

FRIEDBERG Bayern 👁👁👁 U 16, 👁👁👁 ㉞ – 26 000 Ew – Höhe 514 m.
Berlin 583 – München 75 – Augsburg 7 – Ulm 87.

🏨 **Zum Brunnen** 🐾 garni, Bauernbräustr. 4 (Passage Brunnenhof/Garage West),
⊠ 86316, ℰ (0821) 60 30 23, Fax (0821) 606640 – 📺 ☎ ⇔. 🅴 *VISA*
14 Z 100/170.

🏨 **Kussmühle** garni, Pappelweg 14, ⊠ 86316, ℰ (0821) 26 75 80, Fax (0821) 2675888,
⇔ Zim, 📺 ☎ 🅿. ⓘ 🅴 *VISA*
20. Dez. - 10. Jan. geschl. – **27 Z** 89/138.

XX **Herzog Ludwig,** Bauernbräustr.15, ⊠ 86316, ℰ (0821) 60 71 27, Fax (0821) 607126
⊜ – 🅰🅴 ⓘ 🅴 *VISA*
Montag geschl. – Menu (wochentags nur Abendessen) à la carte 45/79.

FRIEDBERG / HESSEN Hessen 👁👁👁 O 10, 👁👁👁 ㉗ – 25 000 Ew – Höhe 150 m.
Sehenswert : Judenbad★ – Burg (Adolfsturm★) – Stadtkirche (Sakramentshäuschen★).
🛈 Amt für Fremdenverkehr, Am Seebach 2 (in der Stadthalle), ⊠ 61169,
ℰ (06031) 7 24 60, Fax (06031) 61270.
Berlin 510 – Wiesbaden 61 – Frankfurt am Main 28 – Gießen 36.

🏨 **Stadt Friedberg,** Am Seebach 2, ⊠ 61169, ℰ (06031) 60 70, Fax (06031) 607100,
🌤, ⬅ – 🛗 📺 ☎ ⇔ 🅿 – 🕍 30. 🅰🅴 🅴 *VISA*
Menu à la carte 26/60 – **85 Z** 132/198.

In Friedberg-Dorheim NO : 3 km :

🏨 **Dorheimer Hof,** Wetteraustr. 70, ⊠ 61169, ℰ (06031) 6 33 55, Fax (06031) 63358,
Biergarten – 📺 ☎ 🅿 – 🕍 20. 🅰🅴 🅴 *VISA*
Menu (wochentags nur Abendessen) à la carte 26/52 ⅄ – **20 Z** 90/148.

In Rosbach vor der Höhe SW : 7 km :

🏨🏨 **Post** garni, Nieder-Rosbacher-Str. 11, ⊠ 61191, ℰ (06003) 80 36, Fax (06003) 7655 –
⇔ 📺 🅿. 🅰🅴 ⓘ 🅴 *VISA*
14 Z 110/180.

🏨🏨 **Garni,** Homburger Str. 84 (B 455), ⊠ 61191, ℰ (06003) 2 35, Fax (06003) 238 – 📺 ☎
🅿. 🅰🅴 🅴 *VISA*
22 Z 99/195.

FRIEDEBACH Sachsen 👁👁👁 N 24 – 580 Ew – Höhe 660 m.
Berlin 246 – Dresden 52 – Chemnitz 54 – Marienberg 33.

🏨🏨 **Waldhotel Kreuztanne** 🐾, Kreuztannenstr. 10 (O : 2 km), ⊠ 09619,
ℰ (037365) 12 82, Fax (037365) 7215, ≼, 🌤, 🌡 – 🛗 📺 ☎ 🅿 – 🕍 60. 🅰🅴 🅴
Menu à la carte 28/55 (auch vegetarische Gerichte) – **58 Z** 105/180.

FRIEDEBURG Niedersachsen 👁👁👁 F 7, 👁👁👁 ⑮ – 9 600 Ew – Höhe 10 m – Erholungsort.
🛈 Touristinformation, Hauptstr. 60, ⊠ 26446, ℰ (04465) 14 15, Fax (04465) 1416.
Berlin 483 – Hannover 224 – Oldenburg 54 – Wilhelmshaven 25.

XX **Friedeburg,** Hopelser Weg 11 (W : 1,5 km, nahe der B 436), ⊠ 26446, ℰ (04465) 3 67,
Fax (04465) 367, « Gartenterrasse » – 🅿. 🅴
Dienstag und Sept. 3 Wochen geschl. – Menu à la carte 34/67.

An der B 437 SO : 2,5 km :

🏨 **Landhaus Rippen,** Hauptstr. 33, ⊠ 26446 Friedeburg-Marx, ℰ (04465) 2 32,
Fax (04465) 8603 – ⇔ Zim, 📺 ☎ ⇔ 🅿. 🅰🅴 🅴 *VISA*. 🌤
Menu (Sonntag geschl.) (nur Abendessen) à la carte 28/55 – **14 Z** 75/120.

FRIEDENWEILER Baden-Württemberg 👁👁👁 W 8 – 1 600 Ew – Höhe 910 m – Kneippkurort –
Wintersport : 920/1 000 m ✂1 ✂6.
🛈 Kurverwaltung, Rathausstr. 16, ⊠ 79877, ℰ (07651) 50 34, Fax (07651) 4130.
Berlin 771 – Stuttgart 151 – Freiburg im Breisgau 45 – Donaueschingen 25.

🏨 **Ebi** 🐾, Klosterstr. 4, ⊠ 79877, ℰ (07651) 75 74, Fax (07651) 3875, 🌤, ⬅, 🔲, 🌳
– 📺 ☎ ⇔. 🅿. 🅴 *VISA*. 🌤 Rest
Nov. - 20. Dez. geschl. – Menu à la carte 28/62 – **18 Z** 75/196 – ½ P 28.

In Friedenweiler-Rötenbach SO : 4 km – Erholungsort :

🏨 **Rössle** (mit Gästehaus, 🐾), Hauptstr. 14, ⊠ 79877, ℰ (07654) 3 51, Fax (07654) 7041,
⊜ 🌤, ⬅, 🌳 – 🛗 ☎ 🅿
15. Nov.- 15. Dez. geschl. – Menu (Dienstag geschl.) à la carte 24/43 ⅄ – **28 Z** 50/110
– ½ P 20.

FRIEDERSDORF KRS. KAMENZ Sachsen siehe Pulsnitz.

FRIEDEWALD Hessen 🔢🔢 N 13 – 2 400 Ew – Höhe 388 m.

Berlin 395 – Wiesbaden 179 – Kassel 87 – Fulda 58 – Gießen 100 – Erfurt 113.

🏨 **Schloßhotel Prinz von Hessen** Ⓜ ⚓, Schloßplatz 1, ✉ 36289, ✆ (06674) 9 22 40, Fax (06674) 9224250, ⛲, Park, « Schloßanlage a.d. 15. Jh. mit modernem Hotelanbau », Massage, ⛉, 🔍 – ⬥, Zim, 🛏 Rest, 📺 ✆ Ⓟ – 🔱 40. ⒶⒺ ⓸ Ⓔ 𝗩𝗜𝗦𝗔. ✂
Prinzenstube : Menu à la carte 80/108 – **Ritterklause :** Menu à la carte 50/72 – **46 Z** 195/320, 10 Suiten.

⚔ **Zum Löwen** mit Zim, Hauptstr. 17, ✉ 36289, ✆ (06674) 9 22 20, Fax (06674) 922259, ⛲ – 📺 ✆ 🚗 Ⓟ – 🔱 65. ⒶⒺ ⓸ Ⓔ 𝗩𝗜𝗦𝗔
Menu (bemerkenswerte Weinkarte) à la carte 41/69 – **19 Z** 79/140 – ½ P 26.

FRIEDLAND Niedersachsen siehe Göttingen.

FRIEDRICHRODA Thüringen 🔢🔢 N 15, 🔢🔢 ㉓, 🔢🔢 ㉘ – 6 100 Ew – Höhe 450 m – Erholungsort.
🅱 Kur- und Tourismus GmbH Friedrichroda, Marktstr. 15, ✉ 99894, ✆ (03623) 20 06 93, Fax (03623) 200694.
Berlin 345 – Erfurt 54 – Bad Hersfeld 97 – Coburg 96.

In Friedrichroda-Reinhardsbrunn N · 1 km :

🏨 **Schloßhotel-Kavaliershaus,** ✉ 99894, ✆ (03623) 30 42 53, Fax (03623) 304251, « Jagdschloß a.d.J.1828, Park », ⛉ – 📺 ✆ ✆ Ⓟ – 🔱 15. ⒶⒺ ⓸ Ⓔ 𝗩𝗜𝗦𝗔
Nov. geschl. – **Menu** (Dez. - März wochentags nur Abendessen) à la carte 35/53 – **19 Z** 150/220.

FRIEDRICHSDORF Hessen 🔢🔢 P 9 – 24 000 Ew – Höhe 220 m.

Berlin 521 – Wiesbaden 56 – Frankfurt am Main 28 – Bad Homburg v.d.H. 5 – Gießen 42.

🏨 **Queens Hotel,** Im Dammwald 1, ✉ 61381, ✆ (06172) 73 90, Fax (061/2) 739852, ⛉, 🔍 – ⬥, Zim, 📺 ✆ 🚗 Ⓟ – 🔱 80. ⒶⒺ ⓸ Ⓔ 𝗩𝗜𝗦𝗔 𝗝𝗖𝗕. ✂ Rest
Menu à la carte 43/70 – **125 Z** 220/341.

🏨 **Lindenhof,** Hugenottenstr. 17, ✉ 61301, ✆ (06172) 76 60, Fax (06172) 76666, ⛲ – ⬥, ⬥ Zim, 📺 ✆ 🚗 Ⓟ – 🔱 20. ⒶⒺ ⓸ Ⓔ 𝗩𝗜𝗦𝗔
Menu (Samstag - Sonntag, Mitte Juli - Anfang Aug. und 24. Dez.- 11. Jan geschl.) (nur Abendessen) à la carte 16/72 – **37 Z** 110/200.

🏨 **As-Salam Aparthotel** garni, Hugenottenstr. 8, ✉ 61381, ✆ (06172) 7 49 02, Fax (06172) 71404 – ⬥ 📺 ✆ 🚗 Ⓟ – 🔱 15. ⒶⒺ ⓸ Ⓔ 𝗩𝗜𝗦𝗔
20. Dez. - 8. Jan. geschl. – **26 Z** 115/230, 5 Suiten.

FRIEDRICHSHAFEN Baden-Württemberg 🔢🔢 X 12, 🔢🔢 ㉘ – 56 000 Ew – Höhe 402 m.
✈ Friedrichshafen-Löwental, ① : 2 km, ✆ 3 00 90.
Messegelände, am Riedlepark (BY), ✆ 70 80, Fax 70810.
🅱 Tourist-Information, Bahnhofplatz 2, ✉ 88045, ✆ (07541) 3 00 10, Fax (07541) 72588.
Berlin 721 ② – Stuttgart 167 ① – Konstanz 31 ② – Freiburg im Breisgau 161 ③ – Ravensburg 20 ① – Bregenz 30.

Stadtplan siehe nächste Seite

🏨 **Buchhorner Hof,** Friedrichstr. 33, ✉ 88045, ✆ (07541) 20 50, Fax (07541) 32663, ⛉ – ⬥, 📺 ✆ 🚗 Ⓟ – 🔱 140. ⒶⒺ ⓸ Ⓔ 𝗩𝗜𝗦𝗔 𝗝𝗖𝗕. ✂ AZ **a**
Menu à la carte 55/95 (auch vegetarische Gerichte) – **94 Z** 100/270 – ½ P 30.

🏨 **Seehotel,** Bahnhofplatz 2, ✉ 88045, ✆ (07541) 30 30, Fax (07541) 303100, ≤, « Modern-elegante Einrichtung », ⛉ – ⬥, ⬥ Zim, 🛏 📺 ✆ 🚗 Ⓟ – 🔱 80. ⒶⒺ ⓸ Ⓔ 𝗩𝗜𝗦𝗔 AZ **r**
Menu (nur Abendessen) à la carte 42/60 – **132 Z** 160/259 – ½ P 30.

🏨 **Goldenes Rad - Drei König,** Karlstr. 43, ✉ 88045, ✆ (07541) 28 50, Fax (07541) 285285, ⛲, ⛉ – ⬥, ⬥ Zim, 📺 ✆ Ⓟ – 🔱 25. ⒶⒺ ⓸ Ⓔ 𝗩𝗜𝗦𝗔 AY **n**
Menu (Montag geschl.) à la carte 36/60 – **70 Z** 99/249 – ½ P 25.

🏨 **City-Krone,** Schanzstr. 7, ✉ 88045, ✆ (07541) 70 50, Fax (07541) 705100, ⛉, 🔍 – ⬥ 📺 ✆ Ⓟ – 🔱 30. ⒶⒺ ⓸ Ⓔ 𝗩𝗜𝗦𝗔 𝗝𝗖𝗕. ✂ Rest AY **c**
Menu (nur Abendessen) à la carte 35/61 – **85 Z** 139/280.

FRIEDRICHSHAFEN

Adenauerplatz . . . . **AY** 2
Buchhornplatz . . . . **AY** 4
Dammstraße . . . . **AY** 6
Friedrichstraße . . . . **AY**
Goldschmiedstraße . . . . . **AY** 13
Karlstraße . . . . **AY**
Wilhelmstraße . . . . **AY** 41

Albrechtstraße . . . . **AZ** 3
Charlottenstraße . . . . **BZ** 5
Eugen-Bolz-Straße . . . . . **AY** 8
Flugplatzstraße . . . . **BY** 9
Franziskus-Platz . . . . . . **AZ** 10
Gebhardstraße . . . . **BZ** 12
Hofener Straße . . . . **AZ** 18

Katharinenstraße . . . . **BZ** 21
Klosterstraße . . . . **AZ** 22
Maybachstraße . . . . **AZ** 23
Meistershofener Straße . . **BY** 25
Montfortstraße . . . . **AY** 26
Östliche Uferstraße . . . . . **BZ** 28
Olgastraße . . . . **AZ** 29
Paulinenstraße . . . . **AY** 30
Ravensburger Straße . . . . **BZ** 32
Romanshorner Platz . . . . **AY** 33
Schanzstraße . . . . **AY** 34
Scheffelstraße . . . . **BZ** 35
Schloßstraße . . . . **AZ** 36
Wendelgardstraße . . . . . **BZ** 39
Zeppelinstraße . . . . **AZ** 42

🏨 **Föhr,** Albrechtstr. 73, ⊠ 88045, ℘ (07541) 30 50, Fax (07541) 27273, ≤ – 📶 📺 ☎
🔥 📵 🆔 💳 📧 💳 *über Albrechtstr.* AZ
Menu (nur Abendessen) à la carte 35/64 *(auch vegetarische Gerichte)* – **67 Z** 95/220.

🍴🍴 **Kurgartenrestaurant,** Olgastr. 20 (im Graf-Zeppelin-Haus), ⊠ 88045,
℘ (07541) 3 20 33, Fax (07541) 32044, ≤ Bodensee, « Terrasse am See » – 🔥 50. 🖼
🆔 💳 📧 AZ e
Menu à la carte 36/61 *(auch vegetarische Gerichte)*.

In Friedrichshafen-Ailingen *N : 6 km, über Ailinger Str.* BY – *Erholungsort :*

🏨 **Sieben Schwaben,** Hauptstr. 37, ⊠ 88048, ℘ (07541) 60 90, Fax (07541) 60940 –
📶, 🍴 Zim, 📺 ☎ 🔥 📵 – 🔥 25. 🆔 💳 📧
Menu *(Jan. 2 Wochen geschl.)* (wochentags nur Abendessen) à la carte 32/55 – **28 Z**
90/160.

In Friedrichshafen-Fischbach ③ *: 5 km :*

🏨 **Traube,** Meersburger Str. 13, ⊠ 88048, ℘ (07541) 95 80, Fax (07541) 958888, 🌳,
🔥🔥, 🌊 – 📶 📺 ☎ 🔥 📵 – 🔥 60. 🖼 🆔 💳 📧
Menu à la carte 33/69 🍷 – **91 Z** 95/250 – ½ P 23.

🏨 **Maier,** Poststr. 1, ⊠ 88048, ℘ (07541) 40 40, Fax (07541) 404100, 🌳 – 📶 📺 ☎ 📵.
🖼 🆔 💳 📧
Weihnachten - Mitte Jan. geschl. – **Menu** *(Okt.- April Freitag, Mai - Sept. Freitagmittag
geschl.)* à la carte 33/62 *(auch vegetarische Gerichte)* – **48 Z** 80/190 – ½ P 25.

In Friedrichshafen-Schnetzenhausen *NW : 4 km, über Hochstr.* AZ :

🏨 **Krone,** Untere Mühlbachstr. 1, ⊠ 88045, ℘ (07541) 40 80, Fax (07541) 43601, 🌳, 🔥,
🔥🔥, 🌊 (geheizt), 🌊, 🏌, 🍴 (Halle) – 📶, 🍴 Zim, 📺 🔥 📵 – 🔥 70. 🖼 🆔 💳 📧
🍴 Zim
20. - 25. Dez. geschl. – **Menu** à la carte 31/64 – **120 Z** 120/280 – ½ P 30.

In Friedrichshafen-Waggershausen *N : 3 km, über Hochstr. AZ :*

🏠 **Traube,** Sonnenbergstr. 12, ✉ 88045, ℰ (07541) 60 60, Fax (07541) 606169, 😧, ⇔
– 🛗 📺 ☎ 🅿. 🆑 ⓪ 🅴 *VISA*
23. - 27. Dez. geschl. – **Menu** *(Montagmittag und 9.- 25. Feb. geschl.)* à la carte 28/50 –
48 Z 80/170 – ½ P 25.

FRIEDRICHSHALL, BAD *Baden-Württemberg* 📗📗📗 *S 11,* 📙 ㉗ – *11 800 Ew – Höhe
160 m.*
Berlin 594 – Stuttgart 62 – Heilbronn 10 – Mannheim 83 – Würzburg 110.

In Bad Friedrichshall-Jagstfeld :

💥 **Zur Sonne** mit Zim, Deutschordenstr. 16, ✉ 74177, ℰ (07136) 40 63,
Fax (07136) 7208, ≤, 😧 – 📺 ☎ 🅿. 🆑 🅴 *VISA*
Menu *(Montag - Dienstag geschl.)* à la carte 32/71 👍 – **13 Z** 88/152.

In Bad Friedrichshall-Kochendorf :

🏠 **Schloß Lehen,** Hauptstr. 2, ✉ 74177, ℰ (07136) 40 44, Fax (07136) 20155, 😧 – 🛗
🕸 📺 ☎ 🅿 – 🛗 60. 🆑
Lehenstube *(Sonntag - Montag und Juli 2 Wochen geschl.)* **Menu** à la carte 55/98 –
Rittersaal : **Menu** à la carte 38/83 – **26 Z** 95/260
Spez. Steinbutt mit Traminer karamelisiert. Taube mit Kartoffel-Apfelgalette. Mille-feuille
von weißer Sckokolade mit Limone und Mandeln.

FRIEDRICHSKOOG *Schleswig Holstein* 📘📘📘 *D 10,* 📙 ④ – *3 000 Ew – Höhe 2 m.*
🅱 *Kurverwaltung, Koogstr. 66,* ✉ *25718,* ℰ *(04854) 10 84, Fax (04854) 850.*
Berlin 393 – Kiel 116 – Hamburg 108 – Itzehoe 52 – Marne 13.

In Friedrichskoog-Spitze *NW : 4 km – Seebad :*

🏠 **Möven-Kieker** 🦐, Strandweg 6, ✉ 25718, ℰ (04854) 2 86, Fax (04854) 1689, 😧,
🌸 – 📺 ☎ 🅿
Menu *(Montag und 12. Jan. - 10. Feb. geschl.)* *(abends Tischbestellung ratsam)* à la carte
38/71 – **13 Z** 106/158.

FRIEDRICHSRUHE *Baden-Württemberg siehe Öhringen.*

FRIEDRICHSTADT *Schleswig-Holstein* 📘📘📘 *C 11,* 📙 ⑤ – *2 600 Ew – Höhe 4 m – Luftkurort.*
🅱 *Tourist-Information, Am Markt 9,* ✉ *25840,* ℰ *(04881) 72 40, Fax (04881) 7093.*
Berlin 408 – Kiel 82 – Heide 25 – Husum 15 – Schleswig 49.

🏠 **Aquarium,** Am Mittelburgwall 4, ✉ 25840, ℰ (04881) 6 91, Fax (04881) 7064, 😧, ⇔,
🌊 – 🚭 Zim, 📺 ☎ 🅿 – 🛗 20. 🆑 ⓪ 🅴 *VISA*
Menu à la carte 36/65 – **38 Z** 140/216.

💥 **Holländische Stube** mit Zim, Am Mittelburgwall 22, ✉ 25840, ℰ (04881) 9 39 00,
Fax (04881) 939022, 😧, « Holländisches Haus a.d.17.Jh. » – 📺 ☎. 🆑 ⓪ 🅴 *VISA*.
🍴 Rest
Menu *(Nov.- Feb. Montag - Dienstag geschl.)* à la carte 32/57 – **10 Z** 120/160.

FRIESENHEIM *Baden-Württemberg* 📗📗📗 *U 7 – 10 200 Ew – Höhe 158 m.*
Berlin 759 – Stuttgart 158 – Karlsruhe 88 – Offenburg 12 – Freiburg im Breisgau 54.

In Friesenheim-Oberweier :

🏠 **Mühlenhof,** Oberweierer Hauptstr. 33, ✉ 77948, ℰ (07821) 63 20,
Fax (07821) 632153, 😧 – 🛗 📺 ☎ ⇔ 🅿. 🆑 🅴 *VISA*
Menu *(Dienstag sowie Jan. und Aug. jeweils 3 Wochen geschl.)* à la carte 30/52 👍 – **32 Z**
60/130.

FRIESOYTHE *Niedersachsen* 📘📘📘 *G 7,* 📙 ⑮ – *17 000 Ew – Höhe 9 m.*
Berlin 463 – Hannover 199 – Bremen 88 – Lingen 89 – Osnabrück 97.

🏠 **Stadt Friesoythe** 🦐 garni, Willohstr. 12, ✉ 26169, ℰ (04491) 39 85,
Fax (04491) 1465, ⇔ – 📺 ☎ ⇔ 🅿
11 Z 85/140.

FRITZLAR Hessen **417** M 11, **987** ㉗ – 15 000 Ew – Höhe 235 m.

Sehenswert : Dom★ – Marktplatz★ – Stadtmauer (Grauer Turm★).

🛈 Verkehrsbüro, Rathaus, ✉ 34560, 𝄐 (05622) 98 86 43.

Berlin 409 – Wiesbaden 201 – Kassel 25 – Bad Hersfeld 48 – Marburg 61.

In Fritzlar-Ungedanken SW : 8 km :

🏨 **Zum Büraberg,** Bahnhofstr. 5, ✉ 34560, 𝄐 (05622) 99 80, Fax (05622) 998160, 🍴
– 🛗 Zim, 📺 ☎ 👝 📞 – 🔬 50. 🖭 ⊙ 🗲 𝘝𝘐𝘚𝘈. ⛽ Zim
Menu (Sonntagabend - Montagmittag geschl.) à la carte 29/55 – **34 Z** 80/130.

FÜRSTENAU Niedersachsen **415** I 7, **987** ⑮ – 8 000 Ew – Höhe 50 m.

Berlin 449 – Hannover 195 – Bremen 117 – Nordhorn 48 – Osnabrück 44.

🏠 **Stratmann,** Große Str. 29, ✉ 49584, 𝄐 (05901) 31 39, Fax (05901) 7612, 🍴 – 📺
☎ 📞 🗲 ⛽
Menu à la carte 28/50 – **12 Z** 58/115.

🏠 **Wübbel,** Osnabrücker Str. 56 (B 214), ✉ 49584, 𝄐 (05901) 27 89, Fax (05901) 4155 –
👝 ☎ 📞 ⛽
Juli geschl. – **Menu** (Dienstag geschl.) à la carte 23/46 – **12 Z** 55/110.

FÜRSTENBERG Niedersachsen **417** K 12 – 1 300 Ew – Höhe 180 m – Erholungsort.

🛈 Verkehrsamt, Meinbrexener Straße (am Schloß), ✉ 37699, 𝄐 (05271) 51 01, Fax
(05271) 49274.

Berlin 364 – Hannover 87 – Göttingen 69 – Kassel 66.

🏠 **Hubertus** 🐾, Derentaler Str. 58, ✉ 37699, 𝄐 (05271) 59 11, Fax (05271) 5652, 🍴,
🛋, 🎿 – 📺 ☎ 📞. 🖭 ⊙ 🗲 𝘝𝘐𝘚𝘈
Menu à la carte 32/58 ⅄ – **24 Z** 75/150 – ½ P 19.

FÜRSTENFELDBRUCK Bayern **419 420** V 17, **987** ㊴ – 31 000 Ew – Höhe 528 m.

🛈ₛ Rottbach, Weiherhaus 5 (N : 13 km), 𝄐 (08135) 3 43.

Berlin 605 – München 35 – Augsburg 42 – Garmisch-Partenkirchen 97.

🏨 **Post,** Hauptstr. 7, ✉ 82256, 𝄐 (08141) 3 12 40, Fax (08141) 16755, 🍴 – 🛗 📺 ☎ 📞
📞 – 🔬 50. 🖭 ⊙ 🗲 𝘝𝘐𝘚𝘈
23. Dez. - 6. Jan. geschl. – **Menu** (Sonntagabend und Samstag sowie 30. Mai - 13. Juni geschl.)
à la carte 34/59 – **43 Z** 120/180.

🏠 **Brucker Gästehaus** garni, Kapellenstr. 3, ✉ 82256, 𝄐 (08141) 4 09 70,
Fax (08141) 409799 – 📺 ☎ 👝 📞. 🖭 🗲 𝘝𝘐𝘚𝘈
13 Z 98/145.

FÜRSTENWALDE Brandenburg **416** I 26, **984** ⑯, **987** ⑲ – 33 300 Ew – Höhe 50 m.

Berlin 59 – Potsdam 88 – Frankfurt (Oder) 37.

🏨 **Kaiserhof** Ⓜ, Eisenbahnstr. 144, ✉ 15517, 𝄐 (03361) 55 00, Fax (03361) 550175 –
🛗, 🛗 Zim, 🍽 📺 ☎ 📞 ⅙ 👝 📞 – 🔬 80. 🖭 ⊙ 🗲 𝘝𝘐𝘚𝘈
Menu à la carte 33/58 – **71 Z** 140/220.

🏠 **Zille-Stuben** (mit Gästehäusern), Schloßstr. 26, ✉ 15517, 𝄐 (03361) 5 77 25,
👝 Fax (03361) 57726 – 📺 ☎. 🖭 🗲 𝘝𝘐𝘚𝘈
Menu à la carte 22/36 – **27 Z** 80/145.

FÜRSTENZELL Bayern **420** U 23, **987** ㊹ – 7 000 Ew – Höhe 358 m.

Berlin 604 – München 169 – Linz 92 – Passau 14 – Regensburg 121.

In Fürstenzell-Altenmarkt NO : 4,5 km :

🏠 **Zur Platte** 🐾, ✉ 94081, 𝄐 (08502) 2 00, Fax (08502) 5200, ≤ Neuburger- und Bayerischer Wald, 🍴 – 📺 ☎ 👝 📞
Mitte Jan. - Mitte Feb. geschl. – **Menu** (Dienstag geschl.) à la carte 25/40 ⅄ – **17 Z** 55/100.

FÜRTH Bayern **419 420** R 16, **987** ㉘ – 104 000 Ew – Höhe 294 m.

Siehe auch Nürnberg (Umgebungsplan).

🛈 Tourist-Information, Maxstr. 4, ✉ 90762, 𝄐 (0911) 7 40 66 15, Fax (0911) 7406617.

ADAC, Theresienstr. 5, ✉ 90762, 𝄐 (0911) 77 60 06, Fax (0911) 774175.

Berlin 453 – München 172 – Nürnberg 7.

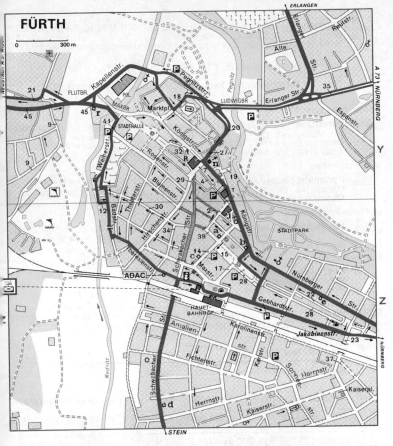

FÜRTH

0   300 m

Parkhotel garni, Rudolf-Breitscheid-Str. 15, ✉ 90762, ℰ (0911) 77 66 66, Fax (0911) 7499064 – 🛗 ⇜ 📺 ☎ 🚗 – 🔬 40. 🝣 ⓓ ⴹ VISA JCB   **Z a**
70 Z 138/228, 6 Suiten.

Astron Suite-Hotel garni, Königstr. 140, ✉ 90762, ℰ (0911) 7 40 40, Fax (0911) 7404400, ⇌ – 🛗 ⇜ 📺 ☎ 📞 ⚓ 🚗. 🝣 ⓓ ⴹ VISA JCB   **Z b**
118 Z 230/300.

Bavaria garni, Nürnberger Str. 54, ✉ 90762, ℰ (0911) 77 49 41, Fax (0911) 748015, ⇌, 🔲 – 🛗 ⇜ 📺 ☎ ℗. 🝣 ⓓ ⴹ VISA JCB   **Z e**
58 Z 125/240.

Am Forum M, Foerstermühle 2, ✉ 90762, ℰ (0911) 7 59 99 99, Fax (0911) 7599991, ✿ – 🛗 Zim, 📺 ☎ – 🔬 35. 🝣 ⓓ ⴹ VISA   **Y r**
Menu à la carte 26/56 – 61 Z 115/300.

Werners Appartment Hotel, Friedrichstr. 22, ✉ 90762, ℰ (0911) 74 05 60, Fax (0911) 7405630, ✿ – 📺 ☎ 🝣 ⓓ ⴹ VISA   **Z c**
Bistro (Sonn- und Feiertage geschl.) Menu à la carte 27/48 – 23 Z 113/190.

🏠 **Baumann,** Schwabacher Str. 131, ✉ 90763, ☎ (0911) 77 76 50, Fax (0911) 746859,
🍴 ☎ – 🛗, ↮ Zim, 📺 ☎ 🅿. 🖭 ⓪ 🗲 *VISA*   Z d
Menu (Montagmittag, Samstagmittag sowie Sonn- und Feiertage geschl.) à la carte 42/66
– **21 Z** 89/168.

XX **Kupferpfanne,** Königstr. 85, ✉ 90762, ☎ (0911) 77 12 77, Fax (0911) 777637 – 🖭
🗲 *VISA*   Y n
Sonn- und Feiertage geschl. – **Menu** (Tischbestellung ratsam) à la carte 64/92.

Folgende Häuser finden Sie auf dem Stadtplan Nürnberg :

In Fürth-Dambach :

🏘 **Forsthaus** 🌳, Zum Vogelsang 20, ✉ 90768, ☎ (0911) 77 98 80, Fax (0911) 720885,
☆, Massage, ☎s, 🔲 – 🛗, ↮ Zim, 📺 🅿 – 🔬 160. 🖭 ⓪ 🗲 *VISA*. ⚒ Rest AS g
Menu à la carte 61/87 – **Schmankerlstube** (nur Abendessen) **Menu** à la carte 39/56
– **107 Z** 190/270, 3 Suiten.

In Fürth-Höfen :

🏠 **Pyramide,** Europa-Allee 1, ✉ 90763, ☎ (0911) 9 71 00, Fax (0911) 9710111, ≤, ☆,
Massage, 🐟, ☎s – 🛗, ↮ Zim, & 🚗 🅿 – 🔬 210. 🖭 ⓪ 🗲 *VISA*   AS s
Menu à la carte 45/70 – **101 Z** 189/268.

In Fürth-Poppenreuth :

🏠 **Novotel Fürth,** Laubenweg 6, ✉ 90765, ☎ (0911) 9 76 00, Fax (0911) 9760100, ☆,
☎s, 🌊 (geheizt), ☀ – 🛗, ↮ Zim, 🖥 📺 ☎ & 🅿 – 🔬 250. 🖭 ⓪ 🗲 *VISA*   AS n
Menu à la carte 30/55 – **128 Z** 170/232.

In Fürth-Ronhof :

🏠 **Hachmann,** Ronhofer Hauptstr. 191, ✉ 90765, ☎ (0911) 7 90 80 05,
Fax (0911) 7908007, ☆, ☎s – 📺 ☎ 🚗 🅿. 🖭 🗲 *VISA*   AS s
Menu (Samstag - Sonntag geschl.) à la carte 28/61 – **26 Z** 125/230.

FÜRTH IM ODENWALD Hessen 🔢🔢 R 10 – 10 100 Ew – Höhe 198 m – Erholungsort.
Berlin 608 – Wiesbaden 83 – Darmstadt 42 – Heidelberg 36 – Mannheim 33.

In Fürth-Weschnitz NO : 6 km :

🏠 **Erbacher Hof,** Hammelbacher Str. 2, ✉ 64658, ☎ (06253) 40 20, Fax (06253) 4804,
Biergarten, ☎s, 🔲, ☀ – 🛗 📺 ☎ 🅿 – 🔬 60. 🖭 ⓪ 🗲 *VISA* *JCB*
Menu à la carte 27/60 🍷 – **43 Z** 60/120 – ½ P 23.

In Rimbach SW : 4,5 km :

🏠 **Berghof** 🌳, Holzbergstr. 27, ✉ 64668, ☎ (06253) 9 81 80, Fax (06253) 981849, ≤,
☆ – 📺 ☎ 🅿. 🖭 ⓪ 🗲 *VISA*
Menu (Jan.- Mitte März Donnerstag geschl.) à la carte 31/59 – **13 Z** 75/130 – ½ P 25.

FÜSSEN Bayern 🔢🔢 X 16, 🔢 ㉟ – 16 500 Ew – Höhe 803 m – Kneipp- und Luftkurort –
Wintersport : 810/950 m ⚡3 ⚡12.
Sehenswert : St.-Anna-Kapelle (Totentanz★) **B.**
Ausflugsziele : Schloß Neuschwanstein★★★ ② : 4 km – Schloß Hohenschwangau★ 4 km
über ② – Alpsee★ : Pindarplatz ≤★ 4 km über ② – Romantische Straße★★ (von Füssen
bis Würzburg).
🅱 Kurverwaltung, Kaiser-Maximilian-Platz 1, ✉ 87629, ☎ (08362) 70 77, Fax (08362)
39181.
Berlin 659 ② – München 120 ② – Kempten (Allgäu) 41 ④ – Landsberg am Lech 63 ②

Stadtplan siehe gegenüberliegende Seite

🏛 **Treff Hotel Luitpoldpark,** Luitpoldstraße, ✉ 87629, ☎ (08362) 90 40,
Fax (08362) 904678, ☆ – 🛗, ↮ Zim, 🔥 🚗 – 🔬 120. 🖭 ⓪ 🗲 *VISA*. ⚒ Rest   r
Menu à la carte 33/62 – **131 Z** 129/290, 3 Suiten – ½ P 35.

🏠 **Landhaus Sommer** 🌳 garni, Weidachstr. 74, ✉ 87629, ☎ (08362) 9 14 70,
Fax (08362) 914714, ≤, Massage, ☎s, 🔲, ☀ – 🛗 ↮ 📺 ☎ 🅿. 🖭 🗲 *VISA*
38 Z 71/194, 3 Suiten.   über Weidachstraße

🏠 **Christine** 🌳 garni, Weidachstr. 31, ✉ 87629, ☎ (08362) 72 29, Fax (08362) 940554,
☀ – 📺 ☎ 🚗 🅿. ⚒   z
15. Jan. - 15. Feb. geschl. – **13 Z** 130/220.

🏠 **Zum Hechten,** Ritterstr. 6, ✉ 87629, ☎ (08362) 9 16 00, Fax (08362) 916099 – 📺
🍴 ☎ 🚗 🅿. 🖭 🗲 *VISA*   a
Menu (Mittwoch geschl.) à la carte 22/36 🍷 – **35 Z** 75/130 – ½ P 20.

X **Zum Schwanen,** Brotmarkt 4, ✉ 87629, ☎ (08362) 61 74, Fax (08362) 940781 – ↮
Sonntagabend - Montag und Nov. geschl. – **Menu** à la carte 25/48.   c

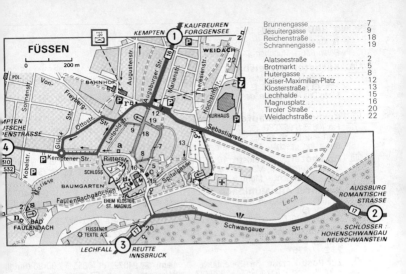

In Füssen - Bad Faulenbach – *Mineral- und Moorbad :*

Kurhotel Wiedemann ⑂, Am Anger 3, ⊠ 87629, ℰ (08362) 9 13 00,
Fax (08362) 913077, Massage, ⌀, ⌖, ⌗ – ⌹ ⌨⌿ ⍏ ☎ ⌾
Dez. - 15. Jan. geschl. – (Restaurant nur für Hausgäste) – **44 Z** 68/140 – ½ P 31.

Alpenschlößle ⑂, Alatseestr. 28, ⊠ 87629, ℰ (08362) 40 17, Fax (08362) 39847,
⌫, ⌗ – ⊡ ☎ ⌾
Menu (Dienstag geschl.) 29 (mittags) und à la carte 49/77 – **11 Z** 75/160 –
½ P 36.

Frühlingsgarten, Alatseestr. 8, ⊠ 87629, ℰ (08362) 9 17 30, Fax (08362) 917340,
⌫ – ☎ ⌾ ⌷
Nov. - 20. Dez. geschl. – **Menu** (Dienstag geschl.) à la carte 27/52 ⌿ **13 Z** 65/134 –
½ P 19.

In Füssen-Hopfen am See ① : 5 km :

Geiger, Uferstr. 18, ⊠ 87629, ℰ (08362) 70 74, Fax (08362) 38838, ≤ See und Allgäuer
Alpen – ⊡ ⌾
Anfang Nov.- Mitte Dez geschl. – **Menu** à la carte 34/59 – **25 Z** 73/220 – ½ P 20.

Alpenblick, Uferstr. 10, ⊠ 87629, ℰ (08362) 5 05 70, Fax (08362) 505773, ≤, ⌫,
Massage, ⌀, ⌸ – ⌹, ⌿ Zim, ⊡ ☎ ⌾, ⌶ ⌷ ⌷ ⌾ ⌷
Menu à la carte 29/65 – **46 Z** 99/250 – ½ P 25.

Fischerhütte, Uferstr. 16, ⊠ 87629, ℰ (08362) 9 19 70, Fax (08362) 919718, ≤,
Biergarten, « Terrasse am See » – ⌾, ⌶ ⌷ ⌷
Nov. - März Dienstag geschl. – **Menu** à la carte 27/73.

In Füssen-Oberkirch ④ : 7 km :

Bergruh ⑂, Alte Steige 16 (Hinteregg), ⊠ 87629, ℰ (08362) 90 20,
Fax (08362) 90212, ≤, Massage, ⌀, ⌖, ⌸, ⌲, ⌗ – ⌹, ⌿ Rest, ⊡ ☎ ⌾ ⌷ ⌶ ⌷
⌿ Rest
Mitte Nov. - 24. Dez. geschl. – (Restaurant nur für Hausgäste) – **29 Z** 72/210, 5 Suiten –
½ P 20.

In Füssen-Weißensee ④ : 6 km :

Seegasthof Weißensee, an der B 310, ⊠ 87629, ℰ (08362) 9 17 80,
Fax (08362) 917888, ≤, ⌫, ⌗ – ⌹ ☎ ⌾
7. Jan. - Mitte Feb. und Anfang Nov. - 25. Dez. geschl. – **Menu** (Montag geschl.) à la carte
24/50 – **19 Z** 75/136 – ½ P 27.

In Rieden-Dietringen ① : 9 km :

Schwarzenbach's Landhotel, an der B 16, ⊠ 87669, ℰ (08367) 3 43,
Fax (08367) 1061, ≤ Forggensee und Allgäuer Alpen, ⌫, ⌸, ⌗ – ⊡ ⌾ ⌷
⌶⌷⌶
Feb. geschl. – **Menu** (Dienstag geschl.) à la carte 30/71 – **25 Z** 80/140 – ½ P 30.

FÜSSING, BAD Bayern **420** U 23 – 6 600 Ew – Höhe 324 m – Kurort.
🛈 Kurverwaltung, Rathausstr. 8, ⊠ 94072, ℘ (08531) 97 55 80, Fax (08531) 21367.
Berlin 636 – München 147 – Passau 32 – Salzburg 110.

🏨 **Kurhotel Wittelsbach**, Beethovenstr. 8, ⊠ 94072, ℘ (08531) 95 20, Fax (08531) 22256, Massage, ♨, ⊆ₛ, ⌂ (Thermal), 🔲 (Thermal), 🐎 – 📲, ⇔ Zim, 📺 ⇔ 🅿 – 🔺 50. 🆎 🍽 ᴠɪsᴀ. ✼
Mitte Dez. - Mitte Jan. geschl. – (Restaurant nur für Hausgäste) – **69 Z** 140/250, 3 Suiten – ½ P 30.

🏨 **Kurhotel Holzapfel**, Thermalbadstr. 5, ⊠ 94072, ℘ (08531) 95 70, Fax (08531) 957280, 🍴, Massage, ♨, 🐎 direkter Zugang zu den Thermalschwimmbädern – 📲 📺 ☎ 🅿. 🍽. ✼ Zim
Dez. - Jan. geschl. – Menu à la carte 30/73 – **79 Z** 140/328 – ½ P 24.

🏨 **Parkhotel** �‰, Waldstr. 16, ⊠ 94072, ℘ (08531) 92 80, Fax (08531) 2061, « Gartenterrasse », Massage, ♨, ⌂ (Thermal), 🔲 (Gebühr), 🐎 – 📲 📺 ☎ 🅿. ✼
Dez. - Jan. geschl. – Menu à la carte 30/55 – **105 Z** 105/280 – ½ P 30.

🏨 **Kurhotel Am Mühlbach**, Bachstr.15 (Safferstetten, S : 1 km), ⊠ 94072, ℘ (08531) 27 80, Fax (08531) 278427, Massage, ♨, ⊆ₛ, 🔲 (Thermal), 🐎 – 📲 ⇔ 📺 ☎ ⇔ 🅿. ✼
28. Nov. - 20. Dez. geschl. – (Restaurant nur für Hausgäste) – **62 Z** 97/254 – ½ P 25.

🏨 **Promenade** garni, Kurallee 20, ⊠ 94072, ℘ (08531) 2 92 26, Fax (08531) 295800, 🐎 – 📲 📺 ☎ ⇔. ✼
22 Z 77/176.

🏨 **Zur Post**, Inntalstr. 36 (Riedenburg, SO : 1 km), ⊠ 94072, ℘ (08531) 2 90 90 (Hotel) 2 97 95 (Rest.), Fax (08531) 2909227, 🍴, Massage, 🐎 – 📲 📺 ☎ 🅿. ✼ Zim
10. Nov. - 23. Dez. geschl. – Menu (Donnerstag geschl.) à la carte 24/50 – **57 Z** 64/148 – ½ P 18.

🏨 **Kurhotel Sonnenhof**, Schillerstr. 4, ⊠ 94072, ℘ (08531) 2 26 40, Fax (08531) 2264207, Massage, ♨, ⌂ (Thermal), 🔲 (Thermal), 🐎 – 📲 📺 ☎ ⇔ 🅿. 🍽. ✼
16. Nov. - 19. Dez. geschl. – Menu à la carte 30/55 – **99 Z** 112/222 – ½ P 26.

🏨 **Pension Diana** garni, Kurallee 12, ⊠ 94072, ℘ (08531) 2 90 60, Fax (08531) 2906103, Massage, 🐎 – 📲 📺 ☎ ⇔ 🅿. ✼
Weihnachten - Anfang Jan. geschl. – **42 Z** 67/118.

🏨 **Bayerischer Hof**, Kurallee 18, ⊠ 94072, ℘ (08531) 95 66, Fax (08531) 956800, 🍴, Massage, ♨, 🔲 (Thermal) – 📲 📺 ☎ ⇔ 🅿. 🆎 🍽 ᴠɪsᴀ. ✼ Rest
Dez. - Jan. geschl. – Menu à la carte 30/62 – **59 Z** 121/210 – ½ P 24.

🏨 **Vogelsang** garni, Ludwig-Thoma-Weg 13, ⊠ 94072, ℘ (08531) 9 50 50, Fax (08531) 950555 – 📲 📺 ☎ ⇔
23 Z 78/120.

🏨 **Brunnenhof** garni, Schillerstr. 9, ⊠ 94072, ℘ (08531) 9 41 80, Fax (08531) 941850, Massage, 🐎 – 📲 📺 ☎ 🅿. 🆎 🍽. ✼
15. Dez. - 25. Jan. geschl. – **27 Z** 65/100.

🏨 **Kurhotel Falkenhof** �‰ garni, Paracelsusstr. 4, ⊠ 94072, ℘ (08531) 97 43, Fax (08531) 974400, Massage, ♨, ʄₒ, ⊆ₛ, 🔲, 🐎 – 📲 📺 ☎ 🅿. ✼
Jan. geschl. – **42 Z** 78/130.

🍴 **Schloßtaverne**, Inntalstr. 26 (Riedenburg, SO : 1 km), ⊠ 94072, ℘ (08531) 9 24 70, Fax (08531) 924725, 🍴, Biergarten – 🅿
Mittwoch und Mitte Jan. - Anfang Feb. geschl. – Menu à la carte 32/66.

FULDA Hessen **417 418** O 13, **987** ㉗ – 62 000 Ew – Höhe 280 m.
Sehenswert : Dom (Bonifatiusaltar★) Υ – St.-Michael-Kirche★ Υ **B**.
Ausflugsziel : Kirche auf dem Petersberg (romanische Steinreliefs★★, Lage★, ≤★) O : 4 km (über die B 458 Υ).
✈ Hofbieber (O : 11 km über die B 458), ℘ (06657) 13 34.
🛈 Städt. Verkehrsbüro, Schloßstr. 1, ⊠ 36037, ℘ (0661) 10 23 46, Fax (0661) 102775.
ADAC, Karlstr. 19, ⊠ 36037, ℘ (0661) 7 71 11, Fax (0661) 70488.
Berlin 448 ① – Wiesbaden 141 ② – Frankfurt am Main 99 ② – Gießen 109 ① – Kassel 106 ① – Würzburg 108 ②

Stadtplan siehe gegenüberliegende Seite

🏨 **Romantik Hotel Goldener Karpfen**, Simpliziusbrunnen 1, ⊠ 36037, ℘ (0661) 8 68 00, Fax (0661) 8680100, 🍴, ⊆ₛ – 📲, ⇔ Zim, 📺 📞 ⛹ ⇔ 🅿 – 🔺 50. 🆎 🍽 🍽 ᴠɪsᴀ. ✼ Rest
Z f
Menu à la carte 46/85 – **50 Z** 180/350, 4 Suiten.

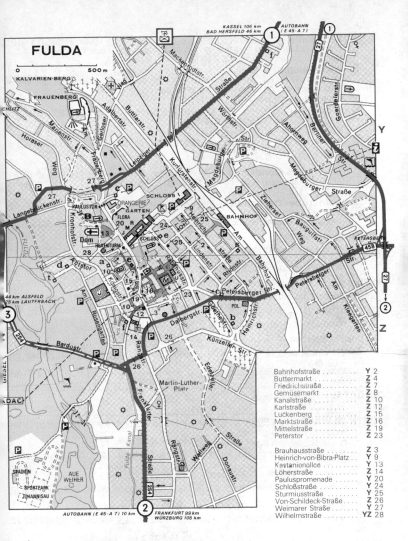

FULDA

KASSEL 106 km
BAD HERSFELD 46 km
AUTOBAHN (E 45 · A 7)

0   500 m

KALVARIEN·BERG

FRAUENBERG

44 km ALSFELD
25 km LAUTERBACH

AUTOBAHN (E 45 · A 7) 10 km
FRANKFURT 99 km
WÜRZBURG 108 km

Maritim-Hotel Am Schloßgarten, Pauluspromenade 2, ⊠ 36037, 𝒞 (0661) 28 20, Fax (0661) 282499, « Restaurant in einem Gewölbekeller a.d. 17. Jh. », ≘s, ◩ – |≝|, ⋙ Zim, ⊤⋁ ⇌ – ⚹ 500. ◭ ⓞ ⋿ 𝘝𝘐𝘚𝘈. ⋇ Rest   Y c
Menu à la carte 44/78 – **113 Z** 222/288.

Zum Ritter, Kanalstr. 18, ⊠ 36037, 𝒞 (0661) 81 65, Fax (0661) 71431, ⌖ – |≝|, ⋙ Zim, ⊤⋁ ⓟ – ⚹ 45. ◭ ⓞ ⋿ 𝘝𝘐𝘚𝘈   Z a
Menu à la carte 27/62 – **33 Z** 149/189.

Holiday Inn, Lindenstr. 45, ⊠ 36037, 𝒞 (0661) 8 33 00, Fax (0661) 8330555, ≘s – |≝|
⋙ ⊤⋁ ☎ ℰ ⅋ – ⚹ 120. ◭ ⓞ ⋿ 𝘝𝘐𝘚𝘈   Z c
Menu à la carte 32/62 – **134 Z** 153/260, 4 Suiten.

Am Dom garni, Wiesenmühlenstr. 6, ⊠ 36037, 𝒞 (0661) 9 79 80, Fax (0661) 9798500 – |≝| ⋙ ⊤⋁ ☎ ℰ ⇌ ⓟ – ⚹ 15. ◭ ⋿ 𝘝𝘐𝘚𝘈. ⋇   Z d
22. Dez. - 2. Jan. geschl. – **45 Z** 120/170.

Lenz, Leipziger Str. 122, ⊠ 36037, 𝒞 (0661) 6 20 40, Fax (0661) 6204400, ⌖, ≘s, ⋗ – |≝|, ⋙ Zim, ⊤⋁ ☎ ℰ ⓟ – ⚹ 40. ◭ ⓞ ⋿ 𝘝𝘐𝘚𝘈   Y f
Menu à la carte 33/58 – **52 Z** 130/200.

🏠🏠 **Bachmühle** (Sandsteinbau a.d.J. 1840), Künzeller Str. 133, ✉ 36043, ℰ (0661) 3 40 01, Fax (0661) 34465, 🍽 – 📶 📺 ☎ 🅟 – 🦽 70. 🆎 ⓪ 🖃 𝑉𝐼𝑆𝐴   über Künzeller Str.   Z
Menu à la carte 37/59 – **50 Z** 80/200.

🏠 **Wiesenmühle** 🦢 (ehemalige Mühle a.d. 14. Jh.), Wiesenmühlenstr. 13, ✉ 36037, ℰ (0661) 92 86 80, Fax (0661) 9286839, 🍽, Biergarten, « Brauhaus mit kleiner Hausbrauerei » – 📺 ☎ 🅟 – 🦽 70. 🆎 🖃 𝑉𝐼𝑆𝐴   Z t
Menu à la carte 29/56 – **24 Z** 70/160.

🏠 **Kolpinghaus**, Goethestr. 13, ✉ 36043, ℰ (0661) 8 65 00, Fax (0661) 8650111, 🍽 –
📶 📺 ☎ 🅟 – 🦽 140. 🆎 ⓪ 🖃 𝑉𝐼𝑆𝐴   Z b
Menu à la carte 27/57 – **55 Z** 109/170.

🏠 **Hessischer Hof** garni, Nikolausstr. 22, ✉ 36037, ℰ (0661) 7 80 11, Fax (0661) 72289
– 🍽 📺 ☎ 🚗. 🆎 🖃 𝑉𝐼𝑆𝐴   Y s
27 Z 95/150.

🏠 **Peterchens Mondfahrt** garni, Rabanusstr. 7 (5. Etage), ✉ 36037, ℰ (0661)
90 23 50, Fax (0661) 9023544 – 📶 📺 ☎ 🅟. 🆎 ⓪ 🖃 𝑉𝐼𝑆𝐴   Y e
21 Z 105/170.

🍴 **Weinstube Dachsbau**, Pfandhausstr. 8, ✉ 36037, ℰ (0661) 7 41 12,
Fax (0661) 74110   Z e
Sonntag - Montagmittag und Juli-Aug 2 Wochen geschl. – **Menu** à la carte 50/81.

In Fulda-Kämmerzell N : 6 km über Horaser Weg Y :

🍴🍴 **Zum Stiftskämmerer - Gewölbekeller**, Kämmerzeller Str. 10, ✉ 36041,
ℰ (0661) 5 23 69, Fax (0661) 59545, 🍽 – 🅟. 🆎 ⓪ 🖃 𝑉𝐼𝑆𝐴
Dienstag und Juli - Aug. 3 Wochen geschl. – **Menu** à la carte 25/64.

In Künzell O : 2,5 km über Künzeller Straße Z :

🏨🏨 **Bäder-Park-Hotel Rhön Therme** Ⓜ, Harbacher Weg 66, ✉ 36093, ℰ (0661) 39 70,
Fax (0661) 397151, 🍽, Freier Zugang zur Rhön Therme – 📶, 🍽 Zim, 📺 🚗 🅟 –
🦽 180. 🆎 ⓪ 🖃 𝑉𝐼𝑆𝐴
Menu à la carte 38/62 – **106 Z** 160/260.

In Künzell-Pilgerzell SO : 4 km :

🏠 **Zur Linde**, Wernaustr. 7, ✉ 36093, ℰ (0661) 3 41 67, Fax (0661) 302240, 🍽, 🛏, 🔳
– 📺 🅟
Menu (Mittwoch geschl.) (wochentags nur Abendessen) à la carte 24/37 – **20 Z** 55/95.

FULDATAL Hessen siehe Kassel.

FURTH IM WALD Bayern 𝟰𝟮𝟬 S 22, 𝟵𝟴𝟳 ㉙ – 9400 Ew – Höhe 410 m – Erholungsort – Wintersport : 610/950 ✔3 ✘5.
🏌 Gut Voithenberg (NW : 4 km), ℰ (09973) 20 89.
🅱 Tourist-Information, Schloßplatz 1, ✉ 93437, ℰ (09973) 80 10 80, Fax (09973) 801081.
Berlin 492 – München 198 – Cham 19 – Regensburg 75.

🏠 **Hohenbogen**, Bahnhofstr. 25, ✉ 93437, ℰ (09973) 15 09, Fax (09973) 1502 – 📶 📺
☎ – 🦽 40
Menu à la carte 28/58 – **36 Z** 54/118 – ½ P 10.

🏠 **Habersaign-Einödhof**, Haberseigen 1(NW : 2 km), ✉ 93437, ℰ (09973) 38 23,
Fax (09973) 3284, 🍽, 🛏, 🚗 🅟. 🌽
2. - 22. Nov. geschl. – **Menu** à la carte 20/33 – **30 Z** 60/110 – ½ P 12.

🏠 **Zur Post**, Stadtplatz 12, ✉ 93437, ℰ (09973) 8 42 80, Fax (09973) 842842, 🍽 – 📺
☎ 🅟. 🖃 𝑉𝐼𝑆𝐴. 🌽 Rest
Nov. 3 Wochen geschl. – **Menu** (Sonntagabend - Montag geschl.) à la carte 28/58 – **13 Z**
45/100 – ½ P 14.

FURTWANGEN Baden-Württemberg 𝟰𝟭𝟵 V 8, 𝟵𝟴𝟳 ㊲ ㊳ – 10 000 Ew – Höhe 870 m –
Erholungsort – Wintersport : 850/1 150 m ✔4 ✘5.
Sehenswert : Deutsches Uhrenmuseum★.
Ausflugsziel : Brend★ (✳★) NW : 5,5 km.
🅱 Fremdenverkehrsverein, Rathaus, Marktplatz 4, ✉ 78120, ℰ (07723) 93 91 11, Fax
(07723) 93 91 99.
Berlin 767 – Stuttgart 141 – Freiburg im Breisgau 49 – Donaueschingen 29 – Offenburg 71.

🏠 **Zum Ochsen**, Marktplatz 9, ✉ 78120, ℰ (07723) 9 31 16, Fax (07723) 931155, 🛏
– 📺 ☎ 🅟. 🖃 𝑉𝐼𝑆𝐴
Menu (Freitag und Nov. 2 Wochen geschl.) à la carte 26/54 – **34 Z** 68/140.

FUSCHL AM SEE *Österreich siehe Salzburg.*

GÄGELOW *Mecklenburg-Vorpommern siehe Wismar.*

GÄRTRINGEN *Baden-Württemberg* [419] *U 10 – 10 000 Ew – Höhe 476 m.*
Berlin 657 – Stuttgart 31 – Freudenstadt 59 – Karlsruhe 88.

🏨 **Bären,** Daimlerstr. 11, ✉ 71116, ✆ (07034) 27 60, *Fax (07034) 276222* – 🚭 Zim, [TV] ☎ 🚗 [P] – 👥 20
24. Dez.- 2. Jan. geschl. – **Menu** *(Samstagabend - Sonntag und Anfang bis Mitte Aug. geschl.)* à la carte 26/61 – **31 Z** 82/165.

🏨 **Kerzenstüble,** Böblingerstr. 2, ✉ 71116, ✆ (07034) 9 24 00, *Fax (07034) 924040,* ⛱ – ⇅ [TV] ☎ [P]. AE D E VISA
Menu *(Samstagmittag, Sonntagabend und Montag geschl.)* à la carte 27/58 🍷 – **28 Z** 110/160.

GÄUFELDEN *Baden-Württemberg siehe Herrenberg.*

GAGGENAU *Baden-Württemberg* [419] *T 8,* [987] ㊳ *– 30 000 Ew – Höhe 142 m.*
ℹ *Kurverwaltung, Rathausstr. 11 (Bad Rotenfels),* ✉ *76571,* ✆ *(07225) 7 96 69.*
Berlin 702 – Stuttgart 103 – Karlsruhe 31 – Baden-Baden 16 – Rastatt 14.

🏨 **Parkhotel Gaggenau,** Konrad-Adenauer-Str. 1, ✉ 76571, ✆ (07225) 6 70, *Fax (07225) 76205,* ⛱ – ⇅, 🚭 Zim, [TV] ☎ ♿ 🚗 – 👥 100. AE D E VISA
Menu à la carte 48/72 – **63 Z** 99/287.

In Gaggenau-Michelbach *NO : 3,5 km :*

🍴 **Zur Traube** (Restauriertes Fachwerkhaus a.d. 18. Jh.), Lindenstr. 10, ✉ 76571, ✆ (07225) 7 62 63, *Fax (07225) 70213,* ⛱ – [P]. AE E VISA
Montag und Sept. 1 Woche geschl. – **Menu** (abends Tischbestellung ratsam) à la carte 59/88 – ***Elsässer Stüble*** : **Menu** à la carte 37/58.

In Gaggenau-Moosbronn *NO : 8 km :*

🏨 **Hirsch,** Herrenalber Str. 17, ✉ 76571, ✆ (07204) 2 37, *Fax (07204) 8697,* ⛱, 🌳 – [TV] ☎ [P]. AE E VISA
Juli - Aug. 3 Wochen geschl. – **Menu** *(Montagabend und Dienstag geschl.)* à la carte 28/59 🍷 – **9 Z** 55/110.

In Gaggenau-Ottenau *SO : 2 km :*

🍴 **Gasthaus Adler,** Hauptstr. 255, ✉ 76571, ✆ (07225) 37 06 – [P]
Montag, über Fasching 1 Woche und Aug. 2 Wochen geschl. – **Menu** à la carte 40/67.

In Gaggenau - Bad Rotenfels *NW 2,5 km :*

🏨 **Ochsen,** Murgtalstr. 22, ✉ 76571, ✆ (07225) 9 69 90, *Fax (07225) 969950* – [TV] ☎ 🚗 [P]. AE E VISA
Anfang Jan. 1 Woche und Aug. - Sep. 2 Wochen geschl. – **Menu** *(Samstagmittag und Sonntag geschl.)* à la carte 30/62 – **24 Z** 100/150.

GAIENHOFEN *Baden-Württemberg* [419] *W 10 – 4 200 Ew – Höhe 400 m.*
ℹ *Kultur-und Gästebüro, Im Kohlgarten 2,* ✉ *78343,* ✆ *(07735) 8 18 23, Fax (07735) 3004.*
Berlin 757 – Stuttgart 175 – Konstanz 33 – Singen (Hohentwiel) 23 – Zürich 68 – Schaffhausen 29.

In Gaienhofen-Horn :

🏨 **Hirschen - Gästehaus Verena,** Kirchgasse 1, ✉ 78343, ✆ (07735) 30 51, *Fax (07735) 1634,* ⛱, 🌳 – [TV] [P]. 🚭 Zim
Menu à la carte 28/60 – **28 Z** 80/150.

GAILDORF *Baden-Württemberg* [419] *S 13,* [987] ㉗ *– 12 000 Ew – Höhe 329 m.*
Berlin 557 – Stuttgart 69 – Aalen 43 – Schwäbisch Gmünd 29 – Schwäbisch Hall 17.

In Gaildorf-Unterrot *S : 3 km :*

🏨 **Kocherbähnle,** Schönberger Str. 8, ✉ 74405, ✆ (07971) 70 54, *Fax (07971) 21088,* ⛱ – [TV] ☎ 🚗 [P]. AE D E VISA
Juli - Aug. 3 Wochen geschl. – **Menu** *(Sonntagabend - Montag geschl.)* à la carte 28/58 – **9 Z** 68/130 – ½ P 20.

GALLINCHEN Brandenburg siehe Cottbus.

GALLMERSGARTEN Bayern 420 R 14 – 820 Ew – Höhe 430 m.
Berlin 486 – München 208 – Ansbach 34 – Nürnberg 66 – Würzburg 65.

In Gallmersgarten-Steinach :

- **Landgasthof Sämann,** Bahnhofstr. 18, ⊠ 91605, ℘ (09843) 93 70, Fax (09843) 937222, 😤, 🍴 – 📶, 🔆 Zim, 📺 ☎ 📞 ♿ 🅿 – 🔬 100. 🆑 🔤
  Menu à la carte 20/48 ♨ – **23 Z** 70/105.

GAMMELBY Schleswig-Holstein siehe Eckernförde.

GAMMERTINGEN Baden-Württemberg 419 V 11, 984 ㊳, 987 ㊳ – 6 300 Ew – Höhe 665 m.
Berlin 699 – Stuttgart 77 – Konstanz 95 – Freiburg im Breisgau 160 – Ulm (Donau) 79.

- **Romantik Hotel Posthalterei** (mit Gästehaus), Sigmaringer Str. 4, ⊠ 72501, ℘ (07574) 9 40 00, Fax (07574) 940078, Biergarten, 🍴 – 📶 📺 ☎ 🅿 – 🔬 50. 🆑 ⓞ
  🔤 𝑉𝐼𝑆𝐴
  Menu à la carte 37/76 – **30 Z** 90/215.

- **Kreuz** 🌳 garni, Marktstr. 6, ⊠ 72501, ℘ (07574) 9 32 90, Fax (07574) 932920 – 📺 ☎ 🅿 – 🔬 50. 🔤 𝑉𝐼𝑆𝐴
  14 Z 80/130.

GANDERKESEE Niedersachsen 415 G 9, 987 �015 – 28 900 Ew – Höhe 25 m – Erholungsort.
Berlin 409 – Hannover 140 – Bremen 22 – Oldenburg 31.

- **Jägerklause** 🌳 (mit Gästehaus), Neddenhüsen 16, ⊠ 27777, ℘ (04222) 9 30 20, Fax (04222) 93050, 😤, 🍴 – 🔆 Zim, 📺 ☎ 🚗 🅿 – 🔬 20. 🆑 🔤 𝑉𝐼𝑆𝐴
  Ende Dez. - Anfang Jan. geschl. – **Menu** à la carte 27/52 – **25 Z** 70/160.

Am Flugplatz W : 2,5 km :

- **Airfield Hotel,** Otto-Lilienthal-Str. 23, ⊠ 27777 Ganderkesee, ℘ (04222) 10 91, Fax (04222) 70826, 😤 – 🔆 Zim, 📺 ☎ 🅿 – 🔬 200. 🆑 ⓞ 🔤 𝑉𝐼𝑆𝐴
  Menu à la carte 31/58 – **26 Z** 90/140 – ½ P 25.

In Ganderkesee-Bookholzberg N : 3 km :

- **Landhaus Hasbruch** 🌳, Hedenkampstr. 20, ⊠ 27777, ℘ (04223) 9 21 90, Fax (04223) 921930, 😤, 🍴 – 📺 ☎ 🅿 – 🔬 220. 🔤
  Menu à la carte 34/72 – **12 Z** 85/150.

In Ganderkesee-Hoyerswege SO : 2,5 km :

- **Hof Hoyerswege,** Wildeshauser Landstr. 66 (B 213), ⊠ 27777, ℘ (04222) 9 31 00, Fax (04222) 931055, « Gartenterrasse », 🍴 – 📺 ☎ 🚗 🅿 – 🔬 55. 🆑 ⓞ 🔤 𝑉𝐼𝑆𝐴
  Menu (Montagmittag geschl.) à la carte 39/67 – **20 Z** 79/135.

In Ganderkesee-Stenum N : 6 km :

- **Backenköhler-Stenum** 🌳, Dorfring 40, ⊠ 27777, ℘ (04223) 7 30, Fax (04223) 8604, 😤, Biergarten, 🍴 – 🔆 Rest, 📺 ☎ 🅿 – 🔬 300. 🔤 𝑉𝐼𝑆𝐴
  1. - 6. Jan. geschl. – **Menu** à la carte 36/60 – **48 Z** 85/155.

- ✕ **Lüschens Bauerndiele** 🌳 (mit Gästehaus), Dorfring 75, ⊠ 27777, ℘ (04223) 4 44, Fax (04223) 8891, « Gartenterrasse », 🍴 – 📺 ☎ 🅿 🆑 ⓞ 🔤 𝑉𝐼𝑆𝐴
  Menu (Montag, März und Okt. jeweils 2 Wochen geschl.) à la carte 32/63 – **6 Z** 60/108.

GARBSEN Niedersachsen siehe Hannover.

GARCHING Bayern 419 420 V 18 – 12 700 Ew – Höhe 485 m.
Berlin 573 – München 15 – Landshut 64 – Regensburg 112.

- **Hoyacker Hof** garni, Freisinger Landstr. 9a, ⊠ 85748, ℘ (089) 3 20 69 65, Fax (089) 3207243 – 📶 📺 ☎ 🚗 🅿 🔤 𝑉𝐼𝑆𝐴
  61 Z 130/200.

- **Coro** garni, Heideweg 1, ⊠ 85748, ℘ (089) 3 29 27 70, Fax (089) 3291777 – 📺 ☎ 🅿
  🆑 ⓞ 🔤 𝑉𝐼𝑆𝐴 𝐽𝐶𝐵
  22 Z 120/180.

GARDELEGEN *Sachsen-Anhalt* ▨▨▨ ▨▨▨ I 18, ▨▨▨ ⑰ – *13 000 Ew – Höhe 49 m.*

🖪 *Tourist-Information, Im Salzwedeler Tor,* ✉ 39638, ℰ (03907) 4 22 66, *Fax (03907) 42266.*

Berlin 197 – Magdeburg 58 – Stendal 36 – Wolfsburg 38.

In Gardelegen-Zienau *SO : 2 km :*

🏛 **HeideHotel,** *Am Wald 1,* ✉ 39638, ℰ (03907) 71 25 94, *Fax (03907) 712594 –* 📺 ☎ 🅿
🍽 **Menu** *(Montagmittag geschl.)* à la carte 24/39 – **16 Z** 80/120.

GARLSTORF *Niedersachsen siehe Salzhausen.*

GARMISCH-PARTENKIRCHEN *Bayern* ▨▨▨ ▨▨▨ X 17, ▨▨▨ ㉚ ㊵ – *26 500 Ew – Höhe 707 m*
– Heilklimatischer Kurort – Wintersport : 800/2 950 m ⟮⟯ 12 ⟮⟯ 39 ⟮⟯ 3.

Sehenswert : St.-Anton-Anlagen *⟮⟯ X.*

Ausflugsziele : Wank ⟮⟯ ⟮⟯ *O : 2 km und* ⟮⟯ *– Partnachklamm*★★ *25 min zu Fuß (ab Skistadion) – Zugspitzgipfel*★★★ *(⟮⟯ ★★★) mit Zahnradbahn (Fahrzeit 75 min) oder mit* ⟮⟯ *ab Eibsee (Fahrzeit 10 min).*

🖪 *Schwaigwang (N : 2 km),* ℰ (08821) 24 73 ; 🖪 *Oberau, Gut Buchwies (NO : 10 km),* ℰ (08824) 83 44.

🖪 *Verkehrsamt, Dr.-Richard-Strauß-Platz,* ✉ 82467, ℰ (08821) 18 06, *Fax (08821) 18055.*

ADAC, *Hindenburgstr. 14,* ✉ 82467, ℰ (08821) 22 58, *Fax (08821) 50657.*

Berlin 675 ① *– München 89* ① *– Augsburg 117* ① *– Innsbruck 60* ② *– Kempten (Allgäu) 103* ③

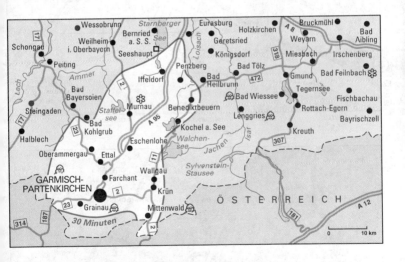

🏰 **Grand Hotel Sonnenbichl,** *Burgstr. 97,* ✉ 82467, ℰ (08821) 70 20, *Fax (08821) 702131, ⟮⟯ Wetterstein und Zugspitze,* 🌳, *Massage,* ⟮⟯, ⟮⟯ *– ⟮⟯, ⟮⟯ Zim,* 📺 🅿 *–* ⟮⟯ 70. ⟮⟯ ⓪ ⓔ 𝗩𝗜𝗦𝗔 𝗝𝗖𝗕 *⟮⟯ Rest*   X u
Menu à la carte 58/84 – **93 Z** 175/350, 3 Suiten – ½ P 45.

🏰 **Reindl's Partenkirchner Hof,** *Bahnhofstr. 15,* ✉ 82467, ℰ (08821) 5 80 25, *Fax (08821) 73401, ⟮⟯ Wetterstein,* « *Terrasse* », ⟮⟯, ⟮⟯, 🌳 *– ⟮⟯, ⟮⟯ Zim,* 📺 ⟮⟯ *–*   Z r
⟮⟯ 30. ⟮⟯ ⓪ ⓔ 𝗩𝗜𝗦𝗔 𝗝𝗖𝗕
Mitte Nov. - Mitte Dez. geschl. – **Menu** *(Tischbestellung ratsam, bemerkenswerte Weinkarte)* à la carte 40/77 – **65 Z** 159/272, 14 Suiten – ½ P 48.

🏰 **Posthotel Partenkirchen,** *Ludwigstr. 49,* ✉ 82467, ℰ (08821) 5 10 67, *Fax (08821) 78568, ⟮⟯,* 🌳, « *Historische Herberge mit rustikaler Einrichtung* » *– ⟮⟯,*   Y u
⟮⟯ *Zim,* 📺 🅿 *–* ⟮⟯ 60. ⟮⟯ ⓪ ⓔ 𝗩𝗜𝗦𝗔
Menu à la carte 44/75 – **59 Z** 100/280 – ½ P 35.

GARMISCH-PARTENKIRCHEN

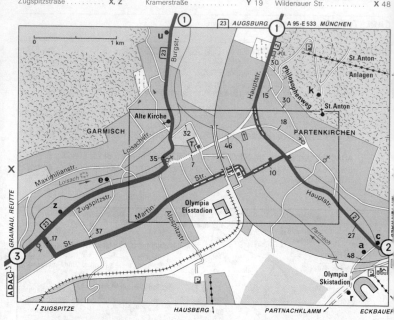

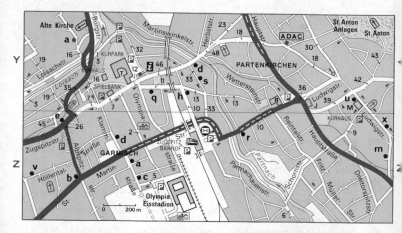

Erfahrungsgemäß werden bei größeren Veranstaltungen, Messen und Ausstellungen in vielen Städten und deren Umgebung erhöhte Preise verlangt.

Dorint Sporthotel ⌘, Mittenwalder Str. 59, ⊠ 82467, 𝒫 (08821) 70 60, *Fax (08821) 706618*, ≤, Biergarten, Massage, **ƒ₆**, ⇄s, ⬜, ⌖, %(Halle) – 📺 ☆☆ ⌖ X c
🅟 – 🅰 160. 🆎 ⓞ ⋐ 𝗩𝗜𝗦𝗔 𝗝𝗖𝗕, ⌘ Rest
Menu à la carte 48/70 – **153 Z** 240/390 – ½ P 42.

Wittelsbach, von-Brug-Str. 24, ⊠ 82467, 𝒫 (08821) 5 30 96, *Fax (08821) 57312*, ≤ Waxenstein und Zugspitze, « Gartenterrasse », ⇄s, ⬜, ⌖ – ⧫, ↔ Zim, 📺 ⋐ 🅟
– 🅰 30. 🆎 ⓞ ⋐ 𝗩𝗜𝗦𝗔 𝗝𝗖𝗕, ⌘ Rest Y d
Nov. - 20. Dez. geschl. – **Menu** à la carte 37/82 – **60 Z** 135/270 – ½ P 35.

Zugspitz Ⓜ, Klammstr. 19, ⊠ 82467, 𝒫 (08821) 90 10, *Fax (08821) 901333*, ⌖, Massage, ⇄s, ⌖ – ⧫ 📺 ⋐ 🅟. 🆎 ⓞ ⋐ 𝗩𝗜𝗦𝗔 𝗝𝗖𝗕, ⌘ Zim Z d
Menu *(Dienstag geschl.)* à la carte 35/77 – **48 Z** 120/350.

Alpina, Alpspitzstr. 12, ⊠ 82467, 𝒫 (08821) 78 30, *Fax (08821) 71374*, ⌖, Massage, ⇄s, ⬜, ⌖ – ⧫, ↔ Zim, 📺 ⋐ 🅟. 🆎 ⓞ ⋐ 𝗩𝗜𝗦𝗔 Z b
Menu à la carte 43/64 – **70 Z** 120/330 – ½ P 37.

Staudacherhof ⌘ garni, Höllentalstr. 48, ⊠ 82467, 𝒫 (08821) 92 90, *Fax (08821) 929333*, ≤, ⇄s, ⛆, ⬜, ⌖ – ⧫ 📺 ⌖ 🅒 ⋐ 🅟 𝗩𝗜𝗦𝗔 Z v
Ende April - Anfang Mai und Ende Nov.- Mitte Dez. geschl. – **37 Z** 120/380.

Queens Hotel Residence, Mittenwalder Str. 2, ⊠ 82467, 𝒫 (08821) 75 60, *Fax (08821) 74268*, ⌖, **ƒ₆**, ⇄s, ⬜, % – ⧫, ↔ Zim, 📺 ☎ 🅟 – 🅰 150. 🆎 ⓞ ⋐ 𝗩𝗜𝗦𝗔
Menu à la carte 41/75 – **117 Z** 160/302, 5 Suiten – ½ P 37. Z m

Obermühle ⌘, Mühlstr. 22, ⊠ 82467, 𝒫 (08821) 70 40, *Fax (08821) 704112*, ≤, « Gartenterrasse », ⇄s, ⬜, ⌖ – ⧫ 📺 ☎ ⋐ 🅟 – 🅰 100. 🆎 ⓞ ⋐ 𝗩𝗜𝗦𝗔 X e
Menu à la carte 45/88 – **91 Z** 165/325, 4 Suiten – ½ P 35.

Boddenberg ⌘ garni, Wildenauer Str. 21, ⊠ 82467, 𝒫 (08821) 9 32 60, *Fax (08821) 932645*, ≤, « Garten », ⛆ (geheizt), ⌖ – ↔ 📺 ☎ ⋐ 🅟. 🆎 ⓞ ⋐ 𝗩𝗜𝗦𝗔
𝗝𝗖𝗕 X r
Nov. - 15. Dez. geschl. – **24 Z** 80/190.

Garmischer Hof garni, Chamonixstr. 10, ⊠ 82467, 𝒫 (08821) 91 10, *Fax (08821) 51440*, « Garten » – ⧫ 📺 ☎ 🅟. 🆎 ⓞ ⋐ 𝗩𝗜𝗦𝗔 𝗝𝗖𝗕 Y q
49 Z 85/220.

Clausings Posthotel, Marienplatz 12, ⊠ 82467, 𝒫 (08821) 70 90, *Fax (08821) 709205*, ⌖, Biergarten – ⧫ 📺 ☎ – 🅰 15. 🆎 ⓞ ⋐ 𝗩𝗜𝗦𝗔 𝗝𝗖𝗕 Z e
Menu à la carte 32/73 – **45 Z** 120/300 – ½ P 35.

Rheinischer Hof (mit Gästehaus), Zugspitzstr. 76, ⊠ 82467, 𝒫 (08821) 91 20, *Fax (08821) 59136*, ⌖, ⇄s, ⛆, ⌖ – ⧫, ↔ Zim, 📺 ☎ ⅙ ⋐ 🅟. 𝗩𝗜𝗦𝗔 X z
Menu à la carte 28/52 – **40 Z** 116/236, 6 Suiten – ½ P 24.

Berggasthof Panorama ⌘, St. Anton 3, ⊠ 82467, 𝒫 (08821) 25 15, *Fax (08821) 4884*, ≤ Garmisch-Partenkirchen und Zugspitzmassiv, Biergarten, « Terrasse » – 📺 ☎ 🅟. ⋐ 𝗩𝗜𝗦𝗔 𝗝𝗖𝗕 X k
Mitte Nov. - Mitte Dez. geschl. – **Menu** à la carte 26/58 – **17 Z** 95/150 – ½ P 24.

Brunnthaler garni, Klammstr. 31, ⊠ 82467, 𝒫 (08821) 5 80 66, *Fax (08821) 76696*, ≤, ⇄s – ⧫ 📺 ☎ ⋐ 🅟. ⌘ Z a
23 Z 93/176.

Bavaria ⌘, Partnachstr. 51, ⊠ 82467, 𝒫 (08821) 34 66, *Fax (08821) 76466*, ⌖ – ☎ 🅟. 🆎 ⋐ 𝗩𝗜𝗦𝗔. ⌘ Rest Y s
Nov. - 20. Dez. geschl. – (nur Abendessen für Hausgäste) – **31 Z** 91/160 – ½ P 23.

Roter Hahn garni, Bahnhofstr. 44, ⊠ 82467, 𝒫 (08821) 5 40 65, *Fax (08821) 54067*, ⬜, ⌖ – ⧫ ☎ 🅟. ⓞ 𝗩𝗜𝗦𝗔. ⌘ Y h
32 Z 92/155.

Leiner, Wildenauer Str. 20, ⊠ 82467, 𝒫 (08821) 9 52 80, *Fax (08821) 9528100*, ≤, ⌖, Biergarten, « Garten », ⬜, ⌖ – ⧫ ☎ 🅟. 🆎 ⓞ ⋐ 𝗩𝗜𝗦𝗔. ⌘ Rest X a
Ende Okt. - Mitte Dez. geschl. – **Menu** à la carte 35/61 – **50 Z** 85/182 – ½ P 29.

Gasthof Fraundorfer, Ludwigstr. 24, ⊠ 82467, 𝒫 (08821) 92 70, *Fax (08821) 92799*, ⇄s – 📺 ☎ 🅟. 🆎 ⋐ 𝗩𝗜𝗦𝗔 Z x
Menu *(Dienstag - Mittwochmittag, 14. - 30. April und 5. Nov. - 5. Dez. geschl.)* à la carte 26/55 – **33 Z** 70/190 – ½ P 27.

Hilleprandt ⌘, Riffelstr. 17, ⊠ 82467, 𝒫 (08821) 28 61, *Fax (08821) 74548*, Massage, ⇄s, ⌖ – 📺 ☎ 🅟. 🆎 ⓞ ⋐ 𝗩𝗜𝗦𝗔 Z c
(nur Abendessen für Hausgäste) – **18 Z** 90/168 – ½ P 29.

Husar, Fürstenstr. 25, ⊠ 82467, 𝒫 (08821) 17 13, *Fax (08821) 948190*, ⌖ – 🅟. 🆎 ⓞ ⋐ 𝗩𝗜𝗦𝗔 𝗝𝗖𝗕 Y a
Montag - Dienstagmittag geschl. – **Menu** à la carte 37/62.

Alpenhof, Am Kurpark 10 (in der Spielbank), ⊠ 82467, 𝒫 (08821) 5 90 55, *Fax (08821) 929399*, ⌖ – ⓞ ⋐ 𝗩𝗜𝗦𝗔 Y
Nov. 3 Wochen geschl. – **Menu** à la carte 32/79.

Am Rießersee S : 2 km über Rießerseestraße X :

🏠 **Ramada-Sporthotel** ≫, Am Riess 5, ✉ 82467 Garmisch-Partenkirchen, 𝒫 (08821) 75 80, Fax (08821) 3811, ≤, 🏭, Biergarten, 🌳, 🚗, – ▮, Zim, 📺 ⇔ 🅿 – 🔒 120. 🆎 ⓓ 🖿 𝗩𝗜𝗦𝗔 𝗝𝗖𝗕. ✗ Rest
Menu à la carte 42/72 – **155 Z** 140/440 – ½ P 38.

✗✗ **Café Restaurant Rießersee** ≫ mit Zim, Riess 6, ✉ 82467 Garmisch-Partenkirchen, 𝒫 (08821) 9 54 40, Fax (08821) 72589, ≤ See und Zugspitzmassiv, « Seeterrasse », 🚗, 🌳 – 📺 ☎ ⇔ 🅿. 🆎 🖿 𝗩𝗜𝗦𝗔 𝗝𝗖𝗕
Mitte Nov. - Mitte Dez. geschl. – **Menu** (Montag geschl.) à la carte 25/58 – **5 Z** 115/200.

GARREL Niedersachsen 𝟰𝟭𝟱 H 8, 𝟵𝟴𝟳 ⑮ – 10 000 Ew – Höhe 20 m.
🐟 Thülsfelder Talsperre (SW : 7km) 𝒫 (04474) 79 95.
Berlin 449 – Hannover 190 – Bremen 73 – Lingen 80 – Osnabrück 88.

🏠 **Zur Post,** Hauptstr. 34, ✉ 49681, 𝒫 (04474) 80 00, Fax (04474) 7847, 🏭 – 📺 ☎ 🅿. 🆎 ⓓ 🖿 𝗩𝗜𝗦𝗔
Menu (Freitagmittag und Samstagmittag geschl.) à la carte 28/55 – **27 Z** 75/145.

In Garrel-Petersfeld SW : 7,5 km - an der Thülsfelder Talsperre :

🏠 **Dreibrücken** Ⓜ ≫, Drei-Brücken-Weg 10, ✉ 49681, 𝒫 (04495) 8 90, Fax (04495) 89100, 🏭, ≤s, 🖿, 🌳 – ▮, ⇔ Zim, 📺 🔥 🅿 – 🔒 120. 🆎 🖿 𝗩𝗜𝗦𝗔
Menu à la carte 41/70 – **54 Z** 119/262.

GARS AM INN Bayern 𝟰𝟮𝟬 V 20 – 3 000 Ew – Höhe 447 m.
Berlin 634 – München 76 – Bad Reichenhall 100 – Wasserburg am Inn 22.

Außerhalb S : 7 km über Burgstall :

🏠 **Landhaus Au im Wald** ≫, ✉ 83567 Gars-Unterreit, 𝒫 (08073) 10 24, Fax (08073) 1026, ≤s, 🔥, 🖿, 🌳 – ☎ 🔥 🅿 – 🔒 25
(Restaurant nur für Hausgäste) – **15 Z** 98/190 – ½ P 30.

GARTOW Niedersachsen 𝟰𝟭𝟱 G 18, 𝟵𝟴𝟳 ⑰ – 1 400 Ew – Höhe 27 m – Luftkurort.
🅱 Kurverwaltung, Nienwalder Weg 1, ✉ 29471, 𝒫 (05846) 3 33, Fax (05846) 2288.
Berlin 204 – Hannover 162 – Schwerin 104 – Uelzen 66 – Lüneburg 78.

🏠 **Seeblick** garni, Hauptstr. 36, ✉ 29471, 𝒫 (05846) 96 00, Fax (05846) 96060, 🏭 – 📺 ☎ ✔ 🅿. 🆎 🖿 𝗩𝗜𝗦𝗔
25 Z 95/140.

🏠 **Wendland,** Hauptstr. 11 (B 493), ✉ 29471, 𝒫 (05846) 4 11, Fax (05846) 420, 🏭, 🌳 – 📺 ☎ 🅿
Menu (Montagmittag geschl.) à la carte 28/49 – **16 Z** 75/130.

GAU-BISCHOFSHEIM Rheinland-Pfalz siehe Mainz.

GAUTING Bayern 𝟰𝟭𝟵 𝟰𝟮𝟬 V 18, 𝟵𝟴𝟳 ㊵ – 18 000 Ew – Höhe 540 m.
Berlin 606 – München 22 – Augsburg 71 – Garmisch-Partenkirchen 84 – Starnberg 10.

🏠 **Zum Bären** Ⓜ, Pippinstr. 1, ✉ 82131, 𝒫 (089) 8 50 89 24, Fax (089) 8508925, 🏭 – ▮ 📺 ☎ ⇔ 🅿. 🆎 ⓓ 🖿 𝗩𝗜𝗦𝗔
Menu à la carte 35/68 – **22 Z** 140/190.

GEESTHACHT Schleswig-Holstein 𝟰𝟭𝟱 𝟰𝟭𝟲 F 15, 𝟵𝟴𝟳 ⑤ ⑥ – 25 000 Ew – Höhe 16 m.
🐟 Escheburg, Am Soll (NW : 7 km), 𝒫 (04152) 8 32 04.
Berlin 265 – Kiel 118 – Hamburg 30 – Hannover 167 – Lüneburg 29.

🏠 **Kleines Theaterhotel** garni, Schillerstr. 33, ✉ 21502, 𝒫 (04152) 88 08 80, Fax (04152) 880881 – 📺 ☎. 🖿 𝗩𝗜𝗦𝗔
25 Z 120/180.

🏠 **Fährhaus Ziehl,** Fährstieg 20, ✉ 21502, 𝒫 (04152) 30 41, Fax (04152) 70788, 🏭 – 📺 ☎ 🅿. 🆎 ⓓ 🖿
Menu (Freitag geschl.) à la carte 27/59 – **18 Z** 80/150 – ½ P 18.

🏠 **Lindenhof,** Joh.-Ritter-Str. 38, ✉ 21502, 𝒫 (04152) 30 61, Fax (04152) 3062, « Individuelle Zimmereinrichtung » – 📺 ☎ 🅿. 🖿
Menu (Samstagmittag und Sonntag geschl.) à la carte 36/69 – **24 Z** 85/140.

GEILENKIRCHEN Nordrhein-Westfalen **ᴀ₁₇** N 2, **9₈₇** ㉕ – 25 000 Ew – Höhe 75 m.
Berlin 622 – Düsseldorf 69 – Aachen 25 – Mönchengladbach 40.

🏨 **City Hotel** garni, Theodor-Heuss-Ring 15, ⊠ 52511, 𝒫 (02451) 62 70,
Fax (02451) 627300, ⇔ – ⊡ ⊡ ☎ – 🔬 20. ㏂ ⓞ 🇪 𝖵𝖨𝖲𝖠
21 Z 98/149.

GEISELWIND Bayern **ᴀ₁₉ ᴀ₂₀** Q 15 – 2 200 Ew – Höhe 330 m.
🅸🅱 Geiselwind, Friedrichstr. 10, 𝒫 (09556) 14 84.
Berlin 458 – München 237 – Nürnberg 70 – Bamberg 55 – Würzburg 44.

🏨🏨 **Landhotel Steigerwald** ⟨⟩, Friedrichstr. 10, ⊠ 96160, 𝒫 (09556) 1 70,
Fax (09556) 1750, 😤, ⇔ – ⊡ ☎ ❷ – 🔬 60. ㏂ 🇪 𝖵𝖨𝖲𝖠
Menu à la carte 28/61 – 30 Z 125/235.

🏨 **Krone** (mit Gästehaus), Kirchplatz 2, ⊠ 96160, 𝒫 (09556) 9 22 40, Fax (09556) 922411,
Biergarten – ⊡ ⊡ ⟨⟩ ❷. ㏂ ⓞ 🇪 𝖵𝖨𝖲𝖠
Menu à la carte 21/38 ⅄ – 56 Z 60/92.

🏨 **Stern**, Marktplatz 11, ⊠ 96160, 𝒫 (09556) 2 17, Fax (09556) 844 – ⟨⟩ ❷. ㏂ ⓞ 🇪
𝖵𝖨𝖲𝖠
Nov. geschl. – Menu (Dez.- März Mittwoch geschl.) à la carte 22/48 ⅄ – 30 Z 48/94.

GEISENHAUSEN Bayern siehe Schweitenkirchen.

GEISENHEIM Hessen **ᴀ₁₇** Q 7 – 11 700 Ew – Höhe 94 m.
Berlin 590 – Wiesbaden 28 – Koblenz 68 – Mainz 31.

Beim Kloster Marienthal N : 4 km :

🏨 **Waldhotel Gietz** ⟨⟩, Marienthaler Str. 20, ⊠ 65366 Geisenheim, 𝒫 (06722) 99 60 26,
Fax (06722) 996099, 😤, ⇔, 🔲, 🎏 – ⊡ ☎ ❷ – 🔬 50
Menu à la carte 35/52 – 45 Z 103/248 – ½ P 25.

In Geisenheim-Johannisberg N : 4,5 km :

🏨🏨 **Haus Neugebauer** Ⓜ ⟨⟩, Nahe der Straße nach Presberg, ⊠ 65366, 𝒫 (06722)
9 60 50, Fax (06722) 7443, 😤, 🎏 – ⊡ ☎ ❷ – 🔬 25. 🇪 𝖵𝖨𝖲𝖠
Menu à la carte 32/67 ⅄ – 20 Z 105/165 – ½ P 35.

GEISING Sachsen **ᴀ₁₈** N 25, **9₈₄** ㉔, **9₈₇** ㉚ – 3 000 Ew – Höhe 600 m – Wintersport : 690/790 m
⥁4, ⥁3.
Berlin 237 – Dresden 46 – Chemnitz 74 – Freital 36.

🏨 **Schellhaus Baude** ⟨⟩, Altenberger Str. 14, ⊠ 01778, 𝒫 (035056) 3 12 71,
Fax (035056) 31213, 😤, ⇔, 🎏 – ⊡ ☎ ⟨⟩ ❷. ㏂ 🇪 𝖵𝖨𝖲𝖠
Menu à la carte 25/43 ⅄ – 24 Z 80/135.

GEISINGEN Baden-Württemberg **ᴀ₁₉** W 9, **9₈₇** ㊳ – 5 700 Ew – Höhe 661 m.
Berlin 754 – Stuttgart 128 – Konstanz 56 – Singen (Hohentwiel) 30 – Tuttlingen 17 –
Donaueschingen 15.

In Geisingen - Kirchen-Hausen SO : 2,5 km :

🏨 **Gasthof Sternen** (mit Gästehaus Kirchtal), Ringstr. 1 (Kirchen), ⊠ 78187,
𝒫 (07704) 80 39, Fax (07704) 803888, 😤, « Antonius-Saal », ⇔, 🔲 – ⊡ ⊡ ☎ ❷ –
🔬 25. ㏂ ⓞ 🇪 𝖵𝖨𝖲𝖠
Menu à la carte 25/64 ⅄ – 85 Z 78/160.

🏨 **Zur Burg** (mit Gästehäusern), Bodenseestr. 4 (B 31) (Hausen), ⊠ 78187, 𝒫 (07704)
9 29 90, Fax (07704) 6339, 😤, 🎏 – ⊡ ☎ ⟨⟩ ❷. ㏂ ⓞ 🇪 𝖵𝖨𝖲𝖠 𝖩𝖢𝖡. ⥇
Menu (Mittwoch geschl.) à la carte 30/64 ⅄ – 25 Z 70/170.

GEISLINGEN AN DER STEIGE Baden-Württemberg **ᴀ₁₉ ᴀ₂₀** U 13, **9₈₇** ㊴ – 28 000 Ew –
Höhe 464 m.
🅱 Städt. Verkehrsamt i.d. MAG, Schillerstr. 2, ⊠ 73312, 𝒫 (07331) 2 42 66, Fax (07331)
24376.
Berlin 594 – Stuttgart 58 – Göppingen 18 – Heidenheim an der Brenz 30 – Ulm (Donau) 32.

🏨 **Krone**, Stuttgarter Str. 148 (B 10), ⊠ 73312, 𝒫 (07331) 6 10 71, Fax (07331) 61075
– ⊡ ⊡ ☎ ❷. 🇪 𝖵𝖨𝖲𝖠. ⥇ Rest
Menu à la carte 27/66 – 34 Z 76/152.

In Geislingen-Eybach NO : 4 km :

🏠 **Ochsen** (mit Gästehaus), von-Degenfeld-Str. 22, ⊠ 73312, ✆ (07331) 6 20 51, Fax (07331) 62051, 🏤 – ⇟ 📺 ☎ ⇦ ❷
Menu (Freitag und Nov. geschl.) à la carte 26/60 – **23 Z** 78/160.

In Geislingen-Weiler ob Helfenstein O : 3 km : – Höhe 640 m

🏠🏠 **Burghotel** ⦚ garni, Burggasse 41, ⊠ 73312, ✆ (07331) 4 10 51, Fax (07331) 41053, ⇠s, ◪, 🐴 – 📺 ☎ ⇦ ❷ ᴇ 𝘝𝘐𝘚𝘈. ✾
23 Z 98/210.

✕✕ **Burgstüble**, Dorfstr. 12, ⊠ 73312, ✆ (07331) 4 21 62, Fax (07331) 941751 – ❷. ᴀᴇ ⓞ ᴇ 𝘝𝘐𝘚𝘈 ᴊᴄʙ
Sonntag und Aug. 2 Wochen geschl. – Menu (nur Abendessen, Tischbestellung erforderlich) à la carte 44/78 (auch vegetarisches Menu).

GEITHAIN Sachsen 𝟜𝟙𝟠 M 22, 𝟡𝟠𝟟 ⑱, 𝟡𝟠𝟜 ㉓ – 7 000 Ew – Höhe 165 m.
Berlin 242 – Dresden 114 – Chemnitz 38 – Leipzig 59.

🏠🏠 **Andersen** garni, Bahnhofstr. 11a, ⊠ 04643, ✆ (034341) 4 43 17, Fax (034341) 44316 – ⇟ ⦚⇥ 📺 ☎ – 🔬 25. ᴀᴇ ⓞ ᴇ 𝘝𝘐𝘚𝘈
23 Z 110/145.

GELDERN Nordrhein-Westfalen 𝟜𝟙𝟟 L 2, 𝟡𝟠𝟟 ⑭ – 29 500 Ew – Höhe 25 m.
🞡₁₈ Issum, Pauenweg 68 (O : 10 km), ✆ (02835) 36 26.
Berlin 580 – Düsseldorf 64 – Duisburg 43 – Krefeld 30 – Venlo 23 – Wesel 29.

🏠🏠 **See Hotel**, Danziger Str. 5, ⊠ 47608, ✆ (02831) 92 90, Fax (02831) 929299, 🏤, ⇠s – ⇟, ⦚⇥ Zim, 📺 ☎ ⇪ ❷ – 🔬 100. ᴀᴇ ⓞ ᴇ 𝘝𝘐𝘚𝘈. ✾ Rest
Menu 23 (Lunchbuffet) und à la carte 29/66 – **64 Z** 115/181.

🏠 **Rheinischer Hof**, Bahnhofstr. 40, ⊠ 47608, ✆ (02831) 55 22, Fax (02831) 980811 – 📺 ☎ ⇦. ᴀᴇ ⓞ ᴇ 𝘝𝘐𝘚𝘈 ᴊᴄʙ
Menu à la carte 27/55 – **26 Z** 52/108.

In Geldern-Walbeck SW : 6 km :

✕✕ **Alte Bürgermeisterei**, Walbecker Str. 2, ⊠ 47608, ✆ (02831) 8 99 33, Fax (02831) 980172, 🏤 – ❷
Montag und Juli 3 Wochen geschl. – Menu à la carte 55/90.

GELNHAUSEN Hessen 𝟜𝟙𝟟 P 11, 𝟡𝟠𝟟 ㉗ – 21 600 Ew – Höhe 159 m.
Sehenswert : Marienkirche★ (Chorraum★★).
🏢 Verkehrsamt, Am Obermarkt, ⊠ 63571, ✆ (06051) 83 03 00.
Berlin 508 – Wiesbaden 84 – Frankfurt am Main 42 – Fulda 62 – Würzburg 86.

🏠🏠 **Burg-Mühle**, Burgstr. 2, ⊠ 63571, ✆ (06051) 8 20 50, Fax (06051) 820554, 🏤, ⇠s – 📺 ☎ ❷ – 🔬 30. ⓞ ᴇ 𝘝𝘐𝘚𝘈. ✾
Menu (Sonntagabend geschl.) à la carte 40/69 – **42** 95/185.

🏠 **Stadt-Schänke**, Fürstenhofstr. 1, ⊠ 63571, ✆ (06051) 1 60 51, Fax (06051) 16053, 🏤 – 📺 ☎ ⇪ ❷. ᴀᴇ ⓞ ᴇ 𝘝𝘐𝘚𝘈. ✾ Zim
Menu (Samstagmittag geschl.) à la carte 30/63 – **13 Z** 110/190.

🏠 **Grimmelshausen-Hotel** garni, Schmidtgasse 12, ⊠ 63571, ✆ (06051) 9 24 20, Fax (06051) 924242 – 📺 ☎ ⇦. ᴀᴇ ⓞ ᴇ 𝘝𝘐𝘚𝘈
27 Z 85/140.

In Gelnhausen-Meerholz SW : 3,5 km :

✕✕ **Schießhaus**, Schießhausstr. 10, ⊠ 63571, ✆ (06051) 6 69 29, Fax (06051) 66097, 🏤 ⇨. ⓞ ᴇ
Mittwoch, 1. - 15. Jan. und Juni - Juli 2 Wochen geschl. – Menu à la carte 41/65.

GELSENKIRCHEN Nordrhein-Westfalen 𝟜𝟙𝟟 L 5, 𝟡𝟠𝟟 ⑮ – 295 000 Ew – Höhe 54 m.
🞡₉ Gelsenkirchen-Buer, Middelicher Str. 72, ✆ (0209) 7 41 81.
🏢 Verkehrsverein, Hans-Sachs-Haus, Ebertstr. 15, ⊠ 45879, ✆ (0209) 1 47 40 22, Fax (0209) 29698.
ADAC, Daimlerstr. 1 (Ecke Emscherstraße), ⊠ 45891, ✆ (0209) 77 70 31, Fax (0209) 779446.
Berlin 516 ① – Düsseldorf 44 ③ – Dortmund 32 ③ – Essen 11 – Oberhausen 19 ④

🏨 **Maritim** M, Am Stadtgarten 1, ⊠ 45879, ℰ (0209) 17 60, Fax (0209) 207075, ≼, 룹,
≋, ◰ – ⧉, ⋙ Zim, ▥ ❶ – ▲ 330. ⅃ ◑ ⋿ ☒ ☒. ⋙ Rest   Z a
Menu à la carte 50/75 – **223 Z** 185/296, 28 Suiten.

🏨 **InterCityHotel** M, Ringstr. 1, ⊠ 45879, ℰ (0209) 92550, Fax (0209) 9255999, 룹
– ⧉, ⋙ Zim, ▥ ❶ – ▲ 50. ⅃ ◑ ⋿ ☒ ☒   X n
Menu à la carte 39/62 – **135 Z** 170/210.

🏨 **Ibis**, Bahnhofsvorplatz 12, ⊠ 45879, ℰ (0209) 1 70 20, Fax (0209) 209882 – ⧉, ⋙ Zim,
▥ ❶ ⅗ – ▲ 60. ⅃ ◑ ⋿ ☒   X a
Menu à la carte 25/40 – **104 Z** 153/168.

🍴 **Hirt,** Arminstr. 14, ⊠ 45879, ℰ (0209) 2 32 35, Fax (0209) 15396   X t
Sonntag geschl. – **Menu** à la carte 30/61.

In Gelsenkirchen-Buer :

🏨 **Buerer Hof** garni, Hagenstr. 4, ⊠ 45894, ℰ (0209) 9 33 43 00, Fax (0209) 9334350
– ⧉ ⋙ ▥ ❷ ⋆ ⟿ ❶. ⅃ ◑ ⋿ ☒   Y c
24 Z 135/215.

🏨 **Zum Schwan**, Urbanusstr. 40, ⊠ 45894, ℰ (0209) 31 83 30, Fax (0209) 3183310 –
▥ ❷. ⅃ ⋿ ☒   Y b
Menu (Sonntagabend geschl.) (wochentags nur Abendessen) à la carte 32/72 – **15 Z**
105/180.

🏨 **Monopol** garni, Springestr. 9, ⊠ 45894, ℰ (0209) 93 06 40, Fax (0209) 378675 – ⧉
▥ ❷ ⟿. ⅃ ◑ ⋿ ☒ ☒   Y e
28 Z 90/175.

GELTOW Brandenburg siehe Potsdam.

GEMÜNDEN AM MAIN Bayern 🔢 P 13, 🔢 ㉗ – 11000 Ew – Höhe 160 m.
🛈 Verkehrsamt, Hofweg 9, ⊠ 97737, ℰ (09351) 38 30, Fax (09351) 4854.
Berlin 507 – München 319 – Frankfurt am Main 88 – Bad Kissingen 38 – Würzburg 39.

🏨 **Atlantis Main-Spessart-Hotel**, Hofweg 11, ⊠ 97737, ℰ (09351) 8 00 40,
Fax (09351) 800430, 룹 – ⧉, ⋙ Zim, ▥ ❷ ❶ – ▲ 70. ◑ ⋿ ☒
Menu (Sonntag geschl.) à la carte 30/47 – **51 Z** 105/160.

🏨 **Schäffer**, Bahnhofstr. 28, ⊠ 97737, ℰ (09351) 20 81, Fax (09351) 4609 – ▥ ❷ ⟿
❶ – ▲ 70. ⅃ ◑ ⋿ ☒
Menu (Sonntagabend geschl.) à la carte 28/49 – **28 Z** 85/125.

🏨 **Zum Koppen** (Sandsteinhaus a.d. 16. Jh.), Obertorstr. 22, ⊠ 97737, ℰ (09351)
9 75 00, Fax (09351) 975044, 룹 – ▥ ❷. ⅃ ⋿
Menu à la carte 33/59 – **10 Z** 75/120.

In Gemünden-Langenprozelten W : 2 km :

🏨 **Gasthof Imhof,** Frankenstr. 1, ⊠ 97737, ℰ (09351) 9 71 10, Fax (09351) 971133, 룹
⟿ – ▥ ❷ ❶. ⋿ ☒. ⋙
1. - 20. Nov. geschl. – **Menu** (Samstagmittag und Sonntagmittag sowie im Winter Freitag
geschl.) à la carte 22/42 ⅌ – **12 Z** 45/96.

GEMÜNDEN (RHEIN-HUNSRÜCK-KREIS) Rheinland-Pfalz 🔢 Q 6, 🔢 ㉖ – 1 200 Ew –
Höhe 282 m – Erholungsort.
Berlin 644 – Mainz 74 – Koblenz 68 – Bad Kreuznach 44 – Trier 95.

🏨 **Waldhotel Koppenstein** ⋙, SO : 1 km Richtung Bad Kreuznach, ⊠ 55490,
ℰ (06765) 2 04, Fax (06765) 4 94, ≼, 룹, 🌳 – ⟿ ❶. ⋿
Jan. geschl. – **Menu** (Montag geschl.) à la carte 30/55 – **13 Z** 65/150 – ½ P 30.

GENGENBACH Baden-Württemberg 🔢 U 8 – 11 900 Ew – Höhe 172 m – Erholungsort.
🛈 Kurverwaltung im Winzerhof, ⊠ 77723, ℰ (07803) 93 01 43, Fax (07803) 930142.
Berlin 756 – Stuttgart 160 – Karlsruhe 90 – Villingen-Schwenningen 68 – Offenburg 11.

🏨 **Gästehaus Pfeffermühle** ⋙ garni, Oberdorfstr. 24a, ⊠ 77723, ℰ (07803) 9 33 50,
Fax (07803) 6628 – ⋙ ▥ ❷ ❶. ⅃ ◑ ⋿ ☒
23 Z 70/120.

🏨 **Gasthaus Benz** ⋙, Mattenhofweg 3, ⊠ 77723, ℰ (07803) 9 34 80,
Fax (07803) 934840, ≼, 룹 – ▥ ❷ ❶. ⅃ ⋿ ☒ ☒. ⋙ Zim
Menu (Montag geschl.) à la carte 28/58 ⅌ – **11 Z** 64/150.

🍴🍴 **Pfeffermühle**, Victor-Kretz-Str. 17, ⊠ 77723, ℰ (07803) 9 33 50, Fax (07803) 6628,
룹 – ⅃ ◑ ⋿ ☒
Mittwochmittag, Donnerstag und 10. - 30. Jan. geschl. – **Menu** à la carte 32/68.

In Berghaupten W : 2,5 km – Erholungsort :

🏨 **Hirsch** 🦌, Dorfstr. 9, ✉ 77791, ✆ (07803) 9 39 70, Fax (07803) 939749 – 📶, ✸≈ Zim,
📺 ☎ ⟷ 🅿 – 🛴 15. 🖲 *VISA*
über Fastnacht und Juli- Aug. jeweils 2 Wochen geschl. – **Menu** (Montag - Dienstagmittag geschl.) à la carte 36/66 – **23 Z** 78/140.

GENTHIN Sachsen-Anhalt **416** **418** I 20, **984** ⑮, **987** ⑱ – 16 700 Ew – Höhe 35 m.
🛈 Tourist-Information, Bahnhofstr. 8, ✉ 39307, ✆ (03933) 80 22 25, Fax (03933) 802225.
Berlin 111 – Magdeburg 53 – Brandenburg 31 – Stendal 34.

🏨 **Müller**, Ziegeleistr. 1, ✉ 39307, ✆ (03933) 9 69 00, Fax (03933) 9690145, 🍴, 🏮 –
📺 ☎ ⟨ 🅿 – 🛴 120. 🖲 🖳 *VISA*
Menu à la carte 2/48 – **33 Z** 95/180.

🏨 **Stadt Genhtin**, Mühlenstr. 3, ✉ 39307, ✆ (03933) 9 00 90, Fax (03933) 900910 – 📺
☎ ⟷ 🅿. 🖲 ⓞ 🖳 *VISA*
Menu à la carte 26/46 – **25 Z** 99/120.

In Roßdorf-Dunkelforth O : 5 km

🏨 **Rasthof Dunkelforth**, an der B 1, ✉ 39307, ✆ (03933) 22 65, Fax (03933) 2267,
🍴, ⭓, 🌳 – 📺 ☎ ⟨ 🅿 – 🛴 25. 🖲 🖳 *VISA*. ✸
Menu à la carte 20/38 – **21 Z** 90/140.

GEORGENTHAL Thüringen **418** N 15 – 2 400 Ew – Höhe 460 m.
🛈 Fremdenverkehr, Tambacher Str. 2, ✉ 99887, ✆ (036253) 3 81 08, Fax (036253) 38102.
Berlin 334 – Erfurt 43 – Gotha 17 – Eisenach 41 – Saalfeld 69 – Suhl 35.

🏨 **Deutscher Hof**, St.-Georg-Str. 2, ✉ 99887, ✆ (036253) 32 50, Fax (036253) 32551,
🍴 – 📶 📺 ☎ 🅿 – 🛴 60. 🖲 🖳 *VISA*
Menu à la carte 26/40 – **30 Z** 85/150.

An der Straße nach Tambach-Dietharz SW . 3 km :

🏨 **Rodebachmühle**, ✉ 99887 Georgenthal, ✆ (036253) 3 40, Fax (036253) 34511, 🍴,
🏮 – 📺 ☎ 🅿 – 🛴 30. 🖲 🖳 *VISA*
Menu à la carte 26/55 – **61 Z** 115/205.

GEORGSMARIENHÜTTE Niedersachsen **417** J 8 – 32 000 Ew – Höhe 100 m.
Berlin 426 – Hannover 142 – Bielefeld 51 – Münster (Westfalen) 51 – Osnabrück 8,5.

In Georgsmarienhütte-Oesede :

🏨 **Herrenrest**, an der B 51 (S : 2 km), ✉ 49124, ✆ (05401) 53 83, Fax (05401) 6951, 🍴
– 📺 ☎ ⟷ 🅿 – 🛴 40. 🖲. ✸ Zim
Menu (Montag geschl.) à la carte 27/53 – **25 Z** 75/120.

GERA Thüringen **418** N 20, **984** ㉓, **987** ㉙ – 129 000 Ew – Höhe 205 m.
🛈 Gera-Information, Ernst-Toller-Str.14 ✉ 07545, ✆ (0365) 61 93 01, Fax (0365) 619304.
ADAC, Reichsstr. 8, ✉ 07546, ✆ (0365) 2 90 01 75, Fax (0365) 8001331.
Berlin 238 ① – Erfurt 88 ① – Bayreuth 127 ④ – Chemnitz 69 ①

Stadtpläne siehe nächste Seiten

🏨🏨 **Dorint** 🅼, Berliner Str. 38, ✉ 07545, ✆ (0365) 4 34 40, Fax (0365) 4344100, 🍴,
Massage, ⭐, ⭓ – 📶, ✸≈ Zim, 📺 ⟨ 🛆 ⟷ 🅿 – 🛴 190. 🖲 ⓞ 🖳 *VISA* 🆓　BY a
Menu à la carte 32/63 – **176 Z** 205/240.

🏨🏨 **Ramada** 🅼, Gutenbergstr.2a, ✉ 07548, ✆ (0365) 2 90 90, Fax (0365) 2909100, 🍴,
⭐ – 📶 – 📺 📺 ☎ 🅿 – 🛴 500. 🖲 ⓞ 🖳 *VISA*　　AY s
Menu à la carte 27/63 – **165 Z** 189/219.

🏨 **Schillerhöhe** 🅼 garni, Schillerstr.9, ✉ 07545, ✆ (0365) 83 98 80, Fax (0365) 8398880
– 📶 ✸≈ 📺 ☎ ⟨ ⟷ – 🛴 15. 🖲 ⓞ 🖳 *VISA*　　CZ b
30 Z 145/240.

🏨 **Bauer Hotel Regent** 🅼 garni, Schülerstr. 22, ✉ 07545, ✆ (0365) 8 27 50,
Fax(0365) 8275100, ⭐ – 📶 ✸≈ ▤ 📺 ☎ ⟨ ⟷ 🅿 – 🛴 70. 🖲 ⓞ 🖳 *VISA* 🆓　BZ e
95 Z 149/249, 7 Suiten.

GERA

*Wenn Sie
ein ruhiges Hotel suchen,
benutzen Sie
zuerst die Übersichtskarte
in der Einleitung
oder wählen Sie im Text
ein Hotel mit dem
Zeichen ⚘ bzw. ⚘.*

402

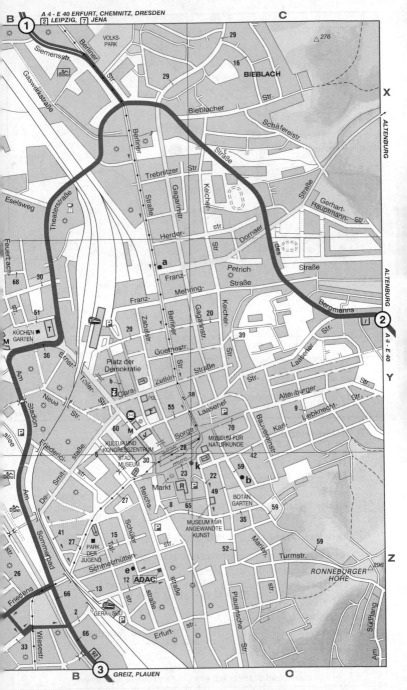

B

C

VOLKS-
PARK

29

16

BIEBLACH

Str.

Bieblacher

Schäfereistr.

X

ALTENBURG

Siemensstr.

Berliner

Str.

Gaswerkstraße

Straße

Straße

Gerhart-
Hauptmann- Str.

Eselsweg

Theaterstraße

Berliner

Trebnitzer Str

Gagarinstr.

Keicher-

str.

Dornaer

ALTENBURG

A 4 - E 40

Herder-

Straße

Feuerbach

68

30

Franz-

Petrich
Straße

Straße

Straße

M

51

Franz-

Mehring-

Keicher-

Bergmanns

2

KÜCHEN
GARTEN

T

Zabelstr.

Berliner

Gagarinstr.

20

39

36

Ernst-

20

Goethestr.

Str.

Laasener

Str.

Y

Am

Toller-

Platz der
Demokratie

Zetkin-

Straße

Str.

Altenburger

Str.

Str.

Neue

Straße

Clara-

b

38

Laasener

9

Liebknecht-

Karl-

Stadion

P

Frederic-

straße

60

M

55

70

Bauverein-str.

allee

6

Sorge

MUSEUM FÜR
NATURKUNDE

42

Smith-

KULTUR UND
KONGRESSZENTRUM
STADT-
MUSEUM

28

30

k

59

b

Am

str.

23

22

Markt

R

P

49

BOTAN.
GARTEN

59

Der-

27

8

65

35

41

27

15

Reichs-

Schüler

MUSEUM FÜR
ANGEWANDTE
KUNST

52

Marien-

59

26

Str.

PARK
DER
JUGEND

Tal-

Str.

Turmstr.

Z

296

Sommerbad

Schmelzhütten-

e

12 ADAC

straße

RONNEBURGER
HÖHE

Friedens

66

13

str.

Am

SüdHang

2

GERA - SÜD
P

Erfurt-

str.

Plauensche

33

66

Wiesestr.

Str.

B

3

GREIZ, PLAUEN

O

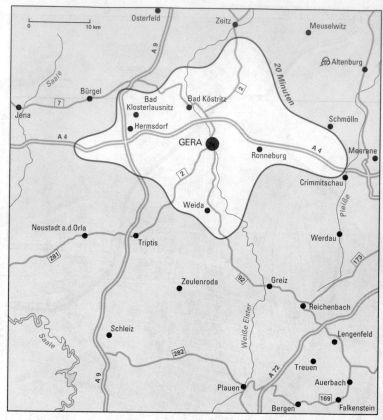

🏠 **Galerie-Hotel** Ⓜ garni, Leibniz-Str. 21, ✉ 07548, ✆ (0365) 2 01 50, Fax (0365) 201522, « Moderne Einrichtung, ständige Bilderausstellung » – 📺 ☎. 🅰🅴 ⓪ 🅴 *VISA*. ⊗
17 Z 110/165.   AY f

🏠 **Zum Coryllis** Ⓜ garni, Platz des Friedens 8, ✉ 07552, ✆ (0365) 41 41 51, Fax (0365) 414151 – 📺 ☎ 🅿. 🅰🅴 🅴 *VISA*. ⊗
16 Z 98/150.   in Gera-Langenberg über ① : 4 km

🏠 **An der Elster** Ⓜ ⊗ garni, Südstr. 12 (Zugang Georg-Büchner-Straße), ✉ 07548, ✆ (0365) 7 10 61 61, Fax (0365) 7106171, ⇔ₛ – 📺 ☎ 🅿. 🅴 *VISA*
23 Z 95/135.   über Wiesestraße BZ

✗ **Ritterhof**, Rittergasse 6, ✉ 07545, ✆ (0365) 2 25 98, Fax (0365) 22598, ♨ – 🅰🅴 ⓪
⊗ 🅴 *VISA*   BC z
Menu (Sonntagabend - Montagmittag geschl.) à la carte 24/56.

In Gera-Dürrenebersdorf SW : 4 km über ④ :

🏠 **Comfort Inn** garni, Hofer Str. 12 (B 2), ✉ 07548, ✆ (0365) 8 21 50, Fax (0365) 8215200 – 🛗 📺 ☎ ✆ 🅿 – 🔬 50. 🅰🅴 ⓪ 🅴 *VISA*
70 Z 99/169.

In Großebersdorf SW : 12 km über ④ :

🏠 **Adler,** Hauptstr. 22 (B 2), ✉ 07589, ✆ (036607) 50 00, Fax (036607) 50100, ♨, ⇔ₛ
– ⊱ Zim, 📺 ☎ ✆ 🅿 – 🔬 40. 🅰🅴 ⓪ 🅴 *VISA* 🅹🅲🅱
Menu à la carte 34/56 – **42 Z** 125/160.

Le carte stradali Michelin sono costantemente aggiornate.

404

GERETSRIED *Bayern* [419] [420] *W 18,* [987] ㊵ *– 22 000 Ew – Höhe 593 m.*
Berlin 629 – München 44 – Garmisch-Partenkirchen 64 – Innsbruck 99.

In Geretsried-Gelting *NW : 6 km :*

🏨 **Zum alten Wirth,** Buchberger Str. 4, ✉ 82538, ☎ (08171) 71 94, *Fax (08171) 76758,* Biergarten, ≘s – [TV] ☎ [P]. [AE] ⓓ [E] [VISA]
Menu *(Dienstag und Ende Aug. bis Mitte Sept. geschl.)* à la carte 27/60 – **40 Z** 90/160.

GERHARDTSGEREUTH *Thüringen siehe Hildburghausen.*

GERLINGEN *Baden-Württemberg siehe Stuttgart.*

GERMERING *Bayern* [419] [420] *V 18,* [987] ㊵ *– 35 200 Ew – Höhe 532 m.*
Berlin 605 – München 20 – Augsburg 53 – Starnberg 18.

🏨 **Mayer,** Augsburger Str. 45, ✉ 82110, ☎ (089) 84 40 71 (Hotel) 8 40 15 15 (Rest.), *Fax (089) 844094,* 🌳, 🏊 – 🛗 [TV] ☎ 🚗 [P] – 🎤 200. [AE] ⓓ [E] [VISA]
Menu *(Montag geschl.)* à la carte 39/69 – **65 Z** 98/210.

🏨 **Regerhof,** Dorfstr. 38, ✉ 82110, ☎ (089) 84 00 40 (Hotel) 8 40 28 20 (Rest.), *Fax (089) 8400445,* 🌳 – 🛗, 🚭 Rest, [TV] ☎ [P]. [AE] ⓓ [E] [VISA]
Il Faro (italienische Küche) *(Montag geschl.)* **Menu** à la carte 37/63 – **34 Z** 90/160.

In Germering-Unterpfaffenhofen *S : 1 km :*

🏨 **Huber,** Bahnhofplatz 8, ✉ 82110, ☎ (089) 89 41 70, *Fax (089) 89417333,* 🌳 – 🛗 [TV] ☎ 🚗 [P] – 🎤 30. [AE] [E] [VISA]
Le Due Ruote (italienische Küche) **Menu** à la carte 28/56 – **35 Z** 109/165.

In Puchheim *NW : 2 km :*

🏨 **Parsberg,** Augsburger Str. 1 (B 2), ✉ 82178, ☎ (089) 80 20 71, *Fax (089) 802060,* 🌳 – 🛗 [TV] ☎ 🚗 [P]. [AE] [E] [VISA]
Menu *(Montag - Dienstag geschl.)* à la carte 30/59 – **43 Z** 86/140.

In Puchheim-Bahnhof *N : 4 km :*

🏨 **Domicil,** Lochhauser Str. 61, ✉ 82178, ☎ (089) 80 00 70 (Hotel) 80 62 99 (Rest.), *Fax (089) 80007400,* 🌳 – 🛗, 🚭 Zim, [TV] ☎ 📞 🚗 – 🎤 70. [AE] [E] [VISA]
Cristallo (italienische Küche) **Menu** à la carte 37/64 – **100 Z** 99/240.

GERMERSHEIM *Rheinland-Pfalz* [417] [419] *S 9,* [987] ㉖ ㉗ *– 17 000 Ew – Höhe 105 m.*
Berlin 653 – Mainz 111 – Karlsruhe 34 – Landau in der Pfalz 21 – Speyer 18.

🏨 **Germersheimer Hof,** Josef-Probst-Str. 15a, ✉ 76726, ☎ (07274) 50 50, *Fax (07274) 505111,* 🌳 – [TV] ☎ 🚗 [P] – 🎤 30. [AE] ⓓ [E] [VISA]
Menu à la carte 27/55 – **28 Z** 95/180.

🏨 **Post** garni, Sandstr. 8, ✉ 76726, ☎ (07274) 7 01 60, *Fax (07274) 701666* – [TV] ☎. [AE] [E]. 🚫
17 Z 90/135.

🏨 **Kurfürst,** Oberamtsstr. 1, ✉ 76726, ☎ (07274) 95 10, *Fax (07274) 951200* – [TV]. [AE] [E] [VISA]
Menu *(Samstagmittag geschl.)* à la carte 26/45 🌡 – **20 Z** 65/130.

🍴🍴 **Alt Germersheim 1770,** Hauptstr. 12, ✉ 76726, ☎ (07274) 15 48 – [AE] [E] [VISA]. 🚫
Samstagmittag, Sonntagabend und Ende Feb. - Anfang März geschl. – **Menu** à la carte 42/65.

GERNSBACH *Baden-Württemberg* [419] *T 8,* [987] ㊳ *– 15 000 Ew – Höhe 160 m – Luftkurort.*
Sehenswert : *Altes Rathaus★.*
[i] *Verkehrsamt, Rathaus, Igelbachstr. 11,* ✉ *76593,* ☎ *(07224) 6 44 44, Fax (07224) 50996.*
Berlin 705 – Stuttgart 91 – Karlsruhe 34 – Baden-Baden 11 – Pforzheim 41.

🏨 **Sonnenhof,** Loffenauer Str. 33, ✉ 76593, ☎ (07224) 64 80, *Fax (07224) 64860,* ≤, 🌳, ≘s, 🏊 – 🛗 [TV] ☎ [P] – 🎤 30. [AE] [E] [VISA]
Menu à la carte 34/63 – **37 Z** 95/150 – ½ P 20.

🏨 **Stadt Gernsbach** garni, Hebelstr. 2, ✉ 76593, ☎ (07224) 20 91, *Fax (07224) 2094* – 🛗, 🚭 Zim, [TV] ☎ [P] – 🎤 40. [AE] ⓓ [E] [VISA]
40 Z 108/175.

🍴 **Alte Post** mit Zim, Bleichstr. 38 (B 462), ✉ 76593, ☎ (07224) 33 73, *Fax (07224) 68995,* Biergarten – [P]
Menu à la carte 31/63 – **6 Z** 69/130.

An der Straße nach Baden-Baden und zur Schwarzwaldhochstr. *SW : 4 km :*

🏠 **Nachtigall,** Müllenbild 1, ⊠ 76593 Gernsbach, ℰ (07224) 21 29, *Fax (07224) 69626,*
🏡, ✦ – ✦= Zim, 📺 ☎ ⇔ 🅟 – 🔏 15. 🖭 ◑ 🄴 *VISA*
Feb. geschl. – **Menu** *(Montag geschl.)* à la carte 28/54 – **16 Z** 70/160.

In Gernsbach-Kaltenbronn *SO : 16 km – Höhe 900 m – Wintersport : 900/1 000 m ✦2 ✦1 :*

🏠 **Sarbacher,** Kaltenbronner Str. 598, ⊠ 76593, ℰ (07224) 9 33 90, *Fax (07224) 933993,*
🏡 – 📺 ☎ 🅟 – 🔏 20. 🖭 ◑ 🄴 *VISA*
Menu à la carte 34/66 – **12 Z** 80/240 – ½ P 30.

In Gernsbach-Staufenberg *W : 2,5 km :*

🏠 **Sternen,** Staufenberger Str. 111, ⊠ 76593, ℰ (07224) 33 08, *Fax (07224) 69486,* 🏡
– ⇐ 🅟. 🖭 🄴 *VISA*
Nov. geschl. – **Menu** *(Donnerstag geschl.)* à la carte 32/62 – **13 Z** 70/96 – ½ P 25.

GERNSHEIM *Hessen* 417 419 Q 9, 987 ㉗ *– 8 000 Ew – Höhe 90 m.*
Berlin 587 – Wiesbaden 53 – Darmstadt 21 – Mainz 46 – Mannheim 39 – Worms 20.

🏠 **Hubertus** garni, Waldfrieden (O : 2 km), ⊠ 64579, ℰ (06258) 22 57,
Fax (06258) 52229, ⇐s – 📺 ☎ 🅟. 🖭 ◑ 🄴 *VISA*. ✦
40 Z 78/145.

GEROLSBACH *Bayern* 419 420 U 18 – 2 600 Ew – Höhe 456 m.*
Berlin 559 – München 65 – Augsburg 47 – Ingolstadt 44.

✕✕ **Zur Post,** St.-Andreas-Str. 3, ⊠ 85302, ℰ (08445) 5 02, *Fax (08445) 502,* 🏡 – 🅟. 🖭
◑ 🄴 *VISA*
Montag - Dienstag geschl. – **Menu** (wochentags nur Abendessen, Tischbestellung ratsam)
à la carte 54/91.

✕ **Benedikt Breitner,** Propsteistr. 7, ⊠ 85302, ℰ (08445) 15 93, *Fax (08445) 1594,*
Biergarten – 🅟. 🖭 🄴 *VISA*. ✦ Zim
Dienstag, Jan. 1. Woche und Ende August bis Anfang September geschl. – **Menu** à la carte
26/57.

GEROLSTEIN *Rheinland-Pfalz* 417 P 4, 987 ㉕ *– 7 400 Ew – Höhe 362 m – Luftkurort.*
🄱 *Tourist-Information Gerolsteiner Land, Quellpavillon am Rathaus,* ⊠ 54568,
ℰ (06591) 13 80, Fax (06591) 1366.
Berlin 678 – Mainz 182 – Bonn 90 – Koblenz 86 – Prüm 20.

🏠 **Seehotel** ⌖, Am Stausee 4, ⊠ 54568, ℰ (06591) 2 22, *Fax (06591) 81114,* ⇐s, 🔲,
🌴 – 🅟. ✦ Rest
15. Nov.- 1. Feb. geschl. – **Menu** à la carte 25/44 – **50 Z** 60/120.

🏠 **Landhaus Tannenfels,** Lindenstr. 68, ⊠ 54568, ℰ (06591) 41 23, *Fax (06591) 4104,*
⇔ 🌴 – ⇐ 🅟. ✦ Rest
Menu (nur Abendessen) à la carte 24/63 – **12 Z** 58/116 – ½ P 18.

In Gerolstein-Müllenborn *NW : 5 km :*

🏠🏠 **Landhaus Müllenborn** ⌖, Auf dem Sand 45, ⊠ 54568, ℰ (06591) 2 88,
Fax (06591) 8814, ⬳, 🏡, ⇐s – 📺 ☎ & 🅟 – 🔏 25. 🖭 ◑ 🄴 *VISA*
Menu à la carte 44/68 – **19 Z** 95/208 – ½ P 35.

GEROLZHOFEN *Bayern* 419 420 Q 15, 987 ㉘ *– 7 000 Ew – Höhe 245 m.*
🄱 *Verkehrsamt, im alten Rathaus, Marktplatz,* ⊠ 97447, ℰ (09382) 6 07 34, Fax (09382)
60751.
Berlin 456 – München 262 – Bamberg 52 – Nürnberg 91 – Schweinfurt 22.

✕✕ **Wilder Mann** mit Zim, Am Marktplatz 2, ⊠ 97447, ℰ (09382) 44 44, *Fax (09382) 222,*
🏡 – ✦= Rest, 📺 ☎ 🅟. 🄴 *VISA*
Mittwoch geschl. – **Menu** à la carte 27/52 – **4 Z** 90/130.

GERSDORF *Sachsen* 418 M 22 – 1 200 Ew – Höhe 270 m.*
Berlin 237 – Dresden 62 – Leipzig 63 – Chemnitz 44.

An der B 176 *W : 2 km :*

🏠🏠 **Waldhotel Schönerstädt,** ⊠ 04703 Schönerstädt, ℰ (034328) 4 17 03,
Fax (034328) 44073, 🏡, Biergarten, 🔥, ⇐s – 📺 ☎ 🅟 – 🔏 30. 🖭 ◑ 🄴 *VISA*
Menu à la carte 28/48 – **24 Z** 110/170.

GERSFELD Hessen 𝟜𝟙𝟟 𝟜𝟙𝟠 𝟜𝟚𝟘 O 13, 𝟵𝟴𝟳 ㉗ ㉘ – 5 700 Ew – Höhe 482 m – Kneippheilbad – Luftkurort – Wintersport : 500/950 m ⟨5 ⟨7.
Ausflugsziel : Wasserkuppe : ⟨★★ N : 9,5 km über die B 284.
🏢 Kurverwaltung, Brückenstr. 1, ⊠ 36129, 𝒫 (06654) 17 80, Fax (06654) 8321.
Berlin 431 – Wiesbaden 160 – Fulda 28 – Würzburg 96.

🏨🏨 **Gersfelder Hof** ⟨, Auf der Wacht 14, ⊠ 36129, 𝒫 (06654) 18 90, Fax (06654) 7466,
⟨, Massage, ⧖, ⧖, ⟨s, ⟨, ⟨, ⟨ – ⟨ ⟨ ⟨ ⟨ – ⟨ 70. ⟨ ⟨ 𝘝𝘐𝘚𝘈
Menu à la carte 36/59 – **63 Z** 108/200 – ½ P 32.

🏨🏨 **Schneeberger Hof** ⟨M⟩ ⟨, Henneberger Str. 2, ⊠ 36129, 𝒫 (06654) 98 20,
Fax (06654) 982200 – ⟨⟨ Zim, ⟨ ⟨ ⟨ – ⟨ 60
Nov. geschl. – **Alte Schule** : Menu à la carte 30/61 – **57 Z** 82/129.

🏠 **Sonne,** Amelungstr. 1, ⊠ 36129, 𝒫 (06654) 9 62 70, Fax (06654) 7649, ⟨s – ⟨ ⟨
– ⟨ 20
Jan. 2 Wochen geschl. – Menu à la carte 25/44 – **27 Z** 49/116 – ½ P 18.

In Gersfeld-Obernhausen NO : 5 km über die B 284 :

🏠 **Peterchens Mondfahrt - Deutscher Flieger,** Auf der Wasserkuppe (N : 4 km),
⊠ 36129, 𝒫 (06654) 3 81, Fax (06654) 7580, ⟨, ⟨ – ⟨ ⟨ ⟨ ⟨
Nov. - 15. Dez. geschl. – **Menu** (Nov. - Mai Montagabend - Dienstag geschl.) à la carte 26/59
– **22 Z** 38/125.

GERSHEIM Saarland 𝟜𝟙𝟟 S 5 – 7 000 Ew – Höhe 240 m.
🏁 Gersheim-Rubenheim, 𝒫 (06843) 87 97.
Berlin 705 – Saarbrücken 32 – Sarreguemines 13 – Zweibrücken 23.

In Gersheim-Herbitzheim N : 2 km :

🏠 **Bliesbrück,** Rubenheimer Str. 13, ⊠ 66453, 𝒫 (06843) 18 81, Fax (06843) 8731, ⟨,
⟨s – ⟨, ⟨⟨ Zim, ⟨ ⟨ ⟨ – ⟨ 40. ⟨ ⟨ ⟨ 𝘝𝘐𝘚𝘈 ⟨ Rest
Menu (wochentags nur Abendessen) à la carte 35/60 ⟨ – **30 Z** 72/160.

GERSTHOFEN Bayern 𝟜𝟙𝟿 𝟜𝟚𝟘 U 16, 𝟵𝟴𝟳 ㊴ – 16 800 Ew – Höhe 470 m.
Berlin 552 – München 65 – Augsburg 7 – Ulm (Donau) 76.

🏠 **Römerstadt** garni, Donauwörther Str. 42, ⊠ 86368, 𝒫 (0821) 24 79 00,
Fax (0821) 497156 – ⟨ ⟨ ⟨ ⟨ ⟨ ⟨ ⟨ ⟨ ⟨ 𝘝𝘐𝘚𝘈
37 Z 105/155.

GERSWALDE Brandenburg 𝟜𝟙𝟞 G 25, 𝟵𝟴𝟳 ⑦ – 1 100 Ew – Höhe 65 m.
🏢 Tourismusverein, Kaakstedter Str. 25, ⊠ 17268, 𝒫 (039887) 2 89, Fax (039887) 289.
Berlin 100 – Potsdam 137 – Neubrandenburg 76 – Prenzlau 24.

In Gerswalde-Herrenstein W : 3 km :

🏨🏨 **Schloss Herrenstein** ⟨, ⊠ 17268, 𝒫 (039887) 7 10, Fax (039887) 11200, ⟨, ⟨,
⟨s, ⟨, ⟨, ⟨ (Halle) – ⟨, ⟨⟨ Zim, ⟨ ⟨ ⟨ – ⟨ 70. ⟨ ⟨ 𝘝𝘐𝘚𝘈 ⟨ Rest
Menu à la carte 34/52 – **54 Z** 125/190.

GESCHER Nordrhein-Westfalen 𝟜𝟙𝟟 K 5, 𝟵𝟴𝟳 ⑭ – 16 000 Ew – Höhe 62 m.
Berlin 524 – Düsseldorf 107 – Bocholt 39 – Enschede 45 – Münster (Westfalen) 49.

🏠 **Domhotel,** Kirchplatz 6, ⊠ 48712, 𝒫 (02542) 9 30 10, Fax (02542) 7658 – ⟨ ⟨ ⟨
– ⟨ 40. ⟨ ⟨ 𝘝𝘐𝘚𝘈
Menu (Montag und Juli - Aug. 2 Wochen geschl.) à la carte 33/62 – **18 Z** 83/170.

🏠 **Tenbrock,** Hauskampstr. 12, ⊠ 48712, 𝒫 (02542) 78 18, Fax (02542) 5067 – ⟨
⟨.⟨
Juli - Aug. 3 Wochen geschl. – **Menu** (Sonntag geschl.) (nur Abendessen) à la carte 25/43
– **10 Z** 65/120.

GESEKE Nordrhein-Westfalen 𝟜𝟙𝟟 L 9 – 18 000 Ew – Höhe 103 m.
Berlin 441 – Düsseldorf 138 – Lippstadt 15 – Meschede 46 – Paderborn 18 – Soest 30.

🏨🏨 **Feldschlößchen,** Salzkotter Str. 42 (B 1), ⊠ 59590, 𝒫 (02942) 98 90,
⟨ Fax (02942) 989399, ⟨, ⟨, ⟨s, ⟨ – ⟨, ⟨⟨ Zim, ⟨ ⟨ ⟨ – ⟨ 60. ⟨ ⟨ ⟨ 𝘝𝘐𝘚𝘈
⟨ ⟨ Rest
Menu (Dienstag geschl.) à la carte 23/53 – **62 Z** 90/180.

GETTORF Schleswig-Holstein **415 416** C 13, **987** ⑤ – 5 400 Ew – Höhe 15 m.

Berlin 364 – Kiel 16 – Hamburg 112 – Schleswig 37.

🏠 **Stadt Hamburg,** Süderstr. 1, ✉ 24214, ℘ (04346) 4 16 60, Fax (04346) 416641, 🏤 – 📺 ☎ 🅿. 🆎 ⓪ 🝐 𝘝𝘐𝘚𝘈
1. - 10. Jan. und Okt. 2 Wochen geschl. – **Menu** (Sonntag geschl.) à la carte 39/48 – **9 Z** 85/150.

GEVELSBERG Nordrhein-Westfalen **417** M 6, **987** ⑮ – 32 500 Ew – Höhe 140 m.

Berlin 516 – Düsseldorf 55 – Hagen 9 – Köln 62 – Wuppertal 17.

🏛 **Alte Redaktion,** Hochstr. 10, ✉ 58285, ℘ (02332) 7 09 70, Fax (02332) 709750, Biergarten – ⤬ Zim, 📺 ☎ 🅿 – 🔏 100. 🆎 ⓪ 🝐 𝘝𝘐𝘚𝘈
Menu à la carte 40/76 – **43 Z** 135/185.

GIENGEN AN DER BRENZ Baden-Württemberg **419 420** U 14, **987** ㊴ – 19 000 Ew – Höhe 464 m.

Ausflugsziel : Lonetal★ SW : 7 km.

Berlin 588 – Stuttgart 95 – Augsburg 82 – Heidenheim an der Brenz 12 – Ulm (Donau) 34.

🏛 **Lobinger Parkhotel,** Steigstr. 110, ✉ 89537, ℘ (07322) 95 30, Fax (07322) 953111 – 📶 📺 ☎ 🅿 – 🔏 100. 🆎 ⓪ 🝐 𝘝𝘐𝘚𝘈
(Restaurant nur für Hausgäste) – **75 Z** 105/178.

🏠 **Zum Lamm** (mit Gästehaus), Marktstr. 19, ✉ 89537, ℘ (07322) 9 67 80, Fax (07322) 9678150 – 📶 📺 ☎ 🅿 – 🔏 20. 🆎 ⓪ 🝐 𝘝𝘐𝘚𝘈
Menu à la carte 30/56 – **43 Z** 98/180.

GIESEN Niedersachsen siehe Hildesheim.

GIESSEN Hessen **417** O 10, **987** ㉗ – 73 000 Ew – Höhe 165 m.

Ausflugsziel : Burg Krofdorf-Gleiberg (Bergfried ⁂★) (NW : 6 km).

🏌 Lich, (SO : 16 km) ℘ (06404) 9 10 71 ; 🏌 🏌 Winnerod, Parkstr. 22 (über ④ : 14 km), ℘ (06408) 9 51 30.

🛈 Touristikinformation, Berliner Platz 2, ✉ 35390, ℘ (0641) 3 06 24 89, Fax (0641) 76957.

ADAC, Bahnhofstr. 15, ✉ 35390, ℘ (0641) 7 20 08, Fax (0641) 77856.

Berlin 495 ④ – Wiesbaden 89 ⑤ – Frankfurt am Main 63 ⑤ – Kassel 139 ④ – Koblenz 106 ②

Stadtplan siehe gegenüberliegende Seite

🏛 **Steinsgarten,** Hein-Heckroth-Str. 20, ✉ 35390, ℘ (0641) 3 89 90, Fax (0641) 3899200, 🏤, 🚃, 🔲 – 📶 ⤬ Zim, 📺 🅿 – 🔏 100. 🆎 ⓪ 🝐 𝘝𝘐𝘚𝘈. 🍴 Rest
Menu à la carte 48/70 – **129 Z** 175/280.　　　　　　　　　　　**Z a**

🏛 **Tandreas** Ⓜ, Licher Str. 55, ✉ 35394, ℘ (0641) 9 40 70, Fax (0641) 9407499 – 📶 📺 ☎ 🐾 🅿. 🆎 🝐 𝘝𝘐𝘚𝘈. 🍴
Menu à la carte 49/69 – **32 Z** 158/196.　　　　　　　　　　　　　　über ⑤

🏠 **Residenz Hotel** garni, Wiesecker Weg 12, ✉ 35396, ℘ (0641) 3 99 80, Fax (0641) 399888 – 📶 📺 ☎ 🚕. 🆎 🝐 𝘝𝘐𝘚𝘈
33 Z 127/207.　　　　　　　　　　　　　　　　　　　　über ③

🏠 **Parkhotel Sletz** garni, Wolfstr. 26, ✉ 35394, ℘ (0641) 40 10 40, Fax (0641) 40104140 – ⤬ 📺 ☎ 🚕 🅿. 🆎 ⓪ 🝐 𝘝𝘐𝘚𝘈　　　　**Z r**
21 Z 110/150.

🏠 **Köhler** garni, Westanlage 35, ✉ 35390, ℘ (0641) 7 60 86, Fax (0641) 76088 – 📶 ⤬ 📺 ☎. 🆎 ⓪ 🝐 𝘝𝘐𝘚𝘈 🇯🇨🇧　　　　　　　　　**Z t**
27 Z 95/190.

🏠 **Hotel an der Lahn** garni, Lahnstr. 21, ✉ 35398, ℘ (0641) 7 35 16, Fax (0641) 77497 – 🚕. 🍴　　　　　　　　　　　　　　　　　　　**Y f**
22. Dez. - 3. Jan. geschl. – **9 Z** 85/130.

In Wettenberg-Launsbach NW : 6 km über Krofdorfer Str. Y :

🏛 **Schöne Aussicht,** Gießener Str. 3, ✉ 35435, ℘ (0641) 98 32 70, Fax (0641) 98327120, 🏤 – 📶 📺 ☎ 🅿 – 🔏 80. 🆎 ⓪ 🝐 𝘝𝘐𝘚𝘈
Menu (Samstagmittag geschl.) à la carte 30/60 – **39 Z** 110/150.

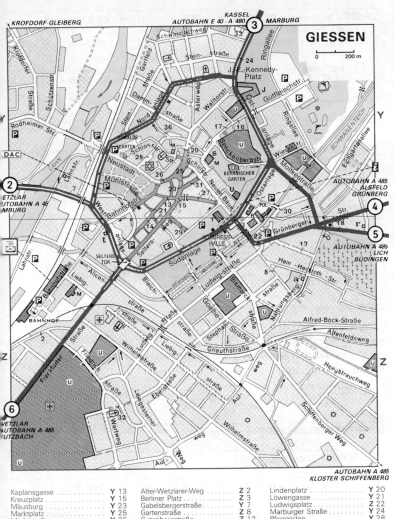

In Pohlheim-Watzenborn - Steinberg *SO : 7,5 km über Schiffenberger Weg* Z :

🏠 **Goldener Stern,** Kreuzplatz 6, ⊠ 35415, 𝒫 (06403) 6 16 24, Fax (06403) 68426 – 📺
☎ ⟨⟩ 🅿 🇪 ⅏ Zim
Mitte Juli - Anfang Aug. geschl. – **Menu** *(Freitag - Samstagmittag geschl.)* à la carte 26/49
♨ – **14 Z** 80/120.

L'EUROPE en une seule **Cartes Michelin** :
– routière (pliée) : n° **970**
– politique (plastifiée) : n° **973**

GIFHORN Niedersachsen 415 416 418 / 15, 987 ⑰ – 45 000 Ew – Höhe 55 m.

ᴛ Gifhorn, Wilscher Weg 69, ℰ (05371) 16737.

🖪 Tourist-Information, Marktplatz 1, ⊠ 38518, ℰ (05371) 8 81 75, Fax (05371) 88311.
Berlin 247 – Hannover 82 – Braunschweig 28 – Lüneburg 88.

🏨 **Heidesee** ⟿, Celler Str. 159 (B 188, W : 2 km), ⊠ 38518, ℰ (05371) 95 10 (Hotel) 43 48 (Rest.), Fax (05371) 56482, ⇔, ⇐s, 🔲, ⫞ – |¢|, ⇔ Zim, 📺 ☎ 🅿 – 🕍 60. 🆎 ⓞ ☰ 𝘝𝘐𝘚𝘈
23.- 28. Dez. geschl. – **Menu** (Anfang Jan. - Mitte Feb. geschl.) à la carte 34/77 – 45 Z 99/255.

🏨 **Skan-Tours-Hotel,** Isenbütteler Weg 56, ⊠ 38518, ℰ (05371) 93 00, Fax (05371) 930499, ⇔, ⇐s – |¢|, ⇔ Zim, 📺 ☎ ₾ 🅿 – 🕍 60. 🆎 ⓞ ☰ 𝘝𝘐𝘚𝘈. ⅏ Rest (nur Abendessen für Hausgäste) – 63 Z 149/199.

🏠 **Deutsches Haus,** Torstr. 11, ⊠ 38518, ℰ (05371) 81 80, Fax (05371) 54672, Biergarten – 📺 ☎ ₾ 🅿 – 🕍 60. 🆎 ⓞ ☰ 𝘝𝘐𝘚𝘈
Menu (Sonntagabend geschl.) à la carte 31/60 – 46 Z 85/160.

🏠 **Grasshoff** garni, Weißdornbusch 4, ⊠ 38518, ℰ (05371) 9 46 30, Fax (05371) 946340 – 📺 ☎ ⇐⇒ 🅿. 🆎 ☰ 𝘝𝘐𝘚𝘈. ⅏
19 Z 98/150.

XX **Ratsweinkeller,** Cardenap 1, ⊠ 38518, ℰ (05371) 5 91 11, Fax (05371) 3828, ⇔, « Renoviertes Fachwerkhaus a.d. 16. Jh. » 🆎 ☰
Montag geschl. – **Menu** à la carte 45/65.

Am Tankumsee SO : 7 km :

🏨 **Seehotel** ⟿, Eichenpfad 2, ⊠ 38550 Isenbüttel, ℰ (05374) 91 00, Fax (05374) 91094, ≼, ⇔, 𝑓₆, ⇐s, 🔲, ⫞ – ⇔ Zim, 📺 ☎ ₾ 🅿 – 🕍 120. ☰ 𝘝𝘐𝘚𝘈. ⅏ Rest
Menu à la carte 42/75 – 45 Z 130/260.

GILCHING Bayern 419 420 V 17, 987 ㊵ – 16 000 Ew – Höhe 564 m.
Berlin 610 – München 26 – Augsburg 49 – Garmisch-Partenkirchen 84.

🏠 **Thalmeier,** Sonnenstr. 55, ⊠ 82205, ℰ (08105) 50 41, Fax (08105) 9899 – 📺 ☎ ⇐⇒. ☰ 𝘝𝘐𝘚𝘈. ⅏
Weihnachten - Anfang Jan. geschl. – **Menu** à la carte 29/46 – 16 Z 105/150.

In Gilching-Geisenbrunn SO : 3 km :

🏠 **Am Waldhang** garni, Am Waldhang 22, ⊠ 82205, ℰ (08105) 2 52 04, Fax (08105) 25302 – 📺 ☎ ⇐⇒ 🅿. 🆎 ⓞ ☰ 𝘝𝘐𝘚𝘈. ⅏
Weihnachten - Neujahr geschl. – 12 Z 115/160.

GINSHEIM-GUSTAVSBURG Hessen siehe Mainz.

GIRBIGSDORF Sachsen siehe Görlitz.

GLADBECK Nordrhein-Westfalen 417 L 5, 987 ⑭ ⑮ – 81 000 Ew – Höhe 30 m.
Berlin 523 – Düsseldorf 53 – Dorsten 11 – Essen 16.

🏨 **Hotel Gladbeck,** Bohmertstr. 333, ⊠ 45964, ℰ (02043) 69 80, Fax (02043) 681517, ⇔ – |¢| 📺 ₾ 🅿 – 🕍 300. 🆎 ⓞ ☰ 𝘝𝘐𝘚𝘈. ⅏ Rest
Menu à la carte 29/60 – 156 Z 125/155.

GLADENBACH Hessen 417 N 9, 987 ㉖ ㉗ – 12 700 Ew – Höhe 340 m – Kneippheilbad – Luftkurort.

🖪 Kur- und Verkehrsgesellschaft, Karl-Waldschmidt-Straße 5 (Haus des Gastes), ⊠ 35075, ℰ (06462) 20 12 11, Fax (06462) 201222.
Berlin 491 – Wiesbaden 122 – Gießen 28 – Marburg 20 – Siegen 61.

X **Zur Post** mit Zim, Marktstr. 30, ⊠ 35075, ℰ (06462) 70 23, Fax (06462) 3318 – 📺 ☎. 🆎 ⓞ ☰ 𝘝𝘐𝘚𝘈
Menu à la carte 26/58 – 8 Z 65/110.

In Gladenbach-Erdhausen SW : 2,5 km :

XX **Künstlerhaus Lenz** mit Zim, Blaumühlenweg 10, ⊠ 35075, ℰ (06462) 84 84, Fax (06462) 1056, ⇔ – 📺 ☎ 🅿. ☰ 𝘝𝘐𝘚𝘈
Jan. und Juli jeweils 1 Woche geschl. – **Menu** (Montag geschl.) à la carte 40/64 – 3 Z 90/130.

GLASHÜTTEN Hessen 👓 P 9 – 5 500 Ew – Höhe 506 m.
  Berlin 549 – Wiesbaden 34 – Frankfurt am Main 31 – Limburg an der Lahn 33.

  XX **Glashüttener Hof** mit Zim, Limburger Str. 86, ✉ 61479, ℘ (06174) 69 22,
  Fax (06174) 6946, 🌳 – 📺 ☎ 🅿. ⚡ Zim
  Menu *(Montag geschl.)* à la carte 52/76 – **9 Z** 90/180.

In Glashütten-Schloßborn SW : 3,5 km :

  XX **Schützenhof,** Langstr. 13, ✉ 61479, ℘ (06174) 6 10 74, Fax (06174) 964012, 🌳 –
  🅿. ⚡
  *Dienstag, Mittwoch und Sonntag nur Abendessen, Montag und März - April 4 Wochen
  geschl. –* **Menu** *(bemerkenswerte Weinkarte)* à la carte 81/101.

GLAUCHAU Sachsen 👓 N 21, 👓 ㉓, 👓 ㉙ – 26 400 Ew – Höhe 260 m.
  🅱 *Glauchau-Information, Am Markt 1,* ✉ 08371, ℘ (03763) 25 55, Fax (03763) 2555.
  Berlin 256 – Dresden 97 – Chemnitz 37 – Gera 47 – Leipzig 77.

  🏨 Holiday Inn Ⓜ, Auestr. 16, ✉ 08371, ℘ (03763) 6 60, Fax (03763) 66666 – 📳, ⇔ Zim,
  📺 🅿 – 🔬 80
  74 Z.

  🏨 **Wettiner Hof** Ⓜ, Wettiner Str. 13, ✉ 08371, ℘ (03763) 50 20, Fax (03763) 502299,
  🌳 – 📳, ⇔ Zim, 📺 ☎ 📞 ♿ 🅿 – 🔬 50. 🅰🅴 ⓪ 🇪 💳
  Menu à la carte 24/53 ⅛ – **50 Z** 98/200.

  🏨 **Meyer** Ⓜ 🦢, Agricolastr. 6, ✉ 08371, ℘ (03763) 24 55, Fax (03763) 15038, 🌳 –
  ⇔ Zim, 📺 ☎ 🅿 – 🔬 20. 🅰🅴 ⓪ 🇪 💳
  Menu à la carte 24/53 – **20 Z** 98/150.

In Glauchau-Voigtlaide S : 3 km :

  🏨 **Landgasthof Voigtlaide,** Thurmer Str. 7, ✉ 08373, ℘ (03763) 22 63,
  Fax (03763) 2263, 🌳 – ⇔ Zim, 📺 ☎ 📞 🚗 🅿 – 🔬 90. 🅰🅴 ⓪ 🇪 💳
  Menu à la carte 20/49 – **14 Z** 100/120.

In Weidensdorf NW : 4 km, nahe der BAB 4, Abfahrt Glauchau :

  🏠 **Top Motel Glauchau** Ⓜ, Hauptstr. 2, ✉ 08373, ℘ (03763) 1 70 80,
  Fax (03763) 1708100, 🌳 – 📺 ☎ ♿ 🅿 – 🔬 20. 🅰🅴 ⓪ 🇪 💳
  Menu à la carte 28/47 – **90 Z** 95/149.

In Waldenburg-Oberwinkel NO : 8 km :

  🏠 **Glänzelmühle** 🦢, Am Park 9b, ✉ 08396, ℘ (037608) 2 10 15, Fax (037608) 21017,
  Biergarten 📺 ☎ ♿ 🅿 – 🔬 20. 🇪 💳
  Menu *(Montag und Jan. 3 Wochen geschl.)* *(Dienstag - Freitag nur Abendessen)* à la carte
  25/46 – **16 Z** 85/150.

GLEISZELLEN-GLEISHORBACH Rheinland-Pfalz siehe Bergzabern, Bad.

GLESIEN Sachsen 👓 L 20 – 1 300 Ew – Höhe 112 m.
  Berlin 165 – Dresden 126 – Leipzig 21 – Halle 25.

  🏠 **Arriva,** Lilienthalstrasse (Gewerbepark), ✉ 04509, ℘ (034207) 4 80,
  Fax (034207) 48200, 🌳 – ⇔ Zim, 📺 ☎ 🅿 – 🔬 30. 🅰🅴 ⓪ 🇪 💳
  Menu à la carte 26/49 – **78 Z** 110/160.

GLIENICKE (NORDBAHN) Brandenburg 👓 👓 I 23 – 4 440 Ew – Höhe 66 m.
  Berlin 22 – Potsdam 38.

  🏠 **Waldschlößchen,** Karl-Liebknecht-Str. 55, ✉ 16548, ℘ (033056) 8 24 04,
  Fax (033056) 82406, Biergarten – 📺 ☎. 🇪
  Menu à la carte 29/58 – **23 Z** 98/148.

GLOTTERTAL Baden-Württemberg 👓 V 7 – 2 900 Ew – Höhe 306 m – Erholungsort.
  🅱 *Verkehrsamt, In der Eichberghalle, Rathausweg 12,* ✉ 79286, ℘ (07684) 9 10 40, Fax
  (07684) 910413.
  Berlin 810 – Stuttgart 208 – Freiburg im Breisgau 27 – Waldkirch 11.

  🏨 **Hirschen** (mit Gästehaus Rebenhof), Rathausweg 2, ✉ 79286, ℘ (07684) 8 10,
  Fax (07684) 1713, « Gemütliche Restauranträume im Schwarzwaldstil », 🐴, 🌳, ⚡ – 📳
  📺 🅿 – 🔬 50. 🅰🅴 🇪 💳
  Menu *(Montag geschl.)* à la carte 44/95 – **54 Z** 100/250 – ½ P 40.

411

🏠 **Schwarzenberg's Traube,** Kirchstr. 25, ✉ 79286, ✆ (07684) 13 13, Fax (07684) 738, �花 – 🕸 📺 ☎ ⇔ 🅿 – 🔏 30. 🆎 🗜 🗜 *VISA*
Menu *(Sonntagabend - Montag geschl.)* 40 *(mittags)* und à la carte 58/82 *(auch vegetarische Gerichte)* – **12 Z** 98/210 – ½ P 30/45.

🏠 **Landhotel zum Kreuz,** Landstr. 14, ✉ 79286, ✆ (07684) 8 00 80, Fax (07684) 800839, �花, ⇔, 🛲 – 🕸 📺 ☎ 🅿 – 🔏 25. 🆎 ⓪ 🗜 *VISA*
Menu à la carte 41/71 🍺 – **34 Z** 78/180 – ½ P 32.

🏠 **Schloßmühle,** Talstr. 22, ✉ 79286, ✆ (07684) 2 29, Fax (07684) 1485, �花 – 🕸 📺 ☎ 🅿. 🆎 ⓪ 🗜 *VISA*
Menu *(Mittwoch, Feb.- März 2 Wochen und Nov. 3 Wochen geschl.)* à la carte 35/80 – **12 Z** 90/150.

🏠 **Tobererhof** 🐾 garni, Kandelstr. 34, ✉ 79286, ✆ (07684) 9 10 50, Fax (07684) 1013, 🌫 – 🔆 📺 ☎ ⇔ 🅿. 🗜 *VISA*. 🌫
17 Z 85/170.

🏠 **Schwarzenberg,** Talstr. 24, ✉ 79286, ✆ (07684) 13 24, Fax (07684) 1791, ⇔, 🖂
– 🕸 📺 ☎ ⇔ 🅿 🆎 ⓪ 🗜 *VISA*
(nur Abendessen für Hausgäste) – **22 Z** 90/160 – ½ P 25.

🏠 **Wisser's Sonnenhof** 🐾, Schurhammerweg 7, ✉ 79286, ✆ (07684) 2 64, Fax (07684) 1093, �花, 🛲 – 📺 ☎ 🅿. *VISA*
Menu *(Montag geschl.)* *(wochentags nur Abendessen)* à la carte 30/57 🍺 – **17 Z** 80/160 – ½ P 20.

🏠 **Pension Faller** 🐾 garni, Talstr. 9, ✉ 79286, ✆ (07684) 2 26, Fax (07684) 1453, 🛲 – 📺 ☎ ⇔ 🅿. 🗜
15. - 29. Nov. und 22. - 26. Dez. geschl. – **11 Z** 65/140.

🏠 **Zum Goldenen Engel,** Friedhofstr. 2, ✉ 79286, ✆ (07684) 2 50, Fax (07684) 267 – ⇔ 🅿. *VISA*
Menu *(Mittwoch geschl.)* à la carte 33/67 🍺 – **9 Z** 65/100.

🍴 **Zum Adler** mit Zim (Gasthaus mit rustikalen Schwarzwaldstuben), Talstr. 11, ✉ 79286, ✆ (07684) 10 81, Fax (07684) 1083, �花 – 📺 ☎ 🅿 – 🔏 25. 🆎 🗜 *VISA*
Menu *(Dienstag geschl.)* *(Tischbestellung ratsam)* 39 und à la carte 40/89 – **12 Z** 80/160.

In Heuweiler W : 2,5 km

🏠 **Grüner Baum** (mit Gästehaus), Glottertalstr. 3, ✉ 79194, ✆ (07666) 9 40 60, Fax (07666) 940635, �花, 🛲 – 🕸 📺 ☎ ✆ 🔆 🅿 – 🔏 25
Jan. 3 Wochen geschl. – **Menu** *(Donnerstag - Freitagmittag geschl.)* à la carte 26/56 🍺 – **35 Z** 68/160 – ½ P 25.

🍴 **Zur Laube** mit Zim, Glottertalstr. 1, ✉ 79194, ✆ (07666) 9 40 80, Fax (07666) 8120, �花, Biergarten, « Restauriertes Fachwerkhaus » – 🕸 📺 ☎ 🅿. 🗜 *VISA*
Menu *(Dienstag geschl.)* à la carte 28/73 – **7 Z** 94/158.

GLOWE Mecklenburg-Vorpommern siehe Rügen (Insel).

When in **EUROPE** *never be without*

Michelin Main Road Maps (1:400 000 to 1:1 000 000) ;

Michelin Sectional Maps ;

Michelin Red Guides :
Benelux, España Portugal, France, Great Britain and Ireland, Italia, Suisse, Europe, Deutschland
(hotels and restaurants listed with symbols ; preliminary pages in English)

Michelin Green Guides :
Austria, Belgium Luxembourg, Brussels, Canada, California, Chicago, England : The West Country, Europe, Florida, France, Germany, Great Britain, Greece, Ireland, Italy, London, Mexico, Netherlands, New England, New-York City, Portugal, Québec, Rome, Scandinavia, Scotland, Spain, Switzerland, Thaïland, Tuscany, Venice, Wals, Washingthon, Atlantic Coast, Auvergne Périgord, Brittany, Burgundy Jura, Châteaux of the Loire, Dordogne, Flanders Picardy and the Paris region, French Riviera, Normandy, Paris, Provence, Rhône Valley, Pyrenees-Languedoc, Tarn Gorges.
(Sights and touring programmes described fully in English ; town plans).

GLÜCKSBURG Schleswig-Holstein 🅰🅱🅘 B 12, 🆂🆇🆃 ⑤ – 6 500 Ew – Höhe 30 m – Seeheilbad.

Sehenswert : Wasserschloß (Lage★).

🛳 Glücksburg-Bockholm (NO : 3 km), 🖉 (04631) 25 47.

🛈 Kurverwaltung, Sandwigstr. 1a (Kurmittelhaus), ✉ 24960, 🖉 (04631) 6 00 70, Fax (04631) 3301.

Berlin 437 – Kiel 93 – Flensburg 10 – Kappeln 40.

🏨 **Intermar** 🦆, Fördestr. 2, ✉ 24960, 🖉 (04631) 4 90, Fax (04631) 49525, ≤, 🚗, Massage, ⇌, 🔲 – 📱 ✎, ≡ Rest, 📺 ☎ ⇔ – 🔥 120. 🝋 ⓞ 🝋 🆅🆂🅰
🕸 Rest
Menu à la carte 35/70 – **80 Z** 172/280.

In Glücksburg-Holnis NO : 5 km :

🏠 **Café Drei** 🦆, Drei 5, ✉ 24960, 🖉 (04631) 6 10 00, Fax (04631) 2983, 🚗 – 📺 ☎ Ⓟ. 🝋
Menu (außer Saison Mittwoch geschl.) à la carte 32/52 – **10 Z** 95/160 – ½ P 20.

GLÜCKSTADT Schleswig-Holstein 🅰🅱🅘 E 12, 🆂🆇🆃 ⑤ – 12 000 Ew – Höhe 3 m.

🛈 Tourist-Information, Königstr. 56, ✉ 25348, 🖉 (04124) 51 31, Fax (04124) 5132.

Berlin 342 – Kiel 91 – Hamburg 65 – Bremerhaven 75 – Itzehoe 22.

🍴 **Ratskeller**, Markt 4, ✉ 25348, 🖉 (04124) 24 64, Fax (04124) 4154 – 🝋 🝋 🆅🆂🅰
Mitte Nov. - Mitte März Montag geschl. – **Menu** (Tischbestellung ratsam) à la carte 46/70.

GMUND AM TEGERNSEE Bayern 🅰🅘🅨 🅰🅙🅞 W 19, 🆂🆇🆃 ⑩ – 6 200 Ew – Höhe 739 m – Erholungsort – Wintersport : 700/900 m ≤3 ≰3.

🛳 Marienstein, Gut Steinberg (W : 7 km), 🖉 (08022) 7 50 60.

🛈 Verkehrsamt, Kirchenweg 6 (Rathaus), ✉ 83703, 🖉 (08022) 75 05 27, Fax (08022) 750520.

Berlin 637 – München 48 – Garmisch-Partenkirchen 70 – Bad Tölz 14 – Miesbach 11.

In Gmund-Finsterwald W : 2 km :

🍴 **Feichtner Hof** mit Zim, Kaltenbrunner Str. 2, ✉ 83703, 🖉 (08022) 73 22, Fax (08022) 74964, 🚗, Biergarten – 📺 ☎ Ⓟ 🝋 ⓞ 🝋 🆅🆂🅰. 🕸 Zim
Menu (im Winter Donnerstag geschl.) à la carte 25/58 – **11 Z** 95/220.

In Gmund-Marienstein W : 8 km :

🏨 **Golf und Country Club Hotel Margarethenhof** 🅜 🦆, Gut Steinberg, ✉ 83701, 🖉 (08022) 7 50 60, Fax (08022) 74818, ≤, 🚗, ⇌, 🐎, 🛳 – 📺 Ⓟ – 🔥 20. 🝋 🝋 🆅🆂🅰
🕸 Rest
Menu à la carte 39/58 – **28 Z** 210/380.

GOCH Nordrhein-Westfalen 🅰🅘🅩 K 2, 🆂🆇🆃 ⑭ – 30 500 Ew – Höhe 18 m.

🛈 Verkehrsamt, Markt 15, ✉ 47574, 🖉 (02823) 32 02 02, Fax (02823) 320251.

Berlin 592 – Düsseldorf 82 – Krefeld 54 – Nijmegen 31.

🏨 **Sporthotel De Poort** 🦆, Jahnstr. 6, ✉ 47574, 🖉 (02823) 96 00, Fax (02823) 80786, 🚗, ⇌, 🔲, 🏊(Halle) – 📱 ✎ Zim, 📺 ☎ Ⓟ – 🔥 80. 🝋 ⓞ 🝋 🆅🆂🅰
Menu à la carte 31/66 – **75 Z** 125/185.

🏠 **Litjes**, Pfalzdorfer Str. 2, ✉ 47574, 🖉 (02823) 9 49 90, Fax (02823) 949949, 🚗 – ☎ Ⓟ. 🝋 🝋 🆅🆂🅰
Menu (Montag geschl.) à la carte 30/70 – **17 Z** 78/125.

🏠 **Zur Friedenseiche**, Weezer Str. 1, ✉ 47574, 🖉 (02823) 73 58, Fax (02823) 80947 – ☎ ⇔ Ⓟ
22. Dez.- 4. Jan. geschl. – **Menu** (Sonntag geschl.) (nur Abendessen) à la carte 25/39 – **13 Z** 73/110.

GÖDENSTORF Niedersachsen siehe Salzhausen.

GÖHREN Mecklenburg-Vorpommern siehe Rügen (Insel).

GÖNNHEIM Rheinland-Pfalz siehe Wachenheim.

GÖPPINGEN Baden-Württemberg **419** T 12, **987** ⊗ – 57 100 Ew – Höhe 323 m.

Ausflugsziel : Gipfel des Hohenstaufen ⚹*, NO : 8 km.

🛫 Donzdorf (O : 13 km), ℰ (07162) 2 71 71.

🛈 Tourist-Information, Marktstr. 2, ✉ 73033, ℰ (07161) 65 02 92, Fax (07161) 650299.

ADAC, Willi-Bleicher-Str. 3, ✉ 73033, ℰ (07161) 97 80 90, Fax (07161) 9780920.

Berlin 601 ⑤ – Stuttgart 43 ⑤ – Reutlingen 49 ⑤ – Schwäbisch Gmünd 26 ① – Ulm (Donau) 63 ④

GÖPPINGEN

Grabenstraße		**Z**
Hauptstraße		**Z**
Kellereistraße		**Z** 7
Lange Straße		**Z** 9
Marktplatz		**Z** 10
Poststraße		**Z**
Spitalstraße		**Z** 24
Am Fischbergele		**Z** 2

Geislinger Straße	**Z** 3
Heininger Straße	**Z** 4
Hohenstaufenstraße	**Z** 6
Kronengasse	**Z** 8
Oberhofenstraße	**Z** 14
Pfarrstraße	**Z** 16
Rosenplatz	**Y** 18
Rosenstraße	**Z** 19
Schloßstraße	**Z** 21
Theodor-Heuss-Straße	**Z** 23
Willi-Bleicher-Str.	**Z** 24
Wühlestraße	**Z** 26

🏨🏨 **Hohenstaufen,** Freihofstr. 64, ✉ 73033, ℰ (07161) 67 00, Fax (07161) 70070 –
⚙ Zim, 📺 ☎ ⇦ 🅿. 🆎 ⓪ ⏥ 𝘝𝘐𝘚𝘈.
Menu (Samstagmittag und 24. - 30. Dez. geschl.) à la carte 45/84 – **50 Z** 125/200.
Y b

🏨 **City-Hotel im Kaiserbau** garni, Poststr. 14a, ✉ 73033, ℰ (07161) 9 76 70,
Fax (07161) 976711 – 🛗 📺 ☎ ⇦. 🆎 ⓪ ⏥ 𝘝𝘐𝘚𝘈. ✻
14 Z 145/225.
Z r

🏨 **Drei Kaiserberge** garni, Schillerplatz 4, ✉ 73033, ℰ (07161) 9 74 60,
Fax (07161) 974620 – 📺 ☎. 🆎 ⏥ 𝘝𝘐𝘚𝘈
Ende Dez. - Anfang Jan. geschl. – **36 Z** 90/260.
Z s

✕✕ **Park Restaurant Stadthalle,** Blumenstr. 41, ✉ 73033, ℰ (07161) 6 80 06,
Fax (07161) 14264, ☎ – 🅿 – 🔏 350. ⏥ 𝘝𝘐𝘚𝘈
Menu à la carte 35/58.
Y a

In Göppingen-Ursenwang ③ : 5 km :

✕✕ **Bürgerhof,** Tannenstr. 2, ✉ 73037, ℰ (07161) 81 12 26, Fax (07161) 84811 – 🅿
Montag - Dienstag und Aug. 3 Wochen geschl. – **Menu** à la carte 40/68.

In Wangen ⑤ : 6 km :

🏠 **Linde,** Hauptstr. 30, ⊠ 73117, ℰ (07161) 91 11 10, Fax (07161) 9111122, Biergarten
– 📺 ☎ ⇔ 🅿 – 🔏 30. 🖭 ⊙ 🇪 𝘝𝘐𝘚𝘈. ✁
Menu à la carte 36/65 ⅃ – **11 Z** 80/160.

✗✗ **Landgasthof Adler,** Hauptstr. 103, ⊠ 73117, ℰ (07161) 2 11 95, Fax (07161) 21195
– 🖭 ⊙ 🇪
Montag - Dienstag und Juli 2 Wochen geschl. – **Menu** à la carte 60/74.

In Albershausen ⑤ : 8 km :

🏠 **Stern,** Uhinger Str. 1, ⊠ 73095, ℰ (07161) 3 20 81, Fax (07161) 34069, 🔲 – ▐⧄▌ 📺
☎ 🅿 – 🔏 30. 🇪 𝘝𝘐𝘚𝘈
Menu à la carte 36/66 – **41 Z** 102/160.

*Keine Aufnahme in den **Michelin-Führer** durch*
– Beziehungen oder
– Bezahlung

*Pour être inscrit au **guide Michelin***
– pas de piston,
– pas de pot de vin !

GÖRLITZ Sachsen 𝟜𝟙𝟠 M 28, 𝟡𝟠𝟜 ⑳, 𝟡𝟠𝟟 ⑲ ⑳ – 67 000 Ew – Höhe 200 m.

Sehenswert : Dreifaltigkeitskirche (Chorgestühl★, Marienaltar★) BX – Untermarkt★ BCX
– Städtische Kunstsammlungen (Bauernschränke★) CX M1 – St. Peter und Paul★ CX –
Reichenbacher Turm ⇔★ BY.

Ausflugsziel : Ostritz : St. Marienthal★ (S : 15Km).

🛈 Görlitz-Information, Obermarkt 29, ⊠ 02826, ℰ (03581) 4 75 70, Fax (03581) 475727.
ADAC, Wilhelmsplatz 8, ⊠ 02826, ℰ (0351) 44 78 80, Fax (03581) 4907029.
Berlin 215 ⑤ – Dresden 98 ④ – Cottbus 90 ⑤

Stadtpläne siehe nächste Seiten

🏨 **Mercure - Parkhotel Görlitz** 🅼 ⪘, Uferstr. 17 f, ⊠ 02826, ℰ (03581) 6620,
Fax (03581) 662662, �, 𝐈♨, ⪜ – ▐⧄▌, ✻ Zim, ▭ Rest, 📺 ☎ ❤ & ⇔ 🅿 – 🔏 120.
🖭 ⊙ 🇪 𝘝𝘐𝘚𝘈   CY d
Menu à la carte 26/52 – **186 Z** 182/264.

🏨 **Sorat** 🅼, Struvestr. 1, ⊠ 02826, ℰ (03581) 40 65 77 (Hotel) 40 62 29 (Rest.),
Fax (03581) 406579, � – ▐⧄▌, ✻ Zim, 📺 ☎ & 🅿 – 🔏 20. 🖭 ⊙ 🇪 𝘝𝘐𝘚𝘈 𝐉𝐂𝐁.
✁ Rest   BY a
Am Goldenen Strauß : Menu à la carte 20/45 – **46 Z** 145/205.

🏠 **Silesia,** Biesnitzer Str. 11, ⊠ 02826, ℰ (03581) 4 81 00, Fax (03581) 481010, Biergarten
– ▐⧄▌, ✻ Zim, 📺 ☎ 🅿 – 🔏 25. 🖭 🇪 𝘝𝘐𝘚𝘈   AZ f
Menu à la carte 24/45 – **26 Z** 130/170.

🏠 **Zum Grafen Zeppelin,** Jauernicker Str. 15, ⊠ 02826, ℰ (03581) 40 35 74,
Fax (03581) 400447 – ✻ Zim, 📺 ☎ ⇔ 🅿. 🇪 𝘝𝘐𝘚𝘈   AZ b
(nur Abendessen für Hausgäste) – **43 Z** 105/165.

🏠 **Europa** garni, Berliner Str. 2, ⊠ 02826, ℰ (03581) 40 73 50, Fax (03581) 407552 – ✻
📺 ☎ ⇔. 🖭 🇪 𝘝𝘐𝘚𝘈   BY e
17 Z 105/180.

In Girbigsdorf NW : 5 km : über Girbigsdorfer Straße AX :

🏠 **Mühlenhotel** ⪘ garni, Dorfstr. 86, ⊠ 02829, ℰ (03581) 31 40 49,
Fax (03581) 315037, 🌫 – 📺 ☎ 🅿. 🖭 🇪 𝘝𝘐𝘚𝘈
15. Dez.- 15. Jan. geschl. – **23 Z** 75/110.

In Ludwigsdorf N : 6 km über ⑤ :

🏨 **Gutshof Hedicke** ⪘, Dorfstr. 115, ⊠ 02829, ℰ (03581) 3 80 00,
Fax (03581) 380020, �, 🌳 – ✻ Zim, 📺 ☎ ❤ & 🅿 – 🔏 25. 🖭 🇪 𝘝𝘐𝘚𝘈
Menu (Sonntag - Montag und 2. - 16. Jan. geschl.) à la carte 55/73 – **14 Z** 109/219.

In Markersdorf-Holtendorf W : 7 km über ④ :

🏠 **Zum Marschall Duroc,** Am Hoterberg 27a (nahe der B 6), ⊠ 02829, ℰ (03581) 73 44,
Fax (03581) 734222, �, 🍴 – ▐⧄▌ ✻ Zim, 📺 ☎ & 🅿 – 🔏 30. 🖭 ⊙ 🇪 𝘝𝘐𝘚𝘈
Menu à la carte 22/51 – **52 Z** 115/235.

GÖRLITZ

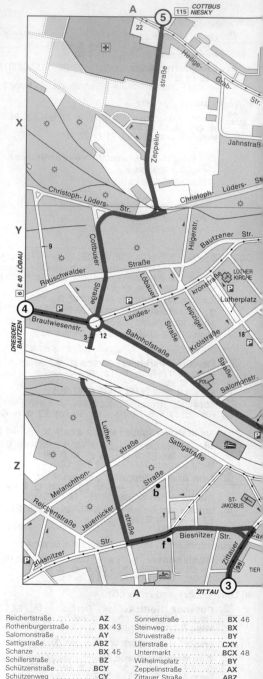

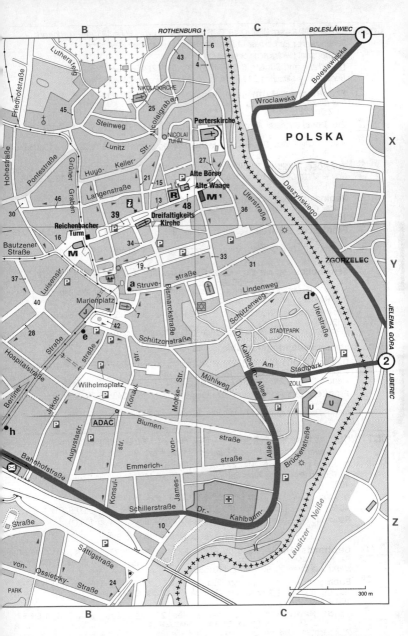

ROTHENBURG

BOLESLÁWIEC

POLSKA

NIKOLAIKIRCHE

Perterskirche

NICOLAI TURM

Alte Börse
Alte Waage

Dreifaltigkeits Kirche

Reichenbacher Turm

GORZELEC

STADTPARK

Am Stadtpark

ZOLL

ADAC

Wilhelmsplatz

Lausitzer Neiße

PARK

0   300 m

Verwechseln Sie nicht:
Komfort der Hotels   :
Komfort der Restaurants :
Gute Küche   : 戀戀戀, 戀戀, 戀 **Menu**

GÖSSWEINSTEIN *Bayern* 420 *Q 18,* 987 ㉘ *– 4 400 Ew – Höhe 493 m – Luftkurort.*
  Sehenswert : Barockbasilika (Wallfahrtskirche) – Marienfelsen ⩽★★.
  Ausflugsziel : Fränkische Schweiz★★.
  🖪 *Verkehrsamt, Burgstr. 6,* ✉ *91327,* 🖉 *(09242) 4 56, Fax (09242) 1863.*
  Berlin 401 – München 219 – Nürnberg 50 – Bayreuth 46 – Bamberg 45.

🏠 **Fränkischer Hahn** garni, Badanger Str. 35, ✉ 91327, 🖉 (09242) 4 02,
  Fax (09242) 7329 – ☎ 🅟
  11 Z 70/120.

🏠 **Zur Post,** Balthasar-Neumann-Str. 10, ✉ 91327, 🖉 (09242) 2 78, 🏡 – 📺 ⇔ 🅟.
  ⇔ ≫ Zim
  Anfang Nov. - Mitte Dez. geschl. – Menu (Montag geschl.) à la carte 27/57 – **15 Z** 53/94
  – ½ P 21.

🏠 **Zur Rose,** Pezoldstr. 2, ✉ 91327, 🖉 (09242) 9 23 89, Fax (09242) 92390, 🏡 – ≫ Zim
  ⇔ *Nov. - Mitte Dez. geschl. – Menu (Montag geschl.)* à la carte 24/49 – **18 Z** 50/96 –
  ½ P 17.

🏠 **Regina** garni, Sachsenmühler Str. 1, ✉ 91327, 🖉 (09242) 2 50, Fax (09242) 7362, 🚗
  – ⇔ 🅟
  16 Z 57/116.

🏖 **Fränkische Schweiz,** Pezoldstr. 20, ✉ 91327, 🖉 (09242) 2 90, Fax (09242) 7234,
  ⇔ 🏡 – ⇔ 🅟
  15. Nov.- 15. Dez. geschl. – Menu (Dienstag geschl.) à la carte 19/34 ⅋ – **16 Z** 36/80 –
  ½ P 15.

✗ **Schönblick** ≫ mit Zim, August-Sieghardt-Str. 8, ✉ 91327, 🖉 (09242) 3 77,
  ⇔ Fax (09242) 847, ⩽, 🏡 – 📺 🅟
  *5. Nov. - 15. Dez. geschl. – Menu (Dienstag geschl., im Winter nur an Wochenenden geöff-
  net)* (Montag - Freitag nur Abendessen) à la carte 33/61 – **8 Z** 65/105 – ½ P 19.

✗ **Krone,** Baltahasar-Neumann-Str. 9, ✉ 91327, 🖉 (09242) 2 07, Fax (09242) 7362, 🏡
  – 🅟. 🖲
  Dienstag und Jan. - Feb. 6 Wochen geschl. – Menu à la carte 30/62.

In Gössweinstein-Behringersmühle :

🏨 **Das Schulhaus** Ⓜ, ✉ 91327, 🖉 (09242) 98 40, Fax (09242) 984100, Biergarten, ⇔
  ⇔ – 📳, ⇔ Zim, 📺 ☎ ✆ 🅟 – 🖾 100. ⓞ 🖲 𝖵𝖨𝖲𝖠 ≫
  Menu à la carte 23/40 – **38 Z** 119/240.

🏠 **Frankengold,** Pottensteiner Str. 29, ✉ 91327, 🖉 (09242) 15 05, Fax (09242) 7114,
  🏡, 🚗 – 📳 ☎ 🅟. 🖭 🖲 𝖵𝖨𝖲𝖠
  Menu *(Donnerstag geschl.)* à la carte 28/61 – **17 Z** 88/136 – ½ P 25.

GÖTTINGEN *Niedersachsen* 417 418 *L 13,* 987 ⑯ *– 130 000 Ew – Höhe 159 m.*
  Sehenswert : Fachwerkhäuser (Junkernschänke★) YZ **B.**
  🏌 *Schloß Levershausen* (①) *: 20 km),* 🖉 *(05551) 6 19 15.*
  🖪 *Touristinformation, Altes Rathaus, Markt 9,* ✉ *37073,* 🖉 *(0551) 5 40 00, Fax (0551)
  4002998.*
  🖪 *Tourist Office, vor dem Bahnhof,* ✉ *37073,* 🖉 *(0551) 5 60 00.*
  ADAC, *Kasseler Landstr. 44a,* ✉ *37081,* 🖉 *(0551) 9 20 38, Fax (0551) 92017.*
  Berlin 340 ③ *– Hannover 122* ③ *– Kassel 47* ③ *– Braunschweig 109* ③

  Stadtplan siehe gegenüberliegende Seite

🏨 **Gebhards Hotel,** Goethe-Allee 22/23, ✉ 37073, 🖉 (0551) 4 96 80,
  Fax (0551) 4968110, 🏡, ⇔ – 📳, ⇔ Zim, 📺 ⇔ 🅟 – 🖾 70. 🖭 ⓞ 🖲 𝖵𝖨𝖲𝖠 Y e
  Menu à la carte 50/90 – **60 Z** 140/350.

🏨 **Eden** garni, Reinhäuser Landstr. 22a, ✉ 37083, 🖉 (0551) 7 60 07, Fax (0551) 76761,
  ⇔, 🖫 – 📳 ⇔ 📺 ☎ ✆ ⇔ 🅟 – 🖾 60. 🖭 ⓞ 🖲 𝖵𝖨𝖲𝖠 ≫ Z d
  100 Z 140/367.

🏠 **Stadt Hannover** garni, Goethe-Allee 21, ✉ 37073, 🖉 (0551) 4 59 57,
  Fax (0551) 45470 – 📳 📺 ☎. 🖭 ⓞ 🖲 𝖵𝖨𝖲𝖠 𝖩𝖢𝖡. ≫ Y a
  Weihnachten - Anfang Jan. geschl. – **28 Z** 98/185.

🏠 **Kasseler Hof** garni, Rosdorfer Weg 26, ✉ 37073, 🖉 (0551) 7 20 81,
  Fax (0551) 7703429 – 📺 ☎ 🅟. 🖭 🖲 𝖵𝖨𝖲𝖠 𝖩𝖢𝖡. ≫ Z f
  Karwoche und 27. Juli - 10. Aug. geschl. – **29 Z** 65/180.

✗ **Zum Schwarzen Bären** (Gaststätte a. d. 16. Jh.), Kurze Str. 12, ✉ 37073,
  🖉 (0551) 5 82 84, Fax (0551) 58284 – 🖭 ⓞ 🖲 𝖵𝖨𝖲𝖠 Z x
  Sonntagabend - Montag geschl. – Menu à la carte 32/62.

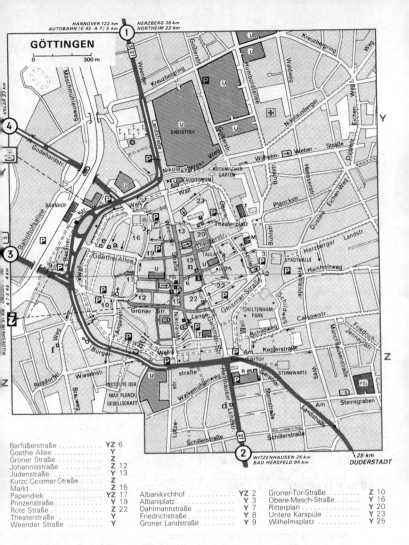

GÖTTINGEN

0 — 300 m

In Göttingen-Grone über ③ :

Park Hotel Göttingen Ⓜ, Kasseler Landstr. 45, ✉ 37081, ✆ (0551) 90 20, Fax (0551) 902166, 🌣, Massage, ⩽s, 🔲, 🐎 – 🛗, ✼ Zim, 📺 🍴 Ⓟ – 🔬 230. ᴀᴇ ⓞ ᴇ 𝗩𝘐𝘚𝘈
Menu à la carte 49/84 – **143 Z** 135/290, 3 Suiten.

Atrium Ⓜ, Kasseler Landstr. 25 c, ✉ 37081, ✆ (0551) 9 00 50 (Hotel) 98 00 00 (Rest.), Fax (0551) 9005400, 🌣, « Wechselnde Kunstausstellungen », ⩽s – 🛗, ✼ Zim, 📺 ☎ 🚗 Ⓟ – 🔬 25. ᴀᴇ ⓞ ᴇ 𝗩𝘐𝘚𝘈. ✼ Rest
Gaya (koreanische Küche) *(Montagmittag geschl.)* **Menu** à la carte 31/67 – **66 Z** 155/220.

Novostar garni, Kasseler Landstr. 25 d, ✉ 37081, ✆ (0551) 9 97 70, Fax (0551) 9977400 – 🛗 ✼ 📺 ☎ 🍴 Ⓟ. ᴀᴇ ⓞ ᴇ 𝗩𝘐𝘚𝘈
72 Z 115/219.

Schweizer Hof, Kasseler Landstr. 120, ✉ 37081, ✆ (0551) 5 09 60, Fax (0551) 5096100, ⩽s – 🛗, ✼ Zim, 📺 ☎ Ⓟ – 🔬 20. ᴀᴇ ⓞ ᴇ 𝗩𝘐𝘚𝘈 ᴊᴄʙ
27. Dez. - 10. Jan. geschl. – **Menu** (wochentags nur Abendessen, Sonntag nur Mittagessen) à la carte 33/59 – **43 Z** 118/258.

419

🏨 **Leine Hotel** garni, Groner Landstr. 55, ✉ 37081, 𝒫 (0551) 5 05 10, *Fax (0551) 5051170 –* 🛗 🎴 📺 ☎ 🚗. 🆎 ⓪ 🇪 𝘷𝘪𝘴𝘢 ᴊᴄʙ **101 Z** 98/180.

🏨 **Rennschuh** garni, Kasseler Landstr. 93, ✉ 37081, 𝒫 (0551) 9 00 90, *Fax (0551) 9009199,* 🛋, 🎴 – 🛗 📺 🚗 ☎ ⓟ – 🏛 15. 🆎 ⓪ 🇪 𝘷𝘪𝘴𝘢 *27. Dez. - 1. Jan. geschl. –* **104 Z** 70/135.

In Göttingen - Groß-Ellershausen ③ : 4 km :

🏨 **Freizeit In,** Dransfelder Str. 3 (B 3), ✉ 37079, 𝒫 (0551) 9 00 10, *Fax (0551) 9001100,* 🏖, Massage, 🛁, 🛋, 🎴, 🏌 (Halle) – 🛗, 🎴 Zim, 📺 📞 ⓟ – 🏛 500. 🆎 ⓪ 🇪 𝘷𝘪𝘴𝘢 ᴊᴄʙ **Menu** à la carte 32/69 – **210 Z** 179/289.

In Göttingen-Weende N : 3 Km :

🏨 **Am Papenberg** garni, Hermann-Rein-Str. 2, ✉ 37075, 𝒫 (0551) 3 05 50, *Fax (0551) 3055400 –* 🛗 🎴 📺 ☎ 🛁 🚗 ⓟ – 🏛 50. **70 Z** 145/210. über Humboldtallee Y

🏨 **Astoria,** Hannoversche Str. 51, ✉ 37075, 𝒫 (0551) 3 05 00, *Fax (0551) 3050100,* 🛋 – 🛗, 🎴 Zim, 📺 ☎ 🛁 🚗 ⓟ – 🏛 60. 🆎 𝘷𝘪𝘴𝘢. 🏌 über ① (Restaurant nur für Hausgäste) – **75 Z** 90/260.

🏨 **Weender Hof,** Hannoversche Str. 150 (B 3), ✉ 37077, 𝒫 (0551) 50 37 50, *Fax (0551) 5037555,* 🏖 – 📺 ☎ ⓟ. 🏌 über ① *Ostern, Pfingsten und 22. Dez. - 4. Jan. geschl. –* **Menu** *(Sonntagabend geschl.) (Montag - Freitag nur Abendessen)* à la carte 29/60 – **20 Z** 75/120.

In Friedland ② : 12 km :

🍴 **Biewald** mit Zim, Weghausstr. 20, ✉ 37133, 𝒫 (05504) 9 35 00, *Fax (05504) 935040,* 🏖 – 📺 ☎ ⓟ. 🆎 ⓪ 🇪 𝘷𝘪𝘴𝘢 **Menu** à la carte 30/58 – **9 Z** 60/108.

In Friedland - Groß-Schneen ② : 10 km :

🍴🍴 **Schillingshof** 🏖 mit Zim, Lappstr. 14, ✉ 37133, 𝒫 (05504) 2 28, *Fax (05504) 427,* 🏖 – 📺 ☎ ⓟ. ⓪ 🇪 𝘷𝘪𝘴𝘢. 🏌 Zim *1. - 14. Jan und Juni - Juli 3 Wochen geschl. –* **Menu** *(Montag - Dienstagmittag geschl.)* (bemerkenswerte Weinkarte) à la carte 56/92 – **5 Z** 80/140.

An der Autobahn A 7 ③ : 6,5 km :

🏨 Autobahn-Rasthaus und Motel, (Westseite), ✉ 37124 Rosdorf-Mengershausen, 𝒫 (05509) 92 00, *Fax (05509) 9200157,* 🏖 – 🎴 Zim, 📺 ☎ 🛁 ⓟ – 🏛 30 *Restaurant : nur Self-service –* **33 Z**.

GOETZ Brandenburg siehe Brandenburg.

GOHRISCH (KURORT) Sachsen 🔲🔲🔲 N 26 – 850 Ew – Höhe 300 m – Luftkurort. 🔲 *Fremdenverkehrsamt, Neue Hauptstr. 116 b,* ✉ 01824, 𝒫 (035021) 6 80 48, Fax (035021) 68049. *Berlin 229 – Dresden 35 – Bautzen 54.*

🏨 **Park- und Sporthotel Margaretenhof** 🏖, Pfaffendorfer Str. 89, ✉ 01824, 𝒫 (035021) 62 30, *Fax (035021) 62599,* 🏖, 🛁, 🛋, 🍴 – 📺 ☎ ⓟ – 🏛 30. 🆎 ⓪ 🇪 𝘷𝘪𝘴𝘢 **Menu** à la carte 30/50 – **45 Z** 100/140 – ½ P 20.

🏨 **Annas Hof,** Hauptstr. 118, ✉ 01824, 𝒫 (035021) 6 82 91, *Fax (035021) 67098,* 🏖, 🍴 – 📺 ☎ ⓟ. 🆎 🇪 𝘷𝘪𝘴𝘢 *Nov. geschl. –* **Menu** *(außer Saison Donnerstag geschl.)* à la carte 21/38 🍷 – **13 Z** 95/130 – ½ P 20.

GOLDBERG Mecklenburg-Vorpommern 🔲🔲🔲 F 20, 🔲🔲🔲 ⑦, 🔲🔲🔲 ⑥ – 5 000 Ew – Höhe 67 m. *Berlin 170 – Schwerin 52 – Güstrow 28.*

🏨 **Seelust** 🏖 (mit Gästehaus), Am Badestrand 4, ✉ 19399, 𝒫 (038736) 82 30, *Fax (038736) 82358,* ≤, 🏖, 🛋, 🛁, 🍴 – 🎴 Zim, 📺 ☎ ⓟ – 🏛 60. 🆎 🇪 𝘷𝘪𝘴𝘢 **Menu** à la carte 23/40 – **27 Z** 90/180.

GOLDKRONACH Bayern siehe Berneck im Fichtelgebirge, Bad.

GOMADINGEN Baden-Württemberg **419** U 12 – 2 100 Ew – Höhe 675 m – Luftkurort – Wintersport : 680/800 m ✠3.
🛈 Verkehrsamt, Rathaus, Marktplatz 2, ✉ 72532, ℰ (07385) 96 96 33, Fax (07385) 969622.
Berlin 665 – Stuttgart 64 – Reutlingen 23 – Ulm (Donau) 60.

In Gomadingen-Offenhausen W : 2 km :

🏨 **Landhaus Gulewitsch - Gestütsgasthof** ⌂, Ziegelbergstr. 24, ✉ 72532, ℰ (07385) 9 67 90, Fax (07385) 967996, 佘, ⓼, ☞, – ⒤ TV ☎ ⟸ ℗ – 🕍 40
Menu (Mittwoch geschl.) à la carte 37/65 – **22 Z** 66/146 – ½ P 30/35.

GOMARINGEN Baden-Württemberg **419** U 11 – 7 500 Ew – Höhe 640 m.
Berlin 690 – Stuttgart 59 – Hechingen 17 – Reutlingen 11 – Tübingen 9.

🏨 **Arcis** garni, Bahnhofstr. 10, ✉ 72810, ℰ (07072) 91 80, Fax (07072) 918191 – ⒤ ⤬ TV ☎ ℗ – 🕍 30. ☜ ⓞ ☛ 𝘝𝘐𝘚𝘈
39 Z 135/185.

GOMMERN Sachsen-Anhalt **418** J 19, **984** ⑲, **987** ⑰ ⑱ – 6 800 Ew – Höhe 52 m.
Berlin 153 – Magdeburg 18 – Brandenburg 90 – Dessau 43.

🏨 **Robinien Hof,** Salzstr. 49, ✉ 39245, ℰ (039200) 6 40, Fax (039200) 64317, 佘, ⓼, ⟺ – ⒤ TV ☎ ℗ – 🕍 50. ☜ ⓞ ☛ 𝘝𝘐𝘚𝘈
Menu à la carte 23/46 – **44 Z** 95/150.

🏠 **Drei Linden,** Am Walde 1, ✉ 39245, ℰ (039200) 5 13 28, Fax (039200) 50180, 佘 – TV ☎ ℗ – 🕍 20. ☜ ⓞ ☛ 𝘝𝘐𝘚𝘈
Menu (Montagmittag geschl.) à la carte 25/45 – **32 Z** 88/133.

GOMPITZ Sachsen siehe Dresden.

GOPPELN Sachsen siehe Dresden.

GOSLAR Niedersachsen **418** K 15, **987** ⑰ – 47 000 Ew – Höhe 320 m.
Sehenswert : Fachwerkhäuser★★ in der Altstadt★★★ : Marktplatz★★ Z, Rathaus★ mit Huldigungssaal★★ YZ R – Kaiserpfalz★ Z – Breites Tor★ Y – Neuwerkkirche★ Y – Pfarrkirche St. Peter und Paul★ Z F – Mönchehaus★ Y M1.
Ausflugsziel : Klosterkirche Grauhof★ NO : 3 km über die B 82 X.
🛈 Kur und Fremdenverkehrsgesellschaft, Markt 7, ✉ 38640, ℰ (05321) 28 46, Fax (05321) 23005.
🛈 Kurverwaltung Hahnenklee, Kurhausweg. 7, ✉ 38644, ℰ (05325) 5 10 40, Fax (05325) 510420.
Berlin 252 ① – Hannover 84 ④ – Braunschweig 43 ① – Göttingen 80 ④ – Hildesheim 59 ④

Stadtplan siehe nächste Seite

🏨🏨 **Der Achtermann,** Rosentorstr. 20, ✉ 38640, ℰ (05321) 2 10 01, Fax (05321) 42748, 佘, Massage, ♨, ⓼, ☒ – ⒤ TV ✆ ⟸ ℗ – 🕍 600. ☜ ⓞ ☛ 𝘝𝘐𝘚𝘈　　　　　Y r
Menu à la carte 32/70 – **152 Z** 159/338.

🏨 **Kaiserworth,** Markt 3, ✉ 38640, ℰ (05321) 2 11 11, Fax (05321) 21114, 佘, « Ehemaliges Gewandhaus a.d.15. Jh. » – ⤬ Zim, TV ☎ ℗ – 🕍 100. ☜ ⓞ ☛ 𝘝𝘐𝘚𝘈 Z x
Menu à la carte 34/71 – **51 Z** 120/240.

🏠 **Goldene Krone,** Breite Str. 46, ✉ 38640, ℰ (05321) 3 44 90, Fax (05321) 344950 – TV ☎ ℗. ☜ ⓞ ☛ 𝘝𝘐𝘚𝘈　　　　　Y d
Menu à la carte 36/69 – **18 Z** 80/195.

In Goslar-Hahnenklee SW : 15 km über ③ – Höhe 560 m – Heilklimatischer Kurort – Wintersport : 560/724 m ✠1 ✠2 ✠1

🏨🏨 **Dorint Hotel Kreuzeck,** Kreuzeck 1 (SO : 3,5 km), ✉ 38644, ℰ (05325) 7 40, Fax (05325) 74839, 佘, ⓼, ☒, ☞, ⁒ – ⒤ ⤬ Zim, TV ⟸ ℗ – 🕍 80. ☜ ⓞ ☛ 𝘝𝘐𝘚𝘈 𝘑𝘊𝘉 ⁒ Rest
Menu à la carte 38/66 – **104 Z** 180/325 – ½ P 37.

🏨 **Am Kranichsee,** Parkstr. 4, ✉ 38644, ℰ (05325) 70 30, Fax (05325) 703100, ≤, 佘, Massage, ⓼, ☒ – ⒤ TV ☎ ⟸ ℗ – 🕍 30. ☜ ⓞ ☛ 𝘝𝘐𝘚𝘈
Menu à la carte 38/66 – **50 Z** 90/216 – ½ P 28.

🏨 **Walpurgishof,** Am Bocksberg 1, ✉ 38644, ℰ (05325) 70 90, Fax (05325) 3081, 佘, ⓼ – ⒤ TV ☎ ℗ – 🕍 45. ☜ ⓞ ☛ 𝘝𝘐𝘚𝘈 𝘑𝘊𝘉
Menu à la carte 30/61 – **58 Z** 110/270 – ½ P 25.

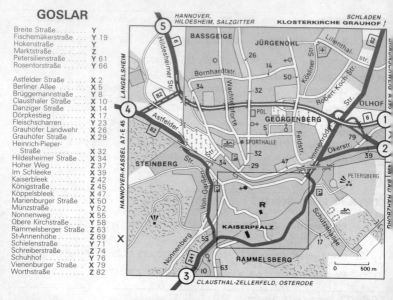

GOSLAR

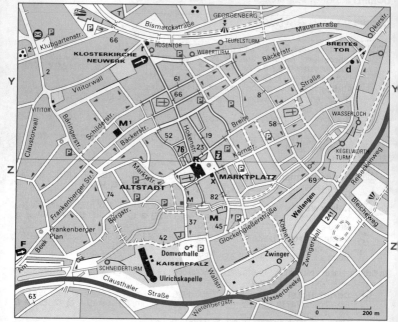

🏨 **Hotel am Park** garni, Parkstr. 2, ⌧ 38644, ℰ (05325) 20 31, ≼, 🔲 – 📺 ☎ 🅿. ⒶⒺ 🅴
24 Z 85/210.

🏨 **Der Waldgarten** ⑤, Lautenthaler Str. 36, ⌧ 38644, ℰ (05325) 20 81,
Fax (05325) 3502, « Gartenterrasse », 🔲, 🚿 – 🛗 📺 ☎ 🚗 🅿. 🅴 𝘝𝘐𝘚𝘈
Ende Okt. - Mitte Dez. geschl. – **Menu** à la carte 24/42 – **39 Z** 75/155 – ½ P 17.

🏠 **Bellevue** ♨ garni, Birkenweg 5 (Bockswiese), ✉ 38644, ✆ (05325) 5 10 70, *Fax (05325) 510741*, ⓢ, ▨, 🚗 – 📺 ☎ 🅿. 𝖵𝖨𝖲𝖠. ⌘ Rest
26 Z 58/150.

🏠 **Harzer Hof**, Rathausstr. 9, ✉ 38644, ✆ (05325) 25 13, *Fax (05325) 3538* – 📺 ☎ 🅿.
⌘ Zim
März und Nov. jeweils 2 Wochen geschl. – **Menu** *(Donnerstag geschl.)* à la carte 34/58 –
11 Z 60/140 – ½ P 22.

GOSPITERODA *Thüringen siehe Gotha.*

GOTHA *Thüringen* 📟 N 16, 📟 ㉓, 📟 ㉘ – *51 000 Ew – Höhe 270 m.*
  Sehenswert : *Schloß Friedenstein★.*
  Ausflugsziele : *Thüringer Wald ★★ (Großer Inselsberg ≤ ★★, Friedrichroda : Marienglashöhle ★).*
  🛈 *Gotha-Information, Blumenbachstr. 1,* ✉ *99867,* ✆ *(03621) 85 40 36, Fax (03621) 222134.*
  Berlin 326 – Erfurt 22 – Gera 114 – Nordhausen 76.

🏨 **Hotel am Schloßpark** Ⓜ ♨, Lindenauallee 20, ✉ 99867, ✆ (03621) 44 20, *Fax (03621) 442452,* �└, ⓢ – 🔱, ⌘ Zim, 📺 ☎ & 🚗 🅿 – 🔼 90. 🆎 ⓞ 🔚 𝖵𝖨𝖲𝖠 ᴊᴄʙ
Menu à la carte 37/55 – **95 Z** 155/205.

🏨 **Der Lindenhof** Ⓜ, Schöne Aussicht 5, ✉ 99867, ✆ (03621) 77 20, *Fax (03621) 772410,* �└, Biergarten, ⓢ – 🔱, ⌘ Zim, 📺 ☎ & 🅿 – 🔼 150. 🆎 ⓞ 🔚 𝖵𝖨𝖲𝖠. ⌘ Rest
Menu à la carte 35/54 – **94 Z** 129/188.

🏨 **Turmhotel Gotha** Ⓜ, Am Luftschiffhafen 2 (Gewerbegebiet), ✉ 99867, ✆ (03621) 71 60, *Fax (03621) 716430,* �└ – 🔱, ⌘ Zim, 📺 ☎ & 🚗 🅿 – 🔼 120. 🆎 ⓞ 🔚 𝖵𝖨𝖲𝖠
Menu à la carte 30/55 – **104 Z** 120/175

🏨 **Waldbahn Hotel** Ⓜ, Bahnhofstr. 16, ✉ 99867, ✆ (03621) 23 40, *Fax (03621) 234130,* ⓢ – 🔱, ⌘ Zim, 📺 ☎ & 🅿 – 🔼 50. 🆎 ⓞ 🔚 𝖵𝖨𝖲𝖠
Menu à la carte 27/48 – **56 Z** 102/188.

🏨 **Gothaer Hof**, Weimarer Str. 18, ✉ 99867, ✆ (03621) 22 40, *Fax (03621) 224744,* �└, ⓢ – 🔱, ⌘ Zim, 📺 ☎ & 🅿 – 🔼 120. 🆎 ⓞ 🔚 𝖵𝖨𝖲𝖠
Menu à la carte 29/53 – **104 Z** 140/220.

🏠 **St. Gambrin**, Schwabhäuser Str. 47, ✉ 99867, ✆ (03621) 3 09 00, *Fax (03621) 309040* – 📺 ☎ 🚗 – 🔼 25. 🆎 ⓞ 🔚 𝖵𝖨𝖲𝖠
Menu à la carte 24/44 – **24 Z** 120/180.

🏠 **Treff Hotel**, Ohrdrufer Straße 2b (B 247), ✉ 99867, ✆ (03621) 71 70, *Fax (03621) 717500,* �└, ⓢ – 🔱, ⌘ Zim, ▤ 📺 ☎ & & 🅿 – 🔼 70. 🆎 ⓞ 🔚 𝖵𝖨𝖲𝖠
Menu à la carte 27/50 – **120 Z** 110/150 – ½ P 20.

🏠 **Landhaus Hotel**, Salzgitterstr. 76 (B 7), ✉ 99867, ✆ (03621) 3 64 90, *Fax (03621) 364949,* « Einrichtung im Landhausstil », 🌫 – 📺 ☎ 🅿. 🆎 🔚 𝖵𝖨𝖲𝖠
(nur Abendessen für Hausgäste) – **14 Z** 95/150.

✗✗ **Pagenhaus**, im Schloß Friedenstein, ✉ 99867, ✆ (03621) 40 36 12, *Fax (03621) 456910,* Biergarten, « Gartenrestaurant » – 🔚
Dienstag und Jan. geschl. – **Menu** à la carte 28/40 (mittags) 53/68 (abends).

In Gospiteroda *SW : 6 km, nahe der Pferderennbahn Boxberg :*

🏠 **Thüringer Waldblick** ♨, Am Boxberg 86, ✉ 99880, ✆ (03622) 6 85 77, *Fax (03622) 854638,* ≤, �└, Biergarten, ⓢ, 🌫, 🐎 – 📺 ☎ 🅿 – 🔼 40. 🆎 🔚 𝖵𝖨𝖲𝖠
Menu à la carte 21/42 – **19 Z** 80/150.

GOTTLEUBA, BAD *Sachsen siehe Berggießhübel.*

GOTTMADINGEN *Baden-Württemberg* 📟 W 10 – *8 900 Ew – Höhe 432 m.*
  Berlin 789 – Stuttgart 159 – Konstanz 47 – Singen (Hohentwiel) 7 – Schaffhausen 17.

🏠 **Sonne**, Hauptstr. 61(B 34), ✉ 78244, ✆ (07731) 9 71 80, *Fax (07731) 73751* – 🔱, ⌘ Zim, 📺 ☎ 🅿 – 🔼 50. 🆎 ⓞ 🔚 𝖵𝖨𝖲𝖠
Menu *(Freitag geschl.)* à la carte 28/53 – **40 Z** 70/160.

🏠 **Kranz**, Hauptstr. 37 (B 34), ✉ 78244, ✆ (07731) 70 61, *Fax (07731) 73994* – 🔱 📺 ☎ & 🚗 🅿 – 🔼 15. ⓞ 🔚 𝖵𝖨𝖲𝖠
Menu *(Sonn- und Feiertage geschl.)* à la carte 22/44 🍷 – **20 Z** 85/140.

In Gottmadingen-Bietingen W : 3 km :

🏠 **Landgasthof Wider,** Ebringer Str. 11, ✉ 78244, 𝒫 (07734) 9 40 00,
🚗 Fax (07734) 940099, 🌳 – 🕿 ⇔ 🅿 **E**
Menu (Dienstag geschl.) à la carte 24/47 ♨ – **15 Z** 55/130.

GRAACH Rheinland-Pfalz **417** Q 5 – 830 Ew – Höhe 105 m.
Berlin 678 – Mainz 116 – Bernkastel-Kues 3 – Trier 46 – Wittlich 13.

🏠 **Weinhaus Pfeiffer** garni, Gestade 12, ✉ 54470, 𝒫 (06531) 40 01, Fax (06531) 1078,
⇐ – 🕿 ⇔ 🅿
13 Z 54/126.

GRAAL-MÜRITZ Mecklenburg-Vorpommern **416** D 20, **987** ⑥ – 4 000 Ew – Seeheilbad.
🛈 Kurverwaltung, Rostocker Str. 3, ✉ 18181, 𝒫 (038206) 70 30, Fax (038206) 70320.
Berlin 241 – Schwerin 109 – Rostock 28 – Stralsund 59.

🏨 **IFA Grand Hotel** 🦢, Waldstr. 1, ✉ 18181, 𝒫 (038206) 7 30, Fax (038206) 73227, 🌳,
Massage, ♨, ⇔s, 🔲, 🔳 🌳 – 🔁 80. **AE** **E** **VISA**. 🦟 Rest
Menu à la carte 35/70 – **110 Z** 140/230, 20 Suiten – ½ P 28.

🏨 **Residenz an der Seebrücke** 🦢, Zur Seebrücke 34, ✉ 18181, 𝒫 (038206) 2 07,
Fax (038206) 79246, 🌳, ⇔s, 🐎 – 🔲 🕿 🅿 – 🔁 20. **AE** **E** **VISA**. 🦟 Rest
Menu à la carte 32/68 – **67 Z** 120/280.

🏨 **Ostseewoge** Ⓜ, An der Seebrücke 35, ✉ 18181, 𝒫 (038206) 7 10,
Fax (038206) 71777, ⇐, 🌳, ⇔s – 🕪 🔲 🕿 🅿 – 🔁 30. **AE** ⓞ **E** **VISA**. 🦟
Strandrestaurant : Menu à la carte 25/45 – **Der Kapitänssalon** (Montag - Freitag nur
Abendessen) Menu à la carte 38/56 – **29 Z** 160/260 – ½ P 20.

🏨 **Haus am Meer** 🦢, Zur Seebrücke 36, ✉ 18181, 𝒫 (038206) 73 90,
Fax (038206) 73939, ⇐, 🌳, ⇔s – 🔲 🕿 🅿 – 🔁 20. **AE** **E** **VISA**. 🦟
Menu à la carte 27/43 – **33 Z** 90/170 – ½ P 20.

🏠 **Seehotel Düne** 🦢, Strandstr. 64, ✉ 18181, 𝒫 (038206) 7 97 72,
Fax (038206) 79774, ⇔s – 🔲 🕿 🅿 – 🔁 25. **AE** ⓞ **E** **VISA**
Menu à la carte 29/55 – **20 Z** 125/180 – ½ P 20.

🏠 **Kähler** 🦢, Zur Seebrücke 18, ✉ 18181, 𝒫 (038206) 7 98 06, Fax (038206) 412 – 🔲
🕿 ⓕ 🅿. **AE** ⓞ **E** **VISA**. 🦟
Menu (Okt.- Mai Freitag geschl.) (wochentags nur Abendessen) à la carte 25/38 –
11 Z 70/130.

GRÄFELFING Bayern **419 420** V 18, **987** ㊵ – 13 300 Ew – Höhe 540 m.
siehe Stadtplan München (Umgebungsplan).
Berlin 598 – München 14 – Garmisch-Partenkirchen 81 – Landsberg am Lech 46.

In Gräfelfing-Lochham :

🏠 **Würmtaler Gästehaus,** Rottenbucher Str. 55, ✉ 82166, 𝒫 (089) 8 54 50 56,
Fax (089) 853897, 🌳, ⇔s, 🐎 – 🔲 🕿 ⇔ 🅿   AS c
Menu (Freitagabend und Samstag geschl.) à la carte 33/54 – **55 Z** 100/250.

In Planegg SW : 1 km :

🏠 **Planegg** 🦢 garni, Gumstr. 13, ✉ 82152, 𝒫 (089) 8 57 10 70, Fax (089) 8596016 – 🕪
🦟 🔲 🕿 🅿. **E** **VISA**   AT a
Weihnachten - Anfang Jan. geschl. – **41 Z** 90/155.

GRÄFENBERG Bayern **419 420** R 17 – 5 000 Ew – Höhe 433 m.
Berlin 409 – München 190 – Nürnberg 28 – Bamberg 42.

In Gräfenberg-Haidhof N : 7,5 km :

🏠 **Schloßberg** 🦢, Haidhof 5, ✉ 91322, 𝒫 (09197) 6 28 40, Fax (09197) 628462, 🌳,
⇔s, 🐎 – 🔲 🕿 ⇔ 🅿 – 🔁 100. **AE** **E** **VISA**
Jan. geschl. – **Menu** (Montag geschl.) à la carte 28/59 ♨ – **28 Z** 67/108.

Dans les grandes villes,
certains hôtels proposent des « forfaits week-end »
à des prix intéressants.

GRAFENAU Bayern 420 T 24, 987 ③ – 8 600 Ew – Höhe 610 m – Luftkurort – Wintersport : 610/700 m ⚡2 ⚡8.

🛈 Verkehrsamt im Rathaus, Rathausgasse 1, ✉ 94481, ℘ (08552) 96 23 43, Fax (08552) 4690.

Berlin 505 – München 190 – Deggendorf 46 – Passau 37.

🏛 **Parkhotel** ⚲, Freyunger Str. 51 (am Kurpark), ✉ 94481, ℘ (08552) 44 90, Fax (08552) 449161, ≤, 佘, Massage, ≦s, 🖂, 凨 – 🛗 ⊡ ☎ 🛆 🅿 – 🔬 25. 🖭 ⓞ 🖾 𝘝𝘐𝘚𝘈 ⅝ Rest
Menu à la carte 25/68 – **45 Z** 75/250 – ½ P 25.

XX **Säumerhof** mit Zim, Steinberg 32, ✉ 94481, ℘ (08552) 24 01, Fax (08552) 5343, ≤,
❀ 佘, ≦s, 凨 – ⊡ ☎ 🅿. 🖭 ⓞ 🖾 𝘝𝘐𝘚𝘈
Menu (Montag - Donnerstag nur Abendessen) à la carte 49/85 – **9 Z** 80/180 – ½ P 35/48
Spez. Kalbsbriesröschen mit gebratenen Artischocken. Freilandhähnchenbrust auf Linsen. Soufflierter Topfenpalatschinken mit Früchten.

In Grafenau-Grüb N : 1,5 km :

🏠 **Hubertus,** Grüb 20, ✉ 94481, ℘ (08552) 9 64 90, Fax (08552) 5265, 佘, ≦s, 🖂 –
⊛ 🛗 ⊡ ☎ ⇔ 🅿
Menu à la carte 22/45 – **35 Z** 70/140 – ½ P 20.

In Grafenau-Rosenau NO : 3 km :

🏠 **Postwirt,** Rosenau 48, ✉ 94481, ℘ (08552) 9 64 50, Fax (08552) 964511, 佘, ≦s,
⊛ 🖂, 凨, ⅝ – 🛗 ☎ 🅿
Menu (Dienstag geschl.) à la carte 23/44 ⚄ – **35 Z** 45/100 – ½ P 18.

GRAFENBERG Baden-Württemberg siehe Metzingen.

GRAFENHAUSEN Baden-Württemberg 419 W 8, 427 I 2 – 2 100 Ew – Höhe 895 m – Luftkurort – Wintersport : 900/1 100 m ⚡1 ⚡5.

Sehenswert : Heimatmuseum "Hüsli"★ (in Rothaus, N : 3 km).

🛈 Kurverwaltung, Haus des Gastes, ✉ 79865, ℘ (07748) 5 20 41, Fax (07748) 52042.

Berlin 788 – Stuttgart 174 – Freiburg im Breisgau 50 – Donaueschingen 41 – Waldshut-Tiengen 30.

🐾 **Tannenmühle** ⚲ (Schwarzwaldgasthof mit Museumsmühle, Tiergehege und Forellenteichen), Tannenmühlenweg 5 (SO : 3 km), ✉ 79865, ℘ (07748) 2 15, Fax (07748) 1226,
佘, 凨 – ⊡ 🅿
Mitte Nov. - Mitte Dez. geschl. – **Menu** (Nov. - April Dienstag geschl.) à la carte 28/63 ⚄
– **17 Z** 70/130.

In Grafenhausen-Rothaus N : 3 km – Höhe 975 m

🏠 **Kurhaus Rothaus** (mit Gästehaus), ✉ 79865, ℘ (07748) 12 51, Fax (07748) 5542,
≦s, 凨 – ⊡ ☎ ⇔ 🅿 – 🔬 20. 🖭 🖂
15. Nov. - 23. Dez. und April - Mai 2 Wochen geschl. – **Menu** (Donnerstag geschl.) à la carte 31/60 – **46 Z** 78/190 – ½ P 25.

GRAFENRHEINFELD Bayern 420 P 14 – 2 900 Ew – Höhe 201 m.

Berlin 461 – München 287 – Bamberg 62 – Schweinfurt 12 – Würzburg 37.

🏠 **Alte Amtsvogtei,** Kirchplatz 4, ✉ 97506, ℘ (09723) 20 25, Fax (09723) 2027, Bier-
⊛ garten – ⊡ ☎ 🅿 – 🔬 120. 🖂
7. - 28. Jan. geschl. – **Menu** à la carte 22/48 ⚄ – **9 Z** 70/120.

GRAFENWIESEN Bayern 420 S 22 – 1 700 Ew – Höhe 509 m – Erholungsort.

🛈 Verkehrsamt, Rathausplatz 6, ✉ 93479, ℘ (09941) 16 97, Fax (09941) 4783.

Berlin 501 – München 191 – Cham 26 – Deggendorf 50.

🏛 **Birkenhof** ⚲, Auf der Rast 7, ✉ 93479, ℘ (09941) 15 82, Fax (09941) 4961, ≤, 佘,
⊛ ≦s, 🖂, 凨, ⅝ – 🛗 ⊡ 🅿. ⅝ Rest
8. - 31. Jan. geschl. – **Menu** (Samstagabend geschl.) à la carte 23/39 – **50 Z** 70/160 – ½ P 18.

🏠 **Wildgatter** ⚲, Kaitersberger Weg 27, ✉ 93479, ℘ (09941) 60 80,
⊛ Fax (09941) 608199, ≤, 佘, ≦s, 凨 – ⊡ ☎ 🅿
Nov. geschl. – **Menu** (Dienstag und Dez. 2 Wochen geschl.) à la carte 24/40 – **25 Z** 86/143 – ½ P 18.

GRAFING Bayern **420** V 19, **987** ⑳ – 11 000 Ew – Höhe 519 m.

⌱ Oberelkofen (S : 3 km), 🖉 (08092) 74 94.

Berlin 614 – München 39 – Landshut 80 – Rosenheim 35 – Salzburg 110.

🏠 **Hasi** garni, Griesstr. 5, ✉ 85567, 🖉 (08092) 7 00 70, Fax (08092) 700780 – 📺 ☎ 🚗
🅿
19 Z 65/130.

GRAINAU Bayern **419 420** X 17, **987** ㊴ – 3 700 Ew – Höhe 748 m – Luftkurort – Wintersport :
750/2 950 m ⌁ 3 ⌁ 5 ⌁ 4.

Sehenswert : Eibsee* SW : 3 km.

Ausflugsziel : Zugspitzgipfel*** (❄ ***) mit Zahnradbahn (40 min) oder ⌁ ab
Eibsee (10 min).

🛈 Verkehrsamt, Waxensteinstr. 35, ✉ 82491, 🖉 (08821) 8 14 11, Fax (08821) 8488.

Berlin 682 – München 94 – Garmisch-Partenkirchen 11.

🏨 **Alpenhof** Ⓜ ⌁, Alpspitzstr. 34, ✉ 82491, 🖉 (08821) 98 70, Fax (08821) 98777, ⌁,
⌁, ⌁s, ⌁, ⌁ – ⌁, ⌁ Zim, 📺 🅿. ⓞ 🅴 🆅🅸🆂🅰. ⌁
5. Nov. - 16. Dez. geschl. – **Menu** à la carte 39/69 – **36 Z** 105/350 – ½ P 35.

🏨 **Eibsee - Hotel** ⌁, am Eibsee 1 (SW : 3 km), ✉ 82491, 🖉 (08821) 80 81,
Fax (08821) 82585, ⌁ Eibsee, ⌁, ⌁6, ⌁s, ⌁, ⌁s, ⌁, ⌁ – ⌁, ⌁ Zim, 📺 🅿 –
⌁ 130. 🅰🅴 ⓞ 🅴 🆅🅸🆂🅰 🅹🅲🅱
Menu à la carte 49/76 – **120 Z** 115/305, 6 Suiten – ½ P 45.

🏠 **Waxenstein** ⌁, Höhnrainweg 3, ✉ 82491, 🖉 (08821) 98 40, Fax (08821) 8401,
⌁ Waxenstein und Zugspitze, ⌁, Massage, ⌁s, ⌁, ⌁ – ⌁ 📺 ☎ 🚗 🅿 – ⌁ 60.
🅰🅴 ⓞ 🅴 🆅🅸🆂🅰. ⌁ Rest
Menu (Montagmittag und Dienstagmittag geschl.) à la carte 38/55 – **48 Z** 135/350 –
½ P 30.

🏠 **Längenfelder Hof** ⌁ garni, Längenfelder Str. 8, ✉ 82491, 🖉 (08821) 80 88,
Fax (08821) 81807, ⌁, ⌁s, ⌁, ⌁ – ☎ 🚗 🅿. ⌁
2. Nov. - 15. Dez. geschl. – **20 Z** 77/186.

🏠 **Wetterstein** garni, Waxensteinstr. 26, ✉ 82491, 🖉 (08821) 80 04, Fax (08821) 8838,
⌁s, ⌁ – ☎ 🚗 🅿. ⌁
15 Z 69/150.

🏠 **Alpspitz**, Loisachstr. 58, ✉ 82491, 🖉 (08821) 9 82 10, Fax (08821) 982113, ⌁, ⌁s,
⌁ – 📺 ☎ 🅿. 🅴 🆅🅸🆂🅰
April und Nov. geschl. – **Menu** (Mittwoch geschl.) à la carte 28/54 – **20 Z** 75/160 – ½ P 21.

🏠 **Haus Bayern** ⌁ garni, Zugspitzstr. 72, ✉ 82491, 🖉 (08821) 89 85, Fax (08821) 8910,
⌁, « Garten », ⌁ (geheizt), ⌁ – ☎ 🚗 🅿. ⌁
12 Z 70/140.

🏠 **Gästehaus am Kurpark** ⌁ garni, Am Brücklesbach 3, ✉ 82491, 🖉 (08821) 85 49,
⌁ – 🅿. ⌁
10 Z 45/94.

🍴 **Gasthaus am Zierwald** mit Zim, Zierwaldweg 2, ✉ 82491, 🖉 (08821) 9 82 80,
Fax (08821) 982888, ⌁, ⌁, ⌁ – 📺 ☎ 🅿. 🅰🅴 ⓞ 🅴 🆅🅸🆂🅰 🅹🅲🅱. ⌁
15. - 29. April geschl. – **Menu** (Mittwoch geschl.) à la carte 26/44 – **5 Z** 72/140 – ½ P 24.

🍴 **Zugspitze** ⌁ mit Zim, Törlenweg 11, ✉ 82491, 🖉 (08821) 88 89, Fax (08821) 81317,
⌁ – ☎ 🅿. 🅰🅴 🅴 🆅🅸🆂🅰
Menu à la carte 31/62 – **8 Z** 65/120.

GRASBRUNN Bayern **419 420** V 19 – 4 000 Ew – Höhe 560 m.

Berlin 596 – München 21 – Landshut 87 – Salzburg 141.

In Grasbrunn-Harthausen SO : 3 km :

🏠 **Landgasthof Forstwirt,** Beim Forstwirt 1 (SO : 1 km), ✉ 85630, 🖉 (08106) 3 63 80,
Fax (08106) 363811, Biergarten – 📺 ☎ 🅿. 🅰🅴 ⓞ 🅴 🆅🅸🆂🅰
Menu (Montagmittag und Dienstagmittag geschl.) à la carte 30/61 – **32 Z** 104/180.

GRASELLENBACH Hessen **417 419** R 10 – 3 000 Ew – Höhe 420 m – Kneippheilbad – Luftkurort.

🛈 Verkehrsbüro, Nibelungenhalle, ✉ 64689, 🖉 (06207) 25 54, Fax (06207) 82333.

Berlin 592 – Wiesbaden 95 – Beerfelden 21 – Darmstadt 55 – Mannheim 46.

🏨 **Siegfriedbrunnen** ⌁, Hammelbacher Str. 7, ✉ 64689, 🖉 (06207) 60 80,
Fax (06207) 1577, ⌁, Massage, ⌁, ⌁, ⌁s, ⌁ (geheizt), ⌁, ⌁, ⌁ – ⌁ 📺 ☎ 🅿 –
⌁ 60. 🅰🅴 🅴 🆅🅸🆂🅰
Menu à la carte 33/71 – **69 Z** 110/292.

🏠 **Landhaus Muhn** ⬙, Im Erzfeld 10, ⊠ 64689, ℰ (06207) 9 40 20,
Fax (06207) 940219, ⇌, ⚞ – 📺 ☎ ⬙ ℗
(Restaurant nur für Pensionsgäste) – **15 Z** 70/140 – ½ P 15.

🏠 **Café Gassbachtal** ⬙, Hammelbacher Str. 16, ⊠ 64689, ℰ (06207) 9 40 00,
Fax (06207) 940013, ⇌ – 📳 📺 ☎ ⬙ ℗ ⊑ ⚞
Feb. geschl. – *(Restaurant nur für Pensionsgäste)* – **22 Z** 93/166 – ½ P 12.

🏠 **Landgasthof Dorflinde**, Siegfriedstr. 14, ⊠ 64689, ℰ (06207) 22 50,
Fax (06207) 81736, ⚞, ⚞ – 📺 ☎ ⬙ ℗ – ⚐ 50
Menu à la carte 28/57 – **20 Z** 74/148 – ½ P 20.

🏠 **Marienhof** ⬙, Güttersbacher Str. 43, ⊠ 64689, ℰ (06207) 60 90, *Fax (06207) 60972*,
🛏, ⚐, ⇌, ⬛, ⚞ – 📳 📺 ☎ ⬙ ℗ – ⚐ 30. ⚞
Dez. - Jan. geschl. – *(Restaurant nur für Pensionsgäste)* – **22 Z** 83/216 – ½ P 22.

In Grasellenbach-Tromm *SW : 7 km – Höhe 577 m*

⚟ **Zur schönen Aussicht** ⬙, Auf der Tromm 2, ⊠ 64689, ℰ (06207) 33 10,
⚞ *Fax (06207) 5023*, ≤, ⚞, ⚞ – ⬙ ℗
Ende Nov. - 24. Dez. geschl. – **Menu** *(Montag geschl.)* à la carte 23/41 ⚞ – **16 Z** 55/100
– ½ P 17.

In Grasellenbach-Wahlen *S : 2 km :*

🏨 **Burg Waldau**, Volkerstr. 1, ⊠ 64689, ℰ (06207) 94 50, *Fax (06207) 945126*, ⚞, ⇌,
⚞ – 📳, ⚞ Zim, 📺 ☎ ⬙ – ⚐ 35. ⒶⒺ ⑩ ⊑ 𝘝𝘐𝘚𝘈
Menu à la carte 27/55 ⚞ – **31 Z** 80/170 – ½ P 25.

GRASSAU *Bayern* 🔢🔢 *W 21 – 6 200 Ew – Höhe 537 m – Luftkurort.*
🛈 *Verkehrsamt, Kirchplatz 3, ⊠ 83224, ℰ (08641) 23 40, Fax (08641) 400841.*
Berlin 661 – München 91 – Bad Reichenhall 49 – Traunstein 25 – Rosenheim 32.

🏨 **Astron Sporthotel Achental** ⬙, Mietenkamer Str. 65, ⊠ 83224, ℰ (08641) 40 10,
Fax (08641) 1758, ⚞, Massage, ⇌, ⬛, ⬛, ⚞, ⚞ – 📳 ⚞ 📺 ☎ ✆ 🛠 ℗ – ⚐ 160
200 Z.

🏠 **Hansbäck**, Kirchplatz 18, ⊠ 83224, ℰ (08641) 40 50, *Fax (08641) 40580*, ⚞ – 📳 📺
⚞ ☎ ℗ ⒶⒺ ⑩ ⊑ 𝘝𝘐𝘚𝘈
Menu *(Okt. - Mai Dienstag geschl.)* à la carte 24/53 – **33 Z** 77/136.

🏠 **Sperrer**, Ortenburger Str. 5, ⊠ 83224, ℰ (08641) 20 11, *Fax (08641) 1881*, Biergarten,
⚞ ⇌, ⚞ – 📳 ⬙ – ⚐ 30. ⑩ ⊑ 𝘝𝘐𝘚𝘈
Menu *(Montag und Nov. geschl.)* à la carte 18/38 – **34 Z** 65/130 – ½ P 15.

GREDING *Bayern* 🔢🔢🔢 *S 18,* 🔢 ㉙ – 7 300 Ew – Höhe 400 m – Erholungsort.*
🛈 *Verkehrsamt, Marktplatz (Rathaus), ⊠ 91171, ℰ (08463) 9 04 20, Fax (08463) 90450.*
Berlin 476 – München 113 – Nürnberg 59 – Ingolstadt 39 – Regensburg 60.

🏠 **Am Markt**, Marktplatz 2, ⊠ 91171, ℰ (08463) 10 51, *Fax (08463) 1602*, ⚞, Bier-
⚞ garten – 📺 ☎ ℗. ⒶⒺ ⑩ ⊑ 𝘝𝘐𝘚𝘈
Menu à la carte 23/58 – **29 Z** 50/105.

GREFRATH *Nordrhein-Westfalen* 🔢🔢 *L 3 – 14 000 Ew – Höhe 40 m.*
Berlin 582 – Düsseldorf 48 – Krefeld 20 – Mönchengladbach 25 – Venlo 16.

🏨 **Sporthotel Grefrather Hof**, Am Waldrand 1 (Nähe Eisstadion), ⊠ 47929,
ℰ (02158) 40 70, *Fax (02158) 407200*, ⚞, ⇌, ⬛, ⚞ (Halle) – 📳 📺 ☎ ℗ – ⚐ 60.
ⒶⒺ ⑩ ⊑ 𝘝𝘐𝘚𝘈 𝙅𝘾𝘽. ⚞ Rest
Menu à la carte 32/60 – **78 Z** 95/185.

GREIFSWALD *Mecklenburg-Vorpommern* 🔢 *D 23,* 🔢 ⑦, 🔢 ⑦ – 60 000 Ew – Höhe 6 m.*
Sehenswert : Marktplatz★ (Haus Nr. 11★) – Marienkirche★ (Kanzel★) – Dom St. Nikolai★
– Botanischer Garten★ – Klosterruine Eldena★ – Fischerdorf Wieck★ (Klappbrücke★).
🛈 *Fremdenverkehrsverein, Schuhhagen 22, ⊠ 17489, ℰ (03834) 34 60, Fax (03834)*
3788.
Berlin 214 – Schwerin 178 – Rügen (Bergen) 60 – Rostock 103 – Stralsund 32 – Neubran-
denburg 67.

🏨 **Europa Hotel** Ⓜ, Hans-Beimler-Str. 1, ⊠ 17491, ℰ (03834) 80 10,
Fax (03834) 801100, 🛏, ⇌ – 📳, ⚞ Zim, 📺 ⚞ ℗ – ⚐ 60. ⒶⒺ ⑩ ⊑ 𝘝𝘐𝘚𝘈
Menu à la carte 38/57 – **55 Z** 162/204.

🏨 **Am Gorzberg**, Am Gorzberg, ⊠ 17489, ℰ (03834) 54 40, *Fax (03834) 544444*, ⚞,
⇌ – 📳, ⚞ Zim, 📺 ☎ ✆ ⚞ ℗ – ⚐ 180. ⒶⒺ ⑩ ⊑ 𝘝𝘐𝘚𝘈. ⚞ Rest
Menu à la carte 32/50 – **112 Z** 140/170, 4 Suiten.

🏨 **Parkhotel** garni, Pappelallee 1, ⊠ 17489, ℘ (03834) 87 40, *Fax (03834) 874555 –* 🛗
🔟 ☎ 📞 & 📞 – 🏛 100. 🆎 🅴 *VISA*. 🛇
71 Z 99/160.

🏨 **Kronprinz** M garni, Lange Straße 22, ⊠ 17489, ℘ (03834) 79 00, *Fax (03834) 790111*
– 🛗 🛬 🔟 ☎ 📞 📞 – 🏛 60. 🆎 🅴
31 Z 128/198.

🏠 **Am Dom** M, Lange Str. 44, ⊠ 17489, ℘ (03834) 7 97 50, *Fax (03834) 797511 –* 🔟
☎. 🆎 *VISA*. 🛇 Zim
Menu à la carte 25/48 – **16 Z** 100/195.

In Greifswald-Wieck *O : 4 km :*

🏨 **Ryck-Hotel,** Rosenstr. 17b, ⊠ 17493, ℘ (03834) 8 33 00, *Fax (03834) 833032,* 🍴 –
🔟 ☎ 📞. 🆎 🅴 *VISA*. 🛇 Zim
Menu *(Montag - Freitag nur Abendessen)* à la carte 32/40 – **20 Z** 90/170.

🏠 **Maria,** Dorfstr. 45, ⊠ 17493, ℘ (03834) 84 14 26, *Fax (03834) 840136,* 🍴 – 🔟 ☎
📞. 🅴
Menu (Okt. - Mai wochentags nur Abendessen) à la carte 28/53 – **13 Z** 90/160.

In Neuenkirchen *N : 2 km :*

🏨 **Stettiner Hof,** Theodor-Körner-Str. 20, ⊠ 17498, ℘ (03834) 89 96 24,
🚌 *Fax (03834) 899627,* 🍴, 🌳 – 🔟 ☎ & 📞 – 🏛 20. 🆎 🅾 🅴 *VISA*
Menu (Montag - Freitag nur Abendessen) à la carte 24/39 – **23 Z** 130/160.

In Mesekenhagen *NW : 6 km :*

🏨 **Terner** garni, Greifswalder Str. 40, ⊠ 17498, ℘ (038351) 55 40, *Fax (038351) 554433,*
🌳 – 🔟 ☎ 📞 📞. 🆎 🅾 🅴 *VISA*
20. Dez. - 10. Jan. geschl. – **14 Z** 110/175.

In Mesekenhagen-Gristow *NW : 9 km :*

🍴 **Waldeslust** 🛬 mit Zim, Riemser Weg 1, ⊠ 17498, ℘ (038351) 2 73,
Fax (038351) 80313, 🍴 – 🔟 ☎ 📞. 🆎 🅾 🅴 *VISA*. 🛇
Menu *(Montag, Jan. und Okt. 1 Woche geschl.)* à la carte 28/50 – **5 Z** 75/130.

GREIMERATH *Rheinland-Pfalz siehe Zerf.*

GREIZ *Thüringen* 418 *O 20,* 984 ㉓, 987 ㉙ *– 3 300 Ew – Höhe 325 m.*
Berlin 277 – Erfurt 111 – Gera 30 – Plauen 24 – Zwickau 27.

In Greiz-Untergrochlitz *SW : 3 km :*

🏠 **Am Wald** 🛬, Untergrochlitzer Str. 8, ⊠ 07973, ℘ (03661) 67 08 03,
Fax (03661) 670805, 🍴, 🌳 – 🛬 Zim, 🔟 ☎ 📞. 🅴
(nur Abendessen für Hausgäste) **13 Z** 90/130.

In Mohlsdorf *NO : 4 Km :*

🏠 **Gudd** M 🛬, Raasdorfer Str. 2, ⊠ 07987, ℘ (03661) 43 00 25, *Fax (03661) 430027,*
🍴 – 🔟 ☎ 📞 📞 – 🏛 30. 🆎 🅴 *VISA*
Menu *(Montagmittag geschl.)* à la carte 27/50 – **15 Z** 88/130.

GREMSDORF *Bayern siehe Höchstadt an der Aisch.*

GRENZACH-WYHLEN *Baden-Württemberg* 419 *X 7 – 13 200 Ew – Höhe 272 m.*
Berlin 868 – Stuttgart 271 – Freiburg im Breisgau 87 – Bad Säckingen 25 – Basel 6.

Im Ortsteil Grenzach :

🏠 **Eckert,** Basler Str. 20, ⊠ 79639, ℘ (07624) 9 17 20, *Fax (07624) 2414,* 🍴 – 🛗 🔟
☎ 📞. 🅴 *VISA*
Menu *(Donnerstagabend - Samstagmittag geschl.)* à la carte 43/75 – **29 Z** 98/240.

GREUSSEN *Thüringen* 418 *M 16,* 984 ㉓, 987 ⑰ *– 5 400 Ew – Höhe 178 m.*
Berlin 265 – Erfurt 34 – Nordhausen 40 – Göttingen 104.

🏠 **Am Steingraben** garni (mit Gästehaus), Flattigstr. 23, ⊠ 99718, ℘ (03636) 70 11 44,
Fax (03636) 701143 – 🔟 ☎ 📞. 🆎 🅾 🅴 *VISA*. 🛇
20 Z 75/140.

GREVEN Nordrhein-Westfalen **417** J 6, **987** ⑮ – 33 000 Ew – Höhe 52 m.
- 🛈 Verkehrsverein, Alte Münsterstr. 23, ✉ 48268, ℘ (02571) 13 00, Fax (02571) 55234.
Berlin 465 – Düsseldorf 141 – Enschede 59 – Münster (Westfalen) 20 – Osnabrück 43.

- 🏨 **Kroner Heide,** Kroner Heide 5, ✉ 48268, ℘ (02571) 9 39 60, Fax (02571) 939666 –
📺 🚲 ⇔ 🅿 – 🛎 30. **E** 𝗩𝗜𝗦𝗔. ✹
(nur Abendessen für Hausgäste) – **33 Z** 100/200.

- 🏨 **Eichenhof,** Hansaring 70, ✉ 48268, ℘ (02571) 5 20 07, Fax (02571) 52000, 🌴 – 📺
🕿 🚲 🅿 – 🛎 25. **AE** ⓞ **E** 𝗩𝗜𝗦𝗔. ✹ Rest
Menu (Samstagmittag und Sonntagmittag geschl.) (Tischbestellung ratsam) à la carte
30/60 (auch vegetarische Gerichte) – **27 Z** 110/160.

- 🏠 **Wermelt,** Nordwalder Str. 160 (W : 3,5 km), ✉ 48268, ℘ (02571) 92 70,
Fax (02571) 927152 – 📺 🕿 🅿. **AE** ⓞ **E** 𝗩𝗜𝗦𝗔
Menu (wochentags nur Abendessen) à la carte 25/58 – **28 Z** 80/140.

- ✗ **Altdeutsche Gaststätte Wauligmann,** Schiffahrter Damm 22 (B 481, SO : 4,5 km),
✉ 48268, ℘ (02571) 23 88, Fax (02571) 4500, 🌴 – 🅿 – 🛎 30. **E** 𝗩𝗜𝗦𝗔
Montag - Dienstag, 20. Juli - 11. Aug. und 21. - 31. Dez. geschl. – **Menu** à la carte 29/65.

In Greven-Gimbte S : 4,5 km :

- 🏠 **Schraeder,** Dorfstr. 29, ✉ 48268, ℘ (02571) 92 20, Fax (02571) 92257, 🌴 – 📺 🕿
⇔ 🅿 – 🛎 30
Menu (Sonntagabend - Montagmittag geschl.) à la carte 25/57 – **33 Z** 75/135.

- ✗✗ **Altdeutsche Schänke,** Dorfstr. 18, ✉ 48268, ℘ (02571) 22 61, 🌴 – 🅿. **AE E**
Dienstag und Aug. 3 Wochen geschl. – **Menu** à la carte 32/70.

GREVENBROICH Nordrhein-Westfalen **417** M 3, **987** ㉕ – 62 000 Ew – Höhe 60 m.
Ausflugsziel : Schloß Dyck★ N : 7 km.
Berlin 581 – Düsseldorf 28 – Köln 31 – Mönchengladbach 26.

- 🏨 **Montanushof** garni, Montanusstr. 100, ✉ 41515, ℘ (02181) 60 90,
Fax (02181) 609600 – 📳 ✸ 📺 🕿 ⇔ – 🛎 180. **AE** ⓞ **E** 𝗩𝗜𝗦𝗔
114 Z 160/380.

- 🏠 **Sonderfeld** garni, Bahnhofsvorplatz 6, ✉ 41515, ℘ (02181) 14 33, Fax (02181) 9628
– 📳 📺 🕿 🅿 – 🛎 60. **AE E** 𝗩𝗜𝗦𝗔
Weihnachten - Anfang Jan. und Juli 2 Wochen geschl. – **48 Z** 90/190.

- ✗✗✗✗✗ **Zur Traube** mit Zim, Bahnstr. 47, ✉ 41515, ℘ (02181) 6 87 67, Fax (02181) 61122 –
❀❀ 📺 🅿. ⓞ **E** 𝗩𝗜𝗦𝗔. ✹ Zim
5. - 14. April, 19. Juli - 4. Aug. und 20. Dez. - 22. Jan. geschl. – **Menu** (Sonntag - Montag
geschl.) (Tischbestellung erforderlich, bemerkenswerte Weinkarte) 78 (mittags) und à la
carte 94/154 – **6 Z** 220/360
Spez. Mousse vom Perlhuhn im Entenlebermantel. Maultasche mit Langustinen und Steinbutt im Trüffelsud. Warme Ananastorte mit Mandeleis.

- ✗✗✗ **Harlekin,** Lilienthalstr. 16 (im Tennis-Center Heiderhof), ✉ 41515, ℘ (02181) 6 35 34,
Fax (02181) 64832, 🌴 – ▤ 🅿. **AE** ⓞ **E** 𝗩𝗜𝗦𝗔
Montag und Juli - Aug. 3 Wochen geschl. – **Menu** 55 (Lunchbuffet) und à la carte 59/88.

In Grevenbroich-Kapellen NO : 6 km :

- ✗✗ **Drei Könige,** Neusser Str. 49, ✉ 41516, ℘ (02182) 27 84, Fax (02182) 2784, 🌴 – 🅿.
AE E
Samstagmittag, Montag und nach Karneval 2 Wochen geschl. – **Menu** à la carte 70/92.

GREVESMÜHLEN Mecklenburg-Vorpommern **415** **416** E 17 – 11 000 Ew – Höhe 50 m.
Berlin 235 – Schwerin 32 – Wismar 21 – Lübeck 37.

- 🏨 **Hotel am See** 🅼, Klützer Str. 17a, ✉ 23936, ℘ (03881) 72 70, Fax (03881) 727100,
🌴 – 📳, ✸ Zim, 📺 🚲 🅿. **E** 𝗩𝗜𝗦𝗔. ✹ Rest
Menu à la carte 26/50 – **28 Z** 90/145.

- 🏠 **Alte Bäckerei,** Große Alleestr. 51 (B 105), ✉ 23936, ℘ (03881) 7 83 00,
⇔ Fax (03881) 79069, 🌴 – 📺 🕿 ☏ 🚲 🅿 – 🛎 20. **E**
Menu (Montagmittag und Dienstagmittag geschl.) à la carte 23/41 – **12 Z** 90/140.

Les hôtels ou restaurants agréables
sont indiqués dans le Guide par un signe rouge.
Aidez-nous en nous signalant les maisons où,
par expérience, vous savez qu'il fait bon vivre.
Votre **Guide Michelin** sera encore meilleur.

🏨 ... 🏠

✗✗✗✗✗ ... ✗

GRIESBACH IM ROTTAL *Bayern* 420 *U 23,* 987 ④ – *8 300 Ew – Höhe 525 m – Luftkurort – Thermalbad.*

ြ️ *Brunnwies (NW : 5,5 km),* ℰ *(08535) 9 60 10 ;* ြ️ *Lederbach und* ြ️ြ️ြ️ *Holzhäuser (NW : 5 Km),* ℰ *(08532) 31 35 ;* ြ️ *Uttlau (NW : 4,5 km),* ℰ *(08532) 1 89 49 ;* ြ️ *Sägmühle (S : 6 km),* ℰ *(08532) 20 38.*

🛈 *Kurverwaltung, Stadtplatz 1 und Kurallee 6 (Kurzentrum),* ⊠ *94086,* ℰ *(08532) 7 92 40, Fax (08532) 7614.*

Berlin 606 – München 153 – Landshut 95 – Passau 41 – Salzburg 116.

🏨 **Columbia** M, Passauer Str. 39a, ⊠ 94086, ℰ (08532) 30 90, Fax (08532) 309154, 🌤️, Massage, ₤₅, ⇌₅, ☟ (geheizt), ▨ (Thermal) – 🛗, 🕊️ Zim, 📺 🚗 🅿 – 🕍 50. 🆎 🗲 𝖵𝖨𝖲𝖠, 🍴 Rest
Menu à la carte 45/70 – **119 Z** 145/290 – ½ P 45.

🏠 **Rottaler Hof** garni, Kronberger Str. 11, ⊠ 94086, ℰ (08532) 9 60 40, Fax (08532) 960433, ≤, « Garten », ⇌₅ – 🚗 🅿
März - Nov. – **18 Z** 40/110.

In Bad Griesbach *S : 3 km :*

🏰 **Golfhotel Maximilian** M, Kurallee 1, ⊠ 94086, ℰ (08532) 79 50, Fax (08532) 795151, 🌤️, Massage, ≜, ₤₅, ⇌₅, ☟ (geheizt), ▨ – 🛗 🕊️, 🍽️ Rest, 📺 ⅙ 🚗 – 🕍 50. 🆎 ⓞ 🗲 𝖵𝖨𝖲𝖠 🅹🅲🅱, 🍴
Menu 46 Lunchbuffet und à la carte 55/82 – **229 Z** 180/360, 19 Suiten – ½ P 45.

🏨 **König Ludwig** M 🍴, Am Kurwald 2, ⊠ 94086, ℰ (08532) 79 90, Fax (08532) 799799, 🌤️, Massage, ≜, ₤₅, ⇌₅, ☟ (Thermal), ▨ (Thermal), 🌬️, 🎾 (Halle) – 🛗, 🕊️ Zim, 📺 🚗 – 🕍 140. 🆎 ⓞ 🗲 𝖵𝖨𝖲𝖠, 🍴 Rest
Menu à la carte 45/75 – **184 Z** 185/370 – ½ P 30.

🏨 **Parkhotel Bad Griesbach** M 🍴, Am Kurwald 10, ⊠ 94086, ℰ (08532) 2 80, Fax (08532) 28204, Massage, ≜, ₤₅, ⇌₅, ☟ (geheizt), ▨ (Thermal), 🌬️, 🎾 – 🛗 🕊️ 📺 🚗, 🆎 ⓞ 🗲 𝖵𝖨𝖲𝖠, 🍴 Rest
Menu (nur Abendessen) à la carte 51/76 – **162 Z** 182/354, 5 Suiten – ½ P 30.

🏨 **Fürstenhof** 🍴, Thermalbadstr. 28, ⊠ 94086, ℰ (08532) 98 10, Fax (08532) 981135, Massage, ≜, ₤₅, ⇌₅, ☟ (geheizt), ▨ (Thermal), 🌬️ – 🛗 🕊️ 📺 ☎ 🚗, 🆎 ⓞ 🗲 𝖵𝖨𝖲𝖠
Menu à la carte 46/69 – **148 Z** 130/270, 8 Suiten – ½ P 32.

🏨 **Drei Quellen Therme** M 🍴, Thermalbadstr. 3, ⊠ 94086, ℰ (08532) 79 80, Fax (08532) 7547, 🌤️, Massage, ≜, ⇌₅ – 🛗 📺 ☎ 🚗, 🆎 ⓞ 🗲 𝖵𝖨𝖲𝖠, 🍴 Rest
Menu à la carte 32/63 – **106 Z** 100/230, 5 Suiten – ½ P 15.

🏠 **Glockenspiel** 🍴 garni, Thermalbadstr. 21, ⊠ 94086, ℰ (08532) 70 60, Fax (08532) 70653, Massage, ≜ direkter Zugang zur Therme, ☟ (geheizt), 🌬️ – 🛗 📺 ☎ 🚗, 🗲
52 Z 85/150.

In Griesbach-Schwaim *S : 4 km :*

🏨 **Gutshof Sagmühle** M 🍴, Schwaim 52, ⊠ 94086 Bad Griesbach, ℰ (08532) 9 61 40, Fax (08532) 3435, 🌤️ – 📺 ☎ 🅿 – 🕍 30. 🆎 ⓞ 🗲 𝖵𝖨𝖲𝖠, 🍴 Zim
20. Nov. - 8. Dez. und 9. - 30. Jan. geschl. – **Menu** *(Feb. - Mitte März Montag - Mittwoch geschl.)* à la carte 27/60 – **21 Z** 110/220.

GRIESHEIM *Hessen* 417 419 *Q 9 – 21 400 Ew – Höhe 145 m.*
Berlin 573 – Wiesbaden 43 – Frankfurt am Main 40 – Darmstadt 7.

🏨 **Prinz Heinrich** 🍴, Am Schwimmbad 12, ⊠ 64347, ℰ (06155) 6 00 90, Fax (06155) 6009288, 🌤️, « Rustikale Restauranteinrichtung », ⇌₅ – 🛗, 🕊️ Zim, 📺 ☎ 🚗 🅿 – 🕍 30. 🆎 ⓞ 🗲 𝖵𝖨𝖲𝖠
Weihnachten - Neujahr geschl. – **Menu** *(Samstagmittag geschl.)* à la carte 34/59 – **80 Z** 106/190.

🏠 **Achat** M, Flughafenstrasse 2, ⊠ 64347, ℰ (06155) 88 20, Fax (06155) 882999, 🌤️ – 🛗, 🕊️ Zim, 📺 ☎ 📞 🚗 🅿 – 🕍 20. 🆎 🗲 𝖵𝖨𝖲𝖠
Menu (italienische Küche) à la carte 30/59 – **35 Z** 125/280.

🏠 **Café Nothnagel** garni, Wilhelm-Leuschner-Str. 67, ⊠ 64347, ℰ (06155) 8 37 00, Fax (06155) 4034, ⇌₅, ▨ – 🛗 📺 ☎ 🅿 – 🕍 15. 🗲 𝖵𝖨𝖲𝖠 🅹🅲🅱
31 Z 95/165.

🏠 **Royal** garni, Bunsenstr. 3 (Industriegebiet-Nord), ⊠ 64347, ℰ (06155) 70 03 81, Fax (06155) 76895 – 📺 ☎ 📞 🅿 – 🕍 20. 🆎 ⓞ 🗲 𝖵𝖨𝖲𝖠
55 Z 90/160.

GRIMMA *Sachsen* 🔲 *M 22,* 🔲 ㉓, 🔲 ⑱ – *19 300 Ew – Höhe 135 m.*
🅱 *Fremdenverkehrsamt, Markt 23,* ✉ *04668,* ✆ *(03437) 91 98 53, Fax (03437) 919853.*
Berlin 214 – Dresden 84 – Leipzig 36.

In Höfgen *SO : 6 km :*

🏠 **Zur Schiffsmühle** 🍴, Zur Schiffsmühle 1, ✉ 04668, ✆ (03437) 91 02 86,
Fax (03437) 910287, ⬉, 🍴, ⬅ – 📺 ☎ ② – 🅰 25. 🆎 🅴
Menu à la carte 23/51 🍷 – **31 Z** 85/200.

GRIMMEN *Mecklenburg-Vorpommern* 🔲 *D 23,* 🔲 ⑦, 🔲 ⑦ – *13 500 Ew – Höhe 15 m.*
Berlin 219 – Schwerin 161 – Rügen (Bergen) 57 – Neubrandenburg 77 – Rostock 70 –
Stralsund 26 – Greifswald 26.

🏠 **Grimmener Hof** 🅼, Friedrichstr. 50, ✉ 18507, ✆ (038326) 5 50, Fax (038326) 55400
– |🖥|, ✢ Zim, 📺 ☎ 🔥 ②. 🆎 ① 🅴 🆅🅸🆂🅰. ✺ Rest
Menu *(Samstag - Sonntag geschl.)* (nur Abendessen) à la carte 30/42 – **38 Z** 100/180.

GRÖDITZ *Sachsen* 🔲 *L 24 – 10 100 Ew – 95 m.*

🏠 **Spanischer Hof,** Hauptstr. 15a, ✉ 01609, ✆ (035263) 4 40, Fax (035263) 44444, 🍴,
⬉ – |🖥|, ✢ Zim, 📺 ☎ 🔥 ② – 🅰 120. 🆎 ① 🅴 🆅🅸🆂🅰 🅹🅲🅱
Menu à la carte 36/62 – **47 Z** 98/148.

GRÖMITZ *Schleswig-Holstein* 🔲 🔲 *D 16,* 🔲 ⑦, 🔲 ⑥ – *6 900 Ew – Höhe 10 m – Seeheilbad.*
🔼 Grömitz, Am Schoor 46, ✆ (04562) 39 92 50.
🅱 *Kurverwaltung, Kurpromenade,* ✉ 23743, ✆ *(04562) 6 92 55, Fax (04562) 69246.*
Berlin 309 – Kiel 72 – Neustadt in Holstein 12 – Oldenburg in Holstein 21.

🏠 **Landhaus Langbehn,** Neustädter Str. 43, ✉ 23743, ✆ (04562) 18 50,
Fax (04562) 18599, ⬉, 🌿 – ✢ Zim, 📺 ☎ 🔥 ② – 🅰 25. 🅴 🆅🅸🆂🅰. ✺
(nur Abendessen für Hausgäste) – **40 Z** 165/250 – ½ P 15.

🏠 **Golf- und Sporthotel Grömitz** 🍴, Am Schoor 46, ✉ 23743, ✆ (04562) 39 90,
Fax (04562) 399245, 🍴, 🔲, 🌿, ✺ (Halle), 🔼 – |🖥|, ✢ Zim, 📺 ☎ ② – 🅰 60
Menu *(Montag - Freitag nur Abendessen)* à la carte 40/65 – **93 Z** 170/280 – ½ P 25.

🏠 **Villa am Meer** 🍴, Seeweg 6, ✉ 23743, ✆ (04562) 25 50, Fax (04562) 255299, 🍴,
⬉ – |🖥| 📺 ☎ ② ✺ Rest
Ostern - Mitte Okt. – **Menu** à la carte 33/62 – **33 Z** 102/204, 3 Suiten.

🏠 **Strandidyll** 🍴, Uferstr. 26, ✉ 23743, ✆ (04562) 18 90, Fax (04562) 18989, ⬉ Ostsee,
🍴, ⬉, 🔲 – |🖥| 📺 ☎ ②. ✺ Zim
Mitte Nov. - Anfang Dez. geschl. – **Menu** à la carte 36/69 – **31 Z** 164/199, 5 Suiten –
½ P 26.

🏠 **Pinguin,** Christian-Westphal-Str. 52, ✉ 23743, ✆ (04562) 98 27, Fax (04562) 1717, ⬉
– 📺 ☎ ⬅ ②
Mitte Jan.- Mitte März geschl. – **La Marée** *(wochentags nur Abendessen, Montag geschl.)*
Menu à la carte 56/89 – **20 Z** 80/210 – ½ P 35.

GRÖNENBACH , BAD *Bayern* 🔲 🔲 *W 14,* 🔲 ㊈ – *5 000 Ew – Höhe 680 m – Kneippheilbad.*
🅱 *Kurverwaltung, Haus des Gastes, Marktplatz,* ✉ 87730, ✆ *(08334) 77 11, Fax (08334)*
6133.
Berlin 675 – München 128 – Kempten (Allgäu) 27 – Memmingen 15.

🏠 **Allgäuer Tor** 🅼 🍴, Sebastian-Kneipp-Allee 7, ✉ 87730, ✆ (08334) 60 80,
Fax (08334) 608199, Massage, ♨, 🛁, ⬉, 🔲, 🌿 – |🖥|, ✢ Rest, 📺 ⬅ ② – 🅰 45.
🆎 ① 🅴 🆅🅸🆂🅰. ✺
(Restaurant nur für Hausgäste) – **153 Z** 180/340 – ½ P 20.

🏠 **Landhotel Grönenbach** 🍴, Ziegelberger Str. 1, ✉ 87730, ✆ (08334) 9 84 80,
Fax (08334) 984858, Massage, ♨, ♨, ⬉, 🌿 – 📺 ☎ ② – 🅰 25. 🆎 ① 🅴 🆅🅸🆂🅰. ✺ Rest
(nur Abendessen für Hausgäste) – **20 Z** 110/190 – ½ P 25.

🍴 **Badische Weinstube,** Marktplatz 8, ✉ 87730, ✆ (08334) 5 05, Fax (08334) 6390,
🍴, « Gemütlich-rustikales Restaurant » – ②
Menu à la carte 45/79.

GRONAU IN WESTFALEN *Nordrhein-Westfalen* 🔲 *J 5,* 🔲 ⑮ – *43 000 Ew – Höhe 40 m.*
🅱 *Touristik Service, Konrad-Adenauer-Str. 45,* ✉ 48599, ✆ *(02562) 9 90 06, Fax (02562)*
99008.
Berlin 509 – Düsseldorf 133 – Enschede 10 – Münster (Westfalen) 54 – Osnabrück 81.

Gronauer Sporthotel ⌀, Jöbkesweg 5 (über Ochtruper Straße), ✉ 48599, ℰ (02562) 70 40, Fax (02562) 70499, Massage, ⌂s, ⌀ – ⊡ ☎ ℗ – 🏄 100. ⒶⒺ ⓪ Ⓔ VISA
Weihnachten - Anfang Jan. geschl. – (Restaurant nur für Hausgäste) – **40 Z** 75/150.

Driland mit Zim, Gildehauser Str. 350 (NO : 4,5 km), ✉ 48599, ℰ (02562) 36 00, Fax (02562) 4147, ⌂ – ⊡ ℗ – 🏄 40. ⒶⒺ ⓪ Ⓔ VISA
Menu *(Dienstag geschl.)* à la carte 32/58 – **4 Z** 60/120.

In Gronau-Epe S : 3,5 km

Schepers, Ahauser Str. 1, ✉ 48599, ℰ (02565) 9 33 20, Fax (02565) 93325, ⌂ – ⌗
⊡ ☎ ⌀ ℗ – 🏄 20. ⒶⒺ Ⓔ VISA
Menu *(Samstagmittag und Sonntag geschl.)* à la carte 37/73 – **25 Z** 98/170.

Ammertmann, Nienborger Str. 23, ✉ 48599, ℰ (02565) 9 33 70, Fax (02565) 933755, ⌂ – ⊡ ☎ ⌀ ℗ – 🏄 30. ⒶⒺ ⓪ Ⓔ VISA JCB
Menu *(Sonntagabend - Montagmittag geschl.)* à la carte 25/52 – **23 Z** 75/160.

Heidehof, Amtsvenn 1 (W : 4 km), ✉ 48599, ℰ (02565) 13 30, Fax (02565) 3073, ⌂
– ℗ – 🏄 60. ⒶⒺ ⓪ Ⓔ VISA. ⌀ Rest
Montag, Samstagmittag und 14. - 28. Feb. geschl. – **Menu** à la carte 46/78.

GROSSALMERODE Hessen ⒋⒓⒎ ⒋⒓⒏ M 13 – 8 000 Ew – Höhe 354 m – Erholungsort.
Berlin 379 – Wiesbaden 255 – Kassel 24 – Göttingen 39.

Pempel, In den Steinen 2, ✉ 37247, ℰ (05604) 9 34 60, Fax (05604) 934621 – ⊡ ☎.
⓪ Ⓔ VISA. ⌀
Ende Dez. - Mitte Jan. geschl. – **Menu** *(Samstagmittag geschl.)* à la carte 26/72 – **10 Z** 65/130.

GROSSBEEREN Brandenburg ⒋⒈⒍ ⒋⒈⒏ I 23 – 2 500 Ew – Höhe 40 m.
Berlin 20 – Potsdam 21.

Großbeeren Ⓜ garni, Dorfaue 9, ✉ 14979, ℰ (033701) 7 70, Fax (033701) 77100 –
⌗, ⌀ Zim, ⊡ ☎ ⌀ ℗ – 🏄 80. Ⓔ VISA
46 Z 110/155, 3 Suiten.

Süd-Hotel, Berliner Str. 121 (B 101), ✉ 14979, ℰ (033701) 7 00, Fax (033701) 57604
– ⌀ Zim, ⊡ ☎ ⌀ ℗ – 🏄 30. ⒶⒺ Ⓔ VISA
Weihnachten - 1. Jan. geschl. – (Restaurant nur für Hausgäste) – **54 Z** 100/165.

GROSSBETTLINGEN Baden-Württemberg siehe Nürtingen.

GROSSBOTTWAR Baden-Württemberg ⒋⒈⒐ T 11 – 7 500 Ew – Höhe 215 m.
Berlin 605 – Stuttgart 38 – Heilbronn 23 – Ludwigsburg 19.

Pension Bruker garni, Kleinaspacher Str. 18, ✉ 71723, ℰ (07148) 80 63, Fax (07148) 6190, ⌂s – ⊡ ☎ ℗. Ⓔ VISA
12 Z 58/90.

Stadtschänke mit Zim, Hauptstr. 36, ✉ 71723, ℰ (07148) 80 24, Fax (07148) 4977, ⌂, « Historisches Fachwerkhaus a. d. 15. Jh. » – ⊡ ☎. ⒶⒺ ⓪ Ⓔ VISA
Menu *(Mittwoch geschl.)* à la carte 32/61 – **5 Z** 70/120.

GROSS BRIESEN Brandenburg ⒋⒈⒍ ⒋⒈⒏ J 21 – 240 Ew – Höhe 80 m.
Berlin 93 – Potsdam 55 – Brandenburg 23 – Dessau 65 – Magdeburg 74.

Juliushof ⌀, ✉ 14806, ℰ (033846) 4 00 56, Fax (033846) 40245, ⌂ – ⊡ ☎ ℗ –
🏄 25. ⒶⒺ Ⓔ. ⌀ Rest
Menu à la carte 27/55 – **14 Z** 125/170.

GROSS DÖLLN Brandenburg siehe Templin.

GROSSEBERSDORF Thüringen siehe Gera.

GROSSEFEHN Niedersachsen ⒋⒈⒌ F 6 – 11 000 Ew – Höhe 6 m.
Berlin 496 – Hannover 231 – Emden 31 – Oldenburg 66 – Wilhelmshaven 43.

In Großefehn - Mittegroßefehn :

Landhaus Feyen, Auricher Landstr. 28 (B 72), ✉ 26629, ℰ (04943) 9 19 00, Fax (04943) 919055 – ⊡ ☎ ℗. ⒶⒺ ⓪ Ⓔ VISA
Menu à la carte 30/60 – **25 Z** 70/120.

GROSSENKNETEN Niedersachsen 𝟒𝟏𝟓 H 8, 𝟗𝟖𝟕 ⑮ – 11 500 Ew – Höhe 35 m.
Berlin 430 – Hannover 133 – Bremen 50 – Oldenburg 30.

In Großenkneten - Moorbek O : 5 km :

🏠 **Zur Wassermühle** ⸱ garni, Amelhauser Str. 56, ☒ 26197, ✆ (04433) 2 55,
Fax (04433) 255, « Park », ⇌s – ❷
14 Z 115/175.

GROSSENLÜDER Hessen 𝟒𝟏𝟕 𝟒𝟏𝟖 O 12 – 7 700 Ew – Höhe 250 m.
Berlin 456 – Wiesbaden 164 – Alsfeld 30 – Fulda 13.

🏨 **Landhotel Kleine Mühle**, St.-Georg-Str. 21, ☒ 36137, ✆ (06648) 9 51 00,
Fax (06648) 61123, ⇔ – ⇌ Zim, 📺 ☎ ✆ ❷ – 🔬 30. 🄰🄴 ⓞ🄳 🄴 𝘝𝘐𝘚𝘈
Menu à la carte 36/48 – **15 Z** 105/175.

🏠 **Weinhaus Schmitt,** Am Bahnhof 2, ☒ 36137, ✆ (06648) 74 86, Fax (06648) 8762,
⊛ ⇧ – 📺 ⇦ ❷
Menu (Donnerstag geschl.) à la carte 22/49 – **8 Z** 55/95.

🏠 **Zum Hirsch,** Lauterbacher Str. 16, ☒ 36137, ✆ (06648) 73 07, Fax (06648) 7095,
Biergarten – ⇌ Zim, 📺 ☎ ⇦ ❷. 🄴 𝘝𝘐𝘚𝘈
Menu (Mittwoch geschl.) à la carte 26/48 – **17 Z** 55/120.

In Großenlüder-Kleinlüder S : 7,5 km :

🏨 **Landgasthof Hessenmühle** ⸱, außerhalb (SO : 2,5 km), ☒ 36137, ✆ (06650)
9 88 00, Fax (06650) 98888, ⇧, ⚘ – 📺 ☎ ⅙ ⇦ ❷ – 🔬 50. 🄴 𝘝𝘐𝘚𝘈
Menu à la carte 29/54 – **55 Z** 70/150.

GROSSENSEEBACH Bayern siehe Weisendorf.

GROSS GAGLOW Brandenburg siehe Cottbus.

GROSSHEIRATH Bayern siehe Coburg.

GROSSHEUBACH Bayern 𝟒𝟏𝟕 𝟒𝟏𝟗 Q 11 – 4 600 Ew – Höhe 125 m – Erholungsort.
Berlin 570 – München 354 – Aschaffenburg 38 – Heidelberg 77 – Heilbronn 83 –
Würzburg 78.

🏠 **Rosenbusch,** Engelbergweg 6, ☒ 63920, ✆ (09371) 81 42, Fax (09371) 69838, ⇌s –
☎ ⇦ ❷. 𝄐
20. Jan. - 1. März geschl. – **Menu** (Donnerstag geschl.) (wochentags nur Abendessen)
à la carte 27/55 ⅃ – **19 Z** 72/160.

🍴 **Zur Krone** mit Zim, Miltenberger Str. 1, ☒ 63920, ✆ (09371) 26 63, Fax (09371) 65362,
⇧ – 📺 ❷. 🄴
Menu (Montag geschl.) à la carte 34/73 – **8 Z** 65/120.

GROSSKARLBACH Rheinland-Pfalz siehe Dirmstein.

GROSSLIEBRINGEN Thüringen siehe Stadtilm.

GROSSMAISCHEID Rheinland-Pfalz siehe Dierdorf.

GROSS MECKELSEN Niedersachsen siehe Sittensen.

GROSS MOHRDORF Mecklenburg-Vorpommern siehe Stralsund.

GROSS NEMEROW Mecklenburg-Vorpommern siehe Neubrandenburg.

GROSSOSTHEIM Bayern 𝟒𝟏𝟕 Q 11 – 14 500 Ew – Höhe 137 m.
Berlin 558 – München 363 – Frankfurt am Main 47 – Darmstadt 39.

In Großostheim-Ringheim NW : 4 km :

🏠 **Landhaus Hotel** ⸱, Ostring 8b, ☒ 63762, ✆ (06026) 60 81, Fax (06026) 2212, ⇧
– 📺 ☎ ❷. 🄰🄴 ⓞ🄳 🄴 𝘝𝘐𝘚𝘈
Weinstube Zimmermann (nur Abendessen. Sonntag und Aug. 3 Wochen geschl.) **Menu**
à la carte 51/55 – **20 Z** 88/130.

GROSS PLASTEN Mecklenburg-Vorpommern siehe Waren (Müritz).

GROSSSTEINBERG AM SEE Sachsen siehe Naunhof.

GROSS STRÖMKENDORF Mecklenburg-Vorpommern siehe Wismar.

GROSS-UMSTADT Hessen 417 419 Q 10, 987 ㉗ – 19 500 Ew – Höhe 160 m.
Berlin 568 – Wiesbaden 67 – Frankfurt am Main 51 – Darmstadt 22 – Mannheim 75 –
Würzburg 108.

🏨 **Jakob** 🍴 garni, Zimmerstr. 43, ✉ 64823, 𝄞 (06078) 7 80 00, Fax (06078) 74156, ⩽,
🔲, ☞ – ⇐ 📺 ☎ ⟻ ❷, 🆎 ➀ 🄴 *VISA*, ✂
34 Z 88/180.

🏨 **Brüder - Grimm - Hotel** 🍴 garni, Krankenhausstr. 8, ✉ 64823, 𝄞 (06078) 78 40,
Fax (06078) 784444 – |🛗| 📺 ☎ ⓫ ❷ – 🔬 50. 🆎 ➀ 🄴 *VISA* JCB, ✂
52 Z 110/250.

GROSSWEITZSCHEN Sachsen siehe Döbeln.

GROSS WITTENSEE Schleswig-Holstein siehe Eckernförde.

GROSS ZIMMERN Hessen 417 Q 10 – 13 000 Ew – Höhe 168 m.
Berlin 563 – Wiesbaden 65 – Frankfurt am Main 45 – Darmstadt 16.

🏨 **An der Waldstraße,** Waldstr. 42, ✉ 64846, 𝄞 (06071) 9 70 00 (Hotel) 45 69 (Rest.),
🍴 Fax (06071) 970011 |🛗| 📺 ☎ ✆ ⓫ ❷ – 🔬 30. 🆎 ➀ 🄴 *VISA*, ✂
Menu (Montag geschl.) (wochentags nur Abendessen) à la carte 24/35 – **36 Z** 99/160.

GRÜNBERG Hessen 417 O 10, 987 ㉗ – 13 000 Ew – Höhe 273 m – Luftkurort.
🏪 Fremdenverkehrsamt, Rabegasse 1 (Marktplatz), ✉ 35305, 𝄞 (06401) 8 04 54, Fax
(06401) 80477.
Berlin 476 – Wiesbaden 102 – Frankfurt am Main 72 – Gießen 22 – Bad Hersfeld 72.

🏛 **Sporthotel Sportschule** 🍴, Am Tannenkopf (O : 1,5 km), ✉ 35305,
𝄞 (06401) 80 20, Fax (06401) 802166, 🌳, « Park », 🎿, ⇌, 🏊, 🌳, ✂(Halle) – |🛗| 📺
☎ ❷ – 🔬 100. 🄴 *VISA*. ✂ Rest
27. - 31. Dez. geschl. – **Menu** (Sonntagabend geschl.) à la carte 53/73 – **47 Z** 99/172.

🏛 **Villa Emilia,** Giessener Str. 42, ✉ 35305, 𝄞 (06401) 64 47, Fax (06401) 4132, 🌳 –
📺 ☎ ❷. 🄴. ✂
Menu (Sonntag und Dienstag geschl.) (nur Abendessen) à la carte 52/72 – **13 Z** 85/135.

An der Autobahn A 48 NW : 6 km :

🏨 Raststätte Reinhardshain, Nordseite, ✉ 35305 Grünberg, 𝄞 (06401) 88 90,
🍴 Fax (06401) 88911, 🌳 – ⇐ Zim, 📺 ☎ ⓫ ⟻ ❷ – 🔬 30
26 Z.

GRÜNENPLAN Niedersachsen siehe Delligsen.

GRUENHEIDE Brandenburg 416 418 I 25 – 2 500 Ew – Höhe 43 m.
🏪 Fremdenverkehrsverein, Fangschleusenstr. 1b, ✉ 15537, 𝄞 (03362) 7 59 33, Fax
(03362) 24539.
Berlin 38 – Potsdam 75 – Frankfurt an der Oder 61.

In Grünheide-Alt Buchholz NO : 1,5 km :

🏨 **Prisod** 🍴, Am Reiherhorst 8, ✉ 15537, 𝄞 (03362) 5 81 90, Fax (03362) 581910, 🌳,
Massage, ⇌, 🌳, ✂ – 📺 ☎ ❷. 🄴
Menu à la carte 28/50 – **17 Z** 106/148.

GRÜNSTADT Rheinland-Pfalz 417 419 R 8, 987 ㉖ – 13 500 Ew – Höhe 165 m.
Berlin 632 – Mainz 59 – Kaiserslautern 36 – Mannheim 29 – Neustadt an der
Weinstraße 28.

In Grünstadt-Asselheim N : 2 km :

🏛 **Pfalzhotel Asselheim,** Holzweg 6, ✉ 67269, 𝄞 (06359) 8 00 30,
Fax (06359) 800399, 🌳, ⇌, 🏊 – 📺 ☎ ⟻ ❷ – 🔬 35. 🆎 ➀ 🄴 *VISA*
Menu (Sonntagabend - Montagmittag geschl.) à la carte 39/69 – **32 Z**
98/220.

In Neuleiningen SW : 3 km :

🏠 **Alte Pfarrey,** Untergasse 54, ✉ 67271, 𝒫 (06359) 8 60 66, Fax (06359) 86060, 🛋,
« Fachwerkhäuser mit individueller Einrichtung » – ☎. ⓞ 🇪 𝘝𝘐𝘚𝘈
Menu (Montag - Dienstagmittag geschl.) à la carte 61/89 – **9 Z** 110/280.

GRÜNWALD Bayern siehe München.

GRUNDHOF Schleswig-Holstein 🄰🄸🄱 B 12 – 1 000 Ew – Höhe 35 m.
Berlin 421 – Kiel 88 – Flensburg 19 – Schleswig 47.

✗ **Grundhof Krug** mit Zim, Holnisser Weg 4, ✉ 24977, 𝒫 (04636) 10 88,
Fax (04636) 1089, 🛋 – 🆃🆅 ❷ – 🄰 60. 🄰🄴 🇪 𝘝𝘐𝘚𝘈
Feb. 2 Wochen geschl. – **Menu** (Mittwoch geschl., Montag - Freitag nur Abendessen)
à la carte 38/68 – **4 Z** 55/110.

GSCHWEND Baden-Württemberg 🄰🄸🄹 T 13 – 4 300 Ew – Höhe 475 m – Erholungsort.
Berlin 567 – Stuttgart 60 – Schwäbisch Gmünd 19 – Schwäbisch Hall 27.

✗✗ **Herrengass,** Welzheimer Str. 11, ✉ 74417, 𝒫 (07972) 4 50, Fax (07972) 6434, 🛋 –
🍴 ❷. 🄰🄴 ⓞ 🇪 𝘝𝘐𝘚𝘈
Montag, über Fasching und Juli - Aug. 2 Wochen geschl. – **Menu** à la carte 39/70 – **Bistro :**
Menu à la carte 26/46.

GSTADT AM CHIEMSEE Bayern 🄰🄴🄾 W 21, 🐾🐾🐾 ⓵⓪ – 1 000 Ew – Höhe 534 m – Erholungsort.
Sehenswert : Chiemsee★.
🄱 Verkehrsbüro, Seeplatz 5, 𝒫 (08054) 4 42, Fax (08054) 7997.
Berlin 660 – München 94 – Bad Reichenhall 57 – Traunstein 27 – Rosenheim 27.

🏠 **Gästehaus Grünäugl** garni, Seeplatz 7, ✉ 83257, 𝒫 (08054) 5 35, Fax (08054) 7743,
⇐ – ☎ ⇔. 🌮
Mitte - Ende Nov. geschl. – **17 Z** 75/160.

🏠 **Pension Jägerhof** garni, Breitbrunner Str. 5, ✉ 83257, 𝒫 (08054) 2 42,
Fax (08054) 7392, ⇐s, 🛋 – ❷. 🌮
15. Jan. - 15. März und 15. Okt. - 20. Dez. geschl. – **26 Z** 56/140.

GUBEN Brandenburg 🄰🄸🄱 K 28, 🐾🐾🐾 ⑯, 🐾🐾🐾 ⓵⑨ – 31 000 Ew – Höhe 58 m.
🄱 Fremdenverkehrsverein, Berliner Str. 26, ✉ 03172, 𝒫 (03561) 38 67, Fax (03561)
3867.
Berlin 147 – Potsdam 164 – Cottbus 40 – Frankfurt an der Oder 52.

🏠 **Waldow,** Hinter der Bahn 20 (N : 4 km), ✉ 03172, 𝒫 (03561) 40 60, Fax (03561) 2171,
🛋, ⇐s, 🔳, 🛋, 🌮 – 🆃🆅 ☎ ❷ – 🄰 60. 🇪 𝘝𝘐𝘚𝘈
Menu à la carte 24/50 – **45 Z** 80/120.

In Atterwasch SW : 9 km :

🏠 **Waldhotel Seehof** 🌊, Am Deulowitzer See (SW : 1,5 km), ✉ 03172,
𝒫 (035692) 2 08, Fax (035692) 208, ⇐, 🛋, ⇐s, 🏔, 🛋, ✗ – 🆃🆅 ☎ ❷ – 🄰 30. 🄰🄴
🇪 𝘝𝘐𝘚𝘈
Menu à la carte 30/50 – **30 Z** 95/220 – ½ P 25.

GÜGLINGEN Baden-Württemberg 🄰🄸🄹 S 11 – 6 100 Ew – Höhe 220 m.
🏌 Cleebronn, Schloßgut Neumagenheim (SO : 7 km), 𝒫 (07135) 40 34.
Berlin 609 – Stuttgart 46 – Heilbronn 20 – Karlsruhe 54.

🏠 **Herzogskelter** (historisches Gebäude a.d. 16. Jh.), Deutscher Hof 1, ✉ 74363,
𝒫 (07135) 17 70, Fax (07135) 17777 – 📱, ↮ Zim, 🆃🆅 ☎ ❷ – 🄰 40. 🄰🄴 ⓞ 🇪 𝘝𝘐𝘚𝘈
Aug. 2 Wochen geschl. – **Menu** (Montag geschl.) à la carte 34/67 – **33 Z** 95/170.

In Güglingen-Frauenzimmern O : 2 km :

🏠 **Gästehaus Löwen,** Brackenheimer Str. 23, ✉ 74363, 𝒫 (07135) 9 83 40,
Fax (07135) 983440 – 🆃🆅 ☎ ❷. 🇪
Weihnachten - Mitte Jan. geschl. – **Menu** (im Gasthof Löwen, Samstag - Sonntag geschl.)
(nur Abendessen) à la carte 25/40 🍺 – **14 Z** 75/135.

GÜNZBURG Bayern 🄰🄸🄹 🄰🄴🄾 U 14, 🐾🐾🐾 ㉟ – 20 000 Ew – Höhe 448 m.
🏌 Schloß Klingenburg (SO : 19 km), 𝒫 (08225)30 30.
Berlin 569 – München 112 – Stuttgart 110 – Nürnberg 147 – Ulm (Donau) 29 –
Augsburg 54.

🏨 **Zettler,** Ichenhauser Str. 26a, ✉ 89312, 𝒫 (08221) 3 64 80, Fax (08221) 6714, 🌳, 🍴,
💺 – 📶, ⟷ Zim, 📺 ☎ ⟨ 🅿 – 🔬 80. 🆎 ⓞ 🅴 𝘝𝘐𝘚𝘈. 🛇 Rest
1. - 7. Jan. geschl. – **Menu** *(Sonn- und Feiertage abends und 10. - 16. August geschl.)*
à la carte 50/85 – **49 Z** 140/220.

🏨 **Ramada** garni, Am Hofgarten, ✉ 89312, 𝒫 (08221) 35 10, Fax (08221) 351333 –
📳, ⟷ Zim, 📺 ☎ ⟨ ⅙ ⟶ – 🔬 35. 🆎 ⓞ 🅴 𝘝𝘐𝘚𝘈 𝘑𝘊𝘉
100 Z 149/191.

🏩 **Bettina** garni, Augsburger Str. 68, ✉ 89312, 𝒫 (08221) 3 62 20, Fax (08221) 362236
– 📺 ☎ ⟨ 🅿. 🆎 🅴 𝘝𝘐𝘚𝘈. 🛇
20. Dez. - 7. Jan. geschl. – **11 Z** 80/130.

In Ichenhausen *S : 11 km über B 16 :*

🏩 **Zum Hirsch,** Heinrich-Sinz-Str. 1, ✉ 89335, 𝒫 (08223) 9 68 70, Fax (08223) 9687235,
🍺 Biergarten – 📺 ☎ 🅿 – 🔬 60. 🅴 𝘝𝘐𝘚𝘈
1. - 6. Jan. geschl. – **Menu** *(Sonntagabend geschl.)* à la carte 21/55 – **22 Z** 52/130.

GÜSTROW *Mecklenburg-Vorpommern* 📖 *E 20,* 📖 ⑥ *– 36 000 Ew – Höhe 10 m.*

  Sehenswert : Renaissanceschloß★ – Dom★ (Renaissance-Grabmäler★, Apostelstatuen★)
  – Gertrudenkapelle : Ernst-Barlach-Gedenkstätte★ – Pfarrkirche St. Marien (Hochaltar★).

  🛈 *Güstrow-Information, Domstr. 9,* ✉ *18273,* 𝒫 *(03843) 68 10 23, Fax (03843) 682079.*
  Berlin 192 – Schwerin 63 – Rostock 38 – Neubrandenburg 87 – Lübeck 129.

🏨 **Stadt Güstrow** M, Pferdemarkt 58, ✉ 18273, 𝒫 (03843) 78 00, Fax (03843) 780100,
🌳, 🍴 – 📳, ⟷ Zim, 📺 ☎ ⟨ ⅙ 🅿 – 🔬 60. 🆎 ⓞ 🅴 𝘝𝘐𝘚𝘈
Menu à la carte 36/49 – **71 Z** 135/195.

🏨 **Kurhaus am Inselsee** M 🏖, Heidberg 1 (SO : 4 km), ✉ 18273, 𝒫 (03843) 85 00,
Fax (03843) 82203, 🌳, 🛶, 🌳 – 📳, ⟷ Zim, 📺 ☎ ⟨ ⅙ 🅿. 🆎 🅴 𝘝𝘐𝘚𝘈
Menu à la carte 30/55 – **24 Z** 115/225.

🏨 **Am Güstrower Schloß** M, Schloßberg 1, ✉ 18273, 𝒫 (03843) 76 70,
Fax (03843) 767100, 🌳, 🍴 – 📳, ⟷ Zim, 📺 ☎ ⟨ ⅙ 🅿 – 🔬 60. 🆎 🅴 𝘝𝘐𝘚𝘈
Menu à la carte 27/55 – **47 Z** 105/160.

🏩 **Altstadt** garni, Baustr. 10, ✉ 18273, 𝒫 (03843) 68 60 03, Fax (03843) 686106 – 📳
📺 ☎ ⟨ 🅿 – 🔬 25. 🆎 ⓞ 🅴 𝘝𝘐𝘚𝘈
43 Z 100/150.

🍴 **Barlach-Stuben,** Hageböcker Str. 109, ✉ 18273, 𝒫 (03843) 68 48 81,
Fax (03843) 82343 – 🅴
Menu à la carte 27/45.

In Kuhs *NO : 7 km :*

🏩 **Landhotel Kuhs,** Güstrower Str. 39 (B 103), ✉ 18276, 𝒫 (038454) 31 00,
Fax (038454) 20760, 🌳, 🌳, 🍴 – 📺 ☎ ⟨ 🅿 – 🔬 30. 🆎 🅴 𝘝𝘐𝘚𝘈. 🛇 Rest
Menu à la carte 38/61 – **20 Z** 110/160.

In Lalendorf *SO : 16 km :*

🏩 **Im Wiesengrund,** Hauptstr. 3 (B 104), ✉ 18279, 𝒫 (038452) 2 05 42,
🍺 Fax (038452) 20542, 🌳 – 📺 ☎ 🅿
Menu *(Mittwochmittag geschl.)* à la carte 24/48 – **12 Z** 65/115.

GÜTERSLOH *Nordrhein-Westfalen* 📖 *K 9,* 📖 ⑮ *– 94 000 Ew – Höhe 94 m.*

  📷 *Rietberg (③ : 8 km),* 𝒫 *(05244) 23 40.*

  🛈 *Verkehrsverein, Rathaus, Berliner Str. 70,* ✉ *33330,* 𝒫 *(05241) 82 27 49, Fax (05241)*
  822139.

  Berlin 412 ③ – Düsseldorf 156 ④ – Bielefeld 17 ② – Münster (Westfalen) 57 ⑤ – Pader-
  born 45 ④

Stadtplan siehe gegenüberliegende Seite

🏨 **Parkhotel Gütersloh,** Kirchstr. 27, ✉ 33330, 𝒫 (05241) 87 70, Fax (05241) 877400,
🌳, « Geschmackvolle, elegante Einrichtung ; Park », 🍴 – 📳, ⟷ Zim, 🖥 Rest, 📺 ⅙
⟶ – 🔬 170. 🆎 ⓞ 🅴 𝘝𝘐𝘚𝘈   BZ n
Menu *(Samstagmittag und 27. - 30. Dez geschl.)* à la carte 56/80 – **Brasserie** *(nur Abend-*
essen) *(Sonn- und Feiertage geschl.)* **Menu** à la carte 34/56 – **102 Z** 260/320, 5 Suiten.

🏨 **Stadt Gütersloh,** Kökerstr. 23, ✉ 33330, 𝒫 (05241) 10 50, Fax (05241) 105100, 🌳,
« Elegant-rustikale Einrichtung », 🍴 – 📳, ⟷ Zim, 📺 ⅙ ⟶ 🅿 – 🔬 50. 🆎 ⓞ 🅴
𝘝𝘐𝘚𝘈   BZ e
Schiffchen *(nur Abendessen, Sonntag geschl.)* **Menu** à la carte 66/92 – **55 Z** 151/224.

GÜTERSLOH

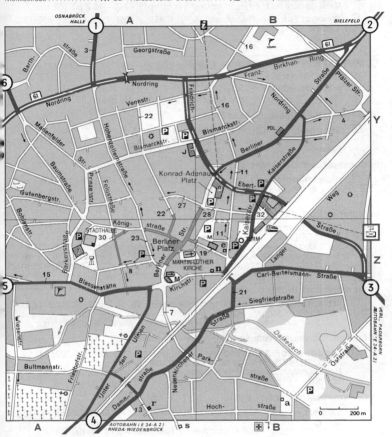

🔝 **Appelbaum,** Neuenkirchener Str. 59, ⊠ 33332, ℘ (05241) 9 55 10, Fax (05241) 955123, Biergarten – 📺 ☎ ⇔ 🅿. 🆎 ⓘ 🅴 𝑉𝐼𝑆𝐴   AZ s
Menu (Sonn- und Feiertage geschl.) (nur Abendessen) à la carte 32/52 – **23 Z** 85/165.

🔝 **Stadt Hamburg,** Feuerbornstr. 9, ⊠ 33330, ℘ (05241) 5 89 11, Fax (05241) 58981 – ⇜ Zim, 📺 ☎ ⇔ 🅿. 🆎 ⓘ 🅴 𝑉𝐼𝑆𝐴   AZ r
Menu (Sonn- und Feiertage geschl.) (nur Abendessen) à la carte 33/57 – **19 Z** 105/170.

✕✕ **Sinfonie** (in der Stadthalle), Friedrichstr. 10, ⊠ 33330, ℘ (05241) 86 42 69, Fax (05241) 864268, 🌲 – 🅿 – 🔬 1000. 🆎 ⓘ 🅴 𝑉𝐼𝑆𝐴   AZ
Samstagmittag und Montag geschl. – **Menu** à la carte 37/74.

✕✕ **Gasthaus Bockskrug,** Parkstr. 44, ⊠ 33332, ℘ (05241) 5 43 70, 🌲 – 🅿. 🆎 ⓘ
🅴 𝑉𝐼𝑆𝐴   BZ a
Montag geschl. – **Menu** (wochentags nur Abendessen) à la carte 44/70.

In Gütersloh-Spexard ③ : 2 km :

🔝 **Waldklause,** Spexarder Str. 205, ⊠ 33334, ℘ (05241) 9 76 30, Fax (05241) 77185, Biergarten – ⇜ Zim, 📺 ☎ 🅿 – 🔬 80. 🆎 ⓘ 🅴 𝑉𝐼𝑆𝐴
Juli - Aug. 3 Wochen geschl. – **Menu** (Sonntagabend geschl.) (wochentags nur Abendessen) à la carte 28/53 – **25 Z** 80/120.

8   437

GULDENTAL Rheinland-Pfalz **417** Q 7 – 2 900 Ew – Höhe 150 m.
Berlin 612 – Mainz 44 – Koblenz 67 – Bad Kreuznach 7.

🏦 **Der Kaiserhof**, Hauptstr. 2, ✉ 55452, ✆ (06707) 9 44 40, Fax (06707) 944415, ☼
🌳 – 📺 ☎ € *VISA*
Menu (abends Tischbestellung ratsam) à la carte 38/64 ⅃ – **10 Z** 80/165.

🏠 **Weingut Enk** garni, Naheweinstr. 36, ✉ 55452, ✆ (06707) 91 20, Fax (06707) 91241
– ⅍ ☎ 🅿. 🛇
15 Z 65/98.

GUMMERSBACH Nordrhein-Westfalen **417** M 6, **987** ㉖ – 52 000 Ew – Höhe 250 m.
🚇 Verkehrsamt, Rathausplatz 1, ✉ 51643, ✆ (02261) 8 75 58, Fax (02261) 87600.
ADAC, Moltkestr. 19, ✉ 51643, ✆ (0221) 47 27 47, Fax (02261) 28497.
Berlin 557 – Düsseldorf 86 – Köln 54 – Lüdenscheid 44 – Siegen 55.

In Gummersbach-Becke NO : 3 km :

🏦 **Stremme** (mit Gästehaus), Beckestr. 55, ✉ 51647, ✆ (02261) 9 26 40,
Fax (02261) 29521, « Biergarten » – 📺 ☎ 🅿 – 🔏 30. 🆎 ⓸ € *VISA*. 🛇 Zim
Menu (Freitag geschl.) à la carte 27/62 – **19 Z** 89/170.

In Gummersbach-Derschlag SO : 6 km :

🏠 **Haus Charlotte** garni, Kirchweg 3, ✉ 51645, ✆ (02261) 5 21 11, Fax (02261) 59218,
🌳 – ☎ 🚗 🅿. ⓸ € *VISA*
20. Dez. - 4. Jan. geschl. – **11 Z** 85/150.

In Gummersbach-Dieringhausen S : 7 km :

XXX **Die Mühlenhelle** mit Zim, Hohler Str. 1, ✉ 51645, ✆ (02261) 7 50 97,
🌼 Fax (02261) 72401 – ▤ Rest, 📺 ☎ 🅿. 🆎 ⓸ € *VISA*. 🛇 Rest
Jan. 1 Woche und Aug. - Sept. 3 Wochen geschl. – **Menu** (Sonntagabend - Montag geschl.)
(bemerkenswerte Weinkarte) 79/138 und à la carte 71/105 – **7 Z** 95/160
Spez. Gebratene Jakobsmuscheln auf Orangenkraut. Steinbutt mit Champagnerlinsen und
Petersilienwurzelpüree. Birnenterrine mit zweierlei Schokolade.

In Gummersbach-Hülsenbusch W : 7 km :

XX **Schwarzenberger Hof**, Schwarzenberger Str. 48, ✉ 51647, ✆ (02261) 2 21 75,
Fax (02261) 21907, ☼ – 🅿.
2. - 15. Jan., 29. Juli - 12. Aug. und Montag geschl. – **Menu** à la carte 41/76.

In Gummersbach-Lieberhausen NO : 10 km :

🏠 **Landgasthof Reinhold** 👋, Kirchplatz 2, ✉ 51647, ✆ (02354) 52 73,
Fax (02354) 5873, ☼ – 📺 ☎ 🅿. 🆎 ⓸ € *VISA*
Menu (Donnerstag geschl.) à la carte 25/47 (auch vegetarische Gerichte) – **17 Z**
80/140.

In Gummersbach-Rospe S : 2 km :

🏠 **Tabbert**, Hardtstr. 28, ✉ 51643, ✆ (02261) 6 02 50, Fax (02261) 28565, 🌳 – 📺 ☎
🚗 🅿. ⓸ *VISA*. 🛇
9.- 23. April geschl. – (nur Abendessen für Hausgäste) – **23 Z** 70/150.

GUNDELSHEIM Baden-Württemberg **417 419** S 11, **987** ㉗ – 6 900 Ew – Höhe 154 m.
Ausflugsziel : Burg Guttenberg★ : Greifvogelschutzstation SW : 2 km.
Berlin 604 – Stuttgart 75 – Heidelberg 50 – Heilbronn 20.

🏠 **Zum Lamm** (mit Gästehaus), Schloßstr. 25, ✉ 74831, ✆ (06269) 4 20 20,
Fax (06269) 420299, ☼, « Fachwerkhaus a.d. 16. Jh. » – 📺 ☎ 🚗 🅿 – 🔏 45. 🆎 ⓸
€ *VISA* *JCB*
Menu (Donnerstag geschl.) à la carte 42/84 – **32 Z** 70/180.

GUNZENHAUSEN Bayern **419 420** S 16, **987** ㉘ – 17 000 Ew – Höhe 416 m.
🚇 Städt. Verkehrsamt, Marktplatz 25, ✉ 91710, ✆ (09831) 5 08 76, Fax (09831)
50879.
Berlin 478 – München 152 – Nürnberg 54 – Ingolstadt 73 – Ansbach 28.

🏨 **Parkhotel Altmühltal**, Zum Schießwasen 15, ✉ 91710, ✆ (09831) 50 40,
Fax (09831) 89422, ☼, ⚓, 🏊 – 📱, ⅍ Zim, 📺 ✔ 🔥 🚗 🅿 – 🔏 330. 🆎 €
VISA
Menu à la carte 45/69 – **67 Z** 145/230, 5 Suiten.

🏠 **Zur Post,** Bahnhofstr. 7, ⊠ 91710, ℰ (09831) 6 74 70, Fax *(09831) 6747222*, 🏡, « Fränkischer Gasthof a.d. 17. Jh. » – 📺 ☎ 🚗 🅿. 🕮 Ε *VISA*
Menu *(Montag, Dienstagmittag und Mittwochmittag geschl.)* à la carte 32/60 – **26 Z** 90/180.

🏠 **Grauer Wolf** garni, Marktplatz 9, ⊠ 91710, ℰ (09831) 90 58, Fax *(09831) 9058* – 📺 ☎. 🕮 ⓪ Ε *VISA*
Mitte Dez. - Anfang Jan. geschl. – **15 Z** 70/140.

In Pfofeld-Langlau *O : 10 km :*

🏠 **Strandhotel Seehof** 🐾, Seestr. 33, ⊠ 91738, ℰ (09834) 98 80, Fax *(09834) 988988*, ≼, 🏡, ⭐, 🔲 – 🛗, 🌱 Zim, 📺 ☎ & 🅿 – 🔬 75. 🕮 Ε *VISA*
Menu à la carte 33/56 – **85 Z** 125/196.

GUSTOW *Mecklenburg-Vorpommern siehe Rügen (Insel).*

GUTACH IM BREISGAU *Baden-Württemberg* **419** *V 7 – 3 600 Ew – Höhe 290 m.*

🏌 *Gutach, Golfstraße,* ℰ (07681) 2 31 51.

🟦 *Verkehrsamt im Bahnhof Bleibach,* ⊠ 79261, ℰ *(07685)* 91 01 28, Fax *(07685) 910127.*
Berlin 774 – Stuttgart 208 – Freiburg im Breisgau 31 – Offenburg 66.

In Gutach-Bleibach *NO : 2 km – Erholungsort :*

🏠 **Silberkönig** 🐾, Am Silberwald 24, ⊠ 79261, ℰ (07685) 70 10, Fax *(07685) 701100*, ≼, 🏡, ⭐, 🌳, 🍽 – 🛗 📺 ☎ & 🅿 – 🔬 60. 🕮 ⓪ Ε *VISA*
Menu à la carte 36/71 – **41 Z** 103/192 – ½ P 35.

In Gutach-Siegelau *NW : 3 km :*

🏠 **Bären** 🐾, Talstr. 17, ⊠ 79261, ℰ (07685) 2 74, Fax *(07685) 7555*, 🏡   📺 🅿. 🚗 🌱 Zim
März 3 Wochen geschl. – **Menu** *(Dienstag geschl.)* à la carte 24/32 🍴 – **12 Z** 50/100.

In Gutach-Stollen *NO : 1 km :*

🏠 **Romantik Hotel Stollen** 🐾, Elzacher Str. 2, ⊠ 79261, ℰ (07685) 9 10 50, Fax *(07685) 1550*, « Behagliche Einrichtung » – 📺 ☎ 🚗 🅿
10. - 25. Jan. geschl. – **Menu** *(Dienstag - Mittwochmittag geschl.)* à la carte 49/85   **10 Z** 140/250.

GUTACH (SCHWARZWALDBAHN) *Baden-Württemberg* **419** *V 8 – 2 300 Ew – Höhe 300 m – Erholungsort.*

Sehenswert . *Freilichtmuseum Vogtsbauernhof*** (N : 2 km).*

Ausflugsziel : *Landwassereck ≼★ SW : 7 km.*

Berlin 750 – Stuttgart 136 – Freiburg im Breisgau 57 – Offenburg 41 – Villingen-Schwenningen 39.

🏠 **Linde** 🐾, Ramsbachweg 2, ⊠ 77793, ℰ (07833) 3 08, Fax *(07833) 8126*, 🏡, ⭐, 🔲, 🌳 – 🛗 📺 🅿 – 🔬 120. 🕮 Ε *VISA*
11. Jan. - 7. Feb. geschl. – **Menu** à la carte 27/52 – **25 Z** 70/130.

GUTENZELL-HÜRBEL *Baden-Württemberg siehe Ochsenhausen.*

GUTTENBERG (BURG) *Baden-Württemberg siehe Hassmersheim.*

GYHUM *Niedersachsen siehe Zeven.*

HAAN *Nordrhein-Westfalen* **417** *M 5 – 28 000 Ew – Höhe 165 m.*
Berlin 541 – Düsseldorf 19 – Köln 40 – Wuppertal 14.

🏠 **CM City Class Hotel Savoy** garni, Neuer Markt 23, ⊠ 42781, ℰ (02129) 92 20, Fax *(02129) 922299*, ⭐, 🔲 – 🛗 🌱 📺 ☎ & 🚗 – 🔬 40. 🕮 ⓪ Ε *VISA* 𝐉𝐂𝐁
90 Z 160/335.

🏠 **Schallbruch** garni, Schallbruch 15 (nahe der B 228, NO : 2 km), ✉ 42781,
    𝒫 (02129) 92 00, Fax (02129) 920111, ⇔s, 🔲 – |𝄞| 🆃🆅 ☎ 🅿 – 🔏 20. 🅰🅴 ⓞ 🄴 𝘝𝘐𝘚𝘈
    🎎 Rest
    46 Z 175/280.

HAAR Bayern siehe München.

HACHENBURG Rheinland-Pfalz 𝟒𝟏𝟕 O 7, 𝟗𝟖𝟕 ㉖ – 5 400 Ew – Höhe 370 m – Luftkurort.
    🛱 beim Dreifelder Weiher (S : 10 km), 𝒫 (02666) 82 20.
    🛈 Städt. Verkehrsamt, Mittelstr. 2, (Rathaus), ✉ 57627, 𝒫 (02662) 30 63, Fax (02662)
    5851.
    Berlin 569 – Mainz 106 – Koblenz 54 – Köln 82 – Limburg an der Lahn 46 – Siegen 55.

In Limbach N : 6,5 km – Erholungsort :
    ✗✗ **Restaurant Peter Hilger** ⅏ mit Zim, Hardtweg 5, ✉ 57629, 𝒫 (02662) 71 06,
    Fax (02662) 939231, 🍴, 🌳 – 🅿, 🄴, 🎎
    Menu (Montag - Dienstag geschl.) à la carte 43/65 – **9 Z** 55/96.

HACKENHEIM Rheinland-Pfalz siehe Kreuznach, Bad.

HADAMAR Hessen 𝟒𝟏𝟕 O 8, 𝟗𝟖𝟕 ㉖ – 11 000 Ew – Höhe 130 m.
    Berlin 550 – Wiesbaden 60 – Koblenz 63 – Limburg an der Lahn 8,5.

🏨 **Nassau-Oranien**, Borngasse 21, ✉ 65589, 𝒫 (06433) 91 90, Fax (06433) 919100, ⇔s,
    🔲 – |𝄞| 🆃🆅 ☎ 🅫 🅿 – 🔏 60. 🅰🅴 ⓞ 🄴 𝘝𝘐𝘚𝘈
    Menu à la carte 48/58 – **61 Z** 125/220.

In Hadamar-Niederhadamar :
    🍲 **Zur Sonne,** Mainzer Landstr. 119, ✉ 65589, 𝒫 (06433) 42 70, Fax (06433) 2544 – 🆃🆅
    ☎ 🅿. 🅰🅴 🄴 𝘝𝘐𝘚𝘈
    Juli - Aug. 2 Wochen geschl. – **Menu** (Mittwoch geschl.) à la carte 25/57 ⅛ – **9 Z** 52/90.

HÄUSERN Baden-Württemberg 𝟒𝟏𝟗 W 8 – 1 300 Ew – Höhe 875 m – Luftkurort – Wintersport :
    850/1 200 m ⚞ 1 ⚟ 2.
    🛈 Tourist-Information, St.-Fridolin-Str. 5a, ✉ 79837, 𝒫 (07672) 93 14 15, Fax (07672)
    931422.
    Berlin 806 – Stuttgart 186 – Freiburg im Breisgau 58 – Donaueschingen 60 – Basel 66 –
    Waldshut-Tiengen 22.

🏨 **Adler,** St.-Fridolin-Str. 15, ✉ 79837, 𝒫 (07672) 41 70, Fax (07672) 417150, 🍴, ⇔s,
❀   🔲, 🌳, 🎱 – |𝄞| 🆃🆅 ⇦ 🅿. 🄴 𝘝𝘐𝘚𝘈
    22. Nov. - 17. Dez. geschl. – **Menu** (Montag - Dienstag und 9. Nov. - 17. Dez. geschl.) 75/130
    und à la carte 43/88 – **44 Z** 99/340, 4 Suiten – ½ P 36
    Spez. Steinbutt mit Tomaten-Ruccolatortellini. Ochsenschwanzragout "Adlerwirt's Art".
    Rehrücken mit Pfeffer-Kirschsauce.

🏨 **Albtalblick,** St. Blasier Str. 9 (W : 1 km), ✉ 79837, 𝒫 (07672) 9 30 00,
    Fax (07672) 930090, ≼ Albtal mit Albsee, 🍴, Massage, ♨, 🔥, ⇔s, 🌳 – |𝄞|, ↪ Zim,
    🆃🆅 ☎ ⇦ 🅿. 🅰🅴 🄴 𝘝𝘐𝘚𝘈
    Menu à la carte 32/78 – **31 Z** 65/224, 4 Suiten – ½ P 28.

HAGEN Nordrhein-Westfalen 𝟒𝟏𝟕 L 6, 𝟗𝟖𝟕 ⑮ – 217 000 Ew – Höhe 105 m.
    Sehenswert : Westf. Freilichtmuseum ★★ (SO : 4 km über Eilper Straße Z).
    🛱 Hagen-Berchum (über Haldener Str. Y), 𝒫 (02334) 5 17 78.
    🚗 𝒫 6 07 00.
    🛈 Hagen-Information, Friedrich-Ebert-Platz (Rathaus), ✉ 58095, 𝒫 (02331) 2 07 33 83,
    Fax (02331) 2072473.
    ADAC, Körnerstr. 62, ✉ 58095, 𝒫 (02331) 2 43 16, Fax (02331) 23519.
    Berlin 505 ① – Düsseldorf 62 ① – Dortmund 27 ① – Kassel 178 ①

Stadtplan siehe gegenüberliegende Seite

🏨 **Queens Hotel,** Wasserloses Tal 4, ✉ 58093, 𝒫 (02331) 39 10, Fax (02331) 391153,
    🍴, ⇔s, 🔲 – |𝄞|, ↪ Zim, 🍽 Rest, 🆃🆅 ☎ 🅿 – 🔏 250. 🅰🅴 ⓞ 🄴 𝘝𝘐𝘚𝘈
    🇯🇨🇧   Z b
    Menu à la carte 45/78 – **146 Z** 240/319.

HAGEN

🏨 **Lex** garni, Elberfelder Str. 71, ✉ 58095, 𝄞 (02331) 3 20 30, *Fax (02331) 27793* – 📶 📺
📞 🚗. *VISA*. ⅏
38 Z 98/190.   Y e

🏨 **Central-Hotel** garni, Dahlenkampstr. 2, ✉ 58095, 𝄞 (02331) 1 63 02,
Fax (02331) 29563 – 📶 📺 📞. ⅏   Z n
Weihnachten - Neujahr geschl. – **24 Z** 90/150.

In Hagen-Dahl ④ : *9 km* :

🏨 **Dahler Schweiz** ≼, Am Hemker Bach 12, ✉ 58091, 𝄞 (02337) 10 84,
Fax (02337) 1087, 🌳 – 📺 📞 🚗 🅿 – 🔏 40. 🆎 ⓪ 🤝 *VISA*
Rossini (italienische Küche) *(Jan. geschl.)* **Menu** à la carte 54/82 –
16 Z 105/160.

In Hagen-Halden O : *5,5 km über Haldener Straße* Y :

🏨 **Landhotel Halden,** Berchumer Str. 82, ✉ 58093, 𝄞 (02331) 58 65 39,
Fax (02331) 586382, 🌳 – 📺 📞 🅿 – 🔏 25. 🆎 ⓪ 🤝 *VISA*
Menu à la carte 45/76 – **20 Z** 120/180.

In Hagen-Haspe ⑤ : *4 km* :

🏨 **Union** garni, Kölner Str. 25, ✉ 58135, 𝄞 (02331) 47 30, *Fax (02331) 47315*,
« Renoviertes Jugendstilhaus » – 📶 📺 📞 🅿. 🆎 ⓪ 🤝 *VISA*
21. Dez. - 1. Jan. geschl. – **22 Z** 145/230.

In Hagen-Hohenlimburg ③ : 8 km :

🏠 **Bentheimer Hof,** Stennertstr. 20, ⌧ 58119, 𝒫 (02334) 48 26, Fax (02334) 43568 –
📺 ☎ ⇦ 🅿. 🆎 ⓪ 🅴 *VISA* ᴊᴄʙ
Menu (Sonntag geschl.) à la carte 45/81 – **25 Z** 98/198.

🏠 **Reher Hof,** Alter Reher Weg 13 (Ortsteil Reh), ⌧ 58119, 𝒫 (02334) 5 11 83,
Fax (02334) 51881 – 📺 ☎ 🅿. 🆎 ⓪ 🅴 *VISA*
Menu (Sonn- und Feiertage geschl.) (nur Abendessen) à la carte 32/60 –
20 Z 115/180.

In Hagen-Rummenohl ④ : 13 km :

🏠 **Dresel,** Rummenohler Str. 31 (B 54), ⌧ 58091, 𝒫 (02337) 13 18, Fax (02337) 8981,
« Gartenterrasse » – 📺 ☎ ⇦ 🅿 – 🔬 100. 🆎 ⓪ 🅴 *VISA*. �durchgestrichen Rest
Juli geschl. – **Menu** (Montag - Dienstag geschl.) à la carte 41/87 –
20 Z 69/168.

In Hagen-Selbecke SO : 4 km über Eilper Straße Z :

🏠 **Schmidt,** Selbecker Str. 220, ⌧ 58091, 𝒫 (02331) 97 83 00, Fax (02331) 978330, ⇐ˢ
– ✶✶ Zim, 📺 ☎ ⇦ 🅿. 🆎 ⓪ 🅴 *VISA*. ⅋
Menu (Samstag und 22. Dez. - 6. Jan. geschl.) (nur Abendessen) à la carte 39/60 –
36 Z 88/160.

HAGENOW Mecklenburg-Vorpommern �415�416 F 17, 🟨987🟨 ⑥ – 14 000 Ew – Höhe 37 m.
🅱 Hagenow-Information, Möllner Str. 61, ⌧ 19230, 𝒫 (03883) 72 90 96.
Berlin 202 – Schwerin 30 – Hamburg 90 – Stendal 133.

✕ **Zum Maiwirth** mit Zim, Teichstr. 7, ⌧ 19230, 𝒫 (03883) 6 14 10, Fax (03883) 614117,
🌬 – 📺 ☎. 🅴
Menu (Freitag geschl.) à la carte 32/49 – **4 Z** 90/120.

In Moraas O : 11 km :

🏠 **Heidehof,** Hauptstr. 15, ⌧ 19230, 𝒫 (03883) 72 21 40, Fax (03883) 729118,
« Gartenterrasse » – 📺 ☎ 🅿. 🅴 *VISA*
Menu à la carte 29/42 – **11 Z** 95/145.

HAGNAU Baden-Württemberg �419 W 11 – 1 400 Ew – Höhe 409 m – Erholungsort.
🅱 Verkehrsverein, Seestr. 16, ⌧ 88709, 𝒫 (07532) 43 00 21, Fax (07532) 9641.
Berlin 731 – Stuttgart 196 – Konstanz 17 – Ravensburg 29 – Bregenz 43.

🏨 **Villa am See** 🐾 garni, Seepromenade, ⌧ 88709, 𝒫 (07532) 4 31 30,
Fax (07532) 6997, ⇐, ⇐ˢ, 🌲, 🌬 – ✶✶ 📺 ☎ 🅿
6 Z 150/390.

🏨 **Der Löwen** (Fachwerkhaus a.d.J. 1696), Hansjakobstr. 2, ⌧ 88709, 𝒫 (07532) 62 41,
Fax (07532) 9048, 🌬, « Garten mit Teichanlage », 🌲, 🌬 – ☎ ⇦ 🅿.
⅋ Zim
Mitte März - Okt. – **Menu** (Mittwoch geschl.) (wochentags nur Abendessen) à la carte 33/63
– **18 Z** 80/180.

🏨 **Alpina,** Höhenweg 10, ⌧ 88709, 𝒫 (07532) 4 50 90, Fax (07532) 450945 – 📺 ☎ ⇦
🅿. ⅋
Mitte Dez. - Mitte Jan. geschl. – (nur Abendessen für Hausgäste) – **18 Z** 120/190 –
½ P 25.

🏠 **Landhaus Messmer** 🐾 garni, Meersburger Str. 12, ⌧ 88709, 𝒫 (07532) 43 31 14,
Fax (07532) 6698, ⇐, ⇐ˢ, 🌲, 🌬 – ☎ 🅿. ⅋
März - Okt. – **14 Z** 85/190.

🏠 **Strandhaus Dimmeler** garni, Seestr. 19, ⌧ 88709, 𝒫 (07532) 4 33 40,
Fax (07532) 433434, 🌲, 🌬 – 📺 ☎ ⇦ 🅿. ⅋
5. Nov. - 10. März geschl. – **16 Z** 61/185.

🏠 **Gästehaus Schmäh** garni, Kapellenstr. 7, ⌧ 88709, 𝒫 (07532) 62 10,
Fax (07532) 1403, 🌬 – 📺 ☎ 🅿. ⅋
April - Okt. – **17 Z** 73/135.

🏠 **Gästehaus Mohren** garni, Sonnenbühl 10, ⌧ 88709, 𝒫 (07532) 94 28,
Fax (07532) 9426, ⇐, 🌬 – ⇦ 🅿. ⅋
Dez. - Feb. geschl. – **18 Z** 80/140.

HAIBACH Bayern siehe Aschaffenburg.

HAIDMÜHLE *Bayern* 🔲🔲🔲 *T 25 – 1 700 Ew – Höhe 831 m – Erholungsort – Wintersport :*
800/1 300 m ≤3 ≤6.

Ausflugsziel : Dreisessel : Hochstein ※ *SO : 11 km.*

🗓 *Verkehrsamt, Schulstr. 39,* ✉ *94145,* ✆ *(08556) 10 64, Fax (08556) 1032.*

Berlin 524 – München 241 – Freyung 25 – Passau 64.

🏨 **Haidmühler Hof,** Max-Pangerl-Str. 11, ✉ 94145, ✆ (08556) 97 00, Fax (08556) 1028,
🌳 , ➡s, 🔲 , 🦮 – ⏸ 🔲 🕿 🅿 – 🛦 20. 🖭 ⓪ 🗲 𝘝𝘐𝘚𝘈
Menu à la carte 24/44 – **45 Z** 95/180 – ½ P 25.

In Haidmühle-Auersbergsreut *NW : 3 km – Höhe 950 m*

🏨 **Haus Auersperg,** ✉ 94145, ✆ (08556) 3 60 60, 🌳 , ➡s, 🦮 – ⅓ Rest, 🕿 ⇦ 🅿.
🗲. ✀ Zim
Mitte Nov.- Mitte Dez. geschl. – **Menu** à la carte 23/47 **17 Z** 45/110 – ½ P 28.

In Haidmühle-Bischofsreut *NW : 7 km – Höhe 950 m*

🏨 **Märchenwald** ⌇, Langreut 42, ✉ 94145, ✆ (08550) 2 25, Fax (08550) 648, 🌳 , ➡s,
🦮 – 🔲 ⇦ 🅿. ✀ Zim
Nov. - Mitte Dez. geschl. – **Menu** *(Montag geschl.)* à la carte 23/37 ⅃ – **18 Z** 64/144 –
½ P 13.

Dans ce guide
un même symbole, un même mot,
imprimé en **noir** *ou en* rouge, *en maigre ou en* **gras,**
n'ont pas tout à fait la même signification.
Lisez attentivement les pages explicatives.

HAIGERLOCH *Baden-Württemberg* 🔲🔲🔲 *U 10,* 🔲🔲🔲 ㉘ *– 10 000 Ew – Höhe 425 m.*

Sehenswert : Lage★★ – ≤★ von der Oberstadtstraße unterhalb der Wallfahrtskirche St.
Anna.

🗓 *Verkehrsamt, Oberstadtstraße (Rathaus),* ✉ *72401,* ✆ *(07474) 6 97 26, Fax (07474)*
6068.

Berlin 697 – Stuttgart 70 – Karlsruhe 126 – Reutlingen 48 – Villingen-Schwenningen 59
– Freudenstadt 40.

🏨 **Gastschloß Haigerloch** ⌇, Im Schloß (N : 2,5 km), ✉ 72401, ✆ (07474) 69 30,
Fax (07474) 69382, ≤, « Terrasse im Schloßhof ; ständige Ausstellung von Kunstobjekten
und Gemälden » – 🔲 🕿 🅿 – 🛦 40. 🖭 ⓪ 🗲 𝘝𝘐𝘚𝘈
Jan. und Juli jeweils 2 Wochen geschl. – **Menu** *(Sonntag geschl.)* à la carte 56/90 – **30 Z**
130/260.

🍴 **Schwanen** mit Zim und Gästehaus, Marktplatz 5 (Unterstadt), ✉ 72401,
✆ (07474) 75 75, Fax (07474) 7576, 🌳 , « Restauriertes Barockhaus a. d. 17. Jh. » – ⏸
🔲 🕿 ⇦. 🖭 🗲. ✀ Rest
Ende Jan.- Anfang Feb. geschl. – **Menu** *(Montag geschl.)* (Dienstag - Freitag nur Abendessen) 98/164 und à la carte 81/112 – **26 Z** 100/220
Spez. Gänsestopfleberterrine mit Kaninchenconfit. Zweierlei vom Lamm mit Bohnenge-
müse und eingelegten Sherrytomaten. Topfensoufflé mit Früchtecoulis und Passionsfruchtsorbet.

HAINBURG *Hessen siehe Hanau am Main.*

HALBERSTADT *Sachsen-Anhalt* 🔲🔲🔲 *K 17,* 🔲🔲🔲 ⑲, 🔲🔲🔲 ⑰ *– 45 000 Ew – Höhe 125 m.*

Sehenswert : Dom St. Stephanus★★ (Lettner★, Kreuzigungsgruppe★, Domschatz★★) –
Liebfrauenkirche (Reliefs★).

🗓 *Fremdenverkehrsbüro, Düsterngraben 3,* ✉ *38820,* ✆ *(03941) 55 18 15, Fax (03941)*
551089.

ADAC, *Richard-Wagner-Str. 57,* ✉ *38820,* ✆ *(03941) 2 61 39, Fax (03941) 600180.*

Berlin 206 – Magdeburg 55 – Halle 90.

🏨 **Romantik Parkhotel Unter den Linden,** Klamrothstr. 2, ✉ 38820,
✆ (03941) 60 00 77, Fax (03941) 600078, 🌳 , ➡s – ⏸ 🔲 ⇦ 🅿 – 🛦 40. 🖭 ⓪ 🗲
𝘝𝘐𝘚𝘈 𝘑𝘊𝘉
Menu à la carte 38/66 – **45 Z** 140/225.

🏨 **Halberstädter Hof,** Trillgasse 10, ✉ 38820, ✆ (03941) 2 70 80, Fax (03941) 26189,
🌳 – 🔲 🕿 🅿. 🖭 🗲 𝘝𝘐𝘚𝘈
Menu à la carte 31/47 – **23 Z** 105/190.

🏨 **Am Grudenberg** garni, Grudenberg 10, ⊠ 38820, 𝒫 (03941) 6 91 20, Fax (03941) 691269, ⇔ – 🍴 🗂 🕿 🅟. 🄴
23. Dez.- Anfang Jan. geschl. – **21 Z** 85/155.

🏨 **Antares** Ⓜ, Sternstr. 6, ⊠ 38820, 𝒫 (03941) 60 02 50, Fax (03941) 600249, 🏤 – 🛗,
🍴 Zim, 🗂 🕿 🅟 – 🔬 15. 🄰🄴 🄴 𝘝𝘐𝘚𝘈
Menu (Sonntagabend geschl.) à la carte 32/50 – **24 Z** 85/145.

🏠 **Gästehaus Abtshof** garni, Abtshof 27 a, ⊠ 38820, 𝒫 (03941) 6 88 30, Fax (03941) 688368 – 🗂 🕿 🅟. 🄰🄴 𝘝𝘐𝘚𝘈. 𝒮
18 Z 80/120.

HALBLECH Bayern 🯶🯱🯹🯶🯴🯰 X 16 – 3 400 Ew – Höhe 815 m – Erholungsort – Wintersport : 800/1 500 m ≰5 ⚞6.
🅱 Verkehrsamt, Bergstraße (Buching), ⊠ 87642, 𝒫 (08368) 2 85, Fax (08368) 7221.
Berlin 646 – München 106 – Garmisch-Partenkirchen 54 – Schongau 23 – Füssen 13.

In Halblech-Buching

🏨 **Bannwaldsee,** Sesselbahnstr. 10, ⊠ 87642, 𝒫 (08368) 90 00, Fax (08368) 900150, ≼,
🏤, ⇔s, 🖰 – 🛗 🗂 🕿 ﹠ 🅟 – 🔬 40. 🄰🄴 ⓞ 🄴 𝘝𝘐𝘚𝘈. 𝒮 Rest
Nov. - 20. Dez. geschl. – **Menu** à la carte 27/54 – **65 Z** 120/180 –
½ P 25.

🏠 **Geiselstein,** Füssener Str. 26 (B 17), ⊠ 87642, 𝒫 (08368) 2 60, Fax (08368) 885, 🏤,
⇔s, 🌳 – 🗂 ⇦ 🅟. 🄴 𝘝𝘐𝘚𝘈
15. Nov. - 15. Dez. geschl. – **Menu** à la carte 24/42 ⚖ – **17 Z** 60/110 –
½ P 20.

🏡 **Schäder,** Romantische Str. 16, ⊠ 87642, 𝒫 (08368) 13 40, Fax (08368) 867, 🏤 – 🗂
🅟. 🄰🄴 🄴 𝘝𝘐𝘚𝘈. 𝒮 Zim
Jan. 3 Wochen geschl. – **Menu** (Nov. - April Montag geschl.) à la carte 29/62 –
12 Z (nur ½P) 81/140.

In Halblech-Trauchgau

🏠 **Sonnenbichl** 𝒮, Sonnenbichl 1, ⊠ 87642, 𝒫 (08368) 9 13 30, Fax (08368) 7239,
≼ Allgäuer Alpen, 🏤, ⇔s, 🖰, 🌳, ⚒ (Halle) – 🗂 🕿 ⇦ 🅟
Menu à la carte 25/53 – **23 Z** 85/220 – ½ P 10.

HALDENSLEBEN Sachsen-Anhalt 🯶🯱🯶🯶🯱🯸 J 18, 🯹🯸🯴 ⑮, 🯹🯸🯷 ⑰ – 22 000 Ew – Höhe 70 m.
🅱 Haldensleben-Information, Stendaler Turm, ⊠ 39340, 𝒫 (03904) 4 04 11, Fax (03904) 71770.
Berlin 168 – Magdeburg 29 – Brandenburg 117 – Stendal 68.

🏨 **Behrens** (ehemalige Villa), Bahnhofstr. 28, ⊠ 39340, 𝒫 (03904) 34 21, Fax (03904) 3421 – 🗂 🕿 ⇦ 🅟. 🄰🄴 🄴 𝘝𝘐𝘚𝘈. 𝒮 Rest
Menu (Sonntag geschl.) (nur Abendessen) à la carte 29/46 – **19 Z** 105/180.

🏠 **Waldringhotel,** Waldring 115, ⊠ 39340, 𝒫 (03904) 63 33, Fax (03904) 633422 – 🛗,
🍴 Zim, 🗂 🕿 🅟 – 🔬 20. 🄰🄴 ⓞ 🄴 𝘝𝘐𝘚𝘈
Menu à la carte 23/40 – **36 Z** 95/140.

HALFING Bayern 🯶🯴🯰 W 20 – 2 000 Ew – Höhe 602 m.
Berlin 643 – München 68 – Bad Reichenhall 71 – Rosenheim 17 – Salzburg 76 – Wasserburg am Inn 14 – Landshut 78.

🏠 **Kern,** Kirchplatz 5, ⊠ 83128, 𝒫 (08055) 87 11, Fax (08055) 8018, 🏤, ⇔s, 🌳 – 🛗 🗂
🕿 🅟 – 🔬 35. ⓞ 🄴 𝘝𝘐𝘚𝘈
Menu (Montag geschl.) à la carte 28/55 – **34 Z** 65/180.

HALLBERGMOOS Bayern siehe Freising.

┌───┐

Les bonnes tables

Nous distinguons à votre intention certains restaurants par
Menu ⊛, ⊛, ⊛⊛ ou ⊛⊛⊛.

└───┘

HALLE *Sachsen-Anhalt* 𝟜𝟙𝟠 *L 19,* 𝟿𝟠𝟜 ⑲, 𝟿𝟠𝟟 ⑱ *– 280 000 Ew – Höhe 94 m.*

Sehenswert : Händelhaus★ DY – Staatl. Galerie Moritzburg★★ DY – Marktplatz★ EY – Marktkirche★ (Aufsatz des Hochaltars★) EY – Moritzkirche (Werke★ von Conrad v. Einbeck) DZ – Doppelkapelle in Landsberg (Kapitelle★, Blick★).

Ausflugsziel : Merseburg : Dom★★ (Kanzel★, Bronzegrabplatte★ König Rudolfs) S : 16 km über ④ – 🛈 *Tourist-Information, Roter Turm, Marktplatz, ⊠ 06108, ℘ (0345) 2 02 33 40, Fax (0345) 502798.*

ADAC, *Joliot-Curie-Platz 1a, ⊠ 06108, ℘ (0345) 2 02 64 93, Fax (0345) 5125643.*

Berlin 170 ① – Magdeburg 86 ⑥ – Leipzig 42 ④ – Gera 74 ② – Nordhausen 91 ⑤

Stadtpläne siehe nächste Seiten

🏨🏨 **Maritim,** Riebeckplatz 4, ⊠ 06009, ℘ (0345) 5 10 10, Fax (0345) 5101777, ㄸ, Massage, ⇌, 🏊 – 🛗, ⇔ Zim, 🗏 🖵 📞 ₺ 🅟 – 🕍 480. 🔤 ⓞ 🖼 𝗝𝗖𝗕   FZ a
Menu à la carte 45/85 – **346 Z** 197/328.

🏨🏨 **Dorint Hotel Charlottenhof** Ⓜ, Dorotheenstr. 12, ⊠ 06108, ℘ (0345) 2 92 30, Fax (0345) 2923100, ㄸ, ⇌ – 🛗, ⇔ Zim, 🗏 🖵 📞 ₺ ⇔ – 🕍 120. 🔤 ⓞ 🖼   FZ c
Menu à la carte 34/63 – **166 Z** 205/260, 4 Suiten.

🏨🏨 **Rotes Ross** garni, Leipziger Str. 76, ⊠ 06108, ℘ (0345) 2 92 20, Fax (0345) 2922222, ⇌ – 🛗 ⇔ 🖵 📞 ⇔ – 🕍 15. 🔤 ⓞ 🖼 𝗝𝗖𝗕   EZ s
67 Z 163/316.

🏨 **Europa,** Delitzscher Str. 17, ⊠ 06112, ℘ (0345) 5 71 20, Fax (0345) 5712161 – 🛗, ⇔ Zim, 🖵 ☎ ₺ 🅟 – 🕍 30. 🔤 ⓞ 🖼   FZ b
Menu à la carte 34/57 – **109 Z** 155/195.

🏨 **Schweizer Hof,** Waisenhausring 15, ⊠ 06108, ℘ (0345) 50 30 68, Fax (0345) 2026392 – 🛗 🖵 ☎ 📞. 🔤 🖼   EZ p
Menu (Sonntagabend - Montagmittag geschl.) à la carte 30/48 – **18 Z** 145/195.

🏨 **Apart Hotel** garni, Kohlschütterstr. 5, ⊠ 06114, ℘ (0345) 5 25 90, Fax (0345) 5259200, 𝟙𝟞, ⇌ – 🛗 🖵 ☎ 🅟 – 🕍 35. 🔤 ⓞ 🖼   BT a
50 Z 135/195.

🏨 **Am Wasserturm** garni, Lessingstr. 8, ⊠ 06114, ℘ (0345) 5 12 65 42, Fax (0345) 5126543, ⇌ – 🛗 ⇔ 🖵 ☎ – 🕍 35. 🔤 🖼   EX f
52 Z 110/180.

🏨 **Martha-Haus** garni, Adam-Kuckhoff-Str. 5, ⊠ 06108, ℘ (0345) 5 10 80, Fax (0345) 5108515, ⇌ – 🛗 🖵 ☎ ₺ – 🕍 25. ⓞ 🖼   EXY g
20 Z 130/190.

✕✕ **Mönchshof,** Talamtstr. 6, ⊠ 06108, ℘ (0345) 2 02 17 26, Fax (0345) 2021726 – 🔤 ⓞ 🖼   DY e
Sonntagabend geschl. – **Menu** à la carte 26/53.

In Halle-Ammendorf *S : 6 km :*

🏨 **Eigen** garni, Kurt-Wüsteneck-Str. 1 (B 91), ⊠ 06132, ℘ (0345) 7 75 56, Fax (0345) 7755777 – 🖵 ☎ 🅟. 🔤 ⓞ 🖼   BV b
23. Dez. - 1. Jan. geschl. – **31 Z** 95/130.

In Halle-Neustadt *W : 2 km :*

🏨 **Steigenberger Esprix Hotel,** Neustädter Passage 5, ⊠ 06122, ℘ (0345) 6 93 10, Fax (0345) 6931626, ㄸ – 🛗, ⇔ Zim,, 🗏 Rest, 🖵 ☎ 📞 ₺ ⇔ – 🕍 100. 🔤 🖼 𝗝𝗖𝗕   AU d
Menu à la carte 31/45 – **186 Z** 120/175.

In Halle-Trotha *N : 3 km :*

🏨 **Am Krähenberg** garni, Am Krähenberg 1, ⊠ 06118, ℘ (0345) 5 22 55 06, Fax (0345) 5225559 – 🖵 ☎. 🔤 🖼   BT e
17 Z 118/158.

In Dölbau *SO : 6 km über ② ; an der BAB Ausfahrt Halle-Ost :*

🏨 **Consul-Hotel,** Hotelstr. 1, ⊠ 06184, ℘ (034602) 67 0, Fax (034602) 67670, ⇌ – 🛗, ⇔ Zim, 🗏 🖵 ☎ 📞 ₺ 🅟 – 🕍 50. 🔤 ⓞ 🖼   Menu à la carte 34/59 – **123 Z** 155/215.

In Peißen *NO : 5 km :*

🏨 **Treff Hansa Hotel,** Hansaplatz 1 (Gewerbegebiet), ⊠ 06188, ℘ (0345) 5 64 70, Fax (0345) 5647550, ⇌ – 🛗, ⇔ Zim, 🖵 ☎ 📞 ₺ 🅟 – 🕍 450. 🔤 ⓞ 🖼 CT f
Menu à la carte 36/67 – **301 Z** 150/247.

🏨 **Alba Hotel,** An der Mühle 190 (Gewerbegebiet), ⊠ 06188, ℘ (0345) 5 75 00, Fax (0345) 5750100 – 🛗, ⇔ Zim, 🖵 ☎ 📞 🅟 – 🕍 200. 🔤 ⓞ 🖼 𝗝𝗖𝗕   ✕ Rest   CT c
Menu à la carte 31/60 – **168 Z** 155/225.

445

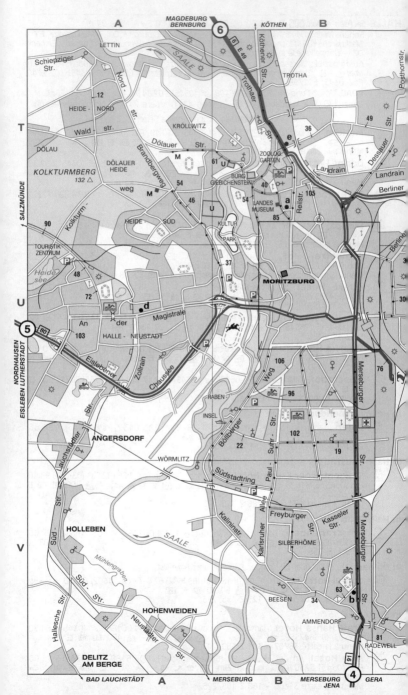

HALLE

*Erfahrungsgemäß werden
bei größeren Veranstaltungen,
Messen und Ausstellungen
in vielen Städten
und deren Umgebung
erhöhte Preise verlangt.*

447

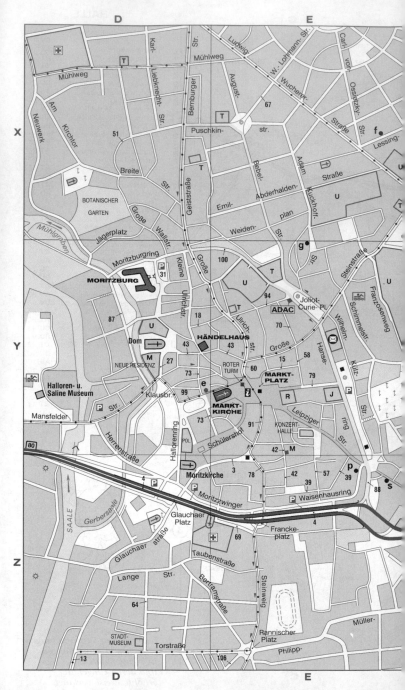

449

HALLE IN WESTFALEN Nordrhein-Westfalen **417** J 9, **987** ⑮ – 19 500 Ew – Höhe 130 m.
Berlin 399 ① – Düsseldorf 176 – Bielefeld 17 – Münster (Westfalen) 60 – Osnabrück 38.

🏨 **Sportpark Hotel** Ⓜ 🏊, Weststr. 16, ✉ 33790, 𝒫 (05201) 89 90,
Fax (05201) 899440, 🏤, Massage, ≋s, ⚒ (Halle) – 🛗, 🌙 Zim, 📺 ⚙ 👶 🚗 🅿 – 🔬 120.
🖭 ⓞ 🔳 **VISA**. 🍽 Rest
Menu (italienische Küche) à la carte 41/67 – **103 Z** 165/240, 5 Suiten.

🏠 **St. Georg** 🏊 garni, Winnebrockstr. 2, ✉ 33790, 𝒫 (05201) 8 10 40,
Fax (05201) 8104 32 – 🛬 📺 ☎ 🅿 🔳 **VISA**
20. Dez. - 7. Jan. geschl. – **27 Z** 75/120.

🏠 **Hollmann,** Alleestr. 20, ✉ 33790, 𝒫 (05201) 8 11 80, Fax (05201) 811831 – 📺 ☎ 🅿. 🔳
Menu (Samstag und Juli - Aug. 3 Wochen geschl.) (wochentags nur Abendessen) à la carte
32/61 – **20 Z** 74/120.

In Werther O : 6 km :

🏠 **Kipps Krug,** Engerstr. 61, ✉ 33824, 𝒫 (05203) 9 71 80, Fax (05203) 268, Biergarten,
⚒ (Halle) – 📺 ☎ 🅿. ⓞ **VISA**
Menu (Donnerstagmittag geschl.) à la carte 30/58 – **12 Z** 55/130.

HALLENBERG Nordrhein-Westfalen **417** M 9, **987** ㉗ – 5 000 Ew – Höhe 385 m – Wintersport : ✰ 3.
🛈 Verkehrsverein, Merklinghauser Str. 1, ✉ 59969, 𝒫 (02984) 82 03.
Berlin 467 – Düsseldorf 200 – Kassel 86 – Korbach 32 – Marburg 45 – Siegen 85.

🏨 **Diedrich,** Nuhnestr. 2 (B 236), ✉ 59969, 𝒫 (02984) 9 33 00, Fax (02984) 2238, 🏤,
≋s – 🛗 📺 ☎ ✆ 🅿 – 🔬 40. 🔳
Menu (Dienstag geschl.) à la carte 39/70 – **40 Z** 90/170 – ½ P 18.

In Hallenberg-Hesborn N : 6 km :

🏠 **Zum Hesborner Kuckuck** 🏊, Ölfestr. 22, ✉ 59969, 𝒫 (02984) 4 75,
Fax (02984) 573, 🏤, ≋s, ⬛ – 🛗 📺 ☎ 🅿. 🍽 Rest
Nov. 1 Woche geschl. – Menu à la carte 34/55 – **53 Z** 86/166 – ½ P 20.

HALLERNDORF Bayern **419 420** Q 16 – 3 300 Ew – Höhe 260 m.
Berlin 426 – München 223 – Nürnberg 47 – Bamberg 22 – Würzburg 97.

In Hallerndorf-Pautzfeld NO : 3,5 km :

🏠 **Kammerer** (mit Gästehaus), ✉ 91352, 𝒫 (09545) 74 68, Fax (09545) 4025, Biergarten,
🚗 🏤 – 📺 🅿. 🍽 Rest
Menu (Montagmittag und Dienstag geschl.) à la carte 21/38 – **21 Z** 45/80.

In Hallerndorf-Willersdorf SW : 3 km :

🏠 **Brauerei Rittmayer** 🏊, Willersdorf 10, ✉ 91352, 𝒫 (09195) 23 10,
🚗 Fax (09195) 5971, Biergarten – 🛬 Zim, 📺 ☎ ✆ 🅿 – 🔬 20. 🍽 Rest
Juli - Aug. 2 Wochen geschl. – Menu (Montagmittag und Dienstag geschl.) à la carte 21/42
– **15 Z** 70/105.

HALLSTADT Bayern siehe Bamberg.

HALLWANG Österreich siehe Salzburg.

HALSENBACH Rheinland-Pfalz siehe Emmelshausen.

HALTERN Nordrhein-Westfalen **417** K 5, **987** ⑮ – 35 600 Ew – Höhe 35 m.
🛈 Städt. Verkehrsamt, Altes Rathaus, ✉ 45721, 𝒫 (02364) 93 33 66, Fax (02364) 933364.
Berlin 500 – Düsseldorf 77 – Münster (Westfalen) 46 – Recklinghausen 15.

🏠 **Ratshotel** (mit Gästehaus), Mühlenstr. 3, ✉ 45721, 𝒫 (02364) 34 65,
Fax (02364) 16117 – 📺 ☎ 🚗 🅿. 🖭 🔳 **VISA**
Menu (Mittwoch geschl.) à la carte 30/58 – **20 Z** 90/135.

In Haltern-Flaesheim SO : 5,5 km :

🏠 **Jägerhof zum Stift Flaesheim,** Flaesheimer Str. 360, ✉ 45721, 𝒫 (02364) 23 27,
Fax (02364) 167523 – 📺 ☎ 🚗 🅿 – 🔬 30. 🖭 🔳. 🍽 Zim
Juni - Juli 3 Wochen geschl. – Menu (Dienstag geschl.) à la carte 39/63 – **11 Z** 65/130.

In Haltern-Sythen N : 5 km :

🏠 **Pfeiffer,** Am Wehr 71, ✉ 45721, 𝒫 (02364) 9 62 20, Fax (02364) 962296, 🏤 – 🛗 📺
☎ 🅿. 🖭 ⓞ 🔳 **VISA**
15. Juni - 11. Juli geschl. – Menu (Donnerstag geschl.) à la carte 32/62 – **11 Z** 75/140.

HAMBURG

[L] *Stadtstaat Hamburg* **415** **416** *F 14 – 1 650 000 Ew – Höhe 10 m*

Berlin 284 ③ *– Bremen 120* ⑥ *– Hannover 151* ⑤

PRAKTISCHE HINWEISE

🛈 *Tourist-Information im Hauptbahnhof (Ausgang Kirchenallee),* ✉ *20099,* 𝒻 *(040) 30 05 13 00, Fax (040) 30051333.*

🛈 *Tourist-Information am Hafen, Landungsbrücke 4-5,* ✉ *20459,* 𝒻 *(040) 30 05 12 00*

ADAC, *Amsinckstr. 39,* ✉ *20097,* 𝒻 *(040) 23 91 90, Fax (040) 23919271*

🖥 🖥 *Falkenstein, Hamburg-Blankenese, In den Bergen 59,* 𝒻 *(040) 81 21 77*

🖥 *Treudelberg, Hamburg-Lemsahl (N : 16 km), Lemsahler Landstr. 45,* 𝒻 *(040) 60 82 25 00*

🖥 🖥 *Wendlohe, Oldesloer Str. 251 R,* 𝒻 *(040) 5 50 50 14*

🖥 *Peiner Hof (NW : 22 km), Peiner Hag,* 𝒻 *(04101) 7 37 90*

🖥 🖥 *Walddörfer (NO : 20 km, Ammersbeck, über* ①*),* 𝒻 *(040) 6 05 13 37*

🖥 *Escheburg (SO : 25 km, über B5), Am Soll,* 𝒻 *(04152) 8 32 04*

🖥 *Ahrensburg (NO : 22 km, über B75), Am Haidschlag 39,* 𝒻 *(04102) 5 13 09*

🖥 *Wentorf-Reinbek (SO : 20 km), Golfstr. 2,* 𝒻 *(040) 72 97 80 66*

✈ *Hamburg-Fuhlsbüttel (N : 15 km R),* 𝒻 *(040) 5 07 50*

🚗 *Hamburg Altona, Sternenschanze*

Hamburg Messe und Congress GmbH EFX Jungiusstr. 13, ✉ *20355,* 𝒻 *(040) 3 56 90, Fax (040) 35692181.*

HAUPTSEHENSWÜRDIGKEITEN

Museen, Galerien, Sammlungen : *Kunsthalle*★★ HY **M¹** *– Museum für Kunst und Gewerbe*★ HY **M²** *– Museum für Hamburgische Geschichte*★ EYZ **M³** *– Postmuseum*★ HY **M⁴** *– Hamburgisches Museum für Völkerkunde*★ FX **M⁵** *– Norddeutsches Landesmuseum*★★ AT **M⁶**.

Parks, Gärten, Seen : *Außenalster*★★★ *(Alsterrundfahrt*★★★*)* GHXY *– Tierpark Hagenbeckk*★★ R *– Hafen*★★ EZ *– Park „Planten un Blomen"*★ EFX.

Gebäude, Straßen, Plätze : *Fernsehturm*★ *(*❄★★ EX *– Jungfernstieg*★ GY *– St-Michaelis*★ *(*❄★*)* FZ *– Stintfang (*⩽★*)* EZ *– Elbchaussee*★ S *– Altonaer Balkon (*⩽★*)* AT **S**.

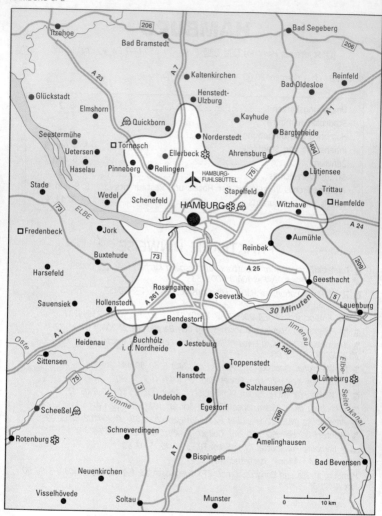

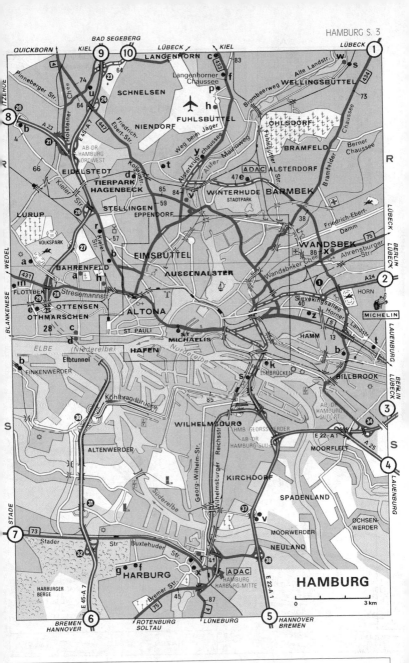

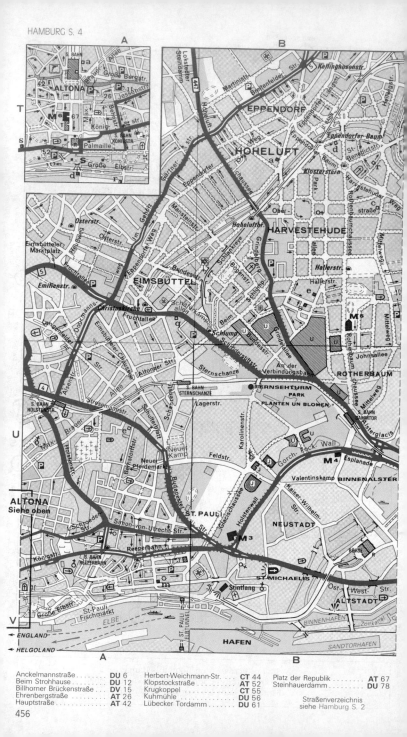

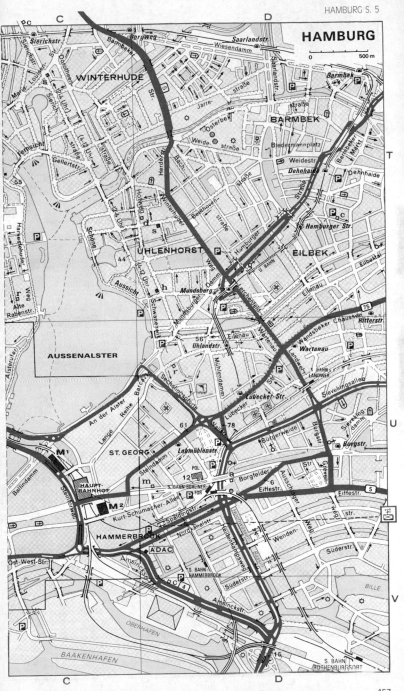

HAMBURG

0   500 m

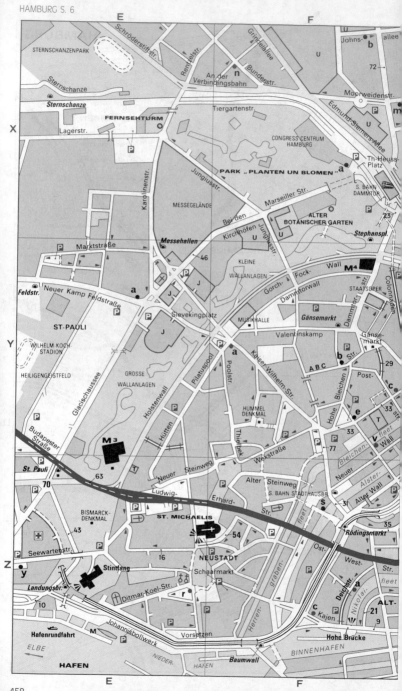

HAMBURG

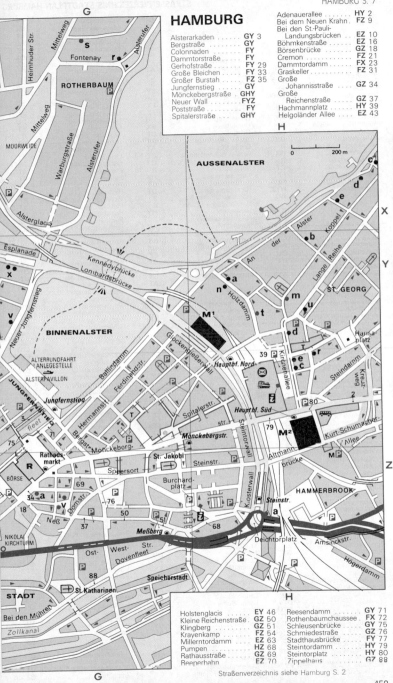

Straßenverzeichnis siehe Hamburg S. 2

STRASSENVERZEICHNIS STADTPLAN HAMBURG

Liste alphabétique des hôtels et restaurants
Alphabetisches Verzeichnis der Hotels und Restaurants

Im Zentrum :

🏨🏨🏨 **Vier Jahreszeiten,** Neuer Jungfernstieg 9, ⌧ 20354, ✆ (040) 3 49 40, Fax (040) 3494602, ≼ Binnenalster – 📶, ⇔ Zim, 📺 ☎ ⇔ – 🔬 80. 🖭 ⑩ ⋿ 𝘷𝘪𝘴𝘢 𝗃𝖼𝖻 GY v

Menu siehe Rest. **Haerlin** separat erwähnt **Jahreszeiten Grill : Menu** à la carte 57/103 – **Condi** (nur Mittagessen, Sonntag und Juli - August geschl.) **Menu** à la carte 37/69 – **158 Z** 413/1000, 12 Suiten.

🏨🏨🏨 **Kempinski Hotel Atlantic Hamburg** ⌵, An der Alster 72, ⌧ 20099, ✆ (040) 2 88 80, Fax (040) 247129, ≼ Außenalster, ⌲, Massage, ⇌, 📶 – 📶, ⇔ Zim, 📺 ☎ ⇔ – 🔬 300. 🖭 ⑩ ⋿ 𝘷𝘪𝘴𝘢 𝗃𝖼𝖻 Rest HY a

Menu à la carte 68/104 – **Atlantic-Mühle** (nur Abendessen) **Menu** à la carte 48/75 – **254 Z** 399/598, 13 Suiten.

🏨🏨🏨 **Steigenberger Hamburg** Ⓜ, Heiligengeistbrücke 4, ⌧ 20459, ✆ (040) 36 80 60, Fax (040) 36806777 – 📶, ⇔ Zim, 🍴 📺 ☎ ⇔ ⇔ – 🔬 180. 🖭 ⑩ ⋿ 𝘷𝘪𝘴𝘢 𝗃𝖼𝖻 FZ v

Calla (nur Abendessen, Sonntag - Montag und Juli - Aug. geschl.) **Menu** à la carte 54/88 – **Bistro am Fleet : Menu** à la carte 44/57 – **234 Z** 308/588, 4 Suiten.

🏨🏨🏨 **Marriott Hotel** Ⓜ, ABC-Str. 52, ⌧ 20354, ✆ (040) 3 50 50, Fax (040) 35051777, ⌲, Massage, 🛁, 📶 – 📶, ⇔ Zim, 🍴 📺 ☎ ⇔ ⇔ – 🔬 160. 🖭 ⑩ ⋿ 𝘷𝘪𝘴𝘢 𝗃𝖼𝖻 FY b

Menu 28 (Lunchbuffet) und à la carte 45/69 – **277 Z** 330/555, 4 Suiten.

🏨🏨🏨 **Renaissance Hamburg Hotel,** Große Bleichen, ⌧ 20354, ✆ (040) 34 91 80, Fax (040) 34918919, Massage, 📶 – 📶, ⇔ Zim, 🍴 📺 ☎ 📵 – 🔬 110. 🖭 ⑩ ⋿ 𝘷𝘪𝘴𝘢 𝗃𝖼𝖻 Rest FY e

Menu à la carte 53/85 – **205 Z** 303/635, 3 Suiten.

🏨🏨🏨 **Radisson SAS Hotel Hamburg,** Marseiller Str. 2, ⌧ 20355, ✆ (040) 3 50 20, Fax (040) 35023530, ≼ Hamburg, 🛁, 📶 – 📶, ⇔ Zim, 🍴 📺 ☎ 🛁 ⇔ – 🔬 320. 🖭 ⑩ ⋿ 𝘷𝘪𝘴𝘢 𝗃𝖼𝖻 Rest FX a

Vierländer Stuben : Menu à la carte 36/56 – **Trader Vic's** (nur Abendessen, Juli geschl.) **Menu** à la carte 50/84 – **560 Z** 314/460, 26 Suiten.

🏨🏨 **Holiday Inn Crowne Plaza** Ⓜ, Graumannsweg 10, ⌧ 22087, ✆ (040) 22 80 60, Fax (040) 2208704, Massage, ⇌, 🔲 – 📶, ⇔ Zim, 🍴 📺 ☎ 🛁 ⇔ – 🔬 120. 🖭 ⑩ ⋿ 𝘷𝘪𝘴𝘢 𝗃𝖼𝖻 Rest DU r

Lord Nelson (Sonntagabend geschl.) **Menu** à la carte 50/81 – **King George Pub : Menu** à la carte 34/51 – **285 Z** 308/456.

🏨🏨 **Europäischer Hof** Ⓜ, Kirchenallee 45, ⌧ 20099, ✆ (040) 24 82 48, Fax (040) 24824799, ⌲, Massage, 🛁, ⇌, 🔲 Squash – 📶, ⇔ Zim, 🍴 Rest, 📺 ⇔ – 🔬 150. 🖭 ⑩ ⋿ 𝘷𝘪𝘴𝘢 HY e

Menu à la carte 46/70 – **320 Z** 190/430.

🏨🏨 **Maritim Hotel Reichshof,** Kirchenallee 34, ⌧ 20099, ✆ (040) 24 83 30, Fax (040) 24833888, ⇌, 🔲 – 📶, ⇔ Zim, 📺 ⇔ – 🔬 160. 🖭 ⑩ ⋿ 𝘷𝘪𝘴𝘢 𝗃𝖼𝖻 Rest HY d

Menu à la carte 64/87 – **303 Z** 239/398, 6 Suiten.

🏨🏨 **Prem,** An der Alster 9, ⌧ 20099, ✆ (040) 24 17 26, Fax (040) 2803851, « Einrichtung mit antiken Stil-Möbeln, Gartenterrasse », ⇌ – 📶 📺 📵. 🖭 ⑩ ⋿ 𝘷𝘪𝘴𝘢 𝗃𝖼𝖻 HX c

La mer (Samstagmittag und Sonntagmittag geschl.) **Menu** à la carte 79/101 – **53 Z** 220/455, 3 Suiten.

🏨🏨 **Residenz Hafen Hamburg** Ⓜ, Seewartenstr. 7, ⌧ 20459, ✆ (040) 31 11 90, Fax (040) 314505, ≼ – 📶 ⇔ Zim ⇔ 📵 – 🔬 60. 🖭 ⋿ 𝘷𝘪𝘴𝘢 EZ y

Menu siehe Hotel Hafen Hamburg – **125 Z** 206/282.

🏨 **Berlin** Ⓜ, Borgfelder Str. 1, ⌧ 20537, ✆ (040) 25 16 40, Fax (040) 25164413, ⌲ – 📶, ⇔ Zim, 🍴 Rest, 📺 ☎ 📵 ⇔ 📵 – 🔬 30. 🖭 ⑩ ⋿ 𝘷𝘪𝘴𝘢 DU a

Menu à la carte 45/64 – **93 Z** 180/225.

🏨 **Senator,** Lange Reihe 18, ⌧ 20099, ✆ (040) 24 12 03, Fax (040) 2803717 – 📶, ⇔ Zim, 📵 ☎ ⇔ – 🔬 30. 🖭 ⑩ ⋿ 𝘷𝘪𝘴𝘢 𝗃𝖼𝖻 Rest HY u

(nur Abendessen für Hausgäste) – **56 Z** 185/285.

🏨 **Novotel City Süd,** Amsinckstr. 53, ⌧ 20097, ✆ (040) 23 63 80, Fax (040) 234230, ⇌ – 📶, ⇔ Zim, 📵 🛁 ⇔ – 🔬 50. 🖭 ⑩ ⋿ 𝘷𝘪𝘴𝘢 DUV c

Menu à la carte 40/60 – **185 Z** 202/302.

🏨 **Hafen Hamburg,** Seewartenstr. 9, ⌧ 20459, ✆ (040) 31 11 30, Fax (040) 31113751, ≼, ⌲ – 📶 📺 ☎ ⇔ 📵 – 🔬 70. 🖭 ⑩ ⋿ 𝘷𝘪𝘴𝘢. Rest EZ y

Menu à la carte 46/80 – **239 Z** 182/222.

🏨 **Bellevue,** An der Alster 14, ⌧ 20099, ✆ (040) 28 44 40, Fax (040) 28444222 – 📶, ⇔ Zim, 📺 ☎ ⇔ 📵 – 🔬 40. 🖭 ⑩ ⋿ 𝘷𝘪𝘴𝘢 HX d

Menu à la carte 48/63 – **93 Z** 170/350.

🏨 **St. Raphael,** Adenauerallee 41, ⌧ 20097, ✆ (040) 24 82 00, Fax (040) 24820333, ⇌ – 📶, ⇔ Zim, 📺 ☎ 📵 – 🔬 40. 🖭 ⑩ ⋿ 𝘷𝘪𝘴𝘢 𝗃𝖼𝖻. Rest DU m

Menu (Samstagmittag und Sonntagmittag geschl.) à la carte 38/60 – **130 Z** 190/300.

🏢 **Baseler Hof,** Esplanade 11, ✉ 20354, 𝒫 (040) 35 90 60, Fax (040) 35906918 – |📶| 📺
☎ – 🏛 30. 🖭 ⓞ 🖪 𝑉𝐼𝑆𝐴. ⚒   GY x
23. - 29. Dez. geschl. – **Menu** (Samstagmittag und Sonntagmittag sowie 28. Juni - 19. Juli
geschl.) 22 (mittags) und à la carte 49/71 – **149 Z** 150/225.

🏢 **Alster-Hof** garni, Esplanade 12, ✉ 20354, 𝒫 (040) 35 00 70, Fax (040) 35007514 – |📶|
📺 ☎. 🖭 ⓞ 🖪 𝑉𝐼𝑆𝐴   GY x
24. Dez. - 2. Jan. geschl. – **118 Z** 145/220, 3 Suiten.

🏢 **Aussen Alster Hotel,** Schmilinskystr. 11, ✉ 20099, 𝒫 (040) 24 15 57,
Fax (040) 2803231, 🏮, 🛥 – |📶|, 🔄 Zim, 📺 ☎. 🖭 ⓞ 🖪 𝑉𝐼𝑆𝐴   HX e
24. - 27. Dez. geschl. – **Menu** (Samstagmittag und Sonntag geschl.) (italienische Küche)
à la carte 48/65 – **27 Z** 180/310.

🏢 **Eden** garni, Ellmenreichstr. 20, ✉ 20099, 𝒫 (040) 24 84 80, Fax (040) 241521 – |📶| 📺
☎. 🖭 ⓞ 🖪 𝑉𝐼𝑆𝐴   HY r
63 Z 135/220.

🏢 **Wedina** garni, Gurlittstr. 23, ✉ 20099, 𝒫 (040) 24 30 11, Fax (040) 2803894 – 📺 ☎
🅿 🖭 ⓞ 🖪 𝑉𝐼𝑆𝐴   HY b
28 Z 155/240.

🏢 **Kronprinz** garni, Kirchenallee 46, ✉ 20099, 𝒫 (040) 24 32 58, Fax (040) 2801097 – |📶|
🔄 📺 ☎. 🖭 ⓞ 🖪 𝑉𝐼𝑆𝐴 𝐽𝐶𝐵. ⚒   HY c
73 Z 130/195.

🏢 **Ibis Alster,** Holzdamm 4, ✉ 20099, 𝒫 (040) 24 82 90, Fax (040) 24829999 – |📶|,
🔄 Zim, 📺 ☎ & 🚗 – 🏛 350. 🖪 𝑉𝐼𝑆𝐴 𝐽𝐶𝐵   HY n
Menu à la carte 29/32 – **165 Z** 170/215.

XXXXX **Haerlin** - Hotel Vier Jahreszeiten, Neuer Jungfernstieg 9, ✉ 20354, 𝒫 (040) 3 49 46 41,
Fax (040) 3494602, ≤ Binnenalster – 🖭 ⓞ 🖪 𝑉𝐼𝑆𝐴. ⚒   GY v
Sonntag - Montag, Samstagmittag und 2. Jan. - 2. Feb. geschl. – **Menu** 62 (mittags) und
à la carte 88/135.

XXX **Cölln's Austernstuben,** Brodschrangen 1, ✉ 20457, 𝒫 (040) 32 60 59,
🕄 Fax (040) 326059, « Verschieden eingerichtete Séparées » – 🖭 ⓞ 🖪   GZ v
Samstagmittag sowie Sonn- und Feiertage geschl. – **Menu** (vorwiegend Fischgerichte,
Tischbestellung erforderlich) 89/146 und à la carte 74/115
Spez. Gratin vom Hummer. Feines vom Fischmarkt. Holsteiner Auflauf mit Orangenblü-
teneis.

XX **il Ristorante,** Große Bleichen 16 (1. Etage), ✉ 20354, 𝒫 (040) 34 33 35,
Fax (040) 345748 – 🖭 ⓞ 🖪   FY c
Menu (italienische Küche) à la carte 56/83.

XX **Peter Lembcke,** Holzdamm 49, ✉ 20099, 𝒫 (040) 24 32 90, Fax (040) 2804123 – 🖭
ⓞ 🖪 𝑉𝐼𝑆𝐴   HY t
Samstagmittag sowie Sonn- und Feiertage geschl. – **Menu** (Tischbestellung ratsam) à la
carte 56/102.

XX **Deichgraf,** Deichstr. 23, ✉ 20459, 𝒫 (040) 36 42 08, Fax (040) 364268 – 🖭 ⓞ 🖪 𝑉𝐼𝑆𝐴
Sonntag geschl. – **Menu** (Tischbestellung ratsam) à la carte 50/85.   FZ a

XX **Ratsweinkeller,** Große Johannisstr. 2, ✉ 20457, 𝒫 (040) 36 41 53, Fax (040) 372201,
« Hanseatisches Restaurant a.d.J. 1896 » – 🏛 280. 🖭 ⓞ 🖪 𝑉𝐼𝑆𝐴 𝐽𝐶𝐵   GZ R
Sonntagsabend und Feiertage geschl. – **Menu** à la carte 36/75.

XX **Anna,** Bleichenbrücke 2, ✉ 20354, 𝒫 (040) 36 70 14, Fax (040) 37500736 – 🖭 ⓞ 🖪
𝑉𝐼𝑆𝐴   FY e
Sonn- und Feiertage geschl. – **Menu** à la carte 67/81.

XX **al Pincio,** Schauenburger Str. 59 (1. Etage, |📶|), ✉ 20095, 𝒫 (040) 36 52 55,
Fax (040) 362244 – 🖭 ⓞ 🖪. ⚒   GZ a
Samstag, Sonn- und Feiertage sowie Juli - Aug. 4 Wochen geschl. – **Menu** (Tischbestellung
ratsam, italienische Küche) à la carte 54/80.

XX **Al Campanile,** Spadenteich 1, ✉ 20099, 𝒫 (040) 24 67 38, Fax (040) 246738, 🏮 –
🖭 ⓞ 🖪 𝑉𝐼𝑆𝐴. ⚒   HY m
Samstagmittag, Sonntag und Juli - Aug. 3 Wochen geschl. – **Menu** (italienische Küche) à
la carte 49/76.

X **Dominique,** Johannes Brahms Platz 11, ✉ 20355, 𝒫 (040) 34 45 11 – 🖭   FY a
Samstagmittag und Sonntag geschl. – **Menu** à la carte 59/78.

X **Fischmarkt,** Ditmar-Koel-Str. 1, ✉ 20459, 𝒫 (040) 36 38 09, Fax (040) 37696164, 🏮
– 🖭 ⓞ 🖪 𝑉𝐼𝑆𝐴   EZ r
Samstagmittag sowie Sonn- und Feiertage geschl. – **Menu** à la carte 43/80.

X **Fischküche** (Bistro), Kajen 12, ✉ 20459, 𝒫 (040) 36 56 31, 🏮 – 🖭 ⓞ 🖪 𝑉𝐼𝑆𝐴   FZ c
Samstag sowie Sonn- und Feiertage geschl. – **Menu** (Tischbestellung erforderlich) à la carte
51/81.

Le Bistro de Jacques Lemercier, Dornbusch 4, ✉ 20095, ☎ (040) 32 14 14,
Fax (040) 4105857 – AE ⓘ E VISA
GZ v
Sonntag, Juli - Aug. auch Samstag geschl. – **Menu** (Tischbestellung ratsam) à la carte 43/62.

Jena Paradies, Klosterwall 23
✉ 20095, ☎ (040) 32 70 08, *Fax (040) 327598*
HZ a
Menu (Tischbestellung ratsam) à la carte 45/65.

In den Außenbezirken :

In Hamburg-Alsterdorf :

Alsterkrug-Hotel, Alsterkrugchaussee 277, ✉ 22297, ☎ (040) 51 30 30,
Fax (040) 51303403, ☼, ☎s – 劇, ⇔ Zim, TV ✆ ☎ ⇔ ☻ – ⚖ 50. AE ⓘ E VISA JCB. ✻
R y
Menu à la carte 51/64 – **105 Z** 210/290.

In Hamburg-Altona :

Rema-Hotel Domicil garni, Stresemannstr. 62, ✉ 22769, ☎ (040) 4 31 60 26,
Fax (040) 4397579 – 劇 ⇔ TV ☎ ⇔. AE ⓘ E VISA JCB
AU e
75 Z 290/390.

InterCityHotel, Paul-Nevermann-Platz 17, ✉ 22765, ☎ (040) 38 03 40,
Fax (040) 38034999 – 劇, ⇔ Zim, TV ☎ ✆ ὁ – ⚖ 70. AE ⓘ E VISA
AT t
Menu (Sonntag geschl.) à la carte 31/56 – **133 Z** 190/270.

Raphael Hotel Altona garni, Präsident-Krahn-Str. 13, ✉ 22765, ☎ (040) 38 02 40,
Fax (040) 38024444, ☎s – 劇, TV ☎ ☻. AE ⓘ E VISA
AT a
23. Dez. - 2. Jan. geschl. – **39 Z** 150/260.

Landhaus Scherrer, Elbchaussee 130, ✉ 22763, ☎ (040) 8 80 13 25,
Fax (040) 8806260 – ☻ AE ⓘ E VISA
S c
Sonn- und Feiertage geschl. – **Menu** (bemerkenswerte Weinkarte) 159/189 und à la carte
80/132 – *Bistro-Restaurant* (nur Mittagessen) **Menu** à la carte 66/87
Spez. Milchlammschnitte vom Wagen. Wan-Tan vom Kaisergranat. Angelschellfisch mit
Kräuter-Senfsauce.

Le Canard, Elbchaussee 139, ✉ 22763, ☎ (040) 8 80 50 57, *Fax (040) 472413,* ≤, ☼
– ☻. AE ⓘ E VISA. ✻
S d
Sonntag und Anfang Jan. 1 Woche geschl. – **Menu** (Tischbestellung erforderlich, bemer-
kenswerte Weinkarte) 60 (mittags) und à la carte 103/149
Spez. Marinierter Hummer mit Kartoffelsalat und Pesto. Seesaibling mit weißem Bohnen-
püree und Ingwersauce. Topfensoufflé mit Rotweineis.

Fischereihafen-Restaurant Hamburg, Große Elbstr. 143, ✉ 22767,
☎ (040) 38 18 16, *Fax (040) 3893021,* ≤ – ☻. AE ⓘ E VISA
AT d
Menu (nur Fischgerichte, Tischbestellung ratsam) à la carte 49/111

Landhaus Dill, Elbchaussee 94, ✉ 22763, ☎ (040) 3 90 50 77, *Fax (040) 3900975,* ☼
– AE ⓘ E VISA
AT s
Montag geschl. – **Menu** à la carte 52/84.

Saliba, Leverkusenstr. 54, ✉ 22761, ☎ (040) 85 80 71, *Fax (040) 858082 –* ☻ S h
Samstagmittag geschl. – **Menu** (Tischbestellung ratsam, syrische Küche) 27/55 (mittags),
70 (abends).

Rive Bistro, Van-der-Smissen-Str. 1(Kreuzfahrt-Center), ✉ 22767, ☎ (040) 3 80 59 19,
Fax (040) 3894775, ≤, ☼ – AE
AT r
Menu (Tischbestellung ratsam) à la carte 45/84.

In Hamburg-Bahrenfeld :

Novotel Hamburg West M, Albert-Einstein-Ring 2, ✉ 22761, ☎ (040) 89 95 20,
Fax (040) 89952333, ☎s – 劇, ⇔ Zim, ▤ TV ☎ ✆ ὁ ⇔ ☻ – ⚖ 50. AE ⓘ E VISA
R a
Menu à la carte 35/64 – **137 Z** 191/229, 4 Suiten.

Tafelhaus, Holstenkamp 71, ✉ 22525, ☎ (040) 89 27 60, *Fax (040) 8993324,* ☼ – ☻
*Samstagmittag, Sonntag - Montag, Jan. 3 Wochen, über Ostern 1 Woche und Ende
Juli - Mitte Aug. geschl.* – **Menu** (Tischbestellung erforderlich) 58 (mittags) und à la carte
79/83
S a
Spez. Topinambursuppe mit Hummer. Seezunge im Steinpilzsud. Kalbsstelze aus dem Ofen
mit Trüffel.

In Hamburg-Barmbek :

Rema-Hotel Meridian garni, Holsteinischer Kamp 59, ✉ 22081, ☎ (040) 2 91 80 40,
Fax (040) 2983336, ☎s, ▥ – 劇 ⇔ TV ☎ ὁ ☻ – ⚖ 30. AE ⓘ E VISA JCB
DT c
68 Z 290/390.

In Hamburg-Bergedorf ③ : 18 km über die B 5 S :

Treff-Hotel M, Holzhude 2, ✉ 21029, ☎ (040) 72 59 50, *Fax (040) 72595187,*
☼, ☎s – 劇, ⇔ Zim, TV ☎ ✆ ὁ ⇔ – ⚖ 400. AE ⓘ E VISA. ✻ Rest
Menu à la carte 42/62 – **205 Z** 205/350.

XX **Laxy's Restaurant**, Bergedorfer Str. 138, ⊠ 21029, ℰ (040) 7 24 76 40, *Fax (040) 7247640* – 전 ⑩ ⋿ VISA
Sonntag und Juli - Aug. 2 Wochen geschl. – **Menu** (nur Abendessen) à la carte 53/86.

In Hamburg-Bergstedt *NO : 17 km über die B 434* R :

X **Alte Mühle**, Alte Mühle 34, ⊠ 22395, ℰ (040) 6 04 91 71, *Fax (040) 6049171*, 斋 – ℗
Montag - Dienstag geschl. – **Menu** à la carte 34/68.

In Hamburg-Billbrook :

🏛 **Böttcherhof**, Wöhlerstr. 2, ⊠ 22113, ℰ (040) 73 18 70, *Fax (040) 73187899*, 👍, 🚗
– 🛗, 🚿 Zim, 🆃🆅 📞 👌 🚗 ℗ – 🔬 140. 전 ⋿ VISA. 🚿 Rest   S b
Menu à la carte 42/73 – **155 Z** 210/290.

In Hamburg-Billstedt :

🏛 **Panorama** garni, Billstedter Hauptstr. 44, ⊠ 22111, ℰ (040) 73 35 90, *Fax (040) 73359950*, 🆇 – 🛗 🚿 🆃🆅 📞 📞 🚗 ℗ – 🔬 150. 전 ⑩ ⋿ VISA
JCB   S t
23. - 28. Dez. geschl. – **111 Z** 180/275, 7 Suiten.

In Hamburg-City Nord :

🏛 **Queens Hotel** Ⓜ, Mexikoring 1, ⊠ 22297, ℰ (040) 63 29 40, *Fax (040) 6322472*, 斋,
🚗 – 🛗, 🚿 Zim, 🆃🆅 🚗 ℗ – 🔬 120. 전 ⑩ ⋿ VISA. 🚿 Rest   R e
Menu à la carte 47/65 – **182 Z** 259/328.

In Hamburg-Duvenstedt *über Alte Landstr.* R :

XXX **Le Relais de France**, Poppenbütteler Chaussee 3, ⊠ 22397, ℰ (040) 6 07 07 50, *Fax (040) 6072673*, 斋 – ℗. 🚿
Sonntag - Montag geschl. – **Menu** (nur Abendessen, Tischbestellung ratsam) à la carte 67/84 – **Bistro** *(auch Mittagessen)* **Menu** à la carte 57/68.

In Hamburg-Eimsbüttel :

🏛 **Norge**, Schäferkampsallee 49, ⊠ 20357, ℰ (040) 44 11 50, *Fax (040) 44115577* – 🛗,
🚿 Zim, 🍽 Rest, 🆃🆅 📞 ℗ – 🔬 80. 전 ⑩ ⋿ VISA   AT q
Menu *(Sonntagabend geschl.)* à la carte 43/67 – **130 Z** 199/328.

X **La Mirabelle** (Restaurant im Bistrostil), Bundesstr. 15, ⊠ 20146, ℰ (040) 4 10 75 85, *Fax (040) 4107585*   FX n
Samstagmittag, Sonntag - Montag und Juli 3 Wochen geschl. – **Menu** à la carte 55/75.

In Hamburg-Eppendorf :

XX **Anna e Sebastiano**, Lehmweg 30, ⊠ 20251, ℰ (040) 4 22 25 95, *Fax (040) 4208008*
🕸 – 전 ⑩ ⋿ VISA. 🚿   BT a
Sonntag - Montag, 23. Dez. - 16. Jan. und Juni - Juli 3 Wochen geschl. – **Menu** (nur Abendessen, Tischbestellung erforderlich, italienische Küche) 100/120 und à la carte 83/93
Spez. Risotto mit Steinpilzen (Mai-Okt.). Gedünsteter Stör mit Kartoffeln und Spargel in Sardellenbutter. Kleine Charlotte von Passionsfrucht und Schokolade.

XX **Il Gabbiano**, Eppendorfer Landstr. 145, ⊠ 20251, ℰ (040) 4 80 21 59, *Fax (040) 4802838*, 斋 – 전 ⑩ ⋿ VISA   R v
Samstagmittag, Sonntag und Juli 3 Wochen geschl. – **Menu** (Tischbestellung ratsam, italienische Küche) à la carte 56/87.

XX **Sellmer**, Ludolfstr. 50, ⊠ 20249, ℰ (040) 47 30 57, *Fax (040) 4601569* – ℗. 전 ⑩ ⋿ VISA
Menu (überwiegend Fischgerichte) à la carte 51/97.   R n

In Hamburg-Finkenwerder :

🏠 **Am Elbufer** garni, Focksweg 40a, ⊠ 21129, ℰ (040) 7 42 19 10, *Fax (040) 74219140*,
🔽 – 🆃🆅 📞 📞 ℗. 전 ⋿ VISA. 🚿   S b
24. Dez. - 18. Jan. geschl. – **14 Z** 130/220.

XX **Finkenwerder Elbblick**, Focksweg 42, ⊠ 21129, ℰ (040) 7 42 70 95, *Fax (040) 7434672*, 🔽 Elbe, 斋 – 🍽 ℗. 전 ⑩ ⋿ VISA   S b
Menu à la carte 52/80.

In Hamburg-Flottbek :

🏛 **Landhaus Flottbek**, Baron-Voght-Str. 179, ⊠ 22607, ℰ (040) 8 22 74 10, *Fax (040) 82274151*, 斋, « Hotelanlage aus mehreren Bauernhöfen mit rustikaleleganter Einrichtung », 🌳 – 🆃🆅 📞 📞 ℗ – 🔬 30. 전 ⑩ ⋿ VISA JCB   S m
Menu à la carte 50/80 – **25 Z** 175/255.

In Hamburg-Fuhlsbüttel :

Airport Hotel M, Flughafenstr. 47, ⊠ 22415, ℰ (040) 53 10 20, Fax (040) 53102222,
⇆s, 🔲 – 🛗, ⇔ Zim, 🗐 Rest, 🔟 ⚫ 🅿 – 🔏 140. 🖭 ⑩ 🗲 VISA   R p
Menu à la carte 49/74 – **159 Z** 262/399, 10 Suiten.

XX **top air,** Paul-Bäumer-Platz 1 (im Flughafen, Terminal 4, Ebene 3), ⊠ 22335,
ℰ (040) 50 75 33 24, Fax (040) 50751842 – 🖭 ⑩ 🗲 VISA   R h
Samstag geschl. – **Menu** à la carte 61/90.

In Hamburg-Gross-Borstel :

Entrée M garni, Borsteler Chaussee 168, ⊠ 22453, ℰ (040) 5 57 78 80,
Fax (040) 55778810 – 🛗 ⇔ 🔟 ☎ ℰ ⇔. 🖭 🗲 VISA. ⅀   R t
20 Z 179/216.

In Hamburg-Hamm :

Hamburg International, Hammer Landstr. 200, ⊠ 20537, ℰ (040) 21 14 01,
Fax (040) 211409 – 🛗 🔟 ☎ ⇔ 🅿 – 🔏 20. 🖭 🗲 VISA   S z
Menu (nur Abendessen) à la carte 39/74 – **112 Z** 130/290.

In Hamburg-Harburg :

Lindtner M ⅁, Heimfelder Str. 123, ⊠ 21075, ℰ (040) 79 00 90, Fax (040) 79009482,
⇪, « Modern-elegante Einrichtung ; Sammlung zeitgenössischer Kunst » – 🛗, ⇔ Zim,
🔟 ℰ ♨ 🅿 – 🔏 450. 🖭 ⑩ 🗲 VISA. ⅀ Rest   S g
Lilium : Menu 35 (mittags) und à la carte 56/75 – **Hofgarten :** Menu à la carte 49/82
– **108 Z** 245/355, 7 Suiten.

Panorama, Harburger Ring 8, ⊠ 21073, ℰ (040) 76 69 50, Fax (040) 76695183 – 🛗,
⇔ Zim, 🔟 ☎ ⇔ – 🔏 110. 🖭 ⑩ 🗲 VISA   S x
Menu (Sonntagabend geschl.) à la carte 38/65 – **98 Z** 180/210.

Heimfeld garni, Heimfelder Str. 91, ⊠ 21075, ℰ (040) 7 90 56 78, Fax (040) 7904896,
⇪ – 🛗 ⇔ 🔟 ☎ ⇔ 🅿. 🖭 ⑩ 🗲 VISA   S f
50 Z 130/180.

Süderelbe garni, Großer Schippsee 29, ⊠ 21073, ℰ (040) 7 67 36 40,
Fax (040) 773104 – 🛗 ☎ ⇔. 🖭 🗲 VISA JCB. ⅀   S r
20. Dez. - 5. Jan. geschl. – **21 Z** 120/160.

X **Marinas,** Schellerdamm 26, ⊠ 21079, ℰ (040) 7 65 38 28, Fax (040) 7651491, ⇪ –
🖭 ⑩ 🗲 VISA   S r
Samstagmittag und Sonntag geschl. – **Menu** (abends Tischbestellung ratsam) 44 (mittags)
und à la carte 55/81
Spez. Bouillabaisse von Nordseefischen. Seeteufel auf Weinkraut mit eingelegtem Kürbis.
Gekochter Steinbutt mit Meerrettich.

In Hamburg-Harvestehude westlich der Außenalster :

Inter-Continental, Fontenay 10, ⊠ 20354, ℰ (040) 41 41 50, Fax (040) 41415186,
≼ Hamburg und Alster, ⇪, Massage, ⇆s, 🔲 – 🛗, ⇔ Zim, 🗐 🔟 ℰ ⇔ 🅿 – 🔏 350.
🖭 ⑩ 🗲 VISA JCB. ⅀ Rest   GX r
Fontenay-Grill (nur Abendessen) **Menu** à la carte 65/117 – **Orangerie :** Menu 49
(Lunchbuffet) und à la carte 59/69 – **286 Z** 314/518, 12 Suiten.

Garden Hotels Hamburg M ⅁ garni, Magdalenenstr. 60, ⊠ 20148,
ℰ (040) 41 40 40, Fax (040) 4140420, « Modern-elegante Einrichtung » – 🛗 ⇔ 🔟 ℰ
⇔. 🖭 ⑩ 🗲 VISA JCB   CT r
60 Z 200/450.

Abtei ⅁, Abteistr. 14, ⊠ 20149, ℰ (040) 44 29 05, Fax (040) 449820, ⇪, ⇒ –
🗐 Rest, 🔟 ☎ ⇔. 🖭 ⑩ 🗲 VISA. ⅀ Rest   BT r
Menu (Sonntag - Montag, Jan. und Juli jeweils 1 Woche geschl.) (nur Abendessen, Tisch-
bestellung erforderlich) 128/167 – **11 Z** 260/450
Spez. Pot au feu von Kalbskopf und Kalbsbries mit Steinpilzen. Chartreuse von Spargel mit
Langostinos und Steinbutt. Pochiertes Deichlammrückenfilet und Hummer mit Safran-
Knoblauchsauce.

Smolka, Isestr. 98, ⊠ 20149, ℰ (040) 48 09 80, Fax (040) 4809811 – 🛗, ⇔ Zim, 🔟
☎. 🖭 ⑩ 🗲 VISA JCB. ⅀ Rest   BT d
Menu (Sonn- und Feiertage geschl.) (nur Abendessen) à la carte 48/70 –
40 Z 170/320.

Mittelweg garni, Mittelweg 59, ⊠ 20149, ℰ (040) 4 14 10 10, Fax (040) 41410120 –
🔟 ☎ 🅿   BT c
30 Z 145/260.

In Hamburg-Langenhorn :

🏨 **Dorint-Hotel - Airport** Ⓜ, Langenhorner Chaussee 183, ✉ 22415, ℰ (040) 53 20 90,
Fax (040) 53209600, 🌿, ⇌s, 🔲 – 📱, ⇥ Zim, 📺 ᶜ ⇦ – 🛤 80. ᴀᴇ ⓪ Ε 𝗩𝗜𝗦𝗔 🅹🅲🅱
❀ Rest   R c
Menu à la carte 41/63 – **147 Z** 243/408.

🏨 **Schümann** garni, Langenhorner Chaussee 157, ✉ 22415, ℰ (040) 5 31 00 20,
Fax (040) 53100210 – ⇥ 📺 ☎ ⇦ Ⓟ. ᴀᴇ Ε 𝗩𝗜𝗦𝗔   R f
45 Z 135/208.

❌❌ **Zum Wattkorn,** Tangstedter Landstr. 230, ✉ 22417, ℰ (040) 5 20 37 97,
Fax (040) 5209044, 🌿 – Ⓟ   über Tangstedter Landstraße   R
Menu (Montag geschl.) à la carte 53/80.

In Hamburg - Lemsahl-Mellingstedt über Alte Landstraße R :

🏨 **Marriott Hotel Treudelberg** Ⓜ ⟡, Lemsahler Landstr. 45, ✉ 22397,
ℰ (040) 60 82 20, Fax (040) 60822444, ≼, 🌿, 𝐼ᵦ, Massage, ⇌s, 🔲, ❳, 🛏₁₈ – 📱,
⇥ Zim, 📺 ᶜ Ⓟ – 🛤 150. ᴀᴇ ⓪ Ε 𝗩𝗜𝗦𝗔 🅹🅲🅱 ❀ Rest
Menu à la carte 56/79 – **135 Z** 240/500.

❌❌❌ **Ristorante Dante,** An der Alsterschleife 3, ✉ 22399, ℰ 6 02 00 43,
Fax (040) 6022826, 🌿 – Ⓟ. ᴀᴇ 𝗩𝗜𝗦𝗔
Montag geschl., Dienstag - Freitag nur Abendessen – **Menu** (Tischbestellung ratsam, italienische Küche) à la carte 50/73.

In Hamburg-Lohbrügge ③ : 15 km über die B 5 :

🏨 **Alt Lohbrügger Hof,** Leuschner Str. 76, ✉ 21031, ℰ (040) 7 39 60 00,
Fax (040) 7390010, 🌿 – ⇥ Zim, 📺 ☎ Ⓟ – 🛤 120. ᴀᴇ ⓪ Ε 𝗩𝗜𝗦𝗔
Menu à la carte 43/74 – **67 Z** 145/199.

In Hamburg-Lokstedt :

🏨 **Engel,** Niendorfer Str. 59, ✉ 22529, ℰ (040) 58 03 15, Fax (040) 583485, 🌿, ⇌s –
📱 📺 ᶜ ⇦ Ⓟ – 🛤 40. ᴀᴇ ⓪ Ε 𝗩𝗜𝗦𝗔 🅹🅲🅱 ❀ Rest   R d
Menu (nur Abendessen) à la carte 40/68 – **94 Z** 177/225.

In Hamburg-Nienstedten W : 13 km über Elbchaussee S :

🏨🏨 **Louis C. Jacob** Ⓜ, Elbchaussee 401, ✉ 22609, ℰ (040) 82 25 50, Fax (040) 82255444,
≼ Hafen und Elbe, « Lage über der Elbe, Lindenterrasse », ⇌s – 📱, ⇥ Zim, 🖥 📺 ᶜ
⇦ – 🛤 140. ᴀᴇ ⓪ Ε 𝗩𝗜𝗦𝗔 🅹🅲🅱 ❀ Rest
Menu à la carte 65/100 – **Kleines Jacob** (nur Abendessen, Sonntag geschl.)
Menu à la carte 49/68 – **86 Z** 319/764, 8 Suiten.

❌ **Marktplatz,** Nienstedtener Marktplatz 21, ✉ 22609, ℰ (040) 82 98 48,
Fax (040) 828443, 🌿 – Ⓟ
Montag geschl. – **Menu** (wochentags nur Abendessen) à la carte 35/60.

In Hamburg-Othmarschen : .

🏨 **Schmidt** garni, Reventlowstr. 60, ✉ 22605, ℰ (040) 88 90 70, Fax (040) 8890715, 🌿
– 📱 ⇥ 📺 ☎ Ⓟ. ᴀᴇ 𝗩𝗜𝗦𝗔   S e
50 Z 150/205, 3 Suiten.

In Hamburg-Poppenbüttel :

🏨 **Poppenbütteler Hof,** Poppenbütteler Weg 236, ✉ 22399, ℰ (040) 60 87 80,
Fax (040) 60878178, 🌿 – 📱, ⇥ Zim, 📺 ☎ Ⓟ – 🛤 45. ᴀᴇ ⓪ Ε 𝗩𝗜𝗦𝗔
Menu (wochentags nur Abendessen) à la carte 28/65 – **32 Z** 150/290.
                                                        über Alte Landstraße   R

In Hamburg-Rothenburgsort :

🏨 **Forum Hotel,** Billwerder Neuer Deich 14, ✉ 20539, ℰ (040) 78 84 00,
Fax (040) 78841000, ≼, 🌿, 𝐼ᵦ, ⇌s, 🔲 – 📱 ⇥ 📺 ᶜ ⇦ Ⓟ – 🛤 90. ᴀᴇ ⓪ Ε
𝗩𝗜𝗦𝗔 ❀ Rest   S k
Menu à la carte 46/63 – **385 Z** 198/310, 12 Suiten.

In Hamburg-Rotherbaum :

🏨🏨 **Elysee** ⟡, Rothenbaumchaussee 10, ✉ 20148, ℰ (040) 41 41 20, Fax (040) 41412733,
🌿, Massage, ⇌s, 🔲 – 📱, ⇥ Zim, 🖥 📺 ᶜ ⇦ – 🛤 350. ᴀᴇ ⓪ Ε 𝗩𝗜𝗦𝗔 🅹🅲🅱   FX m
Piazza Romana : Menu à la carte 53/80 – **Brasserie :** Menu à la carte 41/55 – **305 Z**
276/492, 4 Suiten.

🏨 **Vorbach** garni, Johnsallee 63, ✉ 20146, ℰ (040) 44 18 20, Fax (040) 44182888 – 📱
⇥ 📺 ☎ ⇦ – 🛤 20. ᴀᴇ Ε 𝗩𝗜𝗦𝗔   FX b
115 Z 170/280.

XX **L'auberge française,** Rutschbahn 34, ⊠ 20146, ℰ (040) 4 10 25 32,
Fax (040) 4505015 – 표 ◑ 🗲 *VISA* . ⅍   BT s
Samstagmittag und Sonntag, Juli - Aug. Samstag - Sonntag geschl. – **Menu** (Tischbestellung
erforderlich, französische Küche) à la carte 63/95.

XX **Osteria Due,** Badestr. 4, ⊠ 20148, ℰ (040) 4 10 16 51, *Fax (040) 4101658,* 🍴 – 표
Menu (abends Tischbestellung ratsam, italienische Küche) à la carte 58/89.   GX s

XX **Ventana,** Grindelhof 77, ⊠ 20146, ℰ (040) 45 65 88, *Fax (040) 455882* – 표 ◑ BT e
Samstag und Feiertage nur Abendessen, Sonntag geschl. – **Menu** (abends Tischbestellung
ratsam, europäisch-asiatische Küche) à la carte 62/77.

In Hamburg-St. Pauli :

🏨 **Astron Suite-Hotel** garni, Feldstr. 53, ⊠ 20357, ℰ (040) 43 23 20,
Fax (040) 43232300, 🖙 – 🛗 ⅍ 🗹 🕿 📞 ᴔ ᴁ – 🔏 15. 표 ◑ 🗲 *VISA* 🗓EY a
119 Z 250/360.

XX **Bavaria-Blick,** Bernhard-Nocht-Str. 99 (7. Etage, 🛗), ⊠ 20359, ℰ (040) 31 16 31 16,
Fax (040) 31163199, ≼ Hafen – 🍽. 표 ◑ 🗲 *VISA* 🗓. ⅍   AU m
Menu (Tischbestellung ratsam) à la carte 46/88.

In Hamburg-Sasel :

🏨 **Mellingburger Schleuse** 🌑 (niedersächsisches Bauernhaus a.d.J. 1771), Mellingbur-
gredder 1, ⊠ 22395, ℰ (040) 6 02 40 01, *Fax (040) 6027912,* 🍴, 🔲 – 🗹 🕿 ᴔ ᴔ
– 🔏 180. 표 ◑ 🗲 *VISA*   über Saseler Chaussee   R
Menu *(Dienstag geschl.)* à la carte 39/73 – **10 Z** 135/225.

In Hamburg-Schnelsen :

🏨 **Novotel Hamburg Nord,** Oldesloer Str. 166, ⊠ 22457, ℰ (040) 55 99 30,
Fax (040) 5592020, 🍴, 🔲 (geheizt) – 🛗, ⅍ Zim, 🗹 🕿 & ᴔ – 🔏 200. 표 ◑ 🗲 *VISA*
🗓   R u
Menu à la carte 33/68 – **122 Z** 187/227.

In Hamburg-Stellingen :

🏨 **Holiday Inn,** Kieler Str. 333, ⊠ 22525, ℰ (040) 54 74 00, *Fax (040) 54740100,* 🖙 –
🛗, ⅍ Zim, 🗹 🕿 ᴔ ᴁ ᴔ – 🔏 25. 표 ◑ 🗲 *VISA* 🗓   R r
Menu à la carte 37/50 – **105 Z** 231/252.

🏨 **Helgoland,** Kieler Str. 177, ⊠ 22525, ℰ (040) 85 70 01, *Fax (040) 8511445* – 🛗,
⅍ Zim, 🗹 🕿 ᴔ ᴔ – 🔏 150. 표 ◑ 🗲 *VISA* 🗓. ⅍   R n
Menu *(Sonntag geschl.)* (nur Abendessen) à la carte 38/53 – **110 Z** 160/230.

In Hamburg-Stillhorn :

🏩 **Forte Hotel Hamburg,** Stillhorner Weg 40, ⊠ 21109, ℰ (040)75 01 50,
Fax (040) 75015444, 🗖, 🖙, 🔲 – 🛗, ⅍ Zim,, 🍽 Rest, 🗹 📞 & ᴔ – 🔏 160. 표 ◑
🗲 *VISA* . ⅍ Rest   S v
Menu à la carte 42/76 – **148 Z** 199/269.

🏠 BAB Raststätte und Motel Stillhorn, an der A 1 (Ostseite), ⊠ 21109, ℰ (040) 75 01 70,
Fax (040) 75017189, 🍴 – 🛗 🗹 🕿 & ᴔ ᴔ – 🔏 30   S v
44 Z.

In Hamburg-Uhlenhorst :

🏠 **Nippon** (Japanische Einrichtung und Küche), Hofweg 75, ⊠ 22085, ℰ (040) 2 27 11 40,
Fax (040) 22/11490 – 🛗 🗹 ᴔ ᴔ ᴔ – 🔏 20. 표 ◑ 🗲 *VISA*   DT d
Menu *(Montag geschl.)* (nur Abendessen) à la carte 45/69 – **42 Z** 195/303.

XX **La Fayette,** Zimmerstr. 30, ⊠ 22085, ℰ (040) 22 56 30, *Fax (040) 225630,* 🍴 – 표
Sonntag geschl. – **Menu** (nur Abendessen) à la carte 66/78.   DT s

XX **Ristorante Roma,** Hofweg 7, ⊠ 22085, ℰ (040) 2 20 25 54, *Fax (040) 2279225,* 🍴
– 표 ◑ *VISA* 🗓   DT h
Samstagmittag und Sonntagabend geschl. – **Menu** (italienische Küche)
à la carte 53/88.

In Hamburg-Veddel :

🏨 **Carat-Hotel,** Sieldeich 5, ⊠ 20539, ℰ (040) 78 96 60, *Fax (040) 786196,* 🖙 – 🛗,
⅍ Zim, 🗹 🕿 ᴔ – 🔏 30. 표 ◑ 🗲 *VISA* 🗓   S s
Menu (nur Abendessen) à la carte 36/60 – **90 Z** 195/255.

In Hamburg-Wandsbek :

X **Ni Hao,** Wendemuthstr. 3, ⊠ 22041, ℰ (040) 6 52 08 88, *Fax (040) 6520885* – 표 ◑
🗲 *VISA*   R x
Menu (chinesische Küche) à la carte 32/54.

In Hamburg-Wellingsbüttel :

🏠 **Rosengarten** garni, Poppenbüttler Landstr. 10b, ⊠ 22391, ℘ (040) 6 08 71 40, Fax (040) 60871437, � – 📺 ☎ ⇔ 🅿. 🄴
24. Dez. - 2. Jan. geschl. – **12 Z** 118/188.　　　　　　　　　　　　R s

✗✗ **Randel,** Poppenbüttler Landstr. 1, ⊠ 22391, ℘ (040) 6 02 47 66, Fax (040) 6065298, �, « Großer Park » – 🅿. 🄰🄴 ⓞ 🄴 𝘷𝘪𝘴𝘢
Montag geschl. – **Menu** à la carte 32/80.　　　　　　　　　　　　R w

In Hamburg-Winterhude :

🏨 **Hanseatic** garni, Sierichstr. 150, ⊠ 22299, ℘ (040) 48 57 72, Fax (040) 485773, « Elegante, wohnliche Einrichtung » – 🔀 📺 ☎ 🕻. 🄰🄴 🄴. 🌼　　　CT c
12 Z 230/380.

✗ **Sale e Pepe,** Sierichstr. 94, ⊠ 22301, ℘ (040) 27 38 80 – 🄰🄴 ⓞ 🄴 𝘷𝘪𝘴𝘢　　CT s
Dienstag geschl., Montag - Freitag nur Abendessen – **Menu** à la carte 52/93.

HAMELN Niedersachsen 👓 J 12, 👓 ⑯ – 60 000 Ew – Höhe 68 m.

Sehenswert : Rattenfängerhaus★ N – Hochzeitshaus★ B.

Ausflugsziel : Hämelschenburg★ ③ : 11 km.

🏌 🏌 Aerzen, Schloß Schwöbber(SW : 10 km), ℘ (05154) 98 71 24.

🅱 Verkehrsverein, Deisterallee, ⊠ 31785, ℘ (05151) 20 26 17, Fax (05151) 202500.

ADAC, Ostertorwall 15 A, ⊠ 31785, ℘ (05151) 33 35, Fax (05151) 43191.

Berlin 327 ① – Hannover 45 ① – Bielefeld 80 ⑤ – Hildesheim 48 ② – Paderborn 67 ④ – Osnabrück 110 ⑤

Stadtplan siehe gegenüberliegende Seite

🏰 **Stadt Hameln,** Münsterwall 2, ⊠ 31787, ℘ (05151) 9010, Fax (05151) 901333, « Terrasse mit ≼ », 🚐, 🔲 – 🛗, 🍽 Rest, 📺 🕻 ⇔ 🅿 – 🔬 80. 🄰🄴 ⓞ 🄴 𝘷𝘪𝘴𝘢
Menu à la carte 44/75 – **85 Z** 145/290.　　　　　　　　　　　　u

🏨 **Dorint Hotel,** 164er Ring 3, ⊠ 31785, ℘ (05151) 79 20, Fax (05151) 792191, �, 🔲 – 🛗, 🔀 Zim, 📺 ☎ 🅿 – 🔬 60. 🄰🄴 ⓞ 🄴 𝘷𝘪𝘴𝘢 𝑗𝑐𝑏. 🌼 Rest
Menu à la carte 39/67 – **105 Z** 155/399.　　　　　　　　　　　　s

🏨 **Jugendstil** garni, Wettorstr. 15, ⊠ 31785, ℘ (05151) 9 55 80, Fax (05151) 955866 – 🛗 🔀 📺 ☎ 🕻 🕭 ⇔ 🅿. 🄰🄴 🄴
20. Dez. - 3. Jan. geschl. – **18 Z** 135/255.　　　　　　　　　　　　e

🏨 **Christinenhof** garni, Alte Marktstr. 18, ⊠ 31785, ℘ (05151) 9 50 80, Fax (05151) 43611, 🚐 – 📺 ☎ ⇔ 🅿. 🄰🄴 🄴 𝘷𝘪𝘴𝘢
Weihnachten - Anfang Jan. geschl. – **30 Z** 140/210.　　　　　　　　c

🏠 **Zur Post** 🌿 garni, Am Posthof 6, ⊠ 31785, ℘ (05151) 76 30, Fax (05151) 7641 – 🛗 📺 ☎ ⇔. 🄰🄴 🄴 𝘷𝘪𝘴𝘢
35 Z 79/159.　　　　　　　　　　　　　　　　　　　　　　　v

🏠 **An der Altstadt** garni, Deisterallee 16, ⊠ 31785, ℘ (05151) 75 91, Fax (05151) 42025 – 🔀 Zim, 📺 ☎ 🅿. 🄴 𝘷𝘪𝘴𝘢
Jan. geschl. – **17 Z** 85/149.　　　　　　　　　　　　　　　　　a

🏠 **Bellevue** garni, Klütstr. 34, ⊠ 31787, ℘ (05151) 9 89 10, Fax (05151) 989199 – 📺 ☎ ⇔ 🅿. 🄰🄴 🄴 𝘷𝘪𝘴𝘢　　　　　　　　　　　über Klütstraße
19 Z 85/200.

In Hameln-Klein Berkel ④ : 3 km :

🏨 **Klein Berkeler Warte,** an der B 1, ⊠ 31789, ℘ (05151) 99 00, Fax (05151) 990222, � – 🔀 Zim, 📺 ☎ 🕻 🕭 🅿 – 🔬 100. 🄰🄴 🄴 𝘷𝘪𝘴𝘢
1. - 16. Jan. geschl. – **Menu** à la carte 38/68 – **52 Z** 95/160.

Auf dem Klütberg W : 7 km über ④ :

✗✗ **Klütturm,** ⊠ 31787 Hameln, ℘ (05151) 6 16 44, Fax (05151) 963071, ≼ Weser und Hameln, � – 🅿. 🄰🄴 𝘷𝘪𝘴𝘢 𝑗𝑐𝑏
Dienstag und Mitte Jan. - 10. Feb. geschl. – **Menu** à la carte 57/81.

In Aerzen-Multhöpen ④ : 13 km über Königsförde :

🏠 **Landluft** 🌿, Buschweg 7, ⊠ 31855, ℘ (05154) 20 01, Fax (05154) 2003, ≼, �, 🌾 – 📺 ☎ ⇔ 🅿. 🄴 𝘷𝘪𝘴𝘢
Menu (Mitte Jan. - Mitte Feb. und Dienstag geschl.) (wochentags nur Abendessen) à la carte 38/60 – **17 Z** 70/145.

Europe

If the name of the hotel
is not in bold type,
on arrival ask the hotelier his prices.

HAMFELDE KREIS HZGT. LAUENBURG Schleswig-Holstein 405 406 F 15 – 450 Ew – Höhe 27 m.

Berlin 263 – Kiel 94 – Hamburg 40 – Lauenburg 34 – Lübeck 42.

Pirsch-Mühle garni, Möllner Str. 2, ⊠ 22929, ℰ (04154) 23 00, Fax (04154) 4203, ☎s, ⌂ – TV ☎ P. AE E VISA
14 Z 80/138.

HAMM IN WESTFALEN Nordrhein-Westfalen 417 K 7, 987 ⑮ – 186 000 Ew – Höhe 63 m.
🛈 Verkehrsverein, Bahnhofsvorplatz (im Kaufhaus Horten), ⊠ 59065, ℰ (02381) 2 34 00, Fax (02381) 28348.
ADAC, Wilhelmstr. 50, ⊠ 59067, ℰ (02381) 2 92 88, Fax (02381) 15776.
Berlin 459 ② – Düsseldorf 111 ③ – Bielefeld 76 ⑥ – Dortmund 44 ③ – Münster (Westfalen) 37 ⑥

Stadtplan siehe nächste Seite

Queens Hotel, Neue Bahnhofstr. 3, ⊠ 59065, ℰ (02381) 9 19 20, Fax (02381) 9192833, ☎s, ⍐ – 🛗, 🍴 Zim, 🚭 TV ⟁ – 🕍 90. AE ① E VISA JCB
Z a
Menu à la carte 50/67 – **142 Z** 190/275.

471

HAMM
IN WESTFALEN

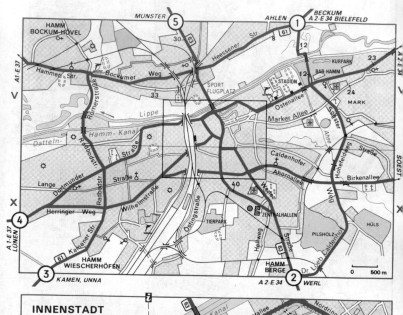

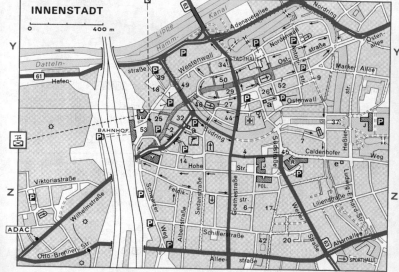

472

🏠 **Stadt Hamm,** Südstr. 9, ✉ 59065, ℘ (02381) 92 10 50, Fax (02381) 15210 – 📶 📺
☎ – 🔬 25. 🖭 ⓞ 🝙 VISA. 🛠
Menu *(Sonntag geschl.)* (nur Abendessen, italienische Küche) à la carte 40/65 – **30 Z**
95/210.

🏠 **Herzog** garni, Caldenhofer Weg 22, ✉ 59065, ℘ (02381) 2 00 59, Fax (02381) 13802
– 📺 ☎ ⇐ ⓟ. 🖭 ⓞ 🝙 VISA
25 Z 98/160.

In Hamm-Pelkum ③ : 5 km über die B 61 :

🏠 **Selbachpark** 🏊, Kamener Straße (B 61, SO : 2 km), ✉ 59077, ℘ (02381) 98 90,
Fax (02381) 989299, 😋 – 📺 ☎ ⓟ – 🔬 70. 🝙 VISA
Menu à la carte 28/66 – **25 Z** 95/150.

XXX **Wieland-Stuben,** Wielandstr. 84, ✉ 59077, ℘ (02381) 40 12 17, Fax (02381) 405659,
😋, « Elegante-rustikale Einrichtung » – ⓟ. 🖭 🝙
Samstagmittag geschl. – **Menu** à la carte 46/76.

In Hamm-Rhynern ② : 7 km :

XX **Haus Helm** mit Zim, Reginenstr. 5, ✉ 59069, ℘ (02385) 80 61, Fax (02385) 9100520
– 📺 ☎ ⓟ. 🖭 🝙 JCB
Menu *(Sonntag - Montag und Juli 2 Wochen geschl.)* (nur Abendessen) à la carte 56/75
– **8 Z** 70/120.

HAMM (SIEG) Rheinland-Pfalz 𝟜𝟙𝟟 N 7 – 11 500 Ew – Höhe 208 m.
　　Berlin 593 – Mainz 124 – Bonn 65 – Limburg an der Lahn 64 – Siegen 48.

🏠 **Romantik Hotel Alte Vogtei** (Fachwerkhaus a.d.J. 1753), Lindenallee 3 (B 256),
✉ 57577, ℘ (02682) 2 59, Fax (02682) 8956, 😋, 🌺 – 📺 ☎ 💺 ⇐ – 🔬 16. 🖭 ⓞ
🝙 VISA
Menu *(Mittwoch - Donnerstagmittag und 20. Juli - 10. Aug. geschl.)* à la carte 36/68 – **16 Z**
80/210.

An der B 256 W : 2,5 km :

🏠 **Auermühle,** ✉ 57577 Hamm, ℘ (02682) 2 51, Fax (02682) 8438 – 📺 ☎ ⇐ ⓟ. 🖭
⇐ ⓞ 🝙 VISA
Jan. 3 Wochen und Juli 1 Woche geschl. – **Menu** *(Freitag - Samstagmittag geschl.)* à la carte
23/55 – **18 Z** 75/140.

In Marienthal S : 5 km :

🏠 **Waldhotel Imhäuser** 🏊, Hauptstr. 14, ✉ 57612, ℘ (02682) 2 71, Fax (02682) 4197,
🌺 – ☎ ⇐ ⓟ – 🔬 40. 🖭 ⓞ VISA
Menu *(Montag - Dienstag geschl.)* à la carte 30/59 – **14 Z** 60/150.

HAMMELBURG Bayern 𝟜𝟙𝟟 𝟜𝟙𝟠 𝟜𝟚𝟘 P 13, 𝟡𝟠𝟟 ㉗ – 12 800 Ew – Höhe 180 m.
　　🅱 Tourist-Information, Kirchgasse 4, ✉ 97762, ℘ (09732) 90 21 49, Fax (09732)
902184.
　　Berlin 487 – München 319 – Bamberg 94 – Fulda 70 – Würzburg 53.

🏠 **Stadtcafé** garni, Am Marktplatz 8, ✉ 97762, ℘ (09732) 9 11 90, Fax (09732) 1679 –
📶 📺 ☎ 💺 ⇐
19 Z 65/110.

🏠 **Kaiser,** An der Walkmühle 11, ✉ 97762, ℘ (09732) 9 11 30, Fax (09732) 9113300, 😋,
⇐ 🌺 – 📺 ☎ ⇐ ⓟ. 🝙
Menu *(Montag und Jan. 2 Wochen geschl.)* (wochentags nur Abendessen) à la carte 23/48
🍷 – **11 Z** 63/98.

In Hammelburg-Obererthal N : 5 km :

🏠 **Zum Stern** (mit Gästehaus), Obererthaler Str. 23, ✉ 97762, ℘ (09732) 47 07,
⇐ Fax (09732) 5400, 🔔 – 📺 ☎ ⓟ
Menu *(Dienstag geschl.)* à la carte 20/39 🍷 – **13 Z** 40/80.

In Wartmannsroth NW : 10 km :

🏠 **Sepp Halbritter's Landhotel,** Hauptstr. 4, ✉ 97797, ℘ (09737) 8 90,
🐕 Fax (09737) 8940, « Gartenterrasse », 🌺 – 📺 ☎ ⓟ. 🝙. 🛠 Rest
🐾 *Mitte Jan. - Ende Feb. geschl.* – **Gute Stube** *(wochentags nur Abendessen, Montag - Diens-*
tag geschl.) **Menu** à la carte 71/103 – **Weinstube** *(Montagmittag und Dienstagmittag*
geschl.) **Menu** à la carte 35/56 – **11 Z** 150/325, 4 Suiten
Spez. Variation von der Gänseleber. Gefüllte Hohenloher Taube mit Portweinsauce. Weißes
Kaffeeparfait im Baumkuchenmantel mit Beerenragout.

In Wartmannsroth-Neumühle *W : 6 km über Hammelburg-Diebach :*

🏠 **Neumühle** 🦢, Neumühle 54, ✉ 97797, 𝒫 (09732) 80 30, Fax (09732) 80379, 🍴,
« Ehemalige Mühle am Ufer der Saale, wertvolle antike Einrichtung », 🛥, 🗺, 🐴, 🎾
– 📺 🅿 – 🏌 30. 🖭 ⓸ 🄴 VISA, 🛇 Rest
4. Jan. - 6. Feb. geschl. – **Menu** (Tischbestellung ratsam) à la carte 53/72 – **28 Z**
190/340.

HAMMINKELN *Nordrhein-Westfalen siehe Wesel.*

HANAU *Hessen* **417** *P 10,* **987** ㉗ *– 90 000 Ew – Höhe 105 m.*

🏠 *Hanau-Wilhelmsbad (über ⑤), 𝒫 (06181) 8 20 71.*
🗓 *Verkehrsbüro, Am Markt 14, ✉ 63450, 𝒫 (06181) 25 24 00, Fax (06181) 295602.*
ADAC, *Sternstraße (Parkhaus), ✉ 63450, 𝒫 (06181) 2 45 11, Fax (06181) 20834.*
*Berlin 531 ① – Wiesbaden 59 ③ – Frankfurt am Main 20 ④ – Fulda 89 ① –
Würzburg 104 ②*

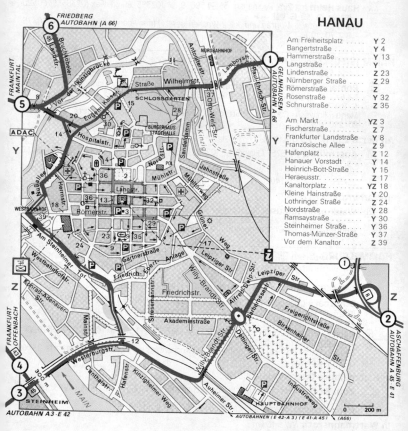

HANAU

Am Freiheitsplatz	**Y** 2
Bangertstraße	**Y** 4
Hammerstraße	**Y** 13
Langstraße	**Y**
Lindenstraße	**Z** 23
Nürnberger Straße	**Z** 29
Römerstraße	**Z**
Rosenstraße	**Y** 32
Schnurstraße	**Z** 35
Am Markt	**YZ** 3
Fischerstraße	**Z** 7
Frankfurter Landstraße	**Y** 8
Französische Allee	**Z** 9
Hafenplatz	**Z** 12
Hanauer Vorstadt	**Y** 14
Heinrich-Bott-Straße	**Y** 15
Heraeusstr.	**Z** 17
Kanaltorplatz	**YZ** 18
Kleine Hainstraße	**Y** 20
Lothringer Straße	**Z** 24
Nordstraße	**Y** 28
Ramsaystraße	**Y** 30
Steinheimer Straße	**Y** 36
Thomas-Münzer-Straße	**Y** 37
Vor dem Kanaltor	**Z** 39

🏠 **Zum Riesen** garni, Heumarkt 8, ✉ 63450, 𝒫 (06181) 25 02 50, Fax (06181) 250259
– 📳 🕼 📺 ☎ 🕭 – 🏌 25. 🄴 VISA JCB, 🛇   Y c
28 Z 135/200.

🏠 **Café Menges** garni, Hirschstr. 16, ✉ 63450, 𝒫 (06181) 92 05 00, Fax (06181) 920550
– 📺 ☎ 🔄 🅿 🖭 ⓸ 🄴 VISA   Y r
28 Z 80/170.

In Hanau-Mittelbuchen ⑥ : *7 km* :

🏨 **Sonnenhof,** Alte Rathausstr. 6, ✉ 63454, ℰ (06181) 9 79 90, Fax (06181) 979930, 🍃
– 📺 ☎ 🅿. 🆑 ⓞ ∈ VISA
(nur Abendessen für Hausgäste) – **18 Z** 80/130.

In Hanau-Steinheim ③ : *4 km* :

🏨 **Villa Stokkum,** Steinheimer Vorstadt 70, ✉ 63456, ℰ (06181) 66 40,
Fax (06181) 661580, 🍸 – 🛗, ⇔ Zim, 🍽 📺 ⇔ 🅿 – 🔬 110. 🆑 ⓞ ∈ VISA JCB
Menu à la carte 56/73 – **136 Z** 177/380.

🏨 **Zur Linde,** Steinheimer Vorstadt 31, ✉ 63456, ℰ (06181) 65 90 71,
Fax (06181) 659074, Biergarten, 🍃 – 📺 ☎ 🅿. ∈ VISA
Menu *(Donnerstag - Freitagmittag und Samstagmittag geschl.)* à la carte 33/61 – **30 Z**
90/200.

🏨 **Birkenhof** (mit Gästehaus), von-Eiff-Str. 37, ✉ 63456, ℰ (06181) 6 48 80,
Fax (06181) 648839, 🍃 – 📺 ☎ 🅿. 🆑 ∈ VISA
20. Dez. - 4. Jan. geschl. – (nur Abendessen für Hausgäste) – **23 Z** 130/200.

In Hainburg-Hainstadt ③ : *6 km* :

🏨 **Hessischer Hof,** Hauptstr. 56, ✉ 63512, ℰ (06182) 44 11, Fax (06182) 7547, 🍸 –
🛗 📺 ☎ 🅿. 🆑 ∈ VISA
Menu *(Montag geschl.)* à la carte 35/67 – **13 Z** 110/220.

HANERAU-HADEMARSCHEN Schleswig-Holstein 415 D 12, 987 ⑥, 984 ⑤ – 3.000 Ew –
Höhe 68 m.
Berlin 367 – Kiel 64 – Itzehoe 25 – Neumünster 48 – Rendsburg 33.

🏨 **Landgasthof Köhlbarg,** Kaiserstr. 33, ✉ 25557, ℰ (04872) 33 33,
Fax (04872) 9119, 🍃 – 📺 ☎ 🥂 👌 ⇔ 🅿. ∈ VISA. 🛇
Feb. 2 Wochen geschl. – **Menu** *(Montag - Freitag nur Abendessen, Dienstag geschl.)*
à la carte 37/60 – **12 Z** 68/125.

HANN. MÜNDEN Niedersachsen 417 418 L 12, 987 ⑯ – 28 000 Ew – Höhe 125 m – Erho-
lungsort.
Sehenswert : Fachwerkhäuser★★ Y – Rathaus★ YR – Altstadt★ YZ.
Ausflugsziel : Wesertal★ (von Hann. Münden bis Höxter).
🚩 Städtisches Verkehrsbüro, Rathaus, ✉ 34346, ℰ (05541) 7 53 13, Fax (05541) 75404.
Berlin 364 ① Hannover 151 ① – Kassel 23 ② – Göttingen 34 ① – Braunschweig 158
①

Stadtplan siehe nächste Seite

🏨 **Schlosschänke,** Vor der Burg 3, ✉ 34346, ℰ (05541) 7 09 40, Fax (05541) 709440,
« Geschmackvolle Zimmereinrichtung » – 🛗 📺 ☎ – 🔬 25. ∈ VISA   Y c
Menu à la carte 32/60 – **15 Z** 104/164.

🏨 **Berghotel Eberburg** 🐾, Tillyschanzenweg 14, ✉ 34346, ℰ (05541) 50 88,
Fax (05541) 4685, ≤, 🍸 – 📺 ☎ 🅿. 🆑 ⓞ ∈ VISA   Z a
Menu *(Sonntag und Mitte Dez. - Ende Feb. geschl.)* (nur Abendessen) à la carte 33/58 –
25 Z 95/155.

🏨 **Schmucker Jäger,** Wilhelmshäuser Str. 45 (B 3), ✉ 34346, ℰ (05541) 9 81 00,
Fax (05541) 2901 – 📺 ☎ 🥂 ⇔ 🅿 – 🔬 60. 🆑 ⓞ ∈ VISA   Z r
2. - 14. Jan. geschl. – **Menu** *(Sonntagabend - Montagmittag geschl.)* à la carte 26/65 –
30 Z 60/146.

🍴 **Letzter Heller** mit Zim, Am letzten Heller (B 80, ① : 4 km), ✉ 34346, ℰ (05541) 64 46,
Fax (05541) 6071, 🍸 – ⇔ 🅿. 🆑 ⓞ ∈ VISA
Feb. 3 Wochen geschl. – **Menu** *(Montag - Freitag nur Abendessen, Donnerstag geschl.)*
36/72 und à la carte – **9 Z** 50/100.

In Hann. Münden-Gimte N : *3 km über* ⑤ :

🏨 **Freizeit Auefeld,** Hallenbadstr. 33 (nahe der B 3), ✉ 34346, ℰ (05541) 70 50(Hotel),
10 09(Rest.), Fax (05541) 1010, 🍸, ₤₅, ≦, 🏊(Halle) – 🛗, ⇔ Zim, 📺 ☎ 🥂 👌 ⇔
🅿 – 🔬 80. 🆑 ⓞ ∈ VISA
Menu à la carte 42/65 – **55 Z** 110/180.

In Hann. Münden-Laubach ① : *6 km* :

🏨 **Werratal Hotels,** Buschweg 41, ✉ 34346, ℰ (05541) 99 80, Fax (05541) 998140,
🍸, ≦ – ⇔ Zim, 📺 ☎ 🥂 👌 🅿 – 🔬 20. 🆑 ⓞ ∈ VISA
Menu *(Dienstag geschl.)* à la carte 29/65 – **40 Z** 85/165 – ½ P 25.

HANN. MÜNDEN

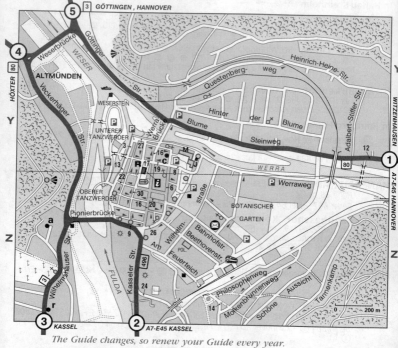

The Guide changes, so renew your Guide every year.

HANNOVER Ⓛ *Niedersachsen* 415 416 417 418 I 13, 987 ⑯ – 510 000 Ew – Höhe 55 m.

Sehenswert : Herrenhäuser Gärten★★ (Großer Garten★★, Berggarten★) A – Kestner-Museum★ DY **M1** – Marktkirche (Schnitzaltar★★) DY – Niedersächsisches Landesmuseum★ EZ **M2** – Sprengel-Museum★ EZ – Niedersächsisches Landesmuseum (Urgeschichtliche Abteilung★) Z **M2**.

🄸 Garbsen, Am Blauen See (⑧ : 14 km), ℘ (05137) 7 30 68 ; 🄸 Isernhagen FB, Gut Lohne, ℘ (05139) 29 98 ; 🄸 Langenhagen, Hainhaus 22, ℘ (0511) 73 93 00.

✈ Hannover-Langenhagen (① : 11 km), ℘ 9 77 12 23.

🚗 Raschplatz.

Messegelände (über ④ und die B 6), ℘ 8 90, Fax 893 12 16.

🅱 Hannover Tourist Information, Ernst-August-Platz 2, ✉ 30159, ℘ (0511) 3 01 40, Fax (0511) 301414.

ADAC, ab April 1998, Nordmann passage 4, ✉ 30159, ℘ (0511) 1 22 50, Fax (0511) 8500333.

ADAC, Laatzen, ✉ 30880, Lübeckev Str. 17, ℘ (05102) 9 00.

Berlin 289 ② – Bremen 123 ① – Hamburg 151 ①

Messe-Preise : siehe S. 8	**Foires et salons : voir p. 20**
Fairs : see p. 32	**Fiere : vedere p. 44**

Stadtpläne siehe nächste Seiten

🏨 **Kastens Hotel Luisenhof,** Luisenstr. 1, ✉ 30159, ℘ (0511) 3 04 40, Fax (0511) 3044807 – 🛗, ⇔ Zim, 🍽 Rest, 📺 ✆ & 🚗 🅿 – 🕍 100. 🄰🄴 ⓞ 🄴 *VISA* 🄹🄲🄱. Rest
EX **b**
Menu (Juli - Aug. Sonntag geschl.) 35 (mittags) und à la carte 52/83 – **158 Z** 209/598, 5 Suiten.

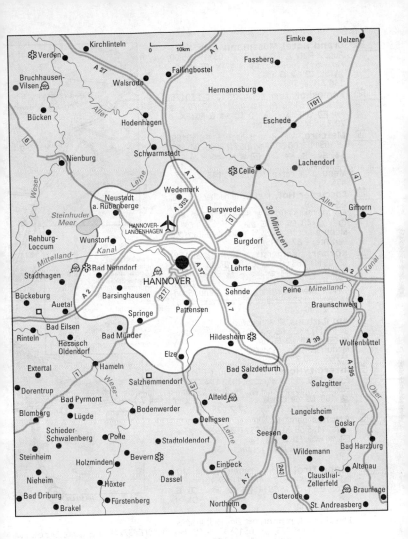

Maritim Grand Hotel, Friedrichswall 11, ⌷ 30159, ℰ (0511) 3 67 70,
Fax (0511) 325195 – |ϕ|, ⇥ Zim, ▤ Rest, ᵀᵛ ᵴ – ⟐ 250. ⒶⒺ ⓄⒹ Ⓔ VISA JCB   DY a
L'Adresse - Brasserie : Menu à la carte 54/78 – *Wilhelm-Busch-Stube* (nur Abendessen,
Sonn- und Feiertage sowie Mitte Juli-Mitte Aug. geschl.) Menu à la carte 36/53 – **285 Z**
255/598, 15 Suiten.

Maritim Stadthotel, Hildesheimer Str. 34, ⌷ 30169, ℰ (0511) 9 89 40,
Fax (0511) 9894900, ⟐, ⇌, ▨, – |ϕ|, ⇥ Zim, ▤ ᵀᵛ ᵴ ⟐ ℗ – ⟐ 380. ⒶⒺ Ⓔ
VISA JCB ᵴ Rest   EZ b
Menu à la carte 56/83 – **293 Z** 245/598.

Forum Hotel Schweizerhof, Hinüberstr. 6, ⌷ 30175, ℰ (0511) 3 49 50,
Fax (0511) 3495123 – |ϕ|, ⇥ Zim, ▤ ᵀᵛ ᵴ ⟐ – ⟐ 280. ⒶⒺ ⓄⒹ Ⓔ VISA JCB   EX d
Menu *(Samstag - Sonntag geschl.)* (nur Abendessen) à la carte 57/94 – *Gourmet's Buffet :*
Menu à la carte 48/77 – **200 Z** 293/521, 3 Suiten.

Congress-Hotel am Stadtpark Ⓜ, Clausewitzstr. 6, ⌷ 30175, ℰ (0511) 2 80 50,
Fax (0511) 814652, ⟐, Massage, ⇌, ▨, – |ϕ|, ⇥ Zim, ᵀᵛ ☎ ℗ – ⟐ 1300. ⒶⒺ ⓄⒹ
Ⓔ VISA   B o
Menu à la carte 33/75 *(auch Diät)* – **252 Z** 170/480, 4 Suiten.

477

🏛 **Grand Hotel Mussmann** garni, Ernst-August-Platz 7, ✉ 30159, 𝒫 (0511) 3 65 60, Fax (0511) 3656145, 🖙 – |📶| 🔆 📺 ☎ 📞 – 🛦 50. 🆎 ① 🄴 𝗩𝗜𝗦𝗔   EX v
134 Z 178/598.

🏛 **Königshof** garni, Königstr. 12, ✉ 30175, 𝒫 (0511) 31 20 71, Fax (0511) 312079 – |📶| 🔆 📺 ☎ 📞 🚗 – 🛦 30. 🆎 ① 🄴 𝗩𝗜𝗦𝗔 EX c
79 Z 158/398, 3 Suiten.

🏛 **Mercure,** Willy-Brandt-Allee 3, ✉ 30169, 𝒫 (0511) 8 00 80, Fax (0511) 8093704, 🏚, 🛴, 🖙 – |📶| – 🔆 Zim, 📺 ☎ 📞 🚗 – 🛦 130. 🆎 ① 🄴 𝗩𝗜𝗦𝗔   EZ n
Menu à la carte 38/73 – **145 Z** 217/485.

🏛 **Loccumer Hof,** Kurt-Schumacher-Str. 16, ✉ 30159, 𝒫 (0511) 1 26 40, Fax (0511) 131192 – |📶| 🔆 Zim, 📺 ☎ 🚗 📞 – 🛦 40. 🆎 ① 🄴 𝗩𝗜𝗦𝗔   DX s
Menu à la carte 42/71 (auch vegetarische Gerichte) – **87 Z** 145/400.

🏛 **Körner,** Körnerstr. 24, ✉ 30159, 𝒫 (0511) 1 63 60, Fax (0511) 18048, 🏚, 🏊 – |📶| 🔆 Zim, 📺 ☎ 📞 🚗 – 🛦 50. 🆎 ① 🄴 𝗩𝗜𝗦𝗔   DX e
Weihnachten - Neujahr geschl. – **Menu** (Sonntag geschl.) 22 (mittags) und à la carte 43/63 – **75 Z** 140/240.

🏛 **Am Rathaus,** Friedrichswall 21, ✉ 30159, 𝒫 (0511) 32 62 68, Fax (0511) 328868, 🖙 – |📶| 📺 ☎ 🆎 ① 🄴 𝗩𝗜𝗦𝗔   EY y
Menu (Samstag - Sonntag geschl.) à la carte 33/66 – **40 Z** 140/395.

🏛 **InterCityHotel,** Ernst-August-Platz 1, ✉ 30159, 𝒫 (0511) 3 02 60, Fax (0511) 3026499 – |📶|, ▤ Rest, 📺 ☎ – 🛦 100. 🆎 ① 🄴 𝗩𝗜𝗦𝗔   EX r
Menu à la carte 29/55 – **57 Z** 125/380.

🏛 **Atlanta** garni, Hinüberstr. 1, ✉ 30175, 𝒫 (0511) 3 38 60, Fax (0511) 345928 – |📶| 🔆 📺 ☎ 🚗 🄴 🄴 𝗩𝗜𝗦𝗔, 🔆   EX t
22. Dez. - 2. Jan. geschl. – **36 Z** 130/350.

🏛 **Alpha-Tirol** garni, Lange Laube 20, ✉ 30159, 𝒫 (0511) 13 10 66, Fax (0511) 341588 – 📺 ☎ 🚗 🆎 🄴 𝗩𝗜𝗦𝗔   DX f
15 Z 138/298.

XXX **Landhaus Ammann** mit Zim, Hildesheimer Str. 185, ✉ 30173, 𝒫 (0511) 83 08 18, Fax (0511) 8437749, « Elegante Einrichtung, Innenhofterrasse », 🌲 – |📶| 📺 ☎ 🚴 🚗 📞 – 🛦 100. 🆎 ① 🄴 𝗩𝗜𝗦𝗔 𝗝𝗖𝗕. 🔆 Rest   B b
Menu (bemerkenswerte Weinkarte) à la carte 84/117 (auch vegetarisches Menu) – **15 Z** 265/450.

XXX **Feuchters lila Kranz** mit Zim, Berliner Allee 33, ✉ 30175, 𝒫 (0511) 85 89 21, Fax (0511) 854383, 🏚 – 📺 ☎ 📞 🆎 ① 🄴 𝗩𝗜𝗦𝗔   FX b
Menu (Samstagmittag geschl.) à la carte 71/89 – **5 Z** 180/320.

XXX **Romantik Hotel Georgenhof-Stern's Restaurant** 🌳 mit Zim, Herrenhäuser Kirchweg 20, ✉ 30167, 𝒫 (0511) 70 22 44, Fax (0511) 708559, « Niederdeutsches Landhaus, Gartenterrasse » – 📺 ☎ 📞 🆎 🄴 𝗩𝗜𝗦𝗔   B r
Menu (bemerkenswerte Weinkarte) à la carte 87/130 – **14 Z** 170/550.

XX **Clichy,** Weißekreuzstr. 31, ✉ 30161, 𝒫 (0511) 31 24 47, Fax (0511) 318283 – 🆎 𝗩𝗜𝗦𝗔   EV d
Samstagmittag und Sonntag geschl. – **Menu** à la carte 63/96.

XX **Gattopardo,** Hainhölzer Str. 1 / Ecke Postkamp, ✉ 30159, 𝒫 (0511) 1 43 75, Fax (0511) 318283, 🏚 – 🆎 𝗩𝗜𝗦𝗔   DV f
Menu (nur Abendessen, italienische Küche) à la carte 48/68.

Adenauerallee	B 2
Altenauer Weg	A 3
Clausewitzstraße	B 5
Friedrichswall	B 6
Friedrich-Ebert-Str.	B 8
Goethestraße	B 9
Gustav-Bratke-Allee	B 10
Humboldtstraße	B 13
Kirchröder Straße	B 16
Lavesallee	B 17
Leibnizufer	B 18
Ritter-Brüning-Str.	B 20
Scheidestraße	B 21
Schloßwender Str.	B 22
Stöckener Straße	A 23
Stresemannallee	B 25

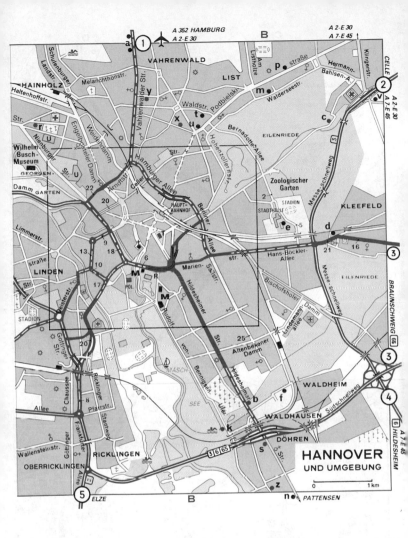

HANNOVER
UND UMGEBUNG

0   1 km

A 352 HAMBURG
A 2-E 30

VAHRENWALD

LIST

HAINHOLZ

Wilhelm
Busch
Museum

GEORGEN-

DAMM GARTEN

LINDEN

RICKLINGEN

OBERRICKLINGEN

ELZE

Zoologischer
Garten

STADION
STADTHALLE

KLEEFELD

EILENRIEDE

WALDHEIM

WALDHAUSEN

DÖHREN

PATTENSEN

XX **Wein-Wolf,** Rathenaustr. 2, ⊠ 30159, 𝒸 (0511) 32 07 88, *Fax (0511) 321660* – 🄰🄴 ⓞ
    E 𝘝𝘐𝘚𝘈   EY r
    Samstagmittag, Sonn- und Feiertage sowie Juli - Aug. 6 Wochen geschl. – **Menu** à la carte
    44/65.

X **Enrico Leone,** Königstr. 46, ⊠ 30175, 𝒸 (0511) 3 88 53 45, *Fax (0511) 854383* – 🄰🄴
    ⓞ 𝘝𝘐𝘚𝘈   EX s
    Menu (italienische Küche) à la carte 40/67.

X **Rôtisserie Helvetia,** Georgsplatz 11, ⊠ 30159, 𝒸 (0511) 30 10 00,
    Fax (0511) 3010046, 🌲 – ⓞ E 𝘝𝘐𝘚𝘈   EY k
    Menu à la carte 33/64.

In Hannover-Bemerode *über Bischofsholer Damm* B :

🏛️ **Treff Hotel Europa,** Bergstr. 2, ⊠ 30539, 𝒸 (0511) 9 52 80, *Fax (0511) 9528488,*
    🛎️ ⇌ – 🛗, 🍽️ Zim, 📺 📞 & 🅿 – 🔺 300. 🄰🄴 ⓞ E 𝘝𝘐𝘚𝘈
    🔲 Rest
    Menu à la carte 40/72 – **183 Z** 195/595.

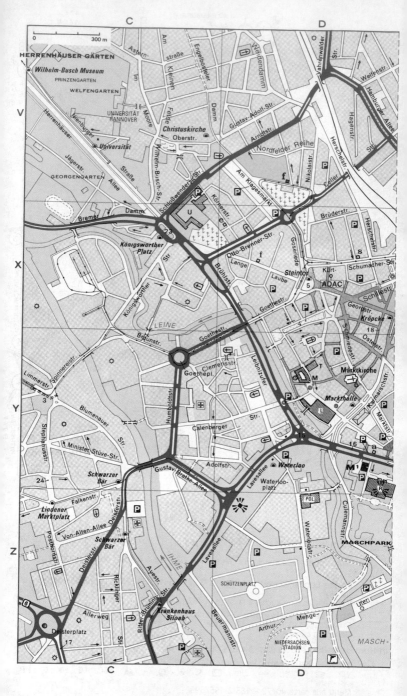

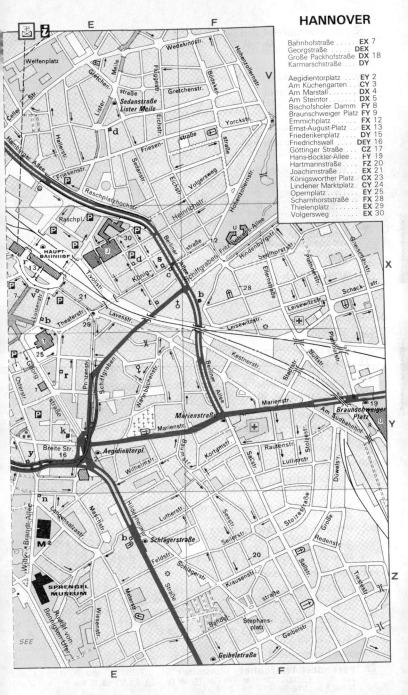

HANNOVER

🏠 **Kronsberger Hof,** Wasseler Str. 1, ✉ 30539, ℘ (0511) 95 39 90, *Fax (0511) 525025,*
🍴, 🌳 – 📺 ☎ 🅿 – 🔏 100. 🅰🅴 ⓪ 🅴 *VISA*
Menu *(Sonn- und Feiertage abends geschl.)* à la carte 39/70 – **25 Z**
130/350.

In Hannover-Bothfeld *über Podbielskistr.* B :

🏠 **Residenz Hotel** garni, Im Heidkampe 80, ✉ 30659, ℘ (0511) 64 75 50,
Fax (0511) 6475515, ☎s, 🌳 – 📺 ☎ 🅿. 🅰🅴 🅴 *VISA*
20. Dez. - 3. Jan. geschl. – **44 Z** 115/350.

In Hannover-Buchholz :

🏨 **Pannonia Atrium Hotel** Ⓜ, Karl-Wiechert-Allee 68, ✉ 30625, ℘ (0511) 5 40 70,
Fax (0511) 5407826, 🍴, 🎠, ☎s – 📶, 🔄 Zim, 📺 ♿ 🚗 🅿 – 🔏 140. 🅰🅴 ⓪ 🅴 *VISA*
🍴 Rest   B v
Menu à la carte 40/77 – **222 Z** 220/500, 6 Suiten.

🍴🍴 **Gallo Nero,** Groß Buchholzer Kirchweg 72b, ✉ 30655, ℘ (0511) 5 46 34 34,
Fax (0511) 548283, 🍴, « Bauernhaus a.d.18.Jh. mit moderner Einrichtung, ständige
Bilderausstellung » – 🅿. 🅴 *VISA*   über Podbielskistraße   B
Sonntag, Jan. 1 Woche und Juli - Aug. 3 Wochen geschl. – Menu (italienische Küche, bemer-
kenswerte ital. Wein- und Grappaauswahl) 58/88 und à la carte

🍴🍴 **Buchholzer Windmühle,** Pasteurallee 30, ✉ 30655, ℘ (0511) 64 91 38,
Fax (0511) 6478930, 🍴 – 🅿. 🅰🅴 🅴 *VISA*. 🍴   über Podbielskistraße   B
Montag, Sonn- und Feiertage sowie 22. Dez. - 5. Jan. geschl. – Menu à la carte
47/76.

🍴🍴 **Steuerndieb** mit Zim, Steuerndieb 1 (im Stadtwald Eilenriede), ✉ 30655,
℘ (0511) 90 99 60, *Fax (0511) 9099629,* « Terrasse » – 📺 ☎ 🅿. 🅰🅴 ⓪ 🅴 *VISA*
JCB   B c
Menu *(Sonntagabend geschl.)* à la carte 45/73 *(auch vegetarisches Menu)* – **7 Z** 139/250.

In Hannover-Döhren :

🍴🍴🍴 **Wichmann,** Hildesheimer Str. 230, ✉ 30519, ℘ (0511) 83 16 71, *Fax (0511) 8379811,*
« Innenhof »   B s
Menu à la carte 71/102.

🍴🍴 **Die Insel,** Rudolf-von-Bennigsen-Ufer 81, ✉ 30519, ℘ (0511) 83 12 14,
🚤 *Fax (0511) 831322,* ≤, 🍴 – 🅿. *VISA*   B k
Montag geschl. – Menu (Tischbestellung ratsam) à la carte 49/93.

🍴🍴 **Titus,** Wiehbergstr. 98, ✉ 30519, ℘ (0511) 83 55 24, *Fax (0511) 8386538,* 🍴 – 🅰🅴
⓪ 🅴 *VISA*   B z
Menu à la carte 60/78.

🍴 **da Vinci,** Hildesheimer Str. 228, ✉ 30519, ℘ (0511) 8 43 65 56, *Fax (0511) 8437208*
🅿. 🅰🅴 🅴 *VISA*   B s
Sonntag geschl. – Menu à la carte 37/64.

In Hannover-Flughafen ① : *11 km :*

🏨 **Maritim Airport Hotel** Ⓜ, Flughafenstr. 5, ✉ 30669, ℘ (0511) 9 73 70,
Fax (0511) 9737590, ☎s, 🔲 – 📶, 🔄 Zim, 📺 ♿ & 🚗 – 🔏 850. 🅰🅴 ⓪ 🅴 *VISA* *JCB*
🍴 Rest
Menu 45/49 (nur Buffet) – *Bistro Bottaccio (Sonntag - Montag geschl.)* Menu à la carte
46/81 – **528 Z** 259/618, 30 Suiten.

🏨 **Holiday Inn Crowne Plaza** Ⓜ, Petzelstr. 60, ✉ 30855 Langenhagen,
℘ (0511) 7 70 70, *Fax (0511) 737781,* 🍴, ☎s, 🔲 – 📶, 🔄 Zim, 🔲 📺 ♿ & 🅿 – 🔏 150.
🅰🅴 ⓪ 🅴 *VISA* *JCB*
Menu 37 Lunchbuffet und à la carte 54/79 – **210 Z** 260/560.

In Hannover-Herrenhausen :

🏠 **Am Entenfang** garni, Eichsfelder Str. 4, ✉ 30419, ℘ (0511) 9 79 50,
Fax (0511) 9795299, ☎s – 📶 🔄 📺 ☎ ♿ & 🚗 🅿 *VISA*
63 Z 130/312.   über Stöckener Straße und Fuhsestraße   A

🏠 **In Herrenhausen** garni, Markgrafstr. 5, ✉ 30419, ℘ (0511) 7 90 76 00,
Fax (0511) 2795766 – 📶 📺 ☎ 🚗 🅿. 🅰🅴 ⓪ 🅴 *VISA*   A a
42 Z 125/180.

In Hannover-Isernhagen Süd N : *12 km über Podbielskistr.* B :

🏠 **Parkhotel Welfenhof,** Prüssentrift 85, ✉ 30657, ℘ (0511) 6 54 06,
Fax (0511) 651050, 🍴 – 📶, 🔄 Zim, 📺 ☎ 🅿 – 🔏 80. 🅰🅴 ⓪ 🅴 *VISA*
Menu à la carte 36/71 – **110 Z** 145/385.

In Hannover-Kirchrode *über* ③ :

🏨 **Queens Hotel** ◇, Tiergartenstr. 117, ✉ 30559, 🖉 (0511) 5 10 30, *Fax (0511) 526924,* ⌑, ≘s – ⧈, ↮ Zim, 📺 ☎ ✆ 🔥 ⟨ ❷ – 🕭 160. ⅍ ⓪ Ɇ 𝑽𝑰𝑺𝑨
Menu à la carte 42/75 – **176 Z** 236/520, 3 Suiten.

In Hannover-Kleefeld :

🏨 **Kleefelder Hof** garni, Kleestr. 3a, ✉ 30625, 🖉 (0511) 5 30 80, *Fax (0511) 5308333*
– ⧈ ↮ 📺 ☎ ✆ 🔥 ⟨ ❷ – 🕭 20. ⅍ ⓪ Ɇ 𝑽𝑰𝑺𝑨 𝐉𝐂𝐁   **B d**
86 Z 165/250.

In Hannover-Lahe *über Podbielskistr.* B

🏨 **Holiday Inn,** Oldenburger Allee 1, ✉ 30659, 🖉 (0511) 6 15 50, *Fax (0511) 6155555,*
🏠 – ⧈, ↮ Zim, 📺 ☎ ✆ 🔥 ⟨ ❷ – 🕭 280. ⅍ ⓪ Ɇ 𝑽𝑰𝑺𝑨
Menu à la carte 36/66 – **150 Z** 205/267.

🏨 **Der Föhrenhof,** Kirchhorster Str. 22, ✉ 30659, 🖉 (0511) 6 15 40, *Fax (0511) 619719,*
🏠, 🌲 – ⧈, ↮ Zim, 📺 ☎ ✆ ❷ – 🕭 90. ⅍ ⓪ Ɇ 𝑽𝑰𝑺𝑨
Menu *(27. Dez. - 4. Jan. geschl.)* à la carte 35/66 – **78 Z** 145/380.

In Hannover-List :

🏨 **Seidler Hotel Pelikan** Ⓜ, Podbielskistr. 145, ✉ 30177, 🖉 (0511) 9 09 30, *Fax (0511) 9093555,* 🏠, « Designer-Hotel in ehemaliger Fabrik », ⌑, ≘s – ⧈, ↮ Zim,
📺 ✆ 🔥 ⟨ ❷ – 🕭 150. ⓪ Ɇ 𝑽𝑰𝑺𝑨 𝐉𝐂𝐁. ✼ Rest   **B p**
Signatur : Menu à la carte 43/66 – **Edo** (japanische Küche) *(nur Abendessen, Sonntag geschl.)* Menu 65/130 – **138 Z** 250/530, 8 Suiten.

🏨 **Dorint** Ⓜ, Podbielskistr. 21, ✉ 30163, 🖉 (0511) 3 90 40, *Fax (0511) 3904100,* ≘s –
⧈, ↮ Zim, 📺 ☎ ✆ 🔥 ⟨ ❷ – 🕭 250. ⅍ ⓪ Ɇ 𝑽𝑰𝑺𝑨   **B u**
Menu à la carte 39/79 – **206 Z** 229/575.

🏨 **Waldersee** garni, Walderseestr. 39, ✉ 30177, 🖉 (0511) 90 99 10, *Fax (0511) 9099149,*
≘s, ⌑, 🌲 – ⧈ 📺 ☎ ✆ ❷. ⅍ ⓪ Ɇ 𝑽𝑰𝑺𝑨   **B m**
31 Z 120/360.

🏨 **Martens** garni, Waldstr. 38a, ✉ 30163, 🖉 (0511) 96 57 70, *Fax (0511) 9657777* – ⧈
↮ 📺 ☎. ⅍ ⓪ Ɇ 𝑽𝑰𝑺𝑨   **B t**
37 Z 138/185.

✕ **Neue Zeiten,** Jakobistr. 24, ✉ 30163, 🖉 (0511) 39 24 47   **B x**
Sonntag - Montag und Juli - Aug. 2 Wochen geschl. – **Menu** (nur Abendessen) à la carte
53/64 *(auch vegetarische Gerichte).*

In Hannover-Messe *über* ④ :

🏨 **Parkhotel Kronsberg,** Laatzener Str. 18 (am Messegelände), ✉ 30539,
🖉 (0511) 8 74 00, *Fax (0511) 867112,* 🏠, ⌑, ≘s, ⌑, 🌲 – ⧈, ↮ Zim, 🍽 Rest, 📺
⟨ ❷ – 🕭 200. ⅍ ⓪ Ɇ 𝑽𝑰𝑺𝑨
Menu *(26. Dez. - 4. Jan. geschl.)* à la carte 46/71 – **169 Z** 190/480.

In Hannover-Roderbruch : ② : *7 km*

🏨 **Novotel,** Feodor-Lynen-Str. 1, ✉ 30625, 🖉 (0511) 9 56 60, *Fax (0511) 9566333,* 🏠,
≘s, ⌑ (geheizt) – ⧈, ↮ Zim, 📺 ☎ ✆ 🔥 ⟨ ❷ – 🕭 100. ⅍ ⓪ Ɇ 𝑽𝑰𝑺𝑨
Menu à la carte 47/72 – **112 Z** 187/350.

🏨 **Ibis,** Feodor-Lynen-Str. 1, ✉ 30625, 🖉 (0511) 9 56 70, *Fax (0511) 576128* – ⧈, ↮ Zim,
📺 ☎ ✆ 🔥 ❷ – 🕭 30. ⅍ ⓪ Ɇ 𝑽𝑰𝑺𝑨
Menu (nur Abendessen) 26 – **96 Z** 133/210.

In Hannover-Vahrenwald *über* ① :

🏨 **Fora,** Großer Kolonnenweg 19, ✉ 30163, 🖉 (0511) 6 70 60, *Fax (0511) 6706111,*
🏠, ≘s – ⧈, ↮ Zim, 🍽 Rest, 📺 ☎ ✆ 🔥 ⟨ – 🕭 100. ⅍ ⓪ Ɇ 𝑽𝑰𝑺𝑨
𝐉𝐂𝐁
Menu à la carte 37/56 – **142 Z** 195/255.

🏨 **Vahrenwalder Hotel 181** garni, Vahrenwalder Str. 181, ✉ 30165, 🖉 (0511) 35 80
60, *Fax (0511) 3505250,* ≘s – ⧈ ↮ 📺 ☎ ❷. ⓪ Ɇ 𝑽𝑰𝑺𝑨   **B a**
35 Z 130/320.

🏨 **Vahrenwald** garni, Vahrenwalder Str. 205, ✉ 30165, 🖉 (0511) 63 30 77,
Fax (0511) 673163 – ⧈ ↮ 📺 ☎ ❷ – 🕭 60. ⓪ Ɇ 𝑽𝑰𝑺𝑨   **B a**
26 Z 130/320.

✕ **Basil,** Dragonerstr. 30a, ✉ 30163, 🖉 (0511) 62 26 36, *Fax (0511) 3941434,*
🏠   **B y**
Sonntag geschl. – **Menu** (nur Abendessen) à la carte 50/65.

Hannover-Waldhausen :

🏠 **Hubertus** ⌂, Adolf-Ey-Str. 11, ✉ 30519, ℰ (0511) 98 49 70, Fax (0511) 830681,
« Garten » – 📺 ☎ ✆ 🅿. ⅍ ☰ 🆅🆂🅰
(nur Abendessen für Hausgäste) – **25 Z** 120/160.
B f

In Hannover-Wülfel :

🏠 **Wiehbergers Hotel** garni, Wiehbergstr. 55a, ✉ 30519, ℰ (0511) 87 99 90,
Fax (0511) 8799999, « Einrichtung mit Designermöbeln », ✗ – ⌖ 📺 ☎ ✆ 🅿. ⅍ ☰
🆅🆂🅰
18 Z 195/320.
B n

In Hemmingen-Westerfeld ⑤ : 8 km :

🏠 **Berlin** garni, Berliner Str. 4, ✉ 30966, ℰ (0511) 42 30 14, Fax (0511) 232870, ⇌ – 🛗
⌖ 📺 ☎ 🅿. ⅍ ⓞ ☰ 🆅🆂🅰
39 Z 135/380.

In Laatzen SO : 9 km über Hildesheimer Straße B

🏰 **Copthorne** Ⓜ, Würzburger Str. 21, ✉ 30880, ℰ (0511) 9 83 60, Fax (0511) 9836666,
🏛, ₭₆, ⇌, 🖾 – 🛗, ⌖ Zim, 📺 ✆ ৬ ⟺ 🅿 – 🔬 280. ⅍ ⓞ ☰ 🆅🆂🅰 🆓🅲🅱
Menu à la carte 37/69 – **222 Z** 272/530.

🏰 **Treff-Hotel Britannia**, Karlsruher Str. 26, ✉ 30880, ℰ (0511) 8 78 20,
Fax (0511) 863466, 🏛, ⇌, ✗(Halle) Indoor Golf – 🛗, ⌖ Zim, 📺 ☎ ৬ 🅿 – 🔬 150.
⅍ ⓞ ☰ 🆅🆂🅰 ✗ Rest
Menu à la carte 40/72 – **100 Z** 195/595.

🏰 **Am Kamp** garni, Am Kamp 12 (Ortsteil Grasdorf), ✉ 30880, ℰ (0511) 98 29 40,
Fax (0511) 9829466 – 🛗 ⌖ 📺 ☎ ✆ ⟺ 🅿 – 🔬 20. ⅍ ⓞ
Juli geschl. – **45 Z** 169/445.

🏠 **Haase**, Am Thie 4 (Ortsteil Grasdorf), ✉ 30880, ℰ (0511) 82 01 60, Fax (0511) 8201660
– 📺 ☎ 🅿. ⅍ ⓞ 🆅🆂🅰
Menu (Montagmittag und Dienstagmittag geschl.) à la carte 30/46 – **34 Z** 140/290.

In Langenhagen ① : 10 km :

🏠 **Grethe,** Walsroder Str. 151, ✉ 30853, ℰ (0511) 73 80 11, Fax (0511) 772418, 🏛, ⇌,
🖾 – 🛗, ⌖ Zim, 📺 ☎ 🅿 – 🔬 40. ⅍ ☰ 🆅🆂🅰
22. Dez. - 6. Jan. geschl. – **Menu** (Samstag - Sonntag geschl.) à la carte 37/66 – **51 Z**
135/180.

🏠 **Zollkrug** garni, Walsroder Str. 36, ✉ 30851, ℰ (0511) 78 67 10, Fax (0511) 744375 –
📺 ☎ ✆ 🅿. ⅍ ⓞ ☰ 🆅🆂🅰. ✗
25. Dez. - 1. Jan. geschl. – **23 Z** 105/185.

In Langenhagen-Krähenwinkel ① : 11 km :

🏰 **Jägerhof,** Walsroder Str. 251, ✉ 30855, ℰ (0511) 7 79 60, Fax (0511) 7796111, 🏛,
⇌ – ⌖ Zim, 📺 ☎ ⟺ 🅿 – 🔬 60. ⅍ ⓞ ☰ 🆅🆂🅰
24. Dez. - 4. Jan. geschl. – **Menu** (Samstagmittag sowie Sonn- und Feiertage geschl.)
à la carte 40/70 – **77 Z** 90/380.

In Ronnenberg-Benthe ⑦ : 10 km über die B 65 :

🏰 **Benther Berg** ⌂, Vogelsangstr. 18, ✉ 30952, ℰ (05108) 6 40 60,
Fax (05108) 640650, 🏛, ⇌, 🖾, 🏛 – 🛗, ▤ Rest, 📺 🅿 – 🔬 60. ⅍ ⓞ ☰ 🆅🆂🅰 🆓🅲🅱
Menu à la carte 59/93 – **70 Z** 145/240.

In Seelze-Lohnde W : 12 km über Wunstorfer Straße (B 441) A :

🏠 **Krumme Masch** garni, Krumme Masch 16, ✉ 30926, ℰ (05137) 9 26 57,
Fax (05137) 91120 – 📺 ☎ ⟺ 🅿. ☰. ✗
12 Z 110/170.

In Isernhagen KB N : 14 km über Podbielskistraße B :

✗✗ **Hopfenspeicher,** Dorfstr. 16, ✉ 30916, ℰ (05139) 89 29 15, Fax (05139) 892913,
🏛 – 🅿. ☰
Sonntag sowie Jan. und Juli jeweils 2 Wochen geschl. – **Menu** (nur Abendessen) à la carte
69/96.

In Garbsen-Havelse ⑧ : 12 km über die B 6 :

🏠 **Wildhage,** Hannoversche Str. 45, ✉ 30823, ℰ (05137) 7 03 70, Fax (05137) 703730,
₭₆, ⇌ – 📺 ☎ ⟺ 🅿 – 🔬 80. ⅍ ⓞ ☰ 🆅🆂🅰
Menu (Samstagmittag und Sonntag geschl.) à la carte 43/64 – **25 Z** 170/240.

In Garbsen-Berenbostel ⑧ : *13 km über die B 6 :*

🏨 **Landhaus am See** ◁, Seeweg 27, ✉ 30827, 𝒫 (05131) 4 68 60, Fax (05131) 468666, ≼, « Gartenterrasse », ⇌s – ✳ Zim, 🆃🆅 ☎ 🅿 – 🔏 30. 🆎 ◍ 🗲 𝗩𝗜𝗦𝗔
Menu *(Sonntagabend geschl.)* à la carte 40/61 – **38 Z** 135/260.

In Garbsen-Altgarbsen ⑧ : *14,5 km über die B 6 :*

🏨 **Waldhotel Garbsener Schweiz,** Alte Ricklinger Str. 66, ✉ 30823, 𝒫 (05137) 8 98 10, Fax (05137) 13620, 🍴, ⇌s, 🅻, 🐎 – 🛗, ✳ Zim, 🆃🆅 ☎ 🅿 – 🔏 80. 🆎 🗲 𝗩𝗜𝗦𝗔
23. Dez. - 7. Jan. geschl. – **Menu** à la carte 34/67 – **58 Z** 98/210.

In Garbsen-Frielingen ⑧ : *19 km über die B 6 :*

🏨 **Bullerdieck,** Bgm.-Wehrmann-Str. 21, ✉ 30826, 𝒫 (05131) 45 80, Fax (05131) 458222, Biergarten, ⇌s – 🛗, ✳ Zim, 🆃🆅 ☎ 🅴 🅿 – 🔏 45. 🆎 ◍ 🗲 𝗩𝗜𝗦𝗔
Menu à la carte 37/65 – **52 Z** 98/240.

An der Autobahn A 2 Richtung Dortmund ⑧ : *15 km :*

🏨 **Autobahnrasthaus-Motel Garbsen-Nord,** ✉ 30823 Garbsen, 𝒫 (05137) 7 20 21, Fax (05137) 71819, 🍴 – 🛗, ✳ Zim, 🆃🆅 ☎ 🅴 🚗 🅿 – 🔏 30. 🆎 🗲 𝗩𝗜𝗦𝗔
Menu *(auch Self-service)* à la carte 31/62 – **39 Z** 99/296.

HANSTEDT Niedersachsen 𝟰𝟭𝟱 𝟰𝟭𝟲 G 14, 𝟵𝟴𝟳 ⑯ – 4600 Ew – Höhe 40 m – Erholungsort.
🛈 Verkehrsverein, Am Steinberg 2, ✉ 21271, 𝒫 (04184) 5 25, Fax (04184) 7695.
Berlin 321 – Hannover 118 – Hamburg 56 – Lüneburg 31.

🏨 **Sellhorn,** Winsener Str. 23, ✉ 21271, 𝒫 (04184) 80 10, Fax (04184) 80185, « Gartenterrasse », ⇌s, 🅻, 🐎 – 🛗, ✳ Zim, 🆃🆅 ☎ 🚗 🅿 – 🔏 30. 🆎 ◍ 🗲 𝗩𝗜𝗦𝗔
Menu à la carte 41/77 – **56 Z** 129/210 – ½ P 30.

In Hanstedt-Ollsen S : *4 km :*

🏨 **Landgasthof Zur Eiche,** Am Naturschutzpark 3, ✉ 21271, 𝒫 (04184) 2 16, Fax (04184) 580, 🍴, 🐎 – 🆃🆅 ☎ 🅿 – 🔏 15. 🆎 ◍ 🗲 𝗩𝗜𝗦𝗔
Mitte Jan. - Ende Feb. geschl. – **Menu** *(Montag geschl.)* à la carte 36/61 – **19 Z** 85/180 – ½ P 21.

HAPPURG-KAINSBACH Bayern siehe Hersbruck.

HARBURG (SCHWABEN) Bayern 𝟰𝟭𝟵 𝟰𝟮𝟬 T 16, 𝟵𝟴𝟳 ㊲ – 6100 Ew – Höhe 413 m.
Sehenswert : Schloß *(Sammlungen★)*.
Berlin 525 – München 111 – Augsburg 53 – Ingolstadt 67 – Nürnberg 102 – Stuttgart 129.

🏨 **Zum Straußen,** Marktplatz 2, ✉ 86655, 𝒫 (09080) 13 98, Fax (09080) 4324, 🍴, 🐎
🚗 – 🛗, ✳ Zim, 🆃🆅 ☎ 🚗 🅿 ⛔
Anfang - Mitte Sept. geschl. – **Menu** *(Sonntagabend - Montag geschl.)* à la carte 18/38 ⑤ – **19 Z** 35/100.

HARDEGSEN Niedersachsen 𝟰𝟭𝟳 𝟰𝟭𝟴 L 13, 𝟵𝟴𝟳 ⑯ – 3800 Ew – Höhe 173 m – Luftkurort.
🛈 Tourist-Information, Vor dem Tore 1, ✉ 37181, 𝒫 (05505) 5 03 17, Fax (05505) 50333.
Berlin 335 – Hannover 115 – Kassel 64 – Göttingen 21 – Braunschweig 102.

In Hardegsen-Goseplack SW : *5 km :*

🏨 **Altes Forsthaus,** an der B 241, ✉ 37181, 𝒫 (05505) 94 00, Fax (05505) 940444, 🍴, 🐎 – 🛗 🆃🆅 ☎ 🅴 🅿 – 🔏 40. 🆎 ◍ 🗲 𝗩𝗜𝗦𝗔
Mitte Jan. - Anfang Feb. geschl. – **Menu** *(Dienstag geschl.)* à la carte 36/72 *(auch vegetarische Gerichte)* – **19 Z** 88/240, 3 Suiten.

HARDERT Rheinland-Pfalz siehe Rengsdorf.

HARDHEIM Baden-Württemberg 𝟰𝟭𝟵 R 12, 𝟵𝟴𝟳 ㉗ – 6700 Ew – Höhe 271 m – Erholungsort.
🌳 Eichenbühl-Guggenberg, Ortsstr. 12 (NW : 7 km), 𝒫 (06282) 4 06 62.
Berlin 545 – Stuttgart 116 – Aschaffenburg 70 – Heilbronn 74 – Würzburg 53.

In Hardheim-Schweinberg O : *4 km :*

🏨 Landgasthof Ross, Königheimer Str. 23, ✉ 74736, 𝒫 (06283) 10 51, Fax (06283) 50322 – 🛗 🆃🆅 ☎ 🅿
25 Z.

HARPSTEDT Niedersachsen 415 H 9, 987 ⑮ – 3 500 Ew – Höhe 20 m – Erholungsort.
Berlin 390 – Hannover 103 – Bremen 30 – Osnabrück 95.

🏠 **Zur Wasserburg** (mit Gästehaus), Amtsfreiheit 4, ✉ 27243, ✆ (04244) 10 08, Fax (04244) 8094, 😊, 😊, 🍴 – ⚡ Zim, ☎ 🔥, ⟸ 🅿 – 🔏 40. 🆎 ⓪ Ε 𝘷𝘪𝘴𝘢 ᴊᴄʙ
2. - 16. Jan. geschl. – Menu à la carte 32/60 – **30 Z** 85/170 – ½ P 25.

HARRISLEE Schleswig-Holstein siehe Flensburg.

HARSEFELD Niedersachsen 415 F 12, 987 ⑤ ⑯ – 9 500 Ew – Höhe 30 m.
Berlin 346 – Hannover 176 – Hamburg 56 – Bremen 82.

🏠 **Meyers Gasthof**, Marktstr. 17, ✉ 21698, ✆ (04164) 8 14 60, Fax (04164) 3022 –
⚡ Zim, 📺 ☎ 🔥, ⟸ 🅿. 🆎 ⓪ Ε 𝘷𝘪𝘴𝘢
Menu à la carte 25/55 – **26 Z** 83/180.

HARSEWINKEL Nordrhein-Westfalen 417 K 8 – 19 000 Ew – Höhe 65 m.
⛳ Marienfeld (SO : 4 km), ✆ (05247) 88 80.
Berlin 424 – Düsseldorf 158 – Bielefeld 29 – Münster (Westfalen) 46.

XXX **Poppenborg** mit Zim, Brockhäger Str. 9, ✉ 33428, ✆ (05247) 22 41,
❀❀ Fax (05247) 1721, « Modern-elegantes Restaurant mit Art-Deco Elementen, Gartenre-
✿ staurant » – ⚡ 📺 ☎ 🔥 ⟸ 🅿. 🆎 ⓪ Ε 𝘷𝘪𝘴𝘢. 😊 Zim
Menu (Mittwoch sowie Jan., April und Okt. jeweils 1 Woche geschl.) (bemerkenswerte Wein-
karte) à la carte 67/97 – **18 Z** 85/150
Spez. Flußkrebse und Salat mit Cassisvinaigrette in der Brickteigschale. Trüffelrisotto mit
Kalbsbries. Steinbuttstrudel mit Waldpilzen.

In Harsewinkel-Greffen W : 6 km :

🏠 **Zur Brücke,** Hauptstr. 38 (B 513), ✉ 33428, ✆ (02588) 8 90, Fax (02588) 8989, 😊,
⟸s, 📺 – ⚡ 📺 ☎ 🅿 – 🔏 40. 🆎 ⓪ Ε 𝘷𝘪𝘴𝘢
Menu (Sonntagabend geschl.) à la carte 31/61 – **45 Z** 95/150.

In Marienfeld SO : 4 km :

🏠🏠 **Klosterpforte,** Klosterhof 3, ✉ 33428, ✆ (05247) 70 80, Fax (05247) 80484, 😊 –
⚡, 😊 Zim, 📺 ☎ 🅿 – 🔏 40. 🆎 Ε 𝘷𝘪𝘴𝘢. 😊 Zim
Menu (Dienstag und Aug. 3 Wochen geschl.) (wochentags nur Abendessen) à la carte 35/70
– **87 Z** 110/220.

HARTENSTEIN Sachsen 418 O 22 – 2 800 Ew – Höhe 405 m.
Berlin 304 – Dresden 109 – Chemnitz 32 – Gera 66 – Leipzig 94.

🏠🏠 **Romantik Hotel Jagdhaus Waldidyll** 😊, Talstr. 1, ✉ 08118, ✆ (037605) 8 40,
😊 Fax (037605) 84444, 😊, 🌿 – ⚡, 😊 Zim, 📺 ☎ 🔥 ⟸ 🅿 – 🔏 30. 🆎 ⓪ Ε 𝘷𝘪𝘴𝘢
Menu à la carte 32/58 – **28 Z** 120/240 – ½ P 35.

HARTHA KREIS DOEBELN Sachsen 418 M 22, 984 ㉓, 987 ⑱ – 8 600 Ew – Höhe 200 m.
Berlin 241 – Dresden 67 – Leipzig 67 – Gera 91.

🏠🏠 **Flemmingener Hof,** Leipziger Str. 1, ✉ 04746, ✆ (034328) 5 30,
😊 Fax (034328) 53444, Biergarten, ⟸s – ⚡, 😊 Zim, 📺 ☎ 🅿 – 🔏 25. 🆎 ⓪ Ε 𝘷𝘪𝘴𝘢. 😊
Menu (Samstagmittag und Sonntagabend geschl.) à la carte 24/44 – **40 Z** 85/130.

HARTHA (KURORT) Sachsen siehe Freital.

HARTMANNSDORF Sachsen siehe Chemnitz.

HARZBURG, BAD Niedersachsen 418 K 15, 987 ⑰ – 26 000 Ew – Höhe 300 m – Heilbad –
Heilklimatischer Kurort – Wintersport : 480/800 m ✦ 1 ✦ 3 ✦ 3 (Torfhaus).
⛳ Am Breitenberg, ✆ 67 37.
🅱 Kurverwaltung im Haus des Kurgastes, Herzog-Wilhelm-Str. 86, ✉ 38667,
✆ (05322) 7 53 30, Fax (05322) 75333.
Berlin 253 – Hannover 96 – Braunschweig 46 – Göttingen 90 – Goslar 10.

🏠🏠 **Braunschweiger Hof,** Herzog-Wilhelm-Str. 54, ✉ 38667, ✆ (05322) 78 80,
Fax (05322) 788499, 😊, ⟸s, 📺, 🌿 – ⚡, 😊 Rest, 📺 ⟸ 🅿 – 🔏 100. 🆎 ⓪ Ε
𝘷𝘪𝘴𝘢. 😊 Rest
Menu à la carte 45/87 – **88 Z** 148/268, 4 Suiten – ½ P 38.

🏨 **Germania** ॐ garni, Berliner Platz 2, ⊠ 38667, ℰ (05322) 95 00, Fax (05322) 950195, « Gemütliche, stilvolle Einrichtung », ⇌ – 🛗 📺 ☎ 🅿. ፴ 🗲 𝘝𝘐𝘚𝘈
35 Z 140/240.

🏨 **Seela,** Nordhäuser Str. 5 (B 4), ⊠ 38667, ℰ (05322) 79 60, Fax (05322) 796199, 🏠, Massage, ⪚, ⅙, ⇌, 🔲 – 🛗 📺 ☎ ⇌ – 🔬 80. ⓞ 🗲 𝘝𝘐𝘚𝘈
Menu à la carte 36/69 (auch Diät u. vegetar. Gerichte) – **120 Z** 98/316 – ½ P 34.

🏨 **Park Hotel** ॐ, Hindenburgring 12a, ⊠ 38667, ℰ (05322) 78 60, Fax (05322) 786228, 🏠, 🔲 (geheizt), 🚗 – 🛗 📺 ☎ 🅿 – 🔬 50. ፴ ⓞ 🗲 𝘝𝘐𝘚𝘈
Menu à la carte 32/69 – **44 Z** 125/220 – ½ P 25.

🏨 **Harz-Autel,** Nordhäuser Str. 3 (B 4), ⊠ 38667, ℰ (05322) 9 66 77, Fax (05322) 966799, ⇌, 🔲, ⋘ – 📺 ☎ ⇌ 🅿. ፴ ⓞ 🗲 𝘝𝘐𝘚𝘈
Menu (Montag - Freitag nur Abendessen) à la carte 35/76 – **35 Z** 90/190 – ½ P 30.

🏨 **Marxmeier** ॐ garni, Am Stadtpark 41, ⊠ 38667, ℰ (05322) 23 67, Fax (05322) 2182, ⇌, 🔲 – 📺 ☎
10. Nov. - 20. Dez. geschl. – **22 Z** 64/138.

🏨 **Tannenhof** garni, Nordhäuser Str. 6, ⊠ 38667, ℰ (05322) 9 68 80, Fax (05322) 968899 – 🛗 📺 ☎ 🅿. ፴ ⓞ 🗲 𝘝𝘐𝘚𝘈
16 Z 89/160.

HARZGERODE Sachsen-Anhalt 𝟦𝟣𝟪 L 17, 𝟫𝟪𝟦 ⑲, 𝟫𝟪𝟩 ⑰ – 5 100 Ew – Höhe 400 m.
🛈 Fremden-Verkehrsverein, Markt 7, ⊠ 06493, ℰ (039484) 23 24.
Berlin 230 – Magdeburg 79 – Erfurt 105 – Nordhausen 44 – Quedlinburg 22 – Halle 68.

In Alexisbad NW : 4 km :

🏨 **Habichtstein,** Kreisstr. 4, ⊠ 06493, ℰ (039484) 7 80, Fax (039484) 78380, 🏠, ⇌ – 🛗 📺 ☎ 🅿 – 🔬 40. ፴ ⓞ 🗲 𝘝𝘐𝘚𝘈
Menu à la carte 26/53 – **68 Z** 100/180 – ½ P 20.

HASELAU Schleswig-Holstein 𝟦𝟣𝟧 𝟦𝟣𝟢 F 12 – 950 Ew – Höhe 2 m.
Berlin 315 – Kiel 96 – Hamburg 39 – Itzehoe 47.

🏨 **Haselauer Landhaus** ॐ, Dorfstr. 10, ⊠ 25489, ℰ (04122) 9 87 10, Fax (04122) 987197 – 📺 ☎ 🅿. ፴ ⓞ 🗲 𝘝𝘐𝘚𝘈
Menu (Mittwoch geschl.) à la carte 30/59 – **8 Z** 70/115.

HASELÜNNE Niedersachsen 𝟦𝟣𝟧 H 6, 𝟫𝟪𝟩 ⑮ – 12 400 Ew – Höhe 25 m.
🛈 Verkehrsamt (Rathaus), Krummer Dreh 18, ⊠ 49740, ℰ (05961) 5 09 32, Fax (05961) 50950.
Berlin 490 – Hannover 224 – Bremen 113 – Enschede 69 – Osnabrück 68.

🏨 **Burg-Hotel** garni (Stadtpalais a.d. 18. Jh.), Steintorstr. 7, ⊠ 49740, ℰ (05961) 9 43 30, Fax (05961) 4141, ⇌ – 🛗 📺 ☎ ⇌ 🅿 – 🔬 15. ፴ ⓞ 🗲 𝘝𝘐𝘚𝘈
30 Z 95/195.

🏨 **Parkhotel am See** ॐ, am See 2 (im Erholungsgebiet), ⊠ 49740, ℰ (05961) 9 42 50, Fax (05961) 942525, ⩽, 🏠, 🚗 – ⅖ Zim, 📺 ☎ 🅿. 🗲 𝘝𝘐𝘚𝘈
Menu à la carte 35/62 – **11 Z** 80/130.

✕✕ **Jagdhaus Wiedehage,** Steintorstr. 9, ⊠ 49740, ℰ (05961) 79 22, Fax (05961) 4141, 🏠 – 🅿
Montag geschl. – **Menu** à la carte 37/68.

In Herzlake-Aselage O : 13 km :

🏨 **Romantik Hotel Aselager Mühle** ॐ, ⊠ 49770, ℰ (05962) 20 21, Fax (05962) 2026, 🏠, Massage, ⇌, 🔲, 🚗, ✕ (Halle) – 🛗 📺 🅿 – 🔬 120. ፴ ⓞ 🗲 𝘝𝘐𝘚𝘈
Menu à la carte 50/80 – **65 Z** 150/340 – ½ P 42.

Gli alberghi o ristoranti ameni sono indicati nella guida
con un simbolo rosso.
Contribuite a mantenere
la guida aggiornata segnalandoci gli alberghi e ristoranti
dove avete soggiornato piacevolmente.

🏨🏨🏨 ... 🏠

✕✕✕✕✕ ... ✕

HASLACH IM KINZIGTAL Baden-Württemberg **419** V 8, **987** ㉚ – 6 600 Ew – Höhe 222 m – Erholungsort.

Sehenswert : *Schwarzwälder Trachtenmuseum★*.

🛈 *Verkehrs- und Kulturamt, Klosterstr. 1*, ⊠ 77716, 𝒫 (07832) 7 06 70, Fax (07832) 5909.

Berlin 774 – Stuttgart 174 – Freiburg im Breisgau 54 – Freudenstadt 50 – Offenburg 28.

🏠 **Ochsen,** Mühlenstr. 39, ⊠ 77716, 𝒫 (07832) 24 46, 🍴 – 🔟 ☎ 🅿
Menu *(Donnerstagabend, Montag sowie März und Sept. jeweils 2 Wochen geschl.)* à la carte 36/58 🍷 – **7 Z** 65/130.

In Haslach-Schnellingen N : 2 km :

⚓ **Zur Blume,** Schnellinger Str. 56, ⊠ 77716, 𝒫 (07832) 9 12 50, Fax (07832) 912599,
🍴 , 🍴 – 🅿. 🆎 ⬕ *VISA*
Nov. geschl. – **Menu** à la carte 23/54 – **27 Z** 38/100 – ½ P 10.

HASSELFELDE Sachsen-Anhalt **418** K 16, **987** ⑰ – 2 700 Ew – Höhe 470 m.

🛈 *Kurverwaltung, Lindenstr. 3a*, ⊠ 38899, 𝒫 (039459) 7 13 69, Fax (039459) 76055.
Berlin 238 – Magdeburg 87 – Erfurt 100 – Nordhausen 26 – Halberstadt 33.

🏠 **Hagenmühle** ⊗, Hagenstr. 6, ⊠ 38899, 𝒫 (039459) 7 13 39, Fax (039459) 71336,
Biergarten, 🛶 – 🔟 ☎ 🅿 – 🏆 40
Nov. 2 Wochen geschl. – **Menu** à la carte 26/53 – **17 Z** 83/152.

HASSFURT Bayern **420** P 15, **987** ㉘ – 11 500 Ew – Höhe 225 m.

🛈 *Verkehrsamt, Hauptstr. 5*, ⊠ 97437, 𝒫 (09521) 68 82 27, Fax (09521) 688280.
Berlin 436 – München 276 – Coburg 52 – Schweinfurt 20 – Bamberg 34.

🏠 **Das Altstadthotel** Ⓜ, Pfarrgasse 2, ⊠ 97437, 𝒫 (09521) 92 80,
Fax (09521) 928301, 🏊 – ⚿ 🔟 ☎ 📞 🍴 👄 – 🏆 30. 🆎 ⬕ *VISA*
Menu à la carte 26/50 – **36 Z** 69/99.

🏠 **Walfisch,** Obere Vorstadt 8, ⊠ 97437, 𝒫 (09521) 9 22 70, Fax (09521) 922750 – 🔟 ☎ 👄 ⬕ *VISA*
Menu *(Freitagmittag geschl.)* à la carte 22/43 🍷 – **18 Z** 40/98.

HASSLOCH Rheinland-Pfalz **417 419** R 8 – 20 000 Ew – Höhe 115 m.

Berlin 642 – Mainz 89 – Mannheim 24 – Neustadt an der Weinstraße 9,5 – Speyer 16.

🏨 **Sägmühle** ⊗, Sägmühlenweg 140, ⊠ 67454, 𝒫 (06324) 9 29 10(Hotel) 13 66(Rest.),
Fax (06324) 929160, 🍴 , 🍴 – ⚿ 🔟 ☎ 🍴 🅿 – 🏆 20. 🆎 ⓞ ⬕ *VISA*
Menu *(19. Jan. - 1. Feb. geschl., Montag - Donnerstag nur Abendessen)* à la carte 35/70 🍷 – **27 Z** 85/165.

🏨 **Pfalz-Hotel** garni, Lindenstr. 50, ⊠ 67454, 𝒫 (06324) 40 47, Fax (06324) 82503, 🏊 ,
🔲 – ⚿, 🔄 Zim, 🔟 ☎ 🅿 🆎 ⓞ ⬕ *VISA*
20. Dez. - 5. Jan. und 20. - 28. Feb. geschl. – **38 Z** 96/180.

⚓ **Gasthaus am Rennplatz,** Rennbahnstr. 149, ⊠ 67454, 𝒫 (06324) 9 24 70,
Fax (06324) 924713, 🍴 – 🔟 ☎ 👄 🅿. 🍴 Zim
Okt. - Nov. 4 Wochen geschl. – **Menu** *(Montag geschl.)* à la carte 24/50 🍷 – **13 Z** 65/120.

HASSMERSHEIM Baden-Württemberg **417 419** S 11 – 4 500 Ew – Höhe 152 m.

Ausflugsziel : *Burg Guttenberg★ : Greifvogelschutzstation* S : 5 km.
Berlin 609 – Stuttgart 78 – Heilbronn 27 – Mosbach 13.

Auf Burg Guttenberg S : 5 km – Höhe 279 m 605

🍴 **Burgschenke,** ⊠ 74855 Hassmersheim-Neckarmühlbach, 𝒫 (06266) 2 28,
Fax (06266) 1697, ≼ Gundelsheim und Neckartal, 🍴 – 🅿. ⬕ *VISA*
Montag - Dienstag und Jan. - Mitte März geschl. – **Menu** à la carte 37/58.

HATTEN Niedersachsen **415** G 9 – 11 000 Ew – Höhe 20 m.

Berlin 426 – Hannover 166 – Bremen 39 – Oldenburg 15 – Delmenhorst 25.

In Hatten-Streekermoor :

🏠 **Gasthof Ripken,** Brochersweg 150, ⊠ 26209, 𝒫 (04481) 87 27, Fax (04481) 7874,
🍴 – 🔟 ☎ 👄 🅿. ⓞ ⬕ *VISA*
Ende Juli - Anfang Aug. geschl. – **Menu** *(Montag - Donnerstag nur Abendessen)* à la carte 24/43 – **17 Z** 65/110.

HATTERSHEIM Hessen **417** P 9 – 24 100 Ew – Höhe 100 m.
Berlin 548 – Wiesbaden 20 – Frankfurt am Main 21 – Mainz 20.

🏨 **Parkhotel,** Am Markt 17, ⊠ 65795, ℰ (06190) 8 99 90, Fax (06190) 899999, 斉, ℆,
⇔ – 📳 📺 ☎ 🅿. 🔼 80. 🆎 ⓞ 🅴 𝑉𝐼𝑆𝐴. ⅍ Rest
Menu (Samstag geschl.) à la carte 38/66 – **58 Z** 189/268.

🏨 **Am Schwimmbad** garni, Staufenstr. 35, ⊠ 65795, ℰ (06190) 9 90 50,
Fax (06190) 9905155 – 📺 ☎ 🅿. ⓞ 🅴 𝑉𝐼𝑆𝐴. ⅍
17 Z 95/190.

In Hattersheim-Eddersheim S : 6 km :

🏨 **Steinbrech** garni, Bahnhofstr. 44a, ⊠ 65795, ℰ (06145) 9 34 10, Fax (06145) 934199
– 📳 ⅍ 📺 ☎ 🚗 🅿. 🆎 🅴 𝑉𝐼𝑆𝐴. ⅍
18 Z 110/190.

HATTGENSTEIN Rheinland-Pfalz **417** Q 5 – 300 Ew – Höhe 550 m – Wintersport (am Erbeskopf) :
680/800 m ⳼4 ⳼2.
Berlin 680 – Mainz 114 – Birkenfeld 8 – Morbach 15 – Trier 60.

An der B 269 NW : 4 km :

🏨🏨 **Gethmann's Hochwaldhotel,** ⊠ 55743 Hüttgeswasen, ℰ (06782) 8 88,
Fax (06782) 880, 斉, ⇔, 🔲, 🐎, 🐎 – 📳 📺 ☎ 🚗 🅿. 🆎 ⓞ 🅴 𝑉𝐼𝑆𝐴 𝐽𝐶𝐵
5. - 25. Dez. geschl. – **Menu** à la carte 25/56 – **26 Z** 110/160.

HATTINGEN Nordrhein-Westfalen **417** L 5, **987** ⑮ – 61 000 Ew – Höhe 80 m.
🄱 Verkehrsverein, Bahnhofstr. 5, ⊠ 45525, ℰ (02324) 20 12 28, Fax (02324) 25056.
Berlin 524 – Düsseldorf 50 – Bochum 10 – Wuppertal 24.

🏨 **Avantgarde Hotel** ⑤ garni, Welperstr. 49, ⊠ 45525, ℰ (02324) 5 09 70,
Fax (02324) 23827, ⇔ – 📳 ⅍ 📺 ☎ 🅿 – 🔼 40. 🆎 ⓞ 🅴 𝑉𝐼𝑆𝐴
23. Dez.- 3. Jan. geschl. – **37 Z** 99/160.

XX **Zum Kühlen Grunde,** Am Büchsenschütz 15, ⊠ 45527, ℰ (02324) 9 60 30,
Fax (02324) 960333, Biergarten, « Elegantes Restaurant mit Zirbelholztäfelung » – 🅿. ⓞ
🅴 𝑉𝐼𝑆𝐴
Donnerstag und Juli - Aug. 2 Wochen geschl. – **Menu** à la carte 40/72.

In Hattingen-Bredenscheid S : 5,5 km :

🏨🏨 **Zum Hackstück** ⑤, Hackstückstr. 123, ⊠ 45527, ℰ (02324) 9 06 60,
Fax (02324) 906655, « Gartenterrasse » – ⅍ Zim, 📺 ☎ ✆ 🚗 🅿 – 🔼 30
Menu (Dienstag und Mitte - Ende Juli geschl.) à la carte 38/76 – **23 Z** 118/198.

In Hattingen-Holthausen O : 2 km :

🏨 **An de Krupe** ⑤, Dorfstr. 27, ⊠ 45527, ℰ (02324) 9 55 50, Fax (02324) 933555, 斉
– 📺 ☎ 🅿
Menu (Mittwoch geschl.) (Montag - Freitag nur Abendessen) à la carte 30/54 – **20 Z**
90/150.

In Hattingen-Oberelfringhausen S : 10 km :

XXX **Landhaus Felderbachtal,** Felderbachstr. 133, ⊠ 45529, ℰ (0202) 52 20 11,
Fax (0202) 526702, « Gartenterrasse » – 🔲 🅿 – 🔼 50. 🆎 ⓞ 🅴 𝑉𝐼𝑆𝐴
Menu (Tischbestellung ratsam) à la carte 50/81.   siehe Stadtplan Wuppertal BX t

---

HATTORF AM HARZ Niedersachsen **418** L 14 – 4 400 Ew – Höhe 178 m – Erholungsort.
Berlin 334 – Hannover 108 – Erfurt 121 – Göttingen 37 – Braunschweig 95.

🏨 **Harzer Landhaus** ⑤, Gerhart-Hauptmann-Weg 1, ⊠ 37197, ℰ (05584) 9 58 60, 斉
– ☎ ⅌ 🅿 – 🔼 40. 🆎 🅴
Jan. 2 Wochen und Juli - Aug. 3 Wochen geschl. – **Menu** (Dienstag geschl.) à la carte 32/60
– **10 Z** 60/100 – ½ P 25.

HAUENSTEIN Rheinland-Pfalz **417** **419** S 7 – 4 300 Ew – Höhe 249 m – Luftkurort.
🄱 Verkehrsamt, ⊠ 76846, ℰ (06392) 91 51 10, Fax (06392) 915160.
Berlin 686 – Mainz 124 – Karlsruhe 66 – Pirmasens 24 – Landau in der Pfalz 26.

🏨🏨 **Felsentor,** Bahnhofstr. 88, ⊠ 76846, ℰ (06392) 40 50, Fax (06392) 405145, 斉, ⇔,
🐎 – ⅍ Zim, 📺 ☎ 🅿 – 🔼 60. 🆎 🅴 𝑉𝐼𝑆𝐴. ⅍ Rest
Menu (Montag und Jan. 2 Wochen geschl.) à la carte 30/75 – **21 Z** 95/186 – ½ P 38.

🏨 **Zum Ochsen,** Marktplatz 15, ⊠ 76846, ℰ (06392) 5 71, Fax (06392) 7235, 斉 – 📺
☎ 🅿 – 🔼 50. 🅴 𝑉𝐼𝑆𝐴
Menu (Donnerstag geschl.) à la carte 28/60 ⅊ – **19 Z** 70/160 – ½ P 25.

489

In Schwanheim *SO : 7,5 km :*

Zum alten Nußbaum mit Zim, Wasgaustr. 17, ✉ 76848, ✆ (06392) 99 31 46, *Fax (06392) 993147,* – TV P. E
Feb. 3 Wochen geschl. – **Menu** *(Dienstag, Nov. - März auch Montag geschl.)* à la carte 37/65 – **4 Z** 60/100.

HAUSACH *Baden-Württemberg* 419 *V 8,* 987 ㊲ *– 5 700 Ew – Höhe 239 m.*
Städt. Verkehrsamt, Rathaus, Hauptstr. 40, ✉ *77756,* ✆ *(07831) 79 75, Fax (07831) 7956.*
Berlin 755 – Stuttgart 132 – Freiburg im Breisgau 62 – Freudenstadt 40 – Karlsruhe 110 – Strasbourg 62.

Zur Blume, Eisenbahnstr. 26, ✉ 77756, ✆ (07831) 2 86, *Fax (07831) 8933,* – TV P. AE E VISA
Jan. 2 Wochen geschl. – **Menu** *(Nov. - Ostern Samstag geschl.)* à la carte 27/66 – **17 Z** 70/110 – ½ P 22.

HAUSEN *Bayern* 418 420 *O 14 – 850 Ew – Höhe 450 m.*
Berlin 410 – München 340 – Frankfurt 142 – Fulda 52 – Bad Kissingen 57.

In Hausen-Roth *SW : 4 km :*

Landhaus König, Rhönweg 7, ✉ 97647, ✆ (09779) 8 11 80, *Fax (09779) 811818,* – TV P. E VISA
Menu *(Montag geschl.)* (nur Abendessen) à la carte 27/47 – **17 Z** 60/106.

HAUSEN OB VERENA *Baden-Württemberg siehe Spaichingen.*

HAUZENBERG *Bayern* 420 *U 24 – 12 350 Ew – Höhe 545 m – Erholungsort – Wintersport : 700/830 m* 2 2.
Verkehrsamt im Rathaus, Schulstr. 2, ✉ *94051,* ✆ *(08586) 30 30, Fax (08586) 3058.*
Berlin 625 – München 195 – Passau 18.

In Hauzenberg-Freudensee *NO : 1 km :*

Seehof, Freudensee 22, ✉ 94051, ✆ (08586) 12 28, *Fax (08586) 6631,* – TV P. Rest
Aug. - Sept. 2 Wochen geschl. – **Menu** *(Montag geschl.)* à la carte 23/43 – **10 Z** 68/128 – ½ P 8.

In Hauzenberg-Penzenstadl *NO : 4 km :*

Landhotel Rosenberger, Penzenstadl 31, ✉ 94051, ✆ (08586) 97 00, *Fax (08586) 5563,* Massage, – TV P. AE E
Mitte Nov. - 24. Dez. geschl. – **Menu** à la carte 24/41 – **50 Z** 82/144 – ½ P 17.

HAVELBERG *Sachsen-Anhalt* 416 *H 20,* 984 ⑪, 987 ⑰ ⑱ *– 7 100 Ew – Höhe 25 m.*
Sehenswert : *Dom St. Marien★ (Reliefs★★).*
Tourist-Information, Salzmarkt 1, ✉ *39539,* ✆ *(039387) 8 82 24, Fax (039387) 88224.*
Berlin 119 – Magdeburg 107 – Schwerin 109 – Stendal 47 – Wittenberge 34 – Brandenburg 69.

Am Schmokenberg, Schönberger Weg 6, ✉ 39539, ✆ (039387) 8 91 77, *Fax (039387) 21444,* – Zim, TV P. AE E VISA
Menu à la carte 24/42 – **28 Z** 75/150.

HAVERLAH *Niedersachsen siehe Salzgitter.*

HAVIXBECK *Nordrhein-Westfalen* 417 *K 6 – 10 600 Ew – Höhe 100 m.*
Berlin 496 – Düsseldorf 123 – Enschede 57 – Münster (Westfalen) 17.

Gasthof Kemper, Altenberger Str. 14, ✉ 48329, ✆ (02507) 12 40, *Fax (02507) 9262,* – TV P. AE E VISA
Menu *(Dienstag geschl.)* à la carte 31/55 – **16 Z** 89/155.

Beumer, Hauptstr. 46, ✉ 48329, ✆ (02507) 9 85 40, *Fax (02507) 9181,* – TV P – 50. AE E VISA. Zim
15. - 29. Dez. geschl. – **Menu** *(Montag geschl.)* à la carte 35/58 – **21 Z** 85/170.

HAYINGEN Baden-Württemberg **419** V 12 – 2 200 Ew – Höhe 550 m – Luftkurort.

🛈 Verkehrsverein, Kirchstr. 15, ✉ 72534, 𝒫 (07386) 4 12, Fax (07386) 533.

Berlin 675 – Stuttgart 85 – Konstanz 111 – Ulm (Donau) 49 – Reutlingen 40.

In Hayingen-Indelhausen NO : 3 km :

🏠 **Zum Hirsch** (mit Gästehäusern), Wannenweg 2, ✉ 72534, 𝒫 (07386) 9 77 80, Fax (07386) 977899, 🍴, 🍸, 🍲 – 📱 📺 ☎ 🚗 🅿
Mitte Nov.- Mitte Dez. geschl. – **Menu** (Montag, Nov.- April auch Donnerstag geschl.) à la carte 28/59 ⅃ – **35 Z** 55/125 – ½ P 20.

HEBERTSHAUSEN Bayern siehe Dachau.

HECHINGEN Baden-Württemberg **419** U 10, **987** ㊳ – 19 000 Ew – Höhe 530 m.

Ausflugsziel : Burg Hohenzollern★ (Lage★★★, ☀★) S : 6 km.

🅘₉ Hechingen Auf dem Hagelwasen, 𝒫 (07471) 26 00.

🛈 Städt. Verkehrsamt, Rathaus, Marktplatz 1, ✉ 72379, 𝒫 (07471) 94 01 14, Fax (07471) 940108.

Berlin 701 – Stuttgart 67 – Konstanz 123 – Freiburg im Breisgau 131 – Ulm (Donau) 119.

🏠 **Café Klaiber,** Obertorplatz 11, ✉ 72379, 𝒫 (07471) 22 57, Fax (07471) 13918 – 📺 ☎ 🚗 🅿 E 𝑉𝐼𝑆𝐴
Menu (bis 20 Uhr geöffnet, Samstag geschl.) à la carte 29/48 – **28 Z** 80/140.

In Hechingen-Stetten SO : 1,5 km :

🏠 **Brielhof,** an der B 27, ✉ 72379, 𝒫 (07471) 40 97, Fax (07471) 16908, 🍴,
« Geschmackvolle, moderne Zimmereinrichtung » – 📺 ☎ 🚗 🅿 – 🔬 40. 🆀 ① E 𝑉𝐼𝑆𝐴
22. - 30. Dez. geschl. – **Menu** à la carte 40/71 – **25 Z** 90/220.

In Bodelshausen N : 6,5 km :

🏠 **Zur Sonne** garni, Hechinger Str. 5, ✉ 72411, 𝒫 (07471) 9 59 60, Fax (07471) 959669,
🍸 – 🅿 E
15 Z 60/110.

HEIDE Schleswig-Holstein **415** D 11, **984** ⑥, **987** ⑤ – 21 000 Ew – Höhe 14 m.

🅘₉ Hennstedt, Gut Apeldör (NO : 13 km), 𝒫 (04836) 84 08.

🛈 Tourist-Information, Rathaus, Postelweg 1, ✉ 25746, 𝒫 (0481) 69 91 17, Fax (0481) 6776/.

Berlin 389 – Kiel 81 – Husum 40 – Itzehoe 51 – Rendsburg 45.

🏠 **Berlin** 🍸, Österstr. 18, ✉ 25746, 𝒫 (0481) 8 54 50, Fax (0481) 8545300, 🍴, 🍸, 🍲
– ❄ Zim, 📺 ☎ 🅿 – 🔬 30. 🆀 ① E 𝑉𝐼𝑆𝐴
Menu à la carte 30/65 – **71 Z** 109/267.

XX **Berliner Hof,** Berliner Str. 46, ✉ 25746, 𝒫 (0481) 55 51, Fax (0481) 5551, 🍴 – 🅿.
E
Montag und Mitte Jan. - Mitte Feb. geschl. – **Menu** (wochentags nur Abendessen) à la carte 40/73.

HEIDELBERG Baden-Württemberg **417 419** R 10, **987** ㉗ – 132 000 Ew – Höhe 114 m.

Sehenswert : Schloß★★★ Z (Rondell ⩽★, Gärten★, Friedrichsbau★★, Großes Faß★, Deutsches Apothekenmuseum★ Z M1) – Universitätsbibliothek (Buchausstellung★) Z A – Kurpfälzisches Museum★ (Riemenschneider-Altar★★, Gemälde und Zeichnungen der Romantik★★) Z M2 – Haus zum Ritter★ Z N – Alte Brücke ⩽★★ Y.

🅘₁₈ Lobbach-Lobenfeld (② : 20 km), 𝒫 (06226) 4 04 90.

🛈 Tourist-Information, Pavillon am Hauptbahnhof, ✉ 69115, 𝒫 (06221) 2 13 41, Fax (06221) 167318.

ADAC, Heidelberg-Kirchheim (über ④), Carl-Diem-Str. 2, ✉ 69124, 𝒫 (0621) 41 00 10, Fax (06221) 711020.

Berlin 627 ⑤ – Stuttgart 122 ④ – Darmstadt 59 ④ – Karlsruhe 59 ④ – Mannheim 20 ⑤

Stadtplan siehe nächste Seite

🏨 **Der Europäische Hof - Hotel Europa,** Friedrich-Ebert-Anlage 1, ✉ 69117, 𝒫 (06221) 51 50, Fax (06221) 515506, « Gartenanlage im Innenhof » – 📳, ❄ Zim, ☰ Rest, 📺 📞 ⅙ 🚗 – 🔬 120. 🆀 ① E 𝑉𝐼𝑆𝐴 𝐽𝐶𝐵
V u
Menu à la carte 76/101 – **134 Z** 389/650, 4 Suiten.

491

HEIDELBERG

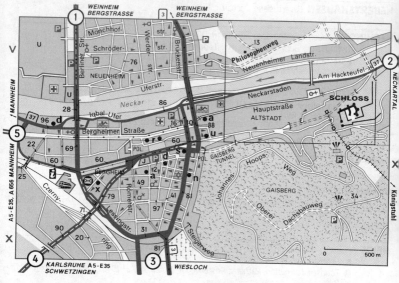

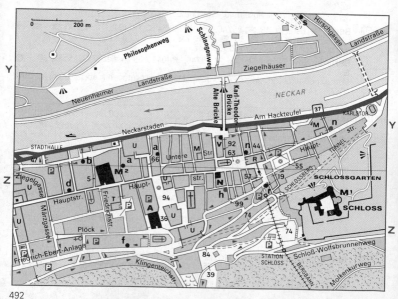

Renaissance Heidelberg Hotel, Vangerowstr. 16, ⊠ 69115, ℰ (06221) 90 80,
Fax (06221) 508, ≼, 🏛, Bootssteg, Massage, ⚖s, ◻ – 📱, ♺ Zim, ▤ 🆃🆅 ☏ ♿, ⊜   V d
– 🛄 240. 🆀 🅾 **E** 𝖵𝖨𝖲𝖠 ᴊᴄʙ
Menu 43 Lunchbuffet und à la carte 47/70 – **251 Z** 337/436, 3 Suiten.

Holiday Inn Crowne Plaza Ⓜ, Kurfürstenanlage 1, ⊠ 69115, ℰ (06221) 91 70,
Fax (06221) 21007, Massage, ⚖s, ◻ – 📱, ♺ Zim, ▤ 🆃🆅 ☏ ♿ ⊜ – 🛄 160. 🆀 🅾   X s
E 𝖵𝖨𝖲𝖠 ᴊᴄʙ. ♺ Rest
Menu 39/69 (Buffet) und à la carte – **232 Z** 296/396.

Hirschgasse ♨ (historisches Gasthaus a.d.J. 1472), Hirschgasse 3, ⊠ 69120,
ℰ (06221) 45 40, *Fax (06221) 454111,* 🏛 – 📱 🆃🆅 ❷. 🆀 🅾 **E** 𝖵𝖨𝖲𝖠 ᴊᴄʙ. ♺ Rest Y s
Menu *(Sonn-und Feiertage geschl.)* (nur Abendessen) à la carte 49/89 – **19 Z** 320/700.

Rega-Hotel Heidelberg Ⓜ, Bergheimer Str. 63, ⊠ 69115, ℰ (06221) 50 80,
Fax (06221) 508500, 🏛 – ♺ Zim, 🆃🆅 ⊜ – 🛄 50. 🆀 🅾 **E** 𝖵𝖨𝖲𝖠   VX r
Menu *(Samstag – Sonntag geschl.)* à la carte 42/58 – **124 Z** 230/300.

Holländer Hof garni, Neckarstaden 66, ⊠ 69117, ℰ (06221) 6 05 00,
Fax (06221) 605060, ≼ – 📱 ♺ 🆃🆅 ☏ ☏ ♿. 🆀 🅾 **E** 𝖵𝖨𝖲𝖠 ᴊᴄʙ   Y v
40 Z 150/290.

Alt Heidelberg, Rohrbacher Str. 29, ⊠ 69115, ℰ (06221) 91 50, *Fax (06221) 164272,*
⚖s – 📱 🆃🆅 ☏ – 🛄 30. 🆀 🅾 **E** 𝖵𝖨𝖲𝖠 ᴊᴄʙ   X n
Menu *(Samstagmittag sowie Sonn- und Feiertage geschl.)* à la carte 46/72 – **79 Z**
210/250.

Romantik Hotel Zum Ritter St. Georg, Hauptstr. 178, ⊠ 69117,
ℰ (06221) 13 50, *Fax (06221) 135230,* « Renaissancehaus a.d.J. 1592 » – 📱 🆃🆅 ☏. 🆀   Z N
🅾 **E** 𝖵𝖨𝖲𝖠 ᴊᴄʙ
Menu à la carte 46/77 – **39 Z** 165/440.

Schönberger Hof garni (Haus a.d.J. 1772), Untere Neckarstr. 54, ⊠ 69117,
ℰ (06221) 1 40 60, *Fax (06221) 140639* – 🆃🆅 ☏. 🆀 🅾 **E** 𝖵𝖨𝖲𝖠   Y b
18 Z 150/190.

Acor garni, Friedrich-Ebert-Anlage 55, ⊠ 69117, ℰ (06221) 2 20 44, *Fax (06221) 28609*
– 📱 🆃🆅 ☏ ❷. 🆀 **E** 𝖵𝖨𝖲𝖠   Z f
Mitte Dez. - Anfang Jan. geschl. – **18 Z** 155/235.

Am Rathaus garni, Heiliggeiststr. 1 (am Marktplatz), ⊠ 69117, ℰ (06221) 1 47 30,
Fax (06221) 147337 – 🆃🆅 ☏. 🆀 🅾 **E** 𝖵𝖨𝖲𝖠   Y n
17 Z 160/215.

Kurfürst garni, Poststr. 46, ⊠ 69115, ℰ (06221) 2 47 41, *Fax (06221) 28392*   📱 🆃🆅
☏ ❷. 🆀 🅾 **E** 𝖵𝖨𝖲𝖠   VX r
61 Z 155/210.

Weißer Bock, Große Mantelgasse 24, ⊠ 69117, ℰ (06221) 9 00 00,
Fax (06221) 900099, 🏛 – 📱, ♺ Zim, 🆃🆅 ☏ ♿ – 🛄 20. 🆀 🅾 **E** 𝖵𝖨𝖲𝖠   Y a
Menu à la carte 46/82 – **18 Z** 140/210.

Goldene Rose garni, St. Annagasse 7, ⊠ 69117, ℰ (06221) 90 54 90,
Fax (06221) 182040 – 📱 🆃🆅 ☏ ⊜. **E** 𝖵𝖨𝖲𝖠 ᴊᴄʙ   V a
33 Z 140/230.

Am Schloss garni, Zwingerstr. 20 (Parkhaus Kornmarkt), ⊠ 69117, ℰ (06221) 1 41 70,
Fax (06221) 141737 – 📱 🆃🆅 ☏ ♿ ⊜. 🆀 🅾 **E** 𝖵𝖨𝖲𝖠   Z r
22. Dez. - 6. Jan. geschl. – **24 Z** 160/255.

Backmulde, Schiffgasse 11, ⊠ 69117, ℰ (06221) 5 36 60, *Fax (06221) 536660* – 🆃🆅
☏ ♿ – 🛄 40. 🆀 🅾 **E** 𝖵𝖨𝖲𝖠   YZ a
Menu *(Sonntag - Montagmittag geschl.)* à la carte 41/62 – **13 Z** 98/160.

Krokodil, Kleinschmidtstr. 12, ⊠ 69115, ℰ (06221) 16 64 72, *Fax (06221) 602221* –   X a
🆃🆅 ☏. ♺ Zim
24.Dez. - 3.Jan. geschl. – Menu à la carte 35/57 – **16 Z** 120/195.

Central garni, Kaiserstr. 75, ⊠ 69115, ℰ (06221) 2 06 41, *Fax (06221) 20642* – 📱 ♺
🆃🆅 ☏ ⊜ – 🛄 40. 🆀 **E** 𝖵𝖨𝖲𝖠   X x
48 Z 145/230.

Perkeo garni, Hauptstr. 75, ⊠ 69117, ℰ (06221) 1 41 30, *Fax (06221) 141337* – 🆃🆅
☏. 🆀 🅾 **E** 𝖵𝖨𝖲𝖠   Z d
25 Z 150/200.

Kohler garni, Goethestr. 2, ⊠ 69115, ℰ (06221) 97 00 97, *Fax (06221) 970096* – 📱 ♺
🆃🆅 ☏. **E** 𝖵𝖨𝖲𝖠   X d
Mitte Dez. - Mitte Jan. geschl. – **41 Z** 108/174.

Zur Herrenmühle (Haus a.d. 17. Jh.), Hauptstr. 239, ⊠ 69117, ℰ (06221) 60 29 09,
Fax (06221) 22033, « Innenhofterrasse » – ❷. 🆀 🅾 **E** 𝖵𝖨𝖲𝖠   Y n
Sonntag geschl. – Menu (nur Abendessen, Tischbestellung ratsam) à la carte
78/109.

XX **Simplicissimus,** Ingrimstr. 16, ⊠ 69117, ℰ (06221) 18 33 36, Fax (06221) 181980, « Innenhofterrasse » – ☰. ⅁ Ɛ 𝘝𝘐𝘚𝘈 ⅏
Z h
Dienstag, Feb. 1 Woche und Ende Juli - Mitte Aug. geschl. – **Menu** (nur Abendessen, Tischbestellung ratsam) 49/85 und à la carte 63/85.

XX **Schloßweinstube** (im Heidelberger Schloss), ⊠ 69117, ℰ (06221) 97 97 97, Fax (06221) 167969 – ☰ ⅁ ① Ɛ 𝘝𝘐𝘚𝘈
Z
Jan. und Mittwoch geschl. – **Menu** (nur Abendessen) à la carte 63/93.

In Heidelberg-Grenzhof *NW : 8 km über die B 37* V :

🏚 **Gutsschänke Grenzhof** ⟋, ⊠ 69123, ℰ (06202) 94 30, Fax (06202) 943100, Biergarten – ▮, ⥷ Zim, 📺 ☎ 📶 ❷ – ♨ 20. ⅁ Ɛ 𝘝𝘐𝘚𝘈 ⅏ Zim
Menu *(Sonntag geschl.)* (nur Abendessen) à la carte 69/82 – **28 Z** 120/280.

In Heidelberg-Handschuhsheim ① : *3 km* :

🏠 **Gasthof Lamm,** Pfarrgasse 3, ⊠ 69121, ℰ (06221) 4 79 30, Fax (06221) 479333, « Gasthof a. d. 17. Jh., Innenhofterrasse » – ⥷ Zim, 📺 ☎ 📶 – ♨ 25. Ɛ 𝘝𝘐𝘚𝘈
Menu *(nur Abendessen, Nov. - März Sonn- und Feiertage auch Mittagessen)* (Tischbestellung ratsam) à la carte 53/75 – **11 Z** 155/195.
über Brückenstr.   V

In Heidelberg-Kirchheim ④ : *3 km* :

🏘 **Queens Hotel,** Pleikartsförster Str. 101, ⊠ 69124, ℰ (06221) 78 80, Fax (06221) 788499, ⟲ – ▮, ⥷ Zim, ☰ Rest, 📺 ❦ 📶 ❷ – ♨ 220. ⅁ ① Ɛ 𝘝𝘐𝘚𝘈 ⅏ Rest
Menu à la carte 50/80 – **169 Z** 219/388.

In Heidelberg-Pfaffengrund *W : 3,5 km über Eppelheimer Straße* X :

🏠 **Neu Heidelberg,** Kranichweg 15, ⊠ 69123, ℰ (06221) 70 70 05 (Hotel) 7 42 22 (Rest.), Fax (06221) 700381, ⟲ – ⥷ Zim, 📺 ☎ 📶 𝘝𝘐𝘚𝘈 ⅏ Zim
Weihnachten - Anfang Jan. geschl. – **Menu** *(Freitag - Samstagmittag geschl.)* à la carte 29/53 – **22 Z** 98/188.

In Heidelberg-Rohrbach *über Rohrbacher Str.* X :

XX **Ristorante Italia,** Karlsruher Str. 82, ⊠ 69126, ℰ (06221) 31 48 61, Fax (06221) 337198 – ⅁ Ɛ 𝘝𝘐𝘚𝘈
Samstagmittag sowie Mittwoch geschl. – **Menu** à la carte 40/82.

HEIDENAU *Niedersachsen* 𝟜𝟙𝟝 𝟜𝟙𝟞 *G 12 – 1 600 Ew – Höhe 35 m.*
Berlin 326 – Hannover 126 – Hamburg 49 – Bremen 76.

🏠 **Heidenauer Hof** (mit Gästehaus, ⟋), Hauptstr. 23, ⊠ 21258, ℰ (04182) 41 44, Fax (04182) 4744, ⅌, ⟲ – ⥷ Zim, 📺 ☎ 📶 Ɛ 𝘝𝘐𝘚𝘈 ⅏ Zim
Menu *(Dienstagmittag geschl.)* à la carte 33/51 – **35 Z** 70/170.

HEIDENHEIM AN DER BRENZ *Baden-Württemberg* 𝟜𝟙𝟡 𝟜𝟚𝟘 *T 14,* 𝟗𝟴𝟳 ㊳ *– 53 000 Ew – Höhe 491 m.*

🛈 *Tourist-Information, Hauptstraße (Elmar-Doch-Haus),* ⊠ 89522, ℰ (07321) 32 73 40, Fax (07321) 327687.
Berlin 583 – Stuttgart 82 – Nürnberg 132 – Ulm (Donau) 46 – Würzburg 177.

🏨 **Astron - Aquarena,** Friedrich-Pfenning-Str. 30, ⊠ 89518, ℰ (07321) 98 00, Fax (07321) 980100, ⅌, direkter Zugang zum Freizeitbad – ▮, ⥷ Zim, 📺 ☎ ❦ 📶 ❷ – ♨ 180. ⅁ ① Ɛ 𝘝𝘐𝘚𝘈 𝚓𝚌𝚋
Menu à la carte 39/65 – **84 Z** 170/270.

🏠 **Linde,** St.-Pöltener-Str. 53, ⊠ 89522, ℰ (07321) 9 59 20, Fax (07321) 959258, ⅌ – 📺 ☎ 📶 ❷ ⅁ ① Ɛ 𝘝𝘐𝘚𝘈
Aug. und 24. Dez. - 1. Jan. geschl. – **Menu** *(Samstag geschl.)* à la carte 27/56 ⅃ – **35 Z** 90/170.

🏠 **Raben,** Erchenstr. 1, ⊠ 89522, ℰ (07321) 2 18 39, Fax (07321) 25525 – 📺 ☎ ⟲. ⅁ Ɛ 𝘝𝘐𝘚𝘈
23. Dez. - 6. Jan. geschl. – **Menu** *(Freitag geschl.)* à la carte 28/58 – **24 Z** 65/150.

XX **Weinstube zum Pfauen,** Schloßstr. 26, ⊠ 89518, ℰ (07321) 4 52 95 – 𝘝𝘐𝘚𝘈
⤵ *Samstagmittag, Sonntag - Montagmittag, Feiertage sowie Jan. und Aug. jeweils 2 Wochen geschl.* – **Menu** (abends Tischbestellung ratsam) à la carte 43/74.

In Heidenheim-Mergelstetten *S : 2 km über die B 19* :

🏚 **Hirsch** garni, Buchhofsteige 3, ⊠ 89522, ℰ (07321) 95 40, Fax (07321) 954330 – ▮ ⥷ 📺 ☎ ⟲ 📶 ⅁ ① Ɛ 𝘝𝘐𝘚𝘈
22. Dez. - 6. Jan. geschl. – **40 Z** 134/180.

In Steinheim am Albuch *W : 6 km :*

🏨 **Zum Kreuz,** Hauptstr. 26, ✉ 89555, ☎ (07329) 60 07, *Fax (07329) 1253,* ⛱, ≘s – |≑|, ⅹ Zim, [TV] ☎ [P] – 🚶 40. [AE] [D] [E] [VISA]
Menu *(Sonntagabend, Juni - Aug. Sonn- und Feiertage geschl.)* à la carte 37/78 *(auch vegetarische Gerichte)* – **30 Z** 95/188.

In Steinheim-Sontheim i. St. *W : 7 km :*

🏨 **Sontheimer Wirtshäusle,** an der B 466, ✉ 89555, ☎ (07329) 50 41, *Fax (07329) 1770,* 🌳 – ⅹ Zim, [TV] ☎ 🚗 [P]. [E] [VISA]. ⅹ
Jan. und Aug. jeweils 2 Wochen geschl. – **Menu** *(Samstag geschl.)* à la carte 34/69 – **11 Z** 89/150.

HEIGENBRÜCKEN

Bayern [417] *P 12 – 2 600 Ew – Höhe 300 m – Luftkurort.*

[i] *Kur- und Verkehrsamt, Rathaus, Hauptstr. 7,* ✉ *63869,* ☎ *(06020) 13 81, Fax (06020) 971050.*

Berlin 542 – München 350 – Aschaffenburg 26 – Würzburg 74.

🏨 **Landgasthof Hochspessart,** Lindenallee 40, ✉ 63869, ☎ (06020) 9 72 00, *Fax (06020) 2630,* ⛱, ≘s, 🌳 – ⅹ Zim, [TV] ☎ [P] – 🚶 70. [E] [VISA]
Menu *(Okt. - März Dienstag geschl.)* à la carte 35/52 – **34 Z** 69/138 – ½ P 29.

HEILBRONN

Baden-Württemberg [417] [419] *S 11,* [987] *㉗ – 120 000 Ew – Höhe 158 m.*

[i] *Städtisches Verkehrsamt, Rathaus,* ✉ *74072,* ☎ *(07131) 56 22 70, Fax (07131) 563349.*

ADAC, *Bahnhofstr. 19-23,* ✉ *74072,* ☎ *(07131) 96 75 11, Fax (07131) 967533.*

Berlin 591 ① – Stuttgart 60 ③ – Heidelberg 68 ① – Karlsruhe 94 ① – Würzburg 105 ①

Stadtplan siehe nächste Seite

🏨 **Insel-Hotel,** Friedrich-Ebert-Brücke, ✉ 74072, ☎ (07131) 63 00, *Fax (07131) 626060,* ⛱, ≘s, 🏊, 🌳 – |≑|, ⅹ Zim, [TV] ♿ 🚗 [P] – 🚶 100. [AE] [D] [E] [VISA] Y r
Menu à la carte 41/85 – **120 Z** 148/268, 4 Suiten.

🏨 **Götz,** Moltkestr. 52, ✉ 74076, ☎ (07131) 98 90, *Fax (07131) 989890,* ⛱ – |≑| [TV] 🚗 – 🚶 50. [AE] [D] [E] [VISA] [JCB] Z a
Menu à la carte 38/63 – **76 Z** 120/196.

🏨 **Park-Villa** 🌿 garni (mit Gästehaus), Gutenbergstr. 30, ✉ 74074, ☎ (07131) 9 57 00, *Fax (07131) 957020,* « Geschmackvolle Einrichtung, Park » – [TV] ☎ 🚗. [AE] [D] [E] [VISA] Z p
Weihnachten - Anfang Jan. geschl. – **25 Z** 148/198.

🏨 **Burkhardt,** Lohtorstr. 7, ✉ 74072, ☎ (07131) 6 22 40, *Fax (07131) 627828* – |≑| [TV] ☎ 📞 ♿ 🚗 [P] – 🚶 100. [AE] [D] [E] [VISA] Y b
Menu à la carte 33/74 – **82 Z** 149/240.

🏨 **Nestor-Hotel** garni, Jakobgasse 9, ✉ 74072, ☎ (07131) 65 60, *Fax (07131) 656113* – |≑|, ⅹ Zim, [TV] ☎ 🚗 – 🚶 25. [AE] [D] [E] [VISA] Y s
42 Z 138/183.

🏨 **Stadthotel** [M] garni, Neckasulmer Str. 36, ✉ 74076, ☎ (07131) 9 52 20, *Fax (07131) 952270* – |≑| [TV] ☎ [P]. [AE] [D] [E] [VISA] Y c
44 Z 108/160.

🏨 **Urbanus,** Urbanstr. 13, ✉ 74072, ☎ (07131) 99 17 10, *Fax (07131) 9917191* – [TV] ☎. [AE] [E] [VISA] Z b
Menu *(Sonntag geschl.)* (nur Abendessen) à la carte 20/30 – **30 Z** 95/130.

🍴🍴 **Beichtstuhl,** Fischergasse 9, ✉ 74072, ☎ (07131) 8 95 86, *Fax (07131) 627394,* ⛱ – [AE] [E] [VISA] Z e
Samstagmittag sowie Sonn- und Feiertage geschl. – **Menu** (abends Tischbestellung ratsam) à la carte 63/90.

🍴🍴 **Ratskeller,** Marktplatz 7, ✉ 74072, ☎ 8 46 28, *Fax 163412,* ⛱ – [AE] [D] [E] [VISA] Y R
Sonntag und Sept. 3 Wochen geschl. – **Menu** à la carte 38/57.

🍴🍴 **Am Stadtgarten,** Allee 28, ✉ 74072, ☎ (07131) 8 79 54, *Fax (07131) 620236,* ⛱ – 🚶 40. [AE] [D] [E] [VISA] YZ d
Dienstag und Aug. 4 Wochen geschl. – **Menu** à la carte 35/58.

🍴🍴 **Stöber,** Wartbergstr. 46, ✉ 74076, ☎ (07131) 16 09 29, *Fax (07131) 166162* – [AE] [E] Y n
Samstag und Aug. 3 Wochen geschl. – **Menu** à la carte 35/68.

🍴 **Haus des Handwerks,** Allee 76, ✉ 74072, ☎ (07131) 8 44 68, *Fax (07131) 85740* – 🚶 140. [AE] [D] [E] [VISA] Y u
Menu à la carte 31/62 🍷.

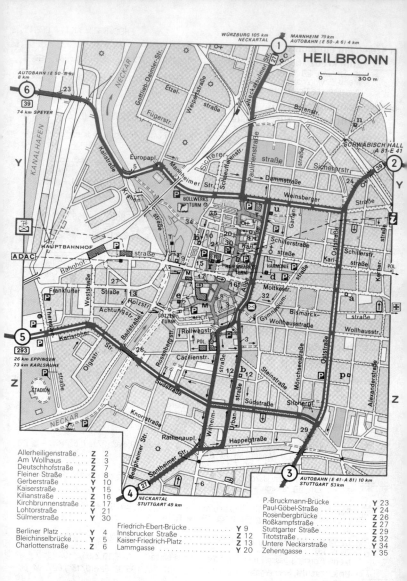

HEILBRONN

Auf dem Wartberg ② : 5 km – Höhe 303 m

XX **Höhenrestaurant Wartberg,** ⊠ 74076 Heilbronn, ℰ (07131) 17 32 74, Fax (07131) 165318, ≤ Heilbronn und Weinberge, 需 – 🕭 ℗ – 🔬 30. 🖭 ⓪ Ε **VISA**
Dienstag und Jan. - Anfang Feb. geschl. – **Menu** à la carte 34/64.

In Heilbronn-Böckingen über ⑤ : 2 km :

X **Rebstock,** Eppinger Str. 43 (Ecke Ludwigsburger Str.), ⊠ 74080, ℰ (07131) 3 09 09, Fax (07131) 30909 – ⅙
Samstagmittag, Montag, jedes 1. Wochenende im Monat Samstag - Montag, Mai 2 Wochen und Ende Dez. - Anfang Jan. geschl. – **Menu** à la carte 38/65.

In Flein S : 5,5 km über Charlottenstr. Z :

🏨 **Wo der Hahn kräht** ☜, Altenbergweg 11, ⊠ 74223, ℘ (07131) 5 08 10, Fax (07131) 508166, ≼, 🦃 – 🍽 Zim, 📺 ☎ 🅿 – 🔬 40. ⪮ 𝘝𝘐𝘚𝘈
Menu à la carte 45/67 🍷 – **40 Z** 115/180 – ½ P 35.

In Leingarten ⑤ : 7 km :

🍴 **Löwen,** Heilbronner Str. 43, ⊠ 74211, ℘ (07131) 40 36 78, Fax (07131) 900060, 🦃
– ⪯
Montag geschl. – **Menu** (nur Abendessen, Tischbestellung ratsam) à la carte 65/83 – **Dorfkrug** (auch Mittagessen) **Menu** à la carte 34/52.

HEILBRUNN, BAD Bayern 𝟺𝟷𝟿 𝟺𝟸𝟶 W 18 – 3 100 Ew – Höhe 682 m – Heilbad.
🛈 Kur- und Verkehrsamt, Haus des Gastes, Birkenallee 3, ⊠ 83670, ℘ (08046) 3 23, Fax (08046) 8239.
Berlin 650 – München 63 – Garmisch-Partenkirchen 46 – Bad Tölz 8 – Mittenwald 48.

🏨 **Gästehaus Oberland** ☜, Wörnerweg 45, ⊠ 83670, ℘ (08046) 2 38, Fax (08046) 8063, 🦃, 🛋 – 🅿
20. Dez. - Jan. geschl. – **Menu** (Mittwoch geschl.) à la carte 29/52 – **18 Z** 44/110 – ½ P 21.

HEILIGENBERG Baden-Württemberg 𝟺𝟷𝟿 W 11, 𝟿𝟪𝟽 ㊳ – 2 700 Ew – Höhe 726 m – Luftkurort.
Sehenswert : Schloßterrasse ≼★.
🛈 Kurverwaltung, Rathaus, Pfullendorfer Str.1, ⊠ 88633, ℘ (07554) 2 46, Fax (07554) 9260.
Berlin 718 – Stuttgart 139 – Konstanz 36 – Sigmaringen 38 – Bregenz 70.

🏨 **Berghotel Baader,** Salemer Str. 5, ⊠ 88633, ℘ (07554) 80 20, Fax (07554) 802100,
🦃, 🛋, 🎱, 🛋, 🛋 – 📺 ☎ 🅿 – 🔬 25. ⪮ ⪯ 𝘝𝘐𝘚𝘈
Menu (Dienstag geschl.) (bemerkenswerte Weinkarte) 38/145 und à la carte 47/80 – **16 Z** 75/160 – ½ P 35
Spez. Zander in der Kartoffelnudel mit Austernpilzen. Gefüllter Saibling in Müller-Thurgau mit Wurzelgemüse. Rehblatt in Spätburgunder geschmort.

🍴 **Restaurant de Weiss im Hohenstein,** Postplatz 5, ⊠ 88633, ℘ (07554) 7 65, Fax (07554) 765, 🦃, « Gemälde-Galerie » – 🅿. ⪯
Montag und Mitte Jan. - Mitte Feb. geschl. – **Menu** à la carte 37/73.

In Heiligenberg-Steigen :

🏨 **Hack** ☜, Am Bühl 11, ⊠ 88633, ℘ (07554) 86 86, Fax (07554) 8369
⪯ – ☎ 🅿
Jan. - Feb. 4 Wochen und Okt. - Nov. 2 Wochen geschl. – **Menu** (Montag - Dienstag geschl.) à la carte 31/56 🍷 – **11 Z** 55/115 – ½ P 22.

HEILIGENHAFEN Schleswig-Holstein 𝟺𝟷𝟻 𝟺𝟷𝟼 C 16, 𝟿𝟪𝟽 ⑥ – 9 500 Ew – Höhe 3 m – Ostseeheilbad.
🛈 Kurverwaltung, Bergstr. 43, ⊠ 23774, ℘ (04362) 9 07 20, Fax (04362) 3938.
Berlin 331 – Kiel 67 – Lübeck 67 – Puttgarden 24.

🏨 **Luise's Sporthotel** ☜ garni, Hermann-Löns-Str. 7, ⊠ 23774, ℘ (04362) 70 10, Fax (04362) 5852, ≼, 🛌, 🛋, 🎱, 🛋 – 📺 ☎ 🅿
Dez. 2 Wochen geschl. – **24 Z** 80/160.

🍴 **Weberhaus,** Kirchenstr. 4, ⊠ 23774, ℘ (04362) 28 40, Fax (04362) 900180 – ⪮ ⓞ ⪯ 𝘝𝘐𝘚𝘈
Montag und Mitte - Ende Jan. geschl. – **Menu** (Dienstag - Donnerstag nur Abendessen) à la carte 46/72.

🍴 **Zum Alten Salzspeicher,** Hafenstr. 2, ⊠ 23774, ℘ (04362) 28 28, Fax (04362) 6326, 🦃, « Haus a.d. 16. Jh. » – ⪮ ⓞ ⪯ 𝘝𝘐𝘚𝘈
Dienstag, Mai - Sept. nur Dienstagmittag geschl. – **Menu** à la carte 35/68.

HEILIGENHAUS Nordrhein-Westfalen 𝟺𝟷𝟽 M 4 – 28 900 Ew – Höhe 174 m.
Berlin 549 – Düsseldorf 30 – Essen 22 – Wuppertal 25.

🏨 **Waldhotel** 🅼 ☜, Parkstr. 38, ⊠ 42579, ℘ (02056) 59 70, Fax (02056) 597260, « Gartenterrasse », 🛌, 🛋 – 🛌 – 🛋 🅿 – 🔬 50. ⪮ ⓞ ⪯ 𝘝𝘐𝘚𝘈, 🍴 Rest
Menu (Sonntag geschl.) à la carte 46/80 – **78 Z** 158/306, 3 Suiten.

🍴 **Kuhs - Deutscher Hof,** Velberter Str. 146 (O : 2 km), ⊠ 42579, ℘ (02056) 65 28, Fax (02056) 68513 – 🅿
Montag - Dienstag, Anfang Jan. 1 Woche und Juli - Aug. 4 Wochen geschl. – **Menu** à la carte 38/65.

HEILIGENSTADT Bayern 420 Q 17 – 3 700 Ew – Höhe 367 m.
Berlin 394 – München 231 – Coburg 70 – Bayreuth 36 – Nürnberg 60 – Bamberg 24.

🏠 **Heiligenstadter Hof,** Marktplatz 9, ☒ 91332, 𝄞 (09198) 7 81, Fax (09198) 8100, 🏡
⊖ – 🛗 📺 ☎ – 🔥 50. 🄴 VISA
Jan. - Feb. 2 Wochen geschl. – **Menu** (Okt. - März Montag geschl.) à la carte 21/45 ⚱ –
23 Z 70/105.

In Heiligenstadt-Veilbronn SO : 3 km – Erholungsort :

🛟 **Sponsel-Regus** 🐎 (mit 🏠 -Anbau), ☒ 91332, 𝄞 (09198) 9 29 70, Fax (09198) 1483,
⊖ 🏡, 🍽 – 🛗, ⇔ Rest, 📺 ☎ ⇚ Ⓟ
Mitte Jan. - Mitte Feb. geschl. – **Menu** (Nov. - April Dienstag geschl.) à la carte 20/39 ⚱
– **55 Z** 49/102 – ½ P 11.

HEILIGENSTADT Thüringen 418 L 14, 987 ⑯ – 17 500 Ew – Höhe 250 m – Heilbad.
🔰 Tourist-Information, Rathaus, Wilhelmstr. 50, ☒ 37308, 𝄞 (03606) 67 71 41, Fax
(03606) 677140.
Berlin 315 – Erfurt 96 – Kassel 59 – Göttingen 38 – Bad Hersfeld 93.

🏠 **Stadthotel** M, Dingelstädter Str. 43, ☒ 37308, 𝄞 (03606) 66 60, Fax (03606) 666222,
🏡 – ⇔ Zim, 📺 ☎ Ⓟ – 🔥 25. 🄰🄴 🄴 VISA
Menu à la carte 32/60 – **24 Z** 70/160 – ½ P 20.

🏠 **Eichsfelder Hof,** Wilhelmstr. 56, ☒ 37308, 𝄞 (03606) 6 60 30, Fax (03606) 660383
⊖ – 🛗 📺 ☎ 🔇 Ⓟ – 🔥 100. 🄰🄴 🄰🄳 🄴 VISA
Menu à la carte 23/45 – **33 Z** 98/150 – ½ P 25.

🏠 **Traube,** Bahnhofstr. 2, ☒ 37308, 𝄞 (03606) 61 22 53, Fax (03606) 604509, 🏡 , Biergarten – 📺 ☎ ⇚ Ⓟ
Menu à la carte 25/40 ⚱ – **11 Z** 80/120 – ½ P 15/20.

HEILIGENSTEDTEN Schleswig-Holstein siehe Itzehoe.

HEILIGKREUZSTEINACH Baden-Württemberg 417 419 R 10 – 2 900 Ew – Höhe 280 m – Erholungsort.
Berlin 632 – Stuttgart 119 – Heidelberg 21 – Mannheim 31.

In Heiligkreuzsteinach - Eiterbach N : 3 km :

XX **Goldener Pflug,** Ortsstr. 40, ☒ 69253, 𝄞 (06220) 85 09, Fax (06220) 74 80, 🏡 – Ⓟ.
🎗 🄰🄴 🄰🄳 🄴 VISA
Montag - Dienstag geschl., Mittwoch - Freitag nur Abendessen – **Menu** (Tischbestellung
ratsam) 98/130 und à la carte 76/105
Spez. Jakobsmuscheln in Marsala mit Kräutersalat. Loup de mer mit Räucherweißkraut und
Thymiansauce. Rehrücken mit Mandeln gebraten auf Trüffelbutter.

HEIMBACH Nordrhein-Westfalen 417 O 3 – 4 500 Ew – Höhe 241 m – Luftkurort.
🔰 Verkehrsamt, Seerandweg, ☒ 52396, 𝄞 (02446) 8 08 18, Fax (02446) 80888.
Berlin 634 – Düsseldorf 91 – Aachen 58 – Düren 26 – Euskirchen 26.

🏠 **Klostermühle** M, Hengebachstr. 106a, ☒ 52396, 𝄞 (02446) 8 06 00,
Fax (02446) 8060500, 🏡 – 🛗, ⇔ Zim, 📺 ☎ 🔇 Ⓟ – 🔥 30. 🎗 Zim
Menu à la carte 33/58 – **49 Z** 85/145 – ½ P 25.

In Heimbach-Hasenfeld W : 1,5 km :

🏠 **Haus Diefenbach** 🐎, Brementhaler Str. 44, ☒ 52396, 𝄞 (02446) 31 00,
Fax (02446) 3825, ≤, ⇐s, 🔲, 🍽 – Ⓟ – 🔥 20. 🎗
Mitte Nov. - 27. Dez. geschl. – (nur Abendessen für Hausgäste) – **14 Z** 65/130 – ½ P 15.

XX **Landhaus Weber** mit Zim, Schwammenaueler Str. 8, ☒ 52396, 𝄞 (02446) 2 22,
Fax (02446) 3850, 🍽 – 📺 ⇚ Ⓟ
Feb. 2 Wochen geschl. – **Menu** (Dienstag - Mittwoch geschl.) (wochentags nur Abendessen)
à la carte 48/72 – **8 Z** 62/115 – ½ P 30.

HEIMBUCHENTHAL Bayern 417 419 Q 11 – 2 100 Ew – Höhe 171 m – Erholungsort.
Berlin 565 – München 346 – Aschaffenburg 19 – Würzburg 70.

🏠 **Lamm** (mit Gästehäusern), St.-Martinus-Str. 1, ☒ 63872, 𝄞 (06092) 94 40,
Fax (06092) 944100, 🏡 , ⇐s, 🔲, 🍽 – 🛗 📺 ☎ ⇚ Ⓟ – 🔥 80.
🎗 Zim
Menu à la carte 30/60 – **70 Z** 81/159.

🏠 **Panorama Hotel Heimbuchenthaler Hof** ⌇, Am Eichenberg 1, ⌧ 63872, *β* (06092) 60 70, *Fax (06092) 6802*, ≼, 佘, 🖘, 🔲, 🛋, ✄ – 🔌 🔲 ☎ 🖘 🅿 – 🏛 40.
🔤 🅰 🖲 E VISA. ⌇
Menu à la carte 25/54 – **35 Z** 90/180 – ½ P 18.

In Heimbuchenthal-Heimathen *SW : 1,5 km :*

🏠 **Heimathenhof** ⌇, ⌧ 63872, *β* (06092) 9 71 50, *Fax (06092) 5683*, ≼, 佘 – 🔲 ☎
🖘 🅿
Jan. 3 Wochen geschl. – **Menu** *(Montag geschl.)* à la carte 24/46 ⅃ – **10 Z** 66/122 – ½ P 8.

HEINSBERG *Nordrhein-Westfalen* 🟥🟥🟥 *M 2,* 🟥🟥🟥 ㉕ – *38 000 Ew – Höhe 45 m.*
Berlin 617 – Düsseldorf 69 – Aachen 36 – Mönchengladbach 33 – Roermond 20.

🏠 **Corsten,** Hochstr. 160, ⌧ 52525, *β* (02452) 18 60, *Fax (02452) 186400,* 🖘 – 🔌,
⌇ Zim, 🔲 ☎ 🅿 – 🏛 60. 🅰 🖲 E VISA. ⌇ Rest
Menu *(Sonntagabend geschl.)* à la carte 40/70 – **36 Z** 70/150.

In Heinsberg-Randerath *SO : 8 km :*

🏠🏠🏠 **Burgstuben - Residenz,** Feldstr. 50, ⌧ 52525, *β* (02453) 8 02, *Fax (02453) 3526*
– 🅿. 🅰 🖲 E VISA
Montag und Juni - Juli 3 Wochen geschl. – **Menu** (wochentags nur Abendessen, Tisch-
bestellung ratsam) à la carte 69/106.

In Heinsberg-Unterbruch *NO : 3 km :*

🏠🏠 **Altes Brauhaus,** Wurmstr. 4, ⌧ 52525, *β* (02452) 6 10 35, *Fax (02452) 67486*,
« Täfelung a.d.16.Jh. ». 🅰 🖲 E VISA
Montag geschl. – **Menu** à la carte 48/77.

HEITERSHEIM *Baden-Württemberg* 🟥🟥🟥 *W 6 – 4 700 Ew – Höhe 254 m.*
Berlin 821 – Stuttgart 223 – Freiburg im Breisgau 23 – Basel 48.

🏠🏠 **Landhotel Krone,** Hauptstr. 7, ⌧ 79423, *β* (07634) 5 10 70, *Fax (07634) 510766,*
🖘 佘, « Historischer Gewölbekeller », 🖙 – ⌇ Zim, 🔲 ☎ 🅿 – 🏛 20
Menu *(Dienstagmittag und Mittwochmittag geschl.)* à la carte 42/78 ⅃ – **25 Z** 90/200
– ½ P 40.

🏠 **Ochsen,** Ochsenplatz 1, ⌧ 79423, *β* (07634) 22 18, *Fax (07634) 3025* – 🔲 ☎ 🖘
🅿. E VISA
22. Dez. - 23. Jan. geschl. – **Menu** *(Montagmittag und Freitagmittag geschl.)* à la carte
32/66 – **30 Z** 90/180 – ½ P 30.

HELDRUNGEN *Thüringen* 🟥🟥🟥 *M 17,* 🟥🟥🟥 ㉗ – *3 000 Ew – Höhe 240 m.*
Berlin 241 – Erfurt 52 – Naumburg 52 – Sangerhausen 23 – Sondershausen 34.

🏛 **Zur Erholung,** Am Bahnhof 11, ⌧ 06577, *β* (034673) 9 80 13, *Fax (034673) 98013*
🖘 – 🔲 ☎ 🅿
Menu à la carte 19/40 – **9 Z** 60/120.

HELGOLAND (Insel) *Schleswig-Holstein* 🟥🟥🟥 *D 7,* 🟥🟥🟥 ⑤, 🟥🟥🟥 ④ – *1 700 Ew – Höhe 5 m –*
Seebad – Zollfreies Gebiet, Autos nicht zugelassen.
Sehenswert : *Felseninsel*★★ *aus rotem Sandstein in der Nordsee.*
🖙 *von Cuxhaven, Bremerhaven, Wilhelmshaven, Bensersiel, Büsum und Ausflugsfahrten*
von den Ost- und Nordfriesischen Inseln.
🅱 *Helgoland-Touristic, Rathaus, Lung Wai 28,* ⌧ 27498, *β* (04725) 8 13 70, *Fax (04725)*
813725.
Auskünfte über Schiffs- und Flugverbindungen, *β* (04725) 8 13 70.

Auf dem Unterland :

🏠🏠 **Insulaner** ⌇, Am Südstrand 2, ⌧ 27498, *β* (04725) 82 01 04 (Hotel) 82 01 04 (Rest.),
Fax (04725) 814181, ≼, 🖘, 🛋 – ⌇ Zim, 🔲 ☎ ⌇. ⌇
Menu à la carte 38/79 – **36 Z** 93/240 – ½ P 28.

🏠 **Seehotel** ⌇, Lung Wai 23, ⌧ 27498, *β* (04725) 8 13 10, *Fax (04725) 813118*, ≼, 佘
– 🔲 ☎. 🅰 🖲 E VISA. ⌇
5. Jan. - März und Nov. - 25. Dez. geschl. – **Menu** à la carte 34/80 – **15 Z** 95/220 – ½ P 25.

🏠 **Hanseat** ⌇ garni, Am Südstrand 21, ⌧ 27498, *β* (04725) 6 63, *Fax (04725) 7404,* ≼
– 🔲 ☎. ⌇
20 Z 85/180.

🏠 **Helgoland - Schwan** ॐ, Am Südstrand 17, ☒ 27498, ℰ (04725) 8 15 30,
Fax (04725) 815553, ≤, ╦ – ⅳ ☎ – ⅍ 20. ⴾ *VISA*. ℅
Menu *(Ende Okt. - Mitte März und Sept. - Okt. Montag geschl.)* à la carte 43/73 – **30 Z**
80/196 – ½ P 24.

HELLENTHAL Nordrhein-Westfalen 👊 O 3 – 8 700 Ew – Höhe 420 m.
🛈 Verkehrsamt, Rathausstr. 2, ☒ 53940, ℰ (02482) 8 51 15, Fax (02482) 85114.
Berlin 645 – Düsseldorf 109 – Aachen 56 – Düren 44 – Euskirchen 36.

🏠 **Haus Lichtenhardt** ॐ, Lichtenhardt 26, ☒ 53940, ℰ (02482) 6 14,
Fax (02482) 1868, ≤, ╦, ╦ – ☎ ❶ – ⅍ 15. ⴾ ① ⴾ *VISA*
18. - 26. Dez. geschl. – **Menu** à la carte 26/57 – **16 Z** 45/105 – ½ P 18.

🏠 **Pension Haus Berghof** ॐ, Bauesfeld 16, ☒ 53940, ℰ (02482) 71 54,
Fax (02482) 7154, ≤ – ❶
(Restaurant nur für Pensionsgäste) – **12 Z** 55/90 – ½ P 15/18.

In Hellenthal-Hollerath SW : 5,5 km – Wintersport : 600/690 m ≰ 1 ≰ 1 :

🏠 **Hollerather Hof,** Luxemburger Str. 44 (B 265), ☒ 53940, ℰ (02482) 71 17,
⇔ Fax (02482) 7834, ≤, ⇌, 🔲, ╦ – ⅳ ☎ ⇔ ❶
Nov. 3 Wochen geschl. – **Menu** à la carte 23/55 – **11 Z** 55/130 – ½ P 20.

HELLWEGE Niedersachsen siehe Rotenburg (Wümme).

HELMBRECHTS Bayern 👊 👊 P 19, 👊 ㉙ – 10 800 Ew – Höhe 615 m – Wintersport :
620/725 m ≴ 4.
Berlin 320 – München 277 – Bayreuth 43 – Hof 18.

🏠 **Zeitler,** Kulmbacher Str. 13, ☒ 95233, ℰ (09251) 96 20, Fax (09252) 962113, ╦ – ⅳ
☎ ⇔ ❶ ⴾ
Menu à la carte 30/55 – **24 Z** 75/140.

🏠 **Deutsches Haus,** Friedrichstr. 6, ☒ 95233, ℰ (09251) 10 68, Fax (09252) 6011, ╦
– ⅳ ☎ ❶ ⴾ
23. Dez. - 9. Jan. geschl. – **Menu** *(Sonntag geschl.)* *(nur Abendessen)* à la carte 27/53 ⅋
– **16 Z** 88/128.

HELMSTEDT Niedersachsen 👊 👊 J 17, 👊 ⑰ – 28 600 Ew – Höhe 110 m.
🛈 Klostergut, Schöningen (S : 12 km), ℰ (05352) 16 97.
🛈 Fremdenverkehrsamt, Rathaus, Markt 1 (Eingang Holzberg), ☒ 38350,
ℰ (05351) 1 73 33, Fax (05351) 17102.
Berlin 190 – Hannover 96 – Magdeburg 52 – Braunschweig 41 – Wolfsburg 30.

🏨 **Holiday Inn Garden Court** Ⓜ garni, Chardstr 2, ☒ 38350, ℰ (05351) 12 80,
Fax (05351) 128128, ⇌ – ▐ ⅛ ⅳ ☎ ℂ ⅋ ⇔ ❶ – ⅍ 25. ⴾ ① ⴾ *VISA* *JCB*
63 Z 150/250.

🏠 **Schönitz,** Schöninger Str.4, ☒ 38350, ℰ (05351) 4 20 15, Fax (05351) 42017, ╦ –
ⅳ ☎. ① ⴾ *VISA*
27. Dez. - 5 Jan. geschl. – **Menu** *(Sonntag geschl.)* *(nur Abendessen)* à la carte 32/48 –
13 Z 86/120.

HEMMINGEN Niedersachsen siehe Hannover.

HEMSBACH Baden-Württemberg 👊 👊 R 9 – 13 000 Ew – Höhe 100 m.
Berlin 602 – Stuttgart 141 – Darmstadt 40 – Heidelberg 25 – Mannheim 21.

In Hemsbach-Balzenbach O : 3 km :

🏨 **Watzenhof** ॐ, ☒ 69502, ℰ (06201) 77 67, Fax (06201) 73777, ╦, ╦ – ⅳ ☎ ⇔
❶ – ⅍ 30. ⴾ ① ⴾ *VISA*. ℅ Zim
Jan. geschl. – **Menu** *(Sonntagabend - Montagmittag geschl.)* à la carte 43/71 – **13 Z**
125/165.

HENNEF (SIEG) Nordrhein-Westfalen 👊 N 5, 👊 ㉖ – 40 000 Ew – Höhe 70 m.
🛈 Hennef, Haus Dürresbach, ℰ (02242) 65 01.
🛈 Verkehrsbüro, Rathaus, Frankfurter Straße 97, ⚓ 53773, ℰ (02242) 1 94 33,
Fax (02242) 888157.
Berlin 594 – Düsseldorf 75 – Bonn 18 – Limburg an der Lahn 89 – Siegen 75.

🏠 **Hotel im Euro Park,** Reutherstr. 1a (Gewerbegebiet), ⊠ 53773, 🖉 (02242) 87 60, *Fax (02242) 876199* – |≐|, ⇔ Zim, 🔟 ☎ 📞 🕭 🅿 – 🔬 50. 🆎 ⑩ 🗲 𝕍𝕀𝕊𝔸 𝕁𝘾𝔹
über Weihnachten geschl. – **Menu** *(Samstag - Sonntag geschl.)* à la carte 35/52 – **77 Z** 122/219.

🏠 **Stadt Hennef,** Wehrstr. 46, ⊠ 53773, 🖉 (02242) 9 21 30, *Fax (02242) 921340* – 🔟 ☎ 🅿. ✀
Menu à la carte 40/61 – **21 Z** 75/130.

🏠 **Schloßhotel Regina-Wasserburg,** Frankfurter Str. 124, ⊠ 53773, 🖉 (02242) 50 24, *Fax (02242) 2747,* 🏤 – 🔟 ☎ 🅿. 🆎 ⑩ 🗲 𝕍𝕀𝕊𝔸
Menu *(Sonntag geschl.)* (nur Abendessen) à la carte 35/63 – **17 Z** 123/169.

🏠 **Marktterrassen** garni, Frankfurter Str. 98, ⊠ 53773, 🖉 (02242) 50 48, *Fax (02242) 83166* – |≐| 🔟 ☎. 🗲 𝕍𝕀𝕊𝔸
15 Z 97/200.

🏠 **Johnel,** Frankfurter Str. 152, ⊠ 53773, 🖉 (02242) 16 33, *Fax (02242) 82280* – |≐| 🔟 ☎ 🅿. 🆎 ⑩ 🗲 𝕍𝕀𝕊𝔸
Menu *(Freitagabend, Sonntagabend und Juni 3 Wochen geschl.)* à la carte 35/68 – **35 Z** 95/130.

XX **Haus Steinen,** Hanftalstr. 94, ⊠ 53773, 🖉 (02242) 32 16, *Fax (02242) 83209,* 🏤 – 🅿. 🗲 𝕍𝕀𝕊𝔸
Montagmittag und Dienstagmittag geschl. – **Menu** à la carte 50/75.

In Hennef-Stadt Blankenberg *O : 7 km :*

🏠 **Galerie-Hotel** garni, Mechtildisstr. 13, ⊠ 53773, 🖉 (02248) 92 00, *Fax (02248) 92017* – |≐| 🔟 ☎ 🅿 – 🔬 30. 🆎 ⑩ 🗲 𝕍𝕀𝕊𝔸
13 Z 99/140.

🏠 **Haus Sonnenschein,** Mechtildisstr. 16, ⊠ 53773, 🖉 (02248) 92 00, *Fax (02248) 92017,* 🏤 – 🔟 ☎ – 🔬 60. 🆎 ⑩ 🗲 𝕍𝕀𝕊𝔸
Menu à la carte 34/60 – **15 Z** 89/130.

HENNIGSDORF *Brandenburg* 416 418 *I 23,* 984 ⑮ – *25 000 Ew – Höhe 45 m.*
ℹ️ *Stolper Heide, Frohnauer Weg 3, (NO : 3 km),* 🖉 (03303) 54 90.
Berlin 37 – Potsdam 59.

🏠 **Pannonia** Ⓜ, Fontanestr. 110, ⊠ 16761, 🖉 (03302) 87 50, *Fax (03302) 875445,* 🏤, f🔬, ≘s – |≐|, ⇔ Zim, 🍴 Rest, 🔟 ☎ 📞 🕭 ⟸ 🅿 – 🔬 60. 🆎 ⑩ 🗲 𝕍𝕀𝕊𝔸 𝕁𝘾𝔹
Menu à la carte 38/52 – **112 Z** 125/250.

HENNSTEDT KREIS STEINBURG *Schleswig-Holstein* 415 416 *D 13 – 540 Ew – Höhe 50 m.*
Berlin 349 – Kiel 51 – Hamburg 71 – Itzehoe 19.

🏠 **Seelust** ⌂, Seelust 6 (S : 1 km), ⊠ 25581, 🖉 (04877) 6 77, *Fax (04877) 766,* ≼, 🏤, ≘s, 🔳 – 🔟 🅿
Menu *(Dienstag und Feb. - März 3 Wochen geschl.)* (Montag - Freitag nur Abendessen) à la carte 33/62 – **13 Z** 90/130.

HENSTEDT-ULZBURG *Schleswig-Holstein* 415 416 *E 14,* 987 ⑤ – *21 500 Ew – Höhe 38 m.*
ℹ️ *Alveslohe (W : 6 km),* 🖉 (04193) 9 20 21.
Berlin 314 – Kiel 68 – Hamburg 37 – Hannover 187 – Lübeck 56.

Im Stadtteil Henstedt :

🏠 **Scheelke,** Kisdorfer Str. 11, ⊠ 24558, 🖉 (04193) 9 83 00, *Fax (04193) 983040* – 🔟 ☎ 🅿
Menu *(Mittwoch und Mitte Juli - Mitte Aug. geschl.)* à la carte 30/56 – **11 Z** 70/128.

Im Stadtteil Ulzburg :

🏠 **Wiking** garni, Hamburger Str. 81 (B 433), ⊠ 24558, 🖉 (04193) 90 80, *Fax (04193) 92323,* ≘s – |≐| ⇔ 🔟 ☎ 🅿 – 🔬 80. 🆎 ⑩ 🗲 𝕍𝕀𝕊𝔸
68 Z 95/180.

HEPPENHEIM AN DER BERGSTRASSE *Hessen* 𝟦𝟣𝟽 𝟦𝟣𝟫 *R 8,* 𝟫𝟪𝟩 ㉗ *– 25 000 Ew –*
Höhe 100 m.
Sehenswert : *Marktplatz★.*
🛈 *Verkehrsbüro, Großer Markt 3,* ⊠ *64646,* ℰ *(06252) 1 31 71, Fax (06252) 13123.*
Berlin 596 – Wiesbaden 69 – Darmstadt 33 – Heidelberg 32 – Mainz 62 – Mannheim 29.

🏠🏠 **Ramada** Ⓜ garni, Siegfriedstr. 1, ⊠ 64646, ℰ *(06252) 12 90, Fax (06252) 129100 –*
🛗 ⊱⊰ ☰ 🔟 ☎ ✆ ♿ ⟺ – 🛗 60. 🆎 ⓪ 🅴 𝑽𝑰𝑺𝑨 ᴊᴄʙ
112 Z 158/196.

🏠🏠 **Am Bruchsee** ⤵, Am Bruchsee 1, ⊠ 64646, ℰ *(06252) 96 00, Fax (06252) 960250,*
☆, ⩵ˢ, ⌂ – 🛗, ⊱⊰ Zim, 🔟 ☎ ✆ ⟺ ⓟ – 🛗 130. 🆎 ⓪ 🅴 𝑽𝑰𝑺𝑨
Menu à la carte 44/69 – **72 Z** 145/210.

🏠 **Goldener Engel** ⤵ (Fachwerkhaus a.d.J. 1782), Großer Markt 2, ⊠ 64646,
ℰ *(06252) 25 63,* ☆ – 🔟 ⟺ ⓟ. 🆎 🅴 𝑽𝑰𝑺𝑨
22. Dez. - 7. Jan. geschl. –**Menu** *(Nov. - März Samstag geschl.)* à la carte 26/58 🐟 – **30 Z** 75/150.

HERBOLZHEIM *Baden-Württemberg* 𝟦𝟣𝟫 *V 7,* 𝟫𝟪𝟩 ㊲ *– 8 800 Ew – Höhe 179 m.*
Berlin 777 – Stuttgart 178 – Freiburg im Breisgau 32 – Offenburg 36.

🏠 **Highway-Hotel** Ⓜ garni, Breisgauallee 6 (nahe der BAB, im Autohof), ⊠ 79336,
ℰ *(07643) 4 00 31, Fax (07643) 40038,* ⩵ˢ – 🛗 ⊱⊰ 🔟 ☎ ✆ ♿ ⓟ – 🛗 50. 🆎 ⓪ 🅴 𝑽𝑰𝑺𝑨
76 Z 135/180.

HERBORN IM DILLKREIS *Hessen* 𝟦𝟣𝟽 *N 8,* 𝟫𝟪𝟩 ㉖ *– 21 500 Ew – Höhe 210 m.*
🛈 *Verkehrsamt, Rathaus,* ⊠ *35745,* ℰ *(02772) 70 82 23, Fax (02772) 708500.*
Berlin 531 – Wiesbaden 118 – Gießen 38 – Limburg an der Lahn 49 – Siegen 39.

🏠🏠 **Schloß-Hotel,** Schloßstr. 4, ⊠ 35745, ℰ *(02772) 70 60, Fax (02772) 706630,* ☆ – 🛗,
⊱⊰ Zim, 🔟 ☎ ⟺ ⓟ – 🛗 100. 🆎 ⓪ 🅴 𝑽𝑰𝑺𝑨
Menu à la carte 46/76 – **70 Z** 149/235.

✕✕ **Hohe Schule** mit Zim, Schulhofstr. 5, ⊠ 35745, ℰ *(02772) 28 15, Fax (02772) 927921,*
« Innenhofterrasse » – 🔟 ☎ ✆ ⓟ. 🆎 🅴
Menu *(Sonntagabend - Montag und Samstagmittag geschl.)* à la carte 47/70 – **9 Z**
115/210.

In Herborn-Burg *N : 2 km :*

🏠 **Garni Engelbert,** Burger Hauptstr. 50, ⊠ 35745, ℰ *(02772) 30 31, Fax (02772) 3556,*
⩵ˢ – 🔟 ☎ ⟺ ⓟ. 🅴
15 Z 68/98.

In Breitscheid-Gusternhain *SW : 10 km :*

🏠 **Ströhmann,** Gusternhainer Str. 11, ⊠ 35767, ℰ *(02777) 3 04, Fax (02777) 7080 –* 🔟
⟺ ☎ ⟺ ⓟ. ⓪ 🅴 𝑽𝑰𝑺𝑨 ⌀ Zim
Menu *(Mittwoch geschl.)* à la carte 19/59 – **12 Z** 80/140.

HERBRECHTINGEN *Baden-Württemberg* 𝟦𝟣𝟫 𝟦𝟤𝟢 *U 14,* 𝟫𝟪𝟩 ㊴ *– 12 000 Ew – Höhe 470 m.*
Berlin 587 – Stuttgart 91 – Heidenheim an der Brenz 8 – Ulm (Donau) 28.

🏠 **Grüner Baum,** Lange Str. 46 (B 19), ⊠ 89542, ℰ *(07324) 95 40, Fax (07324) 954400*
– 🔟 ☎ ♿ ⓟ. 🆎 ⓪ 🅴 𝑽𝑰𝑺𝑨
Menu *(Sonntag - Montagmittag geschl.)* à la carte 30/59 – **40 Z** 90/150.

HERBSTEIN *Hessen* 𝟦𝟣𝟽 *O 12,* 𝟫𝟪𝟩 ㉗ *– 2 000 Ew – Höhe 434 m – Luftkurort.*
Berlin 467 – Wiesbaden 141 – Alsfeld 27 – Fulda 35.

🏠 **Landhotel Weismüller,** Blücherstr. 4, ⊠ 36358, ℰ *(06643) 9 62 30,*
Fax (06643) 7518, ☆, ⩵ˢ – 🔟 ☎ ⓟ – 🛗 100. 🅴
Menu *(Dienstag geschl.)* à la carte 26/52 – **23 Z** 75/120.

HERDECKE *Nordrhein-Westfalen* 𝟦𝟣𝟽 *L 6 – 27 000 Ew – Höhe 98 m.*
🛈 *Verkehrsamt, Stiftsplatz 1 (Rathaus),* ⊠ *58313,* ℰ *(02330) 61 13 25, Fax (02330)*
611366.
Berlin 504 – Düsseldorf 61 – Dortmund 16 – Hagen 6.

🏠🏠 **Zweibrücker Hof,** Zweibrücker-Hof-Str. 4, ⊠ 58313, ℰ *(02330) 60 50,*
Fax (02330) 605555, ≼, ☆, ⩵ˢ – 🛗 🔟 ☎ ⓟ – 🛗 150. 🆎 ⓪ 🅴 𝑽𝑰𝑺𝑨
Menu à la carte 40/73 – **71 Z** 149/204.

✕✕ **Schiffswinkel,** Im Schiffswinkel 35, ⊠ 85313, ℰ *(02330) 21 55, Fax (02330) 129577,*
≼, ☆, Biergarten – ⓟ. 🆎 ⓪ 🅴 𝑽𝑰𝑺𝑨 ⌀
Menu à la carte 63/118.

HERFORD Nordrhein-Westfalen 🔲🔲🔲 *J 10*, 🔲🔲🔲 ⑮ – *64 000 Ew – Höhe 71 m.*

Sehenswert : *Johanniskirche (Geschnitzte Zunftemporen★)* Y **B.**

🔲 *Finnebachstr. 31 (östlich der A 2),* 🖉 *(05228) 74 53.*

🔲 Info-Center, Hämelinger Str. 4, ✉ 32052, 🖉 (05221) 5 00 07, Fax (05221) 189694.
Berlin 373 ② *– Düsseldorf 192* ④ *- Bielefeld 16* ⑤ *– Hannover 91* ② *–
Osnabrück 59* ⑥

HERFORD

Alter Markt	Z 4
Bäckerstraße	Z
Gehrenberg	Z 16
Hämelinger Straße	Y 18
Höckerstraße	Y 20
Lübberstraße	Y 21
Neuer Markt	Y 29
Radewiger Straße	Z 32
Abteistraße	Y 2
Ahmser Straße	Z 3
Auf der Freiheit	Y 6
Bahnhofstraße	Y 8
Bergertorstraße	Z 9
Bielefelder Straße	X 10
Bismarckstraße	X 12
Deichtorwall	YZ 13
Diebrocker Straße	X 14
Gänsemarkt	Y 15
Goebenstraße	X 17
Herforder Straße	X 19
Mausefalle	Z 26
Münsterkirchplatz	Y 28
Schillerstraße	Y 33
Schleife	Y 34
Schützenstraße	Z 36
Steintorwall	Y 37
Stephansplatz	Y 38

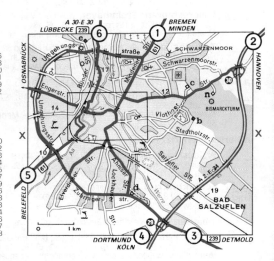

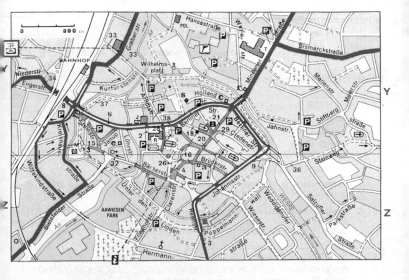

🏛 **Dohm-Hotel,** Löhrstr. 4, ✉ 32052, 🖉 (05221) 1 02 50, *Fax (05221) 102550,* Biergarten
– 🛗, ⇔ Zim, 📺 ✆ ⇔ 🅿 – 🔬 80. 🅰🅴 ⑩ 🅴 𝑉𝐼𝑆𝐴   Y **e**
Menu *(Samstagmittag geschl.)* à la carte 43/78 – **36 Z** 145/195.

🏨 **Pohlmann,** Mindener Str. 1, ✉ 32049, 🖉 (05221) 98 00, *Fax (05221) 980162,* ☎ –
🛗, ⇔ 7im, 📺 ☎ 🅿 – 🔬 50. 🅰🅴 ⑩ 🅴 𝑉𝐼𝑆𝐴   Y **r**
Menu *(Donnerstagmittag und Samstagmittag geschl.)* à la carte 50/69 –
36 Z 125/170.

🏠 **Münchner Hof,** Berliner Str. 29, ✉ 32052, ✆ (05221) 1 05 80, Fax (05221) 529102
– 🛗 🖵 ☎ 📞 👝, 🖭 🖃 𝘝𝘐𝘚𝘈   Y c
Menu à la carte 27/64 – **17 Z** 115/185.

🏠 **Hansa** garni, Brüderstr. 40, ✉ 32052, ✆ (05221) 5 97 20, Fax (05221) 597259 – 🛗 🖵
☎ 📞. 🖭 🖃. 🛇   Z a
11. Juli - 13. Aug. geschl. – **16 Z** 60/140.

✗ **Waldrestaurant Steinmeyer,** Wüstener Weg 47, ✉ 32049, ✆ (05221) 8 10 04,
Fax (05221) 81009, ⇐ Herford, 🍽 – 📞. 🖃 𝘝𝘐𝘚𝘈   X b
Montag und Feb. 2 Wochen geschl. – **Menu** à la carte 42/64.

✗ **Tönsings Junior** (Restaurant im Bistrostil), Holland 39, ✉ 32052, ✆ (05221) 5 15 58,
Fax (05221) 108013, 🍽, « Fachwerkhaus a.d. 17. Jh. »   Y s
Samstagmittag und Sonntagmittag geschl. – **Menu** à la carte 41/70.

In Herford-Eickum W : 4,5 km über Diebrocker Straße X :

✗✗ **Tönsings Kohlenkrug,** Diebrocker Str. 316, ✉ 32051, ✆ (05221) 3 28 36,
🏛 Fax (05221) 33883, 🍽 – 📞 – 🅰 50. 🖭
Samstagmittag und Montag - Dienstag geschl. – **Menu** (bemerkenswerte Weinkarte)
39 und à la carte 53/82.

In Herford-Schwarzenmoor :

🏨 **Waldesrand,** Zum Forst 4, ✉ 32049, ✆ (05221) 9 23 20, Fax (05221) 9232429, 🍽,
Massage, ⇆s, 🌳 – 🛗 👝 🖵 ☎ 📞 – 🅰 35. 🖭 ⓞ 🖃 𝘝𝘐𝘚𝘈   X n
Menu à la carte 35/66 – **52 Z** 70/160.

🏠 **Schinkenkrug** 🛇, Paracelsusstr. 14, ✉ 32049, ✆ (05221) 92 00,
Fax (05221) 920200, 🍽 – 🖵 ☎ 📞 👝 – 🅰 70. 🖭 🖃 𝘝𝘐𝘚𝘈   X c
Menu (wochentags nur Abendessen) à la carte 33/62 – **22 Z** 75/140.

In Hiddenhausen - Schweicheln-Bermbeck ⑥ : 6 km :

🏠 **Freihof,** Herforder Str. 118 (B 239), ✉ 32120, ✆ (05221) 6 12 75, Fax (05221) 67643,
🍽, ⇆s, 🌳 – 🖵 ☎ 👝 📞 – 🅰 40. ⓞ 🖃 𝘝𝘐𝘚𝘈. 🛇 Rest
Menu (Sonntagabend geschl.) (wochentags nur Abendessen) à la carte 35/62 – **25 Z**
80/150.

In Hiddenhausen-Sundern N : 2 km :

✗✗ **Am Felsenkeller,** Bünder Str. 38, ✉ 32120, ✆ (05221) 6 22 24, Fax (05221) 690814,
🍽 – 📞. 🖭 🖃   X e
Dienstagabend und Mittwochabend geschl. – **Menu** à la carte 44/75.

HERINGSDORF Mecklenburg-Vorpommern siehe Usedom (Insel).

HERLESHAUSEN Hessen 🔢🔢🔢 M 14, 🔢🔢🔢 ㉗ ㉘ – 3 400 Ew – Höhe 225 m.
Berlin 367 – Wiesbaden 212 – Kassel 73 – Bad Hersfeld 49 – Erfurt 78.

🏡 **Schneider,** Am Anger 7, ✉ 37293, ✆ (05654) 64 28, Fax (05654) 1447, 🍽, 🌳 – 🗫
👝 👝 📞. 🖭 ⓞ 🖃 𝘝𝘐𝘚𝘈
Menu (Sonntagabend geschl.) à la carte 22/41 – **20 Z** 50/90.

In Herleshausen-Holzhausen NW : 8 km über Nesselröden :

🏛 **Hohenhaus** 🛇 (moderner Hotelbau in einem Gutshof), ✉ 37293, ✆ (05654) 98 70,
🕸 Fax (05654) 1303, ⇐, 🍽, « Park », ⇆s, 🞑, 🌳, ✗ – 🛗, 🍽 Rest, 🖵 👟 👝 📞 – 🅰 40.
🛇 Rest
Menu (Sonntagabend - Dienstagmittag geschl.) à la carte 76/110 – **26 Z** 200/400
Spez. Rahmsuppe von Bouillabaissefischen mit Rouille. Cannelloni vom Kaisergranat mit asia-
tischem Gemüse. Rehrücken mit Kartoffel-Stopfleberplätzchen und Portweinsauce.

HERMANNSBURG Niedersachsen 🔢🔢🔢 🔢🔢🔢 H 14, 🔢🔢🔢 ⑯ – 8 000 Ew – Höhe 50 m – Erholungsort.
🅑 Verkehrsverein, Harmsstr. 3 a, ✉ 29320, ✆ (05052) 80 55, Fax (05052) 8423.
Berlin 303 – Hannover 78 – Celle 32 – Lüneburg 79.

🏛 **Heidehof,** Billingstr. 29, ✉ 29320, ✆ (05052) 97 00, Fax (05052) 3332, 🍽, 🔥, ⇆s,
🞑 – 🛗, 🗫 Zim, 🖵 ☎ 📞 📞 – 🅰 120. 🖭 ⓞ 🖃 𝘝𝘐𝘚𝘈. 🛇 Rest
Menu à la carte 41/71 – **104 Z** 119/223.

🏠 **Völkers Hotel,** Billingstr. 7, ✉ 29320, ✆ (05052) 9 87 40, Fax (05052) 987474, 🍽
– 🗫 Zim, 🖵 ☎ 👝 📞. 🖭 ⓞ 🖃 𝘝𝘐𝘚𝘈
Menu à la carte 32/54 – **17 Z** 75/168.

In Hermannsburg-Oldendorf *S : 4 km :*

🏠 **Gutshof Im Oertzetal** 🐾, Eschedeer Str. 2, ✉ 29320, ✆ (05052) 97 90, *Fax (05052) 979179,* Biergarten – 📺 ☎ 🅿 – 🔬 20. 🆎 ⓪ 💳 *VISA*
Menu à la carte 33/69 – **22 Z** 85/180.

HERMESKEIL *Rheinland-Pfalz* 🗺 *R 4,* 🗺 ㉖ – *6 000 Ew – Höhe 613 m.*

🛈 *Tourist-Information, Langer Markt 17,* ✉ *54411,* ✆ *(06503) 80 92 90, Fax (06503) 809200.*
Berlin 699 – Mainz 135 – Bonn 160 – Saarbrücken 57 – Trier 38.

🏠 **Beyer,** Saarstr. 95, ✉ 54411, ✆ (06503) 72 27, 🍽, 🐴 – 🛗 📺 ☎ 🚗 🅿. 🆎 ⓪ 💳 *VISA*
Menu à la carte 30/51 – **15 Z** 65/160.

In Neuhütten *SO : 8 km :*

🍴🍴 **Le temple du gourmet,** Saarstr. 2, ✉ 54422, ✆ (06503) 76 69, *Fax (06503) 7669*
🌸 – 🅿. 💳
Mittwoch und Juli 3 Wochen geschl. – **Menu** (wochentags nur Abendessen) 80/95 und à la carte
Spez. Gegrillter Steinbutt mit Tomatencoulis. Lammrücken mit Kräuterkruste und Paprikaschaum. Parfait von weißer Schokolade und Erdbeeren im Baumkuchenmantel.

HERMSDORF *Sachsen* 🗺 *N 24 – 1 000 Ew – Höhe 750 m – Erholungsort – Wintersport : 600/800 m* ✦1, ✦1.
Berlin 238 – Dresden 47 – Marienberg 53.

In Hermsdorf-Neuhermsdorf *SO : 3,5 km :*

🏨 **Altes Zollhaus** Ⓜ, Altenberger Str. 7, ✉ 01776, ✆ (035057) 5 40, *Fax (035057) 264,* 🍽, « Restaurant mit Kreuzgewölbe a.d. 17. Jh. », 🔋, 🐴 – 🛗, ⤬ Zim, 📺 ☎ 🅿 – 🔬 120. 🆎 ⓪ 💳 *VISA*
Menu à la carte 32/61 – **41 Z** 120/160.

🏠 **Wettin,** Altenberger Sr. 24, ✉ 01776, ✆ (035057) 5 12 17, *Fax (035057) 51218,* 🍽, 🚗 🔋 – 📺 ☎ 🅿. 🆎 💳 *VISA*. 🍴
Menu à la carte 23/36 – **29 Z** 75/140.

HERMSDORF KREIS STADTRODA *Thüringen* 🗺 *N 19,* 🗺 ㉓, 🗺 ㉙ – *10 400 Ew – Höhe 350 m.*
Berlin 234 – Erfurt 76 – Gera 27 – Halle 84 – Leipzig 73.

🏠 **Zur Linde,** Alte Regensburger Str. 45, ✉ 07629, ✆ (036601) 8 36 95, 🚗 *Fax (036601) 83695* – 📺 ☎ 🅿 – 🔬 35. 💳 *VISA*
Menu à la carte 19/39 – **9 Z** 75/100.

Am Hermsdorfer Kreuz *S : 4 km Autobahnkreuz A 9/A 4 :*

🏠 **Autobahnhotel Hermsdorfer Kreuz,** ✉ 07629 Hermsdorf, ✆ (036601) 8 29 61, 🚗 *Fax (036601) 82961,* 🍽 – ⤬ Zim, 📺 ☎ 🅿 – 🔬 150. 🆎 ⓪ 💳 *VISA*
Menu à la carte 18/36 – **41 Z** 99/129.

HERNE *Nordrhein-Westfalen* 🗺 *L 5,* 🗺 ⑮ – *177 000 Ew – Höhe 59 m.*
🛈 *Verkehrsverein, Berliner Platz 11,* ✉44623, ✆ *(02323) 5 21 04, Fax (02323) 162977.*
Berlin 508 – Düsseldorf 56 – Bochum 6 – Dortmund 25 – Essen 21 – Recklinghausen 12.

🏨 **Parkhotel** 🐾, Schaeferstr. 111, ✉ 44623, ✆ (02323) 95 50 (Hotel) 95 53 33 (Rest.), *Fax (02323) 955222,* ⬅, 🍽, Biergarten, 🔋 – 📺 ☎ 🚗 🅿 – 🔬 30. 🆎 ⓪ 💳 *VISA*
Parkhaus : Menu à la carte 42/72 – **40 Z** 90/160.

HEROLDSBERG *Bayern* 🗺 🗺 *R 17,* 🗺 ㉘ – *7 400 Ew – Höhe 362 m.*
Berlin 433 – München 177 – Nürnberg 12 – Bayreuth 82.

🏠 **Rotes Roß,** Hauptstr. 10, ✉ 90562, ✆ (0911) 9 56 50, *Fax (0911) 9565200,* Biergarten, 🐴 – 📺 ☎ 🚗 🅿 – 🔬 100. 🆎 ⓪ 💳 *VISA*
24. Dez.- 6. Jan. geschl. – **Menu** *(Freitag und Aug. 3 Wochen geschl.)* à la carte 31/64 – **44 Z** 90/150.

🏠 **Landgasthof Gelber Löwe,** Hauptstr. 42, ✉ 90562, ✆ (0911) 95 65 80, *Fax (0911) 888,* 🍽, 🔋 – 🛗 📺 ☎ 🚗 🅿 – 🔬 25. 🆎 ⓪ 💳 *VISA*. 🍴
Weihnachten - Anfang Jan. geschl. – **Menu** *(Samstagmittag und Sonntag geschl.)* à la carte 26/64 – **40 Z** 99/135.

505

HEROLDSTATT Baden-Württemberg 419 U 13 – 2 200 Ew – Höhe 777 m.
Berlin 647 – Stuttgart 78 – Reutlingen 40 – Ulm (Donau) 34.

In Heroldstatt-Sontheim :

🏡 **Landhotel Wiesenhof,** Lange Str. 35, ✉ 72535, ☎ (07389) 9 09 50,
Fax (07389) 1501, 🍽, ⇔s, 🐴, (Halle) – ✳ Zim, 📺 ☎ 📞 📞
Menu (Dienstag geschl.) à la carte 37/69 – **16 Z** 75/180.

HERRENALB, BAD Baden-Württemberg 419 T 9, 987 ③⑧ – 7 200 Ew – Höhe 365 m – Heilbad
– Heilklimatischer Kurort – Wintersport : 400/700 m ✦ 1.
🎣 Bad Herrenalb, Bernbacher Straße, ☎ (07083) 88 98.
🅱 Städt. Kurverwaltung, Rathaus, ✉ 76332, ☎ (07083) 79 33, Fax (07083) 8943.
Berlin 698 – Stuttgart 80 – Karlsruhe 30 – Baden-Baden 22 – Pforzheim 30.

🏰 **Mönchs Posthotel,** Dobler Str. 2, ✉ 76332, ☎ (07083) 74 40, Fax (07083) 744122,
🍽, « Park », ⟂ (geheizt) – 📶 📺 📞 – 🔼 50. 🆎 ⓪ 🇪 𝗩𝗜𝗦𝗔, ⊗ Zim
Klosterschänke (Tischbestellung ratsam) Menu à la carte 67/98 – **Locanda** (Montag -
Dienstag und Nov.- Ostern geschl.) Menu à la carte 47/65 – **35 Z** 246/518 – ½ P 45.

🏨 **Landhaus Marion** ⊗ (mit Gästehäusern), Bleichweg 31, ✉ 76332, ☎ (07083) 74 00,
Fax (07083) 740602, 🍽, ⇔s, 🏊, 🐴 – 📶, ✳ Zim, 📺 ☎ 🚗 📞 – 🔼 50. 🆎 ⓪ 🇪
𝗩𝗜𝗦𝗔
Menu à la carte 37/67 (auch vegetarisches Menu) – **62 Z** 80/280 – ½ P 30.

🏡 **Harzer** garni, Kurpromenade 1, ✉ 76332, ☎ (07083) 9 25 60, Fax (07083) 925699, ⩽,
Massage, ♨, 🔥, ⇔s, 🏊 – 📶 📺 📞 🚗. 🆎 🇪 𝗩𝗜𝗦𝗔
Anfang Okt. - Mitte Dez. geschl. – **27 Z** 100/190.

🏡 **Parkhotel Adrion** ⊗, Oswald-Zobel-Str. 11, ✉ 76332, ☎ (07083) 92 90,
Fax (07083) 2641, ⩽, 🍽, Massage, ♨, 🔥, ⇔s, 🏊, 🐴 – 📶 ☎ 🚗 📞 ⊗
Mitte Nov. - Mitte Dez. geschl. – **Menu** à la carte 31/65 – **60 Z** 81/186 – ½ P 26.

🏡 **Thoma,** Gaistalstr. 46, ✉ 76332, ☎ (07083) 40 41, Fax (07083) 51423, ⇔s, 🐴 – 📶
📺 ☎ 📞 🇪 𝗩𝗜𝗦𝗔 ⊗
(Restaurant nur für Hausgäste) – **20 Z** 55/128 – ½ P 20.

In Bad Herrenalb-Gaistal S : 2 km :

🏡 **Schwarzwaldgasthof Linde** ⊗, Gaistalstr. 128, ✉ 76332, ☎ (07083) 9 22 30,
Fax (07083) 922316, 🍽 – 📞
Menu à la carte 31/62 – **17 Z** 60/112 – ½ P 21.

In Bad Herrenalb-Rotensol NO : 5 km :

🏨 **Lamm,** Mönchstr. 31, ✉ 76332, ☎ (07083) 9 24 40, Fax (07083) 924444, 🍽 – ✳ Zim,
📺 ☎ 📞. 🆎 🇪 𝗩𝗜𝗦𝗔
Jan. 3 Wochen geschl. – Menu (Montag geschl.) à la carte 43/70 ♨ – **23 Z** 80/220 – ½ P 28.

In Marxzell-Frauenalb N : 4,5 km :

🍴 **König von Preussen,** Klosterstr. 10, ✉ 76359, ☎ (07248) 1617, Fax (07248) 4130,
🍽 – 📞. 🆎 🇪 𝗩𝗜𝗦𝗔
Menu à la carte 31/65.

HERRENBERG Baden-Württemberg 419 U 10, 987 ③⑧ – 28 700 Ew – Höhe 460 m.
🅱 Rathaus, Marktplatz 5, ✉71083, ☎ (07032) 92 42 24, Fax (07032) 924333.
Berlin 662 – Stuttgart 38 – Karlsruhe 90 – Freudenstadt 53 – Reutlingen 33.

🏰 **Residence,** Daimlerstr. 1 (Gewerbegebiet Schanzenwiesen), ✉ 71083,
☎ (07032) 27 10, Fax (07032) 271100, 🍽, ⇔s – 📶, ✳ Zim, 📺 🔥 📞 – 🔼 100. 🆎
⓪ 🇪 𝗩𝗜𝗦𝗔 𝗝𝗖𝗕
Menu à la carte 36/79 – **159 Z** 219/245, 24 Suiten.

🏨 **Hasen,** Hasenplatz 6, ✉ 71083, ☎ (07032) 20 40, Fax (07032) 204100, 🍽, ⇔s – 📶,
✳ Zim, 📺 ☎ 🔥 🚗 📞 – 🔼 70. 🆎 ⓪ 🇪 𝗩𝗜𝗦𝗔 𝗝𝗖𝗕
Menu à la carte 35/64 – **68 Z** 136/215.

🍴🍴 **Alt Herrenberg,** Schuhgasse 23, ✉ 71083, ☎ (07032) 2 33 44, Fax (07032) 28662,
« Restaurant in einem Gewölbekeller a.d.J. 1460 » – 🆎 🇪
Sonn- und Feiertage, Jan. 1 Woche, über Fastnacht sowie Juli - Aug. 2 Wochen geschl. –
Menu (nur Abendessen, Tischbestellung ratsam) à la carte 59/74.

🍴🍴 **Auf der Höh,** Hildrizhauser Str. 83 (O : 1,5 km), ✉ 71083, ☎ (07032) 51 53,
Fax (07032) 5153, ⩽ Schwäbische Alb, « Gartenterrasse » – 📞 🇪
Montag - Dienstag, über Fastnacht und Ende Aug. 1 Woche geschl. – Menu à la carte 43/72.

In Herrenberg-Affstätt :

XX **Linde,** Kuppinger Str. 14, ⊠ 71083, 𝒫 (07032) 3 16 70, Fax (07032) 32345, 🌣 – ⭤
🅿 E ⓥⓘⓢⓐ
Dienstag - Mittwoch geschl. – **Menu** à la carte 33/63 (auch vegetarische Gerichte) 🦪.

In Herrenberg-Mönchberg SO : 4 km über die B 28 :

🏠 **Kaiser** 🐾, Kirchstr. 10, ⊠ 71083, 𝒫 (07032) 9 78 80, Fax (07032) 978830, ≤, 🌣, 🛥
– 📺 ☎ 🅿, ⒶⒺ ⓞ E ⓥⓘⓢⓐ, ⚫ Rest
Ende Dez. - Mitte Jan. geschl. – **Menu** (Freitag - Samstag geschl.) à la carte 31/68 – **28 Z**
125/185.

In Gäufelden-Nebringen SW : 5 km über die B 14 :

🏠 **Aramis,** Siedlerstr. 40 (im Gewerbegebiet), ⊠ 71126, 𝒫 (07032) 78 10,
Fax (07032) 781555, 🌣, 🦶, 🛥, 🎾(Halle) – 🛗 📺 ☎ 🕭 🅿 – 🔏 90. ⒶⒺ ⓞ E ⓥⓘⓢⓐ
Menu à la carte 32/73 – **54 Z** 138/215.

HERRIEDEN Bayern 419 420 S 15, 987 ㉘ – 5 800 Ew – Höhe 420 m.
Berlin 491 – München 212 – Nürnberg 67 – Ansbach 11 – Schwäbisch Hall 73 – Aalen 72.

🍴 **Zur Sonne,** Vordere Gasse 5, ⊠ 91567, 𝒫 (09825) 9 24 60, Fax (09825) 924621, 🌣
– 📺 ☎ ⇦ – 🔏 50
Anfang Jan. 1 Woche und Aug. 2 Wochen geschl. – **Menu** (Freitag geschl.) à la carte 27/57
– **10 Z** 65/110.

X **Gasthaus Limbacher,** Vordere Gasse 34, ⊠ 91567, 𝒫 (09825) 53 73
Montag - Dienstagmittag, Jan. - Feb. 1 Woche und Sept. - Okt. 2 Wochen geschl., – **Menu**
à la carte 48/61.

In Herrieden-Schernberg N : 1,5 km :

🏠 **Zum Bergwirt,** ⊠ 91567, 𝒫 (09825) 84 69, Fax (09825) 4925, 🌣, 🛥 – 📺 ☎ 🅿
⇦ – 🔏 100
Menu (Mittwoch und Aug. 2 Wochen geschl.) à la carte 21/41 – **28 Z** 65/95 – ½ P 16.

HERRISCHRIED Baden-Württemberg 419 W 8 – 2 500 Ew – Höhe 874 m – Luftkurort – Win-
tersport : 074/1 000 m ✦1 ⏃3.
🛈 Kurverwaltung, Hauptstr. 28, ⊠ 79737, 𝒫 (07764) 92 00 40, Fax (07764) 920049.
Berlin 829 – Stuttgart 210 – Freiburg im Breisgau 60 – Bad Säckingen 20 Todtmoos 11
– Basel 60.

🏠 **Zum Ochsen** (mit Gästehaus 🐾), Hauptstr. 14, ⊠ 79737, 𝒫 (07764) 2 10,
⇦ Fax (07764) 6626, ⚞ – 📺 🅿. ⒶⒺ ⓞ E ⓥⓘⓢⓐ, ⚫ Zim
Mitte Nov. - Mitte Dez. geschl. – **Menu** à la carte 22/58 – **25 Z** 50/90 – ½ P 18.

HERRSCHING AM AMMERSEE Bayern 419 420 W 17, 987 ㊴ ㊵ – 10 000 Ew – Höhe 568 m
– Erholungsort.
Sehenswert : Ammersee★.
Ausflugsziel : Klosterkirche Andechs★★ S : 6 km.
🛈 Verkehrsbüro, Bahnhofsplatz 3, ⊠ 82211, 𝒫 (08152) 52 27, Fax (08152) 40519.
Berlin 623 – München 39 – Garmisch-Partenkirchen 65 – Landsberg am Lech 35.

🏠 **Piushof** 🐾, Schönbichlstr. 18, ⊠ 82211, 𝒫 (08152) 10 07, Fax (08152) 8328, 🌣, 🎾
– 📺 ☎ ⇦ 🅿 – 🔏 30. ⒶⒺ E ⓥⓘⓢⓐ
Menu (Sonntagabend - Dienstagmittag geschl.) à la carte 38/63 – **21 Z** 135/185 – ½ P 35.

🏠 **Promenade,** Summerstr. 6 (Seepromenade), ⊠ 82211, 𝒫 (08152) 10 88,
Fax (08152) 5981, ≤, 🌣 – 📺 ☎ ⇦ 🅿. ⓞ E ⓥⓘⓢⓐ, ⚫
Weihnachten - Mitte Jan. geschl. – **Menu** (Nov. - März Mittwoch geschl.) à la carte 36/64
– **11 Z** 120/208.

🏠 **Ammersee-Hotel,** Summerstr. 32 (Seepromenade), ⊠ 82211, 𝒫 (08152) 20 11,
Fax (08152) 5374, ≤, 🌣, 🛥, 🔥 – 🛗 📺 ☎ 🅿 – 🔏 60. ⒶⒺ E ⓥⓘⓢⓐ
Menu à la carte 41/59 – **40 Z** 140/240 – ½ P 35.

🏠 **Seehof,** Seestraße 58, ⊠ 82211, 𝒫 (08152) 93 50, Fax (08152) 935100, , 🌣 🛗 📺
⇦ ☎ 🅿 – 🔏 40. E ⓥⓘⓢⓐ, ⚫ Zim
Menu à la carte 22/46 – **40 Z** 103/150 – ½ P 25.

X **Landgasthaus Mühlfeld-Bräu,** Mühlfeld 13, ⊠ 82211, 𝒫 (08152) 55 78,
Fax (08152) 8018, 🌣, « Gasthof mit Hausbrauerei » – 🅿. ⒶⒺ E ⓥⓘⓢⓐ
Menu à la carte 33/59.

HERSBRUCK Bayern **419 420** R 18, **987** ㉘ ㉙ – 12 000 Ew – Höhe 345 m.

🛈 Verkehrsamt, Schloßplatz 4 a, ✉ 91217, 𝒫 (09151) 47 55, Fax (09151) 4473.

Berlin 424 – München 181 – Nürnberg 35 – Bayreuth 70 – Amberg 36.

🏠 **Café Bauer,** Martin-Luther-Str. 16, ✉ 91217, 𝒫 (09151) 28 16, Fax (09151) 70602, 🌧
– 📺. ① 🅴 **VISA**
1. - 8. Jan. und 25. Aug. - 11. Sept. geschl. – **Menu** (Mittwoch geschl.) à la carte 28/65
⅝ – **8 Z** 50/125.

🍽 **Schwarzer Adler,** Martin-Luther-Str. 26, ✉ 91217, 𝒫 (09151) 22 31,
Fax (09151) 2236 – 📺 ⟵ ① 🅴 **VISA**
Juni 2 Wochen geschl. – **Menu** (Donnerstag - Freitag geschl.) à la carte 23/45 – **20 Z**
50/100.

In Engelthal SW : 6 km :

🍴 **Grüner Baum** mit Zim, Hauptstr. 9, ✉ 91238, 𝒫 (09158) 2 62, Fax (09158) 1615, 🌧
– 📺 ☎ 🅿. 🅰🅴 🅴
Feb., Juli und Nov. jeweils 1 Woche geschl. – **Menu** (Montag - Dienstag geschl.) à la carte
27/59 – **5 Z** 50/100.

In Happurg-Kainsbach SO : 6,5 km – Luftkurort :

🏨 **Kainsbacher Mühle** 🦢, ✉ 91230, 𝒫 (09151) 72 80, Fax (09151) 728162,
« Gartenterrasse », ⅃₆, ⅗s, ⊠, ℛ, 🎾 – ⧫, ↭ Zim, 📺 ☎ ⟵ 🅿 – 🔏 20. ① 🅴
VISA **JCB**
Menu à la carte 46/81 – **38 Z** 110/240 – ½ P 43.

In Kirchensittenbach - Kleedorf N : 7 km :

🏨 **Zum alten Schloß** 🦢, ✉ 91241, 𝒫 (09151) 86 00, Fax (09151) 860146, 🌧, ⅗s,
⟵ – ⧫, ↭ Zim, 📺 ☎ 𝒞 ⟵ 🅿 – 🔏 70. 🅰🅴 ① 🅴 **VISA**
Menu à la carte 22/60 – **57 Z** 90/160 – ½ P 25.

In Pommelsbrunn-Hubmersberg NO : 7,5 km :

🏨 **Lindenhof** 🦢, ✉ 91224, 𝒫 (09154) 2 70, Fax (09154) 27370, 🌧, ⅗s, ⊠ – ⧫,
↭ Zim, 📺 ☎ 𝒞 ⟵ 🅿 – 🔏 60. 🅰🅴 ① 🅴 **VISA**
Menu (Montag geschl.) à la carte 38/70 – **44 Z** 90/240 – ½ P 30.

In Reichenschwand W : 3 km :

🏠 **Schlosshotel Reichenschwand** 🦢 garni, Schlossweg 6, ✉ 91244,
𝒫 (09151) 86 93 40, Fax (09151) 869390, « Park » – ↭ Zim, 📺 ☎ 🅿 – 🔏 50. 🅰🅴 ①
🅴 **VISA**
21 Z 99/140.

HERSCHEID Nordrhein-Westfalen **417** M 7 – 7 250 Ew – Höhe 450 m.

Berlin 533 – Düsseldorf 105 – Lüdenscheid 11 – Plettenberg 12.

In Herscheid-Reblin S : 3 km :

🏠 **Jagdhaus Weber,** Reblin 11, ✉ 58849, 𝒫 (02357) 9 09 00, Fax (02357) 909090, 🌧
– 📺 ☎ ⟵ 🅿 – 🔏 25. 🅰🅴 ① 🅴 **VISA**
Menu (Dienstag geschl.) à la carte 37/72 – **13 Z** 80/160.

An der Straße nach Werdohl NW : 3 km über Lüdenscheider Straße :

🍽 **Herscheider Mühle** 🦢, ✉ 58849 Herscheid, 𝒫 (02357) 23 25, Fax (02357) 2305,
🌧 – 📺 ☎ ⟵ 🅿
Menu (Freitag geschl.) à la carte 29/64 – **11 Z** 90/150.

In Herscheid-Wellin N : 5 km :

🏠 **Waldhotel Schröder** 🦢, ✉ 58849, 𝒫 (02357) 41 88, Fax (02357) 1078, 🌧, ℛ –
📺 ☎ 🅿 – 🔏 15. 🅴 **VISA**
Menu (Montag geschl.) à la carte 33/58 – **13 Z** 79/158.

HERSFELD, BAD Hessen **417 418** N 13, **987** ㉗ – 33 000 Ew – Höhe 209 m – Heilbad.

Sehenswert : Ruine der Abteikirche ★ – Rathaus ⟨≤★.

🛈 Verkehrsbüro am Markt, ✉ 36251, 𝒫 (06621) 20 12 74, Fax (06621) 201244.

ADAC, Benno-Schilde-Str. 11, ✉ 36251, 𝒫 (06621) 7 67 77, Fax (06621) 64485.

Berlin 408 – Wiesbaden 167 – Kassel 76 – Fulda 46 – Gießen 88 – Erfurt 126.

🏨 **Romantik Hotel Zum Stern** 🦢 (historisches Gebäude a.d. 15. Jh.), Linggplatz 11,
✉ 36251, 𝒫 (06621) 18 90, Fax (06621) 189260, 🌧, ⅗s, ⊠ – ⧫, ↭ Zim, 📺 𝒞 ⅚
⟵ 🅿 – 🔏 80. 🅰🅴 ① 🅴 **VISA**
Menu (Freitagmittag und 1. - 17. Jan. geschl.) à la carte 46/82 – **43 Z** 139/230, 4 Suiten
– ½ P 38.

🏨🏨🏨 **Hotel am Kurpark** ⤸, Am Kurpark 19, ✉ 36251, ☎ (06621) 16 40,
Fax (06621) 164710, 🍽, ⥱, 🔲 – 📶, ✜ Zim, 📺 🅿 – 🔏 80. 🖭 ⑩ 🗲
VISA
Menu à la carte 46/75 – **93 Z** 155/320 – ½ P 30.

🏨🏨 **Vitalis** Ⓜ ⤸ garni, Lüderitzstr. 37, ✉ 36251, ☎ (06621) 9 29 20, *Fax (06621) 929215*
– ✜ 📺 ☎ ⇐ 🅿 ⚘
24. Dez. - 7. Jan. geschl. – **10 Z** 95/130.

🏨🏨 **Haus am Park** ⤸ garni, Am Hopfengarten 2, ✉ 36251, ☎ (06621) 9 26 20,
Fax (06621) 926230 – 📺 ☎ 🅿 – 🔏 20. 🖭 🗲 *VISA*
15 Z 89/185.

🏨 **Parkhotel Rose,** Am Kurpark 9, ✉ 36251, ☎ (06621) 1 44 54, *Fax (06621) 15656,* 🍽
– 📶 📺 ☎ ⇐ 🅿 🖭 ⑩ 🗲 *VISA*
Menu *(Sonntag geschl.)* à la carte 32/71 – **17 Z** 98/170 – ½ P 30.

🏨 **Wenzel,** Nachtigallenstr. 3, ✉ 36251, ☎ (06621) 9 22 00, *Fax (06621) 51116,* 🍽 – 📶
✜ 📺 ☎ ⇐ 🅿 – 🔏 20. ⑩ 🗲 *VISA*
Menu *(Sept. - April Sonntagabend geschl.)* à la carte 28/57 – **31 Z** 75/170 –
½ P 21.

🏨 **Schönewolf** ⤸, Brückenmüllerstr. 5, ✉ 36251, ☎ (06621) 9 23 30,
Fax (06621) 9233111, 🍽, 🌿 – 📺 ☎ ⇐. 🖭 ⑩ 🗲 *VISA*
Ende März - Anfang April geschl. – **Menu** *(Sonntagabend geschl.)* à la carte 34/60 – **20 Z**
99/210.

HERTEN *Nordrhein-Westfalen* 🄰🄸🄸 L 5, 🄰🄰🄰 ⑮ – *70 000 Ew – Höhe 60 m.*
Berlin 513 – Düsseldorf 64 – Gelsenkirchen 12 – Recklinghausen 6.

🏨🏨 **Am Schlosspark,** Resser Weg 36, ✉ 45699, ☎ (02366) 8 00 50, *Fax (02366) 83496,*
🍽 – ✜ Zim, 📺 ☎ 🅿 🖭 ⑩ 🗲 *VISA*
Menu *(Sonntagabend geschl.)* à la carte 38/67 – **47 Z** 130/180.

🏨 **Lauer** garni, Gartenstr. 59, ✉ 45699, ☎ (02366) 3 10 81, *Fax (02366) 36913* – 📺 ☎
🅿. 🖭 ⑩ 🗲 *VISA*
14 Z 90/150.

HERXHEIM *Rheinland-Pfalz* 🄰🄸🄸 🄰🄸🄰 S 8 – *9 000 Ew – Höhe 120 m.*
Berlin 676 – Mainz 125 – Karlsruhe 31 – Landau in der Pfalz 10 – Speyer 31.

In Herxheim-Hayna *SW : 2,5 km :*

🏨🏨🏨 **Krone** ⤸, Hauptstr. 62, ✉ 76863, ☎ (07276) 50 80, *Fax (07276) 50814,* 🍽, ⥱, 🔲,
🌿, ⚘ – 📶, ✜ Zim, 📺 ✆ ⇐ 🅿 – 🔏 50. 🗲 *VISA*
Hotel : über Weihnachten geschl., Restaurant : Jan. und Juli - Aug. jeweils 2 Wochen geschl.
– **Menu** *(Montag - Dienstag geschl.)* (nur Abendessen, Tischbestellung erforderlich)
122/145 und à la carte 80/110 – **Pfälzer Stube** *(auch Mittagessen, Dienstag geschl.)*
Menu à la carte 44/86 – **50 Z** 138/228
Spez. Cassolette von Steinbutt, Rotbarbe und Langostinos mit grünem Spargel. Soufflierte
Taubenbrust mit Trüffel und Gänseleber. Pfälzer Kirschauflauf mit Gewürztraminersaba-
yon.

HERZBERG AM HARZ *Niedersachsen* 🄰🄸🄸 L 15, 🄰🄰🄰 ⑰ – *18 000 Ew – Höhe 233 m.*
🛈 *Amt für Touristik und Kultur, Marktplatz 30,* ✉ 37412, ☎ (05521) 85 21 11, *Fax*
(05521) 852120.
Berlin 327 – Hannover 105 – Erfurt 113 – Göttingen 38 – Braunschweig 92.

🏨🏨 **Gasthof zum Schloß,** Osteroder Str. 7 (B 243), ✉ 37412, ☎ (05521) 8 99 40,
Fax (05521) 899438, 🍽 – 📺 ☎ ⇐ 🅿 🖭 ⑩ 🗲 *VISA*
Juli - Aug. 2 Wochen geschl. – **Menu** *(Montagmittag geschl.)* à la carte 40/70 –
20 Z 83/165.

🏨 **Englischer Hof,** Vorstadt 10 (B 243/B 27), ✉ 37412, ☎ (05521) 8 96 90,
Fax (05521) 896914 – 📺 ☎ 🔖 🅿. 🖭 ⑩ 🗲 *VISA*
Menu *(Sonntagabend geschl.)* à la carte 27/57 – **32 Z** 78/130 – ½ P 18.

In Herzberg-Scharzfeld *SO : 4 km – Erholungsort :*

🏨 **Harzer Hof,** Harzstr. 79, ✉ 37412, ☎ (05521) 50 96, *Fax (05521) 1854,* 🍽, 🌿 – 📺
☎ 🅿
Menu à la carte 30/54 – **10 Z** 65/145 – ½ P 20.

HERZLAKE *Niedersachsen siehe Haselünne.*

HERZOGENAURACH Bayern **419 420** R 16, **987** ⑳ – 21 000 Ew – Höhe 295 m.

🚆 Herzogenaurach (NO : 2 km) ✆ (09132) 4 05 86 ; 🚆 Puschendorf, Forstweg 2 (SW : 8 km), ✆ (09101) 75 52.

Berlin 451 – München 195 – Nürnberg 26 – Bamberg 52 – Würzburg 95.

🏨 **Herzogs Park** Ⓜ ⏤, Beethovenstr. 6, ⊠ 91074, ✆ (09132) 77 80, Fax (09132) 40430, 🍽, 🐟, Massage, ≦s, 🔲, ❅ – 🛗, ⊱ Zim, 🔳 & 🚗 🅿 – 🔏 200. 🆎 ⓞ 🇪 𝗩𝗜𝗦𝗔
Mondial (Samstagmittag und Sonntag geschl.) **Menu** à la carte 66/87 – **Stüberl :** Menu à la carte 43/61 – **92 Z** 185/270, 3 Suiten.

🏠 **Akazienhaus** garni, Beethovenstr. 18, ⊠ 91074, ✆ (09132) 7 84 50, Fax (09132) 40430 – 🔳 ☎ 🅿. 🆎 ⓞ 🇪 𝗩𝗜𝗦𝗔
25 Z 115/150.

🏠 **Auracher Hof**, Welkenbacher Kirchweg 2, ⊠ 91074, ✆ (09132) 20 80, Fax (09132) 40758, 🍽 – 🔳 ☎ 🅿 – 🔏 25. 🆎 ⓞ 🇪 𝗩𝗜𝗦𝗔, ⏵ Rest
27. Dez. - 6. Jan. und Aug. 3 Wochen geschl. – **Menu** (Sonntagabend, Freitagabend und Samstag geschl.) à la carte 26/50 – **13 Z** 89/125.

🏠 **Gästehaus in der Engelgasse** garni, Engelgasse 2, ⊠ 91074, ✆ (09132) 7 86 90, Fax (09132) 75787 – 🔳 ☎. ⓞ 🇪 𝗩𝗜𝗦𝗔
9 Z 90/130.

Les prix de chambre et de pension
peuvent parfois être majorés de la taxe de séjour.
Lors de votre réservation à l'hôtel,
faites-vous bien préciser le prix définitif qui vous sera facturé.

HERZOGENRATH Nordrhein-Westfalen **417** N 2 – 43 000 Ew – Höhe 112 m.

Berlin 633 – Düsseldorf 77 – Aachen 12 – Düren 37 – Geilenkirchen 13.

🏠 **Stadthotel**, Rathausplatz 5, ⊠ 52134, ✆ (02406) 30 91, Fax (02406) 4189 – 🔳 ☎
Menu (Samstag geschl., Sonntag nur Mittagessen) (wochentags nur Abendessen) à la carte 26/50 – **9 Z** 80/120.

In Herzogenrath-Kohlscheid SW : 4 km :

✕✕✕ **Parkrestaurant Laurweg**, Kaiserstr. 101, ⊠ 52134, ✆ (02407) 35 71, Fax (02407) 59436, 🍽, « Park » – 🅿 – 🔏 50. 🆎 ⓞ 🇪 𝗩𝗜𝗦𝗔
Menu à la carte 47/72.

HESEL Niedersachsen **415** G 6, **987** ⑮ – 4 000 Ew – Höhe 10 m.

🛈 Tourist-Information, Leeraner Str. 1, ⊠ 26835, ✆ (04950) 93 70 80, Fax (04950) 937081.

Berlin 485 – Hannover 220 – Bremen 98 – Groningen 84 – Wilhelmshaven 52.

🏠 **Jagdhaus Kloster Barthe**, Stiekelkamper Str. 21, ⊠ 26835, ✆ (04950) 9 39 60, Fax (04950) 939696 – 🔳 ☎ 🅿 – 🔏 300. 🆎 ⓞ 🇪 𝗩𝗜𝗦𝗔
Menu à la carte 34/69 – **35 Z** 68/113.

🏠 **Alte Posthalterei**, Leeraner Str. 4, ⊠ 26835, ✆ (04950) 7 48, Fax (04950) 3509, ≦s, ⏤ 🔲, 🚗 – 🔳 ☎ 🅿. 🆎 ⓞ 🇪 𝗩𝗜𝗦𝗔
Menu à la carte 24/49 – **18 Z** 69/118.

In Holtland SW : 2,5 km :

🏠 **Preyt - Gasthof zur Nücke** (mit Gästehaus), Leeraner Str. 15 (B 436), ⊠ 26835, ✆ (04950) 22 11, Fax (04950) 3572 – 🔳 ☎ 🚗 🅿 – 🔏 30. ⓞ 🇪 𝗩𝗜𝗦𝗔
Menu à la carte 32/57 – **20 Z** 75/140.

HESSISCH OLDENDORF Niedersachsen **417** J 11, **987** ⑯ – 17 900 Ew – Höhe 62 m.

Berlin 337 – Hannover 55 – Hameln 12 – Osnabrück 98.

🏨 **Baxmann** garni, Segelhorster Str. 3, ⊠ 31840, ✆ (05152) 9 41 00, Fax (05152) 941099, ≦s – ⏵ 🔳 ☎ 🅿. 🆎 🇪 𝗩𝗜𝗦𝗔
29 Z 80/180.

🏠 **Lichtsinn**, Bahnhofsallee 2, ⊠ 31840, ✆ (05152) 24 62, Fax (05152) 51071, 🍽, 🚗 – 🔳 🅿 🇪
Menu (Donnerstag geschl.) à la carte 38/63 – **10 Z** 70/120.

HETZDORF Sachsen siehe Freiberg.

HEUSENSTAMM *Hessen* 417 *P 10 – 19 000 Ew – Höhe 119 m.*
Berlin 553 – Wiesbaden 46 – Frankfurt am Main 14 – Aschaffenburg 31.

🏨 **Rainbow-Hotel,** Seligenstädter Grund 15, ✉ 63150, ℰ (06104) 93 30, Fax (06104) 933120, 🏤 – ⧖, ❧ Zim, 📺 ☎ 🚗 – 🔏 60. 🖭 ① 🅴 𝒱𝒾𝒮𝒜 𝒥𝒸𝒷
Menu *(Samstagmittag geschl.)* à la carte 34/70 – **69 Z** 152/433.

🏨 **Schloßhotel,** Frankfurter Str. 9, ✉ 63150, ℰ (06104) 31 31, Fax (06104) 61532, 🏤 – ⧖ 📺 ☎ 🚗 🅿. 🖭 ① 🅴 𝒱𝒾𝒮𝒜
Menu *(Samstagmittag geschl.)* à la carte 30/67 – **30 Z** 112/176.

HEUSWEILER *Saarland* 417 *R 4 – 19 200 Ew – Höhe 233 m.*
Berlin 715 – Saarbrücken 29 – Neunkirchen/Saar 25 – Saarlouis 21.

In Heusweiler-Eiweiler *N : 2 km :*

✕✕ **Elsässische Stuben,** Lebacher Str. 73, ✉ 66265, ℰ (06806) 9 18 90, 🏤, « Villa mit privat-wohnlicher Atmosphäre, Garten » – 🅿. 🖭 ① 🅴 𝒱𝒾𝒮𝒜
Samstagmittag und Sonntag - Montag geschl. – **Menu** à la carte 45/70.

HEUWEILER *Baden-Württemberg siehe Glottertal.*

HIDDENHAUSEN *Nordrhein-Westfalen siehe Herford.*

HIDDENSEE (Insel) *Mecklenburg-Vorpommern* 416 *C 23,* 984 ③   *1 300 Ew Ostseeinsel. Autos nicht zugelassen.*
🚢 *von Stralsund (ca. 1 h 45 min), von Schaprode/Rügen (ca. 45 min).*
🖪 *Insel Information in Vitte, Norderende 162,* ✉ *18565,* ℰ *(038300) 6 42 26, Fax (038300) 64225.*
Berlin 296 – Schwerin 196 – Rügen (Bergen) 29 – Stralsund 36.

In Hiddensee-Vitte

🏨 **Post Hiddensee** 🤏 garni, Wiesenweg 26, ✉ 18565, ℰ (038300) 64 30, Fax (038300) 64333 – 📺 ☎. ✹
12 Z 160/250, 7 Suiten.

✕ **Zum Hiddenseer** 🤏 mit Zim, Wiesenweg 22, ✉ 18565, ℰ (038300) 4 19, Fax (038300) 419, 🏤, « Gemütliche Restaurantausstattung » – 📺 ☎
3 Z.

HILCHENBACH *Nordrhein-Westfalen* 417 *N 8,* 987 ㉟ – *17 000 Ew – Höhe 400 m – Wintersport (in Hilchenbach-Lützel) : 500/680 m ✆ 2,* 🎿*.*
🖪 *Verkehrsbüro, Markt 13, (Rathaus),* ✉ *57271,* ℰ *(02733) 2 88 77, Fax (02733) 28880.*
Berlin 523 – Düsseldorf 130 – Olpe 28 – Siegen 21.

🏨 **Haus am Sonnenhang** 🤏, Wilhelm-Münker-Str. 21, ✉ 57271, ℰ (02733) 70 04, Fax (02733) 4260, ≤, 🏤, 🐎 – 📺 ☎ 🚗 🅿 – 🔏 20. 🖭 ① 🅴 𝒱𝒾𝒮𝒜. ✹ Rest
Menu *(Freitag geschl.)* *(nur Abendessen)* à la carte 34/55 – **22 Z** 90/200.

In Hilchenbach-Müsen *W : 7 km :*

🏨 **Stahlberg,** Hauptstr. 85, ✉ 57271, ℰ (02733) 62 97, Fax (02733) 60329, 🏤, « Kärntnerstube », 🐎 – 📺 ☎ ✆ 🚗 🅿. 🖭 ① 🅴 𝒱𝒾𝒮𝒜
Ende Jan. 2 Wochen geschl. – **Menu** *(Montag geschl.)* à la carte 28/62 – **11 Z** 85/175.

In Hilchenbach-Vormwald *SO : 2 km :*

🏨 **Landhotel Siebelnhof,** Vormwalder Str. 54, ✉ 57271, ℰ (02733) 8 94 30, Fax (02733) 7006, 🏤, Biergarten, ⊹, 🔥, ≘s, 🏊, 🐎 – ❧ Zim, 📺 ☎ 🚗 🅿 🖭 ① 🅴 𝒱𝒾𝒮𝒜
*Juli - Aug. 2 Wochen geschl. – – **Chesa** (nur Abendessen)* **Menu** à la carte 55/80 – **Ginsburg Stuben :** **Menu** à la carte 42/80 – **14 Z** 120/250.

HILDBURGHAUSEN *Thüringen* 418 420 *O 16,* 987 ㉘ – *12 000 Ew – Höhe 372 m.*
Berlin 356 – Erfurt 80 – Coburg 29.

🏨 **Eschenbach** garni, Häselriether Str. 19, ✉ 98646, ℰ (03685) 7 94 30, Fax (03685) 7943434 – ⧖ ❧ 📺 ☎ 🅿 – 🔏 15. 🖭 ① 🅴 𝒱𝒾𝒮𝒜
27 Z 85/150.

In Gerhardtsgereuth *N : 6 km :*

🏨 **Am Schwanenteich** 🤏, Am Schwanenteich, ✉ 98646, ℰ (03685) 70 07 44, Fax (03685) 700746, 🏤, ≘s, 🐎 – ⧖ 📺 ☎ 🅿 – 🔏 20. 🖭 ① 🅴 𝒱𝒾𝒮𝒜
Menu à la carte 28/45 – **27 Z** 105/150 – ½ P 20.

HILDEN Nordrhein-Westfalen **417** M 4, **987** ㉕ – 54 000 Ew – Höhe 46 m.
Berlin 547 – Düsseldorf 18 – Köln 40 – Solingen 12 – Wuppertal 26.

🏛 **Am Stadtpark,** Klotzstr. 22, ✉ 40721, 𝄢 (02103) 57 90, Fax (02103) 579102, ⇌s,
⬛ – |🛗| 📺 ⅙ ⇔ 🅿 – 🏛 40. 🆎 ⓪ ⅇ 𝗩𝗜𝗦𝗔
Menu (Samstagmittag geschl.) à la carte 49/77 – **105 Z** 129/295.

🏨 **Rema-Hotel Forum** garni, Liebigstr. 19, ✉ 40721, 𝄢 (02103) 5 60 32,
Fax (02103) 52841, 🛁, ⇌s – |🛗| ⅞ 📺 ☎ ⇔ 🅿 – 🏛 30. 🆎 ⓪ ⅇ 𝗩𝗜𝗦𝗔 𝗝𝗖𝗕
50 Z 170/390.

🏨 **Bellevue,** Schwanenstr. 27 (Ecke Berliner Str.), ✉ 40721, 𝄢 (02103) 50 30,
Fax (02103) 503444 – |🛗|, ⅞ Zim, 📺 ☎ ⇔ 🅿 – 🏛 80. 🆎 ⓪ ⅇ 𝗩𝗜𝗦𝗔 𝗝𝗖𝗕
Menu à la carte 39/65 – **93 Z** 169/349.

HILDERS Hessen **418 420** O 14, **987** ㉗ – 5 200 Ew – Höhe 460 m – Luftkurort – Wintersport :
500/700 m ⅟1 ⅟3.
🛈 Verkehrsamt, Schulstr. 2, ✉ 36115, 𝄢 (06681) 91 91 99, Fax (06681) 7613.
Berlin 427 – Wiesbaden 200 – Fulda 29 – Bad Hersfeld 54.

🏠 **Engel,** Marktstr. 12, ✉ 36115, 𝄢 (06681) 97 70, Fax (06681) 977300, ⇌s – ⅞ Zim,
📺 ☎ – 🏛 80. 🆎 ⓪ ⅇ 𝗩𝗜𝗦𝗔. ⅞ Rest
Menu (Sonntagabend geschl.) à la carte 28/50 – **27 Z** 66/132.

🏠 **Hohmann,** Obertor 2, ✉ 36115, 𝄢 (06681) 2 96, Fax (06681) 7161, Biergarten – ☎
⇔ Feb. und Nov. je 2 Wochen geschl. – **Menu** (Nov. - März Mittwoch geschl.) à la carte 24/43
– **16 Z** 57/97.

HILDESHEIM Niedersachsen **416 417 418** J 13, **987** ⑯ – 106 500 Ew – Höhe 89 m.
Sehenswert : Dom★ (Kunstwerke★, Kreuzgang★) Z – St. Michaelis-Kirche★ Y –
Roemer-Pelizaeus-Museum★ Z **M1** – St. Andreas-Kirche (Fassade★) Z **B** – Antoniuskapelle
(Lettner★) Z **A** – St. Godehardikirche★ Z – Marktplatz★ (Knochenhaueramtshaus★,
Renaisanceerker★ am Tempelhaus) Y.
🛈 Verkehrsverein, Am Ratsbauhof 1c, ✉ 31134, 𝄢 (05121) 1 59 95, Fax (05121) 31704.
ADAC, Zingel 39, ✉ 31134, 𝄢 (05121) 1 20 43, Fax (05121) 39970.
Berlin 276 ④ – Hannover 36 ② – Braunschweig 51 ④ – Göttingen 91 ④

Stadtplan siehe gegenüberliegende Seite

🏛 **Forte Hotel,** Markt 4, ✉ 31134, 𝄢 (05121) 30 00, Fax (05121) 300444, 🌭, 🛁, ⇌s,
⬛ – |🛗|, ⅞ Zim, 📺 ⅙ – 🏛 120. 🆎 ⓪ ⅇ 𝗩𝗜𝗦𝗔   Y e
Menu à la carte 43/70 – **109 Z** 162/470.

🏨 **Schweizer Hof** garni, Hindenburgplatz 6, ✉ 31134, 𝄢 (05121) 3 90 81,
Fax (05121) 38757 – |🛗| ⅞ 📺 ☎. 🆎 ⓪ ⅇ 𝗩𝗜𝗦𝗔   Z a
55 Z 165/350.

🏨 **Gollart's-Hotel Deutsches Haus** garni, Bischof-Janssen-Str. 5, ✉ 31134,
𝄢 (05121) 1 58 90, Fax (05121) 34064, ⇌s, ⬛ – |🛗| 📺 ☎ ⅏ 🅿. 🆎 ⅇ 𝗩𝗜𝗦𝗔   Y f
47 Z 150/290, 3 Suiten.

🏠 **Bürgermeisterkapelle,** Rathausstr. 8, ✉ 31134, 𝄢 (05121) 1 40 21,
Fax (05121) 38813 – |🛗| 📺 ☎ ⇔ – 🏛 20. 🆎 ⓪ ⅇ 𝗩𝗜𝗦𝗔   Y v
Menu à la carte 32/56 – **40 Z** 100/210.

In Hildesheim-Moritzberg :

🏨 **Parkhotel Berghölzchen** ⅗, Am Berghölzchen 1, ✉ 31139, 𝄢 (05121) 97 90,
Fax (05121) 979400, ≤, 🌭 – |🛗|, ⅞ Zim, 📺 ☎ ⅏ ⅙ 🅿 – 🏛 300. 🆎 ⓪ ⅇ 𝗩𝗜𝗦𝗔
Menu à la carte 38/65 – **80 Z** 180/298.   X a

In Hildesheim-Ochtersum :

🏠 **Am Steinberg** garni, Adolf-Kolping-Str. 6, ✉ 31139, 𝄢 (05121) 26 11 42,
Fax (05121) 267755 – ⅞ 📺 ☎ ⅏ 🅿. 🆎 ⓪ ⅇ 𝗩𝗜𝗦𝗔. ⅞   X s
28 Z 95/185.

Im Steinberg-Wald SW : 5 km, über Kurt-Schumacher-Str. X , 1 km hinter Ochtersum rechts
abbiegen :

XXX **Kupferschmiede,** Steinberg 6, ✉ 31139 HI-Ochtersum, 𝄢 (05121) 26 30 25,
⅏ Fax (05121) 263070, 🌭 – 🅿. 🆎 ⓪ ⅇ 𝗩𝗜𝗦𝗔
Sonntag - Montag (außer Ostern, Pfingsten und Weihnachten) geschl. – **Menu** (bemer-
kenswerte Weinkarte) 48/80 und à la carte (auch vegetarisches Menu)
Spez. Gänseleberguglhupf in Trüffelgelee. Zanderfilet mit Bohnenkernen und Koriander.
Deichlammrücken unter der Kräuterkruste.

HILDESHEIM

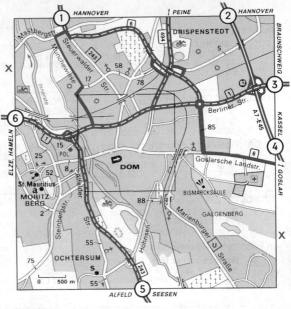

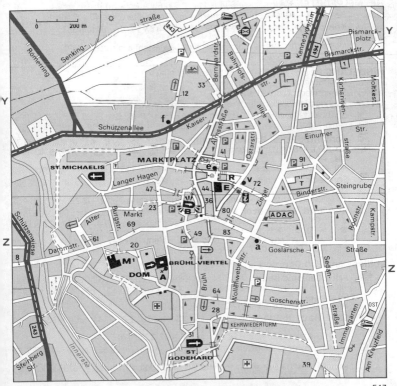

In Diekholzen S : 9 km über Kurt-Schumacher-Str. X :

🏛 **Gasthof Jörns,** Marienburger Str.41, ✉ 31199, ✆ (05121) 2 07 00,
Fax (05121) 207009 – 📺 ☎ 🅿 – 🔏 70. 🇪 𝖵𝖨𝖲𝖠 . ⫫ Zim
22. Dez. - 6. Jan. geschl. – **Menu** (Dienstag geschl.) (wochentags nur Abendessen) à la carte
25/45 – **19 Z** 70/160.

HILLESHEIM Rheinland-Pfalz **417** P 4 – 2 300 Ew – Höhe 485 m.
🛏 Hillesheim-Berndorf, Kölner Straße, ✆ (06593) 12 41.
🛈 Verkehrsverein, im Rathaus, ✉ 54576, ✆ (06593) 8 01 16, Fax (06593) 80118.
Berlin 666 – Mainz 182 – Koblenz 91.

🏛🏛 **Golf- und Sporthotel Augustiner Kloster,** Augustiner Str. 2, ✉ 54576,
✆ (06593) 98 10, Fax (06593) 981450, 🎇, Massage, ↦, ≘s, 🔲 – 🛗, 🖂 Zim, 📺 ☜
🔥 🅿 – 🔏 40. 🆎 ⑩ 🇪 𝖵𝖨𝖲𝖠 . ⫫ Rest
Menu à la carte 39/74 – **53 Z** 165/260.

HILPOLTSTEIN Bayern **419 420** S 17, **987** ㉘ – 11.500 Ew – Höhe 384 m.
🛈 Verkehrsamt, Haus des Gastes, Maria-Dorothea-Str. 8, ✉ 91161, ✆ (09174) 90 42,
Fax (09174) 9044.
Berlin 457 – München 134 – Nürnberg 40 – Ingolstadt 59 – Ansbach 54.

In Hilpoltstein-Sindersdorf SO : 6 km :

🏛 **Sindersdorfer Hof,** Sindersdorf 26, ✉ 91161, ✆ (09179) 62 56, Fax (09179) 6549,
🎇 – 🚗 🅿. 🆎 ⑩ 🇪 𝖵𝖨𝖲𝖠 . ⫫ Rest
Mai - Juni 2 Wochen und Mitte Nov. - Anfang Dez. geschl. – **Menu** (Montag geschl.)
à la carte 25/55 – **25 Z** 58/118.

HIMMELPFORTEN Niedersachsen **415** F 11 – 2 500 Ew – Höhe 10 m.
Berlin 361 – Hannover 176 – Bremerhaven 68 – Bremervörde 40 – Stade 10.

✕✕ **Kamphof,** Hauptstr. 28, ✉ 21709, ✆ (04144) 33 31, Fax (04144) 3331
🎇 – 🅿
Montag geschl. – **Menu** (wochentags nur Abendessen) à la carte 49/69.

HINDELANG Bayern **419 420** X 15, **987** ㉙ – 5 000 Ew – Höhe 850 m – Kneippkurort – Heil-
klimatischer Kurort – Wintersport : 850/1600 m ⚡16 🎿12.
Sehenswert : Lage★ des Ortes.
Ausflugsziel : Jochstraße★★ : Aussichtskanzel ≤★, NO : 8 km.
🛈 Kurverwaltung, Rathaus, Marktstr. 9, ✉ 87541, ✆ (08324) 89 20, Fax (08324) 8055.
Berlin 730 – München 161 – Kempten (Allgäu) 35 – Oberstdorf 22.

🏛🏛 **Romantik Hotel Bad-Hotel Sonne,** Marktstr. 15, ✉ 87541, ✆ (08324) 89 70,
Fax (08324) 897499, 🎇, Massage, ↯, ≈, ≘s, 🔲, 🛋 – 🛗 📺 ☎ 🚗 🅿. 🆎 ⑩ 🇪
𝖵𝖨𝖲𝖠 . ⫫ Rest
Anfang - Mitte Dez. geschl. – **Menu** à la carte 48/78 – **57 Z** 90/248 – ½ P 38.

🏛🏛 **Sonneck** ⚘, Rosengasse 10, ✉ 87541, ✆ (08324) 9 31 10, Fax (08324) 8798, ≤, 🎇,
🔲, 🛋 – 🛗 📺 ☎ 🅿. ⫫ Rest
15. Nov. - 20. Dez. geschl. – **Menu** (Montag geschl.) à la carte 39/62 – **23 Z** 85/260 – ½ P 20.

🏛🏛 **Kur- und Sporthotel** ⚘ (Appartement-Hotel), Zillenbachstr. 50, ✉ 87541,
✆ (08324) 98 40, Fax (08324) 984728, ≤, 🎇, Massage, ↯, ↦, ≈, ≘s, 🔲 – 🛗 📺
☎ 🚗 🅿. 🆎 ⑩ 🇪 𝖵𝖨𝖲𝖠 . ⫫ Rest
2. März - 2. April und 12. Okt. - 19. Dez. geschl. – **Menu** (Montag - Freitag nur Abendessen)
à la carte 38/65 – **103 Z** 98/176 – ½ P 11.

In Hindelang-Bad Oberdorf O : 1 km :

🏛🏛🏛 **Prinz-Luitpold-Bad** ⚘, ✉ 87541, ✆ (08324) 89 00, Fax (08324) 890379, ≤ Allgäuer
Alpen und Bad Oberdorf, Massage, ↯, ↦, ≘s, 🔲 (geheizt), 🖂, ↦, ✕ – 🛗, ⫫ Rest,
📺 🚗 🅿. ⫫
Menu à la carte 38/68 – **117 Z** 129/340 – ½ P 20.

🏛 **Café Haus Helgard** ⚘ garni, Luitpoldstr. 20, ✉ 87541, ✆ (08324) 20 64,
Fax (08324) 1530, ≤, ↦ – ☎ 🚗 🅿
15. - 30. April und 1. Nov. - 18. Dez. geschl. – **17 Z** 58/170.

🏛 **Alte Schmiede,** Schmittenweg 14, ✉ 87541, ✆ (08324) 25 52, Fax (08324) 1555, 🎇
–
Ende Okt. - Mitte Dez. geschl. – **Menu** (Mittwoch geschl.) à la carte 36/53 (auch vegetarische Gerichte) – **14 Z** 65/130 – ½ P 22.

❌ **Alpengasthof Hirsch** mit Zim, Kurze Gasse 18, ⊠ 87541, ℰ (08324) 3 08,
Fax (08324) 8193 – 🔟 ☎ 🅿 🖭 𝘝𝘐𝘚𝘈 JCB
April - Mai 3 Wochen und Anfang Nov. - Mitte Dez. geschl. – **Menu** *(Freitag - Samstagmittag
geschl.)* à la carte 30/52 – **8 Z** 60/160 – ½ P 20.

In Hindelang-Oberjoch *NO : 7 km – Höhe 1 130 m*

🏨 **Alpenhotel** ⌂, Am Prinzenwald 3, ⊠ 87541, ℰ (08324) 70 90, Fax (08324) 709200,
≤ Allgäuer Alpen, ⇆, 🔄 – 🛗 ✜ 🔟 ⇔ 🅿 🖭 ① 🈺 𝘝𝘐𝘚𝘈 ✾
Menu à la carte 37/62 – **73 Z** 138/296 – ½ P 39.

🏨 **Lanig** ⌂, Ornachstr. 11, ⊠ 87541, ℰ (08324) 70 80, Fax (08324) 708200, ≤ Allgäuer
Alpen, ⇆, ⊐ (geheizt), 🔄, ☞, ✾ – 🛗 🔟 ☎ 🅿 🖭 🈺 𝘝𝘐𝘚𝘈
Mitte April - Mitte Mai und Mitte Nov. - Mitte Dez. geschl. – **Menu** à la carte 30/56 – **42 Z**
(nur ½ P) 140/350.

🏠 **Pension Sepp Heckelmiller** ⌂, garni, Ornachstr. 8, ⊠ 87541, ℰ (08324) 71 37,
Fax (08324) 7537, ≤ Allgäuer Alpen, 🛁, ⇆, ☞ – ☎ 🅿 ✾
25. April - Mai und 30. Okt. - 20. Dez. geschl. – **23 Z** 69/160.

🏠 **Alpengasthof Löwen**, Paßstr. 17, ⊠ 87541, ℰ (08324) 97 30, Fax (08324) 7515,
☞ – ☎ ⇔ 🅿
nach Ostern - Anfang Mai und Mitte Nov. - Anfang Dez. geschl. – **Menu** *(Mai - Nov. Montag
geschl.)* à la carte 27/54 ⅋ – **37 Z** 70/180 – ½ P 20.

🏠 **Haus Schönblick**, Iselerstr. 2, ⊠ 87541, ℰ (08324) 9 80 40, Fax (08324) 7521, ≤, ⇆,
☞ – 🔟 ☎ 🅿
Mitte Nov. - Mitte Dez. geschl. – **Menu** *(Juli - Sept. Donnerstag geschl.)* à la carte 30/56
– **17 Z** 58/142 – ½ P 27.

In Hindelang-Unterjoch *NO : 11 km :*

🏠 **Edelsberg** ⌂, Am Edelsberg 10, ⊠ 87541, ℰ (08324) 98 00 00, Fax (08324) 980050,
≤, Massage, ♨, 🏊, ⇆, 🔄, ☞ – 🛗 ✜ ☎ 🅿
Mitte Nov. - 21. Dez. geschl. – **Menu** à la carte 31/49 – **26 Z** 82/210 – ½ P 25.

🏠 **Alpengasthof Krone** ⌂, Sorgschrofenstr. 2, ⊠ 87541, ℰ (08324) 75 16,
⇔ *Fax (08324) 7614,* ☞, ⇆, ☞ – 🛗 ⇔ 🅿 🖭 ① 🈺 𝘝𝘐𝘚𝘈 ✾ Rest
2. - 18. Dez. geschl. – **Menu** à la carte 24/66 *(auch vegetarische Gerichte)* – **42 Z** 70/160
½ P 28.

HINTERZARTEN *Baden-Württemberg* 𝟺𝟷𝟿 *W 8 – 2 200 Ew – Höhe 885 m – Heilklimatischer
Kurort – Wintersport : 900/1 230 m* 𝟹 𝟷𝟶.
Ausflugsziel : *Titisee★★ O : 5 km.*

🛈 *Tourist-Information, Freiburger Straße,* ⊠ 79856, ℰ (07652) 12 06 42, Fax (07652)
120649.

Berlin 785 – Stuttgart 161 – Freiburg im Breisgau 24 – Donaueschingen 38.

🏨 **Park-Hotel Adler** ⌂, Adlerplatz 3, ⊠ 79856, ℰ (07652) 12 70, Fax (07652) 127717,
☞, « Park mit Wildgehege », Massage, ⇆, 🔄, ✾ – 🛗 ✜ Zim, 🔟 ⇔ 🅿 – 🔬 80.
🖭 ① 🈺 𝘝𝘐𝘚𝘈 ✾ Rest
Menu à la carte 53/89 – **Adler-Eck** *(auch vegetarische Gerichte)* **Menu** à la carte 43/73
– **78 Z** 185/685, 12 Suiten – ½ P 68.

🏨 **Reppert** ⌂, Adlerweg 21, ⊠ 79856, ℰ (07652) 1 20 80, Fax (07652) 120811, 🛁, ⇆,
🔄, ☞ – 🛗 ✜ 🔟 ☎ ⇔ 🅿 – 🔬 15. 🖭 ① 🈺 𝘝𝘐𝘚𝘈 JCB ✾ Rest
24. Nov. - 12. Dez. geschl. – (nur Abendessen für Hausgäste) – **39 Z** 125/380, 3 Suiten
– ½ P 25.

🏨 **Kesslermühle** ⌂, Erlenbrucker Str. 45, ⊠ 79856, ℰ (07652) 12 90,
Fax (07652) 129159, ≤, Massage, 🛁, ⇆, 🔄, ☞ – 🛗 ✜ Rest, 🔟 ☎ 🅿 🈺 𝘝𝘐𝘚𝘈
✾
Mitte Nov. - Mitte Dez. geschl. – (Restaurant nur für Hausgäste) – **35 Z** 110/290 –
½ P 20.

🏠 **Thomahof**, Erlenbrucker Str. 16, ⊠ 79856, ℰ (07652) 12 30, Fax (07652) 123239, ☞,
🛁, ⇆, 🔄, ☞ – 🛗 🔟 ☎ 🅿 🈺 𝘝𝘐𝘚𝘈 ✾ Rest
Menu 31 (mittags) und à la carte 51/74 – **48 Z** 125/328 – ½ P 30.

🏠 **Sonnenberg** ⌂, garni, Am Kesslerberg 9, ⊠ 79856, ℰ (07652) 1 20 70,
Fax (07652) 120791, ≤, ⇆, 🔄 – 🛗 🔟 ☎ ⇔ 🅿 🖭 ✾ Rest
20 Z 115/230.

🏠 **Bergfried** ⌂, Sickinger Str. 28, ⊠ 79856, ℰ (07652) 12 80, Fax (07652) 12888, 🛁,
⇆, 🔄, ☞ – 🛗 ✜ Zim, 🔟 ⇔ 🅿 ✾ Rest
9. Nov. - 15. Dez. geschl. – (nur Abendessen für Hausgäste) – **37 Z** 99/290 –
½ P 26.

🏨 **Sassenhof** 🐾 garni, Adlerweg 17, ✉ 79856, ℰ (07652) 15 15, Fax (07652) 484, ≘s, 🔲, ✎ - 🛗 📺 🅿 *15. Nov. - 15. Dez. geschl.* – **22 Z** 98/188.

🏨 **Schwarzwaldhof - Gästehaus Sonne**, Freiburger Str. 2, ✉ 79856, ℰ (07652) 1 20 30, Fax (07652) 120322, 🏡, ≘s - 🛗 📺 ☎ ⇔ 🅿 - 🔬 15. ᴇ 𝘝𝘐𝘚𝘈 *April 1 Woche und Mitte Nov. - Mitte Dez. geschl.* – **Menu** *(Dienstag geschl.)* à la carte 26/62 – **40 Z** 90/190 – ½ P 28.

🏨 **Imbery** (mit Gästehaus, 🐾), Rathausstr. 14, ✉ 79856, ℰ (07652) 9 10 30, Fax (07652) 1095, 🏡, ≘s, ✎ - 🛗, ⅙ Rest, 📺 ☎ ⇔ 🅿 *April 2 Wochen geschl.* – **Menu** *(Donnerstag geschl.)* 22 (mittags) und à la carte 35/59 🕯 – **27 Z** 60/174 – ½ P 24.

In Hinterzarten-Alpersbach *W : 5 km :*

🏨 **Esche** 🐾, Alpersbach 9, ✉ 79856, ℰ (07652) 2 11, Fax (07652) 1720, ≤, 🏡, ≘s, ✎ 🚗 - ⅙ Zim, 📺 ☎ ⇔ 🅿 ᴇ 𝘝𝘐𝘚𝘈 *16. Nov. - 4. Dez. geschl.* – **Menu** *(Mittwoch geschl.)* à la carte 33/64 🕯 – **14 Z** 68/156 – ½ P 26.

In Hinterzarten-Bruderhalde *SO : 4 km :*

🏨🏨 **Alemannenhof** 🐾, Bruderhalde 21 (am Titisee), ✉ 79856, ℰ (07652) 9 11 80, Fax (07652) 705, ≤ Titisee, 🏡, ≘s, 🔲, 🚣, ✎ - 🛗, ⅙ Rest, 📺 ☎ 🕹 🅿 - 🔬 15. 🆀 ⑩ ᴇ 𝘝𝘐𝘚𝘈 𝘑𝘊𝘉 **Menu** à la carte 40/75 – **22 Z** 147/270 – ½ P 38.

🏨🏨 **Heizmannshof** 🐾, Bruderhalde 35, ✉ 79856, ℰ (07652) 14 36, Fax (07652) 5468, ≤, 🏡, ✎, ⚒ - 📺 ☎ 🅿 🆀 ⑩ ᴇ 𝘝𝘐𝘚𝘈 ⅍ Rest **Menu** à la carte 28/60 – **13 Z** 120/198 – ½ P 28.

HIRSCHAID Bayern 𝟜𝟙𝟡 𝟜𝟚𝟘 Q 16 – 9 600 Ew – Höhe 250 m.
Berlin 415 – München 218 – Coburg 58 – Nürnberg 47 – Bamberg 13.

🏨🏨 **Göller**, Nürnberger Str. 96, ✉ 96114, ℰ (09543) 82 40, Fax (09543) 824428, 🏡, ≘s, 🔲, ✎ - 🛗 📺 ☎ ⇔ 🅿 - 🔬 60. ᴇ 𝘝𝘐𝘚𝘈 *2. - 7. Jan. geschl.* – **Menu** *(Sonntagabend geschl.)* à la carte 25/58 – **63 Z** 75/150.

🍺 Brauereigasthof Kraus, Luitpoldstr. 11, ✉ 96114, ℰ (09543) 8 44 40, Fax (09543) 844444, 🏡 - 📺 ☎ **20 Z**.

In Buttenheim *SO : 3,5 km :*

🏨 **Landhotel Schloß Buttenheim** 🐾 garni, Schloßstr. 16, ✉ 96155, ℰ (09545) 9 44 70, Fax (09545) 5314 - 📺 ☎ 🅿 ᴇ 𝘝𝘐𝘚𝘈 *24. Dez. - 7. Jan. geschl.* – **8 Z** 80/130.

HIRSCHAU Bayern 𝟜𝟚𝟘 R 19, 𝟡𝟠𝟟 ㉙ – 6 500 Ew – Höhe 412 m.
Berlin 429 – München 70 – Amberg 18 – Regensburg 80 – Weiden 22.

🏨 **Schloß-Hotel**, Hauptstr. 1, ✉ 92242, ℰ (09622) 7 01 00, Fax (09622) 701040, Biergarten - 📺 ☎ ⇔ 🅿 ᴇ 𝘝𝘐𝘚𝘈 𝘑𝘊𝘉 **Menu** *(Donnerstag geschl.)* à la carte 23/52 – **12 Z** 90/165.

🏨 **Josefshaus** 🐾, Kolpingstr. 8, ✉ 92242, ℰ (09622) 16 86, Fax (09622) 5029, Biergarten, ≘s - 📺 ☎ ⇔ 🅿 🆀 ⑩ ᴇ 𝘝𝘐𝘚𝘈 ⅍ **Menu** *(Montag geschl.)* à la carte 26/56 – **12 Z** 70/130.

HIRSCHBACH Bayern siehe Königstein.

HIRSCHBACH Thüringen siehe Suhl.

HIRSCHBERG Baden-Württemberg 𝟜𝟙𝟟 𝟜𝟙𝟡 R 9 – 9 800 Ew – Höhe 110 m.
Berlin 613 – Stuttgart 131 – Darmstadt 50 – Heidelberg 15 – Mannheim 17.

In Hirschberg-Großsachsen :

🏨🏨 **Krone**, Bergstr. 9 (B 3), ✉ 69493, ℰ (06201) 50 50, Fax (06201) 505400, 🏡, ≘s, 🔲 - 🛗 📺 ☎ 🅿 - 🔬 80. 🆀 ⑩ ᴇ 𝘝𝘐𝘚𝘈 **Menu** à la carte 47/80 – **95 Z** 95/180.

🏨 **Haas'sche Mühle**, Talstr. 10, ✉ 69493, ℰ (06201) 5 10 41, Fax (06201) 54961, 🏡, ✎ - 🛗 ☎ 🅿 - 🔬 30. 🆀 ᴇ 𝘝𝘐𝘚𝘈 **Menu** *(Dienstag, Jan. und Juli - Aug. jeweils 2 Wochen geschl.)* à la carte 27/53 – **19 Z** 85/110.

In Hirschberg-Leutershausen :

🏨 **Astron** Ⓜ, Brandenburger Str. 30, ⊠ 69493, ℰ (06201) 50 20, Fax (06201) 57176, 🌭,
⬱s – ⒤, 🐾 Zim, 📺 ☎ ✆ Ⓟ – 🔏 60. ᴀᴇ ⓞ Ⅽ 𝒱𝐼𝑆𝐴 𝒥ᴄʙ
Menu à la carte 40/62 – **114 Z** 190/250.

🏨 **Hirschberg,** Goethestr. 2 (an der B 3), ⊠ 69493, ℰ (06201) 5 96 70,
Fax (06201) 58137, 🌭 – ⒤ 📺 ☎ ⇐⇒ Ⓟ. ᴀᴇ Ⅽ 𝒱𝐼𝑆𝐴
Menu (Nov. - März Sonntag geschl.) (nur Abendessen) à la carte 28/50 – **33 Z** 90/130.

HIRSCHEGG Österreich siehe Kleinwalsertal.

HIRSCHHORN AM NECKAR Hessen 𝟺𝟷𝟽 𝟺𝟷𝟿 R 10 - 4 100 Ew – Höhe 131 m – Luftkurort.
Sehenswert : Burg (Hotelterrasse ⇐★).
🅱 Verkehrsamt, Haus des Gastes, Alleeweg 2, ⊠ 69434, ℰ (06272) 92 31 40, Fax (06272)
1742.
Berlin 621 – Wiesbaden 120 – Heidelberg 23 – Heilbronn 63.

🏰 **Schloß-Hotel** 🦢, Auf Burg Hirschhorn, ⊠ 69434, ℰ (06272) 13 73, Fax (06272) 3267,
⇐ Neckartal, 🌭 – ⒤ 📺 ☎ Ⓟ – 🔏 20. ᴀᴇ Ⅽ 𝒱𝐼𝑆𝐴 𝒥ᴄʙ 🌮 Rest
Mitte Dez. - Anfang Feb. geschl. – **Menu** (im Winter Montag geschl.) à la carte 43/69 –
25 Z 120/215.

🏨 **Haus Burgblick** 🦢 garni, Zur schönen Aussicht 3 (Hirschhorn-Ost), ⊠ 69434,
ℰ (06272) 14 20, ⇐ – Ⓟ. 🌮
Dez. - Jan. geschl. – **8 Z** 55/100.

In Hirschhorn-Langenthal NW : 5 km :

🏨 **Zur Krone,** Waldmichelbacher Str. 29, ⊠ 69434, ℰ (06272) 25 10, Fax (06272) 930293,
🌭 – 🐾 Zim, 📺 ☎ Ⓟ. Ⅽ 𝒱𝐼𝑆𝐴 🌮 Zim
31. Dez. - Mitte Jan. geschl. – **Menu** (Dienstag geschl.) à la carte 25/46 🍸 – **12 Z** 50/98
– ½ P 15.

HITZACKER Niedersachsen 𝟺𝟷𝟻 𝟺𝟷𝟼 G 17, 𝟿𝟾𝟽 ⑰ – 5 700 Ew – Höhe 25 m – Luftkurort.
🅱 Kurverwaltung, Weinbergsweg 2, ⊠ 29456, ℰ (05862) 9 69 70, Fax (05862) 969724.
Berlin 232 – Hannover 142 – Schwerin 89 – Lüneburg 48 – Braunschweig 129.

🏰 **Parkhotel** 🦢, Am Kurpark 3, ⊠ 29456, ℰ (05862) 80 81, Fax (05862) 8350, 🌭, ⬱s,
🔳, 🌳, 🌮 – ⒤ 🐾 Zim, 📺 ☎ 🕭 Ⓟ – 🔏 80. ᴀᴇ ⓞ 𝒱𝐼𝑆𝐴
Menu à la carte 39/63 – **90 Z** 120/198 – ½ P 24.

🏨 **Scholz** 🦢, Prof.-Borchling-Str. 2, ⊠ 29456, ℰ (05862) 95 91 00, Fax (05862) 959222,
🌭, ⬱s – ⒤, 🐾 Zim, 📺 ☎ 🕭 Ⓟ – 🔏 30. ᴀᴇ Ⅽ
Menu à la carte 34/49 – **33 Z** 86/152.

🏨 **Zur Linde,** Drawehnertorstr. 22, ⊠ 29456, ℰ (05862) 3 47, Fax (05862) 345, 🌭 – 📺
☎ ⇐⇒ Ⓟ
Ende Feb. - Ende März geschl. – **Menu** (Donnerstag geschl.) à la carte 27/60 – **10 Z** 65/115
– ½ P 20.

HOCHDORF Baden-Württemberg siehe Biberach an der Riß.

HOCHHEIM AM MAIN Hessen 𝟺𝟷𝟽 P 9 – 17 000 Ew – Höhe 129 m.
Berlin 559 – Wiesbaden 12 – Frankfurt am Main 31 – Darmstadt 32 – Mainz 7.

🏨 **Rheingauer Tor** 🦢 garni, Taunusstr. 9, ⊠ 65239, ℰ (06146) 8 26 20,
Fax (06146) 4000 – ⒤ 🐾 📺 ☎ Ⓟ. ᴀᴇ ⓞ Ⅽ 𝒱𝐼𝑆𝐴 𝒥ᴄʙ
24. Dez. - 10. Jan. geschl. – **25 Z** 115/155.

HOCHKIRCH Sachsen siehe Bautzen.

HOCKENHEIM Baden-Württemberg 𝟺𝟷𝟽 𝟺𝟷𝟿 S 9, 𝟿𝟾𝟽 ⑳ – 17 000 Ew – Höhe 101 m.
Berlin 630 – Stuttgart 113 – Heidelberg 23 – Karlsruhe 50 – Mannheim 24 – Speyer 12.

🏰 **Motodrom,** Hockenheimring, ⊠ 68766, ℰ (06205) 29 80, Fax (06205) 298222, 🌭,
⬱s – ⒤ 📺 ☎ Ⓟ – 🔏 100. ᴀᴇ ⓞ Ⅽ 𝒱𝐼𝑆𝐴 𝒥ᴄʙ
27. Dez.- 11. Jan. geschl. – **Menu** à la carte 36/64 – **55 Z** 119/209.

🏰 **Treff Page Hotel** Ⓜ, Heidelberger Str. 8, ⊠ 68766, ℰ (06205) 29 40 (Hotel),
2 11 54 (Rest.), Fax (06205) 294150, 🌭 – ⒤, 🐾 Zim, 📺 ☎ 🕭 ⇐⇒ – 🔏 800. ᴀᴇ ⓞ
Ⅽ 𝒱𝐼𝑆𝐴
Menu à la carte 37/59 – **80 Z** 150/450.

🏠 **Kanne,** Karlsruher Str. 3, ✉ 68766, ℰ (06205) 9 46 46, Fax (06205) 946444 – 🛗.
⇔ Zim, 📺 ☎ 🅿. 🆎 🅴 *VISA*. 🛇
Menu *(Sonntagabend - Montag sowie Jan. und Nov. jeweils 2 Wochen geschl.)* (wochentags
nur Abendessen) à la carte 27/54 – **28 Z** 93/160.

In Hockenheim-Talhaus *NW : 1,5 km :*

🏠 **Achat** Ⓜ, Gleisstr. 8(nahe der B 36), ✉ 68766, ℰ (06205) 29 70 (Hotel), 10 03 27 (Rest.),
Fax (06205) 297999 – 🛗, ⇔ Zim, 📺 ☎ 🅲 🅿 – 🔬 15. 🆎 🅴 *VISA*
23. Dez. - 1. Jan. geschl. – **La Piazza** (italienische Küche) *(Samstagmittag geschl.)* **Menu**
à la carte 26/66 – **64 Z** 138/265.

In Reilingen *SO : 3 km :*

🏠 **Walkershof** Ⓜ, Hockenheimer Str. 86, ✉ 68799, ℰ (06205) 95 90,
Fax (06205) 959444, 🌧, Massage, 🔬, ⊆s – 🛗, ⇔ Zim, 📼 Rest, 📺 🅲 🕭 🅿 – 🔬 25.
🆎 ⓞ 🅴 *VISA*. 🛇 Rest
26. Dez. - Mitte Jan. geschl. – **Menu** (nur Abendessen) à la carte 44/80 – **118 Z** 260/390.

HOCKENSBÜLL Schleswig-Holstein siehe Husum.

HODENHAGEN Niedersachsen 𝟜𝟙𝟝 𝟜𝟙𝟞 H 12, 𝟿𝟪𝟽 ⑯ – 2 000 Ew – Höhe 26 m.
Berlin 322 – Hannover 62 – Braunschweig 99 – Bremen 70 – Hamburg 106.

🏠 **Domicil Hotel Hudemühle** Ⓜ, Hudemühlen-Burg 18, ✉ 29693, ℰ (05164) 80 90,
Fax (05164) 809199, 🌧, 🔬, ⊆s, 🔲, 🌱 – ⇔ Zim, 📺 ☎ 🅿 – 🔬 120. 🆎 ⓞ 🅴 *VISA*.
🛇 Rest
Menu à la carte 34/62 – **128 Z** 130/350.

HÖCHBERG Bayern siehe Würzburg.

HÖCHENSCHWAND Baden-Württemberg 𝟜𝟙𝟿 W 8 – 2 100 Ew – Höhe 1 008 m – Heilklimatischer
Kurort – Wintersport : 920/1 015 m ⚡ 1 ⚡ 3.
🅱 Kurverwaltung, Haus des Gastes, ✉ 79862, ℰ (07672) 25 47, Fax (07672) 9489.
Berlin 809 – Stuttgart 186 – Donaueschingen 63 – Freiburg im Breisgau 61 – Waldshut-
Tiengen 19.

🏠 **Alpenblick,** St.-Georg-Str. 9, ✉ 79862, ℰ (07672) 41 80, Fax (07672) 418444, 🌧, 🌱
– 🛗 📺 ☎ 🢂 🔬 30. 🅴 *VISA*
Menu à la carte 32/63 *(auch vegetarische Gerichte)* 🍴 – **26 Z** 70/190 – ½ P 25.

🏠 **Pension Nägele,** Bürgermeister-Huber-Str. 11, ✉ 79862, ℰ (07672) 9 30 30,
Fax (07672) 9303154, 🌧, 🌱 – 🛗 📺 ☎ 🢂 🅿. 🅴 *VISA*
Menu à la carte 27/60 – **28 Z** 54/124 – ½ P 22.

🏠 **Steffi** 🢂, Panoramastr. 22, ✉ 79862, ℰ (07672) 8 55, Fax (07672) 9557, ≤, 🌱 – ⇔
📺 ☎ 🅿. 🛇 Rest
(nur Abendessen für Hausgäste) – **18 Z** 80/160 – ½ P 25.

XXX **Hubertusstuben,** Kurhausplatz 1 (Eingang St.-Georg-Straße), ✉ 79862,
ℰ (07672) 41 10, Fax (07672) 411240, 🌧 – 🅿. 🆎 🅴 *VISA*
Dienstag und 7. Jan. - 3. Feb. geschl. – **Menu** à la carte 40/75 🍴.

HÖCHST IM ODENWALD Hessen 𝟜𝟙𝟽 𝟜𝟙𝟿 Q 10, 𝟿𝟪𝟽 ㉗ – 9 800 Ew – Höhe 175 m – Erho-
lungsort.
🅱 Verkehrsamt im Rathaus, Montmelianer Platz 4, ✉ 64739, ℰ (06163) 7 08 23,
Fax (06163) 70832.
Berlin 578 – Wiesbaden 78 – Frankfurt am Main 61 – Darmstadt 33 – Heidelberg 72 –
Aschaffenburg 37.

🏠 **Burg Breuberg,** Aschaffenburger Str. 4, ✉ 64739, ℰ (06163) 51 33,
Fax (06163) 5138, 🌧 – 📺 ☎ 🢂 🅿. 🛇 Zim
Menu à la carte 25/60 🍴 – **23 Z** 90/144.

In Höchst-Hetschbach *NW : 2 km :*

🏠 **Zur Krone,** Rondellstr. 20, ✉ 64739, ℰ (06163) 22 78, Fax (06163) 81572, ⊆s, 🌱 –
📺 ☎ 🢂 🅿 – 🔬 25. 🆎 🅴 *VISA*
Feb. und Nov. jeweils 1 Woche, Juli - Aug. 2 Wochen geschl. – **Menu** *(Donnerstagmittag
und Montag geschl.)* 50/125 und à la carte 35/79 *(auch vegetarisches Menu)* – **20 Z**
75/140 – ½ P 40.

HÖCHSTADT AN DER AISCH Bayern 419 420 Q 16, 987 ㉘ – 13 600 Ew – Höhe 272 m.
Berlin 435 – München 210 – Nürnberg 43 – Bamberg 31 – Würzburg 71.

🏛 **Alte Schranne,** Hauptstr. 3, ✉ 91315, 𝒸 (09193) 34 41, Fax (09193) 3441 – 📺. ⅍
(nur Abendessen für Hausgäste) – **17 Z** 80/140.

In Gremsdorf O : 3 km :

🏛 **Landgasthof Scheubel,** Hauptstr. 1 (B 470), ✉ 91350, 𝒸 (09193) 34 44,
😙 Fax (09193) 2589, 🏤 – 📺 🕾 🖘 ❹ – 🔬 50. ☒ VISA
Menu à la carte 24/52 – **33 Z** 75/118.

An der Autobahn A 3 NW : 12 km :

🏛 **Rasthaus-Motel Steigerwald,** Autobahn-Südseite, ✉ 96193 Wachenroth,
𝒸 (09548) 4 33, Fax (09548) 435, 🏤 – 📳 ⮌, ▤ Rest, 🕾 ❹. ☒ ☒ VISA
Menu (auch Self-Service) à la carte 28/59 – **43 Z** 120/160.

HÖFEN AN DER ENZ Baden-Württemberg 419 T 9 – 1 900 Ew – Höhe 366 m – Luftkurort.
🚹 Verkehrsbüro, Rathaus, ✉ 75339, 𝒸 (07081) 7 84 23, Fax (07081) 78450.
Berlin 680 – Stuttgart 68 – Karlsruhe 44 – Freudenstadt 48 – Pforzheim 18 –
Baden-Baden 38.

🏨 **Schwarzwaldhotel Hirsch,** Alte Str. 40, ✉ 75339, 𝒸 (07081) 95 90,
Fax (07081) 959159, 🏤 – 📳 📺 🕾 🖘 ❹ – 🔬 50. ☒ ⓪ ☒ VISA
Menu (Montag geschl.) à la carte 37/74 (auch vegetarische Gerichte) – **20 Z** 98/170 –
½ P 25/34.

🏨 **Ochsen,** Bahnhofstr. 2, ✉ 75339, 𝒸 (07081) 79 10, Fax (07081) 791100, 🏤, 🕾, 🔲,
🚇 – 📳 📺 🕾 🖘 ❹ – 🔬 35. ⓪ ☒ VISA
Menu à la carte 34/63 – **59 Z** 70/150, 3 Suiten – ½ P 26.

🏛 **Bussard** garni, Bahnhofstr. 24, ✉ 75339, 𝒸 (07081) 52 68, Fax (07081) 7493, 🚇 – 📳
📺 🖘 ❹
Jan. geschl. – **24 Z** 55/130.

HÖFGEN Sachsen siehe Grimma.

HÖGERSDORF Schleswig-Holstein siehe Segeberg, Bad.

HÖHR-GRENZHAUSEN Rheinland-Pfalz 417 O 7 – 9 100 Ew – Höhe 260 m.
Berlin 584 – Mainz 94 – Koblenz 19 – Limburg an der Lahn 35.

🏨 **Heinz** 🐾, Bergstr. 77, ✉ 56203, 𝒸 (02624) 30 33, Fax (02624) 5974, 🏤, Massage,
♨, 🕾, 🔲, 🚇, ⅍ – 📳 📺 🕾 🖕 🖘 ❹ – 🔬 40. ☒ ⓪ ☒ VISA
22. - 26. Dez. geschl. – **Menu** à la carte 37/62 – **64 Z** 95/275.

Im Stadtteil Grenzau N : 1,5 km :

🏨 **Sporthotel Zugbrücke** 🐾, im Brexbachtal, ✉ 56203, 𝒸 (02624) 10 50,
Fax (02624) 105462, 🏤, Massage, 🖐, 🕾, 🔲, 🚇 – 📳, ⮌ Zim, 📺 🕾 🖕 ❹ – 🔬 140.
☒ ⓪ ☒ VISA. ⅍ Rest
Menu à la carte 38/62 – **138 Z** 89/265.

HÖNNINGEN, BAD Rheinland-Pfalz 417 O 5, 987 ㉘ – 6 000 Ew – Höhe 65 m – Heilbad.
🚹 Verkehrsamt, Neustr. 2a, ✉ 53557, 𝒸 (02635) 22 73, Fax (02635) 2736.
Berlin 617 – Mainz 125 – Koblenz 37 – Bonn 35.

🏛 **St. Pierre,** Hauptstr. 138, ✉ 53557, 𝒸 (02635) 20 91, Fax (02635) 2093 – 📺 🕾 📞
🖘 ❹. ☒ ⓪ ☒ VISA
(Restaurant nur für Hausgäste) – **20 Z** 90/180 – ½ P 25.

🏛 **Zum Bären,** Bischof-Stradmann-Str. 10, ✉ 53557, 𝒸 (02635) 9 51 90,
Fax (02635) 951995 – 📳 📺 🕾 – 🔬 40. ☒ ⓪ ☒ VISA
Menu à la carte 26/47 – **32 Z** 50/160.

HÖNOW Brandenburg 416 418 I 24 – 3 000 Ew – Höhe 45 m.
Berlin 19 – Potsdam 60 – Frankfurt (Oder) 82.

🏨 **Andersen** garni (3. Etage), Mahlsdorfer Str. 61a, ✉ 15366, 𝒸 (030) 99 23 20,
Fax (030) 99232300 – 📳 ⮌ 📺 🕾 📞. ☒ ⓪ ☒ VISA
50 Z 149/210.

🏛 **Landhaus Honow,** Dorfstr. 23, ✉ 15366, 𝒸 (03342) 8 32 16(Hotel) 36 92 27(Rest.),
Fax (03342) 300938 – 📺 🕾 📞 ❹. ☒ VISA
Menu à la carte 28/40 – **19 Z** 95/150.

HÖRBRANZ Österreich siehe Bregenz.

HOERNITZ Sachsen siehe Zittau.

HÖRSTEL Nordrhein-Westfalen �415 �417 J 6 – 17000 Ew – Höhe 45 m.
Berlin 464 – Düsseldorf 178 – Münster (Westfalen) 44 – Osnabrück 46 – Rheine 10.

In Hörstel-Bevergern SW : 3 km :

🏠 **Saltenhof** 🦢, Kreimershoek 71, ✉ 48477, 🏠 (05459) 40 51, Fax (05459) 1251, 🌄,
🚗 – 📺 ☎ 🅿. 🆎 ⓪ 🅴 *VISA*.
Menu *(Donnerstagmittag und 3. - 22. Jan. geschl.)* à la carte 39/64 *(auch vegetarische
Gerichte)* – **12 Z** 85/180.

In Hörstel-Riesenbeck SO : 6 km :

🏠 **Schloßhotel Surenburg** 🦢, Surenburg 13 (SW : 1,5 km), ✉ 48477,
🏠 (05454) 70 92, Fax (05454) 7251, 🌄, ⌾s, 🄳, 🚗 – 📺 ☎ 🅿 – 🔬 50. 🆎 ⓪ 🅴
VISA
Menu à la carte 38/71 – **23 Z** 115/180.

HÖSBACH Bayern siehe Aschaffenburg.

HÖVELHOF Nordrhein-Westfalen �417 K 9 – 12000 Ew – Höhe 100 m.
Berlin 413 – Düsseldorf 189 – Detmold 30 – Hannover 129 – Paderborn 14.

🏠 **Gasthof Förster-Hotel Victoria,** Bahnhofstr. 35, ✉ 33161, 🏠 (05257) 30 18,
Fax (05257) 6578, 🌄 – 📺 ☎ 🖐 🅿 – 🔬 200. 🆎 🅴 *VISA*. 🛇
Menu *(Juli 3 Wochen geschl.)* à la carte 41/62 – **24 Z** 80/170.

XX **Gasthof Brink** mit Zim, Allee 38, ✉ 33161, 🏠 (05257) 32 23 – 📺 ☎ 🚗 🅿. 🛇
Anfang - Mitte Jan. und Juli geschl. – **Menu** *(Montag geschl.)* (nur Abendessen, Tischbestellung ratsam) à la carte 50/93 – **9 Z** 78/160.

HÖXTER Nordrhein-Westfalen �417 K 12, 🄎🄎🄎 ⑯ – 35000 Ew – Höhe 90 m.
Sehenswert : Kilianskirche (Kanzel★★) – Fachwerkhäuser★.
Ausflugsziele : Wesertal★ (von Höxter bis Hann. Münden) – Corvey : Westwerk★.
🖪 Fremdenverkehrsamt (Historisches Rathaus) Weserstr.11, ✉ 37671,
🏠 (05271) 96 34 31, Fax (05271) 963435.
Berlin 362 – Düsseldorf 225 – Hannover 86 – Kassel 70 – Paderborn 55.

🏠 **Niedersachsen,** Grubestr. 7, ✉ 37671, 🏠 (05271) 68 80, Fax (05271) 688444, 🌄,
⌾s, 🄳 – Zim, 📺 ☎ 🖐 🅿 – 🔬 45. 🆎 ⓪ 🅴 *VISA*
Menu à la carte 42/57 – **80 Z** 99/232.

🏠 **Weserberghof,** Godelheimer Str. 16, ✉ 37671, 🏠 (05271) 9 70 80,
Fax (05271) 970888, 🌄 – 📺 ☎ 🚗 🅿 – 🔬 25. 🆎 ⓪ 🅴 *VISA*. 🛇
Entenfang *(Montag geschl.)* **Menu** à la carte 34/70 – **18 Z** 75/180.

In Höxter-Ovenhausen W : 7 km – Erholungsort :

🏠 **Haus Venken,** Hauptstr. 11, ✉ 37671, 🏠 (05278) 2 79, Fax (05278) 350, 🌄, 🚗 –
🐎 ⌾ ☎ 🚗 🅿. 🛇 Rest
Feb. geschl. – **Menu** *(Dienstag geschl.)* à la carte 23/45 👶 – **28 Z** 64/118.

In Höxter-Stahle NO : 9 km :

🏠 **Kiekenstein,** Heinser Str. 74 (B 83), ✉ 37671, 🏠 (05531) 40 08, Fax (05531) 3197, ≤,
🌄 – 📺 ☎ 🚗 🅿 – 🔬 60
Menu à la carte 30/62 – **13 Z** 60/130.

HOF Bayern 🄎🄎🄎 🄎🄎🄎 P 19, 🄎🄎🄎 ㉙ – 53000 Ew – Höhe 495 m.
🖪 Gattendorf-Haidt (über die B 173 Y), 🏠 (09281) 4 37 49.
✈ Hof, SW : 5 Km, über ① und B 2, 🏠 (09292) 54 09.
🖪 Tourist-Information, Karolinenstr. 40, ✉ 95028, 🏠 (09281) 81 52 70, Fax (09281)
815499.
Berlin 317 ③ – München 283 ② – Bayreuth 55 ② – Nürnberg 133 ②

Stadtplan siehe gegenüberliegende Seite

🏛 **Central,** Kulmbacher Str. 4, ✉ 95030, 🏠 (09281) 60 50, Fax (09281) 62440, ⌾s – 🛗,
🖐 Zim, 📺 🖐 🅿 – 🔬 400. 🆎 ⓪ 🅴 *VISA*. 🛇 Rest   Y h
Hofer Stuben : Menu à la carte 31/51 – **Kastaniengarten** *(nur Abendessen, Sonntag
geschl.)* **Menu** à la carte 44/67 – **104 Z** 130/195.

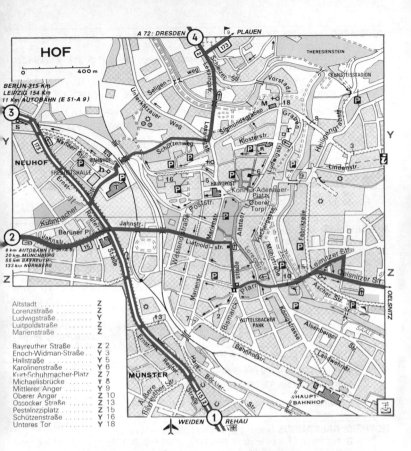

🏨 **Nestor êlan** Ⓜ, Ernst-Reuter-Straße 137, ⊠ 95030, ℰ (09281) 70 30, Fax (09281) 703113, 🍴, ⇌ – 🛗, ⇚ Zim, 🍽 Zim, 📺 ☎ 📶 🔔 🅿 – 🔬 70. 🆎 ⓪ 🗲 VISA
Y s
Menu à la carte 27/60 – **111 Z** 135/175.

🏨 **Strauß** (mit Gästehaus), Bismarckstr. 31, ⊠ 95028, ℰ (09281) 20 66, Fax (09281) 8444, Biergarten – 🛗 📺 ☎ 🚗 🅿 – 🔬 50. 🗲 VISA
Z u
Menu à la carte 26/61 – **54 Z** 82/170.

🏛 **Am Maxplatz** ⌖ garni, Maxplatz 7, ⊠ 95028, ℰ (09281) 17 39, Fax (09281) 87913 – 📺 ☎ 🚗. 🆎 🗲 VISA
Y r
18 Z 95/155.

In Hof-Haidt NO : 3,5 km :

🏨 **Gut Haidt,** Plauener Str. 123 (B 173), ⊠ 95028, ℰ (09281) 73 10, Fax (09281) 731100, Biergarten, ⇌ – 🛗, ⇚ Zim, 📺 ☎ 📶 🔔 🚗 🅿 – 🔬 50. 🆎 ⓪ 🗲 VISA
Menu à la carte 37/70 – **47 Z** 140/180, 4 Suiten.

In Hof-Unterkotzau ③ : 3 km, über Hofecker Straße Richtung Hirschberg :

🏨 **Brauereigasthof Falter,** Hirschberger Str. 6, ⊠ 95030, ℰ (09281) 68 44, Fax (09281) 61178, Biergarten – 📺 ☎ 🅿 – 🔬 80
Menu à la carte 24/50 – **26 Z** 85/170.

HOF Österreich siehe Salzburg.

HOFBIEBER Hessen 🔲🔲🔲 O 13 – 5 500 Ew – Höhe 400 m – Luftkurort.
- 🚉 Hofbieber *𝒫 (06657) 13 34.*
- 🛈 *Fremdenverkehrsbüro, im Haus des Gastes, Schulweg 5,* ⊠ *36145, 𝒫 (06657) 9 87 20, Fax (06657) 98732.*
- *Berlin 434 – Wiesbaden 209 – Fulda 13 – Bad Hersfeld 40.*

🏠 **Sondergeld,** Lindenplatz 4, ⊠ 36145, 𝒫 (06657) 3 76, Fax (06657) 376, 🍽 – 📺
🛵 ℗
Nach Fastnacht 2 Wochen geschl. – **Menu** *(Mittwoch geschl.)* à la carte 23/53 – **14 Z** 60/96.

🏠 **Kiesbergquelle,** Langenbieberer Str. 3, ⊠ 36145, 𝒫 (06657) 2 38, Fax (06657) 1808,
🛵 Biergarten – 📺 ℗
Jan. 3 Wochen und Sep. - Okt. 1 Woche geschl. – **Menu** *(Dienstag geschl.)* à la carte 21/40
🍷 – **9 Z** 58/100.

In Hofbieber-Fohlenweide *SO : 5 km über Langenbieber :*

🏨 **Fohlenweide** ⓢ, ⊠ 36145, 𝒫 (06657) 98 80, Fax (06657) 988100, 🍽, 🌳, ✗ – 📺
☎ 🎣 ℗ – 🛎 25
Menu à la carte 40/63 – **27 Z** 115/199 – ½ P 28.

HOFGEISMAR Hessen 🔲 L 12, 🔲🔲 ⑯ – 17 000 Ew – Höhe 156 m.
- 🛈 *Stadtverwaltung, Markt 1,* ⊠ *34369, 𝒫 (05671) 99 90 34, Fax (05671) 999200.*
- *Berlin 407 – Wiesbaden 245 – Kassel 24 – Paderborn 63.*

🏠 **Zum Alten Brauhaus,** Marktstr. 12, ⊠ 34369, 𝒫 (05671) 30 81, Fax (05671) 3083
🛵 – 🔌 ☎ ℗ 🖭 ⓪ 🅴 𝑉𝐼𝑆𝐴
27. Dez. - 10. Jan. geschl. – **Menu** *(Sonntagabend und Dienstag geschl.)* à la carte 24/46
🍷 – **21 Z** 58/120.

In Hofgeismar-Sababurg *NO : 14 km :*

🏨 **Dornröschenschloß Sababurg** ⓢ (Burganlage a.d. 14. Jh. mit Trauzimmer, Standesamt und Burgtheater), ⊠ 34369, 𝒫 (05671) 80 80, Fax (05671) 808200, ≼, Tierpark mit Jagdmuseum, « Burgterrasse », 🍽 – 📺 ☎ ℗ – 🛎 30. 🖭 ⓪ 🅴 𝑉𝐼𝑆𝐴
Menu à la carte 50/74 – **17 Z** 180/380.

In Hofgeismar-Schöneberg *NO : 4 km :*

🏠 **Reitz,** Bremer Str. 17 (B 83), ⊠ 34369, 𝒫 (05671) 55 91, Fax (05671) 40699 – 📺 ☎
℗ 🅴 𝑉𝐼𝑆𝐴
Menu *(Montag geschl.)* à la carte 25/55 – **9 Z** 48/95.

HOFHEIM AM TAUNUS Hessen 🔲 P 9 – 36 000 Ew – Höhe 150 m.
- 🛈 *Kulturamt, Elisabethenstr. 3,* ⊠ *65719, 𝒫 (06192) 20 23 92, Fax (06192) 900331.*
- *Berlin 550 – Wiesbaden 20 – Frankfurt am Main 22 – Limburg an der Lahn 54 – Mainz 20.*

🏨 **Burkartsmühle** ⓢ, Kurhausstr. 71, ⊠ 65719, 𝒫 (06192) 96 80, Fax (06192) 968261,
🍽, 🚂, 🏊, 🌳, ✗(Halle) – 🔌 📺 ☎ ℗ – 🛎 30. 🖭 ⓪ 🅴 𝑉𝐼𝑆𝐴
Menu *(Sonntagabend geschl.)* (Tischbestellung ratsam) à la carte 47/75 – **28 Z**
185/260.

🏨 **Dreispitz,** In der Dreispitz 6 (an der B 519), ⊠ 65719, 𝒫 (06192) 9 65 20,
Fax (06192) 26910, 🍽 – 📺 ☎ ℗ 🅴 𝑉𝐼𝑆𝐴
Juli - Aug. 4 Wochen geschl. – **Menu** *(Donnerstag - Freitag geschl.)* (wochentags nur Abendessen) à la carte 26/53 – **24 Z** 100/200.

✗✗ **Die Scheuer,** Burgstr. 12, ⊠ 65719, 𝒫 (06192) 2 77 74, Fax (06192) 1892, 🍽,
« Gemütlich-rustikale Einrichtung » – 🖭 ⓪ 🅴 𝑉𝐼𝑆𝐴
Menu *(abends Tischbestellung erforderlich)* à la carte 63/95.

✗✗ **L' Opera,** Langgasse 3 (Kramer-Passage), ⊠ 65719, 𝒫 (06192) 55 80, Fax (06192) 5580,
🍽 – 🖭 ⓪ 🅴 𝑉𝐼𝑆𝐴
Menu (italienische Küche) à la carte 48/68.

In Hofheim-Diedenbergen *SW : 3 km :*

🏨 **Treff Hansa Hotel Rhein-Main,** Casteller Str. 106, ⊠ 65719, 𝒫 (06192) 95 00,
Fax (06192) 3000, 🍽, 🚂 – 🔌, ❄ Zim, 🍴 Rest, 📺 ☎ ✆ 🚫 ℗ – 🛎 200. 🖭 ⓪ 🅴
𝑉𝐼𝑆𝐴
Menu à la carte 37/69 – **157 Z** 215/305.

✗✗ **Völker's** mit Zim, Marxheimer Str. 4, ⊠ 65719, 𝒫 (06192) 30 65, Fax (06192) 39060,
Biergarten – 📺 ☎ ℗ 🖭 ⓪ 🅴 𝑉𝐼𝑆𝐴
Menu *(Samstagmittag und Mittwoch geschl.)* à la carte 58/87 – **Bistro Taunusstuben** :
Menu à la carte 36/61 – **12 Z** 95/190.

In Hofheim-Marxheim S : 2 km :

🏠 **Löwenhof,** Schulstr. 5, ⊠ 65719, ℰ (06192) 9 93 00, Fax (06192) 993099 – 📺 ☎ 🅿
    – ≜ 20
    24. - 30. Dez. geschl. – **Menu** (Sonntagabend geschl.) (wochentags nur Abendessen)
    à la carte 31/62 – **21 Z** 110/255.

In Hofheim-Wildsachsen NW : 9 km :

🍴 **Alte Rose,** Altwildsachsen 37, ⊠ 65719, ℰ (06198) 83 82, Fax (06198) 34169,
    « Gartenterrasse » – ⇔, 🆎 ⓞ 🇪 💳
    Menu (wochentags nur Abendessen) à la carte 35/75 (auch vegetarische Gerichte).

In Kriftel SO : 2 km :

🏠 **Mirabell** garni, Richard-Wagner-Str. 33, ⊠ 65830, ℰ (06192) 4 20 88,
    Fax (06192) 45169, ⇔, 🖥 – 📳, ⇔ Zim, 📺 ☎ ⇦. 🇪 💳. ✄
    Weihnachten - Anfang Jan. geschl. – **45 Z** 115/240.

HOFHEIM IN UNTERFRANKEN Bayern 🔢 🔢 P 15, 🔢 ㉘ – 6 500 Ew – Höhe 265 m.
    Berlin 450 – München 284 – Coburg 42 – Bamberg 49 – Schweinfurt 30.

In Hofheim-Rügheim S : 3 km :

🏠 **Landhotel Hassberge** ⇘, Schloßweg 1, ⊠ 97461, ℰ (09523) 92 40,
    Fax (09523) 924100, 🏡, ⇔ – 📳 📺 ☎ 🅿 – ≜ 40. 🆎 ⓞ 🇪 💳. ✄ Rest
    Anfang - Mitte Aug. geschl. – **Menu** à la carte 29/50 ♨ – **56 Z** 92/135.

HOHENAU Bayern 🔢 T 24 – 3 400 Ew – Höhe 806 m.
    🅱 Rathaus, ⊠ 94545, ℰ (08558) 96 04 44, Fax (08558) 2489.
    Berlin 514 – München 198 – Passau 41 – Regensburg 135.

In Hohenau-Bierhütte SO : 3 km :

🏠 **Romantik Hotel Bierhütte** (bäuerlicher Barockbau a.d. 16. Jh. mit 2 Gästehäusern),
    (nahe der B 533), ⊠ 94545, ℰ (08558) 9 61 20, Fax (08558) 961270, « Terrasse mit ≤ »,
    Massage, ⇔, 🚲 – 📺 ☎ ⇦ 🅿 – ≜ 50. 🆎 ⓞ 🇪 💳
    Menu à la carte 34/68 – **43 Z** 99/220, 4 Suiten – ½ P 32.

HOHENKIRCHEN Thüringen 🔢 N 16 – 700 Ew   Höhe 360 m
    Berlin 330 – Erfurt 39 – Gotha 14 – Ilmenau 27 – Suhl 30.

🏠 **Debes** garni, Hauptstr. 89, ⊠ 99887, ℰ (036253) 32 20, Fax (036253) 32216, 🚲 – 📺
    ☎ 🅿. 🇪 💳
    11 Z 90/130.

HOHEN NEUENDORF Brandenburg 🔢 🔢 H 23 – 9 000 Ew – Höhe 54 m.
    Berlin 35 – Potsdam 47.

🏠 **Am Lunik Park,** Stolper Str. 8, ⊠ 16540, ℰ (03303) 29 10, Fax (03303) 291444, 🏡,
    Massage, ⇔ – 📳, ⇔ Zim, 📺 ☎ 🕭 🅿 – ≜ 40. 🆎 ⓞ 🇪 💳
    Menu à la carte 30/56 – **57 Z** 165/195.

In Hohen Neuendorf-Bergfelde :

🏠 **Am Hofjagdrevier** Ⓜ, Hohen Neuendorferstr. 48, ⊠ 16562, ℰ (03303) 5 31 20,
    Fax (03303) 5312260, ⇔ – 📳 📺 ☎ 🅿 – ≜ 30
    Menu (Samstag - Sonntag geschl.) (wochentags nur Abendessen, italienische Küche)
    à la carte 28/50 – **36 Z** 90/150.

HOHENRODA Hessen 🔢 🔢 N 13 – 4 000 Ew – Höhe 311 m.
    Berlin 407 – Wiesbaden 185 – Kassel 91 – Bad Hersfeld 26 – Fulda 39.

In Hohenroda-Oberbreitzbach :

🏠 **Hessen-Hotelpark Hohenroda** ⇘, Schwarzengrund 9, ⊠ 36284, ℰ (06676) 1 81,
    Fax (06676) 1487, ≤, 🏡, ⇔, 🖥, 🚲, 🎿, 🐎 (Halle) – 📳 📺 ☎ 🅿 – ≜ 300. 🆎 🇪
    💳. ✄ Rest
    Menu à la carte 33/62 – **207 Z** 115/180 – ½ P 25.

HOHENROTH Bayern siehe Neustadt a.d. Saale, Bad.

HOHENSTEIN *Hessen siehe Schwalbach, Bad.*

HOHENWESTEDT *Schleswig-Holstein* **415 416** *D 12,* **987** ⑤ *– 4 600 Ew – Höhe 48 m.*
Berlin 352 – Kiel 54 – Hamburg 80 – Lübeck 81 – Rendsburg 23.

🏠 **Landhaus,** Itzehoer Str. 39, ⊠ 24594, ℘ (04871) 9 44, Fax (04871) 4327, 🌤, 🎾 –
📺 ☎ 🅿 – 🔏 40. 🆎 ⓓ 🇪 𝘝𝘐𝘚𝘈
Menu à la carte 44/78 – **26 Z** 95/185.

HOHNSTEIN *Sachsen* **418** *N 26 – 1 100 Ew – Höhe 335 m.*
Berlin 223 – Dresden 32 – Pirna 16 – Bad Schandau 10.

🏠 **Zur Aussicht** 🌤, Am Bergborn 7, ⊠ 01848, ℘ (035975) 8 12 13, Fax (035975) 81213,
⊶ ≼ Sächsische Schweiz, 🌤 – 📺 ☎ 🅿 – 🔏 15. 🆎 🇪 𝘝𝘐𝘚𝘈
Jan. 2 Wochen geschl. – **Menu** *(Montag geschl.)* à la carte 23/42 – **15 Z** 90/150.

✕ **Gasthof Rußigmühle** mit Zim, Polenztal 4 (NW : 2 km), ⊠ 01848, ℘ (035975) 8 16
95, Fax (035975) 81695, 🌤 – 📺 ☎ 🅿
2. - 31. Jan. geschl. – **Menu** à la carte 27/47 *(auch vegetarische Gerichte)* –
8 Z 80/115.

HOHWACHT *Schleswig-Holstein* **415 416** *D 16 – 900 Ew – Höhe 15 m – Seeheilbad.*
🏌 *Hohwachter Bucht (SW : 4 km),* ℘ (04381) 96 90.
🅱 *Kurverwaltung, Berliner Platz 1,* ⊠ 24321, ℘ (04381) 70 85, Fax (04381) 9676.
Berlin 335 – Kiel 41 – Oldenburg in Holstein 21 – Plön 27.

🏨 **Hohe Wacht** 🌤, Ostseering, ⊠ 24321, ℘ (04381) 9 00 80, Fax (04381) 900888, 🌤,
⊶, 🔲, 🎾 – 📳 📺 ☎ 🅿 – 🔏 60. 🆎 ⓓ 🇪 𝘝𝘐𝘚𝘈
Menu à la carte 48/75 – **26 Z** 170/280 – ½ P 40.

🏨 **Seeschlößchen,** Dünenweg 4, ⊠ 24321, ℘ (04381) 4 07 60, Fax (04381) 407650,
🌤, ⊶, 🔲, 🎿 – 📳 📺 ☎ 🅿 – 🔏 50. 🆎 ⓓ 🇪 𝘝𝘐𝘚𝘈
Menu à la carte 51/66 – **34 Z** 110/240 – ½ P 28.

🏨 **Haus am Meer** 🌤, Dünenweg 1, ⊠ 24321, ℘ (04381) 4 07 40, Fax (04381) 407474,
≼, « Terrasse am Strand », ⊶, 🔲 – 📺 ☎ 🅿 – 🔏 25. 🇪 𝘝𝘐𝘚𝘈
Menu *(Okt. - April Donnerstag und Nov. - Anfang Dez. geschl.)* à la carte 30/52 – **25 Z**
150/220 – ½ P 28.

🏠 **Hohwachter Hof** 🌤, Strandstr. 6, ⊠ 24321, ℘ 04381) 4 02 80,
Fax (04381) 402830, 🌤 – ⊷ Rest, 📺 ☎ 🅿, 🇪, 🎿 Zim
11. Nov. - 15. Dez. geschl. – **Menu** *(Dez. - März Montag - Dienstag geschl.)* à la carte 35/67
– **14 Z** 81/132 – ½ P 22.

🏠 **Seelust** 🌤 garni, Strandstr. 8, ⊠ 24321, ℘ (04381) 4 07 90, Fax (04381) 4079300 –
📺 ☎ 🅿, 🇪
Mitte März - Mitte Nov. – **14 Z** 70/150.

🏠 **Schuberts Strandhotel** 🌤, Strandstr. 10, ⊠ 24321, ℘ (04381) 60 91,
Fax (04381) 6093, 🌤, ⊶ – 📺 ☎ 🅿, ⓓ 🇪 𝘝𝘐𝘚𝘈
Ostern - Nov. – **Menu** *(Dienstag geschl.)* à la carte 33/87 – **42 Z** 92/200 –
½ P 26.

✕✕ **Genueser Schiff** 🌤 mit Zim, Seestr. 18, ⊠ 24321, ℘ (04381) 75 33,
Fax (04381) 5802, ≼ Ostsee – 🅿
10 Jan. - 10. März. geschl. – **Menu** *(Dienstag - Mittwoch geschl.)* (wochentags nur Abendessen) à la carte 76/101 – **17 Z** 125/260.

HOLDORF *Niedersachsen* **415** *I 8,* **987** ⑮ *– 5 000 Ew – Höhe 36 m.*
Berlin 414 – Hannover 129 – Bremen 85 – Oldenburg 65 – Osnabrück 40.

🏠 **Zur Post,** Große Str. 11, ⊠ 49451, ℘ (05494) 2 34, Fax (05494) 8270, 🌤 – 📺 ☎ 🅿
– 🔏 100. 🆎 ⓓ 🇪 𝘝𝘐𝘚𝘈
26. Dez. - 5. Jan. geschl. – **Menu** *(Mittwoch geschl.)* à la carte 28/52 – **11 Z** 75/120.

HOLLENSTEDT *Niedersachsen* **415 416** *F 13,* **987** ⑯ *– 1 900 Ew – Höhe 25 m.*
Berlin 319 – Hannover 150 – Hamburg 43 – Bremen 78.

🏠 **Hollenstedter Hof,** Am Markt 1, ⊠ 21279, ℘ (04165) 2 13 70, Fax (04165) 8382,
🌤 – ⊷ Zim, 📺 ☎ 🅿 – 🔏 50. 🆎 ⓓ 🇪 𝘝𝘐𝘚𝘈 🇯🇨🇧
Menu à la carte 34/66 – **32 Z** 95/150.

HOLLFELD Bayern **420** Q 17, **987** ㉘ – 5 500 Ew – Höhe 402 m – *Erholungsort*.
Ausflugsziel : Felsengarten Sanspareil★ N : 7 km.
Berlin 378 – München 254 – Coburg 60 – Bayreuth 23 – Bamberg 38.

🏠 **Wittelsbacher Hof**, Langgasse 8 (B 22), ✉ 96142, ℘ (09274) 6 11,
Fax (09274) 80516, 🍸 – 🔟 ☎ 🅿
Menu *(Montag geschl.)* à la carte 23/47 – **8 Z** 65/118 – ½ P 18.

🏠 **Bettina** 📎, Treppendorf 22 (SO : 1 km), ✉ 96142, ℘ (09274) 7 47, Fax (09274) 1408,
🍸, Biergarten, ⇔s, ⇌, ✗ – ↔ Zim, 🔟 ☎ 🅲 🅿 – 🔬 40. 🆎 ⋿. ✗
Menu *(Montag geschl.)* à la carte 34/61 – **23 Z** 65/130 – ½ P 25.

HOLTLAND Niedersachsen siehe Hesel.

HOLZAPPEL Rheinland-Pfalz **417** O 7, **987** ㉖ – 1 100 Ew – Höhe 270 m.
Berlin 566 – Mainz 77 – Koblenz 60 – Limburg an der Lahn 16.

🏛 **Altes Herrenhaus zum Bären** (Historisches Fachwerkhaus a.d.16. Jh.), Hauptstr. 15,
✉ 56379, ℘ (06439) 9 14 50, Fax (06439) 914511, 🍸, « Geschmackvolle, elegante
Einrichtung » – ⬙ 🔟 ☎ 🅿. 🆎 ⓪ ⋿ **VISA**
Jan. geschl. – **Menu** à la carte 25/54 – **10 Z** 95/170.

HOLZERATH Rheinland-Pfalz **417** Q 4 – 380 Ew – Höhe 450 m.
Berlin 711 – Mainz 147 – Saarbrücken 72 – Trier 20.

🏠 **Berghotel Becker**, Römerstr. 34, ✉ 54316, ℘ (06588) 71 46, Fax (06588) 3486, 🍸,
⇔s, ⇌, ⇐ 🅿 🆎
6. Jan. - 15. Feb. geschl. – **Menu** *(Dienstag geschl.)* à la carte 32/55 ♨ – **14 Z** 50/100 –
½ P 13.

HOLZGERLINGEN Baden-Württemberg **419** U 11 – 11 000 Ew – Höhe 464 m.
🞏 Schaichhof (S : 3 km) ℘ (07157) 6 62 93, Fax 66429.
Berlin 654 – Stuttgart 28 – Böblingen 6 – Herrenberg 12 – Nürtingen 31 – Tübingen 19.

🏛 **Gärtner**, Römerstr. 29, ✉ 71088, ℘ (07031) 74 56, Fax (07031) 745700 – ⬙ 🔟 ☎ 🅲
♿ ⇐ 🅿 – 🔬 80. 🆎 ⓪ ⋿ **VISA**
Menu *(Anfang Jan. 1 Woche geschl.)* à la carte 34/59 – **37 Z** 95/175, 4 Suiten.

🏠 **Bühleneck** 📎 garni, Bühlenstr. 81, ✉ 71088, ℘ (07031) 7 47 50, Fax (07031) 605345,
⇔s – 🔟 ☎ 🅿. ⓪ ⋿ **VISA**. ✗
15 Z 95/140.

HOLZHAU Sachsen **418** N 24 – 500 Ew – Höhe 620 m – *Erholungsort* – *Wintersport* : 600/805 m
👟1 ⚹4.
🛈 Fremdenverkehrsamt, Bergstr. 9, ✉ 09623, ℘ (037327) 15 04, Fax (037327) 1619.
Berlin 244 – Dresden 53 – Zinnwald 20.

🏛 **Lindenhof** 📎, Bergstr. 4, ✉ 09623, ℘ (037327) 8 20, Fax (037327) 7395, 🍸, **f₅**,
⇌, ⇐ 🅿 – 🔬 100. 🆎 ⋿ **VISA**
Menu à la carte 29/64 – **62 Z** 92/160 – ½ P 25.

🏠 **Berghotel Talblick** 📎, Alte Str. 32, ✉ 09623, ℘ (037327) 74 16,
Fax (037327) 7429, ≤, 🍸, ⇔s, ⇌ – 🔟 ☎ 🅿 – 🔬 50. 🆎 ⋿ **VISA**
Menu à la carte 24/49 – **26 Z** 90/140 – ½ P 22.

HOLZKIRCHEN Bayern **419 420** W 19, **987** ㊵ – 11 500 Ew – Höhe 667 m.
Berlin 623 – München 34 – Garmisch-Partenkirchen 73 – Bad Tölz 19 – Rosenheim 41.

🏛 **Alte Post**, Marktplatz 10a, ✉ 83607, ℘ (08024) 60 35, Fax (08024) 6039 – ⬙ 🔟 ☎
⇐ 🅿 – 🔬 40. ✗ Rest
Jan. 2 Wochen geschl. – **Menu** *(Dienstag und Aug. 2 Woche geschl.)* à la carte 29/54 –
44 Z 135/175.

🏛 **Landhotel Konrad** garni, Rosenheimer Str. 16, ✉ 83607, ℘ (08024) 90 50,
Fax (08024) 905215 – ⬙ ↔ 🔟 ☎ ⇐ 🅿. 🆎 ⋿ **VISA**
36 Z 130/190.

✗ **Brauerei-Gasthof Oberbräu**, Marktplatz 18, ✉ 83607, ℘ (08024) 9 33 41,
Fax (08024) 93340, 🍸 – 🅿. ⋿ **VISA**
Menu *(Freitagmittag und Montag geschl.)* à la carte 26/58.

HOLZMINDEN Niedersachsen 📱📱 K 12, 📱📱 ⑯ – 24 000 Ew – Höhe 99 m.

🏢 Stadtinformation, Obere Str. 30, ⌧ 37603, ℘ (05531) 93 64 11, Fax (05531) 936430.

🏢 Kurverwaltung (Neuhaus im Solling), Lindenstr. 8 (Haus des Gastes), ⌧ 37603, ℘ (05536) 10 11, Fax (05536) 1350.

🏢 Verkehrsamt Silberborn (Dorfgemeinschaftshaus Silberborn), Am Kurpark 1, ⌧ 37603, ℘ (05536) 2 23, Fax (05536) 1527.

Berlin 352 – Hannover 75 – Hameln 50 – Kassel 80 – Paderborn 65.

🏨 **Parkhotel Interopa** ♨ garni, Altendorfer Str. 19, ⌧ 37603, ℘ (05531) 9 36 70, Fax (05531) 61266, ☞ – 📺 ☎ 🅿. 🆎 ⓪ 🗅 𝕍𝕀𝕊𝔸
38 Z 85/170.

🏨 **Buntrock**, Karlstr. 23, ⌧ 37603, ℘ (05531) 9 37 30, Fax (05531) 120221 – 📳 📺 ☎ ⇦ 🅿 – 🔬 60. 🆎 ⓪ 🗅 𝕍𝕀𝕊𝔸
Menu (Sonntagabend und Samstag geschl.) à la carte 36/54 – **18 Z** 88/145.

🏨 **Schleifmühle** ♨, Schleifmühle 3, ⌧ 37603, ℘ (05531) 50 98, Fax (05531) 120660, 👘, 🏊, ☞ – 📺 ☎ ⇦ 🅿. 🗅
Menu (Sonntag geschl.) (nur Abendessen) à la carte 29/44 – **17 Z** 90/130.

🍴🍴 **Hellers Krug**, Altendorfer Str. 19, ⌧ 37603, ℘ (05531) 21 15, Fax (05531) 2115 – 🅿.
🆎 ⓪ 🗅 𝕍𝕀𝕊𝔸
Samstagmittag und Sonntag geschl. – **Menu** à la carte 54/82.

In Holzminden-Neuhaus im Solling SO : 12 km – Höhe 365 m – Heilklimatischer Kurort

🏨 **Schatte** ♨, Am Wildenkiel 15, ⌧ 37603, ℘ (05536) 10 55, Fax (05536) 1560, 👘, Massage, ⇦s, 🏊, ☞ – 📳 ☎ ⇦ 🅿. 🆎 ⓪ 🗅 𝕍𝕀𝕊𝔸
Jan. und Nov. jeweils 2 Wochen geschl. – **Menu** à la carte 27/65 – **38 Z** 73/165 – ½ P 24.

🏨 **Zur Linde**, Lindenstr. 4, ⌧ 37603, ℘ (05536) 10 66, Fax (05536) 1089, « Gartenterrasse », ⇦s – 📺 ☎ ⇦ 🅿. 🗅
Menu à la carte 27/46 – **23 Z** 63/136 – ½ P 16.

🏨 **Am Wildenkiel** ♨, Am Wildenkiel 18, ⌧ 37603, ℘ (05536) 10 47, Fax (05536) 1286, 👘, 🏊, ☞ – 📺 ☎ ⇦ 🅿
Mitte Nov. - Mitte Dez. geschl. – **Menu** à la carte 29/44 – **23 Z** 70/135.

In Holzminden-Silberborn SO : 12 km – Luftkurort :

🏨 **Sollingshöhe**, Dasseler Str. 15, ⌧ 37603, ℘ (05536) 9 50 80, Fax (05536) 1422, 👘, ⇦s, 🏊, ☞ – 📺 ☎ 🅿. 🗅
Menu (Nov. - März Dienstag geschl.) à la carte 29/60 – **21 Z** 63/140.

HOMBURG/SAAR Saarland 📱📱 S 6, 📱📱 ㉖ – 44 000 Ew – Höhe 233 m.

🏌 Websweiler Hof (NW : 10 kM) ℘ (06841) 7 11 11.

🏢 Kultur- und Verkehrsamt, Am Forum 5, ⌧ 66424, ℘ (06841) 20 66, Fax (06841) 120899.
Berlin 680 – Saarbrücken 33 – Kaiserslautern 42 – Neunkirchen/Saar 15 – Zweibrücken 11.

🏰 **Schlossberg Hotel** ♨, Schloßberg-Höhenstraße, ⌧ 66424, ℘ (06841) 66 60, Fax (06841) 62018, ≼ Homburg, 👘, ⇦s, 🏊 – 📳 📺 🅿 – 🔬 100. 🆎 ⓪ 🗅 𝕍𝕀𝕊𝔸 🄹🄲🄱
Menu à la carte 50/78 – **76 Z** 145/280.

🏰 **Schweizerstuben**, Kaiserstr. 72, ⌧ 66424, ℘ (06841) 9 24 00, Fax (06841) 9240220, 👘, ⇦s, 🏊 – 📳 📺 ⇦ 🅿 – 🔬 40. 🆎 ⓪ 🗅 𝕍𝕀𝕊𝔸
Menu (Samstag, Sonn- und Feiertage geschl.) (nur Abendessen) à la carte 48/77 – **28 Z** 119/269, 3 Suiten.

🏨 **Stadt Homburg**, Ringstr. 80, ⌧ 66424, ℘ (06841) 13 31, Fax (06841) 64994, 👘, ⇦s, 🏊 – 📳 📺 ☎ ⇦ 🅿 – 🔬 70. ⓪ 🗅 𝕍𝕀𝕊𝔸
Menu (Samstagmittag geschl.) à la carte 38/77 – **40 Z** 113/225.

🏨 **Euler**, Talstr. 40, ⌧ 66424, ℘ (06841) 9 33 30, Fax (06841) 9333222 – 📺 ☎ ⇦. 🆎 ⓪ 🗅 𝕍𝕀𝕊𝔸
Ende Dez. - Anfang Jan. geschl. – **Menu** (Sonntagabend und Samstag, Ende Juli - Anfang Aug. geschl.) à la carte 27/55 – **50 Z** 90/140.

🍴 **Petit St. Michel** (Restaurant im Bistro-Stil), St. Michael-Str. 6-8, ⌧ 66424, ℘ (06841) 6 06 07 – 𝕍𝕀𝕊𝔸
Montag geschl. – **Menu** (April - Sept. nur Abendessen) à la carte 45/75.

In Homburg-Erbach N : 2 km :

🏨 **Ruble**, Dürerstr. 164, ⌧ 66424, ℘ (06841) 9 70 50, Fax (06841) 78972, 👘, ⇦s – 📺 ☎ 🅿. 🆎 ⓪ 🗅 𝕍𝕀𝕊𝔸
Menu (Samstagmittag geschl.) à la carte 31/65 – **19 Z** 84/130.

MICHELIN-REIFENWERKE KGaA. ⌧ 66424 Homburg Berliner Straße, ℘ (06841) 7 70 Fax (06841) 772585.

HOMBURG VOR DER HÖHE, BAD Hessen **417** P 9, **987** ㉗ – 52 000 Ew – Höhe 197 m – Heilbad.

Sehenswert : Kurpark★ Y.

Ausflugsziel : Saalburg (Rekonstruktion eines Römerkastells)★ 6 km über ④.

☞ Saalburgchaussee 2a (über B456 YNW : 4 km), ℰ (06172) 30 68 08.

🛈 Verkehrsamt im Kurhaus, Louisenstr. 58, ⊠ 61348, ℰ (06172) 67 50, Fax (06172) 675127.

ADAC, Haingasse 9, ⊠ 61348, ℰ (06172) 2 10 93, Fax (06172) 25711.

Berlin 526 ③ – Wiesbaden 45 ② – Frankfurt am Main 18 ② – Gießen 48 ① – Limburg an der Lahn 54 ③

Haingasse	**Y**
Louisenstraße	**YZ**
Ludwigstraße	**Y** 16
Thomasstraße	**Z**
Am Hohlebrunnen	**Z** 3
Burggasse	**Y** 4
Ferdinandstraße	**Z** 8
Frankfurter Landstraße	**Z** 9
Herrngasse	**Y** 10
Heuchelheimer Straße	**Y** 12
Meiereiberg	**YZ** 17
Neue Mauerstraße	**Y** 20
Obergasse	**Y** 22
Orangeriegasse	**Y** 23
Rathausstraße	**Y** 26
Rind'sche Stiftstraße	**Y** 27
Tannenwaldallee	**Y** 29
Waisenhausstraße	**Y** 30

🏨🏨🏨 **Steigenberger Bad Homburg,** Kaiser-Friedrich-Promenade 69, ⊠ 61348, ℰ (06172) 18 10, Fax (06172) 181630, « Modern-elegantes Hotel mit Einrichtung im Stil des Art Deco », ≘s – |🛏|, 🐾 Zim, 🔲 ☎ 🚫 ⟺ – 🔬 160. 🆎 ⓞ 🝙 𝖵𝖨𝖲𝖠 𝖩𝖢𝖡
Y r
Menu (Sonntag geschl.) à la carte 42/74 – **169 Z** 286/484, 15 Suiten – ½ P 45.

🏨🏨 **Maritim Kurhaus-Hotel** M, Ludwigstraße, ⊠ 61348, ℰ (06172) 66 00, Fax (06172) 660100, 🎇, ≘s, 🔄 – |🛏|, 🐾 Zim, 🔲 Rest, 🔲 📞 ⟺ – 🔬 420. 🆎 ⓞ 🝙 𝖵𝖨𝖲𝖠 𝖩𝖢𝖡
Y m
Menu à la carte 47/65 – **148 Z** 258/498 – ½ P 40.

🏨 **Parkhotel Bad Homburg** ⊗ garni, Kaiser-Friedrich-Promenade 53, ✉ 61348, ☎ (06172) 80 10, Fax (06172) 801400, ⇌s – 🔊 ⇄ 📺 ☎ ⅄ 🚗 🅿 – 🔬 60. 🝙 ⑩
E VISA   Y s
120 Z 142/348, 10 Suiten.

🏨 **Hardtwald** ⊗, Philosophenweg 31, ✉ 61350, ☎ (06172) 98 80, Fax (06172) 82512,
« Gartenterrasse » – 📺 ☎ 🅿 – 🔬 25. 🝙 ⑩ E VISA   Y z
Menu (Sonntagabend - Montag und 20. Dez. - 11. Jan. geschl.) à la carte 39/61 – **42 Z**
115/355.

🏨 **Villa am Kurpark** garni, Kaiser-Friedrich-Promenade 57, ✉ 61348, ☎ (06172) 2 60 47,
Fax (06172) 22288 – 🔊 📺 ☎ 🅿 – 🔬 20. 🝙 E VISA   Y s
Ende Dez. - Anfang Jan. geschl. – **24 Z** 130/275.

🏠 **Haus Daheim** garni, Elisabethenstr. 42, ✉ 61348, ☎ (06172) 67 73 50,
Fax (06172) 67735500 – 📺 ☎ 🚗. 🝙 ⑩ E VISA JCB   Y d
über Weihnachten und Neujahr geschl. – **19 Z** 115/275.

%%% **Sänger's Restaurant,** Kaiser-Friedrich-Promenade 85, ✉ 61348, ☎ (06172) 92 88 39,
🕸 Fax (06172) 928859, 🌳 – 🝙 VISA   Z t
Sonntag - Montagmittag, Samstagmittag und Jan. 2 Wochen geschl. – **Menu** 55 (mittags)
und à la carte 87/117
Spez. Lachsroulade im Joghurtmantel. Hummer und Steinbutt mit Basmatireis. Gefüllter
Oschenschwanz in zwei Gängen.

%% **Oberle's,** Obergasse 1, ✉ 61348, ☎ (06172) 2 46 62, Fax (06172) 24662, 🌳 – 🝙 E
VISA   Y e
Samstagmittag, Montag und Juli - Aug. 3 Wochen geschl. – **Menu** à la carte 65/89.

In Bad Homburg-Dornholzhausen über ④ und die B 456 :

🏠 **Sonne,** Landwehrweg 3, ✉ 61350, ☎ (06172) 9 65 20, Fax (06172) 965213 – 📺 ☎ 🚗
🅿. 🝙 ⑩ E VISA
Ende Dez. - Anfang Jan. geschl. – **Menu** (Samstag - Sonntag geschl.) (nur Abendessen)
à la carte 26/57 – **30 Z** 98/185.

In Bad Homburg-Ober-Erlenbach über Frankfurter Landstraße Z :

🏨 **Katharinenhof** ⊗ garni, Ober-Erlenbacher Str. 16, ✉ 61352, ☎ (06172) 40 00,
Fax (06172) 400300 – 📺 ☎ 🚗 🅿. 🝙 ⑩ E VISA. 🦞
24. - 31. Dez. geschl. – **31 Z** 120/280.

HONNEF, BAD Nordrhein-Westfalen 👁👁👁 O 5, 👁👁👁 ㉖ – 24 000 Ew – Höhe 72 m.
🔲 Windhagen-Rederscheid (SO : 10 km), ☎ (02645) 1 56 21.
🚩 Tourist-Information, Hauptstr. 28a, ✉ 53604, ☎ (02224) 18 41 70, Fax (02224) 79687.
Berlin 605 – Düsseldorf 86 – Bonn 17 – Koblenz 51.

🏨 **Seminaris,** Alexander-von-Humboldt-Str. 20, ✉ 53604, ☎ (02224) 77 10,
Fax (02224) 771555, 🌳, (kleiner Park), 🏋, ⇌s, 🔲 – 🔊 ⇄ Zim, 🍴 Rest, 📺 🚗 🅿
– 🔬 250. 🝙 ⑩ E VISA. 🦞 Rest
Menu à la carte 46/62 (auch vegetarische Gerichte) – **213 Z** 139/221, 9 Suiten.

%% **Markt 3** mit Zim, Markt 3, ✉ 53604, ☎ (02224) 9 33 20, Fax (02224) 933232, 🌳 –
📺 ☎. E VISA
Menu (Sonntag geschl.) à la carte 48/74 – **6 Z** 140/195.

%% **Das kleine Restaurant,** Hauptstr. 16a, ✉ 53604, ☎ (02224) 44 50,
Fax (02224) 78540, 🌳 – 🝙 E VISA
Sonntag und Aug. 3 Wochen geschl. – **Menu** (nur Abendessen, Tischbestellung ratsam) à
la carte 65/77.

An der Straße nach Asbach O : 2,5 km :

%% **Jagdhaus im Schmelztal,** Schmelztalstr. 50, ✉ 53604 Bad Honnef,
☎ (02224) 26 26, Fax (02224) 75443, 🌳 – 🅿 – 🔬 40. E
Menu à la carte 44/62.

In Bad Honnef-Rhöndorf N : 1,5 km :

🏨 **Bellevue,** Karl-Broel-Str. 43, ✉ 53604, ☎ (02224) 30 11, Fax (02224) 3031,
≤ Rhein und Drachenfels, 🌳 – 🔊, ⇄ Zim, 📺 ☎ 🍴 🚗 🅿 – 🔬 150. 🝙 E
VISA
20. Dez. - 10. Jan. geschl. – (Restaurant nur für Hausgäste) – **85 Z** 159/360.

%% **Ristorante Caesareo,** Rhöndorfer Str. 39, ✉ 53604, ☎ (02224) 7 56 39,
Fax (02224) 75639, 🌳 – 🝙 ⑩ E VISA. 🦞
Montag geschl. – **Menu** (Tischbestellung ratsam) à la carte 57/81.

In Windhagen-Rederscheid *SO : 10 km :*

🏨 **Dorint Sporthotel Waldbrunnen** ⟨S⟩, Brunnenstr. 7, ⊠ 53578, ℰ (02645) 1 50, Fax (02645) 15548, 🏠, Massage, ⊆s, ⅃ (geheizt), ⬛, ✵(Halle), ⛛ (Halle u.Schule) – 🛗, ⅙⅞ Zim, 📺 📞 ⅙ ⟜ 🅟 – ⅍ 120. ⅗ ⓞ ⅇ *VISA*, ⅙⅞ Rest
Il Camino (italienische Küche) *(wochentags nur Abendessen)* **Menu** à la carte 40/70 –
Wintergarten : Menu à la carte 30/53 – **115 Z** 220/320, 4 Suiten.

HOPSTEN *Nordrhein-Westfalen* 🗺⑮ I 6 – 6 400 Ew – Höhe 43 m.
Berlin 467 – Düsseldorf 197 – Lingen 26 – Osnabrück 39 – Rheine 16.

🏨 **Kiepenkerl,** Ibbenbürener Str. 2, ⊠ 48496, ℰ (05458) 9 31 10, Fax (05458) 931111,
🏠 – 🛗 📺 📞 ⅙ 🅟 – ⅍ 200
Weihnachten - Neujahr geschl. – **Menu** *(Dienstag geschl.)* à la carte 25/50 – **9 Z** 50/100.

✗ **Kerssen-Brons** mit Zim, Marktplatz 1, ⊠ 48496, ℰ (05458) 70 06, Fax (05458) 1395,
🏠 – 📺 ⟜ 🅟
Juli 2 Wochen geschl. – **Menu** *(Dienstag - Donnerstag nur Abendessen, Montag und Freitag geschl.)* à la carte 25/45 – **8 Z** 50/90.

HORB *Baden-Württemberg* 🗺⑲ U 10, 🗺⑧⑦ ㊳ – 24 000 Ew – Höhe 423 m.
🛈 *Verkehrsbüro, Marktplatz 12,* ⊠ 72160, ℰ (07451) 36 11, Fax (07451) 901290.
Berlin 690 – Stuttgart 63 – Karlsruhe 119 – Tübingen 36 – Freudenstadt 24.

In Horb-Hohenberg *N : 1 km :*

♨ **Steiglehof** (ehemaliger Gutshof), Steigle 35, ⊠ 72160, ℰ (07451) 5 55 00,
⟜ Fax (07451) 555015 – 🅟
Ende Dez. - Mitte Jan. geschl. – **Menu** *(Samstag - Sonntag geschl.)* (nur Abendessen) à la carte 24/35 ⅃ – **13 Z** 65/105.

In Horb-Isenburg *S : 3 km :*

🏨 **Waldeck,** Mühlsteige 33, ⊠ 72160, ℰ (07451) 38 80, Fax (07451) 4950, ⊆s – 🛗 📺
📞 ⟜ 🅟. ⓞ ⅇ *VISA*
13. - 24. Aug. und 23. Dez. - 10. Jan. geschl. – **Menu** *(Montag geschl.)* à la carte 36/52
⅃ – **23 Z** 90/170.

HORBEN *Baden-Württemberg* 🗺⑲ W 7 – 850 Ew – Höhe 600 m.
Berlin 815 – Stuttgart 216 – Freiburg im Breisgau 10.

In Horben-Langackern :

🏨 **Luisenhöhe** ⟨S⟩, ⊠ 79289, ℰ (0761) 2 96 90, Fax (0761) 290448, ⩽ Schauinsland und
Schwarzwald, « Gartenterrasse », 🅛, ⊆s, ⬛, ⅌, ✗ – 🛗 📺 📞 ⟜ 🅟 – ⅍ 20. ⅗
ⓞ ⅇ *VISA*, ⅙⅞ Rest
Menu à la carte 47/78 – **45 Z** 145/220 – ½ P 35.

🏨 **Engel** ⟨S⟩, ⊠ 79289, ℰ (0761) 29 29 90, Fax (0761) 290627, ⩼, « Terrasse », ⅌ – 📺
📞 ⟜ 🅟 – ⅍ 20
Menu *(Montag geschl.)* à la carte 36/61 – **22 Z** 85/155 – ½ P 30.

HORBRUCH *Rheinland-Pfalz siehe Morbach.*

HORHAUSEN *Rheinland-Pfalz* 🗺⑰ O 7 – 1 400 Ew – Höhe 365 m.
🛈 *Verkehrsverein, Rheinstraße (Raiffeisenbank),* ⊠ 56593, ℰ (02687) 9 15 00, Fax (02687) 915050.
Berlin 567 – Mainz 111 – Koblenz 37 – Köln 68 – Bonn 52 – Limburg an der Lahn 52.

🏨 **Grenzbachmühle** ⟨S⟩, Grenzbachstr. 17 (O : 1,5 km), ⊠ 56593, ℰ (02687) 10 83,
Fax (02687) 26 76, 🏠, Damwildgehege, ⅌ – ⅙⅞ Rest, 📺 📞 🅟. ⓞ ⅇ *VISA*
Anfang Nov. 1 Woche und Jan. 3 Wochen geschl. – **Menu** *(Dienstag geschl.)* à la carte 35/64
– **15 Z** 80/140.

HORN-BAD MEINBERG *Nordrhein-Westfalen* 🗺⑰ K 10, 🗺⑧⑦ ⑯ – 18 300 Ew – Höhe 220 m.
Ausflugsziel : Externsteine★ (Flachrelief★★ a.d. 12. Jh.) SW : 2 km.
🛈 *Städt. Verkehrsamt in Horn, Rathausplatz 2,* ⊠ 32805, ℰ (05234) 20 12 62, Fax (05234) 201222.
🛈 *Verkehrsbüro in Bad Meinberg, Parkstraße,* ⊠ 32805, ℰ (05234) 9 89 03, Fax (05234) 9577.
Berlin 369 – Düsseldorf 197 – Detmold 10 – Hannover 85 – Paderborn 27.

Im Stadtteil Horn :

🏨 **Garre,** Bahnhofstr. 55, ✉ 32805, 𝒫 (05234) 8 49 40, Fax (05234) 849491 – 📺 ☎
𝐏
Juli 3 Wochen und 22. Dez. - 10. Jan. geschl. – **Menu** *(Samstagmittag und Sonntag geschl.)*
à la carte 29/53 – **7 Z** 68/116 – ½ P 20.

Im Stadtteil Bad Meinberg – *Heilbad :*

🏯 **Kurhotel Parkblick** ⤞, Parkstr. 63, ✉ 32805, 𝒫 (05234) 90 90,
Fax (05234) 909150, �, Massage, ♨, ♠, ⇌s, 🔲, – 📶 📺 ৬ ⇌ – 🅰 75. 🄰🄴 ⓞ 🄴
𝑽𝑰𝑺𝑨
Menu à la carte 39/67 – **78 Z** 110/186, 4 Suiten – ½ P 29.

🏯 **Kurhaus zum Stern** ⤞, Brunnenstr. 84, ✉ 32805, 𝒫 (05234) 90 50,
Fax (05234) 905300, direkter Zugang zum Kurmittelhaus, ⇌s, 🔲, – 📶, ⇌ Zim, 📺 ৬
⇌ 𝐏 – 🅰 180. 🄰🄴 ⓞ 🄴 𝑽𝑰𝑺𝑨 🛇 Rest
Menu à la carte 42/77 – **129 Z** 125/250 – ½ P 35.

🏨 **Gästehaus Mönnich** garni, Brunnenstr. 55, ✉ 32805, 𝒫 (05234) 8 40 00,
Fax (05234) 840040, « Galerie für Fotokunst und Keramik, Garten », �花 – ⇌ 📺 ☎ 〵
𝐏. 🛇
16. März - 14. Nov. – **11 Z** 78/165.

Im Stadtteil Billerbeck :

🏯 **Zur Linde,** Steinheimer Str. 219, ✉ 32805, 𝒫 (05233) 94 40, Fax (05233) 6404, ⇌s,
⇌ 🔲, �花 – 📶 📺 ☎ ⇌ 𝐏 – 🅰 150. 🄴 𝑽𝑰𝑺𝑨
Menu *(Dienstag geschl.)* à la carte 24/53 – **54 Z** 79/150.

Im Stadtteil Holzhausen-Externsteine – *Luftkurort :*

🏯 **Kurhotel Bärenstein** ⤞, Am Bärenstein 44, ✉ 32805, 𝒫 (05234) 20 90,
Fax (05234) 209269, �, Massage, ♨, ▮o, ♠, ⇌s, 🔲, �花, 🛇 – 📶 📺 ☎
𝐏
Menu *(Montag geschl.)* à la carte 27/53 – **74 Z** 69/170 – ½ P 11.

HORNBERG (SCHWARZWALDBAHN) Baden-Württemberg 𝟜𝟙𝟡 V 8, 𝟡𝟠𝟟 ㊲ ㊳ – 4 800 Ew
– Höhe 400 m – Erholungsort.
🄱 Städt. Verkehrsamt, Bahnhofstr. 3, ✉ 78132, 𝒫 (07833) 60 72, Fax (07833)
79329.
Berlin 745 – Stuttgart 132 – *Freiburg im Breisgau 58* – Offenburg 45 – Villingen-
Schwenningen 34.

🏯 **Adler,** Hauptstr. 66, ✉ 78132, 𝒫 (07833) 3 67, Fax (07833) 548 – 📶, ⇌ Zim, 📺 ☎.
🄰🄴 🄴 𝑽𝑰𝑺𝑨
Feb. geschl. – **Menu** *(Freitag geschl.)* à la carte 31/72 – **19 Z** 68/140 – ½ P 24.

In Hornberg-Fohrenbühl NO : 8 km :

🏨 **Café Lauble** ⤞ garni, Haus 65, ✉ 78132, 𝒫 (07833) 9 36 60, Fax (07833) 936666,
�花 – ☎ 𝐏. 🄴 𝑽𝑰𝑺𝑨
Mitte Nov. - 24. Dez. geschl. – **18 Z** 45/100.

🏔 **Schwanen,** Haus 66, ✉ 78132, 𝒫 (07833) 3 17, Fax (07833) 8621, �, ⇌s, �花 –
⇌ Zim, 📺 ☎ ⇌ 𝐏
Mitte Nov. - Mitte Dez. geschl. – **Menu** *(Dienstag geschl.)* à la carte 24/49 ৬ – **16 Z** 60/120
– ½ P 20.

Am Karlstein SW : 9 km, über Niederwasser – Höhe 969 m

🏨 **Schöne Aussicht** ⤞, ✉ 78132 Hornberg, 𝒫 (07833) 14 90, Fax (07833) 1603,
≼ Schwarzwald, �, ▮o, ⇌s, 🔲, 🌫, 🛇 – 📶 📺 ☎ ⇌ 𝐏 – 🅰 80. 🄰🄴 ⓞ 🄴
𝑽𝑰𝑺𝑨
Menu à la carte 29/69 – **23 Z** 75/180 – ½ P 32.

HOSENFELD Hessen 𝟜𝟙𝟟 𝟜𝟙𝟠 O 12 – 4 000 Ew – Höhe 374 m.
Berlin 465 – Wiesbaden 147 – Fulda 17.

An der Straße nach Fulda O : 3 km :

🏨 **Sieberzmühle** ⤞, ✉ 36154 Hosenfeld, 𝒫 (06650) 81 91, Fax (06650) 8193, �, 🌫,
⇌ – ☎ 𝐏 – 🅰 30. 🄰🄴 🄴 𝑽𝑰𝑺𝑨
Mitte Jan. - Mitte Feb. geschl. – **Menu** *(Montag geschl.)* à la carte 21/52 –
31 Z 65/125.

HOYERSWERDA Sachsen **418** L 26, **984** ⑳, **987** ⑲ – 70 000 Ew – Höhe 130 m.
　　Berlin 165 – Dresden 65 – Cottbus 44 – Görlitz 80 – Leipzig 166.

🏨　**Congresshotel Lausitz** Ⓜ, Dr.-Külz-Str. 1, ✉ 02977, ℰ (03571) 46 30,
　　Fax (03571) 463444, Ⓛ₆, ☎s – ⛿, ⇌ Zim, 📺 ☎ ✆ ⇔ ❷ – ⚿ 400. ⚑ ⓪ Ⅎ 𝘝𝘐𝘚𝘈
　　ᴶᶜᴮ
　　Menu (Samstag - Sonntag geschl.) (nur Abendessen) à la carte 30/50 – **138 Z** 125/180.

🏨　**Achat** garni, Bautzener Allee 1a, ✉ 02977, ℰ (03571) 47 00, Fax (03571) 470999 – ⛿
　　⇌ 📺 ☎ ✆ ❷. ⚑ Ⅎ 𝘝𝘐𝘚𝘈
　　92 Z 106/136.

🏠　**Zum Gewölbe**, Dresdener Str. 36, ✉ 02977, ℰ (03571) 4 84 00, Fax (03571) 484029,
　　㜀 – 📺 ☎ ❷. ⚑ Ⅎ
　　Menu (Montagmittag geschl.) à la carte 25/50 – **10 Z** 90/130.

In Spohla S : 4 km :
🍴🍴　**Im Schweinekoben** ⬙ mit Zim (ehemaliger Bauernhof), Dorfstr. 12, ✉ 02979,
　　ℰ (035725) 75 20, Fax (035725) 752104, « Innenhofterrasse » – 📺 ☎ ❷. ⚑ Ⅎ 𝘝𝘐𝘚𝘈
　　Jan. 2 Wochen geschl. – Menu (Montagmittag geschl.) à la carte 48/65 – **7 Z** 95/170.

HÜCKESWAGEN Nordrhein-Westfalen **417** M 6, **987** ㉖ – 15 000 Ew – Höhe 258 m.
　　Berlin 544 – Düsseldorf 66 – Köln 44 – Lüdenscheid 27 – Remscheid 14.

In Hückeswagen-Kleineichen SO : 1 km :
🍴　**Kleineichen**, Bevertalstr. 44, ✉ 42499, ℰ (02192) 43 75, Fax (02192) 6433, 㜀 – ❷
　　Montag - Dienstag und Ende Feb. - Mitte März geschl. – Menu à la carte 28/62.

HÜFINGEN Baden-Württemberg **419** W 9, **987** ㊳ – 6 900 Ew – Höhe 686 m.
　　Berlin 751 – Stuttgart 126 – Freiburg im Breisgau 59 – Donaueschingen 3 – Schaffhausen
　　38.

In Hüfingen-Behla SO : 5 km :
🏠　Landgasthof Kranz (mit Gästehaus), Römerstr. 18 (B 27), ✉ 78183, ℰ (0771) 9 22 80,
　　Fax (0771) 922882 – ⇌ Zim, 📺 ☎ ❷ – ⚿ 20
　　30 Z.

In Hüfingen-Fürstenberg SO : 9,5 km :
🏠　**Gasthof Rössle**, Zähringer Str. 12, ✉ 78183, ℰ (0771) 6 19 22, Fax (0771) 62828 –
　　📺 ❷. Ⅎ 𝘝𝘐𝘚𝘈
　　Feb. geschl. – Menu (Montag - Freitag nur Abendessen, Donnerstag geschl.) à la carte
　　25/60 ⅓ – **28 Z** 50/110.

HÜGELSHEIM Baden-Württemberg **419** T 8 – 1 800 Ew – Höhe 121 m.
　　Berlin 707 – Stuttgart 108 – Karlsruhe 36 – Rastatt 10 – Baden Baden 14 –
　　Strasbourg 43.

🏠　**Hirsch**, Hauptstr. 28 (B 36), ✉ 76549, ℰ (07229) 22 55 (Hotel) 42 55 (Rest.),
　　Fax (07229) 2229, ☎s, ☒, ☒, ☞ – ⛿ 📺 ☎ ❷. ⚑ Ⅎ 𝘝𝘐𝘚𝘈
　　Menu (Mittwoch und Juli 2 Wochen geschl.) à la carte 34/68 – **25 Z** 80/160.

🏠　**Waldhaus** ⬙ garni, Am Hecklehamm 20, ✉ 76549, ℰ (07229) 3 04 30,
　　Fax (07229) 304343, ☞ – 📺 ☎ ❷. Ⅎ 𝘝𝘐𝘚𝘈
　　Weihnachten - Anfang Jan. geschl. – **14 Z** 99/140.

🏠　**Zum Schwan**, Hauptstr. 45 (B 36), ✉ 76549, ℰ (07229) 3 06 90, Fax (07229) 306969,
　　☞ – 📺 ☎ ⇔ ❷. ⚑ Ⅎ 𝘝𝘐𝘚𝘈 ᴶᶜᴮ
　　Menu (Sonntagabend - Montag geschl.) à la carte 43/69 – **21 Z** 69/120.

HÜLLHORST Nordrhein-Westfalen siehe Lübbecke.

HÜNFELD Hessen **417** **418** N 13, **987** ㉗ – 14 300 Ew – Höhe 279 m.
　　Berlin 429 – Wiesbaden 179 – Fulda 19 – Bad Hersfeld 27 – Kassel 102.

In Hünfeld-Michelsrombach W : 7 km :
🏠　**Zum Stern**, Biebergasse 2, ✉ 36088, ℰ (06652) 25 75, Fax (06652) 72851 – ⇔ ❷
　　⇔ – ⚿ 30. Ⅎ
　　Menu (Mittwochmittag geschl.) à la carte 21/46 ⅓ – **31 Z** 54/86.

HÜRTGENWALD Nordrhein-Westfalen **417** N 3 – 8 800 Ew – Höhe 325 m.

☑ Tourist-Information, Rathaus, Hürtgenwald-Kleinhau, ⊠ 52393, ℰ (02429) 30 90, Fax (02429) 30970.

Berlin 625 – Düsseldorf 88 – Aachen 41 – Bonn 70 – Düren 8,5 – Monschau 35.

In Hürtgenwald-Simonskall :

🏨 **Landhotel Kallbach** ⅊, ⊠ 52393, ℰ (02429) 12 74, Fax (02429) 2069, 佘, ≘s, 🔽, 舞 – 🗄 📺 ☎ & ℗ – 🔬 120. ᴬᴱ ① Ε 𝒱𝒮𝒜
Menu (im Winter Sonntagabend geschl.) à la carte 32/63 – **45 Z** 100/170 – ½ P 35.

🏠 **Im Wiesengrund,** Simonskall 12, ⊠ 52393, ℰ (02429) 71 55, Fax (02429) 2842, 佘 – 🗄 ☎ – 🔬 30. ᴬᴱ ① Ε 𝒱𝒮𝒜
Menu à la carte 29/58 – **18 Z** 75/150.

🏠 **Talschenke,** ⊠ 52393, ℰ (02429) 71 53, Fax (02429) 2063, 佘 – 📺 ☎ ℗ – 🔬 20. Ε
Jan. geschl. – Menu (im Winter Montag geschl.) à la carte 28/58 – **12 Z** 75/126.

In Hürtgenwald-Vossenack :

🏨 **Zum alten Forsthaus,** Germeter Str. 49 (B 399), ⊠ 52393, ℰ (02429) 78 22, Fax (02429) 2104, 佘, ≘s, 🔽, 舞 – 📺 ☎ ⇔ ℗ – 🔬 65. ① Ε 𝒱𝒮𝒜
Menu à la carte 31/63 – **38 Z** 98/198.

HÜRTH Nordrhein-Westfalen **417** N 4, **987** ㉕, **984** ㉑ – 51 000 Ew – Höhe 96 m.
Berlin 583 – Düsseldorf 51 – Bonn 27 – Köln 8.

🏨 **Hansa-Hotel,** Theresienhöhe, ⊠ 50354, ℰ (02233) 9 44 00, Fax (02233) 9440150, 佘, ≘s – 🗄, ⅊ Zim, 📺 ☎ & ⇔ ℗ – 🔬 200. ᴬᴱ ① Ε 𝒱𝒮𝒜
Menu à la carte 46/77 – **163 Z** 199/409, 9 Suiten.

In Hürth-Fischenich :

🏠 **Breitenbacher Hof,** Raiffeisenstr. 64, ⊠ 50354, ℰ (02233) 4 70 10, Fax (02233) 470111, Biergarten – 📺 ☎ ℗ – 🔬 100. ᴬᴱ ① Ε 𝒱𝒮𝒜
Menu à la carte 43/70 – **33 Z** 90/220.

HUSUM Schleswig-Holstein **415** C 11, **987** ④ ⑤ – 21 000 Ew – Höhe 5 m.
Sehenswert : Nordfriesisches Museum★.
Ausflugsziel : Die Halligen★ (per Schiff).
🏌 Schwesing-Hohlacker, ℰ (04841) 7 22 38.
☑ Touristinformation, Großstr. 27, ⊠ 25813, ℰ (04841) 8 98 70, Fax (04841) 4728.
Berlin 424 – Kiel 84 – Flensburg 42 – Heide 40 – Schleswig 34.

🏨 **Romantik Hotel Altes Gymnasium** Ⓜ, Süderstr. 6, ⊠ 25813, ℰ (04841) 83 30, Fax (04841) 83312, 佘, « Hotel in historischem Schulgebäude », ⅃₆, ≘s, 🔽 – 🗄, ⅊ Zim, ▤ Zim, 📺 ⅌ & ℗ – 🔬 50. ᴬᴱ ① Ε 𝒱𝒮𝒜
Menu (Montag - Freitag nur Abendessen) à la carte 48/85 – **72 Z** 185/290.

🏨 **Theodor-Storm-Hotel** Ⓜ, Neustadt 66, ⊠ 25813, ℰ (04841) 8 96 60, Fax (04841) 81933, Biergarten – 🗄, ⅊ Zim, 📺 ☎ ℗ – 🔬 40. ① Ε 𝒱𝒮𝒜
(Restaurant nur für Hausgäste) – **56 Z** 125/200 – ½ P 30.

🏨 **Hotel am Schloßpark** ⅊ garni, Hinter der Neustadt 76, ⊠ 25813, ℰ (04841) 20 22, Fax (04841) 62062, 舞 – 📺 ☎ ⇔ ℗. ᴬᴱ Ε 𝒱𝒮𝒜
36 Z 85/180.

🏠 Osterkrug, Osterende 56, ⊠ 25813, ℰ (04841) 28 85, Fax (04841) 2881 – 📺 ☎ ℗ – 🔬 40. ⅌ Rest
32 Z.

🏠 **Rosenburg,** Schleswiger Chaussee 65 (B 201), ⊠ 25813, ℰ (04841) 9 60 50, Fax (04841) 73893, 佘, 舞 – 📺 ☎ ℗. ᴬᴱ Ε 𝒱𝒮𝒜
Menu à la carte 42/67 – **15 Z** 85/150.

🏠 **Thomas-Hotel,** Zingel 9, ⊠ 25813, ℰ (04841) 60 87, Fax (04841) 81510 – 🗄 📺 ☎ ℗ – 🔬 30. ᴬᴱ ① Ε 𝒱𝒮𝒜
Menu à la carte 28/65 – **36 Z** 85/155.

🏠 **Zur grauen Stadt am Meer,** Schiffbrücke 9, ⊠ 25813, ℰ (04841) 8 93 20, Fax (04841) 893299, 佘 – 📺 ☎. ᴬᴱ ① Ε 𝒱𝒮𝒜 ᴶᶜᴮ
5. - 28. Nov. geschl. – Menu (Okt. - März Montag geschl.) à la carte 38/56 – **15 Z** 78/155.

In Hockensbüll NW : 3 km :

XX **Zum Krug,** Alte Landstr. 2a, ⊠ 25875, ℰ (04841) 6 15 80, Fax (04841) 61540, « Historisches Gasthaus a.d.J. 1707 » – ℗. ᴬᴱ ① Ε 𝒱𝒮𝒜
Montag und Mitte Jan. - Mitte Feb. 4 Wochen geschl. – Menu (wochentags nur Abendessen) à la carte 42/65.

n Simonsberger Koog SW : 7 km :

🏠 **Lundenbergsand** ⟨s⟩, Lundenbergweg 3, ✉ 25813, ℘ (04841) 8 39 30, Fax (04841) 839350, 🍽, ⟨☞⟩ – 📺 ☎ 🅟. 🅴 𝘝𝘐𝘚𝘈
Menu (Nov. - März Montag geschl.) à la carte 32/56 – **17 Z** 90/170.

BACH Baden-Württemberg siehe St. Blasien.

BBENBÜREN Nordrhein-Westfalen 🔢 J 7, 🔢 ⑮ – 49 000 Ew – Höhe 79 m.
🅱 Tourist-Information, Rathaus, Alte Münsterstr. 16, ✉ 49477, ℘ (05451) 93 17 77, Fax (05451) 931191.
Berlin 452 · Düsseldorf 173 – Bremen 143 – Osnabrück 30 – Rheine 22.

🏠 **Hubertushof,** Münsterstr. 222 (B 219, S : 2,5 km), ✉ 49479, ℘ (05451) 9 41 00, Fax (05451) 941090, « Gartenterrasse » – 📺 ☎ 🅒 ⟨☞⟩ 🅟 – 🔏 20. 🆎 ⓞ 🅴 𝘝𝘐𝘚𝘈
Menu (Dienstag und Jan. geschl.) à la carte 34/73 – **25 Z** 90/195.

🏠 **Brügge,** Münsterstr. 201 (B 219), ✉ 49479, ℘ (05451) 9 40 50, Fax (05451) 940532, 🍽 – 📺 ☎ 🅟. 🅴 𝘝𝘐𝘚𝘈
Menu (Montag und Juli - Aug. 4 Wochen geschl.) à la carte 30/62 – **16 Z** 80/135.

BURG, BAD Niedersachsen 🔢 J 8, 🔢 ⑮ – 11 000 Ew – Höhe 140 m – Kneippheilbad.
🅱 Kurverwaltung, Am Gografenhof 4, ✉ 49186, ℘ (05403) 40 16 12, Fax (05403) 40433.
Berlin 430 – Hannover 147 – Bielefeld 43 – Münster (Westfalen) 45 – Osnabrück 16.

🏠 **Hotel im Kurpark** ⟨s⟩, Philipp-Sigismund-Allee 4, ✉ 49186, ℘ (05403) 40 10, Fax (05403) 401444, « Gartenterrasse », direkter Zugang zum Kurmittelhaus – 🅸, ⟨⟩ Zim, 📺 ☎ 🅟 – 🔏 200. 🆎 ⓞ 🅴 𝘝𝘐𝘚𝘈
Menu à la carte 35/51 – **51 Z** 110/170 – ½ P 25.

🏠 **Zum Freden** ⟨s⟩, Zum Freden 41, ✉ 49186, ℘ (05403) 40 50, Fax (05403) 1706, 🍽, ⟨s⟩, 🍽 – 📺 ☎ ⟨☞⟩ 🅟 – 🔏 30. 🆎 🅴 𝘝𝘐𝘚𝘈. 🍽 Zim
Menu (Donnerstag geschl.) à la carte 30/61 – **39 Z** 70/130 – ½ P 25.

🏠 **Altes Gasthaus Fischer-Eymann,** Schloßstr. 1, ✉ 49186, ℘ (05403) 3 11, ⟨s⟩ Fax (05403) 5231 – 📺 ☎ ⟨☞⟩ 🅟
Menu (im Winter Mittwoch geschl.) à la carte 19/45 – **15 Z** 60/130 – ½ P 10.

ICHENHAUSEN Bayern siehe Günzburg.

IDAR-OBERSTEIN Rheinland-Pfalz 🔢 Q 5, 🔢 ⑳ – 36 000 Ew – Höhe 260 m.
Sehenswert : Edelsteinmuseum★★.
Ausflugsziel : Felsenkirche★ 10 min zu Fuß (ab Marktplatz Oberstein).
🅱 Städt. Verkehrsamt, Georg-Maus-Str. 1, ✉ 55743, ℘ (06781) 6 44 21, Fax (06781) 64425.
ADAC, Bahnhofstr. 13 (im Nahe-Center), ✉ 55743, ℘ (06781) 2 09 90, Fax (06781) 209929.
Berlin 661 – Mainz 92 – Bad Kreuznach 49 – Saarbrücken 79 – Trier 75.

Im Stadtteil Idar :

🏠 **Zum Schwan,** Hauptstr. 25, ✉ 55743, ℘ (06781) 9 44 30, Fax (06781) 41440 – 📺 ☎. 🆎 ⓞ 🅴 𝘝𝘐𝘚𝘈 ᴊᴄʙ
Menu (Sonn- und Feiertage geschl.) à la carte 38/58 – **15 Z** 95/160 – ½ P 25.

🏠 **Merian-Hotel** garni, Mainzer Str. 34, ✉ 55743, ℘ (06781) 40 10, Fax (06781) 401354, ⟨≤⟩ – 🅸 📺 ☎ – 🔏 60. 🆎 ⓞ 🅴 𝘝𝘐𝘚𝘈
106 Z 99/175, 14 Suiten.

Im Stadtteil Oberstein :

🏠 **City-Hotel** garni, Otto-Decker-Str. 15, ✉ 55743, ℘ (06781) 5 05 50, Fax (06781) 505550 – 📺 ☎. 🆎 🅴 𝘝𝘐𝘚𝘈
Weihnachten - Anfang Jan. geschl. – **15 Z** 90/130.

🏠 **Edelstein-Hotel** garni, Hauptstr. 302, ✉ 55743, ℘ (06781) 2 30 58, Fax (06781) 26441, ⟨s⟩, 🅟 – 📺 ☎ ⟨☞⟩ 🅟. 🆎 ⓞ 🅴 𝘝𝘐𝘚𝘈
17 Z 90/135.

In Idar-Oberstein-Tiefenstein NW : 3,5 km ab Idar :

🏠 **Handelshof,** Tiefensteiner Str. 235 (B 422), ✉ 55743, ℘ (06781) 9 33 70, Fax (06781) 933750, 🍽 – 📺 ☎ 🅟. 🆎 ⓞ 🅴 𝘝𝘐𝘚𝘈
Menu (Montag - Dienstagmittag geschl.) à la carte 35/58 🍷 – **15 Z** 80/150.

In Idar-Oberstein - Weierbach NO : 8,5 km :

🏠 **Hosser,** Weierbacher Str. 70, ⊠ 55743, 𝒫 (06784) 22 21, Fax (06784) 9614, 🚡s – 📺
🚗 ☕ 🅿 AE ⓄⒹ E VISA ⸰ Rest
Menu (Freitagmittag geschl.) à la carte 23/65 ⅄ – **15 Z** 65/140.

In Allenbach NW : 13 km ab Idar :

🏨 **Steuer** (mit Gästehaus), Hauptstr. 10, ⊠ 55758, 𝒫 (06786) 20 89, Fax (06786) 2551
🍴, 🚡s, 🚢 – 🅿 AE ⓄⒹ E VISA
Menu à la carte 27/65 ⅄ – **33 Z** 53/98.

IDSTEIN Hessen ▨▨▨ P 8, ▨▨▨ ㉘ – 21 000 Ew – Höhe 266 m.
🏌 Henriethenthal, Am Nassen Berg, 𝒫 88 66.
🏢 Fremdenverkehrsamt, König-Adolf-Platz (Killingerhaus), ⊠ 65510, 𝒫 (06126) 7 82 15,
Fax (06126) 78280.
Berlin 548 – Wiesbaden 21 – Frankfurt am Main 50 – Limburg an der Lahn 28.

🏨 **Höerhof,** Obergasse 26, ⊠ 65510, 𝒫 (06126) 5 00 26, Fax (06126) 500226,
« Renaissance Hofreite a.d.J. 1620, Innenhofterrasse » – ⸰ Zim, 📺 ☎ ✆ 🅿 – ⓹ 20
AE ⓄⒹ E VISA JCB, ⸰
Bel-Etage (Montag - Dienstag geschl., wochentags nur Abendessen) **Menu** à la carte 75/93
– *Gutsstube* : Menu à la carte 46/64 – **14 Z** 240/290.

🏨 **Goldenes Lamm** garni, Himmelsgasse 7, ⊠ 65510, 𝒫 (06126) 93120,
Fax (06126) 1366 – 📺 ☎ AE ⓄⒹ E VISA ⸰
20 Z 80/130.

🏨 **Felsenkeller,** Schulgasse 1, ⊠ 65510, 𝒫 (06126) 9 31 10, Fax (06126) 9311193 – 📺
🚗 ☎ ☕ 🅿 AE E VISA
Menu (Freitag, Sonntagmittag und 25. März - 8. April geschl.) à la carte 24/40 ⅄ –
16 Z 70/150.

🍴 **Zur Peif** (Fachwerkhaus a.d.J. 1615), Himmelsgasse 2, ⊠ 65510, 𝒫 (06126) 5 73 57, 🍴
– E VISA
Mittwoch, Jan. 1 Woche und Okt. 3 Wochen geschl. – **Menu** (nur Abendessen) à la carte
34/58.

In Idstein-Oberauroff W : 2 km :

🏠 **Gasthof Kern,** Am Dorfbrunnen 6, ⊠ 65510, 𝒫 (06126) 84 74, Fax (06126) 71164 –
🚗 🅿 ⸰ Zim
Feb. - März 2 Wochen geschl. – **Menu** (Dienstag geschl.) (Montag - Freitag nur Abendessen)
à la carte 22/53 – **20 Z** 50/130.

IFFELDORF Bayern ▨▨▨ ▨▨▨ W 17 – 2 400 Ew – Höhe 603 m.
🏌 Iffeldorf-Eurach (NO : 2 km), 𝒫 (08801) 13 32 ; 🏌 Beuerberg, Gut Sterz (NO : 12 km),
𝒫 (08179) 6 17 ; 🏌 Gut Rettenberg, 𝒫 (08856) 8 18 09.
🏢 Verkehrsverein, Hofmark 9, ⊠ 82393, 𝒫 (08856) 37 46.
Berlin 638 – München 52 – Garmisch-Partenkirchen 41 – Weilheim 22.

🏨 **Landgasthof Osterseen,** Hofmark 9, ⊠ 82393, 𝒫 (08856) 10 11, Fax (08856) 9606,
« Terrasse mit ⸰ Osterseen », 🚡s – 📺 ☎ 🚗 🅿 – ⓹ 20. AE ⓄⒹ E VISA
7. - 24. Jan. geschl. – **Menu** (Dienstag geschl.) à la carte 39/60 – **24 Z** 108/210.

IGEL Rheinland-Pfalz siehe Trier.

IHRINGEN Baden-Württemberg ▨▨▨ V 6 – 4 600 Ew – Höhe 225 m.
Berlin 802 – Stuttgart 204 – Freiburg im Breisgau 19 – Colmar 29.

🏨 **Bräutigam** (mit Hotel Luise), Bahnhofstr. 1, ⊠ 79241, 𝒫 (07668) 9 03 50,
Fax (07668) 903569, 🍴 – ⸰ Zim, 📺 ☎ 🅿 – ⓹ 25. AE E VISA
Menu (Montag und Mitte Jan. - Anfang Feb. geschl.) à la carte 43/70 ⅄ – **39 Z** 90/180.

🍴 **Winzerstube** mit Zim, Wasenweiler Str. 36, ⊠ 79241, 𝒫 (07668) 50 51,
Fax (07668) 9379, 🍴 – 📺 ☎ 🚗 🅿 AE E VISA
Aug. 2 Wochen geschl. – **Menu** (Montagmittag und Dienstag geschl.) à la carte 40/80 ⅄
– **7 Z** 65/110.

ILFELD Thüringen ▨▨▨ L 16 – 3 000 Ew – Höhe 220 m.
Berlin 255 – Erfurt 84 – Bad Hersfeld 143 – Göttingen 68.

🏠 **Zur Tanne** (mit 🏨 Gästehaus), Ilgerstr. 8 (B 4), ⊠ 99768, 𝒫 (036331) 38 38,
🚗 Fax (036331) 38340, 🍴, 🚡s – 🛗, ⸰ Zim, 📺 ☎ 🅿 – ⓹ 80. AE ⓄⒹ E VISA
Menu (Montag geschl.) à la carte 20/39 – **11 Z** 90/150.

ILLERTISSEN Bayern ꞘꞘꞘ ꞘꞘꞘ V 14, ꞘꞘꞘ ㊴ – 13 100 Ew – Höhe 513 m.

ᵷ Wain-Reischenhof (SW : 13 km), ℘ (07353) 17 32.

Berlin 633 – München 151 – Bregenz 106 – Kempten 66 – Ulm (Donau) 27.

🏨 **Am Schloß** ⊗, Schloßallee 17, ⊠ 89257, ℘ (07303) 9 64 00, Fax (07303) 42268, ⇔ɛ,
🐎 – 🔄 Zim, 🔟 ☎ ⇔ ❷ Ɛ ⅏ Rest
(nur Abendessen für Hausgäste) – **17 Z** 85/160.

🏨 **Vogt am Bahnhof,** Bahnhofstr. 11, ⊠ 89257, ℘ (07303) 9 61 30, Fax (07303) 42630
⇔ – 🔟 ☎ ⇔ ❷ – ☖ 30. Ɛ ⅏
Menu *(Samstag und Mitte Aug. - Anfang Sept. geschl.)* à la carte 23/53 –
30 Z 70/150.

🏨 **Illertisser Hof,** Carnac Platz 9, ⊠ 89257, ℘ (07303) 95 00, Fax (07303) 950500 – 🔟
☎. ⅏
Menu (nur Abendessen) à la carte 28/40 – **26 Z** 98/150.

✕✕ **Krone,** Auf der Spöck 2, ⊠ 89257, ℘ (07303) 34 01, Fax (07303) 42594, ⇔ – ❷ –
⊛ ☖ 15. Ɛ
Mittwoch und Jan. 1 Woche geschl. – **Menu** à la carte 40/83.

In Illertissen-Dornweiler :

✕✕ **Dornweiler Hof,** Dietenheimer Str. 91, ⊠ 89257, ℘ (07303) 27 81, Fax (07303) 7811,
⊛ ⇔ – ❷ – ☖ 30. ⅏ ⅏ Ɛ ⅏ ⅏
Dienstag und Jan. 2 Wochen geschl. – **Menu** à la carte 43/75.

ILLSCHWANG Bayern ꞘꞘꞘ ꞘꞘꞘ R 19 – 1 500 Ew – Höhe 500 m.

Berlin 429 – München 202 – Amberg 16 – Nürnberg 49.

🏨 **Weißes Roß,** Am Kirchberg 1, ⊠ 92278, ℘ (09666) 13 34, Fax (09666) 284, ⊛, Bier-
⊛ garten, ⊛ – ⫿ 🔟 ☎ ❷ – ☖ 50. ⅏ ⅏ Ɛ ⅏
Menu *(Montag geschl.)* à la carte 24/64 – **32 Z** 70/150.

ILMENAU Thüringen ꞘꞘꞘ N 16, ꞘꞘꞘ ㉓, ꞘꞘꞘ ㉘ – 29 000 Ew – Höhe 540 m.

🛈 Ilmenau-Information, Lindenstr. 12, ⊠ 98693, ℘ (03677) 6 21 32, Fax (03677) 202502.

Berlin 325 – Erfurt 42 – Coburg 67 – Eisenach 65 – Gera 105.

🏨 **Lindenhof,** Lindenstr. 7, ⊠ 98693, ℘ (03677) 6 80 00, Fax (03677) 680088, ⊛, ⇔ɛ
– ⫿ 🔟 ☎ ⅏ ❷ – ☖ 40. ⅏ ⅏ Ɛ ⅏
Menu à la carte 32/56 – **30 Z** 98/160.

🏨 **Ilmenauer Hof** garni, Erfurter Str. 38 (B 4), ⊠ 98693, ℘ (03677) 6 76 10,
Fax (03677) 6/616/ – ⫿, 🔄 Zim, 🔟 ☎ ⅏ ⅃ ⇔ ❷ – ☖ 30. ⅏ Ɛ
50 Z 85/120.

In Ilmenau-Unterpörlitz :

🏨 **Pörlitz,** Hohe Str. 2, ⊠ 98693, ℘ (03677) 6 32 25, Fax (03677) 63225, ⊛ – 🔟 ☎ ❷.
⇔ ⅏ ⅏ Ɛ ⅏
Menu à la carte 23/39 – **18 Z** 90/130.

Nahe der Straße nach Neustadt SW : 4 km :

🏨 **Berg- und Jagdhotel Gabelbach** ⊗, Waldstr. 23a, ⊠ 98693 Ilmenau,
℘ (03677) 20 25 55, Fax (03677) 893106, ≤, ⊛, ⫿ᵬ, ⇔ɛ, ⅃, ⊛ – ⫿, 🔄 Zim, 🔟
☎ ⅃ ⅃ ❷ – ☖ 130. ⅏ Ɛ ⅏ ⅏ Rest
La Cheminée (Sonntag geschl., nur Abendessen) **Menu** à la carte 63/86 – *Ilmenau :* **Menu**
à la carte 34/54 – **81 Z** 130/290.

In Manebach SW : 4 km :

🏨 **Moosbach,** Schmücker Str. 112, ⊠ 98693, ℘ (03677) 6 19 79, Fax (03677) 894272,
⊛, ⇔ɛ, ⊛ – ⫿ 🔟 ☎ ⇔ ❷
Menu à la carte 25/55 – **28 Z** 89/168.

ILSENBURG Sachsen-Anhalt ꞘꞘꞘ K 16, ꞘꞘꞘ ㉗ – 7 000 Ew – Höhe 253 m.

🛈 Fremdenverkehrsamt, Marktplatz 1, ⊠ 38871, ℘ (039452) 8 41 52, Fax (039452)
84154.

Berlin 237 – Magdeburg 86 – Braunschweig 59 – Göttingen 98 – Goslar 23 –
Wernigerode 8.

🏨 **Zu den Rothen Forellen,** Marktplatz 2, ⊠ 38871, ℘ (039452) 93 93,
Fax (039452) 9399, ⊛, Biergarten, « Haus a.d. 16.Jh. mit modernem Hotelanbau », ⇔ɛ,
⅃, ⊛ – ⫿, 🔄 Zim, 🔟 ⅃ ❷ – ☖ 100. ⅏ ⅏ Ɛ ⅏
Menu à la carte 54/75 – **52 Z** 180/420 – ½ P 45.

🏠 **Kurpark-Hotel** ⟲, Ilsetal 16, ✉ 38871, ✆ (039452) 95 60, Fax (039452) 95666, 🌫,
🛁, ⟲ – ⟳ Zim, 📺 ☎ ❷ – 🅰 20. 🆎 **E** 𝘝𝘐𝘚𝘈
Menu à la carte 26/42 – **32 Z** 80/160 – ½ P 22.

🏠 **Stadt Stolberg**, Faktoreistr. 5, ✉ 38871, ✆ (039452) 95 10, Fax (039452) 95155 –
⟲ 📺 ☎ ❷ – 🅰 30
Menu à la carte 20/47 – **28 Z** 75/145.

ILSFELD Baden-Württemberg **419** S 11, **987** ㉗ – 7 400 Ew – Höhe 252 m.
Berlin 596 – Stuttgart 40 – Heilbronn 12 – Schwäbisch Hall 45.

🏠 **Zum Lamm**, Auensteiner Str. 6, ✉ 74360, ✆ (07062) 6 15 27, Fax (07062) 63802 –
⟲ ⟳ Zim, 📺 ❷ – 🅰 20. 🍽 Zim
Jan. 3 Wochen geschl. – **Menu** (Samstagmittag geschl.) à la carte 24/50 ⅃ – **22 Z** 80/150.

🏠 **Ochsen**, König-Wilhelm-Str. 31, ✉ 74360, ✆ (07062) 68 01, Fax (07062) 64996 – 🛗 ☎
⟲ ❷
Jan. 2 Wochen geschl. – **Menu** (Mittwochmittag geschl.) à la carte 28/51 ⅃ –
30 Z 74/108.

ILSHOFEN Baden-Württemberg **419 420** S 13 – 4 300 Ew – Höhe 441 m.
Berlin 536 – Stuttgart 99 – Crailsheim 13 – Schwäbisch Hall 19.

🏨 **Park-Hotel**, Parkstr. 2 (B 14), ✉ 74532, ✆ (07904) 70 30, Fax (07904) 703222, 🌫,
Biergarten, ⟲, 🏊, 🎾 – 🛗, ⟳ Zim, 📺 🛁 ⟲ ❷ – 🅰 200. 🆎 ⓞ **E** 𝘝𝘐𝘚𝘈.
🍽 Rest
Menu à la carte 40/55 – **70 Z** 139/225, 6 Suiten.

🏖 **Post**, Hauptstr. 5, ✉ 74532, ✆ (07904) 7 03 55, Fax (07904) 703222 – ☎ ❷ – 🅰 25
Aug. 2 Wochen geschl. – **Menu** (Samstag geschl.) à la carte 28/42 – **17 Z** 65/95.

IMMENDINGEN Baden-Württemberg **419** W 10 – 5 500 Ew – Höhe 658 m.
Berlin 757 – Stuttgart 130 – Konstanz 58 – Singen (Hohentwiel) 32 – Donaueschingen 20.

🏠 **Landgasthof Kreuz**, Donaustr. 1, ✉ 78194, ✆ (07462) 62 75, Fax (07462) 1830 –
📺 ☎ ⟲ ❷
Mitte - Ende Nov. geschl. – **Menu** (Montag geschl.) à la carte 27/57 ⅃ – **12 Z** 60/100.

IMMENSTAAD AM BODENSEE Baden-Württemberg **419** W 12, **987** �38 – 5 900 Ew – Höhe
407 m – Erholungsort.
🛈 Verkehrsamt, Rathaus, Dr.-Zimmermann-Str. 1, ✉ 88090, ✆ (07545) 20 11 10, Fax
(07545) 201208.
Berlin 728 – Stuttgart 199 – Konstanz 21 – Freiburg im Breisgau 152 – Ravensburg 29
– Bregenz 39.

🏨 **Strandcafé Heinzler** ⟲, Strandbadstr. 10, ✉ 88090, ✆ (07545) 9 31 90,
Fax (07545) 3261, ≤, Bootssteg, « Gartenterrasse », Massage, 🛁, ⟲, 🔺 – 🛗 📺 ☎
❷. **E** 🍽 Rest
Jan. 2 Wochen geschl. – **Menu** (Mitte Okt. - Mitte April Montag geschl., Jan. - Feb. garni)
à la carte 34/79 ⅃ – **22 Z** 100/300 – ½ P 38.

🏨 **Seehof** ⟲, Am Yachthafen, ✉ 88090, ✆ (07545) 93 60, Fax (07545) 936133, ≤, 🌫,
⟲ 🔺, 🌫 – 📺 ☎ ❷. 🆎 **E** 𝘝𝘐𝘚𝘈
Feb. geschl. – **Menu** (Montag geschl.) 30/37 und à la carte 42/65 – **38 Z** 99/210.

🏠 **Hirschen**, Bachstr. 1, ✉ 88090, ✆ (07545) 62 38, Fax (07545) 6583 – 📺 ⟲ ❷
Anf. Nov. - Mitte Jan. geschl. – **Menu** (Montag geschl.) à la carte 29/55 – **14 Z** 70/118.

IMMENSTADT IM ALLGÄU Bayern **419 420** X 14, **987** �39 – 14 000 Ew – Höhe 732 m –
Erholungsort – Wintersport : 750/1 450 m ⚡8 ⚡12.
🛈 Gästeamt, Marienplatz 3, ✉ 87509, ✆ (08323) 8 04 81, Fax (08323) 7846.
Berlin 719 – München 148 – Kempten (Allgäu) 23 – Oberstdorf 20.

🏠 **Hirsch**, Hirschstr. 11, ✉ 87509, ✆ (08323) 62 18, Fax (08323) 80965 – 🛗 📺 ☎ ⟲
❷. **E** 𝘝𝘐𝘚𝘈
Menu à la carte 28/63 ⅃ – **26 Z** 72/150.

🏠 **Lamm**, Kirchplatz 2, ✉ 87509, ✆ (08323) 61 92, Fax (08323) 51217 – ⟲ ❷. 🍽 Rest
(nur Abendessen für Hausgäste) – **26 Z** 50/140.

✗ **Deutsches Haus**, Färberstr. 10, ✉ 87509, ✆ (08323) 89 94, 🌫 – ❷. **E**
Dienstagabend - Mittwoch geschl. – **Menu** à la carte 25/58 ⅃.

In Immenstadt-Bühl am Alpsee *NW : 3 km – Luftkurort :*

  🏨 **Terrassenhotel Rothenfels,** Missener Str. 60, ✉ 87509, 𝒫 (08323) 91 90,
Fax (08323) 919191, ≤, 🏖, ⇔s, 🔲, 🖛 – 📓 📺 ☎ ⟿ 🄿
Mitte Nov. - Mitte Dez. geschl. – **Menu** *(Okt. - Mai Freitag geschl.)* à la carte 26/56 –
33 Z 85/216 – ½ P 26.

In Immenstadt-Eckarts *NO : 7 km :*

  🏖 **Landgasthof zum Rössle** 🦢, Alte Dorfstr. 24, ✉ 87509, 𝒫 (08379) 75 36,
Fax (08379) 7399, ≤, 🏖 – 🄿. 🛏 Zim
Nov. geschl. – **Menu** *(Montag, im Winter auch Dienstag geschl.)* à la carte 28/48 – **8 Z** 45/86
– ½ P 18.

In Immenstadt-Knottenried *NW : 7 km :*

  🏨 **Bergstätter Hof** 🦢, ✉ 87509, 𝒫 (08320) 92 30, Fax (08320) 92346, ≤, 🏖, Massage, ⇔s, 🔲, 🖛 – 📺 ☎ 🄿
Nov. - Mitte Dez. geschl. – **Menu** *(Montag - Dienstagmittag geschl.)* à la carte 36/57 –
21 Z 80/164 – ½ P 30.

In Immenstadt-Stein *N : 3 km :*

  🏨 **Eß** 🦢 garni, Daumenweg 9, ✉ 87509, 𝒫 (08323) 81 04, Fax (08323) 962120, ≤, ⇔s,
🖛 – 📺 ☎ 🄿
16 Z 56/132.

In Immenstadt-Thanners *NO : 7 km :*

  🏖 **Zur Tanne,** an der B 19, ✉ 87509, 𝒫 (08379) 8 29, Fax (08379) 7199, 🏖 – ☎ 🄿.
⟿ 🄰🄴 ⓞ 🄴 𝘝𝘐𝘚𝘈
März - April 2 Wochen und Anfang Nov. - Anfang Dez. geschl. – **Menu** *(Montag geschl.)*
à la carte 24/47 – **25 Z** 48/110 – ½ P 20.

INGELFINGEN *Baden-Württemberg* 🄐🄑🄒 *S 12 – 5 500 Ew – Höhe 218 m – Erholungsort.*
  🄑 *Verkehrsamt, Schloßstr. 12 (Rathaus),* ✉ 74653, 𝒫 (07940) 1 30 90, Fax (07940) 6716.
  Berlin 564 – Stuttgart 98 – Heilbronn 56 – Schwäbisch Hall 27 – Würzburg 84.

  🏨 **Schloß-Hotel** garni, Schloßstr. 14, ✉ 74653, 𝒫 (07940) 60 77, Fax (07940) 57578 –
📺 ☎ – 🛦 30. 🄰🄴 𝘝𝘐𝘚𝘈
Juli - Aug. 3 Wochen geschl. – **21 Z** 110/150.

  🏨 **Haus Nicklass** (mit Gästehaus), Mariannenstr. 47, ✉ 74653, 𝒫 (07940) 9 10 10,
Fax (07940) 910199, 🏖, 🖛 – 📺 ☎ ⟿ 🄿. 🄰🄴 ⓞ 🄴 𝘝𝘐𝘚𝘈
Menu *(Freitag und 27. Dez. - 15. Jan. geschl.)* à la carte 24/59 ⅃ – **31 Z** 70/150.

INGELHEIM AM RHEIN *Rheinland-Pfalz* 🄐🄑🄒 *Q 8 – 24 000 Ew – Höhe 120 m.*
  Berlin 587 – Mainz 18 – Bingen 13 – Bad Kreuznach 25 – Wiesbaden 23.

  🏨 **Rheinkrone** garni, Dammstr. 14, ✉ 55218, 𝒫 (06132) 98 21 10, Fax (06132) 9821133
– 📺 ☎ 🄿. 🄰🄴 ⓞ 🄴 𝘝𝘐𝘚𝘈. ✸
20 Z 115/195.

  🏨 **Erholung** garni, Binger Str. 92, ✉ 55218, 𝒫 (06132) 7 30 63, Fax (06132) 73159 – 📺
☎. 🄰🄴 ⓞ 🄴 𝘝𝘐𝘚𝘈
Mitte Dez. - Anfang Jan. geschl. – **13 Z** 95/150.

  🏨 **Multatuli,** Mainzer Str. 255 (O : 1,5 km), ✉ 55218, 𝒫 (06132) 7 31 83,
Fax (06132) 76363, ≤ – 📺 ☎ 🄿
Menu à la carte 26/68 ⅃ – **20 Z** 90/140.

In Schwabenheim *SO : 6 km :*

  🏨 **Pfaffenhofen** 🦢, Bubenheimer Str. 10, ✉ 55270, 𝒫 (06130) 2 96, Fax (06130) 1468
– ✸ 📺 ☎ 🄿 – 🛦 20. 🄰🄴 🄴 𝘝𝘐𝘚𝘈. ✸ Rest
Menu *(wochentags nur Abendessen)* à la carte 32/66 – **18 Z** 90/135.

Besonders angenehme Hotels oder Restaurants
sind im Führer rot gekennzeichnet.
Sie können uns helfen, wenn Sie uns die Häuser angeben,
in denen Sie sich besonders wohl gefühlt haben.
Jährlich erscheint eine komplett überarbeitete Ausgabe
aller Roten Michelin-Führer.

INGOLSTADT Bayern 🔳🔳🔳 T 18, 🔳🔳🔳 ㉘ ㉙ – 112 200 Ew – Höhe 365 m.

Sehenswert : Maria-de-Victoria-Kirche★ A A – Liebfrauenmünster (Hochaltar★) A B – Bayerisches Armeemuseum★ B **M1.**

🏌 Ingolstadt, Gerolfinger Str. (über ④), 🕾 (0841) 8 57 78.

🅱 Städtisches Verkehrsamt, Rathaus, Rathausplatz, ✉ 85049, 🕾 (0841) 3 05 10 98 Fax (0841) 3051099.

ADAC, Milchstr. 23, ✉ 85049, 🕾 (0841) 3 52 69, Fax (0841) 33873.

Berlin 512 ① – München 80 ① – Augsburg 86 ① – Nürnberg 91 ① – Regensburg 76 ①

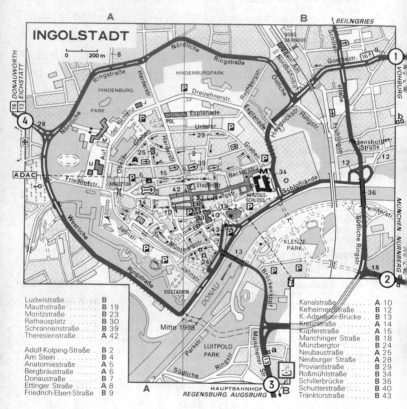

Ludwistraße	**B** 19
Mauthstraße	**B** 19
Moritzstraße	**B** 23
Rathausplatz	**B** 30
Schrannenstraße	**B** 39
Theresienstraße	**A** 42
Adolf-Kolping-Straße	**B** 2
Am Stein	**B** 4
Anatomiestraße	**A** 5
Bergbräustraße	**A** 6
Donaustraße	**B** 7
Ettinger Straße	**A** 8
Friedrich-Ebert-Straße	**B** 9

Kanalstraße	**A** 10
Kelheimer Straße	**B** 12
K.-Adenauer-Brücke	**B** 13
Kreuzstraße	**B** 14
Kupferstraße	**A** 15
Manchinger Straße	**B** 18
Münzbergtor	**B** 24
Neubaustraße	**A** 25
Neuburger Straße	**A** 28
Proviantstraße	**B** 29
Roßmühlstraße	**B** 34
Schillerbrücke	**B** 36
Schutterstraße	**B** 40
Tränktorstraße	**B** 43

🏨 **Ambassador,** Goethestr. 153, ✉ 85055, 🕾 (0841) 50 30, Fax (0841) 5037, 🍽, ⇌s – 🔃, ✂ Zim, 📺 ☎ ❤ ♿ ♿ – 🔬 120. 🖭 ⓞ 🄴 🆅🅸🆂🄰. ✣ Rest   über ①
Menu à la carte 41/68 – **119 Z** 198/286.

🏨 **Domizil Hummel** ≫, Feldkirchner Str. 69, ✉ 85055, 🕾 (0841) 95 45 30, Fax (0841) 59211, 🍽, ⇌s – 📺 ☎ ❤ ♿ ♿ – 🔬 100. 🖭 ⓞ 🄴 🆅🅸🆂🄰 🅹🅲🅱   **B b**
Menu (Sonntag geschl.) à la carte 30/78 – **40 Z** 139/235.

🏨 **Pius Hof,** Gundekarstr. 4, ✉ 85057, 🕾 (0841) 4 30 11, Fax (0841) 44533, 🍽, ⇌s – 🔃 📺 ☎ ❤ ♿ – 🔬 20. 🖭 🄴 🆅🅸🆂🄰. ✣ Rest   über Ettinger Straße   A
20. Dez. - 7. Jan. geschl. – **Menu** (Sonntagmittag geschl.) à la carte 29/67 – **50 Z** 139/170.

🏨 **Donau-Hotel,** Münchner Str. 10, ✉ 85051, 🕾 (0841) 6 20 55, Fax (0841) 68744 – 🔃 📺 ☎ ⇔ ♿ – 🔬 70. 🖭 ⓞ 🄴 🆅🅸🆂🄰. ✣   **B a**
29. Dez. - 6. Jan. geschl. – **Menu** (Sonntagabend, Samstag und Aug. 3 Wochen geschl.) à la carte 48/69 – **52 Z** 92/157.

🏨 **Bavaria** ≫ garni, Feldkirchener Str. 67, ✉ 85055, 🕾 (0841) 9 53 40, Fax (0841) 58802, ⇌s, 🔲, 🍽 – 🔃 📺 ☎ ⇔ ♿. 🖭 ⓞ 🄴 🆅🅸🆂🄰   **B b**
40 Z 65/140.

🏠 **Bayerischer Hof,** Münzbergstr. 12, ⊠ 85049, ℰ (0841) 14 03, *Fax (0841) 17702,* 🛏
⊜ – ⬚ 📺 ☎ ℗. ⅢⅢ Ɇ *VISA*. ✻   B n
Menu *(Samstagabend - Sonntag geschl.)* à la carte 21/48 – **34 Z** 90/140.

🏠 **Ammerland** garni, Ziegeleistr. 64, ⊠ 85055, ℰ (0841) 95 34 50, *Fax (0841) 9534545*
– ✻ 📺 ☎ ৬ ℗. ⅢⅢ Ɇ *VISA* JCB   über Friedrich-Ebert-Straße   B
20. Dez. - 10. Jan. geschl. – **28 Z** 88/165.

🏠 **Pfeffermühle,** Manchinger Str. 68, ⊠ 85053, ℰ (0841) 96 50 20, *Fax (0841) 66142,*
🍽, 🛏 – 📺 ☎ ℗. ⅢⅢ ⓄⒹ Ɇ *VISA*   B s
Menu *(Sonntag geschl.)* (nur Abendessen) à la carte 29/48 – **28 Z** 98/130.

XX **Im Stadttheater,** Schloßlände 1, ⊠ 85049, ℰ (0841) 93 51 50, *Fax (0841) 9351520,*
🍽 – ▤ – 🍴 100. ⓄⒹ Ɇ *VISA*   B T
Sonntagabend - Montag und Aug. - Sept. 4 Wochen geschl. – **Menu** à la carte 43/68.

An der B 13 ④ : *4 km* :

🏨 **Parkhotel Heidehof,** Ingolstädter Str. 121, ⊠ 85080 Gaimersheim, ℰ (08458) 6 40,
Fax (08458) 64230, 🍽, Massage, 🎣, 🛏, 🏊 (geheizt), 🔲, 🌳 – 📶, ✻ Zim, 📺 📞 ৬
℗ – 🍴 100. ⅢⅢ ⓄⒹ Ɇ *VISA* JCB
Menu à la carte 35/63 – **117 Z** 158/237.

In Wettstetten *N : 7 km* :

XX **Provinz-Restaurant im Raffelwirt,** Kirchplatz 9 (1. Etage), ⊠ 85139,
ℰ (0841) 3 81 73, *Fax (0841) 992173* – Ɇ. ✻ Zim
Samstagmittag und Montag geschl. – **Menu** à la carte 47/68.

INZELL Bayern **420** W 22, **987** ㊶ – *4 200 Ew* – *Höhe 693 m* – *Luftkurort* – *Wintersport :*
700/1 670 m ⚡2 ⚡5.
🏢 *Touristik-Information, Haus des Gastes, Rathausplatz 5,* ⊠ 83334, ℰ (08665) 9 88 50,
Fax (08665) 988530.
Berlin 707 – München 118 – Bad Reichenhall 19 – Traunstein 18.

🏨 **Sport- und Kurhotel Zur Post,** Reichenhaller Str. 2, ⊠ 83334, ℰ (08665) 98 50,
Fax (08665) 985100, 🍽, Massage, 🎣, 🔥, 🛏, 🔲 – 📶 ✻ 📺 ☎ ⇦ ℗ – 🍴 60.
Ɇ *VISA*
Menu à la carte 30/63 – **43 Z** 85/190 – ½ P 30.

In Inzell-Schmelz *SW . 2,5 km* :

🏠 **Gasthof Schmelz,** Schmelzer Str. 132, ⊠ 83334, ℰ (08665) 98 70, *Fax (08665) 1718,*
🍽, 🛏, 🔲, 🌳 – 📶, ✻ Rest, 📺 ☎ ℗ – 🍴 30
Mitte Nov. - Mitte Dez. geschl. – **Menu** *(Montag geschl.)* à la carte 26/55 – **37 Z** 80/170
– ½ P 25.

In Schneizlreuth-Weißbach a.d. Alpenstraße *SO : 6 km* :

🏔 **Alpenhotel Weißbach,** Berchtesgadener Str. 17, ⊠ 83458, ℰ (08665) 9 88 60,
⊜ *Fax (08665) 6351,* 🍽, 🌳 ☎ ℗
Nov. - Anfang Dez. geschl. – **Menu** *(Sept. - Mai Donnerstag geschl.)* à la carte 23/44 –
21 Z 56/102 – ½ P 15.

INZLINGEN *Baden-Württemberg siehe Lörrach.*

IPHOFEN Bayern **419 420** Q 14, **987** ㉘ – *4 000 Ew* – *Höhe 252 m.*
🏢 *Verkehrsbüro, Marktplatz 26,* ⊠ 7346, ℰ (09323) 87 15 44, *Fax (09323) 871555.*
Berlin 479 – München 248 – Ansbach 67 – Nürnberg 72 – Würzburg 29.

🏨 **Romantik Hotel Zehntkeller,** Bahnhofstr. 12, ⊠ 97346, ℰ (09323) 84 40,
⊜ *Fax (09323) 844123,* 🍽, 🌳 – 📺 ☎ ⇦ ℗ – 🍴 30. ⅢⅢ ⓄⒹ Ɇ *VISA* JCB
Jan. 3 Wochen geschl. – **Menu** *(Tischbestellung ratsam)* 39/95 und à la carte 45/75 –
50 Z 120/240.

🏠 **Goldene Krone,** Marktplatz 2, ⊠ 97346, ℰ (09323) 33 30, *Fax (09323) 6341,* 🍽 –
☎ ⇦ ℗ – 🍴 30. Ɇ
Ende Dez. - Mitte Jan. geschl. – **Menu** *(Dienstag geschl.)* à la carte 27/65 ⅄ – **22 Z** 75/130.

🏠 **Huhn** garni, Mainbernheimer Str. 10, ⊠ 97346, ℰ (09323) 12 46, *Fax (09323) 1076,* 🌳
– ✻ 📺 ℗
8 Z 55/130.

X **Wirtshaus zum Kronsberg** 🦪 mit Zim, Schwanbergweg 14, ⊠ 97346,
ℰ (09323) 8 02 03, *Fax (09323) 80204,* 🍽 – 📺 ☎. ⅢⅢ Ɇ *VISA*. ✻ Zim
Feb. 2 Wochen geschl. – **Menu** *(Montag geschl.)* à la carte 29/53 – **8 Z** 70/110.

In Mainbernheim *NW : 3 km :*

🏖 **Zum Falken,** Herrnstr. 27, ✉ 97350, ☎ (09323) 8 72 80, Fax *(09323) 872828,* 🏡 –
☎ 🅿
24. Feb. - 19. März und 27. Aug.- 10. Sept. geschl. – **Menu** *(Dienstag geschl.)* à la carte 26/51
– **15 Z** 70/120.

In Rödelsee *NW : 3,5 km :*

🏛 **Zum Rödelseer Schwan,** Am Buck 1, ✉ 97348, ☎ (09323) 8 71 40,
Fax *(09323) 871440,* 🏡 – 📺 ☎ 🅿. **E** 𝘝𝘐𝘚𝘈
Menu à la carte 28/52 – **25 Z** 68/130.

🏛 **Gästehaus Rödelseer Schwan** garni, Am Buck 25, ✉ 97348, ☎ (09323) 8 72 70,
Fax *(09323) 872740* – 📺 ☎ 🅿
17 Z 68/115.

🏛 **Gasthof und Gästehaus Stegner,** Mainbernheimer Str. 26, ✉ 97348,
☎ (09323) 34 15, Fax *(09323) 6335,* 🏡, 🌿 – 📺 ☎ ⇦ 🅿
22. Dez. - 16. Jan. geschl. – **Menu** *(Sonntagabend, Dienstag und Aug. 2 Wochen geschl.)*
à la carte 30/46 🦪 – **17 Z** 50/95.

In Willanzheim-Hüttenheim *S : 10 km :*

🍴 **Landgasthof May** mit Zim, Marktplatz 6, ✉ 97348, ☎ (09326) 2 55, Fax *(09326) 205,*
⇦ 🏡 – ⇦
Menu *(Mittwoch geschl.)* à la carte 24/47 – **5 Z** 50/90.

IRREL *Rheinland-Pfalz* **417** *Q 3 – 1 400 Ew – Höhe 178 m – Luftkurort.*
🛈 *Tourist-Information, Hauptstr. 4,* ✉ *54666,* ☎ *(06525) 5 00, Fax (06525) 500.*
Berlin 722 – Mainz 179 – Bitburg 15 – Trier 25.

🏛 **Koch-Schilt,** Prümzurlayer Str. 1, ✉ 54666, ☎ (06525) 92 50, Fax *(06525) 925222,* 🌿
– 📳 📺 ☎ ⇦ 🅿. **E** 𝘝𝘐𝘚𝘈
8. Jan. - 3. Feb. geschl. – **Menu** à la carte 27/58 – **45 Z** 75/120 – ½ P 20.

🏛 **Irreler Mühle** 🦢, Talstr. 17, ✉ 54666, ☎ (06525) 8 26, Fax *(06525) 866,* 🏡, 🌿 –
⇦ 🅿. **E** 𝘝𝘐𝘚𝘈
6. Jan. - Feb. geschl. – **Menu** *(Montag - Dienstag geschl.)* à la carte 35/64 – **8 Z** 50/90
– ½ P 20.

IRSCHENBERG *Bayern* **420** *W 19,* **987** ㊵ *– 2 600 Ew – Höhe 730 m.*
Berlin 637 – München 46 – Garmisch-Partenkirchen 85 – Rosenheim 23 – Miesbach 8.

🏨 **Landhotel Irschenberg** 🦢, Loiderdinger Str. 12, ✉ 83737, ☎ (08062) 7 09 80,
Fax *(08062) 8418,* ≤, 🏡 – 📺 ☎ 🅿. **E** 𝘝𝘐𝘚𝘈. 🛇 Rest
Menu *(Montag geschl.)* (nur Abendessen) à la carte 33/47 –
26 Z 130/170.

An der Autobahn A 8 Richtung Salzburg *SW : 1,5 km :*

🏛 **Autobahn-Rasthaus Irschenberg,** ✉ 83737 Irschenberg, ☎ (08025) 20 71,
Fax *(08025) 5250,* ≤ Alpen, 🏡 – ↤ Rest, 🅿. 🖭 **E** 𝘝𝘐𝘚𝘈
Menu à la carte 26/62 – **18 Z** 75/150.

IRSEE *Bayern siehe Kaufbeuren.*

ISENBURG *Rheinland-Pfalz siehe Dierdorf.*

ISERLOHN *Nordrhein-Westfalen* **417** *L 7,* **987** ⑮ *– 100 000 Ew – Höhe 247 m.*
🛈 *Verkehrsbüro, Konrad-Adenauer-Ring 15,* ✉ *58636,* ☎ *(02371) 1 32 33, Fax (02371)*
149232.
ADAC, Hans-Böckler-Str. 22, ✉ *58638,* ☎ *(02371) 2 40 47, Fax (02371) 26533.*
Berlin 499 ② – Düsseldorf 80 ④ – Dortmund 26 ⑤ – Hagen 18 ④ – Lüdenscheid 30 ③

Stadtplan siehe gegenüberliegende Seite

🏨 **Waldhotel Horn** 🦢, Seilerwaldstr. 10, ✉ 58636, ☎ (02371) 97 20,
Fax *(02371) 972372,* 🏡, ⇆, 🖼, – 📳 📺 📶 🗜 🅿 – 🔬 40. 🖭 ① **E**   X a
Menu *(Sonntagabend - Montag geschl.)* (wochentags nur Abendessen) à la carte 51/82
– **45 Z** 135/295.

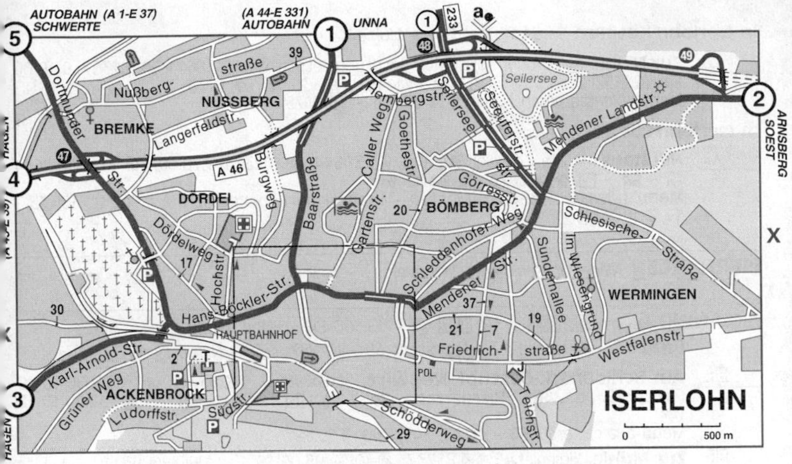

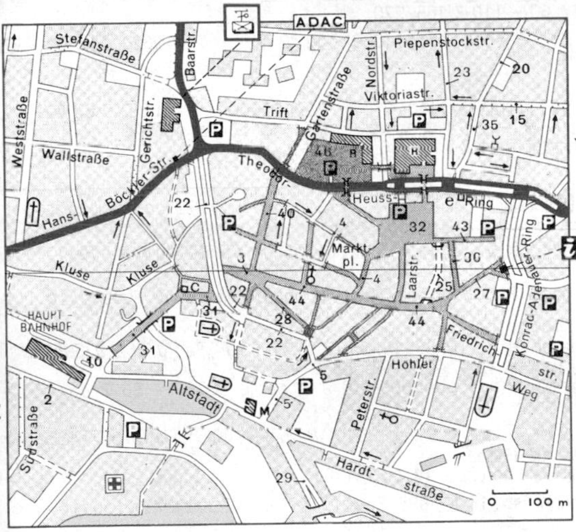

Alter Rathausplatz . . Y 3
Laarstraße . . . . . . YZ
Marktpassage . . . Z 25
Poth . . . . Z 31
Stahlschmiede . . . Y 36
Theodor-Heuss-Ring . . . . Y
Unnaer Straße . . . Y 40
Vinckestraße . . . . Y 43
Wermingser Straße . . . . Z 44

Alexanderstraße . X, Z 2
Am Dicken Turm . YZ 4
An der Schlacht . . Z 5
Arnsberger Straße . X 7
Bahnhofsplatz . . . Z 10
Elisabethstraße . . Y 15
Gerlingser Weg . . X 17
Hansaallee . . . . . . X 19
Hindenburgstr. . X, Y 20
Karnackswcg . . . . X 21
Kurt-Schumacher-Ring . . . . YZ 22
Lange Straße . . . . Y 23
Mendener Straße . Z 27
Mühlentor . . . . . . Z 28
Obere Mühle . . . X, Z 29
Oestricher Straße . X 30
Schillerplatz . . . . . Y 32
Sofienstraße . . . . . Y 35
Teutoburger Str. . X 37
Theodor-Fleitmann-Straße . . . . . . X 39
Werner-Jacobi-Pl. . Y 46

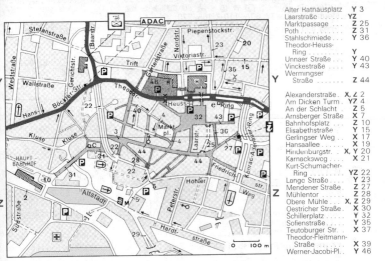

An der Isenburg garni, Theodor-Heuss-Ring 54, ✉ 58636, ✆ (02371) 2 64 51, *Fax (02371) 26454* – 🛗, ⇝ Zim, TV ☎ ♿ 🚗 – 🏛 30. AE ⓓ E VISA Y e
36 Z 160/235.

Engelbert garni, Poth 4, ✉ 58638, ✆ (02371) 1 23 45, *Fax (02371) 22158*, ≘s – 🛗 TV ☎ – 🏛 15. AE ⓓ E VISA Z c
Weihnachten - Anfang Jan. geschl. – **30 Z** 135/240.

Korth, In der Calle 4, ✉ 58636, ✆ (02371) 9 78 70, *Fax (02371) 978767*, 🌳, Biergarten, ≘s, 🏊 – TV ☎ 🅟 – 🏛 20. AE ⓓ VISA. ⇝ Zim über Seilerseestr. und ① X
Menu *(Freitag - Samstagmittag geschl.)* à la carte 43/75 – ***Puntino*** (italienische Küche) *(Sonntag - Montag geschl.)* **Menu** à la carte 55/76 – **21 Z** 115/195.

In Iserlohn-Grüne ③ : *5 km* :

XX **Zur Dechenhöhle** mit Zim, Untergrüner Str. 8, ✉ 58644, ✆ (02374) 73 34, *Fax (02374) 7336*, 🌳 – TV ☎ 🚗 🅟. AE ⓓ E VISA
Menu *(Sonntag geschl.)* à la carte 35/77 – **11 Z** 95/155.

In Iserlohn-Kesbern *S : 8 km über Obere Mühle* X :

🏯 **Zur Mühle** ⬧, Grüner Talstr. 400 (Richtung Letmathe), ✉ 58644, ℰ (02352) 9 19 60, *Fax (02352) 21609*, ⬧ – 📺 ☎ ⬧ 🅿 – ⬧ 30. ⬧ ⓄⒺ 🆅🅸🆂🅰
Menu *(Montag geschl.)* à la carte 36/66 – **15 Z** 75/160.

In Iserlohn-Lössel ③ : *6 km* :

🏯🏯 **Neuhaus** mit Zim, Lösseler Str. 149, ✉ 58644, ℰ (02374) 9 78 00, *Fax (02374) 7664*, ⬧, ⬧ – 📺 ☎ ⬧ 🅿. ⬧ ⓄⒺ 🆅🅸🆂🅰
Menu *(Dienstag geschl.)* (Montag - Freitag nur Abendessen) à la carte 35/75 – **17 Z** 110/220.

ISERNHAGEN *Niedersachsen siehe Hannover.*

ISMANING *Bayern* **419 420** *V 19,* **987** ④ – *13 500 Ew – Höhe 490 m.*
Berlin 577 – München 17 – Ingolstadt 69 – Landshut 58 – Nürnberg 157.

🏨 **Am Schloßpark-Gasthof Neuwirt,** Schloßstr. 7, ✉ 85737, ℰ (089) 96 10 20, *Fax (089) 9612681*, Biergarten, ⬧ – 🛗 📺 ☎ ⬧ 🅿 – ⬧ 120. ⬧ Ⓔ 🆅🅸🆂🅰
Menu à la carte 36/66 – **102 Z** 145/260, 3 Suiten.

🏨 **Zur Mühle,** Kirchplatz 5, ✉ 85737, ℰ (089) 96 09 30, *Fax (089) 96093110*, ⬧, Biergarten, ⬧, ⬧ – 🛗 📺 ☎ 🅿 – ⬧ 30. ⬧ ⓄⒺ 🆅🅸🆂🅰
Menu à la carte 37/60 – **110 Z** 165/270.

🏯 **Frey** garni, Hauptstr. 15, ✉ 85737, ℰ (089) 9 62 42 30, *Fax (089) 96242340*, ⬧ – 📺 ☎ 🅿. ⬧ ⓄⒺ 🆅🅸🆂🅰
23 Z 130/220.

🏯 **Fischerwirt** ⬧ garni, Schloßstr. 17, ✉ 85737, ℰ (089) 9 62 62 60, *Fax (089) 96262610*, ⬧ – 🛗 📺 ☎ ⬧ 🅿 – ⬧ 50. ⬧ Ⓔ 🆅🅸🆂🅰 🇯🇨🇧 ⬧
22. Dez. - 8. Jan. geschl. – **41 Z** 110/250.

ISNY *Baden-Württemberg* **419 420** *W 14,* **987** ㊴ – *13 800 Ew – Höhe 720 m – Heilklimatischer Kurort – Wintersport : 700/1 120 m* ⬧9 ⬧13.
🛈 *Kurverwaltung, Unterer Grabenweg 18,* ✉ 88316, ℰ (07562) 98 41 10, *Fax (07562) 984172.*
Berlin 698 – Stuttgart 189 – Konstanz 104 – Kempten (Allgäu) 25 – Ravensburg 41 – Bregenz 42.

🏨 **Hohe Linde,** Lindauer Str. 75, ✉ 88316, ℰ (07562) 9 75 97, *Fax (07562) 975969*, ⬧, ⬧, ⬧, ⬧ – 📺 ☎ ⬧ 🅿 – ⬧ 20. ⬧ ⓄⒺ 🆅🅸🆂🅰
Menu *(Freitag geschl.)* (nur Abendessen) à la carte 38/62 – **36 Z** 85/180 – ½ P 30.

🏯 **Garni am Roßmarkt,** Roßmarkt 8, ✉ 88316, ℰ (07562) 40 51, *Fax (07562) 4052*, ⬧ – 📺 ☎ ⬧ 🅿. ⬧ ⓄⒺ 🆅🅸🆂🅰
Mitte Nov. - Anfang Dez. geschl. – **14 Z** 75/140.

X **Krone** mit Zim, Bahnhofstr. 13, ✉ 88316, ℰ (07562) 24 42, *Fax (07562) 56117* – ⬧. Ⓔ
Juni 2 Wochen geschl. – **Menu** *(Donnerstag geschl.)* à la carte 33/69 – **6 Z** 60/140 – ½ P 28.

In Isny-Neutrauchburg :

🏯 **Terrassenhotel Isnyland** ⬧, Dengeltshofer Str. 290 (W : 1,5 km), ✉ 88316, ℰ (07562) 9 71 00, *Fax (07562) 971060*, ⬧, ⬧, ⬧, ⬧, ⬧ – 📺 ☎ ⬧ 🅿 – ⬧ 30. ⬧ Ⓔ 🆅🅸🆂🅰
Menu à la carte 33/68 – **23 Z** 88/160 – ½ P 32.

An der Straße nach Maierhöfen *S : 2 km* :

🏯 **Gasthof zur Grenze,** Schanz 2, ✉ 88167 Maierhöfen, ℰ (07562) 36 45, *Fax (07562) 55401*, ⬧, ⬧, ⬧ – 📺 ☎ ⬧ 🅿. ⬧ Zim
Menu *(Montag - Dienstag geschl.)* à la carte 28/52 – **16 Z** 75/150 – ½ P 28.

Außerhalb *NW : 6,5 km über Neutrauchburg* :

🏨 **Berghotel Jägerhof** ⬧, ✉ 88316 Isny, ℰ (07562) 7 70, *Fax (07562) 77202*, ⬧ Allgäuer Alpen, ⬧, Massage, ⬧, ⬧, ⬧, ⬧ ⬧ – 🛗 📺 ☎ ⬧ 🅿 – ⬧ 90. ⬧ Ⓞ Ⓔ 🆅🅸🆂🅰
Menu 30 Lunchbuffet und à la carte 40/64 – **92 Z** 135/405 – ½ P 40.

ISSELBURG *Nordrhein-Westfalen* 𝟜𝟙𝟟 *K 3 – 10 500 Ew – Höhe 23 m.*
Sehenswert : *Wasserburg Anholt★.*
📍 *Isselburg-Anholt, Am Schloß 3, 𝒫 34 44.*
Berlin 579 – Düsseldorf 86 – Arnhem 46 – Bocholt 13.

🏛 **Nienhaus,** Minervastr. 26, ✉ 46419, 𝒫 (02874) 7 70, Fax (02874) 45673 – 📺 ☎ ⇌.
 Ⓐ ⓞ 𝗘 𝗩𝗜𝗦𝗔
 Menu *(Donnerstag geschl.)* à la carte 40/66 – **12 Z** 75/140.

In Isselburg-Anholt *NW : 3,5 km :*

🏰 **Parkhotel Wasserburg Anholt** ⌂, Klever Straße, ✉ 46419, 𝒫 (02874) 45 90,
 Fax (02874) 4035, ≤, 🌳, « *Wasserburg a.d. 12. Jh., Park, Burg-Museum* » – |𝄞|, 🛏 Rest,
 📺 ⇌ 𝐏 – 🚪 50. Ⓐ ⓞ 𝗘 𝗩𝗜𝗦𝗔. 🛏 Rest
 Jan. geschl. – **Menu** *(Sonntagabend - Montag geschl.)* (wochentags nur Abendessen)
 à la carte 70/92 – *Treppchen und Pferdestall* : Menu à la carte 45/68 –
 28 Z 170/400.

ITZEHOE *Schleswig-Holstein* 𝟜𝟙𝟝 *E 12,* 𝟡𝟪𝟟 ⑤, 𝟡𝟪𝟜 ⑥ *– 32 600 Ew – Höhe 7 m.*
📍 *Breitenburg (SO : 5 km), 𝒫 (04828) 81 88.*
Berlin 343 – Kiel 69 – Hamburg 61 – Bremerhaven 97 – Lübeck 87 – Rendsburg 44.

🏛 **Gästehaus Hinsch** ⌂ garni, Schillerstr. 27, ✉ 25524, 𝒫 (04821) 7 40 51,
 Fax (04821) 71330, 🌳 – 📺 ☎ 𝐏 𝗘 𝗩𝗜𝗦𝗔
 Weihnachten - Anfang Jan. geschl. – **15 Z** 90/166.

In Heiligenstedten *W : 2 km :*

🏰 **Schloß Heiligenstedten** ⌂, Schloßstr. 13, ✉ 25524, 𝒫 (04821) 8 73 35,
 Fax (04821) 87338, 🌳 – 📺 𝐏 – 🚪 40. Ⓐ ⓞ 𝗘 𝗩𝗜𝗦𝗔
 9.- 22. Feb. geschl. – *Orangerie :* Menu à la carte 61/80 – **19 Z** 140/260, 4 Suiten.

JENA *Thüringen* 𝟜𝟙𝟪 *N 18,* 𝟡𝟪𝟜 ㉓, 𝟡𝟪𝟟 ㉘ *– 101 000 Ew – Höhe 144 m.*
Sehenswert : *Planetarium★ AY – Optisches Museum★ AY M1.*
🅱 *Jena-Information, Holzmarkt 8, ✉ 07743, 𝒫 (03641) 5 86 30, Fax (03641) 586322.*
ADAC, *Teichgraben (Eulenhaus), ✉ 07743, 𝒫 (03641) 44 31 38, Fax (03641) 443139.*
Berlin 246 ③ – Erfurt 59 ⑤ – Gera 44 ③ – Chemnitz 112 ③   Bayreuth 147 ③

Stadtpläne siehe nächste Seiten

🏰 **Esplanade** Ⓜ, Carl-Zeiss-Platz 4, ✉ 07743, 𝒫 (03641) 80 00, Fax (03641) 800150, 𝐅𝐬,
 ⇌ – |𝄞|, ⁂ Zim, 🛏 📺 ☏ & ⇌ – 🚪 400. Ⓐ ⓞ 𝗘 𝗩𝗜𝗦𝗔 𝐉𝐂𝐁   AY **a**
 Rotonda : Menu à la carte 53/57 – **179 Z** 195/255, 7 Suiten.

🏨 **Schwarzer Bär,** Lutherplatz 2, ✉ 07743, 𝒫 (03641) 40 60, Fax (03641) 406113 – |𝄞|
 📺 ☏ & ⇌ 𝐏 – 🚪 80. 𝗘 𝗩𝗜𝗦𝗔 𝐉𝐂𝐁   BY **b**
 Menu à la carte 27/50 – **66 Z** 100/200.

🏛 **Papiermühle,** Erfurter Str. 102, ✉ 07743, 𝒫 (03641) 4 59 80, Fax (03641) 459845,
 Biergarten, « *Braugasthof a.d.J. 1737 mit Hausbrauerei* » – 📺 ☎ 𝐏   T **c**
 Menu à la carte 21/32 – **18 Z** 90/140.

🏛 **Zur Schweiz,** Quergasse 15, ✉ 07743, 𝒫 (03641) 44 93 56, Fax (03641) 449354, 🌳
 – 📺 ☎   AY **d**
 Menu à la carte 24/44 – **19 Z** 95/140.

In Jena-Lichtenhain :

🏨 Am Herrenberge ⌂, Am Herrenberge 9, ✉ 07745, 𝒫 (03641) 62 50,
 Fax (03641) 605554, 🌳 – |𝄞|, ⁂ Zim, 📺 ☎ 𝐏 – 🚪 25. 🛏 Rest   U **e**
 (nur Abendessen) (auch vegetarische Gerichte) – **97 Z**, 3 Suiten.

In Jena - Lobeda-Ost *S : 3,5 km :*

🏰 **Holiday Inn** ⌂, Otto-Militzer-Str. 1, ✉ 07747, 𝒫 (03641) 30 10, Fax (03641) 334575,
 Biergarten, ⇌ – |𝄞|, ⁂ Zim, 📺 & & 𝐏 – 🚪 80. Ⓐ ⓞ 𝗘 𝗩𝗜𝗦𝗔 𝐉𝐂𝐁. 🛏 Rest V **f**
 Menu à la carte 32/62 – **172 Z** 140/200, 11 Suiten.

In Jena - Lobeda-West *S : 4 km :*

🏨 **Steigenberger Maxx Hotel** Ⓜ, Stauffenbergstr. 59, ✉ 07747, 𝒫 (03641) 30 00,
 Fax (03641) 300888, 🌳, Biergarten, Massage, 𝐅𝐬, ⇌ – |𝄞|, ⁂ Zim, 📺 ☎ & ⇌
 – 🚪 120. Ⓐ ⓞ 𝗘 𝗩𝗜𝗦𝗔 𝐉𝐂𝐁   V **h**
 Menu *(Samstagmittag und Sonntag geschl.)* à la carte 51/55 *(auch vegetarische Gerichte)*
 – **220 Z** 175/260.

JENA

JENA

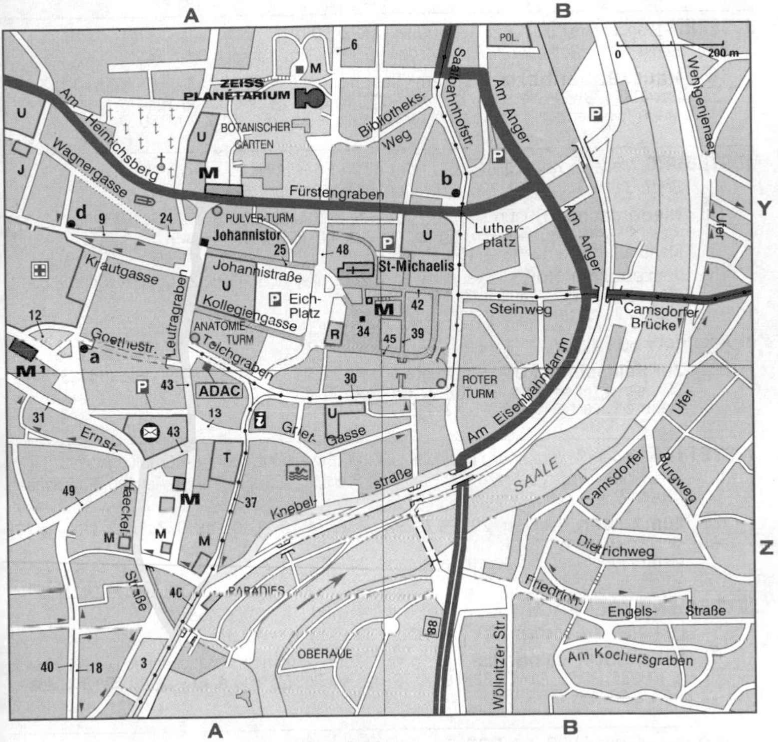

In Jena-Winzerla :

Quality Hotel Ⓜ ⌂, Rudolstädter Str. 82 (B 88), ⊠ 07745, ✆ (03641) 6 60, Fax (03641) 661010, 斎 – 劇, ⇟ Zim, ▦ ▧ ☎ ✆ & Ⓟ – 益 250. ▲ⓔ ⓪ ⓔ 𝘝𝘐𝘚𝘈 ᴊᴄʙ
V k
Menu à la carte 32/64 – **295 Z** 159/199.

Jembo Park Motel, Rudolstädter Str. 93, ⊠ 07745, ✆ (03641) 68 50, Fax (03641) 685299, 斎, Biergarten, ⇕ – 劇, ⇟ Zim, ▧ ☎ & Ⓟ – 益 150. ▲ⓔ ⓪ ⓔ 𝘝𝘐𝘚𝘈
V m
Menu à la carte 22/44 – **48 Z** 94/129.

Zur Weintraube, Rudolstädter Str.76 (B 88), ⊠ 07745, ✆ (03641) 60 57 70, Fax (03641) 606583, Biergarten – ▧ ☎ ⇋ Ⓟ – 益 25. ▲ⓔ ⓔ 𝘝𝘐𝘚𝘈
V n
Menu à la carte 24/60 – **19 Z** 110/155.

In Jena-Ziegenhain :

Ziegenhainer Tal ⌂, Ziegenhainer Str. 107, ⊠ 07749, ✆ (03641) 39 58 40, Fax (03641) 395842, ⇕, ⊞ – ▧ ☎ Ⓟ. ▲ⓔ ⓔ 𝘝𝘐𝘚𝘈. ⅏ Rest
U p
(nur Abendessen für Hausgäste) – **20 Z** 90/140.

We have established for your use a classification
of certain restaurants by awarding them the mention
Menu ❄, ✿, ✿✿ or ✿✿✿.

JESSEN (ELSTER) *Sachsen-Anhalt* ⏣⏣⏣ *K 22,* ⏣⏣⏣ ⑲ *– 6 800 Ew – Höhe 70 m.*
Berlin 112 – Magdeburg 110 – Leipzig 69 – Wittenberg 25.

Schwarzenbach garni, Rosa-Luxemburg-Str. 36, ⌧ 06917, ✆ (03537) 27 60, Fax (03537) 212231, ∫̇, ≦s – 🕸 ⇝ 📺 ✆ 🅟 – 🏛 25. 🆎 🗲 *VISA*
36 Z 115/186.

JESSERN *Brandenburg* ⏣⏣⏣ *J 26 – 250 Ew – Höhe 50 m.*
Berlin 101 – Potsdam 133 – Cottbus 43 – Frankfurt an der Oder 54.

Haus Babenberg 🍃, Am Babenberg 6, ⌧ 15913, ✆ (035478) 3 12, Fax (035478) 306, ≼, 🍽, ≦s, ⌂ – 📺 ☎ 🅟 – 🏛 140. 🆎 🗲 *VISA*
Menu (wochentags nur Abendessen) à la carte 26/46 – **54 Z** 78/160.

JESTEBURG *Niedersachsen* ⏣⏣⏣⏣⏣⏣ *G 13 – 6 500 Ew – Höhe 25 m – Luftkurort.*
Berlin 311 – Hannover 126 – Hamburg 42 – Lüneburg 39.

Niedersachsen, Hauptstr. 60, ⌧ 21266, ✆ (04183) 9 30 30, Fax (04183) 930311, 🍽, ≦s, ☒, 🍽 – 🕸, ⇝ Zim, 📺 ☎ 🅟 – 🏛 60. 🆎 ① 🗲 *VISA* 🇯🇨🇧
Menu à la carte 38/76 – **43 Z** 111/190.

Jesteburger Hof, Kleckerwaldweg 1, ⌧ 21266, ✆ (04183) 20 08, Fax (04183) 3311, 🍽 – 📺 ☎ 🅟 – 🏛 35. 🆎 ① 🗲 *VISA*
Menu à la carte 30/56 – **21 Z** 85/150.

In Asendorf *SO : 4,5 km :*

Zur Heidschnucke 🍃, Im Auetal 14, ⌧ 21271, ✆ (04183) 97 60, Fax (04183) 4472, 🍽, ≦s, ☒, 🍽 – 🕸 ⇝ 📺 & 🅟 – 🏛 60. 🆎 ① 🗲 *VISA*
Menu à la carte 40/73 – **50 Z** 119/202.

JESTETTEN *Baden-Württemberg* ⏣⏣⏣ *X 9 – 4 200 Ew – Höhe 438 m – Erholungsort.*
Berlin 792 – Stuttgart 174 – Freiburg im Breisgau 102 – Waldshut-Tiengen 34 – Schaffhausen 8 – Zürich 42.

Zum Löwen, Hauptstr. 22, ⌧ 79798, ✆ (07745) 9 21 10, Fax (07745) 921188 – 🕸 📺 ⇝ – 🏛 20
Menu (Sonntagabend geschl.) à la carte 24/54 – **25 Z** 80/140.

JETTINGEN-SCHEPPACH *Bayern* ⏣⏣⏣ *U 15 – 6 800 Ew – Höhe 468 m.*
Berlin 587 – München 100 – Augsburg 38 – Ulm (Donau) 33.

Best Hotel Mindeltal Ⓜ garni, Robert-Bosch-Str. 3 (Scheppach), ⌧ 89343, ✆ (08225) 99 70, Fax (08225) 997100 – 🕸, ⇝ Zim, 📺 ☎ & 🅟 – 🏛 40. 🆎 ① 🗲 *VISA*
– **74 Z** 98/169.

JEVER *Niedersachsen* ⏣⏣⏣ *F 7,* ⏣⏣⏣ ④ *– 13 000 Ew – Höhe 10 m.*
🛈 Verkehrsbüro, Alter Markt 18, ⌧ 26441, ✆ (04461) 7 10 10, Fax (04461) 939299.
Berlin 488 – Hannover 229 – Emden 59 – Oldenburg 59 – Wilhelmshaven 18.

Friesen-Hotel 🍃 garni, Harlinger Weg 1, ⌧ 26441, ✆ (04461) 93 40, Fax (04461) 934111 – 📺 ☎ ⇝ 🅟. 🆎 ① 🗲 *VISA*. 🍽
37 Z 76/169.

Marienstadt, Schützenhofstr. 47, ⌧ 26441, ✆ (04461) 93 70, Fax (04461) 937299, Biergarten – ⇝ Zim, 📺 ☎ & 🅟 – 🏛 80. 🆎 🗲 *VISA*
Menu à la carte 27/50 – **32 Z** 85/130.

Alte Apotheke, Apothekerstr. 1, ⌧ 26441, ✆ (04461) 40 88, Fax (04461) 73857, 🍽 – 🆎 ① 🗲 *VISA*
Montag geschl. – **Menu** à la carte 40/70.

Haus der Getreuen, Schlachtstr. 1, ⌧ 26441, ✆ (04461) 30 10, Fax (04461) 72373, 🍽 – 🆎 ① 🗲 *VISA*
Menu à la carte 37/61.

JOACHIMSTHAL *Brandenburg* ⏣⏣⏣ *H 25,* ⏣⏣⏣ ⑫, ⏣⏣⏣ ⑱ ⑲ *– 3 000 Ew – Höhe 100 m.*
Berlin 67 – Potsdam 126 – Brandenburg 142 – Frankfurt an der Oder 119.

Am Werbellinsee :

Jagdschloß Hubertusstock 🍃, an der B 198 (SW : 10 km), ⌧ 16244 Hubertusstock, ✆ (033363) 5 00, Fax (033363) 50255, 🍽, 🍽 – 📺 ☎ 🅟 – 🏛 30. 🆎 ① 🗲 *VISA*
Menu à la carte 43/67 – **24 Z** 150/250 – ½ P 45 (Gästehaus mit 55 Z ab Frühjahr 1998).

JÖHSTADT Sachsen 418 O 23 – 1 700 Ew – Höhe 800 m – Wintersport : 750/899 m ⚡1 ⚡2.
   🔷 *Fremdenverkehrsamt, Markt 185,* ✉ 09477, 𝒫 (037343) 26 12, Fax (037343) 2615.
   Berlin 308 – Dresden 107 – Chemnitz 44.

  🏠 **Schlösselmühle,** Schlösselstr. 60, ✉ 09477, 𝒫 (037343) 26 66, Fax (037343) 2665,
  ⬡ 🏯 – 📺 ☎ 🅿 🄴 ✿
  Menu à la carte 18/34 🍸 – **12 Z** 52/104.

JÖßNITZ Sachsen siehe Plauen.

JOHANNESBERG Bayern siehe Aschaffenburg.

JOHANNGEORGENSTADT Sachsen 418 420 O 22, 984 ㉗, 987 ㉙ – 7 500 Ew – Höhe 900 m
   – Erholungsort – Wintersport : 700/1000 m ⚡2 ⚡20.
   🔷 *Fremdenverkehrsamt, Eibenstocker Str. 52,* ✉ 08349, 𝒫 (03773) 30 30, Fax (03773)
   8280.
   Berlin 317 – Dresden 144 – Chemnitz 57 – Chomutov 86 – Karlovy Vary 59 – Hof 97.

  🏠 **Erzgebirgshotel an der Kammloipe** ⬡, Schwefelwerkstr. 28, ✉ 08349,
  ⬡ 𝒫 (03773) 88 29 59, Fax (03773) 882959, ≋s, 🚗 – 📺 ☎ 🅿 – 🔬 30. 🄰🄴 ⓞ 🄴
  VISA
  Menu à la carte 21/52 – **23 Z** 65/100.

In Johanngeorgenstadt-Steinbach *NW : 2 km :*

  🏠 **Steinbach,** Steinbach 22, ✉ 08349, 𝒫 (03773) 88 22 28, Fax (03773) 882228, Bier-
  ⬡ garten, 🚗 – 📺 ☎ 🅿 🄰🄴 ⓞ 🄴 *VISA*
  Nov. 1 Woche geschl. – **Menu** (Donnerstag geschl.) à la carte 18/33 🍸 – **15 Z** 60/95.

> Europe
>
> Wenn der Name eines Hotels dünn gedruckt ist,
> hat uns der Hotelier Preise
> und Öffnungszeiten nicht angegeben.

JORK Niedersachsen 415 416 F 13 – 10 500 Ew – Höhe 1 m.
   Sehenswert : Bauernhäuser ★.
   Berlin 318 – Hannover 167 – Hamburg 63 – Bremen 108.

  🏠 **Zum Schützenhof,** Schützenhofstr. 16, ✉ 21635, 𝒫 (04162) 9 14 60,
   Fax (04162) 914691, 🏯 – 📺 ☎ 🅿 – 🔬 50. 🄰🄴 ⓞ 🄴 *VISA*
   Ollanner Buurhuus (Donnerstag geschl.) **Menu** à la carte 35/59 – **15 Z** 88/150.

JÜBEK Schleswig-Holstein 415 C 12 – 2 100 Ew – Höhe 14 m.
   Berlin 410 – Kiel 66 – Flensburg 30 – Husum 30 – Schleswig 18 – Silberstedt 5.

  🏠 **Goos,** Große Str. 92, ✉ 24855, 𝒫 (04625) 70 41, Fax (04625) 1084, 🏯 – 📺 ☎ 🚗
   🅿 🄴 *VISA*
   Menu (Sonntagabend geschl.) à la carte 28/43 – **20 Z** 70/120.

JÜLICH Nordrhein-Westfalen 417 N 3, 987 ㉕ – 31 000 Ew – Höhe 78 m.
   Berlin 607 – Düsseldorf 55 – Aachen 26 – Köln 53.

  🏠🏠 **Kaiserhof,** Bahnhofstr. 5, ✉ 52428, 𝒫 (02461) 6 80 70, Fax (02461) 680777, 🏯 –
   📱 ⇔ Zim, 📺 ☎ 🅿 – 🔬 15. 🄰🄴 ⓞ 🄴 *VISA*
   Menu (Sonntagabend - Montagmittag, Dez.- Jan. und Juni - Juli jeweils 2 Wochen geschl.)
   à la carte 48/78 – **41 Z** 120/190.

JÜRGENSTORF Mecklenburg-Vorpommern siehe Stavenhagen.

JÜTERBOG Brandenburg 418 K 23, 984 ⑮ ⑲, 987 ⑱ – 11 500 Ew – Höhe 75 m.
   🔷 *Stadtinformation, Markt (Rathaus),* ✉14913, 𝒫 (03372) 46 31 13, Fax (03372)
   463113.
   Berlin 71 – Potsdam 58 – Cottbus 105 – Dessau 82 – Wittenberg 51.

  🏠🏠 **Am Schloßpark,** Schloßstr. 87 (B 102), ✉ 14913, 𝒫 (03372) 46 60,
   Fax (03372) 466162, ≋s – 📱, ⇔ Zim, 📺 ☎ ◆ 🅿 – 🔬 100. 🄰🄴 🄴 *VISA*
   Menu à la carte 26/55 – **75 Z** 135/190, 6 Suiten.

In Kloster Zinna NO : 4,5 km :

🏠 **Romantik Hotel Alte Försterei,** Markt 7, ✉ 14913, 𝒫 (03372) 46 50,
Fax (03372) 465222, �ூ, « Ehem. Forsthaus a.d.J.1765 » – ⚡ Zim, 📺 ☎ 🅿 – 🔬 80.
🅰🅴 ⬧ 𝖵𝖨𝖲𝖠
Friedrichs Stuben : Menu à la carte 38/60 – **12 Mönche :** Menu à la carte 28/40 –
20 Z 148/198 – ½ P 30.

JUIST (Insel) Niedersachsen 𝟜𝟙𝟝 E 4, 𝟡𝟠𝟜 ⑨, 𝟡𝟠𝟟 ③ – 1 600 Ew - Insel der Ostfriesischen
Inselgruppe, Autos nicht zugelassen – Seeheilbad.
🚢 von Norddeich (ca. 1 h 15 min), 𝒫 (04935) 9 10 10.
🅱 Kurverwaltung, Friesenstr. 18 (Altes Warmbad), ✉ 26571, 𝒫 (04935) 80 90, Fax
(04935) 809223.
Berlin 537 – Hannover 272 – Aurich/Ostfriesland 31 – Emden 35.

🏛 **Romantik Hotel Achterdiek** 🌿, Wilhelmstr. 36, ✉ 26571, 𝒫 (04935) 80 40,
Fax (04935) 1754, 🌿, 🍴, 🔲, 🌱 – 📱, ⚡ Rest, 📺 ⚡ – 🔬 30. 🌿
Nov. - Mitte Dez. geschl. – **Gute Stube** (Montag und Ende Okt.- Mitte Dez. geschl.)(nur
Abendessen) **Menu** à la carte 62/95 – **52 Z** 150/490 – ½ P 40.

🏠 **Pabst** 🌿, Strandstr. 15, ✉ 26571, 𝒫 (04935) 80 50, Fax (04935) 805155, Massage, ♨,
🍴, 🔲, 🌱 – 📱 📺 ☎ 🌿. 🅰🅴 ⓞ ⬧ 𝖵𝖨𝖲𝖠. 🌿 Rest
Menu à la carte 47/83 – **60 Z** 160/500, 8 Suiten – ½ P 30.

🏡 **Friesenhof** 🌿, Strandstr. 21, ✉ 26571, 𝒫 (04935) 80 60, Fax (04935) 1812, 🌱 –
📱 📺 ☎. 🌿
5. Jan. - 27. März und 19. Okt. - 25. Dez. geschl. – **Menu** à la carte 37/84 (auch vegetarische
Gerichte) – **78 Z** 133/270 – ½ P 26.

🏡 **Westfalenhof** 🌿, Friesenstr. 24, ✉ 26571, 𝒫 (04935) 9 12 20, Fax (04935) 912250
– 📺 ☎. 🌿 Rest
11. Jan. - 14. März und 20. Okt. - 26. Dez. geschl. – (Restaurant nur für Hausgäste) –
27 Z 110/274 – ½ P 20.

JUNGHOLZ IN TIROL Österreich 𝟜𝟙𝟡 𝟜𝟚𝟢 X 15, 𝟜𝟚𝟞 D 6 – Österreichisches Hoheitsgebiet,
wirtschaftlich der Bundesrepublik Deutschland angeschlossen. Deutsche Währung –
370 Ew – Höhe 1 058 m – Wintersport : 1 150/1 600 m ⚡6 ⚡3.
🅱 Verkehrsamt, Rathaus, ✉ 87491, 𝒫 (08365) 81 20, Fax (08365) 8287.
Füssen 31 – Kempten (Allgäu) 31 – Immenstadt im Allgäu 25.

🏛 **Vital-Hotel Tirol** 🌿, ✉ 87491, 𝒫 (08365) 81 61, Fax (08365) 8210, ⩽ Sorgschrofen
und Allgäuer Berge, 🌿, Massage, ♨, 🔥, 🍴, 🔲, 🌱 – 📱 📺 ⟷ 🅿 – 🔬 85.
🌿 Rest
Anfang Nov. - Mitte Dez. geschl. – (Restaurant nur für Hausgäste) – **86 Z** 120/310, 3 Suiten
– ½ P 25.

🏡 **Alpenhof** 🌿, ✉ 87491, 𝒫 (08365) 8 11 40, Fax (08365) 820150, ⩽, 🌿, 🔥, 🍴, 🌱
– ⚡ Rest, 📺 ☎ ⟷ 🅿 – 🔬 20. 🅰🅴 ⬧ 𝖵𝖨𝖲𝖠
Mitte April - Anfang Mai und Anfang Nov. - Mitte Dez. geschl. – **Menu** à la carte 30/65
– **30 Z** 85/170 – ½ P 25.

In Jungholz-Langenschwand :

🏠 **Sporthotel Waldhorn** 🌿, ✉ 87491, 𝒫 (08365) 81 35, Fax (08365) 8265, ⩽, 🌿,
Massage, 🔥, 🍴, 🔲, 🌱 – 📺 ☎ ⟷ 🅿. ⓞ
Anfang Nov. - 15. Dez. geschl. – **Menu** (Montagmittag geschl.) à la carte 32/64 –
28 Z 85/240 – ½ P 25.

KAARST Nordrhein-Westfalen siehe Neuss.

KAHL AM MAIN Bayern 𝟜𝟙𝟟 P 11 – 7 200 Ew – Höhe 107 m.
Berlin 538 – München 369 – Frankfurt am Main 36 – Aschaffenburg 16.

🏠 **Zeller,** Aschaffenburger Str. 2 (B 8), ✉ 63796, 𝒫 (06188) 91 80, Fax (06188) 918100,
🌿, 🔥, 🍴 – 📺 ☎ 🅿 – 🔬 20. 🅰🅴 ⬧ 𝖵𝖨𝖲𝖠
22. Dez. - 6. Jan. geschl. – **Menu** (Samstagmittag und Sonntag geschl.) à la carte 37/65
– **60 Z** 114/175.

🏡 **Dörfler** 🌿, Westring 10, ✉ 63796, 𝒫 (06188) 9 10 10, Fax (06188) 910133 – 📺 ☎
🅿. 🅰🅴 ⓞ ⬧ 𝖵𝖨𝖲𝖠 𝖩𝖢𝖡
Menu à la carte 33/60 – **18 Z** 100/160.

🏠 **Am Leinritt** ⚘ garni, Leinrittstr. 2 (Gewerbegebiet Mainfeld), ✉ 63796, 𝒫 (06188) 91 18 80, Fax (06188) 9118888 – 📺 ☎ 🅿. ℻ ⅇ 𝕍𝕀𝕊𝔸
23 Z 95/155.

🏠 **Mainlust** garni, Aschaffenburger Str. 12 (B 8), ✉ 63796, 𝒫 (06188) 20 07, Fax (06188) 2008 – 📺 ☎ 🅿
23 Z 84/128.

KAISERSBACH Baden-Württemberg 🔢 T 12 – 2 100 Ew – Höhe 565 m – Erholungsort.
Berlin 575 – Stuttgart 56 – Heilbronn 53 – Schwäbisch Gmünd 50.

In Kaisersbach-Ebni SW : 3 km :

🏰 **Schassbergers Kur- und Sporthotel** ⚘, ✉ 73667, 𝒫 (07184) 29 20, Fax (07184) 292204, 🍴, Massage, 𝕃⁶, ♨, ⇆, 🔲, 🌳, ✂(Halle) – 🛗 📺 ❦ 🅿 – 🔬 30. ℻ ⅇ 𝕍𝕀𝕊𝔸. ✂ Rest
Menu à la carte 42/69 – **49 Z** 135/360 – ½ P 38.

🍴 **Schwobastüble**, Winnender Str. 81, ✉ 73667, 𝒫 (07184) 6 01, Fax (07184) 678, 🍴 – 🅿
Dienstag - Mittwoch und Jan. geschl. – **Menu** à la carte 31/63.

KAISERSESCH Rheinland-Pfalz 🔢 P 5 – 2 600 Ew – Höhe 455 m.
Berlin 633 – Mainz 134 – Cochem 14 – Koblenz 43 – Mayen 18.

🏠 **Kurfürst** ⚘, Auf der Wacht 21, ✉ 56759, 𝒫 (02653) 65 66, Fax (02653) 6091, 🚗 – 🍴 Zim, ☎ 🅿. ✂
Menu à la carte 25/53 ⅄ – **14 Z** 75/110.

KAISERSLAUTERN Rheinland-Pfalz 🔢 R 7, 🔢 ㉟, 🔢 ④ – 106 000 Ew – Höhe 235 m.
🅱 Verkehrs- und Informationsamt, Rathaus, ✉ 67657, 𝒫 (0631) 3 65 23 17, Fax (0631) 3652723.
ADAC, Altstadt-Parkhaus, Salzstraße, ✉ 67657, 𝒫 (0631) 6 30 81, Fax (0631) 60087.
Berlin 642 ① – Mainz 90 ① Karlsruhe 92 ② – Mannheim 61 ① – Saarbrücken 70 ③ – Trier 115 ③

Stadtpläne siehe nächste Seiten

🏰 **Dorint-Hotel**, St.-Quentin-Ring 1, ✉ 67663, 𝒫 (0631) 2 01 50, Fax (0631) 2/640, 🍴, Massage, ⇆, ♨, 🔲, 🌳 – 🛗, 🍴❦ 🅿 – 🔬 170. ℻ ⅇ ⅇ
Menu à la carte 44/64 – **149 Z** 205/290.   über Kantstr.   D

🏠 **Schulte** garni (Appartementhaus), Malzstr. 7, ✉ 67663, 𝒫 (0631) 20 16 90, Fax (0631) 2016919, « Elegante Einrichtung », ⇆ – 🛗 📺 ☎ ♨ 🅿 – 🔬 20. ℻ ⅇ ⅇ
𝕍𝕀𝕊𝔸. ✂   C b
23. Dez. - 7. Jan. geschl. – **14 Suiten** 180/540, 3 Z 165/240.

🏠 **Blechhammer** ⚘, Am Hammerweiher 1, ✉ 67659, 𝒫 (0631) 3 72 50, Fax (0631) 3725100, 🍴 – 📺 ☎ 🅿 – 🔬 40. ℻ ⅇ ⅇ 𝕍𝕀𝕊𝔸 𝕁ℂ𝔹
Menu à la carte 28/58 ⅄ – **30 Z** 115/175.   über Blechhammerweg   A

🏠 **City-Hotel** garni, Rosenstr. 28, ✉ 67655, 𝒫 (0631) 1 30 25, Fax (0631) 13341, ⇆, 🔲 – 🛗 📺 ☎   C t
18 Z 110/150.

🏠 **Stadthotel**, Friedrichstr. 39, ✉ 67655, 𝒫 (0631) 36 26 30, Fax (0631) 3626350, 🍴 – 📺 ☎. ℻ ⅇ 𝕍𝕀𝕊𝔸. ✂   D c
Menu (Samstagmittag geschl.) à la carte 33/60 ⅄ – **9 Z** 100/160.

🏠 **Altstadt-Hotel** garni, Steinstr. 51, ✉ 67657, 𝒫 (0631) 3 64 30, Fax (0631) 3643100 – 📺 ☎. ℻ ⅇ 𝕍𝕀𝕊𝔸   D r
23 Z 92/150.

🏠 **Schweizer Stuben**, Königstr. 9, ✉ 67655, 𝒫 (0631) 1 30 88 – 📺 ☎ ⇐. ℻ ⅇ 𝕍𝕀𝕊𝔸.
✂ Zim   C s
Menu (Sonntagabend geschl.) à la carte 35/66 – **11 Z** 95/140.

🏠 **Lautertalerhof** garni, Mühlstr. 31, ✉ 67659, 𝒫 (0631) 3 72 60, Fax (0631) 73033 – 📺 ☎. ℻ ⅇ 𝕍𝕀𝕊𝔸   B a
23 Z 95/135.

🏠 **Altes Zollamt** garni, Buchenlochstr. 1, ✉ 67663, 𝒫 (0631) 3 16 66 00, Fax (0631) 3166666 – 📺 ☎. ℻ ⅇ 𝕍𝕀𝕊𝔸   B e
Weihnachten - Anfang Jan. geschl. – **12 Z** 125/175.

🏠 **Zepp** garni, Pariser Str. 4, ✉ 67655, 𝒫 (0631) 7 36 60, Fax (0631) 97284 – 🅿. ℻ ⅇ 𝕍𝕀𝕊𝔸 𝕁ℂ𝔹   C x
20. Dez. - 6. Jan. geschl. – **50 Z** 44/150.

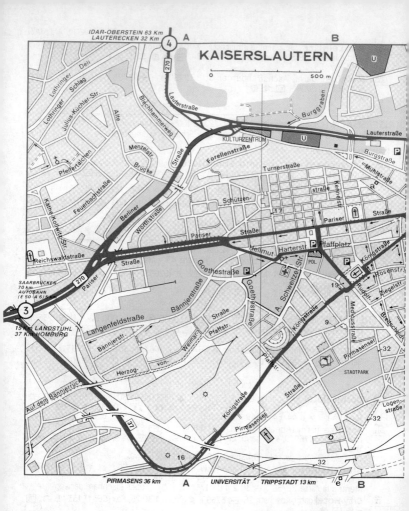

✕✕ **Uwe's Tomate** (modernes Restaurant im Bistro-Stil), Schillerplatz 4, ✉ 67655,
✺ ℰ (0631) 9 34 06, *Fax (0631) 696187*, 🍽 – **E**. ✠ C a
Sonntag - Montag und Sept. 3 Wochen geschl. – **Menu** 65/100 und à la carte 56/93
Spez. Terrine von Gänsestopfleber mit Apfelsalat. Gefüllter Ochsenschwanz mit Burgun-
dersauce. Schokoladenvariation.

In Kaiserslautern-Eselsfürth *NO : 6 km über Mainzer Str.* D :

🏛 **Barbarossahof,** Eselsfürth 10, ✉ 67657, ℰ (0631) 4 30 18, *Fax (0631) 470785*, 🍽 ,
⇌ – ✠ Zim, 📺 ☎ & ⇐ 🅿 – 🕍 100. 🅰🅴 ⓞ 🅴 𝘝𝘐𝘚𝘈
Menu à la carte 29/59 – **130 Z** 85/225.

In Kaiserslautern-Dansenberg *SW : 6 km über Hohenecker Str.* A :

✕✕ **Landhaus Woll** mit Zim, Dansenberger Str. 64, ✉ 67661, ℰ (0631) 5 16 02,
Fax (0631) 91061, 🍽 , « Elegant-rustikale Einrichtung » – 🅿. 🅰🅴 ⓞ 🅴 𝘝𝘐𝘚𝘈
Menu *(Dienstag geschl.)* à la carte 36/68 – **9 Z** 65/140.

In Kaiserslautern-Hohenecken *SW : 7 km über Hohenecker Str.* A :

🏠 **Landgasthof Burgschänke,** Schloßstr. 1, ✉ 67661, ℰ (0631) 35 15 30,
Fax (0631) 56301, Biergarten – 📺 ☎ 🅿. 🅰🅴 ⓞ 🅴 𝘝𝘐𝘚𝘈
Menu à la carte 27/77 – **26 Z** 75/135.

550

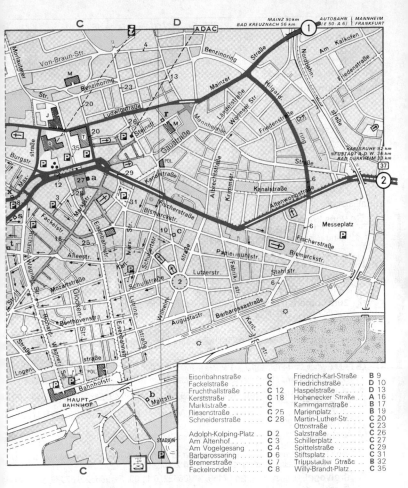

Eisenbahnstraße	**C**		Friedrich-Karl-Straße	**B**	9
Fackelstraße	**C**		Friedrichstraße	**D**	10
Fruchthallstraße	**C**	12	Haspelstraße	**D**	13
Kerststraße	**C**	18	Hohenecker Straße	**A**	16
Marktstraße	**C**		Kammgarnstraße	**B**	17
Riesenstraße	**C**	25	Marienplatz	**B**	19
Schneiderstraße	**C**	28	Martin-Luther-Str.	**C**	20
			Ottostraße	**C**	23
Adolph-Kolping-Platz	**D**	2	Salzstraße	**C**	26
Am Altenhof	**C**	3	Schillerplatz	**C**	27
Am Vogelgesang	**C**	4	Spittelstraße	**C**	29
Barbarossaring	**D**	6	Stiftsplatz	**C**	31
Bremerstraße	**C**	7	Trippstadter Straße	**B**	32
Fackelrondell	**C**	8	Willy-Brandt-Platz	**C**	35

*Per spostarvi più rapidamente utilizzate le **carte Michelin "Grandi Strade"** :*
*n° **970** Europa, n° **976** Rep. Ceca-Slovacchia, n° **980** Grecia, n° **984** Germania,*
*n° **985** Scandinavia-Finlandia, n° **986** Gran Bretagna-Irlanda,*
*n° **987** Germania-Austria-Benelux, n° **988** Italia, n° **989** Francia,*
*n° **990** Spagna-Portogallo, n° **991** Jugoslavia.*

KALBACH *Hessen siehe Neuhof.*

KALBE (MILDE) *Sachsen-Anhalt* **416 418** *I 18,* **984** ⑮, **987** ⑰ – 3 300 Ew – Höhe 30 m.
  🛈 *Stadtinformation, Rathaus, Schulstr. 11,* ⊠ *39624,* ℰ *(039080) 20 35.*
  Berlin 167 – Magdeburg 78 – Salzwedel 41 – Stendal 36 – Wittingen 52.

  🏠 **Altmark-Hotel,** Ernst-Thälmann-Str. 96, ⊠ 39624, ℰ (039080) 30 77,
  Fax (039080) 2077 – 🛗 📺 ☎ 🅿 – 🔏 50. 🅐🅔 🇪 𝘝𝘐𝘚𝘈
  Menu (Sonntagabend geschl.) à la carte 24/43 – **43 Z** 95/135.

  🏠 **Zum Pottkuchen** garni, Marktstr. 9, ⊠ 39624, ℰ (039080) 94 90,
  Fax (039080) 94999, 🐾 – 📺 ☎ 🅿 🅐🅔 ⑪ 🇪 𝘝𝘐𝘚𝘈 🛰
  15 Z 60/100.

KALKAR Nordrhein-Westfalen **417** K 2, **987** ⑭ – 12600 Ew – Höhe 18 m.

Sehenswert : Nikolaikirche (Ausstattung★★).

🔁 Kalkar-Niedermörmter (O : 5 km), ℰ (02824) 92 40 40.

🛈 Stadtinformation, Markt 20, ✉ 47546, ℰ (02824) 1 31 20, Fax (02824) 13234.

Berlin 587 – Düsseldorf 81 – Nijmegen 35 – Wesel 35.

🏛 **Siekmann,** Kesselstr. 32, ✉ 47546, ℰ (02824) 9 24 50, Fax (02824) 3105, 🌣, 🍴, 🔝 – 🔟 ☎ ⇔. 🖭 🅴 *VISA*
23. Dez. - 2. Jan. geschl. – **Menu** (Montag geschl.) à la carte 29/57 – **18 Z** 50/145.

👯 **Ratskeller,** Markt 20, ✉ 47546, ℰ (02824) 24 60, Fax (02824) 2092, 🌣,
🍴 « Ziegelgewölbe a. d. 15. Jh. » – ⓞ *VISA* 🛇
Montag und 31. Juli - 10. Aug. geschl. – **Menu** 24 (mittags) und à la carte 45/71.

KALL Nordrhein-Westfalen **417** O 3 – 10600 Ew – Höhe 377 m.

Berlin 629 – Düsseldorf 92 – Aachen 62 – Euskirchen 23 – Köln 54.

In Kall-Sistig SW : 8 km :

🏛 **Haus West,** Schleidener Str. 24, ✉ 53925, ℰ (02445) 72 45, Fax (02445) 5283, 🌣,
🍴 – 🔟 🅿 🖭 🅴 *VISA*
Menu (Dienstag geschl.) à la carte 30/56 – **13 Z** 65/150.

KALLMÜNZ Bayern **420** S 19, **987** ㉙ – 3000 Ew – Höhe 344 m.

Sehenswert : Burgruine : ≤★.

Berlin 479 – München 151 – Amberg 37 – Nürnberg 80 – Regensburg 28.

🍴 **Zum Goldenen Löwen** mit Zim, Alte Regensburger Str. 18, ✉ 93183, ℰ (09473) 3 80,
👯 Fax (09473) 90090, « Landgasthaus a.d. 17. Jh., rustikale Einrichtung, Hofterrasse » – 🖭 🅴 *VISA* 🛇
Anfang Jan. und Anfang Nov. jeweils 1 Woche geschl. – **Menu** (Montag geschl., Dienstag - Donnerstag nur Abendessen)(Tischbestellung erforderlich) à la carte 28/52 – **4 Z** 60/120.

KALLSTADT Rheinland-Pfalz **417 419** R 8 – 1200 Ew – Höhe 196 m.

Berlin 636 – Mainz 69 – Kaiserslautern 37 – Mannheim 26 – Neustadt an der Weinstraße 18.

🏦 **Kallstadter Hof,** Weinstr. 102, ✉ 67169, ℰ (06322) 89 49, Fax (06322) 66040 – 🔟 ☎ 🅿 🖭 🅴 *VISA*
über Fasching und Juli - Aug. jeweils 2 Wochen geschl. – **Menu** (Mittwoch geschl.) à la carte 28/62 – **13 Z** 90/190.

👯 **Weinkastell Zum Weißen Roß** mit Zim, Weinstr. 80, ✉ 67169, ℰ (06322) 50 33,
Fax (06322) 66091 – 🔟 ☎. 🖭 🅴
Jan. - Feb. 4 Wochen geschl. – **Menu** (Montag - Dienstag und Ende Juli - Anfang Aug. geschl.) (nur Eigenbauweine) à la carte 70/91 – **14 Z** 100/190.

🍴 **Breivogel,** Neugasse 59, ✉ 67169, ℰ (06322) 6 11 08, Fax (06322) 67379, 🌣 – 🅿 🅴
Donnerstagmittag geschl. – **Menu** à la carte 28/65 🍷.

KALTENBORN Rheinland-Pfalz siehe Adenau.

KALTENENGERS Rheinland-Pfalz **417** O 6 – 1800 Ew – Höhe 60 m.

Berlin 589 – Mainz 111 – Koblenz 11 – Bonn 52 – Wiesbaden 113.

🏦 **Rheinhotel Larus** Ⓜ, In der Obermark 7, ✉ 56220, ℰ (02630) 9 89 80,
Fax (02630) 989898, 🌣 – 🛗, ↔ Zim, 🔟 ☎ ❤ 🕭 ⇔ – 🔬 50. 🖭 ⓞ 🅴 *VISA*
Menu à la carte 41/64 – **32 Z** 135/210.

KALTENKIRCHEN Schleswig-Holstein **415 416** E 13, **987** ⑤, **984** ⑥ – 17000 Ew – Höhe 30 m.

🔁 Kisdorferwohld (O : 13 km), ℰ (04194) 3 83.

Berlin 316 – Kiel 61 – Hamburg 42 – Itzehoe 40 – Lübeck 63.

🍴 **Kleiner Markt** mit Zim, Königstr. 7, ✉ 24568, ℰ (04191) 9 99 20, Fax (04191) 89785,
Biergarten – 🔟 ☎ 🅿 ⓞ 🅴 *VISA*
Menu (Samstag - Sonntagmittag, Anfang - Mitte Feb. und Okt. 2 Wochen geschl.) à la carte 34/56 – **9 Z** 90/130.

KALTENNORDHEIM Thüringen 418 O 14, 984 ㉖ – 2 100 Ew – Höhe 460 m.
Berlin 395 – Erfurt 115 – Bad Hersfeld 74 – Fulda 62.

🏠 **Zum Löwen,** August-Bebel-Str. 1 (B 285), ⊠ 36452, 𝒫 (036966) 8 43 50,
🍴 Fax (036966) 85126, 🏕 – ♿ 🄿
6. - 21. Jan. geschl. – **Menu** (Mittwoch geschl.) à la carte 20/39 – **15 Z** 60/120.

Auf dem Ellenbogen SW : 12 km – Höhe 814 m

🏠🏠 **Eisenacher Haus** ⤳, ⊠ 98634 Erbenhausen, 𝒫 (036946) 3 02 31,
🍴 Fax (036946) 30233, ≤, Biergarten, ≦ – ⤌ Zim, 📺 ☎ ♿ 🄿 – 🔬 50. 🄰🄴 ⓪ 🄴 𝚅𝙸𝚂𝙰
9. Nov. - 6. Dez. geschl. – **Menu** (Montag - Dienstag geschl.) à la carte 31/55 – **Berggasthof** : Menu à la carte 23/53 – **44 Z** 65/130 – ½ P 25.

KAMEN Nordrhein-Westfalen 417 L 6, 987 ⑮ – 47 000 Ew – Höhe 62 m.
Berlin 476 – Düsseldorf 89 – Dortmund 25 – Hamm in Westfalen 15 – Münster (Westfalen) 48.

🏠🏠 **Stadt Kamen,** Markt 11, ⊠ 59174, 𝒫 (02307) 97 29 00, Fax (02307) 9729010 –
▤ Rest, 📺 ☎ – 🔬 20. ⓪ 🄴 𝚅𝙸𝚂𝙰
Menu (Samstagmittag geschl.) à la carte 28/62 – **35 Z** 109/180.

Nahe der A 1 - Ausfahrt Kamen-Zentrum S : 2 km :

🏠🏠 **Holiday Inn** Ⓜ, Kamen Karree 2/3, ⊠ 59174 Kamen, 𝒫 (02307) 96 90,
Fax (02307) 969666, ≦ – |🛗|, ⤌ Zim, ▤ Rest, 📺 ☎ ♿ ♿ 🄿 – 🔬 130. 🄰🄴 ⓪ 🄴 𝚅𝙸𝚂𝙰
𝙹𝙲𝙱
Menu à la carte 36/60 – **120 Z** 180/201.

KAMENZ Sachsen 418 M 26, 984 ⑳, 987 ⑲ – 18 000 Ew – Höhe 200 m.
🛈 Kamenz-Information, Kirchstr. 1, 𝒫 (03578) 30 43 00.
Berlin 171 – Dresden 47 – Bautzen 24.

🏠🏠 **Goldner Hirsch,** Markt 10, ⊠ 01917, 𝒫 (03578) 30 12 21, Fax (03578) 304497 – |🛗|
📺 ♿ 🄿 – 🔬 30. 🄰🄴 ⓪ 🄴 𝚅𝙸𝚂𝙰, ⤫ Rest
Menu (Samstag, Sonn- und Feiertage geschl.) à la carte 36/53 – **40 Z** 225/350.

🏠 **Zur Westlausitz,** Nebelschützer Str. 11, ⊠ 01917, 𝒫 (03578) 30 13 13,
Fax (03578) 5301, 🏕, ≦ – |🛗| 📺 ☎ 🄿 – 🔬 20. 🄰🄴 🄴 𝚅𝙸𝚂𝙰
Menu à la carte 28/52 – **35 Z** 110/180.

🏠 **Stadt Dresden,** Weststr. 10, ⊠ 01917, 𝒫 (03578) 3 44 50, Fax (03578) 344544, Biergarten, ≦ – ⤌ Zim, 📺 ☎ ♿ 🄿 – 🔬 35. 🄰🄴 ⓪ 🄴 𝚅𝙸𝚂𝙰
Menu à la carte 23/42 – **18 Z** 95/160.

❌❌ **Lessingstuben,** Rosa-Luxemburg-Str. 9, ⊠ 01917, 𝒫 (03578) 30 42 11,
Fax (03578) 304111 – 🄰🄴 🄴 𝚅𝙸𝚂𝙰
Menu à la carte 30/53.

KAMPEN Schleswig-Holstein siehe Sylt (Insel).

KAMP-LINTFORT Nordrhein-Westfalen 417 L 3, 987 ⑭ – 40 300 Ew – Höhe 28 m.
Berlin 558 – Düsseldorf 46 – Duisburg 24 – Krefeld 24.

🏠🏠 **Parkhotel Niederrhein,** Neuendickstr. 96, ⊠ 47475, 𝒫 (02842) 21 04,
Fax (02842) 2109, « Gartenterrasse an einem Teich », ≦, ⤴ (geheizt), 🔲 , ⤫ – |🛗| 📺
☎ ♿ ⇔ 🄿 – 🔬 60. 🄰🄴 ⓪ 🄴 𝚅𝙸𝚂𝙰, ⤫
Menu à la carte 42/85 – **44 Z** 140/250.

KANDERN Baden-Württemberg 419 W 7, 987 �37, 427 H 2 – 6 500 Ew – Höhe 352 m.
🛈₁₈ Kandern, Feuerbacher Str. 35, 𝒫 (07626) 10 43.
🛈 Städt. Verkehrsamt, Hauptstr. 18, ⊠ 79400, 𝒫 (07626) 8 99 60.
Berlin 845 – Stuttgart 252 – Freiburg im Breisgau 46 – Basel 21 – Müllheim 15.

🏠🏠 **Zur Weserei** (mit Gästehaus |🛗|), Hauptstr. 70, ⊠ 79400, 𝒫 (07626) 70 00,
🍴 Fax (07626) 6581, 🏕, ≦ – |🛗| 📺 ☎ ⇔ 🄿. 🄰🄴 🄴 𝚅𝙸𝚂𝙰
Menu (Montag - Dienstagmittag und Feb. 2 Wochen geschl.) à la carte 41/77 🍴 –
24 Z 94/250 – ½ P 30.

❌❌ **Villa Umbach** ⤳ mit Zim, Am Golfplatz 1 (W : 1 km), ⊠ 79400, 𝒫 (07626) 91 41 30,
Fax (07626) 9141323, « Gartenterrasse » – 📺 ⤵ 🄿. ⓪ 𝚅𝙸𝚂𝙰
Menu (Dienstag geschl.) (italienische Küche) à la carte 60/80 – **4 Z** 100/170.

KAPPEL-GRAFENHAUSEN Baden-Württemberg **419** V 7 – 4 200 Ew – Höhe 162 m.
Berlin 772 – Stuttgart 165 – Freiburg 39 – Offenburg 31 – Strasbourg 45.

Im Ortsteil Grafenhausen :

⌂ **Euro Hotel** garni, Hauptstr. 198, ⊠ 77966, ℰ (07822) 8 63 80, Fax (07822) 863838
– ✦ 📺 ℗ . ℀ ⓪ ⅀ 𝚅𝙸𝚂𝙰
60 Z 101/123.

⌂ **Engel,** Hauptstr. 92, ⊠ 77966, ℰ (07822) 6 10 51, Fax (07822) 61056, 🌤 – 📺 ☎ ⟶
℗ . ℀ ⅀ 𝚅𝙸𝚂𝙰
Menu (Montag geschl.) à la carte 25/52 ⅃ – **15 Z** 80/120.

KAPPELN Schleswig-Holstein **415** C 13, **987** ⑤ – 10 000 Ew – Höhe 15 m.
🛈 Touristinformation, Schlesiger Str. 1, ⊠ 24376, ℰ (04642) 40 27, Fax (04642) 5441.
Berlin 404 – Kiel 58 – Flensburg 48 – Schleswig 32.

⌂ **Thomsen's Motel** garni, Theodor-Storm-Str. 2, ⊠ 24376, ℰ (04642) 10 52,
Fax (04642) 7154 – 📺 ☎ ℗ . ⅀ . ✦
28 Z 80/160.

𝕏𝕏 **Stadt Kappeln** mit Zim, Schmiedestr. 36, ⊠ 24376, ℰ (04642) 40 21,
Fax (04642) 5555 – 📺 ☎ ℗ – 𝚊̱ 200. ℀ ⅀ 𝚅𝙸𝚂𝙰
Menu à la carte 39/59 – **8 Z** 85/145.

KAPPELRODECK Baden-Württemberg **419** U 8 – 5 800 Ew – Höhe 219 m – Erholungsort.
🛈 Verkehrsamt, Hauptstr. 65 (Rathaus), ⊠ 77876, ℰ (07842) 8 02 10, Fax (07842)
80275.
Berlin 731 – Stuttgart 132 – Karlsruhe 60 – Freudenstadt 40 – Offenburg 31 – Baden-
Baden 38.

⌂ **Zum Prinzen,** Hauptstr. 86, ⊠ 77876, ℰ (07842) 9 47 50, Fax (07842) 947530, 🌤
– 🛗 📺 ☎ ℗ – 𝚊̱ 30. ℀ ⓪ ⅀ 𝚅𝙸𝚂𝙰
6. - 23. Jan. geschl. – **Menu** (Montag und 22. Juni - 7. Juli geschl.) à la carte 33/66 ⅃ –
14 Z 80/120 – ½ P 27.

⌂ **Hirsch,** Grüner Winkel 24, ⊠ 77876, ℰ (07842) 21 90, Fax (07842) 3690, 🌤 – 📺 ☎
⟶ ℗ . ℀ ⅀ 𝚅𝙸𝚂𝙰. ✦ Zim
März 1 Woche und Mitte Nov. - Mitte Dez. geschl. – **Menu** (Montag geschl.) à la carte 25/50
⅃ – **20 Z** 60/122 – ½ P 22.

In Kappelrodeck-Waldulm SW : 2,5 km :

𝕏 **Zum Rebstock** mit Zim (Fachwerkhaus a.d.J. 1750), Kutzendorf 1, ⊠ 77876,
⟶ ℰ (07842) 94 80, Fax (07842) 94820, 🌤 – 📺 ☎ ⟶ ℗
Feb. 2 Wochen geschl. – **Menu** (Montag geschl.) à la carte 32/65 (auch vegetarische
Gerichte) ⅃ – **9 Z** 55/122 – ½ P 28.

KARBEN Hessen **417** P 10 – 20 000 Ew – Höhe 160 m.
Berlin 526 – Wiesbaden 54 – Frankfurt am Main 18 – Gießen 47.

In Karben-Groß Karben :

🏨 **Quellenhof,** Brunnenstr. 7, ⊠ 61184, ℰ (06039) 33 04, Fax (06039) 43272, 🌤 ,
✦ (Halle) – 🛗 📺 ☎ ℗ – 𝚊̱ 30. ℀ ⓪ ⅀ 𝚅𝙸𝚂𝙰
Menu (Samstag - Sonntag geschl.) à la carte 48/76 – **19 Z** 140/220.

🏨 **Stadt Karben,** St.-Egrève-Str. 25, ⊠ 61184, ℰ (06039) 80 10, Fax (06039) 801222,
🌤 – 🛗 📺 ☎ ⟶ ℗ – 𝚊̱ 20. ℀ ⓪ ⅀ 𝚅𝙸𝚂𝙰 𝙹𝙲𝙱
23. - 30. Dez. geschl. – **Menu** (Samstagmittag geschl.) à la carte 34/65 – **36 Z** 115/250.

KARLSDORF-NEUTHARD Baden-Württemberg siehe Bruchsal.

KARLSFELD Bayern **419** **420** V 18 – 16 000 Ew – Höhe 490 m.
Berlin 585 – München 19 – Augsburg 58.

⌂ **Schwertfirm** garni, Adalbert-Stifter-Str. 5, ⊠ 85757, ℰ (08131) 9 00 50,
Fax (08131) 900570, 𝙸♨ – 🛗 ✦ 📺 ☎ ⟶ ℗ – 𝚊̱ 20. ℀ ⅀ 𝚅𝙸𝚂𝙰. ✦
Weihnachten - 6. Jan. geschl. – **50 Z** 110/160.

In Karlsfeld-Rotschwaige NW : 2 km :

⌂ **Hubertus** garni, Münchner Str. 7, ⊠ 85757, ℰ (08131) 9 80 01, Fax (08131) 97677,
🌤 , ≦s, 🏊 , 🎿 – 🛗 📺 ☎ ℗ . ℀ ⓪ ⅀ 𝚅𝙸𝚂𝙰
75 Z 110/160.

KARLSHAFEN, BAD Hessen ⁨417⁩ ⁨418⁩ L 12, ⁨987⁩ ⑯ – 4 700 Ew – Höhe 96 m – Soleheilbad.

Sehenswert : Hugenottenturm ⩽★.

🛈 Kurverwaltung, Rathaus, ✉ 34385, ℰ (05672) 99 99 24, Fax (05672) 999925.

Berlin 376 – Wiesbaden 276 – Kassel 48 – Hameln 79 – Göttingen 65.

🏦 **Zum Schwan** ⤵ (Jagdschloß, um 1765 erbaut), Conradistr. 3, ✉ 34385, ℰ (05672) 10 44, Fax (05672) 1046, 🏤, « Blumengarten, Rokoko-Zimmer », 🐎 – 📳 📺 ☎ 🚗 – 🏬 20. 🝙 ⓞ 🗲 𝓥𝓘𝓢𝓐
Menu à la carte 48/70 – **32 Z** 95/210 – ½ P 40.

🏠 **Zum Weserdampfschiff,** Weserstr. 25, ✉ 34385, ℰ (05672) 24 25, ⇔ Fax (05672) 8119, ⩽, 🏤 – ☎ 🚗 ⓟ
Menu (Montag geschl., Nov. - Feb. garni) à la carte 24/54 ⌗ – **14 Z** 67/140.

KARLSRUHE Baden-Württemberg ⁨419⁩ S 9, ⁨987⁩ ㉗ – 270 000 Ew – Höhe 116 m.

Sehenswert : *Staatliche Kunsthalle★ (Gemälde altdeutscher Meister★★, Hans-Thoma-Museum★, Sammlung klassischer Moderne★)* EX **M1** – *Schloß★ (Badisches Landesmuseum★)* EX **M3** – *Botanischer Garten (Pflanzenschauhäuser★)* EX – *Museum am Friedrichsplatz★* EY – *Museum beim Markt (Jugendstilsammlung★)* **M4** EX.

🐂⟋18 Karlsruhe, Gut Scheibenhardt AV, ℰ (0721) 86 74 63 ; 🐂⟋18 Königsbach-Stein, Johan-nestaler Hof (③ : 23 km), ℰ (07232) 5 00 66.

Karlsruher Kongreß- und Ausstellungszentrum (EY), Festplatz 3 (Ettlinger Straße), ℰ (0721) 3 72 00.

🛈 Verkehrsverein, Bahnhofplatz 6, ✉ 76137, ℰ (0721) 3 55 30, Fax (0721) 355545.

🛈 Stadt-Information, Karl-Friedrich-Str. 22, ✉ 76133, ℰ (0721) 35 53 20, Fax (0721) 355321.

ADAC, Steinhäuserstr. 22, ✉ 76135, ℰ (0721) 8 10 40, Fax (0721) 8104111.

Berlin 675 ② – Stuttgart 88 ④ – Mannheim 71 ② – Saarbrücken 143 ⑦ – Strasbourg 82 ⑤

Stadtpläne siehe nächste Seiten

🏨 **Renaissance Hotel** Ⓜ, Mendelssohnplatz, ✉ 76131, ℰ (0721) 3 /1 70, Fax (0721) 377156 – 📳, ⥲ Zim, 📺 ☎ ⛃ 🚗 – 🏬 200. 🝙 ⓞ 🗲 𝓥𝓘𝓢𝓐 𝗝𝗖𝗕. ⤢ Rest   EY a
Menu à la carte 40/64 – **215 Z** 246/387.

🏨 **Schlosshotel,** Bahnhofplatz 2, ✉ 76137, ℰ (0721) 3 83 20, Fax (0721) 3832333, ⥱ – 📳, ⥲ Zim, 📺 ☎ ⓟ – 🏬 80. 🝙 ⓞ 🗲 𝓥𝓘𝓢𝓐   EZ a
Menu (Aug. geschl.) à la carte 51/82 – **Schwarzwaldstube** : Menu à la carte 40/79 – 96 Z 220/380.

🏨 **Queens Hotel,** Ettlinger Str. 23, ✉ 76137, ℰ (0721) 3 72 70, Fax (0721) 3727170 – 📳, ⥲ Zim, ▤ Rest, 📺 🚗 ⓟ – 🏬 200. 🝙 ⓞ 🗲 𝓥𝓘𝓢𝓐   EY t
Menu à la carte 43/65 – **147 Z** 251/377.

🏨 **Residenz,** Bahnhofplatz 14, ✉ 76137, ℰ (0721) 3 71 50, Fax (0721) 3715113, 🏤 – 📳, ⥲ Zim, ▤ Rest, 📺 ☎ ⛃ ⛃ 🚗 ⓟ – 🏬 100. 🝙 ⓞ 🗲 𝓥𝓘𝓢𝓐   DZ c
Menu à la carte 48/75 – **103 Z** 180/230.

🏨 **Kübler** ⤵ garni, Bismarckstr. 39, ✉ 76133, ℰ (0721) 14 40, Fax (0721) 22639, 𝄞 – 📳 📺 ☎ 🚗 ⓟ – 🏬 25. 🝙 🗲 𝓥𝓘𝓢𝓐 𝗝𝗖𝗕   DX s
130 Z 118/250.

🏨 **Ambassador** garni (mit Gästehaus), Hirschstr. 34, ✉ 76133, ℰ (0721) 1 80 20, Fax (0721) 1802170 – 📳 📺 ☎ 🚗   DX a
52 Z 170/270.

🏨 **Rio,** Hans-Sachs-Str. 2, ✉ 76133, ℰ (0721) 8 40 80, Fax (0721) 8408100 – 📳 📺 ☎ 🚗. 🝙 ⓞ 🗲 𝓥𝓘𝓢𝓐. ⤢ Rest   DX q
Menu (Freitag - Sonntagmittag geschl.) à la carte 39/49 – **119 Z** 151/212.

🏨 **Kaiserhof,** Karl-Friedrich-Str. 12, ✉ 76133, ℰ (0721) 9 17 00, Fax (0721) 9170150 – 📳 📺 ☎ – 🏬 60. 🝙 ⓞ 🗲 𝓥𝓘𝓢𝓐 𝗝𝗖𝗕. ⤢ Rest   EX b
Menu à la carte 44/76 – **49 Z** 160/240.

🏨 **Eden,** Bahnhofstr. 15, ✉ 76137, ℰ (0721) 1 81 80, Fax (0721) 1818222, « Gartenterrasse » – 📳 📺 ☎ 🚗 – 🏬 40. 🝙 ⓞ 🗲 𝓥𝓘𝓢𝓐   DY d
Menu à la carte 46/70 – **68 Z** 140/208.

🏨 **Alfa** garni, Bürgerstr. 4, ✉ 76133, ℰ (0721) 2 99 26, Fax (0721) 29929 – 📳 📺 ☎ 🚗. 🝙 🗲 𝓥𝓘𝓢𝓐 𝗝𝗖𝗕   DX u
38 Z 170/260.

🏨 **Avisa** garni, Am Stadtgarten 5, ✉ 76137, ℰ (0721) 3 49 77, Fax (0721) 34979 – 📳 📺 ☎. 🝙 🗲 𝓥𝓘𝓢𝓐 𝗝𝗖𝗕   CZ c
23. Dez. - 6. Jan. geschl. – **27 Z** 150/260.

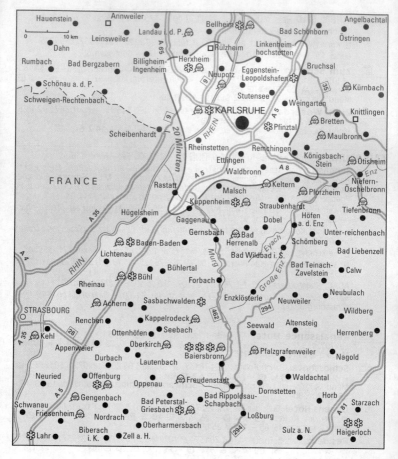

KARLSRUHE

KARLSRUHE

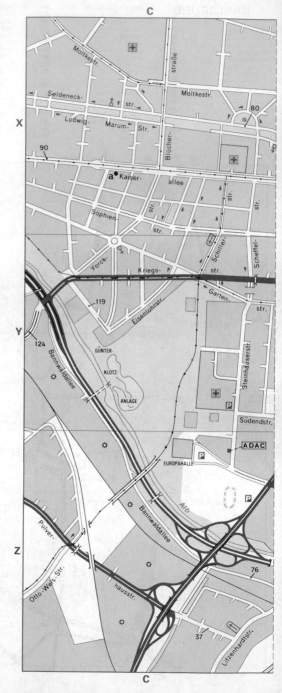

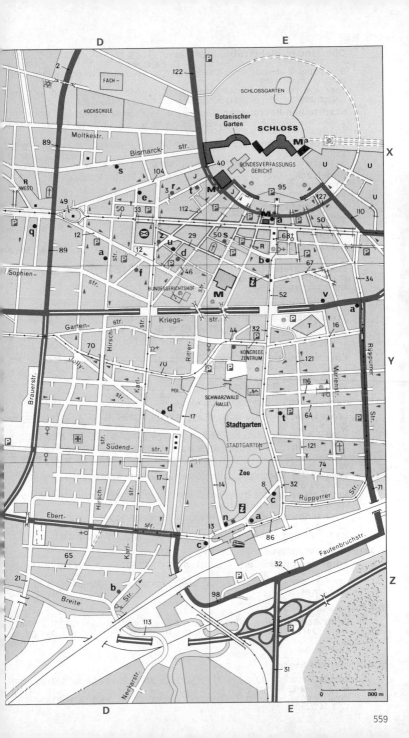

XX **Oberländer Weinstube**, Akademiestr. 7, ⊠ 76133, ✆ (0721) 2 50 66,
✿ Fax (0721) 21157, « Innenhofterrasse » – ⌂ ⑩ E 𝖵𝖨𝖲𝖠　　　　　　　　DX t
Sonntag geschl. – **Menu** (Tischbestellung ratsam, bemerkenswerte Weinkarte) 55 (mittags)
und à la carte 79/104
Spez. Meeräsche mit Pfirsich-Bohnenragout (Juni-Sept.). Lammrücken unter der
Olivenkruste. Gebackene Schokoladenkrapfen mit Orangen-Ingwersalat.

XX **Stadthallen-Restaurant**, Festplatz 4 (im Kongreß - Zentrum), ⊠ 76137,
✆ (0721) 37 77 77, Fax (0721) 379576, ☆ – ▤ ♿ – ⚖ 30. ⌂ ⑩ E 𝖵𝖨𝖲𝖠　　EY
Aug. geschl. – **Menu** à la carte 43/65.

XX **Trattoria Toscana**, Blumenstr. 19, ⊠ 76133, ✆ (0721) 2 06 28, ☆ – ⌂ E
𝖵𝖨𝖲𝖠　　　　　　　　　　　　　　　　　　　　　　　　　　　　　DX d
Sonntag und Juli - Aug. 3 Wochen geschl. – **Menu** à la carte 48/83.

XX **Dudelsack**, Waldstr. 79, ⊠ 76133, ✆ (0721) 20 50 00, Fax (0721) 205056,
« Innenhofterrasse » – ⌂ ⑩ E 𝖵𝖨𝖲𝖠　　　　　　　　　　　　　　　　DY f
Menu (nur Abendessen, Tischbestellung ratsam) à la carte 50/67.

XX **La Gioconda**, Akademiestr. 26, ⊠ 76133, ✆ (0721) 2 55 40 – ⌂ ⑩ E 𝖵𝖨𝖲𝖠
JCB　　　　　　　　　　　　　　　　　　　　　　　　　　　　　DX r
Sonn- und Feiertage sowie Jan. 1 Woche, über Ostern und Juli - Aug. 2 Wochen geschl.
– **Menu** à la carte 50/80.

⚜ **Hansjakob Stube**, Ständehausstr. 4, ⊠ 76133, ✆ (0721) 2 71 66 – E 𝖵𝖨𝖲𝖠　EX s
Sonn- und Feiertage abends sowie Mittwoch geschl. – **Menu** à la carte 39/58.

X **Goldenes Kreuz** (Brauerei-Gaststätte), Karlstr. 21a, ⊠ 76133, ✆ (0721) 2 20 54,
Fax (0721) 22130, ☆ – ⑩ E 𝖵𝖨𝖲𝖠　　　　　　　　　　　　　　　　DX z
Menu à la carte 25/58 ♨.

In Karlsruhe-Daxlanden W : 5 km über Daxlander Straße AU :

🏨 **Steuermann**, Hansastr. 13 (Rheinhafen), ⊠ 76189, ✆ (0721) 95 09 00,
Fax (0721) 9509050, ☆ – ✦ Zim, ▤ 📺 ☎ 🅿. ⌂ E 𝖵𝖨𝖲𝖠
Menu (Samstagmittag sowie Sonn- und Feiertage geschl.) à la carte 39/75 – **18 Z**
135/180.

XX **Künstlerkneipe Zur Krone**, Pfarrstr. 18, ⊠ 76189, ✆ (0721) 57 22 47,
Fax (0721) 572341, ☆, « Altbadische Weinstube, Bilder Karlsruher Künstler um 1900 »
– ⌂ E 𝖵𝖨𝖲𝖠
Montag geschl. – **Menu** (Tischbestellung ratsam) à la carte 61/94.

In Karlsruhe-Durlach O : 7 km über Durlacher Allee BU :

🏠 **Große Linde**, Killisfeldstr. 18, ⊠ 76227, ✆ (0721) 4 22 95, Fax (0721) 494934 – 📺 ☎
🅿
Menu (Samstag - Sonntag und Feiertage geschl.) à la carte 31/48 – **25 Z** 80/120.

XXX **Zum Ochsen** mit Zim, Pfinztalstr. 64, ⊠ 76227, ✆ (0721) 94 38 60, Fax (0721) 9438643,
✿ ☆, « Restauriertes Gasthaus mit geschmackvoller Einrichtung » – 📺 ☎ 🅿. ⌂ ⑩ E
𝖵𝖨𝖲𝖠 ✦ Zim
Menu (Montag - Dienstagmittag geschl.) (bemerkenswerte Weinkarte) à la carte 69/107
– **6 Z** 205/330
Spez. Seeteufel mit rosa Pfeffer und Olivenöl. Bresse Ente mit Honig-Koriander (2 Pers.).
Crème Brulée mit Zichorien-Rahmeis.

X **Schützenhaus**, Jean-Ritzert-Str. 8 (auf dem Turmberg), ⊠ 76227, ✆ (0721) 49 13 68,
☆ – 🅿. E
Montag - Dienstag, Feb. 1 Woche und Okt. - Nov. 3 Wochen geschl. – **Menu** à la carte 31/64.

In Karlsruhe-Grötzingen O : 8 km über ③ :

X **Adler-Gewölbekeller**, Friedrichstr. 6, ⊠ 76229, ✆ (0721) 48 19 18,
Fax (0721) 482457, ☆ – ⌂ E
Dienstag - Mittwoch sowie Jan. und Aug. jeweils 3 Wochen geschl. – **Menu** (nur Abendessen)
à la carte 44/78.

In Karlsruhe-Grünwinkel :

🏠 **Beim Schupi** garni, Durmersheimer Str. 6, ⊠ 76185, ✆ (0721) 5 59 40,
Fax (0721) 559480, Biergarten, Volkstheater : ''d'Badisch Bühn'' – ✦ 📺 ☎
🅿　　　　　　　　　　　　　　　　　　　　　　　　　　　　　AU a
48 Z 120/180.

In Karlsruhe-Knielingen :

🏠 **Burgau**, Neufeldstr. 10, ⊠ 76187, ✆ (0721) 56 30 34, Fax (0721) 563508, ☎ – 📺
☎ 🅿. ⌂ ⑩ E 𝖵𝖨𝖲𝖠 ✦ Rest　　　　　　　　　　　　　　　　　　　　AT z
Menu (Samstag, Sonn- und Feiertage sowie 23. Dez. - 7. Jan. geschl.) à la carte 40/62 –
17 Z 143/230.

In Karlsruhe-Neureut :

🏠 **Achat** M garni, An der Vogelhardt 10, ⊠ 76149, ℘ (0721) 7 83 50, Fax (0721) 7835333
– |≋| ✸ ⊞ ☎ ⇦ ❷ ⅍ ᴱ 𝘝𝘐𝘚𝘈   AT a
22 Dez. - 2. Jan. geschl. – **84 Z** 123/163.

✗✗ **Nagel's Kranz,** Neureuter Hauptstr. 210, ⊠ 76149, ℘ (0721) 70 57 42, ⇱ – ❷
Samstagmittag und Montagmittag, Sonn- und Feiertage sowie Ostern 1 Woche geschl. –
Menu (Tischbestellung ratsam) à la carte 50/76.   AT e

An der Autobahn A 5 *(Anschlußstelle Karlsruhe Süd) : Hotel Holiday Inn siehe unter Ettlingen*

MICHELIN-REIFENWERKE KGaA. ⊠ 76185 Karlsruhe Werk : Michelinstraße 4 (AU),
℘ (0721) 53 00 Fax 5301290.

KARLSTADT Bayern **𝟺𝟷𝟽** Q 13, **𝟿𝟾𝟽** ㉗ – 15 300 Ew – Höhe 163 m.
🛈 *Tourist-Information, Hauptstr. 24,* ⊠ 97753, ℘ (09353) 79 02 88.
Berlin 498 – München 304 – Aschaffenburg 52 – Bad Kissingen 45 – Würzburg 24.

🏠 **Alte Brauerei,** Hauptstr. 58, ⊠ 97753, ℘ (09353) 9 77 10, Fax (09353) 977171 – |≋|
⊞ ☎ ❷ – ⚿ 40. ⅍ ᴱ 𝘝𝘐𝘚𝘈
Menu à la carte 32/58 – **20 Z** 90/160.

KARNIN *Mecklenburg-Vorpommern siehe Barth.*

KARSDORF Sachsen-Anhalt **𝟺𝟷𝟾** M 18, **𝟿𝟾𝟺** ㉓ – 3 000 Ew – Höhe 116 m.
Berlin 230 – Magdeburg 118 – Erfurt 90 – Leipzig 68 – Weimar 48 – Naumburg 31 –
Sangerhausen 43.

🏠 **Trias,** Straße der Einheit 29, ⊠ 06638, ℘ (034461) 7 00, Fax (034461) 70104 – |≋| ⊞
☎ ❷ – ⚿ 50. ⅍ ᴱ 𝘝𝘐𝘚𝘈
Menu *(Sonntagabend geschl.)* (wochentags nur Abendessen) à la carte 28/40 –
53 Z 76/120.

KASENDORF Bayern **𝟺𝟸𝟶** P 18 – 2 400 Ew – Höhe 367 m – Wintersport : 400/500 m ⚐1 ⚐3 (in
Zultenberg).
Berlin 369 – München 260 – Coburg 56 – Bayreuth 25 – Kulmbach 11 – Bamberg 43.

🏠 **Goldener Anker,** Marktplatz 9, ⊠ 95359, ℘ (09220) 6 22, Fax (09228) 674, ⇱, ⇲s,
⇦ ▨ – ☎ ⇦ ❷
Menu à la carte 22/47 – **51 Z** 55/140.

KASSEL Hessen **𝟺𝟷𝟽 𝟺𝟷𝟾** M 12, **𝟿𝟾𝟽** ⑯ – 205 000 Ew – Höhe 163 m.
Sehenswert : Wilhelmshöhe★★ *(Schloßpark★★ : Wasserkünste★, Herkules★, ⩽★★)* X –
Schloß Wilhelmshöhe *(Gemäldegalerie★★★, Antikensammlung★)* X **M** – *Neue Galerie★* Z **M2**
– Park Karlsaue★ Z – Hessisches Landesmuseum★ *(Deutsches Tapetenmuseum★★, Astro-*
nomisch-Physikalisches Kabinett★★) Z **M1** – Museum für Astronomie und Technikge-
schichte *(Sammlung astronomischer Instrumente★★)* Z.
Ausflugsziel : Schloß Wilhelmsthal★ N : 12 km.
⌘ Kassel-Wilhelmshöhe, Am Habichtswald 1 (X), ℘ (0561) 3 35 09.
Ausstellungsgelände Messeplatz (Z), ℘ 1 49 23.
🛈 Tourist-Information, Königplatz 53, ⊠ 34117, ℘ (0561) 70 77 07, Fax (0561) 7077200.
🛈 Tourist-Information im Intercity-Bahnhof Wilhelmshöhe, ⊠ 34131, ℘ (0561) 3 40 54,
Fax (0561) 315216.
ADAC, Rudolf-Schwander-Str. 17, ⊠ 34117, ℘ (0561) 10 34 64, Fax (0561) 103768.
Berlin 383 ② – Wiesbaden 215 ④ – Dortmund 167 ⑤ – Erfurt 150 ③ – Frankfurt am
Main 187 ② – Hannover 164 ②

Stadtpläne siehe nächste Seiten

🏨 **Mövenpick,** Spohrstr. 4, ⊠ 34117, ℘ (0561) 7 28 50, Fax (0561) 7285118 – |≋|,
✸ Zim, ▤ ⊞ ✆ – ⚿ 200. ⅍ ⓞ ᴱ 𝘝𝘐𝘚𝘈 𝘑𝘊𝘉   Y b
Menu à la carte 35/68 – **128 Z** 217/299.

🏨 **Mercure-Hessenland** garni, Obere Königsstr. 2, ⊠ 34117, ℘ (0561) 9 18 10,
Fax (0561) 9181160 – |≋| ✸ ⊞ ☎ ✆, ⅍ ⓞ ᴱ 𝘝𝘐𝘚𝘈   Z e
48 Z 167/219.

🏨 **City-Hotel** M, Wilhelmshöher Allee 38, ⊠ 34119, ℘ (0561) 7 28 10,
Fax (0561) 7281199, ⇲s – |≋|, ✸ Zim, ⊞ ☎ ⇦ ❷ – ⚿ 25. ⅍ ⓞ ᴱ 𝘝𝘐𝘚𝘈   X v
Himmelstürmer : Menu à la carte 32/65 – **43 Z** 118/228.

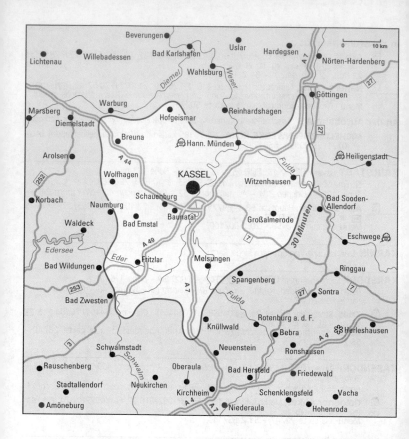

🏛 **Residenz Domus,** Erzbergerstr. 1, ⌧ 34117, 𝒫 (0561) 7 29 60, Fax (0561) 7296498
– 🛗 📺 ☎ ✆ 🅿 – 🔏 50. 🆎 ⓞ 🅴 𝘝𝘐𝘚𝘈. ⁒ Rest   Y d
Menu *(Sonntag geschl.)* (nur Abendessen) à la carte 39/54 – **55 Z** 140/200.

🏛 **Excelsior** garni, Erzbergerstr. 2, ⌧ 34117, 𝒫 (0561) 10 29 84, Fax (0561) 15110 – 🛗
📺 ☎ ✆ – 🔏 60. 🆎 🅴 𝘝𝘐𝘚𝘈   Y v
73 Z 105/180.

🏛 **Stadthotel** Ⓜ garni, Wolfsschlucht 21, ⌧ 34117, 𝒫 (0561) 78 88 80,
Fax (0561) 78888100 – 🛗 ⅍ 📺 ☎ ✆. 🆎 ⓞ 🅴 𝘝𝘐𝘚𝘈 ᴊᴄʙ   Z a
42 Z 130/195.

🏛 **Astoria** garni, Friedrich-Ebert-Str. 135, ⌧ 34119, 𝒫 (0561) 7 28 30,
Fax (0561) 7283199 – 🛗 ⅍ 📺 ☎ ✆. 🆎 ⓞ 🅴 𝘝𝘐𝘚𝘈 ᴊᴄʙ   X s
Weihnachten - 5. Jan. geschl. – **40 Z** 108/258.

🏛 **Chassalla** garni, Wilhelmshöher Allee 99, ⌧ 34121, 𝒫 (0561) 9 27 90,
Fax (0561) 9279101 – 🛗 ⅍ 📺 ☎ ⇔ 🅿. 🆎 ⓞ 🅴 𝘝𝘐𝘚𝘈   X e
Weihnachten - 6. Jan. geschl. – **43 Z** 135/165.

🏛 **Kö 78** garni, Kölnische Str. 78, ⌧ 34117, 𝒫 (0561) 7 16 14, Fax (0561) 17982, 🚿 – 📺
☎. 🆎 🅴 𝘝𝘐𝘚𝘈   X p
23 Z 89/145.

🍴🍴 **Park Schönfeld,** Bosestr. 13 (Wehlheiden), ⌧ 34121, 𝒫 (0561) 2 20 50,
Fax (0561) 27551, ☕, « Kleines Schloß a.d.J. 1777 mit moderner Einrichtung » – 🕭 🅿.
🆎 🅴 𝘝𝘐𝘚𝘈   X n
Sonntag geschl. – **Menu** *(Sonntag geschl.)* (abends Tischbestellung ratsam) 40 (mittags)
und à la carte 56/80.

🍴🍴 **La Frasca,** Jordanstr. 11, ⌧ 34117, 𝒫 (0561) 1 44 94 – ⓞ 𝘝𝘐𝘚𝘈   Z t
Sonntag geschl. – **Menu** (nur Abendessen, Tischbestellung ratsam) à la carte 56/81.

KASSEL

In Kassel-Auefeld :

🏨 **La Strada** Ⓜ, Raiffeisenstr. 10, ⊠ 34121la cart, ℰ (0561) 2 09 00, Fax (0561) 2090500,
🍴, ⇌s, 🔲 – 📱, ⇖ Zim, 🔲 ☎ ⇐ – 🏊 200. 🅰🄴 ⑩ 🄴 𝕍𝕀𝕊𝔸 ⒿⒸⒷ　　　　　Ｘ ｃ
Menu à la carte 41/75 – **225 Z** 117/233.

In Kassel-Bettenhausen ② : 4 km, nahe BAB-Anschluß Kassel-Nord :

🏨 **Queens Hotel,** Heiligenröder Str. 61, ⊠ 34123, ℰ (0561) 5 20 50, Fax (0561) 527400,
⇌s, 🔲 – 📱, ⇖ Zim, 🔲 🔲 ☎ ⑫ – 🏊 120. 🅰🄴 ⑩ 🄴 𝕍𝕀𝕊𝔸
Menu à la carte 37/68 – **142 Z** 145/240.

🏨 **Am Eichwald** garni, Bunte Berna 6, ⊠ 34123, ℰ (0561) 95 20 60, Fax (0561) 9520666
– 🔲 ☎ ⇐, 🅰🄴 ⑩ 🄴 𝕍𝕀𝕊𝔸
14 Z 95/150.

In Kassel-Harleshausen NW : 7 km über Rasenallee X :

🏨 **Am Sonnenhang** 🍴, Aspenstr. 6, ⊠ 34128, ℰ (0561) 96 98 80, Fax (0561) 9698855,
🍴 – 📱 🔲 ☎ ⇐ ⑫. 🄴 𝕍𝕀𝕊𝔸
27. Dez. - 15. Jan. geschl. – **Menu** (Freitag geschl.) (wochentags nur Abendessen, Sonntag
nur Mittagessen) à la carte 36/64 – **25 Z** 95/170.

In Kassel-Niederzwehren ⑤ : 3,5 km :

🏨 **Gude,** Frankfurter Str. 299, ⊠ 34134, ℰ (0561) 4 80 50, Fax (0561) 4805101, Massage,
♨, ₤♨, ⇌s, 🔲 – 📱, ⇖ Zim, 🔲 ☎ ⇐ ⑫ – 🏊 150. 🅰🄴 ⑩ 🄴 𝕍𝕀𝕊𝔸 ⒿⒸⒷ
Restaurant Pfeffermühle (Sonn- und Feiertage abends geschl.) **Menu** à la carte 40/65
– **84 Z** 145/260.

In Kassel-Waldau :

🏨 **Froschkönig,** Nürnberger Str. 106, ⊠ 34123, ℰ (0561) 57 02 50, Fax (0561) 570251
– ⇖ Zim, 🔲 ☎ ⇐ ⑫ – 🏊 40. 🄴 𝕍𝕀𝕊𝔸. ⋙ Rest　　　　　　　　　　Ｘ ｆ
(nur Abendessen für Hausgäste) **27 Z** 110/185.

In Kassel-Wilhelmshöhe – Kneipp-Heilbad :

🏨 **Ramada,** Wilhelm-Schmidt-Str. 4, ⊠ 34131, ℰ (0561) 9 33 90, Fax (0561) 9339100, ⇌s
– 📱, ⇖ Zim, 🔲 ☎ ⇐ ⅙ ⇐ – 🏊 40. 🅰🄴 ⑩ 🄴 𝕍𝕀𝕊𝔸 ⒿⒸⒷ. ⋙ Rest　　　　Ｘ ｘ
Menu à la carte 26/55 – **137 Z** 175/235.

🏨 **Schlosshotel Wilhelmshöhe** 🍴, Schloßpark 8, ⊠ 34131, ℰ (0561) 3 08 80,
Fax (0561) 3088428, ⇌s, 🔲 – 📱, ⇖ Zim, 🔲 ☎ ⑫ – 🏊 120. 🅰🄴 ⑩ 🄴 𝕍𝕀𝕊𝔸 ⒿⒸⒷ
Menu à la carte 45/66 – **105 Z** 194/268.　　　　　　　　　　　　　　　Ｘ ｂ

🏨 **InterCityHotel** Ⓜ, Wilhelmshöher Allee 241, ⊠ 34121, ℰ (0561) 9 38 80,
Fax (0561) 9388999 – 📱, ⇖ Zim, 🔲 ☎ ⅙ ⅙ – 🏊 80. 🅰🄴 ⑩ 🄴 𝕍𝕀𝕊𝔸 ⒿⒸⒷ　　Ｘ ａ
Menu à la carte 40/55 – **147 Z** 190/260.

🏨 **Kurparkhotel,** Wilhelmshöher Allee 336, ⊠ 34131, ℰ (0561) 3 18 90,
Fax (0561) 3189124, 🍴, ⇌s, 🔲 – ⇖ Zim, 🔲 ☎ ⅙ ⇐ ⑫ – 🏊 30. 🅰🄴 🄴 𝕍𝕀𝕊𝔸
Menu (Sonntagabend geschl.) à la carte 36/65 – **87 Z** 160/280.　　　　　　Ｘ ｕ

🏨 **Zum Steinernen Schweinchen,** Konrad-Adenauer Str. 117, ⊠ 34132,
ℰ (0561) 94 04 80, Fax (0561) 405854, 🍴, Biergarten – ⇖ Zim, 🔲 ☎ ⅙ ⇐ ⑫. 🅰🄴
⑩ 🄴 𝕍𝕀𝕊𝔸　　　　　　　　　　　　　　über Konrad-Adenauer-Straße　Ｘ
Menu à la carte 45/82 – **15 Z** 95/190 (Erweiterung auf 45 Zim. bis Frühjahr 98).

🏨 **Schweizer Hof** garni, Wilhelmshöher Allee 288, ⊠ 34131, ℰ (0561) 9 36 90,
Fax (0561) 93699 – 📱 ⇖ 🔲 ☎ ⑫ – 🏊 50. 🅰🄴 ⑩ 🄴 𝕍𝕀𝕊𝔸　　　　　　　Ｘ ｒ
63 Z 140/220.

🏨 **Kurfürst Wilhelm I.,** Wilhelmshöher Allee 257, ⊠ 34131, ℰ (0561) 3 18 70,
Fax (0561) 318777, (Restaurant im Bistrostil) – 📱, ⇖ Zim, 🔲 ☎ ⇐ – 🏊 20. 🅰🄴 ⑩
🄴 𝕍𝕀𝕊𝔸　　　　　　　　　　　　　　　　　　　　　　　　　　　Ｘ ｘ
Menu (italienische Küche) à la carte 28/59 – **42 Z** 160/250.

Im Habichtswald : über Im Druseltal X, ab unterer Parkplatz Herkules N : 2 km, Zufahrt für
Hotelgäste frei

🏨 **Elfbuchen** 🍴, ⊠ 34131 Kassel-Wilhelmshöhe, ℰ (0561) 96 97 60, Fax (0561) 62043,
🍴, « Zimmereinrichtung im Landhausstil » – 📱 🔲 ☎ ⇐ ⑫ – 🏊 100. 🅰🄴 🄴 𝕍𝕀𝕊𝔸
Mitte Okt. - Mitte Nov. geschl. – **Menu** (Freitag geschl.) à la carte 32/56 – **11 Z** 150/250.

In Niestetal-Heiligenrode ② : 6 km, nahe BAB-Anschluß Kassel-Nord :

🏨 **Zum Niestetal,** Niestetalstr. 16, ⊠ 34266, ℰ (0561) 95 22 60, Fax (0561) 9522634
– 🔲 ☎ ⅙ ⑫. 🅰🄴 ⑩ 🄴 𝕍𝕀𝕊𝔸
Menu à la carte 29/53 – **19 Z** 95/150.

🏨 **Althans** 🍴 garni, Friedrich-Ebert-Str. 65, ⊠ 34266, ℰ (0561) 52 27 09,
Fax (0561) 526981 – 🔲 ☎ ⑫. 🄴. ⋙
21. Dez. - 6. Jan. geschl. – **22 Z** 70/150.

In Fuldatal-Simmershausen ① : *7 km* :

⚿ **Haus Schönewald,** Wilhelmstr. 17, ⊠ 34233, ℰ (0561) 98 10 50, *Fax (0561) 9810522,* ☞ – ⁑ Zim, 📺 ☻. 🄰🄴 ⓪ 🄴 *VISA*. ⅏
Menu *(Sonntagabend, Mittwoch und Juli geschl.)* (wochentags nur Abendessen) à la carte 28/48 – **25 Z** 70/120.

In Kaufungen-Niederkaufungen O : *9 km über* ③ :

⚿ **Gasthaus am Steinertsee** ⌂, Am Steinertsee 1, ⊠ 34260, ℰ (05605) 30 02, *Fax (05605) 70515,* ⌂ – 📺 ☎ 📞 ☻. 🄰🄴 ⓪ 🄴 *VISA*
Menu *(Montagmittag geschl.)* à la carte 26/49 – **10 Z** 88/140.

In Espenau-Schäferberg ⑦ : *10 km* :

🏨 **Waldhotel Schäferberg,** Wilhelmsthaler Str. 14 (B 7), ⊠ 34314, ℰ (05673) 79 51, *Fax (05673) 7973,* ⌂, ⩲s – 🖪, ⁑ Zim, 📺 ☎ ᵴ ☻ – ⚇ 100. 🄰🄴 ⓪ 🄴 *VISA*
Menu à la carte 40/67 – **98 Z** 160/220, 6 Suiten.

In Calden ⑦ : *14 km* :

🏨 **Schloßhotel Wilhelmsthal,** Beim Schloß Wilhelmstal (SW : 2 km), ⊠ 34379, ℰ (05674) 8 48, *Fax (05674) 5420,* ⌂, ☞ – 📺 ☎ ⇦ ☻ – ⚇ 20. 🄰🄴 ⓪ 🄴 *VISA*
Menu *(Sonntagabend - Montag geschl.)* à la carte 32/60 – **18 Z** 120/220.

An der Autobahn A 7 *Nähe Kasseler Kreuz* ④ : *7 km* :

🏨 **Welcome-Rasthaus Kassel,** ⊠ 34253 Lohfelden, ℰ (0561) 9 59 80, *Fax (0561) 9598100,* ⪡, ⌂ – 🖪 📺 ☎ ᵴ ⇦ ☻ – ⚇ 130. 🄰🄴 ⓪ 🄴 *VISA*
Menu *(auch Self-Service)* à la carte 28/60 – **84 Z** 96/182.

MICHELIN-REIFENWERKE KGaA. Niederlassung ⊠ 34123 Kassel, Osterholzstr. 50 über ③, ℰ (0561) 5 70 99 11 Fax (0561) 5709999.

KASTELLAUN *Rheinland-Pfalz* 🖽🖽🖽 P 6, 🖽🖽🖽 ㉖ – *4 200 Ew – Höhe 435 m.*
🄱 *Verkehrsamt, Rathaus, Kirchstr. 1,* ⊠ 56288, ℰ (06762) 4 03 20, Fax (06762) 40540.
Berlin 645 – Mainz 80 – Koblenz 44 – Trier 96.

🏨 **Zum Rehberg** ⌂, garni, Mühlenweg 1, ⊠ 56288, ℰ (06762) 13 31, Fax (06762) 2640, ⩲s, ☞ – ⁑ 📺 ☎ ☻. 🄴 *VISA*
50 Z 75/200.

KASTL *Bayern* 🖽🖽🖽🖽🖽 R 19, 🖽🖽🖽 ㉙ – *2 800 Ew – Höhe 450 m – Erholungsort.*
Berlin 449 – München 159 – Amberg 22.

🏨 **Forsthof,** Amberger Str. 2, ⊠ 92280, ℰ (09625) 2 68, Fax (09625) 1340, Biergarten
⌂ 📺 ☎ 📞 ⇦ ☻ – ⚇ 25. 🄰🄴 ⓪ 🄴 *VISA* 🄹🄲🄱
Menu *(Dienstag geschl.)* à la carte 23/45 – **18 Z** 70/110.

KATZENELNBOGEN *Rheinland-Pfalz* 🖽🖽🖽 P 7 – *1 700 Ew – Höhe 300 m.*
Berlin 571 – Mainz 51 – Koblenz 50 – Limburg an der Lahn 21 – Wiesbaden 46.

In Berghausen SO : *2,5 km* :

🏨 **Berghof,** Bergstr. 3, ⊠ 56368, ℰ (06486) 9 12 10, Fax (06486) 1837, ☞ – ☎ ☻ –
⇦ ⚇ 20. 🄴
Menu *(Montag geschl.)* à la carte 23/44 ᵩ – **31 Z** 57/94.

In Klingelbach NW : *1,5 km* :

🏨 **Sonnenhof** ⌂, Kirchstr. 31, ⊠ 56368, ℰ (06486) 70 86, Fax (06486) 1543, ⪡, ⌂, ⩲s, ☞, ⅏ – 📺 ☎ ☻ – ⚇ 30. 🄰🄴 🄴 *VISA*
Menu *(Dienstag geschl.)* à la carte 25/52 ᵩ – **19 Z** 57/104.

KAUB *Rheinland-Pfalz* 🖽🖽🖽 P 7, 🖽🖽🖽 ㉖ – *1 300 Ew – Höhe 79 m.*
Sehenswert : Die Pfalz★ *(Insel).*
🄱 *Verkehrsamt, im Rathaus, Metzgergasse 26,* ⊠ 56349, ℰ (06774) 2 22.
Berlin 612 – Mainz 54 – Koblenz 55 – Wiesbaden 51.

🍴 **Deutsches Haus** mit Zim, Schulstr. 1, ⊠ 56349, ℰ (06774) 2 66, Fax (06774) 266 –
⇦ ☻
Mitte Jan. - Anfang Feb. geschl. – **Menu** *(Montag geschl.)* à la carte 25/62 ᵩ – **9 Z** 40/100.

KAUFBEUREN Bayern **419 420** W 15, **987** ㊴, **426** D 5 – 44 350 Ew – Höhe 680 m – Wintersport : 707/849 m 🚡8.

🏌 Porzen, Lettensteige (N : 7 km), ℰ (08344) 2 77.

🛈 Verkehrsverein, Kaiser-Max-Str. 1 (Rathaus), ✉ 87600, ℰ (08341) 4 04 05, Fax (08341) 73962.

ADAC, Kaiser-Max-Str. 3, ✉ 87600, ℰ (08341) 24 07, Fax (08341) 74604.

Berlin 627 – München 87 – Kempten (Allgäu) 35 – Landsberg am Lech 30 – Schongau 26.

🏨 **Goldener Hirsch**, Kaiser-Max-Str. 39, ✉ 87600, ℰ (08341) 4 30 30, Fax (08341) 430375, 🌧, 🍽, 🕏 – 🛗 📺 ⚅ ⟵ – 🔬 120. Ⅻ ⴺ 𝖵𝖨𝖲𝖠. ⅏ Rest
Menu à la carte 29/58 – **40 Z** 70/167.

🏨 **Am Kamin**, Füssener Str. 62 (B 16), ✉ 87600, ℰ (08341) 93 50, Fax (08341) 935222, 🌧 – 🛗 📺 ⚅ 🅿 – 🔬 45. Ⅻ ⴺ 𝖵𝖨𝖲𝖠
Menu (Montagmittag geschl.) à la carte 38/53 – **32 Z** 115/144.

🏠 **Am Turm** garni, Josef-Landes-Str. 1, ✉ 87600, ℰ (08341) 9 37 40, Fax (08341) 937460 – ⴼ 📺 ⚅ ⟵ 🅿. Ⅻ ⴺ 𝖵𝖨𝖲𝖠
33 Z 80/130.

🏠 **Leitner**, Neugablonzer Str. 68, ✉ 87600, ℰ (08341) 33 44, Fax (08341) 3344, 🌧 – 🅿
Menu (Freitag - Samstag, 23. Dez. - 1. Jan. und Aug. 2 Wochen geschl.) à la carte 25/39 ⅊ – **22 Z** 40/95.

In Irsee NW : 7 km :

🏨 **Irseer Klosterbräu** 🌲, Klosterring 1, ✉ 87660, ℰ (08341) 43 22 00, Fax (08341) 432269, 🌧, Brauereimuseum – 📺 ⚅ 🅿 – 🔬 15
8. Jan. - 9. Feb. geschl. – **Menu** à la carte 33/53 – **55 Z** 102/168.

KAUFUNGEN Hessen siehe Kassel.

KAYHUDE Schleswig-Holstein **415 416** E 14 – 1 000 Ew – Höhe 25 m.

Berlin 307 – Kiel 82 – Hamburg 36 – Lübeck 50 – Bad Segeberg 26.

✕✕ **Alter Heidkrug**, Segeberger Str. 10 (B 432), ✉ 23863, ℰ (040) 6 07 02 52, 🌧 – 🅿
Sonntagabend, Donnerstag und Juli 2 Wochen geschl. – **Menu** à la carte 39/77.

KEHL Baden-Württemberg **419** U 7, **987** ㊲ – 33 000 Ew – Höhe 139 m.

🛈 Verkehrsamt, Hauptstr. 63 (Marktplatz), ✉ 77694, ℰ (07851) 8 82 26 Fax (07851) 88222.

ADAC, Grenzbüro, Europabrücke, ✉ 77694, ℰ (07851) 21 88, Fax (07851) 481547.

Berlin 748 – Stuttgart 149 – Karlsruhe 78 – Freiburg im Breisgau 81 – Baden-Baden 55 – Strasbourg 6.

🏨 **Urbi Aparthotel** 🅼 garni, Fabrikstr. 1, ✉ 77694, ℰ (07851) 7 90 30, Fax (07851) 7903444 – 🛗 ⴼ 📺 ⚅ ⟵. Ⅻ ⴽ ⴺ 𝖵𝖨𝖲𝖠
25 Z 120/195.

🏠 **Rebstock**, Hauptstr. 183, ✉ 77694, ℰ (07851) 9 10 40, Fax (07851) 78568, 🌧 – 📺 ⚅ 🅿. ⴺ 𝖵𝖨𝖲𝖠
Feb. und Juli jeweils 2 Wochen geschl. – **Menu** (Sonntagabend - Montag geschl.) (wochentags nur Abendessen) à la carte 32/61 – **30 Z** 68/130.

✕✕ **Milchkutsch**, Hauptstr. 147a, ✉ 77694, ℰ (07851) 7 61 61, Fax (07851) 621, 🌧 – 🅿. ⴺ 𝖵𝖨𝖲𝖠
Samstag - Sonntag geschl. – **Menu** (Tischbestellung ratsam) à la carte 39/63.

In Kehl-Kork SO : 4 km :

🏠 **Schwanen**, Landstr. 3, ✉ 77694, ℰ (07851) 79 60, Fax (07851) 796222 – 📺 ⚅ ⟵ 🅿. ⴺ 𝖵𝖨𝖲𝖠. ⅏ Zim
Menu (Montag und Juli - Aug. 3 Wochen geschl.) à la carte 25/58 ⅊ – **30 Z** 65/102.

🏠 **Hirsch** (mit Gästehaus), Gerbereistr. 20, ✉ 77694, ℰ (07851) 36 00, Fax (07851) 73059, 🍴 🌧 – 🛗 🅿. Ⅻ ⴽ ⴺ 𝖵𝖨𝖲𝖠
21. Dez. - 7. Jan. geschl. – **Menu** (Sonntag, 8. - 31. Jan. und Aug. 2 Wochen geschl.) (nur Abendessen) à la carte 35/64 ⅊ – **55 Z** 70/150 – ½ P 20.

In Kehl-Sundheim SO : 2 km :

🏠 **Schwanen** garni, Hauptstr. 329, ✉ 77694, ℰ (07851) 34 62, Fax (07851) 73478 – 📺 ⚅ 🅿 Ⅻ ⴽ ⴺ 𝖵𝖨𝖲𝖠
23 Z 85/145.

KEITUM Schleswig-Holstein siehe Sylt (Insel).

KELBRA Sachsen-Anhalt **418** L 17, **984** ⑲, **987** ⑰ – 3 150 Ew – Höhe 98 m.

🛈 Stadtinformation, Lange Str. 10, ⊠ 06537, ℘ (034651) 65 28, Fax (034651) 53253.
Berlin 244 – Magdeburg 126 – Erfurt 72 – Nordhausen 20 – Weimar 61 – Halle 72.

🏤 Kaiserhof, Frankenhäuser Str. 1 (B 85), ⊠ 06537, ℘ (034651) 65 31, Fax (034651) 6215,
🏠, ⇌, 🔲 – |✿| 🔲 ☎ 👤 👤 – 🔏 30
40 Z.

🏚 **Heinicke**, Jochstr. 14, ⊠ 06537, ℘ (034651) 61 89, Fax (034651) 6383, 🏠, ⇌ – 🔲
☎ 👤 – 🔏 25. ⑩ Ɛ ₥₼
Menu à la carte 24/38 – **16 Z** 75/120.

🏚 **Sachsenhof**, Marktstr. 38 (B 85), ⊠ 06537, ℘ (034651) 41 40, Fax (034651) 6289,
Biergarten – 🔲 ☎ 👤 – 🔏 20. 🖭 ⑩ Ɛ ₥₼
Menu à la carte 21/35 – **18 Z** 75/115.

Am Stausee W : 2,5 km :

🏚 **Barbarossa** 🍂, Am Stausee, ⊠ 06537 Kelbra, ℘ (034651) 61 25, Fax (034651) 4233,
≤ Stausee und Süd-Harz, 🏠, ⇌, 🌳 – 🔲 ☎ 👤 – 🔏 20. 🖭 Ɛ ₥₼. 🍽 Rest
Menu à la carte 23/49 – **30 Z** 80/160.

KELHEIM Bayern **420** T 19, **987** ㉙ – 15 000 Ew – Höhe 354 m.
Ausflugsziele : Befreiungshalle★ W : 3 km – Weltenburg : Klosterkirche★ SW : 7 km –
Schloß Prunn : Lage★, W : 11 km.

🛈 Verkehrsbüro, Ludwigsplatz, ⊠ 93309, ℘ (09441) 70 12 34, Fax (09441) 701229.
Berlin 512 – München 106 – Ingolstadt 56 – Nürnberg 108 – Regensburg 24.

🏚 **Stockhammer**, Am oberen Zweck 2, ⊠ 93309, ℘ (09441) 7 00 40,
Fax (09441) 700431, 🏠 – 🔲 ☎ 👤 🖭 Ɛ. 🍽 Zim
3. - 23. Aug. geschl. – **Ratskeller** (Montag geschl.) Menu à la carte 25/68 – **15 Z** 65/160.

🏚 **Aukoferbräu**, Alleestr. 27, ⊠ 93309, ℘ (09441) 20 20, Fax (09441) 21437, 🏠 – |✿|
🔲 ☎ ⟸ 👤 – 🔏 60
23. Dez. - 6. Jan geschl. – Menu à la carte 21/45 – **65 Z** 52/130.

🍴 **Weißes Lamm**, Ludwigstr. 12, ⊠ 93309, ℘ (09441) 2 00 90, Fax (09441) 21442, Bier-
garten – |✿| 🔲 ☎ 👤. 🍽 7im
4. - 24. April geschl. – Menu (Jan. - Mai Samstag, Juni - Dez. Sonntagabend geschl.)
à la carte 23/48 ⅛ – **31 Z** 65/110 – ½ P 24.

In Essing W : 8 km :

🏚 **Weihermühle**, ⊠ 93343, ℘ (09447) 3 55, Fax (09447) 683, Biergarten, ⇌,
🔽 (geheizt), 🌳 – |✿| 🔲 ☎ ⟸ 👤 🖭 ⑩ Ɛ ₥₼
Menu (7. Jan. - 7. März und 10. Nov. - 24 Dez. geschl.) (nur Abendessen) à la carte 29/54
– **22 Z** 85/170.

🍴 **Brauereigasthof Schneider** (mit 3 Gästehäusern), Altmühlgasse 10, ⊠ 93343,
℘ (09447) 9 18 00, Fax (09447) 918020, 🏠 – ⟸ 👤. 🍽 Zim
Feb. 2 Wochen geschl. – Menu (Sept. - April Montag geschl.) à la carte 31/60 – **14 Z** 37/140.

KELKHEIM Hessen **417** P 9 – 27 000 Ew – Höhe 202 m.

🛈 Rathaus, Gagernring 6, ⊠ 65779, ℘ (06195) 80 36 01, Fax (06195) 803666.
Berlin 552 – Wiesbaden 27 – Frankfurt am Main 25 – Limburg an der Lahn 47.

🏤 **Arkadenhotel**, Frankenallee 12, ⊠ 65779, ℘ (06195) 20 88, Fax (06195) 2055, 🏠,
⇌ – |✿| 🔲 ☎ ⟸ – 🔏 25. 🖭 ⑩ Ɛ ₥₼
Menu à la carte 29/61 – **35 Z** 129/290.

🏤 **Post**, Breslauer Str. 42, ⊠ 65779, ℘ (06195) 20 58, Fax (06195) 2055, 🏠 – |✿| 🔲 ☎
⟸ 👤 – 🔏 25. ⑩ Ɛ ₥₼
Menu (Sonntag geschl.) (nur Abendessen) à la carte 44/65 – **18 Z** 125/280.

🏚 **Kelkheimer Hof** garni, Großer Haingraben 7, ⊠ 65779, ℘ (06195) 9 93 20,
Fax (06195) 4031 – 🔲 ☎ 👤. 🖭 Ɛ ₥₼
23 Z 115/220.

In Kelkheim-Münster :

🏚 **Zum goldenen Löwen**, Alte Königsteiner Str. 1, ⊠ 65779, ℘ (06195) 9 90 70,
Fax (06195) 73917, 🏠 – 🔲 ☎ 👤 – 🔏 60. Ɛ
Juni - Juli 3 Wochen geschl. – Menu (Donnerstag geschl.) à la carte 31/63 – **26 Z** 95/145.

Außerhalb NW : 5 km über Fischbach und die B 455 Richtung Königstein :

🏰 **Schloßhotel Rettershof** 🍂 (Schlößchen mit modernem Hotelanbau),
⊠ 65779 Kelkheim, ℘ (06174) 2 90 90, Fax (06174) 25352, 🏠, Park, ⇌, 🍽 – 🍽 Zim,
🔲 ⟸ 👤 – 🔏 30. 🖭 ⑩ Ɛ ₥₼
Menu (Sonntagabend geschl.) à la carte 62/89 – **35 Z** 165/300.

KELL AM SEE Rheinland-Pfalz 🄐🄗 R 4 – 1900 Ew – Höhe 441 m – Luftkurort.
🄘 Tourist-Information, Brückenstraße (Alte Mühle), ✉ 54427, ℘ (06589) 10 44, Fax (06589) 17913..
Berlin 708 – Mainz 148 – Saarburg 27 – Trier 37.

🏨 **St. Michael,** Kirchstr. 3, ✉ 54427, ℘ (06589) 9 15 50, Fax (06589) 915550, ☆, ≘,
⇔ 🐾 – ⧆ 📺 ☎ ❷ – ⚒ 150
Menu (Montag geschl.) à la carte 24/48 – **38 Z** 65/130.

🏨 **Haus Doris** ⧉, Nagelstr. 8, ✉ 54427, ℘ (06589) 71 10, Fax (06589) 1416, ≘, ☆
⇔ ❷. E. ⧉
Nov. geschl. – **Menu** (Mittwoch geschl.) à la carte 23/47 – **16 Z** 60/100.

🏨 **Zur Post,** Hochwaldstr. 2, ✉ 54427, ℘ (06589) 16 00, Fax (06589) 2235, ☆, ☆ – 📺
⇔ ☎ ⇔ ❷. ⒶⒺ ⓄⒹ E 𝑽𝑰𝑺𝑨. ⧉
1. - 10. Jan. geschl. – **Menu** (Samstag geschl.) à la carte 24/53 ⧉ – **9 Z** 68/118 – ½ P 23.

🍴 **Fronhof** mit Zim, am Stausee (N : 2 km), ✉ 54427, ℘ (06589) 16 41, Fax (06589) 2162,
⇔ <, ☆, ≘, ☆, ⤳ – 📺 ❷
Menu (Montag geschl.) à la carte 23/50 – **6 Z** 60/110.

KELLENHUSEN Schleswig-Holstein 🄐🄕 🄐🄖 D 17 – 1000 Ew – Höhe 10 m – Ostseeheilbad.
🄘 Kurverwaltung, Strandpromenade, ✉ 23746, ℘ (04364) 4 97 50, Fax (04364) 497522.
Berlin 320 – Kiel 83 – Grömitz 11 – Heiligenhafen 25.

🏨 **Erholung,** Am Ring 35, ✉ 23746, ℘ (04364) 2 36, Fax (04364) 1705 – ⧆ 📺 ☎ ❷.
⧉ Rest
Nov. - 26. Dez. und 7. Jan. - 25. März geschl. – **Menu** (Dienstag geschl.) à la carte 30/54
– **40 Z** 75/150.

Die Preise	Einzelheiten über die in diesem Führer angegebenen Preise finden Sie in der Einleitung.

KELSTERBACH Hessen 🄐🄗 P 9 – 15 000 Ew – Höhe 107 m.
Berlin 551 – Wiesbaden 26 – Frankfurt am Main 19 – Darmstadt 33 – Mainz 26.

🏨🏨 **Astron Hotel Frankfurt-Airport** Ⓜ, Mörfelder Str. 113, ✉ 65451,
℘ (06107) 93 80, Fax (06107) 938100, ☆, ⎎, ≘ – ⧆, ⧉ Zim, 📺 ☎ ❤ ⅋ ⇔ ❷
– ⚒ 20. ⒶⒺ ⓄⒹ E 𝑽𝑰𝑺𝑨. ⧉ Rest
Menu à la carte 45/68 – **154 Z** 273/396.

🏨🏨 **Novotel Frankfurt Airport** ⧉, Am Weiher 20, ✉ 65451, ℘ (06107) 76 80,
Fax (06107) 8060, ☆, ≘, 🔲 – ⧆, ⧉ Zim, 🔲 📺 ☎ ❤ ⅋ ❷ – ⚒ 200. ⒶⒺ ⓄⒹ E 𝑽𝑰𝑺𝑨.
⧉ Rest
Menu à la carte 37/61 – **150 Z** 221/304.

🏨 **Tanne,** Tannenstr. 2, ✉ 65451, ℘ (06107) 93 40, Fax (06107) 5484 – ⧉ Zim, 📺 ☎
⇔ ❷. ⒶⒺ E 𝑽𝑰𝑺𝑨
Menu (Freitag - Sonntag geschl.) (nur Abendessen) à la carte 32/52 – **36 Z** 120/234.

🍴🍴 **Alte Oberförsterei,** Staufenstr. 16 (beim Bürgerhaus), ✉ 65451, ℘ (06107) 6 16 73,
Fax (06107) 64627, ☆ – ❷. ⒶⒺ ⓄⒹ E 𝑽𝑰𝑺𝑨
Samstagmittag, Montag und Juni - Juli 3 Wochen geschl. – **Menu** (Tischbestellung ratsam)
à la carte 38/67.

KELTERN Baden-Württemberg 🄐🄙 T 9 – 7850 Ew – Höhe 190 m.
Berlin 675 – Stuttgart 61 – Karlsruhe 26 – Pforzheim 11.

In Keltern-Dietlingen :

🍴🍴 **Zum Kaiser,** Bachstr. 41, ✉ 75210, ℘ (07236) 62 89, Fax (07236) 2459 ❷
⧉ Sonntagabend - Montagmittag und Mittwoch geschl. – **Menu** à la carte 48/72.

In Keltern-Ellmendingen :

🍴 **Zum Löwen,** Durlacher Str. 10, ✉ 75210, ℘ (07236) 81 31, Fax (07236) 2282 – ❷ –
⚒ 50
Jan. und Juni - Juli jeweils 2 Wochen geschl. – **Menu** (Montag geschl.) à la carte 29/54 –
12 Z 50/130.

🍴🍴 **Goldener Ochsen** mit Zim, Durlacher Str. 8, ✉ 75210, ℘ (07236) 81 42,
⧉ Fax (07236) 7108 – 📺 ☎ ⇔ ❷. E
Feb. - März 2 Wochen und Juni 3 Wochen geschl. – **Menu** (Donnerstag geschl.) à la carte
43/71 – **12 Z** 85/150.

KEMBERG Sachsen-Anhalt **418** K 21, **984** ⑲, **987** ⑱ – 3 000 Ew – Höhe 75 m.
Berlin 121 – Magdeburg 102 – Leipzig 53.

In Ateritz-Lubast S : 2 km (an der B 2) :

🏠 **Heidehotel Lubast,** Leipziger Str. 1, ⌗ 06901, ℘ (034921) 7 20, Fax (034921) 72120,
🏕, ≦s – 🛗, ⅍ Zim, 📺 ☎ க ⇔ 🅿 – 🛦 80. 🖭 ⅧⅢ
Menu à la carte 29/50 – **50 Z** 99/170.

In Rotta-Ochsenkopf SW : 7,5 km :

🏠 **Landgut Ochsenkopf** ৯, ⌗ 06773, ℘ (034921) 2 02 32, Fax (034921) 20238, Biergarten, 🎨 – 📺 ☎ ⇔ 🅿 – 🛦 90. 🖭 ⓪ 🖭 ⅧⅢ
Menu à la carte 25/53 – **25 Z** 80/148.

Im Naturpark Dübener Heide S : 8 km, 6 km über die B2, dann links ab :

🏠 **Sackwitzer Mühle** ৯, Dorfstr. 35, ⌗ 06905 Meuro-Sackwitz, ℘ (034925) 7 05 11,
Fax (034925) 71156, 🏕, Biergarten, ≦s, 🎨 – 🛗, ⅍ Zim, 📺 ☎ க 🅿 – 🛦 30. ⅗ Rest
Menu à la carte 30/50 – **36 Z** 99/180.

KEMMENAU Rheinland-Pfalz siehe Ems, Bad.

KEMMERN Bayern siehe Bamberg.

KEMPEN Nordrhein-Westfalen **417** L 3, **987** ⑭ – 34 100 Ew – Höhe 35 m.
Berlin 576 – Düsseldorf 61 – Geldern 21 – Krefeld 13 – Venlo 22.

🍴 **et kemp'sche huus** (restauriertes Fachwerkhaus a.d.J. 1725), Neustr. 31, ⌗ 47906,
℘ (02152) 5 44 65, 🏕 – 🖭 ⓪ 🖭 ⅧⅢ
Samstagmittag und Montag geschl. – **Menu** (Tischbestellung ratsam) à la carte 42/70.

KEMPENICH Rheinland-Pfalz **417** O 5, **987** ㉖ – 1500 Ew – Höhe 455 m – Erholungsort.
Berlin 629 – Mainz 144 – Bonn 55 – Koblenz 53 – Trier 106.

🏠 **Eifelkrone,** In der Hardt 1 (nahe der B 412), ⌗ 56746, ℘ (02655) 13 01,
Fax (02655) 959040, 🏕, 🎨 – ☎ ⇔ 🅿
Nov. - 15. Dez. geschl. – **Menu** à la carte 27/48 – **15 Z** 52/130.

KEMPFELD Rheinland-Pfalz **417** Q 5 – 950 Ew – Höhe 530 m – Erholungsort.
Berlin 669 – Mainz 111 – Bernkastel-Kues 23 – Idar-Oberstein 15 – Trier 66.

🏠 **Hunsrücker Faß,** Hauptstr. 70, ⌗ 55758, ℘ (06786) 97 00, Fax (06786) 970100, 🏕,
≦s – ⅍ Rest, 📺 ☎ 🅿 – 🛦 15. 🖭 ⅧⅢ
Menu à la carte 35/72 – **20 Z** 130/210 – ½ P 35.

🏠 **Wildenburger Hof** ৯, Wildenburger Str. 17, ⌗ 55758, ℘ (06786) 70 33,
Fax (06786) 7131, 🏕, 🎨 – ☎ 🅿
Menu à la carte 25/57 ⅄ – **12 Z** 60/120.

In Asbacherhütte NO : 3 km :

🍴 **Zur Scheune,** beim Feriendorf Harfenmühle, ⌗ 55758, ℘ (06786) 13 04,
Fax (06786) 1323, 🏕 – 🅿
Dienstag geschl. – **Menu** (nur Abendessen) à la carte 38/73.

KEMPTEN (ALLGÄU) Bayern **419 420** W 14, **987** ㊴, **426** C 5 – 61 000 Ew – Höhe 677 m.
🛈 Amt für Tourismus, Rathausplatz 24, ⌗ 87431, ℘ (0831) 2 52 52 37, Fax (0831)
2525427.
ADAC, Bahnhofstr. 55, ⌗ 87435, ℘ (0831) 2 90 31, Fax (0831) 18799.
Berlin 695 ② – München 127 ② – Augsburg 102 ② – Bregenz 73 ④ – Konstanz 135 ④
– Ulm (Donau) 89 ①

Stadtplan siehe nächste Seite

🏠 **Bayerischer Hof** garni, Füssener Str. 96, ⌗ 87437, ℘ (0831) 5 71 80,
Fax (0831) 5718100, ≦s – 🛗 📺 ☎ ⇔ 🅿. 🖭 ⓪ 🖭 ⅧⅢ   AY s
52 Z 104/270.

🏠 **Park Hotel Kempten** 🅼, Bahnhofstr. 1, ⌗ 87435, ℘ (0831) 2 52 75,
Fax (0831) 2522777 – 🛗, ⅍ Zim, 📺 ☎ ⇔ – 🛦 80. 🖭 ⓪ 🖭 ⅧⅢ   AY c
Menu à la carte 33/69 – **30 Z** 130/190.

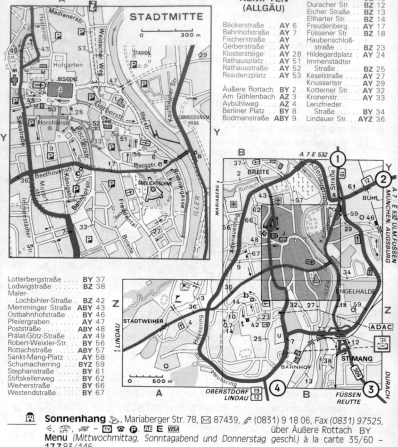

KEMPTEN (ALLGÄU)

🏠 **Sonnenhang** ⌂, Mariaberger Str. 78, ✉ 87439, ℰ (0831) 9 18 06, Fax (0831) 97525, ≼, 🏠, 🌳 – 📺 ☎ 🅿. 🖭 🛒 𝒱𝒾𝒮𝒜   über Äußere Rottach   BY
Menu *(Mittwochmittag, Sonntagabend und Donnerstag geschl.)* à la carte 35/60 – 17 **Z** 83/146.

🏠 **Auf'm Lotterberg** ⌂ garni, Königsberger Str. 31, ✉ 87439, ℰ (0831) 59 20 40, Fax (0831) 5920440, ≼ – 📺 ☎ ⇔ 🅿. 🖭 🛒 𝒱𝒾𝒮𝒜   über Lotterbergstr. BY
10. Dez. - 10. Jan. geschl. – **26 Z** 83/156.

🏠 **Bei den Birken** ⌂ garni, Goethestr. 25, ✉ 87435, ℰ (0831) 2 80 08, Fax (0831) 28020, 🌳 – 📺 ☎ 🅿. 🖭. ⚘   BZ b
20 Z 65/110.

🍴🍴 **M M,** Mozartstr. 8, ✉ 87435, ℰ (0831) 2 63 69, Fax (0831) 26369, 🏠 – 🛒 𝒱𝒾𝒮𝒜
⚘   Samstagmittag und Sonntag - Montag geschl. – **Menu** (Tischbestellung ratsam) à la carte 48/70.   AY z

🍴🍴 **Haubenschloß,** Haubenschloßstr. 37, ✉ 87435, ℰ (0831) 2 35 10, Fax (0831) 16082, 🏠 – 🅿. 🖭 🛒 𝒱𝒾𝒮𝒜   BZ t
Montag geschl. – **Menu** à la carte 33/58.

In Lauben-Moos N : 6 km über Memminger Str. ABY :

🏠🏠 **Andreashof** ⌂, Sportplatzstr. 15, ✉ 87493, ℰ (08374) 80 94, Fax (08374) 9842, 🏠 – ⇔ Zim, 📺 ☎ 🅿 – 🔬 75. ⚘ Zim – **Menu** *(Samstag, Sonn- und Feiertage geschl.)* (nur Abendessen) à la carte 41/67 – **41 Z** 99/240 – ½ P 35.

In Sulzberg S : 7 km über Ludwigstraße BZ :

🏠 **Sulzberger Hof,** Sonthofener Str. 17, ✉ 87477, ℰ (08376) 3 01, Fax (08376) 8660, ≼, 🏠, ≋s, 🗖, 🌳 – 📺 ☎ ⇔ 🅿. ⚘ Zim
Menu *(Montag - Freitag nur Abendessen)* à la carte 30/59 – **23 Z** 90/197.

KENZINGEN Baden-Württemberg **419** V 7, **987** ③⑦ – 7 200 Ew – Höhe 179 m.
Sehenswert : Rathaus★.
Berlin 781 – Stuttgart 182 – Freiburg im Breisgau 29 – Offenburg 40.

🏠 **Schieble,** Offenburger Str. 6 (B 3), ⌧ 79341, ☎ (07644) 84 13, Fax (07644) 4330, 🏡,
🍴 – 📺 ☎ 🅿. 🖭 ⑩ 🗲 𝗩𝗜𝗦𝗔. ⛐ Zim
Feb. 2 Wochen und Ende Juni - Anfang Juli geschl. – **Menu** (Sonntagabend - Montag geschl.)
à la carte 37/66 ⅛ – **27 Z** 75/130.

🍴 **Scheidels Restaurant zum Kranz** mit Zim, Offenburger Str. 18, ⌧ 79341,
☎ (07644) 68 55, Fax (07644) 6008, 🏡 – 🅿. 🖭 🗲 𝗩𝗜𝗦𝗔. ⛐ Zim
über Fastnacht 1 Woche geschl. – **Menu** (Montagabend - Dienstag geschl.) à la carte 42/66
– **4 Z** 95/130.

KERKEN Nordrhein-Westfalen **417** L 3, **987** ⑭ – 11 700 Ew – Höhe 35 m.
Berlin 572 – Düsseldorf 50 – Duisburg 31 – Krefeld 17 – Venlo 22.

In Kerken-Aldekerk :
🍴🍴 **Haus Thoeren** mit Zim, Marktstr. 14, ⌧ 47647, ☎ (02833) 44 31, Fax (02833) 4987
– 📺 ☎. 🗲 𝗩𝗜𝗦𝗔. ⛐ Zim
Menu (Samstagmittag und Montag geschl.) à la carte 37/62 (auch vegetarische Gerichte)
– **11 Z** 95/150.

In Kerken-Nieukerk :
🏠 **Landgasthaus Wolters,** Sevelener Str. 15, ⌧ 47647, ☎ (02833) 22 06,
Fax (02833) 5154 – 📺 ☎ 🚗 🅿. ⑩ 🗲 𝗩𝗜𝗦𝗔
Menu (Samstag geschl.) à la carte 33/54 – **11 Z** 80/160.

Si vous cherchez un hôtel tranquille,
consultez d'abord les cartes thématiques de l'introduction
ou repérez dans le texte les établissements indiqués avec le signe 🕭 *ou* 🕭.

KERNEN IM REMSTAL Baden-Württemberg **419** T 12 – 14 000 Ew – Höhe 265 m.
Berlin 615 – Stuttgart 21 – Esslingen am Neckar 9 – Schwäbisch Gmünd 43.

In Kernen-Stetten :
🏠 **Gästehaus Schlegel** garni, Tannenäckerstr. 13, ⌧ 71394, ☎ (07151) 94 36 20,
Fax (0/151) 9436380 – 📺 ☎ 🚗 🅿. 🖭 ⑩ 🗲 𝗩𝗜𝗦𝗔
29 Z 90/170.

🍴🍴 **Romantik Restaurant Zum Ochsen** (ehem. Herberge a.d.J. 1763), Kirchstr. 15,
⌧ 71394, ☎ (07151) 9 43 60, Fax (07151) 943619 – 🅿. 🖭 ⑩ 🗲 𝗩𝗜𝗦𝗔
Mittwoch geschl. – **Menu** à la carte 42/90.

🍴 **Weinstube Bayer,** Gartenstr. 5, ⌧ 71394, ☎ (07151) 4 52 52, Fax (07151) 43380
Sonntagabend - Montag, Jan. 1 Woche und Juli 3 Wochen geschl. – **Menu** 45/75 und
à la carte.

KERPEN Nordrhein-Westfalen **417** N 4, **987** ㉕ – 56 000 Ew – Höhe 75 m.
Berlin 592 – Düsseldorf 60 – Bonn 48 – Köln 26 – Düren 17.

In Kerpen-Horrem N : 6 km :
🏠 **Rosenhof,** Hauptstr. 119, ⌧ 50169, ☎ (02273) 9 34 40, Fax (02273) 934449 – 📺 ☎
🚗 🅿
Juli - Aug. 3 Wochen geschl. – **Menu** (Sonntag geschl.) (nur Abendessen) à la carte 26/48
– **25 Z** 82/160.

In Kerpen-Sindorf NW : 4 km :
🏠 **Park-Hotel** garni, Kerpener Str. 183, ⌧ 50170, ☎ (02273) 9 85 80, Fax (02273) 54985
– 🛗 📺 ☎ 🚗 🅿. 🖭 ⑩ 🗲 𝗩𝗜𝗦𝗔 𝗝𝗖𝗕
25 Z 84/150.

Nahe der Straße von Kerpen nach Sindorf :
🍴🍴🍴 **Schloß Loersfeld,** ⌧ 50171 Kerpen, ☎ (02273) 5 77 55, Fax (02273) 57466 – 🅿. ⛐
Sonntag - Montag, Weihnachten - Mitte Jan. und Juli - Aug. 3 Wochen geschl. – **Menu**
(Tischbestellung ratsam, bemerkenswerte Weinkarte) à la carte 75/93.

KESSELSDORF Sachsen siehe Freital.

KESTERT Rheinland-Pfalz **417** P 6 – 900 Ew – Höhe 74 m.
  Berlin 604 – Mainz 68 – Koblenz 31 – Lorch 21.

🏠 **Krone,** Rheinstr. 37 (B 42), ⊠ 56348, ℰ (06773) 71 42, Fax (06773) 7124, ≤, 🏖 – ☎
  🚗 🅿 – 🏊 60. 🖭 ⓞ 🇪 _VISA_
  März geschl. – **Menu** _(Montag geschl.)_ à la carte 26/58 ⅜ – **30 Z** 55/120.

🏠 **Goldener Stern,** Rheinstr. 38 (B 42), ⊠ 56348, ℰ (06773) 71 02, Fax (06773) 7104,
  ≤, 🏖 – 📺 🅿 🇪 _VISA_
  Jan. geschl. – **Menu** _(Montag geschl.)_ à la carte 25/56 ⅜ – **12 Z** 50/110.

KETSCH Baden-Württemberg siehe Schwetzingen.

KEVELAER Nordrhein-Westfalen **417** L 2, **987** ⑭, **408** J 7 – 25 000 Ew – Höhe 21 m – Wall-
  fahrtsort.
  🎫 Verkehrsverein, Rathaus, ⊠ 47623, ℰ (02832) 12 21 51, Fax (02832) 4387.
  Berlin 581 – Düsseldorf 73 – Krefeld 41 – Nijmegen 42.

🏨 **Parkhotel,** Neustr. 3 (Luxemburger Galerie), ⊠ 47623, ℰ (02832) 9 53 30,
  Fax (02832) 799379, 🏖, ⊜s, 🔳 – 📳 📺 ☎ ⅖ 🚗 – 🏊 50. 🖭 ⓞ 🇪 _VISA_
  Menu à la carte 37/63 – **47 Z** 110/180.

🏨 **Am Bühnenhaus** 🦢, garni, Bury-St.Edmunds-Str. 13, ⊠ 47623, ℰ (02832) 9 32 40,
  Fax (02832) 404239 – 📺 ☎ ⅖ 🅿 🇪 _VISA_ _JCB_
  22. Dez. - 4. Jan. geschl. – **27 Z** 75/150.

XX **Zur Brücke** mit Zim, Bahnstr. 44, ⊠ 47623, ℰ (02832) 23 89, Fax (02832) 2388,
  « Gartenterrasse » – 📺 ☎ 🅿. 🖭 ⓞ 🇪 _VISA_. 🦌
  Menu _(Dienstag geschl.)_ à la carte 48/68 – **10 Z** 110/160.

KIEDRICH Hessen **417** P 8 – 3 500 Ew – Höhe 165 m – Erholungsort.
  Sehenswert : Pfarrkirche (Kirchengestühl★★, Madonna★).
  Ausflugsziel : Kloster Eberbach : Sammlung alter Keltern★★, W : 4 km.
  Berlin 579 – Wiesbaden 17 – Mainz 20.

🏠 **Nassauer Hof,** Bingerpfortenstr. 17, ⊠ 65399, ℰ (06123) 24 76, Fax (06123) 62220,
  🏖, 🌳 – 📺 ☎ 🅿 – 🏊 20. 🖭 ⓞ 🇪 _VISA_
  Menu _(Mittwoch und Jan.- Mitte Feb. Montag - Freitag geschl.)_ à la carte 40/77 ⅜ –
  27 Z 95/220 – ½ P 35.

X **Gutsschänke Schloss Groenesteyn,** Oberstr. 36, ⊠ 65399, ℰ (06123) 15 33,
  Fax (06123) 899899, 🏖, « Gemütliches Weinrestaurant » – 🅿
  Montag - Dienstag, Mitte Dez. - Ende Jan., über Fastnacht und Juli - Aug. 2 Wochen geschl.
  – **Menu** _(nur Abendessen)_ à la carte 27/43.

KIEFERSFELDEN Bayern **420** X 20, **987** ㊵ – 6 800 Ew – Höhe 495 m – Luftkurort – Win-
  tersport : 500/800 m ≰2 ≴3.
  🎫 Verkehrsamt, Dorfstr. 23, ⊠ 83088, ℰ (08033) 97 65 27, Fax (08033) 976544.
  Berlin 675 – München 86 – Bad Reichenhall 84 – Rosenheim 31 – Innsbruck 78.

🏠 **Zur Post,** Bahnhofstr. 26, ⊠ 83088, ℰ (08033) 70 51, Fax (08033) 8573, Biergarten,
  🌳 – 📳 📺 ☎ 🚗 🅿. 🖭 ⓞ 🇪 _VISA_
  Menu à la carte 25/51 – **39 Z** 94/148.

🏠 **Gruberhof** 🦢, König-Otto-Str. 2, ⊠ 83088, ℰ (08033) 70 40, Fax (08033) 7550, 🏖,
  ⊜s, 🔟 (geheizt), 🌳 – 📺 ☎ 🅿. 🦌
  Menu à la carte 26/54 – **32 Z** 90/150 – ½ P 20.

🏡 **Schaupenwirt** 🦢, Kaiser-Franz-Josef-Allee 26, ⊠ 83088, ℰ (08033) 82 15, Biergar-
🚗 ten, 🌳 – 🅿
  Mitte Okt. - Mitte Nov. geschl. – **Menu** _(Montagmittag, Dienstag - Mittwochmittag geschl.)_
  à la carte 23/37 – **11 Z** 40/80.

KIEL 🗺 Schleswig-Holstein **415 416** D 14, **987** ⑤ – 250 000 Ew – Höhe 5 m.
  Sehenswert : Hindenburgufer★★, ≤★ R – Rathaus (Turm ≤★) Y **R.**
  Ausflugsziele : Freilichtmuseum★★ ③ : 6 km – Kieler Förde★★ R.
  🏌 Heikendorf-Kitzeberg (①: 10 km), ℰ (0431) 2 34 04 ; 🏌 Gut Uhlenhorst (⑦ : 13 km),
  ℰ (04349) 5 39 ; 🏌 Havighorst (③ : 9 km), ℰ (04302) 96 59 80.
  Ausstellungsgelände Ostseehalle (Y), ℰ (0431) 9 01 23 05.
  🎫 Touristinformation, Sophienblatt 30, ⊠ 24103, ℰ (0431) 67 91 00, Fax (0431)
  675439.
  ADAC, Saarbrückenstr. 54, ⊠ 24114, ℰ (0431) 6 60 20, Fax (0431) 6602111.
  Berlin 346 ⑤ – Flensburg 88 ⑤ – Hamburg 96 ⑤ – Lübeck 92 ③

KIEL
UND UMGEBUNG

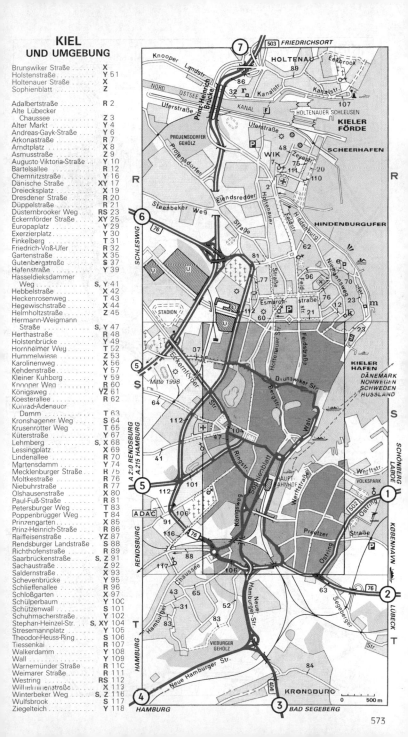

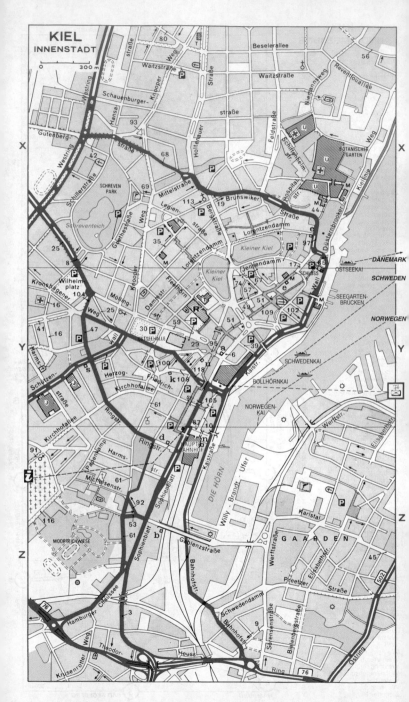

Steigenberger Conti-Hansa, Schloßgarten 7, ✉ 24103, ℰ (0431) 5 11 50, Fax (0431) 5115444, 🍴, ⭐, – 🛗, ⭐ Zim, 📺 ☎ ➔ – 🔨 120. 🖭 ⓪ 🗲 𝖵𝖨𝖲𝖠 𝖩𝖢𝖡. ⭐ Rest X e
Menu (Sonntagmittag geschl.) à la carte 49/75 – **167 Z** 235/350.

Maritim-Bellevue ⬡, Bismarckallee 2, ✉ 24105, ℰ (0431) 3 89 40, Fax (0431) 338490, ≤ Kieler Förde, 🍴, ⭐, 🛋 – 🛗, ⭐ Zim, 📺 ➔ ❶ – 🔨 250. 🖭 ⓪ 🗲 𝖵𝖨𝖲𝖠. ⭐ Rest R e
Menu à la carte 42/78 – **89 Z** 197/446.

Parkhotel Kieler Kaufmann ⬡, Niemannsweg 102, ✉ 24105, ℰ (0431) 8 81 10, Fax (0431) 8811135, 🍴, « Park », ⭐, 🛋 – 📺 ☎ ❶ – 🔨 40. 🖭 ⓪ 🗲 𝖵𝖨𝖲𝖠 𝖩𝖢𝖡. ⭐ Rest R k
Menu à la carte 54/81 – **46 Z** 182/320.

Kieler Yacht-Club, Hindenburgufer 70, ✉ 24105, ℰ (0431) 8 81 30, Fax (0431) 8813444, ≤ Kieler Förde, 🍴 – 🛗, ⭐ Zim, 📺 ☎ ➔ ❶ – 🔨 200. 🖭 ⓪ 🗲 𝖵𝖨𝖲𝖠 R m
Menu à la carte 53/83 – **58 Z** 185/325.

Berliner Hof garni, Ringstr. 6, ✉ 24103, ℰ (0431) 6 63 40, Fax (0431) 6634345 – 🛗 ⭐ 📺 ☎ 📞 & ❶. 🖭 ⓪ 🗲 𝖵𝖨𝖲𝖠 Z d
85 Z 105/180.

InterCityHotel Ⓜ, Kaistr. 54, ✉ 24114, ℰ (0431) 6 64 30, Fax (0431) 6643499 – 🛗 ⭐ 📺 ☎ 📞 & – 🔨 70. 🖭 ⓪ 🗲 𝖵𝖨𝖲𝖠 Z n
Menu (Samstag - Sonntag geschl.) (nur Abendessen) à la carte 31/52 – **124 Z** 210/250.

Consul, Walkerdamm 11, ✉ 24103, ℰ (0431) 6 30 15, Fax (0431) 63019 – 📺 ☎ ➔. 🖭 ⓪ 🗲 𝖵𝖨𝖲𝖠 𝖩𝖢𝖡 Y k
Menu (Samstag - Sonntag geschl.) à la carte 35/75 **37 Z** 120/200.

Astor garni, Holstenplatz 1, ✉ 24103, ℰ (0431) 9 30 17, Fax (0431) 96378, ≤ – 🛗 📺 ☎ ➔ – 🔨 40. 🖭 ⓪ 🗲 𝖵𝖨𝖲𝖠 Y a
50 Z 115/170.

Erkenhof garni, Dänische Str. 12, ✉ 24103, ℰ (0431) 9 50 08, Fax (0431) 978965 – 🛗 📺 ☎ ❶. 🖭 ⓪ 🗲 𝖵𝖨𝖲𝖠 𝖩𝖢𝖡 Y e
20. Dez. - 4. Jan. geschl. – **29 Z** 110/200.

Muhl's Hotel, Lange Reihe 5, ✉ 24103, ℰ (0431) 9 79 90, Fax (0431) 9979179 – 📺 ☎ 🖭 ⓪ 🗲 𝖵𝖨𝖲𝖠 Y u
Menu (Sonntag geschl.) à la carte 36/67 – **40 Z** 110/180.

Wiking garni, Schützenwall 3, ✉ 24114, ℰ (0431) 67 30 51, Fax (0431) 673054, ⭐ – 🛗 📺 ☎ ➔ ❶. 🖭 ⓪ 🗲 𝖵𝖨𝖲𝖠 𝖩𝖢𝖡 Y o
42 Z 115/195.

An der Hörn, Gablenzstr. 8, ✉ 24114, ℰ (0431) 66 30 30, Fax (0431) 6630390, 🛋, ⭐ – 📺 ☎ ➔. 🖭 ⓪ 🗲 𝖵𝖨𝖲𝖠 Z b
Menu (Sonntag geschl.) (nur Abendessen) à la carte 29/44 – **34 Z** 105/200.

Restaurant im Schloß, Wall 80, ✉ 24103, ℰ (0431) 9 11 55, Fax (0431) 91157, ≤ – ▤ – 🔨 120. 🖭 ⓪ 🗲 𝖵𝖨𝖲𝖠 XY
Montagmittag und Samstagmittag, Sonntagabend sowie Juli - Aug. Montag ganztägig geschl. – Menu à la carte 54/87.

In Kiel-Hasseldieksdamm über Hasseldieksdammer Weg S :

Birke ⬡, Martenshofweg 8, ✉ 24109, ℰ (0431) 5 33 10 (Hotel) 52 00 01 (Rest.), Fax (0431) 5331333, ⭐ – 🛗, ⭐ Zim, 📺 ☎ & ❶ – 🔨 20. 🖭 🗲 𝖵𝖨𝖲𝖠
Waldesruh (Sonntagabend geschl.) (wochentags nur Abendessen) Menu à la carte 42/73 – **64 Z** 175/280.

In Kiel-Holtenau :

Zur Waffenschmiede, Friedrich-Voss-Ufer 4, ✉ 24159, ℰ (0431) 36 96 90, Fax (0431) 363994, ≤, « Gartenterrasse » – 📺 ☎ ❶ R r
20. Dez. - 10. Jan. geschl. – Menu à la carte 33/66 – **12 Z** 95/195.

In Kiel-Schilksee ⑦ : 17 km :

Restaurant am Olympiahafen, Fliegender Holländer 45, ✉ 24159, ℰ (0431) 37 17 17, Fax (0431) 372957, ≤, 🍴 – ❶. 🖭 🗲
Menu à la carte 38/85.

In Molfsee SW : 6 km über die B 4 T :

Bärenkrug, Hamburger Chausee 10 (B 4), ✉ 24113, ℰ (04347) 7 12 00, Fax (04347) 712013, 🍴 – ⭐ Zim, 📺 ☎ & ❶. 🖭 ⓪ 🗲 𝖵𝖨𝖲𝖠
23. Dez. - 4. Jan. geschl. – Menu à la carte 39/64 – **22 Z** 90/200.

In Raisdorf-Vogelsang ② : 10 km :

Rosenheim, Preetzer Str. 1, ✉ 24223, ℰ (04307) 83 80, Fax (04307) 838111, 🍴 – ⭐ Zim, 📺 ☎ ➔ ❶ – 🔨 60. 🖭 ⓪ 🗲 𝖵𝖨𝖲𝖠 𝖩𝖢𝖡. ⭐ Zim
Menu à la carte 39/55 – **40 Z** 100/200.

KINDING Bayern 📖📖 S 18 – 2 900 Ew – Höhe 374 m.
Berlin 482 – München 107 – Ingolstadt 34 – Nürnberg 62 – Regensburg 61.

🍴 **Krone**, Marktplatz 14, ✉ 85125, 𝒫 (08467) 2 68, Fax (08467) 729, Biergarten – ❷
Ende Okt. - Mitte Nov. geschl. – **Menu** (im Sommer Dienstagmittag, im Winter Dienstag geschl.) à la carte 21/41 – **28 Z** 54/96.

In Enkering SW : 1,5 km :

🏠 **Zum Bräu**, Rumburgstr. 1a, ✉ 85125, 𝒫 (08467) 85 00, Fax (08467) 85057, 😤 – 🛗
📺 🕾 ♿ ❷
19. - 25. Dez. geschl. – **Menu** (Montag geschl.) à la carte 24/54 – **17 Z** 70/125 – ½ P 16.

KINHEIM Rheinland-Pfalz 📖 Q 5 – 1 000 Ew – Höhe 105 m – Erholungsort.
Berlin 694 – Mainz 127 – Bernkastel-Kues 14 – Trier 52 – Wittlich 15.

🏠 **Pohl-Zum Rosenberg**, Moselweinstr. 3 (B 53), ✉ 54538, 𝒫 (06532) 21 96,
Fax (06532) 1054, ≤, 😤, ≘s, 🔟, 🛲 – ❷
10. Jan. - 10. Feb. geschl. – **Menu** (Nov. - April Donnerstag geschl.) à la carte 24/57 ⅃ –
31 Z 64/125.

KIPFENBERG Bayern 📖📖 T 18 – 5 100 Ew – Höhe 400 m – Erholungsort.
🅱 Fremdenverkehrsbüro, Marktplatz 2, ✉ 85110, 𝒫 (08465) 1 74 30, Fax (08465) 17419.
Berlin 490 – München 102 – Ingolstadt 28 – Nürnberg 69.

🏠 **Alter Peter**, Marktplatz 16, ✉ 85110, 𝒫 (08465) 2 97, Fax (08465) 3663, 😤, ≘s –
🛗 📺 🕾 – ⅄ 50. 🆎 🗲 𝒱𝒾𝒮𝒜
Menu (Okt. - Mai Mittwoch geschl.) à la carte 25/53 – **24 Z** 63/92.

In Kipfenberg-Arnsberg SW : 5 km :

🏠 **Landgasthof zum Raben**, Schloßleite 1, ✉ 85110, 𝒫 (08465) 9 40 40,
Fax (08465) 940450, 😤, ≘s – 📺 🕾 ❷ – ⅄ 20
Menu à la carte 23/44 – **26 Z** 63/146.

🏠 **Schloß Arnsberg** ⑤ (Burganlage a.d. 11. Jh.), ✉ 85110, 𝒫 (08465) 31 54,
Fax (08465) 1015, ≤ Altmühltal, 😤 – ❷ – ⅄ 20
24. Dez. - 5. Jan. und Mitte Feb. - Mitte März geschl. – **Menu** (Montag geschl.) à la carte
29/62 – **20 Z** 70/135.

In Kipfenberg-Pfahldorf W : 6 km :

🏠 **Landhotel Geyer** ⑤ (mit Gästehaus), Alte Hauptstr. 10, ✉ 85110, 𝒫 (08465)
90 50 11, Fax (08465) 3396, ≘s, 🛲 – 🛗 ⇨ ❷ 🗲 ⑫ Rest
Mitte - Ende Nov. geschl. – **Menu** (Donnerstag geschl.) à la carte 22/40 – **45 Z** 58/96 –
½ P 18.

In Kipfenberg-Schambach SW : 7 km :

🏠 **Zur Linde** ⑤ (mit Gästehaus 🛗), Bachweg 2, ✉ 85110, 𝒫 (08465) 4 78,
Fax (08465) 3692, 😤, 🛲 – 📺 🕾 ⇨ ❷
Nov. 3 Wochen geschl. – **Menu** (Mittwoch, Dez. - März Dienstag - Mittwoch geschl.)
à la carte 20/40 – **25 Z** 47/114.

KIRCHEN (SIEG) Rheinland-Pfalz siehe Betzdorf.

KIRCHENLAMITZ Bayern 📖📖 P 19, 📖 ㉙ – 4 700 Ew – Höhe 590 m.
Berlin 337 – München 270 – Bayreuth 45 – Hof 20 – Weiden 69.

In Kirchenlamitz-Fahrenbühl NO : 5 km :

🏠 **Jagdschloß Fahrenbühl**, ✉ 95158, 𝒫 (09284) 3 64, Fax (09284) 358, ≘s, 🔟, 🛲,
🐎 – 📺 🕾 ❷, 🆎 🗲 𝒱𝒾𝒮𝒜
Nov. geschl. – (Restaurant nur für Hausgäste) – **17 Z** 74/118 – ½ P 16.

KIRCHHAM Bayern 📖 U 23 – 2 300 Ew – Höhe 335 m – Erholungsort.
🅱 Verkehrsamt, Rathaus, Kirchplatz 3, ✉ 94148, 𝒫 (08533) 28 29, Fax (08533) 7146.
Berlin 634 – München 145 – Passau 34 – Salzburg 107.

🏨 **Haslinger Hof** ⑤, Ed 1 (NO : 1,5 km), ✉ 94148, 𝒫 (08531) 29 50,
Fax (08531) 295200, 😤, Biergarten, Massage, ≘s, 🛲 – 🛗 📺 🕾 ⇨ ❷ ⑫ Rest
Menu à la carte 23/47 – **110 Z** 65/150.

KIRCHHEIM Hessen **417** **418** N 12, **987** ⑳ – 4 000 Ew – Höhe 245 m – Luftkurort.
Berlin 417 – Wiesbaden 156 – Kassel 65 – Gießen 76 – Fulda 42.

🏠 **Hattenberg,** Am Hattenberg 1, ⊠ 36275, ℰ (06625) 80 01, Fax (06625) 8311, 🍴 –
📶, ⇔ Zim, 📺 ☎ 🕭 🅟 – 🔬 50. 🖭 🗲 𝗩𝗜𝗦𝗔
Menu (Sonntag geschl.) (nur Abendessen) à la carte 39/57 – **45 Z** 119/159.

🏠 **Eydt,** Hauptstr. 19, ⊠ 36275, ℰ (06625) 70 01, Fax (06625) 5333 – 📶, ⇔ Zim, 📺 ☎
🕭 🅟 – 🔬 80. 🖭 🗲 𝗩𝗜𝗦𝗔
Menu à la carte 31/53 – **60 Z** 78/129.

An der Autobahnausfahrt S : 1,5 km :

🏠 **Motel-Center Kirchheim,** ⊠ 36275 Kirchheim, ℰ (06625) 10 80, Fax (06625) 8656,
≼, 🍴, 🎣, ⇔ , 🔲 , 🖙 – ⇔ Zim, 🍽 Rest, 📺 ☎ 🕭 🅟 – 🔬 70. 🖭 ⓞ 🗲 𝗩𝗜𝗦𝗔
Menu à la carte 39/60 – **140 Z** 119/182.

KIRCHHEIM BEI MÜNCHEN Bayern **420** V 19 – 11 700 Ew – Höhe 524 m.
Berlin 587 – München 19 – Landshut 86 – Rosenheim 74.

In Kirchheim-Heimstetten :

🏠 **Räter-Park Hotel,** Räterstr. 9, ⊠ 85551, ℰ (089) 90 50 40, Fax (089) 9044642, 🍴,
🎣, ⇔ – 📶, ⇔ Zim, 📺 ☎ 🕭 🅟 – 🔬 90. 🖭 ⓞ 🗲 𝗩𝗜𝗦𝗔 𝗝𝗖𝗕
20. Doz. - 10. Jan. geschl. – **Räter Stuben :** **Menu** à la carte 34/62 – **150 Z** 175/360.

*Dans la plupart des hôtels, les chambres non réservées par écrit,
ne sont plus disponibles après 18 h.
Si l'on doit arriver après 18 h, il convient de préciser
l'heure d'arrivée – mieux – d'effectuer une réservation par écrit.*

KIRCHHEIM UNTER TECK Baden-Württemberg **419** U 12, **987** ㉟ – 38 000 Ew – Höhe 311 m.
🎣 Schulerberg 1 (NW : 3 km), ℰ (07024) 92 08 20.
🚺 Verkehrsamt, Max-Eyth-Str. 15, ⊠ 73230, ℰ (07021) 30 27, Fax (07021) 480538.
Berlin 622 – Stuttgart 38 – Göppingen 19 – Reutlingen 30 – Ulm (Donau) 59.

🏠 **Zum Fuchsen,** Schlierbacher Str. 28, ⊠ 73230, ℰ (07021) 57 80, Fax (07021) 578444,
🍴, ⇔ – 📶, ⇔ Zim, 📺 🅟 – 🔬 60. 🖭 ⓞ 🗲 𝗩𝗜𝗦𝗔
Menu (Sonntagabend geschl.) à la carte 37/60 – **80 Z** 145/250.

🏠 **Holiday Inn Garden Court,** Eichendorffstr. 99, ⊠ 73230, ℰ (07021) 8 00 80,
Fax (07021) 800888, 🍴, Massage, ⇔ – 📶, ⇔ Zim, 📺 ☎ 🕭 ⇦ 🅟 – 🔬 40. 🖭 ⓞ
🗲 𝗩𝗜𝗦𝗔 𝗝𝗖𝗕
Menu à la carte 34/62 – **52 Z** 138/195.

🏠 **Waldhorn,** Am Marktplatz 8, ⊠ 73230, ℰ (07021) 9 22 40, Fax (07021) 922450, 🍴,
« Fachwerkhaus a.d. 16.Jh. » – 📶, ⇔ Zim, 📺 ☎ 🕭 🖭 ⓞ 🗲 𝗩𝗜𝗦𝗔
Menu (Freitag geschl.) à la carte 35/62 – **15 Z** 125/190.

🏠 **Schwarzer Adler,** Alleenstr. 108, ⊠ 73230, ℰ (07021) 4 63 53, Fax (07021) 71985,
🍴 – 📶, ⇔ Zim, ☎ ⇦ 🅟
Menu (Samstag, Okt. - Mai auch Sonntag geschl.) à la carte 35/65 – **30 Z** 95/180.

In Kirchheim-Nabern SO : 6 km :

🏠 **Arthotel Billie Strauss,** Weilheimer Str. 18, ⊠ 73230, ℰ (07021) 95 05 90,
Fax (07021) 53242, 🍴, « Zimmereinrichtung in modernem Design » – 📺 ☎ 🅟 – 🔬 20
Menu (Montag und Dez. - Jan. 2 Wochen geschl.) (nur Abendessen) à la carte 40/63 – **13 Z**
160/280.

🎍 **Rössle,** Weilheimer Str. 1, ⊠ 73230, ℰ (07021) 95 05 80, Fax (07021) 9505858, ⇔ –
📶 📺 ☎ 🅟
Menu (Freitag und Aug. 3 Wochen geschl.) (wochentags nur Abendessen) à la carte 30/54
– **17 Z** 75/130.

In Ohmden O : 6 km :

🍴🍴 **Landgasthof am Königsweg** mit Zim, Hauptstr. 58, ⊠ 73275, ℰ (07023) 20 41,
🦋 Fax (07023) 8266, 🍴, « Renoviertes Fachwerkhaus a.d.J. 1672 mit moderner
Einrichtung » – 📺 ☎. 🖭 🗲
über Fasching geschl. – **Menu** (Montag - Dienstagmittag und Samstagmittag geschl.)
à la carte 50/88 **7 Z** 110/220
Spez. Halber Hummer mit Petersilien-Kartoffelpüree. Gebratenes Filet vom Seewolf mit
Ratatouille und Couscous. Kalbsfilet und Kalbshaxenfleisch in zwei Gängen serviert.

KIRCHHEIMBOLANDEN Rheinland-Pfalz **417** QR 8, **987** ㉖ – 7 300 Ew – Höhe 285 m – Erholungsort.

🛈 Verkehrsbüro, Uhlandstr. 2, ✉ 67292, ✆ (06352) 17 12, Fax (06352) 710262.
Berlin 610 – Mainz 50 – Kaiserslautern 36 – Bad Kreuznach 42 – Worms 33.

🏨 **Schillerhain** ⑤, Schillerhain 1, ✉ 67292, ✆ (06352) 71 20, Fax (06352) 712139, ⇪,
« Park », 🐎 – 🛗 📺 ☎ 🚗 🅿 – 🏄 50
Jan. 3 Wochen geschl. – **Menu** (Sonntagabend - Montag geschl.) à la carte 31/51 ⅄ – **22 Z**
75/140 – ½ P 25.

🏨 **Braun** garni, Uhlandstr. 1, ✉ 67292, ✆ (06352) 23 43, Fax (06352) 6228, ⇔s, 🐎 – 🛗
📺 ☎ 🚗 🅿 – 🏄 20. 🆎 ① Ɛ 𝗩𝗜𝗦𝗔
40 Z 80/130.

In Dannenfels-Bastenhaus SW : 9 km – Erholungsort :

🏨 **Bastenhaus,** ✉ 67814, ✆ (06357) 50 21, Fax (06357) 7128, ≤, ⇪, ⇔s, 🐎 – 📺 ☎
🚗 🅿 – 🏄 40. 🆎 Ɛ 𝗩𝗜𝗦𝗔
Jan. 3 Wochen und Aug. 2 Wochen geschl. – **Menu** à la carte 28/54 ⅄ – **25 Z** 78/128.

KIRCHHUNDEM Nordrhein-Westfalen **417** M 8, **987** ㉖ – 12 700 Ew – Höhe 308 m.

🛈 Verkehrsamt, Gemeindeverwaltung, ✉ 57399, ✆ (02723) 40 90.
Berlin 532 – Düsseldorf 136 – Meschede 51 – Olpe 22 – Siegen 35.

In Kirchhundem-Heinsberg S : 8 km :

🏨 **Schwermer** ⑤ (mit Gästehaus Dorfschänke), Talstr. 60, ✉ 57399, ✆ (02723) 76 38,
Fax (02723) 73300, ⇪, 🐎 – 📺 🅿 – 🏄 25. Ɛ 𝗩𝗜𝗦𝗔. ⅗ Rest
Menu à la carte 26/73 ⅄ – **25 Z** 65/170.

KIRCHLINTELN Niedersachsen **415** H 11 – 8 000 Ew – Höhe 40 m.
Berlin 353 – Hannover 94 – Bremen 46 – Rotenburg (Wümme) 28.

In Kirchlinteln-Schafwinkel O : 10 km :

🏨 **Landhaus Badenhoop** ⑤, Zum Keenmoor 13, ✉ 27308, ✆ (04237) 93 90,
Fax (04237) 939300, ⇪, ⇔s, 🔲, 🐎 – 🛗 📺 ☎ 🅿 – 🏄 60. 🆎 Ɛ 𝗩𝗜𝗦𝗔
Menu à la carte 28/68 – **18 Z** 90/160.

KIRCHWORBIS Thüringen siehe Worbis.

KIRCHZARTEN Baden-Württemberg **419** W 7, **427** H 2 – 9 300 Ew – Höhe 392 m – Luftkurort.
Ausflugsziel : Hirschsprung★ SO : 10 km (im Höllental).
🏌18 Kirchzarten, Krüttweg 1, ✆ (07661) 9 84 70.
🛈 Verkehrsamt, Hauptstr. 24, ✉ 79199, ✆ (07661) 39 39, Fax (07661) 39345.
Berlin 800 – Stuttgart 177 – Freiburg im Breisgau 9 – Donaueschingen 54.

🏨 **Sonne,** Hauptstr. 28, ✉ 79199, ✆ (07661) 6 20 15, Fax (07661) 7535, ⇪ – ⅗ 📺
☎ 🅿. 🆎 ① Ɛ 𝗩𝗜𝗦𝗔
Ende Okt. - Mitte Nov. geschl. – **Menu** (Freitag - Samstagmittag geschl.) à la carte 37/65
⅄ – **24 Z** 78/135 – ½ P 27.

🏨 **Zur Krone,** Hauptstr. 44, ✉ 79199, ✆ (07661) 42 15, Fax (07661) 2457, ⇪, ⇔s – 📺
☎ 🚗 🅿. ⅗
Mitte Jan. - Mitte Feb. geschl. – **Menu** (Mittwoch - Donnerstagmittag geschl.) à la carte
33/61 ⅄ – **11 Z** 64/130 – ½ P 25.

✗ **Zum Rössle** ⑤ mit Zim (Gasthof a.d.J. 1750), Dietenbach 1 (S : 1 km), ✉ 79199,
✆ (07661) 22 40, Fax (07661) 980022, ⇪ – 📺 ☎ 🅿. 🆎 ① Ɛ
Menu (Mittwoch geschl.) à la carte 42/70 – **6 Z** 65/130 – ½ P 28.

In Kirchzarten-Burg-Höfen O : 1 km :

🏨 **Gasthaus Schlegelhof** ⑤, Höfener Str. 92, ✉ 79199, ✆ (07661) 50 51,
Fax (07661) 62312, ⇪, 🐎 – 📺 ☎ 🅿. Ɛ 𝗩𝗜𝗦𝗔
Menu (Mittwoch sowie Juni und Nov. jeweils 2 Wochen geschl.) (wochentags nur Abend-
essen) à la carte 30/58 ⅄ – **12 Z** 80/160.

In Stegen-Eschbach N : 4 km :

✗✗✗ **Landhotel Reckenberg** ⑤ mit Zim, Reckenbergstr. 2, ✉ 79252, ✆ (07661)
6 11 12, Fax (07661) 61221, ⇪, 🐎 – ⅗ Zim, 📺 ☎ 🚗 🅿. Ɛ 𝗩𝗜𝗦𝗔. ⅗ Zim
Mitte Feb. - Anfang März und Nov. 1 Woche geschl. – **Menu** (Dienstag - Mittwochmittag
geschl.) à la carte 57/83 – **8 Z** 75/200.

KIRKEL *Saarland* **417** *S 5 – 9 100 Ew – Höhe 240 m.*
Berlin 690 – Saarbrücken 24 – Homburg/Saar 10 – Kaiserslautern 48.

In Kirkel-Neuhäusel :

🏨 **Ressmann's Residence** Ⓜ, Kaiserstr. 87, ⊠ 66459, 𝒫 (06849) 9 00 00,
Fax (06849) 900050 – ⇔ Zim, 🍽 Rest, 📺 ☎ ✆ 🅿 – 🔬 50. 🅴 *VISA*
Menu *(Samstagmittag, Dienstag und Feb. - März 2 Wochen geschl.)* à la carte 52/85 – **13 Z**
95/150.

🏨 **Rützelerie Geiß,** Brunnenstraße, ⊠ 66459, 𝒫 (06849) 13 81, Fax (06849) 91371 – 🅿.
🅴 *VISA*
Sonntag - Montag, März - April 2 Wochen und Juli - Aug. 3 Wochen geschl. – **Menu**
(nur Abendessen) à la carte 55/88.

KIRN *Rheinland-Pfalz* **417** *Q 6,* **987** ㉖ *– 9 500 Ew – Höhe 200 m.*
Ausflugsziel : *Schloß Dhaun (Lage★) NO : 5 km.*
🛈 *Verkehrsamt, Am Bahnhof, ⊠ 55606, 𝒫 (06752) 9 34 00, Fax (06752) 934030.*
Berlin 649 – Mainz 76 – Idar-Oberstein 16 – Bad Kreuznach 33.

🏨 **Parkhotel,** Kallenfelser Str. 40, ⊠ 55606, 𝒫 (06752) 36 66, Fax (06752) 3667, 🌳, 🌾
– 📺 ☎ ⇐ 🅿. 🅰🅴 🅴. 🛇 Rest
Feb. 3 Wochen geschl. – **Menu** *(Samstagmittag und Sonntagabend geschl.)* à la carte 36/67
– **18 Z** 60/140.

🏨 **Nahe-Hotel Spielmann,** Obersteiner Str. 135 (B 41), ⊠ 55606, 𝒫 (06752) 9 30 10,
Fax (06752) 930140, 🌳, 🌾 – 📺 ☎ ⇐ 🅿. 🅰🅴 ⓪ 🅴 *VISA*
21. Dez. - 10. Jan. geschl. – **Menu** à la carte 26/55 – **20 Z** 60/110.

In Bruschied-Rudolfshaus *NW : 9 km :*

🏨 **Forellenhof Reinhartsmühle** 🐾, ⊠ 55606, 𝒫 (06544) 3 73, Fax (06544) 1080,
« Terrasse am Teich », 🌾 – ⇔ Zim, 📺 ☎ ⇐ 🅿. 🅰🅴 ⓪ 🅴 *VISA*. 🛇
Jan. - Feb. geschl. – **Menu** *(Montag geschl.)* à la carte 36/74 *(auch vegetarische Gerichte)*
– **30 Z** 90/170.

KIRRWEILER *Rheinland-Pfalz siehe Maikammer.*

KISSINGEN, BAD *Bayern* **418 420** *P 14,* **987** ㉘ *– 23 200 Ew – Höhe 201 m – Heilbad.*
Ausflugsziel : *Schloß Aschach : Graf-Luxburg-Museum★ 7 km über ① (Mai - Okt. Fahrten
mit hist. Postkutsche).*
🏌 *Euerdorfer Str. 11 (über ④), 𝒫 36 08.*
🛈 *Staatl. Kurverwaltung, Am Kurgarten 1, ⊠ 97688, 𝒫 (0971) 80 48 51, Fax (0971) 804840.*
Berlin 480 ③ – München 329 ④ – Bamberg 81 ③   Fulda 62 ⑤ – Würzburg 61 ④

Stadtplan siehe nächste Seite

🏨 **Steigenberger Kurhaushotel** 🐾, Am Kurgarten 3, ⊠ 97688, 𝒫 (0971) 8 04 10,
Fax (0971) 8041597, 🌳, Massage, ≦s, 🔲, 🌾 (direkter Zugang zum Kurhausbad) – 🛗,
⇔ Zim, 📺 ♿ ⇐ – 🔬 60. 🅰🅴 ⓪ 🅴 *VISA* 🄹🄲🄱. 🛇 Rest   a
Menu à la carte 38/83 *(auch Diät)* – **100 Z** 180/405 – ½ P 54.

🏨 **Bristol-Hotel** 🐾, Bismarckstr. 8, ⊠ 97688, 𝒫 (0971) 82 40, Fax (0971) 84565, 🌳,
Massage, ♨, ♿, ≦s, 🔲, 🌾 – 🛗 ⇔ 📺 ⇐ 🅿 – 🔬 60. 🅰🅴 🅴 *VISA*. 🛇   h
Menu à la carte 48/72 – **50** 145/270, 10 Suiten – ½ P 45.

🏨 **Frankenland** 🐾, Frühlingstr. 11, ⊠ 97688, 𝒫 (0971) 8 10, Fax (0971) 812810, 🌳,
Massage, ♨, ♨, ♿, ≦s, 🔲, 🌾 – 🛗 ⇔ Zim, 📺 ☎ ⇐ – 🔬 380. 🅰🅴 🅴 *VISA*. 🛇 Rest
Menu à la carte 33/65 – **250 Z** 104/238 – ½ P 30.   r

🏨 **Laudensacks Parkhotel,** Kurhausstr. 28, ⊠ 97688, 𝒫 (0971) 7 22 40,
Fax (0971) 722444, « Parkanlage mit Teich und Terrasse », ♨, ≦s, 🌾 – 🛗 📺 ☎ ⇐
🅿. 🅰🅴 ⓪ 🅴 *VISA*   n
Mitte Dez. - Anfang Feb. geschl. – **Menu** *(Donnerstag, Nov. - März auch Dienstag und
Samstagmittag geschl.)* (Montag - Freitag nur Abendessen) 55/103 und à la carte – **19 Z**
120/270 – ½ P 45
Spez. Artischocken-Lachsforellentörtchen mit Raukesauce. Navarin von Steinbutt und
Hummer mit Bärlauchnudeln (Frühjahr). Crépinette vom geräucherten Lamm mit Kartoffel-
Thymiantartelettes.

🏨 **Kissinger Hof,** Bismarckstr. 14, ⊠ 97688, 𝒫 (0971) 92 70, Fax (0971) 927555, 🌳,
Massage, ♨, ≦s, 🌾 – 🛗, ⇔ Rest, 📺 ☎ ⇐ 🅿 – 🔬 30. 🅰🅴 ⓪ 🅴 *VISA*. 🛇   h
Menu à la carte 39/53 – **99 Z** 118/196 – ½ P 25.

🏨 **Rixen,** Frühlingstr. 18, ⊠ 97688, 𝒫 (0971) 82 30, Fax (0971) 823600, ≦s – 🛗, ⇔ Zim,
📺 ☎ 🅿 – 🔬 60. 🅰🅴 ⓪ 🅴 *VISA*   r
Menu à la carte 30/50 – **94 Z** 120/216 – ½ P 25.

BAD KISSINGEN

Achtung,

die Stadt ist in drei
Kurzonen unterteilt, die
von 22⁰⁰ Uhr bis 6⁰⁰ Uhr
untereinander nicht
erreichbar sind.
Kurzone: Ost, West, Süd
Jede ist in dieser Zeit nur über
die ausgeschilderte
Zufahrt zu erreichen.

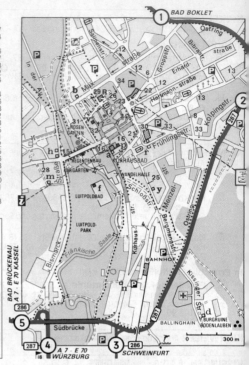

Kurhaus Tanneck ⑧, Altenbergweg 6, ✉ 97688, ✆ (0971) 7 16 00,
Fax (0971) 68614, Massage, ⌖, ⇌, ▨, ✿ – ⬚ ⚑. ✂ Rest   m
Ende Feb. - Anfang Nov. – (Restaurant nur für Hausgäste) – **48 Z** 90/260 – ½ P 30.

Bayerischer Hof - Kurheim Dösch ⑧, Maxstr. 9, ✉ 97688, ✆ (0971) 8 04 50,
Fax (0971) 8045133, Massage, ⌖, ✿ – ⧢ 📺 ☎ ✆ ⚑. ⒶⒺ Ⓔ. ✂ Zim   b
Dez. - Mitte Jan. geschl. – **Menu** (Donnerstag geschl.) à la carte 30/60 – **60 Z**
86/160.

Kurhotel Erika ⑧, Prinzregentenstr. 23, ✉ 97688, ✆ (0971) 7 10 40,
Fax (0971) 710499, Massage, ⌖, ⇌, ✿ – ⧢, ⬳ Zim, 📺 ☎ ⚑ – 🕭 40. ✂ Rest   y
Dez. - Mitte Feb. geschl. – (Restaurant nur für Hausgäste) – **30 Z** 85/180 – ½ P 35.

Casino-Restaurant "le jeton", im Luitpold-Park 1, ✉ 97688, ✆ (0971) 40 81,
Fax (0971) 97109, ☕ – ⚑. ⒶⒺ Ⓔ *VISA*   f
Okt. - März Dienstag und Ende Jan. - Ende Feb. geschl. – **Menu** (wochentags nur Abend-
essen) à la carte 41/67.

Kissinger Stüble, Am Kurgarten 1, ✉ 97688, ✆ (0971) 8 04 15 40, ☕ – ▤. ⒶⒺ ⓄⒹ
Ⓔ *VISA* JCB   p
Mittwoch geschl. – **Menu** à la carte 30/58.

Werner-Bräu mit Zim, Weingasse 1, ✉ 97688, ✆ (0971) 23 72, Fax (0971) 97369, ☕
Dez. - Mitte Jan. geschl. – **Menu** (Sonntagabend - Montag geschl.) à la carte 21/49 – **5 Z**
68/95.   v

In Bad Kissingen-Arnshausen ③ : 2 km :

Körner, Iringstr. 5, ✉ 97688, ✆ (0971) 28 09, Fax (0971) 1339, Biergarten – ⚑ – 🕭 50
Menu à la carte 24/53.

In Bad Kissingen-Reiterswiesen :

Am Ballinghain, Kissinger Str. 129, ✉ 97688, ✆ (0971) 27 63, Fax (0971) 2495 – 📺
☎ ⇔ ⚑   d
(Restaurant nur für Hausgäste) – **11 Z** 75/150 – ½ P 20.

Le pneu
fait Homme
(1898)

BIBENDUM
a cent ans !

Témoin de son temps...

Il n'a
jamais été
aussi jeune !

Pas de roue sans BIBENDUM

Du vélo...

...à la navette spatiale !

Au service de tous ceux qui roulent.

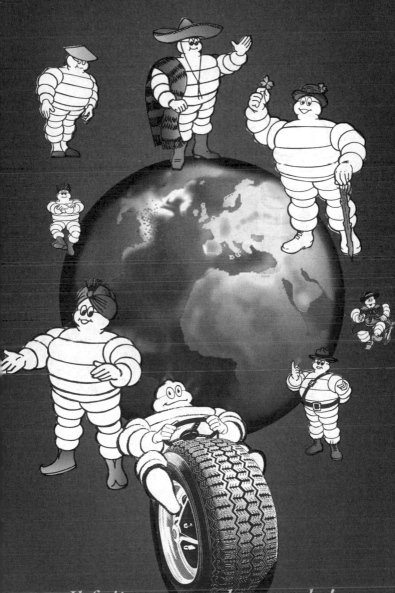

BIBENDUM
sans frontières...

Il fait avancer le monde!

BIBENDUM,
*votre compagnon
de voyage...*

...vous conduit vers le XXIe siècle !

LE GUIDE MICHELIN
DU PNEUMATIQUE

MICHELIN ®

Qu'est-ce qu'un pneu ?

Produit de haute technologie, le pneu constitue le seul point de liaison de la voiture avec le sol. Ce contact correspond, pour une roue, à une surface équivalente à celle d'une carte postale. Le pneu doit donc se contenter de ces quelques centimètres carrés de gomme au sol pour remplir un grand nombre de tâches souvent contradictoires :

Porter le véhicule à l'arrêt, mais aussi résister aux transferts de charge considérables à l'accélération et au freinage.

Transmettre la puissance utile du moteur, les efforts au freinage et en courbe.

Rouler régulièrement, plus sûrement, plus longtemps pour un plus grand plaisir de conduire.

Guider le véhicule avec précision, quels que soient l'état du sol et les conditions climatiques.

Amortir les irrégularités de la route, en assurant le confort du conducteur et des passagers ainsi que la longévité du véhicule.

Durer, c'est-à-dire, garder au meilleur niveau ses performances pendant des millions de tours de roue.

Afin de vous permettre d'exploiter au mieux toutes les qualités de vos pneumatiques, nous vous proposons de lire attentivement les informations et les conseils qui suivent.

*le pneu est le seul
point de liaison de
la voiture avec le sol*

Comment lit-on un pneu ?

1. « Bib » repérant l'emplacement de l'indicateur d'usure.
2. Marque enregistrée.
3. Largeur du pneu : ≈ 175 mm.
4. Série du pneu H/S : 70.
5. Structure : R (radial).
6. Diamètre intérieur : 13 pouces (correspondant à celui de la jante).
7. Pneu : MXT.
8. Indice de charge : 82 (475 kg).
9. Code de vitesse : T (190 km/h).
10. Pneu sans chambre : Tubeless.
11. Marque enregistrée.

Codes de vitesse maximum :

Q	160 km/h
R	170 km/h
S	180 km/h
T	190 km/h
H	210 km/h
V	240 km/h
W	270 km/h
ZR	supérieure à 240 km/h.

H/S = Série du pneu

Pourquoi vérifier la pression de vos pneus ?

Pour exploiter au mieux leurs performances et assurer votre sécurité.

Contrôlez la pression de vos pneus, sans oublier la roue de secours, dans de bonnes conditions :

Un pneu perd régulièrement de la pression. Les pneus doivent être contrôlés, une fois toutes les 2 semaines, à froid, c'est-à-dire une heure au moins après l'arrêt de la voiture ou après avoir parcouru 2 à 3 kilomètres à faible allure.

En roulage, la pression augmente ; ne dégonflez donc jamais un pneu qui vient de rouler : considérez que, pour être correcte, sa pression doit être au moins supérieure de 0,3 bar à celle préconisée à froid.

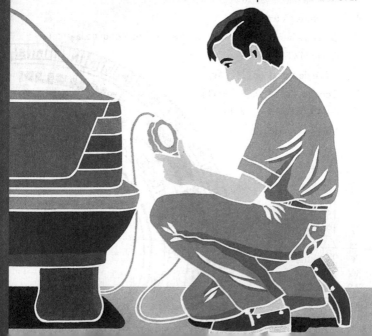

Le surgonflage : si vous devez effectuer un long trajet à vitesse soutenue, ou si la charge de votre voiture est particulièrement importante, il est généralement conseillé de majorer la pression de vos pneus. Attention : l'écart de pression avant-arrière nécessaire à l'équilibre du véhicule doit être impérativement respecté. Consultez les tableaux de gonflage Michelin chez tous les professionnels de l'automobile et chez les spécialistes du pneu, et n'hésitez pas à leur demander conseil.

Le sous-gonflage : lorsque la pression de gonflage est insuffisante, les flancs du pneu travaillent anormalement, ce qui entraîne une fatigue excessive de la carcasse, une élévation de température et une usure anor-  male. Le pneu subit alors des dommages irréversibles qui peuvent entraîner sa destruction immédiate ou future. En cas de perte de pression, il est impératif de consulter un spécialiste qui en recherchera la cause et jugera de la réparation éventuelle à effectuer.

Le bouchon de valve : en apparence, il s'agit d'un détail ; c'est pourtant un élément essentiel de l'étanchéité. Aussi, n'oubliez pas de le remettre en place après vérification de la pression, en vous assurant de sa parfaite propreté.

Voiture tractant caravane, bateau... Dans ce cas particulier, il ne faut jamais oublier que le poids de la remorque accroît la charge du véhicule. Il est donc nécessaire d'augmenter la pression des pneus arrière de votre voiture, en vous conformant aux indications des tableaux de gonflage Michelin. Pour de plus amples renseignements, demandez conseil à votre revendeur de pneumatiques, c'est un véritable spécialiste.

Vérifiez la pression de vos pneus régulièrement et avant chaque voyage.

Comment faire durer vos pneus ?

Afin de préserver longtemps les qualités de vos pneus, il est impératif de les faire contrôler régulièrement, et avant chaque grand voyage. Il faut savoir que la durée de vie d'un pneu peut varier dans un rapport de 1 à 4, et parfois plus, selon son entretien, l'état du véhicule, le style de conduite et l'état des routes ! L'ensemble roue-pneumatique doit être parfaitement équilibré pour éviter les vibrations qui peuvent apparaître à partir d'une certaine vitesse. Pour supprimer ces vibrations et leurs désagréments, vous confierez l'équilibrage à un professionnel du pneumatique car cette opération nécessite un savoir-faire et un outillage très spécialisé.

Les facteurs qui influent sur l'usure et la durée de vie de vos pneumatiques :
les caractéristiques du véhicule (poids, puissance...), le profil des routes (rectilignes, sinueuses), le revêtement (granulométrie : sol lisse ou rugueux), l'état mécanique du véhicule (réglage des trains avant, arrière, état des suspensions et des freins...), le style de conduite (accélérations, freinages, vitesse de passage en courbe...), la vitesse (en ligne droite à 120 km/h un pneu s'use deux fois plus vite qu'à 70 km/h), la pression des pneumatiques (si elle est incorrecte, les pneus s'useront beaucoup plus vite et de manière irrégulière).

D'autres événements de nature accidentelle (chocs contre trottoirs, nids de poule...), en plus du risque de déréglage et de détérioration de certains éléments du véhicule, peuvent provoquer des dommages internes au pneumatique dont les conséquences ne se manifesteront parfois que bien plus tard. Un contrôle régulier de vos pneus vous permettra donc de détecter puis de corriger rapidement les anomalies (usure anormale, perte de pression...). A la moindre alerte, adressez-vous immédiatement à un revendeur spécialiste qui interviendra pour préserver les qualités de vos pneus, votre confort et votre sécurité.

Surveillez l'usure de vos pneumatiques :
comment ? Tout simplement en observant la profondeur
de la sculpture. C'est un facteur de sécurité, en particulier
sur sol mouillé. Tous les pneus possèdent des indicateurs
d'usure de 1,6 mm d'épaisseur. Ces indicateurs sont repé-
rés par un Bibendum situé aux « épaules » des pneus
Michelin. Un examen visuel suffit pour connaître le niveau
d'usure de vos pneumatiques. Attention : même si vos
pneus n'ont pas encore atteint la limite d'usure légale (en
France, la profondeur restante de la sculpture doit être
supérieure à 1,6 mm sur l'ensemble de la bande de roulement), leur capacité à évacuer l'eau aura naturellement
diminué avec l'usure.

*Les chocs contre
les trottoirs, les nids de
poule… peuvent
endommager
gravement vos pneus.*

Comment choisir vos pneus ?

Le type de pneumatique qui équipe d'origine votre véhicule a été déterminé pour optimiser ses performances. Il vous est cependant possible d'effectuer un autre choix en fonction de votre style de conduite, des conditions climatiques, de la nature des routes et des trajets effectués.

Dans tous les cas, il est indispensable de consulter un spécialiste du pneumatique, car lui seul pourra vous aider à trouver la solution la mieux adaptée à votre utilisation dans le respect de la législation.

Montage, démontage, équilibrage du pneu ; c'est l'affaire d'un professionnel :
un mauvais montage ou démontage du pneu peut le détériorer et mettre en cause votre sécurité.

Sauf cas particulier et exception faite de l'utilisation provisoire de la roue de secours, les pneus montés sur un essieu donné doivent être identiques. Il est conseillé de monter les pneus neufs ou les moins usés à l'arrière pour assurer la meilleure tenue de route en situation difficile (freinage d'urgence ou courbe serrée) principalement sur chaussée glissante.

En cas de crevaison, seul un professionnel du pneu saura effectuer les examens nécessaires et décider de son éventuelle réparation.

Il est recommandé de changer la valve ou la chambre à chaque intervention.

Il est déconseillé de monter une chambre à air dans un ensemble tubeless.

L'utilisation de pneus cloutés est strictement réglementée ; il est important de s'informer avant de les faire monter.

Attention : la capacité de vitesse des pneumatiques Hiver « M+S » peut être inférieure à celle des pneus d'origine. Dans ce cas, la vitesse de roulage devra être adaptée à cette limite inférieure. Une étiquette de rappel de cette vitesse sera apposée à l'intérieur du véhicule à un endroit aisément visible du conducteur.

Innover
pour aller plus loin

En 1889, Edouard Michelin prend la direction de l'entreprise qui porte son nom. Peu de temps après, il dépose le brevet du pneumatique démontable pour bicyclette. Tous les efforts de l'entreprise se concentrent alors sur le développement de la technique du pneumatique. C'est ainsi qu'en 1895, pour la première fois au monde, un véhicule baptisé «l'Eclair» roule sur pneumatiques. Testé sur ce véhicule lors de la course Paris-Bordeaux-Paris, le pneumatique démontre immédiatement sa supériorité sur le bandage plein.

Créé en 1898, le Bibendum symbolise l'entreprise qui, de recherche en innovation, du pneu vélocipède au pneu avion, impose le pneumatique à toutes les roues.

En 1946, c'est le dépôt du brevet du pneu radial ceinturé acier, l'une des découvertes majeures du monde du transport.

Cette recherche permanente de progrès a permis la mise au point de nouveaux produits. Ainsi, depuis 1991, le pneu dit «vert» ou «basse résistance au roulement», est devenu une réalité. Ce concept contribue à la protection de l'environnement, en permettant une diminution de la consommation de carburant du véhicule, et le rejet de gaz dans l'atmosphère.

Concevoir les pneus qui font tourner chaque jour 2 milliards de roues sur la terre, faire évoluer sans relâche plus de 3500 types de pneus différents, c'est le combat permanent des 4500 chercheurs Michelin.

Leurs outils : les meilleurs supercalculateurs, des laboratoires à la pointe de l'innovation scientifique, des centres de recherche et d'essais installés sur

6000 hectares en France, en Espagne, aux Etats-Unis et au Japon. Et c'est ainsi que quotidiennement sont parcourus plus d'un million de kilomètres, soit 25 fois le tour du monde.

Leur volonté : écouter, observer puis optimiser chaque fonction du pneumatique, tester sans relâche, et recommencer.

C'est cette volonté permanente de battre demain le pneu d'aujourd'hui pour offrir le meilleur service à l'utilisateur, qui a permis à Michelin de devenir le leader mondial du pneumatique.

MICHELIN®

KISSLEGG Baden-Württemberg 🔢🔢 W 13, 🔢 ㊴, 🔢 N 2 – 8 400 Ew – Höhe 650 m –
Luftkurort.
🅱 Gästeamt, Im Neuen Schloß, ✉ 88353, ℰ (07563) 1 81 31, Fax (07563) 7224.
Berlin 697 – Stuttgart 185 – Konstanz 100 – Kempten (Allgäu) 46 – Ulm (Donau) 93 –
Bregenz 42.

🏠 **Gasthof Ochsen** (mit Gästehaus), Herrenstr. 21, ✉ 88353, ℰ (07563) 9 10 90,
🍴 Fax (07563) 910950, ☎s – 📺 ☎ ⇔ 🄿 ㏂ ⓪ 🅴 _VISA_
Menu (Nov. - April Dienstag - Mittwoch geschl.) à la carte 22/50 ⅋ – **34 Z** 65/100 –
½ P 20.

KITTENDORF Mecklenburg-Vorpommern siehe Stavenhagen.

KITZINGEN Bayern 🔢🔢 Q 14, 🔢 ㉘ – 20 000 Ew – Höhe 187 m.
🖇 Larson Barracks, ℰ 49 56.
🅱 Verkehrsbüro, Schrannenstr. 1, ✉ 97318, ℰ (09321) 2 02 05, Fax (09321) 21146.
Berlin 482 – München 263 – Bamberg 80 – Nürnberg 92 – Würzburg 20.

🏠 **Esbach-Hof,** Repperndorfer Str. 3 (B 8), ✉ 97318, ℰ (09321) 80 55,
Fax (09321) 24456, 🌳, Biergarten – 🛗 📺 ☎ 🄿 – 🛉 30. ㏂ ⓪ 🅴 _VISA_ 🄹🄲🄱
über Fasching 1 Woche geschl. – Menu à la carte 26/53 – **32 Z** 98/198.

✗ **Goldene Gans,** Balthasar-Neumann-Str. 2, ✉ 97318, ℰ (09321) 3 23 22,
Fax (09321) 32322, Biergarten – 🅴
Montag, Freitagmittag und Feb. 2 Wochen geschl. – Menu à la carte 27/52.

In Sulzfeld SW : 4 km :

🏠 **Zum Stern,** Pointstr. 5, ✉ 97320, ℰ (09321) 1 33 50, Fax (09321) 133510, 🌳 – 📺
🍴 ☎ – 🛉 20
20. Jan - 10. Feb. und Anfang Aug. 2 Wochen geschl. – Menu (Dienstag - Mittwochmittag
geschl.) à la carte 23/54 ⅋ – **11 Z** 60/120.

KLAUSDORF Brandenburg 🔢🔢 D 14 – 1 500 Ew – Höhe 51 m.
Berlin 338 – Potsdam 64 – Cottbus 102.

🏨 **Imperator,** Zossener Str. 76, ✉ 15838, ℰ (033703) 9 90, Fax (033703) 99117, ≼, 🌳,
🛝s, 🌳 – 🛏 Zim, 📺 ☎ 🍴 ♿ 🄿 – 🛉 70. ㏂ ⓪ 🅴 _VISA_
Menu à la carte 26/52 – **65 Z** 120/200, 2 Suiten.

KLEINBLITTERSDORF Saarland siehe Saarbrücken.

KLEINICH Rheinland-Pfalz 🔢 Q 5 – 200 Ew – Höhe 420 m.
Berlin 662 – Mainz 98 – Bernkastel-Kues 18 – Birkenfeld 35 – Trier 77.

🏠 **Landhaus Arnoth** (mit Gästehaus), Auf dem Pütz, ✉ 54483, ℰ (06536) 9 39 90,
Fax (06536) 12 17, 🌳, ☎s, 🌳 – ☎ 🄿 – 🛉 30. 🅴. 🎿
Menu (Sonntagabend - Montag geschl.) (wochentags nur Abendessen) à la carte 42/68
⅋ – **24 Z** 100/160.

KLEIN KÖRIS Brandenburg siehe Teupitz.

KLEINMACHNOW Brandenburg 🔢🔢 I 23 – 11 800 Ew – Höhe 60 m.
Berlin 34 – Potsdam 15 – Brandenburg 66.
Siehe Stadtplan Berlin (Umgebungsplan).

🏨 **Astron** 📇, Zehlendorfer Damm 190, ✉ 14532, ℰ (033203) 4 90, Fax (033203) 49900,
🌳, ☎s – 🛗, 🛏 Zim, 🍽 Rest, 📺 ☎ 🍴 ♿ ⇔ 🄿 – 🛉 180. ㏂ ⓪ 🅴 _VISA_
🄹🄲🄱   AV c
Menu à la carte 32/58 – **243 Z** 210/270.

KLEIN SCHWECHTEN Sachsen-Anhalt siehe Stendal.

Do not mix up :

    Comfort of hotels   : 🏰🏰🏰 ... 🏠, 🛖

    Comfort of restaurants : ✗✗✗✗✗ ... ✗

    Quality of the cuisine : ✿✿✿, ✿✿, ✿, **Menu** ✍

KLEINWALSERTAL Österreich 🔢 🔢 X 14, 🔢 ㊴ – Österreichisches Hoheitsgebiet, wirtschaftlich der Bundesrepublik Deutschland angeschlossen. – 5 500 Ew -Deutsche Währung, Grenzübertritt mit Personalausweis – Wintersport : 1 100/2 000 m ✲ 2 ✚ 34 ✚ 8.
Sehenswert : Tal★.

Hotels und Restaurants : Außerhalb der Saison variable Schließungszeiten.

🛈 *Verkehrsamt, Hirschegg, im Walserhaus,* ☒ 87568, ℘ *(08329) 5 11 40, Fax (08329) 511421.*

🛈 *Verkehrsamt, Mittelberg, Walserstr. 89,* ☒ 87569, ℘ *(08329) 51 14 19, Fax (08329) 6602.*

🛈 *Verkehrsamt, Riezlern, Walserstr. 54,* ☒ 87567, ℘ *(08329) 51 14 18, Fax (08329) 6603.*
Kempten (Allgäu) 48 – Oberstdorf 12.

In Riezlern – *Höhe 1 100 m*

🏨 **Jagdhof,** Walserstr. 27, ☒ 87567, ℘ (08329) 5 60 30, Fax (08329) 3348, 😤, ⛉s, 〽,
🔲, 🐎 – 🛗, ⇔ Rest, 📺 ☎ ⇔ ❷. 🎬 Rest
Menu à la carte 36/69 – **45 Z** (nur ½P) 149/400.

🏨 **Almhof Rupp** 😣, Walserstr. 83, ☒ 87567, ℘ (08329) 50 04, Fax (08329) 3273, ≼,
⛉s, 🔲 – 🛗 📺 ☎ ❷. 🎬 Rest
Mitte April - Mitte Mai und Anfang Nov. - Mitte Dez. geschl. – **Menu** (Juni - Sept. nur Abendessen, Tischbestellung erforderlich) à la carte 42/72 – **30 Z** 145/330 – ½ P 35.

🏨 **Riezler Hof,** Walserstr. 57, ☒ 87567, ℘ (08329) 5 37 70, Fax (08329) 537750, ⛉s –
🛗 📺 ☎ – 🅰 25. 🝙 ⑩ ㊀ 🆅🆂🅰
Nov. - 20. Dez. geschl. – **Menu** *(Juni - Sept. Dienstag geschl.)* à la carte 33/60 – **27 Z** 108/230 – ½ P 28.

🏠 **Wagner** garni, Walserstr. 1, ☒ 87567, ℘ (08329) 52 48, Fax (08329) 3266, ≼, ⛉s, 🔲,
🐎, 〽 – 📺 ☎ ⇔ ❷. 🎬 Rest
Ende April - Mitte Mai und 3. Nov. - 10. Dez. geschl. – **22 Z** 90/220.

🏠 **Traube,** Walserstr. 56, ☒ 87567, ℘ (08329) 52 07, Fax (08329) 6126 – 🛗 📺 ☎ ❷.
🎬 Zim
Mitte Okt. - 20.Dez. und Ostern - 20. Mai geschl. – **Menu** *(Mittwoch geschl.)* (nur Abendessen)
à la carte 32/59 – **23 Z** 110/240 – ½ P 20.

🏠 **Haus Böhringer** 😣 garni, Westeggweg 6, ☒ 87567, ℘ (08329) 53 38,
Fax (08329) 533813, ≼, ⛉s, 🔲 – 📺 ☎ ⇔ ❷. 🎬
Mitte April - Mitte Mai und Mitte Okt. - Mitte Dez. geschl. – **18 Z** 82/166.

XX **Alpenhof Kirsch** 😣 mit Zim, Zwerwaldstr. 28, ☒ 87567, ℘ (08329) 52 76,
Fax (08329) 3850, 😤, 🐎 – 📺 ☎ ❷
14. - 30. April, 22. Juni - 11. Juli und 19. Okt. - 20. Dez. geschl. – **Menu** *(Mittwoch - Donnerstagmittag geschl.)* à la carte 43/70 – **5 Z** 77/220 – ½ P 15.

In Riezlern-Egg *W : 1 km :*

🏨 **Erlebach** 😣, Eggstr. 21, ☒ 87567, ℘ (08329) 53 69, Fax (08329) 3444, ≼, 😤, ⛉s,
🔲 – 🛗 📺 ☎ ❷. 🎬
Mitte April - Ende Mai und Mitte Nov. - Mitte Dez. geschl. – **Menu** *(Mittwoch geschl.)* à la carte 31/60 – **47 Z** 100/320 – ½ P 25.

In Hirschegg – *Höhe 1 125 m*

🏨 **Ifen-Hotel** 😣, Oberseitestr. 6, ☒ 87568, ℘ (08329) 5 07 10, Fax (08329) 3475, ≼,
😤, Massage, ⚡, ⛉s, 🔲, 🐎 – 🛗 📺 ⇔ ❷ – 🅰 80. 🝙 ⑩ ㊀ 🆅🆂🅰. 🎬 Rest
Mitte April - Mitte Juni geschl. – **Menu** à la carte 56/86 – **54 Z** (nur ½P) 174/510, 6 Suiten.

🏨 **Walserhof,** Walserstr. 11, ☒ 87568, ℘ (08329) 56 84, Fax (08329) 5938, ≼, 😤,
🔲, 🐎, 〽 – 🛗 📺 ☎ ❷. ㊀ 🅹🅲🅱. 🎬 Rest
6. Nov. - 18. Dez. geschl. – **Menu** à la carte 34/68 – **38 Z** 85/220, 5 Suiten – ½ P 20.

🏨 **Gemma** 😣, Schwarzwassertalstr. 21, ☒ 87568, ℘ (08329) 53 60, Fax (08329) 6861,
≼, Massage, ⛉s, 🔲, 🐎 – 🛗 📺 ☎ ⇔ ❷. ㊀ 🆅🆂🅰
Anfang Nov. - Mitte Dez. geschl. – (nur Abendessen für Hausgäste) – **26 Z** (nur ½P) 156/392.

🏠 **Sonnenberg** 😣 (Bauernhaus a. d. 16. Jh.), Am Berg 26, ☒ 87568, ℘ (08329) 54 33,
Fax (08329) 543333, ≼ Kleinwalsertal, « Gartenanlage », ⛉s, 🔲, 🐎 – 📺 ☎ ❷. 🎬 Rest
Mitte April - Mitte Mai und Ende Okt. - Mitte Dez. geschl. – (nur Abendessen für Hausgäste)
– **16 Z** (nur ½P) 124/295.

🏠 **Adler** (mit Gästehaus), Walserstr. 51, ☒ 87568, ℘ (08329) 5 42 40, Fax (08329) 3621,
≼, 😤, ⛉s – 📺 ☎ ⇔ ❷. ㊀
23. April - 20. Mai und 2. Nov. - 16. Dez. geschl. – **Menu** *(Mittwoch geschl.)* (Dez. - April
nur Abendessen) à la carte 30/63 – **21 Z** 91/230 – ½ P 18.

🏠 **Haus Tanneneck,** Walserstr. 25, ☒ 87568, ℘ (08329) 57 67, Fax (08329) 3003, ≼,
🔲, 🐎 – 📺 ☎ ❷. 🎬
Mitte April - Mitte Mai und Nov. - 15. Dez. geschl. – (nur Abendessen für Hausgäste) – **15 Z**
(nur ½P) 95/270.

In Mittelberg – *Höhe 1 220 m*

🏠🏠 **Reinhard Leitner** ॐ, Walserstr. 55, ⊠ 87569, ℰ (08329) 5 78 80,
Fax (08329) 578839, ≼, ⊜s, 🔲, ☞ – ▐⋮┃ 🔲 ☎ 🅿. ⋙
20. April - 28. Mai und 5. Nov. - 18. Dez. geschl. – (nur Abendessen für Hausgäste) – **33 Z**
116/284 – ½ P 20/26.

🏠🏠 **Rosenhof** ॐ (mit Gästehäusern), An der Halde 15, ⊠ 87569, ℰ (08329) 51 94,
Fax (08329) 658540, ≼, Massage, ⊜s, 🔲, ☞ – ↔ Zim, 🔲 ☎ 🅿. ⋙ Rest
15. April - 15. Mai und Anfang Nov. - Anfang Dez. geschl. – (Restaurant nur für Hausgäste)
– **40 Z** (nur ½P)125/380.

🏠🏠 **Lärchenhof** garni, Schützabühl 2, ⊠ 87569, ℰ (08329) 65 56, Fax (08329) 6500, ⊜s,
☞ – ↔ 🔲 ☎ ⇦ 🅿. ⋙
nach Ostern 6 Wochen und Anfang Nov. - 20. Dez. geschl. – **14 Z** 102/288.

🍽 **Schwendle,** Schwendlestr. 5, ⊠ 87569, ℰ (08329) 59 88, Fax (08329) 59884,
≼ Kleinwalsertal, 🏞 – 🅿
Montag - Dienstagmittag, 17. April - 20. Mai und 20. Okt. - 20. Dez. geschl. – **Menu** à la
carte 25/45 🍺.

In Mittelberg-Höfle *S : 2 km, Zufahrt über die Straße nach Baad :*

🏠🏠🏠 **IFA-Hotel Alpenhof Wildental** Ⓜ ॐ, Höfle 8, ⊠ 87569, ℰ (08329) 6 54 40,
Fax (08329) 65448, ≼, 🏞, ⊜s, 🔲, ☞ – ▐⋮┃, ↔ Zim, 🔲 ⇦ 🅿. ⋙
Anfang April - Mitte Mai und Ende Okt. - Mitte Dez. geschl. – **Menu** (Abendessen nur für
Hausgäste) à la carte 34/49 – **57 Z** (nur ½P) 151/392.

In Mittelberg-Baad *SW : 4 km – Höhe 1 250 m*

🏠 **Haus Hoeft** ॐ garni, Starzelstr. 18, ⊠ 87569, ℰ (08329) 50 36, ≼, ⊜s, 🔲, ☞ –
🔲 🅿
Mitte Okt. - Mitte Dez. und Mitte April - Mitte Mai geschl. – **18 Z** 57/114.

KLEIN WITTENSEE Schleswig-Holstein siehe Eckernförde.

KLETTGAU Baden-Württemberg 🔢🔢🔢 X 9, 🔢🔢🔢 ⑦ – 6 Ew – Höhe 345 m.
Berlin 799 – Stuttgart 170 – Freiburg im Breisgau 89 – Donaueschingen 56 – Schaffhausen
23 – Waldshut-Tiengen 13.

In Klettgau-Griessen :

🍽🍽 **Landgasthof Mange,** Kirchstr. 2, ⊠ 79771, ℰ (07742) 54 17, Fax (07742) 3169, 🏞.
⇦ ᴀᴇ ⓞ 🇪 𝘝𝘐𝘚𝘈
Donnerstag und Feb. - März 2 Wochen geschl. – **Menu** à la carte 45/75 – **Dorfstuben :**
Menu à la carte 23/42.

KLEVE Nordrhein-Westfalen 🔢🔢🔢 K 2, 🔢🔢🔢 ⑭ – 47 200 Ew – Höhe 46 m.
🛫 Bedburg-Hau, Moylandänder Allee 1 (SO : 8 km), ℰ (02824) 48 40.
ADAC, Großer Markt 19, ⊠ 47533, ℰ (0221) 47 27 47, Fax (02821) 14374
Berlin 599 – Düsseldorf 99 – Emmerich 11 – Nijmegen 23 – Wesel 43.

🏠🏠🏠 **Cleve** Ⓜ, Tichelstr. 11, ⊠ 47533, ℰ (02821) 71 70, Fax (02821) 717100, 🏞, ⊜s, 🔲
– ▐⋮┃, ↔ Zim, 🔲 ॐ 🍺 ⇦ 🅿 – 🔏 120. ᴀᴇ ⓞ 🇪 𝘝𝘐𝘚𝘈 ⋙ Rest
Lohengrin (nur Abendessen, Sonntag geschl., Tischbestellung ratsam) **Menu** à la carte
61/86 – **Bistro : Menu** à la carte 37/65 – **118 Z** 145/210, 8 Suiten.

🏠🏠 **Parkhotel Schweizerhaus,** Materborner Allee 3, ⊠ 47533, ℰ (02821) 80 70,
Fax (02821) 807100, 🏞 – ▐⋮┃, ↔ Zim, 🔲 ☎ 🅿 – 🔏 130. ᴀᴇ ⓞ 🇪 𝘝𝘐𝘚𝘈
Menu à la carte 41/71 – **136 Z** 105/165.

🏠 **Heek** garni, Lindenallee 37, ⊠ 47533, ℰ (02821) 7 26 30, Fax (02821) 12198, 🔲 – ▐⋮┃
🔲 ☎ 🅿 ᴀᴇ 🇪 𝘝𝘐𝘚𝘈
33 Z 102/160.

KLIEKEN Sachsen-Anhalt 🔢🔢🔢 K 21 – 1 000 Ew – Höhe 75 m.
Berlin 110 – Magdeburg 68 – Leipzig 82.

🏠🏠 **Waldschlößchen,** Hauptstr. 10, ⊠ 06869, ℰ (034903) 6 84 80, Fax (034903) 62502,
⇦ 🏞, ⊜s – 🔲 ☎ 🅿 – 🔏 60. ᴀᴇ 🇪 𝘝𝘐𝘚𝘈
Menu à la carte 24/40 – **35 Z** 85/130.

In Klieken-Buro *SO : 3 km nahe der A 9 :*

🏠 **Motel 5,** Fichtenbreite 5, ⊠ 06869, ℰ (034903) 6 61 50, Fax (034903) 66153, 🏞 –
⇦ 🔲 ☎ 🅿 ᴀᴇ ⓞ 🇪 𝘝𝘐𝘚𝘈
Menu à la carte 21/36 – **30 Z** 89/145

KLINGELBACH *Rheinland-Pfalz siehe Katzenelnbogen.*

KLINGENBERG AM MAIN *Bayern* 🔲🔲🔲 *Q 11 – 6000 Ew – Höhe 141 m – Erholungsort.*
🛈 *Kultur- und Verkehrsamt, Bahnhofstr. 3,* ⊠ *63911,* ✆ *(09372) 1 33 11, Fax (09372) 12354.*
Berlin 576 – München 354 – Amorbach 18 – Aschaffenburg 29 – Würzburg 78.

🏠 **Schöne Aussicht,** Bahnhofstr. 18 (am linken Mainufer), ⊠ 63911, ✆ (09372) 30 07, Fax (09372) 3012, ≤, 🏡 – 🛗 📺 ☎ ⇔ 🅿 – 🔬 20. 🖭 🖪 𝖵𝖨𝖲𝖠. ✦
22. Dez. - 20. Jan. geschl. – **Menu** *(Donnerstagmittag und Freitagmittag geschl.)* à la carte 35/61 ⚖ – **28 Z** 83/148.

🏠 **Fränkischer Hof,** Lindenstr. 13, ⊠ 63911, ✆ (09372) 23 55, Fax (09372) 12647 – 📺
☎. 🖭 🖪 𝖵𝖨𝖲𝖠
Menu *(Mittwoch geschl.)* à la carte 26/69 ⚖ – **17 Z** 80/150.

XX **Zum Alten Rentamt,** Hauptstr. 25a, ⊠ 63911, ✆ (09372) 26 50, Fax (09372) 2977,
✿ – 🖭 🖪. ✦
Montag - Dienstag geschl., Mittwoch - Freitag nur Abendessen – **Menu** 85/142 und à la carte 84/113
Spez. Rotbarbe mit Entenstopfleber auf Bohnen und Weinhefesauce. Rehbocknüßchen mit karamelisiertem Knoblauch und Lavendeljus. Geflämmte Süßholzcrème mit Birnenperlen.

In Klingenberg-Röllfeld *S : 2 km :*

🏰 **Paradeismühle** 🦌, Paradeismühle 1 (O : 2 km), ⊠ 63911, ✆ (09372) 25 87, Fax (09372) 1587, 🏡, Wildgehege, 🐎, ☑, 🥐 – 📺 ☎ ⇔ 🅿 – 🔬 25. 🖭 ⊙ 🖪 𝖵𝖨𝖲𝖠
Menu à la carte 37/76 – **37 Z** 77/170 – ½ P 28.

KLINGENTHAL *Sachsen* 🔲🔲🔲 *O 21,* 🔲🔲🔲 ㉗, 🔲🔲🔲 ㉙ *– 11600 Ew – Höhe 540 m.*
🛈 *Tourist-Information, Schloßstr. 3,* ⊠ *08248,* ✆ *(037467) 6 48 32, Fax (037467) 64825.*
Berlin 337 – Dresden 169 – Chemnitz 86 – Plauen 43.

🏠 **Zum Döhlerwald,** Markneukircher Str. 80, ⊠ 08248, ✆ (037467) 2 21 09,
⊛ Fax (037467) 22109, 🏡 – 📺 ☎ 🅿
Menu *(Mittwoch geschl.)* à la carte 20/37 – **12 Z** 56/90.

In Zwota *SW : 2,5 km :*

🏠 **Gasthof Zwota,** Klingenthaler Str. 56, ⊠ 08267, ✆ (037467) 56 70,
⊛ Fax (037467) 56767, 🏡, 🐎, ▢ (Gebühr) – 📺 ☎ 🅿
Menu à la carte 22/38 – **36 Z** 56/102.

KLIPPENECK *Baden-Württemberg siehe Denkingen.*

KLOETZE *Sachsen-Anhalt* 🔲🔲🔲 *I 17,* 🔲🔲🔲 ⑰ *– 7000 Ew – Höhe 60 m.*
Berlin 222 – Magdeburg 82 – Salzwedel 30.

🏠 **Braunschweiger Hof,** Neustädter Str. 49, ⊠ 38486, ✆ (03909) 4 11 13,
Fax (03909) 41114, Biergarten – 📺 ☎ 🕻 🅿. ⊙ 🖪 𝖵𝖨𝖲𝖠
Menu *(Sonntagabend - Montagmittag geschl.)* à la carte 33/51 – **14 Z** 65/115.

🏠 **Alte Schmiede,** Neustädter Str. 37, ⊠ 38486, ✆ (03909) 21 71 (Hotel) 4 24 99 (Rest.),
Fax (03909) 42488 – 📺 ☎. 🖭 🖪 𝖵𝖨𝖲𝖠
Menu *(Montag geschl.)* (italienische Küche) à la carte 25/52 – **16 Z** 65/110.

KLOSTERLAUSNITZ, BAD *Thüringen* 🔲🔲🔲 *N 19 – 3000 Ew – Höhe 325 m.*
🛈 *Kurbetriebsgesellschaft, Hermann-Sachse-Str. 44,* ⊠ *07639,* ✆ *(036601) 8 00 50, Fax (036601) 80051.*
Berlin 235 – Erfurt 68 – Gera 27.

🏠 **Zu den drei Schwänen,** Köstritzer Str. 13, ⊠ 07639, ✆ (036601) 4 11 22,
Fax (036601) 80158, 🏡 – ✦ Zim, 📺 ☎ 🅿. 🖭 🖪 𝖵𝖨𝖲𝖠
Menu *(Montagmittag geschl.)* à la carte 29/61 – **13 Z** 90/140.

🏠 **Lausnitzer Hof,** Bahnhofstr. 6, ⊠ 07639, ✆ (036601) 4 45 50, Fax (036601) 44549,
⊛ 🏡 – 📺 ☎ 🅿 – 🔬 40. 🖭 ⊙ 🖪 𝖵𝖨𝖲𝖠
Menu à la carte 24/40 – **21 Z** 90/130.

🏠 **Waldhaus zur Köppe,** Jenaer Str.21, ⊠ 07639, ✆ (036601) 4 11 93,
⊛ Fax (036601) 41194, 🏡 – 📺 ☎ 🅿 – 🔬 60. 🖭 ⊙ 🖪 𝖵𝖨𝖲𝖠
Menu à la carte 24/38 – **15 Z** 90/130.

KLOSTERMANSFELD *Sachsen-Anhalt* 🔠 *L 18 – 3 400 Ew – Höhe 230 m.*
Berlin 209 – Magdeburg 76 – Erfurt 97 – Nordhausen 56 – Halle 37.

🏠 **Am Park,** Siebigeröder Str. 3, ✉ 06308, ℰ (034772) 2 56 27, Fax (034772) 25319,
Massage, ⇌ – 📶 📺 ☎ ᪣ ℗ – 🕍 30. 🎫 ⓪ 🅴 *VISA*
27. - 30. Dez. geschl. – **Menu** à la carte 26/43 – **31 Z** 95/140.

KLOSTER ZINNA *Brandenburg siehe Jüterbog.*

KLÜTZ *Mecklenburg-Vorpommern* 🔠🔠 *E 17,* 🔢 ⑥ – *3 500 Ew – Höhe 9 m.*
🛈 *Fremdenverkehrs- und Informationszentrum, Schloßstr. 34,* ✉ *23948,*
ℰ *(038825) 2 22 95, Fax (038825) 22295.*
Berlin 246 – Schwerin 43 – Lübeck 40 – Rostock 77.

✗ **Klützer Mühle,** An der Mühle, ✉ 23948, ℰ (038825) 2 21 02, Fax (038825) 22105,
≤, 😕 – ℗. 🎫 ⓪ 🅴 *VISA*
Menu à la carte 29/50.

In Wohlenberg *SO : 7 km :*

🏠 **Landhaus Wohlenberg,** An der Chaussee 11, ✉ 23948, ℰ (038825) 31 30,
Fax (038825) 22326, 😕, ⇌ – 📺 ☎ ℗ – 🕍 40. 🎫 🅴. 🎫 Rest
Menu (nur Abendessen) à la carte 25/52 – **24 Z** 120/160.

KNITTELSHEIM *Rheinland-Pfalz siehe Bellheim.*

KNITTLINGEN *Baden-Württemberg* 🔠 *S 10 – 7 300 Ew – Höhe 195 m.*
Berlin 637 – Stuttgart 49 – Karlsruhe 32 – Heilbronn 50 – Pforzheim 23.

🏠 **Postillion** garni, Stuttgarter Str. 27, ✉ 75438, ℰ (07043) 3 18 58, Fax (07043) 33288
– 📺 ☎ ᪣. 🎫 🅴
8 Z 79/145.

KNÜLLWALD *Hessen* 🔠🔠 *N 12 – 5 300 Ew – Höhe 265 m.*
Berlin 426 – Wiesbaden 180 – Kassel 49 – Fulda 59 – Bad Hersfeld 27 – Marburg 75.

In Knüllwald-Rengshausen – *Luftkurort :*

🏠 **Sonneck** 😕, Zu den einzelnen Bäumen 13, ✉ 34593, ℰ (05685) 9 99 57,
Fax (05685) 9995601, ≤, Massage, 🕴 🍖, 🏊, 🎣 – 📶, 🔁 Zim, 📺 ☎ ᪣ ᪣ ℗ –
🕍 40
Jan. 2 Wochen geschl. – (Restaurant nur für Hausgäste) – **54 Z** 70/160.

KOBERN-GONDORF *Rheinland-Pfalz* 🔠 *P 6,* 🔢 ㉔ – *3 300 Ew – Höhe 70 m.*
Berlin 612 – Mainz 100 – Koblenz 23 – Cochem 33.

🏠 **Simonis,** Marktplatz 4 (Kobern), ✉ 56330, ℰ (02607) 2 03, Fax (02607) 204 – 📺 ☎.
🎫 Rest
2. - 30. Jan. geschl. – **Menu** (Montag geschl.) à la carte 30/65 – **17 Z** 90/210.

✗✗ **Marais,** Auf der Ruine Oberburg (N : 2km), ✉ 56330, ℰ (02607) 86 11,
Fax (02607) 8647, ≤ Moseltal, 😕 – ℗. 🎫 🅴
Montag - Dienstag und Mitte Jan. - Mitte Feb. geschl. – **Menu** (Tischbestellung erforderlich)
à la carte 57/84.

KOBLENZ *Rheinland-Pfalz* 🔠 *O 6,* 🔢 ㉖ – *108 000 Ew – Höhe 60 m.*
Sehenswert : *Deutsches Eck★ ≤★ X.*
Ausflugsziele : *Festung Ehrenbreitstein★ (Terrasse ≤★) X – Rheintal★★★ (von Koblenz bis*
Bingen) – Moseltal★★★ (von Koblenz bis Trier) – Schloß Stolzenfels (Einrichtung★) S : 6 km.
🛈 *Fremdenverkehrsamt, Pavillon gegenüber dem Hauptbahnhof,* ✉ *56068,*
ℰ *(0261) 3 13 04, Fax (0261) 1293800.*
ADAC, Hohenzollernstr. 34, ✉ 56068, ℰ (0261) 1 30 30, Fax (0261) 12129.
Berlin 600 ① – Mainz 100 ⑤ – Bonn 63 ① – Wiesbaden 102 ⑤

Stadtpläne siehe nächste Seiten

🏨 **Holiday Inn,** Julius-Wegeler-Str. 6, ✉ 56068, ℰ (0261) 13 60, Fax (0261) 1361199, ≤,
😕, ⇌ – 📶, 🔁 Zim, ▤ 📺 🍽 ᪣ ᪣ – 🕍 80. 🎫 ⓪ 🅴 *VISA*. 🎫 Rest   Y c
Menu à la carte 37/75 – **169 Z** 233/341.

🏨 **Brenner** garni, Rizzastr. 20, ✉ 56068, ℰ (0261) 91 57 80, Fax (0261) 36278,
« Garten » – 📶 🔁 📺 ☎ ᪣. 🎫 ⓪ 🅴 *VISA*   Y d
24 Z 120/230.

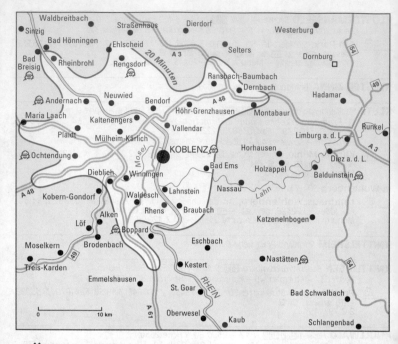

| 0 | 10 km |

🏨🏨 **Kleiner Riesen** 🏖 garni, Kaiserin-Augusta-Anlagen 18, ⊠ 56068, 𝒸 (0261) 30 34 60, *Fax (0261) 160725*, ≼ – 🛗 📺 ☎ 🚗. ⁅ ⓞ Ⅽ 𝑉𝐼𝑆𝐴 ᴊᴄʙ 　　　　　　Y a
28 Z 90/220.

🏨🏨 **Continental-Pfälzer Hof** garni, Bahnhofsplatz 1, ⊠ 56068, 𝒸 (0261) 3 01 60, *Fax (0261) 301610*, ⊆s – 🛗 📺 ☎ 🚗 – 🔬 30. ⁅ ⓞ Ⅽ 𝑉𝐼𝑆𝐴 ᴊᴄʙ 　　　　　　Y n
20. Dez. - 20. Jan. geschl. – 30 Z 100/260.

🏠 **Hohenstaufen** garni, Emil-Schüller-Str. 41, ⊠ 56068, 𝒸 (0261) 3 01 40, *Fax (0261) 32303* – 🛗 📺 ☎. ⁅ ⓞ Ⅽ 𝑉𝐼𝑆𝐴 　　　　　　Y s
53 Z 115/235.

🏠 **Höhmann** garni, Bahnhofsplatz 5, ⊠ 56068, 𝒸 (0261) 3 50 11, *Fax (0261) 18723* – 🛗 📺 ☎ 🅿. ⁅ ⓞ Ⅽ 𝑉𝐼𝑆𝐴 ᴊᴄʙ 　　　　　　Y e
41 Z 98/180.

🏠 **Hamm** garni, St.-Josef-Str. 32, ⊠ 56068, 𝒸 (0261) 30 32 10, *Fax (0261) 3032160* – 🛗 📺 ☎ 🍴 🚗 – 🔬 15. ⁅ ⓞ Ⅽ 𝑉𝐼𝑆𝐴 ᴊᴄʙ 　　　　　　Y u
32 Z 85/180.

🏠 **Reinhard** garni, Bahnhofstr. 60, ⊠ 56068, 𝒸 (0261) 3 48 35, *Fax (0261) 160338* – 🛗 ⊁ 📺 ☎. ⁅ ⓞ Ⅽ. 　　　　　　Y n
Jan. - Feb. 3 Wochen geschl. – 20 Z 85/140.

🏠 **Ibis**, Rizzastr. 42, ⊠ 56068, 𝒸 (0261) 3 02 40, *Fax (0261) 3024240* – 🛗, ⊁ Zim, 📺 ☎ 🍴 🛗 🚗 – 🔬 35. ⁅ ⓞ Ⅽ 𝑉𝐼𝑆𝐴 ᴊᴄʙ 　　　　　　Y s
Menu à la carte 26/40 – 106 Z 125/140.

🏠 **Kornpforte** garni, Kornpfortstr. 11, ⊠ 56068, 𝒸 (0261) 3 11 74. ⊁ 　　　　　　X s
23. Dez. - 12. Jan. geschl. – 20 Z 60/135.

✕ **Stresemann,** Rheinzollstr. 8, ⊠ 56068, 𝒸 (0261) 1 54 64, *Fax (0261) 160553*, ≼, 🌇 ⁅ ⓞ Ⅽ 𝑉𝐼𝑆𝐴 　　　　　　X t
Dienstag, Okt. - Ostern auch Montag und Jan. 2 Wochen geschl. – **Menu** à la carte 53/73.

In Koblenz-Ehrenbreitstein :

🏛🏛 **Diehls Hotel,** Am Pfaffendorfer Tor 10 (B 42), ⊠ 56077, 𝒸 (0261) 9 70 70, *Fax (0261) 9707213*, ≼ Rhein, ⊆s, 🗖 – 🛗, ⊁ Zim, 📺 🍴 🅿 – 🔬 100. ⓞ Ⅽ 𝑉𝐼𝑆𝐴 ᴊᴄʙ
Menu à la carte 44/78 – 68 Z 128/280.

🏠 **Hoegg**, Hofstr. 282 (B 42), ⊠ 56077, 𝒸 (0261) 7 36 29, *Fax (0261) 77961* – 📺 ☎ – 🔬 25. ⁅ Ⅽ 𝑉𝐼𝑆𝐴 　　　　　　X e
Menu (Donnerstag geschl.) à la carte 40/72 – 28 Z 80/150.

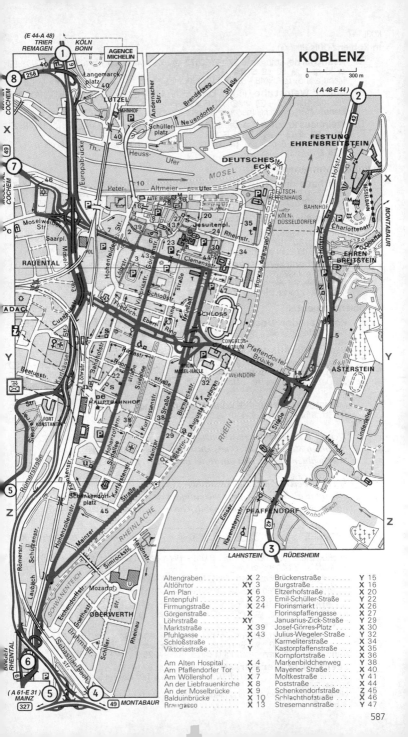

KOBLENZ

0   300 m

In Koblenz-Güls über ⑧ :

🏨 **Avantgarde,** Stauseestr. 27, ⊠ 56072, 𝒫 (0261) 46 09 00, Fax (0261) 4609040 – 📺 ☎ 📞 🅿 – 🛗 50. ⫴ 🅴 ▬▬
Menu à la carte 26/48 – **20 Z** 115/180.

🏠 **Gülser Weinstube,** In der Laach 3 (B 416), ⊠ 56072, 𝒫 (0261) 40 15 88, Fax (0261) 42732 – 📺 ☎ 🅿. ⫴ 🅴 ▬▬ 🟦
Menu (Montag geschl.) (nur Abendessen) à la carte 27/57 – **14 Z** 80/150.

🏠 **Weinhaus Kreuter,** Stauseestr. 31, ⊠ 56072, 𝒫 (0261) 94 14 70, Fax (0261) 48327, 🌇 – 📺 ☎ 🅿 – 🛗 50. ⫴ 🅴 ▬▬
Menu (Freitag, Sept. - Okt. Donnerstag und 18. Dez. - 20. Jan. geschl.) à la carte 26/52 – **34 Z** 75/180.

In Koblenz-Metternich über ⑧ :

🏨 **Fährhaus am Stausee** ⬉, An der Fähre 3, ⊠ 56072, 𝒫 (0261) 92 72 90, Fax (0261) 9272990, ⩻, 🌇 – 📺 ☎ 🅿 – 🛗 50. ⫴ 🅾 🅴 ▬▬ 🟦
22. - 30. Dez. geschl. – **Menu** (Montag geschl.) à la carte 36/69 – **20 Z** 85/160.

In Koblenz-Moselweiß über Moselweißer Str. X :

🏨 **Oronto** garni, Ferd.-Sauerbruch-Str. 27, ⊠ 56073, 𝒫 (0261) 4 80 81, Fax (0261) 403192 – 📶, ⮌ Zim, 📺 ☎ 🅿 ⟺ ▭. ⫴ 🅴 ▬▬
19. Dez. - 11. Jan. geschl. – **41 Z** 100/160.

🏠 **Zum schwarzen Bären,** Koblenzer Str. 35, ⊠ 56073, 𝒫 (0261) 4 60 27 00, 🛵 Fax (0261) 4602713, 🌇 – ⮌ Zim, 📺 ☎ 📞 🅿. ⫴ 🅾 🅴 ▬▬
über Karneval 1 Woche und 3 Wochen Juli - Aug. geschl. – **Menu** (Sonntagabend - Montag geschl.) à la carte 35/64 – **23 Z** 85/150.

In Koblenz-Rauental :

🏨 **Hotel an der Mosel** Ⓜ, Pastor-Klein-Str. 11, ⊠ 56073, 𝒫 (0261) 4 06 50, Fax (0261) 4065188, , 🌇, 🍴, 🏊 – 📶, ⮌ Zim, 📺 ☎ 📞 ⟺ 🅿 – 🛗 170. ⫴ 🅾 🅴 ▬▬
über ⑦
Menu à la carte 33/58 – **185 Z** 135/188.

🏠 **Scholz,** Moselweißer Str. 121, ⊠ 56073, 𝒫 (0261) 9 42 60, Fax (0261) 408026 – 📶 📺 ☎ 🅿 – 🛗 40. ⫴ 🅾 🅴 ▬▬. 🍴
X c
20. Dez. - 7. Jan. geschl. – **Menu** (Samstag - Sonntag geschl.) à la carte 26/49 – **65 Z** 95/150.

MICHELIN-REIFENWERKE KGaA. Niederlassung ⊠ 56218 Mülheim-Kärlich, Urmitzer Str. 9 über ①, 𝒫 (02630) 98 64 64 Fax (02630) 986498.

Wenn Sie ein ruhiges Hotel suchen,
benutzen Sie zuerst die Übersichtskarte in der Einleitung
oder wählen Sie im Text ein Hotel mit dem Zeichen ⬉ bzw. ⬈.

Si vous cherchez un hôtel tranquille,
consultez d'abord les cartes thématiques de l'introduction
ou repérez dans le texte les établissements indiqués avec le signe ⬉ ou ⬈.

KOCHEL AM SEE Bayern 🔢🔢 X 18, 🔢 ⑩ – 4000 Ew – Höhe 605 m – Luftkurort – Wintersport : 610/1 760 m ⮌5 ⮎3.
Ausflugsziele : Walchensee★ (S : 9 km) – Herzogstand Gipfel ⋇★★ (SW : 13,5 km, mit Sessellift ab Walchensee).
🛈 Verkehrsamt, Kalmbachstr. 11, ⊠ 82431, 𝒫 (08851) 3 38, Fax (08851) 5588.
Berlin 658 – München 70 – Garmisch-Partenkirchen 35 – Bad Tölz 23.

🏨 **Alpenhof-Postillion** garni, Kalmbachstr. 1, ⊠ 82431, 𝒫 (08851) 18 20, Fax (08851) 182161, 🍴, 🕳 – 📶 ⮌ 📺 ☎ ⟺ 🅿 – 🛗 50. ⫴ 🅴 ▬▬
33 Z 90/190.

🏨 **Zur Post,** Schmied-von-Kochel-Platz 6, ⊠ 82431, 𝒫 (08851) 9 24 10, Fax (08851) 924150, 🌇, Biergarten – 📶 📺 ☎ ⟺ 🅿 – 🛗 40. ⫴ 🅴
Menu (Jan. 2 Wochen geschl.) à la carte 28/59 – **25 Z** 70/180 – ½ P 27.

🏠 **Seehotel Grauer Bär,** Mittenwalder Str. 82 (B 11, SW : 2 km), ⊠ 82431, 𝒫 (08851) 8 61, Fax (08851) 1607, ⩻ Kochelsee, « Terrasse am See », 🐾 – ☎ ⟺ 🅿. ⫴ 🅾 🅴 ▬▬
Mitte Jan. - Ende Feb. geschl. – **Menu** (Mittwoch geschl.) à la carte 28/59 – **26 Z** 70/175 – ½ P 29.

🏠 **Waltraud,** Bahnhofstr. 20, ✉ 82431, 𝒫 (08851) 3 33, *Fax (08851) 5219,* 🍽 – 🅿 –
🛁 25. ✄ Zim
Menu *(Dienstag geschl.)* à la carte 25/50 – **26 Z** 65/130 – ½ P 20.

🏠 **Herzogstand,** Herzogstandweg 3, ✉ 82431, 𝒫 (08851) 3 24, *Fax (08851) 1066,* 🍽,
😊 🚲 – 🚗 🅿
Mitte März - Okt. – **Menu** *(Dienstag geschl.)* (nur Abendessen) à la carte 21/34 – **12 Z**
55/140 – ½ P 17.

In Kochel-Ried *NO : 5 km :*

🏠 **Rabenkopf,** Kocheler Str. 23 (B 11), ✉ 82431, 𝒫 (08857) 82 85, *Fax (08857) 9167,*
🍽, 🚲 – 📺 🚗 🅿 ⒶⒺ ① Ⓔ *VISA*
Mitte Jan. - Mitte Feb. und Okt. - Nov. 2 Wochen geschl. – **Menu** *(Donnerstag geschl.)*
(böhmische Küche) à la carte 34/57 – **18 Z** 68/136 – ½ P 23.

KÖLLEDA *Thüringen* 🄸🄸 *M 17,* 🄸🄸🄸 ⑰, 🄸🄸🄸 ㉓ *– 6 500 Ew – Höhe 165 m.*
Berlin 254 – Erfurt 46 – Naumburg 45 – Nordhausen 58 – Weimar 29.

🏠 **Zur alten Molkerei,** Battgendorfer Str. 1, ✉ 99625, 𝒫 (03635) 4 60 40,
😊 *Fax (03635) 400410,* 🍽 – 📺 ☎ 🅿 ⒶⒺ ① Ⓔ *VISA*
Menu à la carte 24/38 – **12 Z** 70/130.

KÖLN Nordrhein-Westfalen **417** N 4, **987** ㉕ ㉖ – 1 005 000 Ew – Höhe 65 m.

Sehenswert : Dom★★★ (Dreikönigsschrein★★★, gotische Fenster★ im linken Seitenschiff, Gerokreuz★, Marienkapelle : Altarbild★★★, Chorgestühl★, Domschatzkammer★) GY – Römisch-Germanisches Museum★★ (Dionysosmosaik★, Römische Glassammlung★★) GY **M1** – Wallraf-Richartz-Museum und Museum Ludwig★★★ (Agfa-Foto-Historama) GY **M2** – Diözesan-Museum★ GY **M3** – Schnütgen-Museum★★ GZ **M4** – Museum für Ostasiatische Kunst★★ S **M5** – Museum für Angewandte Kunst★ GYZ **M6** – St. Maria Lyskirchen (Fresken★★) FX – St. Severin (Innenraum★) FX – St. Pantaleon (Lettner★) EX – St. Aposteln (Chorabschluß★) EV K – St. Ursula (Goldene Kammer★) FU – St. Kunibert (Chorfenster★) FU – St. Maria-Königin (Glasfenster★) T D – St. Maria im Kapitol★ (Romanische Holztür★, Dreikonchenchor★) GZ - St. Gereon★ (Dekagon★) EV – Imhoff-Stollwerck-Museum★ FX – Altes Rathaus★ GZ – Botanischer Garten Flora★ S B.

🔟 Köln-Marienburg, Schillingsrotter Weg (T), 𝒫 (0261) 38 40 53 ; 🔟 Köln-Roggendorf, Parallelweg 1, (①) : 16 km), 𝒫 (0221) 78 40 18 ; 🔟 Bergisch Gladbach-Refrath (③) : 17 km), 𝒫 (02204) 6 31 14.

✈ Köln-Bonn in Wahn (⑤) : 17 km), 𝒫 (02203) 4 01.

🚗 Köln-Deutz, Barmer Straße.

Messe- und Ausstellungsgelände (S), 𝒫 82 11, Fax 8212574.

🅱 Verkehrsamt, Am Dom, ✉ 50667, 𝒫 (0221) 2 21 33 45, Fax (0221) 2213320.

ADAC, Luxemburger Str.169, ✉ 50963, 𝒫 (0221) 47 27 47, Fax (0221) 4727452.

Berlin 566 – Düsseldorf 39 – Bonn 32 ⑥ – Aachen 69 ⑨ – Essen 68.

Messe-Preise : siehe S. 8	Foires et salons : voir p. 20
Fairs : see p. 32	Fiere : vedere p. 44

Stadtpläne siehe nächste Seiten

🏨 **Excelsior Hotel Ernst,** Domplatz, ✉ 50667, 𝒫 (0221) 27 01, Fax (0221) 135150 – |🛗|, ⇔ Zim, ▤ 📺 – 🔬 80. 🖭 ⓞ 🄴 𝘝𝘐𝘚𝘈 GY a
Menu siehe Rest. **Hanse-Stube** separat erwähnt – **160 Z** 310/635, 8 Suiten.

🏨 **Maritim,** Heumarkt 20, ✉ 50667, 𝒫 (0221) 2 02 70, Fax (0221) 2027826, Massage, I₅, ≘ş, ⊠, – |🛗|, ⇔ Zim, ▤ 📺 ☎ & ⇔ – 🔬 1300. 🖭 ⓞ 🄴 𝘝𝘐𝘚𝘈 GZ m
Bellevue ⅊ « Terrasse mit ≤ Köln » Menu à la carte 72/96 – **La Galerie** (nur Abend-essen, Sonntag - Montag und Juli - Aug. geschl.) **Menu** à la carte 56/73 – **Rotisserie** : Menu 49 (nur Lunchbuffet) – **454 Z** 281/564, 28 Suiten.

🏨 **Hotel im Wasserturm** ⅊ (ehem. Wasserturm a.d. 19. Jh. mit modern-eleganter Einrich-tung), Kaygasse 2, ✉ 50676, 𝒫 (0221) 2 00 80, Fax (0221) 2008888, 🍴, Dachgartenter-rasse mit ≤ Köln, ≘ş – |🛗|, ⇔ Zim, ▤ Rest, 📺 ⇔ – 🔬 25. 🖭 ⓞ 🄴 𝘝𝘐𝘚𝘈 𝗝𝗖𝗕. ⅊ RestFX c
Menu à la carte 71/93 – **90 Z** 449/578, 42 Suiten.

🏨 **Dom-Hotel** ⅊, Domkloster 2a, ✉ 50667, 𝒫 (0221) 2 02 40, Fax (0221) 2024444, « Terrasse mit ≤ » – |🛗| 📺 – 🔬 60. 🖭 ⓞ 🄴 𝘝𝘐𝘚𝘈 𝗝𝗖𝗕 GY d
Menu à la carte 65/98 – **155 Z** 379/798.

🏨 **Dorint Kongress-Hotel,** Helenenstr. 14, ✉ 50667, 𝒫 (0221) 27 50, Fax (0221) 2751301, Massage, ≘ş, ⊠, – |🛗|, ⇔ Zim, ▤ 📺 ☎ & ⇔ – 🔬 500. 🖭 ⓞ 🄴 𝘝𝘐𝘚𝘈. ⅊ Rest EV p
Menu à la carte 46/82 – **Kabuki** (japanische Küche) (Sonntag geschl.) **Menu** à la carte 42/64 – **285 Z** 293/411, 15 Suiten.

🏨 **Renaissance Köln Hotel,** Magnusstr. 20, ✉ 50672, 𝒫 (0221) 2 03 40, Fax (0221) 2034777, 🍴, Massage, ≘ş, ⊠, – |🛗|, ⇔ Zim, ▤ 📺 ☎ & ⇔ – 🔬 220. 🖭 ⓞ 🄴 𝘝𝘐𝘚𝘈 𝗝𝗖𝗕. ⅊ Rest EV b
Menu à la carte 48/76 – **236 Z** 293/736.

🏨 **Holiday Inn Crowne Plaza,** Habsburger Ring 9, ✉ 50674, 𝒫 (0221) 2 09 50, Fax (0221) 251206, Massage, ≘ş, ⊠, – |🛗|, ⇔ Zim, ▤ 📺 ☎ & ⇔ – 🔬 230. 🖭 ⓞ 🄴 𝘝𝘐𝘚𝘈 𝗝𝗖𝗕. ⅊ Rest S j
Menu à la carte 47/68 – **299 Z** 324/658.

🏨 **Savoy** garni, Turiner Str. 9, ✉ 50668, 𝒫 (0221) 1 62 30, Fax (0221) 1623200, ≘ş – |🛗| ⇔ 📺 ☎ & ⇔ ⓟ – 🔬 70. 🖭 ⓞ 🄴 𝘝𝘐𝘚𝘈 FU s
24. Dez. - 2. Jan. geschl. – **103 Z** 175/550.

🏨 **Consul,** Belfortstr. 9, ✉ 50668, 𝒫 (0221) 7 72 10, Fax (0221) 7721259, 🍴, Massage, ≘ş, ⊠, – |🛗|, ⇔ Zim, ▤ 📺 ☎ & ⇔ – 🔬 120. 🖭 ⓞ 🄴 𝘝𝘐𝘚𝘈 𝗝𝗖𝗕. ⅊ Rest FU v
Menu à la carte 46/78 – **120 Z** 250/490.

🏨 **Mondial am Dom,** Kurt-Hackenberg-Platz 1, ✉ 50667, 𝒫 (0221) 2 06 30, Fax (0221) 2063522, 🍴 – |🛗|, ⇔ Zim, 📺 & ⇔ – 🔬 180. 🖭 ⓞ 🄴 𝘝𝘐𝘚𝘈 GY f
Menu à la carte 55/75 – **205 Z** 253/452.

🏨 **Haus Lyskirchen,** Filzengraben 32, ✉ 50676, 𝒫 (0221) 2 09 70, Fax (0221) 2097718, ≘ş, ⊠, – |🛗|, ⇔ Zim, ▤ Rest, 📺 ☎ & ⇔ – 🔬 60. 🖭 ⓞ 🄴 𝘝𝘐𝘚𝘈 𝗝𝗖𝗕. ⅊ FX u
Menu (Samstagmittag sowie Sonn- und Feiertage geschl.) à la carte 35/68 – **94 Z** 185/360.

🏨 **Euro Plaza Cologne,** Breslauer Platz 2, ✉ 50668, ✆ (0221) 1 65 10,
Fax (0221) 1651333 – 🛗, ⇄ Zim, ▤ ☎ – 🔏 20. ⁇ ⬤ ☰ *VISA*   GY c
Menu à la carte 53/71 – **116 Z** 205/290, 6 Suiten.

🏨 **Ascot** garni, Hohenzollernring 95, ✉ 50672, ✆ (0221) 9 52 96 50,
Fax (0221) 952965100, 🛁, ⇄ – 🛗 ⇄ ▥ ☎ ✆. ⁇ ⬤ ☰ *VISA*   EV a
23. Dez. - 2. Jan. geschl. – **46 Z** 173/415.

🏨 **Flandrischer Hof,** Flandrische Str. 3, ✉ 50674, ✆ (0221) 25 20 95,
Fax (0221) 251052 – 🛗, ⇄ Zim, ▥ ☎ ☎ – 🔏 20. ⁇ ⬤ ☰ *VISA*   S j
Menu à la carte 44/68 – **143 Z** 120/380.

🏨 **Senats Hotel,** Unter Goldschmied 9, ✉ 50667, ✆ (0221) 2 06 20, *Fax (0221) 2062200*
– 🛗, ⇄ Zim, ▥ ☎ – 🔏 200. ⁇ ☰ *VISA*. ⁇ Rest   GZ b
23. Dez. - 3. Jan. geschl. – ***Falstaff** (Samstagmittag und Sonntag geschl.)* **Menu** à la carte
40/65 – **59 Z** 160/440.

🏨 **Dorint,** Friesenstr. 44, ✉ 50670, ✆ (0221) 1 61 40, *Fax (0221) 1614100*, ⁇ – 🛗,
⇄ Zim, ▥ ☎ ✆ ⇄ – 🔏 100. ⁇ ⬤ ☰ *VISA* *JCB*   EV n
Menu *(Samstagabend und Sonntagabend geschl.)* à la carte 35/57 – **103 Z** 220/440.

🏨 **Viktoria** garni, Worringer Str. 23, ✉ 50668, ✆ (0221) 9 73 17 20, *Fax (0221) 727067*
– 🛗 ▥ ☎ ✆ ✆. ⁇ ⬤ ☰ *VISA* *JCB*. ⁇   S t
24. Dez. - 1. Jan. geschl. – **47 Z** 175/460.

🏨 **Mercure Severinshof,** Severinstr. 199, ✉ 50676, ✆ (0221) 2 01 30,
Fax (0221) 2013666, ⁇, 🛁, ⇄ – 🛗, ⇄ Zim, ▥ ☎ ✆ ⇄ – 🔏 120. ⁇ ⬤ ☰ *VISA*
JCB. ⁇ Rest   FX a
Menu à la carte 37/62 – **252 Z** 220/394, 11 Suiten.

🏨 **Coellner Hof,** Hansaring 100, ✉ 50670, ✆ (0221) 12 20 75, *Fax (0221) 135235* – 🛗,
⇄ Zim, ▥ Rest, ▥ ☎ ⇄ – 🔏 30. ⁇ ⬤ ☰ *VISA*   FU k
Menu *(Freitag - Sonntag geschl.)* (nur Abendessen) à la carte 28/65 – **70 Z** 140/340.

🏨 **Hopper** 🅼, Brüsseler Str. 26, ✉ 50674, ✆ (0221) 92 44 00, *Fax (0221) 924406*, ⁇,
« Klassisch-modernes Hotel in ehemaligem Klostergebäude », ⇄ – 🛗, ⇄ Zim, ▥ ☎ ✆
🛁 ⇄. ⁇ ⬤ ☰ *VISA*   S j
19. Dez. - 4. Jan. geschl. – **Menu** *(Samstagmittag geschl.)* à la carte 44/61 – **49 Z** 158/368.

🏨 **Cristall** garni, Ursulaplatz 9, ✉ 50668, ✆ (0221) 1 63 00, *Fax (0221) 1630333*,
« Designer-Ausstattung » – 🛗 ⇄ ▤ ▥ ☎. ⁇ ⬤ ☰ *VISA*. ⁇   FU r
84 **Z** 190/350.

🏨 **Euro Garden Cologne** garni, Domstr. 10, ✉ 50668, ✆ (0221) 1 64 90,
Fax (0221) 1649333, ⇄ – 🛗 ⇄ ▥ ☎ ⇄ – 🔏 30. ⁇ ⬤ ☰ *VISA*   FU a
85 **Z** 205/520.

🏨 **Königshof** garni, Richartzstr. 14, ✉ 50667, ✆ (0221) 2 57 8/ 71, *Fax (0221) 2578762*
– 🛗 ⇄ ▥ ☎ ✆. ⁇ ⬤ ☰ *VISA*   GY n
82 **Z** 155/395.

🏨 **Kommerzhotel** garni, Breslauer Platz, ✉ 50668, ✆ (0221) 1 61 00,
Fax (0221) 1610122, ⇄ – 🛗 ⇄ ▥ ☎. ⁇ ⬤ ☰ *VISA* *JCB*   GY r
77 **Z** 175/380.

🏨 **Antik Hotel Bristol** garni (antike Zimmereinrichtung), Kaiser-Wilhelm-Ring 48,
✉ 50672, ✆ (0221) 12 01 95, *Fax (0221) 131495* – 🛗 ⇄ ▥ ☎ ✆ 🛁. ⁇ ⬤ ☰ *VISA*
JCB   EU m
25. Dez. - 1. Jan. geschl. **44 Z** 165/330.

🏨 **Esplanade** garni, Hohenstaufenring 56, ✉ 50674, ✆ (0221) 9 21 55 70,
Fax (0221) 216822 – 🛗 ▥ ☎. ⁇ ⬤ ☰ *VISA*   EX a
24. Dez. - 2. Jan. geschl. – **33 Z** 165/360.

🏨 **Astor und Aparthotel Concorde** garni, Friesenwall 68, ✉ 50672, ✆ (0221)
25 31 01, *Fax (0221) 253106* – 🛗 ⇄ ▥ ☎ ✆. ⁇ ⬤ ☰ *VISA*. ⁇   EV y
51 **Z** 185/360.

🏠 **Leonet** garni, Rubensstr. 33, ✉ 50676, ✆ (0221) 23 60 16, *Fax (0221) 210893*, ⇄ –
🛗 ⇄ ▥ ☎ ✆ ✆ – 🔏 20. ⁇ ☰ *VISA*   EX s
78 **Z** 148/325.

🏠 **Conti** garni, Brüsseler Str. 40, ✉ 50674, ✆ (0221) 25 20 62, *Fax (0221) 252107* – 🛗
⇄ ☎ ⇄. ⁇ ☰ *VISA*   S j
22. - 28 Dez. geschl. – **43 Z** 130/390.

🏠 **Merian-Hotel** garni, Allerheiligenstr. 1, ✉ 50668, ✆ (0221) 1 66 50,
Fax (0221) 1665200 – 🛗 ▥ ☎ ⇄. ⁇ ⬤ ☰ *VISA*   FU c
– **31 Z** 120/375.

🏠 **Metropol** garni, Hansaring 14, ✉ 50670, ✆ (0221) 13 33 77, *Fax (0221) 138307* – 🛗
▥ ☎. ⁇ ⬤ ☰ *VISA*   EU m
22. Dez. - 2. Jan. geschl. – **26 Z** 145/320.

Breite Straße	S. 5 **GZ**	Deutzer Brücke	S. 5 **GZ**
Ehrenstraße	S. 4 **EV**	Domstraße	S. 4 **FU**
Eigelstein	S. 4 **FU**	Dompropst-Ketzer-Str.	S. 5 **GY** 38
Gürzenichstraße	S. 5 **GZ** 55	Drususgasse	S. 5 **GY** 39
Habsburgerring	S. 4 **EV** 57	Dürener Straße	S. 3 **S**
Hahnenstraße	S. 4 **EV**	Ebertplatz	S. 4 **FU**
Hohenstaufenring	S. 4 **EX**	Ehrenfeldgürtel	S. 3 **S** 40
Hohenzollernring	S. 4 **EV**	Eifelstraße	S. 4 **EX**
Hohe Straße	S. 5 **GYZ**	Eintrachtstraße	S. 4 **FU**
Mittelstraße	S. 4 **EV**	Erftstraße	S. 4 **EU**
Neumarkt	S. 4 **EV**	Follerstraße	S. 4 **FX**
Richmodstraße	S. 4 **EV** 102	Frankfurter Straße	S. 3 **S**
Schildergasse	S. 5 **GZ**	Gereonstraße	S. 4 **EV**
Severinstraße	S. 4 **FX**	Gladbacher Straße	S. 4 **EU** 48
Zeppelinstraße	S. 4 **EV** 118	Glockengasse	S. 5 **GZ** 50
		Goldgasse	S. 5 **GY**
Aachener Straße	S. 3 **S**	Große Budengasse	S. 5 **GZ** 52
Agrippina-Ufer	S. 3 **S** 2	Große Neugasse	S. 5 **GY** 54
Albertusstraße	S. 4 **EV**	Gustav-Heinemann-	
Alter Markt	S. 5 **GZ**	Ufer	S. 3 **T** 56
Am Bayenturm	S. 4 **FX** 3	Hansaring	S. 4 **EFU**
Am Hof	S. 5 **GY**	Hauptstraße	S. 3 **T**
Am Leystapel	S. 5 **GZ** 4	Heinrich-Böll-Platz	S. 5 **GY** 58
Am Malzbüchel	S. 5 **GZ** 5	Heumarkt	S. 5 **GZ**
Amsterdamer Straße	S. 3 **RS**	Hohenzollernbrücke	S. 5 **GY**
An den		Hohe Pforte	S. 4 **FX**
Dominikanern	S. 5 **GY** 8	Holzmarkt	S. 4 **FX**
An der Malzmühle	S. 5 **GZ** 9	Im Sionstal	S. 4 **FX**
An der Rechtschule	S. 5 **GY**	Industriestraße	S. 3 **R** 59
An der Schanz	S. 3 **S** 12	Innere Kanalstraße	S. 3 **S** 60
Annostraße	S. 4 **FX**	Jahnstraße	S. 4 **EX**
An St. Agatha	S. 5 **GZ**	Kaiser-Wilhelm-Ring	S. 4 **EV** 62
An St-Katharinen	S. 4 **FX** 14	Kalker Hauptstraße	S. 3 **S** 63
Apostelnstraße	S. 4 **EV** 15	Kapellenstraße	S. 3 **S** 64
Auf dem Berlich	S. 4 **EV** 16	Kardinal-Frings-Str.	S. 4 **EV** 65
Augustinerstraße	S. 5 **GZ** 19	Karolingerring	S. 4 **FX** 66
Barbarossaplatz	S. 4 **EX**	Kattenbug	S. 4 **EV** 67
Bayenstraße	S. 4 **FX**	Kleine Budengasse	S. 5 **GZ** 68
Bechergasse	S. 5 **GZ** 22	Kleine Witschgasse	S. 4 **FX** 69
Bergischer Ring	S. 3 **S** 23	Klettenberggürtel	S. 3 **T** 70
Bergisch-Gladbacher-		Kölner Straße	S. 3 **T**
Straße	S. 3 **R** 24	Komödienstraße	S. 5 **GY** 71
Berliner Straße	S. 3 **R** 25	Konrad-Adenauer-	
Bischofsgarten-		Ufer	S. 5 **GY**
Straße	S. 5 **GY** 26	Krefelder Straße	S. 4 **FU**
Blaubach	S. 4 **FX** 28	Kurt-Hackenberg-	
Boltensternstraße	S. 3 **S** 29	Platz	S. 5 **GY** 72
Bonner Str.	S. 4 **FX**	Kyotostraße	S. 4 **EU**
Bremerhavener Str.	S. 3 **R** 30	Luxemburger Straße	S. 4 **EX**
Brückenstraße	S. 5 **GZ** 32	Machabäerstraße	S. 4 **FU**
Brühler Straße	S. 3 **T**	Martinstraße	S. 5 **GZ**
Buchheimer Ring	S. 3 **R** 33	Marzellenstraße	S. 5 **GY**
Burgmauer	S. 5 **GY**	Mathiasstraße	S. 4 **FX** 74
Butzweiler Straße	S. 3 **S** 34	Mauenheimer Gürtel	S. 3 **R** 75
Cäcilienstraße	S. 5 **GZ**	Mauritiussteinweg	S. 4 **EVX**
Christophstraße	S. 4 **EV**	Maybachstraße	S. 4 **EU**
Clevischer Ring	S. 3 **S** 35	Mechtildisstraße	S. 4 **FX** 76

Mercatorstraße	S. 3 **R** 77
Militärringstraße	S. 3 **RST**
Minoritenstraße	S. 5 **GZ** 79
Mülhenbach	S. 4 **FX**
Mülheimer Brücke	S. 3 **S** 85
Mülheimer Straße	S. 3 **R**
Neue Weyerstraße	S. 4 **EX**
Neusser Landstraße	S. 3 **R**
Neusser Straße	S. 4 **FU** 86
Niederländer Ufer	S. 3 **S** 87
Niehler Damm	S. 3 **R** 88
Nord-Süd-Fahrt	S. 5 **GZ**
Obenmarspforten	S. 5 **GZ**
Offenbachplatz	S. 5 **GZ** 90
Olpener Straße	S. 3 **S**
Opladener Straße	S. 3 **S** 91
Ostheimer Straße	S. 3 **S** 92
Parkgürtel	S. 3 **S** 93
Perlengraben	S. 4 **FX**
Pfälzer Straße	S. 4 **EX** 96
Pfälzischer Ring	S. 3 **S** 97
Pipinstraße	S. 5 **GZ**
Poststraße	S. 4 **EX**
Quatermarkt	S. 5 **GZ** 99
Riehler Straße	S. 4 **FU** 100
Rösrather Straße	S. 3 **S** 103
Roonstraße	S. 4 **EX** 104
Rothgerberbach	S. 4 **EFX**
Sachsenring	S. 4 **EFX**
Salierring	S. 4 **EX**
Sankt-Apern-Straße	S. 4 **EV** 108
Severinswall	S. 4 **FX**
Stadtautobahn	S. 3 **R** 109
Stadtwaldgürtel	S. 3 **S** 110
Stolkgasse	S. 5 **GY**
Tel-Aviv-Straße	S. 4 **FX** 111
Theodor-Heuss-	
Ring	S. 4 **FU**
Trierer Straße	S. 4 **FX**
Tunisstraße	S. 5 **GY**
Turiner Straße	S. 4 **FU**
Ubierring	S. 4 **FX**
Ulrichgasse	S. 4 **FX**
Universitätsstraße	S. 3 **S** 113
Unter Goldschmied	S. 5 **GZ** 114
Unter Sachsenhausen	S. 5 **GY** 115
Ursulastraße	S. 4 **FU** 116
Venloer Straße	S. 3 **R**
Victoriastraße	S. 4 **FU** 117
Volksgartenstraße	S. 4 **FX**
Vorgebirgstraße	S. 4 **FX**
Waisenhausgasse	S. 4 **FX**
Weidengasse	S. 4 **FU**
Zeughausstraße	S. 4 **EV** 122
Zoobrücke	S. 3 **S** 123
Zülpicher Straße	S. 3 **S** 124

Altstadt Hotel garni, Salzgasse 7, ⊠ 50667, ℰ (0221) 2 57 78 51, Fax (0221) 2577853, 🕿 – 🛏 📺 🕿. 🖭 🖭 🗲 𝗩𝗜𝗦𝗔   GZ p
20. Dez. - 4. Jan. geschl. – **28 Z** 110/180.

Kolpinghaus International, St.-Apern-Str. 32, ⊠ 50667, ℰ (0221) 2 09 30, Fax (0221) 2578081 – 🛗 📺 🕿 🅿 – 🔬 110. 🖭 🖭 🗲 𝗩𝗜𝗦𝗔   EV q
Menu à la carte 33/66 – **55 Z** 125/210.

Ludwig garni, Brandenburger Str. 24, ⊠ 50668, ℰ (0221) 16 05 40, Fax (0221) 16054444 – 🛗 ✳ 📺 🕿 🚗. 🖭 🖭 🗲 𝗩𝗜𝗦𝗔 𝗝𝗖𝗕   FU x
19. Dez. - 1. Jan. geschl. – **61 Z** 130/320.

Ibis, Neue Weyerstr. 4, ⊠ 50676, ℰ (0221) 2 09 60, Fax (0221) 2096199 – 🛗, ✳ Zim, 📺 🕿 🕭 🚗 – 🔬 25. 🖭 🖭 🗲 𝗩𝗜𝗦𝗔   EX d
Menu (Freitag - Sonntag geschl., außer Messen) à la carte 42/70 – **208 Z** 134/217.

Hanse Stube - Excelsior Hotel Ernst, Drususgasse, ⊠ 50667, ℰ (0221) 2 70 34 02 – ▤. 🖭 🖭 🗲 𝗩𝗜𝗦𝗔   GY e
Menu 53 (mittags) und à la carte 88/120.

Ambiance am Dom - im Excelsior Hotel Ernst, Trankgasse 1, ⊠ 50667, ℰ (0221) 1 39 19 12 – 🖭 🖭 🗲 𝗩𝗜𝗦𝗔. ✳   GY a
Samstag, Sonn- und Feiertage sowie Aug. 3 Wochen geschl. – **Menu** à la carte 81/104.

Börsen-Restaurant Maître, Unter Sachsenhausen 10, ⊠ 50667, ℰ (0221) 13 30 21, Fax (0221) 133040, 🍽 – ▤. 🖭 🖭 🗲 𝗩𝗜𝗦𝗔. ✳   EV r
Samstagmittag, Sonn- und Feiertage sowie Juli - Aug. 4 Wochen geschl. – **Menu** à la carte 63/90 – **Börsenstube** : Menu à la carte 48/76.

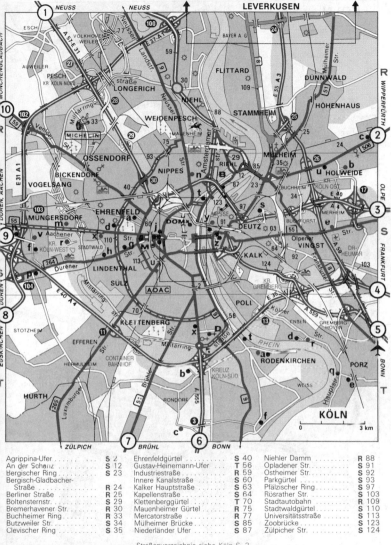

KÖLN

0   3 km

XXX **Grande Milano,** Hohenstaufenring 37, ⊠ 50674, ℰ (0221) 24 21 21,
Fax (0221) 244846, 😤 – 🗐. 🖭 ➊ 🇪 𝘝𝘐𝘚𝘈   EX **v**
Samstagmittag - Sonntag und Juli - Aug. 3 Wochen geschl. – Menu (italienische Küche)
à la carte 60/100 – **Pinot di Pinot** : Menu à la carte 38/54.

XX **Em Krützche,** Am Frankenturm 1, ⊠ 50667, ℰ (0221) 2 58 08 39, Fax (0221) 253417,
😤 – 🖭 ➊ 🇪 𝘝𝘐𝘚𝘈   GY **x**
Montag geschl. – Menu (abends Tischbestellung ratsam) à la carte 53/85.

XX **Bizim,** Weidengasse 47, ⊠ 50668, ℰ (0221) 13 15 81 – 🖭 ➊ 🇪. 🍴   FU **d**
Sonntag - Montag, Feb. 2 Wochen und Juli - Aug. 3 Wochen geschl. – Menu (abends Tischbestellung ratsam, türkische Küche) à la carte 62/90.

KÖLN

0   200 m

MEDIA·PARK   HANSAHOCHHAUS

Theodor-Heuss-Ring

Ebertpl.   Ebertpl.

Theodor-Heuss- Ring

WORSCHNAPP

EIGELSTEINTOR

Krefelder Str.   Hansaring

Maybach.   Hansaring

Erftstr.   Hansaring

Weidengasse

Eintrachtstr.

Eigelsteig Str.

Turiner Str.

ALTE STADTMAUER   St. Ursula

Kyotostr.   117   116

Machabäerstr.

St. Kunibert

RHEIN

Christophstr.   Christophstr.

Gereonstr.   65

Goldgasse

Dom Str.

Appellhofpl.   67

Tunis str.

Friesenpl.   122

RÖMER TURM

Albertus str.

Breite Str.   16   108

Ehrenstr.   15   118

DOM

M 1   M 2   M 3   M 6

Hohenzollernbr.

Groß-St. Martin

Hohe Str.

ALTES RATHAUS

KÖLN-DÜSSELDORFER

Rudolfpl.   Mittelstr.   102

HAHNENTOR

Neumarkt

Cäcilien-   straße

Neumarkt

Pipinstr.

Hahnen- straße   57

M 4

Deutzer Br.

Hohenstaden-str.

Mauritius

steinweg

Postst

Jahnstraße

Hohe Pforte

Mühlenbach   74

St. Maria Lyskirchen

MALAKOFFTURM

Poststr.   28

St. Georg

9

Severinstr.

Holzstr.

69

Severinsbr.

Neue

Weyerstr.   Rothgerberbach   Perlengraben

St. Pantaleon

104   96

Barbarossaplatz

Trierer   Salierring

Luxemburger Str.

Eifelstraße

Wasenhaus.

28   111

Severinstr.

14

RHEINAUHAFEN

Bayenstraße

Annostr.

3

BAYENTURM

ALTE STADTMAUER

Sachsenring

Ulrepforte

St. Severin

Ulrich basse

Severinswall

Volksgartenstraße

Sachsenring

Vorgebirgstraße

Severinstor

Chlodwigplatz

66

Ubierring

Donner Str.

VOLKSGARTEN

Eifelstraße

KÖLN

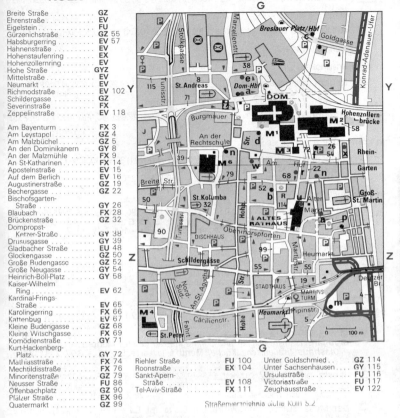

Straßenverzeichnis siehe Köln S.2

XX **Ratskeller,** Rathausplatz 1 (Eingang Alter Markt), ⊠ 50667, ℰ (0221) 2 57 69 29, Fax (0221) 2576946, « Innenhofterrasse » – ▤ ⅙ – 🏄 80. 🆎 ⓪ ⅇ 𝑉𝐼𝑆𝐴   GZ u
Menu à la carte 38/75.

X **Le Moissonnier** (Typisches franz. Bistro), Krefelder Str. 25, ⊠ 50670, ℰ (0221) 72 94 79, Fax (0221) 7325461   FU e
❀ Feiertage mittags und Sonntag - Montag geschl. – **Menu** (Tischbestellung ratsam) à la carte 56/83
Spez. Foie gras de canard. Charlotte de lapin aux calamars. Parfait de gingembre aux noix.

X **Daitokai,** Kattenbug 2, ⊠ 50667, ℰ (0221) 12 00 48, Fax (0221) 137503 – ▤. 🆎 ⓪ ⅇ 𝑉𝐼𝑆𝐴 𝐽𝐶𝐵. ❀   EV e
Menu (japanische Küche) 58/98 und à la carte 50/63.

Kölsche Wirtschaften :

X **Peters Brauhaus,** Mühlengasse 1, ⊠ 50667, ℰ (0221) 2 57 39 50, Fax (0221) 2573962, ☼ - ❀   GZ n
Menu à la carte 28/45.

X Gaffel-Haus, Alter Markt 20, ⊠ 50667, ℰ (0221) 2 57 76 92, Fax (0221) 253879, ☼ -   GZ a

---

X **Brauhaus Sion,** Unter Taschenmacher 5, ⊠ 50667, ℰ (0221) 2 57 85 40, Fax (0221) 2582081, ☼   GZ r
Menu à la carte 27/48.

X **Früh am Dom,** Am Hof 12, ⊠ 50667, ℰ (0221) 2 58 03 97, *Fax (0221) 256326*, Biergarten GY w
Menu à la carte 27/53.

X **Alt Köln Am Dom,** Trankgasse 7, ⊠ 50667, ℰ (0221) 13 74 71, *Fax (0221) 136885*
– ⅄ ⓪ Ⅹ ⅤⅠⓈⒶ GY a
Menu à la carte 29/41.

In Köln-Braunsfeld :

🏛 **Regent** garni, Melatengürtel 15, ⊠ 50933, ℰ (0221) 5 49 90, *Fax (0221) 5499998*, ⇌s
– ⅌ ⅄ 📺 ᴗ 🄿 – 🄰 80. ⅄Ⓔ ⓪ Ⅹ ⅤⅠⓈⒶ (Köln S. 3) S d
22. Jan. geschl. – **171 Z** 225/461, 5 Suiten.

XX **Marienbild,** Aachenerstr. 561, ⊠ 50933, ℰ (0221) 9 49 88 30, *Fax (0221) 94988333*
Menu à la carte 55/73. S x

In Köln-Brück *über Olpener Str.* S :

🏛 **Silencium** garni, Olpener Str. 1031, ⊠ 51109, ℰ (0221) 89 90 40, *Fax (0221) 8990489*
– ⅌ ⅄ 📺 ☎ ᴗ 🄿 – 🄰 25. ⅄Ⓔ ⓪ Ⅹ ⅤⅠⓈⒶ
23. Dez. - 2. Jan. und über Ostern geschl. – **69 Z** 160/250.

In Köln-Buchforst :

🏛 **Kosmos,** Waldecker Str. 11, ⊠ 51065, ℰ (0221) 6 70 90, *Fax (0221) 6709321*, ⇌s, 🔲
– ⅌, ⅄ Zim, 🍽 Rest, 📺 ☎ 🄶 🄿 – 🄰 120. ⅄Ⓔ ⓪ Ⅹ ⅤⅠⓈⒶ (Köln S. 3) S s
Menu *(Juli geschl.)* (nur Abendessen) à la carte 40/71 – **161 Z** 170/437.

In Köln-Dellbrück :

🏛 **Uhu** garni, Dellbrücker Hauptstr. 201, ⊠ 51069, ℰ (0221) 6 80 40 86,
Fax (0221) 6805037 – ⅌ 📺 ☎ ⇔. ⅄Ⓔ ⓪ Ⅹ ⅤⅠⓈⒶ R c
Weihnachten - Anfang Jan. geschl. – **35 Z** 95/220.

In Köln-Deutz :

🏛🏛 **Hyatt Regency,** Kennedy-Ufer 2a, ⊠ 50679, ℰ (0221) 8 28 12 34,
Fax (0221) 8281370, ≤, Biergarten, Massage, 🄵, ⇌s, 🔲 – ⅌, ⅄ Zim, 🍽 📺 ᴗ 🄶
🄿 – 🄰 330. ⅄Ⓔ ⓪ Ⅹ ⅤⅠⓈⒶ ⅉⒸⒷ. ⅍ Rest (Köln S. 3) S y
Graugans (Samstagmittag und Sonntagmittag geschl.) **Menu** à la carte 76/100 –
– *Glashaus (italienische Küche)* **Menu** à la carte 55/74 – **307 Z** 343/701,
18 Suiten.

🏛 **Ilbertz** garni, Mindener Str. 6, ⊠ 50679, ℰ (0221) 88 20 49, *Fax (0221) 883484* – ⅌
📺 ☎ ⇔. ⅄Ⓔ Ⅹ ⅤⅠⓈⒶ (Köln S. 3) S z
22. Dez. - 2. Jan. und Juli - Aug. 3 Wochen geschl. – **29 Z** 130/310.

XX **Der Messeturm,** Kennedy-Ufer (18. Etage, ⅌), ⊠ 50679, ℰ (0221) 88 10 08,
Fax (0221) 818575, ≤ Köln – 🍽 – 🄰 30. ⅄Ⓔ ⓪ Ⅹ ⅤⅠⓈⒶ. ⅍ (Köln S. 3) S y
Samstagmittag geschl. – **Menu** à la carte 52/93.

In Köln-Ehrenfeld :

🏛 **Imperial,** Barthelstr. 93, ⊠ 50823, ℰ (0221) 51 70 57, *Fax (0221) 520993*, ⇌s – ⅌,
⅄ Zim, 🍽 Rest, 📺 ☎ ᴗ 🄶 ⇔. ⅄Ⓔ ⓪ Ⅹ ⅤⅠⓈⒶ. ⅍ Rest (Köln S. 3) S a
Menu *(Samstag - Sonntag geschl.)* (nur Abendessen) à la carte 39/63 – **36 Z**
198/350.

In Köln-Holweide :

🏛 **Rema-Hotel Bergischer Hof** garni, Bergisch Gladbacher Str. 406 (B 506), ⊠ 51067,
ℰ (0221) 96 37 90, *Fax (0221) 639085* – ⅌ ⅄ 📺 ☎ ⇔ 🄿. ⅄Ⓔ ⓪ Ⅹ ⅤⅠⓈⒶ
ⅉⒸⒷ (Köln S. 3) S u
23. Dez. - 2. Jan. geschl. – **56 Z** 140/350.

XXX **Isenburg,** Johann-Bensberg-Str. 49, ⊠ 51067, ℰ (0221) 69 59 09, *Fax (0221) 698703*,
« Gartenterrasse » – 🄿. ⅄Ⓔ ⅤⅠⓈⒶ (Köln S. 3) S b
Samstagmittag, Sonntag - Montag, Mitte Juli - Mitte Aug. sowie über Weihnachten und Karneval geschl. – **Menu** (Tischbestellung ratsam) à la carte 64/92.

In Köln-Immendorf :

XX **Bitzerhof** mit Zim (Gutshof a.d.J. 1821), Immendorfer Hauptstr. 21, ⊠ 50997,
ℰ (02236) 6 19 21, *Fax (02236) 62987*, « Rustikale Einrichtung, Innenhofterrasse » – 📺
☎ 🄿. ⅄Ⓔ Ⅹ. ⅍ Zim (Köln S. 3) T c
Menu (Tischbestellung ratsam) à la carte 58/79 – **3 Z** 140/185.

In Köln-Junkersdorf :

🏨 **Brenner'scher Hof** ⬩, Wilhelm-v.-Capitaine-Str. 15, ⊠ 50858, ℰ (0221) 9 48 60 00, *Fax (0221) 94860010*, 🌱, « Einrichtung im Landhausstil » – 🛗 📺 ☎ ⇔ – 🔏 50. 🆎 ⓞ 🄴 𝗩𝗜𝗦𝗔   S f
Menu *(Montag geschl.)* à la carte 63/84 – **40 Z** 235/425, 6 Suiten.

✕✕ **Vogelsanger Stübchen**, Vogelsanger Weg 28, ⊠ 50858, ℰ (0221) 48 14 78, 🌱. 🆎   (Köln S. 3)   S v
Sonntag - Montag sowie März und Aug. jeweils 2 Wochen geschl. – **Menu** (Tischbestellung ratsam) à la carte 69/78.

In Köln-Lindenthal :

🏨 **Queens Hotel**, Dürener Str. 287, ⊠ 50935, ℰ (0221) 4 67 60, *Fax (0221) 433765*, « Gartenterrasse » – 🛗, ⇔ Zim, 🍽 Rest, 📺 ⬩, ⇔ 🄿 – 🔏 350. 🆎 ⓞ 🄴 𝗩𝗜𝗦𝗔
Menu à la carte 52/78 – **147 Z** 285/375.   (Köln S. 3)   S h

🏨 **Bremer**, Dürener Str. 225, ⊠ 50931, ℰ (0221) 40 50 13, *Fax (0221) 402034*, ⇔, 🔳 – 🛗 📺 ☎ ⇔. 🆎 ⓞ 🄴 𝗩𝗜𝗦𝗔   (Köln S. 3)   S g
9.- 14. April, 29. Mai - 2. Juni und 23. Dez.- 1. Jan. geschl. – (Mahlzeiten in Bremers-Pub) – **69 Z** 140/290.

In Köln-Lövenich : *über ⑨ : 8 km :*

🏨 **Landhaus Gut Keuchhof** ⬩, Braugasse 14, ⊠ 50859, ℰ (02234) 94 60 00, *Fax (02234) 9460058*, 🌱 – 📺 🄿 – 🔏 Zim
23. Dez. - 1. Jan. geschl. – **Zur Scheune** *(Montag geschl.)* **Menu** à la carte 44/79 – **Im Höfchen** (nur Abendessen) *(Sonntag geschl.)* **Menu** à la carte 32/60 – **43 Z** 130/280.

In Köln-Marienburg :

🏨 **Marienburger Bonotel**, Bonner Str. 478, ⊠ 50968, ℰ (0221) 3 70 20, *Fax (0221) 3702132*, 🍴, ⇔ – 🛗, ⇔ Zim, 📺 ☎ ⇔ 🄿 – 🔏 40. 🆎 ⓞ 🄴 𝗩𝗜𝗦𝗔
Menu (nur Abendessen) à la carte 42/64 – **93 Z** 180/215, 4 Suiten. (Köln S. 3)   T x

In Köln-Marsdorf :

🏨 **Novotel Köln-West**, Horbeller Str. 1, ⊠ 50858, ℰ (02234) 51 40, *Fax (02234) 514106*, 🌱, Biergarten, ⇔, 🔳 (geheizt), 🔳 – 🛗, ⇔ Zim, 🍽 Rest, 📺 ☎ ✆ ⬩ 🄿 – 🔏 120. 🆎 ⓞ 🄴 𝗩𝗜𝗦𝗔. ✄ Rest   (Köln S. 3)   S p
Menu à la carte 43/69 – **199 Z** 199/270.

In Köln-Merheim :

✕✕✕ **Goldener Pflug**, Olpener Str. 421, ⊠ 51109, ℰ (0221) 89 61 24, *Fax (0221) 8908176*
🕸 – 🄿. 🆎 🄴 𝗩𝗜𝗦𝗔   (Köln S. 3)   S e
Samstagmittag, Sonn- und Feiertage geschl. – **Menu** 65 (mittags) und à la carte 90/134
Spez. Ragout vom Kalbsbries mit Blätterteig. Ganzer Hummer mit Dicken Bohnen (2 Pers.). Das Beste vom Reh mit Pfeffersauce.

In Köln-Müngersdorf :

✕✕✕ **Landhaus Kuckuck**, Olympiaweg 2, ⊠ 50933, ℰ (0221) 4 91 23 23, *Fax (0221) 4972847*, 🌱 – 🔏 100. 🆎 ⓞ 🄴 𝗩𝗜𝗦𝗔   (Köln S. 3)   S r
Montag und 16. - 26. Feb. geschl. – **Menu** (Tischbestellung ratsam) 45 (mittags) und à la carte 65/85.

✕✕ **Remise**, Wendelinstr. 48, ⊠ 50933, ℰ (0221) 4 91 18 81, *Fax (0221) 4911881*, « Historisches Gutsgebäude » – 🆎 ⓞ 🄴 𝗩𝗜𝗦𝗔   (Köln S. 3)   S m
Samstagmittag und Sonntag geschl. – **Menu** (Tischbestellung ratsam) à la carte 70/91.

In Köln-Nippes :

✕✕ **Paul's Restaurant**, Bülowstr. 2, ⊠ 50733, ℰ (0221) 76 68 39, *Fax (0221) 7390354* – 🆎 🄴   (Köln S. 3)   S n
Montag, über Karneval 1 Woche und Juli - Aug. 2 Wochen geschl. – **Menu** (nur Abendessen) à la carte 52/71.

In Köln-Porz :

🏨 **Mercure** garni, Hauptstr. 369, ⊠ 51143, ℰ (02203) 5 50 36, *Fax (02203) 55931* – 🛗 ⇔ 📺 ☎ ⇔ – 🔏 50. 🆎 ⓞ 🄴 𝗩𝗜𝗦𝗔   (Köln S. 3)   T q
23. Dez. - 3. Jan. geschl. – **60 Z** 129/335.

🏨 **Lemp** garni, Bahnhofstr. 44, ⊠ 51143, ℰ (02203) 9 54 40, *Fax (02203) 9544400* – 🛗 ⇔ 📺 ☎ ✆ ⇔ – 🔏 60. 🆎 ⓞ 🄴 𝗩𝗜𝗦𝗔 𝗝𝗖𝗕. ✄   T e
41 Z 150/295.

In Köln-Porz-Grengel ⑤ : *15 km über die A 59 :*

🏨 **Holiday Inn,** Waldstr. 255, ✉ 51147, ✆ *(02203) 56 10, Fax (02203) 5619,* ⇌ – 🛗,
⟲ Zim, 🍽 📺 ⅙ 🅿 – 🔬 90. 🆎 ⓞ ⋸ 𝘝𝘐𝘚𝘈 ᴊᴄʙ
Menu à la carte 52/80 – **177 Z** 330/560.

🏨 **Spiegel,** Hermann-Löns-Str. 122, ✉ 51147, ✆ *(02203) 6 10 46, Fax (02203) 695653,*
⇌ – ⟲ Zim, 📺 ☎ ✆ ⇔ 🅿. 🆎 ⋸ 𝘝𝘐𝘚𝘈
Menu *(Freitag - Samstagmittag und Juli 3 Wochen geschl.)* à la carte 50/78 – **27 Z**
110/300.

In Köln - Porz-Langel *S : 17 km über Hauptstr.* T :

✗✗ **Zur Tant,** Rheinbergstr. 49, ✉ 51143, ✆ *(02203) 8 18 83, Fax (02203) 87327,* ≤, ⇌
– 🅿. 🆎 ⓞ ⋸ 𝘝𝘐𝘚𝘈
Donnerstag und über Karneval 2 Wochen geschl. – Menu à la carte 70/108 – **Hütter's**
Piccolo : Menu à la carte 42/62.

In Köln - Porz-Wahn ⑤ : *17 km über die A 59 :*

🏨 **Geisler** garni, Frankfurter Str. 172, ✉ 51147, ✆ *(02203) 6 10 20, Fax (02203) 61597,*
⇌ – 🛗 📺 ☎ 🅿 – 🔬 30. 🆎 ⋸ 𝘝𝘐𝘚𝘈
52 Z 100/225.

In Köln - Porz-Wahnheide ⑤ : *17 km über die A 59*

🏨 **Karsten** garni, Linder Weg 4, ✉ 51147, ✆ *(02203) 96 61 90, Fax (02203) 62229* – 📺
☎ ⇔ 🅿. 🆎 ⓞ ⋸ 𝘝𝘐𝘚𝘈
24 Z 115/265.

In Köln - Porz-Westhoven :

🏨 **Ambiente** garni, Oberstr. 53, ✉ 51149, ✆ *(02203) 91 18 60, Fax (02203) 9118636* –
🛗 📺 ☎ 🅿 – 🔬 25. 🆎 ⓞ ⋸ 𝘝𝘐𝘚𝘈. ✧ (Köln S. 3)   T d
24. Dez. - 3. Jan. geschl. – **27 Z** 125/230.

✗✗ **bon ami,** Aggerweg 17 (Ensen), ✉ 51149, ✆ *(02203) 1 34 88, Fax (02203) 12740,* ⇌
– 🆎 ⓞ ⋸ 𝘝𝘐𝘚𝘈 T r
Samstagmittag, Sonntagabend - Montag geschl. – Menu *(abends Tischbestellung ratsam)*
à la carte 54/87.

In Köln-Rheinkassel *N : 15 km über Neusser Landstr.* R :

🏨 **Rheinkasseler Hof,** Amandusstr. 6, ✉ 50769, ✆ *(0221) 70 92 70, Fax (0221) 701073,*
⇌, ⇌s – 🛗 📺 ☎ 🅿 – 🔬 30. 🆎 ⋸ 𝘝𝘐𝘚𝘈
Menu *(Freitagmittag und Samstagmittag geschl.)* à la carte 50/68 – **Schänke** :
Menu à la carte 31/51 – **47 Z** 155/305, 6 Suiten.

In Köln-Rodenkirchen

🏨 **Atrium-Rheinhotel** ⌘ garni, Karlstr. 2, ✉ 50996, ✆ *(0221) 93 57 20,*
Fax (0221) 93572222, ⇌s – 🛗 📺 ⇔. 🆎 ⓞ ⋸ 𝘝𝘐𝘚𝘈 (Köln S. 3)   T t
67 Z 193/378.

🏨 **Rheinblick** ⌘ garni, Uferstr. 20, ✉ 50996, ✆ *(0221) 39 12 82, Fax (0221) 392139,*
≤, ⇌s, 📋 – 📺 ☎ ⇔. 🆎 ⋸ 𝘝𝘐𝘚𝘈 (Köln S. 3)   T a
16 Z 120/170.

🏨 **Schmitte,** Großrotter Weg 1 (Hochkirchen), ✉ 50997, ✆ *(0221) 92 10 00,*
Fax (0221) 23961, ⇌, ✧(Halle) – 📺 ☎ 🅿. 🆎 ⓞ ⋸ 𝘝𝘐𝘚𝘈. ✧ Zim (Köln S. 3)   T b
Menu *(Samstagmittag geschl.)* à la carte 33/56 – **18 Z** 118/220.

✗✗ **Ufer-Galerie,** Uferstr. 16, ✉ 50996, ✆ *(0221) 9 35 25 66, Fax (0221) 9352568,* ≤,
« Wechselnde Bilderausstellung » (Köln S. 3)   T a
Menu *(Tischbestellung ratsam)* 48/65.

In Köln-Sürth :

🏨 **Falderhof** ⌘, Falderstr. 29, ✉ 50999, ✆ *(02236) 96 69 90 (Hotel),* 6 87 16 (Rest.),
Fax (02236) 966998, ⇌, « Ehem. Gutshof mit geschmackvoller Einrichtung » – ✧ Zim,
📺 ☎ 🅿 – 🔬 60. 🆎 ⓞ ⋸ 𝘝𝘐𝘚𝘈 (Köln S. 3)   T f
Altes Fachwerkhaus *(Samstagmittag geschl.)* Menu à la carte 38/74 – **33 Z** 155/215.

In Köln-Weiden :

🏨 **Garten-Hotel** ⌘ garni, Königsberger Str. 5, ✉ 50858, ✆ *(02234) 4 08 70,*
Fax (02234) 408787, ⇌ – 🛗 ✧ 📺 ☎ ⇔. 🆎 ⋸ 𝘝𝘐𝘚𝘈 ᴊᴄʙ (Köln S. 3)   S n
23. - 31. Dez. geschl. – **33 Z** 110/190.

In Köln-Worringen *N : 18 km über die B 9* R :

🏚 **Matheisen,** In der Lohn 45, ⊠ 50769, *℘ (02203) 9 78 00 20, Fax (02203) 9780026 –*
📺 ☎ 🅿. ⒶⒺ ① Ⓔ *VISA*. ⋘ Zim
Menu *(Samstagmittag und Mittwoch geschl.)* à la carte 35/56 – **12 Z** 78/170.

MICHELIN-REIFENWERKE KGaA. Niederlassung ⊠ 50827 Köln-Ossendorf,
Bleriotstr. 9 (R), *℘ (0221) 59 20 11 Fax (0221) 592559.*

KÖNGEN *Baden-Württemberg* **419** *T 12 – 9 000 Ew – Höhe 280 m.*
Berlin 626 – Stuttgart 26 – Reutlingen 28 – Ulm (Donau) 67.

🏠 **Schwanen,** Schwanenstr. 1, ⊠ 73257, *℘ (07024) 88 64, Fax (07024) 83607 –* 🛗 📺
☎ 🅿 – 🔏 40. ⒶⒺ ① Ⓔ *VISA*
1.- 7. Jan. geschl. – **Menu** *(Sonntagabend - Montag geschl.)* à la carte 40/65 – **40 Z**
95/165.

KÖNIG, BAD *Hessen* **417 419** *Q 11,* **987** ㉗ – *8 500 Ew – Höhe 183 m – Heilbad.*
🛈 *Verkehrsbüro, Elisabethenstr. 13,* ⊠ 64732, *℘ (06063) 5 81 82, Fax (06063) 5517.*
Berlin 584 – Wiesbaden 85 – Aschaffenburg 44 – Darmstadt 40 – Heidelberg 65.

🏠 **Büchner,** Frankfurter Str. 6 (Eingang Schwimmbadstr.), ⊠ 64732, *℘ (06063) 7 29,*
Fax (06063) 57101, 🔄, 🏊, 🐎 – 📺 ☎ 🅿 – 🔏 25. ⒶⒺ Ⓔ
Menu à la carte 31/55 – **33 Z** 76/150.

🏚 **Haus Stefan** garni, Friedr.-Ebert-Str. 4, ⊠ 64732, *℘ (06063) 30 48, Fax (06063) 3504,*
🐎 – ☎ 🅿
9 Z 49/98.

In Bad König-Momart *SO : 2 km über Weyprechtstraße :*

🏚 **Zur Post** 🏊, Hauswiesenweg 16, ⊠ 64732, *℘ (06063) 15 10, Fax (06063) 3785,* ≤,
⊜ 🏕, 🐎 – 📺 🔄 🅿
Mitte Jan. - Mitte Feb. geschl. – **Menu** *(Montag geschl.)* à la carte 23/45 🍷 – **11 Z** 56/102
– ½ P 13.

KÖNIGHEIM *Baden-Württemberg siehe Tauberbischofsheim.*

KÖNIGSBACH-STEIN *Baden-Württemberg* **419** *T 9 – 8 200 Ew – Höhe 192 m.*
🛝 *Königsbach-Stein, Johannestaler Hof, ℘ (07232) 5 00 66.*
Berlin 647 – Stuttgart 65 – Karlsruhe 25 – Pforzheim 16.

Im Ortsteil Königsbach :

🏠 **Europäischer Hof,** Steiner Str. 100, ⊠ 75203, *℘ (07232) 10 05, Fax (07232) 4697*
– 📺 ☎ 🔄 🅿 – 🔏 30. ⒶⒺ ① Ⓔ *VISA*
Feb. 2 Wochen und Juli - Aug. 3 Wochen geschl. – **Menu** *(Samstagmittag und Sonntagabend*
- Montag geschl.) (abends Tischbestellung ratsam) à la carte 58/82 – **20 Z**
95/160.

Im Ortsteil Stein :

🏠 **Landgasthof Krone,** Königsbacher Str. 2, ⊠ 75203, *℘ (07232) 3 04 20,*
Fax (07232) 304242 – 📺 ☎ 🅿 – 🔏 30. Ⓔ *VISA*
Menu à la carte 30/64 – **20 Z** 95/160.

KÖNIGSBRONN *Baden-Württemberg* **419 420** *T 14 – 7 800 Ew – Höhe 500 m – Erholungsort*
– Wintersport : 🎿 *1.*
Berlin 572 – Stuttgart 90 – Aalen 14 – Heidenheim an der Brenz 9.

In Königsbronn-Zang *SW : 6 km :*

XX **Löwen** mit Zim, Struthstr. 17, ⊠ 89551, *℘ (07328) 9 62 70, Fax (07328) 962710,* 🏕,
🐎, ⋘ – 📺 ☎ 🅿. *VISA*
Anfang - Mitte Sept. geschl. – **Menu** *(Dienstag - Mittwochmittag geschl.)* à la carte 36/71
– **8 Z** 75/125 – ½ P 25.

EUROPE on a single sheet Michelin map n° **970**

KÖNIGSBRUNN Bayern 🗺️419 420 V 16, 987 39 – 20 500 Ew – Höhe 520 m.

🚉 Königsbrunn, Föllstr. 32a, ℰ (08231) 3 26 37 ; 🚉 Königsbrunn, Benzstr. 23, ℰ (08231) 3 42 04.

Berlin 572 – München 66 – Augsburg 12 – Ulm (Donau) 94.

🏨 **Arkadenhof** garni, Hauptstr. 72, 🖂 86343, ℰ (08231) 9 68 30, Fax (08231) 86020 – 📱, ⇔ Zim, 📺 ☎ ⇔ 🅿. 🆎 ① ⓔ 𝘝𝘐𝘚𝘈 ᴊᴄʙ
24. - 31. Dez. geschl. – **38 Z** 85/160.

🏨 **Zeller,** Hauptstr. 78, 🖂 86343, ℰ (08231) 99 60, Fax (08231) 996222, ⛲ – 📱, ⇔ Zim, 📺 ☎ ⇔ 🅿 – 🔬 160. 🆎 ① ⓔ 𝘝𝘐𝘚𝘈
Menu à la carte 28/65 – **80 Z** 88/170.

KÖNIGSDORF Bayern 🗺️419 420 W 18, 426 G 5 – 2 100 Ew – Höhe 625 m.

🚉 Beuerberg, Gut Sterz (W : 5 km), ℰ (08179) 6 17.

Berlin 633 – München 45 – Garmisch-Partenkirchen 54 – Weilheim 29 – Bad Tölz 11.

🏨 **Posthotel Hofherr,** Hauptstr. 31 (B 11), 🖂 82549, ℰ (08179) 50 90, Fax (08179) 659, Biergarten, ⇔s – 📱 ⇔ 📺 ☎ ⇔ 🅿 – 🔬 25. 🆎 ① ⓔ 𝘝𝘐𝘚𝘈
Menu à la carte 27/62 – **49 Z** 110/176.

KÖNIGSFELD IM SCHWARZWALD Baden-Württemberg 🗺️419 V 9, 987 38 – 6 000 Ew – Höhe 761 m – Heilklimatischer Kurort – Kneippkurort – Wintersport : ✖3.

🚉 Königsfeld-Martinsweiler, Angelmoos 20, ℰ (07725) 9 39 60.

🔰 Kurverwaltung, Friedrichstr. 5, 🖂 78126, ℰ (07725) 80 09 45, Fax (07725) 800944.

Berlin 752 – Stuttgart 126 – Freiburg im Breisgau 79 – Triberg 19 – Villingen-Schwenningen 13 – Schramberg 12.

🏨 **Fewotel Schwarzwald Treff** 🏊 (mit Gästehäusern), Klimschpark, 🖂 78126, ℰ (07725) 80 80, Fax (07725) 808808, ⛲, Massage, ♨, ⇔s, 🔲, 🐎, ⛳(Halle) – 📱, ⇔ Zim, 📺 ☎ 🛠 🅿 – 🔬 120. 🆎 ① ⓔ 𝘝𝘐𝘚𝘈 ⛳ Rest
Menu à la carte 36/64 – **130 Z** 127/262.

KÖNIGSHOFEN, BAD Bayern 🗺️418 420 P 15, 987 28 – 6 900 Ew – Höhe 277 m – Heilbad.

🔰 Kurverwaltung, Am Kurzentrum 1, 🖂 97631, ℰ (09761) 9 12 00, Fax (09761) 912040.

Berlin 381 – München 296 – Coburg 49 – Bamberg 61 – Fulda 82.

🍴 **Schlundhaus** mit Zim (historisches Gasthaus a.d. 16. Jh.), Marktplatz 25, 🖂 97631, ⇔ ℰ (09761) 15 62 – 📺 ☎. 🆎 ① ⓔ 𝘝𝘐𝘚𝘈
Menu (Dienstag geschl.) à la carte 24/54 ⅊ – **6 Z** 75/140.

KÖNIGSLUTTER AM ELM Niedersachsen 🗺️416 418 J 16, 987 ⑰ – 16 500 Ew – Höhe 125 m.

Sehenswert : Ehemalige Abteikirche★ (Plastik der Hauptapsis★★, Nördlicher Kreuzgangflügel★).

🔰 Fremdenverkehrsamt, Rathaus, Am Markt 1, 🖂 38154, ℰ (05353) 91 21 29, Fax (05353) 912155.

Berlin 204 – Hannover 85 – Magdeburg 74 – Braunschweig 22 – Wolfsburg 23.

🏨 **Königshof,** Braunschweiger Str. 21a (B 1), 🖂 38154, ℰ (05353) 50 30, Fax (05353) 503244, ⛲, ♨, ⇔s, 🔲, ⛳(Halle) – 📱 📺 ☎ ✆ ⚄ 🅿 – 🔬 250. 🆎 ①
ⓔ 𝘝𝘐𝘚𝘈 ⛳ Rest
Menu siehe Rest. **La Trevise** separat erwähnt **Grillstuben-Benjamin** : **Menu** à la carte 31/55 – **185 Z** 145/250.

🏨 **Kärntner Stub'n,** Fallersleber Str. 23, 🖂 38154, ℰ (05353) 9 54 60, Fax (05353) 954695 – 📺 ☎ 🅿. 🆎 ⓔ 𝘝𝘐𝘚𝘈
26. Dez. - 6. Jan. geschl. – **Menu** à la carte 28/46 – **27 Z** 75/140.

🍴🍴🍴 **La Trevise** - Hotel Königshof, Braunschweiger Str. 21a (B 1), 🖂 38154, ℰ (05353) 50 34 14, Fax (05353) 503244 – 🅿. 🆎 ① ⓔ 𝘝𝘐𝘚𝘈
Montag und Juli - Aug. 3 Wochen geschl. – **Menu** (wochentags nur Abendessen) à la carte 78/92
Spez. Panaché von Edelfischen. Seeteufelmedaillons mit Weinbergschnecken überbacken. Quarksoufflé auf Williams-Christbirnensauce.

In Königslutter-Bornum W : 5 km über die B 1 :

🏨 **Lindenhof,** Im Winkel 23, 🖂 38154, ℰ (05353) 92 00, Fax (05353) 92020 – 📺 ☎ ⇔ 🅿. ⓔ 𝘝𝘐𝘚𝘈
Menu à la carte 30/45 – **17 Z** 85/135.

KÖNIGSTEIN *Bayern* **419 420** *R 18 – 1 600 Ew – Höhe 500 m – Erholungsort.*

🛈 *Fremdenverkehrsverein, Oberer Markt 20,* ⊠ *92281,* ℘ *(09665) 17 64, Fax (09665) 219.*

Berlin 407 – München 202 – Nürnberg 54 – Bayreuth 52 – Amberg 29.

🏠 **Wilder Mann,** Oberer Markt 1, ⊠ 92281, ℘ (09665) 2 37, *Fax (09665) 647*, 🍽, 🛌, 🚗 – 🛗 📺 ☎ 🚗, 🄴
Menu *(7. Jan. - 13. Feb. geschl.)* à la carte 19/49 ⅄ – **22 Z** 50/102 – ½ P 13.

🏠 **Königsteiner Hof,** Marktplatz 10, ⊠ 92281, ℘ (09665) 86 21, *Fax (09665) 8177*, 🛌 – 🛗 📺 ☎ 🅿
15. Nov. - 15. Dez. geschl. – **Menu** à la carte 18/34 ⅄ – **20 Z** 47/90 – ½ P 9.

🏠 **Reif,** Oberer Markt 5, ⊠ 92281, ℘ (09665) 2 52, *Fax (09665) 8672*, 🍽, 🛌, 🚗, ✕ – 📺 ☎
10. Nov. - 15. Dez. geschl. – **Menu** à la carte 18/47 ⅄ – **20 Z** 44/94 – ½ P 10.

⌂ **Zur Post,** Marktplatz 2, ⊠ 92281, ℘ (09665) 7 41, *Fax (09665) 8238*, 🍽
5. - 31. Jan. geschl. – **Menu** à la carte 16/42 – **16 Z** 35/82 – ½ P 11.

In Edelsfeld *SO : 7,5 km :*

🏠 **Goldener Greif,** Sulzbacher Str. 5, ⊠ 92265, ℘ (09665) 2 83, *Fax (09665) 8123*, 🛌, 🔲 – 🛗 📺 ☎ 🅿
Menu *(Dienstag geschl.)* à la carte 17/44 – **24 Z** 58/100 – ½ P 12.

In Hirschbach *SW : 10 km :*

🏠 **Goldener Hirsch** (Gasthof a.d.J. 1630), Hirschbacher Dorfplatz 1, ⊠ 92275, ℘ (09152) 85 07, *Fax (09152) 8524*, 🍽, 🚗 – 📺 🚗 🅿, ⓞ
19. Jan. - 6. März geschl. – **Menu** *(Montag geschl.)* à la carte 16/27 ⅄ – **16 Z** 36/72 – ½ P 12.

KÖNIGSTEIN *Sachsen* **418** *N 26,* **984** ㉔, **987** ⑲ *– 3 200 Ew – Höhe 120 m.*

🛈 *Touristinformation, Schreiberberg 2 (Haus des Gastes),* ℘ *(035021) 6 82 61, Fax (035021) 68887.*

Berlin 226 – Dresden 33 – Chemnitz 101 – Görlitz 87.

🏠 **Lindenhof,** Gohrischer Str. 2, ⊠ 01824, ℘ (035021) 6 82 43, *Fax (035021) 66214*, ≤, 🍽 – 📺 ☎ 🅿 – 🔬 30. 🄰🄴 🄴 𝑽𝑰𝑺𝑨
Menu à la carte 24/41 – **34 Z** 95/190.

In Struppen-Weißig *NW : 7,5 km :*

🏠🏠 **Rathener Hof** 🐾, Nr. 7 d, ⊠ 01824, ℘ (035021) 7 20, *Fax (035021) 72444*, ≤, 🍽, 🛌, 🚗 – 🛗 📺 ☎ 🅿 – 🔬 50. 🄰🄴 🄴 𝑽𝑰𝑺𝑨
Menu à la carte 26/39 – **29 Z** 119/200.

KÖNIGSTEIN IM TAUNUS *Hessen* **417** *P 9,* **987** ㉖ ㉗ *– 16 500 Ew – Höhe 362 m – Heilklimatischer Kurort.*

Sehenswert : Burgruine★.

🛈 *Kur-Stadtinformation, Hauptstr. 21a,* ⊠ *61462,* ℘ *(06174) 20 22 51, Fax (06174) 202284.*

Berlin 542 – Wiesbaden 27 – Frankfurt am Main 24 – Bad Homburg vor der Höhe 14 – Limburg an der Lahn 40.

🏠🏠🏠 **Sonnenhof** 🐾, Falkensteiner Str. 9, ⊠ 61462, ℘ (06174) 2 90 80, *Fax (06174) 290875*, ≤, 🍽, « Park », 🛌, 🔲, 🚗, ✕ – 📺 🅿 – 🔬 40. 🄰🄴 ⓞ 🄴 𝑽𝑰𝑺𝑨
🐾 Zim
Menu *(bemerkenswerte Weinkarte)* à la carte 49/91 – **43 Z** 185/310 – ½ P 42.

🏠🏠 **Königshof** garni, Wiesbadener Str. 30, ⊠ 61462, ℘ (06174) 2 90 70, *Fax (06174) 290752*, 🛌 – 📺 ☎ 📞 🅿 – 🔬 30. 🄰🄴 🄴 𝑽𝑰𝑺𝑨
26 Z 140/215.

🏠 **Zum Hirsch** 🐾 garni, Burgweg 2, ⊠ 61462, ℘ (06174) 50 34, *Fax (06174) 5019* – ☎
28 Z 85/190.

✕ **Weinstube Leimeister,** Hauptstr. 27, ⊠ 61462, ℘ (06174) 2 18 37, *Fax (06174) 22841* – 🄰🄴 ⓞ 🄴 𝑽𝑰𝑺𝑨
Samstagmittag und Sonntag geschl. – **Menu** à la carte 47/78.

KÖNIGSWARTHA *Sachsen* **418** *M 26 – 5 000 Ew – Höhe 122 m.*

Berlin 183 – Dresden 67 – Bautzen 16.

🏠 **Heidehof,** Hermsdorfer Str. 32, ⊠ 02699, ℘ (035931) 23 00, *Fax (035931) 23015*, 🍽 – 📺 ☎ 🅿
Menu *(wochentags nur Abendessen)* à la carte 23/35 – **18 Z** 79/139.

KÖNIGSWINTER Nordrhein-Westfalen 👁👁👁 N 5 – 39 000 Ew – Höhe 60 m.

Ausflugsziel : Siebengebirge★ : Burgruine Drachenfels★ (nur zu Fuß, mit Zahnradbahn oder Kutsche erreichbar) ⚶ ★★.

🛈 Tourismus-Siebengebirge GmbH Bad Honnef-Königswinter, Drachenfelsstr. 11, ✉ 53639, 𝒫 (02244) 88 93 25, Fax (02244) 889378.

Berlin 597 – Düsseldorf 83 – Bonn 10 – Koblenz 57 – Siegburg 20.

Maritim, Rheinallee 3, ✉ 53639, 𝒫 (02223) 70 70, Fax (02223) 707811, ≤, 斎, ≘s, ⬜ – ⓼, ⥲ Zim, 🖭 📺 ✆ ⇔ ℗ – 🔬 330. 🆎 ⓪ Ⅾ 🆅🆂🅰. ⚶ Rest
Menu à la carte 65/98 – **248 Z** 298/511, 32 Suiten.

Auf dem Petersberg NO : 3 km :

Gästehaus Petersberg Ⓜ ⤷ (mit Gästehaus der Bundesregierung), ✉ 53639 Königswinter, 𝒫 (02223) 7 40 (Hotel) 7 43 80 (Rest.), Fax (02223) 74443, 斎, « Herrliche Lage mit ≤ Rheintal », ≘s, ⬜ – ⓼, ⥲ Zim, 🖭 Rest, 📺 ✆ ⇔ ℗ – 🔬 200. 🆎 ⓪ Ⅾ 🆅🆂🅰 🇯🇨🇧. ⚶ Rest
Rheinterrassen (nur Abendessen, Tischbestellung ratsam) **Menu** à la carte 82/97 – **Bistro : Menu** à la carte 42/56 – **92 Z** 200/515, 5 Suiten.

In Königswinter-Margarethenhöhe O : 5 km :

Im Hagen ⤷, Oelberggringweg 45, ✉ 53639, 𝒫 (02223) 9 21 30, Fax (02223) 921399, ≤, 斎 – 📺 ✆ ℗. 🆎 ⓪ Ⅾ 🆅🆂🅰
Menu (Freitag geschl.) à la carte 33/66 – **20 Z** 90/180.

In Königswinter-Oberdollendorf N : 2,5 km :

Tour de France, Malteser Str. 19, ✉ 53639, 𝒫 (02223) 2 40 58, Fax (02223) 4121, 斎 – Ⅾ
Montag geschl. – **Menu** (nur Abendessen, Tischbestellung ratsam) à la carte 60/79.

Bauernschenke, Heisterbacher Str. 123, ✉ 53639, 𝒫 (02223) 2 12 82, Fax (02223) 21282 – 🆎 ⓪ Ⅾ 🆅🆂🅰
Menu à la carte 26/60.

In Königswinter-Stieldorf N : 8 km :

Gasthaus Sutorius, Oelinghovener Str. 7, ✉ 53639, 𝒫 (02244) 91 22 40, Fax (02244) 912241, 斎, « Rustikale Einrichtung » – ℗. 🆎 Ⅾ. ⚶
Montag geschl. – **Menu** (wochentags nur Abendessen, Tischbestellung ratsam) à la carte 68/84.

KÖNIGS WUSTERHAUSEN Brandenburg 👁👁👁👁👁 J 24, 👁👁👁 ⑯, 👁👁👁 ⑱ ⑲ – 18 000 Ew – Höhe 51 m.

🛈 Fremdenverkehrsverband Dahmeland, Am Nottekanal, ✉ 15711, 𝒫 (03375) 29 12 69, Fax (03375) 294637.

Berlin 38 – Potsdam 57 – Cottbus 107 – Frankfurt an der Oder 70.

Brandenburg Ⓜ garni, Karl-Liebknecht-Str. 10, ✉ 15711, 𝒫 (03375) 67 60, Fax (03375) 67666 – ⓼ 📺 ✆ ✆ ⇔ ℗ – 🔬 15. 🆎 ⓪ Ⅾ 🆅🆂🅰
Weihnachten - Neujahr geschl. – **34 Z** 125/160.

KÖNNERN Sachsen-Anhalt 👁👁👁 K 19, 👁👁👁 ⑲, 👁👁👁 ⑰ ⑱ – 3 600 Ew – Höhe 104 m.
Berlin 176 – Magdeburg 59 – Leipzig 63 – Halle 27.

Henninghof Ⓜ, Große Freiheit 78, ✉ 06420, 𝒫 (034691) 29 00, Fax (034691) 290310, 斎, ≘s – ⓼, ⥲ Zim, 📺 ✆ ✆ ⇔ ℗ – 🔬 40. 🆎 Ⅾ 🆅🆂🅰. ⚶
Menu (Montgmittag geschl.) à la carte 27/53 – **45 Z** 120/150.

KÖSEN, BAD Sachsen-Anhalt 👁👁👁 M 19, 👁👁👁 ㉓, 👁👁👁 ⑰ ⑱ – 7 000 Ew – Höhe 115 m.
🛈 Kurverwaltung, Loreleypromenade, ✉ 06628, 𝒫 (034463) 2 82 89, Fax (034463) 28280.

Berlin 229 – Magdeburg 144 – Leipzig 68 – Gera 62 – Weimar 42.

Villa Ilske ⤷, Ilskeweg 2, ✉ 06628, 𝒫 (034463) 2 73 63, Fax (034463) 27363, ≤ Bad Kösen und Saale, 斎 – 📺 ✆ ℗
Menu (Montagmittag und Dienstagmittag geschl.) à la carte 24/36 – **16 Z** 70/150.

Berghotel Wilhelmsburg ⤷, Eckhartsbergaer Str. 20 (NW : 2,5 km), ✉ 06628, 𝒫 (034463) 2 76 79, Fax (034463) 27679, ≤ Bad Kösen und Saale, « Innenhofterrasse », ≘s, ⬛ – 📺 ✆ ℗ – 🔬 30
Menu à la carte 29/35 – **39 Z** 70/150.

🏠 **Kurgarten am Walde** ⚒, Eckartsbergaer Str. 4, ⌧ 06628, 𝄞 (034463) 2 73 34, Fax (034463) 27289, ≤, 🍴 – 📺 🕿 🅿 – 🏛 40
Menu à la carte 26/38 – **11 Z** 70/120.

🏠 **Zum Wehrdamm,** Loreleypromenade 3, ⌧ 06628, 𝄞 (034463) 2 84 05,
⇄ Fax (034463) 28396, 🍴 – 📺 🕿
Menu à la carte 21/35 – **8 Z** 75/130.

In Kreipitzsch S : 5 km :

🏠 **Rittergut** ⚒, Nr. 65, ⌧ 06628, 𝄞 (034466) 60 00, Fax (034466) 6000, ≤ Bad Kösen und Saale, 🍴, ⊜ – 📺 🕿 🅿 – 🏛 35. 🅴
Menu (Montagmittag und Dienstagmittag geschl.) à la carte 28/42 – **20 Z** 85/160.

KÖSSEN Österreich 🗺️ 420 W 21 – 3 600 Ew – Höhe 591 m – Wintersport : 600/1 700 m ✆7 🎿10.
🏌️ Kössen, Mühlau 1, 𝄞 (05375) 21 22.
🛈 Verkehrsbüro, Dorf 15, ⌧ A-6345, 𝄞 (05375) 62 87, Fax (05375) 6989.
Wien 358 – Kitzbühel 29 – Bad Reichenhall 55 – München 111.
Die Preise sind in der Landeswährung (Ö.S.) angegeben

Auf dem Moserberg O : 6 km, Richtung Reit im Winkl, dann links ab :

🏨 **Peternhof** ⚒, Moserbergweg 60, ⌧ A-6345 Kössen, 𝄞 (05375) 62 85, Fax (05375) 6944, ≤ Reit im Winkl, Kaisergebirge und Unterberg, 🍴, Massage, 🛁, ♨,
⊜, ☌, 🔲, 🚿, 🎾(Halle), 🐎 – 🛗 📺 ⇨ 🅿
13. April – 2. Mai und 3. Nov. – 18. Dez. geschl. – **Menu** à la carte 210/450 – **106 Z** 798/1750, 3 Suiten – ½ P 140.

In Kössen-Kranzach W : 6 km :

🏨 **Seehof und Panorama,** Kranzach 20, ⌧ A-6344 Walchsee, 𝄞 (05374) 56 61, Fax (05374) 5665, ≤, 🍴, Massage, 🛁, ♨, ⊜, ☌ (geheizt), 🔲, 🚿, 🎾(Halle), 🐎 –
🛗, ⇨ Rest, 📺 🕿 ⇨ 🅿 – 🏛 35
5. April – 5. Mai und Nov. – 18. Dez. geschl. – **Menu** à la carte 270/410 – **150 Z** 840/1800, 10 Suiten – ½ P 105.

🏠 **Seehotel Brunner,** Kranzach 50, ⌧ A-6344 Walchsee, 𝄞 (05374) 53 20, Fax (05374) 5320350, ≤, 🍴, 🐎, 🚿 – 🛗 📺 🕿 🅿
April und Nov. – 20. Dez. geschl. – **Menu** (Mittwoch geschl.) à la carte 245/390 – **60 Z** 520/1900 – ½ P 145.

In Walchsee W : 7 km :

🏠 **Schick,** Johannesstr. 1, ⌧ A-6344, 𝄞 (05374) 53 31, Fax (05374) 5334550, 🍴, ♨,
Massage, ☌, 🔲, 🎾(Halle) – ⇨ Zim, 📺 🕿 ⇨ 🅿 – 🏛 50. 🔵 🅴 📇. 🎿 Rest
7. März – 2. Mai und 24. Okt.- Anfang Dez. geschl. – **Menu** à la carte 270/420 – **85 Z** 965/2660 – ½ P 1/5.

KÖSTRITZ, BAD Thüringen 🗺️ 418 N 20 – 3 500 Ew – Höhe 299 m.
Berlin 238 – Erfurt 89 – Gera 8 – Jena 44 – Plauen 61 – Zwickau 51.

🏠 **Schlosshotel,** Julius-Sturm-Platz 9 (B 7), ⌧ 07586, 𝄞 (036605) 3 30, Fax (036605) 33333, 🍴, ⊜ – 🛗, ⇨ Zim, 📺 🕿 & 🅿 – 🏛 60. 🔵 🔵 🅴 📇
Menu à la carte 32/62 – **88 Z** 110/130 – ½ P 30.

🏠 **Pension Egerer** garni, Bahnhofstr. 60 (B 7), ⌧ 07586, 𝄞 (036605) 26 71, Fax (036605) 80 23, ☌, 🚿 – 📺 🕿 🅿. 🅴. 🎿
13 Z 80/115.

KÖTHEN Sachsen-Anhalt 🗺️ 418 K 19, 984 ⑲, 987 ⑱ – 32 600 Ew – Höhe 75 m.
🛈 Köthen-Information, Hallesche Str. 10 (Hallescher Turm), ⌧ 06366, 𝄞 (03496) 21 62 17, Fax (03496) 216217.
Berlin 142 – Magdeburg 62 – Leipzig 63 – Halle 38 – Dessau 20.

🏨 **Anhalt,** Ludwigstr. 53, ⌧ 06366, 𝄞 (03496) 55 00 10 (Hotel) 55 00 14 (Rest.), Fax (03496) 550010 – 🛗, ⇨ Zim, 📺 🕿 🅿 – 🏛 35. 🔵 🔵 🅴 📇
Menu (italienische Küche) à la carte 33/60 – **68 Z** 110/130.

KÖTZTING Bayern 🗺️ 420 S 22, 987 ㉙ – 7 000 Ew – Höhe 408 m – Kneippkurort.
🛈 Tourist-Information, ⌧ 93444, 𝄞 (09941) 60 21 50, Fax (09941) 602155.
Berlin 496 – München 189 – Cham 23 – Deggendorf 46.

🏠 **Amberger Hof,** Torstr. 2, ⌧ 93444, 𝄞 (09941) 95 00, Fax (09941) 950110, ♨,
⇄ Massage, ♨ – 🛗 📺 🕿 & ⇨ 🅿. 🅴
Menu (Samstag geschl.) à la carte 22/45 🍷 – **33 Z** 75/124 – ½ P 5.

In Kötzting-Bonried *SO : 7 km :*

🏠 **Gut Ulmenhof** ⬗, Bonried 2, ⊠ 93444, ℘ (09945) 6 32, « Park », ⇌s, ▨ , ☞ –
⟺ 🅿 E. ⅏
(nur Abendessen für Hausgäste) – **18 Z** 60/110 – ½ P 23.

In Blaibach *SW : 4 km :*

🏠 **Blaibacher Hof** ⬗, Kammleiten 6b, ⊠ 93476, ℘ (09941) 85 88, *Fax (09941) 7277,*
⟺ ≼, 佘, ⇌s, ☞ – 🅿
Nov. - 20. Dez. geschl. – **Menu** *(Dienstagmittag geschl.)* à la carte 21/40 – **18 Z** 55/100
– ½ P 13.

KOHLBERG *Baden-Württemberg siehe Metzingen.*

KOHLGRUB, BAD *Bayern* **419 420** *W 17,* **426** *F 5,6 – 2 000 Ew – Höhe 815 m – Moorheilbad*
– Wintersport : 820/1 406 m ≰4 ≴.
🛈 *Kurverwaltung im Haus der Kurgäste,* ⊠ 82433, ℘ (08845) 90 21, *Fax (08845) 75136.*
Berlin 668 – München 83 – Garmisch-Partenkirchen 32 – Landsberg am Lech 51.

🏨 **Astron Resorthotel Schillingshof** ⬗, Fallerstr. 11, ⊠ 82433, ℘ (08845) 70 10,
Fax (08845) 8349, ≼, 佘, Massage, ♨, ⇌s, ▨ , ☞ – 🛗, ↝ Zim, 🔟 ☎ ᴋ ⟺ 🅿 –
🔏 50. 🖭 ⓞ E ‹VISA› ᴊᴄʙ. ⅏ Rest
Menu à la carte 39/68 – **131 Z** 176/276 – ½ P 30.

🏠 **Pfeffermühle** ⬗, Trillerweg 10, ⊠ 82433, ℘ (08845) 7 40 60, *Fax (08845) 1047,* 佘
– ☎ 🅿. ⅏ Zim
Anfang Nov. - Weihnachten und Jan. 2 Wochen geschl. – **Menu** *(Montag - Mittwoch nur*
Abendessen, Donnerstag geschl.) à la carte 34/58 *(auch vegetarische Gerichte)* –
9 Z 70/140 – ½ P 27.

KOHREN-SAHLIS *Sachsen* **418** *M 21 – 2 200 Ew – Höhe 255 m.*
Berlin 231 – Dresden 117 – Chemnitz 39 – Altenburg 21 – Leipzig 43 – Zwickau 54.

In Kohren-Sahlis-Terpitz *O : 2 km :*

🏠 **Elisenhof** ⬗ *(modernisierter ehem. Bauernhof),* ⊠ 04655, ℘ (034344) 6 14 39,
Fax (034344) 62815, 佘 – 🔟 ☎ 🅿 – 🔏 20. E
Menu *(2.- 24. Jan. geschl.)* à la carte 24/49 ♨ – **8 Z** 120/160.

KOLBERMOOR *Bayern* **420** *W 20,* **987** ㊵ *– 16 000 Ew – Höhe 465 m.*
Berlin 641 – München 68 – Bad Reichenhall 80 – Rosenheim 5.

🏠 **Heider** garni, Rosenheimer Str. 35, ⊠ 83059, ℘ (08031) 9 60 76, *Fax (08031) 91410*
– 🛗 ↝ 🔟 ☎ 🅿 E ‹VISA›. ⅏
Mitte Dez. - Mitte Jan. geschl. – **38 Z** 85/139.

KOLKWITZ *Brandenburg siehe Cottbus.*

KOLLNBURG *Bayern* **420** *S 22 – 2 800 Ew – Höhe 670 m – Erholungsort – Wintersport :*
600/1 000 m ≰2 ≴2.
🛈 *Verkehrsamt, Schulstr. 1,* ⊠ 94262 ℘ (09942) 94 12 14, *Fax (09942) 94 12 99.*
Berlin 510 – München 177 – Cham 30 – Deggendorf 34.

🏠 **Burggasthof** *(mit Gästehaus),* Burgstr. 11, ⊠ 94262, ℘ (09942) 86 86,
Fax (09942) 7146, ≼, 佘, ⇌s, ☞ – 🅿. ⅏ Zim
April 1 Woche und Mitte Nov. - Anfang Dez. geschl. – **Menu** *(Dienstag geschl.)* à la carte
21/40 ♨ – **20 Z** 40/90 – ½ P 16.

🏠 **Zum Bräu,** Viechtacher Str. 6, ⊠ 94262, ℘ (09942) 50 71, *Fax (09942) 5074,* 佘, ⇌s
– 🅿. E. ⅏ Zim
Nov. geschl. – **Menu** à la carte 20/43 ♨ – **46 Z** 49/80 – ½ P 17.

Erfahrungsgemäß werden bei größeren Veranstaltungen,
Messen und Ausstellungen in vielen Städten und deren Umgebung
erhöhte Preise verlangt.

KONKEN *Rheinland-Pfalz siehe Kusel.*

KONSTANZ *Baden-Württemberg* 419 *X 11,* 987 ㊳ *– 75 000 Ew – Höhe 407 m.*

Sehenswert : *Lage★ – Seeufer★ – Münster★ (Türflügel★, Heiliges Grab★)* **Y.**

Ausflugsziel : *Insel Mainau★★ ② : 7 km.*

Allensbach-Langenrain (NW : 15 km), ☎ (07533) 51 24.

Tourist-Information, Bahnhofplatz 13, ✉ 78462, ☎ (07531) 13 30 30, Fax (07531) 133060.

ADAC, *Wollmatinger Str. 6, ✉ 78467, ☎ (07531) 81 74 10, Fax (07531) 817440.*

Berlin 763 ② – Stuttgart 180 ① – Bregenz 62 ③ – Ulm (Donau) 146 ① – Zürich 76 ④

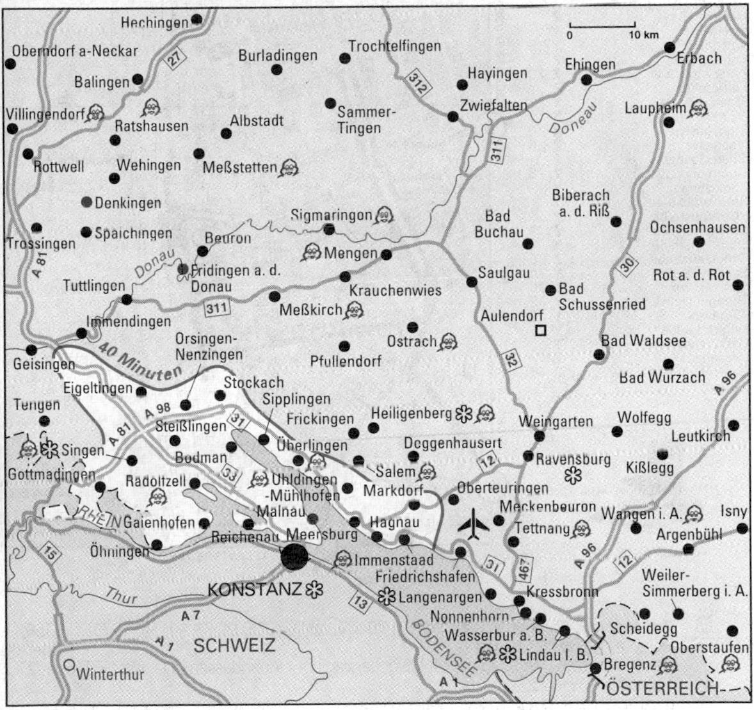

Steigenberger Inselhotel, Auf der Insel 1, ✉ 78462, ☎ (07531) 12 50, *Fax (07531) 26402,* ≤ Bodensee, « Kreuzgang des ehem. Klosters, Seeterrasse », ⇔, ⛵, 🌳 – |♦|, ⇹ Zim, 📺 🅿 – 🔬 200. AE ⓪ E VISA JCB Y h

Seerestaurant : Menu à la carte 55/84 – ***Dominikanerstube :*** Menu à la carte 51/74 – **102 Z** 215/410 – ½ P 60.

Ramada Hotel Halm Ⓜ, Bahnhofplatz 6, ✉ 78462, ☎ (07531) 12 10, *Fax (07531) 21803,* ⇔ – |♦|, ⇹ Zim, 📺 🅿 – 🔬 80. AE ⓪ E VISA JCB. ⇹ Rest Z n

Menu à la carte 35/60 – **99 Z** 185/327, 3 Suiten – ½ P 45.

Parkhotel am See ⛵, Seestr. 25a, ✉ 78464, ☎ (07531) 89 90, *Fax (07531) 899400,* ≤, 🏠, ⇔ – |♦| 📺 🚗 – 🔬 25. AE ⓪ E VISA über ②

Menu *(Jan. - März Montag geschl.)* à la carte 40/70 *(auch vegetarische Gerichte)* – **39 Z** 160/380, 4 Suiten – ½ P 35.

Buchner Hof garni, Buchnerstr.6, ✉ 78464, ☎ (07531) 8 10 20, *Fax (07531) 810240,* ⇔ – 📺 ☎ 🚗 🅿. AE ⓪ E VISA über ②

23. Dez. - 7. Jan geschl. – **13 Z** 110/210.

KONSTANZ

🏫 **Petershof,** St. Gebhard-Str. 14, ☒ 78467, ℰ (07531) 99 33 99, Fax (07531) 53562 –
✤ Zim, 📺 ☎. 🅰 🄴 VISA   über ①
Menu *(Montag - Dienstag geschl.)* (wochentags nur Abendessen) à la carte 32/61 – **27 Z**
125/190 – ½ P 25.

🏫 **Bayrischer Hof** garni, Rosgartenstr. 30, ☒ 78462, ℰ (07531) 1 30 40,
Fax (07531) 130413 – 📳 ✤ 📺 ☎. 🅰 VISA. ✤   Z x
23. Dez. - 7. Jan. geschl. – **25 Z** 115/185.

🏫 **Hirschen** garni, Bodanplatz 9, ☒ 78462, ℰ (07531) 2 22 38, Fax (07531) 22120 – 📺
☎ 🅿. 🄴 VISA. ✤   Z m
33 Z 105/198.

🏫 **Mago-Hotel** garni, Bahnhofplatz 4, ☒ 78462, ℰ (07531) 2 70 01, Fax (07531) 27003
– 📳 📺 ☎ 🚗 🅿. 🅰 🄴 VISA   Z c
31 Z 120/190.

❀❀❀❀
XXXX **Seehotel Siber** ⬧ mit Zim, Seestr. 25, ☒ 78464, ℰ (07531) 6 30 44,
✿ Fax (07531) 64813, ⬧, « Modernisierte Jugendstilvilla, Terrasse » – 📺 ☎ 🚗 🅿. ① 🄴
VISA   über ②
über Fastnacht 2 Wochen geschl. – Menu (bemerkenswerte Weinkarte) 68 (mittags) und
à la carte 94/145 – **12 Z** 305/520
Spez. Cänseleberterrine mit Sauternesgelee. Bouillabaisse von Bodenseefischen. Barbarie
Ente mit Beaujolaissauce (2 Pers.).

XXX **Casino-Restaurant,** Seestr. 21, ☒ 78464, ℰ (07531) 81 57 65, Fax (07531) 815770,
« Terrasse mit ⬧ » – 🅿. 🅰 ① 🄴 VISA   über ②
Menu (nur Abendessen, Tischbestellung ratsam) à la carte 44/89.

XX **Neptun,** Spanierstr. 1 (Zufahrt über Seestraße), ✉ 78467, ☎ (07531) 5 32 33, ≤, 🏤 Y a
– 🅿. 🆎 ⓪ Ⓔ *VISA*
Freitag - Samstagmittag und Jan. 2 Wochen geschl. – **Menu** à la carte 58/80.

X **Konzil-Gaststätten,** Hafenstr. 2, ✉ 78462, ☎ (07531) 2 12 21, Fax (07531) 17467,
Terrasse mit ≤ Bodensee und Hafen – 🏛 240. Ⓔ *VISA* Z s
Nov.- März Dienstag und 16. Dez. - Jan. geschl. – **Menu** à la carte 34/64.

In Konstanz-Staad ② : *4 km* :

🏨 **Schiff am See,** William-Graf-Platz 2, ✉ 78464, ☎ (07531) 3 10 41 (Hotel),
3 44 24 (Rest.), Fax (07531) 31981, ≤, 🏤 – 📳 📺 ☎ 🅿. 🆎 ⓪ Ⓔ *VISA*
Menu *(Montag - Dienstagmittag und Jan. 3 Wochen geschl.)* à la carte 40/55 – **28 Z**
120/245, 5 Suiten – ½ P 30.

XX **Staader Fährhaus,** Fischerstr. 30, ✉ 78464, ☎ (07531) 3 31 18, Fax (07531) 33118,
🏤 – 🆎 ⓪ Ⓔ *VISA*
*Dienstag - Mittwochmittag, über Fastnacht, 3. - 13. Juni, 26. Sept. - 10. Okt. und
23. Dez. - 2. Jan. geschl.* – **Menu** à la carte 48/81.

In Konstanz-Wollmatingen *NW : 5 km über* ① :

🏨 **Tweer-Goldener Adler** (mit Gästehaus), Fürstenbergstr. 70, ✉ 78467,
☎ (07531) 9 75 00, Fax (07531) 975090, 🏤, 🐎 – 📳, 🔄 Zim, 📺 ☎ 🚗 – 🏛 20. 🎿
Menu à la carte 36/66 – **49 Z** 110/260 – ½ P 33.

KONZ *Rheinland-Pfalz* 🗺 Q 3, 🗺 ㉟, 🗺 M 6 – *15 700 Ew – Höhe 137 m.*
🏢 *Fremdenverkehrsgemeinschaft Obermosel - Saar, Granastr. 24,* ✉ 54329,
☎ (06501) 77 90, Fax (06501) 4718.
Berlin 729 – Mainz 171 – Luxembourg 42 – Merzig 40 – Trier 9.

🏠 **Alt Conz** 🍴, Gartenstr. 8, ✉ 54329, ☎ (06501) 9 36 70, Fax (06501) 7775, 🏤 – 📺
☎ 🅿. Ⓔ *VISA*. 🎿
Menu *(Montagmittag geschl.)* à la carte 32/67 – **14 Z** 75/120.

X **Ratskeller,** Am Markt 11, ✉ 54329, ☎ (06501) 22 58, Fax (06501) 2265, 🏤 – ⓪ Ⓔ
VISA
Montagabend - Dienstag und Juli - Aug. 2 Wochen geschl. – **Menu** à la carte 28/60 🍷.

KORB *Baden-Württemberg siehe Waiblingen.*

KORBACH *Hessen* 🗺 M 10, 🗺 ⑯ – *24 000 Ew – Höhe 379 m.*
🏢 *Tourist-Information, Rathaus, Stechbahn 1,* ✉ 34497, ☎ (05631) 5 32 32, Fax (05631)
53200.
Berlin 447 – Wiesbaden 187 – Kassel 64 – Marburg 67 – Paderborn 73.

🏨 **Touric,** Medebacher Landstr. 10, ✉ 34497, ☎ (05631) 95 85, Fax (05631) 958450,
direkter Zugang zum Städt. 📶 – 📳 📺 ☎ 🍴 – 🏛 40. 🆎 ⓪ Ⓔ *VISA*
Menu à la carte 32/65 – **39 Z** 88/182.

🏠 **Zum Rathaus,** Stechbahn 8, ✉ 34497, ☎ (05631) 5 00 90, Fax (05631) 500959, 🔄
– 📳 📺 ☎ 🅿 – 🏛 30. 🆎 ⓪ Ⓔ *VISA*
Menu *(Sonntagabend geschl.)* à la carte 39/65 – **40 Z** 99/160.

KORDEL *Rheinland-Pfalz* 🗺 Q 3 – *2 500 Ew – Höhe 145 m.*
Berlin 719 – Mainz 167 – Bitburg 21 – Trier 15 – Wittlich 39.

🏠 **Neyses am Park,** Am Kreuzfeld 1, ✉ 54306, ☎ (06505) 5 99, Fax (06505) 509 – 📳
📺 ☎ 🅿. 🆎 Ⓔ
23. März - 9. April und 2. - 13. Nov. geschl. – **Menu** *(Montagmittag und Donnerstag geschl.)*
à la carte 26/65 🍷 – **15 Z** 62/120.

In Zemmer-Daufenbach *N : 5 km* :

XX **Landhaus Mühlenberg,** Mühlenberg 2, ✉ 54313, ☎ (06505) 87 79,
🐝 Fax (06505) 8779, ≤, 🏤 – 🅿. 🆎 Ⓔ *VISA*
Montag - Dienstag, Jan. und Juli jeweils 2 Wochen sowie Sept. 1 Woche geschl. – **Menu**
(wochentags nur Abendessen, Tischbestellung erforderlich) 89/110 und à la carte 66/88
Spez. Geräucherter Zander mit Riesling-Sauerkrautcrème. Dorade mit Auberginen und
Zucchini in der Folie gegart. Taubenbrust mit glacierten Schalotten und Petersilienschaum.

KORNTAL-MÜNCHINGEN *Baden-Württemberg siehe Stuttgart.*

KORNWESTHEIM Baden-Württemberg **419** T 11, **987** ㊳ – 28 000 Ew – Höhe 297 m.

🚠 Aldinger Straße (O : 1 km), 🏌 (07141) 87 13 19.

🚗 Eastleighstraße.

Berlin 622 – Stuttgart 13 – Heilbronn 41 – Ludwigsburg 5 – Pforzheim 47.

🏛 **Domizil,** Stuttgarter Str. 1, ✉ 70806, 🏌 (07154) 80 90, Fax (07154) 809200 – 🛗,
⇔ Zim, 📺 ☎ 🚗 🅿 – 🛗 40. 🝙 ⓞ 🝙 VISA
Menu (Samstag - Sonntag und Juli - Aug. 2 Wochen geschl.) à la carte 38/65 – **42 Z**
139/165.

🏠 **Stuttgarter Hof** garni, Stuttgarter Str. 130, ✉ 70806, 🏌 (07154) 81 38 00,
Fax (07154) 813870 – 📺 ☎ 🅿
21 Z 75/105.

🏠 **Zum Hasen,** Christofstr. 22, ✉ 70806, 🏌 (07154) 81 35 00, Fax (07154) 813870 – 📺
☎ 🅿
Menu (Montag, Dez. - Jan. 2 Wochen und Juli - Aug. 3 Wochen geschl.) à la carte 28/61
🝙 – **22 Z** 75/105.

🏠 **Gästehaus Im Kirchle** 🦢 garni, Zügelstr. 1, ✉ 70806, 🏌 (07154) 8 20 70,
Fax (07154) 820730, 🚿 – 📺 ☎ 🚗
10 Z 75/125.

🏠 **Gästehaus Bäuerle** garni, Wilhelmstr. 5, ✉ 70806, 🏌 (07154) 81 60 30,
Fax (07154) 8160313 – 📺 ☎ 🝙
12 Z 75/135.

KORSCHENBROICH Nordrhein-Westfalen siehe Mönchengladbach.

KORSWANDT Mecklenburg-Vorpommern siehe Usedom (Insel).

KRÄHBERG Hessen siehe Beerfelden.

KRAIBURG AM INN Bayern **420** V 21 – 3 300 Ew – Höhe 450 m.

🚠 Kraiburg, Guttenburg 3 (NO : 3 km), 🏌 (08638) 88 74 88.

Berlin 650 – München 78 – Bad Reichenhall 77 – Landshut 67 – Rosenheim 53 –
Salzburg 92 – Altötting 30.

XX **Hardthaus,** Marktplatz 31, ✉ 84559, 🏌 (08638) 7 30 67, Fax (08638) 73068,
🚗 « Restaurant in einem ehemaligen Kolonialwarengeschäft »
Montag - Dienstag und Jan. 2 Wochen geschl. – **Menu** (wochentags nur Abendessen)
à la carte 38/66.

KRAKOW AM SEE Mecklenburg-Vorpommern **416** F 20, **987** ⑥ – 3 500 Ew – Höhe 60 m –
Luftkurort.

Berlin 170 – Schwerin 74 – Rostock 63 – Neubrandenburg 84.

In Krakow-Seegrube NO : 4,5 km :

XX **Ich weiß ein Haus am See** 🦢 mit Zim, Altes Forsthaus 2, ✉ 18292, 🏌 (038457)
🏕 2 32 73, Fax (038457) 23274, ≤, « Malerische Lage am See », 🝙, 🌭 – 📺 ☎ 🅿
Menu (Montag geschl.) (nur Abendessen, Tischbestellung ratsam, bemerkenswerte Wein-
karte) 96/108 und à la carte 73/87 – **8 Z** 180/220
Spez. Entenleberparfait auf dreierlei Art. Mecklenburger Fischauswahl, heißgeräuchert.
Kaninchenrücken mit getrüffeltem Grünkohl gefüllt (Okt.-Feb.).

KRANICHFELD Thüringen **418** N 17, **984** ㉓, **987** ㉘ – 3 500 Ew – Höhe 300 m.

🅱 Kultur- und Verkehrsamt, Markt 4, ✉ 99448, 🏌 (036450) 4 20 21.

Berlin 294 – Erfurt 22 – Coburg 98 – Suhl 60 – Weimar 20.

🏠 **Zum alten Kurhaus,** Ilmenauer Str. 21, ✉ 99448, 🏌 (036450) 3 12 15,
🚗 Fax (036450) 31218, 🏡, 🌭 – 📺 ☎ 🅿 ⓞ 🝙 VISA 🍴
Menu (Montag - Freitag nur Abendessen) à la carte 24/40 🝙 – **13 Z** 92/160.

KRANZBERG Bayern **419 420** U 18 – 3 200 Ew – Höhe 486 m.

Berlin 556 – München 40 – Ingolstadt 46 – Landshut 50.

🍴 **Landgasthof Kohlmeier,** Obere Dorfstr. 11, ✉ 85402, 🏌 (08166) 97 61,
🚗 Fax (08166) 5261, 🏡 – 📺 🅿
Weihnachten - 6. Jan. geschl. – **Menu** (Montag geschl.) à la carte 21/43 – **50 Z** 60/130.

KRAUCHENWIES Baden-Württemberg **419** V 11, **987** ㊳ – 4 200 Ew – Höhe 583 m.
Berlin 696 – Stuttgart 123 – Konstanz 66 – Ravensburg 46 – Ulm (Donau) 78 – Freiburg
im Breisgau 66.

In Krauchenwies-Göggingen W : 4,5 km :

🏠 Löwen, Mengener Str. 3 (B 311), ✉ 72505, ℰ (07576) 8 12, Fax (07576) 813 – 📺 ☎
🅿. ✖
8 Z.

KRAUSCHWITZ Sachsen **418** L 28 – 3 000 Ew – Höhe 110 m.
Berlin 163 – Dresden 121 – Cottbus 41 – Bautzen 58 – Görlitz 54 – Lubsko 85.

🏨 **Krauschwitz** Ⓜ, Görlitzer Str. 26, ✉ 02957, ℰ (035771) 5 70, Fax (035771) 57199
– 🛗, ✻ Zim, 📺 ☎ ✆ 🅿 – 🔏 25. 🅰🅴 ⓞ 🅴 ᴠɪsᴀ
Menu à la carte 25/50 – **45 Z** 88/138.

KRAUSNICK Brandenburg **418** J 25 – 500 Ew – Höhe 64 m.
Berlin 77 – Potsdam 111 – Cottbus 71 – Frankfurt an der Oder 66.

🏠 **Landhotel Krausnick** ⬚, Dorfstr. 94, ✉ 15910, ℰ (035472) 6 10,
Fax (035472) 61122, 🍽, 🚗 – 📺 ☎ ✆ 🅿 – 🔏 50. 🅰🅴 ⓞ 🅴 ᴠɪsᴀ
Menu (Okt. - März Montag - Freitag nur Abendessen) à la carte 26/45 ♨ – **38 Z** 85/130.

KREFELD Nordrhein-Westfalen **417** M 3, **987** ⑭ – 242 000 Ew – Höhe 40 m.
📕 Krefeld-Linn (Y), ℰ (02151) 57 00 71 ; 📗 Krefeld-Bockum, Stadtwald (Y), ℰ 59 02 43 ;
📕 Krefeld-Traar, über die B 509 (Y) NO . 5 km : ℰ 49 69 22.
ADAC, Friedrichsplatz 14, ✉ 47798, ℰ (0221) 47 27 47, Fax (02151) 608103.
Berlin 571 ① – Düsseldorf 28 ④ – Eindhoven 86 ⑦ – Essen 38 ②

Stadtplan siehe nächste Seite

🏰 **Parkhotel Krefelder Hof** ⬚, Uerdinger Str. 245, ✉ 47800, ℰ (02151) 58 40,
Fax (02151) 58435, « Gartenterrassen, Park », 🚗, 🏊, – 🛗, ✻ Zim, 📺 ⟷ 🅿 – 🔏 110.
🅰🅴 ⓞ 🅴 ᴠɪsᴀ   Y a
Menu 42 (mittags) und à la carte 45/86 – **150 Z** 165/235, 9 Suiten.

🏨 **Hansa Hotel**, Am Hauptbahnhof 2, ✉ 47798, ℰ (02151) 82 90, Fax (02151) 829150,
🚗 – 🛗, ✻ Zim, 📺 ☎ ✆ 🅿 ⟷, 🅰🅴 ⓞ 🅴 ᴠɪsᴀ   Z c
Menu (Samstag - Sonntag geschl.) (nur Abendessen) à la carte 34/47 – **107 Z** 199/409.

🏠 **City-Hotel** garni, Philadelphiastr. 63, ✉ 47799, ℰ (02151) 62 60, Fax (02151) 626100
– 🛗 ✻ 📺 ☎ ⟷. 🅰🅴 ⓞ 🅴 ᴠɪsᴀ   Z x
72 Z 140/180.

🏠 **Garden Hotel** garni, Schönwasserstr. 12a, ✉ 47800, ℰ (02151) 59 02 96,
Fax (02151) 590299 – 🛗 ✻ 📺 ☎ ⟷ 🅿. 🅰🅴 ⓞ 🅴 ᴠɪsᴀ   Y v
24. Dez. - 3. Jan. geschl. – **51 Z** 105/235.

✕✕ **Villa Medici** mit Zim, Schönwasserstr. 73, ✉ 47800, ℰ (02151) 5 06 60,
Fax (02151) 506650, « Restaurierte Villa, Gartenterrasse » – 📺 ☎ 🅿. 🅰🅴 ⓞ 🅴 ᴠɪsᴀ
Jan. und Juli jeweils 3 Wochen geschl. – **Menu** (Samstag geschl.) (italienische Küche)
à la carte 47/82 – **9 Z** 100/150.   Y n

✕✕ **Aquilon**, Ostwall 199, ✉ 47798, ℰ (02151) 80 02 07, Fax (02151) 800207 –
🅰🅴   Z r
Samstagmittag, Sonntag und Juni - Juli 2 Wochen geschl. – **Menu** à la carte 55/75.

✕ **St. Urbanshof**, Ostwall 48, ✉ 47798, ℰ (02151) 31 17 89, Fax (02151) 394424 – 🅰🅴
ⓞ 🅴 ᴠɪsᴀ   Z⬚e
Sonn- und Feiertage geschl. – **Menu** (nur Abendessen) à la carte 43/72.

✕ **Et Bröckske** (Brauerei-Gaststätte), Marktstr. 41, ✉ 47798, ℰ (02151) 2 97 40,
Fax (02151) 20279, 🍽 – 🅰🅴 🅴 ᴠɪsᴀ   Z s
Menu à la carte 35/58.

In Krefeld-Bockum :

🏠 **Alte Post** garni, Uerdinger Str. 550a, ✉ 47800, ℰ (02151) 5 88 40, Fax (02151) 500888
– 🛗 📺 ☎ ✆ ⟷ 🅿. 🅰🅴 ⓞ 🅴 ᴠɪsᴀ   Y c
24. Dez. - 2. Jan. geschl. – **33 Z** 100/200.

🏠 **Benger**, Uerdinger Str. 620, ✉ 47800, ℰ (02151) 9 55 40, Fax (02151) 955444 – 📺
☎ ✆ ⟷ 🅿. 🅰🅴 ⓞ 🅴 ᴠɪsᴀ ᴊᴄʙ   Y f
24. Dez. - 3. Jan. geschl. – **Menu** (Samstag geschl.) (wochentags nur Abendessen) à la carte
36/68 – **20 Z** 95/190.

✕✕ **Sonnenhof**, Uerdinger Str. 421, ✉ 47800, ℰ (02151) 59 35 40, Fax (02151) 505165,
🍽 – 🅰🅴 🅴 ᴠɪsᴀ   Y t
Menu à la carte 47/93.

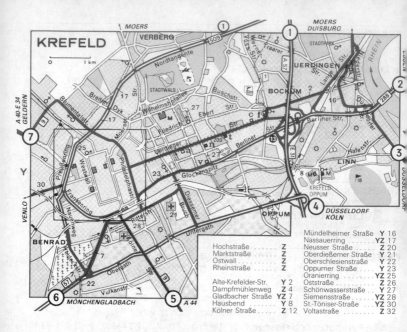

KREFELD

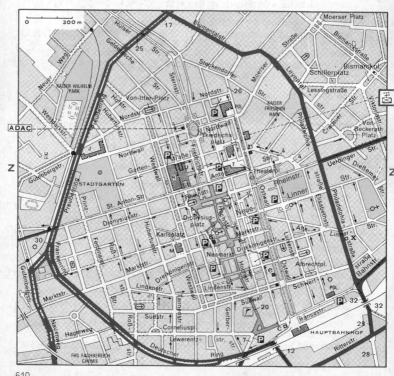

In Krefeld-Fichtenhain S : 2,5 km, über Gladbacher Straße und Oberschlesienstraße Y :

🏨 **Sol Inn Hotel** Ⓜ, Europark Fichtenhain A 1, ⊠ 47807, ℘ (02151) 83 60, Fax (02151) 836444, 佘 – 📳, ⇔ Zim, 🆃🆅 🕿 ⛐ ⅙ ❿ – 🔏 80. 𝔸𝔼 ① 🅴 𝑉𝐼𝑆𝐴 𝐽𝐶𝐵
Menu à la carte 30/55 – **99 Z** 154/195.

In Krefeld-Traar NO : 5 km, über die B 509 Y :

🏩 **Dorint Sport Country Hotel** Ⓜ ⅍, Elfrather Weg 5, ⊠ 47802, ℘ (02151) 95 60, Fax (02151) 956100, 佘, Massage, 𝕝𝕠, ⇌, 🔲, 🐎 – 📳, ⇔ Zim, 🆃🆅 ⛐ ⅙ ⇦ ❿ –
🔏 250. 𝔸𝔼 ① 🅴 𝑉𝐼𝑆𝐴 𝐽𝐶𝐵
Menu à la carte 49/72 – **158** 235/375, 4 Suiten.

In Krefeld-Uerdingen :

🏠 **Imperial** garni, Bahnhofstr. 60a, ⊠ 47829, ℘ (02151) 4 92 80, Fax (02151) 492849 –
📳 🆃🆅 🕿   Y r
26 Z 95/180.

KREIPITZSCH Sachsen-Anhalt siehe Kösen, Bad.

KREISCHA Sachsen siehe Dresden.

KRESSBRONN AM BODENSEE Baden-Württemberg 𝟜𝟙𝟡 X 12 – 7 400 Ew – Höhe 410 m – Erholungsort.
🚩 Tourist-Information, Seestr. 20, ⊠ 88079, ℘ (07543) 6 02 92, Fax (07543) 60239.
Berlin 731 – Stuttgart 170 Konstanz 41 – Ravensburg 23 – Bregenz 19.

🏨 **Strandhotel** ⅍, Uferweg 5, ⊠ 88079, ℘ (07543) 68 41, Fax (07543) 7002, ≼,
« Terrasse am Seeufer », 🐾, 🐎 – 📳 🆃🆅 🕿 ⇦ ❿
März - Nov. – **Menu** à la carte 39/72 – **30 Z** 120/200.

🏠 **Seehof,** Seestr. 25, ⊠ 88079, ℘ (07543) 9 63 60, Fax (07543) 963640, ≼, 🐎 – 🆃🆅
🕿 ❿
März - Anfang Nov. – (nur Abendessen für Hausgäste) – **16 Z** 85/152 – ½ P 27.

🏠 **Krone,** Hauptstr. 41, ⊠ 88079, ℘ (07543) 9 60 80, Fax (07543) 960815, Biergarten,
🔲, 🐎 – 🆃🆅 ❿
20. Okt. - 15. Nov. und 20. Dez. - 5. Jan. geschl. – **Menu** (Mittwoch geschl.) à la carte 28/48
⅃ – **23 Z** 80/160 – ½ P 20.

🍴 **Engel,** Lindauer Str. 2, ⊠ 88079, ℘ (07543) 65 42, Fax (07543) 5627 – ❿
⇦ Jan. geschl. – **Menu** (Montag geschl.) à la carte 24/43 ⅃ – **18 Z** 35/100.

In Kressbronn-Gohren S : 2,5 km :

🍴 **Bürgerstüble** ⅍, Tunauer Weg 6, ⊠ 88079, ℘ (07543) 86 45, Fax (07543) 50125,
⇦ 佘 – 🆃🆅 ❿
3. - 12. März, 21. Okt. - 18. Nov. und 23. - 30. Dez. geschl. – **Menu** (Dienstag geschl.)
à la carte 24/41 ⅃ – **15 Z** 70/110.

KREUTH Bayern 𝟜𝟚𝟘 X 19, 𝟡𝟠𝟟 ㊵ – 3 700 Ew – Höhe 786 m – Heilklimatischer Kurort – Wintersport : 800/1 600 m ≼ 8 ⅍ 5.
🚩 Kurverwaltung, Nördl. Hauptstr. 3, ⊠ 83708, ℘ (08029) 18 19, Fax (08029) 1828.
Berlin 652 – München 63 – Garmisch-Partenkirchen 64 – Bad Tölz 29 – Miesbach 28.

🏨 **Zur Post,** Nördl. Hauptstr. 5, ⊠ 83708, ℘ (08029) 10 21, Fax (08029) 322, Biergarten,
⇌, 🐎 – 📳 🆃🆅 🕿 ⅙ ⇦ ❿ – 🔏 60. 𝔸𝔼 🅴 𝑉𝐼𝑆𝐴
Menu à la carte 31/55 – **81 Z** 140/200.

In Kreuth-Scharling N : 2 km :

🍴 **Landgasthof Hirschberg,** Nördliche Hauptstr. 89, ⊠ 83708, ℘ (08029) 3 15,
Fax (08029) 10 04, 佘 – ❿
Montag - Dienstag geschl. – **Menu** à la carte 34/79.

KREUZAU Nordrhein-Westfalen siehe Düren.

KREUZNACH, BAD Rheinland-Pfalz 𝟜𝟙𝟟 Q 7, 𝟡𝟠𝟟 ㉖ – 43 000 Ew – Höhe 105 m – Heilbad.
Sehenswert : Römerhalle★ (Fußboden-Mosaiken★★) Y M.
🚩 Kurverwaltung, Kurhausstr. 23 (Bäderkolonnade), ⊠ 55543, ℘ (0671) 8 36 00 50, Fax (0671) 8360080.
ADAC, Kreuzstr. 15, ⊠ 55543, ℘ (0671) 22 33, Fax (0671) 42275.
Berlin 612 ② – Mainz 45 ① – Idar-Oberstein 50 ⑤ – Kaiserslautern 56 ④ – Koblenz 81 ① – Worms 55 ①

BAD KREUZNACH

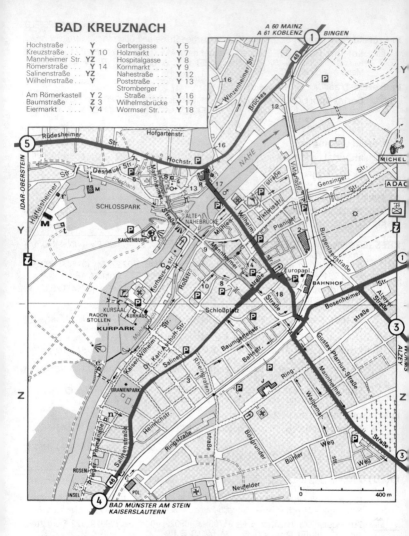

Hochstraße . . . . **Y**	Gerbergasse . . **Y** 5
Kreuzstraße . . . **Y** 10	Holzmarkt . . . **Y** 7
Mannheimer Str. **YZ**	Hospitalgasse . . **Y** 8
Römerstraße . . **Y** 14	Kornmarkt . . . **Y** 9
Salinenstraße . . **YZ**	Nahestraße . . . **Y** 12
Wilhelmstraße . . **Y**	Poststraße . . . **Y** 13
	Stromberger
Am Römerkastell **Y** 2	Straße . . . **Y** 16
Baumstraße . . . **Z** 3	Wilhelmsbrücke **Y** 17
Eiermarkt . . . . **Y** 4	Wormser Str. . . **Y** 18

Parkhotel-Kurhaus 🏡, Kurhausstr. 28, ⊠ 55543, 𝒞 (0671) 80 20, Fax (0671) 35477, 🍴, Massage, ⇔ direkter Zugang zum Thermal-Sole-Bad – ☒, ⇔ Zim, 🆃🆅 🄿 🄿 – 🚗 220. 🄰🄴 🄾 🄴 𝑉𝐼𝑆𝐴
Z
Menu à la carte 57/72 – **105 Z** 155/250, 6 Suiten – ½ P 39.

Landhotel Kauzenberg 🏡, Auf dem Kauzenberg, ⊠ 55545, 𝒞 (0671) 3 80 00, Fax (0671) 3800124, ⇔, 🍴 – 🆃🆅 🕿 🄿 – 🚗 30. 🄰🄴 🄾 🄴 𝑉𝐼𝑆𝐴
Y t
Menu siehe Rest. **Die Kauzenburg** separat erwähnt – **46 Z** 125/240 – ½ P 35.

Insel-Stuben 🏡, Kurhausstr. 10, ⊠ 55543, 𝒞 (0671) 83 79 90, Fax (0671) 8379955, 🍴 – ☒, ⇔ Zim, 🆃🆅 🕿 🄿 – 🚗 20. 🄰🄴 🄾 🄴 𝑉𝐼𝑆𝐴
Y c
Menu Montag geschl. à la carte 37/66 – **22 Z** 115/190 – ½ P 28.

Der Quellenhof 🏡, Nachtigallenweg 2, ⊠ 55543, 𝒞 (0671) 83 83 30, Fax (0671) 35218, ≤, 🍴, Massage, ⇔, 🔲, 🍴 – 🕿 ⇔ 🄿. 🄾 🄴 𝑉𝐼𝑆𝐴, 🛇 Zim
Z e
Menu à la carte 45/65 🍴 – **36 Z** 110/240.

Engel im Salinental garni, Heinrich-Held-Str. 10, ⊠ 55543, 𝒞 (0671) 38 10, Fax (0671) 43805, ⇔ – ☒ 🆃🆅 🕿 🄿 – 🚗 25. 🄰🄴 🄾 🄴 𝑉𝐼𝑆𝐴 𝐽𝐶𝐵. 🛇
über ④
28 Z 105/168.

🏛 **Michel Mort,** Eiermarkt 9, ✉ 55545, ✆ (0671) 83 93 30, Fax (0671) 8393310, 🍽 –
📺 🕿 AE ① E VISA   Y s
Menu à la carte 32/52 ⅃ – **18 Z** 99/145 – ½ P 21.

🏛 **Oranienhof** 🦢, Priegerpromenade 5, ✉ 55543, ✆ (0671) 83 82 20,
Fax (0671) 36472, 🍽 – 📳 📺 🕿 – 🛁 30   Z n
Menu à la carte 33/54 ⅃ – **23 Z** 70/190 – ½ P 24.

XX **Im Gütchen** (modernes Restaurant in einem ehem. Hofgut), Hüffelsheimer Str. 1,
✉ 55545, ✆ (0671) 4 26 26, Fax (0671) 480435, 🍽 – ❶ AE E   Y r
Dienstag geschl. – **Menu** (wochentags nur Abendessen) à la carte 65/84.

XX **Die Kauzenburg** (modernes Restaurant in einer Burgruine), Auf dem Kauzenberg,
✉ 55545, ✆ (0671) 3 80 00, Fax (0671) 3800804, ≤ Bad Kreuznach, « Rittersaal in einem
800 J. alten Gewölbe, Aussichtsterrassen » – ❶ AE ① E VISA   Y u
Menu à la carte 43/70.

X **Historisches Dr.-Faust-Haus** (Fachwerkhaus a.d.J. 1492), Magister-Faust-Gasse 47,
🍴 ✉ 55545, ✆ (0671) 2 87 58, 🍽 –   Y a
Dienstag geschl., Montag - Freitag nur Abendessen – **Menu** (bemerkenswertes Angebot
regionaler Weine) à la carte 24/42 ⅃.

In Hackenheim SO : 2 km über Mannheimer Straße Z :

XX **Metzlers Gasthof,** Hauptstr. 69, ✉ 55546, ✆ (0671) 6 53 12, Fax (0671) 65310, 🍽
⛄ – ❶ AE E
🦞 Sonntagabend - Montag und Juli - Aug. 4 Wochen geschl. – **Menu** 68/120 und à la carte
43/83
Spez. Gebackene Ravioli von Kaisergranat mit Ruccolapesto. Ragout von Kalbsnierchen und
Bries mit Portwein-Trüffeljus. Lammcarrée mit gebratenem Gemüse und Olivensauce.

MICHELIN-REIFENWERKE KGaA. ✉55543 Bad Kreuznach Michelinstraße (über Gen-
singer Straße, ✆ (0671) 85 50 Fax 8551523.

If you find you cannot take up a hotel booking you have made,
please let the hotel know immediately.

KREUZTAL Nordrhein-Westfalen 📖 N 7, 📖 ㉖ – 30 100 Ew – Höhe 310 m.
Berlin 574 – Düsseldorf 120 – Hagen 78 – Köln 83 – Siegen 11.

🏛 **Keller,** Siegener Str. 33, ✉ 57223, ✆ (02732) 5 95 70, Fax (02732) 595757, Biergarten,
🍽 – 📺 🕿 📞 ⇔ ❶ AE ① E VISA
Anfang - Mitte Jan. geschl. – **Menu** (Samstagmittag geschl.) à la carte 38/72 – **14 Z** 96/175.

In Kreuztal-Krombach NW : 5 km :

🏨 **Zum Anker,** Hagener Str. 290, ✉ 57223, ✆ (02732) 8 95 50, Fax (02732) 895533 –
📺 🕿 📞 ⇔ ❶ – 🛁 25. E
Menu à la carte 33/81 – **17 Z** 90/210.

KREUZWERTHEIM Bayern siehe Wertheim.

KRIFTEL Hessen siehe Hofheim am Taunus.

KRÖV Rheinland-Pfalz 📖 Q 5 – 2 500 Ew – Höhe 105 m – Erholungsort.
🛈 Verkehrsbüro, Robert-Schuman-Str. 63, ✉ 54536, ✆ (06541) 94 86, Fax (06541) 6799.
Berlin 678 – Mainz 131 – Bernkastel-Kues 18 – Trier 56 – Wittlich 19.

🏛 **Ratskeller** (mit Gästehaus), Robert-Schuman-Str. 49, ✉ 54536, ✆ (06541) 99 97,
Fax (06541) 3202 – 📳 📺 ⇔ ❶ E VISA
10. Jan. - 10. Feb. geschl. – **Menu** (Dienstagmittag geschl.) à la carte 25/56 ⅃ – **27 Z** 65/160
– ½ P 28.

🏛 **Springiersbacher Hof,** Robert-Schuman-Str. 44, ✉ 54536, ✆ (06541) 14 51,
Fax (06541) 4238, 🍽, ☎, 🌳 – 📺 ❶. 🎿
März - Mitte Nov. – **Menu** à la carte 25/54 ⅃ – **23 Z** 60/150 – ½ P 20/25.

KRONACH Bayern 📖📖 P 17, 📖 ㉘ – 19 500 Ew – Höhe 325 m.
Sehenswert : Festung Rosenberg (Fränkische Galerie).
🛈 Städt. Fremdenverkehrsbüro, Lucas-Cranach-Str.19, ✉ 96317, ✆ (09261) 9 72 36, Fax
(09261) 97236.
Berlin 352 – München 279 – Coburg 33 – Bayreuth 44 – Bamberg 58.

🏠 **Bauer,** Kulmbacher Str. 7, ✉ 96317, ℰ (09261) 9 40 58, Fax (09261) 52298, 🌳 – 📺
🚗 ☎ 🅿. 🖭 ⓞ 🗲 𝘝𝘐𝘚𝘈. ✍ Rest
Menu (Sonntagabend, Anfang Jan. 1 Woche und Aug. 2 Wochen geschl.) à la carte 33/59
– **18 Z** 85/145.

🏠 **Försterhof** garni, Paul-Keller-Str. 3, ✉ 96317, ℰ (09261) 10 41, Fax (09261) 92459 –
📺 ☎ 🅿. 🖭 ⓞ 🗲 𝘝𝘐𝘚𝘈. ✍
22 Z 70/100.

In Kronach-Gehülz W : 5 km :

🏠 **Pension Elke** ✍ garni, Zollbrunn 68a, ✉ 96317, ℰ (09261) 6 01 20,
Fax (09261) 601223, 🖙 – 📺 ☎ 🅿. ✍
11 Z 50/90.

In Marktrodach-Unterrodach O : 7 km :

🏠🏠 **Flößerhof** ✍, Kreuzbergstr. 35, ✉ 96364, ℰ (09261) 6 06 10, Fax (09261) 606162,
🌳, Massage, 🐟, 🖙, 🌊, 🌤, 🎿(Halle) – 📺 ☎ ⛹ 🅿 – 🔬 30. 🖭 🗲 𝘝𝘐𝘚𝘈
Menu à la carte 30/51 – **50 Z** 75/160.

KRONBERG IM TAUNUS Hessen 🚩🚩🚩 P 9 – 18 000 Ew – Höhe 257 m – Luftkurort.
🐦 Kronberg/Taunus, Schloß Friedrichshof, ℰ (06173) 14 26.
🎫 Verkehrsverein, Rathaus, Katharinenstr. 7, ✉ 61476, ℰ (06173) 70 32 20, Fax (06173)
703200.
Berlin 540 – Wiesbaden 28 – Frankfurt am Main 17 – Bad Homburg vor der Höhe 13 –
Limburg an der Lahn 43.

🏠🏠🏠🏠 **Schloßhotel** ✍, Hainstr. 25, ✉ 61476, ℰ (06173) 7 01 01, Fax (06173) 701267,
≼ Schloßpark, 🌳, « Einrichtung mit wertvollen Antiquitäten » – 🛗 📺 🅿 – 🔬 60. 🖭
ⓞ 🗲 𝘝𝘐𝘚𝘈 🃏. ✍ Rest
Menu à la carte 78/112 – **58 Z** 325/860, 7 Suiten.

🏠🏠 **Concorde Hotel Viktoria** ✍ garni, Viktoriastr. 7, ✉ 61476, ℰ (06173) 40 73,
Fax (06173) 2863, 🖙, 🌤 – 🛗 📶 📺 ☎ 🚗 🅿 – 🔬 20. 🖭 ⓞ 🗲 𝘝𝘐𝘚𝘈
42 Z 195/420, 3 Suiten.

🌲 **Frankfurter Hof,** Frankfurter Str. 1, ✉ 61476, ℰ (06173) 7 95 96, Fax (06173) 5776
– ☎ 🚗 🅿. 🗲 𝘝𝘐𝘚𝘈
Menu (Freitag und Juli - Aug. 3 Wochen geschl.) (wochentags nur Abendessen) à la carte
30/59 – **11 Z** 80/180.

🍴🍴 **Kronberger Hof** mit Zim, Bleichstr. 12, ✉ 61476, ℰ (06173) 7 90 71,
Fax (06173) 5905, 🌳 – 📺 ☎ 🅿 – 🔬 30. 🖭 ⓞ 🗲 𝘝𝘐𝘚𝘈
Menu (Samstag geschl.) à la carte 35/67 – **10 Z** 100/200.

KROPP Schleswig-Holstein 🚩🚩🚩 C 12, 🚩🚩🚩 ⑤ – 5 400 Ew – Höhe 15 m.
Berlin 388 – Kiel 52 – Rendsburg 21 – Schleswig 16.

🏠🏠 Wikingerhof, Tetenhusener Chaussee 1, ✉ 24848, ℰ (04624) 7 00, Fax (04624) 2613,
🌳, 🖙, 🌤 – 📺 ☎ ♿ 🅿 – 🔬 50
56 Z.

KROZINGEN, BAD Baden-Württemberg 🚩🚩🚩 W 7, 🚩🚩🚩 ㊲, 🚩🚩🚩 ④ – 13 000 Ew – Höhe 233 m
– Heilbad.
🎫 Kurverwaltung, Herbert-Hellmann-Allee 12, ✉ 79189, ℰ (07633) 40 08 63, Fax
(07633) 150105.
Berlin 816 – Stuttgart 217 – Freiburg im Breisgau 18 – Basel 63.

🏠 **Rössle** garni, Basler Str. 18, ✉ 79189, ℰ (07633) 31 03, Fax (07633) 13085 – 📺 ☎
🚗. 🗲
Mitte Dez. - Anfang Jan. geschl. – **11 Z** 65/130.

🏠 **Hofmann zur Mühle** ✍ garni, Litschgistr. 6, ✉ 79189, ℰ (07633) 31 40,
Fax (07633) 2123, Massage, 🖙, 🌤 – 🔆 🚗 🅿. 🖭 ⓞ 🗲 𝘝𝘐𝘚𝘈
Mitte Jan. - Ende Feb. geschl. – **21 Z** 85/190.

🏠 **Biedermeier** ✍ garni, In den Mühlenmatten 12, ✉ 79189, ℰ (07633) 91 03 00,
Fax (07633) 91 03 40, 🖙, 🌤 – 📺 ☎ 🅿. 🗲 𝘝𝘐𝘚𝘈
Mitte Dez. - Jan. geschl. – **24 Z** 67/150.

🍴🍴 **Batzenberger Hof** mit Zim, Freiburger Str. 2 (B 3), ✉ 79189, ℰ (07633) 41 50,
Fax (07633) 150253 – ☎ 🅿
Menu (Sonntag - Montag sowie Jan. und Aug. je 2 Wochen geschl.) (nur Abendessen)
à la carte 37/72 🍷 – **13 Z** 78/150.

Im Kurgebiet :

🏨 **Barthel's Hotellerie an den Thermen** ⚶ (mit Gästehaus, ≘s, 🕭), Thürachstr. 1, ✉ 79189, ℘ (07633) 1 00 50, *Fax (07633) 100550,* �, 🚗 – 📶, ⇌ Zim, 📺 ☎ 🅿 – 🛪 30. 🖭 ① 🗷 ⽆
Menu à la carte 41/77 – **55 Z** 105/260 – ½ P 35.

🏨 **Haus Pallotti** ⚶, Thürachstr. 3, ✉ 79189, ℘ (07633) 4 00 60, *Fax (07633) 400610,* �, Massage, ⇌ – 📶 📺 ☎ 🅿 – 🛪 30. 🖭 🗷 ⽆
Menu *(Sonntagabend - Montag und Dez. - Jan. geschl.)* à la carte 30/51 ⚗ – **60 Z** 70/180 – ½ P 25.

In Bad Krozingen-Biengen *NW : 4 km :*

🍴🍴 **Krone,** Hauptstr. 18, ✉ 79189, ℘ (07633) 39 66, *Fax (07633) 101177,* « Innenhofterrasse » 🅿 🖭 🗷 ⽆
Sonntag - Montag geschl. **Menu** à la carte 52/93.

In Bad Krozingen-Schmidhofen *S : 3,5 km :*

🍴 **Storchen,** Felix- und Nabor-Str. 2, ✉ 79189, ℘ (07633) 53 29, *Fax (07633) 7019* – 🅿
⊜ ⽆
Montag - Dienstagmittag sowie Jan. und Juli jeweils 2 Wochen geschl. – **Menu** à la carte 45/76 ⚗.

KRÜN *Bayern* 🔢🔢 *X 17,* 🔢 ④⓪ – *1 700 Ew – Höhe 875 m – Erholungsort – Wintersport : 900/1 200 m ⚡2 ⚡4.*

🅱 *Verkehrsamt, Schöttlkarspitzstr. 15,* ✉ *82494,* ℘ *(08825) 10 94, Fax (08825) 2244.*
Berlin 683 – München 96 – Garmisch-Partenkirchen 17 – Mittenwald 8.

🏨 **Alpenhof** ⚶, Edelweißstr. 11, ✉ 82494, ℘ (08825) 10 14, *Fax (08825) 1016,* ≼ Karwendel- und Wettersteinmassiv, ≘s, 🔲 , ⇌ – ☎ 🕭 ⇗ 🅿. 🖭 ⽆
⊜ Rest
15. - 30. April und 1. Nov. - 17. Dez. geschl. – (Restaurant nur für Hausgäste) – **36 Z** 64/160 – ½ P 15.

🏨 **Schönblick** ⚶ garni, Sojernstr. 1, ✉ 82494, ℘ (08825) 9 22 20, *Fax (08825) 922298,* ≼ Karwendel- und Wettersteinmassiv, ⇌ – ☎ ⇗ 🅿
April - 17. Mai und 25. Okt. - 20. Dez. geschl. – **19 Z** 53/106.

In Krün-Barmsee *W : 2 km :*

🏨 **Alpengasthof Barmsee** ⚶, Am Barmsee 4, ✉ 82494, ℘ (08825) 20 34, *Fax (08825) 8/9,* ≼ Karwendel- und Wettersteinmassiv, �, ≘s, 🐾, ⇌ ⚡ – 📺 ☎ ⇗
🅿
15. - 30. April und 26. Okt. - 20. Dez. geschl. – **Menu** *(Mittwoch geschl.)* à la carte 27/58 – **23 Z** 57/144 – ½ P 17.

In Krün-Klais *SW : 4 km :*

🏨 **Post,** Bahnhofstr. 7, ✉ 82493, ℘ (08823) 22 19, *Fax (08823) 94055,* �, Biergarten, ⇌ – ⇗ 🅿
April und 3. Nov. - 19. Dez. geschl. – **Menu** *(Montag geschl.)* à la carte 29/58 – **10 Z** 50/150 – ½ P 18.

🏨 **Gästehaus Ingeborg** garni, An der Kirchleiten 7, ✉ 82493, ℘ (08823) 81 68, ≼, ⇌ – 🅿. ⽆
Nov. - Mitte Dez. geschl. – **10 Z** 40/90.

KRUGSDORF *Mecklenburg-Vorpommern siehe Pasewalk.*

KRUMBACH *Bayern* 🔢🔢 *V 15,* 🔢 ㊴, 🔢 *CD 4 – 11 000 Ew – Höhe 512 m.*
Berlin 596 – München 124 – Augsburg 48 – Memmingen 38 – Ulm (Donau) 41.

🏨 **Traubenbräu,** Marktplatz 14, ✉ 86381, ℘ (08282) 20 93, *Fax (08282) 5873* – 📺 ☎ ⇗ 🅿 – 🛪 40. 🗷 ⽆
Menu *(Samstag geschl.)* à la carte 29/51 – **10 Z** 65/105.

🏨 **Diem,** Kirchenstr. 5, ✉ 86381, ℘ (08282) 8 88 20, *Fax (08282) 888250,* �, ≘s – 📺 ⊜ ☎ ⚡ ⇗ 🅿 – 🛪 20. 🗷 ⽆
Menu à la carte 23/48 *(auch vegetarische Gerichte)* ⚗ – **27 Z** 60/135.

🏨 **Falk,** Heinrich-Sinz-Str. 4, ✉ 86381, ℘ (08282) 20 11, *Fax (08282) 2024,* Biergarten, ⇌ ⊜ – 📺 ☎ ⇗ 🅿. 🖭 🗷
Menu *(Samstagabend geschl.)* à la carte 24/43 ⚗ – **18 Z** 62/112.

KRUMMHÖRN Niedersachsen **415** F 5 – 15000 Ew – Höhe 5 m.

🖪 *Fremdenverkehrs-GmbH, Zur Hauener Hooge 15 (Greetsiel),* ✉ 26736, 📞 *(04926) 9 18 80, Fax (04926) 2029.*
Berlin 528 – Hannover 265 – Emden 14 – Groningen 112.

In Krummhörn-Greetsiel – *Erholungsort* :

🏨 **Landhaus Steinfeld** ⊗, Kleinbahnstr. 16, ✉ 26736, 📞 (04926) 9 18 10,
Fax (04926) 2039, 🌣, 😑, ⬛ – 📺 ☎ 🅿 – 🔏 40
15. - 31. Jan. geschl. – **Menu** *(Sonntag - Dienstag geschl.)* (nur Abendessen) à la carte 52/80 – **25 Z** 165/325.

🏨 **Witthus** ⊗ (mit Gästehaus), Kattrepel 7, ✉ 26736, 📞 (04926) 9 20 00,
Fax (04926) 920092, « Ständig wechselnde Bilderausstellung, Gartenterrasse » – 🛏 📺
☎ 🅿 E **VISA**. 🛇
Menu *(Nov. - April Donnerstag geschl.)* à la carte 34/61 – **14 Z** 125/210.

🏠 **Hohes Haus** ⊗, Hohe Str. 1, ✉ 26736, 📞 (04926) 18 10, *Fax (04926) 18199,* 🌣,
« Restauriertes, historisches Gebäude aus dem 17. Jh. mit rustikaler Einrichtung » –
🛏 Zim, 📺 ☎ 🅿. 🆎 E **VISA**
Menu à la carte 27/53 – **33 Z** 85/200 – ½ P 25.

KUCHELMISS Mecklenburg-Vorpommern **416** E 21 – 880 Ew – Höhe 60 m.
Berlin 160 – Schwerin 78 – Rostock 50 – Neubrandenburg 84.

In Kuchelmiss-Serrahn S : 3 km :

🏨 **Das Landhaus am Serrahner See** ⊗, Dobbiner Weg 24, ✉ 18292,
📞 (038456) 6 50, *Fax (038456) 65255,* 🌣, Biergarten, 🔏, 😑, 🎱, 🔫, 🏌 6 Loch Golf
– 🛏 Zim, 📺 ☎ 🅿 – 🔏 50. 🆎 ⓞ E **VISA**
Menu à la carte 32/59 – **28 Z** 119/270.

KÜHLUNGSBORN Mecklenburg-Vorpommern **415 416** D 19, **987** ⑥ – 7300 Ew – Höhe 2 m
– Seebad.

🏊 *Wittenbeck (SO : 3 km),* 📞 (038293) 1 33 70.
🖪 *Kurverwaltung, Ostseeallee 19,* ✉ 18225, 📞 (038293) 84 90, *Fax (038293) 84930.*
Berlin 251 – Schwerin 70 – Rostock 31 – Wismar 39.

🏨🏨 **Neptun Hotel** 🅼, Strandstr. 37, ✉ 18225, 📞 (038293) 6 30, *Fax (038293) 63299,* 🌣,
😑 – 🛏 Zim, 📺 🅿 – 🔏 50. 🆎 E **VISA**
Menu *(Jan. geschl.)* à la carte 36/56 – **25 Z** 150/220 – ½ P 30.

🏨 **Schweriner Hof**, Ostseeallee 46, ✉ 18225, 📞 (038293) 7 90, *Fax (038293) 79410,*
😑 – 📱, 🛏 Zim, 📺 ☎ 🍴 🅿 – 🔏 20. 🆎 E **VISA**. 🛇 Rest
Menu (nur Abendessen) à la carte 30/37 – **30 Z** 125/295.

🏨 **Europa Hotel** 🅼, Ostseeallee 8, ✉ 18225, 📞 (038293) 8 80, *Fax (038293) 88444,* 🌣,
🔏, 😑 – 📱, 🛏 Zim, 📺 ☎ 🔥 🅿 – 🔏 80. 🆎 ⓞ E **VISA**
Menu à la carte 34/60 – **62 Z** 165/235 – ½ P 30.

🏨 **Strandhotel Sonnenburg**, Ostseeallee 15, ✉ 18225, 📞 (038293) 83 90,
Fax (038293) 83913, 🌣 – 📱, 🛏 Zim, 📺 ☎ 🔄 🅿. 🆎 E **VISA**. 🛇 Rest
Menu à la carte 30/57 – **29 Z** 130/195 – ½ P 25.

🏨 **Seeschloss** 🅼 garni, Ostseeallee 7, ✉ 18225, 📞 (038293) 1 80, *Fax (038293) 18444,*
🔏, 😑 – 📱 🛏 📺 ☎ 🍴 🅿 – 🔏 20. 🆎 ⓞ E **VISA** **JCB**
52 Z 180/260, 12 Suiten.

🏨 **Strandblick** 🅼, Ostseeallee 6, ✉ 18225, 📞 (038293) 6 33, *Fax (038293) 63500,* 🌣,
😑 – 📱, 🛏 Zim, 📺 ☎ 🔥 🅿 – 🔏 40. 🆎 ⓞ E **VISA** **JCB**. 🛇
Menu (nur Abendessen) à la carte 28/49 – **39 Z** 150/240, 4 Suiten – ½ P 28.

🏨 **Westfalia** garni, Ostseeallee 17, ✉ 18225, 📞 (038293) 1 21 95, *Fax (038293) 12196,*
« Garten » – 📱 🛏 📺 ☎ 🅿. 🛇
Nov. geschl. – **14 Z** 130/195.

🏨 **Esplanade** garni, Hermann-Häcker-Str. 44, ✉ 18225, 📞 (038293) 83 50,
Fax (038293) 83532, ⇐ – 🛏 📺 ☎ 🅿 – 🔏 15. 🛇
25 Z 100/170.

🏨 **Rosenhof**, Poststr. 18, ✉ 18225, 📞 (038293) 7 86, *Fax (038293) 78787,* 🌣, 🔫 – 📱,
🍴 Rest, 📺 ☎ 🍴 🔄 🅿. 🆎 ⓞ E **VISA**
Menu (nur Abendessen) à la carte 26/50 – **21 Z** 115/190 – ½ P 23.

🏨 **Am Strand**, Ostseeallee 16, ✉ 18225, 📞 (038293) 8 00, *Fax (038293) 80118,* 🌣, 🔏,
😑 – 📱 📺 ☎ 🅿 – 🔏 20. 🆎 ⓞ E **VISA**
Menu à la carte 37/72 – **38 Z** 130/200.

🏨 **Villa Patricia** garni, Ostseeallee 2, ✉ 18225, 📞 (038293) 85 40, *Fax (038293) 85485,*
« Haus im Stil der Jahrhundertwende » – 🛏 📺 ☎ 🅿. 🆎 E **VISA**
27 Z 100/250.

🏠 **Strandhotel Nordischer Hof**, Ostseeallee 25, ✉ 18225, ✆ (038293) 76 00,
Fax (038293) 7604, ⇔ – 📳 📺 ☎ 🔥 🄿. ஊ ⓪ ☰ *VISA*. ✂ Rest
(Restaurant nur für Hausgäste) – **38 Z** 100/190.

🏠 **Polar-Stern**, Ostseeallee 24, ✉ 18225, ✆ (038293) 82 90, Fax (038293) 82999, 🍴,
Biergarten – 📺 ☎ 🄿 – 🔥 25. ஊ ⓪ ☰ *VISA*. ✂ Rest
Menu à la carte 25/51 – **23 Z** 100/160 – ½ P 18.

🏠 **Schloß am Meer** garni, Tannenstr. 8, ✉ 18225, ✆ (038293) 8 53 00,
Fax (038293) 85306, ⇐ – 📺 ☎ 🄿. ஊ ⓪ ☰ *VISA*. ✂
14. Dez. - Jan. geschl. – **27 Z** 105/200.

🏠 **Scandinavia**, Friedrich-Borgwardt-Str. 1, ✉ 18225, ✆ (038293) 61 93,
Fax (038293) 7219, 🍴 – 📺 ☎ 🄿 – 🔥 15. ஊ ☰ *VISA*
Menu (nur Abendessen) à la carte 25/39 – **23 Z** 95/189 – ½ P 20.

🏠 **Poseidon**, Hermannstr. 6, ✉ 18225, ✆ (038293) 71 82, Fax (038293) 7525, 🍴 – 📺
⊜ ☎ 🄿. ஊ ☰ *VISA*. ✂ Zim
Nov. 3 Wochen geschl. – **Menu** *(Jan. - April Mittwoch geschl.)* à la carte 24/50 – **23 Z** 95/175
– ½ P 22.

🏠 **Nordwind**, Hermannstr. 23, ✉ 18225, ✆ (038293) 72 07, Fax (038293) 12211, 🍴 –
📺 ☎ 🄿. ஊ ☰ *VISA*
März - Okt. – **Menu** à la carte 27/45 – **28 Z** 95/160 – ½ P 20.

✕ **Brunshöver Möhl**, An der Mühle 3, ✉ 18225, ✆ (038293) 9 37, Fax (038293) 937 –
🄿. ஊ ⓪ ☰ *VISA*
Okt. - April wochentags nur Abendessen und Sonntagabend - Montag geschl. – **Menu**
à la carte 32/56.

In Wittenbeck SO : 3 km :

🏠 **Landhotel Wittenbeck** ⊗, Straße zur Kühlung 21a, ✉ 18209, ✆ (038293) 66 26,
⊜ Fax (038293) 7549, 🍴, ⇔ – 📺 ☎ 🄿 – 🔥 40. ஊ ☰ *VISA*. ✂
Menu à la carte 24/42 – **45 Z** 99/140 – ½ P 20.

KÜMMERSBRUCK Bayern 🔳🔳🔳 R 19 – 7 900 Ew – Höhe 370 m.
Berlin 438 – München 186 – Bayreuth 82 – Nürnberg 68 – Regensburg 62.

In Kümmersbruck-Haselmühl :

🏠 **Zur Post**, Vilstalstr. 82, ✉ 92245, ✆ (09621) 77 50, Fax (09621) 74730 – 📺 ☎ ☏ 🄿.
ஊ ⓪ ☰ *VISA*
Menu à la carte 28/56 – **29 Z** 90/150.

KÜNZELL Hessen siehe Fulda.

KÜNZELSAU Baden-Württemberg 🔳🔳🔳 S 13, 🔳🔳🔳 ㉗ – 11 600 Ew – Höhe 218 m.
Berlin 561 – Stuttgart 94 – Heilbronn 52 – Schwäbisch Hall 23 – Würzburg 84.

✲ **Comburgstuben**, Komburgstr. 12, ✉ 74653, ✆ (07940) 35 70, 🍴 – 📺 ☎ ⊜
Menu *(Freitagabend - Samstag und 23. Dez. - 6. Jan. sowie Juli - Aug. 2 Wochen geschl.)*
à la carte 28/52 – **11 Z** 80/125.

✲ **Frankenbach**, Bahnhofstr. 10, ✉ 74653, ✆ (07940) 23 33, Fax (07940) 54005 – ⊜
🄿
Aug. 3. Wochen geschl. – **Menu** *(Sonn- und Feiertage abends, sowie Dienstag geschl.)*
à la carte 25/47 🍺 – **11 Z** 40/100.

KÜPS Bayern 🔳🔳🔳 🔳🔳🔳 P 17 – 7 500 Ew – Höhe 299 m.
Berlin 355 – München 278 – Coburg 33 – Bayreuth 50 – Hof 59 – Bamberg 52.

✕✕ **Werners Restaurant**, Griesring 16, ✉ 96328, ✆ (09264) 64 46, Fax (09264) 7850
⊜ Montag, Juli 1 Woche und Mitte - Ende Aug. geschl. – **Menu** (nur Abendessen) à la carte
44/65.

In Küps-Oberlangenstadt :

🏠 **Hubertus**, Hubertusstr. 7, ✉ 96328, ✆ (09264) 96 00, Fax (09264) 96055, ⇐, 🍴, ⇔,
🔲, 🌳 – ✂ Zim, 📺 ☎ 🄿 – 🔥 40. ⓪ ☰ *VISA*
3. - 11. Jan. geschl. – **Menu** *(Sonntagabend geschl.)* à la carte 31/56 – **24 Z** 81/131.

KÜRNBACH Baden-Württemberg 🔳🔳🔳 S 10 – 2 600 Ew – Höhe 203 m.
Berlin 625 – Stuttgart 67 – Karlsruhe 47 – Heilbronn 37.

✕ **Weiss**, Austr. 63, ✉ 75057, ✆ (07258) 65 60, 🍴 – **E**. ✂
⊜ Dienstag sowie Jan. und Juli - Aug. jeweils 2 Wochen geschl. – **Menu** (wochentags nur
Abendessen, Tischbestellung ratsam) 60 und à la carte 54/53 🍺.

KÜRTEN *Nordrhein-Westfalen* 🔢 *M 5 – 17 000 Ew – Höhe 250 m – Luftkurort.*
Berlin 565 – Düsseldorf 62 – Köln 35 – Lüdenscheid 47.

In Kürten-Hungenbach *SW : 2 km :*

🏠 **Gut Hungenbach,** ⊠ 51515, ℰ (02268) 60 71, Fax (02268) 6073, 🍽, « Historische
   Fachwerkhäuser a.d. 17. und 18. Jh. », 🦌 – 🔟 ☎ 🚗 🅿 – 🔬 40. 𝘝𝘐𝘚𝘈
   23. Dez. - Mitte Jan. geschl. – **Menu** *(Montag geschl.)* à la carte 47/78 – **36 Z** 130/280.

KÜSTEN *Niedersachsen siehe Lüchow.*

KUFSTEIN *Österreich* 🔢 *X 20,* 🔢 ㊵ *– 15 800 Ew – Höhe 500 m – Wintersport : 515/1 600 m*
   🚠 2 🎿 4.
   Sehenswert : *Festung : Lage★, ≤★, Kaiserturm★.*
   Ausflugsziel : *Ursprungpaß-Straße★ (von Kufstein nach Bayrischzell).*
   🛈 *Tourismusverband, Münchner Str. 2,* ⊠ *A-6330,* ℰ *(05372) 6 22 07, Fax (05372) 61455.*
   Wien 401 – Innsbruck 72 – Bad Reichenhall 77 – München 90 – Salzburg 106.
   Die Preise sind in der Landeswährung (Ö. S.) angegeben.

🏠 **Alpenrose** 🦌, Weißachstr. 47, ⊠ A-6330, ℰ (05372) 6 21 22, Fax (05372) 621227,
🏡 🍽 – 🛗, 🦌 Zim, 🔟 ☎ 🚗 🅿 – 🔬 30. 𝘈𝘌 ⓪ 🄴 𝘝𝘐𝘚𝘈
   über Ostern geschl. – **Menu** à la carte 250/480 – **22 Z** 750/1500.

🏠 **Andreas Hofer,** Georg-Pirmoser-Str. 8, ⊠ A-6330, ℰ (05372) 69 80,
   Fax (05372) 698090, 🍽 – 🛗 🔟 ☎ 🚗 🅿 – 🔬 200. 𝘈𝘌 ⓪ 🄴 𝘝𝘐𝘚𝘈
   Menu *(Sonntagabend geschl.)* à la carte 220/400 – **95 Z** 680/1240 – ½ P 140.

🏠 **Zum Bären,** Salurner Str. 36, ⊠ A-6330, ℰ (05372) 6 22 29, Fax (05372) 636894, 🍽,
   Massage, 🚡 – 🛗 🔟 ☎ 🚗 🅿 – 🔬 30. 𝘈𝘌 ⓪ 🄴 𝘝𝘐𝘚𝘈
   Mitte Nov. - Anfang Dez. geschl. – **Menu** *(Sonntag geschl.)* à la carte 190/420 – **33 Z**
   570/1230 – ½ P 165.

🏠 **Goldener Löwe,** Oberer Stadtplatz 14, ⊠ A-6330, ℰ (05372) 6 21 81,
🚗 Fax (05372) 621818 – 🛗 🔟 ☎. 𝘈𝘌 ⓪ 🄴 𝘝𝘐𝘚𝘈
   April 2 Wochen geschl. – **Menu** à la carte 180/390 – **40 Z** 560/950 – ½ P 140.

🏠 **Auracher Löchl,** Römerhofgasse 3, ⊠ A-6330, ℰ (05372) 6 21 38,
🚗 Fax (05372) 6493951, « Terrasse am Inn » – 🛗 🔟 ☎ 🅿 – 🔬 25. 𝘈𝘌 ⓪ 🄴 𝘝𝘐𝘚𝘈
   Menu à la carte 170/380 – **32 Z** 610/1040 – ½ P 140.

🏠 **Tiroler Hof,** Am Rain 16, ⊠ A-6330, ℰ (05372) 6 23 31, Fax (05372) 61909, 🍽 – 🔟
🚗 ☎ 🚗 🅿. 🄴 𝘝𝘐𝘚𝘈 𝘑𝘊𝘉
   März - April und Nov. jeweils 3 Wochen geschl. – **Menu** *(Montag geschl.)* à la carte 175/375
   – **11 Z** 490/840.

KUHS *Mecklenburg-Vorpommern siehe Güstrow.*

KULMBACH *Bayern* 🔢🔢 *P 18,* 🔢 ㉘ *– 30 000 Ew – Höhe 306 m.*
   Sehenswert : *Plassenburg★ (Schöner Hof★★, Zinnfigurenmuseum★)* YZ.
   🛈 *Fremdenverkehrs- und Veranstaltungsbetrieb, Sutte 2 (Stadthalle)* ⊠ 95326,
   ℰ *(09221) 9 58 80, Fax (09221) 958844.*
   Berlin 355 ① – München 257 ② – Coburg 46 ④ – Bayreuth 22 ② – Bamberg 60 ② –
   Hof 49 ①

Stadtplan siehe gegenüberliegende Seite

🏠 **Astron,** Luitpoldstr. 2, ⊠ 95326, ℰ (09221) 60 30, Fax (09221) 603100, 🍽, Massage,
   🚡 – 🛗, 🦌 Zim, 🔟 ⚒ 🅿 – 🔬 170. 𝘈𝘌 ⓪ 🄴 𝘝𝘐𝘚𝘈 𝘑𝘊𝘉   Z b
   Menu à la carte 34/65 – **103 Z** 170/190.

🏠 **Hansa-Hotel** 🅼, Weltrichstr. 2a, ⊠ 95326, ℰ (09221) 79 95, Fax (09221) 66887,
   « Einrichtung in modernem Design » – 🛗, 🦌 Zim, 🔟 ☎ 🚗 – 🔬 20. 𝘈𝘌 ⓪ 🄴 𝘝𝘐𝘚𝘈
   🦌 Rest   Z a
   Menu à la carte 40/58 – **30 Z** 115/235.

🏠 **Kronprinz,** Fischergasse 4, ⊠ 95326, ℰ (09221) 9 21 80, Fax (09221) 921836 – 🔟
   ☎ 📞 – 🔬 20. 𝘈𝘌 ⓪ 🄴 𝘝𝘐𝘚𝘈   Y n
   (Restaurant nur für Hausgäste) **19 Z** 95/170.

🏠 **Purucker,** Melkendorfer Str. 4, ⊠ 95326, ℰ (09221) 9 02 00, Fax (09221) 902090, 🚡,
   🔳 – 🛗 🔟 ☎ 🚗 🅿. 𝘈𝘌 ⓪ 🄴 𝘝𝘐𝘚𝘈 🦌 Zim   Z r
   Aug. 3 Wochen geschl. – **Menu** *(Samstag - Sonntag geschl.)* à la carte 31/52 – **23 Z** 95/170.

🏠 **Christl** garni, Bayreuther Str. 7 (B 85), ⊠ 95326, ℰ (09221) 79 55, Fax (09221) 66402
   – 🔟 ☎ 🚗 🅿. 𝘈𝘌 🄴 𝘝𝘐𝘚𝘈 𝘑𝘊𝘉   Z k
   26 Z 65/125.

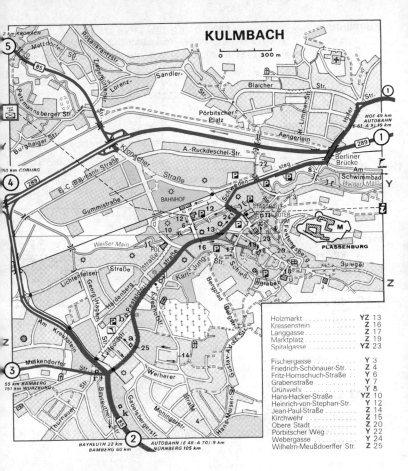

KULMBACH

Holzmarkt		**YZ**	13
Kressenstein		**Z**	16
Langgasse		**Z**	17
Marktplatz		**Z**	19
Spitalgasse		**YZ**	23
Fischergasse		**Y**	3
Friedrich-Schönauer-Str.		**Z**	4
Fritz-Hornschuch-Straße		**Y**	6
Grabenstraße		**Y**	7
Grünwehr		**Y**	8
Hans-Hacker-Straße		**YZ**	10
Heinrich-von-Stephan-Str.		**Y**	12
Jean-Paul-Straße		**Z**	14
Kirchwehr		**Z**	15
Obere Stadt		**Z**	20
Pörbitscher Weg		**Y**	22
Webergasse		**Y**	24
Wilhelm-Meußdoerffer Str.		**Z**	25

In Kulmbach-Höferänger ⑤ : 4 km :

🏨 **Dobrachtal,** Höferänger 10, ⊠ 95326, ℰ (09221) 94 20, Fax (09221) 942355, 🏕,
≦s, 🔲, 🐎 – 📳 📺 ☎ ⇔ 🅿 – 🕍 60. 🝆 ⓪ 🖪 ⅤⅠⅤ. 🛠 Rest
21. Dez. - 5. Jan. geschl. – **Menu** (Freitag geschl.) à la carte 31/59 – **57 Z** 75/190.

KUNREUTH-REGENSBERG Bayern siehe Forchheim.

KUPFERZELL Baden-Württemberg 419 S 13, 987 ㉗ – 4 600 Ew – Höhe 345 m.
Berlin 555 – Stuttgart 85 – Heilbronn 46 – Schwäbisch Hall 17 – Würzburg 91.

In Kupferzell-Eschental SO : 6 km :

🏨 **Landgasthof Krone,** Hauptstr. 40, ⊠ 74635, ℰ (07944) 6 70, Fax (07944) 6767, 🏕
⇔ – 📳 📺 ☎ 🅿 – 🕍 40. ⓪ 🖪 ⅤⅠⅤ. 🛠 Rest
Feb. und Aug. jeweils 2 Wochen geschl. – **Menu** (Dienstag geschl.) à la carte 23/46 (auch
vegetarisches Menu) 🍷 – **30 Z** 55/150.

KUPPENHEIM *Baden-Württemberg* 419 *T 8 – 6 200 Ew – Höhe 126 m.*
Berlin 698 – Stuttgart 98 – Karlsruhe 27 – Baden-Baden 12 – Rastatt 5,5.

Blume, Rheinstr. 7, ✉ 76456, ☏ (07222) 9 47 80, *Fax (07222) 947880* – TV ☎ P. E VISA
Juli - Aug. 3 Wochen und Weihnachten - Anfang Jan. geschl. – **Menu** *(Montag geschl.)* à la carte 28/56 – **15 Z** 70/130.

Ochsen, Friedrichstr. 53, ✉ 76456, ☏ (07222) 4 15 30, *Fax (07222) 48750*, – P. E VISA.
Sonntag - Montag, 25. Feb. - 11. März und 1. - 26. Aug. geschl. – **Menu** à la carte 33/58.

In Kuppenheim-Oberndorf *SO : 2 km :*

Raub's Restaurant (modern-elegantes Restaurant), Hauptstr. 41, ✉ 76456, ☏ (07225) 7 56 23, *Fax (07225) 79378* – P
Sonntag - Montag geschl. – **Menu** (bemerkenswerte Weinkarte) 92/166 und à la carte 82/114 – ***Kreuz-Stübl*** **Menu** 38/84 und à la carte
Spez. Steinbutt und Langustinen mit Vanilleschaum und schwarzen Nudeln. Brust vom Freilandhahn mit Honig-Sesamkruste und marinierten Gemüsen. Feines von der Quitte.

KUSEL *Rheinland-Pfalz* 417 *R 6,* 987 ㉖ *– 6 000 Ew – Höhe 240 m.*
Berlin 682 – Mainz 107 – Saarbrücken 72 – Kaiserslautern 40.

In Blaubach *NO : 2 km :*

Reweschnier, Kuseler Str. 5, ✉ 66869, ☏ (06381) 92 38 00, *Fax (06381) 923880*, – TV ☎ P – 30. E VISA.
5. - 11. Jan. geschl. – **Menu** à la carte 27/65 – **30 Z** 82/158 – ½ P 25.

In Thallichtenberg *NW : 5 km :*

Burgblick, Ringstr. 6, ✉ 66871, ☏ (06381) 15 26, *Fax (06381) 47440*, ≤, – ☎ P
Menu *(Montag geschl.)* (Dienstag - Freitag nur Abendessen) à la carte 23/49 – **17 Z** 65/120 – ½ P 18.

In Konken *SW : 6 km :*

Haus Gerlach, Hauptstr. 39 (B 420), ✉ 66871, ☏ (06384) 3 27 – P
Menu *(Montag geschl.)* à la carte 21/43 – **9 Z** 45/90.

KYRITZ *Brandenburg* 416 *H 21,* 984 ⑪, 987 ⑱ *– 9 200 Ew – Höhe 34 m.*
Kyritz-Information, Bahnhofstr. 5, ✉ 16866, ☏ (033971) 5 23 31.
Berlin 96 – Potsdam 85 – Schwerin 113.

Landhaus Muth, Pritzwalker Str. 40, ✉ 16866, ☏ (033971) 7 15 12, *Fax (033971) 71513*, – TV ☎ P – 20. AE E VISA
Menu *(Sonntagabend geschl.)* à la carte 31/44 – **19 Z** 85/130.

In Bantikow *O : 12 km über Wusterhausen :*

Am Untersee, Dorfstr. 48, ✉ 16868, ☏ (033979) 1 45 90, *Fax (033979) 14590*, – TV ☎ P – 25. AE E VISA
Menu à la carte 24/39 – **36 Z** 80/120 – ½ P 15.

LAABER *Bayern* 420 *S 19 – 4 600 Ew – Höhe 438 m.*
Berlin 499 – München 138 – Nürnberg 83 – Regensburg 22.

In Frauenberg *NO : 2 km :*

Frauenberg, Marienplatz 7, ✉ 93164, ☏ (09498) 9 40 50, *Fax (09498) 902473*, – P
Aug. 3 Wochen und 21. Dez. - 7. Jan. geschl. – **Menu** *(Sonntagabend und Freitag geschl.)* à la carte 21/34 – **37 Z** 60/90.

LAASPHE, BAD *Nordrhein-Westfalen* 417 *N 9,* 987 ㉖ *– 16 000 Ew – Höhe 335 m – Kneippheilbad.*
Kurverwaltung, Haus des Gastes, ✉ 57334, ☏ (02752) 8 98, Fax (02752) 7789.
Berlin 489 – Düsseldorf 174 – Kassel 108 – Marburg 43 – Siegen 44.

Panorama-Hotel Lahnblick, Höhenweg 10, ✉ 57334, ☏ (02752) 10 80, *Fax (02752) 108113*, ≤, Massage, – TV ☎ P – 35. AE E VISA. Rest
Menu à la carte 31/59 – **41 Z** 94/176 – ½ P 15.

In Bad Laasphe-Feudingen W : 9 km

🏨 **Doerr,** Sieg-Lahn-Str. 8, ⊠ 57334, ℘ (02754) 37 00, Fax (02754) 370100, ㈘, ☎, ◻,
☞ – ▐, ⊱ Zim, 📺 Ⓟ – ⚒ 60. ◭ ⓿ 𝐄 𝘝𝘐𝘚𝘈 𝒋𝒄𝒃. ⅍ Rest
Menu à la carte 41/76 – **42 Z** 103/370 – ½ P 30.

🏨 **Lahntal-Hotel,** Sieg-Lahn-Str. 23, ⊠ 57334, ℘ (02754) 12 85, Fax (02754) 1286, ☎
– ▐, ⊱ Zim, 📺 ☎ Ⓟ – ⚒ 80. ◭ 𝐄 𝘝𝘐𝘚𝘈.
Menu à la carte 35/81 – **22 Z** 125/360 – ½ P 30.

🏛 **Im Auerbachtal** ♨, Wiesenweg 5, ⊠ 57334, ℘ (02754) 5 88, Fax (02754) 8198, ☎,
◻, ☞ – 📺 ☎ Ⓟ. ⅍
24. - 31. Dez. – (Restaurant nur für Hausgäste) – **16 Z** 68/136 – ½ P 22.

In Bad Laasphe-Glashütte W : 14 km über Bad Laasphe-Volkholz :

🏨 **Jagdhof Glashütte** ♨, Glashütter Str. 20, ⊠ 57334, ℘ (02754) 39 90,
Fax (02754) 399222, ㈘, « Einrichtung im alpenländischen Stil », ☎, ◻, ☞ – ▐ 📺
Ⓟ – ⚒ 70
Menu à la carte 52/92 – **29 Z** 198/630 – ½ P 50.

In Bad Laasphe-Hesselbach SW : 10 km :

🍽🍽🍽 **L'école,** Hesselbacher Str. 23, ⊠ 57334, ℘ (02752) 53 42, Fax (02752) 6900, « Elegante
❀❀ Einrichtung » – Ⓟ. ◭ 𝐄 𝘝𝘐𝘚𝘈
Montag - Dienstag und Jan. geschl. – **Menu** (wochentags nur Abendessen, Tischbestellung
erforderlich) 125/155 und à la carte 80/113
Spez. Gebratene Gänseleber mit glacierten Apfelspalten. Das Beste vom Reh auf Spitzkohl
mit Preiselbeerapfel. Moccacharlotte mit Mascarponesauce.

Avvertite immediatamente l'albergatore se non potete più
occupare la camera prenotata.

LAATZEN Niedersachsen siehe Hannover.

LABOE Schleswig-Holstein ④⑮④⑯ C 14, ⑨⑧⑦ ⑤ – 4 500 Ew – Höhe 5 m – Seebad.
Sehenswert : Marine-Ehrenmal★ (Turm ≤★★).
🛈 Kurverwaltung, im Meerwasserbad, ⊠ 24235, ℘ (04343) 73 53, Fax (04343) 1781.
Berlin 366 – Kiel 18 – Schönberg 13.

🏛 **Seeterrassen,** Strandstr. 86, ⊠ 24235, ℘ (04343) 60 70, Fax (04343) 60770, ≤, ㈘,
☎ – ▐ 📺 ☎ Ⓟ. ◭ ⓿ 𝐄 𝘝𝘐𝘚𝘈. ⅍ Zim
Dez. - Jan. geschl. – **Menu** à la carte 28/52 – **40 Z** 70/150.

In Stein NO : 4 km :

🏨 **Bruhn's Deichhotel** ♨, Dorfring 36, ⊠ 24235, ℘ (04343) 49 50,
Fax (04343) 495299, ≤ Kieler Förde, ㈘, ☎ – 📺 ☎ ⇦ Ⓟ
Menu (Montag - Dienstagmittag, Feb. 4 Wochen und Okt. - Nov. 2 Wochen geschl.)
à la carte 44/81 – **Harry's Fischerstube** (nur Fischgerichte) **Menu** à la carte 34/59 –
35 Z 150/220, 5 Suiten.

LACHENDORF Niedersachsen ④⑮④⑯④⑱ I 14 – 4 400 Ew – Höhe 45 m.
Berlin 278 – Hannover 63 – Braunschweig 54 – Celle 12 – Lüneburg 84.

In Beedenbostel N : 4 km :

🍽 **Schulz** mit Zim, Ahnsbecker Str. 6, ⊠ 29355, ℘ (05145) 9 88 70, Fax (05145) 988743
– 📺 ☎ Ⓟ
Menu (Montag geschl.) (wochentags nur Abendessen) à la carte 36/65 – **7 Z** 68/98.

LADBERGEN Nordrhein-Westfalen ④⑰ J 7, ⑨⑧⑦ ⑮ – 6 450 Ew – Höhe 50 m.
Berlin 456 – Düsseldorf 149 – Enschede 66 – Münster (Westfalen) 28 – Osnabrück 33.

🍽🍽 **Rolinck's Alte Mühle,** Mühlenstr. 17, ⊠ 49549, ℘ (05485) 14 84, ㈘, « Rustikale
Einrichtung » – Ⓟ. ◭
Dienstag und Anfang - Mitte Jan. geschl. – **Menu** (wochentags nur Abendessen, Tisch-
bestellung ratsam) à la carte 72/108.

🍽🍽 **Waldhaus an de Miälkwellen** mit Zim, Grevener Str. 43, ⊠ 49549, ℘ (05485)
9 39 90, Fax (05485) 939993, ㈘, ☞ – 📺 ☎ Ⓟ – ⚒ 100. ◭ ⓿ 𝐄 𝘝𝘐𝘚𝘈
Menu à la carte 30/69 – **7 Z** 85/160.

LADENBURG Baden-Württemberg 🔢🔢🔢 *R 9 – 12 000 Ew – Höhe 98 m.*

🅱 *Bürgermeisteramt, Hauptstr. 7,* ✉ *68526,* ℰ *(06203) 7 00, Fax (06203) 70250.*

Berlin 618 – Stuttgart 130 – Heidelberg 13 – Mainz 82 – Mannheim 13.

🏨 **Nestor Hotel Ladenburg** Ⓜ**,** *Benzstr. 21,* ✉ *68526,* ℰ *(06203) 93 90, Fax (06203) 939113,* 🍴, ⊜ – 🛗, 📶 Zim, 🖥 📺 ☎ ✆ ᛒ 🔥 ⟸ 🅿 – 🔏 *120.* 🆎 ⓄⒹ 🇪
🇻🇮🇸🇦
Menu *à la carte 37/65 –* **128 Z** *185/237.*

🏠 **Cronberger Hof** ≫ *garni, Cronbergergasse 10,* ✉ *68526,* ℰ *(06203) 9 26 10, Fax (06203) 926150 –* 📺 ☎ ⟸. 🆎 ⓄⒹ 🇪 🇻🇮🇸🇦
18 Z *140/190.*

🏡 **Im Lustgarten,** *Kirchenstr. 6,* ✉ *68526,* ℰ *(06203) 9 51 60, Fax (06203) 951636,* 🍴
– 📺 ☎ 🅿. 🆎 ⓄⒹ 🇪 🇻🇮🇸🇦
Dez. - Jan. und Juli - Aug. jeweils 3 Wochen geschl. – **Menu** *(Freitag sowie Sonn- und Feiertage geschl.) (nur Abendessen) à la carte 30/59 –* **19 Z** *70/150.*

🍴 **Zum Güldenen Stern,** *Hauptstr. 65,* ✉ *68526,* ℰ *(06203) 1 55 66 –* 🆎 ⓄⒹ 🇪 🇻🇮🇸🇦
Juli - Aug. 3 Wochen geschl. – **Menu** *(nur Abendessen) à la carte 39/69.*

🍴 **Zur Sackpfeife,** *Kirchenstr. 45,* ✉ *68526,* ℰ *(06203) 31 45, Fax (06203) 3145,*
« *Fachwerkhaus a.d.J. 1598, historische Weinstube, Innenhof* »
Samstagmittag, Sonn- und Feiertage sowie 22. Dez. - 10. Jan. geschl. – **Menu** *(abends Tischbestellung ratsam) à la carte 45/71.*

LAER, BAD Niedersachsen 🔢🔢🔢 *J 8 – 8 000 Ew – Höhe 79 m – Heilbad.*

🅱 *Kurverwaltung, Glandorfer Str. 5,* ✉ *49196,* ℰ *(05424) 29 11 88, Fax (05424) 291189.*

Berlin 419 – Hannover 141 – Bielefeld 37 – Münster (Westfalen) 39 – Bad Rothenfelde 5,5.

🏡 **Haus Große Kettler,** *Remsederstr. 1 (am Kurpark),* ✉ *49196,* ℰ *(05424) 80 70, Fax (05424) 80777,* ⊜, 🔲, 🐎 *–* 🛗 📺 ☎ 🅿 *–* 🔏 *50.* 🆎 🇪 🇻🇮🇸🇦 ⚿ *Rest*
20. Dez. - 5. Jan. geschl. – (*Restaurant nur für Hausgäste) –* **32 Z** *80/146 – ½ P 15.*

🏡 **Storck,** *Paulbrink 4,* ✉ *49196,* ℰ *(05424) 90 08, Fax (05424) 7944,* 🍴, ⊜, 🔲 *–* 🛗
📺 ☎ 🅿. ⚿ *Zim*
Menu *(Montag geschl.) à la carte 26/52 –* **14 Z** *66/132.*

🏡 **Landhaus Meyer zum Alten Borgloh,** *Iburger Str. 23,* ✉ *49196,* ℰ *(05424)*
2 92 10, Fax (05424) 292155, 🍴, ⊜, 🐎 *–* 📺 ☎ 🅿. 🆎 🇪 🇻🇮🇸🇦 ⚿
(Restaurant nur für Hausgäste) – **22 Z** *65/130 – ½ P 10.*

LAGE (LIPPE) Nordrhein-Westfalen 🔢🔢🔢 *K 10,* 🔢🔢🔢 ⑯ *– 33 500 Ew – Höhe 103 m.*

🏌 *Lage, Ottenhauser Str. 100,* ℰ *(05232) 6 80 49.*

🅱 *Verkehrsamt in Lage-Hörste, Freibadstr. 3,* ✉ *32791,* ℰ *(05232) 81 93, Fax (05232) 89531.*

Berlin 388 – Düsseldorf 189 – Bielefeld 20 – Detmold 9 – Hannover 106.

In Lage-Heßloh *O : 3 km :*

🏡 *Jägerhof, Heßloher Str. 139,* ✉ *32791,* ℰ *(05232) 39 95, Fax (05232) 952030,* 🍴, 🐎
– 📺 ☎ 🅿 *–* 🔏 *25*
(wochentags nur Abendessen) – **11 Z.**

In Lage-Stapelage *SW : 7 km – Luftkurort :*

🏡 **Haus Berkenkamp** ≫*, Im Heßkamp 50 (über Billinghauser Straße),* ✉ *32791,*
ℰ *(05232) 7 11 78, Fax (05232) 961033,* « *Garten* », ⊜ *–* 🅿. ⚿
(Restaurant nur für Hausgäste) – **20 Z** *56/114.*

LAHNAU Hessen siehe Wetzlar.

LAHNSTEIN Rheinland-Pfalz 🔢🔢🔢 *P 6,* 🔢🔢🔢 ㉖ *– 19 500 Ew – Höhe 70 m.*

🅱 *Tourist-Information, Stadthalle (Passage),* ✉ *56112,* ℰ *(02621) 91 41 71, Fax (02621) 914340.*

Berlin 596 – Mainz 102 – Koblenz 9 – Bad Ems 13.

🏨 **Dorint Hotel Rhein Lahn** ≫*, im Kurzentrum (SO : 3,5 km),* ✉ *56112,*
ℰ *(02621) 91 20, Fax (02621) 912101, Panorama-Café und Restaurant (15. Etage) mit*
≤ *Rhein und Lahntal, Massage,* ♨, ⊜, 🔲 *(geheizt),* 🐎, 🎾 *(Halle) –* 🛗, ⊶ Zim, 📺
✆ ⟸ 🅿 *–* 🔏 *400.* 🆎 ⓄⒹ 🇪 🇻🇮🇸🇦 🇯🇨🇧 ⚿ *Rest*
Menu *à la carte 42/67 –* **210 Z** *160/280, 4 Suiten – ½ P 39.*

XX **Hist. Wirtshaus an der Lahn,** Lahnstr. 8, ⌧ 56112, ☎ (02621) 72 70, Fax (02621) 7270, 斎 – ❷. ◫ ⋿
Montag, über Fasching 1 Woche und Aug. 2 Wochen geschl. – **Menu** (nur Abendessen, Tischbestellung ratsam) 69/98 und à la carte 59/78.

X **Bock** mit Zim, Westallee 11, ⌧ 56112, ☎ (02621) 26 61, Fax (02621) 2721, 斎 – ▥ ☎. ◫ ⋿ 𝘝𝘐𝘚𝘈
Menu *(Montag geschl.)* à la carte 37/63 – **7 Z** 75/130.

LAHR (SCHWARZWALD) *Baden-Württemberg* **419** U 7, **987** ㊲ – 41 000 Ew – Höhe 168 m.
Ausflugsziel : Ettenheimmünster★, SO : 18 km.
🏌 *Lahr-Reichenbach (O : 4 km),* ☎ (07821) 7 72 27.
🛈 *Städt. Verkehrsbüro, Neues Rathaus, Rathausplatz 4,* ⌧ 77933, ☎ (07821) 28 22 16, Fax (07821) 282460.
Berlin 767 – Stuttgart 168 – Karlsruhe 96 – Offenburg 26 – Freiburg im Breisgau 54.

🏛🏛 **Schulz,** Alte Bahnhofstr. 6, ⌧ 77933, ☎ (07821) 91 50, Fax (07821) 22674 – 🛗 ▥ ☎ ⟸ ❷. ◫ ① ⋿ 𝘝𝘐𝘚𝘈 𝘑𝘊𝘉
Menu *(Samstagmittag geschl.)* à la carte 35/69 – **36 Z** 98/185.

🏛 **Schwanen,** Gärtnerstr. 1, ⌧ 77933, ☎ (07821) 91 20, Fax (07821) 912320, 斎 – 🛗, ⤨ Zim, ▥ ☎ ❷. ◫ ① ⋿ 𝘝𝘐𝘚𝘈 𝘑𝘊𝘉
Menu *(Sonntag geschl.)* (nur Abendessen) à la carte 40/68 – **60 Z** 105/165.

🏛 **Zum Löwen** (Fachwerkhaus a.d. 18. Jh.), Obertorstr. 5, ⌧ 77933, ☎ (07821) 2 30 22, Fax (07821) 1514 – ▥ ☎ ⟸ – 🛦 50. ◫ ① ⋿ 𝘝𝘐𝘚𝘈
24. Dez. - 7. Jan. geschl. – **Menu** *(Sonntag geschl.)* à la carte 31/72 – **30 Z** 90/130.

🏛 **Am Westend,** Schwarzwaldstr. 97, ⌧ 77933, ☎ (07821) 9 50 40, Fax (07821) 51709, 斎, ⥱s – 🛗 ▥ ☎ ⟸ ❷. ⋿ 𝘝𝘐𝘚𝘈
24. Dez. - 6. Jan. geschl. – **Menu** *(Sonntag geschl.)* (nur Abendessen) à la carte 29/42 – **34 Z** 92/156.

In Lahr-Langenhard *SO : 5 km :*

🏔 **Berggasthof Schöne Aussicht** 🐾, ⌧ 77933, ☎ (07821) 73 66, Fax (07821) 76761, ≼, 斎, ⥻ – ❷. 🦌
Menu *(Dez. - März Montag und Donnerstag, April - Nov. Donnerstag geschl.)* (wochentags nur Abendessen) à la carte 28/53 ♨ – **14 Z** 65/160.

In Lahr-Reichenbach *O : 3,5 km – Erholungsort :*

🏛🏛 **Adler,** Reichenbacher Hauptstr. 18 (B 415), ⌧ 77933, ☎ (07821) 70 55, Fax (07821) 7053, 斎 – ▥ ☎ ⟸ ❷ – 🛦 20. ◫ ⋿ 𝘝𝘐𝘚𝘈
🕸 *18. Feb. - 10. März geschl.* – **Menu** *(Dienstag geschl.)* à la carte 52/87 – **21 Z** 105/160
Spez. Pyramide von der Gänseleber mit Gewürztraminergelee. Loup de mer auf der Haut gebraten mit Artischockentörtchen. Gebratenes Lammfilet mit Pestokruste und Bohnen.

An der Straße nach Sulz *S : 2 km :*

🏛 **Dammenmühle** 🐾 (mit 3 Gästehäusern), ⌧ 77933 Lahr-Sulz, ☎ (07821) 9 39 30, Fax (07821) 939393, « Gartenterrasse », ⤳ (geheizt), ⥻ – ▥ ☎ ❷. ⋿ 𝘝𝘐𝘚𝘈
Menu *(Montag, Jan. - Feb. 3 Wochen und Sept. - Okt. 2 Wochen geschl.)* à la carte 35/58 *(auch vegetarische Gerichte)* – **17 Z** 80/210, 3 Suiten.

LAICHINGEN *Baden-Württemberg* **419** U 13, **987** ㊳ – 9 100 Ew – Höhe 756 m – Wintersport : 750/810m, ❄ 2, ⚞ 2.
Berlin 635 – Stuttgart 79 – Reutlingen 46 – Ulm (Donau) 33.

🏛 **Krehl,** Radstr. 7, ⌧ 89150, ☎ (07333) 96650, Fax (07333) 966511, 斎, ⥱s – 🛗 ▥ ☎ ❷ – 🛦 40. ① ⋿ 𝘝𝘐𝘚𝘈
Menu *(Samstag - Sonntag geschl.)* (nur Abendessen) à la carte 31/50 – **31 Z** 72/124 – ½ P 20/28.

LALENDORF *Mecklenburg-Vorpommern siehe Güstrow.*

LAM *Bayern* **420** S 23, **987** ㉚ – 3 000 Ew – Höhe 576 m – Luftkurort – Wintersport : 520/620 m ⚞ 3.
🛈 *Kurverwaltung, Marktplatz 1,* ⌧ 93462, ☎ (09943) 7 77, Fax (09943) 8177.
Berlin 513 – München 196 – Cham 39 – Deggendorf 53.

🏛🏛 **Steigenberger Sonnenhof** 🐾, Himmelreich 13, ⌧ 93462, ☎ (09943) 3 70, Fax (09943) 8191, ≼, 斎, Massage, 🝉, ♨, ⥱s, ⤳ (geheizt), ⬛, ⥻, 🏓(Halle) – 🛗, ⤨ Zim, ▥ ☎ 🏃 ⟸ ❷ – 🛦 80. ◫ ① ⋿ 𝘝𝘐𝘚𝘈 𝘑𝘊𝘉. 🦌 Rest
Menu à la carte 42/69 *(auch vegetarisches Menu)* **173 Z** 120/266, 4 Suiten – ½ P 39.

🏨 **Ferienhotel Bayerwald** (mit Gästehäusern), Arberstr. 73, ⊠ 93462,
🕿 *𝒫 (09943) 95 30, Fax (09943) 8366,* 🚕, Massage, 🖙, 🔲, 🛥 – 🖙 Rest, 🔲 🕿 🕿 🚗
ⓟ. ⒶⒺ ⓞ Ⓔ 𝘝𝘐𝘚𝘈
Mitte Nov. - Mitte Dez. geschl. – **Menu** *(Sonntagabend geschl.)* à la carte 22/55 –
54 Z 58/170 – ½ P 20.

🏨 **Sonnbichl** 🕭, Lambacher Str. 31, ⊠ 93462, *𝒫 (09943) 7 33, Fax (09943) 8249,* ≤,
🕿 🚕, 🖙, 🛥 – 🗐, 🖙 Zim, 🕿 ⓟ
5. Nov. - 15. Dez. geschl. – **Menu** *(Montag geschl.)* à la carte 22/50 – **40 Z** 70/120 – ½ P 10.

LAMPERTHEIM *Hessen* 𝟦𝟣𝟩 𝟦𝟣𝟫 *R 9,* 𝟫𝟪𝟩 ㉘ ㉗ *– 31 500 Ew – Höhe 96 m.*
Berlin 605 – Wiesbaden 78 – Darmstadt 42 – Mannheim 16 – Worms 11.

🏨 **Treff Page Hotel** Ⓜ garni, Andreasstr. 4 (B 44), ⊠ 68623, *𝒫 (06206) 5 20 97,*
Fax (06206) 52098 – 🗐 🖙 🔲 🕿 🚗 – 🔏 25. ⒶⒺ ⓞ Ⓔ 𝘝𝘐𝘚𝘈
67 Z 130/170.

🏨 **Deutsches Haus,** Kaiserstr. 47, ⊠ 68623, *𝒫 (06206) 93 60, Fax (06206) 936100,* 🚕
– 🗐, 🖙 Zim, 🔲 🕿 🕽 ⓟ. ⒶⒺ ⓞ Ⓔ 𝘝𝘐𝘚𝘈
1. - 10. Jan. geschl. – **Menu** *(Freitag - Samstagmittag geschl.)* à la carte 40/66 –
30 Z 80/150.

🏨 **Kaiserhof,** Bürstädter Str. 2, ⊠ 68623, *𝒫 (06206) 26 93, Fax (06206) 12343* – 🔲 🕿.
ⒶⒺ ⓞ Ⓔ 𝘝𝘐𝘚𝘈
Juli - Aug. 4 Wochen geschl. – **Menu** *(Samstagmittag und Sonntagabend geschl.)* à la carte
37/60 – **10 Z** 72/110.

🕱🕱🕱 **Waldschlöss'l,** Luisenstr. 2a, ⊠ 68623, *𝒫 (06206) 5 12 21, Fax (06206) 12630,*
❀ « Ständig wechselnde Bilderausstellung, Terrasse » – ▤ 🕭 ⓟ. ⒶⒺ ⓞ 𝘝𝘐𝘚𝘈. 🛠
Sonntag - Montag und Feb. 2 Wochen geschl. – **Menu** *(nur Abendessen, Tischbestellung*
ratsam) à la carte 79/110 – **Geo's Stube** *(Samstagmittag und Sonntag - Montag geschl.)*
Menu à la carte 46/77
Spez. Variation von der Wachtel. Rotbarbe auf offenen Spinatravioli im Olivensud. Lamm-
rücken- und Bries mit Rosmarinjus.

LANDAU AN DER ISAR *Bayern* 𝟦𝟤𝟢 *T 22,* 𝟫𝟪𝟩 ㉙ *– 11 500 Ew – Höhe 390 m.*
Berlin 566 – München 115 – Deggendorf 31 – Landshut 46 – Straubing 28.

🏨 **Gästehaus Numberger** 🕭, garni (ehemalige Villa), Dr.-Aicher-Str. 2, ⊠ 94405,
𝒫 (09951) 9 80 20, Fax (09951) 9802200, 🛥 – 🔲 🕿 🚗 ⓟ
19 Z 68/125.

In Eichendorf-Exing *SO : 9 km :*

🏨 **Zum Alten Brauhaus,** ⊠ 94428, *𝒫 (09956) 3 50, Fax (09956) 371,* Biergarten – 🔲
🕿 🚗 ⓟ
Menu *(Mittwoch geschl.)* à la carte 19/42 ⅃ – **16 Z** 54/100.

LANDAU IN DER PFALZ *Rheinland-Pfalz* 𝟦𝟣𝟩 𝟦𝟣𝟫 *S 8,* 𝟫𝟪𝟩 ㉘ *– 38 500 Ew – Höhe 188 m.*
Sehenswert : Stiftskirche★ – Ringstraßen★.
🛈 *Büro für Tourismus, Rathaus, Marktstr. 50,* ⊠ 76829, *𝒫 (06341) 1 31 80, Fax (06341)*
13195.
ADAC, Waffenstr. 14, ⊠ 76829, *𝒫 (06341) 8 44 01, Fax (06341) 80863.*
Berlin 668 – Mainz 109 – Karlsruhe 38 – Mannheim 50 – Pirmasens 45 – Wissembourg 25.

🏨 **Parkhotel** Ⓜ, Mahlastr. 1 (an der Festhalle), ⊠ 76829, *𝒫 (06341) 14 50,*
Fax (06341) 145444, 🚕, 🎰, 🖙, – 🗐, 🖙 Zim, 🔲 🕭 🚗 ⓟ – 🔏 60. ⒶⒺ Ⓔ 𝘝𝘐𝘚𝘈
Menu à la carte 42/64 – **78 Z** 145/220.

🏨 **Kurpfalz,** Horstschanze 8, ⊠ 76829, *𝒫 (06341) 45 23, Fax (06341) 85724* – 🔲 🕿 🚗
ⓟ – 🔏 20. Ⓔ 𝘝𝘐𝘚𝘈
Menu *(Sonntag geschl.)* à la carte 31/55 ⅃ – **19 Z** 90/155.

🗙 **Augustiner,** Königstr. 26, ⊠ 76829, *𝒫 (06341) 44 05* – ⒶⒺ Ⓔ
Mittwoch und 9. - 31. Juli geschl. – **Menu** à la carte 30/59 ⅃.

In Landau-Godramstein *W : 4 km :*

🗙 **Keller,** Bahnhofstr. 28, ⊠ 76829, *𝒫 (06341) 6 03 33, Fax (06341) 62792,* 🚕 – ⓟ. 🛠
🚗 *Mittwoch - Donnerstag, Juli - Aug 3 Wochen und 21. Dez. - 6. Jan. geschl.* – **Menu**
(Tischbestellung ratsam) 25/67 und à la carte 37/70 ⅃.

In Landau-Nußdorf *NW : 3 km :*

🏨 **Landhaus Herrenberg,** Lindenbergstr. 72, ⊠ 76829, *𝒫 (06341) 6 02 05,*
Fax (06341) 60709, 🚕 – 🔲 🕿 ⓟ – 🔏 30. ⒶⒺ Ⓔ 𝘝𝘐𝘚𝘈
Menu *(nur Abendessen)* à la carte 34/56 ⅃ – **9 Z** 115/210.

In Landau-Queichheim O : 2 km :

XX **Provencal,** Queichheimer Hauptstr. 136, ⊠ 76829, ℰ (06341) 5 05 57, Fax (06341) 50711 – **Ⓟ. ᴁᴇ ⓞ ⴹ ⱽⁱˢᴬ. ⁒** Montag und Juli - Aug. 3 Wochen geschl. – **Menu** (Tischbestellung ratsam) 55/75 und à la carte.

In Bornheim NO : 5,5 km :

🏠 **Zur Weinlaube** ⨝ garni (mit Gästehaus), Wiesenstr. 31, ⊠ 76879, ℰ (06348) 15 84, Fax (06348) 5153, ⇌, 🎝 – Ⓣⱽ. ⴹ
25 Z 85/150.

MICHELIN-REIFENWERKE KGaA. Regionales Vertriebszentrum ⊠ 76829 Landau-Mörlheim, Landkommisärstraße 3, ℰ (06341) 59 51 10 Fax (06341) 54577.

LANDESBERGEN Niedersachsen 🔢🔢🔢 I 11 – 2 800 Ew – Höhe 28 m.
Berlin 340 – Hannover 53 – Bielefeld 88 – Bremen 75.

In Landesbergen-Brokeloh SO : 6 km :

🏠 **Der Dreschhof** ⨝, Haus Nr. 48, ⊠ 31628, ℰ (05027) 9 80 80, Fax (05027) 980855, 🎝 – Ⓣⱽ ☎ Ⓟ – ⛭ 25. ⴹ ⱽⁱˢᴬ
27. Dez. - 6. Jan. geschl. – **Menu** (Dienstag und Ende Juli - Anfang Aug. geschl.) (wochentags nur Abendessen) à la carte 32/65 – **23 Z** 70/165.

LANDSBERG Sachsen-Anhalt 🔢🔢🔢 L 20, 🔢🔢🔢 ⑱ – 3 500 Ew – Höhe 90 m.
Berlin 156 – Magdeburg 100 – Leipzig 35 – Halle 17 – Dessau 38.

In Landsberg-Gütz NW : 1 km :

🏠 **Landsberg,** Florian-Geyer-Str. 4, ⊠ 06188, ℰ (034602) 3 26 00, Fax (034602) 32700 – Ⓣⱽ ☎ ℭ Ⓟ. ᴁᴇ ⴹ ⱽⁱˢᴬ
(nur Abendessen für Hausgäste) **32 Z** 85/145.

LANDSBERG AM LECH Bayern 🔢🔢🔢🔢🔢🔢 V 16, 🔢🔢🔢 ㊴ – 22 000 Ew – Höhe 580 m.
Sehenswert : Lage★ – Marktplatz★.
🏌 Igling (NW : 7 km), ℰ (08248) 10 03.
🅱 Verkehrsamt, Rathaus, Hauptplatz, ⊠ 86899, ℰ (08191) 12 82 46, Fax (08191) 128160.
Berlin 597 – München 57 – Augsburg 58 – Garmisch-Partenkirchen 78 – Kempten (Allgäu) 67.

🏨🏨 **Ramada** Ⓜ, Graf Zeppelin Str. 6, ⊠ 86899, ℰ (08191) 9 29 00, Fax (08191) 9290444 – ⫸, ⤸ Zim, Ⓣⱽ ☎ ℭ & Ⓟ – ⛭ 120. ᴁᴇ ⓞ ⴹ ⱽⁱˢᴬ ᴶᶜᴮ
(nur Abendessen für Hausgäste) – **108 Z** 132/216.

🏨🏨 **Goggl,** Herkomerstr. 19, ⊠ 86899, ℰ (08191) 32 40, Fax (08191) 324100, ⇌ – ⫸, ⤸ Zim, Ⓣⱽ ☎ ⟷ – ⛭ 30. ᴁᴇ ⓞ ⴹ ⱽⁱˢᴬ
Menu (Sonntagabend - Montag geschl.) à la carte 33/65 – **64 Z** 95/250.

🏠 **Landhotel Endhart** Ⓜ garni, Erpftinger Str. 19, ⊠ 86899, ℰ (08191) 9 20 74, Fax (08191) 32346 – Ⓣⱽ ☎ Ⓟ. ⴹ ⱽⁱˢᴬ
16 Z 72/120.

🏠 **Landsberger Hof** garni, Weilheimer Str. 5, ⊠ 86899, ℰ (08191) 3 20 20, Fax (08191) 3202100, 🎝 – Ⓣⱽ ☎ ⟷ Ⓟ. ᴁᴇ ⓞ ⴹ ⱽⁱˢᴬ
35 Z 80/170.

🏠 **Pension Aufeld** ⨝ garni, Aufeldstr. 3, ⊠ 86899, ℰ (08191) 9 47 50, Fax (08191) 947550, Ⳁ, ⇌, 🎝 – Ⓣⱽ ☎ Ⓟ. ⴹ ⱽⁱˢᴬ
– **19 Z** 50/100.

X **Zederbräu,** Hauptplatz 155, ⊠ 86899, ℰ (08191) 32 42 40, Fax (08191) 324241, 🎝
Menu à la carte 26/45.

LANDSCHEID Rheinland-Pfalz 🔢🔢🔢 Q 4 – 2 300 Ew – Höhe 250 m.
Berlin 692 – Mainz 141 – Bitburg 24 – Trier 35 – Wittlich 12.

In Landscheid-Niederkail SW : 2 km :

🏠 **Lamberty,** Brückenstr. 8, ⊠ 54526, ℰ (06575) 9 51 80, Fax (06575) 951844, 🎝, 🎝
– ☎ Ⓟ. ᴁᴇ. ⁒ Rest
Feb. geschl. – **Menu** (Montag geschl.) à la carte 25/54 – **21 Z** 60/110.

LANDSHUT Bayern 420 U 20, 987 40 – 59 000 Ew – Höhe 393 m.

Sehenswert : St. Martinskirche★ (Turm★★) Z – "Altstadt"★ Z.

Vilsbiburg, Trauterfing (SO : 25 km), (08741) 44 67.

Verkehrsverein, Altstadt 315, ⊠ 84028, ℰ (0871) 92 20 50, Fax (0871) 89275.

ADAC, Kirchgasse 250, ⊠ 84028, ℰ (0871) 2 68 36, Fax (0871) 24039.

Berlin 556 ② – München 75 ⑤ – Ingolstadt 83 ① – Regensburg 60 ② – Salzburg 128 ③

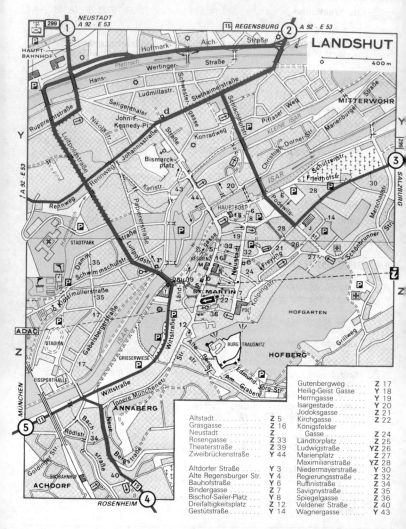

LANDSHUT

Romantik Hotel Fürstenhof, Stethaimer Str. 3, ⊠ 84034, ℰ (0871) 9 25 50, Fax (0871) 925544, « Restaurants Herzogstüberl und Fürstenzimmer », ≦s – ⇌ Zim, 📺 ☎ 🍴 P. AE ⓪ E VISA
Y d
Menu (Sonntag geschl.) à la carte 49/88 – **24 Z** 135/260.

Lindner Hotel Kaiserhof, Papiererstr. 2, ⊠ 84034, ℰ (0871) 68 70, Fax (0871) 687403, 🍴 – ⧑, ⇌ Zim, 📺 ☎ 🍴 🚗 – 🔏 140. AE ⓪ E VISA JCB   Z r
Menu 38 (Lunchbuffet) und à la carte 45/72 – **144 Z** 180/260.

🏠 **Goldene Sonne,** Neustadt 520, ✉ 84028, ℰ (0871) 9 25 30, *Fax (0871) 9253350*, 🍴,
Biergarten – 🛗 📺 ☎ 🄿 – 🅰 30. 🆎 ⓸ 🝰 𝘝𝘐𝘚𝘈 𝐽𝘤ʙ
Z e
Menu *(Freitagabend geschl.)* à la carte 30/65 – **55 Z** 120/180.

✕✕ **Bernlochner,** Ländtorplatz 2, ✉ 84028, ℰ (0871) 8 99 90, *Fax (0871) 89994*, 🍴 –
🅰 150
Z T
Menu à la carte 32/57.

✕✕ **Stegfellner,** Altstadt 71 (1. Etage), ✉ 84028, ℰ (0871) 2 80 15, *Fax (0871) 26797* –
🞉
Z b
Sonntag geschl. – **Menu** *(nur Mittagessen)* à la carte 30/55.

✕ **Ochsenwirt** mit Zim, Kalcherstr. 30, ✉ 84036, ℰ (0871) 2 34 39, *Fax (0871) 274614*,
Biergarten – 📺 ☎ 🄿
über Am Graben   Z
Mitte Aug. - Mitte Sept. und 27. Dez. - 10. Jan. geschl. – **Menu** *(Dienstag geschl.)* à la carte
29/50 🍷 – **9 Z** 85/140.

In Landshut-Löschenbrand *W : 2,5 km über Rennweg* Y :

🏠 **Landshuter Hof,** Löschenbrandstr. 23, ✉ 84032, ℰ (0871) 96 27 20,
Fax (0871) 9627237, 🍴 – ⇖ Zim, 📺 ☎ 🚗 🄿. 🞉
Menu *(Montagmittag und Dienstag geschl.)* à la carte 25/50 – **30 Z** 78/150.

In Landshut-Schönbrunn *über ③ : 2 km :*.

🏨 **Schloß Schönbrunn,** Schönbrunn 1, ✉ 84036, ℰ (0871) 9 52 20,
Fax (0871) 9522222, Biergarten – 🛗 📺 ☎ 🄿 – 🅰 70. 🆎 ⓸ 🝰 𝘝𝘐𝘚𝘈 𝐽𝘤ʙ
23. Dez. - 6. Januar geschl. – **Menu** *(Dienstag geschl.)* à la carte 30/64 – **33 Z** 90/190.

In Ergolding-Piflas *NO : 2 km über Alte Regensburger Straße* Y :

🏡 **Ulrich Meyer** 🞉, Dekan-Simbürger-Str. 22, ✉ 84030, ℰ (0871) 97 42 40,
Fax (0871) 13325 – 🚗 🄿
Mitte Aug. - Anfang Sept. geschl. – *(nur Abendessen für Hausgäste)* – **30 Z** 58/120.

In Altdorf ① : *5 km :*

🏠 **Gästehaus Elisabeth,** Bernsteinstr. 40, ✉ 84032, ℰ (0871) 93 25 00,
Fax (0871) 34609, ⇄s, 🞉(Halle) – 🛗, ⇖ Zim, 📺 ☎ 🚗 🄿 – 🅰 100. 🆎 🝰 𝘝𝘐𝘚𝘈. 🞉 Rest
Menu *(wochentags nur Abendessen, Sonntag nur Mittagessen)* à la carte 32/55 – **33 Z**
65/170.

🏠 **Wadenspanner,** Kirchgasse 2 (B 299), ✉ 84032, ℰ (0871)93 21 30,
Fax (0871) 9321370, 🍴 – 📺 ☎ 🄿. 🝰 𝘝𝘐𝘚𝘈
Menu *(Montag geschl.)* à la carte 25/62 🍷 – **23 Z** 90/175.

LANDSTUHL *Rheinland-Pfalz* 𝟜𝟙𝟟 *R 6*, 𝟿𝟠𝟟 ㉘ – *9 000 Ew – Höhe 248 m – Erholungsort.*
Berlin 660 – Mainz 100 – Saarbrücken 54 – Kaiserslautern 17.

🏨 **Moorbad** 🞉 garni, Hauptstr.39, ✉ 66849, ℰ (06371) 1 40 66, *Fax (06371) 17990* –
🛗 📺 ☎ 🄿. 🆎 ⓸ 🝰 𝘝𝘐𝘚𝘈
24 **Z** 120/170.

🏨 **Schloßcafé** 🞉, Burgweg 10, ✉ 66849, ℰ (06371) 9 21 40, *Fax (06371) 921429*, 🍴
– 🛗 📺 ☎ 🄿 – 🅰 40. 🆎 🝰 𝘝𝘐𝘚𝘈. 🞉 Rest
Menu à la carte 30/69 – **39 Z** 90/160.

🏠 **Christine** garni (mit Gästehaus), Kaiserstr. 3, ✉ 66849, ℰ (06371) 90 20,
Fax (06371) 902222 – 🛗 📺 ☎ 🄿. 🆎 ⓸ 🝰 𝘝𝘐𝘚𝘈
41 **Z** 90/140.

LANGDORF *Bayern* 𝟜𝟚𝟘 *S 23 – 2 000 Ew – Höhe 675 m – Erholungsort – Wintersport : 650/700 m*
🎿*5.*
🅱 *Verkehrsamt, Rathaus,* ✉ 94264, ℰ (09921) 94 11 13, *Fax (09921) 941120.*
Berlin 527 – München 175 – Cham 55 – Deggendorf 32 – Passau 66.

🏠 **Zur Post** (mit Gästehaus), Regener Straße 2, ✉ 94264, ℰ (09921) 30 43,
Fax (09921) 8278, (Wildgehege), ⇄s, 🔲, 🍴 – 🛗 📺 ☎ 🚗 🄿
20. Nov.- 24. Dez. geschl. – **Menu** *(Dienstag geschl.)* à la carte 23/44 – **43 Z** 57/164 –
½ P 16.

LANGELSHEIM *Niedersachsen* 𝟜𝟙𝟠 *K 14*, 𝟿𝟠𝟟 ⑰ – *14 700 Ew – Höhe 212 m.*
🅱 *Kurverwaltung, in Wolfshagen, Heinrich-Steinweg-Str. 8,* ✉ 38685, ℰ (05326) 40 88,
Fax (05326) 7041.
Berlin 255 – Hannover 81 – Braunschweig 41 – Göttingen 71 – Goslar 9.

In Langelsheim-Wolfshagen *S : 4 km – Höhe 300 m – Erholungsort :*

🏨 **Wolfshof** ⬙, Kreuzallee 22, ✉ 38685, ℰ (05326) 79 90, Fax (05326) 799119, ≤, 🚑,
Massage, ⇌s, ⬛, 🐎, 🏹 (Halle) – 📶 📺 ☎ 👤 – 🏛 25. **E** VISA ⬙ Rest
Menu à la carte 41/65 – **53 Z** 110/260 – ½ P 35.

🏨 **Berg-Hotel** ⬙ (mit Gästehaus), Heimbergstr. 1, ✉ 38685, ℰ (05326) 40 62,
Fax (05326) 4432, 🚑, ⇌s – 📶 📺 ☎ 👤 – 🏛 50. **E**
Menu à la carte 30/61 – **51 Z** 72/154 – ½ P 25.

LANGEN *Hessen* **417** *Q 10,* **987** ㉗ *– 34 700 Ew – Höhe 142 m.*

🛈 *Städt. Information, Südliche Ringstr. 80,* ✉ *63225,* ℰ *(06103) 20 30, Fax (06103) 26302.*

Berlin 557 – Wiesbaden 42 – Frankfurt am Main 22 – Darmstadt 14 – Mainz 36.

🏨 **Steigenberger MAXX Hotel** Ⓜ, Robert-Bosch-Str. 26 (Industriegebiet), ✉ 63225,
ℰ (06103) 97 20, Fax (06103) 972555, ⇌s – 📶, ⬌ Zim, 📺 ☎ 👈 – 🏛 60. ⒶⒺ ⓄⒹ **E**
VISA JCB
Menu à la carte 33/69 – **208 Z** 255/295.

🏨 **Holiday Inn Garden Court** garni, Rheinstr. 25, ✉ 63225, ℰ (06103) 50 50,
Fax (06103) 505100, ⇌s – 📶 ⬌ 📺 ☎ 👈 ⭐ 👤. ⒶⒺ ⓄⒹ **E** VISA JCB
90 Z 203/260.

🏨 **Achat** garni, Robert-Bosch-Str. 58 (Industriegebiet), ✉ 63225, ℰ (06103) 75 60,
Fax (06103) 756999 – 📶, ⬌ Zim, 📺 ☎ 👈 👤. ⒶⒺ ⓄⒹ VISA
Weihnachten - Anfang Jan. geschl. – **180 Z** 165/230, 10 Suiten.

🏨 **Deutsches Haus,** Darmstädter Str. 23, ✉ 63225, ℰ (06103) 2 20 51 (Hotel) 2 77 07
(Rest.), Fax (06103) 54295 – 📶 📺 ☎ 👈 ⭐ 👤. ⒶⒺ ⓄⒹ **E** VISA
24. Dez. - 4. Jan. geschl. – **Menu** (Freitag - Samstagmittag geschl.) à la carte 28/44 –
65 Z 108/178.

🏨 **Dreieich** garni, Frankfurter Str. 49 (B 3), ✉ 63225, ℰ (06103) 91 50,
Fax (06103) 52030 – ⬌ 📺 ☎ 👤. ⒶⒺ ⓄⒹ **E** VISA. ⬙
60 Z 80/140.

Nahe der Straße nach Dieburg *O : 2 km :*

🍴 **Merzenmühle,** Außerhalb 12, ✉ 63225, ℰ (06103) 5 35 33, Fax (06103) 53655, 🚑
– 👤. ⓄⒹ **E** VISA
Samstagmittag und Montag geschl. – **Menu** à la carte 57/82.

LANGEN BRÜTZ *Mecklenburg-Vorpommern siehe Schwerin.*

LANGENARGEN *Baden-Württemberg* **419** *X 12,* **987** ㊳ *– 7 000 Ew – Höhe 398 m – Erholungsort.*

🛈 *Verkehrsamt, Obere Seestr. 2/2,* ✉ *88085,* ℰ *(07543) 3 02 92, Fax (07543) 4696.*
Berlin 726 – Stuttgart 175 – Konstanz 40 – Ravensburg 27 – Ulm (Donau) 116 – Bregenz 24.

🏨 **Engel,** Marktplatz 3, ✉ 88085, ℰ (07543) 24 36, Fax (07543) 4201, « Terrasse am
See », 🚤, 🏹 – 📶 📺 ☎ ⭐. ⓄⒹ **E** VISA. ⬙ Zim
23. Dez. - 20. März geschl. – **Menu** (Mittwoch - Donnerstagmittag geschl.) à la carte 30/56
– **38 Z** 90/200 – ½ P 27.

🏨 **Löwen,** Obere Seestr. 4, ✉ 88085, ℰ (07543) 30 10, Fax (07543) 30151, ≤, 🚑 – 📶
📺 ☎ ⭐ 👤 – 🏛 20. ⒶⒺ ⓄⒹ **E** VISA JCB. ⬙ Zim
Jan. - Feb. 4 Wochen geschl. – **Menu** (Dienstag, Nov. - Jan. auch Montag geschl.) à la carte
31/62 (auch vegetarische Gerichte) – **27 Z** 130/250 – ½ P 29/36.

🏨 **Schiff,** Marktplatz 1, ✉ 88085, ℰ (07543) 24 07, Fax (07543) 4546, ≤, 🚑, ⇌s – 📶,
⬌ Zim, 📺 ☎ ⭐. ⓄⒹ **E** VISA. ⬙
April - Okt. – **Menu** (Donnerstagmittag geschl.) à la carte 29/63 – **50 Z** 95/300 – ½ P 25.

🏨 **Seeterrasse** ⬙, Obere Seestr. 52, ✉ 88085, ℰ (07543) 9 32 90, Fax (07543) 932960,
≤, « Terrasse am See », 🏊 (geheizt), 🏹 – 📶 📺 ☎ ⭐ 👤. ⬙
Dez. - Feb. geschl. – **Menu** (Montag geschl.) à la carte 36/67 – **48 Z** 110/270 – ½ P 30.

🏨 **Strand-Café** ⬙ garni (mit Gästehaus Charlotte), Obere Seestr. 32, ✉ 88085,
ℰ (07543) 9 32 00, Fax (07543) 932040, ≤, 🏹 – 📺 ☎ ⭐ 👤. ⓄⒹ **E** VISA
Jan. geschl. – **16 Z** 75/180.

🏨 **Litz,** Obere Seestr. 11, ✉ 88085, ℰ (07543) 45 01, Fax (07543) 3232, ≤ – 📶, ⬌ Zim,
📺 ☎ ⭐ 👤. **E** VISA. ⬙
März - Okt. – (nur Abendessen für Hausgäste) – **39 Z** 100/250 – ½ P 28.

🏠 **Klett,** Obere Seestr. 15, ⊠ 88085, ℰ (07543) 22 10, *Fax (07543) 2210,* ⬷, � – 📺.
VISA 😤 Zim
6. Jan. - Feb. und 27. Okt. - 8. Nov. geschl. – **Menu** *(Montag geschl.)* (nur Abendessen)
à la carte 26/54 – **18 Z** 95/190.

XXX **Adler** mit Zim, Oberdorfer Str. 11, ⊠ 88085, ℰ (07543) 30 90, *Fax (07543) 30950,* 🌤
🏵 – 📺 ☎ 🅿. 🆎 ① ㉣ *VISA* ᴶᶜᴮ
Jan. - Feb. 2 Wochen geschl. – **Menu** *(Sonntagabend - Dienstagmittag geschl.)* 65/125 und
à la carte 64/95 – **15 Z** 90/200 – ½ P 50
Spez. Bouillabaisse von Bodenseefischen. Variation von Bodenseefischen. Terrine von
Zitrusfrüchten mit Karameleis.

In Langenargen-Oberdorf *NO : 3 km :*

🏠 **Hirsch** ⌇, Ortsstr. 1, ⊠ 88085, ℰ (07543) 9 30 30, *Fax (07543) 1620,* 🌤 – 📺 ☎
🅿. ① ㉣ *VISA*. ⌇
20. Dez. - 1. Feb. geschl. – **Menu** *(Freitag geschl.)* (wochentags nur Abendessen) à la carte
28/57 *(auch vegetarische Gerichte)* – **25 Z** 80/150 – ½ P 25.

LANGENAU *Baden-Württemberg* 🅐🅑🅩 🅐🅩🅞 *U 14,* 🅖🅑🅗 ㊴ – *11 600 Ew – Höhe 467 m.*
Berlin 603 – Stuttgart 86 – Augsburg 69 – Heidenheim an der Brenz 32 – Ulm (Donau) 18.

🏠🏠 **Lobinger Hotel Weisses Ross,** Hindenburgstr. 29, ⊠ 89129, ℰ (07345) 80 10,
Fax (07345) 801551, 🌤 – 🛗 📺 ☎ ⬅ 🅿 – 🔬 80. 🆎 ① ㉣ *VISA*
(Restaurant nur für Hausgäste) – **75 Z** 98/160.

🏠 **Zum Bad,** Burghof 11, ⊠ 89129, ℰ (07345) 9 60 00, *Fax (07345) 960050* – 📺 ☎ 🅿
⬟ – 🔬 80. ㉣ *VISA*. ⌇
Aug. 2 Wochen und 24. Dez. - 1. Jan. geschl. – **Menu** *(Montag geschl.)* à la carte 23/49
– **16 Z** 70/110.

🏠 **Pflug** garni, Hindenburgstr.56, ⊠ 89129, ℰ (07345) 95 00, *Fax (07345) 950150* – 🛗 📺
☎. ① ㉣ *VISA*
24. Dez. - 6. Jan. geschl. – **29 Z** 60/105.

In Rammingen *NO : 4 km :*

🏠 **Romantik Hotel Landgasthof Adler** ⌇, Riegstr. 15, ⊠ 89192, ℰ (07345) 9 64
10, *Fax (07345) 964110* – 📺 ☎ ⬅ 🅿 🆎 ① ㉣ *VISA*
6. - 20. Jan. und 28. Juli - 18. Aug. geschl. – **Menu** *(Montag - Dienstagmittag geschl.)*
à la carte 39/75 – **12 Z** 80/189.

LANGENFELD *Nordrhein-Westfalen* 🅐🅑🅐 *M 4,* 🅖🅑🅗 ㉕ ㉖ – *56 000 Ew – Höhe 45 m.*
Berlin 556 – Düsseldorf 22 – Köln 26 – Solingen 13.

🏠🏠 **Romantik Hotel Gravenberg,** Elberfelder Str. 45 (B 229, NO : 4 km), ⊠ 40764,
ℰ (02173) 9 22 00, *Fax (02173) 22777,* 🌤, Damwildgehege, « Gediegene Einrichtung im
Landhaus-Stil », ⫘, 🔲, 🌷 – ⤢ 📺 ☎ ⬅ 🅿 – 🔬 30. 🆎 ① ㉣ *VISA*
23. Dez.- 6. Jan. geschl. – **Menu** *(Sonntagabend - Montag und Mitte Juli - Mitte Aug. geschl.)*
à la carte 48/76 – **48 Z** 160/320.

🏠🏠 **Rema-Hotel Mondial** garni, Solinger Str. 188 (B 229), ⊠ 40764, ℰ (02173) 2 30 33,
Fax (02173) 22297, ⫘, 🔲 – 🛗 ⤢ 📺 ☎ 🅿 – 🔬 30. 🆎 ① ㉣ *VISA*
62 Z 130/320, 7 Suiten.

In Langenfeld-Reusrath *S : 4 km :*

🏠🏠 **Landhotel Lohmann,** Opladener Str. 19 (B 8), ⊠ 40764, ℰ (02173) 9 16 10,
Fax (02173) 14543, 🌤 – ⤢ Zim, 📺 ☎ 🅿 – 🔬 50. 🆎 ① ㉣ *VISA* ᴶᶜᴮ
Menu *(Dienstagabend - Mittwoch und 15. Feb. - 3. März geschl.)* à la carte 38/65 –
25 Z 135/215.

LANGENHAGEN *Niedersachsen siehe Hannover.*

LANGENSALZA, BAD *Thüringen* 🅐🅑🅗 *M 15,* 🅖🅑🅓 ㉓, 🅖🅑🅗 ⑰ ㉘ – *21 000 Ew – Höhe 209 m.*
🅱 *Bad Langensalza Information, Bei der Marktkirche 9,* ⊠ 99947, ℰ (03603) 84 24 68.
Berlin 301 – Erfurt 34 – Nordhausen 58 – Göttingen 82.

🏠 **Alpha-Hotel Hermann von Salza,** Kurpromenade 1, ⊠ 99947, ℰ (03603) 8 58 00,
Fax (03603) 815692, Biergarten – 🛗 📺 ☎ 🅿 – 🔬 50. 🆎 ① ㉣ *VISA*
Menu *(Montag - Freitag nur Abendessen)* à la carte 27/64 – **75 Z** 100/195 – ½ P 25.

X **Zur Weinstube** mit Zim, Töpfermarkt 4, ⊠ 99947, ℰ (03603) 8 26 30,
Fax (03603) 826323 – 📺 ☎. 🆎
Menu à la carte 20/41 – **0 Z** 73/118 – ½ P 15.

LANGENSELBOLD Hessen **417** P 11 – 12 200 Ew – Höhe 122 m.
Berlin 521 – Wiesbaden 75 – Frankfurt am Main 32 – Aschaffenburg 31.

🏨 **Holiday Inn Garden Court,** Gelnhäuser Str. 5, ✉ 63505, ℰ (06184) 92 60, Fax (06184) 926110, 🍴, 🍸 – 🛗, 🔆 Zim, 📺 ☎ 📞 🐾 🌳 📶 – 🚪 100. 🆎 ◉ ☰ 𝘝𝘐𝘚𝘈 🄹🄲🄱
Menu à la carte 28/52 – **87 Z** 201/362.

LANGEOOG (Insel) Niedersachsen **415** E 6, **987** ④ – 2 100 Ew Insel der Ostfriesischen Inselgruppe, Autos nicht zugelassen – Seeheilbad.
🚢 von Esens-Bensersiel (ca. 45 min), ℰ (04972) 69 30.
🛈 Kurverwaltung, Hauptstr. 28, ✉ 26465, ℰ (04972) 69 30, Fax (04972) 6588.
Berlin 525 – Hannover 266 – Aurich/Ostfriesland 28 – Wilhelmshaven 54.

🏨 **Flörke** 🦢, Hauptstr. 17, ✉ 26465, ℰ (04972) 9 22 00, Fax (04972) 1690, 🍸, 🌳 –
🛗 📺 ☎. 🍽 Rest
Mitte März - Anfang Nov. – (nur Abendessen für Hausgäste) – **50 Z** 110/220.

🏨 **La Villa** 🦢, Vormann-Otten-Weg 12, ✉ 26465, ℰ (04972) 7 77, Fax (04972) 1390, 🍸,
🌳 – 📺 ☎ – 🚪 10. 🍽 Rest
Dez. - Jan. geschl. – (nur Abendessen für Hausgäste) – **10 Z** 165/260 – ½ P 44.

🏨 **Strandeck** 🦢, Kavalierspad 2, ✉ 26465, ℰ (04972) 68 80, Fax (04972) 688222, 🍸,
🔲, – 🛗 📺 ☎. 🍽 Rest
15. Nov. - 27. Dez. und 8. Jan. - 20. Feb. geschl. – **Menu** (nur Abendessen, Tischbestellung erforderlich) à la carte 40/68 – **36 Z** 130/320 – ½ P 40.

🏡 **Lamberti** 🦢, Hauptstr. 31, ✉ 26465, ℰ (04972) 9 10 70, Fax (04972) 910770, 🍴,
🍸 – 📺 ☎
Menu à la carte 38/69 – **18 Z** 130/260 – ½ P 32.

LANGERRINGEN Bayern siehe Schwabmünchen.

LANKE Brandenburg siehe Bernau.

LAUBACH Hessen **417** O 10 – 10 300 Ew – Höhe 250 m – Luftkurort.
🛈 Kurverwaltung, Friedrichstr. 11 (Rathaus), ✉ 35321, ℰ (06405) 92 13 21, Fax (06405) 921313.
Berlin 478 – Wiesbaden 101 – Frankfurt am Main 71 – Gießen 28.

🏨 **Waldhaus** 🦢, An der Ringelshöhe 7 (B 276, O : 2 km), ✉ 35321, ℰ (06405) 2 52, Fax (06405) 1041, 🍴, 🍸, 🔲, 🌳 – 🛗 📺 ☎ 📶 – 🚪 20. 🆎 ☰ 𝘝𝘐𝘚𝘈
Menu (Sonntagabend geschl.) à la carte 29/69 – **31 Z** 98/150 – ½ P 26.

In Laubach-Gonterskirchen SO : 4 km :
🏕 **Tannenhof** 🦢 mit Zim, Am Giebel 1, ✉ 35321, ℰ (06405) 17 32, Fax (06405) 3931,
≤, 🍴, 🌳 – 🔆 Zim, 📺 ☎ 📶
Menu (Montag geschl.) à la carte 29/64 – **9 Z** 65/138 – ½ P 20.

In Laubach-Münster W : 5,5 km :
🏡 **Zum Hirsch,** Licher Str. 32, ✉ 35321, ℰ (06405) 14 56, Fax (06405) 7467, Biergarten,
🍽 – ☎ 📶 – 🚪 20. 🆎 ☰
31. Jan. - 13. Feb. und 13. - 31. Juli geschl. – **Menu** (Montag geschl.) à la carte 22/43 🍷
– **18 Z** 45/100 – ½ P 15.

LAUBEN Bayern siehe Kempten.

LAUBENHEIM Rheinland-Pfalz siehe Bingen.

LAUCHHAMMER Brandenburg **418** L 25, **984** ⑳, **987** ⑲ – 22 000 Ew – Höhe 107 m.
Berlin 151 – Potsdam 137 – Cottbus 64 – Dresden 60.

In Lauchhammer-West :
🏡 **Mückenberger Hof** 🦢, Senftenberger Str. 2, ✉ 01979, ℰ (03574) 76 80, Fax (03574) 7680, Biergarten, 🎣, 🍸 – 📺 ☎ 📶 – 🚪 30
Menu (Samstag - Sonntag geschl.) (nur Abendessen) à la carte 23/40 – **28 Z** 95/150.

LAUCHRINGEN Baden-Württemberg siehe Waldshut-Tiengen.

LAUDA-KÖNIGSHOFEN Baden-Württemberg 419 R 13 – 14 700 Ew – Höhe 192 m.
Berlin 535 – Stuttgart 120 – Bad Mergentheim 12 – Würzburg 40.

🏨 **Ratskeller,** Josef-Schmitt-Str. 17 (Lauda), ⌧ 97922, 🕿 (09343) 6 20 70,
Fax (09343) 2820, 🎄 – 🍴 Rest, 📺 🕿 🥄 ⟅⟆, 𝔸𝔼 𝐄. 𝄞 Zim
Aug. 2 Wochen und 21. - 25. Dez. geschl. – **Menu** (Sonntagabend - Montagmittag geschl.)
à la carte 35/67 – **11 Z** 70/140.

🍴🍴 **Landhaus Gemmrig** mit Zim, Hauptstr. 68 (Königshofen), ⌧ 97922, 🕿 (09343) 70 51,
Fax (09343) 7053, 🎄, ⟅s – 📺 🕿 🅿
1. - 10. Jan. und Aug. 2 Wochen geschl. – **Menu** (Sonntagabend - Montag geschl.) à la carte
25/52 (auch vegetarische Gerichte) – **5 Z** 54/110.

In Lauda-Königshofen - Beckstein SW : 2 km ab Königshofen – Erholungsort :

🏨 **Adler,** Weinstr. 24, ⌧ 97922, 🕿 (09343) 20 71, Fax (09343) 8907, 🎄 – 📺 🕿 🅿. 𝐄
Menu à la carte 27/62 🍷 – **28 Z** 58/120.

🏨 **Gästehaus Birgit** 📎 garni, Am Nonnenberg 12, ⌧ 97922, 🕿 (09343) 9 98,
Fax (09343) 990, ⟨ – 🍴 Zim, 📺 🕿 ⟅⟆ 🅿
Jan. geschl. – **16 Z** 65/110.

*Our hotel and restaurant guides, our tourist guides and our road maps
are complementary. Use them together.*

LAUDENBACH Bayern 417 419 Q 11 – 1 200 Ew – Höhe 129 m.
Berlin 580 – München 358 – Amorbach 14 – Aschaffenburg 32 – Würzburg 82.

🏨🏨 **Romantik Hotel Zur Krone** (Gasthof a.d.J. 1726), Obernburger Str. 4, ⌧ 63925,
🕿 (09372) 24 82, Fax (09372) 10112, « Hübsches bäuerliches Restaurant,
Gartenterrasse » – 📳, 🍴 Zim, 📺 🕿 🅿. 𝔸𝔼 ⓞ 𝐄 𝑉𝐼𝑆𝐴 𝐽𝐶𝐵
20. Feb. - 13. März und 1. - 22. Aug. geschl. – **Menu** (Donnerstag - Freitagmittag geschl.)
à la carte 41/80 – **16 Z** 100/200, 10 Suiten.

🏨 **Goldner Engel,** Miltenberger Str. 5, ⌧ 63925, 🕿 (09372) 30 03, Fax (09372) 3005 –
🕿 🅿. 𝔸𝔼 𝐄
Menu (Mittwoch, Jan. 3 Wochen und Aug. 2 Wochen geschl.) à la carte 37/77 🍷 –
10 Z 63/98.

LAUENBURG AN DER ELBE Schleswig-Holstein 415 416 F 15, 987 ⑥ ⑰ – 11 500 Ew
– Höhe 45 m.
🛈 Fremdenverkehrsamt, im Schloß, ⌧ 21481, 🕿 (04153) 59 09 81, Fax (04153) 52890.
Berlin 249 – Kiel 121 – Hamburg 60 – Hannover 149 – Lüneburg 25.

🏨 **Lauenburger Mühle** 📎, Bergstr. 17, ⌧ 21481, 🕿 (04153) 58 90,
Fax (04153) 55555, 🎄 – 📳 📺 🕿 🕹 ⟅⟆ 🅿 – 🔬 55. 𝐄 𝑉𝐼𝑆𝐴
Menu à la carte 30/54 – **34 Z** 110/180.

🏨 **Möller** 📎, Elbstr. 44 (Unterstadt), ⌧ 21481, 🕿 (04153) 20 11, Fax (04153) 53759, ⟨,
🎄 – 📺 🕿 – 🔬 25. 𝔸𝔼 ⓞ 𝐄 𝑉𝐼𝑆𝐴
Menu à la carte 31/61 – **36 Z** 90/180.

LAUF AN DER PEGNITZ Bayern 419 420 R 17, 987 ㉘ – 25 000 Ew – Höhe 310 m.
🛈 Fremdenverkehrsamt, Urlasstr. 22 (Rathaus), ⌧ 91207, 🕿 (09123) 18 41 13,
Fax (09123) 184184.
Berlin 417 – München 173 – Nürnberg 20 – Bayreuth 62.

🏨🏨 **Zur Post,** Friedensplatz 8, ⌧ 91207, 🕿 (09123) 95 90, Fax (09123) 959400, Biergarten
– 📳, 🍴 Zim, 📺 🕿 🥄 🅿 – 🔬 30. 𝔸𝔼 ⓞ 𝐄 𝑉𝐼𝑆𝐴 𝐽𝐶𝐵
Menu (Montag geschl.) à la carte 26/52 – **40 Z** 115/158.

🍴 **Altes Rathaus,** Marktplatz 1, ⌧ 91207, 🕿 (09123) 27 00, 🎄 – 𝔸𝔼 ⓞ 𝐄 𝑉𝐼𝑆𝐴
Montag geschl. – **Menu** à la carte 28/59.

An der Straße nach Altdorf S : 2,5 km :

🏨🏨 **Waldgasthof Am Letten,** Letten 13, ⌧ 91207 Lauf an der Pegnitz,
🕿 (09123) 95 30, Fax (09123) 2064, 🎄, Biergarten, ⟅s – 📳 📺 🕿 🅿 – 🔬 60
23. Dez. - 11. Jan. geschl. – **Menu** (Sonn- und Feiertage geschl.) à la carte 37/66 –
52 Z 115/170.

LAUFELD Rheinland-Pfalz siehe Manderscheid.

LAUFENBURG (BADEN) Baden-Württemberg **419** X 8, **987** ㊲ – 7 500 Ew – Höhe 337 m.
Berlin 812 – Stuttgart 195 – Freiburg im Breisgau 83 – Waldshut-Tiengen 15 – Basel 39.

In Laufenburg-Luttingen O : 2,5 km :

Kranz, Luttinger Str. 22 (B 34), ⊠ 79725, ℰ (07763) 38 33, Fax (07763) 8588, 龠 –
⟷ Zim, ▥ ☎ ⇔ ☐ ☰ VISA
über Fastnacht 1 Woche geschl. – **Menu** (Dienstagabend - Mittwoch geschl.) à la carte
30/62 ⅊ – **12 Z** 60/110.

LAUFFEN AM NECKAR Baden-Württemberg **419** S 11, **987** ㉗ – 9 000 Ew – Höhe 172 m.
Berlin 613 – Stuttgart 49 – Heilbronn 10 – Ludwigsburg 33.

Elefanten, Bahnhofstr. 12, ⊠ 74348, ℰ (07133) 1 41 35, Fax (07133) 17817 – |⫯| ▥
☎ ☐ ℾ ⓞ ☰ VISA JCB
1. - 20. Jan. geschl. – **Menu** (Freitag geschl.) à la carte 39/77 – **13 Z** 105/180.

LAUINGEN AN DER DONAU Bayern **419** **420** U 15, **987** ㊴ – 10 000 Ew – Höhe 439 m.
Berlin 550 – München 113 – Augsburg 55 – Donauwörth 31 – Ulm (Donau) 48.

Kannen Keller, Dillinger Str. 26, ⊠ 89415, ℰ (09072) 70 70, Fax (09072) 707707, Biergarten – ▥ ☎ ℯ ⇔ ☐ – 劃 30. ℾ ☰ VISA
Menu (Freitagmittag geschl.) à la carte 38/69 – **30 Z** 120/160.

Reiser, Bahnhofstr. 4, ⊠ 89415, ℰ (09072) 30 96, Fax (09072) 3097, 龠 – ☎ ☐ –
劃 30. ☰
Aug. - Sept. 3 Wochen geschl. – **Menu** (Sonn- und Feiertage abends sowie Samstag geschl.)
à la carte 29/56 ⅊ – **27 Z** 65/125.

LAUPHEIM Baden-Württemberg **419** **420** V 13, **987** ㊴ – 18 000 Ew – Höhe 515 m.
Berlin 637 – Stuttgart 118 – Konstanz 136 – Ulm (Donau) 26 – Ravensburg 62.

Laupheimer Hof, Rabenstr. 13, ⊠ 88471, ℰ (07392) 97 50, Fax (07392) 975222 –
▥ ☎ ☐ – 劃 25. ℾ ⓞ ☰ VISA
Menu (1. - 12. Jan. geschl.) à la carte 37/63 – **30 Z** 98/160.

Krone, Marktplatz 15, ⊠ 88471, ℰ (07392) 1 80 88, Fax (07392) 17144, 龠 – |⫯| ▥
☎ ℾ ⓞ ☰ VISA
Menu à la carte 34/52 – **14 Z** 98/160.

Schildwirtschaft zum Rothen Ochsen mit Zim (restauriertes Haus a.d.J. 1808),
Kapellenstr. 23, ⊠ 88471, ℰ (07392) 60 41, Fax (07392) 16765, 龠 – ▥ ☎
1. - 6. Jan. geschl. – **Menu** (Samstagmittag und Dienstag geschl.) (abends Tischbestellung
ratsam) à la carte 43/82 ⅊ – **7 Z** 82/125.

LAUSICK, BAD Sachsen **418** M 21, **984** ㉓, **987** ⑱ – 8 500 Ew – Höhe 176 m – Heilbad.
🛈 Kurverwaltung, Straße der Einheit 17, ⊠ 04651, ℰ (034345) 2 24 66, Fax (034345)
22466.
Berlin 228 – Dresden 92 – Leipzig 39 – Chemnitz 50 – Zwickau 63.

Kurhaus und Kurhotel, Badstr. 35, ⊠ 04651, ℰ (034345) 3 21 00,
Fax (034345) 32200, Massage, ♨, ℉ₛ, ≘ₛ, ▨ , ※ – |⫯|, ⟷ Zim, ▥ ☎ ℯ 㐀 ☐ – 劃 240
Menu (wochentags nur Abendessen, Sonntag nur Mittagessen) à la carte 25/41 –
120 Z 95/185, 5 Suiten – ½ P 22.

Am Kurpark (ehem. Villa), Badstr. 36, ⊠ 04651, ℰ (034345) 70 70,
Fax (034345) 70788, 龠 – ⟷ Zim, ▥ ☎ ☐ – 劃 15. ☰ VISA. ⚇ Zim
Menu à la carte 27/49 – **21 Z** 75/120 – ½ P 25.

LAUTENBACH (ORTENAUKREIS) Baden-Württemberg **419** U 8 – 1 900 Ew – Höhe 210 m
– Luftkurort.
Sehenswert : Wallfahrtskirche Mariä Himmelfahrt (Hochaltar★).
🛈 Verkehrsamt, Hauptstr. 48, ⊠ 77794, ℰ (07802) 92 59 12, Fax (07802) 925959.
Berlin 742 – Stuttgart 143 – Karlsruhe 72 – Offenburg 19 – Freudenstadt 39 – Stras-
bourg 33.

Sonne (mit Gästehaus Sonnenhof), Hauptstr. 51 (B 28), ⊠ 77794, ℰ (07802) 9 27 60,
Fax (07802) 927662, 龠, ♨ – |⫯| ▥ ☎ ⇔ ☐ – 劃 40. ℾ ⓞ ☰ VISA
Menu (Mittwoch geschl.) à la carte 28/74 ⅊ – **25 Z** 62/144 – ½ P 27.

Sternen, Hauptstr. 47 (B 28), ⊠ 77794, ℰ (07802) 35 38, Fax (07802) 700161, 龠 –
|⫯| ☎ ☐ ℾ ⓞ ☰ VISA
Mitte Jan. - Mitte Feb. geschl. – **Menu** (Montag geschl.) à la carte 39/71 – **36 Z** 56/130
– ½ P 20.

LAUTENBACH (ORTENAUKREIS)

Auf dem Sohlberg *NO : 6 km – Höhe 780 m*

Berggasthaus Wandersruh ⌕, Sohlbergstr. 34, ⌧ 77794 Lautenbach, ℰ *(07802) 24 73, Fax (07802) 50915*, ≼ Schwarzwald und Rheinebene, ◻, ⚞ – ℗ – ⌂ 30
10. Jan. - Feb. geschl. – **Menu** *(Dienstag geschl.)* à la carte 23/41 ⌀ – **21 Z** 38/90 – ½ P 16.

LAUTER Sachsen **418 420** O 22 – 5 100 Ew – Höhe 480 m.
Berlin 299 – Dresden 113 – Chemnitz 40 – Plauen 56 – Zwickau 30.

Außerhalb *SW : 2 km :*

Danelchristelgut ⌕, Antonsthaler Str. 44, ⌧ 08312, ℰ *(03771) 2 22 57, Fax (03771) 22977*, ≼, Biergarten, ⚞ – ▥ ☎ ℗ – ⌂ 40
Menu à la carte 22/50 – **37 Z** 95/130 – ½ P 25.

LAUTERBACH Baden-Württemberg **419** V 9 – 3 500 Ew – Höhe 575 m – Luftkurort – Wintersport : 800/900 m ⚞1 ⚞2.
🛈 Kurverwaltung, Rathaus, Schramberger Str. 5, ⌧ 78730, ℰ *(07422) 94 97 30, Fax (07422) 949740.*
Berlin 734 – Stuttgart 122 – Freiburg im Breisgau 61 – Freudenstadt 41 – Offenburg 55 – Schramberg 4.

Tannenhof, Schramberger Str. 61, ⌧ 78730, ℰ *(07422) 30 81, Fax (07422) 3775 –* ▯ ▥ ☎ ℗ – ⌂ 30. ▦ ⓪ ▣ ▨. ⚞ Zim
über Fastnacht 1 Woche geschl. – **Menu** *(Samstag geschl.)* (wochentags nur Abendessen) à la carte 30/60 – **38 Z** 78/132 – ½ P 26.

LAUTERBACH Hessen **417** O 12, **987** ㉗ – 15 000 Ew – Höhe 296 m – Luftkurort.
🛈₈ Schloß Sickendorf(in Sickendorf), ℰ *(06641) 9 61 30,.*
🛈 Verkehrsverein, Rathaus, Marktplatz 14, ⌧ 36341, ℰ *(06641) 18 41 12, Fax (06641) 184167.*
Berlin 457 – Wiesbaden 151 – Fulda 25 – Gießen 68 – Kassel 110.

Schubert, Kanalstr. 12, ⌧ 36341, ℰ *(06641) 9 60 70, Fax (06641) 5171*, Biergarten – ⚞ Zim, ▤ Rest, ▥ ☎ ℗ – ⌂ 25. ▦ ⓪ ▣ ▨. ⚞ Rest
Menu *(Sonntag - Montag geschl.)* à la carte 43/69 – **31 Z** 95/260

In Lauterbach-Maar *NW : 3 km :*

Jägerhof, Hauptstr. 9, ⌧ 36341, ℰ *(06641) 9 65 60, Fax (06641) 62132*, Biergarten – ▥ ☎ ⚞ ℗ – ⌂ 50. ▦ ▣ ▨. ⚞ Rest
Menu à la carte 31/53 – **28 Z** 85/135 – ½ P 30.

LAUTERBERG, BAD Niedersachsen **418** L 15, **987** ⑰ – 13 600 Ew – Höhe 300 m – Kneippheilbad und Schrothkurort.
🛈 Kurverwaltung, Ritscherstr. 4 (im Haus des Kurgastes), ⌧ 37431, ℰ *(05524) 9 20 40, Fax (05524) 5506.*
Berlin 272 – Hannover 116 – Erfurt 104 – Göttingen 49 – Braunschweig 87.

Revita, Promenade 56 (am Kurpark), ⌧ 37431, ℰ *(05524) 8 31, Fax (05524) 80412*, ⚞, Massage, ⚕, ⚞, ⚞, ◻, ⚞(Halle) – ▯ ⚞ ▥ ⚞ ⚞ ⚞ ℗ – ⌂ 500. ⚞ Rest
Menu *(Sonntag - Montag geschl.)* (nur Abendessen) à la carte 55/74 – **276 Z** 130/274, 5 Suiten – ½ P 25.

Kneipp-Kurhotel St. Hubertusklause ⌕, Wiesenbek 16, ⌧ 37431, ℰ *(05524) 86 90, Fax (05524) 86950*, ⚞, Massage, ⚕, ⚞, ⚞, ⚞ – ▯, ⚞ Rest, ▥ ☎ ⚞ ℗. ▦ ⓪ ▣ ▨. ⚞ Zim
Menu à la carte 29/54 – **30 Z** 72/164.

LAUTERECKEN Rheinland-Pfalz **417** R 6, **987** ㉖ – 2 300 Ew – Höhe 165 m.
Berlin 649 – Mainz 83 – Bad Kreuznach 38 – Kaiserslautern 32 – Saarbrücken 85.

Pfälzer Hof, Hauptstr. 12, ⌧ 67742, ℰ *(06382) 73 38, Fax (06382) 6652*, ⚞ – ⚞ ℗. ⚞
Juli - Aug. 3 Wochen geschl. – **Menu** *(Sonntagabend und Freitag geschl.)* à la carte 25/58 ⌀ – **15 Z** 70/96 – ½ P 15.

LAUTERSEE Bayern siehe Mittenwald.

633

LAUTERSTEIN Baden-Württemberg **419 420** T 13 – 3 000 Ew – Höhe 542 m.
Berlin 589 – Stuttgart 60 – Göppingen 20 – Heidenheim an der Brenz 20 – Ulm (Donau) 51.

In Lauterstein-Weissenstein :

🏠 **Silberdistel** garni, Kreuzbergstr. 32, ✉ 73111, ✆ (07332) 37 32, Fax (07332) 3736 –
📺 ☎ 🅿
11 Z 69/123.

✗ **Linde,** Im Städtle 17, ✉ 73111, ✆ (07332) 53 69, Fax (07332) 3951, 🏡 – 🅿
Montag, Ende Feb. - 15. März und Nov. 1 Woche geschl. – **Menu** à la carte 30/66.

LECK Schleswig-Holstein **415** B 10, **987** ④ ⑤ – 7 700 Ew – Höhe 6 m.
🐎 Stadum, Hof Berg (SO : 4 km), ✆ (04662) 23 76.
Berlin 453 – Kiel 110 – Flensburg 33 – Husum 36 – Niebüll 11.

🏛 **Deutsches Haus** (mit Gästehaus), Hauptstr. 8, ✉ 25917, ✆ (04662) 8 71 10,
Fax (04662) 7341 – 📺 ☎ 🅿. 🆎 ☒ 𝑉𝐼𝑆𝐴
Menu à la carte 29/49 – **27 Z** 58/120.

🏛 **Friesland** garni, Hauptstr. 31, ✉ 25917, ✆ (04662) 8 70 10, Fax (04662) 870144 – 📺
☎ 🅿. ☒ 𝑉𝐼𝑆𝐴
18 Z 68/120.

LEER Niedersachsen **415** G 6, **987** ⑮ – 31 000 Ew – Höhe 7 m.
🅱 Verkehrsbüro, Mühlenstraße (am Denkmal), ✉ 26789, ✆ (0491) 6 60 06, Fax (0491)
5628.
Berlin 495 – Hannover 234 – Emden 31 – Groningen 69 – Oldenburg 63 – Wilhelmshaven 66.

🏨 **Frisia** garni, Bahnhofsring 16, ✉ 26789, ✆ (0491) 9 28 40, Fax (0491) 9284400, 🚐 –
🛗 📺 ℃ & 🅿 – 🔨 15. 🆎 ⓪ ☒ 𝑉𝐼𝑆𝐴. ⅍
78 Z 99/178.

🏨 **Ostfriesen Hof,** Groninger Str. 109, ✉ 26789, ✆ (0491) 6 09 10, Fax (0491) 6091199,
🏡, 🚐, ☒ – 🛗, ⅍ Zim, 📺 ☎ ℃ & 🅿 – 🔨 160. 🆎 ⓪ ☒ 𝑉𝐼𝑆𝐴 𝐽𝐶𝐵. ⅍
Menu à la carte 38/69 (auch vegetarische Gerichte) – **60 Z** 108/200.

ⅩⅩ **Zur Waage und Börse,** Neue Str. 1, ✉ 26789, ✆ (0491) 6 22 44, Fax (0491) 4665,
🕸 🏡 – ☒
Montag - Dienstag und Nov. 2 Wochen geschl. – **Menu** (Tischbestellung ratsam) à la carte
45/70.

Nahe der B 70, Richtung Papenburg SO : 4,5 km :

🏨 **Lange,** Zum Schöpfwerk 3, ✉ 26789, ✆ (0491) 1 20 11, Fax (0491) 12016, ≤, 🏡, 🚐,
☒, 🎠 – 🛗 📺 ☎ 🚗 🅿 – 🔨 40. 🆎 ⓪ ☒ 𝑉𝐼𝑆𝐴
Menu à la carte 32/65 – **48 Z** 95/240.

LEEZEN Schleswig-Holstein siehe Segeberg, Bad.

LEGDEN Nordrhein-Westfalen **417** J 5 – 5 500 Ew – Höhe 71 m.
Berlin 525 – Düsseldorf 113 – Münster (Westfalen) 49.

🏠 **Hermannshöhe,** Haulingort 30 (B 474, SO : 1 km), ✉ 48739, ✆ (02566) 9 30 00,
🚐 Fax (02566) 930060, 🏡, 🚐, ☒ – 🛗 📺 ☎ 🅿. 🆎 ☒. ⅍ Zim
Menu (Mittwoch geschl.) à la carte 24/69 – **39 Z** 55/170.

LEHNIN Brandenburg **416 418** J 22, **984** ⑱, **987** ⑰ – 3 500 Ew – Höhe 52 m.
Berlin 65 – Potsdam 26 – Brandenburg 23.

🏨 **Markgraf,** Friedensstr. 13, ✉ 14797, ✆ (03382) 76 50, Fax (03382) 765430 – 🛗,
🚐 ⅍ Zim, 📺 ☎ ℃ 🅿 – 🔨 60. 🆎 ☒ 𝑉𝐼𝑆𝐴
Menu à la carte 24/52 – **39 Z** 95/160.

LEHNITZ Brandenburg siehe Oranienburg.

LEHRTE Niedersachsen **415 416 417 418** I 13, **987** ⑯ – 41 500 Ew – Höhe 66 m.
Berlin 268 – Hannover 22 – Braunschweig 47 – Celle 33.

🏨 **Median Hotel,** Zum Blauen See 3 (B 443), ✉ 31275, ✆ (05132) 8 29 00,
Fax (05132) 829099, 🏡, 🚐 – 🛗, ⅍ Zim, 📺 ☎ ℃ 🅿 – 🔨 20. 🆎 ⓪ ☒ 𝑉𝐼𝑆𝐴 𝐽𝐶𝐵
Menu (Sonntagabend geschl.) à la carte 40/70 – **56 Z** 160/240, 5 Suiten.

In Lehrte-Ahlten *SW : 4 km :*

- 🏨 **Trend Hotel** garni, Raiffeisenstr. 18, ✉ 31275, 𝒫 (05132) 8 69 10, Fax (05132) 869170, ⊜ – 📳 📺 ☎ 🅿 – 🕍 20. 🖭 **E** 𝘝𝘐𝘚𝘈. ✻
  46 Z 120/160.
- 🏨 **Zum Dorfkrug**, Hannoversche Str. 29, ✉ 31275, 𝒫 (05132) 60 03, Fax (05132) 7833, �, ⊜, 🔲 (Gebühr) – ✻ Zim, 📺 ☎ 🅿. 🖭 **E** 𝘝𝘐𝘚𝘈
  10. Juli - 5. Aug. und 17. Dez.- 5. Jan. geschl. – **Menu** (Sonntag geschl.) (nur Abendessen)
  à la carte 27/50 – **36 Z** 105/160.

LEICHLINGEN Nordrhein-Westfalen 👭 M 5 – 27 000 Ew – Höhe 60 m.
  Berlin 556 – Düsseldorf 31 – Köln 23 – Solingen 11.

In Leichlingen-Witzhelden *O : 8,5 km :*

- ✕✕✕ **Landhaus Lorenzet**, Neuenhof 1, ✉ 42799, 𝒫 (02174) 3 86 86, Fax (02174) 39518, � – 🅿. 🖭 ① **E** 𝘝𝘐𝘚𝘈
  Menu à la carte 45/79.

LEIMEN Baden-Württemberg 👭 👭 R 10 – 22 000 Ew – Höhe 120 m.
  Berlin 634 – Stuttgart 109 – Bruchsal 28 – Heidelberg 7.

- 🏨 **Engelhorn** Ⓜ garni, Ernst-Naujoks-Str. 2, ✉ 69181, 𝒫 (06224) 70 70, Fax (06224) 707200 – 📳 📺 ☎ ⟸ 🅿. 🖭 ① **E** 𝘝𝘐𝘚𝘈. ✻
  22. Dez.- 7. Jan. geschl. – **40 Z** 120/160.
- 🏨 **Kurpfalz-Residenz und Markgrafen**, Markgrafenstr. 2, ✉ 69181, 𝒫 (06224) 70 80, Fax (06224) 708114, �, ⊜ – 📳 📺 ☎ ✆ 🔥 🅿 – 🕍 50. 🖭 **E** 𝘝𝘐𝘚𝘈
  Menu (Samstag geschl.) à la carte 38/59 ⓙ – **155 Z** 140/195, 10 Suiten.
- 🏨 **Zum Bären**, Rathausstr. 20, ✉ 69181, 𝒫 (06224) 98 10, Fax (06224) 981222, � –
  📳, ✻ Zim, 📺 ☎ 🅿 – 🕍 20. 🖭 **E** 𝘝𝘐𝘚𝘈
  23. Dez. - 1. Jan. geschl. – **Menu** (Montag geschl.) à la carte 38/70 – **26 Z** 110/175.
- 🏨 **Seipel** garni, Bürgermeister-Weidemaier-Str. 26 (Am Sportpark), ✉ 69181, 𝒫 (06224) 98 20, Fax (06224) 982222, ⊜ – 📳 📺 ☎ ⟸ 🅿. 🖭 ① **E** 𝘝𝘐𝘚𝘈
  23. Dez. - 7. Jan. geschl. – **23 Z** 130/180.
- 🏨 **Traube**, St.-Ilgener Str. 7, ✉ 69181, 𝒫 (06224) 98 30, Fax (06224) 75824 – 📳 📺 ☎ ✆ 🅿. 🖭 ① **E** 𝘝𝘐𝘚𝘈. ✻
  Menu (Sonntag geschl.) a la carte 30/68 – **38 Z** 105/180.
- 🏨 **Herrenberg** garni, Bremer Str. 7, ✉ 69181, 𝒫 (06224) 9 70 60, Fax (06224) 74289 – 📺 ☎ 🅿. 🖭 ① **E** 𝘝𝘐𝘚𝘈
  13 Z 95/140.
- ✕ **Seeger's Weinstube**, Joh.-Reidel-Str. 2, ✉ 69181, 𝒫 (06224) 7 14 96, Fax (06224) 72400 – 🖭 **E** 𝘝𝘐𝘚𝘈
  Samstagmittag, Dienstag und Mitte Juli - Mitte Aug. geschl. – **Menu** à la carte 34/66.
- ✕ **Weingut Jägerlust**, Rohrbacher Str. 101, ✉ 69181, 𝒫 (06224) 7 72 07, Fax (06224) 78363, �
  Samstag - Montag, 24. Dez.- 10. Jan. und Juli - Aug. 3 Wochen geschl. – **Menu** (nur Abendessen, Tischbestellung erforderlich) à la carte 40/72.

In Leimen-Gauangelloch *SO : 8 km :*

- ✕✕ **Zum Schwanen** mit Zim, Hauptstr. 38, ✉ 69181, 𝒫 (06226) 32 19, Fax (06226) 6919 – 📺 ☎ 🅿. 🖭 ① **E** 𝘝𝘐𝘚𝘈. ✻
  Jan. - Feb. 5 Wochen geschl. – **Menu** (Dienstag geschl.) (wochentags nur Abendessen) 49/95 und la carte 67/110 (auch vegetarisches Menu) – **5 Z** 110/165.

In Leimen-Lingental *O : 3 km :*

- 🏨 **Lingentaler Hof** ♨, Kastanienweg 2, ✉ 69181, 𝒫 (06224) 9 70 10, Fax (06224) 970119, � – 📳 📺 ☎ 🔥 🅿. ✻ Zim
  Jan. 2 Wochen und Aug. geschl. – **Menu** (Sonntagabend - Montag geschl.) à la carte 37/71 – **13 Z** 95/160.

LEINEFELDE Thüringen 👭 L 14, 👭 ②, 👭 ⑯ – 17 000 Ew – Höhe 347 m.
  🅱 Stadtinformation, Triftstr. 2, ✉ 37327, 𝒫 (03605) 51 91 91, Fax (03605) 501648.
  Berlin 300 – Erfurt 82 – Göttingen 43 – Nordhausen 40.

In Reifenstein *SO : 5 km :*

- 🏨 **Reifenstein** ♨, Am Sonder, ✉ 37355, 𝒫 (036076) 4 70, Fax (036076) 47202, ≤, � – 📳, ✻ Zim, 📺 ☎ ✆ 🔥 🅿 – 🕍 160. 🖭 **E**. ✻ Rest
  Menu à la carte 27/50 – **43 Z** 90/140.

LEINFELDEN-ECHTERDINGEN Baden-Württemberg siehe Stuttgart.

LEINGARTEN Baden-Württemberg siehe Heilbronn.

LEINSWEILER Rheinland-Pfalz 🔢🔢 S 8 – 450 Ew – Höhe 260 m.
- 🛈 Büro für Tourismus, Rathaus, ⊠ 76829, 𝒫 (06345) 35 31, Fax (06345) 2457.
  Berlin 673 – Mainz 122 – Karlsruhe 52 – Pirmasens 46 – Wissembourg 20 – Landau in der Pfalz 9.

🏨 **Leinsweiler Hof** ⤼, An der Straße nach Eschbach (S : 1 km), ⊠ 76829, 𝒫 (06345) 40 90, Fax (06345) 3614, ≼ Weinberge und Rheinebene, « Gartenterrasse », ⇌, ▨, ⤼ – 5⤸ Zim, �📺 ☎ 🅿 – 🔏 40. 🆎 ⊙ 🗲 𝘝𝘐𝘚𝘈. ⅌ Rest
Menu (Sonntagabend - Montag geschl.) à la carte 45/75 ⚖ – **67 Z** 100/230.

🏨 **Castell,** Hauptstr. 24a, ⊠ 76829, 𝒫 (06345) 70 03, Fax (06345) 7004, 🍴 – 📺 ☎ 🅿. 🗲 𝘝𝘐𝘚𝘈
18. Jan. - 11. Feb. geschl. – **Menu** (Dienstag geschl.) 27 (mittags) und à la carte 40/74 – **16 Z** 95/175.

🏠 **Rebmann,** Weinstr. 8, ⊠ 76829, 𝒫 (06345) 25 30, Fax (06345) 7728, 🍴 – 📺 ☎. 🗲 𝘝𝘐𝘚𝘈
Jan. - Feb. 4 Wochen geschl. – **Menu** (Dez. - März Mittwoch geschl.) à la carte 30/62 ⚖ – **10 Z** 80/140.

LEIPE Brandenburg siehe Burg/Spreewald.

LEIPHEIM Bayern 🔢🔢 U 14, 🔢 ㊴ – 6 500 Ew – Höhe 470 m.
Berlin 574 – München 117 – Stuttgart 105 – Günzburg 5 – Ulm (Donau) 24 – Augsburg 59.

🏠 **Zur Post,** Bahnhofstr. 6, ⊠ 89340, 𝒫 (08221) 27 70, Fax (08221) 277200, 🍴 – 🛗 📺
⇌ ☎ ⇐ 🅿 – 🔏 60. 🆎 ⊙ 🗲 𝘝𝘐𝘚𝘈
Menu à la carte 24/55 ⚖ – **54 Z** 75/130.

🏠 **Landgasthof Waldvogel,** Grüner Weg 1, ⊠ 89340, 𝒫 (08221) 2 79 70, ⇌ Fax (08221) 279734, Biergarten – 5⤸ 📺 ☎ 🦯 ⇐ 🅿 – 🔏 50. ⊙ 🗲 𝘝𝘐𝘚𝘈
Menu (Mittwoch geschl.) à la carte 21/38 – **31 Z** 70/125.

An der Autobahn A 8 Richtung Augsburg :

🏠 **7-Schwaben Rasthaus und Motel,** ⊠ 89340 Leipheim, 𝒫 (08221) 7 20 37, Fax (08221) 71414, 🍴 – 5⤸ Zim, ☎ 🦯 🅿 – 🔏 30. 🆎 🗲 𝘝𝘐𝘚𝘈
Menu à la carte 29/46 – **26 Z** 63/144.

LEIPZIG Sachsen 🔢 L 21, 🔢 ⑱, 🔢 ⑰ – 480 000 Ew – Höhe 118 m.
Sehenswert : Altes Rathaus★ BY – Alte Börse★ (Naschmarkt) BY – Museum der bildenden Künste★★ ABZ – Thomaskirche★ BZ – Ägyptisches Museum★ BZ.
⤳ Leipzig-Halle (⑨ : 15 km), 𝒫 (0341) 22 40.
Neue Messe, Messe-Allee 1, ⊠ 04356, 𝒫 (0341) 67 80, Fax(0341) 6788762.
🛈 Tourist-Information, Richard Wagner Str 1, ⊠ 04109, 𝒫 (0341) 7 10 40.
ADAC, Augustusplatz 5/6, ⊠ 04109, 𝒫 (0351) 44 78 80, Fax (0341) 2110540.
Berlin 180 ⑨ – Dresden 109 ④ – Erfurt 126 ⑨

Stadtpläne siehe nächste Seiten

🏨🏨 **Kempinski Hotel Fürstenhof Leipzig** Ⓜ, Tröndlinring 8, ⊠ 04105, 𝒫 (0341) 14 00, Fax (0341) 1403700, 🍴, « Patrizierpalais a.d.J. 1770, Badelandschaft », ⅄ₛ, Massage, ⇌, ▨ – 🛗 5⤸ ⊟ 📺 ⛯ 🦯 ⇐ – 🔏 60. 🆎 ⊙ 🗲 𝘝𝘐𝘚𝘈 𝘑𝘊𝘉 BY c
Menu à la carte 46/98 – **92 Z** 380/610, 4 Suiten.

🏨🏨 **Inter-Continental,** Gerberstr. 15, ⊠ 04105, 𝒫 (0341) 98 80, Fax (0341) 9881229, Biergarten, Massage, ⅄ₛ, ⇌, ▨ – 🛗, 5⤸ Zim, ⊟ 📺 ⛯ 🦯 🅿 – 🔏 450. 🆎 ⊙ 🗲 𝘝𝘐𝘚𝘈 𝘑𝘊𝘉. ⅌ Rest BY a
Menu à la carte 56/79 – **447 Z** 294/453, 18 Suiten.

🏨🏨 **Renaissance** Ⓜ, Querstr. 12, ⊠ 04103, 𝒫 (0341) 1 29 20, Fax (0341) 1292800, ⅄ₛ, ⇌, ▨ – 🛗, 5⤸ Zim, ⊟ 📺 ⛯ 🦯 ⇐ – 🔏 350. 🆎 ⊙ 🗲 𝘝𝘐𝘚𝘈 𝘑𝘊𝘉 DY a
Menu à la carte 41/58 – **356 Z** 266/422.

🏨🏨 **Dorint Hotel Leipzig** Ⓜ, Stephanstr. 6, ⊠ 04103, 𝒫 (0341) 9 77 90, Fax (0341) 9779100, Biergarten, ⇌ – 🛗, 5⤸ Zim, 📺 ⛯ 🦯 ⇐ – 🔏 150. 🆎 ⊙ 🗲 𝘝𝘐𝘚𝘈 𝘑𝘊𝘉 DZ n
Menu à la carte 46/72 – **177 Z** 220/300.

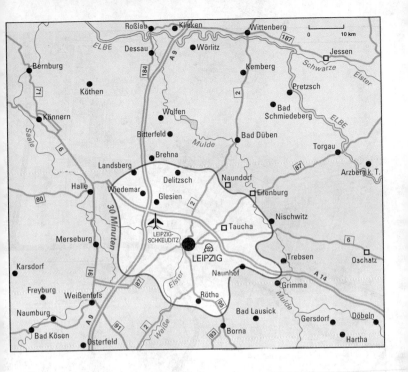

Parkhotel-SeaSide M, Richard-Wagner-Str.7, ⊠ 04109, 𝒞 (0341) 9 85 20, Fax (0341) 9852750, ⇔ – 🕸 ⇔, 🗐 Rest, 📺 ☎ 🗸 🕭 🕽 – 🔏 80. 🖭 ⑪ 🗲 𝚅𝙸𝚂𝙰. ⅋ Rest   CY s
Menu *(Sonntag und 1. Juli - 15. Aug. geschl.)* à la carte 42/68 – **288 Z** 195/268, 9 Suiten.

Michaelis M, Paul-Gruner-Str. 44, ⊠ 04107, 𝒞 (0341) 2 67 80, Fax (0341) 2678100, 🏦 – 🕸, ⇔ Zim, 📺 ☎ 🗸 🕭 ⇌ – 🔏 45. 🖭 ⑪ 🗲 𝚅𝙸𝚂𝙰   V u
Menu à la carte 41/55 – **60 Z** 160/195.

Ramada Hotel M garni, Gutenbergplatz 1, ⊠ 04103, 𝒞 (0341) 1 29 30, Fax (0341) 1293444 – 🕸 ⇔ 🗐 📺 ☎ 🗸 🕭 – 🔏 20. 🖭 ⑪ 🗲 𝚅𝙸𝚂𝙰 𝙹𝙲𝙱   DZ s
122 Z 143/216.

Markgraf M garni, Körnerstr. 36, ⊠ 04107, 𝒞 (0341) 30 30 30, Fax (0341) 3030399 – 🕸 ⇔ 📺 ☎ 🗸 ⇌. 🖭 ⑪ 🗲 𝚅𝙸𝚂𝙰   V u
54 Z 125/275.

Novotel M, Goethestr. 11, ⊠ 04109, 𝒞 (0341) 9 95 80, Fax (0341) 9958200, 🏦, ⇔ – 🕸, ⇔ Zim, 🗐 🗸 ⇔ Zim, 🔏 100. 🖭 ⑪ 🗲 𝚅𝙸𝚂𝙰   CY n
Menu à la carte 34/65 – **200 Z** 189/219.

Mercure Leipzig, Augustusplatz 5, ⊠ 04109, 𝒞 (0341) 2 14 60, Fax (0341) 9604916 – 🕸, ⇔ Zim, 📺 ☎ – 🔏 120. 🖭 ⑪ 🗲 𝚅𝙸𝚂𝙰 𝙹𝙲𝙱   CZ f
Menu à la carte 31/57 – **283 Z** 150/210, 10 Suiten.

Deutscher Hof M, Waldstr. 31, ⊠ 04105, 𝒞 (0341) 7 11 00, Fax (0341) 7110222 – 🕸 📺 ☎. 🖭 ⑪ 🗲 𝚅𝙸𝚂𝙰   V v
Menu *(Sonntag geschl., außer Messen)* (nur Abendessen) à la carte 32/65 – **39 Z** 150/195.

Holiday Inn Garden Court, Rudolf-Breitscheid-Str. 3, ⊠ 04105, 𝒞 (0341) 1 25 10, Fax (0341) 1251100, ⇔ – 🕸, ⇔ Zim, 🗐 📺 ☎ 🅿. 🖭 ⑪ 🗲 𝚅𝙸𝚂𝙰 𝙹𝙲𝙱   CY g
Menu à la carte 28/51 – **121 Z** 190/270, 6 Suiten.

Leipziger Hof M, Hedwigstr.1, ⊠ 04315, 𝒞 (0341) 6 97 40, Fax (0341) 6974150, « Ständige Bilderausstellung », ⇔ – 🕸, ⇔ Zim, 📺 ☎ 🗸 – 🔏 20. 🖭 ⑪ 🗲 𝚅𝙸𝚂𝙰   V t
Menu *(Samstag - Sonntag geschl.)* (nur Abendessen) à la carte 31/45 – **73 Z** 155/240.

Rema-Hotel Vier Jahreszeiten M garni, Rudolf-Breitscheid-Str. 23, ⊠ 04105, 𝒞 (0341) 9 85 10, Fax (0341) 985122 – 🕸 ⇔ 📺 ☎ 🕭. 🖭 ⑪ 🗲 𝚅𝙸𝚂𝙰 𝙹𝙲𝙱   CY h
67 Z 150/330.

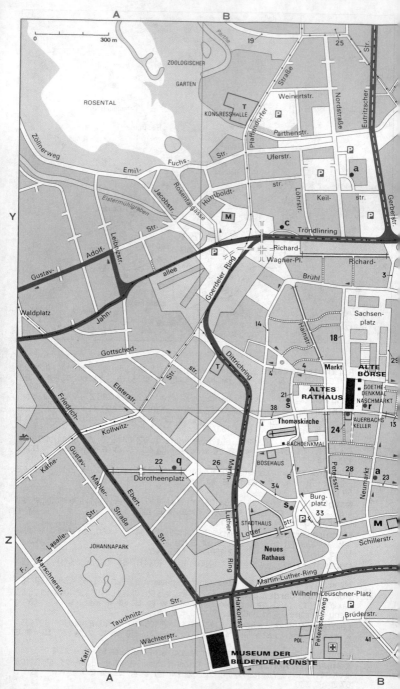

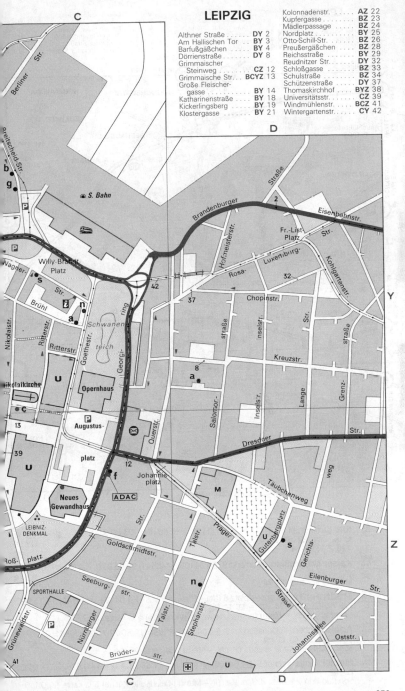

LEIPZIG

LEIPZIG

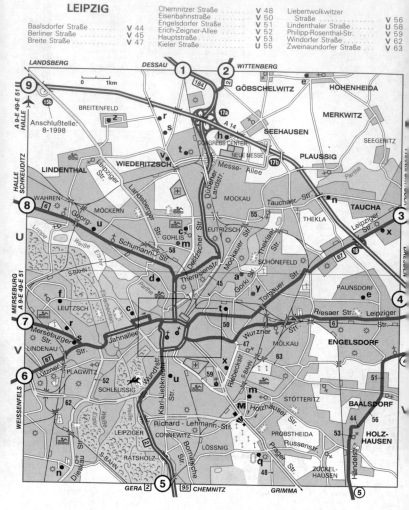

🏠 **Ibis** garni, Brühl 69, ☒ 04109, ✆ (0341) 2 18 60, Fax (0341) 2186222 – 🛗 ⇄ 📺 ☎
✆ ♿ ⇦ AE ① E VISA JCB   CY a
126 Z 139/154.

XX **Kaiser Maximilian,** Neumarkt 9, ☒ 04105, ✆ (0341) 99 86 90 0, Fax (0341) 9986901,
⊛ 🏠 – AE E   BZ a
Menu à la carte 47/74.

XX **Stadtpfeiffer,** Augustusplatz 8 (Neues Gewandhaus), ☒ 04109, ✆ (0341) 9 60 51 86,
Fax (0341) 2113594, 🏠 – AE E VISA
Sonntag geschl. – **Menu** (bemerkenswerte Weinkarte) à la carte 42/72.   CZ

XX **Apels Garten,** Kolonnadenstr. 2, ☒ 04109, ✆ (0341) 9 60 77 77, Fax (0341) 9607777,
🏠 – 🔺 30. AE E VISA
Sonn- und Feiertage abends geschl. – **Menu** à la carte 25/51.   AZ q

XX **Medici,** Nikolaikirchhof 5, ☒ 04109, ✆ (0341) 2 11 38 78, Fax (0341) 9262200 – AE ①
E VISA   CY c
Sonntag und 23. Dez.- 4. Jan. geschl. – **Menu** (italienische Küche) à la carte 55/71.

XX **Auerbachs Keller-Weinstube** (historische Weinschenke a.d. 16. Jh.), Grimmaische Str. 2 (Mädler-Passage), ⊠ 04109, ℘ (0341) 21 61 00, Fax (0341) 2161011 – ▲ᴇ ᴇ _VISA_ BYZ
Menu à la carte 53/74 – **Großer Keller** : Menu à la carte 36/66.

X **Thüringer Hof,** Burgstr. 19, ⊠ 04109, ℘ (0341) 9 94 49 99, Fax (0341) 9944933, 斎, « Restauriertes Gasthaus a.d.J. 1454 » – ▲ᴇ ᴇ _VISA_ BZ s
Menu à la carte 31/59.

X **Mövenpick,** Am Naschmarkt 1, ⊠ 04109, ℘ (0341) 2 11 77 22, Fax (0341) 2114810, 斎 – ⇔. ▲ᴇ ➊ ᴇ _VISA_ BY r
Menu à la carte 31/60.

X **Paulaner,** Klostergasse 3, ⊠ 04109, ℘ (0341) 2 11 31 15, Fax (0341) 2117289, 斎 – ⚓ 100. ▲ᴇ ᴇ _VISA_ BY s
Menu à la carte 32/57.

In Leipzig-Eutritzsch :

🏠 **Prodomo** ⚘, Gräfestr. 15a, ⊠ 04129, ℘ (0341) 9 03 50, Fax (0341) 9035113 – |✿|, ⇔ Zim, 📺 ☎ ⇔ ➋ ▲ᴇ ➊ ᴇ _VISA_ U c
Menu (nur Abendessen) à la carte 32/53 – **80 Z** 95/155.

In Leipzig-Gohlis :

🏠🏠 **De Saxe,** Gohliser Str. 25, ⊠ 04155, ℘ (0341) 5 93 80, Fax (0341) 5938299 – |✿|, ⇔ Zim, 📺 ☎ ℂ ➋. ▲ᴇ ➊ ᴇ _VISA_ V d
Menu à la carte 31/49 – **Bistro** : Menu à la carte 29/39 – **33 Z** 150/195.

X **Schaarschmidt's,** Coppistr. 32, ⊠ 04157, ℘ (0341) 9 12 05 17, Fax (0341) 9120517, U m
斎 Sonntag geschl. – Menu (Tischbestellung ratsam) à la carte 36/72 ⚘.

In Leipzig-Grosszschocher :

🏠🏠 **Windorf,** Gerhard-Ellrodt-Str. 21, ⊠ 04249, ℘ (0341) 4 27 70, Fax (0341) 4277222, 斎 – |✿|, ⇔ Zim, 📺 ☎ ℂ ➋ – ⚓ 50. ▲ᴇ ➊ ᴇ _VISA_ V n
Menu à la carte 31/50 – **98 Z** 145/185.

In Leipzig-Leutzsch :

🏠🏠🏠 **Lindner Hotel Leipzig** Ⓜ, Hans-Driesch-Str. 27, ⊠ 04179, ℘ (0341) 4 47 80, Fax (0341) 4478478, 斎, Ⅰ✿, ⇔ – |✿|, ⇔ Zim, 📺 ℂ ⚘ ⇔ – ⚓ 120. ▲ᴇ ➊ ᴇ _VISA_ .☞ V f
Menu à la carte 49/77 – **185 Z** 212/359, 15 Suiten.

In Leipzig-Lindenau :

🏠🏠 **Lindenau** Ⓜ, Georg-Schwarz-Str. 33, ⊠ 04177, ℘ (0341) 4 48 03 10, Fax (0341) 4480300, ⇔ – |✿|, ⇔ Zim, 📺 ☎ ℂ ➋ – ⚓ 25. ▲ᴇ ➊ ᴇ _VISA_ V r
Menu (nur Abendessen) à la carte 35/47 – **52 Z** 135/190.

🏠 **Merseburger Hof,** Merseburger Str. 107, ⊠ 04177, ℘ (0341) 4 77 44 62, Fax (0341) 4774413, Biergarten – |✿|, ⇔ Zim, 📺 ☎ ⚘ ➋. ▲ᴇ ➊ ᴇ _VISA_ V s
Menu à la carte 29/48 – **50 Z** 99/198.

In Leipzig-Möckern :

🏠🏠 **Silencium** Ⓜ garni, Georg-Schumann-Str. 268, ⊠ 04159, ℘ (0341) 9 01 29 90, Fax (0341) 9012991 – |✿|, ⇔ Zim, 📺 ☎ ⇔ – ⚓ 40. ▲ᴇ ➊ ᴇ _VISA_ U u
24. Dez. - 6. Jan. geschl. – **35 Z** 114/169.

In Leipzig-Paunsdorf :

🏠🏠🏠 **Treff Hotel Leipzig** Ⓜ, Schongauer Str. 39, ⊠ 04329, ℘ (0341) 25 40, Fax (0341) 2541550, 斎, ⇔ – |✿|, ⇔ Zim, ▤ 📺 ℂ ⚘ ➋ – ⚓ 600. ▲ᴇ ➊ ᴇ _VISA_ V e
Menu à la carte 39/71 – **291 Z** 129/339.

In Leipzig-Portitz :

🏠🏠 **Accento** Ⓜ, Tauchaer Str. 260, ⊠ 04349, ℘ (0341) 9 26 20, Fax (0341) 9262100, ⇔ – |✿|, ⇔ Zim, ▤ Rest, 📺 ☎ ℂ ⇔ ➋ – ⚓ 60. ▲ᴇ ➊ ᴇ _VISA_ .☞ U n
24. Dez. - 4. Jan. geschl. – Menu (Samstag - Sonntag geschl.) (nur Abendessen) à la carte 26/49 – **115 Z** 179/279.

In Leipzig-Probstheida :

🏠🏠 **Parkhotel Diani** Ⓜ, Connewitzer Str. 19, ⊠ 04289, ℘ (0341) 8 67 40, Fax (0341) 8674250, 斎, ⇔, 🌼 – |✿|, ⇔ Zim, 📺 ☎ ℂ ⚘ ➋ – ⚓ 50. ▲ᴇ ➊ ᴇ _VISA_. ⚘ V q
Menu à la carte 30/52 – **75 Z** 130/195.

In Leipzig-Reudnitz :

🏠 **Berlin** Ⓜ garni, Riebeckstr. 30, ✉ 04317, ℰ (0341) 2 67 30 00, Fax (0341) 2673280 –
📺 📶 ☎ – 🛗 10. ⒶⒺ ⓪ 🄴 𝑉𝐼𝑆𝐴 ᴊᴄʙ V x
49 Z 139/199.

In Leipzig-Schönefeld :

🍴 **Stottmeister** mit Zim, Kohlweg 45, ✉ 04347, ℰ (0341) 2 31 10 67,
Fax (0341) 2323456, 🌧 – Ⓟ – 🛗 40. 🄴 V y
Menu à la carte 28/56 – **3 Z** 55/110.

🍴 **Rats-Keller,** Wenckstr. 1, ✉ 04347, ℰ (0341) 2 33 09 65, Fax (0341) 2330965, 🌧 –
Ⓟ. 🄴 UV a
Menu (Sonntagabend geschl.) à la carte 34/57.

In Leipzig-Stötteritz :

🏠 **Balance Hotel** Ⓜ, Wasserturmstr. 33, ✉ 04299, ℰ (0341) 8 67 90,
Fax (0341) 8679444, 🌧, 🈂s – 📱, 🔄 Zim, 🍴 Rest, 📺 ☎ 📞 ♿ 🚗 – 🛗 25. ⒶⒺ ⓪
🄴 𝑉𝐼𝑆𝐴 ᴊᴄʙ. 🍴 Rest V m
Menu à la carte 32/55 – **126 Z** 195/395, 16 Suiten.

In Wiederitzsch N : 7 km :

🏠 **Atrium** Ⓜ, Seehausener Str. 29, ✉ 04448, ℰ (0341) 5 24 00, Fax (0341) 5240133, 🈂s
– 📱, 🔄 Zim, 📺 ☎ 📞 ♿ Ⓟ – 🛗 70. ⒶⒺ ⓪ 🄴 𝑉𝐼𝑆𝐴 U t
Menu (Sonntag geschl.) à la carte 27/54 – **54 Z** 160/230.

🏠 **Hiemann** Ⓜ, Delitzscher Landstr. 75, ✉ 04448, ℰ (0341) 5 25 30, Fax (0341) 5253154,
🌧 – 📱, 🔄 Zim, 📺 ☎ 📞 ♿ 🚗 Ⓟ – 🛗 25. ⒶⒺ ⓪ 🄴 𝑉𝐼𝑆𝐴 U v
Menu à la carte 29/54 – **36 Z** 115/185.

🏠 **Achat** Ⓜ, Rosmarinweg 2, ✉ 04448, ℰ (0341) 5 24 60, Fax (0341) 5246999, 🌧 – 📱,
🔄 Zim, 📺 ☎ 📞 Ⓟ – 🛗 30. ⒶⒺ 🄴 𝑉𝐼𝑆𝐴 U s
23. Dez. - 1. Jan. geschl. – **Menu** à la carte 27/43 – **99 Z** 114/154.

🏠 **Papilio** Ⓜ garni, Delitzscher Landstr. 100, ✉ 04448, ℰ (0341) 52 61 10,
Fax (0341) 5261110, 🈂s – 📺 ☎ 📞 Ⓟ – 🛗 20. ⒶⒺ ⓪ 🄴 𝑉𝐼𝑆𝐴 U r
30 Z 110/180.

In Lindenthal-Breitenfeld NW : 8 km :

🏠 **Breitenfelder Hof** 🦢, Lindenallee 8, ✉ 04466, ℰ (0341) 4 65 10,
Fax (0341) 4651133, 🌧 – 🔄 Zim, 📺 ☎ Ⓟ – 🛗 20. ⒶⒺ ⓪ 🄴 𝑉𝐼𝑆𝐴 U z
Menu à la carte 30/50 – **73 Z** 175/225.

In Markkleeberg S : 8 km über ⑤ :

🏠 **Markkleeberger Hof** Ⓜ, Städtelner Str. 122, ✉ 04416, ℰ (034299) 1 20,
Fax (034299) 12222 – 📱, 🔄 Zim, 📺 ☎ Ⓟ. ⒶⒺ 🄴 𝑉𝐼𝑆𝐴 ᴊᴄʙ
Menu à la carte 27/57 – **60 Z** 135/165.

In Seehausen N : 8 km :

🏠 **Hotel im Sachsenpark** Ⓜ, Walther-Köhn-Str. 3, ✉ 04356, ℰ (0341) 5 25 20,
Fax (0341) 5252528, 🈂s – 📱, 🔄 Zim, 🍴 Zim, 📺 ☎ 📞 ♿ Ⓟ – 🛗 60. ⒶⒺ ⓪ 🄴 𝑉𝐼𝑆𝐴
🍴 Rest U h
Menu à la carte 38/57 – **112 Z** 199/298.

🏠 **Residenz** Ⓜ, Residenzstr. 43 (OT Hohenheida), ✉ 04448, ℰ (034298) 4 50,
Fax (034298) 450, 🌧, 🈂s – 📱, 🔄 Zim, 📺 ☎ 📞 🚗 Ⓟ – 🛗 40. ⒶⒺ 🄴 𝑉𝐼𝑆𝐴 U e
Menu à la carte 27/50 – **53 Z** 115/180.

In Wachau SO : 8 km, über Prager Straße V :

🏠 **Atlanta** Ⓜ, Südring 21, ✉ 04445, ℰ (034297) 8 40, Fax (034297) 84999, 🈂s – 📱,
🔄 Zim, 🍴 📺 📞 ♿ Ⓟ – 🛗 220. ⒶⒺ ⓪ 🄴 𝑉𝐼𝑆𝐴
Menu à la carte 36/59 – **191 Z** 195/245, 6 Suiten.

In Rückmarsdorf W : 12 km über ⑦ :

🏠 **3 Linden,** Merseburger Str. 12, ✉ 04430, ℰ (0341) 9 41 01 24, Fax (0341) 9410129,
🈂s – 📱, 🔄 Zim, 📺 ☎ Ⓟ – 🛗 30
Menu à la carte 25/39 – **40 Z** 135/180.

In Dölzig W : 13 km über ⑦ :

🏠 **Ibis,** Ringstr. 83 (Gewerbepark), ✉ 04430, ℰ (034205) 6 20, Fax (034205) 62222, 🌧
– 📱, 🔄 Zim, 📺 ☎ 📞 ♿ Ⓟ – 🛗 40. ⒶⒺ ⓪ 🄴 𝑉𝐼𝑆𝐴
Menu (Samstag - Sonntag geschl.) à la carte 36/49 – **70 Z** 99/114.

In Markranstädt *SW : 13 km über* ⑥ *:*

🏨 **Consul Park Hotel** Ⓜ, Krakauer Str. 49, ⊠ 04420, ℰ (034205) 6 00, Fax (034205) 60200, 佘, ⇔ − ⋮§⋮, ⇸ Zim, ⊡ ☎ ⋖ & ℗ − 🛦 100. ⒶⒺ ⓸ Ⓔ 𝓥𝓘𝓢𝓐
Menu à la carte 29/59 − **58 Z** 135/215.

🏩 **Rosenkranz**, Markt 4, ⊠ 04420, ℰ (034205) 8 74 95, Fax (034205) 87494, 佘 − ⊡ ☎ ℗ − 🛦 20. Ⓔ
Menu *(Sonntagabend und Samstag geschl.)* à la carte 28/46 − **24 Z** 120/150.

LEIWEN *Rheinland-Pfalz* Q 4 − *1 700 Ew* − *Höhe 114 m.*
🛈 *Heimat- und Verkehrsamt, Römerstr. 1,* ⊠ 54340, ℰ (06507) 31 00, Fax (06507) 3052.
Berlin 705 − *Mainz 142* − *Bernkastel-Kues 29* − *Trier 33.*

Außerhalb *0 : 2,5 km :*

🏩 **Zummethof** ⦇, Panoramaweg 1, ⊠ 54340 Leiwen, ℰ (06507) 9 35 50, Fax (06507) 935544, ⩽ Trittenheim und Moselschleife, « Terrasse », ⇔ − ⊡ ☎ ℗ − 🛦 60. Ⓔ 𝓥𝓘𝓢𝓐
6. Jan. - Feb. geschl. − Menu à la carte 27/60 ⅃ − **24 Z** 75/134.

LEMBERG *Rheinland-Pfalz* S 6 − *4 000 Ew* − *Höhe 320 m* − *Erholungsort.*
Berlin 689 − *Mainz 129* − *Saarbrücken 68* − *Pirmasens 5,5* − *Landau in der Pfalz 42.*

🍴 **Gasthaus Neupert** mit Zim, Hauptstr. 2, ⊠ 66969, ℰ (06331) 4 09 12, Fax (06331) 40936, 佘 − ⊡ ☎ ℗ ⒶⒺ ⓸ Ⓔ 𝓥𝓘𝓢𝓐. ⇸ Zim
Juli - Aug. 2 Wochen geschl. − Menu *(Montag geschl.)* à la carte 28/50 ⅃ − **7 Z** 65/95 − ½ P 16.

LEMBRUCH *Niedersachsen* I 9 − *900 Ew* − *Höhe 40 m* − *Erholungsort.*
Berlin 407 − *Hannover 119* − *Bremen 77* − *Osnabrück 42.*

🏨 **Seeschlößchen**, Große Str. 73, ⊠ 49459, ℰ (05447) 9 94 40, Fax (05447) 1796, 佘, ⇔ − ⊡ ☎ & ⇦ ℗ − 🛦 100. ⒶⒺ ⓸ Ⓔ 𝓥𝓘𝓢𝓐
Menu à la carte 32/74 − **20 Z** 98/170 ½ P 28.

🏩 **Seeblick** ⦇ (mit Gästehaus), Birkenallee 41, ⊠ 49459, ℰ (05447) 9 95 80, Fax (05447) 1441, ⩽, 佘, ⇔, ☒ − ⊡ ☎ ℗ − 🛦 40. ⓸ Ⓔ 𝓥𝓘𝓢𝓐
Menu à la carte 37/67 − **17 Z** 70/180 − ½ P 25.

🏩 **Strandlust** ⦇, Seestr. 51, ⊠ 49459, ℰ (05447) 9 93 50, Fax (05447) 993344, ⩽, 佘, ⩩ − ⇸ Rest, ⊡ ☎ ⋖ ⇦ ℗ − 🛦 15. ⇸ Zim
Menu *(Okt. - April Dienstag geschl.)* à la carte 36/65 − **13 Z** 90/180 − ½ P 20.

🍴🍴🍴 **Landhaus Götker**, Tiemanns Hof 1, ⊠ 49459, ℰ (05447) 12 57, Fax (05447) 1057,
⑳ 佘 − ℗. ⒶⒺ ⓸ Ⓔ 𝓥𝓘𝓢𝓐
Montag - Dienstag, 2. - 18. Jan. und Okt. 2 Wochen geschl. − Menu (bemerkenswerte Weinkarte) 68/155 und à la carte 74/106
Spez. Dümmerhechtterrine und zweierlei Aal. Seeteufel an der Gräte gebraten auf Bouilla-baisse-Vinaigrette. Krickente von unseren Moorteichen (Sept. Nov.).

LEMFÖRDE *Niedersachsen* I 9, ⑮ − *2 100 Ew* − *Höhe 44 m.*
Berlin 389 − *Hannover 126* − *Bremen 84* − *Osnabrück 36.*

In Lemförde-Stemshorn *SW : 2,5 km :*

🏨 **Tiemann's Hotel**, An der Brücke 26, ⊠ 49448, ℰ (05443) 99 90, Fax (05443) 99950, « Kleiner Garten, Terrasse », ⇔ − ⊡ ☎ ⋖ ⇦ ℗ − 🛦 40. ⒶⒺ ⓸ Ⓔ 𝓥𝓘𝓢𝓐. ⇸ Rest
April und Juli jeweils 2 Wochen geschl. − Menu *(Samstagmittag und Sonntagabend geschl.)* à la carte 36/69 − **27 Z** 85/160.

LEMGO *Nordrhein-Westfalen* J 10, ⑯ − *44 000 Ew* − *Höhe 98 m.*
Sehenswert : *Altstadt*⋆ *(Rathaus*⋆⋆*, Junkerhaus*⋆*).*
🛈 *Verkehrsverein, Papenstr. 7,* ⊠ 32657, ℰ (05261) 21 33 47, Fax (05261) 213492.
Berlin 372 − *Düsseldorf 198* − *Bielefeld 29* − *Detmold 12* − *Hannover 88.*

🏩 **Lemgoer Hof**, Detmolder Weg 14 (B 238), ⊠ 32657, ℰ (05261) 9 76 70, Fax (05261) 976720 − ⊡ ☎ ℗. ⒶⒺ ⓸ Ⓔ 𝓥𝓘𝓢𝓐 𝓙𝓒𝓑. ⇸ Rest
Weihnachten - Neujahr geschl. − Menu *(Samstag - Sonntag geschl.)* (nur Abendessen) à la carte 26/42 − **16 Z** 110/165.

🏩 **Stadtpalais**, Papenstr. 24, ⊠ 32657, ℰ (05261) 9 49 90, Fax (05261) 949999, « ehem. Stadtpalais a. d. 15. Jh. ; antike Einrichtung » − ⊡ ☎ ℗ − 🛦 40. ⒶⒺ ⓸ Ⓔ 𝓥𝓘𝓢𝓐
Menu à la carte 29/57 − **21 Z** 85/185.

In Lemgo-Kirchheide N : 8 km :

🏠 **Im Borke,** Salzufler Str. 132, ⊠ 32657, ℰ (05266) 16 91, Fax (05266) 1231, « Garten »,
⇔ – ⧉ 🔽 ☎ 🅿 – 🛦 60. ⊑ 𝚅𝙸𝚂𝙰
Menu (Mittwoch - Donnerstagmittag und Aug. 2 Wochen geschl.) à la carte 29/58 –
37 Z 80/150.

In Lemgo-Matorf N : 5,5 km :

🏠 **Gasthof Hartmann - Hotel An der Ilse,** Vlothoer Str. 77, ⊠ 32657,
⇔ ℰ (05266) 80 90, Fax (05266) 1071, Biergarten, ⇔, 🔲, 🎤 – 🔽 ☎ ᵬ ⇔ 🅿 – 🛦 100.
🆎 ⓞ ⊑ 𝚅𝙸𝚂𝙰
Menu (Montagmittag, Dienstag und Feb. 2 Wochen geschl.) à la carte 24/69 – **45 Z** 69/115.

LENGEFELD KREIS MARIENBERG Sachsen 🈁🈁 N 23 – 3 400 Ew – Höhe 514 m.
Berlin 274 – Dresden 68 – Chemnitz 31 – Chomutov 47.

In Lengefeld-Obervorwerk SW : 1,5 km :

🏠 **Waldesruh,** Obervorwerk 1, ⊠ 09514, ℰ (037367) 30 90, Fax (037367) 309252, 😆,
🎤 – 🔽 ☎ 🅿. 🆎 ⓞ ⊑ 𝚅𝙸𝚂𝙰
Menu à la carte 25/41 – **23 Z** 80/180.

LENGENFELD (Vogtland) Sachsen 🈁🈁 O 21, 🈁 ㉓, 🈁 ㉙ – 7 800 Ew – Höhe 387 m.
🅱 Fremdenverkehrsamt, Hauptstr. 1, ⊠ 08485, ℰ (037606) 3 05 12, Fax (037606) 8430.
Berlin 298 – Dresden 126 – Gera 51 – Plauen 26.

🏠 **Lengenfelder Hof** 🅼, Auerbacher Str.2, ⊠ 08485, ℰ (037606) 87 70,
⇔ Fax (037606) 2243, 😆, ⇔ ⧉ 🔽 ☎ 🅿 – 🛦 120. 🆎 ⓞ ⊑ 𝚅𝙸𝚂𝙰
Menu à la carte 23/42 – **53 Z** 95/135.

LENGERICH Nordrhein-Westfalen 🈁🈁 J 7, 🈁 ⑮ – 22 500 Ew – Höhe 80 m.
🅱 Städt. Verkehrsamt, Rathausplatz 1, ⊠ 49525, ℰ (05481) 8 24 22, Fax (05481) 7880.
Berlin 438 – Düsseldorf 173 – Bielefeld 57 – Münster (Westfalen) 39 – Osnabrück 17.

XXX **Hinterding** mit Zim, Bahnhofstr. 72, ⊠ 49525, ℰ (05481) 9 42 40,
✿ Fax (05481) 942424, 😆 – 🔽 ☎ 🅿. ⊑. ⋘
Menu (Donnerstag - Freitagmittag geschl.) (Tischbestellung ratsam) à la carte 58/90 –
6 Z 130/220
Spez. Geröstetes Kalbsbries mit Kapernvinaigrette. Zander auf Lauch-Kartoffelragout.
Carré vom Salzwiesenlamm (2 Pers.).

XX **Römer,** Rathausplatz 4 (1. Etage), ⊠ 49525, ℰ (05481) 3 78 50, Fax (05481) 95531, 😆
– ⊑ 𝚅𝙸𝚂𝙰
Sonntag geschl. – **Menu** à la carte 32/58.

LENGGRIES Bayern 🈁🈁 W 18, 🈁 ㊵ – 8 600 Ew – Höhe 679 m – Luftkurort – Wintersport :
680/1 700 m ⚡1 ⚡19 ⚡4.
🅱 Verkehrsamt, Rathausplatz 1, ⊠ 83661, ℰ (08042) 50 08 20, Fax (08042) 500850.
Berlin 649 – München 60 – Garmisch-Partenkirchen 62 – Bad Tölz 9 – Innsbruck 88.

🏠 **Arabella Brauneck-Hotel,** Münchner Str. 25, ⊠ 83661, ℰ (08042) 50 20,
Fax (08042) 4224, ≼, Biergarten, ⇔ – ⧉, ⇔ Zim, 🔽 ☎ ⇔ 🅿 – 🛦 160. 🆎 ⓞ ⊑
𝚅𝙸𝚂𝙰, ⋘ Rest
5. - 19. April und 25. Juli - 22. Aug. geschl. – **Menu** (Sonntag geschl.) à la carte 28/57 –
107 Z 135/180, 7 Suiten – ½ P 25.

🏠 **Alpenrose** garni, Brauneckstr. 1, ⊠ 83661, ℰ (08042) 9 15 50, Fax (08042) 5200, ⇔,
🎤 – ⇔ 🔽 ☎ 🅿. ⓞ ⊑
Ende Nov. - Anfang Dez. geschl. – **21 Z** 75/120.

🏠 **Altwirt,** Marktstr. 13, ⊠ 83661, ℰ (08042) 80 85, Fax (08042) 5357, 😆, ⇔ – 🔽 ☎
⇔ 🅿 ⊑ 𝚅𝙸𝚂𝙰
Mitte Nov. - 20. Dez. geschl. – **Menu** (Montag - Dienstagmittag geschl.) à la carte 28/55
⅋ – **20 Z** 75/120 – ½ P 24.

In Lenggries-Fleck S : 4 km :

🏠 **Alpengasthof zum Papyrer,** Fleck 5, ⊠ 83661, ℰ (08042) 24 67,
Fax (08042) 4563, 😆, ⇔, 🎤 – 🔽 ☎ 🅿 – 🛦 15. 🆎 ⓞ ⊑ 𝚅𝙸𝚂𝙰
Menu à la carte 28/66 – **15 Z** 68/130 – ½ P 25.

In Lenggries-Schlegldorf NW : 5 km :

X Ⓐ **Schweizer Wirt,** 83661, ℰ (08042) 89 02, Fax (08042) 3483, ☆, « Ehemaliger Bauernhof a. d. J. 1632 » – ❶. 🆎 ⓪ ⋿ 𝑉𝐼𝑆𝐴
Montag - Dienstagmittag, im Winter auch Dienstagabend geschl. – **Menu** à la carte 39/76.

In Lenggries-Fall SW : 14 km :

🏠 **Jäger von Fall,** Ludwig-Ganghofer-Str. 8, 83661, ℰ (08045) 1 30, Fax (08045) 13222, ☆, 🏋, 🚭 – ▐‖ 📺 ☎ ℂ ❶ – 🅰 120. 🆎 ⓪ ⋿ 𝑉𝐼𝑆𝐴 𝙹𝙲𝙱
Menu à la carte 32/47 – **70 Z** 115/170 – ½ P 30.

LENNESTADT Nordrhein-Westfalen 🔢🔢 M 8, 🔢🔢 ㉖ – 28 000 Ew – Höhe 285 m.

🅱 Verkehrsamt, Rathaus, Helmut-Kumpf-Str. 25 (Altenhundem), 57368, ℰ (02723) 60 88 01, Fax (02723) 608119.
Berlin 526 – Düsseldorf 130 – Meschede 48 – Olpe 19.

In Lennestadt-Altenhundem :

XX **Cordial,** Hundemstr. 93 (B 517), 57368, ℰ (02723) 56 33, Fax (02723) 67297, ☆ – ❶ – 🅰 70. ⋿. ✄
Sonntag und Juli - Aug. 2 Wochen geschl. – **Menu** à la carte 36/66.

In Lennestadt-Bilstein SW : 6 km ab Altenhundem :

🏨 **Faerber-Luig,** Freiheit 42 (B 55), 57368, ℰ (02721) 8 00 08, Fax (02721) 82025, 🚭, 📐 – ▐‖ 📺 ❶ – 🅰 80. 🆎 ⓪ ⋿ 𝑉𝐼𝑆𝐴
Juli 3 Wochen geschl. – **Menu** à la carte 42/77 – **75 Z** 118/260.

In Lennestadt-Bonzel W : 9 km ab Altenhundem :

🏠 **Haus Kramer,** Bonzeler Str. 7, 57368, ℰ (02721) 9 84 20, Fax (02721) 984220, 🚭, 📐, – ▐‖ ☎ ❶ – 🅰 20. 🆎 ⋿. ✄ Rest
15. - 29. Juli geschl. – **Menu** (Montag geschl.) à la carte 26/50 – **26 Z** 67/122.

In Lennestadt-Gleierbrück O : 6 km ab Altenhundem :

🏠 **Pieper,** Gleierstr. 2, 57368, ℰ (02723) 82 11, Fax (02723) 80217, 🚭, 📐, ☞ – ▐‖ 📺 ☎ ❶ 🆎 ⓪ ⋿ 𝑉𝐼𝑆𝐴. ✄
Menu (Sonntagabend geschl.) à la carte 29/52 – **22 Z** 70/150.

In Lennestadt-Kirchveischede SW : 7 km ab Altenhundem :

🏠 **Landhotel Laarmann,** Westfälische Str. 52 (B 55), 57368, ℰ (02721) 8 13 30, Fax (02721) 81499, 🚭 – 📺 ☎ ❶ – 🅰 30. ⋿ 𝑉𝐼𝑆𝐴
Menu à la carte 47/82 – **20 Z** 78/160 – ½ P 28.

In Lennestadt-Oedingen NO : 11 km ab Altenhundem :

🏠 **Haus Buckmann** ❧, Rosenweg 10, 57368, ℰ (02725) 2 51, Fax (02725) 7340, ☆, 🚭, ☞ – 📺 ☎ ⇦ ❶ – 🅰 40. 🆎 ⋿ 𝑉𝐼𝑆𝐴. ✄ Rest
Menu (Mittwoch geschl.) à la carte 39/81 – **12 Z** 69/180.

In Lennestadt-Saalhausen O : 8 km ab Altenhundem – Luftkurort :

🏠 **Haus Hilmeke** ❧, Störmecke (O : 2 km), 57368, ℰ (02723) 9 14 10, Fax (02723) 80016, ≼, ☆, 📐, ☞ – ▐‖ 📺 ⇦ ❶ – 🅰
8. Nov. - 26. Dez. geschl. – **Menu** (Abendessen nur für Hausgäste) à la carte 34/59 – **26 Z** 94/244.

🏠 **Voss,** Winterberger Str. 36 (B 236), 57368, ℰ (02723) 81 14, Fax (02723) 8287, 🚭, 📐, ☞ – ▐‖ ☎ ⇦ ❶. ✄ Zim
Ende Nov. - 25. Dez. geschl. – **Menu** (Mittwochabend geschl.) à la carte 33/63 – **19 Z** 78/190.

🏠 **Haus Rameil,** Winterberger Str. 49 (B 236), 57368, ℰ (02723) 81 09, Fax (02723) 80104, ☆, 🚭, ☞ – ▐‖ ☎ ❶. ⋿
Okt. - Nov. 3 Wochen geschl. – **Menu** (Montag geschl.) à la carte 28/64 – **18 Z** 78/125.

LENNINGEN Baden-Württemberg 🔢🔢🔢 U 12 – 9 400 Ew – Höhe 530 m – Wintersport : 700/870 m ✘ 3.
Berlin 631 – Stuttgart 49 – Reutlingen 27 – Ulm (Donau) 66.

In Lenningen-Unterlenningen :

X **Lindenhof,** Kirchheimer Str. 29, 73252, ℰ (07026) 29 30, Fax (07026) 7473 – ❶
Montagabend - Dienstag sowie Feb. - März und Aug. - Sept. jeweils 2 Wochen geschl. – **Menu** à la carte 39/72.

LENZKIRCH Baden-Württemberg **419** W 8, **987** ⑧ – 4 800 Ew – Höhe 810 m – Heilklimatischer Kurort – Wintersport : 800/1 192 m ✔5 ✔8.

🛈 Kurverwaltung am Kurpark, ✉ 79853, ℰ (07653) 6 84 39, Fax (07653) 68420, in Saig : Rathaus, ✉ 79853, ℰ 96 20 40, Fax 962042.

Berlin 788 – Stuttgart 158 – Freiburg im Breisgau 40 – Donaueschingen 35 – Schaffhausen 50.

🏨 **Vogt** ⑤, Am Kurpark 7, ✉ 79853, ℰ (07653) 7 06, Fax (07653) 6778, 🏥, 🖈 – |劅| 🔟 ☎ ⟲ 🅿 ⓪ ℇ 𝑽𝑰𝑺𝑨
Anfang Nov. - Anfang Dez. geschl. – **Menu** (Montag geschl.) à la carte 28/65 🍴 – **14 Z** 85/250 – ½ P 28.

In Lenzkirch-Kappel NO : 3 km – Luftkurort :

🏨 **Zum Pfauen,** Mühlhaldenweg 1, ✉ 79853, ℰ (07653) 7 88, Fax (07653) 6257, ≤, 🏥, 🖘, 🖈 – |劅| 🔟 ☎ 🅿 ℠ ⓪ ℇ 𝑽𝑰𝑺𝑨
Mitte Nov. - Mitte Dez. geschl. – **Menu** (Montag geschl.) à la carte 26/48 🍴 – **25 Z** 70/130 – ½ P 25.

🏨 **Straub** (mit Gästehaus, 🖘), Neustädter Str. 3, ✉ 79853, ℰ (07653) 2 22, ⟲ Fax (07653) 9429, ≤, 🖈 – |劅|, 𝄐 Rest, 🗴 ⟲ 🅿
Mitte Nov. - Mitte Dez. geschl. – **Menu** (Samstag geschl.) à la carte 24/60 🍴 – **33 Z** 57/146 – ½ P 21.

In Lenzkirch-Raitenbuch W : 4 km :

🏨 **Grüner Baum** ⑤, Raitenbucher Str. 17, ✉ 79853, ℰ (07653) 2 63, Fax (07653) 466, ≤, 🖈 – ⟲ 🅿
18. April - 1. Mai und Nov. - 18. Dez. geschl. – **Menu** (Montag geschl.) à la carte 28/55 🍴 – **15 Z** 62/108 – ½ P 21.

In Lenzkirch-Saig NW : 7 km – Heilklimatischer Kurort :

🏨🏨 **Kur- und Sporthotel Saigerhöh** ⑤, ✉ 79853, ℰ (07653) 68 50, Fax (07653) 741, ≤, 🏥, Massage, ♨, ☘, 🖘, 🏊, 🖈, 🎾 (Halle) – |劅|, 𝄐 Zim, 🔟 ☎ 🕺 ⟲ 🅿 – 🔏 90. ℠ ⓪ ℇ 𝑽𝑰𝑺𝑨
Menu à la carte 33/75 – **105 Z** 120/330, 16 Suiten – ½ P 15.

🏨🏨 **Ochsen** (Schwarzwaldgasthof a.d. 17. Jh.), Dorfplatz 1, ✉ 79853, ℰ (07653) 9 00 10, Fax (07653) 900170, 劅, 🖘, 🖈, 🎾 – |劅| 🔟 ☎ ⟲ 🅿 ℠ ℇ 𝑽𝑰𝑺𝑨
10. Nov. - 14. Dez. geschl. – **Menu** (Dienstag - Mittwochmittag geschl.) à la carte 31/67 – **35 Z** 80/205 – ½ P 25.

🏨 **Hochfirst,** Dorfplatz 5, ✉ 79853, ℰ (07653) 7 51, Fax (07653) 505, « Gartenterrasse », 🖘, 🏊, 🖈 – 🔟 ☎ ⟲ 🅿
20. April - 10. Mai und 2. Nov. - 20. Dez. geschl. – **Menu** (Mittwochabend - Donnerstag geschl.) à la carte 28/60 🍴 – **24 Z** 85/220 – ½ P 28.

🏨 **Sporthotel Sonnhalde** ⑤, Hochfirstweg 24, ✉ 79853, ℰ (07653) 6 80 80, Fax (07653) 6808100, ≤, 🏊, 🖈 – 🔟 ☎ 🅿 – 🔏 60. ℇ 𝑽𝑰𝑺𝑨
Menu (Montag geschl.) à la carte 28/60 🍴 – **42 Z** 58/190 – ½ P 29.

LEONBERG Baden-Württemberg **419** T 11, **987** ⑧ – 45 000 Ew – Höhe 385 m.

🛈 Verkehrsverein, Römerstr. 110 (Stadthalle), ✉ 71229, ℰ (07152) 7 30 22, Fax (07152) 204492.

Berlin 631 – Stuttgart 15 – Heilbronn 55 – Pforzheim 33 – Tübingen 43.

🏨 **Panorama-Hotel,** Römerstr. 102, ✉ 71229, ℰ (07152) 30 33, Fax (07152) 303499, 🖘 – |劅|, 𝄐 Zim, 🔟 ☎ ⟲ 🅿 – 🔏 25. ℠ ℇ 𝑽𝑰𝑺𝑨
Menu à la carte 35/50 – **144 Z** 155/195.

In Leonberg-Eltingen :

🏨 **Hirsch** (mit Gästehäusern), Hindenburgstr. 1, ✉ 71229, ℰ (07152) 9 76 60, Fax (07152) 976688, « Weinstube mit Innenhof », 🖘 – |劅| 🔟 ☎ 🅿 – 🔏 30. ℠ ⓪ ℇ 𝑽𝑰𝑺𝑨
Menu à la carte 35/70 (auch vegetarische Gerichte) – **60 Z** 120/220.

In Leonberg-Höfingen N : 4 km :

XX **Schloß Höfingen** mit Zim (Schloß a.d. 11. Jh.), Am Schloßberg 17, ✉ 71229, ✿ ℰ (07152) 2 10 49, Fax (07152) 28141 – 🔟 ☎ 🅿 ℠ ⓪ ℇ 𝑽𝑰𝑺𝑨
Aug. 2 Wochen geschl. – **Menu** (Sonntag - Montag und Feiertage geschl.) 118/158 und à la carte 76/103 – **9 Z** 95/140
Spez. Wachtelgalantine im Steinpilz-Gelee. Variation vom Ochsenschwanz. Gratiniertes Limonen-Eisparfait mit marinierten Himbeeren.

In Leonberg-Ramtel :

🏨 **Eiss,** Neue Ramtelstr. 28, ✉ 71229, ✆ (07152) 94 40, Fax (07152) 944440, 🏡, ƒ⬡, ⇌
– |≣|, ⇔ Zim, 📺 ☎ ⇔ – 🛱 110. 🍽 ⓞ 🄴 ⅦⅢ JCB
Menu (2. - 9. Jan. geschl.) à la carte 35/76 – **83 Z** 154/280, 3 Suiten.

In Renningen SW : 6,5 km :

🏨 **Walker,** Rutesheimer Str. 62, ✉ 71272, ✆ (07159) 60 45, Fax (07159) 7455 – |≣| 📺
☎ ⇔ – 🛱 30. 🍽 ⓞ 🄴 ⅦⅢ
Menu (Sonnttagabend geschl.) à la carte 43/74 – **23 Z** 155/215.

LEUTERSHAUSEN Bayern 419 420 S 15, 987 ㉘ – 5 200 Ew – Höhe 420 m.
Berlin 500 – München 199 – Nürnberg 76 – Rothenburg ob der Tauber 20 – Würzburg 85 – Ansbach 12.

⚘ **Neue Post,** Mühlweg 1, ✉ 91578, ✆ (09823) 89 11, Fax (09823) 8268 – ❶
⇔ **Menu** (Montag geschl.) à la carte 22/42 ⅄ – **14 Z** 45/100.

LEUTKIRCH Baden-Württemberg 419 420 W 14, 987 ㊳ – 20 000 Ew – Höhe 655 m.
🄱 Gästeamt, Gänsbühl 6, ✉ 88299, ✆ (07561) 8 71 54, Fax (07561) 87186.
Berlin 681 – Stuttgart 171 – Konstanz 108 – Kempten (Allgäu) 31 – Ulm (Donau) 79 – Bregenz 50.

🏠 **Linde,** Lindenstr. 1, ✉ 88299, ✆ (07561) 24 15, Fax (07561) 70230, 🏡 – 📺 ☎. 🄴 ⅦⅢ
Menu (Montag und Samstagabend geschl., im Winter Dienstag - Freitag nur Abendessen)
à la carte 36/61 – **8 Z** 80/150.

⚘ **Zum Rad,** Obere Vorstadtstr. 5, ✉ 88299, ✆ (07561) 9 85 60, Fax (07561) 98560 – ☎
⇔ ❶
Menu (Freitag geschl.) à la carte 31/81 – **23 Z** 65/150.

In Leutkirch-Wuchzenhofen SO : 4,5 km :

✕ **Zur Rose,** Luttolsbergerstr. 7, ✉ 88299, ✆ (07561) 25 41, Fax (07561) 70961, 🏡 –
❶
Mittwoch und Jan. 3 Wochen geschl. – **Menu** (wochentags nur Abendessen) à la carte
30/54.

LEVERKUSEN Nordrhein-Westfalen 417 M 4, 987 ㉘ – 165 000 Ew – Höhe 45 m.
ADAC, Dönhoffstr. 40, ✉ 51373, ✆ (0221) 47 27 47, Fax (0214) 43724.
Berlin 567 ③ – Düsseldorf 30 ① – Köln 16 ⑥ – Wuppertal 41 ①

Stadtplan siehe nächste Seite

🏨 **Ramada,** Am Büchelter Hof 11, ✉ 51373, ✆ (0214) 38 30, Fax (0214) 383800, 🏡, ⇌,
🔲 – |≣|, ⇔ Zim, ≣ 📺 ❶ – 🛱 110. 🍽 ⓞ 🄴 ⅦⅢ JCB   AZ h
Menu à la carte 45/70 – **200 Z** 195/260.

🏨 **City Hotel** garni, Wiesdorfer Platz 8, ✉ 51373, ✆ (0214) 4 20 46, Fax (0214) 43025
– |≣|, ⇔ Zim, 📺 ☎ – 🛱 20. 🍽 ⓞ 🄴 ⅦⅢ   AZ e
20. Dez. - 6. Jan. geschl. – **71 Z** 155/195.

✕✕ **La Concorde,** Hardenbergstr. 91, ✉ 51373, ✆ (0214) 6 39 38, Fax (0214) 63938 – 🍽
ⓞ 🄴 ⅦⅢ   AY s
Samstagmittag, Sonn- und Feiertage sowie Juli - Aug. 3 Wochen geschl. – **Menu** (Tischbestellung ratsam) à la carte 47/81.

In Leverkusen-Fettehenne ④ : 8 km :

🏠 **Fettehenne** garni, Berliner Str. 40 (B 51), ✉ 51377, ✆ (0214) 9 10 43,
Fax (0214) 91045, 🔲, 🏡 – 📺 ☎ ⇔ ❶. 🄴. ⌘
37 Z 90/180.

In Leverkusen-Küppersteg :

🏠 **Haus Janes** garni, Bismarckstr. 71, ✉ 51373, ✆ (0214) 6 40 43, Fax (0214) 69642 –
📺 ☎ ❶   AY a
31 Z 95/160, 3 Suiten.

✕✕ **Haus am Park,** Bismarckstr. 186, ✉ 51373, ✆ (0214) 4 63 70, Fax (0214) 49788, 🏡
– ❶. 🍽 ⓞ 🄴 ⅦⅢ   AY u
Menu à la carte 33/70 (auch vegetarische Gerichte).

In Leverkusen-Manfort :

🏠 **Fück,** Kalkstr. 127, ✉ 51377, ✆ (0214) 87 60 90, Fax (0214) 8760950 – 📺 ☎ ⇔ ❶.
🍽 🄴 ⅦⅢ   BY u
Menu (Sonntag geschl.) à la carte 56/69 – **20 Z** 75/160.

LEVERKUSEN

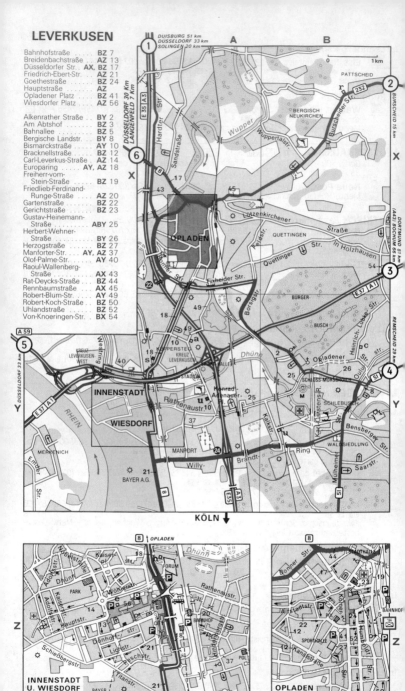

In Leverkusen-Pattscheid :

🏠 **May-Hof,** Burscheider Str. 285 (B 232), ✉ 51381, 🍴 (02171) 3 09 39, Fax (02171) 33872, Biergarten – 📺 ☎ 🅿   BX r
Anfang Jan. und Juli - Aug. jeweils 2 Wochen geschl. – **Menu** *(Montag - Dienstagmittag geschl.)* à la carte 30/55 – **16 Z** 80/160.

In Leverkusen-Schlebusch :

🏨 **Rema-Hotel Atrium** garni (mit Gästehaus), Heinrich-Lübke-Str. 40, ✉ 51375, 🍴 (0214) 5 60 10, Fax (0214) 56011, 🚗 – ⇆ 📺 ☎ 🅿. 🖭 ⊙ 🗲 𝘝𝘐𝘚𝘈   BY c
55 Z 115/280.

LICH *Hessen* ❹❶❼ *O 10,* ❾❽❼ ㉗ *– 12 500 Ew – Höhe 170 m – Erholungsort.*
Ausflugsziel : *Ehemaliges Kloster Arnsburg★ : Ruine der Kirche★ SW : 4 km.*
Berlin 492 – Wiesbaden 87 – Frankfurt am Main 57 – Gießen 13 – Bad Hersfeld 90.

🏠 **Bergfried** ⌘ garni, Kreuzweg 25, ✉ 35423, 🍴 (06404) 9 11 70, Fax (06404) 911755, 🚗s, 🍴 – ⇆ 📺 ☎ 🅿. 🖭 🗲 𝘝𝘐𝘚𝘈
24 Z 70/150.

In Lich-Arnsburg *SW : 4 km :*

🏨 **Landhaus Klosterwald** Ⓜ, an der B 488, ✉ 35423, 🍴 (06404) 9 10 10, Fax (06404) 910134, 🍴, 🚗 – |🛗| 📺 ☎ & 🅿 – 🔬 80. 🖭 🗲 𝘝𝘐𝘚𝘈
Menu *(Montag geschl.)* à la carte 27/79 – **18 Z** 115/180.

🏨 **Alte Klostermühle** ⌘, ✉ 35423, 🍴 (06404) 9 19 00, Fax (06404) 919091, 🍴 – ⇆ Rest, 📺 ☎ 🅿 – 🔬 30. 🖭 ⊙ 🗲 𝘝𝘐𝘚𝘈. 🍴 Rest
Menu *(Montagmittag geschl.)* à la carte 42/76 *(auch vegetarische Gerichte)* – **26 Z** 92/235.

In Lich-Eberstadt *SW : 6 km :*

🏠 **Pfaffenhof,** Butzbacher Str. 25, ✉ 35423, 🍴 (06004) 6 29, Fax (06004) 530, Biergarten – 📺 ☎ 🅿 – 🔬 15. 🗲
Ende Dez. - Anfang Jan. geschl. – **Menu** *(Sonntagabend - Montagmittag geschl.)* à la carte 32/52 – **17 Z** 40/120.

LICHTE *Thüringen* ❹❶❽ ❹❷⓿ *O 17 – 2 300 Ew – Höhe 630 m.*
Berlin 316 – Erfurt 88 – Coburg 49 – Suhl 43.

🏠 **Am Kleeberg,** Saalfelder Str. 115 (B 281), ✉ 98739, 🍴 (036701) 26 10, Fax (036701) 26128, Biergarten, 🚗 – 📺 ☎ 🅿. 🗲 𝘝𝘐𝘚𝘈
Menu à la carte 18/35 **20 Z** 50/90.

LICHTENAU *Baden-Württemberg* ❹❶❾ *T 7 – 4 300 Ew – Höhe 129 m.*
Berlin 723 – Stuttgart 122 – Karlsruhe 52 – Strasbourg 31 – Baden-Baden 28.

In Lichtenau-Scherzheim *S : 2,5 km :*

🏠 **Zum Rössel** ⌘, Rösselstr. 6, ✉ 77839, 🍴 (07227) 9 59 50, Fax (07227) 959550, 🍴, 🍴 – |🛗| 📺 ☎ 🅿 – 🔬 40. 🖭 🗲 𝘝𝘐𝘚𝘈
Menu *(Dienstag geschl.)* à la carte 31/60 – **16 Z** 78/130.

🏠 **Gasthaus Blume,** Landstr. 18 (B 36), ✉ 77839, 🍴 (07227) 23 42, Fax (07227) 8302, 🍴 – 📺 ☎ ⬅ 🅿. 🖭 ⊙ 🗲
Jan.- Feb. 3 Wochen geschl. – **Menu** *(Mittwoch geschl.)* à la carte 22/63 🍷 – **27 Z** 70/120.

LICHTENAU *Nordrhein-Westfalen* ❹❶❼ *L 10 – 9 200 Ew – Höhe 308 m.*
Berlin 447 – Düsseldorf 186 – Kassel 70 – Marburg 118 – Paderborn 17.

In Lichtenau-Herbram-Wald *NO : 9 km :*

🏨 **Hubertushof** ⌘, Hubertusweg 5, ✉ 33165, 🍴 (05259) 8 00 90, Fax (05259) 800999, 🍴, 🚗s, 🏊, 🍴 – 📺 ☎ 🅿 – 🔬 30. 🖭 ⊙ 🗲 𝘝𝘐𝘚𝘈
Menu à la carte 32/56 – **52 Z** 105/150.

In Lichtenau-Kleinenberg *SO : 7 km :*

✕✕ **Landgasthof zur Niedermühle** ⌘ mit Zim, Niedermühlenweg 7, ✉ 33165, 🍴 (05647) 2 52, 🍴 – 🅿. 🖭 🗲
Menu *(Samstagmittag und Donnerstag geschl.)* à la carte 31/58 – **5 Z** 50/125.

LICHTENBERG *Bayern siehe Steben, Bad.*

LICHTENFELS Bayern 418 420 P 17, 987 ㉘ – 21 000 Ew – Höhe 272 m.
Ausflugsziel : Wallfahrtskirche Vierzehnheiligen★★ (Nothelfer-Altar★★) S : 5 km.
🛈 Städt. Verkehrsamt, Marktplatz 1, ⊠ 96215, 𝒫 (09571) 79 51 02, Fax (09571) 795192.
Berlin 372 – München 268 – Coburg 18 – Bayreuth 53 – Bamberg 33.

🏠 **Preussischer Hof,** Bamberger Str. 30, ⊠ 96215, 𝒫 (09571) 50 15, Fax (09571) 2802,
⇔ – 📳, 🖐 Zim, 🔟 ☎ 🅿 – 🔬 20. 🆎 🅴 𝗩𝗜𝗦𝗔 𝗝𝗖𝗕. 🛠 Zim
24. - 30. Dez. geschl. – **Menu** (Freitag und Juli - August 3 Wochen geschl.) à la carte 21/52
🍷 – **40 Z** 57/128.

🏠 **City-Hotel** garni, Bahnhofsplatz 5, ⊠ 96215, 𝒫 (09571) 9 24 30, Fax (09571) 924340
– 📳 🖐 🔟 ☎ 🅿. 🅴
26 Z 69/135.

In Lichtenfels-Reundorf SW : 5 km :

🏠 **Müller** 🦢, Kloster-Banz-Str. 4, ⊠ 96215, 𝒫 (09571) 60 21, Fax (09571) 70947, 🏠,
⇔s, 🎇 – ☎ 🅿. 🛠 Zim
Ende Okt. - Mitte Nov. geschl. – **Menu** (Mittwoch - Donnerstag geschl.) à la carte 20/38
🍷 – **40 Z** 53/96.

In Michelau NO : 5 km :

🏠 **Spitzenpfeil** 🦢, Alte Poststraße 4 (beim Hallenbad), ⊠ 96247, 𝒫 (09571) 8 80 81,
Fax (09571) 83630, Biergarten – ⟳ 🅿
Anfang - Mitte Jan. und Mitte - Ende Aug. geschl. – **Menu** (Montag geschl.) à la carte 21/35
🍷 – **21 Z** 36/112.

In Marktzeuln NO : 9 km :

🏠 **Mainblick** 🦢, Schwürbitzer Str. 25, ⊠ 96275, 𝒫 (09574) 30 33, Fax (09574) 4005, ≤,
🏠, ⇔s, 🎇 – 🔟 ☎ ⟳ 🅿 – 🔬 15. 𝗩𝗜𝗦𝗔
Menu à la carte 29/59 – **18 Z** 58/110.

LICHTENFELS Hessen 417 M 10 – 4 400 Ew – Höhe 420 m – Erholungsort.
Berlin 466 – Wiesbaden 175 – Kassel 76 – Marburg 55.

In Lichtenfels-Fürstenberg :

🏠 **Zur Igelstadt,** Mittelstr. 2, ⊠ 35104, 𝒫 (05636) 9 79 90, Fax (05636) 979949, ⇔s,
🔲 – 📳 🔟 ☎ 🕿 🅿
Menu (Montag geschl.) à la carte 20/39 – **28 Z** 85/120.

LICHTENSTEIN Sachsen 418 N 21, 987 ㉙ – 12 200 Ew – Höhe 330 m.
Berlin 263 – Dresden 117 – Chemnitz 18 – Zwickau 10.

🏠 **Goldener Helm** 🅼, Innere Zwickauer Str. 6, ⊠ 09350, 𝒫 (037204) 6 20,
Fax (037204) 62110, 🏠, Biergarten, Massage, ⇔s – 📳, 🖐 Zim, 🔳 🔟 ☎ 🕿 ⟳ 🅿
– 🔬 120. 🆎 🅾 🅴 𝗩𝗜𝗦𝗔 𝗝𝗖𝗕
Menu à la carte 26/50 – **42 Z** 120/170.

LICHTENSTEIN Baden-Württemberg 419 U 11 – 8 200 Ew – Höhe 565 m – Wintersport :
700/820 m ⚡4 🎿3.
Berlin 687 – Stuttgart 51 – Reutlingen 16 – Sigmaringen 48.

In Lichtenstein-Honau :

🏠 **Adler** (mit Gästehaus Herzog Ulrich 📳), Heerstr. 22 (B 312), ⊠ 72805, 𝒫 (07129) 40 41,
Fax (07129) 60220, 🏠, ⇔s – 📳 🔟 ☎ 🅿 – 🔬 70
Menu à la carte 31/71 – **65 Z** 75/180 – ½ P 35/40.

🏠 **Forellenhof Rössle,** Heerstr. 20 (B 312), ⊠ 72805, 𝒫 (07129) 9 29 70,
Fax (07129) 929750, 🏠 – 🖐 Zim, 🔟 ☎ ⟳ 🅿
Feb. geschl. – **Menu** à la carte 38/55 – **14 Z** 70/140 – ½ P 25.

LIEBENSTEIN, BAD Thüringen 418 N 15 – 4 100 Ew – Höhe 310 m.
🛈 Tourist-Information, Ruhlaer Str. 2, ⊠ 36448, 𝒫 (036961) 27 33.
Berlin 377 – Erfurt 71 – Eisenach 25 – Bad Hersfeld 50 – Fulda 70.

🏠 **Herzog Georg** 🅼, Herzog-Georg- Str. 36, ⊠ 36448, 𝒫 (036961) 5 50,
Fax (036961) 55222, 🏠 – 📳, 🖐 Zim, 🔟 ☎ 🕿 🍴 ⟳ – 🔬 20. 🅴 𝗩𝗜𝗦𝗔
Menu (wochentags nur Abendessen) à la carte 23/49 – **38 Z** 89/160 – ½ P 22.

LIEBENWALDE *Brandenburg* 416 *H 24,* 984 ⑪, 987 ⑱ – *3 000 Ew – Höhe 48 m.*
Berlin 46 – Potsdam 82 – Eberswalde-Finow 30.

🏠 **Preußischer Hof** ⚬ (mit 🏠 Gästehaus), Bischofswerder Weg 12, ⊠ 16559,
℘ (033054) 8 70, *Fax (033054) 87187,* 🍴, Massage, ≦s, 🐎, 🎾, ⚓ – 🛁 Zim, 📺 ☎
📞 ❷ – 🔬 250. 🜇 ⓪ 🜄 𝘝𝘐𝘚𝘈
Menu à la carte 42/56 – **93 Z** 150/280.

LIEBENWERDA, BAD *Brandenburg* 418 *L 24,* 987 ⑱, 984 ⑳ – *12 000 Ew – Höhe 88 m.*
🅱 *Informationsbüro, Rathaus, Markt 1,* ⊠ 04924, ℘ (035341) 9 76 10.
Berlin 128 – Potsdam 122 – Cottbus 89 – Dresden 79 – Leipzig 84.

🏠 **Norddeutscher Hof,** Dresdener Str. 4, ⊠ 04924, ℘ (035341) 62 30,
⊜ *Fax (035341) 623666,* ≦s – 📺 ☎ ❷ 🜄 𝘝𝘐𝘚𝘈
Menu *(Mittwochmittag und Donnerstagmittag geschl.)* à la carte 24/45 – **14 Z** 70/140
– ½ P 20.

🏠 **Landhotel Biberburg** ⚬ garni, Fischergasse 16, ⊠ 04924, ℘ (035341) 20 09,
Fax (035341) 12840 – 📺 ☎ ❷
8 Z 80/140.

LIEBENZELL, BAD *Baden-Württemberg* 419 *T 10,* 987 ㊳ – *9 100 Ew – Höhe 321 m – Heilbad
und Luftkurort.*
🛁 *Bad Liebenzell-Monakam,* ℘ (07052) 15 74.
🅱 *Kurverwaltung, Kurhausdamm 4,* ⊠ 75378, ℘ (07052) 40 80, *Fax (07052) 408108.*
Berlin 666 – Stuttgart 46 – Karlsruhe 47 – Pforzheim 19 – Calw 7,5.

🏠🏠 **Kronen-Hotel** ⚬, Badweg 7, ⊠ 75378, ℘ (07052) 40 90, *Fax (07052) 409420,* 🍴,
≦s, 🔲, 🌲 – 🛗 📺 ❷ – 🔬 35. 🜇 ⓪ 🜄 𝘝𝘐𝘚𝘈
Menu 28/44 (mittags) und à la carte 53/90 – **43 Z** 117/282 – ½ P 20.

🏠🏠 **Ochsen,** Karlstr. 12, ⊠ 75378, ℘ (07052) 92 00, *Fax (07052) 920200,* 🍴, 🔲, 🌲 –
🛗 📺 ☎ ❷ – 🔬 60
Menu *(Sonntagabend - Montag geschl.)* à la carte 35/69 – **44 Z** 85/200.

🏠 **Am Bad-Wald** ⚬ garni, Reuchlinweg 19, ⊠ 75378, ℘ (07052) 92 70,
Fax (07052) 3014, ≤, ≦s, 🔲 – 🛗 ☎ ⟺, 🎾
12. - 25. Dez. geschl. – **36 Z** 45/118.

🏠 **Gästehaus Koch** garni, Sonnenweg 3, ⊠ 75378, ℘ (07052) 13 06, *Fax (07052) 3345,*
≦s, 🌲 – 🐴, 🎾
16 Z 48/98.

LIEDERBACH AM TAUNUS *Hessen* 417 *P 9 – 7 300 Ew – Höhe 120 m.*
Berlin 551 – Wiesbaden 23 – Frankfurt am Main 24 – Limburg an der Lahn 51.

🏠 **Liederbacher Hof** garni, Höchster Str. 9 (Eingang Taunusstr.), ⊠ 65835,
℘ (069) 31 00 74, *Fax (069) 310075* – 📺 ☎ ❷. ⓪ 🜄 𝘝𝘐𝘚𝘈
20. Dez. - 6. Jan. geschl. – **20 Z** 120/200.

LIESER *Rheinland-Pfalz* 417 *Q 5 – 1 300 Ew – Höhe 107 m.*
Berlin 680 – Mainz 117 – Bernkastel-Kues 4 – Trier 40 – Wittlich 14.

🏠 **Weinhaus Stettler** garni, Moselstr. 41, ⊠ 54470, ℘ (06531) 23 96,
Fax (06531) 7325, ≦s – 📺 ☎ ❷. 🜇 ⓪ 🜄 𝘝𝘐𝘚𝘈
15 Z 75/115.

🏠 **Mehn zum Niederberg,** Moselstr. 2, ⊠ 54470, ℘ (06531) 95 70, *Fax (06531) 7926,*
🍴, ≦s – 📺 ☎ ⟺ ❷. ⓪ 🜄 𝘝𝘐𝘚𝘈
Mitte Dez. - Mitte Feb. geschl. – **Menu** *(Mittwoch geschl.)* à la carte 36/64 – **16 Z** 60/140,
9 Suiten.

In Maring-Noviand *NW : 2 km :*

🏠 **Weinhaus Liesertal,** Moselstr. 39 (Maring), ⊠ 54484, ℘ (06535) 8 48,
Fax (06535) 1245, 🍴, 🌲 – 📺 ☎ ❷. 🜇 ⓪ 𝘝𝘐𝘚𝘈
3. Jan. - 10. Feb. geschl. – **Menu** *(Nov. - März Montag - Dienstag geschl.)* à la carte 28/51
– **26 Z** 90/150 – ½ P 20.

LIETZOW *Mecklenburg-Vorpommern siehe Rügen (Insel).*

LILIENTHAL *Niedersachsen siehe Bremen.*

LIMBACH *Baden-Württemberg* **417 419** *R 11 – 4 400 Ew – Höhe 385 m – Luftkurort.*
Berlin 573 – Stuttgart 101 – Amorbach 22 – Heidelberg 57 – Heilbronn 47.

🏠 **Volk** ⟋, Baumgarten 3, ✉ 74838, ℰ (06287) 93 00, Fax (06287) 930180, ㎡, ☎, ▨,
🍴 – 📺 ☎ 🅿 – ⚿ 30. 🆎 ⓪ 🄴 *VISA*. ⌘ Zim
Menu à la carte 34/62 – **23 Z** 80/160.

In Limbach-Krumbach *SW : 2 km :*

🎍 **Engel - Restaurant Alte Scheune,** Engelstr. 19, ✉ 74838, ℰ (06287) 7 01,
⊗ Fax (06287) 704, ㎡, ☎, ▨, 🍴 – 🅿 – ⚿ 30. 🄴
Alte Scheune ⟋ (Montag geschl., Okt.- April wochentags nur Abendessen) **Menu** à la carte
30/59 – **20 Z** 59/138.

LIMBACH *Rheinland-Pfalz siehe Hachenburg.*

LIMBERG *Brandenburg siehe Cottbus.*

LIMBURG AN DER LAHN *Hessen* **417** *O 8,* **987** ㉖ *– 31 100 Ew – Höhe 118 m.*
Sehenswert : *Dom★ (Lage★★)* A *– Friedhofterrasse* ⩽★ *– Diözesanmuseum★* A **M1.**
Ausflugsziel : *Burg Runkel★ (Lage★★) O : 7 km.*
🛈 *Städt. Verkehrsamt. Hospitalstr. 2,* ✉ *65549,* ℰ *(06431) 61 66, Fax (06431) 3293.*
Berlin 551 ① *– Wiesbaden 52* ② *– Koblenz 57* ④ *– Gießen 56* ① *– Frankfurt am Main*
74 ② *– Siegen 70* ①

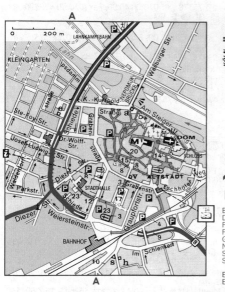

LIMBURG AN DER LAHN

Bahnhofstraße .	**A** 3	Holzheimer Str.	**A** 10
Diezer Straße . .	**A**	Hospitalstraße .	**A** 12
Fleischgasse . .	**A** 8	Koblenzer Str. .	**B** 13
Frankfurter Str.	**AB** 9	Kolpingstraße . .	**A** 14
Grabenstraße . .	**A**	Kornmarkt . . .	**A** 15
Neumarkt	**A** 17	Limburger Weg	**B** 16
Salzgasse	**A** 20	Verbindungsstr.	**B** 22
Schiede	**A**	Werner-	
		Senger-Straße	**A** 23
Eisenbahnstr. . .	**A** 4	Wiesbadener	
Elzer Straße . . .	**B** 6	Straße	**B** 26

🏨 **Dom Hotel** ▥, Grabenstr. 57, ✉ 65549, ℰ (06431) 90 10, Fax (06431) 6856,
« Modern-elegante Einrichtung » – 🛗, ⌘ Zim, ▤ Rest, 📺 ℰ 🅿 – ⚿ 70. 🆎 ⓪ 🄴 *VISA*.
⌘ Rest   A v
Weihnachten - Anfang Jan. geschl. – **Restaurant de Prusse** *(Sonntagabend - Montag-*
mittag geschl.) **Menu** à la carte 39/63 – **48 Z** 140/270.

🏨 **Romantik Hotel Zimmermann,** Blumenröder Str. 1, ✉ 65549, ℰ (06431) 46 11,
Fax (06431) 41314 – ⌘ 📺 ☎ 🅿. 🆎 ⓪ 🄴 *VISA*. ⌘ Rest   A h
Weihnachten - Anfang Jan. geschl. – (nur Abendessen für Hausgäste) – **24 Z** 135/295.

🏨 **Ramada** ▥ garni, Schiede 10, ✉ 65549, ℰ (06431) 20 70, Fax (06431) 207444 – 🛗
⌘ 📺 ☎ 🐾 ⇔ 🅿 – ⚿ 60. 🆎 ⓪ 🄴 *VISA*   A e
100 Z 150/193.

🏨 **Nassauer Hof,** Brückengasse 1, ⊠ 65549, ℘ (06431) 99 60, *Fax (06431) 996555,* 🌄
– |🛗 🔟 ☎ ₺ 🅿 – 🔏 30. 🖭 🗲 *VISA*
Menu à la carte 44/75 – **37 Z** 98/220.

A a

🏠 **Martin,** Holzheimer Str. 2, ⊠ 65549, ℘ (06431) 9 48 40, *Fax (06431) 43185* – |🛗 🔟
☎ 🚗 🅿. *VISA*
(nur Abendessen für Hausgäste) – **30 Z** 93/148.

A s

In Limburg-Staffel *NW : 3 km :*

🏠 **Alt-Staffel,** Koblenzer Str. 56, ⊠ 65556, ℘ (06431) 9 19 10, *Fax (06431) 919191* – 🔟
☎ 🅿. 🖭 ① 🗲 *VISA*
Menu *(Sonntagabend - Montagmittag geschl.)* à la carte 27/51 – **17 Z** 75/115.

B n

LIMBURGERHOF *Rheinland-Pfalz* 🔢 🔢 *R 9* – *10 600 Ew* – *Höhe 95 m.*
Berlin – Mainz – Kaiserslautern – Mannheim – Speyer.

🏨 **Residenz Limburgerhof** Ⓜ garni, Rheingönheimer Weg 1, ⊠ 67117,
℘ (06236) 47 10, *Fax (06236) 471100* – |🛗 ⇔ 🔟 ☎ 📞 🚗 🅿 – 🔏 60. 🖭 ① 🗲 *VISA*
JCB
133 Z 120/200, 9 Suiten.

LINDAU IM BODENSEE *Bayern* 🔢 *X 13,* 🔢 ③⑧ ③⑨ – *25 000 Ew* – *Höhe 400 m.*
Sehenswert : Hafen mit Römerschanze ⩽★ *Z.*
Ausflugsziel : Deutsche Alpenstraße★★★ (von Lindau bis Berchtesgaden).
🛝 *Lindau, Am Schönbühl 5 (über* ①*),* ℘ *(08382) 7 80 90 ;* 🛝 *Weißensberg (NO : 7 km über*
①*),* ℘ *(08389) 8 91 90.*
🚗 *Lindau-Reutin.*
🅱 *Tourist-Information, am Hauptbahnhof,* ⊠ *88131,* ℘ *(08382) 2 60 00, Fax (08382)*
260026.
Berlin 722 ① – *München 180* ① – *Konstanz 59* ③ – *Ravensburg 33* ③ – *Ulm (Donau) 123*
① – *Bregenz 10* ②

Stadtplan siehe nächste Seite

Auf der Insel :

🏨🏨 **Bayerischer Hof,** Seepromenade, ⊠ 88131, ℘ (08382) 91 50, *Fax (08382) 915591,*
🔟 (geheizt), 🌄 – |🛗 🔟 🚗 🅿 – 🔏 150. ① 🗲 *VISA JCB.* 🛝
Ostern - Mitte Nov. – **Menu** *(nur Abendessen)* à la carte 42/80 – **104 Z** 155/520 –
½ P 60.

Z b

🏨 **Reutemann-Seegarten** 🐾, Seepromenade, ⊠ 88131, ℘ (08382) 91 50,
Fax (08382) 915591, « *Terrasse mit* ⩽ », 🔟 (geheizt), 🌄 – |🛗 🔟 🚗 🅿 – 🔏 50. ①
🗲 *VISA JCB*
Menu à la carte 34/73 – **64 Z** 130/370 – ½ P 45.

Z k

🏨 **Lindauer Hof** 🐾, Seepromenade, ⊠ 88131, ℘ (08382) 40 64, *Fax (08382) 24203,* ⩽,
🌄 – |🛗 🔟 ₺. 🖭 🗲 *VISA JCB*
Menu *(7. Jan. - Feb. geschl.)* à la carte 29/68 – **25 Z** 130/335 – ½ P 39.

Z y

🏨 **Helvetia** 🐾, Seepromenade 3, ⊠ 88131, ℘ (08382) 91 30, *Fax (08382) 4004,*
« *Terrasse mit* ⩽ », ⇔, 🔟, ⇔ Zim, 🖭 ☎. 🖭 🗲 *VISA*
Mitte März - Mitte Okt. – **Menu** à la carte 36/56 – **36 Z** 120/380 – ½ P 30.

Z x

🏠 **Brugger** garni, Bei der Heidenmauer 11, ⊠ 88131, ℘ (08382) 9 34 10,
Fax (08382) 4133 – 🔟 ☎. 🖭 ① 🗲 *VISA*
23 Z 80/170.

Y r

🏠 **Peterhof** garni, Schafgasse 10, ⊠ 88131, ℘ (08382) 91 30, *Fax (08382) 4004* – |🛗 🔟
☎ – 🔏 25. 🖭 🗲 *JCB*
April - Okt. – **24 Z** 85/260.

Y n

🏨 **Insel-Hotel** 🐾 garni, Maximilianstr. 42, ⊠ 88131, ℘ (08382) 50 17, *Fax (08382) 6756*
– |🛗 🔟 ☎ 🚗. 🖭 ① 🗲 *VISA JCB*
28 Z 102/188.

Z a

✗ **Alte Post** mit Zim, Fischergasse 3, ⊠ 88131, ℘ (08382) 9 34 60, *Fax (08382) 934646*
– 🔟 ☎
Weihnachten - Ende Feb. geschl. – **Menu** à la carte 27/58 *(auch vegetarische Gerichte)*
– **12 Z** 90/170.

Y s

✗ **Zum Sünfzen,** Maximilianstr. 1, ⊠ 88131, ℘ (08382) 58 65, *Fax (08382) 4951,* 🌄 –
🖭 🗲 *VISA*
Menu à la carte 29/63.

Z v

11   653

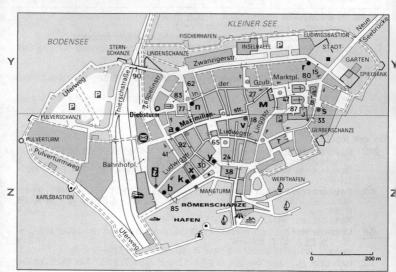

LINDAU
IM BODENSEE

In Lindau-Aeschach :

🏠 **Café Ebner** garni, Friedrichshafener Str. 19, ⊠ 88131, ℘ (08382) 9 30 70, Fax (08382) 930740, 🐎 – 🍴 📺 ☎ 🚗 🅿. 🖭 ① E 🆅🆂🅰 🃏   X z
18 Z 80/195.

🏠 **Am Holdereggenpark,** Giebelbachstr. 1, ⊠ 88131, ℘ (08382) 60 66, Fax (08382) 5679 – 📺 ☎ 🚗 🅿. E   X a
April - Okt. – (nur Abendessen für Hausgäste) – **29 Z** 85/168.

In Lindau - Hoyren :

🏠🏠 **Villino** 🅼 🕊, Hoyerberg 34, ⊠ 88131, ℘ (08382) 9 34 50, Fax (08382) 934512, « Gartenterrasse », 🕊, 🐎 – 📺 ☎ 🅿. E 🆅🆂🅰   X r
Jan. 3 Wochen geschl. – **Menu** (Montag geschl.) (nur Abendessen, Tischbestellung ratsam) à la carte 87/97 – **16 Z** 150/400 – ½ P 60.

🏠 **Schöngarten** garni, Schöngartenstr. 15, ⊠ 88131, ℘ (08382) 9 34 00, Fax (08382) 934030, 🕊, 🐎 – 🛗 📺 ☎ ᕷ 🚗 🅿. ① E 🆅🆂🅰   X n
12 Z 85/150.

XXX **Hoyerberg Schlössle,** Hoyerbergstr. 64 (auf dem Hoyerberg), ⊠ 88131,
⊗ ℰ (08382) 2 52 95, Fax (08382) 1837, « Terrasse mit ≤ Bodensee und Alpen » – **☉**. ⪰
☉ ⊑ VISA. ⅏ Rest   X e
Montag - Dienstagmittag und Feb. geschl. – **Menu** (Tischbestellung ratsam, bemerkens-
werte Weinkarte) 118/178 und à la carte 92/114
Spez. Gebratene Perigord-Gänseleber mit Feldsalat und Feigen. Zanderfilet mit Weißbrot-
kruste und Chablissauce. Rehrücken mit Pfifferlingen.

In Lindau-Reutin :

🏨 **Reulein** ⍉ garni, Steigstr. 28, ⊠ 88131, ℰ (08382) 9 64 50, Fax (08382) 75262, ≤,
☞ – 🛗 ⇔ 📺 ☎ **☉**. ⪰ ⊑ VISA   X s
23. Dez. - Jan. geschl. – **26 Z** 130/280.

🏠 **Köchlin** (ehemaliges Zollhaus), Kemptener Str. 41, ⊠ 88131, ℰ (08382) 9 66 00,
Fax (08382) 966043, Biergarten – ⇔ Rest, 📺 ☎ **☉**. ⪰ ☉ ⊑ VISA JCB   X b
Jan. 2 Wochen geschl. – **Menu** (Montag geschl.) à la carte 29/54 – **22 Z** 65/150.

In Lindau-Bad Schachen :

🏨 **Bad Schachen** ⍉, Bad Schachen 1, ⊠ 88131, ℰ (08382) 29 80, Fax (08382) 25390,
≤ Bodensee, Lindau und Alpen, ☞, « Park », Massage, ⚕, ⌇ (geheizt), ⊠, ⏃⊗, ☞,
⅏ – 🛗 📺 ⇔ **☉** – ⚱ 120. ⪰ VISA. ⅏ Rest   X d
Mitte April - Okt. – **Menu** à la carte 62/80 – **128 Z** 195/398, 4 Suiten – ½ P 61.

🏠 **Lindenhof** ⍉, Dennenmoosstr. 3, ⊠ 88131, ℰ (08382) 9 31 90, Fax (08382) 931931,
⇌, ⊠, ☞ – 📺 ☎ **☉**. ⅏ Rest   X c
15. März - 15. Nov. – **Menu** (Montag geschl.) (nur Abendessen) à la carte 31/58 – **18 Z**
93/230 – ½ P 30.

🏠 **Parkhotel Eden** ⍉ garni, Schachener Str. 143, ⊠ 88131, ℰ (08382) 58 16,
Fax (08382) 23730 – 🛗 📺 ☎ **☉**. ⪰ ⊑ VISA. ⅏   X t
Mitte März - Okt. – **26 Z** 90/180.

XX **Schachener Hof** ⍉ mit Zim, Schachener Str. 76, ⊠ 88131, ℰ (08382) 31 16,
⊜ Fax (08382) 5495, ☞ – 📺 **☉**. ⊑   X v
Jan. - Mitte Feb. und Nov. 1 Woche geschl. – **Menu** (Dienstag - Mittwoch geschl.) (wochen-
tags nur Abendessen) 45/85 und à la carte 53/80 – **8 Z** 140/180.

LINDBERG Bayern siehe Zwiesel.

LINDENFELS Hessen ⒋⒈⒎ ⒋⒈⒐ Q 10 – 5 500 Ew – Höhe 364 m – Heilklimatischer Kurort.
🛈 Kurverwaltung im Rathaus, Burgstr. 39, ⊠ 64678, ℰ (06255) 24 25, Fax (06255) 2780.
Berlin 592 – Wiesbaden 86 – Darmstadt 46 – Mannheim 42.

🏠 **Waldschlösschen,** Nibelungenstr. 102, ⊠ 64678, ℰ (06255) 24 60,
Fax (06255) 2016, ☞ – 📺 ☎ ⇔ **☉**
Nov. geschl. – **Menu** (Montag geschl.) à la carte 31/72 – **12 Z** 70/130 – ½ P 20.

In Lindenfels-Winkel NW : 3 km :

🏠 **Wiesengrund** ⍉, Talstr. 3, ⊠ 64678, ℰ (06255) 9 60 10, Fax (06255) 3469, ☞, ⇌,
⊗ ⊠, ☞ ⇔ **☉** – ⚱ 30. ☉ ⊑ VISA
Mitte Jan.- Anfang Feb. geschl. – **Menu** (Montag geschl.) à la carte 24/51 ⚷ – **37 Z** 73/135
– ½ P 18.

In Lindenfels-Winterkasten N : 6 km :

🏠 **Landhaus Sonne** ⍉ garni, Bismarckturmstr. 24, ⊠ 64678, ℰ (06255) 25 23,
Fax (06255) 2586, ≤, ⇌, ⊠, ☞ – 📺 ☎ **☉**. ⅏
10 Z 74/170.

LINDENTHAL Sachsen siehe Leipzig.

LINDLAR Nordrhein-Westfalen ⒋⒈⒎ M 6 – 20 300 Ew – Höhe 246 m.
🛈₈ Schloß Georghausen (SW : 8 km), ℰ (02207) 49 38.
🛈 Verkehrsamt, Borromäusstr. 1 (Rathaus), ⊠ 51789, ℰ (02266) 9 64 07, Fax (02266)
8867.
Berlin 583 – Düsseldorf 73 – Gummersbach 25 – Köln 41 – Wipperfürth 13.

🏠 **Zum Holländer,** Kölner Str. 6, ⊠ 51789, ℰ (02266) 66 05, Fax (02266) 44388 – 📺
☎ **☉** – ⚱ 30. ⊑ VISA
Menu (Sonntagabend geschl.) à la carte 32/62 – **12 Z** 90/140.

655

In Lindlar-Kapellensüng *N : 5 km :*

⚓ **Landhotel Schulte** ⌕ (mit Gästehaus), Anton-Esser-Str. 41, ✉ 51789,
𝄞 (02266) 65 65, Fax (02266) 45450, 🌤, 🚗 – ☎ ♿ 🅿 ⚒ Zim
Ende Juli - Mitte Aug. geschl. – **Menu** *(Donnerstag geschl.)* à la carte 28/50 – **11 Z** 70/120.

LINDOW *Brandenburg* 𝟜𝟙𝟞 *H 22,* 𝟡𝟠𝟜 ⑪, 𝟡𝟠𝟟 ⑱ – *2 700 Ew – Höhe 48 m.*
Berlin 71 – Potsdam 110 – Eberswalde 76.

🍴 **Krone** mit Zim, Straße des Friedens 11, ✉ 16835, 𝄞 (033933) 7 05 38,
🍸 Fax (033933) 70538, 🌤 – 📺 ☎ 🅿 ⚒ 𝐄 𝘝𝘐𝘚𝘈
Menu à la carte 23/36 – **6 Z** 70/150.

LINGEN *Niedersachsen* 𝟜𝟙𝟞 *I 5,* 𝟡𝟠𝟟 ⑮ – *55 000 Ew – Höhe 33 m.*
🇬 *Altenlingen, Gut Beversundern, 𝄞 (0591) 6 38 37.*
🅱 *Städt. Verkehrsbüro, Rathaus, Elisabethstr. 14, ✉ 49808, 𝄞 (0591) 9 14 41 46, Fax (0591) 9144149.*
Berlin 498 – Hannover 204 – Bremen 135 – Enschede 47 – Osnabrück 65.

🏨 **Parkhotel,** Marienstr. 29, ✉ 49808, 𝄞 (0591) 91 21 60, Fax (0591) 54455, 🌤, 🚋
– 📶, ⇔ Rest, 📺 ☎ 🅿 – 🔏 60. ⚒ ⓞ 𝐄 𝘝𝘐𝘚𝘈
Menu à la carte 38/74 – **31 Z** 120/200.

🏨 **Altes Landhaus,** Lindenstr. 45, ✉ 49808, 𝄞 (0591) 80 40 90, Fax (0591) 59134, Biergarten – 📺 ☎ 🅿 ⚒ ⓞ 𝐄 𝘝𝘐𝘚𝘈 ⚒
Menu à la carte 34/66 – **22 Z** 95/235.

🏨 **Van Olfen** garni, Frerener Str. 4, ✉ 49809, 𝄞 (0591) 41 94, Fax (0591) 59052, 🚋 –
📺 ☎ ⇔ 🅿 ⚒ ⓞ 𝐄 𝘝𝘐𝘚𝘈
Weihnachten - Anfang Jan. geschl. – **21 Z** 74/128.

🍴🍴 **Altes Forsthaus,** Georgstr. 22, ✉ 49809, 𝄞 (0591) 37 98, Fax (0591) 51095 – 🅿
Jan. 2 Wochen geschl. – **Menu** *(Sonntagabend - Montag geschl.)* (wochentags nur Abendessen) à la carte 53/76.

In Lingen-Darme *S : 4,5 km :*

🏨 **Am Wasserfall** ⌕, Hanekenfähr, ✉ 49808, 𝄞 (0591) 80 90, Fax (0591) 2278, ≤, 🌤,
🚋 – 📶 📺 ☎ ☏ 🅿 – 🔏 200. ⚒ ⓞ 𝐄 𝘝𝘐𝘚𝘈
Fährrestaurant : Menu à la carte 43/72 – **Zur Lachstreppe** *(Sept. - Juni nur Abendessen)* Menu à la carte 28/57 – **61 Z** 79/151.

In Lingen-Schepsdorf *SW : 3 km :*

🏨 **Hubertushof,** Nordhorner Str. 18, ✉ 49808, 𝄞 (0591) 91 29 20, Fax (0591) 9129290,
🌤, 🚗 – ⇔ Zim, 📺 ☎ ⇔ 🅿 – 🔏 40. ⓞ 𝘝𝘐𝘚𝘈 ⚒
Juli - Aug. 3 Wochen geschl. – **Menu** *(Sonntagabend geschl.)* à la carte 32/54 – **40 Z** 80/160.

LINKENHEIM-HOCHSTETTEN *Baden-Württemberg* 𝟜𝟙𝟡 *S 9 – 10 000 Ew – Höhe 109 m.*
Berlin 656 – Stuttgart 89 – Karlsruhe 15 – Mannheim 50 – Mainz 122 – Landau i.d. Pfalz 49.

Auf der Insel Rott : *NW : 4,5 Km, über Hochstetten :*

🏡 **Waldfrieden** ⌕, Insel Rott 2, ✉ 76351 Linkenheim-Hochstetten, 𝄞 (07247) 41 75,
🍸 🌤 – 📺 🅿
Menu *(Montag - Dienstag geschl.)* (überwiegend Fischgerichte) à la carte 21/40 ♨ –
10 Z 66/111.

LINNICH *Nordrhein-Westfalen* 𝟜𝟙𝟟 *N 2 – 13 000 Ew – Höhe 67 m.*
Berlin 610 – Düsseldorf 59 – Aachen 27 – Köln 76.

🍴 **Rheinischer Hof,** Rurstr. 21, ✉ 52441, 𝄞 (02462) 10 32, Fax (02462) 7137 – ⓞ 𝐄
𝘝𝘐𝘚𝘈
Montag - Dienstag und Juli - Aug. 3 Wochen geschl. – **Menu** à la carte 38/68.

🍴 **Waldrestaurant Ivenhain,** Ivenhain 1 (O : 1 km), ✉ 52441, 𝄞 (02462) 90 51 26,
Fax (02462) 905128 – 🅿 ⓞ 𝐄 𝘝𝘐𝘚𝘈 ⚒
Donnerstag, über Karneval und Juli - Aug. 3 Wochen geschl. – **Menu** à la carte 46/79.

LINZ AM RHEIN *Rheinland-Pfalz* 𝟜𝟙𝟟 *O 5 – 6 000 Ew – Höhe 60 m.*
🅱 *Verkehrsamt, Rathaus, Marktplatz, ✉ 53545, 𝄞 (02644) 25 26, Fax (02644) 5801.*
Berlin 615 – Mainz 131 – Bonn 28 – Koblenz 40.

🏡 **Café Weiß** garni, Mittelstr. 7, ✉ 53545, 𝄞 (02644) 96 24 12, Fax (02644) 962430 –
📶 📺 ☎
8 Z 105/155.

LIPPETAL Nordrhein-Westfalen **417** K 8 – 11 000 Ew – Höhe 64 m.
Berlin 453 – Düsseldorf 131 – Dortmund 62 – Paderborn 47 – Soest 16.

In Lippetal-Lippborg :

XX **Gasthof Willenbrink** mit Zim, Hauptstr. 10, ⌧ 59510, ℰ (02527) 2 08,
Fax (02527) 1402, ㄷ – ⅙ Zim, ㎶ ☎ ℗ ⅛ Zim
Mitte Juli - Mitte Aug. und 23. Dez.- 8. Jan. geschl. – **Menu** (Montag und Feiertage geschl.)
(nur Abendessen) à la carte 39/62 – **6 Z** 80/130.

LIPPSPRINGE, BAD Nordrhein-Westfalen **417** K 10, **987** ⑯ – 13 500 Ew – Höhe 123 m – Heilbad
– Heilklimatischer Kurort.

⬡₁₈ ⬡₉ Sennelager, ℰ (05252) 5 37 94.

🅱 Verkehrsbüro, Bielcfolder Str. 24, ⌧ 33175, ℰ (05252) 5 03 03, Fax (05252) 930183.
Berlin 385 – Düsseldorf 179 – Detmold 18 – Hannover 103 – Paderborn 9.

🏨 **Parkhotel** ㄷ, Peter-Hartmann-Allee 4, ⌧ 33175, ℰ (05252) 96 30,
Fax (05252) 963111, ㄷ, ㄷ, ㄷ – 🛗, ⅙ Zim, ㎶ ☎ ℗ – 🕍 120. 🆎 ⓞ Ⅽ 𝗩𝗜𝗦𝗔.
⅛ Rest
Menu à la carte 40/61 – **100 Z** 184/278 – ½ P 35.

🏨 **Vital Hotel** 🅼, Schwimmbadstr. 14, ⌧ 33175, ℰ (05252) 96 41 00,
Fax (05252) 964170, ㄷ, ʃ₅, Massage, ㄷ, ㄷ, ㄷ (Therme), ㄷ – 🛗, ⅙ Zim, ㎶ ☎
ㄷ ℗ – 🕍 115. 🆎 Ⅽ 𝗩𝗜𝗦𝗔
Menu à la carte 35/58 – **48 Z** 125/180 – ½ P 25.

🏨 **Gästehaus Scherf** ㄷ garni, Arminiusstr. 23, ⌧ 33175, ℰ (05252) 20 40,
Fax (05252) 204188, ㄷ, ㄷ, ㄷ – 🛗 ㎶ ☎ ㄷ ℗. 🆎 Ⅽ 𝗩𝗜𝗦𝗔
43 Z 75/180.

🏨 **Zimmermann** garni, Detmolder Str. 180, ⌧ 33175, ℰ (05252) 9 29 00,
Fax (05252) 930727 – 🛗 ㎶ ☎ ㄷ ℗. Ⅽ. ⅛
22. Dez.- 10. Jan. geschl. – **23 Z** 78/140.

LIPPSTADT Nordrhein-Westfalen **417** K 9, **987** ⑮ – 70 000 Ew – Höhe 77 m.
⛳ bei Buren-Ahden, SO : 17 km über Geseke, ℰ (02955) 7 70.

🅱 Stadtinformation, Rathaus, Lange Str. 14, ⌧ 59555, ℰ (02941) 5 85 15, Fax (02941)
79717.

🅱 Kurverwaltung, Bad Waldliesborn, Quellenstr. 60, ⌧ 59559, ℰ (02941) 80 00,
Fax (02941) 8001201.

Berlin 436 – Düsseldorf 142 – Bielcfcld 52 – Meschede 43 – Paderborn 31

🏨 **Lippe Residenz,** Lippertor 1, ⌧ 59555, ℰ (02941) 98 90, Fax (02941) 989529, ㄷ
– 🛗, ⅙ Zim, ㎶ ☎ ㄷ ㄷ ℗ – 🕍 100. 🆎 ⓞ Ⅽ 𝗩𝗜𝗦𝗔
Menu à la carte 35/70 – **80 Z** 99/240.

🏨 **Lippischer Hof,** Cappelstr. 3, ⌧ 59555, ℰ (02941) 9 72 20, Fax (02941) 9722499 –
🛗, ⅙ Zim, ㎶ ☎ ㄷ ㄷ ㄷ – 🕍 80. 🆎 ⓞ Ⅽ 𝗩𝗜𝗦𝗔
Menu (Samstag - Sonntag geschl.) (nur Abendessen) à la carte 34/51 – **49 Z** 130/160.

In Lippstadt-Bad Waldliesborn N : 5 km :

🏨 **Kurhotel Provinzial,** Im Eichholz 1, ⌧ 59556, ℰ (02941) 95 50, Fax (02941) 955455,
ㄷ, ㄷ – 🛗 ㎶ ☎ ℗ – 🕍 60. 🆎 ⓞ Ⅽ 𝗩𝗜𝗦𝗔
Menu à la carte 36/75 – **69 Z** 110/195 – ½ P 30.

🏨 **Jonathan,** Parkstr. 13, ⌧ 59556, ℰ (02941) 88 80, Fax (02941) 82310, ㄷ – ㎶ ☎
℗ – 🕍 60. 🆎 ⓞ Ⅽ 𝗩𝗜𝗦𝗔
Menu (Montagmittag geschl.) à la carte 35/68 – **67 Z** 98/170.

🏨 **Klusenhof,** Klusestr. 1, ⌧ 59556, ℰ (02941) 9 40 50, Fax (02941) 940522 – 🛗,
⅙ Zim, ㎶ ☎ ㄷ ㄷ ℗. Ⅽ
Menu (Mittwoch geschl.) à la carte 28/57 – **15 Z** 130/210.

🏨 **Parkhotel Ortkemper** ㄷ, Im Kreuzkamp 10, ⌧ 59556, ℰ (02941) 88 20,
Fax (02941) 88240, ㄷ, ㄷ – 🛗 ☎ ㄷ ℗ – 🕍 50. Ⅽ. ⅛ Rest
Menu à la carte 29/49 – **59 Z** 75/170.

🏨 **Hubertushof,** Holzstr. 8, ⌧ 59556, ℰ (02941) 85 40, Fax (02941) 82585, ㄷ – ㎶ ☎
ㄷ ℗ – 🕍 120. Ⅽ. ⅛ Zim
20. Dez.- 15. Jan. geschl. – **Menu** (Montag geschl.) à la carte 32/60 – **14 Z** 85/160 –
½ P 15.

LIST Schleswig-Holstein siehe Sylt (Insel).

657

LOBENSTEIN Thüringen 𝟒𝟏𝟖 𝟒𝟐𝟎 O 18, 𝟗𝟖𝟕 ㉘ ㉙ – 7 500 Ew – Höhe 560 m.
🛈 Fremdenverkehrsamt, Graben 18, ✉ 07356, 𝒫 (036651) 25 43, Fax (036651) 2543.
Berlin 296 – Erfurt 143 – Coburg 74 – Plauen 55 – Hof 33.

⌂ **Oberland,** Topfmarkt 2, ✉ 07356, 𝒫 (036651) 24 94, Fax (036651) 2577, 🌧, ⇌s –
⇌ 🛗 🖵 ☎ ♿ – 🔥 30. 🗲 𝘝𝘐𝘚𝘈
Menu à la carte 24/45 – **19 Z** 85/150.

⌂ **Markt-Stuben,** Markt 24, ✉ 07356, 𝒫 (036651) 24 88, Fax (036651) 30025 – 🖵 ☎
⇌ – 🔥 40. 🕮 ① 🗲 𝘝𝘐𝘚𝘈. ✺ Zim
Menu (Sonntagabend geschl.) à la carte 22/44 ♨ – **13 Z** 65/150.

⌂ **Schwarzer Adler,** Wurzbacher Str. 1 (B 90), ✉ 07356, 𝒫 (036651) 8 89 29,
⇌ Fax (036651) 88931, ⇌s – 🖵 ☎ – 🔥 20. 🕮 🗲. ✺ Zim
Menu à la carte 20/34 ♨ – **16 Z** 70/140.

LOCHAU Österreich siehe Bregenz.

LODDIN Mecklenburg-Vorpommern siehe Usedom (Insel).

LÖBAU Sachsen 𝟒𝟏𝟖 M 28, 𝟗𝟖𝟒 ⑳, 𝟗𝟖𝟕 ⑲ – 17 000 Ew – Höhe 260 m.
🛈 Löbau-Information, Altmarkt 1, ✉ 02708, 𝒫 (03585) 45 04 50.
Berlin 220 – Dresden 84 – Bautzen 21 – Görlitz 24.

⌂ **Stadt Löbau,** Elisenstr. 1, ✉ 02708, 𝒫 (03585) 86 18 30, Fax (03585) 862086 – 🖵
⇌ ☎. 🗲 𝘝𝘐𝘚𝘈
Menu à la carte 21/38 – **35 Z** 95/150.

Auf dem Rotstein O : 6 km über die B 6 - Höhe 455 m :

⌂ **Berghotel Rotstein** ⌘, ✉ 02894 Soland, 𝒫 (035828) 7 07 77, Fax (035828) 70777,
⇌ ≼, 🌧, 🎐 – 🖵 ☎ ❷ – 🔥 45. 🕮 🗲
Menu (Montagmittag geschl.) à la carte 22/44 – **18 Z** 80/140 – ½ P 20.

In Schönbach SW : 7,5 Km :

⌂ **Kretscham,** Löbauer Str. 1, ✉ 02708, 𝒫 (03585) 36 50, Fax (03585) 36555, 🌧 – 🖵
⇌ ☎ ❷. 🗲
Menu à la carte 16/28 – **12 Z** 60/90.

In Eibau S : 13 km :

⌂ **Landgasthof zum Hirsch,** Hauptstr. 118 (B 96), ✉ 02739, 𝒫 (03586) 7 83 70,
⇌ Fax (03586) 783711, Biergarten – 🖵 ☎ ❷. 🗲 𝘝𝘐𝘚𝘈
Menu à la carte 23/45 ♨ – **14 Z** 85/140.

LÖF Rheinland-Pfalz 𝟒𝟏𝟕 P 6 – 2 100 Ew – Höhe 85 m.
Berlin 619 – Mainz 94 – Koblenz 30 – Cochem 26.

In Löf-Kattenes :

⌂ **Langen,** Oberdorfstr. 6, ✉ 56332, 𝒫 (02605) 45 75, Fax (02605) 4348, 🌧, 🎐 – ❷.
⇌ ✺ Zim
Mitte Feb. - Ende März – **Menu** (Dienstagmittag, Nov.- März Dienstag - Mittwoch geschl.)
à la carte 20/46 – **29 Z** 50/90 – ½ P 15.

LÖFFINGEN Baden-Württemberg 𝟒𝟏𝟗 W 9, 𝟗𝟖𝟕 ㊳ – 6 500 Ew – Höhe 802 m – Erholungsort
– Wintersport : 800/900 m ⵊ1 ⵊ3.
🛈 Kurverwaltung, Rathausplatz 14, ✉ 79843, 𝒫 (07654) 4 00, Fax (07654) 80265.
Berlin 762 – Stuttgart 139 – Freiburg im Breisgau 47 – Donaueschingen 16 – Schaff-
hausen 51.

⌂ **Schwarzwald-Parkhotel** ⌘, am Wildpark (NW : 2 km), ✉ 79843, 𝒫 (07654) 2 39,
Fax (07654) 77325, 🌧, 🖵, 🎐, ✺ – 🖵 ☎ ⇌ ❷ – 🔥 20. 🗲 𝘝𝘐𝘚𝘈
Feb. - März 3 Wochen geschl. – **Menu** (Dienstag geschl.) à la carte 35/70 ♨ – **22 Z** 80/152
– ½ P 30.

In Löffingen-Reiselfingen S : 3,5 km :

⌂ **Schwarzwaldgasthof Sternen** ⌘, Mühlezielstr. 5, ✉ 79843, 𝒫 (07654) 3 41,
⇌ Fax (07654) 7363, 🌧, 🎐 – ⇌ ❷. 🗲
Mitte Feb. - Mitte März geschl. – **Menu** (Mittwoch - Donnerstagmittag geschl.) à la carte
42/68 – **14 Z** 60/120 – ½ P 20.

LÖHNBERG Hessen siehe Weilburg.

LÖHNE Nordrhein-Westfalen **417** J 10, **987** ⑯ – 39 000 Ew – Höhe 60 m.
　🔓 Löhne-Wittel, Auf dem Stickdorn 65, ℰ (05228) 70 50.
　Berlin 370 – Düsseldorf 208 – Hannover 85 – Herford 12 – Osnabrück 53.

In Löhne-Ort :

🏨🏨 **Entenhof-Restaurant Einsiedel,** Bünder Str. 290, ⌧ 32584, ℰ (05732) 8 10 55
　(Hotel) 8 20 58 (Rest.), Fax (05732) 891744 – 📳 📺 ☎ 🄿 – 🛦 50. 🝙 ⑩ 🇪 𝘝𝘐𝘚𝘈.
　🍴 Rest
　Menu (nur Abendessen) à la carte 37/76 – **41 Z** 110/250.

🏨 **Schewe** 🦢, Dickendorner Weg 48, ⌧ 32584, ℰ (05732) 9 80 30, Fax (05732) 980399
　– 🙌 Zim, 📺 ☎ 🄿. 🝙 🇪 𝘝𝘐𝘚𝘈. 🍴 Rest
　Juli - Aug. 1 Woche geschl. – **Menu** (Freitag - Sonntag nur Abendessen) à la carte 36/75
　– **22 Z** 79/150.

LÖNINGEN Niedersachsen **415** H 7, **987** ⑭ – 13 000 Ew – Höhe 35 m.
　🛈 Tourist Information, Poststr. 21, ⌧ 49624, ℰ (05432) 42 22, Fax (05432) 92078.
　Berlin 290 – Bremen 88 – Enschede 101 – Osnabrück 60 – Hannover 170.

🍴🍴 **Le Cha Cha Cha,** Langenstr. 53, ⌧ 49624, ℰ (05432) 5 85 60, Fax (05432) 58562 –
　🄿 – 🛦 360. 🝙 🇪 𝘝𝘐𝘚𝘈
　Montag, 23. Juli - 2. Sept. geschl. – **Menu** à la carte 56/72 – **Flo's Bistro :** **Menu** à la carte
　30/62.

	Si le nom d'un hôtel figure en petits caractères
Europe	demandez, à l'arrivée,
	les conditions à l'hôtelier.

LÖRRACH Baden-Württemberg **419** X 7, **987** ㊲ – 44 000 Ew – Höhe 294 m.
　Ausflugsziel : Burg Rötteln★ N : 3 km.
　🚗 Schwarzwaldstraße.
　🛈 Tourist- und Stadtinformation, Bahnhofsplatz 6, ⌧ 79539, ℰ (07621) 41 56 20, Fax
　(07621) 5199.
　ADAC, Am Bahnhofsplatz 2-3, ⌧ 79539, ℰ (07621) 92 74 10, Fax (07621) 927440.
　Berlin 862 – Stuttgart 265 – Freiburg im Breisgau 70 – Basel 9 – Donaueschingen 96 –
　Zürich 83.

🏨🏨 **Villa Elben** 🦢 garni, Hünerbergweg 26, ⌧ 79539, ℰ (07621) 20 66,
　Fax (07621) 45200, ≼, « Park », 🐎 – 📳 🙌 📺 ☎ 🖘 🄿 🝙 🇪 𝘝𝘐𝘚𝘈 🄹🄲🄱
　34 Z 120/160.

🏨🏨 **Stadt-Hotel** garni, Weinbrennerstr. 2, ⌧ 79539, ℰ (07621) 4 00 90,
　Fax (07621) 400966 – 📳 🙌 📺 ☎ 🖘. 🝙 ⑩ 🇪 𝘝𝘐𝘚𝘈
　28 Z 115/230.

🏨 **Meyerhof** garni, Basler Str. 162, ⌧ 79539, ℰ (07621) 9 34 30, Fax (07621) 934343
　– 📳 🙌 📺 ☎ 🖤 🖘. 🝙 ⑩ 🇪 𝘝𝘐𝘚𝘈. 🍴
　– **31 Z** 95/180.

🍴🍴 **Zum Kranz** mit Zim, Basler Str. 90 (B 317), ⌧ 79540, ℰ (07621) 8 90 83,
　Fax (07621) 14843, 🍽 – 📺 ☎ 🄿. 🝙 ⑩ 🇪 𝘝𝘐𝘚𝘈
　Menu (Sonntag - Montag geschl.) (Tischbestellung ratsam) à la carte 45/70 – **9 Z** 85/180.

In Lörrach-Brombach NO : 4 km :

🏨 **Sporthotel** garni, Beim Haagensteg 5 (im Freizeitcenter), ⌧ 79541, ℰ (07621)
　95 41 10, Fax (07621) 9541133, 🛁, 🚡, 🏊(Halle) – 🙌 📺 ☎ 🖤 🄿. 🝙 ⑩ 🇪 𝘝𝘐𝘚𝘈
　21 Z 95/140.

In Lörrach-Haagen NO : 3,5 km :

🍴🍴 **Burgschenke Rötteln,** in der Burg Rötteln, ⌧ 79541, ℰ (07621) 5 21 41,
　Fax (07621) 52108, ≼, 🍽, Biergarten – 🄿. 🇪
　Sonntag - Montag und Jan. geschl. – **Menu** à la carte 57/80.

An der B 316 SO : 4 km :

🍴🍴 **Landgasthaus Waidhof,** ⌧ 79594 Inzlingen, ℰ (07621) 26 29, Fax (07621) 166265
　– 🄿
　Samstagmittag, Sonntagabend - Montag sowie Feb. und Juli jeweils 2 Wochen geschl. –
　Menu à la carte 48/80.

In Inzlingen SO : 6 km :

🏠 **Krone,** Riehenstr. 92, ✉ 79594, ☎ (07621) 22 26, Fax (07621) 22 45, 🏤 – 📺 ☎ 📞 👍. ⋿ 𝘝𝘐𝘚𝘈
Menu (Montag geschl.) à la carte 31/68 – **9 Z** 90/140.

✕✕✕ **Inzlinger Wasserschloß** (mit Gästehaus 🦢), Riehenstr. 5, ✉ 79594, ☎ (07621)
✿ 4 70 57 (Rest.) 20 64 (Hotel), Fax (07621) 13555, « Wasserschloß a.d.15.Jh. » – 📺 ☎ 📞.
⋿ 𝘝𝘐𝘚𝘈
Menu (Dienstag - Mittwoch und über Fastnacht 2 Wochen geschl.) (Tischbestellung ratsam)
115/135 und à la carte 57/107 – **12 Z** 130/180
Spez. Maultasche mit Kalbsbries in Limonencrème und Hummer. Steinbutt mit weißer Buttersauce. Milchlammcarré "provençale".

LÖWENBRUCH Brandenburg 🔢 J 23 – 300 Ew – Höhe 45 m.
Berlin 27 – Potsdam 27.

🏨 **Landhotel Löwenbruch,** Dorfstr. 3, ✉ 14974, ☎ (03378) 8 62 70,
🦢 Fax (03378) 862777, 🏤, ⇌ – ✳ Zim, 📺 ☎ 📞 👍 📞 – 🎿 30. 🆎 ⓞ ⋿ 𝘝𝘐𝘚𝘈
Menu à la carte 22/38 – **30 Z** 103/160.

LÖWENSTEIN Baden-Württemberg 🔢 S 12 – 2 500 Ew – Höhe 384 m.
Berlin 595 – Stuttgart 58 – Heilbronn 18 – Schwäbisch Hall 30.

🏠 **Lamm,** Maybachstr. 43, ✉ 74245, ☎ (07130) 5 42, Fax (07130) 514 – 📺 ☎ 📞
über Fasching 1 Woche und Aug. 2 Wochen geschl. – **Menu** (Montag geschl.) à la carte
38/58 🍸 – **8 Z** 70/120.

In Löwenstein-Hösslinsülz NW : 3,5 km :

🏠 **Roger,** Heiligenfeldstr. 56 (nahe der B 39), ✉ 74245, ☎ (07130) 2 30, Fax (07130) 6033,
🏤, 🍴 – 🛗, ✳ Zim, 📺 ☎ 👍 🚗 📞 – 🎿 30. ⋿ 𝘝𝘐𝘚𝘈
Menu à la carte 30/52 🍸 – **38 Z** 85/140.

LOHBERG Bayern 🔢 S 23, 🔢 ㉚ – 2 000 Ew – Höhe 650 m – Erholungsort – Wintersport :
550/850 🎿6.
🅱 Verkehrsamt, Haus des Gastes, Rathausweg 1, ✉ 93470, ☎ (09943) 34 60, Fax (09943)
8369.
Berlin 519 – München 205 – Cham 44 – Deggendorf 62 – Passau 90.

In Lohberg-Altlohberghütte O : 3 km – Höhe 900 m

🏠 **Berghotel Kapitän Goltz** 🦢, ✉ 93470, ☎ (09943) 13 87, Fax (09943) 2236, ≤,
🏤, 🍴, ⇌, 🍽 – ☎ 📞. 🆎 ⓞ ⋿ 𝘝𝘐𝘚𝘈
Ende Nov.- Mitte Dez. geschl. – **Menu** à la carte 34/59 (auch vegetarische Gerichte) –
13 Z 48/96 – ½ P 15.

In Lohberg-Lohberghütte SW : 2,5 km :

🏠 **Pension Grüne Wiese** 🦢 garni, Sommerauer Str. 10, ✉ 93470, ☎ (09943) 12 08,
Fax (09943) 8110, Wildgehege, ⇌, 🗑, 🍽 – 📺 📞
Nov.- 24. Dez. geschl. – **26 Z** 55/100.

In Lohberg-Silbersbach NW : 6 km :

🏠 **Osserhotel** 🦢, ✉ 93470, ☎ (09943) 7 41, Fax (09943) 2881, ≤, 🏤, Wildgehege,
🦢 « Restaurant mit Ziegelgewölbe », ⇌, 🍽 – ☎ 📞. ⋿. 🍽 Rest
3. Nov.- 24. Dez. und 14. - 30. April geschl. – **Menu** (Mittwoch geschl.) à la carte 23/38
🍸 – **48 Z** 68/124 – ½ P 19.

LOHMAR Nordrhein-Westfalen 🔢 N 5 – 26 800 Ew – Höhe 75 m.
Berlin 587 – Düsseldorf 63 – Bonn 16 – Siegburg 5 – Köln 23.

In Lohmar-Wahlscheid NO : 4 km

🏨 **Landhotel Naafs - Häuschen,** an der B 484 (NO : 2 km), ✉ 53797, ☎ (02206) 8 00
81, Fax (02206) 82165, 🏤, Biergarten, ⇌, 🍽 – 📺 ☎ 🚗 📞 – 🎿 50. 🆎 ⓞ ⋿ 𝘝𝘐𝘚𝘈.
🍽 Zim
Menu (Donnerstag geschl.) à la carte 44/75 – **44 Z** 146/200.

🏨 **Schloß Auel,** an der B 484 (NO : 1 km), ✉ 53797, ☎ (02206) 6 00 30,
Fax (02206) 6003222, 🏤, « Park, Schloßkapelle », 🍽, 🍽 – ✳ Zim, 📺 ☎ 📞 👍 📞 – 🎿 80.
🆎 ⓞ ⋿ 𝘝𝘐𝘚𝘈
1.- 12. Jan. geschl. – **Menu** (nur Abendessen, Tischbestellung ratsam) à la carte 58/72 –
20 Z 175/350.

🏠 **Aggertal-Hotel Zur alten Linde** ⟨⟩, Bartholomäusstr. 8, ⊠ 53797,
    𝒫 (02206) 95 93 40, Fax (02206) 959345, 🍴, 🚗 – 📺 ☎ 📞 – 🔒 35. ⊙ 🄴 𝘝𝘐𝘚𝘈. 🍽 Rest
    Juli - Aug. 2 Wochen geschl. – **Menu** (Montagmittag, Sonn- und Feiertage sowie Weih-
    nachten - Anfang Jan. geschl.) à la carte 53/77 – **26 Z** 125/250.

🏠 **Haus Säemann** ⟨⟩, Am alten Rathaus 17, ⊠ 53797, 𝒫 (02206) 8 30 11,
    Fax (02206) 83017, Biergarten – 📺 ☎ 📞 🚗 📞 🔒 ⊙ 🄴
    Menu (Montag geschl.) à la carte 35/63 – **15 Z** 75/170.

LOHME Mecklenburg-Vorpommern siehe Rügen (Insel).

LOHMEN Mecklenburg-Vorpommern 𝟜𝟙𝟞 E 20 – 600 Ew – Höhe 50 m.
    Berlin 182 – Schwerin 60 – Rostock 57 – Güstrow 15.

🏠 **Mecklenburg Hotel** 🅼, Zum Suckwitzer See 1, ⊠ 18276, 𝒫 (038458) 30 10,
    Fax (038458) 30155, 🍴 – 💺 Zim, 📺 ☎ 📞 🔒 📞 – 🔒 50. 🄰🄴 🄴 𝘝𝘐𝘚𝘈
    Menu à la carte 29/47 – **32 Z** 70/100.

LOHMEN KREIS SEBNITZ Sachsen 𝟜𝟙𝟠 N 26 – 3 400 Ew – Höhe 237 m.
    Berlin 220 – Dresden 27 – Pirna 7.

🏠 **Landhaus Nicolai**, Basteistr. 122, ⊠ 01847, 𝒫 (03501) 5 81 20, Fax (03501) 581288
    – 📺 ☎ 📞 🔒 🄰🄴 🄴 𝘝𝘐𝘚𝘈. 🍽 Rest
    (Restaurant nur für Hausgäste) – **40 Z** 125/165.

LOHNE Niedersachsen 𝟜𝟙𝟝 I 8, 𝟿𝟠𝟕 ⑮ – 20 200 Ew – Höhe 34 m.
    Berlin 409 – Hannover 123 – Bremen 80 – Oldenburg 61 – Osnabrück 50.

🏠 **Schützenhof**, Steifelderstr. 7, ⊠ 49393, 𝒫 (04442) 9 22 80, Fax (04442) 922815, 🍴
    – 📺 ☎ 📞 🔒 🄴 𝘝𝘐𝘚𝘈
    Menu à la carte 27/48 – **11 Z** 85/130.

🍴🍴 **Wilke** mit Zim, Brinkstr. 43, ⊠ 49393, 𝒫 (04442) 7 33 70, Fax (04442) 73372 – 📺 ☎
    🔒 🄰🄴 ⊙ 🄴 𝘝𝘐𝘚𝘈. 🍽 Rest
    Menu (Samstagmittag und Donnerstag geschl.) à la carte 37/68 – **5 Z** 80/120.

LOHR AM MAIN Bayern 𝟜𝟙𝟟 Q 12, 𝟿𝟠𝟕 ㉗ – 17 000 Ew – Höhe 162 m.
    🅸 Tourist-Information, Schloßplatz 5, ⊠ 97816, 𝒫 (09352) 84 84 60, Fax (09352) 70295.
    Berlin 521 – München 321 – Aschaffenburg 35 – Bad Kissingen 51 – Würzburg 41.

🏠 **Bundschuh**, Am Kaibach 7, ⊠ 97816, 𝒫 (09352) 25 06, Fax (09352) 6885, 🍴 – 📶,
    💺 Zim, 📺 ☎ 🚗 🔒 🄰🄴 ⊙ 🄴 𝘝𝘐𝘚𝘈. 🍽
    22. Dez.- 15. Jan. geschl. – (nur Abendessen für Hausgäste) – **34 Z** 88/220.

🏠 Parkhotel garni, Jahnstr. 2, ⊠ 97816, 𝒫 (09352) 60 90, Fax (09352) 609409 – 📶 💺
    📺 ☎ 📞 🚗 🔒 – 🔒 20
    57 Z.

In Lohr-Sendelbach SO : 1 km :

🏠 **Zur alten Post**, Steinfelder Str. 1, ⊠ 97816, 𝒫 (09352) 27 65, Fax (09352) 7693,
    Biergarten – 📺 ☎ 🔒 🄰🄴 🄴
    Jan. 3 Wochen geschl. – **Menu** (Montagmittag und Mittwoch geschl.) à la carte 28/55 –
    Postillion-Stuben (Mittwoch geschl., nur Abendessen, Tischbestellung erforderlich) **Menu**
    à la carte 43/67 – **11 Z** 72/120.

LOICHING Bayern siehe Dingolfing.

LOITZ Mecklenburg-Vorpommern siehe Demmin.

LONGUICH Rheinland-Pfalz 𝟜𝟙𝟟 Q 4 – 1 200 Ew – Höhe 150 m.
    Berlin 708 – Mainz 151 – Bernkastel-Kues 38 – Trier 13 – Wittlich 26.

🏠 **Zur Linde**, Cerisiersstr. 10, ⊠ 54340, 𝒫 (06502) 55 82, Fax (06502) 7817, 🍴, 🚗 –
    🔒 🄰🄴 🄴
    Feb. 2 Wochen geschl. – **Menu** (Montag geschl.) à la carte 29/54 ⅜ – **12 Z** 56/95 – ½ P 20.

LONSHEIM Rheinland-Pfalz siehe Alzey.

LORCH Baden-Württemberg **419** T 13, **987** ③⑧ – 9 200 Ew – Höhe 288 m.
Berlin 592 – Stuttgart 45 – Göppingen 18 – Schwäbisch Gmünd 8.

🏠 **Sonne** (Fachwerkhaus a.d.J. 1724), Stuttgarter Str. 5, ⊠ 73547, 𝒫 (07172) 73 73,
Fax (07172) 8377, Biergarten – 📺 ☎ 🅿
Okt. - Nov. 3 Wochen geschl. – **Menu** (Freitag geschl.) à la carte 30/47 – **27 Z** 70/130.

In Lorch-Weitmars W : 2 km :

🏠🏠 **Ambiente** Ⓜ 🦐 garni, Teckstr. 62, ⊠ 73547, 𝒫 (07172) 1 80 90, Fax (07172) 180999
– 📺 ☎ 📞 ♿ 🍽 🅿 ☕ ⅅ 🄴 ⅦⅠⅪ
Aug. 3 Wochen und Weihnachten - Anfang Jan. geschl. – **13 Z** 98/148.

LORCH AM RHEIN Hessen **417** P 7, **987** ②⑥ – 5 000 Ew – Höhe 85 m – Erholungsort.
Sehenswert : Pfarrkirche (Kruzifix★).
Berlin 607 – Wiesbaden 45 – Koblenz 51 – Limburg an der Lahn 68 – Mainz 48.

An der Straße nach Bad Schwalbach, im Wispertal NO : 13 km :

XX **Alte Villa,** (NO : 9 km), ⊠ 65391 Lorch, 𝒫 (06726) 12 62, 🍴 – 🅿 ⅅ 🄴 ⅦⅠⅪ
Dienstag geschl. – **Menu** 45 (mittags) und à la carte 50/77 🍷.

LORSCH Hessen **417** **419** R 9 – 11 000 Ew – Höhe 100 m.
Sehenswert : Königshalle★.
🛈 Kultur- und Verkehrsamt, Marktplatz 1, (Rathaus) ⊠ 64653, 𝒫 (06251) 59 67 50, Fax
(06251) 596760.
Berlin 595 – Wiesbaden 65 – Darmstadt 29 – Heidelberg 34 – Mannheim 26 – Worms 15.

XXX **Zum Schwanen,** Nibelungenstr. 52, ⊠ 64653, 𝒫 (06251) 5 22 53,
Fax (06251) 588842 – 🄴
Montagabend und Juli - Aug. 2 Wochen geschl. – **Menu** (nur Abendessen, Tischbestellung
ratsam) à la carte 59/85.

LOSHEIM Saarland **417** R 4 – 16 000 Ew – Höhe 300 m – Erholungsort.
🛈 Verkehrsbüro, Saarbrücker Str. 13, ⊠ 66679, 𝒫 (06872) 1 94 33, Fax (06872) 8489.
Berlin 745 – Saarbrücken 58 – Luxembourg 55 – Trier 40.

Am Stausee N : 1 km :

🏠 **Seehotel** 🦐, Zum Stausee 202, ⊠ 66679 Losheim, 𝒫 (06872) 6 00 80,
Fax (06872) 600811, ←, 🍴, ⚍ – ⽴ 📺 ☎ 🅿 – 🕍 40. 🄴 ⅅ ⅦⅠⅪ
Menu à la carte 31/61 – **42 Z** 90/150 – ½ P 25.

LOSSBURG Baden-Württemberg **419** U 9, **987** ③⑧ – 6 000 Ew – Höhe 666 m – Luftkurort –
Wintersport : 650/800 m ⦃1 ⦃6.
🛈 Lossburg-Information, Hauptstr. 46 (KinzigHaus), ⊠ 72290, 𝒫 (07446) 9 50 60, Fax
(07446) 950614.
Berlin 718 – Stuttgart 100 – Karlsruhe 86 – Freudenstadt 8,5 – Villingen-Schwenningen 60.

🏠🏠 **Hirsch,** Hauptstr. 5, ⊠ 72290, 𝒫 (07446) 9 50 50, Fax (07446) 950555, 🍴 – ⽴ 📺
☎ 🅿 🄴 ⅦⅠⅪ
4.- 11.Jan. geschl. – **Menu** (12.- 26. Jan. geschl.) à la carte 30/65 – **45 Z** 78/180 – ½ P 25.

🏠 **Traube** 🦐, Gartenweg 3, ⊠ 72290, 𝒫 (07446) 15 14, Fax (07446) 3297, 🍴, 🔲, 🌳
– ⽴ ☕ ⅅ
Mitte Nov.- Mitte Dez. geschl. – **Menu** (Montag geschl.) à la carte 28/44 🍷 – **34 Z** 65/130
– ½ P 15.

🏠 **Landhaus Hohenrodt** 🦐, Obere Schulstr. 20, ⊠ 72290, 𝒫 (07446) 9 55 00,
Fax (07446) 955060, 🌳 – ☎ 🅿. 🍽 Rest
Jan. 2 Wochen geschl. – (Restaurant nur für Hausgäste) – **36 Z** 61/120.

In Lossburg-Oedenwald W : 3 km :

🏡 **Adrionshof** 🦐, ⊠ 72290, 𝒫 (07446) 20 41, Fax (07446) 2042, 🔲, 🌳 – ☎ ☕ 🅿
16. Okt.- Nov. geschl. – **Menu** (ab 20 Uhr geschl.) à la carte 26/57 – **22 Z** 61/116 – ½ P 16.

In Lossburg-Rodt :

🏠 **Schröder** 🦐, Pflegersäcker 5, ⊠ 72290, 𝒫 (07446) 5 74, Fax (07446) 2051, 🍴, 🌳
– ⽴ 📺 ☎ 🅿 🄴 ⅅ 🄴 ⅦⅠⅪ
Menu (ab 20 Uhr geschl.) à la carte 32/47 – **35 Z** 75/130 – ½ P 22.

LUCKENWALDE Brandenburg 416 418 J 23, 984 ⑮, 987 ⑱ – 26 000 Ew – Höhe 42 m.

🖪 Touristinformation, Markt 12, ⊠ 14943, ℰ (03371) 63 21 12, Fax 632112.

Berlin 58 – Potsdam 45 – Brandenburg 74 – Cottbus 108 – Dessau 96.

🏠 **Vierseithof** M, Haag 20/Am Herrenhaus 1, ⊠ 14943, ℰ (03371) 6 26 80, Fax (03371) 626868, « Innenhofterrasse », ≘s, ⌷ – �📺 ☎ ✆ & 🅿 – 🔬 110. 🖭 ⓪ ⋿ 𝘝𝘐𝘚𝘈
Menu à la carte 36/58 – **43 Z** 125/245.

🏠 **Luckenwalder Hof**, Dahmer Str. 34, ⊠ 14943, ℰ (03371) 61 01 45, Fax (03371) 610146, ⭐, « Geschmackvolle Zimmereinrichtung » – ↔ Zim, 📺 ☎ 🅿. 🖭 ⓪ ⋿ 𝘝𝘐𝘚𝘈 𝘑𝘊𝘉. ⛌ Rest
Menu (Samstag - Sonntag geschl.) (nur Abendessen) à la carte 32/54 – **19 Z** 94/159.

🏠 **Märkischer Hof** garni, Poststr. 8, ⊠ 14943, ℰ (03371) 60 40, Fax (03371) 604444 –
📺 ↔ 📺 ☎ & 🅿 – 🔬 40. 🖭 ⓪ ⋿ 𝘝𝘐𝘚𝘈
49 Z 90/140.

🏠 **Pelikan**, Puschkinstr. 27 (Eingang Goethestraße), ⊠ 14943, ℰ (03371) 61 29 96, Fax (03371) 612996 – 📺 ☎ 🅿 – 🔬 15. ⓪ ⋿ 𝘝𝘐𝘚𝘈
(Restaurant nur für Hausgäste) – **19 Z** 90/150.

In Luckenwalde-Kolzenburg S : 5 km :

🏠 **Zum Eichenkranz**, Unter den Eichen 1, ⊠ 14943, ℰ (03371) 61 07 29,
Fax (03371) 610730, ⭐ – 📺 ☎ 🅿 – 🔬 30. ⋿
Menu (Montag geschl.) à la carte 23/42 – **21 Z** 90/130.

LUDWIGSBURG Baden-Württemberg 419 T 11, 987 ㉗ ㊳ – 86 000 Ew – Höhe 292 m.

Sehenswert : Blühendes Barock : Schloß★, Park★ (Märchengarten★★) Y.

🛏 Ludwigsburg, Beim Schloß Monrepos ℰ (07141) 22 00 30, Fax 220040.

🖪 Ludwigsburg-Information, Wilhelmstr. 10, ⊠ 71638, ℰ (07141) 91 02 52, Fax (07141) 910 774.

ADAC, Heinkelstr. 11(Breuningerland), ⊠ 71634, ℰ (07141) 23 10 10, Fax (07141) 224930.

Berlin 617 ⑥ – Stuttgart 15 ③ – Heilbronn 36 ⑥ – Karlsruhe 86 ④

Stadtplan siehe nächste Seite

🏠 **Nestor** M, Stuttgarter Str. 35, ⊠ 71638, ℰ (07141) 96 70, Fax (07141) 967113, ⭐
– 📱, ↔ Zim, 🍽 📺 ✆ & 🅿 – 🔬 180. 🖭 ⓪ ⋿ 𝘝𝘐𝘚𝘈   Z n
Menu à la carte 41/66 – **151 Z** 177/229.

🏠 **Favorit** garni, Gartenstr. 18, ⊠ 71638, ℰ (07141) 9 00 51, Fax (07141) 902991, ≘s
– 📱 ↔ 📺 ☎ & 🚘 – 🔬 20. 🖭 ⓪ ⋿ 𝘝𝘐𝘚𝘈   Y r
92 Z 150/200.

🏠 **acora** garni, Schillerstr. 19, ⊠ 71638, ℰ (07141) 9 41 00, Fax (07141) 902259   📱 📺
☎. 🖭 ⓪ ⋿ 𝘝𝘐𝘚𝘈   Z a
44 Z 110/160.

🏠 **Westend**, Friedrich-List-Str. 26, ⊠ 71630, ℰ (07141) 46 23 12, Fax (07141) 4516/ –
📺 ☎. 🖭 ⋿. ⛌ Zim   Z d
Menu (Freitagabend - Samstag, Sonntagabend und Juli - Aug. 3 Wochen geschl.) à la carte
34/65 – **15 Z** 110/160.

XXX **Le Carat**, Schwieberdinger Str. 60, ⊠ 71636, ℰ (07141) 4 76 00, Fax (07141) 476060
– 📱 🅿. 🖭 ⋿ 𝘝𝘐𝘚𝘈   Z s
Samstagmittag, Dienstag - Mittwoch, 1.- 10 Jan. und 12.- 31. Aug. geschl., Juli - Mitte Sept.
nur Abendessen – Menu 72/128 und à la carte 67/92

XXX **Alte Sonne**, Bei der kath. Kirche 3, ⊠ 71634, ℰ (07141) 92 52 31, Fax (07141) 902635
❀ – ↔ & – 🔬 40. 🖭 ⋿ 𝘝𝘐𝘚𝘈   Y n
Sonntag und Juli - Aug. 2 Wochen geschl. – Menu 75/129 und à la carte 52/93
Spez. Hummersalat auf Champagnermayonnaise. Variation von der Bresse-Taube. Marmoriertes Quarksoufflé mit Rotweineis.

XX **Zum Postillion**, Asperger Str. 12, ⊠ 71634, ℰ (07141) 92 47 77, Fax (07141) 924770
– 🖭 ⓪ ⋿ 𝘝𝘐𝘚𝘈   Y c
Samstagmittag, Sonntagabend - Montag, Feiertage und Juli- Aug. 3 Wochen geschl. – Menu
à la carte 40/68.

XX **Württemberger Hof**, Bismarckstr. 24, ⊠ 71634, ℰ (07141) 90 16 02,
Fax (07141) 901568, ⭐ – 🔬 70. ⓪ ⋿ 𝘝𝘐𝘚𝘈   Y s
Sonntagabend und Dienstag geschl. – Menu à la carte 36/61 (auch vegetarische Gerichte).

XX **Post-Cantz**, Eberhardstr. 6, ⊠ 71634, ℰ (07141) 92 35 63, Fax (07141) 905607 – 🖭
❀ ⓪ ⋿ 𝘝𝘐𝘚𝘈   Y o
Mittwoch - Donnerstag geschl. – Menu à la carte 36/74.

LUDWIGSBURG

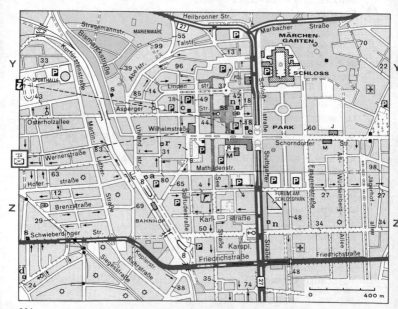

In Ludwigsburg-Hoheneck :

🏨 **Krauthof,** Beihinger Str. 27, ✉ 71642, ℰ (07141) 5 08 80, Fax (07141) 508877, ㎡,
≦s – 🛗, ↝ Zim, 🆃🆅 ☎ & 🅿 – 🔏 80. 🆀🅴 ⓪ 🅴 𝑉𝐼𝑆𝐴   V   t
Menu à la carte 32/62 – **40 Z** 125/200.

🏨 **Hoheneck** ﹩, Uferstraße (beim Heilbad), ✉ 71642, ℰ (07141) 5 11 33,
Fax (07141) 52077, ㎡ – 🆃🆅 ☎ 🅿. 🅴 𝑉𝐼𝑆𝐴   V   s
20. Dez. - 7. Jan. geschl. – **Menu** (Samstagabend sowie Sonn- und Feiertage geschl.)
à la carte 30/61 – **15 Z** 115/180.

In Ludwigsburg-Pflugfelden :

🏨 **Stahl** garni, Dorfstr. 4, ✉ 71636, ℰ (07141) 4 41 10, Fax (07141) 441142 – 🛗 🆃🆅 ☎
↝, 🆀🅴 ⓪ 🅴 𝑉𝐼𝑆𝐴   X   e
24 Z 120/180.

Beim Schloß Monrepos :

🏨 **Schloßhotel Monrepos** ﹩, ✉ 71634, ℰ (07141) 30 20, Fax (07141) 302200,
« Gartenterrasse », ≦s, 🏊, ↝ – 🛗 🆃🆅 ⚑ 🅿 – 🔏 100. 🆀🅴 ⓪ 🅴 𝑉𝐼𝑆𝐴   V   r
2. 15. Jan. geschl. – **Menu** à la carte 39/77 – **81 Z** 160/340.

In Freiberg N : 4 km :

🏨 **Am Wasen - Gasthof Adler,** Wasenstr. 7, ✉ 71691, ℰ (07141) 2 74 70,
Fax (07141) 274767 – ↝ Zim, 🆃🆅 ☎ ⚑ ↝ 🅿 – 🔏 15. 🆀🅴 ⓪ 🅴 𝑉𝐼𝑆𝐴
Menu (Donnerstagabend - Freitag geschl.) à la carte 27/52 – **25 Z** 98/170.

🏨 **Rössle,** Benninger Str. 11, ✉ 71691, ℰ (07141) 2 74 90, Fax (07141) 270739 – 🆃🆅 ☎
↝ 🅿 🅴
Menu (Freitag - Samstagmittag und Aug. 3 Wochen geschl.) à la carte 28/52 ⚐ –
25 Z 68/145.

🏨 **Gästehaus Baumann,** Ruitstr. 67 (Gewerbegebiet Ried), ✉ 71691, ℰ (07141)
7 81 50, Fax (07141) 781550 – 🆃🆅 ☎ 🅿. ⚑ Rest
(nur Abendessen für Hausgäste) – **24 Z** 78/118.

✕✕ **Schwabenstuben,** Marktplatz 1, ✉ 71691, ℰ (07141) 7 50 37, Fax (07141) 75038,
㎡ – 🆀🅴 ⓪ 🅴 𝑉𝐼𝑆𝐴
Samstagmittag, Montag, Jan.- Feb. 2 Wochen und Juli - Aug. 3 Wochen geschl. – **Menu**
à la carte 40/75.

✕ **Spitznagel,** Ludwigsburger Str. 58 (Beihingen), ✉ 71691, ℰ (07141) 7 25 80,
Fax (07141) 270026, ㎡ – 🅿
Sonntagabend - Montag und Juli - Aug. 3 Wochen geschl. – **Menu** à la carte 46/65.

"Check in (all'arrivo)
Nella maggior parte degli alberghi, le camere non prenotate per iscritto,
non sono più disponibili dopo le 18.
Se si prevede di arrivare dopo tale ora,
è preferibile precisare l'orario di arrivo o,
meglio ancora, effettuare la prenotazione per iscritto."

LUDWIGSDORF Sachsen siehe Görlitz.

LUDWIGSHAFEN AM RHEIN Rheinland-Pfalz 🟦🟦🟦 🟦🟦🟦 R 9, 🟦🟦🟦 ㉖ ㉗ – 171000 Ew – Höhe
92 m.
🮱 Tourist-Information, Bahnhofstr. 119, ✉ 67059, ℰ (0621) 51 20 35, Fax (0621)
624295.
ADAC, Theaterplatz 10, ✉ 67059, ℰ (0621) 51 93 61, Fax (0621) 521661.
Berlin 615 – Mainz 82 – Kaiserslautern 55 – Mannheim 3 – Speyer 22.

Siehe auch Mannheim-Ludwigshafen (Übersichtsplan).

Stadtplan siehe nächste Seite

🏨 **Ramada** 🅼, Pasadena-Allee 4, ✉ 67059, ℰ (0621) 5 95 10, Fax (0621) 511913, ≦s,
🏊 – 🛗, ↝ Zim, 🍴 🆃🆅 ⚑ ↝ 🅿 – 🔏 140. 🆀🅴 ⓪ 🅴 𝑉𝐼𝑆𝐴   Z   v
Menu à la carte 38/60 – **192 Z** 245/275, 3 Suiten.

🏨 **Europa Hotel,** Am Ludwigsplatz 5, ✉ 67059, ℰ (0621) 5 98 70, Fax (0621) 5987122,
≦s, 🏊 – 🛗, ↝ Zim, 🍴 🆃🆅 ☎ ⚑ ↝ – 🔏 250. 🆀🅴 ⓪ 🅴 𝑉𝐼𝑆𝐴   Y   a
Menu (Sonntagabend und Samstag geschl.) à la carte 56/77 – **113 Z** 195/288.

🏨 **Excelsior,** Lorientallee 16, ✉ 67059, ℰ (0621) 5 98 50, Fax (0621) 5985500 – 🛗,
↝ Zim, 🆃🆅 ☎ ↝ 🅿 – 🔏 35. 🆀🅴 ⓪ 🅴 𝑉𝐼𝑆𝐴 ⛽   Z   3
Menu (Samstag - Sonntag geschl.) (nur Abendessen) à la carte 31/47 – **160 Z** 90/160.

665

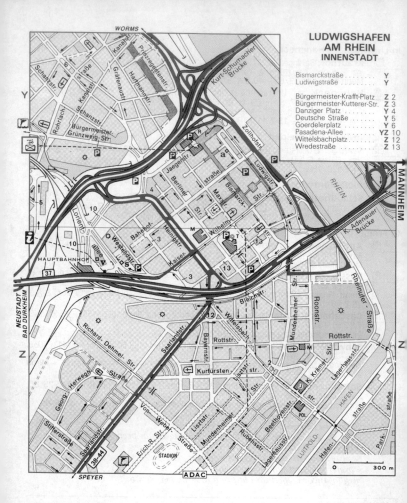

Folgende Häuser finden Sie auf dem Stadtplan Mannheim-Ludwigshafen :

In Ludwigshafen-Friesenheim :

🏠 **Ebert Park Hotel** Ⓜ garni, Kopernikusstr. 67, ⊠ 67063, ℰ (0621) 6 90 60, Fax (0621) 6906601 – 🛗 📺 ☎ 🅿. 🆎 ⓞ ☰ 𝚅𝙸𝚂𝙰. 🛞 BV a
25. Dez. - 3. Jan. geschl. – **93 Z** 128/165.

🏠 **Karpp,** Rheinfeldstr. 56, ⊠ 67063, ℰ (0621) 69 10 78, Fax (0621) 632413, 🍴 – 🛗 📺 ☎. 🆎 ⓞ ☰ 𝚅𝙸𝚂𝙰 BV e
23. Dez. - 2. Jan. geschl. – **Menu** (Samstag - Sonntag geschl.) (nur Abendessen) à la carte 25/43 – **17 Z** 92/160.

In Ludwigshafen-Gartenstadt :

🏠 **Gartenstadt,** Maudacher Str. 188, ⊠ 67065, ℰ (0621) 55 10 51, Fax (0621) 551054, ≦s, 🔲, 🎾 (Halle) – 🛗, 🖳 Zim, 📺 ☎ 🅿. 🆎 ⓞ ☰ 𝚅𝙸𝚂𝙰. 🛞 Rest BV h
(nur Abendessen für Hausgäste) – **49 Z** 110/180.

In Altrip *SO : 10 km über Rheingönheim und Hoher Weg BCV :*

🏠 **Darstein** 🏖, Zum Strandhotel 10, ⊠ 67122, ℰ (06236) 44 40, Fax (06236) 444140, ≤, 🍴, 🐎 – 📺 ☎ 🅿. 🆎 ⓞ ☰ 𝚅𝙸𝚂𝙰
Anfang Jan. 3 Wochen geschl. – **Menu** (April - Sept. Montag - Dienstagmittag, Okt. - März Sonntagabend - Dienstagmittag geschl.) à la carte 30/56 ⚬ – **17 Z** 73/195.

LUDWIGSLUST Mecklenburg-Vorpommern **416** G 18, **987** ⑥ – 12 500 Ew – Höhe 36 m.
Sehenswert : Schloß★ (Goldener Saal★) – Stadtkirche★ – Schloßpark★.
🛈 Ludwigslust-Information, Schloßfreiheit 8, ⊠ 19288, 𝒫 (03874) 2 90 76, Fax (03874) 29076.
Berlin 180 – Schwerin 38 – Güstrow 98 – Hamburg 118.

🏨 **Romantik Landhotel de Weimar** Ⓜ, Schloßstr. 15 (Zufahrt Gartenstraße), ⊠ 19288, 𝒫 (03874) 41 80, Fax (03874) 418190, 🌺 – |≡|, ⇔ Zim, 📺 ☎ & 🅿 – 🔏 80. 𝔸𝔼 ⓪ 𝐄 𝒱𝐼𝒮𝐀
Ambiente : (Okt.- April Sonntagabend geschl.) Menu à la carte 43/75 – **Kutscherstuben** : Menu à la carte 26/45 – **52 Z** 115/280.

🏨 **Erbprinz** Ⓜ, Schweriner Str. 38, ⊠ 19288, 𝒫 (03874) 4 71 74, Fax (03874) 29160, 🌺, 𝐼ⓢ, ⇌ – |≡|, ⇔ Zim, 📺 🅿 – 🔏 40. 𝔸𝔼 𝐄 𝒱𝐼𝒮𝐀
Menu à la carte 32/50 – **38 Z** 135/260.

🏨 **Mecklenburger Hof**, Lindenstr. 40, ⊠ 19288, 𝒫 (03874) 41 00, Fax (03874) 410100 – |≡|, ⇔ Zim, 📺 ☎ 🕻 ⇌ – 🔏 40. 𝔸𝔼 ⓪ 𝐄 𝒱𝐼𝒮𝐀
Menu à la carte 34/64 – **37 Z** 88/185.

🏨 **Park-Hotel**, Kanalstr. 19, ⊠ 19288, 𝒫 (03874) 2 20 15, Fax (03874) 20156, 🌺 – 📺 ☎ – 🔏 100. 𝐄
Menu à la carte 29/39 – **19 Z** 85/120.

LUDWIGSSTADT Bayern **418 420** O 18, **987** ㉘ – 4 100 Ew – Höhe 444 m – Erholungsort – Wintersport : 500/700 m ≰3 ≵6.
Berlin 317 – München 310 – Coburg 55 – Bayreuth 75 – Bamberg 89.

In Ludwigsstadt-Lauenstein N : 3 km :

🏨 **Posthotel Lauenstein**, Orlamünder Str. 2, ⊠ 96337, 𝒫 (09263) 9 91 30, Fax (09263) 991399, ≼, 🌺, Massage, ♣, ⇌, 🔲 – |≡| 📺 ☎ 🅿 – 🔏 20. ⓪ 𝐄 𝒱𝐼𝒮𝐀
Menu à la carte 28/55 – **25 Z** 70/140.

LÜBBECKE Nordrhein-Westfalen **417** J 9, **987** ⑮ – 25 000 Ew – Höhe 110 m.
Berlin 373 – Düsseldorf 215 – Bremen 105 – Hannover 95 – Osnabrück 45.

🏨 **Quellenhof** ⑤, Obernfelder Allee 1, ⊠ 32312, 𝒫 (05741) 3 40 60, Fax (05741) 340659, « Gartenterrasse », ⇌ – |≡| 📺 ☎ 🅿 – 🔏 40. ⓪ 𝐄 𝒱𝐼𝒮𝐀 ⑳ Zim
Menu (Freitag - Samstagmittag, Sonntagabend und Ende Juli - Anfang August geschl.) à la carte 39/60 – **24 Z** 100/200.

In Hüllhorst-Niedringhausen S : 4 km :

🏨 **Berghotel-Meinert**, Buchenweg 1 (nahe der B 239), ⊠ 32609, 𝒫 (05741) 9 03 03, Fax (05741) 90501, 🌺, ⇌, 🔲 – 📺 ☎ ⇌ 🅿 𝔸𝔼 ⓪ 𝐄 𝒱𝐼𝒮𝐀
Menu (Sonntagabend, Freitag und Mitte - Ende Juli geschl.) à la carte 24/66 – **13 Z** 80/150 – ½ P 13.

LÜBBEN Brandenburg **418** K 25, **984** ⑯, **987** ⑲ – 15 500 Ew – Höhe 53 m.
🛈 Tourismus Kultur- und Stadtmarketing GmbH Lübben, Ernst-von-Houwald-Damm 14, ⊠ 15907, 𝒫 (03546) 30 90, Fax (03546) 2543.
Berlin 84 – Potsdam 99 – Cottbus 53.

🏨 **Spreewaldhotel Stephanshof**, Lehnigksbergerweg 1, ⊠ 15907, 𝒫 (03546) 2 72 10, Fax (03546) 272160, 🌺 – 📺 ☎ & 🅿 – 🔏 20. ⓪ 𝐄 𝒱𝐼𝒮𝐀
Menu (Nov. - März wochentags nur Abendessen) à la carte 25/45 – **31 Z** 115/160.

🏨 **Spreeufer** garni, Hinter der Mauer 4, ⊠ 15907, 𝒫 (03546) 2 72 60, Fax (03546) 272634 – 📺 ☎. ⑳
23 Z 95/140.

🏨 **Spreeblick**, Gubener Str. 53, ⊠ 15907, 𝒫 (03546) 23 20, Fax (03546) 232200, 🌺, ⇌ – 📺 🅿 – 🔏 50. ⑳ Zim
Menu (Sonntagabend und Jan. 3 Wochen geschl.) à la carte 25/40 – **28 Z** 80/130.

🍴 **Historischer Weinkeller**, E.-von-Houwald-Damm 14, ⊠ 15907, 𝒫 (03546) 40 78, Fax (03546) 182521, 🌺 – 𝔸𝔼 𝐄 𝒱𝐼𝒮𝐀. ⑳
Jan., Montag und Okt.- April auch Sonntagabend geschl. – Menu à la carte 34/60.

In Niewitz-Rickshausen W : 8 km :

🏨 **Spreewald Park-Hotel** Ⓜ ⑤, ⊠ 15910, 𝒫 (035474) 2 70 (035474) 27444, 🌺, ⇌ – |≡|, ⇔ Zim, 📺 & 🅿 – 🔏 220. 𝔸𝔼 ⓪ 𝐄 𝒱𝐼𝒮𝐀
Menu à la carte 26/50 – **91 Z** 140/170.

LÜBBENAU *Brandenburg* 🔢 *K 25,* 🔢 ⑳*,* 🔢 ⑲ *– 19 500 Ew – Höhe 54 m.*

    Sehenswert : *St. Nicolai★.*

    Ausflugsziel : *Spreewald★★ (Freilandmuseum Lehde★, per Kahn).*

    🛈 *Fremdenverkehrsverein, Ehm-Welk-Str. 15,* ✉ *03222,* 𝒫 *(03542) 36 68, Fax (03542) 46770.*

    Berlin 95 – Potsdam 113 – Cottbus 35.

🏨 **Schloß Lübbenau** ♨, Schloßbezirk 6, ✉ 03222, 𝒫 (03542) 87 30, Fax (03542) 873666, �, – ⋕| 📺 ☎ 🅿 – 🕍 60. 🖭 🗲 𝘝𝘐𝘚𝘈
    Jan. geschl. – Menu à la carte 40/65 – **47 Z** 150/290, 6 Suiten.

🏨 **Turm Hotel,** Nach Stottoff 1, ✉ 03222, 𝒫 (03542) 8 91 00, Fax (03542) 891047, �,
    « Geschmackvolle Einrichtung », ⊜, 🌤 – 🌤 Zim, 📺 ☎ ✆ 🅿 – 🕍 25. 🖭 🗲 𝘝𝘐𝘚𝘈
    Menu à la carte 34/50 – **12 Z** 140/200.

🏨 **Spreewaldeck,** Dammstr. 31, ✉ 03222, 𝒫 (03542) 8 90 10, Fax (03542) 890110 – ⋕|
😊 📺 ☎ 🕭 🅿 – 🕍 40. 🖭 🗲 𝘝𝘐𝘚𝘈
    Menu à la carte 22/50 – **27 Z** 110/190.

In Lübbenau-Groß Beuchow *SW : 3 km :*

🏨 **Acron Landhaushotel,** LPG-Straße, ✉ 03222, 𝒫 (03542) 87 50, Fax (03542) 875125, Biergarten – ⋕|, 🌤 Zim, 🗟 📺 ☎ ✆ 🅿 – 🕍 100. 🖭 🗲 𝘝𝘐𝘚𝘈
    Mitte Okt.- März Garni – Menu à la carte 30/48 – **90 Z** 137/208.

LÜBBOW *Niedersachsen siehe Lüchow.*

LÜBECK *Schleswig-Holstein* 🔢 🔢 *E 16,* 🔢 ⑥ *– 216 000 Ew – Höhe 15 m.*

    Sehenswert : *Altstadt★★★ – Holstentor★★* Y *– Marienkirche★★* Y *– Haus der Schiffergesellschaft★ (Innenausstattung★★)* X E *– Rathaus★* Y R *– Heiligen-Geist-Hospital★* X *– St.-Annen-Museum★* Z **M1** *– Burgtor★* X *– Füchtingshof★* Y S *– Jakobikirche★ (Orgel★★)* X K *– Katharinenkirche★ (Figurenreihe★ von Barlach)* Y *– Petrikirche (Turm ≤★)* Y A *– Dom (Triumphkreuzanlage★)* Z*.*

    🇬 *Lübeck-Travemünde (über Kaiserallee C),* 𝒫 *(04502) 7 40 18.*

    🛈 *Lübeck-Informations-Zentrum, Breite Str. 62,* ✉ *23552,* 𝒫 *(0451) 1 22 81 06.*

    🛈 *Touristbüro, Beckergrube 95,* ✉ *23552,* 𝒫 *(0451) 1 22 81 09, Fax (0451) 1228190.*
    🛈 *Tourist-Information im Hauptbahnhof,* ✉ *23558,* 𝒫 *(0451) 86 46 75, Fax (0451) 863024.*

    ADAC, *Katharinenstr. 11,* ✉ *23554,* 𝒫 *(0451) 4 39 39, Fax (0451) 477405.*

    Berlin 263 ③ *– Kiel 92* ⑥ *– Schwerin 66* ④ *– Neumünster 58* ⑥ *– Hamburg 66* ⑤

Stadtpläne siehe nächste Seiten

🏩 **Radisson SAS Senator Hotel,** Willy-Brandt-Allee 6, ✉ 23554, 𝒫 (0451) 14 20, Fax (0451) 1422222, 🌤, Massage, ⊜s, 🔲 – ⋕|, 🌤 Zim, 🗟 📺 ✆ 🕭 🚗 🅿 – 🕍 240. 🖭 ⓞ 🗲 𝘝𝘐𝘚𝘈
        V s
    Menu à la carte 44/67 – **224 Z** 203/336.

🏩 **Holiday Inn** Ⓜ, Travemünder Allee 3, ✉ 23568, 𝒫 (0451) 3 70 60, Fax (0451) 3706666, 🌤, 🌂, ⊜s, 🔲 – ⋕|, 🌤 Zim, 🗟 📺 🕭 🚗 🅿 – 🕍 200. 🖭 ⓞ 🗲 𝘝𝘐𝘚𝘈 𝐉𝐂𝐁. ❄ Rest
        X a
    Menu à la carte 43/71 – **158 Z** 185/295, 3 Suiten.

🏩 **Kaiserhof** garni (mit 2 Gästehäusern), Kronsforder Allee 11, ✉ 23560, 𝒫 (0451) 70 33 01, Fax (0451) 795083, « Restaurierte Patrizierhäuser mit geschmackvoller Einrichtung », 🌂, ⊜s, 🔲 – ⋕| 📺 ✆ 🅿 – 🕍 20. 🖭 ⓞ 🗲 𝘝𝘐𝘚𝘈. ❄
        V f
    65 Z 140/280, 5 Suiten.

🏩 **Mövenpick Hotel,** Willi-Brandt-Allee 3, ✉ 23554, 𝒫 (0451) 1 50 40, Fax (0451) 1504111, 🌤 – ⋕|, 🌤 Zim, 🗟 Rest, 📺 ☎ ✆ 🕭 🅿 – 🕍 350. 🖭 ⓞ 🗲 𝘝𝘐𝘚𝘈 𝐉𝐂𝐁
        V s
    Menu à la carte 40/75 – **197 Z** 170/344, 3 Suiten.

🏨 **Excelsior** garni, Hansestr. 3, ✉ 23558, 𝒫 (0451) 8 80 90, Fax (0451) 880999 – ⋕| 🌤 📺 ☎ 🚗 🅿 – 🕍 50. 🖭 ⓞ 🗲 𝘝𝘐𝘚𝘈. ❄ Rest
        V a
    – **61 Z** 110/190.

🏨 **Lindenhof** garni, Lindenstr. 1a, ✉ 23558, 𝒫 (0451) 8 40 15, Fax (0451) 864023 – ⋕| 📺 ☎ 🚗. 🖭 ⓞ 🗲 𝘝𝘐𝘚𝘈 𝐉𝐂𝐁
        V a
    62 Z 115/220.

🏨 **Jensen,** Obertrave 4, ✉ 23552, 𝒫 (0451) 7 16 46, Fax (0451) 73386 – ⋕| 📺 ☎ – 🕍 40. 🖭 ⓞ 🗲 𝘝𝘐𝘚𝘈 𝐉𝐂𝐁
        Y k
    Menu à la carte 36/82 – **42 Z** 125/210.

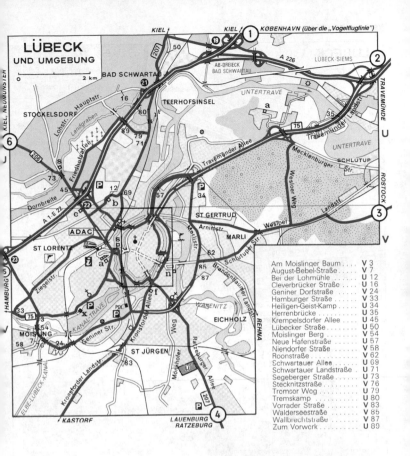

Park Hotel garni, Lindenplatz 2, ⊠ 23554, ℰ (0451) 87 19 70, Fax (0451) 8719729 –
📺 ☎ 🚗. 🅰🅴 ⑩ 🄴 𝑉𝐼𝑆𝐴 ᴊᴄʙ   **V a**
18 **Z** 110/198.

Treff Hotel, Dr.-Luise-Klinsmann-Str. 1, ⊠ 23558, ℰ (0451) 8 80 20, Fax (0451) 84033,
🍴 – 📇, ⇔ Zim, 📺 ☎ 📞 ⅋ 🚗 🅿 – 🛁 15. 🅰🅴 ⑩ 🄴 𝑉𝐼𝑆𝐴. ⅋   **V x**
Menu (Sonntag geschl.) (nur Abendessen) à la carte 34/56 – **123 Z** 125/185, 10 Suiten.

Zum Ratsherrn, Herrendamm 2, ⊠ 23556, ℰ (0451) 4 33 39, Fax (0451) 4791662,
🍴 – ⇔ Zim, 📺 ☎ 🅿. 🅰🅴 ⑩ 🄴 𝑉𝐼𝑆𝐴 ᴊᴄʙ   **UV e**
Menu à la carte 33/48 – **30 Z** 105/170.

Wakenitzblick, Augustenstr. 30, ⊠ 23564, ℰ (0451) 79 12 96, Fax (0451) 792645,
⩽, 🍴 – 📺 ☎ 🚗. 𝑉𝐼𝑆𝐴   **V n**
Menu à la carte 30/52 – **23 Z** 95/165.

Motel Zur Lohmühle, Bei der Lohmühle 54, ⊠ 23554, ℰ (0451) 47 17 69,
Fax (0451) 471717, 🍴 – ⇔ Zim, 📺 ☎ 🚗 🅿 – 🛁 30. 🅰🅴 ⑩ 🄴 𝑉𝐼𝑆𝐴   **U b**
Menu à la carte 32/62 – **32 Z** 95/155.

Altstadt-Hotel garni, Fischergrube 52, ⊠ 23552, ℰ (0451) 70 29 80,
Fax (0451) 73778 – 📺 ☎. 🅰🅴 ⑩ 🄴 𝑉𝐼𝑆𝐴   **X n**
22. Dez. - 10. Jan. geschl. – **28 Z** 135/240.

Wullenwever, Beckergrube 71, ⊠ 23552, ℰ (0451) 70 43 33, Fax (0451) 7063607,
🍴, « Patrizierhaus a.d. 16. Jh. » – 🅰🅴 ⑩ 𝑉𝐼𝑆𝐴   **Y s**
Samstagmittag, Sonntag - Montag und Okt. 3 Wochen geschl. – Menu (Tischbestellung
ratsam) 95/135 und à la carte 68/101
Spez. Gebackene Langustinen in Vanille-Beerenauslesebutter. Gebratenes Zanderfilet mit
Pepperonata und gebackener Artischocke. Deichwiesenlammrücken mit Salbeiravioli.

669

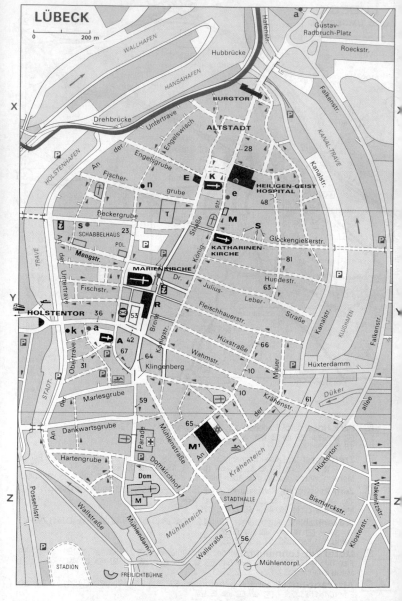

Verkehrsberuhigte Altstadt

LÜBECK

LÜBECK-
TRAVEMÜNDE

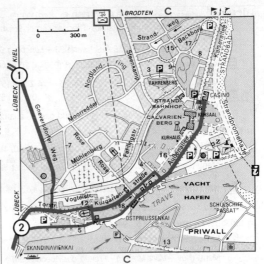

Die Hotelbesitzer
sind gegenüber
den Lesern
dieses Führers
Verpflichtungen
eingegangen.
Zeigen Sie deshalb
dem Hotelier Ihren
Michelin-Führer
des laufenden Jahres.

XX **Historischer Weinkeller,** Koberg 8, ☒ 23552, ℰ (0451) 7 62 34, Fax (0451) 75344,
余, « Gewölbekeller des Heiligen-Geist-Hospitals, erbaut i.J. 1286 » – ❶ E VISA
Sonntag und Dienstag geschl. – **Menu** (nur Abendessen) à la carte 44/75 – ***Kartoffelkeller***
(auch mittags geöffnet) **Menu** à la carte 31/42.   X

XX **Schiffergesellschaft,** Breite Str. 2, ☒ 23552, ℰ (0451) 7 67 76, Fax (0451) 73279,
« Historische Gaststätte a.d.J. 1535 mit zahlreichen Andenken an Lübecker Seefahrer » –
🔏 100   X E
Menu (Tischbestellung ratsam) à la carte 32/74.

XX **Buddenbrook in der Gemeinnützigen,** Königstr. 5, ☒ 23552, ℰ (0451) 7 38 12,
Fax (0451) 7063022, « Stilvolle Festsäle, Gartenterrasse » – 🔏 100 ﷼ ❶ E VISA
Sonntagabend geschl. – **Menu** à la carte 33/55.   X e

XX **Zimmermann's Lubecker Hanse,** Kolk 7, ☒ 23552, ℰ (0451) 7 80 54,
Fax (0451) 71326 – ﷼ ❶ E VISA JCB   Y a
Samstag, Sonn- und Feiertage sowie Jan. 1 Woche – **Menu** (Tischbestellung ratsam)
à la carte 43/71.

In Lübeck-Israelsdorf :

🏨 **Waldhotel Twiehaus** ⌂, Waldstr. 41, ☒ 23568, ℰ (0451) 39 87 40,
Fax (0451) 3987430, 余 – ⇔ Zim, 📺 ☎ ⇐ P. ﷼ ❶ E VISA. ⁂ Zim   U a
Menu *(Dienstag und Jan. - 15. Feb. geschl.)* à la carte 30/56 – **11 Z** 100/170.

In Lübeck-Travemünde ② : *19 km – Seeheilbad.*

🛈 *Kurverwaltung, Strandpromenade 1b, ☒ 23570, ℰ (04502) 8 04 30, Fax (04502)
80460*

🏩 **Maritim** ⌂, Trelleborgallee 2, ☒ 23570, ℰ (04502) 8 90, Fax (04502) 74439, ← Lübek-
ker Bucht und Travemündung, ⇔, 🔲 – 🔋, ⇔ Zim, ▤ Rest, 📺 ᓬ ⇐ – 🔏 1200.
﷼ ❶ E VISA. ⁂ Rest   C z
Menu à la carte 45/94 – **240 Z** 179/428, 10 Suiten – ½ P 40.

🏨 **Deutscher Kaiser,** Vorderreihe 52, ☒ 23570, ℰ (04502) 84 20, Fax (04502) 842199,
余 – 🔋 📺 ☎. ﷼ ❶ E VISA   C v
Menu à la carte 30/56 – **50 Z** 125/265 – ½ P 25.

X **Lord Nelson** (Restaurant im Pub-Stil), Vorderreihe 56 (Passage), ☒ 23570,
ℰ (04502) 63 69, Fax (04502) 6337 – ﷼ ❶ E VISA JCB   C v
Menu à la carte 31/65.

In Stockelsdorf :

🏨 **Lübecker Hof,** Ahrensböker Str. 4, ☒ 23617, ℰ (0451) 49 07 07, Fax (0451) 4946112,
余 – 🔋 ⇔ Zim 📺 ☎ ᓬ ⇐ – 🔏 150. ﷼ ❶ E VISA   U s
Menu à la carte 37/49 – **113 Z** 135/180.

LÜCHOW *Niedersachsen* 415 416 *H 17,* 987 ⑰ *– 10 000 Ew – Höhe 18 m.*

🔋 *Gästeinformation im Amtshaus, Theodor-Körner-Str. 4,* ⊠ *29439,* 𝒞 *(05841) 12 62 49, Fax (05841) 126281.*

Berlin 190 – Hannover 138 – Schwerin 98 – Lüneburg 66 – Braunschweig 125.

🏠 **Alte Post,** Kirchstr. 15, ⊠ 29439, 𝒞 (05841) 20 86, Fax (05841) 5048, Biergarten – ↳⇐ Zim, 📺 ☎. 🅰🅴 ⋐ 𝘝𝘐𝘚𝘈
   Menu *(Dienstag geschl.)* à la carte 43/63 – **14 Z** 90/150.

🏠 **Ratskeller,** Lange Str. 56, ⊠ 29439, 𝒞 (05841) 55 10, Fax (05841) 5518 – 📺
   🅿
   Menu *(Samstagmittag und Sonntagabend geschl.)* à la carte 31/56 – **12 Z** 50/120.

In Küsten-Lübeln *W : 4,5 km :*

🏠 **Avoeßel** 🦢 (Restauriertes Fachwerkhaus a.d.J. 1874), ⊠ 29482, 𝒞 (05841) 93 40, Fax (05841) 93444, 🍴, 🛏, 🌺, ⇞ – 📺 ☎ 🅿 – 🔬 80. 🅰🅴 ⓞ ⋐ 𝘝𝘐𝘚𝘈
   Menu *(Sonntagabend - Montag und Jan. geschl.)* (außer Saison nur Abendessen) à la carte 45/64 – **23 Z** 85/195.

🏠 **Kartoffel-Hotel** (restauriertes Fachwerkhaus a.d.J. 1805), ⊠ 29482, 𝒞 (05841) 13 60, Fax (05841) 1688, 🍴, 🍸, 🌺 – ↳⇐ Zim, 📺 ☎ 🅿 – 🔬 20. 🅰🅴 ⋐ 𝘝𝘐𝘚𝘈
   Jan. 3 Wochen geschl. – **Menu** à la carte 29/55 – **33 Z** 95/210.

In Lübbow-Dangenstorf *S : 9 km :*

🏠 **Landgasthof Rieger,** Dörpstroat 33, ⊠ 29488, 𝒞 (05883) 6 38, Fax (05883) 1330, 🍴, 🛏, 🍸, 🌺 – 📺 ☎ 🕭 ⇦ 🅿. 🅰🅴 ⋐
   Menu *(Nov. - März Montag - Freitag nur Abendessen)* à la carte 26/43 – **11 Z** 70/140.

LÜDENSCHEID *Nordrhein-Westfalen* 417 *M 6,* 987 ㉘ *– 80 000 Ew – Höhe 420 m.*

🎐 *Schalksmühle-Gelstern (N : 5 km),* 𝒞 *(02351) 5 64 60.*

ADAC, *Knapper Str. 26,* ⊠ *58507,* 𝒞 *(02351) 2 66 87, Fax (02351) 38591.*

Berlin 523 – Düsseldorf 76 – Hagen 30 – Dortmund 47 – Siegen 59.

🏛 **Queens Hotel Lüdenscheid,** Parkstr. 66, ⊠ 58509, 𝒞 (02351) 15 60, Fax (02351) 39157, 🍴, Massage, 🍸, 📶 – 📶, ↳⇐ Zim, 📺 ℰ 🅿 – 🔬 200. 🅰🅴 ⓞ ⋐
   𝘝𝘐𝘚𝘈 𝐉𝐂𝐁
   Menu à la carte 45/70 – **169 Z** 195/295, 6 Suiten.

LÜDINGHAUSEN *Nordrhein-Westfalen* 417 *K 6,* 987 ⑮ *– 20 000 Ew – Höhe 50 m.*

Ausflugsziel : Wasserburg Vischering ★ (N : 1 km).

Berlin 482 – Düsseldorf 95 – Dortmund 37 – Münster (Westfalen) 28.

🏠 **Borgmann,** Münsterstr. 17, ⊠ 59348, 𝒞 (02591) 9 18 10, Fax (02591) 918130, Biergarten, « Restaurant mit altdeutscher Einrichtung » – 📺 ☎. 🅰🅴 ⓞ ⋐ 𝘝𝘐𝘚𝘈
   Menu *(Sonntag geschl.)* (nur Abendessen) à la carte 38/55 – **14 Z** 80/140.

In Lüdinghausen-Seppenrade *W : 4 km :*

XX **Schulzenhof** mit Zim, Alter Berg 2, ⊠ 59348, 𝒞 (02591) 9 86 50, Fax (02591) 88082, 🍴 – 📺 ☎ ⇦ 🅿 – 🔬 30. 🅰🅴 ⓞ ⋐ 𝘝𝘐𝘚𝘈
   Menu *(Dienstagabend - Mittwoch geschl.)* à la carte 35/65 – **10 Z** 75/145.

LÜGDE *Nordrhein-Westfalen* 417 *K 11,* 987 ⑯ *– 11 700 Ew – Höhe 106 m.*

🎐 *Lügde, Auf dem Winzenberg 2,* 𝒞 *(05281) 81 96.*

🔋 *Touristik-Information, Vordere Str. 81,* ⊠ *32676,* 𝒞 *(05281) 7 80 29.*

Berlin 352 – Düsseldorf 219 – Hannover 70 – Detmold 32 – Paderborn 49.

🏠 **Stadt Lügde,** Vordere Str. 35, ⊠ 32676, 𝒞 (05281) 9 80 70, Fax (05281) 980734, 🍴 – 📶 📺 ☎ 🅿. 🅰🅴 ⓞ ⋐ 𝘝𝘐𝘚𝘈
   Menu à la carte 27/55 – **17 Z** 65/130.

🏠 **Berggasthaus Kempenhof** 🦢, Am Golfplatz 1 (W : 1,5 km), ⊠ 32676, 𝒞 (05281) 86 47, Fax (05281) 5637, ≤, 🍴, 🍸, 🌺 – 📺 ☎ ⇦ 🅿. ⋐
   Menu à la carte 27/60 – **12 Z** 70/110.

In Lügde-Elbrinxen *S : 6,5 km :*

🏠 **Landhotel Lippischer Hof,** Untere Dorfstr. 3, ⊠ 32676, 𝒞 (05283) 98 70, Fax (05283) 987189, 🍸 – 📺 ☎ 🅿 – 🔬 80. ⋐ 𝘝𝘐𝘚𝘈
   Menu *(Montag geschl.)* (Dienstag - Freitag nur Abendessen) à la carte 28/47 – **36 Z** 76/146.

LÜNEBURG Niedersachsen 415 416 G 15, 987 ⑯ – 65 000 Ew – Höhe 17 m – Sole- und Moor-
kurbetrieb.

Sehenswert : *Rathaus*★★ *(Große Ratsstube*★★*)* Y R – *"Am Sande"*★ *(Stadtplatz)* Z – Was-
serviertel : *ehemaliges Brauhaus*★ Y F.

🔞 Lüdersburg (NO : 16 km über ②), ℰ (04153) 6 97 00 ; 🔞 St. Dionys (N : 11 km über ②),
ℰ (04133) 62 77.

🛈 Verkehrsverein, Am Markt, ✉ 21335, ℰ (04131) 3 22 00, Fax (04131) 309598.

ADAC, Egersdorffstr. 1, ✉ 21335, ℰ (04131) 3 20 20, Fax (04131) 32031.

Berlin 270 ① – Braunschweig 116 ③ – Hamburg 58 ① – Bremen 132 ①

LÜNEBURG

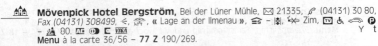

🏨 **Mövenpick Hotel Bergström,** Bei der Lüner Mühle, ✉ 21335, ℰ (04131) 30 80,
Fax (04131) 308499, ≤, 🏤, « Lage an der Ilmenau », ⇖ – 📶, ⇔ Zim, 📺 ♿ ☞ 🅿
– 🔬 80. 🖭 ⓪ ⓒ 🎫   Y t
Menu à la carte 36/56 – **77 Z** 190/269.

673

🏨 **Bargenturm,** Lambertiplatz, ✉ 21335, ℰ (04131) 72 90, Fax (04131) 729499, 🦺 –
❘🛗❘ 📺 ⇐⇒ – 🍴 40. ⓞ ⒠ 𝒱𝐼𝒮𝒜   Z b
Menu *(Sonntag geschl.)* à la carte 43/64 – **40 Z** 149/249.

🏨 **Residenz,** Munstermannskamp 10, ✉ 21335, ℰ (04131) 75 99 11,
Fax (04131) 401637, 🦺 – ❘🛗❘ 📺 ☎ ⇐⇒ ❷ – 🍴 10. 𝔸Ⓔ ⓞ ⒠ 𝒱𝐼𝒮𝒜 𝒿𝒸ʙ
Menu *(Sonntag geschl.)* à la carte 42/83 – **30 Z** 135/240.   über Uelzener Str.   Z

🏨 **Bremer Hof** 🦢, Lüner Str. 12, ✉ 21335, ℰ (04131) 22 40, Fax (04131) 224224 – ❘🛗❘
📺 ☎ ❷. 𝔸Ⓔ ⓞ ⒠ 𝒱𝐼𝒮𝒜 𝒿𝒸ʙ   Y v
Menu à la carte 30/58 – **46 Z** 88/213.

🏠 Heidpark, Vor dem neuen Tore 12, ✉ 21339, ℰ (04131) 6 50 91, Fax (04131) 64788
– 📺 ☎ ❷   über ④   Y
(nur Abendessen) – **29 Z.**

🍴🍴 **Ratskeller,** Am Markt 1, ✉ 21335, ℰ (04131) 3 17 57, Fax (04131) 34526 – 𝔸Ⓔ
⒠ 𝒱𝐼𝒮𝒜   Y R
Mittwoch und 8.- 22. Jan. geschl. – **Menu** à la carte 31/60.

🍴 **Kronen-Brauhaus** (Brauerei-Gaststätte mit Museum), Heiligengeiststr. 39, ✉ 21335,
ℰ (04131) 71 32 00, Fax (04131) 41861, Biergarten – 𝔸Ⓔ ⓞ ⒠ 𝒱𝐼𝒮𝒜   Z u
Menu à la carte 33/65.

In Brietlingen ① : *10 km* :

🏠 **Landhotel Franck,** an der B 209, ✉ 21382, ℰ (04133) 4 00 90, Fax (04133) 400933,
🗫, 🗉, 🌲, 🍴 – 📺 ☎ ⇐⇒ ❷ – 🍴 120. 𝔸Ⓔ ⓞ ⒠ 𝒱𝐼𝒮𝒜 𝒿𝒸ʙ
Menu à la carte 38/70 – **36 Z** 80/220.

In Deutsch-Evern ③ : *7 km* :

🍴🍴 **Niedersachsen,** Bahnhofstr. 1, ✉ 21407, ℰ (04131) 7 93 74, Fax (04131) 79726,
« Gartenterrasse » – ❷. ⓞ ⒠ 𝒱𝐼𝒮𝒜
Donnerstag geschl. – **Menu** à la carte 30/55.

In Embsen *SW : 10 km über Soltauer Str.* Z :

🏠 **Stumpf** (mit Gästehaus), Ringstr.6, ✉ 21409, ℰ (04134) 2 15, Fax (04134) 8343, 🦺,
« Historische Sammlungen », 🗫 – ⇐⇒ ❷ ≋ Zim
Menu *(Montagmittag geschl.)* à la carte 24/45 – **16 Z** 44/120.

In Reinstorf ② : *13 km* :

🏨 **Hof Reinstorf** 🦢 (restaurierte Hofanlage a.d. 19. Jh. mit modernem Hotelbau), Alte
Schulstr. 6, ✉ 21400, ℰ (04137) 80 90, Fax (04137) 809100, Massage, 🗫, 🗉, 🌲 –
❘🛗❘, ≋ Zim, 📺 ⇐⇒ ❷ – 🍴 300. 𝔸Ⓔ ⓞ ⒠ 𝒱𝐼𝒮𝒜
Menu siehe Rest. *Vitus* separat erwähnt – **86 Z** 138/316.

🍴🍴 **Vitus** - Hotel Hof Reinstorf, Alte Schulstr. 6, ✉ 21400, ℰ (04137) 80 90,
❀ Fax (04137) 809100, 🦺 – ❷. 𝔸Ⓔ ⓞ ⒠ 𝒱𝐼𝒮𝒜
*Mittwoch - Freitag nur Abendessen, Sonntagabend - Dienstag und Anfang Jan. 2 Wochen
geschl.* – **Menu** à la carte 65/77
Spez. Salat von geschmorter Kalbsbacke mit gebratener Gänsemastleber. Kaisergranat
im Reisblatt auf Basilikum. Steinbuttlasagne mit Flußkrebsen an Portwein-Estragon-
nage.

LÜNEN Nordrhein-Westfalen 🄑🄑🄑 L 6, 🄑🄑🄑 ⑮ – *90 000 Ew – Höhe 45 m.*
Berlin 481 – Düsseldorf 84 – Dortmund 15 – Münster (Westfalen) 50.

🏨 **Am Stadtpark,** Kurt-Schumacher-Str. 43, ✉ 44532, ℰ (02306) 2 01 00,
Fax (02306) 201055, 🦺, 🎣, 🗫, 🗉 – ❘🛗❘, ≋ Zim, 📺 ☎ 📞 ⇐⇒ ❷ – 🍴 300. 𝔸Ⓔ
ⓞ ⒠ 𝒱𝐼𝒮𝒜 𝒿𝒸ʙ
Menu à la carte 42/68 – **70 Z** 153/198, 5 Suiten.

Beim Schloß Schwansbell *SO : 2 km über Kurt-Schumacher-Straße* :

🍴🍴 **Schwansbell,** Schwansbeller Weg 32, ✉ 44532 Lünen, ℰ (02306) 20 68 10,
❀ Fax (02306) 23454, 🦺 – ❷. 𝔸Ⓔ ⒠
Montag geschl. – **Menu** (wochentags nur Abendessen) 70/115 und à la carte 75/80
Spez. Mohnteigkrapfen gefüllt mit Gambas. Timbale von der Entenbrust mit Holunder-
blütensauce. Schwansbeller Wiese.

In Selm *NW : 12 km* :

🏠 **Haus Knipping,** Ludgeristr. 32, ✉ 59379, ℰ (02592) 30 09, Fax (02592) 24752, Biergarten – 📺 ☎ ❷. 𝔸Ⓔ ⓞ ⒠ 𝒱𝐼𝒮𝒜 𝒿𝒸ʙ
Menu *(Freitagmittag, Samstagmittag und Mittwoch geschl.)* à la carte 37/64 – **18 Z**
75/130.

In Selm-Cappenberg N : 5 km :

🏨 **Kreutzkamp,** Cappenberger Damm 3, ⊠ 59379, ℰ (02306) 75 04 10, Fax (02306) 7504110, 🍽, « Historisches Restaurant in altdeutschem Stil » – 📺 ☎ 🚗 🅿 – 🛎 100. 🝕 ⑩ 🝔 𝘝𝘐𝘚𝘈
Menu (Montag geschl.) à la carte 36/76 – **15 Z** 120/160.

LÜSSE Brandenburg siehe Belzig.

LÜSSOW Mecklenburg-Vorpommern siehe Stralsund.

LÜTJENBURG Schleswig-Holstein 𝟦𝟣𝟧 𝟦𝟣𝟨 D 15, 𝟵𝟴𝟳 ⑤ ⑥ – 6 000 Ew – Höhe 25 m – Luftkurort.
🛳 Hohwacht (NO : 3 km), ℰ (04381) 96 90.
🟦 Verkehrsamt, Markt 12, ⊠ 24321, ℰ (04381) 40 20 49, Fax (04381) 402024.
Berlin 326 – Kiel 34 – Lübeck 75 – Neumünster 56 – Oldenburg in Holstein 21.

🏠 **Ostseeblick** 🕸 garni, Am Bismarckturm, ⊠ 24321, ℰ (04381) 66 88, Fax (04381) 7240, ≤, 🝕, 🖫 – 📺 ☎ 🅿
Anfang Jan.- Mitte Feb. geschl. – **24 Z** 110/170.

In Panker N : 4,5 km :

🍴🍴 **Ole Liese** 🕸 mit Zim, ⊠ 24321, ℰ (04381) 43 74, Fax (04381) 4266, 🍽, « Historischer Gasthof a.d.J. 1797 » – 📺 ☎ 🅿
Menu (Okt. - Mai Donnerstag geschl.) 51/140 und à la carte – **7 Z** 130/250
Spez. Rehterrine mit Waldpilzen. Lachs im Spinatmantel mit Krustentierfond. Taubenkotlett mit Portweinjus.

🍴 Forsthaus Hessenstein, beim Hessenstein (W : 3 km), ⊠ 24321, ℰ (04381) 94 16, Fax (04381) 3141, 🍽 – 🅿
(wochentags nur Abendessen).

LÜTJENSEE Schleswig-Holstein 𝟦𝟣𝟧 𝟦𝟣𝟨 F 15 – 2 500 Ew – Höhe 50 m.
🛳 Hoisdorf-Hof Bornbek (W : 2 km), ℰ (04107) 78 31 ; 🛳 Großensee (S : 5 km), ℰ (04154) 64 73.
Berlin 268 – Kiel 85 – Hamburg 39 – Lübeck 43.

🏠 **Fischerklause** 🕸, Am See 1, ⊠ 22952, ℰ (04154) 71 65, Fax (04154) 75185, ≤ Lütjensee, « Terrasse am See » – 📺 ☎ 🅿. 🝔
Menu (Donnerstag geschl.) à la carte 51/86 – **15 Z** 95/160.

🍴🍴 **Forsthaus Seebergen** 🕸 (mit Gästehäusern), Seebergen 9, ⊠ 22952, ℰ (04154) 7 92 90, Fax (04154) 70645, ≤, « Terrasse am See » – 📺 ☎ 🅿 – 🛎 25. 🝕 ⑩ 🝔 𝘝𝘐𝘚𝘈
Menu (Montag geschl.) à la carte 53/100 – **12 Z** 65/170.

🍴🍴 **Seehof** 🕸 (mit Gästehaus), Seeredder 22, ⊠ 22952, ℰ (04154) 71 00, Fax (04154) 7101, Damwildgehege, « Gartenterrasse am See mit ≤ », 🐎 – 📺 ☎ 🅿. 🝔 🛏 Zim
1. - 25. Feb. geschl. – **Menu** à la carte 34/81 – **6 Z** 95/190.

LUHME Brandenburg 𝟦𝟣𝟨 G 22 – 200 Ew – Höhe 60 m.
Berlin 107 – Potsdam 110 – Neubrandenburg 75 – Neuruppin 32.

In Luhme-Heimland SW : 1,5 km :

🏠 **Am Birkenhain** 🕸, Sonnenweg 2, ⊠ 16837, ℰ (033923) 7 02 79, Fax (033923) 70279, 🍽, 🐎 – 📺 ☎ 🅿 – 🛎 25
Menu (auch vegetarische Gerichte) à la carte 26/41 – **15 Z** 90/150.

LUISENBURG Bayern siehe Wunsiedel.

LUISENTHAL Thüringen 𝟦𝟣𝟪 N 16 – 1 600 Ew – Höhe 420 m.
Berlin 338 – Erfurt 47 – Bad Hersfeld 115 – Coburg 78.

🏨 **Der Berghof** 🕸, Langenburgstr. 18, ⊠ 99885, ℰ (03624) 37 70, Fax (03624) 377444, 🍽, ≤s, 🐎, 🍴 – 🛗, 🛏 Zim, 📺 ☎ ♿ 🅿 – 🛎 200. 🝕 ⑩ 🝔 𝘝𝘐𝘚𝘈
Menu à la carte 29/59 – **105 Z** 110/180 – ½ P 25.

🏠 **Zum Luchs,** Friedrich-Engels-Str. 59 (B 247), ⊠ 99885, ℰ (036257) 4 01 00, Fax (036257) 40433 – 📺 ☎ 🚗 🅿 – 🛎 20. 🝕 ⑩ 🝔 𝘝𝘐𝘚𝘈
Menu à la carte 26/46 – **36 Z** 80/140 – ½ P 22.

MAASHOLM *Schleswig-Holstein* 🔢 *B 13 – 650 Ew – Höhe 5 m.*
Berlin 418 – Kiel 71 – Flensburg 36 – Schleswig 68.

🏠 **Martensen-Maasholm** 🛏, Hauptstr. 38, ✉ 24404, 🔌 (04642) 60 42,
Fax (04642) 69137 – 📺 ☎ 🅿
Jan. - Feb. 4 Wochen geschl. – **Menu** *(Nov. - Ostern Montag geschl.)* à la carte 30/58 –
17 Z 120/160.

MAGDEBURG Ⓛ *Sachsen-Anhalt* 🔢🔢 *J 18,* 🔢 ⑮ *,* 🔢 ⑰ *– 260 000 Ew – Höhe 55 m.*
Sehenswert : *Dom*★★★ *(Jungfrauen-Portal : Statuen*★★*, Statue*★ *des Hl. Mauritius,*
Bronze-Grabplatten★★*, Thronendes Herrscherpaar*★*, Deckplatte*★ *der Tumba des Erzbi-*
schofs Ernst) Z – Kloster Unser Lieben Frauen★★ *(Kreuzgang*★*) Z.*
🅱 *Magdeburg-Information, Alter Markt 12,* ✉ *39104,* 🔌 *(0391) 5 40 49 03, Fax (0391)*
5404910.
ADAC, *Walther-Rathenau-Str. 30,* ✉ *39106,* 🔌 *(0391) 5 61 66 44, Fax (0391) 5616646.*
Berlin 151 – Braunschweig 89 ⑤ – Dessau 63 ②

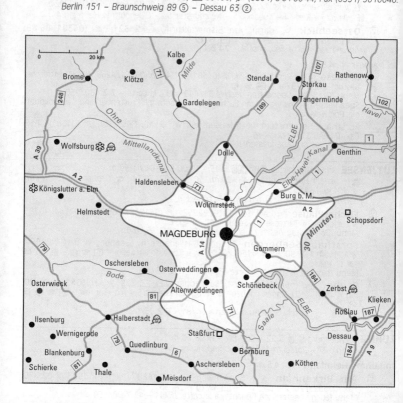

🏨 **Maritim** Ⓜ, Otto-von-Guericke-Str. 87, ✉ 39104, 🔌 (0391) 5 94 90,
Fax (0391) 5949990, 🍽, ⌧s, 🔳 – 🛗, ✻ Zim, 🔳 📺 🍷 🚻 ⟷ – 🔏 900. 🖭 🅞 🄴
📧 ᴊᴄʙ, 🍴 Rest   Y e
Menu à la carte 44/70 – **514 Z** 229/418, 13 Suiten.

🏨 **Parkhotel Herrenkrug** 🛏, Herrenkrug 3, ✉ 39114, 🔌 (0391) 8 50 80,
Fax (0391) 8508501, 🍽, « Park », ⌧s – 🛗, ✻ Zim, 📺 🍷 🚻 🅿 – 🔏 200. 🖭 🅞
📧 📧   über Herrenkrugstraße   R
Die Saison : **Menu** à la carte 40/65 – **157 Z** 180/265.

🏨 **Upstalsboom Hotel Ratswaage** Ⓜ, Ratswaageplatz 1, ✉ 39104,
🔌 (0391) 5 92 60, Fax (0391) 5619615, 🍽, ⌧s, 🔳 – 🛗, ✻ Zim, 🔳 Rest, 📺 🍷 🚻 –
🔏 270. 🖭 🅞 📧 📧   Y a
Menu à la carte 31/63 – **174 Z** 236/288, 7 Suiten.

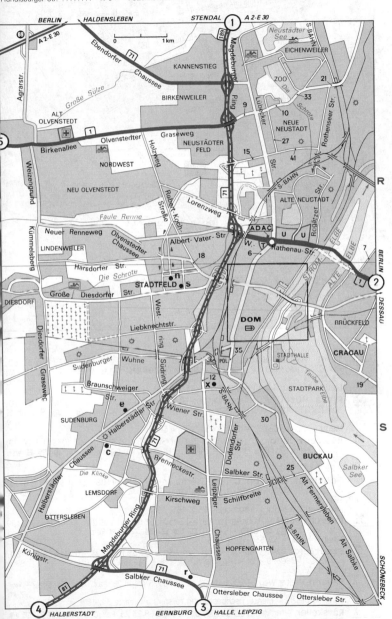

Die Stadtpläne sind eingenordet (Norden = oben).

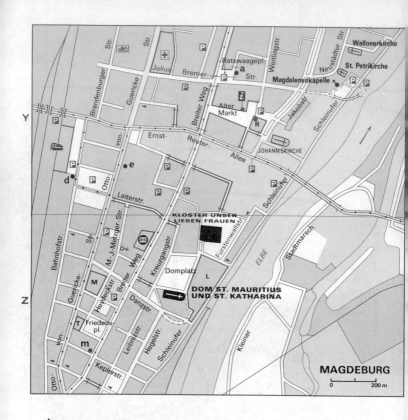

MAGDEBURG

0 — 200 m

🏨 **Treff Hansa Hotel** M, Hansapark 2, ⊠ 39116, ℰ (0391) 6 36 30, *Fax (0391) 6363550*, 🏠, ⬆s, 🔲 – |🛗|, ⇆ Zim, ▤ Rest, 📺 📞 ♿ 🚗 🅿 – 🔬 300. 🆎 ① 🇪 𝗩𝗜𝗦𝗔 𝗝𝗖𝗕
S c
Menu à la carte 34/60 – **243 Z** 199/313, 6 Suiten.

🏨 **Plaza Hotel** M, Halberstädter Str. 146, ⊠ 39112, ℰ (0391) 6 05 10, *Fax (0391) 6051100*, 🏠, ⬆s – |🛗|, ⇆ Zim, 📺 📞 ♿ 🚗 🅿 – 🔬 90. 🆎 🇪 𝗩𝗜𝗦𝗔
S e
Menu à la carte 36/62 – **104 Z** 150/255, 4 Suiten.

🏨 **Residenz Joop** ⟫ garni, Jean-Burger-Str. 16, ⊠ 39112, ℰ (0391) 6 26 20, *Fax (0391) 6262100*, « Ehemalige Villa » – |🛗|, ⇆ Zim, 📺 ☎ 📞 🚗 🅿. 🆎 🇪 𝗩𝗜𝗦𝗔. ⚘
S x
– **25 Z** 165/270.

🏨 **Geheimer Rat von G.** M, Goethestr. 38, ⊠ 39108, ℰ (0391) 7 38 03, *Fax (0391) 7380599*, ⬆s – |🛗|, ⇆ Zim, 📺 ☎ 📞 🚗 🅿 – 🔬 20. 🆎 ① 🇪 𝗩𝗜𝗦𝗔
S n
(nur Abendessen für Hausgäste) – **65 Z** 165/195.

🏨 **InterCityHotel** M, Bahnhofstr. 69, ⊠ 39104, ℰ (0391) 5 96 20, *Fax (0391) 5962499* – |🛗|, ⇆ Zim, 📺 ☎ 📞 🅿 – 🔬 60. 🆎 ① 🇪 𝗩𝗜𝗦𝗔 𝗝𝗖𝗕. ⚘ Rest
Y d
Menu à la carte 33/53 – **175 Z** 190/250.

🏨 **Stadtfeld** garni, Maxim-Gorki-Str. 31, ⊠ 39108, ℰ (0391) 73 80 60, *Fax (0391) 7380699* – |🛗| ⇆ 📺 ☎ 📞 ♿ 🚗 – 🔬 150. 🆎 🇪 𝗩𝗜𝗦𝗔
S s
46 Z 130/160.

🍴 **Savarin,** Breiter Weg 226, ⊠ 39104, ℰ (0391) 5 41 44 25, *Fax (0391) 5430187* – ⇆. 🆎 🇪 𝗩𝗜𝗦𝗔. ⚘
Z m
Sonntag geschl. – **Menu** (Tischbestellung ratsam) à la carte 31/66.

🍴 **Ratskeller,** Alter Markt, ⊠ 39104, ℰ (0391) 5 68 23 23, *Fax (0391) 5682399* – 🆎 ① 🇪 𝗩𝗜𝗦𝗔
Y R
Menu à la carte 29/52.

In Magdeburg-Ebendorf *NW : 7 km über Ebendorfer Chaussee* R

🏨 **Astron** Ⓜ, Olvenstedter Str. 2a, ✉ 39179, ℰ (039203) 7 00, Fax (039203) 70100, ⇔ – 🛗, ✵ Zim, 🆃 📞 ⅙ 🅿 – 🔬 120. 🆎 ⑩ ⋿ 𝘝𝘐𝘚𝘈
Menu à la carte 30/62 – **143 Z** 190/240.

In Magdeburg-Lindenhof *S : 4 km :*

🏨 **Merkur** garni, Kometenweg 69, ✉ 39118, ℰ (0391) 62 86 80, Fax (0391) 6286826 – 🛗 🆃 📞 🅿. 🆎 ⑩ ⋿ 𝘝𝘐𝘚𝘈   S r
14 Z 148/198.

In Magdeburg-Prester *SO : 3 km über Pechauer Str.* S :

🏨 **Alt Prester,** Alt Prester 102, ✉ 39114, ℰ (0391) 8 19 30, Fax (0391) 8193118, Bier-
⇔ garten – 🛗, ✵ Zim, 🆃 📞 🅿 – 🔬 30. ⋿ 𝘝𝘐𝘚𝘈
Menu à la carte 22/47 – **32 Z** 125/170.

In Biederitz-Heyrothsberge ② : *7 km :*

🏨 **Zwei Eichen** garni, Königsborner Str. 17a, ✉ 39175, ℰ (039292) 2 78 82,
Fax (039292) 27882 – 🆃 📞 🅿. 🆎 ⋿ 𝘝𝘐𝘚𝘈
24. Dez. - 1. Jan. geschl. – **20 Z** 130/205.

In Barleben ① : *8 km :*

🏨 **Sachsen Anhalt** Ⓜ, Ebendorfer Str., ✉ 39179, ℰ (039203) 6 13 63,
Fax (039203) 61373, ⇔ – 🛗, ✵ Zim, 🆃 📞 ⅙ 🅿 – 🔬 80. 🆎 ⑩ ⋿ 𝘝𝘐𝘚𝘈
Menu à la carte 28/45 – **118 Z** 135/229.

In Beyendorf ③ : *8 km :*

🏨 **Classik Hotel** Ⓜ, Leipziger Chaussee 13 (B 71), ✉ 39171, ℰ (0391) 6 29 00,
Fax (0391) 6290519, ⇔ – 🛗, ✵ Zim, 🆃 📞 ⅙ 🚗 🅿 – 🔬 60. 🆎 ⑩ ⋿ 𝘝𝘐𝘚𝘈. ✵ Rest
Menu à la carte 34/63 – **109 Z** 160/230.

MAHLBERG *Baden-Württemberg* 🔢 *V 7 – 3 300 Ew – Höhe 170 m.*
Berlin 771 – Stuttgart 173 – Freiburg im Breisgau 40 – Karlsruhe 98 – Strasbourg 51.

🏨 **Löwen,** Karl-Kromer-Str. 8, ✉ 77972, ℰ (07825) 10 06, Fax (07825) 2830, 🍴 – 🆃 📞
🚗 🅿 – 🔬 30. 🆎 ⑩ ⋿ 𝘝𝘐𝘚𝘈
Menu (Samstagmittag geschl.) à la carte 54/78 ⅙ – **26 Z** 110/200.

MAHLOW *Brandenburg* 🔢🔢🔢 *I 24 – 4 900 Ew – Höhe 60 m.*
🛈 Mahlow, Kiefernweg, ℰ (03379) 37 05 95.
Berlin 18 – Potsdam 28.

🏨 Mahlow garni, Bahnhofstr. 3, ✉ 15831, ℰ (03379) 33 60, Fax (03379) 336400 – 🛗,
✵ Zim, 🆃 📞 ⅙ 🚗 🅿 – 🔬 40
105 Z.

MAIKAMMER *Rheinland-Pfalz* 🔢🔢 *S 8 – 3 700 Ew – Höhe 180 m – Erholungsort.*
Sehenswert : Alsterweilerer Kapelle (Flügelaltar★).
Ausflugsziel : Kalmit★ ✵★ NW : 6 km.
🛈 Büro für Tourismus, Marktstr. 1, ✉ 67487, ℰ (06321) 58 99 17, Fax (06321) 589916.
Berlin 657 – Mainz 101 – Landau in der Pfalz 15 – Neustadt an der Weinstraße 6.

🏨 **Immenhof,** Immengartenstr. 26, ✉ 67487, ℰ (06321) 95 50, Fax (06321) 955200,
🍴, ⇔ – 🆃 📞 ⅙ 🅿 – 🔬 30. 🆎 ⑩ ⋿ 𝘝𝘐𝘚𝘈
Menu à la carte 31/60 ⅙ – **35 Z** 93/145.

🏨 **Am Immengarten** garni, Marktstr. 71, ✉ 67487, ℰ (06321) 95 83 00,
Fax (06321) 958320, ✿ – 🆃 📞 🅿. ⑩ 𝘝𝘐𝘚𝘈. ✵
24. Dez. - 10. Jan. geschl. – **13 Z** 80/115.

🏨 **Goldener Ochsen,** Marktstr. 4, ✉ 67487, ℰ (06321) 5 81 01, Fax (06321) 58673 –
🛗 🆃 📞 🅿 – 🔬 20. ⑩ 𝘝𝘐𝘚𝘈
20. Dez.- Jan. geschl. – **Menu** (Donnerstag - Freitagmittag geschl.) à la carte 29/63 ⅙ –
24 Z 85/130.

Außerhalb *W : 2,5 km :*

🏨 **Waldhaus Wilhelm** ✵, Kalmithöhenstr. 6, ✉ 67487, ℰ (06321) 5 80 44,
Fax (06321) 58564, 🍴, ✿ – 🆃 📞 🅿. 🆎 ⑩ ⋿ 𝘝𝘐𝘚𝘈
Menu (Montag, Dez.- Jan. auch Sonntagabend geschl.) à la carte 35/73 ⅙ – **22 Z** 75/160
– ½ P 29.

In Kirrweiler O : 2,5 km :

⌂ **Zum Schwanen,** Hauptstr. 3, ⊠ 67489, ℘ (06321) 5 80 68, Fax (06321) 58521 – 📺
🄿
Ende Jan. - Mitte Feb. geschl. – **Menu** *(Montagmittag und Mittwoch - Donnerstagmittag geschl.)* à la carte 30/56 🍷 – **17 Z** 60/100 – ½ P 20.

⌂ **Sebastian** garni, Hauptstr. 77, ⊠ 67489, ℘ (06321) 5 99 76, Fax (06321) 57200, 🚗
– 📺 ☎ 🚙 🄿. 🎿
13 Z 75/140.

MAINAU (Insel) Baden-Württemberg **419** W 11 – *Insel im Bodensee (tagsüber für PKW gesperrt, Eintrittspreis bis 18 Uhr DM 17.-, Nov.- Feb. DM 8.50, ab 18 Uhr Zufahrt für Restaurantgäste kostenlos möglich) – Höhe 426 m.*
Sehenswert : *"Blumeninsel"*★★.
Berlin 764 – Stuttgart 191 – Konstanz 9 – Singen (Hohentwiel) 34.

✕ **Schwedenschenke,** ⊠ 78465, ℘ (07531) 30 31 56, Fax (07531) 303248, 🏠 – 🄿
– 🔒 100. 🝙 ⓪ ᴇ 𝗩𝗜𝗦𝗔
Nov. - Feb. Sonntagabend - Montag geschl. – **Menu** à la carte 34/74.

MAINBERNHEIM Bayern siehe Iphofen.

MAINHARDT Baden-Württemberg **419** S 12 – 4 700 Ew – Höhe 500 m – Luftkurort.
🛈 Rathaus, Hauptstraße, ⊠ 74535, ℘ (07903) 91 50 26.
Berlin 566 – Stuttgart 59 – Heilbronn 35 – Schwäbisch Hall 16.

In Mainhardt-Ammertsweiler NW : 4 km :

🌳 **Zum Ochsen,** Löwensteiner Str. 15 (B 39), ⊠ 74535, ℘ (07903) 23 91, Fax (07903) 7618, �

, 🚗 – 🚙 🄿
Jan. 3 Wochen geschl. – **Menu** *(Montag geschl.)* à la carte 30/58 🍷 – **22 Z** 40/150.

In Mainhardt-Stock O : 2,5 km :

🏨 **Löwen,** an der B 14, ⊠ 74535, ℘ (07903) 93 10, Fax (07903) 1498, 🏠, �

, 🔲, 🚗
🚲 – 🔌 📺 ☎ 🚙 🄿 – 🔒 120. ᴇ
Menu à la carte 23/45 🍷 – **40 Z** 85/138.

MAINTAL Hessen **417** P 10 – 40 000 Ew – Höhe 95 m.
Berlin 537 – Wiesbaden 53 – Frankfurt am Main 12.

In Maintal-Bischofsheim :

🏨 **Hübsch** 🚲, Griesterweg 12, ⊠ 63477, ℘ (06109) 76 96 00, Fax (06109) 64009, Biergarten – 🌿 Zim, 🔲 📺 ☎ 🚙 🄿 – 🔒 30. ᴇ
24. Dez. - 2. Jan. geschl. – **Menu** *(Juli 2 Wochen und außer Messen Samstag - Sonntag geschl.)* à la carte 51/80 – **80 Z** 128/180.

✕✕ **Ratsstuben,** Dörnigheimer Weg 21 (Bürgerhaus), ⊠ 63477, ℘ (06109) 6 36 84, Fax (06109) 68680, 🏠 – 🄿 – 🔒 300. ᴁ ᴇ
Sonntagabend - Montag und Juli - Aug. 2 Wochen geschl. – **Menu** à la carte 52/82.

In Maintal-Dörnigheim :

🏨 **Doorm Hotel** Ⓜ, Westendstr. 77, ⊠ 63477, ℘ (06181) 94 80, Fax (06181) 948277, 🏠, Massage, Badelandschaft, �

– 🔌, 🌿 Zim, 📺 ☎ 🚙 🄿 – 🔒 90. ᴁ ⓪ ᴇ 𝗩𝗜𝗦𝗔
Karte à la carte 47/68 – **140 Z** 180/440.

⌂ **Zum Schiffchen** 🚲, Untergasse 21, ⊠ 63477, ℘ (06181) 9 40 60, Fax (06181) 940616, ≤, 🏠 – 📺 ☎ 🄿. ᴇ 𝗩𝗜𝗦𝗔
27. Dez. - 2. Jan. geschl. – **Menu** (wochentags nur Abendessen, Sonntag nur Mittagessen) à la carte 39/72 – **29 Z** 95/165.

✕✕✕ **Hessler** mit Zim, Am Bootshafen 4, ⊠ 63477, ℘ (06181) 4 30 30, Fax (06181) 430333
🌸 – 📺 ☎ 🄿. ᴁ ᴇ 𝗩𝗜𝗦𝗔
Juli 3 Wochen geschl. – **Menu** *(Montag - Dienstag geschl.)* (Tischbestellung ratsam, bemerkenswerte Weinkarte) 108/175 und à la carte 94/111 – **Kathis Bistro** (Montag - Dienstag geschl.) **Menu** à la carte 55/68 – **7 Z** 180/290
Spez. Gefüllte Taube im Strudelteig mit Trüffeljus. Gemüselasagne gefüllt mit Fisch und Meeresfrüchten. Marinierter Seeteufel mit schwarzem Kokosreis und Erdnussbuttersauce.

MAINZ ⓛ *Rheinland-Pfalz* **417** *Q 8,* **987** ㉖ *– 188 000 Ew – Höhe 82 m.*

Sehenswert : *Gutenberg-Museum*★★ *(Gutenberg-Bibel*★★★*)* Z **M1** *– Leichhof* ⩽★★ *auf den Dom* Z *– Dom*★ *(Grabdenkmäler der Erzbischöfe*★*, Kreuzgang*★*) – Mittelrheinisches Landesmuseum*★ Z **M3** *– Römisch-Germanisches Museum*★ BV **M2** *– Ignazkirche (Kreuzigungsgruppe*★*)* BY *– Stefanskirche (Chagall-Fenster*★★ *Kreuzgang*★*)* ABY.

ᵣ₈ *Mommenheim, Am Golfplatz 1* (⑥ *: 14 km),* 𝒫 *(06138) 94 11 94.*

Ausstellungsgelände Stadtpark BY*,* 𝒫 *8 10 44.*

🛈 *Touristik Centrale, Brückenturm 28,* ✉ *55116,* 𝒫 *(06131) 28 62 10, Fax (06131) 2862155.*

ADAC, *Große Langgasse 3a,* ✉ *55116,* 𝒫 *(06131) 23 46 01, Fax (06131) 237314.*

Berlin 568 ② *– Frankfurt am Main 42* ② *– Mannheim 82* ⑤ *– Wiesbaden 13* ⑧

Stadtplan siehe nächste Seite

🏯 **Hilton International** (mit Rheingoldhalle), Rheinstr. 68, ✉ 55116, 𝒫 (06131) 24 50, *Fax (06131) 245589,* ⩽, 佘, Massage, *Ʃ₆*, ⩳ – |塾|, ⇜ Zim, 🖥 📺 ☜ 🗴 ⇔ ⊖ – 🏛 350.
🖭 ⓪ 🇪 𝑽𝑰𝑺𝑨 ᴊᴄʙ   Z k
Römische Weinstube : Menu à la carte 35/71 – ***Brasserie*** : Menu à la carte 30/55 –
433 Z 373/551.

🏯 **Mainz City Hilton** Ⓜ, Münsterstr. 11, ✉ 55116, 𝒫 (06131) 27 80, *Fax (06131) 278567,* 佘 – |塾|, ⇜ Zim, 🖥 📺 🗴 ⇔ – 🏛 60. 🖭 ⓪ 🇪 𝑽𝑰𝑺𝑨 ᴊᴄʙZ v
Menu à la carte 41/80 – **124** Z 356/502.

🏛 **Favorite Parkhotel** ⊠, Karl-Weiser Str. 1, ✉ 55131, 𝒫 (06131) 8 01 50, *Fax (06131) 8015420,* ⩽, Biergarten – |塾| 📺 🗴 ⇔ ⊖ – 🏛 150. 🖭 ⓪ 🇪 𝑽𝑰𝑺𝑨
Menu *(Montag geschl.)* à la carte 55/78 – **46** Z 198/295, 4 Suiten.   BY k

🏛 **Dorint Hotel Mainz** Ⓜ, Augustusstr. 6, ✉ 55131, 𝒫 (06131) 95 40, *Fax (06131) 954100,* 佘, *Ʃ₆*, ⩳, 🄻 – |塾|, ⇜ Zim, 🖥 📺 ☎ 🗴 ⇔ – 🏛 120. 🖭
⓪ 🇪 𝑽𝑰𝑺𝑨 ᴊᴄʙ, ⨯ Rest   AX a
Menu à la carte 44/69 – **217** Z 279/343, 5 Suiten.

🏠 **Europahotel,** Kaiserstr. 7, ✉ 55116, 𝒫 (06131) 97 50, *Fax (06131) 975555* – |塾|,
⇜ Zim, 🖥 Rest, 📺 ☎ 🗴 – 🏛 100. 🖭 ⓪ 🇪 𝑽𝑰𝑺𝑨 ᴊᴄʙ   AX r
Menu à la carte 44/72 – **98** Z 162/370.

🏠 **Mainzer Hof** garni, Kaiserstr. 98, ✉ 55116, 𝒫 (06131) 28 89 90, *Fax (06131) 228255,*
⩳ – |塾| ⇜ 📺 ☎ – 🏛 35. 🖭 ⓪ 🇪 𝑽𝑰𝑺𝑨   AV e
95 Z 155/290.

🏠 **Hammer** garni, Bahnhofsplatz 6, ✉ 55116, 𝒫 (06131) 96 52 80,
Fax (06131) 9652888, ⩳ – |塾| ⇜ 📺 ☎ 🗴 – 🏛 30. 🖭 ⓪ 🇪 𝑽𝑰𝑺𝑨   AX z
23. Dez. - 1. Jan. geschl. – **40** Z 145/220.

🏠 **Stiftswingert** garni, Am Stiftswingert 4, ✉ 55131, 𝒫 (06131) 98 26 40,
Fax (06131) 832478 – 📺 ☎ 🗴 ⊖. 🖭 ⓪ 🇪 𝑽𝑰𝑺𝑨   BY w
30 Z 128/240.

🏠 **Ibis,** Holzhofstr. 2 /Ecke Rheinstraße (B 9), ✉ 55116, 𝒫 (06131) 24 70,
Fax (06131) 234126, 佘 – |塾|, ⇜ Zim, 📺 ☎ 🗴 ⇔ – 🏛 70. 🖭 ⓪ 🇪 𝑽𝑰𝑺𝑨 BY b
Menu à la carte 32/56 – **144** Z 135/180.

🏠 **Moguntia** garni, Nackstr. 48, ✉ 55118, 𝒫 (06131) 67 10 41, *Fax (06131) 671058*
– |塾| 📺 ☎ ⇔. 🖭   AV a
21 Z 112/180.

🏠 **Schottenhof** garni, Schottstr. 6, ✉ 55116, 𝒫 (06131) 23 29 68, *Fax (06131) 221970*
– |塾|, ⇜ Zim, 📺 ☎. 🖭 ⓪ 🇪 𝑽𝑰𝑺𝑨   AX s
38 Z 128/189.

XXX **Drei Lilien,** Ballplatz 2, ✉ 55116, 𝒫 (06131) 22 50 68, *Fax (06131) 237723* – 🖭 ⓪
🇪 𝑽𝑰𝑺𝑨   Z r
Sonntag - Montag geschl. – **Menu** (abends Tischbestellung ratsam) 39 (mittags) und
à la carte 48/83.

XX **Rats- und Zunftstuben Heilig Geist,** Rentengasse 2, ✉ 55116, 𝒫 (06131)
22 57 57, *Fax (06131) 236143,* 佘, « Kreuzrippengewölbe a.d. 13. Jh. » – 🖭 ⓪ 🇪 𝑽𝑰𝑺𝑨
Sonntagabend - Montagmittag geschl. – **Menu** à la carte 36/69 ⅋.   Z x

XX **Geberts Weinstuben,** Frauenlobstr. 94, ✉ 55118, 𝒫 (06131) 61 16 19,
Fax (06131) 611662 – |塾| 🖭 ⓪ 🇪 𝑽𝑰𝑺𝑨   AV d
Samstag - Sonntagmittag und Juli 3 Wochen geschl. – **Menu** à la carte 50/73.

In Mainz-Bretzenheim ⑥ *: 3 km*

🏠 **Novotel,** Haifa Allee 8, ✉ 55128, 𝒫 (06131) 93 42 40, *Fax (06131) 366755,* 佘, 🄻
– |塾|, ⇜ Zim, 📺 ☎ 🗴 ⊖ – 🏛 250. 🖭 ⓪ 🇪 𝑽𝑰𝑺𝑨
Menu à la carte 36/65 – **121** Z 150/190.

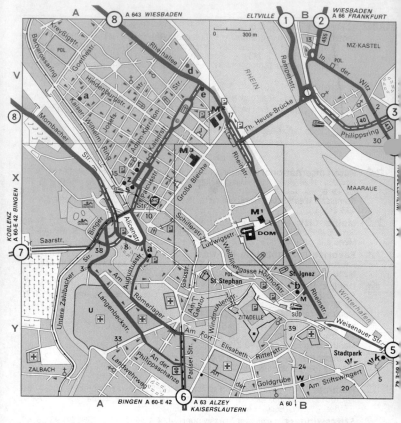

MAINZ

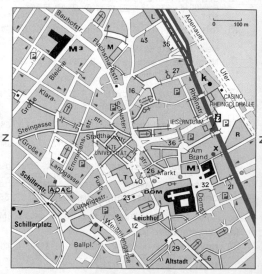

🏠 **Römerstein** ॐ, Draiser Str. 136 f, ✉ 55128, ℰ (06131) 93 66 60, Fax (06131) 9355335, 🏤, ⇌ – 📺 ☎ 🅿. 🆎 ⓪ 🇪 𝘝𝘐𝘚𝘈
Menu (Montag geschl.) (wochentags nur Abendessen, Sonntag nur Mittagessen) à la carte 29/58 – **25 Z** 115/185.

In Mainz-Finthen ⑦ : 7 km :

🏨 **Atrium Hotel Kurmainz** Ⓜ, Flugplatzstr. 44, ✉ 55126, ℰ (06131) 49 10, Fax (06131) 491128, « Gartenterrasse », Massage, 🎿, ⇌, 🔲, ℱ, ℀ – 🛗, ⇌ Zim, 📺 ⇌ 🅿 – 🔏 60. 🆎 ⓪ 🇪 𝘝𝘐𝘚𝘈. Rest
19. Dez. – 5. Jan. geschl. – **Menu** (Sonntag geschl.) (nur Abendessen) à la carte 43/76 – **79 Z** 175/272.

🍽️🍽️ **Stein's Traube,** Poststr. 4, ✉ 55126, ℰ (06131) 4 02 49, Fax (06131) 40249, 🏤 – 🇪 𝘝𝘐𝘚𝘈
Montag, über Fasching und Ende Juli - Anfang Aug. 3 Wochen geschl. – **Menu** à la carte 33/62 ॐ.

🍽️ **Gänsthaler's Kuchlmasterei,** Kurmainzstr. 35, ✉ 55126, ℰ (06131) 47 42 75, Fax (06131) 474278, 🏤 – 🇪
Samstagmittag, Sonntag - Montag und Juli - Aug. 3 Wochen geschl. – **Menu** à la carte 48/78.

In Mainz-Hechtsheim S : 5 km über Hechtsheimer Straße BY :

🏠 **Hechtsheimer Hof** garni, Alte Mainzer Str. 31, ✉ 55129, ℰ (06131) 91 60, Fax (06131) 916100 – 📺 ☎ 🅿. 🆎 ⓪ 🇪 𝘝𝘐𝘚𝘈
Weihnachten - Neujahr geschl. – **24 Z** 105/165.

🏠 **Am Hechenberg** garni (mit Gästehaus), Am Schinnergraben 82, ✉ 55129, ℰ (06131) 50 70 01, Fax (06131) 507003, ⇌ – 📺 ☎ 🅿. 🆎 ⓪ 🇪 𝘝𝘐𝘚𝘈
68 Z 69/135.

In Mainz-Kastel :

🏠 **Alina** garni, Wiesbadener Str. 124 (B 42), ✉ 55252, ℰ (06134) 29 50, Fax (06134) 69312 – 🛗 📺 ☎ ♿ 🅿. 🆎 🇪 𝘝𝘐𝘚𝘈   über ①
Weihnachten - Anfang Jan. geschl. – **47 Z** 125/180.

In Mainz-Weisenau SO : 3 km über Göttelmannstraße BY :

🏨 **Bristol Hotel Mainz** ॐ, Friedrich-Ebert-Str. 20, ✉ 55130, ℰ (06131) 80 60, Fax (06131) 806100, ⇌, 🔲 – 🛗, ⇌ Zim, 📺 ☎ 🅿 – 🔏 80. 🆎 ⓪ 🇪 𝘝𝘐𝘚𝘈 𝖩𝖢𝖡. ℀ Rest
Menu à la carte 38/69 **75 Z** 175/280.

In Ginsheim-Gustavsburg ④ : 9 km :

🏠 **Alte Post** garni, Dr.-Hermann-Str. 28 (Gustavsburg), ✉ 65462, ℰ (06134) 7 55 50, Fax (06134) 52645, ⇌, 🔲 – 🛗 📺 ☎ 🅿. 🆎 🇪 𝘝𝘐𝘚𝘈. ℀
24. Dez.- 4. Jan. geschl. – **38 Z** 85/180.

In Bodenheim ⑤ : 9 km :

🏠 **Landhotel Battenheimer Hof,** Rheinstr. 2, ✉ 55294, ℰ (06135) 70 90, Fax (06135) 70950, 🏤 – 📺 ☎ 🅿 – 🔏 35
Weihnachten - Anfang Jan. geschl. – **Menu** (Montag geschl.) (nur Abendessen) à la carte 25/45 ॐ – **22 Z** 90/140.

🍷 **Gutsausschank Kapellenhof,** Kirchbergstr. 22, ✉ 55294, ℰ (06135) 22 57, Fax (06135) 1621 – 📺 ☎ 🅿. ℀ Zim
über Weihnachten und Neujahr geschl. – **Menu** (Montag - Dienstag geschl.) (nur Abendessen) à la carte 31/40 ॐ – **14 Z** 60/110.

In Gau-Bischofsheim ⑥ : 10 km :

🍽️🍽️🍽️ **Weingut Nack,** Pfarrstr. 13, ✉ 55296, ℰ (06135) 30 43, Fax (06135) 8382, « Restaurant mit geschmackvoller Einrichtung in einem ehem. Weinguts-Keller » – 🅿. 🆎 ⓪ 🇪 𝘝𝘐𝘚𝘈
Dienstag geschl. – **Menu** (wochentags nur Abendessen) à la carte 80/93.

In Nieder-Olm ⑥ : 10 km :

🏨 **Dietrich** garni, Maler-Metten-Weg 20, ✉ 55268, ℰ (06136) 50 85, Fax (06136) 3887, ⇌, 🔲 – 🛗 📺 ☎ ⇌ 🅿 – 🔏 20. ⓪ 🇪 𝘝𝘐𝘚𝘈. ℀
29 Z 160/190.

🏠 **CB-Hotel** ॐ, Backhausstr. 12, ✉ 55268, ℰ (06136) 75 55, Fax (06136) 7500 – 📺 ☎ 🅿. 🆎 🇪 𝘝𝘐𝘚𝘈
Menu (wochentags nur Abendessen) à la carte 27/47 – **11 Z** 120/180.

In Stadecken-Elsheim ⑦ : 13 km :

🏠 **Christian** 🦢 garni, Christian-Reichert-Str. 3 (Stadecken), ⊠ 55271, 🖉 (06136) 36 11,
Fax (06136) 6419, ⓢ, ◻, 🚿 – 🔟 ☎ 🚗 ℗, ☰ VISA
12 Z 110/190.

MAISACH Bayern 419 420 V 17, 987 ㊴ ㊵ – 10 000 Ew – Höhe 516 m.
🏌 Rottbach, Weiherhaus 5 (N : 6 km), 🖉 (08135) 3 43.
Berlin 606 – München 41 – Augsburg 46 – Landsberg am Lech 44.

In Maisach-Gernlinden SO : 2 km :

🏨 **Park Hotel,** Hermann-Löns-Str. 27, ⊠ 82216, 🖉 (08142) 28 50, Fax (08142) 12804,
🌳, ⓢ – 📱, 🚿 Zim, 🔟 ☎ 📞 🚗 ℗ – ⛰ 50. ☒ ⓞ ☰ VISA
Menu à la carte 38/62 – **68 Z** 150/240.

MALCHOW Mecklenburg-Vorpommern 416 F 21, 984 ⑪, 987 ⑦ – 8 000 Ew – Höhe 88 m.
🛈 Verkehrsverein, An der Drehbrücke, ⊠17213, 🖉 (039932) 8 31 86, Fax (039932)
83125.
Berlin 148 – Schwerin 77 – Neubrandenburg 74 – Rostock 79.

🏨 **Sporthotel,** Friedensstr. 56b, ⊠ 17213, 🖉 (039932) 8 90, Fax (039932) 89222, Bier-
🐝 garten, 🔥, ⓢ, ※(Halle) – 📱, 🚿 Zim, 🔟 ☎ 📞 ℗ – ⛰ 25. ☰ VISA
Menu à la carte 24/48 – **40 Z** 90/150.

🏠 **Insel-Hotel,** Lange Straße 7 (an der Drehbrücke), ⊠ 17213, 🖉 (039932) 86 00,
🐝 Fax (039932) 86030 – 🔟 ☎ 📞 ℗, ☰ VISA
Menu à la carte 24/45 – **16 Z** 100/140.

🏠 **Am Fleesensee** 🦢, Strandstr. 4a, ⊠ 17213, 🖉 (039932) 16 30, Fax (039932) 16310,
🐝 🌳, 🚿 – 🔟 ☎ 📞 ℗, ☰ VISA
Jan. geschl. – **Menu** à la carte 24/41 ⅃ – **11 Z** 80/140.

In Roez SO : 7 km :

🏠 **Zur Schmiede,** Malchower Str. 6a (B 192), ⊠ 17213, 🖉 (039932) 1 33 15,
🐝 Fax (039932) 13319, 🌳 – 🚿 Zim, 🔟 ☎ 📞 ☒ ⓞ ☰ VISA
Menu à la carte 22/37 – **22 Z** 80/110.

MALENTE-GREMSMÜHLEN, BAD Schleswig-Holstein 415 416 D 15, 987 ⑤ – 11 500 Ew –
Höhe 35 m – Kneippheilbad - Luftkurort.
🛈 Verkehrsverein, Pavillon am Bahnhof, ⊠ 23714, 🖉 (04523) 30 96, Fax (04523) 3099.
Berlin 306 – Kiel 41 – Lübeck 47 – Oldenburg in Holstein 36.

🏨 **Dieksee** 🦢, Diekseepromenade 13, ⊠ 23714, 🖉 (04523) 99 50, Fax (04523) 995200,
≤, « Gartenterrasse », 🚿 – 📱 🔟 🚗 ℗ – ⛰ 30. ☰ VISA
Anfang Jan. - Anfang März geschl. – **Menu** à la carte 37/79 – **70 Z** 103/200 – ½ P 26.

🏨 **Weißer Hof,** Voßstr. 45, ⊠ 23714, 🖉 (04523) 9 92 50, Fax (04523) 6899, « Garten,
Terrasse », ⓢ, ◻ – 📱 🔟 ☎ ℗, 🚿 Rest
3. - 30. Nov. geschl. – **Menu** à la carte 46/75 – **18 Z** 120/250, 3 Suiten – ½ P 35.

🏨 **See-Villa** garni, Frahmsallee 11, ⊠ 23714, 🖉 (04523) 18 71, Fax (04523) 997814,
« Garten », ⓢ – 🔟 ☎ ℗
Mitte Nov. - Jan. geschl. – **12 Z** 100/240, 3 Suiten.

🏠 **Parkhotel Admiralsholm** 🦢, Schweizer Str. 60 (NO : 2,5 km), ⊠ 23714,
🖉 (04523) 4 00 30, Fax (04523) 400331, ≤, « Lage am See, Park », ⓢ, 🐝, 🚿 🔟 ☎
℗ – ⛰ 25. 🚿
(nur Abendessen für Hausgäste) – **16 Z** 137/205.

🏠 **Café Raven** 🦢, Janusallee 16, ⊠ 23714, 🖉 (04523) 33 56, Fax (04523) 1059, 🚿 –
🚗 ℗, 🚿
Mitte Jan.- Feb. geschl. – (nur Abendessen für Hausgäste) – **21 Z** 50/124 – ½ P 20.

MALLERSDORF-PFAFFENBERG Bayern 420 T 20, 987 ㉙ – 6 000 Ew – Höhe 411 m.
Berlin 529 – München 100 – Landshut 31 – Regensburg 38 – Straubing 28.

Im Ortsteil Steinrain :

🏠 **Steinrain,** ⊠ 84066, 🖉 (08772) 3 66, Fax (08772) 91056, 🌳 – 🔟 ☎ 🚗 ℗, ☰ VISA
🐝 28. Dez. - 6. Jan. und Aug. 2 Wochen geschl. – **Menu** (Samstag geschl.) à la carte 18/43
⅃ – **15 Z** 50/120.

MALSCH Baden-Württemberg **419** T 9 – 12 000 Ew – Höhe 147 m.
Berlin 690 – Stuttgart 90 – Karlsruhe 18 – Rastatt 13.

In Malsch-Waldprechtsweier S : 3 km :

🏡 **Waldhotel Standke** ⤳, Talstr. 45, ⌧ 76316, 𝄞 (07246) 9 20 10,
Fax (07246) 920155, 🎇, ⇔s, 🗔, 🐎 – ☎ ⇆ 🄿 – 🔏 40. 🄾 🗲 ₥₥₥
23. Dez. - 10. Jan. geschl. – **Menu** (Sonntagabend und Dienstag geschl.) à la carte 31/68
– **28 Z** 82/162.

MALSFELD Hessen siehe Melsungen.

MALTERDINGEN Baden-Württemberg siehe Riegel.

MANDELBACHTAL Saarland **417** S 5 – 11 800 Ew – Höhe 240 m.
Berlin – Saarbrücken – Sarreguemines – Zweibrücken.

In Mandelbachtal-Gräfinthal :

🏡 **Klosterschenke** ⤳, Gräfinthal 3, ⌧ 66399, 𝄞 (06804) 9 94 10, Fax (06804) 994126,
🎇 – 📺 ☎ 🄿 🗲 ₥₥₥
Menu à la carte 28/54 – **9 Z** 95/150.

MANDERSCHEID Rheinland-Pfalz **417** P 4, **987** ㉕ – 1 400 Ew – Höhe 388 m – Heilklimatischer
Kurort und Kneippkurort.
Sehenswert : ≤★★ (vom Pavillon Kaisertempel) – Niederburg★, ≤★
🖪 Kurverwaltung, im Kurhaus, Grafenstraße, ⌧ 54531, 𝄞 (06572) 92 15 49, Fax (06572)
921551.
Berlin 679 – Mainz 168 – Bonn 98 – Koblenz 78 – Trier 57

🏡 **Haus Burgblick** ⤳, Klosterstr. 18, ⌧ 54531, 𝄞 (06572) 7 84, Fax (06572) 784, ≤,
🐎 – 🄿 🗲 ✻
Mitte März - Mitte Nov. – (Restaurant nur für Hausgäste) – **22 Z** 50/98 – ½ P 18.

In Laufeld SO : 9 km – Erholungsort :

🏨 **Laufelder Hof**, Hauptstr. 7, ⌧ 54533, 𝄞 (06572) 9 21 30, Fax (06572) 921345, 🎇,
⇔s, 🗔, 🐎 – 📺 ☎ 🄿 – 🔏 30. 🄰🄴 🗲 ✻
Menu à la carte 33/62 – **25 Z** 75/130 – ½ P 25.

MANEBACH Thüringen siehe Ilmenau.

MANNHEIM Baden-Württemberg **417 419** R 9, **987** ㉗ – 322 000 Ew – Höhe 95 m.
Sehenswert : Städtische Kunsthalle★★ DZ M1 – Landesmuseum für Technik und Arbeit★
CV – Städtisches Reiß-Museum★ (im Zeughaus) CY M2 – Museum für Archäologie und
Völkerkunde★ (Völkerkundliche Abteilung★, Benin-Sammlung★) CY M3 – Museum für
Kunst-, Stadt- und Theatergeschichte im Reiß-Museum (Porzellan- und
Fayancesammlung★) CY M2 – Jesuitenkirche★ CZ.
🖪₉ Viernheim, Alte Mannheimer Str. 3 (DU), 𝄞 (06204) 7 87 37.
Ausstellungsgelände (CV), 𝄞 42 50 90, Fax 4250934.
🖪 Touristinformation, Willy-Brandt-Pl. 3, ⌧ 68161, 𝄞 (0621) 10 10 11, Fax (0621) 24141.
ADAC, Am Friedensplatz 6, ⌧ 68165, 𝄞 (0621) 41 00 10, Fax (0621) 4100111.
Berlin 614 ② – Stuttgart 133 ④ – Frankfurt am Main 79 ② – Strasbourg 145 ④

Stadtpläne siehe nächste Seiten

🏨 **Dorint Kongress Hotel** 🅼, Friedrichsring 6, ⌧ 68161, 𝄞 (0621) 1 25 10,
Fax (0621) 1251100, ⇔s – 📶, ↦ Zim, 📺 ☎ ⇆ – 🔏 450. 🄰🄴 🄾 🗲 ₥₥₥ DZ x
Menu à la carte 46/75 – **287 Z** 284/408, 5 Suiten.

🏨 **Maritim Parkhotel**, Friedrichsplatz 2, ⌧ 68165, 𝄞 (0621) 1 58 80,
Fax (0621) 1588800, Massage, ⇔s, 🗔 – 📶, ↦ Zim, 📺 ☎ ⇆ – 🔏 120. 🄰🄴 🄾
🗲 ₥₥₥ ₍₍ ✻ Rest   DZ y
Menu à la carte 50/84 – **187 Z** 228/436, 3 Suiten.

🏨 **Delta Park Hotel**, Keplerstr. 24, ⌧ 68165, 𝄞 (0621) 4 45 10, Fax (0621) 4451888,
🎇 – 📶, ↦ Zim, 📺 ☎ ⇆ – 🔏 130. 🄰🄴 🄾 🗲 ₥₥₥ ₍₍   DZ c
Menu (Freitagabend, Samstag sowie Sonn- und Feiertage geschl.) à la carte 36/50 – **129 Z**
225/405, 4 Suiten.

🏨 **Steigenberger Mannheimer Hof**, Augustaanlage 4, ⌧ 68165, 𝄞 (0621) 4 00 50,
Fax (0621) 4005190, « Atriumgarten » – 📶, ↦ Zim, 📺 ☎ – 🔏 200. 🄰🄴 🄾 🗲 ₥₥₥ ₍₍
✻ Rest   DZ n
Menu à la carte 47/75 – **155 Z** 250/400.

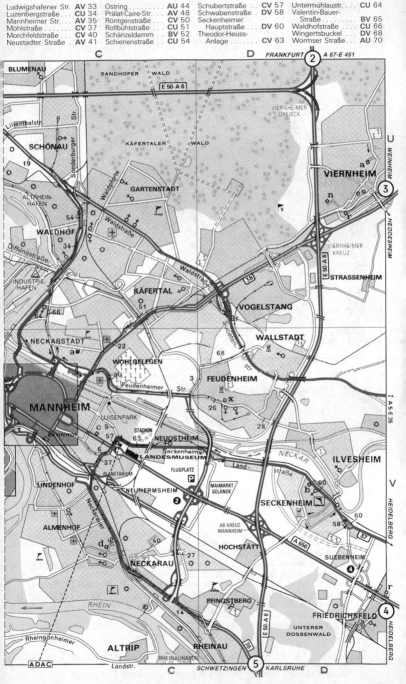

MANNHEIM

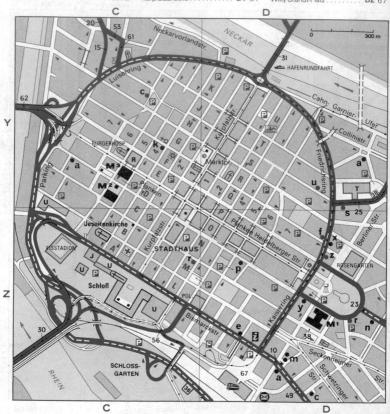

Holiday Inn, N 6 (Kurfürsten Arkade), ⊠ 68161, ℰ (0621) 1 07 10, *Fax (0621) 1071167*, 🏤, 🛋, ⇌, 🔲 – |🕸|, ⇔ Zim, 🗎 🔟 🍴 ፊ – 🔬 120. 🖭 ⑨ 🗉 𝓥𝓘𝓢𝓐 𝖩𝖢𝖡
Menu à la carte 38/67 – **146 Z** 244/395.
DZ **p**

Wartburg, F 4,4 - 11, ⊠ 68159, ℰ (0621) 2 89 91, *Fax (0621) 101337* – |🕸|, ⇔ Zim, 🔟 🕿 🍴 ⇌ – 🔬 180. 🖭 ⑨ 🗉 𝓥𝓘𝓢𝓐 𝖩𝖢𝖡
Menu *(Sonntagabend geschl.)* 25/40 und à la carte 44/74 – **140 Z** 150/240.
CY **k**

Augusta-Hotel, Augustaanlage 43, ⊠ 68165, ℰ (0621) 4 20 70, *Fax (0621) 4207199* – |🕸|, ⇔ Zim, 🔟 🕿 – 🔬 30. 🖭 ⑨ 🗉 𝓥𝓘𝓢𝓐, ✂ Rest
Menu *(Samstag, Sonn- und Feiertage geschl.)* à la carte 48/76 – **106 Z** 175/220.
CV **c**

Novotel, Am Friedensplatz 1, ⊠ 68165, ℰ (0621) 4 23 40, *Fax (0621) 417343*, 🏤, 🔟, 🏊 – |🕸|, ⇔ Zim, 🗎 Rest, 🔟 🕿 😋 🅿 – 🔬 300. 🖭 ⑨ 🗉 𝓥𝓘𝓢𝓐 𝖩𝖢𝖡
Menu à la carte 42/62 – **180 Z** 185/264.
CV **t**

Treff Page Hotel garni, L 12,15 - 16, ⊠ 68161, ℰ (0621) 1 00 37, *Fax (0621) 10038* – |🕸|, ⇔ Zim, 🔟 🕿 ⇌ – 🔬 20. 🖭 ⑨ 🗉 𝓥𝓘𝓢𝓐 𝖩𝖢𝖡
62 Z 150/195.
DZ **e**

Acora, C 7,9 - 11, ⊠ 68159, ℰ (0621) 1 59 20, *Fax (0621) 22248*, 🏤 – |🕸|, ⇔ Zim, 🔟 🕿 ⇌ – 🔬 15. 🖭 ⑨ 🗉 𝓥𝓘𝓢𝓐
Menu *(Samstag - Sonntag geschl.)* à la carte 37/57 – **162 Z** 170/195.
CY **a**

🏠 **Mack** garni, Mozartstr. 14, ⊠ 68161, 𝒫 (0621) 1 24 20, Fax (0621) 1242399 – |📱| ⇌
📺 ☎ ⇐. 🅰🅴 ⑩ 🇪 𝘝𝘐𝘚𝘈
DX a
Weihnachten - Anfang Jan. geschl. – **50 Z** 95/180.

🏠 **Am Bismarck** garni, Bismarckplatz 9, ⊠ 68165, 𝒫 (0621) 40 30 96, Fax (0621) 444605
– |📱| 📺 ☎. 🅰🅴 ⑩ 𝘝𝘐𝘚𝘈. ⁂
DZ m
24. Dez. - 1. Jan. geschl. – **48 Z** 115/175.

🏠 **City Hotel** garni, Tattersallstr. 20, ⊠ 68165, 𝒫 (0621) 40 80 08, Fax (0621) 449948
– |📱| 📺 ☎ ⇐. 🅰🅴 ⑩ 🇪 𝘝𝘐𝘚𝘈
DZ m
45 Z 90/130.

🏠 **Wegener** garni, Tattersallstr. 16, ⊠ 68165, 𝒫 (0621) 4 40 90, Fax (0621) 406948 – |📱|
📺 ☎. 𝘝𝘐𝘚𝘈
DZ a
24. Dez. - 7. Jan. geschl. – **54 Z** 72/185.

✕✕✕ **Da Gianni,** R 7,34, ⊠ 68161, 𝒫 (0621) 2 03 26 – ▣. 🅰🅴 🇪. ⁂
DZ f
🕸🕸 *Montag, Feiertage und Juli - Aug. 3 Wochen geschl.* – **Menu** (italienische Küche, Tisch-
bestellung ratsam) 149 und à la carte 92/120
Spez. Variation von Antipasti. Petersfisch mit Gemüseminestrone. Perlhuhn im Salzmantel.

✕✕✕ **Blass,** Friedrichsplatz 12, ⊠ 68165, 𝒫 (0621) 44 80 04, Fax (0621) 448005 – 🅰🅴
🇪 𝘝𝘐𝘚𝘈
DZ r
Samstagmittag, Sonntag und Aug. 2 Wochen geschl. – **Menu** à la carte 78/113.

✕✕ **Kopenhagen,** Friedrichsring 4, ⊠ 68161, 𝒫 (0621) 1 48 70, Fax (0621) 155169 – ▣.
🅰🅴 ⑩ 🇪 𝘝𝘐𝘚𝘈
DZ z
Sonn- und Feiertage geschl. – **Menu** (Tischbestellung ratsam) à la carte 62/108.

✕✕ **Doblers Restaurant L'Epi d'or,** H 7,3, ⊠ 68159, 𝒫 (0621) 1 43 97,
Fax (0621) 20513 – 🅰🅴 ⑩ 🇪 𝘝𝘐𝘚𝘈. ⁂
CY c
Montagmittag, Samstagmittag, Sonntag und Juni 2 Wochen geschl. – **Menu** à la carte
74/106.

✕✕ **Grissini** (Bistro-Restaurant), M 3,6, ⊠ 68161, 𝒫 (0621) 1 56 57 24 – 🅰🅴 🇪 𝘝𝘐𝘚𝘈 CZ r
🕸 *Samstagmittag, Sonntag und Juli - Aug. 3 Wochen geschl.* – **Menu** (italienische Küche,
Tischbestellung ratsam) à la carte 77/90
Spez. Langostinos mit marinierten Artischocken. Seeteufel mit Tomaten und Basilikum.
Gratinierter Rhabarber.

✕✕ **Martin,** Lange Rötterstr. 53, ⊠ 68167, 𝒫 (0621) 33 38 14, Fax (0621) 335242, 🍽 –
🅰🅴 ⑩ 🇪 𝘝𝘐𝘚𝘈. ⁂
CV a
Samstagmittag, Mittwoch und 1. - 20. Sept. geschl. – **Menu** (überwiegend Fischgerichte)
24/98 und à la carte 53/99.

✕ **Saigon,** Goethestr. 4, ⊠ 68161, 𝒫 (0621) 1 46 04, Fax (0621) 291163 – 🅰🅴 ⑩ 🇪
𝘝𝘐𝘚𝘈
DYZ s
Samstagmittag geschl. – **Menu** (vietnamesische Küche) à la carte 35/54 *(auch vegetarische
Gerichte).*

✕ **Henninger's Gutsschänke** (Pfälzer Weinstube), T 6,28, ⊠ 68161, 𝒫 (0621) 1 49 12
– 🅰🅴 ⑩ 🇪 𝘝𝘐𝘚𝘈
DY u
Menu (nur Abendessen) à la carte 32/65 ⅗.

In Mannheim-Feudenheim :

✕✕ **Zum Ochsen** mit Zim (Gasthof a.d.J. 1632), Hauptstr. 70, ⊠ 68259, 𝒫 (0621)
79 95 50, Fax (0621) 7995533, 🍽 – 📺 ☎ 🅿. 🅰🅴 ⑩ 🇪 𝘝𝘐𝘚𝘈 𝙅𝘾𝘽
DV x
Menu (abends Tischbestellung ratsam) à la carte 38/77 – **12 Z** 125/175.

In Mannheim-Friedrichsfeld :

🏠 **Stattmüller,** Neckarhauser Str. 60 (Neu-Edingen), ⊠ 68535, 𝒫 (0621) 48 48 20,
⇔ Fax (0621) 4848230, 🍽 – 📺 ☎ 📞 ⇐ 🅿. 🅰🅴 ⑩ 🇪 𝘝𝘐𝘚𝘈
DV r
Menu à la carte 23/52 – **12 Z** 110/160.

In Mannheim-Neckarau :

🏠 **Axt** garni, Katharinenstr. 36, ⊠ 68199, 𝒫 (0621) 85 14 77, Fax (0621) 8620715 – 📺
Aug. 3 Wochen geschl. – **14 Z** 68/98.
CV d

In Mannheim-Sandhofen :

🏠🏠 **Weber-Hotel,** Frankenthaler Str. 85 (B 44), ⊠ 68307, 𝒫 (0621) 7 70 10,
Fax (0621) 7701113, ⇔ – |📱| 📺 ☎ 🅿. 🅰🅴 🇪 𝘝𝘐𝘚𝘈
BU r
Menu siehe Rest. **Reblaus** separat erwähnt – **140 Z** 99/198.

✕✕ **Reblaus** - Weber-Hotel, Frankenthaler Str. 85 (B 44), ⊠ 68307, 𝒫 (0621) 78 77 91,
Fax (0621) 772200, 🍽 – 🅿. 🇪
BU r
Samstagmittag geschl. – **Menu** à la carte 46/73.

In Mannheim-Seckenheim :

🏨 **Löwen,** Seckenheimer Hauptstr. 159 (B 37), ✉ 68239, 𝒸 (0621) 4 80 80, *Fax (0621) 4814154,* � – 📶, 🔆 Zim, 📺 ☎ 📧 ᕶ 🅿 – ᴁ 30. ᴁ 🄴 𝘝𝘐𝘚𝘈 DV b
22. Dez. - 7. Jan. geschl. – **Menu** *(Samstagmittag, Montagmittag, Sonn- und Feiertage sowie Juli- Aug. 3 Wochen geschl.)* à la carte 34/67 – **67 Z** 99/215.

MARBACH AM NECKAR *Baden-Württemberg* **419** *T 11,* **987** ㉗ – *13 500 Ew – Höhe 229 m.*
🛈 *Stadtverwaltung, Rathaus,* ✉ 71672, 𝒸 (07144) 10 22 45.
Berlin 610 – Stuttgart 33 – Heilbronn 32 – Ludwigsburg 8,5.

🏨 **Parkhotel** ⟲ garni, Schillerhöhe 14, ✉ 71672, 𝒸 (07144) 90 50, *Fax (07144) 90588*
– 📶 🔆 📺 ☎ ᕶ ᕰ 🅿. ᴁ 🄴 𝘝𝘐𝘚𝘈
43 Z 105/200.

✕ **Goldener Löwe,** Niklastorstr. 39, ✉ 71672, 𝒸 (07144) 66 63, �, « Historisches Fachwerkhaus a.d. 17. Jh. mit gemütlicher Einrichtung »
Montag und Juli - Aug. 3 Wochen geschl. – **Menu** *(wochentags nur Abendessen, Sonntag nur Mittagessen)* à la carte 35/63.

In Benningen *NW : 2 km :*

🏨 **Mühle** ⟲ garni, Ostlandstr. 2 (Zufahrt über Neckargasse), ✉ 71726, 𝒸 (07144) 50 21, *Fax (07144) 4166* – 📺 ☎ 🅿. 🄴 𝘝𝘐𝘚𝘈
20 Z 90/155.

MARBURG *Hessen* **417** *N 10,* **987** ㉗ – *75 000 Ew – Höhe 180 m.*
Sehenswert : Elisabethkirche★★ (Kunstwerke★★★ : Elisabethschrein★★) BY –
Marktplatz★ AY – Schloß★ AY – Museum für Kulturgeschichte★ (im Schloß) AY.
Ausflugsziel : Spiegelslustturm ⩽★, O : 9 km.
🛈 *Cölbe-Bernsdorf* (① : 8 km), 𝒸 (06427) 85 58.
🛈 *Verkehrsamt, Neue Kasseler Str. 1 (am Hauptbahnhof),* ✉ 35039, 𝒸 (06421) 20 12 49, *Fax (06421) 681526.*
ADAC, *Bahnhofstr. 6b,* ✉ 35037, 𝒸 (06421) 6 70 67, *Fax (06421) 681432.*
Berlin 473 ② – Wiesbaden 121 ② – Gießen 30 ② – Kassel 93 ① – Paderborn 140 ① – Siegen 81 ②

Stadtplan siehe gegenüberliegende Seite

🏨 **Sorat Hotel Marburg** 🅼, Pilgrimstein 29, ✉ 35037, 𝒸 (06421) 91 80, *Fax (06421) 918444,* �, Ƒᵟ, ⫸ₛ – 📶, 🔆 Zim, ▤ 📺 ☎ 📧 ᕶ – ᴁ 190. ᴁ ⓸ 🄴 𝘝𝘐𝘚𝘈
🇯🇨🇧   AY s
Menu à la carte 42/70 – **146 Z** 165/265.

🏨 **Europäischer Hof,** Elisabethstr. 12, ✉ 35037, 𝒸 (06421) 69 60(Hotel) 6 22 55(Rest.), *Fax (06421) 66404* – 📶 📺 ☎ ᕰ 🅿 – ᴁ 25. ᴁ ⓸ 🄴 𝘝𝘐𝘚𝘈   BY a
Atelier *(italienische Küche) (Aug. 2 Wochen geschl.)* **Menu** à la carte 40/65 – **95 Z** 85/275.

🏨 **Waldecker Hof** garni, Bahnhofstr. 23, ✉ 35037, 𝒸 (06421) 6 00 90, *Fax (06421) 600959,* ⫸ₛ, 🄺 – 📶, 🔆 Zim, 📺 ☎ ᕰ. ᴁ ⓸ 🄴 𝘝𝘐𝘚𝘈   BY d
40 Z 135/260.

✕✕ **Das kleine Restaurant,** Barfüßertor 25 (Am Wilhelmsplatz), ✉ 35037, 𝒸 (06421) 2 22 93, *Fax (06421) 51495* – 🄴   über Universitätsstraße BZ
Montag geschl. – **Menu** à la carte 48/63.

✕ **Milano,** Biegenstr. 19, ✉ 35037, 𝒸 (06421) 2 24 88, *Fax (06421) 22495* – ᴁ ⓸ 🄴 𝘝𝘐𝘚𝘈
Menu *(italienische Küche)* à la carte 41/64.   BZ e

In Marburg-Gisselberg ② : *5 km :*

🏨 **Fasanerie** ⟲, Zur Fasanerie 13, ✉ 35043, 𝒸 (06421) 9 74 10, *Fax (06421) 974177,*
⩽, �, ⫸ₛ, 🐎 – 🔆 Zim, 📺 ☎ ᕰ 🅿 – ᴁ 45. 🄴
Menu *(Freitag und 20. Dez. - 10. Jan. geschl.)(Montag - Donnerstag nur Abendessen, Sonn-tag nur Mittagessen)* à la carte 28/63 – **40 Z** 95/250.

In Marburg-Michelbach *NW : 7 km über Ketzerbach* BY :

🏨 **Stümpelstal** ⟲, Stümpelstal 2, ✉ 35041, 𝒸 (06420) 90 70, *Fax (06420) 514,* �, 🐎
📺 ☎ ᕰ 🅿 – ᴁ 80. 🄴 𝘝𝘐𝘚𝘈
Menu *(Sonntag geschl.)* *(nur Abendessen)* à la carte 33/60 – **50 Z** 90/180.

In Marburg - Wehrshausen-Dammühle *W : 5 km über Barfüßertor* BZ :

🏨 **Dammühle** ⟲, Dammühlenstr. 1, ✉ 35041, 𝒸 (06421) 9 35 60, *Fax (06421) 36118,*
�, 🐎 – 🔆 Zim, 📺 ☎ ᕰ 🅿 – ᴁ 25. 🄴 𝘝𝘐𝘚𝘈
Menu *(Freitag geschl.)* à la carte 28/60 – **21 Z** 85/180.

MARBURG

In Ebsdorfergrund-Frauenberg SO : 8 km über Erlenring und Cappeler Straße BZ :

🏠 **Zur Burgruine** ⑤, Cappeler Str. 10, ⊠ 35085, ℰ (06424) 13 79, Fax (06424) 4472,
Biergarten, ⇔ – 📺 ☎ 🅿 – 🔬 50. ☑
Menu *(Montag geschl.)* à la carte 30/65 – **34 Z** 65/190.

🏠 **Seebode** ⑤ (Fachwerkhaus a.d. Zeit der Jahrhundertwende), Burgweg 2, ⊠ 35085,
ℰ (06424) 68 96, Fax (06424) 4097, 🍽, ⇔, 🌳 – 📺 ☎ 🅿 – 🔬 40. ☒ ① ☑ 𝒱𝐼𝒮𝒜 ᴶᶜᴮ.
※
Menu *(Dienstag, 1. Jan. - 15. Feb. geschl.)* à la carte 33/66 – **17 Z** 80/120.

In Weimar-Wolfshausen ② : 10 km :

🏠🏠 **Bellevue**, Hauptstr. 30 (an der B 3), ⊠ 35096, ℰ (06421) 7 90 90, Fax (06421) 790915,
≤, 🍽, ⇔, 🌳 – 🛗, ⋙ Zim, 📺 ☎ 🕭 🅿 – 🔬 30. ☒ ① ☑ 𝒱𝐼𝒮𝒜
Menu à la carte 36/75 – **54 Z** 150/350.

MARGETSHÖCHHEIM Bayern siehe Würzburg.

MARIA LAACH Rheinland-Pfalz 𝟒𝟏𝟕 O 5 – Höhe 285 m – Benediktiner-Abtei.
    Sehenswert : *Abteikirche★*.
    Berlin 617 – Mainz 121 – Koblenz 31 – Bonn 51 – Mayen 13.

🏠🏠 **Seehotel Maria Laach** ⑤, ⊠ 56653, ℰ (02652) 58 40, Fax (02652) 584522, ≤, 🍽,
⇔, 🏊, 🌳 – 🛗 ⋙ 📺 ☎ ⇔ 🅿 – 🔬 130. ☒ ① ☑ 𝒱𝐼𝒮𝒜
Menu à la carte 46/80 – **61 Z** 150/290.

MARIENBERG, BAD Rheinland-Pfalz 𝟒𝟏𝟕 O 7 – 6 000 Ew – Höhe 500 m – Kneippheilbad –
    Luftkurort – Wintersport : 500/572 m ⟨1 ⟩3.
    🖪 Kurverwaltung, Wilhelmstr. 10, ⊠ 56470, ℰ (02661) 70 31, Fax (02661) 61565.
    Berlin 557 – Mainz 102 – Limburg an der Lahn 43 – Siegen 43.

🏠 **Kristall** ⍨, Goethestr. 21, ✉ 56470, ℰ (02661) 9 57 60, Fax (02661) 957650, ≼, 🏦,
🏧 🚗 – 📳 📺 ☎ 🅿. **E**
Menu 24/35 und à la carte 34/62 – **20 Z** 75/170 – ½ P 19.

🏠 **Westerwälder Hof**, Wilhelmstr. 21, ✉ 56470, ℰ (02661) 9 11 10 (Hotel)
6 42 04 (Rest.), Fax (02661) 911110, 🏧 – 📺 ☎ 🅿. **AE ① E VISA**
Menu (Montag geschl.) (italienische Küche) à la carte 34/55 – **16 Z** 65/140 – ½ P 30.

MARIENFELD Nordrhein-Westfalen siehe Harsewinkel.

MARIENHEIDE Nordrhein-Westfalen 417 M 6 – 13 400 Ew – Höhe 317 m.

🛈 Verkehrsbüro, Rathaus, Hauptstr. 20, ✉ 51709, ℰ (02264) 22 40, Fax (02264) 2261.
Berlin 561 – Düsseldorf 74 – Gummersbach 10 – Lüdenscheid 31 – Wipperfürth 12.

In Marienheide-Rodt SO : 3 km :

🏠 **Landhaus Wirth** ⍨, Friesenstr. 8 (B 256), ✉ 51709, ℰ (02264) 2 70,
Fax (02264) 2788, 🏦, 🍴, 🔲, 🚗 – ⭿ Zim, 📺 ☎ 🅿 – 🔏 50. **AE ① E VISA**
Im Krug (Samstagmittag und Sonntagabend geschl.) **Menu** 30 (mittags) und à la carte
44/79 – **50 Z** 110/280.

MARIENTHAL Rheinland-Pfalz siehe Hamm (Sieg).

MARIENTHAL, KLOSTER Hessen siehe Geisenheim.

MARING-NOVIAND Rheinland-Pfalz siehe Lieser.

MARKDORF Baden-Württemberg 419 W 12, 987 ③⑧ – 11 500 Ew – Höhe 453 m.

🛈 Fremdenverkehrsverein, Marktstr. 1, ✉ 88677, ℰ (07544) 50 02 90, Fax (07544)
500289.
Berlin 719 – Stuttgart 167 – Konstanz 23 – Freiburg im Breisgau 154 – Ravensburg 20
– Bregenz 45.

🏠 **Bischofschloß**, Schloßweg 2, ✉ 88677, ℰ (07544) 81 41, Fax (07544) 72313, 🏧, 🍴
– 📳 📺 ☎ 🚗 – 🔏 45. **AE ① E VISA**
Mitte Dez. - Mitte Jan. geschl. – **Menu** (nur Abendessen) à la carte 35/76 – **29 Z** 135/320.

MARKERSDORF KREIS GOERLITZ Sachsen siehe Görlitz.

MARKGRÖNINGEN Baden-Württemberg 419 T 11, 987 ㉗ ㉘ – 12 350 Ew – Höhe 286 m.

Sehenswert : Rathaus★.
Berlin 621 – Stuttgart 26 – Heilbronn 42 – Pforzheim 34.

🏠 **Schwäbischer Hof**, Bahnhofstr. 39, ✉ 71706, ℰ (07145) 53 83, Fax (07145) 3280,
– 📺 ☎ 🚗 🅿. **AE ① E VISA**
Menu (Montagmittag geschl.) à la carte 35/55 – **11 Z** 90/140.

MARKKLEEBERG Sachsen siehe Leipzig.

MARKLOHE Niedersachsen siehe Nienburg (Weser).

MARKRANSTÄDT Sachsen siehe Leipzig.

MARKTBREIT Bayern 419 420 Q 14, 987 ㉘ – 4 000 Ew – Höhe 191 m.

Sehenswert : Maintor und Rathaus★.
Berlin 491 – München 272 – Ansbach 58 – Bamberg 89 – Würzburg 25.

🏠 **Löwen** (Gasthof a.d.J. 1450 mit Gästehaus), Marktstr. 8, ✉ 97340, ℰ (09332) 30 85,
Fax (09332) 9438, 🏧 – ⭿ Rest, 📺 ☎ 🚗 – 🔏 30. **AE ① E VISA**. 🍴 Rest
Mitte Jan. - Mitte Feb. geschl. – **Menu** (Nov.- März Montag geschl.) à la carte 26/53 ⅋ –
29 Z 85/135.

MARKT ERLBACH Bayern 🔢🔢 R 15, 🔢 ㉘ – 4 000 Ew – Höhe 382 m.
Berlin 476 – München 208 – Nürnberg 40 – Bamberg 70 – Würzburg 80.

In Markt Erlbach-Linden W : 6 km :

🏠 **Zum Stern,** Hauptstr. 60, ⊠ 91459, ℘ (09106) 8 91, Fax (09106) 6666, 🍽, 🐴, 🐖
🍴 – 📺 **❿**
Feb. geschl. – **Menu** (Mittwoch geschl.) à la carte 19/42 – **17 Z** 53/96.

MARKTHEIDENFELD Bayern 🔢🔢 Q 12, 🔢 ㉗ – 10 300 Ew – Höhe 153 m.
🏌 Golf-Club Main-Spessart, Eichenfürst (W : 2 km), ℘ (09391) 84 35.
🎫 Fremdenverkehrsamt, Luitpoldstr. 17, Rathaus, ⊠97828, ℘ (09391) 50 04 41,.
Berlin 533 – München 322 – Aschaffenburg 46 – Würzburg 29.

🏛 **Anker** garni (siehe auch Restaurant Weinhaus Anker), Obertorstr. 6, ⊠ 97828,
℘ (09391) 6 00 40, Fax (09391) 600477 📳 ✤ 📺 ☎ 🕭 ⇐ ❿ – 🅰 60. 🅰 🅴 📧
39 Z 109/320.

🏠 **Zum Löwen,** Marktplatz 3, ⊠ 97828, ℘ (09391) 15 71, Fax (09391) 1721 – 📺 ⇔.
📧 📧
Menu (Mittwoch und Nov. 2 Wochen geschl.) à la carte 28/63 🍺 – **30 Z** 68/130.

🏠 **Mainblick,** Mainkai 11, ⊠ 97828, ℘ (09391) 30 21, Fax (09391) 81311, 🍽 – 📺 ☎.
🅰 📧 📧
Menu (Montag geschl.) à la carte 31/53 🍺 – **12 Z** 80/125.

🏠 **Schöne Aussicht,** Brückenstr. 8, ⊠ 97828, ℘ (09391) 30 55, Fax (09391) 3722 – 📳
📺 ☎ ⇐ ❿
Menu à la carte 28/63 – **48 Z** 90/140.

🍴 **Weinhaus Anker,** Obertorstr. 13, ⊠ 97828, ℘ (09391) 17 36, Fax (09391) 1742 – 🅰
🍽 ⓘ 📧 📧
Montag - Dienstagmittag geschl. – **Menu** (Tischbestellung ratsam, bemerkenswerte Weinkarte) 50/120 und à la carte 64/98 – **Weinstube :** Menu à la carte 40/59
Spez. Kalbskopf in Ahornvinaigrette. Gugelhupf von Süßwasserfischen. Das Beste vom Reh.

In Marktheidenfeld-Altfeld W : 5 km :

🏛 **Spessarttor** garni, Michelriether Str. 38, ⊠ 97828, ℘ (09391) 6 00 30,
Fax (09391) 600399, ⇐ 📳 📺 ✿ ⇐ ❿. 🅰 ⓘ 📧 📧
20 Z 110/200.

MARKTLEUGAST Bayern 🔢🔢 P 18 – 4 100 Ew – Höhe 555 m.
Berlin 336 – München 261 – Coburg 63 – Hof 32 – Kulmbach 19 – Bayreuth 33.

In Marktleugast-Hermes SW : 4 km :

🏡 **Landgasthof Haueis** 🐾, Hermes 1, ⊠ 95352, ℘ (09255) 2 45, Fax (09255) 7263,
🍽, 🐴 – 📺 ☎ ⇐ ❿ – 🅰 20. 📧 📧
10. Jan. - 10. März geschl. – **Menu** à la carte 21/50 – **42 Z** 52/120.

MARKTOBERDORF Bayern 🔢🔢 W 15, 🔢 ㊴ – 18 000 Ew – Höhe 758 m – Erholungsort.
Berlin 638 – München 99 – Füssen 29 – Kaufbeuren 13 – Kempten (Allgäu) 28.

🏛 **Sepp,** Bahnhofstr. 13, ⊠ 87616, ℘ (08342) 70 90, Fax (08342) 709100, 🍽, ⇐, 🐴
– 📳 📺 ☎ 🕭 ⇐ ❿ – 🅰 70. 📧 🎿
Menu (Samstag geschl.) à la carte 31/56 – **64 Z** 90/152 – ½ P 16.

🏛 **St. Martin** garni, Wiesenstr. 21, ⊠ 87616, ℘ (08342) 9 62 60, Fax (08342) 962696, 🛗
– 📳 📺 ☎ ❿. 📧 📧
25 Z 75/120.

MARKTREDWITZ Bayern 🔢 P 20, 🔢 ㉙ – 20 000 Ew – Höhe 539 m.
🎫 Fremdenverkehrsbüro, Markt 29, ⊠ 95615, ℘ (09231) 50 11 28, Fax (09231) 501129.
Berlin 365 – München 288 – Bayreuth 54 – Hof 48.

🏠 **Marktredwitzer Hof,** Scherdelstr. 7 (am Bahnhof), ⊠ 95615, ℘ (09231) 95 60,
Fax (09231) 956150, Biergarten – 📳 ✤ Zim, 📺 ☎ 🕭 ❿ – 🅰 40. 🅰 ⓘ 📧 📧
🎫
Menu à la carte 28/56 – **50 Z** 88/218.

🏠 **Bairischer Hof,** Markt 40, ⊠ 95615, ℘ (09231) 6 20 11, Fax (09231) 63550, 🍽 –
📳 ✤ Zim, 📺 ☎ ❿ – 🅰 60. 🅰 ⓘ 📧 📧
Menu à la carte 27/46 – **55 Z** 85/190.

🍴 **Am Kamin,** Klingerstr. 18, ⊠ 95615, ℘ (09231) 6 46 99, 🍽 – ❿. 🅰 ⓘ 📧 📧
🍽 Dienstag geschl. – **Menu** à la carte 23/53

MARKTRODACH Bayern siehe Kronach.

MARKTSCHELLENBERG Bayern 🔲🔲🔲 W 23 – 1 800 Ew – Höhe 480 m – Heilklimatischer Kurort
– Wintersport : 800/1 000 m ⚞ 1.
🔟 Verkehrsamt, Rathaus, ✉ 83487, ℰ (08650) 98 88 30, Fax (08650) 9888831.
Berlin 734 – München 144 – Bad Reichenhall 22 – Salzburg 13 – Berchtesgaden 10.

Am Eingang der Almbachklamm S : 3 km über die B 305 :

⚒ **Zur Kugelmühle** 🦌 mit Zim, Kugelmühlweg 18, ✉ 83487 Marktschellenberg,
ℰ (08650) 4 61, Fax (08650) 416, ≼, « Gartenterrasse, Sammlung von Versteinerungen »
– 🔟 🅿. 🛇 Zim
Mitte Jan.- Anfang März und Ende Okt.- 25. Dez. geschl. – **Menu** (im Winter Montag geschl.)
à la carte 23/46 – **7 Z** 54/120.

MARKT SCHWABEN Bayern 🔲🔲🔲 V 19 – 9 700 Ew – Höhe 509 m.
Berlin 599 – München 24 – Erding 13.

🏨 **Georgenhof**, Bahnhofstr. 39, ✉ 85570, ℰ (08121) 92 00(Hotel) 4 54 66(Rest.),
Fax (08121) 92060, Biergarten – 📶, 🍴 Zim, 🔟 ☎ 🅿 – 🔬 40. 🗚 ⓪ 🗲 𝗩𝗜𝗦𝗔
über Weihnachten geschl. – **Georgenstuben** (italienische Küche) (Samstag - Sonntag
geschl.) **Menu** à la carte 27/62 – **34 Z** 100/280.

MARKTZEULN Bayern siehe Lichtenfels.

MARL Nordrhein-Westfalen 🔲🔲🔲 L 5, 🔲🔲🔲 ⑮ – 92 000 Ew – Höhe 62 m.
Berlin 521 – Düsseldorf 72 – Gelsenkirchen 17 – Gladbeck 12 – Münster (Westfalen) 62 –
Recklinghausen 10.

🏨 **Novotel**, Eduard-Weitsch-Weg 2, ✉ 45768, ℰ (02365) 10 20, Fax (02365) 102488, 😮,
≊, 🔬, – 📶, 🍴 Zim, 🔟 ☎ 🅿 – 🔬 220. 🗚 ⓪ 🗲 𝗩𝗜𝗦𝗔
Menu à la carte 30/58 – **93 Z** 150/199.

🏠 **Haus Witt** garni, Breddenkampstr. 126, ✉ 45770, ℰ (02365) 9 57 00,
Fax (02365) 413263 – 🔟 ☎. 🛇
Weihnachten - 2. Jan. und Juli - Aug. 3 Wochen geschl. – **12 Z** 85/135.

In Marl-Hüls :

🏨 **Loemühle** 🦌, Loemühlenweg 221, ✉ 45770, ℰ (02365) 4 14 50,
Fax (02365) 4145199, « Park, Gartenterrasse », Massage, ≊, 🔬 (geheizt), 🔲, 🖼 – 🔟
☎ 🅿 – 🔬 40. 🗚 ⓪ 🗲 𝗩𝗜𝗦𝗔
Menu à la carte 38/74 – **50 Z** 105/235.

MARLOFFSTEIN Bayern siehe Erlangen.

MARNE Schleswig-Holstein 🔲🔲🔲 E 11, 🔲🔲🔲 ⑤ – 5 600 Ew – Höhe 3 m.
Berlin 378 – Kiel 110 – Flensburg 111 – Hamburg 95 – Neumünster 77.

⚒ **Gerson**, Königstr. 45 (B 5), ✉ 25709, ℰ (04851) 5 34, Fax (04851) 2011 – 🔟 ☎ 🅿.
🗚 ⓪ 🗲 𝗩𝗜𝗦𝗔. 🛇
24. Dez. - 6. Jan. geschl. – **Menu** (Sonntag geschl.) (nur Abendessen) à la carte 24/41 –
10 Z 75/120.

MARQUARTSTEIN Bayern 🔲🔲🔲 W 21, 🔲🔲🔲 ㊵ – 3 400 Ew – Höhe 545 m – Luftkurort – Win-
tersport : 600/1 200 m ⚞2 ⚞2.
🔟 Verkehrsamt, Bahnhofstr. 3, ✉ 83250, ℰ (08641) 82 36, Fax (08641) 61701.
Berlin 686 – München 96 – Bad Reichenhall 50 – Salzburg 55 – Traunstein 23 –
Rosenheim 37.

🏠 **Gästehaus am Schnappen** 🦌 garni, Freiweidacher Str. 32, ✉ 83250,
ℰ (08641) 82 29, Fax (08641) 8421, ≼, 🔬 (geheizt), 🖼 – 🅿. 🛇
Nov. - 20. Dez. geschl. – **14 Z** 55/110.

⚒ **Prinzregent**, Loitshauser Str. 5, ✉ 83250, ℰ (08641) 82 56, Fax (08641) 8710, 😮,
🖼 – 🍴 Rest. 🔟 ☎ 🅿. 🗲
Mitte - Ende Nov. geschl. – **Menu** (Montagabend und Dienstagabend geschl.) à la carte
24/47 – **15 Z** 65/115.

In Marquartstein-Pettendorf N : 2 km :

🏠 **Weßnerhof**, Pettendorf 11, ✉ 83250, ℰ (08641) 9 78 40, Fax (08641) 61962, Biergarten, 🖼 – 📶 🍴 🔟 ☎ 🚗 🅿
Menu (Mittwoch und Nov. - 10. Dez. geschl.) à la carte 26/61 – **39 Z** 58/154 – ½ P 25.

MARSBERG Nordrhein-Westfalen 🔢 L 10, 🔢 ⑯ – 22 500 Ew – Höhe 255 m.
  🛈 Verkehrsbüro, Bülbergstr. 2, ⊠ 34431, ℰ (02992) 33 88.
  Berlin 450 – Düsseldorf 185 – Kassel 66 – Brilon 22 – Paderborn 44.

In Marsberg-Bredelar SW : 7 km :
  🏠 **Haus Nolte**, Mester-Everts-Weg 6, ⊠ 34431, ℰ (02991) 3 29, Fax (02991) 1036, 🍴
    – 📺 ☎ ❷. 🍽 Rest
    Mai 2 Wochen geschl. – **Menu** (Montag geschl.) à la carte 37/60 – **10 Z** 70/130.

In Marsberg-Helminghausen SW : 14 km, an der Diemeltalsperre :
  🏠 **Seehotel Sonnengruss**, Am See 3, ⊠ 34431, ℰ (02991) 9 63 60,
    Fax (02991) 963696, ≤, 🍴, 🛥, 🖻 – ❷ – 🔬 40
    Dez. - Jan. geschl. – **Menu** (im Winter Montag geschl.) à la carte 28/46 (auch vegetarische
    Gerichte) – **18 Z** 80/140.

MARSDORF Sachsen siehe Dresden.

MASELHEIM Baden-Württemberg siehe Biberach an der Riss..

MASSERBERG Thüringen 🔢 🔢 O 16 – 900 Ew – Höhe 803 m – Wintersport : 650/841 m
  ✂ 1 ✦ 4.
  🛈 Kurverwaltung, Kurhausstr. 8, ⊠ 98666, ℰ (036870) 5 33 73, Fax (036870) 53375.
  Berlin 343 – Erfurt 63 – Coburg 37 – Saalfeld 51 – Suhl 36.

  🏨 **Rennsteig** 🦎, Rennsteigstr. 5, ⊠ 98666, ℰ (036870) 5 04 31, Fax (036870) 50388,
    🍴, freier Zugang zum Sinn Bad – 🛗 📺 ☎ 🍴 ❺ ❷ – 🔬 120. 🆎 ☰ 💳
    Menu à la carte 42/65 – **103 Z** 140/170, 5 Suiten.

MASSWEILER Rheinland-Pfalz 🔢 S 6 – 1 100 Ew – Höhe 340 m.
    Berlin 682 – Mainz 138 – Saarbrücken 59 – Pirmasens 15 – Zweibrücken 23 –
    Kaiserslautern 48.
  XX **Borst** mit Zim, Luitpoldstr. 4, ⊠ 66506, ℰ (06334) 14 31, Fax (06334) 1431
  🍴 🍴 – 📺. 🍽
    Menu (Samstagmittag und Dienstag geschl.) 30/98 und à la carte – **5 Z** 55/100.

MAULBRONN Baden-Württemberg 🔢 S 10, 🔢 ㉗ 6 200 Ew – Höhe 250 m.
    Sehenswert · Ehemaliges Zisterzienserkloster★★ (Kreuzgang★★, Brunnenkapelle★★,
    Klosterräume★★, Klosterkirche★).
    Berlin 642 – Stuttgart 45 – Karlsruhe 37 – Heilbronn 55 – Pforzheim 20.
  🏨 **Klosterpost** 🦎, Frankfurter Str. 2, ⊠ 75433, ℰ (07043) 10 80, Fax (07043) 108299, 🍴
  🍴 – 🛗 📺 ☎ ❺ 🍴 – 🔬 30. ⓞ ☰ 💳
    Menu (Nov. - März Sonntagabend - Montag geschl.) à la carte 32/77 (auch vegetarische
    Gerichte) – **40 Z** 118/197.
  🏠 **Birkenhof**, Birkenplatz 1, ⊠ 75433, ℰ (07043) 67 63, Fax (07043) 7726, 🍴 – 📺 ☎
    🍴 ❷ 🆎 ⓞ ☰ 💳
    Feb. 2 Wochen geschl. – **Menu** (Dienstag geschl.) à la carte 30/59 🍴 – **20 Z** 75/150.

MAULBURG Baden-Württemberg siehe Schopfheim.

MAUTH Bayern 🔢 T 24 – 2 800 Ew – Höhe 820 m – Erholungsort – Wintersport : 820/1 341 m
  ✂ 1 ✦ 8.
  🛈 Verkehrsamt, Rathaus, ⊠ 94151, ℰ (08557) 96 00 85, Fax (08557) 960015.
  Berlin 536 – München 211 – Grafenau 21 – Passau 43.

In Mauth-Finsterau N : 7 km – Höhe 998 m
  🏠 **Bärnriegel** 🦎 (mit Gästehaus), Halbwaldstr. 32, ⊠ 94151, ℰ (08557) 9 60 20,
  🍴 Fax (08557) 960249, ≤, 🍴, 🛥, 🍴 – 📺 ☎ ❷. 🍽 Zim
    11. Nov.- 9. Dez. geschl. – **Menu** à la carte 24/58 🍴 – **26 Z** 62/117 – ½ P 18.

MAYEN Rheinland-Pfalz 🔢 O 5, 🔢 ㉖ – 19 500 Ew – Höhe 240 m.
    Ausflugsziel : Schloß Bürresheim★ NW : 5 km.
  🛈 Städtisches Verkehrsamt, im alten Rathaus, Markt, ⊠ 56727, ℰ (02651) 8 82 60, Fax
    (02651) 88366.
    Berlin 625 – Mainz 126 – Bonn 63 – Koblenz 35 – Trier 99.

🏠 **Maifelder Hof,** Polcher Str. 74, ✉ 56727, ℰ (02651) 9 60 40, Fax (02651) 76558, Biergarten – 📺 ☎ 🚗 🄿. 🅰🄴 ① 🄴
Menu (Samstag und 23. Dez.- 3. Jan. geschl.) (wochentags nur Abendessen, Sonn - und Feiertage nur Mittagessen) à la carte 29/63 ♨ – **13 Z** 82/160.

🏠 **Katzenberg** garni, Koblenzer Str. 174, ✉ 56727, ℰ (02651) 4 35 85, Fax (02651) 48855, 🚒 – 🕪 Zim, 📺 ☎ 🄿. 🅰🄴 ① 🄴 VISA. 🛇
25 Z 95/150.

🏠 **Zur Traube** garni, Bäckerstr. 6, ✉ 56727, ℰ (02651) 9 60 10, Fax (02651) 72187 – 📺 ☎ 🚗. ① 🄴 VISA
18 Z 85/125.

✕ **Zum Alten Fritz** mit Zim, Koblenzer Str. 56, ✉ 56727, ℰ (02651) 4 32 72, 🚗 – 📺 ☎ 🄿. 🅰🄴 ① 🄴
Menu (Dienstag, 25. Feb.- 3. März und 16. Juli - 11. Aug. geschl.) à la carte 30/55 ♨ – **19 Z** 50/120.

In Mayen-Kürrenberg NW : 7 km – Höhe 525 m – Erholungsort :

🏠 **Wasserspiel,** Im Weiherhölzchen 7, ✉ 56727, ℰ (02651) 30 81, Fax (02651) 5233, ≤, 🚒 – 🄿. 🅰🄴 ① 🄴
Menu (Dienstag geschl.) à la carte 43/69 ♨ – **19 Z** 70/120.

In Ettringen NW : 8 km :

🏨 **Parkhotel am Schloss** 🛇, im Nettetal, ✉ 56729 Ettringen, ℰ (02651) 80 84 04, Fax (02651) 808400, 🌳, « Idyllische Lage im Nettetal, Garten » – 📺 ☎ 🄿 – 🔬 20. 🅰🄴 🄴 VISA
Menu (Montag geschl.) à la carte 49/72 – **18 Z** 125/434.

MAYSCHOSS Rheinland-Pfalz 🄸🄸🄸 O 5 – 1 100 Ew – Höhe 141 m.
Berlin 628 – Mainz 158 – Bonn 35 – Adenau 22.

🏠 **Zur Saffenburg,** Bundesstr. 43 (B 267), ✉ 53508, ℰ (02643) 83 92, Fax (02643) 8100, 🌳 – 🚗 🄿. 🛇 Rest
Dez.- 20. Jan. geschl. – **Menu** (Mittwoch geschl.) à la carte 36/69 – **18 Z** 65/130.

In Mayschoß-Laach :

🏨 **Lochmühle,** an der B 267, ✉ 53508, ℰ (02643) 80 80, Fax (02643) 808445, ≤, ⅃ₛ, ≦ₛ, 🄿 – 🕪, 🕪 Zim, 📺 🚗 🄿 – 🔬 60. 🅰🄴 ① 🄴 VISA
Menu à la carte 45/89 – **104 Z** 108/240.

MECHERNICH Nordrhein-Westfalen 🄸🄸🄸 O 3 – 25 000 Ew – Höhe 298 m.
🄱 Fremdenverkehrsverein (Kommern), Altes Rathaus, ✉ 53894, ℰ (02443) 52 96.
Berlin 623 – Düsseldorf 94 – Bonn 62 – Düren 33 – Köln 52.

In Mechernich-Kommern NW : 4 km :

🏨 **Sporthotel Kommern am See,** an der B 266/477, ✉ 53894, ℰ (02443) 9 90 90, Fax (02443) 990955, ≦ₛ, 🄿, 🚒, ✕ (Halle) – 📺 ☎ 🄿 – 🔬 30. 🅰🄴 ① 🄴 VISA
Menu à la carte 47/79 – **30 Z** 85/210.

MECKENBEUREN Baden-Württemberg 🄸🄸🄸 W 12, 🄰🄰🄰 ⑧ – 9 900 Ew – Höhe 417 m.
Berlin 712 – Stuttgart 158 – Konstanz 40 – Ravensburg 11 – Bregenz 32.

In Meckenbeuren-Liebenau NO : 4,5 km :

🏨 **Amselhof** 🛇, Berger Halde 50, ✉ 88074, ℰ (07542) 9 40 10, Fax (07542) 940148, 🌳, ≦ₛ, ⅃ (geheizt), 🚒, ✕(Halle) – 📺 ☎ 🄿 – 🔬 20. 🅰🄴 ① 🄴 VISA
Menu (wochentags nur Abendessen) à la carte 29/60 – **20 Z** 110/160.

In Meckenbeuren-Madenreute NO : 5 km über Liebenau :

🏨 **Jägerhaus** 🛇, ✉ 88074, ℰ (07542) 9 45 50(Hotel) 46 32(Rest.), Fax (07542) 945556, 🌳, ≦ₛ – 🕪, 📺 ☎ 🄿. ① 🄴 VISA
Menu (Montag - Freitag nur Abendessen, Mittwoch und Feb.- März 2 Wochen geschl.) à la carte 28/52 – **40 Z** 95/160.

Ganz **EUROPA** auf einer Karte (mit Ortsregister) :
Michelin-Karte Nr. 🄰🄰🄰.

MECKENHEIM Nordrhein-Westfalen **417** O 5 – 24 200 Ew – Höhe 160 m.
Berlin 612 – Düsseldorf 94 – Bonn 19 – Koblenz 65.

🏨 **City-Hotel** (mit Gästehaus, 🛗), Bonner Str. 25, ⌧ 53340, ℰ (02225) 60 95, Fax (02225) 17720 – ⇄ Zim, 📺 ☎ 🅿 – 🕮 100. 🖭 ⑩ 🗲 🆅🆂🅰
Menu à la carte 29/53 – **89 Z** 130/210.

🏠 **Zwei Linden** garni, Merler Str. 1, ⌧ 53340, ℰ (02225) 60 22, Fax (02225) 12892 – 📺
☎ ✆ 🕭 🅿. ⑩ 🗲 🆅🆂🅰
20 Z 105/160.

MECKLENBURGISCHE SEENPLATTE Mecklenburg-Vorpommern **416** F 20 bis F 22, **987** ⑦.
Sehenswert : Seenplatte★★★ zwischen Elbe-Lübeck-Kanal und der Uckermark mit über 1000 Seen – Müritz-Nationalpark★.

MEDEBACH Nordrhein-Westfalen **417** M 10, **987** ⑯ ㉗ – 7900 Ew – Höhe 411 m.
Berlin 463 – Düsseldorf 195 – Kassel 76 – Marburg 61 – Paderborn 89 – Siegen 101.

🏠 **Brombach,** Oberstr. 6, ⌧ 59964, ℰ (02982) 85 70, Fax (02982) 3452, 🏡 – 🛗 📺 ⇔
🅿. 🖭 ⑩ 🗲 🆅🆂🅰
Menu (Montag geschl.) à la carte 29/57 ⅛ – **8 Z** 60/120.

In Medebach-Küstelberg NW : 8,5 km :

🏠 **Schloßberghotel** 🔙, Im Siepen 1, ⌧ 59964, ℰ (02981) 9 29 10, Fax (02981) 929120, ⇐, 🏡, ⇔s, 🖾, 🎿 – 🛗 ☎ 🅿. ⋘
Mitte - Ende Jan. geschl. – **Menu** (Mittwoch geschl.) à la carte 31/62 – **16 Z** 85/170.

MEERANE Sachsen **418** N 21, **984** ㉓, **987** ㉙ – 22 000 Ew – Höhe 320 m.
Berlin 246 – Dresden 114 – Chemnitz 41 – Gera 38 – Zwickau 18 – Leipzig 67.

🏨 **Meerane** Ⓜ, An der Hohen Str. 3 (Gewerbegebiet), ⌧ 08393, ℰ (03764) 59 10, Fax (03764) 591591, 🏡, ℄, Massage, ⇔s – 🛗, ⇄ Zim, 📺 ✆ & ⇔ 🅿 – 🕮 140.
🖭 ⑩ 🗲 🆅🆂🅰 ⋘ Rest
Menu 32 (Buffet) und à la carte 27/60 – **Ambiente** (Sonntag geschl., nur Abendessen)
Menu à la carte 37/63 – **137 Z** 190/240, 20 Suiten.

🏠 **Schwanefeld** Ⓜ, Schwanefelder Str. 22 (an der B 93), ⌧ 08393, ℰ (03764) 40 50, Fax (03764) 4367, 🏡, ⇔s – 🛗 📺 ☎ ✆ 🅿 – 🕮 200. 🖭 ⑩ 🗲 🆅🆂🅰
Menu à la carte 32/65 – **49 Z** 120/155.

MEERBUSCH Nordrhein-Westfalen siehe Düsseldorf.

MEERSBURG Baden-Württemberg **419** W 11, **987** ㉟ – 5500 Ew – Höhe 444 m – Erholungsort.
Sehenswert : Oberstadt (Marktplatz★ B, Steigstraße★ A) – Neues Schloß (Terrasse ⩽★) AB.
🛈 Kur- und Verkehrsamt, Kirchstr. 4, ⌧ 88709, ℰ (07532) 43 11 11, Fax (07532) 431120.
Berlin 730 ① – Stuttgart 191 ① – Konstanz 12 ② – Freiburg im Breisgau 143 ① –
Ravensburg 31 ① – Bregenz 48 ①

Stadtplan siehe nächste Seite

🏨 **3 Stuben,** Kirchstr. 7, ⌧ 88709, ℰ (07532) 8 00 90 (Hotel) 8 00 20 (Rest.), Fax (07532) 1367, « Restauriertes Fachwerkhaus mit moderner Einrichtung », ⇔s – 🛗 📺   B v
☎ ⇔ 🅿. 🖭 🗲 🆅🆂🅰 ⋘ Zim
Hotel : 15. Dez. - 1. März geschl. – **Menu** (Dienstag und 15. Dez. - 1. Feb. geschl.)
(nur Abendessen) à la carte 83/113 – **25 Z** 145/265.

🏨 **Romantik Hotel Residenz am See,** Uferpromenade 11, ⌧ 88709, ℰ (07532)
8 00 40, Fax (07532) 800470, ⇐, 🏡, 🎿 – 🛗, ⇄ Zim, 📺 ☎ 🅿. 🖭 🗲 🆅🆂🅰   B r
Menu à la carte 60/91 (auch vegetarisches Menu) – **22 Z** 136/304 – ½ P 52.

🏨 **Strandhotel Wilder Mann,** Bismarckplatz 2, ⌧ 88709, ℰ (07532) 90 11, Fax (07532) 9014, ⇐, « Gartenterrasse, Rosengarten », ℄s, 🎿 – 📺 ☎ ⇔ 🅿   A a
Menu (15. Okt. - März geschl.) à la carte 37/72 – **33 Z** 140/250.

🏠 **Villa Bellevue** 🔙 garni, Am Rosenhag 5, ⌧ 88709, ℰ (07532) 97 70, Fax (07532)
1367, ⇐, 🎿 – 📺 ☎ ⇔. 🖭 🗲 🆅🆂🅰 ⋘   über Stefan-Lochner-Str.   B
April - 15. Oktober – **12 Z** 140/240.

🏠 **Löwen** (Gasthof a.d. 15. Jh.), Marktplatz 2, ⌧ 88709, ℰ (07532) 4 30 40, Fax (07532) 430410, ⇄ Zim, 📺 ☎. 🖭 ⑩ 🗲 🆅🆂🅰 🅹🅲🅱   B e
Menu (Nov. - April Mittwoch geschl.) à la carte 47/74 – **21 Z** 85/195 – ½ P 30.

🏠 **Terrassenhotel Weißhaar** 🔙, Stefan-Lochner-Str. 1, ⌧ 88709, ℰ (07532)
4 50 40, Fax (07532) 450445, ⩽ Bodensee, « Gartenterrasse » – 📺 ☎ ⇔ 🅿. 🗲
🆅🆂🅰   über Stefan-Lochner-Str.   B
April - Okt. – **Menu** à la carte 41/66 – **26 Z** 120/230.

MEERSBURG

Pour les grands voyages
d'affaires ou de tourisme
Guide MICHELIN rouge :
EUROPE.

🏠 **Bären** (Historischer Gasthof a.d. 17. Jh.), Marktplatz 11, ✉ 88709, ℘ (07532) 4 32 20,
Fax (07532) 432244 – 📺 ☎ 🚗
B u
Mitte März - Mitte Nov. – **Menu** (Montag, März - Juni auch Dienstag geschl.) à la carte 29/55
(auch vegetarische Gerichte) – **19 Z** 85/170 – ½ P 27.

🏠 **Zum Schiff,** Bismarckplatz 5, ✉ 88709, ℘ (07532) 4 50 00, Fax (07532) 1537, ≼, 🏖
– 📺 ☎ 🅿. 🆎 ⓞ ➊ 🗲 𝗩𝗜𝗦𝗔
A n
Ostern - Mitte Okt. – **Menu** à la carte 32/55 – **35 Z** 75/200.

🏠 **Café Off** 🦢, Uferpromenade 51, ✉ 88709, ℘ (07532) 4 47 40, Fax (07532) 447444,
≼, 🏖 – 🛗 📺 ☎ 🅿. ⓞ ➊ 🗲 𝗩𝗜𝗦𝗔 über Uferpromenade **B**
7. - 31. Jan. geschl. – **Menu** à la carte 38/61 – **21 Z** 99/220 – ½ P 32.

✕✕ **Winzerstube zum Becher,** Höllgasse 4, ✉ 88709, ℘ (07532) 90 09,
Fax (07532) 1699 – 🆎 ⓞ 𝗩𝗜𝗦𝗔
B t
Montag und Mitte Dez. - Mitte Jan. geschl. – **Menu** (Tischbestellung ratsam) à la carte
41/79.

MEHRING Rheinland-Pfalz **417** Q 4 – 2 000 Ew – Höhe 122 m.
🏌 Ensch-Birkenheck (N : 7 km), ℘ (06507) 43 74.
🛈 Heimat- und Verkehrsverein, Bachstr. 47, ✉ 54346, ℘ (06502) 14 13, Fax (06502)
7955.
Berlin·714 – Mainz 153 – Bernkastel-Kues 40 – Trier 19.

🏠 **Weinhaus Molitor** 🦢 garni (mit Wein- und Bierstube), Maximinstr. 9, ✉ 54346,
℘ (06502) 27 88, 🐴 – 📺 🚗 🅿. 🗲
11 Z 65/120.

In Pölich O : 3 km :

🎣 **Pölicher Held,** Hauptstr. 5 (B 53), ✉ 54340, ℘ (06507) 9 36 00, Fax (06507) 936011,
≼, 🏖 – 🚗 🅿. 🗲
24. Dez.- 10. Feb. geschl. – **Menu** (Donnerstag geschl.) à la carte 23/45 🍷 – **9 Z** 50/90.

MEHRSTETTEN Baden-Württemberg siehe Münsingen.

MEINERZHAGEN Nordrhein-Westfalen **417** M 6, **987** ㉖ – 21 300 Ew – Höhe 385 m – Win-
tersport : 400/500 m ✹3 🛷1.
🏌 Kierspe-Varmert, an der B 237 (W : 9 km), ℘ (02269) 72 99.
🛈 Verkehrsamt, Bahnhofstr. 11, ✉ 58540, ℘ (02354) 7 71 32, Fax (02354) 77220.
Berlin 543 – Düsseldorf 78 – Lüdenscheid 19 – Olpe 21 – Siegen 47.

✕ **La Provence,** Kirchstr. 11, ✉ 58540, ℘ (02354) 1 21 06, 🏖 – 🅿. 🆎 ⓞ 🗲 𝗩𝗜𝗦𝗔
Montag und ab Ostern 1 Woche geschl. – **Menu** à la carte 40/60.

MEINHARD Hessen siehe Eschwege.

MEININGEN Thüringen 🔢🔢 O 15, 🔢 ㉖ ㉗, 🔢 ㉘ – 24 000 Ew – Höhe 286 m.
🖂 Tourist-Information, Bernhardstr. 6, ⊠ 98617, ℰ (03693) 4 46 50, Fax (03693) 446544.
Berlin 371 – Erfurt 80 – Coburg 69 – Fulda 27.

🏰 **Schloß Landsberg** ≫, Landsberger Straße 150 (NW : 4 km), ⊠ 98617, ℰ (03693) 4 40 90, Fax (03693) 440944, ≼, 😕, « Schloß im gotischen Stil a.d.J. 1840 mit stilvoller Einrichtung » – 📳, ↦ Rest, 📺 ☎ 🅟 – 🔥 20. 🅰🅴 ⓞ 🅴 𝚅𝙸𝚂𝙰 𝙹𝙲𝙱
Menu à la carte 36/58 – **21 Z** 100/250, 6 Suiten.

🏰 **Romantik Hotel Sächsischer Hof** 🅼, Georgstr. 1, ⊠ 98617, ℰ (03693) 45 70, Fax (03693) 457401, 😕 – 📳, ↦ Zim, 📺 ☎ 📞 🅟 – 🔥 80. 🅰🅴 ⓞ 🅴 𝚅𝙸𝚂𝙰
Posthalterei : Menu à la carte 35/60 – **Schänke :** Menu à la carte 25/42 – **40 Z** 135/190, 3 Suiten.

🏰 **Altstadthotel** garni, Baumbachstr. 2, ⊠ 98617, ℰ (03693) 8 76 90, Fax (03693) 876940, ≘s – 📳 ↦ 📺 ☎ 📞 🅟. 🅰🅴 🅴 𝚅𝙸𝚂𝙰. ⦸
14 Z 95/150.

🏰 **Hotel im Kaiserpark** garni, Günther-Raphael-Str. 9, ⊠ 98617, ℰ (03693) 47 18 16, Fax (03693) 471820 – 📳 ↦ 📺 ☎ 🚗 🅟 – 🔥 80. 🅴 𝚅𝙸𝚂𝙰
37 Z 90/150.

🏰 **Schlundhaus** (mit Gästehaus), Schlundgasse 4, ⊠ 98617, ℰ (03693) 4 27 76, Fax (03693) 41053, 😕 – 📺 ☎ – 🔥 50. 🅰🅴 ⓞ 🅴 𝚅𝙸𝚂𝙰
Menu à la carte 23/40 – **20 Z** 95/180.

🏠 **An der Kapelle**, Anton-Ulrich-Str. 19, ⊠ 98617, ℰ (03693) 4 49 20, Fax (03693) 470174 – ☎. 🅰🅴 ⓞ 🅴 𝚅𝙸𝚂𝙰
Menu à la carte 24/34 – **17 Z** 80/120.

In Sülzfeld *SW : 6 km :*

🏠 **Lichter Hof**, Amalienruher Weg 1 (B 19), ⊠ 98617, ℰ (036945) 58 30, Fax (036945) 58328, 😕, ≘s, 🔲 – ↦ Zim, 📺 ☎ 🚗 🅟. 🅰🅴 🅴
Menu *(Montag geschl.)* à la carte 23/45 – **17 Z** 70/120.

MEISDORF Sachsen-Anhalt 🔢 K 17 – 1 200 Ew – Höhe 150 m.
🖂 Fremdenverkehrsverein, Hauptstr. 31, ℰ (034743) 82 00.
Berlin 213 – Magdeburg 62 – Quedlinburg 19.

🏰 **Parkhotel Schloß Meisdorf** 🅼 ≫ (mit Gästehäusern), Allee 5, ⊠ 06463, ℰ (034743) 9 80, Fax (034743) 98222, 😕, « Hotelanlage in einem Park », ≘s, 🔲, ⦸ – ↦ Zim, 📺 🅟 – 🔥 80. 🅰🅴 ⓞ 🅴 𝚅𝙸𝚂𝙰 𝙹𝙲𝙱
Menu à la carte 31/64 – **Chateau Neuf** *(Sonntagabend - Montag geschl.)* Menu à la carte 47/89 – **72 Z** 160/266.

🏰 **Forsthaus Meisdorf** ≫, Allee 4, ⊠ 06463, ℰ (034743) 81 38, Fax (034743) 8231, 😕, ≘s, 🔲 – 📺 ☎ 🅟. 🅰🅵 ⓞ 🅴
Jan.- Ende März geschl. – Menu *(Dienstag - Freitag nur Abendessen, Montag geschl.)* à la carte 34/82 – **12 Z** 160/240.

🏰 **Thalmühle** ≫, Falkensteiner Weg 1 (SW : 3,5 km), ⊠ 06463, ℰ (034743) 9 68 00, Fax (034743) 96888, 😕, 🌲 – 📺 ☎ 🅟 – 🔥 50. 🅰🅴 ⓞ 🅴 𝚅𝙸𝚂𝙰 𝙹𝙲𝙱
Menu à la carte 26/56 – **13 Z** 115/160.

MEISSEN Sachsen 🔢 M 24, 🔢 ㉔, 🔢 ⑲ – 34 000 Ew – Höhe 110 m.
Sehenswert : Staatliche Porzellanmanufaktur★ – Albrechtsburg★ – Dom★ (Grabplatten★ in der Fürstenkapelle, Laienaltar★, Stifterfiguren★★).
🖂 Tourist-Information, Markt 3, ⊠ 01662, ℰ (03521) 45 44 70, Fax (03521) 458240.
Berlin 194 ① – Dresden 23 ② – Chemnitz 61 ④ – Leipzig 85 ⑤

Stadtpläne siehe nächste Seiten

🏰 **Parkhotel Pannonia Meissen** 🅼, Hafenstr. 27, ⊠ 01662, ℰ (03521) 7 22 50, Fax (03521) 722904, « Terrasse mit ≼ », Massage, ≘s – 📳, ↦ Zim, 📺 🚗 🅟 – 🔥 40. 🅰🅴 ⓞ 🅴 𝚅𝙸𝚂𝙰 𝙹𝙲𝙱. ⦸ Rest   BX a
Menu à la carte 46/74 – **97 Z** 150/390, 5 Suiten.

🏰 **Andree** 🅼, Ferdinandstr. 2, ⊠ 01662, ℰ (03521) 75 50, Fax (03521) 755130, 😕 – 📳, ↦ Zim, 📺 ☎ 📞 ర 🅟 – 🔥 50. 🅰🅴 ⓞ 🅴 𝚅𝙸𝚂𝙰   CX m
Menu *(Sonntag geschl.)* (nur Abendessen) à la carte 25/46 – **86 Z** 130/190.

🏰 **Goldgrund**, Goldgrund 14, ⊠ 01662, ℰ (03521) 4 79 30, Fax (03521) 479344 – ↦ 📺 ☎ 🅟. 🅰🅴 ⓞ 🅴 𝚅𝙸𝚂𝙰   AZ d
(Restaurant nur für Hausgäste) – **22 Z** 80/150.

🏠 **Ross**, Grossenhainer Str. 9, ⊠ 01662, ℰ (03521) 75 10, Fax (03521) 751999, 😕, ≘s – 📳, ↦ Zim, 📺 ☎ 📞 🅟 – 🔥 40. 🅰🅴 🅴 𝚅𝙸𝚂𝙰   BY b
Menu à la carte 25/47 – **41 Z** 100/190.

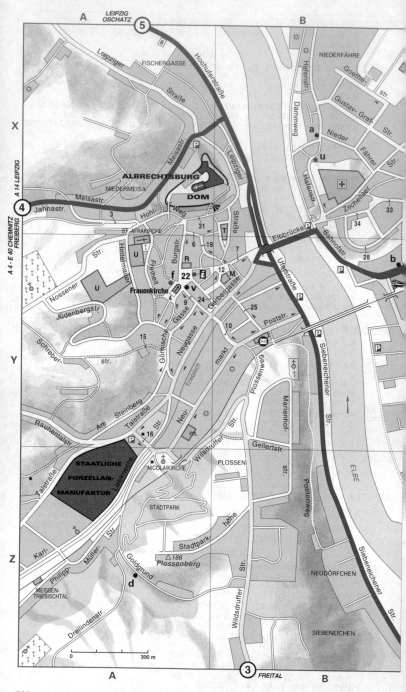

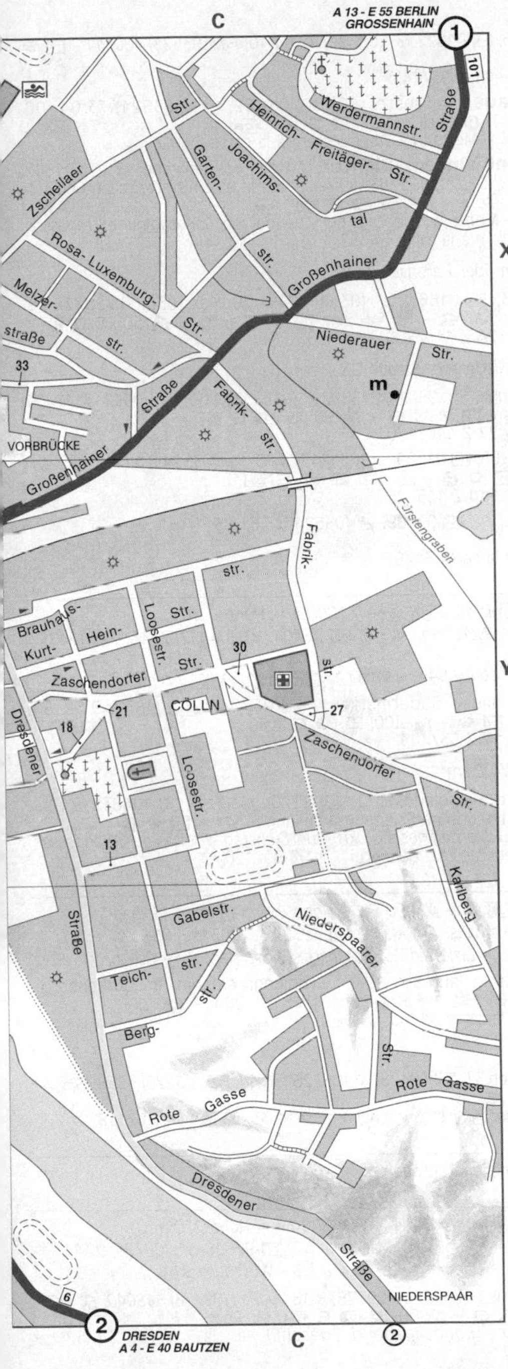

C

MEISSEN

X

Y

Z

VORBRÜCKE

CÖLLN

NIEDERSPAAR

*Nos guides hôteliers,
nos guides touristiques
et nos cartes routières
sont complémentaires.
Utilisez-les ensemble.*

🏠 **Am Markt,** Am Markt 6, ✉ 01622, 𝒫 (03521) 40 04 10, Fax (03521) 400411 – 📺 ☎.
⊕ Æ ⓪ 🛒 𝗩𝗜𝗦𝗔 AY v
Menu à la carte 24/34 – **11 Z** 95/145.

✗✗ **Zum alten Fährhaus,** Hafenstr. 16, ✉ 01662, 𝒫 (03521) 73 04 00,
Fax (03521) 722904, ⇲ – ⓟ – 🏛 80. Æ ⓪ 🛒 𝗩𝗜𝗦𝗔 𝗝𝗖𝗕. ⇲ BX u
Sonntag - Montag geschl. – **Menu** (nur Abendessen) à la carte 29/47.

✗ **Romantik Restaurant Vincenz Richter,** An der Frauenkirche 12, ✉ 01662,
𝒫 (03521) 45 32 85, Fax (03521) 453763, « Weinstube in einem historischen Gebäude
a.d.J. 1523, Innenhofterrasse » – ⇲. Æ ⓪ 🛒 𝗩𝗜𝗦𝗔 𝗝𝗖𝗕 AY f
Montag und Jan. geschl. – **Menu** (wochentags nur Abendessen, Sonntag nur Mittagessen)
(Tischbestellung erforderlich) à la carte 34/57.

In Meissen-Winkwitz N : 4 Km über Hafenstraße BX :

🏨 **Knorre** Ⓜ, Elbtalstr. 3, ✉ 01665, 𝒫 (03521) 7 60 70, Fax (03521) 760777, ≤,
« Terrasse an der Elbe », 𝑓⑤, ⇌ – |⑤|, ⇲ Zim, 📺 ☎ 📞 ⓟ – 🏛 50. Æ 🛒 𝗩𝗜𝗦𝗔
Menu à la carte 27/47 – **24 Z** 110/200 – ½ P 30.

In Weinböhla NO : 11 km über Niederauer Straße CX :

🏨 **Elbland Hotel** Ⓜ, Dresdner Str. 93, ✉ 01689, 𝒫 (035243) 4 00, Fax (035243) 40400,
⇱, 𝑓⑤, ⇌ – |⑤|, ⇲ Zim, 📺 ☎ 📞 ⓟ – 🏛 60. Æ ⓪ 🛒 𝗩𝗜𝗦𝗔
Menu à la carte 28/49 – **77 Z** 110/170.

🏨 **Waldhotel** ⊗, Forststr. 66, ✉ 01689, 𝒫 (035243) 4 10, Fax (035243) 41418, ⇱, ⇌,
✗(Halle) – |⑤|, ⇲ Zim, 📺 ☎ ⓟ – 🏛 120. Æ ⓪ 🛒 𝗩𝗜𝗦𝗔
Menu à la carte 34/58 – **114 Z** 145/255.

✗✗ **Laubenhöhe,** Köhlerstr. 77, ✉ 01689, 𝒫 (035243) 3 61 83
⊕ ⇱ – Æ 🛒 𝗩𝗜𝗦𝗔. ⇲
Montag geschl. – **Menu** à la carte 31/69.

MELDORF Schleswig-Holstein **415** D 11, **987** ⑤ – 7 200 Ew – Höhe 6 m.
🛈 Fremdenverkehrsverein, Nordermarkt 10, ✉ 25704, 𝒫 (04832) 70 45, Fax (04832)
7046.
Berlin 385 – Kiel 93 – Flensburg 94 – Hamburg 95 – Neumünster 72.

🏠 **Zur Linde** (mit Gästehaus), Südermarkt 1, ✉ 25704, 𝒫 (04832) 9 59 50,
Fax (04832) 43 12, ⇱ – 📺 ☎ – 🏛 100. Æ ⓪ 🛒 𝗩𝗜𝗦𝗔
Menu à la carte 36/65 – **17 Z** 83/143.

Am alten Meldorfer Hafen W : 2 km :

🏠 **Dithmarscher Bucht,** Helgolandstr. 2, ✉ 25704 Meldorf, 𝒫 (04832) 71 23,
Fax (04832) 7123, ⇱, « Historische Spielzeugsammlung », ⇙ – 📺 ☎ ⓟ
3. Jan. - Feb. geschl. – **Menu** (Montag geschl., Okt. - Juni Dienstag - Freitag nur Abendessen)
à la carte 36/60 (auch vegetarische Gerichte) – **12 Z** 80/120.

MELLE Niedersachsen **417** J 9, **987** ⑮ – 42 000 Ew – Höhe 80 m – Kurort (Solbad).
🛈 Fremdenverkehrsamt, Rathaus, Markt 4, ✉ 49324, 𝒫 (05422) 96 53 12.
Berlin 399 – Hannover 115 – Bielefeld 36 – Münster (Westfalen) 80 – Osnabrück 26.

✗✗ **Heimathof,** Friedr.-Ludwig-Jahn-Str. 10 (im Erholungszentrum Am Grönenberg),
✉ 49324, 𝒫 (05422) 55 61, ⇱, « Fachwerkhaus a.d.J. 1620 » – ⓟ
Montag geschl. – **Menu** a la carte 41/63.

In Melle-Riemsloh SO : 7 km :

🏠 **Alt Riemsloh,** Alt-Riemsloh 51, ✉ 49328, 𝒫 (05226) 55 44, Fax (05226) 1556, ⇱, ⇙
– 📺 ☎ ⊜ ⓟ – 🏛 50. 🛒. ⇲
Menu (Freitagabend - Sonntagmittag geschl.) à la carte 33/51 – **11 Z** 68/118.

MELLINGHAUSEN Niedersachsen siehe Sulingen.

MELLRICHSTADT Bayern **418 420** O 14, **987** ㉘ – 6 300 Ew – Höhe 270 m.
🛈 Fremdenverkehrsbüro, Altes Rathaus, Marktplatz 2, ✉ 97638, 𝒫 (09776) 92 41.
Berlin 392 – München 359 – Bamberg 89 – Fulda 72 – Würzburg 91.

🏨 **Sturm,** Ignaz-Reder-Str. 3, ✉ 97638, 𝒫 (09776) 8 18 00, Fax (09776) 818040, ⇱, ⇌,
⇙ – |⑤|, ⇲ Zim, 📺 ☎ ⚡ ⓟ – 🏛 30. Æ ⓪ 🛒 𝗩𝗜𝗦𝗔. ⇲ Rest
Jan. geschl. – **Menu** (Sonntagabend geschl.) à la carte 34/52 –
48 Z 85/130.

In Oberstreu-Mittelstreu *SW : 4 km :*

🏠 **Gästehaus Storath** garni, Hauptstr. 18, ⊠ 97640, 𝒫 (09773) 50 17 – 📺 ☎ 🅿. 🕮 🖾 *VISA*
13 Z 60/120.

MELSUNGEN *Hessen* **417 418** *M 12,* **987** ㉗ *– 14300 Ew – Höhe 182 m – Luftkurort.*
Sehenswert : *Rathaus★ – Fachwerkhäuser★.*
🛈 *Tourist-Information im Rathaus, Am Markt 1,* ⊠ *34212,* 𝒫 *(05661) 781 09, Fax (05661) 78119.*
Berlin 407 – Wiesbaden 198 – Kassel 30 – Bad Hersfeld 45.

🏠 **Sonnenhof,** Franz-Gleim-Str. 11, ⊠ 34212, 𝒫 (05661) 73 89 99, Fax (05661) 73 89 98
– 🛏 ☎ 🅿 – 🔬 40. 🕮 🖾 *VISA*
(nur Abendessen für Hausgäste) – **24 Z** 70/185.

🏠 **Comfort Hotel Melsungen** garni, Am Bürstoß 2a (B 253), ⊠ 34212,
𝒫 (05661) 73 91 00, Fax (05661) 739299 – 🍽 📺 ☎ ✆ 🅿 – 🔬 15. 🕮 ⓞ 🖾 *VISA*
99 Z 119/139.

🏠 **Hessischer Hof** 🐾, Rotenburger Str. 22, ⊠ 34212, 𝒫 (05661) 60 94,
Fax (05661) 6093, 🍴 – 📺 ☎ 🚗 🅿 – 🔬 20. 🕮 ⓞ 🖾 *VISA*
20. Dez. - 20. Jan. geschl. – **Menu** *(Montag geschl.)* à la carte 41/64 – **29 Z** 120/165.

🍴🍴 **Frank Schicker-Alte Apotheke,** Brückenstr. 5, ⊠ 34212, 𝒫 (05661) 73 81 18,
Fax (05661) 738112, 🍴. 🕮. ✻
Sonntag - Montagmittag geschl. – **Menu** à la carte 48/84.

In Malsfeld-Beiseförth *S : 7 km :*

🏠 **Park-Hotel,** Bahnhofstr. 19, ⊠ 34323, 𝒫 (05664) 9 48 20, Fax (05664) 948282, 🍴,
🍴 – 📺 ☎ 🅿 – 🔬 25. 🕮 ⓞ 🖾 *VISA*
Menu à la carte 35/61 – **14 Z** 82/120.

MEMMELSDORF *Bayern* **420** *Q 16 – 8100 Ew – Höhe 285 m.*
Berlin 398 – München 240 – Coburg 47 – Bamberg 7.

🏠 **Brauerei-Gasthof Drei Kronen,** Hauptstr. 19, ⊠ 96117, 𝒫 (0951) 94 43 30,
Fax (0951) 9443366, 🍴 – 🍽 Zim, 📺 ☎ 🅿 – 🔬 30. 🕮 🖾 *VISA*. ✻
Menu *(Sonntagabend - Montagmittag geschl.)* à la carte 26/54 – **28 Z** 86/172.

MEMMINGEN *Bayern* **419 420** *W 14,* **987** ㊴ *– 40000 Ew – Höhe 595 m.*
Sehenswert : *Pfarrkirche St. Martin (Chorgestühl★)* Y **A.**
🛈 *Städt. Verkehrsamt, Marktplatz 3.* ⊠ *87700,* 𝒫 *(08331) 85 01 72, Fax (08331) 850178.*
Berlin 661 ⑥ *– München 114* ② *– Bregenz 74* ④ *– Kempten (Allgäu) 35* ③ *–*
Ulm (Donau) 55 ⑤

Stadtplan siehe nächste Seite

🏠 **Park-Hotel an der Stadthalle,** Ulmer Str. 7, ⊠ 87700, 𝒫 (08331) 93 20,
Fax (08331) 48439, Biergarten, 🍴 – 🛏, 🍽 Zim, 📺 ☎ 🅿 – 🔬 40. 🕮 🖾 *VISA*   Y r
Schwarzer Ochsen (Sonntagabend geschl.) **Menu** à la carte 42/79 – **89 Z** 132/182.

🏠 **Falken** garni, Roßmarkt 3, ⊠ 87700, 𝒫 (08331) 4 70 81, Fax (08331) 47086 – 🛏,
🍽 Zim, 📺 ☎ 🚗. 🕮 ⓞ 🖾 *VISA*. ✻   Z v
Aug. und 20. Dez. - 6. Jan. geschl. – **39 Z** 108/205.

🏠 **Adler,** Maximilianstr. 3, ⊠ 87700, 𝒫 (08331) 8 70 15, Fax (08331) 48540 – 🛏 📺 ☎
🚗 🅿 – 🔬 160. 🕮 ⓞ 🖾 *VISA*   Z a
Menu à la carte 30/60 – **54 Z** 85/140.

🏠 **Weißes Ross,** Kalchstr. 16, ⊠ 87700, 𝒫 (08331) 93 60, Fax (08331) 936150 – 🛏 📺
☎ 🚗 – 🔬 40. ✻ Rest   Y e
Menu à la carte 25/70 – **45 Z** 77/160.

🍴🍴 **Weinstube Weber am Bach,** Untere Bachgasse 2, ⊠ 87700, 𝒫 (08331) 24 14,
Fax (08331) 495658, 🍴   Z c
Montagmittag und Mittwochmittag geschl. – **Menu** (Tischbestellung ratsam) à la carte
44/79.

🍴 **Weinhaus Knöringer,** Weinmarkt 6, ⊠ 87700, 𝒫 (08331) 27 15, Fax (08331) 84201
Samstagmittag, Dienstag und Aug. 2 Wochen geschl. – **Menu** à la carte 33/66.   Z t

In Memmingen-Amendingen ① *: 2 km :*

🏠 **Hiemer,** Obere Str. 24, ⊠ 87700, 𝒫 (08331) 8 79 51, Fax (08331) 87954, 🍴 – 🛏 📺
☎ 🅿 – 🔬 100. 🕮 ⓞ 🖾 *VISA*
Menu ala carte 26/53 – **30 Z** 80/150.

MEMMINGEN

In Buxheim ⑤ : 4,5 km :

🏠 **Weiherhaus** 🥄, Am Weiherhaus 13, ☒ 87740, ℰ (08331) 7 21 23,
😞 Fax (08331) 73935, ☞ – ☎ 🅿 – 🕍 30. 🆎 ☒
   Menu *(Okt. - April Montags geschl.)* à la carte 23/55 – **8 Z** 78/122.

MENDEN Nordrhein-Westfalen 🗺️🗺️🗺️ L 7, 🗺️🗺️🗺️ ⑮ – 56 900 Ew – Höhe 145 m.
   🔟 Fröndenberg, Eulenstr. 58 (NW : 7 km), ℰ (02373) 7 64 89.
   Berlin 488 – Düsseldorf 92 – Dortmund 34 – Iserlohn 12.

🏠 **Central** garni, Unnaer Str. 33, ☒ 58706, ℰ (02373) 92 84 50, Fax (02373) 5531 – 🛗
   📺 ☎ 🆎 ⓞ ☒ 𝘝𝘐𝘚𝘈
   über Ostern und Weihnachten - Neujahr geschl. – **16 Z** 95/140.

MENGEN Baden-Württemberg 🗺️🗺️🗺️ V 12, 🗺️🗺️🗺️ ㊳ – 9 500 Ew – Höhe 560 m.
   Berlin 690 – Stuttgart 116 – Konstanz 73 – Freiburg im Breisgau 138 – Ulm (Donau) 72
   – Bregenz 89.

🏠 **Rebstock**, Hauptstr. 93 (B 311), ☒ 88512, ℰ (07572) 7 66 80, Fax (07572) 766837,
   🕸 – 📺 ☎ 🅿 ⓞ ☒ 𝘝𝘐𝘚𝘈 𝘑𝘊𝘉
   24. Dez. - 6. Jan. und Aug. 2 Wochen geschl. – Menu *(Samstagmittag und Montag geschl.)*
   à la carte 33/74 – **12 Z** 70/130.

MENGERSGEREUTH-HAEMMERN *Thüringen siehe Sonneberg.*

MENGERSKIRCHEN *Hessen siehe Weilburg.*

MENGKOFEN KREIS DINGOLFING Bayern 🗺️🗺️🗺️ T 21 – 4 700 Ew – Höhe 393 m.
   Berlin 556 – München 106 – Dingolfing 10 – Passau 80 – Regensburg 89.

🏠🏠 **Zur Post,** Hauptstr. 20, ☒ 84152, ℰ (08733) 9 22 70, Fax (08733) 9227170, ☞,
   « Gasthof aus dem 18.Jh. mit moderner Einrichtung, ständig wechselnde
   Kunstausstellungen », Massage, ☎ – 🛗, ⇔ Zim, 📺 ☎ 📞 🅿 – 🕍 120. 🆎 ⓞ ☒ 𝘝𝘐𝘚𝘈
   Aug. 2 Wochen geschl. – Menu *(Freitag geschl.)* à la carte 40/59 – **22 Z** 100/170.

MEPPEN *Niedersachsen* 🔲🔲🔲 *H 5,* 🔲🔲🔲 ⑮ *– 33 000 Ew – Höhe 20 m.*

☞ *Gut Düneburg, (NW : 14 km),* 🌮 *(05932) 7 27 40.*

🅱 *Verkehrsverein, Rathaus, Markt 43,* ✉ *49716,* 🌮 *(05931) 15 31 06, Fax (05931) 153330.*

Berlin 504 – Hannover 240 – Bremen 129 – Groningen 96 – Osnabrück 85.

🏨 **Pöker,** Herzog-Arenbergstr. 15a, ✉ 49716, 🌮 (05931) 49 10, *Fax (05931) 491100,* 😴, 🍴 – 🛗 📺 ☎ 🅿 – 🔬 60. 🆎 ① 🅴 🆅🆂🅰
Menu à la carte 27/66 – **40 Z** 80/150.

🏨 **Parkhotel** 😴, Lilienstr. 21 (nahe der Freilichtbühne), ✉ 49716, 🌮 (05931) 1 80 11, *Fax (05931) 89494* – 🛗 📺 ☎ 🅿. 🆎 ① 🅴 🆅🆂🅰
(nur Abendessen für Hausgäste) – **28 Z** 85/190.

🏨 **Hülsmann am Bahnhof,** Hüttenstr. 2, ✉ 49716, 🌮 (05931) 22 21, *Fax (05931) 5205* – 🛗 📺 ☎ 🅿 – 🔬 30. 🅴
Menu *(Samstagmittag geschl.)* à la carte 28/55 – **28 Z** 80/150.

🏨 **Altstadt Hotel** garni, Nicolaus-Augustin-Str. 3, ✉ 49716, 🌮 (05931) 1 80 48, *Fax (05931) 87214* – 🛗 📺 ☎. ① 🅴 🆅🆂🅰
15 Z 75/140.

🏨 **Schmidt** 😴, Markt 17, ✉ 49716, 🌮 (05931) 9 81 00, *Fax (05931) 981010,* 😴 – 🛗 📺 ☎ 🚗. ① 🅴 🆅🆂🅰
Menu *(Montag geschl.)* à la carte 32/62 – **20 Z** 70/160.

MERCHING *Bayern siehe Mering.*

MERGENTHEIM, BAD *Baden-Württemberg* 🔲🔲🔲 *R 13,* 🔲🔲🔲 ㉗ *– 22 500 Ew – Höhe 210 m – Heilbad.*

Ausflugsziel : Stuppach : Pfarrkirche (Stuppacher Madonna★★ von Grünewald) S : 6 km.

☞ *Igersheim, Erlenbachtal 36,* 🌮 *(07931) 56 11 09.*

🅱 *Kultur- und Verkehrsamt, Marktplatz 3,* ✉ *97980,* 🌮 *(07931) 5 71 35, Fax (07931) 57300.*

Berlin 539 – Stuttgart 117 – Ansbach 78 – Heilbronn 75 – Würzburg 53.

🏨 **Victoria,** Poststr. 2, ✉ 97980, 🌮 (07931) 59 30, *Fax (07931) 593500,* « Terrasse », ❄ Massage, 🚿 – 🛗, 💤 Zim, 📺 📞 🚗 🅿 – 🔬 150. 🆎 ① 🅴 🆅🆂🅰 🅹🅲🅱. 🍴 Rest
Zirbelstuben *(Sonntag - Montag, Feiertage, Jan. 2 Wochen und Aug. geschl.) (nur Abendessen, bemerkenswerte Weinkarte)* **Menu** 95/138 und à la carte 76/97 – **Markthalle und Vinothek :** **Menu** à la carte 35/70 – **78 Z** 160/330, 3 Suiten – ½ P 45
Spez. Gedämpfter Seewolf in Zitronen-Olivenölfond. Gefüllter Ochsenschwanz mit Trüffelsauce. Gratiniertes Champagner-Törtchen mit Champagnerschaumeis.

🏨 **Maritim Parkhotel** 😴, Lothar-Daiker-Str. 6 (im Kurpark), ✉ 97980, 🌮 (07931) 53 90, *Fax (07931) 539100,* 😴, Massage, ♨, 🚿, 🔲, 🍴 – 🛗, 💤 Zim, 📺 📞 🚗 🅿 – 🔬 170. 🆎 ① 🅴 🆅🆂🅰 🅹🅲🅱. 🍴 Rest
Menu à la carte 42/86 – **117 Z** 195/288 – ½ P 40.

🏨 **Bundschu,** Cronbergstr. 15, ✉ 97980, 🌮 (07931) 93 30, *Fax (07931) 933633,* 😴, « Gartenterrasse », 🍴 – 💤 Zim, 📺 ☎ 🚗 🅿 – 🔬 20. 🆎 ① 🅴 🆅🆂🅰
3. - 20. Jan. geschl. – **Menu** *(Montagmittag geschl.)* à la carte 35/72 – **50 Z** 115/195 – ½ P 35.

🏨 **Alte Münze** garni, Münzgasse 12, ✉ 97980, 🌮 (07931) 56 60, *Fax (07931) 566222* – 🛗 📺 ☎ 👥 🚗. 🅴 🆅🆂🅰
32 Z 83/140.

In Bad Mergentheim-Markelsheim *SO : 6 km :*

🏨 **Weinstube Lochner,** Hauptstr. 39, ✉ 97980, 🌮 (07931) 93 90, *Fax (07931) 939193,* 😴, 🚿, 🔲 – 🛗, 💤 Zim, 📺 ☎ 📞 🚗 🅿 – 🔬 60. 🅴 🆅🆂🅰
Menu *(Montag geschl.)* à la carte 28/58 ☙ – **55 Z** 90/180 – ½ P 30.

🏨 **Gästehaus Birgit** 😴 garni, Scheuerntorstr. 25, ✉ 97890, 🌮 (07931) 9 09 00, *Fax (07931) 909040,* 🚿, 🍴 – 📺 ☎ 📞 🅿 – 🔬 20. 🅴 🆅🆂🅰. 🍴
15 Z 69/112.

🍴 **Schurk,** Hauptstr. 57, ✉ 97980, 🌮 (07931) 21 32, *Fax (07931) 46600,* 😴, « Weinlaube » – 🅿. 🅴 🆅🆂🅰
Mittwoch geschl. – **Menu** (wochentags nur Abendessen) à la carte 28/57.

In Bad Mergentheim-Neunkirchen *S : 2 km :*

🏠 **Landgasthof Rummler** (mit Gästehaus 😴), Althäuser Str. 18, ✉ 97980, 🌮 (07931) 4 50 25, *Fax (07931) 45029,* Biergarten, 🍴 – 📺 ☎ 🚗 🅿. 🆎 ① 🅴 🆅🆂🅰. 🍴 Zim
21. Dez. - 6. Jan. und Aug. - Sept. 2 Wochen geschl. – **Menu** *(Montag - Dienstagmittag geschl.)* à la carte 32/51 – **9 Z** 70/126 – ½ P 18.

MERING *Bayern* 419 420 *V 16,* 987 ㊴ *– 9 100 Ew – Höhe 526 m.*

Berlin 576 – München 53 – Augsburg 15 – Landsberg am Lech 29.

Schlosserwirt, Münchner Str. 29, ✉ 86415, ✆ (08233) 95 04 – 🚗 P
Ende Juli - Mitte Aug. geschl. – **Menu** *(Samstag - Sonntag geschl.)* à la carte 21/39 – **19 Z** 65/110.

In Merching-Steinach *SO : 6 km :*

Dominikus Hof garni, Kapellenweg 1, ✉ 86504, ✆ (08202) 9 60 90, *Fax (08202) 960940*, – Zim, TV ☎ 🚗 P
16 Z 65/120.

MERKLINGEN *Baden-Württemberg* 419 *U 13,* 987 ㊳ *– 1 600 Ew – Höhe 699 m.*

Berlin 629 – Stuttgart 73 – Reutlingen 53 – Ulm (Donau) 26.

Ochsen, Hauptstr. 12, ✉ 89188, ✆ (07337) 2 83, *Fax (07337) 200*, , – Zim, TV ☎ 🚗 P. AE E VISA
Juni und Nov. jeweils 2 Wochen geschl. – **Menu** *(Sonntag - Montagmittag geschl.)* à la carte 26/52 – **19 Z** 95/150.

In Berghülen *S : 8 km :*

Ochsen, Blaubeurer Str. 14, ✉ 89180, ✆ (07344) 9 60 90, *Fax (07344) 960960*, , , – TV ☎ 🚗 P – 25. E VISA.
Menu *(Montag und Juli - Aug. 3 Wochen geschl.)* à la carte 27/46 – **35 Z** 55/120.

MERSEBURG *Sachsen-Anhalt* 418 *L 19,* 984 ⑲, 987 ⑱ *– 42 500 Ew – Höhe 86 m.*

Sehenswert : *Dom★★ (Kanzel★, Bronzegrabplatte★ König Rudolfs).*

Tourist-Information, Burgstr. 5, ✉ 06217, ✆ (03461) 21 41 70, Fax (03461) 214177.

Berlin 189 – Magdeburg 104 – Leipzig 27 – Halle 16 – Weimar 79.

Radisson SAS Hotel Merseburg M, Oberaltenburg 4, ✉ 06217, ✆ (03461) 4 52 00, *Fax (03461) 452100* – , Zim, Rest, TV ☎ 🚗 P – 150. AE E VISA JCB
Menu à la carte 42/65 – **135 Z** 185/300.

C'est la vie garni, König-Heinrich-Str. 47, ✉ 06217, ✆ (93461) 20 44 20, *Fax (03461) 204444* – TV ☎ P
13 Z 95/160.

MERTESDORF *Rheinland-Pfalz siehe Trier.*

MERZENICH *Nordrhein-Westfalen* 417 *N 3 – 6 000 Ew – Höhe 54 m.*

Berlin 607 – Düsseldorf 83 – Aachen 36 – Düren 4 – Köln 46.

Fuhs-Schöne Aussicht, Kölner Landstr. 18 (B 264), ✉ 52399, ✆ (02421) 7 36 35, *Fax (02421) 75689*, – P
Dienstag sowie Jan. - Feb. 2 Wochen und Juli - Aug. 3 Wochen geschl. – **Menu** (wochentags nur Abendessen, Tischbestellung ratsam) à la carte 54/79.

MERZIG *Saarland* 417 *R 3,* 987 ㉕ *– 31 000 Ew – Höhe 174 m.*

Tourist-Information (Fremdenverkehrsverband), Schankstr. 1, ✉ 66663, ✆ (06861) 7 38 74, Fax (06861) 73875.

Berlin 746 – Saarbrücken 47 – Luxembourg 56 – Saarlouis 21 – Trier 49.

Roemer, Schankstr. 2, ✉ 66663, ✆ (06861) 9 33 90, *Fax (06861) 933930*, – Zim, TV ☎ 🚗 P. E VISA
Jan. 2 Wochen geschl. – **Menu** *(Samstagmittag, Okt. - April auch Sonntagabend geschl.)* à la carte 31/68 – **18 Z** 90/170.

Merll-Rieff, Schankstr. 27, ✉ 66663, ✆ (06861) 25 65, *Fax (06861) 77988* – TV ☎ P. AE E VISA
Menu *(Sonntagabend und Mittwoch geschl.)* à la carte 28/60 – **12 Z** 60/130.

In Beckingen-Honzrath *SO : 7 km :*

Sporthotel Honzrath, beim Sportzentrum Hellwies, ✉ 66701, ✆ (06835) 40 41, *Fax (06835) 4042*, (Halle) – TV P. AE E VISA
Menu *(Montag - Freitag nur Abendessen, Mittwoch geschl.)* à la carte 26/65 – **11 Z** 60/120.

MESCHEDE Nordrhein-Westfalen 📖 L 8, 📖 ⑮ – 33 000 Ew – Höhe 262 m.
  🛈 Städt. Verkehrsamt, Rathaus, Rathausstr. 2, ⌗ 59870, ℘ (0291) 20 52 77, Fax(0291)
  205135.
  Berlin 481 – Düsseldorf 150 – Brilon 22 – Lippstadt 43 – Siegen 97.
  ✗✗ **Von Korff** mit Zim, Le-Puy-Str. 19, ⌗ 59853, ℘ (0291) 9 91 40, Fax (0291) 991424,
  🌤 – 🛏 Zim, 📺 ☎ 📞 ⇔ 📶. 🖭 ⓞ 🄴 💳. ✎ Zim
  Menu à la carte 35/66 – **11 Z** 98/225.

In Meschede-Freienohl NW : 10 km :
  🏠 **Haus Luckai,** Christine-Koch-Str. 11, ⌗ 59872, ℘ (02903) 77 52, Fax (02903) 8369,
  🌤, 🚗 – 🛏 Zim, 📺 ☎ ⇔ 📶
  Menu (Mittwoch geschl.) à la carte 28/60 – **11 Z** 75/128.

In Meschede-Grevenstein SW : 13,5 km – Wintersport : 450/600 m ✝ 1 :
  🏠 **Gasthof Becker,** Burgstr. 9, ⌗ 59872, ℘ (02934) 9 60 10, Fax (02934) 1606, 🌤 –
  📺 ☎ 📞 📶. 🖭 ⓞ 🄴 💳
  Menu à la carte 37/75 – **9 Z** 95/150.

In Meschede-Olpe W : 9 km :
  🏠 **Landgasthof Hütter,** Freienohler Str. 31, ⌗ 59872, ℘ (02903) 96 00,
  Fax (02903) 960111, 🌤, Biergarten, 🚗 – 🛏 Zim, 📺 ☎ 📞 ⇔ 📶. 🄴 💳
  Menu (Freitag geschl.) à la carte 31/79 – **13 Z** 59/130.

MESEKENHAGEN Mecklenburg-Vorpommern siehe Greifswald.

MESPELBRUNN Bayern 📖 Q 11, 📖 ㉗ – 2 500 Ew – Höhe 269 m – Erholungsort.
  🛈 Verkehrsverein, Hauptstr. 164 (im "Mespotherm"), ⌗63875, ℘ (06092) 3 19, Fax
  (06092) 5537.
  Berlin 561 – München 342 – Aschaffenburg 16 – Würzburg 66.
  🏰 **Schloß-Hotel** 🦢, Schloßallee 25, ⌗ 63875, ℘ (06092) 60 80, Fax (06092) 608100,
  🌤, ⇌ – 🛏 📺 ☎ 📶. 🖭 💳. 🚗 35. 🄴 💳. ✎ Zim
  Jan. und Nov. jeweils 1 Woche geschl. – **Menu** à la carte 25/55 – **42 Z** 85/285.
  🏠 **Zum Engel,** Hauptstr. 268, ⌗ 63875, ℘ (06092) 3 13, Fax (06092) 311, 🌤, 🚗 – ☎
  ⇔ 📶
  5. Nov. - 25. Dez. geschl. – **Menu** (Jan. - April Montag - Dienstag geschl., Nov. - Dez. nur
  am Wochenende geöffnet) à la carte 24/54 – **16 Z** 65/120 – ½ P 16.

MESSKIRCH Baden-Württemberg 📖 W 11, 📖 ㊳ – 8 000 Ew – Höhe 605 m.
  🛈 Städt. Verkehrsamt, Schloßstr. 1, ⌗ 88605, ℘ (07575) 2 06 46, Fax (07575) 4732.
  Berlin 708 – Stuttgart 118 – Konstanz 55 – Freiburg im Breisgau 119 – Ulm (Donau) 91.

In Messkirch-Menningen NO : 5 km .
  🏠 **Zum Adler Leitishofen,** Leitishofen 35 (B 311), ⌗ 88605, ℘ (07575) 31 57,
  🦢 Fax (07575) 4756, 🌤 – 📺 ☎ ⇔ 📶
  Ende Jan. - Anfang Feb. geschl. – **Menu** (Dienstag geschl.) à la carte 35/67 – **15 Z** 65/116
  – ½ P 25.

MESSSTETTEN Baden-Württemberg 📖 V 10, 📖 ㊳ – 10 500 Ew – Höhe 907 m.
  Berlin 736 – Stuttgart 91 – Konstanz 88 – Albstadt 8 – Sigmaringen 35 – Villingen-
  Schwenningen 65.
  🏠 **Schwane,** Hauptstr. 11, ⌗ 72469, ℘ (07431) 9 49 40, Fax (07431) 949494, 🌤,
  🦢 « Restaurierter Gasthof mit moderner Einrichtung » – 🛏 📺 ☎ 📞 📶 – 🚗 100. 🄴 💳
  2. - 8. Jan. geschl. – **Menu** (Samstagmittag geschl.) à la carte 43/72 – **22 Z** 87/160.

METELEN Nordrhein-Westfalen 📖 J 5 – 6 100 Ew – Höhe 58 m.
  🛈 Verkehrsverein, Sendplatz 14, ⌗ 48629, ℘ (02556) 77 88, Fax (02556) 533.
  Berlin 497 – Düsseldorf 136 – Enschede 30 – Münster (Westfalen) 42 –
  Osnabrück 69.
  🏠 **Haus Herdering-Hülso** garni, Neutor 13, ⌗ 48629, ℘ (02556) 9 39 50,
  Fax (02556) 1011, ⇌ – 🛏 📺 ☎ 📶. 🖭 🄴
  23. Dez. - 2. Jan. geschl. – **15 Z** 72/110.
  ✗✗ **Pfefferkörnchen,** Viehtor 2, ⌗ 48629, ℘ (02556) 13 99, 🌤 – 📶. 🄴
  Samstagmittag, Dienstag, Jan. 1 Woche und Juni 2 Wochen geschl. – **Menu** (Tischbestellung
  ratsam) à la carte 58/79.

METTINGEN Nordrhein-Westfalen **415** J 7, **987** ⑮ – 10 000 Ew – Höhe 90 m.
Berlin 450 – Düsseldorf 185 – Bremen 132 – Enschede 75 – Osnabrück 21.

🏰 **Romantik Hotel Telsemeyer** ⚘, Markt 6, ✉ 49497, 🕿 (05452) 91 10,
Fax (05452) 911121, 🏠, 🔲 – 🛗, 🔆 Zim, 📺 📞 🕭 ⟷ – 🔏 80. 🖽 ⓪ ⋐ 𝓥𝓘𝓢𝓐, 🛇
Menu 27 (mittags) und à la carte 43/77 – **50 Z** 120/300.

METTLACH Saarland **417** R 3, **987** ㉕ – 13 000 Ew – Höhe 165 m.
Ausflugsziel : Cloef ⇐★★, W : 7 km.
🇧 Tourist-Information, Freiherr-vom-Stein-Str. 64, ✉ 66693, 🕿 (06864) 83 34, Fax
(06864) 8329.
Berlin 754 – Saarbrücken 55 – Saarlouis 29 – Trier 41.

🏨 **Saarpark,** Bahnhofstr. 31, ✉ 66693, 🕿 (06864) 92 00, Fax (06864) 920299, 🏠, ⟠
– 🛗, 🔆 Zim, 📺 📞 🕭 🕭 – 🔏 140. 🖽 ⋐ 𝓥𝓘𝓢𝓐
Menu à la carte 32/65 – **46 Z** 130/216, 4 Suiten.

🏠 **Zum Schwan,** Freiherr-vom-Stein-Str. 34, ✉ 66693, 🕿 (06864) 72 79,
Fax (06864) 7277, 🏠 – 🛗 📺 📞 📞 ⋐ 𝓥𝓘𝓢𝓐, 🛇 Rest
Menu à la carte 30/60 – **21 Z** 88/150.

🏠 **Haus Schons** garni, von-Boch-Liebig-Str. 1, ✉ 66693, 🕿 (06864) 12 14,
Fax (06864) 7557 – 📞 📞
9 Z 60/100.

In Mettlach-Orscholz NW : 6 km :

🏨 **Zur Saarschleife** (mit Gästehaus), Cloefstr. 44, ✉ 66693, 🕿 (06865) 17 90,
Fax (06865) 17930, 🏠, ⟠, 🔲, 🕭, 🛇 – 🛗, 🔆 Zim, 📺 📞 🕭 ⟷ 📞 – 🔏 40. 🖽
⓪ ⋐ 𝓥𝓘𝓢𝓐
Ende Jan. - Anfang Feb. geschl. – Menu à la carte 46/74 – **55 Z** 95/210.

METTMANN Nordrhein-Westfalen **411** M 4, **987** ㉕ ㉖ – 40 000 Ew – Höhe 131 m.
Berlin 540 – Düsseldorf 12 – Essen 33 – Wuppertal 16.

🏨 **Hansa Hotel,** Peckhauser Str. 5, ✉ 40822, 🕿 (02104) 98 60, Fax (02104) 986150, 🏠,
🗜, ⟠ – 🔆 Zim, 📺 📞 🕭 📞 – 🔏 220. 🖽 ⓪ ⋐ 𝓥𝓘𝓢𝓐, 🛇 Rest
Menu (Samstagmittag geschl.) à la carte 45/70 – **178 Z** 199/299.

🏠 **Alberga** garni, Schwarzbachstr. 22, ✉ 40822, 🕿 (02104) 9 27 20, Fax (02104) 927252
– 🛗 📺 📞 ⟷. 🖽 ⓪ ⋐ 𝓥𝓘𝓢𝓐
47 Z 140/250.

An der B 7 W : 3 km :

🏰 **Gut Höhne** ⚘, Düsseldorfer Str. 253, ✉ 40822 Mettmann, 🕿 (02104) 77 80,
Fax (02104) 75625, 🏠, « Rustikale Hotelanlage in einem ehemaligen Landgut », 🗜, ⟠,
🛎, 🔲, ⟠, 🛇 – 🛗 📺 📞 📞 – 🔏 90. 🖽 ⋐ 𝓥𝓘𝓢𝓐
Gutshofrestaurant : Menu à la carte 50/78 – **Tenne** (nur Abendessen) Menu à la carte
45/71 – **129 Z** 140/480, 5 Suiten.

METTNAU (Halbinsel) Baden-Württemberg siehe Radolfzell.

METZINGEN Baden-Württemberg **419** U 11, **987** ㉘ – 20 000 Ew – Höhe 350 m.
Berlin 673 – Stuttgart 34 – Reutlingen 8 – Ulm (Donau) 79.

🏨 **Schwanen,** Bei der Martinskirche 10, ✉ 72555, 🕿 (07123) 94 60, Fax (07123) 946100,
⚲ 🏠, « Individuelle, moderne Zimmereinrichtung », ⟠ – 📺 📞 📞 – 🔏 40. 🖽 ⓪ ⋐ 𝓥𝓘𝓢𝓐
JCB
Menu à la carte 42/76 – **36 Z** 110/250.

In Metzingen-Glems S : 4 km :

🏠 **Stausee-Hotel** ⚘, Unterer Hof 3 (am Stausee, W : 1,5 km), ✉ 72555, 🕿 (07123) 9 23
60, Fax (07123) 923663, ⇐ Stausee und Schwäbische Alb, 🏠 – 📺 📞 📞 – 🔏 40. 🖽
⓪ ⋐ 𝓥𝓘𝓢𝓐
Menu (Sonntagabend - Montagmittag geschl.) à la carte 43/67 – **20 Z** 98/140.

⚘ **Waldhorn,** Neuhauser Str. 32, ✉ 72555, 🕿 (07123) 9 63 50, Fax (07123) 963511 – 📞
⟷ 📞, 🛇 Zim
Feb. 2 Wochen und Aug. 3 Wochen geschl. – Menu (Dienstag geschl.) à la carte 32/66 🖋
– **10 Z** 65/145.

In Riederich N : 3 km :

🏨 **Alb Hotel** ⚘, Hegwiesenstr. 20, ✉ 72585, 🕿 (07123) 3 80 30, Fax (07123) 35544, 🏠,
⟠ – 🛗, 🔆 Zim, 📺 📞 📞 – 🔏 40. 🖽 ⓪ ⋐ 𝓥𝓘𝓢𝓐
Menu (Samstag geschl.) à la carte 34/60 – **52 Z** 145/190.

In Grafenberg *NO : 5 km :*

    Gasthaus Krone, Bergstr. 48, ⊠ 72661, ℰ (07123) 3 13 03, *Fax (07123) 32491,* 斎
– **𝐏**
Montag und Aug. 3 Wochen geschl. – **Menu** à la carte 28/53.

In Kohlberg *NO : 5 km :*

    Beim Schultes, Neuffener Str. 1, ⊠ 72664, ℰ (07025) 24 27, *Fax (07025) 4546,*
« Ehem. Rathaus a.d.J. 1665 » – ᴀᴇ 𝐄 𝘝𝘐𝘚𝘈 𝒮
Samstagmittag, Dienstag und Jan. 1 Woche geschl. – **Menu** à la carte 46/87.

MEURO *Sachsen-Anhalt siehe Kemberg.*

MEUSELBACH-SCHWARZMÜHLE *Thüringen* 418 420 *O 17 – 1 800 Ew – Höhe 550 m.*
Berlin 320 – Erfurt 57 – Coburg 55 – Suhl 61.

Im Ortsteil Schwarzmühle :

    Waldfrieden, Mellenbacher Str. 2, ⊠ 98746, ℰ (036705) 6 10 00,
Fax (036705) 61013, 斎, ⫽, ⟶ – 𝐓𝐕 ☎ 𝐏 – ⚙ 30. 𝐄 𝘝𝘐𝘚𝘈
Nov. 2 Wochen geschl. – **Menu** *(Dienstag - Donnerstag jeweils mittags geschl.)* à la carte
26/47 – **20 Z** 85/150.

MEUSELWITZ *Thüringen* 418 *M 20,* 984 ㉓, 987 ⑱ – 9 400 Ew – Höhe 197 m.
Berlin 218 – Erfurt 96 – Gera 31 – Zwickau 46.

    Zur Börse, Friedrich-Naumann-Str. 1, ⊠ 04610, ℰ (03448) 80 31, *Fax (03448) 8032,*
斎 – 𝐓𝐕 𝐏
Menu à la carte 20/32 **10 Z** 80/120.

MICHELAU *Bayern siehe Lichtenfels.*

MICHELSTADT *Hessen* 417 419 *Q 11,* 987 ㉗ – 18 300 Ew – Höhe 208 m.
Sehenswert : *Rathaus*★.
Ausflugsziel : *Jagdschloß Fulbach : Park*★ *O : 9 km.*
▮ₛ *Michelstadt-Vielbrunn (NO : 13,5 km),* ℰ (06066) 2 58.
▯ *Verkehrsamt, Marktplatz 1,* ⊠ 64720, ℰ (06061) 7 41 46. *Fax (06061) 74130.*
Berlin 592 – Wiesbaden 92 – Aschaffenburg 51 – Darmstadt 47 – Mannheim 62 –
Würzburg 99.

    Drei Hasen (Sandsteinhau a.d.J. 1813), Braunstr. 5, ⊠ 64720, ℰ (06061) 7 10 17,
Fax (06061) 72596, Biergarten – 𝐓𝐕 ☎ 𝐏. ᴀᴇ ⓞ 𝐄 𝘝𝘐𝘚𝘈 𝒮 Zim
1. - 24. Jan. und 20. - 27. Juli geschl. – **Menu** *(Montag geschl.)* à la carte 33/59 **21 Z**
85/150.

    Mark Michelstadt garni, Friedrich-Ebert-Str. 85, ⊠ 64720, ℰ (06061) 7 00 40,
Fax (06061) 12269 – ▮🛗▮, ⟻ Zim, 𝐓𝐕 ☎ 𝐏. ᴀᴇ ⓞ 𝐄 𝘝𝘐𝘚𝘈 𝖩ᴄʙ
49 Z 99/165.

In Michelstadt-Vielbrunn *NO : 13,5 km – Luftkurort*

    Weyrich, Limesstr. 5, ⊠ 64720, ℰ (06066) 2 71, *Fax (06066) 1017,* 🖾 , ⟶ – 𝐓𝐕 𝐏.
𝐄
Menu à la carte 27/48 – **29 Z** 63/134.

    Talblick garni, Ohrnbachtalstr. 61, ⊠ 64720, ℰ (06066) 2 15, *Fax (06066) 1673,* ⟶ –
𝐓𝐕 𝐏
Mitte Nov. - Anfang Dez. geschl. – **13 Z** 55/130.

    Geiersmühle 𝒮 mit Zim (ehem. Getreidemühle), Im Ohrnbachtal (O : 2 km), ⊠ 64720,
ℰ (06066) 7 21, *Fax (06066) 721,* 斎★, ⫽ – 𝐏
Menu *(Montag - Dienstag geschl.)* à la carte 44/83 – **8 Z** 80/140.

In Michelstadt - Weiten-Gesäß *NO : 6 km – Luftkurort :*

    Berghof 𝒮, Dorfstr. 106, ⊠ 64720, ℰ (06061) 37 01, *Fax (06061) 73508,* ≤, 斎 , ⟶
– 𝐓𝐕 ☎ ⟸ 𝐏 – ⚙ 25. ᴀᴇ ⓞ 𝐄 𝘝𝘐𝘚𝘈
Mitte Feb. - Mitte März und 20. - 24. Dez. geschl. – **Menu** *(Dienstag geschl.)* à la carte 34/67
(auch vegetarische Gerichte) – **16 Z** 70/130.

MICHENDORF *Brandenburg siehe Potsdam.*

MIDDELHAGEN *Mecklenburg-Vorpommern siehe Rügen (Insel).*

MIESBACH Bayern **420** W 19, **987** ④ – 10 300 Ew – Höhe 686 m.
Berlin 644 – München 56 – Garmisch-Partenkirchen 77 – Salzburg 101 – Bad Tölz 23 – Rosenheim 29.

🏛 **Bayerischer Hof** Oskar-von-Miller-Str. 2, ⊠ 83714, ℰ (08025) 28 80, Fax (08025) 288288, ㈜, Biergarten – |₤|, ⇔ Zim, 📺 ☎ 🅿 – 🕭 250. 🖭 ① 🗲 🗺 🕻🖪
Menu à la carte 46/72 – **134 Z** 160/300 – ½ P 30.

MIESITZ Thüringen siehe Triptis.

MILTENBERG Bayern **417 419** Q 11, **987** ㉗ – 9 900 Ew – Höhe 127 m.
Sehenswert : Marktplatz★.
🟤 Eichenbühl-Guggenberg, Ortsstr. 12 (SO : 15 km), ℰ (06282) 4 06 62.
🅱 Tourist Information, Rathaus, Engelplatz 69, ⊠ 63897, ℰ (09371) 40 41 19, Fax (09371) 404105.
Berlin 566 – München 347 – Aschaffenburg 44 – Heidelberg 78 – Heilbronn 84 – Würzburg 71.

🏛 **Brauerei Keller,** Hauptstr. 66, ⊠ 63897, ℰ (09371) 50 80, Fax (09371) 508100 – |₤|
📺 ☎ ⇔ – 🕭 60. 🖭 ① 🗲 🗺
Menu (Montag und 6. - 27. Jan. geschl.) à la carte 35/56 (auch vegetarische Gerichte) –
32 Z 92/165.

🏛 **Jagd-Hotel Rose** (Haus a. d. 17. Jh.), Hauptstr. 280, ⊠ 63897, ℰ (09371) 4 00 60, Fax (09371) 400617, ㈜ – 📺 ☎ 🅿 – 🕭 50. 🖭 ① 🗲 🗺
Menu (Sonntagabend - Montagmittag geschl.) à la carte 41/77 – **23 Z** 118/195.

🏠 **Riesen** garni, Hauptstr. 97, ⊠ 63897, ℰ (09371) 36 44, « Fachwerkhaus a.d.J. 1590 »
– |₤| ☎ ① 🗲 🗺
Anfang Dez. - Mitte März geschl. – **14 Z** 78/198.

🏠 **Altes Bannhaus,** Hauptstr. 211, ⊠ 63897, ℰ (09371) 30 61, Fax (09371) 68754,
« Restaurant in einem historischen Gewölbekeller » – |₤| 📺 ☎. 🖭 ① 🗲 🗺 ❄ Zim
Jan. 3 Wochen geschl. – Menu (Donnerstag geschl.) à la carte 46/78 – **10 Z** 88/184.

🏠 **Anker,** Hauptstr. 31, ⊠ 63897, ℰ (09371) 24 24, Fax (09371) 69853 – 📺 ☎ ⇔
Nov. 1 Woche und Mitte Dez. - Mitte Jan. geschl. – Menu (Donnerstagmittag und Freitag geschl.) à la carte 24/39 🍷 – **15 Z** 65/120.

🏠 **Hopfengarten,** Ankergasse 16, ⊠ 63897, ℰ (09371) 9 73 70, Fax (09371) 69758, ㈜
– 📺 ☎ ⇔. 🗲 🗺 🕻🖪
Menu (Dienstag - Mittwochmittag, Feb. und Nov. jeweils 2 Wochen geschl.) à la carte 31/52
🍷 – **14 Z** 65/150.

🏠 **Weinhaus am Alten Markt** ❄ garni, Marktplatz 185, ⊠ 63897, ℰ (09371) 55 00, Fax (09371) 65511, « Fachwerkhaus a.d.J. 1508 » – 📺 ☎. ❄
Feb. geschl. – **9 Z** 68/160.

🏠 **Mildenburg,** Mainstr. 77, ⊠ 63897, ℰ (09371) 27 33, Fax (09371) 80227, ≤, ㈜ – 📺.
🖭 ① 🗲 🗺 🕻🖪
Feb. geschl. – Menu (Montag geschl.) à la carte 27/57 (auch vegetarische Gerichte) 🍷 –
14 Z 48/140.

MINDELHEIM Bayern **419 420** V 15, **987** ㊴ – 12 500 Ew – Höhe 600 m.
🅱 Verkehrsbüro, Lautenstr. 2, ⊠ 87719, ℰ (08261) 99 15 69, Fax (08261) 991570.
Berlin 614 – München 86 – Augsburg 55 – Memmingen 28 – Ulm (Donau) 66.

🏠 **Stern,** Frundsbergstr. 17, ⊠ 87719, ℰ (08261) 50 55, Fax (08261) 1803, ㈜ – 📺 ☎
⇔ 🅿 – 🕭 60
Menu (Sonntagabend geschl.) à la carte 25/48 – **55 Z** 75/150.

🏠 **Zur Laute,** Lautenstr. 8, ⊠ 87719, ℰ (08261) 39 58, Fax (08261) 5391 – 📺 ☎ 🅿. 🗲
🗺 ❄
Aug. 2 Wochen geschl. – Menu (Donnerstag geschl.) à la carte 41/67 – **9 Z** 85/125.

XX **Weberhaus,** Mühlgasse 1 (1. Etage), ⊠ 87719, ℰ (08261) 36 35, Fax (08261) 21534,
㈜
Dienstag, Feb. und Sept. jeweils 2 Wochen geschl. – Menu à la carte 46/70.

Teilen Sie uns Ihre Meinung
über die von uns empfohlenen Hotels und Restaurants
sowie über ihre Spezialitäten mit.

MINDEN Nordrhein-Westfalen **417** J 10, **987** ⑯ – 84 000 Ew – Höhe 46 m.
Sehenswert : Dom★ (Westwerk★★, Domschatzkammer★ mit Bronze-Kruzifix★★) Y **A** –
Schachtschleuse★★ Y – Wasserstraßenkreuz★ Y.
🛈 Verkehrs- und Werbeamt, Großer Domhof 3, ⊠ 32423, ☏ (0571) 8 93 85, Fax (0571)
89679 – **ADAC**, Königstr. 105, ⊠ 32427, ☏ (0571) 2 31 56, Fax (0571) 87501.
Berlin 353 ③ – Düsseldorf 220 ③ – Bremen 100 ① – Hannover 72 ② –
Osnabrück 81 ④

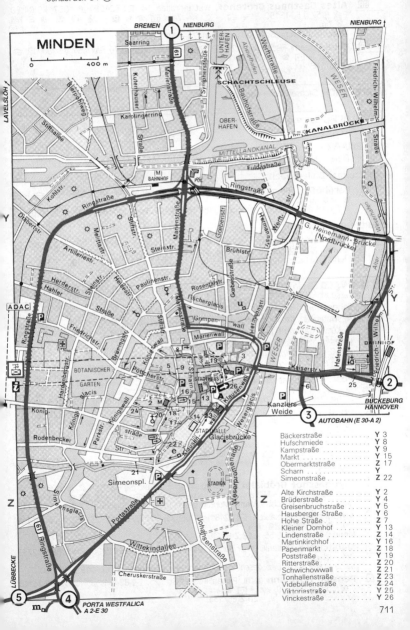

MINDEN

0 ⊢────┤ 400 m

Bäckerstraße	Y 3
Hufschmiede	Y 8
Kampstraße	Y 9
Markt	Y 15
Obermarktstraße	Z 17
Scharn	Y
Simeonstraße	Z 22

Alte Kirchstraße	Y 2
Brüderstraße	Y 4
Greisenbruchstraße	Y 5
Hausberger Straße	Y 6
Hohe Straße	Z 7
Kleiner Domhof	Z 13
Lindenstraße	Z 14
Martinikirchhof	Y 16
Papenmarkt	Y 18
Poststraße	Y 19
Ritterstraße	Z 20
Schwichowwall	Z 21
Tonhallenstraße	Z 23
Videbullenstraße	Z 24
Viktoriastraße	Y 25
Vinckestraße	Y 26

711

Holiday Inn M, Lindenstr. 52, ✉ 32429, ✆ (0571) 8 70 60, *Fax (0571) 8706160*, , – , Zim, Rest, – 80. AE VISA. Rest Z e
Menu à la carte 41/64 – **101 Z** 205/255.

Bad Minden, Portastr. 36, ✉ 32429, ✆ (0571) 9 56 33 00, *Fax (0571) 9563369*, , Massage, , – Zim, – 100. AE VISA JCB. Zim Z m
Menu *(Samstagmittag geschl.)* à la carte 31/66 – **30 Z** 106/228.

Altes Gasthaus Grotehof, Wettinerallee 14, ✉ 32429, ✆ (0571) 5 04 50, *Fax (0571) 5045150*, , – , Zim, – 40. AE VISA. Zim über ⑤
Menu (nur Abendessen) à la carte 41/74 – **34 Z** 98/265.

Silke garni, Fischerglacis 21, ✉ 32423, ✆ (0571) 82 80 70, *Fax (0571) 8280712*, , , – . VISA Y u
20 Z 116/200.

MITTELBACH *Sachsen siehe Chemnitz.*

MITTELBERG *Österreich siehe Kleinwalsertal.*

MITTENAAR *Hessen* 417 *N 9 – 5 000 Ew – Höhe 230 m.*
Berlin 526 – Wiesbaden 126 – Gießen 47 – Limburg an der Lahn 58 – Siegen 41.

In Mittenaar-Ballersbach :

Berghof , Bergstr. 4, ✉ 35756, ✆ (02772) 6 20 55, *Fax (02772) 64186*, – . VISA
Anfang März 2 Wochen geschl. – (nur Abendessen für Hausgäste) – **17 Z** 65/120.

In Mittenaar-Bicken :

Thielmann, Wiesenstr. 5, ✉ 35756, ✆ (02772) 6 20 11, *Fax (02772) 63720*, – – 25. AE VISA. Zim
Menu *(Freitag - Samstagmittag geschl.)* à la carte 37/74 – **18 Z** 75/190.

MITTENWALD *Bayern* 419 420 *X 17,* 987 ㊵ *– 8 400 Ew – Höhe 920 m – Luftkurort – Wintersport : 920/2 244 m 1 7 1.*
Sehenswert : *Häuser am Obermarkt mit Freskenmalerei★★.*
Ausflugsziel : *Karwendel, Höhe 2 244 m, 10 Min. mit , ≤ ★★.*
Kurverwaltung und Verkehrsamt, Dammkarstr. 3, ✉ 82481, ✆ (08823) 3 39 81, Fax (08823) 2701.
ADAC, *Grenzbüro, Am Brunnstein 2, ✉ 82481, ✆ (08823) 59 50, Fax (08823) 5950.*
Berlin 698 – München 103 – Garmisch-Partenkirchen 23 – Innsbruck 37.

Post, Karwendelstr. 14, ✉ 82481, ✆ (08823) 10 94, *Fax (08823) 1096*, , Massage, , , , – , Zim, – 80
Menu *(18. Nov. - 19. Dez. geschl.)* à la carte 24/55 – **81 Z** 95/240, 6 Suiten – ½ P 25.

Bichlerhof garni, Adolf-Baader-Str. 5, ✉ 82481, ✆ (08823) 91 90, *Fax (08823) 4584*, , , – . AE VISA JCB
26 Z 95/210.

Rieger, Dekan-Karl-Platz 28, ✉ 82481, ✆ (08823) 9 25 00, *Fax (08823) 9250250*, ≤, , , , – . AE VISA
Nov. - Mitte Dez. geschl. – **Menu** *(Montagabend geschl.)* à la carte 34/67 – **45 Z** 87/210 – ½ P 20.

Berggasthof Gröblalm , Gröblalm (N : 2 km), ✉ 82481, ✆ (08823) 91 10, *Fax (08823) 2921*, ≤ Mittenwald und Karwendel, , , –
Nov. - 20. Dez. geschl. – **Menu** *(Montag geschl.)* à la carte 34/53 – **27 Z** 90/170.

Alpenrose, Obermarkt 1, ✉ 82481, ✆ (08823) 50 55, *Fax (08823) 3720*, – . AE VISA JCB
Menu à la carte 27/56 – **18 Z** 85/192 – ½ P 17.

Mühlhauser, Partenkirchner Str. 53, ✉ 82481, ✆ (08823) 15 90, *Fax (08823) 2732*, –
Mitte Nov. - Mitte Dez. geschl. – (nur Abendessen für Hausgäste) – **19 Z** 60/150.

Pension Hofmann garni, Partenkirchner Str. 25, ✉ 82481, ✆ (08823) 9 23 40, *Fax (08823) 923440*, – .
Nov. - 20. Dez. geschl. – **20 Z** 65/135.

XX **Arnspitze,** Innsbrucker Str. 68, ⊠ 82481, ℰ (08823) 24 25, � – **℗**. AE
Dienstag - Mittwochmittag, nach Ostern 3 Wochen und 25. Okt. - 19. Dez. geschl. – Menu
43/83 und à la carte.

X **Postkeller** (Brauerei-Gaststätte), Innsbrucker Str. 13, ⊠ 82481, ℰ (08823) 17 29,
Fax (08823) 2185 – **℗**
Montag und 8. Nov. - 6. Dez. geschl. – **Menu** à la carte 24/52.

Am Lautersee SW : 3 km (Zufahrt nur für Hotelgäste)

🏠 **Lautersee** 🐾, ⊠ 82481 Mittenwald, ℰ (08823) 10 17, Fax (08823) 5246, ≤ See und
Karwendel, « Gartenterrasse am See », 🐾, 🌲 – **☎ ℗**
April 2 Wochen und Anfang Nov. - Mitte Dez. geschl. – **Menu** à la carte 32/61 – **8 Z** 95/170
– ½ P 35.

Außerhalb N : 4 km, Richtung Klais bis zum Schmalensee, dann rechts ab – Höhe 1 007 m

🏠 **Tonihof** 🐾, Brunnenthal 3, ⊠ 82481 Mittenwald, ℰ (08823) 50 31, Fax (08823) 1783,
≤ Karwendel und Wettersteinmassiv, �, 🍴, 🔲, 🌲 – 📺 ☎ 🛏 ℗
Nov.- 20. Dez. geschl. – **Menu** (Mittwoch geschl.) à la carte 31/59 – **18 Z** 98/196 – ½ P 26.

MITWITZ Bayern 418 420 P 17 – 3 000 Ew – Höhe 313 m.
Berlin 360 – München 285 – Coburg 23 – Bayreuth 47 – Bamberg 57 – Hof 65.

In Mitwitz-Bächlein NO : 4 km :

🏠🏠 **Waldhotel** 🐾, ⊠ 96268, ℰ (09266) 96 00, Fax (09266) 96060, �, 🍴, 🔲, 🌲, 🐎
– 🛏 📺 ☎ ℗ – 🔥 30. AE E VISA
Menu à la carte 32/62 – **80 Z** 75/200.

MÖCKMÜHL Baden-Württemberg 417 419 S 12, 987 ㉗ – 7 000 Ew – Höhe 179 m.
Berlin 582 – Stuttgart 77 – Heilbronn 35 – Würzburg 86.

🏠 **Württemberger Hof,** Bahnhofstr. 11, ⊠ 74219, ℰ (06298) 50 02,
Fax (06298) 7779, � – 📺 ☎ 🛏 ℗. AE ⓞ E VISA
Mitte Dez. - Anfang Jan. geschl. – **Menu** (Sonntagabend und Samstag geschl.) à la carte
30/57 🍺 – **16 Z** 65/110.

In Möckmühl-Korb NO : 6 km :

🏠 **Krone,** Widdernor Str. 2, ⊠ 74219, ℰ (06298) 9 24 90, Fax (06298) 4573, � – 📺 ☎
℗. E VISA
Menu (Mittwoch geschl.) à la carte 26/51 🍺 – **12 Z** 58/90.

In Roigheim N : 6 km :

X **Hägele,** Gartenstr. 6, ⊠ 74255, ℰ (06298) 52 05, Fax (06298) 5535 – ℗. E. 🦌
Samstagmittag und Montag geschl. – **Menu** à la carte 28/58 🍺.

MÖGLINGEN Baden-Württemberg 419 I 11 – 11 000 Ew – Höhe 270 m.
Berlin 618 – Stuttgart 19 – Heilbronn 38 – Karlsruhe 70 – Pforzheim 38.

🏠 **Zur Traube** garni, Rathausplatz 5, ⊠ 71696, ℰ (07141) 2 44 70, Fax (07141) 244740
– 🛗 📺 ☎ 🛏. AE ⓞ E VISA
18 Z 120/160.

MÖHNESEE Nordrhein-Westfalen 417 L 8 – 9 200 Ew – Höhe 244 m.
Sehenswert : 10 km langer Stausee★ zwischen Haarstrang und Arnsberger Wald.
🛈 Tourist-Information (in Möhnesee-Körbecke), Küerbiker Str. 1 (Haus des Gastes),
⊠ 59519, ℰ (02924) 4 97, Fax (02924) 1771.
Berlin 471 – Düsseldorf 122 – Arnsberg 13 – Soest 10.

In Möhnesee-Delecke :

🏠🏠 **Haus Delecke** (mit 🏠 Gästehaus), Linkstr. 12, ⊠ 59519, ℰ (02924) 80 90,
Fax (02924) 80967, ≤, �, « Park », Massage, 🈵, 🌲, 🎾(Halle) – 🛗, 🛏 Zim, 📺 🛏
℗ – 🔥 120. AE E VISA
Menu à la carte 65/88 – **39 Z** 110/290.

In Möhnesee-Günne :

X **Der Seehof,** Möhnestr. 10, ⊠ 59519, ℰ (02924) 3 76, Fax (02924) 1768, ≤, � – ℗
– 🔥 70. ⓞ E VISA
Menu (Jan. - April Montag geschl.) à la carte 36/72.

In Möhnesee-Körbecke :

🏠 **Haus Griese**, Seestr. 5 (am Freizeitpark), ⊠ 59519, ℰ (02924) 98 20,
Fax (02924) 982170, ≤, ♣ – ⊡ ☎ ⇔ ❸ – ⅍ 130. **E**
Mitte Feb. - Mitte März geschl. – **Menu** *(Montag - Mittwoch nur Abendessen, Donnerstag
geschl.)* à la carte 44/68 – **34 Z** 95/240.

MÖLLN Schleswig-Holstein 🔲🔲🔲🔲 F 16, 🔲🔲🔲 ⑥ – 17000 Ew – Höhe 19 m – Kneippkurort.
Sehenswert : *Seenlandschaft (Schmalsee★).*
🟦 Grambek, Schloßstr. 21 (S : 7 km), ℰ (04542) 84 14 74.
🟦 Städt. Kurverwaltung, im Kurzentrum, ⊠ 23879, ℰ (04542) 70 90, Fax (04542) 88656.
Berlin 248 – Kiel 112 – *Schwerin 59* – Lübeck 29 – Hamburg 55.

🏠🏠 **Schwanenhof** ♨, am Schulsee, ⊠ 23879, ℰ (04542) 8 48 30, Fax (04542) 848383,
≤, 徐, ≦s, ☘, 🛋 – ⅋ ⊡ ☎ ❸ – ⅍ 30. **AE ◑ E VISA**
Menu à la carte 38/71 – **31 Z** 105/180 – ½ P 28.

🏠 **Quellenhof**, Hindenburgstr. 16, ⊠ 23879, ℰ (04542) 30 28, Fax (04542) 7226, 徐 –
⊡ ☎ ❸ – ⅍ 200. **AE ◑ E VISA**
Menu à la carte 31/54 – **18 Z** 95/180.

🏠 **Beim Wasserkrüger** garni, Wasserkrüger Weg 115, ⊠ 23879, ℰ (04542) 70 91,
Fax (04542) 1811, ≦s – ✳ ⊡ ☎ ⇔ ❸. **AE E VISA**
23 Z 95/150.

✕ **Historischer Ratskeller**, Am Markt 12, ⊠ 23879, ℰ (04542) 83 55 75,
Fax (04542) 86657, 徐 – **E**
Dienstag geschl. – **Menu** à la carte 36/65.

*Der Rote Michelin-Führer ist kein vollständiges Verzeichnis
aller Hotels und Restaurants.
Er bringt nur eine bewußt getroffene, begrenzte Auswahl.*

MÖNCHBERG Bayern 🔲🔲🔲🔲 Q 11 – 2200 Ew – Höhe 252 m – Luftkurort.
Berlin 574 – München 351 – Aschaffenburg 32 – Miltenberg 13 – Würzburg 75.

🏠 **Schmitt** ♨, Urbanusstr. 12, ⊠ 63933, ℰ (09374) 20 90, Fax (09374) 209250, ≤, 徐,
« Gartenanlage mit Teich », ≦s, ☘, ✕ – ⅋ ☎ ❸ – ⅍ 30. **E VISA**. ✼ Zim
8. - 31. Jan. geschl. – **Menu** à la carte 34/58 – **40 Z** 74/144 – ½ P 20.

✼ **Krone**, Mühlweg 7, ⊠ 63933, ℰ (09374) 5 39, 🚗 – ❸. ✼ Zim
⇔ *Feb. geschl.* – **Menu** *(Sonntagabend und Donnerstag geschl.)* à la carte 20/38 – **29 Z** 56/98
– ½ P 16.

MÖNCHENGLADBACH Nordrhein-Westfalen 🔲🔲🔲 M 3, 🔲🔲🔲 ㉕ – 260000 Ew – Höhe 50 m.
Sehenswert : *Städt. Museum Abteiberg★* Y **M.**
🟦 Korschenbroich, Schloß Myllendonk (②: 5 km), ℰ (02161) 64 10 49.
🟦 Verkehrsverein, Bismarckstr. 23-27, ⊠ 41061, ℰ (02161) 2 20 01, Fax (02161)
274222.
ADAC, Bismarckstr. 17, ⊠ 41061, ℰ (0221) 47 27 47, Fax (02161) 12663.
Berlin 585 ① – Düsseldorf 38 ① – Aachen 64 ⑤ – Duisburg 50 ① – Eindhoven 88 ⑧
– Köln 63 ⑤ – Maastricht 81 ⑦

Stadtpläne siehe nächste Seiten

🏠🏠🏠 **Dorint-Hotel,** Hohenzollernstr. 5, ⊠ 41061, ℰ (02161) 89 30, Fax (02161) 87231, 徐,
≦s, ☘, – ⅋, ✳ Zim, ⊡ ⅙ ⇔ ❸ – ⅍ 100. **AE ◑ E VISA JCB**   Y a
Menu à la carte 40/65 – **Duca Enrico** *(nur Abendessen, Sonntag - Montag geschl.)* **Menu**
à la carte 54/69 – **162 Z** 315/454, 5 Suiten.

🏠🏠🏠 **Queens Hotel,** Speicker Str. 49, ⊠ 41061, ℰ (02161) 93 80, Fax (02161) 938807, ≦s,
☘ – ⅋, ✳ Zim, ⊡ ℰ ⅙ ❸ – ⅍ 120. **AE ◑ E VISA**. ✼ Rest   Y b
Menu à la carte 44/67 – **126 Z** 215/310.

🏠🏠 **Burgund** garni, Kaiserstr. 85, ⊠ 41061, ℰ (02161) 18 59 70, Fax (02161) 1859740 –
⅋ ▤ ⊡ ☎ ⇔. **AE ◑ E VISA**   Y e
Ende Juli - Mitte Aug. und 24. Dez. - 12. Jan. geschl. – **14 Z** 95/170.

✕✕ **Michelangelo,** Lüpertzender Str. 133, ⊠ 41061, ℰ (02161) 20 85 83 – **AE ◑ E VISA**
Dienstag geschl. – **Menu** *(italienische Küche)* à la carte 43/68.   Y c

✕ **Haus Baues,** Bleichgrabenstr. 23, ⊠ 41063, ℰ (02161) 8 73 73, Fax (02161) 896321,
徐 – ❸ – ⅍ 180. **AE ◑ E VISA**   X n
Dienstag und Anfang - Mitte Aug. geschl. – **Menu** à la carte 37/72.

MÖNCHEN-GLADBACH

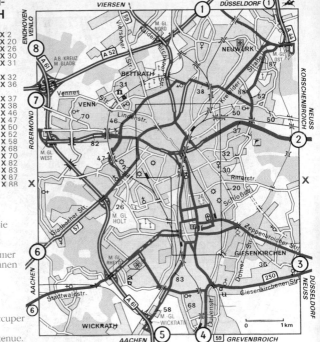

Benachrichtigen Sie
sofort das Hotel,
wenn Sie
ein bestelltes Zimmer
nicht belegen können

Prévenez
immédiatement
l'hôtelier si vous
ne pouvez pas occuper
la chambre
que vous avez retenue.

In Mönchengladbach-Hardt über ⑦ :

🏠 **Lindenhof,** Vorster Str. 535, ⊠ 41169, 𝒸 (02161) 55 93 40, Fax (02161) 551122 – 📺
☎ ⇔ 🅿
Menu (Donnerstag - Freitag geschl.) (wochentags nur Abendessen) 26/88 und à la carte
45/90 – **10 Z** 82/145.

🍴🍴 **Eddy's Waldrestaurant** ⑤ mit Zim, Ungermannsweg 19 (Richtung Rheindahlen),
⊠ 41169, 𝒸 (02161) 55 93 36, Fax (02161) 556249, 🌤, Biergarten, « Park » – 📺 ☎
🅿 – 🔏 15. 𝔸𝔼 ⓪ 𝖤 𝖵𝖨𝖲𝔸
Menu (Okt. - März Donnerstag geschl.) à la carte 38/73 – **6 Z** 90/180.

In Mönchengladbach-Rheydt

🏛 **Coenen,** Giesenkirchener Str. 41 (B 230), ⊠ 41238, 𝒸 (02166) 1 60 06,
Fax (02166) 186795, 🌤, « Garten » – 🛗, ↯ Zim, 📺 ⇔ 🅿 – 🔏 80. 𝔸𝔼 ⓪ 𝖤 𝖵𝖨𝖲𝔸 X u
Menu (Mittwoch geschl.) (wochentags nur Abendessen) à la carte 58/87 – **50 Z** 169/268.

🏨 **Rheydter Residenz,** Lehwaldstr. 27, ⊠ 41236, 𝒸 (02166) 6 29 60,
Fax (02166) 933400, 😊 ⇔ 🅿 – 🔏 30. Z s
Weinkirch Gewölbekeller (nur Abendessen, Sonntag geschl.) **Menu** à la carte 39/70 –
21 Z 119/199.

🏨 **Elisenhof** ⑤, Klusenstr. 97 (in Hockstein), ⊠ 41239, 𝒸 (02166) 93 30,
Fax (02166) 933400, 🌤, 🛗 ⇔ 🅿 – 🔏 40. 𝔸𝔼 ⓪ 𝖤 𝖵𝖨𝖲𝔸 X a
Menu à la carte 33/73 – **56 Z** 99/185.

🏨 **Spickhofen,** Dahlener Str. 88, ⊠ 41239, 𝒸 (02166) 4 30 71, Fax (02166) 42234 – 🛗
📺 ☎ 🅿. 𝔸𝔼 ⓪ 𝖤 Z m
Menu à la carte 29/56 – **42 Z** 99/169.

In Korschenbroich-Kleinenbroich ② : 7 km :

🏠 **Gästehaus Bienefeld** ⑤ garni, Im Kamp 5, ⊠ 41352, 𝒸 (02161) 99 83 00,
Fax (02161) 9983099 – 📺 ☎ ⇔ 🅿. 𝔸𝔼 ⓪ 𝖤 𝖵𝖨𝖲𝔸. ⌖
13. - 30 Juli geschl. – **16 Z** 99/190.

🍴 **Zur Traube,** Haus-Randerath-Str. 15, ⊠ 41352, 𝒸 (02161) 67 04 04,
Fax (02161) 670010, 🌤 – 🅿 𝔸𝔼 ⓪ 𝖤 𝖵𝖨𝖲𝔸
Mittwoch, Jan. 2 Wochen und Juli - Aug. 3 Wochen geschl. – **Menu** à la carte 40/71.

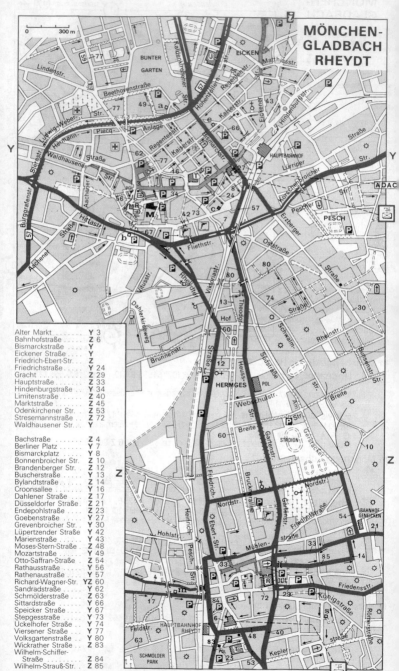

MÖNCHEN-
GLADBACH
RHEYDT

MÖRFELDEN-WALLDORF Hessen 🔢 Q 9 – 29 800 Ew – Höhe 95 m.
  Berlin 556 – Wiesbaden 35 – Frankfurt am Main 24 – Darmstadt 19.

Im Stadtteil Walldorf :

🏠 **Airport Domizil-Hotel** garni, Nordendstr. 4a, ⊠ 64546, 🖉 (06105) 95 70,
  Fax (06105) 957222 – 🛗 ⇔ 📺 ☎ 📞 ⇐. 🆑 ⓪ 🅴 𝘝𝘐𝘚𝘈
  65 Z 190/260.

🏠 **Feger** garni, Am Zollstock 10, ⊠ 64546, 🖉 (06105) 70 50, Fax (06105) 70580 – 🛗 📺
  ☎ 📞 🅿 – 🔏 40. 🆑 ⓪ 🅴 𝘝𝘐𝘚𝘈
  39 Z 100/240.

🏠 **Zum Löwen** garni, Langstr. 68, ⊠ 64546, 🖉 (06105) 94 90, Fax (06105) 949144, ⇗,
  🔲 – 🛗 ⇔ 📺 ☎ 📞 🅿 – 🔏 90. 🆑 ⓪ 🅴 𝘝𝘐𝘚𝘈
  55 Z 120/220.

MÖRLENBACH Hessen 🔢🔢 R 10 – 9 200 Ew – Höhe 160 m.
  Berlin 611 – Wiesbaden 81 – Darmstadt 45 – Heidelberg 28 – Mannheim 25.

In Mörlenbach-Juhöhe NW : 5 km – Erholungsort :

🏠 **Waldschenke Fuhr** ⌂, Auf der Juhöhe 25, ⊠ 69509, 🖉 (06252) 49 67,
  Fax (06252) 68376, ⇐, 🏠 – 🛗 📺 ☎ 🕭 🅿
  Menu (Montag - Dienstag geschl.) à la carte 27/55 🍴 – **18 Z** 75/140.

MÖRNSHEIM Bayern 🔢🔢 T 17 – 2 000 Ew – Höhe 420 m.
  Berlin 511 – München 127 – Ingolstadt 47 – Nürnberg 86.

🏨 **Lindenhof** (mit Gästehaus), Marktstr. 25, ⊠ 91804, 🖉 (09145) 8 38 00,
  Fax (09145) 7159, 🏠 – 📺 ☎ ⇐ 🅿 🆑 ⓪ 🅴 𝘝𝘐𝘚𝘈
  Jan. 3 Wochen geschl. – **Menu** (Dienstag, Nov.- April auch Montagabend geschl.) à la carte
  37/67 – **15 Z** 65/130.

🏠 **Zum Brunnen,** Brunnenplatz 1, ⊠ 91804, 🖉 (09145) 71 27, Fax (09145) 1079, 🏠 –
  ⇗ 📺 🕭
  Nov. 2 Wochen geschl. – **Menu** (Mittwoch geschl.) à la carte 22/36 – **8 Z** 50/80.

MOERS Nordrhein-Westfalen 🔢 L 3, 🔢 ⑭ – 105 700 Ew – Höhe 29 m.
  🅱 Stadtinformation, Unterwallstr. 9, ⊠ 47441, 🖉 (02841) 20 17 21, Fax (02841) 201777.
  Berlin 556 – Düsseldorf 41 – Duisburg 12 – Krefeld 17.

XX **Kurlbaum,** Burgstr. 7 (1. Etage), ⊠ 47441, 🖉 (02841) 2 72 00 – 🆑
  Samstagmittag, Sonntagmittag, Dienstag und Juli. 3 Wochen geschl. – **Menu** (Tischbestellung ratsam) à la carte 65/83.

In Moers-Asberg :

🏠 **Moerser Hof** garni, Römerstr. 464, ⊠ 47441, 🖉 (02841) 9 52 10, Fax (02841) 952144
  – 🛗 📺 ☎ 📞 ⇐ 🅿 🆑 🅴 𝘝𝘐𝘚𝘈
  33 Z 98/148.

Nahe dem Autobahnkreuz Moers der A 40 - Ausfahrt Moers SW : 2 km :

🏨 **Motel Moers,** Krefelder Str. 169, ⊠ 47447 Moers, 🖉 (02841) 14 60,
  Fax (02841) 146239, 🏠 – 🛗 📺 ☎ 📞 🕭 🅿 – 🔏 170. 🆑 🅴 𝘝𝘐𝘚𝘈
  Menu à la carte 35/80 – **125 Z** 115/130.

In Moers-Repelen N : 3,5 km :

🏨 **Zur Linde,** An der Linde 2, ⊠ 47445, 🖉 (02841) 97 60, Fax (02841) 97666, Biergarten,
  « Rustikal-gemütliche Einrichtung », ⇗ – 🛗, ⇔ Zim, 📺 ☎ 📞 🕭 ⇐ 🅿 – 🔏 40. 🆑
  ⓪ 🅴 𝘝𝘐𝘚𝘈 𝙹𝘾𝘽 ⇗ Zim
  Wildente (5. Juli - 1. Aug., Samstagmittag und Sonntagabend geschl.) **Menu** à la carte
  52/89 – **Grafschafter : Menu** à la carte 41/72 – **32 Z** 130/260.

In Moers-Schwafheim S : 4 km :

🏠 **Schwarzer Adler,** Düsseldorfer Str. 309 (B 57), ⊠ 47447, 🖉 (02841) 38 21,
  Fax (02841) 34630 – 🛗, ⇔ Zim, 📺 ☎ 📞 🅿 – 🔏 40. 🆑 ⓪ 🅴 𝘝𝘐𝘚𝘈
  Menu à la carte 34/70 – **39 Z** 96/155.

MÖSSINGEN Baden-Württemberg 🔢 U 11, 🔢 ㊳ – 18 100 Ew – Höhe 475 m.
  🅱 Reise- und Verkehrsbüro, Rathaus, Freiherr-vom-Stein-Str. 20, ⊠ 72116,
  🖉 (07473) 94 88 88, Fax (07473) 948824.
  Berlin 695 – Stuttgart 63 – Tübingen 14 – Ulm (Donau) 112 – Villingen-Schwenningen 65.

🏠 **Brauhaus Mössingen** garni, Auf der Lehr 30, ⊠ 72116, 🖉 (07473) 60 23,
  Fax (07473) 26673 – 🛗 ☎ 🅿
  30 Z 75/120.

MOHLSDORF Thüringen siehe Greiz.

MOLBERGEN Niedersachsen 𝟜𝟙𝟝 H 7 – 5 000 Ew – Höhe 32 m.
Berlin 453 – Hannover 189 – Bremen 76 – Osnabrück 87.

🏠 **Thole - Vorwerk**, Cloppenburger Str. 4, ✉ 49696, 𝒫 (04475) 9 49 50, Fax (04475) 949535 – 🅿. 🖭 ⓞ 🄴 𝘝𝘐𝘚𝘈
Menu (Montagmittag und Samstagmittag geschl.) (bemerkenswerte Weinkarte) à la carte 26/54 – **10 Z** 50/110.

MOLFSEE Schleswig-Holstein siehe Kiel.

MOMMENHEIM Rheinland-Pfalz siehe Nierstein.

MONDSEE Österreich siehe Salzburg.

MONHEIM Nordrhein-Westfalen 𝟜𝟙𝟟 M 4 – 44 000 Ew – Höhe 40 m.
Berlin 567 – Düsseldorf 23 – Köln 28 – Solingen 19.

🏠 **Zum Vater Rhein**, An d'r Kapell 4, ✉ 40789, 𝒫 (02173) 59 80, Fax (02173) 52368 – 🖭 🕿 💺 🅿. 🖭 🄴 𝘝𝘐𝘚𝘈
Menu à la carte 36/69 – **19 Z** 130/220.

🏠 **Am Wald**, An der alten Ziegelei 4, ✉ 40789, 𝒫 (02173) 3 30 70, Fax (02173) 30076
⇔ – 🖭 🕿 ♿ 🅿 – 🔬 35. 🖭 ⓞ 🄴 𝘝𝘐𝘚𝘈
Menu (nur Abendessen) à la carte 24/35 – **45 Z** 119/159.

In Monheim-Baumberg N : 3 km :

🏨 **Sport-Hotel**, Sandstr. 84, ✉ 40789, 𝒫 (02173) 68 80, Fax (02173) 688110 – 🖭 🕿 🅿.
🖭 ⓞ 🄴 𝘝𝘐𝘚𝘈. 🦟
Menu (Montag - Freitag nur Abendessen) à la carte 29/68 – **40 Z** 140/180.

🏠 **Lehmann** garni (mit Gästehaus), Thomasstr. 24, ✉ 40789, 𝒫 (02173) 9 66 10, Fax (02173) 966111, 🐎 – 🖭 🕿 🅿
24 Z 99/130.

MONREPOS (Schloß) Baden-Württemberg siehe Ludwigsburg.

MONSCHAU Nordrhein-Westfalen 𝟜𝟙𝟟 O 2, 𝟿𝟠𝟟 ㉕ – 12 000 Ew – Höhe 405 m.
Sehenswert : Fachwerkhäuser★★ – Rotes Haus (Innenausstattung★) – Friedhofskapelle ≤★.
Ausflugsziel : ≤★★ vom oberen Aussichtsplatz an der B 258, NW : 2 km.
🛈 Tourist-Information, Stadtstr. 1, ✉ 52156, 𝒫 (02472) 33 00, Fax (02472) 4534.
Berlin 649 – Düsseldorf 110 – Aachen 34 – Düren 43 – Euskirchen 53.

🏨 **Carat** 🅼, Laufenstr. 82, ✉ 52156, 𝒫 (02472) 8 60, Fax (02472) 86199, 🛳, 🖾 – 🛗,
⇔ Zim, 🖭 🕿 ♿ 🅿 – 🔬 150. 🖭 ⓞ 🄴 𝘝𝘐𝘚𝘈 𝘑𝘊𝘉. 🦟 Rest
Menu à la carte 38/64 – **99 Z** 155/195.

🏠 **Royal** garni, Stadtstr. 6, ✉ 52156, 𝒫 (02472) 20 33, Fax (02472) 4752 – 🛗 🖭 🕿
Anfang Jan. - Anfang Feb. geschl. – **14 Z** 65/150.

✗ **Hubertusklause** 🦢 mit Zim, Bergstr. 45, ✉ 52156, 𝒫 (02472) 50 36, Fax (02472) 5662, ≤, 🌳 – 🖭 🅿. 🖭 🄴
Juli - Aug. 3 Wochen geschl. – **Menu** (Dienstag geschl.) à la carte 31/61 – **4 Z** 70/110.

MONTABAUR Rheinland-Pfalz 𝟜𝟙𝟟 O 7, 𝟿𝟠𝟟 ㉖ – 13 000 Ew – Höhe 230 m.
🛈 Tourist-Information, Kirchstr. 48a, ✉ 56410, 𝒫 (02602) 30 00 10, Fax (02602) 5245.
Berlin 571 – Mainz 71 – Koblenz 34 – Bann 80 – Limburg an der Lahn 22.

🏨 **Am Peterstor** garni, Peterstorstr. 1, ✉ 56410, 𝒫 (02602) 16 07 20, Fax (02602) 160730 – 🛗 🖭 🕿 🅿 – 🔬 30. 🄴 𝘝𝘐𝘚𝘈
16 Z 110/170.

🏠 **Schlemmer** (Gasthof seit 1673), Kirchstr. 18, ✉ 56410, 𝒫 (02602) 15 40, Fax (02602) 154200 – ⇔, 🖭 ⓞ 🄴 𝘝𝘐𝘚𝘈
Jan. 2 Wochen geschl. – **Menu** (Dienstag geschl.) à la carte 45/61 – **20 Z** 95/160.

🍴 **Zur Post**, Bahnhofstr. 30, ✉ 56410, 𝒫 (02602) 33 61, Fax (02602) 90498 – 🛗 🖭 🕿
⇔. 🖭 ⓞ 🄴 𝘝𝘐𝘚𝘈
Jan. 2 Wochen geschl. – **Menu** (Donnerstag geschl.) à la carte 33/54 – **19 Z** 75/120.

An der Autobahn A 3 *NO : 4,5 km, Richtung Frankfurt :*

🏨 **Heiligenroth,** ⌧ 56412 Heiligenroth, ☏ (02602) 10 30, Fax (02602) 103460, 🍴 – 🛗
🔲 🕿 ♿ ⇔ 🄿 – 🔏 45. 🕮 🕿 ① 🄴 *VISA*
Menu à la carte 30/58 – **30 Z** 130/220.

In Wirges *NW : 5 km :*

🏨 **Paffhausen,** Bahnhofstr. 100, ⌧ 56422, ☏ (02602) 9 42 10, Fax (02602) 9421110,
🍴, 🚗 – ↔✱ Zim, 🔲 🕿 ♿ 🄿 – 🔏 120. 🕮 🄴 *VISA*
Menu à la carte 41/58 – **32 Z** 108/198.

MOOS Baden-Württemberg siehe Radolfzell.

MORAAS Mecklenburg-Vorpommern siehe Hagenow.

MORBACH/Hunsrück Rheinland-Pfalz **417** Q 5, **987** ㉖ – 11 000 Ew – Höhe 450 m – Luft-
kurort.
Ausflugsziel : Hunsrück-Höhenstraße★.
🛈 Verkehrsamt, Unterer Markt 1, ⌧ 55497, ☏ (06533) 71 50, Fax (06533) 7177.
Berlin 669 – Mainz 107 – Bernkastel-Kues 17 – Birkenfeld 21 – Trier 63.

🏨 **St. Michael,** Bernkasteler Str. 3, ⌧ 54497, ☏ (06533) 30 25, Fax (06533) 1211, 🍴,
🚐 – 🛗 🔲 🕿 ⇔ 🄿 – 🔏 80. 🕮 🕿 ① 🄴 *VISA* 🄫🄱
Menu à la carte 26/53 ♨ – **41 Z** 80/140.

🏨 **Hochwaldcafé** garni, Unterer Markt 4, ⌧ 54497, ☏ (06533) 55 78, Fax (06533) 2076
– 🕿 ⇔ ① 🄴 *VISA*
13 Z 65/110.

In Horbruch *NO : 12 km über die B 327 :*

🏨 **Historische Schloßmühle** 🦌 (ehem. Mühle a.d. 17. Jh.), ⌧ 55483, ☏ (06543) 40 41,
Fax (06543) 3178, 🍴, 🚗 – 🕿 🄿. 🛁
Menu (Montag geschl.) (wochentags nur Abendessen) à la carte 52/79 (auch vegetarisches
Menu) ♨ – **10 Z** 120/295.

✂ **Alter Posthof** mit Zim, Oberdorf 2, ⌧ 55483, ☏ (06543) 40 60, Fax (06543) 6848,
🍴, 🚗 – 🔲 🕿 ⇔ 🄿. 🕮 ① 🄴 *VISA*. 🛁 Zim
Anfang Jan. - Anfang Feb. geschl. – **Menu** (Montag - Dienstag geschl.) (wochentags nur
Abendessen) à la carte 30/62 (auch vegetarische Gerichte) ♨ – **4 Z** 70/140.

MORITZBURG Sachsen **418** M 25, **984** ㉔, **987** ⑲ – 3 000 Ew – Höhe 200 m.
Sehenswert : Schloß Moritzburg★.
🛈 Tourist-Information, Schlossallee 3b, ⌧ 01468, ☏ (035207) 85 40, Fax (035207) 85420.
Berlin 181 – Dresden 16 – Cottbus 85 – Meißen 16.

🏨 **Eisenberger Hof,** Kötzschenbrodaer Str. 8, ⌧ 01468, ☏ (035207) 8 16 73,
Fax (035207) 81684, 🍴, 🍸, 🚗 – 🔲 🕿 🄿 – 🔏 25. 🕮 🄴 *VISA*
Menu (Montag - Freitag nur Abendessen) à la carte 30/39 – **21 Z** 100/180.

MORSBACH Nordrhein-Westfalen **417** N 7, **987** ㉖ – 10 500 Ew – Höhe 250 m.
Ausflugsziel : Wasserschloß Crottorf★ NO : 10 km.
Berlin 587 – Düsseldorf 107 – Bonn 63 – Siegen 33 – Köln 70.

🏨 **Goldener Acker** 🦌, Zum goldenen Acker 44, ⌧ 51597, ☏ (02294) 80 24,
Fax (02294) 7375, 🍴, 🍸, 🚗 – 🔲 🕿 🄿 – 🔏 45. ① *VISA*
3. - 13. Jan. und 15. Juli - 10. Aug. geschl. – **Menu** (Sonntagabend - Montag geschl.)
à la carte 38/68 – **32 Z** 89/150.

MORSUM Schleswig-Holstein siehe Sylt (Insel).

MOSBACH Baden-Württemberg **417 419** R 11, **987** ㉗ – 25 000 Ew – Höhe 151 m.
🛈 Städtisches Verkehrsamt, Am Marktplatz, ⌧ 74821, ☏ (06261) 8 22 36, Fax (06261)
82249.
Berlin 587 – Stuttgart 87 – Heidelberg 45 – Heilbronn 33.

🏨 **Goldener Hirsch** garni, Hauptstr. 13, ⌧ 74821, ☏ (06261) 1 70 37, Fax (06261) 17038
– 🔲 🕿. 🄴 *VISA*
23 Z 85/130.

🏨 **Lamm** (Fachwerkhaus a.d. 18. Jh.), Hauptstr. 59, ⌧ 74821, ☏ (06261) 8 90 20,
Fax (06261) 890291 – 🛗 🔲 🕿. 🕮 ① 🄴 *VISA*
Menu à la carte 26/50 ♨ – **52 Z** 72/140.

X **Gärkammer,** Hauptstr. 12, ✉ 74821, ℰ (06261) 1 69 14, 🌳 – 🅴 𝘝𝘐𝘚𝘈
   Montag und Aug. 2 Wochen geschl. – **Menu** (italienische Küche) à la carte 37/56.

X **Gasthaus zum Amtsstüble,** Lohrtalweg 1, ✉ 74821, ℰ (06261) 23 06,
   Fax (06261) 18553 – 🅿
   Montag geschl. – **Menu** à la carte 28/58 (Hotelbau mit 19 Zim. bis Frühjahr 1998).

In Mosbach-Neckarelz *SW : 4 km :*

🏠 **Lindenhof,** Martin-Luther-Str. 3, ✉ 74821, ℰ (06261) 6 00 66 – 📺 🕿 ⇌ 🅿. 🅴 𝘝𝘐𝘚𝘈
   Juli - Aug. 2 Wochen geschl. – **Menu** *(Mittwoch geschl.)* à la carte 27/58 ⅛ – **22 Z** 70/110.

In Mosbach-Nüstenbach *NW : 4 km :*

🏠 **Gästehaus Haaß** 🦢 garni, Im Weiler 8, ✉ 74821, ℰ (06261) 9 20 60,
   Fax (06261) 920624, 🌱 – 📺 🕿 🅿. 🕸
   Dez. - Jan. 4 Wochen geschl. – **10 Z** 65/130.

XX **Landgasthof zum Ochsen,** Im Weiler 6, ✉ 74821, ℰ (06261) 1 54 28,
   Fax (06261) 15428, 🌳, « Stilvoll eingerichtetes Restaurant mit Weinstube »
   Samstagmittag und Dienstag geschl. – **Menu** (Tischbestellung ratsam) à la carte 43/76.

In Elztal-Dallau *NO : 5,5 km :*

X **Zur Pfalz** mit Zim, Hauptstr. 5 (B 27), ✉ 74834, ℰ (06261) 22 93, *Fax (06261) 37293,*
   🌳 – ⇌ 🅿. 🅰🅴. 🕸 Zim
   Jan. und Mitte - Ende Aug. geschl. – **Menu** *(Montag geschl.)* à la carte 32/59 ⅛ – **13 Z**
   55/110.

MOSELKERN *Rheinland-Pfalz* 𝟦𝟣𝟩 *P 6 – 600 Ew – Höhe 83 m.*
   Ausflugsziel : Burg Eltz★★, *Lage*★★ *NW : 1 km und 30 min zu Fuß.*
   Berlin 627 – Mainz 106 – Koblenz 38 – Cochem 17.

🏠 **Anker-Pitt,** Moselstr. 15, ✉ 56254, ℰ (02672) 13 03, *Fax (02672) 8944,* ≼, 🕿s – ⎸ᐧ⎹
⇌ 📺 🅿
   Jan. geschl. – **Menu** *(Montag geschl.)* à la carte 22/52 – **25 Z** 63/110.

MOSELTAL *Rheinland-Pfalz* 𝟦𝟣𝟩 *R 3 bis O 6,* 𝟫𝟪𝟩 ㉓ ㉔.
   Sehenswert : Tal★★ *von Trier bis Koblenz (Details siehe unter den erwähnten Mosel-Orten).*

MOSSAUTAL *Hessen* 𝟦𝟣𝟩 𝟦𝟣𝟫 *R 10 – 2 500 Ew – Höhe 390 m – Erholungsort.*
   Berlin 592 – Wiesbaden 99 – Beerfelden 12 – Darmstadt 59 – Mannheim 50.

In Mossautal-Güttersbach :

🏠 **Zentlinde** 🦢, Hüttenthaler Str. 37, ✉ 64756, ℰ (06062) 20 80, *Fax (06062) 5900,*
   🌳, Massage, 🕿s, 🔲 – ⎸ᐧ⎹, ⟵⟶ Rest, 📺 🕿 🅿 – 🔬 40. 🅰🅴. 🕸
   Jan. 3 Wochen geschl. – **Menu** *(Montag geschl.)* à la carte 25/51 – **36 Z** 90/160.

🏠 **Haus Schönblick** 🦢, Hüttenthaler Str. 30, ✉ 64756, ℰ (06062) 53 80,
   Fax (06062) 61242, 🌳, Massage, 🕿s, 🌱 – 📺 🕿 🅿 – 🔬 35. 🕸 Zim
   Jan. 2 Wochen geschl. – **Menu** *(Montag - Dienstag geschl.)* à la carte 27/42 ⅛ – **35 Z**
   50/120.

In Mossautal-Obermossau :

🏠 **Brauerei-Gasthof Schmucker,** Hauptstr. 91, ✉ 64756, ℰ (06061) 9 41 10,
   Fax (06061) 2861, Biergarten, 🔲 (geheizt), 🌱, 🕸 – ⟵⟶ Rest, 📺 🕿 🅿 – 🔬 30. 🅰🅴 🅴
   𝘝𝘐𝘚𝘈
   Menu *(Montag geschl.)* à la carte 27/57 – **25 Z** 82/150.

MOTTEN *Bayern* 𝟦𝟣𝟩 𝟦𝟣𝟪 *O 13 – 1 800 Ew – Höhe 450 m.*
   Berlin 469 – München 358 – Fulda 20 – Würzburg 93.

In Motten-Speicherz *S : 7 km :*

🏠 **Zum Biber,** Hauptstr. 15 (B 27), ✉ 97786, ℰ (09748) 9 12 20, *Fax (09748) 912266,* 🌱
⇌ – 🍽 Rest, 🕿 ⇌ 🅿 – 🔬 35. 🅰🅴 ⓞ 🅴 𝘝𝘐𝘚𝘈
   Jan. 3 Wochen geschl. – **Menu** à la carte 24/48 – **42 Z** 46/94.

MOTZEN *Brandenburg siehe Teupitz*

MUCH Nordrhein-Westfalen **417** N 6 – 13 900 Ew – Höhe 195 m.

⌂ Burg Overbach, 𝒫 (02245) 55 50.
Berlin 580 – Düsseldorf 77 – Bonn 33 – Köln 40.

In Much-Bövingen NW : 3 km :

🏨 **Activotel,** Bövingen 129 (Gewerbegebiet), ✉ 53804, 𝒫 (02245) 60 80,
Fax (02245) 608100, ≤, 🏖, ⅃𝓈, ≘𝓈, 🔲, 🐎, ※(Halle) – 🛗, ✻ Zim, 📺 ✆ 🅿 – 🔏 100.
🖭 ⓪ ☰ 𝓥𝓘𝓢𝓐. ✦ Rest
Menu à la carte 42/68 – **115 Z** 159/298.

In Much-Sommerhausen SW : 3 km :

✗✗ **Herrmanns Stuben** 🗇, Sommerhausener Weg 97, ✉ 53804, 𝒫 (02245) 14 26,
Fax (02245) 1427, ≤, 🏖 – 🅿 – 🔏 30
Montag - Dienstag geschl. – **Menu** à la carte 47/65.

MÜCKE Hessen **417** O 11 – 9 500 Ew – Höhe 300 m.
Berlin 461 – Wiesbaden 107 – Alsfeld 31 – Gießen 28.

In Mücke-Atzenhain :

🏖 **Zur Linde,** Lehnheimer Str. 2, ✉ 35325, 𝒫 (06401) 64 65, Fax (06401) 6495, ≘𝓈, 🐎
≈🌫 🅿
Menu (Sonntagabend geschl.) à la carte 23/36 ♨ – **22 Z** 50/110.

In Mücke-Flensungen :

🏠 **Landhotel Gärtner,** Bahnhofstr. 116, ✉ 35325, 𝒫 (06400) 81 91, Fax (06400) 6560,
Biergarten, 🐎 – 📺 ☎ ≈🌫 🅿 – 🔏 30
Menu (Montagabend geschl.) à la carte 26/58 – **14 Z** 85/125.

MÜDEN Rheinland-Pfalz siehe Treis-Karden.

MÜHLBERG AN DER ELBE Brandenburg **418** L 23, **984** ⑳, **987** ⑱ – 3 500 Ew – Höhe 94 m.
Berlin 143 – Potsdam 155 – Dresden 74.

🏠 **Pension Wendland** 🗇, Am Viertelfeld 2, ✉ 04931, 𝒫 (035342) 7 00 24,
≈🌫 Fax (035342) 70025, 🏖, ≘𝓈, 🐎 – 📺 ☎ 🅿
Menu (nur Abendessen) à la carte 19/39 ♨ – **9 Z** 75/140 – ½ P 15.

MÜHLDORF AM INN Bayern **420** V 21, **987** ㊵ – 16 000 Ew – Höhe 383 m.
⌂ Kraiburg, Guttenburg 3 (SW : 9 km), 𝒫 (08638) 88 74 88.
Berlin 611 – München 80 – Landshut 57 – Passau 95 – Salzburg 77.

🏨 **Comfort Hotel** Ⓜ garni, Rheinstr. 44 (Industriegebiet Süd), ✉ 84453,
𝒫 (08631) 38 10, Fax (08631) 381481 – ✻ 📺 ☎ ✆ 🅿 – 🔏 40. 🖭 ⓪ ☰ 𝓥𝓘𝓢𝓐 𝓙𝓒𝓑
102 Z 110/170.

🏠 **Bastei,** Münchener Str. 69, ✉ 84453, 𝒫 (08631) 58 02, Fax (08631) 15158 – 🛗 📺 ☎
≈🌫 ♿ 🅿 ☰ 𝓥𝓘𝓢𝓐
Menu à la carte 23/50 – **25 Z** 70/110.

🏠 **Wetzel's Jägerhof** garni, Stadtplatz 36, ✉ 84453, 𝒫 (08631) 3 65 10,
Fax (08631) 5893 – 🛗 📺 ☎ ≈🌫. 🖭 ⓪ ☰ 𝓥𝓘𝓢𝓐
22 Z 75/130.

MÜHLHAUSEN IM TÄLE Baden-Württemberg siehe Wiesensteig.

MÜHLHAUSEN Thüringen **418** M 15, **987** ⑰ – 41 000 Ew – Höhe 253 m.
Sehenswert : Altstadt★ (Stadtmauer★, Kirche St. Marien★).
🛈 Fremdenverkehrsamt, Ratsstr. 20, ✉ 99974, 𝒫 (03601) 45 23 35, Fax (03601)
452316.
Berlin 301 – Erfurt 54 – Eisenach 32 – Kassel 103.

🏨 **Mirage** garni, Karl-Marx-Str. 9, ✉ 99974, 𝒫 (03601) 43 90, Fax (03601) 439100 – 🛗,
✻ Zim, 📺 ☎ ✆ ♿ ≈🌫 🅿 – 🔏 70. 🖭 ⓪ ☰ 𝓥𝓘𝓢𝓐 𝓙𝓒𝓑
77 Z 111/151.

🏠 **Brauhaus Zum Löwen,** Kornmarkt 3, ✉ 99974, 𝒫 (03601) 47 10,
≈🌫 Fax (03601) 440759, 🏖 – 🛗 📺 ☎ 🅿 – 🔏 40. 🖭 ⓪ ☰ 𝓥𝓘𝓢𝓐
Menu à la carte 27/46 – **24 Z** 110/160.

🏠 **An der Stadtmauer,** Breitenstr. 15, ✉ 99974, 𝒫 (03601) 4 65 00,
Fax (03601) 465050, ≘𝓈 – ✻ Zim, 📺 ☎ 🅿 – 🔏 15. 🖭 ⓪ ☰ 𝓥𝓘𝓢𝓐. ✦ Rest
Menu à la carte 29/42 – **19 Z** 88/155.

X **An der Stadtmauer,** Burgstr. 16, ⊠ 99974, ℰ (03601) 44 01 45, *Fax (03601) 449284,* « Restaurant in einem historischen Gewölbekeller a.d. 12.Jh » – AE ① E VISA
Montag geschl. – **Menu** (wochentags nur Abendessen) à la carte 30/55.

X **Zum Nachbarn,** Steinweg 65, ⊠ 99974, ℰ (03601) 81 25 13, *Fax (03601) 812513* – AE ① E VISA
Menu à la carte 25/42.

In Struth W : 12 km :

🏡 **Zur grünen Linde,** Lange Str. 93, ⊠ 99976, ℰ (036026) 9 02 04, *Fax (036026) 90050*
🐌 – TV ☎. AE ① E VISA
Menu *(Freitag geschl.)* à la carte 20/32 – **11 Z** 55/90.

MÜHLHAUSEN (VOGTLAND) *Sachsen siehe Elster, Bad.*

MÜHLHEIM AM MAIN *Hessen* 417 *P 10 – 24 500 Ew – Höhe 105 m.*
Berlin 537 – Wiesbaden 51 – Frankfurt am Main 15 – Hanau 8.

🏠 **Main-Park** garni, Dieselstr. 16, ⊠ 63165, ℰ (06108) 90 50, *Fax (06108) 905222* – |≢|
TV ☎ ❷. AE ① E VISA JCB
28 Z 145/275.

🏠 **Adam** garni, Albertstr. 7, ⊠ 63165, ℰ (06108) 6 09 11, *Fax (06108) 67665* – TV ☎ ❷.
E
21 Z 80/180.

In Mühlheim-Lämmerspiel *SO : 5 km :*

🏨 **Landhaus Waitz,** Bischof-Ketteler-Str. 26, ⊠ 63165, ℰ (06108) 60 60, *Fax (06108) 606488,* « Gartenterrasse » – |≢| TV ☜ ❷ – ⚖ 80. AE ① E VISA
27. Dez. - 6. Jan. geschl. – **Menu** *(Samstagmittag und Sonntagabend geschl.)* à la carte 56/82 – **74 Z** 165/380.

MÜHLTAL *Hessen siehe Darmstadt.*

MÜLHEIM AN DER RUHR *Nordrhein-Westfalen* 417 *L 4,* 987 ⑭ – *177 000 Ew – Höhe 40 m.*
🖪 *Stadt-Information, Viktoriastr. 17,* ⊠ *45468,* ℰ *(0208) 4 55 99 02.*
ADAC, Löhstr. 6, ⊠ *45468,* ℰ *(0221) 47 27 47, Fax (0208) 448180.*
Berlin 539 – Düsseldorf 36 ① – Duisburg 9 ② – Essen 10 – Oberhausen 5,5.

Stadtplan siehe gegenüberliegende Seite

🏛 **Clipper Hotel** M garni, Hans-Böckler-Platz 19 (Forum-City-Center), ⊠ 45468, ℰ (0208) 30 86 30, *Fax (0208) 30863113,* ☎ – |≢| TV ☎. AE ① E VISA   Y c
51 Z 150/230.

🏛 **Gartenhotel Luisental** garni, Trooststr. 2, ⊠ 45468, ℰ (0208) 99 21 40, *Fax (0208) 9921440* – |≢| TV ☎ ☜. AE E VISA   Z a
20 Z 128/218.

🏛 **Friederike** garni (ehemalige Villa), Friedrichstr. 32, ⊠ 45468, ℰ (0208) 99 21 50, *Fax (0208) 383215,* « Garten » – TV ☎. AE E VISA   Z f
28 Z 110/198.

🏛 **Noy** garni, Schloßstr. 28, ⊠ 45468, ℰ (0208) 4 50 50, *Fax (0208) 4505300* – |≢| TV ☎ – ⚖ 50. AE ① E VISA   Y a
50 Z 160/340.

🏠 **Am Ruhrufer,** Dohne 74, ⊠ 45468, ℰ (0208) 99 18 50, *Fax (0208) 9918599,* ≤, 🏚 – |≢| TV ☎ ❷ – ⚖ 35. ☎   Z c
Menu à la carte 39/65 – **37 Z** 149/272.

🏠 **Am Schloß Broich** garni, Am Schloß Broich 27, ⊠ 45479, ℰ (0208) 99 30 80, *Fax (0208) 9930850,* ☎s – |≢| TV ☎ ☜. AE ① E VISA   Y v
27 Z 125/205.

XX **Am Kamin** (Fachwerkhaus a.d.J. 1732), Striepensweg 62, ⊠ 45473, ℰ (0208) 76 00 36, *Fax (0208) 760769,* « Gartenterrasse mit offenem Kamin » – ❷. AE ① E VISA JCB
Samstagmittag geschl. – **Menu** à la carte 56/84.   X s

In Mülheim-Dümpten :

🏛 **Kuhn,** Mellinghofer Str. 277, ⊠ 45475, ℰ (0208) 79 00 10, *Fax (0208) 7900168,* ☎s, ↘ – |≢| TV ☎ ☜ ❷   X z
Menu *(Sonntag und Juli - Aug. 4 Wochen geschl.)* (nur Abendessen) à la carte 39/68 – **61 Z** 98/180.

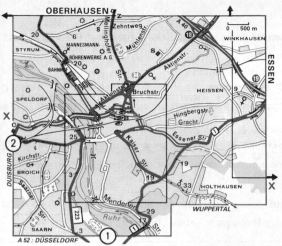

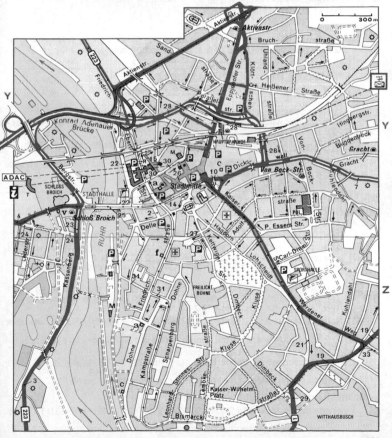

In Mülheim-Menden :

XX **Müller-Menden,** Mendener Str. 109, ✉ 45470, ✆ (0208) 37 40 15, *Fax (0208) 37933,* – P. AE E VISA über Mendener Straße X
Menu à la carte 38/62.

In Mülheim-Mintard *über Mendener Brücke* X :

Mintarder Wasserbahnhof, August-Thyssen-Str. 129, ✉ 45481, ✆ (02054) 9 59 50, *Fax (02054) 959555,* « Terrasse mit ≤ » – TV ☎ P. AE O E VISA
Menu *(Donnerstag - Freitag geschl.)* (Abendessen nur für Hausgäste) à la carte 35/62 – **33 Z** 87/185.

In Mülheim-Saarn *über Mendener Brücke* X :

XX **Henzek's Restaurant,** Düsseldorfer Str. 9, ✉ 45481, ✆ (0208) 48 84 59, *Fax (0208) 486454,*
Mittwoch - Donnerstag geschl. – **Menu** (wochentags nur Abendessen, Tischbestellung ratsam) à la carte 65/75.

In Mülheim-Speldorf :

XX **Altes Zollhaus,** Duisburger Str. 228, ✉ 45478, ✆ (0208) 5 03 49, *Fax (0208) 50349* X c
Samstagmittag und Montag geschl. – **Menu** à la carte 49/69.

MÜLHEIM-KÄRLICH *Rheinland-Pfalz* 417 *O 6 – 10 000 Ew – Höhe 80 m.*

Berlin 599 – Mainz 109 – Koblenz 10.

In Mülheim :

XX **Zur Linde,** Bachstr. 12, ✉ 56218, ✆ (02630) 41 30, *Fax (02630) 4129,* – P. E
über Karneval geschl. – **Menu** *(Samstagmittag und Dienstag geschl.)* à la carte 39/74.

MÜLHEIM (MOSEL) *Rheinland-Pfalz* 417 *Q 5 – 900 Ew – Höhe 110 m.*

Berlin 681 – Mainz 119 – Bernkastel-Kues 6 – Trier 40 – Wittlich 14.

Landhaus Schiffmann, Veldenzer Str. 49a, ✉ 54486, ✆ (06534) 9 39 40, *Fax (06534) 18201,* ≤, Massage, – TV ☎ P.
über Ostern 2 Wochen und Dez. 3 Wochen geschl. – (Restaurant nur für Hausgäste) – **15 Z** 95/150.

Zur Post, Hauptstr. 65, ✉ 54486, ✆ (06534) 9 39 20, *Fax (06534) 939291,* – ☎ P. Rest
3. Jan. - 20. Feb. geschl. – **Menu** *(Dienstag geschl.)* (wochentags nur Abendessen) à la carte 31/52 – **10 Z** 75/112.

MÜLLHEIM *Baden-Württemberg* 419 *W 6,* 987 ㊲ *– 16 000 Ew – Höhe 230 m.*

Städtisches Verkehrsamt, Werderstr. 48, ✉ 79379, ✆ (07631) 40 70, Fax (07631) 16654.

Berlin 831 – Stuttgart 238 – Freiburg im Breisgau 33 – Basel 41 – Mulhouse 26.

Alte Post, an der B 3, ✉ 79379, ✆ (07631) 55 22, *Fax (07631) 15524,* « Gartenterrasse » – Zim, TV ☎ P – 60. AE O E VISA
Menu *(Sonntag geschl.)* à la carte 37/78 *(auch vegetarisches Menu)* – **50 Z** 130/260.

Gästehaus im Weingarten (Appartementhotel), Kochmatt 8, ✉ 79379, ✆ (07631) 3 69 40, *Fax (07631) 369425,* ≤, , – TV ☎ P
(Restaurant nur für Hausgäste) – **13 Z** 80/180.

Bauer, Eisenbahnstr. 2, ✉ 79379, ✆ (07631) 24 62, *Fax (07631) 4073,* – ☎ P. E VISA
22. Dez. - 15. Jan. geschl. – **Menu** *(Samstagmittag und Sonntag geschl.)* à la carte 26/64 – **56 Z** 65/150.

X **Parkrestaurant im Bürgerhaus,** Hauptstr. 122, ✉ 79379, ✆ (07631) 3 64 90, *Fax (07631) 15428,* « Gartenterrasse » – P – 600. E VISA
Dienstag geschl. – **Menu** à la carte 32/65 *(auch vegetarische Gerichte)*.

In Müllheim-Britzingen *NO : 5 km – Erholungsort :*

X **Krone** mit Zim, Markgräfler Str. 32, ✉ 79379, ✆ (07631) 20 46, *Fax (07631) 15442,* – P
Jan. geschl. – **Menu** *(Mittwochabend - Donnerstag geschl.)* à la carte 27/56 – **8 Z** 50/85.

In Müllheim-Feldberg *SO : 6 km :*

> ☆ **Ochsen** mit Zim (Landgasthof a.d.J. 1763), Bürgelnstr. 32, ☒ 79379, ℰ (07631) 35 03,
> Fax (07631) 10935, ㈜, ⊜, ⋘ – ☎ ◗. ☱
> Jan. 3 Wochen geschl. – **Menu** *(Donnerstag geschl.)* 26/50 und à la carte 40/72 ⅋ – **8 Z**
> 75/140 – ½ P 30.

MÜNCHBERG *Bayern* 🕮🕮🕮 *P 19,* 🕮🕮🕮 ㉙ – *12 500 Ew – Höhe 553 m.*
> 🯄 *Fremdenverkehrsamt, Ludwigstr. 15, Rathaus,* ☒ *95213,* ℰ *(09251) 87 40, Fax*
> *(09251) 87424.*
> *Berlin 323 – München 266 – Bayreuth 37 – Hof 20.*

> ⌂ **Seehotel Hintere Höhe** ⌂, Hintere Höhe 7, ☒ 95213, ℰ (09251) 9 46 10,
> Fax (09251) 3976, ⋖, ㈜, ⊜, ⋘ – ⋙Zim, ▥ ☎ ⋘ ◗ – 🛦 70. ◭ ◍ ☱ ₩₩₳. ⋘ Rest
> **Menu** *(Nov. - März Freitag - Samstagmittag geschl.)* à la carte 38/61 – **33 Z** 120/200.

> ⌂ **Braunschweiger Hof,** Bahnhofstr. 13, ☒ 95213, ℰ (09251) 9 94 00,
> Fax (09251) 6404 – ▥ ☎ ⋖ ⋘ ◗. ◍ ☱ ₩₩₳
> Ende Jan. 2 Wochen geschl. – **Menu** à la carte 27/56 – **21 Z** 70/150.

In Sparneck *SO : 7 km :*

> ⌂ **Waldhotel Heimatliebe** ⌂, ☒ 95234, ℰ (09251) 81 13, Fax (09251) 7598,
> « Gartenterrasse », ⊜, ⋘ – ⋙ ▥ ☎ ⋘ ◗ – 🛦 40. ◭ ◍ ☱ ₩₩₳
> **Menu** *(Montagmittag und Freitagmittag geschl.)* à la carte 33/66 – **25 Z** 98/160.

In Zell am Waldstein *S : 7 km :*

> ☆ **Zum Waldstein,** Marktplatz 16, ☒ 95239, ℰ (09257) 5 01, Fax (09257) 7179, ㈜, ⋘
> ⊜ ▥ ☎ ◗
> Nov. 1 Woche geschl. – **Menu** *(Mittwoch geschl.)* à la carte 21/41 – **17 Z** 50/85.

MÜNCHEBERG *Brandenburg* 🕮🕮 *I 26,* 🕮🕮 ⑭, 🕮🕮 ⑲ – *5 000 Ew – Höhe 120 m.*
> 🯄 *Stadtinformation, Rathausstr. 1,* ☒ *15374,* ℰ *(033432) 7 09 31, Fax (033432) 81143.*
> *Berlin 55 – Potsdam 79 – Eberswalde 60 – Frankfurt (Oder) 36.*

> ⌂ **Landhotel Sternthaler,** Poststr. 6, ☒ 15374, ℰ (033432) 0 94 40,
> Fax (033432) 89443, ㈜ – ⋙ ▥ ☎ – 🛦 20
> **Menu** *(Montag geschl.)* à la carte 37/52 – **13 Z** 85/145.

> ⌂ **Mönchsberg** ⌂, Florastr. 25c, ☒ 15374, ℰ (033432) 3 67, Fax (033432) 505, ㈜,
> ⊜ ⋘ – ▥ ☎ ⋔ ◗. ☱ ₩₩₳
> 20. Dez. - 2. Jan. geschl. – **Menu** à la carte 24/42 – **13 Z** 85/120.

In Wulkow bei Seelow *NO : 13 km :*

> ⌂ **Parkhotel Schloß Wulkow,** Hauptstr. 24, ☒ 15320, ℰ (033476) 5 80,
> Fax (033476) 58444, ㈜, « Ehemaliger Herrensitz ; elegante Einrichtung », ⊜, ⋘ – ▤
> ▥ ⋖ ◗ – 🛦 80. ◭ ◍ ☱ ₩₩₳
> **Menu** à la carte 49/80 – **34 Z** 138/198.

> ⌂ **Remise** garni, Hauptstr. 24, ☒ 15320, ℰ (033476) 5 80, Fax (033476) 58444 – ▥ ☎
> ◗ – 🛦 20. ◭ ◍ ☱ ₩₩₳
> **14 Z** 88/128.

MÜNCHEN

Ⓛ Bayern 𝟜𝟙𝟡 𝟜𝟚𝟘 V 18 – 1 300 000 Ew – Höhe 520 m

Berlin 586 ② – Innsbruck 162 ⑤ – Nürnberg 165 ② – Salzburg 140 ② – Stuttgart 222 ⑨

PRAKTISCHE HINWEISE

🛈 Verkehrsamt am Hauptbahnhof, Bahnhofsplatz ✉ 80335, ℘ (089) 2 33 03 00, Fax (089) 23330233.

🛈 Verkehrsamt Im Flughafen „Franz-Josef Strauß", Zentralgebäude, ℘ (089) 97 59 28 15, Fax (089) 975292813.

ADAC, Sendlinger-Tor-Platz 9, ✉ 80336, ℘ (089) 5 40 19 44 56, Fax (089) 5504449.

🏌 München-Thalkirchen, Zentralländestr. 40 CT, ℘ (089) 7 23 13 04

🏌 Aschheim (NO : 14 km, über B471), Fasanenweg, ℘ (089) 9 90 24 20

🏌 Straßlach (S : 17 km über Geiselgasteigstraße.), ℘ (08170) 4 50

🏌 🏌 Eschenried (NW : 16 km), Kurfürstenweg 10, ℘ (08131) 8 72 38

🏌 Eschenhof (NW : 16 km), Kurfürstenweg 13, ℘ (08131) 56 74 56/ 8 03 38

🏌 Olching (NW : 22 km, über ? 09), Feuersstr. 89, ℘ (08142) 4 82 90

🏌 Dachau (NW : 20km, über B304), An der Floßlände 1, ℘ (08131) 1 08 79

🏌 Eichenried (NO : 24 km, über B388), Münchener Str. 57, ℘ (08123) 10 05

🏌 Eicherloh (NO : 26 km, über B388), Vordere Moosstr. 20, ℘ (08106) 3 33 94

✈ Flughafen"Franz-Josef Strauß (NO : 29 km, über ? 02), ℘ (089) 9 75 00, Fax (089) 97557906. City Air Terminal, Arnulfstraße, (Hauptbahnhof Nordseite).

🚗 Ostbahnhof, Friedenstraße HX.

Messe München GmbH Messegelände (über ? 03), ✉ 81823, ℘ (089) 9 49 01, Fax (089) 94909.

HAUPTSEHENSWÜRDIGKEITEN

Museen, Galerien, Sammlungen : *Alt Pinakothek*★★★ KY – *Deutsches Museum*★★★ LZ – *Bayerisches Nationalmuseum*★★ LY **M⁵** – *Nymphenburg*★★ BS *(Schloß★, Park★, Amalienburg★★, Botanischer Garten★★)* – *Neue Pinakothek★* KY – *Münchner Stadtmuseum★ (Moriskentänzer★★)* KZ **M⁷** – *Galerie im Lenbachhaus★* JY **M⁴** – *Antikensammlungen★* JY **M³** – *Glyptothek★* JY **M²** – *Deutsches Jagd- und Fischereimuseum★* KZ **M¹** – *Residenz★ (Schatzkammer★★, Altes Residenztheater★)* KY

Parks, Gärten, Seen : *Englischer Garten★ (Monopteros ⩽★)* LY – *Tierpark Hellabrunn★* CT – *Olympiapark (Olympiaturm ☀★★★)* CR.

Gebäude, Straßen, Plätze : *Die Altstadt★★* KYZ – *Frauenkirche★ Turm ⩽★)* KZ – *Marienplatz★* KZ – *Asamkirche★* KZ.

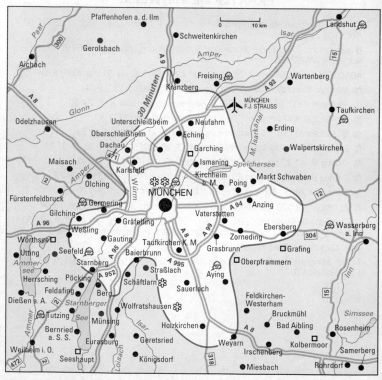

Liste alphabétique des hôtels et restaurants
Alphabetisches Verzeichnis der Hotels und Restaurants

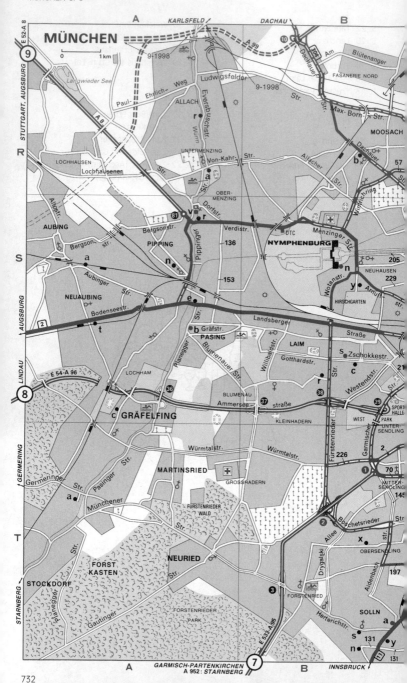

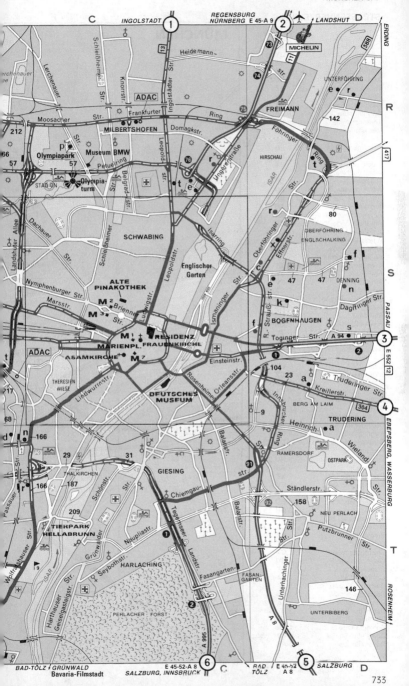

STRASSENVERZEICHNIS

Fortsetzung
siehe München S. 10-11 und 12

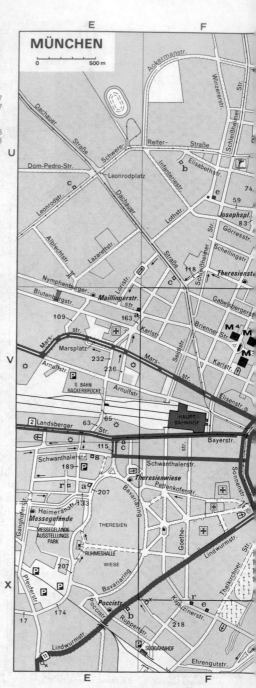

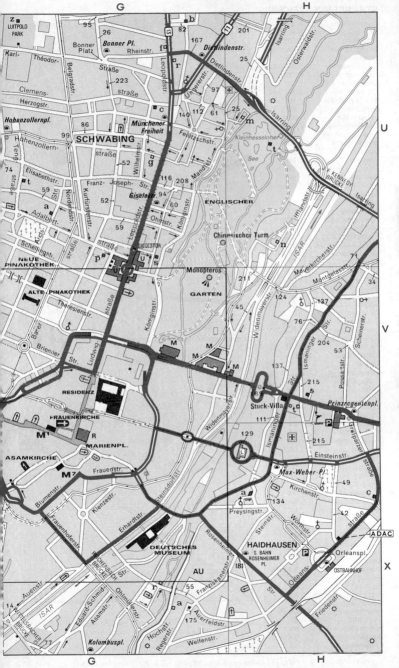

STRASSENVERZEICHNIS

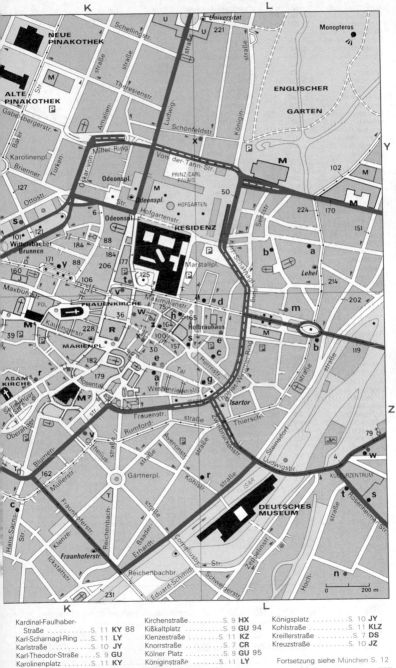

Fortsetzung siehe München S. 12

737

STRASSENVERZEICHNIS (Anfang siehe München S. 8-10-11)

Messe-Preise : siehe S. 8   Foires et salons : voir p. 20

Fairs : see p. 32   Fiere : vedere p. 44

🏨 **Rafael** Ⓜ, Neuturmstr. 1, ⊠ 80331, ℰ (089) 29 09 80, Fax (089) 222539, « Dachterrasse mit ⊐ » – |≋|, ⇔ Zim, 🖃 📺 ⚒ ⟷ – 🕍 50. 🆎 ⓪ 🄴 Ʞꞩ ᴊᴄʙ. ⥁ Rest
Menu 48 und à la carte 74/102 – **73 Z** 485/800, 7 Suiten.   KZ s

🏨 **Kempinski Hotel Vier Jahreszeiten,** Maximilianstr. 17, ⊠ 80539, ℰ (089) 2 12 50, Fax (089) 21252000, Massage, ⇘s, ⊐ – |≋|, ⇔ Zim, 🖃 📺 ⚒ ⟷ – 🕍 350. 🆎 ⓪ 🄴 ꝟꞅꜳ ᴊᴄʙ. ⥁ Rest   LZ a
Menu (Aug. geschl) (nur Abendessen) à la carte 65/106 – **Bistro-Eck** (auch Mittagessen) Menu à la carte 45/71 – **316 Z** 453/856, 48 Suiten.

🏨 **Bayerischer Hof,** Promenadeplatz 6, ⊠ 80333, ℰ (089) 2 12 00, Fax (089) 2120906, 🌫, Massage, ⇘s, ⊐ – |≋|, ⇔ Zim, 📺 ⚒ ⅚ ⟷ – 🕍 600. 🆎 ⓪ 🄴 ꝟꞅꜳ ᴊᴄʙ
Garden-Restaurant (Tischbestellung ratsam) Menu à la carte 72/116 – **Trader Vic's** (nur Abendessen) Menu à la carte 50/80 – **Palais Keller** : Menu à la carte 31/54 – **396 Z** 328/605, 45 Suiten.   KY y

🏨 **Königshof,** Karlsplatz 25, ⊠ 80335, ℰ (089) 55 13 60, Fax (089) 55136113 – |≋|, ⇔ Zim, 🖃 📺 ⚒ ⟷ – 🕍 80. 🆎 ⓪ 🄴 ꝟꞅꜳ ᴊᴄʙ. ⥁ Rest   JY s
Menu (Tischbestellung ratsam, bemerkenswerte Weinkarte) à la carte 83/126 – **90 Z** 382/614, 9 Suiten.

🏨 **Park Hilton,** Am Tucherpark 7, ⊠ 80538, ℰ (089) 3 84 50, Fax (089) 38451845, Biergarten, Massage, ⇘s, ⊐ – |≋|, ⇔ Zim, 🖃 📺 ⚒ ⅚ ⟷ – 🕍 750. 🆎 ⓪ 🄴 ꝟꞅꜳ ᴊᴄʙ
Menu siehe Rest. **Hilton Grill** separat erwähnt **Tse Yang** (chinesische Küche) (Montag geschl) Menu à la carte 47/88 – **Isar Terrassen** : Menu à la carte 51/79 – **477 Z** 333/618, 21 Suiten.   HU n

🏨 **Excelsior,** Schützenstr. 11, ⊠ 80335, ℰ (089) 55 13 70, Fax (089) 55137121 – |≋|, ⇔ Zim, 📺 ⚒. 🆎 ⓪ 🄴 ꝟꞅꜳ ᴊᴄʙ. ⥁ Rest   JY z
Vinothek : Menu à la carte 45/57 – **113 Z** 247/424, 4 Suiten.

🏨 **Maritim** Ⓜ, Goethestr. 7, ⊠ 80336, ℰ (089) 55 23 50, Fax (089) 55235900, 🌫, ⇘s, ⊐ – |≋|, ⇔ Zim, 🖃 📺 ⟷ – 🕍 250. 🆎 ⓪ 🄴 ꝟꞅꜳ ᴊᴄʙ. ⥁ Rest   JZ z
Menu à la carte 53/86 – **339 Z** 288/520, 5 Suiten.

🏨 **Arabella Hotel Westpark,** Garmischer Str. 2, ⊠ 80339, ℰ (089) 5 19 60, Fax (089) 5196649, 🌫, ⇘s, ⊐ – |≋|, ⇔ Zim, 🖃 Rest, 📺 ⚒ ⅚ ⟷ – 🕍 80. 🆎 ⓪ 🄴 ꝟꞅꜳ ᴊᴄʙ   GS t
19. Dez. - 6. Jan. geschl. – Menu 42 (Lunchbuffet) und à la carte 44/72 – **258 Z** 225/466, 6 Suiten.

🏨 **Eden-Hotel-Wolff,** Arnulfstr. 4, ⊠ 80335, ℰ (089) 55 11 50, Fax (089) 55115555 – |≋|, ⇔ Zim, 📺 ⟷ – 🕍 140. 🆎 ⓪ 🄴 ꝟꞅꜳ ᴊᴄʙ   JY p
Menu à la carte 54/65 – **211 Z** 218/450.

🏨 **King's Hotel** garni, Dachauer Str. 13, ⊠ 80335, ℰ (089) 55 18 70, Fax (089) 55187300 – |≋| ⇔ 📺 ⟷ ℗ – 🕍 30. 🆎 ⓪ 🄴 ꝟꞅꜳ   JY f
96 Z 210/295, 5 Suiten.

🏨 **Trustee Parkhotel** garni, Parkstr. 31 (Zufahrt Gollierstraße), ⊠ 80339, ℰ (089) 51 99 50, Fax (089) 51995420 – |≋| ⇔ 📺 ⚒ ⟷ – 🕍 30. 🆎 ⓪ 🄴 ꝟꞅꜳ   EX r
23. - 28. Dez. geschl. – **35 Z** 245/476, 6 Suiten.

🏨 **Exquisit** garni, Pettenkoferstr. 3, ⊠ 80336, ℰ (089) 5 51 99 00, Fax (089) 55199499, ⇘s – |≋| ⇔ 📺 ⟷ – 🕍 30. 🆎 ⓪ 🄴 ꝟꞅꜳ   JZ s
50 Z 195/320, 5 Suiten.

🏨 **Platzl,** Platzl 1 (Eingang Sparkassenstraße), ⊠ 80331, ℰ (089) 23 70 30, Fax (089) 23703800, ſ♨, ⇘s – |≋|, ⇔ Zim, 📺 ☎ ⅚ ⟷ – 🕍 50. 🆎 ⓪ 🄴 ꝟꞅꜳ   KZ z
Pfistermühle (Samstagmittag, Sonntag und Mitte Juli - Mitte Aug. geschl.) Menu à la carte 42/78 – **167 Z** 235/430.

🏨 **Krone** garni, Theresienhöhe 8, ⊠ 80339, ℰ (089) 50 40 52, Fax (089) 506706 – |≋| 📺 ☎ ℗ – 🕍 15. ⓪ 🄴 ꝟꞅꜳ   EX a
30 Z 110/330.

🏨 **Arabella-Central-Hotel** garni, Schwanthalerstr. 111, ⊠ 80339, ℰ (089) 51 08 30, Fax (089) 51083249, ⇘s – |≋| ⇔ 📺 ☎ ⟷ – 🕍 30. 🆎 ⓪ 🄴 ꝟꞅꜳ   EX s
21. Dez. - 7. Jan. geschl. – **102 Z** 216/422.

🏨 **Europa,** Dachauer Str. 115, ⊠ 80335, ℰ (089) 54 24 20, Fax (089) 54242500, 🌫 – |≋|, ⇔ Zim, 📺 ☎ ⅚ ⟷ – 🕍 60. 🆎 ⓪ 🄴 ꝟꞅꜳ   FU c
Isola Bella (italienische Küche) Menu à la carte 30/56 – **180 Z** 180/350, 7 Suiten.

🏨 **Erzgießerei-Europe,** Erzgießereistr. 15, ⊠ 80335, ℰ (089) 12 68 20, Fax (089) 1236198, |≋|, ⇔ Zim, 📺 ☎ ⟷ – 🕍 50. 🆎 ⓪ 🄴 ꝟꞅꜳ   JY a
Menu (Samstag - Sonntagmittag geschl.) à la carte 33/58 – **106 Z** 170/300.

🏨 **Ambiente** garni, Schillerstr. 12, ⊠ 80336, ℰ (089) 54 51 70, Fax (089) 54517200 – |📶|
🔆 📺 ☎. 🆎 ⓪ 🗲 *VISA* 🃏 JZ **m**
46 **Z** 182/250.

🏨 **Domus** garni, St.-Anna-Str. 31, ⊠ 80538, ℰ (089) 22 17 04, Fax (089) 2285359 – |📶| 🔆
📺 ☎ ⇦. 🆎 ⓪ 🗲 *VISA* LY **b**
23. - 28. Dez. geschl. – 45 **Z** 198/290.

🏨 **Carahotel** Ⓜ garni, Lindwurmstr. 13, ⊠ 80337, ℰ (089) 23 03 80,
Fax (089) 23038199 – |📶| 🔆 📺 ☎ ⇦. 🆎 ⓪ 🗲 *VISA* JZ **f**
70 **Z** 205/320.

🏨 **Drei Löwen** garni, Schillerstr. 8, ⊠ 80336, ℰ (089) 55 10 40, Fax (089) 55104905 –
|📶| 🔆 📺 ☎ Ⓟ – 🅐 15. 🆎 ⓪ 🗲 *VISA* 🃏 JZ **m**
82 **Z** 182/315.

🏨 **Intercity-Hotel,** Bayerstr. 10, ⊠ 80335, ℰ (089) 54 55 60, Fax (089) 54556610 – |📶|.
🔆 Zim, 📺 ☎ – 🅐 100. 🆎 ⓪ 🗲 *VISA* 🃏 JY **u**
Menu *(Sonntag geschl.)* à la carte 41/62 – **193 Z** 198/430, 4 Suiten.

🏨 **Admiral** garni, Kohlstr. 9, ⊠ 80469, ℰ (089) 21 63 50, Fax (089) 293674 – |📶| 🔆 📺
☎ 📞 ⇦. 🆎 ⓪ 🗲 *VISA* 🃏 LZ **r**
33 **Z** 230/345.

🏨 **Torbräu** garni, Tal 41, ⊠ 80331, ℰ (089) 22 50 16, Fax (089) 225019 – |📶| 🔆 📺 ☎
📞 ⇦ Ⓟ – 🅐 15. 🆎 🗲 *VISA* 🃏 LZ **g**
86 **Z** 255/390, 3 Suiten.

🏨 **Mercure City** garni, Senefelder Str. 9, ⊠ 80336, ℰ (089) 55 13 20, Fax (089) 596444
– |📶| 🔆 📺 ☎ 📞 ♿ ⇦ – 🅐 50. 🆎 ⓪ 🗲 *VISA* 🃏 JZ **v**
167 **Z** 188/350.

🏨 **Kraft** garni, Schillerstr. 49, ⊠ 80336, ℰ (089) 59 48 23, Fax (089) 5503856 – |📶| 📺 ☎.
🆎 ⓪ 🗲 *VISA* JZ **y**
23. - 26. Dez. geschl. – 35 **Z** 140/240.

🏨 **Astron Hotel Deutscher Kaiser** Ⓜ garni, Arnulfstr. 2, ⊠ 80335, ℰ (089) 5 45 30,
Fax (089) 54532255 – |📶| 🔆 📺 ☎ – 🅐 80. 🆎 ⓪ 🗲 *VISA* 🃏 JY **r**
174 **Z** 253/386.

🏨 **Sol Inn Hotel** Ⓜ, Paul-Heyse-Str. 24, ⊠ 80336, ℰ (089) 51 49 00, Fax (089) 51490701
– |📶|, 🔆 Zim, 📺 ☎ 📞 ♿ ⇦ – 🅐 35. 🆎 ⓪ 🗲 *VISA* 🃏. ⌘ Rest JZ **c**
(Restaurant nur für Hausgäste) – **182 Z** 182/416.

🏨 **Concorde** garni, Herrnstr. 38, ⊠ 80539, ℰ (089) 22 45 15, Fax (089) 2283282 – |📶| 📺
☎ ⇦. 🆎 ⓪ 🗲 *VISA* LZ **c**
Weihnachten - Anfang Jan. geschl. – **71 Z** 175/300.

🏨 **Cristal** garni, Schwanthalerstr. 36, ⊠ 80336, ℰ (089) 55 11 10, Fax (089) 55111992 –
|📶| 🔆, 🍽 Rest, 📺 ☎ ⇦ – 🅐 75. 🆎 ⓪ 🗲 *VISA* JZ **h**
100 **Z** 240/350.

🏨 **Splendid** garni, Maximilianstr. 54, ⊠ 80538, ℰ (089) 29 66 06, Fax (089) 2913176 – |📶|
📺 ☎. 🆎 ⓪ 🗲 *VISA* 🃏 LZ **b**
38 **Z** 178/346.

🏨 **Germania** garni, Schwanthalerstr. 28, ⊠ 80336, ℰ (089) 59 04 60, Fax (089) 591171
– |📶| 🔆 📺 ☎ ⇦. 🆎 🗲 *VISA* 🃏 JZ **a**
96 **Z** 160/280.

🏨 **An der Oper** garni, Falkenturmstr. 10, ⊠ 80331, ℰ (089) 2 90 02 70,
Fax (089) 29002729 – |📶| 📺 ☎. 🆎 🗲 *VISA* 🃏 KZ **h**
55 **Z** 160/290.

🏨 **Apollo** garni, Mittererstr. 7, ⊠ 80336, ℰ (089) 53 95 31, Fax (089) 534033 – |📶| 📺 ☎
⇦ Ⓟ. 🆎 ⓪ 🗲 *VISA* JZ **r**
74 **Z** 130/265.

🏨 **Schlicker** garni, Tal 8, ⊠ 80331, ℰ (089) 22 79 41, Fax (089) 296059 – |📶| 📺 ☎ Ⓟ.
🆎 ⓪ 🗲 *VISA* KZ **a**
20. Dez. - 7. Jan. geschl. – **69 Z** 130/360.

🏨 **Brack** garni, Lindwurmstr. 153, ⊠ 80337, ℰ (089) 7 47 25 50, Fax (089) 74725599 –
|📶| 📺 ☎ ⇦. 🆎 ⓪ 🗲 *VISA* 🃏 EX **b**
50 **Z** 150/298.

🏨 **Europäischer Hof** garni, Bayerstr. 31, ⊠ 80335, ℰ (089) 55 15 10,
Fax (089) 55151222 – |📶| 🔆 📺 ☎ ⇦ Ⓟ – 🅐 20. 🆎 ⓪ 🗲 *VISA* 🃏 JZ **b**
148 **Z** 178/370.

🏨 **Olympic** garni, Hans-Sachs-Str. 4, ⊠ 80469, ℰ (089) 23 18 90, Fax (089) 23189199 –
📺 ☎ ⇦. 🆎 ⓪ 🗲 *VISA* KZ **c**
32 **Z** 230/280.

🏠 **Acanthus** garni, An der Hauptfeuerwache 14, ⊠ 80331, ℘ (089) 23 18 80, Fax (089) 2607364 – |🛗| 📺 ☎ ⟨⟩. 🆎 **E** *VISA* JZ n
36 **Z** 155/290.

🏠 **Daniel** garni, Sonnenstr. 5, ⊠ 80331, ℘ (089) 54 82 40, Fax (089) 553420 – |🛗| ⇜ 📺 ☎. 🆎 **E** *VISA* JZ q
22. - 27. Dez. geschl. – **72 Z** 138/325.

🏠 **Adria** garni, Liebigstr. 8a, ⊠ 80538, ℘ (089) 29 30 81, Fax (089) 227015 – |🛗| 📺 ☎. 🆎 **E** *VISA* *JCB* LY a
23. Dez. - 7. Jan. geschl. – **46 Z** 145/255.

🏠 **Andi** garni, Landwehrstr. 33, ⊠ 80336, ℘ (089) 5 52 55 60, Fax (089) 55255666 – |🛗| 📺 ☎ 🅿. 🆎 ⓞ **E** *VISA* *JCB* JZ u
30 **Z** 125/290.

🏠 **Müller** garni, Fliegenstr. 4, ⊠ 80337, ℘ (089) 26 60 63, Fax (089) 268624 – |🛗| 📺 ☎ 🅿. 🆎 ⓞ **E** *VISA* JZ p
23. Dez. - 6. Jan. geschl. – **44 Z** 108/238.

🏠 **Luitpold** garni, Schützenstr. 14 (Eingang Luitpoldstr.), ⊠ 80335, ℘ (089) 59 44 61, Fax (089) 554520 – |🛗| 📺 ☎. 🆎 ⓞ **E** *VISA* *JCB* JY x
48 **Z** 120/290.

🏠 **Jedermann** garni, Bayerstr. 95, ⊠ 80335, ℘ (089) 53 36 39, Fax (089) 536506 – |🛗| 📺 ☎ ✆ ⟨⟩. **E** *VISA* EVX c
55 **Z** 95/220.

🏠 **Uhland** garni, Uhlandstr. 1, ⊠ 80336, ℘ (089) 54 33 50, Fax (089) 54335250, (chemalige Villa) – |🛗| 📺 ☎ ✆ 🅿. 🆎 ⓞ **E** *VISA* JZ x
25 **Z** 110/280.

🏠 **Stachus** garni, Bayerstr. 7, ⊠ 80335, ℘ (089) 59 28 81, Fax (089) 5503833 – |🛗| 📺 ☎. 🆎 ⓞ **E** *VISA* *JCB* JZ g
64 **Z** 120/270.

XXXX **Hilton-Grill** - Hotel Park Hilton, Am Tucherpark 7, ⊠ 80538, ℘ (089) 3 84 52 61, ☸ Fax (089) 38451845 – ▤ ⟨⟩. 🆎 ⓞ **E** *VISA* *JCB* ✖ HU n
Samstagmittag, 2. - 18. Jan., Karwoche und Ende Juli - Mitte Aug. geschl – Menu 55 (mittags) und à la carte 74/103
Spez. Gebratenes Dorade filet mit Pestonudeln. Wachtelkotelett mit Gänsestopfleber und geschmortem Wirsing. Rehmedaillons mit Feigen und Roquefort überbacken.

XX **Gasthaus Glockenbach** (ehemalige altbayerische Bierstube), Kapuzinerstr. 29, ☸ ⊠ 80337, ℘ (089) 53 40 43, Fax (089) 534043 FX e
Samstagmittag, Sonntag - Montag, Feiertage und Aug. 2 Wochen geschl. – Menu (Tischbestellung erforderlich) 40 (mittags) und à la carte 81/105
Spez. Gambas-Kartoffeltarte mit grüner Sauce. Gebratenes Bresse Geflügel in zwei Gängen serviert. Tarte Tatin von der Birne mit Schokoladensorbet.

XX **Böswirth an der Oper** - Hotel An der Oper, Falkenturmstr. 10, ⊠ 80331, ℘ (089) 29 79 09, Fax (089) 297909 – 🆎 **E** *VISA* KZ h
Sonntag - Montagmittag, Feiertage und Mai - Juni 2. Wochen geschl. – Menu 39 (mittags) und à la carte 64/91.

XX **Zum Bürgerhaus,** Pettenkoferstr. 1, ⊠ 80336, ℘ (089) 59 79 09, Fax (089) 595657, « Bäuerliche Einrichtung, Innenhofterrasse » – 🆎 **E** *VISA* JZ s
Samstagmittag, Sonn- und Feiertage geschl. – Menu (Tischbestellung erforderlich) à la carte 44/73.

XX **Halali,** Schönfeldstr. 22, ⊠ 80539, ℘ (089) 28 59 09, Fax (089) 282786 – 🆎 **E** *VISA* *JCB* LY x
Samstagmittag, Sonntagmittag, Feiertage und Aug. 2 Wochen geschl. – Menu (Tischbestellung ratsam) 35 (mittags) und à la carte 51/73.

XX **Weinhaus Neuner** (Weinhaus a.d.J. 1852), Herzogspitalstr. 8, ⊠ 80331, ℘ (089) 2 60 39 54, Fax (089) 2603954 – JZ e
Sonn- und Feiertage geschl. – Menu 37 (mittags) und à la carte 42/64.

XX **Chesa,** Wurzerstr. 18, ⊠ 80539, ℘ (089) 29 71 14, Fax (089) 2285698, 🍽 – 🆎 ⓞ *VISA* LZ d
Sonntag geschl. – Menu (Tischbestellung ratsam) 26 (mittags) und à la carte 43/72.

XX **Galleria,** Ledererstr. 2/Ecke Sparkassenstr., ⊠ 80331, ℘ (089) 29 79 95, Fax (089) 2913653 – 🆎 ⓞ **E** *VISA* KZ x
Sonntag und 1. - 7. Jan. geschl. – Menu (Tischbestellung ratsam, italienische Küche) à la carte 67/76.

XX **Nymphenburger Hof,** Nymphenburger Straße 24, ⊠ 80335, ℘ (089) 1 23 38 30, Fax (089) 1233852, 🍽 – 🆎 **E**. ✖ EV a
Samstagmittag sowie Sonn- und Feiertage geschl. – Menu à la carte 53/82.

XX **Austernkeller,** Stollbergstr. 11, ⊠ 80539, ℰ (089) 29 87 87, Fax (089) 223166 – 🚗
Ⓟ Ε 𝑽𝑰𝑺𝑨 𝗝𝗖𝗕   LZ e
Menu (nur Abendessen, Tischbestellung erforderlich) à la carte 50/76.

XX **Hunsinger's Pacific,** Maximiliansplatz 5, ⊠ 80333, ℰ (089) 55 02 97 41,
Fax (089) 55029742 – 🍴. 🚗 Ε 𝑽𝑰𝑺𝑨   KY s
Sonntagmittag geschl. – **Menu** (asiatisch-pazifische Küche) à la carte 47/67.

XX **Dallmayr,** Dienerstr. 14 (1. Etage, 🛗), ⊠ 80331, ℰ (089) 2 13 51 00,
Fax (089) 2135167 – ⌖. 🚗 Ⓞ Ε 𝑽𝑰𝑺𝑨 𝗝𝗖𝗕   KZ w
Montag - Freitag ab 20 Uhr, Samstag ab 16 Uhr sowie Sonn- und Feiertage geschl. – **Menu**
50/73 und à la carte.

XX **Lenbach,** Ottostr. 6, ⊠ 80333, ℰ (089) 5 49 13 00, Fax (089) 54913015, 🌤, « Palais
mit moderner Designer-Einrichtung » – 🚗 Ⓞ Ε 𝑽𝑰𝑺𝑨   JY c
Menu à la carte 38/65.

X **Mövenpick** (1. Etage), Lenbachplatz 8, ⊠ 80333, ℰ (089) 5 45 94 90,
Fax (089) 54594930, 🌤 – 🛎 230. 🚗 Ⓞ Ε 𝑽𝑰𝑺𝑨 𝗝𝗖𝗕   JY e
Sonntag geschl. – **Menu** à la carte 40/71.

X **Ratskeller,** Marienplatz 8, ⊠ 80331, ℰ (089) 2 19 98 90, Fax (089) 21998930, 🌤 –
🚗 Ε 𝑽𝑰𝑺𝑨   KZ R
Menu à la carte 28/61.

X **Zum Klösterl,** St.-Anna-Str. 2, ⊠ 80538, ℰ (089) 22 50 86, Fax (089) 29161864 – Ε
Sonn- und Feiertage geschl. – **Menu** (nur Abendessen, Tischbestellung ratsam) à la carte
42/66.   LZ m

X **Straubinger Hof** (bayerisches Wirtshaus), Blumenstr. 5, ⊠ 80331, ℰ (089)
⊜ 2 60 84 44, Fax (089) 2608917, Biergarten – 🚗 Ε 𝑽𝑰𝑺𝑨. ⌖   KZ v
Sonn- und Feiertage geschl. – **Menu** à la carte 24/55.

Brauerei-Gaststätten :

X **Spatenhaus-Bräustuben,** Residenzstr. 12, ⊠ 80333, ℰ (089) 2 90 70 60,
Fax (089) 2913054, 🌤, « Einrichtung im alpenländischen Stil » – 🚗 Ⓞ Ε 𝑽𝑰𝑺𝑨 KY t
Menu à la carte 42/74.

X **Weisses Bräuhaus,** Tal 7, ⊠ 80331, ℰ (089) 29 98 75, Fax (089) 29013815, 🌤 –
🛎 30. 🚗   KZ e
Menu à la carte 27/48.

X **Augustiner Gaststätten,** Neuhauser Str. 27, ⊠ 80331, ℰ (089) 23 18 32 57,
Fax (089) 2605379, « Biergarten » – 🚗 Ⓞ Ε 𝑽𝑰𝑺𝑨   JZ w
Menu à la carte 25/59.

X **Altes Hackerhaus,** Sendlinger Str. 14, ⊠ 80331, ℰ (089) 2 60 50 26,
Fax (089) 2605027, 🌤 – 🚗 Ⓞ Ε 𝑽𝑰𝑺𝑨 𝗝𝗖𝗕   KZ r
Menu à la carte 30/67.

X **Franziskaner Fuchsenstuben,** Perusastr. 5, ⊠ 80333, ℰ (089) 2 31 81 20,
Fax (089) 23181244, 🌤   KY v

X **Paulaner Bräuhaus,** Kapuzinerplatz 5, ⊠ 80337, ℰ (089) 5 44 61 10,
Fax (089) 54461118, Biergarten – Ε   FX r
Menu à la carte 36/62.

X **Löwenbräukeller,** Nymphenburger Str. 2, ⊠ 80335, ℰ (089) 52 60 21,
Fax (089) 528933, Biergarten. 🚗 Ⓞ Ε 𝑽𝑰𝑺𝑨   JY y
Menu à la carte 32/54.

In München-Allach :

🏠 **Lutter** garni, Eversbuschstr. 109, ⊠ 80999, ℰ (089) 8 92 67 80, Fax (089) 89267810
– 📺 📞 Ⓟ, 🚗 Ε 𝑽𝑰𝑺𝑨   AR r
21. Dez. - 4. Jan. geschl. – **22 Z** 110/200.

In München-Au :

🏠 **Prinz** garni, Hochstr. 45, ⊠ 81541, ℰ (089) 4 80 29 81, Fax (089) 484137 – 🛗 ⌖ 📺
📞 🚗. 🚗 Ⓞ Ε 𝑽𝑰𝑺𝑨   GX a
40 Z 195/435.

🏠 **Blattl's Hotel Altmünchen,** Mariahilfplatz 4, ⊠ 81541, ℰ (089) 45 84 40,
Fax (089) 45844400 – 🛗 📺 📞 🚗. 🚗 Ⓞ Ε 𝑽𝑰𝑺𝑨 𝗝𝗖𝗕   GX r
Menu à la carte 28/56 – **31 Z** 190/230.

In München-Aubing :

🏠 **Pollinger** garni, Aubinger Str. 162, ⊠ 81243, ℰ (089) 8 71 40 44, Fax (089) 8712203,
🌤s – 🛗 📺 📞 🚗 – 🛎 35. 🚗 Ε 𝑽𝑰𝑺𝑨   AS a
55 Z 130/190.

In München-Berg am Laim :

🏨 **Hotel am Ostpark** garni, Michaeliburgstr. 21, ☒ 81671, ℰ (089) 49 10 13, *Fax (089) 491016,* ⇌ – ⃗ 📺 ☎ ⇔ 🅿. 🆎 ⓞ 🗲 🆅🆂🅰 DT a
21 Z 140/183.

🏨 **Eisenreich** garni, Baumkirchner Str. 17, ☒ 81673, ℰ (089) 43 40 21, *Fax (089) 4312924* – ⃗ 📺 ☎ ⇔ 🅿. 🆎 ⓞ 🗲 🆅🆂🅰 DS a
Weihnachten - 6. Jan. geschl. – **36 Z** 115/165.

In München-Bogenhausen :

🏨🏨 **Palace,** Trogerstr. 21, ☒ 81675, ℰ (089) 41 97 10, *Fax (089) 41971819,* « Elegante Einrichtung mit Stilmöbeln », ⇌, ⃗ – ⃗, ⇌ Zim, 📺 📞 ⇔ – ⚒ 40. 🆎 ⓞ 🗲 🆅🆂🅰 🅹🅲🅱
HV t
Menu à la carte 40/70 – **71 Z** 381/572, 6 Suiten.

🏨🏨 **Arabella-Hotel,** Arabellastr. 5, ☒ 81925, ℰ (089) 9 23 20, *Fax (089) 92324449,* < München, ⇞, Massage, 🎣, ⇌, 🔲 – ⃗, ⇌ Zim, ▤ Rest, 📺 📞 & ⇔ – ⚒ 280. 🆎 ⓞ 🗲 🆅🆂🅰. ⚒ Rest DS e
Menu à la carte 43/66 – **467 Z** 250/450, 39 Suiten.

🏨🏨 **Prinzregent** garni, Ismaninger Str. 42, ☒ 81675, ℰ (089) 41 60 50, *Fax (089) 41605466,* ⇌ – ⃗ ⇌ 📺 ⇔ – ⚒ 35. 🆎 ⓞ 🗲 🆅🆂🅰 🅹🅲🅱 HV t
23. Dez. - 7. Jan. geschl. – **64 Z** 290/400.

🏨🏨 **Rothof** garni, Denninger Str. 114, ☒ 81925, ℰ (089) 91 50 61, *Fax (089) 915066,* ⇞ – ⃗ ⇌ 📺 ⇔. 🆎 ⓞ 🗲 🆅🆂🅰 DS k
23. Dez. - 7. Jan. geschl. – **37 Z** 198/390.

🏨🏨 **Queens Hotel,** Effnerstr. 99, ☒ 81925, ℰ (089) 92 79 80, *Fax (089) 983813* – ⃗, ⇌ Zim, 📺 ☎ ⇔ 🅿 – ⚒ 200. 🆎 ⓞ 🗲 🆅🆂🅰. ⚒ Rest DS x
Menu à la carte 33/76 – **152 Z** 262/574.

🍴🍴🍴 **Bogenhauser Hof** (ehemaliges Jagdhaus a.d.J. 1825), Ismaninger Str. 85, ☒ 81675, ℰ (089) 98 55 86, *Fax (089) 9810221,* « Gartenterrasse » – 🆎 ⓞ 🆅🆂🅰 HV c
Sonn- und Feiertage sowie Weihnachten - 12. Jan. geschl. – **Menu** (Tischbestellung erforderlich) à la carte 64/103.

🍴🍴 **Acquarello,** Mühlbaurstr. 36, ☒ 81677, ℰ (089) 4 70 48 48, *Fax (089) 476464,* ⇞ – 🆎 🗲. ⚒ DS f
Samstagmittag und Sonntagmittag geschl. – **Menu** (italienische Küche) à la carte 60/79.

🍴🍴 **Käfer Schänke,** Schumannstr. 1/Ecke Prinzregentenstraße, ☒ 81675, ℰ (089) 4 16 82 47, *Fax (089) 4168623,* ⇞, « Mehrere Stuben mit rustikaler Einrichtung » – ⃗ 🆎 ⓞ 🗲 🆅🆂🅰. ⚒ HV s
Sonn- und Feiertage geschl. – **Menu** (Tischbestellung erforderlich) 43 (mittags) und à la carte 58/103.

🍴🍴 **Prielhof,** Oberföhringer Str. 44, ☒ 81925, ℰ (089) 98 53 53, *Fax (089) 9807209,* ⇞ – ⓞ 🗲 🆅🆂🅰. ⚒ DS c
Samstagmittag, Sonn- und Feiertage sowie 23. Dez. - 6. Jan. geschl. – **Menu** (Tischbestellung ratsam) à la carte 52/74.

In München-Denning :

🍴🍴🍴 **Casale,** Ostpreußenstr. 42, ☒ 81927, ℰ (089) 93 62 68, *Fax (089) 9306722,* ⇞ – 🅿. 🆎 ⓞ 🗲 🆅🆂🅰 DS n
Menu (italienische Küche) à la carte 51/72.

In München-Englschalking :

🏨 **Kent** garni, Englschalkinger Str. 245, ☒ 81927, ℰ (089) 93 50 73, *Fax (089) 935072,* ⇞ – ⃗ ⇌ 📺 ☎ – ⚒ 20. 🆎 ⓞ 🗲 🆅🆂🅰 DS f
48 Z 150/320.

In München-Haidhausen :

🏨🏨 **City Hilton** ⓜ, Rosenheimer Str. 15, ☒ 81667, ℰ (089) 4 80 40, *Fax (089) 48044804,* ⇞ – ⃗, ⇌ Zim, ▤ 📺 & ⇔ – ⚒ 180. 🆎 ⓞ 🗲 🆅🆂🅰 🅹🅲🅱. ⚒ Rest LZ s
Menu 58 (Buffet) und à la carte 54/76 – **479 Z** 383/616, 4 Suiten.

🏨🏨 **Preysing,** Preysingstr. 1, ☒ 81667, ℰ (089) 45 84 50, *Fax (089) 45845444,* ⇌, 🔲 – ⃗ ▤ 📺 ⇔ – ⚒ 40. 🆎 ⓞ 🗲 🆅🆂🅰 LZ w
23. Dez. - 6. Jan. geschl. – **Menu** siehe Rest. *Preysing-Keller* separat erwähnt – **76 Z** 169/298, 5 Suiten.

🏨🏨 **Forum Hotel München,** Hochstr. 3, ☒ 81669, ℰ (089) 4 80 30, *Fax (089) 4488277,* Massage, ⇌, 🔲 – ⃗, ⇌ Zim, ▤ 📺 📞 – ⚒ 350. 🆎 ⓞ 🗲 🆅🆂🅰 🅹🅲🅱 LZ t
Menu à la carte 51/83 – **582 Z** 300/410, 12 Suiten

XXX **Preysing-Keller** - Hotel Preysing, Innere-Wiener-Str. 6, ⊠ 81667, ℘ (089) 45 84 52 60,
🌣 Fax (089) 45845444 – 🗐. 🖭 ➊ 🄴 *VISA*　　　　　　　　　　　　　　LZ w
Sonn- und Feiertage sowie 23. Dez. - 6. Jan. geschl. – **Menu** (nur Abendessen, bemer-
kenswerte Weinkarte) 89/125 und à la carte 65/101
Spez. Sautierter Rochenflügel mit Pinienkernvinaigrette. Stubenküken im weißen Trüffel-
ölsud mit Topinambur. Terrine von Grapefruit und Orangen mit Sauerrahmeis.

XX **Massimiliano,** Rablstr. 10, ⊠ 81699, ℘ (089) 4 48 44 77, Fax (089) 4484405, 🍴 –
🌣 🅿. ➊ 🄴 *VISA*　　　　　　　　　　　　　　　　　　　　　　LZ n
Samstagmittag geschl. – **Menu** 39 (mittags) und à la carte 67/103
Spez. Seeteufel mit Pommery-Senfsauce. Bresse Taube mit Gänseleber und glasiertem
Weißkraut. Marmoriertes Grießsoufflé (2 Pers.).

X **Rue Des Halles** (Restaurant im Bistro-Stil), Steinstr. 18, ⊠ 81667, ℘ (089) 48 56 75,
Fax (089) 43987378 – 🄴 *VISA*　　　　　　　　　　　　　　　　　HX a
Menu (nur Abendessen, Tischbestellung ratsam) à la carte 54/76.

In München-Johanneskirchen :

🏠 **Country Inn** M garni, Musenbergstr. 25, ⊠ 81929, ℘ (089) 95 72 90,
Fax (089) 95729400, 🈺 – 🛗 ❄ 📺 ☎ 📞 🚗. 🖭 ➊ 🄴 *VISA*　　über B 417　DR r
168 Z 169/269.

In München-Laim :

🏠 **Park Hotel Laim** garni, Zschokkestr. 55, ⊠ 80686, ℘ (089) 57 93 60,
Fax (089) 57936100, 🈺 – 🛗 ❄ 📺 ☎ 🚗 – 🕍 30. 🖭 ➊ 🄴 *VISA*　　BS c
68 Z 135/205.

🏠 **Petri** garni, Aindorferstr. 82, ⊠ 80689, ℘ (089) 58 10 99, Fax (089) 5808630, 🗔 – 🛗
📺 ☎ 🚗. 🖭 ➊ 🄴 *VISA*　　　　　　　　　　　　　　　　　BS r
24. Dez. - 2. Jan. geschl. – **45 Z** 135/205.

XX **IL Sorriso,** Gotthartstr. 8, ⊠ 80686, ℘ (089) 5 80 31 70, Fax (089) 5803170, 🍴 – 🅿.
🖭 ➊ 🄴 *VISA*　　　　　　　　　　　　　　　　　　　　　BS s
Sonntag geschl. – **Menu** 39 und à la carte 44/68.

In München-Milbertshofen :

🏠 **Country Inn** M garni, Frankfurter Ring 20, ⊠ 80807, ℘ (089) 35 71 70,
Fax (089) 35717700 – 🛗 ❄ 📺 ☎ 📞 🚗. 🖭 ➊ 🄴 *VISA*　　　　CR v
81 Z 169/239.

🏠 **Königstein** garni, Frankfurter Ring 28, ⊠ 80807, ℘ (089) 35 03 60,
Fax (089) 35036100 – 🛗 ❄ 📺 ☎ 🚗 🅿. ➊ 🄴 *VISA*. 🛠　　　CR v
20. Dez. - 6. Jan. geschl. – **42 Z** 160/280.

In München-Moosach :

🏠 **Mayerhof** garni, Dachauer Str. 421, ⊠ 80992, ℘ (089) 14 36 60, Fax (089) 1402417
– 🛗 ❄ 📺 ☎ 🚗 – 🕍 30. 🖭 ➊ 🄴 *VISA* *JCB*　　　　　　　BR b
70 Z 128/255.

In München-Neuhausen :

🏠 **Pannonia Hotel Königin Elisabeth** garni, Leonrodstr. 79, ⊠ 80636,
℘ (089) 12 68 60, Fax (089) 12686459, 🔽, 🈺 – 🛗 📺 ☎. 🖭 ➊ 🄴 *VISA* *JCB*　EU c
79 Z 150/300.

In München-Neu Perlach :

🏠 **Mercure,** Karl-Marx-Ring 87, ⊠ 81735, ℘ (089) 6 32 70, Fax (089) 6327407, 🍴, 🔽,
🈺, 🗔 – 🛗 ❄ Zim, 🗐 Rest, 📺 🚗 🅿 – 🕍 100. 🖭 ➊ 🄴 *VISA*　über Ständlerstr.　DT
Menu 37 Lunchbuffet und à la carte 38/62 – **184 Z** 195/350, 3 Suiten.

🏠 **Villa Waldperlach** garni, Putzbrunner Str. 250 (Waldperlach), ⊠ 81739,
℘ (089) 6 60 03 00, Fax (089) 66003066 – 🛗 ❄ 📺 ☎ 📞 🚗. 🖭 ➊ 🄴
VISA　　　　　　　　　　　　　　　über Putzbrunner Str.　DT
21 Z 150/250.

In München-Nymphenburg :

🏠 **Kriemhild** garni, Guntherstr. 16, ⊠ 80639, ℘ (089) 1 71 11 70, Fax (089) 17111755
– 📺 ☎ 🅿. 🖭 🄴 *VISA*　　　　　　　　　　　　　　　　　BS y
18 Z 98/180.

XX **Schloßwirtschaft zur Schwaige,** Schloß Nymphenburg Eingang 30, ⊠ 80638,
℘ (089) 17 44 21, Fax (089) 1784101, Biergarten – 🅿. 🄴　　　　　BS n
Menu à la carte 31/68.

In München-Oberföhring :

⊠ **Wirtshaus im Grün Tal,** Grüntal 15, ⊠ 81925, ℘ (089) 9 98 41 10, Fax (089) 981867,
Biergarten – **🅿** **AE** **①** **E** **VISA**   DS r
7. Jan. - 5. Feb. geschl. – **Menu** à la carte 34/62.

In München-Obermenzing :

🏠 **Blutenburg** garni, Verdistr. 130, ⊠ 81247, ℘ (089) 8 11 20 35, Fax (089) 8111925 –
TV **☎** **⇦** **🅿**. **AE** **①** **E** **VISA**. **※**   AS r
19 **Z** 120/180.

⊠ **Weichandhof,** Betzenweg 81, ⊠ 81247, ℘ (089) 8 91 16 00, Fax (089) 89116012,
« Hübscher Landgasthof, Gartenterrasse » – **⇦** **🅿**. **AE** **E** **VISA**   AS v
Samstag geschl. – **Menu** (Tischbestellung ratsam) à la carte 31/73.

In München-Pasing :

🏨 **Econtel** Ⓜ garni, Bodenseestr. 227, ⊠ 81243, ℘ (089) 87 18 90, Fax (089) 87189400
– **|☼|** **⇦** **▤** **TV** **☎** **⇦** **🅿** – **益** 70. **AE** **E** **VISA** **JCB**   AS t
69 **Z** 160/273.

🏠 **Jagdschloß,** Alte Allee 21, ⊠ 81245, ℘ (009) 82 08 20, Fax (089) 82082100, Bier-
garten – **TV** **☎** **℃** **⇦**. **E** **VISA**   AS n
Menu à la carte 22/44 – **25 Z** 114/179.

🏠 **Zur Post,** Bodenseestr. 4, ⊠ 81241, ℘ (089) 89 69 50, Fax (089) 837319, Biergarten
– **|☼|**, **⇦** Zim, **TV** **☎** **⇦** **🅿** – **益** 200. **AE** **①** **E** **VISA**   AS e
Menu à la carte 27/62 – **96 Z** 135/270.

⊠⊠ **Zur Goldenen Gans,** Planegger Str. 31, ⊠ 81241, ℘ (089) 83 70 33,
Fax (089) 8204680, **㎡**, « Bayerisches Gasthaus mit gemütlicher Einrichtung » – **🅿**. **①**
E **VISA**   AS b
Sonn- und Feiertage geschl. – **Menu** 25 (mittags) und à la carte 45/71.

In München-Riem über ③ und die A 94 DS :

🏨 **Landhotel Martinshof,** Martin-Empl-Ring 8, ⊠ 81829, ℘ (089) 92 20 80,
Fax (089) 92208400, **㎡**, « Gemütlich-rustikale Einrichtung » – **TV** **☎** **⇦** **🅿**. **AE** **①** **E**
VISA
Antica Trattoria Nonnino (italienische Küche) (Samstagmittag und Sonntag geschl.)
Menu à la carte 45/71 – **15 Z** 165/310.

In München-Schwabing :

🏨🏨 **Marriott-Hotel** Ⓜ, Berliner Str. 93, ⊠ 80805, ℘ (089) 36 00 20, Fax (089) 36002200,
Massage, **🛁**, **⇔s**, **▨** – **|☼|**, **⇦** Zim, **▤** **TV** **🕭** **⇦** – **益** 320. **AE** **①** **E** **VISA** **JCB**. **※** Rest
Menu à la carte 42/62 – **348 Z** 393/556, 16 Suiten.   CR e

🏨🏨 **Holiday Inn Crowne Plaza,** Leopoldstr. 194, ⊠ 80804, ℘ (089) 38 17 90,
Fax (089) 38179888, **㎡**, Massage, **⇔s**, **▨** – **|☼|**, **⇦** Zim, **TV** **℃** **⇦** – **益** 320. **AE** **①**
E **VISA** **JCB**   CR t
Menu à la carte 51/87 – **365 Z** 324/608.

🏨🏨 **Ramada Parkhotel** Ⓜ, Theodor-Dombart-Str. 4 (Ecke Berliner Straße), ⊠ 80805,
℘ (089) 36 09 90, Fax (089) 36099684, **㎡**, **⇔s** – **|☼|**, **⇦** Zim, **TV** **℃** **⇦** – **益** 40. **AE**
① **E** **VISA** **JCB**   CR e
Menu à la carte 43/64 – **260 Z** 249/548, 80 Suiten.

🏨 **Arabella-Olympiapark-Hotel,** Helene-Mayer-Ring 12, ⊠ 80809, ℘ (089) 35 75 10,
Fax (089) 3543730, **㎡** – **|☼|**, **⇦** Zim, **TV** **☎** **🅿** – **益** 30. **AE** **①** **E** **VISA**   CR p
20. Dez. - 6. Jan. geschl. – (Restaurant nur für Hotelgäste) – **105 Z** 301/422.

🏨 **Vitalis,** Kathi-Kobus-Str. 24, ⊠ 80797, ℘ (089) 12 00 80, Fax (089) 1298382 – **|☼|**,
⇦ Zim, **TV** **☎** **⇦** **🅿** – **益** 60. **AE** **①** **E** **VISA** **JCB**. **※** Rest   FU b
Menu à la carte 28/51 – **102 Z** 260/310.

🏨 **Cosmopolitan** garni, Hohenzollernstr. 5, ⊠ 80801, ℘ (089) 38 38 10,
Fax (089) 38381111 – **|☼|** **⇦** **TV** **☎** **℃** **⇦**. **AE** **①** **E** **VISA** **JCB**   GU g
71 **Z** 155/220.

🏨 **Mercure** garni, Leopoldstr. 120, ⊠ 80802, ℘ (089) 39 05 50, Fax (089) 349344 – **|☼|**
⇦ **TV** **☎** **⇦**. **AE** **①** **E** **VISA**   GU r
65 **Z** 172/294.

🏠 **Leopold,** Leopoldstr. 119, ⊠ 80804, ℘ (089) 36 70 61, Fax (089) 36043150, **㎡** – **|☼|**
TV **☎** **⇦** **🅿**. **AE** **①** **E** **VISA** **JCB**   GU f
23. Dez. - 1. Jan. geschl. – **Menu** à la carte 27/63 – **75 Z** 165/275.

🏠 **Biederstein** **⇩** garni, Keferstr. 18, ⊠ 80802, ℘ (089) 39 50 72, Fax (089) 348511,
㎡ – **|☼|** **TV** **☎** **⇦**. **AE** **E** **VISA**   HU m
31 **Z** 150/205.

XXXX
❀❀ **Tantris,** Johann-Fichte-Str. 7, ⊠ 80805, ℰ (089) 3 61 95 90, *Fax (089) 3618469*, 🛝
– ☰ **ⓟ** **AE** **①** **E** *VISA*. ✄ GU b
Sonntag - Montag, Feiertage und Jan. 1 Woche geschl. – **Menu** (Tischbestellung ratsam)
218 und à la carte 88/138
Spez. Auberginen-Sardellenterrine mit Langustinen im Fenchelblatt. Lauwarmer Thunfisch
auf Polenta mit Curry-Koriandermarinade. Mousse und Sorbet von Holunderblüten mit ein-
gelegtem Pfirsich.

XX **Savoy,** Tengstr. 20, ⊠ 80798, ℰ (089) 2 71 14 45 – **AE** **①** **E** *VISA* GU t
Sonntag geschl. – **Menu** (abends Tischbestellung ratsam, italienische Küche) à la carte
43/69.

XX **Spago,** Neureutherstr. 15, ⊠ 80799, ℰ (089) 2 71 24 06, *Fax (089) 2780448*, 🛝 –
E GU a
Samstag, Sonn- und Feiertage mittags geschl. – **Menu** (italienische Küche) à la carte
53/72.

XX **Seehaus,** Kleinhesselohe 3, ⊠ 80802, ℰ (089) 3 81 61 30, *Fax (089) 341803*, ≤,
« Terrasse am See » – **ⓟ** **AE** **①** **E** *VISA* HU t
Menu à la carte 37/69.

XX **Il Borgo,** Georgenstr. 144, ⊠ 80797, ℰ (089) 1 29 21 19, *Fax (089) 12391575* – **AE**
E FU e
Samstagmittag und Sonntag geschl. – **Menu** (italienische Küche) à la carte 56/75.

XX **Der Katzlmacher,** Kaulbachstr. 48, ⊠ 80539, ℰ (089) 34 81 29, *Fax (089) 331104*,
🛝 – **AE** **E**. ✄ GU s
Sonntag - Montag und 2. - 13. Juni geschl. – **Menu** (italienische Küche) à la carte 47/70.

XX **Locanda Picolit,** Siegfriedstr.11, ⊠ 80803, ℰ (089) 39 64 47, *Fax (089) 346653*, 🛝
– **AE** **①** **E** *VISA* GU c
Samstagmittag und Montag geschl. – **Menu** (italienische Küche) à la carte 49/68.

X **Bistro Terrine,** Amalienstr. 89 (Amalien-Passage), ⊠ 80799, ℰ (089) 28 17 80,
❀ *Fax (089) 2809316*, 🛝 – **AE** **E** *VISA* GU p
Montagmittag, Samstagmittag sowie Sonn- und Feiertage geschl. – **Menu** (abends Tisch-
bestellung ratsam) 43 (mittags) und à la carte 47/70
Spez. Gebratenes Zanderfilet mit Petersilienpüree. Geschmorte Rinderschulter mit Ser-
viettenknödel und Pilzen. Topfennockerln mit Aprikosenkompott.

X **Bamberger Haus,** Brunnerstr. 2 (im Luitpoldpark), ⊠ 80804, ℰ (089) 3 08 89 66,
Fax (089) 3003304, « Ehemaliges Bürgerpalais a.d. 18.Jh., Terrasse » – **ⓟ** **AE** **E** *VISA*
Menu à la carte 28/55. GU z

X **Bei Grazia,** Ungererstr. 161, ⊠ 80805, ℰ (089) 36 69 31 – **AE** **E** CR r
Samstag - Sonntag geschl. – **Menu** (Tischbestellung ratsam, italienische Küche) à la carte
48/65.

In München-Sendling :

🏛 **Holiday Inn München-Süd,** Kistlerhofstr. 142, ⊠ 81379, ℰ (089) 78 00 20,
Fax (089) 78002672, Biergarten, Massage, ≘s, 🔲 – 🛗, ⇔ Zim, ☰ 📺 ♿ ⇔ – 🛡 90.
AE **①** **E** *VISA* ✄ BT x
23. Dez. - 6. Jan. geschl. – **Menu** à la carte 40/69 – **320 Z** 287/444, 7 Suiten.

🏛 **Ambassador Parkhotel,** Plinganserstr. 102, ⊠ 81369, ℰ (089) 72 48 90,
Fax (089) 72489100, Biergarten – 🛗, ⇔ Zim, 📺 ☎ ⇔. **AE** **①** **E** *VISA* CT r
24. Dez. - 6. Jan. geschl. – **Menu** *(Samstagmittag geschl.)* (italienische Küche) à la carte
38/66 – **42 Z** 175/325.

🏛 **K+K Hotel am Harras** garni, Albert-Rosshaupter-Str. 4, ⊠ 81369, ℰ (089) 77 00 51,
Fax (089) 7212820 – 🛗, ⇔ Zim, 📺 ☎ ☏ ⇔. **AE** **①** **E** *VISA* *JCB* CT n
120 Z 199/340.

In München-Solln :

🏠 **Pegasus** garni, Wolfratshauser Str. 211, ⊠ 81479, ℰ (089) 7 49 15 30,
Fax (089) 7912970, ≘s – 📺 ☎ ⇔ **ⓟ**. **AE** **E** *VISA* BT y
22 Z 128/195.

🏠 **Sollner Hof** garni, Herterichstr. 63, ⊠ 81479, ℰ (089) 7 49 82 90, *Fax (089) 7900394*
– 📺 ☎ ⇔ **ⓟ**. **AE** **①** **E** *VISA* *JCB*. ✄ BT s
29 Z 112/198.

🏠 **Villa Solln** ⊗ garni, Wilh.-Leibl-Str. 16, ⊠ 81479, ℰ (089) 7 49 82 80,
Fax (089) 7900428, ≘s – 📺 ☎ ⇔ **ⓟ**. **AE** **E** *VISA* *JCB* BT n
Weihnachten - Anfang Jan. geschl. – **19 Z** 112/198.

XX **Al Pino,** Franz-Hals-Str. 3, ⊠ 81479, ℰ (089) 79 98 85, *Fax (089) 799872*, 🛝 – **ⓟ**. **AE**
E BT a
Samstagmittag geschl. – **Menu** (italienische Küche) à la carte 55/81.

In München-Trudering :

🏨 **Am Moosfeld** (mit Gästehäusern), Am Moosfeld 35, ⌧ 81829, ☎ (089) 42 91 90,
Fax (089) 424662, ⓕ, ≤s, 🔲 – |⸎|, ⥀ Zim, 🔲 ☎ ⇔ ❷ – ⚒ 40. 🝙 ⓞ 🝔 𝘝𝘐𝘚𝘈
Menu (nur Abendessen) à la carte 29/54 – **111 Z** 178/318.   über ④

🏨 **Obermaier** garni, Truderinger Str. 304b, ⌧ 81825, ☎ (089) 42 90 21,
Fax (089) 426400 – |⸎| 🔲 ☎ ❷. 🝙 ⓞ 🝔 𝘝𝘐𝘚𝘈   über Truderinger Str. DS
35 Z 135/185.

🏨 **Am Schatzbogen** garni, Truderinger Str. 198, ⌧ 81825, ☎ (089) 4 20 90 40,
Fax (089) 42090430, 🍃 – 🔲 ☎ ⇔ ❷. 🝙 ⓞ 🝔 𝘝𝘐𝘚𝘈   über Truderinger Str. DS
Weihnachten - Anfang Jan. geschl. – **20 Z** 135/295.

In München-Untermenzing :

🏨🏨 **Romantik Hotel Insel Mühle,** Von-Kahr-Str. 87, ⌧ 80999, ☎ (089) 8 10 10,
Fax (089) 8120571, 🍺, Biergarten, « Restaurierte Mühle a.d. 16. Jh. », 🍃 – 🔲 ⬥ ⇔
❷ – ⚒ 40. ⓞ 🝔 𝘝𝘐𝘚𝘈   AR a
Menu (Sonn- und Feiertage geschl.) à la carte 49/72 – **37 Z** 185/350.

In München-Untersendling :

🏨 **Carmen** garni, Hansastr. 146, ⌧ 81373, ☎ (089) 7 60 10 99, *Fax (089) 7605843* – |⸎|
⥀ 🔲 ☎ ❷ – ⚒ 25. 🝙 ⓞ 🝔 𝘝𝘐𝘚𝘈 𝗝𝗖𝗕   CT d
63 Z 199/239.

In München-Zamdorf :

🏨 **Astron,** Eggenfeldener Str 100, ⌧ 81929, ☎ (089) 99 34 50, *Fax (089) 99345400*, 🍺,
ⓕ, ≤s – |⸎|, ⥀ Zim, 🔲 ☎ ⬥ ⇔ – ⚒ 200. 🝙 ⓞ 🝔 𝘝𝘐𝘚𝘈 𝗝𝗖𝗕   DS s
Menu à la carte 46/71 – **261 Z** 230/400.

In Unterföhring

🏨 **Lechnerhof** garni, Eichenweg 4, ⌧ 85774, ☎ (089) 95 82 80, *Fax (089) 95828140*, ⓕ,
≤s, 🍃 – |⸎| ⥀ 🔲 ☎ ⇔ ❷ – ⚒ 20. 🝙 🝔 𝘝𝘐𝘚𝘈 𝗝𝗖𝗕   DR e
24. Dez. - 2. Jan. geschl. – **51 Z** 185/350.

🏨 **Nestor,** Feringastr. 2, ⌧ 85774, ☎ (089) 95 71 60, *Fax (089) 95716111*, ≤s – |⸎|,
⥀ Zim, 🔲 ☎ ⇔ ❷ – ⚒ 70. 🝙 ⓞ 🝔 𝘝𝘐𝘚𝘈   DR t
Menu à la carte 39/61 – **104 Z** 202/294.

🏨 **Tele-Hotel,** Bahnhofstr. 15, ⌧ 85774, ☎ (089) 95 01 46, *Fax (089) 9506652*, 🍺 – |⸎|
🔲 ☎ ⇔ ❷. 🝙 ⓞ 🝔 𝘝𝘐𝘚𝘈   DR r
Menu (Samstag und 23. Dez. - 2. Jan. geschl.) à la carte 29/60 – **61 Z** 150/200.

In Unterhaching S : 10 km über Tegernseer Landstraße und B 13 CT

🏨🏨 **Schrenkhof** garni, Leonhardsweg 6, ⌧ 82008, ☎ (089) 6 10 09 10,
Fax (089) 61009150, « Einrichtung im alpenländischen Stil », ≤s – |⸎| 🔲 ⇔ ❷ – ⚒ 40.
🝙 ⓞ 🝔 𝘝𝘐𝘚𝘈
Weihnachten - Anfang Jan. und über Ostern geschl. – **25 Z** 185/315.

🏨🏨 **Holiday Inn Garden Court** 🅼, Inselkammer Str. 7, ⌧ 82008, ☎ (089) 66 69 10,
Fax (089) 66691600, Biergarten, ⓕ, ≤s – |⸎|, ⥀ Zim, 🔲 ⬥ ⇔ ❷ – ⚒ 230. 🝙 ⓞ
🝔 𝘝𝘐𝘚𝘈 𝗝𝗖𝗕
Menu à la carte 36/77 – **282 Z** 225/420, 6 Suiten.

🏨 **Astron Suite-Hotel** 🅼 garni, Leipziger Str.1, ⌧ 82008, ☎ (089) 66 55 20,
Fax (089) 66552200, ≤s – |⸎| ⥀ 🔲 ☎ ⬥ ⇔ ❷. 🝙 ⓞ 🝔 𝘝𝘐𝘚𝘈 𝗝𝗖𝗕
80 Z 230/340.

🏨 **Huber** garni, Kirchfeldstr. 8, ⌧ 82008, ☎ (089) 61 04 00, *Fax (089) 6113842*, ≤s, 🔲,
🍃, ⬥ – |⸎| ⥀ 🔲 ☎ ⇔ ❷ – ⚒ 40. 🝙 ⓞ 🝔 𝘝𝘐𝘚𝘈
20. Dez. - 10. Jan. geschl. – **75 Z** 130/200, 3 Suiten.

In Haar SO : 12 km über ④ :

🏨 **Zum Wiesbacher,** Waldluststr. 25, ⌧ 85540, ☎ (089) 4 56 04 40,
Fax (089) 45604460, 🍺, Zugang zum öffentlichen ⬥ – |⸎| 🔲 ☎ ❷ – ⚒ 20. 🝙 🝔 𝘝𝘐𝘚𝘈
26. Dez. - 6. Jan. geschl. – **Menu** (nur Abendessen) à la carte 30/64 – **32 Z** 125/198.

In Ottobrunn SO : 12 km über Neubiberger Str. DT :

🏨 **Pazific,** Rosenheimer Landstr. 91, ⌧ 85521, ☎ (089) 6 09 10 51, *Fax (089) 6083243*,
🍺, ≤s, 🔲 – |⸎|, ⥀ Zim, 🔲 ☎ ⇔ ❷ – ⚒ 40. 🝙 🝔 𝘝𝘐𝘚𝘈
Weihnachten - Neujahr geschl. – **Jasmin** : à la carte 27/45 – **60 Z** 168/298.

🏨 **Aigner** garni, Rosenheimer Landstr. 118, ⌧ 85521, ☎ (089) 60 81 70,
Fax (089) 6083213 – |⸎| ⥀ 🔲 ☎ ⬥ ⇔ ❷. 🝙 ⓞ 🝔 𝘝𝘐𝘚𝘈
73 Z 150/255.

In Aschheim ③ : *13 km über Riem :*

🏨 **Schreiberhof,** Erdinger Str. 2, ✉ 85609, 𝒫 (089) 90 00 60, Fax (089) 90006459, 🌧,
🚗 Massage, 𝕃₆, ⇌ – 🛁, ⇌ Zim, 📺 &, ⇔ ❷ – 🔏 90. ⅢE ⓔ ⅢA ⅧA
Weihnachten - Anfang Jan. geschl. – **Alte Gaststube** : Menu à la carte 48/78 –
87 Z 235/325.

🏨 **Gästehaus Gross** garni, Ismaninger Str. 9a, ✉ 85609, 𝒫 (089) 9 04 40 84,
Fax (089) 9045214 – 📺 ☎ ❷. ⅤⅧA ⅧA
15 Z 110/140.

🏨 **Gasthof zur Post,** Ismaninger Str. 11 (B 471), ✉ 85609, 𝒫 (089) 9 03 20 27,
Fax (089) 9044669, 🌧 – 🛁 📺 ☎ ⇔ ❷ – 🔏 30. ⅤⅧA ⅧA
Menu à la carte 27/54 – **50 Z** 90/180.

In Grünwald S : *13 km über Geiselgasteigstr.* CT

🏨 **Tannenhof** garni, Marktplatz 3, ✉ 82031, 𝒫 (089) 6 41 89 60, Fax (089) 6415608,
« Modernisiertes Jugendstilhaus » – ⇌ 📺 ☎ ❷. ⅢE ⓔ ⅤⅧA ⅧA, ⅤⅧ
20. Dez. - 6. Jan. geschl. – **21 Z** 150/240.

🏨 **Alter Wirt,** Marktplatz 1, ✉ 82031, 𝒫 (089) 6 41 93 40, Fax (089) 64193499, 🌧,
« Bayerischer Landgasthof » – 🛁, ⇌ Zim, 📺 ☎ ⇔ ❷ – 🔏 80. ⅢE ⅤⅧA ⅧA
Menu à la carte 31/62 – **50 Z** 120/230.

In Grünwald-Geiselgasteig S : *12 km über Geiselgasteigstr.* CT :

🏨 **Ritterhof** garni, Nördliche Münchner Str. 6, ✉ 82031, 𝒫 (089) 6 49 00 90,
Fax (089) 6493012, 🏊, 🌧 – 📺 ☎ ⇔ ❷. ⅢE ⅤⅧA ⅧA
12 Z 120/190.

In Oberhaching S : *14 km über* ⑥ :

🏨 **Hachinger Hof** 🐾, Pfarrer-Socher-Str. 39, ✉ 82041, 𝒫 (089) 61 37 80,
Fax (089) 61378200, ⇌ – 🛁 📺 ☎ ✆ ⇔ ❷. ⅢE ⓔ ⅤⅧA ⅧA
24. Dez. - 6. Jan. geschl. – **Menu** (nur Abendessen) à la carte 32/59 – **75 Z** 138/220.

München-Flughafen *siehe unter Freising*

MICHELIN-REIFENWERKE KGaA. Regionales Vertriebszentrum ✉ 85748 Gar-
ching(über ② und die A 9), Gutenbergstr. 4, 𝒫 (089) 3 20 20 41 Fax (089) 3202047.

MÜNDER AM DEISTER, BAD Niedersachsen **417 418** J 12, **987** ⑯ – *19 000 Ew – Höhe 120 m
– Heilbad.*

🅱 *Kurverwaltung, im Haus des Kurgastes, Osterstr. 49,* ✉ 31848, 𝒫 (05042) 1 94 33, Fax
(05042) 929805.

Berlin 317 – Hannover 35 – Hameln 16 – Hildesheim 38.

🏨 **Kastanienhof** 🐾, Am Stadtbahnhof 11 (am Süntel), ✉ 31848, 𝒫 (05042) 30 63,
Fax (05042) 3885, 🌧, ⇌, 🏊, 🌧 – 🛁 📺 ☎ &, ⇔ ❷ – 🔏 30. ⅤⅧA ⅧA, ⅤⅧ Rest
Menu à la carte 35/80 – **40 Z** 145/250 – ½ P 35.

In Bad Münder-Klein Süntel SW : *9 km :*

🏨 **Landhaus zur schönen Aussicht** 🐾, Klein-Sünteler-Str. 6, ✉ 31848,
𝒫 (05042) 9 55 90, Fax (05042) 955966, ≼, « Gartenterrasse », 🌧 – 📺 ☎ ❷.
ⅤⅧA ⅧA
Nov. 2 Wochen geschl. – **Menu** (Dienstag geschl.) à la carte 36/67 – **17 Z** 93/150 – ½ P 15.

MÜNNERSTADT Bayern **418 420** P 14, **987** ㉘ – *8 300 Ew – Höhe 234 m.*

Sehenswert : *Stadtpfarrkirche (Werke★ von Veit Stoss und Riemenschneider).*

🅱 *Tourist-Information, Marktplatz 1,* ✉ 97702, 𝒫 (09733) 81 05 28, Fax (09733)
810545.

Berlin 417 – München 331 – Bamberg 86 – Fulda 76 – Schweinfurt 29.

🏨 **Bayerischer Hof** (Fachwerkhaus a.d. 17. Jh.), Marktplatz 9, ✉ 97702, 𝒫 (09733) 2 25,
Fax (09733) 227, 🌧, ⇌ – 📺 ☎ ⇔ – 🔏 40. ⅢE ⓔ ⅤⅧA ⅧA
Menu (bemerkenswerte Weinkarte) à la carte 33/65 – **23 Z** 84/130.

🏨 **Tilman,** Riemenschneiderstr. 42, ✉ 97702, 𝒫 (09733) 8 13 30, Fax (09733) 813366,
🌧 – 📺 ☎ ⇔ ❷ – 🔏 30. ⅤⅧA ⅧA, ⅤⅧ Rest
Menu (Sonntagabend geschl.) à la carte 22/42 🍷 – **21 Z** 62/120.

🏨 **Gasthof Hellmig,** Meiningerstr. 1, ✉ 97702, 𝒫 (09733) 30 72, 🌧 – 📺 ☎
Ende Juli - Anfang Aug. geschl. – **Menu** (Dienstag geschl.) à la carte 22/39 🍷 – **9 Z** 47/92.

MÜNSING Bayern 419 420 W 18 – 3 600 Ew – Höhe 666 m.
  Berlin 623 – München 36 – Garmisch-Partenkirchen 57 – Bad Tölz 23 – Weilheim 40.

X **Limm - Zum Neuwirt**, Hauptstr. 29, ⊠ 82541, ℰ (08177) 4 11, Fax (08177) 8868,
  � – ⊕
  Sonntagabend, Mittwoch, Aug. - Sept. 3 Wochen und Weihnachten - Neujahr geschl. –
  Menu à la carte 31/75.

MÜNSINGEN Baden-Württemberg 419 U 12, 987 ㊳ – 13 000 Ew – Höhe 707 m – Wintersport :
  700/850 m ⟋8 ⟍7.
  🛈 Fremdenverkehrsamt, Rathaus, Bachwiesenstr. 7, ⊠ 72525, ℰ (07381) 18 21 45,
  Fax(07381) 182101.
  Berlin 657 – Stuttgart 58 – Reutlingen 32 – Ulm (Donau) 51.

🏨 **Herrmann** (mit Gästehäusern), Ernst-Rezler-Str. 1, ⊠ 72525, ℰ (07381) 22 02,
  Fax (07381) 6282, 🍴 – 🛗, ↺ Zim, 📺 ☎ ⓟ – 🔏 15. ① 🅴 𝘝𝘐𝘚𝘈
  Menu (Freitag geschl.) à la carte 31/63 – **33 Z** 78/150.

In Münsingen-Gundelfingen S : 13 km :

🏨 **Wittstaig**, Wittstaig 10, ⊠ 72525, ℰ (07383) 9 49 60, Fax (07383) 949699, �, 🍴,
🍇 ⊠, 🌬 – 🛗 ⓟ
  Anfang Jan. - Anfang Feb. geschl. – **Menu** (Dienstag geschl.) à la carte 24/50 – **27 Z** 55/110.

MÜNSTER AM STEIN - EBERNBURG, BAD Rheinland-Pfalz 417 Q 7, 987 ㊲ – 1 500 Ew
  – Höhe 120 m – Heilbad – Heilklimatischer Kurort.
  Sehenswert : Rheingrafenstein★★, ⟨★ – Kurpark★.
  🗗₈ Drei Buchen (SW : 2 km), ℰ (06708) 21 45.
  🛈 Verkehrsverein, Berliner Str. 60, ⊠ 55583, ℰ (06708) 39 93, Fax (06708) 3999.
  Berlin 617 – Mainz 51 – Kaiserslautern 52 – Bad Kreuznach 4,5.

🏨🏨 **Hotel am Kurpark** 🍃, Kurhausstr.10, ⊠ 55583, ℰ (06708) 12 92, Fax (06708) 4648,
  Massage, 🍴, 🌬 – 📺 ☎ ⓟ. 🟰
  6. Jan. - 15. März und 5. Nov. - 22. Dez. geschl. – (nur Abendessen für Hausgäste) – **30 Z**
  75/190, 4 Suiten.

🏨🏨 **Krone,** Berliner Str. 73, ⊠ 55583, ℰ (06708) 8 40, Fax (06708) 84189, 🍴, ⊠ – 🛗
  📺 ☎ 🅴 – 🔏 100. 🄰🄴 ① 🅴 𝘝𝘐𝘚𝘈
  Menu à la carte 32/51 ⅋ – **66 Z** 95/159 – ½ P 25.

🏨 **Haus Lorenz** 🍃, Kapitän-Lorenz-Ufer 18, ⊠ 55583, ℰ (06708) 18 41,
  Fax (06708) 1281, ⟨, �, 🌬 – ⤦ Rest, ⟺. 🟰
  Mitte Dez. - Mitte Feb. geschl. **Menu** (Donnerstagabend und Dienstag geschl.) à la carte
  33/52 ⅋ – **16 Z** 62/108 – ½ P 20.

🏨 **Weinhotel Schneider** 🍃, Gartenweg 2 (Ebernburg), ⊠ 55583, ℰ (06708) 20 43,
  � – ☎ ⓟ. 🟰
  Anfang Jan. - Mitte Feb. geschl. – **Menu** (Dienstag geschl.) (nur Abendessen) à la carte
  27/47 ⅋ – **9 Z** 68/108 – ½ P 22.

🏨 **Gästehaus Weingut Rapp** 🍃 garni, Schloßgartenstraße 100 (Ebernburg), ⊠ 55583,
  ℰ (06708) 23 12, Fax (06708) 3074, 🌬 – ⓟ. 🟰
  11 Z 61/99.

MÜNSTER (WESTFALEN) Nordrhein-Westfalen 417 K 6, 987 ⑮ – 278 000 Ew – Höhe 62 m.
  Sehenswert : Prinzipalmarkt★ YZ – Dom★ (Domkammer★★, astronomische Uhr★,
  Sakramentskapelle★) Y M2 – Rathaus (Friedenssaal★) YZ – Residenz-Schloß★ Y – Lan-
  desmuseum für Kunst und Kulturgeschichte★ (Altarbilder★★) YZ M1 –
  Lambertikirche (Turm★) Y – Westfälisches Museum für Naturkunde★ (größter Ammonit★,
  Planetarium★) X M3.
  Ausflugsziel : Wasserschloß Hülshoff★ (W : 9 km, über Albert-Schweitzer-Str. E).
  🗗₈ Münster, Steinfurter Str. 448 (X), ℰ (0251) 21 12 01.
  ⤢ bei Greven, N : 31 km über ⑤ und die A 1, ℰ (02571) 50 30.
  🚂 ℰ (0251) 69 13 26.
  Ausstellungsgelände Halle Münsterland (X), ℰ 6 60 00, Fax 6600121.
  🛈 Stadtwerbung und Touristik, Klemensstr. 9, ⊠ 48127, ℰ (0251) 4 92 27 10, Fax (0251)
  4927743.
  ADAC, Ludgeriplatz 11, ⊠ 48151, ℰ (0251) 53 10 71, Fax (0251) 527824.
  Berlin 480 ② – Düsseldorf 124 ④ – Bielefeld 87 ② – Dortmund 70 ④ – Enschede 64 ⑤
  – Essen 86 ④

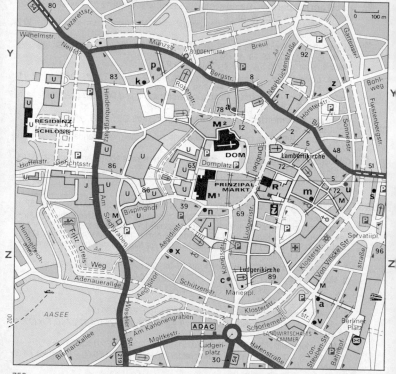

MÜNSTER

Schloß Wilkinghege, Steinfurter Str. 374 (B 54), ✉ 48159, ℰ (0251) 21 30 45,
Fax (0251) 212898, 🌣, « Wasserschloß a.d. 16. Jh. in einer Parklandschaft », ✗, 🛋 –
🖵 🅿 – 🍴 30. 🆎 ⓪ 🗉 *VISA*. ✳ Rest   X r
Menu à la carte 78/100 – **34 Z** 185/295, 12 Suiten.
Spez. Variation von der Gänseleber. Lammrücken mit Kräuterkruste und Basilikumjus.
Weißes Mokkamousse mit Aprikosen.

Mövenpick Hotel Ⓜ, Kardinal-von-Galen-Ring 65, ✉ 48149, ℰ (0251) 8 90 20,
Fax (0251) 8902616, 🌣, 🛤s – 🛗, ⇖ Zim, 🖵 📞 🖐 ⇔ 🅿 – 🍴 260. 🆎 ⓪ 🗉 🗉
🔳   X s
Menu à la carte 32/68 – *Chesa Rössli* **:** Menu à la carte 51/83 – **222 Z** 242/374,
4 Suiten.

Dorint Hotel Ⓜ, Engelstr. 39, ✉ 48143, ℰ (0251) 4 17 10, Fax (0251) 4171100, 🛤s
– 🛗, ⇖ Zim, 🖵 📞 🖐 ⇔ – 🍴 180. 🆎 ⓪ 🗉 *VISA*. ✳ Rest   Z v
Menu à la carte 41/72 – **156 Z** 243/280.

Central garni, Aegidiistr. 1, ✉ 48143, ℰ (0251) 51 01 50, Fax (0251) 5101550 – 🛗 ⇖
🖵 ☎ ⇔, 🆎 ⓪ 🗉 *VISA*. ✳   Z n
20. Dez. - 2. Jan. geschl. – **25 Z** 155/225, 4 Suiten.

Europa garni, Kaiser-Wilhelm-Ring 26, ✉ 48145, ℰ (0251) 3 70 62, Fax (0251) 394339
– 🛗 ⇖ 🖵 ☎ 📞 🖐 🅿 – 🍴 40. 🆎 ⓪ 🗉 *VISA*   X c
59 Z 159/199.

Windsor, Warendorfer Str. 177, ✉ 48145, ℰ (0251) 13 13 30, Fax (0251) 391610 –
🛗 🖵 ☎. 🆎 ⓪ 🗉 *VISA*   X v
Menu siehe Rest. *Il Cucchiaio D'argento* separat erwähnt – **28 Z** 128/180.

Kolping, Aegidiistr. 21, ✉ 48143, ℰ (0251) 4 81 20, Fax (0251) 4812123 – 🛗, ⇖ Zim,
🖵 ☎ 📞 🖐 ⇔ – 🍴 160. 🆎 ⓪ 🗉 *VISA*. ✳ Rest   Z x
Menu à la carte 28/56 – **107 Z** 142/178.

Am Schloßpark garni, Schmale Str. 2, ✉ 48149, ℰ (0251) 2 05 41, Fax (0251) 22977
– 🛗 🖵 ☎ 🅿. 🆎 ⓪ 🗉 *VISA*   X e
28 Z 135/235, 3 Suiten.

Mauritzhof garni, Eisenbahnstr. 15, ✉ 48143, ℰ (0251) 4 17 20, Fax (0251) 46686 –
🛗 🖵 ☎ 📞 – 🍴 40. 🆎 ⓪ 🗉 *VISA*   Z s
39 Z 195/280.

Überwasserhof garni, Überwasserstr. 3, ✉ 48143, ℰ (0251) 4 17 70,
Fax (0251) 4177100 – 🛗 🖵 ☎ 🅿 – 🍴 40. 🆎 ⓪ 🗉 *VISA*   Y k
Weihnachten - Anfang Jan. geschl. – **02 Z** 150/250.

Feldmann, An der Clemenskirche 14, ✉ 48143, ℰ (0251) 41 44 90,
Fax (0251) 4144910 – 🛗 🖵 ☎. 🆎 🗉 *VISA*   Z m
Menu *(Sonn- und Feiertage sowie Juli geschl.)* à la carte 45/76 – **24 Z**
125/220.

Windthorst garni, Windthorststr. 19, ✉ 48143, ℰ (0251) 48 45 90, Fax (0251) 40837
– 🛗 🖵 ☎. 🆎 ⓪ 🗉 *VISA*   Z a
21. Dez. - 4. Jan. geschl. – **20 Z** 150/210.

Martinihof, Hörster Str. 25, ✉ 48143, ℰ (0251) 41 86 20, Fax (0251) 54743 – 🛗 🖵
☎ 🅿.   Y z
15. Juli - 15. Aug. und 22. Dez. - 8. Jan. geschl. **Menu** *(Montag - Donnerstag nur Abendessen,
Sonntag geschl.)* à la carte 27/50 – **54 Z** 71/168.

Hansa-Haus garni, Albersloher Weg 1, ✉ 48155, ℰ (0251) 60 92 50, Fax (0251) 67665,
🛤s – 🖵 ☎ 🅿. 🆎 ⓪ 🗉 *VISA*   X n
20. Dez. - 6. Jan. geschl. – **13 Z** 115/180.

Villa Medici, Ostmarkstr. 15, ✉ 48145, ℰ (0251) 3 42 18, Fax (0251) 393094,
« Moderne Einrichtung » – 🆎   X a
Sonntag - Montag sowie Feb. und Aug. jeweils 2 Wochen und über Weihnachten geschl.
– **Menu** (nur Abendessen, italienische Küche) à la carte 67/82.

Kleines Restaurant im Oer'schen Hof, Königsstr. 42, ✉ 48143,
ℰ (0251) 4 20 61, Fax (0251) 42061, 🌣   Z c
Sonntag - Montag und Sept. 2 Wochen geschl. – **Menu** à la carte 55/78.

Il Cucchiaio d'argento -Hotel Windsor, Warendorfer Str. 177, ✉ 48145,
ℰ (0251) 39 20 45 – 🆎 🗉   X v
Samstagmittag und Juli - Aug. 3 Wochen geschl. – **Menu** (italienische Küche) à la carte
59/69 🍷.

Wienburg 🌿 mit Zim, Kanalstr. 237, ✉ 48147, ℰ (0251) 29 33 54, Fax (0251) 294001,
Biergarten, « Gartenterrasse » – 🖵 ☎ 🅿 – 🍴 40. 🆎 ⓪ 🗉 *VISA*   X z
Menu *(Montag geschl.)* à la carte 40/70 – **7 Z** 98/100.

Brauerei-Gaststätten :

X **Altes Gasthaus Leve**, Alter Steinweg 37, ✉ 48143, ☎ (0251) 4 55 95, Fax (0251) 57837, « Gemütliche, altdeutsche Bierstuben »
Z u
Montag geschl. – **Menu** à la carte 28/54 ⓢ.

X **Restaurant Wielers - Kleiner Kiepenkerl**, Spiekerhof 47, ✉ 48143, ☎ (0251) 4 34 16, Fax (0251) 43417, ☆ – ◭ ⓪ ∈ VISA JCB
Y a
Montag geschl. – **Menu** à la carte 29/68.

X **Pinkus Müller** (Historisches Studentenlokal), Kreuzstr. 4, ✉ 48143, ☎ (0251) 4 51 51, Fax (0251) 57136
Y p
Sonn- und Feiertage geschl. – **Menu** (westfälische und münstersche Spezialitäten) à la carte 33/61.

In Münster-Gremmendorf :

🏨 **Münnich** ⓢ (mit Gästehaus, |♨|), Heeremansweg 11, ✉ 48167, ☎ (0251) 6 18 70 (Hotel) 6 18 74 90 (Rest.), Fax (0251) 6187199, ☆, Biergarten – ▥ ☎ ⓟ – ♨ 50
Menu à la carte 31/57 – **70 Z** 95/150.
X b

In Münster-Handorf ② : 7 km :

🏨 **Romantik Hotel Hof zur Linde** ⓢ (westfälischer Bauernhof mit Gästehaus), Handorfer Werseufer 1, ✉ 48157, ☎ (0251) 3 27 50, Fax (0251) 328209, ☆, ⇌s – |♨|, ✳ Zim, ▥ ☎ ⓟ – ♨ 30. ◭ ⓪ ∈ VISA. ✳ Zim
Menu à la carte 61/93 – **48 Z** 150/350, 7 Suiten.

🏨 **Haus Eggert** ⓢ, Zur Haskenau 81 (N : 5 km über Dorbaumstr.), ✉ 48157, ☎ (0251) 32 80 40, Fax (0251) 3280459, ☆, ⓕⓢ, ⇌s, ☞ – ▥ ☎ ⓟ – ♨ 45. ◭ ⓪ ∈ VISA
Menu à la carte 51/77 – **38 Z** 125/220.

🏨 **Deutscher Vater**, Petronillaplatz 9, ✉ 48157, ☎ (0251) 93 20 90, Fax (0251) 9320944, ☆, ⇌s – |♨|, ✳ Zim, ▥ ☎ ⓟ – ♨ 40. ◭ ⓪ ∈ VISA. ✳ Zim
Menu (Freitag geschl.) à la carte 41/69 – **25 Z** 90/190.

🏨 **Handorfer Hof,** Handorfer Str. 22, ✉ 48157, ☎ (0251) 93 20 50, Fax (0251) 9320555, ☆ – ▥ ☎ ⓥ ⓟ – ♨ 50. ∈ VISA. ✳ Zim
Menu (Montag - Dienstagmittag geschl.) à la carte 29/60 – **15 Z** 85/140.

In Münster-Hiltrup ③ : 6 km :

🏨 **Waldhotel Krautkrämer** ⓢ, Zum Hiltruper See 173 (S : 2,5 km), ✉ 48165, ☎ (02501) 80 50, Fax (02501) 805104, ≤, ☆, ⇌s, ▨, ☞ – |♨| ▥ ⓥ ⓟ – ♨ 100. ◭ ⓪ ∈ VISA. ✳ Rest
23. - 26. Dez. geschl. – **Menu** (bemerkenswerte Weinkarte) 48/65 (mittags) und à la carte 79/104 – **72 Z** 180/320, 4 Suiten.

🏨 **Zur Prinzenbrücke**, Osttor 16, ✉ 48165, ☎ (02501) 4 49 70 (Hotel), 1 69 14 (Rest.), Fax (02501) 449797, ☆ – |♨|, ✳ Zim, ▥ ☎ ⓟ – ♨ 40. ◭ ∈ VISA
Bella Italia : Menu à la carte 36/69 – **36 Z** 139/179.

🏨 **Gästehaus Landgraf,** Thierstr. 26, ✉ 48165, ☎ (02501) 12 36, Fax (02501) 3473, ☆ – ▥ ☎ ⓟ. ◭ ⓪ ∈ VISA
Menu (Montag sowie Feb. und Juli - Aug. jeweils 2 Wochen geschl.) à la carte 50/75 – **10 Z** 100/140.

In Münster-Mecklenbeck SW : 4 km über Weseler Straße X :

XX **Landhaus Kahl** mit Zim, Untietheide 2 (B 51), ✉ 48163, ☎ (02501) 97 10 30, Fax (02501) 9710325, ☆ – ▥ ☎ ⓥ ⓟ. ◭ ⓪ ∈ VISA. ✳ Zim
Menu à la carte 32/64 – **7 Z** 110/160.

In Münster-Roxel W : 6,5 km über Einsteinstraße X, vor der Autobahn links ab :

🏨 **Parkhotel Schloß Hohenfeld** ⓢ, Dingbänger Weg 400, ✉ 48161, ☎ (02534) 80 80, Fax (02534) 7114, « Gartenterrasse », ⇌s, ▨, ☞ – |♨|, ✳ Zim, ▥ ☎ ⓥ & ⓟ – ♨ 120. ◭ ⓪ ∈ VISA. ✳ Rest
Menu à la carte 45/84 – **100 Z** 150/295.

In Münster-Wolbeck SO : 9 km über Wolbecker Straße X :

🏨 **Thier-Hülsmann** (westfälisches Bauernhaus a. d. J. 1676), Münsterstr. 33, ✉ 48167, ☎ (02506) 8 31 00, Fax (02506) 831035, ☞ – ✳ Zim, ▥ ☎ ⇌ ⓟ – ♨ 40. ◭ ⓪ ∈ VISA. ✳
Menu (Samstag - Sonntag und Juli - Aug. 2 Wochen geschl.) à la carte 46/95 – **37 Z** 119/269.

MÜNSTEREIFEL, BAD *Nordrhein-Westfalen* 𝟜𝟙𝟟 *O 4,* 𝟡𝟠𝟟 ㉕ *– 17 000 Ew – Höhe 290 m –*
Kneippheilbad.
Sehenswert : *Ehemalige Stadtbefestigung★.*
🚹 *Kurverwaltung, Langenhecke 2,* ✉ *53902,* ✆ *(02253) 50 51 82, Fax (02253) 505114.*
Berlin 621 – Düsseldorf 91 – Bonn 42 – Düren 43 – Köln 50.

🏨 **Kur- und Kongresshotel,** Nöthener Str. 10, ✉ 53902, ✆ (02253) 5 40 00,
Fax (02253) 6408, 🌡, Massage, ♨, ♠, ⇌, 🔲 – 🛗 📺 ☎ ⇎ 🅿 – 🔬 200. 🆎 Ε 𝗩𝗜𝗦𝗔.
🦶 Zim
Menu à la carte 40/70 – **41 Z** 130/218.

🏨 **Park-Hotel,** Im Kurpark Schleid, ✉ 53902, ✆ (02253) 31 40, Fax (02253) 314180, 🌡,
⇌, 🔲 – 📺 ☎ 🅿 – 🔬 60. 🆎 ⑩ Ε 𝗩𝗜𝗦𝗔
Menu à la carte 39/66 – **45 Z** 119/210 – ½ P 32.

🏠 **Waldhotel Brezing,** Am Quecken, ✉ 53902, ✆ (02253) 9 53 00, Fax (02253) 953030,
⇌, 🌺 – 📺 ☎ 🅿. 🆎 Ε 𝗩𝗜𝗦𝗔
1. - 22. Dez. und 5. - 31. Jan. geschl. – (Restaurant nur für Hausgäste) – **20 Z** 80/180 –
½ P 22.

In Bad Münstereifel - Eicherscheid *S : 3 km :*

🏠 **Café Oberfollmühle,** Ahrweiler Str. 41, ✉ 53902, ✆ (02253) 79 04, 🌡, 🌺 – ⇎
🅿
Menu *(Nov. - März Mittwoch geschl.)* à la carte 31/42 – **12 Z** 70/150 – ½ P 20.

MÜNSTER-SARMSHEIM *Rheinland-Pfalz siehe Bingen.*

MÜNSTERTAL *Baden-Württemberg* 𝟜𝟙𝟡 *W 7,* 𝟡𝟠𝟟 ㊲ *– 5 000 Ew – Höhe 400 m – Luftkurort*
– Wintersport : 800/1 300 m ✚ 5 ⚡ 5.
Sehenswert : *St. Trudpert (Kirchenschiff★, Kanzel★).*
Ausflugsziel : *Belchen ⁂★★★ S : 18 km.*
🚹 *Kurverwaltung, Untermünstertal,* ✉ *79244,* ✆ *(07636) 7 07 30, Fax (07636) 70748.*
Berlin 826 – Stuttgart 229 – Freiburg im Breisgau 30 – Basel 65.

In Untermünstertal :

🏨 **Adler-Stube,** Münster 59, ✉ 79244, ✆ (07636) 2 34, Fax (07636) 7390, 🌡, ⇌, 🌺
– 📺 ☎ 🅿. 🆎 Ε 𝗩𝗜𝗦𝗔
5. Nov. - 20. Dez. geschl. – **Menu** *(Dienstag - Mittwoch geschl.)* à la carte 35/76 – **19 Z**
95/194 – ½ P 34.

🏠 **Münstertäler Hof,** Hofstr. 49, ✉ 79244, ✆ (07636) 2 28, Fax (07636) 77013, 🌡 –
📺 🅿. Ε 𝗩𝗜𝗦𝗔
Mitte Feb. - Mitte März geschl. – **Menu** *(Mittwoch - Donnerstag geschl.)* à la carte 34/62
– **8 Z** 60/110 – ½ P 30.

✖✖ **Schmidt's Gasthof zum Löwen,** Wasen 54, ✉ 79244, ✆ (07636) 5 42,
Fax (07636) 77919, « Gartenterrasse » – 🅿. 𝗩𝗜𝗦𝗔
Dienstag - Mittwoch und 15. Jan. - 25. Feb. geschl. – **Menu** à la carte 43/78.

In Obermünstertal :

🏛 **Romantik Hotel Spielweg** ⤚ (Schwarzwaldgasthof mit 2 Gästehäusern), Spielweg
61, ✉ 79244, ✆ (07636) 7 09 77, Fax (07636) 70966, 🌡, ⇌, 🗻 (geheizt), 🔲, 🌺,
🦶 – 🛗 📺 ⇎ 🅿. 🆎 ⑩ Ε 𝗩𝗜𝗦𝗔
Menu *(Tischbestellung ratsam)* 79/105 und à la carte 57/104 – **42 Z** 150/420, 5 Suiten
– ½ P 70.

🏨 **Landgasthaus zur Linde** (Historischer Gasthof a.d. 17. Jh.), Krumlinden 13, ✉ 79244,
✆ (07636) 4 47, Fax (07636) 1632, 🌡, « Gemütliche, individuelle Einrichtung » – 📺 ☎
🅿. 𝗩𝗜𝗦𝗔. 🦶 Rest
Menu *(Montag geschl.)* à la carte 37/59 🍴 – **12 Z** 129/220.

MULFINGEN *Baden-Württemberg* 𝟜𝟙𝟡 *R 13 – 3 400 Ew – Höhe 250 m.*
Berlin 564 – Stuttgart 100 – Heilbronn 68 – Schwäbisch Hall 39.

In Mulfingen-Heimhausen *S : 4 km :*

🏨 **Jagstmühle** ⤚, Jagstmühlenweg 10, ✉ 74673, ✆ (07938) 9 03 00, Fax (07938) 7569,
🌡, « Idyllische Lage im Jagsttal » – 📺 ☎ ⇎ 🅿 – 🔬 25. 🆎 ⑩ Ε 𝗩𝗜𝗦𝗔 𝗝𝗖𝗕
Menu *(Montag - Freitag nur Abendessen)* à la carte 29/56 – **21 Z** 118/148.

MUNKMARSCH *Schleswig-Holstein siehe Sylt (Insel).*

MUNSTER *Niedersachsen* ⁴¹⁵ ⁴¹⁶ *H 14,* ⁹⁸⁷ ⑯ – *17 000 Ew – Höhe 73 m.*
  ⌕ *Munster-Kohlenbissen (SO : 6 km),* ✆ *(05192) 21 08.*
  🛈 *Tourist-Information, Rathaus,* ✉ *29633,* ✆ *(05192) 13 02 48, Fax (05192) 130215.*
  Berlin 267 – Hannover 92 – Hamburg 78 – Bremen 106 – Lüneburg 48.

🏨 **Kaiserhof,** Breloher Str. 50, ✉ 29633, ✆ (05192) 9 85 50, Fax (05192) 7079, ⇌s, 🐎
  – 📺 ☎ 🚗 **②** – 🔬 80. 🖭 ⓪ 🗲 ᴠɪsᴀ
  Menu à la carte 29/52 – **20 Z** 70/150 – ½ P 15.

MURNAU *Bayern* ⁴¹⁹ ⁴²⁰ *W 17,* ⁹⁸⁷ ㊵ ⑳ – *11 000 Ew – Höhe 700 m – Luftkurort.*
  🛈 *Verkehrsamt, Kohlgruber Str. 1,* ✉ *82418,* ✆ *(08841) 61 41 11, Fax (08841) 3491.*
  Berlin 656 – München 70 – Garmisch-Partenkirchen 25 – Weilheim 20.

🏰 **Alpenhof Murnau** ⊛, Ramsachstr. 8, ✉ 82418, ✆ (08841) 49 10, Fax (08841) 5438,
❀ ≤ Ammergauer Alpen und Estergebirge, **« Gartenterrasse »,** ☒ (geheizt), 🐎 – 📺 **②** –
  🔬 40. 🖭 🗲 ᴠɪsᴀ
  Mitte Jan. - Mitte Feb. geschl. – **Menu** *(Nov. - April Montag geschl.)* (bemerkenswerte Weinkarte) à la carte 76/104 – **41 Z** 155/395 – ½ P 62
  Spez. Gebackenes Kalbsbries mit Ragout von zweierlei Spargel. Gebratene Rehnüßchen mit Nußkruste und Wacholderjus. Topfenravioli mit Erdbeer-Rhabarberkompott.

🏨 **Klausenhof,** Burggraben 10, ✉ 82418, ✆ (08841) 6 11 60, Fax (08841) 5043, 🍴, ⇌s
  – 🛗 📺 ☎ 🚗 **②** – 🔬 20. 🗲 ᴠɪsᴀ ⋘ Zim
  Menu à la carte 30/54 – **23 Z** 86/180 – ½ P 23.

🏨 **Gästehaus Steigenberger** ⊛ garni, Ramsachstr. 10, ✉ 82418, ✆ (08841) 22 69,
  Fax (08841) 90218, ≤, ⇌s, 🐎 – 📺 ☎ 🚗 **②**
  14 Z.

🏨 **Post** garni, Obermarkt 1, ✉ 82418, ✆ (08841) 18 61, Fax (08841) 99411 – ☎ 🚗. 🖭
  🗲 ᴠɪsᴀ ⋘
  7. Nov. - 7. Dez. geschl. – **20 Z** 90/150.

🎿 **Griesbräu,** Obermarkt 37, ✉ 82418, ✆ (08841) 14 22, Fax (08841) 3913 – 🛗 ☎ **②**.
🚭 ⋘ Zim
  15. Jan. - 15. Feb. geschl. – **Menu** *(Donnerstag geschl.)* à la carte 24/43 – **14 Z** 65/98.

MURR AN DER MURR *Baden-Württemberg* ⁴¹⁹ *T 11 – 4 800 Ew – Höhe 202 m.*
  Berlin 607 – Stuttgart 30 – Heilbronn 32 – Ludwigsburg 11.

✗✗ **Trollinger,** Dorfplatz 2, ✉ 71711, ✆ (07144) 20 84 76, Fax (07144) 281836, 🍴 – 🖭
  ⓪ 🗲 ᴠɪsᴀ
  Samstagmittag, Mittwoch und Aug. 3 Wochen geschl. – **Menu** à la carte 42/70.

MURRHARDT *Baden-Württemberg* ⁴¹⁹ *T 12,* ⁹⁸⁷ ㉗ – *14 000 Ew – Höhe 291 m – Erholungsort.*
  Sehenswert : *Stadtkirche (Walterichskapelle★).*
  🛈 *Verkehrsamt, Marktplatz 10,* ✉ *71540,* ✆ *(07192) 21 31 24, Fax (07192) 5283.*
  Berlin 576 – Stuttgart 55 – Heilbronn 41 – Schwäbisch Gmünd 34 – Schwäbisch Hall 34.

In Murrhardt-Fornsbach *O : 6 km :*

🏨 **Landgasthof Krone,** Rathausplatz 3, ✉ 71540, ✆ (07192) 54 01, Fax (07192) 20761,
🚭 🍴 – 📺 ☎ **②**. 🖭 🗲 ᴠɪsᴀ
  15. - 28. Feb. und 25. Mai - 7. Juni geschl. – **Menu** *(Montag - Dienstag geschl.)* à la carte
  24/55 🍷 – **7 Z** 62/140.

MUSKAU, BAD *Sachsen* ⁴¹⁸ *L 28,* ⁹⁸⁷ ⑲ – *3 800 Ew – Höhe 110 m – Moorbad.*
  Sehenswert : *Muskauer Park★★.*
  Berlin 161 – Dresden 111 – Cottbus 40 – Görlitz 63.

🏨 **Am Schloßbrunnen,** Köbelner Str. 68, ✉ 02953, ✆ (035771) 52 30,
🚭 *Fax (035771) 52350,* 🍴 – 📺 ☎ **②**. 🖭 ⓪ 🗲 ᴠɪsᴀ
  Menu à la carte 23/45 🍷 – **10 Z** 85/130 – ½ P 15.

MUTTERSTADT *Rheinland-Pfalz* ⁴¹⁷ ⁴¹⁹ *R 9,* ⁹⁸⁷ ㉖ ㉗ – *12 800 Ew – Höhe 95 m.*
  Berlin 629 – Mainz 77 – Kaiserslautern 58 – Mannheim 12 – Speyer 22.

🏨 **Jägerhof,** An der Fohlenweide 29 (Gewerbegebiet-Süd), ✉ 67112, ✆ (06234) 9 45 00,
  Fax (06234) 945094, 🍴 – 📺 ☎ 🚗 **②**. 🖭 🗲 ᴠɪsᴀ
  Menu *(Freitag geschl.)* (wochentags nur Abendessen, Sonntag nur Mittagessen) à la carte
  28/50 🍷 – **27 Z** 75/160.

✗ **Ebnet,** Neustadter Str. 53, ✉ 67112, ✆ (06234) 9 46 00, Fax (06234) 946060, 🍴 –
  ②. 🖭 🗲 ᴠɪsᴀ ⋘
  Freitag - Samstag nur Abendessen, Donnerstag und Jan. 2 Wochen geschl. – **Menu**
  à la carte 38/65 🍷.

NABBURG Bayern 420 R 20, 987 29 – 6 500 Ew – Höhe 385 m.
Berlin 434 – München 184 – Nürnberg 92 – Regensburg 62 – Weiden in der Oberpfalz 29.

🏠 **Pension Ruhland** garni, Am Kastanienbaum 1, ✉ 92507, ℰ (09433) 5 34, Fax (09433) 535, ≤, 🚗 – ☎ ℗
15 Z 40/80.

NÄCHST-NEUENDORF Brandenburg siehe Zossen.

NAGOLD Baden-Württemberg 419 U 10, 987 35 – 22 300 Ew – Höhe 411 m.
Berlin 675 – Stuttgart 52 – Karlsruhe 81 – Tübingen 34 – Freudenstadt 39.

🏠🏠 **Adler**, Badstr. 1, ✉ 72202, ℰ (07452) 6 75 34, Fax (07452) 67080 – 📺 ☎ 🚗 ℗. ᴬᴱ E
Menu (Montag geschl.) à la carte 29/61 – **22 Z** 95/170 – ½ P 25.

✗✗ **Eles Restaurant**, Neuwiesenweg 44, ✉ 72202, ℰ (07452) 54 85, 🌇 – ℗
Sonntag - Montag geschl. – **Menu** (nur Abendessen, Tischbestellung ratsam) à la carte 47/69.

✗✗ **Zur Burg**, Burgstr. 2, ✉ 72202, ℰ (07452) 37 35, Fax (07452) 66291, Biergarten – ℗.
E 𝐕𝐈𝐒𝐀
Montagabend - Dienstag, über Fastnacht und Juli - Aug. jeweils 2 Wochen geschl. – **Menu** à la carte 37/64.

In Nagold-Pfrondorf N : 4,5 km :

🏠🏠 **Pfrondorfer Mühle**, an der B 463, ✉ 72202, ℰ (07452) 8 40 00, Fax (07452) 840048, 🌇, 🚗, ✗ – 📺 ☎ ℗. ᴬᴱ ⓞ E 𝐕𝐈𝐒𝐀
Menu à la carte 34/80 – **22 Z** 98/210 – ½ P 24.

NAILA Bayern 418 420 P 19, 987 29 – 9 100 Ew – Höhe 511 m – Wintersport : 500/600 m ≰1
≰1.
🛈 Fremdenverkehrsamt, Peunthgasse 5, ✉ 95119, ℰ (09282) 68 29, Fax (09282) 8637.
Berlin 314 – München 288 – Bayreuth 59 – Hof 18.

🏠 **Grüner Baum**, Marktplatz 5, ✉ 95119, ℰ (09282) 70 61, Fax (09282) 7356, 🌇, ≋
– ⇔ Zim, 📺 ☎ 🚗 ℗. E 𝐕𝐈𝐒𝐀
18. Aug. - 10. Sept. geschl. – **Menu** (Donnerstag geschl.) à la carte 23/40 ᕃ – **29 Z** 75/120 – ½ P 18.

In Naila-Culmitzhammer SW : 4 km :

🏠🏠 Gutshof Culmitzhammer, ✉ 95119, ℰ (09282) 9 81 10, Fax (09282) 9811200, 🌇 –
📺 ☎ ℗ – 🕍 30
24 Z.

In Naila-Culmitz SW : 5 km :

✗ **Zur Mühle** ⌂, Zur Mühle 6, ✉ 95119, ℰ (09282) 63 61, Fax (09282) 6384, 🌇, ✗
– ☎ 🚗 ℗. E
Menu (Montag und Mitte Okt. - Anfang Nov. geschl.) à la carte 19/35 ᕃ – **16 Z** 50/98 – ½ P 12.

NAKENSTORF Mecklenburg-Vorpommern siehe Neukloster.

NASSAU Rheinland-Pfalz 417 O 7, 987 29 – 5 300 Ew – Höhe 80 m – Luftkurort.
🛈 Touristik Nassauer Land, Schloßstr. 6, ✉ 56377, ℰ (02604) 97 02 30, Fax (02604) 970224.
Berlin 581 – Mainz 57 – Koblenz 27 – Limburg an der Lahn 49 – Wiesbaden 52.

🏠 **Rüttgers** garni, Dr.-Haupt-Weg 4, ✉ 56377, ℰ (02604) 9 53 70, Fax (02604) 953730
– 📺 ☎ ℗. ᴬᴱ E 𝐕𝐈𝐒𝐀
15 Z 65/120.

In Weinähr NO : 6 km :

🏠 **Landhotel Weinhaus Treis**, Hauptstr. 1, ✉ 56379, ℰ (02604) 97 50, Fax (02604) 4543, 🌇, ≋, ⌇ (geheizt), ✗, ✗ – 📺 ☎ ℗ – 🕍 50. ᴬᴱ ⓞ E 𝐕𝐈𝐒𝐀
Menu à la carte 26/55 – **50 Z** 68/140 – ½ P 25.

NASTÄTTEN Rheinland-Pfalz 417 P 7 – 3 300 Ew – Höhe 250 m.
Berlin 585 – Mainz 46 – Koblenz 35 – Limburg an der Lahn 34 – Wiesbaden 41.

🏠 **Oranien** ⌂, Oranienstr. 10, ✉ 56355, ℰ (06772) 10 35, Fax (06772) 2962, 🌇, ✗,
✗ – 📺 ☎ 🚗 ℗ – 🕍 80. ᴬᴱ E
Juli 2 Wochen geschl. – **Menu** (Montag geschl.) à la carte 30/59 – **18 Z** 55/180.

NAUHEIM, BAD Hessen ����� O 10, ����� ㉗ – 28 000 Ew – Höhe 145 m – Heilbad.
Ausflugsziel : Burg Münzenberg★, N : 13 km.
🏌 Bad Nauheim, Am Golfplatz, ℘ (06032) 21 53.
🛈 Verkehrsverein, Neue Kurkolonnade, ✉ 61231, ℘ (06032) 21 20, Fax (06032) 35142.
Berlin 507 – Wiesbaden 64 – Frankfurt am Main 38 – Gießen 31.

🏨 **Parkhotel am Kurhaus** ⏴, Nördlicher Park 16, ✉ 61231, ℘ (06032) 30 30,
Fax (06032) 303419, ≤, 🌳, ≦s, 🗓 – 🛗, 🍴 Zim, 📺 ఉ ⇦ ℗ – 🔬 250. 🖭 ⓪ ⋿
𝘝𝘐𝘚𝘈. 🍽 Rest
Menu à la carte 47/79 (auch Diät und vegetar. Gerichte) – **159 Z** 185/290, 13 Suiten –
½ P 36.

🏨 **Rosenau**, Steinfurther Str. 1, ✉ 61231, ℘ (06032) 99 80, Fax (06032) 83417, Biergarten, ≦s, 🗓 – 🛗 📺 ℗ – 🔬 60. 🖭 ⓪ ⋿ 𝘝𝘐𝘚𝘈
Juli - Aug. 2 Wochen geschl. – **Menu** (Montag geschl.) à la carte 46/72 – **54 Z** 120/248
– ½ P 35.

🏨 **Im Sportpark**, In der Au, ✉ 61231, ℘ (06032) 40 04, Fax (06032) 1815, Massage, 🌡,
≦s, 🎾(Halle) – 🛗 📺 ☎ ℗ – 🔬 50. 🖭 ⓪ ⋿ 𝘝𝘐𝘚𝘈
Menu à la carte 29/54 – **25 Z** 154/248 – ½ P 19.

🏨 **Brunnenhof** garni, Ludwigstr. 13, ✉ 61231, ℘ (06032) 20 17, Fax (06032) 5408 – 🛗
☎ ℗. 🖭 ⓪ ⋿ 𝘝𝘐𝘚𝘈
22. Dez. - 5. Jan. geschl. – **28 Z** 98/180.

🏨 **Rex**, Reinhardstr. 2, ✉ 61231, ℘ (06032) 20 47, Fax (06032) 2050 – 🛗 📺 ☎ ⇦. 🖭
⓪ 𝘝𝘐𝘚𝘈. 🍽 Rest
(nur Abendessen für Hausgäste) – **23 Z** 112/175 – ½ P 39.

❌❌ **La Toscana**, Friedrichstr. 8, ✉ 61231, ℘ (06032) 51 21 – ⋿
Menu (italienische Küche, abends Tischbestellung erforderlich) à la carte 29/64.

In Bad Nauheim-Steinfurth N : 3 km :

🏨 **Herrenhaus von Löw** (mit Gästehaus), Steinfurther Hauptstr. 36, ✉ 61231,
℘ (06032) 9 69 50 (Hotel) 96 95 62 (Rest.), Fax (06032) 969550, 🌳, « Herrenhaus a.d.19.
Jh. mit geschmackvoller Einrichtung, Restaurant in einem Gewölbekeller », ≦s – 🍴 Zim,
📺 ℗ – 🔬 15. 🖭 ⓪ ⋿ 𝘝𝘐𝘚𝘈
Menu (wochentags nur Abendessen) à la carte 41/71 – **20 Z** 190/260 – ½ P 35.

NAUMBURG Hessen ����� M 11 – 5 660 Ew – Höhe 280 m – Kneippkurort.
🛈 Kur- und Verkehrsverwaltung im Haus des Gastes, Hattenhäuser Weg 10, ✉ 34311,
℘ (05625) 79 09 15, Fax (05625) 790950.
Berlin 420 – Wiesbaden 218 – Kassel 36 – Korbach 27 – Fritzlar 17.

🏨 **Weinrich**, Bahnhofstr. 7, ✉ 34311, ℘ (05625) 2 23, Fax (05625) 7321, Massage, 🌡,
🌳 – 📺 ☎ ⇦ ℗. 🖭 ⓪ ⋿ 𝘝𝘐𝘚𝘈. 🍽 Zim
15. Okt. - 15. Nov. geschl. – **Menu** (Jan. - April Mittwoch geschl.) à la carte 30/50 – **19 Z**
65/140 – ½ P 15.

In Naumburg-Heimarshausen SO : 9 km :

🏨 **Ferienhof Schneider** ⏴, Kirschhäuserstr. 7, ✉ 34311, ℘ (05622) 91 51 12,
Fax (05622) 915113, 🌳, ≦s, 🌳, 🎾, 🐎 (Reitplatz) – ℗
4. Jan. - 7. Feb. geschl. – **Menu** (Okt. - März Montag geschl.) à la carte 27/55 – **30 Z** 58/130
– ½ P 10.

NAUMBURG Sachsen-Anhalt ����� M 19, ����� ㉓, ����� ⑰ ⑱ – 31 000 Ew – Höhe 108 m.
Sehenswert : Dom St. Peter und Paul (Naumburger Stifterfiguren★★★, Westlettner★★)
– St. Wenzel★.
Ausflugsziele : Freyburg : Schloß Neuenburg★ (Doppelkapelle★, Kapitelle★) N : 6 km –
Schulpforta : Panstermühle★ SW : 3 km – Bad Kösen : Soleförderanlage★, Lage von Rudels-
burg und Burg Saaleck★ SW : 7 km.
🛈 Fremdenverkehrsamt, Markt 6, ✉ 06618, ℘ (03445) 20 16 14, Fax (03445) 201614.
Berlin 223 – Magdeburg 135 – Leipzig 62 – Weimar 49.

🏨 **Stadt Aachen**, Markt 11, ✉ 06618, ℘ (03445) 24 70, Fax (03445) 247130, 🌳 – 🛗,
🍴 Zim, 📺 ☎. 🖭 ⋿ 𝘝𝘐𝘚𝘈. 🍽 Rest
Menu à la carte 27/50 – **40 Z** 115/195.

🏨 **Zur Alten Schmiede**, Lindenring 36, ✉ 06618, ℘ (03445) 2 43 60,
Fax (03445) 243666, ≦s – 🛗 📺 ☎ – 🔬 80. 🖭 ⋿ 𝘝𝘐𝘚𝘈
Menu (Sonntag geschl.) (nur Abendessen) à la carte 29/45 – **41 Z** 115/160.

🏠 **Sankt Wenzel**, Friedrich-Nietzsche-Str. 21a, ✉ 06618, 𝒫 (03445) 7 17 90, Fax (03445) 7179301, 🍴 – 📺 ☎ 🅿. 🆎 ⓪ Ɛ 𝘝𝘐𝘚𝘈
Menu à la carte 23/41 – **14 Z** 80/125.

✗ **Ratskeller**, Markt 1, ✉ 06618, 𝒫 (3445) 20 20 63, Fax (03445) 202063 – 🆎 Ɛ 𝘝𝘐𝘚𝘈
Sonntagabend geschl. – **Menu** à la carte 27/48.

NAUNDORF Sachsen 🄰🄸🄱 L 21 – 1 300 Ew – Höhe 106 m.
Berlin 157 – Dresden 121 – Dessau 54 – Halle 48 – Leipzig 27.

In Naundorf-Krippehna SO : 2,5 Km :

🏠 **Alpha** 🌳 garni, Am Dorfplatz 4, ✉ 04838, 𝒫 (03423) 60 26 13, Fax (03423) 602614, 🍴 – 🚫 📺 ☎ 🚗 🅿. Ɛ 𝘝𝘐𝘚𝘈. 🌼
20 Z 99/131.

NAUNHOF Sachsen 🄰🄸🄱 M 21, 🄹🄷🄰 ⑲ ㉓, 🄹🄷🄷 ⑱ – 6 300 Ew – Höhe 130 m.
Berlin 203 – Dresden 95 – Leipzig 27.

🏠🏠 **Estrela** 🅼, Mühlgasse 2, ✉ 04683, 𝒫 (034293) 3 20 45, Fax (034293) 32049, 🍴, 🌳 – 🚫 Zim, 📺 ☎ 🅿 – 🔏 20. 🆎 Ɛ 𝘝𝘐𝘚𝘈
Menu à la carte 28/49 – **34 Z** 115/155.

🏠 **Carolinenhof**, Bahnhofstr. 32, ✉ 04683, 𝒫 (034293) 6 13 00, Fax (034293) 61416, 🍴, 🍴 – 🛗, 🚫 Zim. 📺 ☎ 🍽 🚗 🅿 – 🔏 50. 🆎 Ɛ. 🌼
Menu (Montagmittag geschl.) à la carte 30/52 – **33 Z** 89/220.

NAURATH / WALD Rheinland-Pfalz siehe Trittenheim.

NEBEL Schleswig-Holstein siehe Amrum (Insel).

NEBRA Sachsen-Anhalt 🄰🄸🄱 M 18, 🄹🄷🄰 ㉓, 🄹🄷🄷 ⑰ – 3 400 Ew – Höhe 240 m.
Berlin 220 – Magdeburg 117 – Erfurt 84 – Sangerhausen 39 – Weimar 48 – Naumburg 37.

🏠🏠 **Schlosshotel**, Schloßhof 5, ✉ 06642, 𝒫 (034461) 2 27 50, Fax (034461) 22759, 🍴 – 📺 ☎ 🅿 – 🔏 50. 🆎 𝘝𝘐𝘚𝘈
Menu à la carte 25/45 – **21 Z** 90/150.

NECKARGEMÜND Baden-Württemberg 🄰🄸🄷🄰🄸🄹 R 10, 🄹🄷🄷 ㉗ – 15 000 Ew – Höhe 124 m.
Ausflugsziel : Dilsberg : Burg (Turm ⚹★) NO : 5 km.
🚩 Verkehrsamt, Hauptstr. 25, ✉ 69151, 𝒫 (06223) 35 53, Fax (06223) 804280.
Berlin 635 – Stuttgart 107 – Heidelberg 10 – Heilbronn 53.

In Neckargemünd-Dilsberg NO : 4,5 km :

✗✗ **Sonne**, Obere Str. 14, ✉ 69151, 𝒫 (06223) 22 10, Fax (06223) 6452, 🍴 – 🆎 ⓪ Ɛ 𝘝𝘐𝘚𝘈
Menu à la carte 37/70.

In Neckargemünd-Kleingemünd N : 1 km :

🏠🏠 **Zum Schwanen** 🌳, Uferstr. 16, ✉ 69151, 𝒫 (06223) 9 24 00, Fax (06223) 2413, ≤, 🍴 – 📺 ☎ 🅿 – 🔏 40. 🆎 ⓪ Ɛ 𝘝𝘐𝘚𝘈 🄹🄲🄱
Menu à la carte 36/72 – **21 Z** 140/230.

In Neckargemünd-Waldhilsbach SW : 5 km :

✗✗ **Zum Rössl** mit Zim, Heidelberger Str. 15, ✉ 69151, 𝒫 (06223) 26 65, Fax (06223) 6859, 🍴 – 🚗 🅿. Ɛ 𝘝𝘐𝘚𝘈
Juli 2 Wochen geschl. – **Menu** (Montag - Dienstag geschl.) à la carte 29/61 ⅓ – **14 Z** 60/125.

NECKARSTEINACH Hessen 🄰🄸🄷🄰🄸🄹 R 10, 🄹🄷🄷 ㉗ – 3 900 Ew – Höhe 127 m.
Berlin 639 – Wiesbaden 111 – Heidelberg 14 – Heilbronn 57.

🏠 **Vierburgeneck**, Heiterswiesenweg 11 (SW : 1 km, B 37), ✉ 69239, 𝒫 (06229) 5 42, Fax (06229) 396, ≤, « Terrasse über dem Neckar », 🌳 – 📺 🅿. 🌼
20. Dez. - 5. Feb. geschl. – **Menu** (Dienstag geschl.) (nur Abendessen) à la carte 32/70 – **18 Z** 75/140.

NECKARSULM *Baden-Württemberg* **417 419** *S 11,* **987** ㉗ *– 22 000 Ew – Höhe 150 m.*
Berlin 590 – Stuttgart 59 – Heilbronn 5,5 – Mannheim 78 – Würzburg 106.

🏠 **An der Linde,** Stuttgarter Str. 11, ✉ 74172, ✆ (07132) 9 86 60, Fax (07132) 9866222,
㤠 – 📺 ☎ 👤 – ⚖ 20. Æ Ɛ 𝘝𝘐𝘚𝘈
Menu *(Freitagabend - Samstag geschl.)* à la carte 37/74 – **28 Z** 100/185.

🏠 **Astron,** Sulmstr. 2, ✉ 74172, ✆ (07132) 38 80, Fax (07132) 388113, 㤠, ⇔ – 🛗,
⇥ Zim, 📺 ☎ 👤 ⇐ 👤 – ⚖ 100. Æ ⓞ Ɛ 𝘝𝘐𝘚𝘈. ⅏ Rest
Menu à la carte 41/69 – **84 Z** 175/267.

🏠 **Ramada** Ⓜ garni, Heiner-Fleischmann-Str. 8, ✉ 74172, ✆ (07132) 91 00,
Fax (07132) 910444 – 🛗 ⇥ 📺 ☎ 👤 👤 – ⚖ 60. Æ ⓞ Ɛ 𝘝𝘐𝘚𝘈
96 Z 156/198.

🏠 **Post,** Neckarstr. 8, ✉ 74172, ✆ (07132) 9 32 10, Fax (07132) 932199 – 🛗 📺 ☎ 👤
👤 – ⚖ 25. ⓞ Ɛ 𝘝𝘐𝘚𝘈
1. - 15. Aug. und 24. Dez. - 10. Jan. geschl. – **Menu** *(Samstag geschl.)* à la carte 31/67 👤
– **41 Z** 100/170.

🏠 **Villa Sulmana** 👤 garni, Ganzhornstr. 21, ✉ 74172, ✆ (07132) 50 24,
Fax (07132) 6891 – 🛗 📺 ☎ 👤 Ɛ. ⅏
30 Z 75/160.

✕✕ **Ballei,** Deutschordensplatz, ✉ 74172, ✆ (07132) 60 11, Fax (07132) 37713, 㤠 – 👤
– ⚖ 100. ⓞ Ɛ 𝘝𝘐𝘚𝘈
Montag und Aug. 2 Wochen geschl. – **Menu** à la carte 30/66 👤.

NECKARWESTHEIM *Baden-Württemberg* **419** *S 11 – 2 700 Ew – Höhe 266 m.*
Ⓡ *Neckarwestheim, Schloß Liebenstein,* ✆ (07133) 1 60 19.
Berlin 602 – Stuttgart 38 – Heilbronn 13 – Ludwigsburg 25.

🏠 **Schloßhotel Liebenstein** 👤 *(mit Renaissancekapelle a.d.J. 1600),* S : 2 km, ✉ 74382,
✆ (07133) 9 89 90, Fax (07133) 6045, ← – 🛗, ⇥ Zim, 📺 ☎ 👤 – ⚖ 80. Æ ⓞ Ɛ 𝘝𝘐𝘚𝘈
Menu *(Dienstag geschl.)* *(Montag - Freitag nur Abendessen)* à la carte 46/74 – **24 Z**
155/290.

🏠 **Am Markt** garni, Marktplatz 2, ✉ 74382, ✆ (07133) 9 81 00, Fax (07133) 14423 – 🛗
📺 ☎ ⇐ Æ Ɛ 𝘝𝘐𝘚𝘈
14 Z 88/140.

NECKARZIMMERN *Baden-Württemberg* **417 419** *S 11 – 1 650 Ew – Höhe 151 m.*
Sehenswert : Burg Hornberg (Turm ≤ ★).
Berlin 593 – Stuttgart 80 – Heilbronn 25 – Mosbach 8.

🏠 **Burg Hornberg** 👤 *(Burg Götz von Berlichingens),* ✉ 74865, ✆ (06261) 9 24 60,
Fax (06261) 924644, ← Neckartal, 㤠 – 📺 ☎ 👤 – ⚖ 45. Ɛ 𝘝𝘐𝘚𝘈
20. Dez. - Feb. geschl. – **Menu** à la carte 45/83 – **24 Z** 145/240 – ½ P 50.

NEHREN *Baden-Württemberg* **419** *U 11 – 3 500 Ew – Höhe 430 m.*
Berlin 692 – Stuttgart 61 – Tübingen 10 – Villingen-Schwenningen 69.

🏠 **Nehrener Hof,** Bahnhofstr. 57, ✉ 72147, ✆ (07473) 80 61, Fax (07473) 25833, 㤠
– 📺 ☎ ⇐ 👤 Ɛ
Menu à la carte 30/58 – **14 Z** 70/125.

NEHREN *Rheinland-Pfalz* **417** *P 5 – 100 Ew – Höhe 90 m.*
Berlin 662 – Mainz 120 – Koblenz 63 – ◆ Trier 74.

🏠 **Quartier Andre,** Moselstr. 2, ✉ 56820, ✆ (02673) 40 15, Fax (02673) 4168, 㤠, 🚗
– 📺 ☎ 👤 👤 Æ ⓞ Ɛ 𝘝𝘐𝘚𝘈 ⅏ Rest
Jan. - 15. März und 10. Nov. - 22. Dez. geschl. – **Menu** *(Dienstag geschl.)* à la carte 25/52 👤
– **13 Z** 70/130.

NEIDENSTEIN *Baden-Württemberg* **417 419** *S 10 – 1 600 Ew – Höhe 167 m.*
Berlin 620 – Stuttgart 98 – Heidelberg 27.

✕ **Zur Sonne** *(ehem. Bauernhof a.d.J. 1791),* Bahnhofstr. 6, ✉ 74933, ✆ (07263) 12 16,
Fax (07263) 3882, « Innenhofterrasse » – 👤
Montag - Freitag nur Abendessen, Donnerstag und über Fastnacht 2 Wochen geschl. –
Menu à la carte 28/53.

NELLINGEN Baden-Württemberg **419** U 13 – 1 600 Ew – Höhe 680 m.
Berlin 631 – Stuttgart 75 – Göppingen 41 – Ulm 28.

🏠 **Landgasthof Krone,** Aicher Str. 7, ⊠ 89191, ℰ (07337) 9 69 60,
Fax (07337) 969696, ☞ – ॥ ❄ Zim, ⚏ ☎ ❷ – 🛦 50
Menu (Sonn- und Feiertage sowie 24. Dez. - 10.Jan. geschl.) à la carte 26/52 ⅃ – **40 Z**
52/119.

NENNDORF, BAD Niedersachsen **415 417** I 12, **987** ⑯ – 10 000 Ew – Höhe 70 m – Heilbad.
🛈 Kur- und Verkehrsverein, Kurhausstr. 4, ⊠ 31542, ℰ (05723) 34 49, Fax (05723) 1435.
Berlin 315 – Hannover 33 – Bielefeld 85 – Osnabrück 115.

🏠🏠 **Hannover** ॐ (mit Gästehaus), Buchenallee 1, ⊠ 31542, ℰ (05723) 79 20,
Fax (05723) 792300, ☞, ⇌ – ॥ ⚏ ☎ ❷ – 🛦 150. ⚏ ❶ ☰ 𝘝𝘐𝘚𝘈
Kupferkanne : Menu à la carte 34/76 – **70 Z** 130/330 – ½ P 25.

🏠🏠 **Tallymann,** Hauptstr. 59, ⊠ 31542, ℰ (05723) 61 67, Fax (05723) 707869, ☞, ⇌,
🔲 – ॥, ❄ Zim, ▤ ⚏ ☎ ⅋ ❷. ⚏ ☰ 𝘝𝘐𝘚𝘈. ℅
Menu (Donnerstag geschl.) à la carte 35/69 – **70 Z** 109/139.

🏠🏠 **Harms** ॐ, Gartenstr. 5, ⊠ 31542, ℰ (05723) 95 00, Fax (05723) 950280, Massage,
⇌, 🔲 (Thermal), ☞ – ॥, ❄ Zim, ⚏ ☎ ❷. ☰ 𝘝𝘐𝘚𝘈. ℅ Rest
(Restaurant nur für Hausgäste) – **50 Z** 78/174 – ½ P 15.

🏠 **Schaumburg-Diana** (mit Gästehäusern), Rodenberger Allee 28, ⊠ 31542,
ℰ (05723) 50 94, Fax (05723) 3585, ☞ – ❄ Zim, ⚏ ☎ ❷. ⚏ ❶ ☰ 𝘝𝘐𝘚𝘈. ℅ Rest
23. Dez. - 2. Jan. geschl. – (Restaurant nur für Hausgäste) – **44 Z** 105/220.

In Bad Nenndorf-Riepen NW : 4,5 km über die B 65 :

🏠🏠 **Schmiedegasthaus Gehrke** ॐ, Riepener Str. 21, ⊠ 31542, ℰ (05725) 50 55,
Fax (05725) 7282, ☞ – ⚏ ☎ ⇖ ❷ – 🛦 100. ⚏ ❶ 𝘝𝘐𝘚𝘈
Juli - Aug. 2 Wochen geschl. – **Menu** siehe Rest. **La Forge** separat erwähnt **Schmiedere-**
staurant (Montag geschl.) Menu à la carte 35/64 – **19 Z** 68/320 – ½ P 40.

XXX **La Forge** - Schmiedegasthaus Gehrke, Riepener Str. 21, ⊠ 31542, ℰ (05725) 50 55,
⁂ Fax (05725) 7282 – ❷. ⚏ ❶ 𝘝𝘐𝘚𝘈. ℅
Montag - Dienstag, Jan. 2 Wochen und Juli - Aug. 3 Wochen geschl. – **Menu** (nur Abend-
essen, Tischbestellung ratsam) 105/150
Spez. Steckrübenröllchen mit Langostinos und Kümmelschaum. Schaumburger Milchzick-
lein (März-April). Karamelisierte Ziegenquarkcrème mit Essig-Brombeeren.

In Bad Nenndorf-Waltringhausen NO : 1,5 km :

🏠 **Deisterblick** garni, Finkenweg 1, ⊠ 31542, ℰ (05723) 30 36, Fax (05723) 4686 – ⚏
☎ ⇖ ❷. ☰
20. Dez. - 5. Jan. geschl. – **18 Z** 78/126.

NENTERSHAUSEN Hessen siehe Sontra.

NERESHEIM Baden-Württemberg **419 420** T 14, **987** ㊴ – 8 000 Ew – Höhe 500 m – Erho-
lungsort.
Sehenswert : Klosterkirche★.
🛐 Hofgut Hochstadt (S : 3 km), ℰ (07326) 79 79.
Berlin 533 – Stuttgart 100 – Aalen 26 – Heidenheim an der Brenz 21 – Nürnberg 111.

In Neresheim-Ohmenheim N : 3 km :

🏠 **Landhotel Zur Kanne,** Brühlstr. 2, ⊠ 73450, ℰ (07326) 80 80, Fax (07326) 80880,
⇌, ℅ – ॥ ⚏ ☎ ❷ – 🛦 50. ⚏ ❶ ☰ 𝘝𝘐𝘚𝘈
Menu à la carte 27/62 – **56 Z** 75/160 – ½ P 28.

NESSE Niedersachsen **415** F 6 – 1 500 Ew – Höhe 5 m.
⇌ von Nesse-Neßmersiel nach Baltrum ℰ (04939) 2 35.
🛈 Kurverwaltung (Neßmersiel) ⊠ 26553, ℰ (04933) 723.
Berlin 530 – Hannover 266 – Emden 50 – Oldenburg 95 – Wilhelmshaven 58.

In Nesse-Neßmersiel NW : 4 km :

🏠 **Fährhaus,** Dorfstr. 42, ⊠ 26553, ℰ (04933) 3 03, Fax (04933) 2390, ☞ – ⚏ ❷
Anfang Jan. - Mitte Feb. geschl. – **Menu** (Mitte Feb. - Mitte März Montag - Donnerstag nur
Abendessen und Anfang Nov. - 24. Dez. geschl.) à la carte 29/61 – **19 Z** 60/150.

NESSELWANG Bayern 🔢🔢 X 15, 🔢🔢 ㉟, 🔢🔢 D 6 – 3 500 Ew – Höhe 865 m – Luftkurort
– Wintersport : 900/1 600 m ≰6 ≴4.

🇿 Gästeinformation im Rathaus, Hauptstr. 18, ✉ 87484, ✆ (08361) 92 30 40, Fax
(08361) 923044.

Berlin 658 – München 120 – Füssen 17 – Kempten (Allgäu) 24.

🏠 **Post,** Hauptstr. 25, ✉ 87484, ✆ (08361) 3 09 10, Fax (08361) 30973, Biergarten, Brauereimuseum – 📺 ☎ 🚗 🅿. 🄴 VISA
Menu à la carte 26/54 – **23 Z** 92/150 – ½ P 28.

🏠 **Alpenrose** 🦌, Jupiterstr. 9, ✉ 87484, ✆ (08361) 9 20 40, Fax (08361) 920440, 🍴,
≋s, 🏊 – 🛗 📺 ☎ 🚗 🅿 – 🔬 20. 🄰🄴 ⓞ 🄴 VISA JCB
Menu (Donnerstag und Mitte Nov. - Mitte Dez. geschl.) à la carte 26/62 – **25 Z** 80/210
– ½ P 20.

🏠 **Gisela** 🦌, Falkensteinstr. 9, ✉ 87484, ✆ (08361) 2 17, Fax (08361) 3889, 🍴, ≋s, 🏊
– 🍽 Rest, 📺 ☎ 🅿. 🦟
April - Mai 3. Wochen und Nov. geschl. – **Menu** (Mittwoch geschl.) (wochentags nur Abend-
essen) à la carte 30/64 – **15 Z** 65/130 – ½ P 18.

🏠 **Alpenhotel Martin** 🦌, An der Riese 18, ✉ 87484, ✆ (08361) 14 24,
Fax (08361) 1890, 🍴, ≋s – 📺 🚗 🅿
15. Nov. - 15. Dez. geschl. – **Menu** à la carte 26/50 🍷 – **20 Z** 75/130 – ½ P 18.

🏠 **Marianne,** Römerstr. 11, ✉ 87484, ✆ (08361) 32 18, Fax (08361) 1091, ≤, 🍴, 🏊
– 🅿. 🦟 Rest
Nov. - 18. Dez. geschl. – **Menu** (nur Abendessen) à la carte 25/50 – **29 Z** 40/120 – ½ P 18.

NETPHEN Nordrhein-Westfalen 🔢🔢 N 8 – 25 000 Ew – Höhe 250 m.

🇿 Verkehrsamt, im Heimatmuseum, Lahnstr. 47, ✉ 57250, ✆ (02738) 60 31 11,
Fax (02738) 603125.

Berlin 525 – Düsseldorf 138 – Siegen 8.

Bei der Lahnquelle SO : 17,5 km über Netphen-Deuz – Höhe 610 m

🏠 **Forsthaus Lahnquelle** 🦌, Lahnhof 1, ✉ 57250 Netphen, ✆ (02737) 2 41,
Fax (02737) 243, ≤, 🍴, ≋s – 📺 ☎ 🅿 – 🔬 80
Menu à la carte 36/68 – **22 Z** 75/180.

NETTETAL Nordrhein-Westfalen 🔢🔢 M 2, 🔢🔢 ⑬ ㉓ – 40 000 Ew – Höhe 46 m.

🏌 Nettetal-Hinsbeck, An Haus Bey, ✆ (02153) 9 19 70.

Berlin 591 – Düsseldorf 53 – Krefeld 24 – Mönchengladbach 24 – Venlo 15.

In Nettetal-Hinsbeck – *Erholungsort :*

🏠 **Haus Josten,** Wankumer Str. 3, ✉ 41334, ✆ (02153) 9 16 70, Fax (02153) 13188 –
📺 ☎ 🚗 🅿 – 🔬 50. 🄰🄴 ⓞ 🄴 VISA
Juli 3 Wochen geschl. – **Menu** (Mittwoch geschl.) (wochentags nur Abendessen) à la carte
31/61 – **18 Z** 95/160.

XX **Haus Bey,** An Haus Bey 16 (Golfplatz), ✉ 41334, ✆ (02153) 91 97 61,
Fax (02153) 919766, 🍴 – 🅿. ⓞ 🄴 VISA. 🦟
Montag - Dienstag geschl. – **Menu** à la carte 48/72 – **Bistro** (Montag geschl.) **Menu**
à la carte 33/50.

XX **Haus Sonneck,** Schloßstr. 61, ✉ 41334, ✆ (02153) 41 57 – 🅿. 🄴
Menu (Dienstag geschl.) (wochentags nur Abendessen) à la carte 43/74.

In Nettetal-Leuth – *Erholungsort :*

🏠 **Leuther Mühle,** Hinsbecker Str. 34 (B 509), ✉ 41334, ✆ (02157) 13 20 61,
Fax (02157) 132527, 🍴, 🏊 – 📺 ☎ 🅿 – 🔬 25. 🄰🄴 🄴 VISA JCB. 🦟
Menu à la carte 42/77 – **26 Z** 105/150.

In Nettetal-Lobberich :

🏠 **Haus am Rieth,** Reinersstr. 5, ✉ 41334, ✆ (02153) 6 00 41, Fax (02153) 13492, ≋s,
🔲 – 🌡 Zim, 📺 ☎ 🚗 🅿. 🄰🄴 ⓞ 🄴 VISA. 🦟
(nur Abendessen für Hausgäste) – **22 Z** 80/130.

🏠 **Zum Schänzchen,** Am Schänzchen 5 (südlich der BAB-Ausfahrt), ✉ 41334,
✆ (02153) 91 57 10, Fax (02153) 915742 – 📺 ☎ 🅿. 🄴 VISA
Menu (Montag und Juli - Aug. 3 Wochen geschl.) à la carte 30/55 – **21 Z** 85/140.

XX **Burg Ingenhoven,** Burgstr. 10, ✉ 41334, ✆ (02153) 91 25 25, Fax (02153) 912526,
🍴, « Restaurierte Burganlage a.d.15. Jh. » – 🅿
Montag und 1. - 9. Jan. geschl. – **Menu** à la carte 36/60.

NETZEN Brandenburg siehe Brandenburg.

NEU GOLM Brandenburg siehe Saarow-Pieskow, Bad.

NEUALBENREUTH Bayern **420** Q 21 – 1450 Ew – Höhe 549 m.
  🛠 Schloß Ernestgrün (S : 1 km), 𝒫 (09638) 12 71.
  Berlin 381 – München 254 – Bayreuth 83 – Tirschenreuth 15.

  🏨 **Schloßhotel Ernestgrün** ⚝, Rothmühle 15 (S : 1,5 km), ✉ 95698,
     𝒫 (09638) 93 00, Fax (09638) 930400, « Gartenterrasse », ℉, ≘s, ⬜, 🌳, ✕ – 🛗,
     ⇄ Zim, 📺 ☎ 🅿 – 🕍 40. ஊ 🄴
     Menu à la carte 31/57 – **70 Z** 93/146 – ½ P 22.

NEU ANSPACH Hessen **417** P 9 – 13 000 Ew – Höhe 390 m.
  Berlin 531 – Wiesbaden 61 – Frankfurt am Main 31.

In Neu Anspach-Westerfeld :

  🏠 **Landhotel Velte,** Usinger Str. 38, ✉ 61267, 𝒫 (06081) 91 79 00, Fax (06081) 687472,
  ⊜ ℉, ≘s – 📺 ☎ 🅿 – 🕍 Zim
     23. Dez. - 7. Jan. geschl. – **Menu** (Montag geschl.) (Dienstag - Freitag nur Abendessen)
     à la carte 31/55 🍴 – **14 Z** 90/160.

NEUBERG Hessen siehe Erlensee.

NEUBEUERN Bayern **420** W 20, **426** I 5 – 4 000 Ew – Höhe 478 m – Erholungsort.
  Berlin 660 – München 69 – Bad Reichenhall 73 – Rosenheim 12 – Miesbach 31.

  🏠 **Burghotel-Burgdacherl** ⚝, Marktplatz 23, ✉ 83115, 𝒫 (08035) 24 56,
     Fax (08035) 1312, ≤ Riesenkopf und Kaisergebirge, ℉, ≘s – 🛗 📺 ☎ ⇔ 🅿. ஊ ⑩
     🄴 𝓥𝓘𝓢𝓐. ✻ Rest
     Feb. 2 Wochen geschl. – **Menu** (Montag geschl.) à la carte 31/58 – **13 Z** 70/160.

NEUBRANDENBURG Mecklenburg-Vorpommern **416** F 23, **984** ⑦, **987** ⑦ – 79 000 Ew –
  Höhe 19 m.
  Sehenswert : Stadtbefestigung★★.
  Ausflugsziele : Feldberger Seenlandschaft★ – Neustrelitz (Schloßpark★,
  Orangerie-Malereien★).
  🛈 Tourist-Information, Waagestraße, ✉ 17033, 𝒫 (0395) 1 94 33, Fax (0395) 5442318.
  ADAC, Demminer Str. 10, ✉ 17034, 𝒫 (0395) 43 06 90.
  Berlin 142 ③ – Schwerin 149 ④ – Rostock 103 ④ – Stralsund 99 ① – Szczecin 99 ②

Stadtpläne siehe nächste Seiten

  🏨 **Radisson SAS Hotel,** Treptower Str. 1, ✉ 17033, 𝒫 (0395) 5 58 60,
     Fax (0395) 5586625 – 🛗, ⇄ Zim, 🍴 Zim, 📺 ☎ 📶 ♿ 🅿 – 🕍 70. ஊ ⑩ 🄴 𝓥𝓘𝓢𝓐
     Menu à la carte 33/63 – **190 Z** 175/225, 7 Suiten.   AY a

  🏨 **Andersen Hotel,** Große Krauthöferstr. 1, ✉ 17033, 𝒫 (0395) 55 60,
     Fax (0395) 5562682, ≘s – 🛗, ⇄ Zim, 📺 ☎ 🅿 – 🕍 110. ஊ ⑩ 🄴 𝓥𝓘𝓢𝓐   BY b
     Menu à la carte 29/53 – **185 Z** 125/150, 5 Suiten.

  🏠 **Borchert,** Friedrich-Engels-Ring 40, ✉ 17033, 𝒫 (0395) 5 82 26 07,
     Fax (0395) 5442004, ℉ – 📺 ☎ 🅿. 🄴   AZ c
     Menu (Juli 2 Wochen geschl.) (nur Abendessen) à la carte 29/54 – **31 Z** 112/154.

  🏠 **Weinert** garni, Ziegelbergstr. 23, ✉ 17033, 𝒫 (0395) 58 12 30, Fax (0395) 5812311
     – 📺 ☎ ♿ 🅿 – 🕍 20. ஊ ⑩ 🄴 𝓥𝓘𝓢𝓐. ✻   BY d
     18 Z 98/130.

  🍴 **Fritz Reuter,** Friedländer Str. 2, ✉ 17033, 𝒫 (0395) 5 82 31 55, Fax (0395) 5443271
     Sonntagabend geschl. – **Menu** à la carte 27/48.   BY n

In Trollenhagen N : 4,5 km über ① :

  🏠 **Hellfeld,** Hellfelder Str. 15, ✉ 17039, 𝒫 (0395) 42 98 10, Fax (0395) 42981139, ℉
     – 📺 ☎ ♿ 🅿 – 🕍 60. ஊ ⑩ 🄴 𝓥𝓘𝓢𝓐 𝓙𝓒𝓑. ✻ Rest
     Menu à la carte 33/53 – **30 Z** 85/165.

In Podewall N : 8 km über ① :

  🏨 **Landgasthof Podewall** ⚝, Fuchsberg 1, ✉ 17039, 𝒫 (0395) 42 96 40,
     Fax (0395) 4296454, Biergarten – 📺 ☎ 🅿 – 🕍 20. ஊ 🄴 𝓥𝓘𝓢𝓐
     Menu à la carte 27/51 – **13 Z** 110/150.

NEUBRANDENBURG

Turmstraße . . . . BY
An der Marienkirche . . . . . AY 3
Beguinenstraße . . . . AY 4
Behmenstraße . . . . BY 5
Bernhardstraße . . . . AY 7
Bussardstraße . . . . BY 8
Darrenstraße . . . . AY 9
Friedländer Straße . . . . BY 12
Herbordstraße . . . . BY 13
Lerchenstraße . . . . AY 14
Marktplatz . . . . AY 17
Mühlenholzstraße . . . . BYZ 18
Poststraße . . . . BY 20
Sonnenkamp . . . . BZ 21
Voßstraße . . . . AY 22
Waagestraße . . . . AY 24

A
B
Y
Z
GREIFSWALD, STRALSUND
1
2
3
4
Kranichstraße
B. Brecht- Str.
Fasanenstr.
VOGELVIERTEL
Straußstr.
Straße
96
Greifstraße
Ihlenfelder Str.
ADAC
Ravensburgstr.
Heidenstraße
Johannesstr.
R.- Blum- Str.
JAHN-
Kleiststr.
VIERTEL
Morgenlandstr.
R.- Reuter- Str.
Südbahnstr.
FANGELTURM
Demminer
Speicherstr.
Jahnstraße
STADTBEFESTIGUNG
St.
Johanniskirche
POL.
Ringstr.
Friedländer Tor
Woldegker Str.
104
A 19, ROSTOCK
Tollense
Krämerstr.
Badstüberstr.
KATHARINEN-
Treptower Tor
Treptower Str.
Turmstr.
Dümper Str.
Wartlaustr.
Krauthöferstr.
Rostocker Straße
Kl. Wollweberstr.
Stargarder
Katharinenstr.
Marienkirche
Neutorstr.
Neues Tor
VIERTEL
Gr. Wollweberstr.
Pfaffenstr.
Ziegelbergstr.
Dr. W.-Külz-
SCHWERIN
A 11, SZCZECIN
Oberbach
Ringstraße
Rosenstr.
Stargarder Tor
Friedrich-Engels-Ring
Schillerstraße
Wielandstr.
Gartenstraße
Straße
Lindebach
Lessingstraße
KULTURPARK
Weidenweg
Schwedenstraße
Neustrelitzer Straße
H.- Jonas- Str.
Parkstraße
Clara- Zetkin- Straße
STADTHALLE
SÜDSTADT
Am Anger
STARGARDER
BRUCH
L.- Hermann- Str.
Bergstraße
J.- Schehr- Str.
TOLLENSESEE
0
500 m
NEUSTRELITZ
BERLIN

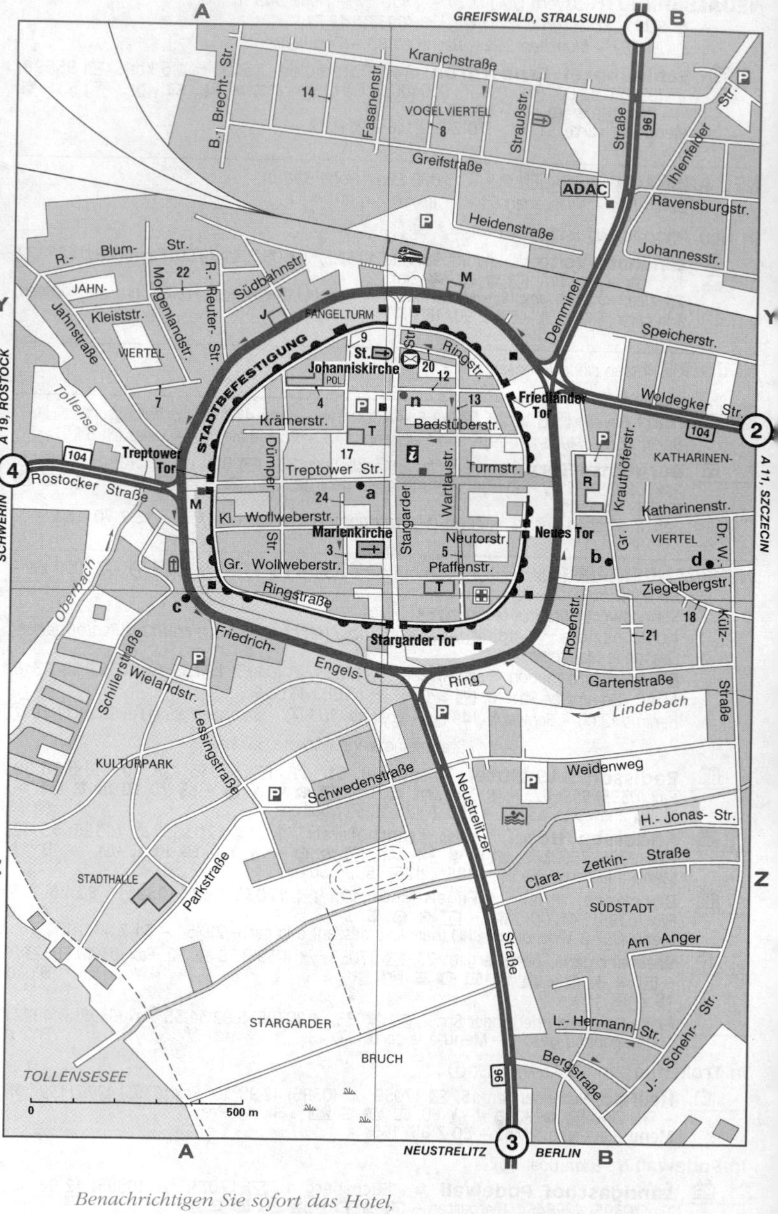

Benachrichtigen Sie sofort das Hotel,
wenn Sie ein bestelltes Zimmer nicht belegen können.

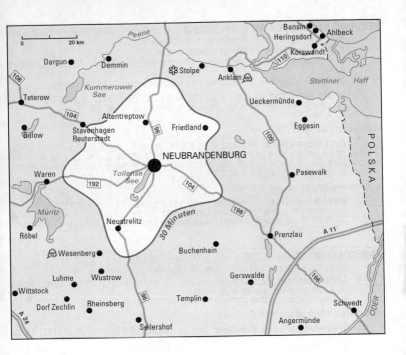

In Burg Stargard *SO : 10 km über* ③ :

🏠 **Marienhof,** Marie-Hager-Str. 1, ✉ 17094, ℰ (039603) 25 50, Fax (039603) 25531, 🏕
– 📺 ❀ 🔥 🅿 🖭 ⑩ ⬛ ⅥⓈA
Menu à la carte 31/41 – **25 Z** 95/140.

In Groß Nemerow *S : 13 km über* ③ :

🏛 **Bornmühle** 🐾, Nahe der B 96, ✉ 17094, ℰ (039605) 6 00, Fax (039605) 60399, 🏕,
« Schöne Lage oberhalb des Tollensesees », ≘s, 🔲, 🐎 – 📶, ✳ Zim, 📺 ☎ ✔ 🔥 🅿
– 🔥 60. 🖭 ⑩ ⬛ ⅥⓈA
Menu à la carte 35/57 – **65 Z** 155/245.

NEUBRUNN *Bayern* 𝟜𝟙𝟟 𝟜𝟙𝟡 *Q 13 – 2 200 Ew – Höhe 290 m.*
Berlin 524 – München 300 – Wertheim 14 – Würzburg 21.

In Neubrunn-Böttigheim *SW : 5 km :*

🏠 **Berghof** 🐾, Neubrunner Weg 15, ✉ 97277, ℰ (09349) 12 48, Fax (09349) 1469, ≤,
🐎 🏕, 🐎 – 📺 ☎ 🅿
Jan. - Feb. 4 Wochen geschl. – **Menu** *(Montag geschl.)* à la carte 23/45 ⅃ – **13 Z** 52/110.

NEUBULACH *Baden-Württemberg* 𝟜𝟙𝟡 *U 10 – 5 000 Ew – Höhe 584 m – Luftkurort.*
🇧 *Kurverwaltung, Rathaus,* ✉ 75387, ℰ (07053) 9 69 50, Fax (07053) 6416.
Berlin 670 – Stuttgart 57 – Karlsruhe 64 – Freudenstadt 41 – Calw 10.

In Neubulach-Martinsmoos *SW : 5 km :*

🏠 **Schwarzwaldhof,** Wildbader Str. 28, ✉ 75387, ℰ (07055) 73 55, Fax (07055) 2233,
🏕, 🐎 – 📺 🅿 ❀ Zim
15. Feb. - 5. März und 5. Nov. - 5. Dez. geschl. – **Menu** *(Dienstag geschl.)* à la carte 29/50
⅃ – **16 Z** 55/100 – ½ P 20.

In Neubulach-Oberhaugstett *SW : 1 km :*

🏠 **Löwen,** Hauptstr. 21, ✉ 75387, ℰ (07053) 9 69 30, Fax (07053) 969349, 🏕, 🐎 – 📺
☎ 🚲 🅿 ⬛ ⅥⓈA
Feb. 3 Wochen geschl. – **Menu** *(Dienstagabend geschl.)* à la carte 26/52 ⅃ – **13 Z** 50/90
– ½ P 15.

NEUBURG AN DER DONAU Bayern 🔢🔢 T 17, 🔢🔢 ㊱ – 28 000 Ew – Höhe 403 m.

Sehenswert : Hofkirche (Stuckdecke★, Barockaltar★).

🔢 Gut Rohrenfeld (O : 7 km), 🔢 (08431) 4 41 18.

🔢 Fremdenverkehrsbüro, Residenzstr. A 65, ✉ 86633, 🔢 (08431) 5 52 40, Fax (08431) 55242.

Berlin 532 – München 95 – Augsburg 53 – Ingolstadt 22 – Ulm (Donau) 124.

🏨 **Hotel am Fluss** 🅼 garni, Ingolstädter Str. 2, ✉ 86633, 🔢 (08431) 6 76 80, Fax (08431) 676830, ⬚ – ⬚ 🆕 ☎ ✆ 🔢 ⬚ – 🔢 30. 🔢 🔢
   22 Z 95/180.

In Neuburg-Bergen NW : 8 km :

🏨 **Zum Klosterbräu**, Kirchplatz 1, ✉ 86633, 🔢 (08431) 6 77 50, Fax (08431) 41120,
🔢, « Altbayerische Gaststuben », ⬚, ⬚, ⬚ – ⬚ 🆕 ☎ ✆ ⬚ 🔢 – 🔢 40. 🔢 🔢
   Ende Aug. 1 Woche und 4. Dez. - Mitte Jan. geschl. – **Menu** (Sonntagabend - Montag geschl.) à la carte 22/60 – **27 Z** 76/152.

In Neuburg-Bittenbrunn NW : 2 km :

🔢 **Kirchbaur Hof**, Monheimer Str. 119, ✉ 86633, 🔢 (08431) 61 99 80,
   Fax (08431) 41122, « Traditioneller Landgasthof ; Gartenterrasse », ⬚ – 🆕 ☎ ⬚ 🔢
   26. Dez. - 6. Jan. geschl. – **Menu** (Sonntagabend und Samstag geschl.) à la carte 31/58
   – **35 Z** 75/150.

NEUDROSSENFELD Bayern 🔢 P 18 – 3 000 Ew – Höhe 340 m.

Berlin 359 – München 241 – Coburg 58 – Bayreuth 10 – Bamberg 55.

🔢 **Schloß-Restaurant**, Schloßplatz 2, ✉ 95512, 🔢 (09203) 6 83 68, Fax (09203) 68367,
   ⬚, « Gartenterrasse » – 🔢 – 🔢 70. 🔢
   Montag - Dienstagmittag geschl. – **Menu** à la carte 45/70.

Im Ortsteil Altdrossenfeld S : 1 km :

🔢 **Brauerei-Gasthof Schnupp** (mit Gästehaus), ✉ 95512, 🔢 (09203) 99 20,
   Fax (09203) 99250, 🔢 – 🆕 🆕 ☎ ⬚ 🔢 – 🔢 50
   Menu (Freitag geschl.) à la carte 25/54 – **27 Z** 115/230.

NEUENAHR-AHRWEILER, BAD Rheinland-Pfalz 🔢 O 5, 🔢 ㉖ – 28 000 Ew – Höhe 92 m
   – Heilbad.

Sehenswert : Ahrweiler : Altstadt★.

🔢 Köhlerhof (über ③), 🔢 (02641) 23 25.

🔢 Kur- und Verkehrsverein Bad Neuenahr, Pavillon am Bahnhof ✉ 53474 und Verkehrsverein Ahrweiler, Marktplatz 21, ✉ 53474, 🔢 (02641) 97 73 50 Fax (02641) 29758.
   Berlin 624 ② – Mainz 147 ③ – Bonn 31 ② – Koblenz 56 ③

Stadtplan siehe gegenüberliegende Seite

Im Stadtteil Bad Neuenahr :

🏨 **Steigenberger Hotel**, Kurgartenstr. 1, ✉ 53474, 🔢 (02641) 94 10,
   Fax (02641) 70 01, 🔢, direkter Zugang zum Bäderhaus, ⬚ – 🆕, ⬚ Zim, 🔢 ⬚ 🔢 –
   🔢 300. 🔢 🔢 🔢 🔢. ⬚ Rest   CZ v
   Menu à la carte 48/62 – **224 Z** 189/420, 13 Suiten – ½ P 50.

🏨 **Dorint-Hotel** 🅼 ⬚, Am Dahliengarten, ✉ 53474, 🔢 (02641) 89 50,
   Fax (02641) 895834, « Terrasse mit ⬚ », Massage, ⬚, ⬚, 🔢 – 🆕, ⬚ Zim, 🔢 ⬚ ⬚
   🔢 – 🔢 500. 🔢 🔢 🔢 🔢 🔢. ⬚ Rest   BY u
   Menu à la carte 64/72 (auch Diät und vegetar. Gerichte) – **250 Z** 208/320, 3 Suiten –
   ½ P 37.

🔢 **Giffels Goldener Anker** ⬚, Mittelstr. 14, ✉ 53474, 🔢 (02641) 80 40,
   Fax (02641) 804400, 🔢, « Garten », Massage, ⬚, ⬚, 🔢, 🔢 – 🆕, ⬚ Zim, ⬚ Rest,
   🔢 ☎ ✆ ⬚ 🔢 – 🔢 200. 🔢 🔢 🔢 🔢. ⬚ Rest   CZ w
   Menu à la carte 48/80 (auch Diät) – **80 Z** 95/385 – ½ P 35.

🔢 **Seta Hotel**, Landgrafenstr. 41, ✉ 53474, 🔢 (02641) 80 30, Fax (02641) 803399, Biergarten, ⬚, ⬚ – 🆕, ⬚ Zim, 🔢 ☎ 🔢 – 🔢 120. 🔢 🔢 🔢 🔢   CZ r
   Menu à la carte 36/62 – **105 Z** 128/265 – ½ P 32.

🔢 **Villa Aurora** ⬚, Georg-Kreuzberg-Str. 8, ✉ 53474, 🔢 (02641) 94 30,
   Fax (02641) 943200, ⬚, ⬚ – 🆕 ☎ 🔢. 🔢 🔢 🔢 🔢. ⬚ Rest
   15. Nov. - 14. Dez. geschl. – (Restaurant nur für Hausgäste) – **54 Z** 110/280 – ½ P 30.

🔢 **Elisabeth** ⬚, Georg-Kreuzberg-Str. 11, ✉ 53474, 🔢 (02641) 9 40 60,
   Fax (02641) 940699, 🔢, ⬚, ⬚ – 🆕 🔢 ☎ 🔢 – 🔢 40. ⬚ Rest   CZ z
   Anfang Dez.- Feb. geschl. – **Menu** à la carte 32/57 – **65 Z** 101/258 – ½ P 28.

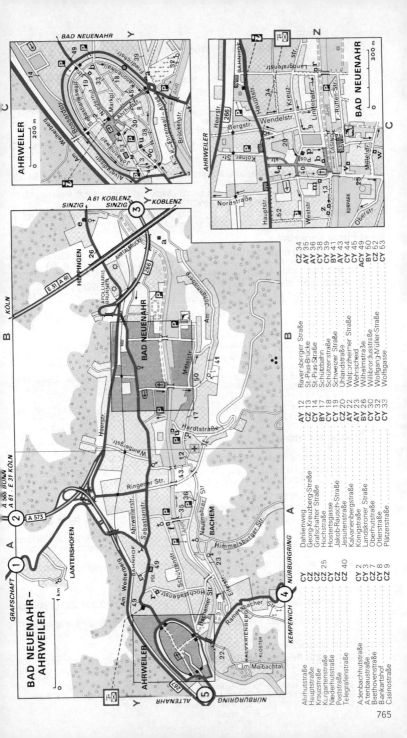

BAD NEUENAHR – AHRWEILER

AHRWEILER

BAD NEUENAHR

GRAFSCHAFT ①
A② ‖ A 565 BONN
A 61 · E 31 KÖLN
KÖLN B
A 61 KOBLENZ ③ SINZIG
KOBLENZ
HEPPINGEN 26
KEMPENICH ④ NÜRBURGRING
NÜRBURGRING ⑤ ALTENAHR
LANTERSHOFEN
BACHEM
Weinbergstr. · Heerstr. · Ringener Str. · Neuenahrer Str. · Himmelsburger Str.
Sebastianstr. · Ahrweilerstr.
Hochstadenstr. · Schützenstr. · Eifelstr. · Bachemer Str. · Ramersbacher Str.
KALVARIENBERG · KLOSTER · Im Maibachtal
APOLLINARIS-BRUNNEN · AHRTALBRÜCKE

Ahrhutstraße	CY	
Hauptstraße	CZ	
Kreuzstraße	CZ	
Kurgartenstraße	CZ 25	
Niederhutstraße	CY	
Poststraße	CZ	
Telegrafenstraße	CZ 40	
A Jenbachstraße	CZ 2	
Atenbaustraße	CZ 3	
Beethovenstraße	CZ 7	
Bankartshof	CZ 8	
Casinostraße	CZ 9	
Dahlienweg	CY	
Georg-Kreuzberg-Straße	CZ	
Grafschafter Straße	CZ	
Hochstraße	BY 14	
Hostertsgasse	CY 18	
Jakob-Rausch-Straße	CY 19	
Jesuitenstraße	CZ 20	
Kalvarienbergstraße	AY 22	
Königstraße	BY 23	
Landskroner Straße	BY 26	
Oberhutstraße	CZ 30	
Otterstraße	CY 32	
Plätzerstraße	CY	
Ravensberger Straße	CZ 34	
St-Pius-Brücke	AY 35	
St-Pius-Straße	AY 36	
Schutzbahn	CY 38	
Schützerstraße	CY 39	
Schweizer Straße	BY 41	
Uhlandstraße	AY 43	
Walporzheimer Straße	CY 44	
Wehrscheid	CY 45	
Wilhelmstraße	ACY 49	
Willibrordusstraße	BY 50	
Wolfgang-Müller-Straße	CZ 52	
Wolfsgasse	CY 53	

765

🏠 **Krupp,** Poststr. 4, ✉ 53474, ℰ (02641) 94 40, Fax (02641) 79316, 🏝 – 📶 📺 ☎ 🄿
– 🍴 80. 🅴   CZ t
Menu à la carte 32/57 – **46 Z** 96/220 – ½ P 25.

🏠 **Central** 🍲 garni, Lindenstr. 2, ✉ 53474, ℰ (02641) 9 48 90, Fax (02641) 948917 –
📶 ☎ 🄿. 🍴   CZ b
22 Z 85/175.

🏠 **Kurpension Haus Ernsing,** Telegrafenstr. 30 (1. Etage), ✉ 53474, ℰ (02641)
🍲 9 48 70, Fax (02641) 948721 – 📶 ☎. 🍴 Rest   CZ m
Anfang Nov. - 19. Dez. geschl. – **Menu** à la carte 22/45 – **24 Z** 68/130 – ½ P 15.

🏠 **Ahrbella** garni, Hauptstr. 45, ✉ 53474, ℰ (02641) 7 50 30, Fax (02641) 750350 – 📺
☎ 🚗 🄿. 🅴   CZ n
13 Z 85/140.

🍴🍴 **Restauration Idille,** Am Johannisberg 101, ✉ 53474, ℰ (02641) 2 84 29,
Fax (02641) 25009, ≼, 🏝 – 🄿   BY a
Montag - Dienstag und Jan. 2 Wochen geschl. – **Menu** (wochentags nur Abendessen) 49/75
und à la carte (auch vegetarische Gerichte).

🍴 **Milano da Gianni,** Kreuzstr. 8c, ✉ 53474, ℰ (02641) 2 43 75 – 🄰🄴 🄾 🅴 VISA   CZ p
Juli - Aug. 4 Wochen geschl. – **Menu** (italienische Küche) à la carte 40/70.

Im Stadtteil Ahrweiler :

🏰 **Hohenzollern an der Ahr** 🍲, Silberbergstr. 50, ✉ 53474, ℰ (02641) 97 30,
Fax (02641) 5997, ≼ Ahrtal, Biergarten – 📶 📺 ☎ 🄿 – 🍴 25. 🄰🄴 🄾 🅴 VISA
Menu (Jan. - Mitte Feb. geschl.) à la carte 46/87 – **25 Z** 100/230 – ½ P 43. über ⑤

🏰 **Rodderhof,** Oberhutstr. 48, ✉ 53474, ℰ (02641) 39 90, Fax (02641) 399333, ⌛s –
📶 📺 ☎ 🚗 – 🍴 20. 🄾. 🍴 Rest   CY c
(Restaurant nur für Hausgäste) – **50 Z** 125/208 – ½ P 35.

🏠 **Avenida** garni, Schützenstr. 136, ✉ 53474, ℰ (02641) 33 66, Fax (02641) 36068, 🌾
– 📺 ☎ 🄿. 🄰🄴 VISA. 🍴   AY f
Weihnachten - Neujahr geschl. – **27 Z** 90/180.

🏠 **Zum Ännchen** garni, Niederhutstr. 11, ✉ 53474, ℰ (02641) 9 77 70,
Fax (02641) 977799 – 📶 ☎ 🄿. 🄾 🅴 VISA   CY b
23 Z 80/125.

🏠 **Schützenhof** garni, Schützenstr. 1, ✉ 53474, ℰ (02641) 3 43 77, Fax (02641) 3370
– ☎ 🄿. 🅴. 🍴   CY a
11 Z 75/125.

🏠 **Zum Römer** 🍲 garni, Schülzchenstr. 11, ✉ 53474, ℰ (02641) 3 61 01,
Fax (02641) 36101 – 🄿. 🍴   AY r
10 Z 70/130.

🍴 **Altes Zunfthaus,** Oberhutstr. 34, ✉ 53474, ℰ (02641) 47 51, Fax (02641) 37642 –
🄰🄴 🄾 🅴 VISA   CY u
Montag und Juli - Aug. 2 Wochen geschl. – **Menu** à la carte 34/60.

🍴 **Eifelstube,** Ahrhutstr. 26, ✉ 53474, ℰ (02641) 3 48 50, Fax (02641) 36022 – 🅴
Dienstag - Mittwoch und Juli - Aug. 3 Wochen geschl. – **Menu** à la carte 32/64.

Im Stadtteil Heppingen :

🍴🍴🍴 **Steinheuers Restaurant Zur Alten Post** mit Zim, Landskroner Str. 110 (Eingang
🌸 Konsumgasse), ✉ 53474, ℰ (02641) 70 11, Fax (02641) 7013, 🏝 – 📺 ☎ 🄿. 🄰🄴 🄾
🐾 🅴 VISA 🍲 Zim   BY e
Menu (Dienstag - Mittwochmittag und Juli - Aug. 3 Wochen geschl.) 115/165 und à la carte
89/122 – **Landgasthof Poststuben** (Dienstag - Mittwochmittag geschl.) **Menu** à la carte
44/70 – **6 Z** 160/250
Spez. Gänsestopfleberterrine in Tokayer-Feigengelee. Tauben-Gänseleberbörtchen im Kar-
toffel-Linsensud. Eifeler Reh.

Im Stadtteil Lohrsdorf über Landskroner Straße BY :

🍴 **Köhlerhof,** Remagener Weg, ✉ 53474, ℰ (02641) 66 93, Fax (02641) 29750, 🏝 – 🄿
🍴
Montag und Ende Dez. - Mitte Feb. geschl. – **Menu** (Tischbestellung ratsam) à la carte
44/70.

Im Stadtteil Walporzheim ⑤ : 1 km ab Ahrweiler :

🍴🍴🍴 **Romantik Restaurant Brogsitter's Sanct Peter,** Walporzheimer Str. 134
🌸 (B 267), ✉ 53474, ℰ (02641) 9 77 50, Fax (02641) 977525, « Gasthaus seit 1246,
Innenhofterrasse » – 🄿 – 🍴 35. 🄰🄴 🄾 🅴 VISA
Menu 85/169 und à la carte 70/97
Spez. Überbackener Zander mit Rahmsauerkraut. Ganze Dorade Royal auf Kräutern
(2 Pers.). Rehrücken mit Wacholderrahmsauce.

NEUENBURG Baden-Württemberg 四19 W 6 – 8 200 Ew – Höhe 231 m.
Berlin 831 – Stuttgart 232 – Freiburg im Breisgau 39 – Basel 35 – Mulhouse 20.

🏨 Am Stadthaus garni, Marktplatz 1, ⊠ 79395, ℘ (07631) 7 90 00, Fax (07631) 7837 –
📶 📺 ☎ ♿ 🅿. ⁂
24 Z.

🏨 **Zur Krone**, Breisacher Str. 1, ⊠ 79395, ℘ (07631) 78 04, Fax (07631) 7803, 🌳 – 📶
📺 ☎ ⇐ 🅿. ① ⋲ 𝓥𝓘𝓢𝓐
Menu (Mittwoch und Mitte Okt. - Anfang Nov. geschl.) à la carte 29/57 ⅄ – **26 Z** 85/160
– ½ P 29.

🍽️ **Blauel's Restaurant** mit Zim, Zähringer Str. 13, ⊠ 79395, ℘ (07631) 7 96 66,
❀ Fax (07631) 79667, 🌳 – ⇝ Zim, 📺 ☎ 🅿
Jan. 2 Wochen und Aug. 1 Woche geschl. – **Menu** (Samstagmittag und Sonntag geschl.)
(Tischbestellung ratsam) à la carte 65/77 – **4 Z** 90/144
Spez. Gebratene Rotbarbe mit Katoffel-Fenchelgemüse und Olivenvinaigrette Crépinette
von der Taube mit Steinpilzrisotto. Limonenparfait mit Zitrusfrüchten.

NEUENDETTELSAU Bayern 四19 四20 S 16 – 7 000 Ew – Höhe 440 m.
Berlin 467 – München 187 – Nürnberg 44 – Ansbach 19.

🏨 **Sonne,** Hauptstr. 43, ⊠ 91564, ℘ (09874) 50 80, Fax (09874) 50818 – 📶 📺 ☎ 🅿 –
🔬 30. ⋲ 𝓥𝓘𝓢𝓐
Jan. 2 Wochen und Juli - Aug. 3 Wochen geschl. – **Menu** (Montagmittag geschl.) à la carte
25/52 ⅄ – **37 Z** 55/160.

In Petersaurach-Gleizendorf NW : 7 km :

🏨 **Scherzer** ⤳, Am Anger 2, ⊠ 91580, ℘ (09872) 9 71 30, Fax (09872) 971318, 🌳,
⇐ ⇝ – 📺 ☎ ⇐ 🅿 – 🔬 20. ⅏ ① ⋲ 𝓥𝓘𝓢𝓐 ⁂
Menu (Montagmittag und Dienstag geschl.) à la carte 23/38 – **20 Z** 60/150.

NEUENKIRCHEN Mecklenburg-Vorpommern siehe Greifswald.

NEUENKIRCHEN KREIS SOLTAU-FALLINGBOSTEL Niedersachsen 四15 四10 G 13,
987 ⑯ – 5 200 Ew – Höhe 68 m – Luftkurort.
🛈 Verkehrsverein, Kirchstr. 9, ⊠ 29643, ℘ (05195) 17 18, Fax (05195) 2841.
Berlin 331 – Hannover 90 – Hamburg 77 – Bremen 71 – Lüneburg 62.

In Neuenkirchen-Tewel NW : 6 km :

🍽️ **Landhaus Tewel** mit Zim, Dorfstr. 17 (B 71), ⊠ 29643, ℘ (05195) 18 57,
Fax (05195) 2746 – 📺 ☎ 🅿. ⅏ ① ⋲ 𝓥𝓘𝓢𝓐 ⁂
Feb. geschl. – **Menu** (Nov.- Juni Montag, Jan.- April auch Dienstag geschl.) à la carte 35/57
– **7 Z** 75/120.

NEUENKIRCHEN KREIS STEINFURT Nordrhein-Westfalen 四17 J 6 – 12 000 Ew – Höhe 64 m.
Berlin 482 – Düsseldorf 180 – Enschede 37 – Münster (Westfalen) 43 – Osnabrück 54.

🏨 **Wilminks Parkhotel,** Wettringer Str. 46 (B 70), ⊠ 48485, ℘ (05973) 9 49 60,
Fax (05973) 1817, 🌳, ⇐, ⁂ – ⇝ Zim, 📺 ☎ ⇐ 🅿 – 🔬 70. ⅏ ① ⋲ 𝓥𝓘𝓢𝓐
Menu (Sonntagabend - Montagmittag geschl.) à la carte 39/64 (auch Diät und vegetar.
Gerichte) – **30 Z** 110/170.

🍽️ **Kleines Restaurant Thies,** Sutrum-Harum 9, ⊠ 48485, ℘ (05973) 27 09,
Fax (05973) 780, 🌳 – 🅿
Montag - Dienstag und April 2 Wochen geschl. – **Menu** (nur Abendessen, Tischbestellung
ratsam) à la carte 42/79.

NEUENRADE Nordrhein-Westfalen 四17 M 7 – 11 200 Ew – Höhe 324 m.
Berlin 521 – Düsseldorf 103 – Iserlohn 22 – Werdohl 6.

🏨 **Kaisergarten** ⤳, Hinterm Wall 15, ⊠ 58809, ℘ (02392) 6 10 15, Fax (02392) 61052,
🌳 – 📺 ☎ ⇐ 🅿 – 🔬 300. ⅏ ① ⋲ 𝓥𝓘𝓢𝓐
Menu (Dienstagmittag geschl.) à la carte 37/77 – **10 Z** 85/138.

NEUENSTEIN Baden-Württemberg 四19 S 12 – 5 100 Ew – Höhe 284 m.
Berlin 563 – Stuttgart 72 – Heilbronn 34 – Nürnberg 132 – Würzburg 93.

🏨 **Am Schloß,** Hintere Str. 18, ⊠ 74632, ℘ (07942) 20 95, Fax (07942) 4084 – 📺 ☎
🅿. ⅏ ① ⋲ 𝓥𝓘𝓢𝓐
Menu (Sonntagabend und Samstag geschl.) à la carte 35/58 – **11 Z** 85/150.

NEUENSTEIN Hessen 🔲🔲 N 12 – 3 200 Ew – Höhe 400 m.
Berlin 418 – Wiesbaden 166 – Kassel 57 – Bad Hersfeld 11 – Fulda 53.

In Neuenstein-Aua :

🏠 **Landgasthof Hess,** Geistalstr. 8, ⊠ 36286, 𝒫 (06677) 4 43, Fax (06677) 1322, 🌧,
⇔s, 🐎 – |🛏|, ↳ Zim, 🔟 ☎ & 🍴 🅿 – 🛆 50. 🆎 ① 🔁 💳
Menu à la carte 31/61 – **47 Z** 85/200.

NEUENWEG Baden-Württemberg 🔲🔲 W 7 – 380 Ew – Höhe 750 m – Erholungsort – Wintersport :
800/1 414 m ⟋2 ⟋1.
Berlin 818 – Stuttgart 259 – Freiburg im Breisgau 49 – Basel 49 – Müllheim 21.

In Bürchau S : 3 km – Wintersport : ⟋1 – Erholungsort :

🏠 **Berggasthof Sonnhalde** 📡 (mit Gästehaus), Untere Sonnhalde 37, ⊠ 79683,
𝒫 (07629) 2 60, Fax (07629) 1737, ⩽, 🌧, 🖳, 🐎 ⟋ – 🍴 🅿
22. Nov. - 20. Dez. geschl. – **Menu** (Montag - Dienstag geschl.) à la carte 28/67 ⅄ – **20 Z**
55/120 – ½ P 15.

NEUFAHRN BEI FREISING Bayern 🔲🔲 V 18 – 14 500 Ew – Höhe 463 m.
Berlin 569 – München 23 – Landshut 55 – Regensburg 109.

🏠 **Gumberger,** Echinger Str. 1, ⊠ 85375, 𝒫 (08165) 94 80, Fax (08165) 948499 – |🛗| 🔟
☎ 🍴 🅿 – 🛆 90. 🆎 ① 🔁 💳. ✀ Rest
Aug. 1 Woche und Weihnachten - 1. Jan. geschl. – **Menu** (Aug. 2 Wochen geschl.) à la carte
25/53 – **55 Z** 125/170.

🏠 **Maisberger,** Bahnhofstr. 54 (am S-Bahnhof), ⊠ 85375, 𝒫 (08165) 6 20 03,
Fax (08165) 61190, Biergarten, ⇔s – |🛏| 🔟 ☎ 🅿 – 🛆 20. 🆎 ① 🔁 💳
Menu (Montag geschl.) à la carte 24/45 – **39 Z** 100/200.

🏠 **Amadeus,** Dietersheimer Str. 58, ⊠ 85375, 𝒫 (08165) 63 00, Fax (08165) 630100, 🌧,
⇔s – |🛏|, ↳ Zim, 🔟 ☎ & 🍴 🅿 – 🛆 30. 🆎 ① 🔁 💳 🍱
Menu à la carte 32/50 – **116 Z** 148/218.

NEUFAHRN IN NIEDERBAYERN Bayern 🔲🔲 T 20, 🔲🔲 ㉙ – 3 300 Ew – Höhe 404 m.
Berlin 526 – München 94 – Ingolstadt 74 – Landshut 22 – Regensburg 38.

🏠 **Schloßhotel Neufahrn** (mit Gästehaus), Schloßweg 2, ⊠ 84088, 𝒫 (08773) 70 90,
Fax (08773) 1559, « Innenhofterrasse », ⇔s, 🐎 – 🔟 ☎ 🅿 – 🛆 90. 🆎 ① 🔁 💳 🍱
✀
Menu (Sonntagabend geschl.) à la carte 47/69 – **60 Z** 110/220.

NEUFELD Schleswig-Holstein siehe Brunsbüttel.

NEUFFEN Baden-Württemberg 🔲🔲 U 12, 🔲🔲 ㊳ – 5 000 Ew – Höhe 405 m.
Ausflugsziel : Hohenneuffen : Burgruine★ (⁕★), O : 12 km.
Berlin 636 – Stuttgart 42 – Reutlingen 17 – Ulm (Donau) 70.

XX **Traube** mit Zim, Hauptstr. 24, ⊠ 72639, 𝒫 (07025) 9 20 90, Fax (07025) 920929, 🌧,
⇔s – 🔟 ☎ 🍴 🅿. 🆎 🔁 💳
Menu (Freitagabend - Samstag und Sonntagabend geschl.) à la carte 36/73 – **11 Z** 90/160.

NEUHARLINGERSIEL Niedersachsen 🔲🔲 E 7, 🔲🔲 ④ – 1 500 Ew – Höhe 2 m – Seebad.
🎗 Kurverwaltung, Hafenzufahrt-West 1, ⊠ 26427, 𝒫 (04974) 18 80, Fax (04974) 788.
Berlin 517 – Hannover 257 – Emden 59 – Oldenburg 87 – Wilhelmshaven 46.

🏠 **Mingers,** Am Hafen - Westseite 1, ⊠ 26427, 𝒫 (04974) 91 30, Fax (04974) 1480, ⩽ –
🔟 ☎ 🍴 🅿. ✀
Mitte März - Mitte Nov. – **Menu** (Mittwoch geschl.) à la carte 34/68 – **28 Z** 98/205.

🏠 **Janssen's Hotel,** Am Hafen - Westseite 7, ⊠ 26427, 𝒫 (04974) 9 19 50,
Fax (04974) 702, ⩽ – 🔟 ☎ 🅿. 🆎 ① 🔁. ✀ Zim
15. Nov. - 25. Dez. und 15. Jan. - 10. Feb. geschl. – (nur Abendessen für Hausgäste) – **21 Z**
105/156 – ½ P 27.

🏠 **Rodenbäck,** Am Hafen - Ostseite 2, ⊠ 26427, 𝒫 (04974) 2 25, Fax (04974) 833, ⩽ –
🔟 ☎ 🅿. ✀ Zim
5. Nov. - 26. Dez. geschl. – **Menu** (Montag geschl.) à la carte 26/55 – **13 Z** 65/155.

XX **Poggenstool** mit Zim, Alt Addenhausen 1, ⊠ 26427, 𝒫 (04974) 9 19 10,
Fax (04974) 919120, 🌧 – 🔟 ☎ 🅿. ✀ Zim
Menu (Montagabend - Dienstag geschl.) à la carte 44/71 – **5 Z** 90/206 – ½ P 25.

NEUHAUS AM RENNWEG Thüringen 418 420 O 17, 984 ㉗, 987 ㉘ – 7 300 Ew – Höhe 835 m
– Erholungsort – Wintersport : ⛷2 ⛷.
🏛 Städt. Fremdenverkehrsamt, Passage am Markt, ✉ 98724, ✆ (03679) 72 20 61,
Fax (03679) 700228.
Berlin 321 – Erfurt 109 – Coburg 44 – Fulda 168.

🏨 **Schieferhof,** Eisfelder Str. 26, ✉ 98724, ✆ (03679) 77 40, Fax (03679) 774100, 🍽,
🚿 – |🛗|, ✲ Zim, 📺 ☎ 🅿 – 🔬 80. 🆎 🇪 *VISA*
Menu à la carte 37/60 – **39 Z** 105/180 – ½ P 25.

🏨 **An der alten Porzelline** garni, Eisfelder Str. 16, ✉ 98724, ✆ (03679) 72 40 41,
Fax (03679) 724044, 🚿, ▦ – ✲ Zim, 📺 ☎ 🅿. 🆎 ⓞ 🇪 *VISA*
23 Z 85/135.

🏛 **Rennsteighotel Herrnberger Hof,** Eisfelder Str. 44, ✉ 98724, ✆ (03679) 7 92 00,
☜ Fax (03679) 792099, 🚿 – |🛗|, ✲ Zim, 📺 ☎ 🅿 – 🔬 30. 🆎 🇪 *VISA*
Menu à la carte 20/50 – **23 Z** 65/180 – ½ P 20.

NEUHAUS AN DER PEGNITZ Bayern 419 420 R 18 – 3 300 Ew – Höhe 400 m.
Sehenswert : Lage★.
Berlin 404 – München 199 – Nürnberg 60 – Bayreuth 47 – Amberg 38.

⚓ **Bayerischer Hof,** Unterer Markt 9, ✉ 91284, ✆ (09156) 6 71, Fax (09156) 8614, 🍽,
☜ 🍴 – 🅿. 🇪. ✲ Zim
23. Okt. - 14. Nov. geschl. – **Menu** (Montag geschl.) à la carte 19/45 🍷 – **13 Z** 48/110
– ½ P 15.

NEUHAUS (ELBE) Niedersachsen 416 416 G 16, 987 ⑰ – 2 000 Ew – Höhe 10 m.
🏛 Fremdenverkehrsbüro, Am Markt 4, ✉ 19273, ✆ (038841) 2 07 47, Fax (038841)
20320.
Berlin 231 – Schwerin 64 – Hamburg 73.

🏛 **Hannover,** Parkstr. 1, ✉ 19273, ✆ (038841) 2 07 78, Fax (038841) 20778, 🍽 – 📺
☜ ☎ 🅿. 🆎 🇪. ✲
Menu à la carte 23/46 – **14 Z** 50/140.

NEUHAUSEN AUF DEN FILDERN Baden-Württemberg 419 T 11 – 10 300 Ew – Höhe 280 m.
Berlin 648 – Stuttgart 21 – Esslingen 10 – Göppingen 36 – Reutlingen 27 – Tübingen 30.

✗ **Ochsen,** Kirchstr. 12, ✉ 73765, ✆ (07158) 6 70 16, 🍽, « Restauriertes Fachwerkhaus
a.d. 17. Jh. » –
Montag - Dienstag und 17. Dez. - 11. Jan. geschl. – **Menu** à la carte 48/74 – **Ochsenstube :**
Menu à la carte 30/55.

NEUHOF Hessen 417 418 O 12 – 10 500 Ew – Höhe 275 m.
Berlin 464 – Wiesbaden 133 – Frankfurt am Main 89 – Fulda 15.

In Kalbach-Grashof S : 8 km über Kalbach - Mittelkalbach :

🏛 **Landhotel Grashof** 🐾, ✉ 36148, ✆ (06655) 97 70, Fax (06655) 97755, ≤, 🍽, Biergarten, 🍴 – 📺 ☎ 🅿 – 🔬 80. 🆎 🇪 *VISA*
Menu (Montag geschl.) à la carte 28/56 – **21 Z** 74/125 – ½ P 15.

NEUHOF AN DER ZENN Bayern 419 420 R 15 – 2 000 Ew – Höhe 335 m.
Berlin 480 – München 198 – Nürnberg 44 – Würzburg 81.

🏨 **Riesengebirge,** Marktplatz 14, ✉ 90616, ✆ (09107) 92 00, Fax (09107) 920300,
« Innenhofterrasse », 🚿 – |🛗|, ✲ Zim, 📺 ☎ 🅿 – 🔬 70. 🆎 ⓞ 🇪 *VISA*
Ende. Dez. - Anfang Jan. und Aug. 3 Wochen geschl. – **Menu** (Sonntag geschl.) à la carte
47/76 – **56 Z** 120/180 – ½ P 25.

NEUHUETTEN Rheinland-Pfalz siehe Hermeskeil.

NEU-ISENBURG Hessen siehe Frankfurt am Main.

NEU KALISS Mecklenburg-Vorpommern 416 G 17 – 2 000 Ew – Höhe 10 m.
Berlin 216 – Schwerin 63 – Dannenberg 18 – Stendal 82.

In Neu Kaliß-Heiddorf :

🏨 **Eichenhof,** Wilhelm-Pieck-Str. 14, ✉ 19294, ✆ (038758) 31 50, Fax (038758) 31592,
🍽 – ✲ Zim, 📺 ☎ 🆒 🅿 – 🔬 300. 🆎 ⓞ 🇪 *VISA*
Menu à la carte 29/68 – **40 Z** 75/150.

NEUKIRCH (LAUSITZ) Sachsen 418 M 26, 984 ⑳ ㉔, 987 ⑲ – 6 250 Ew – Höhe 350 m.
Berlin 224 – Dresden 62 – Chemnitz 123 – Görlitz 53 – Leipzig 159.

🏠 **Hofgericht** garni, Hauptstr. 64 (B 98), ✉ 01904, ℰ (035951) 38 80,
Fax (035951) 38888 – ❘❙| 📺 ☎ 🅿 🆎 ⓞ 📧 𝚅𝙸𝚂𝙰
33 Z 90/140.

NEUKIRCHEN (ERZGEBIRGE) Sachsen siehe Chemnitz.

NEUKIRCHEN BEIM HL. BLUT Bayern 420 S 22 – 4 200 Ew – Höhe 490 m – Wintersport :
670/1 050 m ⟡3 ⟡4.
🚩 Verkehrsamt, Marktplatz 2, ✉ 93453, ℰ (09947) 9 40 21, Fax (09947) 940844.
Berlin 505 – München 208 – Cham 30 – Zwiesel 46.

🏠 **Klosterhof** M, Marktstraße 49, ✉ 93453, ℰ (09947) 95 10, Fax (09947) 951100,
🍺 Biergarten, ⇌, ◻, – ❘❙|, ⇌ Zim, 📺 ☎ 📞 ⇐ 🅿 – 🔺 100. 🆎 ⓞ 📧 𝚅𝙸𝚂𝙰 ✼ Rest
Menu à la carte 24/53 – **213 Z** 90/165 – ½ P 24.

In Neukirchen b.Hl.Blut-Mais S : 3 km :

🏰 **Burghotel Am Hohen Bogen** ⬎, Mais 20, ✉ 93453, ℰ (09947) 20 10,
Fax (09947) 201293, ≤, « Dachterrasse », Massage, ♨, 🔥, ⇌, ◻, ◻, ☞, ✗ – ❘❙|,
⇌ Zim, 📺 ⇐ 🅿 – 🔺 65. 🆎 ⓞ 📧 𝚅𝙸𝚂𝙰
Menu à la carte 29/65 – **125 Z** 109/178 – ½ P 22.

NEUKIRCHEN (KNÜLLGEBIRGE) Hessen 417 N 12 – 8 000 Ew – Höhe 260 m – Kneipp- und
Luftkurort.
🚩 Kurverwaltung, im Rathaus, Kurhessenstraße, ✉ 34626, ℰ (06694) 8 08 12, Fax
(06694) 80840.
Berlin 436 – Wiesbaden 148 – Kassel 74 – Bad Hersfeld 33 – Marburg 52.

🏠 **Landgasthof Combecher,** Kurhessenstr. 32 (B 454), ✉ 34626, ℰ (06694) 97 80,
Fax (06694) 978200, �, ⇌, ☞ – 📺 ☎ ⇐ 🅿 – 🔺 50. 🆎 ⓞ 📧 𝚅𝙸𝚂𝙰
5. - 19. Jan. geschl. – **Menu** (Sonntagabend geschl.) à la carte 30/57 – **38 Z** 75/160 – ½ P 22.

🏠 **Stadt Cassel,** Kurhessenstr. 56 (B 454), ✉ 34626, ℰ (06694) 2 16, Fax (06694) 6043,
�, ☞ – 📺 ☎ 🅿 📧 𝚅𝙸𝚂𝙰
Menu à la carte 36/55 – **13 Z** 55/135.

NEUKIRCHEN KREIS NORDFRIESLAND Schleswig-Holstein 415 B 10, 987 ④ – 1 300 Ew
– Höhe 2 m.
Ausflugsziel : Hof Seebüll : Nolde-Museum⋆ N : 5 km.
Berlin 477 – Kiel 133 – Flensburg 56 – Niebüll 14.

⚓ **Fegetasch** (mit Gästehaus), Osterdeich 65, ✉ 25927, ℰ (04664) 2 02,
Fax (04664) 95599, ☞ – 📺 🅿 ✼ Rest
20. Dez. - 6. Jan. geschl. – **Menu** (Okt. - Ostern Sonntag geschl.) à la carte 29/49 –
21 Z 38/95 – ½ P 15.

NEUKLOSTER Mecklenburg-Vorpommern 415 416 E 19, 987 ⑥ – 5 000 Ew – Höhe 30 m.
Berlin 223 – Schwerin 46 – Rostock 44 – Lübeck 77 – Sternberg 27 – Hamburg 148.

In Nakenstorf S : 2,5 km :

🏠 **Seehotel** ⬎, Seestr. 1, ✉ 23992, ℰ (038422) 2 54 45, Fax (038422) 25603, �,
« Lage am See », ⇌, 🚣, ☞ Bootssteg – 📺 ☎ 🅿 – 🔺 30. 📧
Jan. - Feb. geschl. – **Menu** à la carte 27/45 – **15 Z** 95/150 – ½ P 25.

NEULEININGEN Rheinland-Pfalz siehe Grünstadt.

NEULINGEN Baden-Württemberg siehe Pforzheim.

NEUMAGEN-DHRON Rheinland-Pfalz 417 Q 4 – 2 700 Ew – Höhe 120 m.
🚩 Tourist-Information, Hinterburg 8, ✉54347, ℰ (06507) 65 55, Fax (06507) 5636.
Berlin 695 – Mainz 133 – Bernkastel-Kues 20 – Trier 39.

🏠 **Gutshotel Reichsgraf von Kesselstatt** ⬎, Balduinstr. 1, ✉ 54347,
ℰ (06507) 20 35, Fax (06507) 5644, ≤, �, « Ehemaliges Weingut », ⇌, ◻, ☞, ✗
– 📺 ☎ 🅿 🆎 📧 𝚅𝙸𝚂𝙰 𝙹𝙲𝙱
Mitte Jan. - Mitte Feb. geschl. – **Menu** (Montag - Dienstagmittag geschl., im Winter Dienstag
- Freitag nur Abendessen) à la carte 45/82 – **18 Z** 120/240 – ½ P 48.

🏠 **Zum Anker,** Moselstr. 14, ✉ 54347, 📞 (06507) 63 97, Fax (06507) 6399, 🍴, 🚗 –
📺 ☎ 🅿 AE ⓪ E VISA
Anfang Jan. - Mitte Feb. geschl. – **Menu** (Nov. - April Mittwoch geschl.) à la carte 28/63 🍷
– **15 Z** 51/100 – ½ P 26.

🏠 **Zur Post** (mit Gästehaus), Römerstr. 79, ✉ 54347, 📞 (06507) 21 14, Fax (06507) 6535,
🍴 – 🚗 🅿. 🎇 Rest
Feb. geschl. – **Menu** (Montag geschl.) à la carte 32/55 🍷 – **16 Z** 50/110 – ½ P 19.

NEUMARKT IN DER OBERPFALZ Bayern 419 420 S 18, 987 ㉘ ㉙ – 38 000 Ew – Höhe
429 m.

🏌 Pölling (NW 3 km), 📞 (09188) 39 79 ; 🏌 Lauterhofen (NO : 17 km), 📞 (09186) 15 74.
🛈 Verkehrsamt, Rathauspassage, ✉ 92318, 📞 (09181) 25 51 16, Fax (09181) 255198.
Berlin 454 – München 138 – Nürnberg 47 – Amberg 40 – Regensburg 72.

🏨 **Lehmeier,** Obere Marktstr. 12, ✉ 92318, 📞 (09181) 2 57 30, Fax (09181) 257337, 🍴
– 📺 ☎ 📞 🚗. AE ⓪ E VISA
Anfang - Mitte März geschl. – **Menu** (Dienstagmittag geschl.) à la carte 26/54 –
15 Z 98/140.

🏠 **Gasthof Ostbahn,** Bahnhofstr. 4, ✉ 92318, 📞 (09181) 2 58 70, Fax (09181) 258749
– 🛗 📺 ☎ 🚗 🅿. AE ⓪ E VISA. 🎇
1. - 14. Jan. geschl. – **Menu** (Dienstag geschl.) à la carte 27/52 – **20 Z** 90/165.

🏠 **Mehl** 🦶, Kirchengasse 3, ✉ 92318, 📞 (09181) 29 20, Fax (09181) 292110 – 🔑 Zim,
🕿 📺 ☎ 🚗. AE ⓪ E VISA. 🎇 Rest
Weihnachten - Mitte Jan. geschl. – **Menu** (Sonntag geschl.) (nur Abendessen) à la carte
23/42 – **23 Z** 90/140.

🏠 **Nürnberger Hof,** Nürnberger Str. 28a, ✉ 92318, 📞 (09181) 4 84 00,
Fax (09181) 44467 – 📺 🚗 🅿
24. Dez. - 10. Jan. geschl. – **Menu** (Sonntag geschl.) (nur Abendessen) à la carte 29/46 –
59 Z 90/150.

NEUMARKT-ST. VEIT Bayern 420 U 21, 987 ㊵ – 5 000 Ew – Höhe 448 m.
Berlin 594 – München 98 – Landshut 39 – Passau 93 – Salzburg 89

🏠 **Peterhof,** Bahnhofstr. 31, ✉ 84494, 📞 (08639) 9 87 60, Fax (08639) 987625, 🍴 –
🕿 📺 ☎ 🚗 🅿. E VISA
Menu (Samstag geschl.) à la carte 21/36 – **19 Z** 65/90.

NEUMÜNSTER Schleswig-Holstein 415 416 D 13, 987 ⑤ – 80 000 Ew – Höhe 22 m.
🏌 Aukrug-Bargfeld (W : 15 km), 📞 (04873) 5 95.
🛈 Tourist-Information, Großflecken (Verkehrspavillon), ✉ 24534, 📞 (04321) 4 32 80
Fax (04321) 202399.
ADAC, Großflecken 71, ✉ 24534, 📞 (04321) 9 27 00, Fax (04321) 927015.
Berlin 330 ③ – Kiel 34 ⑥ – Flensburg 100 ⑥ – Hamburg 66 ⑤ – Lübeck 58 ③

Stadtplan siehe nächste Seite

🏨 **Prisma** Ⓜ, Max-Johannsen-Brücke 1, ✉ 24537, 📞 (04321) 90 40, Fax (04321) 904444,
🍴, 🍽, 🔑 Zim, – 🛗 📺 ☎ 📞 & 🚗 – 🔏 140. AE ⓪ E VISA. 🎇 Rest   Y b
Menu à la carte 34/57 – **93 Z** 135/260.

🏨 **Hotelchen am Teich** garni, Am Teich 5, ✉ 24534, 📞 (04321) 4 90 40,
Fax (04321) 490444 – 🛗 🔑 📺 ☎ 📞 & 🅿. AE ⓪ E VISA   Z a
16 Z 135/180.

🏨 **Parkhotel** garni, Parkstr. 29, ✉ 24534, 📞 (04321) 94 06, Fax (04321) 43020 – 🛗 📺
☎ 🚗 🅿. AE ⓪ E VISA JCB   Y r
53 Z 149/189.

🏠 **Firzlaff's Hotel** garni, Rendsburger Str. 183 (B 205), ✉ 24537, 📞 (04321) 9 07 80,
Fax (04321) 54248 – 📺 ☎ 🅿. E VISA   Y x
18 Z 75/135.

✗✗ **Am Kamin,** Probstenstr. 13, ✉ 24534, 📞 (04321) 4 28 53, Fax (04321) 42919 – AE
E   Z d
Samstagmittag, Sonn- und Feiertage geschl. – **Menu** 55/98 und à la carte.

✗✗ **Pressekeller,** Gänsemarkt 1, ✉ 24534, 📞 (04321) 4 23 93, Fax (04321) 48141, 🍴
– 🔏 100. AE ⓪ E VISA   YZ c
Sonntagabend geschl. – **Menu** à la carte 35/81.

NEUMÜNSTER

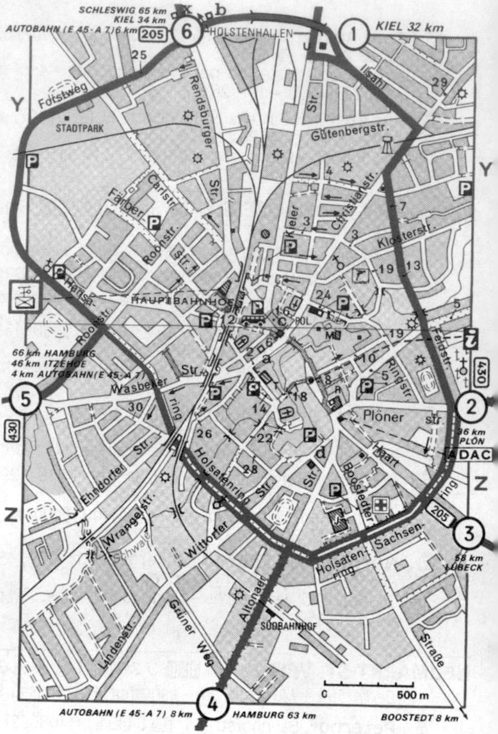

Benutzen Sie
auf Ihren Reisen in Europa
die Michelin-Länderkarten
1:400 000 bis 1:1 000 000

Pour parcourir l'Europe,
utilisez les cartes Michelin
Grandes Routes
1/400 000 à 1/1 000 000.

In Neumünster-Einfeld ① : 3 km :

🏨 **Tannhof,** Kieler Str. 452, ☒ 24536, ℰ (04321) 52 91 97, Fax (04321) 529190, �_, 🔄
– ⇔ Zim, 🆃🆅 ☎ & 🅿 – 🔬 100. 🅰🅴 🅴 𝑉𝐼𝑆𝐴. ⋘ Zim
Menu à la carte 36/65 – **30 Z** 95/265.

✗✗ **Zur Alten Schanze,** Einfelder Schanze 96 (am See, N : 2,5 km), ☒ 24536,
ℰ (04321) 95 95 80, Fax (04321) 959582, « Terrasse » – 🅿. 🅰🅴 🅾🅳 🅴 𝑉𝐼𝑆𝐴
Menu à la carte 41/70.

In Neumünster-Gadeland ③ : 3,5 km :

🏨 **Kühl** (mit Gästehaus), Segeberger Str. 74 (B 205), ☒ 24539, ℰ (04321) 70 80,
Fax (04321) 70880 – 🆃🆅 ☎ 🚗 🅿
Menu (Sonn- und Feiertage geschl.) (nur Abendessen) à la carte 28/52 – **33 Z** 75/130.

NEUNDORF Sachsen siehe Plauen.

NEUNKIRCHEN Baden-Württemberg 🔢🔢🔢 R 11 – 1 500 Ew – Höhe 350 m.
Berlin 605 – Stuttgart 92 – Heidelberg 34 – Heilbronn 40 – Mosbach 15.

🏨 **Park- und Sporthotel Stumpf** 🦫, Zeilweg 16, ☒ 74867, ℰ (06262) 8 98,
Fax (06262) 4498, ≤, 🌿, « Garten », ≦s, 🔄, ✗✗ – 🛗 🆃🆅 ☎ 🅿 – 🔬 20. 🅰🅴 🅾🅳 🅴 𝑉𝐼𝑆𝐴
Menu à la carte 41/66 (auch vegetarische Gerichte) – **48 Z** 98/298.

NEUNKIRCHEN AM BRAND Bayern 🔢🔢🔢🔢 R 17 – 7 000 Ew – Höhe 317 m.
Berlin 423 – München 190 – Nürnberg 25 – Bamberg 40.

🏨 **Landhotel Selau** 🦫, In der Selau 5, ☒ 91077, ℰ (09134) 70 10, Fax (09134) 70187,
🌿, ≦s, 🔄, 🐎, ✗✗ (Halle) – 🛗 🆃🆅 ☎ 🅿 – 🔬 100. 🅰🅴 🅾🅳 🅴 𝑉𝐼𝑆𝐴 𝐽𝐶𝐵
Menu à la carte 28/53 – **64 Z** 130/160.

NEUNKIRCHEN/SAAR Saarland 🆘 R 5, 🆗 ㉖ – 52 000 Ew – Höhe 255 m.
  Berlin 690 – Saarbrücken 22 – Homburg/Saar 15 – Idar-Oberstein 60 – Kaiserslautern 51.

🏨 **Am Zoo** 🍴 garni, Zoostr. 29, ⊠ 66538, 🅟 (06821) 2 70 74, Fax (06821) 25272 – 🛗
  🗘 📺 ☎ 🅟 – 🔬 15. 🆎 🅴 VISA
  38 Z 78/140.

In Neunkirchen-Kohlhof SO : 5 km :

🏠 **Hostellerie Bacher** mit Zim, Limbacher Str. 2, ⊠ 66539, 🅟 (06821) 3 13 14,
  Fax (06821) 33465, 🍴 – 📺 ☎ 🅟. 🆎 🅾 🅴 VISA
  Juli - Aug. 3 Wochen geschl. – **Menu** (Sonntag - Montag geschl.) (Tischbestellung ratsam,
  bemerkenswerte Weinkarte) 77/154 und à la carte 61/104 – **4 Z** 85/160
  Spez. Tatar von Seefischen gebraten mit Senfsauce. Goldbrasse auf der Haut gebraten
  mit Rotweinsauce. Brust vom Stubenkücken mit Langostinos gefüllt und Krautsalat.

NEUNKIRCHEN-SEELSCHEID Nordrhein-Westfalen 🆘 N 6 – 17 000 Ew – Höhe 180 m.
  Berlin 598 – Düsseldorf 81 – Bonn 24 – Köln 40.

Im Ortsteil Neunkirchen

🏨 **Kurfürst,** Hauptstr. 13, ⊠ 53819, 🅟 (02247) 50 80, Fax (02247) 30888, 🍴 , 🚗 – 📺
  ☎ 🅟 – 🔬 80. 🆎 🅾 🅴 VISA
  Menu à la carte 35/68 – **22 Z** 85/150.

  *Le nostre **guide alberghi e ristoranti, guide turistiche** e **carte stradali***
  sono complementari. Utilizzatele insieme.

NEUPETERSHAIN Brandenburg 🆘 L 26 – 2 200 Ew – Höhe 95 m.
  Berlin 152 – Cottbus 22 – Dresden 79 – Potsdam 160.

In Neupetershain-Nord N : 2 km :

🏨 **Zum Gutshof,** Karl-Marx-Str. 6, ⊠ 03103, 🅟 (035751) 25 60, Fax (035751) 25680, 🍴
  – 🗘 Zim, 🍴 Rest, 📺 ☎ 📞 🅟 – 🔬 20. 🆎 🅾 🅴 VISA JCB
  Menu à la carte 27/48 – **33 Z** 100/180.

NEUPOTZ Rheinland-Pfalz 🆘 S 8 – 1 600 Ew – Höhe 110 m.
  Berlin 665 – Mainz 123 – Karlsruhe 23 – Landau 23 – Mannheim 52.

🏨 **Zum Lamm,** Hauptstr. 7, ⊠ 76777, 🅟 (07272) 28 09, Fax (07272) 77230 – 📺
  ☎ 🅟
  Menu (Sonntagabend, Dienstag, Jan. 2 Wochen und Juni - Juli 3 Wochen geschl.) 42/80
  und à la carte 25/63 🍷 – **7 Z** 45/100.

NEURIED Baden-Württemberg 🆘 U 7 – 7 700 Ew – Höhe 148 m.
  Berlin 755 – Stuttgart 156 – Karlsruhe 85 – Lahr 21 – Offenburg 11 – Strasbourg 19 –
  Freiburg im Breisgau 59.

In Neuried-Altenheim :

🏨 **Ratsstüble,** Kirchstr. 38, ⊠ 77743, 🅟 (07807) 9 28 60, Fax (07807) 928650, 🍴 , 🚗
  – 📺 ☎ 🅟
  Menu (Sonntag, März und Juli - Aug. jeweils 2 Wochen geschl.) (nur Abendessen) à la carte
  29/52 🍷 – **30 Z** 45/100.

NEURUPPIN Brandenburg 🆘 H 22, 🆗 ⑪, 🆗 ⑱ – 33 000 Ew – Höhe 47 m.
  🛈 Fremdenverkehrsamt, Aug.-Bebel-Str. 15, ⊠ 16816, 🅟 (03391) 23 45, Fax (03391)
  2345.
  Berlin 76 – Potsdam 75 – Brandenburg 90.

🏨 **Altes Kasino-Hotel am See,** Seeufer 11, ⊠ 16816, 🅟 (03391) 30 59,
  Fax (03391) 358684, ≤, 🍴 – 🗘 Zim, 📺 ☎ 🚗 🅟. 🆎 🅴 VISA
  Menu à la carte 26/46 – **17 Z** 90/180.

🏨 **Märkischer Hof,** Karl-Marx-Str. 51, ⊠ 16816, 🅟 (03391) 28 01, Fax (03391) 2566, 🍴
  – 📺 ☎. 🆎 🅾 🅴 VISA
  Menu à la carte 25/45 – **19 Z** 110/150.

🏨 **Zum alten Siechenhospital,** Siechenstr. 4, ⊠ 16816, 🅟 (03391) 65 08 00,
  Fax (03391) 398844 – 📺 ☎ 🅟
  Weinstube Up Hus (kleines Speiseangebot) (Montag geschl., Dienstag - Freitag nur
  Abendessen) **Menu** à la carte 26/33 **13 Z** 75/140.

In Neuruppin-Alt Ruppin *NO : 4,5 km :*

🏨 **Zum weissen Rössel,** Schloßstr. 1, ⊠ 16827, 𝒫 (03391) 7 81 70, Fax (03391) 781722, 🏤 – 📺 ☎ 📞 📞 🅿. 🖭 📧 **VISA**. 🍽 Rest
Menu *(Nov. - April Sonntag geschl.)* à la carte 25/48 – **28 Z** 75/140.

🏨 **Am Alten Rhin,** Friedrich-Engels-Str. 12, ⊠ 16827, 𝒫 (03391) 7 55 55, Fax (03391) 75556, 🏤, 🏤 – 📺 ☎ 🅿 – 🔬 100. 🖭 ⓪ 📧 **VISA**
Menu à la carte 28/50 – **33 Z** 90/140.

NEUSÄSS *Bayern* 𝟜𝟙𝟡 𝟜𝟚𝟘 *U 16 – 20 000 Ew – Höhe 525 m.*
Berlin 561 – München 75 – Augsburg 7 – Ulm (Donau) 89.

In Neusäß-Steppach *S : 2 km :*

🏨 **Brauereigasthof Fuchs,** Alte Reichsstr. 10, ⊠ 86356, 𝒫 (0821) 48 09 20, Fax (0821) 485845, 🏤, Biergarten – 📺 ☎ 🅿
Jan. 2 Wochen geschl. – **Menu** *(Montag geschl.)* à la carte 32/59 – **32 Z** 95/155.

NEUSS *Nordrhein-Westfalen* 𝟜𝟙𝟟 *M 4,* 𝟡𝟠𝟟 ㉕ *– 149 000 Ew – Höhe 40 m.*
Sehenswert : St. Quirinus-Münster★ Y.
Ausflugsziel : Schloß Dyck★ SW : 9 km über ④.
🛈 *Tourist-Information, Markt 4,* ⊠ 41460, 𝒫 (02131) 27 32 42, Fax (02131) 222559.
ADAC, *Oberstr. 91 (im Haus Horten),* ⊠ 41460, 𝒫 (0221) 47 27 47, Fax (02131) 278830.
Berlin 563 ① *– Düsseldorf 12 – Köln 38* ② *– Krefeld 20* ① *– Mönchengladbach 21* ⑤

Stadtplan siehe gegenüberliegende Seite

🏨 **Swissotel Düsseldorf-Neuss** 🏊, Rheinallee 1, ⊠ 41460, 𝒫 (02131) 15 30, Fax (02131) 153666, ≤, 🖐, ≦s, 🔲 – 📶, 🍽 Zim, 🔳 📺 📞 📞 🅿 – 🔬 1000. 🖭 ⓪
📧 **VISA** **JCB**. 🍽 Rest   X b
Menu à la carte 49/79 – **246 Z** 293/686, 6 Suiten.

🏨 **Dorint Kongress Hotel** Ⓜ, Selikumer Str. 25, ⊠ 41460, 𝒫 (02131) 26 20, Fax (02131) 262100, 🏤, 🖐, ≦s – 📶, 🍽 Zim, 🔳 📺 📞 🔥 📞 🅿 – 🔬 600. 🖭 ⓪
📧 **VISA** **JCB**. 🍽 Rest   Z s
Menu à la carte 43/65 – **209 Z** 236/502, 5 Suiten.

🏨 **Balance Hotel** Ⓜ, Anton-Kux-Str. 1, ⊠ 41460, 𝒫 (02131) 18 40, Fax (02131) 184184, 🏤, ≦s – 📶, 🍽 Zim, 📺 📞 🔥 📞 – 🔬 120. 🖭 ⓪ 📧 **VISA** **JCB**. 🍽 Rest   X s
Menu 35 *(mittags nur Buffet)* à la carte 47/71 – **220 Z** 205, 47 Suiten.

🏨 **Rema-Hotel Mirage** garni, Krefelder Str. 1, ⊠ 41460, 𝒫 (02131) 27 80 01, Fax (02131) 278243, ≦s, 📶 – 📶 🍽 📺 📞 📞 – 🔬 30. 🖭 ⓪ 📧 **VISA** **JCB**. 🍽
75 Z 250/350.   Y a

🏨 **Parkhotel Viktoria** garni, Kaiser-Friedrich-Str. 2, ⊠ 41460, 𝒫 (02131) 2 39 90, Fax (02131) 2399100 – 📶 🍽 📺 ☎ 🔥 📞. 🖭 ⓪ 📧 **VISA**   Z e
74 Z 148/190.

🏨 **Page-City Hotel** garni, Adolf-Flecken-Str. 18, ⊠ 41460, 𝒫 (02131) 22 70, Fax (02131) 227111 – 📶 🍽 📺 ☎ 📞. 🖭 ⓪ 📧 **VISA**   Y r
50 Z 148/340.

🏨 **Haus Hahn** garni, Bergheimer Str. 125, ⊠ 41464, 𝒫 (02131) 9 41 80, Fax (02131) 43908 – 📺 ☎ 🅿. 🖭 ⓪ 📧 **VISA**   Z u
Juli 3 Wochen und Ende Dez. - Anfang Jan. geschl. – **15 Z** 105/220.

🍴 **Herzog von Burgund,** Erftstr. 88, ⊠ 41460, 𝒫 (02131) 2 35 52, Fax (02131) 23552, 🏤 – 🖭 📧. 🍽   Z c
Samstagmittag, Sonntagmittag, Donnerstag, 16. Feb. - 2. März und Sept. 2 Wochen geschl.
– **Menu** *(abends Tischbestellung ratsam)* à la carte 70/89.

🍴 **Mayer's Bistrorant Zum Stübchen,** Preussenstr. 73, ⊠ 41464, 𝒫 (02131) 8 22 16, Fax (02131) 82325, 🏤. 🍽   X n
Samstagmittag, Montag, Jan. und Juli jeweils 2 Wochen geschl. – **Menu** *(Tischbestellung ratsam)* à la carte 51/79.

In Neuss-Erfttal *SO : 5 km über* ②

🏨 **Novotel,** Am Derikumer Hof 1 (- in Norf), ⊠ 41469, 𝒫 (02131) 13 80, Fax (02131) 120687, 🏤, 🖐, ≦s, 🏊 (geheizt), 🏤 – 📶, 🍽 Zim, 🔳 Rest, 📺 ☎ 📞
🅿 – 🔬 80. 🖭 ⓪ 📧 **VISA**
Menu à la carte 35/62 – **110 Z** 166/207.

In Neuss-Grimlinghausen *SO : 6 km über Kölner Str. X :*

🏨 **Landhaus Hotel,** Hüsenstr. 17, ⊠ 41468, 𝒫 (02131) 3 10 10, Fax (02131) 310151, Biergarten – 📶, 🍽 Zim, 📺 ☎ 📞 📞 🅿 – 🔬 40. 🖭 📧 **VISA**
Menu à la carte 34/53 – **29 Z** 186/380.

NEUSS

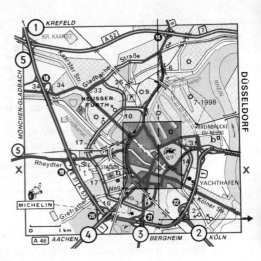

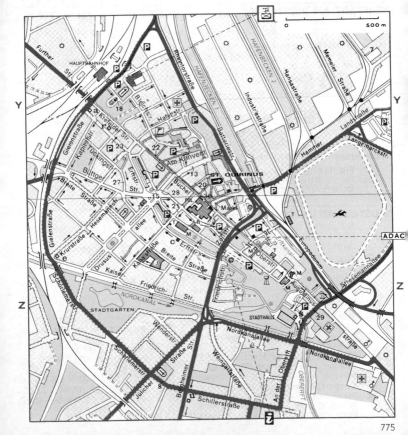

In Kaarst NW : 6 km über Viersener Straße X

🏨 **Holiday Inn** Ⓜ, Königsberger Str. 20, ✉ 41564, ℰ (02131) 96 90, Fax (02131) 969445, ᴥ, ☎s, ⬜ – ⧖, ⬥ Zim, 🔳 📺 📞 ⬟ 📞 ⬤ – ⬥ 280. ⚼ ⓘ 🅴 𝚅𝙸𝚂𝙰
Menu à la carte 40/66 – **193 Z** 229/303, 8 Suiten.

🏨 **Classic Hotel** garni, Friedensstr. 12, ✉ 41564, ℰ (02131) 66 80 91, Fax (02131) 601833 – ⧖, ⬥ Zim, 📺 📞 📞 ⬟ ⬤ ⚼ ⓘ 🅴 𝚅𝙸𝚂𝙰. ⅌
22 Z 158/277.

🏨 **Landhaus Michels** garni, Kaiser-Karl-Str. 10, ✉ 41564, ℰ (02131) 7 67 80, Fax (02131) 767819 – 📺 📞 📞 ⬟ ⬟ ⚼ ⓘ 🅴 𝚅𝙸𝚂𝙰. ⅌
22. Dez. - 5. Jan. geschl. – **20 Z** 105/180.

In Kaarst-Büttgen W : 6 km über Rheydter Str. X :

🏨 **Jan van Werth,** Rathausplatz 20, ✉ 41564, ℰ (02131) 7 58 80, Fax (02131) 511433
– ⧖ 📺 📞 ⬤ ⬟ ⓘ 🅴 𝚅𝙸𝚂𝙰
23. Dez. - 2. Jan. geschl. – **Menu** (wochentags nur Abendessen) à la carte 28/57 –
28 Z 89/185.

NEUSTADT (HARZ) Thüringen 𝟺𝟷𝟾 L 16 – 1100 Ew – Höhe 350 m – Erholungsort.
Berlin 259 – Erfurt 74 – Blankenburg 37 – Göttingen 77 – Halle 100 – Nordhausen 10.

🏨 **Neustädter Hof** ⅏ (mit Gästehaus), Burgstr. 17, ✉ 99762, ℰ (036331) 3 09 12, Fax (036331) 30916, ᴥ, Massage, ☎s, ⬌ – ⧖, ⬥ Zim, 📺 📞 📞 ⬟ ⬟ – ⚼ 60. ⚼ ⓘ 🅴 𝚅𝙸𝚂𝙰. ⅌ Rest
Menu à la carte 32/59 – **47 Z** 85/195, 4 Suiten – ½ P 28.

NEUSTADT AM RÜBENBERGE Niedersachsen 𝟺𝟷𝟻 𝟺𝟷𝟽 𝟺𝟷𝟾 I 12, 𝟿𝟾𝟺 ⑭, 𝟿𝟾𝟽 ⑯ – 43000 Ew – Höhe 35 m.
Berlin 307 – Hannover 25 – Bremen 90 – Celle 58 – Hamburg 149.

🏨 **Neustädter Hof** garni, Königsberger Str. 43, ✉ 31535, ℰ (05032) 20 44, Fax (05032) 63000 – ⧖ ⬥ 📺 📞 ⚼ ⓘ 🅴 𝚅𝙸𝚂𝙰
24 Z 98/145.

🏨 **Scheve,** Marktstr. 21, ✉ 31535, ℰ (05032) 9 51 60, Fax (05032) 951695, ᴥ – 📺 📞
⬟ ⚼ 🅴 𝚅𝙸𝚂𝙰
Menu (Sonntagabend - Montagmittag geschl.) à la carte 30/65 – **20 Z** 90/150 – ½ P 25.

NEUSTADT AN DER AISCH Bayern 𝟺𝟷𝟿 𝟺𝟸𝟶 R 15, 𝟿𝟾𝟽 ㉘ – 12000 Ew – Höhe 292 m.
🅱 Verkehrsamt, Rathaus, Marktplatz, ✉ 91413, ℰ (09161) 6 66 14, Fax (09161) 60793.
Berlin 458 – München 217 – Nürnberg 49 – Bamberg 53 – Würzburg 67.

In Dietersheim-Oberroßbach S : 6 km :

🏨 **Fiedler** ⅏ (mit Gästehaus), Oberroßbach 3, ✉ 91463, ℰ (09161) 24 25,
⬌ Fax (09161) 61259, ᴥ, ☎s, ⬌ – 📺 📞 ⬟ ⬟
Menu (Sonntagabend und Mittwoch geschl.) à la carte 23/40 ⅊ – **23 Z** 65/110.

NEUSTADT AN DER DONAU Bayern 𝟺𝟸𝟶 T 19, 𝟿𝟾𝟽 ㉙ – 10000 Ew – Höhe 355 m.
🅱 Kurverwaltung, Heiligenstädter Straße (Bad Gögging), ✉ 93333, ℰ (09445) 80 66, Fax (09445) 8609.
Berlin 525 – München 90 – Ingolstadt 33 – Landshut 48 – Regensburg 43.

🏨 **Gigl,** Herzog-Ludwig-Str. 6 (B 299), ✉ 93333, ℰ (09445) 96 70, Fax (09445) 96740 – 📺
⬌ 📞 ⬟ ⬟
27. Dez. - 5. Jan. geschl. – **Menu** (Freitag - Samstag, 27. Dez. - 24. Jan. und 14. - 29. Aug. geschl.) à la carte 21/40 ⅊ – **22 Z** 39/82 – ½ P 16.

In Neustadt-Bad Gögging NO : 4 km – Heilbad :

🏨 **Marc Aurel** Ⓜ, Heiligenstädter Str. 36, ✉ 93333, ℰ (09445) 95 80, Fax (09445) 958444, ᴥ, Massage, ♨, ☎s, ⬛, ⬜ (Thermal) – ⧖, ⬥ Zim, 📺 📞 ⬌ ⬟
⬟ – ⚼ 170. ⚼ ⓘ 🅴 𝚅𝙸𝚂𝙰 𝙹𝙲𝙱. ⅌ Rest
Menu à la carte 47/81 – **165 Z** 160/380 – ½ P 45.

🏨 **Eisvogel** ⅏, An der Abens 20, ✉ 93333, ℰ (09445) 96 90, Fax (09445) 8475, ᴥ, Massage, ♨, ☎s, ⬌ – ⧖ 📺 ⬟ ⬟ – ⚼ 25. ⚼ ⓘ 🅴 𝚅𝙸𝚂𝙰
Menu (Montag und Jan. nur Abendessen) à la carte 30/61 – **34 Z** 85/210 – ½ P 30.

🏨 **Kurhotel Centurio,** Am Brunnenforum 6, ✉ 93333, ℰ (09445) 20 50,
⬌ Fax (09445) 205420, ᴥ, Massage, ♨, ⬌ 🅵₅ (direkter Zugang zur Limestherme) – ⧖ 📺
📞 ⬌ ⬟ – ⚼ 20. ⚼ ⓘ 🅴 𝚅𝙸𝚂𝙰. ⅌ Rest
Menu à la carte 23/59 – **68 Z** 80/200 – ½ P 27.

NEUSTADT AN DER ORLA *Thüringen* 🅰🅱🅸 N 19, 🄾🄾🄾 ㉓, 🄾🄾🄾 ㉙ ㉘ – *10 000 Ew – Höhe 300 m.*

Berlin 262 – Erfurt 97 – Gera 47 – Triptis 8 – Jena 30.

🏨 **Schloßberg,** Ernst-Thälmann-Str. 62 (B 281), ☒ 07806, ℰ (036481) 6 60, *Fax (036481) 66100* – 📳, 🙌 Zim, 📺 ☎ 🅿 – 🔏 40. 🆎 🅾 🇪 *VISA*
Menu à la carte 28/62 – **31 Z** 90/160.

🏨 **Stadt Neustadt,** Ernst-Thälmann-Str. 1, ☒ 07806, ℰ (036481) 2 27 49, *Fax (036481) 23929,* 🈂 – 📺 ☎ 🅿 – 🔏 30. 🆎 🇪
Menu à la carte 23/45 – **24 Z** 90/120.

In Wolfersdorf *N : 6 km :*

🏨 **Am Kellerberg,** Dorfstr. 18, ☒ 07646, ℰ (036428) 4 70, *Fax (036428) 47108,* 🍽 – 📺 ☎ 🕹 🅿 – 🔏 100. 🆎 🇪
Menu à la carte 23/42 🍴 – **39 Z** 79/149 – ½ P 15.

🏠 **Rothehofsmühle,** (N : 2 km), ☒ 07646 Rothehofsmühle, ℰ (036428) 6 11 10, *Fax (036428) 61110,* 🍽 – 📺 ☎ 🅿
Menu à la carte 23/45 – **12 Z** 85/120.

When looking for a quiet hotel
use the thematic maps in the introduction
or look for establishments with the sign 🐾 *or* 🐾.

NEUSTADT AN DER SAALE, BAD *Bayern* 🅰🅱🅸 🄰🄸🄾 P 14, 🄾🄾🄾 ㉘ – *15 000 Ew – Höhe 234 m – Heilbad.*

🅸🅸 *Maria Bildhausen (SO : 8 km),* ℰ (09766) 16 11.

🅱 *Kurverwaltung, Löhriether Str. 2,* ☒ 97616, ℰ (09771) 9 09 83, *Fax (09771) 991158.*
Berlin 406 – München 344 – Bamberg 86 – Fulda 59 – Würzburg 76.

🏨 **Kur- und Schloßhotel** 🐾, Kurhausstr. 37, ☒ 97616, ℰ (09771) 6 16 10, *Fax (09771) 2533,* « Terrasse am Schloßpark » – 📳 📺 ☎ 🕹 ⇔ 🅿 – 🔏 60. 🆎 🅾 🇪 *VISA* 🄹🄲🄱
Menu à la carte 35/70 – **14 Z** 100/280, 4 Suiten – ½ P 35.

🏨 **Schwan und Post** (Gasthof a.d.J. 1772), Hohnstr. 35, ☒ 97616, ℰ (09771) 9 10 70, *Fax (09771) 910767,* 🍽, 🈂 – 🙌 Zim, 📺 ☎ ⇔ 🅿 – 🔏 60. 🇪 *VISA*
Menu à la carte 29/58 – **32 Z** 95/180 – ½ P 25.

🏨 **Da Rosario,** Schweinfurter Str. 4, ☒ 97616, ℰ (09771) 6 24 10, *Fax (09771) 624140,* Biergarten – 🙌 Zim, 📺 ☎ ⇔ 🅿 – 🔏 40. 🆎 🇪 *VISA*
Menu à la carte 23/46 – **22 Z** 90/185 – ½ P 30.

🏠 **Zum Goldenen Löwen,** Hohnstr. 26, ☒ 97616, ℰ (09771) 80 22, *Fax (09771) 2245* – 📺 ☎ 🅿
Menu *(Montag geschl.)* à la carte 28/59 – **34 Z** 70/130 – ½ P 25.

🏠 **Fränkischer Hof** (renoviertes Fachwerkhaus a.d. 16. Jh.), Spörleinstr. 3, ☒ 97616, ℰ (09771) 6 10 70, *Fax (09771) 994452,* « Innenhofterrasse » – 📺 ☎. 🆎 🇪 *VISA*. 🙌 Zim
Menu *(Mittwoch geschl.)* à la carte 24/42 🍴 – **11 Z** 86/158.

🏠 **Stadthotel Geis** garni, An der Stadthalle 6, ☒ 97616, ℰ (09771) 9 19 80, *Fax (09771) 919850* – 📺 ☎ ⇔ 🅿 – 🔏 40. 🆎 🇪 *VISA*
34 Z 75/130.

In Hohenroth-Querbachshof *NW : 4 km :*

🍴 **Zur Sonne** 🐾 mit Zim (restauriertes Fachwerkhaus a.d. 17. Jh.), Querbachshof 4, ☒ 97618, ℰ (09771) 50 76, *Fax (09771) 5077,* Biergarten – 📺 ☎ 🅿
Menu *(Montag geschl.)* (wochentags nur Abendessen) à la carte 26/60 – **8 Z** 72/99.

NEUSTADT AN DER WALDNAAB *Bayern* 🄰🄸🄾 Q 20, 🄾🄾🄾 ㉘ – *6 000 Ew – Höhe 408 m.*
Berlin 402 – München 210 – Bayreuth 60 – Nürnberg 105 – Regensburg 87.

🏨 **Am Hofgarten,** Knorrstr. 18, ☒ 92660, ℰ (09602) 92 10, *Fax (09602) 8548,* 🈂 – 📳, 🙌 Zim, 📺 ☎ 🕹 🕹 🅿 – 🔏 15. 🅾 🇪 *VISA*. 🙌 Rest
Menu *(Freitag - Sonntag geschl.)* (nur Abendessen) à la carte 24/42 – **27 Z** 80/115 – ½ P 23.

🏠 **Grader,** Freyung 39, ☒ 92660, ℰ (09602) 70 85, *Fax (09602) 2842* – 📳 📺 ☎ ⇔ 🅿 – 🔏 25. 🆎 🇪 *VISA*
Menu *(Freitag geschl.)* à la carte 30/50 🍴 – **44 Z** 65/110 – ½ P 25.

NEUSTADT AN DER WEINSTRASSE Rheinland-Pfalz 🔳🔳🔳 R 8, 🔳🔳🔳 ㉖, 🔳🔳🔳 ⑧ –
50 000 Ew – Höhe 140 m.

Sehenswert : Altstadt★ – Marktplatz★ – Stiftskirche★.

🏌 Neustadt-Geinsheim (SO : 10 km), ℰ (06327) 29 73.

🛈 Tourist-Information, Exterstr. 2, ✉ 67433, ℰ (06321) 92 68 92, Fax (06321) 926891.

ADAC, Martin-Luther-Str. 69, ✉ 67433, ℰ (06321) 8 90 50, Fax (06321) 890527.

Berlin 650 – Mainz 94 – Kaiserslautern 36 – Karlsruhe 56 – Mannheim 29 – Wissembourg 46.

🏨 **Treff Page Hotel** garni, Exterstr. 2, ✉ 67433, ℰ (06321) 89 80, Fax (06321) 898150,
≘ – 📶 ⇔ 📺 ☎ ₰ ⇐ – 🔬 85. 🖭 ⓞ 🗲 🎫
123 Z 159/219, 6 Suiten.

In Neustadt-Diedesfeld SW : 4 km :

🍴🍴 **Becker's Gut,** Weinstr. 507, ✉ 67434, ℰ (06321) 21 95, Fax (06321) 2101, � – 🖭
ⓞ 🗲 🎫. 🍴
Dienstag, Jan. und Okt. jeweils 2 Wochen geschl. – **Menu** (nur Abendessen, Tischbestellung
ratsam) à la carte 57/83.

In Neustadt-Gimmeldingen N : 3 km – Erholungsort :

🍴 **Mugler's Kutscherhaus,** Peter-Koch-Str. 47, ✉ 67435, ℰ (06321) 6 63 62,
« Winzerhaus a.d.J. 1773 »
Montag geschl. – **Menu** (nur Abendessen) à la carte 30/47 🍴.

In Neustadt-Haardt N : 2 km – Erholungsort :

🏨 **Tenner** 🍴 garni, Mandelring 216, ✉ 67433, ℰ (06321) 96 60, Fax (06321) 966100,
« Park », ≘, 🔲, 🌳 – 📺 ☎ ⇐ ₰ – 🔬 25. 🖭 🗲 🎫
20. - 30. Dez. geschl. – **36 Z** 110/175.

🍴🍴 **Mandelhof** mit Zim, Mandelring 11, ✉ 67433, ℰ (06321) 8 82 20, Fax (06321) 33342,
� – 📺 ☎. 🖭 ⓞ 🗲
Ende Juli - Anfang Aug. geschl. – **Menu** (Mittwoch geschl.) (Montag - Donnerstag nur Abendessen) à la carte 47/70 – **8 Z** 85/140.

In Neustadt-Hambach SW : 3 km :

🍴 **Burgschänke-Rittersberg** 🍴 mit Zim, beim Hambacher Schloß, ✉ 67434,
ℰ (06321) 3 99 00, Fax (06321) 32799, ≤ Rheinebene, � – ☎ ₰ – 🔬 30. 🗲 🎫. 🍴
Jan. 3 Wochen und Juli - Aug. 2 Wochen geschl. – **Menu** (Donnerstag geschl.) à la carte
30/65 🍴 – **5 Z** 85/120.

NEUSTADT AN DER WIED Rheinland-Pfalz 🔳🔳🔳 O 6 – 5 600 Ew – Höhe 165 m.

🛈 Verkehrsbüro, im Bürgerhaus, ✉ 53577, ℰ (02683) 3 24 24.

Berlin 617 – Mainz 123 – Bonn 68 – Köln 65 – Limburg an der Lahn 64 – Koblenz 49.

In Neustadt-Fernthal SO : 4 km :

🏨 **Dreischläger Hof,** Dreischläger Str. 23, ✉ 53577, ℰ (02683) 37 81, Fax (02683) 2383
⇐ – 📺 ☎ ⇐ ₰
April 3 Wochen und Mitte - Ende Okt. geschl. – **Menu** (Dienstag geschl.) à la carte 22/46
– **18 Z** 38/110.

An der Autobahn A 3 S : 4,5 km :

🏨 **Autobahn-Motel Fernthal,** ✉ 53577 Neustadt/Wied, ℰ (02683) 9 86 30,
Fax (02683) 986354, ≤ – ⇔ Zim, 📺 ☎ ₰. ⓞ 🗲 🎫
Menu à la carte 28/56 – **30 Z** 130/140.

NEUSTADT BEI COBURG Bayern 🔳🔳🔳🔳 P 17, 🔳🔳🔳 ㉘ – 17 000 Ew – Höhe 344 m.

Berlin 358 – München 296 – Coburg 17 – Bayreuth 68 – Bamberg 61.

In Neustadt-Fürth am Berg SO : 7 km :

🏨 **Grenzgasthof** 🍴 (mit Gästehaus, 📶), Allee 37, ✉ 96465, ℰ (09568) 30 96,
⇐ Fax (09568) 7595, ≘, 🌳 – 📺 ☎ ₰ – 🔬 200. 🗲 🎫
Menu (Aug. 2 Wochen geschl.) à la carte 23/45 – **65 Z** 55/150 – ½ P 22.

In Neustadt-Wellmersdorf S : 5 km :

🏨 **Heidehof** 🍴, Wellmersdorfer Str. 50, ✉ 96465, ℰ (09568) 21 55, Fax (09568) 4042,
⇐ �, 🌳 – 📺 ☎ ⇐ ₰. 🍴 Zim
Menu (Sonntagabend geschl.) (wochentags nur Abendessen) à la carte 24/40 –
38 Z 68/120.

NEUSTADT (DOSSE) Brandenburg **416** H 21, **984** ⑪, **987** ⑱ – 3 400 Ew – Höhe 34 m.
Berlin 91 – Potsdam 78 – Schwerin 128 – Stendal 71.

🏠 **Parkhotel St. Georg,** Prinz-von-Homburg-Str. 35, ✉ 16845, ℰ (033970) 9 70,
Fax (033970) 9740, 🌺, **ℹ̷**, Massage, ≘s – 📺 ☎ & 🅿 – 🔬 20. 🖭 ⑩ 💰 𝗩𝗜𝗦𝗔
Menu à la carte 23/49 – **16 Z** 95/139.

NEUSTADT IN HOLSTEIN Schleswig-Holstein **415 416** D 16, **987** ⑥ – 14 500 Ew – Höhe 4 m
– Seebad.
🏌 🏌 Gut Beusloe, Baumallee 14 (NO : 3 km), ℰ (04561) 81 40.
🛈 Kurverwaltung, Strandallee (in Pelzerhaken), ✉ 23730, ℰ (04561) 70 11, Fax (04561)
7013.
Berlin 296 – Kiel 60 – Lübeck 34 – Oldenburg in Holstein 21.

In Neustadt-Pelzerhaken O : 5 km :

🏠 **Eichenhain** 🦢, Eichenhain 2, ✉ 23730, ℰ (04561) 5 37 30, Fax (04561) 537173, ≼,
🌺, 🌳 – 📺 ☎ 🅿 🖭 💰 𝗩𝗜𝗦𝗔
6. Jan. - Feb. und 15. Nov.- 25. Dez. geschl. – **Menu** à la carte 45/70 – **10 Z** 130/200 –
½ P 35.

🏠 **Eos,** Pelzerhakener Str. 43, ✉ 23730, ℰ (04561) 72 16, Fax (04561) 7971, 🌺, ≘s, 🌳
– 📺 ☎ 🅿. 🖭 💰 𝗩𝗜𝗦𝗔
Mitte Jan. - Mitte Feb. geschl. – **Menu** (Nov. - März geschl.) (Montag - Freitag nur Abend-
essen) à la carte 27/40 – **18 Z** 80/160 – ½ P 20.

NEUSTADT IN SACHSEN Sachsen **418** M 26   12 000 Ew – Höhe 333 m.
🛈 Touristinformation, Markt 24, ✉ 01844, ℰ (03596) 22 40.

🏠 **Parkhotel Neustadt,** Johann-Sebastian-Bach-Str. 20, ✉ 01844, ℰ (03596) 56 20,
Fax (03596) 562500 – 📳 📺 ☎ 💠 & 🅿. 🖭 💰 𝗩𝗜𝗦𝗔. 🚫 Rest
Menu (nur Abendessen) à la carte 26/41 – **52 Z** 98/158.

NEUSTRELITZ Mecklenburg-Vorpommern **416** F 23, **984** ⑪, **987** ⑦ – 25 000 Ew – Höhe 76 m.
🛈 Stadt-Information, Markt 1 (Rathaus), ✉ 17235, ℰ (03981) 25 31 19, Fax (03981)
205443.
Berlin 114 – Schwerin 177 – Neubrandenburg 27.

🏠 **Park Hotel** 📖, Karbe-Wagner-Str. 59, ✉ 17235, ℰ (03981) 44 36 00,
Fax (03981) 443553 – 📳 📺 ☎ 💠 🅿 – 🔬 50. 🖭 💰 𝗩𝗜𝗦𝗔. 🚫 Rest
Menu à la carte 28/46 – **70 Z** 115/165.

🏠 **Schloßgarten,** Tiergartenstr. 15, ✉ 17235, ℰ (03981) 2 45 00, Fax (03981) 245050,
🌺 – 🚭 Zim, 📺 ☎ 💠 🅿 🖭 💰 𝗩𝗜𝗦𝗔
Menu (Sonntag, Okt. - April auch Montag geschl.) (nur Abendessen) à la carte 32/66 –
24 Z 89/136.

🏠 **Kiefernheide,** Lessingstraße 70, ✉ 17235, ℰ (03981) 47 70, Fax (03981) 477299,
🌺, **ℹ̷**, ≘s, 🚫(Halle) Squash – 📳, 🚭 Zim, 📺 ☎ 💠 & 🅿 – 🔬 100. 🖭 ⑩ 💰 𝗩𝗜𝗦𝗔
Menu à la carte 27/48 – **52 Z** 99/150.

🏠 **Pinus** garni, Ernst-Moritz-Arndt-Str. 55, ✉ 17235, ℰ (03981) 44 53 50,
Fax (03981) 445352 – 📳 📺 ☎ 🅿. 🖭 ⑩ 💰 𝗩𝗜𝗦𝗔
23 Z 72/120.

🏠 **Haegert,** Zierker Str. 44, ✉ 17235, ℰ (03981) 20 03 05, Fax (03981) 203157 – 📺 ☎
💰 🅿. 🖭 💰 𝗩𝗜𝗦𝗔
Menu (Sonntag geschl.) (Okt. - April nur Abendessen) à la carte 25/38 – **25 Z** 85/120.

NEUTRAUBLING Bayern siehe Regensburg.

NEU-ULM Bayern **419 420** U 14, **987** ㊴ – 50 000 Ew – Höhe 468 m.
🛈 Tourist-Information, Ulm, Münsterplatz, ✉ 89073, ℰ (0731) 1 61 28 30.
ADAC, Ulm, Neue Str. 40, ✉ 89073, ℰ (0731) 6 66 66.
Berlin 616 – München 138 ① – Stuttgart 96 ⑥ – Augsburg 80 ①

Stadtplan siehe Ulm (Donau).

🏠 **Mövenpick-Hotel** 🦢, Silcherstr. 40 (Edwin-Scharff-Haus), ✉ 89231,
ℰ (0731) 8 01 10, Fax (0731) 85967, ≼, 🌺, 🏊 – 📳, 🚭 Zim, 📺 💠 & 🅿 – 🔬 500.
🖭 ⑩ 💰 𝗩𝗜𝗦𝗔 𝗝𝗖𝗕   X e
Menu à la carte 31/67 – **135 Z** 183/364.

🏠 **Römer Villa,** Parkstr. 1, ✉ 89231, ℰ (0731) 80 00 40, Fax (0731) 8000450, 🌺, ≘s
– 📺 ☎ 💰 🅿 – 🔬 50. 🖭 💰 𝗩𝗜𝗦𝗔   X b
Menu (Sonntagabend geschl.) à la carte 32/65 – **23 Z** 154/228.

🏠🏠 **City-Hotel** garni, Ludwigstr. 27, ✉ 89231, ℰ (0731) 97 45 20, Fax (0731) 9745299 –
🛗 📺 ☎. 🆎 ① 🅴 𝐕𝐼𝐒𝐀   X r
23. Dez.- 6. Jan. und 11.- 17. Aug. geschl. – **21 Z** 125/230.

🏠 **Deckert**, Karlstr. 11, ✉ 89231, ℰ (0731) 7 60 81 – ☎ ⇍   X s
22. Dez. - 8. Jan. geschl. – (nur Abendessen für Hausgäste) – **18 Z** 86/136.

✗✗ **Stephans-Stuben**, Bahnhofstr. 65, ✉ 89231, ℰ (0731) 72 38 72, Fax (0731) 723872,
Biergarten 🅴
Jan.- Feb. 3 Wochen geschl. – **Menu** (Montag geschl.) à la carte 28/73.

✗✗ **Glacis** (ehemalige Villa), Schützenstr. 72, ✉ 89231, ℰ (0731) 8 68 43, Fax (0731) 86844,
🍴 – ❶. 🆎 ① 🅴 𝐕𝐼𝐒𝐀   X u
Sonntagabend - Montag geschl. – **Menu** à la carte 31/76.

In Neu-Ulm-Finningen O : 7 km über Reuttier Str. X und Europastraße :

🏠🏠 **Landgasthof Hirsch**, Dorfstr. 4, ✉ 89233, ℰ (0731) 97 07 44, Fax (0731) 724131,
🍴 – 🛗, 🔆 Zim, 📺 ☎ 📞 ⇍ ❶ – 🛎 60. 🆎 ① 🅴 𝐕𝐼𝐒𝐀
Menu à la carte 31/65 – **22 Z** 140/180.

In Neu-Ulm-Pfuhl NO : 3 km über Augsburger Str. X :

🏠 **Sonnenkeller**, Leipheimer Str. 97, ✉ 89233, ℰ (0731) 7 17 70, Fax (0731) 717760 –
🛗 📺 ☎ ⇍ ❶ – 🛎 20
23. Dez. - 2. Jan. geschl. – **Menu** à la carte 26/56 – **42 Z** 85/150.

In Neu-Ulm-Reutti SO : 6,5 km über Reuttier Str. X :

🏠🏠 **Landhof Meinl**, Marbacher Str. 4, ✉ 89233, ℰ (0731) 7 05 20, Fax (0731) 7052222,
Massage, ☞ – 🛗, 🔆 Zim, 📺 ☎ ⇍ ❶ – 🛎 25. 🆎 ① 🅴 𝐕𝐼𝐒𝐀. 🕸 Rest
23. Dez. - 6. Jan. geschl. – **Menu** (Sonntag geschl.) (nur Abendessen) à la carte 39/69 –
30 Z 137/170.

In Neu-Ulm-Schwaighofen über Reuttier Str. X :

🏠🏠 **Zur Post**, Reuttier Str. 172, ✉ 89233, ℰ (0731) 9 76 70, Fax (0731) 9767100, 🍴 –
🛗 📺 ☎ ⇍ ❶ – 🛎 35. 🆎 🅴 𝐕𝐼𝐒𝐀
Jan. 1 Woche und Aug. 2 Wochen geschl. – **Menu** (Samstagmittag und Montag geschl.)
à la carte 28/66 – **28 Z** 140/200.

NEUWEILER Baden-Württemberg 🐌🐌🐌 U 9 – 2 500 Ew – Höhe 640 m – Wintersport : 🎿4.
Berlin 679 – Stuttgart 66 – Karlsruhe 68 – Pforzheim 41 – Freudenstadt 36.

In Neuweiler-Oberkollwangen NO : 3 km :

🏠 **Landhotel Talblick** 🍴, Breitenberger Str. 15, ✉ 75389, ℰ (07055) 9 28 80,
Fax (07055) 928840, ☞, 🔲, 🌳 – 🔆 Zim, ❶
10. Nov. - 10. Dez. geschl. – **Menu** (Montag geschl.) à la carte 27/43 – **18 Z** 58/116 – ½ P 17.

NEUWIED Rheinland-Pfalz 🐌🐌🐌 O 6, 🐌🐌🐌 ㉖ – 70 000 Ew – Höhe 62 m.
🇮 Städt. Verkehrsamt, Kirchstr. 52, ✉ 56564, ℰ (02631) 80 22 60, Fax (02631) 802323.
Berlin 600 – Mainz 114 – Koblenz 18 – Bonn 54.

🏠 **Stadt-Hotel** garni, Pfarrstr. 1a, ✉ 56564, ℰ (02631) 2 21 95, Fax (02631) 21335 – 🛗
📺 ☎ ⇍. 🆎 ① 🅴 𝐕𝐼𝐒𝐀
16 Z 125/175.

🏠 **Stadtpark-Hotel** garni, Heddesdorfer Str. 84, ✉ 56564, ℰ (02631) 3 23 33,
Fax (02631) 32332 – 📺 ☎. 🆎 ① 🅴 𝐕𝐼𝐒𝐀
10 Z 105/155.

In Neuwied-Engers O : 7 km :

🏠 **Euro-Hotel Fink**, Werner-Egk-Str. 2, ✉ 56566, ℰ (02622) 92 80 (Hotel)
92 82 00 (Rest.), Fax (02622) 83678 – 🛗 📺 ☎ ❶. 🕸 Zim
Weihnachten - Anfang Jan. geschl. – **Menu** (Freitag und Juli geschl.) (wochentags nur
Abendessen) à la carte 26/50 – **60 Z** 45/140.

In Neuwied-Oberbieber NO : 6 km :

🏠 **Waldhaus Wingertsberg** 🍴, Wingertsbergstr. 48, ✉ 56566, ℰ (02631) 92 20,
Fax (02631) 922255, ≤, – 📺 ☎ ⇍ ❶ – 🛎 30. 🆎 ① 🅴 𝐕𝐼𝐒𝐀
Jan. 2 Wochen geschl. – **Menu** (Dienstag geschl.) à la carte 43/70 – **27 Z** 80/100.

In Neuwied-Segendorf N : 5,5 km :

✗✗ **Fischer** mit Zim, Austr. 2, ✉ 56567, ℰ (02631) 5 35 24, Fax (02631) 958367, 🍴, 🌳
– 📺 ☎ ❶
Menu (Freitag geschl.) à la carte 32/63 – **9 Z** 65/130.

NEUZELLE Brandenburg – Höhe m.

NIDDA Hessen **417** O 11 – 16 200 Ew – Höhe 150 m.
　　🛈 Kurverwaltung, Quellenstr. 2 (Bad Salzhausen), ✉ 63667, ☎ (06043) 9 63 30,
　　Fax (06043) 963350.
　　Berlin 512 – Wiesbaden 88 – Frankfurt am Main 64 – Gießen 43.

In Nidda-Bad Salzhausen – Heilbad :
　　🏨 **Jäger** ⬍, Kurstr. 9, ✉ 63667, ☎ (06043) 40 20, Fax (06043) 402100, 🏡,
　　« Geschmackvolle, elegante Einrichtung », ⌙, 🇸 – 🛗, 🍽 Rest, 📺 ఈ ⟷ 🅿 – 🔏 40.
　　🆎 ⓞ 🅴 𝗩𝗜𝗦𝗔
　　Menu 43 (mittags) und à la carte 71/89 – **29 Z** 150/280.

NIDDERAU Hessen **417** P 10, **987** ㉗ – 15 000 Ew – Höhe 182 m.
　　Berlin 526 – Wiesbaden 60 – Frankfurt am Main 30 – Gießen 52.

In Nidderau-Heldenbergen
　　🏠 **Zum Adler** (mit Gästehaus), Windecker Str. 2, ✉ 61130, ☎ (06187) 92 70,
　　Fax (06187) 927223 – 📺 ☎ ⟷ 🅿 🅴
　　27. Dez. - 10. Jan. geschl. – **Menu** (Freitag geschl.) à la carte 30/60 ఈ – **33 Z** 70/140.

NIDEGGEN Nordrhein-Westfalen **417** N 3, **412** C 14 – 10 000 Ew – Höhe 325 m.
　　Sehenswert : Burg ≤★.
　　Berlin 621 – Düsseldorf 91 – Düren 14 – Euskirchen 25 – Monschau 30.
　　XX **Burg Nideggen**, Kirchgasse 10, ✉ 52385, ☎ (02427) 12 52, Fax (02427) 6979, ≤, 🏡
　　– 🅿 – 🔏 100. 🆎 🅴
　　Montag geschl. – **Menu** à la carte 42/77.
　　XX **Heiliger**, Kirchgasse 5, ✉ 52385, ☎ (02427) 12 66, Fax (02427) 8313, 🏡 – 🅿. 🆎 ⓞ
　　🅴 𝗩𝗜𝗦𝗔
　　Menu (Montag - Dienstag geschl.) à la carte 33/68.

In Nideggen-Rath N : 2 km :
　　🏠 **Forsthaus Rath**, Rather Str. 126, ✉ 52385, ☎ (02427) 9 40 20, Fax (02427) 940280,
　　≤, 🏡 – ☎ 🅿 – 🔏 25. 🆎 🅴
　　Menu à la carte 35/60 – **20 Z** 75/120.

NIEBLUM Schleswig-Holstein siehe Föhr (Insel).

NIEDERALTEICH Bayern **420** T 23, **987** ㉚ – 1 800 Ew – Höhe 310 m.
　　Sehenswert : Klosterkirche ★.
　　Berlin 571 – München 134 – Landshut 82 – Passau 40 – Regensgurg 78.
　　XX **Klosterhof**, Mauritiushof 2 (1. Etage), ✉ 94557, ☎ (09901) 76 73, Fax (09901) 94565,
　　🏡, Biergarten – 🅿 🆎 ⓞ 🅴 𝗩𝗜𝗦𝗔
　　Nov. - April Montag geschl. – **Menu** à la carte 29/63.

NIEDERAULA Hessen **417 418** N 12, **987** ㉗ – 5 500 Ew – Höhe 210 m.
　　Berlin 419 – Wiesbaden 158 – Kassel 70 – Fulda 35 – Bad Hersfeld 11.
　　XX **Schlitzer Hof** mit Zim, Hauptstr. 1, ✉ 36272, ☎ (06625) 33 41, Fax (06625) 3355 –
　　☎ ⟷ 🅿 🅴
　　2. - 31. Jan. geschl. – **Menu** (Dienstag geschl.) à la carte 34/62 – **9 Z** 68/120.

NIEDERDORFELDEN Hessen siehe Vilbel, Bad.

NIEDERFINOW Brandenburg siehe Eberswalde-Finow.

NIEDERFISCHBACH Rheinland-Pfalz **417** N 7 – 4 700 Ew – Höhe 270 m.
　　Berlin 578 – Mainz 169 – Olpe 29 – Siegen 13.
　　🏠 **Fuchshof**, Siegener Str. 22, ✉ 57572, ☎ (02734) 54 77, Fax (02734) 60948, 🏡, 🇸,
　　🔲 – 📺 ☎ 🅿 🅴
　　23. - 29. Dez. geschl. – **Menu** (Samstagmittag, Sonntagabend und Juli 2 Wochen geschl.)
　　à la carte 28/64 – **18 Z** 75/190.

In Niederfischbach-Fischbacherhütte *SW : 2 km :*

🏠🏠 **Landhotel Bähner** 🦢, Konrad-Adenauer-Str. 26, ✉ 57572, 𝒸 (02734) 65 46,
Fax (02734) 55271, ≼, �, 🕿, ⌧, 🐾, – 🖵 🕿 📞 🛋 👁 🅿 – 🔏 60. 🆎 ⓪ 🄴 𝘝𝘐𝘚𝘈, 🛇 Rest
Menu à la carte 39/74 – **37 Z** 134/245.

NIEDERGURIG *Sachsen siehe Bautzen.*

NIEDERKASSEL *Nordrhein-Westfalen* 🗺 *N 5 – 28 000 Ew – Höhe 50 m.*
Berlin 585 – Düsseldorf 67 – Bonn 15 – Köln 23.

In Niederkassel-Mondorf *SO : 6 km :*

🏠 **Zur Börsch,** Oberdorfstr. 30, ✉ 53859, 𝒸 (0228) 97 17 20, Fax (0228) 452010, �
– 🖵 🕿 📞 🅿. 🆎 🄴. 🛇 Zim
Juli - Aug. 3 Wochen geschl. – **Menu** *(Donnerstag geschl.)* *(nur Abendessen)* à la carte 36/62
– **14 Z** 85/150.

In Niederkassel-Uckendorf : *NO : 2 km :*

🏠🏠🏠 **Clostermanns Hof** Ⓜ 🦢, Heerstraße, ✉ 53859, 𝒸 (02208) 9 48 00,
Fax (02208) 9480100, �, 🎧 – 🛗, 🙌 Zim, 🖵 📞 🅿 – 🔏 90. 🆎 ⓪ 🄴 𝘝𝘐𝘚𝘈
Menu à la carte 55/70 – **66 Z** 190/480.

NIEDERNHALL *Baden-Württemberg* 🗺 *S 12 – 3 600 Ew – Höhe 202 m.*
Berlin 568 – Stuttgart 89 – Heilbronn 58 – Schwäbisch Hall 30 – Würzburg 71.

🏠 **Rössle,** Hauptstr. 12, ✉ 74676, 𝒸 (07940) 9 16 50, Fax (07940) 916550, �,
« Fachwerk a.d. 18 Jh. » – 🖵 🕿. 🆎 🄴 𝘝𝘐𝘚𝘈
Menu *(Samstagmittag und Sonntag geschl.)* à la carte 42/65 – **14 Z** 90/140.

NIEDERNHAUSEN *Hessen* 🗺 *P 8 – 13 500 Ew – Höhe 259 m.*
Berlin 556 – Wiesbaden 14 – Frankfurt am Main 47 – Limburg an der Lahn 41.

🏠 **Garni,** Am Schäfersberg 2, ✉ 65527, 𝒸 (06127) 10 82, Fax (06127) 1770 – 🖵 🕿. 🆎
🄴 𝘝𝘐𝘚𝘈
11 Z 100/140.

In Niedernhausen-Engenhahn *NW : 6 km :*

🏠🏠 **Wildpark-Hotel** 🦢, Trompeterstr. 21, ✉ 65527, 𝒸 (06128) 97 40,
Fax (06128) 73874, �, 🎧 – 🖵 🕿 🛋 🅿 – 🔏 50. 🆎 ⓪ 🄴 𝘝𝘐𝘚𝘈
Juli - Aug. 4 Wochen geschl. – **Menu** *(Sonntagabend und Samstag geschl.)* à la carte 39/70
– **40 Z** 89/250.

Nahe der Autobahn *S : 2 km :*

🏠🏠 Micador, Zum grauen Stein 1, ✉ 65527 Niedernhausen, 𝒸 (06127) 90 10,
Fax (06127) 901641, �, 🎧 – 🛗, 🙌 Zim, 🖵 🕿 📞 🛆 🅿 – 🔏 400
187 Z, 13 Suiten.

NIEDERNWÖHREN *Niedersachsen siehe Stadthagen.*

NIEDER-OLM *Rheinland-Pfalz siehe Mainz.*

NIEDERSTETTEN *Baden-Württemberg* 🗺🗺 *R 13,* 🗺 ㉗ ㉘ *– 3 000 Ew – Höhe 307 m.*
Berlin 553 – Stuttgart 127 – Crailsheim 37 – Bad Mergentheim 21 – Würzburg 52.

🏠🏠 **Krone,** Marktplatz 3, ✉ 97996, 𝒸 (07932) 89 90, Fax (07932) 89960, � – 🙌 Zim,
🖵 🕿 📞 🛋 🅿 – 🔏 40. 🆎 ⓪ 🄴 𝘝𝘐𝘚𝘈
Menu à la carte 32/64 – **32 Z** 110/160.

NIEDERSTOTZINGEN *Baden-Württemberg* 🗺🗺 *U 14,* 🗺 ㊴ *– 4 200 Ew – Höhe 450 m.*
Berlin 566 – Stuttgart 96 – Augsburg 65 – Heidenheim an der Brenz 30 – Ulm (Donau) 38.

🏠 **Krone,** Im Städtle 9, ✉ 89168, 𝒸 (07325) 50 61, Fax (07325) 5065, � – 🖵 🕿 🛋
🛋 🅿 – 🔏 100. 🄴 𝘝𝘐𝘚𝘈
Menu *(Donnerstag geschl.)* à la carte 23/39 🍷 – **26 Z** 72/112.

In Niederstotzingen-Oberstotzingen :

🏰 **Schloßhotel Oberstotzingen** ⏴, Stettener Str. 37, ⊠ 89168, ℰ (07325) 10 30, Fax (07325) 10370, 🏠, 🕿, 🛏, 🍴 – 🔟 ℰ 🅿 – 🔬 65. 🖭 ◑ 🖪 𝘝𝘐𝘚𝘈. 🛠 Rest 2. - 31. Jan. geschl. – **Vogelherd** (Montag geschl., wochentags nur Abendessen, Mai - Sept. auch Mittagessen) **Menu** à la carte 74/110 – **Schenke** (Mittwoch geschl.) **Menu** à la carte 30/64 – **17 Z** 214/326.

NIEDERWINKLING Bayern siehe Bogen.

NIEDERWÜRSCHNITZ Sachsen siehe Stollberg.

NIEFERN-ÖSCHELBRONN Baden-Württemberg 🔢 T 10 – 11 300 Ew – Höhe 228 m.
🛗 Mönsheim (SO : 14 km), ℰ (07044) 69 09.
Berlin 659 – Stuttgart 47 – Karlsruhe 37 – Pforzheim 7.

Im Ortsteil Niefern :

🏨 **Queens Hotel,** Pforzheimer Str. 52 (W : 2 km), ⊠ 75223, ℰ (07233) 7 09 90, Fax (07233) 5365, 🏠 – 🛗, 🛏 Zim, 🔟 🕿 🛠 🅿 – 🔬 50. 🖭 ◑ 🖪 𝘝𝘐𝘚𝘈
Menu à la carte 35/59 – **67 Z** 200/275.

🏨 **Krone,** Schloßstr. 1, ⊠ 75223, ℰ (07233) 70 70, Fax (07233) 70799, 🏠 – 🛗 🔟 🕿 ⏴ 🅿 – 🔬 40. 🖭 ◑ 🖪 𝘝𝘐𝘚𝘈. 🛠 27. Dez. - Anfang Jan. geschl. – **Menu** (Samstag geschl.) à la carte 36/65 – **60 Z** 112/188.

NIEHEIM Nordrhein-Westfalen 🔢 K 11 – 6 900 Ew – Höhe 183 m.
Berlin 376 – Düsseldorf 203 – Hannover 94 – Hameln 48 – Kassel 90 – Detmold 29.

🏠 **Berghof** ⏴, Piepenborn 17, ⊠ 33039, ℰ (05274) 3 42, Fax (05274) 1242, ≤, 🏠, 🛏 – 🛏 Zim, 🔟 🕿 🅿 🖭 ◑ 🖪 𝘝𝘐𝘚𝘈. 🛠 Zim
Mitte Okt. - Mitte Nov. geschl. – **Menu** (Montag geschl.) à la carte 25/49 – **19 Z** 55/110.

NIENBURG (WESER) Niedersachsen 🔢🔢 I 11, 🔢 ⑯ – 32 000 Ew – Höhe 25 m.
🅱 Stadtkontor-Touristbüro, Lange Str. 18, ⊠ 31582, ℰ (05021) 8 73 55, Fax (05021) 87301.
Berlin 334 – Hannover 57 – Bremen 63 – Bielefeld 103.

🏨 **Weserschlößchen,** Mühlenstr. 20, ⊠ 31582, ℰ (05021) 6 20 81, Fax (05021) 63257, ≤, 🏠, 🛠, 🕿 – 🛗, 🛏 Zim, 🔟 🕿 🅿 – 🔬 280. 🖭 ◑ 🖪 𝘝𝘐𝘚𝘈 𝘑𝘊𝘉
Menu à la carte 32/65 – **36 Z** 120/200.

🏨 **Nienburger Hof,** Hafenstr. 3, ⊠ 31582, ℰ (05021) 1 30 48, Fax (05021) 13508 – 🛗 🔟 🕿 🅿 – 🔬 40. 🖭 ◑ 🖪 𝘝𝘐𝘚𝘈
Menu (Montag geschl.) à la carte 30/62 – **20 Z** 115/210.

🏠 **Zum Kanzler,** Lange Str. 63, ⊠ 31582, ℰ (05021) 9 79 20, Fax (05021) 979230, 🏠 – 🔟 🕿 ⏪ 🅿 🖪 𝘝𝘐𝘚𝘈. 🛠 Zim
Menu à la carte 35/58 – **16 Z** 95/155.

In Marklohe-Neulohe NW : 9 km :

🍴 **Neuloher Hof** mit Zim, Bremer Str. 26 (B 6), ⊠ 31608, ℰ (05022) 3 82, Fax (05022) 1600, 🏠 – 🔟 🕿 🅿 – 🔬 60
Menu (Donnerstag geschl.) à la carte 30/65 – **4 Z** 65/95.

NIENHAGEN Mecklenburg-Vorpommern 🔢 D 20, 🔢 I 3 – 700 Ew – Höhe 15 m.
Berlin 238 – Schwerin 79 – Rostock 18.

🏠 **Pension am Teich** ⏴ garni, Strandstr. 14, ⊠ 18211, ℰ (038203) 8 11 82, Fax (038203) 81183, 🛏 – 🛏 🔟 🕿 🅿 🖪 𝘝𝘐𝘚𝘈
8 Z 85/126.

NIENSTÄDT Niedersachsen siehe Stadthagen.

Alle Michelin-Straßenkarten werden ständig überarbeitet und aktualisiert.

NIERSTEIN *Rheinland-Pfalz* 🅰🅸🅷 🅰🅸🅹 *Q 9,* 🥢🥢🥢 ㉖ – *7 000 Ew – Höhe 85 m.*

🏌 *Mommenheim, Am Golfplatz 1 (NW : 8 km),* ℘ *(06138) 94 11 94.*

🅱 *Verkehrsverein, Rathaus, Bildstockstr. 10,* ✉ *55283,* ℘ *(06133) 51 11, Fax (06133) 5181.*

Berlin 578 – Mainz 20 – Frankfurt am Main 53 – Bad Kreuznach 39 – Worms 28 – Darmstadt 23.

🏨 **Villa Spiegelberg** 🐟 garni, Hinter Saal 21, ✉ 55283, ℘ (06133) 51 45, *Fax (06133) 57432,* ≤, « Garten » – 📺 ☎ 🅿 – 🔸 25. 🌼 *Ostern und Weihnachten geschl.* – **12 Z** 137/250.

In Mommenheim *NW : 8 km :*

🏠 **Zum Storchennest,** Wiesgartenstr. 3, ✉ 55278, ℘ (06138) 12 33, *Fax (06138) 1240,* 🍴 🏡, 🌳 – 📺 ☎ 🚗 🅿 *Jan. und Juli - Aug. jeweils 2 Wochen geschl.* – **Menu** *(Montag - Dienstagmittag geschl.)* à la carte 24/52 🍷 – **22 Z** 75/110.

NIESTETAL *Hessen siehe Kassel.*

NIEWITZ *Brandenburg siehe Lübben.*

NISCHWITZ *Sachsen* 🅰🅸🅸 *L 22 – 800 Ew – Höhe 140 m.*
Berlin 167 – Dresden 100 – Leipzig 34 – Dessau 93 – Wittenberg 59.

🏨 **Zur Mühle,** Eilenburger Str. 22b, ✉ 04808, ℘ (03425) 98 90, *Fax (03425) 989100,* 🍴, ⇔ – 🛗 📺 ☎ ✆ 🅿 – 🔸 45. 🅰🅴 ⓞ 🅴 🆅🆂🅰. 🌼 Zim **Menu** à la carte 28/46 – **52 Z** 149/215.

NITTEL *Rheinland-Pfalz* 🅰🅸🅷 *R 3,* 🅰🅾🅹 *M 7,* 🅰🅸🅴 ⑳ – *1 700 Ew – Höhe 160 m.*
Berlin 744 – Mainz 187 – Luxembourg 32 – Saarburg 20 – Trier 25.

🏠 **Zum Mühlengarten,** Uferstr. 5 (B 419), ✉ 54453, ℘ (06584) 3 87, *Fax (06584) 837,* 🍴, Biergarten, ⇔, 🌳 – 🅿. 🅰🅴 🅴 🆅🆂🅰 *15. Jan. - 15. Feb. geschl.* – **Menu** *(Montag geschl.)* à la carte 28/58 – **24 Z** 65/100.

NITTENAU *Bayern* 🅰🅸🅾 *S 20,* 🥢🥢🥢 ㉙ – *7 800 Ew – Höhe 350 m.*
🅱 *Verkehrsamt, Hauptstr. 14,* ✉ *93149,* ℘ *(09436) 3 09 24, Fax (09436) 2680.*
Berlin 474 – München 158 – Amberg 49 – Cham 36 – Regensburg 36.

🏨 **Aumüller,** Brucker Str. 7, ✉ 93149, ℘ (09436) 5 34, *Fax (09436) 2433,* 🍴, 🌳 – 🌼 Zim, 📺 ☎ 🅿 – 🔸 80. 🅰🅴 ⓞ 🅴 🆅🆂🅰. 🌼 Rest **Menu** *(Sonntagabend geschl.)* à la carte 56/78 – **Stüberl :** Menu à la carte 30/52 – **37 Z** 85/160 – ½ P 25.

NÖRDLINGEN *Bayern* 🅰🅸🅹 🅰🅸🅾 *T 15,* 🥢🥢🥢 ㉘ ㉙ – *21 000 Ew – Höhe 430 m.*
Sehenswert : St.-Georg-Kirche★ *(Magdalenen-Statue*★*) – Stadtmauer*★ *– Stadtmuseum*★ **M1** *– Rieskrater-Museum*★.
🅱 *Verkehrsamt, Marktplatz 2,* ✉ *86720,* ℘ *(09081) 43 80, Fax (09081) 84102.*
Berlin 514 ① – München 128 ② – Nürnberg 92 ① – Stuttgart 112 ④ – Ulm (Donau) 82 ③

Stadtplan siehe gegenüberliegende Seite

🏨 **Flamberg Hotel Klösterle,** Beim Klösterle 1, ✉ 86720, ℘ (09081) 8 80 54, *Fax (09081) 22740,* 🍴, ⇔ – 🛗, 🌼 Zim, 📺 – 🔸 300. 🅰🅴 ⓞ 🅴 🆅🆂🅰 **v** **Menu** *(Aug. 3 Wochen geschl.)* à la carte 40/69 – **98 Z** 168/216.

🏨 **Sonne,** Marktplatz 3, ✉ 86720, ℘ (09081) 50 67, *Fax (09081) 23999,* 🍴 – 📺 ☎ 🅿 – 🔸 30. 🅰🅴 🅴 🆅🆂🅰 **n** **Menu** *(Nov. - April Mittwoch geschl.)* à la carte 34/66 – **40 Z** 110/230.

🏨 **Am Ring,** Bürgermeister-Reiger-Str. 14, ✉ 86720, ℘ (09081) 40 28, *Fax (09081) 23170* – 🛗, 🌼 Zim, 📺 ☎ 🚗 🅿 – 🔸 20. 🅰🅴 ⓞ 🅴 🆅🆂🅰 **e** **Menu** *(Sonntagabend geschl.)* à la carte 31/68 – **39 Z** 89/180.

🏠 **Goldene Rose** garni, Baldinger Str. 42, ✉ 86720, ℘ (09081) 8 60 19, *Fax (09081) 24591* – 📺 ☎ 🅿. 🅴 🆅🆂🅰 **a** **17 Z** 65/115.

✕✕ **Meyers-Keller,** Marienhöhe 8, ✉ 86720, ℘ (09081) 44 93, *Fax (09081) 24931,* Biergarten – 🅿. 🅰🅴 🅴 🆅🆂🅰 über Oskar-Mayer-Str. *Montag - Dienstagmittag und über Fasching 2 Wochen geschl.* – **Menu** 45/135 und à la carte.

NÖRDLINGEN

Ask your bookseller
for the catalogue of
Michelin publications.

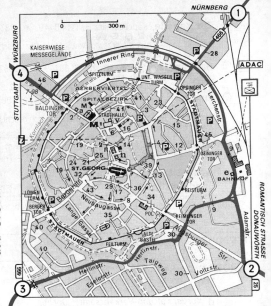

NÖRTEN-HARDENBERG *Niedersachsen* 417 418 *L 13,* 987 ⑯ *– 8 800 Ew – Höhe 140 m.*
  Berlin 328 – Hannover 109 – Kassel 57 – Göttingen 11 – Braunschweig 96.

     Burghotel Hardenberg ⤴, Im Hinterhaus 11a, ☒ 37176, ℰ (05503) 98 10,
  Fax (05503) 981666, ☲ ⇔ ☆ – ☳ ☑ ⅋ ⇔ 🅟 – ⚿ 60. 🆎 ⓞ ☰ 𝘝𝘐𝘚𝘈.
  ⅌ Rest
  Novalis *(Sonntag geschl.)* **Menu** à la carte 66/85 – **Mühle** *(Montag geschl., wochentags*
  nur Abendessen) **Menu** à la carte 36/58 – **44 7** 155/270.

Im Rodetal *O : 3 km, an der B 446 :*

     Rodetal, Rodetal 1, ☒ 37120 Bovenden, ℰ (05594) 9 52 20, Fax (05594) 952220, ☲
  – ☑ ☎ ⇔ 🅟. 🆎 ☰ 𝘝𝘐𝘚𝘈
  Feb. geschl. – **Menu** à la carte 33/55 – **9 Z** 90/150.

NOHFELDEN *Saarland* 417 *R 5,* 987 ㉖ *– 11 600 Ew – Höhe 350 m.*
  🛈 *Fremdenverkehrsamt, Rathaus,* ☒ 66625, ℰ (06852) 88 50, Fax (06852) 885125.
  Berlin 702 – Saarbrücken 54 – Kaiserslautern 59 – Trier 55 – Wiesbaden 117.

In Nohfelden-Bosen *W : 8,5 km :*

     Seehotel Weingärtner ⤴, Bostalstr. 12, ☒ 66625, ℰ (06852) 88 90,
  Fax (06852) 81651, ☲, ⇔, ☒, ⌀, ⅋ – ☳ ☑ ☎ & 🅟 – ⚿ 80. 🆎 ⓞ ☰
  𝘝𝘐𝘚𝘈
  Menu à la carte 38/78 – **99 Z** 98/268.

In Nohfelden-Neunkirchen/Nahe *SW : 7,5 km :*

     Landhaus Mörsdorf, Nahestr. 27, ☒ 66625, ℰ (06852) 9 01 20,
  Fax (06852) 901290, ☲ – ☑ ☎ 🅟 – ⚿ 25. 🆎 ⓞ ☰ 𝘝𝘐𝘚𝘈. ⅌ Rest
  Menu à la carte 33/62 – **17 Z** 85/110.

NONNENHORN *Bayern* 419 *X 12 – 1 500 Ew – Höhe 406 m – Luftkurort.*
  🛈 *Verkehrsamt, Seehalde 2,* ☒ 88149, ℰ (08382) 82 50, Fax (08382) 89076.
  Berlin 730 – München 187 – Konstanz 77 – Ravensburg 25 – Bregenz 17.

     Seewirt, Seestr. 15, ☒ 88149, ℰ (08382) 8 91 42, Fax (08382) 89333, « Caféterrasse
  am See mit ⩿ », ⇔, ⌀ – ☳ ☑ ☎ ⇔ 🅟
  Dez. - 19. Feb. geschl. **Menu** *(Okt. - März Montag - Dienstag geschl.)* à la carte 32/75
  – **32 Z** 85/240.

785

🏠 **Zur Kapelle,** Kapellenplatz 3, ✉ 88149, ℰ (08382) 82 74, Fax (08382) 89181, Biergarten – 📺 ☎ 🅿 🅴 𝗩𝗜𝗦𝗔
Anfang Jan. - Anfang März und Nov. - Mitte Dez. geschl. – **Menu** *(Okt. - Mai Donnerstag geschl.)* à la carte 28/53 – **17 Z** 74/180.

🏠 **Haus am See** ⤓, Uferstr. 23, ✉ 88149, ℰ (08382) 82 69, Fax (08382) 887607, ≤, ⤓☞, 🚗 – 📺 ☎ 🅿, ❀ Rest
März - Okt. – (Restaurant nur für Hausgäste) – **26 Z** 84/198.

🏠 **Zum Torkel,** Seehalde 14, ✉ 88149, ℰ (08382) 9 86 20, Fax (08382) 986262, 🍴, 🚗 – 📺 ☎ 🅿 🅴
Mitte Dez. - Ende Jan. geschl. – **Menu** *(Mittwoch geschl.)* à la carte 30/59 – **22 Z** 65/150.

NONNWEILER Saarland 𝟰𝟭𝟳 R 4 - 9 200 Ew – Höhe 375 m – Heilklimatischer Kurort.
Berlin 712 – Saarbrücken 50 – Kaiserslautern 75 – Trier 42.

In Nonnweiler-Sitzerath W : 4 km :

XX **Landgasthof Paulus,** Prälat-Faber-Str. 2, ✉ 66620, ℰ (06873) 9 10 11, Fax (06873) 91191, 🍴, « Modern-elegante Einrichtung ; Vinothek » –
Montag - Dienstag, Jan. 1 Woche und Okt. 2 Wochen geschl. – **Menu** à la carte 28/65.

NORDDORF Schleswig-Holstein siehe Amrum (Insel).

NORDEN Niedersachsen 𝟰𝟭𝟱 F 5, 𝟵𝟴𝟰 ⑨, 𝟰𝟬𝟴 M 1 – 25 500 Ew – Höhe 3 m.
⛴ von Norden-Norddeich nach Norderney (Autofähre) und ⛴ nach Juist, ℰ (04931) 1 80 20, Fax (04931) 8520.
🛈 Kurverwaltung-Verkehrsamt, Dörper Weg 22, (Norddeich) ✉ 26506, ℰ (04931) 98 62 03, Fax (04931) 986290.
Berlin 531 – ♦Hannover 268 – Emden 31 – Oldenburg 97 – Wilhelmshaven 78.

🏨 **Reichshof** (mit Gästehäusern), Neuer Weg 53, ✉ 26506, ℰ (04931) 17 50, Fax (04931) 17575, 🍴 – 🛗 📺 ☎ ⇔ 🅿 – 🛉 150. 🅰🅴 ⓞ 🅴 𝗩𝗜𝗦𝗔
Menu à la carte 31/63 *(auch vegetarische Gerichte)* – **36 Z** 65/180 – ½ P 17.

In Norden-Norddeich NW : 4,5 km – Seebad :

🏨 **Regina Maris** ⤓, Badestr. 7c, ✉ 26506, ℰ (04931) 1 89 30, Fax (04931) 189375, 🍴, ≤s, 🖵, – 🛗, ⇔ Zim, 📺 ☎ 🅿.
Jan. - Feb. geschl. – **Menu** à la carte 35/64 – **62 Z** 115/230, 6 Suiten – ½ P 32.

🏨 **Fährhaus,** Hafenstr. 1, ✉ 26506, ℰ (04931) 9 88 77, Fax (04931) 988788, ≤ – 🛗, ⇔ Zim, 📺 ☎ ⇔ 🅿
4. Nov. - 25. Dez. geschl. – **Menu** à la carte 40/75 – **40 Z** 120/200 – ½ P 33.

🏠 **Deichkrone** ⤓, Muschelweg 21, ✉ 26506, ℰ (04931) 80 31, Fax (04931) 8030, ≤s, 🖵, 🚗 – 📺 ☎ 🅿 – 🛉 25. ❀
15. Nov. - 15. Dez. geschl. – **Menu** *(Nov. - März nur Abendessen)* à la carte 31/64 – **30 Z** 90/220 – ½ P 28.

NORDENHAM Niedersachsen 𝟰𝟭𝟱 F 9, 𝟵𝟴𝟳 ④ ⑮ – 30 000 Ew – Höhe 2 m.
Berlin 464 – Hannover 200 – Bremen 71 – Bremerhaven 7 – Oldenburg 54.

🏨 **Am Markt,** Marktplatz 12, ✉ 26954, ℰ (04731) 9 37 20, Fax (04731) 937255, ≤s – 🛗, ⇔ Zim, 📺 ☎ ⇔ – 🛉 50. 🅰🅴 ⓞ 🅴 𝗩𝗜𝗦𝗔
Menu à la carte 40/58 – **37 Z** 130/170.

🏠 **Aits** garni, Bahnhofstr. 120, ✉ 26954, ℰ (04731) 9 98 20, Fax (04731) 9982400 – 📺 ☎ ⇔ 🅿. 🅰🅴 ⓞ 🅴 𝗩𝗜𝗦𝗔
20 Z 80/120.

In Nordenham-Abbehausen SW : 4,5 km :

🏠 **Butjadinger Tor,** Butjadinger Str. 67, ✉ 26954, ℰ (04731) 9 38 80, ⇔ Fax (04731) 938888, 🍴 – 📺 ☎ 🅿 🅴. 🅰🅴 ⓞ 🅴 𝗩𝗜𝗦𝗔
Menu à la carte 24/64 – **17 Z** 85/120.

In Nordenham-Tettens N : 10 km :

XX **Landhaus Tettens** (Bauernhaus a.d.J. 1737), Am Dorfbrunnen 17, ✉ 26954, ℰ (04731) 3 94 24, Fax (04731) 31740, 🍴 – 🅿
Montag, 10. - 21. März geschl. und 7. - 18. Juni geschl. – **Menu** à la carte 38/66.

NORDERNEY (Insel) Niedersachsen **415** E 5, **984** ⑨, **987** ③ ④ – 6 500 Ew – Seeheilbad – Insel der Ostfriesischen Inselgruppe, eingeschränkter Kfz-Verkehr.

⌕ Norderney, Karl-Rieger-Weg (O : 5 km), ℘ (04932) 6 80.

⌖ am Leuchtturm, ℘ (04932) 24 55.

⌖ von Nordeich (ca. 1h), ℘ (04932) 9 87 24, Fax (04932) 8520.

🛈 Verkehrsbüro, Bülowallee 5, ✉ 26548, ℘ (04932) 9 18 50, Fax (04932) 82494.

Berlin 537 – Hannover 272 – Aurich/Ostfriesland 31 – Emden 35.

🏛 **Kurhotel,** Weststrandstr. 4 (Am Kurgarten), ✉ 26548, ℘ (04932) 88 30 00, Fax (04932) 883333, ⇌ – 🛗 📺 🅿. ✸
Ende März - Anfang Nov. – **Menu** à la carte 35/64 – **19 Z** 160/340, 4 Suiten – ½ P 38.

🏨 **Villa Ney** Ⓜ ✎, Gartenstr. 59, ✉ 26548, ℘ (04932) 91 70, Fax (04932) 1043, ⇌ –
🛗 📺 ☎ 📞 ⅀ ⑩ ⴹ 𝗩𝗜𝗦𝗔
(nur Abendessen für Hausgäste) – **14 Z** 170/400, 8 Suiten.

🏛 **Strandhotel an der Georgshöhe** Ⓜ, Kaiserstr. 24, ✉ 26548, ℘ (04932) 89 80, Fax (04932) 898200, ⇌, Massage, ♨, ⇌, ⬚, ✸(Halle) – 🛗 📺 ☎ 📞 ♣♣ 🅿. ✸ Zim
12. Jan. - 15. Feb. und 22. Nov - 20. Dez. geschl. – **Menu** (Nov. - März Montag geschl.) à la carte 47/73 – **95 Z** 90/310, 13 Suiten – ½ P 43.

🏨 **Haus am Meer-Rodehuus und Wittehuus** ✎ garni, Kaiserstr. 3, ✉ 26548, ℘ (04932) 89 30, Fax (04932) 3673, ≤, « Moderne Einrichtung », ⇌, ⬚ – 🛗 ✦ 📺 ☎ ⇌ 🅿. ⴹ. ✸
43 Z 139/388, 3 Suiten.

🏨 **Inselhotel König,** Bülowallee 8, ✉ 26548, ℘ (04932) 80 10, Fax (04932) 801125, ⇌,
⇌ – 🛗 📺 ☎. ⑩ ⴹ 𝗩𝗜𝗦𝗔
Menu à la carte 33/62 – **49 Z** 148/260 – ½ P 27.

🏨 **Inselhotel Vier Jahreszeiten,** Herrenpfad 25, ✉ 26548, ℘ (04932) 89 40, Fax (04932) 1460, ⇌, Massage, ♣, ⇌, ⬚ – 🛗 📺 ☎ – 🕍 800. ⴹ ⑩ ⴹ 𝗩𝗜𝗦𝗔
Menu à la carte 40/65 – **91 Z** 150/260, 3 Suiten – ½ P 37.

🏨 **Golf-Hotel** ✎, Am Golfplatz 1 (O : 5 km), ✉ 26548, ℘ (04932) 89 60, Fax (04932) 89666, ≤, ⇌, ⇌, ⬚, ⬚, – 📺 ☎ ♣ ⇌ 🅿
Mitte Nov. - Mitte Dez. geschl. – **Menu** à la carte 39/78 – **31 Z** 160/320, 3 Suiten – ½ P 42.

🏨 **Strandhotel Pique** ✎, Am Weststrand 4, ✉ 26548, ℘ (04932) 9 39 30, Fax (04932) 939393, ≤, ⇌, ⇌, ⬚ – 🛗 📺 ☎ 🅿. ✸
Menu (Dienstag geschl.) à la carte 41/79 – **21 Z** 125/290, 3 Suiten.

🏨 **Belvedere am Meer** ✎ garni (mit Appartementhaus), Viktoriastr. 13, ✉ 26548, ℘ (04932) 9 23 90, Fax (04932) 83590, ≤, « Ehem. Villa a.d. Jahre 1870 », ⇌, ⬚, ⬚
– 📺 ☎ ⇌ 🅿
April - Okt. – **21 Z** 150/295.

🏨 **Ennen** ✎, Luisenstr. 16, ✉ 26548, ℘ (04932) 91 50, Fax (04932) 82110, Massage, ♣,
⇌ – 🛗 📺 ☎. ✸ Zim
Menu à la carte 28/74 – **65 Z** 120/250.

🏠 **Friese** (mit Gästehaus), Friedrichstr. 34, ✉ 26548, ℘ (04932) 80 20, Fax (04932) 80234,
⇌ – 🛗 📺 ☎. ✸
Menu (Mittwoch geschl.) à la carte 32/57 – **62 Z** 97/298 – ½ P 26.

🏠 **Am Rathaus und Austernfischer** garni, Friedrichstr. 11, ✉ 26548, ℘ (04932) 9 38 40, Fax (04932) 685, ⇌ – 📺 ☎. ✸
6. Jan. - Anfang März und Nov. - 26. Dez. geschl. – **31 Z** 75/192.

🏠 **Haus Waterkant** ✎ garni, Kaiserstr. 9, ✉ 26548, ℘ (04932) 80 01 00, Fax (04932) 800200, ≤, Massage, ♣, ⬚ – 🛗 📺 ☎. ✸
Jan. und Dez. geschl. – **48 Z** 112/236.

✗✗ **Lenz,** Benekestr. 3, ✉ 26548, ℘ (04932) 22 03 – ⴹ
Sept. - Mitte Juni Montag - Dienstagmittag und Jan. - Feb. 4 Wochen geschl. – **Menu** (Tischbestellung ratsam) à la carte 44/74.

NORDERSTEDT Schleswig-Holstein **415** **416** E 14, **987** ⑤ – 70 500 Ew – Höhe 26 m.
ADAC, Berliner Allee 38 (Herold-Center), ✉ 22850, ℘ (040) 5 34 36 00, Fax (040) 53436011.
Berlin 309 – Kiel 79 – Hamburg 26 – Itzehoe 58 – Lübeck 69.

🏛 **Park-Hotel** garni, Buckhörner Moor 100, ✉ 22846, ℘ (040) 52 65 60, Fax (040) 52656400, ⇌ – 🛗 ✦ 📺 📞 ⇌ 🅿 – 🕍 110. ⴹ ⑩ ⴹ 𝗩𝗜𝗦𝗔
78 Z 155/220.

🏨 **Friesenhof** garni, Segeberger Chaussee 84 a/b, ✉ 22850, ℘ (040) 52 99 20, Fax (040) 52992100 – 🛗 ✦ 📺 ☎ 📞 ⇌ 🅿. ⴹ ⴹ 𝗩𝗜𝗦𝗔. ✸
47 Z 160/275.

🏠 **Nordic** garni, Ulzburger Str. 387, ✉ 22846, ℘ (040) 5 26 85 80, Fax (040) 5266708, ⬚
– 📺 ☎ 📞 🅿. ⴹ ⑩ ⴹ 𝗩𝗜𝗦𝗔 – **30 Z** 120/170.

In Norderstedt-Garstedt :

🏨 **Heuberg** garni, Kahlenkamp 2/Ecke Niendorfer Straße, ✉ 22848, ℰ (040) 52 80 70, Fax (040) 5238067 – |≢| ⥋ 📺 ☎ ⬅ 🅿. 🆎 ⓪ 🅴 𝑉𝐼𝑆𝐴 ᴊᴄв
47 **Z** 105/195.

🏠 **Maromme** garni, Maromer Str. 58, ✉ 22850, ℰ (040) 52 10 90, Fax (040) 5210930, 🐎 – ⥋ 📺 ☎ 🅿. 🆎 ⓪ 🅴 𝑉𝐼𝑆𝐴
18 **Z** 115/155.

In Norderstedt-Glashütte :

🏨 **Am Stadtrand** garni, Tangstedter Landstr. 508, ✉ 22851, ℰ (040) 52 99 90, Fax (040) 52999299 – |≢| ⥋ 📺 ☎ & ⬅. 🆎 ⓪ 🅴 𝑉𝐼𝑆𝐴
27 **Z** 140/200.

🏠 **Zur Glashütte,** Segeberger Chaussee 309 (B 432), ✉ 22851, ℰ (040) 5 29 86 60, Fax (040) 52986635, ⬛ – 📺 ☎ ⬅ 🅿. 🆎 𝑉𝐼𝑆𝐴
Menu (Mittwoch und Juli - Aug. 4 Wochen geschl.) (wochentags nur Abendessen) à la carte 25/53 – **16 Z** 80/130.

In Norderstedt-Harksheide :

🏨 **Schmöker Hof,** Oststr. 18, ✉ 22844, ℰ (040) 52 60 70, Fax (040) 5262231, Biergarten, ⇌ – |≢|, ⥋ Zim, 📺 & & ⬅ 🅿 – 🔬 120. 🆎 ⓪ 🅴 𝑉𝐼𝑆𝐴
Menu à la carte 48/74 – **122 Z** 165/260, 5 Suiten.

NORDHAUSEN Thüringen 𝟜𝟙𝟠 L 16, 𝟜𝟙𝟜 E 11, 𝟿𝟠𝟕 ⑰ – 47 000 Ew – Höhe 247 m.

🔳 Touristeninformationszentrum, Bahnhofstr. 3a, ✉ 99734, ℰ (03631) 90 21 53, Fax (03631) 902153.

ADAC, Kranichstr. 8. ✉ 99734, ℰ (03631) 98 43 04, Fax (03631) 980688.

Berlin 261 – Erfurt 74 – Göttingen 86 – Halle 91.

🏨 **Handelshof** Ⓜ garni, Bahnhofstr. 13, ✉ 99734, ℰ (03631) 62 50, Fax (03631) 625100, ⇌ – |≢|, ⥋ Zim, 📺 ☎ & 🅿 – 🔬 40. 🆎 ⓪ 🅴 𝑉𝐼𝑆𝐴
40 **Z** 95/170.

In Werther SW : 3,5 km :

🏠 **Zur Hoffnung,** an der B 80, ✉ 99735, ℰ (03631) 60 12 16, Fax (03631) 600826, ⇌ ⬅ – |≢| 📺 ☎ & ⬅ 🅿 – 🔬 120. 𝄇
Menu à la carte 21/38 – **51 Z** 80/135.

NORDHEIM Bayern siehe Volkach.

NORDHOLZ Niedersachsen siehe Bücken.

NORDHORN Niedersachsen 𝟜𝟙𝟝 I 5, 𝟿𝟠𝟕 ⑭ ⑮ – 51 000 Ew – Höhe 22 m.

🔳 Verkehrs- und Veranstaltungsverein, Firnhaberstr. 17, ✉ 48529, ℰ (05921) 3 40 30, Fax (05921) 32283.

ADAC, Firnhaberstr. 17, ✉ 48529, ℰ (05921) 3 63 83, Fax (05921) 39231.

Berlin 502 – Hannover 224 – Bremen 155 – Groningen 113 – Münster (Westfalen) 73.

🏨 **Am Stadtring,** Am Stadtring 31, ✉ 48527, ℰ (05921) 8 83 30, Fax (05921) 75391 – |≢|, ⥋ Zim, 📺 ☎ & ⬅ 🅿 – 🔬 40. 🆎 ⓪ 🅴 𝑉𝐼𝑆𝐴
Menu à la carte 40/63 – **41 Z** 79/160.

🏠 **Eichentor,** Bernhard-Niehues-Str. 12, ✉ 48529, ℰ (05921) 8 98 60, Fax (05921) 77948, ⇌, ⬛ – |≢| 📺 ☎ & 🅿 – 🔬 80. 🆎 ⓪ 🅴 𝑉𝐼𝑆𝐴
Menu (Samstagmittag und Sonntagabend geschl.) à la carte 33/62 – **47 Z** 79/150.

XX **Kleines Sandhookhaus,** Sandhook 34, ✉ 48531, ℰ (05921) 3 29 46, Fax (05921) 330048, 🌱 – 🆎 ⓪ 🅴 𝑉𝐼𝑆𝐴
Montag geschl. – **Menu** (wochentags nur Abendessen) à la carte 36/62.

NORDRACH Baden-Württemberg 𝟜𝟙𝟡 U 8 – 2 000 Ew – Höhe 300 m – Luftkurort.

🔳 Verkehrsamt, Im Dorf 26, ✉ 77787, ℰ (07838) 92 99 31, Fax (07838) 929924.

Berlin 776 – Stuttgart 130 – Karlsruhe 106 – Lahr 23 – Offenburg 28 – Freudenstadt 39.

⚘ **Stube,** Im Dorf 28, ✉ 77787, ℰ (07838) 2 02, 🌱 – 🅿
Jan. - Feb. 3 Wochen geschl. – **Menu** (Dienstagabend - Mittwoch geschl.) à la carte 30/60 & – **12 Z** 50/100 – ½ P 20.

NORDSTRAND Schleswig-Holstein 𝟜𝟷𝟝 C 10, 𝟫𝟠𝟟 ⑤ ④ – 2 400 Ew – Höhe 1 m – Seeheilbad.
Ausflugsziele : Die Halligen★ (per Schiff).
🚩 Kurverwaltung, Schulweg 4 (Herrendeich), ✉ 25845, ℘ (04842) 4 54, Fax (04842) 8102.
Berlin 447 – Kiel 103 – Flensburg 61 – Husum 19 – Schleswig 53.

In Nordstrand-Herrendeich :

🏛 **Landgasthof Kelting,** Herrendeich 6, ✉ 25845, ℘ (04842) 3 35, Fax (04842) 8355, 🍴 – 📺 🅿. 🆎 ① 🇪 𝘝𝘐𝘚𝘈. ⅍ Rest
Feb. 2 Wochen geschl. – **Menu** (Montag geschl.) à la carte 35/50 – **19 Z** 80/130 – ½ P 24.

In Nordstrand-Süden :

🏨 **Christiansen** garni, Am Ehrenmal 10, ✉ 25843, ℘ (04842) 82 12, Fax (04842) 1349, 🍴 – 📺 ☎ 🅿
14 Z 85/150.

NORTHEIM Niedersachsen 𝟜𝟷𝟽 𝟜𝟷𝟠 K 13, 𝟫𝟠𝟟 ⑯ – 33 000 Ew – Höhe 121 m.
🇳 18 Schloß Levershausen (S : 6 km), ℘ (05551) 6 19 15.
🚩 Fremdenverkehrsbüro, Am Münster 30 (1. Etage), ✉ 37154, ℘ (05551) 6 36 50, Fax (05551) 3696.
Berlin 317 – Hannover 99 – Braunschweig 85 – Göttingen 27 – Kassel 69.

🏛 **Schere,** Breite Str. 24, ✉ 37154, ℘ (05551) 90 90, Fax (05551) 969196, 🍴 – |♣| 📺 ☎ 🗣 🖛 – 🔬 20. 🆎 ① 🇪 𝘝𝘐𝘚𝘈
Menu à la carte 29/58 – **38 Z** 110/250.

🏨 **Deutsche Eiche** garni, Bahnhofstr. 16, ✉ 37154, ℘ (05551) 22 93, Fax (05551) 2591 – 📺 ☎ 🖛 🅿. 🆎 ① 🇪 𝘝𝘐𝘚𝘈
20. Dez. - 4. Jan. geschl. – **27 Z** 80/150.

Bei der Freilichtbühne O : 3 km über die B 241 :

🏨 **Waldhotel Gesundbrunnen** 🐾, ✉ 37154 Northeim, ℘ (05551) 60 70, Fax (05551) 607200, 🍴 🔄 🌳 – |♣| 📺 ☎ 🗣 🖛 🅿 – 🔬 80. 🆎 ① 🇪 𝘝𝘐𝘚𝘈. ⅍ Rest
Menu (Sonntagabend geschl.) à la carte 45/59 – **62 Z** 135/195.

NORTORF Schleswig-Holstein 𝟜𝟷𝟝 𝟜𝟷𝟼 D 13, 𝟫𝟠𝟟 ⑤ – 6 000 Ew – Höhe 30 m.
Berlin 348 – Kiel 29 – Flensburg 81 – Hamburg 78 – Neumünster 16.

🏛 **Kirchspiels Gasthaus,** Große Mühlenstr. 9, ✉ 24589, ℘ (04392) 49 22, Fax (04392) 3454, 🍴 – 📺 ☎ 🖛 🅿 – 🔬 50. 🆎 ① 🇪 𝘝𝘐𝘚𝘈. ⅍
Menu à la carte 35/72 – **13 Z** 75/165.

🏨 **Alter Landkrug** (mit Gästehaus), Große Mühlenstr. 13, ✉ 24589, ℘ (04392) 44 14, Fax (04392) 8302 – 📺 🅿. 🆎 ① 🇪 𝘝𝘐𝘚𝘈
Menu à la carte 27/50 – **32 Z** 60/120.

NOTHWEILER Rheinland-Pfalz siehe Rumbach.

NOTTULN Nordrhein-Westfalen 𝟜𝟷𝟽 K 6 – 16 000 Ew – Höhe 95 m.
Berlin 499 – Düsseldorf 106 – Enschede 65 – Münster (Westfalen) 19.

🏛 **Steverburg,** Baumberge 6 (NO : 3 km), ✉ 48301, ℘ (02502) 94 30, Fax (02502) 9876, 🍴, « Geschmackvolle Einrichtung » – ⅍ Zim, 📺 ☎ 🅿 – 🔬 20. 🇪 𝘝𝘐𝘚𝘈
Menu (Donnerstag geschl.) à la carte 40/73 – **20 Z** 100/160.

In Nottuln-Schapdetten O : 5 Km :

🏨 **Landhaus Schapdetten,** Roxeler Str. 7, ✉ 48301, ℘ (02509) 9 90 50, Fax (02509) 990533, 🍴, 🌳 – ⅍ Zim, 📺 ☎ 🖛 🅿 – 🔬 30. 🇪 𝘝𝘐𝘚𝘈
Menu (Montag geschl.) à la carte 33/59 – **16 Z** 75/160.

🏨 **Zur alten Post** 🐾, Roxeler Str. 5, ✉ 48301, ℘ (02509) 9 91 90, Fax (02509) 991919, Biergarten – 📺 ☎ 🖛 🅿 – 🔬 15. 🆎 🇪
Menu (Dienstag geschl.) à la carte 29/61 – **25 Z** 65/130.

In Nottuln-Stevern NO : 2 km :

XX **Gasthaus Stevertal** mit Zim, Stevern 36, ✉ 48301, ℘ (02502) 9 40 10, 🖛 Fax (02502) 940149, 🍴 – 🖛 🅿 – 🔬 00
Menu (bemerkenswerte Weinkarte) à la carte 24/71 – **7 Z** 75/140.

NÜMBRECHT Nordrhein-Westfalen **987** N 6 – 17 000 Ew – Höhe 280 m – Heilklimatischer Kurort.

🔼 *Kur- und Gäste-Information, Lindchenweg 1,* ✉ *51588,* ℰ *(02293) 5 18, Fax (02293) 510.*

Berlin 576 – Düsseldorf 91 – Bonn 49 – Waldbröl 8 – Köln 53.

🏛 **Park-Hotel** 🦢, Parkstraße, ✉ 51588, ℰ (02293) 30 30, Fax (02293) 303365, 🏖, Massage, ⇌s, 🔲, 🏹(Halle) – 📶, ⇔ Zim, 🍴 Rest, 📺 📞 🅿 – ⚕ 220. 🖭 ⓞ 🖻 *VISA*
Menu à la carte 41/65 – **89 Z** 148/214 – ½ P 33.

🍽 **Oliver's Gasthaus** mit Zim, Hauptstr. 52, ✉ 51588, ℰ (02293) 9 11 10, Fax (02293) 91118, 🏖 – 📺 📞 📞 🅿 🖻 *VISA*
Feb. 3 Wochen geschl. – **Menu** (Montag geschl.) à la carte 54/86 – **4 Z** 150/240.

NÜRBURG Rheinland-Pfalz **987** O 4, **987** ㉖ – 200 Ew – Höhe 610 m – Luftkurort.
Sehenswert : Burg ❄★.
Ausflugsziel : Nürburgring★ (Rennsport-Museum★).
Berlin 644 – Mainz 152 – Bonn 56 – Mayen 26 – Wittlich 57.

🏛 **Dorint,** Am Nürburg-Ring, ✉ 53520, ℰ (02691) 30 90, Fax (02691) 309460, ≤, 🏖, ⇌s, 🔲 – 📶 📺 📞 ⇔ 🅿 – ⚕ 120. 🖭 ⓞ 🖻 *VISA*
Menu à la carte 43/75 – **141 Z** 225/330, 3 Suiten.

🏠 **Am Tiergarten,** Kirchweg 4, ✉ 53520, ℰ (02691) 9 22 00, Fax (02691) 7911, 🏖 – ⇔ Zim, 📺 📞 📞 🅿 – ⚕ 20. 🖭 ⓞ 🖻 *VISA*
Menu à la carte 27/59 – **34 Z** 105/180.

🏠 **Zur Burg** (mit Gästehaus), Burgstr. 4, ✉ 53520, ℰ (02691) 75 75, Fax (02691) 7711, 🏖, ⇌s – 📺 🅿 – ⚕ 20. 🖭 ⓞ 🖻 *VISA*
20. Nov. - 25. Dez. geschl. – **Menu** à la carte 29/52 – **35 Z** 75/200.

Benachrichtigen Sie sofort das Hotel,
wenn Sie ein bestelltes Zimmer nicht belegen können.

NÜRNBERG Bayern **419 420** R 17, **987** ㉘ – 500 000 Ew – Höhe 300 m.
Sehenswert : Germanisches Nationalmuseum★★★ JZ – St.-Sebalduskirche★ (Kunstwerke★★) JY – Stadtbefestigung★ – Dürerhaus★ JY – Schöner Brunnen★ JY C – St.-Lorenz-Kirche★ (Engelsgruß★★, Gotischer Kelch★★) JZ – Kaiserburg (Sinwellturm ≤★) JY – Frauenkirche★ JY E – Verkehrsmuseum (Eisenbahnabteilung★) JZ **M4.**

🔼 N-Kraftshof (über Kraftshofer Hauptstr. BS), ℰ (0911)30 57 30.
🛫 Nürnberg BS, ℰ (0911) 3 50 60.
Messezentrum (BT), ℰ (0911) 8 60 60, Fax (0911) 8606228.
🔼 Tourist-Information, im Hauptbahnhof (Mittelhalle), ℰ (0911) 2 33 61 32, Fax (0911) 2336166.
🔼 Tourist-Information, Hauptmarkt 18, ✉ 90403, ℰ (0911) 2 33 61 35, Fax (0911) 204359.
ADAC, Äußere Sulzbacher Str. 98, ✉ 90491, ℰ (0911) 9 59 50, Fax (0911) 9595280.
Berlin 432 ⑤ – München 165 ⑦ – Frankfurt am Main 226 ① – Leipzig 276 ⑤ – Stuttgart 205 ⑧ – Würzburg 110 ①

Stadtpläne siehe nächste Seiten

🏛 **Grand-Hotel,** Bahnhofstr. 1, ✉ 90402, ℰ (0911) 2 32 20, Fax (0911) 2322444, ⇌s – 📶, ⇔ Zim, 🍴 📺 📞 ⇔ – ⚕ 140. 🖭 ⓞ 🖻 *VISA* JCB
Menu à la carte 41/84 – **182 Z** 199/530, 4 Suiten. KZ d

🏛 **Maritim,** Frauentorgraben 11, ✉ 90443, ℰ (0911) 2 36 30, Fax (0911) 2363836, ⇌s, 🔲 – 📶, ⇔ Zim, 🍴 📺 📞 ⇔ – ⚕ 600. 🖭 ⓞ 🖻 *VISA* JCB
Menu à la carte 58/86 – **316 Z** 259/488, 3 Suiten. JZ e

🏛 **Carlton Hotel,** Eilgutstr. 13, ✉ 90443, ℰ (0911) 2 00 30, Fax (0911) 2003532, 🏖, ⇌s – 📶, ⇔ Zim, 📺 ⇔ 🅿 – ⚕ 140. 🖭 ⓞ 🖻 *VISA* JCB
Menu à la carte 48/71 – **130 Z** 165/375, 3 Suiten. JZ f

🏛 **Atrium Hotel,** Münchener Str. 25, ✉ 90478, ℰ (0911) 4 74 80, Fax (0911) 4748420, 🏖, ⇌s, 🔲 – 📶, ⇔ Zim, 🍴 Rest, 📺 🕭 ⇔ 🅿 – ⚕ 150. 🖭 ⓞ 🖻 *VISA* JCB, 🍽 Rest
Menu à la carte 45/88 – **200 Z** 199/298. GX g

🏛 **Queens,** Münchener Str. 283, ✉ 90471, ℰ (0911) 9 46 50, Fax (0911) 468865, 🏋, ⇌s – 📶, ⇔ Zim, 📺 🅿 – ⚕ 150. 🖭 ⓞ 🖻 *VISA* JCB
Menu à la carte 44/70 – **141 Z** 199/351. BT y

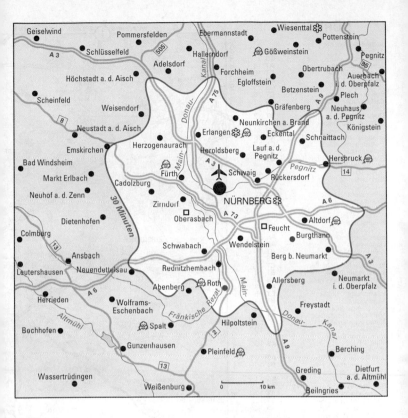

🏨 **Loew's Hotel Merkur,** Pillenreuther Str. 1, ✉ 90459, 𝒫 (0911) 44 02 91, *Fax (0911) 459037,* ⇌, 🎬 – 🛗, ⇌ Zim, 📺 ☎ ⇌, ⇌ 🅿 – 🔬 60. 🆎 ⓞ 🇪 𝐕𝐈𝐒𝐀 𝐉𝐂𝐁
FX a
Menu à la carte 37/69 – **190 Z** 150/360.

🏨 **Wöhrdersee Hotel Mercure,** Dürrenhofstr. 8, ✉ 90402, 𝒫 (0911) 9 94 90, *Fax (0911) 9949444,* ⇌, 𝑓ₒ, ⇌ – 🛗, ⇌ Zim, 🔲 📺 ☎ ⇌, ⇌ – 🔬 130. 🆎 ⓞ 🇪 𝐕𝐈𝐒𝐀
GV a
Menu à la carte 41/67 – **145 Z** 198/395.

🏨 **Queens City Hotel** garni, Kaulbachstr. 1, ✉ 90408, 𝒫 (0911) 3 65 70, *Fax (0911) 3657488,* ⇌ – 🛗 ⇌ 📺 ☎ ⇌ ⇌ ⇌. 🆎 ⓞ 🇪 𝐕𝐈𝐒𝐀
EU b
121 Z 199/249.

🏨 **Drei Linden,** Äußere Sulzbacher Str. 1, ✉ 90489, 𝒫 (0911) 53 32 33, *Fax (0911) 554047* – 📺 ☎ 🅿. 🆎 🇪 𝐕𝐈𝐒𝐀
GU p
Menu à la carte 38/65 – **28 Z** 120/180.

🏨 **Am Heideloffplatz** garni, Heideloffplatz 9, ✉ 90478, 𝒫 (0911) 94 45 30, *Fax (0911) 4469661* – 🛗 ⇌ 📺 ☎ 🅿 – 🔬 20. 🆎 ⓞ 🇪 𝐕𝐈𝐒𝐀 𝐉𝐂𝐁
FX t
24. Dez. - Anfang Jan. geschl. – **32 Z** 165/265.

🏨 **Dürer-Hotel** garni, Neutormauer 32, ✉ 90403, 𝒫 (0911) 20 80 91, *Fax (0911) 223458,* ⇌ – 🛗 📺 ☎ ⇌ ⇌ – 🔬 30. 🆎 ⓞ 🇪 𝐕𝐈𝐒𝐀 𝐉𝐂𝐁
JY r
106 Z 190/300.

🏨 **Avenue** garni, Josephsplatz 10, ✉ 90403, 𝒫 (0911) 24 40 00, *Fax (0911) 243600* – 🛗 ⇌ 📺 ☎ 🅿 – 🔬 20. 🆎 ⓞ 🇪 𝐕𝐈𝐒𝐀 𝐉𝐂𝐁
JZ c
Ende Dez. - Anfang Jan. geschl. – **41 Z** 135/250.

🏨 **InterCityHotel** 🅜, Eilgutstr. 8, ✉ 90443, 𝒫 (0911) 2 47 80, *Fax (0911) 2478999* – 🛗, ⇌ Zim, 📺 ☎ ⇌ 🔬 55. 🆎 ⓞ 🇪 𝐕𝐈𝐒𝐀. ⇌
JZ d
Menu *(Samstag - Sonntag geschl.)* (nur Abendessen) à la carte 34/56 – **158 Z** 185/350.

NÜRNBERG

Le piante topografiche sono orientate col Nord in alto.

🏨 **Concorde Hotel Viva** garni, Sandstr. 4, ⊠ 90443, ℘ (0911) 2 40 00, Fax (0911) 2400499, ⇌s – ⧙ ⇌ TV ☎ ✓ & ⇌ – △ 80. AE ① E VISA HZ n
153 Z 175/255.

🏨 **Tassilo,** Tassilostr. 21, ⊠ 90429, ℘ (0911) 3 26 66, Fax (0911) 3266799, ⇌s – ⧙, ⇌ Zim, TV ☎ & ⇌ – △ 60. AE ① E VISA. ⅍ Rest AS v
23. Dez. - 5. Jan. geschl. – (nur Abendessen für Hausgäste) – **79 Z** 160/285.

🏨 **Advantage,** Dallingerstr. 5, ⊠ 90459, ℘ (0911) 9 45 50, Fax (0911) 9455200, ⿏, ⇌s – ⧙ TV ☎ ✓. AE ① E VISA FX n
24. Dez. - 2. Jan. geschl. – **Menu** (Samstag - Sonntag geschl.) (nur Abendessen) à la carte 30/50 – **50 Z** 148/238.

🏨 **Prinzregent** garni, Prinzregentenufer 11, ⊠ 90489, ℘ (0911) 58 81 88, Fax (0911) 556236 – ⧙ ⇌ TV ☎. AE ① E VISA JCB KZ a
24. Dez. - 6. Jan. geschl. – **35 Z** 145/245.

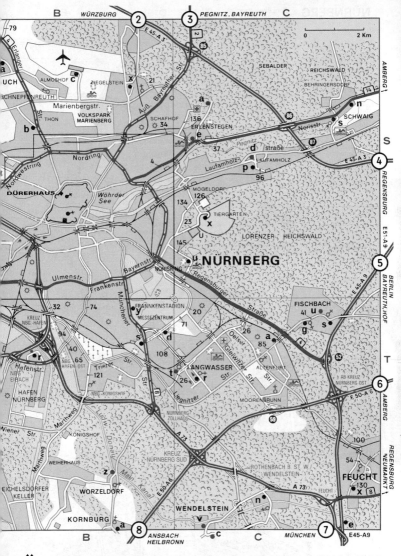

	Am Jakobsmarkt garni, Schottengasse 5, ⊠ 90402, ℰ (0911) 2 00 70, Fax (0911) 2007200, ⇌ – ⫴ ⤬ 🆅 ☎ 🅿. 🆎 ① 🅴 𝖵𝖨𝖲𝖠 𝖩𝖢𝖡 HZ h 24. Dez. - 2. Jan. geschl. – **77 Z** 146/224.
	Deutscher Hof, Frauentorgraben 29, ⊠ 90443, ℰ (0911) 2 49 40, Fax (0911) 227634 – ⫴, ▤ Rest, 🆅 ☎ – ⛟ 200. 🆎 ① 🅴 𝖵𝖨𝖲𝖠 𝖩𝖢𝖡 JZ p **Weinstube Bocksbeutelkeller** « Rustikale Einrichtung » (nur Abendessen) Menu à la carte 32/53 – **50 Z** 140/280.
	Weinhaus Steichele, Knorrstr. 2, ⊠ 90402, ℰ (0911) 20 22 80, Fax (0911) 221914 – ⫴ 🆅 ☎ 🅿. 🆎 ① 🅴 𝖵𝖨𝖲𝖠 HZ x Menu (Sonn- und Feiertage geschl.) à la carte 31/58 – **49 Z** 120/190.
	Romantik Hotel Am Josephsplatz garni, Josephsplatz 30, ⊠ 90403, ℰ (0911) 24 11 56, Fax (0911) 243105, ⇌ ⫴ ⤬ 🆅 ☎. 🆎 🅴 𝖵𝖨𝖲𝖠 .🅲🅿 I7 k 24. Dez. - 6. Jan. geschl. – **36 Z** 150/300, 4 Suiten.

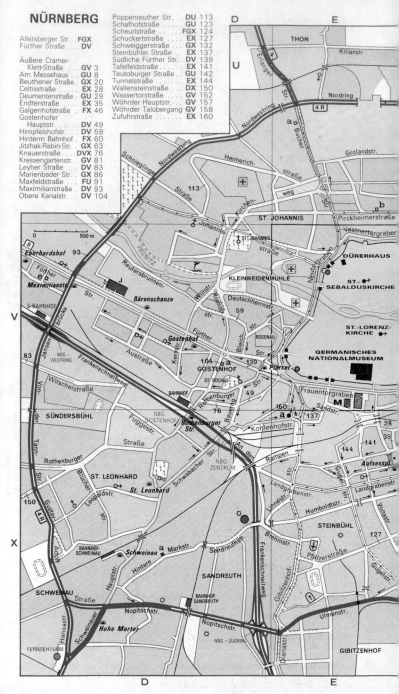

NÜRNBERG

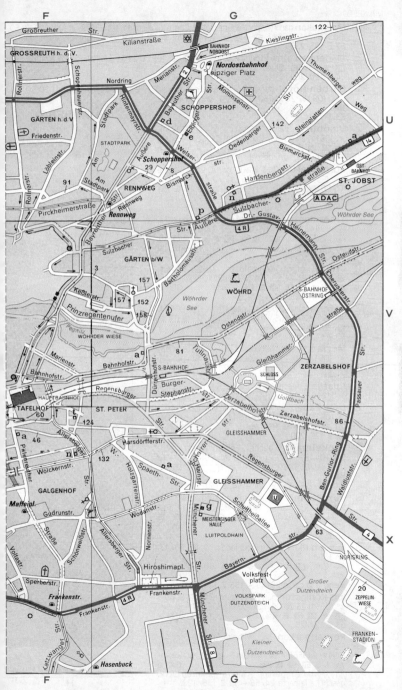

🏨 **Maximilian** garni (Appartement-Hotel), Obere Kanalstr. 11, ✉ 90429, 𝒫 (0911) 9 29 50, Fax (0911) 9295610, ≋ – |≋| ✳ 📺 ☎ ⇔. 🕮 ⑩ 🗲 VISA JCB DV a
67 Z 145/250.

🏨 **Marienbad** garni, Eilgutstr. 5, ✉ 90443, 𝒫 (0911) 20 31 47, Fax (0911) 204260 – |≋|
📺 ☎ ⇔ 🅿. 🕮 ⑩ 🗲 VISA JZ y
54 Z 120/200.

🏨 **Garden-Hotel** garni, Vordere Ledergasse 12, ✉ 90403, 𝒫 (0911) 20 50 60, Fax (0911) 2050660 – |≋| 📺 ☎. 🕮 ⑩ 🗲
VISA HZ v
33 Z 128/235.

🏨 **Hamburg** garni, Hasstr. 3, ✉ 90431, 𝒫 (0911) 31 89 90, Fax (0911) 312589 – |≋| 📺 ☎. 🕮 ⑩ 🗲 VISA DV e
21. Dez. - 11. Jan. geschl. – 25 Z 105/270.

🏨 **Burghotel-Großes Haus** garni, Lammsgasse 3, ✉ 90403, 𝒫 (0911) 20 44 14, Fax (0911) 223882, ≋, 🔳 – |≋| 📺 ☎. 🕮 🗲 VISA JCB JY k
46 Z 135/300.

🏨 **Transmar Lux Inn Hotel** garni, Zufuhrstr. 22, ✉ 90443, 𝒫 (0911) 2 77 60, Fax (0911) 2776100, ≋ – |≋| ✳ 📺 ☎ ⅋ 🅿 – 🔬 40. 🕮 ⑩ 🗲 VISA JCB EX a
103 Z 165/399.

🏨 **Cristal** garni, Willibaldstr. 7, ✉ 90491, 𝒫 (0911) 95 11 90, Fax (0911) 95119270, ≋ – |≋| 📺 ☎ 🅿. 🕮 ⑩ 🗲 VISA JCB GU d
42 Z 105/145.

🏨 **Astoria** garni, Weidenkellerstr. 4, ✉ 90443, 𝒫 (0911) 20 85 05, Fax (0911) 243670 – |≋| 📺 ☎ 🅿. 🕮 ⑩ 🗲 VISA JCB JZ r
32 Z 140/240.

🏨 **Merian**, Unschlittplatz 7, ✉ 90403, 𝒫 (0911) 20 41 94 (Hotel) 22 71 96 (Rest.), Fax (0911) 221274, 🍴 – 📺 ☎. 🕮 ⑩ 🗲 VISA JY x
Opatija : Menu à la carte 32/85 – 21 Z 130/210.

🏨 **Drei Raben** garni, Königstr. 63, ✉ 90402, 𝒫 (0911) 20 45 83, Fax (0911) 232611 – |≋| ✳ 📺 ☎. 🕮 ⑩ 🗲 VISA JCB JKZ v
32 Z 120/200.

🏨 **Fackelmann** garni, Essenweinstr. 10, ✉ 90443, 𝒫 (0911) 20 68 40, Fax (0911) 2068460, ≋ – |≋| 📺 ☎. 🕮 🗲 VISA JZ g
24. Dez. - 6. Jan. geschl. – 34 Z 130/198.

🏨 **Burgschmiet** garni, Burgschmietstr. 8, ✉ 90419, 𝒫 (0911) 93 33 60, Fax (0911) 9333620 – |≋| 📺 ☎ ⇔. 🕮 🗲 VISA JY t
36 Z 80/195.

🏨 **Ibis-Am Plärrer,** Steinbühler Str. 2, ✉ 90443, 𝒫 (0911) 2 37 10, Fax (0911) 223319 – |≋|, ✳ Zim, 📺 ☎ ⅋ ⇔ – 🔬 60. 🕮 ⑩ 🗲 VISA HZ s
Menu à la carte 29/49 – 155 Z 124/205.

🏨 **Ibis-Königstor** garni, Königstr. 74, ✉ 90402, 𝒫 (0911) 23 20 00, Fax (0911) 209684 – |≋| ✳ 📺 ☎. 🕮 ⑩ 🗲 VISA JCB KZ x
53 Z 124/205.

🏨 **Petzengarten** 🥢, Wilhelm-Spaeth-Str. 47, ✉ 90461, 𝒫 (0911) 94 95 60, Fax (0911) 9495699, Biergarten – |≋| 📺 ☎ ⇔ – 🔬 120. 🕮 ⑩ 🗲 VISA GX a
25. - 30. Dez. geschl. – Menu (Sonntagabend geschl.) à la carte 24/56 – 32 Z 135/190.

NÜRNBERG

🏠 **Klughardt** ⑤ garni, Tauroggenstr. 40, ✉ 90491, ☎ (0911) 91 98 80,
Fax (0911) 595989 – 📺 ☎ ℗. 🆎 ⓪ Ε 𝘝𝘐𝘚𝘈 𝐉𝐂𝐁
24. Dez. - 6. Jan. geschl. – **28 Z** 105/190.
GU n

🏠 **Burghotel-Stammhaus** garni, Schildgasse 14, ✉ 90403, ☎ (0911) 20 30 40,
Fax (0911) 226503, 🔲 – 🛗 📺 ☎. 🆎 ⓪ Ε 𝘝𝘐𝘚𝘈 𝐉𝐂𝐁
JY a
22 Z 90/195.

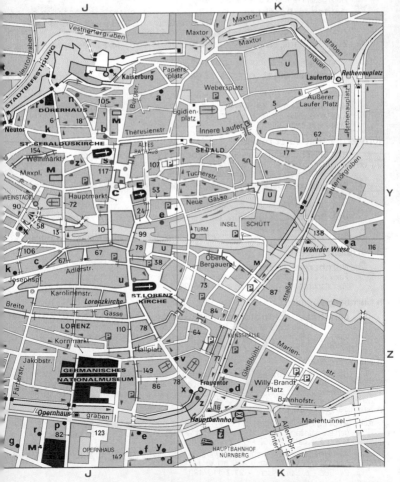

🏠 **Westend** garni, Karl-Martell-Str. 42, ✉ 90431, ℰ (0911) 93 98 60, *Fax (0911) 3263601*
– 📺 ☎ 🅿. AE 🅴 *VISA*
AS e
30 Z 89/148.

🏠 **Ibis-Marientor** garni, Königstorgraben 9, ✉ 90402, ℰ (0911) 2 40 90,
Fax (0911) 2409413 – 🛗 ⇔ 📺 ☎ ᵹ ⇔. AE 🅾 🅴 *VISA*
KZ c
152 Z 135/150.

XX **Quo vadis,** Elbinger Str. 28, ✉ 90491, ℰ (0911) 51 55 53, *Fax (0911) 5109033,* 🍴
– AE 🅴 *VISA*
GU e
Mittwoch und Aug. geschl. – **Menu** (Tischbestellung ratsam, italienische Küche) à la carte
43/70.

XX **Essigbrätlein,** Weinmarkt 3, ✉ 90403, ℰ (0911) 22 51 31, *Fax (0911) 225131,*
✿ « Gasthaus a.d.J. 1550 » – AE 🅴 *VISA* ✘
JY z
Samstagmittag, Sonntag - Montag sowie 24. Dez. - 7. Jan. und 2. - 25. Aug. geschl. – **Menu**
(Tischbestellung ratsam) 130 und à la carte 86/90
Spez. Garnelen mit Melone. Rehrücken mit geschmorten Blumenkohl. Pflaumenravioli mit
Zimteis.

XX **Parkrestaurant Meistersingerhalle,** Münchener Str. 21, ✉ 90478,
ℰ (0911) 47 48 49, *Fax (0911) 4748420,* 🍴 – 🅿 – 🔏 500. AE 🅾 🅴 *VISA* JCB GX g
Aug. geschl. – **Menu** à la carte 38/70.

XX **Goldenes Posthorn,** Glöckleinsgasse 2, ✉ 90403, ℰ (0911) 22 51 53,
Fax (0911) 2418283, 🍴 « Historische Weinstuben a.d.J. 1498 » – AE 🅾 🅴 *VISA* JCB
Jan. - Nov. Sonntag geschl. – **Menu** à la carte 44/69.
JY b

X **Zum Sudhaus,** Bergstr. 20, ✉ 90403, ℰ (0911) 20 43 14, *Fax (0911) 2418373,* 🍴
« Hübsche, rustikale Einrichtung » – AE 🅾 🅴 *VISA*
JY n
Sonntag geschl. – **Menu** à la carte 44/73.

X **Heilig-Geist-Spital,** Spitalgasse 16, ✉ 90403, ℰ (0911) 22 17 61, *Fax (0911) 208655*
– AE 🅾 🅴 *VISA*
JY e
Menu à la carte 26/65.

X **Nassauer Keller,** Karolinenstr. 2, ✉ 90402, ℰ (0911) 22 59 67, *Fax (0911) 225962,*
« Kellergewölbe a.d.13.Jh. » – AE 🅾 🅴 *VISA*
JZ u
Menu à la carte 31/63.

Nürnberger Bratwurst-Lokale :

X **Historische Bratwurstküche von 1419,** Zirkelschmiedsgasse 26, ✉ 90402,
⊗ ℰ (0911) 22 22 97, *Fax (0911) 227645*
HZ h
Sonn- und Feiertage geschl. – **Menu** à la carte 19/31.

X **Bratwurst-Häusle,** Rathausplatz 1, ✉ 90403, ℰ (0911) 22 76 95, *Fax (0911) 227645,*
⊗ 🍴
JY s
Sonn- und Feiertage geschl. – **Menu** à la carte 19/35.

X **Das Bratwurstglöcklein,** im Handwerkerhof, ✉ 90402, ℰ (0911) 22 76 25,
⊗ *Fax (0911) 227645,* 🍴
KZ z
Sonn- und Feiertage sowie Weihnachten - Mitte März geschl. – **Menu** à la carte 19/30.

In Nürnberg-Altenfurt :

🏠 **Nürnberger Trichter** garni, Löwenberger Str. 147, ✉ 90475, ℰ (0911) 8 33 50,
Fax (0911) 835880, ⇔ – ⇔ 📺 ☎ ⇔ 🅿. AE 🅾 🅴 *VISA*
CT a
Weihnachten - 6. Jan. geschl. – **35 Z** 90/200.

In Nürnberg-Boxdorf *über Erlanger Str.* (BS) *: 9 km :*

🏨 **Landhotel Schindlerhof** (mit Gästehaus), Steinacher Str. 8, ✉ 90427,
ℰ (0911) 9 30 20, *Fax (0911) 9302620,* « Ehem. Bauernhof mit rustikaler Einrichtung,
Innenhof mit Grill », ⇔ – ⇔ Zim, 📺 ☎ ⇔ 🅿 – 🔏 40. AE 🅾 🅴 *VISA* JCB
Menu à la carte 49/80 – **71 Z** 210/270.

In Nürnberg-Buch :

XX **Gasthof Bammes,** Bucher Hauptstr. 63, ✉ 90427, ℰ (0911) 38 13 03,
Fax (0911) 346313, 🍴 « Fränkischer Gasthof » – 🅿 – 🔏 80. AE 🅾 🅴 *VISA* BS a
Sonntagabend - Montag geschl. – **Menu** (Tischbestellung ratsam) à la carte 50/85.

In Nürnberg-Eibach :

🏨 **Arotel,** Eibacher Hauptstr. 135, ✉ 90451, ℰ (0911) 9 62 90, *Fax (0911) 6493052,* Biergarten, Massage, ⇔ – 🛗, 🍽 Rest, 📺 ⇔ 🅿 – 🔏 80. AE 🅾 🅴 *VISA* JCB AT a
Menu à la carte 44/62 – **71 Z** 170/280.

🏨 **Am Hafen** garni, Isarstr. 37 (Gewerbegebiet Eibach), ✉ 90451, ℰ (0911) 6 49 30 78,
Fax (0911) 644778, ⇔ – ⇔ 📺 ☎ 🅿. AE 🅴 *VISA* JCB
BT r
24. Dez. - 6. Jan. geschl. – **27 Z** 110/180.

In Nürnberg-Erlenstegen :

🏠 **Erlenstegen** garni, Äußere Sulzbacher Str. 157, ✉ 90491, 𝒫 (0911) 59 10 33,
Fax (0911) 591036 – 📱 📺 ☎ 🅿. 🆎 E 𝗩𝗜𝗦𝗔   GU a
24. Dez. - 6. Jan. geschl. – **35 Z** 125/225.

🍴🍴 **Entenstub'n im Schießhaus,** Günthersbühler Str. 145, ✉ 90491, 𝒫 (0911)
5 98 04 13, Fax (0911) 5980559, 🏡 – 🅿. 🆎 E   CS a
Samstagmittag, Sonntag - Montag, 1.- 10. Jan. und 1. - 7. Okt. geschl. – **Menu** (abends
Tischbestellung ratsam) à la carte 72/94.

🍴🍴 **Goldener Stern,** Erlenstegenstr. 95, ✉ 90491, 𝒫 (0911) 59 94 88,
Fax (0911) 599700, 🏡 – 🅿. E   CS e
Montag geschl. – **Menu** à la carte 41/69.

In Nürnberg-Fischbach :

🏠 **Silberhorn,** Fischbacher Hauptstr. 112, ✉ 90475, 𝒫 (0911) 9 83 50,
Fax (0911) 832316, 🏡, 🍸, 🔲, 🎯 (Halle) – 📱, 🔁 Zim, 📺 ☎ 🅿 – 🔬 100. 🆎 E
𝗩𝗜𝗦𝗔 𝗝𝗖𝗕   CT g
Menu à la carte 32/60 – **65 Z** 130/220.

🏠 **Fischbacher Stuben** garni, Hutbergstr. 2, ✉ 90475, 𝒫 (0911) 83 10 11,
Fax (0911) 832473 – 📺 ☎ 🅿. 🆎 E. 🎯   CT s
12 Z 110/170.

🍴🍴🍴 **Schelhorn,** Am Schloßpark 2, ✉ 90475, 𝒫 (0911) 83 24 24, 🏡, « Wechselnde
Bilderausstellung » – 🅿. 🆎 ⓪ E 𝗩𝗜𝗦𝗔   CT u
Montag geschl. – **Menu** à la carte 51/70.

In Nürnberg-Flughafen :

🏠 **Mövenpick Hotel** Ⓜ garni, Flughafenstr. 100, ✉ 90411, 𝒫 (0911) 3 50 10,
Fax (0911) 3501350, 🍸 – 📱 🔁 📺 ☎ 🗝 ⅙ 🚗 – 🔬 70. 🆎 ⓪ E 𝗩𝗜𝗦𝗔 𝗝𝗖𝗕
150 Z 213/237.   BS c

In Nürnberg-Großreuth bei Schweinau :

🍴🍴 **Gasthaus Rottner,** Winterstr. 15, ✉ 90431, 𝒫 (0911) 61 20 32, Fax (0911) 613759,
🌸 « Gartenterrasse, Grill-Garten » – 🅿 – 🔬 25. 🆎 ⓪ E 𝗩𝗜𝗦𝗔   AS r
Samstagmittag, Sonn- und Feiertage sowie 27. Dez. - 10. Jan. geschl. – **Menu** (Tischbe-
stellung ratsam) à la carte 61/83 - Hotel mit 42 Z : Eröffnung Frühjahr 1998
Spez. Enten- und Gänseleberparfait mit Rhabarbergelee. Lachsforellenfilet mit Rahmpfif-
ferlingen. Gebackene Kirschen mit Krokanteis.

In Nürnberg-Kornburg :

🏡 **Weißes Lamm** (mit Gästehaus), Flockenstr. 2, ✉ 90455, 𝒫 (09129) 2 81 60,
🕊 Fax (09129) 281635 – 📺 🚗 🅿. E   BT a
2. - 12. Jan. und Juli - Aug. 3 Wochen geschl. – **Menu** (Freitag geschl.) à la carte 23/42
🍺 – **30 Z** 55/106.

In Nürnberg-Kraftshof N : / km über Erlanger Str. und Kraftshofer Hauptstr. BS :

🍴🍴🍴 **Schwarzer Adler,** Kraftshofer Hauptstr. 166, ✉ 90427, 𝒫 (0911) 30 58 58,
🌸 Fax (0911) 305867, 🏡, « Historisches fränkisches Gasthaus a.d. 18. Jh., elegant-rustikale
Einrichtung » – 🆎 ⓪ E 𝗩𝗜𝗦𝗔 𝗝𝗖𝗕
Sonntagabend - Montag geschl. – **Menu** (Tischbestellung ratsam) 75/110 und à la carte
80/93
Spez. Taubenbrust mit Blutwurstmaultaschen in Barolosauce. Zander mit gratinierten Kar-
toffeln und Nußbutterjus. Gefüllter Kaninchenrücken mit Rehfilet und Steinpilzravioli.

🍴🍴 **Alte Post,** Kraftshofer Hauptstr. 164, ✉ 90427, 𝒫 (0911) 30 58 63,
Fax (0911) 305654, 🏡 – 🆎 ⓪ E 𝗩𝗜𝗦𝗔
Menu à la carte 37/70.

In Nürnberg-Langwasser :

🏠🏠 **Arvena Park,** Görlitzer Str. 51, ✉ 90473, 𝒫 (0911) 8 92 20, Fax (0911) 8922115, 🏡,
🍸 – 📱, 🔁 Zim, 🍽 Rest, 📺 ⅙ 🅿 – 🔬 300. 🆎 ⓪ E 𝗩𝗜𝗦𝗔 𝗝𝗖𝗕 🎯 Rest   CT r
Arve (Samstagmittag, Sonn- und Feiertage sowie Aug. geschl., **Menu** à la carte 56/84 –
244 Z 191/429, 4 Suiten.

🏠 **Arvena Messe** garni, Bertolt-Brecht-Str. 2, ✉ 90471, 𝒫 (0911) 8 12 30,
Fax (0911) 8123115, 🍸 – 📱 🔁 📺 🚗 🅿 – 🔬 50. 🆎 ⓪ E 𝗩𝗜𝗦𝗔 𝗝𝗖𝗕
23. Dez. - Anfang Jan. geschl. – **101 Z** 189/388.   BT d

🏠 **Novotel Nürnberg-Süd,** Münchener Str. 340, ✉ 90471, 𝒫 (0911) 8 12 60,
Fax (0911) 8126137, 🏡, 🍸, 🔲 (geheizt), 🌳 – 📱, 🔁 Zim, 🍽 ☎ ⅙ 🅿 – 🔬 200.
🆎 ⓪ E 𝗩𝗜𝗦𝗔   BT s
Menu à la carte 28/60 – **117 Z** 231/252.

In Nürnberg-Laufamholz :

🏠 **Park-Hotel** ॐ garni, Brandstr. 64, ⌧ 90482, ℰ (0911) 95 07 00, Fax (0911) 9507070
– 📺 ☎ 🅿. 🖭 🗚 𝑉𝐼𝑆𝐴   CS p
Ende Dez. - Anfang Jan. geschl. – **21 Z** 108/148.

✗✗ **Landgasthof zur Krone,** Moritzbergstr. 29, ⌧ 90482, ℰ (0911) 50 25 28,
Fax (0911) 502528, 佫, « Gemütliche Atmosphäre » – 🅿. 🖭 ⓞ 🗚 𝑉𝐼𝑆𝐴. ℀   CS d
Montag - Freitag nur Abendessen – **Menu** (böhmische Küche) à la carte 34/53.

In Nürnberg-Mögeldorf :

🏨 **Am Tiergarten** ॐ, Schmausenbuckstr. 166, ⌧ 90480, ℰ (0911) 54 70 71,
Fax (0911) 5441866, 佫 – 劏, ⇔ Zim, 📺 ☎ ✆ ⇐ 🅿 – 🕍 300. 🖭 ⓞ 🗚 𝑉𝐼𝑆𝐴
Menu à la carte 35/62 – **63 Z** 105/350.   CS x

In Nürnberg-Reutles über Erlanger Str. BS : 11 km :

🏠 **Höfler** ॐ (mit Gästehaus), Reutleser Str. 61, ⌧ 90427, ℰ (0911) 9 30 39 60,
Fax (0911) 93039699, 佫, ⇐s, 🌺 – 📺 ☎ 🅿 – 🕍 25. 🖭 ⓞ 🗚 𝑉𝐼𝑆𝐴
Weihnachten - Anfang Jan. geschl. – **Menu** *(Samstag - Sonntag und 10. - 20. Aug. geschl.)*
à la carte 34/61 – **35 Z** 150/240.

🏠 **Käferstein** ॐ garni, Reutleser Str. 67, ⌧ 90427, ℰ (0911) 93 69 30,
Fax (0911) 9369399, ⇐s, 🖳, 🌺 – ⇔ 📺 ☎ ⇐ 🅿 – 🕍 20. 🖭 ⓞ 🗚 𝑉𝐼𝑆𝐴
42 Z 130/230.

In Nürnberg-Schweinau :

✗ **Dal Gatto Rosso,** Hintere Marktstr. 48, ⌧ 90441, ℰ (0911) 66 68 78,
Fax (0911) 6219574, 佫 – 🖭 🗚 𝑉𝐼𝑆𝐴 𝐽𝐶𝐵   DX a
Samstagmittag und Sonntag geschl. – **Menu** (italienische Küche) à la carte 54/64.

In Nürnberg-Thon :

🏨 **Nestor-Hotel,** Bucher Str. 125, ⌧ 90419, ℰ (0911) 3 47 60, Fax (0911) 3476113, ⇐s
– 劏, ⇔ Zim, 📺 ☎ ⇐ – 🕍 40. 🖭 ⓞ 🗚 𝑉𝐼𝑆𝐴. ℀ Rest   EU a
Menu *(Samstagmittag und Sonntagmittag geschl.)* à la carte 29/58 – **74 Z** 175/279.

🐾 **Kreuzeck** (mit 🏨 Anbau), Schnepfenreuther Weg 1/Ecke Erlanger Str. (B 4), ⌧ 90425,
⇐ ℰ (0911) 3 49 61, Fax (0911) 383304, 佫 – 📺 ☎ ⇐ 🅿. 🖭 ⓞ 🗚 𝑉𝐼𝑆𝐴 𝐽𝐶𝐵. ℀
Menu à la carte 23/36 – **30 Z** 85/180.   BS b

In Nürnberg-Worzeldorf :

✗✗ **Zirbelstube** mit Zim, Fr.-Overbeck-Str. 1, ⌧ 90455, ℰ (0911) 99 88 20,
🌼 Fax (0911) 9988220, 佫, « Modernisiertes fränkisches Gasthaus » – 📺 ☎ 🅿   BT z
Jan. - Feb. 2 Wochen und Juli - Aug. 3 Wochen geschl. – **Menu** *(Sonntag - Montag geschl.)*
(nur Abendessen, Tischbestellung erforderlich) 80/120 und à la carte 68/96 – **8 Z** 130/220
Spez. Garlenenmaultäschchen mit Safransauce. Flugente mit Ingwersauce. Rücken vom
Salzwiesenlamm mit Rosmarinsauce.

In Nürnberg-Zerzabelshof :

🏨 **Holiday Inn Crowne Plaza** 🅼, Valznerweiherstr. 200, ⌧ 90480, ℰ (0911) 4 02 90,
Fax (0911) 404067, 佫, 𝑓ₛ, ⇐s, 🖳, ℀(Halle) Sportpark – 劏, ⇔ Zim, 🖵 📺 ✆ ⓰ 🅿
– 🕍 200. 🖭 𝑉𝐼𝑆𝐴 𝐽𝐶𝐵. ℀ Rest   CS u
Menu 46 (Lunchbuffet) und à la carte 51/75 – **152 Z** 278/475.

In Nürnberg-Ziegelstein :

🏠 **Alpha** garni, Ziegelsteinstr. 197, ⌧ 90411, ℰ (0911) 95 24 50, Fax (0911) 9524545 –
劏 📺 ☎ ⇐ 🅿. 🖭 ⓞ 🗚 𝑉𝐼𝑆𝐴 𝐽𝐶𝐵   BS x
24 Z 110/170.

NÜRTINGEN Baden-Württemberg 🔢 U 12, 🔢 ㊳ – 36 700 Ew – Höhe 291 m.
Berlin 633 - Stuttgart 37 - Reutlingen 21 - Ulm (Donau) 66.

🏨 **Am Schlossberg,** Europastr. 13, ⌧ 72622, ℰ (07022) 70 40, Fax (07022) 704343,
佫, 𝑓ₛ, ⇐s, 🖳 – 劏, ⇔ Zim, 🖵 📺 ⇐ – 🕍 420. 🖭 ⓞ 🗚 𝑉𝐼𝑆𝐴. ℀ Rest
Menu à la carte 30/58 – **171 Z** 195/265.

🏠 **Vetter** ॐ, Marienstr. 59, ⌧ 72622, ℰ (07022) 9 21 60, Fax (07022) 32617 – 劏 📺
☎ ⇐ 🅿 – 🕍 20. 🖭 ⓞ 🗚 𝑉𝐼𝑆𝐴. ℀ Rest
Ende Dez. - Anfang Jan. geschl. – (nur Abendessen für Hausgäste) – **40 Z** 95/150.

🏠 **Pflum** (mit Gästehaus), Steingrabenstr. 6, ⌧ 72622, ℰ (07022) 92 80,
Fax (07022) 928150, ⇐s – 📺 ☎ 🅿. 🖭
Anfang - Mitte Jan. und Aug. geschl. – **Menu** *(Samstag geschl.)* à la carte 34/72 –
44 Z 95/160.

In Nürtingen-Hardt NW : 3 km :

XXX **Ulrichshöhe,** Herzog-Ulrich-Str. 14, ⊠ 72622, ℰ (07022) 5 23 36, Fax (07022) 54940,
✿ « Terrasse mit ≼ » – **Ɒ**. **④** 𝖵𝖨𝖲𝖠
Sonntag - Montag, Jan. 3 Wochen und Juli - Aug. 2 Wochen geschl. – **Menu** (abends Tisch-
bestellung ratsam) 116/148 und à la carte 68/112
Spez. Gelee von der Gänsestopfleber mit Trüffelvinaigrette. Andalusische Fischsuppe mit
Sauce Rouille. Geschmorte Kalbsbacken.

In Nürtingen-Neckarhausen W : 3 km :

🏠 **Falter** garni, Neckartailfinger Str. 26/1, ⊠ 72622, ℰ (07022) 95 35 30,
Fax (07022) 9535332 – 📺 ☎ **Ɒ**. 𝖠𝖤 **④** 𝖤 𝖵𝖨𝖲𝖠
20 Z 80/130.

In Wolfschlugen NW : 4,5 km :

🏠 **Reinhardtshof** ॐ garni, Reinhardtstr. 13, ⊠ 72649, ℰ (07022) 5 67 31,
Fax (07022) 54153 – 📺 ☎ **Ɒ**. 𝖠𝖤 **④** 𝖤 𝖵𝖨𝖲𝖠. ॐ
Aug. 3 Wochen geschl. – **14 Z** 105/160.

In Großbettlingen SW : 5 km :

🏠 **Bauer,** Nürtinger Straße 41, ⊠ 72663, ℰ (07022) 9 44 10, Fax (07022) 45729, 🌲 –
📺 ☎ **Ɒ**. 𝖤
1. - 10. Jan. geschl. – **Menu** (Samstagmittag und Sonntagabend geschl.) à la carte 30/55
– **16 Z** 85/130.

OBERAMMERGAU Bayern **419 420** X 17, **987** ㊴ – 5 400 Ew – Höhe 834 m – Luftkurort –
Wintersport : 850/1 700 m ≼1 ≼11 ✍4.
Ausflugsziel : Schloß Linderhof★★, (Schloßpark★★), SW : 10 km.
🛈 Verkehrsbüro, Eugen-Pabst-Str. 9a, ⊠ 82487, ℰ (08822) 9 23 10, Fax (08822) 923190.
Berlin 678 – München 92 – Garmisch-Partenkirchen 19 – Landsberg am Lech 59.

🏨 **Wittelsbach,** Dorfstr. 21, ⊠ 82487, ℰ (08822) 9 28 00, Fax (08822) 9280100 – 🛗 📺
☎. 𝖠𝖤 **④** 𝖤 𝖵𝖨𝖲𝖠 𝖩𝖢𝖡
7. Nov. - 20. Dez. geschl. – (nur Abendessen für Hausgäste) – **46 Z** 85/180 – ½ P 20.

🏨 **Böld,** König-Ludwig-Str. 10, ⊠ 82487, ℰ (08822) 91 20, Fax (08822) 7102, 🌲, ॐ, 🏊
– 📺 ☎ **Ɒ** – 🕿 100. 𝖠𝖤 **④** 𝖤 𝖵𝖨𝖲𝖠 𝖩𝖢𝖡
Menu à la carte 37/71 – **57 Z** 127/238 – ½ P 20.

🏨 **Parkhotel Sonnenhof,** König-Ludwig-Str. 12, ⊠ 82487, ℰ (08822) 91 30,
Fax (08822) 3047, 🌲, ॐ, 🏊 – 🛗 📺 ☎ ⇔ **Ɒ** – 🕿 20. 𝖠𝖤 **④** 𝖤 𝖵𝖨𝖲𝖠 𝖩𝖢𝖡
Menu à la carte 34/63 – **67 Z** 120/200 – ½ P 28.

🏨 **Alte Post,** Dorfstr. 19, ⊠ 82487, ℰ (08822) 91 00, Fax (08822) 910100, 🌲 – 📺 ☎
⇔ **Ɒ**. 𝖠𝖤 **④** 𝖤 𝖵𝖨𝖲𝖠
31. Okt. - 15. Dez. geschl. – **Menu** à la carte 25/45 – **33 Z** 70/140 – ½ P 20.

🏨 **Turmwirt,** Ettaler Str. 2, ⊠ 82487, ℰ (08822) 9 26 00, Fax (08822) 1437 – 📺 ☎ **Ɒ**
– 🕿 20. 𝖠𝖤 **④** 𝖤 𝖵𝖨𝖲𝖠 𝖩𝖢𝖡
Menu (Okt. - April Mittwoch geschl.) à la carte 31/58 – **22 Z** 100/190 – ½ P 30.

🏨 **Wolf,** Dorfstr. 1, ⊠ 82487, ℰ (08822) 30 71, Fax (08822) 1096, 🌲, 🏊 – 🛗 📺 ☎ **Ɒ**.
𝖠𝖤 **④** 𝖤 𝖵𝖨𝖲𝖠
8. - 30. Jan. geschl. – **Menu** à la carte 28/56 – **32 Z** 80/180 – ½ P 25.

🏠 **Antonia** ॐ garni, Freikorpsstr. 5, ⊠ 82487, ℰ (08822) 9 20 10, Fax (08822) 3053, ॐ,
🏊 – 📺 ☎ **Ɒ**. 𝖠𝖤 𝖤 𝖵𝖨𝖲𝖠. ॐ
12 Z 65/145.

🏠 **Feldmeier,** Ettaler Str. 29, ⊠ 82487, ℰ (08822) 30 11, Fax (08822) 6631, ॐ, 🏊 –
🛗 📺 ☎ ⇔ **Ɒ**. 𝖤 𝖵𝖨𝖲𝖠. ॐ Rest
Nov. - Anfang Dez. geschl. – (nur Abendessen für Hausgäste) – **21 Z** 90/190 – ½ P 29.

🏠 **Friedenshöhe** ॐ, König-Ludwig-Str. 31, ⊠ 82487, ℰ (08822) 35 98,
Fax (08822) 4345, ≼, 🌲, 🏊 – ☎ **Ɒ**. 𝖠𝖤 **④** 𝖤 𝖵𝖨𝖲𝖠 𝖩𝖢𝖡
Nov. - Mitte Dez. geschl. – **Menu** (Donnerstag geschl.) à la carte 26/71 – **17 Z** 60/170 – ½ P 25.

🏠 **Enzianhof** garni, Ettaler Str. 33, ⊠ 82487, ℰ (08822) 2 15, Fax (08822) 4169 – **Ɒ**
März - April 2 Wochen und Nov. 1 Woche geschl. – **17 Z** 48/92.

OBERASBACH Bayern **419 420** R 16 – 15 300 Ew – Höhe 295 m.
Siehe Nürnberg (Umgebungsplan).
Berlin 451 – München 174 – Nürnberg 15 – Würzburg 108.

🏠 **Jesch** garni, Am Rathaus 5, ⊠ 90522, ℰ (0911) 96 98 60, Fax (0911) 9698699 – 🛗 ✍
📺 ☎ ✆ ⇔ **Ɒ** – 🕿 25. 𝖠𝖤 **④** 𝖤 𝖵𝖨𝖲𝖠   AS a
35 Z 89/159.

OBERAUDORF *Bayern* 420 *X 20,* 987 ⑩ *– 5 000 Ew – Höhe 482 m – Luftkurort – Wintersport : 500/1 300 m ≴20 ⛷6.*

Kur- und Verkehrsamt, Kufsteiner Str. 6, ✉ 83080, ☎ (08033) 3 01 20, Fax (08033) 30129.

Berlin 672 – München 81 – Bad Reichenhall 95 – Rosenheim 28 – Innsbruck 82.

Sporthotel Wilder Kaiser, Naunspitzstr. 1, ✉ 83080, ☎ (08033) 40 15, *Fax (08033) 3106,* – 🛗 TV ☎ P. AE E VISA
Menu à la carte 21/44 – **97 Z** 64/126 – ½ P 15.

Ochsenwirt , Carl-Hagen-Str. 14, ✉ 83080, ☎ (08033) 40 21, *Fax (08033) 4023,* Biergarten, – TV ☎ P. AE E VISA
Nov. geschl. – **Menu** *(Mitte Okt. - Mitte Juni Dienstag geschl.)* à la carte 23/61 – **24 Z** 71/132 – ½ P 20.

Suppenmoser, Marienplatz 2, ✉ 83080, ☎ (08033) 10 04, *Fax (08033) 4251,* – TV ☎ P. AE E VISA
Menu *(Montag - Dienstag geschl.)* à la carte 30/56 – **16 Z** 62/120 – ½ P 20.

Am Rathaus-Ratskeller, Kufsteiner Str. 4, ✉ 83080, ☎ (08033) 14 70, *Fax (08033) 4456,* – TV ☎
Mitte Nov. - Mitte Dez. geschl. – **Menu** *(Mittwoch geschl.)* à la carte 28/59 – **11 Z** 70/110 – ½ P 18.

Bayerischer Hof , Sudelfeldstr. 12, ✉ 83080, ☎ (08033) 9 23 50, *Fax (08033) 4391,* – TV ☎ P
Nov. geschl. – **Menu** *(Dienstag geschl.)* à la carte 25/62 – **15 Z** 67/134 – ½ P 19.

Lambacher garni, Rosenheimer Str. 4, ✉ 83080, ☎ (08033) 10 46, *Fax (08033) 3948* – 🛗 TV ☎ P. AE E VISA JCB
22 Z 68/116.

Alpenrose, Rosenheimer Str. 3, ✉ 83080, ☎ (08033) 32 41, *Fax (08033) 4623,* Biergarten – P. E VISA
Donnerstag geschl. – **Menu** à la carte 37/67.

Im Ortsteil Niederaudorf *N : 2 km :*

Alpenhof, Rosenheimer Str. 97, ✉ 83080, ☎ (08033) 10 36, *Fax (08033) 4424,* ≤, – TV ☎ P. E VISA
20. Nov. - 20. Dez. geschl. – **Menu** *(Donnerstag geschl.)* à la carte 25/48 – **15 Z** 65/132 – ½ P 20.

An der Straße nach Bayrischzell *NW : 10 km :*

Alpengasthof Feuriger Tatzlwurm (mit Gästehäusern), ✉ 83080 Oberaudorf, ☎ (08034) 3 00 80, *Fax (08034) 7170,* « Terrasse mit ≤ Kaisergebirge », – TV ☎ P – 30. AE E VISA
Menu à la carte 32/65 – **25 Z** 85/190 – ½ P 25.

OBERAULA *Hessen* 417 418 *N 12 – 3 700 Ew – Höhe 320 m – Luftkurort.*

Oberaula, Am Golfplatz, ☎ (06628) 15 73.

Berlin 425 – Wiesbaden 165 – Kassel 73 – Bad Hersfeld 22 – Fulda 50.

Zum Stern, Hersfelder Str. 1 (B 454), ✉ 36280, ☎ (06628) 9 20 20, *Fax (06628) 920235,* Biergarten, « Garten mit Teich und Grill-Pavillon », – 🛗, Zim, TV ☎ P – 50. AE E VISA. Zim
Menu à la carte 28/59 – **64 Z** 75/170 – ½ P 18.

OBERAURACH *Bayern siehe Eltmann.*

OBERBOIHINGEN *Baden-Württemberg* 419 *U 12 – 4 500 Ew – Höhe 285 m.*

Berlin 630 – Stuttgart 34 – Göppingen 26 – Reutlingen 25 – Ulm (Donau) 70.

Traube mit Zim, Steigstr. 45, ✉ 72644, ☎ (07022) 6 68 46, *Fax (07022) 67402,* – TV ☎ P. VISA
Sept. 1 Woche geschl. – **Menu** *(Mittwoch und Samstagmittag geschl.)* à la carte 35/59 – **6 Z** 82/125.

Zur Linde, Nürtinger Str. 24, ✉ 72644, ☎ (07022) 6 11 68, *Fax (07022) 61768* P
Montag geschl. – **Menu** à la carte 30/84.

OBERDING *Bayern siehe Freising.*

OBERELSBACH Bayern 418 420 O 14 – 3 000 Ew – Höhe 420 m – Wintersport : ✦ 3.
- 🅑 Verkehrsamt, in der Elstalhalle, ✉ 97656, ✆ (09774) 92 40.
- Berlin 410 – München 325 – Bamberg 99 – Frankfurt am Main 134 – Fulda 48 – Würzburg 90.

In Oberelsbach-Unterelsbach SO : 2,5 km :

🏨 **Hubertus-Diana** ⟐, Röderweg 9, ✉ 97656, ✆ (09774) 4 32, Fax (09774) 1793, 🍴,
Massage, ♨, �, 🔲, 🏛, ✕(Halle) – 📺 ☎ 🅟
Mitte - Ende Jan. geschl. – **Menu** (Mittwoch geschl.) (nur Abendessen) à la carte 29/59
– **18 Z** 95/160, 4 Suiten – ½ P 28.

OBERGÜNZBURG Bayern 419 420 W 15 – 6 100 Ew – Höhe 737 m.
- Berlin 695 – München 108 – Kempten (Allgäu) 21.

✕ **Goldener Hirsch** mit Zim, Marktplatz 4, ✉ 87634, ✆ (08372) 74 80, Fax (08372) 8480,
Biergarten – 🔃 📺 ☎ 🅟. 🝙 ① 🝑 🅥🝏🝄
26. Feb. - 26. März geschl. – **Menu** à la carte 30/55 – **5 Z** 80/130.

OBERHACHING Bayern siehe München.

OBERHARMERSBACH Baden-Württemberg 419 U 8 – 2 500 Ew – Höhe 300 m – Luftkurort.
- 🅑 Verkehrsverein, Reichstalhalle, ✉ 77784, ✆ (07837) 2 77, Fax (07837) 678.
- Berlin 750 – Stuttgart 126 – Karlsruhe 105 – Freudenstadt 35 – Offenburg 30 – Freiburg
im Breisgau 63.

🏠 **Sonne,** Obertal 12, ✉ 77784, ✆ (07837) 2 01, Fax (07837) 1556, 🍴 – 🔃 ⟿ 🅟. 🝑 🝏🝄
Mitte Jan. - Mitte Feb. und Mitte Nov. - Anfang Dez. geschl. – **Menu** (Mittwoch geschl.)
à la carte 28/67 ⚘ – **22 Z** 46/110.

🏠 **Hubertus,** Dorf 2, ✉ 77784, ✆ (07837) 8 31, 🍴, 🛋 – 🔃 ⟿ 🅟. ✕
Mitte Nov. - Mitte Dez. geschl. – **Menu** (Okt. - März Dienstag geschl.) à la carte 31/47 ⚘
– **24 Z** 52/99.

🏠 **Schwarzwald-Idyll** ⟐, Obertal 50 (N : 4 km), ✉ 77784, ✆ (07837) 9 29 90,
Fax (07837) 929915, 🍴 – 🔃 🅟. 🝙 ① 🝑 🝏🝄. ✕ Zim
11. - 20. Jan. und 18. Nov. - 10 Dez. geschl. – **Menu** (Dienstag geschl.) à la carte 28/68
– **25 Z** 42/120 – ½ P 20.

OBERHAUSEN Nordrhein-Westfalen 417 L 4, 987 ⑭ – 226 000 Ew – Höhe 45 m.
- 🅑 Verkehrsverein, Willy-Brandt-Platz 4, ✉ 46045, ✆ (0208) 85 07 50, Fax (0208) 21748.
- ADAC, Lessingstr. 2 (Duschhausen), ✉ 46149, ✆ (0221) 47 27 47, Fax (0208) 652641.
- Berlin 536 ① – Düsseldorf 35 – Duisburg 10 – Essen 12 – Mülheim an der Ruhr 6.

Stadtplan siehe nächste Seite

🏨 **Residenz Oberhausen** 🅼, Hermann-Albertz-Str. 69, ✉ 46045,
✆ (0208) 8 20 80(Hotel) 8 20 83 50(Rest.), Fax (0208) 8208150, 🍴 – 🔃 📺 ☎ ✓ ⟿
🅟 – 🝙 40. 🝙 ① 🝑 🝏🝄. ✕ Rest   Z a
Menu (Samstag geschl.) à la carte 26/58 – **97 Z** 140/270, 5 Suiten.

🏨 **Sol Inn Hotel** 🅼, Centroallee 280, ✉ 46047, ✆ (0208) 8 20 20, Fax (0208) 8202444,
🍴 – 🔃, ✳ Zim, 📺 ☎ ✓ ⚘ 🅟 – 🝙 75. 🝙 ① 🝑 🝏🝄   X b
Menu (Sonntag geschl.) à la carte 40/62 – **140 Z** 189/280.

🏠 **Zum Eisenhammer** 🅼 garni, Zum Eisenhammer 8, ✉ 46049, ✆ (0208) 85 09 70,
Fax (0208) 8509733 – 🔃 📺 ☎ 🅟. 🝙 ① 🝑 🝏🝄. ✕   X e
22 Z 110/160.

🏠 **Hagemann,** Buschhausener Str. 84, ✉ 46049, ✆ (0208) 8 57 50, Fax (0208) 8575199
– 📺 ☎ 🅟. 🝙 ① 🝑 🝏🝄 🝃🝑🝅   X c
23. Dez. - 2. Jan. geschl. – **Menu** (Sonntag und Juli - Aug. 3 Wochen geschl.) (nur Abendessen)
à la carte 26/52 – **20 Z** 95/200.

In Oberhausen-Osterfeld :

🏨 **Parkhotel,** Teutoburger Str. 156, ✉ 46119, ✆ (0208) 6 90 20, Fax (0208) 6902158,
🚾 – 🔃, ✳ Zim, 📺 ☎ ⟿ 🅟 – 🝙 80. 🝙 ① 🝑 🝏🝄 🝃🝑🝅   V s
Menu (Sonn- und Feiertage geschl.) à la carte 46/77 – **85 Z** 166/198.

In Oberhausen-Schmachtendorf NW : 11 km über Weseler Str. V :

🏨 **Gerlach-Thiemann,** Buchenweg 14, ✉ 46147, ✆ (0208) 68 00 81,
Fax (0208) 680084, 🚾 – 🔃 📺 ☎ 🅟 – 🝙 30. 🝙 ① 🝑 ✕ Rest
Menu (Montagmittag geschl.) à la carte 38/72 – **21 Z** 140/180.

MICHELIN-REIFENWERKE KGaA. Regionales Vertriebszentrum ✉ 46149
Oberhausen, Max-Eyth-Str. 2 (v), ✆ (0208) 65 93 20 Fax (0208) 659329.

OBERHAUSEN

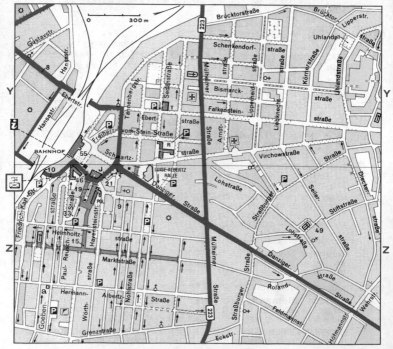

OBERHOF Thüringen 🅴🅱🅸 N 16, 🅰🅱🅴 ㉓, 🅰🅱🅳 ㉘ – 2 300 Ew – Höhe 835 m – Wintersport : 700/880 ⚡ 2, 🎿.

🅱 Kurverwaltung, Crawinkler Str. 2, ✉ 98559, 🖋 (036842) 2 21 44, Fax (036842) 22332.
Berlin 337 – Erfurt 58 – Bamberg 106 – Eisenach 53.

🏨 **Panorama** 🦢, Theodor-Neubauer-Str. 29, ✉ 98559, 🖋 (036842) 5 00,
Fax (036842) 22554, ≤, 🚔, ≦ŝ, 🔲, 🎖 – 🛗 📺 🕿 🅿 – 🔬 240. 🖭 ⓪ 🅴 𝘝𝘐𝘚𝘈. 🦅 Rest
Menu à la carte 36/51 – **409 Z** 127/195, 3 Suiten.

🏠 **Oberland,** Crawinkler Str. 3, ✉ 98559, 🖋 (036842) 2 22 01, Fax (036842) 22202, ≦ŝ
– 📺 🕿 🅿 – 🔬 50. 🖭 ⓪ 🅴 𝘝𝘐𝘚𝘈
Menu à la carte 25/46 – **63 Z** 90/145 – ½ P 20.

🏠 **Sporthotel** 🦢, Am Harzwald 1, ✉ 98559, 🖋 (036842) 2 10 33, Fax (036842) 22595,
⊜ 🚔, ≦ŝ, 🎖 – 📺 🕿 🕯 🅿 – 🔬 30. 🖭 🅴 𝘝𝘐𝘚𝘈
Menu à la carte 22/43 – **50 Z** 90/140 – ½ P 20.

In Oberschönau W : 11 km :

🏠 **Berghotel Simon** 🦢, Am Hermannsberg 13, ✉ 98587, 🖋 (036847) 3 03 28,
⊜ Fax (036847) 33625, 🚔, ≦ŝ, 🐎 – 📺 🕿 🅿 – 🔬 20. 🖭 🅴
Nov. geschl – **Menu** à la carte 22/42 – **34 Z** 68/120 – ½ P 18.

OBERKIRCH Baden-Württemberg 🅴🅱🅹 U 8, 🅰🅱🅸 ㊲ – 19 000 Ew – Höhe 194 m – Erholungsort.
🅱 Städt. Verkehrsamt, Eisenbahnstr. 1, ✉ 77704, 🖋 (07802) 8 22 41, Fax (07802) 82179.
Berlin 739 – Stuttgart 140 – Karlsruhe 76 – Offenburg 16 – Strasbourg 30 – Freudenstadt 42.

🏰 **Romantik Hotel Zur Oberen Linde,** Hauptstr. 25, ✉ 77704, 🖋 (07802) 80 20,
Fax (07802) 3030, 🚔, 🐎, 🎖 – 🛗 📺 🅿 – 🔬 100. 🖭 ⓪ 🅴 𝘝𝘐𝘚𝘈
Menu à la carte 49/83 – **37 Z** 130/330 – ½ P 45.

🏠 **Pflug,** Fernacher Platz 1, ✉ 77704, 🖋 (07802) 92 90, Fax (07802) 929300, 🚔 – 🛗 📺
🕿 🅿 – 🔬 40. 🖭 🅴 𝘝𝘐𝘚𝘈
Jan. 3 Wochen geschl. – **Menu** (Mittwoch - Donnerstagmittag geschl.) à la carte 30/56 –
34 Z 82/156 – ½ P 30.

🏠 **Renchtalblick,** Bellensteinstr. 9, ✉ 77704, 🖋 (07802) 34 04, Fax (07802) 3474, ≤,
🚔, 🐎 – 📺 🕿 🅿. 🖭 ⓪ 🅴 𝘝𝘐𝘚𝘈
Jan. 2 Wochen geschl. – **Menu** (Dienstag geschl.) à la carte 29/50 – **47 Z** 55/120 – ½ P 24.

🏠 **Pfauen,** Josef-Geldreich-Str. 18, ✉ 77704, 🖋 (07802) 9 39 40, Fax (07802) 4529, 🚔
– 📺 🕿 ⇦ 🅿 – 🔬 20. 🖭 ⓪ 🅴 𝘝𝘐𝘚𝘈
Feb. - März 3 Wochen geschl. – **Menu** (Mittwoch geschl.) à la carte 38/70 – **10 Z** 65/120
– ½ P 28.

XX **Haus am Berg** 🦢, mit Zim, Am Rebhof 5 (Zufahrt über Privatweg), ✉ 77704,
🍴 🖋 (07802) 47 01, Fax (07802) 2955, ≤ Oberkirch und Renchtal, « Lage in den Weinbergen,
große Freiterrasse » – 🅿
Feb. und Nov. jeweils 2 Wochen geschl. **Menu** (Dienstag, Nov. - März auch Montag geschl.)
30/98 und à la carte 43/75 – **Badische Stube :** Menu à la carte 26/50 – **9 Z** 75/160
– ½ P 37.

XX **Schwanen,** Eisenbahnstr. 3, ✉ 77704, 🖋 (07802) 22 20, Fax (07802) 91252, 🚔 – 🅿.
🅴 𝘝𝘐𝘚𝘈
Montag und Mitte Nov. - Anfang Dez. geschl. – **Menu** à la carte 30/62.

In Oberkirch-Nußbach W : 6 km :

🏠 **Rose** 🦢, Herztal 48 (im Ortsteil Herztal), ✉ 77704, 🖋 (07805) 9 55 50,
Fax (07805) 955559, 🚔, 🐎 – 📺 🕿 🅿. 🦅
Jan. - März 4 Wochen und Aug. 2 Wochen geschl. – **Menu** (Montagmittag und Dienstag
geschl.) à la carte 29/63 ⅃ – **16 Z** 62/140 – ½ P 28.

In Oberkirch-Ödsbach S : 3 km :

🏰 **Waldhotel Grüner Baum** 🦢, Alm 33, ✉ 77704, 🖋 (07802) 80 90,
Fax (07802) 80988, 🚔, Massage, ≦ŝ, 🔲, 🐎, 🎖 – 🛗 📺 ⇦ 🅿 – 🔬 50. 🖭 ⓪ 🅴
𝘝𝘐𝘚𝘈. 🦅 Rest
Menu à la carte 39/80 – **56 Z** 99/290 – ½ P 32.

OBERKOCHEN Baden-Württemberg 🅴🅱🅹🅴🅱🅾 T 14, 🅰🅱🅸 ㊴ – 8 000 Ew – Höhe 495 m.
Berlin 566 – Stuttgart 85 – Aalen 9 – Ulm/Donau 66.

🏨 **Am Rathaus** 🦢, Eugen-Bolz-Platz 2, ✉ 73447, 🖋 (07364) 3 95, Fax (07364) 5955, 🚔
– 🛗 📺 🕿 ⇦ 🅿 – 🔬 35. 🖭 ⓪ 🅴 𝘝𝘐𝘚𝘈
Juli - Aug. 2 Wochen geschl. – **Menu** (Freitag - Samstagmittag geschl.) à la carte 34/68
– **40 Z** 98/195.

OBERLEICHTERSBACH Bayern siehe Brückenau, Bad.

OBERMAISELSTEIN Bayern siehe Fischen im Allgäu.

OBER-MÖRLEN Hessen 〖417〗 O 10 – 6 000 Ew – Höhe 190 m.
Berlin 507 – Wiesbaden 69 – Frankfurt am Main 37 – Gießen 22.

In Obermörlen-Ziegenberg SW : 6 km :

🏨 **Landhaus Lindenhof Möckel,** an der B 275, ✉ 61239, ℰ (06002) 99 00,
Fax (06002) 990152, 🏡, 🌳 – 🛗 📺 ☎ 🄿 – 🔏 80. ⌹ 🄴 🌆. 🕸 Zim
Menu à la carte 46/77 – **21 Z** 100/194.

OBERMOSCHEL Rheinland-Pfalz 〖417〗 Q 7 – 1 150 Ew – Höhe 187 m.
Berlin 620 – Mainz 63 – Kaiserslautern 46 – Bad Kreuznach 18.

🏠 **Burg-Hotel** 🦢, ✉ 67823, ℰ (06362) 91 90, Fax (06362) 91913, ≤ Obermoschel, 🖧,
🖳, 🌳 – ☎ 🚗 🄿
22. Dez. - 24. Jan. geschl. – **Menu** à la carte 28/56 ⅃ – **25 Z** 65/140.

OBERNBURG Bayern 〖417〗〖419〗 Q 11, 〖987〗 ㉗ – 8 000 Ew – Höhe 127 m.
Berlin 569 – München 356 – Frankfurt am Main 58 – Darmstadt 47 – Würzburg 80 –
Aschaffenburg 20.

🏠 **Zum Anker** (Fachwerkhaus a.d. 16. Jh.), Mainstr. 3, ✉ 63785, ℰ (06022) 6 16 70,
Fax (06022) 616760, 🏡 – 🕸 Zim, 📺 ☎ 🄿 – 🔏 20. ⌹ 🄾 🄴 🌆
Menu (Sonntagabend geschl.) à la carte 37/70 – **32 Z** 110/160.

OBERNDORF Baden-Württemberg 〖419〗 V 9, 〖987〗 ㊳ – 13 800 Ew – Höhe 506 m.
Berlin 709 – Stuttgart 80 – Konstanz 103 – Rottweil 18 – Freudenstadt 36.

🏠 **Wasserfall** (mit Gästehaus), Lindenstr. 60, ✉ 78727, ℰ (07423) 92 80,
Fax (07423) 928113, 🏡, ⌷ – 🛗 📺 ☎ 🄿 🄾 🄴 🌆
Anfang Aug. 2 Wochen geschl. – **Menu** (Freitag - Samstagmittag geschl.) à la carte 29/59
⅃ – **35 Z** 70/140.

OBERNKIRCHEN Niedersachsen siehe Bückeburg.

OBERNZELL Bayern 〖420〗 U 24, 〖987〗 ㉚ ㊶ – 3 700 Ew – Höhe 294 m – Erholungsort.
🅱 Verkehrsamt, Rathaus, Marktplatz 42, ✉ 94130, ℰ (08591) 18 77, Fax (08591) 2697.
Berlin 624 – München 193 – Passau 16.

🏠 **Fohlenhof** 🦢 (mit Appartementhaus), Matzenberger Str. 36, ✉ 94130,
⌷ ℰ (08591) 91 65, Fax (08591) 9166, ≤, 🏡, ⌷, 🖳, 🕸 – 📺 ☎ 🄿. ⌹ 🄴
🕸 Rest
Menu (Sonntag geschl.) (nur Abendessen) à la carte 24/40 – **32 Z** 78/156 – ½ P 20.

In Obernzell-Erlau NW : 6 km :

🏠 **Zum Edlhof,** Edlhofstr. 10 (B 388), ✉ 94130, ℰ (08591) 4 66, Fax (08591) 5 22,
⌷ Biergarten, 🌳 – 🄿
Feb. geschl. – **Menu** (Dienstag geschl.) à la carte 23/43 – **24 Z** 55/100 – ½ P 18.

OBERPFRAMMERN Bayern 〖420〗 V 19 – 1 500 Ew – Höhe 613 m.
Berlin 606 – München 30 – Salzburg 119.

🏠 **Bockmaier** garni, Münchner Str. 3, ✉ 85667, ℰ (08093) 57 80, Fax (08093) 57850 –
📺 ☎ 🄿. ⌹ 🄴 🌆. 🕸
30 Z 90/120.

OBER-RAMSTADT Hessen 〖417〗〖419〗 Q 10 – 15 000 Ew – Höhe 200 m.
Berlin 571 – Wiesbaden 58 – Frankfurt am Main 53 – Mannheim 56 – Darmstadt 8,5.

🏠 **Hessischer Hof** (ehemalige Zehntscheune a.d. 17. Jh.), Schulstr. 14, ✉ 64372,
ℰ (06154) 6 34 70, Fax (06154) 634750, 🏡 – 📺 ☎ 🚗 🄿 – 🔏 50. ⌹ 🄾 🄴
🌆
25. Juli - 15. Aug. und 27. Dez. - 5. Jan. geschl. – **Menu** (Freitag - Samstagmittag geschl.)
à la carte 32/72 – **19 Z** 68/150.

In Ober-Ramstadt - Modau S : 3 km :

🏠 **Zur Krone,** Kirchstr. 39, ⊠ 64372, ℰ (06154) 6 33 20, Fax (06154) 52859, 😭, ⊜s –
📶 📺 ☎ 🅿 – 🕭 35. 🖭 ⓸ ⋿ 𝘝𝘐𝘚𝘈 𝘑𝘊𝘉
Menu (Sonn- und Feiertage geschl.) à la carte 40/75 – **35 Z** 85/160.

OBERRIED Baden-Württemberg 🎱🎱🎱 W 7 – 2 500 Ew – Höhe 455 m – Erholungsort – Wintersport :
650/1 300 m ≰8 ⅃4.
Ausflugsziel : Schauinsland ≤★.
🖪 Verkehrsbüro, Rathaus, ⊠ 79254, ℰ (07661) 93 05 66, Fax (07661) 930588.
Berlin 804 – Stuttgart 182 – Freiburg im Breisgau 13 – Donaueschingen 59 – Basel 67.

🏠 **Zum Hirschen,** Hauptstr. 5, ⊠ 79254, ℰ (07661) 70 14, Fax (07661) 7016, ⇝ – 📺
☎ 🅿 ⋿ 𝘝𝘐𝘚𝘈
Ende Okt. - Mitte Nov. geschl. – **Menu** (Donnerstag - Freitagmittag geschl.) à la carte 24/60
– **14 Z** 70/120.

✕ **Sternen - Post** mit Zim, Hauptstr. 30, ⊠ 79254, ℰ (07661) 40 12, Fax (07661) 99792,
Biergarten – 📺 ☎ 🅿 ⓸ ⋿ 𝘝𝘐𝘚𝘈
Menu (Montag - Dienstagmittag geschl.) à la carte 29/64 – **3 Z** 58/110.

In Oberried-Weilersbach NO : 1 km :

🏠 **Zum Schützen** ⤸, Weilersbacher Str. 7, ⊠ 79254, ℰ (07661) 9 84 30,
Fax (07661) 904318, 😭, ⇝ – 📺 ☎ ♿ 🅿, 🖭 ⋿ 𝘝𝘐𝘚𝘈
Jan. geschl. – **Menu** (Dienstag - Mittwochmittag geschl.) à la carte 27/61 ⅄ – **16 Z** 75/110
– ½ P 25.

Am Notschrei S : 11,5 km

🏠🏠 **Waldhotel am Notschrei** ⤸, Freiburger Str. 56, ⊠ 79254 Oberried,
ℰ (07602) 9 42 00, Fax (07602) 9420111, 😭, ⊜s, 🔲, ⇝ – 📶 📺 ☎ ⇜ 🅿 – 🕭 70.
🖭 ⓸ ⋿ 𝘝𝘐𝘚𝘈
Menu à la carte 31/61 – **29 Z** 85/190, 5 Suiten – ½ P 28.

OBERRÖBLINGEN Sachsen-Anhalt siehe Sangerhausen.

OBERSCHLEISSHEIM Bayern 🎱🎱 V 18 – 11 000 Ew – Höhe 477 m.
Sehenswert : Schloß Schleißheim★.
Berlin 575 – München 17 – Augsburg 64 – Ingolstadt 67 – Landshut 62.

🏠 **Blauer Karpfen** garni, Dachauer Str. 1, ⊠ 85764, ℰ (089) 3 15 71 50,
Fax (089) 31571550 – 📶 📺 ☎ ⇜ 🅿. 🖭 ⋿ 𝘝𝘐𝘚𝘈
37 Z 120/170.

In Oberschleißheim-Lustheim O : 1 km :

🏠🏠 **Kurfürst,** Kapellenweg 5, ⊠ 85764, ℰ (089) 31 57 90, Fax (089) 31579400, 😭, ⊜s,
🔲 – 📶 📺 ☎ ⇜ 🅿 – 🕭 60. 🖭 ⓸ ⋿ 𝘝𝘐𝘚𝘈. ✼ Rest
Menu (1. - 15. Jan. und 1. - 15. Aug. geschl.) à la carte 32/76 – **80 Z** 120/230.

OBERSCHÖNAU Thüringen siehe Oberhof.

OBERSTAUFEN Bayern 🎱🎱 X 14, 🎱🎱🎱 ㊵ – 7 500 Ew – Höhe 792 m – Schrothheilbad –
Heilklimatischer Kurort – Wintersport : 740/1 800 m ≰1 ≰36 ⅃12.
🕭 Oberstaufen-Steibis, In der Au 5, ℰ (08386) 85 29.
🖪 Kurverwaltung, Hugo-von-Königsegg-Str. 8, ⊠ 87534, ℰ (08386) 9 30 00, Fax (08386)
930020.
Berlin 735 – München 161 – Konstanz 107 – Kempten (Allgäu) 37 – Ravensburg 53 –
Bregenz 43.

🏠🏠🏠🏠 **Lindner Parkhotel,** Argenstr. 1, ⊠ 87534, ℰ (08386) 70 30, Fax (08386) 703704,
« Rustikal-elegante Einrichtung im alpenländischen Stil », Massage, ♨, ⅃☞, ⊜s, 🔲, ⇝
– 📶, ⇔ Zim, 📺 ☎ ⇜ 🅿. 🖭 ⓸. ✼
Menu à la carte 53/74 – **91 Z** 163/390, 5 Suiten – ½ P 20.

🏠🏠🏠 **Allgäu Sonne** ⤸ (mit Gästehäusern), Am Stießberg 1, ⊠ 87534, ℰ (08386) 70 20,
Fax (08386) 7826, ≤ Weißachtal, Steibis und Hochgrat, 😭, Massage, ♨, ⅃☞, ≟, ⊜s, ⅃,
🔲, ⇝ – 📶 📺 ☎ ⇜ 🅿. 🖭 ⓸ ⋿ 𝘝𝘐𝘚𝘈. ✼
Menu Hauptrestaurant nur für Hausgäste – **Stube** (nur Abendessen) **Menu** à la carte
49/79 – **162 Z** 160/540 – ½ P 30.

Löwen, Kirchplatz 8, ⊠ 87534, ℰ (08386) 49 40, Fax (08386) 494222, 🌿, Massage,
⊆s, 🔲, 🚗 – 📳 📺 ☎ ⇔ 🅿. 🆎 ⓪ 🅴 *VISA*
Menu *(Mittwoch geschl.)* à la carte 79/99 – **Café am Markt** (auch vegetarische Gerichte)
(im Winter Mittwoch geschl.) **Menu** à la carte 31/62 – **30 Z** 155/400 – ½ P 40.

Kurhotel Allgäuer Rosen Alp ⑤, Am Lohacker 5, ⊠ 87534, ℰ (08386) 70 60,
Fax (08386) 706435, Massage, ♣, ₭, ♨, ⊆s, 🔲 (geheizt), 🔲, 🚗 – 📳, ¼× Zim, 📺
☎ ⇔ 🅿 – 🔏 15. 🛠
Ende Nov. – 26. Dez. geschl. – (Restaurant nur für Hausgäste) – **80 Z** 145/350, 5 Suiten
– ½ P 30.

Concordia, In Pfalzen 8, ⊠ 87534, ℰ (08386) 48 40, Fax (08386) 484130, Massage, ♣,
₭, ♨, ⊆s, 🔲, 🚗 – ¼× Zim, 📺 ☎ ⇔ – 🔏 15. 🛠 Rest
(Restaurant nur für Hausgäste) – **59 Z** 155/290, 3 Suiten – ½ P 25.

Kur- und Ferienhotel Alpenkönig, Kalzhofer Str. 25, ⊠ 87534, ℰ (08386)
9 34 50, Fax (08386) 4344, Massage, ⊆s, 🔲, 🚗 – 📳 📺 ☎ ⇔ 🅿. 🛠
2. - 20. Dez. geschl. – (Restaurant nur für Hausgäste) – **22 Z** 125/300 – ½ P 30.

Bayrischer Hof, Hochgratstr. 2, ⊠ 87534, ℰ (08386) 49 50, Fax (08386) 495414,
Massage, ♣, ⊆s, 🔲, 🚗 – 📳 📺 ☎ ⇔. 🛠 Rest
Menu *(Montag - Dienstag geschl.)* à la carte 37/65 – **62 Z** 120/280, 6 Suiten.

Kurhotel Hirsch garni, Kalzofer Str. 4, ⊠ 87534, ℰ (08386) 49 10,
Fax (08386) 491144, Massage, ⊆s, 🔲, 🚗 – 📳 📺 ☎
23. Nov. - 22. Dez. geschl. – **36 Z** 100/290.

Adler (mit Gästehaus), Kirchplatz 6, ⊠ 87534, ℰ (08386) 9 32 10, Fax (08386) 4763,
🌿, ⊆s, 🚗 – 📺 ☎ ⇔ 🅿. 🆎 *VISA*
20. Nov. - 20. Dez. geschl. – **Menu** *(Dienstag geschl.)* à la carte 43/58 (auch vegetarische
Gerichte) – **26 Z** 85/180 – ½ P 30.

Kur-und Ferienhotel Alpenhof garni, Gottfried-Resl-Weg 8, ⊠ 87534,
ℰ (08386) 48 50, Fax (08386) 2251, Massage, ₭, ⊆s, 🚗 – 📺 ☎ 🅿. 🆎 🅴 *VISA*. 🛠
1. - 25. Dez. geschl. – **33 Z** 79/204.

Kurhotel Hochbühl ⑤ garni, Auf der Höh 12, ⊠ 87534, ℰ (08386) 9 35 40,
Fax (08386) 935499, Massage, ⊆s, 🔲, 🚗 – 📺 ☎ 🅿. 🛠
21 Z 85/190.

Kurhotel Pelz garni, Bürgermeister-Hertlein-Str. 1, ⊠ 87534, ℰ (08386) 9 30 90,
Fax (08386) 4736, Massage, ⊆s, 🔲, 🚗 – 📳 📺 ☎ ⇔ 🅿. 🛠
30. Nov. - 25. Dez. geschl. – **31 Z** 85/160.

Posttürmle, Bahnhofplatz 4, ⊠ 87534, ℰ (08386) 74 12, Fax (08386) 1882
Dienstag - Mittwochmittag und Dez. 1 Woche geschl. – **Menu** (Tischbestellung ratsam)
à la carte 45/82.

In Oberstaufen-Bad Rain *O : 1,5 km :*

Alpengasthof Bad Rain ⑤ (mit Gästehaus), ⊠ 87534, ℰ (08386) 9 32 40,
Fax (08386) 932499, 🌿, Massage, ⊆s, 🔲, 🚗 – ¼× Rest, 📺 ☎ ⇔ 🅿
Mitte Nov. - Mitte Dez. geschl. – **Menu** à la carte 31/62 *(auch Diät)* – **25 Z** 85/210 – ½ P 33.

In Oberstaufen-Buflings *N : 1,5 km :*

Kurhotel Engel, ⊠ 87534, ℰ (08386) 70 90, Fax (08386) 70982, ≤, 🌿, Massage,
♣, ₭, ♨, ⊆s, 🔲, 🚗, 🛠 – 📳 📺 ☎ ⇔ 🅿. 🛠 Zim
Mitte Nov. - 20. Dez. geschl. – **Menu** *(Montag - Dienstag geschl.)* à la carte 27/72 –
55 Z 96/310 – ½ P 27.

In Oberstaufen-Hinterreute *W : 6 km :*

Am Kamin, Hinterreute 12 1/2, ⊠ 87534, ℰ (08386) 76 86, Fax (08386) 7686, 🌿
– 🅿
Sonntagabend - Montag und Ende Nov. - Mitte Dez. geschl. – **Menu** à la carte 51/67.

In Oberstaufen-Steibis *S : 5 km – Höhe 860 m*

Kurhotel Burtscher, Im Dorf 29, ⊠ 87534, ℰ (08386) 89 10, Fax (08386) 891317,
≤, Massage, ♣, ₭, ⊆s, ♨, 🔲, 🚗, 🛠 – 📳 📺 ☎ 🅿. 🅴. 🛠 Rest
Mitte Nov. - Mitte Dez. geschl. – (Restaurant nur für Hausgäste) – **75 Z** 120/300, 6 Suiten
– ½ P 30.

In Oberstaufen-Thalkirchdorf *O : 6 km – Erholungsort :*

Traube ⑤, ⊠ 87534, ℰ (08325) 92 00, Fax (08325) 92039, 🌿, « Fachwerkhaus aus
dem 18. Jh. », Massage, ⊆s, 🔲, 🚗 – 📺 ☎ ⇔ 🅿. 🆎 ⓪ 🅴 *VISA*
Anfang Nov. - Mitte Dez. geschl. – **Menu** *(Dienstag geschl.)* à la carte 32/59 – **29 Z** 93/190
– ½ P 30.

In Oberstaufen-Weißach S : 2 km :

Königshof, Mühlenstr. 16, ✉ 87534, ℰ (08386) 49 30, Fax (08386) 493125, Massage, ♨, ⬛, ⌂, ⧖, ☞ – ♿ ⁕ ⊠ ☎ ⌷ ❶ ⅋ ① 🄴 **VISA**. ❄
(Restaurant nur für Hausgäste) – **64 Z** 140/320 – ½ P 35.

OBERSTDORF Bayern **419 420** X 14, **987** ㊴ – 11 000 Ew – Höhe 815 m – Heilklimatischer Kurort – Kneippkurort – Wintersport : 843/2 200 m ✣ 3 ✦ 26 ✦ 13.

Ausflugsziele : Nebelhorn ❉✶✶ 30 min mit ✦ und Sessellift – Breitachklamm✶✶ SW : 7 km – Fellhorn✶✶ ❉✶✶.

✈ Oberstdorf-Gruben (S : 2 km), ℰ (08322) 28 95.

🏛 Kurverwaltung und Verkehrsamt, Marktplatz 7, ✉ 87561, ℰ (08322) 70 00, Fax (08322) 700236.

Berlin 737 – München 165 – Kempten (Allgäu) 39 – Immenstadt im Allgäu 20.

Parkhotel Frank ⑤, Sachsenweg 11, ✉ 87561, ℰ (08322) 70 60, Fax (08322) 706286, ≤, ⧖, Massage, ♨, ♨, ⬛, ⌂, ⧖ – ♿ ⁕ Zim, ⊠ ✚✚ ⌷ ❶ – ⚘ 30. ❄
Menu (20. April - 10. Mai und 9. Nov. - 20. Dez. geschl.) (nur Abendessen) à la carte 62/87 – **64 Z** 169/420, 6 Suiten – ½ P 20.

Kur- und Sporthotel Exquisit ⑤, Prinzenstr. 17, ✉ 87561, ℰ (08322) 9 63 30, Fax (08322) 963360, ≤, Massage, ♨, ⬛, ⌂, ⧖ – ♿ ⊠ ❶ ① **VISA**. ❄ Rest
2. Nov. - 19. Dez. geschl. – (nur Abendessen für Hausgäste) – **37 Z** 140/520 – ½ P 30.

Kur- und Ferienhotel Filser ⑤, Freibergstr. 15, ✉ 87561, ℰ (08322) 70 80, Fax (08322) 708530, Massage, ♨, ♨, ⬛, ⌂, ⧖ – ♿ ⊠ ⌷ ❶. ❄ Rest
Mitte Nov. - Mitte Dez. geschl. – (Restaurant nur für Hausgäste) – **91 Z** 109/310 – ½ P 30.

Wittelsbacher Hof ⑤, Prinzenstr. 24, ✉ 87561, ℰ (08322) 60 50, Fax (08322) 605300, ≤, ⧖, Massage, ⬛ (geheizt), ⬛, ⧖ – ♿ ☎ ⌷ ❶ – ⚘ 60. 🄰🄴 ① 🄴 **VISA**. ❄ Rest
14. April - 14. Mai und 26. Okt. - 20. Dez. geschl. – **Menu** à la carte 38/66 – **86 Z** 91/252, 10 Suiten – ½ P 36.

Adler, Fuggerstr. 1, ✉ 87561, ℰ (08322) 9 61 00, Fax (08322) 8187, ⧖ – ⊠ ☎ ⌷ ❶
Mitte April - Anfang Mai und Anfang Nov. - Mitte Dez. geschl. – **Menu** *(Dienstag geschl.) à la carte 44/75* – **33 Z** 96/240 – ½ P 31.

Waldesruhe ⑤, Alte Walserstr. 20, ✉ 87561, ℰ (08322) 60 10, Fax (08322) 601100, ≤ Allgäuer Alpen, ⧖, ⌂, ⬛, ⧖ – ♿ ⊠ ☎ ❶
8. Nov. - 11. Dez. geschl. – **Menu** à la carte 26/55 – **38 Z** 95/250 – ½ P 20.

Haus Wiese ⑤ garni, Stillachstr. 4a, ✉ 87561, ℰ (08322) 30 30, Fax (08322) 3135, ≤, « Einrichtung in bäuerlichem Stil », ⬛, ⧖ – ⊠ ☎ ❶. ❄
13 Z 105/210.

Sporthotel Menning ⑤ garni, Oeschlesweg 18, ✉ 87561, ℰ (08322) 9 60 90, Fax (08322) 8532, ⌂, ⬛, ⧖ – ♿ ⊠ ☎ ⌷ ❶. 🄰🄴 🄴
22 Z 80/200.

Landhaus Thomas ⑤ garni, Weststr. 49, ✉ 87561, ℰ (08322) 42 47, Fax (08322) 8601, ⌂, ⧖ – ☎ ⌷. ❄
13 Z 75/190.

Kurparkhotel ⑤ garni, Prinzenstr. 1, ✉ 87561, ℰ (08322) 9 65 60, Fax (08322) 965619, ≤, ⌂ – ⊠ ☎ ❶. ❄
25. April - 10. Mai und 4. Nov. - 20. Dez. geschl. – **23 Z** 85/170.

Kappelerhaus ⑤ garni, Am Seeler 2, ✉ 87561, ℰ (08322) 9 68 60, Fax (08322) 968613, ≤, ⬛ (geheizt), ⧖ – ♿ ☎ ⌷ ❶. 🄰🄴 ① 🄴 **VISA**. ❄
59 Z 65/175.

Maximilians, Freibergstr. 21, ✉ 87561, ℰ (08322) 9 67 80, Fax (08322) 967843, ⧖ – ❶
Mai - Juni und Nov. jeweils 3 Wochen geschl. – **Menu** *(wochentags nur Abendessen) à la carte 66/91.*

Bacchus-Stuben, Freibergstr. 4, ✉ 87561, ℰ (08322) 47 87, Fax (08322) 4760, ⧖ – ❶
Montag, im Sommer auch Sonntagabend sowie Mitte April - 9. Mai und Mitte Okt. - 19. Dez. geschl. – **Menu** à la carte 26/53 ♨.

In Oberstdorf-Reute W : 2 km – Höhe 950 m

Panorama, ✉ 87561, ℰ (08322) 30 74, Fax (08322) 3075, ≤ Oberstdorf und Allgäuer Alpen, ⧖, ⧖ – ⊠ ☎ ❶
April - 7. Mai und 19. Okt. - 20. Dez. geschl. – **Menu** à la carte 29/48 – **11 Z** 85/180 – ½ P 20.

In Oberstdorf-Tiefenbach *NW : 6 km – Höhe 900 m*

🏨 **Alpen Sporthotel Vollmann** ⊗, Falkenstr. 15, ✉ 87561, ℰ (08322) 70 20,
Fax (08322) 702222, ≤, 🏠, Massage, ♨, ⌦, 😅, 🔲, 🍴 – |⌑| 📺 ☎ ⇐ 🅿 – 🛄 30.
🖭 🗲 ⱱⱯ. 🛠 Rest
Menu *(Montag geschl.)* (nur Abendessen) à la carte 45/68 – **56 Z** 140/350, 18 Suiten –
½ P 35.

🏨 **Bergruh** ⊗, Im Ebnat 2, ✉ 87561, ℰ (08322) 91 90, Fax (08322) 919200, ≤, 🏠, 😅,
🍴 – 📺 ☎ ⇐ 🅿. 🛠 Rest
Menu à la carte 36/68 – **40 Z** 90/220 – ½ P 15.

OBERSTENFELD Baden-Württemberg 🔟🔟🔟 S 11 – 7 400 Ew – Höhe 227 m.
Berlin 600 – *Stuttgart 44* – Heilbronn 18 – Schwäbisch Hall 49.

🏨 **Zum Ochsen,** Großbottwarer Str. 31, ✉ 71720, ℰ (07062) 93 90, Fax (07062) 939444,
🏠, 😅 – |⌑| 📺 ☎ ⇐ 🅿 – 🛄 30. 🖭 ⓪ 🗲 ⱱⱯ
Menu *(Dienstag und 1. - 21. Jan. geschl.)* à la carte 31/76 ⅋ – **35 Z** 99/190.

OBERSTREU Bayern siehe Mellrichstadt.

OBERSULM Baden-Württemberg siehe Weinsberg.

OBERTEURINGEN Baden-Württemberg 🔟🔟🔟 W 12 – 4 000 Ew – Höhe 449 m – Erholungsort.
🛈 Verkehrsamt, St.-Martin-Platz 9, ✉ 88094, ℰ (07546) 29 90, Fax (07546) 29988.
Berlin 712 – Stuttgart 174 – *Konstanz 35* – Friedrichshafen 11.

In Oberteuringen-Bitzenhofen *NW : 2 km :*

🏠 **Am Obstgarten** ⊗, Gehrenbergstr. 16/1, ✉ 88094, ℰ (07546) 92 20,
Fax (07546) 92288, ≤, 🍴 – |⌑|, 🛠 Zim, 📺 ☎ ⵏ 🅿. 🖭 🗲 ⱱⱯ. 🛠
Menu *(Donnerstag geschl.)* à la carte 28/46 – **24 Z** 60/140 – ½ P 23.

OBERTHAL Saarland 🔟🔟🔟 R 5 – 6 300 Ew – Höhe 300 m.
Berlin 710 – *Saarbrücken 48* – Idar Oberstein 39 – St.Wendel 9.

In Oberthal - Steinberg-Deckenhardt *NO : 5 km :*

✕✕ **Zum Blauen Fuchs,** Walhausener Str. 1, ✉ 66649, ℰ (06852) 67 40,
Fax (06852) 81303, 🏠 – 🅿. 🗲 ⱱⱯ
Dienstag, Jan. und Sept. jeweils 1 Woche geschl. – **Menu** (wochentags nur Abendessen,
Tischbestellung ratsam) 68/96 und à la carte.

OBERTHULBA Bayern 🔟🔟🔟 🔟🔟🔟 🔟🔟🔟 P 13 – 4 400 Ew – Höhe 270 m.
Berlin 491 – München 327 – Fulda 58 – Bad Kissingen 9,5 – Würzburg 59.

🏨 **Rhöner Land,** Zum Weißen Kreuz 20, ✉ 97723, ℰ (09736) 70 70, Fax (09736) 707444,
🏠, 😅, – 📺 ☎ ⵏ 🅿 – 🛄 40. 🖭 🗲 ⱱⱯ. 🛠 Rest
Menu à la carte 33/55 – **27 Z** 89/189.

OBERTRUBACH Bayern 🔟🔟🔟 Q 18 – 2 300 Ew – Höhe 420 m – Erholungsort.
🛈 Verkehrsamt, Rathaus, Teichstr. 5, ✉ 91286, ℰ (09245) 7 11, Fax (09245) 778.
Berlin 400 – München 206 – Nürnberg 41 – Forchheim 28 – Bayreuth 44.

🏠 **Fränkische Schweiz,** Bergstr.1, ✉ 91286, ℰ (09245) 2 18, Fax (09245) 283, 🏠, 🍴
⇐ – |⌑| 🅿. 🛠
Feb. geschl. – **Menu** *(Donnerstagabend geschl.)* à la carte 19/33 – **30 Z** 50/90 – ½ P 10.

🏠 **Grüner,** Neudorfer Weg 3, ✉ 91286, ℰ (09245) 98 70, Fax (09245) 98760 – |⌑| 📺 ☎
🅿. 🛠 Rest
Feb. - März geschl. – (Restaurant nur für Hausgäste) – **31 Z** 70/120 – ½ P 15.

🏠 **Alte Post,** Trubachtalstr. 1, ✉ 91286, ℰ (09245) 3 22, Fax (09245) 690, 🏠, 🍴 – |⌑|,
⇐ 🛠 Zim, 🅿
Menu *(Nov. - März Mittwoch geschl.)* à la carte 20/42 – **40 Z** 50/95 – ½ P 15.

🏠 **Treiber** ⊗, Reichelsmühle 5 (SW : 2 km), ✉ 91286, ℰ (09245) 4 89, Fax (09245) 489,
🏠, 😅, – 🛠 Zim, 🅿. 🛠 Zim
Menu *(Mittwoch geschl.)* à la carte 22/39 – **14 Z** 48/90 – ½ P 16.

In Obertrubach-Bärnfels *N : 2,5 km :*

🏠 **Drei Linden,** ✉ 91286, ℰ (09245) 3 25, Fax (09245) 409, 🏠, 🍴 – ⇐ 🅿. 🛠 Zim
⇐ **Menu** à la carte 21/43 – **35 Z** 53/100 – ½ P 15.

OBERTSHAUSEN Hessen **417** P 10 – 24 000 Ew – Höhe 100 m.
　　Berlin 543 – Wiesbaden 59 – *Frankfurt am Main 20 – Aschaffenburg 30.*

🏨　**Park-Hotel,** Münchener Str. 12, ⊠ 63179, ℰ (06104) 9 50 20, Fax (06104) 44163, ☞
　　– 🆃🆅 ☎ Ⓟ – 🕹 40. 🆀🅴 ⓪ 🅴 ⱽⁱˢᵃ
　　Menu *(Samstagmittag und Sonntagabend geschl.)* à la carte 35/68 – **40 Z** 128/220.

🏨　**Haus Dornheim** garni, Bieberer Str. 141, ⊠ 63179, ℰ (06104) 9 50 50,
　　Fax (06104) 45022 – 🆃🆅 ☎ Ⓟ. 🆀🅴 ⓪ 🅴 ⱽⁱˢᵃ
　　18 Z 105/220.

In Obertshausen-Hausen *NO : 2 km :*

🏠　**Kroko-Hotel** garni, Egerländer Platz 17, ⊠ 63179, ℰ (06104) 9 80 50,
　　Fax (06104) 79161 – 🛗 🆃🆅 ☎ ⊂⊃. 🆀🅴 ⓪ 🅴 ⱽⁱˢᵃ
　　20. Dez. - 7. Jan. geschl. – **28 Z** 94/154.

OBERURSEL (Taunus) Hessen **417** P 9, **987** ㉗ – 44 000 Ew – Höhe 225 m.
　　Berlin 533 – Wiesbaden 47 – *Frankfurt am Main 14 – Bad Homburg vor der Höhe 4.*

🏨　**Parkhotel Waldlust,** Hohemarkstr. 168, ⊠ 61440, ℰ (06171) 92 00,
　　Fax (06171) 26627, ☞, « Park » – 🛗 🆃🆅 ☎ Ⓟ – 🕹 90. 🆀🅴 🅴 ⱽⁱˢᵃ
　　24. Dez. - 1. Jan. geschl. – **Menu** *(Sonn- und Feiertage geschl.)* à la carte 39/80 – **133 Z**
　　142/280.

🍴🍴　**Deiana,** Am Marktplatz 6, ⊠ 61440, ℰ (06171) 5 27 55, Fax (06171) 52571, ☞ – 🆀🅴
　　⓪ 🅴 ⱽⁱˢᵃ. ❄ Rest
　　Sonntag geschl. – **Menu** à la carte 66/85.

In Oberursel-Oberstedten :

🏠　**Sonnenhof** garni, Weinbergstr. 94, ⊠ 61440, ℰ (06172) 96 29 30,
　　Fax (06172) 301272, ☞ – 🆃🆅 ☎ Ⓟ. 🅴. ❄
　　15 Z 110/180.

OBERWESEL Rheinland-Pfalz **417** P 7, **987** ㉖ – 4 600 Ew – Höhe 70 m.
　　Sehenswert : Liebfrauenkirche★.
　　Ausflugsziel : Burg Schönburg★ *S : 2 km.*
　　🛈 *Verkehrsamt, Rathausstr. 3, ⊠ 55430, ℰ (06744) 15 21, Fax (06744) 1540.*
　　Berlin 621 – Mainz 56 – *Koblenz 49 – Bingen 21.*

🏨　**Burghotel Auf Schönburg** (Hotel in einer 1000-jährigen Burganlage), Schönburg
　　(S : 2 km) – Höhe 300 m, ⊠ 55430, ℰ (06744) 9 39 30, Fax (06744) 1613, ≤, ☞ – 🛗
　　🆃🆅 ☎ Ⓟ – 🕹 20. 🆀🅴 🅴 ⱽⁱˢᵃ
　　Jan. Ende März geschl. – **Menu** *(Montag geschl.)* à la carte 53/81 – **22 Z** 135/320.

🏠　**Weinhaus Weiler** 🅼, Marktplatz 4, ⊠ 55430, ℰ (06744) 70 03, Fax (06744) 7303,
　　☞ – 🆃🆅 ☎ Ⓟ. 🆀🅴 🅴 ⱽⁱˢᵃ
　　Mitte Dez - Mitte Feb. geschl. – **Menu** *(Nov. - April Donnerstag - Freitagmittag geschl.)*
　　à la carte 30/59 ⅃ – **10 Z** 75/150.

🍴🍴　**Römerkrug** mit Zim, Marktplatz 1, ⊠ 55430, ℰ (06744) 70 91, Fax (06744) 1677, ☞
　　– 🆃🆅 ☎. 🆀🅴 🅴 ⱽⁱˢᵃ
　　Jan. geschl. – **Menu** *(Mittwoch geschl.)* à la carte 36/73 ⅃ – **7 Z** 80/200.

In Oberwesel-Dellhofen *SW : 2,5 km :*

🔭　**Gasthaus Stahl** 🐾, Am Talblick 6, ⊠ 55430, ℰ (06744) 4 16, Fax (06744) 8861, ☞,
⊂⊃　☞ – ➡ Zim, Ⓟ
　　Mitte Dez. - Jan. geschl. – **Menu** *(Mittwoch geschl.)* (nur Eigenbau-Weine) à la carte
　　21/43 ⅃ – **18 Z** 70/140.

OBERWIESENTHAL Sachsen **418 420** O 22, **984** ㉗ ㉘, **987** ㉙ – 3 700 Ew – Höhe 914 m
　　– Kurort – Wintersport : 914/1214 m ✈ 1 ≤5 ✦5.
　　Ausflugsziele : Annaberg-Buchholz (St. Annen-Kirche★★ : Schöne Pforte★★, Kanzel★,
　　Bergaltar★) N : 24 km – Fichtelberg★ (1214 m) ☀★ (mit Schwebebahn oder zu Fuß erreich-
　　bar) N : 3 km – Schwarzenberg : Pfarrkirche St. Georg★ NW : 26 km.
　　🛈 *Kurverwaltung, Rathaus, Markt 8, ⊠ 09484, ℰ (037348) 86 14, Fax (037348) 7798.*
　　Berlin 315 – Dresden 125 – *Chemnitz 53 – Plauen 110.*

🏨　**Vier Jahreszeiten** 🐾, Annaberger Str. 83, ⊠ 09484, ℰ (037348) 1 80,
　　Fax (037348) 7326, ≘s, ☞ – 🛗, ➡ Zim, 🆃🆅 ☎ 🕹 ⊂⊃ Ⓟ – 🕹 200. 🆀🅴 ⓪ 🅴 ⱽⁱˢᵃ
　　Menu à la carte 27/65 – **100 Z** 115/225 – ½ P 25.

🏨　**Birkenhof** 🐾, Vierenstr. 18, ⊠ 09484, ℰ (037348) 84 81, Fax (037348) 8485, ≤, ☞,
　　Ⅰ᎐, ≘s – 🛗, ➡ Zim, 🆃🆅 ☎ 🕹 ⊂⊃ Ⓟ – 🕹 200. 🆀🅴 ⓪ 🅴 ⱽⁱˢᵃ
　　Menu à la carte 28/55 – **185 Z** 150/230, 7 Suiten – ½ P 27.

Panorama ⑤, Vierenstr. 11, ✉ 09484, ☎ (037348) 71 90, *Fax (037348) 7198*, ≤, 🏖, 🏋, ≘s, 🏊, 🌳 – |♦|, ⇔ Zim, 📺 ☎ ♿ 🅿 – 🏛 100. AE ⓓ E VISA. ✗ Rest
Menu à la carte 29/58 – **124 Z** 140/200, 25 Suiten – ½ P 27.

Deutscher Kaiser, Markt 7, ✉ 09484, ☎ (037348) 12 50, *Fax (037348) 12533* – 📺 ☎ 📞 🚗. E
Menu à la carte 24/36 – **18 Z** 95/165.

Hotel Am Kirchberg, Annaberger Str. 9, ✉ 09484, ☎ (037348) 71 32, *Fax (037348) 8486* – ⇔ Zim, 📺 ☎ – 🏛 20. AE ⓓ E VISA
Menu (nur Abendessen) à la carte 29/52 – **25 Z** 95/195 – ½ P 21.

OBERWOLFACH *Baden-Württemberg* 419 *V 8 – 2 700 Ew – Höhe 280 m – Luftkurort.*
Berlin 753 – Stuttgart 139 – Freiburg im Breisgau 60 – Freudenstadt 40 – Offenburg 42.

In Oberwolfach-Kirche :

Drei Könige, Wolftalstr. 28, ✉ 77709, ☎ (07834) 8 38 00, *Fax (07834) 285*, 🏖, 🌳 – |♦|, ⇔ Zim, ☎ 📞 🅿 – 🏛 40. AE ⓓ E VISA JCB. ✗
Menu à la carte 30/56 – **40 Z** 80/136 – ½ P 25.

Schacher ⑤, Alte Str. 2a, ✉ 77709, ☎ (07834) 60 13, *Fax (07834) 9350*, 🌳 – |♦| ⇔ ☎ 🅿
(nur Abendessen für Hausgäste) – **13 Z** 75/130 – ½ P 23.

In Oberwolfach-Walke :

Hirschen, Schwarzwaldstr. 2, ✉ 77709, ☎ (07834) 83 70, *Fax (07834) 6775*, 🏖, ≘s, 🌳 – |♦|, ⇔ Zim, 📺 ☎ 🅿 – 🏛 20. AE ⓓ E VISA JCB
9. - 31. Jan. geschl. – **Menu** *(Montag geschl.)* à la carte 38/61 🍷 – **41 Z** 70/170 – ½ P 26.

Zum Walkenstein, Burgfelsen 1, ✉ 77709, ☎ (07834) 3 95, *Fax (07834) 4670*, 🏖, 🌳 – |♦|, ⇔ Zim, 🚗 🅿
Menu *(Dienstag geschl.)* à la carte 26/50 – **30 Z** 60/110 – ½ P 20.

OBING *Bayern* 420 *V 21,* 987 ㊵ *– 3 500 Ew – Höhe 564 m.*
Berlin 647 – München 72 – Bad Reichenhall 62 – Rosenheim 31 – Salzburg 70 – Passau 123.

Oberwirt, Kienberger Str. 14, ✉ 83119, ☎ (08624) 42 96, *Fax (08624) 2979*, 🏖, Biergarten, ≘s, 🏖, 🌳, ✗ – |♦| 📺 ☎ 🚗 🅿 – 🏛 30. E VISA. ✗ Zim
Menu *(Mittwoch, Feb. und 10. - 31. Okt. geschl.)* à la carte 26/64 – **42 Z** 75/130 – ½ P 26.

OBRIGHEIM *Baden-Württemberg* 417 419 *R 11 – 5 100 Ew – Höhe 134 m.*
Berlin 594 – Stuttgart 85 – Eberbach am Neckar 24 – Heidelberg 39 – Heilbronn 31 – Mosbach 6.

Schloß Neuburg ⑤, ✉ 74847, ☎ (06261) 9 73 30, *Fax (06261) 973399*, ≤ Neckartal und Neckarelz, 🏖 – ⇔ Zim, 📺 ☎ 🅿 – 🏛 20. ⓓ VISA
1. - 8. Jan. geschl. – **Menu** *(Sonntagabend - Montagmittag geschl.)* à la carte 45/71 – **14 Z** 105/245.

Wilder Mann, Hauptstr. 22, ✉ 74847, ☎ (06261) 6 20 91, *Fax (06261) 7803*, ≘s, 🏊 – 📺 ☎ 🚗 🅿. E
20. Dez. - 7. Jan. geschl. – **Menu** *(Freitag - Samstag geschl.)* à la carte 24/45 🍷 – **28 Z** 75/130.

OCHSENFURT *Bayern* 419 420 *Q 14,* 987 ㉘ *– 12 000 Ew – Höhe 187 m.*
Sehenswert : *Ehemalige Stadtbefestigung★ mit Toren und Anlagen.*
ℹ *Verkehrsbüro, Hauptstr. 39, ✉ 97199, ☎ (09331) 58 55, Fax (09331) 7493.*
Berlin 497 – München 278 – Ansbach 59 – Bamberg 95 – Würzburg 19.

Bären, Hauptstr. 74, ✉ 97199, ☎ (09331) 86 60, *Fax (09331) 866405*, 🏖 – ⇔ Zim, 📺 ☎ 📞 🅿 – 🏛 40. AE ⓓ E VISA JCB
Menu *(Montag und Feb. 2 Wochen geschl.)* à la carte 26/57 – **26 Z** 95/140.

Zum Schmied, Hauptstr. 26, ✉ 97199, ☎ (09331) 24 38, *Fax (09331) 20203* – 📺 🚗. AE ⓓ E VISA
Menu *(8. Jan. - 15. März geschl.)* à la carte 23/51 🍷 – **19 Z** 70/125.

Nahe der Straße nach Marktbreit *O : 2,5 km :*

Wald- und Sporthotel Polisina, Marktbreiter Str. 265, ✉ 97199 Ochsenfurt, ☎ (09331) 84 40, *Fax (09331) 7603*, 🏖, Massage, ≘s, 🏊, 🌳, ✗ – |♦| 📺 📞 🅿 – 🏛 120. AE ⓓ E VISA JCB
Menu à la carte 32/57 – **93 Z** 165/310.

In Sommerhausen NW : 6 km über die B 13

🏛 **Ritter Jörg,** Maingasse 14, ⌧ 97286, ℰ (09333) 12 21, Fax (09333) 1883 – 📺 ☎ 🅿
    Jan. 3 Wochen geschl. – **Menu** (Montag geschl.) (Dienstag - Freitag nur Abendessen)
    à la carte 28/52 ⅃ – **22 Z** 78/145.

🏠 **Zum Weinkrug** garni, Steingraben 5, ⌧ 97286, ℰ (09333) 2 92, Fax (09333) 281 –
    📺 ☎ 🅿. 🅴
    13 Z 85/150.

🍴 **Restaurant von Dungern** mit Zim, Hauptstr. 12, ⌧ 97286, ℰ (09333) 14 06,
    Fax (09333) 1406 – 📺 ☎
    Sonntag - Dienstag, Aug. und 24. Dez. - 23. Jan. geschl. – **Menu** (nur Abendessen, Tisch-
    bestellung erforderlich) 85 und à la carte 66/78 – **2 Z** 300
    Spez. Entenstopfleberterrine mit eingelegten Feigen. Kalbsblankett mit Trüffeln.
    Birnenstrudel mit Pralinenparfait.

    *Places listed in the **Michelin Red Guide**
    are underlined in red on maps no* 🔢🔢-🔢🔢🔢.

OCHSENHAUSEN Baden-Württemberg 🔢🔢 V 13, 🔢🔢 ㊴ – 7 800 Ew – Höhe 609 m –
    Erholungsort.
    🛈 Verkehrsamt, Marktplatz 1, ⌧ 88416, ℰ (07352) 92 20 26, Fax (07352) 922026.
    Berlin 658 – Stuttgart 139 – Konstanz 150 – Ravensburg 55 – Ulm (Donau) 47 – Mem-
    mingen 22.

🏛 **Mohren,** Grenzenstr. 4, ⌧ 88416, ℰ (07352) 92 60, Fax (07352) 926100, Massage, ☎
    – 📶 📺 ☎ 🅿 – 🔬 80. 🆎 ⓪ 🅴 🆅🆂🅰 🍴🅲🅱
    Menu à la carte 41/86 – **28 Z** 90/205 – ½ P 30.

🏠 **Adler,** Schloßstr. 7, ⌧ 88416, ℰ (07352) 9 21 40, Fax (07352) 921460, 🌳 – 📺 ☎ ✆
    🅿. 🅴 🆅🆂🅰
    Menu (Sonntagabend - Montagmittag geschl.) à la carte 23/54 – **9 Z** 78/130.

In Gutenzell-Hürbel NO : 6 km :

🏠 **Klosterhof** 🦮, Schloßbezirk 2 (Gutenzell), ⌧ 88484, ℰ (07352) 9 23 50,
    Fax (07352) 7779, 🌳 – 📺 ☎ 🔄 🅿
    23. - 30. Dez geschl. – **Menu** (Freitag und jedes letzte Wochenende im Monat geschl.)
    à la carte 29/78 – **18 Z** 56/115.

OCHTENDUNG Rheinland-Pfalz 🔢🔢 O 6 – 4 200 Ew – Höhe 190 m.
    Berlin 609 – Mainz 110 – Koblenz 20 – Mayen 13.

🍴 **Gutshof Arosa** mit Zim, Koblenzer Str. 2 (B 258), ⌧ 56299, ℰ (02625) 44 71,
    Fax (02625) 5261, 🌳 – 📺 ☎ 🔄 🅿. 🆎 🅴. 🌿 Rest
    Juli - Aug. 2 Wochen geschl. – **Menu** (Montag geschl.) à la carte 40/84 – **11 Z** 65/150.

OCHTRUP Nordrhein-Westfalen 🔢🔢 J 5, 🔢🔢 ⑮ – 18 500 Ew – Höhe 65 m.
    Berlin 498 – Düsseldorf 139 – Enschede 21 – Münster (Westfalen) 43 – Osnabrück 70.

🏠 **Münsterländer Hof,** Bahnhofstr. 7, ⌧ 48607, ℰ (02553) 92 10, Fax (02553) 921100
    – 🌿 Zim, 📺 ☎ 🔄 🅿. 🆎 ⓪ 🅴 🆅🆂🅰
    Menu à la carte 35/62 – **20 Z** 110/180.

OCKFEN Rheinland-Pfalz 🔢🔢 R 3 – 600 Ew – Höhe 160 m.
    Berlin 742 – Mainz 173 – Saarburg 5 – Trier 24.

🏠 **Klostermühle,** Hauptstr. 1, ⌧ 54441, ℰ (06581) 9 29 30, Fax (06581) 929320, 🌳,
    ☎, 🌳 – 📺 ☎ 🔄 🅿 – 🔬 40
    Jan. geschl. – **Menu** (Dienstag geschl.) à la carte 26/50 ⅃ – **22 Z** 62/120.

OCKHOLM Schleswig-Holstein siehe Bredstedt.

ODELZHAUSEN Bayern 🔢🔢 V 17, 🔢🔢 ㊴ ㊵ – 3 000 Ew – Höhe 507 m.
    🔢 Gut Todtenried, (S : 2 km) ℰ (08134) 16 18.
    Berlin 590 – München 46 – Augsburg 33 – Donauwörth 65 – Ingolstadt 77.

🏠 **Schloßhotel-Schloßbräustüberl,** Am Schloßberg 3, ⌧ 85235,
    ℰ (08134) 65 98 (Hotel) 66 06 (Rest.), Fax (08134) 5193, 🌳, ☎, 🔳 – 📺 ☎ 🅿
    Menu (Samstag geschl.) à la carte 32/66 – **7 Z** 125/200.

ODENTHAL Nordrhein-Westfalen **[417]** M 5, **[987]** ㉖ – 13 500 Ew – Höhe 80 m.
Ausflugsziel : Odenthal-Altenberg : Altenberger Dom (Buntglasfenster★) N : 3 km.
Berlin 553 – Düsseldorf 49 – Köln 18.

✗✗ **Zur Post**, Altenberger-Dom-Str. 23, ⌂ 51519, ℰ (02202) 7 81 24, Fax (02202) 71732, 斎, « Gasthof im bergischen Stil » – **Q**. ᴬᴱ **①** **E** _VISA_
Donnerstag geschl. – **Menu** à la carte 50/82.

In Odenthal-Altenberg N : 2,5 km :

🏛 **Altenberger Hof** 🦌 (mit Gästehaus Torschänke), Eugen-Heinen-Platz 7, ⌂ 51519, ℰ (02174) 49 70, Fax (02174) 497123, 斎 – |📶| 🆃🆅 ₺ **Q** – 🔬 60. ᴬᴱ **①** **E** _VISA_. 🛇 Zim
Menu à la carte 60/102 – **38 Z** 160/380.

OEDERAN Sachsen siehe Flöha.

ÖHNINGEN Baden-Württemberg **[419]** X 10 – 3 500 Ew – Höhe 440 m – Erholungsort.
🛈 Verkehrsbüro, Rathaus, ⌂ 78337, ℰ (07735) 8 19 20, Fax (07735) 81930.
Berlin 800 – Stuttgart 168 – Konstanz 34 – Singen (Hohentwiel) 16 – Zürich 61 – Schaffhausen 22.

In Öhningen-Wangen O : 3 km :

🏛 **Residenz am See** 🦌, Seeweg 2, ⌂ 78337, ℰ (07735) 9 30 00, Fax (07735) 930020, ≤, 斎, ≤s, 🐾, 🚗 – 🆃🆅 ☎ **Q** – 🔬 20. ᴬᴱ **E** _VISA_. 🛇 Rest
März - Okt. – **Menu** (Montag geschl.) à la carte 55/75 – **11 Z** 120/250 – ½ P 45.

🏠 **Adler**, Kirchplatz 6, ⌂ 78337, ℰ (07735) 7 24, Fax (07735) 8759, 斎, 🐾, 🚗 – **Q**.
ᴬᴱ **E** _VISA_
Nov. 3 Wochen geschl. – **Menu** (Donnerstag geschl.) à la carte 29/53 ₺ – **23 Z** 70/140.

ÖHRINGEN Baden-Württemberg **[419]** S 12, **[987]** ㉗ – 20 000 Ew – Höhe 230 m.
Sehenswert : Ehemalige Stiftskirche★ (Margarethen-Altar★).
📷 Friedrichsruhe (N : 6 km), ℰ (07941) 6 28 01.
🛈 Tourist-Information, Rathaus, Marktplatz 15, ⌂ 74613, ℰ (07941) 6 81 18, Fax (07941) 68188.
Berlin 568 – Stuttgart 66 – Heilbronn 28 – Schwäbisch Hall 29.

✗ **Krone**, Marktstr. 24, ⌂ 74613, ℰ (07941) 72 78
Samstag und Jan. 2 Wochen geschl. – **Menu** à la carte 32/58.

✗ **Münzstube**, Münzstr. 49, ⌂ 74613, ℰ (07941) 6 58 15, Fax (07941) 65816, 斎 – **Q**
🍴 Dienstag und Juli - Aug. 3 Wochen geschl. – **Menu** à la carte 22/49 ₺.

In Öhringen-Cappel O : 2 km :

⚓ **Gästehaus Schmidt**, Haller Str. 128, ⌂ 74613, ℰ (07941) 88 80, Fax (07941) 38201, 斎 – 🆃🆅 ☎ 🚗 **Q**
Juli - Aug. 2 Wochen geschl. – (nur Abendessen für Hausgäste) – **10 Z** 60/110.

In Friedrichsruhe N : 6 km :

🏯 **Wald- und Schloßhotel Friedrichsruhe** 🦌, ⌂ 74639 Zweiflingen,
❀ ℰ (07941) 6 08 70, Fax (07941) 61468, 斎, « Garten, Park », ≤s, ⊼, 🔲, 🎾, 📷 – |📶|
🆃🆅 📞 **Q** – 🔬 60. ᴬᴱ **①** **E** _VISA_
Menu (Montag - Dienstag geschl.) (bemerkenswerte Weinkarte) 148/208 und à la carte
86/126 – **Jägerstube** : **Menu** à la carte 47/68 – **45 Z** 195/420, 12 Suiten
Spez. Jakobsmuscheln und Artischockenböden im eigenen Gelee. Hohenloher Forellenfilet
im Pfifferlingsud mit geschmorten Gurken. Nantaiser Ente in zwei Gängen serviert.

OELDE Nordrhein-Westfalen **[417]** K 8, **[987]** ⑮ – 27 500 Ew – Höhe 98 m.
Berlin 430 – Düsseldorf 137 – Beckum 13 – Gütersloh 23 – Lippstadt 29.

🏛 **Mühlenkamp**, Geiststr. 36, ⌂ 59302, ℰ (02522) 21 71, Fax (02522) 2171, 斎 – |📶|
🆃🆅 ☎ 🚗 **Q**. ᴬᴱ **①** **E** _VISA_
23. Dez. - 5. Jan. geschl. – **Menu** (Samstagmittag geschl.) à la carte 42/68 – **30 Z** 110/175.

🏛 **Engbert**, Lange Str. 24, ⌂ 59302, ℰ (02522) 9 33 90, Fax (02522) 933939 – |📶|,
⇔ Zim, 🆃🆅 ☎ 🚗 **Q**. ᴬᴱ **①** **E** _VISA_. 🛇 Rest
Dez. - Jan. 2 Wochen geschl. – (nur Abendessen für Hausgäste) – **35 Z** 90/160.

In Oelde-Lette N : 6,5 km :

🏠 **Westermann**, Clarholzer Str. 26, ⌂ 59302, ℰ (05245) 8 70 20, Fax (05245) 870215, 斎, 🎾 – 🆃🆅 ☎ **Q** – 🔬 30. ᴬᴱ **E** _VISA_. 🛇 Rest
1. - 5. Jan. geschl. – **Menu** (wochentags nur Abendessen) à la carte 28/55 – **29 Z** 78/136.

In Oelde-Stromberg *SO : 5 km – Erholungsort :*

⚕ **Zur Post,** Münsterstr. 16, ✉ 59302, ℰ (02529) 2 46, Fax (02529) 7162, 🚗 – 🚙 **P**.
⊜ E. ⚘
1. - 15. Aug. geschl. – **Menu** *(Montag geschl.)* (wochentags nur Abendessen) à la carte 29/45
– **16 Z** 50/100.

OELSNITZ (VOGTLAND) *Sachsen* 🔲🔲🔲 *O 20,* 🔲🔲🔲 ㉗, 🔲🔲🔲 ㉙ *– 12 400 Ew – Höhe 409 m.*
🛈 *Kultur- und Fremdenverkehrsamt, Markt 1 (Rathaus),* ✉ *08606,* ℰ *(037421) 7 31 29,*
Fax (037421) 73129.
Berlin 311 – Dresden 154 – Hof 24 – Plauen 11.

🏠 **Garni Höhle,** Dr.-Friedrich-Str. 23, ✉ 08606, ℰ (037421) 2 22 48, Fax (037421) 27664
– 📳 📺 ☎ & **P**. E 𝘝𝘐𝘚𝘈
21 Z 80/180.

In Oelsnitz-Talitz *NW : 6 km :*

🏠 **Seeblick,** Waldweg 3, ✉ 08606, ℰ (037436) 22 55, Fax (037436) 2256, ≤, 🍴, ≘s,
⊜ 🚗 – 📺 ☎ **P** – 🔬 100. AE E 𝘝𝘐𝘚𝘈. ⚘ Rest
Menu à la carte 22/38 – **41 Z** 100/130.

OER-ERKENSCHWICK *Nordrhein-Westfalen* 🔲🔲🔲 *L 5 – 28 000 Ew – Höhe 85 m.*
Berlin 502 – Düsseldorf 74 – Dortmund 29 – Münster (Westfalen) 64 – Recklinghausen 5.

🏨 **Stimbergpark** ⚘, Am Stimbergpark 78, ✉ 45739, ℰ (02368) 10 67,
Fax (02368) 58206, ≤, 🍴, ≘s – ⇔ Zim, 📺 ☎ & **P** – 🔬 70. AE ⓞ E 𝘝𝘐𝘚𝘈
Menu à la carte 32/60 – **90 Z** 98/160.

🏨 **Giebelhof,** Friedrichstr. 5, ✉ 45739, ℰ (02368) 91 00, Fax (02368) 910222, Biergarten, ≘s – 📳, ⇔ Zim, 📺 ☎ 📞 **P** – 🔬 40. AE E 𝘝𝘐𝘚𝘈
Menu *(Samstagmittag und Mittwoch geschl.)* à la carte 30/59 – **31 Z** 115/170.

OERLINGHAUSEN *Nordrhein-Westfalen* 🔲🔲🔲 *K 9 – 16 200 Ew – Höhe 250 m.*
Berlin 392 – Düsseldorf 182 – Bielefeld 13 – Detmold 19 – Paderborn 32.

🍴🍴 **Altes Gasthaus Nagel** mit Zim (Fachwerkhaus a.d.J. 1721), Hauptstr. 43, ✉ 33813,
ℰ (05202) 56 55, Fax (05202) 15105 – 📺 ☎. AE ⓞ E 𝘝𝘐𝘚𝘈
Menu *(Mittwoch - Donnerstag und Juni - Juli 3 Wochen geschl.)* (wochentags nur Abend-
essen) à la carte 31/61 – **8 Z** 69/115.

OESTRICH-WINKEL *Hessen* 🔲🔲🔲 *P 8 – 12 200 Ew – Höhe 90 m.*
Berlin 588 – Wiesbaden 21 – Koblenz 74 – Mainz 24.

Im Stadtteil Oestrich :

🏨 **Schwan,** Rheinallee 5, ✉ 65375, ℰ (06723) 80 90, Fax (06723) 7820, ≤,
« Gartenterrasse » – 📳, ⇔ Zim, 📺 ☎ **P** – 🔬 60. AE ⓞ E 𝘝𝘐𝘚𝘈 𝗝𝗖𝗕
20. Dez. - 4. Jan. geschl. – **Menu** à la carte 47/80 – **42 Z** 151/298.

Im Stadtteil Winkel :

🏨 **Nägler am Rhein,** Hauptstr. 1, ✉ 65375, ℰ (06723) 50 51, Fax (06723) 5054, ≤ Rhein
und Ingelheim, 🍴, 𝑓ₐ, ≘s – 📳, ⇔ Zim, 📺 ☎ & **P** – 🔬 100. AE ⓞ E 𝘝𝘐𝘚𝘈. ⚘ Rest
Menu à la carte 45/74 – **47 Z** 135/230.

🏠 **Gästehaus Weingut Carl Strieth** garni, Hauptstr. 128, ✉ 65375, ℰ (06723)
9 95 80, Fax (06723) 995899 – 📺 ☎ **P**. AE E 𝘝𝘐𝘚𝘈
16 Z 80/160.

🍴🍴🍴 **Graues Haus,** Graugasse 10 (B 42), ✉ 65375, ℰ (06723) 26 19, Fax (06723) 4739, 🍴,
⊛ « Modernes Restaurant in einem historischen Steinhaus » – **P**. AE ⓞ E 𝘝𝘐𝘚𝘈. ⚘
Feb., Dienstag, Nov. - April auch Montag geschl., Montag - Freitag nur Abendessen – **Menu**
(Tischbestellung ratsam) 90/145 und à la carte 80/102
Spez. Kalbschwanzterrine und Gänseleber. Pôelierter Steinbutt und Hummer mit Korian-
dernudeln. Gebratene Rehkeule mit glasierten Röstgemüsen.

Im Stadtteil Hallgarten :

🏠 **Zum Rebhang** ⚘, Rebhangstr. 53, ✉ 65375, ℰ (06723) 21 66, Fax (06723) 1813,
≤ Rheintal, 🍴, 🚗 – 📺 ☎ **P**
Menu *(Donnerstag und Anfang Jan. - Anfang Feb. geschl.)* à la carte 27/68 – **14 Z** 85/170.

ÖSTRINGEN Baden-Württemberg **417 419** S 10 – 10 500 Ew – Höhe 165 m.

ⓘ8 ⓘ9 Östringen-Tiefenbach, Birkenhof(SO : 11 km), ℰ (07259) 86 83.

Berlin 630 – Stuttgart 97 – Karlsruhe 45 – Heilbronn 45 – Mannheim 44.

🏠 **Östringer Hof**, Hauptstr. 113 (B 292), ✉ 76684, ℰ (07253) 2 10 87, Fax (07253) 2 10 80 – 📺 🕿 🅿. 🆎 ⓞ 🄴 *VISA*. ✵ Rest
(nur Abendessen für Hausgäste) – **19 Z** 110/160.

In Östringen-Tiefenbach SO : 12 km :

🏠 **Kreuzberghof** 🖢, Am Kreuzbergsee, ✉ 76684, ℰ (07259) 9 11 00, Fax (07259) 911013, 🏤 – 📺 🕿 🅿 – 🔏 30. 🆎 ⓞ 🄴 *VISA*
8. Jan. - 6. Feb. geschl. – **Menu** à la carte 25/64 🍷 – **14 Z** 85/145.

✗ **Weinforum Heitlinger,** (Weingut), Am Mühlberg, ✉ 76684, ℰ (07259) 9 11 20, Fax (07259) 911299, « Kulturbühne mit wechselnden Ausstellungen und Aufführungen verschiedener Künstler » – 🅿
24. Dez. - Jan. geschl. – **Menu** (nur eigene Weine) à la carte 33/53 🍷.

ÖTISHEIM Baden-Württemberg **419** T 10 – 4 600 Ew – Höhe 247 m.

Berlin 637 – Stuttgart 43 – Karlsruhe 46 – Heilbronn 69.

🏠 **Zur Krone**, Maulbronner Str. 11, ✉ 75443, ℰ (07041) 28 07, Fax (07041) 861521, 🏤 – 📺 🅿
Jan. 2 Wochen und Juli - Aug. 3 Wochen geschl. – **Menu** (Montag geschl.) à la carte 24/46 🍷 – **17 Z** 65/95.

✗ **Sternenschanz,** Gottlob-Linck-Str. 1, ✉ 75443, ℰ (07041) 66 67, Fax (07041) 862155, 🏤 – 🅿
Montagabend - Dienstag und Ende Jan. - Anfang Feb. geschl. – **Menu** à la carte 33/65.

In occasione di alcune manifestazioni commerciali o turistiche, i prezzi richiesti dagli albergatori possono subire un sensibile aumento nelle località interessate e nei loro dintorni.

OEVERSEE Schleswig-Holstein siehe Flensburg.

OEYNHAUSEN, BAD Nordrhein-Westfalen **417** J 10, **987** ⑮ ⑯ – 48 000 Ew – Höhe 71 m – Heilbad.

ⓘ9 Löhne-Wittel, ℰ (05228) 70 50.

🄱 Verkehrsverein in der Kurverwaltung, Ostkorso 12, ✉ 32545, ℰ (05731) 2 04 30, Fax (05731) 20811.

Berlin 362 – Düsseldorf 211 – Bremen 116 – Hannover 79 – Osnabrück 62.

🏨 **Königshof**, Am Kurpark 5, ✉ 32545, ℰ (05731) 24 60, Fax (05731) 246105, 🏤 – 🛗 📺 🕿 ⇌ 🅿 – 🔏 60. 🄴 *VISA*
Menu (Sonntag und Jan. geschl.) (nur Abendessen) à la carte 40/60 – **50 Z** 98/185, 3 Suiten.

🏨 **Ramada** M 🖢, Morsbachallee 1, ✉ 32545, ℰ (05731) 25 70, Fax (05731) 257445, 🏤 – 🛗, ⟳ Zim, 🗐 Zim, 📺 🕿 📞 🖢 ⇌ 🅿 – 🔏 250. 🆎 ⓞ 🄴 *VISA* JCB
Kurhaus-Restaurant : **Menu** à la carte 44/65 – **148 Z** 169/233, 3 Suiten.

🏨 **Estella** M garni, Königsstr. 3, ✉ 32545, ℰ (05731) 2 58 90, Fax (05731) 258999, ⇌s – 🛗, ⟳ Zim, 📺 🕿 📞 🖢 ⇌ – 🔏 30. 🆎 ⓞ 🄴 *VISA*
57 Z 140/230.

🏠 **Stickdorn**, Kaiser-Willhelmplatz 17, ✉ 32545, ℰ (05731) 1 75 70, Fax (05731) 175740 – 📺 🕿 📞 🖢 ⇌ 🅿. 🆎 🄴 *VISA*
Menu (Montag - Freitag nur Abendessen) à la carte 35/61 – **28 Z** 116/163.

🏠 **Brunnenhof** garni, Brunnenstr. 8, ✉ 32545, ℰ (05731) 2 11 11, Fax (05731) 21148 – 📺 🕿 🖢 🅿. 🆎 🄴 *VISA*
Menu 21 Z 90/130.

🏠 **Bosse** garni, Herforder Str. 40, ✉ 32545, ℰ (05731) 1 75 40, Fax (05731) 28063 – 📺 🕿 🅿. 🄴 *VISA*
32 Z 85/160.

✗✗ **Sonntag** mit Zim, Schützenstr. 2, ✉ 32545, ℰ (05731) 2 13 40, Fax (05731) 213429, « Gartenterrasse » – 📺 🕿 🅿. 🆎 ⓞ 🄴 *VISA*
Menu (Montag geschl.) à la carte 34/63 – **8 Z** 100/170.

Nahe der B 61 *NO : 2,5 km :*

🏠 **Hahnenkamp,** Alte Reichsstr. 4, ✉ 32549 Bad Oeynhausen, ℰ (05731) 7 57 40, Fax (05731) 757475, 🍴 – ⇔ Zim, 📺 ☎ ℰ 🅿 – 🔥 60. 🆎 ⓞ 🄴 𝑉𝐼𝑆𝐴
Menu à la carte 36/64 – **27 Z** 109/195 – ½ P 25.

In Bad Oeynhausen-Bergkirchen *N : 9,5 km :*

🏠🏠 **Wittekindsquelle,** Bergkirchener Str. 476, ✉ 32549, ℰ (05734) 9 10 00, Fax (05734) 910091, 🍴 – 📺 ☎ 🅿 – 🔥 15. 🆎 ⓞ 🄴 𝑉𝐼𝑆𝐴. ✀
Menu (abends Tischbestellung ratsam) à la carte 40/82 – **21 Z** 95/220.

In Bad Oeynhausen-Lohe *S : 2 km :*

🏠 **Trollinger Hof,** Detmolder Str. 89, ✉ 32545, ℰ (05731) 7 95 70, Fax (05731) 795710, 🍴 – 📺 ☎ ℰ 🅿 – 🔥 15. 🄴 𝑉𝐼𝑆𝐴
Menu *(Sonntagabend - Montag geschl.)* à la carte 38/67 – **20 Z** 100/168

🍴🍴🍴 **Die Windmühle,** Detmolder Str. 273, ✉ 32545, ℰ (05731) 9 24 62, ❀ Fax (05731) 96583, 🍴 – 🅿
Sonntagabend - Montag geschl. – **Menu** à la carte 73/108 – **ô Cèpe : Menu** à la carte 35/56.
Spez. Rotbarbenfilet auf Salat von Strauchbohnen mit Safran-Krustentierjus. Steinbutt auf Auberginenkom pott mit Pimentoöl. Kakao Blätterteig mit schwarzem Schockoladen sorbet.

OFFENBACH Hessen ⁗ P 10, ⁓ ㉗ – 113 000 Ew – Höhe 100 m.
Sehenswert · Deutsches Ledermuseum✶✶ Z **M1**.
Messehalle (Z), ℰ 81 70 91, Telex 411298.
🅱 Offenbach-Information, Stadthof 17 (Pavillon), ✉ 63065, ℰ (069) 80 65 20 52, Fax (069) 80653199.
ADAC, Frankfurter Str. 74, ✉ 63067, ℰ (069) 8 01 61, Fax (069) 8004089.
Berlin 543 – Wiesbaden 44 – Frankfurt am Main 8 – Darmstadt 28 – Würzburg 116.

Stadtplan siehe nächste Seite

🏛🏛 **Arabella am Büsing Palais** Ⓜ, Berliner Str. 111, ✉ 63065, ℰ (069) 82 99 90, Fax (069) 82999800, 🍴, Massage, 🛁, ⇌ – 🛗, ⇔ Zim, 🖳 📺 ℰ & 🚗 – 🔥 200. 🆎 ⓞ 🄴 𝐽𝐶𝐵
Menu à la carte 51/82 – **221 Z** 204/328. Z c

🏛🏛 **Holiday Inn,** Kaiserleistr. 45, ✉ 63067, ℰ (069) 8 06 10, Fax (069) 8004797, ⇌, ▦ – 🛗, ⇔ Zim, 📺 & 🚗 – 🔥 130. 🆎 ⓞ 🄴 𝑉𝐼𝑆𝐴 𝐽𝐶𝐵. ✀ Rest X s
Menu à la carte 45/68 – **246 Z** 263/481.

🏠🏠 **Bismarckhof,** Bismarckstr. 99, ✉ 63065, ℰ (069) 82 98 00(Hotel) 82 98 01 85(Rest.), Fax (069) 82980333 – 🛗, ⇔ Zim, 📺 ☎ 🚗 – 🔥 20. 🆎 ⓞ 🄴 𝑉𝐼𝑆𝐴 𝐽𝐶𝐵 Z s
Menu *(Sonntag und Juli geschl.)* à la carte 33/62 – **52 Z** 173/396.

🏠🏠 **Graf** garni, Ziegelstr. 4, ✉ 63065, ℰ (069) 81 17 02, Fax (069) 887937 – ⇔ 📺 ☎ 🚗 – 🔥 20. 🆎 ⓞ 🄴 𝑉𝐼𝑆𝐴. ✀ Z g
Weihnachten - Anfang Jan. geschl. – **32 Z** 95/230.

🏠🏠 **Offenbacher Hof,** Ludwigstr. 33, ✉ 63065, ℰ (069) 82 98 20, Fax (069) 82982333, ⇌ – 🛗, ⇔ Zim, 📺 ☎ 🅿 – 🔥 60. 🆎 ⓞ 🄴 𝑉𝐼𝑆𝐴 𝐽𝐶𝐵 Z t
(Restaurant nur für Hausgäste) – **66 Z** 163/311, 8 Suiten.

🏠 **Ibis** Ⓜ, Kaiserleistr. 4, ✉ 63067, ℰ (069) 82 90 40, Fax (069) 82904333 – 🛗, ⇔ Zim, 📺 & 🚗 – 🔥 50. 🆎 ⓞ 🄴 𝑉𝐼𝑆𝐴 𝐽𝐶𝐵 X s
Menu *(Samstag - Sonntag geschl.)* (nur Abendessen) à la carte 26/37 – **131 Z** 114/129.

🏠 **Hansa** garni, Bernardstr. 101, ✉ 63067, ℰ (069) 82 98 50, Fax (069) 823218 – 🛗 📺 ☎ &. 🆎 ⓞ 🄴 𝑉𝐼𝑆𝐴 – **25 Z** 80/220. Z r

🍴🍴 **Dino,** Luisenstr. 63, ✉ 63067, ℰ (069) 88 46 45, Fax (069) 883395, 🍴 – 🆎 ⓞ 🄴 𝑉𝐼𝑆𝐴
Sonntag und 1. - 9. Jan. geschl. – **Menu** (italienische Küche) à la carte 41/80. Z a

In Offenbach-Bürgel *NO : 2 km über Mainstraße X :*

🏠🏠 **Mainbogen,** Altkönigstr. 4, ✉ 63075, ℰ (069) 8 60 80, Fax (069) 8608686 – 🛗 📺 ☎ 🚗 🅿 – 🔥 40. 🆎 ⓞ 🄴 𝑉𝐼𝑆𝐴
Menu *(Sonntag geschl.)* (nur Abendessen) à la carte 27/55 – **80 Z** 99/258.

🏠🏠 **Lindenhof** ⬉, Mecklenburger Str. 10, ✉ 63075, ℰ (069) 86 14 58, Fax (069) 866196 – 🛗 📺 ☎ 🅿 – 🔥 30. 🆎 ⓞ 🄴 𝑉𝐼𝑆𝐴 𝐽𝐶𝐵
Menu (wochentags nur Abendessen) à la carte 35/61 – **36 Z** 110/160.

🍴🍴 **Zur Post** mit Zim, Offenbacher Str. 33, ✉ 63075, ℰ (069) 86 13 37, Fax (069) 864198, 🍴 – ☎ 🚗 🅿. 🄴 𝑉𝐼𝑆𝐴. ✀ Zim
Menu *(Sonntagabend - Montag, Samstagmittag und Juli - Aug. 2 Wochen geschl.)* à la carte 38/66 – **8 Z** 95/210.

OFFENBACH

0   500 m

FRIEDBERG / FULDA

HAFEN
Nordring

FRANKFURT AM MAIN

MAIN

HANAU

DARMSTADT

HEUSENSTAMM

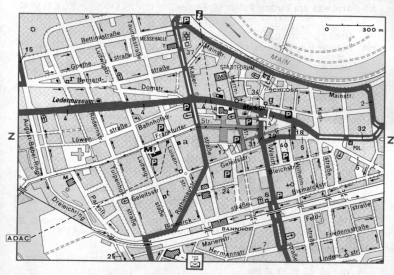

0   300 m

MESSEHALLE

Bettinastraße

MAIN

Ledermuseum

STADTFORUM

SCHLOSS

Marktpl.

ADAC

BAHNHOF

OFFENBURG Baden-Württemberg 🅰🄑🄨 U 7, 🄢🄧🄦 ㊲ – 54 000 Ew – Höhe 165 m.

Sehenswert : Hl.-Kreuz-Kirche★.

Messegelände Oberrheinhalle, Messeplatz, ℰ (0781) 9 22 60, Fax (0781) 922677.

🅱 Städt. Verkehrsamt, Gärtnerstr. 6, ✉ 77652, ℰ (0781) 8 22 53, Fax (0781) 82582.

ADAC, Gerberstr. 2, ✉ 77652, ℰ (0781) 7 27 40, Fax (0781) 727440.

Berlin 744 – Stuttgart 148 – Karlsruhe 77 – Freiburg im Breisgau 64 – Freudenstadt 58 – Strasbourg 26 – Karlsruhe 54.

🏨 **Dorint-Hotel**, Messeplatz (bei der Oberrheinhalle), ✉ 77656, ℰ (0781) 50 50, Fax (0781) 505513, 🌳, 🚬, 🔲 – 🛗, 🕪 Zim, 🍽 Rest, 📺 🕹 🄿 – 🔏 230. 🄐🄴 🄞 🄴 *VISA*. 🕪 Rest

Menu à la carte 42/73 – **130 Z** 210/275, 4 Suiten.

🏨 **Central-Hotel** garni, Poststr. 5, ✉ 77652, ℰ (0781) 7 20 04, Fax (0781) 25598 – 📺 🕿 🄿. 🄐🄴 🄴 *VISA* 🄹🄲🄱

20 Z 125/170.

🏨 **Union** garni, Hauptstr. 19, ✉ 77652, ℰ (0781) 7 40 91, Fax (0781) 74093 – 🛗 📺 🕿 🚗. 🄴 *VISA*

35 Z 115/170.

🏨 **Sonne**, Hauptstr. 94, ✉ 77652, ℰ (0781) 7 10 39, Fax (0781) 71033, 🌳 – 📺 🕿 🚗. 🄐🄴 🄴 *VISA*

Menu à la carte 43/69 – **34 Z** 70/200.

In Offenburg - Albersbösch :

🏨 **Hubertus**, Kolpingstr. 4, ✉ 77656, ℰ (0781) 6 13 50, Fax (0781) 613535, 🌳 – 🛗, 🕪 Zim, 📺 🕿 🕬 🄿 – 🔏 40. 🄐🄴 🄞 🄴 *VISA*

Menu à la carte 32/60 – **27 Z** 100/180.

In Offenburg - Fessenbach SO : 2 km :

🏨 **Traube**, Fessenbacher Str. 115, ✉ 77654, ℰ (0781) 46 90, Fax (0781) 46969, 🌳 – 📺 🕿 🄿 – 🔏 15. 🄐🄴 🄴 *VISA*

Menu *(Dienstag geschl.)* à la carte 45/75 – **22 Z** 83/138.

In Offenburg-Rammersweier NO : 3 km – Erholungsort :

🍴🍴 **Blume** mit Zim *(Fachwerkhaus a.d.18.Jh.)*, Weinstr. 160, ✉ 77654, ℰ (0781) 3 36 66, Fax (0781) 440603, 🌳 – 📺 🕿 🄿. 🄴 *VISA*. 🕪 Zim

Jan. sowie über Fastnacht je 1 Woche und Aug. 2 Wochen geschl. – **Menu** *(Sonntagabend - Montag geschl.)* à la carte 40/72 – **6 Z** 75/120.

In Offenburg - Zell-Weierbach O : 3,5 km :

🏨 **Rebenhof** 🐾, Talweg 42, ✉ 77654, ℰ (0781) 46 80, Fax (0781) 41154, 🌳, 🚬, 🔲 – 🛗 📺 🕿 🄿 – 🔏 30. 🄴 *VISA*

Menu *(Montag geschl.)* à la carte 27/66 🛎 – **40 Z** 85/150.

🍴 **Gasthaus Sonne** mit Zim, Obertal 1, ✉ 77654, ℰ (0781) 9 38 80, Fax (0781) 938899, 🌳 – 🕪 Zim, 📺 🕿 🄿 – 🔏 100. *VISA*. 🕪 Zim

über Fastnacht 2 Wochen geschl. – **Menu** *(Mittwoch geschl.)* à la carte 28/65 – **6 Z** 80/130.

In Ortenberg S : 4 km – Erholungsort :

🍴🍴 **Glattfelder** mit Zim, Kinzigtalstr. 20, ✉ 77799, ℰ (0781) 9 34 90, Fax (0781) 934929, 🌳 – 🕿 🄿. *VISA*

Jan. 2 Wochen geschl. – **Menu** *(Montag geschl.)* 42/99 und à la carte 52/76 – **14 Z** 55/110

Spez. Gebackenes Kalbsbries mit Artischockensalat. Lammcarré mit Kräuterkruste und grünen Bohnen. Griessknödel mit eingemachtem Rhabarber.

OFTERDINGEN Baden-Württemberg 🅰🄑🄨 U 11 – 4500 Ew – Höhe 424 m.

Berlin 692 – Stuttgart 56 – Hechingen 9 – Reutlingen 20 – Tübingen 15.

🍴🍴 **Krone** mit Zim *(Fachwerkhaus a.d.J. 1715)*, Tübinger Str. 10 (B 27), ✉ 72131, ℰ (07473) 63 91, Fax (07473) 25596, 🌳 – 📺 🕿 🚗 🄿. 🄴

1. - 16. Jan. geschl. – **Menu** *(Donnerstag geschl.)* à la carte 38/78 – **10 Z** 80/180.

OFTERSCHWANG Bayern siehe Sonthofen.

OFTERSHEIM *Baden-Württemberg* 四七 四九 *R 9 – 10 600 Ew – Höhe 102 m.*
꒐ *Oftersheim, an der B 291 (SO : 2 km),* ℰ *(06202) 5 37 67.*
Berlin 625 – Stuttgart 119 – Heidelberg 11 – Mannheim 18 – Speyer 17.

In Oftersheim-Hardtwaldsiedlung *S : 1 km über die B 291 :*
꒫꒫ **Landhof,** Am Fuhrmannsweg 1, ⊠ 68723, ℰ (06202) 5 13 76, Fax (06202) 53297, ⭐
℗
Dienstag und Aug. geschl. – **Menu** (wochentags nur Abendessen, Tischbestellung ratsam)
à la carte 35/72.

OHMDEN *Baden-Württemberg siehe Kirchheim unter Teck.*

OLCHING *Bayern* 四九 四二〇 *V 17 – 24 000 Ew – Höhe 503 m.*
꒐ *Olching, Feursstr. 89,* ℰ *(08142) 32 40.*
Berlin 595 – München 36 – Augsburg 51 – Dachau 13.

🏨 **Schiller,** Nöscherstr. 20, ⊠ 82140, ℰ (08142) 47 30(Hotel), 4 98 47(Rest.),
Fax (08142) 473399, ⭐, ⌨, ⊜s, 🔲 – 🛗, ✳ Zim, 📺 ☎ ✆ ⊜ ℗ – 🔏 50. 🆎 ⓞ
E VISA
22. Dez. - 2. Jan. geschl. – **Menu** (Sonntagabend - Montagmittag geschl.) à la carte 36/72
– **57 Z** 95/180.

🏨 **Am Krone-Park** garni, Kemeterstr. 55 (Neu-Esting), ⊠ 82140, ℰ (08142) 29 20,
Fax (08142) 18706 – ✳ 📺 ☎ ℗ – 🔏 20. 🆎 ⓞ E VISA
37 Z 105/145.

OLDENBURG *Niedersachsen* 四一五 *G 8,* 九八七 ⑮ *– 147 000 Ew – Höhe 7 m.*
Sehenswert : Schloßgarten★ Y – Stadtmuseum★ X **M1.**
꒐ *Tweelbäke-Ost, Hatter Landstr. 34 (SO : 7 km),* ℰ *(04481) 88 55.*
🛈 *Verkehrsverein, Wallstr. 14,* ⊠ *26122,* ℰ *(0441) 1 57 44, Fax (0441) 2489202.*
ADAC, *Donnerschweer Str. 237,* ⊠ *26123,* ℰ *(0441) 93 39 90, Fax (0441) 9339944.*
Berlin 432 ② – Hannover 171 ② – Bremen 46 ② – Bremerhaven 58 ① – Groningen 132
④ – Osnabrück 105 ③

Stadtplan siehe gegenüberliegende Seite

🏨 **City-Club-Hotel,** Europaplatz 4, ⊠ 26123, ℰ (0441) 80 80, Fax (0441) 808100, ⭐,
⊜s, 🔲 – 🛗, ✳ Zim, 📺 ☎ ℗ – 🔏 160. 🆎 ⓞ E VISA JCB. ✲ Zim   X c
Menu à la carte 35/60 – **88 Z** 170/220.

🏨 **Antares Hotel** garni, Staugraben 8, ⊠ 26122, ℰ (0441) 9 22 50, Fax (0441) 9225100,
⊜s – 🛗, ✳ Zim, 📺 ☎ ✆ ⌨ ℗. 🆎 ⓞ E VISA JCB. ✲
51 Z 150/210, 6 Suiten.   Z r

🏨 **Heide,** Melkbrink 49, ⊠ 26121, ℰ (0441) 80 40, Fax (0441) 884060, ⭐, ⊜s, 🔲 – 🛗,
✳ Zim, 📺 ☎ ⌨ ⊜ ℗ – 🔏 120. 🆎 ⓞ E VISA. ✲ Rest   X n
Menu à la carte 32/70 – **93 Z** 98/195, 5 Suiten.

🏛 **Alexander,** Alexanderstr. 107, ⊠ 26121, ℰ (0441) 9 80 20, Fax (0441) 82000, ⭐, ⊜s
– 🛗, ✳ Zim, 📺 ☎ ⊜ ℗ – 🔏 40. 🆎 ⓞ E VISA JCB   X a
Menu à la carte 33/62 – **45 Z** 100/180.

🏛 **Wieting,** Damm 29, ⊠ 26135, ℰ (0441) 92 40 05, Fax (0441) 9240222 – 🛗, ✳ Zim,
📺 ☎ ℗. 🆎 ⓞ E VISA   Y z
Menu (wochentags nur Abendessen) à la carte 33/65 – **69 Z** 125/220.

꒫꒫ **Seewolf,** Alexanderstr. 41, ⊠ 26121, ℰ (0441) 8 65 60   X d
ⓐ *Montag geschl., Dienstag - Donnerstag nur Abendessen* – **Menu** (überwiegend Fischgerichte) à la carte 43/66.

꒫꒫ **Elsäßer Restaurant,** Edewechter Landstr. 90, ⊠ 26131, ℰ (0441) 50 24 17, ⭐ –
℗. E   über Hauptstraße   Y
Montag und Juli - Aug. 2 Wochen geschl. – **Menu** (wochentags nur Abendessen) à la carte
43/75 (auch vegetarisches Menu).

꒫ **Le Journal** (Bistro), Wallstr. 13, ⊠ 26122, ℰ (0441) 1 31 28, Fax (0441) 885654 – 🆎
ⓞ E VISA. ✲   Z a
Sonntag geschl. – **Menu** (nur Abendessen, Tischbestellung erforderlich) 64/89 und
à la carte.

An der Straße nach Rastede *N : 6 km über Nadorster Straße* X :
꒫꒫ **Der Patentkrug** mit Zim, Wilhelmshavener Heerstr. 359, ⊠ 26125 Oldenburg,
ℰ (0441) 3 94 71, Fax (0441) 391038, ⭐ – 📺 ☎ ℗ – 🔏 100. ✲ Zim
Menu (Montag geschl.) à la carte 41/69 – **5 Z** 85/150.

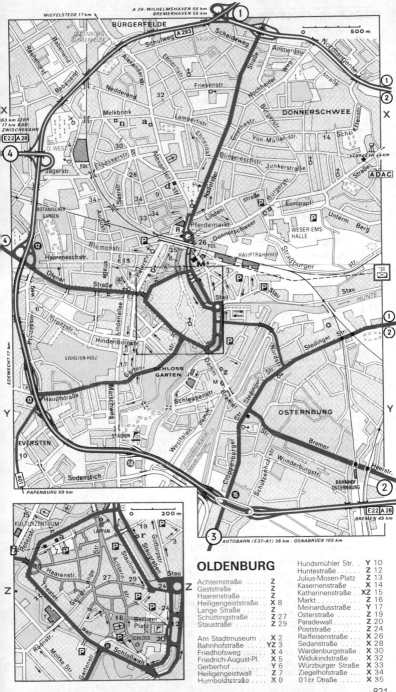

OLDENBURG

OLDENBURG IN HOLSTEIN Schleswig-Holstein **415 416** D 16, **987** ⑥ – 9 800 Ew – Höhe 4 m.
Berlin 321 – Kiel 55 – Lübeck 55 – Neustadt in Holstein 21.

🏠 **Zur Eule** garni, Hopfenmarkt 1, ✉ 23758, ✆ (04361) 24 85, Fax (04361) 2008 – 📺 ☎
🅿 AE ⓪ E VISA
Jan. 3 Wochen geschl. – **23 Z** 98/160.

OLDESLOE, BAD Schleswig-Holstein **415 416** E 15, **987** ⑤ – 23 000 Ew – Höhe 10 m.
ADAC, Sehmsdorfer Str. 56 (beim Verkehrsübungsplatz), ✉ 23843, ✆ (04531) 8 16 66,
Fax (04531) 84861.
Berlin 287 – Kiel 66 – Hamburg 54 – Lübeck 28 – Neumünster 45.

🏠 **Wigger's Gasthof,** Bahnhofstr. 33, ✉ 23843, ✆ (04531) 8 81 41, Fax (04531) 87918,
🏤 – 📺 ☎ 🅿 AE ⓪ E VISA
Menu (Sonntagabend geschl.) à la carte 32/54 – **26 Z** 85/125.

OLFEN Nordrhein-Westfalen **417** K 6 – 9 700 Ew – Höhe 40 m.
Berlin 490 – Düsseldorf 80 – Münster (Westfalen) 37 – Recklinghausen 19.

🏠 **Zum Steverstrand,** Lüdinghauser Str. 31, ✉ 59399, ✆ (02595) 30 77,
Fax (02595) 3070 – 📳 ☎ 🅿 E. ⫘
Menu (Montag geschl.) à la carte 34/78 – **10 Z** 90/160.

In Olfen-Kökelsum NW : 2 km :

✕✕ **Füchtelner Mühle,** Kökelsum 66, ✉ 59399, ✆ (02595) 4 30, Fax (02595) 430, 🏤 –
🅿
Montag - Dienstag und Mitte Jan. - Anfang März Montag - Freitag geschl. – **Menu** (Mittwoch
- Freitag nur Abendessen) à la carte 47/77.

OLPE / BIGGESEE Nordrhein-Westfalen **417** M 7, **987** ㉖ – 25 000 Ew – Höhe 350 m.
🛈 Tourist-Information, Rathaus, Franziskanerstr. 6, ✉ 57462, ✆ (02761) 8 32 29, Fax
(02761) 83330.
Berlin 559 – Düsseldorf 114 – Hagen 62 – Köln 75 – Meschede 63 – Siegen 34.

🏨 **Koch's Hotel,** Bruchstr. 16, ✉ 57462, ✆ (02761) 51 71, Fax (02761) 40460 – 📺 ☎
📞 ⇔ 🅿 – 🔬 80. AE ⓪ E VISA. ⫘ Rest
Juli - Aug. 3 Wochen geschl. – **Altes Olpe** (Sonntag geschl.) **Menu** à la carte 45/75 –
26 Z 118/228.

🏠 **Zum Schwanen,** Westfälische Str. 26, ✉ 57462, ✆ (02761) 9 38 90, Fax (02761) 2013
– 📺 ☎ 🅿 AE ⓪ E VISA ⫘
Menu (Sonntag geschl.) à la carte 33/62 – **24 Z** 95/180.

✕✕ **Biggeschlößchen** mit Zim, In der Wüste 72, ✉ 57462, ✆ (02761) 9 65 60,
Fax (02761) 62061, 🏤, « Jugendstilvilla a.d.J. 1905 » – 📺 ☎ 🅿 AE ⓪ E VISA ⫘ Rest
ab Karneval 2 Wochen geschl. – **Menu** (Montag geschl.) à la carte 50/85 – **10 Z** 95/195.

In Olpe-Oberveischede NO : 10 km :

🏨 **Haus Sangermann,** Veischeder Str. 13 (nahe der B 55), ✉ 57462, ✆ (02722) 81 65,
Fax (02722) 89100 – 📺 ☎ 🅿 – 🔬 40
Menu (Montagmittag geschl.) à la carte 31/66 – **16 Z** 85/149.

OLSBERG Nordrhein-Westfalen **417** L 9, **987** ⑮ – 16 000 Ew – Höhe 333 m – Kneippkurort –
Wintersport : 480/780 m ✚3 ⤵9.
🛈 Kurverwaltung, Ruhestr. 32, ✉ 59939, ✆ (02962) 9 73 70, Fax (02962) 973737.
Berlin 479 – Düsseldorf 167 – Kassel 99 – Marburg 81 – Paderborn 58.

🏨 Parkhotel, Stehestr. 23, ✉ 59939, ✆ (02962) 80 40, Fax (02962) 5889, 🏤, ⓿s, 🔲
– 📳 📺 ☎ 📞 🅿 – 🔬 120. ⫘ Rest
114 Z.

🏨 **Am See,** Carls-Aue-Str. 36, ✉ 59939, ✆ (02962) 27 76, Fax (02962) 6836, ≤, 🏤, ⓿s
– 📳, ⇔ Zim, 📺 ☎ 🅿 ⫘
Mitte Nov. - Mitte Dez. geschl. – **Menu** (Donnerstag geschl.) à la carte 28/57 – **20 Z** 75/250.

In Olsberg-Bigge W : 2 km :

✕✕ **Schettel** mit Zim, Hauptstr. 52, ✉ 59939, ✆ (02962) 18 32, Fax (02962) 6721, 🏤 –
📺 ☎ 🅿 AE ⓪ E
Juli 3 Wochen geschl. – **Menu** (Samstagmittag und Dienstag geschl.) à la carte 34/60 –
11 Z 65/150.

In Olsberg-Elleringhausen *SO : 5,5 km :*

🏠 **Haus Keuthen,** Elleringhauser Str. 57, ✉ 59939, ℰ (02962) 24 51, Fax (02962) 84283,
🍴, ⇐s – 📺 ☎ ⚓ 🅿, 🆎 E 𝗩𝗜𝗦𝗔
Menu *(Montag geschl.)* à la carte 35/60 – **25 Z** 75/160.

OLZHEIM *Rheinland-Pfalz* 🅐🅘🅣 *P 3 – 380 Ew – Höhe 550 m.*
Berlin 664 – Mainz 204 – Bonn 89 – Trier 67.

🏠 **Haus Feldmaus** 🦢, Knaufspescher Str. 14, ✉ 54597, ℰ (06552) 78 14,
Fax (06552) 7125, « Individuelle Einrichtung, Galerie », ⇐s, 🍴 – ⇥ Rest, ☎. E 𝗩𝗜𝗦𝗔
Menu *(Sonntagabend - Montag geschl.)* (wochentags nur Abendessen, überwiegend vege-
tarische Gerichte) à la carte 32/50 *(Tischbestellung ratsam)* – **10 Z** 94/210.

OPPENAU *Baden-Württemberg* 🅐🅘🅨 *U 8,* 🅂🅑🅕 ㉗ – *5400 Ew – Höhe 270 m – Luftkurort.*
🅱 *Städt. Verkehrsamt, Allmendplatz 3,* ✉ 77728, ℰ (07804) 48 37, Fax (07804) 2428.
*Berlin 750 – Stuttgart 150 – Karlsruhe 79 – Offenburg 26 – Strasbourg 40 – Freuden-
stadt 32.*

🏠 **Rebstock,** Straßburger Str. 13 (B 28), ✉ 77728, ℰ (07804) 97 80, Fax (07804) 978200,
🍴 – 📺 ☎ 🅿
Nov. geschl. – **Menu** *(Dienstag geschl.)* à la carte 25/61 🍴 – **14 Z** 55/120 – ½ P 18.

In Oppenau-Kalikutt *W : 5 km über Ramsbach – Höhe 600 m*

🏨 **Höhenhotel Kalikutt** 🦢, ✉ 77728, ℰ (07804) 4 50, Fax (07804) 45222,
≤ Schwarzwald, 🍴, ⇐s, 🍴 – 🛗 📺 ☎ ⚓ 🅿 – 🔬 25. E 𝗩𝗜𝗦𝗔
20.- 24. Dez. geschl. – **Menu** à la carte 31/62 – **31 Z** 60/160 – ½ P 28.

In Oppenau-Lierbach *NO : 3,5 km :*

🏠 **Blume** 🦢, Rotenbachstr. 1, ✉ 77728, ℰ (07804) 30 04, Fax (07804) 3017, ⇐s, 🍴 –
📺 ☎ 🅿
Mitte Feb. - Mitte März geschl. – **Menu** *(Donnerstag geschl.)* à la carte 27/64 🍴 –
10 Z 60/150 – ½ P 24.

In Oppenau-Löcherberg *S : 5 km :*

🏨 **Erdrichshof,** Schwarzwaldstr. 57 (B 28), ✉ 77728, ℰ (07804) 9 79 80,
Fax (07804) 979898, 🍴, « Typischer Schwarzwaldgasthof », ⇐s, 🔲, 🍴 – 📺 ☎ ⚓
🅿, 🆎 ⓘ E 𝗩𝗜𝗦𝗔, ⇥ Rest
Menu a la carte 53/75 – **13 Z** 78/170 – ½ P 28.

OPPENHEIM *Rheinland-Pfalz* 🅐🅘🅣 🅐🅘🅨 *Q 9,* 🅂🅑🅕 ㉖ ㉗ – *7000 Ew – Höhe 100 m.*
Sehenswert : Katharinenkirche★*.*
🅱 *Tourist-Information, Rathaus, Merianstr. 2,* ✉ 55276, ℰ (06133) 7 06 99, Fax (06133)
2450.
*Berlin 580 – Mainz 23 – Frankfurt am Main 55 – Bad Kreuznach 41 – Worms 26 – Darm-
stadt 23.*

🏨 **Rondo** garni, Sant'Ambrogio-Ring, ✉ 55276, ℰ (06133) 7 00 01, Fax (06133) 2034 –
🛗, ⇥ Zim, 📺 ☎ & 🅿 – 🔬 40. 🆎 ⓘ E 𝗩𝗜𝗦𝗔
23. Dez. - 6. Jan. geschl. – **39 Z** 116/162.

🏠 **Oppenheimer Hof,** Friedrich-Ebert-Str. 84, ✉ 55276, ℰ (06133) 20 32,
Fax (06133) 4270 – 📺 ☎ 🅿 – 🔬 45. 🆎 ⓘ E 𝗩𝗜𝗦𝗔
Menu *(Sonntag und 22. Dez. - 7. Jan. geschl.)* à la carte 35/64 – **22 Z** 98/165.

🏠 **Kurpfalz** garni, Wormser Str. 2, ✉ 55276, ℰ (06133) 9 49 40, Fax (06133) 949494 –
📺 ☎ ⚓, 🆎 ⓘ E 𝗩𝗜𝗦𝗔
Feb. geschl. – **16 Z** 85/205.

ORANIENBURG *Brandenburg* 🅐🅘🅖 *H 23,* 🅂🅑🅕 ⑱ – *29000 Ew – Höhe 36 m.*
🛫 *Börnicke/Nauen, An der B 273 (SW : 24 km),* ℰ (033230) 5 02 14 ; 🛫 *Stolpe, Frohnauer
Weg 3 (S : 11 km),* ℰ (03303) 54 90.
Berlin 38 – Potsdam 57 – Frankfurt (Oder) 112.

🏨 **Hotel an der Havel** 🅼, Albert-Buchmann-Str. 1, ✉ 16515, ℰ (03301) 69 20,
Fax (03301) 692444, 🍴, ⇐s – 🛗, ⇥ Zim, 📺 ☎ 🗙 🅿 – 🔬 50. 🆎 ⓘ E 𝗩𝗜𝗦𝗔
Menu a la carte 32/59 – **67 Z** 130/195.

🏠 **Ruperti,** Waldstr. 14, ✉ 16515, ℰ (03301) 8 59 20, Fax (03301) 859243, Biergarten –
🛗, ⇥ Zim, 📺 ☎ 🗙 🅿 – 🔬 30. 𝗩𝗜𝗦𝗔
Menu à la carte 28/50 – **30 Z** 95/150.

In Lehnitz *SO : 3 km :*

XX **Gut Lehnitz,** Am Gutsplatz 1, ⊠ 16565, ℰ (03301) 70 15 19, *Fax (03301) 701519,* 🏤
– 🅟. 🅰🅴 ⓪ 🄴 *VISA*
Montag geschl. – **Menu** à la carte 30/58.

ORB, BAD *Hessen* **417** *P 12,* **987** ㉗ *– 10 000 Ew – Höhe 170 m – Heilbad.*
🛈 *Verkehrsbüro, Am Untertorplatz,* ⊠ 63619, ℰ (06052) 10 16, *Fax (06052) 3155.*
Berlin 504 – Wiesbaden 99 – Frankfurt am Main 55 – Fulda 57 – Würzburg 80.

🏨 **Steigenberger** ⌂, Horststr. 1, ⊠ 63619, ℰ (06052) 8 80, *Fax (06052) 88135,* 🏤,
direkter Zugang zum Leopold-Koch-Bad – 🛗, ⇆ Zim, 📺 📞 ⇔ 🅟 – 🔬 300. 🅰🅴 ⓪ 🄴
VISA 🄹🄲🄱. 🕸 Rest
Menu à la carte 44/60 – **104 Z** 182/369, 8 Suiten – ½ P 48.

🏨 **Lorösch,** Sauerbornstr. 14, ⊠ 63619, ℰ (06052) 9 15 50, *Fax (06052) 6549,* 🏤,
Massage, ♨, 🚐 – 🛗 📺 ♿ ⇔. 🕸 Rest
Anfang Dez. 1 Woche geschl. – **Menu** à la carte 40/60 – **29 Z** 130/300 – ½ P 28.

🏨 **Madstein** ⌂, Am Orbgrund 1, ⊠ 63619, ℰ (06052) 20 28, *Fax (06052) 6213,* 🏤, ♨,
🚐s, 🔲 – 🛗 📺 📞 ⇔ 🅟 – 🔬 30. 🅰🅴 🄴. 🕸 Rest
Menu *(Mittwochabend geschl.)* à la carte 41/64 – **35 Z** 100/240 – ½ P 25.

🏨 **Rheinland,** Lindenallee 36, ⊠ 63619, ℰ (06052) 9 14 90, *Fax (06052) 914988,*
Massage, 🚐s – 🛗 📺 📞 ⇔ 🅟 – 🔬 25. 🄴 *VISA*. 🕸 Rest
Mitte Jan. - Mitte Feb. und Mitte Nov. - Mitte Dez. geschl. – (Restaurant nur für Hausgäste)
– **35 Z** 85/190 – ½ P 20.

🏨 **Elisabethpark** ⌂ garni, Rotahornallee 5, ⊠ 33619, ℰ (06052) 30 51,
Fax (06052) 6213, Massage, ♨, ♨, 🚐s, 🔲 – 🛗 ⇆ 📺 📞 🅟. 🄴 *VISA*
28 Z 105/190.

🏨 **Fernblick** ⌂, Sälzerstr. 51, ⊠ 63619, ℰ (06052) 10 81, *Fax (06052) 4437,* ≤,
Massage, 🚐s – ⇆ Zim, 📺 📞 ⇔ 🅟 – 🔬 25. 🄴 *VISA*. 🕸 Rest
18. Jan. - 22. Feb. geschl. – (Restaurant nur für Hausgäste) – **25 Z** 65/180 – ½ P 20.

ORSINGEN-NENZINGEN *Baden-Württemberg* **419** *W 10 – 2 400 Ew – Höhe 450 m.*
Berlin 734 – Stuttgart 155 – Konstanz 34 – Freiburg im Breisgau 107 – Ulm (Donau) 117.

🏨 **Landgasthof Ritter,** Stockacher Str. 69 (B 31, Nenzingen), ⊠ 78359,
ℰ (07771) 21 14, *Fax (07771) 5769,* 🏤 – 🛗 📺 📞 🅟 – 🔬 40. 🄴 *VISA*
Feb. und Nov. jeweils 2 Wochen geschl. – **Menu** *(Dienstag und Mittwochmittag geschl.)*
à la carte 29/55 – **22 Z** 60/140.

ORTENBERG *Baden-Württemberg siehe Offenburg.*

OSCHATZ *Sachsen* **418** *M 23 – 17 000 Ew – Höhe 127 m.*
Berlin 163 – Dresden 68 – Leipzig 58 – Meissen 33 – Chemnitz 64 – Wittenberg 91.

🏨 **Collm** garni, Striesaer Weg 9 (Gewerbegebiet), ⊠ 04758, ℰ (03435)) 9 04 30,
Fax (03435) 904370 – 🛗 ⇆ 📺 📞 ♿ 🅟 – 🔬 30. 🅰🅴 ⓪ 🄴 *VISA*
– **52 Z** 89/138.

OSCHERSLEBEN *Sachsen-Anhalt* **418** *J 17,* **984** ⑲ *– 17 200 Ew – Höhe 85 m.*
Berlin 194 – Magdeburg 36 – Bernburg 48 – Halberstadt 22 – Wolfenbüttel 57.

In Oschersleben-Jakobsberg *NW : 4 km :*

🏨 **Jakobsberger Hof,** Jakobsberg 6, ⊠ 39387, ℰ (03949) 9 65 32, *Fax (03949) 96533*
⇔ – ⇆ Zim, 📺 📞 ♿ 🅟 – 🔬 30. 🕸 Zim
Menu à la carte 23/47 – **29 Z** 95/160.

OSNABRÜCK *Niedersachsen* **415** **417** *J 8,* **987** ⑮ *– 161 000 Ew – Höhe 65 m.*
Sehenswert : *Rathaus (Friedenssaal★)* Y **R** – *Marienkirche (Passionsaltar★)* Y **B.**
🛫 *Lotte (W : 11 km über ⑤),* ℰ (05404) 52 96.
✈ *bei Greven, SW : 34 km über ⑤, die A 30 und A 1,* ℰ (02571) 50 30.
🛈 *Verkehrsverein, Krahnstr. 58,* ⊠ 49074, ℰ (0541) 3 23 22 02, *Fax (0541) 3232709.*
ADAC, *Dielinger Str. 40,* ⊠ 49074, ℰ (0541) 2 24 88, *Fax (0541) 22222.*
Berlin 424 ② – Hannover 141 ② – Bielefeld 55 ③ – Bremen 121 ⑥ – Enschede 91 ⑤
– Münster (Westfalen) 57 ⑤

OSNABRÜCK

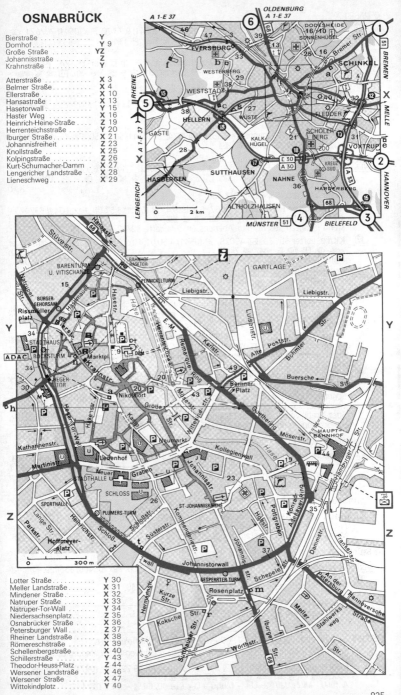

OSNABRÜCK

🏨 **Westerkamp,** Bremer Str. 120, ✉ 49084, ℘ (0541) 9 77 70, Fax (0541) 707621, 🌇,
⇔s – 📶 📺 ☎ ⇔ ➊ – 🔬 70. ⅅ ⓞ ⅇ 🆅🆂🅰. 🌝 Rest X a
Menu à la carte 39/61 – **39 Z** 98/195.

🏨 **Walhalla** (Renoviertes Fachwerkhaus a.d. 17. Jh.), Bierstr. 24, ✉ 49074,
℘ (0541) 3 49 10, Fax (0541) 3491144, Biergarten, ⇔s – 📶, ⅊ Zim, 📺 ☎ 📧 ⇔ –
🔬 20. ⅅ ⓞ ⅇ 🆅🆂🅰 Y n
Menu à la carte 37/66 – **66 Z** 135/290.

🏨 **Nikolai** garni, Kamp 1, ✉ 49074, ℘ (0541) 33 13 00, Fax (0541) 3313088 – 📶, ⅊ Zim,
📺 ☎ 🔬, ⅅ ⓞ ⅇ 🆅🆂🅰 Y a
31 Z 120/200.

🏨 **Residenz** garni, Johannisstr. 138, ✉ 49074, ℘ (0541) 50 52 50, Fax (0541) 5052555
– 📶 ⅊ 📺 ☎ 📧 ➊. ⅅ ⅇ 🆅🆂🅰 Z m
22 Z 99/180.

🏨 **Parkhotel** 🌄, Edinghausen 1 (am Hegerholz), ✉ 49076, ℘ (0541) 9 41 40,
Fax (0541) 9414200, 🌇, ⇔s, 🔲, 🌱 – 📶 📺 ☎ 📧 ⇔ ➊ – 🔬 100. ⅅ ⓞ
ⅇ 🆅🆂🅰 X b
Menu à la carte 34/66 – **80 Z** 100/190.

🏨 **Kulmbacher Hof,** Schloßwall 67, ✉ 49074, ℘ (0541) 3 57 00, Fax (0541) 357020 –
📶, ⅊ Zim, 📺 ☎ ➊ – 🔬 40. ⅅ ⓞ ⅇ 🆅🆂🅰 Z t
Menu (Sonntag geschl.) (nur Abendessen) à la carte 32/62 – **39 Z** 125/185.

🏨 **Klute,** Lotter Str. 30, ✉ 49078, ℘ (0541) 4 50 01, Fax (0541) 45302 – ⅊ Zim, 📺 ☎
⇔ ➊. ⅅ ⓞ ⅇ 🆅🆂🅰. 🌝 Zim Y h
Menu (Sonntag und Juli - Aug. 2 Wochen geschl.) à la carte 31/59 – **20 Z** 95/180.

🏨 **Westermann** garni, Koksche Str. 1, ✉ 49080, ℘ (0541) 98 11 40, Fax (0541) 9811466
– 📶 ⅊ 📺 ☎ ⇔ ➊. ⓞ ⅇ 🆅🆂🅰 Z r
52 Z 90/150.

🏨 **Ibis,** Blumenhaller Weg 152, ✉ 49078, ℘ (0541) 4 04 90, Fax (0541) 41945, 🌇 – 📶,
⅊ Zim, 📺 ☎ 📧 🔬 ➊ – 🔬 120. ⅅ ⓞ ⅇ 🆅🆂🅰 X s
Menu à la carte 31/50 – **96 Z** 111/141.

🏨 **Welp,** Natruper Str. 227, ✉ 49090, ℘ (0541) 91 30 70, Fax (0541) 9130734, 🌇 – 📶
📺 ☎ ⇔ ➊. ⅅ ⓞ ⅇ 🆅🆂🅰 X r
Menu (Samstag - Sonntag geschl.) (nur Abendessen) à la carte 37/61 – **20 Z**
89/160.

🍴🍴 **La Vie,** Rheiner Landstr. 163, ✉ 49078, ℘ (0541) 43 02 20, Fax (0541) 432615 – ⅅ ⓞ
🅒 ⅇ 🆅🆂🅰 X c
Sonntag - Montag, April 1 Woche und Juni - Juli 3 Wochen geschl. – **Menu** (bemerkenswerte
Weinkarte) 75/145 und à la carte 85/106
Spez. Gratin von Hummer und Scampi mit Meeresfrüchteravioli. Lammrücken in Blätterteig
mit Schnippelbohnen. Heidelbeer-Waffelfüllhorn mit Grand Marniereis.

In Osnabrück-Atter :

🍴🍴 **Gensch,** Zum Flugplatz 85, ✉ 49076, ℘ (0541) 12 68 81, ≤, 🌇 – ➊. ⅅ ⓞ ⅇ 🆅🆂🅰.
🌝 X f
Donnerstagabend, Samstagmittag, Montag, Jan. - Feb. 2 Wochen und Juni - Juli 3 Wochen
geschl. – **Menu** à la carte 38/79.

In Osnabrück-Voxtrup :

🏨 **Haus Rahenkamp,** Meller Landstr. 106, ✉ 49086, ℘ (0541) 38 69 71,
Fax (0541) 388116 – 📺 ⇔ ➊ – 🔬 250 X e
Menu (Freitag und Sonntag geschl.) (nur Abendessen) à la carte 31/47 – **16 Z** 65/105.

In Belm-Vehrte ① : 12 km :

🏨 **Kortlüke,** Venner Str. 5, ✉ 49191, ℘ (05406) 8 35 00, Fax (05406) 835029, 🌇, 🌝
⇔ – 📶 📺 ☎ 📧 ➊ – 🔬 120. ⅇ
Menu (Dienstag geschl.) à la carte 23/47 – **20 Z** 85/130.

OSTBEVERN Nordrhein-Westfalen siehe Telgte.

OSTEN Niedersachsen 🗺 E 11 – 1900 Ew – Höhe 2 m – Erholungsort.
Berlin 377 – Hannover 206 – Bremerhaven 56 – Cuxhaven 47 – Hamburg 85 – Stade 28.

🏨 **Fährkrug** 🌄, Deichstr. 1, ✉ 21756, ℘ (04771) 39 22, Fax (04771) 2338, ≤, 🌇,
Bootssteg – 📺 ☎ ⇔ ➊ – 🔬 25. ⅅ ⅇ 🆅🆂🅰
Anfang - Mitte Jan. geschl. – **Menu** à la carte 30/64 🍷 – **14 Z** 65/135.

OSTERBURG *Sachsen-Anhalt* 🔲 *H 19 – 9 500 Ew – Höhe 36 m.*
Berlin 148 – Schwerin 114 – Magdeburg 84 – Salzwedel 55.

🏠 **Zum Reichskanzler,** Stendaler Str. 5, ✉ 39606, ✆ (03937) 8 20 82,
Fax (03937) 85489 – 📺 ☎ 🅿 – 🔌 60. ஊ 🔄 𝘝𝘐𝘚𝘈
Menu à la carte 25/36 – **14 Z** 75/95.

In Düsedau-Calberwisch *SO : 5 km :*
🍴🍴 **Schloss Calberwisch** 🕸 mit Zim, Dorfstr. 6, ✉ 39606, ✆ (03937) 49 59,
🐚 Fax (03937) 84119, 🌿, Wildgehege, 🐎 – 📺 ☎ 🚗 🅿 – 🔌 30. 🔄
Menu à la carte 20/35 – **7 Z** 95/165.

OSTERBURKEN *Baden-Württemberg* 🔲 *R 12,* 🔲 ㉗ – *5 000 Ew – Höhe 247 m.*
Berlin 561 – Stuttgart 91 – Heilbronn 49 – Würzburg 68.

🏠🏠 **Marchenwald** 🕸, Boschstr. 14 (NO : 2 km, nahe der B 292), ✉ 74706, ✆ (06291) 6 42
00, Fax (06291) 642040, 🌿, 🌳 – 🍴 Zim, 📺 ☎ ✆ 🅿 – 🔌 30. 🔄 𝘝𝘐𝘚𝘈
Menu (Sonntagabend - Montagmittag und Samstagmittag geschl.) à la carte 25/55 🍷 –
17 Z 80/150.

🏠 **Römerhof,** Wannestr.1, ✉ 74706, ✆ (06291) 99 19, Fax (06291) 41221, 🌿, 🛋 –
🍴 Zim, 📺 ☎ 🚗 🅿 – 🔌 25. 🔄
Menu (Mittwoch geschl.) (Okt. - April Montag - Freitag nur Abendessen) à la carte 25/53
– **15 Z** 75/160.

OSTERFELD *Sachsen Anhalt* 🔲 *M 19,* 🔲 ㉓, 🔲 ⑱ – *1 700 Ew – Höhe 220 m.*
Berlin 210 – Magdeburg 125 – Gera 49 – Leipzig 49.

🏠🏠 **Amadeus** Ⓜ, Pretzscher Str. 20, ✉ 06721, ✆ (034422) 2 12 72, Fax (034422) 21284,
🌿, 🛋 – 🛗, 🍴 Zim, 📺 ☎ ♿ 🅿 – 🔌 80. ஊ ⓪ 🔄 𝘝𝘐𝘚𝘈. ✂ Rest
Menu à la carte 27/48 – **170 Z** 128/208.

OSTERHOFEN *Bayern* 🔲 *T 23,* 🔲 ㉚ – *11 000 Ew – Höhe 320 m.*
Ausflugsziel : Klosterkirche★ in Osterhofen - Altenmarkt (SW : 1 km).
Berlin 579 – München 152 – Deggendorf 27 – Passau 38 – Straubing 41.

⛱ **Pirkl,** Altstadt 1, ✉ 94486, ✆ (09932) 12 76, Fax (09932) 4900 – 📺 🚗 🅿. ⓪ 🔄 𝘝𝘐𝘚𝘈
🐚 24. Dez. - 7. Jan. und 7. - 24. Aug. geschl. – **Menu** (Montag geschl.) à la carte 22/57 🍷
– **18 Z** 45/110.

OSTERHOLZ-SCHARMBECK *Niedersachsen* 🔲 *G 10,* 🔲 ⑮ – *29 000 Ew – Höhe 20 m.*
Berlin 409 – Hannover 144 – Bremen 25 – Bremerhaven 45.

🏠🏠 **Zum alten Torfkahn** 🕸, Am Deich 9, ✉ 27711, ✆ (04791) 76 08,
Fax (04791) 59606, 🌿, « Fachwerkhaus a.d.18.Jh., Restaurant mit rustikaler
Einrichtung » – 📺 ☎ ⓪ 🔄
Menu à la carte 55/81 – **11 Z** 95/180.

🏠 **Tivoli,** Beckstr. 2, ✉ 27711, ✆ (04791) 80 50, Fax (04791) 80560 – 🛗 📺 ☎ ♿ 🅿 –
🔌 120. ⓪ 🔄. ✂ Zim
Menu (Sonntag geschl.) (nur Abendessen) à la carte 34/52 – **50 Z** 70/130.

An der Straße nach Worpswede *SO : 3 km :*
🍴🍴 **Tietjen's Hütte** 🕸 mit Zim, An der Hamme 1, ✉ 27711 Osterholz-Scharmbeck,
✆ (04791) 9 22 00, Fax (04791) 922036, Bootssteg, « Landhaus mit gemütlich-rustikaler
Einrichtung, Gartenterrasse » – 📺 ☎ 🚗 🅿
Menu (Montag geschl.) à la carte 34/62 – **8 Z** 120/180.

OSTERODE AM HARZ *Niedersachsen* 🔲 *K 14,* 🔲 ⑯ ⑰ – *28 000 Ew – Höhe 230 m.*
🟦 *Verkehrs- und Reisebüro, Dörgestr. 40 (Stadthalle),* ✉ 37520, ✆ (05522) 68 55, Fax
(05522) 75491.
Berlin 316 – Hannover 98 – Braunschweig 81 – Göttingen 48 – Goslar 30.

🏠 **Tiroler Stuben,** Scheerenberger Str. 45 (B 498), ✉ 37520, ✆ (05522) 20 22,
🐚 Fax (05522) 920184, 🌿 – 📺 ☎ 🅿 – 🔌 50
Menu (Sonntagabend, Mittwoch geschl.) à la carte 24/50 – **12 Z** 75/110.

🏠 **Zum Röddenberg,** Steiler Ackerweg 6, ✉ 37520, ✆ (05522) 9 05 40,
Fax (05522) 905454 – 📺 ☎ 🚗 🅿. ஊ 🔄 𝘝𝘐𝘚𝘈 𝘑𝘊𝘉
Menu (wochentags nur Abendessen, Sonntag nur Mittagessen) à la carte 29/57 –
26 Z 80/135.

In Osterode-Freiheit *NO : 4 km :*

✗ **Zur Alten Harzstraße,** Hengstrücken 148 (B 241), ✉ 37520, ✆ (05522) 29 15,
Fax (05522) 76350, 🏠 – ⓟ
Montag geschl. – **Menu** à la carte 26/64.

In Osterode-Lerbach *NO : 5 km – Erholungsort :*

🏨 **Sauerbrey,** Friedrich-Ebert-Str. 129, ✉ 37520, ✆ (05522) 5 09 30,
Fax (05522) 509350, 🏠, ⊜s, 🔲, 🔥 – 🛗 📺 ☎ ✆ 🚗 ⓟ – 🔏 35. 🆎 ⓪ 🗲 𝘝𝘐𝘚𝘈
Menu à la carte 39/60 *(auch vegetarische Gerichte)* – **31 Z** 105/220.

In Osterode-Riefensbeek *NO : 12 km – Erholungsort :*

🏠 **Landhaus Meyer,** Sösetalstr. 23 (B 498), ✉ 37520, ✆ (05522) 38 37,
Fax (05522) 76060, 🏠, 🔥 – ⓟ
Nov. - 7. Dez. geschl. – **Menu** à la carte 28/54 – **9 Z** 65/99.

OSTERWEDDINGEN *Sachsen-Anhalt* 🄰🄸🄱 *J 18 – 1 300 Ew – Höhe 72 m.*
Berlin 165 – Magdeburg 15 – Halberstadt 59.

🏠 **Schwarzer Adler,** Dorfstr. 2, ✉ 39171, ✆ (039205) 65 20, *Fax (039205) 6528,* 🏠,
« *Landhotel in einer ehem. Molkerei* », ⊜s – ✝ Zim, 📺 ☎ ✆ ⓟ – 🔏 80. 🆎 🗲 𝘝𝘐𝘚𝘈
🛢
Menu *(Samstag - Sonntag geschl.)* à la carte 26/42 – **15 Z** 110/160.

OSTERWIECK *Sachsen-Anhalt* 🄰🄸🄱 *K 16,* 🄶🄸🄷 ⑰ *– 5 000 Ew – Höhe 230 m.*
Berlin 235 – Magdeburg 83 – Goslar 32.

🏠 **Brauner Hirsch,** Stephanikirchgasse 1, ✉ 38835, ✆ (039421) 79 50,
Fax (039421) 79599, ⊜s – ✝ Zim, 📺 ☎ ✆ ⓟ 🗲 𝘝𝘐𝘚𝘈
Menu à la carte 25/50 – **24 Z** 85/150.

Außerhalb *N : 1,5 km :*

✗✗ **Waldhaus** 🐾 mit Zim, Im Fallstein 1, ✉ 38835, ✆ (039421) 7 22 32,
Fax (039421) 2551, « *Gartenterrasse* » – 📺 ☎ ⓟ 🗲
Menu *(Montag geschl.)* à la carte 28/46 – **7 Z** 98/148.

OSTFILDERN *Baden-Württemberg* 🄰🄸🄹 *T 11 – 28 000 Ew – Höhe 420 m.*
Berlin 644 – Stuttgart 19 – Göppingen 39 – Reutlingen 35 – Ulm (Donau) 76.

In Ostfildern-Kemnat :

🏨 **Am Brunnen** Ⓜ garni, Heumadener Str. 19, ✉ 73760, ✆ (0711) 16 77 70,
Fax (0711) 1677799 – 🛗 📺 ☎ ✆ 🚗 🆎 ⓪ 🗲 𝘝𝘐𝘚𝘈 🛢
22 Z 140/180.

🏨 **Kemnater Hof,** Sillenbucher Str., ✉ 73760, ✆ (0711) 4 51 04 50, *Fax (0711) 4569516,*
🏠 – 🛗 📺 ☎ ⓟ – 🔏 25. 🆎 ⓪ 🗲 𝘝𝘐𝘚𝘈
Menu *(Sonntagabend - Montagmittag geschl.)* à la carte 44/72 – **28 Z** 115/180.

In Ostfildern-Nellingen :

🏨 **Filderhotel** 🐾, In den Anlagen 1, ✉ 73760, ✆ (0711) 3 41 20 91, *Fax (0711) 3412001,*
🏠 – 🛗, ✝ Zim, 🍴 Rest, 📺 ☎ ✆ 🚗 ⓟ – 🔏 25. 🆎 ⓪ 🗲 𝘝𝘐𝘚𝘈
Menu *(Freitag - Samstag, Jan. 1 Woche und Aug. geschl.)* à la carte 31/67 – **45 Z** 149/225.

🏠 **Adler** garni, Rinnenbachstr. 4, ✉ 73760, ✆ (0711) 3 41 14 24, *Fax (0711) 3412767* –
📺 ☎ ⓟ 🆎 🗲 𝘝𝘐𝘚𝘈 🛢
28. Juli - 26. Aug. geschl. – **25 Z** 105/160.

✗ **Stadthalle - Pavillon,** In den Anlagen 6, ✉ 73760, ✆ (0711) 3 41 20 94,
Fax (0711) 3482810, 🏠 – ⓟ – 🔏 90. 🆎 ⓪ 🗲 𝘝𝘐𝘚𝘈
Samstagmittag, Sonn- und Feiertage abends geschl. – **Menu** à la carte 26/58.

In Ostfildern-Ruit :

🏨 **Hirsch Hotel Gehrung,** Stuttgarter Str. 7, ✉ 73760, ✆ (0711) 44 20 88,
Fax (0711) 4411824 – 🛗 📺 ☎ ⓟ – 🔏 60. 🆎 ⓪ 🗲 𝘝𝘐𝘚𝘈 🛢 Rest
Menu *(Sonntag geschl.)* à la carte 40/70 – **54 Z** 118/228.

In Ostfildern-Scharnhausen :

🏨 **Lamm,** Plieninger Str. 3, ✉ 73760, ✆ (07158) 1 70 60, *Fax (07158) 170644,* 🏠, ⊜s
– 🛗 📺 ☎ 🚗 ⓟ – 🔏 30. 🆎 ⓪ 🗲 𝘝𝘐𝘚𝘈
23. Dez. - 6. Jan. geschl. – **Menu** *(Samstag geschl.)* à la carte 32/58 – **35 Z** 128/190.

OSTHEIM VOR DER RHÖN Bayern 418 420 O 14, 987 ㉘ – 3 900 Ew – Höhe 306 m –
Erholungsort.

🛈 Verkehrsbüro, Kirchstr. 3, ✉ 97645, ℘ (09777) 18 50, Fax (09777) 1643.
Berlin 399 – München 367 – Fulda 58.

🏨 **Landhotel Thüringer Hof** ⤲, Kleiner Burgweg 10, ✉ 97645, ℘ (09777) 20 31,
Fax (09777) 1700, 佘, 🛋, ➳ Zim, 📺 ☎ ⚒ 🅿 – 🔬 40. ☰ 𝘝𝘐𝘚𝘈
Menu à la carte 26/57 – **58 Z** 75/142 – ½ P 19.

OSTRACH Baden-Württemberg 419 W 12, 987 ㉚ – 5 200 Ew – Höhe 620 m.
Berlin 700 – Stuttgart 128 – Konstanz 69 – Ravensburg 33 – Ulm (Donau) 83 – Freiburg
im Breisgau 144.

🏨 **Landhotel zum Hirsch,** Hauptstr. 27, ✉ 88356, ℘ (07585) 6 01, Fax (07585) 3159,
佘, 🛏 – 📳 📺 ☎ ⇐ 🅿 ☰ ☰ 𝘝𝘐𝘚𝘈. ⁒ Rest
Menu (Freitag geschl.) à la carte 32/59 – **16 Z** 72/135.

OTTENHÖFEN IM SCHWARZWALD Baden-Württemberg 419 U 8 – 3 500 Ew – Höhe 311 m
– Luftkurort.
Ausflugsziel : Allerheiligen : Lage★ · Wasserfälle★ SO : 7 km.

🛈 Kurverwaltung, Allerheiligenstr. 2, ✉ 77883, ℘ (07842) 8 04 40, Fax (07842) 80445.
Berlin 736 – Stuttgart 137 – Karlsruhe 64 – Freudenstadt 35 – Baden-Baden 43.

🏨 **Pension Breig** garni, Zieselmatt 10, ✉ 77883, ℘ (07842) 25 65, Fax (07842) 3974, 🛏
– 📺 ☎ 🅿. ⁒
9 Z 58/124.

🏨 **Pflug,** Allerheiligenstr. 1, ✉ 77883, ℘ (07842) 20 58, Fax (07842) 2846, 佘, 🛋 – 📳
📺 ☎ 🅿 – 🔬 50
1. - 19. Dez. geschl. – **Menu** à la carte 28/69 ⅃ – **58 Z** 63/186 – ½ P 27.

OTTERNDORF Niedersachsen 415 E 10, 987 ① – 6 200 Ew – Höhe 5 m – Erholungsort.
🛈 Tourist-Information, Rathausplatz ✉ 21762, ℘ (04751) 91 91 31, Fax (04751)
919103.
Berlin 402 – Hannover 217 – Bremerhaven 40 – Cuxhaven 17 – Hamburg 113.

🏨 **Eibsens's Hotel** garni, Marktstr. 33, ✉ 21762, ℘ (04751) 27 73, Fax (04751) 4179 –
📺 🅿. ⁒
16 Z 85/160.

XX **Ratskeller,** Rathausplatz 1, ✉ 21762, ℘ (04751) 30 11, Fax (04751) 3811 – ⓪ ☰ 𝘝𝘐𝘚𝘈.
⁒
Dienstag und Feb. geschl. – **Menu** à la carte 36/65.

OTTOBEUREN Bayern 419 420 W 14, 987 ㉙ – 8 000 Ew – Höhe 660 m – Kneippkurort.
Sehenswert : Klosterkirche★★★ (Vierung★★★, Chor★★, Chorgestuhl★★, Chororgel★★).
🇈 Hofgut Boschach (S : 3 km), ℘ (08332) 13 10.
🛈 Kurverwaltung und Verkehrsamt, Marktplatz 14, ✉ 87724, ℘ (08332) 92 19 50, Fax
(08332) 921992.
Berlin 672 – München 110 – Bregenz 85 – Kempten (Allgäu) 29 – Ulm (Donau) 66.

🏨 **Gästehaus am Mühlbach** garni, Luitpoldstr. 57, ✉ 87724, ℘ (08332) 9 20 50,
Fax (08332) 8595 – 📳 📺 ☎ ⇐. ☰ 𝘝𝘐𝘚𝘈. ⁒
Mitte Dez. - Mitte Jan. geschl. – **20 Z** 82/148.

🏨 **Hirsch,** Marktplatz 12, ✉ 87724, ℘ (08332) 79 90, Fax (08332) 799103, 佘, 🛏, 🛋
– 📳 📺 ☎ ⇐ – 🔬 60
Menu à la carte 30/52 – **65 Z** 59/165.

OTTOBRUNN Bayern siehe München.

OTTWEILER Saarland 417 R 5, 987 ㉖ – 10 600 Ew – Höhe 246 m.
Berlin 703 – Saarbrücken 29 – Kaiserslautern 63 – Trier 80.

XX **Eisel** (ehemalige Mühle), Mühlstr. 15a, ✉ 66564, ℘ (06824) 75 77, Fax (06824) 8214, 佘
– 🅿. ☰ ☰ 𝘝𝘐𝘚𝘈
Sonntagabend - Dienstagmittag und Samstagmittag geschl. – **Menu** à la carte 65/89 –
Mühlenschenke . **Menu** à la carte 39/54.

OVERATH Nordrhein-Westfalen 🔢 N 5, 🔢 ㉖ – 24 300 Ew – Höhe 92 m.
Berlin 583 – Düsseldorf 60 – Bonn 31 – Köln 25.

In Overath-Brombach NW : 10 km :

🏠 **Zur Eiche,** Dorfstr. 1, ✉ 51491, ℰ (02207) 75 80, Fax (02207) 5303, 🌳, ⬛ – 📺 ☎
⬛ 🅿 ⬛ Zim
24. Dez.- Mitte Jan. geschl. – **Menu** (Donnerstag - Freitagmittag geschl.) à la carte 34/56
– **10 Z** 80/160.

In Overath-Immekeppel NW : 7 km :

🍴🍴🍴 **Sülztaler Hof** mit Zim, Lindlarer Str. 83, ✉ 51491, ℰ (02204) 9 75 00,
Fax (02204) 975050, 🌳 – 📺 ☎ 🅰🅴 🆅🅸🆂🅰 ⬛ Zim
Juni 3 Wochen geschl. – **Menu** (Dienstag - Mittwochmittag geschl.) à la carte 71/93 –
4 Z 125/250.

In Overath-Klef NO : 2 km :

🏠 **Lüdenbach,** Klef 99 (B 55), ✉ 51491, ℰ (02206) 9 53 80, Fax (02206) 81602, 🌳, ⬛,
🌱 – 📺 ☎ ⬛ 🅿 ⬛ Zim
Juli 3 Wochen geschl. – **Menu** (Montag geschl., Dienstag - Freitag nur Abendessen)
à la carte 34/68 – **27 Z** 95/153.

An der Straße nach Much SO : 8 km :

🍴🍴 **Fischermühle** mit Zim, ✉ 51491 Overath, ℰ (02206) 35 10, Fax (02206) 82598, 🌳
– 📺 ☎ 🅿 ⬛ ⬛
Menu à la carte 38/73 – **7 Z** 90/160.

OWSCHLAG Schleswig-Holstein 🔢🔢 C 12 – 2 300 Ew – Höhe 15 m.
Berlin 383 – Kiel 48 – Rendsburg 18 – Schleswig 21.

🏨 **Förster-Haus** ⬛, Beekstr. 41, ✉ 24811, ℰ (04336) 9 97 70, Fax (04336) 997799, ⬛,
🌳, Miniaturenpark, ⬛, 🌿, 🍴 – 📺 ☎ 🅿 – 🔔 60. 🅰🅴 🅾 ⬛ 🆅🅸🆂🅰
Menu à la carte 34/57 – **65 Z** 90/170.

OY-MITTELBERG Bayern 🔢🔢 X 15, 🔢 ㊴ – 4 250 Ew – Höhe 960 m – Luft- und Kneippkurort – Wintersport : 950/1 200 m ⬛2 ⬛6.
🛈 Kur- und Verkehrsamt, Oy, Wertacher Str. 11, ✉ 87466, ℰ (08366) 2 07, Fax (08366)
1427.
Berlin 710 – München 124 – Füssen 22 – Kempten (Allgäu) 19.

Im Ortsteil Oy :

🏠 **Löwen,** Hauptstr. 12, ✉ 87466, ℰ (08366) 2 12, Fax (08366) 9116, Biergarten – 📺
⬛ 🅿 🅰🅴 🅾 ⬛ 🆅🅸🆂🅰
Menu (Mittwoch geschl.) à la carte 25/56 – **17 Z** 60/100 – ½ P 15.

Im Ortsteil Mittelberg :

🏨 **Kur- und Sporthotel Mittelburg** ⬛, Mittelburgweg 1, ✉ 87466, ℰ (08366) 1 80,
Fax (08366) 1835, ⬛, Massage, ⬛, ⬛, ⬛, ⬛, 🌳 – 📺 ☎ 🅿
Ende Okt. - 20. Dez. geschl. – (nur Abendessen für Hausgäste) – **26 Z** 105/300 –
½ P 30.

🏠 **Gasthof Rose** ⬛, Dorfbrunnenstr. 10, ✉ 87466, ℰ (08366) 9 82 00,
⬛ Fax (08366) 982010, 🌳 – 📺 ☎ 🅿
Anfang Nov. - Mitte Dez. geschl. – **Menu** (Montag - Dienstagmittag geschl.) à la carte 22/53
⬛ – **17 Z** 65/130 – ½ P 20.

Im Ortsteil Maria Rain O : 5 km :

🏠 **Sonnenhof** ⬛, Kirchweg 3, ✉ 87466, ℰ (08361) 9 21 40, Fax (08361) 921440,
⬛ Allgäuer Berge – 📺 ☎ 🅿 ⬛ Rest
Nov. - 18. Dez. geschl. – **Menu** à la carte 25/52 – **20 Z** 62/142 – ½ P 17.

OYBIN Sachsen siehe Zittau.

PADERBORN *Nordrhein-Westfalen* 👤 *K 10,* 👤 ⑯ *– 132 000 Ew – Höhe 119 m.*

Sehenswert : *Dom*★ Z A – *Diözesanmuseum (Imadmadonna*★*)* Z **M1.**

🏌 🏌 *Paderborn-Sennelager (über* ⑥*),* 𝄢 *(05252) 33 74.*

✈ *bei Büren-Ahden, SW : 20 km über* ⑤*,* 𝄢 *(02955) 7 70.*

🛈 *Verkehrsverein, Marienplatz 2a,* ✉ *33098,* 𝄢 *(05251) 2 64 61, Fax (05251) 22884.*

ADAC, *Kamp 9,* ✉ *33098,* 𝄢 *(05251) 2 77 76, Fax (05251) 281708.*

Berlin 429 ⑥ *– Düsseldorf 167* ⑤ *– Bielefeld 45* ⑥ *– Dortmund 101* ⑤ *– Hannover 143* ⑥ *– Kassel 92* ④

Kamp		Z
Königstraße		YZ
Rosenstraße		Z 19
Schildern		Z 21
Westernstraße		Z
Am Abdinghof		Z 2
Am Bogen		Z 3
Am Rothoborn		Y 4
Am Westerntor		Z 5
Domplatz		Z 7
Le-Mans-Wall		Z 12
Marienstraße		Z 13
Michaelstraße		Y 15
Mühlenstraße		Y 16
Warburger Straße		Z 23

🏛 **Arosa,** Westernmauer 38, ✉ 33098, 𝄢 (05251) 12 80, Fax (05251) 128806, ⇌, ▨ – 📱, ⇌ Zim, ▦ Rest, 📺 ☎ & 🅟 – 🔬 140. 🆎 ⓞ E 𝘝𝘐𝘚𝘈. ⨯ Rest   Z s
Menu à la carte 44/70 – **112 Z** 150/320.

🏠 **Gerold,** Dr.-Rörig-Damm 170, ✉ 33100, 𝄢 (05251) 1 44 50, Fax (05251) 144544 – 📺 ☎ ⌕ 🅟. 🆎 E 𝘝𝘐𝘚𝘈. ⨯   über Nordstraße Y
Menu à la carte 25/51 – **40 Z** 105/150.

🏠 **Ibis,** Paderwall 3, ✉ 33102, 𝄢 (05251) 12 45, Fax (05251) 124888 – 📱, ⇌ Zim, 📺 ☎ ⇔ 🅟 – 🔬 60. 🆎 ⓞ E 𝘝𝘐𝘚𝘈   Y u
Menu à la carte 27/39 – **90 Z** 134/149.

🍴🍴 **Balthasar,** An der alten Synagoge 1, ✉ 33098, 𝄢 (05251) 2 44 48, Fax (05251) 24458
Montag geschl. – **Menu** (wochentags nur Abendessen) à la carte 64/83.   Z a

🍴🍴 **Zu den Fischteichen,** Dubelohstr. 92, ✉ 33102, 𝄢 (05251) 3 32 36, Fax (05251) 37366, ☂ – 🅟 – 🔬 80. 🆎 ⓞ E 𝘝𝘐𝘚𝘈   über Fürstenweg Y
Donnerstag geschl. – **Menu** à la carte 35/63.

In Paderborn-Elsen ⑥ : *4,5 km* :

🏛 **Kaiserpfalz,** von-Ketteler-Str. 20, ✉ 33106, ℰ (05254) 9 79 00, Fax *(05254) 979070*,
🖙 – ⊡ ☎ 🅿. AE ⓪ E *VISA*. ℅ Zim
Weihnachen - Neujahr geschl. – **Menu** *(Samstag und Juli - Aug. 3 Wochen geschl.)* (nur
Abendessen) à la carte 37/54 – **24 Z** 98/150.

🏛 **Zur Heide,** Sander Str. 37, ✉ 33106, ℰ (05254) 9 56 50, Fax *(05254) 956595* – ⊡ ☎
🅿. ℅ Rest
Menu (wochentags nur Abendessen) à la carte 31/52 – **16 Z** 90/130.

In Borchen-Nordborchen ④ : *6 km* :

🏛 **Pfeffermühle,** Paderborner Str. 66, ✉ 33178, ℰ (05251) 3 94 97,
Fax *(05251) 399130* – |葱| ⊡ ☎ ⇔ 🅿. AE ⓪ E *VISA* JCB
Weihnachten - Anfang Jan. geschl. – **Menu** *(Montagmittag sowie Sonn- und Feiertage
geschl.)* à la carte 26/52 – **31 Z** 95/160.

Erfahrungsgemäß werden bei größeren Veranstaltungen,
Messen und Ausstellungen in vielen Städten und deren Umgebung
erhöhte Preise verlangt.

PÄWESIN Brandenburg 🔢🔢🔢 *I 22* – 680 Ew – Höhe 31 m.
Berlin 61 – Potsdam 38 – Brandenburg 19.

In Päwesin-Bollmannsruh *W* : *3 km* :

🏨 **Bollmannsruh am Beetzsee** M ⤺, Bollmannsruh Nr. 10, ✉ 14778,
ℰ (033838) 47 90, Fax *(033838) 479100*, 宗, Biergarten, 🖙, ⛳, ⚓ – |葱|, ℅ Zim,
⊡ ☎ ✆ & 🅿 – 🛧 550. AE ⓪ E *VISA*
20. Dez. - 4. Jan. geschl. – **Menu** *(Sonntagabend geschl.)* à la carte 35/56 – **79 Z** 130/226.

PAMPOW Mecklenburg-Vorpommern siehe Schwerin.

PANKER Schleswig-Holstein siehe Lütjenburg.

PAPENBURG Niedersachsen 🔢🔢🔢 *G 6*, 🔢🔢🔢 ⑮ – 30 000 Ew – Höhe 5 m.
🟥 Papenburg-Aschendorf, Gutshofstr. 141, ℰ (04961) 7 67 20.
🟦 Verkehrsverein, Rathaus, Hauptkanal rechts, ✉ 26871, ℰ (04961) 8 22 21,
Fax *(04961) 82330*.
Berlin 513 – Hannover 240 – Groningen 67 – Lingen 68 – Oldenburg 69.

🏰 **Alte Werft** M, Ölmühlenweg 1, ✉ 26871, ℰ (04961) 92 00, Fax *(04961) 920100*,
Biergarten, « Modernes Hotel mit integrierten Werfthallen a.d 19. Jh. », 🖙 – |葱| ⊡ ☎
✆ & 🅿 – 🛧 550. AE ⓪ E *VISA*
Graf Goetzen *(nur Abendessen)* **Menu** à la carte 44/62 – *Schnürboden* : Menu
à la carte 34/53 – **48 Z** 133/355.

🏨 **Stadt Papenburg,** Am Stadtpark 25, ✉ 26871, ℰ (04961) 9 18 20 (Hotel)
63 45 (Rest.), Fax *(04961) 3471*, 宗, 🖙 – |葱|, ℅ Zim, ⊡ ☎ 🅿 – 🛧 40. AE ⓪ E *VISA*.
℅ Rest
Menu 27 und à la carte 45/77 – **50 Z** 98/160.

🏛 **Am Stadtpark,** Deverweg 27, ✉ 26871, ℰ (04961) 41 45, Fax *(04961) 6881* – |葱| ⊡
☎ 🅿. AE ⓪ E *VISA*
Menu *(Sonntag geschl.)* (nur Abendessen) à la carte 27/61 – **32 Z** 80/120.

In Papenburg-Aschendorf *SW* : *5 Km* :

🏛 **Landhaus Riedel,** Bokeler Str. 75, ✉ 26871, ℰ (04962) 3 09, Fax *(04962) 6831*, 宗
– ℅ Zim, ⊡ ☎ 🅿 – 🛧 20. E
Anfang Jan. 1 Woche geschl. – **Menu** *(Sonntagabend geschl.)* à la carte 27/50 – **11 Z** 65/95.

PAPPENHEIM Bayern 🔢🔢🔢 🔢🔢🔢 *T 16*, 🔢🔢🔢 ㉘ – 4 500 Ew – Höhe 410 m – Luftkurort.
🟦 Fremdenverkehrsbüro, Kirchengasse 1 (Haus des Gastes), ✉ 91788, ℰ (09143) 62 66.
Berlin 499 – München 134 – Augsburg 76 – Nürnberg 72 – Ulm (Donau) 113.

🏛 **Sonne,** Deisinger Str. 20, ✉ 91788, ℰ (09143) 8 31 40, Fax *(09143) 831450*, 宗 – ☎
Jan. - Feb. 3 Wochen geschl. – **Menu** *(Sonntagabend - Montag geschl.)* à la carte 25/50
– **12 Z** 58/100.

PARCHIM Mecklenburg-Vorpommern 🔳🔳🔳 F 19, 🔳🔳🔳 ⑪, 🔳🔳🔳 ⑥ – 22 000 Ew – Höhe 46 m.

　　🅑 Stadtinformation, Lindenstr. 38, ✉ 19370, ℰ (03871) 21 28 43, Fax (03871) 212843.

　　Berlin 163 – Schwerin 43 – Güstrow 75.

🏨　**Wartenbergs Hotel,** Bahnhofstr. 1, ✉ 19370, ℰ (03871) 72 80,
🍴　Fax (03871) 728428, ⇌ – ⮹, ⥥ Zim, 📺 ☎ ⭧ ⇔ 🅿
　　Menu à la carte 23/42 – **55 Z** 88/130.

🏨　**Stadtkrug,** Apothekenstr. 12, ✉ 19370, ℰ (03871) 6 23 00 (Hotel) 22 63 21(Rest.),
🍴　Fax (03871) 264446, ⇗ – ⥥ Zim, 📺 ☎. 🅴 𝑉𝐼𝑆𝐴
　　Menu à la carte 21/40 – **25 Z** 88/140.

🏨　**Stadt Hamburg,** Lange Str. 87, ✉ 19370, ℰ (03871) 6 20 40, Fax (03871) 620413
🍴　– 📺 ☎ ⭧ 🅿. 🄰🄴 𝑉𝐼𝑆𝐴
　　Menu à la carte 22/35 – **16 Z** 80/135.

🍴　**Gambrinus** mit Zim, Bauhofstr. 13, ✉ 19370, ℰ (03871) 21 25 80,
　　Fax (03871) 212580, Biergarten – 📺 ☎ 🅿. 🅴
　　Menu à la carte 29/61 – **10 Z** 98/135.

In Slate S : 3 km :

🏨　**Zum Fährhaus,** Fähre 2, ✉ 19370, ℰ (03871) 6 26 10, Fax (03871) 444144, ⇗,
　　Bootssteg – 📺 ☎ 🅿 – 🔏 70. ⓞ 🅴 𝑉𝐼𝑆𝐴. ⥥
　　Menu à la carte 28/42 – **15 Z** 90/150.

In Spornitz SW : 9 km :

🏨　**Graf Moltke,** Am Alten Dütschower Weg 1 (B 191), ✉ 19372, ℰ (038726) 8 80,
　　Fax (038726) 88490, ⇗, 🛁, ⇌ – ⮹, ⥥ Zim, ▤ Rest, 📺 ☎ ⭧ ⭐ 🅿 – 🔏 65. 🄰🄴 ⓞ
　　🅴
　　Menu à la carte 32/60 – **138 Z** 135/165.

PARSBERG Bayern 🔳🔳🔳🔳🔳🔳 S 19, 🔳🔳🔳 ㉙ – 5 800 Ew – Höhe 550 m.

　　Berlin 477 – München 137 – Ingolstadt 63 – Nürnberg 64 – Regensburg 42.

🏨　**Zum Hirschen** (mit Gästehaus), Dr.-Schrettenbrunner-Str. 1, ✉ 92331,
　　ℰ (09492) 60 60, Fax (09492) 606222, ⇗, ⇌, 🛤 – ⮹ 📺 ☎ 🅿 – 🔏 50. 🅴 𝑉𝐼𝑆𝐴
　　22. 27. Dez. geschl. – **Menu** (Sonntagabend geschl.) à la carte 27/60 – **73 Z** 95/150.

PASEWALK Mecklenburg-Vorpommern 🔳🔳🔳 F 25, 🔳🔳🔳 ⑧, 🔳🔳🔳 ⑧ – 14 000 Ew – Höhe 12 m.

　　🅑 Stadtinformation, Am Markt 2, ✉ 17309, ℰ (03973) 21 39 95.

　　Berlin 134 – Schwerin 208 – Neubrandenburg 59 – Szczecin 40.

🏨　**Pasewalk** Ⓜ ⤷, Dargitzer Str. 26, ✉ 17309, ℰ (03973) 22 20, Fax (03973) 222200,
　　⇌, 🔳, – ⮹, ⥥ Zim, 📺 ☎ ⭧ 🅿 – 🔏 50. 🄰🄴 🅴 𝑉𝐼𝑆𝐴. ⥥ Rest
　　Menu à la carte 25/78 – **73 Z** 95/190.

🏨　**Villa Knobelsdorff** ⤷, Ringstr. 13, ✉ 17309, ℰ (03973) 2 09 10,
🍴　Fax (03973) 209110 – 📺 ☎ ⭐ ⇔ 🅿 – 🔏 25. 🄰🄴 🅴 𝑉𝐼𝑆𝐴
　　Menu à la carte 24/39 – **18 Z** 85/130.

In Krugsdorf O : 6,5 km :

🏨　**Schloßpark Hotel** ⤷ garni, Zerrenthiner Str. 3, ✉ 17309, ℰ (039743) 5 02 85,
　　Fax (039743) 50237, 🛤, ⚒ – ⮹ ⥥ 📺 ☎ 🅿 – 🔏 70. 🅴
　　40 Z 80/150.

🏨　**Schloßhotel** ⤷, Zerrenthiner Str. 2, ✉ 17309, ℰ (039743) 5 03 41,
　　Fax (039743) 50254, ⇗, 🛤 – 📺 ☎ 🅿. 🄰🄴 🅴
　　Menu à la carte 28/40 – **12 Z** 70/160.

PASSAU Bayern 🔳🔳🔳 U 24, 🔳🔳🔳 ㊶ – 50 000 Ew – Höhe 290 m.

　　Sehenswert : Lage★★ am Zusammenfluß von Inn, Donau und Ilz (Dreiflußeck★) B – Dom
　　(Apsis★★) B – Glasmuseum★★ B **M2.**

　　Ausflugsziele : Veste Oberhaus (B) ⩽★★ auf die Stadt – Bayerische Ostmarkstraße ★ (bis
　　Weiden in der Oberpfalz).

　　🇮🇦 Thyrnau-Raßbach (NO : 9 km über ②), ℰ (08501) 13 13.

　　🅑 Verkehrsverein, Rathausplatz 3, ✉ 94032, ℰ (0851) 95 59 80, Fax (0851) 35107.

　　ADAC, Brunngasse 5, ✉ 94032, ℰ (0851) 3 04 01, Fax (0851) 37317.

　　Berlin 607 ⑦ – München 192 ⑦ – Landshut 119 ⑤ – Linz 110 ④ – Regensburg 118 ⑦
　　– Salzburg 142 ⑤

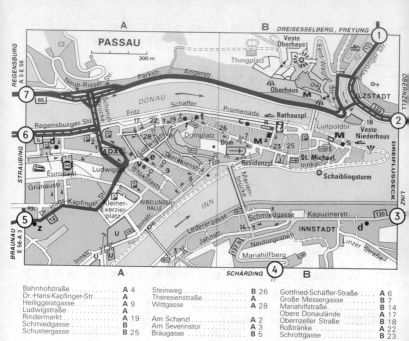

PASSAU

DREISESSELBERG, FREYUNG

REGENSBURG A 3-E 56
STRAUBING
BRAUNAU E 56-A 3
OBERNZELL
DREIFLÜSSECK LINZ
SCHÄRDING

Veste Oberhaus
Thingplatz
Oberhaus
ILZSTADT
Veste Niederhaus
DONAU
Schäffer Promenade Rathauspl.
Domplatz Dom
St. Michael
Residenzpl.
Innkai
Schaiblingsturm
Kleiner Exerzier-platz
NIBELUNGEN-HALLE
INN
Schmiedgasse Kapuzinerstr.
INNSTADT
Lederergasse
Mariahilfberg

Holiday Inn Ⓜ, Bahnhofstr. 24, ⊠ 94032, ℰ (0851) 5 90 00, Fax (0851) 5900529, ≤, 斎, ≘s, ▨, – 団, ⅙ Zim, 🖾 団 ₺ ⇔ – 🔬 200. 🖭 ① ⋿ 𝒱𝒾𝒮𝒜 ᴊᴄʙ
Menu (nur Abendessen) à la carte 40/70 – **129 Z** 185/310.
A d

König garni, Untere Donaulände 1, ⊠ 94032, ℰ (0851) 38 50, Fax (0851) 385460, ≤, ≘s – 団 ⅙ 🖾 団 ☎ ₺ ⇔ – 🔬 25. 🖭 ① ⋿ 𝒱𝒾𝒮𝒜
41 Z 95/200.
A t

Passauer Wolf, Rindermarkt 6, ⊠ 94032, ℰ (0851) 9 31 51 10, Fax (0851) 9315150, ⦿, ≤ – 団 🖾 団 ☎ ⅌ ⇔ – 🔬 40. 🖭 ① ⋿ 𝒱𝒾𝒮𝒜 ᴊᴄʙ
Menu (Samstagmittag und Sonntag geschl.) à la carte 42/67 – **40 Z** 125/240.
A r

Wilder Mann, Rathausplatz, ⊠ 94032, ℰ (0851) 3 50 71 (Hotel), 3 50 75 (Rest.), Fax (0851) 31712, 斎, « Restauriertes Patrizierhaus, Glasmuseum » – 団 🖾 団 ☎. 🖭 ① ⋿ 𝒱𝒾𝒮𝒜
Menu à la carte 42/80 – **40 Z** 82/234.
BM2

Residenz garni, Fritz-Schäffer-Promenade, ⊠ 94032, ℰ (0851) 3 50 05, Fax (0851) 35008, ≤ – 団 🖾 団 ☎. 🖭 ① ⋿ 𝒱𝒾𝒮𝒜 ᴊᴄʙ
Dez.- Feb. geschl. – **49 Z** 105/215.
B c

Weisser Hase, Ludwigstr. 23, ⊠ 94032, ℰ (0851) 9 21 10, Fax (0851) 9211100, ≘s – 団, ⅙ Zim, 🖾 団 ☎ ₺ ⇔ – 🔬 120. 🖭 ① ⋿ 𝒱𝒾𝒮𝒜 ᴊᴄʙ
6. - 31. Jan. geschl. – Menu (nur Abendessen) à la carte 29/56 ₺ – **108 Z** 170/230.
A e

Am Fernsehturm, Neuburgerstr. 79, ⊠ 94036, ℰ (0851) 9 51 80, Fax (0851) 9518100, 斎, Biergarten, ≘s – 団 🖾 団 ☎ ⇔ Ⓟ – 🔬 90. 🖭 ① ⋿ 𝒱𝒾𝒮𝒜 ᴊᴄʙ
Menu (nur Abendessen) à la carte 27/48 – **64 Z** 110/200.
über ⑤

Spitzberg garni, Neuburger Str. 29, ⊠ 94032, ℰ (0851) 95 54 80, Fax (0851) 9554848, ≘s – 団 ☎ ⇔. 🖭 ① ⋿ 𝒱𝒾𝒮𝒜
29 Z 85/170.
A z

Tourist Hotel, Kapuziner Str. 32, ⊠ 94032, ℰ (0851) 38 64 01, Fax (0851) 386404, ≘s – 団, ⅙ Zim, 団 ☎ ⇔ Ⓟ. 🖭 ① ⋿ 𝒱𝒾𝒮𝒜 ᴊᴄʙ, ⅗ Rest
Menu (Nov.- März Sonntag geschl.) (nur Abendessen) à la carte 28/52 – **160 Z** 94/180.
B d

Altstadt-Hotel ⑤, Bräugasse 27 (am Dreiflußeck), ⊠ 94032, ℰ (0851) 33 70, Fax (0851) 337100, ≤, 斎 – 団 団 ☎ ⇔ – 🔬 65. 🖭 ① ⋿ 𝒱𝒾𝒮𝒜
Menu à la carte 32/62 – **56 Z** 110/220.
B s

🏠 **Haidenhof** ⌕ garni, Brixener Str. 7, ⊠ 94036, ℘ (0851) 95 98 70, *Fax (0851) 9598795* – 📺 ☎ ⇦ 🅿. 🆎 ⓞ 🅴 *VISA* JCB — über ⑤
12 Z 70/125.

🍴 **Heilig-Geist-Stift-Schenke,** Heiliggeistgasse 4, ⊠ 94032, ℘ (0851) 26 07, *Fax (0851) 35387,* « Gaststätte a.d.J. 1358, Stiftskeller, Wachauer Garten » 🆎 ⓞ
🅴 *VISA* — A V
Mittwoch und 7. - 31. Jan. geschl. – **Menu** à la carte 26/55.

In Passau-Kastenreuth ① : *4 km :*

🏠 **Burgwald** ⌕, Salzweger Str. 9, ⊠ 94034, ℘ (0851) 94 16 90, *Fax (0851) 9416969,*
🍺 Biergarten, 🌲 – 📺 ☎ 🅿. 🆎 🅴. 🎿
Menu à la carte 24/46 – **40 Z** 62/105.

In Passau-Kohlbruck ⑤ : *3 km :*

🏠 **Dreiflüssehof,** Danziger Str. 42, ⊠ 94036, ℘ (0851) 7 20 40, *Fax (0851) 72478,* 🍴
– 📳 📺 ☎ ⇦ 🅿 – 🔬 20. 🆎 ⓞ 🅴 *VISA* JCB
Menu *(Sonntag - Montagmittag geschl.)* à la carte 26/52 – **67 Z** 85/150.

🏠 **Albrecht** garni, Kohlbruck 18, ⊠ 94036, ℘ (0851) 95 99 60, *Fax (0851) 9599640* – ⌕⊶
📺 ☎ ⇦ 🅿. 🆎 ⓞ 🅴 *VISA*. 🎿
40 Z 80/140.

PATTENSEN Niedersachsen 416 417 418 J 13 – 14 000 Ew – Höhe 75 m.
Berlin 290 – Hannover 12 – Hameln 36 – Hildesheim 23.

🏠 **Leine-Hotel,** Schöneberger Str. 43, ⊠ 30982, ℘ (05101) 91 80, *Fax (05101) 13367,*
🍴, 🍺 – 📳, ⌕ Zim, 📺 ☎ & 🅿 – 🔬 80. 🆎 ⓞ 🅴 *VISA*. 🎿 Rest
Menu *(Sonntagabend geschl.)* (wochentags nur Abendessen) à la carte 42/62 –
80 Z 135/402.

🏠 **Zur Linde,** Göttinger Str. 14 (B 3), ⊠ 30982, ℘ (05101) 1 23 22, *Fax (05101) 12332,*
🍴 – 📺 ☎ 🅿 – 🔬 90. 🆎 ⓞ 🅴 *VISA* JCB
Menu à la carte 35/70 – **40 Z** 100/270.

PEGNITZ Bayern 420 Q 18. 987 ⑳ ㉜ – 14 800 Ew – Höhe 424 m – Erholungsort.
🏢 Städt. Verkehrsamt, Hauptstr. 37, ⊠ 91257, ℘ (09241) 7 23 11, *Fax (09241) 72355.*
Berlin 381 – München 206 – Nürnberg 61 – Bayreuth 27 – Bamberg 67 – Weiden in der Oberpfalz 55.

🏨 **Pflaums Posthotel,** Nürnberger Str. 14, ⊠ 91257, ℘ (09241) 72 50,
Fax (09241) 80404, 🍴, « Einrichtung im Designer-Stil, Fränkische Bauernzimmer », 🎬,
🍺, 🏊, 🌲 – 📳, ⌕ Zim, 📺 ☎ 🅿 – 🔬 80. 🆎 ⓞ 🅴 *VISA*
Menu (Tischbestellung ratsam) 125/165 – **Posthalter-Stube :** Menu 59 – **50 Z** 220/590,
25 Suiten.

🏠 **Ratsstube,** Hauptstr. 43, ⊠ 91257, ℘ (09241) 22 79, *Fax (09241) 8941* – 📺 ☎. 🆎
🅴 *VISA* JCB
Menu *(Sonntagabend geschl.)* à la carte 26/59 – **14 Z** 65/120 – ½ P 20.

In Pegnitz-Hollenberg NW : *6 km :*

🏠 **Landgasthof Schatz** ⌕, Hollenberg 1, ⊠ 91257, ℘ (09241) 21 49,
🍺 *Fax (09241) 5074,* 🍴, 🎬, 🌲 – 📺 ☎ ⇦ 🅿. 🎿 Zim
Mitte - Ende Nov. und Jan. 2 Wochen geschl. – **Menu** *(Montag geschl.)* à la carte 21/29
– **16 Z** 65/120.

PEINE Niedersachsen 416 418 J 14, 987 ⑯ – 48 000 Ew – Höhe 67 m.
🏢 Verkehrsverein, Glockenstr.6, ⊠ 31224, ℘ (05171) 4 82 00, *Fax (05171) 48201.*
Berlin 249 – Hannover 45 – Braunschweig 28 – Hildesheim 32.

🏠 **Quality Hotel,** Ammerweg 1 (nahe BAB-Abfahrt Peine), ⊠ 31228, ℘ (05171) 99 59,
Fax (05171) 995288 – 📳, ⌕ Zim, 📧 📺 ☎ ✆ & 🅿 – 🔬 50. 🆎 ⓞ 🅴 *VISA* JCB
Menu à la carte 34/60 – **98 Z** 150/185.

🏠 **Am Herzberg** ⌕, Am Herzberg 18, ⊠ 31224, ℘ (05171) 69 90, *Fax (05171) 48448*
– ⌕ Zim, 📺 ☎ 🅿. 🅴. 🎿
(nur Abendessen für Hausgäste) – **22 Z** 95/160.

🏠 **Peiner Hof** ⌕ garni, Am Silberkamp 23, ⊠ 31224, ℘ (05171) 1 50 92,
Fax (05171) 15094 – 📺 ☎ ⇦ 🅿. 🅴
16 Z 80/180.

In Peine-Stederdorf *N : 3 km :*

Schönau, Peiner Str. 17 (B 444), ✉ 31228, ✆ (05171) 99 80, *Fax (05171) 998166* – TV ☎ Ⓟ – 200. AE ⓓ E VISA
Weihnachten - Anfang Jan. geschl. – **Menu** *(Sonntagabend und Samstag geschl.)* à la carte 43/66 – **36 Z** 120/200.

In Wendeburg-Rüper *NO : 9 km :*

Zum Jägerheim, Meerdorfer Str. 40, ✉ 38176, ✆ (05303) 20 26, *Fax (05303) 2056*, , – , Zim, ☎ ♿ Ⓟ – 100. AE ⓓ E VISA. Zim
28. Dez. - 16. Jan. geschl. – **Menu** *(Montag geschl.)* à la carte 31/60 – **38 Z** 90/180.

PEISSEN *Sachsen-Anhalt siehe Halle.*

PEITING *Bayern* 419 420 *W 16,* 987 ㊴ *– 11 000 Ew – Höhe 718 m – Erholungsort.*
Verkehrsverein, Ammergauer Str. 2, ✉ 86971, ✆ (08861) 65 35, Fax (08861) 59140.
Berlin 626 – München 87 – Garmisch-Partenkirchen *50 – Landsberg am Lech 30 – Füssen 33.*

Alpenhotel Pfaffenwinkel, Hauptplatz 10, ✉ 86971, ✆ (08861) 2 52 60, *Fax (08861) 252627* – TV ☎ Ⓟ. E VISA. Rest
(nur Abendessen für Hausgäste) – **15 Z** 80/140.

Dragoner, Ammergauer Str. 11 (B 23), ✉ 86971, ✆ (08861) 2 50 70, *Fax (08861) 2507280*, , – TV ☎ Ⓟ – 30. AE ⓓ E VISA
Menu à la carte 25/51 – **51 Z** 72/155 – ½ P 20.

PENNEWITZ *Thüringen siehe Königsee.*

PENTLING *Bayern siehe Regensburg.*

PENZBERG *Bayern* 419 420 *W 18,* 987 ㊵ *– 14 000 Ew – Höhe 596 m.*
Berlin 640 – München 53 – Garmisch-Partenkirchen *43 – Bad Tölz 19 – Weilheim 25.*

Stadthotel Berggeist M, Bahnhofstr. 47, ✉ 82377, ✆ (08856) 80 10 (Hotel), 78 99 (Rest.), *Fax (08856) 81913*, , – TV ☎ Ⓟ – 40. AE E VISA
Menu à la carte 25/52 – **45 Z** 115/180.

PERL *Saarland* 417 *R 3 – 6 500 Ew – Höhe 254 m.*
Ausflugsziel : *Nennig : Römische Villa (Mosaikfußboden ★★) N : 9 km.*
Berlin 767 – Saarbrücken *68 – Luxembourg 32 – Saarlouis 47 – Trier 46.*

Hammes, Hubertus-von-Nell-Str. 15, ✉ 66706, ✆ (06867) 9 10 30, *Fax (06867) 910333* – Ⓟ. AE E VISA
Menu *(Mittwoch geschl.)* à la carte 33/58 – **14 Z** 65/110.

Winandy, Biringerstr. 2, ✉ 66706, ✆ (06867) 3 64, *Fax (06867) 1501*, – TV . AE E VISA
Feb. geschl. – **Menu** *(Montag geschl.)* à la carte 23/39 – **10 Z** 50/95.

In Perl-Nennig *N : 9 km :*

Schloß Berg , Schloßhof 7, ✉ 66706, ✆ (06866) 7 90, *Fax (06866) 79100*, ←, , « Restauriertes Wasserschloß a.d. 12. Jh. mit modern-eleganter Einrichtung » – TV Ⓟ – 60. AE E VISA
Menu *(Montag - Dienstag geschl.)* (nur Abendessen) à la carte 72/105 – **17 Z** 220/480.

PERLEBERG *Brandenburg* 416 *G 19,* 984 ⑪, 987 ⑰ *– 14 500 Ew – Höhe 31 m.*
Stadtinformation, Mönchort 10 (im Museum), ✉ 19348, ✆ (03876) 61 22 59.
Berlin 137 – Potsdam 126 – Schwerin *75.*

Forstgasthaus Hubertus, Wilsnacker Chaussee (beim Heimat-Tierpark), ✉ 19348, ✆ (03876) 78 95 90, – TV ☎ Ⓟ. AE E VISA JCB
Menu à la carte 25/43 – **11 Z** 85/110.

PETERSAURACH *Bayern siehe Neuendettelsau.*

PETERSBERG Hessen 👁️👁️ O 13 – 13 000 Ew – Höhe 350 m.
　　Sehenswert : *Kirche auf dem Petersberg (romanische Steinreliefs★★, Lage★, ≤★).*
　　Berlin 448 – Wiesbaden 147 – Frankfurt am Main 107 – Fulda 6 – Würzburg 114.

　🏨　**Hotel am Rathaus** garni, Am neuen Garten 1, ✉ 36100, ℘ (0661) 6 90 03,
　　　Fax (0661) 63257 – 📺 ☎ 🚗. 🖪
　　　20 Z 90/118.

In Petersberg-Almendorf NO : 2,5 km :

　🏨🏨　**Berghof,** Almendorfer Str. 1, ✉ 36100, ℘ (0661) 6 60 03, Fax (0661) 63257, 😎, ≤s,
　　　🔲 – 📶 📺 ☎ 🅿 – 🔬 50. 🖪 *VISA*
　　　Menu à la carte 25/55 – **54 Z** 93/138.

PETERSHAGEN Nordrhein-Westfalen 👁️ I 10, 👁️ ⑯ – 26 000 Ew – Höhe 45 m.
　　Berlin 355 – Düsseldorf 230 – Bremen 90 – Hannover 82 – Osnabrück 78.

　🏨🏨　**Schloß Petershagen** 🦢, Schloß, ✉ 32469, ℘ (05707) 9 31 30, Fax (05707) 2373,
　　　≤, 😎, « *Fürstbischöfliche Residenz a.d. 14. Jh. ; stilvolle Einrichtung* », ⌇ (geheizt), 🌳,
　　　🎾 – 📺 ☎ 📞 🅿 – 🔬 80. 🖪 ⓄⓃ E *VISA*
　　　Menu à la carte 54/83 *(auch vegetarische Gerichte)* – **12 Z** 120/250.

In Petershagen-Heisterholz S : 2 km :

　🏨　**Waldhotel Morhoff,** Forststr. 1, ✉ 32469, ℘ (05707) 9 30 30, Fax (05707) 2207,
　　　😎, 🌳, 🐎 – 🍽️ Zim, 📺 ☎ 📞 🚗 🅿 – 🔬 200
　　　Menu à la carte 31/53 – **24 Z** 75/150.

PETERSHAGEN Brandenburg 👁️👁️ I 25 – 5 500 Ew – Höhe 50 m.
　　Berlin 28 – Potsdam 59 – Eberswalde 44 – Frankfurt an der Oder 81.

In Petershagen-Eggersdorf N : 2 km :

　🏨🏨　**Landhaus Villago** Altlandsberger Chaussee 88, ✉ 15345, ℘ (03341) 46 90,
　　　Fax (03341) 469469, 😎, 🛁, ≤s, 🔲, 🌳 – 📶 📺 ☎ 📞 ♿ 🅿 – 🔬 70. 🖪 E *VISA*
　　　Menu à la carte 38/52 – **61 Z** 158/198.

PETERSTAL-GRIESBACH, BAD Baden-Württemberg 👁️ U 8, 👁️ ㊲ – 3 400 Ew – Höhe
　　400 m – Heilbad　Kneippkurort – Wintersport : 700/800 m ✠1 ✦2.
　　🅱 Kurverwaltung, Bad Peterstal, Schwarzwaldstr. 11, ✉ 77740, ℘ (07806) 79 33, Fax
　　(07806) 1040.
　　Berlin 737 – Stuttgart 115 – Karlsruhe 88 – Offenburg 34 – Strasbourg 48 – Freuden-
　　stadt 24.

Im Ortsteil Bad Peterstal :

　🏨　**Schauinsland** 🦢, Forsthausstr. 21, ✉ 77740, ℘ (07806) 9 87 80, Fax (07806) 1532,
　　　≤ Bad Peterstal, 🔲, 🌳 – 📶 📺 ☎ 🅿. 🎾 Rest
　　　20. Nov. - 15. Dez. geschl. – *(Restaurant nur für Hausgäste)* – **25 Z** 82/188 – ½ P 25.

　🏨　**Kurhotel Faißt,** Am Eckenacker 5, ✉ 77740, ℘ (07806) 5 22, Fax (07806) 590, 😎,
　　　Massage, ♨, 🛁, ≤s, 🔲 – 📶 ☎ 🚗 🅿 – 🔬 20
　　　Menu *(Montagabend, Mittwochmittag und Mitte Nov. - Mitte Dez. geschl.)* à la carte 31/62
　　　– **22 Z** 65/160 – ½ P 22.

　🏨　**Hubertus** garni, Insel 3, ✉ 77740, ℘ (07806) 5 95, Fax (07806) 409, ≤s, 🔲, 🌳 –
　　　☎ 🚗 🅿
　　　Nov. - Anfang Dez. geschl. – **17 Z** 45/115.

　🍽️　**Schützen,** Renchtalstr. 21 (B 28), ✉ 77740, ℘ (07806) 2 41, Fax (07806) 1512, 😎 –
　　　10. Jan. - 15. Feb. geschl. – **Menu** *(Donnerstag geschl.)* à la carte 27/51 – **10 Z** 54/110.

Im Ortsteil Bad Griesbach :

　🏨🏨🏨　**Kur- und Sporthotel Dollenberg** 🦢, Dollenberg 3, ✉ 77740, ℘ (07806) 7 80,
　🌿　Fax (07806) 1272, ≤, 😎, Massage, ♨, 🛁, 🔥, ≤s, 🔲, 🌳, 🎾 – 📶 📺 📞 🚗 🅿 –
　🏞️　🔬 30
　　　Menu à la carte 39/84 – **63 Z** 112/356, 3 Suiten – ½ P 29
　　　Spez. Strudel von Gänseleber und Spargel. Gefüllte Bresse Taube mit Rotweinsauce. Quark-
　　　soufflé mit Waldbeeren.

　🏨🏨　**Adlerbad** (mit Gästehaus), Kniebisstr. 55, ✉ 77740, ℘ (07806) 10 71,
　　　Fax (07806) 8421, 😎, Massage, ♨, 🔥, ≤s – 📶 📺 ☎ 🚗 🅿. E *VISA*
　　　20. Nov. - 15. Dez. geschl. – **Menu** *(Mittwoch geschl.)* à la carte 34/65 – **30 Z** 80/172.

　🏨　**Döttelbacher Mühle,** Kniebisstr. 8, ✉ 77740, ℘ (07806) 10 37, Fax (07806) 1319,
　　　😎 – 📺 ☎ 🅿
　　　Mitte Nov. - Mitte Dez. geschl. – **Menu** *(Dienstag geschl.)* à la carte 31/58 – **12 Z** 67/134
　　　– ½ P 20.

🏠 **Hoferer,** Wilde Rench 29, ⊠ 77740, ℘ (07806) 85 66, Fax (07806) 1283, 🛲 – 🛗 ☎
☺ 🅿
Mitte Nov. - Mitte Dez. geschl. – **Menu** *(Sonntagabend - Montag geschl.)* à la carte 24/43
– **14 Z** 50/110 – ½ P 20.

🏠 **Café Kimmig,** Kniebisstr. 57, ⊠ 77740, ℘ (07806) 10 55, Fax (07806) 1059 – 🛗 📺
☎ ☺ 🅿 🖭 ⓞ ⋿ 𝗩𝗜𝗦𝗔
15. - 31. Jan. geschl. – **Menu** *(Donnerstag geschl.)* à la carte 31/62 – **12 Z** 68/140 – ½ P 22.

Außerhalb *SO : 5 km über die Straße nach Wolfach :*

🏠 **Palmspring** ⑊, Palmspring 1, ⊠ 77740 Bad Peterstal-Griesbach, ℘ (07806) 3 01,
Fax (07806) 1282, ≤, 🛲, ⊜s, ﹏, ⅙ – 📺 ☎ 🅿 🖭 ⋿ 𝗩𝗜𝗦𝗔
Anfang Jan. - Anfang Feb. geschl. – **Menu** *(Dienstag geschl.)* à la carte 28/49 – **16 Z** 70/140
– ½ P 24.

PETTENDORF *Bayern siehe Regensburg.*

PFAFFENHOFEN AN DER ILM *Bayern* 🝙🝚🝛 *U 18,* 🝜🝝🝞 ⑩ – *21 000 Ew – Höhe 490 m.*
🝵 *Reichertshausen, Holzhof 4 (S : 7 km), (08137) 50 84.*
Berlin 547 – München 52 – Augsburg 67 – Ingolstadt 29 – Landshut 63.

🏠 **Brauereigasthof Müllerbräu,** Hauptplatz 2, ⊠ 85276, ℘ (08441) 4 93 70,
Fax (08441) 493740 – 📺 ☎ – 🛪 30. 🖭 ⋿ 𝗩𝗜𝗦𝗔
Menu à la carte 26/72 – **13 Z** 95/129.

PFAFFENWEILER *Baden-Württemberg* 🝙🝚🝛 *W 7 – 2 650 Ew – Höhe 252 m.*
Berlin 811 – Stuttgart 213 – Freiburg im Breisgau 14 – Basel 66.

🗙🗙🗙 **Zehner's Stube** *(ehemaliges Rathaus a.d.J. 1575),* Weinstr. 39, ⊠ 79292,
℘ (07664) 62 25, Fax (07664) 61624 – 🅿 ⋿ 𝗩𝗜𝗦𝗔
Montag geschl. – **Menu** à la carte 77/105.

PFALZGRAFENWEILER *Baden-Württemberg* 🝙🝚🝛 *U 9,* 🝜🝝🝞 ⑱ – *5 400 Ew – Höhe 635 m –*
Luftkurort.
🄱 *Kurverwaltung, im Haus des Gastes, Marktplatz, ⊠ 72285, ℘ (07445) 1 82 40.*
Berlin 697 – Stuttgart 76 – Karlsruhe 87 – Tübingen 57 – Freudenstadt 16.

🏠 **Schwanen,** Marktplatz 1, ⊠ 72285, ℘ (07445) 20 44, Fax (07445) 6821, 🛲 – 🛗 📺
☎ 🅿 – 🛪 30. ⋿ 𝗩𝗜𝗦𝗔
Menu à la carte 31/47 *(auch vegetarische Gerichte)* – **37 Z** 70/150 – ½ P 22.

In Pfalzgrafenweiler-Herzogsweiler *SW : 4 km :*

🏠 **Sonnenschein** *(mit Gästehaus),* Birkenbuschweg 11, ⊠ 72285, ℘ (07445) 22 10,
Fax (07445) 1780, ﹏ – 🅿
Anfang Nov. - Mitte Dez. geschl. – *(Restaurant nur für Hausgäste)* – **31 Z** 52/104 – ½ P 14.

🍵 **Hirsch,** Alte Poststr. 20, ⊠ 72285, ℘ (07445) 22 91, Fax (07445) 3162, ﹏ – 📺 ☜
☺ 🅿
Mitte Jan. - Anfang Feb. geschl. – **Menu** *(Donnerstagmittag geschl.)* à la carte 24/50 ⑄
– **32 Z** 51/102 – ½ P 13.

In Pfalzgrafenweiler-Kälberbronn *W : 7 km :*

🏠🏠 **Schwanen** ⑊, Große Tannenstr. 10, ⊠ 72285, ℘ (07445) 18 80, Fax (07445) 18899,
🛲, ⊜s, 🗔, ﹏ – 🛗, ⅙⅙ Zim, 📺 ☎ 🅿 – 🛪 30
Anfang Nov. - Anfang Dez. geschl. – **Menu** à la carte 36/64 *(auch vegetarische Gerichte)*
– **60 Z** 120/250 – ½ P 24.

🏠🏠 **Waldsägmühle** ⑊, an der Straße nach Durrweiler *(SO : 2 km),* ⊠ 72285,
℘ (07445) 8 51 50, Fax (07445) 6750, 🛲, ⊜s, 🗔, ﹏ – 🛗 📺 ☎ 🅿 – 🛪 40. ⓞ ⋿
𝗩𝗜𝗦𝗔
Anfang Jan. - Anfang Feb. und Aug. 2 Wochen geschl. – **Menu** *(Sonntagabend - Montag*
geschl.) à la carte 39/83 – **38 Z** 95/190 – ½ P 35.

PFARRKIRCHEN *Bayern* 🝚🝛🝜 *U 22,* 🝜🝝🝞 ⑪ – *10 300 Ew – Höhe 380 m.*
🝵 *Hebertsfelden, beim Bahnhof Kaismühle (W : 2 km), ℘ (08561) 59 69.*
🄱 *Verkehrsamt, Rathaus, Stadtplatz 2, ⊠ 84347, ℘ (08561) 3 06 15, Fax (08561) 30634.*
Berlin 606 – München 135 – Landshut 70 – Passau 58.

🏠 **Ederhof,** Zieglstadl 1a, ⊠ 84347, ℘ (08561) 17 50, Fax (08561) 6402, 🛲 – 🛗 📺 ☎
☺ 🅿 🖭 ⓞ ⋿ 𝗩𝗜𝗦𝗔 ⅙ Rest
Menu *(Samstag - Sonntag geschl.)* *(nur Abendessen)* à la carte 24/40 – **18 Z** 70/115.

In Postmünster SW : 4 km :

🏨 **Landhotel am See** ⬮, Seestr. 10, ✉ 84389, ℘ (08561) 4 70, Fax (08561) 5904, ≤, ☆, 🎿, ≘, ⬛ (geheizt), ☞ – 🛗, ✲ Zim, 📺 ☎ 🅿 – 🔬 100. 🆎 ⓪ 🗲 𝘝𝘐𝘚𝘈, ⬭ Rest
Menu à la carte 29/52 – **74 Z** 90/178, 3 Suiten – ½ P 30.

PFARRWEISACH Bayern siehe Ebern.

PFINZTAL Baden-Württemberg **419** T 9 – 16 200 Ew – Höhe 160 m.
Berlin 651 – Stuttgart 65 – Karlsruhe 15 – Pforzheim 21.

In Pfinztal-Berghausen :

XX **Zur Linde** mit Zim, An der Jöhlinger Straße 1 (B 293), ✉ 76327, ℘ (0721) 4 61 18, Fax (0721) 463630 – ✲ Zim, 📺 ☎. ⬭
Menu (Dienstagabend und Samstagmittag geschl.) à la carte 34/60 – **12 Z** 95/140.

In Pfinztal-Söllingen :

🏨 **Villa Hammerschmiede** M, Hauptstr. 162 (B 10), ✉ 76327, ℘ (07240) 60 10, Fax (07240) 60160, ☆, « Elegantes Hotel in ehemaliger Villa ; Park », ≘, ⬛ – 🛗 📺 ✆ & ⬅ 🅿 – 🔬 40. 🆎 ⓪ 🗲 𝘝𝘐𝘚𝘈
Menu à la carte 71/111 – **26 Z** 191/384
Spez. Cassolette von Kaisergranat und Krebsen mit Rotbarbe à la nage. Geschmorte Ochsenbäckchen in Spätburgunder mit glasiertem Gemüse. Schokoladenparfait mit marinierten Himbeeren.

🏨 **Knopf** garni, Hauptstr. 74 (B 10), ✉ 76327, ℘ (07240) 64 02, Fax (07240) 6403 – 📺 ☎ 🅿
13 Z 80/130.

PFOFELD Bayern siehe Gunzenhausen.

PFORZHEIM Baden-Württemberg **419** T 10, **987** ㊳ – 116 000 Ew – Höhe 280 m.
🐎 Ölbronn-Dürrn (NO : 9 km), Karlshäuser Hof, ℘ (07237) 91 00.
🛈 Stadtinformation, Marktplatz 1, ✉ 75175, ℘ (07231) 3 99 00, Fax (07231) 399030.
ADAC, Julius-Moser-Str. 1, (Gewerbegebiet, über ⑤), ✉ 75179, ℘ (0721)8 10 40, Fax, (07231) 101484.
Berlin 662 ⑤ – Stuttgart 53 ② – Karlsruhe 31 ⑤ – Heilbronn 82 ②

Stadtplan siehe nächste Seite

🏨 **Parkhotel** M, Deimlingstr. 36, ✉ 75175, ℘ (07231) 16 10, Fax (07231) 161690, ☆, 🎿, Massage, ≘ – 🛗, ✲ Zim, 🍴 📺 & ⬅ – 🔬 150. 🆎 ⓪ 🗲 𝘝𝘐𝘚𝘈   BY e
Menu à la carte 46/70 – **Gala** (Sonntag - Montag geschl.) Menu à la carte 59/84 – **144 Z** 160/265.

🏨 **Royal**, Wilferdinger Str. 64, ✉ 75179, ℘ (07231) 1 42 50, Fax (07231) 142599, ☆ – 🛗, ✲ Zim, 📺 ☎ ⬅ 🅿 – 🔬 40. 🆎 ⓪ 🗲 𝘝𝘐𝘚𝘈   über ⑤
Menu (italienische Küche) à la carte 38/68 – **43 Z** 135/195.

🏨 **Hasenmayer**, Heinrich-Wieland-Allee 105 (B 294), ✉ 75177, ℘ (07231) 31 10, Fax (07231) 311345 – 🛗 📺 ☎ 🅿   über ①
24. Dez. - 2. Jan. geschl. – Menu (Sonn- und Feiertage abends geschl.) à la carte 28/48 – **44 Z** 78/150.

XX **Goldener Bock**, Ebersteinstr. 1, ✉ 75177, ℘ (07231) 10 51 23 – 🆎 ⓪ 🗲 𝘝𝘐𝘚𝘈
Donnerstag - Freitagmittag, Juli - Aug. 3 Wochen und 27. Dez. - 10. Jan. geschl. – Menu (abends Tischbestellung ratsam) à la carte 37/69.   AX b

In Pforzheim-Brötzingen über ④ :

XX **Silberburg**, Dietlinger Str. 27, ✉ 75179, ℘ (07231) 44 11 59, Fax (07231) 465404 – 🆎 ⓪ 🗲 𝘝𝘐𝘚𝘈
Montag - Dienstagmittag und Juli - Aug. 3 Wochen geschl. – Menu à la carte 53/85.

XX **Pyramide**, Dietlinger Str. 25, ✉ 75179, ℘ (07231) 44 17 54, Fax (07231) 467261 – ⓪ 🗲 𝘝𝘐𝘚𝘈
Samstagmittag und Montag geschl. – Menu à la carte 58/76.

An der Straße nach Huchenfeld ③ : 4 km :

XX **Hoheneck**, Huchenfelder Str. 70, ✉ 75180 Pforzheim, ℘ (07231) 7 16 33, Fax (07231) 767941, ☆ – 🅿 🆎 ⓪ 🗲 𝘝𝘐𝘚𝘈
Menu à la carte 33/75.

In Birkenfeld ④ : 6,5 km :

✂ XX **Zur Sonne** mit Zim, Dietlinger Str. 134, ✉ 75217, ℰ (07231) 48 98 60,
Fax (07231) 489867 – 📺 ☎ 🅿. ⚘ Rest
Aug. geschl. – **Menu** (Mittwochabend - Donnerstag geschl.) à la carte 47/71 –
5 Z 90/150.

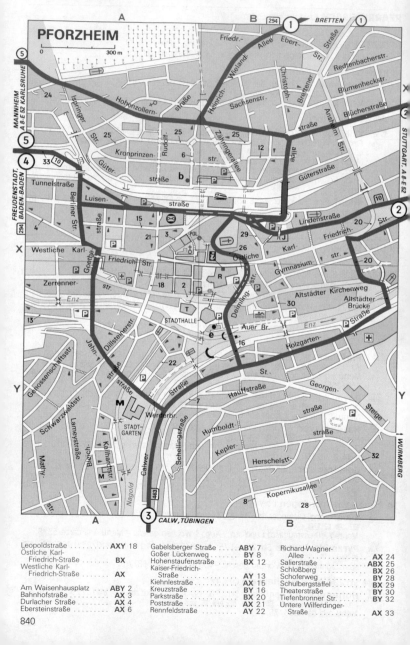

In Neulingen-Bauschlott

⚲ **Goldener Ochsen,** Brettener Str. 1, ⊠ 75245, ℘ (07237) 2 25, Fax (07237) 1898,
Biergarten – 📺 📵. ⴹ 𝗩𝗜𝗦𝗔
Menu *(Montagmittag und Donnerstag geschl.)* à la carte 32/57 *(auch vegetarische
Gerichte)* ⅃ – **15 Z** 60/100.

In Wimsheim *SO : 12 km über St.-Georgen-Steige* BY :

XX **Widmann-Le Gourmet,** Austr. 48, ⊠ 71299, ℘ (07044) 4 13 23,
Fax (07044) 950040, 🍽 – 📵. ᴁ ⴹ
Montag, Jan. 1 Woche und Aug. 3 Wochen geschl. – **Menu** (nur Abendessen) à la carte
57/78.

PFRONTEN Bayern **419 420** X 15, **987** ㊲ – 7 500 Ew – Höhe 850 m – Luftkurort – Wintersport ·
840/1 840 m ⤸2 ⤸15 ⤸7.

Hotels und Restaurants : Außerhalb der Saison variable Schließungszeiten.

🇧 *Verkehrsamt, Haus des Gastes, Pfronten-Ried, Vilstalstraße,* ⊠ 87459,
℘ (08363) 6 98 88, Fax (08363) 69866.

Berlin 664 – München 131 – Füssen 12 – Kempten (Allgäu) 29.

In Pfronten-Dorf :

🏛 **Bavaria** ⬩, Kienbergstr. 62, ⊠ 87459, ℘ (08363) 90 20, Fax (08363) 6815, ≤, 🍽,
Massage, ₊, 🛳, 🏊 (geheizt), 🎾, 🐎 – 🛎 📺 ⟲ 📵 – ⚑ 30. ᴁ ⓞ ⴹ 𝗩𝗜𝗦𝗔 𝗝𝗖𝗕
Nov. 3 Wochen geschl. – **Menu** à la carte 44/67 – **45 Z** 130/318, 3 Suiten – ½ P 30.

🏛 **Alpenhotel Krone** Ⓜ, Tiroler Str. 29, ⊠ 87459, ℘ (08363) 60 76, Fax (08363) 6164,
🍽 – 🛎, ⚡ Zim, 📺 🕻 ⟲ 📵 – ⚑ 25. ᴁ ⓞ ⴹ 𝗩𝗜𝗦𝗔. ⬚ Rest
Sankt Magnus *(Sonntag - Montag und 2. - 24. Aug. geschl.) (nur Abendessen)* **Menu** 130
und à la carte 63/90 – **Gaststube** *(Montag geschl.) (auch Mittagessen)* **Menu** à la carte
40/74 – **32 Z** 120/220
Spez. Minestrone mit Hummer und Parmesan. Lachs unter der Meerrettichkruste und süß-
saurem Gemüse. Kaninchenrücken mit Kalbsbries im Blätterteig mit Ingwer-Currysauce.

🏠 **Haus Achtal** ⬩ garni, Brentenjochstr. 4, ⊠ 87459, ℘ (08363) 83 29,
Fax (08363) 8329, ≤, 🍽, 🎾, 🐎, ⬚ – ☎ 📵
4. Nov. - 18. Dez. geschl. – **15 Z** 60/120.

In Pfronten-Halden :

🏛 **Zugspitzblick** ⬩ garni, Edelsbergweg 71, ⊠ 87459, ℘ (08363) 9 10 10,
Fax (08363) 910199, ≤ Tannheimer Gruppe und Pfronten, 🍽, 🏊 (geheizt), 🎾, 🐎 – 📺
☎ ⟲
26. Okt. - 18. Dez. geschl. – **50 Z** 55/138.

In Pfronten-Heitlern :

🏠 **Café am Kurpark** ⬩, Schlickestr. 11, ⊠ 87459, ℘ (08363) 81 12, Fax (08363) 73298,
🍽, 🐎 – ⟲ 📵 ⬚ Zim
4. April - 2. Mai und 30. Okt. - 19. Dez. geschl. – (nur Abendessen für Hausgäste) – **11 Z**
55/122.

In Pfronten-Meilingen :

🏛 **Berghof** ⬩, Falkensteinweg 13, ⊠ 87459, ℘ (08363) 9 11 30, Fax (08363) 911325,
≤ Pfronten mit Kienberg und Breitenberg, 🍽, ₊, ₊, 🍽, 🏊 – 🛎 📺 ☎ ⟲ 📵
10. Nov. - Anfang Dez. geschl. – **Menu** *(Montag geschl.)* à la carte 28/58 – **44 Z** 100/246
– ½ P 20.

🏠 **In der Sonne** ⬩, Neuer Weg 14, ⊠ 87459, ℘ (08363) 50 10, Fax (08363) 6839, 🍽,
₊, Massage, ₊, 🍽, 🐎 – 📺 ☎ 📵
5. Nov. - 15. Dez. geschl. – **Menu** *(Dienstag geschl.)* à la carte 27/50 – **20 Z** 70/130 – ½ P 21.

In Pfronten-Obermeilingen :

🏛 **Berghotel Schloßanger-Alp** ⬩, Am Schloßanger 1 – Höhe 1 130 m, ⊠ 87459,
℘ (08363) 60 86, Fax (08363) 6667, ≤ Tiroler Berge, 🍽, ₊₆, 🍽, 🏊, 🐎 – ⚡ Zim,
📺 ☎ ⟲ 📵 – ⚑ 20. ⓞ ⴹ 𝗩𝗜𝗦𝗔
Mitte Jan. - Mitte Feb. und Anfang Dez. 2 Wochen geschl. – **Menu** *(Nov. - April Dienstag
geschl.)* à la carte 36/68 – **30 Z** 125/320, 3 Suiten – ½ P 30.

🏛 **Burghotel auf dem Falkenstein** ⬩, Falkenstein 1 – Höhe 1 277 m, ⊠ 87459,
℘ (08363) 3 09, Fax (08363) 73390, ≤ Alpen, 🍽, 🍽, 🐎 – 📺 ☎ 📵. ⓞ ⴹ 𝗩𝗜𝗦𝗔
Anfang Nov. - Anfang Dez. geschl. – **Menu** *(Jan. - April Donnerstag geschl.)* à la carte 28/59
– **9 Z** 125/220 – ½ P 30.

In Pfronten-Ried :

✗ **Kutschers Einkehr,** Allgäuer Str. 37 (1. Etage), ✉ 87459, ✆ (08363) 82 29, 🍴
Dienstag und Nov. - 20. Dez. geschl. – **Menu** à la carte 34/58.

In Pfronten-Steinach :

🏠 **Chesa Bader** ⊗ garni, Enzianstr. 12, ✉ 87459, ✆ (08363) 83 96, Fax (08363) 8696,
« Chalet mit rustikal-behaglicher Einrichtung », ≘s, 🔲, 🐎 – 📺 ☎ ⇔ ❷. ✸
12 Z 75/170, 5 Suiten.

🏠 **Pfrontener Hof,** Tiroler Str. 174, ✉ 87459, ✆ (08363) 9 14 00, Fax (08363) 914039,
⇔ 🍴, 🐎 – ☎ ⇔ ❷
Anfang Nov. - Mitte Dez. geschl. – **Menu** *(Mittwoch geschl.)* à la carte 24/52 ⅛ – **19 Z**
65/110 – ½ P 20.

In Pfronten-Weißbach :

🏠 **Parkhotel Flora-Concordia** ⊗, Auf der Geigerhalde 43, ✉ 87459,
✆ (08363) 90 30, Fax (08363) 1002, ≤ Allgäuer Berge, 🍴, 🐎 – 📳 ✸ 📺 ☎ ❷. ᴁ
⓪ ᴇ 𝘷𝘪𝘴𝘢, ✸ Rest
Anfang Nov. - Anfang Dez. geschl. – *(nur Abendessen für Hausgäste)* – **57 Z** 105/184 –
½ P 26.

🏠 **Post** *(mit Gästehaus),* Kemptener Str. 14, ✉ 87459, ✆ (08363) 50 32, Fax (08363) 5035,
ᴌ, ≘s – 📺 ☎ ⇔ ❷. ᴁ ⓪ ᴇ 𝘷𝘪𝘴𝘢
Anfang Nov. - Mitte Dez. geschl. – **Menu** *(Montag geschl.)* à la carte 30/52 – **23 Z** 75/140
– ½ P 19.

*Die im **Michelin-Führer**
verwendeten Zeichen und Symbole haben -
fett oder dünn gedruckt, **rot** oder **schwarz** -
jeweils eine andere Bedeutung. Lesen Sie daher die Erklärungen aufmerksam durch.*

PFULLENDORF *Baden-Württemberg* ④①⑨ W 11, ⑨⑧⑦ ㊳ – *10 500 Ew – Höhe 650 m.*
🄳 *Kultur- und Verkehrsamt, Marktplatz (Rathaus),* ✉ 88630, ✆ (07552) 25 11 31, Fax
(07552) 251009.
Berlin 707 – Stuttgart 123 – Konstanz 60 – Freiburg im Breisgau 137 – Ulm (Donau) 92.

🏠 **Adler** *(mit Gästehaus),* Heiligenberger Str. 20, ✉ 88630, ✆ (07552) 9 20 90,
Fax (07552) 5005 – 📳 📺 ☎ ❤ ❷ – ⚖ 60. ⓪ ᴇ 𝘷𝘪𝘴𝘢
Menu *(wochentags nur Abendessen)* à la carte 33/82 *(auch vegetarische Gerichte)* – **48 Z**
89/200.

🏠 **Krone** *(Fachwerkhaus a.d.17.Jh.),* Hauptstr. 18, ✉ 88630, ✆ (07552) 9 21 70,
Fax (07552) 921734 – 📺 ☎ ⇔. ᴁ ⓪ ᴇ 𝘷𝘪𝘴𝘢 ᴊᴄʙ
22. Dez. - 10. Jan. geschl. – **Menu** à la carte 39/60 – **30 Z** 90/170.

🏠 **Stadtblick** garni, Am Pfarröschle 2/1, ✉ 88630, ✆ (07552) 60 03, Fax (07552) 4555
– 📺 ☎ ❷. ✸
über Fastnacht 1 Woche und Weihnachten - Anfang Jan. geschl. – **14 Z** 87/158.

PFULLINGEN *Baden-Württemberg* ④①⑨ U 11, ⑨⑧⑦ ㊳ – *16 000 Ew – Höhe 426 m.*
Berlin 680 – Stuttgart 43 – Reutlingen 4 – Ulm (Donau) 78.

🏠 **Engelhardt** ⊗ garni, Hauffstr. 111, ✉ 72793, ✆ (07121) 9 92 00,
Fax (07121) 9920222, ≘s – 📳 📺 ☎ ❷ – ⚖ 30. ᴁ ᴇ 𝘷𝘪𝘴𝘢
58 Z 98/155.

PFUNGSTADT *Hessen* ④①⑦④①⑨ Q 9, ⑨⑧⑦ ㉗ – *24 000 Ew – Höhe 103 m.*
*Berlin 579 – Wiesbaden 52 – Frankfurt am Main 46 – Mainz 45 – Mannheim 45 – Darm-
stadt 10.*

✗✗ **Kirchmühle,** Kirchstr. 31, ✉ 64319, ✆ (06157) 68 20, Fax (06157) 86444, 🍴,
« Originelle Einrichtung aus Teilen einer alten Mühle » – ᴁ ᴇ
Samstagmittag, Sonntag und Jan. 1 Woche geschl. – **Menu** *(Tischbestellung ratsam)*
à la carte 47/70.

✗ **Restaurant VM** *(kleines Restaurant im Bistrostil),* Borngasse 16 *(Zentrum am Rathaus),*
🐟 ✉ 64319, ✆ (06157) 8 54 40
Samstagmittag, Sonntag - Montag, Anfang - Mitte Jan. und Ende April - Anfang Mai geschl.
– **Menu** *(Tischbestellung ratsam)* 35 *(mittags)* und à la carte 45/76 *(auch vegetarisches
Menu).*

An der Autobahn A 67 :

🏨 **Raststätte und Motel** (Ostseite), ✉ 64319 Pfungstadt, 𝄯 (06157) 30 31,
Fax (06157) 2426, ⌂ – ⧉, ↩ Zim, ☎ ♿ ⇔ 🅿 🅴 𝘝𝘐𝘚𝘈
Menu (auch Self-service) à la carte 34/54 – **56 Z** 90/176.

PHILIPPSREUT Bayern 𝟜𝟚𝟘 T 25, 𝟿𝟾𝟽 ㉚ – 850 Ew – Höhe 978 m.
🛈 Verkehrsamt, Hauptstr. 17, ✉ 94158, 𝄯 (08550) 9 10 17, Fax (08550) 91019.
Berlin 513 – München 221 – Grafenau 30 – Passau 49.

🏨 **Hubertus Stuben**, Obermoldauer Str. 1, ✉ 94158, 𝄯 (08550) 7 81, Fax (08550) 422,
⇔ ⌂, ♨, ⇌, ☞ – 📺 ☎ 🅿
Nov. - 20. Dez. und April 2 Wochen geschl. – **Menu** (Montag geschl.) à la carte 23/45 –
11 Z 50/140.

PIDING Bayern 𝟜𝟚𝟘 W 22 – 5000 Ew – Höhe 457 m – Luftkurort.
🛈 Verkehrsamt, Petersplatz 2, ✉ 83451, 𝄯 (08651) 38 60.
Berlin 718 – München 128 – Bad Reichenhall 9 – Salzburg 13.

In Piding-Högl N : 4 km :

🏨 **Berg- und Sporthotel Neubichler Alm** ⑤, Neubichl 5 – Höhe 800 m, ✉ 83451,
𝄯 (08656) 7 00 90, Fax (08656) 1233, ≼ Salzburg und Berchtesgadener Land, ⌂,
Massage, 𝄮, ⇔, 🔲, ☞, ⚡ ⚡ – ⧉, ↩ Zim, 📺 ☎ ♿ ⚲⚲ 🅿 – 🔬 50. ⓞ 🅴 𝘝𝘐𝘚𝘈
Menu à la carte 32/53 – **55 Z** 91/226.

In Piding-Mauthausen :

🏨 **Pension Alpenblick** ⑤, Gaisbergstr. 9, ✉ 83451, 𝄯 (08651) 9 88 70,
Fax (08651) 988735, ⇔, ☞ – 📺 ☎ 🅿 ⚹
Nov. - Mitte Dez. geschl. – (nur Abendessen für Hausgäste) – **16 Z** 72/130.

PIESPORT Rheinland-Pfalz 𝟜𝟙𝟟 Q 4 – 2100 Ew – Höhe 130 m.
Berlin 693 – Mainz 155 – Bernkastel-Kues 18 – Trier 43 – Wittlich 26.

🏨 **Winzerhof** garni, Bahnhofstr. 8a, ✉ 54498, 𝄯 (06507) 9 25 20, Fax (06507) 925252
– 📺 ☎ 🅿 🅰🅴 ⓞ 🅴 𝘝𝘐𝘚𝘈
19. März - 8. April geschl. – **12 Z** 95/158.

PINNEBERG Schleswig-Holstein 𝟜𝟙𝟻 𝟜𝟙𝟼 F 13, 𝟿𝟾𝟽 ⑤ – 38 200 Ew – Höhe 11 m.
ADAC, Elmshorner Str. 73, ✉ 25421, 𝄯 (04101) 7 29 39, Fax (04101) 72809.
Berlin 305 – Kiel 89 – Hamburg 23 – Bremen 128 – Hannover 173.

🏨 **Thesdorfer Hof** garni, Rellinger Str. 35, ✉ 25421, 𝄯 (04101) 5 45 40,
Fax (04101) 545454, ⇔ – 📺 ☎ ⚲ 🅿 – 🔬 30. 🅰🅴 ⓞ 🅴 𝘝𝘐𝘚𝘈
22 Z 130/200.

🏨 **Cap Polonio** ⑤, Fahltskamp 48, ✉ 25421, 𝄯 (04101) 53 30, Fax (04101) 533190, ⌂,
« Festsaal mit Original-Einrichtung des Dampfers Cap Polonio » – ⧉ 📺 ☎ ♿ 🅿 – 🔬 120.
🅰🅴 🅴
Menu à la carte 41/68 – **64 Z** 118/208.

✗✗ **Zur Landdrostei**, Dingstätte 23, ✉ 25421, 𝄯 (04101) 20 77 72, ⌂ – 🅰🅴 ⓞ 🅴 𝘝𝘐𝘚𝘈
ᴶᶜᴮ
Montag geschl. – **Menu** à la carte 50/85.

PIRMASENS Rheinland-Pfalz 𝟜𝟙𝟟 𝟜𝟙𝟿 S 6, 𝟿𝟾𝟽 ㉘ – 51 000 Ew – Höhe 368 m.
Messegelände Wasgauhalle, 𝄯 (06331) 6 40 41, Fax (06331) 65758.
ADAC, Schloßstr. 6, ✉ 66953, 𝄯 (06331) 6 44 40, Fax (06331) 92563.
Berlin 683 ① – Mainz 122 ① – Saarbrücken 62 ① – Landau in der Pfalz 46 ② – Saar-
brücken 63 ① – Kaiserslautern 36 ①

Stadtplan siehe nächste Seite

🏨 **Landauer Tor** Ⓜ garni, Landauer Str. 7, ✉ 66953, 𝄯 (06331) 2 46 40,
Fax (06331) 246444 – ⧉ 📺 ☎ 🅿 – 🔬 30. 🅰🅴 ⓞ 🅴 𝘝𝘐𝘚𝘈   n
27 Z 80/180.

✗✗ **Ciccio,** Zeppelinstr. 2, ✉ 66953, 𝄯 (06331) 7 54 00, Fax (06331) 77876 – 🅰🅴 ⓞ 🅴
𝘝𝘐𝘚𝘈   a
Montag geschl. – **Menu** (italienische Küche) à la carte 50/75.

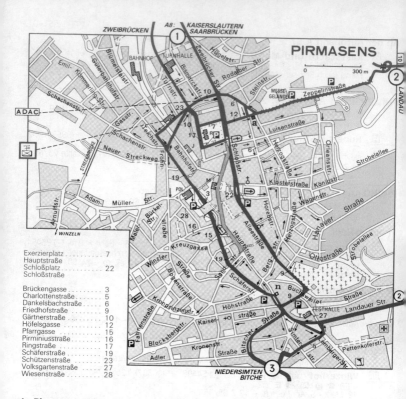

In Pirmasens-Winzeln W : 4 km über Winzler Str. oder Arnulfstr. :

🏠 **Kunz**, Bottenbacher Str. 74, ✉ 66954, 𝒞 (06331) 87 50, Fax (06331) 875125, 🍴, ⇔s, 🔲 – 📺 ☎ ⇐ ⑫ – 🔥 100. ⚫ ⓓ ⚫ 𝘝𝘐𝘚𝘈, ✂ Rest
22. Dez. - 6. Jan. geschl. – **Menu** (Freitag - Samstagmittag und 10. - 26. Juli geschl.)
à la carte 35/68 – **48 Z** 69/140.

PIRNA Sachsen 🔢 N 25, 🔢 ㉔, 🔢 ⑲ – 39 000 Ew – Höhe 120 m.

🔟 Fremdenverkehrsbüro, Dohnaische Str. 31, ✉ 01796, 𝒞 (03501) 52 84 97, Fax (03501) 528497.

Berlin 213 – Dresden 20 – Chemnitz 91 – Görlitz 97.

🏠 **Romantik Hotel Deutsches Haus** ≫, Niedere Burgstr. 1, ✉ 01796, 𝒞 (03501) 44 34 40, Fax (03501) 528104, 🍴 – 📶, ✂ Zim, 📺 ☎ 📞 ⑫ – 🔥 35. ⚫ ⚫ 𝘝𝘐𝘚𝘈, ✂ Rest
Menu (Montag - Freitag nur Abendessen) à la carte 27/55 – **40 Z** 116/183.

🏠 **Pirna'scher Hof**, Am Markt 4, ✉ 01796, 𝒞 (03501) 4 43 80, Fax (03501) 44380, 🍴
– 📺 ☎. ⚫ ⚫ 𝘝𝘐𝘚𝘈
Menu à la carte 33/57 (auch vegetarische Gerichte) – **22 Z** 120/150.

🏠 **Sächsischer Hof** garni, Gartenstr. 21, ✉ 01796, 𝒞 (03501) 44 75 51, Fax (03501) 447554, ⇔s – 📺 ☎ ⑫. ⚫ ⚫ 𝘝𝘐𝘚𝘈
28 Z 95/142.

In Pirna-Zehista SW : 2,5 km :

🏠 **Zur Post** Ⓜ (mit ♨ Gasthof), Liebstädter Str. 30, ✉ 01796, 𝒞 (03501) 55 00, ⇔ Fax (03501) 527712, 🍴, ⇔s, 🔲 – 📶 📺 ☎ 🚻 ⑫ – 🔥 80. ⚫ ⓓ ⚫ 𝘝𝘐𝘚𝘈
Menu à la carte 16/34 – **62 Z** 86/175.

EUROPE on a single sheet **Michelin** map n° 🔢.

PLAIDT *Rheinland-Pfalz* **417** *O 6 – 5 500 Ew – Höhe 110 m.*
Berlin 607 – Mainz 109 – Koblenz 20 – Bonn 63.

🏠 **Geromont,** Römerstr. 3a, ✉ 56637, 𝒫 (02632) 60 55, Fax (02632) 6066 – 📺 ☎ ⇔
ℙ – 🔥 50. 🍴 Rest
23. Dez. - 5. Jan. geschl. – **Menu** *(Sonntag geschl.)* (nur Abendessen) à la carte 25/44 –
28 Z 75/115.

PLANEGG *Bayern siehe Gräfelfing.*

PLATTLING *Bayern* **420** *T 22,* **987** ㉙ *– 12 000 Ew – Höhe 320 m.*
Berlin 566 – München 134 – Deggendorf 12 – Landshut 65 – Passau 53 – Regensburg 71.

🏨 **Zur Grünen Isar,** Passauer Str. 2, ✉ 94447, 𝒫 (09931) 95 20, Fax (09931) 952222,
Biergarten – 📶 📺 ☎ ⇔, 🍴 ⓐ 🅔 **VISA**
Menu à la carte 26/50 – **65 Z** 85/160.

🏠 **Bahnhof-Hotel Liebl,** Bahnhofsplatz 3, ✉ 94447, 𝒫 (09931) 24 12,
⇔ Fax (09931) 6709, 🍴 – 📺 ☎ ⇔ **ℙ** 🅔 ⓐ 🅔 **VISA**
Ende Dez. - Anfang Jan. geschl. – **Menu** *(Freitag geschl.)* à la carte 24/58 – **31 Z** 60/140.

In Plattling-Altholz *NO : 7 km :*

❌❌ **Reiter Stuben Hutter,** ✉ 94447, 𝒫 (0991) 73 20, Fax (0991) 382887, 🍴 – **ℙ** –
🔥 100. 🅔 🅔
Samstagmittag, Sonn- und Feiertage abends geschl. – **Menu** à la carte 43/66.

PLAU AM SEE *Mecklenburg-Vorpommern* **416** *F 20,* **984** ⑪, **987** ⑥ ⑦ *– 6 200 Ew – Höhe 75 m.*
🛈 *Touristinformation, Burgplatz 2,* ✉ 19395, 𝒫 (038735) 4 53 45, Fax (038735) 41421.
Berlin 151 – Schwerin 73 – Rostock 84 – Stendal 123.

🏨 **Parkhotel Klüschenberg** 🦫, Am Klüschenberg 14, ✉ 19395, 𝒫 (038735) 4 43 79,
Fax (038735) 44371, 🍴, 🍴 – 📶 📺 ☎ **ℙ** – 🔥 100. 🅔 🅔 **VISA**
Menu à la carte 38/56 – **66 Z** 110/190.

🏨 **Reke,** Dammstr. 2, ✉ 19395, 𝒫 (038735) 4 55 05, Fax (038735) 45505, 🍴 – 📶 📺
☎ **ℙ** 🅔 🅔 **VISA**
Menu à la carte 27/47 – **26 Z** 89/150.

🏠 **Strandhotel,** Seestr. 6, ✉ 19395, 𝒫 (038735) 4 12 02, Fax (038735) 45231 – 📺 ☎
ℙ – 🔥 100. 🅔
Menu à la carte 29/50 – **11 Z** 99/149.

In Plau-Heidenholz *NO : 1,5 km :*

🏠 **Marianne,** Quetziner Str. 77, ✉ 19395, 𝒫 (038735) 82 30, Fax (038735) 82340, 🍴,
🌳 – 📺 ☎ **ℙ** 🅔 🅔 **VISA**
Kiek In : **Menu** à la carte 26/45 – **18 Z** 80/160.

In Plau-Seelust *S : 4 km :*

🏨 **Seehotel Plau am See** 🦫 (mit Gästehaus), Hermann-Niemann-Str. 6, ✉ 19395,
𝒫 (038735) 8 40, Fax (038735) 84166, ◁, 🍴, ☎, 🍴, 🍴, 🌳 – 📺 ☎ **ℙ** – 🔥 50.
🅔 ⓐ 🅔 **VISA**
Menu à la carte 29/47 – **74 Z** 119/178.

🏠 **Gesundbrunn** 🦫, Hermann-Niemann-Str. 11, ✉ 19395, 𝒫 (038735) 4 68 38,
Fax (038735) 46838, 🍴, 🌳 – 📺 ☎ **ℙ**
Jan. - Feb. geschl. – **Menu** *(Montag - Freitag nur Abendessen)* à la carte 29/55 – **18 Z**
80/170.

In Plau-Quetzin *N : 4 km :*

🏨 **Landhotel Rosenhof** 🦫, August-Bebel-Str. 10, ✉ 19395, 𝒫 (038735) 8 90,
Fax (038735) 89189, 🍴, 🌳 – 📺 ☎ **ℙ** – 🔥 25
Menu à la carte 25/42 – **30 Z** 90/169.

In Bad Stuer *SO : 11 km :*

🏠 **Stuersche Hintermühle** 🦫, Seeufer 6, ✉ 17209, 𝒫 (039924) 7 20,
Fax (039924) 7247, 🍴, ☎, 🌳 – 📺 ☎ ⇔ **ℙ** – 🔥 50. 🅔 ⓐ 🅔 **VISA**
Menu à la carte 26/50 – **54 Z** 100/160 – ½ P 24.

PLAUEN *Sachsen* **418 420** *O 20,* **984** ㉗, **987** ㉙ *– 71 000 Ew – Höhe 350 m.*
🛈 *Tourist-Information, Rädelstr. 2,* ✉ 08523, 𝒫 (03741) 2 91 10 27.
ADAC, Schulstr. 1, ✉ 08523, 𝒫 (0351) 44 78 80, Fax (03741) 150829.
Berlin 291 – Dresden 151 – Gera 54 – Chemnitz 80 – Erfurt 144 – Bayreuth 105.

🏨 **Alexandra**, Bahnhofstr. 17, ⊠ 08523, ℰ (03741) 22 14 14, Fax (03741) 226747, ㄸ, ⅃₆, ⊜ – 📳, ❝⇔ Zim, 🆃🆅 ₰ ❼ – 🔬 40. 🆎 ⏺ 🅴 🆅🆂🆄
Menu à la carte 27/58 – **72 Z** 125/240.

🏨 **Am Theater** M, Theaterstr. 7, ⊠ 08523, ℰ (03741) 12 10, Fax (03741) 121444 – 📳, ❝⇔ Zim, 🆃🆅 ₰ ❝ ⇦ – 🔬 80. 🆎 ⏺ 🅴 🆅🆂🆄
Menu à la carte 28/48 – **118 Z** 149/220.

🏛 **Parkhotel** (ehemalige Villa), Rädelstr. 18, ⊠ 08523, ℰ (03741) 2 00 60, Fax (03741) 200660, Biergarten – 🆃🆅 ☎ ❼ – 🔬 20. 🅴 🆅🆂🆄
Menu (nur Abendessen) à la carte 28/43 – **17 Z** 108/186.

🏛 **City Hotel** M, Neundorfer Str. 23, ⊠ 08523, ℰ (03741) 1 52 30, Fax (03741) 152320 – 📳, ❝⇔ Zim, 🆃🆅 ☎ – 🔬 20. 🆎 🅴 🆅🆂🆄
Menu à la carte 24/47 – **13 Z** 88/138.

In Jößnitz N : 6 km :

🏨 **Landhotel zur Warth** M, Steinsdorfer Str. 8, ⊠ 08547, ℰ (03741) 5 71 10, Fax (03741) 57115, ㄸ, Biergarten, ⅃₆, ⊜ – 📳, ❝⇔ Zim, 🆃🆅 ☎ ❝ ₰ ❼ – 🔬 30. 🆎 🅴 🆅🆂🆄
Menu (Montagmittag geschl.) à la carte 32/56 – **26 Z** 108/138.

In Neundorf W : 4,5 km :

🏛 **Ambiente** ⌘, Schulstr. 23b, ⊠ 08527, ℰ (03741) 13 41 02, Fax (03741) 134168, ㄸ ⊜ – 🆃🆅 ☎ ❼ – 🔬 25. 🅴 🆅🆂🆄
Menu à la carte 22/49 – **21 Z** 90/130.

PLECH Bayern 419 420 R 18 – 1 200 Ew – Höhe 461 m – Erholungsort.
Berlin 394 – München 192 – Nürnberg 50 – Bayreuth 40.

In Plech-Bernheck NO : 2,5 km :

🏨 **Veldensteiner Forst** ⌘, ⊠ 91287, ℰ (09244) 98 11 11, Fax (09244) 981189, ㄸ, ⊜ ⊜, ◻, ㆑ – 📳 🆃🆅 ☎ ⇦ ❼ – 🔬 40. 🆎 🅴 🆅🆂🆄, ❄ Zim
Mitte Feb. - Mitte März geschl. – **Menu** (Montag geschl.) à la carte 27/61 – **39 Z** 72/180 – ½ P 26.

PLEINFELD Bayern 419 420 S 16 – 6 000 Ew – Höhe 371 m.
🛈 Verkehrs- und Reisebüro, Marktplatz 11, ⊠ 91785, ℰ (09144) 67 77.
Berlin 473 – München 140 – Nürnberg 49 – Ingolstadt 60 – Donauwörth 49.

🏨 **Landhotel Der Sonnenhof** ⌘, Sportpark 11, ⊠ 91785, ℰ (09144) 96 00, Fax (09144) 960190, ㄸ, ⊜ – 📳, ❝⇔ Zim, 🆃🆅 ☎ ❝ ₰ – 🔬 90. 🆎 ⏺ 🅴 🆅🆂🆄
Jan. 1 Woche geschl. – **Menu** à la carte 32/60 – **55 Z** 109/168.

🍴 **Zum Blauen Bock**, Brückenstr. 5, ⊠ 91785, ℰ (09144) 18 51, Fax (09144) 8277 – ⇦ ❼. ❄ Zim
Menu (Mittwoch geschl.) à la carte 17/28 – **14 Z** 40/80.

🍴🍴 **Landgasthof Siebenkäs** mit Zim, Kirchenstr. 1, ⊠ 91785, ℰ (09144) 82 82, Fax (09144) 8307, ㄸ – ☎. 🅴. ❄ Zim
Jan. und Aug. jeweils 2 Wochen geschl. – **Menu** (Montag, Nov. - April auch Sonntagabend geschl.) 40 und à la carte 47/69 – **3 Z** 75/135.

PLETTENBERG Nordrhein-Westfalen 417 M 7, 987 ㉖ – 30 000 Ew – Höhe 210 m.
Berlin 526 – Düsseldorf 117 – Arnsberg 43 – Hagen 50 – Lüdenscheid 23 – Olpe 29.

🏛 **Haus Battenfeld**, Landemerter Weg 1, ⊠ 58840, ℰ (02391) 9 28 70, Fax (02391) 928746, ㄸ – ☎ ⇦ ❼ – 🔬 25. 🅴 🆅🆂🆄
Menu (Montagmittag geschl.) à la carte 26/54 – **26 Z** 75/150.

🍴🍴 **Berghaus Tanneneck**, Brachtweg 61, ⊠ 58840, ℰ (02391) 33 66, Fax (02391) 3380, ≼ Plettenberg und Ebbegebirge – ❼
Montagabend - Dienstag und Anfang Jan. 2 Wochen geschl. – **Menu** à la carte 36/65.

PLEYSTEIN Bayern 420 R 21 – 2 500 Ew – Höhe 549 m – Erholungsort – Wintersport : 600/800 m ≼1 ≼4.
🛈 Tourismusbüro, Rathaus, Neuenhammer Str. 1, ⊠ 92714, ℰ (09654) 15 15, Fax (09654) 745.
Berlin 424 – München 216 – Nürnberg 116 – Regensburg 94 – Weiden in der Oberpfalz 23.

⚐ **Zottbachhaus** ⚘, Gut Peugenhammer (N : 2 km), ⊠ 92714, ℰ (09654) 2 62,
⚐ Fax (09654) 1485, 拱, 栗 – ⇔ **❸**
Nov. - 25. Dez. geschl., Jan. - Feb. nur an Wochenenden geöffnet – **Menu** (Montag geschl.)
à la carte 23/45 – **12 Z** 60/100 – ½ P 10.

⚐ **Weißes Lamm,** Neuenhammer Str. 11, ⊠ 92714, ℰ (09654) 2 73, 栗 – ⇔ **❸** ⚘
⚐ Nov. geschl. – **Menu** (Dez. - Feb. Freitag geschl.) à la carte 18/35 – **24 Z** 46/80.

PLIEZHAUSEN Baden-Württemberg **419** U 11 – 6 700 Ew – Höhe 350 m.
Berlin 672 – Stuttgart 37 – Reutlingen 8,5 – Ulm (Donau) 80.

🏛 **Schönbuch-Hotel** ⚘, Lichtensteinstr. 45, ⊠ 72124, ℰ (07127) 97 50,
Fax (07127) 975100, ≤ Schwäbische Alb, ⚑, 🔲, 栗 – 📲 📺 ☎ ⇔ **❸** – 🔬 100. ᴀᴇ
❶ ᴇ 𝘝𝘐𝘚𝘈
Anfang Jan. 1 Woche und Juli - Aug. 2 Wochen geschl. – **Menu** à la carte 51/81 – **31 Z**
140/250.

PLOCHINGEN Baden-Württemberg **419** T 12, **987** ㊳ – 12 100 Ew – Höhe 276 m.
Berlin 623 – Stuttgart 25 – Göppingen 20 – Reutlingen 36 – Ulm (Donau) 70.

🏛 **Princess** (Restaurant im Bistrostil), Widdumstr. 3, ⊠ 73207, ℰ (07153) 60 50,
Fax (07153) 605499 – 📲 📺 ☎ ⇔ – 🔬 25. ⚘ Rest
Menu (Freitag - Samstag geschl.) (nur Abendessen) à la carte 34/48 – **45 Z** 105/205.

In Plochingen-Lettenäcker NO : 2 km :

🏛 **Prisma** garni (Apartment Hotel), Geschwister-Scholl-Str. 6, ⊠ 73207, ℰ (07153)
83 08 05, Fax (07153) 830899 – 📲 ⚙ 📺 ☎ ✆ ⇔. ᴀᴇ **❶** ᴇ 𝘝𝘐𝘚𝘈
24 Z 90/155.

In Plochingen-Stumpenhof N : 3 km Richtung Schorndorf :

🍴 **Stumpenhof,** Stumpenhof 1, ⊠ 73207, ℰ (07153) 2 24 25, Fax (07153) 76375 –
⚘ **❸**
Montag - Dienstag und nach Fasching 1 Woche geschl. – **Menu** à la carte 35/74.

In Altbach NW : 3 km :

🏛 **Altbacher Hof** (mit Gästehaus), Kirchstr. 11, ⊠ 73776, ℰ (07153) 70 70 (Hotel)
70 71 00 (Rest.), Fax (07153) 25072, 拱 – 📲 📺 ☎ ⇔ **❸**
Menu (Freitag - Samstagmittag geschl.) à la carte 42/56 – **85 Z** 75/140.

In Deizisau W . 3 km :

🍴 **Ochsen,** Sirnauer Str. 1, ⊠ 73779, ℰ (07153) 2 79 45, Biergarten – **❸**
Sonntagabend - Montag, Aug. 3 Wochen und 24. Dez. - 7. Jan. geschl. – **Menu** à la carte 28/58.

PLÖN Schleswig-Holstein **415 416** D 15, **987** ⑤ – 12 000 Ew – Höhe 22 m – Luftkurort.
Sehenswert : Großer Plöner See : Schloßterrasse ≤ ★.
🄱 Kurverwaltung, Lübecker Straße (Schwentinehaus), ⊠ 24306, ℰ (04522) 27 17, Fax
(04522) 2229.
Berlin 314 – Kiel 29 – Lübeck 55 – Neumünster 36 – Oldenburg in Holstein 41.

🏛 **Touristic** garni, August-Thienemann-Str. 1 (nahe der B 76), ⊠ 24306, ℰ (04522) 81 32,
Fax (04522) 8932, 栗 – 📺 **❸**. ᴀᴇ 𝘝𝘐𝘚𝘈
15 Z 80/140.

PLÜDERHAUSEN Baden-Württemberg siehe Schorndorf.

POCKING Bayern **420** U 23, **987** ㊶ – 12 000 Ew – Höhe 323 m.
Berlin 625 – München 149 – Landshut 102 – Passau 27 – Salzburg 112.

🏛 **Pockinger Hof,** Klosterstr. 13, ⊠ 94060, ℰ (08531) 90 70, Fax (08531) 8881, 拱 –
⇔ 📲 📺 ☎ **❸**
Menu à la carte 24/50 ⚘ – **45 Z** 59/94.

PODEWALL Mecklenburg-Vorpommern siehe Neubrandenburg.

PÖCKING Bayern **419 420** W 17 – 5 200 Ew – Höhe 672 m.
Berlin 618 – München 32 – Augsburg 71 – Garmisch-Partenkirchen 65.

🏛 **Kefer** garni, Hindenburgstr. 12, ⊠ 82343, ℰ (08157) 12 47, Fax (08157) 4575, 栗 –
📺 ☎ **❸**. ᴀᴇ ᴇ
22 Z 75/136.

In Pöcking-Possenhofen *SO : 1,5 km :*

🏠 **Forsthaus am See** ⌂, Am See 1, ⊠ 82343, ℰ (08157) 9 30 10, Fax (08157) 4292, ≤, « Terrasse am See » Bootssteg – |≑| 📺 ☎ ⇔ 🅿 – ▲ 20. 🆎 ⋿
Menu à la carte 43/75 – **21 Z** 180/270.

In Pöcking-Niederpöcking *NO : 2 km :*

🏠 **La Villa** ⌂, Ferdinand-von-Miller-Str. 39, ⊠ 82343, ℰ (08151) 7 70 60, Fax (08151) 770699, ≤, « Haus im italienischen Landhausstil », ⌂s – |≑| 📺 ☎ 🅿 – ▲ 60.
🆎 ⋿ 𝘝𝘐𝘚𝘈. ⌘ Rest
(Restaurant nur für Hausgäste) – **28 Z** 230/330.

PÖLICH *Rheinland-Pfalz siehe Mehring.*

POHLHEIM *Hessen siehe Gießen.*

POING *Bayern* **420** *V 19 – 9 500 Ew – Höhe 517 m.*
Berlin 596 – München 21 – Landshut 61 – Salzburg 149.

🏠 **Poinger Hof,** Gruber Str. 40, ⊠ 85586, ℰ (08121) 98 80, Fax (08121) 988188 – |≑|.
⌘ Zim, 📺 ☎ ⇔ 🅿 – ▲ 50. 🆎 ⋿ 𝘝𝘐𝘚𝘈
Menu à la carte 27/56 – **40 Z** 125/195.

POLLE *Niedersachsen* **417** *K 12,* **987** ⑯ *– 1 300 Ew – Höhe 100 m – Erholungsort.*
🏨 *Weißenfelder Mühle, ℰ 2 70.*
🛈 *Verkehrsverein, Haus des Gastes, Amtsstr. 4a,* ⊠ *37647, ℰ (05535) 4 11.*
Berlin 349 – Hannover 80 – Detmold 44 – Hameln 38 – Kassel 88.

⌂ **Zur Burg,** Amtsstr. 10, ⊠ 37647, ℰ (05535) 2 06, Fax (05535) 8671, ⌘ – 📺 ☎ ⇔
🅿. ⓞ ⋿ 𝘝𝘐𝘚𝘈
2. - 16. Jan. geschl. – **Menu** *(Okt. - März Montag geschl.)* à la carte 28/56 – **12 Z** 56/112
– ½ P 17.

POMMELSBRUNN *Bayern siehe Hersbruck.*

POMMERSFELDEN *Bayern* **419 420** *Q 16,* **987** ㉘ *– 2 400 Ew – Höhe 269 m.*
Sehenswert : Schloß★ : Treppenhaus★.
Berlin 430 – München 216 – Nürnberg 47 – Bamberg 21 – Würzburg 74.

🏠 **Schloßhotel** ⌂, im Schloß Weißenstein, ⊠ 96178, ℰ (09548) 6 80,
Fax (09548) 68100, ⌘, « Schloßpark », ⌂s, ⬜, ⊿, ⌘ – |≑|, ⌘ Zim, 📺 ☎ 🅿 – ▲ 100
Menu à la carte 30/70 – **85 Z** 80/200.

In Pommersfelden-Limbach *S : 1,5 km :*

⌂ **Volland,** ⊠ 96178, ℰ (09548) 2 81, Fax (09548) 281 – 🅿
⇔ 18. Mai - 18. Juni geschl. – **Menu** *(Montag - Dienstag geschl.)* à la carte 20/32 ⌘ –
12 Z 45/70.

POPPENHAUSEN/WASSERKUPPE *Hessen* **417 418 420** *O 13 – 2 700 Ew – Höhe 446 m
– Luftkurort.*
Berlin 462 – Wiesbaden 201 – Fulda 18 – Gersfeld 7,5.

🏠 **Hof Wasserkuppe** garni, Pferdskopfstr. 3, ⊠ 36163, ℰ (06658) 98 10,
Fax (06658) 1635, ⌂s, ⬜, ⌘ – ☎ 🅿
18 Z 61/149.

In Poppenhausen-Schwarzerden *O : 4 km :*

🏠 **Rhön-Hotel Sonnenwinkel** ⌂, beim Guckaisee, ⊠ 36163, ℰ (06658) 8 80,
Fax (06658) 796, ⌘, ⌂s, ⬜, ⌘ – |≑|, ⌘ Zim, 📺 🅿 – ▲ 50. 🆎 ⓞ ⋿ 𝘝𝘐𝘚𝘈. ⌘ Rest
Menu *(Sonntag - Montagmittag geschl.)* à la carte 36/55 – **54 Z** 100/218.

In Poppenhausen-Steinwand *N : 3 km :*

✕✕ **Ziegelhof,** Ziegelhof 2, ⊠ 36163, ℰ (06658) 4 26, Fax (06658) 1752, ⌘ – 🅿
Donnerstag und März 3 Wochen geschl. – **Menu** à la carte 39/72.

An der B 458 *NO : 8 km : Richtung Tann :*

⌂ **Grabenhöfchen,** an der B 458, ⊠ 36163 Poppenhausen, ℰ (06658) 3 16,
Fax (06658) 1698, ⌘, ⌂s, ⌘ – 📺 ☎ 🅿 – ▲ 25. ⋿
Menu à la carte 27/47 – **18 Z** 75/120 – ½ P 25.

PORTA WESTFALICA *Nordrhein-Westfalen* 🔢 *J 10,* 🔢 ⑯ *– 35 000 Ew – Höhe 50 m.*

🇮 *Fremdenverkehrsamt, Haus des Gastes, Porta Westfalica-Hausberge, Kempstr. 6,* ✉ *32457,* ℰ *(0571) 79 12 80, Fax (0571) 791279.*
Berlin 356 – Düsseldorf 214 – Bremen 106 – Hannover 71 – Osnabrück 75.

Im Ortsteil Barkhausen *linkes Weserufer – Luftkurort :*

🏨 **Der Kaiserhof,** Freiherr-vom-Stein-Str. 1 (B 61), ✉ 32457, ℰ (0571) 97 53 30, Fax (0571) 9753388, 🍴 – 💥 Zim, 📺 ☎ 🅿 – 🔼 100. 🆎 ⓞ 🄴 🆅🅸🆂🅰
Menu à la carte 31/68 – **41 Z** 125/240.

Im Ortsteil Hausberge *– Kneipp-Kurort :*

🏨 **Porta Berghotel,** Hauptstr. 1, ✉ 32457, ℰ (0571) 7 90 90, Fax (0571) 7909789, ≤, 🍴, Massage, 🔥, ≦ѕ, 🏊, 🌳 – 🔰, 💥 Zim, 📺 📞 🕭 🚗 🅿 – 🔼 180. 🆎 ⓞ 🄴 🆅🅸🆂🅰. 🍃
Menu à la carte 43/70 – **118 Z** 138/290 – ½ P 40.

POSTMÜNSTER *Bayern siehe Pfarrkirchen.*

POTSDAM 🅻 *Brandenburg* 🔢🔢🔢 *I 23,* 🔢 ⑮, 🔢 ⑱ *– 140 000 Ew – Höhe 40 m.*
Sehenswert : Schloß und Park Sanssouci★★★AX (Neues Palais★★, Chinesisches Teehaus★★, Neue Kammern★, Schloß Charlottenhof★, Römische Bäder★) – Schloß Cecilienhof★ (Neuer Garten★★BX , Marmorpalais★) BX – Wasserwerk★AY – Nikolaikirche★BY – Marstall (Filmmuseum★) BY – Dampfmaschinenhaus (Moschee)★AY – Holländisches Viertel★BX Brandenburger Tor★ AXY – Charlottenstraße★ ABXY – Jägervorstadt★ (Jägertor★)AX – Charlottenstraße★ ABXY – Russische Kolonie Alexandrowna★ BX – Glienicker Brücke★ (1km über ①) – Park und Schloss Babelsberg★★ CX.

🏌🏌 *Kemnitz, Schmiedeweg 1 (W : 20 km), tÑ (03327) 4 05 28 ;* 🏌 *Tremmen/Nauen, Tremmener Landstraße (NW : 27 km),* ℰ *(033233) 8 02 44 ;* 🏌🏌 *Wildenbruch, Großer Seddiner See (S : 16 km),* ℰ *(033205) 6 49 04.*

🇮 *Potsdam-Information, Friedrich-Ebert-Str. 5,* ✉ *14467,* ℰ *(0331) 27 55 80, Fax (0331) 293012.*
ADAC, *Jägerallee 16,* ✉ *14469,* ℰ *(030) 8 68 60, Fax (0331) 2794222.*
Berlin 31 ① – Brandenburg 58 ④ – Frankfurt(Oder) 121 ③ – Leipzig 141 ③

Stadtpläne siehe nächste Seiten

🏨 **Voltaire** |M|, Friedrich-Ebert-Str. 88, ✉ 14467, ℰ (0331) 2 31 70, Fax (0331) 2317100, 🍴, « Modernes Hotel mit integrierter zeitgenössischer Kunst », ≦ѕ – 🔰, 💥 Zim, 📺 📞 🚗 – 🔼 150. 🆎 ⓞ 🄴 🆅🅸🆂🅰 🅹🅲🅱
BX v
Hofgarten : Menu à la carte 49/79 – **143 Z** 195/304, 5 Suiten.

🏨 **Schlosshotel Cecilienhof** 🍃, Neuer Garten, ✉ 14469, ℰ (0331) 3 70 50, Fax (0331) 292498, 🍴, « Ehemaliges Hohenzollernschloß im englischen Landhaus-Stil »,
≦ѕ – 📺 📞 🅿 – 🔼 60. 🆎 ⓞ 🄴 🆅🅸🆂🅰 🅹🅲🅱   BX
Menu à la carte 62/85 – **42 Z** 195/470, 3 Suiten.

🏨 **art'otel Potsdam** |M|, Zeppelinstr. 136, ✉ 14471, ℰ (0331) 9 81 50, Fax (0331) 9815555, 🍴, « Designer-Hotel », ≦ѕ – 🔰, 💥 Zim, 🖥 📺 📞 📳 & 🅿 – 🔼 60.
🆎 ⓞ 🄴 🆅🅸🆂🅰. 🍃   über ④
Menu à la carte 47/64 – **123 Z** 195/310.

🏨 **Parkhotel,** Forststr. 80, ✉ 14471, ℰ (0331) 9 81 20, Fax (0331) 9812100, 🍴, ≦ѕ –
🔰, 💥 Zim, 🖥 📺 📞 📳 & 🚗 🅿 – 🔼 40. 🆎 ⓞ 🄴 🆅🅸🆂🅰   über ④
Menu à la carte 38/58 – **91 Z** 170/230.

🏨 **Holiday Inn,** Saarmunder Str. 60, ✉ 14478, ℰ (0331) 8 83 05 00, Fax (0331) 8830511, 🍴, 🔥, ≦ѕ – 🔰, 💥 Zim, 📺 📞 📳 & 🅿 – 🔼 580. 🆎 ⓞ 🄴 🆅🅸🆂🅰
Menu à la carte 38/59 – **256 Z** 190/230, 9 Suiten.   über Heinrich-Mann-Allee BY

🏨 **Mercure,** Lange Brücke, ✉ 14467, ℰ (0331) 27 22, Fax (0331) 293496, 🍴 – 🔰,
💥 Zim, 🖥 📺 📞 🅿 – 🔼 150. 🆎 ⓞ 🄴 🆅🅸🆂🅰 🅹🅲🅱   BY a
Menu à la carte 42/60 – **210 Z** 195/237.

🏨 **Schloßgarten Hotel** |M| garni, Geschwister-Scholl-Str. 41a, ✉ 14471,
ℰ (0331) 97 17 00, Fax (0331) 97170404, 🌳 – 💥 📺 📞 🅿. 🍃
17 Z 115/165.   über Geschwister-Scholl-Straße AY

🏨 **Bayrisches Haus** 🍃, Im Wildpark 1, ✉ 14471, ℰ (0331) 97 31 92, Fax (0331) 972329,
🍴, ≦ѕ, 🌳 – 📺 📞 🚗 🅿 – 🔼 50. 🄴 🆅🅸🆂🅰   über ④
Menu à la carte 40/60 – **24 Z** 115/180, 4 Suiten.

🏨 **Mark Brandenburg,** Heinrich-Mann-Allee 71, ✉ 14478, ℰ (0331) 88 82 30, Fax (0331) 8882344 – 📺 📞 📳 🅿. 🍃   über Heinrich-Mann-Allee BY
Menu *(Sonntag geschl.)* (nur Abendessen) à la carte 24/44   **17 Z** 110/170.

POTSDAM

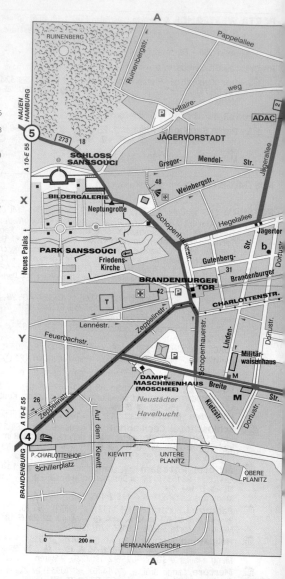

🏠 **Reinhold,** Dortustr. 10, ⊠ 14467, ℰ (0331) 28 49 90, Fax (0331) 2849930, ⇆ – 📺
  ☎ 📞. 🅰🅴 ⓞ ⴹ 𝚅𝙸𝚂𝙰
  Menu à la carte 27/45 – **11 Z** 150/180.   AX b

✕ **Juliette,** Jägerstr. 39, ⊠ 14467, ℰ (0331) 2 70 17 91, Fax (0331) 2705389 – ⓞ
  𝚅𝙸𝚂𝙰
  Menu à la carte 49/69.   BX e

✕ **Villa Kellermann,** Mangerstr. 34, ⊠ 14467, ℰ (0331) 29 15 72, Fax (0331) 2803738,
  ⇆ – 🅰🅴 𝚅𝙸𝚂𝙰, ⚘
  Okt. - Mai Montag geschl. – **Menu** (italienische Küche) à la carte 49/62.   CX s

850

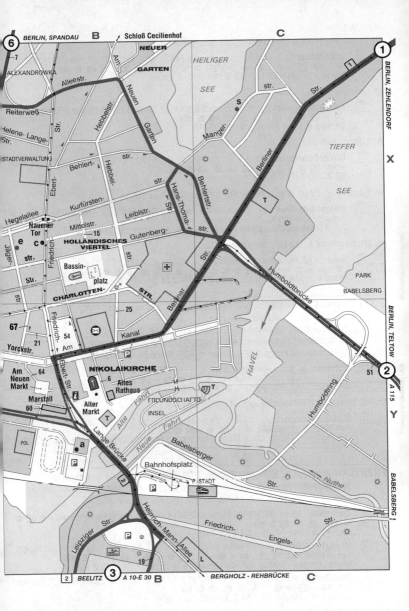

In **Potsdam-Babelsberg** über ② und R.-Breitscheid-Str. : 3 km :

🏠 **Griebnitzsee** Ⓜ, Rudolf-Breitscheid-Str. 190, ⊠ 14482, ℰ (0331) 7 09 10, Fax (0331) 709111, ≤, 🏠, « Schöne Lage am Griebnitzsee » – 📶 📺 ☎ 🕭 🖾 – 🔏 50. 🕮 Ⓔ 𝘝𝘐𝘚𝘈
Menu à la carte 48/60 – **39 Z** 180/280.

🏠 **Zur alten Rennbahn**, Lessingstr. 35, ⊠ 14482, ℰ (0331) 74 79 80, Fax (0331) 7479818, 🏠, ⭆ – 📶 📺 ☎ 🕭 🕮 Ⓔ 𝘝𝘐𝘚𝘈
Menu à la carte 32/52 – **14 Z** 120/220.

In Potsdam-Hermannswerder *über Leipziger Str.* BY :

🏨 **Inselhotel** Ⓜ ⤶, Hermannswerder, ✉ 14473, ℰ (0331) 2 32 00, Fax (0331) 2320100,
☆, ⇄s, 🏛 – ⌷ – ▤, ⭭ Zim, 📺 ☎ ℰ & Ⓟ – 🏛 200. ℀ ⓞ Ⅽ 𝘝𝘐𝘚𝘈
Menu à la carte 28/54 – **88 Z** 165/290, 4 Suiten.

In Geltow *SW : 6 km über* ④ :

🏨 **Landhaus Geliti** ⤶, Wentorfstr. 2, ✉ 14542, ℰ (03327) 59 70, Fax (03327) 597100,
☆ – 📺 ☎ & Ⓟ – 🏛 30. ℀ ⓞ Ⅽ 𝘝𝘐𝘚𝘈
Menu à la carte 27/50 – **41 Z** 125/160.

In Saarmund *SO : 9 km* :

🏨 **Garni Saarmund,** Alleestr. 14, ✉ 14552, ℰ (033200) 81 80, Fax (033200) 81877, ⇄s
– ⭭ 📺 ☎ ℰ & Ⓟ – 🏛 30. ℀ ⓞ Ⅽ 𝘝𝘐𝘚𝘈
58 Z 120/190, 3 Suiten.

In Ferch *SW : 12 km über Leipziger Str.* BY *und Templiner Str.* :

🏠 **Haus am See** ⤶, Neue Scheune 19, ✉ 14548, ℰ (033209) 7 09 55,
Fax (033209) 70496, ☆ – 📺 ☎ Ⓟ. ⚡
2. - 31. Jan. geschl. – **Menu** (Montag geschl.) à la carte 26/53 – **21 Z** 120/160.

In Michendorf *S : 12 km, über Leipziger Str.* BY :

🏠 **Sol Inn** Ⓜ, Potsdamer Str. 96 (B 2), ✉ 14552, ℰ (033205) 7 80, Fax (033205) 78444,
☆, ⇄s – ▤, ⭭ Zim, 📺 ☎ ℰ & Ⓟ – 🏛 150. ℀ ⓞ Ⅽ 𝘝𝘐𝘚𝘈 𝐉𝐂𝐁
Menu (nur Abendessen) à la carte 32/45 – **125 Z** 154/185.

POTTENSTEIN *Bayern* 🄸🄸🄾 *Q 18 – 5 800 Ew – Höhe 368 m – Luftkurort.*
Ausflugsziel : Fränkische Schweiz★★.
🄸🄸 Pottenstein, Weidenloh 40 (S : 3km), ℰ (09243) 92 92 10.
🄱 Städtisches Verkehrsbüro, Rathaus, ✉ 91278, ℰ (09243) 7 08 41, Fax (09243) 70840.
Berlin 395 – München 212 – Nürnberg 67 – Bayreuth 40 – Bamberg 51.

🏨 **Schwan** ⤶ garni, Am Kurzentrum 6, ✉ 91278, ℰ (09243) 98 10, Fax (09243) 7351,
direkter Zugang zum Erlebnisbad – ▤ 📺 ☎ Ⓟ – 🏛 25. ℀ Ⅽ
Mitte Jan. - 10. Feb. geschl. – **28 Z** 83/150.

In Pottenstein-Kirchenbirkig *S : 4 km* :

🏠 **Bauernschmitt,** St.-Johannes-Str. 25, ✉ 91278, ℰ (09243) 98 90,
⇆ Fax (09243) 98945, ☆, ☞ – 📺 ☎ Ⓟ. ℀ Ⅽ
15. Nov. - 15. Dez. geschl. – **Menu** (Dez. - März Donnerstag geschl.) à la carte 20/40 &
– **25 Z** 58/104.

PRENZLAU *Brandenburg* 🄰🄸🄶 *G 25,* 🄹🄸🄸 ⑫, 🄹🄸🄸 ⑦ ⑧ – *22 000 Ew – Höhe 20 m.*
🄱 Fremdenverkehrsbüro, Marktberg 19, ✉ 17291, ℰ (03984) 27 91.
Berlin 110 – Potsdam 147 – Neubrandenburg 54 – Szczecin 83.

🏠 **Overdiek,** Baustr. 33, ✉ 17291, ℰ (03984) 85 66 00, Fax (03984) 856666 – ▤ 📺 ☎
⇆ ℰ Ⓟ – 🏛 15. ℀ Ⅽ 𝘝𝘐𝘚𝘈
Menu à la carte 24/46 – **27 Z** 85/180.

🏠 **Wendenkönig,** Neubrandenburger Str. 66, ✉ 17291, ℰ (03984) 86 00,
Fax (03984) 860151, ☆, ☞ – 📺 ☎ ℰ Ⓟ – 🏛 25. ℀ Ⅽ
Menu (Montag - Freitag nur Abendessen) à la carte 27/44 – **42 Z** 85/130.

🏠 **Parkhotel,** Grabowstr. 14, ✉ 17291, ℰ (03984) 85 40, Fax (03984) 854131, Biergar-
⇆ ten, ⇄s – 📺 ☎ Ⓟ – 🏛 70. ℀ ⓞ Ⅽ 𝘝𝘐𝘚𝘈
Menu à la carte 24/58 – **33 Z** 95/160.

In Röpersdorf *SW : 3 km* :

🏠 **Schilfland,** Dorfstr. 9, ✉ 17291, ℰ (03984) 67 48, Fax (03984) 6748, ☆, ☞ –
⇆ ⭭ Zim, 📺 ☎ Ⓟ – 🏛 15. Ⅽ 𝘝𝘐𝘚𝘈
Menu (Jan. geschl.) à la carte 18/46 – **20 Z** 78/160.

In Seehausen *S : 17 km* :

🏨 **Seehotel Huberhof** ⤶, Dorfstr. 49, ✉ 17291, ℰ (039863) 60 20,
Fax (039863) 60210, ☆, ⇄s, ☞ – 📺 ☎ Ⓟ – 🏛 40. ℀ ⓞ Ⅽ 𝘝𝘐𝘚𝘈
6. Jan. - 6. Feb. geschl. – **Menu** à la carte 31/57 – **25 Z** 70/175.

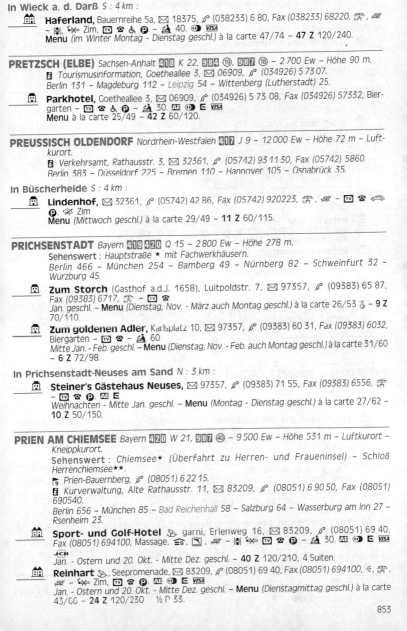

PREROW Mecklenburg-Vorpommern **416** C 21, **984** ③, **987** ⑦ – 1 800 Ew – Höhe 3 m – Seebad.
 🛈 Kurverwaltung, Gemeindeplatz 1, ⊠ 18375, ℘ (038233) 61 00, Fax (038233) 227.
 Berlin 276 – Schwerin 150 – Rostock 63.

🏨 **Waldschlösschen**, Bernsteinweg 4, ⊠ 18375, ℘ (038233) 61 70, Fax (038233) 403,
 ㈜, ≘s, 🔲, 🐎 – ⇜ Zim, 🔟 ☎ 🅿 – 🔬 40. 🅴 _VISA_
 Menu à la carte 35/93 – **29 Z** 135/210.

In Wieck a. d. Darß S : 4 km :

🏨 **Haferland**, Bauernreihe 5a, ⊠ 18375, ℘ (038233) 6 80, Fax (038233) 68220, ㈜, 🐎
 – |🛗|, ⇜ Zim, 🔟 ☎ ❻ 🅿 – 🔬 40. ① _VISA_
 Menu (im Winter Montag - Dienstag geschl.) à la carte 47/74 – **47 Z** 120/240.

PRETZSCH (ELBE) Sachsen-Anhalt **418** K 22, **984** ⑲, **987** ⑱ – 2 700 Ew – Höhe 90 m.
 🛈 Tourismusinformation, Goetheallee 3, ⊠ 06909, ℘ (034926) 5 73 07.
 Berlin 131 – Magdeburg 112 – Leipzig 54 – Wittenberg (Lutherstadt) 25.

🏠 **Parkhotel**, Goetheallee 3, ⊠ 06909, ℘ (034926) 5 73 08, Fax (034926) 57332, Biergarten – 🔟 ☎ ❻ 🅿 – 🔬 30. 🄰🄴 ① 🅴 _VISA_
 Menu à la carte 25/49 – **42 Z** 60/120.

PREUSSISCH OLDENDORF Nordrhein-Westfalen **417** J 9 – 12 000 Ew – Höhe 72 m – Luft-
 kurort.
 🛈 Verkehrsamt, Rathausstr. 3, ⊠ 32361, ℘ (05742) 93 11 30, Fax (05742) 5860.
 Berlin 383 – Düsseldorf 225 – Bremen 110 – Hannover 105 – Osnabrück 35.

In Büscherheide S : 4 km :

🏠 **Lindenhof**, ⊠ 32361, ℘ (05742) 42 86, Fax (05742) 920223, ㈜, 🐎 – 🔟 ☎ ⇦
 🅿. ⇜ Zim
 Menu (Mittwoch geschl.) à la carte 29/49 – **11 Z** 60/115.

PRICHSENSTADT Bayern **419 420** Q 15 – 2 800 Ew – Höhe 278 m.
 Sehenswert : Hauptstraße ★ mit Fachwerkhäusern.
 Berlin 466 – München 254 – Bamberg 49 – Nürnberg 82 – Schweinfurt 32 –
 Würzburg 45.

🏠 **Zum Storch** (Gasthof a.d.J. 1658), Luitpoldstr. 7, ⊠ 97357, ℘ (09383) 65 87,
 Fax (09383) 6717, ㈜ – 🔟 ☎
 Jan. geschl. – **Menu** (Dienstag, Nov. - März auch Montag geschl.) à la carte 26/53 ⚇ – **9 Z**
 70/110.

🏠 **Zum goldenen Adler**, Karlsplatz 10, ⊠ 97357, ℘ (09383) 60 31, Fax (09383) 6032,
 Biergarten – 🔟 ☎ – 🔬 60
 Mitte Jan. - Feb. geschl. – **Menu** (Dienstag, Nov. - Feb. auch Montag geschl.) à la carte 31/60
 – **6 Z** 72/98.

In Prichsenstadt-Neuses am Sand N : 3 km :

🏠 **Steiner's Gästehaus Neuses**, ⊠ 97357, ℘ (09383) 71 55, Fax (09383) 6556, ㈜
 – 🔟 ☎ 🅿. 🄰🄴 🅴
 Weihnachten - Mitte Jan. geschl. – **Menu** (Montag - Dienstag geschl.) à la carte 27/62 –
 10 Z 50/150.

PRIEN AM CHIEMSEE Bayern **420** W 21, **987** ㊵ – 9 500 Ew – Höhe 531 m – Luftkurort –
 Kneippkurort.
 Sehenswert : Chiemsee★ (Überfahrt zu Herren- und Fraueninsel) – Schloß
 Herrenchiemsee★★.
 🛚 Prien-Bauernberg, ℘ (08051) 6 22 15.
 🛈 Kurverwaltung, Alte Rathausstr. 11, ⊠ 83209, ℘ (08051) 6 90 50, Fax (08051)
 690540.
 Berlin 656 – München 85 – Bad Reichenhall 58 – Salzburg 64 – Wasserburg am Inn 27 –
 Rsenheim 23.

🏨 **Sport- und Golf-Hotel** 🏐 garni, Erlenweg 16, ⊠ 83209, ℘ (08051) 69 40,
 Fax (08051) 694100, Massage, ≘s, 🔲, 🐎 – |🛗| ⇜ 🔟 ☎ 🅿 – 🔬 30. 🄰🄴 ① 🅴 _VISA_
 🄹🄲🄱
 Jan. - Ostern und 20. Okt. - Mitte Dez. geschl. – **40 Z** 120/210, 4 Suiten.

🏨 **Reinhart** 🏐, Seepromenade, ⊠ 83209, ℘ (08051) 69 40, Fax (08051) 694100, ≤, ㈜,
 🐎 – ⇜ Zim, 🔟 ☎ 🅿. 🄰🄴 ① 🅴 _VISA_
 Jan. - Ostern und 20. Okt. - Mitte Dez. geschl. – **Menu** (Dienstagmittag geschl.) à la carte
 43/66 – **24 Z** 120/230 ½ P 33.

🏠🏠 **Luitpold am See**, Seestr. 110, ⊠ 83209, ℰ (08051) 60 91 00, Fax (08051) 609175,
≼, « Terrasse am Hafen », 🦆 – 🛗 📺 ☎ 🕭 🅿 – 🔬 55
Menu (Nov. - März Sonntagabend - Montag und Anfang Jan. - Anfang Feb. geschl.)
à la carte 31/50 – **51 Z** 88/179 – ½ P 28.

🏠 **Bayerischer Hof**, Bernauer Str. 3, ⊠ 83209, ℰ (08051) 60 30, Fax (08051) 62917,
🏛 – 🛗, ⇔ Zim, 📺 ☎ ⇔ 🅿. 🖭 🗲 VISA JCB
20. - 31. Jan. geschl. – **Menu** (Nov. und Montag geschl.) à la carte 28/63 – **48 Z** 90/165
– ½ P 28.

In Prien-Harras SO : 4 km :

🏠🏠 **Yachthotel Chiemsee** ⑤, Harrasser Str. 49, ⊠ 83209, ℰ (08051) 69 60,
Fax (08051) 5171, ≼ Chiemsee und Herrenchiemsee, « Gartenterrasse am See », Massage,
🔥, ⚖, ⊆s, 🔲, 🝆, 🦆 Yachthafen – 🛗 📺 ☎ 🅿 – 🔬 135. 🖭 ⑩ 🗲 VISA
Menu à la carte 41/70 – **102 Z** 200/310, 5 Suiten – ½ P 45.

PRIEROS Brandenburg 🔢🔢🔢 J 25 – 1 200 Ew – Höhe 75 m.
Berlin 63 – Potsdam 67 – Cottbus 94 – Frankfurt an der Oder 67.

🏠 **Waldhaus** ⑤, Waldstr. 1 (S : 2 km), ⊠ 15752, ℰ (033768) 99 90, Fax (033768) 50252,
🏛, ⊆s, 🔲, 🝆, 🝆, 🦆 – 📺 ☎ 🅿 – 🔬 25. 🖭 🗲 VISA
Menu (Okt. - März Restaurant nur für Hausgäste) à la carte 28/42 – **22 Z** 90/160.

PRIETITZ Sachsen siehe Kamenz.

PRITZWALK Brandenburg 🔢🔢 G 20, 🔢🔢 ⑪, 🔢🔢 ⑱ – 12 000 Ew – Höhe 85 m.
Berlin 123 – Potsdam 115 – Schwerin 84 – Rostock 120.

🏠 **Pritzwalker Hof**, Havelberger Str. 59, ⊠ 16928, ℰ (03395) 30 20 04,
⇔ Fax (03395) 302003 – 📺 ☎ 🅿. 🗲 VISA – 🔬 100. 🖭 🗲 VISA
1. - 15. Jan. geschl. – **Menu** à la carte 24/46 – **9 Z** 95/125.

🏠 **Forsthaus Hainholz** ⑤, Hainholz 2 (NO : 1,5 km), ⊠ 16928, ℰ (03395) 30 47 47,
⇔ Fax (03395) 302795, 🏛 – 📺 ☎ 🅿. 🗲 VISA. ⋘ Zim
Jan. geschl. – **Menu** à la carte 21/34 – **9 Z** 90/120.

In Falkenhagen N : 8,5 km :

🏠🏠 **Falkenhagen**, Rapshagener Str. 10, ⊠ 16928, ℰ (033986) 8 21 23,
Fax (033986) 82125, 🏛 – 📺 ☎ 🅿 – 🔬 50. 🖭 ⑩ 🗲 VISA
Menu à la carte 27/44 – **45 Z** 85/130.

PRONSTORF Schleswig-Holstein siehe Segeberg, Bad.

PRÜM Rheinland-Pfalz 🔢🔢 P 3, 🔢🔢 ㉕ – 6 000 Ew – Höhe 442 m – Luftkurort.
🅱 Verkehrsamt, im Haus des Gastes, Hahnplatz 1, ⊠ 54595, ℰ (06551) 5 05, Fax (06551)
7640.
Berlin 674 – Mainz 196 – Köln 104 – Liège 104 – Trier 64.

🏠 **Landhotel am Wenzelbach**, Kreuzweg 30, ⊠ 54595, ℰ (06551) 9 53 80,
Fax (06551) 953839, 🏛 – 📺 ☎ 🅿. 🖭 ⑩ 🗲 VISA. ⋘ Rest
Ende Okt. - Mitte Nov. geschl. – **Menu** (Donnerstag - Freitagmittag geschl.) à la carte 32/65
– **14 Z** 78/160 – ½ P 25.

🏠 **Tannenhof**, Am Kurpark 2, ⊠ 54595, ℰ (06551) 24 06, Fax (06551) 854, ⊆s, 🔲, 🦆
– ☎ 🅿. ⑩ 🗲 VISA. ⋘ Zim
Menu (Sonntagabend - Montagmittag geschl.) à la carte 29/59 – **26 Z** 65/120 – ½ P 21.

🏠 **Haus am Kurpark** garni, Teichstr. 27, ⊠ 54595, ℰ (06551) 9 50 20,
Fax (06551) 6097, ⊆s, 🔲 – 📺 ☎ 🅿. ⋘
12 Z 65/115.

🏠 **Zum Goldenen Stern** garni, Hahnplatz 29, ⊠ 54595, ℰ (06551) 9 51 70,
Fax (06551) 7157 – ☎ 🅿. 🖭 ⑩ 🗲 VISA
1. - 10. April geschl. – **48 Z** 64/114.

In Prüm - Held S : 1,5 km :

🏠 **Zur Held**, an der B 51, ⊠ 54595, ℰ (06551) 30 16, Fax (06551) 7427, 🏛, 🦆 – 🅿.
🗲 VISA
Juli - Aug. 2 Wochen, Okt. 1 Woche geschl. – **Menu** (Sonntagabend - Montag geschl.)
à la carte 38/64 – **9 Z** 70/130.

An der B 410 *O : 5 km :*

🏠 **Schoos,** ✉ 54597 Fleringen, ℰ (06558) 9 25 40, *Fax (06558) 925455,* �である, Damwildgehege, 😊s, 🔲, 🍽 – 📶 ☎ 🅿. 🆎 ⓪ ☰ 𝓥𝓘𝓢𝓐
Menu à la carte 28/59 🍷 – **30 Z** 88/156.

In Bleialf *NW : 14 km :*

🏠 **Waldblick,** Oberbergstr. 2, ✉ 54608, ℰ (06555) 84 69, *Fax (06555) 786,* 🌲 – 🅿
🍴 **Menu** *(Montag geschl.)* à la carte 24/48 – **11 Z** 60/90.

PUCHHEIM *Bayern siehe Germering.*

PÜNDERICH *Rheinland-Pfalz* 𝟜𝟙𝟟 *P 5 – 1 000 Ew – Höhe 108 m – Erholungsort.*
Berlin 670 – Mainz 108 – Bernkastel-Kues 36 – Cochem 45.

🏠 **Weinhaus Lenz,** Hauptstr. 31, ✉ 56862, ℰ (06542) 23 50, *Fax (06542) 2546,* 🌲 –
🍴 🅿. ☰
März geschl. – **Menu** *(April - Okt. Donnerstag, Nov. - März Mittwoch - Donnerstag geschl.)*
à la carte 23/46 🍷 – **17 Z** 55/150 – ½ P 15.

PÜTTLINGEN *Saarland* 𝟜𝟙𝟟 *S 4 – 20 800 Ew – Höhe 310 m.*
Berlin 727 – Saarbrücken 19 – Saarlouis 17.

🍴🍴 **Zum Schwan,** Derler Str. 34, ✉ 66346, ℰ (06898) 6 19 74, *Fax (06898) 61974* – 🆎
⓪ ☰ 𝓥𝓘𝓢𝓐. 🍽
Dienstag geschl. – **Menu** *(wochentags nur Abendessen)* à la carte 66/83 – **Bistro** *(auch
Mittagessen)* **Menu** à la carte 45/65.

PULHEIM *Nordrhein-Westfalen* 𝟜𝟙𝟟 *M 4 – 49 000 Ew – Höhe 45 m.*
Berlin 573 – Düsseldorf 37 – Köln 13 – Mönchengladbach 43.

In Pulheim-Brauweiler *S : 5 km :*

🏨 **Abtei-Park-Hotel** garni, Bernhardstr. 50, ✉ 50259, ℰ (02234) 8 10 58,
Fax (02234) 89232 – 📶 📺 ☎. 🆎 ⓪ ☰ 𝓥𝓘𝓢𝓐
41 Z 120/210.

In Pulheim-Dansweiler *SW : 6 km über Brauweiler :*

🍴🍴🍴 **Landhaus Ville,** Friedenstr. 10, ✉ 50259, ℰ (02234) 8 33 45, *Fax (02234) 83345,* 🌲
🍽 – 🅿 – 🔐 20. ☰ 𝓥𝓘𝓢𝓐
Sonntag - Montag, Jan. 1 Woche und Sept. 2 Wochen geschl. – **Menu** *(wochentags nur
Abendessen, Tischbestellung ratsam)* 98/135 und à la carte
Spez. Langostinos mit gegrillten Kartoffeln. Crépinette vom Lamm mit gebratenen Toma-
ten. Geschmorte Blutente mit Trüffelsauce.

In Pulheim-Sinnersdorf *NO : 3 km :*

🍴🍴 **Gourmet life,** Stommelner Str. 143, ✉ 50259, ℰ (02238) 96 54 30,
Fax (02238) 9651414 – 🅿. ☰ 𝓥𝓘𝓢𝓐
Samstagmittag, Sonntagmittag und Montag geschl. – **Menu** à la carte 51/72.

Am Golfplatz *N : 7 km :*

🍴🍴 **Gut Lärchenhof,** Hahnenstraße (im Golf-Club), ✉ 50259 Pulheim, ℰ (02238) 92 31 00,
Fax (02238) 9231030, 🌲 – 🅿. 🆎 ⓪ ☰ 𝓥𝓘𝓢𝓐. 🍽
Menu à la carte 67/89.

PULSNITZ *Sachsen* 𝟜𝟙𝟠 *M 26,* 𝟡𝟠𝟜 ⓴, 𝟡𝟠𝟟 ⑲ *– 7 000 Ew – Höhe 230 m.*
🛈 *Fremdenverkehrsamt, Julius-Kühn-Pl. 2,* ✉ 01896, ℰ (035955) 4 42 46, *Fax (035955)
44246.*
Berlin 186 – Dresden 35 – Bautzen 33 – Cottbus 82.

🍴 **Ratskeller** mit Zim, Am Markt 2, ✉ 01896, ℰ (035955) 4 89 11, *Fax (035955) 48912*
– 📺 ☎. 🆎 ☰ 𝓥𝓘𝓢𝓐
Menu *(italienische Küche)* à la carte 25/54 – **5 Z** 55/140.

In Friedersdorf *NW : 2 km :*

🏠 **Waldblick,** Königsbrücker Str. 119, ✉ 01936, ℰ (035955) 4 52 27,
🍴 *Fax (035955) 44770,* 🌲, 🌲 – 📺 ☎ 🅿. ☰
Menu à la carte 23/43 – **28 Z** 80/165.

In Bretnig *SO : 6 km :*

🏠 **Landhotel zur Klinke** garni, Am Klinkenplatz 10a, ✉ 01900, ✆ (035952) 5 68 32, Fax (035952) 58874 – **TV ☎ P. AE E VISA**
27 Z 90/150.

PUTBUS *Mecklenburg-Vorpommern siehe Rügen (Insel).*

PYRMONT, BAD *Niedersachsen* **417** *K 11,* **987** ⑯ *– 23 000 Ew – Höhe 114 m – Heilbad.*
Sehenswert : Kurpark★.
🐗 🐗 *Aerzen, Schloß Schwöbber (N : 16 km)* ✆ (05154) 98 71 24.
🛈 *Informationszentrum, Südstr. 11a,* ✉ 31812, ✆ (05281) 94 05 11, Fax (05281) 940555.
Berlin 351 – Hannover 69 – Bielefeld 58 – Hildesheim 70 – Paderborn 54.

🏨 **Steigenberger Bad Pyrmont** 🌳, Heiligenangerstr. 2, ✉ 31812, ✆ (05281) 15 02, Fax (05281) 152020, 🍴, ♨, ≦s, 🔲, 🐎 – 📳 TV ☎ P. AE ⓪ E VISA JCB. 🦐 Rest
– 🏋 90. 🍴 ⓕ ≦s, 🔲, 🐎 – 📳 ✎ Zim, TV 🕯 🕯 🚗 ➡ P
Menu à la carte 48/75 – **151 Z** 195/340, 3 Suiten – ½ P 54.

🏨 **Bergkurpark** 🌳, Ockelstr. 11, ✉ 31812, ✆ (05281) 40 01, Fax (05281) 4004, « Gartenterrasse », Massage, ≦s, 🔲, 🐎 – 📳 TV ☎ P. AE E VISA
Menu à la carte 34/64 – **49 Z** 90/380 – ½ P 32.

🏠 **Carolinenhof** garni, Rathausstr. 15, ✉ 31812, ✆ (05281) 9 33 40, Fax (05281) 933434
– 📳 TV ☎ P. E VISA
17 Z 70/155.

🏠 **Bad Pyrmonter Hof,** Brunnenstr. 32, ✉ 31812, ✆ (05281) 94 10, Fax (05281) 941200 – 📳 TV ☎ 🚗. AE E VISA
(Restaurant nur für Hausgäste) – **39 Z** 80/180 – ½ P 25.

🏠 **Schlossblick** garni, Kirchstr. 23, ✉ 31812, ✆ (05281) 37 23, Fax (05281) 3695 – TV ☎ P. AE E
März - Okt. – **16 Z** 69/148.

🍴 **Erker Stuben,** Brunnenstr. 41a, ✉ 31812, ✆ (05281) 45 63, Fax (05281) 607475 AE E VISA 🦐
Donnerstag und Feb. - März geschl. – **Menu** à la carte 43/63.

QUAKENBRÜCK *Niedersachsen* **415** *H 7,* **987** ⑮ *– 12 000 Ew – Höhe 40 m.*
🛈 *Verkehrsamt, Rathaus, Markt 1,* ✉ 49610, ✆ (05431) 18 21 33, Fax (05431) 182145.
Berlin 430 – Hannover 144 – Bremen 90 – Nordhorn 84 – Osnabrück 50.

🏠 **Niedersachsen,** St. Antoniort 2, ✉ 49610, ✆ (05431) 22 22, Fax (05431) 5368 – TV ☎ 🚗 P. AE ⓪ E VISA
Menu *(Samstag - Sonntag geschl.)* (nur Abendessen) à la carte 35/54 – **15 Z** 88/153.

QUEDLINBURG *Sachsen-Anhalt* **418** *K 17,* **984** ⑲, **987** ⑰ *– 26 000 Ew – Höhe 122 m.*
Sehenswert : Markt★ – Altstadt★ (Fachwerkhäuser) – Schloßberg★ – Stiftskirche St.Servatius★★ (Kapitelle★, Krypta★★ mit Fresken★, Domschatz★★) – Schloßmuseum★.
Ausflugsziele : Gernrode : Stiftskirche St. Cyriak★ (Skulptur "Heiliges Grab"★) S : 7 km – Halberstadt : St. Stephan-Dom★★ (Lettner★, Triumphkreuzgruppe★, Domschatz★★) NW : 14 km – Bodetal★★ (Roßtrappe★★, ≤★★★) SW : 9 km.
🛈 *Quedlinburg-Information, Markt 2,* ✉ 06484, ✆ (03946) 77 30 10, Fax (03946) 773016.
Berlin 208 – Magdeburg 56 – Erfurt 133 – Halle 76.

🏨 **Am Brühl,** Billungstr. 11, ✉ 06484, ✆ (03946) 9 61 80, Fax (03946) 9618246, 🍴, ≦s – 📳 TV ☎ P. – 🏋 50. 🦐
Menu *(Sonntag geschl.)* (nur Abendessen) à la carte 31/52 – **47 Z** 120/200.

🏨 **Theophano,** Markt 14, ✉ 06484, ✆ (03946) 9 63 00, Fax (03946) 963036, « Stilvolle Einrichung » – ✎ Zim, TV ☎. AE E VISA
21. - 28. Dez. geschl. – **Weinkeller** (nur Abendessen) (7. - 21. Jan., April - Okt. Sonntag, Nov. - März auch Montag geschl.) **Menu** à la carte 42/60 – **22 Z** 150/240.

🏨 **Zum Bär,** Markt 8, ✉ 06484, ✆ (03946) 77 70, Fax (03946) 700268, 🍴 – ✎ Zim, TV ☎ P. – 🏋 40
Menu à la carte 31/52 – **50 Z** 95/195.

🏠 **Acron** Ⓜ garni, Oeringer Str. 7, ✉ 06484, ✆ 7 70 20, Fax 770230 – ✎ TV 🛗 P. E VISA
64 Z 79/109.

🏠 **Zur goldenen Sonne,** Steinweg 11, ⊠ 06484, 𝒫 (03946) 9 62 50, *Fax (03946) 962530 –* ⇔ Zim, 📺 ☎ – 🔥 25. 🆎 **E** 𝒱𝒮𝒜
Menu à la carte 25/47 – **18 Z** 90/170.

🏠 **Domschatz** garni, Mühlenstr. 20, ⊠ 06484, 𝒫 (03946) 7 70 80, *Fax (03946) 705271* – 📺 ☎. 🆎 **E** 𝒱𝒮𝒜
15 Z 110/180.

✗ **Zum Schloss** mit Zim, Mühlenstr. 22, ⊠ 06484, 𝒫 (03946) 70 74 83, *Fax (03946) 707484* – 📺 ☎. 🆎 **E** 𝒱𝒮𝒜
Menu à la carte 30/49 – **6 Z** 130/160.

QUICKBORN Schleswig-Holstein 𝟜𝟷𝟻 𝟜𝟷𝟼 E 13, 𝟿𝟾𝟽 ⑤ – 18500 Ew – Höhe 25 m.
  🏌 Quickborn-Renzel, Pinneberger Str.81 (SW : 2 km), 𝒫 (04106) 8 18 00.
  Berlin 309 – Kiel 76 – Hamburg 33 – Itzehoe 45.

🏠🏠 **Romantik Hotel Jagdhaus Waldfrieden,** Kieler Straße (B 4, N : 3 km), ⊠ 25451, 𝒫 (04106) 6 10 20, *Fax (04106) 69196,* 🍽, « Ehem. Villa, Park » – 📺 ☎ 📞 ⟸ 🅿 – 🔥 30. 🆎 ⓪ **E** 𝒱𝒮𝒜
Menu *(Montagmittag geschl.)* 38 (mittags) und à la carte 64/86 – **24 Z** 135/285.

🏠🏠 **Sporthotel Quickborn,** Harksheider Weg 258, ⊠ 25451, 𝒫 (04106) 40 91, *Fax (04106) 67195,* 🍽, ⇌ – 📺 ☎ 🅿 – 🔥 30. 🆎 ⓪ **E** 𝒱𝒮𝒜
27. - 30. Dez. geschl. – **Menu** à la carte 45/84 – **27 Z** 130/195.

In Quickborn-Heide NO : 5 km :
✗✗ **Landhaus Quickborner Heide** (mit Gästehaus), Ulzburger Landstr. 447, ⊠ 25451, 🦢 𝒫 (04106) 7 76 60, *Fax (04106) 74969,* 🍽 – 📺 ☎ ♿ 🅿. 🆎 ⓪ **E** 𝒱𝒮𝒜
Menu à la carte 42/73 – **15 Z** 130/185.

RABEN STEINFELD Mecklenburg-Vorpommern siehe Schwerin.

RABENAU Sachsen siehe Freital.

RACKWITZ Sachsen siehe Delitzsch.

RADEBEUL Sachsen siehe Dresden.

RADEBURG Sachsen 𝟜𝟷𝟾 M 25, 𝟿𝟾𝟺 ⑳, 𝟿𝟾𝟽 ⑲ – 5000 Ew – Höhe 121 m.
  Berlin 173 – Dresden 22 – Meißen 18.

🏠 **Deutsches Haus,** Heinrich-Zille-Str. 5, ⊠ 01471, 𝒫 (035208) 27 34, ⟸ *Fax (035208) 2014,* Biergarten – 📺 ☎ 🅿. 🆎 **E** 𝒱𝒮𝒜
Menu à la carte 21/34 – **18 Z** 75/100.

🏠 **Radeburger Hof,** Großenhainer Str. 39, ⊠ 01471, 𝒫 (035208) 8 80, ⟸ *Fax (035208) 88450,* ⇌ – 📺 ☎ 🅿 – 🔥 40. 🆎 ⓪ **E** 𝒱𝒮𝒜
Menu (nur Abendessen) à la carte 20/36 – **60 Z** 80/150.

In Dobra NO : 9 km :
✗✗ **Waldsee** 🦢 mit Zim, Zschornaer Str.16, ⊠ 01561, 𝒫 (035240) 71 20, *Fax (035240) 71240,* « Malerische Lage in einem Waldpark am See », ⇌, 🛶, 🎿 – ⇔ Zim, 📺 ☎ 🅿 – 🔥 20. 🆎 **E** 𝒱𝒮𝒜
Menu *(Montag - Freitag nur Abendessen)* (Tischbestellung ratsam, bemerkenswerte Weinkarte) à la carte 48/65 – **9 Z** 104/240.

RADEVORMWALD Nordrhein-Westfalen 𝟜𝟷𝟽 M 6, 𝟿𝟾𝟽 ㉖ – 23800 Ew – Höhe 367 m.
  Berlin 540 – Düsseldorf 64 – Hagen 27 – Lüdenscheid 22 – Remscheid 13.

Außerhalb NO : 3 km an der B 483, Richtung Schwelm :

🏠🏠 **Zur Hufschmiede** 🦢 (mit Gästehaus), Neuenhof 1, ⊠ 42477 Radevormwald, 𝒫 (02195) 82 38, *Fax (02195) 8742,* 🍽, ⇌, 🎿 – ⇔ Zim, 📺 ☎ ⟸ 🅿. 🎿 Zim
Menu *(Donnerstag Samstagmittag und Juli Aug. 3 Wochen geschl.)* à la carte 38/75 – **20 Z** 120/185.

RADOLFZELL Baden-Württemberg 🔢 W 10, 🔢 ㉟ – 27 700 Ew – Höhe 400 m – Kneippkurort.
🔖 Städt. Verkehrsamt, Rathaus, Marktplatz 2, ⊠ 78315, ℰ (07732) 38 00, Fax (07732) 57087.

Berlin 747 – Stuttgart 163 – Konstanz 23 – Singen (Hohentwiel) 11 – Zürich 91.

🏠 **Zur Schmiede** garni, Friedrich-Werber-Str. 22, ⊠ 78315, ℰ (07732) 9 91 40, Fax (07732) 991450 – 📺 🕿 ⟵ 🕮 ⓪ 𝑉𝐼𝑆𝐴. ⁂
Mitte Dez. - Anfang Jan. geschl. – **32 Z** 98/170.

Auf der Halbinsel Mettnau :

🏠 **Café Schmid** ⟍ garni, St.-Wolfgang-Str. 2, ⊠ 78315, ℰ (07732) 9 49 80, Fax (07732) 10162, ☞ – 📺 🕿 🅿. 🕮 𝑬 𝑉𝐼𝑆𝐴
18. Dez. - 13. Jan. geschl. – **20 Z** 98/200.

🏠 **Iris am See** ⟍ garni, Rebsteig 2, ⊠ 78315, ℰ (07732) 9 47 00, Fax (07732) 947030 – 📺 🕿 🅿. 🕮 𝑬 𝑉𝐼𝑆𝐴. ⁂
15. Dez. - 15. Jan. geschl. – **17 Z** 90/185.

✕✕ **Mettnau-Stube**, Strandbadstr. 23, ⊠ 78315, ℰ (07732) 1 36 44, Fax (07732) 14205, ☞ – 🅿. 𝑬 𝑉𝐼𝑆𝐴
Montag - Dienstagmittag und 15. Okt. - 10. Nov. geschl. – **Menu** à la carte 33/58.

In Radolfzell-Möggingen NO : 3 Km :

✕ **Gasthaus zu Möggingen** mit Zim (historisches Gasthaus a.d. 18. Jh.), Liggeringer Str. 7, ⊠ 78315, ℰ (07732) 1 00 55, Fax (07732) 12570, ☞, « Integrierte Galerie mit ständig wechselnden Kunstausstellungen »
Anfang - Mitte Feb. geschl. – **Menu** (wochentags nur Abendessen) à la carte 50/64 – **5 Z** 70/100.

In Radolfzell-Güttingen N : 4,5 km :

🏠 **Adler-Gästehaus Sonnhalde** ⟍, Schloßbergstr. 1, ⊠ 78315, ℰ (07732) 1 50 20, ⟵ Fax (07732) 150250, ≤, ☞, ⟝s, ☞, ✕ – 📺 🕿 🅿. 🕮 ⓪ 𝑬 𝑉𝐼𝑆𝐴
Jan. geschl. – **Menu** (Dienstag geschl.) à la carte 24/51 – **31 Z** 65/170 – ½ P 22.

In Moos SW : 4 km :

🏠 **Gottfried,** Böhringer Str. 1, ⊠ 78345, ℰ (07732) 9 24 20, Fax (07732) 52502, ☞, ⟝s, ⟵ 🔲, ☞, ☞ – ⟝✕ Zim, 📺 🕿 ⟵ 🅿. 🕮 ⓪ 𝑬 𝑉𝐼𝑆𝐴
Jan. 3 Wochen geschl. – **Menu** (Donnerstag - Freitagmittag geschl.) 39/89 und à la carte 48/80 – **18 Z** 98/250 – ½ P 35.

RAESFELD Nordrhein-Westfalen 🔢 K 4, 🔢 ⑭ – 9 200 Ew – Höhe 50 m.
Berlin 528 – Düsseldorf 75 – Borken 9 – Dorsten 16 – Wesel 23.

🏠 **Epping,** Weseler Str. 5, ⊠ 46348, ℰ (02865) 70 21, Fax (02865) 1723, ☞ – 📺 🕿 ⟵ 🅿. 🕮 ⓪ 𝑬 𝑉𝐼𝑆𝐴 𝐽𝐶𝐵
Menu (Montagmittag geschl.) à la carte 34/56 – **12 Z** 70/130.

RAHDEN Nordrhein-Westfalen 🔢 I 9, 🔢 ⑮ – 14 000 Ew – Höhe 43 m.
Berlin 370 – Düsseldorf 231 – Bremen 91 – Hannover 101 – Osnabrück 88.

🏠🏠 **Westfalen Hof,** Rudolf-Diesel-Str. 13, ⊠ 32369, ℰ (05771) 9 70 00, Fax (05771) 5539, ☞, ⟝s, ✕(Halle) – 📺 🕿 🅿 – 🔺 100. 🕮 ⓪ 𝑬 𝑉𝐼𝑆𝐴
Menu à la carte 30/60 – **29 Z** 105/165.

RAIN AM LECH Bayern 🔢 T 16, 🔢 ㉟, 🔢 ㊴ – 7 500 Ew – Höhe 406 m.
Berlin 532 – München 109 – Augsburg 50 – Ingolstadt 46 – Nürnberg 104 – Ulm (Donau) 90.

🏠🏠 **Dehner Blumen Hotel** 🅼, Bahnhofstr. 19, ⊠ 86641, ℰ (09090) 7 60, Fax (09090) 76400, ☞, ⟝s – 🔲, ⟝✕ Zim, 🕿 📞 ⟵ 🅿 – 🔺 300. 🕮 ⓪ 𝑬 𝑉𝐼𝑆𝐴
Menu à la carte 39/63 – **63 Z** 130/225, 3 Suiten.

RAISDORF Schleswig-Holstein siehe Kiel.

RAMBERG Rheinland-Pfalz 🔢🔢 S 8 – 1 000 Ew – Höhe 250 m – Erholungsort.
Berlin 667 – Mainz 121 – Kaiserslautern 51 – Karlsruhe 50 – Pirmasens 43.

🏠🏠 **Landgasthof St. Laurentius** ⟍, Hermersbachstr. 4, ⊠ 76857, ℰ (06345) 70 53, Fax (06345) 93026, ☞. 🅿. 𝑬 𝑉𝐼𝑆𝐴
Menu (Montag geschl.) (wochentags nur Abendessen) à la carte 26/50 (auch vegetarisches Menu) ⟋ – **14 Z** 75/180.

RAMMINGEN Baden-Württemberg siehe Langenau.

RAMPE Mecklenburg-Vorpommern siehe Schwerin.

RAMSAU Bayern **420** X 22, **987** ㊳ – 1800 Ew – Höhe 669 m – Heilklimatischer Kurort – Wintersport : 670/1400 m ≰6 ✦2.
Ausflugsziele : Schwarzbachwachtstraße : ≼★★, N : 7 km – Hintersee★ W : 5 km.
🏢 Kurverwaltung, Im Tal 2, ✉ 83486, 𝒫 (08657) 98 89 20, Fax (08657) 772.
Berlin 732 – München 138 – Bad Reichenhall 21 – Berchtesgaden 11.

🏰 **Rehlegg** ⟋, Holzengasse 16, ✉ 83486, 𝒫 (08657) 12 14, Fax (08657) 501, ≼, 🌲, 🕱s,
🔺 (geheizt), 🖼, 🐎, 🍴 – 🛏 📺 🅿 – 🖿 35. 🖪
Menu à la carte 49/74 – **60 Z** 130/310 – ½ P 40.

🏠 **Oberwirt** (mit Gästehaus), Im Tal 86, ✉ 83486, 𝒫 (08657) 2 25, Fax (08657) 1381,
🍴 Biergarten, 🐎 – 🛏 📺 🅿
Nov. - 20. Dez. geschl. – **Menu** (Jan. - Juni Montag geschl.) à la carte 24/44 – **26 Z** 75/126.

Am Eingang der Wimbachklamm O : 2 km über die B 305 :

🏠 **Wimbachklamm,** Rotheben 1, ✉ 83486 Ramsau, 𝒫 (08657) 9 88 80,
Fax (08657) 988870, ≼, 🕱s, 🔺 – 🛏 📺 ☎ 🅿
15. Jan. - 1. Feb. und Nov. - 15. Dez. geschl., Dez. - April garni – **Menu** (Dienstagmittag geschl.) à la carte 26/47 – **25 Z** 60/138 – ½ P 18.

An der Alpenstraße N : 5 km :

🍴 **Hindenburglinde** mit Zim, Alpenstr. 66 – Höhe 850 m, ✉ 83486 Ramsau,
𝒫 (08657) 5 50, Fax (08657) 1347, ≼ Hochkalter, Watzmann, Reiter-Alpe, 🍴 – 📺 🅿
🖪 🖪 🖪 🖪
März - April 4 Wochen und Nov. - Anfang Dez. geschl. – **Menu** (Dienstagabend - Mittwoch geschl.) à la carte 27/54 ⅃ – **10 Z** 60/116 – ½ P 20.

An der Straße nach Loipl N : 6 km :

🏰 **Nutzkaser** ⟋, Am Gseng 10 – Höhe 1 100 m, ✉ 83486 Ramsau, 𝒫 (08657) 3 88,
Fax (08657) 659, ≼ Watzmann und Hochkalter. 🍴, 🕱s, 🐎 – 🛏 📺 ☎ ⟵ 🅿
Mitte Nov. - Mitte Dez. geschl. – **Menu** à la carte 27/58 – **23 Z** 110/220 – ½ P 27.

RAMSTEIN-MIESENBACH Rheinland-Pfalz **417** R 6, **987** ㉖ – 8 700 Ew – Höhe 262 m.
Berlin 662 – Mainz 100 – Saarbrücken 56 – Kaiserslautern 19.

🏠 **Ramsteiner Hof,** Miesenbacher Str. 26 (Ramstein), ✉ 66877, 𝒫 (06371) 97 20,
Fax (06371) 57600 – 📺 ☎ ⟵ 🅿. 🖪 🖪 🖪 🖪 🖪
Menu (Samstag geschl.) à la carte 28/62 – **22 Z** 90/140.

🏠 **Landgasthof Pirsch,** Auf der Pirsch 12 (Ramstein), ✉ 66877, 𝒫 (06371) 59 30,
Fax (06371) 593199 – 🛏 📺 ☎ 🅿. 🖪 🖪 🖪 🖪 🖪
Menu (Sonntag und Juli 3 Wochen geschl.) (nur Abendessen) à la carte 29/57 ⅃ – **36 Z** 90/180.

RANDERSACKER Bayern **417 419 420** Q 13 – 3 700 Ew – Höhe 178 m.
Berlin 498 – München 278 – Ansbach 71 – Würzburg 7.

🏠 **Bären** (mit Gästehaus), Würzburger Str. 6 (B 13), ✉ 97236, 𝒫 (0931) 7 05 10,
Fax (0931) 706415, 🍴 – 📺 ☎ 🅿 – 🖿 20. 🖪 🖪 🖪
Menu (Aug. 3 Wochen und über Fasching geschl.) à la carte 30/60 ⅃ – **34 Z** 92/156.

🏠 **Zum Löwen,** Ochsenfurter Str. 4 (B 13), ✉ 97236, 𝒫 (0931) 7 05 50,
Fax (0931) 7055222, 🍴 – 🛏 📺 ☎ ⟋ ⟵ 🅿. 🖪 🖪 🖪
20. Dez. - 8. Jan. geschl. – **Menu** (Dienstag und Aug. 2 Wochen geschl.) (Montag - Freitag nur Abendessen) à la carte 23/48 ⅃ – **31 Z** 72/150.

RANSBACH-BAUMBACH Rheinland-Pfalz **417** O 7 – 7 000 Ew – Höhe 300 m.
Berlin 580 – Mainz 92 – Koblenz 31 – Bonn 72 – Limburg an der Lahn 31.

🏠 **Sporthotel** ⟋, Zur Fuchshohl (beim Tennisplatz), ✉ 56235, 𝒫 (02623) 30 51,
Fax (02623) 80339, Massage, 🖪, 🕱s, 🐎, 🍴(Halle) – 🖐 Zim, 📺 ☎ 🅿 – 🖿 30. 🖪 🖪
🖪 🖪 🖪 Rest
Menu à la carte 33/48 – **23 Z** 89/155.

🏠 **Eisbach,** Schulstr. 2, ✉ 56235, 𝒫 (02623) 23 76, Fax (02623) 923092, 🍴 – 📺 ☎ 🅿.
🖪 🖪 🖪 🖪
Menu à la carte 31/57 – **15 Z** 85/159.

🍴🍴 **Gala,** Rheinstr. 103 (Stadthalle), ✉ 56235, 𝒫 (02623) 45 41, Fax (02623) 4481, 🍴 –
🅿 🖿 300. 🖪 🖪 🖪 🖪
Montag und Juli - Aug. 3 Wochen geschl. – **Menu** à la carte 40/69.

RANTUM Schleswig-Holstein siehe Sylt (Insel)

RAPPENAU, BAD Baden-Württemberg 💿💿 S 11, 💿💿 ㉗ – 18 000 Ew – Höhe 265 m – Soleheilbad.

🟦 Kur- und Verkehrsamt, Salinenstr. 22, ✉ 74906, 𝒫 (07264) 8 61 25, Fax (07264) 86182.

Berlin 605 – Stuttgart 74 – Heilbronn 22 – Mannheim 71 – Würzburg 122.

🏨 **Häffner Bräu** ⤧, Salinenstr. 24, ✉ 74906, 𝒫 (07264) 80 50, Fax (07264) 805119, 🏮, ⥄ – 🛉 📺 ☎ ⟵ 🅿 – 🔏 25. 🆎 ⓞ 🇪 𝘝𝘐𝘚𝘈. ❀ Zim
22. Dez. - 19. Jan. geschl. – **Menu** (Freitag geschl.) à la carte 31/62 – **62 Z** 96/210 – ½ P 28.

🏨 **Salinen-Hotel,** Salinenstr. 7, ✉ 74906, 𝒫 (07264) 9 16 60, Fax (07264) 916639 – 🛉 📺 ☎ 🅿 – 🔏 35. 🇪 𝘝𝘐𝘚𝘈
Menu à la carte 40/72 (auch vegetarische Gerichte) – **34 Z** 95/230 – ½ P 28.

🏨 **Dominikaner,** Babstadter Str. 23, ✉ 74906, 𝒫 (07264) 21 00, Fax (07264) 2103, 🏮 – 📺 ☎. ⓞ 🇪 𝘝𝘐𝘚𝘈
Menu à la carte 35/69 – **11 Z** 85/150 – ½ P 28.

In Bad Rappenau-Heinsheim NO : 6 km :

🏨 **Schloß Heinsheim** ⤧ (Herrensitz a.d.J. 1721), ✉ 74906, 𝒫 (07264) 9 50 30(Hotel) 9 50 60(Rest.), Fax (07264) 4208, 🏮, « Park, Schloßkapelle », 🌊, 🎯 – 🛉 📺 ☎ 🅿 – 🔏 100. 🆎 ⓞ 🇪 𝘝𝘐𝘚𝘈
Ende Dez. - Mitte Feb. geschl. – **Restaurant Güthlein** (Montag - Dienstag geschl.) **Menu** à la carte 48/83 – **41 Z** 130/300 – ½ P 55.

Benutzen Sie für weite Fahrten in Europa die Michelin-Länderkarten :

💿 *Europa,* 💿 *Tschechische Republik-Slowakische Republik,*
💿 *Griechenland,* 💿 *Deutschland,* 💿 *Skandinavien-Finnland,*
💿 *Großbritannien-Irland,* 💿 *Deutschland-Österreich-Benelux,*
💿 *Italien,* 💿 *Frankreich,* 💿 *Spanien-Portugal,* 💿 *Jugoslawien.*

RASTATT Baden-Württemberg 💿 T 8, 💿 ㉗ – 50 000 Ew – Höhe 123 m.

Sehenswert : Schloßkirche★ AY – Schloß★ AYZ.

Ausflugsziel : Schloß Favorite★★ (Innenausstattung★★), ② : 5 km.

🟦 Stadtinformation, Kaiserstraße (Rathaus am Marktplatz), ✉ 76437, 𝒫 (07222) 97 24 62, Fax (07222) 972108.

Berlin 696 ① – Stuttgart 97 ① – Karlsruhe 24 ① – Baden-Baden 13 ③ – Strasbourg 61 ④

Stadtplan siehe gegenüberliegende Seite

🏨 **Holiday Inn Garden Court,** Karlsruher Str. 29, ✉ 76437, 𝒫 (07222) 92 40, Fax (07222) 924115, ⥄ – 🛉, ❦ Zim, 🍴 Rest, 📺 ☎ ⅋ 🅿 – 🔏 150. 🆎 ⓞ 🇪 𝘝𝘐𝘚𝘈 𝘑𝘊𝘉
Menu à la carte 36/60 – **129 Z** 190/390.   über ①

🏨 **Schwert** (im Barockstil erbautes Haus mit modernem Interieur), Herrenstr. 3, ✉ 76437, 𝒫 (07222) 76 80, Fax (07222) 768120 – 🛉, ❦ Zim, 📺 ☎ ❧ ⅋ ⟵ – 🔏 45. 🆎 ⓞ 🇪 𝘝𝘐𝘚𝘈   AZ a
Sigi's Restaurant (Samstagmittag geschl.) **Menu** à la carte 42/76 – **50 Z** 150/240.

🏨 **Troma Aparthotel** garni, Joseph-von-Eichendorff-Weg 11, ✉ 76437, 𝒫 (07222) 7 70 80, Fax (07222) 770810 – 🛉 ❦ 📺 ☎ ⟵ 🅿. 🆎 🇪 𝘝𝘐𝘚𝘈   AZ s
30 Z 112/190.

🏨 **Zum Schiff** garni, Poststr. 2, ✉ 76437, 𝒫 (07222) 77 20, Fax (07222) 772127, ⥄ – 🛉 📺 ☎. ⓞ 🇪 𝘝𝘐𝘚𝘈   AZ e
22 Z 85/140.

🏨 **Hotel am Schloß,** Schloßstr. 15, ✉ 76437, 𝒫 (07222) 9 71 70, Fax (07222) 971771 – 📺 ☎ ⟵ 🅿. 🇪 𝘝𝘐𝘚𝘈   AYZ v
Weihnachten - Anfang Jan. geschl. – **Menu** (Samstag geschl.) à la carte 36/62 – **18 Z** 90/150.

🏨 **Zum Engel,** Kaiserstr. 65, ✉ 76437, 𝒫 (07222) 7 79 80, Fax (07222) 779877 – 🛉 📺 ☎ ⟵ 🅿. 🆎 ⓞ 🇪 𝘝𝘐𝘚𝘈. ❀ Zim   AY c
Aug. 3 Wochen geschl. – **Menu** (Samstagabend - Sonntag geschl.) à la carte 31/40 – **15 Z** 105/150.

🏨 **Phönix** garni, Dr.-Schleyer-Str. 12, ✉ 76437, 𝒫 (07222) 9 24 90, Fax (07222) 924932, 🎯 – 📺 ☎   über Wilhelm-Busch-Straße AY
15 Z 83/120.

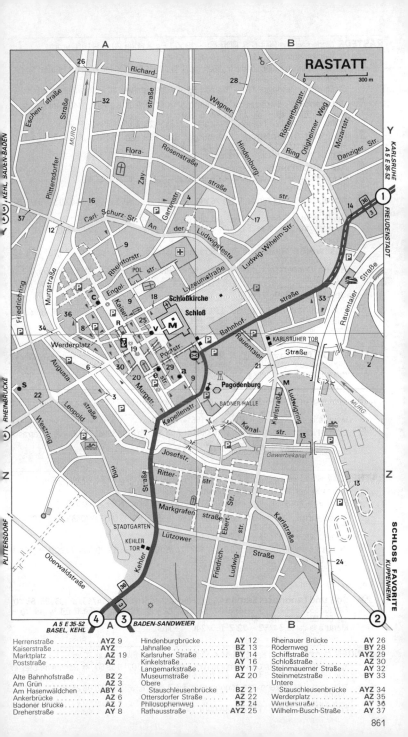

RASTATT

RASTEDE *Niedersachsen* 🔲 *G 8,* 🔲 ⑮ *– 19 500 Ew – Höhe 20 m – Luftkurort.*

🔲 *Wemkendorf (NW : 3 km),* 🟐 *(04402) 72 40.*

🔲 *Tourist-Information, Ladestr., (Bahnhof),* ✉ *26180,* 🟐 *(04402) 92 02 33, Fax (04402) 1004.*

Berlin 445 – Hannover 181 – Bremen 58 – Wilhelmshaven 44 – Oldenburg 11.

🔲 **Petershof** 🔲, *Peterstr. 14,* ✉ *26180,* 🟐 *(04402) 8 10 64, Fax (04402) 81126,* 🔲 – ⌿ Zim, 🔲 🔲 🟐 – 🔲 *25.* 🔲 ⓪ 🔲 *VISA*
Menu *(Sonntagabend geschl.)* à la carte 27/54 – **28 Z** 85/150 – ½ P 20.

🔲 **Hof von Oldenburg,** *Oldenburger Str. 199,* ✉ *26180,* 🟐 *(04402) 10 31,* *Fax (04402) 927912,* 🔲 – 🔲 🔲 🟐 – 🔲 35
Menu à la carte 26/52 – **21 Z** 65/110.

🔲 **Am Ellernteich** 🔲 *garni, Mühlenstr. 43,* ✉ *26180,* 🟐 *(04402) 9 24 10,* *Fax (04402) 924192,* 🔲, 🔲 – 🔲 🔲 🔲 🟐 – 🔲 *25.* 🔲 ⓪ 🔲 *VISA*
10 Z 90/160.

🔲🔲🔲 **Abtei,** *Im Kühlen Grunde 1,* ✉ *26180,* 🟐 *(04402) 92 10 14, Fax (04402) 921016,* 🔲
– 🟐. 🔲
Menu *(Montag - Dienstag sowie Jan. und Sept. jeweils 3 Wochen geschl.)* (wochentags nur Abendessen) à la carte 51/70 – **Klostermühle** *(auch Mittagessen)* **Menu** à la carte 34/64.

🔲🔲 **Das weiße Haus** *mit Zim, Sünder Str. 1,* ✉ *26180,* 🟐 *(04402) 32 43,* *Fax (04402) 84726,* 🔲 – 🟐
Menu *(Donnerstag geschl.)* (Tischbestellung ratsam) à la carte 55/82 – **3 Z** 95/195.

In Rastede-Kleibrok *NW : 2 km :*

🔲 **Zum Zollhaus,** *Kleibroker Str. 139,* ✉ *26180,* 🟐 *(04402) 9 38 10, Fax (04402) 938119* – 🔲 🔲 🔲 🟐 – 🔲 *40.* 🔲 ⓪ 🔲 *VISA*
Menu à la carte 33/63 – **30 Z** 79/142 – ½ P 20.

RATHEN (KURORT) *Sachsen* 🔲 *N 26 – 700 Ew – Höhe 120 m – Nur vom anderen Elbufer mit Fähre zu erreichen, Fahrerlaubnis nur mit Sondergenehmigung oder Zimmerreservierungsbestätigung..*

Berlin 226 – Dresden 37 – Pirna 18.

🔲 **Amselgrundschlösschen** 🔲, ✉ *01824,* 🟐 *(035024) 7 43 33, Fax (035024) 74444,*
🔲 🔲, 🔲 – 🔲 🔲 🔲 🔲 🟐 – 🔲 *40.* 🔲 🔲 *VISA*
Menu à la carte 23/43 – **40 Z** 125/165 – ½ P 20.

🔲 **Erbgericht** 🔲, ✉ *01824,* 🟐 *(035024) 7 04 54, Fax (035024) 70427,* ◁, « *Terrasse über der Elbe* », 🔲, 🔲 – 🔲 🔲 🔲 – 🔲 *80.* 🔲 *VISA*
Jan. geschl. – **Menu** à la carte 27/50 – **42 Z** 90/180.

RATHENOW *Brandenburg* 🔲🔲 *I 21,* 🔲 ⑮, 🔲 ⑱ *– 28 000 Ew – Höhe 26 m.*

🔲 *Semlin, Ferchesaer Weg (NO : 4 km)* 🟐 *(03385) 55 40.*

Berlin 91 – Potsdam 78 – Magdeburg 85 – Brandenburg 32 – Stendal 39.

🔲 **Fürstenhof,** *Bahnhofstr. 13,* ✉ *14712,* 🟐 *(03385) 55 80 00, Fax (03385) 558080 –* 🔲
🔲 🔲 🟐 – 🔲 *30.* 🔲 🔲 *VISA*
Menu à la carte 31/43 – **47 Z** 95/210.

🔲 **Probst** *garni, Rhinower Str. 26,* ✉ *14712,* 🟐 *(03385) 54 53 00, Fax (03385) 545332,*
🔲 – 🔲 🔲 🟐 – 🔲 *40.* 🔲 ⓪ 🔲 *VISA*
24. Dez. - 1. Jan. geschl. – **24 Z** 95/150.

In Semlin *NO : 6 km :*

🔲🔲 **Golf und Landhotel Semlin** 🔲 🔲, *Ferchesarer Straße,* ✉ *14715,* 🟐 *(03385) 55 40,* *Fax (03385) 554400,* 🔲, *Massage,* 🔲, 🔲, 🔲 – 🔲, ⌿ Zim, 🔲 Rest, 🔲 🔲 🔲 🟐 –
🔲 *60.* 🔲 ⓪ 🔲 *VISA*. 🔲 Rest
Menu à la carte 34/52 – **72 Z** 160/240, 4 Suiten.

RATINGEN *Nordrhein-Westfalen* 🔲 *M 4,* 🔲 ⑭ *– 89 800 Ew – Höhe 70 m.*

🔲 *Ratingen-Homberg, Grevenmühle (W : 7 km),* 🟐 *(02102) 9 59 50 ;* 🔲 *Ratingen-Hösel, In den Höfen 32 (NO : 6 km),* 🟐 *(02102) 6 86 29.*

🔲 *Kultur- und Verkehrsamt, Minoritenstr. 3,* ✉ *40876,* 🟐 *(02102) 98 25 35, Fax (02102) 98398.*

Berlin 552 – Düsseldorf 13 – Duisburg 19 – Essen 22.

🏨 **Haus Kronenthal,** Brachter Str. 85, ⊠ 40882, ℰ (02102) 8 50 80,
Fax (02102) 850850, 🏤 – 📳 📺 🕿 🕭 🚗 🅿 – 🔬 40. 🆎 ⓪ 🅴 𝗩𝗜𝗦𝗔
Menu (Montag geschl.) à la carte 30/68 – **30 Z** 145/290.

🏨 **Altenkamp** garni, Marktplatz 17, ⊠ 40878, ℰ (02102) 9 90 20, Fax (02102) 21217 –
📳 📺 🕿 🕻 🚗 – 🔬 30. 🆎 ⓪ 🅴 𝗩𝗜𝗦𝗔 𝗝𝗖𝗕
25 Z 160/290.

🏨 **Astoria** garni, Mülheimer Str. 72, ⊠ 40878, ℰ (02102) 8 20 05, Fax (02102) 845868
– 📳 📺 🕿 🅿. 🆎 ⓪ 🅴 𝗩𝗜𝗦𝗔. ✀
20. Dez. - 7. Jan. geschl. – **27 Z** 129/174.

🏠 **Am Düsseldorfer Platz** garni, Düsseldorfer Platz 1, ⊠ 40878, ℰ (02102) 2 01 80,
Fax (02102) 201850 – 📳 📺 🕿. 🆎 ⓪ 🅴 𝗩𝗜𝗦𝗔
20. Dez. - 5. Jan. geschl. – **49 Z** 130/220.

🏠 **Allgäuer Hof,** Beethovenstr. 24, ⊠ 40878, ℰ (02102) 9 54 10, Fax (02102) 954123
– 📳 📺 🕿 🚗 🅿 – 🔬 15. 🆎 ⓪ 🅴 𝗩𝗜𝗦𝗔
Menu (Samstag, 2. - 15. Jan. und Juli 3 Wochen geschl.) à la carte 44/75 – **14 Z** 125/225.

XX **Haus zum Haus,** Mühlenkämpchen, ⊠ 40878, ℰ (02102) 2 25 86, Fax (02102) 22586,
🏤, « Wasserburg a.d. 13. Jh. » – 🅿. 🆎 ⓪ 🅴 𝗩𝗜𝗦𝗔
Samstag geschl. – **Menu** à la carte 50/70.

XX **L'auberge fleurie-Chez René,** Mülheimer Str. 61, ⊠ 40878, ℰ (02102) 87 06 26,
🏤 – 🅿. 🆎 ⓪ 🅴 𝗩𝗜𝗦𝗔
Samstagmittag und Sonntag sowie Juli geschl. – **Menu** à la carte 36/70.

In Ratingen-Lintorf N : 4 km :

🏠 **Angerland** garni, Lintorfer Markt 10, ⊠ 40885, ℰ (02102) 3 50 33, Fax (02102) 36415
– 📺 🕿. 🅴 – **13 Z** 100/190.

In Ratingen-Tiefenbroich NW : 2 km :

🏨 **Inn Side Residence-Hotel** Ⓜ, Am Schimmersfeld 9, ⊠ 40880, ℰ (02102) 42 70,
Fax (02102) 427427, 🏤, ₤₰, 🖙 – 📳, ✳ Zim, 📺 🕿 🕻 🕭 🅿 – 🔬 90. 🆎 ⓪ 🅴 𝗩𝗜𝗦𝗔
Menu (Samstagmittag und Sonntagmittag geschl.) à la carte 49/72 (auch Self-service) –
137 Z 272/350.

🏨 **Villa Ratingen** Ⓜ, Sohlstättenstr. 66, ⊠ 40880, ℰ (02102) 44 40 /4,
Fax (02102) 475502 – 📧 📺 🕿 🕻 🅿. 🆎 ⓪ 🅴 𝗩𝗜𝗦𝗔
Menu (Samstag - Sonntagmittag geschl.) (italienische Küche) à la carte 48/70 – **26 Z**
180/390.

In Ratingen-West W : 3 km :

🏨 **Relexa Hotel** Ⓜ, Berliner Str. 95, ⊠ 40880, ℰ (02102) 45 80, Fax (02102) 458599,
🖙 – 📳, ✳ Zim, 🍽 Rest, 📺 🕻 🕭 🚗 🅿 – 🔬 100. 🆎 ⓪ 🅴 𝗩𝗜𝗦𝗔 𝗝𝗖𝗕. ✀ Rest
Menu (Samstag geschl., außer Messen) à la carte 47/69 – **167 Z** 290/435.

🏨 **Holiday Inn** Ⓜ, Broichhofstr. 3, ⊠ 40880, ℰ (02102) 45 60, Fax (02102) 456444, 🏤,
🖙, 🎿 (geheizt), 🏊, 🌫 – ✳ Zim, 🍽 📺 🕻 🕭 🅿 – 🔬 160. 🆎 ⓪ 🅴 𝗩𝗜𝗦𝗔 𝗝𝗖𝗕
Menu à la carte 39/79 – **199 Z** 203/470.

Beim Autobahnkreuz Breitscheid N : 5 km, Ausfahrt Mülheim :

🏨 **Dorint Budget Hotel** Ⓜ, An der Pönt 50, ⊠ 40885 Ratingen-Breitscheid,
ℰ (02102) 91 85, Fax (02102) 918900 – 📳, ✳ Zim, 🍽 Rest, 📺 🕿 🕻 🕭 🚗 🅿 – 🔬 80.
🆎 ⓪ 🅴 𝗩𝗜𝗦𝗔 𝗝𝗖𝗕
Menu à la carte 39/67 – **118 Z** 148/226.

🏨 **Novotel Düsseldorf-Ratingen,** Lintorfer Weg 75, ⊠ 40885 Ratingen-Breitscheid,
ℰ (02102) 18 70, Fax (02102) 18418, 🏤, 🖙, 🎿 (geheizt), 🌫 – 📳, ✳ Zim, 🍽 📺 🕿
🕻 🕭 🅿 – 🔬 120. 🆎 ⓪ 🅴 𝗩𝗜𝗦𝗔
Menu à la carte 39/81 – **116 Z** 185/225.

RATSHAUSEN Baden Württemberg 🫱🫱🫱 V 10 – 650 Ew – Höhe 665 m.
Berlin 725 – Stuttgart 91 – Konstanz 101 – Villingen-Schwenningen 33 – Sigmaringen 48.

X **Adler,** Hohnerstr. 3, ⊠ 72365, ℰ (07427) 22 60, Fax (07427) 2260, Biergarten –
🞩 🅿
Montag - Dienstag geschl. – **Menu** à la carte 34/71.

RATTENBERG Bayern 🫱🫱🫱 S 22 – 1 800 Ew – Höhe 570 m – Erholungsort.
🚩 Verkehrsamt, Gemeindeverwaltung, ⊠ 94371, ℰ (09963) 7 03, Fax (09963) 2385.
Berlin 506 – München 153 – Cham 25 – Deggendorf 43 – Straubing 33.

🏨 **Posthotel,** Dorfplatz 2, ⊠ 94371, ℰ (09963) 95 00, Fax (09963) 950222, 🏤, 🖙, 🏊,
🌫 – 📳 📺 🕿 🚗 – 🔬 40. 🅴 𝗩𝗜𝗦𝗔
Menu à la carte 26/49 ♨ – **52 Z** 70/160   ½ P 20.

RATZEBURG Schleswig-Holstein 🔲🔲🔲 🔲🔲🔲 E 16, 🔲🔲🔲 ⑥ – 12 500 Ew – Höhe 16 m – Luftkurort.
Sehenswert : Ratzeburger See★ (Aussichtsturm am Ostufer ≤★) – Dom★ (Hochaltarbild★).

🖪 Ratzeburg-Information, Schloßwiese 7, ⊠ 23909, ℘ (04541) 80 00 80, Fax (04541) 5327.

Berlin 240 – Kiel 107 – Schwerin 46 – Lübeck 24 – Hamburg 68.

🏠 **Der Seehof**, Lüneburger Damm 3, ⊠ 23909, ℘ (04541) 20 55, Fax (04541) 7861, ≤, « Terrasse am See », ≦, ☞ Bootssteg – ↯, ⇔ Zim, 🖭 & 🅿 – 🔏 90. 🖭 ⑩ 𝘝𝘐𝘚𝘈
Menu à la carte 40/86 – **45 Z** 116/257 – ½ P 35.

🏠 **Wittlers Hotel-Gästehaus Cäcilie**, Große Kreuzstr. 11, ⊠ 23909, ℘ (04541) 32 04, Fax (04541) 3815 – ↯, ⇔ Zim, 🖭 ☎ ⇔ 🅿 – 🔏 60
Menu à la carte 29/57 – **39 Z** 90/210 – ½ P 20.

In Schmilau-Farchau S : 4 km :

🏠 **Farchauer Mühle** ♨, Farchauer Mühle 6, ⊠ 23909, ℘ (04541) 8 60 00, Fax (04541) 860086, 🏤, ≦, ☞ – 🖭 ☎ & 🅿 – 🔏 25. 🖭 ⑩ E 𝘝𝘐𝘚𝘈 𝙅𝘊𝘽
Menu à la carte 34/61 – **19 Z** 110/235 – ½ P 29.

In Fredeburg SW : 5,5 km :

🏠 **Fredenkrug**, Lübecker Str. 5 (B 207), ⊠ 23909, ℘ (04541) 35 55, Fax (04541) 4555, 🏤, ☞ – 🖭 ☎ ⇔ 🅿 E
Menu à la carte 30/51 – **15 Z** 80/120 – ½ P 25.

RAUENBERG Baden-Württemberg 🔲🔲🔲 🔲🔲🔲 S 10 – 6 100 Ew – Höhe 130 m.
Berlin 631 – Stuttgart 99 – Heidelberg 22 – Heilbronn 47 – Karlsruhe 45 – Mannheim 35.

🏠 **Winzerhof** ♨, Bahnhofstr. 6, ⊠ 69231, ℘ (06222) 95 20, Fax (06222) 952350, 🏤, Massage, 🕻, ≦, 🔲 – ↯, ⇔ Zim, 🖭 ☎ & ⇔ 🅿 – 🔏 80. 🖭 ⑩ E 𝘝𝘐𝘚𝘈
Menu à la carte 34/78 & – **Martins Gute Stube** (nur Abendessen, Tischbestellung ratsam) (Sonntag - Montag, Jan. und Juli - Aug. 4 Wochen geschl.) **Menu** à la carte 66/95 – **70 Z** 139/236.

🏠 **Gutshof** Ⓜ ♨, Suttenweg 1, ⊠ 69231, ℘ (06222) 95 10, Fax (06222) 951100, 🏤 – ↯ 🖭 ☎ & 🅿 – 🔏
Jan. und Aug. jeweils 2 Wochen geschl. – **Menu** (Sonn - und Feiertage geschl.) (nur Abendessen) à la carte 32/52 & – **30 Z** 115/180.

🏠 **Kraski**, Hohenaspen 58 (Gewerbegebiet), ⊠ 69231, ℘ (06222) 6 15 70, Fax (06222) 615755, 🏤, ≦ – 🖭 ☎ 🅿 – 🔏 15. E. 🎇 Rest
22. Dez. - 7. Jan. geschl. – **Menu** (Sonntag und Ende Juli - Anfang Aug. geschl.) (nur Abendessen) à la carte 40/70 – **27 Z** 135/175.

RAUNHEIM Hessen siehe Rüsselsheim.

RAUSCHENBERG Hessen 🔲🔲🔲 N 10 – 4 500 Ew – Höhe 282 m – Luftkurort.
Berlin 456 – Wiesbaden 140 – Kassel 72 – Marburg 20.

🏠 **Schöne Aussicht**, an der B 3 (NW : 3,5 km), ⊠ 35282, ℘ (06425) 7 17, Fax (06425) 2925, ≦, 🔲, ☞ – 🖭 ☎ ⇔ 🅿 – 🔏 50. 🖭 ⑩ E 𝘝𝘐𝘚𝘈. 🎇 Rest
Juli 3 Wochen geschl. – **Menu** (Montag geschl.) à la carte 28/54 – **12 Z** 70/150.

RAVENSBURG Baden-Württemberg 🔲🔲🔲 W 12, 🔲🔲🔲 ㊳ ㊴ – 46 000 Ew – Höhe 430 m.
Sehenswert : Liebfrauenkirche (Kopie der "Ravensburger Schutzmantelmadonna"★★).
🛉 Ravensburg, Hofgut Okatreute (NW : 7 km), ℘ (0751) 99 88.
🖪 Städt. Verkehrsamt, Kirchstr. 16, ⊠ 88212, ℘ (0751) 8 23 24, Fax (0751) 82466.
ADAC, Jahnstr. 26, ⊠ 88214, ℘ (0751) 2 37 08, Fax (0751) 15352.
Berlin 696 – Stuttgart 147 – Konstanz 43 – München 183 – Ulm (Donau) 86 – Bregenz 41.

🏠 **Romantik Hotel Waldhorn**, Marienplatz 15, ⊠ 88212, ℘ (0751) 3 61 20, Fax (0751) 3612100, 🏤 ⇔ – ↯, ⇔ 🅿 – 🔏 60. 🖭 ⑩ E 𝘝𝘐𝘚𝘈
Menu (Sonntag - Montag geschl.) (Tischbestellung ratsam, bemerkenswerte Weinkarte) 60 (mittags) und à la carte 87/123 – **Weinstube Rebleutehaus** « Zunftstube a. d. 15. Jh. » (nur Abendessen) **Menu** à la carte 43/71 – **34 Z** 115/380
Spez. Salatbouquet "Prince de Galles". Marinierte Gänsestopfleber mit Löwenzahn. Asiatische Vorspeisen in drei Gängen.

🏨 **Rebgarten** garni, Zwegerstr. 7, ✉ 88214, 🖉 (0751) 36 23 30, Fax (0751) 36233110, ↓₆, ≘s – 🛗 📺 ☎ 🕻 🅿 – 🔬 40. 🖭 🗉 𝗩𝗜𝗦𝗔
Weihnachten - Anfang Jan. geschl. – **29 Z** 140/190.

🏨 **Obertor,** Marktstr. 67, ✉ 88212, 🖉 (0751) 3 66 70, Fax (0751) 3667200, 🍽, ≘s – 📺 ☎ 🚗 🅿. 🖭 ⓞ 🗉 𝗩𝗜𝗦𝗔
Menu *(Sonntag und 23. Dez. - 2. Jan. geschl.)* (nur Abendessen) à la carte 32/74 – **32 Z** 92/220.

🏨 **Storchen,** Wilhelmstr. 1, ✉ 88212, 🖉 (0751) 36 25 10, Fax (0751) 3625120, 🍽 – 📺 ☎. 🖭 ⓞ 🗉 𝗩𝗜𝗦𝗔. ⚹ Rest
Menu à la carte 30/69 – **20 Z** 89/150.

🍴🍴 **Waldgasthof am Flappachweiher,** Strietach 4 (SO : 5 km über die B 32), ✉ 88212, 🖉 (0751) 6 14 40, Fax (0751) 61440, « Terrasse am See » – 🅿. 🗉
Okt. - Mai Dienstag geschl. – **Menu** à la carte 35/65.

In Schlier *O : 5 km :*

🍴🍴🍴 **Krone,** Eibeschstr. 2, ✉ 88281, 🖉 (07529) 12 92, Fax (07529) 3113, 🍽 – 🕭 🅿. 🖭 ⓞ
❀ 🗉 𝗩𝗜𝗦𝗔
Dienstag - Mittwoch geschl. – **Menu** 84/114 und à la carte 54/92
Spez. Lachsforelle im Lauchmantel. Lammrücken mit Kräuterkruste. Weißes und dunkles Schokoladenparfait.

Dans ce guide
un même symbole, un même mot,
imprimé en **noir** *ou en rouge, en maigre ou en* **gras,**
n'ont pas tout à fait la même signification.
Lisez attentivement les pages explicatives.

RECHTENBACH *Bayern* 🛆🛆🛆 *Q 12 – 1 100 Ew – Höhe 335 m.*
Berlin 528 – München 327 – Aschaffenburg 29 – Würzburg 47.

🎐 **Krone,** Hauptstr. 52, ✉ 97848, 🖉 (09352) 22 38, 🚗 – 🚗 🅿
⊜ *1. - 15. Aug. geschl.* – **Menu** *(Freitag geschl.)* à la carte 19/33 ⅓ – **15 Z** 38/98.

An der B 26 *W : 3,5 km :*

🍴🍴 **Bischborner Hof** mit Zim, ✉ 97843 Neuhütten, 🖉 (09352) 8 71 90, Fax (09352) 871921, 🍽, Biergarten – ☎ 🅿. 🖭 ⓞ 🗉 𝗩𝗜𝗦𝗔
Menu à la carte 32/66 – **5 Z** 75/95.

RECKE *Nordrhein-Westfalen* 🛆🛆🛆 *I 7,* 🔢🔢🔢 ⑮ *– 11 000 Ew – Höhe 60 m.*
Berlin 458 – Düsseldorf 183 – Bremen 140 – Enschede 70 – Osnabrück 40.

🏨 **Altes Gasthaus Greve** 🍃, Markt 1, ✉ 49509, 🖉 (05453) 30 99, Fax (05453) 3689, 🍽 – 📺 ☎ 🚗 🅿. 🗉
Menu *(Montag geschl.)* à la carte 27/58 – **18 Z** 65/140.

RECKLINGHAUSEN *Nordrhein-Westfalen* 🛆🛆🛆 *L 5,* 🔢🔢🔢 ⑮ *– 127 000 Ew – Höhe 76 m.*
Sehenswert : Ikonenmuseum★★ X **M1.**
🗖 *Recklinghausen, Bockholter Str. 475 (über ⑥),* 🖉 (02361) 2 65 20.
ADAC, Martinistr. 11, ✉ 45657, 🖉 (02361) 1 54 20, Fax (02361) 184827.
Berlin 508 ④ – Düsseldorf 63 ④ – Bochum 17 ④ – Dortmund 28 ③ – Gelsenkirchen 20 ④ – Münster (Westfalen) 63 ⑦

Stadtplan siehe nächste Seite

🏨🏨 **Parkhotel Engelsburg,** Augustinessenstr. 10, ✉ 45657, 🖉 (02361) 20 10, Fax (02361) 201120, 🍽, Biergarten, ≘s – 🛗, ⊱ Zim, 📺 🕻 🕭 🚗 – 🔬 40. 🖭 ⓞ 🗉 𝗩𝗜𝗦𝗔   X c
Menu *(Sonntag - Montag geschl.)* (nur Abendessen) à la carte 58/78 – **63 Z** 180/310, 5 Suiten.

🏨🏨 **Landhaus Scherrer,** Bockholter Str. 385, ✉ 45659, 🖉 (02361) 1 03 30, Fax (02361) 103317, 🍽 – 📺 ☎ 🅿. 🖭 ⓞ 🗉 𝗩𝗜𝗦𝗔. ⚹ Zimüber Bockholter Str. YZ
Menu *(Samstagmittag und Montag geschl.)* à la carte 46/83 – **12 Z** 125/200.

🏨🏨 **Barbarossa-Hotel** garni, Löhrhof 8, ✉ 45657, 🖉 (02361) 2 50 71, Fax (02361) 57051 – 🛗 ⊱ 📺 ☎ – 🔬 40. 🖭 ⓞ 🗉 𝗩𝗜𝗦𝗔   X a
23. Dez. - 4. Jan. geschl. – **66 Z** 120/190.

RECKLINGHAUSEN

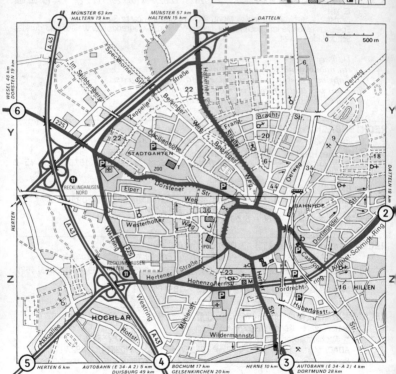

🏨 **Sporthotel Quellberg-Park** garni, Holunderweg 3, ☒ 45665, 𝒞 (02361) 4 80 50, Fax (02361) 480550, ᶩᵟ, ⇌s, ᴈ, ℀(Halle) – 📺 ☎ 🅿 – 🔌 30. 🅰🅴 ⓸ 🄴 𝘝𝘐𝘚𝘈 🅹🅲🅱
über Castroper Straße   Z
75 Z 105/150.

❌❌ **Altes Brauhaus,** Dortmunder Str. 16, ☒ 45665, 𝒞 (02361) 4 63 23, Fax (02361) 46579 – 🅰🅴 🄴
Z b
Samstagmittag, Montag - Dienstagmittag und Juli - Aug. 3 Wochen geschl. – **Menu**
à la carte 40/78.

Les **cartes Michelin** sont constamment tenues à jour.

REDNITZHEMBACH Bayern 🅰🅸🅱 S 17 – 6 100 Ew – Höhe 315 m.
  Berlin 448 – München 154 – Nürnberg 25 – Donauwörth 74 – Ansbach 41.

In Rednitzhembach-Plöckendorf :

🏠 **Hembacher Hof,** Untermainbacher Weg 21, ⊠ 91126, ℰ (09122) 70 91,
  Fax (09122) 61630, 🏖, 🛌 – 📺 ☎ 🅿 – 🕍 200. 🆎 🅴 𝘝𝘐𝘚𝘈
  Menu (Sonntagabend geschl.) à la carte 28/62 – **22 Z** 80/180.

REDWITZ AN DER RODACH Bayern 🅰🅸🅱 P 17 – 3 500 Ew – Höhe 293 m.
  Berlin 362 – München 258 – Coburg 29 – Bamberg 47.

🏠 **Rösch,** Gries 19, ⊠ 96257, ℰ (09574) 30 44, Fax (09574) 3046, 🏖, 🍽 – 🍴 Zim, 📺
  ☎ 🅿. 🆎 🛈 🅴 𝘝𝘐𝘚𝘈. 🦆
  20. Dez. - 6. Jan. geschl. – **Menu** (Samstagmittag und Sonntag geschl.) à la carte 28/55
  – **17 Z** 69/140.

REES Nordrhein-Westfalen 🅰🅸🆃 K 3, 🄰🄱🄾 ⑭ – 19 600 Ew – Höhe 20 m.
  Berlin 580 – Düsseldorf 87 – Arnhem 49 – Wesel 24.

🏠 **Rheinhotel Dresen** garni, Markt 6, ⊠ 46459, ℰ (02851) 12 55, Fax (02851) 2838,
  ≼ Rheinschiffahrt – 📺 ☎
  12 Z 85/150.

🍴🍴🍴 **Op de Poort,** Vor dem Rheintor 5, ⊠ 46459, ℰ (02851) 74 22, ≼ Rheinschiffahrt, 🏖
  – 🅿 🦆
  Montag - Dienstag und 27. Dez. - 17. Feb. geschl. – **Menu** (Tischbestellung ratsam) à la carte
  44/77.

In Rees-Grietherort NW : 8 km :

🍴🍴 **Inselgasthof Nass** 🦢 mit Zim, ⊠ 46459, ℰ (02851) 63 24, Fax (02851) 6015, ≼,
  🏖 – 📺 🅿. 🦆
  Menu (Montag geschl.) (überwiegend Fischgerichte) à la carte 41/69 –
  7 Z 70/140.

In Rees-Reeserward NW : 4 km :

🍴🍴 **Landhaus Drei Raben,** Reeserward 5, ⊠ 46459, ℰ (02851) 18 52, 🏖 – 🅿
  Montag - Dienstag geschl. – **Menu** à la carte 45/78.

REGEN Bayern 🅱🅰🅾 T 23, 🄰🄱🄾 ㉚ – 11 000 Ew – Höhe 536 m – Erholungsort –
  Wintersport : 🚡3.
  🅱 Verkehrsamt, Schulgasse 2, ⊠ 94209, ℰ (09921) 29 29, Fax (09921) 60433.
  Berlin 529 – München 169 – Cham 49 – Landshut 100 – Passau 00.

🏠 **Brauerei-Gasthof Falter,** Am Sand 14, ⊠ 94209, ℰ (09921) 9 42 30,
  Fax (09921) 8655, 🏖 – 📺 ☎ 🅿 🆎 🛈 🅴 𝘝𝘐𝘚𝘈
  Menu (Sonntagabend und Donnerstag geschl.) à la carte 26/60 – **18 Z** 68/136 –
  ½ P 18.

In Regen-Weißenstein SO : 3 km :

🏠 **Burggasthof Weißenstein** 🦢, ⊠ 94209, ℰ (09921) 22 59, Fax (09921) 8759, ≼,
  🏖, 🍽 – 🍽 🅿
  5. Nov. - 15. Dez. geschl. – **Menu** (Dienstag geschl.) à la carte 22/46 🍷 – **17 Z** 48/96 –
  ½ P 18.

REGENSBURG Bayern 🅱🅰🅾 S 20, 🄰🄱🄾 ㉙ – 138 000 Ew – Höhe 339 m.
  Sehenswert : Dom★ (Glasgemälde★★) E – Alter Kornmarkt★ E – Alte Kapelle★ E – Städt.
  Museum★ E **M1** – St. Emmeram★ (Grabmal★ der Königin Hemma) D – Diözesanmuseum★
  E – St. Jakobskirche (romanisches Portal★) A – Steinerne Brücke (≼★) E – Haidplatz★ D
  – Altes Rathaus★ D.
  Ausflugsziel : Walhalla★ O : 11 km über Walhalla-Allee B.
  🏌 Donaustauf, Jagdschloß Thiergarten (②: 13 km), ℰ (09403) 5 05 ; 🏌 Sinzing (SW : 6 km
  über Kirchmeierstraße Y), ℰ (0941) 3 25 04.
  🅱 Tourist-Information, Altes Rathaus, ⊠ 93047, ℰ (0941) 5 07 44 10, Fax (0941)
  5074419.
  ADAC, Luitpoldstr. 2, ⊠ 93047, ℰ (0941) 5 56 73, Fax (0941) 561665.
  Berlin 489 ⑤ – München 122 ① – Nürnberg 100 ④ – Passau 115 ③

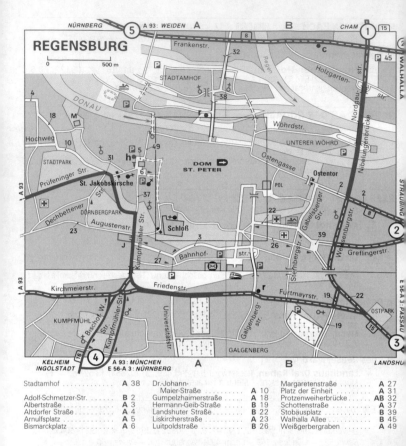

Stadtamhof	**A** 38	Dr.-Johann-Maier-Straße	**A** 10	Margaretenstraße	**A** 27
				Platz der Einheit	**A** 31
Adolf-Schmetzer-Str.	**B** 2	Gumpelzhaimerstraße	**A** 18	Protzenweiherbrücke	**AB** 32
Albertstraße	**A** 3	Hermann-Geib-Straße	**B** 19	Schottenstraße	**A** 37
Altdorfer Straße	**A** 4	Landshuter Straße	**B** 22	Stobäusplatz	**B** 39
Arnulfsplatz	**A** 5	Liskircherstraße	**A** 23	Walhalla Allee	**B** 45
Bismarckplatz	**A** 6	Luitpoldstraße	**B** 26	Weißgerbergraben	**A** 49

Ramada Ⓜ, Bamberger Str. 28, ⊠ 93059, 𝒞 (0941) 8 10 10, Fax (0941) 84047, Biergarten, ⇌ – 🛗, ⇌ Zim, ▦ 🅣 ✆ 🅟 – 🔬 180. 🆎 ⓞ 🄴 𝑉𝐼𝑆𝐴 𝐽𝐶𝐵   über ⑤
Menu à la carte 40/70 – **125 Z** 196/267, 4 Suiten.

Avia-Hotel, Frankenstr. 1, ⊠ 93059, 𝒞 (0941) 4 09 80, Fax (0941) 42093, ⇌ – 🛗, ⇌ Zim, 🅣 ⇌ 🅟 – 🔬 60. 🆎 ⓞ 🄴 𝑉𝐼𝑆𝐴 𝐽𝐶𝐵   B c
Menu (27. Dez. - 7. Jan. geschl.) à la carte 36/68 – **81 Z** 135/217.

Parkhotel Maximilian, Maximilianstr. 28, ⊠ 93047, 𝒞 (0941) 5 68 53 00, Fax (0941) 52942 – 🛗, ⇌ Zim, 🅣 ☎ ⇌ – 🔬 100. 🆎 ⓞ 🄴 𝑉𝐼𝑆𝐴 𝐽𝐶𝐵   E f
Menu (Samstagmittag und Sonntagmittag geschl.) à la carte 33/65 – **52 Z** 218/288.

Sorat Insel-Hotel Ⓜ, Müllerstr. 7, ⊠ 93059, 𝒞 (0941) 8 10 40, Fax (0941) 8104444, ⇌ – 🛗, ⇌ Zim, 🅣 ☎ ⇌ – 🔬 90. 🆎 ⓞ 🄴 𝑉𝐼𝑆𝐴 𝐽𝐶𝐵. ⚡ Rest   A r
Menu à la carte 45/63 – **75 Z** 200/370.

Altstadthotel Arch ⟨garni⟩, garni, Am Haidplatz 4, ⊠ 93047, 𝒞 (0941) 5 86 60, Fax (0941) 5866168, « Modernisiertes Patrizierhaus a.d. 18. Jh. » – 🛗 ⇌ 🅣 ☎ ✆ 🆎 ⓞ 🄴 𝑉𝐼𝑆𝐴 𝐽𝐶𝐵   D n
68 Z 169/280.

Atrium, Gewerbepark D 90, ⊠ 93059, 𝒞 (0941) 4 02 80, Fax (0941) 49172, ⇌ – 🛗, ⇌ Zim, 🅣 ☎ ⇌ 🅟 – 🔬 200. ⚡ Rest   über ①
Menu à la carte 28/53 – **96 Z** 155/220.

St. Georg, Karl-Stieler-Str. 8, ⊠ 93051, 𝒞 (0941) 9 10 90, Fax (0941) 948174, ⇌, ⇌ – 🛗, ⇌ Zim, 🅣 ☎ ⇌ 🅟 – 🔬 55. 🆎 ⓞ 🄴 𝑉𝐼𝑆𝐴 𝐽𝐶𝐵   über ④
Menu (Sonntag geschl.) à la carte 37/69 – **62 Z** 159/200.

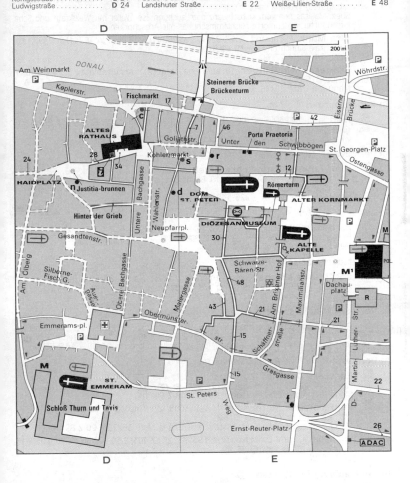

🏨 **Bischofshof am Dom,** Krauterermarkt 3, ⊠ 93047, ℰ (0941) 5 90 86, *Fax (0941) 53508*, Biergarten – 🛗 📺 ☎ 🆔 ⓪ 🅴 *VISA* E r
Menu à la carte 28/76 – **54 Z** 130/295.

🏨 **City Hotel,** Grunewaldstr. 16, ⊠ 93053, ℰ (0941) 7 88 20, *Fax (0941) 7882230*, « Ständig wechselnde Bilderaustellung », ➟, 🚿 – 🛗, 🚭 Zim, 📺 ☎ ♿ 🅿 – 🛎 80. 🆔 🅴 *VISA* über ③
Menu (nur Abendessen) à la carte 30/54 – **159 Z** 116/148.

🏨 **Ibis,** Furtmayrstr. 1, ⊠ 93053, ℰ (0941) 7 80 40, *Fax (0941) 7804509* – 🛗, 🚭 Zim, 📺 ☎ ♿ 🚗 🅿 – 🛎 50. 🆔 ⓪ 🅴 *VISA* B r
Menu 29 – **114 Z** 114/129.

🏨 **Münchner Hof** 🦢, Tändlergasse 9, ⊠ 93047, ℰ (0941) 5 84 40 (Hotel) 56 00 00 (Rest.), *Fax (0941) 561709* – 🛗, 🚭 Zim, 📺 ☎ D d
Menu à la carte 24/55 – **53 Z** 105/180.

XXX **Historisches Eck** (restauriertes Stadthaus a.d. 13. Jh.), Watmarkt 6, ⊠ 93047,
❀ ℰ (0941) 5 89 20, Fax (0941) 562969, « Historisches Kreuzgewölbe einer ehem.
Hauskapelle » – AE ◑ E VISA   E s
Sonntag - Montag, 6. - 9. Jan. und Anfang Aug. 1 Woche geschl. – **Menu** (Tischbestellung
ratsam) 55/120 à la carte 70/90
Spez. Maultaschen vom Kalbschwanz mit Lauchgemüse. Waller mit Weißkraut und Scha-
lottenbutter. Geschmorte Milchlammschulter mit Artischocken.

X **Alte Münz**, Fischmarkt 7, ⊠ 93047, ℰ (0941) 5 48 86, Fax (0941) 560397, 佘,
« Rustikale Einrichtung » – AE ◑ E VISA   D c
Menu à la carte 27/60.

X **Brauerei Kneitinger** (Brauereigaststätte), Arnulfsplatz 3, ⊠ 93047,
❀ ℰ (0941) 5 24 55, Fax (0941) 5999982   A h
Menu à la carte 19/36.

In Regensburg-Irl ② : 7 km :

🏠 **Held,** Irl 11, ⊠ 93055, ℰ (09401) 94 20, Fax (09401) 7682, 佘, 佘, ⊠ – ⧙ TV ☎ ⊷
❀ ℗ – 🏛 20. AE ◑ E VISA
21. - 30. Dez. geschl. – **Menu** à la carte 24/66 ⅃ – **76 Z** 95/195.

In Pentling ④ : 5 km :

🏨 **Vier Jahreszeiten-Schrammel,** An der Steinernen Bank 10, ⊠ 93080,
ℰ (09405) 3 30, Fax (09405) 33410, Biergarten, 佘, ※(Halle) – ⧙, ⬅ Zim, TV ☎ ✓
⊷ ℗ – 🏛 400. AE ◑ E VISA
Menu à la carte 38/74 – **226** 140/230.

In Zeitlarn ① : 5 km :

🏠 **Bartholomäus,** Hauptstr. 81 (B 15), ⊠ 93197, ℰ (0941) 6 96 00, Fax (0941) 6960360,
❀ Biergarten – ⧙ TV ☎ ℗ – 🏛 80. AE ◑ E VISA
Menu à la carte 23/47 – **43 Z** 98/220.

In Pettendorf-Mariaort ⑤ : 7 km :

🏠 **Gästehaus Krieger** garni, Heerbergstr. 3, ⊠ 93186, ℰ (0941) 8 10 80,
Fax (0941) 8108180, ≤ – ⧙ TV ☎ ⊷ ℗. E
24. Dez. - 5. Jan. geschl. – **27 Z** 86/140.

In Pettendorf-Adlersberg ⑤ : 8 km :

🦌 **Prösslbräu** ⊗ (Brauereigasthof in einer ehem. Klosteranlage a.d. 13. Jh.), Dominika-
❀ nerinnenstr. 2, ⊠ 93186, ℰ (09404) 18 22, Fax (09404) 5233, Biergarten – ⊷ ℗
20. Dez. - 21. Jan. geschl. – **Menu** (Montag geschl.) à la carte 24/38 – **14 Z** 55/90.

In Donaustauf O : 9 km, Richtung Walhalla B :

🏨 **Forsters Gasthof Zur Post,** Maxstr. 43, ⊠ 93093, ℰ (09403) 91 00,
🐾 Fax (09403) 910910, 佘 – ⧙, ⬅ Zim, TV ☎ ℗ – 🏛 140. AE ◑ E VISA JCB
Menu (Montag geschl.) à la carte 29/60 – **48 Z** 99/180.

🏨 **Kupferpfanne** ⊗, Lessingstr. 48, ⊠ 93093, ℰ (09403) 9 50 40, Fax (09403) 4396,
佘, 佘 – TV ☎ ℗. AE ◑ E VISA
Menu (Sonntagabend - Montagmittag geschl.) à la carte 36/72 – **20 Z** 89/180.

🏠 **Walhalla** ⊗ garni, Ludwigstr. 37, ⊠ 93093, ℰ (09403) 9 50 60, Fax (09403) 950613,
≤, 佘 – ⧙ TV ☎ ⊷ ℗. E VISA
22 Z 65/98.

In Neutraubling SO : 10 km über ② :

🏠 **Groitl,** St. Michaelsplatz 2, ⊠ 93073, ℰ (09401) 92 27 20, Fax (09401) 922727 – TV ☎
❀ ℗. E. ※ Rest
22. Dez. - 2. Jan. geschl. – **Menu** (Sonn- und Feiertage geschl.) (nur Abendessen) à la carte
24/47 – **25 Z** 72/110.

REGENSTAUF Bayern 🔢🔢🔢 S 20, 🔢🔢🔢 ㉙ – 14 000 Ew – Höhe 346 m.
🅱 Verkehrsamt, Rathaus, Bahnhofstr. 15, ⊠ 93128, ℰ (09402) 50 90, Fax (09402)
50950.
Berlin 474 – München 136 – Nürnberg 110 – Regensburg 14.

In Regenstauf-Heilinghausen NO : 8 km :

XX **Landgasthof Heilinghausen,** Alte Regenstr. 5, ⊠ 93128, ℰ (09402) 42 38,
Fax (09402) 4238, Biergarten – ℗. AE E
Dienstag geschl. – **Menu** à la carte 33/60.

REHAU Bayern 418 420 P 20, 987 ㉙ – 10 400 Ew – Höhe 540 m.
Berlin 332 – München 287 – Bayreuth 58 – Hof 14.

🏠 **Krone,** Friedrich-Ebert-Str. 13, ✉ 95111, ℘ (09283) 10 01, Fax (09283) 5300, 🌅 – 📺
☎. AE E VISA
Menu à la carte 29/74 – **14 Z** 65/105.

REHBURG-LOCCUM Niedersachsen 415 417 I 11, 987 ⑯ – 9 800 Ew – Höhe 60 m.
Berlin 328 – Hannover 47 – Bremen 89 – Minden 28.

🏠 **Rodes Hotel,** Marktstr. 22 (Loccum), ✉ 31547, ℘ (05766) 2 38, Fax (05766) 7132, 🌅
– 📺 ☎ 🅿
20. Dez. - 10. Jan. geschl. – **Menu** (Freitag geschl.) à la carte 27/65 – **23 Z** 75/142.

REHLINGEN-SIERSBURG Saarland 417 R 4 – 10 000 Ew – Höhe 180 m.
Berlin 736 – Saarbrücken 37 – Luxembourg 66 – Trier 63.

In Rehlingen-Siersburg - **Eimersdorf** N : 2 km, ab Siersburg :
✕✕ **Niedmühle,** Niedtalstr. 13, ✉ 66780, ℘ (06835) 6 74 50, Fax (06835) 67450, 🌅 – 🅿.
❀
Samstagmittag, Donnerstag, Anfang März 1 Woche und Aug. - Sept. 3 Wochen geschl. –
Menu à la carte 50/71.

In Rehlingen-Siersburg - **Niedaltdorf** SW : 8 km, ab Siersburg :
✕✕ **Zur Naturtropfsteinhöhle,** Neunkircher Str. 10, ✉ 66780, ℘ (06833) 3 77,
Fax (06833) 377, 🌅 – 🅿 AE E VISA
Mittwochabend, Montag und 1. - 15. Jan. geschl. – **Menu** à la carte 27/74.

REHNA Mecklenburg-Vorpommern 415 416 E 17 – 2 800 Ew – Höhe 15 m.
Berlin 238 – Schwerin 36 – Lübeck 33 – Ratzeburg 34 – Wismar 45.

🏠 **Stadt Hamburg,** Am Markt 5 (B 104), ✉ 19217, ℘ (038872) 5 33 11,
Fax (038872) 51632, 🌅 – 📺 ☎ 🚗 🅿 ⑩ E VISA
Menu à la carte 23/40 – **15 Z** 80/120.

REICHELSHEIM Hessen 417 419 Q 10 – 9 200 Ew – Höhe 216 m – Luftkurort.
🔰 Fremdenverkehrsamt, Rathaus, ✉ 64385, ℘ (06164) 5 08 26, Fax (06164) 50833.
Berlin 585 – Wiesbaden 84 – Darmstadt 36 – Mannheim 44.

✕✕ **Treusch im Schwanen,** Rathausplatz 2, ✉ 64385, ℘ (06164) 22 26,
Fax (06164) 809, 🌅 – 🅿 – 🍴 25. AE ⑩ E VISA
Donnerstag - Freitagmittag, Jan. und Feb. jeweils 3 Wochen geschl. – **Menu** (bemerkens-
werte Weinkarte) à la carte 38/81 (auch vegetarisches Menu).

In Reichelsheim-**Eberbach** NW : 1,5 km :
🏠 **Ferienhotel Lortz** ❀ garni, Ortstraße 3, ✉ 64385, ℘ (06164) 49 69,
Fax (06164) 55528, ≤, ≘s, 🏊, 🌳 – 📺 ☎ 🅿. ❀
Jan. - Feb. 4 Wochen und Mitte Nov. - 24. Dez. geschl. – **18 Z** 76/146.

In Reichelsheim-**Erzbach** SO : 6,5 km :
🏠 **Berghof,** Forststr. 44, ✉ 64385, ℘ (06164) 20 95, Fax (06164) 55298, ≘s, 🏊, 🌳,
❀ 🎣 – 🛗 ⇆ ☎ 🅿 – 🍴 20. ❀ Zim
Menu (Montag geschl.) à la carte 23/60 – **28 Z** 66/136 – ½ P 15.

In Reichelsheim-**Gumpen** SW : 2,5 km :
✕✕ **Schützenhof,** Kriemhildstr. 73 (B 47), ✉ 64385, ℘ (06164) 22 60, Fax (06164) 3051,
🌅, 🌳 – 📺 ☎ 🅿
Menu (Dienstag und Juli 2 Wochen geschl.) à la carte 22/60 🍷 – **7 Z** 45/90.

REICHENAU (Insel) Baden-Württemberg 419 W 11 – 4 800 Ew – Höhe 398 m – Erholungsort.
Sehenswert : In Oberzell : Stiftskirche St. Georg (Wandgemälde★★) – In Mittelzell :
Münster★ (Münsterschatz★).
🔰 Verkehrsbüro, Mittelzell, Ergat 5, ✉ 78479, ℘ (07534) 2 76.
Berlin 763 – Stuttgart 181 – Konstanz 12 – Singen (Hohentwiel) 29.

Im Ortsteil **Mittelzell** :
🏛 **Seehotel Seeschau** ❀, An der Schiffslände 8, ✉ 78479, ℘ (07534) 2 57,
Fax (07534) 7264, ≤, « Terrasse am See » – 🛗 📺 ☎ 🅿
Jan. - Feb. geschl. – **Kaminstube :** Menu à la carte 40/64 – **Le Gourmet** (nur Abendessen)
Menu à la carte 48/70 – **23 Z** 145/350 – ½ P 45.

🏠 **Mohren,** Pirminstr. 141, ✉ 78479, ℘ (07534) 4 85, Fax (07534) 1326, ☲ – 📶 📺 ☎
📵 – 🅰 40. ⁅ ① 🇪 𝐕𝐈𝐒𝐀
22. Dez. - Mitte Jan. geschl. – **Menu** (Sonntag und über Fastnacht geschl.) à la carte 42/68
– **36 Z** 95/225.

🏠 **Strandhotel Löchnerhaus** ⌕, An der Schiffslände 12, ✉ 78479, ℘ (07534) 80 30,
Fax (07534) 5 82, ≤, ☲, 🛥, 🚢 Bootssteg – 📶, ↔ Zim, 📺 ☎ ⇔ 📵 – 🅰 60. ⁅
① 𝐕𝐈𝐒𝐀. ⌖
Jan. und Feb. geschl. – **Menu** à la carte 46/72 – **44 Z** 120/260 – ½ P 40.

Im Ortsteil Oberzell :

🏠 **Kreuz,** Zelleleweg 4, ✉ 78479, ℘ (07534) 3 32, Fax (07534) 1460, 🚢 – 📺 📵. 🇪
über Fasching 2 Wochen, Mitte Okt. - Anfang Nov. und 24. - 31. Dez. geschl. – **Menu** (Montag
und Donnerstag geschl.) à la carte 32/58 – **12 Z** 75/140.

REICHENBACH Sachsen 𝟒𝟏𝟖 M 28, 𝟗𝟖𝟒 ⑳, 𝟗𝟖𝟕 ⑲ – 3 500 Ew – Höhe 258 m.
Berlin 217 – Dresden 96 – Görlitz 12 – Zittau 32.

🏠 **Reichenbacher Hof,** Oberreichenbach 8a (B 6), ✉ 02894, ℘ (035828) 7 50,
⇔ Fax (035828) 75235, ☲, ♨, Massage, 🞔, ≘ – 📶 📺 ☎ 📵 – 🅰 150. ⁅ ① 🇪 𝐕𝐈𝐒𝐀
Menu à la carte 23/46 – **54 Z** 95/195.

REICHENBACH (VOGTLAND) Sachsen 𝟒𝟏𝟖𝟒𝟐𝟎 O 20, 𝟗𝟖𝟒 ㉓, 𝟗𝟖𝟕 ㉙ – 25 000 Ew –
Höhe 377 m.
Berlin 289 – Dresden 118 – Gera 45 – Plauen 26.

🏠 **Burgberg Hotel** 📶 ⌕, Am Burgberg 2, ✉ 08468, ℘ (03765) 78 00,
Fax (03765) 780111, ☲, ≘ – 📶 ↔ Zim, 📺 ☎ 📵 – 🅰 35. ⁅ ① 🇪 𝐕𝐈𝐒𝐀. ⌖
Menu (nur Abendessen) à la carte 29/39 – **30 Z** 110/190.

REICHENHALL, BAD Bayern 𝟒𝟐𝟎 W 22, 𝟗𝟖𝟕 ㊶ – 17 000 Ew – Höhe 470 m – Heilbad –
Wintersport : 470/1 600 m ≼1 ≴2 ≴3.
🛈 Kur- und Verkehrsverein im Kurgastzentrum, Wittelsbacherstr. 15, ✉ 83435,
℘ (08651) 9 53 30, Fax (08651) 953311.
Berlin 723 ① – München 136 ① – Berchtesgaden 20 ② – Salzburg 19 ①

Stadtpläne siehe nächste Seiten

🏩 **Steigenberger Axelmannstein** ⌕, Salzburger Str. 2, ✉ 83435, ℘ (08651) 77 70,
Fax (08651) 5932, ☲, « Park », Massage, ♨, ≘, 🏊, 🚢, ✗ – 📶, ↔ Zim, 📺 ☎
📵 – 🅰 120. ⁅ ① 🇪 𝐕𝐈𝐒𝐀 𝐉𝐂𝐁. ⌖ Rest   AY a
Parkrestaurant : Menu à la carte 62/82 – **Axel-Stüberl** (Montag geschl.) **Menu** à la carte
26/50 – **151 Z** 215/490, 8 Suiten – ½ P 59.

🏠 **Parkhotel Luisenbad** ⌕, Ludwigstr. 33, ✉ 83435, ℘ (08651) 60 40,
Fax (08651) 62928, ☲, « Garten », Massage, ♨, ≘, 🏊, 🚢 – 📶, ↔ Rest, 📺 ⇔
📵 – 🅰 120. ① 🇪 𝐕𝐈𝐒𝐀   AY e
Menu à la carte 46/60 – **75 Z** 156/340 – ½ P 44.

🏠 **Sonnenbichl** ⌕, Adolf-Schmid-Str. 2, ✉ 83435, ℘ (08651) 7 80 80,
Fax (08651) 780859, ≘, 🚢 – 📶 📺 ☎ ⇔ 📵. ⁅ ① 🇪 𝐕𝐈𝐒𝐀. ⌖ Rest   AY h
(Restaurant nur für Hausgäste) – **36 Z** 90/160 – ½ P 25.

🏠 **Kurhotel Alpina** ⌕, Adolf-Schmid-Str. 5, ✉ 83435, ℘ (08651) 97 50,
Fax (08651) 65393, ≤, Massage ♨, 🚢 – 📶 📺 ☎ 📵. ⌖   AY t
Feb. - Okt. – (Restaurant nur für Hausgäste) – **65 Z** 90/202 – ½ P 18.

🏠 **Bayerischer Hof,** Bahnhofplatz 14, ✉ 83435, ℘ (08651) 60 90, Fax (08651) 609111,
☲, Massage, ♨, ≘, 🚢 ⇔ – ⁅ ① 🇪 𝐕𝐈𝐒𝐀   AY m
Menu à la carte 30/64 – **64 Z** 115/250 – ½ P 25.

🏠 **Hofwirt,** Salzburger Str. 21, ✉ 83435, ℘ (08651) 9 83 80, Fax (08651) 983836, ☲,
🚢 – 📶 📺 ☎ 📵. 🇪   AY k
25. Okt. - 10. Nov. geschl. – **Menu** (Montag geschl.) à la carte 27/55 – **20 Z** 80/140 – ½ P 20.

🏠 **Kurhotel Mozart** garni, Mozartstr. 8, ✉ 83435, ℘ (08651) 7 80 30,
Fax (08651) 62415, 🚢 – 📶 ↔ 📺 ☎ ⇔ 📵. ⌖   AY z
Mitte Feb. - Mitte Nov. – **27 Z** 53/150.

🏠 **Erika** ⌕, Adolf-Schmid-Str. 3, ✉ 83435, ℘ (08651) 9 53 60, Fax (08651) 9536200, ≤,
« Garten » – 📶 📺 ☎ 📵. ⁅ 🇪 𝐕𝐈𝐒𝐀. ⌖ Rest   AY u
März - Anfang Nov. – (Restaurant nur für Hausgäste) – **36 Z** 75/180 – ½ P 20.

🏠 **Brauerei-Gasthof Bürgerbräu,** Waaggasse 2, ✉ 83435, ℘ (08651) 60 89,
⇔ Fax (08651) 608504, Biergarten – 📶 📺 ☎. ⁅ ① 🇪 𝐕𝐈𝐒𝐀   AZ f
Menu à la carte 22/55 – **32 Z** 92/185 – ½ P 25.

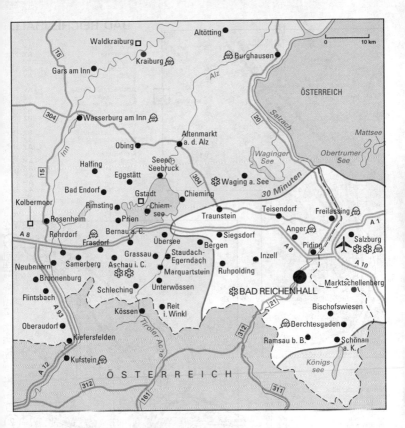

🏨 **Kurfürst** ⬧, Kurfürstenstr. 11, ⬚ 83435, 𝒫 (08651) 27 10, *Fax (08651) 2411*, 🚗 –
📺 ☎ AE ⓪ Ɛ VISA 🛇 Rest
20. Dez. - Ende Jan. geschl. – (nur Abendessen für Hausgäste) – **13 Z** 62/160 –
½ P 18.
AY r

In Bad Reichenhall-Karlstein : *über Staatsstraße* BZ :

🏨 **Karlsteiner Stuben** ⬧, Staufenstr. 18, ⬚ 83435, 𝒫 (08651) 98 00,
Fax (08651) 61250, �─, « Garten » – 📺 ☎ ⓟ
Mitte Jan. - Anfang März und Nov. - Mitte Dez. geschl. – **Menu** *(Dienstag geschl.)* à la carte
27/44 – **48 Z** 62/120 – ½ P 20.

In Bad Reichenhall-Kirchberg :

XXX **Kirchberg-Schlößl,** Thumseestr. 11, ⬚ 83435, 𝒫 (08651) 27 60, *Fax (08651) 2524,*
😋 🍴 – ⓟ AE ⓪ Ɛ VISA
BZ b
Mittwoch, Jan. 1 Woche und Juni 2 Wochen geschl. – **Menu** 38 (mittags) und à la carte
52/79
Spez. Chiemseezander mit Kartoffelschuppen auf Rieslingsauerkraut. Spanferkelrücken mit
dunkler Biersauce. Rehfilet in der Wachtel mit Holundersauce.

In Bad Reichenhall-Nonn :

🏨 **Neu-Meran** ⬧, ⬚ 83435, 𝒫 (08651) 40 78, *Fax (08651) 78520*, ≤ Untersberg und
Predigtstuhl, �─, ⬧s, 🔲, 🚗 – 📺 ☎ ⓟ
BZ k
Mitte Jan. - Mitte Feb. und Mitte Nov. - Mitte Dez. geschl. – **Menu** *(Dienstag - Mittwoch
geschl.)* (bemerkenswerte Weinkarte) à la carte 37/70 – **18 Z** 90/180, 6 Suiten –
½ P 35.

🏨 **Landhotel Sonnleiten** ⬧, ⬚ 83435, 𝒫 (08651) 6 10 09, *Fax (08651) 68585*, ≤, 🚗
– 📺 ☎ ⬅ ⓟ 🛇 Rest
BZ e
(nur Abendessen für Hausgäste) – **9 Z** 80/170.

BAD REICHENHALL

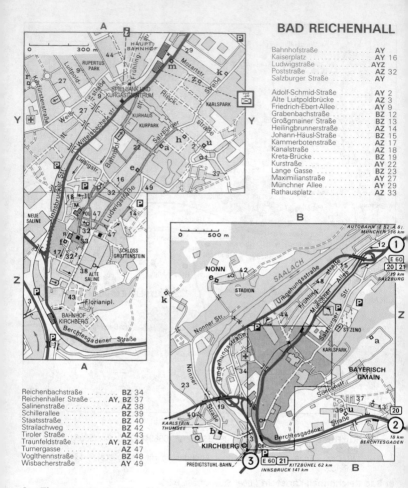

Am Thumsee *W : 5 km über Staatsstraße BZ :*

🏨 **Haus Seeblick** ⑤, Thumsee 10, ⊠ 83435 Bad Reichenhall, ℘ (08651) 9 86 30, *Fax (08651) 986388,* ⩽ Thumsee und Ristfeucht-Horn, Massage, 🍃, ⩬s, 🔲, 🐎, ✕, 🐎 – 🔃 🔟 ☎ ⇔ 🅿. 🅴. ✕ Rest
Anfang Nov. - Mitte Dez. geschl. – (Restaurant nur für Hausgäste) – **52 Z** 70/200 – ½ P 22.

✕ **Madlbauer** ⑤ mit Zim, Thumsee 2, ⊠ 83435 Bad Reichenhall, ℘ (08651) 22 96, *Fax (08651) 68920,* ⩽, 🏞, 🐎 – 🅿
Nov. geschl. – **Menu** *(Mittwoch geschl.)* à la carte 39/57 – **5 Z** 45/120.

In Bayerisch Gmain

🏨 **Klosterhof** ⑤, Steilhofweg 19, ⊠ 83457, ℘ (08651) 9 82 50, *Fax (08651) 66211,* ⩽, 🏞, ⩬s, 🐎 – 🔟 ☎ 🅿. ✕ Zim   BZ a
7. Jan. - 7. Feb. und 16. - 29. Nov. geschl. – **Menu** *(Montag - Dienstagmittag geschl.)* à la carte 36/66 – **14 Z** 95/240 – ½ P 30.

🏠 **Amberger,** Schillerallee 5, ⊠ 83457, ℘ (08651) 9 86 50, *Fax (08651) 986512,* ⩬s, 🔲, 🐎 – ⅍ Zim, 🔟 ☎ ⇔ 🅿. 🅴   BZ u
Dez. - Jan. geschl. – (nur Abendessen für Hausgäste) – **18 Z** 60/156 – ½ P 22.

REICHENSCHWAND *Bayern siehe Hersbruck.*

REICHSHOF Nordrhein-Westfalen **ⅢⅢ** N 7 - 17300 Ew - Höhe 300 m.

    🍴 Hassel, ℘ (02297) 71 31.

    🗓 Kurverwaltung Reichshof, Reichshof-Eckenhagen, Barbarossastr. 5, ✉ 51580, ℘ (02265) 4 70, Fax (02265) 356.

    Berlin 574 - Düsseldorf 97 - Bonn 87 - Olpe 22 - Siegen 38 - Köln 63.

In Reichshof-Eckenhagen - Heilklimatischer Kurort - Wintersport : 400/500 m ✖2 ✗6 :

    🏨 **Berghotel Haus Leyer** 🦌, Am Aggerberg 33, ✉ 51580, ℘ (02265) 90 21, Fax (02265) 8406, ≤, �️, 😑, 🔲, 🚿 - 📺 ☎ 🅿. 🆎 ⓞ ⋿ ⱽⁱˢᴬ
    Menu à la carte 32/55 - **16 Z** 90/180 - ½ P 25.

    🏨 **Aggerberg** 🦌 (mit Gästehaus), Am Aggerberg 20, ✉ 51580, ℘ (02265) 9 92 50, Fax (02265) 8756, ≤, �️, 🚿 - ↩ Zim, 📺 ☎ 📞 🅿
    Juli - Aug. 3 Wochen geschl. - **Menu** (Samstagmittag und Sonntagabend geschl.) à la carte 35/52 - **29 Z** 85/165.

In Reichshof-Hespert :

    🍴 **Ballebäuschen,** Hasseler Str. 10, ✉ 51580, ℘ (02265) 93 94, Fax (02265) 8773, Biergarten - 🅿. ⱽⁱˢᴬ, 🍽
    Dienstag geschl. - **Menu** à la carte 35/63.

In Reichshof-Wildbergerhütte :

    🏨 **Landhaus Wuttke,** Crottorfer Str. 57, ✉ 51580, ℘ (02297) 9 10 50, Fax (02297) 7828 - 📺 ☎ 🅿 - 🔬 30. 🆎 ⋿ ⱽⁱˢᴬ
    Juli - Aug. 3 Wochen geschl. - **Menu** à la carte 26/55 - **21 Z** 85/150 - ½ P 25.

REIFENSTEIN Thüringen siehe Leinefelde.

REIL Rheinland-Pfalz **ⅢⅢ** P 5 - 1600 Ew - Höhe 110 m.
    Berlin 673 - Mainz 110 - Bernkastel-Kues 34 - Cochem 47.

    🏨 **Reiler Hof,** Moselstr. 27, ✉ 56861, ℘ (06542) 26 29, Fax (06542) 1490, ≤, �️ - 🚗 🅿. 🆎 ⋿
    Dez. - Jan. geschl. - **Menu** à la carte 27/54 ⅙ - **23 Z** 60/130 - ½ P 15.

REILINGEN Baden-Württemberg siehe Hockenheim.

REINBEK Schleswig-Holstein **ⅢⅢ ⅢⅢ** F 14, **Ⅾ** ⑤ - 26000 Ew - Höhe 22 m.
    Berlin 272 - Kiel 113 - Hamburg 30 - Lübeck 56.

    🏨 **Waldhaus Reinbek** 🦌, Loddenallee, ✉ 21465, ℘ (040) 72 75 20, Fax (040) 72752100, �️, 🏋, 😑, 🚿 - 🛗, ↩ Zim, 📺 ♿ 🚗 🅿 - 🔬 100. 🆎 ⓞ ⋿ ⱽⁱˢᴬ
    Menu à la carte 44/78 - **50 Z** 210/335, 3 Suiten.

    🏨 **Sachsenwald-Hotel,** Hamburger Str. 4, ✉ 21465, ℘ (040) 72 76 10, Fax (040) 72761215, �️, 😑 - 🛗, ↩ Zim, 📺 ☎ ♿ 🚗 - 🔬 250. 🆎 ⋿ ⱽⁱˢᴬ
    Menu (Samstagmittag und Sonntag geschl.) à la carte 51/72 - **60 Z** 114/159.

REINBERG Mecklenburg-Vorpommern **ⅢⅢ** D 23, **Ⅾ** ⑦, **Ⅾ** ⑦ - 1200 Ew - Höhe 5 m.
    Berlin 231 - Schwerin 174 - Rügen (Bergen) 45 - Stralsund 16 - Greifswald 16.

Nahe der B 96 NW : 1,5 km :

    🏨 **Borgwarthof,** ✉ 18519 Reinberg-Oberhinrichshagen, ℘ (038328) 86 50, Fax (038328) 86536, �️ - 📺 ☎ 🅿 - 🔬 20. 🆎 ⋿ ⱽⁱˢᴬ, 🍽 Rest
    Menu à la carte 27/51 - **27 Z** 65/145.

REINFELD Schleswig-Holstein **ⅢⅢ ⅢⅢ** E 15, **Ⅾ** ⑤ - 8000 Ew - Höhe 17 m.
    Berlin 291 - Kiel 66 - Hamburg 57 - Lübeck 17.

    🏨 **Seeblick** garni, Ahrensböker Str. 4, ✉ 23858, ℘ (04533) 14 23, Fax (04533) 5610, 😑, 🚿 - 📺 ☎ 🚗 🅿
    19 Z 58/100.

    🏨 **Stadt Reinfeld,** Bischofsteicher Weg 1, ✉ 23858, ℘ (04533) 20 32 03, Fax (04533) 203251 - 📺 ☎ 🚗 🅿. ⋿ ⱽⁱˢᴬ
    Menu à la carte 23/36 - **11 Z** 85/140.

    🍴 **Holsteinischer Hof** mit Zim, Paul-von-Schönaich-Str. 50, ✉ 23858, ℘ (04533) 23 41, Fax (04533) 2341 - 📺 🚗. ⋿
    Menu (Montag geschl.) à la carte 39/58 - **7 Z** 55/115.

REINHARDSBRUNN Thüringen siehe Friedrichroda.

REINHARDSHAGEN Hessen 🄰🄸🄸 L 12 – 5 300 Ew – Höhe 114 m – Luftkurort.
> 🄱 Touristikbüro Reinhardshagen-Vaake, Mündener Str. 44, ✉ 34359,
> ℘ (05544) 95 07 54, Fax (05544) 950750.
>
> Berlin 375 – Wiesbaden 246 – Kassel 34 – Hann. Münden 11 – Höxter 53.

In Reinhardshagen-Veckerhagen :

> 🏠 **Peter,** Untere Weserstr. 2, ✉ 34359, ℘ (05544) 10 38, Fax (05544) 7216, ≼, 🎇, 🐎
> – 📺 🄿 🕐 🄴 *VISA*
> 5. - 22. Jan. geschl. – **Menu** *(Donnerstag geschl.)* à la carte 28/56 – **14 Z** 65/160.

REINSTORF Niedersachsen siehe Lüneburg.

REISBACH / VILS Bayern 🄰🄸🄾 U 21 – 6 900 Ew – Höhe 405 m.
> 🄸 Reisbach-Grünbach, ℘ (08734) 70 35.
>
> 🄱 Marktverwaltung, Rathaus, Landauer Str. 18, ✉ 94419, ℘ (08734) 4 90, Fax (08734)
> 4017.
>
> Berlin 582 – München 112 – Landshut 40 – Regensburg 88.

> 🏠 **Schlappinger Hof,** Marktplatz 40, ✉ 94419, ℘ (08734) 9 21 10, Fax (08734) 921192,
> 🍺 Biergarten – 📺 ☎ 🄿, 🄰🄴 🄴 *VISA*
> 1. - 20. Jan. geschl. – **Menu** *(Mittwoch geschl.)* à la carte 24/58 – **26 Z** 60/125.

REIT IM WINKL Bayern 🄰🄸🄾 W 21, 🄾🄸🄷 ④⓪ – 3 500 Ew – Höhe 700 m – Luftkurort – Wintersport :
700/1 800 m ⟋21 ⟍8.
> **Sehenswert :** Oberbayrische Häuser★.
>
> 🄸 Reit im Winkl-Birnbach, ℘ (08640) 82 16.
>
> 🄱 Verkehrsamt, Rathaus, ✉ 83242, ℘ (08640) 8 00 20, Fax (08640) 80029.
>
> Berlin 696 – München 111 – Bad Reichenhall 50 – Rosenheim 52 – Kitzbühel 35.

> 🏨 **Unterwirt,** Kirchplatz 2, ✉ 83242, ℘ (08640) 80 10, Fax (08640) 801150, 🎇,
> « Garten », ≼, 🔲, 🎇 – ⎸ 📺 ☎ ⟿ 🄿 – 🔏 30
> **Menu** à la carte 34/67 – **71 Z** 124/396.

> 🏨 **Steinbacher Hof** 🔊, Steinbachweg 10 (Ortsteil Blindau), ✉ 83242, ℘ (08640) 80 70,
> Fax (08640) 807100, ≼, 🎇, Massage, ≋, 🔲, 🎇 – ⎸ 📺 ☎ ⟿ 🄿
> Nov. - Mitte Dez. geschl. – **Menu** à la carte 34/65 – **57 Z** 144/278 – ½ P 35.

> 🏨 **Artmann's Sonnhof** 🔊 garni, Gartenstr. 3, ✉ 83242, ℘ (08640) 9 88 00,
> Fax (08640) 988025, ≼, Massage, ≋, 🎇, 🎤 – 📺 ☎ ⟍ ⟿ 🄿
> Nov. geschl. – **28 Z** 83/196, 9 Suiten.

> 🏨 **Gästehaus am Hauchen** garni, Am Hauchen 5, ✉ 83242, ℘ (08640) 87 74,
> Fax (08640) 410, ≋, 🔲 – 📺 ☎ 🄿, 🎤
> Nov. - 15. Dez. geschl. – **26 Z** 72/164.

> 🏠 **Sonnleiten,** Holunderweg 1 (Ortsteil Entfelden), ✉ 83242, ℘ (08640) 98 30,
> Fax (08640) 301, ≼, 🎇, ≋, 🎇 – 📺 ☎ 🄿, 🕐 🄴 *VISA*
> Mitte April - Mitte Mai und Mitte Okt. - Mitte Dez. geschl. – **Menu** *(Mittwoch geschl.)* *(nur
> Abendessen)* à la carte 28/61 – **25 Z** 75/160 – ½ P 25.

> 🏠 **Sonnwinkl** 🔊 garni, Kaiserweg 12, ✉ 83242, ℘ (08640) 9 84 70, Fax (08640) 984750,
> ≋, 🔲 – 📺 ☎ 🄿, 🎤
> Nov. - Mitte Dez. geschl. – **22 Z** 65/170.

> ✕ **Zirbelstube,** Am Hauchen 10, ✉ 83242, ℘ (08640) 82 85, Fax (08640) 5371, 🎇 – 🄿,
> 🎤
> 13. April - 20. Mai und 19. Okt. - 11. Dez. geschl. – **Menu** (abends Tischbestellung ratsam)
> à la carte 28/60.

REKEN Nordrhein-Westfalen 🄰🄸🄸 K 5, 🄾🄸🄷 ⑮ – 12 100 Ew – Höhe 65 m.
> Berlin 528 – Düsseldorf 83 – Bocholt 33 – Dorsten 22 – Münster (Westfalen) 53.

In Reken - Groß-Reken :

> 🏠 **Schmelting,** Velener Str. 3, ✉ 48734, ℘ (02864) 3 11, Fax (02864) 1395, 🎇, Dam-
> wildgehege – 📺 ☎ ⟿ 🄿, 🄰🄴 🄴
> 20. Dez. - 10. Jan. geschl. – **Menu** *(Freitag geschl.)* à la carte 21/52 – **23 Z**
> 54/102.

RELLINGEN Schleswig-Holstein **415 416** F 13 – 14 000 Ew – Höhe 12 m.
Berlin 304 – Kiel 92 – Hamburg 22 – Bremen 124 – Hannover 168.

🏠 **Rellinger Hof** (mit Gästehäusern), Hauptstr. 31, ⊠ 25462, ℰ (04101) 21 30,
Fax (04101) 512121 – 📺 ☎ 🅿
Menu à la carte 33/60 – **44 Z** 98/240.

In Rellingen-Krupunder SO : 5 km :

🏠🏠 **Fuchsbau**, Altonaer Str. 357, ⊠ 25462, ℰ (04101) 3 10 31, Fax (04101) 33952,
« Gartenterrasse » – 📺 ☎ 🅿 – 🔏 30. 🆎 ① 🇪 𝘝𝘐𝘚𝘈
Menu (Sonn- und Feiertage geschl.) (nur Abendessen) à la carte 42/63 – **42 Z**
125/180.   siehe Stadtplan Hamburg S. 3   R b

REMAGEN Rheinland-Pfalz **417** O 5 – 15 300 Ew – Höhe 65 m.
🛈 Touristinformation, Kirchstr. 6, ⊠ 53424, ℰ (02642) 2 25 72, Fax (02642) 20127.
Berlin 610 – Mainz 142 – Bonn 19 – Koblenz 38.

In Remagen-Kripp SO : 3,5 km :

🏠 **Rhein-Ahr**, Quellenstr. 67, ⊠ 53424, ℰ (02642) 4 41 12, Fax (02642) 46319, 🖙s, ⬛
🌊 – 📺 ☎ 🅿 🆎 ① 🇪 𝘝𝘐𝘚𝘈
23. Dez. - 15. Jan. geschl. – Menu (Montag geschl.) à la carte 23/48 ⅄ – **14 Z**
80/135.

In Remagen-Rolandseck N : 6 km :

🍴 **Bellevuechen**, Bonner Str. 68 (B 9), ⊠ 53424, ℰ (02228) 79 09, Fax (02228) 7909, ≼,
🏡 – 🅿 🆎 ① 🇪 𝘝𝘐𝘚𝘈
Montag - Dienstag geschl. – Menu (abends Tischbestellung ratsam) à la carte
62/78.

REMCHINGEN Baden-Württemberg **419** T 9 – 10 000 Ew – Höhe 162 m.
Berlin 673 – Stuttgart 54 – Karlsruhe 21 – Pforzheim 14.

In Remchingen-Wilferdingen :

🏠 **Zum Hirsch**, Hauptstr. 23, ⊠ 75196, ℰ (07232) 7 96 36, Fax (07232) 79638, 🏡 –
🍽 Zim, 📺 ☎ 🅿. 🆎 🇪 𝘝𝘐𝘚𝘈
Menu (Freitag geschl.) (wochentags nur Abendessen) à la carte 28/49 ⅄ – **14 Z**
75/130.

REMSCHEID Nordrhein-Westfalen **417** M 5, **987** ㉖ – 126 000 Ew – Höhe 366 m.
🛈 Wirtschaftsförderung Remscheid GmbH, Elberfelder Str. 41, ⊠ 42853,
ℰ (02191) 9 23 20, Fax (02191) 923250.
ADAC, Fastenrathstr. 1, ⊠ 42853, ℰ (0221) 47 27 47, Fax (02191) 294674.
Berlin 535 ② – Düsseldorf 40 ③ – Köln 43 ② – Lüdenscheid 35 ② – Solingen 12 ③ –
Wuppertal 12 ④

Stadtplan siehe nächste Seite

🏠🏠🏠 Remscheider Hof, Bismarckstr. 39, ⊠ 42853, ℰ (02191) 43 20, Fax (02191) 432158 –
📳, 🍽 Zim, 🍴 Rest, 📺 ⬌ 🅿 – 🔏 120   r
106 Z.

🏠 **Café Noll**, Alleestr. 85, ⊠ 42853, ℰ (02191) 4 70 00, Fax (02191) 470013 – 📳 📺 ☎.
🆎 ① 🇪 𝘝𝘐𝘚𝘈   e
Menu (bis 18 Uhr geöffnet, Sonn- und Feiertage geschl.) 19/26 und à la carte – **24 Z**
110/170.

In Remscheid-Lennep ② : 6 km :

🏠 **Berliner Hof** garni, Mollplatz 1, ⊠ 42897, ℰ (02191) 6 01 51, Fax (02191) 60451 – 📺
☎. 🆎 ① 🇪 𝘝𝘐𝘚𝘈
30 Z 85/195.

In Remscheid-Lüttringhausen ① : 6 km :

🏠🏠 **Fischer** (mit Gästehaus), Lüttringhauser Str. 131 (B 51), ⊠ 42899, ℰ (02191) 9 56 30,
Fax (02191) 956399, 🖙s – 📳, 🍽 Zim, 📺 ☎ 🅿 – 🔏 20. 🆎 ① 🇪 𝘝𝘐𝘚𝘈.
🍽 Zim
Menu (Samstagmittag und Dienstag geschl.) à la carte 35/64 – **47 Z** 98/210.

🏠 **Kromberg** (mit Gästehaus), Kreuzbergstr. 24, ⊠ 42899, ℰ (02191) 59 00 31,
Fax (02191) 51869 – 📺 ☎ ⬌. 🆎 ① 🇪 𝘝𝘐𝘚𝘈
Weihnachten - Anfang Jan. geschl. – Menu (Freitagmittag und Samstagmittag geschl.)
à la carte 31/52 – **18 Z** 95/150.

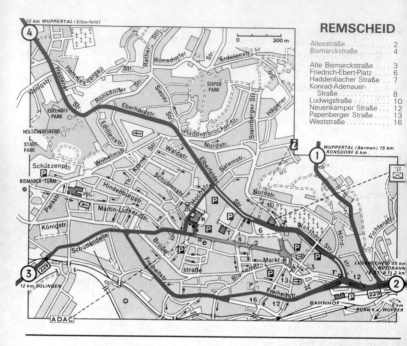

REMSCHEID

Alleestraße 2
Bismarckstraße 4

Alte Bismarckstraße 3
Friedrich-Ebert-Platz 6
Haddenbacher Straße . . 7
Konrad-Adenauer-
  Straße 8
Ludwigstraße 10
Neuenkamper Straße . . . 12
Papenberger Straße 13
Weststraße 16

REMSECK AM NECKAR Baden-Württemberg **419** T 11 – 16 300 Ew – Höhe 212 m.
Berlin 625 – Stuttgart 17 – Heilbronn 44 – Nürnberg 198.

In Remseck-Aldingen :

XX **Schiff,** Neckarstr. 1, ✉ 71686, ℰ (07146) 9 05 40, Fax (07146) 91616
🅿. 🅴 𝖵𝖨𝖲𝖠
Mittwoch - Donnerstag geschl. – Menu à la carte 44/74 (auch vegetarische Gerichte).

In Remseck-Hochberg :

XX **Gengenbach's Adler,** Am Schloß 2, ✉ 71686, ℰ (07146) 57 49
🏠 – 🅿. 🅴
Montag und Aug. 3 Wochen geschl. – Menu à la carte 40/72.

REMSHALDEN Baden-Württemberg **419** T 12 – 13 000 Ew – Höhe 267 m.
Berlin 615 – Stuttgart 23 – Schwäbisch Gmünd 34 – Schwäbisch Hall 58.

In Remshalden-Geradstetten :

XX **Krone** mit Zim, Obere Hauptstr. 2, ✉ 73630, ℰ (07151) 7 14 85, Fax (07151) 79458
– 📺. 🆎 ① 🅴 𝖵𝖨𝖲𝖠
Menu (Samstagmittag und Dienstag geschl.) à la carte 48/73 – **7 Z** 65/120.

In Remshalden-Hebsack :

🏨 **Lamm** (Gasthaus a.d.J. 1792), Winterbacher Str. 1, ✉ 73630, ℰ (07181) 4 50 61,
Fax (07181) 45410, 🏠 – 📳 📺 ☎ 📞 🅿 – 🔬 30. 🆎 ① 🅴 𝖵𝖨𝖲𝖠
Menu (Samstagmittag und Sonntagabend geschl.) à la carte 40/70 – **23 Z** 105/200.

RENCHEN Baden-Württemberg **419** U 8, **987** �37 – 6 000 Ew – Höhe 144 m.
Berlin 731 – Stuttgart 132 – Karlsruhe 61 – Offenburg 15 – Strasbourg 29 – Baden-
Baden 38.

In Renchen-Ulm O : 3 km :

X **Bauhöfers Braustüberl** mit Zim, Ullenburgstr. 16, ✉ 77871, ℰ (07843) 6 95,
Fax (07843) 97017, Biergarten – ☎ 🅿
Menu (Donnerstag geschl.) à la carte 31/60 – **6 Z** 65/120.

RENDSBURG Schleswig-Holstein **415 416** D 12, **987** ⑤ – 31 000 Ew – Höhe 7 m.

Sehenswert : *Eisenbahnhochbrücke*★ B.

🏌 *Sorgbrück (NW : 8 km über ⑤), ℘ (04336) 33 33.*

🛈 *Tourist-Information, Altes Rathaus, ⊠ 24768, ℘ (04331) 2 11 20, Fax (04331) 23369.*

Berlin 368 ③ – Kiel 36 ② – Neumünster 38 ③ – Schleswig 30 ⑤

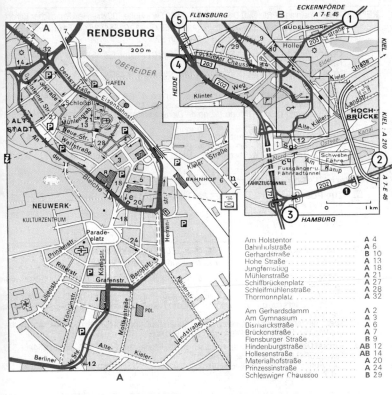

Am Holstentor	**A**	4
Bahnhofstraße	**A**	5
Gerhardstraße	**B**	10
Hohe Straße	**A**	13
Jungfernstieg	**A**	18
Mühlenstraße	**A**	21
Schiffbrückenplatz	**A**	27
Schleifmühlenstraße	**A**	28
Thormannplatz	**A**	32

Am Gerhardsdamm	**A**	2
Am Gymnasium	**A**	3
Bismarckstraße	**A**	6
Brückenstraße	**A**	7
Flensburger Straße	**B**	9
Hindenburgstraße	**AB**	12
Hollesenstraße	**AB**	14
Materialhofstraße	**A**	20
Prinzenstraße	**A**	24
Schleswiger Chaussee	**B**	29

🏛 **Pelli-Hof** (historisches Gebäude a.d.J. 1720), Materialhofstr. 1, ⊠ 24768, ℘ (04331) 2 22 16, Fax (04331) 23837, 🌳 – 📺 ☎ 🅿 – 🔬 80. 🆎 ⑩ 🗲 ᴠɪsᴀ   A e
Menu *(Sonntagabend - Montag geschl.)* à la carte 44/65 – **29 Z** 99/165.

🏛 **Conventgarten,** Hindenburgstr. 38, ⊠ 24768, ℘ (04331) 5 90 50, Fax (04331) 590565, ≤, 🌳 – 🛗, 🐾 Zim, 📺 ☎ 🅿 – 🔬 160. 🆎 ⑩ 🗲 ᴠɪsᴀ. 🕸 Rest
Menu à la carte 35/74 – **56 Z** 105/165.   B s

🏛 **Hansen,** Bismarckstr. 29, ⊠ 24768, ℘ (04331) 2 29 10, Fax (04331) 21647 – 📺 ☎ 🚐 🅿 – 🔬 50. 🆎 ⑩ 🗲 ᴠɪsᴀ   A n
Menu *(Sonntag geschl.)* à la carte 33/57 – **26 Z** 90/150.

🏠 **Tüxen Hotel,** Lancasterstr. 44, ⊠ 24768, ℘ (04331) 2 70 99, Fax (04331) 27090 – 📺 ☎ 🅿. 🆎 ⑩ 🗲 ᴠɪsᴀ   über Alte Kieler Landstraße   B
Menu *(Samstag geschl.)* (nur Abendessen) à la carte 39/55 – **20 Z** 95/150.

🏠 **Schützenheim,** Itzehoer Chaussee 2 (Am Südufer des Kanals), ⊠ 24784 Westerrönfeld, ℘ (04331) 8 90 41, Fax (04331) 87526 – 📺 ☎ 🅿. 🆎 🗲 ᴠɪsᴀ   B c
Menu à la carte 31/56 – **16 Z** 80/150.

In Büdelsdorf ① : 4 km :

🏛 **Heidehof** garni, Hollerstraße 130, ⊠ 24782, ℘ (04331) 34 30, Fax (04331) 343444, ≘s – 🛗 🐾 📺 ☎ 📞 🅿 – 🔬 70. 🆎 🗲 ᴠɪsᴀ
108 Z 120/300.

Am Bistensee ① : *13 km über Büdelsdorf-Holzbunge :*

🏛 **Töpferhaus** 🦐 (mit Gästehaus), ✉ 24791 Alt-Duvenstedt, 𝒫 (04338) 3 33, *Fax (04338) 551*, ≼ Bistensee, « Terrasse am See », ≘s, 🐾, 🌳, 🎿 – 🎿 Zim, 📺 &
🅿 – 🔬 50. 🖭 ⓞ 🗲 𝘝𝘐𝘚𝘈 ᴊᴄʙ
Menu à la carte 67/83 – **46 Z** 145/339.

RENGSDORF Rheinland-Pfalz 𝟺𝟷𝟽 O 6, 𝟿𝟾𝟽 ㉘ – *2 500 Ew – Höhe 300 m – Heilklimatischer Kurort.*
🛈 Kurverwaltung, Westerwaldstr. 32 a, ✉ 56579, 𝒫 (02634) 23 41, Fax (02634) 7706.
Berlin 607 – Mainz 118 – Koblenz 25 – Bonn 57.

🏛 **Obere Mühle** 🦐, an der Straße nach Hardert (N : 1 km), ✉ 56579, 𝒫 (02634) 22 29, *Fax (02634) 7577*, 🌳, « Park », ≘s, 🔲, 🌳 – 📺 ☎ 🅿 – 🔬 20. 🎿 Zim
Menu *(Donnerstag und 15. Nov. - 24. Dez. geschl.)* à la carte 37/59 – **15 Z** 70/160 – ½ P 20.

🎏 **Villa Hohenwald** 🦐 mit Zim, Alter Garten 1, ✉ 56579, 𝒫 (02634) 9 69 90, *Fax (02634) 969919*, 🌳, 🌳 – ▮🎿 📺 ☎ ⇔ 🅿 🖭 ⓞ 🗲 𝘝𝘐𝘚𝘈. 🎿
Jan. 2 Wochen geschl. – **Menu** *(Montag - Dienstagmittag geschl.)* à la carte 39/72 – **6 Z** 118/189.

🍴 **Am Wellenbad** 🦐 mit Zim, Buchenweg 18, ✉ 56579, 𝒫 (02634) 14 22, *Fax (02634) 8822*, 🌳, 🌳 – 📺 ☎ ⇔ 🅿
Jan. und Juli jeweils 2 Wochen geschl. – **Menu** *(Montagabend - Dienstag geschl.)* à la carte 29/57 – **8 Z** 55/130 – ½ P 15.

In Hardert NO : *3 km – Luftkurort :*

🏛 **Zur Post** 🦐, Mittelstr. 13, ✉ 56579, 𝒫 (02634) 27 27, Fax (02634) 2729, 🌳,
« Garten » – ⇔ 🅿
Nov. 2 Wochen und nach Karneval 2 Wochen geschl. – **Menu** *(Mittwoch geschl.)* à la carte 29/60 – **11 Z** 55/110 – ½ P 13.

RENNEROD Rheinland-Pfalz 𝟺𝟷𝟽 O 8, 𝟿𝟾𝟽 ㉘ – *3 800 Ew – Höhe 450 m.*
Berlin 551 – Mainz 87 – Limburg an der Lahn 28 – Siegen 42.

🏛 **Röttger,** Hauptstr. 50, ✉ 56477, 𝒫 (02664) 10 75, Fax (02664) 90453 – 📺 ☎ ⇔
🖇 🅿. 🖭 🗲 𝘝𝘐𝘚𝘈. 🎿 Rest
🦋 *Juli - Aug. 3 Wochen geschl.* – **Menu** *(Sonntag - Montag geschl.)* 75/98 und à la carte 52/84 – **Gaststube** *(Sonntagabend - Montag geschl.)* **Menu** à la carte 39/65 – **14 Z** 68/160
Spez. Zander auf der Haut gebraten mit Sauerkraut und Kartoffelstrudel. Gefüllte Taube mit Wirsing. Damhirschrücken in der Walnußkruste.

🍴 **Ratsstube** (mit Gästehaus), Hauptstr. 54 (1. Etage, ▮▮), ✉ 56477, 𝒫 (02664) 66 35, *Fax (02664) 90156* – 📺 ☎ 🅿. 🎿 Zim
Juli - Aug. 3 Wochen geschl. – **Menu** *(Sonntagabend und Samstag geschl.)* à la carte 27/58 – **6 Z** 80/130.

RENNINGEN Baden-Württemberg siehe Leonberg.

REPPELIN Mecklenburg-Vorpommern 𝟺𝟷𝟼 D 21 – *300 Ew – Höhe 48 m.*
Berlin 235 – Schwerin 109 – Rostock 22.

In Reppelin-Neu Wendorf N : *3 km :*

🏛 **Gutshaus Neu Wendorf** 🦐, ✉ 18190, 𝒫 (038209) 8 02 70, Fax (038209) 80271, 🌳 – 📺 ☎ 🅿. 🎿 Rest
22. - 28. Dez. geschl. – (nur Abendessen für Hausgäste) – **9 Z** 70/150 – ½ P 30.

RERIK Mecklenburg-Vorpommern 𝟺𝟷𝟼 D 18 – *2 100 Ew – Höhe 15 m – Seebad.*
🛈 Kurverwaltung, Dünenstr. 10, ✉ 18230, 𝒫 (038296) 4 29, Fax (038296) 513.
Berlin 261 – Schwerin 69 – Rostock 40 – Wismar 37.

🏛 **Am Alt Gaazer Eck** garni, Kröpeliner Str. 8, ✉ 18230, 𝒫 (038296) 71 60, *Fax (038296) 71666* – 📺 ☎ 🅿. 🖭 🗲
Jan. geschl. – **22 Z** 85/160.

RESTHAUSEN Niedersachsen siehe Cloppenburg.

REUTLINGEN Baden-Württemberg **419** U 11, **987** ㊳ – 106 500 Ew – Höhe 382 m.

🛈 Fremdenverkehrsamt, Listplatz 1, ✉ 72764, ℘ (07121) 3 03 26 22, Fax (07121) 339590.

ADAC, Lederstr. 102, ✉ 72764, ℘ (07121) 3 85 60, Fax (07121) 385666.

Berlin 676 ④ – Stuttgart 39 ① – Pforzheim 77 ① – Ulm (Donau) 75 ①

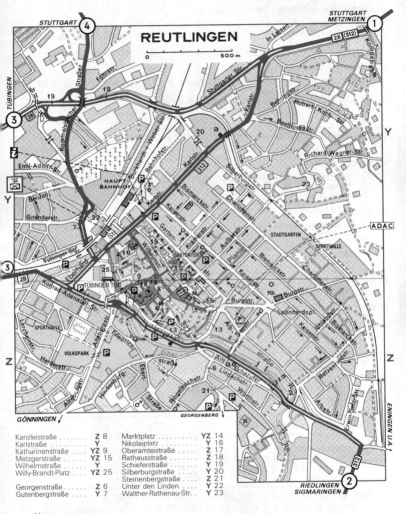

🏨 **Fürstenhof** garni, Kaiserpassage 5, ✉ 72764, ℘ (07121) 31 80, Fax (07121) 318318, Massage, 🔁, 🔲 – 🛗 ⇌ 📺 ☎ ✆ ↔ 🚗 – 🛎 50. ◪ ⓪ 🖪 𝘝𝘐𝘚𝘈   Y c
96 Z 130/220.

🏨 **Fora-Hotel,** Am Echazufer, ✉ 72764, ℘ (07121) 92 40, Fax (07121) 924444, 🏤, 🔁 – 🛗, ⇌ Zim, 📺 ☎ ✆ ✆ – 🛎 160. ◪ ⓪ 🖪 𝘝𝘐𝘚𝘈 𝘑𝘊𝘉   Z a
Menu à la carte 33/62 – **100 Z** 176/218.

🏨 **Württemberger Hof,** Kaiserstr. 3, ✉ 72764, ℘ (07121) 1 70 56, Fax (07121) 44385
– 🛗 📺 ☎ 🅿 ◪ ⓪ 🖪 𝘝𝘐𝘚𝘈   Y r
Menu (Freitag - Sonntag geschl.) (nur Abendessen) à la carte 37/65 – **50 Z** 98/160.

%%% **Stadt Reutlingen,** Karlstr. 55, ✉ 72764, ℰ (07121) 49 23 91 – **℗.** AE ⓿ E VISA
Samstag geschl. – **Menu** à la carte 46/82.   Y a

✕ **Ratskeller,** Marktplatz 22, ✉ 72764, ℰ (07121) 33 84 90, *Fax* (07121) 339375, 🍽
– 🛗 80. AE ⓿ E VISA   Z R
Sonntagabend - Montag geschl. – **Menu** à la carte 30/58.

In Reutlingen-Betzingen *über* ③ : *4 km* :

🏨 **Fortuna,** Carl-Zeiss-Str. 75 (nahe der B 28), ✉ 72770, ℰ (07121) 58 40 (Hotel),
58 41 77 (Rest.), *Fax* (07121) 584113, 🍽, ⭐ – 🛗, 🔄 Zim, 📺 ☎ ℗ – 🛗 180. AE ⓿
E VISA JCB
Menu *(Sonn- und Feiertage geschl.)* à la carte 36/66 – **100 Z** 106/180.

In Eningen unter Achalm *O : 5 km Z :*

🏨 **Eninger Hof,** Am Kappelbach 24, ✉ 72800, ℰ (07121) 98 85 50, *Fax* (07121) 9885537,
🍽 – 📺 ☎ ℗. AE ⓿ E VISA
Aug. 2 Wochen geschl. – **Menu** *(Donnerstagabend - Freitag geschl.)* à la carte 28/51 – **16 Z**
72/130.

RHEDA-WIEDENBRÜCK *Nordrhein-Westfalen* 417 K 8, 987 ⑮ – *38 000 Ew – Höhe 73 m.*
Berlin 418 – Düsseldorf 151 – Bielefeld 33 – Münster (Westfalen) 54 – Paderborn 36.

Im Stadtteil Rheda :

🏨 **Reuter,** Bleichstr. 3, ✉ 33378, ℰ (05242) 9 45 20, *Fax* (05242) 42788, 🍽 – 🛗, 🔄 Zim,
🚗 📺 ☎ 📞 ℗ – 🛗 15. AE ⓿ E VISA
Menu *(Freitag - Samstagmittag geschl.)* à la carte 48/79 – **36 Z** 85/185.

Im Stadtteil Wiedenbrück :

🏨 **Romantik Hotel Ratskeller,** Markt 11 (Eingang auch Lange Straße), ✉ 33378,
ℰ (05242) 92 10, *Fax* (05242) 921100, 🍽, « Historische Gasträume mit rustikaler
Einrichtung », ⭐ – 🛗, 🔄 Zim, 📺 ☎ 📞 🚗 – 🛗 20. AE ⓿ E VISA JCB
Menu à la carte 48/77 – **34 Z** 118/275.

RHEINAU *Baden-Württemberg* 419 U 7 – *10 400 Ew – Höhe 132 m.*
Berlin 730 – Stuttgart 134 – Karlsruhe 59 – Strasbourg 23 – Offenburg 34.

In Rheinau-Diersheim :

🏨 **La Provence** garni, Hanauer Str. 1, ✉ 77866, ℰ (07844) 4 70 15, *Fax* (07844) 47663
– 📺 ☎ ℗. AE ⓿ E VISA
20. Dez. - 10. Jan. geschl. – **12 Z** 68/119.

In Rheinau-Linx :

✕ **Grüner Baum,** Tullastr. 30 (B 36), ✉ 77866, ℰ (07853) 3 58, *Fax* (07853) 17458, 🍽
– ℗. AE ⓿ E VISA
Sonntagabend und Montagabend, Jan. sowie Juli - Aug. jeweils 2 Wochen geschl. – **Menu**
à la carte 36/72.

RHEINBÖLLEN *Rheinland-Pfalz* 417 P 7 – *3 700 Ew – Höhe 360 m.*
Berlin 621 – Mainz 53 – Koblenz 47 – Bad Kreuznach 35 – Trier 98.

🏨 **Landhaus Elbert,** Am Bahnhof 1, ✉ 55494, ℰ (06764) 9 00 78, *Fax* (06764) 90022
– 📺 ☎ ℗ – 🛗 20. AE ⓿ E VISA
Menu *(Montagmittag geschl.)* à la carte 30/62 – **15 Z** 85/138.

RHEINBREITBACH *Rheinland-Pfalz* 417 O 5 – *4 000 Ew – Höhe 80 m.*
Berlin 608 – Mainz 140 – Bonn 20 – Koblenz 49.

🏨 **Haus Bergblick** ⬙, Gebr.-Grimm-Str. 11, ✉ 53619, ℰ (02224) 7 10 50,
Fax (02224) 71060, 🍽, ✂ – 📺 ☎ 🚗 ℗. ✂
Menu *(Mittwoch geschl.)* à la carte 26/52 – **14 Z** 85/150.

RHEINBROHL *Rheinland-Pfalz* 417 O 6 – *4 000 Ew – Höhe 65 m.*
Berlin 613 – Mainz 124 – Koblenz 31 – Bonn 37.

✕ **Klauke's Krug,** Kirchstr. 11, ✉ 56598, ℰ (02635) 24 14, *Fax* (02635) 5295, Biergarten
– AE ⓿ E VISA
Dienstag und März geschl. – **Menu** à la carte 41/69.

RHEINE Nordrhein-Westfalen **415 417** J 6, **987** ⑮ – 74 000 Ew – Höhe 45 m.

  ᵣ̄ₑ ᵣ̄ₑ Rheine-Mesum, Winterbrockstraße (SO : 8 km), ℰ (05975) 94 90.

  🖪 Verkehrsverein-Tourist Information, Bahnhofstr. 14, ⊠ 48431, ℰ (05971) 5 40 55, Fax (05971) 52988.

  ADAC, Tiefe Str. 32, ⊠ 48431, ℰ (05971) 5 71 11, Fax (05971) 57156.

  Berlin 470 – Düsseldorf 166 – Enschede 45 – Münster (Westfalen) 45 – Osnabrück 46.

🏨 **City-Club-Hotel** ⌺, Humboldtplatz 8, ⊠ 48429, ℰ (05971) 8 80 05, Fax (05971) 87500, 🍴 – |🛗|, ⇚ Zim, 📺 ☎ 🅿 – 🔬 400. 🖭 ⓞ ⋲ 𝘝𝘐𝘚𝘈
Menu (Sonntagabend geschl.) à la carte 35/60 – **58 Z** 140/200.

🏠 **Lücke**, Heilig-Geist-Platz 1, ⊠ 48431, ℰ (05971) 1 61 80, Fax (05971) 161816, ⇌ –
|🛗|, ⇚ Zim, 📺 ☎ ⇚ 🅿 – 🔬 50. ⋲ 𝘝𝘐𝘚𝘈
Menu (Samstagmittag und Sonntag geschl.) à la carte 39/63 – **40 Z** 125/185.

🏠 **Zum Alten Brunnen**, Dreierwalder Str. 25, ⊠ 48429, ℰ (05971) 8 80 61, Fax (05971) 87802, « Gartenrestaurant » – 📺 ☎ ⇚ 🅿. ⋲ 𝘝𝘐𝘚𝘈
24. Dez. - 1. Jan. geschl. – Menu (nur Abendessen) à la carte 38/66 – **15 Z** 95/210.

🏠 **Freye** ⌺ garni, Emsstr. 1a, ⊠ 48431, ℰ (05971) 20 69, Fax (05971) 53568 – 📺 ☎.
🖭 ⋲ 𝘝𝘐𝘚𝘈
Weihnachten - Anfang Jan. geschl. – **18 Z** 85/150.

In Rheine-Elte SO : 7,5 km :

  ✗ **Zum Splenterkotten** mit Zim, Ludgerusring 44, ⊠ 48432, ℰ (05975) 2 85, Fax (05975) 3947, Biergarten, « Münsterländer Bauernhaus a.d.J. 1764 » – 📺 ☜
  🅿
  16. Feb. - 1. März geschl. – Menu (Montag - Dienstag geschl.) à la carte 32/62 – **5 Z** 65/140.

In Rheine-Mesum SO : 7 km :

  ✗✗ **Altes Gasthaus Borcharding** mit Zim, Alte Bahnhofstr. 13, ⊠ 48432, ℰ (05975) 12 70, Fax (05975) 3507, 🍴, « Stilvolle, rustikale Einrichtung » – 📺 ☎ 🅿 – 🔬 40. 🖭 ⓞ ⋲ 𝘝𝘐𝘚𝘈. ⌘
  Jan. 1 Woche geschl. – Menu (Donnerstag - Freitagmittag und Samstagmittag geschl.) (bemerkenswerte Weinkarte) à la carte 38/68 – **9 Z** 75/170.

  ✗✗ **Mesumer Landhaus**, Emsdettener Damm 151 (B 481), ⊠ 48432, ℰ (05975) 2 41, Fax (05975) 3625, 🍴 – 🅿. ⋲
  Samstagmittag und Montag geschl. – Menu à la carte 35/65.

In Spelle NO : 12 km :

  🏨 **Krone**, Bernard-Krone-Str. 15, ⊠ 48480, ℰ (05977) 9 39 20, Fax (05977) 939292 – |🛗|, ⇚ Zim, 📺 ☎ ✆ ⌘ 🅿 – 🔬 120. 🖭 ⋲ 𝘝𝘐𝘚𝘈
  Menu (Samstagmittag, Montag und Juli - Aug. 3 Wochen geschl.) à la carte 30/54 – **28 Z** 90/120.

RHEINFELDEN Baden-Württemberg **419** X 7, **987** ㊲ – 28 000 Ew – Höhe 283 m.
  Berlin 838 – Stuttgart 284 – Freiburg im Breisgau 84 – Bad Säckingen 15 – Basel 19.

🏠 **Danner** garni, Am Friedrichplatz, ⊠ 79618, ℰ (07623) 7 21 70, Fax (07623) 63973 –
|🛗| ⇚ 📺 ☎ 🅿. 🖭 ⋲ 𝘝𝘐𝘚𝘈
33 **Z** 98/180.

  ✗ **I Fratelli**, Alte Landstr. 1, ⊠ 79618, ℰ (07623) 3 02 54, Fax (07623) 30254 – 🅿. ⋲
  ⌂ 𝘝𝘐𝘚𝘈
  Montag und Aug. 2 Wochen geschl. – Menu (italienische Küche) à la carte 41/67.

In Rheinfelden-Eichsel N : 6 km :

  🏠 **Landgasthaus Maien** ⌺, Maienplatz 2, ⊠ 79618, ℰ (07623) 7 21 50, ⌂ Fax (07623) 721530, ≤, 🍴, Biergarten – |🛗|, ⇚ Zim, 📺 ☎ ⌘ 🅿 – 🔬 60. 🖭 ⓞ ⋲
  𝘝𝘐𝘚𝘈
  Menu (Donnerstagmittag und Freitagmittag geschl.) à la carte 22/55 – **18 Z** 85/180.

  ✗✗ **Café Elke**, Saaleweg 8, ⊠ 79618, ℰ (07623) 44 37, Fax (07623) 40550, « Gartenterrasse mit ≤ » – 🅿
  Montag - Dienstag geschl. – Menu à la carte 32/64 (auch vegetarische Gerichte) ⌘.

In Rheinfelden-Riedmatt NO : 5 km :

  🏠 **Storchen**, Brombachstr. 3 (an der B 34), ⊠ 79618, ℰ (07623) 7 51 10, Fax (07623) 5198, 🍴 – |🛗|, ⇚ Zim, 📺 ☎ ⌘ 🅿. ⋲ 𝘝𝘐𝘚𝘈
  Menu (Freitag - Samstagmittag und 28. Dez. - 8. Jan. geschl.) à la carte 32/70 – **31 Z** 95/140.

RHEINSBERG Brandenburg **416** G 22, **984** ⑪, **987** ⑱ – 5 500 Ew – Höhe 56 m.
  Sehenswert : Schloß Rheinsberg★.
  🏛 Touristinformation, Markt(Kavalierhaus), ✉ 16831, 𝒫 (033931) 20 59, Fax (033931) 2059.
  Berlin 88 – Potsdam 125 – Neubrandenburg 70.

🏛 **Schloß-Hotel Deutsches Haus**, Seestr. 13, ✉ 16831, 𝒫 (033931) 3 90 59, Fax (033931) 39063, 🏤 – |🛗|, 🍽 Rest, 📺 ☎ – 🛗 30. 🖭 🗲 𝘃𝘪𝘴𝘢
  Menu (bemerkenswerte Weinkarte) à la carte 37/65 – **28 Z** 140/240.

🏛 **Der Seehof**, Seestr. 18, ✉ 16831, 𝒫 (033931) 40 30, Fax (033931) 40399, 🏤, « Ehemaliges Ackerbürgerhaus a.d.J. 1750 mit Landhausatmosphäre » – 📺 ☎. 🖭 🗲 𝘃𝘪𝘴𝘢
  Jan. geschl. – **Menu** à la carte 29/58 – **11 Z** 100/200.

✕ **Ratskeller**, Markt 1, ✉ 16831, 𝒫 (033931) 22 64, Fax (033931) 38058, 🏤 – 🖭 🗲 𝘃𝘪𝘴𝘢
  Menu à la carte 27/57.

RHEINSTETTEN Baden-Württemberg **419** T 8 – 18 500 Ew – Höhe 116 m.
  Berlin 690 – Stuttgart 88 – Karlsruhe 10 – Rastatt 14.

In Rheinstetten-Neuburgweier :

✕✕ **Zum Karpfen**, Markgrafenstr. 2, ✉ 76287, 𝒫 (07242) 18 73, Biergarten. 🗲
  Montag - Dienstagmittag und Mitte Feb. - Anfang März geschl. – **Menu** à la carte 36/58.

RHEINTAL Rheinland-Pfalz **417** P 6, 7, **987** ㉖.
  Sehenswert : Tal★★★ von Bingen bis Koblenz (Details siehe unter den erwähnten Rhein-Orten).

RHENS Rheinland-Pfalz **417** P 6 – 3 000 Ew – Höhe 66 m.
  🏛 Verkehrsamt, Rathaus, ✉ 56321, 𝒫 (02628) 96 05 42, Fax (02628) 96024.
  Berlin 602 – Mainz 95 – Koblenz 12 – Boppard 12.

✕✕ **Königstuhl** mit Zim, Am Rhein 1, ✉ 56321, 𝒫 (02628) 22 44, ≤, 🏤, « Haus a.d.J. 1573 mit altdeutscher Einrichtung » – 🚗 ☻ – 🛗 40. 🖭 ⓪ 🗲 𝘃𝘪𝘴𝘢
  Jan. geschl. – **Menu** (Montag geschl.) à la carte 34/67 – **11 Z** 105/145.

RHODT UNTER RIETBURG Rheinland-Pfalz siehe Edenkoben.

RIBNITZ-DAMGARTEN Mecklenburg-Vorpommern **416** D 21, **984** ⑦, **987** ⑥ ⑦ – 17 200 Ew – Höhe 8 m.
  🏛 Stadtinformation, in Ribnitz, Marktplatz 1, ✉ 18311, 𝒫 (03821) 22 01, Fax (03821) 2201.
  Berlin 245 – Schwerin 115 – Rostock 32.

Im Stadtteil Ribnitz :

🏛 **Zum Bodden**, Lange Str. 54, ✉ 18311, 𝒫 (03821) 81 35 75, Fax (03821) 813576 – 🚗 📺 ☎ – 🛗 30. 🖭 ⓪ 🗲 𝘃𝘪𝘴𝘢
  Menu à la carte 24/48 – **32 Z** 100/125.

RIEDEN Bayern siehe Füssen..

RIEDENBURG Bayern **419 420** T 19, **987** ㉙ – 5 300 Ew – Höhe 354 m – Luftkurort.
  🏛 Haus des Gastes, Marktplatz, 𝒫 (09442) 25 40.
  Berlin 510 – München 132 – Ingolstadt 33 – Nürnberg 96 – Regensburg 43.

In Riedenburg-Obereggersberg W : 4 km :

🏛 **Schloß Eggersberg** ≫, ✉ 93339, 𝒫 (09442) 9 18 70, Fax (09442) 918787, ≤, 🏤, « Hofmark-Museum », 🚗 – ☎ ☻ – 🛗 30. 🖭 ⓪ 🗲 𝘃𝘪𝘴𝘢
  Jan. - Feb. geschl. – **Menu** (Montag geschl.) à la carte 45/70 – **15 Z** 95/245 – ½ P 35.

RIEDERICH Baden-Württemberg siehe Metzingen.

RIEDSTADT Hessen 417 419 Q 9 – 23 000 Ew – Höhe 140 m.
  Berlin 578 – Wiesbaden 43 – Frankfurt am Main 49 – Darmstadt 14.

In Riedstadt-Goddelau :

🏫 **Riedstern** garni, Stahlbaustr. 17, ✉ 64560, ☎ (06158) 10 71, Fax (06158) 4141 – 🛗
  📺 ☎ 🅿. AE ① E VISA
  30 Z 99/160.

RIEGEL Baden-Württemberg 419 V 7, 987 ㉟ – 2 700 Ew – Höhe 183 m.
  Berlin 796 – Stuttgart 187 – Freiburg im Breisgau 27 – Offenburg 45.

🏫 **Riegeler Hof,** Hauptstr. 69, ✉ 79359, ☎ (07642) 68 50, Fax (07642) 68568, 🏡 –
  ↔ Zim, 📺 ☎ 🅿. AE ① E VISA
  Menu (wochentags nur Abendessen) à la carte 38/68 🕯 – **55 Z** 85/160.

🏫 **Zum Rebstock,** Hauptstr. 37, ✉ 79359, ☎ (07642) 10 26, Fax (07642) 3766, 🏡 –
  📺 ☎ 🅿. AE ① E VISA
  Menu (Montag geschl.) à la carte 27/50 – **16 Z** 85/120.

In Malterdingen O : 2 km :

🏨 **Landhaus Keller** ⚞, Gartenstr. 21, ✉ 79364, ☎ (07644) 41 30, Fax (07644) 4146,
  🏡, « Geschmackvolle Zimmereinrichtung » – ↔ Zim, 📺 ☎ ✆ ⟵ 🅿 – 🔬 20. AE E
  VISA. ⚞ Zim
  Juli - Aug. 3 Wochen geschl. – **Menu** (Samstagmittag und Sonntagmittag geschl.) à la carte
  50/68 – **14 Z** 115/230.

RIELASINGEN-WORBLINGEN Baden-Württemberg siehe Singen (Hohentwiel).

RIENECK Bayern 417 418 P 12 – 2 200 Ew – Höhe 170 m – Erholungsort.
  Berlin 512 – München 325 – Fulda 72 – Würzburg 45.

🏨 **Gut Dürnhof,** Burgsinner Str. 3 (N : 1 km), ✉ 97794, ☎ (09354) 10 01,
  Fax (09354) 1512, « Gartenterrasse mit ≪ », 🔲, ⚞, 🦌 (Halle) – ↔ Zim, 📺 ☎ ⟵
  🅿 – 🔬 40. AE ① E VISA
  Menu à la carte 36/57 – **30 Z** 110/190 – ½ P 28.

RIESA AN DER ELBE Sachsen 418 M 23, 984 ⑳, 987 ⑱ – 48 000 Ew – Höhe 120 m.
  Berlin 192 – Dresden 65 – Leipzig 62 – Meißen 27.

🏨 **Wettiner Hof,** Hohe Str. 4, ✉ 01587, ☎ (03525) 71 80, Fax (03525) 718222, 🏡 –
⟵ 🛗 📺 ☎ ⟵ 🅿 – 🔬 15. AE ① E VISA
  Menu à la carte 24/50 – **44 Z** 120/170.

🏨 **Saxonia,** Bahnhofstr. 41, ✉ 01587, ☎ (03525) 71 83 00, Fax (03525) 718334 – 📺 ☎
⟵ 🅿 – 🔬 25. AE ① E VISA
  Menu à la carte 24/55 – **43 Z** 95/150.

🏠 **Sachsenhof,** Hauptstr. 65, ✉ 01587, ☎ (03525) 73 36 29, Fax (03525) 730167, 🏡
⟵ – 📺 ☎ 🅿. AE E VISA
  Menu (Freitagmittag und Sonntagabend geschl.) à la carte 23/42 – **14 Z** 90/120.

In Roederau - Bobersen-Moritz NO : 3,5 km :

🏨 **Moritz an der Elbe,** Dorfstr. 1, ✉ 01619, ☎ (03525) 76 11 11, Fax (03525) 761114,
⟵ 🏡 – 🛗, ↔ Zim, 📺 ☎ 🔥 🅿 – 🔬 15. AE E VISA. ⚞ Rest
  Menu (nur Abendessen) à la carte 22/41 – **42 Z** 90/145.

RIESSERSEE Bayern siehe Garmisch-Partenkirchen.

RIETBERG Nordrhein-Westfalen 417 K 9, 987 ⑮ – 23 500 Ew – Höhe 83 m.
  🏌 Ritberg-Varensell, Gütersloher Str. 127, ☎ (05244) 23 40.
  Berlin 423 – Düsseldorf 160 – Bielefeld 35 – Münster (Westfalen) 63 – Paderborn 27.

In Rietberg-Mastholte SW : 7 km :

🍴🍴 **Domschenke,** Lippstädter Str. 1, ✉ 33397, ☎ (02944) 3 18, Fax (02944) 6931 – 🅿. E
❀ Samstagmittag, Dienstag, Jan. 1 Woche, März - April 2 Wochen und Juli - Aug. 3 Wochen
  geschl. – **Menu** (abends Tischbestellung ratsam) 36/44 (mittags) und à la carte 73/95
  Spez. Gänseleberparfait im Baumkuchenmantel. Gebratene Gemüse mit Rosmarin und
  Garnelen. Gratinierter Lammrücken.

RIETHNORDHAUSEN Thüringen 418 M 17 – 885 Ew – Höhe 192 m.
Berlin 275 – *Erfurt 16* – Gotha 37 – Nordhausen 58 – Weimar 34.

🏠 **Landvogt** M, Erfurterstr. 29, ✉ 99195, ℰ (036204) 5 25 11, Fax (036204) 52513,
Biergarten, ⇆ – ⇆ Zim, �📺 ☎ 🅿 – 🔏 25. 🖭 🔂 𝚅𝙸𝚂𝙰
Menu (wochentags nur Abendessen) à la carte 27/51 🍷 – **16 Z** 95/130.

RIEZLERN Österreich siehe Kleinwalsertal.

RIMBACH Bayern 420 S 22 – 2 000 Ew – Höhe 560 m – Erholungsort.
🅱 Verkehrsamt, Hohenbogenstr. 10, ✉ 93485, ℰ (09941) 89 31, Fax (09941) 7292.
Berlin 505 – München 202 – Cham 20 – Deggendorf 53.

🏠 **Bayerischer Hof**, Dorfstr. 32, ✉ 93485, ℰ (09941) 23 14, Fax (09941) 2315, 🍴, ⇆ s,
⇆ 🏊, 🐎 – 🔊 �📺 🅿 🔂 𝚅𝙸𝚂𝙰
8. - 18. Jan. und Nov. 3 Wochen geschl. – **Menu** à la carte 24/44 – **130 Z** 80/164 – ½ P 22.

RIMBACH Hessen siehe Fürth im Odenwald.

RIMPAR Bayern 417 419 420 Q 13 – 7 000 Ew – Höhe 224 m.
Berlin 501 – München 285 – Nürnberg 90 – Schweinfurt 35 – Würzburg 9,5.

🍴 **Schloßgaststätte,** im Schloß Grumbach, ✉ 97222, ℰ (09365) 38 44,
Fax (09365) 4193, 🍴, « Ehemaliges Jagdschloß a.d.J. 1603 »
Mittwoch und nach Pfingsten 2 Wochen geschl. – **Menu** à la carte 25/48 🍷.

RIMSTING Bayern 420 W 21 – 3 100 Ew – Höhe 563 m – Luftkurort.
Sehenswert : Chiemsee★.
🅱 Verkehrsamt, Rathaus, Schulstr. 4, ✉ 83253, ℰ (08051) 44 61, Fax (08051) 61694.
Berlin 653 – München 87 – Bad Reichenhall 61 – Wasserburg am Inn 24 – Rosenheim 20.

In Rimsting-Greimharting SW : 4 km – Höhe 668 m

🍲 **Der Weingarten** 🍴, Ratzingerhöhe, ✉ 83253, ℰ (08051) 6 29 16,
Fax (08051) 63517, ≤ Voralpenlandschaft, Chiemsee und Alpen, 🍴, 🐎 – �📺 ⇆ 🅿
Menu (Freitag geschl.) à la carte 25/48 – **13 Z** 55/120 – ½ P 20.

In Rimsting-Schafwaschen NO : 1 km, am Chiemsee :

🍲 **Seehof** 🍴, ✉ 83253, ℰ (08051) 16 97, Fax (08051) 1698, ≤, 🍴, 🛥, 🐎 – ⇆
🅿
März 2 Wochen und Nov. 3 Wochen geschl. – **Menu** (Dienstag, im Winter Montag - Dienstag
geschl.) à la carte 23/48 🍷 – **17 Z** 44/120 – ½ P 20.

RINGELAI Bayern 420 T 24 – 960 Ew – Höhe 410 m – Erholungsort.
Berlin 535 – München 209 – Passau 33 – Regensburg 138.

🏠 **Wolfsteiner Ohe** 🍴, Perlesreuter Str. 5, ✉ 94160, ℰ (08555) 9 70 00,
Fax (08555) 8242, 🍴, ⇆ s, 🏊, 🐎 – ☎ 🅿
Menu à la carte 24/41 🍷 – **30 Z** 60/116 – ½ P 20.

RINGGAU Hessen 418 M 14 – 3 600 Ew – Höhe 300 m.
Berlin 382 – Wiesbaden 211 – *Kassel 52* – Bad Hersfeld 47 – Göttingen 6537.

In Ringgau-Datterode NW : 6 km :

🏠 **Fasanenhof** 🍴, Hasselbachstr. 28, ✉ 37296, ℰ (05658) 13 14, Fax (05658) 8440,
🍴, 🐎 – �📺 ☎ 🅿 🖭 🔂 🔂 𝚅𝙸𝚂𝙰 𝙹𝙲𝙱
Menu à la carte 26/53 – **10 Z** 65/125.

RINGSHEIM Baden-Württemberg 419 V 7 – 2 000 Ew – Höhe 166 m.
Berlin 776 – Stuttgart 175 – *Freiburg im Breisgau 35* – Offenburg 33.

🏠 **Heckenrose,** an der B 3, ✉ 77975, ℰ (07822) 14 84, Fax (07822) 3764 – 🔊 �📺 ☎
🅿 – 🔏 20. 🖭 🔂 𝚅𝙸𝚂𝙰
Menu (Samstagmittag, Montagmittag und Jan. 2 Wochen geschl.) à la carte 33/66 🍷 –
32 Z 80/150.

RINTELN Niedersachsen **417** J 11, **987** ⑯ – 28 500 Ew – Höhe 55 m.

🔲 Tourist-Information, Klosterstr. 20, ⊠ 31737, ℘ (05751) 40 31 62, Fax (05751) 403230.

Berlin 342 – Hannover 60 – Bielefeld 61 – Hameln 27 – Osnabrück 91.

🏨 **Der Waldkater** ⤫, Waldkaterallee 27, ⊠ 31737, ℘ (05751) 1 79 80, Fax (05751) 179883, 🍽, Hausbrauerei, ⇌s – 🛗, ⊱≠ Zim, 📺 ☎ ⇌ 🅿 – 🔬 80. 🖭 ⓞ 🗲 𝘝𝘐𝘚𝘈
Menu à la carte 33/70 – **31 Z** 160/230.

🏠 **Stadt Kassel,** Klosterstr. 42, ⊠ 31737, ℘ (05751) 9 50 40, Fax (05751) 44066 – 📺 ☎ 🅿 – 🔬 30. 🖭 ⓞ 🗲 𝘝𝘐𝘚𝘈
Menu à la carte 29/55 – **39 Z** 75/165.

In Rinteln-Todenmann NW : 3 km – Erholungsort :

🏨 **Altes Zollhaus,** Hauptstr. 5, ⊠ 31737, ℘ (05751) 7 40 57, Fax (05751) 7761, ≤, 🍽, ⇌s – 📺 ☎ 🅿 – 🔬 50. 🖭 ⓞ 🗲 𝘝𝘐𝘚𝘈, 🛇
Menu à la carte 32/67 – **21 Z** 80/190 – ½ P 30.

RIPPOLDSAU-SCHAPBACH, BAD Baden-Württemberg **419** U 8, **987** ㉚ – 2 500 Ew – Höhe 564 m – Heilbad – Luftkurort.

🔲 Tourist-Information, Kurhaus (Bad Rippoldsau), ⊠ 77776, ℘ (07440) 7 22, Fax (07440) 529.

Berlin 732 – Stuttgart 106 – Karlsruhe 97 – Offenburg 55 – Freudenstadt 15.

Im Ortsteil Bad Rippoldsau :

🏨 **Kranz,** Reichenbachstr. 2, ⊠ 77776, ℘ (07440) 7 25, Fax (07440) 511, 🍽, ⇌s, 🏊, 🏖, 🛇 – 🛗 ☎ ⇌ 🅿 – 🔬 20
Menu à la carte 35/81 – **26 Z** 95/190 – ½ P 28.

🏠 **Landhotel Rosengarten,** Fürstenbergstr. 46, ⊠ 77776, ℘ (07440) 2 36, Fax (07440) 586, 🍽 – 🛗 📺 ☎ 🕭 🅿
Menu à la carte 33/60 – **12 Z** 65/150 – ½ P 25.

🏠 **Zum letzten G'stehr,** Wolftalstr. 17, ⊠ 77776, ℘ (07440) 7 14, Fax (07440) 514, 🍽 – 🛗 📺 ☎ 🅿
10. - 31. Jan. und Mitte Nov. - 20. Dez. geschl. – **Menu** (Dienstag geschl.) à la carte 26/54 – **18 Z** 62/148 – ½ P 20.

🏡 **Klösterle Hof,** Klösterleweg 2, ⊠ 77776, ℘ (07440) 2 15, Fax (07440) 825, 🍽 – ⇌ 🅿
Menu (Montag geschl.) à la carte 29/55 – **10 Z** 52/150 – ½ P 22.

Im Ortsteil Schapbach S : 10 km

🏠 **Ochsenwirtshof,** Wolfacher Str. 21, ⊠ 77776, ℘ (07839) 2 23, Fax (07839) 1268, 🍽, 🛇, 🏖, 🍴 – ⇌ 🅿
10. Nov. - 15. Dez. geschl. – **Menu** (Donnerstag geschl.) à la carte 29/60 – **17 Z** 64/123 – ½ P 20.

🏠 **Sonne,** Dorfstr. 31, ⊠ 77776, ℘ (07839) 2 22, Fax (07839) 1265, 🏖 – ☎ 🅿
Menu (Montag geschl.) à la carte 30/50 – **12 Z** 55/106 – ½ P 17.

🏡 **Adler,** Dorfstr. 6, ⊠ 77776, ℘ (07839) 2 15, Fax (07839) 1385, 🏖 – ⇌ 🅿
Ende Okt. - Mitte Dez. geschl. – **Menu** (Mittwochabend - Donnerstag geschl.) à la carte 27/42 🍴 – **9 Z** 44/118 – ½ P 15.

Im Ortsteil Wildschapbach NW : 3 km ab Schapbach :

🏠 **Grüner Baum,** Wildschapbachstr. 15, ⊠ 77776, ℘ (07839) 2 18, 🍽 – 📺 🅿. 🛇 Zim
10. - 31. Jan. geschl. – **Menu** (Dienstag geschl.) à la carte 29/50 🍴 – **7 Z** 38/88 – ½ P 17.

RITTERSDORF Rheinland-Pfalz siehe Bitburg.

RIVERIS Rheinland-Pfalz siehe Waldrach.

ROCKENHAUSEN Rheinland-Pfalz **417** R 7 – 5 800 Ew – Höhe 203 m.

Berlin 628 – Mainz 63 – Kaiserslautern 36 – Bad Kreuznach 30.

🏠 **Pfälzer Hof,** Kreuznacher Str. 30, ⊠ 67806, ℘ (06361) 79 68, Fax (06361) 3733, 🍽, 🏖 – 📺 ☎ ⇌ 🅿
23. Dez. - 10. Jan. geschl. – **Menu** (Montag - Dienstagmittag geschl.) à la carte 25/44 🍴 – **16 Z** 75/130.

RODACH Bayern 418 420 O 16, 987 ㉘ – 6 800 Ew – Höhe 320 m – Erholungsort mit Heilquellenkurbetrieb.

🛈 Kurverwaltung, Schloßplatz (Haus des Gastes), ✉ 96476, ℰ (09564) 15 50, Fax (09564) 922644.

Berlin 368 – München 300 – Coburg 18.

🏨 **Kurhotel am Thermalbad** 🦢, Kurring 2, ✉ 96476, ℰ (09564) 2 07, Fax (09564) 206, ≤, 😊, Massage, ≈ – 🛗 ☎ 🅿 – 🕍 70. ☒ 🆅🆂🅰 🦢 Zim
Menu (Jan. 2 Wochen geschl.) à la carte 26/60 – **51 Z** 83/148 – ½ P 25.

In Rodach-Gauerstadt SO : 4,5 km :

🌱 **Landgasthof Wacker,** Billmuthäuser Str. 1, ✉ 96476, ℰ (09564) 2 25, Fax (09564) 3211, Biergarten, ≈ – 📺 ☎ 🅿. ☒
Ende Jan. - Anfang Feb. 3 Wochen geschl. – Menu (Mittwoch geschl.) à la carte 23/42 – **16 Z** 54/96.

In Rodach-Heldritt NO : 3 km :

🏠 **Pension Tannleite** 🦢, Obere Tannleite 4, ✉ 96476, ℰ (09564) 7 44, 😊 – ☎ 🅿
Mitte Nov. - Mitte Dez. geschl. – Menu (Mittwoch geschl.) (nur Abendessen) à la carte 22/31 – **13 Z** 40/82.

RODALBEN Rheinland-Pfalz 417 S 6 – 7 800 Ew – Höhe 260 m.
Berlin 678 – Mainz 119 – Saarbrücken 71 – Pirmasens 6 – Kaiserslautern 32.

🏠 **Zum Grünen Kranz** (mit Gästehaus), Pirmasenser Str. 2, ✉ 66976, ℰ (06331) 2 31 70, Fax (06331) 231730, 😊 – 📺 ☎ 🅿. ☒ 🅰🅴 ① ☒ 🆅🆂🅰
Menu à la carte 30/81 🍷 – **15 Z** 63/140.

🏠 **Pfälzer Hof,** Hauptstr. 108, ✉ 66976, ℰ (06331) 1 63 79, Fax (06331) 16389 – 📺 ☎ ⇐ 🅿 – 🕍 50. 🅰🅴 ① ☒ 🆅🆂🅰 🦢
Juli 3 Wochen geschl. – Menu (Sonntagabend - Montag geschl.) à la carte 26/56 🍷 – **8 Z** 65/100.

RODGAU Hessen 417 P 10 – 41 000 Ew – Höhe 128 m.
Berlin 542 – Wiesbaden 54 – Frankfurt am Main 25 – Aschaffenburg 27.

Im Stadtteil Nieder-Roden :

🏨 **Weiland,** Borsigstr. 15 (Industriegebiet Süd), ✉ 63110, ℰ (06106) 8 71 70, Fax (06106) 871750, 😊 – 🛗 📺 ☎ ⇐ 🅿 – 🕍 30. ① ☒ 🆅🆂🅰
Menu (Samstag geschl.) (wochentags nur Abendessen, Sonntag nur Mittagessen) à la carte 31/64 – **30 Z** 95/180.

Im Stadtteil Jügesheim :

🏨 **Haingraben** garni, Haingrabenstr. 1, ✉ 63110, ℰ (06106) 6 99 90, Fax (06106) 61960 – 📺 ☎ 🕭 ⇐. 🅰🅴 ☒ 🆅🆂🅰
22 Z 150/200.

🏠 **Zur Wolfsschlucht,** Am Wasserturm, ✉ 63110, ℰ (06106) 32 54, Fax (06106) 14662, 😊 – 📺 ☎ 🅿 – 🕍 25
Menu (Montag geschl.) (wochentags nur Abendessen) à la carte 33/65 – **11 Z** 95/150.

An der Autobahn A 3 NO : 5 km :

🏨 **Motel Weiskirchen** garni, Autobahn Nordseite, ✉ 63110 Rodgau, ℰ (06182) 78 90, Fax (06182) 789299 – 🛗 📺 ☎ 🅿. 🅰🅴 ① ☒ 🆅🆂🅰 🇯🇨🇧
30 Z 124/177.

RODING Bayern 420 S 21, 987 ㉙ – 10 400 Ew – Höhe 370 m.
🛈 Verkehrsamt, Schulstr. 15, ✉ 93426, ℰ (09461) 9 41 80, Fax (09461) 941860.
Berlin 486 – München 163 – Amberg 62 – Cham 15 – Regensburg 41 – Straubing 39.

In Roding-Mitterdorf NW : 1 km :

🏠 **Hecht,** Hauptstr. 7, ✉ 93426, ℰ (09461) 9 43 60, Fax (09461) 943636, 😊, ≈ – ⇐ 🅿. ☒ 🆅🆂🅰
Ende Feb. - Mitte März geschl. – Menu (Donnerstag geschl.) à la carte 20/36 – **24 Z** 50/90.

In Roding-Neubäu NW : 9 km :

🏨 **Am See** 🦢, Seestr. 1, ✉ 93426, ℰ (09469) 3 41, Fax (09469) 403, ≤, 😊, 🛥, 🔲, ≈ – ⇐ 🅿 – 🕍 50. ☒
Nov. 2 Wochen geschl. – Menu à la carte 24/43 – **55 Z** 55/90 – ½ P 15.

RÖBEL (MÜRITZ) Mecklenburg-Vorpommern **416** F 21, **984** ⑪, **987** ⑦ – 6 000 Ew – Höhe 85 m.
  🛈 Touristinformation, Marktplatz 10, ✉ 17207, ℰ (39931) 5 06 51, Fax (39931) 50651.
  Berlin 140 – Schwerin 105 – Neubrandenburg 64.

🏨 **Seelust** ⌂, Seebadstr. 33a, ✉ 17207, ℰ (039931) 58 30, Fax (039931) 58343,
  « Terrasse am See », ⇔ – 📺 ☎ ⇐ 🅿 – 🔏 30. 🝐 VISA
  Menu à la carte 27/47 – **27 Z** 125/185 – ½ P 28.

🏠 **Seestern** ⌂, Müritzpromenade, ✉ 17207, ℰ (039931) 5 92 94, Fax (039931) 59295,
  « Terrasse am See » – 📺 ☎ 🅿. 🝐 🝐 VISA
  Menu à la carte 32/41 – **19 Z** 85/160 – ½ P 28.

🏠 **Müritzterrasse**, Strasse der deutschen Einheit 27, ✉ 17207, ℰ (039931) 5 27 38,
  ⇐ Fax (039931) 50164, « Terrasse am See » – 📺 ☎ 🅿. 🝐 🝐 VISA
  Menu à la carte 24/42 – **13 Z** 90/150.

RÖDELSEE Bayern siehe Iphofen.

RÖDENTAL Bayern siehe Coburg.

ROEDERAU Sachsen siehe Riesa.

RÖDERMARK Hessen **417** Q 10, **987** ㉗ – 27 000 Ew – Höhe 141 m.
  Berlin 550 – Wiesbaden 54 – Frankfurt am Main 21 – Darmstadt 25 – Aschaffenburg 30.

In Rödermark-Bulau :

🏠 **Odenwaldblick**, Bulauweg 27, ✉ 63322, ℰ (06074) 8 74 40, Fax (06074) 68999 –
  ⇜ Zim, 📺 ☎ ⌚ 🅿. 🝐 🝐 🝐 VISA
  Menu (Montag - Freitag nur Abendessen, Dienstag geschl.) à la carte 26/54 – **28 Z**
  105/170.

In Rödermark - Ober-Roden :

🏨 Atlantis Parkhotel, Niederröder Str. 24 (NO : 1,5 km), ✉ 63322, ℰ (06106) 7 09 20,
  Fax (06106) 7092282, « Gartenterrasse », ⇔, 🔲 – 📳, ⇜ Zim, 📺 ⇐ 🅿 – 🔏 200
  130 Z.

🏨 **Eichenhof** ⌂, Carl-Zeiss-Str. 30 (Industriegebiet), ✉ 63322, ℰ (06074) 9 40 41,
  ⇐ Fax (06074) 94044, 🎇, Biergarten, ⇔ – 📳 📺 ☎ 🅿 – 🔏 25. 🝐 🝐 🝐 VISA, 🎇 Rest
  Ende Dez. - Anfang Jan. geschl. – **Menu** (Freitag, Samstagmittag und Sonntagmittag
  geschl.) à la carte 38/60 – **36 Z** 130/218.

RÖHRNBACH Bayern **420** T 24 – 4 500 Ew – Höhe 436 m – Erholungsort.
  🛈 Verkehrsamt, Rathausplatz 1, ✉ 94133, ℰ (08582) 14 71, Fax (08582) 8278.
  Berlin 539 – München 203 – Freyung 13 – Passau 26.

🏨 **Jagdhof** ⌂, Marktplatz 11, ✉ 94133, ℰ (08582) 97 00, Fax (08582) 8634, 🎇, ⇔,
  ⇐ 🌊 (geheizt), 🔲, 🎇 – 📳 ⇐ 🅿
  Anfang Nov. - 20. Dez. geschl. – **Menu** à la carte 23/40 – **70 Z** 60/140 – ½ P 13.

RÖHRSDORF Sachsen siehe Chemnitz.

RÖMERBERG Rheinland-Pfalz siehe Speyer.

RÖMHILD Thüringen **418 420** O 15, **984** ㉗ – 2 100 Ew – Höhe 305 m.
  Berlin 384 – Erfurt 93 – Coburg 43.

In Römhild-Waldhaus O : 4 km :

🏠 **Waldhaus**, Am Sandbrunnen 10, ✉ 98631, ℰ (036948) 8 01 47, Fax (036948) 80148,
  ⇐ Biergarten – ⇜ Zim, ☎ 🅿. 🝐
  Menu (Montagmittag geschl.) à la carte 21/37 – **17 Z** 70/130.

RÖPERSDORF Brandenburg siehe Prenzlau.

RÖSRATH Nordrhein-Westfalen **417** N 5 – 22 000 Ew – Höhe 72 m.
  Berlin 584 – Düsseldorf 56 – Bonn 24 – Siegburg 12 – Köln 16.

XXX **Klostermühle**, Zum Eulenbroicher Auel 15, ✉ 51503, ℰ (02205) 47 58,
  Fax (02205) 87868, 🎇, « Rustikale Einrichtung » – 🅿. 🝐 🝐 🝐 VISA
  Montag - Dienstag sowie Jan. 1 Woche und Juli - Aug. 2 Wochen geschl. – **Menu** (bemer-
  kenswerte Weinkarte) à la carte 61/83.

ROETGEN Nordrhein-Westfalen 🆔 O 2 – 7 500 Ew – Höhe 420 m.
  🆔 Verkehrsamt, Rathaus, Hauptstr. 55, ✉ 52159, ℘ (02471) 18 43.
  Berlin 648 – Düsseldorf 96 – Aachen 18 – Liège 59 – Monschau 15 – Köln 85.

　 XX **Zum genagelten Stein** mit Zim, Bundesstr. 2 (B 258), ✉ 52159, ℘ (02471) 22 78,
  Fax (02471) 4535, 🍴 – 📺 ☎ ⇔ 🅿. 🆎 ⓞ 🇪 𝗩𝗜𝗦𝗔 𝗝𝗖𝗕
  März 2 Wochen geschl. – **Menu** (Donnerstag geschl.) à la carte 61/83 – **5 Z**
  100/170.

　 X **Gut Marienbildchen** mit Zim, Münsterbildchen 3 (B 258, N : 2 km), ✉ 52159,
  ℘ (02471) 25 23, 🍴 – 📺 ☎ 🅿. 🆎 🇪. 🐾 Zim
  Mitte Juli - Mitte Aug. geschl. – **Menu** (Sonntag geschl.) à la carte 45/73 – **8 Z**
  75/160.

An der Straße nach Monschau SO : 4 km :
　 XX **Fringshaus,** an der B 258, ✉ 52159 Roetgen, ℘ (02471) 31 13, Fax (02471) 624 – 🅿.
  ⇔ 🆎 🇪 𝗩𝗜𝗦𝗔
  Mittwoch, Juli 2 Wochen und Weihnachten - Mitte Jan. geschl. – **Menu** 22/30 und à la carte
  29/67.

RÖTHA Sachsen 🆔 M 21, 🆔 ㉓, 🆔 ⑱ – 3 900 Ew – Höhe 135 m.
  Berlin 206 – Dresden 115 – Leipzig 18.

　 🏠 **Garni,** E.-Thälmann-Str. 4, ✉ 04571, ℘ (034206) 5 40 12, Fax (034206) 72348 – 📳 📺
  ☎ 🅿 – 🔏 25. 🆎 🇪 𝗩𝗜𝗦𝗔
  84 Z 98/160.

RÖTHENBACH BEI ST. WOLFGANG Bayern siehe Wendelstein.

RÖTZ Bayern 🆔 R 21, 🆔 ㉙ – 3 600 Ew – Höhe 453 m.
  🌾 Rötz, Hillstett 40 (W : 2 km), ℘ (09976) 180.
  Berlin 459 – München 204 – Amberg 56 – Cham 25 – Weiden in der Oberpfalz 56.

In Rötz-Bauhof NW : 3 km :
　 🏠 **Pension Bergfried** 🐾, ✉ 92444, ℘ (09976) 9 40 00, Fax (09976) 9400399, ≤ Baye-
  ⇔ rischer Wald, 🎠s, 🍴 – ☎ ⇔ 🅿. 🆎 ⓞ 🇪 𝗩𝗜𝗦𝗔
  Feb. und Nov. jeweils 1 Woche geschl. – **Menu** (Nov. - März Samstag geschl.) à la carte 23/41
  – **24 Z** 50/82.

In Rötz-Grassersdorf N : 3 km :
　 🏆 **Alte Taverne** 🐾, ✉ 92444, ℘ (09976) 14 13, Fax (09976) 1547, 🍴, 🌿 – 📺 ☎
  ⇔ ⇔ 🅿. 🐾 Rest
  Menu (Freitagmittag geschl.) à la carte 19/36 🍶 – **16 Z** 45/88.

In Rötz-Hillstett W : 4 km :
　 🏰 **Die Wutzschleife** 🐾, ✉ 92444, ℘ (09976) 1 80, Fax (09976) 18180, ≤, 🍴, 🎠s,
  🔲, 🌿, 🎾(Halle), 🌾, 📳, 🐾 Zim, 📺 🅿 – 🔏 120. 🆎 ⓞ 🇪 𝗩𝗜𝗦𝗔
  Menu à la carte 44/68 – **76 Z** 130/280 – ½ P 48.

In Winklarn-Muschenried N : 10 km :
　 🏠 **Seeschmied** 🐾, Lettenstr. 6, ✉ 92559, ℘ (09676) 2 41, Fax (09676) 1240, 🔲, 🌿
  ⇔ – 🅿. 🐾
  Jan. 3 Wochen geschl. – **Menu** (Montag geschl.) à la carte 34/57 – **15 Z** 48/98 – ½ P 16.

ROEZ Mecklenburg-Vorpommern siehe Malchow.

ROGGOSEN Brandenburg siehe Cottbus.

ROHLSTORF-WARDER Schleswig-Holstein siehe Bad Segeberg.

ROHRDORF Bayern 🆔 W 20 – 4 100 Ew – Höhe 472 m.
  Berlin 657 – München 69 – Bad Reichenhall 71 – Passau 178 – Rosenheim 10 – Salzburg 73
  – Innsbruck 110.

　 🏠 **Zur Post** (mit 2 Gästehäusern), Dorfplatz 14, ✉ 83101, ℘ (08032) 18 30,
  ⇔ Fax (08032) 5844, 🍴, Biergarten – 📳 📺 ☎ 🍴 ⇔ 🅿 – 🔏 120. 🆎 ⓞ 🇪
  𝗩𝗜𝗦𝗔
  Menu à la carte 23/48 – **110 Z** 72/108.

🏠 **Christl** garni, Anzengruberstr. 10, ⊠ 83101, ☎ (08032) 9 56 50, *Fax (08032) 956566*
– 📺 ☎ 🅿. 🖭 🗲 *VISA*
27 Z 75/130.

🍴 **Gut Apfelkam,** Unterapfelkam 3 (O : 1,5 km), ⊠ 83101, ☎ (08032) 53 21,
Fax (08032) 1726, � – 🅿. 🖭 🗲 *VISA*
Sonntag - Montag und Mitte Feb. - Anfang März geschl. – **Menu** (nur Abendessen) à la carte
42/64.

ROIGHEIM *Baden-Württemberg siehe Möckmühl.*

ROMANTISCHE STRASSE *Baden-Württemberg und Bayern* 419 420 *Q 13 bis X 16,*
987 ㉙ ㉚ ㉚.
Sehenswert : Strecke ★★ von Würzburg bis Füssen (Details siehe unter den erwähnten
Orten entlang der Strecke).

ROMROD *Hessen siehe Alsfeld.*

RONNEBURG *Thüringen* 418 *N 20,* 984 ㉓, 987 ㉙ – *7 500 Ew – Höhe 380 m.*
Berlin 242 – Erfurt 97 – Gera 20 – Chemnitz 63 – Plauen 66.

🏠 **Gambrinus,** Am Markt 40, ⊠ 07580, ☎ (036602) 3 42 04, *Fax (036602) 34206,* �
– 📺 ☎
Menu à la carte 22/42 – **25 Z** 80/100.

RONNENBERG *Niedersachsen siehe Hannover.*

RONSHAUSEN *Hessen* 417 418 *N 13 – 2 600 Ew – Höhe 210 m – Luftkurort.*
🛈 *Verkehrsamt, Haus des Gastes,* ⊠ 36217, ☎ (06622) 30 45, *Fax (06622) 2145.*
Berlin 391 – Wiesbaden 189 – Kassel 65 – Bad Hersfeld 26.

🏠 **Waldhotel Marbach** 🌭, *Berliner Str. 7,* ⊠ 36217, ☎ (06622) 29 78,
Fax (06622) 2333, �, 🍽️, 🔲, 🐎 – 📳 📺 ☎ 🚗 🅿 – 🔬 70. 🗲. 🎇 *Rest*
Menu à la carte 26/46 – **30 Z** 80/130. ½ P 15.

ROSBACH *Hessen siehe Friedberg/Hessen.*

ROSENBERG *Baden-Württemberg* 419 420 *S 14 – 2 400 Ew – Höhe 520 m.*
Berlin 558 – Stuttgart 92 – Aalen 30 – Ansbach 64 – Schwäbisch Hall 28.

🏛️ **Landgasthof Adler,** Ellwanger Str. 15, ⊠ 73494, ☎ (07967) 5 13, 🐎 – ☎ 🚗 🅿.
🎇
Jan. und Aug. jeweils 3 Wochen geschl. – **Menu** *(Donnerstag - Freitag geschl.) (Tischbe-*
stellung ratsam) 44 (mittags) und à la carte 41/83 – **12 Z** 85/150
Spez. Warmer Salat von jungen Zwiebeln mit geschmorter Kalbshaxe und -bries.
Ochsenschwanz im Krautblatt mit Kartoffel-Käsepüree. Gefülltes Schokoladensoufflé mit
Haselnußeis.

ROSENDAHL *Nordrhein-Westfalen* 417 *J 5 – 9 500 Ew – Höhe 112 m.*
Berlin 504 – Düsseldorf 120 – Münster (Westfalen) 53.

In Rosendahl-Osterwick :

🏠 **Zur Post,** Fabianus-Kirchplatz 1, ⊠ 48720, ☎ (02547) 9 30 30, *Fax (02547) 560,* �
– 📺 ☎ 🚗 🅿
Menu *(Sonn- und Feiertage abends geschl.)* à la carte 21/59 – **17 Z** 60/130.

ROSENGARTEN *Niedersachsen* 415 416 *F 13 – 11 000 Ew – Höhe 85 m.*
Berlin 298 – Hannover 140 – Hamburg 28 – Buchholz in der Nordheide 8 – Bremen 90.

In Rosengarten-Nenndorf :

🏠 **Rosenhof** 🌭, Rußweg 6, ⊠ 21224, ☎ (04108) 71 81, *Fax (04108) 7512,* � – 📺 ☎
🅿. 🖭 ⓪ 🗲 *VISA*
Menu *(Montag geschl.) (nur Abendessen)* à la carte 40/63 – **10 Z** 85/140.

ROSENGARTEN

In Rosengarten-Sieversen :

🏠 **Holst,** Hauptstr. 31, ✉ 21224, 𝒫 (04108) 59 10, Fax (04108) 591298, 🍴, ⇔, 🔲, 🚗
– 🕴, ⇔ Zim, 📺 ☎ 🅿 – 🔬 45. 🆎 ⓪ 🄴 𝘝𝘐𝘚𝘈
Menu à la carte 42/70 – **70 Z** 115/249.

In Rosengarten-Sottorf :

🏠 **Cordes,** Sottorfer Dorfstr. 2, ✉ 21224, 𝒫 (04108) 4 34 40, Fax (04108) 434422, 🍴
– 🕴, ⇔ Zim, 📺 ☎ 🅿 – 🔬 80. 🆎 ⓪ 🄴 𝘝𝘐𝘚𝘈
Menu à la carte 31/52 – **44 Z** 75/170.

In Rosengarten-Tötensen :

🏠 **Rosengarten,** Woxdorfer Weg 2, ✉ 21224, 𝒫 (04108) 59 50, Fax (04108) 1877, ⇔
– 📺 ☎ 🅿. 🆎 ⓪ 🄴 𝘝𝘐𝘚𝘈
Menu à la carte 38/67 – **30 Z** 120/180.

ROSENHEIM Bayern 𝟰𝟮𝟬 W 20, 𝟵𝟴𝟳 ④ – 59 000 Ew – Höhe 451 m.
🆑 Tourist-Information, Münchener Straße (am Salinengarten), ✉ 83022,
𝒫 (08031) 30 01 10, Fax (08031) 300165.
ADAC, Salinstr. 12, ✉ 83022, 𝒫 (08031) 3 10 18, Fax (08031) 12465.
Berlin 658 – München 70 – Bad Reichenhall 77 – Landshut 89 – Salzburg 82 – Insbruck 108.

🏠 **Parkhotel Crombach,** Kufsteiner Str. 2, ✉ 83022, 𝒫 (08031) 35 80,
Fax (08031) 33727, « Gartenterrasse » – 🕴, ⇔ Zim, 📺 ☎ ⇔ 🅿 – 🔬 80. 🆎 ⓪ 🄴
𝘝𝘐𝘚𝘈
Menu (11. - 19. April, 15. - 30. Aug. sowie Sonn- und Feiertage geschl.) à la carte 35/71
– **62 Z** 118/198.

🏠 **Pannonia** garni, Brixstr. 3, ✉ 83022, 𝒫 (08031) 30 60, Fax (08031) 306415 – 🕴 ⇔
📺 ☎ ⚹ – 🔬 70. 🆎 ⓪ 🄴 𝘝𝘐𝘚𝘈 𝖩𝖢𝖡
89 Z 150/190.

✗ **Weinhaus zur historischen Weinlände,** Weinstr. 2, ✉ 83022, 𝒫 (08031)
1 27 75, Fax (08031) 37468 – 🔬 45. 🆎 ⓪ 🄴 𝘝𝘐𝘚𝘈
Samstagmittag, Sonn- und Feiertage sowie Mitte Aug. - Anfang Sept. geschl. –
Menu à la carte 32/63.

In Rosenheim-Heilig Blut S : 3 km über die B 15 Richtung Autobahn :

🏠 **Fortuna,** Hochplattenstr. 42, ✉ 83026, 𝒫 (08031) 6 20 85, Fax (08031) 68821, 🍴 –
📺 ☎ ⇔ 🅿. 🆎 ⓪ 🄴 𝘝𝘐𝘚𝘈
Menu (Dienstag und Ende Aug. - Mitte Sept. geschl.) (italienische Küche) à la carte 34/64
– **17 Z** 85/135.

ROSSAU Sachsen 𝟰𝟭𝟴 M 23 – 1 900 Ew – Höhe 350 m.
Berlin 241 – Dresden 58 – Chemnitz 36 – Leipzig 70.

🏠 **Rossau,** Hauptstr. 131, ✉ 09661, 𝒫 (03727) 21 14, Fax (03727) 2050, 🍴, ⇔ –
⇔ Zim, 📺 ☎ 🅿 – 🔬 40. 🆎 ⓪ 🄴 𝘝𝘐𝘚𝘈
Menu à la carte 26/46 – **36 Z** 85/168.

ROSSBACH Rheinland-Pfalz 𝟰𝟭𝟳 O 6 – 1 400 Ew – Höhe 113 m – Luftkurort.
Berlin 619 – Mainz 132 – Bonn 65 – Koblenz 42.

🏠 **Strand-Café,** Neustadter Str. 9, ✉ 53547, 𝒫 (02638) 9 33 90, Fax (02638) 933939,
🍴, 🚗 – 📺 ☎ 🅿 – 🔬 20. 🄴
Jan. 3 Wochen und Nov. 2 Wochen geschl. – **Menu** (Nov. - März Montag - Dienstag geschl.)
à la carte 29/53 (auch vegetarische Gerichte) – **22 Z** 66/120.

🏠 **Zur Post,** Wiedtalstr. 55, ✉ 53547, 𝒫 (02638) 2 80, Fax (02638) 288, 🍴, Biergarten,
🚗 – ⇔ 🅿. ⇔ Zim
6. Jan. - 1. Feb. und 4. Nov. - 7. Dez. geschl. – **Menu** (Feb. - Ostern Mittwoch - Donnerstag
geschl.) à la carte 27/56 – **14 Z** 48/92.

🏠 **Haus Tanneck,** Waldstr. 1, ✉ 53547, 𝒫 (02638) 52 15, Fax (02638) 6169, ≤, 🍴, 🚗
⇔ – ☎ ⇔ 🅿
Anfang Jan. - Mitte März und Anfang Nov. - Mitte Dez. geschl. – **Menu** à la carte 22/45
– **22 Z** 50/98.

ROSSDORF Sachsen-Anhalt siehe Genthin.

ROSSFELD-RINGSTRASSE Bayern siehe Berchtesgaden.

ROSSHAUPTEN *Bayern* 419 420 *X 16,* 987 ㊴ *– 1800 Ew – Höhe 816 m – Wintersport :*
800/1 000 m ⟨2 ⟨2.
> 🛈 *Verkehrsamt, Hauptstr. 10,* ✉ 87672, *𝒫 (08367) 3 64, Fax (08367) 1267.*
> *Berlin 657 – München 118 – Füssen 11 – Marktoberdorf 18.*

🏠 **Kaufmann** ⟨, *Füssener Str. 44,* ✉ 87672, *𝒫 (08367) 9 12 30, Fax (08367) 1223,* ≤,
🍴 ⟨ – ☎ ⟨ 🅿. 🆎 🄴
Mitte Jan. - Mitte Feb. geschl. – **Menu** *(Nov. - Mai Montag geschl.)* à la carte 22/62 – **24 Z**
95/180 – ½ P 30.

In Roßhaupten-Vordersulzberg *W : 4 km :*

🏠 **Haflinger Hof** ⟨, *Vordersulzberg 1,* ✉ 87672, *𝒫 (08364) 14 02, Fax (08364) 8420,*
🍴 ≤, ⟨, « Gemütlich-rustikale Einrichtung », ⟨, ⟨ – ☎ 🅿. ⟨
Nov. geschl. – **Menu** *(Dienstag geschl.)* à la carte 23/54 ⟨ – **9 Z** 60/110 – ½ P 25.

ROSSLAU *Sachsen-Anhalt* 418 *K 20,* 984 ⑲, 987 ⑱ *– 15 000 Ew – Höhe 66 m.*
> 🛈 *Stadt-Information,* ✉ 06862, *Südstr. 9, 𝒫 (034901) 8 24 67.*
> *Berlin 119 – Magdeburg 57 – Leipzig 69 – Dessau 15.*

🏨 **Astra,** *Hauptstr. 128,* ✉ 06862, *𝒫 (034901) 6 20, Fax (034901) 62100,* ⟨ – 🛗,
⟨ Zim, 📺 ☎ ⟨ ⟨ – 🔬 60. 🆎 ⟨ 🄴 🆅🅸🆂🅰. ⟨ Rest
Menu à la carte 28/48 – **52 Z** 88/160.

ROSTOCK *Mecklenburg-Vorpommern* 416 *D 20,* 987 ⑥ *– 230 000 Ew – Höhe 14 m.*
Sehenswert : Marienkirche★★ *(Astronomische Uhr* ★★, *Bronzetaufkessel*★, *Turm* ⟨★*) CX*
– Schiffahrtsmuseum★ *CX* **M1** *– Kulturhistorisches Museum*★ *BX* **M2** *(Dreikönigs-Altar*★*).*
Ausflugsziele : Bad Doberan ⑤ *: 17 km, Münster*★★ *(Altar*★*, Triumphkreuz*★*,*
Sakramentshaus★*) – Fischland-Darß und Zingst*★ ① *: 60km.*
> ⟨ *Rostock-Laage* ③ *: 30 km) 𝒫 (038454) 3 13 36.*
> 🛈 *Rostock-Information, Schnickmannstr. 13,* ✉ 18055, *𝒫 (0381) 49 79 90, Fax (0381)*
> *4979923.*
> **ADAC,** *Trelleborger Str. 1 (Lütten-Klein)* ✉ 18107, *𝒫 (0381) 7 78 33 11, Fax (0381)*
> *7783316.*
> *Berlin 222* ③ *– Schwerin 89* ⑤ *– Lübeck 117* ⑤ *– Stralsund 69* ①

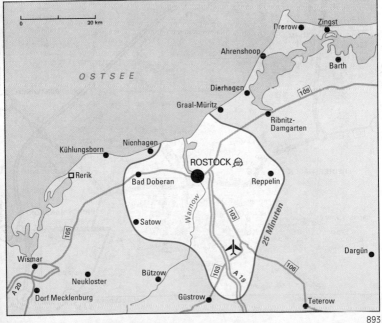

ROSTOCK

Ramada Ⓜ, Kröpeliner/Schwaansche Str. 6, ⌧ 18055, 𝒸 (0381) 4 97 00, Fax (0381) 4970700, ⅙, ≊ – ⧈, ⋈ Zim, ▤ 🆃🆅 ✇ ⅗ ⇔ – 🔬 115. 🆎 ⓞ Ⅱ 🆅🅸🆂🅰
ᴊᴄʙ
Menu à la carte 37/56 – **150 Z** 203/243.
BX n

Radisson SAS Hotel, Lange Str. 40, ⌧ 18055, 𝒸 (0381) 4 59 70, Fax (0381) 4597800 – ⧈, ⋈ Zim, 🆃🆅 ⇔ 🅿 – 🔬 220. 🆎 ⓞ Ⅱ 🆅🅸🆂🅰 ᴊᴄʙ
Menu à la carte 30/55 – **345 Z** 168/211, 7 Suiten.
BX a

Nordland, Steinstr. 7, ⌧ 18055, 𝒸 (0381) 4 92 22 85, Fax (0381) 4923706, ≊ – ⧈ 🆃🆅 ☎ – 🔬 30. 🆎 ⓞ Ⅱ 🆅🅸🆂🅰
Menu à la carte 27/52 – **38 Z** 135/175.
CX t

InterCityHotel Ⓜ, Herweghstr. 51 (am Hauptbahnhof), ⌧ 18055, 𝒸 (0381) 4 95 00, Fax (0381) 4950999 – ⧈, ⋈ Zim, 🆃🆅 ☎ ✇ ⅗ 🅿 – 🔬 70. 🆎 ⓞ Ⅱ 🆅🅸🆂🅰
⋇ Rest
AU b
Menu (Sonntagabend geschl.) à la carte 32/50 – **177 Z** 181/222.

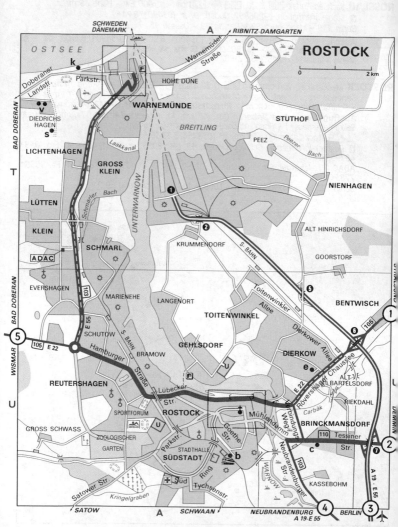

In Rostock-Brinckmansdorf O : 2,5 km :

🏨 **Trihotel-Am Schweizer Wald** Ⓜ, Tessiner Str. 103, ⊠ 18055, 𝒫 (0381) 6 59 70, Fax (0381) 6597600, 😊, Kleinkunstbühne "Spot", ⇔, ⧠ (Gebühr) – |‡|, ✲ Zim, 📺 ☎
👍 ⟵ 🅿 – 🔏 140. 🆎 🄴 𝖵𝖨𝖲𝖠
AU c
Menu à la carte 28/52 – **121 Z** 169/288.

In Rostock-Dierkow :

🏨 **Landhaus Dierkow**, Gutenbergstr. 5, ⊠ 18146, 𝒫 (0381) 6 58 00, Fax (0381) 6580100 – ✲ Zim, 📺 ☎ 👍 🅿 – 🔏 25. 🄴 𝖵𝖨𝖲𝖠
AU e
Menu (nur Abendessen) à la carte 30/50 – **44 Z** 99/139.

In Rostock-Warnemünde NW : 11 km – Seebad.

🅱 Tourist Information, Heinrich-Heine-Str. 17, ⊠ 18119, 𝒫 (0381) 5 11 42, Fax (0381) 51342

🏨🏨 **Neptun**, Seestr. 19, ⊠ 18119, 𝒫 (0381) 77 70, Fax (0381) 54023, ≤, 😊, Massage, 𝖿🐬,
⇔, ⧠ – |‡|, ✲ Zim, 📺 ☎ 🅿 – 🔏 300. 🆎 🕦 🄴 𝖵𝖨𝖲𝖠 𝖩𝖢𝖡. ✼ Rest DY h
Menu à la carte 36/71 – **342 Z** 198/458.

🏨🏨 **Warnemünder Hof** ⏶, Stolteraer Weg 8 (in Diedrichshagen, W : 2 km), ⊠ 18119, 𝒫 (0381) 5 43 00, Fax (0381) 5430444, 😊, ⇔, 🌸 – |‡|, ✲ Zim, 📺 ☎ 👍 🅿 – 🔏 70. 🆎 🕦 🄴 𝖵𝖨𝖲𝖠 ✼ Rest AT v
Menu à la carte 33/56 – **92 Z** 165/195 – ½ P 25.

🏨🏨 **Strand-Hotel Hübner** Ⓜ, Seestr. 12, ⊠ 18119, 𝒫 (0381) 5 43 40, Fax (0381) 5434444, ≤, Massage, ⇔ – |‡|, ✲ Zim, 📺 ☎ 👍 🅿 – 🔏 70. 🆎 🄴 𝖵𝖨𝖲𝖠 DY a
Menu à la carte 35/62 – **95 Z** 195/480, 4 Suiten.

🏨 **Landhaus Immenbarg** ⏶ garni, Groß-Kleiner-Weg 19 (in Diedrichshagen, W : 2 km), ⊠ 18109, 𝒫 (0381) 77 69 30, Fax (0381) 7769355, ⇔ – |‡| 📺 ☎ 👍 ⟵ 🅿 – 🔏 20. 🆎 🄴 𝖵𝖨𝖲𝖠 AT s
25 Z 108/158.

🏨 **Bellevue**, Seestr. 8, ⊠ 18119, 𝒫 (0381) 5 43 33, Fax (0381) 5433444, ≤ – |‡| 📺 ☎ 👍 🅿 – 🔏 20. 🆎 🕦 🄴 𝖵𝖨𝖲𝖠 𝖩𝖢𝖡 DY b
Menu à la carte 27/46 – **28 Z** 135/250

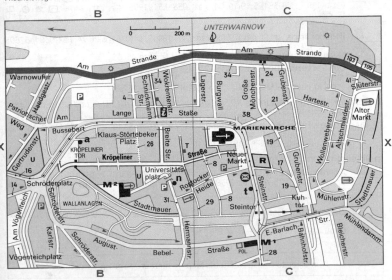

WARNEMÜNDE

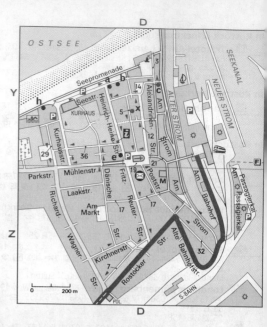

Wilhelmshöhe Ⓜ ⏦, Waldweg 1 (in Diedrichshagen, W : 3 km), ✉ 18119, ℘ (0381) 54 82 80, *Fax (0381) 5482866*, Biergarten, « Seeterrasse am Kliff », ⇌ – 📺 ☎ 📳 🅿 – 🏛 20. Ⓔ 𝚅𝙸𝚂𝙰
Menu à la carte 25/56 – **21 Z** 100/200.

Parkhotel Seeblick ⏦ garni, Strandweg 12a, ✉ 18119, ℘ (0381) 51 95 50, *Fax (0381) 51955113*, ⇌ – 📺 ☎ ⒶⒺ ⓪ Ⓔ 𝚅𝙸𝚂𝙰
32 Z 155/210.
AT k

Landhaus Frommke ⏦ garni, Stolteraer Weg 3 (in Diedrichshagen, W : 2 km), ✉ 18119, ℘ (0381) 5 19 19 04, *Fax (0381) 5191905*, ⇌, 🔲, 🌳 – 📺 ☎ 🅿. ⒶⒺ Ⓔ 𝚅𝙸𝚂𝙰
9 Z 125/180.
AT v

il Ristorante, Am Strom 107 (1. Etage), ✉ 18119, ℘ (0381) 5 26 74, *Fax (0381) 52605* – ⒶⒺ Ⓔ 𝚅𝙸𝚂𝙰
Menu (nur Abendessen, italienische Küche) à la carte 45/66.
DY c

Die Gartenlaube, Anastasiastr. 24, ✉ 18119, ℘ (0381) 5 26 61, *Fax (0381) 52661*, 🌤 – Ⓔ
Sonntag geschl. – Menu (nur Abendessen) à la carte 46/69.
DY x

In Rostock-Markgrafenheide *NO : 16 km, ab Warnemünde mit Fähre und über Hohe Düne, Warnemünder Straße :*

Godewind Ⓜ, Warnemünder Str. 5, ✉ 118146, ℘ (0381) 60 95 70, *Fax (0381) 60957111*, 🌤, ⇌, 🔲 – 🛗, ✸ Zim, 📺 ☎ 📳 🅿 – 🏛 20
Menu à la carte 29/47 – **48 Z** 110/185.

In Sievershagen ⑤ *: 8 km :*

Atrium Hotel Krüger Ⓜ garni, Ostsee-Park-Str. 2 (B 105), ✉ 18069, ℘ (0381) 8 00 23 43, *Fax (0381) 8002342* – 🛗 ✸ 📺 ☎ 👤 🅿 – 🏛 40. ⒶⒺ ⓪ Ⓔ 𝚅𝙸𝚂𝙰
59 Z 95/150.

Ziegenkrug, Hauptstraße (B 105), ✉ 18069, ℘ (0381) 7 70 40, *Fax (0381) 7697467*, 🌤, ⇌ – ✸ Zim, 📺 ☎ 🅿 – 🏛 180. ⒶⒺ Ⓔ 𝚅𝙸𝚂𝙰
Menu à la carte 28/52 – **61 Z** 95/150.

ROT AM SEE Baden-Württemberg **419 420** S 14 – 4 200 Ew – Höhe 419 m.

Berlin 532 – Stuttgart 132 – Crailsheim 18 – Nürnberg 110.

🏠 **Landhaus Hohenlohe** ⬥, Erlenweg 24, ⊠ 74585, 𝒫 (07955) 9 31 00,
Fax (07955) 931093, 🍴, 🔲 – 📺 ☎ ❷ – 🔏 30. 🆎 ❶ ⋿ 𝘝𝘐𝘚𝘈
Menu (Montagmittag geschl.) à la carte 35/65 – **28 Z** 80/130 – ½ P 25.

🏠 **Gasthof Lamm,** Kirchgasse 18, ⊠ 74585, 𝒫 (07955) 23 44, Fax (07955) 2384 – ☎
🚗 🚘 ❷. ❶ ⋿ 𝘝𝘐𝘚𝘈
Mitte Okt. - Mitte Nov. geschl. – **Menu** (Donnerstag geschl.) à la carte 24/62 ⬥ – **12 Z** 60/98.

ROT AN DER ROT Baden-Württemberg **419 420** V 14 – 3 800 Ew – Höhe 604 m.

Berlin 667 – Stuttgart 149 – Konstanz 135 – Ravensburg 46 – Ulm (Donau) 58 – Memmingen 17.

🏠 **Landhotel Seefelder,** Theodor-Her-Str. 11, ⊠ 88430, 𝒫 (08395) 9 40 00,
Fax (08395) 940050, 🍴, 🚬, 🌳 – 📺 ☎ ❷ – 🔏 60. 🆎 ❶ ⋿ 𝘝𝘐𝘚𝘈
Menu (Dienstag geschl.) à la carte 27/58 – **18 Z** 89/160.

ROTENBURG/FULDA Hessen **417 418** N 13, **987** ㉗ – 14 800 Ew – Höhe 198 m – Luftkurort.

🛈 Verkehrs- und Kulturamt, Marktplatz 15 (altes Rathaus), ⊠ 36199, 𝒫 (06623) 55 55,
Fax (06623) 818263.

Berlin 402 – Wiesbaden 187 – Kassel 56 – Bad Hersfeld 20.

🏘 **Rodenberg** ⬥, Panoramastr. 98, ⊠ 36199, 𝒫 (06623) 88 11 00, Fax (06623) 888410,
≤, 🍴, Massage, 🎴, �, 🚬, 🔲 (geheizt), 🔲, 🎾(Halle) – 🛗, ⤸ Zim, 🍽 Rest, 📺 🕭
🚗 ❷ – 🔏 180. 🆎 ❶ ⋿ 𝘝𝘐𝘚𝘈
Menu à la carte 40/57 – **Zinne :** Menu à la carte 43/72 – **98 Z** 175/275, 10 Suiten.

🏠 **Zur Post** Ⓜ, Poststr. 20, ⊠ 36199, 𝒫 (06623) 93 10, Fax (06623) 931415, 🍴 – 🛗,
⤸ Zim, 📺 ☎ 🕭 🚗 ❷ – 🔏 150. 🆎 ❶ ⋿ 𝘝𝘐𝘚𝘈
Menu à la carte 31/52 – **69 Z** 100/145.

🏠 **Haus Pergola** ⬥ garni, Panoramastr. 96, ⊠ 36199, 𝒫 (06623) 88 83 00,
Fax (06623) 888403, ≤, direkter Zugang zum Felsen-Erlebnisbad und Hotel Rodenberg –
🛗 ⤸ 📺 ☎ ❷ – 🔏 60. 🆎 ❶ ⋿ 𝘝𝘐𝘚𝘈
88 Z 145/230.

🏠 **Silbertanne** ⬥, Am Wäldchen 2, ⊠ 36199, 𝒫 (06623) 9 22 00, Fax (06623) 922099,
🍴 – ⤸ Zim, 📺 ☎ ❷ – 🔏 25. 🆎 ❶ ⋿ 𝘝𝘐𝘚𝘈 𝘑𝘊𝘉
Menu (5. - 23. Jan. geschl.) à la carte 38/60 – **26 Z** 75/170 – ½ P 25.

ROTENBURG (WÜMME) Niedersachsen **415** G 12, **987** ⑯ – 20 900 Ew – Höhe 28 m.

🏌 Hof Emmen Westerholz (N : 5 km), 𝒫 (04263) 33 52.

🛈 Informationsbüro im Rathaus, Große Str. 1, ⊠ 27356, 𝒫 (04261) 7 11 00, Fax (04261)
71147.

Berlin 352 – Hannover 107 – Bremen 51 – Hamburg 79.

🏨 **Landhaus Wachtelhof,** Gerberstr. 6, ⊠ 27356, 𝒫 (04261) 85 30,
Fax (04261) 853200, « Gartenterrasse », Massage, 🚬, 🔲, 🌳 – 🛗 📺 🕭 🚗 ❷ –
🔏 100. 🆎 ❶ ⋿ 𝘝𝘐𝘚𝘈. 🍽 Rest
Menu (bemerkenswerte Weinkarte) à la carte 73/95 – **38 Z** 250/378.

In Rotenburg-Waffensen W : 6 km :

XX **Lerchenkrug,** an der B 75, ⊠ 27356, 𝒫 (04268) 3 43, Fax (04268) 1546, 🍴 – ❷.
🆎 ❶ ⋿ 𝘝𝘐𝘚𝘈 𝘑𝘊𝘉
Montag - Dienstag, 1. - 12. Jan. und Juli - Aug. 3 Wochen geschl. – **Menu** à la carte 41/65.

In Bothel SO : 8 km :

XX **Botheler Landhaus,** Hemsbünder Str. 13, ⊠ 27386, 𝒫 (04266) 15 17,
✿ Fax (04266) 1517, 🍴 – ❷. 🆎 ❶ ⋿ 𝘝𝘐𝘚𝘈
Sonntag - Montag und Ende Feb. - Anfang März geschl. – **Menu** (nur Abendessen, Tischbestellung ratsam) à la carte 65/88
Spez. Kartoffellasagne mit gebratenen Riesengarnelen. Deichlammrücken mit Lavendelkruste. Hirschkalbmedaillon mit Backpflaumensauce.

In Hellwege SW : 15 km :

🏠 **Prüser's Gasthof,** Dorfstr. 5, ⊠ 27367, 𝒫 (04264) 99 90, Fax (04264) 99945, 🚬,
🔲, 🌳 – 🛗 📺 ☎ ❷. ❶ ⋿ 𝘝𝘐𝘚𝘈. 🍽 Zim
25. Dez. - 5. Jan. geschl. – **Menu** (Dienstag geschl.) à la carte 26/59 – **30 Z** 70/115.

ROTH KREIS ROTH *Bayern* 419 420 *S 17,* 987 ㉘ *– 24 000 Ew – Höhe 340 m.*

Abenberg (W : 11 km), (09178) 55 41.

Berlin 456 – München 149 – Nürnberg 32 – Donauwörth 67 – Ansbach 52.

Ratsstuben im Schloß Ratibor, Hauptstr. 1, ✉ 91154, (09171) 68 87, *Fax (09171) 6854,* , Biergarten, « Schloßanlage a.d. 16. Jh. » – 100. AE E VISA *Sonntagabend - Montag und Jan. 2 Wochen geschl.* – **Menu** a la carte 42/65.

ROTH AN DER OUR *Rheinland-Pfalz* 417 *Q 2 – 280 Ew – Höhe 220 m.*

Berlin 733 – Mainz 202 – Bitburg 29 – Ettelbruck 18 – Luxembourg 47 – Trier 55.

Ourtaler Hof, Ourtalstr. 27, ✉ 54675, (06566) 2 18, *Fax (06566) 1444,* , – TV P. E VISA *23. Dez. - Anfang Feb. geschl.* – **Menu** à la carte 28/58 – **24 Z** 50/120.

ROTHENBERG (ODENWALDKREIS) *Hessen* 417 419 *R 10 – 2 500 Ew – Höhe 450 m – Erholungsort.*

Berlin 616 – Wiesbaden 118 – Frankfurt am Main 87 – Heidelberg 31 – Heilbronn 74 – Mannheim 49.

Gasthof Hirsch, Schulstr. 3, ✉ 64757, (06275) 9 13 00, *Fax (06275) 913016,* , – , Zim, TV P – 40. E VISA **Menu** *(Montag geschl.)* à la carte 29/45 – **31 Z** 70/135.

ROTHENBURG OB DER TAUBER *Bayern* 419 420 *R 14,* 987 ㉘ *– 12 000 Ew – Höhe 425 m.*

Sehenswert : *Mittelalterliches Stadtbild★★★ – Rathaus★ (Turm ≤★) Y* **R** *– Kalkturm ≤★ Z – St.- Jakobskirche (Hl.-Blut-Altar★★) Y – Spital★ Z – Spitaltor★ Z – Stadtmauer★ YZ.*

Ausflugsziel : *Detwang : Kirche (Kreuzaltar★) 2 km über ④.*

Städt. Verkehrsamt, Rathaus, ✉ 91541, (09861) 4 04 92, Fax (09861) 86807.

Berlin 5?0 ② – München 236 ② – Ansbach 35 ② – Stuttgart 134 ② – Würzburg 62 ①

Stadtpläne siehe gegenüberliegende Seiten

Eisenhut (mit Gästehaus), Herrngasse 3, ✉ 91541, (09861) 70 50, *Fax (09861) 70545,* Biergarten, « Historisches Patrizierhaus a.d. 15. Jh ; Gartenterrasse » – , Zim, TV – 80. AE E VISA JCB. Rest Y e *3. Jan. - Anfang März geschl.* – **Menu** à la carte 59/98 – **80 Z** 175/420, 4 Suiten.

Romantik Hotel Markusturm, Rödergasse 1, ✉ 91541, (09861) 9 42 80, *Fax (09861) 2692,* « Geschmackvolle, individuelle Einrichtung » – Zim, TV P – 20. E VISA JCB Y m **Menu** à la carte 40/74 – **25 Z** 150/350.

Burg-Hotel garni, Klostergasse 1, ✉ 91541, (09861) 9 48 90, *Fax (09861) 948940,* ≤ Taubertal, « Lage an der Stadtmauer, geschmackvolle Einrichtung » – TV . AE E VISA Y x **15 Z** 160/320.

Meistertrunk, Herrngasse 26, ✉ 91541, (09861) 60 77, *Fax (09861) 1253,* « Gartenterrasse », – TV P. AE E VISA JCB Y n **Menu** *(Mitte Jan. - Feb. Montag - Donnerstag geschl.)* à la carte 33/63 – **15 Z** 80/250.

Tilman Riemenschneider, Georgengasse 11, ✉ 91541, (09861) 97 90, *Fax (09861) 2979,* , – TV . AE E VISA JCB Y z **Menu** à la carte 43/76 – **60 Z** 140/330.

Reichs-Küchenmeister (mit Gästehaus), Kirchplatz 8, ✉ 91541, (09861) 97 00, *Fax (09861) 970409,* , – TV P. AE E VISA JCB Y s **Menu** à la carte 30/70 – **45 Z** 110/250.

Goldener Hirsch, Untere Schmiedgasse 16, ✉ 91541, (09861) 70 80, *Fax (09861) 708100,* « Restaurant Blaue Terrasse mit ≤ Taubertal » – P – 50. AE E VISA JCB. Rest Z n **Menu** à la carte 44/79 – **72 Z** 140/320.

Merian garni, Ansbacher Str. 42, ✉ 91541, (09861) 30 96, *Fax (09861) 86787* – TV P. AE E VISA JCB. Z p **40 Z** 130/180.

Mittermeier, Vorm Würzburger Tor 9, ✉ 91541, (09861) 9 45 40, *Fax (09861) 945494,* , , – TV P. AE E VISA Y v **Menu** *(Sonntag geschl.)* à la carte 38/72 – **19 Z** 98/220.

Glocke, Am Plönlein 1, ✉ 91541, (09861) 30 25, *Fax (09861) 86711* – TV – 30. AE E VISA JCB. Rest Z g *24. Dez. - 6. Jan. geschl.* – **Menu** *(Sonntagabend geschl.)* à la carte 30/62 – **24 Z** 105/188.

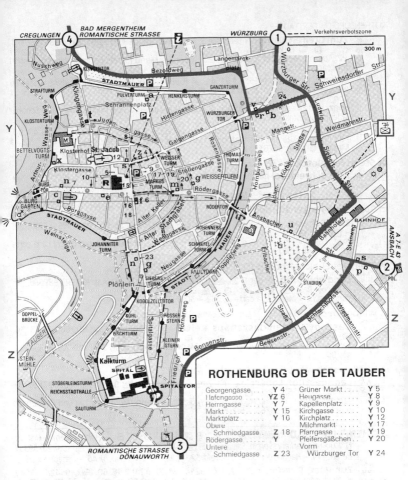

ROTHENBURG OB DER TAUBER

🏨 **Zum Rappen** (mit Gasthof), Vorm Würzburger Tor 6, ✉ 91541, 𝒫 (09861) 9 57 10, Fax (09861) 6076, 🌣 – ⫯ ▥ ☎ 🅿 – 🔏 300. ㏂ ① 🇪 𝚅𝙸𝚂𝙰 𝙹𝙲𝙱   Y r
Menu (Montag geschl.) à la carte 27/61 – **71 Z** 95/250.

🏨 **Goldenes Faß,** Ansbacher Str. 39, ✉ 91541, 𝒫 (09861) 9 45 00, Fax (09861) 8371, 🌣 – ▥ ☎ 🅿 ㏂ 🇪 𝚅𝙸𝚂𝙰 𝙹𝙲𝙱   Z s
Menu (Montagmittag und Dienstagmittag geschl.) à la carte 26/53 – **32 Z** 75/150.

🏨 **Spitzweg** garni (Haus a.d.J. 1536 mit rustikaler Einrichtung), Paradeisgasse 2, ✉ 91541, 𝒫 (09861) 9 42 90, Fax (09861) 1412 – ▥ ☎ 🅿 ① 🇪 𝚅𝙸𝚂𝙰 𝙹𝙲𝙱   Y g
10 Z 95/160.

🏨 **Bayerischer Hof,** Ansbacher Str. 21, ✉ 91541, 𝒫 (09861) 60 63, Fax (09861) 86561 – ▥ ☎ 🅿 ㏂ 🇪 𝚅𝙸𝚂𝙰   Z u
Jan. geschl. – **Menu** (Sonntagabend und Donnerstag geschl.) à la carte 26/58 – **9 Z** 70/150.

🏨 **Schranne,** Schrannenplatz 6, ✉ 91541, 𝒫 (09861) 20 15, Fax (09861) 2500, 🌣 – ⫯ ▥ ☎ ① 🇪 𝚅𝙸𝚂𝙰 𝙹𝙲𝙱   Y a
Menu à la carte 26/58 – **46 Z** 75/180.

🏨 **Klosterstüble** 🌸, Heringsbronnengasse 5, ✉ 91541, 𝒫 (09861) 67 74, Fax (09861) 6474, – ▥ ☎ 🅿 𝚅𝙸𝚂𝙰 𝙹𝙲𝙱   YZ c
Menu (Montag und Jan. - Feb. geschl.) à la carte 28/53 – **13 Z** 95/170.

🏨 **Linde,** Vorm Würzburger Tor 12, ✉ 91541, 𝒫 (09861) 74 44, Fax (09861) 6038, 🌣 – ▥ ☎ 🅿 ㏂ ① 🇪 𝚅𝙸𝚂𝙰 𝙹𝙲𝙱   Y b
Feb. geschl. – **Menu** (Dienstag geschl.) à la carte 28/49 – **27 Z** 75/140.

Zum Greifen, Obere Schmiedgasse 5, ⊠ 91541, ℰ (09861) 22 81, *Fax (09861) 86374,*
🏡 – **❷**. ⒶⒺ Ɛ 𝘝𝘐𝘚𝘈 ᴊᴄʙ
YZ **f**
22. Aug. - 2. Sept. und 19. Dez. - 25. Jan. geschl. – **Menu** *(Sonntagabend - Montag geschl.)*
à la carte 23/54 ⅄ – **17 Z** 64/135.

Louvre, Klingengasse 15, ⊠ 91541, ℰ (09861) 8 78 09, *Fax (09861) 4881,* « Ständig
wechselnde Bilderausstellung » – ⒶⒺ Ɛ 𝘝𝘐𝘚𝘈
Y **t**
Sonntag geschl. – **Menu** (nur Abendessen) à la carte 59/77
Spez. Kalbsbries mit Avocadosalat. Gefüllter Kaninchenrücken in Basilikumsauce. Schoko-
ladenmousse mit marinierter Birne.

Baumeisterhaus, Obere Schmiedgasse 3, ⊠ 91541, ℰ (09861) 9 47 00,
Fax (09861) 86871, « Patrizierhof a.d. 16. Jh. » – ⒶⒺ ❶ Ɛ 𝘝𝘐𝘚𝘈 ᴊᴄʙ
YZ **f**
Menu à la carte 36/63.

In Steinsfeld-Bettwar ④ : *5 km :*

Alte Schreinerei mit Zim, ⊠ 91628, ℰ (09861) 15 41, *Fax (09861) 86710,* 🏡 , 🌳
– **❷**
2. Jan. - 15. Feb. geschl. – **Menu** *(Donnerstag geschl.)* à la carte 22/49 ⅄ – **12 Z** 42/92.

In Steinsfeld-Hartershofen ① : *7 km :*

Zum Schwan, Hartershofen 34, ⊠ 91628, ℰ (09861) 33 87, *Fax (09861) 3087,* 🏡
– 📺 🚗 **❷**
Nov. 1 Woche und über Fasching 2 Wochen geschl. – **Menu** *(Dienstag geschl.)* à la carte
26/51 – **14 Z** 56/95.

In Steinsfeld-Reichelshofen ① : *8 km :*

Landwehrbräu, an der B 25, ⊠ 91628, ℰ (09865) 98 90, *Fax (09865) 989686,* 🏡
– 🅿, 🚿 Rest, 📺 🕾 🕭 🚗 **❷** – 🔬 25. Ɛ 𝘝𝘐𝘚𝘈
Jan. geschl. – **Menu** à la carte 32/62 – **30 Z** 93/152.

In Windelsbach-Linden *NO : 7 km über Schweinsdorfer Str.* Y :

Gasthof Linden-Gästehaus Keitel 🐾, ⊠ 91635, ℰ (09861) 9 43 30,
Fax (09861) 943333, 🏡 , 🌳 – 🕾 🚗 **❷** – 🔬 30. Ɛ 𝘝𝘐𝘚𝘈
Jan. und Aug. jeweils 2 Wochen geschl. – **Menu** *(Montag geschl.)* à la carte 20/46 ⅄ – **23 Z**
45/90.

In Windelsbach *NO : 9 km über Schweinsdorfer Str.* Y :

Landgasthof Lebert 🐾 mit Zim, Schloßstr. 8, ⊠ 91635, ℰ (09867) 95 70,
Fax (09867) 9567, 🏡 – **❷**. 🚿 Zim
Anfang - Mitte Feb. und Aug. 2 Wochen geschl. – **Menu** *(Montagmittag und Donnerstag
geschl.)* à la carte 36/68 – **5 Z** 50/90.

ROTHENFELDE, BAD *Niedersachsen* 𝟜𝟙𝟟 *J 8,* 𝟿𝟠𝟟 ⑮ – *6 900 Ew – Höhe 112 m – Heilbad.*
🖪 *Kur- und Verkehrsverein, Salinenstr. 2,* ⊠ *49214,* ℰ *(05424) 18 75, Fax (05424) 69351.*
Berlin 414 – Hannover 135 – Bielefeld 32 – Münster (Westfalen) 45 – Osnabrück 25.

Zur Post, Frankfurter Str. 2, ⊠ 49214, ℰ (05424) 2 16 60, *Fax (05424) 69540,*
« Restaurant Alte Küche », ⇌, 🔲, 🌳 – 🛗, 🚿 Zim, 📺 🕾 **❷** – 🔬 30. ⒶⒺ ❶ Ɛ 𝘝𝘐𝘚𝘈
Menu à la carte 34/59 – **40 Z** 98/190 – ½ P 25.

Drei Birken, Birkenstr. 3, ⊠ 49214, ℰ (05424) 64 20, *Fax (05424) 64289,* 🏡 , Massage, ♨, ⇌, 🔲, 🌳 – 🛗, 🚿 Zim, 📺 🕾 🕭 **❷**. ⒶⒺ ❶ Ɛ 𝘝𝘐𝘚𝘈. 🚿
Menu *(Dienstag und Jan. - Feb. geschl.)* à la carte 30/53 – **45 Z** 90/160 – ½ P 18.

Dreyer garni, Salinenstr. 7, ⊠ 49214, ℰ (05424) 2 19 00, *Fax (05424) 219029 –* 📺 🕾
❷. 🚿
Jan. - Feb. 2 Wochen geschl. – **16 Z** 78/118.

Parkhotel Gätje 🐾, Parkstr. 10, ⊠ 49214, ℰ (05424) 22 20, *Fax (05424) 222222,*
🏡 , « Kleiner Park », ⇌, 🌳 – 🛗, 🚿 Rest, 📺 🕾 🕭 🚗 **❷** – 🔬 20. ⒶⒺ ❶ Ɛ 𝘝𝘐𝘚𝘈
Menu à la carte 33/66 – **31 Z** 78/196.

ROTT *Rheinland-Pfalz siehe Flammersfeld.*

ROTTA *Sachsen-Anhalt siehe Kemberg.*

ROTTACH-EGERN *Bayern* 𝟜𝟚𝟘 *W 19,* 𝟿𝟠𝟟 ⑩ – *5 500 Ew – Höhe 731 m – Heilklimatischer Kurort
– Wintersport : 740/1 700 m ⚡ 1 ⚡ 3 ⚡ 2.*
🖪 *Kuramt, Nördliche Hauptstr. 9 (Rathaus),* ⊠ *83700,* ℰ *(08022) 67 13 41, Fax (08022)
671347.*
Berlin 645 – München 56 – Garmisch-Partenkirchen 81 – Bad Tölz 22 – Miesbach 21.

Bachmair am See ⬩, Seestr. 47, ⊠ 83700, ℰ (08022) 27 20, Fax (08022) 272790, ≼, « Park », Massage, ⚕, ⌨, ♨, ⇌, ☒ (geheizt), ☒, ⚘, ⚘ – ❘❙ 🖵 ⚙ ⬡ ⬩ 🅿 –
🏠 160. ஊ ⬤ ⊑. ⚘ Rest
Menu à la carte 40/70 (auch Diät) – **278 Z** (nur ½ P) 235/650, 68 Suiten.

Park-Hotel Egerner Hof M ⬩, Aribostr. 19, ⊠ 83700, ℰ (08022) 66 60,
Fax (08022) 666200, ≼, 🍴, Massage, ♨, ⌨, ☒, ⚘ – ❘❙ 🖵 ⚙ ⬡ ⬩ 🏠 60. ஊ
⬤ ⊑ 𝘝𝘐𝘚𝘈
Dichterstub'n (nur Abendessen) **Menu** à la carte 79/102 – **Hubertusstüberl** : Menu
à la carte 48/69 – **88 Z** 181/426, 14 Suiten – ½ P 45.

Walter's Hof ⬩, Seestr. 77, ⊠ 83700, ℰ (08022) 27 70, Fax (08022) 277154, ≼, 🍴,
Massage, ⌨, ⚘ – ❘❙ 🖵 ⬡ 🅿 – 🏠 65. ஊ ⊑
Egerer Stadl : Menu à la carte 30/63 – **35 Z** 195/495, 3 Suiten – ½ P 38.

Gästehaus Haltmair garni, Seestr. 35, ⊠ 83700, ℰ (08022) 27 50,
Fax (08022) 27564, ≼, ⚘ – ❘❙ 🖵 ⚙ ⬡ 🅿
42 Z 75/195.

Franzen, Karl-Theodor-Str. 2a, ⊠ 83700, ℰ (08022) 60 87, Fax (08022) 5619, 🍴, ⚘
– 🖵 ⚙ ⬡ 🅿. ⊑
Pfeffermühle (April 2 Wochen und 15. Nov. - 10. Dez. geschl.) **Menu** à la carte 38/70
– **15 Z** 125/250 ½ P 30.

Reuther ⬩ garni, Salitererweg 6, ⊠ 83700, ℰ (08022) 2 40 24, Fax (08022) 24026,
– 🖵 ⚙ 🅿. ஊ ⬤ ⊑ 𝘝𝘐𝘚𝘈. ⚘ – **26 Z** 65/170.

Seerose ⬩ garni, Stielerstr. 13, ⊠ 83700, ℰ (08022) 92 43 00, Fax (08022) 24846,
⚘ – ❘❙ 🖵 ⚙ 🅿
Nov. - 20. Dez. geschl. – **19 Z** 95/155.

Sonnenhof ⬩ garni, Sonnenmoosstr. 20, ⊠ 83700, ℰ (08022) 58 12,
Fax (08022) 5477, ≼, « Garten » – 🖵 ⚙ ⬡ 🅿
Nov. - 20. Dez. geschl. – **14 Z** 70/140.

An der Talstation der Wallbergbahn S : 3 km :

⚒ **Alpenwildpark**, Am Höhenrain 1, ⊠ 83700 Rottach-Egern, ℰ (08022) 58 32,
Fax (08022) 95327, « Terrasse mit ≼ » – 🅿
Mittwoch - Donnerstag, 23. März - 9. April und 31. Okt. - 15. Dez. geschl. – **Menu** à la carte
25/54.

ROTTENBURG AM NECKAR Baden-Württemberg 𝟒𝟏𝟗 U 10, 𝟗𝟖𝟕 ㊳ – 39 000 Ew –
Höhe 349 m.
🛈 Fremdenverkehrsamt, Marktplatz 18 (Rathaus), ⊠ 72108, ℰ (07472) 16 53 75, Fax
(07472) 165369.
Berlin 682 - Stuttgart 55 – Freudenstadt 47 – Reutlingen 26 – Villingen-Schwenningen 76.

Convita M, Röntgen str. 38, ⊠ 72108, ℰ (07472) 92 90, Fax (0742) 929888, 🍴 –
❘❙ ⇌ Zim, 🖵 ⚲ ⬡ 🅿 – 🏠. ஊ ⬤ ⊑ 𝘝𝘐𝘚𝘈
Menu à la carte 55/65 – **63 Z** 125/180, 3 Suiten.

Martinshof, Eugen-Bolz-Platz 5, ⊠ 72108, ℰ (07472) 2 10 21, Fax (07472) 24691 –
❘❙ 🖵 ⚙ ⬡ – 🏠 120. ஊ ⬤ ⊑ 𝘝𝘐𝘚𝘈
Aug. geschl. – **Menu** (Sonntagabend - Montag geschl.) à la carte 31/62 – **34 Z** 85/140.

ROTTENDORF Bayern siehe Würzburg.

ROTTHALMÜNSTER Bayern 𝟒𝟐𝟎 U 23 – 4 400 Ew – Höhe 359 m.
Berlin 636 – München 148 – Passau 37 – Salzburg 110.

In Rotthalmünster-Asbach NW : 4 km :

Klosterhof St. Benedikt ⬩, ⊠ 94094, ℰ (08533) 20 40 (Hotel) 18 59 (Rest.),
⬡ Fax (08533) 20444, « Ehemaliges Benediktiner-Kloster a.d. 11. Jh. », ⚘ – 🖵 ⚙ 🅿 –
🏠 65
Jan. geschl. – **Menu** (Montag geschl.) à la carte 23/40 – **26 Z** 62/113.

ROTTWEIL Baden-Württemberg 𝟒𝟏𝟗 V 9, 𝟗𝟖𝟕 ㊳ – 24 000 Ew – Höhe 600 m.
Sehenswert : Hauptstraße ≼★ – Heiligkreuzmünster (Retabel★) – Dominikanermuseum
(Orpheus-Mosaik★, Sammlung schwäbischen Plastiken★) – Kapellenturm (Turm★) –
Altstadt★.
Ausflugsziel : Dreifaltigkeitskirche★ (⚘★) SO : 20 km.
🛈 Tourist-Information, Rathaus, Rathausgasse, ⊠ 78628, ℰ (0741) 49 42 80, Fax (0741)
494373.
Berlin 724 – Stuttgart 98 – Konstanz 87 – Offenburg 83 – Tübingen 59 – Donaueschingen 33.

🏨🏨 **Johanniterbad** ⬙, Johannsergasse 12, ⬜ 78628, ℰ (0741) 53 07 00,
Fax (0741) 41273 – 📶 📺 ☎ 🅿 – 🔬 30. 🆎 ⑨ 🗲 *VISA*
Menu (Sonntagabend und 2. - 17. Jan. geschl.) à la carte 31/63 – **27 Z** 85/194.

🏨🏨 **Romantik Hotel Haus zum Sternen** (Haus a.d. 14. Jh.), Hauptstr. 60, ⬜ 78628,
ℰ (0741) 5 33 00, Fax (0741) 533030, 🍴, « Stilvolle Einrichtung » – ⬚ Zim, 📺 ☎ 🚗
– 🔬 20. 🆎 🗲 *VISA*
Menu (Samstagmittag, 1. - 4. Jan. und 26. Feb. - 8. März geschl.) à la carte 42/68 – **14 Z**
98/260.

🏨 **Bären,** Hochmaurenstr. 1, ⬜ 78628, ℰ (0741) 1 74 60 38, Fax (0741) 1746040, 🍴, 🖴
– 📶 📺 ☎ 🚗 🅿. 🗲 *VISA*
23. Dez. - 6. Jan. geschl. – **Menu** (Sonntagabend und Samstag geschl.) à la carte 28/60
– **30 Z** 60/200.

🏨 **Park-Hotel,** Königstr. 21, ⬜ 78628, ℰ (0741) 5 34 30, Fax (0741) 534330, 🍴 –
⬚ Zim, 📺 ☎. ⚒
23. Dez. - 6. Jan. geschl. – **Menu** (Samstag - Sonntag geschl.) à la carte 30/60 ⅃ – **15 Z**
95/200.

XXX **Villa Duttenhofer-Restaurant L'Etoile,** Königstr. 1, ⬜ 78628, ℰ (0741) 4 31 05,
Fax (0741) 41595 – 🅿. ⑨ 🗲 *VISA*
Sonntag - Montag, Feb. - März 2 Wochen und Aug. - Sept. 6 Wochen geschl. – **Menu** (nur
Abendessen) à la carte 64/91 – **Bistro** : **Menu** à la carte 42/62.

In Deißlingen S : 9 km :

🏨 **Hirt,** Oberhofenstr. 5, ⬜ 78652, ℰ (07420) 9 29 10, Fax (07420) 929133, 🌆 – ⬚ Zim,
📺 ☎ 🍴 🚗 🅿 – 🔬 40. 🆎 ⑨ 🗲 *VISA*
Menu (Sonntag und Aug. 2 Wochen geschl.) à la carte 29/51 ⅃ – **35 Z** 65/150.

RUBKOW Mecklenburg-Vorpommern siehe Anklam.

RUBOW Mecklenburg-Vorpommern 🔢🔢🔢 E 18 – 200 Ew – Höhe 37 m.
Berlin 223 – Schwerin 21 – Güstrow 47 – Lübeck 82 – Rostock 67.

In Rubow-Flessenow W : 7,5 km :

🏨🏨 **Seewisch** ⬙, Am Schweriner See 1d, ⬜ 19067, ℰ (03866) 4 61 10,
Fax (03866) 4611166, 🍴, « Schöne Lage am See », 🖴 – 📺 ☎ 🅿 – 🔬 20. 🗲
Menu à la carte 24/41 – **23 Z** 80/200.

RUDERSBERG Baden-Württemberg 🔢🔢🔢 T 12 – 9 600 Ew – Höhe 278 m.
Berlin 600 – Stuttgart 43 – Heilbronn 47 – Göppingen 37.

In Rudersberg-Schlechtbach S : 1 km :

🏨 **Sonne** (mit Gästehaus), Heilbronner Str. 70, ⬜ 73635, ℰ (07183) 61 88,
Fax (07183) 1500, 🖴, ⬛ – 📶, ⬚ Zim, 📺 ☎ 🍴 🅿 – 🔬 50. 🗲 *VISA*. ⚒ Rest
Feb. 2 Wochen geschl. – **Menu** (Freitag geschl.) à la carte 24/64 – **31 Z** 70/158.

RUDOLSTADT Thüringen 🔢🔢🔢 N 18, 🔢🔢🔢 ㉓, 🔢🔢🔢 ㉘ – 30 000 Ew – Höhe 209 m.
Sehenswert : Schloß Heidecksburg★ (Säle im Rocaille-Stil★★).
🛈 Tourist-Information, Marktstr. 57, ⬜ 07407, ℰ (03672) 42 45 43, Fax (03672) 424543.
Berlin 284 – Erfurt 48 – Coburg 79 – Suhl 65.

🏨 **Thüringer Hof,** Bahnhofsgasse 3 (B 88), ⬜ 07407, ℰ (03672) 41 24 22,
Fax (03672) 412423 – 📺 ☎. 🆎 ⑨ 🗲 *VISA*
Menu à la carte 20/36 ⅃ – **16 Z** 90/140.

Am Marienturm SO : 3 Km :

🏨🏨 **Panoramahotel Marienturm** ⬙, Marienturm 1, ⬜ 07407, ℰ (03672) 4 32 70,
Fax (03672) 432785, ≼ Rudolstein und Umgebung, « Aussichtsterrasse », 🖴 – ⬚ Zim,
📺 ☎ 🍴 🅿 – 🔬 30. 🆎 🗲
Menu à la carte 27/58 – **29 Z** 95/165.

In Rudolstadt-Mörla :

🏨 **Hodes** ⬙ (mit Gästehaus), Mörla Nr.1, ⬜ 07407, ℰ (03672) 41 01 01,
Fax (03672) 424568, Biergarten – 📺 ☎ 🅿 – 🔬 50. 🆎 ⑨ 🗲 *VISA*
Menu à la carte 19/31 – **15 Z** 75/110.

In Weißen *NO : 9 km :*

🏠🏠 **Kains Hof** ⍩, Ortsstr. 19, ☒ 07407, ℰ *(036742)* 6 11 30, Fax *(036742) 61011*,
« Gemütlich-rustikale Einrichtung, Innenhofterrasse » – 📺 ☎ 🅿 🗲
Jan. geschl. – **Menu** *(Montag - Donnerstag nur Abendessen)* à la carte 31/56 – **15 Z** 90/140.

RÜCKERSDORF *Bayern* 🔢🔢 *R 17 – 4 000 Ew – Höhe 326 m.*
Berlin 421 – München 174 – Nürnberg 17 – Bayreuth 65.

🏠 **Wilder Mann**, Hauptstr. 37 (B 14), ☒ 90607, ℰ *(0911)* 9 50 10, Fax *(0911) 9501100*,
⛲ – 📳 📺 ☎ ⇔ 🅿 – 🏌 45. 🆎 ⓪ 🗲 *VISA*
24. Dez. - 6. Jan. geschl. – **Menu** *(Sonn- und Feiertage abends geschl.)* à la carte 34/63
– **51 Z** 99/195.

RÜCKHOLZ *Bayern siehe Seeg.*

RÜCKMARSDORF *Sachsen siehe Leipzig.*

RÜDESHEIM AM RHEIN *Hessen* 🔢🔢 *Q 7,* 🔢🔢 ㉖ *– 10 000 Ew – Höhe 85 m.*
Ausflugsziel : Kloster Eberbach★★ (Weinkeltern★★).
🅱 *Städt. Verkehrsamt, Rheinstr. 16,* ☒ *65385,* ℰ *(06722) 29 62, Fax (06722) 3485.*
Berlin 592 – Wiesbaden 31 – Koblenz 65 – Mainz 34.

🏠🏠 **Rüdeshelmer Schloss** Ⓜ, Steingasse 10, ☒ 65385, ℰ *(06722)* 9 05 00,
Fax (06722) 47960, ☆, « Haus a.d.J. 1729, Einrichtung mit Designermöbeln » – 📳 📺 ☎
✆ 🕭 🅿 – 🏌 20. 🆎 ⓪ 🗲 *VISA* *JCB*
Weihnachten - Anfang Jan. geschl. – **Menu** (bemerkenswertes Angebot Rheingauer Weine)
à la carte 35/63 – **21 Z** 160/260.

🏠🏠 **Central-Hotel,** Kirchstr. 6, ☒ 65385, ℰ *(06722)* 91 20, Fax *(06722) 2807* – 📳, ↔ Zim,
📺 ☎ ⇔ 🅿 – 🏌 15. 🆎 ⓪ 🗲 *VISA*
20. Dez. - Feb. geschl. – **Menu** à la carte 29/63 – **50 Z** 109/219.

🏠🏠 **Traube-Aumüller,** Rheinstr. 6, ☒ 65385, ℰ *(06722)* 91 40, Fax *(06722) 1573,* ☆,
⍩, 🖄 – 📳, ↔ Zim, 📺 ☎ ⇔ – 🏌 40. 🆎 ⓪ 🗲 *VISA* *JCB*. ✕ Rest
März - Nov. – **Menu** à la carte 29/69 – **122 Z** 110/270.

🏠🏠 **Zum Bären,** Schmidtstr. 24, ☒ 65385, ℰ *(06722)* 10 91, Fax *(06722) 1094,* ☎ – 📳
📺 ☎ ⇔ 🆎 ⓪ 🗲 *VISA*
Menu *(Nov. - Mai Sonntagabend - Montag geschl.)* à la carte 32/56 ⅄ – **23 Z** 115/240.

🏠🏠 **Trapp,** Kirchstr. 7, ☒ 65385, ℰ *(06722)* 9 11 40, Fax *(06/22) 47745* – 📳 📺 ☎ 🅿 –
🏌 15. 🆎 ⓪ 🗲 *VISA* *JCB*
Mitte März - Mitte Nov. – **Menu** *(Montag - Freitag nur Abendessen)* à la carte 31/63 –
32 Z 115/240.

🏠🏠 **Felsenkeller,** Oberstr. 39, ☒ 65385, ℰ *(06722)* 9 42 50, Fax *(06722) 47202,* ☆ – 📳
📺 ☎ 🅿 🆎 ⓪ 🗲 *VISA*. ✕ Rest
März - Nov. – **Menu** à la carte 29/67 *(auch vegetarische Gerichte)* – **60 Z** 95/212.

🏠 **Rheinhotel** garni, Kaiserstr. 1, ☒ 65385, ℰ *(06722)* 90 30, Fax *(06722) 903199,* 🖄
– 📳 📺 ☎ 🅿. 🆎 ⓪ 🗲 *VISA*
Anfang März - Mitte Nov. – **30 Z** 95/180.

🏠 **Rüdesheimer Hof**, Geisenheimer Str. 1, ☒ 65385, ℰ *(06722)* 20 11,
Fax (06722) 48194, ☆ – 📳 📺 ☎ 🅿. 🆎 ⓪ 🗲 *VISA*
Mitte Feb. - Mitte Nov. – **Menu** à la carte 28/55 ⅄ – **43 Z** 90/160.

✕ **Bistro Schlossberg,** Grabenstr. 8, ☒ 65385, ℰ *(06722)* 10 26, Fax *(06722) 1026* –
🆎 🗲 *VISA*
Samstagmittag, sowie Sonn- und Feiertage geschl. – **Menu** à la carte 34/55.

Außerhalb *NW : 5 km über die Straße zum Niederwald-Denkmal :*

🏠🏠 **Jagdschloß Niederwald** ⍩, ☒ 65385 Rüdesheim, ℰ *(06722)* 10 04,
Fax (06722) 47970, « Gartenterrasse », ☎, 🖄, ⍩, ✎ – 📳 📺 ☎ ⇔ 🅿 – 🏌 60.
🆎 ⓪ 🗲 *VISA* *JCB*. ✕ Rest
Jan. - Feb. geschl. – **Menu** *(15. Nov. - 31. Dez. und 1. - 15. März jeweils Montag geschl.)*
à la carte 59/96 – **50 Z** 185/280.

In Rüdesheim-Assmannshausen *NW : 5 km :*

🏠🏠🏠 **Krone Assmannshausen,** Rheinuferstr. 10, ☒ 65385, ℰ *(06722)* 40 30,
Fax (06722) 3049, ≼, « Historisches Hotel a.d. 16. Jh., Laubenterrasse », ⍩ (geheizt), ✎
– 📳, ↔ Zim, 📺 ✆ ⇔ 🅿 – 🏌 60. 🆎 ⓪ 🗲 *VISA* *JCB*
Menu (bemerkenswerte Weinkarte) à la carte 78/119 – **65 Z** 197/364, 12 Suiten.

🏠 **Alte Bauernschänke-Nassauer Hof** (Fachwerkhaus a.d.J. 1408), Niederwaldstr. 23, ✉ 65385, 𝒫 (06722) 23 32, Fax (06722) 47912, 🍴 – 🛗 📺 ☎ – 🏛 30. AE
E VISA
Mitte März - Nov. – **Menu** à la carte 32/64 – **56 Z** 110/280.

🏠 **Unter den Linden,** Rheinallee 1, ✉ 65385, 𝒫 (06722) 22 88, Fax (06722) 47201, ≤,
« Laubenterrasse » – 📺 ☎ 🚗 🅿 E VISA
April - Mitte Nov. – **Menu** à la carte 33/60 – **28 Z** 75/180.

🏠 **Lamm,** Rheinuferstr. 6, ✉ 65385, 𝒫 (06722) 9 04 50, Fax (06722) 904590, ≤, 🍴 –
🛗 📺 ☎ 🚗 E VISA
März - Nov. – **Menu** à la carte 33/54 – **45 Z** 85/180.

🏠 **Schön,** Rheinuferstr. 3, ✉ 65385, 𝒫 (06722) 22 25, Fax (06722) 2190, ≤, 🍴 – 🛗,
✧ Zim, 📺 ☎ 🚗 🅿 E VISA
März - Okt. – **Menu** à la carte 44/69 – **25 Z** 90/185.

🏠 **Ewige Lampe und Haus Resi,** Niederwaldstr. 14, ✉ 65385, 𝒫 (06722) 24 17,
Fax (06722) 48459 – 🚗 E VISA
5. Jan. - 20. Feb. geschl. – **Menu** *(Dienstag geschl.)* à la carte 34/68 🕯 – **23 Z** 75/160.

✗ **Altes Haus** (mit Zim. und Gästehaus), Lorcher Str. 8, ✉ 65385, 𝒫 (06722) 20 51,
Fax (06722) 2053, (Fachwerkhaus a.d.J. 1578) – ✧ Zim, 📺 ☎ 🚗 E ✧ Zim
5. Jan. - 20. Feb. geschl. – **Menu** *(Mittwoch, Mai - Okt. auch Dienstagabend und Donnerstagabend geschl.)* à la carte 33/64 – **36 Z** 80/180.

In Rüdesheim-Presberg *N : 13 km :*

🏠 **Haus Grolochblick** 🦢, Schulstr. 8, ✉ 65385, 𝒫 (06726) 7 38, Fax (06726) 738, ≤,
🍴 – 🅿
Mitte Feb. - Mitte Nov. – (Restaurant nur für Hausgäste) – **20 Z** 45/80.

RÜGEN (Insel) *Mecklenburg-Vorpommern* 📖🎖 *C 23,24,* 📖🎖 ③, 📖🎖 ⑦ – *Seebad – Größte Insel Deutschlands, durch einen 2,5 km langen Damm mit dem Festland verbunden.*
Sehenswert : Gesamtbild★ *der Insel mit Badeorten*★ *Binz, Sellin, Babe und Göhren –
Putbus*★ *(Circus*★, *Theater*★, *Schloßpark*★) – *Jagdschloß Granitz*★ *(≤*★★) – *Kap Arkona*★
(≤★★) – *Stubbenkammer : Königsstuhl*★★*.*
🛳 *Fährlinie Saßnitz-Trelleborg,* 𝒫 (038392) 6 41 80.
ab Saßnitz : Berlin 271 – Schwerin 209 – Greifswald 83 – Stralsund 51.

Baabe *– 770 Ew – Höhe 25 m – Seebad.*
🚹 *Kurverwaltung, Fritz-Worm-Str. 1,* ✉ *18586,* 𝒫 *(038303) 14 20, Fax (038303) 14299.
Nach Saßnitz 21 km.*

🏠 **Villa Granitz** M garni, Birkenallee 17, ✉ 18586, 𝒫 (038303) 14 10,
Fax (038303) 14144 – 📺 ☎ 🕊 🅿
Jan. - Feb. und Nov. geschl. – **44 Z** 125/160.

🏠 **Villa Fröhlich,** Göhrener Weg 2, ✉ 18586, 𝒫 (038303) 8 61 91, Fax (038303) 86190,
🍴 – 📺 ☎ 🅿
Nov. geschl. – **Menu** à la carte 28/54 – **15 Z** 80/140 – ½ P 23.

Bergen *– 17 000 Ew – Höhe 60 m.*
🚹 *Stadtinformation, Markt 11,* ✉ *18528,* 𝒫 *(03838) 25 60 95, Fax (03838) 811206.
Nach Saßnitz 23 km.*

🏛 **Treff Hotel Rügen,** Stralsunder Chaussee 1, ✉ 18528, 𝒫 (03838) 81 50,
Fax (03838) 815500, 🍴, 🏋, 🛋 – 🛗, ✧ Zim, 📺 🚗 🅿 – 🏛 150. AE ① E VISA
Menu à la carte 35/62 – **154 Z** 180/256 – ½ P 30.

🏠 **Romantik Hotel Kaufmannshof** M, Bahnhofstr. 6, ✉ 18528, 𝒫 (03838) 8 04 50,
Fax (03838) 804545, Biergarten, « Stilvolle Zimmereinrichtung », 🛋 – 📺 ☎ 🕊 🅿 –
🏛 20. E VISA
Menu à la carte 31/52 – **18 Z** 130/200 – ½ P 25.

Binz *– 7 000 Ew – Höhe 5 m – Seebad.*
🚹 *Kurverwaltung, Heinrich-Heine Str. 7,* ✉ *18609,* 𝒫 *(038393) 3 74 21, Fax (038393) 37421.
Nach Saßnitz 18 km.*

🏠 **Arkona Strandhotel** M, Strandpromenade 59, ✉ 18609, 𝒫 (038393) 5 70,
Fax (038393) 57777, ≤, 🍴, Massage, 🏋 – 🛗, ✧ Zim, 📺 ☎ 🕊 🚗 🅿 – 🏛 135. AE
E VISA
Menu à la carte 34/60 – **195 Z** 170/300 – ½ P 38.

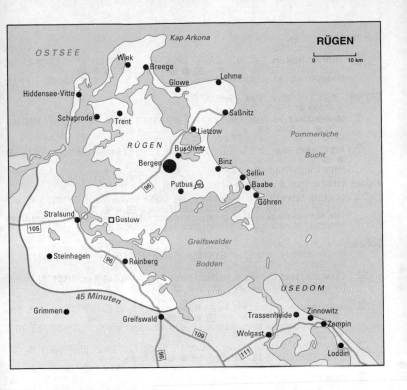

🏨 **Strandhotel Lissek,** Strandprommenade 33, ✉ 18609, 𝒸 (038393) 38 10,
Fax (038393) 381430, ≤, 🍴, ⟪s⟫ – ⧮ 📺 ☎ 🅿 ᴬᴱ 🇪 𝒱𝐼𝑆𝐴
Menu à la carte 37/55 – **40 Z** 130/275 – ½ P 30.

🏨 **Hotel am Meer,** Strandpromenade 34, ✉ 18609, 𝒸 (038393) 4 40,
Fax (038393) 44444, ≤, 🍴, ⟪s⟫ – ⧮ Zim, 📺 ☎ ✆ 🅿 ᴬᴱ ⓞ 𝒱𝐼𝑆𝐴
Menu à la carte 54/65 – **60 Z** 195/345 – ½ P 40.

🏨 **Vier Jahreszeiten,** Zeppelinstr. 8, ✉ 18609, 𝒸 (038393) 5 00, Fax (038393)
50430, ⟪s⟫, 🔲 – ⧮ 📺 ☎ 🅿 – 🅰 40 ᴬ𝐹 🇪 𝒱𝐼𝑆𝐴.
⧲ Rest
Menu à la carte 37/58 – **56 Z** 150/250, 3 Suiten – ½ P 30.

🏨 **Vineta,** Hauptstr. 20, ✉ 18609, 𝒸 (038393) 3 90, Fax (038393) 39444, 🍴, ⟪s⟫ – ⧮
📺 ☎ 🅿 ᴬᴱ 🇪 𝒱𝐼𝑆𝐴. ⧲ Rest
Menu (nur Abendessen) à la carte 34/53 – **38 Z** 120/300 – ½ P 30.

🏨 **Villa Salve,** Strandpromenade 41, ✉ 18609, 𝒸 (038393) 22 23, Fax (038393) 32653,
🍴, « Individuelle, elegante Zimmereinrichtung » – 📺 ☎ 🚗 🅿 ᴬᴱ 🇪
𝒱𝐼𝑆𝐴
Menu à la carte 35/58 – **13 Z** 180/295 – ½ P 35.

🏨 **Binzer Hof,** Lottumstr. 15, ✉ 18609, 𝒸 (038393) 23 26, Fax (038393) 2382, 🍴 – 📺
☎ 🅿 – 🅰 40. ᴬᴱ 🇪 𝒱𝐼𝑆𝐴
Menu (Okt. - Mai nur Abendessen) à la carte 30/45 – **53 Z** 130/195 –
½ P 25.

🏠 **Villa Schwanebeck,** Margarethenstr. 18, ✉ 18609, 𝒸 (038393) 20 13,
Fax (038393) 31734 – 📺 ☎ 🅿
Mitte Nov. - Mitte Dez. und Mitte Jan. - Anfang Feb. geschl. – **Menu** à la carte 33/55 –
18 Z 120/190.

🏠 **Am Strand** ⧹, Strandpromenade 17, ✉ 18609, 𝒸 (038393) 3 50, Fax (038393) 2387,
🍴, ⟪s⟫ – ⧮ 📺 ☎ 🅿 – 🅰 25
Jan. - Mitte Feb. geschl. – **Menu** à la carte 30/60 – **46 Z** 90/240 –
½ P 20.

Buschvitz – *200 Ew – Höhe 20 m.*
Nach Saßnitz 28 km.

🏨 **Sonnenhaken** Ⓜ ⤳, Grüner Weg 9, ☒ 18528, ℰ (03838) 82 10,
Fax (03838) 821199, ≼, 🍽, 🎠 – 📺 ☎ 🅿 – 🔏 30. 🟦 Ⓞ ⋿ 𝘝𝘐𝘚𝘈
Menu *(Anfang Jan. - Ostern und Nov. geschl.)* à la carte 39/62 – **28 Z** 145/300 – ½ P 35.

Glowe – *1400 Ew – Höhe 10 m – Seebad.*
Nach Saßnitz 17 km.

🏨 **Meeresblick**, Hauptstr. 128, ☒ 18551, ℰ (038302) 5 30 50, Fax (038302) 53057, 🍽
– 📺 ☎ 🅿. 🟦 ⋿ 𝘝𝘐𝘚𝘈
Menu à la carte 28/45 – **31 Z** 90/170 – ½ P 25.

🏨 **Alt Glowe**, Hauptstr. 37a, ☒ 18551, ℰ (038302) 5 30 59, Fax (038302) 53067 – 📺
☎ 🅿
Menu à la carte 29/50 – **17 Z** 80/150 – ½ P 15.

An der Straße nach Sagard *SO : 4 km :*

🏨 **Schloß Spyker** ⤳, Schloßallee, ☒ 18551 Spyker, ℰ (038302) 5 33 83,
Fax (038302) 53386, ≼, 🍽, « Schloß a.d. 17.Jh. » – 📺 ☎ 🅿. 🟦 ⋿ 𝘝𝘐𝘚𝘈
Vier Jahreszeiten *(nur Abendessen, Montag geschl.)* **Menu** à la carte 46/80 – **Zum Alten
Wrangel :** Menu à la carte 31/60 – **35 Z** 165/290 – ½ P 28.

Göhren – *1600 Ew – Höhe 40 m – Seebad.*
🛈 *Kurverwaltung, Schulstr. 8, ☒ 18586, ℰ (038308) 21 50, Fax (038308) 25911.*
Nach Saßnitz 35 km.

🏨 **Stranddistel** ⤳ garni, Katharinenstr. 9, ☒ 18586, ℰ (038308) 54 50,
Fax (038308) 54555, 🛁, ⓢ – 🛗 📺 ☎ 🅿. 🟦 ⋿ 𝘝𝘐𝘚𝘈
35 Z 125/195.

🏨 **Nordperd** ⤳, Nordperdstr. 11, ☒ 18586, ℰ (038308) 70, Fax (038308) 7160, ≼, 🍽,
Massage, ⓢ, 🎠 – 🛗 ↳ Zim, 📺 ☎ 🅿. 🟦 ⓄⒷ ⋿ 𝘝𝘐𝘚𝘈. ⍣ Rest
4. - 20. Jan. geschl. – **Menu** *(Montag - Freitag nur Abendessen)* à la carte 35/66 – **70 Z**
130/240 – ½ P 30.

🏨 **Waldhotel** (mit Gästehaus), Waldstr. 7, ☒ 18586, ℰ (038308) 5 05 00,
Fax (038308) 25380, 🛁, ⓢ, ☒ – 📺 ☎ 🅿. 🟦 ⋿ 𝘝𝘐𝘚𝘈
Jan. geschl. – **Menu** (nur Abendessen) à la carte 29/52 – **35 Z** 155/170 – ½ P 25.

🏨 **Albatros** ⤳, Ulmenallee 5, ☒ 18586, ℰ (038308) 54 30, Fax (038308) 54370, 🍽, ⓢ
– 📺 ☎ 🅿. ⋿ 𝘝𝘐𝘚𝘈
Nov. - Dez. 3 Wochen geschl. – **Menu** *(Nov. - April Sonntagabend - Montag geschl.)*
à la carte 32/42 – **17 Z** 130/170 – ½ P 25.

🏨 **Waldperle**, Carlstr. 6, ☒ 18586, ℰ (038308) 54 00, Fax (038308) 54010, ⓢ – 📺 ☎
⍟. ⋿ 𝘝𝘐𝘚𝘈
Nov. - Feb. Garni – **Menu** (nur Abendessen) à la carte 28/47 – **27 Z** 90/155.

In Middelhagen-Lobbe *S : 5 km :*

🏨 **Eldena** ⤳, Göhrener Weg 40, ☒ 18586, ℰ (038308) 5 00, Fax (038308) 2232, 🍽, 🛁,
ⓢ – 📺 ☎ ⟻ 🅿 – 🔏 20. 🟦 ⋿ 𝘝𝘐𝘚𝘈
Menu *(Jan. - März geschl.)* à la carte 30/47 – **28 Z** 120/160 – ½ P 25.

🏨 **Lobber Hof**, Dorfstr. 27, ☒ 18586, ℰ (038308) 22 70, Fax (038308) 25022, ⓢ – 📺
☎ ↳ 🅿
Nov. geschl. – **Menu** à la carte 28/45 – **25 Z** 100/160 – ½ P 22.

Gustow – *650 Ew – Höhe 5 m.*
Nach Saßnitz 46 km.

🏨 **Gutshaus Kajahn** ⤳ garni, Prosnitz 1 (SO : 2,5 km), ☒ 18574, ℰ (038307) 4 01 50,
Fax (038307) 40169 – ↳ Zim, 📺 ☎ 🅿
23 Z 85/170.

Lietzow – *850 Ew – Höhe 47 m.*
Nach Saßnitz 13 km.

🏨 Motel Lietzow ⤳, Waldstraße, ☒ 18528, ℰ (038302) 21 66, Fax (038302) 3171 – 📺
☎ 🅿
(nur Abendessen) – **24 Z**.

Lohme – *700 Ew – Höhe 70 m.*
Nach Saßnitz 15 km.

🏨 **Panorama Hotel Lohme** ⤳, Dorfstr. 35, ☒ 18551, ℰ (038302) 92 21,
Fax (038302) 9234, 🍽 – 📺 ☎ 🅿
Menu à la carte 30/57 – **25 Z** 110/220 – ½ P 25.

In Lohme-Hagen S : 2,5 km :

- ✗ **Baumhaus** ⚘ mit Zim, ⊠ 18551, ℰ (038392) 2 23 10, ♨ – 📺 ☎ 🅿️
  15. Nov. - 20. Dez. geschl. – **Menu** *(Jan. - Feb. nur an Wochenenden geöffnet)* à la carte 32/64 – **10 Z** 100/180.

Putbus – 5 200 Ew – Höhe 23 m.
  🛈 *Putbus-Information, August-Bebel-Straße,* ⊠ 18581, ℰ (038301) 4 31, Fax (038301) 87059.
  Nach Saßnitz 35 km.

In Putbus-Lauterbach SO : 2 km :

- 🏨 **Clemens,** Dorfstr. 14, ⊠ 18581, ℰ (038301) 8 20, Fax (038301) 61381, ≤, ♨ – 📺 ☎ 🅿️. 🆎 ⓞ 🇪 𝚅𝙸𝚂𝙰
  Menu à la carte 27/45 – **18 Z** 110/170.

In Putbus-Wreechen SW : 2 km :

- 🏨 **Wreecher Hof** Ⓜ ⚘, Kastanienallee 1, ⊠ 18581, ℰ (038301) 8 50, Fax (038301) 85100, ♨, « Hotelanlage mit mehreren Landhäusern », ⊆s, ▣, ♒ – ☼ Zim, 📺 🅿️ – 🕍 20. 🆎 🇪 𝚅𝙸𝚂𝙰
  Menu *(Tischbestellung ratsam)* 58/90 und à la carte 36/61 – **43 Z** 155/245, 20 Suiten.

Sassnitz – 13 000 Ew – Höhe 30 m – Seebad.
  🛈 *Fremdenverkehrsbüro, Seestr. 1,* ⊠ 18546, ℰ (038392) 51 60, Fax (038392) 51616.

- 🏨 **Kurhotel Sassnitz,** Hauptstr. 1, ⊠ 18546, ℰ (038392) 5 30, Fax (038392) 53333, Massage, ♀, ⊆s – 🛗 📺 🅿️ – 🕍 20. 🆎 🇪 𝚅𝙸𝚂𝙰
  Menu à la carte 28/50 – **83 Z** 100/220.

- 🏨 **Rügen-Hotel,** Seestr. 1, ⊠ 18546, ℰ (038392) 5 31 00(Hotel) 5 78 67(Rest.), Fax (038392) 53550, ≤, direkter Zugang zur Rügentherme, « Frühstücksraum mit ≤ Insel und Meer » – 🛗 📺 ☎ ♿ 🅿️. 🆎 🇪 𝚅𝙸𝚂𝙰
  Neptun : Menu à la carte 29/50 – **119 Z** 100/160.

- 🏨 **Villa Aegir** ⚘ (mit Gästehaus), Mittelstr. 5, ⊠ 18546, ℰ (038392) 30 20, Fax (038392) 33046, ≤, ♨, ⊆s – 📺 ☎ 🅿️. 🆎 ⓞ 🇪 𝚅𝙸𝚂𝙰
  Menu à la carte 25/46 ♨ – **36 Z** 95/185 – ½ P 25.

- 🏨 **Top Motel,** Gewerbepark 6 (an der B 96), ⊠ 18546, ℰ (038392) 5 10, Fax (038392) 51155 – ☼ Zim, 📺 ☎ ♿ 🅿️. 🆎 ⓞ 🇪 𝚅𝙸𝚂𝙰 𝙹𝙲𝙱
  Menu *(nur Abendessen)* a la carte 22/40 – **44 Z** 75/170 – ½ P 20.

- 🏨 **Waterkant** ⚘ garni, Walterstr. 3, ⊠ 18546, ℰ (038392) 5 08 44, Fax (038392) 50844, ≤, ♒ – 📺 ☎ 🅿️. ⓞ 🇪 𝚅𝙸𝚂𝙰
  16 Z 110/170.

Schaprode – 800 Ew – Höhe 5 m.
  Nach Saßnitz 45 km.

- 🏨 **Zur alten Schmiede** ⚘, Poggenhof 25 (N : 1 km), ⊠ 18569, ℰ (038309) 21 00, Fax (038309) 21043, ♨, ⊆s, ♒ – 📺 ☎ 🅿️
  15. Jan. - 15. Feb. geschl. – **Menu** *(Montag - Freitag nur Abendessen)* à la carte 40/65 – **20 Z** 150/260 – ½ P 33.

Sellin – 3 000 Ew – Höhe 20 m – Seebad.
  🛈 *Kurverwaltung, Warmbadstr. 4,* ⊠ 18586, ℰ (038303) 16 11, Fax (038303) 205.
  Nach Saßnitz 30 km.

- 🏨 **Cliff Hotel** ⚘, Siedlung am Wald 22 a, ⊠ 18586, ℰ (038303) 84 80, Fax (038303) 8495, ≤, ♨, ♨, ⊆s, ▣, ♨, ♒, ✗ – 🛗, ☼ Zim, 📺 ☎ ⚕️ 🅿️ – 🕍 100. ❀ Rest
  Menu à la carte 42/65 – **247 Z** 190/380, 6 Suiten – ½ P 38.

- 🏨 **Bernstein** ⚘, Hochuferpromenade 8, ⊠ 18586, ℰ (038303) 17 17, Fax (038303) 1718, ≤, ♨, ⊆s – 🛗 📺 ☎ 🅿️ – 🕍 30. 🆎 ⓞ 🇪 𝚅𝙸𝚂𝙰. ❀
  Feb. - März geschl. – **Menu** à la carte 34/62 – **68 Z** 160/220, 13 Suiten – ½ P 25.

Trent – 860 Ew – Höhe 5 m.
  Nach Saßnitz 40 km.

- 🏨 **Seepark Rügen** ⚘, Vaschvitz 17 (NW : 5 km), ⊠ 18569, ℰ (038309) 2 20, Fax (038309) 22900, ♨, Massage, ⊇ (geheizt), ▣, ♒, ✗ – 🛗 📺 🚗 🅿️ – 🕍 70. 🆎 ⓞ 🇪 𝚅𝙸𝚂𝙰
  Menu 48 und à la carte 67/75 – **160 Z** 170/400 – ½ P 45.

Wiek – *1 300 Ew – Höhe 5 m.*
Nach Saßnitz 32 km.

🏛 **Herrenhaus Bohlendorf** ⤶, Bohlendorf (S : 2 km), ✉ 18556, ℰ (038391) 7 70,
Fax (038391) 70280, ㈜, « Herrenhaus a.d.J. 1794 », ≈ – TV ☎ ℗ – 🏖 15. ㊆ E
Menu à la carte 29/54 – **20 Z** 90/155 – ½ P 25.

RÜGGOW *Mecklenburg-Vorpommern siehe Wismar.*

RÜLZHEIM *Rheinland-Pfalz* **417 419** *S 8 – 8 000 Ew – Höhe 112 m.*
Berlin 661 – Mainz 117 – Karlsruhe 26 – Landau in der Pfalz 16 – Speyer 25.

🏛 **Südpfalz** ⤶ garni, Schubertring 48, ✉ 76761, ℰ (07272) 80 61, Fax (07272) 75796
– TV ☎ ℗ ㊆ ① E *VISA*
20. Dez. - 3. Jan. geschl. – **25 Z** 75/110.

RÜMMINGEN *Baden-Württemberg siehe Binzen.*

RÜSSELSHEIM *Hessen* **417** *Q 9,* **987** ㉗ *– 60 000 Ew – Höhe 88 m.*
🛈 *Presseamt, Mainstr. 7, ✉ 65428, ℰ (06142) 83 22 13, Fax (06142) 832243.*
ADAC, *Marktplatz 8, ✉ 65428, ℰ (06142) 6 30 27, Fax (06142) 13696.*
Berlin 561 – Wiesbaden 19 – Frankfurt am Main 29 – Darmstadt 27 – Mainz 12.

🏛🏛 **Columbia** M, Stahlstr. 2, ✉ 65428, ℰ (06142) 87 60, Fax (06142) 876805, ㈜, ≈s,
⬛ – |≢|, ⤶ Zim, 🍽 TV ⇔ ℗ – 🏖 150. ㊆ ① E *VISA*
Menu à la carte 47/74 – **150 Z** 250/360, 10 Suiten.

🏛 **Dorint-Hotel,** Eisenstr. 54, ✉ 65428, ℰ (06142) 60 70, Fax (06142) 607100, ㈜, ≈s
– |≢|, ⤶ Zim, TV ☎ ℗ – 🏖 110. ㊆ ① E *VISA* JCB
Menu 38 (Buffet) und à la carte 38/70 – **126 Z** 212/395.

🏛 **Bauer Hotel Atrium** garni, Marktstr. 2, ✉ 65428, ℰ (06142) 91 50,
Fax (06142) 915111, ≈s – |≢| ⤶ TV ☎ – 🏖 25. ㊆ ① E *VISA* JCB
84 Z 169/249.

🏛 **Travellers Inn,** Eisenstr. 28, ✉ 65428, ℰ (06142) 85 80, Fax (06142) 858444 – |≢|,
⤶ Zim, TV ☎ ⎙ ℗ – 🏖 20. ㊆ ① E *VISA* JCB
Weihnachten - Anfang Jan. geschl. – **Menu** *(Samstag - Sonntag geschl.)* (nur Mittagessen)
30 (Buffet) – **110 Z** 165/285.

In Rüsselsheim-Bauschheim *SW : 5 km :*

🏛 **Rüsselsheimer Residenz** M, Am Weinfaß 133, ✉ 65428, ℰ (06142) 9 74 10,
Fax (06142) 72770, ≈s – |≢|, ⤶ Zim, TV ☎ ⇔ ℗ – 🏖 20. ㊆ E *VISA*
Ambiente *(Samstagmittag sowie Sonn- und Feiertage geschl.)* **Menu** à la carte 50/67 –
31 Z 170/260, 4 Suiten.

In Raunheim *NO : 4 km :*

🏛 **Wings Hotel** M, Anton-Flettner-Str. 8, ✉ 65479, ℰ (06142) 7 90,
Fax (06142) 791791, ㈜, ₣₆, ≈s – |≢|, ⤶ Zim, TV ☎ ✆ ⎙ ⇔ ℗ – 🏖 80. ㊆ ① E
VISA JCB ⅏ Rest
Charles Lindbergh *(Freitagabend und Sonntagabend sowie Samstag geschl.* **Menu** à la
carte 41/60 – **167 Z** 180/300.

🏛 **Astron** M, Kelsterbacher Str.19, ✉ 65479, ℰ (06142) 99 00, Fax (06142) 990100, ㈜,
₣₆, ≈s, ⬛ – |≢| ⤶ Zim, 🍽 TV ✆ ⎙ ⇔ ℗ – 🏖 220. ㊆ ① E *VISA* JCB
Menu 30 (Buffet) und à la carte 43/62 – **311 Z** 273/396.

🏛 **City Hotel,** Ringstr. 107 (Stadtzentrum), ✉ 65479, ℰ (06142) 4 40 66 (Hotel),
2 37 15 (Rest.), Fax (06142) 21138 – TV ☎ ℗ – 🏖 40. ㊆ ① E *VISA* JCB
Menu (chinesische Küche) à la carte 26/55 – **27 Z** 110/225.

RÜTHEN *Nordrhein-Westfalen siehe Warstein.*

RUHPOLDING *Bayern* **420** *W 21,* **987** ㊵ *– 6 400 Ew – Höhe 655 m – Luftkurort – Wintersport :*
740/1 636 m ⌁1 ⌁16 ⌁4.
🛷 *Ruhpolding-Zell, Rauschbergstr. 1a, ℰ (08663) 24 61.*
🛈 *Kurverwaltung, Hauptstr. 60, ✉ 83324, ℰ (08663) 12 68, Fax (08663) 9687.*
Berlin 703 – München 115 – Bad Reichenhall 30 – Salzburg 43 – Traunstein 14.

🏛🏛 **Steinbach-Hotel,** Maiergschwendter Str. 8, ✉ 83324, ℰ (08663) 54 40,
Fax (08663) 370, ㈜, Massage, ≈s, ⬛ – TV ⎙ ℗ – 🏖 20. ㊆ E ⅏ Rest
Anfang Nov. - 20. Dez. geschl. – **Menu** (nur Abendessen) à la carte 36/63 – **76 Z** 85/250,
8 Suiten – ½ P 15.

🏨 **Europa** 🦢, Obergschwendter Str. 17, ✉ 83324, 🅿 (08663) 8 80 40, Fax (08663) 880449, 🏠, ⇌, 🖼, 🛋 – ⇔ Zim, 📺 ☎ 🅿
23. April - 5. Mai und 8. - 30. Nov. geschl. – **Menu** (Freitagabend geschl.) à la carte 28/55 – **26 Z** 85/185 – ½ P 25.

🏨 **Sporthotel am Westernberg**, Am Wundergraben 4, ✉ 83324, 🅿 (08663) 16 74, Fax (08663) 638, ≼, ⇌, 🖼, 🛋, 🎾, 🐎 (Halle) – 📺 ☎ 🅿 🖭 ⓘ 🇪 𝗩𝗜𝗦𝗔, ⚫️ Rest
Menu (Anfang Nov. - Mitte Dez. geschl.) (nur Abendessen) à la carte 30/56 – **27 Z** 85/300 – ½ P 28.

🏨 **Alpina Feriendomizil** 🅜 🦢 garni, Niederfeldstr. 17, ✉ 83324, 🅿 (08663) 99 05, Fax (08663) 5085, ⇌, 🛋 – 📺 ☎ 🅿
Nov. - Mitte Dez. geschl. – **12 Z** 80/140.

🏨 **Maiergschwendt** 🦢, Maiergschwendt 1 (SW : 1,5 km), ✉ 83324, 🅿 (08663) 8 81 50, Fax (08663) 881560, ≼, 🏠, ⇌, 🛋 – ⇔ 📺 🅿 ⇦ 🅿
Nov. - 20. Dez. geschl. – **Menu** à la carte 28/53 (auch vegetarische Gerichte) – **28 Z** 70/200 – ½ P 15.

🏨 **Ortner Hof**, Ort 6 (S : 3 km), ✉ 83324, 🅿 (08663) 8 82 30, Fax (08663) 9699, 🏠, ⇌,
🛋 – 📺 ☎ 🅿
20. April - 8. Mai und Ende Okt. - Anfang Dez. geschl. – **Menu** (Dienstag geschl.) à la carte 30/60 – **20 Z** 78/176 – ½ P 15.

🏨 **Ruhpoldinger Hof**, Hauptstr. 30, ✉ 83324, 🅿 (08663) 12 12, Fax (08663) 5777, 🏠,
Biergarten, ⇌, 🖼 – 🛗 ⇔ 📺 ☎ 🅿 ⓘ 🇪 𝗩𝗜𝗦𝗔, ⚫️ Zim
Nov. - Mitte Dez. geschl. – **Menu** (Dienstag geschl.) à la carte 27/67 – **42 Z** 80/165, 5 Suiten – ½ P 30.

🏩 **Haus Flora** garni, Zellerstr. 13, ✉ 83324, 🅿 (08663) 3 21, Fax (08663) 312, ⇌, 🖼,
🛋 – 📺 ☎ ⇦ 🅿 ⚫️
Nov. - 15. Dez. geschl. – **28 Z** 77/154.

🏩 **Almhof** garni, Maiergschwendter Str. 5, ✉ 83324, 🅿 (08663) 14 52, Fax (08663) 5098,
🛋 – 🅿
April 3 Wochen und Mitte Okt. - 20. Dez. geschl. – **17 Z** 65/130.

🏩 **Sonnenbichl**, Brandstätter Str. 48, ✉ 83324, 🅿 (08663) 12 33, Fax (08663) 5840, ⇌
– 📺 ☎ 🅿
Nov. - 15. Dez. geschl. – **Menu** (Montag und April 2 Wochen geschl.) à la carte 28/56 – **15 Z** 52/132 – ½ P 22.

🏩 **Alpina** 🦢, Niederfeldstr. 11, ✉ 83324, 🅿 (08663) 99 05, Fax (08663) 5085, ⇌, 🛋
– 📺 🅿
Nov. - Mitte Dez. geschl. (nur Abendessen für Hausgäste) – **16 Z** 65/120 – ½ P 16.

🏩 **Diana**, Kurhausstr. 1, ✉ 83324, 🅿 (08663) 97 05, Fax (08663) 5859, 🏠 – ☎
🅿
Nov. - 15. Dez. geschl. – **Menu** à la carte 27/57 – **23 Z** 67/145 – ½ P 22.

🏩 **Vier Jahreszeiten** garni, Brandstätter Str. 41, ✉ 83324, 🅿 (08663) 17 49, Fax (08663) 800979, ≼, 🛋 – ⇦ 🅿
13 Z 42/89.

🏩 **Fischerwirt** 🦢, Rauschbergstr. 1 (Zell, SO : 2 km), ✉ 83324, 🅿 (08663) 17 05, Fax (08663) 5008, ≼, 🏠, 🛋 – 📺 🅿 ⇦ ⚫️ Zim
20. - 30. April und 19. Okt. - 17. Dez. geschl. – **Menu** (Montag und Donnerstag geschl.) à la carte 27/48 – **17 Z** 62/105 – ½ P 25.

✕ **Berggasthof Weingarten** 🦢 mit Zim, Weingarten 1 (SW : 3 km), ✉ 83324, 🅿 (08663) 92 19, Fax (08663) 5783, ≼ Ruhpolding und Trauntal, 🏠 – 🅿
⚫️ Zim
19. April - 10. Mai und Nov. - 25. Dez. geschl. – **Menu** (Montag geschl., Jan. - April nur Mittagessen) à la carte 25/39 – **6 Z** 76/112 – ½ P 18.

RUHSTORF Bayern 𝟒𝟐𝟎 U 24 – 6 200 Ew – Höhe 318 m.
Berlin 622 – München 155 – Passau 24 – Salzburg 118.

🏨 **Antoniushof**, Ernst-Hatz-Str. 2, ✉ 94099, 🅿 (08531) 30 44, Fax (08531) 31318, 🏠,
« Garten », Massage, 🏋, 🎣, ⇌, 🖼, 🛋 – 🛗 📺 ☎ ⇦ 🅿 – 🚪 20. 🖭 ⓘ 🇪 𝗩𝗜𝗦𝗔 𝗝𝗖𝗕.
⚫️ Rest
Menu (Montag geschl.) à la carte 26/67 – **31 Z** 99/236.

🏩 **Mathäser**, Hauptstr. 19, ✉ 94099, 🅿 (08531) 9 31 40, Fax (08531) 9314500, 🏠 –
⇦ 🛗 📺 ☎ ⇦ 🅿 – 🚪 20. 🖭 ⓘ 🇪 𝗩𝗜𝗦𝗔
Menu (Freitag geschl.) à la carte 24/64 🍷 – **30 Z** 65/135.

RUHWINKEL Schleswig-Holstein siehe Bornhöved.

RUMBACH Rheinland-Pfalz 419 S 7 – 500 Ew – Höhe 230 m.
  Berlin 704 – Mainz 150 – Karlsruhe 40 – Saarbrücken 91 – Wissembourg 19 – Landau in
  der Pfalz 38 – Pirmasens 31.

🏠 **Haus Waldeck** ⌂, Im Langenthal 75, ⊠ 76891, ℘ (06394) 4 94, Fax (06394) 1350,
  ☼, ⌖ – ⇆ Zim, 🚗 ⓟ. 🔳. ⌖ Zim
  Ende Nov. - Anfang Dez. geschl. – **Menu** (nur Abendessen) à la carte 27/45 ⌕ – **15 Z** 62/95
  – ½ P 17.

In Nothweiler S : 3,5 km – Erholungsort :

🏠 **Landgasthaus Wegelnburg** (mit Pension Kraft ⌂), Hauptstr. 15, ⊠ 76891,
  ℘ (06394) 2 84, Fax (06394) 5049, ☼ – ⇆ Rest, ☎ ⓟ
  15. Nov. - 5. Dez. geschl., Jan. - März nur Freitag - Sonntag geöffnet – **Menu** (Montagmittag
  und Dienstag geschl.) à la carte 28/54 ⌕ – **8 Z** 80/130.

RUNDING Bayern siehe Cham.

RUNKEL Hessen 417 O 8 – 10 000 Ew – Höhe 119 m.
  Berlin 562 – Wiesbaden 50 – Koblenz 64 – Frankfurt am Main 86 – Siegen 66.

In Runkel-Schadeck :

🏠 **Landhaus Schaaf**, Oberstr. 15, ⊠ 65594, ℘ (06482) 29 80, Fax (06482) 29820, Biergarten – 📶 📺 ☎ ✆ ⓟ – 🏛 110. 🔳. ⌖
  Menu à la carte 27/53 – **33 Z** 75/160.

RUST Baden-Württemberg 419 V 7 – 2 650 Ew – Höhe 164 m.
  Sehenswert : Europa-Park★.
  Berlin 776 – Stuttgart 185 – Freiburg im Breisgau 37 – Offenburg 37.

🏰 **El Andaluz**, Storettenstr. 1 (im Europa-Park), ⊠ 77977, ℘ (07822) 86 00,
  Fax (07822) 8605545, « Andalusischer Garten », 🌊 (geheizt) – 📶 📺 ⓟ – 🏛 40. 🔳 ⑩
  🔳 VISA
  April - Okt. – **Menu** (Tischbestellung erforderlich) à la carte 32/52 – **193 Z** 175/248,
  13 Suiten.

🏠 **Rebstock**, Klarastr. 14, ⊠ 77977, ℘ (07822) 76 80, Fax (07822) 76106, ☼ – 📶 📺
  ☎ ⓟ. 🔳 🔳 VISA. ⌖
  Menu (Nov. - März nur Abendessen) à la carte 27/55 – **42 Z** 90/150.

RUSTOW Mecklenburg-Vorpommern siehe Demmin.

SAALFELD Thüringen 418 O 18, 984 ㉓, 987 ㉘ – 34 000 Ew – Höhe 240 m.
  Ausflugsziel : Feengrotten★, SO : 1 km.
  🛈 Tourist-Information, Blankenburger Str. 4, ⊠ 07318, ℘ (03671) 3 39 50, Fax (03671)
  33950.
  Berlin 294 – Erfurt 59 – Coburg 73 – Suhl 65.

🏠 **Anker**, Markt 25, ⊠ 07318, ℘ (03671) 59 90, Fax (03671) 512924 – ⇆ Zim, 📺 ☎
  ⓟ. 🔳 🔳 VISA
  Zur güldenen Gans « Historischer Gewölbekeller » (wochentags nur Abendessen) **Menu**
  à la carte 28/57 – **70 Z** 85/170.

🏠 **Tanne** garni, Saalstr. 35, ⊠ 07318, ℘ (03671) 82 60, Fax (03671) 826400, ⇌ – 📶 ⇆
  📺 ☎ 🚗 – 🏛 30. 🔳 ⑩ 🔳 VISA
  64 Z 79/140.

🏠 **Obstgut Gehlen** ⌂, Hohe Str. 1 (SW : 3 km), ⊠ 07318, ℘ (03671) 20 27,
  Fax (03671) 516016, ≤, ☼, ⌖ – 📺 ☎ ⓟ. 🔳 ⑩ 🔳 VISA
  Menu à la carte 27/54 – **13 Z** 95/125.

In Saalfeld - Remschütz N : 2,5 km :

🏠 **Am Saaleufer** ⌂ garni, Dorfanger 1, ⊠ 07318, ℘ (03671) 5 72 60, Fax (03671) 572650
  – 📺 ☎ ⓟ
  27 Z.

Ne confondez pas :

   Confort des hôtels   : 🏨🏨🏨 ... 🏠, ⌂
   Confort des restaurants : XXXXX ... X
   Qualité de la table   : ❀❀❀, ❀❀, ❀, **Menu** ⌂

SAARBRÜCKEN ⬛ Saarland 𝟺𝟷𝟽 S 5, 𝟿𝟾𝟽 ㉖ – 200 000 Ew – Höhe 191 m.

Sehenswert : Museum für Vor- und Frühgeschichte (keltisches Fürstinnengrab★★)AZ – Ludwigsplatz und Ludwigskirche★★ AZ – St. Johannermarkt★ BZ – Basilika St.Johann★ BZ – Moderne Galerie (Gemälde des deutschen Expressionismus★) BZ – Stiftskirche St. Arnual★ (Grabdenkmäler★★, Taufstein★).

Saarbrücken-Ensheim (SO : 12 km, über Saarbrücker Straße X), ℘ (06893) 8 31. Messegelände (X), ℘ 95 40 20, Fax 9540230.

🛈 Tourist-Information, Am Hauptbahnhof 4, ✉ 66111, ℘ (0681) 3 65 15, Fax (0681) 9053300.

🛈 Verkehrsverein, Großherzog-Friedrich-Str. 1, ✉ 66111, ℘ (0681) 3 69 01, Fax (0681) 390353.

ADAC, Am Staden 9, ✉ 66121, ℘ (0681) 68 70 00, Fax (0681) 6870077.

Berlin 710 ③ – Bonn 212 ⑦ – Luxembourg 93 ⑥ – Mannheim 128 ③ – Metz 67 ⑤ – Strasbourg 124 ④ – Wiesbaden 162 ③

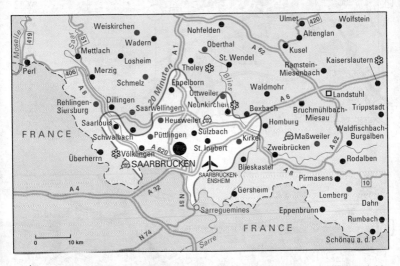

🏨🏨🏨 **Bauer Hotel Rodenhof,** Kalmanstr. 47-51, ✉ 66113, ℘ (0681) 4 10 20, Fax (0681) 43785, 🍽, Massage, 🏋, 🚇, 🔲 – 🛗, 🛌 Zim, 📺 🎧 🚗 – 🔬 60. 🖭 ⑩ 🗲 🗾 JCB   X e
Menu à la carte 52/77 (auch vegetarische Gerichte) – **100 Z** 189/269, 12 Suiten.

🏨🏨🏨 **La Résidence** garni, Faktorcistr. 2, ✉ 66111, ℘ (0681) 5 88 20, Fax (0681) 35570, 🚇 – 🛗 🛌 📺 🚗 🅿 – 🔬 90. 🖭 ⑩ 🗲 🗾 JCB   AY x
130 Z 160/270, 7 Suiten.

🏨🏨 **Mercure Kongress,** Hafenstr. 8, ✉ 66111, ℘ (0681) 3 89 00, Fax (0681) 372266 – 🛗, 🛌 Zim, 📺 🎧 🚗 🅿 – 🔬 80. 🖭 ⑩ 🗲 🗾. 🛇 Rest   AY x
Menu à la carte 44/75 – **145 Z** 177/274, 5 Suiten.

🏨🏨 **Am Triller** 🛇, Trillerweg 57, ✉ 66117, ℘ (0681) 58 00 00, Fax (0681) 58000303, ≼, 🚇, 🔲 – 🛗, 🛌 Zim, 📺 🎧 🐾 🚗 🅿 – 🔬 120. 🖭 ⑩ 🗲 🗾   AZ a
Weihnachten - 1. Jan. geschl. – Menu à la carte 50/72 – **113 Z** 178/240.

🏨🏨 **Domicil Leidinger** (mit Gästehaus), Mainzer Str. 10, ✉ 66111, ℘ (0681) 3 80 11, Fax (0681) 38013, Biergarten – 🛗, 🛌 Zim, 📺 🎧 🚗 🅿 – 🔬 45. 🖭 ⑩ 🗲 🗾   BZ n
Bistro (Samstagmittag sowie Sonn- und Feiertage geschl.) Menu à la carte 43/70 – **60 Z** 145/200, 4 Suiten.

🏨🏨 **Novotel,** Zinzinger Str. 9, ✉ 66117, ℘ (0681) 5 86 30, Fax (0681) 582242, 🍽, 🔲, 🌳 – 🛗, 🛌 Zim, 🔲 📺 🎧 🕭 🅿 – 🔬 150. 🖭 ⑩ 🗲 🗾   X v
Menu à la carte 39/65 – **99 Z** 155/190.

🏨 **Bauer Hotel Windsor** garni, Hohenzollernstr. 41, ✉ 66117, ℘ (0681) 9 95 70, Fax (0681) 57105 – 🛗 🛌 📺 🎧 🅿. 🖭 ⑩ 🗲 🗾 JCB   AY f
38 Z 119/169.

🏨 **Bruchwiese,** Preussenstr. 68, ✉ 66111, ℘ (0681) 96 71 00, Fax (0681) 9671033, 🍽 – 📺 🎧 🚗 🅿. 🖭 ⑩ 🗲 🗾. 🛇 Zim   X
Menu (Samstagmittag geschl.) à la carte 37/65 – **13 Z** 98/156.

911

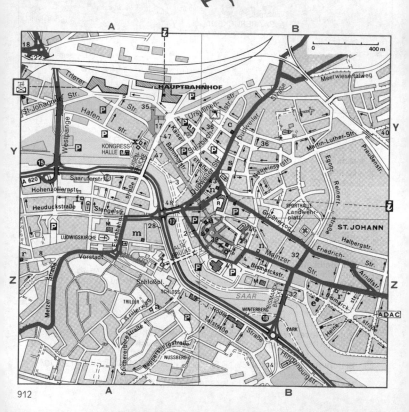

SAARBRÜCKEN

🏠 **Meran** garni, Mainzer Str. 69, ✉ 66121, 𝒫 (0681) 6 53 81, *Fax (0681) 61520,* 🅲🆂, 🅇
– 🅸 📺 ☎. 🆀 ⑩ 🅴 *VISA*   BZ r
51 Z 80/152.

🏠 **Römerhof** garni, Am Kieselhumes 4, ✉ 66121, 𝒫 (0681) 6 17 07, *Fax (0681) 635981*
– 📺 ☎ 🅿. 🅴 *VISA*   X r
Juli - Aug. 2 Wochen und 20. Dez. - 6. Jan. geschl. – **22 Z** 88/150.

🅇🅇🅇 **La Touraine,** Am alten Hafen (Kongreßhalle, 1. Etage), ✉ 66111, 𝒫 (0681) 4 93 33,
Fax (0681) 49003, 🍴 – 🅿. 🆀 ⑩ 🅴 *VISA*   AY
Samstagmittag und Sonntag, Juli - Aug. Samstag - Sonntag geschl. – **Menu** à la carte 52/90.

🅇🅇🅇 **Kuntze's Handelshof,** Wilhelm-Heinrich-Str. 17, ✉ 66117, 𝒫 (0681) 5 69 20,
Fax (0681) 5847707 – 🆀 ⑩ 🅴 *VISA*   AZ m
Samstagmittag, Sonntagabend - Montag und Juli - Aug. 2 Wochen geschl. – **Menu** à la carte
66/100.

🅇🅇 **Bitburger Residenz,** Dudweiler Str. 56, (1. Etage), ✉ 66111, 𝒫 (0681) 3/ 25 12,
Fax (0681) 3904010, 🍴 – 🅿. 🆀 🅴 *VISA*   BY c
Samstagabend geschl. – **Menu** à la carte 59/80 – *Bistro :* **Menu** à la carte 42/72.

🅇🅇 **Casino am Staden,** Bismarckstr. 47, ✉ 66121, 𝒫 (0681) 6 23 64, *Fax (0681) 63027,*
« Gartenterrasse » – 🅿 – 🏋 60. 🆀 ⑩ 🅴 *VISA*   BZ e
Samstagmittag und Sonntag geschl. – **Menu** à la carte 49/85.

🅇🅇 **Ristorante Roma,** Klausener Str. 25, ✉ 66115, 𝒫 (0681) 4 54 70,
Fax (0681) 4170105, 🍴 – 🆀 ⑩ 🅴 *VISA*   AY t
Montag geschl. – **Menu** (italienische Küche) à la carte 49/81.

🅇🅇 **Michelangelo,** Rathausplatz 6, ✉ 66111, 𝒫 (0681) 37 27 31, *Fax (0681) 372430.* 🆀
🅴 *VISA*   BY n
Menu à la carte 50/93.

🅇🅇 **Fröschengasse,** Fröschengasse 18, (1. Etage), ✉ 66111, 𝒫 (0681) 37 17 15,
Fax (0681) 373423, Dachterrasse – 🆀 ⑩ 🅴 *VISA* 🅹🅲🅱   BZ a
Menu à la carte 49/80.

🅇🅇 **Hashimoto,** Cecilienstr. 7, ✉ 66111, 𝒫 (0681) 398034, *Fax (0681) 376841* – 🆀 🅴 *VISA*.
                                                                                                   BY s
Feiertage mittags und Montag geschl. – **Menu** (japanische Küche) 25 (mittags) und à
la carte 41/72.

🅇🅇 **Winzerstube,** Deutschherrenstr. 3, ✉ 66117, 𝒫 (0681) 5 21 53, 🍴 – 🅴
⊛ *VISA*   AZ r
*Samstagmittag, Sonntagabend, Montag, Anfang Jan. 1 Woche und Juli - Aug. 3 Wochen
geschl.* – **Menu** 34/110 und à la carte 63/81.

🅇 **Gasthaus zum Stiefel** (Brauereigaststätte a.d.J 1718 mit Hausbrauerei Stiefelbräu),
Am Stiefel 2, ✉ 66111, 𝒫 (0681) 9 36 45 16, *Fax (0681) 37018,* 🍴 – 🆀 ⑩ 🅴 *VISA*
Sonntag geschl. – **Menu** à la carte 32/63.   BZ s

🅇 **Jörg's Restaurant,** Breite Str. 47, ✉ 66115, 𝒫 (0681) 4 29 80, *Fax (0681) 42980* –
⑩ *VISA*   X s
Samstagmittag, Montagabend und Sonntag geschl. – **Menu** 38/85 und à la carte.

Auf dem Halberg *SO · 4 km ·*

🅇🅇🅇 **Schloß Halberg,** ✉ 66121 Saarbrücken, 𝒫 (0681) 6 31 81, *Fax (0681) 638655,* 🍴 –
▤ 🅿 – 🏋 120. 🆀 ⑩ 🅴 *VISA*   X z
Menu à la carte 58/85.

In Saarbrücken-Altenkessel ⑥ *: 8 km :*

🏠 **Wahlster,** Gerhardstr. 12, ✉ 66126, 𝒫 (06898) 9 82 20, *Fax (06898) 982250,* 🚗 – 📺
☎. 🍽 Rest
Menu *(Sonn- und Feiertage sowie Juli - Aug. 2 Wochen geschl.)* (nur Abendessen) à la carte
30/55 – **26 Z** 75/140.

In Saarbrücken-Dudweiler *NO : 6,5 km über Meerwiesertalweg* X *:*

🏠 **Burkhart,** Kantstr. 58, ✉ 66125, 𝒫 (06897) 70 17, *Fax (06897) 7019,*
« Gartenterrasse » – 📺 ☎ 🅿. 🆀 🅴 *VISA*
Menu *(Sonntag geschl.)* à la carte 42/75 – **14 Z** 105/150.

In Kleinblittersdorf *SO : 13 km über die B 51* X *:*

🏠 **Zum Dom** garni, Elsässer Str. 51, ✉ 66271, 𝒫 (06805) 10 35, *Fax (06805) 8659* – 📺
☎ 🅿 🅴 *VISA*. 🍽
12 Z 92/175.

🅇 **Roter Hahn,** Saarbrücker Str. 20, ✉ 66271, 𝒫 (06805) 30 55, *Fax (06805) 22389* –
🏋 60. 🅴 *VISA*
Montagabend - Dienstag und Feb. 2 Wochen geschl. – **Menu** à la carte 33/60.

SAARBURG Rheinland-Pfalz **417** R 3, **987** ㉟ – 6 500 Ew – Höhe 148 m – Erholungsort.
🛈 Verkehrsamt, Graf-Siegfried-Str. 32, ✉ 54439, ℰ (06581) 8 12 15, Fax (06581) 81290.
Berlin 743 – Mainz 176 – Saarbrücken 71 – Thionville 44 – Trier 24.

🏨 **Am Markt,** Am Markt 10, ✉ 54439, ℰ (06581) 9 26 20, Fax (06581) 926262, 🏡 –
📺 ☎ 🅿. 🝿 🅔 *VISA*
Menu à la carte 24/48 – **14 Z** 90/170.

🏨 **Zunftstube,** Am Markt 11, ✉ 54439, ℰ (06581) 9 18 70, Fax (06581) 918720 – 📺
☎ 🅿. 🅔 *VISA*
Feb. 3 Wochen geschl. – **Menu** (Donnerstag geschl.) à la carte 28/54 🝿 – **7 Z** 75/110.

🍴🍴 **Burg-Restaurant,** Auf dem Burgberg 1 (in der Burg), ✉ 54439, ℰ (06581) 26 22,
Fax (06581) 6695, « Terrasse mit ≼ » – 🅿. 🝿 🅞 🅔 *VISA*
Montag - Dienstag und Jan. geschl. – **Menu** à la carte 45/69 (Umzug im Juli 98 : Landgasthaus Keller, Brückenstr.).

🍴🍴 **Saarburger Hof** mit Zim, Graf-Siegfried-Str. 37, ✉ 54439, ℰ (06581) 9 28 00,
Fax (06581) 928080, 🏡 – 📺 ☎ ⇔. 🝿 🅔 *VISA*
27. Dez. - 14. Jan. geschl. – **Menu** (Montag - Dienstagmittag geschl.) à la carte 51/75 🝿
– **11 Z** 85/140.

🍴 **Brizin - Restaurant Chez Claude** 🦐 mit Zim, Kruterberg 14 (S : 1 km), ✉ 54439,
ℰ (06581) 21 33, Fax (06581) 2155, ≼, 🏡 – 🅿. 🅔 *VISA*
5. - 26. Jan. geschl. – **Menu** (Dienstag - Mittwochmittag geschl.) à la carte 45/84 – **8 Z**
50/90.

In Trassem SW : 4,5 km :

🏨 **St. Erasmus** (mit Gästehaus), Kirchstr. 6a, ✉ 54441, ℰ (06581) 92 20,
Fax (06581) 922199, 🏡, ⇔, 🐎 – ❙ 📺 ☎ 🅿 – 🔬 25. 🝿 🅞 🅔 *VISA* *JCB*
Menu (Mittwoch - Donnerstagmittag geschl.) à la carte 27/60 🝿 – **35 Z** 60/125 –
½ P 28.

SAARLOUIS Saarland **417** S 4, **987** ㉟ ㉖ – 38 000 Ew – Höhe 185 m.
🏌 Wallerfangen - Gisingen (W : 10 km), ℰ (06837) 4 01.
🛈 Stadt-Info, Großer Markt, ✉ 66740, ℰ (06831) 44 32 63, Fax (06831) 443421.
Berlin 728 ② – Saarbrücken 27 ② – Luxembourg 75 ⑤ – Metz 57 ④ –
Trier 70 ⑤

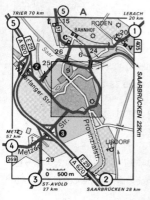

SAARLOUIS

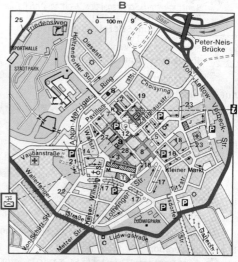

🏨 **City-Hotel Park** garni, Ludwigstr. 23, ⊠ 66740, ℰ (06831) 20 40, Fax (06831) 2983
– ⌇≈ 🆃🆅 🕿 ⇐⇒ 🅿 – 🎩 40. 🆎 ⓞ 🅴 𝓥𝓘𝓢𝓐 𝒿𝒸𝓫. **B c**
33 Z 120/200.

🏨 **City-Hotel Posthof,** Postgäßchen 5 (Passage), ⊠ 66740, ℰ (06831) 4 90 14,
Fax (06831) 46758 – |𝓼|, ⌇≈ Zim, 🆃🆅 🕿. 🆎 ⓞ 🅴 𝓥𝓘𝓢𝓐 𝒿𝒸𝓫. 🎇 Rest **B a**
Menu (Sonntagabend geschl.) à la carte 42/65 – **48 Z** 100/240.

In Saarlouis-Beaumarais W : 3 km über Wallerfanger Straße A :

🏨🏨 **Altes Pfarrhaus Beaumarais,** Hauptstr. 2, ⊠ 66740, ℰ (06831) 63 83 (Hotel)
6 08 48 (Rest.), Fax (06831) 62898, « Ehem. Sommer-Residenz a.d.J 1762 ;
Innenhofterrasse » – 🆃🆅 🕿 ᴦ 🅿 – 🎩 35. 🆎 ⓞ 🅴 𝓥𝓘𝓢𝓐
Menu (Samstagmittag und Sonntag geschl.) à la carte 71/89 – **35 Z** 150/210.

In Saarlouis-Fraulautern :

🍴🍴 **Carat,** Saarbrücker Str. 5, ⊠ 66740, ℰ (06831) 8 83 11, Fax (06831) 88829, 🌤 – 🅿.
🆎 🅴 𝓥𝓘𝓢𝓐. **A v**
Samstagmittag, Sonntagabend - Montag und Juli - Aug. 2 Wochen geschl. – **Menu** à la carte
32/60.

In Saarlouis-Picard ④ : 4 km :

🏨 **Taffing's Mühle** 🌤, Am Taffingsweiher, ⊠ 66740, ℰ (06831) 9 44 00,
Fax (06831) 944040, 🌤 – 🆃🆅 🕿 🅿 – 🎩 35. 🆎 ⓞ 🅴 𝓥𝓘𝓢𝓐
Menu (Nov. - April nur Abendessen) à la carte 36/65 – **12 Z** 60/125.

In Saarlouis-Roden :

🏨🏨 **Pannonia** 🅼, Bahnhofsallee 4, ⊠ 66740, ℰ (06831) 98 00, Fax (06831) 980603, Mas-
sage, 🔥, ⇆ – |𝓼|, ⌇≈ Zim, 🍽 Rest, 🆃🆅 🕿 ᴦ ᴦ ⇐⇒ 🅿 – 🎩 100. 🆎 ⓞ 🅴 𝓥𝓘𝓢𝓐 𝒿𝒸𝓫.
Menu à la carte 40/68 – **116 Z** 175/240. **A c**

🏨 **Reiter - Zur Saarmühle,** Zur Saarmühle 1 (B 51), ⊠ 66740, ℰ (06831) 8 00 10,
⇐⇒ Fax (06831) 85987 – 🆃🆅 🕿 ⇐⇒ 🅿. 🆎 ⓞ 🅴 𝓥𝓘𝓢𝓐 𝒿𝒸𝓫. 🎇 Rest **A t**
Menu (wochentags nur Abendessen) à la carte 24/58 – **23 Z** 70/140.

In Wallerfangen W : 4 km über Wallerfanger Straße A :

🍴🍴🍴 **Villa Fayence** mit Zim, Hauptstr. 12, ⊠ 66798, ℰ (06831) 9 64 10, Fax (06831) 62068,
🌤, « Villa a.d.J. 1835 in einem Park » – 🆃🆅 🕿 🅿. 🆎 ⓞ 🅴 𝓥𝓘𝓢𝓐. 🎇 Rest
Menu (Sonntag - Montag geschl.) à la carte 53/85 – **4 Z** 155/300.

In Wallerfangen-Kerlingen W : 9 km über Wallerfanger Straße A :

🏨🏨 **Scheidberg** 🌤, ⊠ 66798, ℰ (06837) 7 50, Fax (06837) 7530, ⋞, 🌤, 🕿 – |𝓼|.
⌇≈ Zim, 🆃🆅 🕿 🅿 – 🎩 350. 🆎 ⓞ 🅴 𝓥𝓘𝓢𝓐
Menu (Sonn- und Feiertage abends geschl.) à la carte 32/60 – **60 Z** 99/165.

In Wallerfangen-Oberlimberg NW : 12 km über Wallerfanger Straße A und Gisingen :

🏨 **Hotellerie Waldesruh** 🌤, Siersburger Str. 8, ⊠ 66798, ℰ (06831) 9 66 00,
Fax (06831) 966060, 🌤, Biergarten – 🆃🆅 🕿 ⇐⇒ 🅿. 🆎 🅴 𝓥𝓘𝓢𝓐
Menu (Donnerstag geschl.) à la carte 27/66 – **9 Z** 110/180.

SAARMUND Brandenburg siehe Potsdam.

SAAROW-PIESKOW, BAD Brandenburg 416 418 J 26, 984 ⑯, 987 ⑲ – 4 000 Ew –
Höhe 65 m.
🏌 🏌 Scharmützelsee, Parkallee 3 (SW : 3km), ℰ (033631) 52 68.
🅱 Fremdenverkehrsverein, Seestr. 36, ⊠ 15526, ℰ (033631) 21 42, Fax (033631) 2142.
Berlin 72 – Potsdam 88 – Brandenburg 118 – Frankfurt(Oder) 36.

🏰🏰 **Kempinski Hotel Sporting Club Berlin** 🅼 🌤, Parkallee 1 (SW : 6 km), ⊠ 15526,
ℰ (033631) 60, Fax (033631) 62000, 🌤, « Lage am See ; Seeterrasse », Massage, 🏊,
🔥, ⇆, 🏊, 🏊, 🌤, 🎾(Halle), 🏌, 🐎 (Halle) Segelschule – |𝓼|, ⌇≈ Zim, 🍽 🆃🆅 ᴦ ᴦ 🏃
⇐⇒ 🅿 – 🎩 100. 🆎 ⓞ 🅴 𝓥𝓘𝓢𝓐 𝒿𝒸𝓫. 🎇 Rest
7. Jan. - 12. Feb. geschl. – **Menu** à la carte 48/92 – **162 Z** 250/350.

🏨🏨 **Palais am See** 🌤 garni, Karl-Marx-Damm 23, ⊠ 15526, ℰ (033631) 86 10,
Fax (033631) 86186, ⋞, ⇆, 🌤 – 🆃🆅 🕿 🅿 – 🎩 20. 🆎 🅴 𝓥𝓘𝓢𝓐. 🎇
12 Z 170/280.

🏨🏨 **Am Werl,** Silberberger Str. 51, ⊠ 15526, ℰ (033631) 52 31, Fax (033631) 5233, 🌤.
⇆ – 🆃🆅 🕿 ᴦ 🅿. 🆎 🅴 𝓥𝓘𝓢𝓐
Menu à la carte 36/40 – **13 Z** 80/160.

🏠 **Pieskow** ⊗, Schwarzer Weg 6, ⊠ 15526, ℘ (033631) 24 28, Fax (033631) 3566, 숆,
🍴 – 📺 ☎ 🅿
Menu à la carte 26/40 – **11 Z** 80/130 – ½ P 20.

🏠 **Landhaus Alte Eichen** ⊗, Alte Eichen 21, ⊠ 15526, ℘ (033631) 41 15,
Fax (033631) 2058, 숆, « Schöne Lage am See, Seeterrasse », 🍴 – 📺 ☎ 🅿. 🆎 🗲 𝓥𝓘𝓢𝓐
Menu (Nov. - Feb. nur Abendessen) à la carte 30/61 – **28 Z** 130/185.

In Neu Golm NO : 2,5 km :

🏠 **Landhaus Neu Golm**, Dorfstr. 4, ⊠ 15526, ℘ (033631) 20 77, Fax (033631) 2069,
🍴 – 📺 ☎ 🅿. 🆎 🗲 𝓥𝓘𝓢𝓐
Menu (23. - 29. Dez. sowie Samstagabend und Sonntagabend geschl., Montag - Freitag nur
Abendessen) à la carte 23/40 – **22 Z** 80/125.

SAARWELLINGEN Saarland **417** R 4 – 14 200 Ew – Höhe 200 m.
Berlin 727 – Saarbrücken 38 – Lebach 14 – Saarlouis 4,5.

In Saarwellingen-Reisbach 0 : 6 km :

XX **Landhaus Kuntz** mit Zim, Kirchplatz 3, ⊠ 66793, ℘ (06838) 5 05, Fax (06838) 504,
« Hübsche Inneneinrichtung » – 📺 ☎ 🅿
Menu (Sonntag - Montag geschl.) (Tischbestellung ratsam, bemerkenswerte Weinkarte)
à la carte 36/66 – **7 Z** 90/160.

SACHSA, BAD Niedersachsen **418** L 15, **987** ⑰ – 9 000 Ew – Höhe 360 m – Heilklimatischer
Kurort – Wintersport : 500/650 m ≤4 ☂1.
🅱 Kurverwaltung, Am Kurpark 6, ⊠ 37441, ℘ (05523) 3 00 90, Fax (05523) 300949.
Berlin 273 – Hannover 129 – Erfurt 100 – Göttingen 62 – Braunschweig 95.

🏨 **Romantischer Winkel** ⊗, Bismarckstr. 23, ⊠ 37441, ℘ (05523) 30 40,
Fax (05523) 304122, 숆, Massage, ♨, ₰, ⊆ₛ, 🔲, 🍴 – 🛗 ⇆ 📺 ⟸ 🅿 – 🔬 25.
🆎 🗲 𝓥𝓘𝓢𝓐
Mitte Nov. - Mitte Dez. geschl. – **Menu** à la carte 43/80 – **77 Z** 125/310, 3 Suiten – ½ P 28.

🏨 **Sonnenhof** Ⓜ ⊗ garni, Glaseberg 20a, ⊠ 37441, ℘ (05523) 9 43 70,
Fax (05523) 943750, 🍴 – 🛗 ⇆ 📺 ☎ 🧹 ⟸ 🅿. 🗲. ❀
17 Z 75/220.

SÄCKINGEN, BAD Baden-Württemberg **419** X 7, **987** ㉟ – 16 800 Ew – Höhe 290 m – Heilbad.
Sehenswert : Fridolinsmünster★ – Überdachte Rheinbrücke★.
⛳ in Rickenbach (NO : 12 km), ℘ (07765) 7 77.
🅱 Kurverwaltung, Waldshuter Str. 20, ⊠ 79713, ℘ (07761) 5 68 30, Fax (07761) 568317.
Berlin 822 – Stuttgart 205 – Freiburg im Breisgau 74 – Donaueschingen 82 –
Schaffhausen 67 – Zürich 58 – Basel 31.

🏨 **Goldener Knopf**, Rathausplatz 9, ⊠ 79713, ℘ (07761) 56 50, Fax (07761) 565444,
≤, 숆 – 🛗, ⇆ Zim, 📺 ☎ 🧹 🅿 – 🔬 40. 🆎 ⓪ 🗲 𝓥𝓘𝓢𝓐
Menu à la carte 41/70 – **54 Z** 110/230 – ½ P 30.

🏠 **Zur Flüh** ⊗, Weihermatten 38, ⊠ 79713, ℘ (07761) 30 96, Fax (07761) 58677, 숆,
⊆ₛ, – 📺 ☎ 🅿. 🆎 ⓪ 🗲 𝓥𝓘𝓢𝓐
Menu (Sonntagabend geschl.) à la carte 40/73 – **35 Z** 98/170 – ½ P 25.

XX **Fuchshöhle**, Rheinbrückstr. 7, ⊠ 79713, ℘ (07761) 73 13, 숆, « Haus a.d. 17.Jh. » –
⓪ 🗲 𝓥𝓘𝓢𝓐
Sonntag - Montag, über Fastnacht und Juli jeweils 2 Wochen geschl. –
Menu à la carte 52/76.

SAILAUF Bayern siehe Aschaffenburg.

SALACH Baden-Württemberg **419** T 13 – 7 000 Ew – Höhe 365 m.
Berlin 601 – Stuttgart 49 – Göppingen 8 – Ulm (Donau) 43.

🏨 **Klaus**, Hauptstr. 87 b, ⊠ 73084, ℘ (07162) 9 63 00, Fax (07162) 963051, 숆, 🍴 –
🛗 📺 ☎ 🅿. 🆎 🗲 𝓥𝓘𝓢𝓐
Menu (Sonntag - Montag geschl.) (nur Abendessen) à la carte 45/70 – **18 Z** 119/180.

In der Ruine Staufeneck 0 : 3 km :

XX **Burgrestaurant Staufeneck**, ⊠ 73084 Salach, ℘ (07162) 93 34 40,
❄ Fax (07162) 9334455, ≤ Filstal, 숆 – 🅿 – 🔬 80. 🆎 ⓪ 🗲 𝓥𝓘𝓢𝓐 𝗝𝗖𝗕
Montag geschl. – **Menu** 69/142 und à la carte
Spez. Salat von Kalbskopfscheiben. Bouillabaisse. Limousinlamm mit gefüllten Gemüsen.

SALEM Baden-Württemberg **419** W 11, **987** ㊳ – 9 000 Ew – Höhe 445 m.

Sehenswert : Ehemaliges Kloster★ (Klosterkirche★) – Schloß★.

🛈 Reisebüro Salem, Schloßseeallee 20 (Mimmenhausen), ✉ 88682, ℘ (07553) 92 21 14, Fax (07553) 8452.

Berlin 730 – Stuttgart 149 – Konstanz 27 – Sigmaringen 47 – Bregenz 62.

🏠 **Salmannsweiler Hof** ⬣, Salmannsweiler Weg 5, ✉ 88682, ℘ (07553) 9 21 20,
Fax (07553) 921225, 🌭 – 📺 ☎ 📞 🅿. 🞉
Menu (Donnerstagabend - Freitag geschl.) à la carte 33/62 – **10 Z** 76/140.

In Salem-Neufrach SO : 3 Km :

🏠 **Gasthof Reck,** Bahnhofstr. 111, ✉ 88682, ℘ (07553) 2 01, Fax (07553) 202, 🌭 –
🔋 📺 ☎ 📞 🅿
Okt.- Nov. und Feb. jeweils 2 Wochen geschl. – **Menu** (Mittwochabend - Donnerstag geschl.)
à la carte 35/67 – **17 Z** 90/160.

SALZBURG 🅻 Österreich **420** W 23, **987** ㊶ – 147 000 Ew – Höhe 425 m.

Sehenswert : ≤★★ auf die Stadt (vom Mönchsberg) X und ≤★★ (von der Hettwer-Bastei)
Y – Hohensalzburg★★ X, Z : ≤★★ (von der Kuenburgbastei), ☀★★ (vom Reckturm),
Burgmuseum★ – Petersfriedhof★★ Z – Stiftskirche St. Peter★★ Z – Residenz★★ Z – Haus
der Natur★★ Y **M2** – Franziskanerkirche★ **A** – Getreidegasse★ Y – Mirabellgarten★ V
(Monumentaltreppe★★ des Schloßes) – Barockmuseum★ V **M3** – Dom★ Z.

Ausflugsziele : Gaisbergstraße★★ (≤★) über ① – Untersberg★ über ② : 10 km (mit 🚡)
– Schloß Hellbrunn★ über Nonntaler Hauptstraße X.

🏌ₙ Salzburg-Wals, Schloß Klessheim, ℘ (0662) 85 08 51 ; 🏌ₙ in Hof (① : 20 km),
℘ (06229) 23 90 ; 🏌ₙ in St. Lorenz (① : 29 km), ℘ (06232) 38 35.

Festspiel-Preise : siehe S. 8

Prix pendant le festival : voir p. 20

Prices during tourist events : see p. 32

Prezzi durant i festival : vedere p. 44

✈ Innsbrucker Bundesstr. 95 (über ③), ℘ (0662) 85 12 23 - City Air Terminal (Auto-busbahnhof), Südtirolerplatz V.

🚗 Lastenstraße.

Salzburger Messegelände, Linke Glanzeile 65, ℘ (0662) 3 45 66.

🛈 Tourist-Information, Mozartplatz 5, ℘ (0662) 88 98 73 30,.

ÖAMTC, Alpenstr. 102, (über ②), ℘ (0662) 63 99 90, Fax (0662) 6399945.

Wien 292 ① – Innsbruck 177 ③ – Bad Reichenhall 20 ③ – München 140 ③

Die Preise sind in der Landeswährung (ö. S.) angegeben.

Stadtpläne siehe nächste Seiten

🏨 **Österreichischer Hof,** Schwarzstr. 5, ✉ A-5020, ℘ (0662) 8 89 77,
Fax (0662) 8897714, « Terrassen an der Salzach mit ≤ Altstadt und Festung » – 🛗,
🌭 Zim, 📺 📞 🅑 & 🚗 – 🔌 70. 🆎 ⓞ 🇪 𝖵𝖨𝖲𝖠 𝖩𝖢𝖡   Y **b**
Zirbelzimmer : Menu à la carte 430/680 – **Salzach Grill :** Menu à la carte 250/500 –
120 Z 1800/7800, 7 Suiten.

🏨 **Sheraton** Ⓜ, Auerspergstr. 4, ✉ A-5020, ℘ (0662) 88 99 90, Fax (0662) 881776,
« Terrasse im Kurpark », direkter Zugang zum Kurmittelhaus – 🛗, 🌭 Zim, 📺 📞 &
🚗 – 🔌 120. 🆎 ⓞ 🇪 𝖵𝖨𝖲𝖠 𝖩𝖢𝖡   V **s**
Menu à la carte 240/560 – **163 Z** 2100/5270, 9 Suiten.

🏨 **Altstadt Radisson SAS,** Judengasse 15, ✉ A-5020, ℘ (0662) 8 48 57 10,
Fax (0662) 8485716, « Modernisiertes Haus a.d.J. 1377 mit teils antiker Einrichtung » –
🛗, 🌭 Zim, 📺 🚗 – 🔌 35. 🆎 ⓞ 🇪 𝖵𝖨𝖲𝖠 𝖩𝖢𝖡. 🞉 Rest   Y **s**
Menu à la carte 370/550 – **60 Z** 3325/6510, 13 Suiten.

🏨 **Bristol,** Makartplatz 4, ✉ A-5020, ℘ (0662) 87 35 57, Fax (0662) 8735576 – 🛗, 🌭 Zim,
🚗 – 🔌 60. 🆎 ⓞ 🇪 𝖵𝖨𝖲𝖠 𝖩𝖢𝖡. 🞉 Rest   Y **a**
2. März - 3. April geschl. – **Menu** siehe Rest. **Bei Bruno** separat erwähnt – **64 Z** 1960/5300,
9 Suiten.

🏨 **Crowne Plaza - Pitter** Ⓜ, Rainerstr. 6, ✉ A-5020, ℘ (0662) 8 89 78,
Fax (0662) 878893, 🍴 – 🛗, 🌭 Zim, 📺 📞 & 🔌 160. 🆎 ⓞ 🇪 𝖵𝖨𝖲𝖠 𝖩𝖢𝖡
Rainerstube (nur Abendessen) Menu à la carte 360/510 – **Auersperg :** Menu à la carte
240/400 – **186 Z** 1900/4800, 6 Suiten.   V **n**

🏨 Ramada Hotel Salzburg Ⓜ, Fanny-von-Lehnert-Str. 7, ✉ A-5020, ℘ (0662) 4 68 80,
Fax (0662) 4688298, 🌭, Massage, 🔥, 🍴, 🏊 – 🛗, 🌭 Zim, 📺 📞 & 🚗 – 🔌 810
257 Z.   über Kaiserschutzenstraße   V

917

SALZBURG

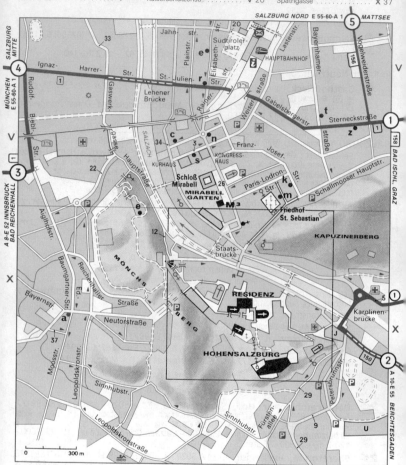

🏯 **Goldener Hirsch,** Getreidegasse 37, ⊠ A-5020, ✆ (0662) 8 08 40, Fax (0662) 843349, « Patrizierhaus a.d.J. 1407 mit stilvoller Einrichtung » – ₤, ✻ Zim, 🗐 📺 – 🔬 30. 🗚
ⓘ 🅴 𝘝𝘐𝘚𝘈 𝖩𝖢𝖡   Y e
Menu à la carte 500/630 – **70 Z** 2370/7850, 3 Suiten.

🏰 **Schloß Mönchstein** ⏴, Mönchsberg Park 26, ⊠ A-5020, ✆ (0662) 8 48 55 50, Fax (0662) 848559, ≤ Salzburg und Umgebung, ✿, « Schlößchen mit eleganter, stilvoller Einrichtung, Hochzeitskapelle, Park », ✻, ✾ – ₤ 📺 ⇌ 🅿. 🗚 ⓘ 🅴 𝘝𝘐𝘚𝘈 𝖩𝖢𝖡.
✻ Rest   X e
Anfang Feb. - Mitte März geschl. – **Menu** à la carte 470/1150 – **17 Z** 2900/6500.

🏨 **Rosenberger,** Bessarabierstr. 94, ⊠ A-5020, ✆ (0662) 4 35 54 60, Fax (0662) 43951095, ⇌ – ₤, ✻ Zim, 📺 ☎ ₺ ⇌ 🅿 – 🔬 360. 🗚 ⓘ 🅴 𝘝𝘐𝘚𝘈
über ④
Menu à la carte 250/410 – **120 Z** 1290/1850.

🏨 **Dorint - Hotel,** Sterneckstr. 20, ⊠ A-5027, ✆ (0662) 88 20 31, Fax (0662) 8820319, ⇌ – ₤, ✻ Zim, 📺 ☎ ₺ ⇌ – 🔬 160. 🗚 ⓘ 🅴 𝘝𝘐𝘚𝘈. ✻ Rest   V z
Menu à la carte 220/420 – **140 Z** 1530/2080, 4 Suiten.

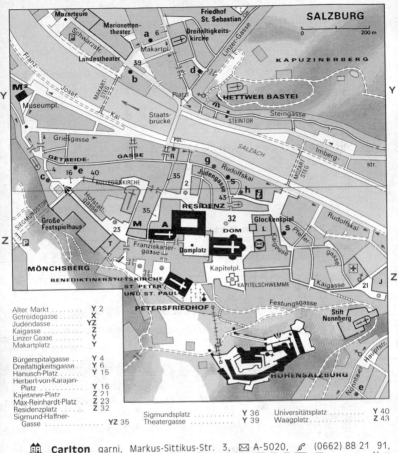

SALZBURG

0   200 m

Alter Markt	Y	2
Getreidegasse	X	
Judendasse	YZ	
Kaigasse	Z	
Linzer Gasse	Y	
Makartplatz	Y	
Bürgerspitalgasse	Y	4
Dreifaltigkeitsgasse	Y	6
Hanusch-Platz	Y	15
Herbert-von-Karajan-Platz	Y	16
Kajetaner-Platz	Z	21
Max-Reinhardt-Platz	Z	23
Residenzplatz	Z	32
Sigmund-Haffner-Gasse	YZ	35

Sigmundsplatz	Y	36
Theatergasse	Y	39
Universitätsplatz	Y	40
Waagplatz	Z	43

Carlton garni, Markus-Sittikus-Str. 3, ⊠ A-5020, ℰ (0662) 88 21 91, Fax (0662) 87478447, ⇔ – 🛗 🐾 📺 ☎ ⇔ 🅿. 🖭 ① 🇪 𝚅𝙸𝚂𝙰 𝙹𝙲𝙱
39 Z 1430/2520, 13 Suiten.
V c

Mercure, Bayerhamerstr. 14, ⊠ A-5020, ℰ (0662) 8 81 43 80, Fax (0662) 871111411, 🕌 – 🛗, 🐾 Zim, 📺 ☎ ₺ ⇔ 🅿 – 🔬 100. 🖭 ① 🇪 𝚅𝙸𝚂𝙰 𝙹𝙲𝙱
Menu à la carte 220/370 – **121 Z** 1290/1990.
V t

Novotel Salzburg City, Franz-Josef-Str. 26, ⊠ A-5020, ℰ (0662) 88 20 41, Fax (0662) 874240, ⇔ – 🛗, 🐾 Zim, 📺 ☎ ₺ ⇔ 🅿 – 🔬 75. 🖭 ① 🇪 𝚅𝙸𝚂𝙰 𝙹𝙲𝙱
Menu à la carte 200/380 – **140 Z** 1370/2280.
V k

Zum Hirschen, St.-Julien-Str. 21, ⊠ A-5020, ℰ (0662) 88 90 30, Fax (0662) 8890358, Massage, ⇔ – 🛗 📺 ☎ ⇔ 🅿. 🖭 𝚅𝙸𝚂𝙰 𝙹𝙲𝙱
Menu à la carte 200/405 – **64 Z** 840/1750.
V r

Schaffenrath, Alpenstr. 115, ⊠ A-5020, ℰ (0662) 63 90 00, Fax (0662) 639005, 🕌, Massage, ⇔ – 🛗, 🐾 Zim, 📺 ☎ ℰ 🅿 – 🔬 90. 🖭 ① 🇪 𝚅𝙸𝚂𝙰 𝙹𝙲𝙱
🕱 Rest
Menu à la carte 185/370 – **51 Z** 990/1680.
über ②

Kasererhof garni, Alpenstr. 6, ⊠ A-5020, ℰ (0662) 6 39 65, Fax (0662) 6396550, 🚗 – 🛗 🐾 📺 ☎ 🅿. 🖭 🇪 𝚅𝙸𝚂𝙰 𝙹𝙲𝙱
Feb. geschl. – **53 Z** 995/3560.
über ②

Wolf-Dietrich, Wolf-Dietrich-Str. 7, ⊠ A-5020, ℰ (0662) 87 12 75, Fax (0662) 882320, 🕌, ⇔, 🔲, 📺 ☎ ⇔. 🖭 ① 🇪 𝚅𝙸𝚂𝙰 𝙹𝙲𝙱
Anfang Feb. - Mitte März geschl. – **Menu** (Sonntag geschl.) (nur Abendessen) à la carte 255/395 – **29 Z** 950/1720.
V m

🏠 **Hohenstauffen** garni, Elisabethstr. 19, ✉ A-5020, ℰ (0662) 8 77 66 90,
Fax (0662) 87219351 – ▯ ✎ 📺 ☎ ⇔ 🅿 🖭 ⓪ ☰ 𝑉𝐼𝑆𝐴 𝐽𝐶𝐵.   V e
27 Z 790/1995.

🏠 **Fuggerhof** garni, Eberhard-Fugger-Str. 9, ✉ A-5020, ℰ (0662) 6 41 29 00,
Fax (0662) 6412904, ⋖, ☎, ☒, ☞ – ▯ 📺 ☎ ᚼ ⇔ 🅿. ✎
20. Dez. - 26. Jan. geschl. – **20 Z** 980/2520.   über Bürglsteinstr. X

🏠 Gablerbräu, Linzer Gasse 9, ✉ A-5020, ℰ (0662) 8 89 65, Fax (0662) 8896555, ☞
– ▯ 📺 ☎ – ᚼ 25   Y d
52 Z.

🏠 **Weisse Taube** ☜ garni, Kaigasse 9, ✉ A-5020, ℰ (0662) 84 24 04, Fax (0662) 841783
– ▯ 📺 ☎. 🖭 ⓪ ☰ 𝑉𝐼𝑆𝐴 𝐽𝐶𝐵. ✎   Z s
33 Z 910/2070.

XX **Alt Salzburg,** Bürgerspitalgasse 2, ✉ A-5020, ℰ (0662) 84 14 76, Fax (0662) 841477
– 🖭 ⓪ ☰ 𝑉𝐼𝑆𝐴 𝐽𝐶𝐵.   Y c
Sonntag - Montagmittag geschl., außer Festspielzeit – **Menu** à la carte
300/490.

XX **Bei Bruno** -Hotel Bristol, Makartplatz 4, ✉ A-5020, ℰ (0662) 87 84 17 – 🖭 ⓪ ☰ 𝑉𝐼𝑆𝐴
⊕ 𝐽𝐶𝐵   Y a
1 Woche Feb., 2 Wochen März sowie Sonntag geschl., außer Festspielzeit – **Menu** à la carte
270/560.

XX **K+K Restaurant am Waagplatz,** Waagplatz 2 (1. Etage), ✉ A-5020,
ℰ (0662) 84 21 56, Fax (0662) 84215633, ☞, « Mittelalterliches Essen mit Theater-
aufführung im Freysauff-Keller (auf Vorbestellung) » – 🖭 ⓪ ☰ 𝑉𝐼𝑆𝐴   Z h
Jan. - Ostern Sonntag geschl. – **Menu** (Tischbestellung ratsam) à la carte
315/480.

XX **Riedenburg,** Neutorstr. 31, ✉ A-5020, ℰ (0662) 83 08 15, Fax (0662) 8443529, ☞
– 🅿. 🖭 ⓪ ☰ 𝑉𝐼𝑆𝐴   X a
Sonntag - Montagmittag geschl. – **Menu** à la carte 375/530.

X **Zum Mohren,** Judengasse 9, ✉ A-5020, ℰ (0662) 84 23 87, Fax (0662) 450179 – 🖭
☰ 𝑉𝐼𝑆𝐴   Y g
Sonn- und Feiertage sowie Mitte Juni - Mitte Juli geschl. – **Menu** (Tischbestellung ratsam)
à la carte 220/450.

In Salzburg-Aigen über Bürglsteinstr. X :

🏠 **Rosenvilla** garni, Höfelgasse 4, ✉ A-5020, ℰ (0662) 62 17 65, Fax (0662) 6252308 –
📺 ☎ 🅿 🖭
15 Z 1150/2270.

🏠 **Doktorwirt,** Glaser Str. 9, ✉ A-5026, ℰ (0662) 62 29 73, Fax (0662) 62171724, ☞,
☎, ☒ (geheizt), ☞ – 📺 ☎ ⇔ 🅿 – ᚼ 25. 🖭 ⓪ ☰ 𝑉𝐼𝑆𝐴 𝐽𝐶𝐵.
✎ Rest
10. - 26. Feb. und Mitte Okt. - Ende Nov. geschl. – **Menu** (Montag geschl.) à la carte 200/400
☙ – **39 Z** 780/1900.

XX **Gasthof Schloß Aigen,** Schwarzenbergpromenade 37, ✉ A-5026, ℰ (0662) 62 12
⊕ 84, Fax (0662) 621284, ☞ – 🅿. 🖭 ⓪ ☰ 𝑉𝐼𝑆𝐴
Mittwoch - Donnerstagmittag und Jan. - Feb. 3 Wochen geschl. – **Menu** à la carte
315/495.

In Salzburg-Gnigl über ① :

XX **Pomodoro,** Eichstr. 54, ✉ A-5023, ℰ (0662) 64 04 38
⊕ ☞ – 🖭 ☰ 𝑉𝐼𝑆𝐴
Montag - Dienstag, Weihnachten - 6. Jan. und Mitte Juli - Ende Aug. geschl. – **Menu** (ita-
lienische Küche, Tischbestellung ratsam) à la carte 305/440.

In Salzburg-Itzling über Kaiserschützenstr. VP :

🏠 **Auerhahn,** Bahnhofstr. 15, ✉ A-5020, ℰ (0662) 45 10 52, Fax (0662) 4510523, ☞
⊕ – 📺 ☎ ⇔. 🖭 ⓪ ☰ 𝑉𝐼𝑆𝐴
Menu (Sonntagabend - Montag, Feb. 1 Woche und Ende Juni - Mitte Juli geschl.) à la carte
240/400 – **15 Z** 560/1050.

In Salzburg-Liefering über ④ :

🏠 **Brandstätter,** Münchner Bundesstr. 69, ✉ A-5020, ℰ (0662) 43 45 35,
❀ Fax (0662) 43453590, ☞, ☎, ☒, ☞ – ▯, ✎ Rest, 📺 ☎ 🅿 – ᚼ 30. 🖭 ☰ 𝑉𝐼𝑆𝐴.
⊕ ✎ Rest
22. - 27. Dez. geschl. – **Menu** (2. - 16. Jan., Mai 1 Woche und außer Saison Sonntag geschl.)
(Tischbestellung ratsam) à la carte 295/600 – **34 Z** 980/2300
Spez. Vorspeisenvariation von geräucherten Mondseefischen. Lauwarmer Kalbsbrustsalat
mit Gemüsevinaigrette. Bauernente im Rohr gebraten.

In Salzburg-Maria Plain *über Plainstr.* V :

🏚 **Maria Plain** ॐ (Landgasthof aus dem 17. Jh.), Plainbergweg 41, ✉ A-5101, ℰ (0662) 4 50 70 10, *Fax (0662) 45070119*, « Gastgarten mit ≤ », ⌖ – 🛗 📺 ☎ ⇔
🅿 – 🕍 40. 🆎 ① 🗲 *März* — **Menu** *(Dienstag - Mittwoch geschl., außer Festspielzeit)* à la carte
270/380 – **27 Z** 880/1400, 5 Suiten.
Juli 1 Woche geschl. – **Menu** *(Dienstag - Mittwoch geschl., außer Festspielzeit)* à la carte
270/380 – **27 Z** 880/1400, 5 Suiten.

In Salzburg-Nonntal :

🍴 **Purzelbaum** (Restaurant im Bistro-Stil), Zugallistr. 7, ✉ A-5020, ℰ (0662) 84 88 43, *Fax (0662) 8443529*, ⌖ – 🆎 ① 🗲 *VISA* Z e
Sonntag - Montagmittag geschl. – **Menu** (abends Tischbestellung ratsam) à la carte
445/580.

Auf dem Heuberg *NO : 3 km über* ① – *Höhe 565 m*

🏠 **Schöne Aussicht** ॐ, Heuberg 3, ✉ A-5023 Salzburg, ℰ (0662) 64 06 08, *Fax (0662) 6406082*, « Gartenterrasse mit ≤ Salzburg und Alpen », ⌖, 🛋, ⌖, ⌖ –
📺 ☎ 🅿 – 🕍 30. 🆎 ① 🗲 *VISA*. ⌖ Rest
März - Okt. – **Menu** (nur Abendessen) à la carte 265/480 – **28 Z** 700/1800.

Auf dem Gaisberg *über* ① :

🏰 **Vitalhotel Kobenzl** ॐ, Gaisberg 11 – Höhe 730 m, ✉ A-5020 Salzburg, ℰ (0662) 64 15 10, *Fax (0662) 642238*, ⌖, « Schöne Panorama-Lage mit ≤ Salzburg und Alpen », Massage, ⌖, ⌖, 🛋, ⌖ – 🛗, ⌖ Zim, 📺 🅿 – 🕍 40. 🆎 ① 🗲 *VISA*. ⌖ Rest
Menu à la carte 325/520 – **40 Z** 1650/4500, 15 Suiten.

🏚 **Romantik Hotel Gersberg Alm** ॐ, Gersberg 37 – Höhe 800 m, ✉ A-5023 Salzburg-Gnigl, ℰ (0662) 64 12 57, *Fax (0662) 644278*, ⌖, ⌖, 🛋, ⌖, ⌖ – 📺 ☎ 🅿 – 🕍 45. 🆎 ① 🗲 *VISA*. ⌖ Rest
Menu (Tischbestellung ratsam) à la carte 280/485 – **40 Z** 990/2900.

Beim Flughafen *über* ③ :

🏚 **Radisson-SAS-Airport-Center-Hotel**, Bundesstr. 4, ✉ A-5073 Salzburg-Wals, ℰ (0662) 8 58 10, *Fax (0662) 85814000* – 🛗, ⌖ Zim, 🖿 📺 ☎ 🛋 ⇔ – 🕍 90. 🆎 ① 🗲 *VISA*
Menu à la carte 230/455 – **152 Z** 1300/1970, 7 Suiten.

🏚 **Airporthotel**, Dr.-M.-Laireiter-Str. 9, ✉ A-5020 Salzburg-Loig, ℰ (0662) 85 00 20, *Fax (0662) 85002044*, ⌖, 🛋 – 🛗, ⌖ Zim, 📺 ☎ ⇔ 🅿 – 🕍 20. 🆎 ① 🗲 *VISA* 🏧
(Restaurant nur für Hausgäste) – **37 Z** 990/1960.

In Siezenheim *5 km : über* ③ *und Siezenheimer Strasse* :

🏠 **Gasthof Kamml**, Brückenstr. 105, ✉ A-5072, ℰ (0662) 85 02 67, ⇔ *Fax (0662) 85026713*, Biergarten, 🛋, ⌖, ⌖ – 🛗 📺 ☎ 🅿 – 🕍 15. 🆎 ① 🗲 *VISA*
Menu *(Samstag - Sonntag geschl.)* à la carte 145/520 – **45 Z** 550/910.

In Anif ② *: 7 km*

🏚 **Friesacher**, ✉ A-5081, ℰ (06246) 89 77, *Fax (06246) 897749*, ⌖, Massage, ⌖ – 🛗 📺 ☎ 🅿 – 🕍 25
2. - 22. Jan. geschl. – **Menu** *(Mittwoch geschl., außer Festspielzeit)* à la carte 180/400 ⌖ – **52 Z** 720/1460.

🏚 **Hubertushof**, Neu Anif 4 (nahe der Autobahnausfahrt Salzburg Süd), ✉ A-5081, ℰ (06246) 89 70, *Fax (06246) 76036*, ⌖, Massage, ⌖, ⌖ – 🛗 📺 ☎ 🅿 – 🕍 80. 🆎 ① 🗲 *VISA*
Menu *(Montag, Feb. 2 Wochen und Juli 3 Wochen geschl.)* à la carte 250/465 – **68 Z** 910/1800.

In Bergheim *N : 7 km über Plainstrasse* V :

🏚 **Gasthof Gmachl**, Dorfstr. 35, ✉ A-5101, ℰ (06246) 45 21 24, *Fax (06246) 45212468*, ⌖, ⌖, 🛋 (geheizt), ⌖, ⌖ – 🛗, ⌖ Zim, 📺 ☎ 🛋 🅿 – 🕍 50. 🆎 🗲 *VISA*
Menu *(Anfang - Mitte Juli geschl.)* à la carte 250/480 – **50 Z** 860/2160.

In Bergheim-Lengfelden *N : 7 km über* ⑤ :

🏠 **Gasthof Bräuwirt**, ✉ A-5101, ℰ (0662) 45 21 63, *Fax (0662) 45216353*, ⌖ – 🛗 ⇔ 📺 ☎ ⇔ 🅿 🗲 *VISA*
über Weihnachten geschl. – **Menu** *(Sonntagabend - Dienstagmittag und Juli 2 Wochen geschl.)* à la carte 170/350 – **39 Z** 665/1400.

In Hallwang-Söllheim *NO : 7 km über ① und Linzer Bundesstrasse :*

　XX　**Pfefferschiff,** Söllheim 3, ⊠ A-5300, ℰ (0662) 66 12 42, Fax (0662) 661841, 🍽 –
　❀　🄿 🖭 ⅏
　　　Sonntag - Montag, Ende Juni - Mitte Juli und Sept. 1 Woche geschl. – **Menu** à la carte
　　　400/670
　　　Spez. Blunzenguglhupf mit Stöcklkraut. Lammcarré auf Porree-Erdäpfelgratin. Marillen-
　　　schmarren mit Vanilleeis.

In Elixhausen *N : 8 km über ⑤ :*

　🏠　**Romantik Hotel Gmachl,** Dorfstr. 14, ⊠ A-5161, ℰ (0662) 48 02 12,
　　　Fax (0662) 48021272, 🍽, ⊆s, 🏊 (geheizt), 🛬, ※ (Halle), ⚒ (Halle) – 🛗 🖭 ☎ 🄿 –
　　　🕍 40. 🖭 ◉ ᴇ 𝓥𝓘𝓢𝓐
　　　Mitte Juni - Anfang Juli geschl. – **Menu** *(Sonntagabend - Motagmittag geschl.)* à la carte
　　　270/450 – **34 Z** 980/2200, 3 Suiten.

In Elsbethen-Vorderfager *über ② : 9 km :*

　🏠　**Schwaitlalm** ⚘, Vorderfager 39, ⊠ A-5061, ℰ (06246) 62 59 27,
　🚗　Fax (06246) 6296063, ≤, 🍽, ⊆s, 🏊, 🛬, ※ – 🖭 ☎ 🄿 – 🕍 20. 🖭 ᴇ 𝓥𝓘𝓢𝓐
　　　7. Jan. - Feb. geschl. – **Menu** *(Dienstag geschl.)* (Tischbestellung ratsam) à la carte 325/565
　　　– **17 Z** 1160/1650.

In Hof *über ① : 20 km :*

　🏯　**Schloß Fuschl** ⚘ (ehem. Jagdschloß a.d. 15 Jh. mit 3 Gästehäusern), ⊠ A-5322,
　　　ℰ (06229) 2 25 30, Fax (06229) 2253531, ≤, 🍽, Massage, ⊆s, 🏊, ▲ɢ, ※, 🎣 – 🛗
　　　🖭 🚗 🄿 – 🕍 100. 🖭 ◉ ᴇ 𝓥𝓘𝓢𝓐 𝓙𝓒𝓑. ⅏ Rest
　　　Menu à la carte 480/745 – **84 Z** 2100/4000, 12 Suiten.

　🏠　**Jagdhof am Fuschlsee** (ehem. Bauernhaus a.d.J. 1783, mit Gästehaus), ⊠ A-5322,
　　　ℰ (06229) 2 37 20, Fax (06229) 2372413, ≤, 🍽, ⊆s, 🏊, 🛬 – 🛗 🖭 ☎ 🄿 – 🕍 90.
　　　🖭 ◉ ᴇ 𝓥𝓘𝓢𝓐 𝓙𝓒𝓑
　　　Menu à la carte 245/400 – **57 Z** 875/1925.

In Fuschl am See *über ① : 26 km :*

　🏠　**Ebner's Waldhof** ⚘, Seepromenade, ⊠ A-5330, ℰ (06226) 82 64,
　　　Fax (06226) 8644, ≤, 🍽, Massage, ⊆s, 🏊, ▲ɢ, 🛬, ※ – 🛗 🖭 🄿 – 🕍 60. ⅏ Rest
　　　März - April 3 Wochen und Nov. - 15. Dez. geschl. – **Menu** (Tischbestellung ratsam)
　　　à la carte 290/465 – **75 Z** 770/2560.

　XX　**Brunnwirt,** ⊠ A-5330, ℰ (06226) 82 36, 🍽 – 🄿. 🖭 ◉ ᴇ 𝓥𝓘𝓢𝓐. ⅏
　　　Ende Jan. - Mitte Feb. geschl. – **Menu** *(Sonntagabend - Montag geschl.)* (wochentags nur
　　　Abendessen, Tischbestellung erforderlich) à la carte 420/600.

Am Mondsee ⑤ *: 28 km (über Autobahn A 1)*

　🏯　**Seehof** ⚘, (SO : 7 km), ⊠ A-5311 Loibichl, ℰ (06232) 50 31, Fax (06232) 503151, ≤,
　　　« Gartenterrasse », Massage, ⊆s, ▲ɢ, 🛬, ※ – ✶ Rest, 🖭 🚗 🄿 – 🕍 15. ⅏
　　　Mitte Mai - Mitte Sept. – **Menu** à la carte 370/515 – **35 Z** 3600/5720, 4 Suiten.

In Werfen *S : 42 km über ② und A10 :*

　XXX　**Karl-Rudolf Obauer** mit Zim, Markt 46, ⊠ A-5450, ℰ (06468) 5 21 20,
　❀❀　Fax (06468) 521212, « Gartenterrasse » – 🍽 Rest, 🖭 ☎ 🄿. 🖭
　　　Menu (Tischbestellung erforderlich) 380/800 und à la carte 510/805 – **8 Z** 980/1700
　　　Spez. Forellenstrudel "Obauer" mit Veltlinersauce. Schweinebackerl und Sauhaxl mit Rahm-
　　　schwammerl. Mohnmarillen mit Honigschlag und Vanilleeis.

SALZDETFURTH, BAD *Niedersachsen* 𝟜𝟙𝟠 *J 14,* 𝟿𝟠𝟽 ⑯ – *15 000 Ew – Höhe 155 m – Heilbad.*
　🎣 *Bad Salzdetfurth-Wesseln, In der Bünte,* ℰ *(05063) 15 16.*
　　Berlin 298 – Hannover 50 – Braunschweig 52 – Göttingen 81 – Hildesheim 16.

　🏯　**Relexa-Hotel,** An der Peesel 1 (in Detfurth), ⊠ 31162, ℰ (05063) 2 90,
　　　Fax (05063) 29113, 🍽, ⊆s, 🏊 – 🛗, ✶ Zim, 🖭 🄿 – 🕍 250. 🖭 ◉ ᴇ 𝓥𝓘𝓢𝓐
　　　Menu à la carte 34/65 – **132 Z** 139/395, 4 Suiten – ½ P 36.

SALZGITTER *Niedersachsen* 𝟜𝟙𝟨 𝟜𝟙𝟠 *J 15,* 𝟿𝟠𝟽 ⑯ ⑰ – *120 000 Ew – Höhe 80 m.*
　🎣 *Bad Salzgitter, Mahner Berg,* ℰ *(05341) 3 73 76.*
　🄱 *Tourist-Information, Vorsalzerstr. 11, in Salzgitter-Bad,* ⊠ *38259,* ℰ *(05341) 39 37 38,*
　　Fax (05341) 391816.
　　Berlin 261 – Hannover 68 – Braunschweig 28 – Göttingen 79 – Hildesheim 33.

In Salzgitter-Bad – *Heilbad :*

🏨 **Golfhotel** garni, Gittertor 5, ⊠ 38259, ℰ (05341) 30 10, Fax (05341) 301199 – 🛗 ⇔
🔟 ☎ 🤙 📵. 🆎 🗲 VISA
24 **Z** 90/200.

🏨 **Quellenhof** garni, Hinter dem Salze 32, ⊠ 38259, ℰ (05341) 3 40 81,
Fax (05341) 394828, ⇔ – 🛗 🔟 ☎ 🤙 📵. 🆎 🗲 VISA
36 **Z** 95/160.

🏠 **Haus Liebenhall** ⅏, Bismarckstr. 9, ⊠ 38259, ℰ (05341) 3 40 91, Fax (05341) 31092,
⊖ 🍴 – 🔟 ☎ 📵. 🛇
Menu *(Sonntag - Montagmittag geschl.)* à la carte 23/40 – **13 Z** 89/124.

In Salzgitter-Bruchmachtersen :

🏠 **Kaiserquelle,** Söhlekamp 11, ⊠ 38228, ℰ (05341) 8 57 80, Fax (05341) 58674, 🍴
– 🔟 ☎ 📵 – 🕍 30. 🆎 ① 🗲 VISA
Menu à la carte 28/59 – **31 Z** 90/150.

In Salzgitter-Lichtenberg :

🏨 **Waldhotel Burgberg,** Burgbergstr. 147, ⊠ 38228, ℰ (05341) 5 30 22 (Hotel)
5 83 63 (Rest.), Fax (05341) 53546, 🍴, ⇔ – 🔟 ☎ 📵. 🗲 VISA
Menu à la carte 32/65 – **13 Z** 128/246.

In Haverlah-Steinlah *NW : 6 km ab Salzgitter-Bad :*

🏨 **Gutshof Steinlah** ⅏ (ehem. Gutshof a.d. 18. Jh.), Lindenstr. 5, ⊠ 38275,
ℰ (05341) 33 84 41, Fax (05341) 338442, 🍴, « Geschmackvolle Einrichtung in unter-
schiedlichen Stilarten » – 🔟 ☎ 🔜 📵. 🆎 ① 🗲 VISA. 🛇 Rest
Menu *(Sonntag geschl.)* *(nur Abendessen)* à la carte 37/62 – **20 Z** 98/178.

SALZHAUSEN *Niedersachsen* 🔢🔢 *G 14,* 🔢🔢 ⑯ – *3 300 Ew – Höhe 60 m.*
Berlin 288 – Hannover 117 – Hamburg 55 – Lüneburg 18.

🏨 **Romantik Hotel Josthof,** Am Lindenberg 1, ⊠ 21376, ℰ (04172) 9 09 80,
Fax (04172) 6225, 🍴, « Alter Niedersächsischer Bauernhof » – 🔟 ☎ 📵. 🆎 ① 🗲 VISA
Menu *(bemerkenswerte Weinkarte)* à la carte 47/70 – **16 Z** 110/235.

In Garlstorf am Walde *W : 5 km :*

🏠 **Hohe Geest,** Egestorfer Landstr. 10, ⊠ 21376, ℰ (04172) 71 35, Fax (04172) 14 80,
🍴 – 🔟 ☎ 📵. 🆎 ① 🗲 VISA. 🛇
22. Dez – 15. Jan. geschl. – *(nur Abendessen für Hausgäste)* – **13 Z** 95/180.

🏠 **Niemeyer's Heidehof,** Winsener Landstr. 4, ⊠ 21376, ℰ (04172) 71 27,
Fax (04172) 7931, 🍴, 🌳 – 🔟 ☎ 📵. ① 🗲 VISA
Menu *(Donnerstag geschl.)* à la carte 32/68 *(auch vegetarische Gerichte)* – **12 Z** 95/158.

In Gödenstorf *W : 3 km :*

🏠 **Gasthof Isernhagen,** Hauptstr. 11, ⊠ 21376, ℰ (04172) 87 85, Fax (04172) 8715,
🍴, 🌳 – ⇔ Zim, 🔟 ☎ 🔜 📵. 🆎 🗲 VISA
16.März - 8. April geschl geschl. – **Menu** *(Dienstag geschl.)* à la carte 26/44 – **10 Z** 79/158.

SALZHEMMENDORF *Niedersachsen* 🔢🔢 *J 12 – 11 000 Ew – Höhe 200 m – Kurort mit
Solekurbetrieb.*
🛈 *Fremdenverkehrsamt, Hauptstr. 2,* ⊠ *31020,* ℰ *(05153) 8 08 80, Fax (05153) 80845.*
Berlin 308 – Hannover 42 – Hameln 23 – Hildesheim 31.

In Salzhemmendorf-Oldendorf *NO : 4,5 Km*

🏠 **Catharinenhof** garni, Im Hohen Feld 48 (B 1), ⊠ 31020, ℰ (05153) 93 80,
Fax (05153) 5839 – 🔟 ☎ 📵. 🆎 ① 🗲 VISA
17 **Z** 90/175.

SALZKOTTEN *Nordrhein-Westfalen* 🔢🔢 *K 9,* 🔢🔢 ⑮ – *22 000 Ew – Höhe 100 m.*
🏌 *Salzkotten-Thüle, Im Nordfeld 25,* ℰ *(05258) 64 98.*
🛈 *Verkehrsamt, Rathaus, Marktstr. 8,* ⊠ *33154,* ℰ *(05258) 50 71 18, Fax (05258) 50727.*
Berlin 433 – Düsseldorf 157 – Lippstadt 19 – Paderborn 12.

🏨 **Walz,** Paderborner Str. 21 (B 1), ⊠ 33154, ℰ (05258) 98 80, Fax (05258) 4849, 🍴, ⇔
– 🔟 ☎ 📵. 🆎 ① 🗲 VISA
Menu *(Samstagmittag geschl.)* à la carte 30/57 – **35 Z** 90/140.

🏠 **Sälzerhof** ⅏, Am Stadtgraben 28, ⊠ 33154, ℰ (05258) 9 86 30, Fax (05258) 986325,
🍴 – ☎ 📵. 🆎 ① 🗲 VISA
20. Dez. - 10. Jan. geschl – **Menu** *(Freitag geschl.)* à la carte 31/59 – **16 Z** 77/127.

SALZSCHLIRF, BAD *Hessen* 🔲🔲 *O 12,* 🔲🔲 ㉗ *– 3 500 Ew – Höhe 250 m – Heilbad.*
  🏛 *Kur- und Verkehrsamt, Bahnhofstr. 22,* ✉ *36364,* ✆ *(06648) 22 66, Fax (06648) 2368.*
  Berlin 446 – Wiesbaden 161 – Fulda 18 – Gießen 81 – Bad Hersfeld 36.

🏨 **Parkhotel** (Jugendstilhaus mit moderner Einrichtung), Bahnhofstr. 12, ✉ 36364,
  ✆ (06648) 30 81, Fax (06648) 3262, 🌦, ≘s – 📶 📺 ☎ 🅿. 🆎 ⓞ 🗲 *VISA*
  Menu (Freitagabend geschl.) à la carte 26/48 – **23 Z** 75/130 – ½ P 20.

🏠 **Söderberg** ⌂, Bonifatiusstr. 6, ✉ 36364, ✆ (06648) 94 20, Fax (06648) 942211,
  « Gartenterrasse », 🌦 – 📶 📺 ☎ 🅿 – 🔬 25. 🗲 *VISA*
  Jan. geschl. – **Menu** (Montag geschl.) (wochentags nur Abendessen) à la carte 32/55 – **31 Z**
  65/150 – ½ P 20.

SALZUFLEN, BAD *Nordrhein-Westfalen* 🔲🔲 *J 10,* 🔲🔲 ⑯ *– 53 000 Ew – Höhe 80 m – Heilbad.*
  🟦 *Bad Salzuflen, Schwaghof 4 (N : 3 km),* ✆ *(05222) 1 07 73.*
  🏛 *Kurverwaltung, Parkstr. 20,* ✉ *32105,* ✆ *(05222) 18 30, Fax (05222) 17154.*
  Berlin 375 – Düsseldorf 191 – Bielefeld 22 – Hannover 89.

🏨 **Arminius,** Ritterstr. 2, ✉ 32105, ✆ (05222) 5 30 70, Fax (05222) 530799, 🌦,
  « Restaurierte Fachwerkhäuser aus dem 16.Jh. », Massage, ≘s – 📶, ❄ Zim, 📺 📞 ⟵
  – 🔬 50. 🆎 ⓞ 🗲 *VISA*
  Menu à la carte 43/74 – **62 Z** 155/240, 11 Suiten.

🏨 **Maritim** ⌂, Parkstr. 53, ✉ 32105, ✆ (05222) 18 10, Fax (05222) 181600, 🌦,
  Massage, ♨, ♠, ≘s, 🔲, 🌦 – 📶, ❄ Zim, 📧 Rest, 📺 📞 ♿ ⟵ 🅿 – 🔬 280. 🆎 ⓞ
  🗲 *VISA* *JCB*. ✂ Rest
  Menu à la carte 47/83 – **206 Z** 185/368, 9 Suiten – ½ P 40.

🏨 **Schwaghof** ⌂, Schwaghof 1 (N : 3 km), ✉ 32108, ✆ (05222) 39 60,
  Fax (05222) 396555, ≤, 🌦, ≘s, 🔲, 🌦, ✂ – 📶 📺 📞 ♿ ⟵ 🅿 – 🔬 120. 🆎 ⓞ
  🗲 *VISA*
  Menu à la carte 43/78 – **86 Z** 155/240, 3 Suiten – ½ P 35.

🏨 **Lippischer Hof,** Mauerstr. 1a, ✉ 32105, ✆ (05222) 53 40, Fax (05222) 50571, 🌦,
  Massage, ≘s, 🔲 – 📶, ❄ Zim, 📺 ⟵ – 🔬 80. 🆎 ⓞ 🗲 *VISA*
  Menu à la carte 45/88 – **47 Z** 122/275 – ½ P 35.

🏨 **Vitalotel Roonhof,** Roonstr. 9, ✉ 32105, ✆ (05222) 34 30, Fax (05222) 343100, 🌦,
  ♨, ≘s, 🔲 – 📶, ❄ Zim, 📺 📞 ♿ ♿ ⟵ 🅿 – 🔬 30. 🆎 ⓞ 🗲 *VISA*
  Menu à la carte 36/63 – **54 Z** 135/210 – ½ P 25.

🏨 **Kurpark-Hotel** ⌂, Parkstr. 1, ✉ 32105, ✆ (05222) 39 90, Fax (05222) 399462, 🌦,
  Massage – 📶, ❄ Zim, 📺 ☎ ♿ – 🔬 60. 🆎 ⓞ 🗲 *VISA*
  Menu à la carte 33/63 – **75 Z** 106/292 – ½ P 28.

🏨 **Stadt Hamburg,** Asenburgstr. 1, ✉ 32105, ✆ (05222) 6 28 10, Fax (05222) 628152,
  🌦, 🌦 – 📶 📺 ☎ 🅿. 🆎 ⓞ 🗲 *VISA*. ✂
  Menu (Donnerstag geschl.) à la carte 34/68 – **34 Z** 98/180.

🏠 **Haus Otto,** Friedenstr. 2, ✉ 32105, ✆ (05222) 5 00 61, Fax (05222) 58464 – 📶 📺
  ☎ ⟵ 🅿. 🆎.
  Ende Nov. - Ende Jan. geschl. – (Restaurant nur für Hausgäste) – **22 Z** 90/170 – ½ P 25.

🏠 **Eichenhof** garni, Friedenstr. 1, ✉ 32105, ✆ (05222) 9 34 00, Fax (05222) 934010 –
  📺 📞 ⟵. 🆎 ⓞ 🗲 *VISA*
  21 Z 95/160.

🏠 **Café Bauer** ⌂, An der Hellrüsche 41, ✉ 32105, ✆ (05222) 9 14 40,
  Fax (05222) 16781, 🌦 – 📺 ☎ 🅿. 🆎 ⓞ 🗲 *VISA* *JCB*
  Menu (Montag geschl.) à la carte 32/61 – **12 Z** 80/150 – ½ P 15.

🏠 **Römerbad** (mit Gästehaus), Wenkenstr. 30, ✉ 32105, ✆ (05222) 9 15 00,
  Fax (05222) 915061, ≘s, 🔲, 🌦 – 📶, ❄ Zim, 📺 ☎ ♿ ⟵ 🅿 – 🔬 25. 🆎 ⓞ 🗲 *VISA*
  ✂ Rest
  Menu (Dienstagabend geschl.) à la carte 27/54 – **42 Z** 95/190 – ½ P 25.

✕✕ **Kurhaus,** Parkstr. 26, ✉ 32105, ✆ (05222) 9 13 90, Fax (05222) 913912, 🌦 – ♿ –
  🔬 300. 🆎 ⓞ 🗲 *VISA*
  Nov.- März Montag - Dienstag geschl. – **Menu** à la carte 39/63.

✕ **Alexandra,** Untere Mühlenstr. 2, ✉ 32105, ✆ (05222) 44 34, Fax (05222) 580431, 🌦,
  « Fachwerkhaus a.d. 16. Jh. »
  Menu (Montag - Freitag nur Abendessen) à la carte 39/79.

In Bad Salzuflen-Sylbach *S : 5 km :*

🏨 **Zum Löwen,** Sylbacher Str. 223, ✉ 32107, ✆ (05232) 9 56 50, Fax (05232) 956565,
  🌦, 🔲 – ❄ Zim, 📺 ☎ 🅿. 🗲 *VISA*
  Ende Juni - Anfang Juli geschl. – **Menu** (wochentags nur Abendessen) à la carte 37/71
  – **33 Z** 90/150.

SALZUNGEN, BAD Thüringen 🔲 N 14, 🔲 ㉘ – 20 000 Ew – Höhe 238 m – Solebad.
🔲 Touristinformation-Kurverwaltung, Am Flößrasen 1, ✉ 36433, ☎ (03695) 69 34 20, Fax (03695) 693422.
Berlin 377 – Erfurt 86 – Bad Hersfeld 43.

🏨 **Salzunger Hof,** Bahnhofstr. 41, ✉ 36433, ☎ (03695) 67 20, Fax (03695) 601700, 🏤
– 🛗, ⇔ Zim, 📺 ☎ 👌 ⇔ 👂 – 🔒 250. 🆎 ⓪ 🅴 𝗩𝗜𝗦𝗔
Menu à la carte 28/72 – **72 Z** 115/185.

SALZWEDEL Sachsen-Anhalt 🔲🔲 H 17, 🔲 ⑮, 🔲 ⑰ – 23 000 Ew – Höhe 51 m.
🔲 Salzwedel-Information, Neuperver Str. 32, ✉ 29410, ☎ (03901) 42 24 38, Fax (03901) 31077.
Berlin 187 – Magdeburg 103 – Schwerin 114 – Wolfsburg 59.

🏨 **Union,** Goethestr. 11, ✉ 29410, ☎ (03901) 42 20 97, Fax (03901) 422136, 🏤, 🚗 –
📺 ☎ 👂 – 🔒 60. 🆎 ⓪ 🅴 𝗩𝗜𝗦𝗔
Menu à la carte 27/51 – **33 Z** 90/145.

SALZWEG Bayern 🔲 U 24 – 5 900 Ew – Höhe 422 m.
Berlin 614 – München 176 – Passau 5 – Regensburg 120.

🏨 **Holler,** Büchelberger Str. 1, ✉ 94121, ☎ (0851) 94 99 60, Fax (0851) 41297 – 🛗 📺
🚗 ☎ 👂 – 🔒 450. 🆎 ⓪ 🅴 𝗩𝗜𝗦𝗔
Menu à la carte 32/61 – **27 Z** 60/150.

SAMERBERG Bayern 🔲 W 20 – 2 600 Ew – Höhe 700 m – Erholungsort – Wintersport : 700/1 569 m ⬏1 ⬐1 ⬏10.
🔲 Verkehrsverein, Samerberg-Törwang, Gemeindeamt, ✉ 83122, ☎ (08032) 86 06, Fax (08032) 8887.
Berlin 672 – München 82 – Bad Reichenhall 65 – Traunstein 44 – Rosenheim 16.

In Samerberg-Törwang :

🏠 **Post,** Dorfplatz 4, ✉ 83122, ☎ (08032) 86 13, Fax (08032) 8929, 🏤, 🔼, 🚗 – 🛗 ☎
🚗 ⇔ 👂 Mitte Jan. - Anfang März geschl. – **Menu** (Dienstag geschl.) à la carte 21/49 ⬧ – **30 Z** 65/85.

In Samerberg-Duft S : 6 km ab Törwang – Höhe 800 m

🏠 **Berggasthof Duftbräu** 🦌, ✉ 83122, ☎ (08032) 82 26, Fax (08032) 8366, ⬅, 🏤
– ⇔ 👂
Menu à la carte 21/48 ⬧ – **16 Z** 48/100 – ½ P 22.

SANDE Niedersachsen 🔲 F 8, 🔲 ⑮ – 9 500 Ew.
Berlin 476 – Hannover 217 – Oldenburg 47 – Wilhelmshaven 9.

🏨 **Landhaus Tapken,** Bahnhofstr. 46, ✉ 26452, ☎ (04422) 9 58 60, Fax (04422) 958699 – 📺 ☎ 👂 – 🔒 120. 🆎 ⓪ 🅴 𝗩𝗜𝗦𝗔, ⇔ Zim
23. - 26. Dez. geschl. – **Menu** (Samstagmittag geschl.) à la carte 26/50 – **20 Z** 88/146.

SANDKRUG Brandenburg siehe Eberswalde-Finow.

SANGERHAUSEN Sachsen-Anhalt 🔲 L 17, 🔲 ⑲, 🔲 ⑯ – 30 000 Ew – Höhe 158 m.
🔲 Tourist-Information, Schützenplatz, ✉ 06526, ☎ (03464) 61 33 30, Fax (03464) 515336 – Berlin 224 – Magdeburg 98 – Erfurt 75 – Nordhausen 37 – Weimar 68 – Halle 53.

🏨 **Katharina,** Riestedter Str. 18, ✉ 06526, ☎ (03464) 2 42 90, Fax (03464) 242940 – 📺
☎ 🅴 𝗩𝗜𝗦𝗔
Menu (Montagmittag und Freitagmittag geschl.) à la carte 24/42 **14 Z** 85/150.

In Oberröblingen SO : 5 km :

🏨 **Zum Löwen,** Sangerhäuser Str. 24 (B 86), ✉ 06528, ☎ (03464) 67 42 62, ⇔
Fax (03464) 674230, Biergarten – ⇔ Zim, 📺 ☎ 👂 🆎 🅴 𝗩𝗜𝗦𝗔, ⇔
Menu à la carte 20/50 – **28 Z** 95/140.

ST. ANDREASBERG Niedersachsen 🔲 K 15, 🔲 ⑰ – 2 600 Ew – Höhe 630 m – Heilklimatischer Kurort – Wintersport : 600/894 m ⬏9 ⬐7.
Sehenswert : Silberbergwerk Samson★.
🔲 Kur- und Verkehrsamt, Am Glockenberg 12 (Stadtbahnhof), ✉ 37444, ☎ (05582) 8 03 36, Fax (05582) 80339.
Berlin 279 – Hannover 122 – Braunschweig 72 – Göttingen 58.

⌂ **Tannhäuser,** Clausthaler Str. 2a, ✉ 37444, ☎ (05582) 9 18 80, *Fax (05582) 918850,*
=s, - ☎ Ⓟ. E. ✂
Menu *(außer Saison Mittwoch geschl.)* à la carte 27/64 – **23 Z** 65/165 –
½ P 21.

ST. AUGUSTIN *Nordrhein-Westfalen* 🔢 *N 5 – 56 500 Ew – Höhe 50 m.*
Berlin 590 – Düsseldorf 71 – Bonn 6 – Siegburg 4.

⌂⌂ **Regina,** Markt 81, ✉ 53757, ☎ (02241) 86 90(Hotel) 86 94 00(Rest.),
Fax (02241) 28385, ⌂, =s – |ᵍ|, ☼ Zim, 📺 ☎ → – 👤 100. 🂡 ⓘ E 🗺
Menu à la carte 38/67 – **59 Z** 99/345.

In St. Augustin-Hangelar :

⌂ **Hangelar,** Lindenstr. 21, ✉ 53757, ☎ (02241) 9 28 60, *Fax (02241) 928613,* =s, 🗖,
- ☼ Zim, 📺 ☎ → Ⓟ – 👤 35. E 🗺 ✂ Rest
(nur Abendessen für Hausgäste) – **45 Z** 105/160.

ST. BLASIEN *Baden-Württemberg* 🔢 *W 8,* 🔢 ⓜ ⓝ *– 4 200 Ew – Höhe 762 m – Heilkli-*
matischer Kneippkurort.
Sehenswert : Dom★★.
🛈 *Tourist Information, Haus des Gastes, am Kurgarten,* ✉ 79837, ☎ (07672) 4 14 30, *Fax*
(07672) 41438.
🛈 *Tourist Information im Rathaus Menzenschwand,* ✉ 79837, ☎ (07675) 8 76, *Fax*
(07675) 1709.
Berlin 810 – Stuttgart 187 – Freiburg im Breisgau 51 – Donaueschingen 64 – Basel 62 –
Zürich 71.

⌂ **Dom Hotel,** Hauptstr. 4, ✉ 79837, ☎ (07672) 3 71, *Fax (07672) 4655* – 📺 ☎. E
Menu *(Mittwoch geschl.)* à la carte 30/65 – **11 Z** 60/160 – ½ P 25.

In St. Blasien-Kutterau *S : 5 km über die Straße nach Albbruck :*

⌂ **Vogelbacher** ⊉, ✉ 79837, ☎ (07672) 28 25, *Fax (07672) 90432,* ⌂, =s, - Ⓟ E
□ *Nov. - Mitte Dez. geschl. –* **Menu** *(Mittwoch geschl.)* à la carte 24/50 🍷 – **17 Z** 55/88 –
½ P 22.

In St. Blasien-Menzenschwand *NW : 9 km – Luftkurort :*

⌂ **Sonnenhof,** Vorderdorfstr. 58, ✉ 79837, ☎ (07675) 9 05 60, *Fax (07675) 905650,* ≤,
⌂, Massage, ⚲, ⚓, =s, □, - ☎ Ⓟ
Anfang Nov. - Mitte Dez. geschl. – **Menu** *(Dienstag geschl.)* à la carte 30/59 – **27 Z** 65/190
– ½ P 25.

⌂ **Waldeck,** Vorderdorfstr. 74, ✉ 79837, ☎ (07675) 9 05 40, *Fax (07675) 1476,* ⌂, =s
– 📺 ☎ Ⓟ. E
Mitte Nov. - Mitte Dez. geschl. – **Menu** *(Montag geschl.)* à la carte 28/57 *(auch vegetarische*
Gerichte) 🍷 – **19 Z** 65/122 – ½ P 24.

In Ibach-Mutterslehen *– Höhe 1 000 m – Erholungsort :*

⌂ **Schwarzwaldgasthof Hirschen,** Hauptstraße, ✉ 79837, ☎ (07672) 9 30 40,
Fax (07672) 9412, ≤, ⌂, =s, - 📺 ☎ → Ⓟ. 🂡 E 🗺
Menu *(Okt. - April Dienstag geschl.)* à la carte 29/68 – **15 Z** 80/146 – ½ P 26.

ST. ENGLMAR *Bayern* 🔢 *S 22 – 1500 Ew – Höhe 850 m – Luftkurort – Wintersport :*
800/1055 m 🚠 14 🛷 6.
🛈 *Tourist-Information, Rathaus,* ✉ 94379, ☎ (09965) 84 03 20, *Fax (09965) 840330.*
Berlin 519 – München 151 – Cham 37 – Deggendorf 30 – Straubing 31.

⌂⌂ **Angerhof** ⊉, Am Anger 38, ✉ 94379, ☎ (09965) 18 60, *Fax (09965) 18619,* ≤, ⌂,
Massage, 🎿, =s, □, - |ᵍ|, ☼ Zim, 📺 ☎ Ⓟ
Mitte Nov. - Mitte Dez. geschl. – **Menu** à la carte 41/73 – **65 Z** 90/300 – ½ P 31.

In St. Englmar-Grün *NW : 3 km :*

⌂ **Reinerhof,** ✉ 94379, ☎ (09965) 85 10, *Fax (09965) 851125,* ≤, =s, □, - |ᵍ| 📺
☎ → Ⓟ. ✂ Rest
Nov. - Mitte Dez. geschl. – *(nur Abendessen für Hausgäste)* – **40 Z** 60/134 – ½ P 18.

In St. Englmar-Maibrunn *NW : 5 km :*

⌂⌂ **Maibrunn** ⊉, Maibrunn 1, ✉ 94379, ☎ (09965) 85 00, *Fax (09965) 850100,* ≤, ⌂,
⚲, Massage, ⚓, =s, ≣ (geheizt), □, - 🎿, 🛷– |ᵍ|, ☼ Zim, 📺 ☎ ⚓ → Ⓟ – 👤 25.
🂡 ⓘ E 🗺
Menu à la carte 35/61 – **52 Z** 88/280 – ½ P 35.

🏠 **Beim Simmerl** ॐ (mit Gästehaus), Maibrunn 8, ⊠ 94379, ℘ (09965) 5 90,
⊜ Fax (09965) 1529, ≤, ╦, ⊜s, ⊛, ⬥, ⬥ – 🖵 ☎ ℗
Anfang Nov. - 22. Dez. geschl. – **Menu** (Montag geschl.) à la carte 21/39 – **25 Z** 38/80
– ½ P 15.

In St. Englmar-Rettenbach SO : 5 km :

🏠🏠 **Gut Schmelmerhof** ॐ, ⊠ 94379, ℘ (09965) 18 90, Fax (09965) 189140, ╦,
« Rustikales Restaurant mit Ziegelgewölbe, Garten », ⬥, Massage, ⊜s, ⬥ (geheizt), ⬥,
╦ – ⧆ 🖵 ☎ ⬥ ℗ – ⬥ 25. ⒶⒺ. ⬥
Menu à la carte 42/70 – **44 Z** 80/270 – ½ P 32.

ST. GEORGEN Baden-Württemberg 🔢 V 9, 🔢 ㊳ – 14 500 Ew – Höhe 810 m – Erholungsort
– Wintersport : 800/1 000 m ⬥ 5 ⬥ 3.
🛈 Tourist-Information, Rathaus, ⊠ 78112, ℘ (07724) 87 94, Fax (07724) 8720.
Berlin 754 – Stuttgart 127 – Freiburg im Breisgau 71 – Schramberg 18 – Villingen-
Schwenningen 14 – Offenburg 65.

🏠 **Café Kammerer** ॐ garni, Hauptstr. 23, ⊠ 78112, ℘ (07724) 9 39 20,
Fax (07724) 3180 – ⧆ 🖵 ☎ ⬥ ⬥. ⒶⒺ ⓄⒹ Ⓔ 𝗩𝗜𝗦𝗔
18 Z 72/124.

ST. GOAR Rheinland-Pfalz 🔢 P 7, 🔢 ㉖ – 3 500 Ew – Höhe 70 m.
Sehenswert : Burg Rheinfels★★.
Ausflugsziel : Loreley ★★★ ⬥ ⬥, SO : 4 km.
🛈 Verkehrsamt, Heerstr. 86, ⊠ 56329, ℘ (06741) 3 83, Fax (06741) 7209.
Berlin 627 – Mainz 63 – Koblenz 43 – Bingen 28.

🏠🏠 **Schloßhotel und Villa Rheinfels** ॐ, Schloßberg 47, ⊠ 56329, ℘ (06741) 80 20,
Fax (06741) 802802, ≤ Rheintal, ╦, ⊜s, ⬥ – ⧆, ⬥ Zim, 🖵 ☎ ℗ – ⬥ 65. ⒶⒺ ⓄⒹ
Ⓔ 𝗩𝗜𝗦𝗔 𝗝𝗖𝗕
Menu à la carte 45/86 – **56 Z** 155/260.

🏠 **Zum Goldenen Löwen**, Heerstr. 82, ⊠ 56329, ℘ (06741) 16 74, Fax (06741) 2852,
≤, ╦ – 🖵 ☎ – ⬥ 40
Menu à la carte 39/72 – **12 Z** 85/210.

In St. Goar-Fellen NW : 3 km :

🏠🏠 **Landsknecht**, an der Rheinufer-Straße (B 9), ⊠ 56329, ℘ (06741) 20 11,
Fax (06741) 7499, ≤, « Terrasse am Rhein », ╦ – 🖵 ☎ ⬥ ℗ – ⬥ 30. ⒶⒺ ⓄⒹ Ⓔ 𝗩𝗜𝗦𝗔
Jan. - Feb. geschl. – **Menu** à la carte 36/79 – **14 Z** 105/300 – ½ P 35.

ST. INGBERT Saarland 🔢 S 5, 🔢 ㉖ – 41 000 Ew – Höhe 229 m.
Berlin 697 – Saarbrücken 13 – Kaiserslautern 55 – Zweibrücken 25.

In St. Ingbert-Rohrbach O : 3 km :

🏠 **Zum Mühlehannes**, Obere Kaiserstr. 97, ⊠ 66386, ℘ (06894) 9 55 60,
⊜ Fax (06894) 955619 – 🖵 ☎ ℗. ⒶⒺ ⓄⒹ Ⓔ 𝗩𝗜𝗦𝗔
Menu (Samstagmittag geschl.) à la carte 23/58 – **15 Z** 75/150.

In St. Ingbert-Sengscheid SW : 4 km :

🏠🏠 **Alfa-Hotel**, Zum Ensheimer Gelösch 2, ⊠ 66386, ℘ (06894) 98 50(Hotel) 8 71 96(Rest.),
Fax (06894) 985299, ╦, ⊜s – 🖵 ☎ ℗ – ⬥ 40. ⒶⒺ ⓄⒹ Ⓔ 𝗩𝗜𝗦𝗔
Le jardin (Samstagmittag und Sonntagabend - Montag geschl.) **Menu** à la carte 63/100
– **47 Z** 99/315.

🏠🏠 **Sengscheider Hof** (mit Gästehaus), Zum Ensheimer Gelösch 30, ⊠ 66386,
℘ (06894) 98 20, Fax (06894) 982200, ╦, ⊜s – 🖵 ☎ ⬥ ℗. ⒶⒺ Ⓔ 𝗩𝗜𝗦𝗔. ⬥
Menu (Mittwochmittag und Samstag geschl.) à la carte 52/82 ⬥ – **23 Z** 85/280.

ST. JOHANN Baden-Württemberg 🔢 U 12 – 5 000 Ew – Höhe 750 m – Erholungsort – Wintersport : 750/800 m ⬥ 2 ⬥ 2.
🛈 Verkehrsverein, Rathaus, Schulstr. 1 (Würtingen), ⊠ 72813, ℘ (07122) 8 29 90, Fax
(07122) 829933.
Berlin 674 – Stuttgart 55 – Reutlingen 17 – Ulm (Donau) 65.

In St. Johann-Lonsingen :

🏠🏠 **Grüner Baum** (mit Gasthof), Albstr. 4, ⊠ 72813, ℘ (07122) 1 70, Fax (07122) 17217,
⊜s, ╦ – ⬥ Zim, 🖵 ☎ ⬥ ℗ – ⬥ 50
Menu (Montag und Nov. - Dez. 2 Wochen geschl.) à la carte 28/64 ⬥ – **75 Z** 70/160.

In St. Johann-Würtingen :

🏠 **Hirsch,** Hirschstr. 4, ✉ 72813, 🅿 (07122) 8 29 80, Fax (07122) 829845, ⬛s – |劇| 📺
🍴 & ⬅ 🅿 – 🏠 25
über Fasching 1 Woche und Juli - Aug. 2 Wochen geschl. – **Menu** *(Montag geschl.)* à la carte
28/59 – **29 Z** 50/140 – ½ P 20.

ST. MÄRGEN Baden-Württemberg 419 V 8, 987 ③ – 1950 Ew – Höhe 898 m – Luftkurort – Winterspiel : 900/1 100 m ✗2.

🛈 Kurverwaltung, Rathaus, ✉ 79274, 🅿 (07669) 91 18 17, Fax (07669) 911840.
Berlin 790 – Stuttgart 230 – Freiburg im Breisgau 24 – Donaueschingen 51.

🏠🏠 **Hirschen,** Feldbergstr. 9, ✉ 79274, 🅿 (07669) 7 87, Fax (07669) 1303, 🍽, ⬛s, 🛋
– |劇| 📺 🍴 ☎ 🅿 – 🏠 60. ⬛ Ⓞ 🄴 VISA
30. Nov. - 20. Dez. geschl. – **Menu** *(Mittwoch geschl.)* à la carte 30/67 – **44 Z** 70/164 –
½ P 28.

An der Straße nach Hinterzarten :

🏠 **Neuhäusle,** Erlenbach 1 (S : 4 km), ✉ 79274 St. Märgen, 🅿 (07669) 2 71,
Fax (07669) 1408, ≼ Schwarzwald, 🍽, ⬛s, 🛋 – |劇|, ⬆✗ Rest, 📺 ⬅ 🅿
Nov. - Dez. 3 Wochen geschl. – **Menu** *(Montag geschl.)* à la carte 28/47 – **21 Z** 58/140
– ½ P 23.

ST. MARTIN Rheinland-Pfalz 417 419 S 8 – 1900 Ew – Höhe 240 m – Luftkurort.

🛈 Verkehrsamt, Alte Kellerei, ✉ 67487, 🅿 (06323) 53 00.
Berlin 658 – Mainz 102 – Kaiserslautern 46 – Karlsruhe 51 – Mannheim 42.

🏠🏠 **Das Landhotel** Ⓜ 🍽 garni, Maikammerer Str. 39, ✉ 67487, 🅿 (06323) 9 41 80,
Fax (06323) 941840, « Einrichtung im italienischen Landhausstil » – ⬆✗ 📺 ☎ 🅿
über Weihnachten geschl. – **18 Z** 100/160.

🏠🏠 **Albert Valentin Schneider,** Maikammerer Str. 44, ✉ 67487, 🅿 (06323) 80 40,
Fax (06323) 804426, 🍽, ⬛s – |劇| 📺 ☎ 🅿 – 🏠 20. 🍽 Rest
Jan. geschl. – **Menu** *(Sonn- und Feiertage abends, Montag geschl.)* 28 (Buffet) und à la carte
34/61 & – **39 Z** 103/168 – ½ P 28.

🏠🏠 **St. Martiner Castell,** Maikammerer Str. 2, ✉ 67487, 🅿 (06323) 95 10,
Fax (06323) 2098, 🍽, ⬛s – |劇| 📺 ☎ – 🏠 30
Feb. geschl. – **Menu** *(Dienstag geschl.)* à la carte 49/73 & – **26 Z** 95/156 – ½ P 35.

🏠 **Haus am Weinberg** 🍽, Oberst-Barret-Str. 1, ✉ 67487, 🅿 (06323) 94 50,
Fax (06323) 81111, ≼, 🍽, ⬛s, 📷 – |劇| 📺 ☎ & 🅿 – 🏠 80. 🄴 VISA 🍽 Rest
Menu *(Dienstag geschl.)* à la carte 30/55 – **67 Z** 75/160 – ½ P 26.

🏠 **Haus am Rebenhang** 🍽, Einlaubstr. 66, ✉ 67487, 🅿 (06323) 9 44 30,
Fax (06323) 944330, ≼ St. Martin und Rheinebene, 🍽, ⬛s – 📺 ☎ 🅿 🄴
Anfang Jan. - Anfang Feb. geschl. – **Menu** *(Montag - Dienstagmittag geschl.)* à la carte
32/60 & – **19 Z** 90/160 – ½ P 35.

🍴🍴 **Grafenstuben,** Edenkobener Str. 38, ✉ 67487, 🅿 (06323) 27 98, Fax (06323) 81164
– 🄴 VISA
Montag und 6. - 14. Jan. geschl. – **Menu** à la carte 36/75 &.

ST. MICHAELISDONN Schleswig-Holstein siehe Brunsbüttel.

ST. OSWALD-RIEDLHÜTTE Bayern 420 T 24 – 3 200 Ew – Höhe 820 m – Erholungsort – Winterspiel : 700/800 m ✗2 ✗6.

🛈 Verkehrsamt, Klosterallee 4 (St. Oswald), ✉ 94568, 🅿 (08552) 96 11 38, Fax (08552)
961142.
Berlin 503 – München 188 – Passau 45 – Regensburg 115.

Im Ortsteil St. Oswald :

🏠 **Pausnhof** 🍽, Goldener Steig 7, ✉ 94568, 🅿 (08552) 17 17, Fax (08552) 5213, 🍽,
⬛s, 🛋 – 🍽 Zim, 📺 ☎ 🅿. 🍽 Zim
Nov. - 15. Dez. geschl. – **Menu** *(Dienstag geschl.)* à la carte 26/45 – **27 Z** 67/114 – ½ P 13.

Im Ortsteil Riedlhütte :

🏠 **Zum Friedl** 🍽, Kirchstr. 28, ✉ 94566, 🅿 (08553) 62 15, Fax (08553) 1034, 🍽, 🛋
– 📺 ☎ 🅿
17.- 25. Dez. geschl. – **Menu** à la carte 25/50 – **19 Z** 43/104 – ½ P 15.

🏠 **Berghotel Wieshof** 🍽, Anton-Hiltz-Str. 8, ✉ 94566, 🅿 (08553) 4 77,
Fax (08553) 6838, ≼, 🍽, ⬛s – 🅿
Anfang Nov. - Mitte Dez. geschl. – **Menu** à la carte 25/41 & – **15 Z** 51/94 – ½ P 12.

ST. PETER Baden-Württemberg **409** V 8 – 2 300 Ew – Höhe 722 m – Luftkurort – Wintersport :
🎿 1.

Sehenswert : Barockkirche (Bibliothek★).

Ausflugsziel : ≤★★ von der Straße nach St. Märgen.

🛂 Kurverwaltung, Rathaus, ⊠ 79271, 𝒫 (07660) 91 02 24, Fax (07660) 910244.

Berlin 797 – Stuttgart 224 – Freiburg im Breisgau 32 – Waldkirch 20.

🏠 **Zur Sonne**, Zähringerstr. 2, ⊠ 79271, 𝒫 (07660) 9 40 10, Fax (07660) 940166, 🍴 –
🕸 ⇔ Zim, 📺 ☎ 🚗 🅿. ① 🗲 _VISA_
Mitte Jan. - Mitte Feb. geschl. – **Menu** (Montag - Dienstag geschl.) 44 (mittags) und à la
carte 57/110 – **14 Z** 75/150 – ½ P 38/54
Spez. Langustinen "Asiatisch". Zander im Reisblatt. Geschmortes Täubchen im Trüffelsud.

🏠 **Zum Hirschen**, Bertholdsplatz 1, ⊠ 79271, 𝒫 (07660) 2 04, Fax (07660) 1557, 🍴 –
⇔ Zim, 📺 🚗 🅿
Mitte - Ende März und Mitte Nov. - Mitte Dez. geschl. – **Menu** (Donnerstag - Freitagmittag
geschl.) à la carte 30/64 – **21 Z** 60/130 – ½ P 25.

Le località citate nella guida rossa Michelin
*sono sottolineate in rosso sulle carte n° **415**-**420**.*

ST. PETER-ORDING Schleswig-Holstein **415** D 9, **987** ④ – 5 500 Ew – Nordseeheil- und Schwe-
felbad.

Ausflugsziel : Eidersperrwerk★ SO : 16 km.

🛬 St. Peter-Ording, Zum Böhler Strand 16, 𝒫 (04863) 35 45.

🛂 Kurverwaltung, St. Peter-Bad, Marleens Knoll 1, ⊠ 25826, 𝒫 (04863) 99 90,
Fax (04863) 999180.

Berlin 428 – Kiel 125 – Heide 40 – Husum 50.

Im Ortsteil St. Peter-Bad :

🏨 **Vier Jahreszeiten** 🦢, Friedrich-Hebbel-Str. 2, ⊠ 25826, 𝒫 (04863) 70 10,
Fax (04863) 2689, 🍴, ⇌, 🏊, 🐎, 🎾(Halle) – 🛗, ⇔ Zim, 📺 ☎ 🚗 🅿 – 🔬 30. ⚠
① 🗲 _VISA_. 🦟 Rest
Menu (nur Abendessen) à la carte 53/70 – **60 Z** 220/350, 7 Suiten – ½ P 60.

🏨 **Landhaus an de Dün** 🦢 garni, Im Bad 63, ⊠ 25826, 𝒫 (04863) 9 60 60,
Fax (04863) 960660, ⇌, 🏊 – 🅿
15 Z 285/380.

🏨 **Ambassador** 🦢, Im Bad 26, ⊠ 25826, 𝒫 (04863) 70 90, Fax (04863) 2666, ≤, 🍴,
⇌, 🏊 – 🛗 ⇔ Zim, 📺 ☎ 🚗 🅿 – 🔬 250. ⚠ ① 🗲 _VISA_ 🇯🇨🇧. 🦟 Rest
Menu à la carte 43/64 – **90 Z** 230/330 – ½ P 40.

🏨 **St. Peter** 🦢 (mit Gästehaus), Rungholtstieg 7, ⊠ 25826, 𝒫 (04863) 90 40,
Fax (04863) 904400, ⇌ – 🛗 📺 ☎ 🅿
(nur Abendessen für Hausgäste) – **47 Z** 110/380, 3 Suiten – ½ P 28.

🏠 **Dünenhotel Eulenhof** 🦢 garni, Im Bad 93, ⊠ 25826, 𝒫 (04863) 9 65 50,
Fax (04863) 9655155, ⇌, 🏊, 🐎 – 📺 ☎ 🅿. 🗲 _VISA_
30 Z 80/200.

🏠 **Jensens Hotel Tannenhof** garni, Im Bad 59, ⊠ 25826, 𝒫 (04863) 70 40,
Fax (04863) 70413, ⇌, 🐎 – 📺 ☎ 🅿. 🦟
33 Z 95/195.

🏠 **Fernsicht** 🦢, Am Kurbad 17, ⊠ 25823, 𝒫 (04863) 20 22, Fax (04863) 2020, ≤, 🍴
– ⇔ Rest, 📺 ☎ 🅿. ⚠ ① 🗲 _VISA_
Menu (11. Jan. - Feb. geschl.) à la carte 35/55 – **25 Z** 80/200 – ½ P 25.

Im Ortsteil Ording :

🏨 **Kölfhamm** 🦢, Kölfhamm 6, ⊠ 25826, 𝒫 (04863) 99 50, Fax (04863) 99545, 🍴, 🐎
– ⇔ Rest, 📺 ☎ 🚗 🅿 – 🔬 15
Menu (Mittwoch geschl.) à la carte 37/62 – **25 Z** 130/240 – ½ P 30.

🏠 **Haus Nackhörn** 🦢 garni, Kirchenstr. 16, ⊠ 25826, 𝒫 (04863) 26 46,
Fax (04863) 95220, 🐎 – 🅿
13 Z 70/140.

🏠 **Kurpension Eickstädt** 🦢, Waldstr. 19, ⊠ 25826, 𝒫 (04863) 20 58,
Fax (04863) 2735, 🐎 – 📺 🅿. 🦟 Rest
(nur Abendessen für Hausgäste) – **40 Z** 120/240 – ½ P 25.

XX **Gambrinus**, Strandweg 4, ⊠ 25826, 𝒫 (04863) 29 77, Fax (04863) 1053
🍴 – 🅿
Montag geschl., Nov. - März Dienstag - Freitag nur Abendessen – **Menu** 30 (mittags) und
à la carte 40/72.

ST. WENDEL Saarland **417** R 5, **987** ㉘ – 28 000 Ew – Höhe 286 m.

🛈 Verkehrsamt, Rathaus, Schloßstr. 7, ✉ 66606, ℘ (06851) 80 91 32, Fax (06851) 809102 – Berlin 699 – Saarbrücken 42 – Idar-Oberstein 43 – Neunkirchen/Saar 19.

🏢 **Posthof**, Brühlstr. 18, ✉ 66606, ℘ (06851) 9 37 30, Fax (06851) 937345 – 📺 ☎ 🅿.
E *VISA*
Menu (italienische Küche) à la carte 32/60 – **17 Z** 80/120.

In St. Wendel-Bliesen NW : 5,5 km :

✕✕ **Kunz**, Kirchstr. 22, ✉ 66606, ℘ (06854) 81 45, Fax (06854) 7254 – 🅿
Samstagmittag und Montag - Dienstag geschl. – **Menu** à la carte 72/91.

SASBACHWALDEN Baden-Württemberg **419** U 8 – 2 300 Ew – Höhe 260 m – Luftkurort – Kneippkurort.

🛈 Kurverwaltung, im Kurhaus ''Zum Alde Gott'', ✉ 77887, ℘ (07841) 10 35, Fax (07841) 23682.
Berlin 729 – Stuttgart 131 – Karlsruhe 58 – Offenburg 30 – Baden-Baden 37.

🏨 **Talmühle**, Talstr. 36, ✉ 77887, ℘ (07841) 10 01, Fax (07841) 5404,
✿ « Gartenterrasse », 🐎 – 🛗, ✤ Zim, 📺 ☎ 🚗 🅿 – 🔬 20. 🖭 ⓞ **E** *VISA*. 🛠 Zim
Mitte Jan. - Mitte Feb. geschl. – **Menu** à la carte 48/93 – **30 Z** 126/242 – ½ P 38
Spez. Kutteln im Rieslingsud. Zanderfilet mit Linsengemüse und Senfsauce. Limonenparfait mit Beeren.

🏢 **Engel**, Talstr. 14, ✉ 77887, ℘ (07841) 30 00, Fax (07841) 26394, 🏠 – 📺 ☎ 🅿 –
🔬 25. *VISA*
Menu (Montag geschl.) à la carte 37/69 – **11 Z** 70/158 – ½ P 28.

🏢 **Landhaus Hiller** 🛠 garni, Auf der Golz 6, ✉ 77887, ℘ (07841) 2 04 70,
Fax (07841) 24884, ⬉ – 📺 ☎ 🅿
13 Z 60/120.

SASSENDORF, BAD Nordrhein-Westfalen **417** L 8 – 9 400 Ew – Höhe 90 m – Heilbad.
🛈 Kurverwaltung, Kaiserstr. 14, ✉ 59505, ℘ (02921) 5 01 01, Fax (02921) 501599.
Berlin 456 – Düsseldorf 123 – Beckum 27 – Lippstadt 20 – Soest 5.

🏛 **Maritim-Hotel Schnitterhof** 🛠, Salzstr. 5, ✉ 59505, ℘ (02921) 95 20,
Fax (02921) 952499, 🏠, ⭷s, 🔲, 🐎 – 🛗, ✤ Zim, 📺 ☎ 🅿 – 🔬 120. 🖭 ⓞ **E** *VISA*. 🛠 Rest
Menu à la carte 49/81 – **142 Z** 197/368 – ½ P 40.

🏢 **Gästehaus Hof Hueck** 🛠 garni, Wiesenstr. 12, ✉ 59505, ℘ (02921) 9 61 40,
Fax (02921) 961450 – 📺 ☎ 🅿. 🖭 ⓞ **E** *VISA*. 🛠
29 Z 120/180.

🏢 **Gästehaus Brink's** 🛠 garni, Bismarckstr. 25, ✉ 59505, ℘ (02921) 9 61 60,
Fax (02921) 52257 – ✤ 📺 ☎ 🅿. 🖭 ⓞ **E** *VISA*. 🛠
14 Z 100/200.

🏢 **Wulff** 🛠 garni, Berliner Str. 31, ✉ 59505, ℘ (02921) 9 60 30, Fax (02921) 55235, ⭷s,
🔲, 🐎 – 📺 ☎ 🅿. 🛠
Nov. 3 Wochen geschl. – **30 Z** 75/180, 4 Suiten.

✕✕ **Hof Hueck** 🛠 mit Zim, Im Kurpark, ✉ 59505, ℘ (02921) 9 61 30, Fax (02921) 961350,
🏠, « Restauriertes westfälisches Bauernhaus a.d. 17.Jh. » – ✤ Zim, 📺 ☎ 🅿. 🖭 ⓞ
E *VISA*. 🛠
Menu (Montag geschl.) à la carte 44/85 – **12 Z** 110/200 – ½ P 38.

SASSNITZ Mecklenburg-Vorpommern siehe Rügen (Insel).

SATOW Mecklenburg-Vorpommern **416** E 19, **987** ⑥ – 2 100 Ew – Höhe 62 m.
Berlin 230 – Schwerin 63 – Rostock 20.

🏢 **Weide**, Hauptstr. 52, ✉ 18239, ℘ (038295) 7 50, Fax (038295) 518, 🏠 – 📺 ☎ ✆ 🅿
– 🔬 40. 🖭 ⓞ **E** *VISA*
Menu à la carte 30/50 – **39 Z** 100/180.

SAUENSIEK Niedersachsen **415** **416** F 12 – 1 700 Ew – Höhe 20 m.
Berlin 339 – Hannover 162 – Hamburg 68 – Bremen 74.

🏠 **Klindworths Gasthof**, Hauptstr. 1, ✉ 21644, ℘ (04169) 3 16, Fax (04169) 1450, 🏠
– ☎ 🅿. 🖭 **E** *VISA*
Menu (Montag geschl.) à la carte 25/46 – **17 Z** 50/95.

✕✕ **Hüsselhus** (ehem. Bauernhaus), Hauptstr. 12, ✉ 21644, ℘ (04169) 15 15,
Fax (04169) 80416, 🏠 – 🅿. ⓞ **E** *VISA*
Montag geschl. – **Menu** (nur Abendessen) à la carte 45/72.

SAUERLACH Bayern 419 420 W 18, 987 40 – 5 200 Ew – Höhe 619 m.
Berlin 612 – München 21 – Innsbruck 144 – Salzburg 122.

🏛 **Sauerlacher Post,** Tegernseer Landstr. 2, ✉ 82054, ℰ (08104) 8 30,
Fax (08104) 8383, 🍽, Biergarten, ⅃ổ, ≘s – 📳, ✢ Zim, 📺 ☎ 🄿 – 🕮 70. 🆎 ⓪ Ε
🆅🅸🆂🅰
Menu à la carte 37/77 – **51 Z** 155/250.

SAULGAU Baden-Württemberg 419 V 12, 987 38 – 17 000 Ew – Höhe 593 m – Kurort.
🅱 Verkehrsamt, Am schönen Moos (Thermalbad), ✉ 88348, ℰ (07581) 42 68,
Fax (07581) 4965.
Berlin 686 – Stuttgart 114 – Konstanz 89 – Reutlingen 74 – Ulm (Donau) 69 – Bregenz 73.

🏨 **Kleber-Post** (mit 🏛 Stammhaus), Hauptstr. 100, ✉ 88348, ℰ (07581) 50 10,
Fax (07581) 501461, 🍽 – 📳, ✢ Zim, 📺 ☎ ⇦ – 🕮 60. 🆎 ⓪ Ε 🆅🅸🆂🅰
🅹🅲🅱
Menu à la carte 50/92 – **65 Z** 150/380 – ½ P 49.

🏛 **Ochsen,** Paradiesstr. 6, ✉ 88348, ℰ (07581) 4 80 40, Fax (07581) 480466 – 📳 📺 ☎
🄿 ⓪ Ε 🆅🅸🆂🅰
Menu (Freitag geschl.) à la carte 28/53 – **18 Z** 75/145.

SAULHEIM Rheinland-Pfalz 417 Q 8 – 6 300 Ew – Höhe 210 m.
Berlin 583 – Mainz 16 – Alzey 20 – Bad Kreuznach 27.

🏛 **Lehn,** Neupforte 19, ✉ 55291, ℰ (06732) 9 41 00, Fax (06732) 941033, 🍽, ⅃ổ, ≘s,
🐎 – ✢ Zim, 📺 ☎ 🄿. 🆎 ⓪ Ε 🆅🅸🆂🅰
Menu (Sonntagabend - Dienstag geschl.) (wochentags nur Abendessen) à la carte 29/43
– **15 Z** 105/140.

SCHÄFTLARN Bayern 419 420 W 18 – 5 000 Ew – Höhe 693 m.
Berlin 612 – München 25 – Augsburg 84 – Garmisch-Partenkirchen 69.

In Schäftlarn-Ebenhausen :

🏛 **Gut Schwaige** 🐾 garni, Rodelweg 7, ✉ 82067, ℰ (08178) 9 30 00, Fax (08178) 4054
– 📺 ☎ 🄿. 🆎 ⓪ Ε 🆅🅸🆂🅰 🅹🅲🅱
18 Z 75/185.

🗙🗙 **Hubertus,** Wolfratshauser Str. 53, ✉ 82067, ℰ (08178) 48 51, Fax (08178) 3318, 🍽
❀ – 🄿. 🆎
Sonntagabend - Dienstagmittag geschl. – **Menu** à la carte 49/74
Spez. Zanderfilet in der Kartoffelschuppe. Gebratener Spanferkelrücken mit dunkler
Weißbiersauce. Ochsenfilet aus dem Kräuter-Pfeffersud.

SCHAFFLUND Schleswig-Holstein 415 B 11 – 1 600 Ew – Höhe 15 m.
Berlin 437 – Kiel 104 – Flensburg 18 – Niebüll 27.

🏛 **Utspann,** Hauptstr. 47 (B 199), ✉ 24980, ℰ (04639) 9 50 50, Fax (04639) 950521, 🍽
– 📺 ☎ 🄿 – 🕮 60. 🆎 Ε 🆅🅸🆂🅰
Menu à la carte 36/62 – **11 Z** 65/120.

SCHALKENMEHREN Rheinland-Pfalz siehe Daun.

SCHALLBACH Baden-Württemberg siehe Binzen.

SCHALLSTADT Baden-Württemberg 419 W 7 – 5 000 Ew – Höhe 233 m.
Berlin 809 – Stuttgart 213 – Freiburg im Breisgau 11 – Basel 66 – Strasbourg 90.

In Schallstadt-Wolfenweiler :

🏛 **Ochsen** (mit Gästehaus), Basler Str. 52, ✉ 79227, ℰ (07664) 65 11, Fax (07664) 6727,
🍽 📺 ☎ 🄿
Menu (Montagmittag und Dienstagmittag geschl.) à la carte 32/67 – **49 Z**
80/160.

🗙 **Zum Schwarzen Ritter,** Basler Str. 54, ✉ 79227, ℰ (07664) 6 01 36,
Fax (07664) 6833, 🍽, « Kellergewölbe » – 🄿. 🆎 ⓪ Ε 🆅🅸🆂🅰
Sonntag - Montag geschl. – **Menu** à la carte 34/57.

931

SCHANDAU, BAD Sachsen 📖 N 26, 📖 ㉔, 📖 ⑲ – 3 400 Ew – Höhe 125 m – Erholungsort.
🛈 Kurverwaltung, Markt 8, ✉ 01814, 𝒞 (035022) 4 24 12, Fax (035022) 431 84.
Berlin 233 – Dresden 39 – Chemnitz 110 – Görlitz 78.

🏨 **Parkhotel,** Rudolf-Sendig-Str. 12, ✉ 01814, 𝒞 (035022) 4 25 05, Fax (035022) 42466,
�ு , Massage, 🚗 – 🛗 📺 ☎ ♿ ❶ – 🔒 40. 🏧 🖲 𝘝𝘐𝘚𝘈
Menu (nur Abendessen) à la carte 33/60 – **86 Z** 125/190 – ½ P 20.

🏨 **Lindenhof,** Rudolf-Sendig-Str. 11, ✉ 01814, 𝒞 (035022) 48 90, Fax (035022) 48912,
🌺 – 🛗 📺 ☎ – 🔒 25. 🏧 🖲 𝘝𝘐𝘚𝘈
Menu à la carte 26/38 – **41 Z** 95/160 – ½ P 20.

🏠 **Elbhotel,** An der Elbe 2, ✉ 01814, 𝒞 (035022) 5 70, Fax (035022) 570160, 🌺 ,
Massage – 📺 ☎. 🏧 ⓪ 𝘝𝘐𝘚𝘈. ✿ Rest
Menu à la carte 25/42 – **55 Z** 143/210 – ½ P 26.

🏠 **Zum Roten Haus,** Marktstr. 10, ✉ 01814, 𝒞 (035022) 4 23 43, Fax (035022) 40666
🍺 – 📺. 🖲
Jan. 2 Wochen und 20.- 25. Dez. geschl. – **Menu** à la carte 24/41 – **12 Z** 60/120.

> Europe
> Wenn der Name eines Hotels dünn gedruckt ist,
> hat uns der Hotelier Preise
> und Öffnungszeiten nicht angegeben.

SCHAPRODE Mecklenburg-Vorpommern siehe Rügen (Insel).

SCHARBEUTZ Schleswig-Holstein 📖📖 D 16, 📖 ⑥ – 13 100 Ew – Seeheilbad.
🛈 Kurbetrieb, Strandallee 134, ✉ 23683, 𝒞 (04503) 77 09 45, Fax (04503) 72122.
Berlin 288 – Kiel 59 – Schwerin 82 – Neustadt in Holstein 12 – Lübeck 26.

🏨 **Martensen - Die Barke** garni, Strandallee 123, ✉ 23683, 𝒞 (04503) 3 52 70,
Fax (04503) 73540, ≤, 🚗, 🔲 – 🛗 📺 ☎ ❶. 🏧 ⓪ 🖲 𝘝𝘐𝘚𝘈. ✿
20. März - 19. Okt. – **34 Z** 95/240.

🏨 **Göttsche** 🌿, Am Hang 8, ✉ 23683, 𝒞 (04503) 88 20(Hotel), 88 10 41(Rest.),
Fax (04503) 882200, ≤, 🌺, 🚗 – ❶. ✿ Zim
Nov. geschl. – **Brasserie am Meer** (Dienstag - Freitag nur Abendessen) (Montag, Dez. -
Mitte März auch Dienstag geschl.) **Menu** à la carte 41/66 – **12 Z** 148/230 – ½ P 30.

🏠 **Villa Scharbeutz** garni, Seestr. 26, ✉ 23683, 𝒞 (04503) 8 70 90, Fax (04503) 351240,
🚗 – 📺 ☎ ❶
22 Z 85/180.

🏠 **Petersen's Landhaus** garni, Seestr. 56a, ✉ 23683, 𝒞 (04503) 7 30 01,
Fax (04503) 73332, 🔲, 🚗 – 📺 ☎ ❶
5. Jan. - 14. Feb. und 15. Nov. - 21. Dez. geschl. – **13 Z** 140/189.

In Scharbeutz-Haffkrug :

🏠 **Maris,** Strandallee 10, ✉ 23683, 𝒞 (04563) 4 27 20, Fax (04563) 427272, ≤, 🌺, 🚗
– 🛗 📺 ☎ 🍽 ❶. 🏧 ⓪ 🖲 𝘝𝘐𝘚𝘈
Menu (Okt. - Mai Montag und 26. Nov. - 24. Dez. geschl., Jan. - Feb. nur an Wochenenden
geöffnet) à la carte 35/63 – **13 Z** 110/190 – ½ P 20.

SCHAUENBURG Hessen 📖 M 12 – 9 700 Ew 320 m.
Berlin 398 – Wiesbaden 215 – Kassel 14.

In Schauenburg-Elmshagen :

🏠 Tannenhof 🌿 (Hotelanlage mit 6 Gästehäusern), Jacobstr. 1, ✉ 34270,
𝒞 (05601) 93 30, Fax (05601) 933200, 🚗, 🔲 – 🍽 Zim, 📺 ☎ ❶ – 🔒 80.
127 Z.

SCHEER Baden-Württemberg siehe Sigmaringen.

SCHEESSEL Niedersachsen 📖 G 12, 📖 ⑯ – 10 400 Ew – Höhe 30 m.
Berlin 341 – Hannover 121 – Hamburg 68 – Bremen 54.

In Scheeßel-Oldenhöfen NW : 7 km :

❌❌ **Rauchfang,** Oldenhöfen 3a, ✉ 27383, 𝒞 (04263) 6 02, Fax (04263) 3418, 🌺,
🐎 « Gemütliche, ehem. Bauernkate » – ❶. 🏧 ⓪ 🖲 𝘝𝘐𝘚𝘈
Dienstag geschl. – **Menu** (wochentags nur Abendessen) à la carte 42/67.

SCHEIBE-ALSBACH Thüringen 418 420 O 17 – 820 Ew – Höhe 720 m – Wintersport : 3 ⚲.
🛈 Fremdenverkehrsbüro in Limbach, an der B 281, ✉ 98749, ℘ (036704) 1 94 33,
Fax (036704) 80500.
Berlin 331 – Erfurt 102 – Coburg 38 – Suhl 49.

Schwarzaquelle, Hauptstr. 98, ✉ 98749, ℘ (036704) 8 29 14, Fax (036704) 80732,
🏡, « Stilvolle Einrichtung mit Antiquitäten », ⇔s, 🚗 – 📺 ☎ 🅿 – 🔬 30. 🅴 VISA
Menu à la carte 25/40 – **24 Z** 80/130 – ½ P 20.

SCHEIBENHARDT Rheinland-Pfalz 419 T 8 – 740 Ew – Höhe 120 m.
Berlin 687 – Mainz 168 – Karlsruhe 24 – Landau in der Pfalz 32 – Wissembourg 16.

In Scheibenhardt-Bienwaldmühle NW : 5,5 km :

Bienwaldmühle, ✉ 76779, ℘ (06340) 2 76, Fax (06340) 264, 🏡 – 🅿
Montag - Dienstag, Weihnachten - Anfang Feb. und Juli - Aug. 2 Wochen geschl. – **Menu**
à la carte 36/65 ⚬.

SCHEIDEGG Bayern 419 420 X 13 – 4 200 Ew – Höhe 804 m – Heilklimatischer Kurort – Kneipp-
kurort – Wintersport : 800/1000 m ⚐5 ⚐2.
🛈 Kurverwaltung, Rathausplatz 4, ✉ 88175, ℘ (08381) 8 95 55, Fax (08381) 89550.
Berlin 720 – München 177 – Konstanz 84 – Ravensburg 40 – Bregenz 22.

Gästehaus Allgäu ⬎, Im Brunnenbühl 11, ✉ 88175, ℘ (08381) 52 50,
Fax (08381) 82164, ⇐, ⇔s, 🚗 – 🚺 📺 ☎ ⬆ – Rest
26. Nov. - 22. Dez. geschl. – (nur Abendessen für Hausgäste) – **14 Z** 60/120.

Haus Birkenmoor ⬎, Am Brunnenbühl 10, ✉ 88175, ℘ (08381) 9 20 00,
Fax (08381) 920030, ⇐, 🔲, 🚗 – ☎ ⬅ 🅿. 🚫
Ende Okt. - Mitte Dez. geschl. – (nur Abendessen für Hausgäste) – **16 Z** 74/156.

Gästehaus Bergblick ⬎ garni, Am Brunnenbühl 12, ✉ 88175, ℘ (08381) 72 91,
Fax (08381) 5464, ⇐, 🚗 – 🚺 ⬅ 🅿. 🚫
10. Nov. - 1. Dez. geschl. – **16 Z** 54/110.

Gästehaus Montfort ⬎ garni, Höhenweg 4, ✉ 88175, ℘ (08381) 14 50,
Fax (08381) 1450, ⇐, 🔲, 🚗, 🚫 – 🅿
11 Z 67/104.

SCHEINFELD Bayern 420 Q 15, 987 ㉘ – 4 700 Ew – Höhe 306 m.
Berlin 464 – München 244 – Nürnberg 69 – Bamberg 62 – Würzburg 54.

Posthorn, Adi-Dassler-Str. 4, ✉ 91443, ℘ (09162) 9 27 50, Fax (09162) 92752, 🏡 –
📺 ☎ 🅿
Menu (Montag geschl.) à la carte 30/51 – **10 Z** 80/120.

SCHENEFELD Schleswig-Holstein 415 416 F 13, 984 ⑤ – 15 500 Ew – Höhe 11 m.
Berlin 298 – Kiel 86 – Hamburg 12.

In Schenefeld-Dorf :

Klövensteen, Hauptstr. 83, ✉ 22869, ℘ (040) 8 39 36 30, Fax (040) 83936343, 🏡
– 📺 ☎ ⬅ 🅿. 🅰🅴 ① 🅴 VISA
Peter's Bistro (Montag - Freitag nur Abendessen) **Menu** à la carte 36/61 – **28 Z** 140/230.

Reitstall Klövensteen, Uetersener Weg 100, ✉ 22869, ℘ (040) 8 30 69 92,
Fax (040) 8391649, 🏡, Biergarten, ⬎ (Halle und Schule) – ▤ 🅿. 🅰🅴 ① 🅴 VISA
Montag geschl. – **Menu** à la carte 29/70.

SCHENKENZELL Baden-Württemberg 419 V 9 – 2 000 Ew – Höhe 365 m – Luftkurort.
🛈 Kurverwaltung, Landstr.2 (B 294), ✉ 77773, ℘ (07836) 93 97 51, Fax (07836) 939750.
Berlin 732 – Stuttgart 104 – Freiburg im Breisgau 72 – Villingen-Schwenningen 46 – Freu-
denstadt 23.

Sonne, Reinerzaustr. 13, ✉ 77773, ℘ (07836) 10 41, Fax (07836) 10 49, 🏡, ⇔s, 🚗
– 📺 ☎ 🅿 – 🔬 50. 🅰🅴 ① 🅴 VISA
6. - 11. Jan. geschl. – **Menu** à la carte 37/78 – **38 Z** 83/194 – ½ P 20.

Café Winterhaldenhof ⬎, Winterhalde 8, ✉ 77773, ℘ (07836) 72 48,
Fax (07836) 7649, ⇐, 🏡 – 🛗 📺 ☎ ⬅ 🅿. 🚫 Rest
2. Nov. - 20. Dez. geschl. – **Menu** (Donnerstag geschl.) (nur Abendessen) à la carte 29/64
– **19 Z** 100/170 – ½ P 15.

933

🏠 **Waldblick,** Schulstr. 12, ✉ 77773, ✆ (07836) 9 39 60, Fax (07836) 939699, 🏤 – 📺
🕿 **🅿️ 🇦🇪 ⑩ 🅴 _VISA_**
Menu *(Okt. - März Freitag geschl.)* à la carte 31/57 ⅋ – **8 Z** 77/184 –
½ P 18.

SCHENKLENGSFELD *Hessen* **417 418** *N 13 – 4 800 Ew – Höhe 310 m.*
Berlin 407 – Wiesbaden 178 – Kassel 86 – Bad Hersfeld 13 – Fulda 38.

♨ **Steinhauer,** Hersfelder Str. 8, ✉ 36277, ✆ (06629) 2 22, Fax (06629) 7233 – 🚗 **🅿️**
🐂 **Menu** *(Sonntagabend geschl., Montag - Donnerstag nur Abendessen)* à la carte 24/52 –
9 Z 48/112.

SCHERMBECK *Nordrhein-Westfalen* **417** *K 4,* **987** ⑭ *– 12 900 Ew – Höhe 34 m.*
🎦 *Steenbecksweg 12,* ✆ (02856) 16 00.
Berlin 523 – Düsseldorf 69 – Dorsten 10 – Wesel 19.

🏠 **Haus Hecheltjen,** Weseler Str. 24, ✉ 46514, ✆ (02853) 22 14, Fax (02853) 1300, 🏤
– 📺 🚗 **🅿️ 🇦🇪 ⑩ 🅴 _VISA_**
22. Dez. - 6. Jan. geschl. – **Menu** *(Dienstag und 18. Juli - 8. Aug. geschl.)* à la carte 28/51
– **14 Z** 70/110.

In Schermbeck-Gahlen *S : 4 km :*

🏠 **Op den Hövel,** Kirchstr. 71, ✉ 46514, ✆ (02853) 9 14 00, Fax (02853) 914050, 🏤,
🍴, ⬚ – 📺 🕿 **🅿️**
Menu *(Freitag geschl.)* à la carte 26/56 – **35 Z** 60/100.

In Schermbeck - Gahlen-Besten *S : 7,5 km :*

XX **Landhaus Spickermann,** Kirchhellener Str. 1, ✉ 46514, ✆ (02362) 4 11 32,
Fax (02362) 41457 – **🅿️ 🇦🇪 🅴**
Montag geschl., Dienstag - Samstag nur Abendessen – **Menu** à la carte 65/95.

In Schermbeck-Voshövel *NW : 13 km :*

🏨 **Landhotel Voshövel,** Am Voshövel 1, ✉ 46514, ✆ (02856) 9 14 00, Fax (02856) 744,
🏤, 🍴 – 🌱 Zim, 📺 **🅿️** – 🔒 200. 🇦🇪 ⑩ 🅴 _VISA_
Menu à la carte 37/72 – **32 Z** 99/265.

SCHESSLITZ *Bayern* **420** *Q 17,* **987** ㉘ *– 6 800 Ew – Höhe 309 m.*
Berlin 391 – München 252 – Coburg 57 – Bayreuth 47 – Nürnberg 70 – Bamberg 14.

🏠 **Krapp,** Oberend 3, ✉ 96110, ✆ (09542) 80 66, Fax (09542) 70041, 🏤, 🍴 – 📺 🕿
🐂 **🅿️** – 🔒 30
Jan. 2 Wochen geschl. – **Menu** *(Sonntagabend und Mittwoch geschl.)* à la carte 22/47 ⅋
– **29 Z** 45/120.

In Scheßlitz-Würgau *O : 5 km :*

🏠 **Brauerei-Gasthof Hartmann,** Fränkische-Schweiz-Str.26 (B 22), ✉ 96110,
✆ (09542) 5 71, Fax (09542) 7132, Biergarten – 🌱 Rest, 📺 **🅿️** – 🔒 80
Menu *(Dienstag geschl.)* à la carte 26/57 – **9 Z** 55/100.

SCHIEDER-SCHWALENBERG *Nordrhein-Westfalen* **417** *K 11,* **987** ⑯ *– 10 000 Ew – Höhe*
150 m.
🛈 *Kurverwaltung (Schieder), im Kurpark,* ✉ 32816, ✆ (05282) 6 01 72, Fax (05282)
60173.
Berlin 362 – Düsseldorf 209 – Hannover 80 – Detmold 22 – Paderborn 39.

Im Ortsteil Schieder *– Kneippkurort :*

🏨 **Landhaus Schieder,** Domäne 1, ✉ 32816, ✆ (05282) 9 80 90, Fax (05282) 1646, 🏤
– 🍴, 🌱 Zim, 📺 🕿 **🅿️** – 🔒 30. 🇦🇪 🅴 _VISA_ _JCB_
Mitte Feb. - Mitte März geschl. – **Menu** à la carte 35/65 – **17 Z** 108/180 – ½ P 25.

Im Ortsteil Schwalenberg :

🏠 **Schwalenberger Malkasten,** Neue-Tor-Str. 1, ✉ 32816, ✆ (05284) 9 80 60,
Fax (05284) 980666, 🍴 – **🅿️ ⑩ _VISA_**. 🌺 Zim
2. Jan. - 10. Feb. und 22. - 26. Dez. geschl. – **Menu** à la carte 33/59 – **44 Z** 70/155.

🏠 **Burg Schwalenberg** 🍂, ✉ 32816, ✆ (05284) 51 67, Fax (05284) 5567,
≤ Schwalenberg und Umgebung – 📺 🕿 **🅿️** – 🔒 50. 🇦🇪 ⑩ 🅴 _VISA_ _JCB_
5. Jan. - 10. Feb. geschl. – **Menu** à la carte 39/69 *(auch vegetarische Gerichte)* – **15 Z**
110/250.

In Schieder-Glashütte *NO : 5 km – Kneippkurort :*

🏠 **Herlingsburg,** Bergstr. 29, ✉ 32816, 𝒫 (05282) 2 24, Fax (05282) 270, ≼, 🍽, 🌱
– 📳 **❷**
5. Jan. - 15. März geschl. – **Menu** à la carte 26/56 – **40 Z** 75/140 – ½ P 15.

An der Straße nach Bad Pyrmont *NO : 5 km ab Schieder*

🏠 **Fischanger,** Fischanger 25, ✉ 32816 Schieder-Schwalenberg, 𝒫 (05282) 2 37,
Fax (05282) 6211, 🍽, 🚘s, 🌱 – 🚗 **❷ E**
Mitte Jan. - Mitte Feb. geschl. – **Menu** *(Dienstag geschl.)* à la carte 25/46 – **18 Z** 55/120.

SCHIERKE *Sachsen-Anhalt* 𝟜𝟙𝟠 *K 15 – 1 100 Ew – Höhe 600 m.*
🛈 *Kurverwaltung, Brockenstr. 10, ✉ 38879, 𝒫 (039455) 3 10, Fax (039455) 403.*
Berlin 246 – Magdeburg 92 – Braunlage 10 – Halberstadt 45.

🏨 **Parkhotel am Hohnekopf** 🅼, In Drei Annen Hohne (O : 8 km), ✉ 38879,
𝒫 (039455) 8 40, Fax (039455) 84199, 🍽, Biergarten, 🚘s, 🌱 – 📳, ⇆ Zim, 🚗 ☎ 📞
❷ 🆀 **E** 𝘝𝘐𝘚𝘈
Fichtenhain *(nur Abendessen)* **Menu** à la carte 43/63 – **Wintergarten :** Menu
à la carte 28/51 – **40 Z** 95/215.

🏠 **Gasthof zum Stadel,** Brockenstr. 26, ✉ 38879, 𝒫 (039455) 36 70,
🚘 Fax (039455) 36777, 🍽 – 🚗 ☎. ⇆ Zim
Menu *(Donnerstag geschl.)* à la carte 23/42 – **10 Z** 80/120.

In Elend-Mandelholz *SO : 5,5 km :*

🏨 **Grüne Tanne,** an der B 27, ✉ 38875, 𝒫 (039454) 4 60, Fax (039454) 46155, 🍽, 🌱
– 📳 🚗 ☎ **❷** 🆚 15
Nov. 2 Wochen geschl. – **Menu** *(Montag geschl.)* à la carte 28/49 – **24 Z** 70/130.

SCHIFFERSTADT *Rheinland-Pfalz* 𝟜𝟙𝟟 𝟜𝟙𝟡 *R 9,* 𝟵𝟴𝟳 ㉖ ㉗ *– 18 000 Ew – Höhe 102 m.*
Berlin 631 – Mainz 83 – Mannheim 16 – Speyer 9,5.

🏨 **Kaufmann,** Bahnhofstr. 81, ✉ 67105, 𝒫 (06235) 49 60, Fax (06235) 496299, 🍽 –
⇆ Zim, 🚗 ☎ **❷** – 🆚 25. 🆎 ⓞ **E** 𝘝𝘐𝘚𝘈
27. Dez. - 6. Jan. geschl. – **Menu** *(Sonntagabend und Samstag geschl.)* à la carte 56/65
– **34 Z** 125/200.

🏨 **Salischer Hof,** Burgstr. 12, ✉ 67105, 𝒫 (06235) 93 10, Fax (06235) 931200, 🍽 –
🚗 ☎ 🅿 – 🆚 20. 🆎 **E** 𝘝𝘐𝘚𝘈
Menu *(Samstagmittag geschl.)* à la carte 36/65 – **24 Z** 110/170.

🏠 **zur Kanne,** Kirchenstr. 7, ✉ 67105, 𝒫 (06235) 4 90 00, Fax (06235) 490066, 🍽 – 🚗
☎ **❷** 🆎 **E** 𝘝𝘐𝘚𝘈
Menu *(Dienstag - Mittwochmittag geschl.)* à la carte 28/60 ⅄ – **41 Z** 85/130.

✕✕ **Am Museum,** Kirchenstr. 13, ✉ 67105, 𝒫 (06235) 51 69, « Innenhofterrasse »
Samstagmittag, Montag und Juli - Aug. 4 Wochen geschl. – **Menu** *(italienische Küche)*
à la carte 44/80.

SCHILDOW *Brandenburg* 𝟜𝟙𝟞 𝟜𝟙𝟠 *I 24 – 2 800 Ew – Höhe 66 m.*
Berlin 17 – Potsdam 45 – Eberswalde 53.

🏨 **Schildow** garni, Mühlenbecker Str. 2, ✉ 16552, 𝒫 (033056) 8 57 00,
Fax (033056) 85750 – ⇆ 🚗 ☎ **❷** 🆎 **E** 𝘝𝘐𝘚𝘈
34 Z 100/150.

SCHILLINGSFÜRST *Bayern* 𝟜𝟙𝟡 𝟜𝟚𝟘 *S 14 – 2 200 Ew – Höhe 515 m – Erholungsort – Wintersport :*
⏵⏵ 3.
Berlin 517 – München 188 – Ansbach 28 – Heilbronn 121 – Nürnberg 86.

🏠 **Die Post,** Rothenburger Str. 1, ✉ 91583, 𝒫 (09868) 95 00, Fax (09868) 950250, ≼, 🍽,
🚘 🌱 – 🚗 ☎ 🚘 **❷** ⓞ **E** 𝘝𝘐𝘚𝘈
Menu à la carte 22/55 ⅄ – **14 Z** 80/160 – ½ P 22.

🏠 **Zapf,** Dombühler Str. 9, ✉ 91583, 𝒫 (09868) 50 29, Fax (09868) 5464, 🍽, 🚘s, 🌱 –
🚘 ⇆ Rest, ☎ **❷** 🆎 ⓞ **E** 𝘝𝘐𝘚𝘈
Jan. 2 Wochen geschl. – **Menu** *(Dienstag geschl.)* à la carte 22/45 ⅄ – **28 Z** 70/120 – ½ P 25.

SCHILTACH *Baden-Württemberg* 𝟜𝟙𝟡 *V 9,* 𝟵𝟴𝟳 ㊳ *– 4 100 Ew – Höhe 325 m – Luftkurort.*
🛈 *Städt. Verkehrsamt, Hauptstr. 5, ✉ 77761, 𝒫 (07836) 6 48, Fax (07836) 5858.*
Berlin 740 – Stuttgart 126 – Freiburg im Breisgau 68 – Offenburg 51 – Villingen
Schwenningen 42 – Freudenstadt 27.

🏨 **Zum weyßen Rössle,** Schenkenzeller Str. 42, ✉ 77761, ℘ (07836) 3 87,
Fax (07836) 7952 – 📺 ☎ 🚗 ❷. 🝙 🛡 🗲 *VISA*
Menu *(Sonntagabend - Montag geschl.)* (Tischbestellung ratsam) à la carte 29/68 ⚖ – **8 Z**
78/140 – ½ P 28.

🍽 **Sonne,** Marktplatz 2, ✉ 77761, ℘ (07836) 20 02, Fax (07836) 7905, ☆ – ☎. 🝙 🗲 *VISA*
Menu *(Donnerstag geschl.)* à la carte 28/51 – **8 Z** 60/120 – ½ P 18.

SCHLANGENBAD Hessen 🐷🐥🐦 P 8, 🐷🐦🐧 ㉖ – 6 700 Ew – Höhe 318 m – Heilbad.
🅱 Verkehrsbüro, Rheingauer Str. 20, ✉ 65388, ℘ (06129) 88 21.
Berlin 581 – Wiesbaden 16 – Koblenz 63 – Limburg an der Lahn 43 – Mainz 21.

🏨🏨 **Parkhotel Schlangenbad** 🅼 ⑤, Rheingauer Str. 47, ✉ 65388, ℘ (06129) 4 20,
Fax (06129) 41420, direkter Zugang zum Thermalbewegungsbad und -freibad, ⇌, 🛋 –
|⬛| 📺 ❤ ᖆ 🚗 ❷ – 🝙 120. 🝙 ⓞ 🗲 *VISA*. 🛇 Rest
Menu à la carte 57/79 – **88 Z** 180/340, 3 Suiten – ½ P 38.

🏨 **Russischer Hof,** Rheingauer Str. 37, ✉ 65388, ℘ (06129) 5 06 70, Fax (06129) 4076,
🛋 – 📺 ☎ ❤ ❷. 🗲 *VISA*
Jan. geschl. – (nur Abendessen für Hausgäste) – **21 Z** 75/160 – ½ P 22.

SCHLECHING Bayern 🐷🐢🐘 W 21, 🐷🐦🐧 ㊵ – 1 750 Ew – Höhe 570 m – Luftkurort – Wintersport :
600/1 400 m ⚡3 ⚡5.
🅱 Verkehrsamt, Haus des Gastes, Schulstr. 4, ✉ 83259, ℘ (08649) 2 20, Fax (08649) 1330.
Berlin 693 – München 104 – Bad Reichenhall 58 – Traunstein 34 – Rosenheim 45.

🏨🏨 **Zur Post,** Kirchplatz 7, ✉ 83259, ℘ (08649) 12 14, Fax (08649) 1332, ≤, ☆, ⇌ –
☎ ❷ – 🝙 25
8. Jan. - 2. Feb. geschl. – **Menu** *(Montag geschl.)* à la carte 26/58 – **27 Z** 80/160 – ½ P 18.

🍴 **Gasthof Geigelstein** mit Zim, Hauptstr. 5, ✉ 83259, ℘ (08649) 2 81,
Fax (08649) 654, ☆ – ❷
April 2 Wochen und 15. Nov. - 25. Dez. geschl. – **Menu** *(Dienstag, Jan. - April auch Mitt-
wochmittag geschl.)* à la carte 29/58 – **8 Z** 65/100 – ½ P 20.

SCHLEIDEN Nordrhein-Westfalen 🐷🐥🐦 O 3, 🐷🐦🐧 ㉕ – 13 500 Ew – Höhe 348 m.
🅱 Kurverwaltung (Schleiden-Gemünd), Kurhausstr. 6, ✉ 53937, ℘ (02444) 20 11,
Fax (02444) 1641.
Berlin 639 – Düsseldorf 103 – Aachen 57 – Düren 38 – Euskirchen 30.

In Schleiden-Gemünd NO : 6 km – Kneippkurort

🏨🏨 **Katharinenhof** ⑤ garni, Am Kurpark 5, ✉ 53937, ℘ (02444) 86 90,
Fax (02444) 1615, ⇌ – 📺 ☎ ᖆ ❷
42 Z 75/130.

🏨 **Friedrichs,** Alte Bahnhofstr. 16, ✉ 53937, ℘ (02444) 95 09 50, Fax (02444) 950940,
☆, ⇌ – |⬛| 📺 ☎ 🚗 ❷ – 🝙 40. 🝙 ⓞ 🗲 *VISA*
Menu *(Dienstag geschl.)* à la carte 34/63 – **23 Z** 90/180 – ½ P 33.

🏨 **Kurpark Hotel** ⑤ garni, Parkallee 1, ✉ 53937, ℘ (02444) 17 29, Fax (02444) 8771,
⇌ – 📺 ☎. ❷
20 Z 65/120.

🍴🍴 **Kettner's Parkrestaurant,** Kurhausstr. 5, ✉ 53937, ℘ (02444) 27 76,
Fax (02444) 8901, « Gartenterrasse » – ᖆ
Montag geschl. – **Menu** à la carte 31/61.

SCHLEIZ Thüringen 🐷🐘🐢🐘 O 19, 🐷🐦🐤 ㉓, 🐷🐦🐧 ㉙ – 7 800 Ew – Höhe 440 m.
Berlin 275 – Erfurt 109 – Gera 59 – Hof 44 – Plauen 32.

In Schleiz-Heinrichsruh :

🏨🏨 **Luginsland,** Am Schleizer Dreieck 8 (B 2), ✉ 07907, ℘ (03663) 4 80 50,
Fax (03663) 480540, ☆ – 📺 ☎ ❷. 🝙 🗲 *VISA*. 🛇 Rest
Menu à la carte 26/40 – **18 Z** 95/160.

SCHLEMA Sachsen 🐷🐘🐢🐘 O 21 – 6 300 Ew – Höhe 450 m.
🅱 Fremdenverkehrsamt, Bergstr. 22, im Kulturhaus Aktivist, ✉ 08301,
℘ (03771) 29 02 12, Fax (03771) 290225.
Berlin 301 – Dresden 118 – Chemnitz 41 – Plauen 51 – Zwickau 21.

🏨 Sachsenhof, Schneeberger Weg 25, ✉ 08301, ℘ (03772) 2 06 14, Fax (03772) 20035,
☆ – 📺 ☎ ❷
14 Z.

SCHLEPZIG *Brandenburg* 🔲🔲🔲 *J 25 – 640 Ew – Höhe 50 m.*
Berlin 78 – Potsdam 95 – Cottbus 66 – Frankfurt (Oder) 67.

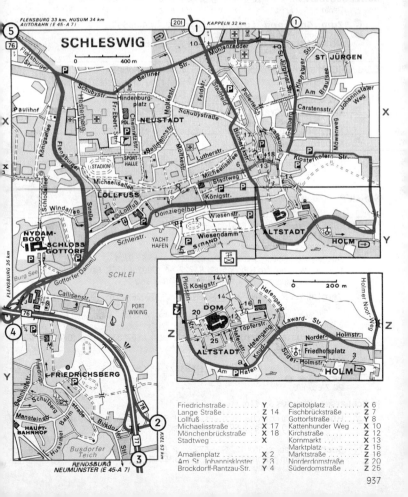

Landgasthof zum grünen Strand der Spree, Dorfstr. 53, ✉ 15910,
℘ (035472) 66 20, Fax (035472) 473, 🏠 – 📺 ☎ ℗ – 🔬 15. 🅰🅴 🅴 𝗩𝗜𝗦𝗔
Menu à la carte 38/65 – **20 Z** 110/180, 3 Suiten.

Jährlich eine neue Ausgabe,
Aktuellste Informationen, jährlich für Sie !

SCHLESWIG *Schleswig-Holstein* 🔲🔲🔲 *C 12,* 🔲🔲🔲 ⑤ *– 27 000 Ew – Höhe 14 m.*
Sehenswert : Nydam-Boot★★★ Y – Schloß Gottorf : Landesmuseum für Kunst- und
Kulturgeschichte ★★, Kapelle★★, Archäologisches Landesmuseum★ Y – Dom★ (Bordes-
holmer Altar★★) Z – ≼★ vom Parkplatz an der B 76 Y – Fischerviertel
"Holm" (Friedhofsplatz★) Z.
Ausflugsziel : Wikinger-Museum Haithabu (Schiffshalle★), S : 2 km.
🖪 Städt. Touristinformation, Plessenstr. 7, ✉ 24837, ℘ (04621) 2 48 78, Fax (04621)
20703.
Berlin 395 ③ *– Kiel 53* ② *– Flensburg 33* ⑤ *– Neumünster 65* ③

🏛 **Strandhalle**, Strandweg 2 (am Yachthafen), ✉ 24837, ✆ (04621) 90 90, Fax (04621) 909100, ≼, �, « Garten », 🔲 , 🚿 – 📺 ☎ 🚗 **P** – 🛥 50. 🖭 ⓪ Ɛ 𝘝𝘐𝘚𝘈
Y f
Menu à la carte 36/67 – **25 Z** 125/210.

🏛 **Waldhotel** 🦢, Stampfmühle 1 (am Schloß Gottorf), ✉ 24837, ✆ (04621) 2 32 88, Fax (04621) 23289, 🌿 – ☎ 🚗 **P**
X x
Menu à la carte 28/61 – **9 Z** 90/160.

XX **Olschewski's** mit Zim, Hafenstr. 40, ✉ 24837, ✆ (04621) 2 55 77, Fax (04621) 22141, 🌿 – 📺 ☎. 🖭 Ɛ 𝘝𝘐𝘚𝘈
Z a
Mitte Jan. - Ende Feb. geschl. – **Menu** (Montagabend - Dienstag geschl.) à la carte 37/81 (auch vegetarisches Menu) – **7 Z** 80/160.

In Schleswig-Pulverholz SW : 1,5 km, Zufahrt über Brockdorff-Rantzau-Straße Y :

🏛 **Waldschlößchen**, Kolonnenweg 152, ✉ 24837, ✆ (04621) 38 30, Fax (04621) 383105, 🌿, ⇌s, 🔲 , 🚿 – ⬆, ⇌ Zim, 📺 🛁 **P** – 🛥 280. 🖭 ⓪ Ɛ 𝘝𝘐𝘚𝘈. 🎿
Menu à la carte 37/70 – **125 Z** 95/195.

SCHLEUSINGEN Thüringen 🗾🗾 O 16, 🗾🗾 ㉘ – 6 000 Ew – Höhe 450 m.
Berlin 356 – Erfurt 73 – Coburg 37 – Meiningen 35 – Suhl 15.

🏛 **Zum Goldenen Löwen**, Markt 22, ✉ 98553, ✆ (036841) 4 23 53,
🚗 Fax (036841) 41320, 🌿 – 📺 ☎. 🖭 Ɛ
Menu (Montag geschl.) à la carte 21/42 🍷 – **9 Z** 60/95.

SCHLIENGEN Baden-Württemberg 🗾🗾 W 6 – 4 000 Ew – Höhe 251 m.
Berlin 836 – Stuttgart 243 – Freiburg im Breisgau 38 – Müllheim 9 – Basel 28.

In Schliengen-Obereggenen O : 7 km : ·

🏛 **Landgasthof Graf** 🦢, Kreuzweg 6, ✉ 79418, ✆ (07635) 12 64, Fax (07635) 9555, 🌿, 🚿 – 📺 ☎ 🚗 **P**. Ɛ 𝘝𝘐𝘚𝘈
Menu (Mittwoch - Donnerstagmittag geschl.) à la carte 29/62 🍷 – **15 Z** 70/146.

🏛 **Rebstock**, Kanderner Str. 4, ✉ 79418, ✆ (07635) 12 89, Fax (07635) 8844, 🌿, 🚿 – 📺 **P**
Ende Juni - Anfang Juli und Mitte Nov. - Mitte Dez. geschl. – **Menu** (Dienstag geschl.) (nur Abendessen) à la carte 43/62 🍷 – **11 Z** 58/132.

SCHLIER Baden-Württemberg siehe Ravensburg.

SCHLIERSEE Bayern 🗾🗾 W 19, 🗾🗾 ㊵ – 6 700 Ew – Höhe 800 m – Luftkurort – Wintersport : 790/1 700 m ⭤2 ⭤16 🎿6.
Sehenswert : Pfarrkirche★.
Ausflugsziel : Spitzingsattel : Aussichtspunkt ≼★, S : 9 km.
🗓 Kurverwaltung, Am Bahnhof, ✉ 83727, ✆ (08026) 40 69, Fax (08026) 2325.
Berlin 652 – München 62 – Rosenheim 36 – Bad Tölz 25.

🏛 **Terofal**, Xaver-Terofal-Platz 2, ✉ 83727, ✆ (08026) 40 45, Fax (08026) 2676, 🌿 – ☎ **P**
2. - 29. März geschl. – **Menu** (Okt. - Juli Montag, August - Sept. Montagmittag geschl.) à la carte 26/61 – **23 Z** 75/170 – ½ P 23.

🏛 **Gästehaus am Kurpark** garni, Gartenstr. 7, ✉ 83727, ✆ (08026) 9 40 30, Fax (08026) 2743, 🚿 – ☎ 🚗 **P**
30 Z 90/150.

🏛 **Seeblick** garni, Carl-Schwarz-Str. 1, ✉ 83727, ✆ (08026) 40 31, Fax (08026) 4033, ⇌s, 🚿 – 📺 ☎ **P**
20 Z 80/170.

In Schliersee-Neuhaus S : 4 km :

🏛 **Hubertus** garni (siehe auch Restaurant Sachs), Bayrischzeller Str. 8, ✉ 83727, ✆ (08026) 7 10 35, Fax (08026) 71958, ⇌s, 🚿 – ☎ 🚗 **P**
19 Z 85/160.

XX **Sachs**, Neuhauser Str. 12, ✉ 83727, ✆ (08026) 72 38, Fax (08026) 71958, 🌿, « Einrichtung im alpenländischen Stil » – **P**. 🖭 Ɛ
Montag geschl. – **Menu** à la carte 34/68.

In Schliersee-Spitzingsee *S : 10 km – Höhe 1 085 m :*

Arabella Alpenhotel am Spitzingsee [M] 🐦, Spitzingstr. 5, ✉ 83727, ☎ (08026) 79 80, *Fax (08026) 798879*, ≤, 🌳, Massage, ♨, 🏊 (Therme), 🏔, 🏞, 🎾 – 🛗, 🚭 Zim, 📺 ♿ 🚗 🅿 – 🏛 120. AE ⓓ E VISA. 🚫 Rest
Menu à la carte 40/67 – **122 Z** 205/320, 13 Suiten – ½ P 50.

Postgasthof St. Bernhard 🐦, Seeweg 1, ✉ 83727, ☎ (08026) 9 75 40, *Fax (08026) 975411*, ≤, 🌳, 🏔 – 📺 ☎ 🅿
15. Nov. - 15. Dez. geschl. – **Menu** *(Donnerstag geschl.)* à la carte 25/49 – **12 Z** 85/150 – ½ P 20.

SCHLUCHSEE *Baden-Württemberg* [419] *W 8*, [987] ㊲ ㊳ *– 2 700 Ew – Höhe 951 m – Heilklimatischer Kurort – Wintersport : 1 000/1 130 m* ⛷*3* ⛷*6.*

Sehenswert : *See*★.

[i] *Kurverwaltung, Haus des Gastes, Fischbacher Str. 7,* ✉ *79859,* ☎ *(07656) 77 32, Fax (07656) 7759.*

Berlin 795 – Stuttgart 172 – Freiburg im Breisgau 48 – Donaueschingen 49 – Waldshut-Tiengen 33.

Vier Jahreszeiten 🐦, Am Riesenbühl 4, ✉ 79859, ☎ (07656) 7 00, *Fax (07656) 70323*, ≤, 🌳, Massage, ⚕, 🏋, 🧖, ♨, 🏊 (geheizt), 🏊, 🏞, 🎾 (Halle) – 🛗 🚭 📺 ♿ 🧒 🚗 🅿 – 🏛 140. AE ⓓ E VISA
Menu *(Sonntagabend und Montagabend geschl.)* à la carte 30/59 – ***Panorama*** *(nur Abendessen)* **Menu** 55/77 – **212 Z** 205/426, 3 Suiten – ½ P 25.

Hegers Parkhotel Flora 🐦, Sonnhalde 22, ✉ 79859, ☎ (07656) 9 74 20, *Fax (07656) 1433*, ≤, 🌳, ♨, 🏊, 🏞 – 📺 ☎ 🚗 🅿 – 🏛 20. AE ⓓ E VISA. 🚫 Rest
Mitte Nov. - 18. Dez. geschl. – **Menu** à la carte 40/75 – **35 Z** 120/210 – ½ P 30.

Mutzel, Im Wiesengrund 3, ✉ 79859, ☎ (07656) 5 56, *Fax (07656) 9175*, 🌳, ♨, 🏞 – 🛗 📺 ☎ ♿ 🚗 🅿. AE E VISA
Mitte Nov. - Mitte Dez. geschl. – **Menu** *(Montag geschl.)* (wochentags nur Abendessen) à la carte 35/72 – **22 Z** 80/190 – ½ P 28.

Schiff, Kirchplatz 7, ✉ 79859, ☎ (07656) 9 75 70, *Fax (07656) 975757*, ≤, 🌳, ♨ – 🛗 📺 ☎ 🅿
Menu *(Sept. - Juni Montag geschl.)* à la carte 28/65 – **29 Z** 75/170 – ½ P 28.

In Schluchsee-Aha *NW 4 : km :*

Auerhahn, Vorderaha 4 (an der B 500), ✉ 79859, ☎ (07656) 5 42, *Fax (07656) 9270*, ≤, 🌳, ♨ – 🛗, 🚭 Zim, 📺 ☎ 🧒 🅿 – 🏛 20
Menu à la carte 36/58 – **70 Z** 75/190 – ½ P 35.

In Schluchsee-Fischbach *NW : 5 km :*

Hirschen (mit Gästehaus), Schluchseestr. 9, ✉ 79859, ☎ (07656) 2 78, *Fax (07656) 1278*, ♨, 🏞 ⛷ – 🛗 ☎ ♿ 🅿
Mitte Nov. - Mitte Dez. geschl. – **Menu** *(Okt. - Juni Donnerstag geschl.)* à la carte 27/51 *(auch vegetarische Gerichte)* – **24 Z** 58/110 – ½ P 22.

In Schluchsee-Seebrugg *SO : 2 km :*

Seehotel Hubertus (mit Gästehaus), ✉ 79859, ☎ (07656) 5 24, *Fax (07656) 261*, ≤, « Ehem. Jagdschloß a.d.J. 1897, Terrasse », 🏔 – 📺 ☎ 🅿. E VISA
Menu à la carte 32/70 – **16 Z** 98/218 – ½ P 29.

SCHLÜCHTERN *Hessen* [417] [418] *O 12*, [987] ㉗ *– 15 000 Ew – Höhe 208 m.*

Berlin 478 – Wiesbaden 117 – Frankfurt am Main 76 – Fulda 32 – Gießen 113.

Pension Elisa 🐦 garni, Zur Lieserhöhe 14, ✉ 36381, ☎ (06661) 80 94, *Fax (06661) 8096* – 📺 ☎ 🅿. E
Mitte Dez. - Anfang Jan. geschl. – **11 Z** 75/138.

Pleasant hotels or restaurants
are shown in the Guide by a red sign.
Please send us the names
of any where you have enjoyed your stay.
Your Michelin Guide will be even better

🏨🏨🏨🏨🏨 ... 🏨

🍴🍴🍴🍴🍴 ... 🍴

SCHLÜSSELFELD Bayern 🔲🔲🔲 Q 15, 🔲🔲🔲 ㉘ – 5 400 Ew – Höhe 299 m.

🔲 Schlüsselfeld, Schlosshof 4 (NO : 7 km), ℰ (09546) 2 34.

Berlin 446 – München 227 – Nürnberg 59 – Bamberg 44 – Würzburg 57.

🏠 **Zum Storch** (mit Gästehaus), Marktplatz 20, ✉ 96132, ℰ (09552) 92 40,
Fax (09552) 924100 – 📶, 🍴 Zim, 📺 ☎ 🚗 🅿 ᴁ 🆎 VISA
Menu (2. - 12. Nov. geschl.) à la carte 24/45 – **57 Z** 65/140.

In Schlüsselfeld-Attelsdorf SO : 2 km :

🏡 **Herderich,** nahe der BAB - Ausfahrt Schlüsselfeld, ✉ 96132, ℰ (09552) 4 19,
Fax (09552) 6547 – 🚗 🅿. ᴁ 🅾 🆎 VISA
Menu (Sonn- und Feiertage abends geschl.) à la carte 24/44 – **23 Z** 40/90.

SCHMALKALDEN Thüringen 🔲🔲🔲 N 15, 🔲🔲🔲 ㉘ – 20 000 Ew – Höhe 296 m.

🅱 Schmalkalden-Information, Mohrengasse, ✉ 98574, ℰ (03683) 40 31 82, Fax (03683) 403182.

Berlin 360 – Erfurt 69 – Coburg 80 – Bad Hersfeld 65.

🏨 **Henneberger Haus** Ⓜ ⌀, Notstraße (S : 3 km), ✉ 98574, ℰ (03683) 60 40 41,
Fax (03683) 604046, ≼ Thüringer Wald, 🌣, Biergarten, 🈺, 🍴 – 📶, 🍴 Zim, 📺 ☎ ᯓ
🅿 – ᴁ 30. ᴁ 🅾 🆎 VISA
Menu à la carte 27/52 – **50 Z** 120/220.

🏨 **Stadthotel Patrizier,** Weidebrunner Gasse 9, ✉ 98574, ℰ (03683) 60 45 14,
Fax (03683) 604518, 🌣 – 📺 ☎ ✆ 🅿. ᴁ 🆎 VISA. ⌀ Rest
Thüringer Stube (Donnerstag und Jan. 3 Wochen geschl.) Menu à la carte 33/55 –
Feinschmecker-Restaurant (nur Abendessen) (Donnerstag und Jan. 3 Wochen geschl.)
Menu à la carte 48/75 – **15 Z** 95/170.

🏠 **Teichhotel,** Teichstr. 21, ✉ 98574, ℰ (03683) 40 26 61, Fax (03683) 402661 – 📺 ☎
🅿. ᴁ 🅾 🆎 VISA
Menu à la carte 24/46 – **14 Z** 80/130.

🏠 **Jägerklause,** Pfaffenbach 45, ✉ 98574, ℰ (03683) 60 01 43, Fax (03683) 604513,
Biergarten, 🌫 – 📶 📺 ☎ ᯓ 🅿 – ᴁ 20. 🆎 VISA. ⌀
Menu à la carte 20/41 – **33 Z** 80/160.

🏠 **Pension Noblesse** garni, Rötweg 8, ✉ 98574, ℰ (03683) 48 83 01,
Fax (03683) 488302, 🌫 – 📺 ☎ 🅿. 🆎
11 Z 90/140.

🍴 **Ratskeller,** Altmarkt 2, ✉ 98574, ℰ (03683) 40 27 42, Fax (03683) 402742, 🌣 – ᴁ
🅾 🆎 VISA
Menu à la carte 26/44 🍴.

Im Ehrental NW : 4 km :

🏠 **Waldhotel Ehrental** ⌀, ✉ 98574, ℰ (03683) 6890, Fax (03683) 689199, 🌣, 🈺,
🌫 – 📶, 🍴 Zim, 📺 ☎ 🅿 – ᴁ 50. 🆎
Menu à la carte 24/47 – **50 Z** 90/180.

In Struth-Helmershof NO : 5 km :

🏡 **Helmerser Wirtshaus,** Hauptstr. 94, ✉ 98593, ℰ (03683) 78 86 34,
Fax (03683) 488287, Biergarten – 📺 ☎ 🅿. 🆎
Menu (Dienstag geschl.) à la carte 19/32 – **10 Z** 55/100.

SCHMALLENBERG Nordrhein-Westfalen 🔲🔲🔲 M 8, 🔲🔲🔲 ㉖ – 26 000 Ew – Höhe 410 m – Luftkurort – Wintersport : 480/818 m, ⚡ 15 ⚡ 34.

🔲 Schmallenberg-Winkhausen (O : 6 km), ℰ (02975) 87 45, Fax (02975) 339.

🅱 Gästeinformation, Poststr. 7, ✉ 57392, ℰ (02972) 9 74 00, Fax (02972) 974026.

Berlin 513 – Düsseldorf 168 – Meschede 35 – Olpe 38.

🏨 **Störmann,** Weststr. 58, ✉ 57392, ℰ (02972) 99 90, Fax (02972) 999124, 🌣,
« Garten », 🈺, 🌊 – 📶 📺 ☎ 🚗 – ᴁ 30. ᴁ 🅾 🆎 VISA
15. März - 8. April und 20. - 26. Dez. geschl. – Menu (Sonntagabend geschl.) 28 (mittags)
und à la carte 44/80 – **37 Z** 79/240 – ½ P 30.

In Schmallenberg-Bödefeld NO : 17 km :

🏠 **Albers,** Graf-Gottfried-Str. 2, ✉ 57392, ℰ (02977) 2 13, Fax (02977) 1426, 🌣, 🈺,
🌊, ⚡ – 📺 ☎ 🅿 – ᴁ 30. 🅾 🆎 VISA. ⌀ Rest
Ende Nov. - 25. Dez. geschl. – Menu (Mittwoch geschl.) 25 (mittags) und à la carte 37/79
– **48 Z** 70/170.

In Schmallenberg-Fleckenberg *SW : 2 km :*

🏠 **Hubertus** ⑤, Latroper Str. 24, ⊠ 57392, ℘ (02972) 50 77, Fax (02972) 1731, 🌡,
⊜s, 🍴 – |≇| ↳ 📺 ☎ ❷
5. - 25. Dez. geschl. – **Menu** à la carte 32/67 – **26 Z** 79/290 – ½ P 24.

In Schmallenberg-Bad Fredeburg *NO : 7 km – Kneipptheilbad :*

🏠 **Kleins Wiese** ⑤, (NO : 2,5 km), ⊠ 57392, ℘ (02974) 3 76, Fax (02974) 5115, 🌡, ⊜s,
🍴 – 📺 ☎ ❷. E *VISA*. ⁒ Rest
Menu à la carte 34/68 – **20 Z** 85/240 – ½ P 20.

🏠 **Haus Waltraud,** Gartenstr. 20, ⊠ 57392, ℘ (02974) 2 87, Fax (02974) 1369, 🍴 – 📺
☎. ❷ E *VISA*. ⁒ Zim
Mitte Nov. - Mitte Dez. geschl. – **Menu** *(Donnerstag geschl.)* à la carte 32/65 – **11 Z** 76/148
– ½ P 26.

In Schmallenberg-Grafschaft *SO : 4,5 km – Luftkurort :*

🏠 **Maritim Hotel Grafschaft** ⑤, An der Almert 11, ⊠ 57392, ℘ (02972) 30 30,
Fax (02972) 303168, 🌡, ⊜s, 🔲, ⁒, 🐎 – |≇| 📺 ☎ ⟵ ❷ – 🔬 120. AE ◑ E *VISA*.
⁒ Rest
Menu à la carte 50/90 – **116 Z** 147/330, 5 Suiten – ½ P 40.

🏠 **Gasthof Heimes,** Hauptstr. 1, ⊠ 57392, ℘ (02972) 9 78 00, Fax (02972) 978097, ⊜s
– |≇| ⁒ Rest, 📺 ☎ ⟵ ❷. ⁒ Rest
Mitte Nov. - Anfang Dez. geschl. – **Menu** *(Dienstag geschl.)* à la carte 30/48 – **18 Z** 56/128
– ½ P 23.

In Schmallenberg-Jagdhaus *S : 7 km :*

🏠 **Jagdhaus Wiese** ⑤, ⊠ 57392, ℘ (02972) 30 60, Fax (02972) 306288, 🌡, « Park »,
⊜s, 🔲, ⁒ – |≇| 📺 ⟵ ❷. ⁒ Zim
23. Nov. - 27. Dez. geschl. – **Menu** (Abendessen nur für Hausgäste) à la carte 40/75 – **66 Z**
103/316, 12 Suiten – ½ P 42.

🏠 **Gasthaus Tröster** ⑤, ⊠ 57392, ℘ (02972) 63 00, Fax (02972) 4658, 🌡, 🍴, ⁒
– |≇| ☎ ❷. ⁒ Zim
20. Nov. - 27. Dez. geschl. – **Menu** (Abendessen nur für Hausgäste) à la carte 30/42 – **20 Z**
61/180 – ½ P 17.

In Schmallenberg-Latrop *SO : 8 km :*

🏠 **Hanses Bräutigam** ⑤, ⊠ 57392, ℘ (02972) 99 00, Fax (02972) 990222, ⊜s, 🔲,
🍴 – |≇| 📺 ☎ ❷. AE ◑ E *VISA*
Ende Nov. - 25. Dez. geschl. – (Restaurant nur für Hausgäste) – **22 Z** 90/220 – ½ P 25.

🏠 **Zum Grubental** ⑤, ⊠ 57392, ℘ (02972) 63 27, Fax (02972) 2873, 🌡, ⊜s, 🍴, ⁒
– 📺 ☎ ❷
25. Nov. - 26. Dez. geschl. – **Menu** *(Montag geschl.)* à la carte 35/60 – **16 Z** 70/154 – ½ P 30.

In Schmallenberg-Nordenau *NO : 13 km – Luftkurort :*

🏠 **Kur- und Sporthotel Gnacke** ⑤, Astenstr. 6, ⊠ 57392, ℘ (02975) 8 30,
Fax (02975) 83170, « Caféterrasse mit ≤ », Massage, ♨, 🔬, ⊜s, 🔲, 🍴 – |≇| 📺 ⟵
❷ – 🔬 30
23. Nov. - 25. Dez. geschl. – **Menu** 24 (mittags) und à la carte 38/74 – **54 Z** 107/272 –
½ P 28.

🏠 **Tommes** ⑤, Talweg 14, ⊠ 57392, ℘ (02975) 9 62 20, Fax (02975) 9622165, ⊜s, 🔲,
🍴, ⁒ – 📺 ☎ ❷. AE ◑ E
26. Nov. - 26. Dez. geschl. – **Menu** à la carte 35/61 – **33 Z** 80/210 – ½ P 25.

In Schmallenberg-Oberkirchen *O : 8 km :*

🏠 **Schütte,** Eggeweg 2 (B 236), ⊠ 57392, ℘ (02975) 8 20, Fax (02975) 82522, 🌡,
« Behagliches Restaurant, Garten », ⊜s, 🔲 (geheizt), 🔲, 🐎 (Halle) – |≇| 📺 ⟵ ❷ –
🔬 25. AE ◑ E *VISA*. ⁒ Zim
22. Nov. - 26. Dez. geschl. – **Menu** à la carte 45/82 – **59 Z** 108/314, 4 Suiten – ½ P 35.

🏠 **Schauerte-Jostes,** Alte Poststr. 13 (B 236), ⊠ 57392, ℘ (02975) 3 75,
Fax (02975) 337, 🌡, 🍴 – 📺 ❷. E. ⁒ Rest
16. Nov. - 26. Dez. geschl. – **Menu** *(Montag geschl.)* à la carte 31/50 – **13 Z** 56/170 – ½ P 20.

In Schmallenberg-Ohlenbach *O : 15 km :*

🏠 **Waldhaus** ⑤, Ohlenbach 10, ⊠ 57392, ℘ (02975) 8 40, Fax (02975) 8448,
≤ Rothaargebirge, 🌡, ⊜s, 🔲, 🍴, ⁒ – |≇| ↳ Zim, 📺 ⟵ ❷ – 🔬 20. AE ◑ E
VISA ⟵ ⁒ Zim
Mitte Nov. - 20. Dez. geschl. – **Menu** à la carte 58/85 – **50 Z** 110/370 – ½ P 50.

In Schmallenberg-Rimberg NO : 13 km :

🏠 **Knoche** ॐ, Rimberg 1 – Höhe 713 m, ✉ 57392, ✆ (02974) 77 70, Fax (02974) 77790, ≼, 🏤, 🖭, 🔲, 🚗, 🛥 ⚡ – 🛗 TV ☎ 🚗 🅿 – 🛋 40. 🍴
10. - 26. Dez. geschl. – **Menu** à la carte 37/79 – **56 Z** 75/280 – ½ P 25.

In Schmallenberg-Sellinghausen N : 14 km :

🏰 **Stockhausen** ॐ, ✉ 57392, ✆ (02971) 31 20, Fax (02971) 312102, 🏤, 🖭, 🦅 (geheizt), 🔲, 🚗, 🛥, 🖪, 🛥 ⚡ 🌊 – 🛗 TV 🎾 🛖 🅿 – 🛋 60. 🍴 Rest
20. - 25. Dez. geschl. – **Menu** à la carte 38/75 – **72 Z** 108/304 – ½ P 24.

In Schmallenberg-Vorwald O : 13 km :

🏠 **Gut Vorwald** ॐ, ✉ 57392, ✆ (02975) 9 66 10, Fax (02975) 966119, ≼, 🏤, (ehem. Gutshof a.d.J. 1797), 🖭, 🚗, 🛥 – TV ☎ 🚗 🅿
20. Nov. - 26. Dez. geschl. – **Menu** à la carte 25/50 – **14 Z** 74/138 – ½ P 18.

In Schmallenberg-Westernbödefeld NO : 15 km :

🏠 **Zur Schmitte,** Am Roh 2, ✉ 57392, ✆ (02977) 2 68, 🖭, 🚗, 🦅 – 🛗 ☎ 🚗 🅿. **E** VISA. 🍴 Rest
14. Nov. - 14. Dez. geschl. – **Menu** (Montag geschl.) à la carte 26/45 – **16 Z** 60/120 – ½ P 15.

In Schmallenberg-Westfeld O : 12 km :

🏰 **Berghotel Hoher Knochen** ॐ, am Hohen Knochen (O : 2 km) – Höhe 650 m, ✉ 57392, ✆ (02975) 8 50, Fax (02975) 421, 🏤, Massage, 🖭, 🔲, 🚗, 🦅 – 🛗 TV ☎ 🚗 🅿 – 🛋 60. **AE** ① **E** VISA. 🍴 Rest
Ende Nov. - Mitte Dez. geschl. – **Menu** à la carte 42/69 – **60 Z** 105/370 – ½ P 34.

🏠 **Bischof** ॐ, Am Birkenstück 3, ✉ 57392, ✆ (02975) 9 66 00, Fax (02975) 966070, 🏤, 🖭 – ☎ 🚗 🅿
14. - 26. Dez. geschl. – **Menu** (Mittwoch geschl.) à la carte 26/55 – **17 Z** 60/135 – ½ P 13.

In Schmallenberg-Winkhausen O : 6 km :

🏰 **Deimann zum Wilzenberg,** an der B 236, ✉ 57392, ✆ (02975) 8 10, Fax (02975) 81289, 🏤, ⚕, Massage, 🖪, 🦴, 🖭, 🔲, 🚗, 🦅 – 🛗 TV 🚗 🅿. **AE**
Menu à la carte 39/78 – **36 Z** 125/330 – ½ P 37.

SCHMELZ Saarland 4️1️7️ R 4 – 17 400 Ew – Höhe 300 m.
Berlin 729 – Saarbrücken 42 – Dillingen/Saar 17 – Saarlouis 20 – Trier 52.

🍴 **Staudt,** Trierer Str. 17, ✉ 66839, ✆ (06887) 21 45 – 🅿. **AE** ① **E** VISA
Freitag und Juli - Aug. 3 Wochen geschl. – **Menu** à la carte 26/58.

SCHMIEDEBERG, BAD Sachsen-Anhalt 4️1️8️ K 22, 9️8️4️ ⑲, 9️8️7️ ⑱ – 4 500 Ew – Höhe 90 m.
Berlin 137 – Magdeburg 117 – Leipzig 48.

🏰 **Griedel** ॐ, Dommitzscher Str. 36d, ✉ 06905, ✆ (034925) 7 11 67, Fax (034925) 71170 – 🛗 🌊 TV ☎ 🛥 🅿 – 🛋 20. **AE** ① **E** VISA
(nur Abendessen für Hausgäste) – **36 Z** 98/138 – ½ P 20.

SCHMIEDEFELD Thüringen 4️1️8️ 4️2️0️ O 16 – 2 300 Ew – Höhe 750 m – Wintersport : 750/944 m ⚡ 2, 🎿.
🅱 Fremdenverkehrsamt, Suhler Str. 4, ✉ 98711, ✆ (036782) 6 13 24, Fax (036782) 61324.
Berlin 341 – Erfurt 59 – Suhl 13.

🏠 **Im Kurpark** ॐ, Friedrichsweg 21, ✉ 98711, ✆ (036782) 63 60, Fax (036782) 63645, 🚗 🏤, 🖭, 🚗 – TV ☎ 🅿 – 🛋 20. 🍴 Zim
Menu (Montag - Freitag nur Abendessen) à la carte 23/42 – **15 Z** 75/120 – ½ P 15.

🏠 **Rennsteighotel Grüner Baum,** Suhler Str. 3, ✉ 98711, ✆ (036782) 6 12 77, Fax (036782) 61749, Biergarten – TV ☎ 🅿. **AE** ① **E** VISA
Menu à la carte 28/54 – **11 Z** 75/120.

🏠 **Gastinger,** Ilmenauer Str. 21 (B 4), ✉ 98711, ✆ (036782) 6 17 08, Fax (036782) 61702, 🏤, 🖭 – TV ☎ 🅿
Menu à la carte 25/42 – **11 Z** 80/105.

SCHMILAU Schleswig-Holstein siehe Ratzeburg.

SCHMITTEN IM TAUNUS Hessen 🔢 P 9 – 8 000 Ew – Höhe 534 m – Luftkurort – Wintersport: 534/880 m ⚡4 ⚡2.

Ausflugsziel: *Großer Feldberg* : ❄★★ S : 8 km.

🅱 *Verkehrsamt, Parkstr. 2 (Rathaus)*, ⊠ 61389, 𝒫 (06084) 4 60, Fax (06084) 4646.

Berlin 536 – Wiesbaden 37 – Frankfurt am Main 36 – Gießen 55 – Limburg an der Lahn 39.

🏨 **Kurhaus Ochs,** Kanonenstr. 6, ⊠ 61389, 𝒫 (06084) 4 80, Fax (06084) 4880, 🈂, 🐟, 🍸, 🔲, 🎋 – 📺 ☎ ⇔ 🅿 – 🔏 55. 🖭 🖾 𝗝𝗖𝗕
Menu à la carte 42/73 – **40 Z** 95/240 – ½ P 30.

In Schmitten-Oberreifenberg *SW : 4 km – Höhe 650 m :*

🏨 **Waldhotel** ⚘, Tannenwaldstr. 12 (O : 1 km), ⊠ 61389, 𝒫 (06082) 9 21 50, Fax (06082) 3469, 🈂 – 📺 ☎ ⇔ 🅿 – 🔏 20. 🖭 🖾 𝗩𝗜𝗦𝗔
Menu à la carte 34/65 – **15 Z** 95/188 – ½ P 19.

🏠 **Haus Burgfried** ⚘ garni, Arnoldshainer Weg 4, ⊠ 61389, 𝒫 (06082) 21 31, Fax (06082) 39326, 🖛 – 📺 ☎ ⇔
13 Z 60/120.

🏠 **Haus Reifenberg** ⚘, Vorstadt 5, ⊠ 61389, 𝒫 (06082) 9 21 00, Fax (06082) 921092, 🈂, 🖛 – 📺 ☎ ⇔ 🅿 – 🔏 40. ⚡ Zim
Menu *(Dienstag und 15. Nov. - 24. Dez. geschl.)* à la carte 26/63 – **25 Z** 95/178 – ½ P 16.

SCHMÖLLN Thüringen 🔢 N 21, 🔢 ㉓, 🔢 ㉙ – 12 000 Ew – Höhe 211 m.
Berlin 236 – Erfurt 114 – Gera 27.

🏨 **Bellevue** 🅼 ⚘, Am Pfefferberg 7, ⊠ 04626, 𝒫 (034491) 70 00, Fax (034491) 70077, ≤, 🈂 – ⇔ Zim, 📺 ☎ 📞 ⅙ ⇔ 🅿 – 🔏 30. 🖭 ⓞ 🖾 𝗩𝗜𝗦𝗔
Menu à la carte 33/56 – **15 Z** 95/195.

🏨 **Reussischer Hof** 🅼, Gößnitzer Str. 14, ⊠ 04626, 𝒫 (034491) 2 31 08, Fax (034491) 27758, 🈂 – 🛗, ⇔ Zim, 📺 ☎ ⅙ ⇔ – 🔏 50. 🖭 🖾 𝗩𝗜𝗦𝗔
Menu à la carte 30/50 – **35 Z** 90/150.

🏠 **Café Baum** 🅼, Brückenplatz 18, ⊠ 04626, 𝒫 (034491) 8 06 06, Fax (034491) 80606, 🈂 – 📺 ☎ 🅿. 🖭 𝗩𝗜𝗦𝗔
Menu à la carte 20/43 – **9 Z** 88/150.

SCHNAITTACH Bayern 🔢🔢 R 18 – 6 900 Ew – Höhe 352 m.
Berlin 409 – München 178 – Nürnberg 35 – Bayreuth 55 – Amberg 49.

🏠 **Kampfer,** Fröschau 1, ⊠ 91220, 𝒫 (09153) 6 71, Fax (09153) 4572, 🈂, 🖛 – 📺 ☎ ⇔ 🅿 ⓞ 🖾 𝗩𝗜𝗦𝗔
Mitte Dez. - Mitte Jan. geschl. – **Menu** *(Sonntagabend und Freitag geschl.)* à la carte 23/45 🍷 – **26 Z** 60/110.

In Schnaittach-Hormersdorf *NO : 10 km :*

🏠 **Motel Hormersdorf** ⚘, Arzbühlstr. 8, ⊠ 91220, 𝒫 (0 91 52) 9 29 60, Fax (09152) 929654 – 📺 ☎ 🅿. 🖾 𝗩𝗜𝗦𝗔 ⚡ Rest
Menu *(nur Abendessen)* à la carte 17/31 – **32 Z** 60/90.

In Schnaittach-Osternohe *N : 5 km – Höhe 596 m – Erholungsort – Wintersport : 480/620 m ⚡1 :*

🏠 **Berggasthof Igelwirt** ⚘, Igelweg 6 (in Schloßberg, O : 1 km), ⊠ 91220, 𝒫 (09153) 40 60, Fax (09153) 40666, ≤, 🈂 – 📺 ☎ 🅿 – 🔏 40
Aug. 2 Wochen geschl. – **Menu** *(Montag geschl.)* à la carte 20/52 🍷 – **27 Z** 62/104.

Nördlich der Autobahnausfahrt Hormersdorf *NO : 11 km :*

🏠 **Schermshöhe** (mit Gästehaus ⚘ 🔲 🈂), ⊠ 91282 Betzenstein, 𝒫 (09244) 4 66, Fax (09244) 1644, 🈂, 🖛 – ☎ ⇔ 🅿 – 🔏 50. 🖭 🖾 𝗩𝗜𝗦𝗔
28. Okt. - 5. Dez. geschl. – **Menu** à la carte 20/55 🍷 – **40 Z** 60/140.

SCHNEEBERG KREIS AUE Sachsen 🔢🔢 O 21, 🔢 ㉙ – 19 500 Ew – Höhe 487 m.
🅱 *Touristinformation, Markt 1*, ⊠ 08289, 𝒫 (03772) 2 23 47, Fax (03772) 22347.
Berlin 301 – Dresden 115 – Chemnitz 40 – Plauen 50 – Zwickau 20.

🏨 **Berghotel Steiger** ⚘, Mühlberg, ⊠ 08289, 𝒫 (03772) 2 26 74, Fax (03772) 22462, ≤, 🈂 – 🔏 50. 🖭 ⓞ 🖾 𝗩𝗜𝗦𝗔
Menu à la carte 24/49 – **31 Z** 75/140.

943

SCHNEIZLREUTH Bayern siehe Inzell.

SCHNELLDORF Bayern **419** **420** S 14 – 3 000 Ew – Höhe 530 m.
Berlin 515 – München 174 – Stuttgart 119 – Würzburg 90 – Nürnberg 83.

🏠 **Kellermann,** Am Birkenberg 1 (nahe BAB-Ausfahrt), ⊠ 91625, ℰ (07950) 20 55,
Fax (07950) 24 80, ㍿ – 🛗 📺 ☎ ⇔ 🅿 – 🔬 50. 🖭 ① 🗲 𝘝𝘐𝘚𝘈
Menu à la carte 33/66 (auch vegetarische Gerichte) – **32 Z** 77/150.

An der A 7 - Ausfahrt Feuchtwangen :

🏠 **Residenz** garni, Rudolf-Diesel-Str. 3, ⊠ 91625, ℰ (07950) 97 00, Fax (07950) 970100,
㐰 – 🛗 ⇚ ☎ 🗸 🅿 – 🔬 35. 🖭 ① 🗲 𝘝𝘐𝘚𝘈 𝘑𝘊𝘉
93 Z 91/143.

SCHNEVERDINGEN Niedersachsen **415** **416** G 13, **987** ⑯ – 16 800 Ew – Höhe 90 m – Luft-
kurort.
🛈 Tourist-Information, Schulstr. 6a, ⊠ 29640, ℰ (05193) 9 31 80, Fax (05193) 93184.
Berlin 339 – Hannover 97 – Hamburg 66 – Bremen 74.

🏡 **Landhaus Höpen** ☜, Höpener Weg 13, ⊠ 29640, ℰ (05193) 8 20, Fax (05193) 8213,
⇐, ㍿, 㐰, 🔲, ☞ – ⇚ Zim, 📺 🅿 – 🔬 80. 🗲
Menu à la carte 56/92 – **42 Z** 164/323 – ½ P 67.

🏠 **Der Heide Treff,** Osterwaldweg 55, ⊠ 29640, ℰ (05193) 80 80, Fax (05193) 808404,
㍿, 㐰, 🔲, ♨(Halle) – 🛗, ⇚ Zim, 📺 ☎ ♿ 🅿 – 🔬 120. 🖭 ① 🗲 𝘝𝘐𝘚𝘈 𝘑𝘊𝘉. ⨯ Rest
Menu à la carte 42/63 – **135 Z** 148/216 – ½ P 35.

In Schneverdingen-Tütsberg SO : 12 km :

🏡 **Hof Tütsberg** ☜ (Niedersächsischer Bauernhof a.d.16.Jh.), im Naturschutzpark,
⊠ 29640, ℰ (05199) 9 00, Fax (05199) 9050, ㍿, 㐰, ☞, ⛷, ☎ ⇔ 🅿 – 🔬 25.
① 🗲 𝘝𝘐𝘚𝘈
Menu à la carte 40/73 – **26 Z** 115/175, 3 Suiten – ½ P 33.

SCHÖFWEG Bayern **420** T 23 – 1 600 Ew – Höhe 800 m – Wintersport : 800/1011 m ⚡3 ⚡4.
🛈 Verkehrsamt, Rathaus, ⊠ 94572, ℰ (09908) 2 79, Fax (09908) 14 17.
Berlin 593 – München 176 – Deggendorf 30 – Passau 45 – Regensburg 98.

In Schöfweg-Sonnenwald SW : 5 Km :

🏠 **Sporthotel Sonnenwald** ☜, ⊠ 94572, ℰ (09908) 89 10, Fax (09908) 1019, ⇐
Bayerischer Wald und Donauebene, ㍿, Massage, 🔧, 㐰, 🔲, ☞, ♨ – 🛗 📺 ☎ ♿ ⇔
🅿. 🖭 🗲. ⨯ Zim
27. Okt. - 20. Dez. geschl. – **Menu** (Mittwoch geschl.) à la carte 28/61 – **31 Z** 80/190 –
½ P 18.

SCHÖMBERG (Kreis Calw) Baden-Württemberg **419** T 9 – 8 800 Ew – Höhe 633 m – Heil-
klimatischer Kurort und Kneippkurort – Wintersport : 500/700 m, ⚡ 1, ⚡ 1.
🛈 Kurverwaltung, Rathaus, ⊠ 75328, ℰ (07084) 1 44 44, Fax (07084) 14100.
Berlin 674 – Stuttgart 74 – Karlsruhe 47 – Pforzheim 24 – Calw 15.

🏡 **Mönch's Lamm,** Hugo-Römpler-Str. 21, ⊠ 75328, ℰ (07084) 64 12, Fax (07084) 5272,
㍿ – 🛗 📺 ☎ 🅿 – 🔬 30. 🖭 ① 🗲 𝘝𝘐𝘚𝘈
15. - 21. Nov. geschl. – **Menu** à la carte 36/63 – **40 Z** 81/192 – ½ P 22.

🏡 **Krone,** Liebenzeller Str. 15, ⊠ 75328, ℰ (07084) 70 77, Fax (07084) 6641 – 🛗, ⇚ Zim,
📺 ☎ ⇔ 🅿 – 🔬 20. 🖭 ① 🗲 𝘝𝘐𝘚𝘈
Menu à la carte 37/64 – **40 Z** 70/160 – ½ P 25.

In Schömberg-Langenbrand NW : 2 km – Luftkurort :

🏡 **Schwarzwald-Sonnenhof,** Salmbacher Str. 35, ⊠ 75328, ℰ (07084) 9 24 00,
Fax (07084) 924099, 㐰, ☞ – 🛗 📺 🅿 – 🔬 30. 𝘝𝘐𝘚𝘈 ⨯ Rest
Menu à la carte 35/64 (auch vegetarische Gerichte) – **16 Z** 49/142 – ½ P 25.

🏡 **Ehrich,** Schömberger Str. 26, ⊠ 75328, ℰ (07084) 9 24 20, Fax (07084) 924292, ㍿,
㐰, ☞ – 📺 ☎ 🅿 – 🔬 30. 🗲 𝘝𝘐𝘚𝘈
16. Nov. - 5. Dez. geschl. – **Menu** (Montag geschl.) à la carte 36/63 – **33 Z** 75/180 – ½ P 25.

In Schömberg-Oberlengenhardt SO : 3 km – Erholungsort :

🏡 **Ochsen** ☜, Burgweg 3, ⊠ 75328, ℰ (07084) 70 65, Fax (07084) 1713, ㍿, ☞ – 📺
☎ 🅿. ① 🗲 𝘝𝘐𝘚𝘈
Menu (Dienstag geschl.) à la carte 27/62 🍷 – **11 Z** 68/130 – ½ P 25.

SCHÖNAICH Baden-Württemberg siehe Böblingen.

SCHÖNAU AM KÖNIGSSEE Bayern **420** X 22 – 5 600 Ew – Höhe 620 m – Heilklimatischer Kurort – Wintersport : 560/1 800 m -≰ 1 ≰ 6 ≴ 3.

Ausflugsziele : Königssee★★ S : 2 km – St. Bartholomä : Lage★ (nur mit Schiff ab Königssee erreichbar).

🛈 Verkehrsamt, im Haus des Gastes, Rathausplatz 1, ✉ 83471, ℘ (08652) 17 60, Fax (08652) 4050.

Berlin 747 – München 159 – Bad Reichenhall 23 – Berchtesgaden 5 – Salzburg 28.

Im Ortsteil Faselsberg :

🏨 **Alpenhof** ⑤, Richard-Voss-Str. 30, ✉ 83471, ℘ (08652) 60 20, Fax (08652) 64399, ≼, 佘, 🖙, 🖾, 栞, ℅ – 🛗, ❄⭙ Zim, 🔟 🅿. 🔘 🗲 𝘝𝘐𝘚𝘈. 🛠 Rest
Anfang Nov. - Mitte Dez. geschl. – (Restaurant nur für Hausgäste) – 55 Z 120/372 – ½ P 20.

Im Ortsteil Hinterschönau :

🏠 **Bärenstüberl** (mit Gästehaus), Grünsteinstr. 65, ✉ 83471, ℘ (08652) 9 53 20, Fax (08652) 953227, 佘, 🖙, 🖾 – ❄⭙ Rest, 🔟 ☎ 🅿
Mitte April - Anfang Mai und 1. Nov. - 20 Dez. geschl. – **Menu** (Montag geschl.) à la carte 28/44 – **16 Z** 65/190 – ½ P 25.

Im Ortsteil Königssee :

🏠 **Bergheimat** Ⓜ ⑤, Brandnerstr. 16, ✉ 83471, ℘ (08652) 60 80, Fax (08652) 608300, ≼, 佘, 🖙 – 🛗 🔟 ☎ 🅿
Nov. - Mitte Dez. geschl. – **Menu** (Mitte Jan. - Mitte Mai Mittwoch geschl.) à la carte 30/57 – **40 Z** 75/196 – ½ P 28.

🏠 **Zur Seeklause**, Seestr. 6, ✉ 83471, ℘ (08652) 25 16, Fax (08652) 5667, 佘, 🖙 –
🔟 ☎ 🅿. 🆎 🔘 🗲 𝘝𝘐𝘚𝘈 𝘑𝘊𝘉. 🛠 Zim
1 Woche vor Ostern und Nov. - 25. Dez. geschl. – **Menu** (Montag geschl.) à la carte 28/57 – **14 Z** 90/190 – ½ P 25.

Im Ortsteil Oberschönau :

🏨 **Zechmeisterlehen** ⑤, Wahlstr. 35, ✉ 83471, ℘ (08652) 94 50, Fax (08652) 945299, ≼ Grünstein, Kehlstein und Hoher Göll, Massage, 🖙, 🝓 (geheizt), 🖾, 🛗 ❄⭙ 🔟 ☎ 🅿. 🗲 𝘝𝘐𝘚𝘈, 🛠 Rest
Mitte Nov. - 24. Dez. geschl. – (nur Abendessen für Hausgäste) – **39 Z** 117/336 – ½ P 29.

🏨 **Stoll's Hotel Alpina** ⑤, Ulmenweg 14, ✉ 83471, ℘ (08652) 6 50 90, Fax (08652) 61608, ≼ Kehlstein, Hoher Göll, und Watzmann, 佘, « Garten », 🖙, 🝓 (geheizt), 🖾, 栞 – 🔟 ☎ 🅿. 🆎 🗲 𝘝𝘐𝘚𝘈. 🛠 Rest
Anfang Nov. - Mitte Dez. geschl. – **Menu** (Mittwoch geschl.) (Okt. - Juni nur Abendessen, Tischbestellung ratsam) à la carte 33/56 – **53 Z** 90/230, 8 Suiten – ½ P 27.

🏨 **Georgenhof** ⑤, Modereggweg 21, ✉ 83471, ℘ (08652) 95 00, Fax (08652) 950200, ≼ Hoher Göll, Watzmann und Hochkalter, 🖙, 栞 – 🔟 ☎ 🅿. 🛠 Rest
Nov. - 15. Dez. geschl. – (nur Abendessen für Hausgäste) – **25 Z** 98/190 – ½ P 18.

Im Ortsteil Unterschönau :

🏠 **Köppeleck** ⑤, Am Köppelwald 15, ✉ 83471, ℘ (08652) 94 20, Fax (08652) 942222, ≼ Kehlstein, Jenner und Hoher Göll, 佘, 🖙, 栞 – 🛗 🔟 ☎ 🅿. 🆎 🗲 𝘝𝘐𝘚𝘈
Mai - Okt. und über Weihnachten geöffnet – **Menu** à la carte 26/50 – **45 Z** 80/140 – ½ P 16.

SCHÖNAU AN DER BREND Bayern **418 420** O 14 – 1 400 Ew – Höhe 310 m – Erholungsort.
Berlin 414 – München 356 – Bamberg 95 – Fulda 47 – Würzburg 88.

🏨 **Im Krummbachtal** ⑤, Krummbachstraße 24, ✉ 97659, ℘ (09775) 9 19 10, Fax (09775) 919191, 佘, Biergarten, 🖙, 🖾, 栞 – 🔟 ☎ 🅿 – 🔬 50. 🆎 🔘 🗲 𝘝𝘐𝘚𝘈
Menu (nur Abendessen) à la carte 31/64 – **27 Z** 85/150 – ½ P 25.

SCHÖNAU IM SCHWARZWALD Baden-Württemberg **419** W 7, **987** ㉗ – 2 500 Ew – Höhe 542 m – Luftkurort – Wintersport : 800/1 414 m ≰ 3 ≴ 4.

Ausflugsziel : Belchen ☀ ★★★, NW : 14 km.

🛈 Belchenland Information, Gentnerstr. 2, ✉ 79677, ℘ (07673) 91 81 30, Fax (07673) 9181329.

Berlin 808 – Stuttgart 186 – Freiburg im Breisgau 39 – Donaueschingen 65 – Basel 42.

945

🏠 **Adler,** Talstr. 7, ✉ 79677, ℰ (07673) 6 11, Fax (07673) 604, 🍴 – 📺 ❶ ⅇ 𝒱𝐼𝒮𝒜
Feb. 2 Wochen geschl. – **Menu** *(Montag geschl.)* à la carte 27/54 ⅃ – **10 Z** 65/140 – ½ P 23.

🏠 **Kirchbühl** ⌂, Kirchbühlstr. 6, ✉ 79677, ℰ (07673) 2 40, Fax (07673) 249, 🍴 – ☎
❶ ⓸ ⅇ 𝒱𝐼𝒮𝒜. 🛇 Zim
11. - 28. März und Mitte Nov. - Anfang Dez. geschl. – **Menu** *(Dienstag - Mittwochmittag
geschl.)* à la carte 28/71 ⅃ – **10 Z** 68/118 – ½ P 23.

In Tunau *SO : 3 km :*

♨ **Zur Tanne** ⌂ (Schwarzwaldgasthof), Alter Weg 4, ✉ 79677, ℰ (07673) 3 10,
Fax (07673) 1000, ≼, 🍴, ⅀, ▨, ☞, ⅏ – ❶
Mitte Nov. - Mitte Dez. geschl. – **Menu** *(Dienstag, Nov. - März auch Montagabend geschl.)*
à la carte 32/55 ⅃ – **13 Z** 71/146 – ½ P 15.

In Aitern-Multen *NW : 10 km :*

♨ **Jägerstüble** ⌂, an der Straße zum Belchen (Höhe 1 100 m), ✉ 79677,
ℰ (07673) 72 55, Fax (07673) 7884, 🍴 – ❶
April 2 Wochen geschl. – **Menu** à la carte 27/52 ⅃ – **15 Z** 50/100 – ½ P 18.

SCHÖNAU PFALZ *Rheinland-Pfalz* **419** *S 7 – 600 Ew – Höhe 214 m – Erholungsort.*
*Berlin 317 – Mainz 155 – Karlsruhe 66 – Saarbrücken 98 – Landau in der Pfalz 44 – Pir-
masens 70.*

🏠 **Zur Wegelnburg,** Hauptstr. 8, ✉ 66996, ℰ (06393) 9 21 20, Fax (06393) 921211, 🍴
– 📺 ☎ ❶
Jan. geschl. – **Menu** à la carte 26/60 – **14 Z** 85/150 – ½ P 10.

SCHÖNAU (RHEIN-NECKAR-KREIS) *Baden-Württemberg* **417 419** *R 10 – 4 600 Ew – Höhe
175 m.*
Berlin 643 – Stuttgart 115 – Heidelberg 18 – Mosbach 43.

🍴🍴 **Pfälzer Hof,** Ringmauerweg 1, ✉ 69250, ℰ (06228) 9 20 90, Fax (06228) 920934, 🍴
– ❶ 𝔸𝔼 ⓸ ⅇ 𝒱𝐼𝒮𝒜 ⱼⱼ𝒸𝔹
7. Jan. - 10. Feb. geschl. – **Menu** à la carte 58/89.

In Schönau-Altneudorf *N : 3 km :*

🍴 **Zum Pflug,** Altneudorfer Str. 16, ✉ 69250, ℰ (06228) 82 07, Fax (06228) 8207 – ❶
ⅇ
Menu à la carte 35/60.

SCHOENBACH *Sachsen siehe Löbau.*

SCHÖNBERG *Bayern* **420** *T 24,* **987** ③⓪ *– 4 000 Ew – Höhe 565 m – Luftkurort – Wintersport :
650/700 m ≤1 ≰1.*
🛈 *Verkehrsamt, Rathaus,* ✉ 94513, ℰ (08554) 46 04 41, Fax (08554) 2610.
Berlin 552 – München 181 – Cham 74 – Deggendorf 38 – Passau 34.

🏠 **Zur Post,** Marktplatz 19, ✉ 94513, ℰ (08554) 9 61 60, Fax (08554) 961650, 🍴 – 📺
⌂ ⇦ ❶ 𝔸𝔼 ⅇ
12. Nov. - 4. Dez. geschl. – **Menu** *(außer Saison Montag geschl.)* à la carte 22/47 ⅃ – **28 Z**
56/100 – ½ P 15.

In Schönberg-Maukenreuth *S : 3 km, über Mitternach :*

🏠 **Landhaus zur Ohe** ⌂, ✉ 94513, ℰ (08554) 9 60 70, Fax (08554) 556, ≼, 🍴, Massage, ⅀, ▨, ☞, ⸭ – ⅃ 📺 ☎ ❶ ⅇ 𝒱𝐼𝒮𝒜. 🛇 Rest
5. - 30. Nov. geschl. – **Menu** à la carte 27/44 – **52 Z** 75/190 – ½ P 20.

SCHÖNBERG *Schleswig-Holstein* **415 416** *C 15,* **987** ⑤ *– 5 000 Ew – Höhe 18 m – Erholungsort.*
🛈 *Kurverwaltung, OT Kalifornien, An der Kuhbrücksau 2,* ✉ 24217, ℰ (04344) 44 08,
Fax (04344) 4605.
Berlin 348 – Kiel 26 – Lütjenburg 22 – Preetz 19.

🏠 **Stadt Kiel,** Am Markt 8, ✉ 24217, ℰ (04344) 3 05 10, Fax (04344) 305151, 🍴, ⇦
– 📺 ☎ ❶ 𝔸𝔼 ⓸ ⅇ 𝒱𝐼𝒮𝒜. 🛇 Zim
Menu *(Dienstag geschl.)* à la carte 38/59 – **15 Z** 90/200 – ½ P 30.

🏠 **Ruser's Hotel** (mit Gästehaus), Albert-Koch-Str. 4, ✉ 24217, ℰ (04344) 20 13,
Fax (04344) 1775, 🍴, ⇦ – ⅃ 📺 ☎ ⇔ ❶
Menu *(Freitag geschl.)* à la carte 26/48 – **44 Z** 60/136 – ½ P 15.

In Schönberg-Kalifornien N : 5 km – Ostseebad :

🏠 **Kalifornien** 🌳, Deichweg 3, ⊠ 24217, ℘ (04344) 3 05 80, Fax (04344) 305852,
« Gartenterrasse » – 📺 ☎ ⇔ 🅿. 🖭 ⑨ 🖪 𝓥𝓘𝓢𝓐.
Menu (Okt. - März Montag und Nov. 2 Wochen geschl.) à la carte 29/46 – **30 Z**
65/180.

SCHÖNBORN, BAD Baden-Württemberg 𝟜𝟙𝟟 𝟜𝟙𝟡 S 9, 𝟡𝟠𝟟 ㉗ – 10 000 Ew – Höhe 110 m –
Heilbad.
🛈 Kurverwaltung im Haus des Gastes, Kraichgaustr. 10, (in Mingolsheim), ⊠ 76669,
℘ (07253) 40 46, Fax (07253) 32571.
Berlin 636 – Stuttgart 79 – Karlsruhe 41 – Heilbronn 51 – Heidelberg 25.

In Bad Schönborn-Langenbrücken :

🏠 **Zu den Drei Königen,** Huttenstr. 2, ⊠ 76669, ℘ (07253) 60 14, Fax (07253) 1838,
☆ – 📺 ☎ 🅿. 🖭 ⑨ 🖪 𝓥𝓘𝓢𝓐
Menu (Freitag - Samstagmittag und Feb. 2 Wochen geschl. à la carte 29/56 🍴 – **15 Z**
80/110 – ½ P 20.

In Bad Schönborn-Mingolsheim :

🏠 **Waldparkstube,** Waldparkstr. 1, ⊠ 76669, ℘ (07253) 97 10, Fax (07253) 97150, ⇌
– 📺 ☎ 🅿. 🖭 🖪 𝓥𝓘𝓢𝓐. 🛇 Zim
22. Dez. - 7. Jan. geschl. – **Menu** (Freitagabend - Samstag geschl.) à la carte 35/65 – **30 Z**
115/210 – ½ P 25.

🏠 **Gästehaus Prestel** 🌳, garni, Beethovenstr. 20, ⊠ 76669, ℘ (07253) 41 07,
Fax (07253) 5322, ⇌ – 🖩 ⇌ 📺 ☎ 🅿. 🛇
23. Dez. - 7. Jan. geschl. – **33 Z** 80/120.

SCHÖNEBECK Sachsen-Anhalt 𝟜𝟙𝟠 J 19, 𝟡𝟠𝟜 ⑮, 𝟡𝟠𝟟 ⑰ – 40 000 Ew – Höhe 50 m.
🛈 Schönebeck-Information, Badepark 1, (Bad Salzelmen), ⊠ 39218, ℘ (03928) 70 55 24,
Fax (03928) 705542.
Berlin 162 – Magdeburg 16 – Dessau 50 – Halberstadt 56 – Halle 71.

In Schönebeck-Bad Salzelmen SO : 1,5 km – Soleheilbad :

🏠 **Elmener Hof** garni, Bornstr. 2, ⊠ 3921861137, ℘ (03928) 78 17 00,
Fax (03928) 781777 – ⇌ 📺 ☎. 🖪 𝓥𝓘𝓢𝓐
12 Z 100/150.

🏠 **Tannenhof** garni, Luisenstr. 8, ⊠ 39218, ℘ (03928) 6 55 65, Fax (03928) 65563, ⇌
– 📺 ☎. 🖪 𝓥𝓘𝓢𝓐
16 Z 90/140.

SCHÖNECKEN Rheinland-Pfalz 𝟜𝟙𝟟 P 3, 𝟡𝟠𝟟 ㉕ – 1 900 Ew – Höhe 400 m.
Berlin 678 – Mainz 199 – Euskirchen 76 – Prüm 7,5 – Trier 56.

🏠 **Burgfrieden** 🌳, Rammenfeld 6, ⊠ 54614, ℘ (06553) 22 09, ≤, ☆ – 🅿. 🖭 ⑨ 🖪
𝓥𝓘𝓢𝓐 𝗝𝗖𝗕. 🛇 Rest
Menu (Montagmittag geschl.) à la carte 42/77 🍴 – **13 Z** 60/120.

SCHÖNERSTÄDT Sachsen siehe Gersdorf.

SCHOENFELD (ERZGEBIRGE) Sachsen 𝟜𝟙𝟠 N 24 – 350 Ew – Höhe 650 m.
Berlin 239 – Dresden 40 – Altenberg 15 – Marienberg 61.

🏠🏠 **Am Rennberg** 🌳, Am Rennberg 17, ⊠ 01776, ℘ (035052) 23 60,
Fax (035052) 23610, ≤, ☆, ⇌, ☞ – ⇌ 📺 ☎ 🅿 – 🔏 25. 🖭 🖪 𝓥𝓘𝓢𝓐
Menu à la carte 28/47 – **15 Z** 90/130 – ½ P 23.

SCHÖNFELS Sachsen siehe Zwickau.

SCHÖNHEIDE Sachsen 𝟜𝟙𝟠 𝟜𝟚𝟘 O 21 – 6 200 Ew – Höhe 650 m.
🛈 Fremdenverkehrsamt, Hauptstr. 43, (Rathaus), ⊠ 08304, ℘ (037755) 20 02.
Berlin 316 – Dresden 151 – Chemnitz 78 – Zwickau 30.

🏠 **Zum Forstmeister** 🌳, Auerbacher Str. 15, ⊠ 08304, ℘ (037755) 6 30,
🕭 Fax (037755) 6399, ☆, ⇌, ☞, 🍴 – 📺 ☎ 🅿 – 🔏 40. 🖭 ⑨ 🖪
𝓥𝓘𝓢𝓐
Menu à la carte 24/47 – **51 Z** 70/180.

🏠 **Zur Post**, Hauptstr. 101, ⊠ 08304, ☎ (037755) 51 30, *Fax (037755) 51329*, ☷ – 📺
☎ 𝗣 – ≛ 20. ஊ ⓞ ⋿ 𝘝𝘐𝘚𝘈
Menu *(Freitag geschl.)* à la carte 24/44 – **13 Z** 75/120.

🏠 **Carola**, Hauptstr. 183, ⊠ 08304, ☎ (037755) 43 30, *Fax (037755) 4340*, Biergarten –
📺 ☎ 𝗣 – ≛ 150. ஊ ⋿ 𝘝𝘐𝘚𝘈
Menu *(Montagmittag und Freitag geschl.)* à la carte 22/43 – **16 Z** 70/150.

SCHÖNSEE *Bayern* 420 *R 21,* 987 ㉘ – *2 700 Ew – Höhe 656 m – Erholungsort – Wintersport :
550/900 m ⛷5, ⛷10, Sommerrodelbahn.*
🛈 *Tourist-Information, Rathaus,* ⊠ 92539, ☎ (09674) 3 17.
Berlin 454 – München 235 – Cham 56 – Nürnberg 136 – Weiden in der Oberpfalz 51.

🏨 **St. Hubertus** ⌂, Hubertusweg 1, ⊠ 92539, ☎ (09674) 4 14, *Fax (09674) 252,* ≤, ☷,
« *Jagdmuseum* », Massage, ♨, ⓢ, ⬛, ☞, ✗(Halle) – 🛗 📺 ☎ ⬅ 𝗣 – ≛ 70. ஊ
ⓞ ⋿ 𝘝𝘐𝘚𝘈. ✗ Zim
Feb. geschl. – **Menu** à la carte 25/60 *(auch vegetarisches Menu)* – **75 Z** 105/180, 3 Suiten
– ½ P 20.

In Schönsee-Gaisthal *SW : 6 km :*

🏠 **Gaisthaler Hof**, Schönseer Str. 16, ⊠ 92539, ☎ (09674) 2 38, *Fax (09674) 8611*, ☷,
⑄, ⬛, ☞, ✗ (Reitschule) – ☎ 𝗣 ✗ Zim
Ende Nov. - Anfang Dez. geschl. – **Menu** à la carte 20/38 – **37 Z** 58/100 – ½ P 10.

SCHÖNTAL *Baden-Württemberg* 419 *S 12 – 5 700 Ew – Höhe 210 m.*
*Sehenswert : Ehemalige Klosterkirche★ (Alabasteraltäre★★) –
Klosterbauten (Ordenssaal★).*
Berlin 573 – Stuttgart 86 – Heilbronn 44 – Würzburg 67.

In Kloster Schöntal :

🏠 **Zur Post**, Hauptstr. 1, ⊠ 74214, ☎ (07943) 22 26, *Fax (07943) 2563*, Biergarten – 📺
𝗣
Mitte - Ende Nov. geschl. – **Menu** à la carte 25/42 ⚱ – **14 Z** 60/100.

🏠 **Pension Zeller** ⌂ garni, Honigsteige 21, ⊠ 74214, ☎ (07943) 6 00, *Fax (07943) 600*,
☞ – ⬅ 𝗣. ✗
20. Dez. - Mitte Jan. geschl. – **18 Z** 65/95.

SCHÖNWALD *Baden-Württemberg* 419 *V 8,* 987 ㉞ – *2 500 Ew – Höhe 988 m – Heilklimatischer
Kurort – Wintersport : 950/1 150 m ⛷4 ⛷5.*
🛈 *Kurverwaltung, Rathaus,* ⊠ 78141, ☎ (07722) 86 08 31, *Fax (07722) 860834.*
*Berlin 772 – Stuttgart 146 – Freiburg im Breisgau 49 – Donaueschingen 37 – Offenburg
63.*

🏨 **Zum Ochsen**, Ludwig-Uhland-Str. 18, ⊠ 78141, ☎ (07722) 10 45, *Fax (07722) 3018*,
≤, ☷, ⑄, ⬛, ☞, ✗, ▯9 – 📺 ☎ ⬅ 𝗣 – ≛ 20. ஊ ⓞ ⋿ 𝘝𝘐𝘚𝘈.
✗ Rest
Menu *(Dienstag - Mittwoch geschl.)* à la carte 59/85 – **37 Z** 105/327, 3 Suiten – ½ P 38.

🏨 **Dorer** ⌂, Franz-Schubert-Str. 20, ⊠ 78141, ☎ (07722) 9 50 50, *Fax (07722) 950530*,
⬛, ☞, ✗ – 📺 ☎ ⬅ 𝗣. ஊ ⓞ ⋿ 𝘝𝘐𝘚𝘈. ✗ Rest
(Restaurant nur für Hausgäste) – **19 Z** 90/180, 4 Suiten – ½ P 36.

🏨 **Silke** ⌂, Feldbergstr. 8, ⊠ 78141, ☎ (07722) 95 40, *Fax (07722) 7840,* ≤, ⛭, ⑄, ⬛,
☞ – ☎ 𝗣. ஊ ⋿ 𝘝𝘐𝘚𝘈. ✗ Rest
Anfang Nov. - 24. Dez. geschl. – **Menu** *(nur Abendessen)* à la carte 31/59 – **38 Z** 54/126
– ½ P 25.

🏠 **Landgasthof Falken**, Hauptstr. 5, ⊠ 78141, ☎ (07722) 43 12, *Fax (07722) 3233,* ⑄
– 📺 ☎ ⬅ 𝗣 ஊ ⓞ ⋿ 𝘝𝘐𝘚𝘈 𝗝𝗖𝗕
15. Nov. - 15. Dez. geschl. – **Menu** *(Donnerstag - Freitagmittag geschl.)* à la carte 36/71
– **14 Z** 65/160 – ½ P 25.

🏠 **Kaltenbach** ⌂, Oberort 3 (SO : 2 km), ⊠ 78141, ☎ (07722) 9 63 50,
Fax (07722) 963535, ⑄, ⬛, ☞ – 📺 ☎ ⬅ 𝗣. ✗ Rest
Mitte Nov. - 24. Dez. geschl. – *(nur Abendessen für Hausgäste)* – **18 Z** 75/138 –
½ P 27.

🏠 **Löwen**, Furtwanger Str. 8 (Escheck S : 2 km), ⊠ 78141, ☎ (07722) 41 14,
Fax (07722) 1891, ☞, ⬅ 𝗣. ✗
25. Nov. - 14. Dez. geschl. – **Menu** *(Mittwochabend - Donnerstag geschl.)* à la carte 30/52
– **11 Z** 62/116 – ½ P 28.

SCHÖNWALDE AM BUNGSBERG Schleswig-Holstein **415 416** D 16, **987** ⑤ ⑥ – 2 300 Ew
– Höhe 100 m – Erholungsort.
  Berlin 307 – Kiel 53 – Lübeck 44 – Neustadt in Holstein 11 – Oldenburg in Holstein 17.

XX **Altes Amt,** Eutiner Str. 39, ⊠ 23744, 𝒫 (04528) 7 75.
  ⊕. 𝒮𝒲
  Dienstag und Feb. geschl. – **Menu** (Tischbestellung ratsam) à la carte 41/69.

SCHÖPPINGEN Nordrhein-Westfalen **417** J 5 – 6 500 Ew – Höhe 94 m.
  Berlin 502 – Düsseldorf 133 – Enschede 31 – Münster (Westfalen) 33 – Osnabrück 74.

🏠 **Zum Rathaus** (mit Gästehaus), Hauptstr. 52, ⊠ 48624, 𝒫 (02555) 93 87 50,
  Fax (02555) 938751, �& – 🛗 📺 ☎ & ⊕ – 🔬 50. 🆎 ⓞ ⋿ 𝘝𝘐𝘚𝘈
  Menu (Sonntagabend - Montagmittag geschl.) à la carte 33/62 – **27 Z** 85/200.

🏠 **Alte-Post-Hotel,** Hauptstr. 82, ⊠ 48624, 𝒫 (02555) 9 39 30, Fax (02555) 939393 –
  ☎ ⇐ ⊕ – 🔬 40. 🆎 ⓞ ⋿ 𝘝𝘐𝘚𝘈. 𝒮𝒲
  Juli - Aug. 3 Wochen geschl. – **Menu** (Sonntagabend geschl.) à la carte 25/59 – **21 Z**
  55/180.

In Schöppingen-Eggerode S : 4 km :

🏠 **Winter,** Gildestr. 3, ⊠ 48624, 𝒫 (02545) 9 30 90, Fax (02545) 930915, �& – ☎ ⊕.
  𝒮𝒲 Zim
  Menu (Montag geschl.) à la carte 26/53 – **15 Z** 70/130.

XX **Haus Tegeler** mit Zim, Vechtestr. 24, ⊠ 48624, 𝒫 (02545) 9 30 30,
  Fax (02545) 930323 – ☎ ⊕. 𝒮𝒲 Zim
  Feb. - März 3 Wochen geschl. – **Menu** (Donnerstag - Freitagmittag geschl.) à la carte 31/68
  – **13 Z** 70/150.

SCHOLLBRUNN Bayern **417 419** Q 12 – 800 Ew – Höhe 412 m – Erholungsort.
  Berlin 547 – München 325 – Aschaffenburg 34 – Wertheim 11 – Würzburg 49.

🏠 **Benz** 🦶, Am Herrengrund 1, ⊠ 97852, 𝒫 (09394) 80 20, Fax (09394) 80240, ⩽, 🍽,
  🗖 , 🌿 – 📺 ☎ ⇐ ⊕ – 🔬 30. 𝒮𝒲
  Jan. geschl. – (Restaurant nur für Hausgäste) – **35 Z** 68/120 – ½ P 12.

🏠 **Zur Sonne,** Brunnenstr.1, ⊠ 97852, 𝒫 (09394) 3 44, Fax (09394) 8340, 🌿 – ☎ ⇐
  ⊕ – 🔬 50
  Jan. 3 Wochen geschl. – **Menu** (Dienstag geschl.) à la carte 23/41 🍴 – **30 Z** 65/110 –
  ½ P 20.

SCHONACH Baden-Württemberg **419** V 8 – 4 400 Ew – Höhe 885 m – Luftkurort – Wintersport :
  900/1 152 m ⸺3 ⸺4.
  🚻 Kurverwaltung, Haus des Gastes, Hauptstraße, ⊠ 78136, 𝒫 (07722) 96 48 10,
  Fax (07722) 2548.
  Berlin 769 – Stuttgart 143 – Freiburg im Breisgau 54 – Triberg 4 – Villingen-Schwenningen
  30 – Offenburg 60.

🏠 **Landhotel Rebstock,** Sommerbergstr. 10, ⊠ 78136, 𝒫 (07722) 9 61 60,
  Fax (07722) 961656, ⩽, �&, 🍽, 🗖 – 🛗 📺 ☎ ⇐ ⊕. 🆎 ⓞ ⋿ 𝘝𝘐𝘚𝘈 𝘑𝘊𝘉
  Menu (Nov. - April Dienstag geschl.) à la carte 28/62 – **25 Z** 85/148 – ½ P 30.

XX **Michel's Restaurant,** Triberger Str. 42, ⊠ 78136, 𝒫 (07722) 55 16,
  Fax (07722) 5523 – ⊕
  Montag - Dienstag geschl. – **Menu** à la carte 47/73.

SCHONGAU Bayern **419 420** W 16, **987** ㊴ – 12 000 Ew – Höhe 710 m – Erholungsort.
  🚻 Verkehrsamt, Münzstr. 5, ⊠ 86956, 𝒫 (08861) 72 16, Fax (08861) 2626.
  Berlin 623 – München 83 – Garmisch-Partenkirchen 53 – Füssen 36 – Landsberg am Lech
  27.

🏠 **Holl** 🦶, Altenstädter Str. 39, ⊠ 86956, 𝒫 (08861) 40 51, Fax (08861) 8943, ⩽ – 📺
  ☎ ⇐ ⊕ – 🔬 25. 🆎 ⓞ ⋿ 𝘝𝘐𝘚𝘈. 𝒮𝒲 Rest
  Menu (Samstag - Sonntag, Feiertage und 20. Dez. - Ende Jan. geschl.) (nur Abendessen)
  à la carte 33/60 – **22 Z** 84/170 – ½ P 35.

🏠 **Alte Post,** Marienplatz 19, ⊠ 86956, 𝒫 (08861) 2 32 00, Fax (08861) 232080 – 📺 ☎
  – 🔬 25
  24. Dez. - 10 Jan. geschl. – **Menu** (Samstag, Sonn- und Feiertage geschl.) à la carte 21/48
  🍴 – **34 Z** 60/170.

SCHOPFHEIM Baden-Württemberg **419** X 7, **987** ㉛ – 16 000 Ew – Höhe 374 m.

🛈 Verkehrsamt, Hauptstr. 31 (Rathaus), ✉ 79650, ℘ (07622) 39 61 16, Fax (07622) 396178.

Berlin 826 – Stuttgart 275 – Freiburg im Breisgau 83 – Basel 23 – Zürich 77.

🏨 **Hotel im Lus** Ⓜ garni, Hohe-Flum-Str. 55, ✉ 79650, ℘ (07622) 6 75 00, Fax (07622) 675050 – 🖵 ☎ ✇ 🅿 – 🕍 25. 🇪 VISA. ✼
20 Z 85/160.

🍴🍴 **Alte Stadtmühle**, Entegaststr. 9, ✉ 79650, ℘ (07622) 24 46, Fax (07622) 2446, 🌤
Dienstagabend - Mittwoch geschl. – **Menu** à la carte 41/77 (auch vegetarisches Menu).

🍴 **Glöggler**, Austr. 5, ✉ 79650, ℘ (07622) 21 67, Fax (07622) 2167, 🌤 – 🇪
Sonntag - Montag sowie Aug. 2 Wochen geschl. – **Menu** à la carte 28/65 ⅋.

In Schopfheim-Gersbach NO : 16 km – Erholungsort – Wintersport : 870/970 m ⚡2 :

🏨 **Mühle zu Gersbach** ⋙, Zum Bühl 4, ✉ 79650, ℘ (07620) 9 04 00, Fax (07620) 90 40 55, 🌤, 🞓 – 🖵 ☎ 🅿. 🇪 VISA
Ende Okt. 1 Woche und Jan. geschl. – **Menu** (Dienstag - Mittwochmittag geschl.) à la carte 35/80 ⅋ – **16 Z** 88/210 – ½ P 32.

In Schopfheim-Gündenhausen W : 2 km :

🏠 **Löwen**, Gündenhausen 16, ✉ 79650, ℘ (07622) 80 12, Fax (07622) 5796, 🌤, 🞓 –
🖵 ☎ ⇔ 🅿. 🇦🇪 🇪 VISA
Juni 2 Wochen geschl. – **Menu** (Sonntagabends geschl.) à la carte 26/63 ⅋ – **24 Z** 70/140.

In Schopfheim-Wiechs SW : 3 km :

🏠 **Krone-Landhaus Brunhilde** ⋙, Am Rain 6, ✉ 79650, ℘ (07622) 3 99 40, Fax (07622) 399420, ≼, 🌤, 🞕, 🞓 – 🖵 ☎ ✿ 🅿 – 🕍 20. ✼ Zim
Jan. und Aug. jeweils 2 Wochen geschl. – **Menu** (Montagmittag und Freitag geschl.) à la carte 28/68 ⅋ – **48 Z** 85/150.

In Maulburg W : 3 km :

🏠 **Murperch** garni, Hotzenwaldstr. 1, ✉ 79689, ℘ (07622) 6 78 70, Fax (07622) 678730, 🞓 – 🖵 ☎ 🅿. 🇦🇪 ⓞ 🇪 VISA
17 Z 75/155.

SCHOPSDORF Sachsen-Anhalt – 220 Ew – Höhe 70 m.
Berlin 104 – Magdeburg 50 – Brandenburg 40.

🏠 **Best Hotel** Ⓜ garni, Heidestr. 10, ✉ 39291, ℘ (03921) 92 60, Fax (03921) 926253, 🞓, 🏊 – 🛗 ✲ 🖵 ☎ ✇ & 🅿 – 🕍 40. 🇦🇪 ⓞ 🇪 VISA
74 Z 95/150.

SCHORNDORF Baden-Württemberg **419** T 12, **987** ㊳ – 37 000 Ew – Höhe 256 m.
Sehenswert : Oberer Marktplatz★.
Berlin 605 – Stuttgart 35 – Göppingen 20 – Schwäbisch Gmünd 23.

🍴🍴 **Erlenhof**, Mittlere Uferstr 70 (Erlensiedlung), ✉ 73614, ℘ (07181) 7 56 54, 🌤 – 🅿
Sonntagabend - Montag geschl. – **Menu** à la carte 34/61.

In Plüderhausen SO : 6 km :

🍴 **Altes Rathaus**, Brühlstr. 30, ✉ 73655, ℘ (07181) 98 95 65, Fax (07181) 989566, 🌤, « Fachwerkhaus a.d.J. 1569 » – 🅿. 🇦🇪
Sonn- und Feiertage geschl. – **Menu** à la carte 41/87.

In Urbach NO : 4 km :

🏠 **Zur Mühle** garni, Neumühleweg 32, ✉ 73660, ℘ (07181) 8 10 71, Fax (07181) 88283 – 🛗 ✲ 🖵 ☎ ✇ ⇔ 🅿 – 🕍 15. 🇦🇪 ⓞ 🇪 VISA. ✼
38 Z 120/180.

In Winterbach W : 4 km :

🏨 **Holiday Inn Garden Court**, Fabrikstr. 6 (nahe der B 29), ✉ 73650, ℘ (07181) 7 09 00, Fax (07181) 7090190 – 🛗 🖵 ☎ 🅿 – 🕍 40. 🇦🇪 ⓞ 🇪 VISA JCB
Menu (Samstagabend - Sonntagmittag geschl.) à la carte 32/56 – **63 Z** 167/206.

🏠 **Am Engelberg**, Ostlandstr. 2 (nahe der B 29), ✉ 73650, ℘ (07181) 70 09 60, Fax (07181) 700969, ≋, 🞕 – 🛗 ✲ Zim, 🖵 ☎ ⇔ 🅿 – 🕍 20. 🇦🇪 ⓞ 🇪 VISA. ✼ Rest
Ende Juli - Mitte Aug. geschl. – (nur Abendessen für Hausgäste) – **34 Z** 98/145.

SCHOTTEN Hessen 👤👤👤 O 11, 👤👤👤 ㉗ – 11 500 Ew – Höhe 274 m – Luftkurort – Wintersport : 600/773 m ✚5 ✚4.

🐾 Schotten-Eschenrod, Friedhofstr. 1 (SO : 5 km), 🅿 (06044) 13 75.

🅱 Stadtverwaltung, Vogelsbergstr. 184, ✉ 63679, 🅿 (06044) 66 51, Fax (06044) 6669.

Berlin 487 – Wiesbaden 100 – *Frankfurt am Main 67* – Fulda 52 – Gießen 41.

🏨 **Parkhotel,** Parkstr. 9, ✉ 63679, 🅿 (06044) 97 00, Fax (06044) 970100, 🛁, 🚫 – 🛗, ✚ Zim, 📺 🕿 🅿 – 🛎 40. 🎴 ⑩ 🅴 ⅤⅠⅤⅠ. ✚ Rest
Menu *(Sonntagabend - Montag geschl.)* (wochentags nur Abendessen) à la carte 48/71 – **40 Z** 95/155 – ½ P 30.

🏨 **Haus Sonnenberg** 🐾, Laubacher Str. 25, ✉ 63679, 🅿 (06044) 9 62 10, Fax (06044) 962188, ≼, 🍽, ≼s, 🗔, 🐎 – 🛗 📺 🕿 🅿 – 🛎 80. 🎴 🅴 ⅤⅠⅤⅠ
Menu à la carte 34/59 – **50 Z** 65/150 – ½ P 27.

🍽🍽 **Zur Linde,** Schloßgasse 3, ✉ 63679, 🅿 (06044) 15 36, Fax (06044) 3093 – 🎴 ⑩ 🅴 ⅤⅠⅤⅠ
Montag - Dienstag geschl. – **Menu** à la carte 47/72.

In Schotten-Betzenrod *NO : 2,5 km :*

🏨 **Landhaus Appel** 🐾, Altenhainer Str. 38, ✉ 63679, 🅿 (06044) 7 05, Fax (06044) 4651, ≼, 🍽, ≼s – 📺 🕿 🅿 – 🛎 50. 🎴 ⑩ 🅴 ⅤⅠⅤⅠ. ✚
Jan. 1 Woche und Juli 2 Wochen geschl. – **Menu** à la carte 29/57 *(auch vegetarische Gerichte)* 👤 – **29 Z** 58/100 – ½ P 22.

Auf dem Hoherodskopf *O : 8 km – Höhe 767 m :*

🍽🍽 **Taufsteinhütte,** ✉ 63679 Schotten-Breungeshain, 🅿 (06044) 23 81, Fax (06044) 4059, Biergarten – 🅿
Montag geschl. – **Menu** à la carte 34/57.

SCHRAMBERG Baden-Württemberg 👤👤👤 V 9, 👤👤👤 ㊳ – 19 500 Ew – Höhe 420 m – Erholungsort.

🅱 Stadt- und Bürgerinformation, Hauptstr. 25, ✉ 78713, 🅿 (07422) 2 92 15, Fax (07422) 29209.

Berlin 730 – Stuttgart 118 – *Freiburg im Breisgau 65* – Freudenstadt 37 – Villingen-Schwenningen 32.

🏨 **Bären,** Marktstr. 7, ✉ 78713, 🅿 (07422) 9 40 60, Fax (07422) 9406100, 🍽 – 🛗, ✚ Zim, 📺 🕿 ⅤⅠ 🎴 🅴 ⅤⅠⅤⅠ
6. - 11. Jan. und Aug. 3 Wochen geschl. – **Menu** *(Sonntagabend geschl.)* à la carte 29/60 – **18 Z** 93/184 – ½ P 20.

🍽🍽🍽 **Hirsch** mit Zim, Hauptstr. 11, ✉ 78713, 🅿 (07422) 2 05 30, Fax (07422) 25446 – ✚ 📺 🕿 🅴 ⅤⅠⅤⅠ
über Fastnacht 1 Woche geschl. – **Menu** *(Montag - Dienstagmittag geschl.)* (Tischbestellung ratsam) à la carte 60/97 – **5 Z** 95/260.

🍽 **Schilteckhof** 🐾 mit Zim, Schilteck 1, ✉ 78713, 🅿 (07422) 36 78, Fax (07422) 241112, ≼, 🍽 – 🅿
Ende Feb. - Mitte März und Mitte Okt. - Mitte Nov. geschl. – **Menu** *(Montag - Dienstag geschl.)* à la carte 39/57 – **4 Z** 35/70.

Außerhalb *W : 4,5 km über Lauterbacher Straße :*

🍽 **Burgstüble** 🐾 mit Zim, Hohenschramberg 1, ✉ 78713 Schramberg, 🅿 (07422) 9 59 50, Fax (07422) 959530, ≼ Schramberg und Schwarzwaldhöhen, 🍽 – 📺 🕿 🅿. 🎴 ⑩ 🅴 ⅤⅠⅤⅠ
7. - 31. Jan. und 2. - 20. Nov. geschl. – **Menu** *(Mittwoch - Donnerstag geschl.)* à la carte 26/60 👤 – **6 Z** 68/120 – ½ P 20.

In Schramberg-Sulgen *O : 5 km :*

🏨 **Drei Könige** 🐾, Birkenhofweg 10 (Richtung Hardt 1,5 km), ✉ 78713, 🅿 (07422) 5 40 91, Fax (07422) 53612, ≼, 🍽 – 🛗 📺 🕿 🅿. 🅴 ⅤⅠⅤⅠ. ✚ Zim
Aug. 3 Wochen geschl. – **Menu** *(Freitag geschl.)* (wochentags nur Abendessen) à la carte 42/65 – **17 Z** 89/162.

SCHRIESHEIM Baden-Württemberg 👤👤👤 👤👤👤 R 9 – 13 300 Ew – Höhe 120 m.

Berlin 618 – Stuttgart 130 – Darmstadt 53 – *Heidelberg 8* – Mannheim 18.

🏨 **Neues Ludwigstal,** Strahlenberger Str. 2, ✉ 69198, 🅿 (06203) 69 50, Fax (06203) 61208 – 🛗 📺 🕿 ⟺ 🅿. ⑩ 🅴 ⅤⅠⅤⅠ
Menu *(Montag - Freitag nur Abendessen)* à la carte 26/49 👤 – **39 Z** 70/130.

🍽🍽🍽 **Strahlenberger Hof** (ehem. Gutshof a.d.J. 1240), Kirchstr. 2, ✉ 69198, 🅿 (06203) 6 30 76, Fax (06203) 68590, « Wertvolle Einrichtung mit Kunstobjekten, Innenhof mit Terrasse » – 🎴 ⑩ 🅴 ⅤⅠⅤⅠ
Sonn- und Feiertage geschl. – **Menu** *(nur Abendessen)* à la carte 71/90.

XX **Strahlenburg,** Auf der Strahlenburg (O : 3 km), ⊠ 69198, ℘ (06203) 6 12 32, Fax (06203) 68685, « Terrasse mit ≤ Schriesheim » – **(P)**. ᴁ **(D)** ⴹ 𝗩𝗜𝗦𝗔
Dienstag und Jan. - Feb. geschl. – **Menu** (wochentags nur Abendessen) à la carte 34/87.

In Schriesheim-Altenbach O : 7,5 km :

⌂ **Waldhotel Bellevue** 🕭, Röschbachstr. 1, ⊠ 69198, ℘ (06220) 93 10, Fax (06220) 93165, 🐕, – ⇆ Zim, ☎ **(P)**. 🕭
Menu à la carte 27/55 🐦 – **30 Z** 70/135.

SCHROBENHAUSEN Bayern 🄌🄌 U 17, 🄌🄌🄌 ㉟ – 15 700 Ew – Höhe 414 m.
Berlin 549 – München 74 – Augsburg 42 – Ingolstadt 37 – Ulm (Donau) 113.

⌂ **Grieser,** Bahnhofstr. 36, ⊠ 86529, ℘ (08252) 8 94 90, Fax (08252) 894949, Biergarten
🕭 – 📺 ☎ 🕭 **(P)** – 🔧 25. ᴁ **(D)** ⴹ 𝗩𝗜𝗦𝗔. 🕭
Aug. 3 Wochen geschl. – **Menu** (Samstag - Sonntag geschl.) (nur Abendessen) à la carte 32/59 – **25 Z** 68/138.

⌂ **Zur Post** garni, Lenbachplatz 9, ⊠ 86529, ℘ (08252) 8 94 80, Fax (08252) 6751 – 📺
☎ 🕭. ᴁ ⴹ 𝗩𝗜𝗦𝗔
Weihnachten - Anfang Jan. geschl. – **24 Z** 79/116.

In Schrobenhausen-Hörzhausen SW : 5 km :

⌂ **Gästehaus Eder** 🕭, Bernbacher Str. 3, ⊠ 86529, ℘ (08252) 24 15, Fax (08252) 5005, 🐕, 🕭, 🔲, 🌳 – 📺 ☎ 🕭 **(P)**. ᴁ **(D)** ⴹ 𝗩𝗜𝗦𝗔
Menu (Sonntag - Montag und Mitte Aug. - Anfang Sept. geschl.) (nur Abendessen) à la carte 36/59 – **14 Z** 60/120.

SCHÜTTORF Niedersachsen 🄌🄌 J 5, 🄌🄌🄌 ⑮ – 13 600 Ew – Höhe 32 m.
Berlin 486 – Hannover 201 – Enschede 35 – Nordhorn 23 – Osnabrück 63.

🏨 **Nickisch,** Nordhorner Str. 71, ⊠ 48465, ℘ (05923) 9 66 00, Fax (05923) 966066, 🐕,
🕭 – 📳 📺 ☎ 🕭 **(P)** – 🔧 150. ᴁ **(D)** ⴹ 𝗩𝗜𝗦𝗔 𝗝𝗖𝗕. 🕭 Rest
Menu à la carte 36/63 – **22 Z** 95/160.

⌂ **Am See** 🕭, Drievordener Str. 25, ⊠ 48465, ℘ (05923) 52 90, Fax (05923) 2325, 🐕,
🕭, 🌳 – ⇆ Zim, 📺 ☎ **(P)**. ᴁ ⴹ 𝗩𝗜𝗦𝗔
Menu à la carte 29/58 – **15 Z** 70/140.

In Schüttorf-Suddendorf SW : 3 km :

🏨 **Stähle** 🕭, Postweg 43, ⊠ 48465, ℘ (05923) 96 70, Fax (05923) 5078, « Gartenterrasse », 🕭, 🔲, 🌳 – 📺 ☎ 🕭 **(P)**. ᴁ **(D)** ⴹ 𝗩𝗜𝗦𝗔 𝗝𝗖𝗕
Menu à la carte 29/59 – **20 Z** 80/190.

SCHULD Rheinland-Pfalz 🄌🄌 O 4 – 800 Ew – Höhe 270 m.
Berlin 641 – Mainz 176 – Adenau 11 – Bonn 46.

🍴 **Schäfer,** Schulstr. 2, ⊠ 53520, ℘ (02695) 3 40, Fax (02695) 1671, « Caféterrasse mit
≤ », 🕭 – **(P)**
Jan. - Feb. geschl. – **Menu** (Donnerstag geschl.) à la carte 27/49 – **11 Z** 60/120.

SCHUSSENRIED, BAD Baden-Württemberg 🄌🄌 V 12, 🄌🄌🄌 ㊳ ㊴ – 8 000 Ew – Höhe 580 m
– Heilbad.

Sehenswert : Ehemaliges Kloster (Bibliothek ★).

Ausflugsziel : Bad Schussenried-Steinhausen : Wallfahrtskirche ★ NO : 4,5 km.

🚩 Städtische Kurverwaltung, Georg-Kaess-Str. 10, ⊠ 88427, ℘ (07583) 94 01 71, Fax (07583) 4747.

Berlin 675 – Stuttgart 120 – Konstanz 104 – Ulm (Donau) 61 – Ravensburg 35.

⌂ **Barbara** garni, Georg-Kaess-Str. 2, ⊠ 88427, ℘ (07583) 26 50, Fax (07583) 4133, Massage, 🔲 – 📺 ☎ **(P)**. **(D)** ⴹ 𝗩𝗜𝗦𝗔
21 Z 85/130.

In Steinhausen NO : 5 km :

XX **Zur Barockkirche,** Dorfstr. 6, ⊠ 88427, ℘ (07583) 39 30, Fax (07583) 3285, 🐕 – **(P)**. ⴹ
Donnerstagabend geschl. – **Menu** à la carte 27/54.

SCHUTTERTAL *Baden-Württemberg* 419 *V 7 – 3 400 Ew – Höhe 421 m – Erholungsort.*
Verkehrsamt, Rathaus, Hauptstr. 5 (Dörlinbach), ✉ *77978,* ✆ *(07826) 2 38, Fax (07826) 1445.*
Berlin 779 – Stuttgart 180 – Freiburg im Breisgau 57 – Offenburg 38.

In Schuttertal-Dörlinbach *S : 2,5 km :*

Löwen, Hauptstr. 4, ✉ 77978, ✆ (07826) 9 49 90, *Fax (07826) 949950,* – P
Menu *(Okt. - Juni Dienstag geschl.)* à la carte 26/50 – **15 Z** 55/100 – ½ P 25.

SCHWABACH *Bayern* 419 420 *R 17,* 987 ㉘ *– 35 500 Ew – Höhe 328 m.*
Berlin 447 – München 167 – Nürnberg 23 – Ansbach 36.

Raab - Inspektorsgarten, Äußere Rittersbacher Str. 14 (Forsthof), ✉ 91126, ✆ (09122) 9 38 80, *Fax (09122) 938860,* – TV P – 30
Menu *(Dienstag geschl.)* à la carte 24/46 – **31 Z** 90/150.

Löwenhof, Rosenberger Str. 11, ✉ 91126, ✆ (09122) 20 47, *Fax (09122) 12625* – TV . AE E VISA
23. Dez. - 9. Jan. geschl. – **Menu** *(Sonntag geschl.)* (nur Abendessen) à la carte 27/45 – **20 Z** 105/160.

Goldener Stern, Königsplatz 12, ✉ 91126, ✆ (09122) 23 35, *Fax (09122) 5116,* Biergarten
Montag und 27. Dez. - 10. Jan. geschl. – **Menu** à la carte 24/53.

In Schwabach-Wolkersdorf *N : 4 km – siehe Nürnberg (Umgebungsplan) :*

Drexler, Wolkersdorfer Hauptstr. 42, ✉ 91126, ✆ (0911) 63 00 99, *Fax (0911) 635030,* Biergarten – TV P. AE E. Zim AT e
Aug. geschl. – **Menu** *(Freitagabend - Sonntag geschl.)* à la carte 25/48 – **37 Z** 75/115.

SCHWABENHEIM *Rheinland-Pfalz siehe Ingelheim.*

SCHWABMÜNCHEN *Bayern* 419 420 *V 16,* 987 ㊴ *– 11 000 Ew – Höhe 557 m.*
Berlin 588 – München 75 – Augsburg 25 – Kempten (Allgäu) 77 – Memmingen 58.

Deutschenbaur, Fuggerstr. 11, ✉ 86830, ✆ (08232) 40 31, *Fax (08232) 4034* – P – 25. E VISA
24. Dez. - 7. Jan. geschl. – **Menu** *(Freitag - Samstag geschl.)* à la carte 27/59 – **23 Z** 78/125.

In Untermeitingen *SO : 6 km :*

Lech Park Hotel, Lagerlechfelder Str. 28, ✉ 86836, ✆ (08232) 99 80, *Fax (08232) 998100,* – , Zim, TV P – 50. AE E VISA.
Rest
Menu (wochentags nur Abendessen) à la carte 26/55 – **59 Z** 110/165.

In Langerringen-Schwabmühlhausen *S : 9 km :*

Untere Mühle , Untere Mühle 1, ✉ 86853, ✆ (08248) 12 10, *Fax (08248) 7279,* , , , – TV P – 50. AE E VISA
Aug. 2 Wochen geschl. – **Menu** à la carte 35/65 – **39 Z** 75/160.

SCHWÄBISCH GMÜND *Baden-Württemberg* 419 *T 13,* 987 ㊳ ㊴ *– 63 000 Ew – Höhe 321 m – Wintersport : 400/781 m 6 3.*
Sehenswert : *Heiligkreuzmünster** Z **A.**
Verkehrsamt und Fremdenverkehrsverein, Im Kornhaus, ✉ *73525,* ✆ *(07171) 60 34 55, Fax (07171) 603459.*
Berlin 582 ② – Stuttgart 56 ⑤ – Nürnberg 151 ② – Ulm (Donau) 68 ③

Stadtplan siehe nächste Seite

Das Pelikan M, Türlensteg 9, ✉ 73525, ✆ (07171) 35 90, *Fax (07171) 359359* – TV P – 60. AE E VISA JCB Y n
Menu *(Samstag sowie Sonn- und Feiertage geschl.)* à la carte 44/69 – **64 Z** 95/185.

Fortuna M garni, Hauberweg 4, ✉ 73525, ✆ (07171) 10 90, *Fax (07171) 109113,* – TV P – 20. AE E VISA JCB Z s
75 Z 105/169.

Staufen garni, Pfeifergäßle 16, ✉ 73525, ✆ (07171) 6 20 85, *Fax (07171) 64517* – TV P. AE E VISA YZ a
14 Z 105/150.

SCHWÄBISCH GMÜND

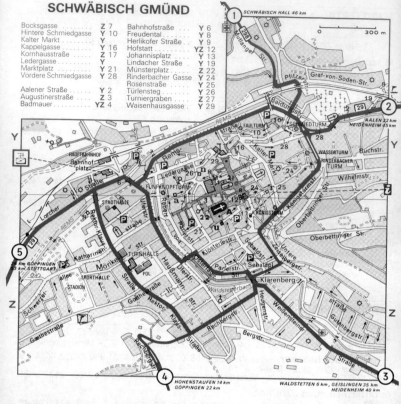

Bocksgasse . . . . Z 7
Hintere Schmiedgasse . Y 10
Kalter Markt . . . . Y
Kappelgasse . . . . Y 16
Kornhausstraße . . . . . Z 17
Ledergasse . . . . Y
Marktplatz . . . . Y 21
Vordere Schmiedgasse . Y 28

Aalener Straße . . . . . Y 2
Augustinerstraße . . . . Z 3
Badmauer . . . . YZ 4

Bahnhofstraße . . . . Y 6
Freudental . . . . Y 8
Herlikofer Straße . . Y 9
Hofstatt . . . . YZ 12
Johannisplatz . . . . . Y 13
Lindacher Straße . . Y 19
Münsterplatz . . . . . Z 22
Rinderbacher Gasse . Y 24
Rosenstraße . . . . . Y 25
Türlensteg . . . . Y 26
Turniergraben . . . . Z 27
Waisenhausgasse . . Y 29

Einhorn garni, Rinderbacher Gasse 10, ⊠ 73525, ℰ (07171) 6 30 23, Fax (07171) 61680
– 🛗 📺 ☎ ⅙. 🕮 ⊙ ☰ 𝘝𝘐𝘚𝘈   Y r
18 Z 105/160.

Fuggerei, Münstergasse 2, ⊠ 73525, ℰ (07171) 3 00 03, Fax (07171) 38382, 🍴,
« Restauriertes Fachwerkhaus a.d. 14. Jh. » – ⅙. 🅿 – 🔏 100. ☰ 𝘝𝘐𝘚𝘈   Z u
Dienstag und Aug. 2. Wochen geschl. – **Menu** à la carte 40/76.

Stadtgarten-Restaurant, Rektor-Klaus-Str. 9, ⊠ 73525, ℰ (07171) 6 90 24,
Fax (07171) 68261, 🍴, Biergarten – 🅿 – 🔏 500. 🕮 ⊙ ☰ 𝘝𝘐𝘚𝘈 𝘑𝘊𝘉   Z
Montag geschl. – **Menu** à la carte 37/64.

In Schwäbisch Gmünd-Degenfeld ③ : 14 km :

Zum Pflug 🦌, Kalte-Feld-Str. 3, ⊠ 73529, ℰ (07332) 53 42, Fax (07332) 3176 – 🅿
Juni geschl. – **Menu** (Mittwoch - Donnerstag geschl.) à la carte 24/55 ⅙ – 8 Z 48/110.

In Schwäbisch Gmünd-Hussenhofen ② : 4,5 km :

Gelbes Haus, Hauptstr. 83, ⊠ 73527, ℰ (07171) 8 23 97, Fax (07171) 88368, 🍴 –
🛗 📺 ☎ ⅙ 🅿. 🕮 ⊙ ☰ 𝘝𝘐𝘚𝘈 𝘑𝘊𝘉
Menu (Samstag und Aug. 3 Wochen geschl.) à la carte 31/62 ⅙ – **32 Z** 85/160.

In Schwäbisch Gmünd-Rechberg ④ : 8 km – Luftkurort :

Zum Rad mit Zim, Hohenstaufenstr. 1, ⊠ 73529, ℰ (07171) 4 28 20,
Fax (07171) 49115 – ☎ 🍴 🅿. 🕮 ⊙ ☰ 𝘝𝘐𝘚𝘈
16. Feb. - 8. März geschl. – **Menu** (Montag geschl.) à la carte 26/57 – **5 Z** 55/85.

In Schwäbisch Gmünd-Straßdorf ④ : 4 km :

Adler, Einhornstr. 31, ⊠ 73529, ℰ (07171) 4 10 41, Fax (07171) 42678, 🍴 – ☎ 🍴
🅿. ☰ 𝘝𝘐𝘚𝘈. 🛁 Zim
Menu (Montagabend und Juli - Aug. 3 Wochen geschl.) à la carte 27/61 – **26 Z** 68/150.

In Waldstetten *über ③ : 6 km :*

XX **Sonnenhof,** Lauchgasse 19, ⊠ 73550, ℰ (07171) 4 23 09, Fax (07171) 44843, 綿,
Biergarten – ℗. ⒶⒺ ⓪ Ⓔ
Montag geschl. – **Menu** *à la carte 45/88.*

In Böbingen a.d.R. *② : 10 km :*

🏠 **Schweizer Hof** ⌂, Bürglerstr. 11, ⊠ 73560, ℰ (07173) 9 10 80 (Hotel) 31 33 (Rest.),
Fax (07173) 12841, 綿, ⌇ (geheizt), 棗 – TV ☎ ℗. ⒶⒺ Ⓔ VISA. ⅍ Zim
Menu *à la carte 31/60 –* **24 Z** 75/120.

SCHWÄBISCH HALL *Baden-Württemberg* 419 *S 13,* 987 ㉗ *– 35 000 Ew – Höhe 270 m.*
Sehenswert : Marktplatz★★ : Rathaus★ R*, Michaelskirche (Innenraum★)* D *– Kocherufer*
≤★ F.
*Ausflugsziele : Ehemaliges Kloster Groß Comburg★ : Klosterkirche (Leuchter★★★,
Antependium★) SO : 3 km – Hohenloher Freilandmuseum★ in Wackershofen,* ④ *: 5 km.*
🏌 *Schwäbisch Hall-Dörrenzimmern (SO : 12 km),* ℰ (0791) 5 19 94.
🛈 *Tourist-Information, Am Markt 9,* ⊠ *74523,* ℰ (0791) 75 12 46, Fax (0791) 751375.
Berlin 551 ① *– Stuttgart 74* ④ *– Heilbronn 53* ① *– Nürnberg 138* ② *– Würzburg 107*
①

SCHWÄBISCH HALL

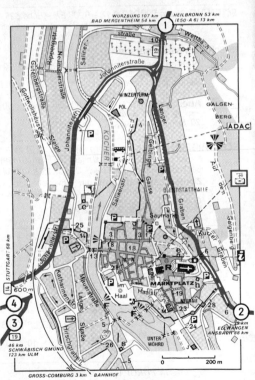

Benutzen Sie
auf Ihren Reisen in Europa
die Michelin-Länderkarten
1:400 000 bis 1:1 000 000.

Pour parcourir l'Europe,
utilisez les cartes Michelin
Grandes Routes
1/400 000 à 1/1 000 000.

🏨🏨 **Hohenlohe,** Weilertor 14, ⊠ 74523, ℰ (0791) 7 58 70, Fax (0791) 758784, ≤, 綿,
Massage, ≘, ⌇ (geheizt), 🏊 – 🛗, ⅍ Zim, TV ⅙ ⇔ ℗ – 🔺 80. ⒶⒺ ⓪ Ⓔ VISA
⅍ Rest
Menu *à la carte 44/80 (auch vegetarisches Menu) –* **103 Z** 157/348.

🏨🏨 **Der Adelshof,** Am Markt 12, ⊠ 74523, ℰ (0791) 7 58 90, Fax (0791) 6036, ≘ – 🛗
TV ℗ – 🔺 100. ⒶⒺ ⓪ Ⓔ VISA JCB
Menu *(Sonntagabend - Montag und 27. Dez. - 18. Jan. geschl.) à la carte 29/54 (auch
vegetarische Gerichte) –* **47 7** 120/180.

▣ **Kronprinz,** Bahnhofstr. 17, ⊠ 74523, ℰ (0791) 9 77 00, Fax (0791) 9770100, ☞ –
⊠, ⇄ Zim, ⟦TV⟧ ☎ & 🄿 – ⚿ 45. ⓓ Ɛ 𝚅𝙸𝚂𝙰
s
Menu à la carte 28/53 – **44 Z** 98/170.

▣ **Scholl** garni, Klosterstr. 3, ⊠ 74523, ℰ (0791) 9 75 50, Fax (0791) 975580 – ⊠ ⟦TV⟧ ☎.
ⅯⒺ Ɛ 𝚅𝙸𝚂𝙰 𝙹𝙲𝙱
h
32 Z 98/170.

In Schwäbisch Hall-Hessental ② : 3 km :

▣ **Krone,** Wirtsgasse 1, ⊠ 74523, ℰ (0791) 9 40 30, Fax (0791) 940384, ☞,
« Barocksaal », ⇄ – ⊠, ⇄ Zim, ⟦TV⟧ ☎ ✆ & ☞ 🄿 – ⚿ 150. ⅯⒺ ⓓ Ɛ 𝚅𝙸𝚂𝙰
Menu à la carte 37/68 (auch vegetarisches Menu) – **87 Z** 137/228.

▣ **Wolf,** Karl-Kurz-Str. 2, ⊠ 74523, ℰ (0791) 93 06 60, Fax (0791) 93066110 – ⊠ ⟦TV⟧ ☎
🄿 – ⚿ 40. ⅯⒺ ⓓ Ɛ 𝚅𝙸𝚂𝙰
⊛ **Eisenbahn** (Samstagmittag und Montag geschl.) **Menu** à la carte 42/84 – **28 Z** 95/165
Spez. Lammcarré auf Artischoken-Tomatenragout. Das Beste vom Hauskaninchen mit
Graupenrisotto. Hohenloher Bauernente auf zwei Arten serviert.

▣ **Haller Hof,** Schmiedsgasse 7, ⊠ 74523, ℰ (0791) 4 07 20, Fax (0791) 4072200 – ⟦TV⟧
☎ ☞ 🄿 – ⚿ 40. ⅯⒺ Ɛ 𝚅𝙸𝚂𝙰
Menu (Sonn- und Feiertage geschl.) (nur Abendessen) à la carte 30/58 – **45 Z** 89/145.

SCHWAIG Bayern ⁧419⁩⁧420⁩ R 17 – 8 200 Ew – Höhe 325 m.
Siehe Stadtplan Nürnberg (Umgebungsplan).
Berlin 429 – München 171 – Nürnberg 14 – Lauf 6,5.

In Schwaig-Behringersdorf :

▣ **Weißes Ross,** Schwaiger Str. 2, ⊠ 90571, ℰ (0911) 5 07 49 71, Fax (0911) 5075900,
☞ ☞ – ⟦TV⟧ ☎ 🄿. ⅯⒺ ⓓ Ɛ 𝚅𝙸𝚂𝙰
CS e
Menu (Sonntagabend - Montag, 1. - 12. Jan., nach Pfingsten 1 Woche und Mitte Aug. -
Anfang Sept. geschl.) à la carte 23/54 – **18 Z** 85/130.

▣ **Auer** garni, Laufer Str. 28, ⊠ 90571, ℰ (0911) 50 62 80, Fax (0911) 5075865 – ⟦TV⟧ ☎
☞ 🄿 ⅯⒺ ⓓ Ɛ 𝚅𝙸𝚂𝙰
CS n
20. Dez. - 10. Jan. geschl. – **16 Z** 70/140.

SCHWAIGERN Baden-Württemberg ⁧419⁩ S 11, ⁧987⁩ ㉗ – 10 000 Ew – Höhe 185 m.
⁛₁₈ Schwaigern-Stetten, Pfullinger Hof 1, ℰ (07138) 6 74 42.
Berlin 605 – Stuttgart 63 – Heilbronn 15 – Karlsruhe 61.

XX **Zum Alten Rentamt** mit Zim, Schloßstr. 6, ⊠ 74193, ℰ (07138) 52 58,
Fax (07138) 1325, ☞, « Historisches Fachwerkhaus mit stilvoller Einrichtung » – ⟦TV⟧ ☎
🄿 – ⚿ 12. ✻
Menu à la carte 45/80 – **13 Z** 95/200.

SCHWALBACH Saarland ⁧417⁩ S 4 – 19 200 Ew – Höhe 160 m.
Berlin 726 – Saarbrücken 25 – Kaiserslautern 84 – Saarlouis 6.

In Schwalbach-Elm SO : 2 km :

▣ **Zum Mühlenthal** garni, Bachtalstr. 214, ⊠ 66773, ℰ (06834) 50 17,
Fax (06834) 568511 – ⊠ ⟦TV⟧ ☎ ☞ 🄿
25 Z 80/140.

In Schwalbach-Hülzweiler N : 3 km :

▣ **Strauß,** Fraulauterner Str. 50, ⊠ 66773, ℰ (06831) 5 26 31, Fax (06831) 52911, ☞
– ⟦TV⟧ ☎ 🄿 – ⚿ 35. Ɛ
Menu (Montag geschl.) à la carte 26/60 – **10 Z** 79/140.

SCHWALBACH, BAD Hessen **417** P 8, **987** ㉖ – 10 000 Ew – Höhe 330 m – Heilbad.

🛈 Verkehrsbüro in der Kurverwaltung, Am Kurpark, ✉ 65307, ℰ (06124) 50 20, Fax (06124) 502464.

Berlin 588 – Wiesbaden 18 – Koblenz 58 – Limburg an der Lahn 36 – Lorch am Rhein 32 – Mainz 27.

🏠 **Café Lutz** ⌙, Parkstr. 2, ✉ 65307, ℰ (06124) 1 20 71, Fax (06124) 8620, 🏤 – 📺 ☎ 🅿 🄴
Menu (Dienstag geschl.) à la carte 26/39 ⌙ – **23 Z** 65/140 – ½ P 15.

In Hohenstein (Oberdorf) N : 7 km, 5 km über die B 54 dann links ab :

🗙 **Waffenschmiede** ⌙ mit Zim, Burgstr. 12 (in der Burg Hohenstein), ✉ 65329, ℰ (06120) 57 72, Fax (06120) 5072, ≤, 🏤 – 📺 ☎ 🅿 🄰🄴 ⑩ 🄴 𝘝𝘐𝘚𝘈
Jan. - Mitte Feb. geschl. – **Menu** (Montag - Dienstag geschl.) à la carte 43/63 – **8 Z** 80/160 – ½ P 40.

SCHWALMSTADT Hessen **417** N 11, **987** ㉗ – 18 000 Ew – Höhe 220 m.

🛈 Verkehrsbüro der Schwalm, Paradeplatz (Ziegenhain), ✉ 34613, ℰ (06691) 7 12 12, Fax (06691) 5776.

Berlin 436 – Wiesbaden 154 – Kassel 64 – Bad Hersfeld 41 – Marburg 43.

In Schwalmstadt-Ziegenhain :

🏠 **Rosengarten,** Muhlstr. 3 (B 254), ✉ 34613, ℰ (06691) 9 47 00, Fax (06691) 947030, (Fachwerkhaus a.d.J. 1620 mit Hotelanbau), 🏤 – 📺 ☎ 🅿 – 🛦 120. 🄰🄴 ⑩ 🄴 𝘝𝘐𝘚𝘈
Menu (Montag geschl.) à la carte 30/61 – **9 Z** 70/115.

🗙 **Schäfer,** Ascheröder Str. 1, ✉ 34613, ℰ (06691) 58 61, 🏤, (kleines Restaurant im ehemaligen Südbahnhof) – 🅿 🄰🄴 🄴
Montag geschl. – **Menu** à la carte 35/56 (auch vegetarische Gerichte).

SCHWALMTAL Nordrhein-Westfalen **417** M 2 – 15 000 Ew – Höhe 60 m.

Berlin 605 – Düsseldorf 46 – Köln 77 – Roermond 25 – Venlo 22.

In Schwalmtal-Amern :

⌖ **Mühlrather Mühle,** Am Hariksee, ✉ 41366, ℰ (02163) 23 32, Fax (02163) 1211, 🏤, « Mühle aus d. J. 1447 » – 📺 ☎ 🅿 🄰🄴 ⑩ 🄴 𝘝𝘐𝘚𝘈
Menu à la carte 33/65 – **15 Z** 85/160.

SCHWANAU Baden-Württemberg **419** U 7 – 5 000 Ew – Höhe 150 m.

Berlin 761 – Stuttgart 164 – Karlsruhe 90 – Freiburg im Breisgau 50 – Strasbourg 44.

In Schwanau-Ottenheim :

⌖ **Erbprinzen,** Schwarzwaldstr. 5, ✉ 77963, ℰ (07824) 24 42, Fax (07824) 4529, (Badischer Landgasthof a.d. 17. Jh.) – ⌖ 🅿 🄰🄴 ⑩ 🄴 𝘝𝘐𝘚𝘈
Menu (Montag sowie Feb. und Nov. jeweils 2 Wochen geschl.) à la carte 30/59 – **16 Z** 46/129.

SCHWANDORF Bayern **420** S 20, **987** ㉙ – 20 000 Ew – Höhe 365 m.

Berlin 452 – München 167 – Nürnberg 83 – Regensburg 41 – Weiden in der Oberpfalz 46.

🏠 **Zur Schwefelquelle,** An der Schwefelquelle 12, ✉ 92421, ℰ (09431) 7 14 70, Fax (09431) 714740, 🏤 – 📺 ☎ 🅿 ⌖ – 🛦 50. 🄰🄴 ⑩ 🄴 𝘝𝘐𝘚𝘈
Menu (Dienstag und 28. Juni - 11. Juli geschl.) à la carte 23/52 – **23 Z** 65/120.

SCHWANGAU Bayern **419 420** X 16 – 3 800 Ew – Höhe 800 m – Heilklimatischer Kurort – Wintersport : 830/1 720 m ⌇1 ⌇5 ⌇4.

Ausflugsziele : Schloß Neuschwanstein★★★ ≤★★★, S : 3 km – Schloß Hohenschwangau★ S : 4 km – Alpsee★ : Pindarplatz ≤★, S : 4 km.

🛈 Kurverwaltung, Rathaus, ✉ 87645, ℰ (08362) 8 19 80, Fax (08362) 819825.

Berlin 656 – München 116 – Füssen 3 – Kempten (Allgäu) 44 – Landsberg am Lech 60.

🏨 **König Ludwig,** Kreuzweg 11, ✉ 87645, ℰ (08362) 88 90, Fax (08362) 81779, ⚓, Massage, 💪, ⌖, ≦s, 🔲, 🏤, 🎾 – 📶 📺 ☎ 🅿 ⌖ – 🛦 80. 🎀
(Restaurant nur für Hausgäste) – **138 Z** 115/260, 10 Suiten – ½ P 10.

🏠 **Weinbauer,** Füssener Str. 3, ✉ 87645, ℰ (08362) 98 60, Fax (08362) 986113 – 📶 📺 ☎ 🅿 🄰🄴 🄴 𝘝𝘐𝘚𝘈
6. Jan. - 13. Feb. geschl. – **Menu** (Mittwoch, Nov. - April auch Donnerstag geschl.) à la carte 28/54 ⌙ – **40 7** 55/140 – ½ P 20.

🏠 **Schwanstein,** Kröb 2, ✉ 87645, 𝒫 (08362) 9 83 90, *Fax (08362) 983961,* Biergarten
– 📺 ☎ 🅿 ⒶⒺ ⓸ Ⓔ *VISA*
Menu à la carte 24/55 – **31 Z** 85/180.

🏠 **Hanselewirt,** Mitteldorf 13, ✉ 87645, 𝒫 (08362) 82 37, *Fax (08362) 81738* – 🅿
März - April 2 Wochen und Nov. geschl. – **Menu** *(Mittwoch geschl.)* à la carte 25/46 – **12 Z**
53/96.

🏠 **Post,** Münchener Str. 5, ✉ 87645, 𝒫 (08362) 9 82 18, *Fax (08362) 982155* – ☎ 🅿 ⒶⒺ
⓸ Ⓔ *VISA* 𝚓𝚌𝚋 *%* Zim
20. Nov. - 15. Dez. geschl. – **Menu** *(Montag, Okt.- Ostern auch Dienstag geschl.)* à la carte
26/61 – **33 Z** 65/160 – ½ P 20.

In Schwangau-Alterschrofen :

🏠 **Waldmann,** Parkstr. 5, ✉ 87645, 𝒫 (08362) 84 26, *Fax (08362) 8699,* 🚲 – 🚗 🅿
ⒶⒺ Ⓔ *VISA* 𝚓𝚌𝚋 *%* Zim
28. Okt. - 1. Dez. geschl. – **Menu** *(Mittwoch geschl.)* à la carte 24/49 ⚗ – **22 Z** 50/160
– ½ P 25.

In Schwangau-Brunnen :

🏠 **Martini** ⚘ garni, Seestr. 65, ✉ 87645, 𝒫 (08362) 82 57, *Fax (08362) 88177,* ≼ – 📺
🚗 🅿 Ⓔ
März - April 2 Wochen und Nov. - Mitte Dez. geschl. – **16 Z** 60/120.

In Schwangau-Hohenschwangau :

🏛 **Müller** ⚘, Alpseestr. 16, ✉ 87645, 𝒫 (08362) 8 19 90, *Fax (08362) 819913,*
« Terrasse mit ≼ » – |𝄐|, ↩ Zim, 📺 🅿 – 🔏 25. ⒶⒺ ⓸ Ⓔ *VISA* 𝚓𝚌𝚋
Nov. - 20. Dez. geschl. – **Menu** *(bemerkenswerte Weinkarte)* à la carte 36/95 – **45 Z**
140/260 – ½ P 35.

🏛 **Schloßhotel Lisl und Jägerhaus** ⚘, Neuschwansteinstr. 1, ✉ 87645,
𝒫 (08362) 88 70, *Fax (08362) 81107,* ≼, 🌳 – |𝄐|, ↩ Zim, ☎ 🚗 🅿 – 🔏 25. ⒶⒺ ⓸
Ⓔ *VISA* 𝚓𝚌𝚋
Anfang Jan. - Mitte März geschl. – **Menu** à la carte 33/74 – **47 Z** 138/356 – ½ P 28.

🗙🗙 **Meier** mit Zim, Schwangauer Str. 37, ✉ 87645, 𝒫 (08362) 8 11 52, *Fax (08362) 987028,*
🌳 – 🅿
Menu *(Dienstag und Anfang Jan. - Anfang Feb. geschl.)* à la carte 33/56 – **15 Z** 76/141
– ½ P 35.

In Schwangau-Horn :

🏛 **Rübezahl** ⚘, Am Ehberg 31, ✉ 87645, 𝒫 (08362) 83 27, *Fax (08362) 81701,* ≼, 🌳,
« Gemütlich-rustikale Einrichtung », 🛋 – |𝄐| 📺 ☎ 🅿 *VISA*
Mitte Nov. - Mitte Dez. geschl. – **Menu** *(Mittwoch geschl.)* à la carte 39/75 – **32 Z** 90/186
– ½ P 32.

🏛 **Helmerhof** ⚘, Frauenbergstr. 9, ✉ 87645, 𝒫 (08362) 80 69, *Fax (08362) 8437,* ≼,
🌳, 🛋, 🚲 – 📺 ☎ 🅿 ⒶⒺ Ⓔ *VISA*
16 März - 2. April geschl. – **Menu** *(Donnerstag geschl.)* à la carte 28/47 – **37 Z** 73/150.

In Schwangau-Waltenhofen :

🏛 **Gasthof am See** ⚘, Forggenseestr. 81, ✉ 87645, 𝒫 (08362) 83 93,
Fax (08362) 88140, ≼, 🌳, 🛋, 🚲 – |𝄐| 📺 ☎ 🅿 Ⓔ *VISA*
Mitte Nov. - Mitte Dez. geschl. – **Menu** *(Dienstag geschl.)* à la carte 26/50 ⚗ – **20 Z** 65/130
– ½ P 22.

🏛 **Café Gerlinde** ⚘ garni, Forggenseestr. 85, ✉ 87645, 𝒫 (08362) 82 33,
Fax (08362) 8486, 🛋, 🚲 – 📺 🅿
16. März - 3. April und Nov. - 20. Dez. geschl. – **17 Z** 70/150.

🏠 **Haus Kristall** ⚘ garni, Kreuzweg 24, ✉ 87645, 𝒫 (08362) 85 94, *Fax (08362) 88126,*
Massage, 🚲 – 📺 ☎ 🅿 *%*
10. Nov. - 15. Dez. geschl. – **11 Z** 52/104.

SCHWANHEIM *Rheinland-Pfalz siehe Hauenstein.*

SCHWANTE *Brandenburg* 🄸🄸🄸 *H 23* – *1 100 Ew* – *Höhe 40 m.*
Berlin 36 – Potsdam 51.

🏛 **Villa Artur** ⚘, Gemeinschaftsweg 16 (O : 1,5 km), ✉ 16727, 𝒫 (033055) 98 30,
Fax (033055) 98330, 🌳, 🛋, 🎣 – ↩ Zim, 📺 ☎ 📟 🅿 *%* Rest
Menu *(Montag - Freitag nur Abendessen)* à la carte 47/91 – **13 Z** 120/175.

SCHWARMSTEDT Niedersachsen 𝟜𝟙𝟻 𝟜𝟙𝟼 𝟜𝟙𝟽 𝟜𝟙𝟠 H 12, 𝟡𝟠𝟽 ⑯ – 4300 Ew – Höhe 30 m – Erholungsort.

🛈 Tourist-Information, Bahnhofstr. 15, ✉ 29690, 𝒫 (05071) 86 88, Fax (05071) 8689.

Berlin 310 – Hannover 51 – Bremen 88 – Celle 33 – Hamburg 118.

🏠 **Bertram,** Moorstr. 1, ✉ 29690, 𝒫 (05071) 80 80, Fax (05071) 80845, 🌣 – 🛗 📺 ☎
ℙ – 🔏 80. 🆎 ⓞ 🗉 𝘝𝘐𝘚𝘈
Menu à la carte 33/75 – **41 Z** 105/200 – ½ P 40.

In Schwarmstedt-Bothmer NW : 3 km :

🏠 **Gästehaus Schloß Bothmer** 🌊, Alte Dorfstr. 15, ✉ 29690, 𝒫 (05071) 30 37,
Fax (05071) 3039, 🌣, « Park » – 📺 ☎ ℙ. 🆎 🗉 𝘝𝘐𝘚𝘈
Menu (Montag geschl.) à la carte 37/61 – **9 Z** 150/250.

An der Straße nach Ostenholz NO : 8 km :

🏰 **Heide-Kröpke** 🌊, Esseler Damm 1, ✉ 29690 Essel, 𝒫 (05167) 97 90,
Fax (05167) 979291, 🌣, ⇆s, 🔲, 🐎, ✗ – 🛗, ⇆ Zim, 📺 ⅋ ℙ – 🔏 50. 🆎 ⓞ 🗉
𝘝𝘐𝘚𝘈 ✗ Rest
Menu à la carte 47/86 (auch vegetarisches Menu) – **62 Z** 120/290, 5 Suiten – ½ P 35.

SCHWARTAU, BAD Schleswig-Holstein 𝟜𝟙𝟻 𝟜𝟙𝟼 E 16, 𝟡𝟠𝟽 ⑤ ⑥ – 20000 Ew – Höhe 10 m – Heilbad.

🛈 Tourist-Information, Eutiner Ring 12, ✉ 23611, 𝒫 (0451) 2 00 02 42,
Fax (0451) 2000202.

Berlin 274 – Kiel 72 – Schwerin 73 – Oldenburg in Holstein 50 – Lübeck 8.

🏠 **Waldhotel Riesebusch** 🌊, Sonnenweg 1, ✉ 23611, 𝒫 (0451) 29 30 50,
Fax (0451) 283646, 🌣 – 📺 ☎ ⇔ ℙ. 🆎 🗉 𝘝𝘐𝘚𝘈 𝘑𝘊𝘉. ✗ Zim
Menu (Donnerstag geschl.) à la carte 41/66 – **25 Z** 100/170 – ½ P 30.

🏠 **Elisabeth** 🌊, Elisabethstr. 4, ✉ 23611, 𝒫 (0451) 2 17 81, Fax (0451) 283850, 🌣, 🐎
– 📺 ☎ – 🔏 40. 🆎 ⓞ 🗉 𝘝𝘐𝘚𝘈 𝘑𝘊𝘉
Menu (Sonntagabend geschl.) 14 (mittags) und à la carte 31/58 – **23 Z** 105/165 – ½ P 25.

🏠 **Haus Magdalene** garni, Lübecker Str. 69, ✉ 23611, 𝒫 (0451) 28 99 90,
Fax (0451) 2899920, 🐎 – 📺 ☎ ℙ. 🆎 ⓞ 🗉 𝘝𝘐𝘚𝘈 𝘑𝘊𝘉
23. Dez. - 3. Jan. geschl. – **10 Z** 80/130.

✗ **Olive,** Am Kurpark 3 (in der Holstein-Therme), ✉ 23611, 𝒫 (0451) 28 36 82
🌣
Montagmittag geschl. – **Menu** à la carte 42/69.

SCHWARZACH Bayern 𝟜𝟙𝟡 𝟜𝟚𝟢 Q 14 – 3100 Ew – Höhe 200 m.

Berlin 471 – München 255 – Bamberg 47 – Gerolzhofen 9 – Schweinfurt 35 – Würzburg 33.

Im Ortsteil Münsterschwarzach :

🏠 **Zum Benediktiner** 🌊 garni, Weideweg 7, ✉ 97359, 𝒫 (09324) 91 20,
Fax (09324) 912900, 🐎 – 🛗 📺 ☎ ⅋ ⇔ ℙ – 🔏 60. 🗉 𝘝𝘐𝘚𝘈
22. - 25. Dez. geschl. – **45 Z** 98/150.

✗ **Gasthaus zum Benediktiner,** Schweinfurter Str. 31, ✉ 97359, 𝒫 (09324) 9 97 98,
Fax (09324) 99799, 🌣 – ℙ. 🆎 ⓞ 🗉 𝘝𝘐𝘚𝘈
22. - 25. Dez. geschl. – **Menu** à la carte 31/55.

Im Ortsteil Stadtschwarzach :

🏠 **Schwab's Landgasthof,** Bamberger Str. 4, ✉ 97359, 𝒫 (09324) 12 51,
Fax (09324) 5291, 🌣 – 📺 ☎ ℰ
Feb. und Aug. jeweils 2 Wochen geschl. – **Menu** (Dienstagabend - Mittwoch geschl.)
à la carte 30/56 ⅛ – **11 Z** 65/120.

SCHWARZENBACH AM WALD Bayern 𝟜𝟙𝟠 𝟜𝟚𝟢 P 18 – 6500 Ew – Höhe 667 m – Wintersport : ⚡3.

Ausflugsziel : Döbraberg : Aussichtsturm ✳*, SO : 4 km und 25 min. zu Fuß.

Berlin 320 – München 283 – Coburg 65 – Bayreuth 54 – Hof 24.

In Schwarzenbach-Gottsmannsgrün SW : 3 km :

☆ **Zum Zegasttal,** ✉ 95131, 𝒫 (09289) 14 06, Fax (09289) 6807, 🌣 – ☎ ℙ. 🗉
🌣
Menu (Mittwoch geschl.) à la carte 21/53 **13 Z** 50/110 – ½ P 17.

959

In Schwarzenbach - Schübelhammer *SW : 7 km :*

🏠 **Zur Mühle,** an der B 173, ⌀ 95131, ℘ (09289) 4 24, Fax (09289) 6717, ➘, ⇌, 🔲
⇌ ⇌ ⇌ ⮐ 🅿
23. Nov. - 12. Dez. geschl. – **Menu** *(Dienstag geschl.)* à la carte 22/53 – **19 Z** 65/120 –
½ P 15.

In Schwarzenbach - Schwarzenstein *SW : 2 km :*

🏕 **Rodachtal,** Zum Rodachtal 15, ⌀ 95131, ℘ (09289) 2 39, Fax (09289) 203, ➘, ➘
⇌ – 🔲 ➘ ⇌ ⮐ 🅿 🔄 30
Mitte Okt. - Mitte Nov. geschl. – **Menu** *(Montag geschl.)* à la carte 20/47 ♨ – **23 Z** 60/120
– ½ P 18.

Dans ce guide
un même symbole, un même mot,
imprimé en **noir** *ou en rouge, en maigre ou en* **gras,**
n'ont pas tout à fait la même signification.
Lisez attentivement les pages explicatives.

SCHWARZENBACH AN DER SAALE Bayern 🔢🔢 P 19, 🔢 ㉙ – 8 000 Ew – Höhe 504 m.
Berlin 328 – München 278 – Bayreuth 50 – Hof 16 – Nürnberg 131.

🏨 **Jean-Paul Hotel,** Ludwigstr. 13, ⌀ 95126, ℘ (09284) 80 70, Fax (09284) 80777, ➘,
⇌ – 🛗, ✑ Zim, 🔲 ➘ 🅿 – 🔄 80. 🅰 🔳 𝖵𝖨𝖲𝖠
Zur Sonne : Menu à la carte 35/54 – **62 Z** 109/160.

SCHWARZENBERG Sachsen 🔢🔢 O 22, 🔢 ㉓, 🔢 ㉙ – 19 000 Ew – Höhe 427 m.
🅱 Schwarzenberg-Information, Oberes Tor 5, ⌀ 08340, ℘ (03774) 2 25 40. Fax (03774)
22540.
Berlin 300 – Dresden 125 – Chemnitz 41 – Chomutov 76 – Karlovy Vary 60 – Zwickau
36.

🏨 **Neustädter Hof,** Grünhainer Str. 24, ⌀ 08340, ℘ (03774) 12 50, Fax (03774) 125500,
Biergarten, ⇌ – 🛗, ✑ Zim, 🍽 Rest, 🔲 ➘ ✓ ♨ ⮐ 🅿 – 🔄 60. 🅰 🔳 𝖵𝖨𝖲𝖠
✗ Rest
Menu à la carte 32/58 – **74 Z** 100/179.

🏨 **Ratskeller,** Markt 1, ⌀ 08340, ℘ (03774) 1 55 70, Fax (03774) 1557158 – 🔲 ➘ –
🔄 40. 🅰 🔳 🔳 𝖵𝖨𝖲𝖠
Menu à la carte 32/58 – **13 Z** 115/160.

In Bermsgrün *S : 4 km :*

🏨 **Am Hohen Hahn** ➘, Gemeindestr. 92, ⌀ 08340, ℘ (03774) 13 10,
Fax (03774) 131150, ➘, ⇌, ✗, ✦ – 🔲 ➘ ✓ ♨ 🅿 – 🔄 20. 🅰 🔳 🔳
𝖵𝖨𝖲𝖠
Menu à la carte 34/64 – **62 Z** 115/180.

SCHWARZENFELD Bayern 🔢 R 20, 🔢 ㉙ – 6 000 Ew – Höhe 363 m.
🆕 Kemnath bei Fuhrn (SO : 9 km), ℘ (09439) 4 66.
Berlin 443 – München 175 – Nürnberg 82 – Regensburg 53 – Weiden in der Oberpfalz
38.

🏰 **Schloss Schwarzenfeld,** Schloss Str. 13, ⌀ 92521, ℘ (09435) 55 50,
Fax (09435) 555199, « Renoviertes kleines Schloß mit Hotelanbau », 🎣, ⇌ – 🛗, ✑ Zim,
🍽 🔲 ➘ ✓ ♨ 🅿 – 🔄 80. 🅰 🔳 🔳 𝖵𝖨𝖲𝖠
Menu à la carte 46/75 – **88 Z** 130/280.

In Fensterbach-Wolfringmühle *W : 7,5 km :*

🏠 **Wolfringmühle** ➘, ⌀ 92269, ℘ (09438) 9 40 20, Fax (09438) 940280, Biergarten,
⇌ 🎣, ⇌, 🔲, ➘, ✗ – 🔲 ➘ 🅿 – 🔄 100. 𝖵𝖨𝖲𝖠
Menu à la carte 22/50 – **53 Z** 62/108.

SCHWARZHEIDE Brandenburg 🔢 L 25, 🔢 ㉒ – 9 000 Ew – Höhe 100 m.
Berlin 143 – Potsdam 160 – Cottbus 56 – Dresden 56 – Görlitz 101.

🏨 **Treff Page Hotel,** Ruhlander Str. 75, ⌀ 01987, ℘ (035752) 8 40,
Fax (035752) 84100, ⇌ – 🛗, ✑ Zim, 🔲 ➘ ♨ 🅿 – 🔄 50. 🅰 🔳 🔳 🔳 𝖵𝖨𝖲𝖠
✗ Rest
Menu à la carte 32/55 – **135 Z** 145/230.

SCHWARZWALDHOCHSTRASSE *Baden-Württemberg* **419** *U 8 – 50 km lange Höhenstraße★★★ von Baden-Baden bis Freudenstadt – Wintersport : 700/1 166 m ≰21 ⚡6.*

SCHWARZWALDHOCHSTRASSE

☐ *Waldblick* . . . . Einsam gelegenes Hotel	
■ . . . . Einsam gelegenes Restaurant	
○ FORBACH . . . . . Ort mit Unterkunftsmöglichkeiten	

☐ *Waldblick* . . . . Hôtel isolé	
■ . . . . Restaurant isolé	
○ FORBACH . . . . . . Localité à ressources hôtelières	

☐ *Waldblick* . . . . Isolated hotel	
■ . . . . Isolated restaurant	
○ FORBACH . . . . Town with hotels or restaurants	

☐ *Waldblick* . . . . Albergo isolato	
■ . . . . Ristorante isolato	
○ FORBACH . . . . Localitá con risorse alberghiere	

Halten Sie beim Betreten
des Hotels oder des Restaurants
den Führer in der Hand,
zeigen damit, daß Sie aufgrund
dieser Empfehlung gekommen sind.

*Michelin hängt keine Schilder
an die empfohlenen
Hotels und Restaurants.*

*Michelin n'accroche pas
de panonceau aux hôtels
et restaurants qu'il signale.*

*Michelin puts no plaque or sign
on the hotels and restaurants
mentioned in this Guide.*

*Michelin non applica
targhe pubblicitarie agli alberghi
e ristoranti segnalati in guida.*

Hotels siehe unter : **Baiersbronn, Bühl, Seebach und Freudenstadt**

SCHWEDT *Brandenburg* **416** *G 26,* **984** *⑫,* **987** *⑲ – 46 000 Ew – Höhe 15 m.*

🛈 *Fremdenverkehrsverein, Lindenallee 36,* ⊠ *16303,* ✆ *(03332) 2 55 90, Fax (03332) 255959.*

Berlin 100 – Potsdam 136 – Neubrandenburg 98 – Szczecin 87.

🏨 **Turm-Hotel,** Heinersdorfer Damm 1, ⊠ 16303, ✆ (03332) 44 30, Fax (03332) 443299
– |≢|, ⁕ Zim, 📺 ☎ ✆ ৬ 🅿 – 🛐 70. 🆎 🅴 *VISA*
Menu à la carte 20/42 – **34 Z** 120/240.

🏨 **Andersen** garni, Gartenstr. 9, ⊠ 16303, ✆ (03332) 52 47 48, Fax (03332) 524750 –
|≢| ⁕ 📺 ☎ ✆ ⇔ 🅿 – 🛐 40. 🆎 ① 🅴 *VISA* 🇯🇨🇧
32 Z 130/170.

🏠 **Stadtpark Hotel,** Bahnhofstr. 3, ⊠ 16303, ✆ (03332) 5 37 60, Fax (03332) 537631
– 📺 ☎ 🅿. �❀
Menu à la carte 26/40 – **18 Z** 90/150.

In Zützen *SW : 4 km :*

🏠 **Oder-Hotel,** Apfelallee 2 (an der B 2), ⊠ 16306, ✆ (03332) 26 60, Fax (03332) 266266,
ゐ, ☞ – ⁕ Zim, 📺 ☎ 🅿 – 🛐 35. 🆎 🅴 *VISA*. ❀
Menu à la carte 26/38 – **33 Z** 90/185.

🏠 **IATEL,** Apfelallee 1 (an der B 2), ⊠ 16306 Zützen, ✆ (03332) 51 63 97,
Fax (03332) 516400, ゐ, ☞ – ⁕ Zim, 📺 ☎ 🅿. 🆎 ① 🅴 *VISA*
Menu à la carte 27/46 – **30 Z** 95/130.

SCHWEICH Rheinland-Pfalz **417** Q 4, **987** ㉕ – 6 200 Ew – Höhe 125 m.

🛈 Verkehrsamt, Brückenstr. 26 (Rathaus), ⊠ 54338, ℰ (06502) 40 71 17, Fax (06502) 407180

Berlin 706 – Mainz 149 – Bernkastel-Kues 36 – Trier 13 – Wittlich 24.

🏠 **Zur Moselbrücke,** Brückenstr. 1, ⊠ 54338, ℰ (06502) 9 19 00, Fax (06502) 919091, 🍴, 🚌 – 👫 Zim, 📺 ☎ 🚗 🅿 – 🔬 25. 🆎 ① 🇪 𝘝𝘐𝘚𝘈
Jan. geschl. – **Menu** *(Nov. - April Donnerstag geschl.)* à la carte 30/62 ⅄ – **24 Z** 80/150.

SCHWEIGEN-RECHTENBACH Rheinland-Pfalz **419** S 7 – 1 300 Ew – Höhe 220 m.

Berlin 690 – Mainz 162 – Karlsruhe 45 – Landau in der Pfalz 21 – Pirmasens 47 – Wissembourg 4.

🏠 **Am deutschen Weintor** garni, Bacchusstr. 1 (B 38, Rechtenbach), ⊠ 76889, ℰ (06342) 73 35, Fax (06342) 6287 – 🅿
16 Z 70/130.

SCHWEINFURT Bayern **420** P 14, **987** ㉘ – 55 000 Ew – Höhe 226 m.

🛈 Schweinfurt-Information, Brückenstr. 14, Rathaus, ⊠ 97421, ℰ (09721) 5 14 98, Fax (09721) 51605 – **ADAC,** Rückertstr. 17, ⊠ 97421, ℰ (09721) 2 22 62, Fax (09721) 21596.

Berlin 456 ② – München 287 ② – Bamberg 57 ① – Erfurt 156 ⑤ – Fulda 85 ④ – Würzburg 44 ③

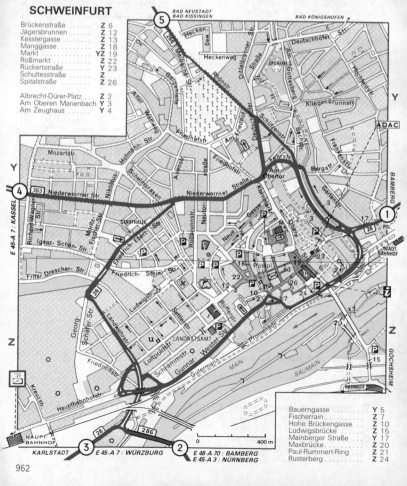

SCHWEINFURT

Brückenstraße	**Z** 6
Jägersbrunnen	**Z** 12
Kesslergasse	**Z** 13
Manggasse	**Z** 18
Markt	**YZ** 19
Roßmarkt	**Z** 22
Rückertstraße	**Y** 23
Schultesstraße	**Z**
Spitalstraße	**Z** 26
Albrecht-Dürer-Platz	**Z** 2
Am Oberen Marienbach	**Y** 3
Am Zeughaus	**Y** 4

Bauerngasse	**Y** 5
Fischerrain	**Z** 7
Hohe Brückengasse	**Z** 10
Ludwigsbrücke	**Z** 15
Mainberger Straße	**Y** 17
Maxbrücke	**Z** 20
Paul-Rummert-Ring	**Z** 21
Rusterberg	**Z** 24

🏨 **Roß,** Postplatz 9, ⊠ 97421, ℘ (09721) 2 00 10, Fax (09721) 200113, 🐾, ☎s, 🖾 –
|‡|, ⋙ Zim, 📺 ☎ ⇔, 🖭 ⓞ ⋿ 𝚅𝙸𝚂𝙰   Z r
21. Dez. - 10. Jan. geschl. – **Menu** (Montagmittag sowie Sonn- und Feiertage geschl.)
à la carte 34/63 – **54 Z** 110/220.

🏨 **Primula,** Friedrich-Rätzer-Str. 11 (Gewerbegebiet-Süd), ⊠ 97424, ℘ (09721) 77 90,
Fax (09721) 779200, 🐾 – |‡| 📺 ਠ ঙ, 🅿 – ᨠ 35. 🖭 ⓞ ⋿ 𝚅𝙸𝚂𝙰   über ③
Menu (Sonntag geschl.) à la carte 28/53 – **62 Z** 129/142.

🏨 **Zum Grafen Zeppelin,** Cramerstr. 7, ⊠ 97421, ℘ (09721) 2 21 73,
⇔ Fax (09721) 25472 – 📺 ☎. 🖭 ⓞ ⋿ 𝚅𝙸𝚂𝙰   Z u
Menu (Sonntagabend geschl.) à la carte 24/48 ⅃ – **25 Z** 61/140.

In Schweinfurt-Bergl über Hauptbahnhofstraße Z :

🏨 **Am Bergl** garni, Berliner Platz 1, ⊠ 97424, ℘ (09721) 93 60, Fax (09721) 93699 – |‡|
⋙ 📺 ☎ ੪ 🅿. 🖭 ⋿ 𝚅𝙸𝚂𝙰
42 Z 100/170.

In Bergrheinfeld ③ : 5 km :

🏨 **Weißes Roß** (mit Gästehaus), Hauptstr. 65 (B 26), ⊠ 97493, ℘ (09721) 78 97 00,
⇔ Fax (09721) 789789, 🐾 – 🅿. ⋙ Rest
Ende Dez. - Anfang Jan. und Aug. 3 Wochen geschl. – **Menu** (Montag und Juni - Juli Sonn-
tagabend geschl.) à la carte 23/47 ⅃ – **55 Z** 58/130.

SCHWEITENKIRCHEN Bayern 𝟺𝟷𝟿 𝟺𝟸𝟶 U 18 – 4 300 Ew – Höhe 537 m.
Berlin 542 – München 46 – Augsburg 70 – Landshut 60.

In Schweitenkirchen-Aufham S : 5 km, ab Autobahnausfahrt Richtung Kirchdorf :

🏨 **Landgasthof Weiß,** Otterbachstr. 42, ⊠ 85301, ℘ (08444) 8 04, Fax (08444) 91129
⇔ – 🅿. ⋙ Rest
Aug. - Sept. 3 Wochen geschl. – **Menu** (Dienstag geschl.) à la carte 21/35 – **13 Z** 45/75.

In Geisenhausen NW : 5 km :

🏨 **Hotel und Rasthaus Holledau,** An der A 9 (W : 1 km), ⊠ 85301, ℘ (08441) 80 10,
Fax (08441) 801498, 🐾, ☎s – |‡|, ⋙ Zim, 🖩 📺 ☎ ੪ ⇔ 🅿 – ᨠ 40. 🖭 ⓞ ⋿ 𝚅𝙸𝚂𝙰
Menu à la carte 30/51 – **92 Z** 125/180.

SCHWELM Nordrhein-Westfalen 𝟺𝟷𝟽 M 5, 𝟿𝟪𝟽 ⑮ ㉖ – 31 200 Ew – Höhe 220 m.
Berlin 522 – Düsseldorf 50 – Hagen 16 – Wuppertal 9.

🏨 **Wilzbach,** Obermauerstr. 11, ⊠ 58332, ℘ (02336) 9 19 00, Fax (02336) 919099,
« Geschmackvolle, individuelle Einrichtung » – |‡|, ⋙ Zim, 📺 ☎ 🅿 – ᨠ 25. 🖭 ⓞ ⋿ 𝚅𝙸𝚂𝙰
24. Dez. - 1. Jan. geschl. – **Menu** (Samstagmittag sowie Sonn- und Feiertage geschl.)
à la carte 44/89 – **39 Z** 145/270.

🏨 **Haus Wünsche** ⋙ garni, Göckinghofstr. 47, ⊠ 58332, ℘ (02336) 8 20 30,
Fax (02336) 82126, ≤, ☎s, 🖛 – 📺 ☎ ⇔ 🅿 – ᨠ 30. ⓞ ⋿ 𝚅𝙸𝚂𝙰
23. Dez. - 8. Jan. geschl. – **19 Z** 110/160.

SCHWEPNITZ Sachsen 𝟺𝟷𝟪 L 25 – 2 700 Ew – Höhe 180 m.
Berlin 163 – Dresden 42 – Kamenz 20 – Cottbus 63.

🏨 **Büka-Ambiente** ⋙, Industriestr. 1, ⊠ 01936, ℘ (035797) 6 61 93,
⇔ Fax (035797) 66192, ☎s – ⋙ Zim, 📺 ☎ 🅿 – ᨠ 40. ⓞ ⋿ 𝚅𝙸𝚂𝙰. ⋙
Menu (Samstagmittag geschl.) à la carte 21/32 – **20 Z** 98/145.

LES GUIDES MICHELIN

Guides Rouges (hôtels et restaurants) :
Benelux, España Portugal, France, Great Britain and Ireland, Italia, Suisse,
Europe, Deutschland

Guides Verts (Paysages, monuments et routes touristiques) :
Allemagne, Autriche, Belgique, Bruxelles, Californie, Canada, Ecosse,
Espagne, Europe, Florence de la Toscane, Floride, France, Grande-Bretagne,
Grèce, Hollande, Irlande, Italie, Londres, Maroc, New York, Nouvelle
Angleterre, Pays Rhénans, Portugal, Québec, Rome, Scandinavie, Suisse,
Thaïlande, Venise, Washington

... et la collection sur la France.

SCHWERIN 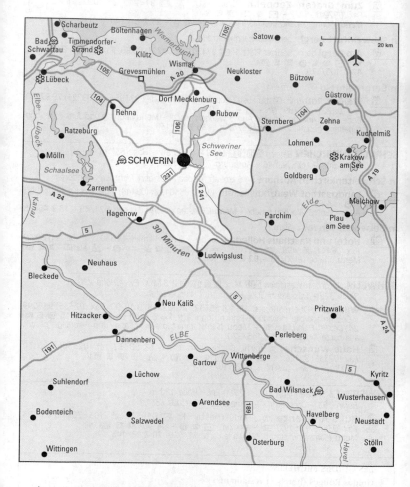 Mecklenburg-Vorpommern 416 F 18, 987 ⑥ – 116 000 Ew – Höhe 43 m.

Sehenswert : Schloß-Insel★★ (Schloß★ mit Thronsaal★, Schloßkapelle★, Schloßgarten★) –
Dom★ – Staatliches Museum★.

Ausflugsziel : Ludwigslust : Schloß und Park★ S : 36 km.

B Schwerin-Information, Am Markt 10, ⊠ 19055, ℰ (0385) 5 92 52 12,
Fax (0385) 555094.

ADAC, Lübecker Str. 18, ⊠ 19053, ℰ (0385) 5 90 52 20, Fax (0385) 5574656.

Berlin 203 – Lübeck 67 – Rostock 89.

🏨 **Holiday Inn Crowne Plaza** M, Bleicher Ufer 23, ⊠ 19053, ℰ (0385) 5 75 50,
Fax (0385) 5755777, 余, Massage, 『ゟ, 畬, 숙 – 陰, ⇔ Zim, 🔳 📺 📞 🕭 ⇔ – 🔬 150.
🖭 ⓪ 🅴 [VISA] [JCB]   AZ n
Menu à la carte 42/57 – **100 Z** 209/278.

🏨 **InterCityHotel** M, Grunthalplatz 5, ⊠ 19053, ℰ (0385) 5 95 00, Fax (0385) 5950999
– 陰, ⇔ Zim, 📺 📞 🕭 – 🔬 120. 🖭 ⓪ 🅴 [VISA]   BX s
Menu (Sonntagabend geschl.) à la carte 33/47 – **180 Z** 180/220.

🏨 **Elefant,** Goethestr. 39, ⊠ 19053, ℰ (0385) 5 30 70, Fax (0385) 5307155, 余 – 陰,
⇔ Zim, 📺 📞 🕭 🅿 – 🔬 130. 🖭 ⓪ 🅴 [VISA]   BZ a
Menu à la carte 28/55 – **33 Z** 130/160.

SCHWERIN

SCHWERIN

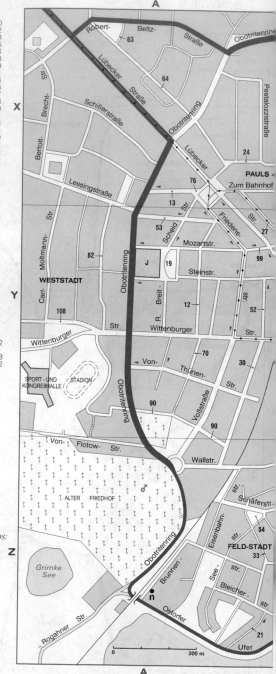

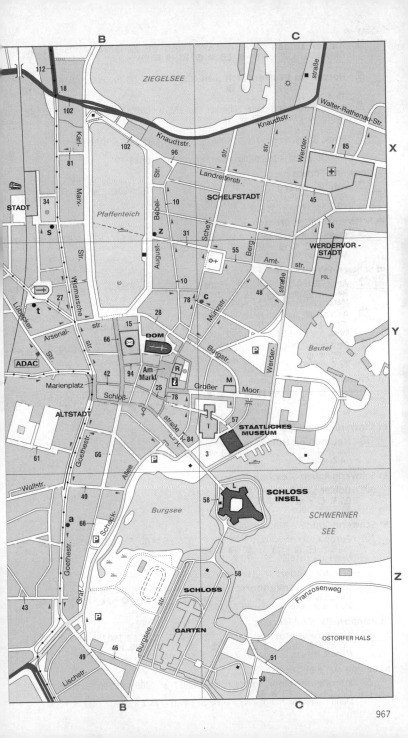

🏛 **An den Linden** garni, Franz-Mehring-Str. 26, ✉ 19053, ☎ (0385) 51 20 84,
Fax (0385) 512281, ⊆ѕ – ▐ 🔟 ☎ 🅿. 🖭 ⓐ 🗉 ₥ᵴₐ
12 Z 150/205.
BY t

🏛 **Hospiz am Pfaffenteich** garni, Gaußstr. 19, ✉ 19055, ☎ (0385) 56 56 06,
Fax (0385) 569613 – 🔟 ☎ 🅿
15 Z 110/130.
BX z

🏛 **Am Fliederberg** garni, Lübecker Str. 253 (B 104), ✉ 19059, ☎ (0385) 71 48 96,
Fax (0385) 734337 – 🔟 ☎
17 Z 85/135.
T x

✕✕ **Pück,** Schliemannstr. 2, ✉ 19055, ☎ (0385) 56 32 53, *Fax (0385) 563253*
Sonntag geschl. – Menu (nur Abendessen) à la carte 48/79.
CY c

In Schwerin-Görries :

🏛 **Am Heidberg** garni, Rogahner Str. 20, ✉ 19061, ☎ (0385) 64 66 40,
Fax (0385) 6466440, 🛋 – 🔟 ☎ 🅿
10 Z 98/146.
U e

In Schwerin-Großer Dreesch *SO : 4 km :*

🏛🏛 **Plaza** Ⓜ, Am Grünen Tal, ✉ 19063, ☎ (0385) 3 99 20, *Fax (0385) 3992188,* ⊆ѕ – ▐,
🖐 Zim, 🔟 📞 🅿 – 🔏 65. 🖭 ⓐ 🗉 ₥ᵴₐ. 🛇 Rest
Menu à la carte 43/60 – **78 Z** 183/231.
V z

In Schwerin-Krebsfördern *S : 4 km :*

🏛 **Arte,** Dorfstr. 6, ✉ 19061, ☎ (0385) 6 34 50, *Fax (0385) 6345100,* 🍴, ⊆ѕ – ▐,
🖐 Zim, 🔟 ☎ 🕭 🅿 – 🔏 30. 🖭 ⓐ 🗉 ₥ᵴₐ
Menu à la carte 50/70 – **40 Z** 187/266.
V a

🏛 **Astron** Ⓜ, Zum Schulacker 1, ✉ 19061, ☎ (0385) 6 37 00, *Fax (0385) 6370500,* 🍴,
⊆ѕ – ▐, 🖐 Zim, ▤ Rest, 🔟 ☎ 📞 🅿 – 🔏 160. 🖭 ⓐ 🗉 ₥ᵴₐ ⱼᴄʙ
Menu à la carte 35/50 – **146 Z** 160/200.
V t

🏛 **De Schün** garni, Dorfstr. 16, ✉ 19061, ☎ (0385) 64 61 20, *Fax (0385) 6461240,* 🛋
– 🔟 ☎ 🅿. 🛇
17 Z 95/140.
V n

In Schwerin-Mueß *SO : 7 km :*

🏛 **Zur Mueßer Bucht,** Mueßer Bucht 1, ✉ 19063, ☎ (0385) 64 45 00,
Fax (0385) 6445044, Biergarten, 🛋 – 🔟 ☎ 📞 🅿 – 🔏 80. 🗉
Menu à la carte 22/42 – **20 Z** 90/150.
V s

In Schwerin-Neumühle *W : 2,5 km*

🏛 **Neumühler Hof** garni, Neumühler Str. 45, ✉ 19057, ☎ (0385) 73 41 63,
Fax (0385) 719361, 🛋 – 🖐 🔟 ☎ 🕭 🅿
14 Z 100/140.
U c

In Schwerin-Raben Steinfeld *SO : 9 km über* ③ :

🏛🏛 **Dobler** garni, Peckateler Str. 5, ✉ 19065, ☎ (03860) 80 11, *Fax (03860) 8006* – ▐ 🖐
🔟 📞 🅿 – 🔏 20. 🖭 🗉 ₥ᵴₐ
31 Z 130/190.

In Schwerin-Süd *SW : 7 km über die B 321 :*

🏛🏛 **Europa,** Werkstr. 209, ✉ 19061, ☎ (0385) 6 34 00, *Fax (0385) 6340666,* ⊆ѕ – ▐,
🖐 Zim, 🔟 🅿 – 🔏 35. 🖭 ⓐ 🗉 ₥ᵴₐ
Menu à la carte 35/57 – **70 Z** 153/226.
V r

In Schwerin-Wickendorf *N : 9 km, über die B 106 :*

🏛 **Seehotel Frankenhorst** 🕭, Frankenhorst 5, ✉ 19055, ☎ (0385) 55 50 71,
Fax (0385) 555073, ≼, 🍴, « Park », ⊆ѕ, 🕭 – 🔟 ☎ 📞 🅿 – 🔏 45. 🖭 ⓐ 🗉 ₥ᵴₐ
Menu à la carte 34/49 – **38 Z** 125/200, 3 Suiten.
T b

In Pampow *SW : 8 km über über* ⑤ :

🏛 **Pampower Hof,** Schweriner Str. 39 (B 321), ✉ 19075, ☎ (03865) 7 50,
Fax (03865) 75750 – ▐ 🔟 ☎ 📞 🅿 – 🔏 100. 🖭 ⓐ 🗉 ₥ᵴₐ
Menu à la carte 29/55 – **31 Z** 120/250, 4 Suiten.

In Rampe *NO : 8 km, über* ② :

🏛 **Zum Ramper Moor,** Dorfplatz 3a, ✉ 19067, ☎ (03866) 4 62 90, *Fax (03866) 462930,*
🍴, ⊆ѕ, 🛋 – 🔟 ☎ 🅿. 🗉
Menu *(Sonntagabend geschl.)* à la carte 23/40 – **13 Z** 80/130.

In Cambs *NO : 10 km, über ② :*

🏨 **Christinenhof** ⬙, Cambser Seeweg 5, ✉ 19067, ☎ (03866) 6 60, Fax *(03866) 6655*, �& , ☞ – ⟷ Zim, 📺 ☎ ዴ 🅿 – 🔬 45. 🖭 ⅇ 𝖵𝖨𝖲𝖠
Menu à la carte 32/56 – **27 Z** 120/180.

In Langen Brütz *NO : 14 km, über ②, in Rampe rechts ab :*

🏨 **Landhaus Bondzio** ⬙ garni, Hauptstr. 21a, ✉ 19067, ☎ (03866) 4 60 50, Fax *(03866) 745*, ⇌, ☞ – 📺 ☎ 🅿. 🖭 ⅇ 𝖵𝖨𝖲𝖠
17 Z 69/110.

In Banzkow *SO : 16 km über ④ :*

🏨 **Lewitz-Mühle** Ⓜ ⬙ (Holländer Galeriemühle a.d.J. 1874), ✉ 19079, ☎ (03861) 50 50, Fax *(03861) 505444*, 🌦, Massage, ⇌, 🔲, ☞ – ❙, ⟷ Zim, 📺 ☎ ዴ 🅿 – 🔬 100. 🖭 ⅇ 𝖵𝖨𝖲𝖠
Menu à la carte 26/55 – **54 Z** 135/310.

Entrez à l'hôtel ou au restaurant le Guide à la main,
vous montrerez ainsi qu'il vous conduit là en confiance.

SCHWERTE Nordrhein-Westfalen 𝟦𝟣𝟩 L 6, 𝟫𝟪𝟩 ⑮ – 52 000 Ew – Höhe 127 m.
Berlin 491 – Düsseldorf 73 – Dortmund 13 – Hagen 19 – Hamm in Westfalen 40.

In Schwerte-Geisecke *O : 5,5 km :*

🏨 **Gutshof Wellenbad,** Zum Wellenbad 7, ✉ 58239, ☎ (02304) 48 79, Fax *(02304) 45979*, 🌦, « Rustikal-gemütliche Einrichtung » – 📺 ☎ 🅿. 🖭 ⍟ ⅇ 𝖵𝖨𝖲𝖠
🌤
Jan. 2 Wochen geschl. – **Menu** *(Donnerstag und Juli - Aug. 3 Wochen geschl.)* à la carte 61/97 – **12 Z** 125/200.

SCHWETZINGEN Baden-Württemberg 𝟦𝟣𝟩 𝟦𝟣𝟫 R 9, 𝟫𝟪𝟩 ㉗ – 22 000 Ew – Höhe 102 m.
Sehenswert : *Schloßgarten*★★.
🅱 *Verkehrsverein, Schloßplatz (Palais Hirsch)*, ✉ 68723, ☎ (06202) 49 33, Fax *(06202) 270827*.
Berlin 623 – Stuttgart 118 – Heidelberg 10 – Mannheim 16 – Speyer 16.

🏨 **Adler-Post,** Schloßstr. 3, ✉ 68723, ☎ (06202) 2 77 70, Fax (06202) 277777, 🌦, ⇌ – ⟷ Zim, 📺 ☎ ዴ ⇌ – 🔬 50. 🖭 ⍟ ⅇ 𝖵𝖨𝖲𝖠
1. - 6. Jan. geschl. – **Menu** *(außer Mai Sonntagabend - Montag sowie 7. - 11. Jan. und 30. Juli - 21. Aug. geschl.)* à la carte 54/91 – **29 Z** 129/274.

🏨 **Achat Hotel Am Schloßgarten,** Schälzigweg 1, ✉ 68723, ☎ (06202) 20 60 (Hotel), 27 13 82 (Rest.), Fax (06202) 206333, ⇌ – ❙, ⟷ Zim, 📺 ☎ ✆ 🅿 – 🔬 20. 🖭 ⅇ
𝖵𝖨𝖲𝖠
23. Dez. - 6. Jan. geschl. – **Bella Capri :** Menu à la carte 27/62 – **69 Z** 135/260.

🏨 **Ramada** garni, Carl-Benz-Str. 1 (Industriegebiet), ✉ 68723, ☎ (06202) 28 10, Fax (06202) 281222 – ❙ ⟷ 📺 ☎ ✆ ዴ ⇌ – 🔬 30. 🖭 ⍟ ⅇ 𝖵𝖨𝖲𝖠 ᴶᴄᴮ
116 Z 163/206, 6 Suiten.

🏨 **Romantik Hotel Löwe,** Schloßstr. 4, ✉ 68723, ☎ (06202) 2 80 90, Fax (06202) 10726, 🌦 – 📺 ☎ ⇌. 🖭 ⍟ ⅇ 𝖵𝖨𝖲𝖠
Menu *(Freitagmittag und Sonntagabend - Montag geschl.)* à la carte 59/83 – **Bistro Amadeus :** Menu à la carte 35/65 – **19 Z** 135/220, 3 Suiten.

🏛 **Zum Erbprinzen,** Karlsruher Str. 1, ✉ 68723, ☎ (06202) 9 32 70, Fax (06202) 932793, 🌦 – 📺 ☎. 🖭 ⅇ 𝖵𝖨𝖲𝖠
Café Journal : Menu à la carte 39/59 – **25 Z** 120/260.

🏛 **Villa Guggolz** garni, Zähringer Str. 51, ✉ 68723, ☎ (06202) 2 50 47, Fax (06202) 25049 – ⟷ 📺 ☎ 🅿. 🖭 ⅇ 𝖵𝖨𝖲𝖠
10 Z 98/165.

In Ketsch *SW : 5 km :*

🏨 **See-Hotel** ⬙, Kreuzwiesenweg 5, ✉ 68775, ☎ (06202) 69 70, Fax (06202) 697199, 🌦 – ⟷ Zim, 📺 ☎ ✆ 🅿 – 🔬 45. 🖭 ⅇ 𝖵𝖨𝖲𝖠
Menu *(Samstagmittag, Sonn- und Feiertage sowie 1. - 9. Jan. geschl.)* à la carte 51/82 – **42 Z** 110/225.

🍴 **Hirsch,** Hockenheimer Str. 47, ✉ 68775, ☎ (06202) 6 14 39, Fax (06202) 609026 – 🅿. 🖭 ⅇ
Dienstag und 1. - 21. Aug. geschl. – **Menu** à la carte 38/65 ⬙.

SCHWÖRSTADT Baden-Württemberg 🔢 X 7 – 2400 Ew – Höhe 296 m.

Berlin 829 – Stuttgart 214 – Freiburg im Breisgau 71 – Lörrach 13 – Bad Säckingen 5 – Todtmoos 26 – Basel 29.

🏨 **Schloßmatt,** Lettenbündte 5, ✉ 79739, 🅿 (07762) 5 20 70, Fax (07762) 520750, 🍴 – ✨ Zim, 📺 ☎ 🚗 🅿. 🗪 VISA
Menu (Samstagmittag und Sonntag - Montag geschl.) 35 (mittags) und à la carte 46/79 – **26 Z** 98/180.

SEBNITZ Sachsen 🔢 N 26, 🔢 ⑲ – 10500 Ew – Höhe 328 m.

🛈 Touristinformation, Schillerstr. 3, ✉ 01855, 🅿 (035971) 5 30 79, Fax (035971) 53079.
Berlin 227 – Dresden 47 – Görlitz 66.

🏨 **Sebnitzer Hof** (mit Gästehaus), Markt 13, ✉ 01855, 🅿 (035971) 90 10, Fax (035971) 901211 – 📶, ✨ Zim, ☎ 🅿 – 🔬 20. 🗪 VISA. ✨
Menu à la carte 29/50 – **76 Z** 80/150.

🏨 **Brückenschänke,** Schandauer Str.62, ✉ 01855, 🅿 (035971) 5 75 92, 🚗 Fax (035971) 57593, 🔌 – 📺 ☎ 🅿. 🗪 🗪 VISA
Menu (Sonntag - Montagmittag geschl.) à la carte 22/41 🍷 – **13 Z** 99/150.

SEEBACH Baden-Württemberg 🔢 U 8 – 1500 Ew – Höhe 406 m.

🛈 Verkehrsamt, Ruhesteinstr. 21, 🅿 (07842) 3 08 96, Fax (07842) 3270.
Berlin 736 – Stuttgart 137 – Karlsruhe 48 – Freudenstadt 35 – Baden-Baden 43.

An der Schwarzwaldhochstraße NO : 12 km, Richtung Baden-Baden :

🏨 **Berghotel Mummelsee** – Höhe 1 036 m, ✉ 77889 Seebach, 🅿 (07842) 10 88, Fax (07842) 30266, ≤, 🍴 – 📺 ☎ 🅿. 🗪 ⓞ 🗪 VISA
3. Nov. - 20. Dez. geschl. – **Menu** à la carte 28/53 – **28 Z** 70/130.

SEEFELD Bayern 🔢 🔢 V 17 – 8100 Ew – Höhe 570 m.

Berlin 619 – München 36 – Starnberg 13.

In Seefeld-Hechendorf W : 2,5 km :

🍴🍴 **Alter Wirt** mit Zim, Hauptstr. 49, ✉ 82229, 🅿 (08152) 77 35, Fax (08152) 79031, 🍴 – 📺 ☎ 🅿. ⓞ 🗪
Menu 25 à la carte 32/60 – **12 Z** 105/160.

SEEG Bayern 🔢 🔢 X 15 – 2700 Ew – Höhe 854 m – Luftkurort.

🛈 Verkehrsamt, Hauptstr. 39, ✉ 87637, 🅿 (08364) 98 30 33, Fax (08364) 983040.
Berlin 658 – München 142 – Kempten (Allgäu) 34 – Pfronten 11.

🏨 **Pension Heim** 🦢 garni, Aufmberg 8, ✉ 87637, 🅿 (08364) 2 58, Fax (08364) 1051, ≤ Voralpenlandschaft, 🔌, 🍴 – ☎ 🅿. ✨
Nov. - 25. Dez. geschl. – **16 Z** 75/144.

In Rückholz-Seeleuten SW : 2 km :

🏨 **Café Panorama** 🦢, Seeleuten 62, ✉ 87494, 🅿 (08364) 2 48, Fax (08364) 8469, ≤ Voralpenlandschaft, 🍴 – 🚗 🅿
Nov. - 25. Dez. geschl. – (Restaurant nur für Hausgäste) – **16 Z** 55/140 – ½ P 17.

SEEHAUSEN Brandenburg siehe Prenzlau.

SEEHAUSEN Sachsen siehe Leipzig.

SEEHEIM-JUGENHEIM Hessen 🔢 🔢 Q 9, 🔢 ㉗ – 16 600 Ew – Höhe 140 m – Luftkurort.
Berlin 582 – Wiesbaden 56 – Darmstadt 13 – Heidelberg 47 – Mainz 48 – Mannheim 44.

Im Ortsteil Jugenheim :

🏨 **Jugenheim** 🦢 garni, Hauptstr. 54, ✉ 64342, 🅿 (06257) 20 05 – 📺 ☎ 🔧 🅿. 🗪 ⓞ 🗪 VISA. ✨
20. Dez. - 5. Jan. geschl. – **18 Z** 95/150.

🏨 **Brandhof** 🦢, Im Stettbacher Tal 61 (O : 1,5 km), ✉ 64342, 🅿 (06257) 26 89, Fax (06257) 3523, 🍴, 🔌 – 📺 ☎ 🅿 – 🔬 40. 🗪 ⓞ 🗪 VISA
Menu à la carte 30/62 – **44 Z** 90/160.

Im Ortsteil Malchen :

🏠 **Malchen** ⬥ garni, Im Grund 21, ✉ 64342, ✆ (06151) 9 46 70, Fax (06151) 946720
– 📺 ☎ ✆ & ⬥ ⇔ 🅿 🝙 ⒶⒺ ⓞ Ⓔ 𝘝𝘐𝘚𝘈 𝗝𝗖𝗕
20 Z 110/175.

SEELBACH Baden-Württemberg 🆔 V 7 – 4 900 Ew – Höhe 217 m – Luftkurort.
🅱 Verkehrsbüro, Rathaus, ✉ 77960, ✆ (07823) 94 94 52, Fax (07823) 949451.
Berlin 774 – Stuttgart 175 – Freiburg im Breisgau 61 – Offenburg 33.

🏠 **Ochsen,** Hauptstr. 100, ✉ 77960, ✆ (07823) 9 49 50, Fax (07823) 2036, 🏠 – ☎ ⇔
🅿 – 🝙 60. ⓞ 𝘝𝘐𝘚𝘈 ✖ Zim
Feb. - März 3 Wochen geschl. – **Menu** (Mittwoch geschl.) à la carte 28/54 – **34 Z** 66/120
– ½ P 18.

In Seelbach-Schönberg NO : 6 km – Höhe 480 m

🏠 **Geroldseck** garni, Kinzigtalblick 1, ✉ 77960, ✆ (07823) 20 44, Fax (07823) 5500, ≤,
🝙, 🍽, 🞠 – ☎ 🅿 – 🝙 25. 🝙 ⓞ Ⓔ 𝘝𝘐𝘚𝘈
26 Z 82/198.

🍴 **Löwen** (Gasthof a.d.J. 1370), an der B 415, ✉ 77960, ✆ (07823) 20 44,
Fax (07823) 5500, 🏠 – 🅿 🝙 ⓞ Ⓔ 𝘝𝘐𝘚𝘈
Montag geschl. – **Menu** à la carte 34/71.

In Seelbach-Wittelbach SO : 2,5 km :

🍴 **Ochsen** mit Zim, Schuttertalstr. 5, ✉ 77960, ✆ (07823) 22 57, Fax (07823) 5631, 🏠,
🞠 – 📺 🅿 Ⓔ 𝘝𝘐𝘚𝘈 ✖
Jan. 2 Wochen, Mai - Juni und Nov. jeweils 1 Woche geschl. – **Menu** (Montagmittag und
Dienstag geschl.) à la carte 28/51 🝙 – **11 Z** 60/110 – ½ P 18.

SEELOW Brandenburg 🆔🆔 I 27, 🆔 ⑯, 🆔 ⑲ – 5 600 Ew – Höhe 20 m.
Berlin 73 – Potsdam 96 – Frankfurt (Oder) 28.

🏨 **Brandenburger Hof,** Apfelstr. 1, ✉ 15306, ✆ (03346) 8 89 40, Fax (03346) 88942,
🏠, 🝙, 🞠 – ✖ Zim, 📺 ☎ & 🅿 – 🝙 40. Ⓔ 𝘝𝘐𝘚𝘈
Menu à la carte 29/50 – **40 Z** 120/160.

SEELZE Niedersachsen siehe Hannover.

SEEON-SEEBRUCK Bayern 🆔 W 21 – 4 950 Ew – Höhe 540 m – Erholungsort.
Sehenswert : Chiemsee★.
🅱 Verkehrsamt Seebruck, Am Anger 1, ✉ 83358, ✆ (08624) 71 39, Fax (08624) 7415.
Berlin 654 – München 80 – Bad Reichenhall 55 – Wasserburg am Inn 26 – Rosenheim 39.

Im Ortsteil Seebruck – Luftkurort

🏠 **Wassermann,** Ludwig-Thoma-Str.1, ✉ 83358, ✆ (08667) 87 10, Fax (08667) 871498,
≤, 🏠, 🝙, 🍽 – 🛗 📺 ☎ 🅿 – 🝙 40. 🝙 Ⓔ 𝘝𝘐𝘚𝘈 ✖ Zim
5. Jan. - 7. Feb. geschl. – **Menu** à la carte 35/59 – **42 Z** 111/220 – ½ P 32.

🍴🍴 **Segelhafen,** Im Yachthafen 7, ✉ 83358, ✆ (08667) 6 11, Fax (08667) 7094, ≤, 🏠
– 🅿 – 🝙 80. ⓞ Ⓔ 𝘝𝘐𝘚𝘈
Montag geschl. – **Menu** à la carte 38/70.

Im Ortsteil Seebruck-Lambach SW : 3 km ab Seebruck :

🏨 **Malerwinkel,** ✉ 83358, ✆ (08667) 8 88 00, Fax (08667) 888044, « Terrasse mit
≤ Chiemsee und Alpen », 🝙, 🐾, 🞠 – 📺 ☎ 🅿
Menu (Tischbestellung ratsam) à la carte 38/70 – **20 Z** 105/230.

SEESEN Niedersachsen 🆔 K 14, 🆔 ⑯ ⑰ – 22 500 Ew – Höhe 250 m.
🅱 Tourist-Information, Marktstr. 1, ✉ 38723, ✆ (05381) 7 52 43, Fax (05381) 75261.
Berlin 294 – Hannover 78 – Braunschweig 62 – Göttingen 53 – Goslar 26.

🏨🏨 **Goldener Löwe,** Jacobsonstr. 20, ✉ 38723, ✆ (05381) 93 30, Fax (05381) 933444,
🏠 – 🛗 ✖ Zim, 📺 ⇔ – 🝙 70. 🝙 ⓞ Ⓔ 𝘝𝘐𝘚𝘈
Menu (Samstagmittag geschl.) à la carte 45/75 – **Brasserie : Menu** à la carte 37/60 –
40 Z 145/230

🏠 **Zum Alten Fritz,** Frankfurter Str. 2, ✉ 38723, 𝄞 (05381) 9 49 30, Fax (05381) 949340, 🍽, 🚬 – 📶 📺 ☎ 🅿 – 🍴 60. 🅰🅴 ⊙ 🅴 🆅🅸🆂🅰
Menu à la carte 31/56 – **25 Z** 75/150.

🏠 **Wilhelmsbad,** Frankfurter Str. 10, ✉ 38723, 𝄞 (05381) 10 35, Fax (05381) 47590, Biergarten – 📺 ☎ 🚬 🅿. 🅰🅴 ⊙ 🅴 🆅🅸🆂🅰. ⚡ Rest
Menu (Sonntag geschl.) à la carte 29/58 – **19 Z** 85/155.

SEESHAUPT Bayern 🔢🔢 W 17 – 2 800 Ew – Höhe 600 m.
Berlin 635 – München 49 – Garmisch-Partenkirchen 46 – Weilheim 14 – Starnberg 26.

🏠 **Sterff** garni, Penzberger Str. 6, ✉ 82402, 𝄞 (08801) 17 11, Fax (08801) 2598, 🌳 –
📺 ☎ 🅿. 🅴 🆅🅸🆂🅰. ⚡
20. Dez. - 6.Jan. geschl. – **24 Z** 85/135.

SEESTERMÜHE Schleswig-Holstein 🔢🔢 E 12 – 800 Ew – Höhe 3 m.
Berlin 323 – Kiel 99 – Hamburg 50 – Cuxhaven 77 – Itzehoe 34.

🍴🍴 **To'n Vossbau,** Am Altenfeldsdeich 3, ✉ 25371, 𝄞 (04125) 3 13, Fax (04125) 262 –
🅿
Dienstag und Okt. 2 Wochen geschl. – **Menu** (wochentags nur Abendessen, April - Sept. Samstag auch Mittagessen) à la carte 43/84.

SEEVETAL Niedersachsen 🔢🔢 F 14, 🔢🔢 ⑤ ⑯ – 38 000 Ew – Höhe 25 m.
🏌 Seevetal-Helmstorf, Am Hockenberg 100, 𝄞 (04105) 5 22 45.
Berlin 298 – Hannover 130 – Hamburg 26 – Bremen 101 – Lüneburg 33.

In Seevetal-Hittfeld :

🏠 **Krohwinkel,** Kirchstr. 15, ✉ 21218, 𝄞 (04105) 25 07, Fax (04105) 53799, (Spielbank im Hause) – 📺 ☎ 🅿 – 🍴 25. 🅰🅴 ⊙ 🅴 🆅🅸🆂🅰 🅹🅲🅱
Menu à la carte 31/66 – **16 Z** 98/165.

In Seevetal-Maschen :

🏠🏠 **Maack,** Hamburger Str. 6, ✉ 21220, 𝄞 (04105) 81 70, Fax (04105) 817777 – 📶,
⚡ Zim, 📺 ☎ 🅿 – 🍴 60. 🅰🅴 ⊙ 🅴 🆅🅸🆂🅰
Menu à la carte 34/68 – **90 Z** 85/178.

SEEWALD Baden-Württemberg 🔢🔢 U 9 – 2 400 Ew – Höhe 750 m – Luftkurort – Wintersport :
700/900 m ⚡1 🎿2.
🅱 Rathaus in Besenfeld, Freudenstädter Str. 12, ✉ 72297, 𝄞 (07447) 9 46 00, Fax (07447) 946015.
Berlin 709 – Stuttgart 76 – Karlsruhe 80 – Freudenstadt 23 – Altensteig 13.

In Seewald-Besenfeld

🏠🏠 **Oberwiesenhof,** Freudenstädter Str. 60 (B 294), ✉ 72297, 𝄞 (07447) 28 00,
Fax (07447) 280333, 🍽, 🚬, 🔲, 🌳, 🍴 – 📶, ⚡ Zim, 📺 ☎ 🚬 🅿 – 🍴 60. 🅰🅴 ⊙
🅴 🆅🅸🆂🅰. ⚡ Rest
7. - 18. Jan. geschl. – **Menu** à la carte 41/72 – **53 Z** 86/190, 7 Suiten – ½ P 29.

🏠 **Café Konradshof** ⚡ garni, Freudenstädter Str. 65 (B 294), ✉ 72297, 𝄞 (07447)
9 46 40, Fax (07447) 946413, 🌳 – 📶 📺 ☎ 🚬 🅿. 🅰🅴 🅴 🆅🅸🆂🅰. ⚡
1. - 14. Nov. geschl. – **13 Z** 55/118.

🏠 **Sonnenblick,** Freudenstädter Str. 40 (B 294), ✉ 72297, 𝄞 (07447) 93 30,
Fax (07447) 933200, 🔲, 🌳 – 📶 📺 🚬 🅿
Mitte Nov. - Mitte Dez. geschl. – **Menu** (Dienstag geschl.) à la carte 30/59 – **26 Z** 63/122
– ½ P 22.

🏠 **Pferdekoppel-Unterwiesenhof** ⚡, Kniebisstr. 65, ✉ 72297, 𝄞 (07447) 3 64,
🚬 Fax (07447) 1627, ≤, 🍽, 🌳, 🐎 (Halle, Schule) – 📺 ☎ 🅿. 🅴
Ende Okt. - Ende Nov. geschl. – **Menu** (Montag geschl.) à la carte 24/54 – **16 Z** 57/120
– ½ P 15.

SEGEBERG, BAD Schleswig-Holstein 415 416 E 14, 987 ⑤ – 15 100 Ew – Höhe 45 m – Heilbad und Luftkurort.

   🚇 Wensin, Feldscheide (NO : 10 km), ℰ (04559) 13 60.

   🔢 Tourist-Information, Oldesloer Str. 20, ✉ 23795, ℰ (04551) 9 64 90, Fax (04551) 964915.

   Berlin 302 – Kiel 47 – Hamburg 69 – Lübeck 31 – Neumünster 26.

In Bad Segeberg-Schackendorf NW : 5 km :

   XX **Immenhof**, Neukoppel 1, ✉ 23795, ℰ (04551) 32 44, Fax (04551) 4765, 😀 – ℗. 🅰🅴 🕒 VISA

     Donnerstag geschl. – **Menu** à la carte 38/76 (auch vegetarische Gerichte).

In Högersdorf SW : 3,5 km :

   XX **Landhaus Holsteiner Stuben** 🍴 mit Zim, Dorfstr. 19, ✉ 23795, ℰ (04551) 40 41, Fax (04551) 1576, 😀, 🌳 – 📺 ☎ ℗. 🅰🅴 🕒 ⓔ VISA

     Feb. 2 Wochen geschl. – **Menu** (Mittwoch geschl.) à la carte 33/61 – **6 Z** 85/130.

In Rohlstorf-Warder NO : 8 km :

   🏨 **Gasthof am See** 🍴 (mit Gästehaus), Seestr. 25, ✉ 23821, ℰ (04559) 18 90, Fax (04559) 720, ≤, 😀, « Lage am See », 🈂, 🌳 – 📶, 🍴 Zim, 📺 ☎ 🚿 ℗ – 🛎 200. 🅰🅴 🕒 ⓔ VISA

     Menu à la carte 37/67 – **42 Z** 95/185 – ½ P 25.

In Leezen SW : 10 km :

   🏨 **Teegen**, Heiderfelder Str. 5 (B 432), ✉ 23816, ℰ (04552) 91 73, Fax (04552) 9169, 😀, 🈂, 🏊, 🌳 – 📺 ☎ 🚿 ℗. 🅰🅴 🕒 ⓔ VISA

     Juni - Juli 3 Wochen geschl. – **Menu** (Montag, im Winter auch Sonntagabend geschl.) à la carte 27/47 – **15 Z** 65/120.

In Bark-Bockhorn W : 12 km :

   🏠 **Schäfer**, Bockhorner Landstr. 10a (B 206), ✉ 23826, ℰ (04558) 10 66, Fax (04558) 268 – 🍴 Zim, 📺 ☎ 🚿 ℗ – 🛎 15. 🅰🅴 🕒 ⓔ VISA ᴊᴄʙ

     Menu à la carte 30/55 – **21 Z** 95/185 – ½ P 20.

In Pronstorf O : 15 km :

   🏨 **Pronstorfer Krug** 🍴 (mit Gästehäusern), ✉ 23820, ℰ (04553) 9 97 90, Fax (04553) 336, « Gartenterrasse », 🏊, 🌳 – 🍴 Zim, 📺 ☎ ℗ – 🛎 30. 🅰🅴 🕒 ⓔ VISA ᴊᴄʙ

     Menu à la carte 36/70 – **27 Z** 75/150 – ½ P 25.

SEHNDE Niedersachsen 416 417 418 J 13, 987 ⑯ – 18 500 Ew – Höhe 64 m.

   Berlin 269 – Hannover 23 – Braunschweig 48 – Hildesheim 38.

   🏠 **Apart-Hotel Sehnde** garni, Peiner Str. 7, ✉ 31319, ℰ (05138) 61 80, Fax (05138) 618186 – 📶 🍴 📺 ☎ 📞 🚿 ℗ – 🛎 40. 🅰🅴 🕒 ⓔ VISA

     191 Z 80/400, 8 Suiten.

In Sehnde-Bilm NW : 5 km :

   🏨 **Parkhotel Bilm** 🍴, Dehmerothsfeld 0, ✉ 31319, ℰ (05138) 60 90, Fax (05138) 609100, 🈂, 🏊, 🌳 – 📶, 🍴 Zim, 📺 ☎ 📞 ℗ – 🛎 50. 🅰🅴 🕒 ⓔ VISA

     22. Dez. - 5. Jan. und 25. Juli - 9. Aug. geschl. – (nur Abendessen für Hausgäste) – **50 Z** (nur ½P) 115/235.

SEIFFEN Sachsen 418 O 24 – 4 000 Ew – Höhe 550 m.

   🔢 Tourist-Information, Hauptstr. 95, ✉ 09548, ℰ (037362) 84 38.

   Berlin 256 – Dresden 65 – Chemnitz 56 – Freiberg 36.

   🏨 **Wettiner Höhe** 🍴, Jahnstr. 23, ✉ 09548, ℰ (037362) 14 00, Fax (037362) 14140, ≤, 😀, Biergarten, 🏋 🈂 – 📶, 🍴 Zim, 📺 ☎ 📞 🚿 ℗ – 🛎 200. 🅰🅴 🕒 ⓔ VISA

     Einkehr : **Menu** à la carte 30/53 – **Sachsenkeller** (nur Abendessen) **Menu** à la carte 28/36 – **66 Z** 130/220.

   🏠 **Seiffner Hof**, Hauptstr. 31, ✉ 09548, ℰ (037362) 1 30, Fax (037362) 1313, 😀 – 📶, 🍴 Zim, 📺 ☎ 📞 🚿 ℗. 🍽 Rest

     Menu à la carte 22/36 – **22 Z** 80/145.

SEILERSHOF Brandenburg 416 G 23 – 220 Ew – Höhe 55 m.

   Berlin 53 – Potsdam 100 – Neubrandenburg 61 – Eberswalde 71.

   🏨 **Am Wentowsee** 🍴, Hauptstr. 40, ✉ 16775, ℰ (033085) 7 01 08, Fax (033085) 70216, 😀, 🌳 – 📺 ☎ ℗ – 🛎 30. 🅰🅴 🕒 ⓔ VISA

     Menu à la carte 28/45 – **30 Z** 95/155.

SELB Bayern 418 420 P 20, 987 ㉙ – 19 500 Ew – Höhe 555 m.

🛈 *Verkehrsverband für Nordostbayern, Friedrich-Ebert-Str. 7,* ⊠ *95100,* ℰ *(09287) 27 59, Fax (09287) 4870.*
Berlin 344 – München 291 – Bayreuth 62 – Hof 27.

🏨 **Rosenthal-Casino** ⌖, Kasinostr. 3, ⊠ 95100, ℰ (09287) 80 50, Fax (09287) 80548, 🍴, « Zimmer mit moderner Einrichtung und Dekor verschiedener Künstler » – 📺 ☎ 🅿.
🖭 ⓪ 🇪 *VISA*
10. - 15. Aug. geschl. – **Menu** *(Samstagmittag und Sonntag geschl.)* à la carte 31/54 – **20 Z** 105/160.

🏨 **Altselber-Stuben** (mit Gästehaus), Martin-Luther-Platz 5, ⊠ 95100, ℰ (09287) 9 96 90, Fax (09287) 996999, 🍴, 🍸 – 📺 ☎ 🅿. 🖭 ⓪ 🇪 *VISA*
Menu *(Samstag und Aug. 3 Wochen geschl.)* à la carte 27/60 ⅃ – **20 Z** 90/130.

🏨 **Schmidt**, Bahnhofstr. 19, ⊠ 95100, ℰ (09287) 9 91 60, Fax (09287) 991616 – 📺 ☎ 🅿. 🖭 🇪 *VISA*
Menu *(Samstagmittag, Sonntagabend und Donnerstag geschl.)* à la carte 25/47 – **17 Z** 85/135.

Im Wellertal *S : 6 km Richtung Schirnding :*

🍴🍴 **Gut Blumenthal** ⌖ mit Zim (ehem. Gutshof), Blumenthal 2, ⊠ 95100 Selb, 🍜 ℰ (09235) 5 28, Fax (09235) 529, 🍴 – 📺 ☎ 🅿. 🖭 ⓪ 🇪 *VISA*
Jan. geschl. – **Menu** *(italienische Küche)* à la carte 35/61 – **3 Z** 75/150.

SELBITZ Bayern 418 420 P 19 – 5 000 Ew – Höhe 525 m.
Berlin 310 – München 285 – Bayreuth 56 – Hof 15.

In Selbitz-Stegenwaldhaus *O : 4 km über die B 173, in Sellanger rechts ab :*

🏖 **Leupold** ⌖, ⊠ 95152, ℰ (09280) 2 72, Fax (09280) 8164, Biergarten, 🎾 – ☎ 🚗
🍜 🅿
Menu *(Sonntagabend - Montagmittag geschl.)* à la carte 23/43 – **13 Z** 52/98.

SELIGENSTADT Hessen 417 P 10, 987 ㉗ – 20 000 Ew – Höhe 108 m.
🛈 *Verkehrsbüro, Aschaffenburger Str. 1,* ⊠ *63500,* ℰ *(06182) 8 71 77, Fax (06182) 29477.*
Berlin 540 – Wiesbaden 58 – Frankfurt am Main 27 – Aschaffenburg 17.

🏨 **Zum Ritter,** Würzburger Str. 31, ⊠ 63500, ℰ (06182) 8 93 50, Fax (06182) 893537 – 📺 ☎ 📞 🚗 🅿
23. Dez. - 7. Jan. geschl. – **Menu** *(Samstag - Sonntag geschl.)* (nur Abendessen) à la carte 33/55 – **22 Z** 90/140.

🏨 **Elysée** garni, Ellenseestr. 45, ⊠ 63500, ℰ (06182) 2 28 35, Fax (06182) 20280 – ✳
📺 ☎ 🚗 🅿. 🖭 ⓪ 🇪 *VISA*. ✂
19. Dez. - 7. Jan. geschl. – **28 Z** 90/150.

🏨 **Landgasthof Neubauer,** Westring 3a, ⊠ 63500, ℰ (06182) 30 97, Fax (06182) 3099, 🍴 – 📺 ☎ 🅿. 🇪. ✂
Feb. und Okt. jeweils 2 Wochen geschl. – **Menu** *(Montag geschl.)* (wochentags nur Abendessen) à la carte 26/52 – **13 Z** 95/140.

🍴🍴 **Römischer Kaiser,** Frankfurter Str. 9, ⊠ 63500, ℰ (06182) 2 22 96, Fax (06182) 29227, 🍴 – 🅿
Donnerstag geschl. – **Menu** à la carte 32/71.

In Seligenstadt-Froschhausen *NW : 3 km :*

🏖 **Zum Lamm,** Seligenstädter Str. 36, ⊠ 63500, ℰ (06182) 70 64, Fax (06182) 67482 – 🍜 📺 ☎ 🅿. 🇪
20. Dez. - 6. Jan. geschl. – **Menu** *(Freitag - Samstag und Juli geschl.)* à la carte 24/39 – **27 Z** 70/130.

SELLIN Mecklenburg-Vorpommern siehe Rügen (Insel).

SELM Nordrhein-Westfalen siehe Lünen.

SELTERS Rheinland-Pfalz 417 O 7 – 2 500 Ew – Höhe 246 m.
Berlin 577 – Mainz 94 – Frankfurt am Main 48 – Koblenz 37 – Limburg an der Lahn 35 – Bonn 70.

🏨 Adler, Rheinstr. 24, ⊠ 56242, ℰ (02626) 7 00 44, Fax (02626) 78888 – 📺 ☎ – 🛗 45
15 Z.

SELTERS (TAUNUS) Hessen 👁️17 O 8 – 6 600 Ew – Höhe 140 m.
Berlin 550 – Wiesbaden 49 – Frankfurt am Main 62 – Limburg an der Lahn 18.

In Selters-Münster :

XX **Stahlmühle** ⟩ mit Zim, Bezirksstr. 34 (NO : 1,5 km), ⊠ 65618, ℘ (06483) 56 90, Fax (06483) 3763, ⌂ – 📺 ☎ ℗. 🅰🅴 🄴 𝑉𝐼𝑆𝐴
Menu (Sonntag - Montag geschl.) à la carte 52/89 – **5 Z** 120/160.

SEMLIN Brandenburg siehe Rathenow.

SENDEN Bayern 👁️19👁️20 V 14, 👁️87 ㉟ – 19 000 Ew – Höhe 470 m.
Berlin 624 – München 143 – Memmingen 48 – Ulm (Donau) 11.

🏨 **Feyrer,** Bahnhofstr. 18, ⊠ 89250, ℘ (07307) 94 10, Fax (07307) 941150, ⌂ – 🔳 📺 ☎ ℗ – ⓐ 60. 🅰🅴 🄴 𝑉𝐼𝑆𝐴
1. - 7. Jan. geschl. – **Menu** (Samstagmittag und Sonntagabend geschl.) à la carte 33/58 – **35 Z** 110/160.

SENDENHORST Nordrhein-Westfalen 👁️17 K 7 – 10 600 Ew – Höhe 53 m.
🏌 Everswinkel-Alverskirchen (NW : 7 km), ℘ (02582) 2 27.
Berlin 451 – Düsseldorf 136 – Beckum 19 – Münster (Westfalen) 22.

In Sendenhorst-Hardt SO : 2 km :

🏨 **Waldmutter,** an der Straße nach Beckum, ⊠ 48324, ℘ (02526) 9 32 70, Fax (02526) 932727, « Gartenterrasse » – ℗. 🄴 𝑉𝐼𝑆𝐴
Menu (Montagmittag geschl.) à la carte 30/64 **21 Z** 98/150.

SENFTENBERG Brandenburg 👁️18 L 25, 👁️84 ⑳, 👁️87 ⑲ – 28 000 Ew – Höhe 102 m.
🅱 Fremdenverkehrsverein, Kirchplatz 18, ⊠ 01968, ℘ (035 73) 20 88, Fax (03573) 2088.
ADAC, Schulstr. (Dienstleistungstrakt), ⊠ 01968, ℘ (03573) 01805 10 11 12, Fax (03573) 794478.
Berlin 143 – Potsdam 152 – Cottbus 35 – Dresden 75.

🏨 **Parkhotel,** Steindamm 20, ⊠ 01968, ℘ (03573) 7 38 61, Fax (03573) 2074, Biergarten – 📺 ☎ ℗
Menu à la carte 26/38 – **18 Z** 115/160.

🏨 **Kronprinz,** Ernst-Thälmann-Str. 44, ⊠ 01968, ℘ (03573) 21 53, Fax (03573) 791758 – 📺 ☎ ℗ – ⓐ 20. 🄴 𝑉𝐼𝑆𝐴
Menu à la carte 26/45 – **17 Z** 100/165.

X **Zur Alten Brennerei** ⟩ mit Zim, Markt 18 (Zufahrt über Kirchplatz), ⊠ 01968, ℘ (03573) 7 08 30, Fax (03573) 708312, Biergarten – 📺 ☎ ✆ ℗. 🄴 𝑉𝐼𝑆𝐴
1. - 20. Jan. geschl. – **Menu** (Samstagmittag geschl.) à la carte 33/60 – **5 Z** 130/195.

SENHEIM Rheinland-Pfalz 👁️17 P 5 – 700 Ew – Höhe 90 m.
Berlin 662 – Mainz 104 – Cochem 16 – Koblenz 74 – Trier 75.

🍴 **Schützen** ⟩, Brunnenstr. 92, ⊠ 56820, ℘ (02673) 43 06, Fax (02673) 4316 – ℗. 🅰🅴 🄴 𝑉𝐼𝑆𝐴. ⌖
April - Nov. - **Menu** (Montag geschl., Dienstag - Freitag nur Abendessen) à la carte 28/53 ♨ – **12 Z** 75/100.

SESSLACH Bayern 👁️18👁️20 P 16 – 4 050 Ew – Höhe 271 m.
Berlin 395 – München 275 – Coburg 19 – Bamberg 40.

🏨 **Fränkische Landherberge** garni, Hans-Reiser-Str. 33, ⊠ 96145, ℘ (09569) 9 22 70, Fax (09569) 922750 – 📺 ☎ 🕭 ℗. 🅰🅴 🄴 𝑉𝐼𝑆𝐴
Mitte Dez. - Mitte Jan. geschl. – **33 Z** 70/130.

XX **Mally** ⟩ mit Zim, Dr.-Josef-Otto-Kolb-Str.7, ⊠ 96145, ℘ (09569) 2 28, Fax (09569) 1483, ⌂, « Moderne, elegante Einrichtung » – 📺
Jan. und Aug. geschl. – **Menu** (Sonntag - Montag geschl.) (nur Abendessen, Tischbestellung ratsam) à la carte 58/85 – **7 Z** 80/100.

SEWEKOW Brandenburg siehe Wittstock.

SIEBELDINGEN Rheinland-Pfalz **417 419** S 8 – 1000 Ew – Höhe 170 m.
Berlin 666 – Mainz 115 – Karlsruhe 41 – Mannheim 56.

🏛 **Sonnenhof,** Mühlweg 2, ✉ 76833, ℰ (06345) 33 11, Fax (06345) 5316, 🍴 – 📺 ☎
🅿 ⏚ 🅔 *VISA*
Menu *(Donnerstag und Jan. - Feb. 3 Wochen geschl.)* à la carte 42/70 ⅞ – **12 Z** 85/135.

SIEBENLEHN Sachsen **418** M 23, **984** ㉔, **987** ⑲ – 2400 Ew – Höhe 315 m.
Berlin 220 – Dresden 33 – Chemnitz 47 – Freiberg 15 – Leipzig 82 – Teplice 90.

🏨 **Schwarzes Roß,** Freiberger Str. 9 (B 101), ✉ 09634, ℰ (035242) 6 77 76,
Fax (035242) 67777, Biergarten – 📺 ☎ 🅿 – 🔏 150. 🅐🅔 🅔 *VISA*
Menu à la carte 33/58 – **19 Z** 99/175.

SIEGBURG Nordrhein-Westfalen **417** N 5, **987** ㉘ – 37000 Ew – Höhe 61 m.
🅱 Tourist Information, Markt 46, ✉ 53721, ℰ (02241) 10 23 83, Fax (02241) 63456.
ADAC, Humperdinckstr. 64, ✉ 53721, ℰ (0221) 47 27 47, Fax (02241) 67596.
Berlin 590 – Düsseldorf 67 – Bonn 13 – Koblenz 87 – Köln 27.

🏛 **Kranz-Parkhotel,** Mühlenstr. 32, ✉ 53721, ℰ (02241) 54 70, Fax (02241) 547444,
⇄ – 🛗, 🖐 Zim, 📺 📶 ⅙ 🍴 – 🔏 65. 🅐🅔 ⓞ 🅔 *VISA*. 🖇 Rest
Menu à la carte 40/68 – **70 Z** 210/298.

🏛 **Kaspar** garni, Elisabethstr. 11 (am Rathaus), ✉ 53721, ℰ (02241) 5 98 30,
Fax (02241) 598344 – 🛗 📺 ☎ ⅙ 🅐🅔 ⓞ 🅔 *VISA*
22. Dez. - 5. Jan. geschl. – **25 Z** 100/200.

🏛 **Kaiserhof,** Kaiserstr. 80, ✉ 53721, ℰ (02241) 1 72 30, Fax (02241) 172350, 🍴 – 🛗
📺 ☎ 🚗 🅐🅔 ⓞ 🅔 *VISA*
über Weihnachten 1 Woche geschl. – **Menu** à la carte 47/77 – **32 Z** 120/190.

🏛 **Siegblick,** Nachtigallenweg 1, ✉ 53721, ℰ (02241) 6 00 77, Fax (02241) 60079, 🍴
– 📺 ☎ 🚗 🅿 🅔 *VISA*
1. - 18. Jan. und Ende Juli bis Mitte Aug. 3 Wochen geschl. – **Menu** *(Sonn- und Feiertage abends geschl.)* à la carte 36/63 – **21 Z** 85/190.

SIEGEN Nordrhein-Westfalen **417** N 8, **987** ㉘ – 111850 Ew – Höhe 236 m.
🅱 Gesellschaft für Stadtmarketing/Fremdenverkehrsbüro, Markt 2 (Rathaus), ✉ 57072,
ℰ (0271) 4 04 13 16.
ADAC, Leimbachstr.189, ✉ 57074, ℰ (0271) 33 50 44, Fax (0271) 335006.
Berlin 564 ⑤ – Düsseldorf 130 ⑤ – Bonn 99 ⑤ – Gießen 73 ③ – Hagen 88 ⑤ – Köln 93 ⑤

Stadtplan siehe gegenüberliegende Seite

🏛 **Park Hotel,** Koblenzer Str. 135, ✉ 57072, ℰ (0271) 3 38 10, Fax (0271) 3381450, 🍴,
Massage, ♨, ⇄ – 🛗, 🖐 Zim, 📺 🚗 🅿 – 🔏 30. 🅐🅔 ⓞ 🅔 *VISA*   Z a
Menu à la carte 35/65 – **88 Z** 199/280.

🏨 Mercure, Kampenstr. 83, ✉ 57072, ℰ (0271) 5 01 10, Fax (0271) 5011150, Massage,
⇄, 🅍 – 🛗, 🖐 Zim, 📺 ☎ 🚗 🅿 – 🔏 90   Y c
94 Z.

🏛 **Berghotel Johanneshöhe,** Wallhausenstr. 1, ✉ 57072, ℰ (0271) 31 00 08,
Fax (0271) 315039, ≤ Siegen, 🍴 – 🖐 Zim, 📺 ☎ 🚗 🅿 🅐🅔 ⓞ 🅔 *VISA*.
🖇 Rest   über Achenbacher Straße   Z
Menu *(wochentags nur Abendessen, Sonntag nur Mittagessen)* à la carte 39/70 – **25 Z**
89/200.

🏛 **Am Häusling** garni, Melanchthonstr. 10, ✉ 57074, ℰ (0271) 33 71 20,
Fax (0271) 3307878 – 📺 ☎ ⅙ 🅿 – 🔏 10   Z c
10 Z 90/140.

🏛 **Jakob** garni, Tiergartenstr. 61, ✉ 57072, ℰ (0271) 23 27 20, Fax (0271) 2327211 – ☎
🅿   Y a
Dez. - Jan. 2 Wochen geschl. – **10 Z** 75/125.

XX **Schwarzbrenner,** Untere Metzgerstr. 29, ✉ 57072, ℰ (0271) 5 12 21, « Haus a.d. 18.
Jh. mit gemütlicher Atmosphäre ». 🅔   Z u
Montag und Juli - Aug. 3 Wochen geschl. – **Menu** *(nur Abendessen, Tischbestellung ratsam)*
à la carte 55/85.

XX **Schloß-Stuben,** Im Oberen Schloß, ✉ 57072, ℰ (0271) 5 65 66, Fax (0271) 22247,
≤ Siegen, « Terrasse im Schloßhof ». 🅐🅔 ⓞ 🅔 *VISA*   Y v
Montag geschl. – **Menu** à la carte 43/72.

SIEGEN

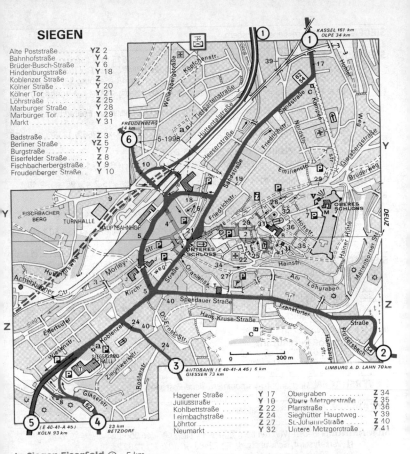

In Siegen-Eiserfeld ④ : 5 km :

🏠 **Siegboot,** Eiserfelder Str. 230, ⊠ 57080, ✆ (0271) 35 90 30, Fax (0271) 3590355, 🌧,
🖘 – 🕸 🔟 ☎ ✆ ⇔ 🅿 🄴 🆅🆂🄰, ﹪ Zim
Menu *(Dienstag geschl.)* à la carte 36/67 – **29 Z** 99/140.

🏠 **Haus Hennche,** Eiserntalstr. 71, ⊠ 57080, ✆ (0271) 38 16 45, Fax (0271) 385240 –
☎ ⇔ 🅿 ﹪ Zim
Juli - Aug. 3 Wochen geschl. – **Menu** *(Samstag sowie Sonn- und Feiertage geschl.)* à la carte
26/49 – **21 Z** 55/130.

In Siegen-Geisweid ① : 6 km :

🏠 **Römer** garni, Rijnsburger Str. 4, ⊠ 57078, ✆ (0271) 8 10 45, Fax (0271) 870140 – 🕸
☎ ⇔ 🄰🄴 ① 🄴 🆅🆂🄰 – **16 Z** 85/135.

ХХ **Ratskeller,** Lindenplatz 7 (im Rathaus), ⊠ 57078, ✆ (0271) 8 43 33,
Fax (0271) 8706483, 🌧 – 🄰🄴 ① 🄴 🆅🆂🄰
Freitag - Samstagmittag und Juli 3 Wochen geschl. – **Menu** à la carte 33/68.

In Siegen-Sohlbach ① : 7 km :

🏠 **Kümmel,** Gutenbergstr. 7, ⊠ 57078, ✆ (0271) 8 30 69, Fax (0271) 83368, Biergarten
– 🔟 ☎ ⇔ 🅿 🄰🄴 🄴 🆅🆂🄰
Menu *(Freitag geschl.)* à la carte 30/45 – **10 Z** 80/130.

In Wilnsdorf-Wilgersdorf ② : 14 km :

🏛 **Gästehaus Wilgersdorf** 📡, Am Kalkhain 23, ⊠ 57234, ✆ (02739) 8 96 90,
Fax (02739) 896960, 🌧, 🖘, 🔲, 🐎 – ﹪ Zim, 🔟 ☎ ⇔ 🅿 – 🔏 50. 🄰🄴 ① 🄴 🆅🆂🄰 🄹🄲🄱
Juli - Aug. 3 Wochen geschl. – **Menu** *(Freitagabend - Samstagmittag geschl.)* à la carte
54/65 – **40 Z** 80/200.

SIEGENBURG Bayern siehe Abensberg.

SIEGSDORF Bayern **420** W 21, **987** ⑩ ⑪ – 7 900 Ew – Höhe 615 m – Luftkurort.
🏢 Verkehrsamt, Rathausplatz 2, 𝓔 (08662) 83313, 𝓕 (08662) 49 87 45, Fax (08662) 498750.
Berlin 695 – München 105 – Bad Reichenhall 32 – Rosenheim 48 – Salzburg 36 – Traunstein 7.

🏨 **Alte Post** (Gasthof a.d.15.Jh.), Traunsteiner Str. 7, ☒ 83313, 𝓔 (08662) 71 39,
Fax (08662) 12526, 🛋 – 📺 ☎ 🅿
April 1 Woche und 20. Okt.- 20. Nov. geschl. – **Menu** (Donnerstag - Freitagmittag geschl.)
à la carte 24/60 – **22 Z** 75/125 – ½ P 25.

🏨 **Forelle,** Traunsteiner Str. 1, ☒ 83313, 𝓔 (08662) 70 93, Fax (08662) 12386, 🛋 – 📺
☎ 🅿, 🖭 𝘝𝘐𝘚𝘈
Jan. geschl. – **Menu** à la carte 26/56 – **23 Z** 60/110.

🏨 **Edelweiß,** Hauptstr. 21, ☒ 83313, 𝓔 (08662) 92 96, Fax (08662) 12722, 🛋 – 📺 🚗
🅿. 🖭 ᴇ 𝘝𝘐𝘚𝘈
Okt. geschl. – **Menu** (Donnerstag geschl.) à la carte 20/46 – **15 Z** 45/95 – ½ P 18.

In Siegsdorf-Hammer SO : 6 km :
🏨 **Hörterer,** Schmiedstr. 1 (B 306), ☒ 83313, 𝓔 (08662) 93 21, Fax (08662) 7146, 🛋,
🍽 – 📺 ☎ 🅿. 🖭 ⓞ ᴇ 𝘝𝘐𝘚𝘈
Anfang Nov. - Mitte Dez. geschl. – **Menu** (Mittwoch geschl.) à la carte 28/58 – **30 Z** 70/150
– ½ P 15.

SIERKSDORF Schleswig-Holstein **415 416** D 16 – 1 300 Ew – Höhe 15 m – Seebad.
🏢 Kurverwaltung, Vogelsang 1, ☒ 23730, 𝓔 (04563) 70 23, Fax (04563) 7699.
Berlin 291 – Kiel 57 – Lübeck 28 – Neustadt in Holstein 8,5.

🏨 **Seehof** ﹪ (mit Gästehäusern), Gartenweg 30, ☒ 23730, 𝓔 (04563) 70 31 (Hotel) 82 40
(Rest.), Fax (04563) 7485, ≤ Ostsee, 🛋, « Park », 🍽 – 📺 ☎ 🚗 🅿. 🖭 ⓞ ᴇ 𝘝𝘐𝘚𝘈 𝐉𝐂𝐁
6. - 31. Jan. geschl. – **Menu** (Okt. - April Montag geschl.) à la carte 39/79 – **12 Z** 125/198.

In Sierksdorf-Wintershagen NO : 3 km :
🍴 **Gutshof Restaurant,** an der Straße nach Neustadt, ☒ 23730, 𝓔 (04561) 20 70,
🍽 Fax (04561) 17709, 🛋 – 🅿
Sept. - April Montag - Dienstag geschl. – **Menu** à la carte 38/66.

SIEVERSHAGEN Mecklenburg-Vorpommern siehe Rostock.

SIEZENHEIM Österreich siehe Salzburg.

SIGMARINGEN Baden-Württemberg **419** V 11, **987** ㊳ – 16 000 Ew – Höhe 570 m.
🏢 Verkehrsamt, Schwabstr. 1, ☒ 72488, 𝓔 (07571) 10 62 23.
Berlin 696 – Stuttgart 101 – Konstanz 73 – Freiburg im Breisgau 136 – Ulm (Donau) 85.

🏨 **Fürstenhof,** Zeppelinstr. 14 (SO : 2 km), ☒ 72488, 𝓔 (07571) 7 20 60,
Fax (07571) 720644, ≤, 🛋 – ▮ 📺 ☎ 🚗 🅿 – 🔬 90. 🖭 ᴇ 𝘝𝘐𝘚𝘈 𝐉𝐂𝐁
Menu (Sonntagabend geschl.) à la carte 38/72 – **36 Z** 98/165.

🏨 **Jägerhof** garni, Wentelstr. 4, ☒ 72488, 𝓔 (07571) 20 21, Fax (07571) 50476, 🍽 – ✲
📺 ☎ 🚗 🅿. 🖭 ⓞ ᴇ 𝘝𝘐𝘚𝘈
1. - 25. Jan. geschl. – **22 Z** 75/115.

In Scheer SO : 10 km :
🏨 **Donaublick,** Bahnhofstr. 21, ☒ 72516, 𝓔 (07572) 7 63 80, Fax (07572) 763866, 🛋
– 📺 ☎ 🅿. 🖭 ⓞ ᴇ 𝘝𝘐𝘚𝘈
Menu (Donnerstagabend - Samstagmittag geschl.) à la carte 32/60 – **13 Z** 69/130.

🍴 **Brunnenstube,** Mengener Str. 4, ☒ 72516, 𝓔 (07572) 36 92, 🛋,
🍽 « Gemütlich-rustikale Gaststube » – 🅿
Samstagmittag, Montag und Juli - Aug. 2 Wochen geschl. – **Menu** 45/80 und à la carte
57/75.

SIMBACH AM INN Bayern **420** V 23, **987** ⑪ – 9 000 Ew – Höhe 345 m.
Berlin 634 – München 122 – Landshut 89 – Passau 54 – Salzburg 85.

In Stubenberg-Prienbach NO : 4,5 km :
🏨 **Zur Post,** Poststr. 1 (an der B 12), ☒ 94166, 𝓔 (08571) 60 00, Fax (08571) 600230,
🛋, 🛋, 🍽 – 📺 ☎ 🚗 🅿
Menu (Freitagabend und Sonntagabend - Montagmittag geschl.) à la carte 28/75 – **32 Z**
80/150.

SIMMERATH Nordrhein-Westfalen **417** O 2, **987** ㉕ – 14 000 Ew – Höhe 540 m.

Ausflugsziel : Rurtalsperre★ O : 10 km.

🏛 Verkehrsamt, Rathaus, ✉ 52152, ✆ (02473) 60 71 39, Fax (02473) 607100.

🏛 Verkehrsverein Monschauer Land, Rathaus, ✉52152, ✆ (02473) 60 71 39, Fax (02473) 607100.

Berlin 640 – Düsseldorf 107 – Aachen 30 – Düren 34 – Euskirchen 45 – Monschau 10.

In Simmerath-Lammersdorf NW : 3 km :

🏠 **Lammersdorfer Hof,** Kirchstr. 50, ✉ 52152, ✆ (02473) 80 41, Fax (02473) 1499 –
📺 ☎ 🅿 Ɛ. 🛇 Zim
Juli - Aug. 2 Wochen geschl. – **Menu** (Dienstag geschl.) à la carte 30/50 – **9 Z** 68/100.

In Simmerath-Rurberg NO : 8,5 km :

🍽 **Ziegler** 🦢 mit 7im, Dorfstr. 24, ✉ 52152, ✆ (02473) 23 10, 🌤, 🍴 – 🅿. 🛇 Zim
5. Jan. - 8. Feb. geschl. – **Menu** (Donnerstag geschl.) à la carte 32/55 – **5 Z** 45/120.

*Le località citate nella guida rossa Michelin
sono sottolineate in rosso sulle carte n° **415-420**.*

SIMMERN Rheinland-Pfalz **417** Q 6, **987** ㉖ – 7 500 Ew – Höhe 330 m.

Sehenswert : Pfarrkirche St. Stephan (Grabdenkmäler★).

🏛 Fremdenverkehrsamt, Rathaus, Brühlstr. 2, ✉ 55469, ✆ (06761) 83 71 06, Fax (06761) 837100.

Berlin 634 – Mainz 67 – Koblenz 61 – Bad Kreuznach 48 – Trier 97.

🏨 **Bergschlößchen,** Nannhauser Straße, ✉ 55469, ✆ (06761) 90 00,
Fax (06761) 900100, 🌤 – 🛗 📺 ☎ 🦢 🅿 – 🔬 25. 🆑 ⓞ Ɛ 𝑉𝐼𝑆𝐴
Mitte Feb. - Mitte März geschl. – **Menu** à la carte 29/59 🍷 – **22 Z** 80/160.

🏠 **Haus Vogelsang** garni, Am Vogelsang 1, ✉ 55469, ✆ (06761) 21 62,
Fax (06761) 4775, 🍴 – 📟 📺 🅿. 🛇
9 Z 56/89.

🍴🍴 **Schwarzer Adler,** Koblenzer Str. 3, ✉ 55469, ✆ (06761) 1 36 11, Fax (06761) 960108
❀ – Ɛ
Montag sowie Jan. und Sept. jeweils 2 Wochen geschl. – **Menu** (wochentags nur Abendessen) à la carte 53/84
Spez. Minestrone mit Kaninchenravioli. Kalbskotelett mit Rosmarinbutter gebraten. Suprême von der Bresse Taube mit getrüffeltem Kartoffelpüree.

An der Straße nach Laubach N : 6 km :

🏨 **Birkenhof** 🦢, ✉ 55469 Klosterkumbd, ✆ (06761) 9 54 00, Fax (06761) 954050, 🌤,
🖈s, 🍴 – 🛗 📺 ☎ 🅿 – 🔬 15. 🆑 ⓞ Ɛ 𝑉𝐼𝑆𝐴. 🛇 Rest
6. - 31. Jan. geschl. – **Menu** (Dienstag geschl.) 28/45 mittags und à la carte 36/68 🍷 –
22 Z 92/175.

SIMMERTAL Rheinland-Pfalz **417** Q 6 – 1 750 Ew – Höhe 182 m – Erholungsort.

Berlin 641 – Mainz 69 – Idar-Oberstein 26 – Bad Kreuznach 27.

🏠 **Landhaus Felsengarten,** Banzel/Auf der Lay 2, ✉ 55618, ✆ (06754) 91 90,
Fax (06754) 91935, 🖈s – 📺 ☎ 🅿. 🆑 Ɛ 𝑉𝐼𝑆𝐴. 🛇 Rest
Menu (Mittwoch und 15. Nov. - 1. Dez. geschl.) à la carte 25/52 🍷 – **20 Z** 68/115.

SIMONSBERGER KOOG Schleswig-Holstein siehe Husum.

SIMONSWALD Baden-Württemberg **419** V 8, **987** ㊲ ㊳ – 3 000 Ew – Höhe 330 m.

🏛 Verkehrsamt, Talstr. 14a, ✉ 79263, ✆ (07683) 2 55, Fax (07683) 1432.

Berlin 786 – Stuttgart 215 – Freiburg im Breisgau 36 – Donaueschingen 49 – Offenburg 73.

🏠 **Tannenhof,** Talstr. 13, ✉ 79263, ✆ (07683) 3 25, Fax (07683) 1466, 🖈s, 🔲, 🍴 –
🛗 📺 ☎ 🅿 – 🔬 30. 🛇
Anfang Jan. - Anfang April geschl. – **Menu** (Dienstag geschl.) à la carte 27/40 – **36 Z** 88/130.

🏠 **Engel** (mit Gästehaus), Obertalstr. 44 (SO : 5 km), ✉ 79263, ✆ (07683) 2 71,
Fax (07683) 1336, 🌤, 🖈s, 🍴 – 🏧 Rest, 🦢 🅿 – 🔬 30
18. Feb. - 7. März und Nov. 2 Wochen geschl. – **Menu** (Montag - Dienstag geschl.) à la carte 28/59 🍷 – **34 Z** 70/140.

SINDELFINGEN *Baden-Württemberg* 𝟒𝟏𝟗 *T 11,* 𝟗𝟖𝟕 ㊳ *– 59 800 Ew – Höhe 449 m.*
Siehe auch Böblingen (Umgebungsplan).

Messehalle, Mahdentalstr. 116 (BS), ℰ *(07031) 8 58 61.*

🛈 *Galerie, Marktplatz 1,* ✉ *71063,* ℰ *(07031) 9 43 25, Fax (07031) (07031) 94786.*
ADAC, *Tilsiter Str. 15 (Breuningerland),* ✉ *71065,* ℰ *(07031) 81 30 77, Fax (07031) 878183.*

Berlin 647 – Stuttgart 20 – Karlsruhe 80 – Reutlingen 34 ① *– Ulm (Donau) 97.*

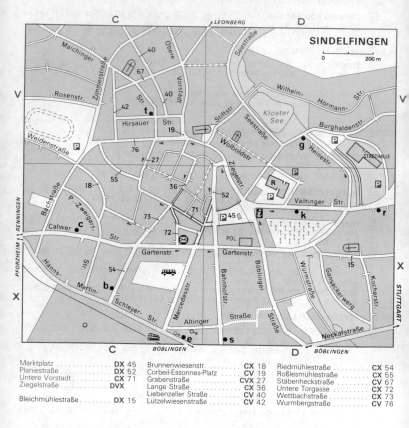

🏨 **Ramada** Ⓜ ≋, Mahdentalstr. 68, ✉ 71065, ℰ (07031) 69 60, Fax (07031) 696880, Massage, ≘s, ⬛ – 🛗, ⇝ Zim, 🔲 📺 ✆ & ℗ – 🛗 250. 🆎 ⑩ ⋿ 𝘝𝘐𝘚𝘈 𝘑𝘊𝘉.
Menu à la carte 42/68 – **260 Z** 220/295, 4 Suiten.
BS a

🏨 **Holiday Inn** Ⓜ, Schwertstr. 65 (O : 2 km), ✉ 71065, ℰ (07031) 6 19 60, Fax (07031) 814990, Biergarten, Massage, ≘s, ⬛ – 🛗, ⇝ Zim, 🔲 📺 ✆ & ℗ – 🛗 150. 🆎 ⑩ ⋿ 𝘝𝘐𝘚𝘈 𝘑𝘊𝘉. ⋇ Rest
Menu (Sonntagabend und Samstag geschl.) à la carte 43/79 – **185 Z** 223/383.
BS d

🏨 **Erikson-Hotel** Ⓜ, Hanns-Martin-Schleyer-Str. 8, ✉ 71063, ℰ (07031) 93 50, Fax (07031) 935555, ≘s – 🛗, ⇝ Zim, 🔲 📺 ✆ ⇌ ℗ – 🛗 30. 🆎 ⑩ ⋿ 𝘝𝘐𝘚𝘈. ⋇ Rest
CX e
25. Dez. - 3. Jan. geschl. – **Menu** (Freitag - Sonntag geschl.) (nur Abendessen) à la carte 42/64 – **61 Z** 190/279.

🏨 **Queens Hotel,** Wilh.-Haspel-Str. 101 (O : 2 km), ✉ 71065, ℰ (07031) 61 50, Fax (07031) 874981, ≘s – 🛗, ⇝ Zim, 🔲 Rest, 📺 ☎ ✆ ℗ – 🛗 150. 🆎 ⑩ ⋿ 𝘝𝘐𝘚𝘈 𝘑𝘊𝘉. ⋇ Rest
BS e
Menu à la carte 42/79 – **141 Z** 234/314.

🏠 **Knote,** Vaihinger Str. 14, ⊠ 71063, ℘ (07031) 61 10, Fax (07031) 611222, 😤 – 📺
　 ☎ ✆ ② – 🔥 20. AE ① E VISA　DX k
　 Menu à la carte 47/84 – **40 Z** 115/220.

🏠 **Residence** garni, Calwer Str. 16, ⊠ 71063, ℘ (07031) 93 30, Fax (07031) 933100, 😭
　 – 🛗 ⇔ 📺 ☎ ✆ ⇔. AE ① E VISA　CX c
　 135 Z 180/295.

🏠 **Astron** garni, Riedmühlestr. 18, ⊠ 71063, ℘ (07031) 69 80, Fax (07031) 698600, 😭
　 – 🛗 ⇔ 📺 ☎ ⇔ ② – 🔥 20. AE ① E VISA　CX b
　 103 Z 170/250.

🏠 **Dorint Budget Hotel** garni, Waldenbucher Str. 84, ⊠ 71065, ℘ (07031) 86 50,
　 Fax (07031) 865400 – 🛗 ⇔ 📺 ☎ ✆ ⇔. AE ① E VISA　BT s
　 75 Z 158/221.

🏠 **Berlin,** Berliner-Platz 1, ⊠ 71065, ℘ (07031) 86 55, Fax (07031) 865600, 😭, 🖼 – 🛗,
　 ⇔ Zim, ≡ Rest, 📺 ☎ ⅙ ⇔ ② – 🔥 60. AE ① E VISA　BT c
　 Menu (Sonntagabend geschl.) à la carte 32/60 – **96 Z** 198/268, 3 Suiten.

🏠 **Am Klostersee,** Burghaldenstr. 6, ⊠ 71065, ℘ (07031) 81 50 81,
　 Fax (07031) 873398, 😤 – 🛗, ⇔ Zim, 📺 ☎ ⅙ ⇔ ②. AE ① E VISA JCB　DV g
　 Weinstube Klösterle (Samstag - Sonntag geschl., nur Abendessen) **Menu** à la carte 43/63
　 – **71 Z** 145/215.

🏠 **Omega-Hotel** garni, Vaihinger Str. 38, ⊠ 71063, ℘ (07031) 7 90 00,
　 Fax (07031) 790010 – 🛗 ⇔ 📺 ☎ ⇔. AE ① E VISA　DX r
　 30 Z 155/235.

🏠 **Torgauer Hof** garni, Hirsauer Str. 10, ⊠ 71063, ℘ (07031) 9 30 00,
　 Fax (07031) 930093, 😭 – 🛗 ⇔ 📺 ☎ ✆ ⇔. AE ① E VISA JCB　CV t
　 39 Z 125/210.

🏠 **Carle** garni, Bahnhofstr. 37, ⊠ 71063, ℘ (07031) 87 40 01, Fax (07031) 814427 – 🛗
　 📺 ☎ ✆ ② AE ① E VISA　DX s
　 14 Z 110/215.

In most hotels telephone reservations will be respected only until 6pm,
unless you have come to an agreement with the proprietor.
Written confirmation is strongly recommended
should you expect to be arriving later.

SINGEN (HOHENTWIEL) Baden-Württemberg 419 W 10, 987 ③⓪ – 44 000 Ew – Höhe 428 m.
　 🅱 Verkehrsamt, August-Ruf-Str. 7, ⊠ 78224, ℘ (07731) 8 52 62, Fax (07731) 85243.
　 ADAC, Schwarzwaldstr 40, ⊠ 78224, ℘ (07731) 86 /4 10, Fax (07731) 867440.
　 Berlin 780 ⑤ – Stuttgart 154 ⑤ – Konstanz 34 ① – Freiburg im Breisgau 106 ⑤ – Zürich
　 79 ③

Stadtplan siehe nächste Seite

🏠 **Jägerhaus,** Ekkehardstr. 86, ⊠ 78224, ℘ (07731) 6 50 97, Fax (07731) 63338 – 🛗 📺
🛋 ☎ – 🔥 40. AE ① E VISA JCB　B s
　 Menu (Sonntag und Juli 3 Wochen geschl.) (nur Abendessen) à la carte 37/71 – **28 Z**
　 90/160.

🏠 **Hohentwiel** ⟨, Hohentwielstr. 1, ⊠ 78224, ℘ (07731) 9 90 70, Fax (07731) 990740,
　 ≤ Singen, Bodensee und Schweizer Alpen, 😤, Biergarten – 📺 ☎ ⅙ ② – 🔥 40. AE E
　 VISA　A e
　 Menu à la carte 34/57 – **14 Z** 80/220.

🏠 **Lamm,** Alemannenstr. 42, ⊠ 78224, ℘ (07731) 40 20, Fax (07731) 402200 – 🛗,
　 ⇔ Zim, 📺 ☎ ⅙ ② – 🔥 80. AE ① E VISA　B v
　 19. Dez. - 11. Jan. geschl. – **Menu** (Sonntag geschl.) (nur Abendesssen) à la carte 31/56
　 – **80 Z** 89/249.

🏠 **Widerhold** (mit Gästehaus), Schaffhauser Str. 58 (B 34), ⊠ 78224, ℘ (07731) 8 80 70,
　 Fax (07731) 880755 – ⇔ Zim, 📺 ☎ ⇔ ②. ① E VISA　A x
　 20. Dez. - 8. Jan. geschl. – **Menu** (wochentags nur Abendessen, Sonntag nur Mittagessen)
　 à la carte 30/57 – **36 Z** 60/140.

In Singen-Überlingen am Ried ① : 5 km :

🏠 **Flohr's** ⟨, Brunnenstr. 11, ⊠ 78224, ℘ (07731) 9 32 30, Fax (07731) 932323, 😤, 🌿
🛋 – ⅙ ② – 🔥 20. AE E VISA. 🍽 Zim
　 Menu (Samstagmittag und Montag geschl.) (Tischbestellung ratsam, bemerkenswerte
　 Weinkarte) 98/125 und à la carte 72/101 – **8 Z** 120/198
　 Spez. Sauté von Schnecken und Entenherzen mit getrüffelter Polenta. Kaninchenroulade
　 mit provençalischem Gemüse. Orangen-Mandelcannelloni mit Champagnereis.

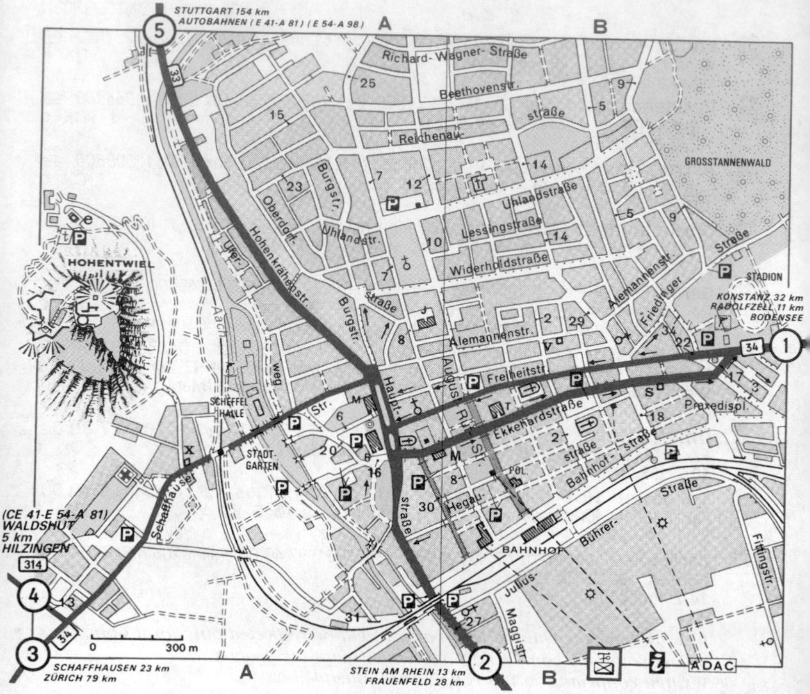

SINGEN (HOHENTWIEL)

August-Ruf-Straße	B
Ekkehardstraße	B
Erzbergerstraße	AB 8
Freiheitstraße	B
Scheffelstraße	AB 30
Alpenstraße	B 2
Aluminiumstraße	B 3
Am Posthalterswäldle	B 5
Am Schloßgarten	A 6
Anton-Bruckner-Straße	A 7
Fichtestraße	B 9
Goethestraße	A 10
Herderstraße	A 12
Hilzinger Straße	A 13
Hohenhewenstraße	B 14
Hohenstoffelnstraße	A 15
Hohgarten	A 16
Holzacker	B 17
Kreuzensteinstraße	B 18
Mühlenstraße	A 20
Radolfzeller Straße	B 22
Reckholderbühl	A 23
Remishofstraße	A 25
Rielasinger Straße	B 27
Ringstraße	B 29
Schlachthausstraße	A 31
Waldeckstraße	B 34

In Rielasingen-Worblingen ② : *4 km :*

Krone, Hauptstr. 3 (Rielasingen), ✉ 78239, ☎ (07731) 20 46, *Fax (07731) 2050,* – 60. *VISA*
Juli 2 Wochen und 26. Dez. - 5. Jan. geschl. – **Menu** *(Sonntagabend - Montag geschl.)* à la carte 33/73 – **25 Z** 80/155.

Salzburger Stub'n, Hardstr. 29 (Worblingen), ✉ 78239, ☎ (07731) 2 73 49, *Fax (07731) 27349,* –
Donnerstag geschl. – **Menu** 48/90 und à la carte 42/72.

SINSHEIM *Baden-Württemberg* 417 419 *S 10,* 987 ㉗ – *28 000 Ew – Höhe 159 m.*
Sehenswert : *Auto- und Technikmuseum*★.
Berlin 618 – Stuttgart 87 – Heilbronn 35 – Mannheim 50 – Würzburg 135.

Bär garni, Hauptstr. 131, ✉ 74889, ☎ (07261) 15 80, *Fax (07261) 158100,* – – 20. *VISA*
50 Z 98/190.

Poststuben, Friedrichstr. 16 (am Bahnhof), ✉ 74889, ☎ (07261) 20 21 –
Samstagmittag, Sonntagabend - Montag, April 2 Wochen und Juli - Aug. 4 Wochen geschl. – **Menu** à la carte 43/70.

In Sinsheim-Dühren : *SW : 3 Km :*

Top-Hotel, Im Augrund 2 (B 292), ✉ 74889, ☎ (07261) 9 21 30, *Fax (07261) 921313,* – *VISA*.
Villa Italia (italienische Küche) **Menu** à la carte 35/71 – **34 Z** 90/140.

SINZIG Rheinland-Pfalz **417** O 5, **987** ㉖ – 16 000 Ew – Höhe 65 m.

   🛈 Verkehrsamt, Bad Bodendorf, Pavillon am Kurgarten, ⊠ 53489, ℰ (02642) 98 05 00, Fax (02642) 980501.

   Berlin 613 – Mainz 135 – Bonn 22 – Koblenz 37.

  XX **Vieux Sinzig** mit Zim, ⊠ 53489, ℰ (02642) 4 27 57, Fax (02642) 43051 – **☎. ﷼ ①** **E** **VISA**

   Jan. und Okt. je 1 Woche, Juli - Aug. 3 Wochen geschl. – **Menu** (Montag - Dienstagmittag geschl.) à la carte 53/89 – **3 Z** 70/110.

In Sinzig-Bad Bodendorf NW : 3 km – Thermalheilbad :

  🏨 **Spitznagel** ⊱, Hauptstr. 158, ⊠ 53489, ℰ (02642) 4 20 91, Fax (02642) 43544, « Gartenterrasse », Massage, ♣, ♨, ☎s, ⊠, ☞ – ▯, ⇖ Rest, 🔟 ☎ ⇔ 🅟 – ▲ 25. ﷼ ① **E** **VISA**. ⇖ Rest

   Menu à la carte 37/59 – **35 Z** 90/180 – ½ P 27.

SIPPLINGEN Baden-Württemberg **419** W 11 – 2 200 Ew – Höhe 401 m – Erholungsort.

   🛈 Verkehrsbüro, Haus des Gastes (ehem. Bahnhof), an der B 31, ⊠ 78354, ℰ (07551) 80 96 29, Fax (07551) 3570.

   Berlin 748 – Stuttgart 168 – Konstanz 36 – Freiburg im Breisgau 123 – Ravensburg 53 – Ulm (Donau) 142.

  🏠 **Seeblick** ⊱, Prielstr. 4, ⊠ 78354, ℰ (07551) 6 12 27, Fax (07551) 67157, ≤, ☎s, ⊠ – 🔟 ☎ 🅟. ﷼ ① **E** **VISA**. ⇖ Rest

   15. Dez. - Feb. geschl. – (nur Abendessen für Hausgäste) – **11 Z** 120/220 – ½ P 30.

  🏠 **Sternen** ⊱, Burkhard-von-Hohenfels-Str. 20, ⊠ 78354, ℰ (07551) 6 36 09, Fax (07551) 3169, ≤ Bodensee und Alpen, 佘, ☞ – 🔟 ☎ ⇔ 🅟

   8. Jan. - 10. März geschl. – **Menu** (Dienstag geschl.) à la carte 28/56 – **18 Z** 69/166 – ½ P 21.

SITTENSEN Niedersachsen **415** G 12, **987** ⑯ – 4 700 Ew – Höhe 20 m.

   Berlin 334 – Hannover 130 – Hamburg 58 – Bremen 63.

  🏠 **Landhaus de Bur,** Bahnhofstr. 3, ⊠ 27419, ℰ (04282) 20 82, Fax (04282) 4142, 佘 – 🔟 ☎ 🅟. ﷼ ① **E** **VISA**. ⇖ Rest

   Menu (Mittwoch geschl.) à la carte 31/63 – **11 Z** 75/110.

  🏠 **Zur Mühle,** Bahnhofstr. 25, ⊠ 27419, ℰ (04282) 9 31 40, Fax (04282) 931422, ☎s – 🔟 ☎ 🅟. ﷼ ① **E** **VISA**

   Weihnachten - Anfang Jan. geschl. – (nur Abendessen für Hausgäste) – **11 Z** 90/140.

In Groß Meckelsen W : 5 km : **415** G 12

  🏨 **Schröder,** Am Kuhbach 1, ⊠ 27419, ℰ (04282) 35 33, Fax (04282) 3535, 佘, ☎s, ☞ – ⇖ Zim, 🔟 ☎ 🅟 – ▲ 80. ﷼ ① **E** **VISA**. ⇖ Rest

   Menu à la carte 28/52 – **38 Z** 87/135.

In Groß Meckelsen-Kuhmühlen NW : 5 km :

  XX **Zur Kloster-Mühle,** Alte Wassermühle 7, ⊠ 27419, ℰ (04282) 7 84, Fax (04282) 4725 – 🅟

   Montag geschl. – **Menu** (wochentags nur Abendessen) à la carte 44/67.

In Stemmen SO : 12 km :

  🏠 **Stemmer Landkrug,** Große Str. 12, ⊠ 27389, ℰ (04267) 9 30 40, Fax (04267) 1785, 佘, ☎s – ▯ 🔟 ☎ ✆ 🅟. ① **E** **VISA**

   Menu (Montag - Dienstagmittag und Juli 2 Wochen geschl.) à la carte 25/48 – **32 Z** 78/140.

SLATE Mecklenburg-Vorpommern siehe Parchim.

SOBERNHEIM, BAD Rheinland-Pfalz **417** Q 6 – 7 000 Ew – Höhe 150 m – Heilbad.

   🛈 Kur- und Verkehrsamt, am Bahnhof, Haus des Gastes, ⊠ 55566, ℰ (06751) 8 12 41, Fax (06751) 81266.

   Berlin 631 – Mainz 64 – Idar-Oberstein 31 – Bad Kreuznach 19.

  🏨 **Kurhaus am Maasberg** ⊱, am Maasberg (N : 2 km), ⊠ 55566, ℰ (06751) 87 60, Fax (06751) 876201, 佘, Massage, ♣, ₤ᴃ, ♨, ☎s, ⊠, ⊠, ☞, ℁ – ▯ ⇖ 🔟 ☎ 🅟 – ▲ 50. ﷼. ⇖ Rest

   5. - 24. Jan. und 6. - 19. Dez. geschl. – **Menu** à la carte 42/70 (auch vegetarische Gerichte) ⅃ – **86 Z** 125/258, 3 Suiten – ½ P 20.

SODEN AM TAUNUS, BAD Hessen 👁️🗺️ 417 P 9, 987 ㉖ ㉗ – 18 300 Ew – Höhe 200 m – Heilbad.

🔲 Kur- und Verkehrsbüro im Thermalbad, Kronberger Str. 5, ✉ 65812, ℰ (06196) 20 82 80, Fax (06196) 208299.

Berlin 545 – Wiesbaden 31 – Frankfurt am Main 17 – Limburg an der Lahn 45.

🏨 **Parkhotel**, Königsteiner Str. 88, ✉ 65812, ℰ (06196) 20 00, Fax (06196) 200153, 🌤️, ⇌ – 🛗, ❄️Zim, 📺 ⛓️ 🅿 – 🔏 450. 🅰🅴 ⓞ 🅴 𝚅𝙸𝚂𝙰, 🛇 Rest
Menu (Samstagabend und Sonntagabend geschl.) à la carte 40/71 – **130 Z** 315/375 – ½ P 30.

🏨 **Salina Hotel** 🍃, Bismarckstr. 20, ✉ 65812, ℰ (06196) 56 40, Fax (06196) 564555, ⇌, 🌳 – 🛗, ❄️Zim, 📺 ⛓️ 🅿 – 🔏 40. 🅰🅴 ⓞ 𝚅𝙸𝚂𝙰
Menu à la carte 30/63 – **47 Z** 105/295 – ½ P 27.

🏨 **Concorde,** Am Bahnhof 2, ✉ 65812, ℰ (06196) 20 90, Fax (06196) 27075 – 🛗 📺 ⛓️ ⇦ 🅿 – 🔏 25. 🅰🅴 ⓞ 🅴 𝚅𝙸𝚂𝙰
23. Dez. - 2. Jan. geschl. – **Menu** (Freitag - Sonntag und Mitte Juli - Mitte Aug. geschl.) (nur Abendessen) à la carte 25/47 🍴 – **114 Z** 165/320 – ½ P 26.

🏨 **Rheinischer Hof** garni, Am Bahnhof 3, ✉ 65812, ℰ (06196) 56 20, Fax (06196) 562222 – 🛗 ❄️ 📺 ⛓️ ⇦ – 🔏 45. 🅰🅴 🅴 𝚅𝙸𝚂𝙰
62 Z 135/295.

🏠 **Waldfrieden** 🍃 garni, Seb.-Kneipp-Str. 1, ✉ 65812, ℰ (06196) 2 50 14, Fax (06196) 62439, ⇌, 🌳 – 📺 ⛓️ ⇦. 🅰🅴 ⓞ 🅴 𝚅𝙸𝚂𝙰
22. Dez. - 2. Jan. geschl. – **35 Z** 118/190.

🏠 **Rohrwiese** 🍃 garni (mit Gästehäusern), Rohrwiesenweg 9, ✉ 65812, ℰ (06196) 5 02 90, Fax (06196) 63887, 🌳 – ❄️ 📺 ⛓️ 🅿. 🅰🅴
60 Z 130/185.

SODEN-SALMÜNSTER, BAD Hessen 417 P 12, 987 ㉗ – 14 000 Ew – Höhe 150 m – Heilbad.
📍 Alsberg (O : 5 km), ℰ (06056) 35 94.

🔲 Tourist-Information, Frowin-von-Hutten-Str. 5, ✉ 63628, ℰ (06056) 74 41 44, Fax (06056) 744147.

Berlin 494 – Wiesbaden 105 – Frankfurt am Main 61 – Fulda 47.

Im Ortsteil Bad Soden :

🏨 **Kress**, Sprudelallee 26, ✉ 63628, ℰ (06056) 7 30 60, Fax (06056) 730666, 🌤️ – 🛗, ❄️Zim, 📺 ⛓️ 🅿 – 🔏 200. 🅰🅴 ⓞ 🅴 𝚅𝙸𝚂𝙰, 🛇 Rest
Menu (Samstag geschl.) à la carte 33/66 – **42 Z** 108/170.

🏠 **Zum Heller** garni, Gerhard-Radke-Str. 1, ✉ 63628, ℰ (06056) 73 50, Fax (06056) 73513, 🔳 – 📺 ⛓️ 🅿 – 🔏 15
24 Z 65/130.

🏠 **Pension Sehn** 🍃 garni, Brüder-Grimm-Str. 11, ✉ 63628, ℰ (06056) 9 15 20, Fax (06056) 915210, ≤, ⇌, 🌳 – ❄️ 📺 ⛓️ 🅿. 🅴. 🛇
15. Nov. - 15. Feb. geschl. – **13 Z** 60/110.

SÖGEL Niedersachsen 415 H 6, 987 ⑮ – 5 000 Ew – Höhe 50 m.
Berlin 486 – Hannover 220 – Cloppenburg 42 – Meppen 26 – Papenburg 37.

🏠 **Jansen's Clemenswerther Hof** (mit Gästehaus), Clemens-August-Str. 33, ✉ 49751, ⇦ ℰ (05952) 12 30, Fax (05952) 1268 – 🛗 📺 ⛓️ 🅿 – 🔏 30. ⓞ 🅴 𝚅𝙸𝚂𝙰
Menu (Montag geschl.) à la carte 22/43 – **30 Z** 70/110.

SÖMMERDA Thüringen 418 M 17, 984 ㉓, 987 ⑰ – 25 500 Ew – Höhe 150 m.
🔲 Sömmerda-Information, Marktstr. 1, ✉ 99610, ℰ (03634) 35 02 41,.
Berlin 264 – Erfurt 36 – Nordhausen 58 – Weimar 37.

🏨 **Erfurter Tor** 🅼, Kölledaer Str. 33, ✉ 99610, ℰ (03634) 33 20, Fax (03634) 332299, 🌤️, ⇌ – 🛗, ❄️Zim, 📺 ⛓️ 🅿 – 🔏 60. 🅰🅴 ⓞ 🅴 𝚅𝙸𝚂𝙰
Menu (Samstagmittag geschl.) à la carte 32/51 – **41 Z** 115/165.

🍴 **Zur Lohnmühle**, Adolf-Barth-Str. 26, ✉ 99610, ℰ (03634) 62 21 40 – 🅰🅴 ⓞ 🅴 𝚅𝙸𝚂𝙰
Montag geschl. – **Menu** à la carte 26/41.

SOEST Nordrhein-Westfalen 417 L 8, 987 ⑮ – 43 000 Ew – Höhe 98 m.

Sehenswert : St. Patroklidom★ *(Westwerk★★ und Westturm★★)* Z – Wiesenkirche★ *(Aldegrevers-Altar★)* Y – Nikolaikapelle *(Nikolai-Altar★)* Z **D**.

🛈 Städt. Kultur- und Verkehrsamt, Am Seel 5, ✉ 59494, ✆ (02921) 10 33 23, Fax (02921) 33039.

ADAC, Arnsberger Str. 7, ✉ 59494, ✆ (02921) 41 16, Fax (02921) 12392.

Berlin 457 ② – Düsseldorf 118 ③ – Dortmund 52 ④ – Kassel 121 ③ – Paderborn 49 ②

SOEST

🏨 **Hanse,** Siegmund-Schultze-Weg 100, ✉ 59494, ✆ (02921) 7 09 00, Fax (02921) 709075, 🏡 – 📺 ☎ ⟨⟩ 🅿 – 🔬 40. 🆎 ⓞ 🅴 *VISA*
Menu à la carte 33/59 – **45 Z** 95/200. über ③ und Arnsberger Str.

🏨 **Stadt Soest** garni, Brüderstr. 50, ✉ 59494, ✆ (02921) 3 62 20, Fax (02921) 362227
– 📺 ☎ ⟨⟩ 🅿 🆎 ⓞ 🅴 *VISA* Y a
21 Z 85/170.

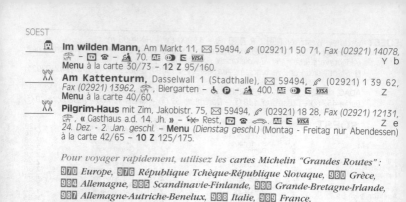

🏠 **Im wilden Mann,** Am Markt 11, ✉ 59494, ℰ (02921) 1 50 71, Fax (02921) 14078, 🕿 – 📺 ☎ – 🛃 70. 🆎 ⓞ 🅴 💳   Y b
Menu à la carte 30/73 – **12 Z** 95/160.

XX **Am Kattenturm,** Dasselwall 1 (Stadthalle), ✉ 59494, ℰ (02921) 1 39 62, Fax (02921) 13962, 🕿, Biergarten – ♿ ℗ – 🛃 400. 🆎 ⓞ 🅴 💳   Z
Menu à la carte 40/60.

XX **Pilgrim-Haus** mit Zim, Jakobistr. 75, ✉ 59494, ℰ (02921) 18 28, Fax (02921) 12131, 🕿, « Gasthaus a.d. 14. Jh. » – 🍴 Rest, 📺 ☎ ⇦. 🆎 ⓞ 🅴 💳   Z e
24. Dez. - 2. Jan. geschl. – **Menu** (Dienstag geschl.) (Montag - Freitag nur Abendessen) à la carte 42/65 – **10 Z** 125/175.

Pour voyager rapidement, utilisez les cartes Michelin "Grandes Routes":
970 *Europe,* **976** *République Tchèque-République Slovaque,* **980** *Grèce,*
984 *Allemagne,* **985** *Scandinavie-Finlande,* **986** *Grande-Bretagne-Irlande,*
987 *Allemagne-Autriche-Benelux,* **988** *Italie,* **989** *France,*
990 *Espagne-Portugal,* **991** *Yougoslavie.*

When in a hurry use the Michelin Main Road Maps:
970 *Europe,* **976** *Czech Republic/Slovak Republic,* **980** *Greece,*
984 *Germany,* **985** *Scandinavia-Finland,* **986** *Great Britain and Ireland,*
987 *Germany-Austria-Benelux,* **988** *Italy,* **989** *France,*
990 *Spain-Portugal and* **991** *Yugoslavia.*

SOLINGEN Nordrhein-Westfalen **417** M 5, **987** ㉖ – 163 000 Ew – Höhe 225 m.
Ausflugsziel : Solingen-Gräfrath : Deutsches Klingenmuseum★ 4 km über ①.
🅱 Stadtinformation, Cronenberger Str. 59 (Rathaus), ✉ 42651, ℰ (0212) 2 90 23 33, Fax (0212) 2902479.
ADAC, Goerdelerstr. 45, ✉ 42651, ℰ (0221) 47 27 47, Fax (0212) 10100.
Berlin 543 ③ – Düsseldorf 34 ⑤ – Essen 35 ① – Köln 36 ④ – Wuppertal 16 ②

Stadtplan siehe gegenüberliegende Seite

🏨 **City Club Hotel** garni, Kronprinzenstraße, ✉ 42655, ℰ (0212) 2 20 60, Fax (0212) 2206100 – 🛗 🍴 📺 ☎ 📞 ♿ ℗ – 🛃 30. 🆎 ⓞ 🅴 💳 JCB   Y a
100 Z 150/240.

🏠 **Turmhotel,** Kölner Str. 99, ✉ 42651, ℰ (0212) 22 30 70, Fax (0212) 2230777, ≤ –
🛗 🍴 📺 ☎ ⇦ – 🛃 35. 🆎 ⓞ 🅴 💳   Z v
(nur Abendessen für Hausgäste) **40 Z** 138/290.

🏠 **Goldener Löwe,** Heinestr. 2, ✉ 42651, ℰ (0212) 1 20 30, Fax (0212) 202158 – 🛗 📺
☎. 🆎 ⓞ 🅴 💳. ⛛ Zim   Z z
Menu (Dienstag und Juli - Aug. 4 Wochen geschl.) (nur Abendessen) à la carte 29/55 –
15 Z 95/190.

In Solingen-Burg ③ : 8 km :

🏠 **Haus in der Straßen** (Gasthaus a.d.J. 1673), Wermelskirchener Str. 12, ✉ 42659, ℰ (0212) 24 20 90, Fax (0212) 47549, « Zinn- und historische Hausratsammlung » – 📺 ☎ ℗ – 🛃 80. 🆎 🅴 💳
Menu à la carte 51/85 – **28 Z** 118/246.

🏠 **Haus Niggemann,** Wermelskirchener Str. 22, ✉ 42659, ℰ (0212) 4 10 21, Fax (0212) 49175, 🕿 – 🛗 📺 ☎ ℗ – 🛃 60. 🆎 ⓞ 🅴 💳
Ende Dez. - Mitte Jan. geschl. – **Menu** à la carte 38/67 – **30 Z** 120/200.

🏠 **Laber,** Wermelskirchener Str. 19, ✉ 42659, ℰ (0212) 4 16 23, Fax (0212) 41856, 🕿 – 📺 ☎ ⇦ ℗. ⛛ Zim
Weihnachten - Anfang Jan. geschl. – **Menu** (Montag geschl.) à la carte 26/51 – **10 Z** 90/130.

In Solingen-Ohligs ⑤ : 7 km :

🏨 **Seidler Parkhotel Solingen** M, Hackhauser Str. 62, ✉ 42697, ℰ (0212) 7 06 00, Fax (0212) 74662, 🕿, ≘s – 🛗, 🍴 Zim, 📺 ℗ – 🛃 100. 🆎 ⓞ 🅴 💳 JCB. ⛛ Rest
Menu (Samstagmittag geschl.) à la carte 49/77 – **65 Z** 212/424.

In Solingen-Wald ① : 6 km :

🏠 **Schwerthof** M, Focher Str. 82, ✉ 42719, ℰ (0212) 25 20 80, Fax (0212) 2520844, 🕿 – 🍴 Zim, 📺 ☎ ℗. 🅴 💳
14. Juli - 4. Aug. geschl. – **Menu** (Samstagmittag und Sonntag geschl.) à la carte 42/60 – **27 Z** 115/185.

SOLINGEN

Hauptstraße . . . . Z
Kölner Straße . . . . Z
Konrad-Adenauer-Straße . . . Y
Ohliger Tor . . . . Z 13

Breidbacher Tor . . . . Z 2
Elisenstraße . . . . Z 3
Graf-Engelbert-
    Straße . . . . Z 5
Graf-Wilhelm-Platz . . . . . . Z 6

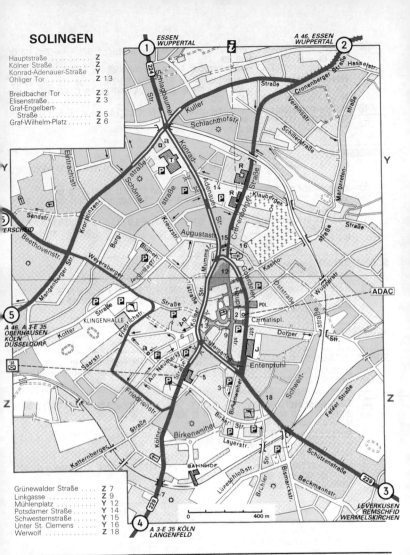

Grünewalder Straße . . . . Z 7
Linkgasse . . . . Z 9
Mühlenplatz . . . . Y 12
Potsdamer Straße . . . . . Y 14
Schwesternstraße . . . . . Y 15
Unter St. Clemens . . . . . Y 16
Werwolf . . . . Z 18

SOLNHOFEN Bayern 419 420 T 16 – 1 900 Ew – Höhe 409 m.
    Berlin 505 – München 138 – Donauwörth 35 – Ingolstadt 52.

🏠 **Adler,** Pappenheimer Str. 5, ⊠ 91807, ℰ (09145) 8 31 10, Fax (09145) 831133, 🐎 –
    ☎ 🛏 🅿. 🍴
    Menu (Dienstag geschl.) à la carte 26/50 – **16 Z** 65/110.

SOLTAU Niedersachsen 415 416 H 13, 987 ⑯ – 20 000 Ew – Höhe 64 m – Erholungsort.
    Sehenswert : Heide-Park Soltau★.

    🏌 🐎 Soltau-Tetendorf, Hof Loh (S : 3 km), ℰ (05191) 1 40 77.
    🛈 Verkehrsbüro, Bornemannstr. 7, ⊠ 29614, ℰ (05191) 8 44 40, Fax (05191) 84448.
    Berlin 320 – Hannover 79 – Hamburg 80 – Bremen 92 – Lüneburg 51.

Meyn, Poststr. 19, ✉ 29614, ℰ (05191) 20 01, *Fax (05191) 17575* – ⇔ Zim, 📺 ☎ ⇔ 🄿 – 🕍 100. 🖭 ⓞ 🄴 *VISA*
Menu à la carte 43/63 – *Bürgerstube* : Menu à la carte 28/48 – **59 Z** 95/180.

Heidehotel Soltauer Hof, Winsener Str. 109, ✉ 29614, ℰ (05191) 96 60, *Fax (05191) 966466*, 🏤, ⇌s, 🗯 – 📺 ☎ 🕭 🄿 – 🕍 140. 🖭 ⓞ 🄴 *VISA* 🄹🄲🄱
Menu à la carte 37/60 – **47 Z** 120/198.

Heide-Paradies garni, Lüneburger Str. 6, ✉ 29614, ℰ (05191) 30 86, *Fax (05191) 18332* – 📺 ☎ 🄿. 🖭 ⓞ 🄴 *VISA*
15. - 30. Dez. geschl. – **18 Z** 90/160.

SOMMERACH Bayern 🄴🄵🄰🄵🄰🄾 Q 14 – 1 400 Ew – Höhe 200 m.
Berlin 471 – München 263 – Bamberg 62 – Nürnberg 93 – Schweinfurt 30 – Würzburg 30.

Zum weißen Lamm, Hauptstr. 2, ✉ 97334, ℰ (09381) 93 77 – 📺 ☎
Jan. 3 Wochen und Juli 2 Wochen geschl. – **Menu** *(Dienstag geschl.)* à la carte 29/53 🌢 – **14 Z** 60/180.

Bocksbeutelherberge garni, Weinstr. 22, ✉ 97334, ℰ (09381) 8 48 50, *Fax (09381) 848522* – 📺 ☎ 🄿. 🌼
8 Z 65/94.

SOMMERFELD Brandenburg 🄾🄵🄰 H 23 – 1 050 Ew – Höhe 43 m.
Berlin 48 – Potsdam 56 – Neuruppin 28.

Hotel am See 🌣, Beetzer Str. 1a, ✉ 16766, ℰ (033055) 9 70, Fax (033055) 97445, 🏤, Massage, ⇌s, 🔲, 🗯 – 🛗, ⇔ Zim, 📺 📞 🕭 🄿 – 🕍 150. 🖭 ⓞ 🄴 *VISA* 🄹🄲🄱
Menu à la carte 30/58 – **100 Z** 150/250.

SOMMERHAUSEN Bayern siehe Ochsenfurt.

SONDERSHAUSEN Thüringen 🄴🄵🄴 L 16, 🄵🄴🄵 ⑰ – 21 300 Ew – Höhe 200 m.
🄱 *Sondershausen-Information, Alte Wache, Markt 9,* ✉ 99706, ℰ (03632) 78 81 11, Fax (03632) 600382.
Berlin 262 – Erfurt 54 – Halle 91 – Nordhausen 18.

Thüringer Hof, Hauptstr. 30, ✉ 99706, ℰ (03632) 65 60, Fax (03632) 65611, 🏤 – 🛗, ⇔ Zim, 📺 ☎ 🄿 – 🕍 40. 🖭 ⓞ 🄴 *VISA*
Menu à la carte 22/50 – **49 Z** 120/150.

Ratskeller, Markt 7, ✉ 99706, ℰ (03632) 6 05 90, Fax (03632) 605916, 🏤, « Gewölbekeller » – 🖭 ⓞ 🄴 *VISA*
Menu à la carte 26/72.

Schloßrestaurant, Im Schloß, ✉ 99706, ℰ (03632) 78 22 09, Fax (03632) 782209, 🏤 – 🄿. 🖭 ⓞ 🄴 *VISA*
Sonntagabend geschl. – **Menu** à la carte 26/66.

SONNEBERG Thüringen 🄴🄵🄰🄵🄰🄾 O 17, 🄵🄴🄵 ㉗ – 25 600 Ew – Höhe 350 m.
🄱 *Fremdenverkehrsbüro, Bahnhofstraße (Rathaus),* ✉ 96515, ℰ (03675) 70 27 11, Fax (03675) 742002.
Berlin 354 – Erfurt 107 – Coburg 22.

Parkhotel Sonne, Dammstr. 3, ✉ 96515, ℰ (03675) 82 30, Fax (03675) 823333, 🏤 – 🛗, ⇔ Zim, 📺 ☎ 🄿 – 🕍 40. 🖭 🄴 *VISA*
Menu *(Sonntagabend geschl.)* à la carte 26/44 – **36 Z** 110/170.

Schöne Aussicht, Schöne Aussicht 24, ✉ 96515, ℰ (03675) 80 40 40, Fax (03675) 804041, 🏤, 🗯 – 📺 ☎ 🄿. 🄴 *VISA*
Menu à la carte 22/46 – **12 Z** 79/130.

In Mengersgereuth-Hämmern *NW : 7 km :*

Am Heidersberg 🌣 garni, Heidersberg 1, ✉ 96529, ℰ (03675) 7 47 20, Fax (03675) 747247, ⇌s, 🗯 – 🛗 ⇔ 📺 ☎ 🄿 – 🕍 15. 🖭 🄴 *VISA*
21 Z 73/105.

The overnight or full board prices may
in some cases be increased by the addition of a local bed tax.
Before making your reservation confirm with the hotelier
the exact price that will be charged.

SONNENBÜHL *Baden-Württemberg* **419** *U 11* – *5 800 Ew* – *Höhe 720 m* – *Wintersport :*
720/880 m ≤ 3 ≤ 4.

🛏 *Sonnenbühl-Undingen, Im Zerg,* ℰ *(07128) 9 26 00.*

🔰 *Fremdenverkehrsverein, Rathaus, (Erpfingen),* ✉ *72820,* ℰ *(07128) 6 96.*

Berlin 700 – *Stuttgart 63* – *Konstanz 120* – *Reutlingen 26.*

In Sonnenbühl-Erpfingen – *Luftkurort :*

XX **Hirsch** *mit Zim, Im Dorf 12,* ✉ *72820,* ℰ *(07128) 9 29 10, Fax (07128) 3121,* 🌲,
❀ « *Garten* » – 🔋 📺 ☎ **℗**
Nov. 2 Wochen geschl. – **Menu** *(Dienstag geschl.)* à la carte 39/88 – **11 Z** 100/180
Spez. Blutwurstmaultäschle mit getrüffeltem Wirsing. Heißgeräucherte Roulade von Lachs-
forelle und Zander. Lammrücken in der Bärlauchkruste (Frühjahr).

SONTHOFEN *Bayern* **419 420** *X 14,* **987** ㊴ – *22 000 Ew* – *Höhe 742 m* – *Luftkurort* – *Win-*
tersport : 750/1 050 m ≤ 3 ≤ 12.

🛏 *Ofterschwang (SW : 4 km),* ℰ *(08321) 2 72 76.*

🔰 *Gästeamt, Rathausplatz 1,* ✉ *87527,* ℰ *(08321) 61 52 91, Fax (08321) 615293.*

Berlin 725 – *München 152* – *Kempten (Allgäu) 27* – *Oberstdorf 13.*

🏨 **Allgäu Stern Hotel** ⑤, *Buchfinkenweg 2,* ✉ *87527,* ℰ *(08321) 27 90,*
Fax (08321) 279444, ≤ *Allgäuer Berge, Massage,* ♣, ♨, ♠, ≦s, ⬛, 🏊, 🞣, – 🔋 📺
🞣 ⟵ **℗** – 🔼 400. ◭ ⓞ **E** **VISA** ✳
Menu à la carte 45/70 *(auch Diät)* – **360 Z** 175/294, 60 Suiten.

🏠 **Zum Ratsherrn,** *Hermann-von-Barth-Str. 4,* ✉ *87527,* ℰ *(08321) 29 29,*
Fax (08321) 26503, 🌲, ≦s – ☎ **℗** ◭ **E**
Nov. geschl. – **Menu** *(Montag geschl.)* (wochentags nur Abendessen) à la carte 31/60 –
11 Z 75/130 – ½ P 18.

XX **Alte Post,** *Promenadestr. 5,* ✉ *87527,* ℰ *(08321) 25 08, Fax (08321) 68750* – ◭
Freitag - Samstagmittag, Jan. 1 Woche und Juni 2 Wochen geschl. – **Menu** à la carte 33/58.

In Blaichach-Ettensberg *NW : 4 km :*

🏠 **Wolf** ⑤ *garni, Schwandener Str. 21,* ✉ *87544,* ℰ *(08321) 44 95, Fax (08321) 87451,*
🞣 – 📺 ☎ **℗** ◭ **E**
1. - 25. Dez. geschl. – **14 Z** 50/120.

In Ofterschwang-Schweineberg *SW : 4 km :*

🏨🏨 **Sonnenalp** ⑤, ✉ *87527,* ℰ *(08321) 27 20, Fax (08321) 272242,* ≤, « *Außenanlagen*
mit Terrassen », *Massage,* ♣, ♨, ♠, ≦s, 🏊 *(geheizt),* ⬛, 🞣, ✳ *(Halle),* 🛏 ≤ 8, ♨,
Sportzentrum – 🔋, ⟵ *Rest,* 📺 🞣 ⟵ **℗** – 🔼 100. ✳
(Restaurant nur für Hausgäste) – **225 Z** *(nur ½ P)* 354/844, 13 Suiten.

🏨 **Dora** ⑤, ✉ *87527,* ℰ *(08321) 35 09, Fax (08321) 84244,* ≤, ≦s, ⬛, 🞣 – ☎ ⟵
℗ ✳ *Rest*
(nur Abendessen für Hausgäste) – **18 Z** 87/230.

In Ofterschwang-Tiefenberg *S : 3 km :*

🏠 **Gästehaus Gisela,** ✉ *87527,* ℰ *(08321) 6 69 40, Fax (08321) 669460,* ≤, ≦s, ⬛,
🞣 – ☎ ⟵ **℗** ✳
Nov. - 16. Dez. geschl. – *(nur Abendessen für Hausgäste)* – **14 Z** 53/110 – ½ P 18.

SONTRA *Hessen* **417 418** *M 13,* **987** ㉗ – *8 900 Ew* – *Höhe 242 m* – *Luftkurort.*

Berlin 392 – *Wiesbaden 201* – *Kassel 56* – *Bad Hersfeld 34* – *Göttingen 62.*

🏠 **Link,** *Bahnhofstr. 17,* ✉ *36205,* ℰ *(05653) 6 83, Fax (05653) 8123,* 🌲 – 🔋 **℗** – 🔼 80
⟵ **Menu** à la carte 20/39 – **36 Z** 48/105.

In Nentershausen-Weißenhasel *S : 5 km :*

🏠 **Johanneshof,** *Kupferstr. 24,* ✉ *36214,* ℰ *(06627) 9 20 00, Fax (06627) 920099,* 🌲,
🞣 – 📺 ☎ **℗** – 🔼 45. ◭ ⓞ **E** **VISA** **JCB**
Menu (wochentags nur Abendessen) à la carte 29/55 ♦ – **21 Z** 72/165.

SOODEN - ALLENDORF, BAD *Hessen* **417 418** *M 13,* **987** ⑯ – *10 000 Ew* – *Höhe 160 m*
– *Heilbad.*

Sehenswert : Allendorf : Fachwerkhäuser★ (Bürgersches Haus★, Kirchstr. 29, Eschstruth-
sches Haus★★, Kirchstr. 59).

🔰 *Gäste-Informationsdienst in Bad Sooden, am Kurpark,* ✉ *37242,* ℰ *(05652) 95 87 18,*
Fax (05652) 958713.

Berlin 375 – *Wiesbaden 231* – *Kassel 52* – *Bad Hersfeld 68* – *Göttingen 36.*

Im Ortsteil Bad Sooden :

🏨 **Waldhotel Soodener Hof** ≫, Hardtstr. 7, ✉ 37242, ℰ (05652) 95 60, Fax (05652) 956222, ≼, ≘s, 🔟, ✍ – 🛗 🔟 ⓟ – 🕭 35. 🖭 ⓞ ⋿ 𝓥𝓘𝓢𝓐 ᴊᴄв. ※ Rest
Menu à la carte 33/63 – **46 Z** 115/190 – ½ P 25.

🏠 **Martina** ≫, Westerburgstr. 1, ✉ 37242, ℰ (05652) 20 88, Fax (05652) 2732, 🏡, ※ – 🛗, ⇐ Zim, ☎ ⓟ. 🖭 ⓞ ⋿ 𝓥𝓘𝓢𝓐. ※ Rest
Feb. - März geschl. – **Menu** à la carte 29/57 – **67 Z** 71/165 – ½ P 15.

Im Ortsteil Ahrenberg NW : 6 km über Ellershausen :

🏨 **Berggasthof Ahrenberg** ≫, ✉ 37242, ℰ (05652) 20 03, Fax (05652) 1854, ≼ Werratal, 🏡, ≘s, ✍ – 🔟 ☎ ⓟ. 🖭 ⓞ ⋿ 𝓥𝓘𝓢𝓐
Menu à la carte 29/62 – **17 Z** 85/170.

SORA Sachsen siehe Wilsdruff.

SPAICHINGEN Baden-Württemberg **419** V 10, **987** ㊳ – 9 500 Ew – Höhe 670 m.
Ausflugsziel : Dreifaltigkeitsberg★ : Wallfahrtskirche ⋇★ NO : 6 km.
Berlin 737 – Stuttgart 112 – Konstanz 70 – Tuttlingen 14 – Rottweil 14.

In Hausen ob Verena SW : 6 km :

🏨 **Hofgut Hohenkarpfen** ≫, am Hohenkarpfen – Höhe 850 m, ✉ 78595, ℰ (07424) 94 50, Fax (07424) 945245, ≼, 🏡, « Ehemaliger Bauernhof in schöner Lage » – 🔟 ☎ ⓟ – 🕭 50. 🖭 ⓞ ⋿ 𝓥𝓘𝓢𝓐
Menu à la carte 51/72 – **21 Z** 100/200.

SPALT Bayern **419 420** S 16 – 5 100 Ew – Höhe 357 m.
🛈 Fremdenverkehrsamt, Rathaus, Herrengasse 10, ✉ 91174, ℰ (09175) 7 96 50, Fax (09175) 796535.
Berlin 474 – München 149 – Nürnberg 50 – Ingolstadt 70 – Ansbach 35.

🏠 **Krone,** Hauptstr. 23, ✉ 91174, ℰ (09175) 3 70, Fax (09175) 223 – 🔟 🚗 ⓟ
Juni 2 Wochen geschl. – **Menu** (Dienstag geschl.) à la carte 23/44 ⓐ – **13 Z** 55/85.

In Spalt-Stiegelmühle NW : 5 km :

✗ **Gasthof Blumenthal,** ✉ 91174, ℰ (09873) 3 32, Fax (09873) 1375, 🏡 ⓟ
Montag - Dienstag und Jan. - Feb. 2 Wochen geschl. – **Menu** à la carte 38/60.

SPANGENBERG Hessen **417 418** M 12, **987** ㉗ – 7 000 Ew – Höhe 265 m – Luftkurort.
🛈 Verkehrsamt, Kirchplatz 4, ✉ 34286, ℰ (05663) 72 97, Fax (05663) 509026.
Berlin 398 – Wiesbaden 209 – Kassel 41 – Bad Hersfeld 50.

🏨 **Schloß Spangenberg** ≫ (Burganlage a.d. 13. Jh.), ✉ 34286, ℰ (05663) 8 66, Fax (05663) 7567, ≼ Spangenberg, 🏡 – ⇐ Zim, 🔟 ☎ ⓟ – 🕭 30. 🖭 ⓞ ⋿ 𝓥𝓘𝓢𝓐
4.- 14. Jan. und Juli - Aug. 2 Wochen geschl. – **Menu** (Sonntagabend geschl.) à la carte 53/83 – **24 Z** 130/340.

🏠 **Stöhr,** Marktplatz 9, ✉ 34286, ℰ (05663) 9 48 70, Fax (05663) 948722, 🏡 – ⇐ Zim, 🔟 🚗. 🖭 ⓞ ⋿ 𝓥𝓘𝓢𝓐. ※ Rest
Anfang - Mitte Feb. geschl. – **Menu** (Montag geschl.) à la carte 45/98 – **22 Z** 96/170.

SPARNECK Bayern siehe Münchberg.

SPELLE Nordrhein-Westfalen siehe Rheine.

SPEYER Rheinland-Pfalz **417 419** S 9, **987** ㉗ – 46 000 Ew – Höhe 104 m.
Sehenswert : Dom★★ (Krypta★★★, Querschiff★★) B – ≼★★ vom Fuß des Heidentürmchens auf den Dom B E – Judenbad★ B A – Dreifaltigkeitskirche (Barock-Interieur★) B B – Historisches Museum der Pfalz (Goldener Hut★ aus Schifferstadt, Weinmuseum★) B M1.
🛈 Verkehrsamt, Maximilianstr. 11, ✉ 67346, ℰ (06232) 14 23 92, Fax (06232) 142332.
Berlin 638 ① – Mainz 93 ① – Heidelberg 21 ② – Karlsruhe 57 ② – Mannheim 22 ① – Pirmasens 73 ④

990

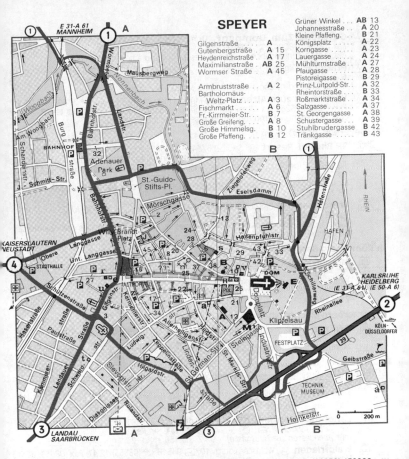

SPEYER

Gilgenstraße . . . . **A**
Gutenbergstraße . . **A** 15
Heydenreichstraße . **A** 17
Maximilianstraße . **AB** 25
Wormser Straße . . **A** 45

Armbruststraße . . . **A** 2
Bartholomäus-
Weltz-Platz . . . . **A** 3
Fischmarkt . . . . . **A** 6
Fr.-Kirrmeier-Str. . **B** 7
Große Greifeng. . . **A** 8
Große Himmelsg. . **B** 10
Große Pfaffeng. . . **B** 12

Grüner Winkel . . . **AB** 13
Johannesstraße . . **A** 20
Kleine Pfaffeng. . . **B** 21
Königsplatz . . . . . **A** 22
Korngasse . . . . . . **A** 23
Lauergasse . . . . . **A** 24
Mühlturmstraße . . **A** 27
Pfaugasse . . . . . . **A** 28
Pistoreigasse . . . . **B** 29
Prinz-Luitpold-Str. . **A** 32
Rheintorstraße . . . **B** 33
Roßmarktstraße . . **A** 34
Salzgasse . . . . . . **A** 37
St. Georgengasse . **A** 38
Schustergasse . . . **A** 39
Stuhlbrudergasse . **B** 42
Tränkgasse . . . . . **B** 43

🏨 **Domhof** ⑤ garni, Bauhof 3, ⊠ 67346, ℰ (06232) 1 32 90, Fax (06232) 132990 – 📶
⚒ 📺 ☎ 👤 ⊸ 🅿 🔏 80. 🅰🅴 ① 🅔 🌆   B v
49 Z 160/230.

🏨 **Goldener Engel,** Mühlturmstr. 1a, ⊠ 67346, ℰ (06232) 1 32 60, Fax (06232) 132695,
« Individuelle Einrichtung » – 📶 📺 ☎ 🅿. 🅰🅴 ① 🅔 🌆   A e
23. Dez. - 2. Jan. geschl. – **Menu** (siehe Wirtschaft zum Alten Engel) – **46 Z** 93/230.

🏨 **Graf's Löwengarten,** Schwerdstr. 14, ⊠ 67346, ℰ (06232) 62 70 (Hotel)
62 72 00 (Rest.), Fax (06232) 26452 – 📶 📺 ☎ ⊸ 🅿 – 🔏 40. 🅰🅴 ① 🅔 🌆 🅹🅲🅱
🍽 Rest   A t
Menu (Sonntag und 1. - 15. Jan. geschl.) (nur Abendessen) à la carte 33/59 – **40 Z** 79/289.

🏨 **Am Technik-Museum** ⑤ garni, Geibstr. 2, ⊠ 67346, ℰ (06232) 6 71 00,
Fax (06232) 671020 – ⚒ 📺 ☎ 🅿. 🅰🅴 🅔 🌆   B a
62 Z 80/105.

🏨 **Weinstube Trutzpfaff,** Webergasse 5, ⊠ 67346, ℰ (06232) 6 01 20,
Fax (06232) 601230 – 📺 ☎ 🅿. 🍽   A a
Menu (Montag geschl.) à la carte 31/45 ♣ – **8 Z** 85/135.

🍴🍴 **Backmulde,** Karmeliterstraße 11, ⊠ 67346, ℰ (06232) 7 15 77, Fax (06232) 629474
– 🅰🅴 ① 🅔 🌆   A z
Sonntag - Montag und Mitte Aug. - Anfang Sept. geschl. – **Menu** à la carte 61/82.

🍴🍴 **Kutscherhaus** mit Zim, Am Fischmarkt 5a, ⊠ 67346, ℰ (06232) 7 05 92,
Fax (06232) 620922, Biergarten – 📺 ☎. 🅰🅴 🅔 🌆, 🍽 Rest   AB s
Menu (Mittwoch geschl.) (Tischbestellung ratsam) à la carte 37/70 (auch vegetarische
Gerichte) ♣ – **3 Z** 120.

※ **Gasthaus Zum Domnapf,** Domplatz 1, ⊠ 67346, ℰ (06232) 7 54 54, Fax (06232) 78099, 🌴 – ᴀᴇ ᴇ 𝘝𝘐𝘚𝘈
Okt. - März Sonntagabend - Montag geschl. – **Menu** à la carte 38/60.   B v

※ **Pfalzgraf,** Gilgenstr. 26b, ⊠ 67346, ℰ (06232) 7 47 55, Fax (06232) 75596 – 🅿. ᴀᴇ
ᴇ   A u
Mittwochabend - Donnerstag geschl. – **Menu** à la carte 33/55 ♨.

※ **Wirtschaft zum Alten Engel,** Mühlturmstr. 1a, ⊠ 67346, ℰ (06232) 7 09 14, Fax (06232) 132695, « Altes Backsteingewölbe, antikes Mobiliar » – ᴀᴇ Ⓞ ᴇ 𝘝𝘐𝘚𝘈 A r
Sonntag geschl. – **Menu** (nur Abendessen) à la carte 34/58 ♨.

In Speyer-Binshof ① : 6 km :

🏨 **RR Binshof Resort** Ⓜ ⤢, ⊠ 67346, ℰ (06232) 64 70, Fax (06232) 647199, 🌴,
« Individuelle Einrichtung mit Designer Möbeln und Antiquitäten ; Therme », Massage, ♨,
ₖ, ≘s, ⊿ (geheizt), 🔲, ⛰, 🎾 – 📶, ⇆ Zim, 🗐 Rest, 🕿 📞 ⇐ 🅿 – 🛎 60. ᴀᴇ
Ⓞ ᴇ 𝘝𝘐𝘚𝘈
Menu siehe Rest. **Fresco** separat erwähnt **Salierhof** : Menu à la carte 48/85 –
78 Z 220/550, 3 Suiten.

XXX **Fresco** - Hotel RR Binshof Resort, ⊠ 67346, ℰ (06232) 64 70, Fax (06232) 647199 –
🅿. ᴀᴇ Ⓞ ᴇ 𝘝𝘐𝘚𝘈. ⋟
Dienstag und über Fastnacht 2 Wochen geschl. – **Menu** (wochentags nur Abendessen, Tischbestellung ratsam) à la carte 81/105.

In Römerberg-Berghausen ③ : 3 km :

🏨 **Morgenstern,** Germersheimer Str. 2b, ⊠ 67354, ℰ (06232) 80 01, Fax (06232) 8028,
🌴 – 🔲 🕿 ⇐ 🅿 – 🛎 15. ᴀᴇ ᴇ 𝘝𝘐𝘚𝘈. ⋟
Menu (Dienstag, Samstagmittag sowie über Fasching und Aug. jeweils 2 Wochen geschl.)
à la carte 38/66 – **Schlemmerstübchen** (nur Abendessen) **Menu** à la carte 57/85 –
21 Z 78/200.

In Römerberg-Mechtersheim ③ : 7 km :

🏨 **Pfälzer Hof,** Schwegenheimer Str. 11, ⊠ 67354, ℰ (06232) 81 70, Fax (06232) 817160, 🌴, ≘s – 📶 🔲 🕿 🅿 – 🛎 80. ᴀᴇ ᴇ 𝘝𝘐𝘚𝘈
Menu (Montagmittag und Juli 2 Wochen geschl.) à la carte 28/60 ♨ – **48 Z** 80/150.

SPIEGELAU Bayern ⁴²⁰ T 24 – 4 050 Ew – Höhe 730 m – Erholungsort – Wintersport : 780/830 m
⫷2 ⫸4.
🛈 Verkehrsamt, Rathaus, Hauptstr. 30, ⊠ 94518, ℰ (08553) 4 19, Fax (08553) 6424.
Berlin 496 – München 193 – Deggendorf 50 – Passau 45.

🏨 **Landhotel Tannenhof** ⤢, Auf der List 27, ⊠ 94518, ℰ (08553) 97 30, Fax (08553) 973200, ≘s, 🔲 – ⇐ 🅿. ᴇ 𝘝𝘐𝘚𝘈. ⋟ Rest
(nur Abendessen für Hausgäste) – **92 Z** 85/150 – ½ P 25.

🏨 **Waldfrieden** ⤢, Waldschmidtstr. 10, ⊠ 94518, ℰ (08553) 12 47, Fax (08553) 6631, Massage, ≘s, 🔲, 🎾 – 🅿. ⋟
Nov. - 15. Dez. geschl. – (nur Abendessen für Hausgäste) – **25 Z** 60/110 – ½ P 10.

SPIEKEROOG (Insel) Niedersachsen ⁴¹⁵ E 7, ⁹⁸⁷ ④ – 700 Ew – Seeheilbad – Insel der Ostfriesischen Inselgruppe. Autos nicht zugelassen.
⇌ von Neuharlingersiel (40 min.), ℰ (04976) 1 70.
🛈 Kurverwaltung, Noorderpad 25, ⊠ 26474, ℰ (04976) 9 19 30, Fax (04976) 919347.
Berlin 518 – Hannover 258 – Aurich (Ostfriesland) 33 – Wilhelmshaven 46.

🏨 **Inselfriede** ⤢, Süderloog 12, ⊠ 26474, ℰ (04976) 9 19 20, Fax (04976) 919266, ≘s, 🔲, 🎾 – ⇆ Zim, 🔲 🕿. ⋟
10. Jan. - 15. März geschl. – **Menu** à la carte 37/68 – **21 Z** 104/196 – ½ P 26.

🏨 **Zur Linde** ⤢, Noorderloog 5, ⊠ 26474, ℰ (04976) 9 19 40, Fax (04976) 919430, 🌴, 🎾 – 🔲 🕿
Mitte Jan. - Mitte Feb. geschl. – **Menu** (Montag geschl.) à la carte 36/69 (auch vegetarische Gerichte) – **22 Z** 90/165 – ½ P 25.

SPITZINGSEE Bayern siehe Schliersee.

SPOHLA Sachsen siehe Hoyerswerda.

SPORNITZ Mecklenburg-Vorpommern siehe Parchim.

SPREENHAGEN Brandenburg 🔲🔲 *I 25 – 1600 Ew – Höhe 40 m.*
Berlin 59 – Potsdam 76 – Frankfurt (Oder) 51.

🏠 **Gasthaus Paesch,** Hauptstr. 27, ✉ 15528, ✆ *(033633)* 2 16, Fax *(033633)* 65741, 🏠
🍽 – 📺 ☎ 🅿 – 🔥 40
Jan. 2 Wochen geschl. – **Menu** à la carte 23/42 – **10 Z** 90/110.

SPREMBERG Brandenburg 🔲 *L 27,* 🔲 ⑳, 🔲 ⑲ – *24 000 Ew – Höhe 115 m.*
Berlin 143 – Potsdam 148 – Cottbus 22 – Dresden 72.

🏠 **Hotel am Berg,** Bergstr. 30, ✉ 03130, ✆ *(03563)* 9 17 67, Fax *(03563)* 94837,
🍽 Biergarten, 🌳 – 📺 ☎ 🕹 🖂 🆎 🇪 💳
Menu *(Sonntag geschl.)* (nur Abendessen) à la carte 23/35 – **16 Z** 87/150.

SPRENDLINGEN Rheinland-Pfalz 🔲 *Q 7 – 3600 Ew – Höhe 95 m.*
Berlin 610 – Mainz 39 – Bad Kreuznach 7.

🏠 **Apart Hotel Garni,** Bahnhofstr. 39, ✉ 55576, ✆ *(06701)* 9 30 10,
Fax *(06701)* 930150 – 📺 ☎ 🕹 🖂 🅿
18 Z 85/145.

SPRINGE AM DEISTER Niedersachsen 🔲🔲 *J 12,* 🔲 ⑯ – *30 000 Ew – Höhe 113 m –*
Erholungsort.
🛈 *Tourist-Information, Altes Rathaus, Zum Niederntor,* ✉ 31832, ✆ *(05041)* 7 32 73,
Fax *(05041)* 5885.
Berlin 308 – Hannover 26 – Hameln 20 – Hildesheim 33.

🏠 **Garni,** Zum Oberntor 9, ✉ 31832, ✆ *(05041)* 9 43 90, Fax *(05041)* 943994 – 📺 ☎. 🇪
💳
24. Dez. - 2. Jan. geschl. – **20 Z** 70/150.

SPROCKHÖVEL Nordrhein-Westfalen 🔲 *L 5 – 25 000 Ew – Höhe 203 m.*
Berlin 526 – Düsseldorf 53 – Bochum 18 – Wuppertal 16.

In Sprockhövel-Niedersprockhövel :

🍴🍴 **Tante Anna,** Hauptstr. 58, ✉ 45549, ✆ *(02324)* 7 96 12, 🏠 – 🆎 🅾 🇪 💳
Montag und Anfang Jan. 1 Woche geschl. – **Menu** (nur Abendessen, Tischbestellung ratsam) à la carte 55/80.

STADE Niedersachsen 🔲 *F 12,* 🔲 ⑤ – *47 000 Ew – Höhe 7 m.*
Sehenswert : *Schwedenspeicher-Museum Stade★ (Bronze-Räder★).*
Ausflugsziel : *Das Alte Land★.*
⛳ *Deinster Mühle (S : 8 km),* ✆ *(04149)* 92 51 17.
🛈 *Fremdenverkehrsamt, Bahnhofstr. 3,* ✉ 21682, ✆ *(04141)* 40 14 50, Fax *(04141)*
401452.
ADAC, Hinterm Teich 1, ✉ 21680, ✆ *(04141)* 6 32 22, Fax *(04141)* 609795.
Berlin 350 – Hannover 178 – Hamburg 59 – Bremerhaven 76.

🏠🏠 **Herzog Widukind** garni, Große Schmiedestr. 14, ✉ 21682, ✆ *(04141)* 4 60 96,
Fax *(04141)* 3603 – 📱 🍽 📺 ☎ 🕹 🖂. 🆎 🅾 🇪 💳
45 Z 145/185.

🏠🏠 **Vier Linden** 🐕, Schölischer Str. 63, ✉ 21682, ✆ *(04141)* 9 27 02, Fax *(04141)* 2865,
🏠, 🍴 – 🍽 Zim, 📺 ☎ 🅿 – 🔥 50. 🆎 🅾 🇪 💳
Menu *(Sonntagabend geschl.)* (wochentags nur Abendessen) à la carte 34/60 –
46 Z 99/190.

🏠 **Zur Einkehr,** Freiburger Str. 82, ✉ 21682, ✆ *(04141)* 23 25, Fax *(04141)* 2455, 🏠,
🍴 – 🍽 Zim, 📺 ☎ 🖂 🅿 – 🔥 20. 🆎 🅾 🇪 💳
Menu à la carte 30/60 🍺 – **37 Z** 100/160.

🍴🍴 **Knechthausen,** Bungenstr. 20, ✉ 21682, ✆ *(04141)* 4 53 00, Fax *(04141)* 45370, 🏠
– 🆎
Samstagmittag und Sonntag geschl. – **Menu** à la carte 48/65.

🍴 **Ratskeller,** Hökerstr. 10, ✉ 21682, ✆ *(04141)* 4 42 55, Fax *(04141)* 44255, 🏠,
« *Gotisches Kreuzgewölbe a.d. 13. Jh.* » – 🆎 🅾 🇪 💳
Montag geschl. – **Menu** à la carte 33/71.

🍴 **Insel-Restaurant,** Auf der Insel 1, ✉ 21680, ✆ *(04141)* 20 31, Fax *(04141)* 47869,
🏠 – 🕹 🅿 – 🔥 40. 🇪 💳
Menu à la carte 59/65.

STADECKEN-ELSHEIM *Rheinland-Pfalz siehe Mainz.*

STADLAND *Niedersachsen* 415 *F 9 – 7 700 Ew – Höhe 2 m.*
Berlin 459 – Hannover 187 – Bremen 71 – Oldenburg 40.

In Stadland-Rodenkirchen :

🏠 **Friesenhof** garni, Am Friesenhof 4, ✉ 26935, ℘ (04732) 6 48, Fax (04732) 8340, 🚗
– 📺 ☎ 🛬 🅿 📧
15 Z 75/135.

STADTALLENDORF *Hessen* 417 *N 11 – 21 000 Ew – Höhe 255 m.*
Berlin 458 – Wiesbaden 141 – Kassel 74 – Marburg 21 – Neustadt Kreis Marburg 8 – Alsfeld 27.

🏛 **Parkhotel**, Schillerstr. 1, ✉ 35260, ℘ (06428) 70 80, Fax (06428) 708259, 🌧, 🚗, 🎾
– ⇔ Zim, 📺 🛬 🅿 – 🕿 50. 🄰🄴 📧 �. ⚔ Rest
Menu à la carte 33/73 – **50 Z** 130/398.

In Stadtallendorf-Niederklein *S : 4,5 km :*

🏠 **Germania,** Obergasse 1, ✉ 35260, ℘ (06429) 3 42, Fax (06429) 7090 – ⇔ Zim, 📺
🛬 ☎ 🛬 🅿 🄰🄴 📧 🌃🅰
Menu *(Montagmittag, Dienstag und 1. - 10. Jan. geschl.)* à la carte 24/38 – **21 Z** 70/120.

STADTHAGEN *Niedersachsen* 415 417 *J 11,* 987 ⑯ *– 23 100 Ew – Höhe 67 m.*
🏌 *Obernkirchen (SW : 4 km),* ℘ (05724) 46 70.
Berlin 327 – Hannover 45 – Bielefeld 76 – Osnabrück 106.

🏛 **Zur Amtspforte**, Obernstr. 31, ✉ 31655, ℘ (05721) 98 40, Fax (05721) 984444, 🌧
– 🛗, ⇔ Zim, 📺 🛬 🍴 🅿 – 🕿 40. 🄰🄴 📧 🌃🅰. ⚔
Menu *(Samstagmittag, Sonntagmittag und Montag geschl.)* (asiatische Küche) à la carte
32/55 – **25 Z** 95/225.

🏛 **Gerber Hotel** 📺 garni, Echternstr. 14, ✉ 31655, ℘ (05721) 98 60, Fax (05721) 98666
– 🛗 ⇔ 📺 🛬 🛬, 🄰🄴 ① 📧 🌃🅰
15 Z 89/160.

🍴🍴 **Torschreiberhaus** (Restaurant im Bistro-Stil), Krumme Str. 42, ✉ 31655,
℘ (05721) 64 50, 🌧
Montag und Jan. 3 Wochen geschl. – **Menu** (nur Abendessen) à la carte 54/65.

In Stadthagen-Obernwöhren *SO : 5 km :*

🏠 **Oelkrug** 🌤, Waldstr. 2, ✉ 31655, ℘ (05721) 80 25 25, Fax (05721) 802550, 🌧, 🚗
– 🛗, ⇔ Zim, 📺 ☎ 🅿 – 🕿 30. 📧
Menu *(Montag geschl. und Dienstag - Donnerstag nur Abendessen)* à la carte 33/65 –
18 Z 95/180.

In Nienstädt-Sülbeck *SW : 6 km :*

🍴🍴 **Sülbecker Krug** mit Zim, Mindener Str. 6 (B 65), ✉ 31688, ℘ (05724) 9 55 00,
Fax (05724) 955050, 🌧 – 📺 ☎ 🛬 🅿 🄰🄴 ① 📧 🌃🅰
Menu *(Samstagmittag, Sonntagabend und Montag geschl.)* à la carte 57/82 – **12 Z** 85/130.

In Niedernwöhren *NW : 6 km :*

🍴🍴 **Landhaus Heine,** Brunnenstr. 17, ✉ 31712, ℘ (05721) 21 21, Fax (05721) 71319, 🌧
– 🅿 🄰🄴 ① 📧 🌃🅰
Montagabend - Dienstag sowie Jan. und Juli jeweils 2 Wochen geschl. – **Menu** (bemerkenswerte Weinkarte) à la carte 40/65.

STADTILM *Thüringen* 418 *N 17,* 984 ㉓, 987 ㉘ *– 5 000 Ew – Höhe 365 m.*
Berlin 308 – Erfurt 35 – Jena 53 – Rudolstadt 22 – Suhl 43.

In Großliebringen *SO : 7 km :*

🏛 **Burghotel Edelhof** 🌤, Hauptstr. 59, ✉ 99326, ℘ (03629) 39 36, Fax (03629) 4967,
🌧, « Ehemaliges Rittergut a.d. 11. Jh. » – 🛗 📺 ☎ 🅿 – 🕿 70. 🄰🄴 ① 📧 🌃🅰
Menu *(Montag - Freitag nur Abendessen)* à la carte 27/55 – **20 Z** 90/220.

STADTKYLL *Rheinland-Pfalz* 417 *O 3,* 987 ㉕ *– 1 200 Ew – Höhe 460 m – Luftkurort.*
🅱 *Tourist-Information, Kurallee,* ✉ 54589, ℘ (06597) 28 78, Fax (06597) 4871.
Berlin 653 – Mainz 190 – Euskirchen 48 – Mayen 64.

🏛 **Am Park,** Kurallee 13, ✉ 54589, ℘ (06597) 1 50, Fax (06597) 15250 – 🛗, ⇔ Zim, 📺
☎ 🅿 – 🕿 120. 🄰🄴 ① 📧 🌃🅰. ⚔ Rest
Menu à la carte 41/75 – **89 Z** 145/260.

STADTOLDENDORF *Niedersachsen* 🔲🔲 *K 12 – 6 000 Ew – Höhe 227 m.*
  Berlin 337 – Hannover 62 – Göttingen 71 – Hildesheim 51.

  🏨 **Villa Mosler,** Hoopstr. 2, ✉ 37627, ℰ (05532) 50 60, Fax (05532) 506400, ☆, ≘s –
  🛗, ↔ Zim, 📺 ⅚ 🅿 – 🔏 100. 🖭 ⓞ 🝙 *VISA*
  Menu (wochentags nur Abendessen) à la carte 39/77 – **61 Z** 169/214, 6 Suiten.

STADT WEHLEN *Sachsen* 🔲 *N 26,* 🔲 ㉔, 🔲 ⑲ *– 1 700 Ew – Höhe 110 m – Erholungsort.*
  🛈 *Gästeamt, Markt 5,* ✉ 01829, ℰ (035024) 7 04 14, Fax (035024) 70434.
  Berlin 217 – Dresden 26 – Pirna 11.

  🏠 **Strandhotel** ⸲, Markt 9, ✉ 01829, ℰ (035024) 7 04 24, Fax (035024) 70610, ≤, ☆
  ⇔ – 🛗 📺 ☎ 🅿 – 🔏 50
  Menu à la carte 24/37 – **30 Z** 100/250.

STAFFELSTEIN *Bayern* 🔲🔲 *P 17,* 🔲 ㉘ *– 10 500 Ew – Höhe 272 m.*
  Ausflugsziele : Ehemaliges Kloster Banz : Terrasse ≤★, N : 5 km – Wallfahrtskirche
  Vierzehnheiligen★★(Nothelfer-Altar★★), NO : 5 km.
  🛈 *Städt. Verkehrsamt, Alte Darre am Stadtturm,* ✉ 96231, ℰ (09573) 41 92,
  Fax (09573) 4146.
  Berlin 379 – München 261 – Coburg 24 – Bamberg 26.

  🏨 **Kurhotel** 🅼 ⸲, Am Kurpark 7, ✉ 96231, ℰ (09573) 33 30, Fax (09573) 333299, ☆,
  Massage, ≘s, 🔲, ☞ – 🛗, ↔ Zim, 📺 ☎ ⅚ ⇔ 🅿 – 🔏 100. 🖭 ⓞ 🝙 *VISA*.
  ❀ Rest
  Menu à la carte 20/65 – **113 Z** 118/165.

  🏨 **Rödiger,** Zur Herrgottsmühle 2, ✉ 96231, ℰ (09573) 8 95, Fax (09573) 1339, ☆, ≘s,
  🔲 – 🛗, ↔ Zim, 📺 ☎ ⇔ 🅿 – 🔏 50. 🖭 ⓞ 🝙 *VISA*
  Menu (Freitag und Aug. geschl.) à la carte 28/59 – **51 Z** 85/140.

  🏠 **Vierjahreszeiten** ⸲ garni, Annaberger Str. 1, ✉ 96231, ℰ (09573) 68 38, ☞ – ↔
  🅿 ❀
  18 Z 70/120.

In Staffelstein - Grundfeld *NO : 3 km :*

  🏠 **Maintal,** Alte Bundesstr. 5, ✉ 96231, ℰ (095 1) 51 66, Fax (09571) 5768, ☆ –
  ⇔ Rest, 📺 ☎ 🅿 ❀
  22. Dez. - 22. Jan. geschl. – **Menu** (Sonntagabend und Freitag geschl.) à la carte 23/47 🍷
  – **19 Z** 60/100.

In Staffelstein-Romansthal *O : 2 km :*

  🏠 **Zur schönen Schnitterin** ⸲, ✉ 96231, ℰ (09573) 43 73, Fax (09573) 5489, ≤, ☆
  ⇔ – ⇔ 🅿 ❀ Zim
  30. Nov. - 26. Dez. geschl. – **Menu** (Montag geschl.) à la carte 23/50 🍷 – **15 Z** 50/115.

STAHNSDORF *Brandenburg* 🔲 *I 23 – 6 000 Ew – Höhe 100 m.*
  Berlin 32 – Potsdam 13.

  🏠 **Sonneneck,** Potsdamer Allee 123, ✉ 14532, ℰ (03329) 6 38 50, Fax (03329) 638531,
  ⇔ ☆ – 📺 ☎ 📞 🅿 🝙
  Menu à la carte 23/41 – **15 Z** 105/160.

STAMSRIED *Bayern* 🔲 *S 21 – 2 000 Ew – Höhe 450 m.*
  Berlin 469 – München 172 – Nürnberg 131 – Passau 124 – Regensburg 50.

  🏠 **Pusl,** Marktplatz 6, ✉ 93491, ℰ (09466) 3 26, Fax (09466) 1099, ≘s, 🔲, ☞ – 🛗 📺
  ⇔ ☎ ⇔, ❀ Rest
  Menu à la carte 15/45 – **43 Z** 47/118.

Découvrez l'**Allemagne**
avec le Guide vert **Michelin**

Description des villes,
régions et sites d'Allemagne
avec conseils d'itinéraires, cartes et plans

Hiérarchisations des principales curiosités
de 1 à 3 étoiles

STAPELFELD Schleswig-Holstein 415 416 F 14 – 1 500 Ew – Höhe 20 m.
  Berlin 270 – Kiel 91 – Hamburg 29 – Lübeck 47.

🏨 **Zur Windmühle,** Hauptstr. 99, ⊠ 22145, ℰ (040) 67 50 70, Fax (040) 67507299, 🍴
  – 📺 ☎ 🅿 – 🔏 30. 🆎 ⓪ 🇪 𝑉𝐼𝑆𝐴
  Menu à la carte 38/63 – **49 Z** 115/175.

STARNBERG Bayern 419 420 V 18, 987 ㊵ – 20 300 Ew – Höhe 587 m.
  ⛳ Starnberg-Hadorf, Uneringer Straße, ℰ (08151) 1 21 57 ; ⛳ Starnberg, Gut Rieden,
  ℰ (08151) 9 07 70.
  🔎 Tourismusverband, Wittelsbacher Str. 9, ⊠ 82319, ℰ (08151) 9 06 00, Fax (08151)
  906090.
  Berlin 613 – München 26 – Augsburg 95 – Garmisch-Partenkirchen 70.

🏨 **Seehof,** Bahnhofsplatz 4, ⊠ 82319, ℰ (08151) 60 01 (Hotel) 22 21 (Rest.),
  Fax (08151) 28136, ≤, 🍴 – 📳 📺 ☎ ⇔ 🅿, 🆎 ⓪ 🇪 𝑉𝐼𝑆𝐴
  Menu (italienische Küche) à la carte 37/68 – **38 Z** 140/230.

🏨 **Fischerhaus** garni, Achheimstr. 1, ⊠ 82319, ℰ (08151) 9 05 50, Fax (08151) 905520,
  🍴 – ↠ 📺 ☎ 👌 🅿, ⓪ 🇪 𝑉𝐼𝑆𝐴 JCB, 🐾
  11 Z 180/220.

🏨 **Pension Happach** garni, Achheimstr. 2, ⊠ 82319, ℰ (08151) 1 25 37 – ↠ ⇔,
  🐾
  23. Dez. - Jan. geschl. – **11 Z** 60/105.

🍴🍴 **Al Torchio,** Kaiser-Wilhelm-Str. 2, ⊠ 82319, ℰ (08151) 74 44 66, Fax (08151) 29831,
  🍴 – 🅿, 🆎 ⓪ 🇪 𝑉𝐼𝑆𝐴
  Sonntag - Montagmittag geschl. – **Menu** (italienische Küche) à la carte 47/86.

🍴🍴 **Isola d'Elba,** Theresienstr. 9, ⊠ 82319, ℰ (08151) 1 67 80, 🍴 – 🅿, 🆎 ⓪
  🇪 𝑉𝐼𝑆𝐴
  Dienstag geschl. – **Menu** (italienische Küche) à la carte 41/70.

🍴 **Starnberger Alm - Illguth's Gasthaus,** Schloßbergstr. 24, ⊠ 82319,
  🦮 ℰ (08151) 1 55 77, Fax (08151) 15577, 🍴, « Sammlung alter handwerklicher Geräte »
  – 🅿, 🆎 ⓪ 🇪 𝑉𝐼𝑆𝐴
  Sonntag - Montag, Weihnachten - Anfang Jan. und Aug. 3 Wochen geschl. – **Menu** (nur
  Abendessen, bemerkenswertes Angebot württembergischer Weine) à la carte 23/54
  (Tischbestellung ratsam).

STARZACH Baden-Württemberg 419 U 10 – 3 000 Ew – Höhe 400 m.
  ⛳ Schloß Weitenburg, ℰ (07472) 80 61.
  Berlin 697 – Stuttgart 66 – Karlsruhe 126 – Freudenstadt 29.

In Starzach-Börstingen N : 7 km :
🏨 **Schloß Weitenburg** 🦢, ⊠ 72181, ℰ (07457) 93 30, Fax (07457) 933100, ≤, 🍴,
  « Schloß a.d.J. 1585, Park, Schloßkapelle », ⇔, 🏩, 🛥, 🐎 (Halle) – 📳 📺 ☎ 🅿 – 🔏 70.
  🆎 ⓪ 🇪 𝑉𝐼𝑆𝐴 JCB
  18. - 25. Dez. geschl. – **Menu** à la carte 52/77 – **34 Z** 135/240.

STASSFURT Sachsen-Anhalt 418 K 18, 984 ⑲, 987 ⑰ – 23 400 Ew – Höhe 90 m.
  🔎 Stassfurt-Information, Steinstr. 20, ⊠ 39418, ℰ (03925) 98 12 95, Fax (03925)
  981205.
  Berlin 175 – Magdeburg 38 – Dessau 59 – Halle 56 – Nordhausen 95.

🏨 **Salzland** garni, Kottenstr. 3, ⊠ 39418, ℰ (03925) 9 24 30, Fax (03925) 92431 – 📺
  ☎ 🅿
  14 Z 95/145.

STAUDACH-EGERNDACH Bayern 420 W 21 – 1 100 Ew – Höhe 600 m.
  🔎 Verkehrsbüro, Marquartsteiner Str. 3, ⊠ 83224, ℰ (08641) 25 60, Fax (08641) 1808.
  Berlin 683 – München 91 – Bad Reichenhall 47 – Traunstein 20 – Rosenheim 34.

Im Ortsteil Staudach :
🍴 **Mühlwinkl** 🦢, Mühlwinkl 14, ⊠ 83224, ℰ (08641) 24 14, Fax (08641) 5656, 🍴, 🐎
  – 🅿
  Nov. - Mitte Dez. geschl. – **Menu** (Dienstag geschl., Okt. - Mai Mittwoch nur Abendessen)
  à la carte 26/48 – **17 Z** 45/95.

Im Ortsteil Egerndach :

Gasthof Ott ⑤, ⊠ 83224, ℰ (08641) 21 83, Fax (08641) 1764, Biergarten, 🚗 – 🚙
℗. ⅍ Rest
Jan. 3 Wochen geschl. – **Menu** (Montag, außer Saison auch Donnerstag geschl.) à la carte
23/46 – **25 Z** 45/100.

STAUFEN Baden-Württemberg 🅐🅑🅒 W 7 – 7 000 Ew – Höhe 290 m – Erholungsort.
Sehenswert : Staufenburg : Lage★.
🅗 Verkehrsamt, Rathaus, ⊠ 79219, ℰ (07633) 8 05 36, Fax (07633) 50593.
Berlin 820 – Stuttgart 222 – Freiburg im Breisgau 22 – Basel 58.

Die Krone ⑤, Hauptstr. 30, ⊠ 79219, ℰ (07633) 58 40, Fax (07633) 82903,
« Gasthaus a.d. 18.Jh. » – 📺 ☎ ℗. 🄰🄴 🄴 💳
Menu (Freitagmittag und Samstag sowie Juli 2 Wochen geschl.) à la carte 39/75 –
9 Z 80/140.

Hirschen ⑤, Hauptstr. 19, ⊠ 79219, ℰ (07633) 52 97, Fax (07633) 5295, 🚗 – 🛗 📺
℗
Menu (Montag - Dienstag und Nov. geschl.) à la carte 31/66 🎴 – **15 Z** 75/120.

Felsenkeller ⑤, Albert-Hugard-Str. 47, ⊠ 79219, ℰ (07633) 62 85,
Fax (07633) 50641, 🌳 – 📺 ☎ ℗. 🄰🄴 🄴 💳
Feb. 2 Wochen geschl. – **Menu** (Montag geschl., Freitag und Samstag nur Abendessen)
à la carte 43/79 – **9 Z** 84/150.

XX Kreuz-Post mit Zim, Hauptstr. 65, ⊠ 79219, ℰ (07633) 9 53 20, Fax (07633) 953232,
🌳, « Traditionelle markgräfler Gaststube, Zimmereinrichtung im Landhausstil » – ⅍ Zim,
📺 ☎. 🄴 💳 ⅍ Zim
Menu (Mittwoch geschl.) à la carte 35/68 – **5 Z** 155/180.

STAUFENBERG Hessen 🅐🅑🅒 O 10 – 7 600 Ew – Höhe 163 m.
Berlin 498 – Wiesbaden 102 – Frankfurt am Main 73 – Gießen 11 – Kassel 116.

Burghotel Staufenberg ⑤ (Burg a.d. 12. Jh. mit Hotelanbau), Burggasse 10,
⊠ 35460, ℰ (06406) 30 12, Fax (06406) 72492, 🌳 – 📺 ☎ ℗ – 🔔 50. 🄰🄴 ⓞ
🄴 💳
Menu à la carte 34/72 – **28 Z** 128/220.

STAVENHAGEN (REUTERSTADT) Mecklenburg-Vorpommern 🅐🅑🅒 E 22, 🅐🅑🅒 ⑦, 🅐🅑🅒 ⑦
– 9 000 Ew – Höhe 46 m.
Berlin 166 – Schwerin 119 – Neubrandenburg 31 – Stralsund 83.

Kutzbach, Malchinger Str. 2, ⊠ 1/153, ℰ (039954) 2 10 96, Fax (039954) 30838 – 📺
☎ ℗. 🄰🄴 🄴 💳 ⅍
Menu à la carte 25/36 – **17 Z** 80/120.

In Jürgenstorf S : 5 km :

Unkel Bräsig, Warener Str. 1a, ⊠ 17153, ℰ (039955) 3 80, Fax (039955) 38222 – 📺
☎ 🚙 ℗ – 🔔 80. 🄰🄴 ⓞ 🄴 💳
Menu (Montag - Donnerstag nur Abendessen) à la carte 28/43 – **18 Z** 80/130.

In Kittendorf S : 9 km :

Schloßhotel Kittendorf, ⊠ 17153, ℰ (039955) 5 00, Fax (039955) 50140,
« Schloss a.d.J. 1848 im Tudorstil » – 📺 ☎ ℗ – 🔔 30. 🄰🄴 🄴 💳 ⅍ Rest
Menu (nur Abendessen) à la carte 36/57 – **28 Z** 130/300.

STEBEN, BAD Bayern 🅐🅑🅒🅓 O 18 – 3 700 Ew – Höhe 580 m – Heilbad – Wintersport :
585/650 m ⚡1 ⚡5.
🅗 Bayerisches Staatsbad, Badstr. 31. ⊠ 95138, ℰ (09288) 96 00, Fax (09288) 96010.
Berlin 320 – München 295 – Coburg 75 – Hof 25 – Bayreuth 66.

relexa Sport und Kurhotel ⑤, Badstr. 26, ⊠ 95138, ℰ (09288) 7 20,
Fax (09288) 72113, 🌳, Massage, ♨, 🛴, 🛝, 🏊, 🖥, 🚗 – 🛗, ⅍ Zim, 📺 ℗ – 🔔 250.
🄰🄴 ⓞ 🄴 💳
Menu à la carte 38/65 (auch Diät) – **122 Z** 150/290, 7 Suiten – ½ P 40.

Promenade ⑤, Badstr. 16, ⊠ 95138, ℰ (09288) 9 74 30, Fax (09288) 9743405, 🌳,
🏊 – 🛗 📺 ☎ ℗
Menu à la carte 20/51 – **52 Z** 75/160 – ½ P 25.

Zum Alten Bergamt, Badstr. 8, ⊠ 95138, ℰ (09288) 9 72 10, Fax (09288) 972121,
🌳 – 📺 ☎ 🚙 ℗. 🄰🄴 💳
Menu à la carte 25/51 – **16 Z** 80/120 – ½ P 20.

In Bad Steben-Bobengrün S : 3 km :

※ **Spitzberg** mit Zim, Hauptstr. 43, ⊠ 95138, ℰ (09288) 3 13, Fax (09288) 55325, 畲, Biergarten, 雷 – ☎ 🖸 ⇔ 🅿
Menu *(Dienstag geschl.)* à la carte 26/62 – **4 Z** 60/90.

In Lichtenberg NO : 3 km :

🏠 **Burghotel** ⑤, Schloßberg 1, ⊠ 95192, ℰ (09288) 51 51, Fax (09288) 5459, ≼, Biergarten – 🛗 🆃 ☎ 🖸 – 🛦 20. 🖭 ⑩ ㋓ 🏧. 🎇 Rest
Menu à la carte 30/54 – **25 Z** 78/136 – ½ P 20.

※ **Burgrestaurant Harmonie**, Schloßberg 2, ⊠ 95192, ℰ (09288) 2 46, Fax (09288) 246, 畲, « Gemütliche Gasträume » – ㋓
Dienstagabend - Mittwoch geschl. – **Menu** à la carte 38/64.

STEGAURACH Bayern siehe Bamberg

STEGEN Baden-Württemberg siehe Kirchzarten.

STEIN Schleswig-Holstein siehe Laboe.

STEINBACH AM WALD Bayern 📵📵 O 18 – 3 800 Ew – Höhe 600 m – Wintersport : 600/720 m ✦1, 🟰3.
Berlin 322 – München 300 – Coburg 49 – Bayreuth 69 – Bamberg 83.

※※ **Steinbacher Hof** mit Zim, Kronacher Str. 3 (B 85), ⊠ 96361, ℰ (09263) 4 86, Fax (09263) 8383 – ☎ 🖸. 🖭 ⑩ ㋓ 🏧
Feb. 2 Wochen und Anfang Nov. 1 Woche geschl. – **Karl der IV** *(Mittwoch geschl.)* **Menu** à la carte 58/74 – **Steinbacher Stube** *(Mittwoch geschl.)* **Menu** à la carte 26/45 – **8 Z** 55/90.

*In questa guida
uno stesso simbolo, uno stesso carattere
stampati in rosso o in nero, in magro o in grassetto,
hanno un significato diverso.
Leggete attentamente le pagine esplicative.*

STEINEN Baden-Württemberg 📵 X 7 – 4 600 Ew – Höhe 335 m.
Berlin 833 – Stuttgart 269 – Freiburg im Breisgau 76 – Basel 17 – Schopfheim 7.

In Steinen-Höllstein S : 1 km :

🏠 **Höllsteiner Hof,** Friedrichstr. 65, ⊠ 79585, ℰ (07627) 9 10 80, Fax (07627) 910866, 畲 – 🆃 ☎ 🖸 – 🛦 20. ㋓ 🏧
Menu *(Sonntag geschl.)* à la carte 28/63 – **14 Z** 75/130.

🏠 **Tannenhof** garni, Friedrichstr. 9, ⊠ 79585, ℰ (07627) 32 68, Fax (07627) 3468 – 🆃 ☎ 🖸. ㋓ 🏧
23. Dez. - 6. Jan. geschl. – **18 Z** 75/130.

STEINENBRONN Baden-Württemberg 📵 U 11 – 4 700 Ew – Höhe 430 m.
Berlin 658 – Stuttgart 21 – Reutlingen 33 – Ulm (Donau) 92.

🏠 **Krone,** Stuttgarter Str. 47, ⊠ 71144, ℰ (07157) 73 30, Fax (07157) 733177, 畲, 🈺s, 🔲 – 🛗 🆃 ☎ ⇔ 🖸 – 🛦 30. 🖭 ⑩ ㋓ 🏧
20. Dez. - 10. Jan. geschl. – **Menu** *(Sonntag - Montag geschl.)* à la carte 43/77 – **44 Z** 123/185.

🏠 **Löwen** (mit Gästehaus), Stuttgarter Str. 1, ⊠ 71144, ℰ (07157) 52 44 37, Fax (07157) 20395, 🈺s – 🛗 🆃 ☎ ⇔ 🖸. 🖭 ⑩ ㋓ 🏧
Menu *(Mittwoch und Aug. 1 Woche geschl.)* à la carte 34/66 – **23 Z** 85/165.

🏠 **Residenz Steinenbronn** garni, Lerchenstr. 14 (Gewerbegebiet Ost), ⊠ 71144, ℰ (07157) 73 60, Fax (07157) 3074 – 🛗 ⊁ 🆃 ☎ ✆ ⇔ 🖸. 🖭 ㋓ 🏧
189 Z 115/150.

🏠 **Weinstube Maier,** Tübinger Str. 21, ⊠ 71144, ℰ (07157) 7 37 30, Fax (07157) 737310 – ☎ ⇔ 🖸. 🖭 ㋓ 🏧
Menu *(Freitag - Sonntag und Aug. 3 Wochen geschl.)* (nur Abendessen) à la carte 24/47 🍷 – **23 Z** 75/106.

STEINFURT Nordrhein-Westfalen **417** J 6, **987** ⑮ – 32 000 Ew – Höhe 70 m.

🚩 Steinfurt-Bagno, ℰ (02551) 51 78.

🛈 Verkehrsverein Steinfurt - Burgsteinfurt, Markt 2, ⊠ 48565, ℰ (02551) 13 83, Fax (02551) 7326.

Berlin 494 – Düsseldorf 162 – Enschede 39 – Münster (Westfalen) 25 – Osnabrück 58.

In Steinfurt-Borghorst :

🏨 **Schünemann**, Altenberger Str. 109, ⊠ 48565, ℰ (02552) 39 82, Fax (02552) 61728, 🚗 – 📺 ☎ 🅿 – 🔬 20. 🆎 ⓪ 🖃 �
Menu *(Sonntagabend geschl.)* à la carte 39/78 – **33 Z** 115/163.

🏨 **Posthotel Riehemann**, Münsterstr. 8, ⊠ 48565, ℰ (02552) 40 59, Fax (02552) 62484 – 📺 ☎ 🚗 🅿 – 🔬 30. 🆎 ⓪ 🖃 �. 🎯 Rest
(Restaurant nur für Hausgäste) – **16 Z** 90/140.

In Steinfurt-Burgsteinfurt :

🏨 **Zur Lindenwirtin**, Ochtruper Str. 38, ⊠ 48565, ℰ (02551) 20 15, Fax (02551) 4728, 🚗 – ☎ 🅿. 🆎 ⓪ 🖃 �. 🎯
6. - 27. Juli geschl. – **Menu** *(Sonntagabend geschl.)* (wochentags nur Abendessen) à la carte 30/55 – **18 Z** 70/130.

STEINGADEN Bayern **419 420** W 16, **987** ㊴ – 2 600 Ew – Höhe 763 m – Erholungsort.

Sehenswert : Klosterkirche★.

Ausflugsziel : Wies : Kirche★★ SO : 5 km.

Berlin 639 – München 103 – Garmisch-Partenkirchen 46 – Weilheim 34 – Füssen 21.

In Steingaden-Wies SO : 5 km :

🍴 **Schweiger**, Wies 9, ⊠ 86989, ℰ (08862) 5 00, Fax (08862) 6116, 🌳 – 🎯 Rest
Jan. - April Freitag und Mitte Nov. - 24. Dez. geschl. – **Menu** (nur Mittagessen) à la carte 31/56.

🍴 **Moser**, Wies 1, ⊠ 86989, ℰ (08862) 5 03, Fax (08862) 503, 🌳, Biergarten – 🅿
Mittwoch und Mitte Jan. - Mitte Feb. geschl. – **Menu** (nur Mittagessen) à la carte 25/45 🍴.

STEINHAGEN Nordrhein-Westfalen **417** J 9 – 18 600 Ew – Höhe 101 m.

Berlin 404 – Düsseldorf 166 – Bielefeld 9 – Münster (Westfalen) 67 – Osnabrück 47.

🍴🍴 **Alte Schmiede** (ehemalige Schmiede a.d.J. 1843), Kirchplatz 22, ⊠ 33803, ℰ (05204) 70 01, Fax (05204) 89129, 🌳 – 🅿. 🆎 ⓪ 🖃 �
Menu *(Sonntag geschl.)* (nur Abendessen, Tischbestellung ratsam, bemerkenswerte Weinkarte) à la carte 57/71.

STEINHAGEN KREIS STRALSUND Mecklenburg-Vorpommern **416** D 22 – 2 450 Ew – Höhe 5 m.

Berlin 233 – Schwerin 163 – Rügen (Bergen) 20 – Rostock 71 – Greifswald 39 – Stralsund 12.

In Steinhagen-Negast NO : 5 km :

🏨 **Jagdhof**, Hauptstr. 60 (B 194), ⊠ 18442, ℰ (038327) 6 06 40, Fax (038327) 65650, 🌳 – 📺 ☎ 🅿. 🆎 🖃 �
Menu à la carte 27/50 – **20 Z** 85/160.

🏨 **S.E.E. Hotel**, Hauptstr. 43 (B 194), ⊠ 18442, ℰ (038327) 6 70, Fax (038327) 67401, 🚗, 🏊 – 📳 📺 ☎ 🅿 – 🔬 50. 🆎 ⓪ 🖃 � 🄹🄲🄱
Menu à la carte 26/50 – **26 Z** 95/130 – ½ P 25.

STEINHAUSEN Baden-Württemberg siehe Schussenried, Bad.

STEINHEIM Nordrhein-Westfalen **417** K 11, **987** ⑯ – 12 100 Ew – Höhe 144 m.

Berlin 368 – Düsseldorf 208 – Hannover 87 – Detmold 21 – Paderborn 38.

In Steinheim-Sandebeck SW : 12 km :

🏨 **Germanenhof**, Teutoburger-Wald-Str. 29, ⊠ 32839, ℰ (05238) 9 89 00, Fax (05238) 989090, 🌳 – 📳 📺 ☎ 🍴 🚗 🅿 – 🔬 50. 🆎 ⓪ 🖃 � 🄹🄲🄱
Menu *(Dienstag geschl.)* (Tischbestellung ratsam) à la carte 34/75 *(auch vegetarische Gerichte)* – **23 Z** 80/160.

STEINHEIM AM ALBUCH Baden-Württemberg siehe Heidenheim an der Brenz.

STEINHEIM AN DER MURR Baden-Württemberg **419** T 11 – 10 800 Ew – Höhe 202 m.
Berlin 609 – Stuttgart 32 – Heilbronn 28 – Ludwigsburg 16.

🏠 **Mühlenscheuer** ⊗ garni (mit Gästehaus), Mühlweg 5, ✉ 71711, ℰ (07144) 8 27 70,
Fax (07144) 827760 – 📺 ☎ 🅿 – 🕍 20. 🖭 **E** 💳
28 **Z** 89/169.

🍴 **Zum Lamm,** Marktstr. 32, ✉ 71711, ℰ (07144) 2 93 90, Fax (07144) 208798 – 📺 ☎
🚗 🅿. **E** 💳
Menu (Montagmittag geschl.) à la carte 27/53 ⅜ – **24 Z** 65/118.

STEINPLEIS Sachsen siehe Werdau.

STEINSFELD Bayern siehe Rothenburg o.d.T.

STEISSLINGEN Baden-Württemberg **419** W 10 – 4 000 Ew – Höhe 465 m – Erholungsort.
🛈 Verkehrsbüro, Schulstraße (Rathaus), ✉ 78256, ℰ (07738) 92 93 40, Fax (07738)
929359.
Berlin 782 – Stuttgart 152 – Konstanz 29 – Singen (Hohentwiel) 9.

🏠 **Sättele** ⊗, Schillerstr. 9, ✉ 78256, ℰ (07738) 9 29 00, Fax (07738) 929059, ≤, 佘,
佘 – 📺 🅿 🚗 🅿 – 🕍 40. **E** 💳
Ende Juli - Mitte Aug. und Ende Jan. - Mitte Feb. geschl. – **Menu** (Sonntagabend und Donnerstag geschl.) à la carte 33/64 – **15 Z** 70/160.

STEMMEN Niedersachsen siehe Sittensen.

STEMWEDE Nordrhein-Westfalen **415** I 9 – 12 500 Ew – Höhe 65 m.
Berlin 385 – Düsseldorf 227 – Minden 36 – Osnabrück 33.

In Stemwede-Haldem NW : 8,5 km ab Levern :

🏠 **Berggasthof Wilhelmshöhe** ⊗, ✉ 32351, ℰ (05474) 10 10, Fax (05474) 1371,
佘, « Garten » – 📺 ☎ 📞 🚗 🅿 – 🕍 80. 🖭 ⓞ **E** 💳 🍴 Zim
21. - 25. Dez. geschl. – **Menu** (Dienstag geschl.) à la carte 42/63 – **15 Z** 70/150.

STENDAL Sachsen-Anhalt **416** **418** I 19, **984** ⑮, **987** ⑰ ⑱ – 43 000 Ew – Höhe 33 m.
Sehenswert : Dom St. Nikolai★ (Glasfenster★) – Uenglinger Tor★.
Ausflugsziele : Tangermünde★ (Rathaus★, Neustädter Tor★), SO : 10 km – Havelberg
(Dom St. Marien★, Skulpturen★★ an Lettner und Chorschranken), N : 46 km (über Tan-
germünde).
🛈 Stendal-Information, Kornmarkt 8, ✉ 39576, ℰ (03931) 67 71 90, Fax (03931)
677195.
ADAC, Rathenower Str. 16a, ✉ 39576, ℰ (03931) 21 23 86, Fax (03931) 212981.
Berlin 130 – Magdeburg 60 – Dessau 133 – Schwerin 135.

🏠 **Altstadt-Hotel,** Breite Str. 60, ✉ 39576, ℰ (03931) 6 98 90, Fax (03931) 698939 –
📺 ☎. 🖭 **E**
Menu à la carte 26/44 – **18 Z** 108/190.

🏠 **Hotel am Bahnhof,** Bahnhofstr. 30, ✉ 39576, ℰ (03931) 71 55 48,
🚗 Fax (03931) 715535, 佘 – 🔰 📺 ☎ 🅿 – 🕍 50. 🖭 **E** 💳
Menu à la carte 24/43 – **29 Z** 85/180.

In Klein Schwechten-Ziegenhagen NW : 13 km :

🏠 **Gose,** Am Eichengrund (B 189), ✉ 39579, ℰ (039328) 2 58, Fax (039328) 258, 🔄s – 📺
☎ 📞 🅿 – 🕍 50. 🖭 **E** 💳
Menu à la carte 21/40 – **16 Z** 85/125.

MICHELIN ROAD MAPS for Germany : no **984** at 1:750 000
no **987** at 1:1 000 000
no **415**-**420** at 1:300 000

STERDEBÜLL Schleswig-Holstein siehe Bredstedt.

STERNBERG Mecklenburg-Vorpommern 416 E 19, 987 ⑥ – 5 100 Ew – Höhe 65 m.
⊟ Fremdenverkehrsamt, Luckower Str. 3, ⊠ 19406, ℘ (03847) 45 10 12, Fax (03847) 451012.
Berlin 196 – Schwerin 37 – Güstrow 27.

🏨 **Seehotel** ⚘, Johannes-Dörwald-Allee 1, ⊠ 19406, ℘ (03847) 35 00, Fax (03847) 350166, 🌲, ≘s, 🐎 – ⇔ Zim, 📺 ☎ 🄿 – 🕍 300. AE ⓸ 🄴 VISA
Menu à la carte 29/61 – **42 Z** 129/198.

STIMPFACH Baden-Württemberg 419 420 S 14 – 2 700 Ew – Höhe 465 m.
Berlin 541 Stuttgart 109 – Nürnberg 110 – Würzburg 111.

In Stimpfach-Rechenberg SO : 4 km :

🏨 **Landgasthof Rössle**, Ortsstr. 22, ⊠ 74597, ℘ (07967) 9 00 40, Fax (07967) 1387, Biergarten, ≘s, ⚒ – 📺 ☎ 🄿 – 🕍 100. ⚒ Rest
Menu (Montag geschl.) à la carte 30/58 ⚒ – **66 Z** 78/145.

STOCKACH Baden-Württemberg 419 W 11, 987 ㊳ – 15 200 Ew – Höhe 491 m.
Ausflugsziel : Haldenhof ≼★★, SO : 13 km.
Berlin 730 – Stuttgart 157 – Konstanz 34 – Freiburg im Breisgau 112 – Ulm (Donau) 114.

🏨 **Goldener Ochsen**, Zoznegger Str. 2, ⊠ 78333, ℘ (07771) 20 31, Fax (07771) 2034, 🌲, ≘s – 📧, 📺 ☎ 🄿 – 🕍 35. AE ⓸ 🄴 VISA JCB
Menu à la carte 38/74 – **38 Z** 95/190.

🏨 **Zur Linde**, Goethestr. 23 (B 31), ⊠ 78333, ℘ (07771) 6 10 66, Fax (07771) 61220, 🌲 – 📧 📺 ☎ 🄿 – 🕍 50. AE ⓸ 🄴 VISA JCB
Menu (Nov. - April Freitag geschl.) à la carte 40/63 – **28 Z** 80/190.

STOCKELSDORF Schleswig-Holstein siehe Lübeck.

STOCKSTADT AM MAIN Bayern 417 Q 11 – 0 000 Ew Höhe 110 m
Berlin 550 – München 361 – Frankfurt am Main 38 – Darmstadt 36.

🏨 **Brößler**, Obernburger Str. 2, ⊠ 63811, ℘ (06027) 42 20, Fax (06027) 422100, Biergarten – 📺 ☎ 🕻 🚗 🄿 – 🕍 20. AE ⓸ 🄴 VISA
Anfang Jan. 1 Woche geschl. – **Menu** (Samstag geschl.) à la carte 25/50 – **34 Z** 95/150.

STÖLLN Brandenburg 416 H 21 – 320 Ew – Höhe 25 m.
Berlin 86 – Potsdam 75 – Schwerin 135 – Stendal 59.

🏨 **Zum 1. Flieger**, Otto-Lilienthal-Str. 7, ⊠ 14728, ℘ (033875) 3 00 00, Fax (033875) 30020, Biergarten – ⇔ Zim, 📺 ☎ 🄿. 🄴 VISA
Menu (1. Jan. - 15. März Restaurant nur für Hausgäste) à la carte 25/46 – **10 Z** 60/140.

STOLBERG (HARZ) Sachsen-Anhalt 418 L 16, 987 ⑰ – 1 600 Ew – Höhe 330 m – Luftkurort.
⊟ Fremdenverkehrsamt, Markt 2, ⊠ 06547, ℘ (034654) 4 54, Fax (034654) 729.
Berlin 246 – Magdeburg 110 – Erfurt 91 – Göttingen 88.

🏨 **Zum Bürgergarten**, Thyratal 1, ⊠ 06547, ℘ (034654) 4 01, Fax (034654) 575, Massage, ≘s – ⇔ Zim, 📺 ☎ 🄿 – 🕍 40. AE ⓸ 🄴 VISA
Menu (Montagmittag und Dienstagmittag geschl.) à la carte 25/53 – **27 Z** 70/170 – ½ P 18.

🏨 **Weißes Roß**, Rittergasse 5, ⊠ 06547, ℘ (034654) 6 00, Fax (034654) 602 – 📺 ☎
Menu à la carte 26/58 – **9 Z** 90/135.

Außerhalb NO : 7 km :

🏨 **Harzhotel** ⚘, Schindelbruch 1, ⊠ 06547 Stolberg, ℘ (034654) 80 80, Fax (034654) 808458, 🌲, Biergarten, ≘s – 📧 📺 ☎ 🄿 – 🕍 35. AE ⓸ 🄴 VISA
Menu à la carte 30/58 – **41 Z** 110/160 – ½ P 20.

STOLBERG Nordrhein-Westfalen ⁴¹⁷ N 2, ⁹⁸⁷ ㉕ – 59000 Ew – Höhe 180 m.
Berlin 629 – Düsseldorf 80 – Aachen 11 – Düren 23 – Monschau 36.

🏨 **Parkhotel am Hammerberg** ⑤ garni, Hammerberg 11, ✉ 52222, ✆ (02402)
1 23 40, Fax (02402) 123480, ⇔, ☒, ☞ – ✦ 📺 ☎ ❷ – 🔏 20. 🆎 ⓞ Ɛ 𝘝𝘐𝘚𝘈
28 Z 98/260.

🏨 **Stadthalle** garni, Rathausstr. 71, ✉ 52222, ✆ (02402) 2 30 56, Fax (02402) 84211 –
�| 📺 ☎ ❷ – 🔏 60. 🆎 ⓞ Ɛ 𝘝𝘐𝘚𝘈
19 Z 86/120.

🗙🗙 **Romantik Hotel Burgkeller** ⑤ mit Zim, Klatterstr. 8, ✉ 52222, ✆ (02402)
2 72 72, Fax (02402) 27270, 🌧 – 📺 ☎ ❷. 🆎 ⓞ Ɛ 𝘝𝘐𝘚𝘈
über Fasching geschl. – **Menu** (Samstagmittag geschl.) à la carte 47/83 – **6 Z**
140/240.

In Stolberg-Zweifall SO : 6,5 km :

🏨 **Sporthotel Zum Walde** ⑤, Klosterstr. 4, ✉ 52224, ✆ (02402) 76 90,
Fax (02402) 76910, 🌧, Massage, ⌘, ⇔, ☒, ☞ – 🔳 📺 ☎ ⇦ ❷ – 🔏 25. 🆎 ⓞ
Ɛ 𝘝𝘐𝘚𝘈
Menu à la carte 35/62 – **Rochuskeller** (nur Abendessen) **Menu** à la carte 38/64 –
61 Z 125/195, 3 Suiten.

In Stolberg-Vicht SO : 4 km :

🏨 **Vichter Landhaus**, Münsterau 140, ✉ 52224, ✆ (02402) 9 89 10,
Fax (02402) 989192, 🌧 – 📺 ☎ ⇦ ❷ – 🔏 25. 🆎 Ɛ 𝘝𝘐𝘚𝘈. 🗱 Zim
Menu à la carte 31/66 – **30 Z** 86/160.

STOLLBERG Sachsen ⁴¹⁸ N 22, ⁹⁸⁷ ㉙ – 14000 Ew – Höhe 415 m.
Berlin 280 – Dresden 94 – Chemnitz 20 – Plauen 66 – Zwickau 29.

🏨 **Köhler**, Hohensteiner Str. 56 (Dürerpassage), ✉ 09366, ✆ (037296) 1 41 00,
Fax (037296) 14110, 🌧, ⇔ – �|, ✦ Zim, 📺 ☎ ❷. 🆎 Ɛ 𝘝𝘐𝘚𝘈
Menu (Montag - Freitag nur Abendessen) à la carte 26/45 – **38 Z** 90/150.

🏨 **Goldener Adler**, Postplatz 7, ✉ 09366, ✆ (037296) 23 86, Fax (037296) 83989 – 📺
⇦ ☎ ❷. 🆎 ⓞ Ɛ 𝘝𝘐𝘚𝘈
Menu à la carte 22/39 🍷 – **15 Z** 78/117.

In Stollberg-Mitteldorf SW : 3 km :

🏨 **Zur Grünen Laube**, Hartensteiner Str. 59, ✉ 09366, ✆ (037296) 24 84,
⇦ Fax (037296) 3603, 🌧 – 📺 ☎ ❷. 🆎 ⓞ Ɛ 𝘝𝘐𝘚𝘈
Menu à la carte 20/41 – **15 Z** 89/120.

In Niederwürschwitz NW : 3,5 km :

🏨 **Vinum**, Chemnitzer Str. 29, ✉ 09399, ✆ (037296) 1 51 26, Fax (037296) 15129,
« Individuelle Zimmereinrichtung » – 📺 ☎ ⇦ ❷. 𝘝𝘐𝘚𝘈
Menu (Sonntag geschl.) (nur Abendessen) à la carte 30/50 – **13 Z** 92/155.

STOLPE *Brandenburg siehe Angermünde.*

STOLPE KREIS ANKLAN *Mecklenburg-Vorpommern* 🗺 *E 24 – 500 Ew – Höhe 5 m.*
Berlin 179 – Schwerin 171 – Neubrandenburg 48 – Stralsund 75.

🏠 **Gutshaus Stolpe** ⬟, Dorfstr. 37, ✉ 17391, ✆ *(039721)* 55 00, Fax *(039721)* 55099,
😊 ☕, « Typische Gutsanlage a.d. 19.Jh. ; Park mit altem Baumbestand » – 📺 ☎ 🅿. ⅍ E
VISA. ⅍ Rest
Feb. geschl. – **Menu** *(Sonntagabend - Montag geschl.)* à la carte 52/65 – **21 Z** 130/190,
3 Suiten
Spez. Hausterrine mit Schalottenconfit. Rehrücken mit Bohnen und Wacholdersauce.
Honigparfait und Caramelbirne.

STOLPEN *Sachsen* 🗺 *M 26,* 🗺 ⑲ *– 5 500 Ew – Höhe 356 m.*
Berlin 207 – Dresden 27 – Bautzen 35 – Pirna 17.

🏠 **Burghotel** ⬟, Schloßstr. 12, ✉ 01833, ✆ *(035973)* 2 79 11, Fax *(035973)* 27912, ≼,
Biergarten – 📳 ⅍ 📺 ☎ 🅿 – 🔥 50
Menu à la carte 28/50 – **43 Z** 90/160.

STORKAU *Sachsen-Anhalt* 🗺 *I 19 – 190 Ew – Höhe 55 m.*
Berlin 123 – Magdeburg 71 – Brandenburg 60 – Tangermünde 8 – Stendal 8 – Wittenberge
61.

🏠 **Schloß Storkau** Ⓜ ⬟, Im Park, ✉ 39590, ✆ *(039321)* 26 40, Fax *(039321)* 2645, ☕,
« Schöne Lage an der Elbe », ℆, ⇔ – 📳, ⅍ Zim, 📺 ☎ 🅿 – 🔥 60. ⅍ ⓄⒹ E *VISA*
Menu *(Sonntagabend - Montag geschl.)* à la carte 33/60 – **84 Z** 120/320.

STRAELEN *Nordrhein-Westfalen* 🗺 *L 2,* 🗺 ⑭ *– 13 800 Ew – Höhe 46 m.*
Berlin 588 – Düsseldorf 67 – Venlo 11 – Wesel 38.

🏠 **Straelener Hof,** Annastr. 68, ✉ 47638, ✆ *(02834)* 9 14 10, Fax *(02834)* 914147, ☕,
Biergarten – 📺 ☎ 🅿 – 🔥 70. ⅍ ⓄⒹ E *VISA* *JCB*
Menu à la carte 41/67 – **26 Z** 98/160.

STRALSUND *Mecklenburg-Vorpommern* 🗺 *D 23,* 🗺 ③, 🗺 ⑦ *– 63 000 Ew – Höhe 5 m.*
Sehenswert : Rathaus★ (Nordfassade★★) BY – Meeresmuseum und Aquarium★ BY M –
Nikolaikirche★ BY – Marienkirche★ BZ.
🅱 *Stadt-Information, Ossenreyerstr. 2, ✉ 18409, ✆ (03831) 2 46 90, Fax (03831)*
246949.
ADAC, Frankenstr. 1, ✉ 18439, ✆ (03831) 61 23 11, Fax (03831) 612316.
Berlin 247 ② – Schwerin 160 ④ – Rügen (Bergen) 29 ① – Rostock 71 ④ – Greifswald
32 ②

Stadtpläne siehe nächste Seiten

🏠 **Baltic** Ⓜ, Frankendamm 22, ✉ 18439, ✆ *(03831)* 20 40, Fax *(03831)* 204999, ℆, ⇔
– 📳, ⅍ Zim, 📺 ☎ 📞 ⇔ – 🔥 120. ⅍ ⓄⒹ E *VISA*   CZ k
Menu à la carte 32/55 – **135 Z** 150/235, 5 Suiten.

🏠 **Zur Post** Ⓜ, Tribseer Str. 22, ✉ 18439, ✆ *(03831)* 20 05 00, Fax *(03831)* 200510, ⇔
– 📳, ⅍ Zim, 📺 ☎ 📞 ♿ ⇔ – 🔥 70. ⅍ E *VISA*   BZ a
Menu à la carte 30/60 – **100 Z** 160/250.

🏠 **Royal am Bahnhof,** Tribseer Damm 4, ✉ 18437, ✆ *(03831)* 29 52 68,
⇔ Fax *(03831)* 292650, ☕, ℆, ⇔ – 📳, ⅍ Zim, 📺 ☎ – 🔥 40. ⅍ E *VISA*. ⅍ Rest
Menu à la carte 24/50 – **60 Z** 125/195.   AZ b

🏠 **An den Bleichen** garni, An den Bleichen 45, ✉ 18435, ✆ *(03831)* 39 06 75,
Fax *(03831)* 392153, ⇔, ☕ – ⅍ 📺 ☎ 🅿. ⅍ E *VISA*   AY d
23 Z 115/155.

🏠 **Stralsund,** Heinrich-Heine-Ring 105, ✉ 18435, ✆ *(03831)* 36 70, Fax *(03831)* 367111
– 📳 📺 ☎ 🅿 – 🔥 25. ⅍ ⓄⒹ E *VISA*   über Knieperdamm AY
Herwig's Restaurant : **Menu** à la carte 27/50 – **74 Z** 115/150.

🏠 **Villa am Meer** ⬟ garni, Gerhart-Hauptmann-Str. 14, ✉ 18435, ✆ *(03831)* 3 75 90,
Fax *(03831)* 375913 – 📺 ☎ 🅿. ⅍ E *VISA*   BY s
12 Z 115/170.

🏠 **Norddeutscher Hof,** Neuer Markt 22, ✉ 18439, ✆ *(03831)* 29 31 61,
⇔ Fax *(03831)* 293161, ☕ – 📺 ☎. ⅍ E *VISA*. ⅍ Zim   BZ f
Menu à la carte 23/45 – **13 Z** 110/160.

STRALSUND

Die im Michelin-Führer
verwendeten Zeichen
und Symbole haben -
fett oder dünn gedruckt,
rot oder schwarz -
jeweils eine andere Bedeutung.
Lesen Sie daher die
Erklärungen aufmerksam durcl

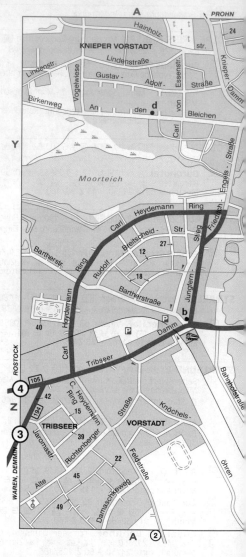

In Stralsund-Grünhufe *W : 2 km über* ④ *und Grünhufer Dorfstraße :*

- **Parkhotel** Ⓜ, Lindenallee 61, ⊠ 18437, ℰ (03831) 47 40, Fax (03831) 474860, 😤, ⬱ – 🛗, ⬱ Zim, 📺 ☎ ₺ Ⓟ – 🔏 80. ⚑ ⓪ ⅇ 𝑉𝐼𝑆𝐴
  Menu à la carte 38/66 – **120 Z** 155/215, 4 Suiten.

- **Unter den Linden,** Lindenallee 41, ⊠ 18437, ℰ (03831) 44 20, Fax (03831) 442270, 😤, 𝐼𝒷, ⬱ – ⬱ Zim, 📺 ☎ Ⓟ. ⚑ ⅇ 𝑉𝐼𝑆𝐴
  Menu à la carte 25/45 – **40 Z** 105/195.

In Lüssow-Langendorf *W : 4 km über* ④ :

- **Top-Motel,** Am Langendorfer Berg (nahe der B 105), ⊠ 18442, ℰ (03831) 47 70, Fax (03831) 477150 – 📺 ☎ Ⓟ. ⚑ ⓪ ⅇ 𝑉𝐼𝑆𝐴
  Menu (nur Abendessen) à la carte 24/42 – **36 Z** 110/190.

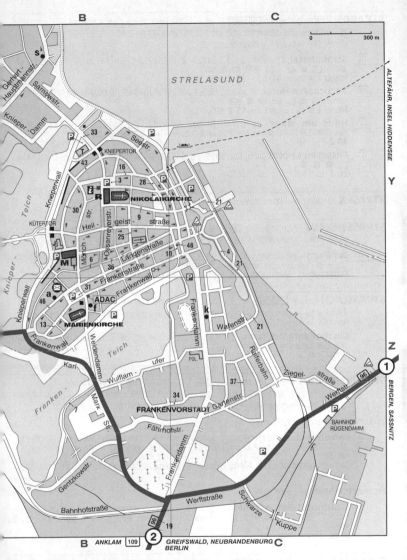

STRELASUND

ALTEFÄHR, INSEL HIDDENSEE

Y

Z

BERGEN, SASSNITZ

KNIEPERTOR

NIKOLAIKIRCHE

KÜTERTOR

Langenstraße

Frankenstraße

Frankenwall

ADAC

MARIENKIRCHE

Frankendamm

Wafenstr.

Räuberbahn

FRANKENVORSTADT

Gartenstr.

Ziegel-straße

Werftstr.

BAHNHOF RÜGENDAMM

Fährhofstr.

Wulflam-ufer

POL

Karl-

Marx-str.

Franken-

Gentzkowstr.

Bahnhofstraße

Werftstraße

Schwarze

Kuppe

B ANKLAM 109 ② GREIFSWALD, NEUBRANDENBURG **C** BERLIN

0   300 m

In Groß Mohrdorf-Hohendorf *NW : 11 km über Knieperdamm AY :*

🏠 **Schloßpark-Hotel Hohendorf** 🐾, ✉ 18445, 𝒸 (038323) 8 06 38, *Fax (038323) 81412,* 🌳, « Park », ✗ – ↩ Zim, 📺 ☎ & 🅿 – 🔬 40. 🆎 ⑩ 🔁 **VISA**
Menu à la carte 38/55 – **42 Z** 148/250.

Non confondete :

Confort degli alberghi : 🏨🏨🏨 ... 🏠, 🏚

Confort dei ristoranti : XXXXX ... X

Qualità della tavola : ❀❀❀, ❀❀, ❀, **Menu** 🍴

STRANDE Schleswig-Holstein **415 416** C 14 – 1 700 Ew – Höhe 5 m – Seebad.
- 🛈 Verkehrsbüro, Strandstr. 12, ✉ 24229, ℰ (04349) 2 90.
- Berlin 366 – Kiel 17 – Eckernförde 26.

🏨 **Strandhotel,** Strandstr. 21, ✉ 24229, ℰ (04349) 9 17 90, Fax (04349) 9179210, ☀,
⇌ – 📺 ☎ 🅿 – 🔬 100. 🖭 🗲 𝖵𝖨𝖲𝖠
Menu à la carte 44/63 – **23 Z** 145/240.

🏨 **Yachthafen-Hotel,** Strandstr. 15, ✉ 24229, ℰ (04349) 80 80, Fax (04349) 80811, ≤,
🏠 – 📺 ☎ 🅿. 🖭 ① 🗲 𝖵𝖨𝖲𝖠
Menu à la carte 36/64 – **15 Z** 105/155.

🏠 **Haus am Meer** ⛵ garni, Bülker Weg 47, ✉ 24229, ℰ (04349) 12 34,
Fax (04349) 1544, ≤ Außenförde und Ostsee – 📺 ☎ 🅿. 🖭 🗲
10 Z 89/136.

🏠 **Petersen's Hotel** garni, Dorfstr. 9, ✉ 24229, ℰ (04349) 14 64, Fax (04349) 1414 –
📺 ☎ 🅿. 🗲
20 Z 95/160.

STRASEN Mecklenburg-Vorpommern siehe Wustrow.

STRASSENHAUS Rheinland-Pfalz **417** O 6 – 2 500 Ew – Höhe 398 m – Luftkurort.
Berlin 601 – Mainz 120 – Bonn 52 – Koblenz 31.

🏨 **Zur Post,** Raiffeisenstr. 5 (B 256), ✉ 56587, ℰ (02634) 50 90, Fax (02634) 509411, ☀,
⇌ – 🔧, ↦ Zim, 📺 ☎ ♿ 🅿 – 🔬 100. 🖭 🗲
Poststuben : Menu à la carte 34/61 – **60 Z** 98/180.

STRASSLACH Bayern **419 420** V 18 – 2 700 Ew – Höhe 590 m.
Berlin 619 – München 24 – Augsburg 84 – Garmisch-Partenkirchen 71 – Starnberg 24.

🍴 **Gasthof zum Wildpark,** Tölzer Str. 2, ✉ 82064, ℰ (08170) 6 35, Fax (08170) 7385,
🏠, Biergarten, « Gemütliche Gaststuben » – 🅿
Menu à la carte 28/57.

STRAUBENHARDT Baden-Württemberg **419** T 9 – 10 000 Ew – Höhe 416 m.
- 🛈 Verkehrsamt, Rathaus Conweiler, ✉ 75334, ℰ (07082) 9 48 60, Fax (07082) 948641.
- Berlin 674 – Stuttgart 67 – Karlsruhe 30 – Baden-Baden 38 – Pforzheim 17.

In Straubenhardt-Schwann :

🏠 **Landhotel Adlerhof** ⛵, Mönchstr. 14 (Schwanner Warte), ✉ 75334,
ℰ (07082) 9 23 40, Fax (07082) 9234130, ≤, 🏠, 🌲 – 📺 ☎ 🅿 – 🔬 15.
🍃 Zim
Jan. 2 Wochen geschl. – Menu (Montag geschl.) à la carte 33/58 🍷 – **21 Z** 76/140 –
½ P 30.

Im Holzbachtal SW : 6 km :

🏠 **Waldhotel Bergschmiede** ⛵, ✉ 75334 Straubenhardt, ℰ (07248) 92 10,
Fax (07248) 921200, « Hirschgehege, Gartenterrasse », ⇌, 🎱, 🌲 – 📺 ☎ 🚗 🅿. 🗲
𝖵𝖨𝖲𝖠
Menu (Dienstag geschl.) à la carte 41/70 – **23 Z** 69/128.

STRAUBING Bayern **420** T 21, **987** ㉙ – 44 000 Ew – Höhe 330 m.
Sehenswert : Stadtplatz★.
- 🛈 Amt für Tourismus, Theresienplatz 20, ✉ 94315, ℰ (09421) 94 43 07, Fax (09421) 944103.
- **ADAC,** Am Stadtgraben 44a, ✉ 94315, ℰ (09421) 9 93 00, Fax (09421) 82547.
- Berlin 541 – München 120 – Landshut 51 – Passau 79 – Regensburg 48.

🏨 **Theresientor,** Theresienplatz 41, ✉ 94315, ℰ (09421) 84 90 (Hotel) 2 32 21 (Rest.),
Fax (09421) 849100, 🏠 – 🔧 📺 ☎ ♿ 🚗
Menu (Sonntag geschl.) (nur Abendessen) à la carte 30/60 – **33 Z** 110/240.

🏠 **Seethaler** ⛵, Theresienplatz 25, ✉ 94315, ℰ (09421) 9 39 50, Fax (09421) 23390,
🏠 – 📺 ☎ 🅿. 🖭 🗲 𝖵𝖨𝖲𝖠
Menu (Sonntag - Montag geschl.) à la carte 27/58 – **20 Z** 100/175.

🏠 **Villa,** Bahnhofsplatz 2, ⊠ 94315, ℘ (09421) 8 42 10, Fax (09421) 82482, 🏡 – 📺 ☎
🄿. 🅰🄴 ⓪ 🄴 *VISA* JCB
Menu (Sonntag geschl.) à la carte 40/62 – **15 Z** 110/250.

🏠 **Römerhof,** Ittlinger Str. 136, ⊠ 94315, ℘ (09421) 9 98 20, Fax (09421) 998229, 🏡
– 📶, ⟆ Zim, 📺 ☎ ⟜ 🄿 – 🔏 25. 🅰🄴 🄴 *VISA*. ⟆ Rest
2. - 6. Jan. und 2. - 11. Juni geschl. – **Menu** (Samstagmittag geschl.) à la carte 26/39 –
27 Z 85/149.

🏠 **Wenisch,** Innere Passauer Str. 59, ⊠ 94315, ℘ (09421) 9 93 10, Fax (09421) 993180
⟜ – ⟆ Zim, 📺 ☎ ⟜ 🄿. 🅰🄴 ⓪ 🄴 *VISA*
Menu (Samstagabend und Sonntagabend geschl.) à la carte 24/48 – **34 Z** 50/145.

STRAUSBERG Brandenburg 🔢🔢 I 25, 🔢 ⑲, 🔢 ⑯ – 28 500 Ew – Höhe 80 m.
🔢 🔢 Schloß Wilkendorf (NO : 4 km), ℘ (03341) 33 09 60.
🅱 Touristinformation, August-Bebel-Str. 1, ⊠ 15344, ℘ (03341) 31 10 66, Fax (03341)
38143.
Berlin 44 – Potsdam 75 – Eberswalde 35 – Frankfurt an der Oder 62.

🏨 **The Lakeside - Hotel Strausberg,** Gielsdorfer Chaussee 6, ⊠ 15344,
℘ (03341) 3 46 90, Fax (03341) 346915, 🏡 – 📺 ☎ ❶ 🄿 – 🔏 120. 🅰🄴 ⓪ 🄴
VISA
Menu à la carte 28/51 – **57 Z** 100/180.

🏠 **Annablick,** Ernst-Thälmann-Str. 82a, ⊠ 15344, ℘ (03341) 42 39 17,
⟜ Fax (03341) 471829 – 📺 🄿. 🄴
Menu (Samstag - Sonntag geschl.) (nur Abendessen) à la carte 23/35 – **13 Z** 80/130.

Per spostarvi più rapidamente utilizzate le carte Michelin "Grandi Strade" :
n° 🔢 Europa, n° 🔢 Rep. Ceca-Slovacchia, n° 🔢 Grecia, n° 🔢 Germania,
n° 🔢 Scandinavia-Finlandia, n° 🔢 Gran Bretagna-Irlanda,
n° 🔢 Germania-Austria-Benelux, n° 🔢 Italia, n° 🔢 Francia,
n° 🔢 Spagna-Portogallo, n° 🔢 Jugoslavia.

STREHLA Sachsen 🔢 L 23, 🔢 ⑳ – 4 100 Ew – Höhe 104 m.
Berlin 156 – Dresden 61 – Leipzig 89.

🏠 **Ambiente** garni, Torgauer Str. 20, ⊠ 01616, ℘ (035264) 9 02 24, Fax (035264) 90224
– ⟆ 📺 ☎ 🄿. 🄴 *VISA*
16 Z 63/120.

STROMBERG KREIS KREUZNACH Rheinland-Pfalz 🔢 Q 7, 🔢 ⑳ – 3 000 Ew – Höhe 235 m.
🔢 Stromberg, Buchenring 6, ℘ (06724) 9 30 80.
Berlin 611 – Mainz 45 – Koblenz 59 – Bad Kreuznach 18.

🏯 Golf Hotel Stromberg ⟆, Buchenring 6, ⊠ 55442, ℘ (06724) 60 00,
Fax (06724) 600433, 🏡, Massage, ⟆, 🔢 – 📶, ⟆ Zim, ▤ Rest, 📺 🄿 – 🔏 300
125 Z.

🏠 **Goldenfels,** August-Gerlach-Str. 2a, ⊠ 55442, ℘ (06724) 36 05, Fax (06724) 7260, 🏡
– 📺 🄿 🔏 20
Menu (Sonntagabend - Montag geschl.) (wochentags nur Abendessen) à la carte 26/38
🔢 – **18 Z** 60/120.

✕✕✕ **Le Val d'Or in Lafer's Stromburg** ⟆ mit Zim, Schloßberg 1, ⊠ 55442,
✿✿ ℘ (06724) 9 31 00, Fax (06724) 931090, ⟨, 🏡, Biergarten – 📺 ☎ 🄿 – 🔏 100. 🅰🄴
⓪ 🄴 *VISA*
Menu (Montag geschl.) (Dienstag - Freitag nur Abendessen) 159/189 und à la carte
100/129 – **Turmstube** : Menu à la carte 52/76 – **13 Z** 180/390
Spez. Variation von der Gänsestopfleber. Lammcarré in der Olivenkruste mit Pinienkernjus.
Dessert-Impressionen.

STRULLENDORF Bayern 🔢🔢 Q 16 – 7 400 Ew – Höhe 253 m.
Berlin 412 – München 222 – Coburg 54 – Bayreuth 68 – Nürnberg 50 – Bamberg 9.

🏠 **Christel,** Forchheimer Str. 20, ⊠ 96129, ℘ (09543) 44 60, Fax (09543) 4970, 🏡,
Biergarten, ⟆, 🔢 – 📶, ⟆ Zim, 📺 ☎ ⟜ 🄿 – 🔏 30. 🅰🄴 ⓪ 🄴 *VISA*. 🄿
⟆ Rest
24. - 30. Dez. geschl. – **Menu** (Sonntag geschl.) à la carte 33/62 – **42 Z** 75/140.

STRUPPEN Sachsen siehe Königstein.

STRUTH Thüringen siehe Mühlhausen bzw. Schmalkalden.

STUBENBERG Bayern siehe Simbach am Inn.

STÜHLINGEN Baden-Württemberg **419** W 9, **987** ㊳ – 5 000 Ew – Höhe 501 m – Luftkurort.
🛈 Stühlingen Am Golfplatz 3, 𝒫 (07703) 9 20 30.
Berlin 773 – Stuttgart 156 – Freiburg im Breisgau 73 – Donaueschingen 30 – Schaffhausen 21 – Waldshut-Tiengen 27.

🏠 **Rebstock** (mit Gästehaus), Schloßstr. 10, ✉ 79780, 𝒫 (07744) 9 21 20, Fax (07744) 921299, 🍴 – 📺 ☎ ⇔ ❷ 🄴 _VISA_
15. Nov. - 1. Dez. geschl. – **Menu** à la carte 26/51 ⅙ – **26 Z** 56/120.

🏠 **Krone**, Stadtweg 2, ✉ 79780, 𝒫 (07744) 9 21 00, Fax (07744) 921030, 🍴, 🍴 – ☎ ⇔ ⇔ ❷ 🄴 _VISA_
Menu (Montag geschl.) à la carte 22/48 ⅙ – **19 Z** 55/100.

In Stühlingen-Weizen-Bahnhof NO : 3 km :

🏠 **Sonne**, Ehrenbachstr. 10, ✉ 79780, 𝒫 (07744) 9 21 10, Fax (07744) 921140, 🍴 – ⇔ Zim, 📺 ☎ ❷ 🄴 ❀ Zim
Feb. geschl. – **Menu** (Dienstag geschl.) à la carte 35/60 – **20 Z** 90/140.

In Stühlingen-Weizen NO : 4 km :

🏠 **Zum Kreuz**, Ehrenbachstr. 70 (B 315), ✉ 79780, 𝒫 (07744) 3 35, Fax (07744) 1347, 🍴 – ⇔ ❷ 🄴
Mitte Okt. - Mitte Nov. geschl. – **Menu** (Montag geschl.) à la carte 27/55 ⅙ – **17 Z** 45/98.

STUER, BAD Mecklenburg-Vorpommern siehe Plau am See.

STUHR Niedersachsen **415** G 10 – 28 000 Ew – Höhe 4 m.
Berlin 390 – Hannover 125 – Bremen 9,5 – Wildeshausen 29.

In Stuhr-Brinkum SO : 4 km **987** ⑮ :

🏠 **Bremer Tor**, Syker Str. 4, ✉ 28816, 𝒫 (0421) 80 67 80, Fax (0421) 891423, 🍴 – 📶, 🍴 Rest, 📺 ☎ 👌 ❷ – 🔬 100. 🄰🄴 ⓞ 🄴 _VISA_
Menu à la carte 36/66 – **38 Z** 109/176.

In Stuhr-Brinkum-Nord O : 4 km :

🏠 **Zum Wiesengrund**, Bremer Str. 116a (B 6), ✉ 28816, 𝒫 (0421) 87 50 50, Fax (0421) 876714, 🍴 – 🔅 📺 ☎ ❷
Menu (Samstagabend und Sonntagabend geschl.) à la carte 27/48 – **17 Z** 85/130.

In Stuhr-Moordeich W : 2 km :

🍴 **Nobel**, Neuer Weg 13, ✉ 28816, 𝒫 (0421) 5 68 00, Fax (0421) 563648, 🍴 – ❷. 🄰🄴 ⓞ 🄴 _VISA_
Dienstag geschl. – **Menu** à la carte 30/62.

STUTENSEE Baden-Württemberg **419** S 9 – 20 700 Ew – Höhe 116 m.
Berlin 662 – Stuttgart 79 – Karlsruhe 15 – Heidelberg 45.

In Stutensee - Blankenloch :

🍴 **Herrmannshäusle**, Hauptstr. 97, ✉ 76297, 𝒫 (07244) 9 44 39, Fax (07244) 94439
Donnerstag - Freitagmittag und Samstagmittag geschl. – **Menu** à la carte 39/75. à la carte 39/75.

MICHELIN GREEN GUIDE GERMANY

Picturesque scenery, buildings

Scenic routes

Geography

History, Art

Touring programmes

Plans of towns and monuments.

STUTTGART Ⓛ *Baden-Württemberg* 🅐🅘🅖 *T 11,* 🅨🅑🅣 ㊳ – *563 000 Ew – Höhe 245 m.*

Sehenswert : *Linden-Museum*★★ KY **M1** – *Wilhelma*★ HT *und Höhenpark Killesberg*★ GT
– *Fernsehturm* (🌣★) HX – *Galerie der Stadt Stuttgart (Otto-Dix-Sammlung*★) LY **M4** –
Schwäb. Brauereimuseum★ BS **M7** – *Altes Schloß (Renaissance-Hof*★, *Württembergisches
Landesmuseum*★ *mit der Abteilung religiöse Bildhauerei*★★) LY **M3** – *Staatsgalerie*★★ *(Alte
Meister*★★) LY **M2** – *Stifts-Kirche (Grafenstandbilder*★) KY **A** – *Staatl. Museum für Natur-
kunde (Museum am Löwentor*★) HT **M5** – *Daimler-Benz-Museum*★ JV **M6** –
Porsche-Museum★ CP – *Schloß Solitude*★ BR.

Ausflugsziel : *Bad Cannstatt : Kurpark*★ O : 4 km JT.

🛬 *Kornwestheim, Aldinger Straße (N : 11 km),* ℰ *(07141) 87 13 19 ;* 🛬 *Mönsheim (NW :
30 km über die A 8 AR),* ℰ *(07044) 69 09.*

✈ *Stuttgart-Echterdingen (DS),* ℰ *(0711) 94 80, City-Air-Terminal, Lautenschlagerstr.
14 (LY),* ℰ *(0711) 20 12 68.*

🚐 *siehe Kornwestheim.*

Messegelände Killesberg (GT), ℰ *(0711) 2 58 90, Fax (0711) 2589440.*

🅑 *Tourist-Info, Königstr. 1a,* ✉ *70173,* ℰ *(0711) 2 22 82 40, Fax (0711) 2228253.*

ADAC, *Am Neckartor 2,* ✉ *70190,* ℰ *(0711) 2 80 00, Fax (0711) 2800167.*

Berlin 630 ① *– Frankfurt am Main 204* ② *– Karlsruhe 88* ⑧ *– München 222* ⑥ *– Strasbourg 156* ⑧

Messe-Preise : siehe S. 8	Foires et salons : voir p. 20
Fairs : see p. 32	Fiere : vedere p. 44

Stadtpläne siehe nächste Seiten

🏨 **Steigenberger Graf Zeppelin** 🅜 ⌾, *Arnulf-Klett-Platz 7,* ✉ *70173,*
ℰ *(0711) 2 04 80, Fax (0711) 2048542, Massage,* ≦s, 🔲 – 🛗, ⇆ *Zim,* 🖭 📺 ✆ ⇖
– 🔬 *300.* 🖭 ⓞ 🝏 💳 🅙🅒🅑. 🞑 *Rest* LY **v**
Graf Zeppelin (nur Abendessen, Sonntag - Montag und 18. Juli - 31. Aug. geschl.) **Menu**
à la carte 72/106 – Zeppelin Stüble : Menu à la carte 41/69 – **195 Z** *355/505.*

🏨 **Maritim** 🅜, *Forststr. 2,* ✉ *70174,* ℰ *(0711) 94 20, Fax (0711) 9421000, Massage,* 🝏,
≦s, 🔲 – 🛗, ⇆ *Zim,* 🖭 📺 ✆ ⅋ ⇖ – 🔬 *800.* 🖭 ⓞ 🝏 💳 🅙🅒🅑. 🞑 *Rest* FV **r**
Menu à la carte 58/88 – **555 Z** *257/496, 50 Suiten.*

🏨 **Inter-Continental,** *Willy-Brandt-Str. 30,* ✉ *70173,* ℰ *(0711) 2 02 00,*
Fax (0711) 202012, Massage, 🝏, ≦s, 🔲 – 🛗, ⇆ *Zim,* 🖭 📺 ✆ ⅋ ⇖ – 🔬 *350.* 🖭
ⓞ 🝏 💳 🅙🅒🅑. ⇆ *Zim* HV **t**
Menu à la carte 40/70 – **276 Z** *359/503, 24 Suiten.*

🏨 **Am Schloßgarten,** *Schillerstr. 23,* ✉ *70173,* ℰ *(0711) 2 02 60, Fax (0711) 2026888,*
« *Terrasse mit* ≪ ≫ » – 🛗, ⇆ *Zim,* 📺 ⇖ – 🔬 *100.* 🖭 ⓞ 🝏 💳 🅙🅒🅑. 🞑 *Rest* LY **u**
Menu à la carte 64/96 – **118 Z** *255/425.*

🏨 **Royal,** *Sophienstr. 35,* ✉ *70178,* ℰ *(0711) 62 50 50, Fax (0711) 628809 –* 🛗, ⇆ *Zim,*
🖭 *Rest,* 📺 ✆ ⇖ 🅟 – 🔬 *70.* 🖭 ⓞ 🝏 💳 🅙🅒🅑 KZ **b**
Menu (Sonn- und Feiertage geschl.) 28/73 und à la carte 51/87 – **100 Z** *185/490,*
3 Suiten.

🏨 **Parkhotel,** *Villastr. 21,* ✉ *70190,* ℰ *(0711) 2 80 10, Fax (0711) 2864353,* 🞖 – 🛗,
⇆ *Zim,* 📺 ✆ ⇖ 🅟 – 🔬 *80.* 🖭 ⓞ 🝏 💳 🅙🅒🅑. 🞑 HU **r**
Menu (Samstag - Sonntag geschl.) 35/75 und à la carte 53/79 – **72 Z** *195/330.*

🏨 **Rema-Hotel Ruff** *garni, Friedhofstr. 21,* ✉ *70191,* ℰ *(0711) 2 58 70,*
Fax (0711) 2587404, ≦s, 🔲 – 🛗 ⇆ 📺 ✆ ⇖ 🅟 – 🔬 *15.* 🖭 ⓞ 🝏 💳
🅙🅒🅑 GU **a**
90 Z 170/390.

🏨 **Rega Hotel,** *Ludwigstr. 18,* ✉ *70176,* ℰ *(0711) 61 93 40, Fax (0711) 6193477 –* 🛗 📺
🖭 ⇖ – 🔬 *20.* 🖭 ⓞ 🝏 💳 FV **a**
Menu (Sonntagabend geschl.) à la carte 29/55 – **60 Z** *175/235.*

🏨 **InterCityHotel** 🅜 *garni, Arnulf-Klett-Platz 2,* ✉ *70173,* ℰ *(0711) 2 25 00,*
Fax (0711) 2250499 – 🛗 ⇆ 📺 ✆ ⅋ – 🔬 *25.* 🖭 ⓞ 🝏 💳 LY **p**
112 Z 200/300.

🏨 **Unger** *garni, Kronenstr. 17,* ✉ *70173,* ℰ *(0711) 2 09 90, Fax (0711) 2099100 –* 🛗 ⇆
📺 ✆ ⅋ ⇖ – 🔬 *20.* 🖭 ⓞ 🝏 💳 🅙🅒🅑 LY **a**
97 Z 189/349.

🏨 **Bergmeister** *garni, Rotenbergstr. 16,* ✉ *70190,* ℰ *(0711) 28 33 63,*
Fax (0711) 283719, ≦s – 🛗 ⇆ 📺 ✆ ⇖. 🖭 ⓞ 🝏 💳 🅙🅒🅑 HV **r**
47 Z 129/210.

🏨 **Kronen-Hotel** *garni, Kronenstr. 48,* ✉ *70174,* ℰ *(0711) 2 25 10, Fax (0711) 2251404,*
≦s – 🛗 📺 ✆ ⇖ – 🔬 *20.* 🖭 ⓞ 🝏 💳 🅙🅒🅑 KY **m**
22. Dez. - 7. Jan. geschl. – **83 Z** *160/330.*

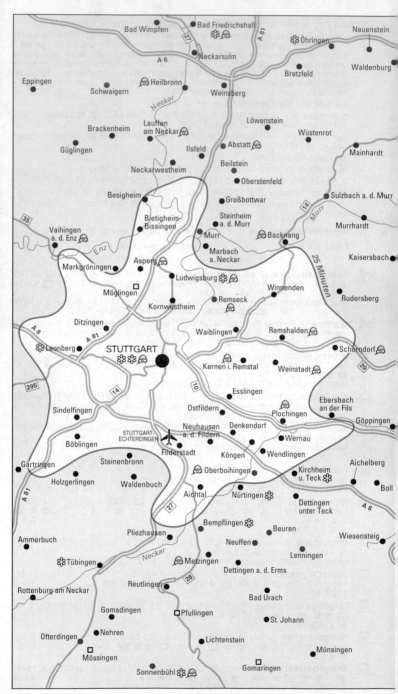

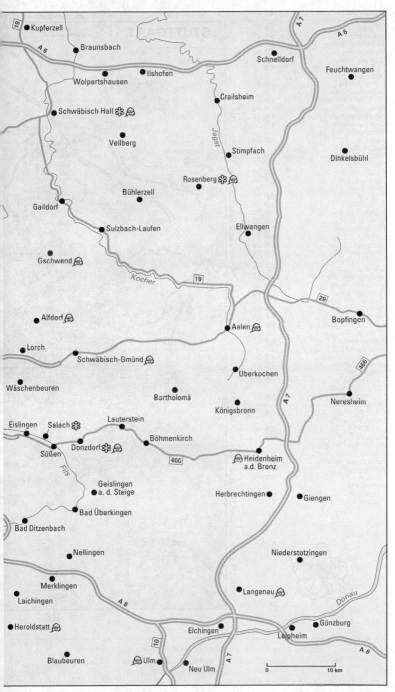

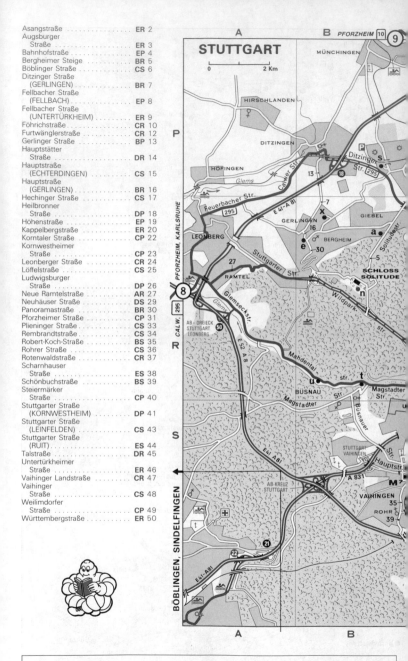

Erfahrungsgemäß werden bei größeren Veranstaltungen,
Messen und Ausstellungen in vielen Städten und deren Umgebung
erhöhte Preise verlangt.

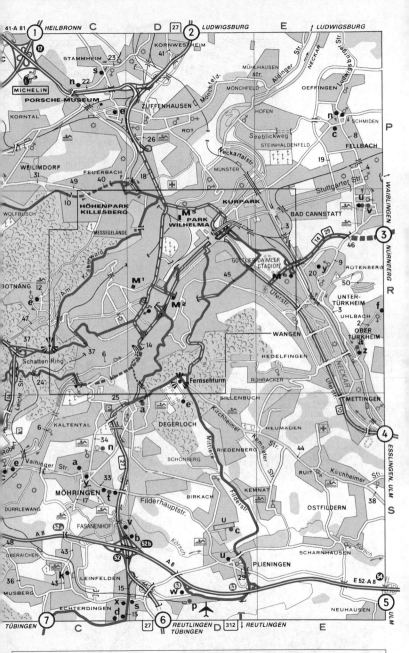

STUTTGART

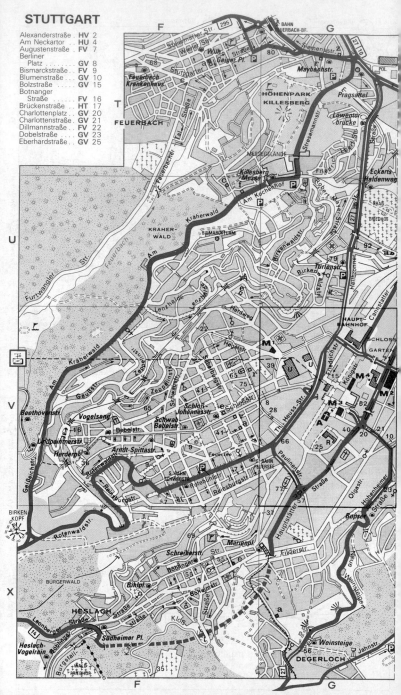

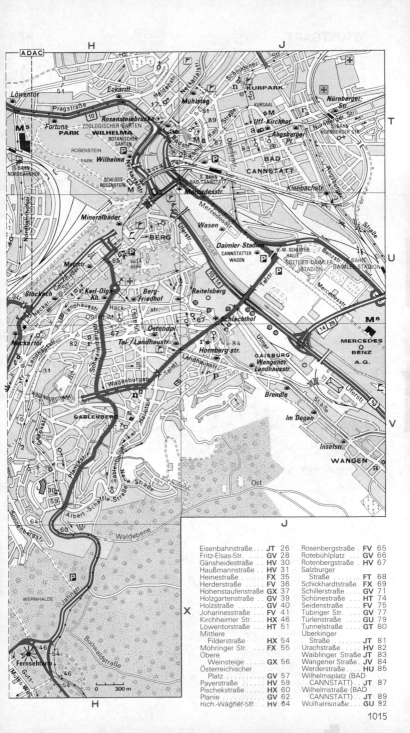

STUTTGART

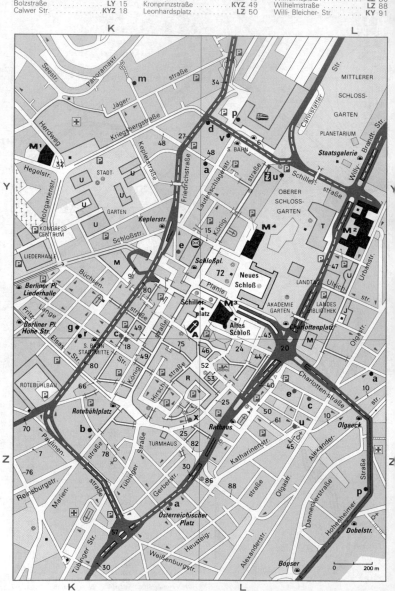

Wörtz zur Weinsteige, Hohenheimer Str. 30, ✉ 70184, ✆ (0711) 2 36 70 00, *Fax (0711) 2367007,* « Gartenterrasse » – Zim, TV ☎ P. AE ① E VISA JCB LZ p
20. Dez. - 7. Jan. geschl. – **Menu** *(Montag sowie Sonn- und Feiertage geschl.)* à la carte 29/89 – **25 Z** 140/280.

Azenberg, Seestr. 114, ✉ 70174, ✆ (0711) 22 10 51, *Fax (0711) 297426,* – |\$|, Zim, TV ☎ P. AE ① E VISA JCB. Rest FU e
(nur Abendessen für Hausgäste) – **58 Z** 120/260.

Wartburg, Lange Str. 49, ✉ 70174, ✆ (0711) 2 04 50, *Fax (0711) 2045450* – |\$|, Zim, Rest, TV ☎ P – 60. AE ① E VISA JCB. Rest KY g
über Ostern und 22. Dez. - 2. Jan. geschl. – **Menu** *(Samstag, Sonn- und Feiertage geschl.)* (nur Mittagessen) à la carte 36/55 – **81 Z** 155/265.

Rema-Hotel Astoria garni, Hospitalstr. 29, ✉ 70174, ✆ (0711) 29 93 01, *Fax (0711) 299307* – |\$| TV ☎ P – 20. AE ① E VISA JCB KY r
57 Z 170/390.

Rieker garni, Friedrichstr. 3, ✉ 70174, ✆ (0711) 22 13 11, *Fax (0711) 293894* – |\$| TV ☎. AE ① E VISA LY d
66 Z 178/238.

City-Hotel garni, Uhlandstr. 18, ✉ 70182, ✆ (0711) 21 08 10, *Fax (0711) 2369772* – TV ☎ P. AE ① E VISA JCB. LZ a
31 Z 150/210.

Bellevue, Schurwaldstr. 45, ✉ 70186, ✆ (0711) 48 07 60, *Fax (0711) 4807631* – TV ☎ P. AE ① E VISA JV p
Menu *(Dienstag - Mittwoch geschl.)* 23 (mittags) und à la carte 37/62 – **12 Z** 90/150.

Stadthotel am Wasen garni, Schlachthofstr. 19, ✉ 70188, ✆ (0711) 16 85 70, *Fax (0711) 1685757* – |\$| TV ☎ P JUV e
31 Z 100/180.

Killesberg garni, Am Kochenhof 60, ✉ 70192, ✆ (0711) 16 54 50, *Fax (0711) 1654533* – TV ☎. AE ① E VISA FU f
10 Z 135/220.

Sautter, Johannesstr. 28, ✉ 70176, ✆ (0711) 6 14 30, *Fax (0711) 611639,* – |\$| TV ☎. AE ① E VISA FV e
23. Dez. - 2. Jan. geschl. – **Menu** à la carte 32/57 – **60 Z** 115/180.

Hansa garni, Silberburgstr. 114, ✉ 70176, ✆ (0711) 62 50 83, *Fax (0711) 617349* – |\$| TV ☎ – 25. AE ① E VISA JCB FV v
23. Dez. - 6. Jan. geschl. – **80 Z** 115/185.

Münchner Hof garni, Neckarstr. 170, ✉ 70190, ✆ (0711) 92 57 00, *Fax (0711) 2626170* – |\$| TV ☎. AE ① E VISA JCB HU e
24. Dez. - 2. Jan. geschl. – **30 Z** 115/165.

Délice, Hauptstätter Str. 61, ✉ 70178, ✆ (0711) 6 40 32 22, « Gewölbekeller mit zeitgenössischer Kunst » – KZ a
Samstag, Sonn- und Feiertage geschl. – **Menu** (nur Abendessen, Tischbestellung erforderlich, bemerkenswerte Weinkarte) 125 und à la carte 73/104
Spez. Nudeln mit Asetra Kaviar. Taubenbrüstchen im Strudelteig auf Taubenlebersauce. Topfenknödel mit Pflaumenröster.

Da Franco, Calwer Str. 23 (1. Etage), ✉ 70173, ✆ (0711) 29 15 81, *Fax (0711) 294549* – . AE ① E VISA KYZ c
Montag und Aug. geschl. – **Menu** (italienische Küche) à la carte 47/76.

La nuova Trattoria da Franco, Calwer Str. 32, ✉ 70173, ✆ (0711) 29 47 44, *Fax (0711) 294549,* – AE ① E VISA KYZ c
Menu (italienische Küche) à la carte 43/67.

Gaisburger Pastetchen, Hornbergstr. 24, ✉ 70188, ✆ (0711) 48 48 55, *Fax (0711) 487565* JV r
Sonn- und Feiertage geschl. – **Menu** (nur Abendessen) à la carte 66/92.

Alter Fritz am Killesberg mit Zim, Feuerbacher Weg 101, ✉ 70192, ✆ (0711) 13 56 50, *Fax (0711) 1356565,* – TV ☎. FU c
Dez. - Jan. und Aug. jeweils 2 Wochen geschl. – **Menu** *(Montag und Feiertage geschl.)* (nur Abendessen) à la carte 58/81 – **10 Z** 130/215.

Goldener Adler, Böheimstr. 38, ✉ 70178, ✆ (0711) 6 40 17 62, *Fax (0711) 6492405* – P. E VISA FX e
Dienstagmittag, Samstagmittag, Montag und Aug. - Sept. 4 Wochen geschl. – **Menu** à la carte 42/89.

La Scala, Friedrichstr. 41 (1.Etage, |\$|), ✉ 70174, ✆ (0711) 29 06 07, *Fax (0711) 2991640* – . AE ① E VISA KY e
Sonntag und Aug. - Sept. 3 Wochen geschl. – **Menu** (italienische Küche) 48/65 und à la carte 45/67.

XX **Krämer's Bürgerstuben**, Gablenberger Hauptstr. 4, ⊠ 70186, ℰ (0711) 46 54 81,
Fax (0711) 486508 – AE ⓪ E VISA
HV n
Samstagmittag, Sonntagabend - Montag und Juli - Aug. 3 Wochen geschl. – **Menu** (Tisch-
bestellung ratsam) à la carte 45/81.

X **Der Zauberlehrling**, Rosenstr. 38, ⊠ 70182, ℰ (0711) 2 37 77 70,
Fax (0711) 2377775 – AE. ⅙
LZ c
Samstagmittag sowie Sonn- und Feiertage geschl. – **Menu** à la carte 54/89.

Schwäbische Weinstuben (kleines Speiseangebot) :

X **Kachelofen**, Eberhardstr. 10 (Eingang Töpferstraße), ⊠ 70173, ℰ (0711) 24 23 78, 斎
Sonntag geschl. – **Menu** (ab 17 Uhr geöffnet) à la carte 47/65.
KZ x

X **Weinstube Schellenturm**, Weberstr. 72, ⊠ 70182, ℰ (0711) 2 36 48 88,
Fax (0711) 2262699, 斎 – AE. ⅙
LZ u
Sonn- und Feiertage geschl. – **Menu** (nur Abendessen) à la carte 36/59.

XX **Weinstube Träuble**, Gablenberger Hauptstr. 66, ⊠ 70186, ℰ (0711) 46 54 28, 斎
– ⅙
HV s
Sonn- und Feiertage und Ende Aug. - Mitte Sept. geschl. – **Menu** (nur Abendessen) warme
und kalte Vesperkarte.

X **Weinstube Klösterle**, Marktstr. 71 (Bad Cannstatt), ⊠ 70372, ℰ (0711) 56 89 62,
斎, « historisches Klostergebäude a.d.J.1463 mit rustikaler Einrichtung »
HT a
Sonn- und Feiertage sowie Juli - Aug. 2 Wochen geschl. – **Menu** (ab 16 Uhr geöffnet)
à la carte 39/61.

X **Weinhaus Stetter**, Rosenstr. 32, ⊠ 70182, ℰ (0711) 24 01 63, Fax (0711) 240193,
斎
LZ e
Montag - Freitag ab 15 Uhr, Samstag bis 15 Uhr geöffnet, 24. Dez. - 8. Jan. sowie Sonn-
und Feiertage geschl. – **Menu** (bemerkenswerte Weinkarte) à la carte 24/35 ♨.

In Stuttgart-Botnang :

⛫ **Hirsch**, Eltinger Str. 2, ⊠ 70195, ℰ (0711) 69 29 17, Fax (0711) 6990788, Biergarten
– 劇 TV ☎ ⇔ ⓟ – 盆 140. AE ⓪ E VISA
CR e
Menu (Montag geschl., Feiertage nur Mittagessen) à la carte 39/70 – **44 Z** 96/150.

In Stuttgart-Büsnau :

⛫ **Relexa Waldhotel Schatten**, Magstadter Straße (am Solitudering), ⊠ 70569,
ℰ (0711) 6 86 70, Fax (0711) 6867999, 斎, ♪♫, ≋s – 劇, ⅙≒ Zim, TV ₲ ⇔ ⓟ – 盆 80.
AE ⓪ E VISA JCB. ⅙ Rest
BR t
La fenêtre (Sonntag - Montag geschl.) **Menu** à la carte 68/90 – **Kaminrestaurant** : Menu
à la carte 45/75 – **136 Z** 195/690, 7 Suiten.

⛫ **Waldgasthaus Glemstal** (mit Gästehaus), Mahdentalstr. 1, ⊠ 70569, ℰ (0711) 68 16
18, Fax (0711) 682822, 斎 – ☎ ⇔ ⓟ. AE
BR u
27. Dez. - 5. Jan. geschl. – **Menu** (Dienstag geschl.) à la carte 35/79 – **20 Z** 90/170.

In Stuttgart-Bad Cannstatt :

⛫ **Pannonia Hotel** M., Teinacher Str. 20, ⊠ 70372, ℰ (0711) 9 54 00,
Fax (0711) 9540630, 斎, ≋s – 劇, ⅙≒ Zim, ≣ Rest, TV ☎ ₲ ⇔ – 盆 120. AE ⓪ E
VISA JCB
JT n
Menu à la carte 46/78 – **156 Z** 175/295, 5 Suiten.

⛫ **Spahr** garni, Waiblinger Str. 63 (B 14), ⊠ 70372, ℰ (0711) 55 39 30,
Fax (0711) 55393333 – 劇 ⅙≒ TV ☎ ⇔ ⓟ. AE ⓪ E VISA
JT a
62 Z 150/230.

XX **Krehl's Linde** mit Zim, Obere Waiblinger Str. 113, ⊠ 70374, ℰ (0711) 52 75 67,
Fax (0711) 5286370, 斎 – TV ☎ ⇔
JT r
Juli - Aug. 3 Wochen geschl. – **Menu** (Sonntag - Montag geschl.) à la carte 43/88 – **18 Z**
100/220.

XX **Pfund**, Waiblinger Str. 61A, ⊠ 70372, ℰ (0711) 56 63 63, Fax (0711) 566363, 斎 – ⓟ.
AE ⓪ E VISA
JT a
Samstagmittag, Sonn- und Feiertage sowie 23. Dez. - 6. Jan. geschl. – **Menu** à la carte
52/86.

In Stuttgart-Degerloch :

⛫ **Waldhotel Degerloch** ॐ, Guts-Muths-Weg 18, ⊠ 70597, ℰ (0711) 76 50 17,
Fax (0711) 7653762, 斎, ≋s, ⅙ – 劇 TV ☎ ₲ ⓟ – 盆 100. AE ⓪ E VISA JCB DS e
Menu à la carte 45/75 – **50 Z** 175/260.

XXXX **Wielandshöhe**, Alte Weinsteige 71, ⊠ 70597, ℰ (0711) 6 40 88 48,
ॐ Fax (0711) 6409408, 斎, « Schöne Lage mit ≤ Stuttgart » – AE ⓪ E VISA
GX a
Sonntag - Montag geschl. – **Menu** (Tischbestellung ratsam) 118/178 und à la carte 86/139
Spez. Hummer mit Basilikum-Kartoffelsalat. Fränkischer Bauernhahn. Marquise von Bit-
terschokolade.

XXX **Skyline-Restaurant** (im Fernsehturm in 144 m Höhe), Jahnstr. 120, ✉ 70597, ℰ (0711) 24 61 04, *Fax (0711) 2360633*, ✳ Stuttgart und Umgebung, (▯, für Restaurantgäste kostenlos) – 🅿. 🆎 ⓞ 🇪 𝘝𝘐𝘚𝘈   HX
Montag geschl. – **Menu** *(abends Tischbestellung ratsam)* à la carte 65/97.

XX **Das Fässle**, Löwenstr. 51, ✉ 70597, ℰ (0711) 76 01 00, *Fax (0711) 764432*, ㎡ – 🆎 ⓞ 🇪 𝘝𝘐𝘚𝘈   DS a
Sonntag geschl. – **Menu** à la carte 49/74.

XX **Landhaus am Turm**, Jahnstr. 120 (am Fuß des Fernsehturms), ✉ 70597, ℰ (0711) 24 61 04, *Fax (0711) 2360633*, ㎡ – 🅿. 🆎 ⓞ 🇪 𝘝𝘐𝘚𝘈   HX
Menu à la carte 37/64.

In Stuttgart-Fasanenhof :

🏨 **Mercure** Ⓜ, Eichwiesenring 1, ✉ 70567, ℰ (0711) 7 26 60, *Fax (0711) 7266444*, ㎡, ₣ₒ, ㋵ – ▯, ⇔ Zim, 🖹 📺 ☎ ⎉ ⬇ – 🅿 🔏 120. 🆎 ⓞ 🇪 𝘝𝘐𝘚𝘈   CS v
Menu à la carte 45/77 – **148 Z** 207/294.

🏨 **Fora Hotel** Ⓜ, Vor dem Lauch 20 (Businesspark), ✉ 70567, ℰ (0711) 7 25 50, *Fax (0711) 7255666*, ㎡, ㋵ – ▯, ⇔ Zim, 🖹 Rest, 📺 ☎ ⎉ – 🔏 80. 🆎 ⓞ 🇪 𝘝𝘐𝘚𝘈 JCB   DS b
Menu à la carte 38/60 – **101 Z** 190/238.

In Stuttgart-Feuerbach :

🏨 **Messehotel Europe** Ⓜ garni, Siemensstr. 33, ✉ 70469, ℰ (0711) 81 48 30, *Fax (0711) 8148348* – ▯ ⇔ 🖹 📺 ⎉ ⬇ 🆎 ⓞ 🇪 𝘝𝘐𝘚𝘈   GT r
114 Z 180/310.

🏨 **Kongresshotel Europe**, Siemensstr. 26, ✉ 70469, ℰ (0711) 81 00 40, *Fax (0711) 854082*, ㋵ – ▯, ⇔ Zim, 🖹 📺 ⎉ ⬇ – 🔏 130. 🆎 ⓞ 🇪 𝘝𝘐𝘚𝘈 GT z
Menu *(Samstagmittag und Sonntagmittag geschl.)* à la carte 46/75 – **145 Z** 130/275.

🏨 **Weinsberg** (Restaurant im Bistrostil), Grazer Str. 32, ✉ 70469, ℰ (0711) 13 54 60, *Fax (0711) 1354666*, ㎡ – ▯, ⇔ Zim, 📺 ☎ ⎉ – 🔏 30. 🆎 ⓞ 🇪 𝘝𝘐𝘚𝘈   FT a
Menu *(Samstagabend - Sonntag geschl.)* à la carte 30/75 – **37 Z** 175/215.

🏠 **Feuerbach** garni, Feuerbacher Talstr. 4, ✉ 70469, ℰ (0711) 98 17 90, *Fax (0711) 9817959* – ▯ 📺 ☎ ⎉ 🆎 ⓞ 🇪 𝘝𝘐𝘚𝘈   FT c
35 Z 140/220.

X **Zum Anker**, Grazer Str. 42, ✉ 70469, ℰ (0711) 85 44 19, *Fax (0711) 818498* FT a
Samstag, Sonn- und Feiertage, 23. Dez. - 6. Jan. und Aug. 3 Wochen geschl. – **Menu** à la carte 33/63 *(auch vegetarische Gerichte)*.

In Stuttgart-Flughafen :

🏨 **Mövenpick-Hotel** Ⓜ, Randstr. 7, ✉ 70629, ℰ (0711) 7 90 70, *Fax (0711) /93585*, ㎡, ㋵ – ▯, ⇔ Zim, 🖹 📺 ⎉ ⬇ 🅿 – 🔏 45. 🆎 ⓞ 🇪 𝘝𝘐𝘚𝘈 JCB   DS w
Menu à la carte 37/68 – **230 Z** 289/534.

XXX **top air**, im Flughafen (Terminal 1, Ebene 4), ✉ 70621, ℰ (0711) 9 48 21 37, *Fax (0711) 7979210* – 🖹 – 🔏 170. 🆎 ⓞ 🇪 𝘝𝘐𝘚𝘈   DS p
✿ *Samstagmittag und Aug. 3 Wochen geschl.* – **Menu** 75/150 und à la carte 72/126
Spcz. Variation von der Gänsestopfleber. Lasagne von Steinbutt und Hummer mit Rotweinbuttersauce. Milchkalbskotelett mit Artischocken-Tomatenragout und Trüffelsauce.

In Stuttgart-Hohenheim :

XXXX **Speisemeisterei**, Am Schloß Hohenheim, ✉ 70599, ℰ (0711) 4 56 00 37, *Fax (0711) 4560038* – 🅿   DS c
✿✿ *Montag und 1. - 15. Jan. geschl.* – **Menu** *(wochentags nur Abendessen, Sonntag nur Mittagessen)* 125/148 und à la carte 86/124 *(Tischbestellung ratsam)*
Spez. Törtchen von der Perigord-Gänseleber mit Traubensauce. Steinbuttfilet mit Hummerschaum im Lauchmantel. Kotelett und Torte vom Salzwiesenlamm mit gebackenen Kräutern.

In Stuttgart-Möhringen :

🏨 **Copthorne Hotel Stuttgart International** Ⓜ (mit 🏠 Sl), Plieninger Str. 100, ✉ 70567, ℰ (0711) 7 21 10 50, *Fax (0711) 7212931*, ㎡, direkter Zugang zur Schwaben Quelle – ▯, ⇔ Zim, 🖹 📺 ⎉ ⬇ ⎉ – 🔏 80. 🆎 ⓞ 🇪 𝘝𝘐𝘚𝘈 JCB   CS t
Menu à la carte 40/78 – **454 Z** 287/528.

🏨 **Fora Hotel Garni**, Filderbahnstr. 43, ✉ 70567, ℰ (0711) 71 60 80, *Fax (0711) 7160850* – ▯ ⇔ 📺 ☎ ⎉ 🆎 ⓞ 🇪 𝘝𝘐𝘚𝘈 JCB   CS a
Ende Dez. - Anfang Jan. geschl. – **41 Z** 160/208.

🏠 **A.C. Hotel** garni, Plieninger Str. 50, ✉ 70567, ℰ (0711) 72 81 00, *Fax (0711) 7281099* – 📺 ☎ ⎉ – 🔏 20. 🆎 🇪 𝘝𝘐𝘚𝘈 ✿   CS t
16 Z 160/210.

🏠 **Körschtal** garni, Richterstr. 23, ✉ 70567, 𝒫 (0711) 71 60 90, *Fax (0711) 7160929 –*
🛗 📺 ☎ ⇔ 🅿 ⊙ 🖃 𝘝𝘐𝘚𝘈 CS y
30 Z 105/165.

🍴🍴 **Landgasthof Riedsee** 🦢 mit Zim, Elfenstr. 120, ✉ 70567, 𝒫 (0711) 71 24 84,
Fax (0711) 7189764, « Terrasse am See » – ☎ 🅿. 🆎 ⊙ 🖃 𝘝𝘐𝘚𝘈 CS n
Montag geschl. – **Menu** à la carte 41/71 – **12 Z** 85/130.

🍴🍴 **Bistro Ecco**, Plieningerstr. 100 (im Spielcassino), ✉ 70567, 𝒫 (0711) 9 00 72 72,
Fax (0711) 9007273 – ⇔. 🆎 ⊙ 🖃 𝘝𝘐𝘚𝘈 𝙅𝘾𝘽 CS t
Menu à la carte 41/67.

In Stuttgart-Obertürkheim :

🏨 **Brita Hotel,** Augsburger Str. 671, ✉ 70329, 𝒫 (0711) 32 02 30, *Fax (0711) 324440*
– 🛗, ⇔ Zim, 🍽 Rest, 📺 ☎ ⇔ – 🔔 80. 🆎 ⊙ 🖃 𝘝𝘐𝘚𝘈 ER z
24. Dez. - 1. Jan. geschl. – **Menu** *(Samstag - Sonntag geschl.)* à la carte 32/55 – **70 Z**
143/268.

🍴 **Wirt am Berg,** Uhlbacher Str. 14, ✉ 70329, 𝒫 (0711) 32 12 26 – 🆎 🖃 ER z
Montagmittag, Samstagmittag, Sonn- und Feiertage, Ende Juli - Mitte Aug. sowie jeden
1. Samstag im Monat geschl. – **Menu** à la carte 38/72 *(auch vegetarische Gerichte).*

In Stuttgart-Plieningen :

🏨 **Romantik Hotel Traube,** Brabandtgasse 2, ✉ 70599, 𝒫 (0711) 45 89 20,
Fax (0711) 4589220, 🍽, « Gemütliche Gaststuben im rustikalen Stil » – 📺 ☎ 🅿. 🆎 ⊙
🖃 𝘝𝘐𝘚𝘈 DS u
23. Dez. - 3. Jan. geschl. – **Menu** *(Sonntag - Montag geschl.)* (Tischbestellung ratsam)
à la carte 58/95 – **20 Z** 155/280.

In Stuttgart-Stammheim :

🏨 **Novotel-Nord,** Korntaler Str. 207, ✉ 70439, 𝒫 (0711) 98 06 20, *Fax (0711) 803673,*
🍽, ⇔s, ⊿ (geheizt) – 🛗, ⇔ Zim, 🍽 📺 ☎ 🅿 – 🔔 200. 🆎 ⊙ 🖃 𝘝𝘐𝘚𝘈 CP n
Menu à la carte 31/61 – **117 Z** 165/219.

🏠 **Strobel,** Korntaler Str. 35, ✉ 70439, 𝒫 (0711) 80 15 32, *Fax (0711) 807133 –* 📺 ☎
🅿 CP s
Ende Dez. - Anfang Jan. und Aug. 3 Wochen geschl. – **Menu** *(Samstag - Sonntag geschl.)*
à la carte 33/63 – **30 Z** 90/135.

In Stuttgart-Uhlbach :

🏠 **Gästehaus Münzmay** 🦢 garni, Rührbrunnenweg 19, ✉ 70329, 𝒫 (0711) 9 18 92
70, *Fax (0711) 9189271,* ⇔s – 🛗 📺 ☎ ⇔ 🅿. 🖃 𝘝𝘐𝘚𝘈 ER f
20. Dez. - 15. Jan. geschl. – **14 Z** 130/175.

In Stuttgart-Untertürkheim :

🏠 **Petershof** 🦢, Klabundeweg 10 (Zufahrt über Sattelstraße), ✉ 70327,
𝒫 (0711) 3 06 40, *Fax (0711) 3064222 –* 🛗 📺 ☎ ⇔. 🆎 ⊙ 🖃 𝘝𝘐𝘚𝘈 𝙅𝘾𝘽 ER y
23. Dez. - 2. Jan. geschl. – (nur Abendessen für Hausgäste) – **30 Z** 125/200.

In Stuttgart-Vaihingen :

🏨🏨 **Dorint-Hotel Fontana** Ⓜ, Vollmoellerstr. 5, ✉ 70563, 𝒫 (0711) 73 00,
Fax (0711) 7302525, Massage, ♨, ₤�000, ⇔s, ⊿, 🌳 – 🛗, ⇔ Zim, 🍽 📺 ☎ 🅿 ⇔ –
🔔 250. 🆎 ⊙ 🖃 𝘝𝘐𝘚𝘈 𝙅𝘾𝘽. 🍽 Rest CS c
Menu à la carte 39/82 – **252 Z** 293/395, 5 Suiten.

🏨 **Fremd-Gambrinus,** Möhringer Landstr. 26, ✉ 70563, 𝒫 (0711) 90 15 80,
Fax (0711) 9015860 – 📺 ☎ ⇔ 🅿. 🆎 🖃 𝘝𝘐𝘚𝘈. 🍽 Zim CS e
22. Dez. - 6. Jan. geschl. – **Menu** *(Dienstag und Juli - Aug. 3 Wochen geschl.)* à la carte 46/63
– **17 Z** 125/160.

In Stuttgart-Wangen :

🏨 **Hetzel Hotel Löwen,** Ulmer Str. 331, ✉ 70327, 𝒫 (0711) 4 01 60,
⇔ *Fax (0711) 4016333 –* 🛗, ⇔ Zim, 📺 ☎ ⇔ 🅿. 🆎 ⊙ 🖃 𝘝𝘐𝘚𝘈 JV a
Menu à la carte 23/58 – **65 Z** 140/210.

In Stuttgart-Weilimdorf :

🏨 **Holiday Inn** Ⓜ, Mittlerer Pfad 27, ✉ 70499, 𝒫 (0711) 98 88 80, *Fax (0711) 988889,*
Biergarten, ⇔s – 🛗, ⇔ Zim, 📺 ☎ ⇔ – 🔔 200. 🆎 ⊙ 🖃 𝘝𝘐𝘚𝘈 𝙅𝘾𝘽 BP s
Menu à la carte 39/65 – **325 Z** 232/400, 7 Suiten.

🏠 **Muckenstüble,** Solitudestr. 25 (in Bergheim), ✉ 70499, 𝒫 (0711) 86 51 22,
Fax (0711) 865502, « Gartenterrasse » – 🛗 ☎ ⇔ 🅿 BR a
Aug. geschl. – **Menu** *(Samstagabend, Sonntagabend und Dienstag geschl.)* à la carte
29/51 – **21 Z** 85/140.

Beim Schloß Solitude :

XX **Schloss-Solitude,** Kavaliersbau Haus 2, ✉ 70197 Stuttgart, ℰ (0711) 69 20 25,
Fax (0711) 6990771, 🏤 – **❷** – 🕍 20. AE ① E VISA JCB   BR n
Sonntag - Montag geschl. – **Menu** (nur Abendessen) à la carte 78/105 – **Wintergarten**
(auch Mittagessen, Sonntagabend - Montag geschl.) **Menu** à la carte 45/81.

In Stuttgart-Zuffenhausen :

🏨 **Fora Hotel Residence,** Schützenbühlstr. 16, ✉ 70435, ℰ (0711) 8 20 01 00,
Fax (0711) 8200101, 🏤 – 🛗, ❦ Zim, 🍽 Rest, 🅣 ☎ 🄲 & ⇐⇒ – 🕍 60. AE ① E VISA
JCB   CP e
Menu (Freitag - Samstag geschl.) (nur Abendessen) à la carte 42/57 – **120 Z** 175/225.

In Fellbach :

🏨 **Classic Congress Hotel,** Tainer Str. 7, ✉ 70734, ℰ (0711) 5 85 90,
Fax (0711) 5859304, « Ständig wechselnde Bilderausstellungen », 🕿s – 🛗, ❦ Zim, 🅣
☎ ⇐⇒ ❷ – 🕍 60. AE ① E VISA   ER u
23. Dez. - 6. Jan. geschl. – **Menu** siehe Rest. **Alt Württemberg** separat erwähnt – **148 Z**
195/350.

XX **Alt Württemberg,** Tainer Str. 7 (Schwabenlandhalle), ✉ 70734, ℰ (0711) 5 85 94 11,
Fax (0711) 581927, 🏤 – ▤ ❷. AE ① E VISA JCB   ER u
Menu à la carte 52/87.

X **Aldinger's Weinstube Germania** mit Zim, Schmerstr. 6, ✉ 70734, ℰ (0711)
🏡 58 20 37, Fax (0711) 582077, 🏤 – 🅣 ☎ 🄲   ER v
Feb. - März 2 Wochen und Juli - Aug. 3 Wochen geschl. – **Menu** (Sonn- und Feiertage sowie
Montag geschl.) (Tischbestellung ratsam) à la carte 40/70 – **7 Z** 75/140.

In Fellbach-Schmiden :

🏨 **Hirsch** (mit Gästehaus), Fellbacher Str. 2, ✉ 70736, ℰ (0711) 9 51 30,
Fax (0711) 5181065, 🏤, 🕿s, 🔲 – 🛗, ❦ Zim, 🅣 ☎ ⇐⇒ ❷. AE ① E VISA
Menu (Freitag, Sonntag und Weihnachten - Anfang Jan. geschl.) à la carte 40/65 – **116 Z**
90/200.   EP n

🏡 **Schmidener Eintracht,** Brunnenstr. 4, ✉ 70736, ℰ (0711) 9 51 95 20,
Fax (0711) 95195252. 🏤 – 🅣 ☎ ❷. E VISA   EP n
Ende Dez. - Anfang Jan. geschl. – **Menu** (Samstag geschl.) à la carte 40/65 – **26 Z** 90/150.

🏡 **Grüner Baum,** Gotthilf-Bayh-Str. 9/1, ✉ 70736, ℰ (0711) 51 50 01,
Fax (0711) 515004 – 🛗 🅣 ☎ ⇐⇒ ❷. E JCB   EP c
Menu (nur Abendessen) à la carte 37/59 – **19 Z** 98/160.

In Gerlingen :

🏨 **Krone,** Hauptstr. 28, ✉ 70839, ℰ (07156) 4 31 10, Fax (07156) 4311100, 🏤, 🕿s –
🛗, ❦ Zim, 🅣 ☎ ⇐⇒ ❷ – 🕍 120. AE ① E VISA   BR e
Menu (Montag, Sonn- und Feiertage, über Ostern und Weihnachten geschl.) (Tischbestel-
lung ratsam) à la carte 38/83 (auch vegetarische Gerichte) – **56 Z** 142/249.

🏡 **Toy Hotel** garni, Raiffeisenstr. 5, ✉ 70839, ℰ (07156) 9 44 10, Fax (07156) 944141
– ❦ 🅣 ☎ ⇐⇒ – 🕍 20. AE ① E VISA JCB   BR x
22 Z 90/115.

In Korntal-Münchingen nahe der Autobahn-Ausfahrt S-Zuffenhausen :

🏛 **Mercure,** Siemensstr. 50, ✉ 70825, ℰ (07150) 1 30, Fax (07150) 13266, 🏤, Biergarten, 🕿s, 🔲 – 🛗, ❦ Zim, ▤ 🅣 & ❷ – 🕍 160. AE ① E VISA   CP c
Menu à la carte 53/75 – **200 Z** 164/220.

In Leinfelden-Echterdingen :

🏨 **Filderland** garni, Tübinger Str. 16 (Echterdingen), ✉ 70771, ℰ (0711) 9 49 46,
Fax (0711) 9494888 – 🛗 🅣 🅣 ☎ 🄲 ⇐⇒ – 🕍 20. AE ① E VISA   CS d
24. Dez. - 2. Jan. geschl. – **48 Z** 135/190.

🏡 **Sonne** garni, Hauptstr. 86 (Echterdingen), ✉ 70771, ℰ (0711) 94 96 50,
Fax (0711) 9496540 – 🅣 ☎ ❷. AE E VISA   CDS s
24 Z 110/150.

🏡 **Adler** garni, Obergasse 18 (Echterdingen), ✉ 70771, ℰ (0711) 94 75 50,
Fax (0711) 7977476, 🕿s, 🔲 – 🛗 🅣 ☎ ❷ – 🕍 20. ① E VISA   CS x
24. Dez. - 6. Jan. geschl. – **18 Z** 100/170.

🏡 **Martins Klause** garni, Martin-Luther-Str. 1 (Echterdingen), ✉ 70771, ℰ (0711)
94 95 90, Fax (0711) 9495959 – 🛗 🅣 ☎ ❷. AE E VISA   CS d
18 Z 100/150.

🏡 **Drei Morgen** garni, Bahnhofstr. 39 (Leinfelden), ✉ 70771, ℰ (0711) 16 05 60,
Fax (0711) 1605646 – 🛗 🅣 ☎ 🄲 ⇐⇒ ❷. AE ① E VISA JCB   CS k
27 Z 105/145.

In Leinfelden-Echterdingen - Stetten *über die B 27* DS *, Ausfahrt Stetten :*

🏠 **Alber** Ⓜ, Stettener Hauptstr.25, ⊠ 70771, ✆ (0711) 9 47 43, Fax (0711) 9474400, 🌤 – 🕴, 🌬 Zim, 📺 🕾 ✆ 🖘 🅿 – 🅰 20. 🖭 ⑩ 🗲 𝑉𝐼𝑆𝐴
Weihnachten - 6. Jan. geschl. – **Menu** *(Samstag - Sonntag und Aug. 3 Wochen geschl.)*
à la carte 39/69 – **38 Z** 135/165.

🏠 **Nödingerhof,** Unterer Kasparswald 22, ⊠ 70771, ✆ (0711) 99 09 40, Fax (0711) 9909494, ≼, 🌤 – 🕴 📺 🕾 ✆ 🖘 🅿 – 🅰 35. 🖭 ⑩ 🗲 𝑉𝐼𝑆𝐴
Menu à la carte 35/72 – **52 Z** 120/190.

MICHELIN-REIFENWERKE KGaA. Niederlassung ⊠ 70825 Korntal-Münchingen, Siemensstr. 62 (BCP), ✆ (07150) 95 62 62 Fax (07150) 956288.

SÜDERLÜGUM *Schleswig-Holstein* 𝟒𝟏𝟓 *B 10 – 2 000 Ew – Höhe 18 m.*
Berlin 467 – Kiel 129 – Flensburg 48 – Husum 51 – Niebüll 11.

🏠 **Zum Landhaus,** Hauptstr. 20, ⊠ 25923, ✆ (04663) 74 30, 🌤 – 📺 🕾 🅿
Ende Dez. - Mitte Jan. geschl. – **Menu** *(Mittwoch geschl.)* à la carte 29/56 – **9 Z** 65/130
– ½ P 20.

SÜDLOHN *Nordrhein-Westfalen* 𝟒𝟏𝟕 *K 4 – 7 700 Ew – Höhe 40 m.*
Berlin 538 – Düsseldorf 98 – Bocholt 24 – Münster (Westfalen) 64 – Winterswijk 12.

🏠 **Haus Lövelt,** Eschstr. 1, ⊠ 46354, ✆ (02862) 72 76, Fax (02862) 7729, 🌤 – 📺 🕾 🖘 🅿 🖭 🗲
Menu *(Freitagmittag geschl.)* à la carte 25/48 – **15 Z** 65/130.

SÜLZFELD *Thüringen siehe Meiningen.*

SÜSSEN *Baden-Württemberg* 𝟒𝟏𝟗 *T 13,* 𝟗𝟖𝟕 ㊳ *– 8 600 Ew – Höhe 364 m.*
Berlin 599 – Stuttgart 49 – Göppingen 9 – Heidenheim an der Brenz 34 – Ulm (Donau) 41.

🏠 **Löwen,** Hauptstr. 3 (B 10), ⊠ 73079, ✆ (07162) 50 88, Fax (07162) 8363 – 🕴 📺 🕾 ♿ 🅿 – 🅰 50. 🗲 𝑉𝐼𝑆𝐴
23. Dez. - 6. Jan. geschl. – **Menu** à la carte 28/52 ♨ – **50 Z** 56/142.

SUHL *Thüringen* 𝟒𝟏𝟖 𝟒𝟐𝟎 *O 16,* 𝟗𝟖𝟕 ㉘ *– 54 000 Ew – Höhe 430 m – Wintersport 650/700 m* ✦ 1.

🚺 *Tourist-Information, Friedrich-König-Str. 7,* ⊠ 98527, ✆ (03681) 72 00 52, Fax (03681) 720052.

ADAC, Rimbachstr. 12, ⊠ 98527, ✆ (03681) 72 44 98, Fax (03681) 728205.
Berlin 352 – Erfurt 61 – Bamberg 94.

Auf dem Ringberg *O : 5 km :*

🏠 **Holiday Inn Resort** Ⓜ ⌇, Ringberg 10, ⊠ 98527 Suhl, ✆ (03681) 38 90, Fax (03681) 389890, ≼ Suhl und Thüringer Wald, 🌤, Biergarten, 𝓕🅱, 🎣 – 🕴, 🌬 Zim, 🍽 Rest, 📺 🕾 ✆ ♿ 🚺 🅿 – 🅰 350. 🖭 ⑩ 🗲 𝑉𝐼𝑆𝐴 𝐽𝐶𝐵, 🎁 Rest
Philharmonie : **Menu** à la carte 28/48 – **Leonardo da Vinci** (italienische Küche) *(nur Abendessen)* **Menu** à la carte 32/45 – **290 Z** 165/320.

In Suhl-Neundorf :

🏠 **Goldener Hirsch,** An der Hasel 91, ⊠ 98527, ✆ (03681) 7 95 90, Fax (03681) 795920, 🖘 🌤, « Fachwerkhaus a.d.J. 1616 » – 📺 🕾 🗲
Menu *(Sonntagabend geschl.)* à la carte 18/51 ♨ – **20 Z** 80/120.

In Hirschbach *S : 6,5 km :*

🏠 **Zum goldenen Hirsch,** Hauptstr. 33 (B 247), ⊠ 98553, ✆ (03681) 72 00 37, Fax (03681) 303509, Biergarten, 𝓕🅱, 🎣 – 📺 🕾 🅿 – 🅰 80. 🖭 🗲 𝑉𝐼𝑆𝐴
Menu à la carte 26/40 – **30 Z** 91/135.

SUHLENDORF *Niedersachsen* 𝟒𝟏𝟓 𝟒𝟏𝟔 *H 16 – 2 650 Ew – Höhe 66 m.*
Berlin 214 – Hannover 111 – Schwerin 123 – Uelzen 15.

In Suhlendorf-Kölau *S : 2 km :*

🏠 **Brunnenhof** ⌇, ⊠ 29562, ✆ (05820) 8 80, Fax (05820) 1777, 🌤, « Ehemaliges Bauernhaus », 🎣, ▨, 🌳, 🎿, 🐎 (Halle) – 📺 🕾 🅿 – 🅰 80. 🖭 ⑩ 🗲 𝑉𝐼𝑆𝐴. 🎁 Rest
Menu à la carte 26/56 – **43 Z** 82/198, 5 Suiten.

SULINGEN Niedersachsen **415** H 10, **987** ⑭ ⑮ – 12 000 Ew – Höhe 30 m.
Berlin 364 – Hannover 77 – Bremen 55 – Bielefeld 100 – Osnabrück 84.

🏠 **Zur Börse,** Langestr. 50, ✉ 27232, 𝒫 (04271) 9 30 00, Fax (04271) 5780 – ⤵ Zim,
🔟 ☎ ⇔ 🅿 – ⚑ 60. 🖭 ⓪ 🅴 𝘝𝘐𝘚𝘈
Menu *(Freitagabend - Samstagmittag und Sonntagmittag geschl.)* à la carte 36/72 –
28 Z 85/170.

In Mellinghausen *NO : 8 km über die B 214 :*

🏠 **Gesellschaftshaus Märtens** ⤴ (mit Gästehäusern), ✉ 27249, 𝒫 (04272) 9 30 00,
Fax (04272) 930028, 🎋 – 🔟 ☎ ✆ & 🅿 – ⚑ 25. 🖭 🅴. 🏵 Zim
Juli - Aug. 3 Wochen geschl. – **Menu** *(Montag geschl.)* à la carte 26/51 – **24 Z** 70/125.

SULZ AM NECKAR Baden-Württemberg **419** U 9, **987** ㊳ – 11 800 Ew – Höhe 430 m –
Erholungsort.
Berlin 701 – Stuttgart 76 – Karlsruhe 130 – Rottweil 30 – Horb 16.

In Sulz-Glatt *N : 4 km :*

🏠 **Kaiser,** Oberamtstr. 23, ✉ 72172, 𝒫 (07482) 92 20, Fax (07482) 922222, 🎋, ⊜s, 🔳,
🎋 – 🔟 ☎ 🅿. 🅴 𝘝𝘐𝘚𝘈
Menu à la carte 27/83 – **33 Z** 90/180.

🏠 **Zur Freystatt** ⤴, Schloßplatz 11, ✉ 72172, 𝒫 (07482) 9 29 90, Fax (07482) 929933
– 🔟 ☎ 🅿. 🅴 𝘝𝘐𝘚𝘈
Menu *(Montag - Dienstag geschl.)* à la carte 30/59 – **18 Z** 70/140.

In Sulz-Hopfau *W : 7 km :*

🏠 **An der Glatt,** Neunthausen 19, ✉ 72172, 𝒫 (07454) 20 81, Fax (07454) 20 88, 🎋,
⊜s, 🔳, 🎋 – 🛗 🔟 ☎ ✆ ⇔ 🅿 – ⚑ 40. 🖭 ⓪ 🅴 𝘝𝘐𝘚𝘈
Menu à la carte 37/57 – **24 Z** 95/160.

SULZBACH AN DER MURR Baden-Württemberg **419** S 12, **987** ㉗ – 4 900 Ew – Höhe 467 m
– Erholungsort.
Berlin 577 – Stuttgart 48 – Heilbronn 34 – Schwäbisch Gmünd 41 – Schwäbisch Hall 27.

✗ **Krone** mit Zim, Haller Str. 1, ✉ 71560, 𝒫 (07193) 2 87, Fax (07193) 900593, (Gasthof
a.d.J. 1590) – ⇔ 🅿. 🅴 𝘝𝘐𝘚𝘈
Aug. 3 Wochen geschl. – **Menu** *(Donnerstagabend und Dienstag geschl.)* à la carte 27/55
(auch vegetarische Gerichte) – **11 Z** 56/114.

SULZBACH-LAUFEN Baden-Württemberg **419 420** T 13 – 2 300 Ew – Höhe 335 m –
Wintersport : ⚜ 3.
Berlin 565 – Stuttgart 77 – Aalen 35 – Schwäbisch Gmünd 29 – Würzburg 149.

🏠 **Krone,** Hauptstr. 44 (Sulzbach), ✉ 74429, 𝒫 (07976) 9 85 20, Fax (07976) 985251, 🎋,
⇔ – 🔟 ☎ ⇔ 🅿 – ⚑ 20. 🖭 ⓪ 🅴 𝘝𝘐𝘚𝘈. 🏵 Zim
Menu *(Sonntagabend geschl.)* à la carte 27/55 – **16 Z** 85/165.

SULZBACH-ROSENBERG Bayern **419 420** R 19, **987** ㉙ – 20 500 Ew – Höhe 450 m.
🛈 Tourismusbüro, Bühlgasse 5, ✉ 92237, 𝒫 (09661) 51 01 10, Fax (09661) 4333.
Berlin 422 – München 205 – Bayreuth 67 – Nürnberg 59 – Regensburg 77.

🏠 **Brauereigasthof Sperber - Bräu,** Rosenberger Str. 14, ✉ 92237, 𝒫 (09661)
⇔ 8 70 90, Fax (09661) 870977 – 🔟 ☎. 🏵 Zim
Menu à la carte 17/40 – **24 Z** 65/125.

In Sulzbach-Rosenberg-Feuerhof *N : 1,5 km über die B 14 :*

🏠 **Zum Bartl,** Glückaufstr. 2, ✉ 92237, 𝒫 (09661) 5 39 51, Fax (09661) 51461, ≤, 🎋
⇔ – 🔟 ☎ ⇔ 🅿
2. Juni - 22. Juni geschl. – **Menu** *(Freitagabend und Montag geschl.)* à la carte 17/32 🍷
– **25 Z** 52/98.

SULZBACH/SAAR Saarland **417** S 5, **987** ㉖ – 19 900 Ew – Höhe 215 m.
Berlin 703 – Saarbrücken 10 – Kaiserslautern 61 – Saarlouis 33.

🏠 **L'Auberge** garni, Lazarettstr. 3, ✉ 66280, 𝒫 (06897) 57 20, Fax (06897) 572200 – 🛗
⤵ 🔟 ☎ ✆ & 🅿. 🖭 🅴 𝘝𝘐𝘚𝘈
55 Z 98/195.

In Sulzbach-Neuweiler S : 2 km :

⌂ **Paul,** Sternplatz 1, ⊠ 66280, ℘ (06897) 20 01, Fax (06897) 2293, 🍴 – 📺 ☎. 🆎 🗲
VISA
Menu *(Samstag, Sonn- und Feiertage sowie 24. Dez. - 1. Jan. geschl.)* à la carte 33/70 –
27 Z 85/170.

SULZBACH/TAUNUS Hessen **417** P 9 – 8 200 Ew – Höhe 190 m.
Berlin 543 – Wiesbaden 28 – *Frankfurt am Main 16* – Mainz 28.

🏨 **Holiday Inn** M, Am Main-Taunus-Zentrum 1 (S : 1 km), ⊠ 65843, ℘ (06196) 76 30,
Fax (06196) 72996, 🍴, Biergarten – 🛗, ⇄ Zim, 🔲 📺 ₫ 🅿 – 🔏 180. 🆎 ⓪ 🗲 **VISA**
JCB. 🕸 Rest
Menu à la carte 36/80 – **289 Z** 295/490.

SULZBERG Bayern siehe Kempten (Allgäu).

SULZBURG Baden-Württemberg **419** W 7 – 2 700 Ew – Höhe 474 m – Luftkurort.
🅱 Verkehrsamt, Hauptstr. 54 (im Landesbergbaumuseum), ⊠ 78295,
℘ (07634) 56 00 40, Fax (07634) 560050.
Berlin 826 – Stuttgart 229 – *Freiburg im Breisgau 29* – Basel 51.

🏨 **Waldhotel Bad Sulzburg** 🦢, Badstr. 67 (SO : 4 km), ⊠ 79295, ℘ (07634) 82 70,
Fax (07634) 8212, « Gartenterrasse », ⇄s, 🔳, 🛋, 🍴 – 🛗 ☎ 🅿 – 🔏 40. 🆎 ⓪ 🗲
VISA
7. Jan. - 15. Feb. geschl. – **Menu** à la carte 49/73 – **35 Z** 90/192 – ½ P 37.

XXX **Hirschen** mit Zim (Gasthof a.d. 18. Jh.), Hauptstr. 69, ⊠ 79295, ℘ (07634) 82 08,
✿✿ Fax (07634) 6717, « Einrichtung mit Antiquitäten und Stilmöbeln » – 🅿. 🕸
4. - 21. Jan. und 27. Juli - 13. Aug. geschl. – **Menu** *(Montag - Dienstag geschl.)* (Tischbestellung ratsam, bemerkenswerte Weinkarte) 55 (mittags) und à la carte 88/138 –
5 Z 160/230
Spez. Variation von der Gänseleber. Wachtel mit Trüffel gefüllt. Aumônière von Jakobsmuschel und Wirsing (Okt.-April).

In Sulzburg-Laufen W : 2 km :

XXX **La Vigna,** Weinstr. 7, ⊠ 79295, ℘ (07634) 80 14, Fax (07634) 69252, 🍴, « Kleines
✿ Restaurant in einem Hofgebäude a.d.J. 1837 » – 🅿. 🕸
Sonntag - Montag, Juli - Aug. 3 Wochen und 27. Dez. - 5. Jan. geschl. – **Menu** (Tischbe-
stellung ratsam, bemerkenswerte ital. Wein- und Grappaauswahl) 52 (mittags) und à la carte
69/95
Spez. Grigliata di pesce alla mediterranea. Agnolotti al profumo di salvia. Delizia al limone.

SULZFELD Bayern siehe Kitzingen.

SULZHEIM Bayern **420** Q 15 – 800 Ew – Höhe 235 m.
Berlin 451 – München 214 – Bamberg 55 – Nürnberg 96 – Schweinfurt 15 –
Würzburg 44.

🍃 **Landgasthof Goldener Adler,** Otto-Drescher-Str. 12, ⊠ 97529, ℘ (09382) 70 38,
⇔ Fax (09382) 7039, Biergarten – 📺 ☎ 🅿. 🗲
24. Dez. - 14. Jan. geschl. – **Menu** *(Freitag geschl.)* à la carte 21/46 ⅄ – **43 Z** 35/120.

In Sulzheim-Alitzheim :

⌂ **Grob,** Dorfplatz 1, ⊠ 97529, ℘ (09382) 9 72 50, Fax (09382) 287 – 📺 ☎ 🚗 🅿 –
⇔ 🔏 50. 🆎 🗲 **VISA**
Menu *(Sonntag, im Winter nur Sonntagabend geschl.)* à la carte 23/45 ⅄ – **31 Z** 57/120.

SUNDERN Nordrhein-Westfalen **417** M 8, **987** ⑮ – 32 000 Ew – Höhe 250 m.
🅱 Fremdenverkehrsamt (Rathaus), Mescheder Str. 20, ⊠ 59846, ℘ (02933) 8 12 51, Fax
(02933) 81111.
Berlin 504 – Düsseldorf 111 – Arnsberg 12 – Lüdenscheid 48.

🏨 **Sunderland,** Rathausplatz 2, ⊠ 59846, ℘ (02933) 98 70, Fax (02933) 987111, 🍴,
Massage, ⇄s – 🛗, ⇄ Zim, 📺 ☎ 📞 ₫ 🅿 – 🔏 120. 🗲 **VISA**
Menu à la carte 44/67 – **55 Z** 145/185, 4 Suiten.

In Sundern-Allendorf SW : 6,5 km :

⌂ **Clute-Simon,** Allendorfer Str. 85, ⊠ 59846, ℘ (02393) 9 18 00, Fax (02393) 918028,
🍴, ⇄s, 🛋, 🍴 – 📺 ☎ 🚗 🅿 – 🔏 50. 🆎 ⓪ 🗲 **VISA**
Menu à la carte 31/70 – **14 Z** 72/140.

In Sundern-Dörnholthausen *SW : 6 km :*

🏠 **Klöckener,** Stockumer Str. 44, ⊠ 59846, ℘ (02933) 9 71 50, Fax (02933) 78133, 斎,
🔽 – ❷ – 🔏 25. ℀
März 3 Wochen geschl. – **Menu** *(Dienstag geschl.)* à la carte 30/55 – **17 Z** 75/130 – ½ P 14.

In Sundern-Langscheid *NW : 4 km – Luftkurort*

🏠🏠 **Seehof** 🐾, Langscheider Str.2, ⊠ 59846, ℘ (02935) 10 04, Fax (02935) 7249, ≤, 斎
– 📺 ☎ ❷ – 🔏 80. ℇ
Menu *(Okt.- März Montag geschl.)* à la carte 38/72 – **14 Z** 60/140 – ½ P 21.

🏠 **Seegarten,** Zum Sorpedamm 21, ⊠ 59846, ℘ (02935) 9 64 60, Fax (02935) 7192, 斎,
🔽 – 📺 ☎ ❷ – 🔏 30. ℇ 𝘝𝘐𝘚𝘈 ℀
Menu à la carte 33/69 – **38 Z** 90/160 – ½ P 15.

SWISTTAL *Nordrhein-Westfalen* 𝟰𝟭𝟳 *N 4 – 10 000 Ew – Höhe 130 m.*
▸₉ *Swisttal-Miel, Rheinbacher Str.16, ℘ (02226) 1 00 50.*
Berlin 608 – Düsseldorf 73 – Bonn 25 – Düren 43 – Köln 35.

In Swisttal-Heimerzheim :

🏠 **Weidenbrück** 🐾, Nachtigallenweg 27, ⊠ 53913, ℘ (02254) 60 30,
Fax (02254) 603408 – 🛗 📺 ☎ ❷ – 🔏 40. ᴁ. ℀ Zim
Menu *(Mitte - Ende Dez. geschl.)* à la carte 28/65 – **42 Z** 75/150.

SYKE *Niedersachsen* 𝟰𝟭𝟱 *H 10,* 𝟵𝟴𝟳 ⑯ *– 19 100 Ew – Höhe 40 m.*
▸₁₈ *Syke-Okel (NO : 6 km), ℘ (04242) 82 30.*
Berlin 376 – Hannover 89 – Bremen 31 – Osnabrück 106.

🏠 **Vollmer's Gasthaus,** Hauptstr.60, ⊠ 28857, ℘ (04242) 5 02 60, Fax (04242) 60280,
斎, ≘ₛ – 📺 ☎ ❷ – 🔏 60. ᴁ ① ℇ 𝘝𝘐𝘚𝘈
Juli 3 Wochen geschl. – **Menu** *(Samstagmittag geschl.)* à la carte 33/52 – **10 Z** 85/125.

In Syke-Steimke *SO : 2,5 km :*

🏠 **Steimker Hof,** Nienburger Str. 68 (B 6), ⊠ 28857, ℘ (04242) 9 22 20,
Fax (04242) 922233, 斎 – 🛗 📺 ☎ ❷. ᴁ ① ℇ 𝘝𝘐𝘚𝘈 𝙅𝘾𝘽
Menu à la carte 30/52 – **12 Z** 75/120.

SYLT (Insel) *Schleswig-Holstein* 𝟰𝟭𝟱 *B 8,* 𝟵𝟴𝟰 ②, 𝟵𝟴𝟳 ④ *– Seebad – Größte Insel der Nordfriesischen Inselgruppe mit 36 km Strand, durch den 12 km langen Hindenburgdamm (nur Eisenbahn, ca. 30 min) mit dem Festland verbunden.*
Sehenswert : *Gesamtbild★★ der Insel – Keitumer Kliff★.*
▸₁₈ *Kampen-Wenningstedt, ℘ (04651) 4 53 11 ;* ▸₉ *Westerland, ℘ (04651) 70 37 ;* ▸₉ *Sylt-Ost, Morsum, ℘ (04654)3 87.*
✈ *Westerland, ℘ (04651) 53 55.*
🚢 *Westerland und Niebüll.*
ab Westerland : Berlin 464 – Kiel 136 – Flensburg 55 – Husum 53.

Kampen *– 600 Ew.*
🅱 *Kurverwaltung, im Kaamp-Hüs, ⊠ 25999, ℘ (04651) 4 69 80, Fax (04651) 469840.*
Nach Westerland 6 km.

🏠🏠🏠 **Rungholt** 🐾, Kurhausstr. 35, ⊠ 25999, ℘ (04651) 44 80, Fax (04651) 44840, ≤,
Massage, ≘ₛ, 🐜 – 📺 ❷. ℀ Rest
Anfang Jan.- Mitte Feb. und Nov.- 18. Dez. geschl. – *(nur Abendessen für Hausgäste)* – **59 Z**
180/430, 10 Suiten – ½ P 35/45.

🏠🏠🏠 **Walter's Hof** Ⓜ 🐾, Kurhausstr. 23, ⊠ 25999, ℘ (04651) 9 89 60, Fax (04651) 45590,
≤, 斎, Massage, ≘ₛ, 🔽 – 📺 ❷. ℀ Rest
Menu *(Mitte Jan. - Mitte Feb. und Mitte Nov. - Mitte Dez. geschl.)* (nur Abendessen)
à la carte 65/116 – **30 Z** 290/490, 5 Suiten – ½ P 65.

🏠🏠 **Golf- und Landhaus** 🐾 garni, Braderuper Weg 12, ⊠ 25999, ℘ (04651) 4 69 10,
Fax (04651) 469111, ≘ₛ, 🔽 – 📺 ☎ ❷. ᴁ. ℀
9 Z 340/440, 4 Suiten.

🏠🏠 **Reethüüs** 🐾 garni, Hauptstr. 18, ⊠ 25999, ℘ (04651) 9 85 50, Fax (04651) 45278,
≘ₛ, 🔽, 🐜 – 📺 ☎ ❷. ᴁ. ℀
20 Z 295/425.

🏠🏠 **Hamburger Hof** 🐾 garni, Kurhausstr. 3, ⊠ 25999, ℘ (04651) 9 46 00,
Fax (04651) 43975, ≘ₛ, 🐜 – 📺 ☎ ❷. ℀
15 Z 255/440.

🏠 **Kamphörn** garni, Norderheide 2, ⊠ 25999, ℘ (04651) 9 84 50, Fax (04651) 984519,
🚗 – 📺 ☎ 🅿. ⋘
13 Z 130/350.

🏠 **Ahnenhof** 🐾 garni, Kurhausstr. 8, ⊠ 25999, ℘ (04651) 4 26 45, Fax (04651) 44016,
≤, 🚗 – 📺 ☎ 🅿. 🆎
15. Jan. - 15 Feb. und 20. Nov. - 20. Dez. geschl. – **13 Z** 135/300.

✗ **Manne Pahl,** Zur Uwe Düne 2, ⊠ 25999, ℘ (04651) 4 25 10, Fax (04651) 44410, �までも
– 🅿. 🆎 ⓪ 🇪 𝗩𝗜𝗦𝗔
Menu à la carte 54/86.

List – 2 400 Ew.

🅴 Kurhaus, Listlandstr. ⊠ 25992, ℘ (04651) 9 52 00, Fax (04651) 871398.
Nach Westerland 18 km.

✗✗ **Alte Backstube,** Süderhörn 2, ⊠ 25992, ℘ (04651) 87 05 12, Fax (04651) 870512,
« Gartenterrasse » – 🅿. 🆎 ⓪ 🇪 𝗩𝗜𝗦𝗔. ⋘
Mittwoch, Anfang Jan. - Mitte Feb. und Anfang Nov. - Weihnachten geschl. – **Menu** (nur
Abendessen) à la carte 51/84.

✗✗ **Alter Gasthof,** Alte Dorfstr. 5, ⊠ 25992, ℘ (04651) 87 72 44, Fax (04651) 871400,
�, « Haus a.d.J. 1804 mit rustikal-friesischer Einrichtung » – 🅿. 🆎 🇪 𝗩𝗜𝗦𝗔
Montag, außer Saison auch Dienstagmittag Mitte Nov. - Weihnachten sowie Anfang Jan.
- Mitte Feb. geschl. – **Menu** (überwiegend Fischgerichte) à la carte 58/92.

Sylt Ost – 6 100 Ew.

🅴 Kurverwaltung, im Ortsteil Keitum, Am Tipkenhoog 5, ⊠ 25980, ℘ (04651) 33 70, Fax
(04651) 33737.
Nach Westerland 5 km.

Im Ortsteil Keitum – Luftkurort :

🏨 **Benen-Diken-Hof** 🐾, Süderstr. 3, ⊠ 25980, ℘ (04651) 9 38 30, Fax (04651) 938383,
≦s, 🏊, 🚗 – 📺 🅿. 🆎 ⓪ 🇪 𝗩𝗜𝗦𝗔 𝗝𝗖𝗕. ⋘
April 2 Wochen und Dez. 3 Wochen geschl. – (nur Abendessen für Hausgäste) –
43 Z 145/410, 9 Suiten.

🏨 **Aarnhoog** garni, Gaat 13, ⊠ 25980, ℘ (04651) 39 90, Fax (04651) 39999, ≦s, 🏊,
🚗 – 📺 ☎ 🕭 🅿. 🇪
14 Z 290/620.

🏨 **Seiler Hof** (modernisiertes Friesenhaus a.d.J. 1761), Gurtstig 7, ⊠ 25980,
℘ (04651) 9 33 40, Fax (04651) 35370, « Garten », ≦s – 📺 ☎ 🅿. ⋘
(nur Abendessen für Hausgäste) – **11 Z** 170/330.

🏠 **Groot's Hotel** garni, Gaat 5, ⊠ 25980, ℘ (04651) 9 33 90, Fax (04651) 32953, ≦s,
🚗 – 📺 ☎ 🅿. ⋘
1. - 15. Dez. geschl. – **11 Z** 170/330.

✗✗ **Fisch-Fiete,** Weidemannweg 3, ⊠ 25980, ℘ (04651) 3 21 50, Fax (04651) 32591,
« Gartenterrasse » – 🅿
11. Jan. - 19. Feb., 30. Nov. - 17. Dez. sowie Nov. - März nur Abendessen und Mittwoch geschl. –
Menu (Tischbestellung erforderlich, bemerkenswerte Weinkarte) à la carte 47/102.

✗✗ **Karsten Wulff,** Museumsweg 4, ⊠ 25980, ℘ (04651) 3 03 00, Fax (04651) 35738 – 🅿
Montag und Mitte Jan. - Mitte Feb. geschl. – **Menu** à la carte 49/85.

Im Ortsteil Morsum :

✗✗✗ **Landhaus Nösse** 🐾 mit Zim, Nösistig 13, ⊠ 25980, ℘ (04651) 9 72 20,
🕸 Fax (04651) 891658, �, « Schöne Lage am Morsum Kliff mit ≤ », 🚗 – 📺 ☎ 🅿. 🆎
🇪. ⋘ Zim
5. Jan. - 5. Feb. geschl. – **Menu** (Sept. - April Montag geschl.) (Tischbestellung ratsam)
à la carte 87/113 – **Bistro :** Menu à la carte 54/69 – **9 Z** 279/495 – ½ P 65
Spez. Champagner-Senfrahmsuppe. Gänseleberterrine mit Sauternesgelee. Steinbutt in
der Kartoffelkruste.

Im Ortsteil Munkmarsch :

✗✗✗✗ **Fährhaus Munkmarsch,** Heefwai 1, ⊠ 25980, ℘ (04651) 9 39 70,
🕸 Fax (04651) 939710 – ✂️ – 🅿 🏌 50. 🇪. ⋘
Nov.- März Montag, Mitte Jan.- Mitte Feb. und Mitte Nov.- Mitte Dez. geschl. – **Menu**
105/170 und à la carte 83/110 – **Käpt'n Sellmer Stube** (Nov.-April Montag geschl) **Menu**
à la carte 47/33.
Spez. "Ochsenschwanzburger" mit Gänseleber. Rotbarbe mit Pistou in Tomatennage. Gre-
nadin von Kaninchen und Salzwiesenlamm mit Zwiebel-Senfjus.

✗✗ **Moby Dick,** Munkhoog 14, ⊠ 25980, ℘ (04651) 3 21 20, Fax (04651) 30310, ≤, �
– 🅿. 🆎 🇪 𝗩𝗜𝗦𝗔
Mittwoch - Donnerstagmittag und Nov. - 24. Dez. geschl. – **Menu** (Tischbestellung ratsam)
à la carte 52/90.

Im Ortsteil Tinnum :

XXX **Landhaus Stricker,** Boy-Nielsen-Str. 10, ⊠ 25980, ℘ (04651) 3 16 72, *Fax (04651) 35455,* 🍽 , « Rustikal-elegante Einrichtung » – **℗**. 🖭 ⓞ **E** *VISA*
Menu à la carte 61/92.

Rantum – *500 Ew.*

🛈 *Kurverwaltung, Strandstr. 7,* ⊠ 25980, ℘ (04651) 8 07 77, Fax (04651) 80766.
Nach Westerland 7 km.

🏨 **Watthof** Ⓜ ⤳ garni, Alte Dorfstr. 40, ⊠ 25980, ℘ (04651) 80 20, *Fax (04651) 80222,*
« Friesenhaus mit moderner Einrichtung », ≦s, ☒ – ⒯Ⓥ ☎ **℗**. 🖭 **E**
23 Z 250/560.

🏨 **Alte Strandvogtei** ⤳ garni, Merret-Lassen-Wai 6, ⊠ 25980, ℘ (04651) 9 22 50, *Fax (04651) 29157,* 🍽 – ⒯Ⓥ ☎ **℗**. ⤳
Nov. - Weihnachten geschl. – **15 Z** 160/300.

Wenningstedt – *2 600 Ew – Seeheilbad.*

🛈 *Verkehrsverein, Westerlandstr. 1,* ⊠ 25996, ℘ (04651) 9 89 00, Fax (04651) 45772.
Nach Westerland 4 km.

🏨 **Strandhörn** ⤳, Dünenstr. 1, ⊠ 25996, ℘ (04651) 9 45 00, Fax (04651) 45777, 🍽 ,
❀ ↯, ≦s, 🍽 – ⒯Ⓥ ☎ **℗**. ⤳ Zim
20. Nov. - 20. Dez. und 15. Jan. - 15. Feb. geschl. – **Lässig** (Tischbestellung ratsam) *(nur Abendessen, Mittwoch geschl.)* **Menu** à la carte 70/87 – **25 Z** 170/340, 15 Suiten
Spez. Kartoffel-Specksalat mit gebratenem Kabeljau. Moorgäsche auf Kartoffel-Olivenpüree mit gebratenem Fenchel. Geeister Cappuccino mit marinierten Feigen.

🏨 **Windrose** ⤳, Strandstr. 21, ⊠ 25996, ℘ (04651) 94 00, Fax (04651) 940877, 🍽 ,
Massage, ≦s, 🍽 – 🛗 ⒯Ⓥ ☎ **℗** – ⚗ 25. 🖭 ⓞ **E** *VISA*
Menu à la carte 49/77 – **Veneto** *(nur Abendessen, Dienstag geschl.)* **Menu** 78/148 und
à la carte – **101 Z** 185/350, 18 Suiten – ½ P 45.

🏨 **Friesenhof** garni, Hauptstr. 16, ⊠ 25996, ℘ (04651) 94 10, Fax (04651) 941222, ≦s ,
🍽 – ⒯Ⓥ ☎ **℗**. ⤳
April Okt. – – **14 Z** 115/279.

Westerland – *9 000 Ew – Seeheilbad.*

🛈 *Fremdenverkehrszentrale, am Bundesbahnhof,* ⊠ 25980, ℘ (04651) 99 88, Fax
(04651) 998100.

🏨 **Stadt Hamburg,** Strandstr. 2, ⊠ 25980, ℘ (04651) 85 80, *Fax (04651) 858220* – 🛗
⒯Ⓥ ⤳ – ⚗ 80. 🖭 **E** *VISA*. ⤳ Rest
Menu (nur Abendessen) à la carte 70/108 – **Bistro :** **Menu** à la carte 50/67 – **72 Z**
216/512, 22 Suiten.

🏨 **Dorint-Hotel Sylt** Ⓜ ⤳, Schützenstr. 22, ⊠ 25980, ℘ (04651) 85 00,
Fax (04651) 850150, 🍽 , ≦s, 🍽 – 🛗 ⒯Ⓥ ⤴ **℗** – ⚗ 25. 🖭 ⓞ **E** *VISA* *JCB*. ⤳ Rest
Menu à la carte 41/67 – **70 Z** 405/550, 5 Suiten.

🏨 **Miramar** ⤳, Friedrichstr. 43, ⊠ 25980, ℘ (04651) 85 50, *Fax (04651) 055222,* <, 🍽 ,
Massage, ≦s, 🍽 – 🛗 ⒯Ⓥ **℗** – ⚗ 30. 🖭 ⓞ **E** *VISA*. ⤳ Rest
Mitte Nov. - Mitte Dez. geschl. – **Menu** à la carte 40/81 *(auch vegetarische Gerichte)* –
93 Z 260/620, 11 Suiten – ½ P 45.

🏨 **Strandhotel Pannonia** Ⓜ ⤳ garni, Margarethenstr. 9, ⊠ 25980, ℘ (04651) 83 80,
Fax (04651) 838454, ↯, ≦s – 🛗 ⤳ ⒯Ⓥ ⤳ ⤳ 🖭 ⓞ **E** *VISA* *JCB*
53 Z 305/580.

🏨 **Vier Jahreszeiten** ⤳ garni, Johann-Möller-Str. 40, ⊠ 25980, ℘ (04651) 9 86 70,
Fax (04651) 986777 – 🛗 ⒯Ⓥ ☎ **℗**. 🖭 **E** *VISA*
19 Z 220/480, 7 Suiten.

🏨 **Sylter Seewolf** ⤳ (mit Gästehäusern), Bötticherstr. 13, ⊠ 25980, ℘ (04651) 80 10,
Fax (04651) 80199, Massage, ≦s, 🍽 – ⒯Ⓥ ☎ **℗**. ⤳ Rest
(nur Abendessen für Hausgäste) – **60 Z** 198/464, 5 Suiten – ½ P 44.

🏨 **Sylter Hof,** Norderstr. 9, ⊠ 25980, ℘ (04651) 85 70, Fax (04651) 85755, ≦s, 🍽 –
🛗 ⒯Ⓥ ☎ **℗**
Menu *(Montag geschl.)* (nur Abendessen) à la carte 51/83 – **25 Z** 225/380 – ½ P 40.

🏨 **Wünschmann,** Andreas-Dirks-Str. 4, ⊠ 25980, ℘ (04651) 50 25, Fax (04651) 5028 –
🛗 ⒯Ⓥ ☎ ⤳. 🖭 ⤳
6. Nov. - 24. Dez. geschl. – (nur Abendessen für Hausgäste) – **35 Z** 168/446.

🏨 **Monbijou** garni, Andreas-Dirks-Str. 6, ⊠ 25980, ℘ (04651) 99 10, Fax (04651) 27870
– 🛗 ⒯Ⓥ ☎ ⤳ **℗**
50 Z 150/440.

🏠 **Berliner Hof** ⚬ garni, Boysenstr. 17, ✉ 25980, 𝒸 (04651) 8 25 20,
Fax (04651) 29325, ⇌s, ⚭ – 📺 ☎ 🅿, 🆎 ⓞ 🅴 𝘝𝘐𝘚𝘈, ⚒
Anfang Jan. - Mitte Feb. und 5. Nov. - 25. Dez. geschl. – **31 Z** 135/340.

🏠 **Marin Hotel** garni, Elisabethstr. 1, ✉ 25980, 𝒸 (04651) 9 28 00, Fax (04651) 28694
– 📺 ☎
27 Z 150/294.

🏠 **Westfalen Hof** garni, Steinmannstr. 49, ✉ 25980, 𝒸 (04651) 80 50,
Fax (04651) 80588, ⇌s, 🔲 – 📺 ☎ 🅿
20 Z 150/370.

🏠 **Dünenburg** ⚬, Elisabethstr. 9, ✉ 25980, 𝒸 (04651) 8 22 00, Fax (04651) 24310,
Massage – 💈 📺 ☎ 🅿 🅴 ⚒
Menu (Montag und Mitte Jan. - Mitte Feb. geschl.) (nur Abendessen) à la carte 42/65 –
34 Z 160/280 – ½ P 34.

XXXX **Restaurant Jörg Müller** mit Zim, Süderstr. 8, ✉ 25980, 𝒸 (04651) 2 77 88,
❀ Fax (04651) 201471, « Modern-elegantes Restaurant in einem Friesenhaus » – 📺 ☎ 🅿.
🆎 ⓞ 🅴 𝘝𝘐𝘚𝘈, ⚒ Rest
12. Jan. - 19. Feb. und 23. Nov. - 18. Dez. geschl. – Menu (Dienstag - Mittwochmittag, außer
Saison Dienstag und Mittwoch geschl.) (Tischbestellung erforderlich, bemerkenswerte
Weinkarte) 148/178 und à la carte 93/139 – **Pesel**: Menu à la carte 58/97 – **8 Z** 190/380
Spez. Gänseelebergugelhupf in Traminergelee. Bouillabaisse von Nordseefischen. Carré vom
Sylter Deichlamm (2 Pers.).

XX **Webchristel**, Süderstr. 11, ✉ 25980, 𝒸 (04651) 2 29 00 – 🅿
Donnerstag geschl. – Menu (nur Abendessen, Tischbestellung ratsam) à la carte 60/84.

XX **Das kleine Restaurant**, Bötticherstr. 2, ✉ 25980, 𝒸 (04651) 2 29 70,
Fax (04651) 24202 – 🆎 ⓞ 🅴 𝘝𝘐𝘚𝘈
Montag, 22. Feb. - 21. März und 24. Nov. - 17. Dez. geschl. – Menu (wochentags nur Abend-
essen) à la carte 64/99.

XX **Alte Friesenstube**, Gaadt 4, ✉ 25980, 𝒸 (04651) 12 28, Fax (04651) 936350, ♨,
« Haus a.d.J. 1648 mit rustikal-friesischer Einrichtung » – 🆎
Montag und Anfang Jan. - Anfang Feb. geschl. – Menu (nur Abendessen, Tischbestellung
ratsam) à la carte 47/71.

TABARZ Thüringen 𝟜𝟙𝟠 N 15 – 4 500 Ew – Höhe 420 m – Erholungsort – Wintersport 800/916 m
⚐ 1 ⚐ 4.
🅱 Kurgesellschaft, Zimmerbergstr. 4, ✉ 99891, 𝒸 (036259) 56 00, Fax (036259) 56018.
Berlin 344 – Erfurt 53 – Bad Hersfeld 92 – Coburg 102.

🏨 **Frauenberger** Ⓜ ⚬, Max-Alvary-Str. 9, ✉ 99891, 𝒸 (036259) 52 20,
Fax (036259) 522100, ≤, ♨, ⇌s, 🔲, ⚭ – 💈, ⇤ Zim, 📺 ☎ 🚗 🅿 – ⚒ 30. 🆎 ⓞ
🅴 𝘝𝘐𝘚𝘈, ⚒ Rest
Menu a la carte 27/50 – **43 Z** 95/180.

🏨 **Zur Post** Ⓜ, Lauchagrundstr. 16, ✉ 99891, 𝒸 (036259) 5 11 11, Fax (036259) 51114,
⚙ ♨, ⇌s – 💈, ⇤ Zim, 📺 ☎ ⚫ ♿ 🅿 – ⚒ 80. 🆎 ⓞ 🅴 𝘝𝘐𝘚𝘈
Menu à la carte 22/43 – **43 Z** 95/160 – ½ P 25.

🏨 **Landhotel Germania** ⚬ (mit Gästehäusern), Friedrichroaer Str. 11, ✉ 99891,
𝒸 (036259) 5 50, Fax (036259) 55100, ♨, Massage, ⇌s, 🔲, ⚭ – 📺 ☎ 🚗 🅿 –
⚒ 40. 🆎 ⓞ 🅴 𝘝𝘐𝘚𝘈 𝘑𝘊𝘉
Menu à la carte 26/57 – **42 Z** 80/170, 4 Suiten.

TAMM Baden-Württemberg siehe Asperg.

TANGERMÜNDE Sachsen-Anhalt 𝟜𝟙𝟞𝟜𝟙𝟠 I 19, 𝟡𝟠𝟜 ⑮, 𝟡𝟠𝟟 ⑰ – 11 000 Ew – Höhe 45 m.
Sehenswert : Rathausfassade★ – Neustädter Tor★.
🅱 Tourist-Information, Marktstr. 13, ✉ 39590, 𝒸 (039322) 37 10, Fax (039322) 3710.
Berlin 119 – Magdeburg 63 – Brandenburg 64.

🏨 **Schwarzer Adler**, Lange Str. 52, ✉ 39590, 𝒸 (039322) 23 91, Fax (039322) 3642,
♨, ⇌s, ⚭ – 📺 ☎ 🅿 – ⚒ 60. 🆎 ⓞ 🅴 𝘝𝘐𝘚𝘈, ⚒ Rest
Menu à la carte 27/43 – **45 Z** 95/160.

🏠 **Stars Inn** garni, Lange Str. 47, ✉ 39590, 𝒸 (039322) 98 70, Fax (039322) 98770 –
⇤ Zim, 📺 ☎ 🅿 – ⚒ 30. 🅴
19 Z 92/124.

🏠 **Zur Altstadt** garni, Lange Str. 40, ✉ 2391, 𝒸 (039322) 9 85 00 – 📺 ☎ ♿ 🅿
17 Z 60/110.

TANKUMSEE Niedersachsen siehe Gifhorn.

TANN (RHÖN) Hessen 📖 *O 14*, 📖 ㉗ – 5 300 Ew – Höhe 390 m – Luftkurort.
🔹 *Verkehrsamt, Am Kalkofen (Rhönhalle),* ✉ *36142,* ℰ *(06682) 16 55, Fax (06682) 8922.*
Berlin 418 – Wiesbaden 226 – Fulda 39 – Bad Hersfeld 52.

In Tann-Lahrbach *S : 3 km :*

🏠 **Gasthof Kehl** (mit Gästehaus), Eisenacher Str. 15, ✉ 36142, ℰ (06682) 3 87,
🍽 *Fax (06682) 1435,* 🛋, 🌳 – ☎ 🚗 🅿 – 🔺 40. 🎿 Zim
12. - 31. Okt. geschl. – **Menu** *(Dienstag geschl.)* à la carte 22/42 🍷 – **37 Z** 51/86 – ½ P 15.

TANNENBERG Sachsen 📖📖 *O 22 – 1 200 Ew – Höhe 500 m.*
Berlin 297 – Dresden 116 – Chemnitz 32 – Zwickau 46.

🏠 **Zum Hammer,** Untere Dorfstr. 21, ✉ 09468, ℰ (03733) 5 29 51, Fax (03733) 52951,
🍽 🍴 – 📺 ☎ 🅿
Menu à la carte 24/31 – **12 Z** 68/96

🏠 **Am Sauwald** 🦢, Annaberger Str. 52 (O : 2km), ✉ 09468, ℰ (03733) 5 76 99,
🍽 *Fax (03733) 57124,* 🍴, 🌳 – 📺 ☎ 🅿. 🎿 Zim
Menu à la carte 16/35 🍷 – **17 Z** 70/120.

TARP Schleswig-Holstein 📖 *C 12 – 5 000 Ew – Höhe 22 m.*
Berlin 415 – Kiel 76 – Flensburg 17 – Schleswig 25.

🌳 **Landgasthof Tarp,** Bahnhofstr. 1, ✉ 24963, ℰ (04638) 9 92, Fax (04638) 8110 – 📺
🍽 ☎ 🅿 – 🔺 80. 🆎 ① 🅴 💳
Menu *(Okt - April Freitagmittag geschl.)* à la carte 24/59 – **52 Z** 49/120.

TAUBERBISCHOFSHEIM Baden-Württemberg 📖 *R 12,* 📖 ㉗㉘ – 13 000 Ew – Höhe 181 m.
🔹 *Tourist-Information, Marktplatz 8 (Rathaus),* ✉ *97941,* ℰ *(09341) 1 94 33, Fax (09341) 80389.*
ADAC, *Sonnenplatz 5,* ✉ *97941,* ℰ *(09341) 22 55, Fax (09341) 61148.*
Berlin 529 – Stuttgart 117 – Heilbronn 75 – Würzburg 37.

🏨 **Am Brenner** 🦢, Goethestr. 10, ✉ 97941, ℰ (09341) 9 21 30, Fax (09341) 921334,
🍴, 🌳, 🛋 – 🍴 Zim, 📺 ☎ 📞 🅿 – 🔺 35. 🆎 ① 🅴 💳 🎿 Rest
Menu *(Freitag - Samstagmittag geschl.)* à la carte 34/65 – **30 Z** 85/147.

🏠 **Badischer Hof,** Am Sonnenplatz, ✉ 97941, ℰ (09341) 98 80, Fax (09341) 988200 –
🍽 📺 ☎ 📞 🚗 🅿. 🆎 🅴 💳
15. Dez. - 15. Jan. geschl. – **Menu** *(Freitag und Juli - Aug. 3 Wochen geschl.)* à la carte 24/50 🍷 – **26 Z** 85/140.

🏠 **Adlerhof,** Bahnhofstr. 18, ✉ 97941, ℰ (09341) 94 40, Fax (09341) 944100 – 📺 ☎
🚗 – 🔺 60. 🆎 🅴 💳 🎿 Rest
Menu *(Donnerstag geschl.)* (wochentags nur Abendessen) à la carte 29/50 – **19 Z** 79/149.

In Tauberbischofsheim-Hochhausen *NW : 6 km :*

🏠 **Landhotel am Mühlenwörth** 🦢, Am Mühlenwörth, ✉ 97941, ℰ (09341) 9 55 55,
🍽 *Fax (09341) 95557,* 🛋 – 📺 ☎ 🅿. 🅴
Menu à la carte 22/41 – **15 Z** 56/120.

In Königheim *W : 7 km :*

🏠 **Schwan,** Hardheimer Str. 6, ✉ 97953, ℰ (09341) 38 99, Fax (09341) 3801, 🍴, 🌳 –
📺 ☎ 🚗 🅿
Jan. geschl. – **Menu** *(Freitag geschl.)* à la carte 27/46 – **11 Z** 42/86.

TAUBERRETTERSHEIM Bayern siehe Weikersheim.

TAUCHA KREIS LEIPZIG Sachsen 📖 *L 21 – 12 300 Ew – Höhe 118 m.*
Siehe Stadtplan Leipzig (Umgebungsplan).

Berlin 190 – Dresden 108 – Leipzig 13.

🏠 **Comfort Hotel** Ⓜ garni, Leipziger Str. 125, ✉ 04425, ℰ (034298) 39 71 00,
🍽 *Fax (034298) 397299* – 📳, 🍴 Zim, 📺 ☎ 📞 ⬤ 🅿. 🆎 ① 🅴 💳   **U x**
103 Z 112/123.

TAUFKIRCHEN KREIS MÜNCHEN Bayern 📖📖 *V 18 – 16 800 Ew – Höhe 567 m.*
Berlin 609 – München 15 – Rosenheim 57 – Bad Tölz 42.

🏨 **Limmerhof,** Münchener Str. 43, ✉ 82024, ℰ (089) 61 43 20, Fax (089) 61432333, 🍴,
🛋 – 📳, 🍴 Zim, 📺 🚗 – 🔺 60. 🆎 🅴 💳
Menu à la carte 44/70 – **80 Z** 175/200.

TAUFKIRCHEN (VILS) Bayern 420 U 20, 987 40 – 8 600 Ew – Höhe 456 m.
Berlin 581 – München 58 – Landshut 26 – Passau 129 – Rosenheim 66 – Salzburg 126.

🏠 **Am Hof** garni, Hierlhof 2, ⊠ 84416, ℰ (08084) 9 30 00, Fax (08084) 930028 – 📳 📺
☎ 🚗. 🖭 Ɛ 𝘝𝘐𝘚𝘈
16 Z 88/150.

In Taufkirchen-Hörgersdorf *SW : 8,5 km :*

🍴 **Landgasthof Forster,** Hörgersdorf 23, ⊠ 84416, ℰ (08084) 23 57, 🏡 – 🅿
🐴 *Mittwoch - Freitag nur Abendessen, Montag - Dienstag sowie Feb. und Sept. je 1 Woche geschl. –* **Menu** à la carte 41/65.

TAUNUSSTEIN Hessen 417 P 8 – 24 700 Ew – Höhe 343 m.
Berlin 564 – Wiesbaden 12 – Frankfurt am Main 69 – Bad Schwalbach 10 – Limburg an der Lahn 38.

In Taunusstein-Neuhof :

🏠 **Zur Burg,** Limburger Str. 47 (B 417/275), ⊠ 65232, ℰ (06128) 7 10 01,
Fax (06128) 75160 – 📺 ☎ 🅿 – 🔬 40. 🖭 Ɛ 𝘝𝘐𝘚𝘈
Menu *(Samstag und 27. - 31 Dez. geschl.)* à la carte 24/56 🍷 – **24 Z** 105/180.

In Taunusstein - Wehen :

🍴🍴 **Alt Straßburg** mit Zim, Dresdener Str. 4, ⊠ 65232, ℰ (06128) 66 67,
Fax (06128) 6429, 🏡 – 📺 ☎ 🅿. 🖭 Ɛ 𝘝𝘐𝘚𝘈. 🌿
Menu *(Samstagmittag, Sonntagabend und Montag geschl.)* à la carte 34/68 – **4 Z** 135/230.

TECKLENBURG Nordrhein-Westfalen 417 J 7, 987 ⑮ – 9 000 Ew – Höhe 235 m – Luftkurort.
🏌 *Westerkappeln-Velpe (NO : 9 km),* ℰ (05456) 4 19 ; 🏌 *Wallen-Lienen (W : 3 km),*
ℰ (05455) 10 35.
🅱 *Haus des Gastes, Markt 7,* ⊠ 49545, ℰ (05482) 4 94, Fax (05482) 6260..
Berlin 442 – Düsseldorf 160 – Münster (Westfalen) 39 – Osnabrück 28.

🏨 **Parkhotel Burggraf** 🦢, Meesenhof 7, ⊠ 49545, ℰ (05482) 4 25, Fax (05482) 6125,
≼ Münsterland, 🏡, 🚣, 🔲, 🐴 – 📳, 🌿 Zim, 📺 ☎ 🅿 – 🔬 100. 🖭 ① Ɛ 𝘝𝘐𝘚𝘈. 🌿 Rest
Menu à la carte 48/83 – **43 Z** 130/240.

In Tecklenburg - Brochterbeck *W : 6,5 km :*

🏨 **Teutoburger Wald,** Im Bocketal 2, ⊠ 49545, ℰ (05455) 9 30 00,
Fax (05455) 930070, 🚣, 🔲, 🐴 – 📳 ☎ 🍷 🛒 🅿 – 🔬 100. 🖭 ① 𝘝𝘐𝘚𝘈
(Restaurant nur für Hausgäste) – **45 Z** 95/180.

In Tecklenburg - Leeden *O : 8 km :*

🍴🍴 **Altes Backhaus,** Am Ritterkamp 27, ⊠ 49545, ℰ (05481) 65 33, Fax (05481) 83102,
🏡 – 🅿. ① Ɛ 𝘝𝘐𝘚𝘈
Dienstag, Ende Jan. - Anfang Feb. und Aug. - Sept. 3 Wochen geschl. – **Menu** à la carte 42/76.

TEGERNSEE Bayern 419 420 W 19, 987 40 – 4 500 Ew – Höhe 732 m – Heilklimatischer Kurort
– Wintersport : 730/900 m ⚡1.
🅱 *Kuramt, im Haus des Gastes, Hauptstr. 2,* ⊠ 83684, ℰ (08022) 18 01 40, Fax (08022) 3758.
Berlin 642 – München 53 – Garmisch-Partenkirchen 75 – Bad Tölz 19 – Miesbach 18.

🏨 **Bayern** 🦢, Neureuthstr. 23, ⊠ 83684, ℰ (08022) 18 20, Fax (08022) 3775,
≼ Tegernsee und Berge, 🏡, Biergarten, Massage, 🔥, 🚣, 🔲, 🐴, 🐴 – 📳 📺 ☎ 🚗
🅿 – 🔬 80. 🖭 Ɛ 𝘝𝘐𝘚𝘈
Menu à la carte 54/79 – **89 Z** 142/288, 3 Suiten – ½ P 39.

🏠 **Gästehaus Fackler** 🦢 (mit Appartmenthaus), Karl-Stieler-Str. 14, ⊠ 83684,
ℰ (08022) 9 17 60, Fax (08022) 917615, ≼, 🚣, 🔲, 🐴 –
Nov. 3 Wochen geschl. – *(nur Abendessen für Hausgäste)* – **13 Z** 100/220 – ½ P 30.

🏠 **Bastenhaus** garni, Hauptstr. 71, ⊠ 83684, ℰ (08022) 9 14 70, Fax (08022) 914747,
≼, 🚣, 🔲, 🐴, 🐴 – 📺 ☎ 🅿. Ɛ
23 Z 92/170 – ½ P 24.

🍴 **Fischerstüberl am See,** Seestr. 51, ⊠ 83684, ℰ (08022) 46 72, Fax (08022) 1324,
≼, 🏡, 🏊, – ☎ 🅿
15. Nov. - 20. Dez. geschl. – **Menu** *(Okt. - Mai Mittwoch geschl.)* à la carte 26/49 – **20 Z**
54/164 – ½ P 25.

🍴🍴 **Der Leeberghof** 🦢 mit Zim, Ellingerstr. 10, ⊠ 83684, ℰ (08022) 39 66,
Fax (08022) 1720, ≼ Tegernsee und Berge, « Gartenterrasse » – 📺 ☎ 🅿. 🖭 Ɛ 𝘝𝘐𝘚𝘈
Mitte Jan. - Mitte Feb. geschl. – **Menu** *(Dienstag - Freitag nur Abendessen, Montag und außer Saison auch Dienstag geschl.)* à la carte 57/87 – **5 Z** 170/240.

TEINACH-ZAVELSTEIN, BAD Baden-Württemberg **419** T 10 – 2 700 Ew – Höhe 392 m – Heilbad.

🛈 Kurverwaltung, Otto-Neidhart-Allee 6, (Bad Teinach), ⊠ 75385, ℰ (07053) 84 44, Fax (07053) 2154.

Berlin 669 – Stuttgart 56 – Karlsruhe 64 – Pforzheim 37 – Calw 9.

Im Stadtteil Bad Teinach :

🏨 **Bad-Hotel** ♠, Otto-Neidhart-Allee 5, ⊠ 75385, ℰ (07053) 2 90, Fax (07053) 29177, (freier Zugang zum Kurhaus mit ⬛, ⇌), ℀ – 📳 📺 ⇌ 🅿 – 🔬 80. ⚞ ⓘ ⚓ 🆚. ℀
Menu à la carte 52/88 (auch vegetarische Gerichte) – **Brunnen-Schenke** (Nov. - März Samstagabend - Sonntag geschl.) **Menu** à la carte 26/49 – **57 Z** 125/270, 4 Suiten – ½ P 35.

🏠 **Schloßberg** ♠, Burgstr. 2, ⊠ 75385, ℰ (07053) 9 26 90, Fax (07053) 926915, ≤, 🍴 – 📺 ☎ 🅿. ℀ Zim
22. Nov. - 24. Dez. geschl. – **Menu** (Montag geschl.) à la carte 25/49 ⅋ – **14 Z** 55/128 – ½ P 22.

🏠 **Mühle** garni, Otto-Neidhart-Allee 2, ⊠ 75385, ℰ (07053) 9 29 50, Fax (07053) 929599 – 📳 ☎ 🅿. ℀
Nov. - 15. Dez. geschl. – **19 Z** 55/120.

🏠 **Lamm**, Badstr. 17, ⊠ 75385, ℰ (07053) 9 26 80, Fax (07053) 926835 – 📳 ⇔ 📺 ☎ 🅿. 🆚. ℀ Zim
Jan. - Feb. 6 Wochen geschl. – **Menu** (Dienstag geschl.) à la carte 27/43 ⅋ – **21 Z** 62/154 – ½ P 20.

🔆 **Waldhorn**, Hintere Talstr. 9, ⊠ 75385, ℰ (07053) 88 21, Fax (07053) 1658 – ℀ Zim
Nov. 22. Dez. geschl. – **Menu** (Donnerstag geschl.) à la carte 26/46 ⅋ – **16 Z** 58/120.

Im Stadtteil Zavelstein – Luftkurort :

🏠 **Lamm**, Marktplatz 3, ⊠ 75385, ℰ (07053) 84 14, Fax (0/053) 1528, 🍴 – 📺 ☎ 🅿. ℀ Zim
Weihnachten - Mitte Jan. geschl. – **Menu** (Donnerstag, im Winter Mittwoch - Donnerstag geschl.) à la carte 27/50 – **10 Z** 65/150 – ½ P 20/24.

🔆 **Krone** mit Zim, Marktplatz 2, ⊠ 75385, ℰ (07053) 9 29 40, Fax (07053) 929430 – 📺 ☎ 🅿. ⴹ. ℀ Zim
Menu à la carte 34/63 – **7 Z** 75/140 (Hotelbau mit 18 7. bis Anfang 1998).

TEISENDORF Bayern **420** W 22, **987** ㊶ – 8 200 Ew – Höhe 504 m – Erholungsort.

🛈 Verkehrsverein, Am Markt, ⊠ 83317, ℰ (08666) 2 95.

Berlin 709 – München 120 – Bad Reichenhall 20 – Rosenheim 61 – Salzburg 22.

In Teisendorf-Achthal SW : 5 km :

🔆 **Reiter** mit Zim, Teisendorfer Str. 80, ⊠ 83317, ℰ (08666) 3 27, Fax (08666) 6696, 🍴, ⇌ ⇌ – ⇌ 🅿
nach Ostern 2 Wochen und Nov. 3 Wochen geschl. – **Menu** (Donnerstag geschl.) à la carte 23/42 – **9 Z** 45/90 – ½ P 18.

In Teisendorf-Holzhausen N : 2 km :

🏨 **Kurhaus Seidl** ♠, ⊠ 83317, ℰ (08666) 80 10, Fax (08666) 801102, ≤, 🍴, Massage, ♣, ⼐, ⇌, ⬛, ⟿, ℀(Halle) – 📳 ⇔ Rest. 📺 ☎ ⇌ 🅿 – 🔬 30. ⓘ ⴹ 🆚
Jan. 3 Wochen geschl. – **Menu** à la carte 32/58 – **66 Z** 98/150 – ½ P 25.

In Teisendorf-Neukirchen SW : 8 km :

🏠 **Gasthof Schneck** ♠, Pfarrhofweg 20, ⊠ 83364, ℰ (08666) 3 56, Fax (08666) 6802, ⇌ ≤, 🍴 – 🅿
Mitte Jan. - Mitte Feb. geschl. – **Menu** (Okt. - Juni Donnerstag geschl.) à la carte 24/51 – **13 Z** 50/100 – ½ P 21.

TEISING Bayern siehe Altötting.

TEISNACH Bayern **420** S 22 – 2 800 Ew – Höhe 467 m.

🛈 Verkehrsamt, Rathaus, ⊠ 94244, ℰ (09923) 5 62, Fax (09923) 3607.

Berlin 520 – München 168 – Cham 40 – Deggendorf 24 – Passau 75.

In Teisnach-Kaikenried SO : 4 km :

🏠 **Oswald**, Am Platzl 2, ⊠ 94244, ℰ (09923) 8 41 00, Fax (09923) 841010, 🍴, ⇌ – 📺 ☎ 🅿. ⚞ ⓘ ⴹ 🆚
Jan. und Nov. 2 Wochen geschl. **Menu** (Mittwoch geschl.) à la carte 30/55 – **14 Z** 74/136.

TEISTUNGEN Thüringen 418 L 14 – 1 500 Ew – Höhe 300 m.
  Berlin 306 – Erfurt 98 – Göttingen 32 – Nordhausen 45 – Mühlhausen 39.

  🏨 **Teistungenburg,** Klosterweg 6, ⊠ 37339, 𝄐 (036071) 8 40, Fax (036071) 84444,
  🌳, direkter Zugang zur Bäderwelt – 📳, 🌭 Zim, 📺 ❤ 🅿 – 🔬 200. 🖭 ⓞ 🖛 𝘝𝘐𝘚𝘈.
  � Rest
  Menu à la carte 28/50 – **97 Z** 118/258 – ½ P 33.

TELGTE Nordrhein-Westfalen 417 K 7, 987 ⑮ – 18 800 Ew – Höhe 49 m.
  Sehenswert : Heimathaus Münsterland (Hungertuch★).
  🅘 Verkehrsamt, Markt 1, ⊠ 48291, 𝄐 (02504) 1 33 27, Fax (02504) 72015.
  Berlin 446 – Düsseldorf 149 – Bielefeld 62 – Münster (Westfalen) 12 – Osnabrück 47.

  🏨 **Heidehotel Waldhütte** ⑳, Im Klatenberg 19 (NO : 3 km, über die B 51), ⊠ 48291,
  𝄐 (02504) 92 00, Fax (02504) 920140, « Waldpark, Gartenterrasse », 🚬, 🌳 – 📺 ☎
  ❤ 🚗 🅿 – 🔬 40. 🖭 ⓞ 🖛 𝘝𝘐𝘚𝘈
  5. - 16. Jan. geschl. – **Menu** à la carte 42/69 – **31 Z** 125/225.

  🏨 **Marienlinde,** Münstertor 1, ⊠ 48291, 𝄐 (02504) 9 31 30, Fax (02504) 931350 –
  🌭 Zim, 📺 ☎ 🚗 🖭 ⓞ 🖛 𝘝𝘐𝘚𝘈. � Rest
  (nur Abendessen für Hausgäste) – **20 Z** 90/150.

  🏨 **Telgter Hof,** Münsterstr. 29, ⊠ 48291, 𝄐 (02504) 9 31 70, Fax (02504) 931770 – 📳
  📺 ☎. 🖭 ⓞ 🖛 𝘝𝘐𝘚𝘈
  Menu (Montag geschl.) à la carte 26/53 – **12 Z** 75/120.

In Ostbevern NO : 7 km :

  🏨 **Beverhof,** Hauptstr. 35, ⊠ 48346, 𝄐 (02532) 51 62, Fax (02532) 1688, 🚬, 🌳 – 📺
  🍴 ☎ 🚗 🅿. � Zim
  Menu (Montag geschl.) (nur Abendessen) à la carte 22/38 🍷 – **13 Z** 60/120.

  Per i grandi viaggi d'affari o di turismo,
  Guida MICHELIN rossa : EUROPE.

TELTOW Brandenburg 416 418 I 23, 987 ⑱ – 15 100 Ew – Höhe 40 m.
  Siehe Stadtplan Berlin (Umgebungsplan).
  Berlin 21 – Potsdam 16 – Frankfurt (Oder) 96 – Wittenberge 81.

  🏨 **Ramada** Ⓜ, Warthestr. 20, ⊠ 14513, 𝄐 (03328) 44 00, Fax (03328) 440440, 🚬,
  Massage, 🎣, 🚬 – 📳, 🌭 Zim, 🍴 📺 ☎ ❤ 🏃 🅿 – 🔬 180. 🖭 ⓞ 🖛 𝘝𝘐𝘚𝘈   BV   e
  Menu à la carte 38/66 – **196 Z** 202/334.

TEMPLIN Brandenburg 416 G 24, 984 ⑪, 987 ⑱ – 14 000 Ew – Höhe 60 m.
  🅘 Fremdenverkehrsverein, Obere Mühlenstr.11, (Akzisehaus) ⊠ 17268,
  𝄐 (03987) 26 31, Fax (03987) 53833..
  Berlin 75 – Potsdam 127 – Neubrandenburg 81 – Neuruppin 75.

  🏨 **Fährkrug** Ⓜ, Fährkrug 1 (NO : 2 km), ⊠ 17268, 𝄐 (03987) 4 80, Fax (03987) 48111,
  🚬 – 📳, 🌭 Zim, 📺 ❤ 🏃 🅿 – 🔬 25. 🖭 ⓞ 🖛 𝘝𝘐𝘚𝘈 𝙅𝘾𝘽
  Menu à la carte 21/40 – **40 Z** 85/148.

  🏨 **Zum Eichwerder,** Werderstr. 38, ⊠ 17268, 𝄐 (03987) 5 27 00, Fax (03987) 52701,
  🚬 – 📺 ☎ 🚗 🅿 – 🔬 35. 🖭 🖛 𝘝𝘐𝘚𝘈. �
  Menu à la carte 25/38 – **22 Z** 95/140.

Am Großdöllner See SO : 22 km :

  🏨 **Pannonia-Hotel Döllnsee** ⑳, Döllnkrug 2, ⊠ 17268 Groß Dölln, 𝄐 (03337) 6 30,
  Fax (03337) 63402, 🚬, 🎣, Massage, 🚬, 🏊, 🌳, 🎯 – 📳, 🌭 Zim, 🍴 Rest, 📺 ❤ 🏃
  🚗 🅿 – 🔬 130. 🖭 ⓞ 🖛 𝘝𝘐𝘚𝘈 𝙅𝘾𝘽
  Menu à la carte 43/56 – **107 Z** 180/235.

TENGEN Baden-Württemberg 419 W 9 – 4 600 Ew – Höhe 610 m.
  Berlin 760 – Stuttgart 131 – Konstanz 58 – Villingen-Schwenningen 25 – Winterthur 51
  – Schaffhausen 23.

In Tengen-Blumenfeld O : 2 km :

  🏨 Bibermühle ⑳, ⊠ 78250, 𝄐 (07736) 9 29 30, Fax (07736) 8676, 🚬, (Wildgehege),
  « Ehem. Wassermühle mit Hotelanbau », 🚬, 🎯 – 📳 📺 ☎ ❤ 🅿 – 🔬 50
  31 Z.

TENNENBRONN Baden-Württemberg **419** V 9 – 3 900 Ew – Höhe 662 m – Luftkurort.

🛈 Verkehrsbüro, Rathaus, Hauptstr. 23, ✉ 78144, 𝒫 (07729) 92 60 28, Fax (07729) 926050.

Berlin 739 – Stuttgart 116 – Freiburg im Breisgau 74 – Freudenstadt 44 – Villingen-Schwenningen 24.

Adler, Hauptstr. 60, ✉ 78144, 𝒫 (07729) 2 12, Fax (07729) 272 – **ⓟ**
Mitte Nov. - Mitte Dez. geschl. – **Menu** (Mittwoch geschl.) à la carte 24/50 ⅜ – **16 Z** 45/110.

TENNSTEDT, BAD Thüringen **418** M 16, **984** ㉓, **987** ⑰ – 3 400 Ew – Höhe 144 m – Heilbad.
Berlin 286 – Erfurt 31 – Halle 113 – Mühlhausen 36 – Nordhausen 58.

Am Kurpark garni, Am Osthöfer Tor 1, ✉ 99955, 𝒫 (036041) 37 00, Fax (036041) 3700 – **tv ☎ ⓟ**
14 Z 60/115.

TETEROW Mecklenburg-Vorpommern **416** E 21, **984** ⑦ – 11 000 Ew – Höhe 30 m.
Berlin 182 – Schwerin 92 – Neubrandenburg 55 – Rostock 58 – Stralsund 87.

Blücher, Warener Str. 50, ✉ 17166, 𝒫 (03996) 17 21 96, Fax (03996) 120295 – **tv ☎ ⓟ E**
Menu (Samstag - Sonntag geschl.) (nur Abendessen) à la carte 21/38 – **17 Z** 85/125.

TETTNANG Baden-Württemberg **419** W 12, **987** ㊳ ㊴ – 16 500 Ew – Höhe 466 m.

🛈 Verkehrs- und Heimatverein, Montfortplatz 7, ✉ 88069, 𝒫 (07542) 51 00, Fax (07542) 510275.

Berlin 714 – Stuttgart 160 – Konstanz 35 – Kempten (Allgäu) 65 – Ravensburg 13 – Bregenz 28.

Rad, Lindauer Str. 2, ✉ 88069, 𝒫 (07542) 54 00, Fax (07542) 53636, ☎ – 🛗, ✹ Zim,
🍽 Rest, **tv ☎ ⓟ** – 🔬 120. **AE ⓞ E VISA**
Jan. 3 Wochen geschl. – **Menu** à la carte 39/75 – **70 Z** 99/200.

Ritter, Karlstr. 2, ✉ 88069, 𝒫 (07542) 5 30 20, Fax (07542) 530209, � – 🛗 **tv ☎**
⌂ **ⓟ. AE ⓞ E VISA**
Feb. und Nov. jeweils 2 Wochen geschl. – **Menu** (Nov. - April Freitag geschl.) à la carte 30/63 – **24 Z** 85/180.

Bären, Bärenplatz 1, ✉ 88069, 𝒫 (07542) 69 45, Fax (07542) 55618 – ✹ Zim, ☎ ⌂
ⓟ. AE ⓞ E VISA
Menu (Freitag geschl.) à la carte 30/57 – **27 Z** 70/150.

In Tettnang - Kau W : 3 Km :

Lamm im Kau, Sängerstr. 50, ✉ 88069, 𝒫 (07542) 47 34, Fax (07542) 4734, � –
ⓟ
Montag und Weihnachten - 6. Jan. geschl. – **Menu** (nur Abendessen, Tischbestellung erforderlich) à la carte 43/75.

TEUPITZ Brandenburg **416 418** J 24, **984** ⑯, **987** ⑱ ⑲ – 1 700 Ew – Höhe 40 m.
Ausflugsziel : Spreewald★★ (Kahnfahrt ab Lübbenau, Freilandmuseum Lehde★).

🛈 Motzen, Am Golfplatz 5 (N : 11 km), 𝒫 (033769) 5 01 30.
Berlin 54 – Potsdam 70 – Cottbus 76 – Dresden 137 – Frankfurt (Oder) 70.

In Klein Köris NO : 8,5 km :

Lindengarten, Chausseestr. 57, ✉ 15746, 𝒫 (033766) 4 20 63, Fax (033766) 42062,
� – 🛗 **tv ☎ ⓟ** – 🔬 80
Menu à la carte 25/46 – **33 Z** 100/180.

In Motzen N : 11 km :

Residenz am Motzener See Ⓜ, Töpchiner Str. 4, ✉ 15741, 𝒫 (033769) 8 50,
Fax (033769) 85100, ≤, �, ☎, 🏊, ♒ – 🛗 **tv** ⌂ **ⓟ** – 🔬 60. **AE E VISA**
Menu à la carte 41/60 – **62 Z** 155/320.

THALE Sachsen-Anhalt **418** K 17, **984** ⑲, **987** ⑰ – 15 300 Ew – Höhe 170 m.
Sehenswert : Bodetal ★★ (Roßtrappe ★★, ≤ ★★★).

🛈 Thale-Information, Am Bahnhof, ✉ 06502, 𝒫 (03947) 25 97, Fax (03947) 2277.
Berlin 220 – Magdeburg 68 – Halberstadt 21 – Nordhausen 48.

Auf dem Hexentanzplatz *SW : 5 km – Höhe 453 m*

🏠 **Berghotel Hexentanzplatz,** Hexentanzplatz 1, ✉ 06502, 𝒫 (03947) 47 30,
🐝 Fax (03947) 2212, ≼ Harz, 🍽 – 🔟 ☎ 🅿. 🅰🅴 🅴 𝘝𝘐𝘚𝘈
Menu à la carte 24/47 – **16 Z** 90/180.

THALFANG *Rheinland-Pfalz* 𝟰𝟭𝟳 *Q 4,* 𝟵𝟴𝟳 ㉖ *– 1800 Ew – Höhe 440 m – Erholungsort –*
Wintersport : 500/818 m ≰4 ≴3 (am Erbeskopf).
Ausflugsziel : *Hunsrück-Höhenstraße★.*
🛈 *Verkehrsamt, Saarstr. 3,* ✉ *54424,* 𝒫 *(06504) 91 40 50, Fax (06504) 8773.*
Berlin 684 – Mainz 121 – Bernkastel-Kues 31 – Birkenfeld 20 – Trier 49.

🏠 **Haus Vogelsang** 🦢, Im Vogelsang 7, ✉ 54424, 𝒫 (06504) 10 88, Fax (06504) 2332,
🐝 🍽, 🍽 – 🔟 ☎ 🅿. 🅴. ✂
Menu *(Samstagmittag und Mittwoch geschl.)* à la carte 24/50 🍴 – **11 Z** 51/106 – ½ P 18.

THALLICHTENBERG *Rheinland-Pfalz siehe Kusel.*

THANNHAUSEN *Bayern* 𝟰𝟭𝟵 𝟰𝟮𝟬 *V 15,* 𝟵𝟴𝟳 ㊴ *– 6 500 Ew – Höhe 498 m.*
Berlin 591 – München 113 – Augsburg 37 – Ulm (Donau) 59.

🏊 **Sonnenhof,** Messerschmittstr. 1 (an der B 300), ✉ 86470, 𝒫 (08281) 20 14,
🐝 Fax (08281) 5813, 🍽 – 🔟 ☎ 🅿. 🅰🅴 🅴
Aug. 2 Wochen geschl. – **Menu** *(Montag - Mittwoch nur Abendessen)* à la carte 23/45 🍴
– **16 Z** 55/120.

THOLEY *Saarland* 𝟰𝟭𝟳 *R 5,* 𝟵𝟴𝟳 ㉖ *– 13 300 Ew – Höhe 370 m – Erholungsort.*
🛈 *Verkehrsamt, Rathaus,* ✉ *66636,* 𝒫 *(06853) 5 08 45, Fax (06853) 30178.*
Berlin 718 – Saarbrücken 37 – Birkenfeld 25 – Trier 58.

🏠 **Hotellerie Hubertus,** Metzer Str. 1, ✉ 66636, 𝒫 (06853) 9 10 30, Fax (06853) 30601
❀ – 🔟 ☎. 🅰🅴 ⓞ 𝘝𝘐𝘚𝘈. ✂
Menu *(Donnerstagmittag, Sonntagabend - Montag und Juli - Aug. 2 Wochen geschl.)* (Tisch-
bestellung ratsam) à la carte 82/115 – **Marktstube :** Menu à la carte 33/56 – **20 Z** 98/210
Spez. Chartreuse von der Taube mit Gänseleber. Gebratener St. Petersfisch mit geschmor-
ten Artischocken und Aubergine. Schokoladenträne mit weißer Schokoladenmousse und
Erdbeeren.

Im Ortsteil Theley *N : 2 km :*

🏠 **Bard,** Primstalstr. 22, ✉ 66636, 𝒫 (06853) 20 73, Fax (06853) 30473 – 🔟 ☎ ⇦ 🅿.
🅰🅴 ⓞ 𝘝𝘐𝘚𝘈. ✂ Zim
Menu *(Samstagmittag geschl.)* à la carte 29/67 *(auch vegetarische Gerichte)* – **9 Z** 85/150.

THUM *Sachsen* 𝟰𝟭𝟴 *N 22,* 𝟵𝟴𝟰 ㉓ ㉔, 𝟵𝟴𝟳 ㉙ *– 4 800 Ew – Höhe 530 m.*
Berlin 286 – Dresden 93 – Chemnitz 20 – Chomutov 67 – Karlovy Vary 65 – Zwickau 49.

🏠 **Erzgebirgischer Hof,** Annaberger Str. 6 (B 95), ✉ 09419, 𝒫 (037297) 41 04,
🐝 Fax (037297) 2462, 🍽 – 🔟 ☎ ☎ 🅿 – 🔬 80
Menu à la carte 23/44 – **16 Z** 78/120.

THUMBY *Schleswig-Holstein* 𝟰𝟭𝟱 *C 13 – 550 Ew – Höhe 2 m.*
Berlin 397 – Kiel 46 – Flensburg 61 – Schleswig 34.

In Thumby-Sieseby *NW : 3 km :*

✕✕ **Schlie-Krog** 🦢 mit Zim, Dorfstr. 19, ✉ 24351, 𝒫 (04352) 25 31, Fax (04352) 1580,
🍽 – 🔟 ☎ 🅿. ✂
Mitte Jan. - Feb. geschl. – **Menu** *(Montag, Okt. - März auch Dienstag geschl.)* (Tischbestellung
ratsam) à la carte 52/69 – **2 Z** 250.

THUMSEE *Bayern siehe Reichenhall, Bad.*

THURMANSBANG *Bayern* 𝟰𝟮𝟬 *T 23 – 2 800 Ew – Höhe 503 m – Erholungsort – Wintersport :*
490/800 m ≰2 ≴8.
🛈 *Verkehrsamt, Schulstr. 5,* ✉ *94169,* 𝒫 *(08504) 16 42, Fax (08504) 5643.*
Berlin 566 – München 171 – Deggendorf 38 – Passau 26.

🏠 **Waldhotel Burgenblick** 🦢, Auf der Rast 12, ✉ 94169, 𝒫 (08504) 83 83,
🐝 Fax (08504) 2611, ≼, 🍽, ≋, 🔲, 🍽, ✂ – 🔟 ⇦ 🅿. ✂ Rest
6. Jan. - März und Nov. - 20. Dez. geschl. – **Menu** à la carte 23/47 – **72 Z** 63/156 – ½ P 9.

THYRNAU Bayern **420** U 24 – 3 900 Ew – Höhe 450 m.
Berlin 617 – München 202 – Passau 10 – Regensburg 128.

In Thyrnau-Kellberg SO : 4 Km :

🏨 **Lindenhof** garni, Kurpromenade 12, ✉ 94136, 𝒫 (08501) 80 80, Fax (08501) 80815,
⇌, ℀ – 📶 ✕ 📺 ☎ 🅿 **E** **VISA**
Dez. - 15. Jan. geschl. – **37 Z** 45/108.

✕ **Kellberger Weinstube**, Kurpromenade 11, ✉ 94136, 𝒫 (08501) 13 15,
⇎ Fax (08501) 80815, 🍴 – 🅿 **E** **VISA**
Mittwoch geschl. – **Menu** à la carte 22/59.

In Thyrnau-Raßbach SO : 2 Km :

🏨 **Golf-Hotel** 🦌, Raßbach 8 (Am Golfplatz), ✉ 94136, 𝒫 (08501) 13 13,
⇎ Fax (08501) 8100, ≤, 🍴, ⇌, 🛏 – 📺 ☎ 🅿 – 🔥 30
Dez. - Mitte Feb. geschl. – **Menu** à la carte 23/58 – **15 Z** 82/124.

TIEFENBACH Bayern siehe Waldmünchen.

TIEFENBRONN Baden-Württemberg **419** T 10, **987** ㊳ – 4 600 Ew – Höhe 432 m.
Sehenswert : Pfarrkirche (Lukas-Moser-Altar★★).
Berlin 646 – Stuttgart 39 – Karlsruhe 45 – Pforzheim 15 – Tübingen 59 – Heilbronn 73.

✕ **Bauernstuben**, Franz-Josef-Gall-Str. 13, ✉ 75233, 𝒫 (07234) 85 35,
Fax (07234) 5686, 🍴 – 🅿 **E**
Dienstag und über Fasching 2 Wochen geschl. – **Menu** (nur Abendessen) à la carte 36/72.

In Tiefenbronn-Mühlhausen SO : 4 km :

🏨🏨 **Adler** (mit Gästehaus), Tiefenbronner Str. 20, ✉ 75233, 𝒫 (07234) 80 08,
Fax (07234) 4256, 🍴, ⇌ – 📶 📺 ☎ ⇌ 🅿 – 🔥 40. **AE** **①** **E** **VISA**
Jan. 2 Wochen geschl. – **Menu** à la carte 41/72 – **22 Z** 91/150.

Im Würmtal W : 4 km :

✕✕ **Häckermühle** (mit Gästehaus), Im Würmtal 5, ✉ 75233 Tiefenbronn,
⇎ 𝒫 (07234) 61 11, Fax (07234) 5769, 🍴, ⇌ – 📺 ☎ 🅿 – 🔥 15. **AE** **E** **VISA**. ℀ Zim
Anfang - Mitte Jan. geschl. – **Menu** (Montagmittag und Dienstagmittag geschl.) (Tisch-
bestellung ratsam) 40/150 und à la carte 45/95 – **15 Z** 75/185.

TIETZOW Brandenburg **416** H 22 – 300 Ew – Höhe 36 m.
🛏 🛏 Böricke/Nauen, An der B 273 (SO : 4km), 𝒫 (033230) 5 02 14.
Berlin 49 – Potsdam 44 – Wittstock 67.

🏨🏨 **Helenenhof**, Dorfstr. 66, ✉ 14641, 𝒫 (033230) 5 03 17, Fax (033230) 50290, 🍴 –
📺 ☎ 🅿 – 🔥 50. **AE** **E** **VISA**
Menu à la carte 41/67 – **21 Z** 130/180.

TIMMENDORFER STRAND Schleswig-Holstein **415** **416** E 16, **987** ⑥ – 8 000 Ew – Höhe 10 m
– Seeheilbad.
🛏 🛏 Timmendorfer Strand, Am Golfplatz 3, 𝒫 (04503) 51 52.
🄵 Fremdenverkehrsverein, im Kongresshaus, Strandallee 73a ✉ 23669,
𝒫 (04503) 60 09 99, Fax (04503) 86006.
Berlin 281 – Kiel 64 – Schwerin 80 – Lübeck-Travemünde 9 – Lübeck 21.

🏨🏨🏨 **Seeschlößchen** 🦌 (mit Gästehäusern), Strandallee 141, ✉ 23669, 𝒫 (04503) 60 11,
Fax (04503) 601333, ≤, 🍴, Massage, ♨, ⚕, ⇌, 🏊 (geheizt), 🏊, 🌳 – 📶 ✕ Rest,
📺 ⇌ 🅿 – 🔥 60. ℀ Rest
Mitte Jan. - Mitte Feb. geschl. – **Menu** à la carte 43/84 – **138 Z** 177/380, 8 Suiten – ½ P 30.

🏨🏨🏨 **Maritim Golf- und Sporthotel** 🦌, An der Waldkapelle 26, ✉ 23669,
𝒫 (04503) 60 70, Fax (04503) 2996, ≤ Ostsee, Massage, ♨, ⇌, 🏊 (geheizt), 🏊, 🌳,
℀ (Halle), 🛏 – ✕ Zim, 📺 ⚒ ⇌ 🅿 – 🔥 150. **AE** **①** **E** **VISA** **JCB**. ℀ Rest
Menu à la carte 54/79 – **194 Z** 185/382 – ½ P 40.

🏨🏨🏨 **Maritim Seehotel** 🦌, Strandallee 73b, ✉ 23669, 𝒫 (04503) 60 50,
Fax (04503) 2932, ≤, 🍴, Massage, ♨, ⇌, 🏊 (geheizt), 🏊, 🛏 – 📶 ✕ Zim, 📺 ⚒
⇌ 🅿 – 🔥 450. **AE** **①** **E** **VISA**
Menu siehe Rest. *Orangerie* separat erwähnt *Seeterrassen* : Menu à la carte 51/72 –
241 Z 207/448, 4 Suiten – ½ P 45.

🏨🏨 **Country Inn** 🅼, Strandallee 136, ✉ 23669, 𝒫 (04503) 80 80, Fax (04503) 808666,
🍴, Massage, ♨, ⇌ – 📶 ✕ Zim, ▤ Rest, 📺 ☎ ⚒ ⇌ 🅿 – 🔥 60. **AE** **①** **E** **VISA**
JCB
Menu à la carte 39/54 – **93 Z** 169/298.

🏨 **Landhaus Carstens,** Strandallee 73, ✉ 23669, ☎ (04503) 60 80, Fax (04503) 60860,
« Gartenterrasse », ⬆s – 📺 ☎ 🅿 – 🔬 30. 🅰🅴 ⓞ 🅴 𝗩𝗜𝗦𝗔
Menu à la carte 51/85 – **27 Z** 205/368.

🏨 **Bellevue** garni, Strandallee 139 a, ✉ 23669, ☎ (04503) 6 00 30, Fax (04503) 600360,
≼, ⬆s, 🔲 – |♯| 📺 🅿
März - Okt. – **45 Z** 185/310, 5 Suiten.

🏨 **Royal** ⬎ garni, Kurpromenade 2, ✉ 23669, ☎ (04503) 3 59 50, Fax (04503) 6820, ⬆s,
🔲 – |♯| 📺 ☎ ⬅. ℀
Jan. geschl. – **40 Z** 180/320.

🏨 **Park-Hotel** garni, Am Kurpark 4, ✉ 23669, ☎ (04503) 6 00 60, Fax (04503) 600650,
⬆s – |♯| 📺 ☎ 🅿. 🅴
25 Z 120/210.

🏨 **Gorch Fock,** Strandallee 152, ✉ 23669, ☎ (04503) 89 90, Fax (04503) 899111, 🌴,
⬆s – 📺 ☎ 🅿 – 🔬 30. 🅴 𝗩𝗜𝗦𝗔
Menu à la carte 38/62 (auch Diät) – **40 Z** 90/200 – ½ P 32.

🏨 **Villa Gropius und Villa Röhl,** Strandallee 50, ✉ 23669, ☎ (04503) 22 44,
Fax (04503) 8353, 🌴, 🌳 – ⬆s Zim, 📺 ☎ 🅿. ℀ Rest
Menu (Mittwoch geschl.) (nur Abendessen) à la carte 36/67 – **36 Z** 120/250 – ½ P 25.

🏨 **Atlantis,** Strandallee 60, ✉ 23669, ☎ (04503) 80 90, Fax (04503) 5056, 🌴,
« Schifferklause », ⬆s, 🔲 – |♯| 📺 ☎ ⬅ 🅿 – 🔬 45. 🅴 𝗩𝗜𝗦𝗔
Menu à la carte 38/67 – **49 Z** 105/190.

🏨 **Dryade,** Schmilinskystr. 2, ✉ 23669, ☎ (04503) 40 51, Fax (04503) 86560, 🌴, ⬆s,
🔲, 🌳 – |♯| 📺 ☎ ⬅ 🅿. 🅰🅴 ⓞ 🅴. ℀ Rest
Menu à la carte 39/74 – **55 Z** 120/250 – ½ P 30.

🏨 **Ancora** garni, Strandallee 58, ✉ 23669, ☎ (04503) 20 16, Fax (04503) 2018, ⬆s, 🔲
– |♯| 📺 ☎ ⬅ 🅿
21 Z 125/190.

🏨 **Ostsee-Hotel** garni, Poststr. 56, ✉ 23669, ☎ (04503) 3 50 30, Fax (04503) 87320, 🔲,
🌳 – 📺 ☎ 🅿. ℀ Rest
März - Okt. – **18 Z** 80/170.

🏨 **Brigitte** garni, Poststr. 91, ✉ 23669, ☎ (04503) 42 91, Fax (04503) 86661, ⬆s – 📺
☎ 🅿. ℀
Jan. - Feb. geschl. – **13 Z** 85/160.

🏨 **Fontana** garni, Strandallee 49, ✉ 23669, ☎ (04503) 8 70 40, Fax (04503) 4819 – 📺
☎ 🅿
April - Okt. – **10 Z** 120/210.

🏨 **Seestern** garni, Strandallee 124, ✉ 23669, ☎ (04503) 26 51, Fax (04503) 86165 – 📺
⬅ 🅿
15. März - 15. Okt. – **19 Z** 65/160.

🎗🎗🎗 **Orangerie** - Maritim Seehotel, Strandallee 73b, ✉ 23669, ☎ (04503) 60 55 55, 🌴 –
🅿. 🅰🅴 ⓞ 🅴 𝗩𝗜𝗦𝗔 𝗝𝗖𝗕. ℀
April - Sept. Montag, Okt. - März Montag - Dienstag und Feb. geschl. – **Menu** (wochentags
nur Abendessen) 116/139 und à la carte 68/110
Spez. Variation von der Wachtel. Geröstete Flußkrebse mit Tomaten und Zwiebellauch
(Sommer). Geschmorte Kalbsbäckchen mit bunten Linsen und Trüffeljus.

🎗🎗🎗 **Kleines Landhaus,** Strandallee 73, ✉ 23669, ☎ (04503) 6 08 59, Fax (04503) 60860,
🌴 – 🅰🅴 ⓞ 🅴 𝗩𝗜𝗦𝗔
Montag und Jan. geschl., Okt. - April Dienstag - Freitag nur Abendessen – **Menu** 79/99
und à la carte 67/88
Spez. Steinbuttschnitte mit Zuckerschoten und Kartoffel-Quarkravioli. Lammcarré mit Oli-
venkruste und Ratatouille. Calvados-Soufflé mit glasierten Apfelspalten.

In Timmendorfer Strand-Hemmelsdorf S : 3 km :

🎗🎗 **Der Zander** mit Zim, Seestr. 16, ✉ 23669, ☎ (04503) 58 50, Fax (04503) 86483, 🌴
– 📺 🅿. 🅴 𝗩𝗜𝗦𝗔. ℀
Menu (Mittwoch - Donnerstagmittag geschl.) à la carte 37/55 – **4 Z** 110/140 – ½ P 30.

In Timmendorfer Strand-Niendorf O : 1,5 km :

🏨 **Yachtclub Timmendorfer Strand,** Strandstr. 94, ✉ 23669, ☎ (04503) 80 60,
Fax (04503) 806110, 🌴, ⬆s, 🔲 – |♯|, ⬆s Zim, 📺 ☎ 🅿 – 🔬 60. 🅰🅴 ⓞ 🅴 𝗩𝗜𝗦𝗔. ℀ Rest
5. - 31. Jan. geschl. – **Menu** à la carte 53/65 – **56 Z** 185/330, 8 Suiten – ½ P 35.

🏨 **Friedrichsruh,** Strandstr. 65, ✉ 23669, ☎ (04503) 89 50, Fax (04503) 895110, ≼,
🌴, ⬆s, 🔲 – |♯| 📺 ☎ 🅿 – 🔬 40. 🅰🅴 🅴 𝗩𝗜𝗦𝗔 𝗝𝗖𝗕
Menu (Jan. - Feb. Montag - Donnerstag geschl.) à la carte 33/63 – **40 Z** 115/260 – ½ P 25.

TINNUM Schleswig-Holstein siehe Sylt (Insel).

TIRSCHENREUTH Bayern **420** Q 21, **987** ㉙ – 10 000 Ew – Höhe 503 m.
Berlin 388 – München 283 – Bayreuth 63 – Nürnberg 131.

🏠 **Haus Elfi** 🦢 garni, Theresienstr. 23, ✉ 95643, 𝒫 (09631) 28 02, Fax (09631) 6420,
≘s – 📺 ☎ 🚗 ℗
12 Z 58/100.

TITISEE-NEUSTADT Baden-Württemberg **419** W 8, **987** ㊲ ㊳ – 12 000 Ew – Höhe 849 m –
Heilklimatischer Kurort – Wintersport : 820/1 200 m ⬳3 ⬱10.
Sehenswert : See★★.
🛈 Kurverwaltung Titisee, im Kurhaus, ✉ 79822, 𝒫 (07651) 9 80 40, Fax (07651) 980440.
🛈 Kurverwaltung Neustadt, Sebastian-Kneipp-Anlage, ✉ 79822, 𝒫 (07651) 20 62 50,
Fax (07651) 4436.
Berlin 780 ② – Stuttgart 160 ② – Freiburg im Breisgau 33 ④ – Donaueschingen 32 ②
– Basel 74 ③ – Zürich 95 ③

Stadtplan siehe nächste Seite

Im Ortsteil Titisee :

🏬 **Treschers Schwarzwald-Hotel** 🦢, Seestr. 10, ✉ 79822, 𝒫 (07651) 80 50,
Fax (07651) 8116, ≤, 🍴, Massage, ♣, ℉₀, ≘s, 🔲, 🐾₀, 🐴, ※ – 🛗 📺 🚗 ℗ –
🛎 150. 🖭 ⓞ 🔳 𝒱𝒾𝒮𝒶. ※ Rest   BZ x
Nov. - 22. Dez. geschl – **Menu** à la carte 53/80 – **85 Z** 150/350 – ½ P 48.

🏬 **Maritim Titisee-Hotel** 🦢, Seestr. 16, ✉ 79822, 𝒫 (07651) 80 80,
Fax (07651) 808603, ≤, 🍴, ℉₀, ≘s, 🔲, 🐾₀, 🐴 – 🛗, ↭ Zim, 📺 🚗 ℗ – 🛎 100.
🖭 ⓞ 🔳 𝒱𝒾𝒮𝒶 𝒥𝒞ℬ. ※ Rest   BZ e
Menu (nur Abendessen) à la carte 51/85 – **130 Z** 175/320 – ½ P 40.

🏦 **Brugger am See** 🦢, Strandbadstr. 14, ✉ 79822, 𝒫 (07651) 80 10, Fax (07651) 8238,
≤, 🍴, Massage, ♣, 🔥, ≘s, 🔲, 🐾₀, 🐴, ※ – 🛗 📺 ☎ 🚗 ℗ – 🛎 50. 🖭 🔳 𝒱𝒾𝒮𝒶
𝒥𝒞ℬ   AZ s
Menu à la carte 44/85 – **65 Z** 110/290.

🏦 **Parkhotel Waldeck**, Parkstr. 6, ✉ 79822, 𝒫 (07651) 80 90, Fax (07651) 80999, 🍴,
℉₀, ≘s, 🔲, 🐴 – 🛗, ↭ Zim, 📺 ☎ 🚗 ℗ 🔳 𝒱𝒾𝒮𝒶. ※ Rest   BZ v
Menu à la carte 35/65 – **53 Z** 100/220, 8 Suiten – ½ P 29.

🏦 **Seehotel Wiesler** 🦢, Strandbadstr. 5, ✉ 79822, 𝒫 (07651) 9 80 90,
Fax (07651) 980980, ≤, « Gartenterrasse », ≘s, 🔲, 🐾₀, 🐴 – 🛗 📺 ☎ 🚗 ℗. 🔳 𝒱𝒾𝒮𝒶
※ Rest   BZ t
Anfang Nov. - Mitte Dez. geschl. – **Menu** à la carte 38/57 – **29 Z** 139/198 – ½ P 27/33.

🏠 **Rheingold** 🦢 garni, Jägerstr. 25, ✉ 79822, 𝒫 (07651) 84 74, Fax (07651) 88004, ≘s
– 📺 ☎ ℗   BZ b
15 Z 85/170.

🏠 **Rauchfang**, Bärenhofweg 2, ✉ 79822, 𝒫 (07651) 82 55, Fax (07651) 88186, ≘s, 🔲,
🐴 – ↭ 📺 ☎ 🚗 ℗. 🖭 ⓞ 🔳 𝒱𝒾𝒮𝒶   AZ b
Mitte Nov. - Mitte Dez. geschl. – **Menu** (nur Abendessen) à la carte 37/53 – **17 Z** 90/190
– ½ P 25.

Im Ortsteil Neustadt :

🏠 **Neustädter Hof**, Am Postplatz 5, ✉ 79822, 𝒫 (07651) 50 25, Fax (07651) 4065, ≘s
– 📺 ☎ 🚗 ℗. ⓞ 🔳 𝒱𝒾𝒮𝒶   CZ t
Menu à la carte 31/55 – **27 Z** 90/145.

Im Jostal NW : 6 km ab Neustadt A :

🏠 **Jostalstüble**, ✉ 79822 Titisee-Neustadt, 𝒫 (07651) 91 81 60, Fax (07651) 9181640,
🍴, ≘s, 🐴 – ↭ Rest, 📺 🚗 𝒱𝒾𝒮𝒶
Anfang Nov. - Anfang Dez. geschl. – **Menu** (Montag - Dienstagmittag geschl.) à la carte
26/57 ⅋ – **13 Z** 75/166 – ½ P 25.

🏠 **Josen**, Jostalstr. 90, ✉ 79822 Titisee-Neustadt, 𝒫 (07651) 56 50, Fax (07651) 5504,
🍴, ≘s, 🔲, 🐴 – 🛗 📺 ☎ ℗ – 🛎 40. 🖭 🔳 𝒱𝒾𝒮𝒶
Mitte Nov. - Mitte Dez. geschl. – **Menu** (Donnerstag - Freitagmittag geschl.) à la carte 42/75
– **29 Z** 105/194 – ½ P 33.

Im Ortsteil Langenordnach N : 5 km über Titiseestr. BY :

🏠 **Zum Löwen "Unteres Wirtshaus"** 🦢 (mit Gästehaus), ✉ 79822, 𝒫 (07651) 10 64,
Fax (07651) 3853, 🍴, 🐴 – 🚗 ℗. 𝒱𝒾𝒮𝒶
Ende Nov. - Mitte Dez. geschl. – **Menu** (Samstagmittag und Montag geschl.) à la carte 25/60
⅋ – **17 Z** 51/164 – ½ P 18.

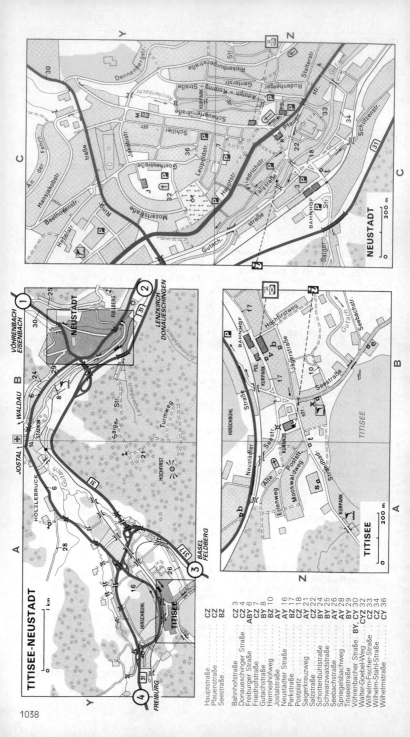

TITISEE-NEUSTADT

Hauptstraße	CZ
Plauenstraße	CZ
Seestraße	BZ

Bahnhofstraße	CZ 3
Donaueschinger Straße	CZ 4
Freiburger Straße	ABY 6
Friedhofstraße	CZ 7
Gutachstraße	BY 8
Hermeshofweg	BZ 10
Jostalstraße	AY
Neustädter Straße	AY 16
Parkstraße	BZ 17
Postplatz	CZ 18
Saigerkreuzweg	AY 21
Salzstraße	CZ 22
Schottenbühlstraße	BY 24
Schwarzwaldstraße	BY 25
Seebachstraße	AY 26
Spriegelsbachweg	AY 28
Titiseestraße	BY 29
Vöhrenbacher Straße	BY, CY 30
Walter-Goebel-Weg	CYZ 32
Wilhelm-Fischer-Straße	CZ 33
Wilhelm-Stahl-Straße	CZ 34
Wilhelmstraße	CY 36

Im Ortsteil Waldau *N : 10 km über Titiseestr.* BY :

🏠 **Sonne-Post** ॐ, Landstr. 13, ⊠ 79822, ℰ (07669) 9 10 20, *Fax (07669) 1418*, 🍴, 🌳
– 🛗 ☎ 🅿 🖪 *VISA*. ✼ Zim
Mitte April - Anfang Mai und Mitte Nov. - Mitte Dez. geschl. – **Menu** *(Montag geschl.)*
à la carte 25/55 🍷 – **19 Z** 63/133 – ½ P 17.

🏡 **Zur Traube** ॐ, Sommerbergweg 1, ⊠ 79822, ℰ (07669) 22 90, *Fax (07669) 1350*,
≤, 🍴, ⇐, 🌳 – ⇆ Zim, 🖪 ☎ 🅿 🕿 *VISA*
Menu *(Dienstag geschl., Mittwoch sowie März - April und 2. Nov. - 24. Dez. nur Abendessen)*
à la carte 27/56 🍷 – **32 Z** 78/163 – ½ P 22.

TITTING *Bayern* **419** **420** *T 17 – 2 500 Ew – Höhe 447 m.*
🛈 *Verkehrsverein, Rathausplatz 1,* ⊠ 85135, ℰ (08423) 6 21, *Fax (08423) 1387.*
Berlin 485 – München 119 – Ingolstadt 42 – Nürnberg 73 – Weißenburg in Bayern 22.

In Titting-Emsing *O : 4,5 km :*

🏛 **Dirsch** ॐ, Hauptstr. 13, ⊠ 85135, ℰ (08423) 18 90, *Fax (08423) 1370* – 🛗 🖪 ☎ 🅿
– 🏛 100. 🖪 🖪 *VISA*
23. - 28. Dez. geschl. – **Menu** à la carte 25/54 – **100 Z** 85/130.

TITTLING *Bayern* **420** *T 24 – 4 200 Ew – Höhe 528 m – Erholungsort.*
🛈 *Verkehrsamt im Grafenschlößle, Marktplatz 10,* ⊠ 94104, ℰ (08504) 4 01 14, *Fax
(08504) 40120.*
Berlin 604 – München 197 – Passau 20.

🏠 **Habereder,** Marktplatz 14, ⊠ 94104, ℰ (08504) 9 14 30, *Fax (08504) 4309*, 🍴 – ☎
⇐ ⇐ 🅿
Nov. 2 Wochen geschl. – **Menu** *(Montag geschl.)* à la carte 20/54 – **32 Z** 48/95.

Am Dreiburgensee *NW : 3,5 km :*

🏛 **Ferienhotel Dreiburgensee** ॐ (mit Gästehaus, ॐ, ≤, « Restauriertes Bauernhaus
mit rustikaler Einrichtung »), beim Museumsdorf, ⊠ 94104 Tittling, ℰ (08504) 20 92,
Fax (08504) 4926, 🍴, ⇐, 🔲, 🍴, 🌳 – 🛗 🖪 ☎ 🅿 – 🏛 200. ✼
April - Okt. – **Menu** à la carte 27/45 🍷 – **200 Z** 55/130 – ½ P 15.

🏠 **Seehof Tauer** ॐ (mit Gästehaus), Seestr. 20, ⊠ 94104 Tittling, ℰ (08504) 7 60,
Fax (08504) 2065, 🍴, 🕿, 🌳 – ⇐ 🅿. 🖪. ✼ Zim
Nov. - Mitte Dez. geschl. – **Menu** *(Jan. - Feb. nur Samstag - Sonntag geöffnet)* à la carte
20/36 – **33 Z** 50/100 – ½ P 15.

TODTMOOS *Baden-Württemberg* **419** *W 7,* **987** �37 *– 2 300 Ew – Höhe 821 m – Heilklimatischer
Kurort – Wintersport : 800/1 263 m* 🎿4 🎿4.
Ausflugsziel : Hochkopf (Aussichtsturm ≤★★*) NW : 5 km und 1/2 Std. zu Fuß.*
🛈 *Kurverwaltung-Tourist-Information, Wehratalstraße 19,* ⊠ 79682, ℰ (07674) 9 06 00,
Fax (07674) 906025.
Berlin 817 – Stuttgart 201 – Freiburg im Breisgau 49 – Donaueschingen 78 – Basel 48.

🏠 **Löwen,** Hauptstr. 23, ⊠ 79682, ℰ (07674) 9 05 50, *Fax (07674) 9055150 50*, 🍴, ⇐,
🔲, 🌳 – 🛗 🖪 ☎ 🅿. 🖪 🕿 🖪 *VISA*. ✼ Rest
Mitte März - Anfang April und Nov. - 18. Dez. geschl. – **Menu** à la carte 27/56 – **50 Z** 70/145
– ½ P 22.

🏠 **Wehrahof** garni, Hohwehraweg 1, ⊠ 79682, ℰ (07674) 88 87, *Fax (07674) 8823*, 🌳
– 🛗 🖪 ☎ 🅿. 🖪
19 Z 65/150.

In Todtmoos-Strick *NW : 2 km :*

🏛 **Rößle** ॐ (Schwarzwaldgasthof a.d.J. 1670 mit Gästehaus), Kapellenweg 2, ⊠ 79682,
ℰ (07674) 9 06 60, *Fax (07674) 8838*, ≤, « Gartenterrasse », ⇐, 🌳, ✻ 🎿 – 🛗 ⇆
🖪 ☎ 🕿 🅿 🖪 *VISA*
2. Nov. - 18. Dez. geschl. – **Menu** *(Dienstag geschl.)* à la carte 30/55 🍷 – **28 Z** 85/180 –
½ P 30.

In Todtmoos-Weg *NW : 3 km :*

🏠 **Schwarzwald-Hotel** ॐ, Alte Dorfstr. 29, ⊠ 79682, ℰ (07674) 2 73,
Fax (07674) 8395, ⇐, 🌳 – 🖪 ☎ ⇐ 🅿. 🕿 🖪 *VISA*
März 2 Wochen und 30. Okt. - 16. Dez. geschl. – **Menu** *(Montag - Dienstagmittag geschl.)*
à la carte 35/80 🍷 – **15 Z** 70/160 – ½ P 28.

TODTNAU Baden-Württemberg **419** W 7, **987** ㉟ – 5 200 Ew – Höhe 661 m – Luftkurort – Wintersport : 660/1 388 m ⬜21 ⬜7.

Sehenswert : Wasserfall★.

Ausflugsziel : Todtnauberg★ (N : 6 km).

🛈 Kurverwaltung, Haus des Gastes, Meinrad-Thoma-Str. 21, ⊠ 79674, ℘ (07671) 3 75, Fax (07671) 99634.

🛈 Kurverwaltung Todtnauberg, Kurhaus, Kurhausstr. 16, ⊠ 79674, ℘ (07671) 6 49, Fax (07671) 9220.

Berlin 800 – Stuttgart 179 – Freiburg im Breisgau 32 – Donaueschingen 56 – Basel 49.

🏠 **Waldeck,** Poche 6 (nahe der B 317, O : 1,5 km), ⊠ 79674, ℘ (07671) 2 16, Fax (07671) 747, 🍴 – ☎ 🅿 🅴 𝐕𝐈𝐒𝐀
7. - 30. April und Nov. - 21. Dez. geschl. – **Menu** (Dienstag - Mittwochmittag geschl.) à la carte 33/46 🍷 – **14 Z** 80/120 – ½ P 25.

In Todtnau-Aftersteg NW : 3 km – Höhe 780 m – Erholungsort :

🍴 **Mühle** 🦮 mit Zim, Talstr. 14, ⊠ 79674, ℘ (07671) 2 13, Fax (07671) 9439, 🍴, « Gemütliche Einrichtung » – 📺 🅿 🅰🅴 🅾 🅴
Anfang Nov. - Mitte Dez. geschl. – **Menu** (April - Okt. Dienstag, Nov. - März Dienstag - Mittwoch geschl.) à la carte 32/65 🍷 – **8 Z** 50/120 – ½ P 25.

In Todtnau-Brandenberg NO : 3,5 km – Höhe 800 m

🏠 **Zum Hirschen,** Kapellenstr. 1 (B 317), ⊠ 79674, ℘ (07671) 18 44, Fax (07671) 8773, 🍴 – 🅿
10. April - 5. Mai und 10. Nov. - 10. Dez. geschl. – **Menu** (Montagabend - Dienstag geschl.) à la carte 28/51 🍷 – **9 Z** 55/106 – ½ P 25.

🍴 **Landgasthaus Kurz** mit Zim, Passtr. 38 (B 317), ⊠ 79674, ℘ (07671) 5 22, Fax (07671) 9230, 🍴 – 📺 🅿 🅴 𝐕𝐈𝐒𝐀
20. Nov. - 15. Dez. geschl. – **Menu** (Mittwoch - Donnerstagmittag geschl.) à la carte 28/55 – **11 Z** 50/110 – ½ P 26.

In Todtnau-Fahl NO : 4,5 km – Höhe 900 m

🏠 **Lawine,** an der B 317, ⊠ 79674, ℘ (07676) 3 55, Fax (07676) 366, ⬜, 🍴 – ⬜ 🅿
🅰🅴 🅾 🅴 𝐕𝐈𝐒𝐀
April 2 Wochen und 9. Nov. - 11. Dez. geschl. – **Menu** (Donnerstag geschl.) à la carte 27/58 🍷 – **18 Z** 65/130 – ½ P 25.

In Todtnau-Herrenschwand S : 14 km – Höhe 1 018 m

🏠 **Waldfrieden** 🦮, Dorfstr. 8, ⊠ 79674, ℘ (07674) 2 32, Fax (07674) 1070, 🍴, 🍴 – 📺 ⬜ 🅿
16. März - 3. April und 9. Nov. - 17. Dez. geschl. – **Menu** (Montagabend - Dienstag geschl.) à la carte 29/58 🍷 – **15 Z** 55/120 – ½ P 23.

In Todtnau-Präg SO : 7 km :

🏠 **Landhaus Sonnenhof** 🦮, Hochkopfstr. 1, ⊠ 79674, ℘ (07671) 5 38, Fax (07671) 1765, 🍴, 🍴 – 🅿 🦮 Zim
März und Nov. jeweils 2 Wochen geschl. – **Menu** (Montag geschl.) à la carte 30/58 – **20 Z** 72/125 – ½ P 25.

In Todtnau-Todtnauberg N : 6 km – Höhe 1 021 m – Luftkurort :

🏨 **Kur- und Sporthotel Mangler** 🦮, Ennerbachstr. 28, ⊠ 79674, ℘ (07671) 6 39, Fax (07671) 8693, ⬅, 🍴, Massage, ⬜, 𝐈𝐬, ⬜, ⬜, ⬜, 🍴 – 🛗 📺 ☎ 🅿 𝐕𝐈𝐒𝐀. 🦮
1. - 18. Dez. geschl. – **Menu** à la carte 35/62 – **32 Z** 145/296 – ½ P 32.

🏨 **Engel,** Kurhausstr. 3, ⊠ 79674, ℘ (07671) 9 11 90, Fax (07671) 9119200, 🍴, ⬜, ⬜,
⬜ – 🛗 📺 ☎ ⬅ 🅿 🅰🅴 𝐕𝐈𝐒𝐀
Anfang Nov. - Anfang Dez. geschl. – **Menu** à la carte 32/60 – **48 Z** 98/190, 3 Suiten – ½ P 28.

🏨 **Sonnenalm** 🦮, Hornweg 21, ⊠ 79674, ℘ (07671) 18 00, Fax (07671) 9212, ⬅ Schwarzwald und Berner Oberland, ⬜, ⬜, 🍴 – 📺 ☎ 🅿. 🦮
5. Nov. - 15. Dez. geschl. – (nur Abendessen für Hausgäste) – **15 Z** 95/170 – ½ P 25.

🏠 **Arnica** 🦮, Hornweg 26, ⊠ 79674, ℘ (07671) 3 74, Fax (07671) 374, ⬅ Schwarzwald und Berner Oberland, ⬜, ⬜, 🍴 – 📺 🅿
Mitte April - Anfang Mai und Nov. - Mitte Dez. geschl. – (nur Abendessen für Hausgäste) – **13 Z** 70/180 – ½ P 25.

Benutzen Sie immer die neuesten Ausgaben
der **Michelin-Straßenkarten** und **Reiseführer.**

TÖGING AM INN Bayern 420 V 21 – 8 200 Ew – Höhe 397 m.
Berlin 612 – München 86 – Landshut 59 – Passau 90 – Salzburg 82.

XX **Schossböck,** Dortmunder Str. 2, ⊠ 84513, ℰ (08631) 9 94 29, Fax (08631) 95268, 佘
– AE ⓞ E VISA
Dienstag und Ende Mai - Anfang Juni geschl. – **Menu** (Tischbestellung ratsam, bemerkenswerte Weinkarte) 59/111 und à la carte 38/70.

TÖLZ, BAD Bayern 419 420 W 18, 987 ⑩ – 16 000 Ew – Höhe 657 m – Heilbad – Heilklimatischer Kurort – Wintersport : 670/1 250 m ≰8 ≰11.
Sehenswert : Marktstraße★.
₉ Wackersberg, Straß 124 (W : 2 km), ℰ (08041) 99 94.
🛭 Städt. Kurverwaltung, Ludwigstr. 11, ⊠ 83646, ℰ (08041) 7 00 71, Fax (08041) 70075.
Berlin 642 – München 53 – Garmisch-Partenkirchen 54 – Innsbruck 97 – Rosenheim 52.

Rechts der Isar :

🏠 **Kolbergarten** garni, Fröhlichgasse 5, ⊠ 83646, ℰ (08041) 90 67, Fax (08041) 9069,
🚗 🔟 ☎ 🅿. AE ⓞ E VISA
15 Z 80/160.

🏠 **Posthotel Kolberbräu,** Marktstr. 29, ⊠ 83646, ℰ (08041) 7 68 80,
Fax (08041) 9069 – 📳 🔟 ☎ 🖙 🅿 – 🔬 30. AE ⓞ E VISA
Menu à la carte 29/52 ⅃ – **43 Z** 80/140 – ½ P 25.

🏠 **Am Wald,** Austr. 39, ⊠ 83646, ℰ (08041) 7 88 30, Fax (08041) 788330, 佘, Massage,
⚕, ⊆s, 🔍, 🚗 – 📳 🔟 ☎ 🅿. AE ⓞ E VISA
7. Nov. - 20. Dez. geschl. – **Menu** (Dienstag geschl.) à la carte 25/58 – **34 Z** 65/110 –
½ P 19.

XX **Altes Fährhaus** ≫ mit Zim, An der Isarlust 1, ⊠ 83646, ℰ (08041) 60 30,
Fax (08041) 72270, ≼, 佘 – 🔟 ☎ 🅿
Feb. - März und Nov. jeweils 2 Wochen geschl. – **Menu** (Montag - Dienstag geschl.) à la carte
66/94 – **5 Z** 125/180.

X **Weinstube Schwaighofer,** Marktstr. 17, ⊠ 83646, ℰ (08041) 27 62 – E
Mittwoch, Aug. 2 Wochen und Anfang Nov. 1 Woche geschl. – **Menu** à la carte 40/63.

Links der Isar :

🏨 **Jodquellenhof** ≫, Ludwigstr. 15, ⊠ 83646, ℰ (08041) 50 90, Fax (08041) 509441,
佘, direkter Zugang zum Kurmittelhaus und Alpamare-Badezentrum – 📳 🔟 ☎ 🖙 🅿
– 🔬 60. AE ⓞ E VISA. ⚘ Rest
Menu à la carte 46/72 – **81 Z** 160/470 – ½ P 20.

🏨 **Bellaria** ≫ garni, Ludwigstr. 22, ⊠ 83646, ℰ (08041) 8 00 80, Fax (08041) 800844,
Massage, ⚕, ⊆s, 🚗 – 📳 🔟 ☎ 🅿. AE ⓞ E VISA. ⚘
24 Z 120/180.

🏨 **Alpenhof** ≫ garni, Buchener Str. 14, ⊠ 83646, ℰ (08041) 7 87 40,
Fax (08041) 72383, ₆, ⊆s, 🔍, 🚗 – 📳 ⅍ 🔟 ☎ 🖙 🅿. E. ⚘
Ende Nov. - 22. Dez. geschl. – **28 Z** 115/200.

🏨 **Tölzer Hof** ≫, Rieschstr. 21, ⊠ 83646, ℰ (08041) 80 60, Fax (08041) 806333, 佘,
⚕, ⊆s, 🚗 – 📳, ⅍ Zim, 🔟 ☎ ৬, 🖙 🅿 – 🔬 30. AE ⓞ E VISA. ⚘ Rest
Menu à la carte 38/65 – **82 Z** 120/240, 4 Suiten – ½ P 28.

🏠 **Alexandra,** Kyreinstr. 13, ⊠ 83646, ℰ (08041) 7 84 30, Fax (08041) 784399, ⊆s, 🚗
– 🔟 ☎ 🖙 🅿. E. ⚘
(nur Abendessen für Hausgäste) – **23 Z** 85/170.

🏠 **Kurhotel Tannenberg** ≫ garni, Tannenbergstr. 1, ⊠ 83646, ℰ (08041) 7 66 50,
Fax (08041) 766565, ⚕, ⊆s, 🚗 – 📳 ☎ 🅿. ⚘
16 Z 90/160.

🏠 **Haus an der Sonne** garni, Ludwigstr. 12, ⊠ 83646, ℰ (08041) 61 21,
Fax (08041) 2609, ⊆s – 📳 ⅍ ☎ 🅿. AE ⓞ E VISA
Mitte Nov. - Mitte Dez. geschl. – **20 Z** 80/160.

TOPPENSTEDT Niedersachsen 415 416 G 14 – 1 100 Ew – Höhe 50 m.
Berlin 297 – Hannover 117 – Hamburg 54 – Lüneburg 27.

In Toppenstedt-Tangendorf N : 4 km :

🏠 **Gasthof Voßbur,** Wulfsener Str. 4, ⊠ 21442, ℰ (04173) 51 36 00, Fax (04173) 81 81,
佘 – 🔟 ☎ 🖙 🅿 – 🔬 30. E VISA
Ende Dez. - Mitte Jan. geschl. – **Menu** (Donnerstag geschl.) à la carte 32/62 – **21 Z** 77/145.

TORGAU Sachsen **418** L 23, **984** ⑲, **987** ⑱ – 21 400 Ew – Höhe 85 m.

  🛈 Torgau-Information, Schloßstr. 11, ⊠ 04860, ℘ (03421) 71 25 71, Fax (03421) 710280.

  Berlin 129 – Dresden 83 – Leipzig 53 – Wittenberg 49.

  🏨 **Central-Hotel,** Friedrichplatz 8, ⊠ 04860, ℘ (03421) 71 00 26, Fax (03421) 710027
  ⇔ – 🛗 📺 ☎ 🅿 – 🔏 20. 🝙 ⓞ 🗲 🆅🆂🅰 🃏
  Menu (Sonntag geschl.) à la carte 24/50 ⅋ – **38 Z** 90/220.

TORNESCH Schleswig-Holstein **415 416** E 13 – 9 000 Ew – Höhe 11 m.

  Berlin 315 – Kiel 104 – Hamburg 33 – Itzehoe 35.

  🏠 **Esinger Hof** garni, Denkmalstr. 7 (Esingen), ⊠ 25436, ℘ (04122) 9 52 70,
  Fax (04122) 952769 – 📺 ☎ 🕭 🅿
  23 Z 80/120.

TRABEN-TRARBACH Rheinland-Pfalz **417** Q 5, **987** ㉖ – 6 500 Ew – Höhe 120 m – Luftkurort.

  🛈 Kurverwaltung und Verkehrsamt in Traben, Bahnstr. 22, ⊠ 56841, ℘ (06541) 90 11, Fax (06541) 839839.

  Berlin 673 – Mainz 104 – Bernkastel-Kues 24 – Cochem 55 – Trier 60.

Im Ortsteil Traben :

  🏨 **Oase Moselschlößchen,** Neue Rathausstr. 12, ⊠ 56841, ℘ (06541) 83 20,
  Fax (06541) 832255, �ި , 🖛 – 🛗 📺 ☎ 🚗 – 🔏 100
  Menu à la carte 35/68 – **69 Z** 178/256 – ½ P 35.

  🏨 **Rema-Hotel Bellevue** 🐾, Am Moselufer, ⊠ 56841, ℘ (06541) 70 30,
  Fax (06541) 703400, ≼, 🌖, « Um 1900 erbautes Jugendstil-Haus mit modernem
  Anbau », 🖛, 🔲 – 🛗 📺 ☎ – 🔏 30. 🝙 ⓞ 🗲 🆅🆂🅰 🃏 🛠 Rest
  Menu à la carte 45/78 – **62 Z** 110/280, 12 Suiten – ½ P 38.

  🏨 **Krone** 🐾, An der Mosel 93, ⊠ 56841, ℘ (06541) 8 38 70, Fax (06541) 838760, ≼, 🌖,
  🙉 🌖, 🚾 – 📺 ☎ 🚗 🅿 – 🔏 40. 🗲 🅿
  Menu (Montag geschl.) (nur Abendessen) 39/49 und à la carte – **25 Z** 87/175 – ½ P 35.

  🏠 **Bisenius** 🐾, An der Mosel 56, ⊠ 56841, ℘ (06541) 68 10, Fax (06541) 6805, ≼, 🖛,
  🔲, 🚾 – 📺 ☎ 🅿 🆅🆂🅰
  Nov. 3 Wochen geschl. – (nur Abendessen für Hausgäste) – **12 Z** 85/150.

  🏠 **Trabener Hof** garni, Bahnstr. 25, ⊠ 56841, ℘ (06541) 7 00 80, Fax (06541) 700888
  – 📺 🗲
  22 Z 70/160.

Im Ortsteil Trarbach :

  🏨 **Moseltor,** Moselstr. 1, ⊠ 56841, ℘ (06541) 65 51, Fax (06541) 4922, 🌙 – 📺 ☎ 🚗.
  🙉 🝙 ⓞ 🗲 🆅🆂🅰 🃏 🛠 Rest
  Feb. geschl. – **Menu** (Dienstag geschl.) (nur Abendessen) à la carte 42/64 – **11 Z** 85/185
  – ½ P 35.

  🏠 **Zur Goldenen Traube,** Am Markt 8, ⊠ 56841, ℘ (06541) 60 11, Fax (06541) 6013
  – ☎. 🝙 ⓞ 🗲 🆅🆂🅰
  Menu à la carte 37/59 – **15 Z** 65/130 – ½ P 25.

TRASSEM Rheinland-Pfalz siehe Saarburg.

TRASSENHEIDE Mecklenburg-Vorpommern siehe Usedom (Insel).

TRAUNSTEIN Bayern **420** W 21, **987** ㊵ ㊶ – 17 600 Ew – Höhe 600 m – Wintersport : 🎿 4.

  🛈 Städt. Verkehrsamt, im Stadtpark (Kulturzentrum), ⊠ 83278, ℘ (0861) 6 52 73, Fax (0861) 65298.

  ADAC, Ludwigstr. 12c, ⊠ 83278, ℘ (0861) 98 99 68, Fax (0861) 15191.

  Berlin 674 – München 112 – Bad Reichenhall 35 – Rosenheim 53 – Salzburg 41.

  🏨 **Park-Hotel Traunsteiner Hof,** Bahnhofstr. 11, ⊠ 83278, ℘ (0861) 6 90 41,
  Fax (0861) 8512, Biergarten – 🛗 📺 ☎ 🚗 🅿 – 🔏 30. 🝙 ⓞ 🗲 🆅🆂🅰
  Menu (Samstag, Mitte - Ende Okt. und 1. - 7. Jan. geschl.) à la carte 35/60 – **57 Z** 95/190.

  ✗ **Brauerei Schnitzlbaumer,** Stadtplatz 13, ⊠ 83278, ℘ (0861) 45 34,
  ⇔ Fax (0861) 4203. 🝙 🗲 🆅🆂🅰
  Samstagmittag, Sonntag und Mitte - Ende Jan. geschl. – **Menu** à la carte 24/53.

In Traunstein-Hochberg SO : 5 km – Höhe 775 m

⚓ **Alpengasthof Hochberg** ⟋, Hochberg 6, ⊠ 83278, ℘ (0861) 42 02,
Fax (0861) 1669777, ≼, Biergarten – ⟋ **☻**
Anfang Nov. - Anfang Dez. geschl. – **Menu** (Dienstag - Mittwochmittag geschl.) à la carte
21/38 – **17 Z** 52/104.

TREBBIN Brandenburg ⓐⓐⓑ J 23, ⓐⓑⓐ ⑮ – 4 400 Ew – Höhe 50 m.
Berlin 56 – Potsdam 29 – Brandenburg 62 – Frankfurt (Oder) 101 – Wittenberg 68.

🏨 **Parkhotel Trebbin,** Parkstr. 5, ⊠ 14959, ℘ (033731) 7 10, Fax (033731) 71111, 🏤
– |🛗|, ⇥ Zim, 📺 ☎ ✆ & ⟋ **☻** – 🔏 70. 🕮 ⓪ **E** **VISA**
Menu (Montag - Freitag nur Abendessen) à la carte 36/53 ⅃ – **38 Z** 120/150.

TREBEN Thüringen siehe Altenburg.

TREBSEN (MULDE) Sachsen ⓐⓑⓐ M 22 – 3 600 Ew – Höhe 130 m.
Berlin 181 – Dresden 85 – Leipzig 36 – Chemnitz 79.

🏠 **Schloßblick,** Markt 8, ⊠ 04687, ℘ (034383) 60 80, Fax (034383) 42237 – 📺 ☎
🔏 30. 🕮
Menu à la carte 26/41 – **34 Z** 75/105.

TREBUR Hessen ⓐⓐⓑ Q 9 – 11 000 Ew – Höhe 86 m.
Berlin 571 – Wiesbaden 25 – Frankfurt am Main 38 – Darmstadt 21 – Mainz 19.

🏨 **Zum Erker,** Hauptstr. 1, ⊠ 65468, ℘ (06147) 9 14 80, Fax (06147) 914840, 🏤 –
⇥ Zim, 📺 ☎ **☻** – 🔏 50. 🕮 **E** **VISA**
Menu (Sonntagabend - Montag geschl.) à la carte 36/66 ⅃ – **26 Z** 100/180.

TREFFELSTEIN-KRITZENTHAL Bayern siehe Waldmünchen.

TREIA Schleswig-Holstein ⓐⓑⓐ C 11, ⓐⓑⓐ ⑤ – 1 500 Ew – Höhe 20 m.
Berlin 406 – Kiel 70 – Flensburg 45 – Hamburg 137 – Schleswig 19.

🍴 Osterkrug mit Zim, Treenestr. 30 (B 201), ⊠ 24896, ℘ (04626) 5 50, Fax (04626) 1502,
🏤, « Gemütlich-rustikaler Gasthof a.d.18. Jh. », ⥤ – 📺 ☎ **☻**
8 Z.

TREIS-KARDEN Rheinland-Pfalz ⓐⓐⓑ P 5 – 2 600 Ew – Höhe 85 m.
🅑 Verkehrsamt, Marktplatz (Treis), ⊠ 56253, ℘ (02672) 61 37, Fax (02672) 2780.
Berlin 633 – Mainz 100 – Koblenz 37 – Cochem 12.

Im Ortsteil Karden :

🏨 **Schloß-Hotel Petry,** St. Castor Str. 80, ⊠ 56253, ℘ (02672) 93 40, Fax (02672) 8423,
🏤, ⥤ – |🛗|, ⇥ Zim, 📺 ☎ & ⟋ **☻** – 🔏 50. 🕮 ⓪ **E** **VISA**
Menu à la carte 32/63 – **74 Z** 62/184 ½ P 30.

🏠 **Brauer,** Moselstr. 26, ⊠ 56253, ℘ (02672) 12 11, Fax (02672) 8910, ≼, 🏤 – ⟋ **☻**. ⚘
Mitte Dez. - Mitte Feb. geschl. – **Menu** à la carte 30/55 – **33 Z** 50/120.

In Treis-Karden-Lützbach O : 4 km :

🏨 **Ostermann,** an der B 49, ⊠ 56253, ℘ (02672) 12 38, Fax (02672) 7789, ≼, 🏤, ⥤,
🔲, 🌫 – ⇥ Zim, 📺 ☎ ⟋ **☻** – 🔏 40
Menu à la carte 34/63 – **26 Z** 80/140.

In Müden O : 4 km :

🏠 **Sewenig,** Moselstr. 82, ⊠ 56254, ℘ (02672) 13 34, Fax (02672) 1730, ≼, 🏤, 🛁, ⥤
– |🛗| 📺 **☻** ⓪ **E** **VISA**. ⚘ Rest
Jan. geschl. – **Menu** (Nov. - Feb. Dienstag geschl.) à la carte 24/56 ⅃ – **30 Z** 70/130.

TRENT Mecklenburg-Vorpommern siehe Rügen (Insel).

TREUCHTLINGEN Bayern ⓐⓐⓑ ⓐⓐ⓪ T 16, ⓐⓑⓐ ㉘ – 13 300 Ew – Höhe 414 m – Erholungsort.
🅑 Verkehrsbüro, Haus des Gastes (Schloß), ⊠ 91757, ℘ (09142) 31 21, Fax (09142) 3120.
Berlin 493 – München 131 – Augsburg 73 – Nürnberg 66 – Ulm (Donau) 110.

🏨 **Gästehaus Stuterei Stadthof** garni, Luitpoldstr. 27, ⊠ 91757, ℘ (09142) 9 69 60,
Fax (09142) 969696, 🌫 – 📺 ☎ & **☻** – 🔏 25. 🕮 **E** **VISA**. ⚘
22. Dez. - 6. Jan. geschl. – **33 Z** 89/149.

TREUEN Sachsen 𝟜𝟙𝟠 𝟜𝟚𝟘 O 20, 𝟡𝟠𝟜 ㉓ ㉗, 𝟡𝟠𝟟 ㉙ – 7 200 Ew – Höhe 470 m.
Berlin 298 – Dresden 143 – *Gera 51* – Plauen 10.

🏨 **Wettin**, Bahnhofstraße, ⊠ 08233, ℰ (037468) 26 90, Fax (037468) 4752 – 📺 ☎ 📞
🕿 🅿 – 🛏 20. 🖭 🖻 𝘝𝘐𝘚𝘈
Menu à la carte 23/49 – **16 Z** 95/150.

TRIBERG Baden-Württemberg 𝟜𝟙𝟡 V 8, 𝟡𝟠𝟟 ㊲ ㊳ – 6 000 Ew – Höhe 700 m – Heilklimatischer Kurort – Wintersport : 800/1 000 m ⤓1 ⤒2.
Sehenswert : Wasserfall★ – Wallfahrtskirche "Maria in der Tanne" (Ausstattung★) – Schwarzwaldbahn ★.
🖪 Kurverwaltung, Kurhaus, ⊠ 78098, ℰ (07722) 95 32 30, Fax (07722) 953236.
Berlin 765 – Stuttgart 139 – *Freiburg im Breisgau 61* – Offenburg 56 – Villingen-Schwenningen 26.

🏨 **Parkhotel Wehrle** (mit Gästehäusern, 🔃), Gartenstr. 24, ⊠ 78098, ℰ (07722) 8 60 20, Fax (07722) 860290, 🌤, « Park », 🕿s, 🏊, 🏊 – 🌡 📺 🍴 🅿. 🖭 ⓞ 🖻 𝘝𝘐𝘚𝘈 𝘑𝘊𝘉
Menu 78/98 und à la carte 44/86 – **Alte Schmiede** : **Menu** à la carte 36/58 – **54 Z** 109/298 – ½ P 40.

🏨 **Adler** garni, Hauptstr. 52, ⊠ 78098, ℰ (07722) 45 74, Fax (07722) 4556 – 📺 ☎ 🅿. 🖭 ⓞ 🖻 𝘝𝘐𝘚𝘈
10 Z 70/140.

🏨 **Berg-Café** 🍴, Hermann-Schwer-Str. 6, ⊠ 78098, ℰ (07722) 40 03, Fax (07722) 21114, ≤, 🌤 – 📺 ☎ 🍴
Jan. - 14. Feb. geschl. – **Menu** (Dienstag geschl.) à la carte 29/50 ⚓ – **9 Z** 55/136 – ½ P 26.

🏨 **Central** garni, Hauptstr. 64, ⊠ 78098, ℰ (07722) 43 60, Fax (07722) 4360 – 🔃 📺 ☎ 🍴. 🖭 🖻 𝘝𝘐𝘚𝘈
14 Z 56/98.

In Triberg-Gremmelsbach NO : 9 km (Zufahrt über die B 33 Richtung St. Georgen, auf der Wasserscheide Sommerau links ab) :

🏨 **Staude** 🍴, Obertal 20 – Höhe 889 m, ⊠ 78098, ℰ (07722) 48 02, ≤, 🌤, 🌳 – 🅿
🕿 Ende Okt. - Mitte Nov. geschl. – **Menu** (Dienstag geschl.) à la carte 23/59 (auch vegetarische Gerichte) – **14 Z** 57/126 – ½ P 20.

TRIER Rheinland-Pfalz 𝟜𝟙𝟟 Q 3, 𝟡𝟠𝟟 ㉕ – 99 000 Ew – Höhe 124 m.
Sehenswert : Porta Nigra★★ DX – Liebfrauenkirche★ (Grabmal des Domherren Metternich★) DX – Kaiserthermen★★ DY – Rheinisches Landesmuseum★★ DY – Dom★ (Domschatzkammer★, Kreuzgang ≤★, Inneres Tympanon★ des südlichen Portals) DX – Bischöfliches Museum ★ DX M1 – Palastgarten★ DY – St. Paulin★ DX – Schatzkammer der Stadtbibliothek★★ DY B – Hauptmarkt★ DX – Dreikönigenhaus★ DX K.
Ausflugsziel : Moseltal★★ (von Trier bis Koblenz).
🖪 Touristik-Information, an der Porta Nigra, ⊠ 54290, ℰ (0651) 97 80 80, Fax (0651) 44759.
ADAC, Fahrstr. 3, ⊠ 54290, ℰ (0651) 9 94 10 33, Fax (0651) 73984.
Berlin 719 ① – Mainz 162 ① – Bonn 143 ① – Koblenz 124 ① – Luxembourg 47 ③ – Metz 98 ② – Saarbrücken 93 ①

Stadtplan siehe gegenüberliegende Seite

🏨 **Dorint-Hotel**, Porta-Nigra-Platz 1, ⊠ 54292, ℰ (0651) 2 70 10, Fax (0651) 2701170 – 🔃, 🍴 Zim, 📺 – 🛏 90. 🖭 ⓞ 🖻 𝘝𝘐𝘚𝘈 𝘑𝘊𝘉   DX z
Menu à la carte 44/77 – **106 Z** 220/318.

🏨 **Ramada**, Kaiserstr. 29, ⊠ 54290, ℰ (0651) 9 49 50, Fax (0651) 9495666, 🌤 – 🔃, 🍴 Zim, 🍽 Rest, 📺 ☎ 🍴 ﹠, 🍴 – 🛏 580. 🖭 ⓞ 🖻 𝘝𝘐𝘚𝘈 𝘑𝘊𝘉   CY s
Menu à la carte 40/68 – **130 Z** 168/247.

🏨 **Deutscher Hof**, Südallee 25, ⊠ 54290, ℰ (0651) 9 77 80, Fax (0651) 9778400, 🌤 – 🔃, 🍴 Zim, 📺 ☎ 📞 ﹠ 🍴 🅿 – 🛏 110. 🖭 🖻 𝘝𝘐𝘚𝘈 𝘑𝘊𝘉   CY g
20. Dez. - 15. Jan. geschl. – **Menu** à la carte 38/58 – **105 Z** 110/185.

🏨 **Villa Hügel** 🍴 garni, Bernhardstr. 14, ⊠ 54295, ℰ (0651) 3 30 66, Fax (0651) 37958, ≤, « Jugendstil-Villa a.d.J.1914 mit geschmackvoller Einrichtung », 🕿s, 🏊 – 🍴 📺 ☎ 🍴 🅿. 🖭 ⓞ 🖻 𝘝𝘐𝘚𝘈 𝘑𝘊𝘉   V s
34 Z 110/235.

🏨 **Römischer Kaiser**, Porta-Nigra-Platz 6, ⊠ 54292, ℰ (0651) 9 77 00, Fax (0651) 977099, 🌤 – 🔃 📺 ☎ ﹠ 🅿 – 🛏 15. 🖭 ⓞ 🖻 𝘝𝘐𝘚𝘈   DX u
Menu (Sonntagabend geschl.) à la carte 43/68 – **43 Z** 110/210.

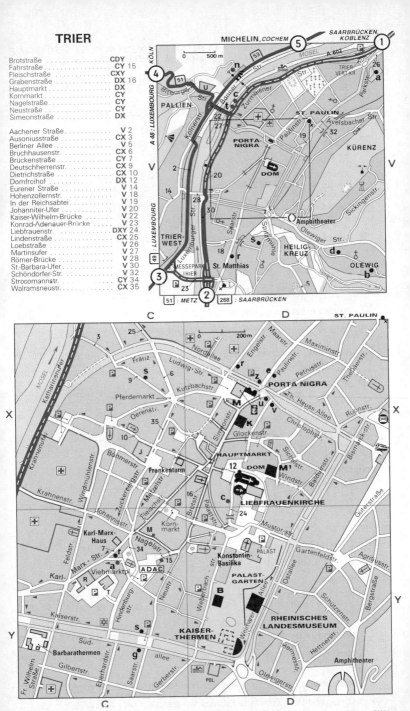

TRIER

1045

Nell's Park Hotel, Dasbachstr. 12, ⊠ 54292, ℰ (0651) 1 44 40, Fax (0651) 1444222, ≼, ㄏ, « Park » – ᶲ, ⇜ Zim, ⫿⫿ ☎ ❶ – 益 60. ⴀⴱ ⓪ ⴹ 𝘝𝘐𝘚𝘈 ᴊᴄʙ
V a
Menu à la carte 29/65 – **56 Z** 112/215.

Altstadt-Hotel Ⓜ garni, Am Porta-Nigra-Platz, ⊠ 54292, ℰ (0651) 4 80 41, Fax (0651) 41293 – ᶲ ⫿⫿ ☎ ⴵ ❶. ⴀⴱ ⓪ ⴹ 𝘝𝘐𝘚𝘈
DX v
56 Z 110/210.

Alte Villa, Saarstr. 133, ⊠ 54290, ℰ (0651) 93 81 20, Fax (0651) 9381212, ㄏ, ⇌
– ⇜ Zim, ⫿⫿ ☎ ⴵ. ⴀⴱ ⓪ ⴹ 𝘝𝘐𝘚𝘈
V r
Menu (Montag geschl.) à la carte 47/63 – **20 Z** 98/220.

Paulin garni, Paulinstr. 13, ⊠ 54292, ℰ (0651) 14 74 00, Fax (0651) 1474010 – ᶲ ⇜
⫿⫿ ☎ ⇦ ❶. ⴀⴱ ⴹ 𝘝𝘐𝘚𝘈
DX e
24 Z 130/190.

Kessler garni, Brückenstr. 23, ⊠ 54290, ℰ (0651) 97 81 70, Fax (0651) 9781797 – ᶲ
⇜ ⫿⫿ ☎ ⇦ ❶. ⴀⴱ ⴹ 𝘝𝘐𝘚𝘈
CY r
21 Z 100/250.

Casa Calchera garni, Engelstr. 8, ⊠ 54292, ℰ (0651) 27 07 30, Fax (0651) 27881 –
ᶲ ⇜ ⫿⫿ ☎ ❶. ⴀⴱ ⓪ ⴹ 𝘝𝘐𝘚𝘈. #ㄠ
DX r
über Weihnachten geschl. – **21 Z** 100/200.

Deutschherrenhof garni, Deutschherrenstr. 32, ⊠ 54290, ℰ (0651) 97 54 20, Fax (0651) 42395 – ⫿⫿ ☎ ⇦. ⴀⴱ 𝘝𝘐𝘚𝘈
CX s
15 Z 90/180.

Pfeffermühle, Zurlaubener Ufer 76, ⊠ 54292, ℰ (0651) 2 61 33, ㄏ – ❶. ⴹ 𝘝𝘐𝘚𝘈.
ㄠ
V t
Sonntag-Montagmittag und 23. Dez. - 2 Jan. geschl. – **Menu** (Tischbestellung ratsam, bemerkenswerte Weinkarte) 55 (mittags) und à la carte 67/92.

Palais Kesselstatt, Liebfrauenstr. 10, ⊠ 54290, ℰ (0651) 4 02 04, Fax (0651) 42308,
ㄏ – ⴀⴱ ⓪ ⴹ 𝘝𝘐𝘚𝘈
DX c
Sonntag - Montag und Feb. geschl. – **Menu** (bemerkenswerte Weinkarte) à la carte 42/75.

Bagatelle, Zurlaubener Ufer 78, ⊠ 54292, ℰ (0651) 2 97 22, Fax (0651) 27754, ㄏ
– ⴀⴱ ⓪ ⴹ 𝘝𝘐𝘚𝘈 ᴊᴄʙ
V c
über Fasching 2 Wochen geschl. – **Menu** à la carte 47/70.

Schlemmereule, Antoniusstr. 7, ⊠ 54290, ℰ (0651) 7 36 16, Fax (0651) 73616, ㄏ
– ⴀⴱ ⓪ ⴹ 𝘝𝘐𝘚𝘈
CY a
Sonntagmittag und Montag geschl. – **Menu** à la carte 50/68.

Auf dem Kockelsberg ④ : 5 km :

Berghotel Kockelsberg ㄠ (mit Gästehaus), ⊠ 54293 Trier, ℰ (0651) 8 24 80 00, Fax (0651) 8248290, ≼ Trier, ㄏ – ⫿⫿ ☎ ❶. ⴀⴱ ⓪ ⴹ 𝘝𝘐𝘚𝘈
Menu à la carte 27/55 – **32 Z** 60/140.

In Trier-Ehrang ⑤ : 8 km :

Kupfer-Pfanne, Ehranger Str. 200 (B 53), ⊠ 54293, ℰ (0651) 6 65 89, Fax (0651) 66589, « Gartenterrasse » – ⴹ. ㄠ
Samstagmittag und Donnerstag geschl. – **Menu** (Tischbestellung ratsam) à la carte 45/72.

In Trier-Euren SW : 3 km über Eurener Str. V :

Eurener Hof, Eurener Str. 171, ⊠ 54294, ℰ (0651) 8 24 00, Fax (0651) 800900, ㄏ, « Rustikale Einrichtung », ⇌, ◫ – ᶲ ⫿⫿ ❶ – 益 30. ⴀⴱ ⴹ 𝘝𝘐𝘚𝘈
Menu à la carte 35/70 ⴵ – **63 Z** 118/260.

In Trier-Olewig :

Blesius-Garten (ehemaliges Hofgut a.d.J. 1789), Olewiger Str. 135, ⊠ 54295, ℰ (0651) 3 60 60, Fax (0651) 360633, ㄏ, ⇌, ◫ – ᶲ ⫿⫿ ☎ ❶ – 益 100. ⴀⴱ ⓪ ⴹ
𝘝𝘐𝘚𝘈
V d
Menu à la carte 28/65 – **60 Z** 98/215.

Weinhaus Becker mit Zim, Olewiger Str. 206, ⊠ 54295, ℰ (0651) 93 80 80, Fax (0651) 9380888 – ⫿⫿ ☎. ㄠ Zim
V b
Menu (Montag geschl.) (wochentags nur Abendessen) à la carte 45/74 – **18 Z** 80/160.

In Trier-Pallien :

Weisshaus, Weisshaus 1 (bei der Bergstation der Kabinenbahn), ⊠ 54293, ℰ (0651) 8 34 33, ≼ Trier, ㄏ, Biergarten – ⴵ ❶. ⴀⴱ ⓪ ⴹ 𝘝𝘐𝘚𝘈
V n
Montag und Mitte Jan. - Mitte Feb. geschl. – **Menu** à la carte 40/68.

In Trier-Pfalzel ⑤ : *7 km* :

🏠 **Klosterschenke** 🦢, Klosterstr. 10, ✉ 54293, 𝒫 (0651) 96 84 40, *Fax (0651) 9684430*, 🍽, « Ehem. kleines Kloster a.d.12.Jh. » – 📺 ☎ 🅿. 𝔸𝔼 𝐄 𝘝𝘐𝘚𝘈 𝖩𝖢𝖡
Menu à la carte 32/60 – **11 Z** 100/165.

In Trier-Zewen *SW : 7 km über* ③ :

🏠 **Rebenhof,** Wasserbilliger Str. 34 (B 49), ✉ 54294, 𝒫 (0651) 82 71 70, *Fax (0651) 8271733* – 📺 ☎ 🅿. 𝔸𝔼 𝐄. 🍸
Menu *(Sonntagabend und Freitag geschl.)* à la carte 25/56 – **13 Z** 45/100.

🍴 **Ambiente** mit Zim, Kettenstr. 4, ✉ 54294, 𝒫 (0651) 82 72 80, *Fax (0651) 8272844*, 🍽 – 📺 ☎ 🅿. 𝔸𝔼 ⓞ 𝐄 𝘝𝘐𝘚𝘈
Menu *(Samstagmittag und über Fasching geschl.)* à la carte 56/83 – **13 Z** 87/157.

An der B 51 *SW : 5 km über* ② :

🏠 **Estricher Hof,** ✉ 54296 Trier, 𝒫 (0651) 93 80 40, *Fax (0651) 309081*, ≤, 🍽 – 🛗 📺 𝘝𝘐𝘚𝘈 ☎ 🔥 ⇔ 🅿 – 🕍 30. 𝔸𝔼 𝐄 𝘝𝘐𝘚𝘈
Menu *(Montagmittag geschl.)* à la carte 33/60 – **16 Z** 85/150.

In Igel *SW : 8 km über* ③ :

🏠 **Igeler Säule**, Trierer Str. 41 (B 49), ✉ 54298, 𝒫 (06501) 9 26 10, *Fax (06501) 926140*, 🍽, ≘s, 🎱 – 🛌 Zim, 📺 ☎ ⇔ 🅿 – 🕍 80. 𝐄 𝘝𝘐𝘚𝘈
Menu *(Montagmittag geschl.)* à la carte 28/69 🥃 – **26 Z** 80/150.

In Mertesdorf *O : 9 km über Loebstraße* V :

🏠 **Weis** 🦢, Eitelsbacher Str. 4, ✉ 54318, 𝒫 (0651) 9 56 10, *Fax (0651) 9561150*, ≤, 🍽 – 🛗, 🛌 Zim, 📺 ☎ ⇔ 🅿 – 🕍 85. 𝔸𝔼 𝐄 𝘝𝘐𝘚𝘈. 🍸 Rest
Menu *(1. - 15. Jan. geschl.)* à la carte 32/60 🥃 – **57 Z** 80/148.

🍴 **Grünhäuser Mühle,** Hauptstr. 4, ✉ 54318, 𝒫 (0651) 5 24 34, *Fax (0651) 53946*, 🍽 – 🅿. 𝔸𝔼 ⓞ 𝐄 𝘝𝘐𝘚𝘈
Montagmittag, Mittwochmittag und Samstagmittag sowie Dienstag geschl. – **Menu** à la carte 40/64.

MICHELIN-REIFENWERKE KGaA. ✉ 54293 Trier-Pfalzel (über ⑤ : 7 km), Eltzstr. 20, 𝒫 (0651) 68 10 Fax (0651) 681234.

TRIPPSTADT *Rheinland-Pfalz* 𝟺𝟷𝟽 *R 7 – 3 000 Ew – Höhe 420 m – Luftkurort.*
🛈 *Verkehrsamt, Hauptstr. 32,* ✉ *67705,* 𝒫 *(06306) 3 41, Fax (06306) 1529.*
Berlin 663 – Mainz 96 – Saarbrücken 80 – Pirmasens 34 – Kaiserslautern 13.

🏠 **Gunst** 🦢 garni, Hauptstr. 99a, ✉ 67705, 𝒫 (06306) 17 85, *Fax (06306) 1785*, 🛶 – 📺 🅿
Nov. geschl. – **11 Z** 45/90.

TRIPTIS *Thüringen* 𝟺𝟷𝟾 *N 19,* 𝟿𝟾𝟺 ㉓, 𝟿𝟾𝟽 ㉙ – *7 500 Ew – Höhe 410 m.*
Berlin 256 – Erfurt 85 – Gera 41.

In Triptis-Oberpöllnitz *NO : 2 km* :

🏠 **Zur Goldenen Aue,** Mittelpöllnitzer Str. 1, ✉ 07819, 𝒫 (036482) 37 00, *Fax (036482) 37053,* Biergarten, ≘s, 🛶 – 🛗, 🛌 Zim, 📺 ☎ 🅿 – 🕍 150
35 Z.

In Miesitz *W : 1,5 km* :

🏠 **Wutzler,** Hauptstr. 18 (B 281), ✉ 07819, 𝒫 (036482) 3 08 47, *Fax (036482) 30848,* Biergarten – 🛗 📺 ☎ 🅿 – 🕍 35. 𝔸𝔼 ⓞ 𝐄 𝘝𝘐𝘚𝘈
Menu à la carte 24/45 – **35 Z** 90/130.

In Auma - Gütterlitz *SO : 2 km* :

🏠 **Zur Linde,** Ortsstr. 26, ✉ 07955, 𝒫 (036626) 2 03 67, *Fax (036626) 20367,* Biergarten – 📺 ☎ 🅿 – 🕍 40. 𝔸𝔼 ⓞ 𝐄 𝘝𝘐𝘚𝘈
Menu à la carte 24/42 – **16 Z** 76/140.

TRITTAU *Schleswig-Holstein* 𝟺𝟷𝟻 𝟺𝟷𝟼 *F 15,* 𝟿𝟾𝟽 ⑤ – *7 000 Ew – Höhe 40 m.*
Berlin 261 – Kiel 88 – Hamburg 38 – Lübeck 46.

🏠 **Vorburg** garni, Vorburgstr. 3, ✉ 22946, 𝒫 (04154) 8 44 10, *Fax (04154) 844111* – 📺 ☎ 🅿. 𝔸𝔼 ⓞ 𝐄 𝘝𝘐𝘚𝘈
20 Z 75/110.

TRITTENHEIM Rheinland-Pfalz **417** Q 4, **987** ㉖ – 1 300 Ew – Höhe 121 m – Erholungsort.
🏛 Verkehrsamt, Moselweinstr. 55, ✉ 54349, ℘ (06507) 22 27, Fax (06507) 2040.
Berlin 700 – Mainz 138 – Bernkastel-Kues 25 – Trier 34.

🏠 **Moselperle,** Moselweinstr. 42, ✉ 54349, ℘ (06507) 22 21, Fax (06507) 6737, 😊 –
⬜ 🄿 🖭 ⏺ 🄴 *VISA*
Dez. - Jan. geschl. – **Menu** (Montag geschl.) à la carte 27/53 ⅋ – **14 Z** 65/130.

✕✕ **Landgasthof Grans Fassian,** Moselpromenade 4, ✉ 54349, ℘ (06507) 20 33,
Fax (06507) 701092, 😊 – 🄴
Montag geschl. – **Menu** à la carte 45/60.

In Naurath/Wald-Büdlicherbrück S : 8 km :
✕✕ **Landhaus St. Urban** 😊 mit Zim, Im Dhrontal, ✉ 54426, ℘ (06509) 9 14 00,
❀ Fax (06509) 914040, 😊 – 🖭 ☎ 🄿 🖭 🄴 *VISA*
Jan. 2 Wochen geschl. – **Menu** (Dienstag - Mittwochmittag geschl.) à la carte 75/108 –
10 Z 95/180
Spez. Lauwarmer Kartoffelsalat mit Hummer und Kalbskopf in Balsamico. Gefüllter Arti-
schockenboden mit Gänsestopfleber und Taubenbrust. Millefeuille von Mandelkrokant-
blättern mit Beeren.

In Bescheid S : 10 km über Büdlicherbrück :
🏠 **Forellenhof** 😊, Im Dhrontal, ✉ 54413, ℘ (06509) 9 15 00, Fax (06509) 915050, 😊,
🐾 Wildgehege, 🐎, 🐎 – 🖭 🄿 🄴
Menu à la carte 24/50 ⅋ – **20 Z** 55/110 – ½ P 18.

✕✕ **Zur Malerklause,** Im Hofecken 2, ✉ 54413, ℘ (06509) 5 58, Fax (06509) 1082, 😊
😊 – 🄿 🄴
Montag - Dienstag, Jan. 3 Wochen und Sept. 2 Wochen geschl. – **Menu** (Mittwoch - Samstag
nur Abendessen) (Tischbestellung ratsam) à la carte 45/80.

TROCHTELFINGEN Baden-Württemberg **419** V 11 – 6 200 Ew – Höhe 720 m – Erholungsort
– Wintersport : 690/815 m ⚡2 ⚡2.
🏛 Verkehrsamt, Rathaus, Rathausplatz 9, ✉ 72818, ℘ (07124) 48 21, Fax (07124) 4848.
Berlin 702 – Stuttgart 68 – Konstanz 105 – Reutlingen 27.

🏠 **Zum Rößle,** Marktstr. 48, ✉ 72818, ℘ (07124) 92 50, Fax (07124) 925200, 😊s, 🔲
– 🖭 ☎ 😊 🄿 🄴
Anfang Jan. 1 Woche und Anfang Aug. 2 Wochen geschl. – **Menu** (Freitagabend und Montag geschl.) à la carte 32/55 ⅋ – **28 Z** 62/130.

✕✕ **Ochsen,** Marktstr. 21, ✉ 72818, ℘ (07124) 22 00 – 🄴
Mittwoch geschl. – **Menu** (wochentags nur Abendessen) à la carte 45/75.

TRÖSTAU Bayern **420** P 19 – 2 500 Ew – Höhe 550 m.
🏌 Töstau, Fahrenbach 1, ℘ (09232) 88 22 56.
Berlin 370 – München 268 – Bayreuth 37.

🏠 **Bergcafé Bauer,** Kemnather Str. 20, ✉ 95709, ℘ (09232) 28 42, Fax (09232) 1697,
😊 – 🖭 🄿 🄴
Menu (Mittwoch geschl.) à la carte 32/62 ⅋ – **18 Z** 45/110 – ½ P 27.

In Tröstau-Fahrenbach SO : 2 km :
🏨 **Golfhotel Fahrenbach** 😊, Fahrenbach 1, ✉ 95709, ℘ (09232) 88 20,
Fax (09232) 882345, ≤, 😊, 😊s, 🐎, 🏌 – 🛗, 😊 Zim, 🖭 ☎ 🏋 🄿 – 🎿 90. 🄰🄴 ⏺
🄴 *VISA*
Menu à la carte 32/58 – **80 Z** 130/200 – ½ P 30.

TROISDORF Nordrhein-Westfalen **417** N 5, **987** ㉖ – 70 000 Ew – Höhe 65 m.
Berlin 584 – Düsseldorf 65 – Bonn 12 – Siegburg 5 – Köln 21.

🏨 **Primula,** Am Bürgerhaus 16, ✉ 53840, ℘ (02241) 87 50, Fax (02241) 875100, 😊 –
😊, 😊 Zim, 🖭 ☎ 🍴 😊 – 🎿 50. 🄰🄴 ⏺ 🄴 *VISA*
Menu à la carte 36/58 – **72 Z** 150/305.

🏨 **Regina** garni, Hippolytusstr. 23, ✉ 53840, ℘ (02241) 8 70 50, Fax (02241) 70735 – 😊,
😊 Zim, 🖭 ☎ 🍴 😊 – 🎿 20. 🄰🄴 ⏺ 🄴 *VISA*
36 Z 159/329.

🏠 **Canisiushaus,** Hippolytusstr. 41, ✉ 53840, ℘ (02241) 7 67 76, Fax (02241) 805362,
😊 – 🖭 ☎ 😊 – 🎿 25. 🄰🄴 🄴 *VISA*
Menu (Mittwochabend geschl.) à la carte 28/59 – **14 Z** 95/160.

🏠 **Wald-Hotel Haus Ravensberg** garni, Altenrather Str. 51, ✉ 53840, ℘ (02241)
9 82 40(Hotel) 7 74 56(Rest.), Fax (02241) 74184, 😊 – 😊 😊 🖭 ☎ 😊 🄰🄴 ⏺ 🄴 *VISA* 🄹🄲🄱
24 Z 120/180.

🏠 **Kronprinz** garni, Poststr. 87, ⊠ 53840, ℘ (02241) 9 84 90, Fax (02241) 984999, �‎
– 📱 📺 ☎ 🚗 – 🛎 20. 🗉 𝘝𝘐𝘚𝘈
46 Z 105/145.

✗ **Am Bergerhof,** Frankfurter Str. 82, ⊠ 53840, ℘ (02241) 7 42 82,
Fax (02241) 806095, 🌫, « Rustikale Einrichtung » – 🅿. 🗚 ⓪ 🗉 𝘝𝘐𝘚𝘈
Menu (nur Abendessen) à la carte 34/79.

In Troisdorf-Sieglar

🏠 **Quality Hotel Troisdorf,** Larstr.1, ⊠ 53844, ℘ (02241) 99 79, Fax (02241) 997288
– 📱, ⇔ Zim, 🗏 📺 ☎ ✆ ぐ 🅿 – 🛎 50. 🗚 ⓪ 🗉 𝘝𝘐𝘚𝘈 𝘑𝘊𝘉. 🍴 Rest
Menu à la carte 45/65 – **79 Z** 180/235.

Außerhalb N : 2 km über Altenrather Straße :

✗✗ **Forsthaus Telegraph,** Mauspfad 3, ⊠ 53842 Troisdorf-Spich, ℘ (02241) 7 66 49,
Fax (02241) 70494, 🌫 – 🅿. 🗚 ⓪ 🗉 𝘝𝘐𝘚𝘈
Dienstagmittag, Samstagmittag, Montag, Jan. 1 Woche und Okt. 2 Wochen geschl. – **Menu**
(Tischbestellung ratsam) à la carte 64/83.

TROLLENHAGEN Mecklenburg-Vorpommern siehe Neubrandenburg.

TROSSINGEN Baden-Württemberg 🆖🆖🆖 V 9 – 13 000 Ew – Höhe 699 m.
🛈 Verkehrsamt, Rathaus, Schultheiß-Koch-Platz 1, ⊠ 78647, ℘ (07425) 2 51 12,
Fax (07425) 25150.
Berlin 734 – Stuttgart 106 – Konstanz 81 – Rottweil 14 – Donaueschingen 27.

🏠 **Bären,** Hohnerstr. 25, ⊠ 78647, ℘ (07425) 60 07, Fax (07425) 21395 – 📺 ☎ 🚗 🅿.
🗚 🗉 𝘝𝘐𝘚𝘈
Menu à la carte 32/59 – **20 Z** 95/160.

TÜBINGEN Baden-Württemberg 🆖🆖🆖 U 11, 🆖🆖🆖 ㊳ – 83 500 Ew – Höhe 341 m.
Sehenswert : Eberhardsbrücke ≼★ Z – Platanenallee★★ Z – Am Markt★ Y –
Rathaus★ Y R – Stiftskirche (Grabtumben★★, Kanzel★ Turm ≼★) Y.
Ausflugsziel : Bebenhausen : ehemaliges Kloster★ 6 km über ①.
🛈 Verkehrsverein, An der Eberhardsbrücke, ⊠ 72072, ℘ (07071) 9 13 60, Fax (07071)
35070.
ADAC, Wilhelmstr. 3, ⊠ 72074, ℘ (07071) 5 27 27, Fax (07071) 27455.
Berlin 682 ⑥ – Stuttgart 46 ② – Freiburg im Breisgau 155 ④ – Karlsruhe 105 ⑥ –
Ulm (Donau) 100 ②

Stadtplan siehe nächste Seite

🏰 **Krone** ⌂, Uhlandstr. 1, ⊠ 72072, ℘ (07071) 1 33 10, Fax (07071) 133132, « Stilvolle
Einrichtung » – 📱 ⇔ 🗏 📺 🚗 – 🛎 40. 🗚 ⓪ 🗉 𝘝𝘐𝘚𝘈   Z b
22. - 30. Dez. geschl. – **Menu** à la carte 51/82 – **48 Z** 155/300.

🏰 **Domizil,** Wöhrdstr. 5, ⊠ 72072, ℘ (07071) 13 90(Hotel), 13 91 00(Rest.),
Fax (07071) 139250, 🌫, 🚎 – 📱, ⇔ Zim, 📺 ぐ – 🛎 35. 🗚 ⓪ 🗉 𝘝𝘐𝘚𝘈. 🍴 Rest   Z n
Menu (Sonntag geschl.) à la carte 34/60 – **80 Z** 168/230, 3 Suiten.

🏠 **Stadt Tübingen,** Stuttgarter Str. 97, ⊠ 72072, ℘ (07071) 3 10 71,
Fax (07071) 38245, 🌫 – 📱 📺 ☎ 🅿 – 🛎 150. 🗚 🗉 𝘝𝘐𝘚𝘈   X a
Menu (Sonntagabend geschl.) à la carte 43/85 – **73 Z** 98/240.

🏠 **Kupferhammer** garni, Westbahnhofstr. 57, ⊠ 72070, ℘ (07071) 41 80,
Fax (07071) 418299 – 📺 ☎ 🚗 🅿. 🗚 🗉 𝘝𝘐𝘚𝘈   X m
22. Dez. - 6. Jan. geschl. – **20 Z** 108/158.

🏠 **Am Bad** ⌂, Am Freibad 2, ⊠ 72072, ℘ (07071) 7 30 71, Fax (07071) 75336 – ⇔ Zim,
📺 ☎ 🚗 🅿. 🗚 🗉 𝘝𝘐𝘚𝘈. 🍴 Rest   X f
20. Dez. - 10. Jan. geschl. – (nur Abendessen für Hausgäste) – **36 Z** 80/175.

🏠 **Katharina** ⌂ garni, Lessingweg 2, ⊠ 72076, ℘ (07071) 6 70 21, Fax (07071) 610882
– 📺 ☎ 🚗 🅿   X e
16 Z 85/190.

✗✗✗ **Rosenau,** beim Botanischen Garten, ⊠ 72076, ℘ (07071) 6 64 66, Fax (07071) 600518,
🌫 – 🗏 🅿. 🗚 ⓪ 🗉 𝘝𝘐𝘚𝘈   über Schnarrenbergstr.   X
Montag geschl. – **Menu** à la carte 46/74.

✗✗ **Museum,** Wilhelmstr. 3, ⊠ 72074, ℘ (07071) 2 28 28, Fax (07071) 21429 – 🅿 –
🛎 150. 🗚 🗉 𝘝𝘐𝘚𝘈   Y t
Montagabend geschl. – **Menu** à la carte 42/78.

TÜBINGEN

Michelin hängt keine Schilder an die empfohlenen Hotels und Restaurants.

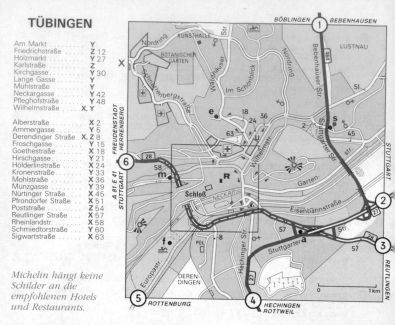

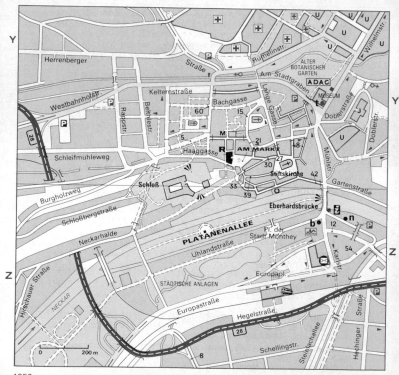

In Tübingen-Bebenhausen ① : 6 km :

🏨 **Landhotel Hirsch,** Schönbuchstr. 28, ⌧ 72074, ℰ (07071) 6 80 27, *Fax (07071) 600803*, 🎰, « Geschmackvolle Einrichtung im Landhausstil » – 🖿 Rest, 📺 ☎ 🅿. 🆎 ⓪ 🅴 𝑉𝐼𝑆𝐴
Menu *(Dienstag geschl.)* à la carte 44/75 – **12 Z** 150/270.

XXX **Waldhorn,** Schönbuchstr. 49 (B 27), ⌧ 72074, ℰ (07071) 6 12 70, *Fax (07071) 610581*, 🎰 – 🅿. 🆎
Montag - Dienstag und Juli - Aug. 2 Wochen geschl. – **Menu** (Tischbestellung ratsam, bemerkenswerte Weinkarte) 98/160 und à la carte 77/104
Spez. Loup de mer mit chinesischen Gemüsenudeln. Salzwiesenlammrücken mit Aromaten. Hägenmark-Eisbömble mit glasierten Apfelspalten.

In Tübingen-Kilchberg ⑤ : 5 km :

🏡 **Gästehaus Hirsch** 🦢 garni, Closenweg 4/2, ⌧ 72072, ℰ (07071) 9 77 90, *Fax (07071) 977977* – 📺 ☎ 🅿. 🆎 🅴. ⁂
24. Dez. - 10. Jan. geschl. – **14 Z** 85/140.

In Tübingen-Lustnau :

🏡 **Alte Krone,** Kreuzstr. 21, ⌧ 72074, ℰ (07071) 9 88 50, *Fax (07071) 988551* – ☎ 🅿
Menu *(Sonntagabend - Montag geschl.)* à la carte 30/57 – **15 Z** 90/140.   X s

XX **Basilikum,** Kreuzstr. 24, ⌧ 72074, ℰ (07071) 8 75 49, *Fax (07071) 87549*, 🎰 – 🆎 🅴 𝑉𝐼𝑆𝐴   X s
Sonntag und Aug. 2 Wochen geschl. – **Menu** (italienische Küche) à la carte 44/73.

In Tübingen Unterjesingen ⑥ : 6 km :

🏡 **Am Schönbuchrand** garni, Klemsenstr. 3, ⌧ 72070, ℰ (07073) 60 47, *Fax (07073) 50265*, 🍸 , 🖾 – 🛗 📺 ☎ 🅿. 𝑉𝐼𝑆𝐴
24. Dez. - 10. Jan. geschl. – **13 Z** 79/130.

TÜSSLING Bayern siehe Altötting.

TUNAU Baden-Württemberg siehe Schönau im Schwarzwald.

TUTTLINGEN Baden-Württemberg 🔢 W 10, 🔢 ㊳ – 35 000 Ew – Höhe 645 m.
🅱 Touristik - und Verkehrsbüro, Rathaus (Möhringen), ⌧ 78532, ℰ (07462) 3 40, Fax (07462) 7572
Berlin 753 ② – Stuttgart 128 ⑤ – Konstanz 70 ④ – Freiburg im Breisgau 88 ④ – Ulm (Donau) 116 ②

Stadtplan siehe nächste Seite

🏨 **Stadt Tuttlingen** (mit Gästehaus), Donaustr. 30, ⌧ 78532, ℰ (07461) 95 00, *Fax (07461) 930250* – 🛗 📺 ☎ 🚗 – 🏛 110. 🆎 ⓪ 🅴 𝑉𝐼𝑆𝐴   Y a
Menu à la carte 38/75 – **80 Z** 135/240.

🏡 **Rosengarten** garni, Königstr. 17, ⌧ 78532, ℰ (07461) 9 62 70, Fax (07461) 962745 – 🛗 📺 ☎ 🚗 🅿   Y r
Mitte Dez. - Mitte Jan. geschl. – **24 Z** 80/120.

X **Engel,** Obere Hauptstr. 4, ⌧ 78532, ℰ (07461) 7 86 00, Fax (07461) 15880, 🎰 – 🆎 ⓪ 🅴 𝑉𝐼𝑆𝐴   Z u
Samstag und 1. - 10. Jan. geschl. – **Menu** à la carte 31/57 🍴.

In Tuttlingen-Möhringen ④ : 5 km – Luftkurort :

🏖 **Löwen** (mit Gästehaus), Mittlere Gasse 4, ⌧ 78532, ℰ (07462) 62 77, Fax (07462) 7050, 🍸 – 🚗 🅿. 🅴
20. Okt. - 20. Nov. geschl. – **Menu** *(Mittwoch geschl.)* à la carte 23/42 🍴 – **18 Z** 65/110.

An der B 14 ③ : 6 km :

🏡 **Landhaus Hühnerhof,** ⌧ 78532 Tuttlingen, ℰ (07461) 9 65 50, *Fax (07461) 161180*, 🎰 – 📺 ☎ 🚗 🅿. 🆎 ⓪ 🅴 𝑉𝐼𝑆𝐴
Menu à la carte 32/63 – **11 Z** 80/150.

In Wurmlingen ⑥ : 4 km :

🏨 **Traube** garni, Untere Hauptstr. 43, ⌧ 78573, ℰ (07461) 93 80, Fax (07461) 938463, 🎰, 🍸, 🌳 – 🛗 🔅 📺 ☎ 🕻 🚗 🅿 – 🏛 25. 🆎 ⓪ 🅴 𝑉𝐼𝑆𝐴. ⁂
50 Z 110/174.

X **Gasthof Traube,** Untere Hauptstr. 40, ⌧ 78573, ℰ (07461) 83 36, Fax (07461) 6463 – 🅿. 🅴
Dienstag Mittwochmittag geschl. – **Menu** à la carte 29/50.

TUTTLINGEN

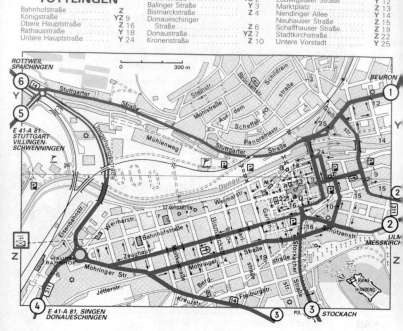

Ristoranti a Menu ☺, ❊, ❊❊ o ❊❊❊ : vedere le pagine dell'introduzione.

TUTZING *Bayern* **419 420** *W 17,* **987** ④⓪ – 10 000 Ew – Höhe 610 m – Luftkurort.

⛳ *Tutzing-Deixlfurt (W : 2 km),* ℰ *(08158) 36 00.*

🛈 *Verkehrsamt, Kirchenstr. 9, Rathaus,* ⊠ *82327,* ℰ *(08158) 25 02 20.*
Berlin 627 – München 40 – Starnberg 15 – Weilheim 14.

🏛 **Zum Reschen** garni, Marienstr. 7, ⊠ 82327, ℰ (08158) 93 90, Fax (08158) 939100 –
📺 ☎ ⇔ 🅴
15. Dez. - 18. Jan. und 20. - 24. Feb. geschl. – **18 Z** 98/151.

🏛 **Lidl** ⤸ (mit Gästehaus), Marienstr. 16, ⊠ 82327, ℰ (08158) 9 95 00, Fax (08158) 7526,
≤, ⛲, ⾙⾙, ⿔ – 📺 ☎ 🅿 🆀 🅴 *VISA*
Menu *(Dez. - März Dienstag und Mitte - Ende Nov. geschl.)* à la carte 38/68 – **25 Z** 85/180
– ½ P 38.

XX **Forsthaus Ilkahöhe,** auf der Ilkahöhe (SW : 2,5 km), ⊠ 82327, ℰ (08158) 82 42,
⤷ Fax (08158) 2866, ≤ Starnberger See und Alpen, ⾕, Biergarten – 🅿
Montag - Dienstag und 23. Dez. - Ende Jan. geschl. – **Menu** (abends Tischbestellung ratsam)
à la carte 45/70.

TWIST *Niedersachsen* **415** *I 5* – 8 400 Ew – Höhe 20 m.
Berlin 523 – Hannover 255 – Bremen 147 – Groningen 99 – Nordhorn 26.

In Twist-Bült :

XX **Gasthof Backers - Zum alten Dorfkrug** mit Zim, Kirchstr. 25, ⊠ 49767,
⤷ ℰ (05936) 23 30, Fax (05936) 2109, ⾕ – 📺 ☎ 🅿 ⾕ Zim
1. - 10. Jan. und Juli 3 Wochen geschl. – **Menu** *(Samstagmittag und Dienstag geschl.)*
à la carte 42/63 – **4 Z** 60/95.

UCHTE *Niedersachsen* **415** *I 10,* **987** ⑯ – 3 000 Ew – Höhe 33 m.
Berlin 350 – Hannover 68 – Bielefeld 71 – Bremen 75 – Osnabrück 93.

🏛 **Dammeyer,** Bremer Str. 5, ⊠ 31600, ℰ (05763) 9 62 20, Fax (05763) 962244, Biergarten – 📺 ☎ ⇔ 🅿 – ⾕ 30. 🆀 ① 🅴 *VISA*
Menu à la carte 31/56 – **12 Z** 65/130.

ÜBACH-PALENBERG Nordrhein-Westfalen **[417]** N 2 – 23 000 Ew – Höhe 125 m.
Berlin 629 – Düsseldorf 82 – Aachen 18 – Geilenkirchen 6.

🏨 **Stadthotel,** Freiheitstr. 8 (Übach), ⊠ 52531, ℘ (02451) 40 62, Fax (02451) 4063 – **TV**
🍴 ☎ – 🔥 600
Menu (Sonntagabend geschl.) (wochentags nur Abendessen) à la carte 21/48 – **18 Z**
60/120.

🏨 **Weydenhof,** Kirchstr. 17 (Palenberg), ⊠ 52531, ℘ (02451) 4 14 10,
Fax (02451) 48958 – |📱| **TV** ☎ ⟿ **P** – 🔥 40. **E** **VISA**
Menu (Sonntagabend und Freitag geschl.) à la carte 27/48 – **29 Z** 50/140.

ÜBERHERRN Saarland **[417]** S 4 – 11 600 Ew – Höhe 377 m.
Berlin 743 – Saarbrücken 36 – Saarlouis 13 – Metz 52 – Pont-a-Mousson 83.

🏩 **Linslerhof** ♨, (mit Gästehaus), (O : 2 km), ⊠ 66802, ℘ (06836) 80 70,
Fax (06836) 80717, Biergarten, « Gutshof a.d.11.Jh. », 🐎 – **TV** ☎ ✆ **P** – 🔥 50. **E** **VISA**
2. - 31. Jan. geschl. – **Menu** à la carte 36/72 – **33 Z** 140/250.

In Überherrn-Altforweiler N : 5 km :

🏨 **Häsfeld,** Comotorstr. 9 (Industriegebiet), ⊠ 66802, ℘ (06836) 44 44, Fax (06836) 6444
– **TV** ☎ **P**. **E** **VISA**
Menu (Montag - Freitag nur Abendessen, Mittwoch und Jan. 2 Wochen geschl.) à la carte
26/51 – **14 Z** 75/130.

In Überherrn-Berus N : 4 km :

🏨 **Margaretenhof** ♨, Orannastraße, ⊠ 66802, ℘ (06836) 20 10, Fax 5662, ≤, 🌳,
🍴s, 🔲, 🐎 – **TV** ☎ ⟿ **P**. **AE** **E** **VISA**
Menu (Donnerstag geschl.) (wochentags nur Abendessen) à la carte 35/60 – **13 Z** 90/150.

In Überherrn-Felsberg N : 8 km :

🏨 **Felsberger Hof,** Metzer Str. 117, ⊠ 66802, ℘ (06837) 7 40 11, Fax (06837) 74014,
🌳 – **TV** ☎ ✆ **P**. **AE** **E** **VISA**
Menu (wochentags nur Abendessen) à la carte 26/58 – **27 Z** 90/145.

ÜBERKINGEN, BAD Baden-Württemberg **[419]** U 13 – 3 800 Ew – Höhe 440 m – Heilbad.
🏌 Oberböhringen (N : 8 km) ℘ (07331) 3 00 50.
🚩 Kurverwaltung, Gartenstr. 1, ⊠ 73337, ℘ (07331) 96 19 19, Fax (07331) 961999.
Berlin 598 – Stuttgart 62 – Göppingen 21 – Ulm (Donau) 37.

🏩 **Bad-Hotel** (mit Gästehaus), Badstr. 12, ⊠ 73337, ℘ (07331) 30 20, Fax (07331) 30220,
🌳, 🔲, ⛲ Zim, **TV** **P** – 🔥 50. **AE** **①** **E** **VISA** **JCB**
24. - 30. Dez. geschl. – **Menu** (Mittwoch geschl.) à la carte 41/75 – **38 Z** 140/260 – ½ P 40.

🏨 **Golfhotel Altes Pfarrhaus,** Badstr. 2, ⊠ 73337, ℘ (07331) 9 55 00,
Fax (07331) 955055, 🌳 « Restauriertes Fachwerkhaus a.d.16.Jh. mit geschmackvoller
Einrichtung » – ⛲ Zim, **TV** ☎. **AE** **①** **E** **VISA** **JCB**
Jan. 2 Wochen geschl. – **Menu** (Montag geschl.) (Tischbestellung ratsam) à la carte 66/89
– **14 Z** 120/210.

ÜBERLINGEN Baden-Württemberg **[419]** W 11, **[987]** ㊳ – 21 000 Ew – Höhe 403 m – Kneippheilbad
und Erholungsort.
Sehenswert : Stadtbefestigungsanlagen★ A – Münster★ B – Rathaus (Ratssaal★) B **R.**
🏌 Owingen (N : 5 km), ℘ (07551) 39 79.
🚩 Kur-und Touristik GmbH, Landungsplatz 14, ⊠ 88662, ℘ (07551) 99 11 22, Fax
(07551) 991135.
Berlin 743 ① – Stuttgart 172 ③ – Konstanz 40 ② – Freiburg im Breisgau 129 ③ –
Ravensburg 46 ① – Bregenz 63 ②

Stadtplan siehe nächste Seite

🏩 **Parkhotel St. Leonhard** ♨, Obere St.-Leonhard-Str. 71, ⊠ 88662, ℘ (07551)
80 81 00, Fax (07551) 808531, ≤ Bodensee und Alpen, 🌳 « Park, Wildgehege », 🍴s,
🔲, ✎(Halle) – |📱| ⛲ 7im, **TV** **P** – 🔥 120. **AE** **E** **VISA** über Obertorstr. **B**
Menu à la carte 42/69 – **145 Z** 139/284 – ½ P 37.

🏨 **Rosengarten** garni, Bahnhofstr. 12, ⊠ 88662, ℘ (07551) 9 28 20,
Fax (07551) 928239, 🐎 – **TV** ☎ ⟿ **P**. **AE** **①** **E** **VISA**. ✎ über ③
20. Dez. - 10. Jan. geschl. – **15 Z** 140/280.

🏨 **Bad-Hotel** (mit Villa Seeburg, ≤), Christophstr. 2, ⊠ 88662, ℘ (07551) 83 70,
Fax (07551) 67079, 🌳, 🐎 – |📱| **TV** ☎ ⟿ **P** – 🔥 160. **AE** **E** **VISA**. ✎ Rest **A s**
Menu à la carte 45/58 (auch vegetarische Gerichte) – **67 Z** 140/250 – ½ P 39.

ÜBERLINGEN

Christophstraße	A	3
Franziskanerstraße	B	5
Hofstatt	B	
Münsterstraße	B	
Bahnhofstraße	A	2
Gradebergstraße	B	6
Hafenstraße	B	8
Hizlerstraße	B	9
Hochbildstraße	B	10
Jakob-Kessenring-Str.	A	12
Klosterstraße	A	14
Krummebergstraße	B	15
Landungsplatz	B	17
Lindenstraße	B	19
Luziengasse	B	20
Marktstraße	AB	22
Obertorstraße	B	23
Owinger Straße	B	25
Pfarrhofstraße	B	26
St-Ulrich-Straße	B	28
Seestraße	B	29

Michelin puts no plaque or sign on the hotels and restaurants mentioned in this guide.

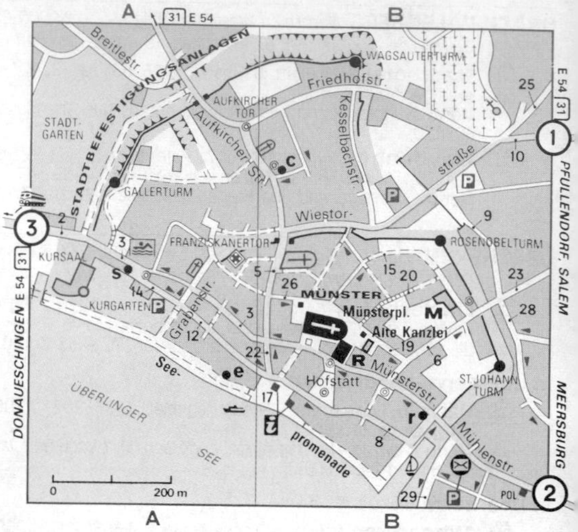

Bürgerbräu, Aufkircher Str. 20, ✉ 88662, ☏ (07551) 9 27 40, *Fax (07551) 66017* – TV ☎ P. AE ◑ E VISA — B c
Weihnachten - 6. Jan. geschl. – **Menu** *(Mittwoch - Donnerstag geschl.)* à la carte 36/62 – **12 Z** 85/150 – ½ P 38.

Ochsen, Münsterstr. 48, ✉ 88662, ☏ (07551) 40 67, *Fax (07551) 3290,* ☂ – |‡| TV ☎ 🚗 P. AE ◑ E VISA — B r
Menu *(24. - 31. Dez. geschl.)* à la carte 44/85 – **45 Z** 100/190 – ½ P 35.

Seegarten ⛯, Seepromenade 7, ✉ 88662, ☏ (07551) 6 34 98, *Fax (07551) 3981,* ≤, « Gartenterrasse » – |‡| TV ☎ — A e
Dez. - 15. Feb. geschl. – **Menu** à la carte 34/60 – **21 Z** 95/250 – ½ P 32.

Stadtgarten, Bahnhofstr. 22, ✉ 88662, ☏ (07551) 6 24 88, *Fax (07551) 5939,* ≘s, ▣, ⛱ – TV ☎ P — über ③
April - Okt. – (Restaurant nur für Hausgäste) – **25 Z** 75/200 – ½ P 20.

In Überlingen-Andelshofen ① *: 3 km :*

Romantik Hotel Johanniter-Kreuz ⛯, Johanniterweg 11, ✉ 88662, ☏ (07551) 6 10 91, *Fax (07551) 67336,* ☂, « Rustikales Restaurant in Fachwerkhaus a.d.17.Jh. », ⛱ – |‡| TV 🚗 P. AE ◑ E VISA
Menu *(Montag - Dienstagmittag geschl.)* à la carte 44/76 – **26 Z** 105/270 – ½ P 45.

Sonnenbühl ⛯, Zum Brandbühl 19, ✉ 88662, ☏ (07551) 20 08, *Fax (07551) 2009,* ≘s, ⛱ – TV ☎ P – 🕴 15. ◑ E VISA. ⛒ Rest
Dez. - 2. Jan geschl. – **Menu** *(Dienstag - Mittwoch geschl.)* (nur Abendessen) à la carte 32/56 – **22 Z** 135/240 – ½ P 30.

In Überlingen-Lippertsreute ① *: 9 km :*

Landgasthof zum Adler (Fachwerkhaus a.d.J. 1635 mit Gästehaus, |‡|), Hauptstr. 44, ✉ 88662, ☏ (07553) 8 25 50, *Fax (07553) 825570* – TV ☎ 🚗 P. E
Okt. - Nov. 2 Wochen geschl. – **Menu** *(Mittwochabend - Donnerstag geschl.)* à la carte 35/56 – **17 Z** 70/160 – ½ P 26.

ÜBERSEE *Bayern* **420** *W 21 – 4 300 Ew – Höhe 525 m – Luftkurort.*
ℹ *Verkehrsamt, Feldwieser Str. 27,* ✉ *83236,* ☏ *(08642) 89 89 50, Fax (08642) 6214.*
Berlin 684 – München 95 – Bad Reichenhall 45 – Traunstein 20 – Rosenheim 36.

Am Chiemsee *N : 4 km :*

Chiemgauhof ⛯, Julius-Exter-Promenade 21, ✉ 83236 Übersee-Feldwies, ☏ (08642) 8 98 70, *Fax (08642) 898799,* ≤, « Terrasse am See », ≘s, ▣, ⛺, ⛱ – TV ☎ P – 🕴 20
März - Okt. – **Menu** à la carte 33/64 – **16 Z** 90/220.

UECKERMÜNDE *Mecklenburg-Vorpommern* 🔲🔲🔲 *E 26,* 🔲🔲🔲 ⑧, 🔲🔲🔲 ⑦ ⑧ – *12 000 Ew – Höhe 5 m.*

🅗 *Touristik-Information, Schulstr. 18,* ℰ *(039771) 2 32 33, Fax (039771) 23233.*
Berlin 167 – Schwerin 199 – Neubrandenburg 69 – Greifswald 71.

🏠 **Pommernmühle** Ⓜ ♨, Liepgartener Str. 88 A, ✉ 17373, ℰ *(039771) 20 00,*
Fax (039771) 20099, 🍴 – ⬥ Zim, 📺 ☎ 🅿 – 🔥 40. 🗲 𝑽𝑰𝑺𝑨
Menu *(Montagmittag geschl.)* à la carte 23/43 – **31 Z** 90/160 – ½ P 25.

🏠 **Pommernyacht,** Altes Bollwerk 1b, ✉ 17373, ℰ *(039771) 21 50,*
Fax (039771) 24395, 🍴 – 📺 ☎ 🅿. 🆎 🗲
Menu à la carte 28/42 – **18 Z** 115/170.

🏠 Stadtkrug, Markt 3/4, ✉ 17373, ℰ *(039771) 8 00, Fax (039771) 80409 –* 🛗 📺 ☎ 🅿
30 Z.

ÜHLINGEN-BIRKENDORF *Baden-Württemberg* 🔲🔲🔲 *W 8 – 4 400 Ew – Höhe 644 m – Wintersport : 644/900 m* 🎿6.

🅗 *Verkehrsbüro Ühlingen, Rathaus,* ✉ 79777, ℰ *(07743) 92 00 31, Fax (07743) 920040.*
🅗 *Kurverwaltung Birkendorf, Haus des Gastes,* ✉ 79777, ℰ *(07743) 3 80, Fax (07743) 1277.*
Berlin 791 – Stuttgart 172 – Freiburg im Breisgau 59 – Donaueschingen 46 – Waldshut-Tiengen 21.

Im Ortsteil Ühlingen – *Erholungsort :*

🏠 **Zum Posthorn,** Hauptstr. 12, ✉ 79777, ℰ *(07743) 2 44, Fax (07743) 5962,* 🍴 – 🚗
🅿
Menu *(Montag geschl.)* à la carte 26/47 – **16 Z** 45/82.

Im Ortsteil Birkendorf – *Luftkurort :*

🏠 **Gästehaus Sonnhalde** ♨ garni, Hohlgasse 3, ✉ 79777, ℰ *(07743) 3 60,*
Fax (07743) 5996, 🍴, � , 🦌 – 🛗 📺 ☎ 🅿 – 🔥 30. 🆎 ⓞ 🗲 𝑽𝑰𝑺𝑨
31 Z 68/150.

🍴🍴 **Sonnenhof** mit Zim, Schwarzwaldstr. 9, ✉ 79777, ℰ *(07743) 58 58, Fax (07743) 1789,*
🍴 – 📺 ☎ 🚗 🅿. 🆎 ⓞ 🗲 𝑽𝑰𝑺𝑨
Menu *(Donnerstag und 10. - 20. Dez. geschl.)* à la carte 28/65 ♨ – **14 Z** 60/100 – ½ P 27.

In Ühlingen-Birkendorf-Witznau *SW : 10 km :*

🍴 **Witznau,** Schlüchttalstraße, ✉ 79777, ℰ *(07747) 2 15, Fax (07747) 1394,* 🍴 – 🅿. ⓞ
🗲 𝑽𝑰𝑺𝑨
Montag sowie Feb. und Nov. jeweils 2 Wochen geschl. – **Menu** à la carte 30/60 ♨.

UELSEN *Niedersachsen* 🔲🔲🔲 *I 4 – 4 000 Ew – Höhe 22 m – Erholungsort.*

🅗 *Verkehrsverein, Am Markt (Altes Rathaus),* ✉ 49843, ℰ *(05942) 14 11.*
Berlin 518 – Hannover 240 – Almelo 23 – Lingen 36 – Rheine 56.

🏠 **Am Waldbad** ♨, Zum Waldbad 1, ✉ 49843, ℰ *(05942) 9 39 30, Fax (05942) 1952,*
🍴, direkter Zugang zum städtischen �, 🍴, 🦌 – 📺 ☎ 🅿 – 🔥 35. 🍽 Rest
Menu *(Montagmittag geschl.)* à la carte 32/60 – **20 Z** 68/200 – ½ P 35.

UELZEN *Niedersachsen* 🔲🔲🔲 🔲🔲🔲 *H 15,* 🔲🔲🔲 ⑰ – *38 000 Ew – Höhe 35 m.*

🅗 *Verkehrsbüro, Herzogenplatz 5,* ✉ 29525, ℰ *(0581) 80 01 32.*
Berlin 233 – Hannover 99 – Braunschweig 83 – Celle 53 – Lüneburg 33.

🏠 **Am Stern,** Sternstr. 13, ✉ 29525, ℰ *(0581) 7 63 00, Fax (0581) 16945,* 🍴 – 🛗 📺
☎ 🅿. 🍽
Menu *(Sonntag geschl.)* (nur Abendessen) à la carte 25/41 – **34 Z** 70/120.

🏠 **Stadthalle,** Am Schützenplatz 1, ✉ 29525, ℰ *(0581) 9 02 00, Fax (0581) 902050 –* 📺
☎ 🅿 – 🔥 500
Menu *(Sonntagabend geschl.)* à la carte 30/62 – **12 Z** 65/120.

In Uelzen-Hanstedt II *O : 7,5 km :*

🏠 **Meyer's Gasthaus,** Hanstedter Str. 4, ✉ 29525, ℰ *(05804) 97 50,*
Fax (05804) 975400, 🍴 – 📺 ☎ 🅿 – 🔥 80
Menu *(Sonntagabend - Montagmittag geschl.)* à la carte 28/60 – **25 Z** 60/98.

In Uelzen-Veerßen *SW : 2 km :*

🏠 **Deutsche Eiche,** Soltauer Str. 14 (B 71), ✉ 29525, ℰ *(0581) 9 05 50,*
Fax (0581) 74049, « Rustikal-gemütliche Einrichtung » – ⬥ Zim, 📺 ☎ 🅭 🅿 – 🔥 80.
🆎 ⓞ 🗲 𝑽𝑰𝑺𝑨
Menu à la carte 38/61 – **37 Z** 105/170.

ÜRZIG *Rheinland-Pfalz 417 Q 5 – 1 000 Ew – Höhe 106 m.*
Berlin 691 – Mainz 124 – Bernkastel-Kues 10 – Trier 46 – Wittlich 11.

Moselschild, Am Moselufer 14 (B 53), ✉ 54539, ✆ (06532) 9 39 30, *Fax (06532) 939393,* ≤, « Geschmackvolle Einrichtung », Bootssteg – P. AE VISA
10. - 30. Jan. geschl. – **Menu** (bemerkenswertes Angebot regionaler Weine) à la carte 58/85 – **14 Z** 117/220.

Zehnthof garni, Moselufer 38, ✉ 54539, ✆ (06532) 25 19, *Fax (06532) 5131,* ≤ – P
April - Okt. – **20 Z** 90/160.

Zur Traube, Am Moselufer 16 (B 53), ✉ 54539, ✆ (06532) 45 12, *Fax (06532) 1480,* ≤, – P. AE VISA JCB
Ende Nov. - Feb. geschl. – **Menu** à la carte 25/65 – **11 Z** 80/170.

UETERSEN *Schleswig-Holstein 415 416 E 13, 987 ⑤ – 18 000 Ew – Höhe 6 m.*
Berlin 319 – Kiel 101 – Hamburg 37 – Itzehoe 35.

Mühlenpark, Mühlenstr. 49, ✉ 25436, ✆ (04122) 9 25 50, *Fax (04122) 925510,* « Jugendstil-Villa mit Hotelanbau » – P – 45. AE VISA. Rest
Menu *(Sonntag geschl.)* à la carte 50/75 – **28 Z** 128/208.

Hotel im Rosarium, Berliner Str. 10, ✉ 25436, ✆ (04122) 70 66, *Fax (04122) 45376,* « Gartenterrasse mit ≤ » – Zim, P – 20. AE VISA
Menu à la carte 38/71 – **30 Z** 108/225.

Deutsches Haus, Kirchenstr. 24, ✉ 25436, ✆ (04122) 9 28 20, *Fax (04122) 928249* – P. AE VISA
Menu *(Mittwoch geschl.)* (wochentags nur Abendessen) à la carte 28/45 – **17 Z** 70/110.

UETTINGEN *Bayern 417 419 Q 13 – 1 250 Ew – Höhe 230 m.*
Berlin 519 – München 294 – Frankfurt am Main 101 – Würzburg 17.

Fränkischer Landgasthof, Marktheidenfelder Str. 3, ✉ 97292, ✆ (09369) 82 89, *Fax (09369) 8094* – P.
Menu *(Donnerstag geschl.)* à la carte 22/48 – **9 Z** 60/98.

ÜXHEIM *Rheinland-Pfalz 417 O 4 – 1 500 Ew – Höhe 510 m.*
Hillesheim (SW : 11 km), Kölner Straße, ✆ (06593) 12 41.
Berlin 655 – Mainz 176 – Bonn 65 – Koblenz 85 – Trier 92.

In Üxheim-Niederehe *S : 4 km :*

Landgasthof Schröder mit Zim, Kerpener Str. 7, ✉ 54579, ✆ (02696) 10 48, *Fax (02696) 1472,* Biergarten, – P.
Mitte - Ende Okt. geschl. – **Menu** *(Dienstag geschl.)* à la carte 29/53 – **6 Z** 65/120.

UFFENHEIM *Bayern 419 420 R 14, 987 ㉘ – 5 500 Ew – Höhe 330 m.*
Berlin 494 – München 242 – Ansbach 40 – Bamberg 88 – Würzburg 38.

Uffenheimer Hof, Am Bahnhof 4, ✉ 97215, ✆ (09842) 70 81, *Fax (09842) 7180,* Biergarten, – P – 35. Rest
Menu *(Sonntagabend - Montag geschl.)* à la carte 22/45 – **38 Z** 95/130.

Schwarzer Adler, Adelhofer Str. 1, ✉ 97215, ✆ (09842) 9 88 00, *Fax (09842) 988080,* Biergarten – P. AE VISA JCB
Jan. - Feb. 3 Wochen geschl. – **Menu** *(Montag geschl.)* à la carte 20/51 – **14 Z** 52/86.

Erkunden Sie die Gebiete am Rhein
mit den Grünen Reiseführern :

- OBERRHEIN
  Elsaß, Südpfalz, Schwarzwald, Basel und Umgebung
- PAYS RHÉNANS « Rhin Supérieur »
  Alsace, Palatinat du Sud, Forêt Noire, Bâle et sa région

UHLDINGEN-MÜHLHOFEN Baden-Württemberg **419** W 11 – 6 300 Ew – Höhe 398 m – Erholungsort.

Ausflugsziel : Birnau-Maurach : Wallfahrtskirche★, NW : 3 km.

🛈 Fremdenverkehrsbetriebe, Unteruhldingen, Schulstr. 12, ✉ 88690, ℰ (07556) 80 20, Fax (07556) 431.

Berlin 736 – Stuttgart 181 – Konstanz 19 – Ravensburg 38 – Bregenz 55.

Im Ortsteil Maurach :

🏨 **Seehalde** ⚞, Maurach 1, ✉ 88690, ℰ (07556) 65 65, Fax (07556) 6522, ⇔s, 🖾 , ☞
– 🔟 ☎ 🅿. ⅋ Zim
10. Jan. - Mitte März geschl. – **Menu** (Dienstag geschl.) (Tischbestellung erforderlich) à la carte 41/75 – **21 Z** 105/220 – ½ P 32.

🏨 **Pilgerhof** ⚞, Maurach 2 (Nähe Campingplatz), ✉ 88690, ℰ (07556) 93 90, Fax (07556) 6555, 😤, ⇔s, ☞ – 🔟 ☎ ⇦ 🅿. ⫸ ① ☰ 𝘝𝘐𝘚𝘈
Menu à la carte 36/70 – **38 Z** 110/240 – ½ P 20.

🏠 **Rebmannshof** ⚞, Maurach 2 (Nähe Campingplatz), ✉ 88690, ℰ (07556) 93 90, Fax (07556) 6555, ⇐, « Restauriertes Fischerhaus a.d. 17.Jh. mit moderner Einrichtung, Terrasse am See », ⇔s, 🛦🐶, ☞ – ☒ 🔟 ☎ 🅿. ⫸ ① ☰ 𝘝𝘐𝘚𝘈
Menu à la carte 31/63 – **8 Z** 110/240 – ½ P 20.

Im Ortsteil Mühlhofen :

🏠 **Landgasthof zum Kreuz**, Grasbeurer Str. 2, ✉ 88690, ℰ (07556) 71 80, Fax (07556) 718122, 😤, ☞ – 🔟 ☎ 🅿. ☰ 𝘝𝘐𝘚𝘈
Jan. 3 Wochen geschl. – **Menu** (Nov. - März Dienstag geschl.) à la carte 32/57 – **47 Z** 85/150 – ½ P 25.

Im Ortsteil Oberuhldingen :

🏠 **Storchen**, Aachstr. 17, ✉ 88690, ℰ (07556) 65 91, Fax (07556) 5348, 😤, ⇔s, ⅋ –
🔟 ☎ 🅿
Jan. geschl. – **Menu** à la carte 26/53 ♨ – **23 Z** 64/140 – ½ P 25.

Im Ortsteil Seefelden :

🏨 **Landhotel Fischerhaus** ⚞ (Fachwerkhaus a.d.17.Jh. mit 2 Gästehäusern), ✉ 88690, ℰ (07556) 85 63, Fax (07556) 6063, ⬅, ⇔s, 🗲 (geheizt), ☞ – 🔟 ☎ 🅿. ⅋
Jan. - Mitte März und Anfang Nov. - 26. Dez. geschl. – (nur Abendessen für Hausgäste) – **27 Z** (nur ½ P) 150/410.

Im Ortsteil Unteruhldingen :

🏨 **Seevilla** Ⓜ garni, Seefelder Str. 36, ✉ 88690, ℰ (07556) 65 15 (über Hotel Seehof), Fax (07556) 5691, 🛅, ⇔s, ☞ – 🛗🔟 ☎ ⇦ – 🔬 20. ☰ 𝘝𝘐𝘚𝘈. ⅋
Dez. 3 Wochen geschl. – **27 Z** 150/240.

🏠 **Mainaublick** (mit Gästehaus), Seefelder Str. 22, ✉ 88690, ℰ (07556) 9 21 30, Fax (07556) 5844, 😤 – 🔟 ☎ ⇦ 🅿. ☰
Ostern - Mitte Okt. – **Menu** (außer Saison Donnerstag geschl.) à la carte 31/63 – **33 Z** 75/160 – ½ P 24.

🏠 **Café Knaus**, Seestr. 1, ✉ 88690, ℰ (07556) 80 08, Fax (07556) 5533, 😤, ☞ – 🔟 ☎ ⇦ 🅿. ☰
März - Mitte Nov. – **Menu** à la carte 30/50 – **26 Z** 90/160 – ½ P 28.

🏠 **Seehof**, Seefelder Str. 8, ✉ 88690, ℰ (07556) 65 15, Fax (07556) 5691, « Gartenterrasse », ☞ – 🔟 🅿. ☰
März - Nov. – **Menu** à la carte 36/74 – **20 Z** 90/150 – ½ P 25.

ULM (Donau) Baden-Württemberg **419 420** U 13, **987** ㊵ – 110 000 Ew – Höhe 479 m.

Sehenswert : Münster★★★ (Chorgestühl★★★, Turm ⁂★★, Sakramentshaus★) Y – Jahnufer (Neu-Ulm) ⇐★★ Z – Mühlen-, Fischer- und Gerberviertel★ Z – Ulmer Museum★ Z **M1** – Brotmuseum★.

Ausflugsziele : Ulm-Wiblingen : Klosterkirche (Bibliothek★) S : 5 km – Blaubeuren : Ehemalige Klosterkirche (Hochaltar★★, Chorgestühl★) W : 18 km.

🏌 Wochenauer Hof (S : 12 km), ℰ (07306) 21 02.

Ausstellungsgelände a. d. Donauhalle (über Wielandstr. X), ℰ (0731) 92 29 90, Fax (0731) 9229930.

🛈 Tourist-Information, Münsterplatz, ✉ 89073, ℰ (0731) 1 61 28 30, Fax (0731) 1611641.

ADAC, Neue Str. 40, ✉ 89073, ℰ (0731) 6 66 66, Fax (0731) 61409.

Berlin 613 ① – Stuttgart 93 ⑥ – Augsburg 80 ① – München 138 ①

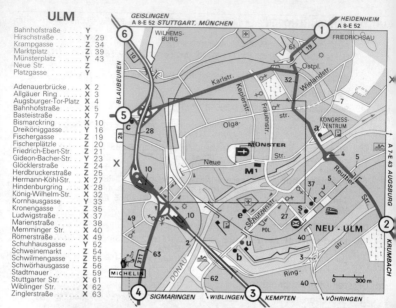

ULM

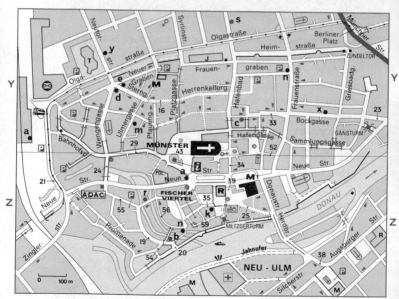

🏨🏨🏨 **Maritim** Ⓜ, Basteistr. 40 (Congress-Centrum), ⊠ 89073, 𝒸 (0731) 92 30, Fax (0731) 9231000, ☎, 🔲 – 🛗 🕸 Zim 📺 📞 👌 ⟵ – 🏧 900. 🆎 ① Ⓔ 𝘝𝘐𝘚𝘈 𝘑𝘊𝘉   X a
Panorama ≤ Ulm und Neu-Ulm *(nur Abendessen)* Menu à la carte 47/78 – **Die Bastei :** Menu (Lunchbuffet nur für Hausgäste) – **287 Z** 214/394, 11 Suiten.

🏨🏨 **Neuthor**, Neuer Graben 23, ⊠ 89073, 𝒸 (0731) 1 51 60, Fax (0731) 1516513 – 🛗, 🕸 Zim, 📺 📞 ⟵ 🅿 – 🏧 60. 🆎 ① Ⓔ 𝘝𝘐𝘚𝘈, 🛇   Y e
21. Dez. - 7. Jan. geschl. – **Menu** *(Sonntag geschl.)* à la carte 39/84 – **92 Z** 145/240.

🏨 **Stern,** Sterngasse 17, ⊠ 89073, 𝒫 (0731) 1 55 20, *Fax (0731) 155299*, 🖙 – 🛗, ⅓️ Zim, 📺 🕿 📞 🚗 🔚 E *VISA*
Y d
Menu à la carte 35/72 – **60 Z** 135/260.

🏨 **Goldenes Rad** garni, Neue Str. 65, ⊠ 89073, 𝒫 (0731) 6 70 48, *Fax (0731) 61410* –
🛗 📺 🕿. 🕮 E *VISA*
Z a
24 Z 90/185.

🏨 **Comfor** garni, Frauenstr. 51, ⊠ 98073, 𝒫 (0731) 9 64 90, *Fax (0731) 9649499* – 🛗 ⅓️
📺 🕿 📞 🚗. 🕮 ① E *VISA*
Y n
103 Z 154/199, 15 Suiten.

🏨 **Schiefes Haus** garni, Schwörhausgasse 6, ⊠ 89073, 𝒫 (0731) 96 79 30, *Fax (0731) 9679333*, « Modernes Hotel mit Designer-Einrichtung im ältesten Haus Ulms »
– ⅓️ 📺 🕿 📞 – 🛠 15. 🕮 E *VISA*
Z n
11 Z 185/245.

🏨 **Blaubeurer Tor** garni, Blaubeurer Str. 19, ⊠ 89077, 𝒫 (0731) 9 34 60, *Fax (0731) 9346200* – 🛗 ⅓️ 📺 🕿 🚗 📞. 🕮 ① E *VISA*
X c
40 Z 130/210.

🏨 **InterCityHotel** 🅼, Bahnhofplatz 1, ⊠ 89073, 𝒫 (0731) 9 65 50, *Fax (0731) 9655999*
– 🛗, ⅓️ Zim, 📺 🕿 📞 ⅙️ 🚗 – 🛠 80. 🕮 ① E *VISA*
Y a
Menu *(Freitagabend - Sonntag geschl.)* à la carte 40/49 – **135 Z** 161/240.

🏨 **Am Rathaus-Reblaus** garni, Kronengasse 10, ⊠ 89073, 𝒫 (0731) 96 84 90, *Fax (0731) 9684949* – 📺 🕿. 🕮 ①
Z k
23. Dez. - 6. Jan. geschl. – **34 Z** 70/175.

🏨 **Roter Löwe,** Ulmer Gasse 8, ⊠ 89073, 𝒫 (0731) 6 20 31, *Fax (0731) 6021502* – 🛗 📺
🕿 🚗 – 🛠 40. 🕮 ① E *VISA*
Y m
Menu *(Sonntagabend geschl.)* à la carte 26/53 – **26 Z** 118/165.

🏨 **Ibis** garni, Neutorstr. 12, ⊠ 89073, 𝒫 (0731) 9 64 70, *Fax (0731) 63105* – 🛗 ⅓️ 📺 🕿
⅙️ 🚗 – 🛠 20. 🕮 ① E *VISA* 🅹🅲🅱
Y y
90 Z 120/135.

🍴🍴 **Goldener Bock** mit Zim, Bockgasse 25, ⊠ 89073, 𝒫 (0731) 92 03 40,
Fax (0731) 9203430 – 📺 🕿 🕮 E *VISA*
Y x
Feb. 1 Woche geschl. – **Menu** *(Samstagmittag und Sonntag geschl.)* à la carte 54/84 – **12 Z**
95/145.

🍴🍴 **Toni im Florian,** Keplerstr. 26, ⊠ 89073, 𝒫 (0731) 61 02 20, « Rustikale Einrichtung
im alpenländischen Stil » – 🕮 ① E *VISA*
Y s
Montag und Aug. 2 Wochen geschl. – **Menu** (italienische Küche) à la carte 34/59.

🍴🍴 **Zur Forelle,** Fischergasse 25, ⊠ 89073, 𝒫 (0731) 6 39 24, *Fax (0731) 69869* – 🕮 ①
E *VISA*
Z b
Sonn- und Feiertage geschl. – **Menu** à la carte 43/73.

🍴 **Pflugmerzler,** Pfluggasse 6, ⊠ 89073, 𝒫 (0731) 6 80 61, *Fax (0731) 68062* Y c
🍴 *Samstagabend, Sonn- und Feiertage sowie Juli - Aug. 3 Wochen geschl.* – **Menu** (Tischbestellung ratsam) à la carte 44/70.

🍴 **Gerberhaus,** Weinhofberg 9, ⊠ 89073, 𝒫 (0731) 6 94 98 – ① E *VISA*   Z r
Freitag und Juli - Aug. 3 Wochen geschl. – **Menu** à la carte 32/65.

In Ulm-Böfingen *über* ① :

🏨 **Atrium-Hotel,** Eberhard-Finckh-Str. 17, ⊠ 89075, 𝒫 (0731) 9 27 10,
Fax (0731) 9271200, 🌿, 🖙 – 🛗, ⅓️ Zim, 📺 🕿 📞 – 🛠 60. 🕮 ① E *VISA* 🅹🅲🅱
Menu à la carte 34/60 – **73 Z** 140/290.

In Ulm-Grimmelfingen ④ : *5 km :*

🏨 **Adler,** Kirchstr. 12, ⊠ 89081, 𝒫 (0731) 38 50 61, *Fax (0731) 382819*, 🌿, 🖙 – 🛗 📺
🕿 📞 – 🛠 20. 🕮 E *VISA*
Menu *(Freitagabend - Samstag geschl.)* à la carte 30/56 – **36 Z** 120/170.

🏨 **Hirsch,** Schultheißenstr. 9, ⊠ 89081, 𝒫 (0731) 93 79 30, *Fax (0731) 9379360*,
« Gartenwirtschaft » – ⅓️ Rest, 📺 🕿 🚗 📞. 🕮 ① E *VISA*
24. Dez. - Mitte Jan. geschl. – **Menu** *(Dienstag geschl.)* à la carte 29/59 🍴 – **25 Z** 85/145.

In Ulm-Lehr ⑥ : *3 km :*

🏨 **Engel,** Loherstr. 35, ⊠ 89081, 𝒫 (0731) 6 08 84, *Fax (0731) 610395*, 🌿, 🖙 – 🛗 📺
🕿 📞 – 🛠 35. 🕮 ① E *VISA*
Menu à la carte 27/68 – **46 Z** 108/180.

An der Autobahn A 8 - Ausfahrt Ulm-Ost ① : *8 km :*

🏨 **Rasthaus Seligweiler,** an der B 19, ⊠ 89081 Ulm (Donau), 𝒫 (0731) 2 05 40,
🚗 *Fax (0731) 2054000*, 🔲 – 🛗 📺 🕿 🚗 📞 – 🛠 100. 🕮 ① E *VISA* 🅹🅲🅱
Menu à la carte 24/46 – **118 Z** 89/158.

In Dornstadt ⑥ : *9 km :*

🏠 **Krone,** Bodelschwinghweg 1 (B 10), ⊠ 89160, ℰ (07348) 9 84 00, Fax (07348) 984080, 🍴 – 🖭 ☎ ⇔ 🅿 – 🔬 85. 🆎 ⓘ 🅴 𝚅𝙸𝚂𝙰. ✄
Mitte - Ende Aug. und 21. - 28. Dez. geschl. – **Menu** *à la carte 34/61 (auch vegetarische Gerichte)* 🍴 – **37 Z** 75/170.

MICHELIN-REIFENWERKE KGaA. Niederlassung ⊠ 89079 Ulm, (Industriegebiet Donautal über ④) Dornierstr. 5 ℰ (0731) 9 46 24 13 Fax (0731) 9462424.

ULMET Rheinland-Pfalz 𝟜𝟙𝟟 R 6 – *800 Ew – Höhe 185 m.*
Berlin 663 – Mainz 98 – Saarbrücken 81 – Kaiserslautern 31 – Trier 98.

🏠 **Felsbachhof** ✄, nahe der B 420 (W : 1 km), ⊠ 66887, ℰ (06387) 91 10, Fax (06387) 911234, 🍴, ⇔s, ☞, ✄ – 🖭 ☎ 🅿 – 🔬 50. 🆎 🅴 𝚅𝙸𝚂𝙰. ✄
Menu à la carte 33/68 🍴 – **23 Z** 75/135.

ULRICHSTEIN Hessen 𝟜𝟙𝟟 O 11 – *3 600 Ew – Höhe 614 m – Erholungsort.*
Sehenswert : *Schloßruine ✳✶.*
Berlin 471 – Wiesbaden 122 – Frankfurt am Main 94 – Gießen 43 – Lauterbach 21.

🏠 **Zur Traube,** Marktstr. 1, ⊠ 35327, ℰ (06645) 2 26, Fax (06645) 397, ☞ – 🖭 🅿
Okt. 2 Wochen geschl. – **Menu** *(Montag geschl.)* à la carte 27/50 – **11 Z** 46/103.

🏠 **Landgasthof Groh,** Hauptstr. 1, ⊠ 35327, ℰ (06645) 3 10, Fax (06645) 8002, 🍴, ⇔s – ⇔ 🅿 – 🔬 30
Mitte Feb. - Mitte März geschl. – **Menu** *(Montag geschl.)* à la carte 27/59 – **13 Z** 55/115 – ½ P 23.

UMKIRCH Baden-Württemberg 𝟜𝟙𝟡 V 7 – *4 800 Ew – Höhe 207 m.*
Berlin 801 – Stuttgart 206 – Freiburg im Breisgau 8 – Colmar 41.

🏠 **Heuboden** garni, Gansacker 6a, ⊠ 79224, ℰ (07665) 5 00 90, Fax (07665) 500996 – 🕌 🖭 ☎ 🅿. 🆎 🅴 𝚅𝙸𝚂𝙰. ✄
60 Z 80/130.

🏠 **Zum Pfauen,** Hugstetter Str. 2, ⊠ 79224, ℰ (07665) 80 28, Fax (07665) 51949, 🍴 – ✄ Zim, 🖭 ☎ ⇔ 🅿. 🆎 🅴
Menu *(Mittwoch geschl.)* à la carte 43/74 – **19 Z** 89/148.

UNDELOH Niedersachsen 𝟜𝟙𝟝 𝟜𝟙𝟼 G 13 – *850 Ew – Höhe 75 m.*
Sehenswert : *Typisches Heidedorf✶.*
Ausflugsziel : *Wilseder Berg✶ ⩤✶ (SW : 5 km, nur zu Fuß oder mit Kutsche erreichbar).*
🛈 Verkehrsverein, Zur Dorfeiche 27, ⊠ 21274, ℰ (04189) 3 33, Fax (04189) 507.
Berlin 327 – Hannover 113 – Hamburg 64 – Lüneburg 35.

🏠 **Heiderose-Gästehaus Heideschmiede** ✄, Wilseder Str. 13, ⊠ 21274, ℰ (04189) 3 11, Fax (04189) 314, 🍴, ⇔s, 🔲, ☞ – 🕌 🖭 ☎ 🅿. 🅴
Menu à la carte 31/68 *(auch vegetarische Gerichte)* – **58 Z** 100/180.

🏠 **Witte's Hotel** ✄, Zum Loh 2, ⊠ 21274, ℰ (04189) 2 00, Fax (04189) 629, 🍴, ☞ – 🖭 ☎ 🅿. 🆎 🅴 𝚅𝙸𝚂𝙰
Mitte Dez. - Anfang Feb. geschl. – **Menu** *(Montag geschl.)* à la carte 35/59 – **23 Z** 83/152.

🏠 **Undeloher Hof,** Wilseder Str. 22, ⊠ 21274, ℰ (04189) 4 57, Fax (04189) 468 – 🖭 ☎ 🅿. ✄ Zim
Menu à la carte 31/63 – **12 Z** 80/160.

In Undeloh-Wesel NW : *5 km :*

🏠 **Heidelust** ✄, Weseler Dorfstr. 9, ⊠ 21274, ℰ (04189) 2 72, Fax (04189) 672, 🍴, ⇔s, ☞ – ☎ 🅿 – 🔬 20
Menu *(Nov. - März Mittwoch - Donnerstag geschl.)* à la carte 28/65 – **26 Z** 63/140.

UNKEL Rheinland-Pfalz 𝟜𝟙𝟟 O 5 – *4 600 Ew – Höhe 58 m.*
🛈 Verkehrsamt, Linzer Str. 2, ⊠ 53572, ℰ (02224) 33 09, Fax (02224) 10422.
Berlin 608 – Mainz 137 – Bonn 20 – Neuwied 28.

🏠🏠 Rheinhotel Schulz Ⓜ, Vogtsgasse 4, ⊠ 53568, ℰ (02224) 7 10 51, Fax (02224) 72111, ⩤, « Gartenterrasse » – 🖭 ☎ 🅿 – 🔬 30. ✄ Rest – **31 Z.**

✗ **Weinhaus Zur Traube** (mit Gästehaus Korf), Vogtsgasse 2, ⊠ 53572, ℰ (02224) 33 15, Fax (02224) 73362, Rebengarten – ⇔ 🅿
nur Hotel : Nov. - Mitte März geschl. – **Menu** *(Dienstag geschl., Montag, Mittwoch und Freitag nur Abendessen) (im Winter nur am Wochenende geöffnet)* à la carte 28/70 – **12 Z** 68/116.

UNNA *Nordrhein-Westfalen* [417] *L 7,* [987] ⑮ *– 64 000 Ew – Höhe 96 m.*

⛳18 *Fröndenberg, Eulenstr. 58 (SO : 9 km),* ☎ *(02373) 7 64 89.*

ADAC, *Friedrich-Ebert-Str. 7b,* ✉ *59425,* ☎ *(02303) 1 27 85, Fax (02303) 15995.*

Berlin 476 – Düsseldorf 83 – Dortmund 21 – Soest 35.

🏨 **Katharinen Hof** [M], Katharinenplatz, ✉ 59423, ☎ (02303) 92 00, *Fax (02303) 920444,* ⛱, 🚲, ♨ – 🛗, 🚭 Zim, [TV] ☎ ♿ 🚗 – 🎤 100. [AE] ⓓ [E] [VISA]
Menu à la carte 34/65 – **70 Z** 120/196.

🏨 **Gut Höing** 🌿 garni (Gutshof a.d.15.Jh. mit Gästehaus), Auf dem Höing (hinter der Eissporthalle), ✉ 59425, ☎ (02303) 6 10 52, *Fax (02303) 61013,* 🌳 – 🚭 Zim, [TV] ☎ ♿ [P] – 🎤 25. [AE] ⓓ [E] [VISA]
20. Dez. - 5. Jan. geschl. – **52 Z** 115/200.

🏠 **Kraka,** Gesellschaftsstr. 10, ✉ 59423, ☎ (02303) 2 20 22, *Fax (02303) 2410* – [TV] ☎ 🚗. [E] [VISA] – **Menu** à la carte 27/56 – **38 Z** 95/185.

🍴🍴 **Haus Kissenkamp,** Hammer Str. 102 d (N : 2 km), ✉ 59425, ☎ (02303) 6 03 77, *Fax (02303) 63308,* ⛱ – [P]. [AE] ⓓ [E] [VISA]
Dienstag geschl. – **Menu** à la carte 44/71.

UNTERFÖHRING *Bayern siehe München.*

UNTERHACHING *Bayern siehe München.*

UNTERKIRNACH *Baden-Württemberg* [419] *V 9 – 3 100 Ew – Höhe 800 m – Luftkurort – Wintersport : 800/900 m* ⛷3.

[i] *Verkehrsamt, Hauptstr. 5,* ✉ *78089,* ☎ *(07721) 80 08 37, Fax (07721) 800840.*

Berlin 750 – Stuttgart 122 – Freiburg im Breisgau 57 – Donaueschingen 25.

🍴🍴 **Rößle-Post,** Hauptstr. 16, ✉ 78089, ☎ (07721) 5 45 21, ⛱ – [P].
☺ [AE] [E] [VISA]
Montag - Dienstag geschl. – **Menu** à la carte 33/64.

🍴🍴 **Zum Stadthof,** Villinger Str. 3, ✉ 78089, ☎ (07721) 5 70 77, *Fax (07721) 58358,* ⛱ – [P]. [AE] ⓓ [E] [VISA]
Donnerstag, Sonntagabend und Juli - Aug. 3 Wochen geschl. – **Menu** à la carte 42/76.

UNTERMEITINGEN *Bayern siehe Schwabmünchen.*

UNTERREICHENBACH *Baden-Württemberg* [419] *T 10 – 2 100 Ew – Höhe 525 m – Erholungsort.*

Berlin 672 – Stuttgart 62 – Karlsruhe 40 – Pforzheim 12 – Calw 14.

In Unterreichenbach-Kapfenhardt :

🏨 **Mönchs Waldhotel Kapfenhardter Mühle** 🌿, ✉ 75399, ☎ (07235) 79 00, *Fax (07235) 790190,* ⛱, ♨, 🏊, 🎾 – 🛗, 🚭 Zim, [TV] [P] – 🎤 70. [AE] ⓓ [E] [VISA]
Menu à la carte 44/81 – **65 Z** 99/270 – ½ P 37.

🏨 **Untere Kapfenhardter Mühle** 🌿, ✉ 75399, ☎ (07235) 12 41, *Fax (07235) 7180,* ⛱, ♨, 🌳 – 🛗, 🚭 Zim, [TV] ☎ [P] – 🎤 70. [AE] ⓓ [E] [VISA]
Ende Nov. - Anfang Dez. geschl. – **Menu** *(Nov. - Mitte April Dienstag geschl.)* à la carte 28/55 🍷 – **37 Z** 78/185 – ½ P 25.

🏠 **Jägerhof** 🌿, Hasenrain 1, ✉ 75399, ☎ (07235) 9 70 40, *Fax (07235) 970444,* ⛱, 🌳 – [TV] ☎ 🚗 [P]
Nov. 1 Woche geschl. – **Menu** *(Montag geschl.)* à la carte 36/64 – **14 Z** 75/140 – ½ P 25.

UNTERSCHLEISSHEIM *Bayern* [419] [420] *V 18,* [987] ㊵ *– 24 500 Ew – Höhe 474 m.*

Berlin 570 – München 17 – Augsburg 69 – Ingolstadt 62 – Landshut 60.

🏨 **Alarun** [M] garni, Weihenstephaner Str. 2 (Hollern), ✉ 85716, ☎ (089) 31 77 80, *Fax (089) 31778178,* ♨ – 🛗 🚭 [TV] ☎ ♿ [P] – 🎤 20. [AE] ⓓ [E] [VISA] [JCB]
56 Z 165/220, 3 Suiten.

🏨 **Mercure** [M] garni, Rathausplatz 8, ✉ 85716, ☎ (089) 3 10 20 34, *Fax (089) 3173596,* ♨ – 🛗 🚭 [TV] ☎ [P] – 🎤 40. [AE] ⓓ [E] [VISA] [JCB]
57 Z 167/268.

🏨 **Alter Wirt,** Hauptstr. 36, ✉ 85716, ☎ (089) 3 10 66 28, *Fax (089) 3171691,* Biergarten, « Geschmackvolle Zimmereinrichtung mit Antiquitäten » – [TV] ☎ [P] – 🎤 50. [AE] ⓓ [E] [VISA]
1. - 15. Jan. geschl. – **Menu** *(Samstagmittag und Montag geschl.)* à la carte 37/63 – **10 Z** 125/195.

UNTERWÖSSEN Bayern **420** W 21 – 3 000 Ew – Höhe 600 m – Luftkurort – Wintersport : 600/900 m ⭐5 ⭐2.
　🛈 Verkehrsamt, Rathaus, ⊠ 83246, ℰ (08641) 82 05, Fax (08641) 978926.
　Berlin 688 – München 99 – Bad Reichenhall 52 – Traunstein 29 – Rosenheim 40.

🏠 **Astrid** ⊗ garni, Wendelweg 17, ⊠ 83246, ℰ (08641) 9 78 00, Fax (08641) 63208, ⇔,
　☞ – 📺 ⇔ 📺 ☎ ☜. ⅍
　Nov. geschl. – **20 Z** 88/176.

🏠 **Zum Bräu**, Hauptstr. 70, ⊠ 83246, ℰ (08641) 9 75 60, Fax (08641) 975650, ☞ – 📺
　📺 ☎ 🅿. ⅍ Zim
　Anfang Nov. - Anfang Dez. geschl. – **Menu** (Montag geschl.) à la carte 26/61 – **31 Z** 80/150
　– ½ P 27.

UPLENGEN Niedersachsen **415** G 7 – 9 300 Ew – Höhe 10 m.
　Berlin 473 – Hannover 206 – Emden 42 – Oldenburg 38 – Wilhelmshaven 48.

In Uplengen-Südgeorgsfehn S : 10 km ab Remels :
XX **Ostfriesischer Fehnhof,** Südgeorgsfehner Str. 85, ⊠ 26670, ℰ (04489) 27 79,
　Fax (04489) 3541, ☞ – 🅿. ⁂ ⓞ ⅇ VISA
　Montag - Dienstag geschl., Mittwoch - Freitag nur Abendessen – **Menu** (Tischbestellung
　ratsam) à la carte 36/70 (auch vegetarische Gerichte).

URACH, BAD Baden-Württemberg **419** U 12, **987** ㊳ – 12 600 Ew – Höhe 465 m – Heilbad und
　Luftkurort.
　🛈 Kurverwaltung, Haus des Gastes, Bei den Thermen 4, ⊠ 72574, ℰ (07125) 4 93 20,
　Fax (07125) 493222.
　Berlin 660 – Stuttgart 45 – Reutlingen 19 – Ulm (Donau) 56.

🏠 **Graf Eberhard** ⊗, Bei den Thermen 2, ⊠ 72574, ℰ (07125) 14 80, Fax (07125) 8214,
　☞ – 📺, ⇔ Zim, 📺 ☎ ⇔ 🅿 – ⚖ 50. ⁂ ⓞ ⅇ VISA
　Menu à la carte 41/68 – **81 Z** 135/250 – ½ P 34.

🏠 **Frank** (mit Gästehaus), Stuttgarter Str. 5, ⊠ 72574, ℰ (07125) 9 43 40,
　Fax (07125) 943494, ☞ – 📺 📺 ☎. ⁂ ⓞ ⅇ VISA JCB
　Menu à la carte 33/60 – **46 Z** 92/220 – ½ P 28.

🏠 **Breitenstein** ⊗ garni, Eichhaldestr. 111, ⊠ 72574, ℰ (07125) 9 49 50,
　Fax (07125) 949510, ≤, Massage, ⚚, ⇔, 🔲, ☞ – 📺 📺 ☎ ⇔
　16 Z 72/158.

🏠 **Bächi** ⊗ garni, Olgastr. 10, ⊠ 72574, ℰ (07125) 9 46 90, Fax (07125) 946969,
　🔄 (geheizt), ☞ – 📺 ☎ 🅿. ⅇ. ⅍
　16 Z 65/115.

URBACH Baden-Württemberg siehe Schorndorf.

URSENSOLLEN Bayern siehe Amberg.

USEDOM (Insel) Mecklenburg-Vorpommern **416** E 25, **984** ⑧, **987** ⑦ – Seebad – Östlichste
　und zweitgrößte Insel Deutschlands, durch Brücken mit dem Festland verbunden.
　Sehenswert : Gesamtbild★ der Insel mit Badeorten★ Bansin, Heringsdorf,
　Ahlbeck(Seebrücke★) – Mellenthin (Innenausstattung der Dorfkirche★).
　Ab Zinnowitz : Berlin 220 – Schwerin 201 – Neubrandenburg 81 – Rügen (Bergen) 100 –
　Stralsund 74 – Rostock 136.

Ahlbeck – 3 200 Ew – Seebad.
　🛈 Kurverwaltung, Dünenstr. 45, ⊠ 17419, ℰ (038378) 2 44 14, Fax (038378) 24418.

🏠 **Romantik Seehotel Ahlbecker Hof** 📺, Dünenstr. 47, ⊠ 17419, ℰ (038378) 6 20,
　Fax (038378) 62100, ☞, « Modernisiertes klassizistisches Badehotel », ⇔ – 📺 📺 ☎ 🅿
　– ⚖ 20. ⁂ ⅇ VISA
　Menu à la carte 45/68 – **48 Z** 200/380 – ½ P 35.

🏠 **Ostende** 📺 ⊗, Dünenstr. 24, ⊠ 17419, ℰ (038378) 5 10, Fax (038378) 51403, ≤,
　☞, ⇔ – 📺 ☎ ⅌ 🅿 – ⚖ 30. ⁂ ⓞ ⅇ VISA. ⅍ Rest
　6. Jan. - 3. Feb. geschl. – **Menu** à la carte 35/51 – **27 Z** 140/295 – ½ P 36.

🏠 **Villa Auguste Viktoria** 📺, Bismarckstr. 1, ⊠ 17419, ℰ (038378) 24 10,
　Fax (038378) 24144, ☞, « Renovierte Jugendstil-Villa », ⇔ – 📺 📺 ⁂ ⓞ ⅇ VISA
　Menu (Jan. geschl.) (abends Tischbestellung ratsam) à la carte 40/55 – **16 Z** 140/210,
　4 Suiten – ½ P 25.

🏦 **Ostseehotel** ⚛, Dünenstr. 41, ✉ 17419, ℘ (038378) 6 00, Fax (038378) 60100 – 🛗
📺 ☎ 🅿 – 🏛 60. 🆎 🄴 𝗩𝗜𝗦𝗔. 🛠 Rest
März - Okt. – **Menu** à la carte 26/49 – **42 Z** 170/240 – ½ P 25.

🏦 **Strandhotel** ⚛, Dünenstr. 19, ✉ 17419, ℘ (038378) 5 20, Fax (038378) 30101, ≤,
🏖, 𝐼₆, ≘s, 🖳 – 🛗 📺 ☎ ✆ 🅿 – 🏛 80. 🆎 ⓞ 🄴 𝗩𝗜𝗦𝗔. 🛠 Rest
Menu *(Jan. - Ende März und Nov. - Mitte Dez. geschl.)* à la carte 31/45 – **La Mer** (abends
Tischbestellung ratsam) Menu à la carte 41/68 – **100 Z** 150/250, 10 Suiten – ½ P 35.

🏦 **Villa Strandrose** ⚛ garni, Dünenstr. 18, ✉ 17419, ℘ (038378) 2 81 82,
Fax (038378) 28194, ≤ – 📺 ☎ ⇔ 🅿. 🛠
April - Okt. – **19 Z** 190/210.

🏠 **Seeperle** ⚛, Dünenstr. 38, ✉ 17419, ℘ (038378) 25 50, Fax (038378) 25555, 🏡 –
📺 ☎ 🅿
Menu *(außer Saison Montag geschl.)* à la carte 25/40 – **14 Z** 90/190 – ½ P 18.

Bansin – *2 500 Ew – Seebad.*
🛈 *Kurverwaltung, Waldstr. 5c, ✉ 17429, ℘ (038378) 2 94 33, Fax (038378) 22986.*

🏦 **Zur Post** 🅼, Seestr. 5, ✉ 17429, ℘ (038378) 5 60, Fax (038378) 56220, 🏡, « Haus
im Stil der Seebäder-Architektur », ≘s – 🛗 📺 ☎ ✆ ⇔ 🅿 – 🏛 80. 🄴 𝗩𝗜𝗦𝗔
Menu à la carte 33/55 – **60 Z** 110/215 – ½ P 28.

🏦 **Romantik Strandhotel Atlantic**, Strandpromenade 18, ✉ 17429,
℘ (038378) 6 05, Fax (038378) 60600, 🏡, « Restaurierte Jugendstil-Villa » – 📺 ☎. 🆎
🄴 𝗩𝗜𝗦𝗔. 🛠 Rest
Menu *(Montag - Freitag nur Abendessen)* à la carte 34/64 – **26 Z** 170/280 –
½ P 35.

🏠 **Forsthaus Langenberg** ⚛, Strandpromenade 36 (NW : 2km, Zufahrt über Wald-
⇔ straße), ✉ 17429, ℘ (038378) 3 21 11, Fax (038378) 29102, 🏡, ≘s – 📺 ☎ 🅿. 🆎
🄴 𝗩𝗜𝗦𝗔
Menu à la carte 24/59 ♨ – **37 Z** 115/175 – ½ P 18.

Heringsdorf – *3 500 Ew – Seebad.*
🛈 *Kurverwaltung, Kulmstr. 33, ✉ 17424, ℘ (038378) 24 51, Fax (038378) 2454.*

🏨 **Maritim Hotel Kaiserhof** 🅼, Kulmstr. 33, ✉ 17424, ℘ (038378) 6 50,
Fax (038378) 65800, ≘s, 🖳 – 🛗 ᾞ, 🍽 Rest, 📺 ✆ ♿ ⇔ – 🏛 90. 🆎 ⓞ 🄴 𝗩𝗜𝗦𝗔
𝐉𝐂𝐁. 🛠 Rest
Menu à la carte 34/64 – **133 Z** 199/368 – ½ P 40.

🏨 **Upsstalsboom Hotel Ostseestrand** 🅼 ⚛, Eichenweg 4, ✉ 17424,
℘ (038378) 6 30, Fax (038378) 63444, 🏡, ≘s, 🖳 – 🛗 ᾞ 📺 ☎ ♿ – 🏛 80. 🆎 ⓞ
🄴 𝗩𝗜𝗦𝗔
Menu à la carte 36/62 – **102 Z** 147/272 – ½ P 31.

🏦 **Strandhotel Ostseeblick** 🅼, Kulmstr. 28, ✉ 17424, ℘ (038378) 5 40,
Fax (038378) 54299, ≤, 🏡, « Panorama-Restaurant mit ≤ Ostsee », ≘s – 🛗, ᾞ Zim,
📺 ☎ ⇔ – 🏛 30. 🆎 🄴 𝗩𝗜𝗦𝗔. 🛠 Rest
Menu à la carte 45/69 – **61 Z** 150/280, 3 Suiten – ½ P 34.

🏦 **Oasis** ⚛, Strandpromenade/Puschkinstr. 10, ✉ 17424, ℘ (038378) 26 50,
Fax (038378) 26599, ≤, 🏡, « Gründerzeitvilla mit modern-eleganter Einrichtung », ≘s,
🍃 – ᾞ 📺 ☎ ⇔ 🅿. 𝗩𝗜𝗦𝗔. 🛠 Rest
Menu à la carte 40/71 – **Bistro** : **Menu** à la carte 26/41 – **18 Z** 170/340 – ½ P 38.

🏦 **Pommerscher Hof**, Seestr. 41, ✉ 17424, ℘ (038378) 6 10, Fax (038378) 61100 –
🛗 📺 ☎ 🅿 – 🏛 70. 🆎 🄴 𝗩𝗜𝗦𝗔. 🛠 Rest
Menu à la carte 26/44 – **69 Z** 155/200 – ½ P 25.

🏠 **Stadt Berlin**, Bülowstr. 15, ✉ 17424, ℘ (038378) 2 23 04, Fax (038378) 22648, 🏡
– 📺 ☎ 🅿. 🆎
Menu à la carte 28/37 – **27 Z** 120/190 – ½ P 25.

🏠 **Hubertus** ⚛, Grenzstr. 1, ✉ 17424, ℘ (038378) 2 29 71, Fax (038378) 32310, 🏡,
≘s – ᾞ Zim, 📺 ☎ 🅿 – 🏛 25. 🆎 ⓞ 𝗩𝗜𝗦𝗔
Menu à la carte 25/42 – **25 Z** 130/240 – ½ P 30.

🏠 **Wald und See** ⚛, Rudolf-Breitscheid-Str. 8, ✉ 17424, ℘ (038378) 3 14 16,
Fax (038378) 22511, ≘s – 🛗 📺 ☎ 🅿 – 🏛 45. 🆎 🄴 𝗩𝗜𝗦𝗔. 🛠 Rest
Menu (nur Abendessen) à la carte 29/45 – **43 Z** 120/210 – ½ P 25.

Korswandt – *500 Ew.*
🏠 **Idyll Am Wolgastsee**, Hauptstr. 9, ✉ 17419, ℘ (038378) 2 21 16,
Fax (038378) 22546, 🏡, ≘s – 📺 ☎ 🅿. 🆎 ⓞ 🄴 𝗩𝗜𝗦𝗔
Menu à la carte 27/49 – **19 Z** 100/220 – ½ P 25.

Loddin – *1 000 Ew – Seebad.*

In Loddin-Kölpinsee

🏨 **Strandhotel Seerose** Ⓜ ⌂, Strandstr. 1, ✉ 17459, ✆ (038375) 5 40,
Fax (038375) 54199, ≤, ㈜, ≦s, 🅆 – 🛗, ≒ Zim, 📺 ☎ ⚎ ⚏ – 🔏 60. E 𝗩𝗜𝗦𝗔
Menu à la carte 32/56 – **57 Z** 140/300 – ½ P 35.

Trassenheide – *850 Ew.*

🛈 *Fremdenverkehrsamt, Strandstr. 36,* ✉ *17449,* ✆ *(038371) 2 09 28, Fax (038371)*
20913.

🏨 **Waldhof Hotel** ⌂, Forststr. 9, ✉ 17449, ✆ (038371) 5 00, Fax (038371) 20561 –
≒ Zim, 📺 ☎ ⚏. 🄰🄴 E 𝗩𝗜𝗦𝗔. ⚒ Rest
Menu à la carte 26/40 – **80 Z** 120/200 – ½ P 23.

Zempin – *800 Ew – Seebad.*

🛈 *Fremdenverkehrsamt, Fischerstr. 1,* ✉ *17459,* ✆ *(038377) 4 21 62, Fax (038377)*
42162.

🏨 **Wikinger,** Seestr.6, ✉ 17459, ✆ (038377) 7 50, Fax (038377) 75115, ㈜, ≦s, ⿸ –
⊜ 📺 ☎ ⚏
Menu à la carte 22/50 – **58 Z** 90/148.

Zinnowitz – *3 800 Ew – Seebad.*

🛈 *Kurverwaltung, Möwenstr. 1,* ✉ *17454,* ✆ *(038377) 7 31 15, Fax (038377) 42229.*

🏨 **Asgard** Ⓜ ⌂, Dünenstr. 20, ✉ 17454, ✆ (038377) 46 70, Fax (038377) 467124, ㈜
– 🛗 📺 ☎ ⚏. 🄰🄴 ⓞ E 𝗩𝗜𝗦𝗔
Menu à la carte 32/58 – **34 Z** 125/230 – ½ P 28.

🏨 **Kormoran** ⌂, Dünenstr. 14, ✉ 17454, ✆ (038377) 45 40, Fax (038377) 40704, ㈜
– 📺 ☎ ⚏. 🄰🄴 E 𝗩𝗜𝗦𝗔
Menu à la carte 34/65 – **17 Z** 130/260 – ½ P 35.

🏨 **Dünenschloß** garni, Neue Strandstr. 27, ✉ 17454, ✆ (038377) 7 90,
Fax (038377) 79259, ≦s – 📺 ☎ ⚏. E 𝗩𝗜𝗦𝗔. ⚒
32 Z 100/180.

USINGEN *Hessen* 🇴🇮🇪 *O 9,* 🇾🇾🇾 ㉗ – *12 500 Ew – Höhe 270 m.*
Berlin 520 – Wiesbaden 62 – Frankfurt am Main 35 – Gießen 41 – Limburg an der
Lahn 41.

🏨 **Walkmühle,** Walkmühle 1 (B 275) O : 2 km, ✉ 61250, ✆ (06081) 20 94,
Fax (06081) 16809, ㈜ – 📺 ☎ ⚏. 🄰🄴 ⓞ E 𝗩𝗜𝗦𝗔
Menu *(Mittwoch geschl.)* (wochentags nur Abendessen) à la carte 41/68 – **11 Z** 90/140.

USLAR *Niedersachsen* 🇴🇮🇪🇴🇮🇴 *L 12,* 🇾🇾🇾 ⑯ – *17 300 Ew – Höhe 173 m – Erholungsort.*
🛈 *Touristik-Information, Altes Rathaus, Lange Str. 1,* ✉ *37170,* ✆ *(05571) 50 51,*
Fax (05571) 6295.
Berlin 352 – Hannover 133 – Kassel 60 – Göttingen 39 – Braunschweig 120.

🏨 **Romantik-Hotel Menzhausen,** Lange Str. 12, ✉ 37170, ✆ (05571) 9 22 30,
Fax (05571) 922330, « Reich verzierte 400-jährige Fachwerkfassade », ≦s, 🅆 , ⿸ – 🛗
📺 ☎ ⚌ ⚏ – 🔏 90. 🄰🄴 ⓞ E 𝗩𝗜𝗦𝗔
Menu à la carte 46/71 – **40 Z** 135/310 – ½ P 35.

In Uslar-Fürstenhagen S : 12 km :

Landgasthaus Zur Linde ⌂, Ahornallee 32, ✉ 37170, ✆ (05574) 3 22,
⊜ Fax (05574) 344, ㈜, ≦s – ⚏ – 🔏 20
Menu *(Mittwoch geschl.)* à la carte 22/40 – **29 Z** 45/96 – ½ P 15.

In Uslar-Schönhagen NW : 7 km – Erholungsort :

Fröhlich-Höche, Amelither Str. 6 (B 241), ✉ 37170, ✆ (05571) 26 12,
⊜ Fax (05571) 2612, ㈜, ⿸ – ⚏ – 🔏 30
Feb. - März 3 Wochen geschl. – **Menu** *(Mittwoch geschl.)* à la carte 23/49 – **15 Z** 45/100
– ½ P 15.

In Uslar-Volpriehausen O : 8 km :

🏨 **Landhotel am Rothenberg** ⌂, Rothenbergstr. 4, ✉ 37170, ✆ (05573) 95 90,
Fax (05573) 1564, ≦s, ⿸ – 🛗 📺 ☎ ⚉ ⚍ ⚏ – 🔏 150
Menu à la carte 32/53 – **80 Z** 90/180 – ½ P 15.

UTERSUM *Schleswig-Holstein siehe Föhr(Insel).*

UTTING AM AMMERSEE Bayern 🔲🔲 V 17, 🔲 ㊴ – 2 900 Ew – Höhe 554 m.
Berlin 625 – München 47 – Augsburg 60 – Landsberg am Lech 24.

In Utting-Holzhausen :

🏠 **Sonnenhof** 🔆, Ammerseestr. 1, ⊠ 86919, 🕿 (08806) 20 31, Fax (08806) 2789, 🍴,
≋, 🌳 – 📺 🕿 📞 ⇦ 📞 – 🔏 35. 🅴 💳
Menu (Dienstag geschl.) à la carte 29/59 – **30 Z** 90/210.

🏠 **Wittelsbacher Hof**, Bahnhofsplatz 6, ⊠ 86919, 🕿 (08806) 9 20 40,
Fax (08806) 2799, Biergarten, ≋, 🖼, ⇥ Rest, 📺 🕿 📞 – 🔏 35
Jan. geschl. – **Menu** (Mittwoch geschl.) à la carte 25/40 – **25 Z** 85/150.

VACHA Thüringen 🔲 N 14, 🔲 ㉖ – 6 800 Ew – Höhe 225 m.
🏛 Verkehrsamt, Markt 4, ⊠ 36404, 🕿 (036962) 2 61 35, Fax (036962) 3629.
Berlin 391 – Erfurt 100 – Kassel 100 – Bad Hersfeld 26 – Fulda 48.

🏠 **Adler**, Markt 1, ⊠ 36404, 🕿 (036962) 26 50, Fax (036962) 26547, 🍴 – ⇥ Zim, 📺
⇔ 🕿 📞 – 🔏 60. 🅰🅴 🅴 💳 ⇥ Rest
Menu à la carte 24/42 – **24 Z** 90/160.

VAIHINGEN AN DER ENZ Baden-Württemberg 🔲 T 10, 🔲 ㉗ – 23 000 Ew – Höhe 245 m.
Berlin 633 – Stuttgart 28 – Heilbronn 54 – Karlsruhe 56 – Pforzheim 21.

In Vaihingen-Horrheim NO : 7 km :

🏤 **Lamm**, Klosterbergstr. 45, ⊠ 71665, 🕿 (07042) 8 32 20, Fax (07042) 832250 – 📶 📺
🕿 🕭 ⇦ – 🔏 50. 🅰🅴 🅾 🅴 💳. ⇥ Zim
1. - 15. Jan. geschl. – **Menu** (Samstagmittag geschl.) à la carte 52/72 – **23 Z** 98/195.

In Vaihingen-Roßwag W : 4 km :

🍴 **Krone**, Kronengäßle 1, ⊠ 71665, 🕿 (07042) 2 40 36, Fax (07042) 24114,
🍴
Mittwoch - Donnerstag und Juli - Aug. 3 Wochen geschl. – **Menu** à la carte 42/71 🍷.

VALLENDAR Rheinland-Pfalz 🔲 O 6 – 8 000 Ew – Höhe 69 m.
Berlin 590 – Mainz 104 – Koblenz 13 – Bonn 55 – Limburg an der Lahn 43.

🍴 **Die Traube**, Rathausplatz 12, ⊠ 56179, 🕿 (0261) 6 11 62, « Fachwerkhaus a.d.J.
1647 » – 🕮 🅴 💳
Samstagmittag, Dienstag und über Karneval geschl. – **Menu** (Tischbestellung ratsam)
à la carte 39/65.

VANSELOW Mecklenburg-Vorpommern siehe Demmin.

VAREL Niedersachsen 🔲 F 8, 🔲 ⑮ – 24 300 Ew – Höhe 10 m.
Berlin 461 – Hannover 204 – Bremen 75 – Wilhelmshaven 25 – Oldenburg 34.

🏤 **Friesenhof** (mit Gästehaus), Neumarktplatz 6, ⊠ 26316, 🕿 (04451) 92 50,
Fax (04451) 925200, ≋ – 📶, ⇥ Zim, 📺 🕿 ⇦ 📞 – 🔏 80. 🅰🅴 🅾 🅴 💳
Menu à la carte 32/65 – **110 Z** 70/160, 9 Suiten.

🍴 **Schienfatt** (mit Heimatmuseum), Neumarktplatz 3, ⊠ 26316, 🕿 (04451) 47 61,
Fax (04451) 4761, « Gemütliche Gaststuben mit historischer Bildersammlung »
Montag und Juli - Aug. 3 Wochen geschl. – **Menu** (wochentags nur Abendessen) à la carte
41/75.

In Varel-Dangast NW : 7 km :

🏤 **Graf Bentinck** 🔆, Dauenser Str. 7, ⊠ 26316, 🕿 (04451) 13 90, Fax (04451) 139222,
≋ – 📶, ⇥ Zim, 📺 🕿 📞 – 🔏 60. 🅰🅴 🅾 🅴 💳. ⇥ Rest
Menu à la carte 36/64 – **42 Z** 130/190.

In Varel-Obenstrohe SW : 4,5 km :

🏨 Waldschlößchen Mühlenteich 🔆, Mühlteichstr. 78, ⊠ 26316, 🕿 (04451) 92 10,
Fax (04451) 921100, 🍴, Massage, 🔥, ≋, 🖼, 🌳 – 📺 📞 – 🔏 80. ⇥
Entenblick - **Farmerstube** – **52 Z**.

🏠 **Landgasthof Haßmann**, Wiefelsteder Str. 71, ⊠ 26316, 🕿 (04451) 9 67 20,
Fax (04451) 967630, Biergarten – 📺 🕿 📞
Menu à la carte 25/51 – **14 Z** 60/100.

VATERSTETTEN Bayern 420 V 19 – 20 000 Ew – Höhe 528 m.
Berlin 596 – München 21 – Landshut 76 – Passau 160 – Salzburg 138.

In Vaterstetten-Neufarn NO : 7,5 km :

🏨 **Stangl** (mit 🏠 Gasthof), Münchener Str. 1 (B 12), ⊠ 85646 Neufarn, ℰ (089) 90 50 10, Fax (089) 90501363, Biergarten, « Renovierter Gutshof mit Jugendstileinrichtung » – 🛗
📺 🅿 – 🔏 40. 🆔 ⓪ ☰ 𝚟𝚒𝚜𝚊
Menu à la carte 33/64 – **53 Z** 110/210.

🏠 **Landhotel Anderschitz** garni, Münchener Str. 13 (B 12), ⊠ 85646 Neufarn, ℰ (089) 9 03 51 17, Fax (089) 9045560 – ⇔ 📺 ☎ 🅿. ☰
23. Dez. - 7. Jan. geschl. – **30 Z** 80/145.

In Vaterstetten-Parsdorf N : 4,5 km :

🏠 **Erb** garni (mit Gästehaus), Posthalterring 1 (Gewerbegebiet, Nähe BAB Ausfahrt), ⊠ 85599 Parsdorf, ℰ (089) 99 11 00, Fax (089) 99110155, ⇌ – 🛗 📺 ☎ ⟷ 🅿 –
🔏 20. 🆔 ⓪ ☰ 𝚟𝚒𝚜𝚊
51 Z 110/195.

VECHTA Niedersachsen 415 H 8, 987 ⑮ – 24 000 Ew – Höhe 37 m.
Berlin 412 – Hannover 124 – Bremen 69 – Oldenburg 49 – Osnabrück 61.

🏠 **Igelmann** garni, Lohner Str. 22, ⊠ 49377, ℰ (04441) 50 66, Fax (04441) 4342 – 📺
☎ 🅿. 🆔 ⓪ ☰ 𝚟𝚒𝚜𝚊
21 Z 90/130.

🏠 **Schäfers**, Große Str. 115, ⊠ 49377, ℰ (04441) 9 28 30, Fax (04441) 928330 – 📺 ☎
🅿. 🆔 ⓪ ☰ 𝚟𝚒𝚜𝚊
Menu (Freitag geschl.) (wochentags nur Abendessen) à la carte 28/54 – **17 Z** 89/122.

VEITSHÖCHHEIM Bayern 417 419 420 Q 13 – 9 400 Ew – Höhe 178 m.
Sehenswert : Rokoko-Hofgarten★.
🅱 Tourist-Information, Rathaus, Erwin-Vornberger-Platz, ⊠ 97209, ℰ (0931) 9 80 27 40, Fax (0931) 9802742.
Berlin 506 – München 287 – Karlstadt 17 – Würzburg 7.

🏨 **Weißes Lamm**, Kirchstr. 24, ⊠ 97209, ℰ (0931) 9 80 23 00, Fax (0931) 9802499, ⇌
– 🛗, ⇔ Zim, 📺 ☎ ⟲ 🔥 🅿 – 🔏 80. 🆔 ☰ 𝚟𝚒𝚜𝚊
Menu à la carte 28/57 – **54 Z** 110/165.

🏨 **Hotel am Main** ⬙ garni, Untere Maingasse 35, ⊠ 97209, ℰ (0931) 9 80 40, Fax (0931) 9804121, ⇌ – 📺 ☎ 🅿. 🆔 ⓪ ☰ 𝚟𝚒𝚜𝚊
20. Dez. - 8. Jan. geschl. – **36 Z** 100/160.

🏠 **Spundloch** ⬙, Kirchstr. 19, ⊠ 97209, ℰ (0931) 9 12 13, Fax (0931) 98917, ⇌ – 📺
☎ 🅿. 🆔 ⓪ ☰ 𝚟𝚒𝚜𝚊
Menu à la carte 28/67 – **9 Z** 105/180.

🏠 **Ratskeller** ⬙, Erwin-Vornberger-Platz, ⊠ 97209, ℰ (0931) 98 09 40, Fax (0931) 9809430, ⇌ – 📺 ☎ 🅿 – 🔏 25. ☰ 𝚟𝚒𝚜𝚊
Jan. 2 Wochen geschl. – Menu (Okt. - April Montag geschl.) à la carte 28/49 – **8 Z** 95/145.

🏠 **Café Müller** ⬙ garni, Thüngersheimer Str. 8, ⊠ 97209, ℰ (0931) 98 06 00, Fax (0931) 91506 – 📺 ☎ 🅿. 🆔 ⓪ ☰ 𝚟𝚒𝚜𝚊
10 Z 90/155.

VELBERT Nordrhein-Westfalen 417 L 5, 987 ⑮ – 90 000 Ew – Höhe 260 m.
🅱 Verkehrsverein, Pavillon am Denkmal, Friedrichstr. 181a, ⊠ 42551, ℰ (02051) 26 22 96, Fax (02051) 54705.
Berlin 544 – Düsseldorf 41 – Essen 16 – Wuppertal 19.

🏨 **Queens Hotel Velbert** ⬙, Günther-Weisenborn-Str. 7, ⊠ 42549, ℰ (02051) 49 20, Fax (02051) 492175, ⩽, « Terrasse, Park », ⇌ – 🛗, ⇔ Zim, 📺 ☎ 🔥 🅿 – 🔏 60. 🆔
⓪ ☰ 𝚟𝚒𝚜𝚊
Menu (Sonntagabend geschl.) à la carte 43/70 – **81 Z** 218/312.

In Velbert-Langenberg O : 5 km :

🏨 **Deilbachmühle** ⬙, Deilbachstr. 254 (NO : 3 km), ⊠ 42553, ℰ (02052) 67 97, Fax (02052) 3147, ⇌, « Gartenanlage mit Teich », ⇌, ⟿ – ⇔ 📺 ☎ ⟲ ⟷ 🅿. 🆔
⓪ ☰ 𝚟𝚒𝚜𝚊. ⬙ Rest
Menu (Montag - Dienstag geschl.) à la carte 48/82 – **15 Z** 115/280.

🏠 **Rosenhaus**, Hauptstr. 43, ⊠ 42555, ℰ (02052) 30 45, Fax (02052) 1094, ⇌ – 📺 ☎
🅿 – 🔏 30. 🆔 ☰ 𝚟𝚒𝚜𝚊
Jan. 1 Woche und Juli - Aug. 3 Wochen geschl. – Menu à la carte 35/64 – **14 Z** 115/180.

In Velbert-Neviges *SO : 4 km :*

    Haus Stemberg, Kuhlendahler Str. 295, ✉ 42553, ℰ (02053) 56 49, Fax (02053) 40785, 🍽 – **ⓟ**. 🆎 ⓞ **ᴇ** 𝘝𝘐𝘚𝘈
    Donnerstag - Freitag, März - April 2 Wochen und Juli - Aug. 3 Wochen geschl. – **Menu** (abends Tischbestellung erforderlich) 37/89 und à la carte 43/80.

VELBURG *Bayern* 419 420 *S 19,* 987 ㉙ *– 4 700 Ew – Höhe 516 m.*
    Berlin 474 – München 144 – Nürnberg 60 – Regensburg 51.

In Velburg-Lengenfeld *W : 3 km :*

    Winkler Bräustüberl, St.-Martin-Str. 6, ✉ 92355, ℰ (09182) 1 70, Fax (09182) 17110, Biergarten, ⇌, 🔲 – 🛗 📺 ☎ & **ⓟ** – 🔏 60. 🆎 ⓞ **ᴇ** 𝘝𝘐𝘚𝘈
    5. - 11. Jan. und über Fasching geschl. – **Menu** à la carte 24/57 – **57 Z** 92/146.

VELEN *Nordrhein-Westfalen* 417 *K 4 – 11 300 Ew – Höhe 55 m.*
    Berlin 525 – Düsseldorf 90 – Bocholt 30 – Enschede 54 – Münster (Westfalen) 52.

    Sportschloss Velen ⚘, ✉ 46342, ℰ (02863) 20 30, Fax (02863) 203788, 🍽, 🏋, ⇌, 🔲, 🐎, 🎾(Halle) – 🛗 Zim, 📺 & **ⓟ** – 🔏 110. 🆎 ⓞ **ᴇ** 𝘝𝘐𝘚𝘈. 🍽 Rest
    23. - 27. Dez. geschl. – **Menu** (Sonntagabend geschl.) à la carte 47/67 – **111 Z** 210/380.

VELLBERG *Baden-Württemberg* 419 420 *S 13 – 3 900 Ew – Höhe 369 m – Erholungsort.*
    Sehenswert : Pfarrkirche St. Martin ≤★.
    Berlin 546 – Stuttgart 88 – Aalen 49 – Schwäbisch Hall 13.

    Schloß Vellberg ⚘ (mit Gästehäusern), ✉ 74541, ℰ (07907) 87 60, Fax (07907) 87658, ≤, 🍽, « Schloßkapelle, Kaminzimmer, Rittersaal », ⇌ – 📺 ☎ **ⓟ** – 🔏 30. 🆎 ⓞ **ᴇ** 𝘝𝘐𝘚𝘈
    Menu à la carte 45/76 – **50 Z** 110/200 – ½ P 36.

In Vellberg-Eschenau *SO : 1,5 km :*

    Rose, Ortsstr. 13, ✉ 74541, ℰ (07907) 22 94, Fax (07907) 8569 – **ⓟ**. ⓞ **ᴇ** 𝘝𝘐𝘚𝘈
    Montag - Dienstagmittag, über Karneval und Aug. jeweils 2 Wochen geschl. – **Menu** à la carte 33/60 🛢.

VERDEN (Aller) *Niedersachsen* 415 *H 11,* 987 ⑯ *– 28 000 Ew – Höhe 25 m.*
    🏌 *Verden-Walle (N : 6 km),* ℰ (04230) 14 70.
    🉀 *Touristinformation, Ostertorstr. 7a,* ✉ 27283, ℰ (04231) 1 23 17, Fax (04231) 12345.
    Berlin 354 – Hannover 95 – Bremen 43 – Rotenburg (Wümme) 25.

    Höltje, Obere Str. 13, ✉ 27283, ℰ (04231) 89 20, Fax (04231) 892111, 🍽, ⇌, 🔲 – 🛗 📺 ☎ **ⓟ** – 🔏 40. 🆎 ⓞ **ᴇ** 𝘝𝘐𝘚𝘈. 🍽 Rest
    Menu à la carte 40/71 (auch vegetarische Gerichte) – **62 Z** 115/265.

    Haag's Hotel Niedersachsenhof, Lindhooper Str. 97, ✉ 27283, ℰ (04231) 66 60, Fax (04231) 64875, 🍽, ⇌ – 🛗 📺 ☎ & **ⓟ** – 🔏 400. 🆎 ⓞ **ᴇ** 𝘝𝘐𝘚𝘈
    Menu à la carte 31/58 (auch vegetarische Gerichte) – **82 Z** 105/180.

    Parkhotel, Bremer Str. 48 (B 215), ✉ 27283, ℰ (04231) 76 50, Fax (04231) 76545, 🍽 – 🛗 Zim, 📺 ☎ **ⓟ** – 🔏 200. 🆎 **ᴇ** 𝘝𝘐𝘚𝘈
    Menu à la carte 33/69 – **41 Z** 95/180.

    Pades Restaurant, Anita-Augspurg-Platz 7, ✉ 27283, ℰ (04231) 30 60, Fax (04231) 81043 – 🆎 **ᴇ** 𝘝𝘐𝘚𝘈
    Sonntag - Montag, Anfang Jan. 2 Wochen und Juli - Aug. 3 Wochen geschl. – **Menu** (nur Abendessen) à la carte 66/91
    Spez. Bratkartoffelsalat mit Büffelmozzarella und Perlhuhn. Jungschweinerücken mit gefülltem Romana-Salat und Kartoffelpüree. Weinbergpfirsich in der Folie.

In Verden-Dauelsen *N : 2 km :*

    Landhaus Hesterberg, Hamburger Str. 27 (B 215), ✉ 27283, ℰ (04231) 7 39 49, 🍽, « Restauriertes Fachwerkhaus a.d. 17. Jh. » – **ⓟ**. **ᴇ**
    Sonntag - Montagmittag, Jan. - Feb. und Juni - Juli jeweils 2 Wochen geschl. – **Menu** à la carte 40/65.

In Verden-Walle *N : 5 km :*

    Quellengrund garni, Waller Heerstr. 73, ✉ 27283, ℰ (04230) 9 30 20, Fax (04230) 930233 – 📺 ☎ 🚗 **ⓟ**. **ᴇ** 𝘝𝘐𝘚𝘈 – *20. Dez. - Anfang Jan. geschl.* – **17 Z** 85/145.

VERDEN (Aller)

In Dörverden S : 10 km :

🏠 **Pfeffermühle** (mit Gästehaus), Große Str. 70 (B 215), ✉ 27313, ✆ (04234) 22 31,
Fax (04234) 2150, 🍴, 🍺 – 📺 ☎ 👤 ⟷ 👤. AE ① E VISA JCB
Menu à la carte 35/61 – **17 Z** 74/135.

VERL Nordrhein-Westfalen 👤👤 K 9, 👤👤 ⑱, 👤👤 ⑮ – 20 500 Ew – Höhe 91 m.
Berlin 413 – Düsseldorf 152 – Bielefeld 33 – Gütersloh 11 – Lippstadt 36 – Paderborn 31.

🏠 **Haus Papenbreer** garni, Gütersloher Str. 82, ✉ 33415, ✆ (05246) 9 20 40,
Fax (05246) 920420 – 📺 ☎ 👤
15 Z 80/130.

🍴🍴 **Büdel's Restaurant-Bürmann's Hof,** Kirchplatz 5, ✉ 33415, ✆ (05246) 79 70,
✿ Fax (05246) 81403, 🍴, « Westfälisches Fachwerkhaus mit rustikaler Einrichtung » – 👤.
AE E
Sonntag - Montag, über Ostern und Juli - Aug. jeweils 2 Wochen geschl. – **Menu** 45 (mittags)
und à la carte 56/90
Spez. Hummertempura mit Zitronengrassauce. Kalbsfilet mit dicken Bohnen und Basili-
kumjus. Apfelpfannküchlein mit Calvadossauce und Zimteis.

VERSMOLD Nordrhein-Westfalen 👤👤👤 J 8, 👤👤 ⑮ – 18 700 Ew – Höhe 70 m.
🏌 Versmold, Schultenallee 1 (SW : 2 km), ✆ (05423) 4 28 82.
Berlin 415 – Düsseldorf 165 – Bielefeld 33 – Münster (Westfalen) 44 – Osnabrück 33.

🏨 **Altstadthotel,** Wiesenstr. 4, ✉ 33775, ✆ (05423) 95 20, Fax (05423) 43149, ☎ –
🛗 📺 ☎ 👤 – 🔬 150. AE ① E VISA
Menu (Sonntag geschl.) à la carte 36/60 – **40 Z** 135/215.

In Versmold-Bockhorst NO : 6 km :

🍴🍴 **Alte Schenke** mit Zim, An der Kirche 3, ✉ 33775, ✆ (05423) 9 42 80,
🍴 Fax (05423) 942828 – 📺 ☎ 👤. AE E VISA
Menu (Montag - Dienstag, Feb. 2 Wochen und Juli 3 Wochen geschl.) (wochentags nur
Abendessen) à la carte 41/64 – **3 Z** 85/170.

VETSCHAU Brandenburg 👤👤👤 K 26, 👤👤 ⑲ – 9 200 Ew – Höhe 40 m.
Berlin 105 – Potsdam 122 – Cottbus 24 – Dresden 113 – Frankfurt (Oder) 84.

🏨 **Ratskeller,** Am Markt 5, ✉ 03226, ✆ (035433) 5 10, Fax (035433) 70387, 🍴,
Biergarten, ☎ – 🛗, ⟷ Zim, 📺 ☎ 👤 👤 – 🔬 60. AE ① E VISA JCB
Menu (Jan. - Feb. nur Abendessen) à la carte 34/60 – **38 Z** 105/220.

VIECHTACH Bayern 👤👤👤 S 22, 👤👤 ㉙ – 8 500 Ew – Höhe 450 m – Luftkurort – Wintersport :
🎿 5.
🅱 Verkehrsamt, Stadtplatz 1, ✉ 94234, ✆ (09942) 8 08 25, Fax (09942) 6151.
Berlin 507 – München 174 – Cham 27 – Deggendorf 31 – Passau 82.

🏨 **Schmaus,** Stadtplatz 5, ✉ 94234, ✆ (09942) 9 41 60, Fax (09942) 941630, 🍴, ☎,
🔲 – 🛗 📺 ☎ ⟷ 👤 – 🔬 150. AE ① E VISA
6. Jan. - 6. Feb. geschl. – **Menu** à la carte 34/63 – **42 Z** 99/200.

In Viechtach-Neunußberg NO : 10 km :

🏨 **Burghotel Neunußberg** 🌲 garni, Neunußberg 35, ✉ 94234, ✆ (09942) 80 50,
Fax (09942) 805200, ≤, ☎, 🔲, 🍺 – 🛗 📺 ☎ ⟷ 👤
Nov. - Anfang Dez. geschl. – **36 Z** 65/128.

🏠 **Burggasthof Sterr** 🌲, Neunußberg 15, ✉ 94234, ✆ (09942) 96 10,
⟷ Fax (09942) 961229, ≤, 🍴, 🍺 – 📺 ⟷ 👤. ① E VISA – 🎿
Nov. geschl. – **Menu** à la carte 21/44 🍴 – **15 Z** 57/112 – ½ P 18.

VIERNHEIM Hessen 👤👤👤👤 R 9, 👤👤 ㉗ – 32 000 Ew – Höhe 100 m.
Siehe Stadtplan Mannheim-Ludwigshafen.
🏌 Virnheim, Alte Mannheimer Straße 3, ✆ (06204) 7 87 37.
Berlin 608 – Wiesbaden 82 – Darmstadt 47 – Heidelberg 21 – Mannheim 11.

🏨🏨 **Atlantis Continental Hotel** Ⓜ, Bürgermeister-Neff-Str. 12 (Rhein-Neckar-Zentrum),
✉ 68519, ✆ (06204) 60 90, Fax (06204) 609222, ☎, 🔲 – 🛗, ⟷ Zim, 🍴 📺 👤 👤 👤
– 🔬 150. AE ① E VISA
Menu à la carte 39/66 – **122 Z** 195/259.   DU r

🏨 **Central-Hotel** garni, Hölderlinstr. 2, ✉ 68519, ✆ (06204) 9 64 20,
Fax (06204) 964299, ☎ – 🛗 ⟷ 📺 ☎ ⟷ 👤 – 🔬 25. AE ① E VISA   DU n
30 Z 98/180, 8 Suiten.

🏨 **Post** garni, Luisenstr. 3, ✉ 68519, ℘ (06204) 7 09 10, Fax *(06204) 709181* – |≰| 🆃🆅 ☎
⟷ – ⚖ 45. ⫸ – **24 Z.**
DU a

🏛 **Am Kapellenberg** garni, Mannheimer Str. 59, ✉ 68519, ℘ (06204) 7 70 77,
Fax *(06204) 65978* – 🆃🆅 ☎ 🅿. 🖪 *VISA*
DU e
18 Z 94/124.

In Viernheim-Neuzenlache *über die A 659 DU, Ausfahrt Viernheim-Ost* :

XX **Pfeffer und Salz,** Neuzenlache 10, ✉ 68519, ℘ (06204) 7 70 33, Fax *(06204) 77035,*
❀ ❀ – 🅿. 🖪
Samstagmittag, Sonntag - Montag, Dez. nur Sonntag, Mitte Aug. - Anfang Sept. und Ende
Dez. - Anfang Jan. geschl. – **Menu** (Tischbestellung ratsam, bemerkenswerte Weinkarte)
à la carte 74/112
Spez. Terrinen. Gänseleber süß-sauer. Fisch- und Wildgerichte (nach Saison).

VIERSEN *Nordrhein-Westfalen* 🗺 *M 3,* 🗺 ㉕ – *77 000 Ew – Höhe 41 m.*
Berlin 592 – Düsseldorf 34 – Krefeld 20 – Mönchengladbach 10 – Venlo 23.

🏨 **Kaisermühle** (ehemalige Mühle), An der Kaisermühle 20, ✉ 41747, ℘ (02162) 3 00 31,
Fax *(02162) 34751,* ❀ – 🆃🆅 🅿 ⟷. 🖪 ⓘ 🖪 *VISA*
Menu à la carte 38/70 – **12 Z** 140/230.

X **Stadtwappen** mit Zim, Gladbacher Str. 143 (B 59), ✉ 41747, ℘ (02162) 3 20 11,
Fax *(02162) 31414* – 🆃🆅 ☎ ⟷ 🅿. 🖪
Juli - Aug. 3 Wochen geschl. – **Menu** *(Samstagmittag und Montag geschl.)* à la carte 31/64
– **7 Z** 80/140.

In Viersen-Dülken *W : 5,5 km* :

🏛 **Cornelius** garni, Rheindahlener Str. 3, ✉ 41751, ℘ (02162) 43 03, Fax *(02162) 42828*
– 🆃🆅 ☎ ⟷ 🅿 – ⚖ 20. 🖪 ⓘ 🖪 *VISA* – **30 Z** 99/156.

In Viersen-Süchteln *NW : 4,5 km* :

🏨 **Höhen-Hotel-Gehring** (ehem. Villa), Hindenburgstr. 67, ✉ 41749, ℘ (02162) 72 77,
Fax *(02162) 80359,* ❀, ☎ – 🆃🆅 ☎ ✆ ⟷ 🅿. 🖪 ⓘ 🖪 *VISA*. ⫸
Petit Chateau (Tischbestellung erforderlich) *(nur Abendessen, Sonntag geschl.)* **Menu**
à la carte 38/70 – **15 Z** 90/180, 3 Suiten.

XXX **Alte Villa Ling** mit Zim, Hindenburgstr. 34, ✉ 41749, ℘ (02162) 97 01 50,
⟷ Fax *(02162) 9701510,* « Ehemalige Villa mit eleganter Einrichtung » – 🆃🆅 ☎ 🅿
Josephine *(Sonntag - Montag geschl.)* **Menu** à la carte 84/114 – **Gaststube** *(Montag*
geschl.) **Menu** à la carte 37/69 – **7 Z** 130/190.

VILBEL, BAD *Hessen* 🗺 *P 10,* 🗺 ㉗ – *25 000 Ew – Höhe 110 m – Heilbad.*
Berlin 540 – Wiesbaden 48 – Frankfurt am Main 10 – Gießen 55.

🏛 **Am Kurpark** garni, Parkstr. 20, ✉ 61118, ℘ (06101) 6 40 11, Fax *(06101) 64960* –
|≰| 🆃🆅 ☎. 🖪 🖪
Weihnachten - Anfang Jan. geschl. – **45 Z** 108/165.

In Niederdorfelden *NO · 4,5 km* :

🏛 **Schott** ⚟ garni, Hainstr. 19, ✉ 61138, ℘ (06101) 3 36 66, Fax *(06101) 33660* – ✦✦
🆃🆅 ☎ 🅿. 🖪 *VISA*
24. Dez. - 5. Jan. geschl. – **10 Z** 90/150.

VILLINGENDORF *Baden-Württemberg* 🗺 *V 9 – 2 400 Ew – Höhe 621 m.*
Berlin 725 – Stuttgart 89 – Konstanz 92 – Rottweil 5,5 – Schramberg 23 – Oberndorf 13.

🏛 **Kreuz,** Hauptstr. 8, ✉ 78667, ℘ (0741) 3 40 57, Fax *(0741) 347217,* ❀ – ☎ 🅿. 🖪.
⫸ Zim
1. - 15. Jan. und Mitte - Ende Aug. geschl. – **Menu** *(Mittwoch - Donnerstagmittag geschl.)*
à la carte 26/65 ⚘ – **8 Z** 56/120.

XX **Linde,** Rottweiler Str. 3, ✉ 78667, ℘ (0741) 3 18 43, Fax *(0741) 34181,* ❀ – 🅿. 🖪 🖪
⟷ *Montagabend - Dienstag geschl.* – **Menu** 37/83 und à la carte 44/75.

VILLINGEN-SCHWENNINGEN *Baden-Württemberg* 🗺 *V 9,* 🗺 ㊳ – *80 000 Ew –*
Höhe 704 m – Kneippkurort.
🏢 *Verkehrsamt, Villingen, Rietstr. 8,* ✉ *78050,* ℘ *(07721) 82 23 40, Fax (07721) 822347.*
🏢 *Verkehrsamt Schwenningen, im Bahnhof,* ✉ *78054,* ℘ *(07720) 82 12 09., Fax (07720)*
821207.
ADAC, *Kaiserring 1 (Villingen),* ✉ *78050,* ℘ *(07721) 91 74 10, Fax (07721) 917440.*
Berlin 734 ③ – Stuttgart 115 ③ – Freiburg im Breisgau 77 ⑤ – Konstanz 90 ⑤ –
Offenburg 79 ① – Tübingen 83 ③

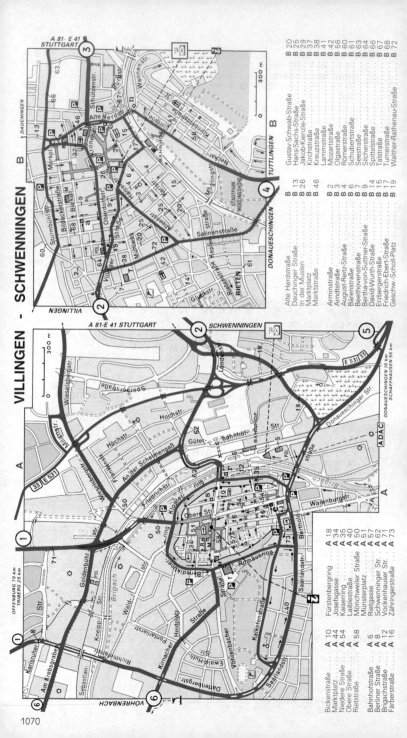

VILLINGEN - SCHWENNINGEN

1070

Im Stadtteil Villingen :

🏨 **Bosse** ⌦, Oberförster-Ganter-Str. 9 (Kurgebiet), ⊠ 78048, ℘ (07721) 5 80 11,
Fax (07721) 58013, �& ✹ – 📺 ☎ 🚗 🅿 – 🔏 40. 🖭 ⑩ 🗲 𝗩𝗜𝗦𝗔 🃏. ✸ Rest
Menu (Freitag geschl.) à la carte 38/73 – **36 Z** 98/195 – ½ P 35.   über ⑥

🏨 **Rindenmühle,** Am Kneipp-Bad 9 (am Kurpark), ⊠ 78052, ℘ (07721) 5 15 11,
Fax (07721) 51522, �& ✹ – ➤ Zim, 📺 ☎ 🅿. 🗲 𝗩𝗜𝗦𝗔. ✸ Zim
Menu (Sonntagabend - Montag geschl.) à la carte 45/69 – **18 Z** 98/155 –
½ P 32.   über Kirnacher Straße   A

🏠 **Bären** garni, Bärengasse 2, ⊠ 78050, ℘ (07721) 5 55 41, Fax (07721) 58090 – 📵 📺
☎ 🚗. 🖭 🗲 𝗩𝗜𝗦𝗔   A s
18 Z 88/165.

💥 **Kapuzinerhof,** Niedere Str. 88, ⊠ 78050, ℘ (07721) 3 20 95, Fax (07721) 32595, �&
Menu à la carte 36/76.   A e

Im Stadtteil Schwenningen :

🏨 **Ochsen,** Bürkstr. 59, ⊠ 78054, ℘ (07720) 83 90, Fax (07720) 839639, �& – 📵, ➤ Zim,
📺 ☎ 🚗 🅿 – 🔏 40. 🖭 ⑩ 🗲 𝗩𝗜𝗦𝗔. ✸   B a
Menu (Sonntag, Jan. 2 Wochen und Aug. 3 Wochen geschl.) à la carte 43/67 –
40 Z 105/200 – ½ P 35.

🏨 **Central-Hotel** garni, Alte Herdstr. 12 (Muslen-Parkhaus), ⊠ 78054, ℘ (07720) 30 30,
Fax (07720) 303100 – 📵 ➤ 📺 ☎ 📞 🚗 – 🔏 35. 🖭 ⑩ 🗲 𝗩𝗜𝗦𝗔   B c
22. Dez. - 7. Jan. geschl. – **58 Z** 90/160.

🏠 **Neckarquelle,** Wannenstr. 5, ⊠ 78056, ℘ (07720) 9 78 29, Fax (07720) 978230, �&
– 📺 ☎ 🅿   B n
Menu (Sonntag geschl.) à la carte 26/60 – **17 Z** 90/150 – ½ P 28.

Im Stadtteil Obereschach N : 5 km über Vockenhauser Str. A :

🏠 **Sonne,** Steinatstr. 17, ⊠ 78052, ℘ (07720) 9 51 60, Fax (07720) 951650 – 📺 ☎ 🅿.
🗲
Menu (Dienstag, Aug. 2 Wochen und Nov. 3 Wochen geschl.) à la carte 25/56 🍴 –
16 Z 55/95 – ½ P 20.

VILSHOFEN Bayern 𝟰𝟮𝟬 U 23, 𝟵𝟴𝟳 ㉚ – 14 600 Ew – Höhe 307 m.
Berlin 585 – München 164 – Passau 23 – Regensburg 101.

🏠 **Bayerischer Hof,** Vilsvorstadt 29, ⊠ 94474, ℘ (08541) 50 65, Fax (08541) 6972, �&
– ➤ Zim, 📺 ☎ 🚗 🅿. 🖭 ⑩ 🗲 𝗩𝗜𝗦𝗔. ✸ Rest
24. Dez. - 8. Jan. geschl. – **Menu** (Samstag geschl.) à la carte 30/54 – **29 Z** 70/140.

VISBEK Niedersachsen 𝟰𝟭𝟱 H 8 – 4 500 Ew – Höhe 50 m.
Berlin 429 – Hannover 139 – Bremen 48 – Oldenburg 45 – Osnabrück 63.

🏠 **Wübbolt** garni, Astruper Str. 19, ⊠ 49429, ℘ (04445) 3 06, Fax (04445) 7146 – 📺
☎ 🅿. ✸
16 Z 80/120.

VISSELHÖVEDE Niedersachsen 𝟰𝟭𝟱 𝟰𝟭𝟲 H 12, 𝟵𝟴𝟳 ⑯ – 10 000 Ew – Höhe 56 m – Erholungsort.
🛈 Verkehrsamt, Haus des Gastes, Waldweg, ⊠ 27374, ℘ (04262) 16 67, Fax (04262)
2042.
Berlin 344 – Hannover 81 – Hamburg 87 – Bremen 60 – Lüneburg 72 – Rotenburg
(Wümme) 19.

🏨 **Luisenhof,** Worthstr. 10, ⊠ 27374, ℘ (04262) 93 30, Fax (04262) 933100, �& , 🔥,
🏊, 🎾, ✸(Halle) – 📵, ➤ Zim, 📺 ☎ ♿ 🅿 – 🔏 20. ⑩ 🗲 𝗩𝗜𝗦𝗔
Menu à la carte 35/69 – **61 Z** 155/220.

In Visselhövede-Hiddingen NO : 3 km :

🏨 **Röhrs,** Neuenkirchener Str. 3, ⊠ 27374, ℘ (04262) 9 31 80, Fax (04262) 4435,
« Garten », 🔥 – 📺 ☎ 🅿 – 🔏 80. 🖭 🗲. ✸ Zim
Menu (Montag - Freitag nur Abendessen) à la carte 26/54 – **27 Z** 75/110 – ½ P 18.

In Visselhövede-Jeddingen SW : 5 km :

🏠 **Jeddinger Hof,** Heidmark 1, ⊠ 27374, ℘ (04262) 93 50, Fax (04262) 736, �& , ✹
– ☎ 🅿 – 🔏 60. 🖭 ⑩ 🗲 𝗩𝗜𝗦𝗔
Menu à la carte 33/65 – **54 Z** 90/175 – ½ P 25.

VLOTHO Nordrhein-Westfalen 👤17 J 10, 👤87 ⑯ – 19 500 Ew – Höhe 47 m.

🚉 Vlotho-Exter, Heidelholz 8 (SW : 8 km), 🞉 (05228) 74 34.

Berlin 359 – Düsseldorf 206 – Bremen 116 – Hannover 76 – Osnabrück 72.

🏠 **Fernblick** ⮞, Lange Wand 16, ✉ 32602, 🞉 (05733) 71 80, Fax (05733) 10827, ≼ Wesertal und Porta Westfalica, 🍽, 🛋 – 📺 ☎ ⮞ 🅿 – 🔒 40. 🆎 ① 🇪 𝒱𝐼𝒮𝒜
Menu (Dienstag geschl.) à la carte 30/65 – **18 Z** 90/135.

In Vlotho-Bonneberg SW : 2,5 km :

🏨 **Bonneberg** ⮞, Wilhelmstr. 8, ✉ 32602, 🞉 (05733) 79 30, Fax (05733) 793111, 🍽, 🍴 – 🔋 📺 ☎ ⮜ ♿ 🅿 – 🔒 200. 🆎 ① 🇪 𝒱𝐼𝒮𝒜
Menu à la carte 39/75 – **126 Z** 138/267.

In Vlotho-Exter SW : 8 km :

🏠 **Grotegut**, Detmolder Str. 252, ✉ 32602, 🞉 (05228) 2 16, Fax (05228) 1027 – 📺 ☎ ⮞ 🅿. 🆎 ① 🇪 𝒱𝐼𝒮𝒜. ✂
Menu (Sonntagabend - Montagmittag geschl.) à la carte 37/69 – **12 Z** 70/140.

VÖHRENBACH Baden-Württemberg 👤19 V 8 – 4 200 Ew – Höhe 800 m – Erholungsort – Wintersport : 800/1 100 m ⛷4 🎿3.

🅘 Verkehrsamt, Rathaus, Friedrichstr. 8, ✉ 78147, 🞉 (07727) 50 11 15, Fax (07727) 501119.

Berlin 759 – Stuttgart 131 – Freiburg im Breisgau 48 – Donaueschingen 21 – Villingen-Schwenningen 18.

🕊 **Kreuz,** Friedrichstr. 7, ✉ 78147, 🞉 (07727) 70 17, Fax (07727) 7244 – ⮞ 🅿. 🇪 𝒱𝐼𝒮𝒜
März 2 Wochen geschl. – **Menu** (Samstagmittag und Sonntag geschl.) à la carte 26/60 🍴 – **15 Z** 55/116 – ½ P 20.

🍴🍴 **Zum Engel,** Schützenstr. 2, ✉ 78147, 🞉 (07727) 70 52, Fax (07727) 7873, « Gasthof a.d.J. 1544 » – 🅿. 𝒱𝐼𝒮𝒜
7. - 17. Jan., Ende Juli - Mitte Aug. und Jan. - Juni Montag - Dienstag, Juli - Dez. Montag - Dienstagmittag geschl. – **Menu** (Tischbestellung ratsam) à la carte 53/87
Spez. Badische Vorspeisenvariation. Kräuterravioli mit Steinpilzen (Sommer). Gebratener Zander mit Estragonschalotten und Pfifferlinglauch (Sommer).

An der Straße nach Unterkirnach NO : 3,5 km – Höhe 963 m

🏠 **Friedrichshöhe,** Villinger Str. 30, ✉ 78147 Vöhrenbach, 🞉 (07727) 2 49, Fax (07727) 1350, 🍽, 🍴 – ☎ ⮞ 🅿 – 🔒 25
Nov. geschl. – **Menu** (Montag geschl.) à la carte 27/56 🍴 – **16 Z** 60/128 – ½ P 19.

VÖHRINGEN Bayern 👤19 👤20 V 14, 👤87 ㊴ – 12 900 Ew – Höhe 498 m.
Berlin 628 – München 146 – Kempten (Allgäu) 75 – Ulm (Donau) 22.

In Vöhringen-Illerberg NO : 3 km :

🍴🍴 **Burgthalschenke,** Hauptstr. 4 (Thal), ✉ 89269, 🞉 (07306) 52 65, Fax (07306) 34594, 🍽 – 🅿. 🆎 ① 🇪 𝒱𝐼𝒮𝒜
Montag geschl. – **Menu** à la carte 40/74.

VÖLKLINGEN Saarland 👤17 S 4, 👤87 ㉖ – 44 300 Ew – Höhe 185 m Alte Völklinger Hütte★ (Gasgebläsehalle★).

🅘 Amt für Verkehrs- und Wirtschaftsförderung, Rathaus, Hindenburgplatz, ✉ 66333, 🞉 (06898) 13 22 14, Fax (06898) 132350.
Berlin 722 – Saarbrücken 14 – Saarlouis 12.

🏨 **Parkhotel Gengenbach,** Kühlweinstr. 70, ✉ 66333, 🞉 (06898) 91 47 00, Fax (06898) 23655, « Kleiner Park, Gartenterrasse » – 📺 🅿. 🆎 ① 🇪 𝒱𝐼𝒮𝒜
Orangerie (Samstagmittag, Sonn- und Feiertage sowie Montag geschl.) **Menu** à la carte 86/99 – **Schwarzwälder Stuben :** Menu à la carte 40/58 – **11 Z** 150/200
Spez. Kartoffel-Trüffelsalat mit Flußkrebsen und Kerbelmarinade. Rehrückenmedaillons mit Kirschsauce. Schokoladensoufflé mit Passionsfrüchten.

In Völklingen-Fürstenhausen S : 1,5 km :

🏠 **Saarhof,** Saarbrücker Str. 67, ✉ 66333, 🞉 (06898) 3 72 39 – 📺 ☎ 🅿
Menu (Samstagmittag und Sonntagabend - Montagmittag geschl.) à la carte 24/67 🍴 – **14 Z** 95/170.

VOERDE Nordrhein-Westfalen 📙📗📘 L 4 – 34 000 Ew – Höhe 26 m.
Berlin 552 – Düsseldorf 61 – Duisburg 23 – Wesel 10.

🏠 **Niederrhein** garni, Friedrichsfelder Str. 15, ⊠ 46562, ℰ (02855) 96 20,
Fax (02855) 962111 – 🛗 📺 ☎ ✆ & 🅿 – 🔬 60. 🆎 ⓞ 🅴 🆚🆂🅰. 🛠
56 Z 140/185.

🍴🍴 **Wasserschloß Haus Voerde,** Allee 64, ⊠ 46562, ℰ (02855) 36 11,
Fax (02855) 3616, 🍴, « Wasserschloß a.d.16.Jh., Gewölbekeller » – 🅿. 🅴
Samstagmittag und Montag geschl. – **Menu** à la carte 51/79.

VÖRSTETTEN Baden-Württemberg siehe Denzlingen.

VOGTSBURG IM KAISERSTUHL Baden-Württemberg 📙📗📙 V 6 – 5 100 Ew – Höhe 220 m.
Berlin 797 – Stuttgart 200 – Freiburg im Breisgau 31 – Breisach 10 – Sélestat 28.

In Vogtsburg-Achkarren :

🏠 **Zur Krone,** Schloßbergstr. 15, ⊠ 79235, ℰ (07662) 9 31 30, Fax (07662) 931350, 🍴,
🍴, 🛠 – ☎. 🅴 🆚🆂🅰
15. - 30. Jan. geschl. – **Menu** (Mittwoch geschl.) à la carte 32/63 🍷 – **20 Z** 70/160 –
½ P 30.

🏠 **Haus am Weinberg** 🛠, In den Kapellenmatten 8, ⊠ 79235, ℰ (07662) 7 78,
Fax (07662) 8527, 🛠, 🍴 – 🛠 Zim, 📺 ☎ 🖛 🅿 – 🔬
10. - 29. Jan. geschl. – (nur Abendessen für Hausgäste) – **15 Z** 95/180 – ½ P 27.

In Vogtsburg-Bickensohl :

🏠 **Rebstock,** Neunlindenstr. 23, ⊠ 79235, ℰ (07662) 9 33 30, Fax (07662) 933320, 🍴
– 📺 ☎ 🅿
23. Dez. - 8. Feb. geschl. – **Menu** (April - Nov. Montag - Dienstagmittag, Dez. - März Montag
- Dienstag geschl.) à la carte 36/70 🍷 – **13 Z** 68/160 – ½ P 25.

In Vogtsburg-Bischoffingen :

🏠 **Steinbuck** 🛠, Steinbuckstr. 20 (in den Weinbergen), ⊠ 79235, ℰ (07662) 7 71,
Fax (07662) 6079, ≤ Kaiserstühler Rebland, 🍴, 🍴, 🍴 – 📺 ☎ 🖛 🅿 – 🔬 30
Mitte Jan. - Ende Feb. geschl. – **Menu** (Dienstag - Mittwochmittag, Nov. - März Dienstag
- Mittwoch geschl.) à la carte 42/82 🍷 – **18 Z** 78/156 – ½ P 28.

In Vogtsburg-Burkheim :

🏠 **Kreuz-Post,** Landstr. 1, ⊠ 79235, ℰ (07662) 9 09 10, Fax (07662) 1298, ≤, 🍴, 🍴
– 🛗 📺 ☎ 🖛 🅿 – 🔬 25. ⓞ 🅴 🆚🆂🅰
Mitte Nov. - Anfang Dez. geschl. – **Menu** (Dienstag geschl.) à la carte 31/55 🍷 – **30 Z** 68/138
– ½ P 26.

In Vogtsburg-Oberbergen :

🍴🍴🍴 **Schwarzer Adler** mit Zim, Badbergstr. 23, ⊠ 79235, ℰ (07662) 93 30 10,
⚙ Fax (07662) 719, 🍴, 🍴, 🖼, 🍴 – 🖛 🅿. ⓞ 🅴 🆚🆂🅰. 🛠
19. Jan. - 20. Feb. geschl. – **Menu** (Mittwoch - Donnerstag geschl.) (Tischbestellung ratsam,
bemerkenswerte Weinkarte) 85/150 und à la carte 63/106 – **8 Z** 110/180
Spez. Marmite von Edelfischen und Hummer. Cassolette von Krustentieren. Lammfilet in
der Kräuterkruste.

🍴 **Weinhaus Rebstock,** Badbergstr. 22, ⊠ 79235, ℰ (07662) 9 40 66,
Fax (07662) 94062, 🍴 – 🅿
Montag - Dienstag und 1. - 14. Jan. geschl. – **Menu** à la carte 30/58.

In Vogtsburg-Schelingen :

🍴 **Zur Sonne** mit Zim, Mitteldorf 5, ⊠ 79235, ℰ (07662) 2 76, Fax (07662) 6043, 🍴 –
📺 ☎ 🅿
15. - 30. Jan. und 1. - 16. Aug. geschl. – **Menu** (Dienstag geschl.) (Tischbestellung ratsam)
à la carte 40/69 🍷 – **5 Z** 55/100 – ½ P 28.

VOHENSTRAUSS Bayern 📙📗📙 R 21, 📙📗📘 ㉙ – 7 500 Ew – Höhe 570 m.
🅱 Tourismusbüro, Rathaus, Marktplatz 9, ⊠ 92648, ℰ (09651) 92 22 30, Fax (09651)
922211.
Berlin 420 – München 205 – Nürnberg 108 – Passau 179 – Regensburg 81.

🍴 **Drei Lilien,** Friedrichstr. 15, ⊠ 92648, ℰ (09651) 23 61 – 🖛
🛠 **Menu** (Dienstag - Donnerstag nur Abendessen) à la carte 19/32 🍷 – **22 Z** 44/88.

VOLKACH Bayern 419 420 Q 14, 987 ㉘ – 9 500 Ew – Höhe 200 m – Erholungsort.
Sehenswert : Wallfahrtskirche "Maria im Weingarten" : Rosenkranzmadonna★ NW : 1 km.
🛈 Verkehrsamt, Rathaus, Marktplatz, ✉ 97332, ℰ (09381) 4 01 12, Fax (09381) 40116.
Berlin 466 – München 269 – Bamberg 64 – Nürnberg 98 – Schweinfurt 24 – Würzburg 35.

🏨 **Romantik Hotel Zur Schwane,** Hauptstr. 12, ✉ 97332, ℰ (09381) 8 06 60,
Fax (09381) 806666, « Altfränkische Stuben, Innenhofterrasse » – 📺 ☎ ⇔ ℗ – 🔬 15.
AE ① E VISA
Menu (Montag und 22. Dez. - 2. Jan. geschl.) 39/120 und à la carte 48/74 – **25 Z** 120/270
– ½ P 50.

🏨 **Vier Jahreszeiten** garni, Hauptstr. 31, ✉ 97332, ℰ (09381) 8 48 40,
Fax (09381) 848444, « Historisches Gebäude a.d.J. 1605 mit antiker Einrichtung » – ⇔
📺 ☎ ℗ – 🔬 15. AE E
17 Z 100/190.

🏨 **Am Torturm** garni, Hauptstr. 41, ✉ 97332, ℰ (09381) 8 06 70, Fax (09381) 806744
– 📺 ☎ ℃ AE E VISA
14 Z 100/180.

🏠 **Weingasthof Rose** (mit Gästehaus), Oberer Markt 7, ✉ 97332, ℰ (09381) 84 00,
Fax (09381) 840333, ☞ – 📳 📺 ☎ ℃ ℗ – 🔬 25. E VISA
Feb. 2 Wochen geschl. – **Menu** (außer Saison Mittwoch geschl.) à la carte 26/56 ⅃ –
30 Z 85/180 – ½ P 25.

🏠 **Behringer,** Marktplatz 5, ✉ 97332, ℰ (09381) 24 53, Fax (09381) 2424, Biergarten –
📺 ☎. AE E
Menu à la carte 25/62 – **21 Z** 75/150 – ½ P 25.

In Volkach-Astheim W : 1,5 km :

✕ **Zum Schwan,** Karthäuser Str. 13, ✉ 97332, ℰ (09381) 12 15, Fax (09381) 6177, 🏠
– AE E VISA
Dienstag - Mittwochmittag geschl. – **Menu** à la carte 28/55 ⅃.

In Volkach-Escherndorf W : 3 km :

🏖 **Engel,** Bocksbeutelstr. 18, ✉ 97332, ℰ (09381) 24 47, Fax (09381) 6132 – 📺 ⇔. AE
E VISA
7. Jan. - 6. Feb. geschl. – **Menu** (Donnerstag geschl.) à la carte 30/48 ⅃ – **5 Z** 50/75.

✕ **Zur Krone,** Bocksbeutelstr. 1, ✉ 97332, ℰ (09381) 28 50, Fax (09381) 6082, 🏠 – E
VISA
Dienstag - Mittwochmittag sowie Feb. und Juli - Aug. jeweils 3 Wochen geschl. –
Menu à la carte 36/59.

In Nordheim SW : 4 km :

🏠 **Gasthof Markert,** Am Rain 22, ✉ 97334, ℰ (09381) 47 00, Fax (09381) 3308, 🏠
– ☎ ℗ – 🔬 50. E
Menu à la carte 24/55 ⅃ – **24 Z** 70/105 – ½ P 25.

🏠 **Zur Weininsel,** Mainstr. 17, ✉ 97334, ℰ (09381) 80 36 90, Fax (09381) 803691, 🏠
– ⇔ ⇔ ℗. ⅙ Zim
27. Dez. - Mitte Jan. geschl. – **Menu** à la carte 23/44 ⅃ – **12 Z** 55/110 – ½ P 24.

✕ **Zehnthof Weinstuben,** Hauptstr. 2, ✉ 97334, ℰ (09381) 17 02, Fax (09381) 4379,
🏠
Montag geschl. – **Menu** à la carte 23/50 ⅃.

In Eisenheim-Obereisenheim NW : 9,5 km :

🏖 **Rose,** Marktplatz 5, ✉ 97247, ℰ (09386) 9 72 20, Fax (09386) 972240, ⟺ – 📺 ☎ ♿
℗ – 🔬 20
Menu (Nov. - März Montag geschl.) à la carte 24/54 ⅃ – **26 Z** 65/110 – ½ P 25.

VREDEN Nordrhein-Westfalen 417 J 4, 987 ⑭ – 19 500 Ew – Höhe 40 m.
🛈 Verkehrsverein, Markt 6, ✉ 48691, ℰ (02564) 46 00.
Berlin 537 – Düsseldorf 116 – Bocholt 33 – Enschede 25 – Münster (Westfalen) 65.

🏠 **Hamaland,** Up de Bookholt 28, ✉ 48691, ℰ (02564) 13 22, Fax (02564) 34819 – 📺
☎ ℗. AE ① E VISA
Menu (Montag geschl.) à la carte 29/54 – **10 Z** 75/120.

WACHAU Sachsen siehe Leipzig.

1074

WACHENHEIM Rheinland-Pfalz 🔲🔲🔲 R 8 – 4 600 Ew – Höhe 158 m.
  ▸ Verkehrsamt, Weinstr. 16 (Rathaus), ✉ 67157, ℰ (06322) 6 08 32, Fax (06322) 60859.
  Berlin 641 – Mainz 86 – Kaiserslautern 35 – Mannheim 24 – Neustadt an der
  Weinstraße 12.

🏠 **Goldbächel,** Waldstr. 99, ✉ 67157, ℰ (06322) 9 40 50, Fax (06322) 5068, 🌳, 🐦,
  🍴 – 📺 ☎ 🅿 – 🔬 25
  Menu (Montag, Jan. 2 Wochen und Juli 1 Woche geschl.) à la carte 29/62 🍴 – **16 Z** 70/150.

🍴🍴 **Kapellchen,** Weinstr. 29, ✉ 67157, ℰ (06322) 6 54 55, Fax (06322) 66068 – 🝐 🅞
  🖃 𝚅𝙸𝚂𝙰. 🎗
  Samstagmittag, Sonntagabend - Montag, Feb. 1 Woche und Juli - Aug. 3 Wochen geschl.
  – **Menu** à la carte 43/74.

In Gönnheim O : 4,5 km :
🍴🍴 **Lamm** mit Zim, Bismarckstr. 21, ✉ 67161, ℰ (06322) 9 52 90, Fax (06322) 952916, 🌳,
  🐦 – 📺 ☎ 🅿. 🝐 🅞 🖃 𝚅𝙸𝚂𝙰
  Juli und Aug. jeweils 1 Woche geschl. – **Menu** (Montag, Okt.- April auch Sonntagabend
  geschl.) (Dienstag - Freitag nur Abendessen) à la carte 45/68 – **8 Z** 90/140.

WACHTBERG Nordrhein-Westfalen 🔲🔲🔲 O 5 – 19 000 Ew – Höhe 230 m.
  🏌 Wachtberg-Niederbachem, Landgrabenweg, ℰ (0228) 34 40 03.
  Berlin 609 – Düsseldorf 99 – Bonn 17 – Koblenz 67 – Köln 52.

In Wachtberg-Adendorf :
🍴🍴 **Gasthaus Kräutergarten,** Töpferstr. 30, ✉ 53343, ℰ (02225) 75 78,
  Fax (02225) 702801, 🌳 – 🅿
  Samstagmittag, Sonntag - Montag und Juli - Aug. 2 Wochen geschl. – **Menu** (Tischbe-
  stellung ratsam) 55/90 und à la carte.

In Wachtberg-Niederbachem :
🏠🏠 **Dahl** Ⓜ 🦢, Heideweg 9, ✉ 53343, ℰ (0228) 34 10 71, Fax (0228) 345001, ≤, 🌳, 🐦,
  🟦 – 🛎 📺 ☎ 🚗 🅿 – 🔬 100. 🝐 🅞 🖃 𝚅𝙸𝚂𝙰. 🎗
  20. - 28. Dez. und über Karneval geschl. – **Menu** (Sonntag geschl.) à la carte 31/53 –
  67 Z 105/230.

WACKEN Schleswig-Holstein 🔲🔲🔲 D 12 – 1 500 Ew – Höhe 40 m.
  Berlin 358 – Kiel 85 – Hamburg 75 – Itzehoe 17.
🍴🍴 **Landgasthof Zur Post,** Hauptstr. 25, ✉ 25596, ℰ (04827) 22 83, Fax (04827) 2676,
  🌳 – 🅿. 🝐 🅞 🖃 𝚅𝙸𝚂𝙰
  Menu à la carte 33/64.

WADERN Saarland 🔲🔲🔲 R 4 – 17 000 Ew – Höhe 275 m.
  Berlin 726 – Saarbrücken 53 – Birkenfeld 32 – Trier 42.

In Wadern-Reidelbach NW : 7 km :
🏠 **Reidelbacher Hof,** ✉ 66687, ℰ (06871) 9 03 50, Fax (06871) 903523, 🌳 – ☎ 🚗
  🅿. 🝐 🖃 𝚅𝙸𝚂𝙰
  10. - 24. Feb. geschl. – **Menu** (Montag geschl.) à la carte 25/56 – **11 Z** 58/88.

WADERSLOH Nordrhein-Westfalen 🔲🔲🔲 K 8 – 11 000 Ew – Höhe 90 m.
  Berlin 432 – Düsseldorf 153 – Beckum 16 – Lippstadt 11.
🏠🏠 **Bomke,** Kirchplatz 7, ✉ 59329, ℰ (02523) 9 21 60, Fax (02523) 1366, 🌳, 🍴 –
  🐦 Zim, 📺 ☎ 🅿 – 🔬 25. 🝐 🅞 🖃 𝚅𝙸𝚂𝙰. 🎗 Zim
✿ **Menu** (Samstagmittag, Donnerstag, Jan. 1 Woche und Juli - Aug. 3 Wochen geschl.) (Tisch-
  bestellung ratsam, bemerkenswerte Weinkarte) 40 (mittags) und à la carte 51/104 –
  20 Z 86/235
  Spez. Geräucherte Taubenbrust mit Ölrauke und süß-saurem Kürbissalat. Geschmortes Reh
  mit Sellerie und Pfifferlingen. Mascaponesoufflé mit Waldbrombeeren und weißem Kaf-
  feeis.

WÄSCHENBEUREN Baden-Württemberg 🔲🔲🔲 T 13 – 3 500 Ew – Höhe 408 m.
  Berlin 598 – Stuttgart 53 – Göppingen 10 – Schwäbisch Gmünd 16.

In Wäschenbeuren-Wäscherhof NO : 1,5 km :
🏠 **Zum Wäscherschloß** 🦢, Wäscherhof 2, ✉ 73116, ℰ (07172) 73 70,
  Fax (07172) 22340, 🌳, 🐎 – 🚗 🅿
  Okt. 2 Wochen geschl. – **Menu** (Montag und Mittwoch geschl.) à la carte 26/44 – **26 Z**
  70/120.

WAGING AM SEE Bayern 420 W 22, 987 ④ - 5 400 Ew - Höhe 450 m - Luftkurort.

🛈 Verkehrsbüro, Salzburger Str. 32, ⊠ 83329, ℰ (08681) 3 13, Fax (08681) 9676.

Berlin 679 - München 124 - Bad Reichenhall 47 - Traunstein 12 - Salzburg 31.

🏨 **Eichenhof** ⌂, Angerpoint 1 (NO : 1 km), ⊠ 83329, ℰ (08681) 40 30, Fax (08681) 40325, ⇌, 🔥, ☞ - 🆃 ☎ 🅿 - 🔏 20. 🅴
Jan. 2 Wochen geschl. - (nur Abendessen für Hausgäste) - **38 Z** 125/240 - ½ P 25.

🏨 **Wölkhammer,** Haslacher Weg 3, ⊠ 83329, ℰ (08681) 40 80, Fax (08681) 4333, 🍴,
🔥, ⇌, ☞ - 🔰 🆃 🅿 - 🔏 40. ⛟ Zim
Jan und Nov. jeweils 2 Wochen geschl. - **Menu** (Freitagabend geschl.) à la carte 24/50 -
47 Z 65/220 - ½ P 23/26.

🏨 **Unterwirt,** Seestr. 23, ⊠ 83329, ℰ (08681) 2 43, Fax (08681) 9938, ⇌, 🔲 - 🆃 ☎
- 🔏 30
Jan. 3 Wochen geschl. - **Menu** (im Winter Montag, im Sommer Donnerstag geschl.)
à la carte 24/53 ⅄ - **36 Z** 70/146 - ½ P 15.

🍴 **Kurhaus Stüberl,** am See (NO : 1 km), ⊠ 83329, ℰ (08681) 40 09 12,
Fax (08681) 400925, ≼ - 🅿. 🄰🄴 ⓞ 🅴 🆅🅸🆂🄰
Montag - Dienstag und Mitte Jan. - Ende Feb. geschl. - **Menu** (wochentags nur Abendessen)
à la carte 78/90
Spez. Marinierter Huchen mit Vogerlsalat. Souffilierter Bachsaibling mit Gurken-
Linsengemüse. Gröstl vom Lamm mit gebratenem Gemüse.

WAHLSBURG Hessen 417 418 L 12 - 2 700 Ew - Höhe 150 m.

Sehenswert : in Lippoldsberg : Klosterkirche★.

🛈 Verkehrsamt (Lippoldsberg), Am Mühlbach 15, ⊠ 37194, ℰ (05572) 10 77, Fax (05572)
1768.

Berlin 362 - Wiesbaden 265 - Kassel 50 - Hann. Münden 30 - Höxter 35 - Göttingen 36.

In Wahlsburg-Lippoldsberg - Luftkurort :

🏨 **Lippoldsberger Hof** ⌂, Schäferhof 16, ⊠ 37195, ℰ (05572) 3 36,
Fax (05572) 1327, ☞ - ⇥ Zim, 🆃 ⇜ 🅿. 🄰🄴 🅴. ⛟ Rest
Mitte - Ende März geschl. - (Restaurant nur für Hausgäste) - **16 Z** 56/135 - ½ P 15.

WAIBLINGEN Baden-Württemberg 419 T 11, 987 ㉟ - 50 000 Ew - Höhe 229 m.

🛈 Stadtinformation, Marktgasse 1, ⊠ 71332, ℰ (07151) 5 00 14 23, Fax (07151)
5001446.

ADAC, Bahnhofstr. 75, ⊠ 71332, ℰ (07151) 5 10 58, Fax (07151) 562528.

Berlin 609 - Stuttgart 19 - Schwäbisch Gmünd 42 - Schwäbisch Hall 57.

🏨 **Koch,** Bahnhofstr. 81, ⊠ 71332, ℰ (07151) 95 83 20, Fax (07151) 55976 - 🔰 🆃 ☎
⇜ 🅿. 🄰🄴 ⓞ 🅴 🆅🅸🆂🄰
23. Dez. - 8. Jan. geschl. - **Menu** (Samstagmittag und Sonntagabend geschl.) à la carte
35/66 - **52 Z** 120/180.

🏨 **Adler** garni, Kurze Str. 15, ⊠ 71332, ℰ (07151) 5 39 39, Fax (07151) 562779 - 🆃 ☎
⛟. 🄰🄴 ⓞ 🅴 🆅🅸🆂🄰
28 Z 98/175.

🍴 **Remsstuben,** An der Talaue (im Bürgerzentrum, 1. Etage, 🔰), ⊠ 71334,
ℰ (07151) 2 10 78, Fax (07151) 24206, 🍴 - 🕭 🅿 - 🔏 350. 🄰🄴 ⓞ 🅴 🆅🅸🆂🄰. ⛟
Montag geschl. - **Menu** à la carte 39/72.

In Korb NO : 3 km :

🏨 **Rommel,** Boschstr. 7 (Gewerbegebiet), ⊠ 71404, ℰ (07151) 93 10,
Fax (07151) 931240 - 🔰, ⇥ Zim, 🆃 ☎ ⛟ 🅿 - 🔏 20
23. Dez. - 6. Jan. geschl. - **Menu** (Samstagmittag und Mittwoch geschl.) à la carte 32/63
- **46 Z** 110/180.

In Korb-Steinreinach NO : 3,5 km :

🍴 **Zum Lamm,** Buocher Str. 34, ⊠ 71404, ℰ (07151) 3 25 77 - 🅿
Montag - Dienstag, Jan. 3 Wochen und Aug. geschl. - **Menu** à la carte 32/56 ⅄.

WAISCHENFELD Bayern 420 Q 18, 987 ㉘ - 3 300 Ew - Höhe 349 m - Luftkurort.

Ausflugsziel : Fränkische Schweiz★★.

🛈 Verkehrsamt, Marktplatz, (Rathaus), ⊠ 91344, ℰ (09202) 15 48, Fax (09202) 1571.

Berlin 391 - München 228 - Coburg 73 - Bayreuth 26 - Nürnberg 82 - Bamberg 48.

Im Wiesenttal, an der Straße nach Behringersmühle :

🏠 **Café-Pension Krems** ⌾, Rabeneck 17 (SW : 3 km), ✉ 91344 Waischenfeld,
 ℰ (09202) 2 45, ≤, 𝄃⅔, 𝄃 – ⇐ ❾. 𝄌 Rest
 Mitte Nov. - 20. Dez. geschl. – (Restaurant nur für Hausgäste) – **16 Z** 50/100 – ½ P 16.

🏠 **Pulvermühle** ⌾, Pulvermühle 35 (SW : 1 km), ✉ 91344 Waischenfeld,
 ℰ (09202) 10 44, Fax (09202) 1046, 𝄃, 𝄃 – 📺 ☎ ⇐ ❾
 Menu *(Montag geschl.)* à la carte 30/53 – **10 Z** 80/120 – ½ P 25.

🏠 **Waldpension Rabeneck** ⌾, Rabeneck 27 (SW : 3 km), ✉ 91344 Waischenfeld,
 ℰ (09202) 2 20, Fax (09202) 1728, ≤, 𝄃, 𝄃 – ❾
 Feb. geschl. – **Menu** à la carte 20/41 – **22 Z** 50/102 – ½ P 17.

In Waischenfeld-Langenloh *SO : 2,5 km :*

🏠 **Gasthof Thiem** ⌾, Langenloh 14, ✉ 91344, ℰ (09202) 3 57, Fax (09202) 1660, 𝄃,
 𝄃 – 📺 ☎ ⇐ ❾. 𝄌 Zim
 15. Jan. - März und Nov. - 25. Dez geschl. – **Menu** *(Dienstag geschl.)* à la carte 17/32 𝄃
 – **10 Z** 50/90 – ½ P 14.

Se cercate un albergo tranquillo,
oltre a consultare le carte dell'introduzione,
rintracciate nell'elenco degli esercizi quelli con il simbolo ⌾ *o* ⌾

WALCHSEE *Österreich siehe Kössen.*

WALDACHTAL *Baden-Württemberg* 419 *U 9 – 5 900 Ew – Höhe 600 m – Wintersport : ⚡5.*
 🛈 *Kurverwaltung, in Lützenhardt, Rathaus,* ✉ 72178, ℰ (07443) 96 34 40, Fax (07443)
 30162.
 Berlin 697 – Stuttgart 83 – Karlsruhe 126 – Tübingen 64 – Freudenstadt 17.

In Waldachtal-Lützenhardt – *Luftkurort :*

🏠 **Breitenbacher Hof** ⌾, Breitenbachstr. 18, ✉ 72178, ℰ (07443) 9 66 20,
 Fax (07443) 966260, 𝄃, 𝄃, 𝄃 – ▐│ 📺 ☎ ❾. 𝄌 Rest.
 15. - 30. Jan. und 30. Nov. - 26. Dez. geschl. – **Menu** *(Mittwoch geschl.)* à la carte 29/65
 – **25 Z** 60/140 – ½ P 15.

In Waldachtal-Salzstetten :

🏨 **Kur- und Sporthotel Albblick,** Tumlinger Weg 30, ✉ 72178, ℰ (07486) 98 00,
 Fax (07486) 980103, Massage, 𝄃, 𝄃, 𝄌(Halle) ⇌ Zim, ☎ ❾. 𝄌
 (Restaurant nur für Hausgäste) – **37 Z** 80/140, 7 Suiten – ½ P 23.

WALDAU *Thüringen* 418 420 *O 16 – 900 Ew – Höhe 420 m – Erholungsort – Wintersport : ⚡ 2.*
 🛈 *Fremdenverkehrsamt, Hauptstr. 86,* ✉ 98667, ℰ (036878) 6 12 58..
 Berlin 344 – Erfurt 72 – Coburg 40 – Suhl 23.

🏠 **Weidmannsruh,** Hauptstr. 74, ✉ 98667, ℰ (036878) 6 03 92, Fax (036878) 60393,
 Biergarten – 📺 ☎ ❾
 Menu à la carte 19/38 𝄃 – **8 Z** 60/90 – ½ P 15.

WALDBÖCKELHEIM *Rheinland-Pfalz* 417 *Q 7 – 2 700 Ew – Höhe 156 m – Erholungsort.*
 Berlin 624 – Mainz 58 – Bad Kreuznach 13.

🍴 **Weinhaus Hehner-Kiltz** mit Zim, Hauptstr. 4, ✉ 55596, ℰ (06758) 79 18,
 Fax (06758) 8620 – 📺 ☎ ❾. Ⓔ 𝚅𝙸𝚂𝙰
 Menu *(Dienstag geschl.)* à la carte 25/52 𝄃 – **9 Z** 60/95.

WALDBREITBACH *Rheinland-Pfalz* 417 *O 6 – 2 100 Ew – Höhe 110 m – Luftkurort.*
 🛈 *Verkehrsamt, Neuwieder Str. 61,* ✉ 56588, ℰ (02638) 40 17, Fax (02638) 6688.
 Berlin 615 – Mainz 124 – Bonn 60 – Koblenz 35.

🏠 **Zur Post,** Neuwieder Str. 44, ✉ 56588, ℰ (02638) 92 60, Fax (02638) 926180, 𝄃, 𝄃
 – 📺 ☎ ❾ – 𝄃 35. 𝙰𝙴 ⓞ Ⓔ 𝚅𝙸𝚂𝙰
 Menu à la carte 27/59 𝄃 – **47 Z** 75/130.

🏠 **Vier Jahreszeiten,** Neuwieder Str. 67, ✉ 56588, ℰ (02638) 92 20,
 Fax (02638) 922101, 𝄃, 𝄃, 𝄃 – 📺 ☎ ❾ – 𝄃 30
 Anfang Jan. - Mitte Feb. geschl. – **Menu** *(Montag geschl.)* à la carte 29/54 – **30 Z** 55/125.

WALDBRONN Baden-Württemberg **419** T 9 – 12 500 Ew – Höhe 260 m.
🛱 Kurverwaltung, im Haus des Kurgastes (beim Thermalbad), ⊠ 76337,
𝒫 (07243) 5 65 70, Fax (07243) 565758.
Berlin 683 – Stuttgart 71 – Karlsruhe 15 – Pforzheim 22.

In Waldbronn-Reichenbach – Luftkurort :

🏠 **Weinhaus Steppe** ⌂, Neubrunnenschlag 18, ⊠ 76337, 𝒫 (07243) 5 65 60,
Fax (07243) 565656 – ⌂ Zim, 📺 ☎ 🅿 🖅 𝓥𝓘𝓢𝓐
Menu (Mittwoch und Aug. 2 Wochen geschl.) à la carte 31/64 ⌁ – **30 Z** 95/160.

⌂ **Krone,** Kronenstr. 12, ⊠ 76337, 𝒫 (07243) 5 64 50, Fax (07243) 564530, 🏡, ⌂
📺 ☎ ⇒ 🅿 🆀 ⓞ 🖅 𝓥𝓘𝓢𝓐
22. Juli - 16. Aug. geschl. – **Menu** (Samstag und Mittwoch geschl.) à la carte 33/65 ⌁ –
18 Z 60/160.

WALDECK Hessen **417** M 11, **987** ⑯ – 7 500 Ew – Höhe 380 m – Luftkurort.
Sehenswert : Schloßterrasse ⩽*.
🛱 Tourist-Information, Altes Rathaus, Sachsenhäuser Str. 10, ⊠ 34513,
𝒫 (05623) 9 99 80, Fax (05623) 999830.
Berlin 436 – Wiesbaden 201 – Kassel 54 – Korbach 23.

🏰 **Schloß Waldeck** ⌂, ⊠ 34513, 𝒫 (05623) 58 90, Fax (05623) 589289, ⩽ Edersee
und Eder höhen, 🏡, ⌂, ⧉, – 📺 ☎ 🅿 – 🔏 120. 🆀 ⓞ 🖅 𝓥𝓘𝓢𝓐
Jan. - 15. Feb. geschl. – **Menu** à la carte 45/84 – **41 Z** 150/290 – ½ P 55.

🏨 **Roggenland,** Schloßstr. 11, ⊠ 34513, 𝒫 (05623) 99 88, Fax (05623) 6008, Massage,
🍴, ⌂, ⧉, – 🛗 📺 ☎ 🖐 🅿 – 🔏 100. 🆀 ⓞ 🖅 𝓥𝓘𝓢𝓐
18. - 26. Dez. geschl. – **Menu** (Sonntagabend geschl.) à la carte 36/60 – **68 Z** 120/240
– ½ P 30.

🏠 **Belvedere** garni, Bahnhofstr. 2, ⊠ 34513, 𝒫 (05623) 99 90, Fax (05623) 999199 – 📺
☎ 🅿 ⌂
Jan. geschl. – **18 Z** 76/168.

🏠 **Seeschlößchen** ⌂, Kirschbaumweg 4, ⊠ 34513, 𝒫 (05623) 51 13,
Fax (05623) 5564, ⩽, ⌂, ⧉, 🌳 – 📺 ☎ 🅿 ⌂ Rest
5. Jan. - 15. März und 3. Nov. - 15. Dez. geschl. – (nur Abendessen für Hausgäste) –
23 Z 62/220 – ½ P 19.

In Waldeck-West, am Edersee SW : 2 km :

🏠 **Waldhotel Wiesemann** ⌂, Oberer Seeweg 2, ⊠ 34513 Waldeck, 𝒫 (05623) 53 48,
Fax (05623) 5410, ⩽ Edersee, 🏡, ⌂, ⧉, 🌳 – 📺 ☎ ⇒ 🅿 ⓞ 𝓥𝓘𝓢𝓐 ⌂ Rest
Jan. und Nov. jeweils 2 Wochen geschl. – **Menu** (Donnerstag geschl.) à la carte 33/59 –
15 Z 70/240 – ½ P 25.

In Waldeck - Nieder-Werbe W : 8 km :

🏠 **Werbetal,** Uferstr. 28, ⊠ 34513, 𝒫 (05634) 9 79 60, Fax (05634) 979695, 🏡 – 📺
☎ ⇒ 🅿 – 🔏 50. 🆀 ⓞ 🖅 𝓥𝓘𝓢𝓐 ⌂
Mitte Dez.- März geschl. – **Menu** à la carte 31/60 – **25 Z** 76/166 – ½ P 22.

WALDENBUCH Baden-Württemberg **419** U 11, **987** ㊳ – 8 000 Ew – Höhe 362 m.
Berlin 662 – Stuttgart 25 – Tübingen 20 – Ulm (Donau) 94.

🏠 **Landgasthof Rössle,** Auf dem Graben 5 (B 27), ⊠ 71111, 𝒫 (07157) 73 80,
Fax (07157) 20326 – 🛗, ⌂ Zim, 📺 ☎ 🅿 – 🔏 20. 🆀 ⓞ 🖅 𝓥𝓘𝓢𝓐
Anfang Jan. 1 Woche geschl. – **Menu** (Dienstag und Juli - Aug. 2 Wochen geschl.) à la carte
32/63 – **35 Z** 98/190 – ½ P 30.

WALDENBURG Baden-Württemberg **419** S 12 – 3 000 Ew – Höhe 506 m – Luftkurort.
🛱 Verkehrsamt im Rathaus, ⊠ 74638, 𝒫 (07942) 10 80, Fax (07942) 10888.
Berlin 558 – Stuttgart 88 – Heilbronn 42 – Schwäbisch Hall 19.

🏰 **Panoramahotel Waldenburg** Ⓜ, Hauptstr. 84, ⊠ 74638, 𝒫 (07942) 9 10 00,
Fax (07942) 9100888, ⩽, 🏡, 🍴, ⌂, ⧉, – 🛗, ⌂ Zim, ▤ Rest, 📺 ☎ 🖐 ⇒ 🅿
– 🔏 100. 🆀 ⓞ 𝓥𝓘𝓢𝓐
Menu à la carte 47/72 (auch vegetarische Gerichte) – **69 Z** 138/238, 4 Suiten – ½ P 40.

🏠 **Bergfried,** Hauptstr. 30, ⊠ 74638, 𝒫 (07942) 9 14 00, Fax (07942) 914045, ⩽, 🏡
– 📺 ☎ 🖅 𝓥𝓘𝓢𝓐
Ende Dez. - Mitte Jan. geschl. – **Menu** (Dienstagabend - Mittwoch geschl.) à la carte 40/55
– **15 Z** 78/130 – ½ P 18.

🏠 **Mainzer Tor** garni, Marktplatz 8, ⊠ 74638, 𝒫 (07942) 9 13 00, Fax (07942) 913030
– 📺 ☎
Anfang Okt. - Anfang Nov. geschl. – **12 Z** 80/130.

WALDENBURG Sachsen siehe Glauchau.

WALDESCH Rheinland-Pfalz **417** P 6 – 2 300 Ew – Höhe 350 m.
Berlin 603 – Mainz 88 – Koblenz 12 – Bingen 56.

🏨 **König von Rom** Ⓜ ☜, Hübingerweg 73a, ⊠ 56323, ℰ (02628) 9 61 10,
Fax (02628) 961146, ☜, �␣, ☜ – ⊺�V ☎ ⟲ Ⓟ – 🔬 30. ⟨Æ⟩ Ⅾ 𝚅𝙸𝚂𝙰. ✸ Rest
Menu à la carte 41/62 – **19 Z** 88/180 – ½ P 25.

WALDFISCHBACH-BURGALBEN Rheinland-Pfalz **417** S 6, **987** ㉖ – 5 700 Ew – Höhe 272 m.
Berlin 670 – Mainz 110 – Saarbrücken 70 – Pirmasens 14 – Kaiserslautern 26.

🏨 **Zum Schwan,** Hauptstr. 119, ⊠ 67714, ℰ (06333) 9 24 20, Fax (06333) 924292, ☞
☜ – ☀ Zim, ⊺�V ☎ Ⓟ. Ⅾ
Menu (Donnerstag geschl.) à la carte 23/55 ⅋ – **20 Z** 70/110 – ½ P 25.

WALDKIRCH Baden-Württemberg **419** V 7, **987** ㊲ – 20 000 Ew – Höhe 274 m – Kneippkurort.
Sehenswert : Elztalmuseum★ – Pfarrkirche St. Margaretha (Innenausstattung★).
Ausflugsziel : Kandel ≤★ SO : 12 km.
🛈 Tourist-Information, Kirchplatz 2, ⊠ 79183, ℰ (07681) 40 41 06, Fax (07681) 404107.
Berlin 778 – Stuttgart 204 – Freiburg im Breisgau 26 – Offenburg 62.

🏨 Felsenkeller ☜, Schwarzenbergstr. 18, ⊠ 79183, ℰ (07681) 4 02 50,
Fax (07681) 402580, ≤, Massage, ♨, ♨, ☎s – ⊺�V ☎ ⟲ Ⓟ – 🔬 35
37 Z.

In Waldkirch-Buchholz SW : 4 km :

🏨 **Hirschen-Stube - Gästehaus Gehri** ☜, Schwarzwaldstr. 45, ⊠ 79183,
☜ ℰ (07681) 98 53, Fax (07681) 24250, ☜, ☎s, ☞ – ⊺�V ☎ Ⓟ
Menu (Sonntagabend - Montag und Feb. 3 Wochen geschl.) à la carte 23/71 ⅋ – **24 Z**
80/150 – ½ P 30.

🏨 **Landgasthof Löwen,** Schwarzwaldstr. 34, ⊠ 79183, ℰ (07681) 98 68,
Fax (07681) 25253, ☜ – 📶 ⊺�V ☎ ⅋ ♿ Ⓟ – 🔬 30. Ⅾ 𝚅𝙸𝚂𝙰. ✸ Zim
1.- 15. Jan. geschl. – **Menu** (Mittwoch geschl.) à la carte 25/61 ⅋ – **23 Z** 90/140 – ½ P 25.

In Waldkirch-Kollnau NO : 2 km :

🏨 **Kohlenbacher Hof** ☜, Kohlenbach 8 (W : 2 km), ⊠ 79183, ℰ (07681) 88 28,
☜ Fax (07681) 5237, ☜, ☞ – ⊺�V ☎ Ⓟ – 🔬 25. ⟨Æ⟩ Ⓓ Ⅾ 𝚅𝙸𝚂𝙰
Jan. 3 Wochen geschl. – **Menu** (Dienstag geschl.) à la carte 31/65 – **18 Z** 80/130 – ½ P 25.

In Waldkirch-Suggental SW : 4 km :

🏨 **Suggenbad** (mit Gästehaus), Talstr. 1, ⊠ 79183, ℰ (07681) 80 91, Fax (07681) 8046,
☜, ☎s, ☞ – 📶 ⊺�V ☎ ⅋ ⟲ Ⓟ – 🔬 30
Menu (Donnerstag und Jan. 3 Wochen geschl.) à la carte 42/65 ⅋ – **35 Z** 70/190 – ½ P 25.

WALDKIRCHEN Bayern **420** T 24, **987** ㉚ – 10 500 Ew – Höhe 575 m – Luftkurort – Wintersport : 600/984 m ⚡4.
🛐 Dorn (SO : 3 km), ℰ (08581) 10 40.
🛈 Verkehrsamt, Ringmauerstr. 14, (Bürgerhaus), ⊠ 94065, ℰ (08581) 2 02 50,
Fax (08581) 4090.
Berlin 542 – München 206 – Freyung 12 – Passau 29.

🏨 **Vier Jahreszeiten** ☜, Hauzenberger Str. 48, ⊠ 94065, ℰ (08581) 20 50,
Fax (08581) 205444, ≤, ☜, ☎s, ☞ direkter Zugang zum Bäderpark Karoli – ⊺�V ☎ ⚶
Ⓟ – 🔬 70. ⟨Æ⟩ Ⓓ Ⅾ 𝚅𝙸𝚂𝙰. ✸ Rest
Menu à la carte 27/42 – **112 Z** 88/152 – ½ P 25.

🏨 **Gottinger** (mit Apparthotel), Hauzenberger Str. 10, ⊠ 94065, ℰ (08581) 98 20,
☜ Fax (08581) 982444, ≤, Biergarten, ☎s, ☞ – ☀ Zim, ⊺�V ☎ Ⓟ – 🔬 30. ⟨Æ⟩ Ⓓ Ⅾ 𝚅𝙸𝚂𝙰
Menu à la carte 22/48 – **57 Z** 72/134 – ½ P 20.

In Waldkirchen-Dorn S : 3 km :

🏨 **Sporthotel Reutmühle** ☜ (Ferienanlage mit 8 Gästehäusern), Frauenwaldstr. 7,
⊠ 94065, ℰ (08581) 20 30, Fax (08581) 203170, Biergarten, Massage, 🛠, ☎s, 🏊, ☞,
✸(Halle) – ⊺�V ☎ ⚶ ⟲ Ⓟ – 🔬 40. ⟨Æ⟩ Ⓓ Ⅾ 𝚅𝙸𝚂𝙰. ✸ Rest
Menu à la carte 29/49 – **140 Z** 104/238 – ½ P 27.

WALDKRAIBURG *Bayern* [420] *V 21,* [987] ㊵ *– 25 000 Ew – Höhe 434 m.*

Berlin 649 – München 71 – Bad Reichenhall 81 – Passau 107 – Rosenheim 64 – Landshut 60.

🏠 **City-Hotel** garni, Berliner Str. 35, ✉ 84478, ✆ (08638) 9 67 50, *Fax (08638) 967550* – [TV] ☎ [P]. [AE] [D] [E] [VISA]. 🚭
27 Z 85/170.

WALD-MICHELBACH *Hessen* [417] [419] *R 10,* [987] ㉗ *– 12 300 Ew – Höhe 346 m – Erholungsort – Wintersport : 450/593 m* ⛷1 ⛷2.

[i] *Verkehrsamt, In der Gass 17, (Rathaus)* ✉ *69483,* ✆ *(06207) 94 71 34, Fax (06207) 947170.*

Berlin 599 – Wiesbaden 101 – Darmstadt 61 – Mannheim 36.

In Wald-Michelbach - Aschbach *NO : 2 km :*

🍴🍴 **Vettershof,** Waldstr. 12, ✉ 69483, ✆ (06207) 23 13, *Fax (06207) 3971* – [P]. [AE] [D] [E] [VISA]
Montag geschl. – **Menu** à la carte 39/74 – ***Kleiner Vetter :*** **Menu** à la carte 27/47.

Auf der Kreidacher Höhe *W : 3 km :*

🏠 **Kreidacher Höhe** 🌿, ✉ 69483 Wald-Michelbach, ✆ (06207) 26 38, *Fax (06207) 1650,* ←, 🌳, 🏊, 🏊 (geheizt), 🏊, 🌳, 🎾 – 🛗 [TV] ☎ [P] – 🎤 30. [AE] [E]
Menu à la carte 47/71 – **34 Z** 135/230.

WALDMOHR *Rheinland-Pfalz* [417] *R 6 – 5 400 Ew – Höhe 269 m.*

Berlin 677 – Mainz 127 – Saarbrücken 38 – Kaiserslautern 36.

🍴🍴 **Le marmiton,** Am Mühlweier 1, ✉ 66914, ✆ (06373) 91 56, *Fax (06373) 9156,* 🌳 – [P]. [D] [E] [VISA]
Montag - Dienstagmittag geschl. – **Menu** à la carte 54/77.

In Waldmohr-Waldziegelhütte *NW : 2 km :*

🏠 **Landhaus Hess** 🌿, Haus Nr. 13, ✉ 66914, ✆ (06373) 90 81, *Fax (06373) 20402,* 🌳, 🏊 – [TV] ☎ [P]. [E]
Juni 2 Wochen geschl. – **Menu** *(Mittwoch geschl.)* à la carte 30/55 – **14 Z** 52/100.

WALDMÜNCHEN *Bayern* [420] *R 22,* [987] ㉙ *– 7 700 Ew – Höhe 512 m – Luftkurort – Wintersport : 750/920 m* ⛷2 ⛷6.

[i] *Verkehrsamt, Marktplatz,* ✉ *93449,* ✆ *(09972) 3 07 25, Fax (09972) 30740.*

Berlin 473 – München 210 – Cham 21 – Weiden in der Oberpfalz 70.

🏠 **Bayerischer Hof** 🌿, Torweiherweg 5, ✉ 93449, ✆ (09972) 95 00 01, *Fax (09972) 950455,* 🌳, 🏃, 🏊 – 🛗 [TV] ☎ [P]
6. Nov.- 14. Dez. geschl. – **Menu** à la carte 22/56 – **168 Z** 98/164 – ½ P 16.

In Tiefenbach *NW : 13 km Richtung Schönsee :*

🏠 **Gasthof Russenbräu,** Irlacher Str. 2, ✉ 93464, ✆ (09673) 2 04, *Fax (09673) 1808,* 🌳 – [TV] ☎ 🚗 [P]. [E] [VISA]
Menu à la carte 21/49 – **15 Z** 37/90 – ½ P 12.

In Treffelstein-Kritzenthal *NW : 10 km Richtung Schönsee, nach 8 km rechts ab :*

🏠 **Katharinenhof** 🌿, ✉ 93492, ✆ (09673) 93 00, *Fax (09673) 930100,* 🌳, « Restaurant-Stuben im ländlichen Stil », 🏊, 🏊, 🌳 – [TV] ☎ [P] – 🎤 30. [AE] [D] [E] [VISA]
10. - 30. Jan. geschl. – **Menu** à la carte 33/51 – **46 Z** 55/110 – ½ P 28.

WALDRACH *Rheinland-Pfalz* [417] *Q 4 – 2 200 Ew – Höhe 130 m.*

Berlin 718 – Mainz 163 – Hermeskeil 22 – Trier 11 – Wittlich 36.

In Riveris *SO : 3 km :*

🏠 **Landhaus zum Langenstein** 🌿, Auf dem Eschgart 11, ✉ 54317, ✆ (06500) 2 87, *Fax (06500) 7579,* 🌳, 🌳 – [P]. 🚭 Rest
26. Dez. - 20. Jan. geschl. – **Menu** *(Montag geschl.)* à la carte 27/43 🍷 – **23 Z** 55/100 – ½ P 22.

WALDSASSEN *Bayern* [420] *P 20,* [987] ㉙ *– 8 000 Ew – Höhe 477 m.*

Sehenswert : *Stiftsbasilika★ (Chorgestühl★, Bibliothek★★).*

Ausflugsziel : *Kappel : Lage★★ - Wallfahrtskirche★ NW : 3 km.*

[i] *Tourist-Information, Johannisplatz 11,* ✉ *95652,* ✆ *(09632) 8 81 60, Fax (09632) 5480.*

Berlin 370 – München 311 – Bayreuth 77 – Hof 55 – Weiden in der Oberpfalz 49.

🏠 **Bayerischer Hof,** Bahnhofstr. 15, ☒ 95652, 𝒫 (09632) 12 08, Fax (09632) 4924, 🍴,
🍽 – ⇥ Zim, 📺 ☎ 🅟. 🅰🅴 🗄 𝓥𝓘𝓢𝓐
April und Nov. jeweils 1 Wochen geschl. – **Menu** (Mittwoch geschl.) à la carte 25/60 –
15 Z 50/120 – ½ P 22.

🏠 **Königlich-Bayrisches Forsthaus** (ehemaliges Forsthaus a.d.J. 1713), Basilikaplatz 5,
☒ 95652, 𝒫 (09632) 9 20 40, Fax (09632) 920444, 🍴 – 📺 ☎. 🗄
Menu à la carte 25/51 – **24 Z** 50/90 – ½ P 19.

🏠 **Zrenner,** Dr.-Otto-Seidl-Str. 13, ☒ 95652, 𝒫 (09632) 12 26, Fax (09632) 5427,
« Innenhofterrasse » – 📺 ☎ 🚗
Menu (Freitag geschl.) à la carte 27/59 – **21 Z** 65/130 – ½ P 25.

🍴 **Prinzregent Luitpold,** Prinzregent-Luitpold-Str. 4, ☒ 95652, 𝒫 (09632) 28 86,
Fax (09632) 5439, « Ehemaliger Bauernhof, Innenhofterrasse » – 🗄
Nov.- März Dienstag und Feb. 2 Wochen geschl. – **Menu** à la carte 26/54.

In Waldsassen-Kondrau SW : 2 km :

🏠 **Pension Sommer** garni, Wirtsgasse 8, ☒ 95652, 𝒫 (09632) 9 22 00,
Fax (09632) 922040, 🚗, 🍽 – ⇥ 📺 ☎ 🅟. 🗄. 🌿
19 Z 42/76.

🏠 **Kondrauer Hof,** Alte Str. 1 (B 299), ☒ 95652, 𝒫 (09632) 9 21 40, Fax (09632) 921444
🚗 – 📺 ☎ 🚗 🅟. 🗄
Menu (Donnerstag und Nov. 3 Wochen geschl.) à la carte 18/25 – **12 Z** 50/85 – ½ P 17.

WALDSEE, BAD Daden Württemberg 🔢🔢🔢 W 13, 🔢🔢🔢 ㊵ – 17 000 Ew – Höhe 587 m – Heilbad
– Kneippkurort.
Sehenswert : Stadtsee★.
🏌 Bad Waldsee, Hofgut Hopfenweiler (NO : 1 km), 𝒫 (07524) 59 00.
🛈 Kurverwaltung, Ravensburger Str. 1, ☒ 88339, 𝒫 (07524) 94 13 41, Fax (07524)
941345.
Berlin 676 – Stuttgart 154 – Konstanz 61 – Ulm (Donau) 66 – Ravensburg 21.

🏨 **Kur-Parkhotel** 🌊, Badstr. 30 (Kurgebiet), ☒ 88339, 𝒫 (07524) 9 70 70,
Fax (07524) 970775, Massage, ♨ – ▯ ⇥ 📺 ☎ 🅟. 🗄 𝓥𝓘𝓢𝓐. 🌿
(Restaurant nur für Hausgäste) – **57 Z** 60/200 – ½ P 20.

🏨 **Altes Tor** garni, Hauptstr. 49, ☒ 88339, 𝒫 (07524) 9 71 90, Fax (07524) 971997, 🚗
– ▯ 📺 ☎. 🅰🅴 ① 🗄 𝓥𝓘𝓢𝓐
28 Z 110/160.

🏠 **Grüner Baum,** Hauptstr. 34, ☒ 88339, 𝒫 (07524) 9 79 00, Fax (07524) 979050, 🍴
– 📺 ☎ 🅟. 🅰🅴 🗄 𝓥𝓘𝓢𝓐
22. Dez.- 4. Jan. geschl. – **Menu** (Mittwoch und Mitte Juli - Mitte Aug. geschl.) à la carte
34/61 – **14 Z** 89/180 – ½ P 28.

In Bad Waldsee-Gaisbeuren SW : 4 km :

🏨 **Adler,** Bundesstr. 15 (B 30), ☒ 88339, 𝒫 (07524) 99 80, Fax (07524) 998152, 🍴, Biergarten – ▯ 📺 ☎ 🚗 🅟 – 🔏 140. 🅰🅴 ① 🗄 𝓥𝓘𝓢𝓐
13. - 27 Feb. geschl. – **Menu** (Donnerstag geschl.) à la carte 33/59 – **31 Z** 80/164 ½ P 28.

WALDSHUT-TIENGEN Baden-Württemberg 🔢🔢🔢 X 8, 🔢🔢🔢 ㊳ – 21 500 Ew – Höhe 340 m.
🛈 Städtisches Verkehrsamt, Waldshut, Wallstr. 26, ☒ 79761, 𝒫 (07751) 83 31 99,
Fax (07751) 833126.
Berlin 793 – Stuttgart 180 – Freiburg im Breisgau 75 – Donaueschingen 57 – Basel 56 –
Zürich 45.

Im Stadtteil Waldshut :

🏨 **Waldshuter Hof,** Kaiserstr. 56, ☒ 79761, 𝒫 (07751) 8 75 10, Fax (07751) 875170 –
▯ 📺 ☎. 𝓥𝓘𝓢𝓐
Menu (Sonntagabend - Montag geschl.) à la carte 39/67 – **23 Z** 85/150.

Im Stadtteil Tiengen :

🏨 **Bercher,** Bahnhofstr. 1, ☒ 79761, 𝒫 (07741) 6 10 66, Fax (07741) 65766, 🍴 – ▯ 📺
☎ 🚗 🅟 – 🔏 80. 🗄 𝓥𝓘𝓢𝓐
4. - 12. Jan. geschl. – **Menu** (Samstagmittag sowie Sonn- und Feiertage geschl.) à la carte
35/68 – **42 Z** 75/200.

🏨 **Brauerei Walter,** Hauptstr. 23, ☒ 79761, 𝒫 (07741) 8 30 20, Fax (07741) 830240 –
📺 ☎ 🚗 🅟. 🗄 𝓥𝓘𝓢𝓐. 🌿 Zim
1. - 15. Aug. geschl. – **Menu** (Samstagabend sowie Sonn- und Feiertage geschl.) à la carte
35/70 🍷 – **20 Z** 80/170.

Im Stadtteil Breitenfeld *NO : 3 km ab Tiengen :*

🏠 **Landgasthof Hirschen** ⬍, Breitenfeld 13, ⬛ 79761, 𝒫 (07741) 6 82 50, Fax (07741) 682568, 🍴, ⬛, ⬍ – ⬛ 📺 ☎ 🅿. E 𝘝𝘐𝘚𝘈
10. Jan. - 1. Feb. geschl. – **Menu** *(Dienstag geschl.)* à la carte 27/50 ⬍ – **24 Z** 62/130.

In Lauchringen-Oberlauchringen *SO : 4 km ab Stadtteil Tiengen :*

🏠 **Gartenhotel Feldeck,** Klettgaustr. 1 (B 34), ⬛ 79787, 𝒫 (07741) 8 30 70, ⬢ Fax (07741) 830750, 🔲, 🍴 – ⬛ 📺 ☎ 🅿 – 🏛 30. ⬛ E 𝘝𝘐𝘚𝘈
Menu *(Samstag geschl.)* à la carte 24/59 ⬍ – **35 Z** 70/140 – ½ P 17.

WALDSTETTEN *Baden-Württemberg siehe Schwäbisch Gmünd.*

WALLDORF *Baden-Württemberg* **417 419** *S 9,* **987** ㉗ – 13 200 Ew – Höhe 110 m.
Berlin 636 – Stuttgart 107 – Heidelberg 15 – Heilbronn 54 – Karlsruhe 42 – Mannheim 30.

🏨 **Holiday Inn,** Roter Straße (SW : 1,5 km), ⬛ 69190, 𝒫 (06227) 3 60, Fax (06227) 36504, 🍴, ⬢, ⬛ (geheizt), 🔲, 🍴, ✕ – 📶, ✳ Zim, ⬛ 📺 📞 🅿 – 🏛 100. ⬛ ⓞ E 𝘝𝘐𝘚𝘈 𝐉𝐂𝐁. ⬍ Rest
Menu à la carte 50/85 – **158 Z** 285/473.

🏨 **Vorfelder,** Bahnhofstr. 28, ⬛ 69190, 𝒫 (06227) 69 90, Fax (06227) 30541, 🍴, Biergarten, ⬢, 🍴 – 📶, ✳ Zim, ⬛ 🅿 – 🏛 50. ⬛ E 𝘝𝘐𝘚𝘈
Menu *(2. - 24. Jan. geschl.)* à la carte 44/79 – **65 Z** 135/375, 3 Suiten.

🏨 **Domizil** garni, Schwetzinger Str. 50, ⬛ 69190, 𝒫 (06227) 60 80, Fax (06227) 60860, ⬢ – 📶 ✳ ⬛ ☎ 🅿. ⬛ ⓞ E 𝘝𝘐𝘚𝘈
23. Dez. - 6. Jan. geschl. – **34 Z** 175/298.

🏨 **Ambiente,** Am neuen Schulhaus 4, ⬛ 69190, 𝒫 (06227) 69 70, Fax (06227) 697100, ⬢ – 📶 ✳ 📺 ☎ 🅿 – 🏛 70. ⬛ ⓞ E 𝘝𝘐𝘚𝘈
Menu *(wochentags nur Abendessen)* à la carte 33/66 – **73 Z** 205/360.

WALLDÜRN *Baden-Württemberg* **417 419** *R 12,* **987** ㉗ – 11 500 Ew – Höhe 398 m – Erholungsort.
🗺 🗺 *Walldürn-Neusäß, Mühlweg 7, 𝒫 (06282) 73 83.*
🛈 *Verkehrsamt, im alten Rathaus, Hauptstr. 27, ⬛ 74731, 𝒫 (06282) 6 71 07, Fax (06282) 67103.*
Berlin 554 – Stuttgart 125 – Aschaffenburg 64 – Heidelberg 93 – Würzburg 62.

🏨 **Landgasthof Zum Riesen,** Hauptstr. 14, ⬛ 74731, 𝒫 (06282) 9 24 20, Fax (06282) 924250, 🍴, (ehemaliges Palais a.d.J. 1724) – 📶 📺 ☎ 🅿 – 🏛 40. ⬛ E 𝘝𝘐𝘚𝘈
Menu à la carte 37/65 – **28 Z** 105/165.

🏠 **Zum Ritter,** Untere Vorstadtstr. 2, ⬛ 74731, 𝒫 (06282) 60 55, Fax (06282) 6058 – ⬢ 📺 ☎ 🅿. E 𝘝𝘐𝘚𝘈
Juli - Aug. und Dez.- Jan. jeweils 3 Wochen geschl. – **Menu** *(Sonntagabend und Freitag geschl.)* à la carte 22/51 ⬍ – **20 Z** 80/125 – ½ P 20.

In Walldürn-Reinhardsachsen *NW : 9 km :*

🏨 **Frankenbrunnen** ⬍, Am Kaltenbach 3, ⬛ 74731, 𝒫 (06286) 9 20 20, Fax (06286) 1330, 🍴, 🔲, ⬢, 🍴, ⬤ – ✳ Zim, 📺 ☎ 📞 🅿 – 🏛 60. ⬛ ⓞ E 𝘝𝘐𝘚𝘈 𝐉𝐂𝐁. ⬍ Rest
Menu *(Sonntagabend geschl.)* à la carte 32/57 – **23 Z** 98/175, 3 Suiten – ½ P 28.

WALLENHORST *Niedersachsen siehe Osnabrück.*

WALLERFANGEN *Saarland siehe Saarlouis.*

WALLGAU *Bayern* **419 420** *X 17 – 1 200 Ew – Höhe 868 m – Erholungsort – Wintersport : 900/1 000 m ⭐1 ⭐5.*
🗺, *Risser Straße, 𝒫 (08825) 21 83.*
🛈 *Verkehrsamt, Dorfplatz 7, ⬛ 82499, 𝒫 (08825) 4 72, Fax (08825) 1699.*
Berlin 680 – München 93 – Garmisch-Partenkirchen 20 – Bad Tölz 47.

🏨 **Parkhotel,** Barmseestr. 1, ⬛ 82499, 𝒫 (08825) 2 90, Fax (08825) 366, 🍴, Massage, ⬢, 🔲, 🍴 – 📶 📺 🅿 – 🏛 40. ⬍ Rest
April 2 Wochen und 5. Nov. - 20. Dez. geschl. – **Menu** *(nur Abendessen, Tischbestellung ratsam)* à la carte 45/70 – **52 Z** 120/260, 12 Suiten – ½ P 25.

🏠 **Post,** Dorfplatz 6, ✉ 82499, 𝒸 (08825) 91 90, *Fax (08825) 91999*, 🛁, ⇌s – 🛗 📺 ☎
⇦ 🄿
5. Nov. - 19. Dez. geschl. – **Menu** à la carte 38/72 – **29 Z** 60/190 – ½ P 25.

🏠 **Vita Bavarica** ⤦ garni, Lange Äcker 17, ✉ 82499, 𝒸 (08825) 5 72, *Fax (08825) 545*,
≤ Karwendel und Wettersteinmassiv, ⇌s, ☗ (geheizt), 🌳 – ☎ 🄿, E *VISA*. ✄
Anfang Nov. - 15. Dez. geschl. – **13 Z** 58/138.

🏠 **Karwendelhof,** Walchenseestr. 18, ✉ 82499, 𝒸 (08825) 10 21, *Fax (08825) 2413*,
≤ Karwendel und Wetterstein, 🛁, ⇌s, 🗖, 🌳 – 📺 ☎ 🄿
Nov. - 15. Dez. geschl. – **Menu** *(Donnerstag geschl.)* à la carte 28/55 – **14 Z** 82/210 –
½ P 30.

🏠 **Wallgauer Hof** ⤦, Isarstr. 15, ✉ 82499, 𝒸 (08825) 9 21 00, *Fax (08825) 921047*,
⇌s, 🌳 – ☎ ⇦ 🄿, E
Nov. - 15. Dez. geschl. – (nur Abendessen für Hausgäste) – **21 Z** 60/130 – ½ P 23.

🍴 **Isartal,** Dorfplatz 2, ✉ 82499, 𝒸 (08825) 10 44, *Fax (08825) 2143*, 🛋 – ⇦ 🄿 𝔸𝔼
E *VISA*
April - Mai 3 Wochen und Nov. - 15. Dez. geschl. – **Menu** *(Montagabend - Dienstag geschl.)*
à la carte 25/53 – **20 Z** 48/96 – ½ P 20.

WALLUF Hessen 🄔🄗 P 8 – 6 000 Ew – Höhe 90 m.
Berlin 573 – Wiesbaden 10 – Koblenz 71 – Limburg an der Lahn 51 – Mainz 13.

🏠 **Zum neuen Schwan** ⤦ garni, Rheinstr. 3, ✉ 65396, 𝒸 (06123) 9 95 90,
Fax (06123) 995950 – 📺 ☎ 📶 🄿, 𝔸𝔼 ① E *VISA*
Dez.- Jan. 3 Wochen geschl. – **26 Z** 101/198.

🏠 **Ruppert,** Hauptstr. 61 (B 42), ✉ 65396, 𝒸 (06123) 7 10 89, *Fax (06123) 72101* – 📺
⇦ ☎ 🄿, 🄐 25
Menu *(Montag - Dienstag geschl.)* à la carte 23/59 ⤦ – **32 Z** 80/130.

🍴🍴 **Schwan** ⤦ mit Zim, Rheinstr. 4, ✉ 65396, 𝒸 (06123) 7 24 10, *Fax (06123) 75442* –
🄿, 𝔸𝔼 ① E *VISA*
Menu *(Dienstag geschl.)* à la carte 59/89 – **4 Z** 70/95.

🍴 **Zum Treppchen,** Kirchgasse 14, ✉ 65396, 𝒸 (06123) 7 17 68, *Fax (06123) 75973* –
E
Sonntag geschl. – **Menu** (nur Abendessen) à la carte 36/62.

WALPERTSKIRCHEN Bayern 🄔🄙🄞 V 19 – 1 200 Ew – Höhe 494 m.
Berlin 605 – München 45 – Erding 8.

In Walpertskirchen-Hallnberg SO : 2 km :

🍴 **Landgasthof Hallnberg** mit Zim, ✉ 85469, 𝒸 (08122) 9 94 30, *Fax (08122) 994399*,
🛋, 🌳 – 📺 ☎ 🄿, 𝔸𝔼 E
Menu *(Montag - Dienstag geschl., Mittwoch - Donnerstag nur Abendessen)* à la carte 28/55
– **6 Z** 85/135.

WALSRODE Niedersachsen 🄔🄝🄔🄞 H 12, 🄨🄞🄦 ⑯ – 23 000 Ew – Höhe 35 m – Erholungsort.
Ausflugsziel : Vogelpark★ N : 3 km.
🛫 Walsrode-Tietlingen, 𝒸 (05162) 38 89.
🄑 Fremdenverkehrsamt, Lange Str. 20, ✉ 29664, 𝒸 (05161) 1 94 33, *Fax (05161) 73395*.
Berlin 329 – Hannover 70 – Bremen 61 – Hamburg 102 – Lüneburg 76.

🏠 **Landhaus Walsrode** ⤦ garni (ehem. Bauernhaus in einer Parkanlage),
Oskar-Wolff-Str. 1, ✉ 29664, 𝒸 (05161) 9 86 90, *Fax (05161) 2352*, ☗ (geheizt), 🌳 –
☎ ⇦ 🄿, 𝔸𝔼 E
15. Dez. - 15. Jan. geschl. – **18 Z** 85/290.

🏠 **Holiday Inn Garden Court** garni, Gottlieb-Daimler-Str. 11, ✉ 29664,
𝒸 (05161) 60 70, *Fax (05161) 607444* – ✄ 📺 ☎ 📶 🄿 – 🄐 35. 𝔸𝔼 ① E *VISA* 𝒥𝒞ℬ
79 Z 119/179.

🏠 **Hannover,** Lange Str. 5, ✉ 29664, 𝒸 (05161) 55 16, *Fax (05161) 5513*, Biergarten –
⇦ 📺 🄿, 𝔸𝔼 E *VISA*
Menu *(Jan. 2 Wochen geschl.)* à la carte 24/55 – **24 Z** 80/140.

Beim Vogelpark N : 3 km :

🏠 **Parkhotel Luisenhöhe,** beim Vogelpark, ✉ 29652 Walsrode, 𝒸 (05161) 20 11,
Fax (05161) 2387, 🛋, 🌳 – 🛗, ✄ Zim, 📺 ☎ 📶 🄿 – 🄐 90. 𝔸𝔼 ① E *VISA*
Menu à la carte 37/69 – **47 Z** 140/300.

Beim Golfplatz O : 9 km :

🏠 **Sanssouci** 🦢, ✉ 29664 Walsrode-Tietlingen, ✆ (05162) 30 47, Fax (05162) 6742, « Gartenterrasse », 🌳 – 📺 ☎ 🅿 🖭 ⋿ 𝘝𝘐𝘚𝘈 Feb. geschl. – **Menu** (Nov. - März nur Abendessen, Donnerstag geschl.) à la carte 30/64 – **12 Z** 90/150.

In Walsrode-Hünzingen N : 5 km :

🏠🏠 **Forellenhof** 🦢, ✉ 29664, ✆ (05161) 97 00, Fax (05161) 970123, 🌳, ⇌s, 🐎, 🐎 – 📺 ☎ 🅿 – 🔬 100. 🖭 ⓞ ⋿ 𝘝𝘐𝘚𝘈 **Menu** à la carte 30/71 – **51 Z** 90/350.

WALTENHOFEN Bayern 🔢🔢 W 14 – 8 000 Ew – Höhe 750 m.
🚩 Verkehrsamt, Rathaus, ✉ 87448, ✆ (08303) 7 90.
Berlin 704 – München 131 – Bregenz 73 – Kempten (Allgäu) 6 – Ulm (Donau) 97.

In Waltenhofen-Martinszell S : 5,5 km – Erholungsort :

🏠 **Landgasthof Adler** (mit Gästehaus), Illerstr. 10, ✉ 87448, ✆ (08379) 92 07 00, Fax (08379) 920727, 🌳, Biergarten – 📺 ☎ 🚗 🅿 🔬 12. - 25. Jan. geschl. – **Menu** à la carte 31/54 – **29 Z** 71/129.

WALTERSDORF Sachsen siehe Zittau.

WALTERSHAUSEN Thüringen 🔢🔢 N 15, 🔢🔢 ㉓, 🔢🔢 ㉘ – 13 000 Ew – Höhe 325 m.
Berlin 338 – Erfurt 47 – Eisenach 23.

🏠🏠 **Landgraf**, Gothaer Str. 1, ✉ 99880, ✆ (03622) 6 50 00, Fax (03622) 650065, Biergarten, – 🛗, 🔀 Zim, 📺 ☎ 🅿 – 🔬 70. 🎬 Rest **Balthasar :** Menu à la carte 31/52 – **68 Z** 80/140.

🍽 **Waldhaus** 🦢, Zeughausgasse 5, ✉ 99880, ✆ (03622) 6 90 03, Fax (03622) 902249, ⇇, 🌳 – 📺 ☎ 🅿 🖭 ⓞ ⋿ 𝘝𝘐𝘚𝘈 **Menu** (Montag - Freitag nur Abendessen) à la carte 21/42 – **10 Z** 80/120.

WALTROP Nordrhein-Westfalen 🔢🔢 L 6, 🔢🔢 ⑮ – 30 000 Ew – Höhe 60 m.
Berlin 494 – Düsseldorf 74 – Münster (Westfalen) 50 – Recklinghausen 15.

🏠 **Haus der Handweberei** garni, Bahnhofstr. 95, ✉ 45731, ✆ (02309) 9 60 90, Fax (02309) 75899 – ☎ 🅿 🎬 **22 Z** 70/135.

🍴🍴 **Rôtisserie Stromberg**, Dortmunder Str. 5 (Eingang Isbruchstr.), ✉ 45731, ✆ (02309) 42 28, Fax (02309) 920317 – 🅿 🖭 ⓞ ⋿ 𝘝𝘐𝘚𝘈 Montag geschl. – **Menu** à la carte 52/80.

🍴 **Burbaum's Restaurant**, Kirchplatz 4, ✉ 45731, ✆ (02309) 22 14, Fax (02309) 2214, 🌳, « Fachwerkhaus a.d.J. 1680 » – 🖭 ⋿ 𝘝𝘐𝘚𝘈 🎬 Dienstag geschl. – **Menu** à la carte 36/50.

WANDLITZ Brandenburg 🔢🔢 H 24, 🔢🔢 ⑱, 🔢🔢 ⑫ – 3 000 Ew – Höhe 67 m.
🚩 Fremdenverkehrsverein, Prenzlauer Chaussee 157, ✉ 16348, ✆ (033397) 66 31, Fax (033397) 6631.
Berlin 33 – Potsdam 61 – Brandenburg 103 – Frankfurt an der Oder 118 – Eberswalde 35.

🏠 **Waldhotel Wandlitz**, Bernauer Chaussee 28, ✉ 16348, ✆ (033397) 2 21 13, Fax (033397) 21491, 🌳 – 🔀 Zim, 🍴 Rest, 📺 ☎ 🔓 🅿 – 🔬 70. 🖭 ⋿ 𝘝𝘐𝘚𝘈 **Menu** à la carte 22/48 – **76 Z** 110/160.

WANGELS Schleswig-Holstein 🔢🔢🔢 D 16 – 2 200 Ew – Höhe 5 m.
Berlin 327 – Kiel 45 – Oldenburg in Holstein 11.

In Wangels-Weißenhäuser Strand N : 5 km :

🏠🏠 **Strandhotel** 🦢, Seestr. 1, ✉ 23758, ✆ (04361) 55 27 71, Fax (04361) 552710, ⇇, 🌳, Massage, ⚓, 🔥, ⇌s, 🏊, – 🛗 📺 ☎ 🔓 🅿 – 🔬 120. 🖭 ⓞ ⋿ 𝘝𝘐𝘚𝘈 🎬 **Menu** à la carte 31/60 – **184 Z** 108/214 – ½ P 25.

WANGEN Baden-Württemberg siehe Göppingen.

WANGEN IM ALLGÄU Baden-Württemberg **419** W 13, **987** ㊴ – 24 000 Ew – Höhe 556 m – Luftkurort.

Sehenswert : Marktplatz★.

🅱 Gästeamt, Rathaus, Marktplatz, ⊠ 88239, ℰ (07522) 7 42 11, Fax (07522) 74111.
Berlin 701 – Stuttgart 194 – Konstanz 37 – Ravensburg 23 – Ulm (Donau) 102 – Bregenz 27.

🏰 **Romantik Hotel Alte Post**, Postplatz 2, ⊠ 88239, ℰ (07522) 9 75 60, Fax (07522) 22604, « Einrichtung im Barock- und Bauernstil » – ⇆ Zim, 📺 ☎ ⇔ – 🕍 40. 🖭 ⓪ E 𝓥𝓘𝓢𝓐. ℘ Rest
Menu (Sonntag - Montagmittag und Nov. - Feb. geschl.) à la carte 40/63 – **19 Z** 97/203.

🏰 **Romantik Hotel Postvilla** garni, Schönhalde 2, ⊠ 88239, ℰ (07522) 9 74 60, Fax (07522) 29323, ≼, « Villa mit eleganter Einrichtung », 🐎 – 🛗 📺 ☎ 🅿. 🖭 ⓪ E 𝓥𝓘𝓢𝓐
8. - 20. Jan. geschl. – **9 Z** 95/195.

🏰 **Vierk**, Bahnhofsplatz 1, ⊠ 88239, ℰ (07522) 9 31 10, Fax (07522) 931188, 🍴, ⇐s – 🛗 📺 ☎ 🅿. E 𝓥𝓘𝓢𝓐
Menu (Sonntag - Montagmittag geschl.) à la carte 36/77 – **28 Z** 92/180.

🏠 **Rössle** garni, Ebnetstr. 2, ⊠ 88239, ℰ (07522) 40 71, Fax (07522) 4319 – 📺 ☎ ⇔ 🅿. 🖭 ⓪ E 𝓥𝓘𝓢𝓐
8 Z 85/205.

🍽 **Mohren-Post**, Herrenstr. 27, ⊠ 88239, ℰ (07522) 2 10 76, Fax (07522) 4872 – ⇔
Menu (Freitag - Samstag und Anfang - Mitte Sept. geschl.) à la carte 35/55 – **14 Z** 70/150.

In Wangen-Herfatz NW : 3 km, über die B 32 :

🏠 **Waldberghof** 🦌, Am Waldberg 9, ⊠ 88239, ℰ (07522) 9 73 30, Fax (07522) 9/3333, 🐎 – 📺 ☎ ⇔ 🅿. E 𝓥𝓘𝓢𝓐
Jan. und Okt. geschl. – (nur Abendessen für Hausgäste) – **16 Z** 70/130.

In Wangen-Neuravensburg SW : 8 km

🏠 **Winkelmann** garni, Bodenseestr. 31, ⊠ 88239, ℰ (07528) 95 90, Fax (07528) 95959 ⇆ 📺 ☎ 🅿. ⓪ E 𝓥𝓘𝓢𝓐. ℘
12 Z 85/146.

🏠 **Mohren**, Bodenseestr. 7, ⊠ 88239, ℰ (07528) 95 00, Fax (07528) 95095, ⇐s, 🔲, ℘ – 📺 ☎ ⇔ 🅿. 🖭 ⓪ E 𝓥𝓘𝓢𝓐
Menu (Montag geschl.) à la carte 31/60 – **28 Z** 78/145.

🏠 **Waldgasthof zum Hirschen** 🦌, Grub 1, ⊠ 88239, ℰ (07528) 72 22, Fax (07528) 6798, « Gartenterrasse », 🐎, ℘ – ⇆ Zim, 🅿
Menu (Montag geschl.) à la carte 28/55 ⅛ – **7 Z** 90/170.

WANGERLAND Niedersachsen **415** Г 7, **987** ④ – 10.000 Ew – Höhe 1 m.
🅱 Kurverwaltung, Zum Hafen 3 (Horumersiel), ⊠ 26434, ℰ (04426) 98 /0, Fax (04426) 987187
Berlin 496 – Hannover 242 – Emden 76 – Oldenburg 72 – Wilhelmshaven 21.

In Wangerland-Hooksiel – Seebad :

🍴🍴 **Zum Schwarzen Bären**, Lange Str. 15, ⊠ 26434, ℰ (04425) 9 58 10, Fax (04425) 958129 – 🅿. 🖭 ⓪ E 𝓥𝓘𝓢𝓐
Mittwoch und Jan. geschl. – **Menu** à la carte 34/70.

🍴🍴 **Packhaus** 🦌 mit Zim, Am alten Hafen 1, ⊠ 26434, ℰ (04425) 12 33, Fax (04425) 81110, ≼, 🍴 – 📺 ☎. 🖭 ⓪ E 𝓥𝓘𝓢𝓐
Menu à la carte 44/70 – **6 Z** 85/150.

In Wangerland-Horumersiel – Seebad :

🏰 **Schmidt's Hoern** 🦌 garni, Heinrich-Tiarks-Str. 5, ⊠ 26434, ℰ (04426) 9 90 10, Fax 990132, ⇐s – 📺 ☎ 🅿
17 Z 86/164.

🏠 **Mellum** 🦌, Fasanenweg 9, ⊠ 26434, ℰ (04426) 9 90 80, Fax (04426) 990831, 🍴, 🐎 – 📺 ☎. ℘ Zim
Mitte Jan. - Mitte Feb. geschl. – **Menu** (Montag geschl.) à la carte 29/52 – **22 Z** 72/130 – ½ P 14.

In Wangerland-Schillig – Seebad :

🏰 **Upstalsboom Hotel am Strand** 🦌, Mellumweg 6, ⊠ 26434, ℰ (04426) 8 80, Fax (04426) 88101, ≼, Massage, ⇐s – 🛗 ⇆ 📺 ☎ ⅋ 🅿 – 🕍 50. 🖭 ⓪ E 𝓥𝓘𝓢𝓐. ℘ Rest
Menu à la carte 32/60 – **69 Z** 121/212 – ½ P 28.

In Wangerland-Waddewarden :

✗ **Waddewarder Hof,** Hooksieler Str. 1, ✉ 26434, ✆ (04461) 24 12, Fax (04461) 2410 – ℗
Montag und Okt. - Nov. 3 Wochen geschl. – **Menu** à la carte 33/61.

WANGEROOGE (Insel) *Niedersachsen* 415 *E 7,* 987 ④ – *1 200 Ew – Seeheilbad – Insel der Ostfriesischen Inselgruppe. Autos nicht zugelassen.*
🚢 *von Wittmund-Harlesiel (ca. 1 h 15 min),* ✆ (04464) 94 94 11.
🛈 *Verkehrsverein, Pavillon am Bahnhof,* ✉ 26486, ✆ (04469) 3 75, Fax (04469) 948899.
Berlin 512 – Hannover 256 – Aurich/Ostfriesland 36 – Wilhelmshaven 41.

🏨 **Strandhotel Upstalsboom** ⑤, Strandpromenade 21, ✉ 26486, ✆ (04469) 87 60, Fax (04469) 876511, ≤, 🍴, Massage, ♀, 🔺, ≘s, 🔲 – 🛗, 🔆 Zim, 📺, 🆔 ⓞ 🇪 VISA, 🍽 Rest
Menu à la carte 50/87 – **80 Z** 145/290 – ½ P 34.

🏠 **Hanken** ⑤, Zedeliusstr. 38, ✉ 26486, ✆ (04469) 87 70, Fax (04469) 87788 – 📺 ☎ – 🔏 20. 🆔 ⓞ 🇪 VISA, 🍽 Zim
10. Jan. - Feb. und 30. Nov. - 28. Dez. geschl. – **Menu** *(Mittwoch geschl.)* à la carte 31/53 – **45 Z** 105/220 – ½ P 37.

✗✗ **Gerken,** Strandpromende 21, ✉ 26486, ✆ (04469) 18 01, Fax (04469) 1464 – 🆔 🇪 VISA
6. Jan. - Mitte März und Nov. - 20. Dez. geschl. – **Menu** à la carte 50/90.

WARBURG *Nordrhein-Westfalen* 417 *L 11,* 987 ⑯ – *25 500 Ew – Höhe 205 m.*
🛈 *Fremdenverkehrsamt, Altes Rathaus, Zwischen den Städten,* ✉ 34414, ✆ (05641) 9 25 55, Fax (05641) 92583.
Berlin 403 – Düsseldorf 195 – Kassel 34 – Marburg 107 – Paderborn 42.

🏨 **Alt Warburg,** Kalandstr. 11, ✉ 34414, ✆ (05641) 42 11, Fax (05641) 60910, « *Restauriertes Fachwerkhaus a.d. 16. Jh.* » – 📺 ☎ 🛏 ℗ – 🔏 70. 🆔 🇪 VISA
Menu *(Sonntag - Montag, 1. - 15. Jan. und Anfang Aug. 2 Woche geschl.)* à la carte 67/85 – **20 Z** 110/180.

In Warburg-Germete *S : 2 km :*

🏨 **Landgasthof Deele,** Zum Kurgarten 24, ✉ 34414, ✆ (05641) 7 88 90, Fax (05641) 4164, 🍴 – 📺 ☎ ✆ ℗. 🆔 ⓞ 🇪 VISA
Menu *(Montagmittag geschl.)* à la carte 32/70 – **13 Z** 85/170.

WAREN (Müritz) *Mecklenburg-Vorpommern* 416 *F 22,* 984 ⑦ ⑪, 987 ⑦ – *22 500 Ew – Höhe 80 m – Luftkurort.*
Sehenswert : Müritz-Nationalpark★.
🛈 *Waren (Müritz) - Information, Neuer Markt 21,* ✉ 17192, ✆ (03991) 66 61 83, Fax (03991) 666183.
Berlin 162 – Schwerin 102 – Neubrandenburg 42 – Hamburg 212 – Rostock 81.

🏨 **Ecktannen** ⑤, Fontanestr. 51, ✉ 17192, ✆ (03991) 62 90, Fax (03991) 629100, 🍴, Bootssteg, ≘s, 🚿 – 🛗 📺 ☎ ℗. 🆔 🇪 VISA
Menu à la carte 33/57 – **24 Z** 130/200.

🏨 **Villa Margarete,** Fontanestr. 11, ✉ 17192, ✆ (03991) 62 50, Fax (03991) 625100, 🍴, ≘s, 🚿 – 📺 ☎ ✆ ℗ – 🔏 25. 🆔 ⓞ 🇪 VISA, 🍽 Rest
Menu à la carte 35/58 – **31 Z** 110/185.

🏨 **Ingeborg** 🅼 garni, Rosenthalstr. 5, ✉ 17192, ✆ (03991) 6 13 00, Fax (03991) 613030 – 🔆 📺 ☎ ℗. 🆔 🇪 VISA
20. Dez. - 5. Jan. geschl. – **27 Z** 110/185.

🏨 **Paulshöhe,** Falkenhäger Weg, ✉ 17192, ✆ (03991) 1 71 40, Fax (03991) 171444, 🍴 – 📺 ☎ ℗. 🆔 🇪 VISA
Menu à la carte 27/44 – **14 Z** 95/140.

🏠 **Für Dich,** Papenbergstr. 51, ✉ 17192, ✆ (03991) 6 44 50, Fax (03991) 644555 – 📺 ☎ ℗
Menu à la carte 25/45 – **15 Z** 80/150.

🏠 **Gasthof Kegel,** Große Wasserstr. 4, ✉ 17192, ✆ (03991) 6 20 70, Fax (03991) 620714 – 📺 ☎ ℗. 🆔 🇪 VISA
Menu à la carte 26/45 – **16 Z** 90/140.

✗ **Müritzring,** Kietzstr. 1, ✉ 17192, ✆ (03991) 12 18 30, Fax (03991) 121833, ≤, « *Gartenterrasse* » – ℗. 🆔 🇪 VISA
Menu à la carte 30/47.

In Groß Plasten *NO : 12 km :*

🏨 **Schloss Groß Plasten** ⌬, Dorfstr. 43, ✉ 17192, ℰ (039934) 80 20, Fax (039934) 80299, « Terrasse am See », ⇔, ▣, ⇴ – ▣ ☎ 🅿 – ⏶ 50. 🖭 ⎓ 𝚅𝙸𝚂𝙰
Menu à la carte 39/56 – **31 Z** 120/220.

WARENDORF Nordrhein-Westfalen **417** K 7, **987** ⑮ – 34 000 Ew – Höhe 56 m.
Ausflugsziel : Freckenhorst : Stiftskirche★ (Taufbecken ★) SW : 5 km.
🏌 Warendorf, Vohren 41 (O : 8 km), ℰ (02586) 17 92.
🛈 Verkehrsamt, Markt 1, ✉ 48231, ℰ (02581) 5 42 22, Fax (02581) 54282.
Berlin 443 – Düsseldorf 150 – Bielefeld 47 – Münster (Westfalen) 27 – Paderborn 63.

🏨 **Im Engel** ⌬, Brünebrede 37, ✉ 48231, ℰ (02581) 9 30 20, Fax (02581) 62726, ㎡, ⇔ – 🛗 ▣ ☎ 🅿 – ⏶ 120. 🖭 ⎓ ⎓ 𝚅𝙸𝚂𝙰. ⊗ Zim
Menu (Donnerstag geschl.) (bemerkenswerte Weinkarte) à la carte 36/79 – **22 Z** 95/175.

🏨 **Mersch,** Dreibrückenstr. 66, ✉ 48231, ℰ (02581) 6 37 30, Fax (02581) 637340, ⇔, ⇴ – 🛗, ⇴ Zim, ▣ ☎ ⌕ ⇔ – ⏶ 30. 🖭 ⎓ ⎓ 𝚅𝙸𝚂𝙰
Menu (Sonntag geschl.) (nur Abendessen) à la carte 42/66 – **24 Z** 110/175.

🏠 **Landhaus Wiesenhof,** Gröblingen 52, ✉ 48231, ℰ (02581) 92 30, Fax (02581) 923200, « Gartenterrasse » – ▣ ☎ 🅿 – ⏶ 15. 🖭 ⎓ ⎓ 𝚅𝙸𝚂𝙰 𝙹𝙲𝙱. ⊗ Rest
Menu (Montag - Freitag nur Abendessen) à la carte 37/58 – **16 Z** 105/160.

WARMENSTEINACH Bayern **420** Q 19, **987** ㉙ – 3 000 Ew – Höhe 558 m – Luftkurort – Wintersport : 560/1 024 m ≰ 7 (Skizirkus Ochsenkopf) ⫝̸ 7.
🛈 Verkehrsamt, Freizeithaus, ✉ 95485, ℰ (09277) 14 01, Fax (09277) 1613.
Berlin 372 – München 253 – Bayreuth 24 – Marktredwitz 27.

🏨 **Krug** ⌬, Siebensternweg 15, ✉ 95485, ℰ (09277) 99 10, Fax (09277) 99199, « Terrasse mit ≤ », ⇔, ▣, ⇴ – 🛗 ☎ 🅿 – ⏶ 30. 🖭 ⎓ 𝚅𝙸𝚂𝙰
Menu (Okt. - Juni Montag geschl.) à la carte 28/71 – **33 Z** 90/240 – ½ P 24.

🏠 **Gästehaus Preißinger** ⌬, Bergstr. 134, ✉ 95485, ℰ (09277) 15 54, Fax (09277) 6289, ≤, ⇔, ▣, ⇴ – 🅿. ⊗ Rest
Nov. - Mitte Dez. geschl. – (nur Abendessen für Hausgäste) – **32 Z** 60/140 – ½ P 10.

🏠 **Pension Pfeiferhaus,** Untere alte Poststraße (S : 2 km), ✉ 95485, ℰ (09277) 2 56, Fax (09277) 6249, ㎡, ⇴ – ⇔ 🅿. ⊗ Rest
März und Mitte Okt. - Mitte Dez. geschl. – **Menu** (Mittwoch geschl.) (Mittagessen nur für Hausgäste) à la carte 21/30 – **22 Z** 55/110 – ½ P 10.

In Warmensteinach-Fleckl *NO : 5 km :*

🏠 **Sport-Hotel Fleckl** ⌬, Fleckl 5, ✉ 95485, ℰ (09277) 99 90, Fax (09277) 99999, ⇔, ▣, ⇴ – ▣ ☎ ⇔ 🅿. ⊗ Rest
nach Ostern 2 Wochen und Anfang Nov. - 20. Dez. geschl. – (nur Abendessen für Hausgäste) – **19 Z** 74/180, 3 Suiten.

🏠 **Berggasthof** ⌬, Fleckl 20, ✉ 95485, ℰ (09277) 2 70, Fax (09277) 1353, ㎡, ⇴ – 🅿
Anfang - Mitte Dez. geschl. – **Menu** à la carte 21/41 – **16 Z** 45/98 – ½ P 18.

In Warmensteinach-Oberwarmensteinach *O : 2 km :*

🏠 **Goldener Stern,** ✉ 95485, ℰ (09277) 2 46, Fax (09277) 6314, ⇴ – ⇔ 🅿
25. Okt. - 1. Dez. geschl. – **Menu** (Mittwoch geschl.) à la carte 23/41 – **20 Z** 43/90 – ½ P 14.

WARSTEIN Nordrhein-Westfalen **417** L 9, **987** ⑮ – 29 000 Ew – Höhe 300 m.
Berlin 466 – Düsseldorf 149 – Lippstadt 28 – Meschede 15.

🏨 **Gästehaus Waldfrieden** ⌬ garni, Am Tüppel 10, ✉ 59581, ℰ (02902) 98 10, Fax (02902) 881426 – ▣ ☎ ⇔ 🅿. 🖭 ⎓ ⎓ 𝚅𝙸𝚂𝙰
20 Z 85/130.

🏠 **Hölter,** Siegfriedstr. 2, ✉ 59581, ℰ (02902) 24 40, Fax (02902) 51795, ㎡ – ☎ ⇔ 🅿. ⎓. ⊗
Juli - Aug. 2 Wochen geschl. – **Menu** (Samstagmittag und Montag geschl.) à la carte 29/55 – **8 Z** 60/130.

🏠 **Lindenhof** ⌬, Ottilienstr. 4, ✉ 59581, ℰ (02902) 9 70 50, Fax (02902) 970540, ㎡, ⇔ – 🅿 – ⏶ 30. 🖭 ⎓ ⎓ 𝚅𝙸𝚂𝙰
Menu (Sonntagabend geschl.) à la carte 27/57 – **50 Z** 65/120.

XX **Domschänke,** Dieplohstr. 12, ✉ 59581, ℰ (02902) 25 59, Fax (02902) 881409, Biergarten, « Sauerländer Fachwerkhaus » – 🖭 ⎓ ⎓ 𝚅𝙸𝚂𝙰 𝙹𝙲𝙱
Samstagmittag und Juli - Aug. 3 Wochen geschl. – **Menu** à la carte 38/64.

In Warstein-Hirschberg *SW : 7 km – Erholungsort :*

🏠 Landhotel Cramer (Fachwerkhaus a.d.J. 1788), Prinzenstr. 2, ✉ 59581, ℰ (02902) 98 80, Fax (02902) 2019, 🍴, « Gemütliche Gaststube » – 📺 ☎ 🚗 🅿 – 🛏 30
30 Z.

In Rüthen-Kallenhardt *O : 6 km :*

🏠 **Knippschild,** Theodor-Ernst-Str. 1, ✉ 59602, ℰ (02902) 8 03 30, Fax (02902) 803310, 🍴, ⊜, 🛋 – ☎ 🚗 🅿 – 🛏 30. 🆎 ⓞ 🄴 *VISA*
vor Ostern 1 Woche und Nov. 2 Wochen geschl. – **Menu** *(Donnerstag - Freitagmittag geschl.)* à la carte 33/64 – **22 Z** 78/140.

WARTBURG *Thüringen siehe Eisenach.*

WARTENBERG KREIS ERDING *Bayern* 🄬🄚🄝 *U 19 – 3600 Ew – Höhe 430 m.*
Berlin 577 – München 58 – Landshut 27.

🏠 **Antoniushof** 🌳 garni, Fichtenstr. 24, ✉ 85456, ℰ (08762) 7 31 90, Fax (08762) 731955, ⊜, 🛋, 🍴 – 🔄 📺 ☎ 📞 🅿. 🆎 ⓞ 🄴 *VISA*. 🌸
19 Z 85/160.

🏠 **Reiter-Bräu,** Untere Hauptstr. 2, ✉ 85456, ℰ (08762) 8 91, Fax (08762) 3729 – 🔱 📺 🚗 ☎ 🚗 🅿. 🆎 ⓞ 🄴 *VISA*
Menu *(Samstagabend, Sonntagabend, Donnerstag und Aug. 3 Wochen geschl.)* (Montag - Freitag nur Abendessen) à la carte 23/50 – **34 Z** 76/125.

✕✕ **Bründlhof,** Badstr. 44, ✉ 85456, ℰ (08762) 35 53, Fax (08762) 3247, 🍴 – 🅿. 🆎 ⓞ 🄴 *VISA*. 🌸
Dienstag - Mittwoch, 1. - 8. Jan. und 10. Aug. - 2. Sept. geschl. – **Menu** à la carte 59/87.

WARTMANNSROTH *Bayern siehe Hammelburg.*

WARZENRIED *Bayern siehe Eschlkam.*

WASSENBERG *Nordrhein-Westfalen* 🄬🄫🄲 *M 2,* 🄰🄴🄶 ㉘ *– 13000 Ew – Höhe 70 m.*
🄱 *Tourist-Information, Kirchstr. 26,* ✉41849, ℰ (02432) 9 60 60, Fax (02432) 960619.
Berlin 613 – Düsseldorf 57 – Aachen 42 – Mönchengladbach 27 – Roermond 18.

🏛 **Burg Wassenberg,** Kirchstr. 17, ✉ 41849, ℰ (02432) 94 90, Fax (02432) 949100, ≼, 🍴, « Hotel in einer Burganlage a.d. 16. Jh. » – 📺 ☎ 🚗 🅿 – 🛏 100. 🆎 🄴 *VISA*
Menu à la carte 51/84 – **31 Z** 140/395.

✕✕✕ **La Mairie,** Am Rosstor 1, ✉ 41849, ℰ (02432) 51 30, Fax (02432) 4092, 🍴 – 🆎 🄴
㊉ *Donnerstag geschl.* – **Menu** (wochentags nur Abendessen, Tischbestellung ratsam) 115/149 und à la carte 84/110
Spez. Variation von Gänsestopfleber mit Boskoopsalat. Gegrillte Meeräsche im Bohnen-eintopf. Millefeuille von Schokolade mit Pralinensaucen.

✕✕ **Tante Lucie,** An der Windmühle 31, ✉ 41849, ℰ (02432) 23 32, Fax (02432) 49763, 🍴 – 🅿 – 🛏 100. 🆎 ⓞ 🄴 *VISA*
Montag geschl. – **Menu** à la carte 38/72.

In Wassenberg-Effeld *NW : 6 km :*

🏛 **Haus Wilms,** Steinkirchener Str. 3, ✉ 41849, ℰ (02432) 30 71, Fax (02432) 5982, 🍴 – 🔱 📺 ☎ 🚗 🅿 – 🛏 15. 🌸 Zim
Menu à la carte 39/62 – **12 Z** 95/160.

WASSERBURG AM BODENSEE *Bayern* 🄬🄫🄹 *X 12 – 3000 Ew – Höhe 406 m – Luftkurort.*
🄱 *Verkehrsamt, Rathaus, Lindenplatz 1,* ✉ 88142, ℰ (08382) 88 74 74, Fax (08382) 89042.
Berlin 728 – München 185 – Konstanz 74 – Ravensburg 27 – Bregenz 15.

🏛 **Zum lieben Augustin am See** 🌳 (mit Gästehäusern), Halbinselstr. 70, ✉ 88142, ℰ (08382) 98 00, Fax (08382) 887082, ≼, 🍴, Massage, ⊜, 🛋, ⛱, 🍴 – 📺 ☎ 🚗 🅿
8. Jan. - Feb. geschl. – **Menu** à la carte 43/72 *(auch vegetarische Gerichte)* – **38 Z** 150/230, 18 Suiten – ½ P 35.

🏛 **Kraft Bobinger** garni, Dorfstr. 11, ✉ 88142, ℰ (08382) 9 86 10, Fax (08382) 986130, 🍴 – 📺 ☎ 🅿. 🌸
Nov. geschl. – **11 Z** 74/140.

🏨 **Walserhof,** Nonnenhorner Str. 15, ⊠ 88142, 𝒫 (08382) 9 85 60, Fax (08382) 985610,
🍴, 🔄, 🔍, 🐎 – 📳 📺 ☎ 🅿️
7. Jan. - 10. Feb. geschl. – **Menu** (Nov. - März Montag - Dienstag geschl.) à la carte 30/63
– **28 Z** 80/174 – ½ P 28.

🏨 **Lipprandt** ⟨, Halbinselstr. 63, ⊠ 88142, 𝒫 (08382) 9 87 60, Fax (08382) 887245, 🍴,
🔄, 🔍, 🐾, 🐎 – 📺 ☎ 🚗 🅿️. 🅴 𝚅𝙸𝚂𝙰
Menu à la carte 40/66 – **36 Z** 90/200 – ½ P 30.

🏨 **Seestern** garni, Halbinselstr. 60, ⊠ 88142, 𝒫 (08382) 88 70 10, 🔍, 🐎 – 📺 ☎ 🚗
🅿️
Mitte März - Okt. – **22 Z** 85/160, 5 Suiten.

🦪 **Pfälzer Hof,** Lindenplatz 3, ⊠ 88142, 𝒫 (08382) 88 74 22, Fax (08382) 89765, 🍴 –
📺 ☎ 🚗 🅿️
Menu (Mittwoch und Nov. - April geschl.) à la carte 26/51 🔔 – **10 Z** 65/130 – ½ P 19.

In Wasserburg-Hege NW : 1,5 km :

🏨 **Gierer,** ⊠ 88142, 𝒫 (08382) 9 87 20, Fax (08382) 987213, 🍴, Massage, 🔄, 🔍 –
📳, ⟨⟨ Zim, 📺 ☎ 🚗 🅿️ – 🔼 70. 🅰🅴 ⓞ 🅴 𝚅𝙸𝚂𝙰
Mitte Jan. - Mitte März geschl. – **Menu** à la carte 36/68 – **58 Z** 92/206 – ½ P 29.

In occasione di alcune manifestazioni commerciali o turistiche,
i prezzi richiesti dagli albergatori possono subire un sensibile
aumento nelle località interessate e nei loro dintorni.

WASSERBURG AM INN Bayern 🇩🇪🇪🇺🇺 V 20, 🇪🇺🇪🇺 ㊵ – 10 500 Ew – Höhe 427 m.
Sehenswert : Inn-Brücke : ≤★ – Heimatmuseum★.
🇷🇸 🇷🇸 Pfaffing (W : 7 km), Köckmühle, 𝒫 (08076) 17 18.
🅱 Städt. Verkehrsbüro, Rathaus, Eingang Salzsenderzeile, ⊠ 83512, 𝒫 (08071) 1 05 22.
Berlin 629 – München 53 – Bad Reichenhall 77 – Rosenheim 31 – Salzburg 88 – Landshut 64.

🏨 **Fletzinger,** Fletzingergasse 1, ⊠ 83512, 𝒫 (08071) 9 08 90, Fax (08071) 9089177 –
📳 📺 ☎ 🚗 – 🔼 50. 🅰🅴 🅴 𝚅𝙸𝚂𝙰
Jan. geschl. – **Menu** à la carte 31/60 – **40 Z** 105/200.

🦪 **Paulanerstuben,** Marienplatz 9, ⊠ 83512, 𝒫 (08071) 39 03, Fax (08071) 50474, 🍴,
« Rokokofassade » – 📺 ☎ 🚗
20. Okt. - 20. Nov. geschl. – **Menu** (Dienstag geschl.) à la carte 22/50 – **17 Z** 63/98.

✕✕ **Herrenhaus** (spätgotisches Bürgerhaus), Herrengasse 17, ⊠ 83512, 𝒫 (08071) 28 00
– 🅴
Sonntagabend - Montag und Aug. geschl. – **Menu** à la carte 45/75.

✕ **Weisses Rössl,** Herrengasse 1, ⊠ 83512, 𝒫 (08071) 5 02 91 –
Montag - Dienstag sowie über Pfingsten und Aug. jeweils 2 Wochen geschl. – **Menu**
20 (mittags) und à la carte 38/55.

An der B 15 S : 8 km :

✕ **Fischerstüberl** mit Zim, Elend 1, ⊠ 83512 Wasserburg-Attel, 𝒫 (08071) 25 98,
Fax (08071) 51135, 🍴 – 📺 ☎ 🅿️
Ende Mai - Mitte Juni geschl. – **Menu** (Dienstag geschl.) à la carte 30/52 – **8 Z** 55/110.

In Wasserburg-Burgau W : 2,5 km :

🏨 **Pichlmayr,** Anton-Woger-Str. 2, ⊠ 83512, 𝒫 (08071) 4 00 21, Fax (08071) 8728, 🔄
– 📺 ☎ 🚗 🅿️ – 🔼 20. 🅰🅴 ⓞ 🅴 𝚅𝙸𝚂𝙰 𝙹𝙲𝙱
Menu (Samstagmittag geschl.) à la carte 32/55 – **26 Z** 86/160.

WASSERTRÜDINGEN Bayern 🇩🇪🇪🇺🇺 S 15, 🇪🇺🇪🇺 ㉘ – 6 000 Ew – Höhe 420 m.
Berlin 494 – München 154 – Nürnberg 67 – Nördlingen 26 – Ansbach 34.

🏨 **Zur Ente,** Dinkelsbühler Str. 1, ⊠ 91717, 𝒫 (09832) 8 14, Fax (09832) 1095, 🔄 – ☎
🚗 🅿️ – 🔼 20. 🅴 𝚅𝙸𝚂𝙰
Menu à la carte 22/42 (auch vegetarische Gerichte) – **28 Z** 62/123.

WASUNGEN Thüringen 🇩🇪🇪🇺 O 15, 🇪🇺🇪🇺 ㉘ – 4 000 Ew – Höhe 280 m.
Berlin 373 – Erfurt 82 – Eisenach 40 – Meiningen 13.

🏨 **Burg Maienluft** ⟨, ⊠ 98634, 𝒫 (036941) 78 40, Fax (036941) 78450, ≤, 🍴 – 📺
🚗 🍸 🅿️ – 🔼 40. 🅰🅴 ⓞ 🅴 𝚅𝙸𝚂𝙰, 🎽
Menu (Montag geschl.) à la carte 22/47 – **13 Z** 68/185.

WEDEL Schleswig-Holstein 🅰🅵🅶🅵 F 13, 🅦🅗🅦 ⑤ – 34 000 Ew – Höhe 2 m.
Sehenswert : Schiffsbegrüßungsanlage beim Schulauer Fährhaus ≤ ★.
Berlin 304 – Kiel 106 – Hamburg 19 – Bremen 126 – Hannover 170.

Kreuzer, Rissener Str. 195 (O : 1 km, B 431), ⊠ 22880, ℰ (04103) 12 70,
Fax (04103) 12799, 🍴, ⇌s, 🖼 – 🛗, ⟷ Zim, 📺 ☎ ✆ ♿ ♨ – 🔬 60. 🆎 ⑩ ⋿ 𝖵𝖨𝖲𝖠
Menu (Sonntag geschl.) (nur Abendessen) à la carte 39/60 – **50 Z** 137/239.

Senator Marina garni, Hafenstr. 28, ⊠ 22880, ℰ (04103) 8 07 70,
Fax (04103) 8077250 – 🛗 ⟷ 📺 ☎ ♨ . 🆎 ⑩ ⋿ 𝖵𝖨𝖲𝖠
46 Z 128/178.

Wedel garni (mit Gästehäusern), Pinneberger Str. 69, ⊠ 22880, ℰ (04103) 9 13 60,
Fax (04103) 913613, ⇌s – 🛗 📺 ☎ ✆ ⟷ ♨ . 🆎 ⑩ ⋿ 𝖵𝖨𝖲𝖠
19. Dez. - 3. Jan. geschl. – **26 Z** 109/175, 9 Suiten.

Diamant garni, Schulstr. 4, ⊠ 22880, ℰ (04103) 70 26 00, Fax (04103) 702700 – 🛗
⟷ 📺 ☎ ♿ ⟷ – 🔬 20. 🆎 ⑩ ⋿ 𝖵𝖨𝖲𝖠 𝖩𝖢𝖡
39 Z 138/180.

Am Roland, Am Marktplatz 6, ⊠ 22880, ℰ (04103) 12 80, Fax (04103) 3294, 🍴 –
🛗 📺 ☎ ♨ – 🔬 20. 🆎 ⑩ ⋿ 𝖵𝖨𝖲𝖠 𝖩𝖢𝖡
Freihof : Menu à la carte 37/52 – **36 Z** 90/130.

WEDEMARK Niedersachsen 🅰🅵🅶🅷🅸 I 13, 🅦🅗🅦 ⑯ – 24 500 Ew – Höhe 45 m.
Berlin 295 – Hannover 27 – Bremen 98 – Celle 27 – Hamburg 128.

In Wedemark-Scherenbostel :

Höpershof, Am Husalsberg 1, ⊠ 30900, ℰ (05130) 6 05 00, Fax (05130) 60500, 🍴
– ♨ . 🆎 ⋿ 𝖵𝖨𝖲𝖠
Montag geschl., Dienstag - Freitag nur Abendessen – **Menu** à la carte 43/75.

WEGBERG Nordrhein-Westfalen 🅰🅷🅸 M 2, 🅦🅗🅦 ㉕ – 26 000 Ew – Höhe 60 m.
🇮🇧 Schmitzhof (W : 7 km), ℰ (02436) 4 79.
Berlin 605 – Düsseldorf 46 – Erkelenz 9,5 – Mönchengladbach 16.

Burg Wegberg, Burgstr. 8, ⊠ 41844, ℰ (02434) 9 82 20, Fax (02434) 9822222,
Biergarten, ⇌s – 🍽 📺 ♨ – 🔬 200. 🆎 ⑩ ⋿ 𝖵𝖨𝖲𝖠 – **Menu** (Montag - Freitag nur Abendessen) à la carte 40/67 – **24 Z** 145/295.

Ophover Mühle, Forst 14, ⊠ 41844, ℰ (02434) 2 41 86, Fax (02434) 24317, 🍴,
« Ehemalige Mühle » – ♨ . ⋿ – Dienstag geschl. – **Menu** (Mitte Okt. - Mitte März wochentags nur Abendessen) à la carte 43/65.

In Wegberg-Kipshoven SO : 5 km :

Esser ☜, von-Agris-Str. 43, ⊠ 41844, ℰ (02161) 5 86 20, Fax (02161) 570854, ⇌s –
📺 ☎ ⟷ ♨ – 🔬 50
Menu (Samstagmittag geschl.) à la carte 36/72 – **41 Z** 95/200.

In Wegberg-Rickelrath NO : 3 km :

Molzmühle ☜ mit Zim, Im Bollenberg 41, ⊠ 41844, ℰ (02434) 2 43 33,
Fax (02434) 25723, 🍴, « Wassermühle a.d.J. 1627 » – 📺 ☎ ♨ . 🆎 ⑩ ⋿ 𝖵𝖨𝖲𝖠
Jan. - Feb. 3 Wochen geschl. – **Menu** (Montag - Dienstag geschl.) à la carte 48/80 –
10 Z 165/280.

In Wegberg-Tüschenbroich SW : 2 km :

Tüschenbroich Mühle, Gerderhahner Str. 1, ⊠ 41844, ℰ (02434) 42 80,
Fax (02434) 25917, 🍴 – ♨ – 🔬 30. 🆎 ⑩ ⋿ 𝖵𝖨𝖲𝖠
Menu (am Wochenende Tischbestellung ratsam) 35 (mittags) und à la carte 44/78.

WEGSCHEID Bayern 🅰🅱🅾 U 25, 🅦🅗🅦 ㉚ – 5 700 Ew – Höhe 718 m – Erholungsort – Wintersport :
733/935 m ≰1 ≰5.
🅱 Verkehrsamt, Rathaus, Marktstr. 1, ⊠ 94110, ℰ (08592) 4 77, Fax (08592) 88840.
Berlin 640 – München 210 – Passau 31.

Landhotel Rosenberger ☜, Mitterweg 11, ⊠ 94110, ℰ (08592) 88 90,
Fax (08592) 889100, 🍴, Biergarten, Massage, ⇌s, 🖼, ⟷ – 🛗 📺 ☎ ♨ – 🔬 300
Menu à la carte 20/39 – **126 Z** 77/134 – ½ P 16.

WEHINGEN Baden-Württemberg 🅰🅸🅾 V 10 – 3 100 Ew – Höhe 777 m.
Berlin 731 – Stuttgart 100 – Konstanz 83 – Villingen-Schwenningen 40 – Sigmaringen 46.

Café Keller, Bahnhofstr. 5, ⊠ 78564, ℰ (07426) 9 47 80, Fax (07426) 947830, 🍴 –
📺 ☎ ⟷ ♨ . 🆎 ⋿ 𝖵𝖨𝖲𝖠
Menu (Freitag, Samstagabend und Sonntagabend geschl.) à la carte 26/55 – **30 Z** 65/150.

WEHR *Baden-Württemberg* [419] *X 7,* [987] ㊲ *– 13 400 Ew – Höhe 365 m.*

ℹ Kultur- und Verkehrsamt, Rathausplatz, ✉ 79664, ☎ (07762) 8 08 88, Fax (07762) 80861.

Berlin 832 – Stuttgart 216 – Freiburg im Breisgau 64 – Lörrach 22 – Bad Säckingen 11 – Todtmoos 17 – Basel 31.

🏠 **Klosterhof,** Frankenmatt 8 (beim Schwimmbad), ✉ 79664, ☎ (07762) 5 20 90, *Fax (07762) 520915,* 🌳 – [lift] 📺 ☎ [P]. [D] [E] [VISA]
Menu *(Sonntagabend und Freitag geschl.)* à la carte 37/65 – **40 Z** 85/140.

WEHRHEIM *Hessen* [417] *P 9 – 9 000 Ew – Höhe 320 m.*

Ausflugsziel : *Saalburg★ (Rekonstruktion eines Römerkastells) S : 4 km.*

Berlin 525 – Wiesbaden 57 – Frankfurt am Main 30 – Gießen 46 – Limburg an der Lahn 46.

🏠 **Zum Taunus,** Töpferstr. 2, ✉ 61273, ☎ (06081) 51 68, *Fax (06081) 57987* – 📺 🚗. [E]
Mitte Juli - Mitte Aug. und Weihnachten - Anfang Jan. geschl. – **Menu** *(Freitag geschl.) (nur Abendessen)* à la carte 25/48 – **17 Z** 90/155.

WEIBERN *Rheinland-Pfalz* [417] *O 5 – 1 450 Ew – Höhe 450 m.*

Berlin 632 – Mainz 130 – Bonn 57 – Koblenz 42 – Trier 110.

🏠 **Eifelstube,** Bahnhofstr. 4, ✉ 56745, ☎ (02655) 9 59 30, *Fax (02655) 959349,* « *Gemütliche Gaststuben* », 🍽 – 📺 ☎ [P]
nach Fasching und Nov. jeweils 2 Wochen geschl. – **Menu** *(Dienstag geschl.)* à la carte 28/49 – **16 Z** 60/120 – ½ P 18.

WEIBERSBRUNN *Bayern* [417] *Q 12,* [987] ㉗ *– 2 000 Ew – Höhe 354 m.*

Berlin 558 – München 337 – Aschaffenburg 19 – Würzburg 61.

🏠 **Brunnenhof,** Hauptstr. 231, ✉ 63879, ☎ (06094) 3 64, *Fax (06094) 1064,* 🌳, 🪑 – [lift] 📺 ☎ [P] – 👥 100. [AE] [E] [VISA]
Menu à la carte 34/63 – **51 Z** 92/150.

An der Autobahn A 3 *Ausfahrt Rohrbrunn :*

🏠 **Rasthaus und Motel im Spessart - Südseite,** ✉ 63879 Rohrbrunn, ☎ (06094) 94 10, *Fax (06094) 941253,* 🌳 – [lift], 🚭 Rest, 📺 ☎ [P] – 👥 60. [AE] [E] [VISA]
Menu à la carte 30/59 – **34 Z** 112/180.

WEICHERING *Bayern* [419] [420] *T 17 – 1 500 Ew – Höhe 372 m.*

Berlin 532 – München 91 – Augsburg 56 – Ingolstadt 14.

🏠 **Landgasthof Vogelsang** 🌿, Bahnhofstr. 24, ✉ 86706, ☎ (08454) 20 79, *Fax (08454) 8171,* 🌳 – 📺 ☎ [P]. ✂
[Bib] *1. - 5. Jan. geschl.* – **Menu** *(Donnerstag geschl.)* à la carte 21/48 – **14 Z** 50/80 – ½ P 15.

WEIDA *Thüringen* [418] *N 20,* [984] ㉓, [987] ㉙ *– 9 900 Ew – Höhe 312 m.*

Berlin 257 – Erfurt 91 – Gera 12 – Chemnitz 89 – Plauen 44.

In Wünschendorf *NO : 5 Km :*

🏠 **Zur Elsterperle,** Wendenplatz 7, ✉ 07570, ☎ (036603) 84 20, *Fax (036603) 84220*
[Bib] – 🚭 Zim, 📺 ☎ [P] – 👥 100. [E] [VISA]
Menu à la carte 21/37 🍷 – **14 Z** 70/150.

In Wünschendorf-Pösneck *NO : 8 Km :*

🏠 **Pension Müller** 🌿 garni, ✉ 07557, ☎ (036603) 84 00, *Fax (036603) 84010* – 📺 ☎ ♿ [P]
10 Z 80/110.

WEIDEN IN DER OBERPFALZ *Bayern* [420] *Q 20,* [987] ㉙ *– 43 000 Ew – Höhe 397 m.*

ℹ Kultur- und Tourismusbüro, Altes Rathaus, Oberer Markt, ✉ 92637, ☎ (0961) 1 94 33, Fax (0961) 4161403.

ADAC, *Bürgermeister-Prechtl-Str. 21, ✉ 92637, ☎ (0961) 3 40 37, Fax (0961) 33957.*

Berlin 406 ① – München 243 ④ – Bayreuth 64 ① – Nürnberg 100 ④ – Regensburg 82 ③

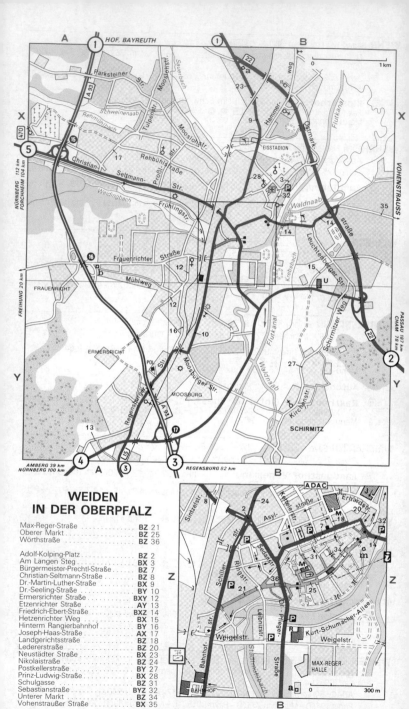

WEIDEN
IN DER OBERPFALZ

1092

🏨 **Admira** Ⓜ garni, Brenner-Schäffer-Str. 27, ⊠ 92637, ℘ (0961) 4 80 90, Fax (0961) 4809666, ⇔ – 🛗 ⟨⟩ 📺 ✆ ♿ ⇨ 🅿 – 🅰 35. 🖭 ⓞ 🆔 𝗩𝗜𝗦𝗔   BZ a
104 **Z** 140/280.

🏨 **Klassik Hotel am Tor** garni, Schlörplatz 1a, ⊠ 92637, ℘ (0961) 4 74 70, Fax (0961) 4747200, ⇔ – 🛗 ⟨⟩ 📺 ☎ ♿ 🅿 – 🅰 15. 🖭 🆔 𝗩𝗜𝗦𝗔   BZ m
40 **Z** 110/220.

🏨 **Europa,** Frauenrichter Str. 173, ⊠ 92637, ℘ (0961) 2 50 51, Fax (0961) 61562 – 🛗 📺
☎ ⇨ 🅿 🖭 ⓞ 🆔 𝗩𝗜𝗦𝗔   AX b
Menu (Sonn - und Feiertage abends und Montagmittag geschl.) à la carte 43/68 –
26 **Z** 65/160.

🏨 **Advantage-Hotel,** Neustädter Str. 46, ⊠ 92637, ℘ (0961) 38 93 00, Fax (0961) 3893020 – 📺 ☎ ⇨ 🅿 🖭 ⓞ 🆔 𝗩𝗜𝗦𝗔 𝗝𝗖𝗕. ✻ Zim   BX a
Menu (Samstagmittag sowie Sonn- und Feiertage geschl.) à la carte 31/54 – **18 Z** 70/128.

In Weiden-Oberhöll ② : 7 km :

🏨 **Hölltaler Hof** ⟨⟩, Oberhöll 2, ⊠ 92637, ℘ (0961) 4 30 93, Fax (0961) 45339, 😀, 😀
– ⟨⟩ Zim, 📺 ☎ ⇨ 🅿 🖭 ⓞ 🆔 𝗩𝗜𝗦𝗔
16. - 31. Aug. und 20. - 31. Dez. geschl. – **Menu** (Sonntag - Montagmittag geschl.) à la carte
24/55 – **23 Z** 65/160.

WEIDENBERG Bayern 𝟰𝟮𝟬 Q 19 – 5 400 Ew – Höhe 463 m.
Berlin 368 – München 244 – Bayreuth 15 – Weiden in der Oberpfalz 58.

🏨 **Landgasthof Kilchert,** Lindenstr. 14, ⊠ 95466, ℘ (09278) 99 20, Fax (09278) 992222, 😀 – 📺 ☎ 🅿
Ende Okt. - Ende Nov. geschl. – **Menu** (Montag geschl.) à la carte 19/35 ♨ – **16 Z** 50/130
– ½ P 15.

WEIDENSDORF Sachsen siehe Glauchau.

WEIDHAUSEN Bayern 𝟰𝟭𝟴 𝟰𝟮𝟬 P 17 – 3 200 Ew – Höhe 289 m.
Berlin 369 – München 286 – Coburg 19 – Bayreuth 53 – Bamberg 51.

🏨 **Braunes Ross,** Kappel 1, ⊠ 96279, ℘ (09562) 9 82 80, Fax (09562) 982888 – 🛗 📺 ☎ ✆ 🅿 🆔 𝗩𝗜𝗦𝗔
Menu (Dienstagabend geschl.) à la carte 22/41 ♨ – **18 Z** 69/109.

WEIGSDORF–KÖBLITZ Sachsen siehe Bautzen.

WEIKERSHEIM Baden-Württemberg 𝟰𝟭𝟵 𝟰𝟮𝟬 R 13, 𝟵𝟴𝟳 ㉘ – 8 000 Ew – Höhe 230 m – Erholungsort.
Sehenswert : Schloß (Ausstattung★★, Rittersaal★★).
🛈 Städt. Kultur- und Verkehrsamt, Marktplatz, (Rathaus) ⊠ 97990, ℘ (07934) 1 02 55, Fax (07934) 10258.
Berlin 522 – Stuttgart 128 – Ansbach 67 – Heilbronn 86 – Würzburg 42.

🏨 **Laurentius,** Marktplatz 5, ⊠ 97990, ℘ (07934) 70 07, Fax (07934) 7077, 😀 – 🛗 📺 ☎ 🖭 ⓞ 🆔 𝗩𝗜𝗦𝗔
Menu (Dienstag geschl.) (Nov.- März Montag - Freitag nur Abendessen) 41/110
und à la carte – **11 Z** 95/155 – ½ P 40.

🏨 **Grüner Hof,** Marktplatz 10, ⊠ 97990, ℘ (07934) 2 52, Fax (07934) 3056, 😀 –
✻ Zim
Mitte Jan. - Feb. geschl. – **Menu** (Montag geschl.) à la carte 27/56 – **20 Z** 80/140 –
½ P 30.

In Weikersheim-Laudenbach SO : 4,5 km :

🏨 **Zur Traube,** Mörikestr. 1, ⊠ 97990, ℘ (07934) 88 63, Fax (07934) 8041 – 🅿
Menu (Montagmittag und Dienstag geschl.) à la carte 23/40 ♨ – **20 Z** 55/90.

In Tauberrettersheim NO : 4 km :

🏨 **Zum Hirschen,** Mühlenstr. 1, ⊠ 97285, ℘ (09338) 3 22, Fax (09338) 8217, 😀, ⇔, 😀 – ☎ ⇨ 🅿
23. Jan. - 24. Feb. und 4. - 27. Nov. geschl. – **Menu** (Mittwoch geschl.) à la carte 24/45
– **13 Z** 50/100.

WEIL Bayern 419 420 V 16 – 2 900 Ew – Höhe 573 m.
　　　Berlin 605 – München 54 – Augsburg 34 – Landsberg am Lech 10.

In Weil-Pestenacker NO : 7 km :

🏡 **Post** ⟨⟩, Hauptstr. 22, ⊠ 86947, ℰ (08195) 2 77, Fax (08195) 1677, Biergarten, ☞
　⊜ – ⟨⟩ ℗
　25. Aug. - 10. Sept. und 23. Dez. - 10. Jan. geschl. – **Menu** (Montag - Dienstag geschl.)
　à la carte 21/45 – **19 Z** 35/80.

WEIL AM RHEIN Baden-Württemberg 419 X 6 – 26 000 Ew – Höhe 260 m.
　　　Berlin 860 – Stuttgart 261 – Freiburg im Breisgau 67 – Basel 7,5 – Lörrach 5.

🏨 **Atlas Hotel**, Alte Str. 58 (nahe der BAB-Abfahrt Weil am Rhein), ⊠ 79576,
　ℰ (07621) 70 70, Fax (07621) 707650, ⇔ – |⋕|, ⋙ Zim, 🖵 ☎ ℗ – 🛦 120. 🖭 ⓪ 🄴
　VISA
　Menu à la carte 50/75 – **160 Z** 137/355.

🏠 **Schwanen**, Hauptstr. 121, ⊠ 79576, ℰ (07621) 7 10 47, Fax (07621) 793065, ☞ –
　🖵 ☎ ⎔ ℗ 🄴 VISA
　Menu (Mittwoch - Donnerstag geschl.) à la carte 38/80 – **14 Z** 110/240.

🏠 **Ott's Hotel Leopoldshöhe**, Müllheimer Str. 4, ⊠ 79576, ℰ (07621) 9 80 60,
　Fax (07621) 9806299, ⇔, 🖭 – |⋕| 🖵 ☎ ⎔ ⟨⟩ ℗ 🄰🄴 ⓪ 🄴 VISA
　Menu (Sonntag und 2.- 19. Jan. geschl.) à la carte 35/77 – **40 Z** 95/230.

🎎 **Adler** (mit Zim. und Gästehaus), Hauptstr. 139, ⊠ 79576, ℰ (07621) 9 82 30,
❄ 　Fax (07621) 75676, ☞ – 🖵 ☎ ℗ 🄰🄴 🄴 VISA
　Menu (Sonntag - Montag, Anfang - Mitte Jan. und Anfang - Mitte Aug. geschl.) (Tisch-
　bestellung ratsam, bemerkenswerte Weinkarte) 50 (mittags) und à la carte 84/123 –
　Spatz : **Menu** à la carte 47/70 – **23 Z** 110/250
　Spez. Gänselebergugelhupf im Muskatellergelee. Edelfische und Meeresfrüchte im Safran-
　sud. Warmer Apfeltarin mit Vanilleeis und Calvados-Sabayon.

🍴 **Zur Krone** mit Zim (Landgasthof a. d. J. 1572), Hauptstr. 58, ⊠ 79576, ℰ (07621)
　7 11 64, Fax (07621) 78963 – 🖵 ☎ ℗ 🄰🄴 ⓪ 🄴 VISA
　Menu (Montagabend - Dienstag geschl.) (Tischbestellung ratsam) à la carte 39/91 – **11 Z**
　70/180.

In Weil-Haltingen N : 3 km :

🏠 **Rebstock** ⟨⟩, Große Gass 30, ⊠ 79576, ℰ (07621) 6 22 57, Fax (07621) 65550 – 🖵
　☎ ⟨⟩ ℗
　Menu (Montag - Freitag nur Abendessen, Jan. 2 Wochen geschl.) à la carte 44/80 ⟨⟩ – **17 Z**
　95/160.

In Weil-Märkt NW : 5 km :

🏠 **Zur Krone**, Rheinstr. 17, ⊠ 79576, ℰ (07621) 6 23 04, Fax (07621) 65350, ☞ – 🖵
⟨⟩ 　☎ ℗
　Feb. und Sept. jeweils 2 Wochen geschl. – **Menu** (Montag - Dienstag geschl.) à la carte 38/73
　– **9 Z** 85/140.

WEILBACH Bayern 417 419 Q 11 – 2 100 Ew – Höhe 166 m.
　　　Berlin 573 – München 353 – Frankfurt am Main 79 – Heilbronn 87 – Mannheim 84 –
　　　Würzburg 79.

In Weilbach-Ohrnbach NW : 8 km :

🏠 **Zum Ohrnbachtal** ⟨⟩, Hauptstr. 5, ⊠ 63937, ℰ (09373) 14 13, Fax (09373) 4550,
　☞, ⇔, 🖭, ☞, ⋇ – ☞ ℗ 🄴
　6. Jan. - 6. Feb. geschl. – **Menu** (Mittwoch geschl.) à la carte 30/58 ⟨⟩ – **18 Z** 65/130 –
　½ P 15.

WEILBURG Hessen 417 O 8, 987 ㉖ – 13 500 Ew – Höhe 172 m – Luftkurort.
　　　Sehenswert : Lage★.
　　　🄱 Tourist-Information, Mauerstr. 8 (Rathaus), ⊠ 35781, ℰ (06471) 3 14 67, Fax (06471)
　　　7675.
　　　Berlin 530 – Wiesbaden 72 – Frankfurt am Main 61 – Limburg an der Lahn 22 –
　　　Gießen 40.

🏨 **Schloßhotel Weilburg** ⟨⟩, Langgasse 25, ⊠ 35781, ℰ (06471) 3 90 96,
　Fax (06471) 39199, ☞, ⇔, 🖭 – |⋕|, ⋙ Zim, 🖵 ☎ ⟨⟩ ℗ – 🛦 200. 🄴 VISA JCB.
　⋇ Rest
　Menu à la carte 43/67 – **43 Z** 135/255 – ½ P 42.

🍴 **La Lucia**, Marktplatz 10, ⊠ 35781, ℰ (06471) 21 30, Fax (06471) 2909, ☞ – 🄰🄴 🄴
　Samstagmittag und Jan. - Feb. 2 Wochen geschl. – **Menu** à la carte 34/64.

In Löhnberg N : 3,5 km :

🏨 **Zur Krone**, Obertor 1, ✉ 35792, ℰ (06471) 60 70, Fax (06471) 62107, Biergarten, 🖙 – ⊞ 🔟 ☎ ℰ ₺ 🅿 – 🛗 70. 🆎 🅴 𝓥𝓘𝓢𝓐 𝓙𝓒𝓑
Menu (Samstagmittag geschl. à la carte 29/78 – **45 Z** 95/205.

In Mengerskirchen-Probbach NW : 12 km :

🏠 **Landhaus Höhler** 🦢, Am Waldsee, ✉ 35794, ℰ (06476) 80 31, Fax (06476) 8886, ≼, 🌴, 🖙, 🔲, 🎐 – 🔟 ☎ 🅿 – 🛗 30. 🆎 🅴 𝓥𝓘𝓢𝓐 𝓙𝓒𝓑. 🎇 Zim
Menu (Montag geschl.) à la carte 31/63 – **22 Z** 75/180 – ½ P 30.

WEILER-SIMMERBERG IM ALLGÄU Bayern 419 420 X 13 – 6 000 Ew – Höhe 631 m – Heilbad – Luftkurort – Wintersport : 630/900 m ≰5 ≰6.

🅱 Kur- und Verkehrsamt, Weiler, Hauptstr. 14, ✉ 88171, ℰ (08387) 3 91 50, Fax (08387) 39153.

Berlin 715 – München 179 – Konstanz 83 – Ravensburg 42 – Bregenz 32.

Im Ortsteil Weiler :

🏨 **Kur- und Tennishotel Tannenhof** 🦢, Lindenberger Str. 33, ✉ 88171, ℰ (08387) 12 35, Fax (08387) 1626, 🌇, Massage, ♨, ⏳, 🖙, 🔲, 🎐, ※(Halle) – 🔟 ☎ 🅿 – 🛗 25. 🎇 Rest
Menu à la carte 33/65 – **46 Z** 125/230 – ½ P 28.

✗ **Zur Traube**, Hauptstr. 1, ✉ 88171, ℰ (08387) 9 91 20, Fax (08387) 99121, 🌇 – 🅿. 🅴 𝓥𝓘𝓢𝓐
Sonntagabend - Montag und Ende Aug. - Anfang Sept. 2 Wochen geschl. **Menu** à la carte 31/56.

Nos guides hôteliers, nos guides touristiques et nos cartes routières sont complémentaires. Utilisez-les ensemble.

WEILHEIM Bayern 419 420 W 17, 987 ㊴ – 18 500 Ew – Höhe 563 m.

🏌 Pähl (N : 9 km), Gut Hochschloß, ℰ (08808)13 30.
Berlin 637 – München 51 – Garmisch-Partenkirchen 45 – Landsberg am Lech 37.

🏨 **Bräuwastl**, Lohgasse 9, ✉ 82362, ℰ (0881) 9 47 70, Fax (0881) 69485, 🌇, 🖙 – 🛗 🔟 ☎ ℰ, ⇌ – 🛗 40. 🆎 𝓥𝓘𝓢𝓐
Anfang Jan. 1 Woche geschl. – **Menu** à la carte 32/63 – **48 Z** 118/178.

🏠 **Vollmann** 🦢, Marienplatz 12, ✉ 82362, ℰ (0881) 42 55, Fax (0881) 63332, 🌇 – 🔟 ☎ ⇌ 🅿. 🅴 𝓥𝓘𝓢𝓐. 🎇 Zim
Aug. 3 Wochen geschl. – **Menu** (Sonntag geschl.) à la carte 26/52 – **38 Z** 85/120.

An der B 2 NO : 8,5 km :

🏨 **Hirschberg Alm**, ✉ 82396 Pähl, ℰ (08808) 1 80, Fax (08808) 18100, ≼ Alpenvorland – 🔟 ☎ 🅿. 🅴 𝓥𝓘𝓢𝓐
6. - 31. Jan. geschl. – **Menu** (Montag geschl.) à la carte 30/65 – **20 Z** 79/180 – ½ P 29.

WEILROD Hessen 417 P 9 – 6 300 Ew – Höhe 370 m – Erholungsort.

🏌 Weilrod-Altweilnau, Merzhäuser Straße, ℰ (06083) 18 83.
Berlin 532 – Wiesbaden 42 – Frankfurt am Main 47 – Gießen 51 – Limburg an der Lahn 33.

In Weilrod-Neuweilnau :

🏨 **Sporthotel Erbismühle** 🦢, ✉ 61276, ℰ (06083) 28 80, Fax (06083) 288700, 🌇, ₤₅, 🖙, 🔲, 🎐, ※ – 🛗 🔟 ☎ 🅿 – 🛗 150. 🆎 �ⓞ 🅴 𝓥𝓘𝓢𝓐
27. Dez. - 8. Jan. geschl. – **Menu** à la carte 41/66 – **70 Z** 150/280 – ½ P 35.

WEIMAR Thüringen 418 N 18, 984 ㉓, 987 ㉘ – 58 000 Ew – Höhe 208 m.

Sehenswert : Stadtschloß (Cranachsammlung★★) BZ – Goethehaus★★ BZ – Schillerhaus★ BZ – Deutsches Nationaltheater (Doppelstandbild★★ von Goethe und Schiller) AZ T – Goethes Gartenhaus★★ BZ – Stadtkirche (Cranachaltar★★, Renaissance-Grabmäler★) BY – Nietzsche-Archiv (Bibliothek★) AZ.

🅱 Tourist-Information und Kongress-Service Weimar, Markt 10, ✉ 99423, ℰ (03643) 2 40 00, Fax (03643) 240040.
Berlin 285 ③ – Erfurt 22 ④ – Chemnitz 132 ③

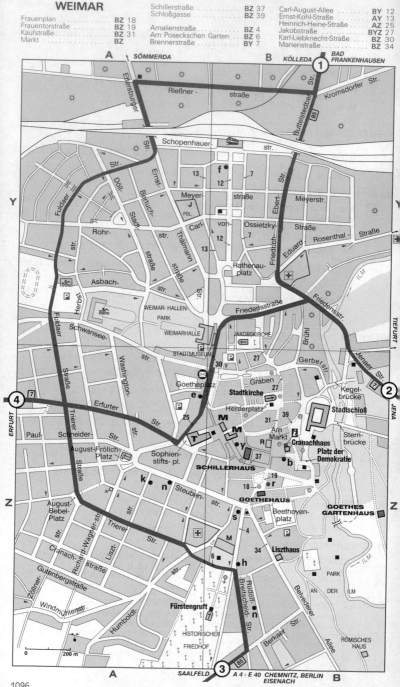

WEIMAR

🏨 **Weimar Hilton** Ⓜ, Belvederer Allee 25, ✉ 99425, ℰ (03643) 72 20, Fax (03643) 722741, ☆, ⬆, 🖾 – |𝄐|, 🛏 Zim, 🖥 📺 ✆ ₺ 🚗 🅟 – 🅪 260. ᴁ ⓄⓄ
E 𝘝𝘐𝘚𝘈. ⅍ Rest   über Belvederer Allee   BZ
Menu à la carte 44/80 – **294 Z** 225/325, 6 Suiten.

🏨 **Kempinski Hotel Elephant,** Markt 19, ✉ 99423, ℰ (03643) 80 20, Fax (03643) 802610, ☆, « Gartenterrasse, Einrichtung im Art-Deco-Stil » – |𝄐|, 🛏 Zim,
📺 ✆ 🅟 – 🅪 170. ᴁ ⓄⓄ E 𝘝𝘐𝘚𝘈 ᴊᴄʙ. ⅍ Rest   BZ b
Anna Amalia (Jan. geschl.) Menu à la carte 57/73 – **Elephantenkeller** (Sonntagabend und Jan. geschl.) **Menu** à la carte 30/54 – **102 Z** 220/380, 4 Suiten.

🏨 **InterCityHotel** Ⓜ, Carl-August-Allee 17, ✉ 99423, ℰ (03643) 23 40, Fax (03643) 234444, ☆ – |𝄐|, 🛏 Zim, 📺 ✆ ₺ 🚗 🅟 – 🅪 80. ᴁ ⓄⓄ E
𝘝𝘐𝘚𝘈   BY f
Menu (Samstagmittag und Sonntag geschl.) à la carte 31/57 – **134 Z** 182/220.

🏨 **Villa Hentzel** garni, Bauhausstraße 12, ✉ 99423, ℰ (03643) 8 65 80, Fax (03643) 865819 – 📺 ✆ ✆ ₺ 🅟. ᴁ ⓄⓄ E 𝘝𝘐𝘚𝘈   BZ n
13 Z 110/160.

🏨 **Alt Weimar,** Prellerstr. 2, ✉ 99423, ℰ (03643) 8 61 90, Fax (03643) 861910, ☆ –
📺 ✆. ᴁ ⓄⓄ E 𝘝𝘐𝘚𝘈   AZ n
Menu (Montag - Freitag nur Abendessen) à la carte 39/61 – **18 Z** 115/195.

🏨 **Christliches Hotel Amalienhof** garni, Amalienstr. 2, ✉ 99423, ℰ (03643) 54 90, Fax (03643) 549110 – 📺 ✆ 🅟. E 𝘝𝘐𝘚𝘈   BZ s
31 Z 120/250.

🏨 **Am Stadtpark,** Amalienstr.19, ✉ 99423, ℰ (03643) 2 48 30, Fax (03643) 511720 –
📺 ✆ ₺ 🅟. ᴁ ⓄⓄ E 𝘝𝘐𝘚𝘈   BZ h
Menu (Sonntagabend - Montag und Feb. geschl.) (auch vegetarische Gerichte) à la carte 25/38 ₺ – **12 Z** 115/170.

🏨 **Liszt** garni (mit Gästehaus), Lisztstr. 1, ✉ 99423, ℰ (03643) 5 40 80, Fax (03643) 540830 – |𝄐| 📺 ✆ 🚗. ᴁ ⓄⓄ E 𝘝𝘐𝘚𝘈   AZ k
32 Z 105/220.

✗ **Gasthaus zum weißen Schwan,** Frauentorstr. 23 (Am Frauenplan), ✉ 99423, ℰ (03643) 20 25 21, Fax (03643) 202575, ☆ – ᴁ ⓄⓄ E 𝘝𝘐𝘚𝘈. ⅍   BZ r
Menu à la carte 32/62.

In Weimar-Gelmeroda SW : 4 km über ③, nahe der BAB-Abfahrt Weimar :

🏨 **Schwartze** ⌂, Im Dorfe 65a, ✉ 99428, ℰ (03643) 5 99 50, Fax (03643) 512614 –
🚗 🛏 Zim, 📺 ✆ 🅟. ᴁ E 𝘝𝘐𝘚𝘈. ⅍ Rest
Menu à la carte 24/37 – **30 Z** 120/160.

In Weimar-Legefeld SW . 6 km über ③ :

🏨 **Treff Hotel Weimar,** Kastanienallee 1, ✉ 99438, ℰ (03643) 80 30, Fax (03643) 803500, ☆, ⬆, 🖾 – |𝄐|, 🛏 Zim, 📺 ✆ ✆ ₺ 🅟 – 🅪 350. ᴁ ⓄⓄ E 𝘝𝘐𝘚𝘈
ᴊᴄʙ
Menu à la carte 40/63 – **194 Z** 175/295, 4 Suiten.

In Weimar-Schöndorf N : 4 Km über ① :

🏨 **Mercure,** Ernst-Busse-Str. 29, ✉ 99427, ℰ (03643) 46 50, Fax (03643) 465100, ⬆ –
|𝄐|, 🛏 Zim, 📺 ✆ ✆ ₺ 🚗 🅟 – 🅪 200. ᴁ ⓄⓄ E 𝘝𝘐𝘚𝘈 ᴊᴄʙ
Menu à la carte 30/59 – **163 Z** 190/480, 7 Suiten.

🏨 **Dorotheenhof Weimar** ⌂, Dorotheenhof 1, ✉ 99427, ℰ (03643) 45 90, Fax (03643) 459200, ☆, ⬆, 🌳 – |𝄐|, 🛏 Zim, 📺 ✆ ✆ ₺ 🅟 – 🅪 70. ᴁ ⓄⓄ E
𝘝𝘐𝘚𝘈
Menu à la carte 32/58 – **60 Z** 95/195.

In Ballstedt NW : 12 km über Ettersburger Straße AY :

🏨 **Zur Tanne,** Im Dorfe 29, ✉ 99439, ℰ (036452) 7 06 48, Fax (036452) 70857, ⬆ –
🚗 📺 ✆ 🅟. ᴁ ⓄⓄ E 𝘝𝘐𝘚𝘈
Menu à la carte 19/29 ₺ – **24 Z** 79/126.

WEIMAR Hessen siehe Marburg.

WEINÄHR Rheinland-Pfalz siehe Nassau.

WEINBOEHLA Sachsen siehe Meissen.

WEINGARTEN Baden-Württemberg 🔢🔢🔢 W 12, 🔢🔢🔢 ㊳ ㊴ – 25 000 Ew – Höhe 458 m.

Sehenswert : Basilika★★.

🛈 Städt. Kultur- und Verkehrsamt, Münsterplatz 1, ⊠ 88250, ℘ (0751) 40 51 25, Fax (0751) 405268.

Berlin 692 – Stuttgart 143 – Konstanz 48 – Ravensburg 4 – Ulm (Donau) 85 – Biberach an der Riß 43.

🏨 **Mövenpick Hotel** Ⓜ, Abt-Hyller-Str. 37, ⊠ 88250, ℘ (0751) 50 40, Fax (0751) 504400, ☞ – 📶, 🍴 Zim, 📺 ✆ ✅ ⇔ 🅿 – 🔬 600. 🆎 ⓪ 🄴 𝑽𝑰𝑺𝑨 ᴊᴄʙ
Menu à la carte 35/67 (auch vegetarische Gerichte) – **72 Z** 181/252.

🏨 **Altdorfer Hof** (mit Gästehaus), Burachstr. 12, ⊠ 88250, ℘ (0751) 5 00 90, Fax (0751) 500970 – 📶, 🍴 Zim, 📺 ✆ ⇔ 🅿 – 🔬 60. 🆎 ⓪ 🄴 𝑽𝑰𝑺𝑨 ᴊᴄʙ
20. Dez. - 11. Jan. geschl. – **Menu** (Sonntagabend - Montag geschl.) à la carte 39/76 – **49 Z** 105/198.

🏨 **Bären,** Kirchstr. 3, ⊠ 88250, ℘ (0751) 56 12 00, Fax (0751) 5612050 – 📺 ✆ ⇔ 🅿. 🆎 ⓪ 🄴 𝑽𝑰𝑺𝑨
März 1 Woche und Juli 3 Wochen geschl. – **Menu** (Montag geschl.) à la carte 29/55 – **16 Z** 82/135.

🏨 **Alt Ochsen,** Ochsengasse 5, ⊠ 88250, ℘ (0751) 56 10 40, Fax (0751) 5610441, ☞ ⇔ – 📶 📺 ✆ ઙ ⇔ 🅿 – 🔬 70. 🆎 ⓪ 🄴 𝑽𝑰𝑺𝑨 ᾗ Zim
27. Dez. - 6. Jan. geschl. – **Menu** (Dienstag geschl.) à la carte 23/57 – **25 Z** 68/135.

In Wolpertswende-Mochenwangen N : 7,5 km :

🏖 **Rist** (mit Gästehaus), Bahnhofstr. 8, ⊠ 88284, ℘ (07502) 9 22 20, Fax (07502) 2884 – ⇔ 📺 ✆ ⇔ 🅿. 🄴
Mitte - Ende April geschl. – **Menu** (Freitag geschl.) à la carte 24/38 ᾗ – **25 Z** 48/110.

WEINGARTEN KREIS KARLSRUHE Baden-Württemberg 🔢🔢🔢 S 9 – 8 200 Ew – Höhe 120 m.
Berlin 664 – Stuttgart 88 – Karlsruhe 17 – Heidelberg 46.

🏨 **Walk'sches Haus,** Marktplatz 7 (B 3), ⊠ 76356, ℘ (07244) 7 03 70, Fax (07244) 703740, « Restauriertes Fachwerkhaus a.d.J. 1701, Hofterrasse » – 📺 ✆ – 🔬 40. 🆎 ⓪ 🄴 𝑽𝑰𝑺𝑨
Menu (Samstagmittag und Dienstag geschl.) à la carte 58/98 – **14 Z** 90/200.

🏨 **Zum Kärcher,** Bahnhofstr. 150, ⊠ 76356, ℘ (07244) 23 57, Fax (07244) 5190, ☞ – 📺 ✆ 🅿. 🄴
über Ostern 2 Wochen und Juli - Aug. 3 Wochen geschl. – **Menu** (Samstagmittag und Sonntagabend - Montag geschl.) à la carte 41/79 – **13 Z** 60/120.

WEINHEIM AN DER BERGSTRASSE Baden-Württemberg 🔢🔢🔢 🔢🔢🔢 R 10, 🔢🔢🔢 ㉗ – 42 000 Ew – Höhe 135 m.

Sehenswert : Schloßpark★.

🛈 Verkehrsverein, Bahnhofstr. 15, ⊠ 69469, ℘ (06201) 99 11 17, Fax (06201) 991135.
Berlin 609 – Stuttgart 137 – Darmstadt 45 – Heidelberg 20 – Mannheim 17.

🏨 **Astron** Ⓜ, Breslauer Str. 52 (Weststadt), ⊠ 69469, ℘ (06201) 10 30, Fax (06201) 103300, ☞, ⇔ – 📶, 🍴 Zim, 📺 ✆ ✅ ઙ 🅿 – 🔬 300. 🆎 ⓪ 🄴 𝑽𝑰𝑺𝑨 ᴊᴄʙ
Menu à la carte 41/59 – **187 Z** 230/290.

🏨 **Ottheinrich** Ⓜ ☞ garni, Hauptstr. 126, ⊠ 69469, ℘ (06201) 1 80 70, Fax (06201) 180788 – 📶 📺 ✆ ⇔ – 🔬 25. 🆎 ⓪ 🄴 𝑽𝑰𝑺𝑨 ᴊᴄʙ
Menu siehe Rest. **Grüne Gans** separat erwähnt **25 Z** 210/300.

🏨 **Fuchs'sche Mühle,** Birkenauer Talstr. 10, ⊠ 69469, ℘ (06201) 1 00 20, Fax (06201) 100222, ☞, ⇔, 🏊 – 📶 📺 ✆ ⇔ 🅿. 🆎 ⓪ 🄴 𝑽𝑰𝑺𝑨. ᾗ
Menu à la carte 45/77 – **18 Z** 140/180.

🏨 Ebert Park Hotel garni, Freiburger Str. 42 (Weststadt), ⊠ 69469, ℘ (06201) 10 50, Fax (06201) 105401 – 📶 🍴 📺 ✆ 🅿
74 Z.

🏨 **Haus Masthoff,** Lützelsachsener Str. 5, ⊠ 69469, ℘ (06201) 6 30 33, Fax (06201) 16735, Massage, 🏊 – 📺 ✆ ⇔ 🅿. 🆎 ⓪ 🄴 𝑽𝑰𝑺𝑨
Menu (Montag geschl.) à la carte 37/57 – **14 Z** 115/160.

XX **Schloßparkrestaurant,** Obertorstr. 9, ⊠ 69469, ℘ (06201) 9 95 50, Fax (06201) 995524, ☞ – 🔬 40. 🆎 ⓪ 𝑽𝑰𝑺𝑨
Dienstag und 20. Feb. - 6. März geschl. – **Menu** à la carte 40/78.

X **Grüne Gans** - Hotel Ottheinrich, Hauptstr. 126, ⊠ 69469, ℘ (06201) 18 07 68, ☞ – 🄴 𝑽𝑰𝑺𝑨
Samstagmittag, Sonntagmittag, Montag und Aug 3 Wochen geschl. – **Menu** 27 (mittags) und à la carte 43/70.

In Weinheim-Lützelsachsen *S : 3 km :*

XX **Winzerstube,** Sommergasse 7, ⌧ 69469, ℰ (06201) 5 22 98, Fax (06201) 56520, ☂
– ℗. ⚷ Ɛ ꪜ𝘐𝘚𝘈
Sonn- und Feiertage, Montag sowie 19.- 25. Mai geschl. – **Menu** *(nur Abendessen)* à la carte
49/73.

WEINSBERG *Baden-Württemberg* 𝟜𝟙𝟟 𝟜𝟙𝟡 *S 11,* 𝟿𝟪𝟽 ㉗ *– 9 200 Ew – Höhe 200 m.*
Berlin 588 – Stuttgart 53 – Heilbronn 6 – Schwäbisch Hall 42.

Außerhalb *SO : 2 km :*

🏠 **Gutsgasthof Rappenhof** ⌂ (mit Gästehaus), ⌧ 74189 Weinsberg,
ℰ (07134) 51 90, Fax (07134) 51955, ≤, ☂, ☞ – 🛗, ⥹ Zim, 📺 ☎ ℗ – 🔏 30. ⚷
① Ɛ ꪜ𝘐𝘚𝘈
21. Dez. - 14. Jan. geschl. – **Menu** à la carte 35/65 ⅃ – **34 Z** 130/210.

In Eberstadt *NO : 4 km :*

🏠 **Krone,** Hauptstr. 47, ⌧ 74246, ℰ (07134) 9 86 00, Fax (07134) 986030, ☂ – 📺 ☎
℗ ⚷ ① Ɛ ꪜ𝘐𝘚𝘈 ⅙ Rest
Menu *(Montag geschl.)* à la carte 35/65 – **17 Z** 70/135.

In Obersulm-Sülzbach *O : 3,5 km :*

XX **Alter Klosterhof** (Fachwerkhaus a.d. 17.Jh.), Eberstädter Str. 7, ⌧ 74182,
ℰ (07134) 1 88 55, ☂ – ℗. ⚷ Ɛ
Sonntag - Montag und Juli - Aug. 3 Wochen geschl. – **Menu** *(nur Abendessen)* à la carte
55/88.

WEINSTADT *Baden-Württemberg* 𝟜𝟙𝟡 *T 12 – 23 900 Ew – Höhe 290 m.*
Berlin 616 – Stuttgart 24 – Esslingen am Neckar 13 – Schwäbisch Gmünd 38.

In Weinstadt-Baach :

X **Adler** ⌂ mit Zim, Forststr. 12, ⌧ 71384, ℰ (07151) 6 58 26, Fax (07151) 66520, ☂,
Biergarten – ☎ ⇔ ℗. Ɛ
Feb. und Juli jeweils 2 Wochen geschl. – **Menu** *(Montag - Dienstag geschl.)* *(Sonntag -
Donnerstag nur Mittagessen)* à la carte 42/73 – **5 Z** 65/110.

In Weinstadt-Beutelsbach :

🏠🏠 **Krone - Weinstadt Hotel,** Marktstr. 39, ⌧ 71384, ℰ (07151) 6 50 23 (Hotel)
6 51 81 (Rest.), Fax (07151) 660916, ☂ – 🛗, ⥹ Zim, 📺 ☎ ⚭ ⅙ ⇔ – 🔏 15. ⚷ ①
Ɛ ꪜ𝘐𝘚𝘈 ⅙ Zim
Menu *(Mittwoch geschl.)* à la carte 40/68 – **32 Z** 85/165.

In Weinstadt-Endersbach :

🏠 **Gästehaus Zefferer** garni, Strümpfelbacher Str. 10, ⌧ 71384, ℰ (07151) 60 00 34,
Fax (07151) 610329 – 📺 ☎ ℗. Ɛ
14 Z 88/135.

X **Weinstube Muz,** Traubenstr. 3, ⌧ 71384, ℰ (07151) 6 13 21, Fax (07151) 61131 –
⚷ Ɛ
Sonn- und Feiertage sowie 10.- 30. Aug. geschl. – **Menu** *(nur Abendessen)* à la carte 45/77.

In Weinstadt-Schnait :

🏠🏠 **Gasthof zum Lamm** (restauriertes Fachwerkhaus a.d.J. 1797), Silcherstr. 75,
⌧ 71384, ℰ (07151) 99 90 60, Fax (07151) 9990660, ☂ – 📺 ☎ ⇔ ℗ – 🔏 25
Menu *(Dienstag geschl.)* à la carte 35/68 – **20 Z** 85/140.

In Weinstadt-Strümpfelbach :

X **Lamm** mit Zim, Hindenburgstr. 16, ⌧ 71384, ℰ (07151) 96 76 36, Fax (07151) 967638
⇔ – ☎ ⇔ ℗
Menu *(Montag - Dienstag sowie Jan. und Aug. jeweils 2 Wochen geschl.)* à la carte 36/75
– **15 Z** 54/115.

WEISENDORF *Bayern* 𝟜𝟙𝟡 𝟜𝟚𝟘 *R 16 – 5 500 Ew – Höhe 300 m.*
Berlin 445 – München 204 – Nürnberg 35 – Bamberg 53 – Würzburg 86.

🏠🏠 **Jägerhof** (mit Gästehaus), Auracher Bergstr. 2, ⌧ 91085, ℰ (09135) 71 70,
Fax (09135) 717444 – ⥹ Zim, 📺 ☎ ℗ – 🔏 25. ⚷ ① Ɛ ꪜ𝘐𝘚𝘈 ⅙
Aug. 3 Wochen und Weihnachten - 8. Jan. geschl. – **Menu** *(Freitag - Samstagmittag geschl.)*
à la carte 26/58 – **30 Z** 79/150.

In Großenseebach O : 4 km :

🏠 **Seebach,** Hauptstr. 2, ✉ 91091, ℰ (09135) 71 60, Fax (09135) 716105 – ↤ Zim, 📺
☎ ℰ ⇦ 🅿 – 🛗 15. ℹ ⓪ 𝐄 𝘝𝘐𝘚𝘈
Menu (Montagmittag geschl.) à la carte 25/52 – **19 Z** 90/160.

WEISKIRCHEN Saarland 💶💶💶 R 4 – 6 500 Ew – Höhe 400 m – Heilklimatischer Kurort.
🛈 Kurverwaltung, Kirchenweg 2, ✉ 66709, ℰ (06876) 72 24, Fax (06876) 70938.
Berlin 725 – Saarbrücken 59 – Birkenfeld 39 – Merzig 19 – Trier 33.

In Weiskirchen-Rappweiler SW : 2 km :

XX **La Provence,** Merziger Str. 25, ✉ 66709, ℰ (06872) 43 26. 𝐄 𝘝𝘐𝘚𝘈. ✖
Samstagmittag, Montag - Dienstagmittag und Juli - Aug. 3 Wochen geschl. – **Menu**
à la carte 43/65.

WEISMAIN Bayern 💶💶💶 P 17, 💶💶💶 ㉘ – 5 000 Ew – Höhe 315 m.
Berlin 373 – München 276 – Coburg 37 – Bayreuth 35 – Bamberg 43.

🏠 **Alte Post,** Am Markt 14, ✉ 96260, ℰ (09575) 2 54, Fax (09575) 1054, ☕ – 📺
Menu à la carte 25/48 – **35 Z** 60/90.

🏠 **Krone,** Am Markt 13, ✉ 96260, ℰ (09575) 9 22 20, Fax (09575) 922220, ☕, ▦ , ✿
⇦ – ⇦. ✖ Zim
Mitte - Ende Jan. geschl. – **Menu** (Samstag geschl.) à la carte 21/40 – **34 Z** 55/100.

WEISSEN Thüringen siehe Rudolstadt.

WEISSENBURG IN BAYERN Bayern 💶💶💶 💶💶💶 S 16, 💶💶💶 ㉘ – 18 000 Ew – Höhe 420 m.
Sehenswert : Römer-Museum (Bronze-Statuetten★) und Römer-Thermen★.
Ausflugsziel : Ellingen (Schloß : Ehrentreppe★) N : 4 km.
🛈 Amt für Kultur und Touristik, Martin-Luther-Platz 3 (Römermuseum), ✉ 91781,
ℰ (09141) 90 71 24, Fax (09141) 907121.
Berlin 483 – München 131 – Nürnberg 59 – Augsburg 82 – Ulm (Donau) 119.

🏠 **Am Ellinger Tor,** Ellinger Str. 7, ✉ 91781, ℰ (09141) 8 64 60, Fax (09141) 864650,
☕ – ↤ Zim, 📺 ☎ ℰ ⇦. ℹ ⓪ 𝐄 𝘝𝘐𝘚𝘈
Menu (Sonntag abends - Montag geschl.) à la carte 29/60 – **27 Z** 70/168.

🏠 **Goldener Adler,** Marktplatz 5, ✉ 91781, ℰ (09141) 24 00, Fax (09141) 73996, ☕
– 📺 ☎. ℹ 𝐄 𝘝𝘐𝘚𝘈
Menu à la carte 28/55 – **11 Z** 80/140.

🏠 **Schwarzer Bär,** Marktplatz 13, ✉ 91781, ℰ (09141) 8 68 80, Fax (09141) 86888 –
⇦ 📺 ☎. 𝐄 𝘝𝘐𝘚𝘈. ✖ Zim
Menu (Samstag geschl.) à la carte 22/52 – **12 Z** 70/130.

🏠 **Krone,** Rosenstr. 10, ✉ 91781, ℰ (09141) 30 12, Fax (09141) 92773 – 📺 ☎ ⇦
Menu (Sonntagabend - Montag geschl.) à la carte 32/62 – **10 Z** 60/115.

WEISSENFELS Sachsen-Anhalt 💶💶💶 M 19, 💶💶💶 ㉓, 💶💶💶 ⑰ – 35 000 Ew – Höhe 100 m.
🛈 Stadtinformation, Nicolaistr. 37, ✉ 06667, ℰ (03443) 30 30 70, Fax (03443) 303070
Berlin 201 – Magdeburg 122 – Leipzig 42 – Halle 34.

🏠🏠 **Parkhotel Güldene Berge** Ⓜ, Langendorfer Str. 94, ✉ 06667, ℰ (03443) 3 92 00,
⇦ Fax (03442) 392020, Biergarten – 📺 ☎ ℰ 🅿 – 🛗 25. ℹ 𝐄 𝘝𝘐𝘚𝘈
Menu à la carte 23/40 – **14 Z** 125/155 – ½ P 20.

WEISSENHORN Bayern 💶💶💶 💶💶💶 V 14, 💶💶💶 ㉙ – 11 000 Ew – Höhe 501 m.
Berlin 591 – München 146 – Memmingen 41 – Ulm (Donau) 22.

🏠🏠 **Zum Löwen** ✎, Martin-Kuen-Str. 5, ✉ 89264, ℰ (07309) 9 65 00, Fax (07309) 5016
⇦ – 📺 ☎. ℹ 𝐄 𝘝𝘐𝘚𝘈
Menu (Sonntag geschl.) (Tischbestellung ratsam) à la carte 37/73 – **23 Z** 75/145.

WEISSENSEE Thüringen 💶💶💶 M 17, 💶💶💶 ㉓, 💶💶💶 ⑰ – 4 200 Ew – Höhe 157 m.
Berlin 261 – Erfurt 33 – Nordhausen 56 – Weimar 43.

🏠🏠 Promenadenhof (mit Gästehaus), an der Promenade, ✉ 99631, ℰ (036374) 22 20,
Fax (036374) 22244, ☕ – 📺 ☎ 🅿 – 🛗 30. ✖ Rest
(nur Abendessen) – **20 Z**.

WEISSENSTADT Bayern 418 420 P 19, 987 ㉙ – 4 000 Ew – Höhe 630 m – Erholungsort.
🛈 Verkehrsamt, Rathaus, Kirchplatz 1, ✉ 95163, 𝒫 (09253) 95 00.
Berlin 349 – München 265 – Bayreuth 36 – Hof 28.

🏖 **Zum Waldstein,** Kirchenlamitzer Str. 8, ✉ 95163, 𝒫 (09253) 2 70, Fax (09253) 8676
– ☎ 🚗
20. Feb. - 3. März und 28. Aug. - 9. Sept. geschl. – **Menu** (Montag geschl.) à la carte 26/50
– **14 Z** 40/100.

XX **Egertal,** Wunsiedler Str. 49, ✉ 95163, 𝒫 (09253) 2 37, Fax (09253) 500 – **🅿**. 🆎 ⓪
🕸 **E** 𝘝𝘐𝘚𝘈
Dienstag und Jan. 3 Wochen geschl., Montag - Freitag nur Abendessen – **Menu** (Tischbestellung ratsam) à la carte 65/84 – **Prinz-Rupprecht Stube** (nur Abendessen) **Menu**
à la carte 40/60
Spez. Lachsscheiben mit Basilikumsauce. Kalbsfilet und Taubenbrüstchen mit Gänsele-
bersauce. Lammcarré mit Schalottenjus.

WEISSWASSER Sachsen 418 L 27, 984 ⑳, 987 ⑲ – 33 000 Ew – Höhe 116 m.
Berlin 166 – Dresden 97 – Cottbus 45.

🏨 **Kristall,** Karl-Liebknecht-Str. 34, ✉ 02943, 𝒫 (03576) 26 40, Fax (03576) 264102, 🛌
– 🛗 📺 ☎ ✆ **🅿** – 🔏 20. 🆎 ⓪ **E** 𝘝𝘐𝘚𝘈
Menu à la carte 27/50 – **60 Z** 135/195.

🏨 **Prenzels Hotel,** Straße des Friedens 11, ✉ 02943, 𝒫 (03576) 2 78 20,
🚗 Fax (03576) 205970 – 🛗 📺 ☎ **🅿**. 🆎 ⓪ **E** 𝘝𝘐𝘚𝘈
Menu à la carte 22/48 – **18 Z** 85/160.

WEISWEIL Baden-Württemberg 419 V 7 – 1 600 Ew – Höhe 173 m.
Berlin 783 – Stuttgart 181 – Freiburg im Breisgau 36 – Offenburg 59.

X **Landgasthof Baumgärtner,** Sternenstr. 2, ✉ 79367, 𝒫 (07646) 3 47,
Fax (07646) 1347 – **🅿**
Montag geschl. – **Menu** (wochentags nur Abendessen) à la carte 44/73 🍴.

WEITENBURG (Schloß) Baden-Württemberg siehe Starzach.

WEITERSTADT Hessen siehe Darmstadt.

WEITNAU Bayern 419 420 X 14 – 3 800 Ew – Höhe 797 m – Erholungsort – Wintersport :
850/980 m ✔4 ✔3.
Berlin 708 – München 155 – Bregenz 52 – Kempten (Allgäu) 25.

🏨 **Haus Hohenegg** garni, Hoheneggstr. 14, ✉ 87480, 𝒫 (08375) 15 13,
Fax (08375) 1664, ≘, 🚿 – ☎ 🕸 **🅿**
16 Z 75/124.

In Weitnau-Wengen NO : 12 km :

🏖 **Engel,** Alpe-Egg-Weg 2 (B 12), ✉ 87480, 𝒫 (08375) 3 17, Fax (08375) 8512, 😐, 🚿
🚗 – **🅿**. 🆎 ⓪ **E** 𝘝𝘐𝘚𝘈
Nov. 3 Wochen geschl. – **Menu** (Dienstag, im Winter auch Mittwochmittag geschl.) à la carte
24/46 – **16 Z** 32/98 – ½ P 18.

WEMDING Bayern 419 420 T 16, 987 ㉘ – 5 600 Ew – Höhe 460 m – Erholungsort.
🛈 Verkehrsamt, Schloßhof, ✉ 86650, 𝒫 (09092) 82 22, Fax (09092) 969050.
Berlin 511 – München 128 – Augsburg 70 – Nördlingen 18 – Nürnberg 93.

🏨 **Meerfräulein** (mit Gästehaus), Wallfahrtsstr. 1, ✉ 86650, 𝒫 (09092) 9 69 40,
🚗 Fax (09092) 9694200, 😐, ≘ – 🛗 ❄ 📺 ☎ 🚗 – 🔏 80. 🆎 ⓪ **E** 𝘝𝘐𝘚𝘈
Menu (Sonntagabend und Dienstag geschl.) à la carte 24/47 🍴 – **46 Z** 80/150 –
½ P 25.

🏨 **Weißer Hahn,** Wallfahrtstr. 21, ✉ 86650, 𝒫 (09092) 9 68 00, Fax (09092) 968044,
😐, Biergarten, ≘ – ❄ Zim, 📺 ☎ ✆ **🅿** – 🔏 30. **E** 𝘝𝘐𝘚𝘈
Menu (Donnerstag geschl.) à la carte 25/53 🍴 – **16 Z** 62/110.

WENDEBURG Niedersachsen siehe Peine.

WENDELSTEIN Bayern 419 420 R 17 – 15 000 Ew – Höhe 340 m.
Siehe Nürnberg (Umgebungsplan).
Berlin 439 – München 157 – Nürnberg 15 – Ingolstadt 84 – Regensburg 100.

🏠 **Zum Wenden,** Hauptstr. 32, ⊠ 90530, ℰ (09129) 9 01 30, Fax (09129) 901316, 🏤
– ⇌ Zim, 📺 ☎ ⇔ – 🔬 20. ⅀ ⓞ 🗲 𝘝𝘐𝘚𝘈   CT c
Menu *(Montagmittag geschl.)* à la carte 47/70 – **18 Z** 98/149.

XX **Ofenplatt'n,** Nürnberger Str. 19, ⊠ 90530, ℰ (09129) 34 30   CT v
Samstagmittag und Sonntag geschl. – **Menu** *(Tischbestellung ratsam)* à la carte 50/89.

In Röthenbach bei St. Wolfgang NO : 2 km :

🏠 **Kübler Hof,** In der Lach 2, ⊠ 90530, ℰ (09129) 90 00, Fax (09129) 900292, 🏤 – 🔋
⊜ 📺 ☎ 🅿. ⅀ ⓞ 🗲 𝘝𝘐𝘚𝘈 𝘑𝘊𝘉. 🛇   CT n
Weihnachten - 6. Jan. und Aug. 2 Wochen geschl. – **Menu** *(Samstagabend - Sonntag geschl.)*
à la carte 24/42 ⌀ – **50 Z** 80/150.

WENDEN Nordrhein-Westfalen 417 N 7 – 18 500 Ew – Höhe 360 m.
🏌 *Wenden-Ottfingen,* ℰ (02762) 75 89.
Berlin 565 – Düsseldorf 109 – Köln 72 – Olpe 11 – Siegen 22.

🏠 **Zeppenfeld,** Bergstr. 3, ⊠ 57482, ℰ (02762) 12 46, Fax (02762) 1088 – 📺 ☎ 🅿. 🗲.
🛇 Zim
24. Juli - 9. Aug. geschl. – **Menu** *(Dienstag geschl.)* à la carte 26/52 – **12 Z** 65/130.

An der Straße nach Hünsborn S : 2 km :

🏠🏠 **Landhaus Berghof** 🛇, ⊠ 57482 Wenden, ℰ (02762) 50 88 (Hotel) 52 66 (Rest.),
Fax (02762) 3708, 🏤 – 📺 ☎ ⇔ 🅿. ⅀ 🗲 𝘝𝘐𝘚𝘈. 🛇
Menu à la carte 34/74 – **15 Z** 85/165 – ½ P 25.

In Wenden-Brün W : 5,5 km über Gerlingen :

🏠🏠 **Sporthotel Landhaus Wacker,** Mindener Str. 1, ⊠ 57482, ℰ (02762) 69 90,
Fax (02762) 69999, 🏤, ⇌⊜, ▣, 🐎, 🛇, 🐴 (Halle) – 🔋, ⇌ Zim, 📺 ☎ ⇔ 🅿 – 🔬 120.
⅀ ⓞ 🗲 𝘝𝘐𝘚𝘈. 🛇 Rest
Menu à la carte 29/58 – **100 Z** 80/230 – ½ P 30/50.

WENDISCH-RIETZ Brandenburg 416 J 26 – 1050 Ew – Höhe 50 m.
Berlin 75 – Potsdam 90 – Frankfurt (Oder) 55.

In Wendisch Rietz-Ausbau SO : 3 km :

🏠 **Seehotel Waldfrieden** 🛇, Am See 27, ⊠ 15864, ℰ (033679) 60 90,
Fax (033679) 60946, 🏤, 🐎 – 📺 ☎ 🅿 – 🔬 30. ⅀ ⓞ 🗲 𝘝𝘐𝘚𝘈. 🛇 Rest
Menu *(Jan. - Feb. Montag - Dienstag geschl.)* à la carte 40/63 – **20 Z** 95/250.

WENDLINGEN AM NECKAR Baden-Württemberg 419 T 12 – 14 800 Ew – Höhe 280 m.
Berlin 626 – Stuttgart 28 – Göppingen 28 – Reutlingen 31 – Ulm (Donau) 69.

In Wendlingen-Unterboihingen :

🏠 **Löwen,** Nürtinger Str. 1, ⊠ 73240, ℰ (07024) 94 90, Fax (07024) 94999, 🏤 – 📺 ☎
🅿 – 🔬 30. ⅀ 🗲 𝘝𝘐𝘚𝘈
Menu *(Samstag, Sonntagabend geschl.)* à la carte 30/65 – **33 Z** 80/180.

WENNINGSTEDT Schleswig-Holstein siehe Sylt (Insel).

WERBELLINSEE Brandenburg siehe Joachimsthal.

WERBEN Brandenburg siehe Burg/Spreewald.

WERDAU Sachsen 418 N 21, 984 ㉓, 987 ㉙ – 20 000 Ew – Höhe 234 m.
Berlin 263 – Dresden 123 – Gera 41 – Zwickau 9.

🏠🏠 **Katharinen Hof** M garni *(restaurierte Jugendstilvilla a.d.J. 1906)*, Katharinenstr. 18,
⊠ 08412, ℰ (03761) 55 19, Fax (03761) 3601 – 📺 ☎ 🅿 – 🔬 25. ⅀ ⓞ 🗲 𝘝𝘐𝘚𝘈
18 Z 95/140.

🏠 **Friesen** M, Zwickauer Str. 58, ⊠ 08412, ℰ (03761) 8 80 00, Fax (03761) 880050, 🏤,
⊜ 🛇 – ⇌ Zim, 📺 ☎ 📞 ⌀ 🅿 – 🔬 60. ⅀ ⓞ 🗲 𝘝𝘐𝘚𝘈
Menu à la carte 24/48 – **20 Z** 85/130.

In Steinpleis *SO : 2,5 km :*

🏠 **In der Mühle** 🐾 (ehem. Mühle), Mühlenweg 1, ✉ 08432, ✆ (03761) 5 83 05, Fax (03761) 58307, 🪑, 🍴 – 📺 ☎ 🅿 – 🔥 20. 🆎 ⑩ 🇪 VISA
Menu *(Freitag geschl.)* (nur Abendessen) à la carte 24/43 – **21 Z** 90/135.

WERFEN *Österreich siehe Salzburg.*

WERL Nordrhein-Westfalen 🔢 L 7, 🔢 ⑮ – 28 100 Ew – Höhe 90 m.
🏌 Werl-Stadtwald, ✆ (02922) 25 22.
Berlin 470 – Düsseldorf 103 – Arnsberg 25 – Dortmund 37 – Hamm in Westfalen 17 – Soest 15.

🏠 **Parkhotel Wiener Hof**, Hammer Str. 1, ✉ 59457, ✆ (02922) 26 33, Fax (02922) 6448, « Gartenterrasse » – 📺 ☎ 🚗 🅿 – 🔥 40. 🆎 ⑩ 🇪 VISA. ✂ Zim
Menu *(Montag geschl.)* à la carte 50/82 – **8 Z** 95/170.

WERMELSKIRCHEN Nordrhein-Westfalen 🔢 M 5, 🔢 ㉖ – 35 000 Ew – Höhe 310 m.
Berlin 541 – Düsseldorf 50 – Köln 34 – Lüdenscheid 38 – Wuppertal 30.

🏨 **Zum Schwanen**, Schwanen 1 (B 51), ✉ 42929, ✆ (02196) 71 10, Fax (02196) 711299, 🚗 – 🛗, ✂ Zim, 📺 ☎ 🐾 🚗 🅿 – 🔥 15. 🆎 ⑩ 🇪 VISA. ✂ Zim
Menu à la carte 39/75 – **38 Z** 90/260.

🏠 **Zur Eich**, Eich 7 (B 51), ✉ 42929, ✆ (02196) 7 27 00, Fax (02196) 727070, 🪑 – 📺 ☎ 🅿 – 🔥 30. 🆎 ⑩ 🇪 VISA
Menu *(Juli 3 Wochen geschl.)* à la carte 42/62 – **40 Z** 115/188.

In Wermelskirchen-Dabringhausen *SW : 5 km :*

🏠 **Zur Post**, Altenberger Str. 90, ✉ 42929, ✆ (02193) 5 10 00, Fax (02193) 510079 – ✂ Zim, 📺 ☎ 🅿 – 🔥 20. 🆎 🇪 VISA. ✂ Rest
Juli - Aug. 3 Wochen geschl. – Menu *(Montagmittag geschl.)* à la carte 42/68 – **18 Z** 90/177.

WERNAU Baden-Württemberg 🔢 T 12 – 11 400 Ew – Höhe 255 m.
Berlin 622 – Stuttgart 26 – Göppingen 21 – Reutlingen 34 – Ulm (Donau) 67.

🏨 **Maître**, Kirchheimer Str. 83, ✉ 73249, ✆ (07153) 9 30 00, Fax (07153) 36835, 🪑 – 🛗 📺 ☎ 🐾 – 🔥 15. 🆎 ⑩ 🇪 VISA
Menu *(Freitag - Samstagmittag geschl.)* à la carte 41/71 – **26 Z** 98/185.

🏠 **Maître**, Kranzhaldenstr. 3, ✉ 73249, ✆ (07153) 9 31 30, Fax (07153) 9313150, 🪑 – 📺 ☎ 🅿 🆎 ⑩ 🇪 VISA
Menu (nur Abendessen) à la carte 42/73 – **32 Z** 98/185.

WERNBERG-KÖBLITZ Bayern 🔢 R 20, 🔢 ㉙ – 5 000 Ew – Höhe 377 m.
🏌 Luhe-Wildenau, Konrad-Adenauer-Allee 1(NW : 10 km), ✆ (09607) 9 20 20.
Berlin 425 – München 193 – Nürnberg 95 – Regensburg 71 – Weiden in der Oberpfalz 18.

🏠 **Landgasthof Burkhard**, Marktplatz 10, ✉ 92533, ✆ (09604) 25 12, Fax (09604) 3664, 🪑 – 📺 ☎ 🅿
Menu *(Sonntagabend, Donnerstag und Jan. 3 Wochen geschl.)* à la carte 30/80 – **17 Z** 85/180.

WERNE Nordrhein-Westfalen 🔢 K 6, 🔢 ⑮ – 31 000 Ew – Höhe 52 m.
🛈 Touristik-Information, Markt 19 (Stadtsparkasse), ✉ 59368, ✆ (02389) 53 40 80, Fax (02389) 537099.
Berlin 483 – Düsseldorf 104 – Dortmund 25 – Hamm in Westfalen 15 – Münster (Westfalen) 40.

🏠 **Ickhorn** (mit Gästehaus), Markt 1, ✉ 59368, ✆ (02389) 28 24, Fax (02389) 532789 – 📺 ☎. 🆎 🇪 VISA
Menu *(Samstag geschl.)* à la carte 28/57 – **24 Z** 85/140.

🏠 **Baumhove** (Fachwerkhaus a.d.J. 1484), Markt 2, ✉ 59368, ✆ (02389) 22 98, Fax (02389) 536223, « Restaurant mit rustikaler Einrichtung » – 🛗 📺 ☎. 🆎 ⑩ 🇪 VISA
Menu *(Sonntagabend - Montagmittag geschl.)* à la carte 28/63 – **17 Z** 90/150.

In Werne-Stockum *O : 5 km :*

🏠 **Stockumer Hof**, Werner Str. 125, ✉ 59368, ✆ (02389) 9 50 70, Fax (02389) 950799, 🪑 – 📺 ☎ 🅿. 🇪
Menu *(27. Dez. - 12. Jan. geschl.)* (wochentags nur Abendessen) à la carte 26/60 – **20 Z** 70/150.

WERNECK Bayern **420** Q 14, **987** ㉘ – 10 000 Ew – Höhe 221 m.
Berlin 468 – München 295 – Schweinfurt 13 – Würzburg 27.

🏛 **Krone-Post,** Balthasar-Neumann-Str. 1, ⊠ 97440, 𝒫 (09722) 50 90, Fax (09722) 509199, 🌦 – 🛗, ⇶ Zim, 📺 ☎ & 🅿 – 🔬 30. 🆎 ⑩ 🗲 🆅🆂🅰 ⅏ Rest
Menu (Montagmittag geschl.) à la carte 28/50 – **54 Z** 88/168.

WERNIGERODE Sachsen-Anhalt **418** K 16, **987** ⑰ – 37 000 Ew – Höhe 230 m.
Sehenswert : Rathaus★★ – Fachwerkhäuser★★.
Ausflugsziele : Rübeland (Hermannshöhle★) SO : 14 km.
🗓 Tourist-Information, Nikolaiplatz, ⊠ 38855, 𝒫 (03943) 63 30 35, Fax (03943) 632040.
Berlin 229 – Magdeburg 78 – Braunschweig 88 – Erfurt 145 – Göttingen 98.

🏛 Gothisches Haus, Am Markt, ⊠ 38855, 𝒫 (03943) 67 50, Fax (03943) 675537, 🌦, ⇊🆂
– 🛗, ⇶ Zim, 📺 & 🅿 – 🔬 30
128 Z.

🏛 **Treff Hotel** Ⓜ, Pfarrstr. 41, ⊠ 38855, 𝒫 (03943) 94 10, Fax (03943) 941555, 🌦, ⇊🆂
– 🛗, ⇶ Zim, 📺 ☎ ⛷ & ⇌ – 🔬 450. 🆎 ⑩ 🗲 🆅🆂🅰 ⅏ Rest
Menu à la carte 33/55 – **258 Z** 140/240 – ½ P 35.

🏛 **Weißer Hirsch,** Marktplatz 5, ⊠ 38855, 𝒫 (03943) 60 20 20, Fax (03943) 633139, 🌦,
⇊🆂 – 🛗 📺 ☎ ⇌ – 🔬 100. 🆎 🗲 🆅🆂🅰
Menu à la carte 30/60 – **47 Z** 125/210 – ½ P 30.

🏛 **Erbprinzenpalais** Ⓜ ⅏, Lindenallee 27, ⊠ 38855, 𝒫 (03943) 5 40 50,
Fax (03943) 540599, 🌦, ⇌ – 🛗 📺 ☎ ⛷ & 🅿 – 🔬 20. 🆎 🗲 🆅🆂🅰
Menu à la carte 27/52 – **31 Z** 110/260 – ½ P 20.

🏠 **Am Anger** ⅏ garni, Breite Str. 92, ⊠ 38855, 𝒫 (03943) 9 23 20, Fax (03943) 923250
– ⇶ 📺 ☎ 🅿. 🆎 🗲 🆅🆂🅰
29 Z 70/140.

🏠 **Parkhotel Fischer** garni, Mauergasse 1, ⊠ 38855, 𝒫 (03943) 69 13 50,
Fax (03943) 691360 – ⇶ 📺 ☎ 🅿
16 Z 85/140.

✗ **Ratskeller,** Am Markt 1, ⊠ 38855, 𝒫 (03943) 63 27 04, Fax (03943) 905485, 🌦
Menu à la carte 27/48.

In Wernigerode-Silstedt NO : 5 km :

🏛 **Blocksberg,** Hauptstr. 55, ⊠ 38855, 𝒫 (03943) 2 12 51, Fax (03943) 21254, 🌦, ⇊🆂
– 🛗 📺 ☎ & 🅿 – 🔬 70. 🆎 🗲 🆅🆂🅰
Menu à la carte 27/58 – **28 Z** 110/170.

WERSHOFEN Rheinland-Pfalz **417** O 4 – 960 Ew – Höhe 497 m.
Berlin 648 – Mainz 176 – Adenau 19 – Bonn 53.

🏠 **Pfahl,** Hauptstr. 76, ⊠ 53520, 𝒫 (02694) 2 32, Fax (02694) 530, ≤, ⇊🆂 – 🅿 – 🔬 35.
🆎 🗲 🆅🆂🅰
5. Jan. - 28. Feb. geschl. – **Menu** (Dienstag geschl.) à la carte 29/51 – **22 Z** 80/135 – ½ P 25.

WERTACH Bayern **419 420** X 15, **987** ㊴ – 2 800 Ew – Höhe 915 m – Luftkurort – Wintersport :
915/1 450 m ⑂4 ⑁3.
🗓 Touristikinformation, Rathaus, ⊠ 87497, 𝒫 (08365) 2 66, Fax (08365) 1538.
Berlin 715 – München 127 – Füssen 24 – Kempten (Allgäu) 25.

🏠 **Drei Mühlen,** Alpenstr. 1, ⊠ 87497, 𝒫 (08365) 7 02 50, Fax (08365) 702533, 🌦,
Biergarten, – 📺 ☎ 🅿. 🗲 🆅🆂🅰
Mitte Nov. - Mitte Dez. geschl. – **Menu** (Montag geschl.) à la carte 38/58 – **24 Z** 96/150
– ½ P 24.

🏠 **Alpengasthof Hirsch,** Marktstr. 21, ⊠ 87497, 𝒫 (08365) 7 02 00,
Fax (08365) 702030, 🌦 – ⇶ Rest, 📺 ☎ 🅿
Menu (Donnerstag geschl.) à la carte 31/58 – **10 Z** 60/110 – ½ P 20.

WERTHEIM Baden-Württemberg **417 419** Q 12, **987** ㉗ – 21 700 Ew – Höhe 142 m.
Sehenswert : Stiftskirche (Grabdenkmäler★★).
Ausflugsziel : Bronnbach : Klosterkirche★ SO : 9,5 km.
🗓 Fremdenverkehrsgesellschaft, Am Spitzen Turm, ⊠ 97877, 𝒫 (09342) 10 66, Fax
(09342) 38277.
Berlin 537 – Stuttgart 143 – Aschaffenburg 47 – Würzburg 42.

🏛 **Schwan** (mit Gästehaus), Mainplatz 8, ⊠ 97877, 𝒫 (09342) 9 23 30, Fax (09342) 21182,
🌦 – 📺 ☎ ⇌ – 🔬 20. 🆎 ⑩ 🗲 🆅🆂🅰
Jan. 3 Wochen geschl. – **Menu** à la carte 33/75 – **32 Z** 95/180, 3 Suiten.

In Wertheim-Bettingen *O : 10 km :*

🏛️ **Schweizer Stuben** ♨️, Geiselbrunnweg 11, ✉ 97877, ℰ (09342) 30 70,
Fax (09342) 307155, 🌳, « Hotelanlage in einem Park », Massage, ⇆s, ♨ (geheizt), 🔲,
🌳, ✕ (Halle) – 📺 📞 – 🛗 30. ⅶ ⱺ ⴹ 𝘝𝘐𝘚𝘈
Menu *(Dienstag und Jan. geschl.)* (wochentags nur Abendessen, Tischbestellung erfor-
derlich) 145/210 und à la carte 88/169 – siehe Rest. **Taverna La vigna** und **Schober**
separat erwähnt – **33 Z** 240/520, 3 Suiten
Spez. Entenstopfleberterrine mit Gelee von Muscat de Beaumes-de-Venise. Rotbarbenfilet
mit Sauce à la bourride. Zicklein in Sarriette mit Olivenölsauce.

✕✕✕ **Taverna La Vigna,** Geiselbrunnweg 11, ✉ 97877, ℰ (09342) 30 70 (über Schweizer
Stuben) – ⱺ. ⅶ ⱺ ⴹ 𝘝𝘐𝘚𝘈
Sonntag - Montag und Feb. 3 Wochen geschl. – **Menu** (italienische Küche, Tischbestellung
ratsam) 118 und à la carte 70/96
Spez. Tagliatelle mit Scampi und Zucchini. Bauernente "al forno" mit Polenta. Cassata von
Panettone.

✕✕ **Schober,** Geiselbrunnweg 11, ✉ 97877, ℰ (09342) 30 70 (über Schweizer Stuben), 🌳
– ⱺ. ⅶ ⱺ ⴹ 𝘝𝘐𝘚𝘈
Mittwoch - Donnerstag und Jan. geschl – **Menu** à la carte 42/72.

In Wertheim-Reicholzheim *SO : 7 km – Erholungsort :*

🏠 **Martha** ♨️, Am Felder 11, ✉ 97877, ℰ (09342) 78 96, Fax (09342) 6655, ≤, 🌳, ⇆s,
🔲, 🌳 – ⱺ. ✕ Zim
Menu *(Feb. - März 3 Wochen geschl.)* à la carte 28/58 ⅄ – **10 Z** 65/130 – ½ P 30.

In Kreuzwertheim *Bayern - auf der rechten Mainseite :*

🏨 **Herrnwiesen,** In den Herrnwiesen 4, ✉ 97892, ℰ (09342) 3 70 31, Fax (09342) 22863,
🌳 – 📺 📞 🚗 ⱺ. ⅶ ⱺ ⴹ 𝘝𝘐𝘚𝘈
(nur Abendessen für Hausgäste) – **22 Z** 98/180 – ½ P 25.

🏨 **Lindenhof,** Lindenstr. 41 (NO : 2 km), ✉ 97892, ℰ (09342) 10 41, Fax (09342) 4353,
≤, 🌳 – ✕ 📺 📞 🚗 ⱺ. ⴹ. ✕ Rest
Menu à la carte 47/74 – **15 Z** 120/240 – ½ P 30.

WERTHER *Nordrhein-Westfalen siehe Halle in Westfalen.*

WERTHER *Thüringen siehe Nordhausen.*

WERTINGEN *Bayern* 419 420 *U 16,* 987 ㊳ *– 7000 Ew – Höhe 419 m.*
Berlin 538 – München 90 – Augsburg 32 – Donauwörth 24 – Ulm (Donau) 74.

🏕️ **Hirsch,** Schulstr. 7, ✉ 86637, ℰ (08272) 80 50, Fax (08272) 805100, 🌳 – ✕ Rest,
📺 📞 🚗 ⱺ – 🛗 80. ⅶ ⴹ 𝘝𝘐𝘚𝘈
Menu *(Samstag und 23. Dez. - 6. Jan. geschl.)* à la carte 21/43 ⅄ – **30 Z** 38/108.

WESEL *Nordrhein-Westfalen* 417 *L 3,* 987 ⑭ *– 63600 Ew – Höhe 25 m.*
🛈 *Stadtinformation, Großer Markt 11,* ✉ 46483, ℰ (0281) 2 44 98, Fax (0281) 14053.
ADAC, Schermbecker Landstr. 41, ✉ 46485, ℰ (0221) 4/27 47, Fax (0281) 9530917.
Berlin 557 – Düsseldorf 64 – Bocholt 24 – Duisburg 31.

✕✕ **Lippeschlößchen,** Hindenburgstr. 2 (SO : 2 km), ✉ 46485, ℰ (0281) 44 88,
Fax (0281) 4733, 🌳 – ⱺ. ⅶ ⱺ ⴹ 𝘝𝘐𝘚𝘈 𝘑𝘊𝘉
Dienstag geschl. – **Menu** à la carte 49/68 (auch vegetarisches Menu).

✕ **Bacco,** Kornmarkt 1, ✉ 46483, ℰ (0281) 1 57 58, 🌳 – ⅶ ⱺ ⴹ 𝘝𝘐𝘚𝘈 𝘑𝘊𝘉
Okt. - Mai Montag geschl. – **Menu** (italienische Küche) à la carte 34/65.

In Wesel-Büderich *SW : 4 km :*

🏠 **Wacht am Rhein,** Rheinallee 30, ✉ 46487, ℰ (02803) 3 02, ≤, 🌳 – 📺 ⱺ. ✕ Rest
22. Dez. - 6. Jan. geschl. – **Menu** *(Dienstag geschl.)* à la carte 30/58 – **28 Z** 85/150.

In Wesel-Feldmark *N : 4 km über Reeser Landstraße :*

🏛️ **Waldhotel Tannenhäuschen** ♨️, Am Tannenhäuschen 7, ✉ 46487,
ℰ (0281) 9 66 90, Fax (0281) 64153, 🌳, ⇆s, 🔲, 🌳 – 🛗 📺 🚗 ⱺ – 🛗 80. ⅶ ⱺ
ⴹ 𝘝𝘐𝘚𝘈. ✕ Rest
Menu à la carte 60/86 – **46 Z** 173/315, 4 Suiten.

In Wesel-Lackhausen *N : 3 km :*

🏨 **Haus Duden,** Konrad-Duden-Str. 99, ✉ 46485, ℰ (0281) 9 62 10, Fax (0281) 9621100,
🌳, ⇆s – ✕ Zim, 📺 📞 ☎ ⱺ – 🛗 50. ⅶ ⱺ ⴹ 𝘝𝘐𝘚𝘈
Menu à la carte 37/68 – **60 Z** 165/320.

An der Autobahn A 3 Richtung Arnheim *SO : 10 km :*

🏠 **Autobahnrestaurant und Waldhotel Hünxe Ost,** ⊠ 46564 Hünxe-Ost,
    🖋 *(02858) 91 20, Fax (02858) 912110,* ☕ – ⇔ Zim, 📺 ☎ ✆ 🕭 🅿 – 🍴 20. 🆎 ⓞ
    E *VISA*
    Menu la carte 35/60 – **23 Z** 95/179.

In Hamminkeln-Marienthal *NO : 14 km :*

🏠 **Romantik Hotel Haus Elmer** ≫, An der Klosterkirche 12, ⊠ 46499,
    🖋 *(02856) 91 10, Fax (02856) 91170,* « Gartenterrasse », ⇔s – ⇔ Zim, 📺 ☎ ✆ 🕭 🅿 –
    🍴 50. 🆎 ⓞ E *VISA*
    Menu à la carte 50/80 – **31 Z** 130/260.

WESENBERG Mecklenburg-Vorpommern 416 G 22, 984 ⑪ – 3 200 Ew – Höhe 82 m.
    Berlin 114 – Schwerin 128 – *Neubrandenburg 44.*

🏠 **Seehotel Borchard's Rookhus** ≫, Am großen Labussee (N : 4,5 km), ⊠ 17255,
    🖋 *(039832) 5 00, Fax (039832) 50100,* ≤, ☕, ⇔s, 🐎, ☕ – ⇔ Zim, 📺 ☎ ✆ 🕭 🅿
    – 🍴 30. 🆎 E *VISA*
    Jan. geschl. – **Fürst Nikolaus** (wochentags nur Abendessen, Montag geschl.) **Menu** à la
    carte 56/76 – **Storchennest** : Menu à la carte 38/55 – **45 Z** 150/220, 5 Suiten.

WESSELING Nordrhein-Westfalen 417 N 4 – 33 000 Ew – Höhe 51 m.
    Berlin 583 – Düsseldorf 55 – Bonn 20 – Köln 12.

🏠 **Pontivy,** Cranachstr. 75, ⊠ 50389, 🖋 *(02236) 94 31 10, Fax (02236) 40738,* ☕, ⇔s
    – 📺 ☎ 🅿 – 🍴 30. 🆎 ⓞ E *VISA*
    Menu *(Samstagmittag geschl.)* à la carte 43/63 – **26 Z** 120/290.

🏠 **Haus Burum** garni, Bonner Str. 83, ⊠ 50389, 🖋 (02236) 94 39 10,
    Fax (02236) 9439127 – 📳 📺 ☎ 🅿
    20. Dez. - 2. Jan. geschl. – **24 Z** 75/210.

✗ **Kölner Hof** mit Zim, Kölner Str. 83, ⊠ 50389, 🖋 (02236) 4 28 41, Fax (02236) 42482
    – 📺 ☎ 🅿. 🆎 E *VISA*. ✗ Zim
    Juli - Aug. 4 Wochen geschl. – **Menu** (Freitagabend - Samstag geschl.) à la carte 31/77
    – **8 Z** 80/120.

WESSLING Bayern 419 420 V 17 – 4 600 Ew – Höhe 596 m.
    Berlin 607 – München 26 – Landsberg am Lech 33 – Fürstenfeldbruck 27.

🏠 **Sacher-Seehof,** Am Seeweg 4, ⊠ 82234, 🖋 *(08153) 93 50, Fax (08153) 935435,* ☕,
    ⇔s, 🐎 📳, ⇔ Zim, 📺 ☎ ⇔ 🅿 – 🍴 30. 🆎 E *VISA*
    Menu à la carte 32/62 – **41 Z** 148/275.

WESSOBRUNN Bayern 419 420 W 17, 987 ㊲ – 1 740 Ew – Höhe 701 m.
    Sehenswert : Benediktinerabtei (Fürstengang★).
    Berlin 647 – München 64 – Garmisch-Partenkirchen 55 – Weilheim 10 – Augsburg 66.

✗ **Zur Post** mit Zim, Zöpfstr. 2, ⊠ 82405, 🖋 (08809) 2 08, Fax (08809) 813, ☕ – ⇔
    🅿
    Menu (Okt. - April Dienstag geschl.) à la carte 26/58 – **11 Z** 40/90.

WESTERBURG Rheinland-Pfalz 417 O 7, 987 ㉖ – 5 600 Ew – Höhe 380 m.
    Berlin 561 – Mainz 88 – Koblenz 54 – Siegen 43.

🏠 **Deynique** ≫, Auf dem Hilserberg 20, ⊠ 56457, 🖋 (02663) 2 90 20,
    Fax (02663) 2902200, ≤, ☕, « Moderne, individuelle Einrichtung » – 📳 📺 ✆ ⇔ 🅿
    – 🍴 40. 🆎 ⓞ E *VISA*
    Weihnachten - Anfang Jan. geschl. – **Menu** (Sonntagabend - Dienstag geschl.) à la carte
    39/74 – **30 Z** 190/226.

In Westerburg-Stahlhofen *NO : 4,5 km :*

🏠 **Bensing's Sport und Gesundheits Akademie** ≫, Am Wiesensee, ⊠ 56457,
    🖋 *(02663) 9 91 00, Fax (02663) 991199,* ≤, ☕, Biergarten, Massage, 🎣, ⇔s, 🏊, 🐎,
    🎾 – 📳, ⇔ Zim, 📺 ✆ 🕭 🅿 – 🍴 120. 🆎 ⓞ E *VISA*, ✗ Rest
    Menu à la carte 52/77 – **75 Z** 188/282, 33 Suiten.

WESTERDEICHSTRICH Schleswig-Holstein siehe Büsum.

WESTERLAND Schleswig-Holstein siehe Sylt (Insel).

WESTERSTEDE Niedersachsen 𝟺𝟷𝟻 G 7, 𝟿𝟾𝟽 ⑮ – 20 600 Ew – Höhe 13 m.
🛈 Tourist-Information, Am Markt 2, ✉ 26655, ✆ (04488) 18 88, Fax (04488) 5555.
Berlin 460 – Hannover 195 – Groningen 110 – Oldenburg 24 – Wilhelmshaven 42.

🏨 **Voss**, Am Markt 4, ✉ 26655, ✆ (04488) 51 90, Fax (04488) 6062, Massage, 🌡, ≘, ≦s, 🔲 – 🛗, ⇄ Zim, 📺 ☎ 🅿 – 🔬 150. 🖭 ◉ 🗲 𝘝𝘐𝘚𝘈
Menu à la carte 35/62 – **71 Z** 95/180.

🏨 **Altes Stadthaus** (mit Gästehaus), Albert-Post-Platz 21, ✉ 26655, ✆ (04488) 8 47 10, Fax (04488) 847130 – 📺 ☎ – 🔬 20. 🗲
Menu (Montag geschl.) à la carte 32/54 – **17 Z** 90/150.

🏨 **Busch**, Lange Str. 2, ✉ 26655, ✆ (04488) 8 47 60, Fax (04488) 847660, ⇆ – ⇄ Zim, 📺 ☎ 🅿 – 🔬 50. 🖭 ◉ 🗲 𝘝𝘐𝘚𝘈
Menu (Mittwoch geschl.) à la carte 32/66 – **12 Z** 85/150.

🏠 **Waldhotel am Wittenheimer Forst**, Burgstr. 15 (NO : 1,5 km), ✉ 26655, ✆ (04488) 8 38 20, Fax (04488) 72829, ⇆ – 📺 ☎ 🅿. 🖭 🗲 𝘝𝘐𝘚𝘈
23. Dez. - 4. Jan. geschl. – Menu (Montag geschl.) à la carte 28/53 – **18 Z** 75/150.

🏠 **Ammerländer Hof**, Langestr. 24, ✉ 26655, ✆ (04488) 22 73, Fax (04488) 72486 – 📺 ☎ 🅿. 🖭 ◉ 🗲 𝘝𝘐𝘚𝘈
Menu à la carte 27/42 – **23 Z** 85/130.

WESTHAUSEN Baden-Württemberg siehe Aalen.

WETTENBERG Hessen siehe Giessen.

WETTRINGEN Nordrhein-Westfalen 𝟺𝟷𝟽 J 5, 𝟿𝟾𝟽 ⑮ – 7 500 Ew – Höhe 55 m.
Berlin 487 – Düsseldorf 160 – Enschede 32 – Münster (Westfalen) 37 – Osnabrück 59.

🏠 **Zur Post**, Kirchstr. 4 (B 70), ✉ 48493, ✆ (02557) 70 02, Fax (02557) 7004, Biergarten – 📺 ☎ 🅿. 🗲
Menu (Sonntag geschl.) (nur Abendessen) à la carte 27/52 – **24 Z** 70/130.

WETTSTETTEN Bayern siehe Ingolstadt.

WETZLAR Hessen 𝟺𝟷𝟽 O 9, 𝟿𝟾𝟽 ㉖ ㉗ – 54 000 Ew – Höhe 168 m.
🛈 Verkehrsamt, Domplatz 8, ✉ 35578, ✆ (06441) 9 93 38, Fax (06441) 99339.
ADAC, Nauborner Str. 10, ✉ 35578, ✆ (06441) 4 31 00, Fax (06441) 46535.
Berlin 510 ② – Wiesbaden 96 ② – Frankfurt 68 ② – Limburg an der Lahn 42 ⑧ – Siegen 64 ⑧ – Gießen 17 ②

Stadtplan siehe nächste Seite

🏨🏨 **Mercure**, Bergstr. 41, ✉ 35578, ✆ (06441) 41 70, Fax (06441) 42504, 🌡, ≦s, 🔲 – 🛗, ⇄ Zim, 🍽 📺 ⇔ 🅿 – 🔬 280. 🖭 ◉ 🗲 𝘝𝘐𝘚𝘈   Z c
Menu à la carte 38/67 – **144 Z** 185/227.

🏨 **Kelly's Hotel** garni, Karl-Kellner-Ring 40, ✉ 35576, ✆ (06441) 90 60, Fax (06441) 906111 – 🛗 ⇄ 📺 ☎ 🕹 ⇔ – 🔬 60. 🖭 ◉ 🗲 𝘝𝘐𝘚𝘈   Y s
68 Z 147/177.

🏨 **Blankenfeld**, Im Amtmann 20, ✉ 35587, ✆ (06441) 78 70, Fax (06441) 787200 – 🛗, ⇄ Zim, 📺 ☎ 🕹 ⇔ 🅿 – 🔬 60. 🖭 ◉ 🗲 𝘝𝘐𝘚𝘈   über ⑥
Menu (nur Abendessen) à la carte 37/61 – **38 Z** 95/170.

🏨 **Bürgerhof**, Konrad-Adenauer-Promenade 20, ✉ 35578, ✆ (06441) 90 30 (Hotel) 4 28 01 (Rest.), Fax (06441) 903100 – 🛗, ⇄ Zim, 📺 ☎ ⇔ 🅿. 🖭 ◉ 🗲 𝘝𝘐𝘚𝘈. ⇜ Zim
Menu à la carte 42/65 – **62 Z** 110/180.   Z e

🏠 **Wetzlarer Hof**, Obertorstr. 3, ✉ 35578, ✆ (06441) 90 80, Fax (06441) 908100, ⇆ – 🛗 ⇄ 📺 ☎ 🅿 – 🔬 50. 🖭 ◉ 🗲 𝘝𝘐𝘚𝘈. ⇜ Rest   Z d
Menu à la carte 35/62 ⚜ – **45 Z** 110/170.

In Wetzlar-Kirschenwäldchen S : 4,5 km über ⑥ :

🏠 **Stoppelberg** ⇜, Kirschenwäldchen 18, ✉ 35578, ✆ (06441) 2 40 15, Fax (06441) 25416, « Gartenterrasse » – 📺 ☎ 🅿 – 🔬 60. ⇜
21 Z.

In Wetzlar-Naunheim über ① : auf der Brücke rechts abbiegen : 3 km :

🏨 **Landhotel Naunheimer Mühle** M ⇜ garni, Mühle 2, ✉ 35584, ✆ (06441) 9 35 30, Fax (06441) 935393 – 🛗 ⇄ 📺 ☎ 🕹 🅿 – 🔬 20. 🗲 𝘝𝘐𝘚𝘈
29 Z 95/210.

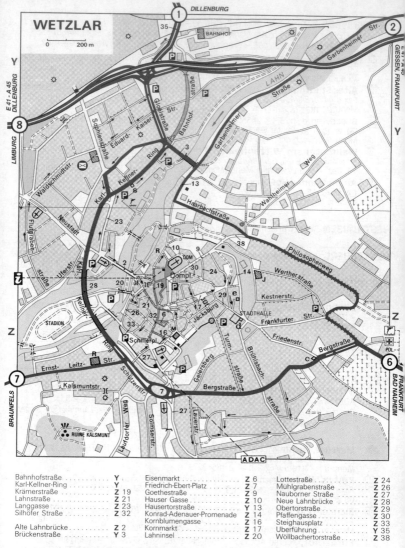

WETZLAR

Bahnhofstraße	**Y**	Eisenmarkt	**Z** 6	Lottestraße	**Z** 24
Karl-Kellner-Ring	**Y**	Friedrich-Ebert-Platz	**Z** 7	Mühlgrabenstraße	**Z** 26
Krämerstraße	**Z** 19	Goethestraße	**Z** 9	Nauborner Straße	**Z** 27
Lahnstraße	**Z** 21	Hauser Gasse	**Z** 10	Neue Lahnbrücke	**Z** 28
Langgasse	**Z** 23	Hausertorstraße	**Y** 13	Obertorstraße	**Z** 29
Silhöfer Straße	**Z** 32	Konrad-Adenauer-Promenade	**Z** 14	Pfaffengasse	**Z** 30
		Kornblumengasse	**Z** 16	Steighausplatz	**Z** 33
Alte Lahnbrücke	**Z** 2	Kornmarkt	**Z** 17	Überführung	**Y** 35
Brückenstraße	**Y** 3	Lahninsel	**Z** 20	Wöllbachertorstraße	**Z** 38

In Lahnau-Atzbach ② : 7,5 km :

XX **Bergschenke,** Bergstr. 27, ⊠ 35633, ℰ (06441) 9 64 30, Fax (06441) 964326, ≤, ☎
– ℗. ⅍ Ɛ
Samstagmittag, Donnerstag, und 20.- 30. Okt. geschl. – **Menu** à la carte 48/79 –
Bürgerstube : Menu à la carte 36/70.

Gli alberghi o ristoranti ameni sono indicati nella guida
con un **simbolo rosso.**
Contribuite a mantenere
la guida aggiornata segnalandoci gli alberghi e ristoranti
dove avete soggiornato piacevolmente.

WEYARN Bayern 420 W 19 – 2 900 Ew – Höhe 654 m.

Berlin 627 – München 38 – Garmisch-Partenkirchen 83 – Salzburg 104 – Innsbruck 124.

🏠 **Alter Wirt,** Miesbacher Str. 2, ✉ 83629, ℰ (08020) 90 70, Fax (08020) 1515, 🍴, Biergarten – 📺 ☎ 🅿
Menu à la carte 27/46 – **40 Z** 85/140 – ½ P 20.

Im Mangfalltal NW : 2,5 km :

🍴 **Waldrestaurant Maximühle,** ✉ 83626 Valley, ℰ (08020) 17 72, 🍴, Biergarten –
🅿. ◑
Mittwoch - Donnerstag und Ende Jan. - Feb. geschl. – Menu à la carte 30/61.

WEYERBUSCH Rheinland-Pfalz siehe Altenkirchen im Westerwald.

WEYHAUSEN Niedersachsen siehe Wolfsburg.

WEYHE Niedersachsen 415 H 10 – 24 500 Ew – Höhe 9 m.

Berlin 396 – Hannover 104 – Bremen 25 – Syke 10 – Verden (Aller) 36.

In Weyhe-Kirchweyhe :

🏠 **Koch,** Bahnhofstr.2, ✉ 28844, ℰ (04203) 8 14 70, Fax (04203) 814739, Biergarten –
📺 ☎ 🅿 – 🔏 100. 🖭 ◑ 🄴 𝗩𝗜𝗦𝗔
Menu (Sonntagabend geschl.) à la carte 38/60 – **20 Z** 78/130.

In Weyhe-Leeste :

🏠 **Leeste,** Alte Poststr.2, ✉ 28844, ℰ (0421) 80 26 06, Fax (0421) 892265, 🍴, ⬛,
☒ (geheizt) – 📺 ☎ 🅿 – 🔏 20. 🖭 🄴 𝗩𝗜𝗦𝗔 𝗝𝗖𝗕. ⛐ Rest
Menu (Sonntag geschl.) (Montag - Freitag nur Abendessen) à la carte 30/54 – **35 Z**
90/150.

WEYHER Rheinland-Pfalz siehe Edenkoben.

WICKERODE Sachsen-Anhalt 418 L 17 – 310 Ew – Höhe 320 m.

Berlin 239 – Magdeburg 107 – Erfurt 81 – Nordhausen 26 – Weimar 76 – Halle 67.

🏠 **Fünf Linden** (mit Gästehaus), Schulplatz 94, ✉ 06536, ℰ (034651) 3 50,
Fax (034651) 35101, 🍴, ⬛ – ⬛ Zim, 📺 ☎ 🕻 🛦 🅿 – 🔏 40. ◑ 🄴 𝗩𝗜𝗦𝗔
Menu (Montag - Freitag nur Abendessen) à la carte 28/48 – **36 Z** 90/150.

WIECK AUF DEM DARSS Mecklenburg-Vorpommern siehe Prerow.

WIEDEMAR Sachsen 418 L 20 – 600 Ew – Höhe 110 m.

Berlin 162 – Dresden 130 – Leipzig 26 – Halle 21.

🏠 **Belmondo,** Junkerstr. 1 (Gewerbepark), ✉ 04509, ℰ (034207) 4 18 99,
Fax (034207) 41885, 🍴, ⬛ – 🛗, ⬛ Zim, 📺 ☎ 🕻 🛦 🅿 – 🔏 120. 🖭 ◑ 🄴
𝗩𝗜𝗦𝗔
Menu à la carte 32/55 – **108 Z** 160/190.

WIEDEN Baden-Württemberg 419 W 7 – 530 Ew – Höhe 850 m – Erholungsort – Wintersport :
850/1 100 m, ⚡2, ⚡5.

🛈 Kurverwaltung, Rathaus, Kirchstr. 2, ✉ 79695, ℰ (07673) 3 03, Fax (07673)
8533.

Berlin 813 – Stuttgart 246 – Freiburg im Breisgau 44 – Basel 50 – Todtnau 11.

🏠 **Moosgrund** ⬛, Steinbühl 16, ✉ 79695, ℰ (07673) 79 15, Fax (07673) 1793, ⬛, ⬛,
⬛, 🍴 – 🛗 📺 ☎ 🛦 🅿. ⛐ Rest
Mitte Nov. - Anfang Dez. geschl. – Menu (nur Abendessen) 28/65 und à la carte – **16 Z**
79/145 – ½ P 28.

🏠 **Hirschen,** Ortsstr. 8, ✉ 79695, ℰ (07673) 10 22, Fax (07673) 8516, 🍴, ⬛, ⬛, 🍴,
⛐ – 🛗 📺 ☎ ⬛ 🅿. 🄴 𝗩𝗜𝗦𝗔
Mitte Nov. - Mitte Dez. geschl. – Menu (Dez. - April Montag - Dienstagabend geschl.)
à la carte 31/57 ⬛ – **30 Z** 54/170 – ½ P 30.

An der Straße zum Belchen *W : 4 km :*

  🏨 **Berghotel Wiedener Eck** – Höhe 1 050 m, ✉ 79695 Wieden, ☏ (07673) 90 90,
    Fax (07673) 1009, ≤, 🛆, ≘s, 🖳, ⇔ – 🛗 TV ☎ ⇐ 🅿 ⑩ Ε *VISA*
    Menu à la carte 32/60 – **32 Z** 75/190 – ½ P 30.

WIEDERITZSCH *Sachsen siehe Leipzig.*

WIEFELSTEDE *Niedersachsen* **415** *G 8 – 11500 Ew – Höhe 15 m.*

  🚩 *Fremdenverkehrsverein, Kleiberg 20,* ✉ *26215,* ☏ *(04402) 65 01 50, Fax (04402)*
  69381.

  Berlin 452 – Hannover 188 – Bremen 66 – Bad Zwischenahn 14 – Oldenburg 13.

  XX **Hörner Kroog,** Cristeder Str. 11, ✉ 26215, ☏ (04402) 62 44, Fax (04402) 60779,
    « Ammerländer Bauernhaus, Gartenterrasse » – 🅿. ꜰ
    Montag - Dienstag und Juli - Aug. 2 Wochen geschl. – **Menu** (nur Abendessen) à la carte
    50/74.

In Wiefelstede-Metjendorf *SO : 10 Km :*

  🏨 **Trend Hotel,** Jürnweg 5, ✉ 26215, ☏ (0441) 9 61 10, Fax (0441) 9611200 – TV ☎
    🕭 ⇐ 🅿
    Menu *(Freitag - Sonntag geschl.)* (nur Abendessen) à la carte 30/41 – **34 Z**
    81/128.

WIEHL *Nordrhein-Westfalen* **417** *N 6 – 24600 Ew – Höhe 192 m.*

  🚩 *Verkehrsamt, Rathaus, Bahnhofstr. 1,* ✉ *51674,* ☏ *(02262) 9 91 95, Fax (02262)*
  99247.

  Berlin 570 – Düsseldorf 82 – Bonn 71 – Siegen 53 – Waldbröl 17 – Köln 48.

  🏨 **Zur Post,** Hauptstr. 8, ✉ 51674, ☏ (02262) 79 00, Fax (02262) 92595, Biergarten, ≘s,
    🖳 – 🛗 TV ☎ ℰ 🅿 – 🔏 50. ꜰ ⑩ Ε *VISA* JCB
    Menu à la carte 39/89 – **59 Z** 149/240.

  🏨 **Platte,** Hauptstr. 25, ✉ 51674, ☏ (02262) 90 75, Fax (02262) 97876, 🛆 – ☎ ℰ 🅿
    – 🔏 20. ꜰ ⑩ Ε *VISA*
    Juli 3 Wochen geschl. – **Menu** à la carte 35/68 – **20 Z** 112/200.

An der Tropfsteinhöhle *S : 2 km :*

  🏨 **Waldhotel Hartmann,** Pfaffenberg 1, ✉ 51674 Wiehl, ☏ (02262) 79 20,
    Fax (02262) 93400, 🛆, ≘s, 🖳, ⇔ – 🛗 TV ☎ 🅿 – 🔏 50. ꜰ ⑩ Ε *VISA*,
    🎿
    24.- 28. Dez. geschl. – **Menu** à la carte 31/64 – **40 Z** 130/190.

WIEK *Mecklenburg-Vorpommern siehe Rügen (Insel).*

WIENHAUSEN *Niedersachsen siehe Celle.*

   Benutzen Sie auf Ihren Reisen in EUROPA :

     die **Michelin-Länderkarten** (1:400 000 bis 1:1 000 000) ;

     die **Michelin-Abschnittskarten** (1:200 000) ;

     die **Roten Michelin-Führer** (Hotels und Restaurants) :
       Benelux, España Portugal, France, Great Britain and Ireland, Italia,
       Schweiz, Europe, Deutschland

     die **Grünen Michelin**-Führer (Sehenswürdigkeiten und interessante Reisegebiete) :
       Deutschland, Frankreich, Italien, Österreich, Schweiz, Spanien

     die Grünen Regionalführer von Frankreich
     (Sehenswürdigkeiten und interessante Reisegebiete) :

       Paris, Atlantikküste, Auvergne Périgord, Bretagne, Burgund Jura,
       Côte d'Azur (Französische Riviera) Elsaß Vogesen Champagne, Korsika,
       Provence, Schlösser an der Loire, Oberrhein, Pyrenäen, Roussillon,
       Gorges du Tarn

WIESBADEN 🚊 *Hessen* **417** *P 8*, **984** ㉖, **987** ㉖ – *270 000 Ew* – *Höhe 115 m* – *Heilbad*.

Sehenswert : *Kurhaus*★BY – *Kurpark und Kuranlagen*★BZ – *Museum Wiesbaden (Jawlensky-Kollektion*★)BZ – *Nerobergbahn*★.

Ausflugsziel : *Schloß Biebrich*★ – *Kloster Eberbach*★★ *(Weinkeltern*★★) W : 18 km.

🛬 *Wiesbaden-Delkenheim (O : 12 km),* ℘ *(06122) 5 22 08 ;* 🛬 *Wiesbaden-Frauenstein (W : 6 km),* ℘ *(0611) 82 38 89 ;* 🛬 *Chaussehaus (NW : 5 km),* ℘ *(0611) 46 02 38.*

Ausstellungs- und Kongreßzentrum Rhein-Main-Halle (BZ), ℘ *14 40*, Fax *144118*.

🚩 *Tourist Information, Marktstr. 6,* ✉ *65183,* ℘ *(0611) 1 72 97 80, Fax (0611) 1729798.*

ADAC, *Grabenstr. 5,* ✉ *65183,* ℘ *(0611) 37 70 71, Fax (0611) 306324.*

Berlin 567 ① – *Bonn 153* ① – *Frankfurt am Main 40* ② – *Mannheim 89* ③

Stadtpläne siehe nächste Seiten

🏨 **Nassauer Hof** 🅜 ⑤, Kaiser-Friedrich-Platz 3, ✉ 65183, ℘ (0611) 13 30, Fax (0611) 133632, 😠, Massage, ≤ᵴ, 🔲 (Thermal) – 🛗, 🔄 Zim, 🍽 Rest, 📺 📞 ♿ 🚗 – 🏛 120. 🖭 ① 🗲 ⅤⅠⅮⅤ ⅮⅭⅤ. 🛠
BY **g**
Menu siehe Rest. *Die Ente vom Lehel* separat erwähnt *Orangerie :* Menu à la carte 61/99 – **199 Z** 385/740, 9 Suiten.

🏨 **Radisson SAS Schwarzer Bock,** Kranzplatz 12, ✉ 65183, ℘ (0611) 15 50, Fax (0611) 155111, « Einrichtung teils mit wertvollen Antiquitäten, Innenhofterrasse », Massage, 🏊, ≤ᵴ, 🔲 (Thermal) – 🛗, 🔄 Zim, 🍽 Zim, 📺 📞 – 🏛 100. 🖭 ① 🗲 ⅤⅠⅮⅤ
BY **a**
Ingelheimer Zimmer (nur Abendessen, 28. Juni - 21. Aug. geschl.) Menu à la carte 51/74 – *Bistro Capricorner* à la carte 44/60 – **142 Z** 283/421, 16 Suiten.

🏨 **Aukamm-Hotel** 🅜 ⑤, Aukamm-Allee 31, ✉ 65191, ℘ (0611) 57 60, Fax (0611) 576264, 😠, 🎿, ≤ᵴ – 🛗, 🔄 Zim, 🍽 📺 📞 🚗 ℗ – 🏛 230. 🖭 ① 🗲 ⅤⅠⅮⅤ
ⅮⅭⅤ. 🛠 Rest   über Bierstadter Str. BYZ
Rosenpark : Menu à la carte 55/80 – *Marchesa* (Sonntag - Montag geschl.) Menu à la carte 64/86 – **158 Z** 291/402, 14 Suiten.

🏨 **Holiday Inn Crowne Plaza** 🅜, Bahnhofstr. 10, ✉ 65185, ℘ (0611) 16 20, Fax (0611) 304599, 🎿, ≤ᵴ, 🔲 – 🛗, 🔄 Zim, 🍽 📺 📞 ♿ 🚗 – 🏛 120. 🖭 ① 🗲 ⅤⅠⅮⅤ
ⅮⅭⅤ
BZ **s**
Menu à la carte 50/85 – **232 Z** 319/468.

🏨 **Ramada,** Abraham-Lincoln-Str. 17, ✉ 65189, ℘ (0611) 79 70, Fax (0611) 761372, 😠, 🎿, ≤ᵴ, 🔲 – 🛗, 🔄 Zim, 🍽 📺 📞 📞 ♿ ℗ – 🏛 200. 🖭 ① 🗲 ⅤⅠⅮⅤ ⅮⅭⅤ. 🛠 Rest
Menu à la carte 32/71 – **205 Z** 223/356.   über ②

🏨 **Dorint Pallas-Hotel,** Auguste-Viktoria-Str. 15, ✉ 65185, ℘ (0611) 3 30 60, Fax (0611) 305960, 😠, ≤ᵴ – 🛗, 🔄 Zim, 📺 📞 📞 ♿ ℗ – 🏛 320. 🖭 ① 🗲 ⅤⅠⅮⅤ ⅮⅭⅤ.
🛠 Rest
BZ **e**
Menu à la carte 41/77 – **200 Z** 253/506.

🏨 **Fontana** garni, Sonnenberger Str. 62, ✉ 65193, ℘ (0611) 52 00 91, Fax (0611) 521894 – 🔄 📺 📞 ♿ – 🏛 15. 🖭 ① 🗲 ⅤⅠⅮⅤ   über Sonnenberger Str. BY
Weihnachten - Anfang Jan. geschl. – **25 Z** 199/360.

🏨 **Klee am Park,** Parkstr. 4, ✉ 65189, ℘ (0611) 9 00 10, Fax (0611) 9001310, 😠 – 🛗, 🔄 Zim, 📺 📞 ℗ – 🏛 30. 🖭 ① 🗲 ⅤⅠⅮⅤ
BY **q**
Menu (Montag und Juli - Aug 4 Wochen geschl.) à la carte 53/79 – **60 Z** 193/356.

🏨 **Oranien,** Platter Str. 2, ✉ 65193, ℘ (0611) 52 50 25, Fax (0611) 525020, 😠 – 🛗, 🔄 Zim, 📺 📞 📞 ♿ 🚗 ℗ – 🏛 100. 🖭 ① 🗲 ⅤⅠⅮⅤ   AY **r**
Menu (Samstag - Sonntag und Juli - Aug. 3 Wochen geschl.) à la carte 42/66 – **88 Z** 145/250.

🏨 **De France** garni, Taunusstr. 49, ✉ 65183, ℘ (0611) 95 97 30, Fax (0611) 9597374 – 🛗 🔄 📺 📞 🖭 ① 🗲 ⅤⅠⅮⅤ   AY **n**
20. Dez. - 6. Jan. geschl. – **37 Z** 140/220.

🏨 **Hansa Hotel,** Bahnhofstr. 23, ✉ 65185, ℘ (0611) 3 99 55, Fax (0611) 300319, 😠 – 🛗 📺 📞 ℗ – 🏛 30. 🖭 ① 🗲 ⅤⅠⅮⅤ
BZ **c**
21. Dez. - 3. Jan. geschl. – Menu (Samstag - Sonntag geschl.) à la carte 32/63 – **86 Z** 145/220.

🏨 **Admiral** garni, Geisbergstr. 8, ✉ 65193, ℘ (0611) 5 86 60, Fax (0611) 521053 – 🛗 📺 📞 🚗. 🖭 ① 🗲 ⅤⅠⅮⅤ
BY **c**
28 Z 145/205.

🏠 **Bären** garni, Bärenstr. 3, ✉ 65183, ℘ (0611) 30 10 21, Fax (0611) 301024, Massage, 🔲 (Thermal) – 🛗 📺 📞. 🖭 ① 🗲 ⅤⅠⅮⅤ   ABY **h**
58 Z 150/290.

🏠 **Maxi-Hotel** 🅜 garni, Wellritzstr. 6, ✉ 65183, ℘ (0611) 9 45 20, Fax (0611) 945277 – 🛗 📺 📞 📞 ℗. 🖭 ① 🗲 ⅤⅠⅮⅤ   AY **a**
42 Z 130/100.

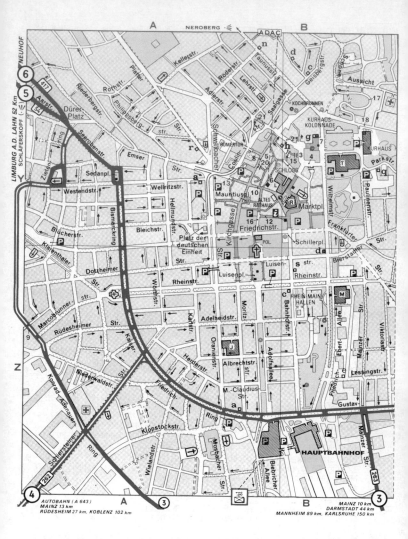

🏠 **Klemm** garni, Kapellenstr. 9, ⌧ 65193, ℰ (0611) 58 20, Fax (0611) 582222 – 🛗 📺 ☎.
 AE ⓸ E VISA JCB
 55 Z 140/180.

BY d

🏠 **Am Landeshaus** garni, Moritzstr. 51, ⌧ 65185, ℰ (0611) 37 30 41,
 Fax (0611) 373044 – 🛗 📺 ☎ 🅿. AE E VISA
 20 Z 130/200.

AZ a

ⅩⅩⅩⅩ **Die Ente vom Lehel** - Hotel Nassauer Hof, Kaiser-Friedrich-Platz 3, ⌧ 65183,
✿ ℰ (0611) 13 36 66, Fax (0611) 133632 – ▤. AE ⓸ E VISA. ⋇
 Montag, Sonn- und Feiertage, Jan. 1 Woche, Juli - Aug. 4 Wochen geschl. – **Menu** *(nur*
 Abendessen, Tischbestellung ratsam, bemerkenswerte Weinkarte) 140/180 und à la carte
 94/126 – **Bistro** *(auch Mittagessen)* **Menu** à la carte 66/90 – **Entenkeller** *(nur Abend-*
 essen) **Menu** à la carte 56/85
 Spez. Kaninchenkrapfen mit Zwiebelpüree und Trüffelsauce. Chartreuse vom Kalbsschwanz
 mit Kalbsfilet und Püree von weißem Gemüse. Limonengefrorenes mit Mangobeignets und
 Vanille-Teeschaum.

BY g

WIESBADEN

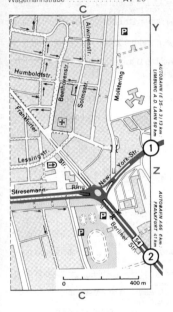

XX Käfer's Bistro (im Kurhaus), Kurhausplatz
1, ⊠ 65189, ℰ (0611) 53 62 00, Fax (0611)
536222 – AE ⊙ E VISA JCB   BY
Menu à la carte 45/88.

XX Estragon, Wilhelmstr. 12, ⊠ 65185,
ℰ (0611) 30 39 06, Fax (0611) 373202 –
AE ⊙ E VISA   BZ d
Samstagmittag, Sonntagmittag, Dienstag
und Juli - Aug. 3 Wochen geschl. – Menu à
la carte 72/116.

In Wiesbaden-Alt Klarenthal NW : 5 km über
Klarenthaler Str. AYZ :

XX Landhaus Diedert ♠ mit Zim, Am
Kloster Klarenthal 9, ⊠ 65195,
ℰ (0611) 46 10 66, Fax (0611) 461069,
« Einrichtung im französischen Landhaus-
stil, Gartenterrasse », 🐎 – 📺 ☎ 🅟 –
🔬 15. AE ⊙ E VISA
Menu (Samstagmittag und Montag geschl.)
à la carte 54/86 – **12 Z** 165/250.

In Wiesbaden-Biebrich S : 4,5 km, über Biebri-
cher Allee AZ :

🏠 Zum Scheppen Eck garni, Rathausstr. 94,
⊠ 65203, ℰ (0611) 67 30, Fax (0611)
673159 – 🛗 📺 ☎. AE ⊙ E VISA. ⁂
Weihnachten - Anfang Jan. geschl. – **20 Z**
120/210.

X Weihenstephan, Armenruhstr. 6,
⊠ 65203, ℰ (0611) 6 11 34, Fax
(0611) 603825, Biergarten – AE ⊙ E VISA
Samstag geschl. – Menu à la carte 37/71.

In Wiesbaden-Erbenheim ② : 4 km :

🏠🏠 Domäne Mechtildshausen ♠, nahe
Air Base, ⊠ 65205, ℰ (0611) 73 74 60,
Fax (0611) 737479, 🌳, « Lage in einem
Gutshof », 🐎 – 📺 ☎ 📞 🅟 – 🔬 40. AE
E VISA. ⁂
Menu (Sonntagabend - Montag und 27. Dez.
- 19. Jan. geschl.) à la carte 52/70 – **15 Z**
150/250.

🏠 Toskana ♠ garni, Kreuzberger Ring 32,
⊠ 65205, ℰ (0611) 7 63 50, Fax
(0611) 7635333 – 🛗 ⁂ 📺 ☎ 🚗. AE ⊙
E VISA
Weihnachten - Anfang Jan. geschl. – **52 Z**
140/200.

In Wiesbaden-Nordenstadt O : 10 km über ②
und die A 66, Ausfahrt Nordenstadt :

🏠🏠 Treff-Hotel, Ostring 9,
⊠ 65205, ℰ (06122) 80 10, Fax (06122) 801164, 🌳 – 🛗, ⁂ Zim, 📺 ☎ 🅟 – 🔬 150.
AE ⊙ E VISA
Menu à la carte 36/70 – **144 Z** 185/255.

🏠 Stolberg garni, Stolberger Str. 60, ⊠ 65205, ℰ (06122) 99 20, Fax (06122) 992111 –
📺 ☎ 🚗 🅟 – 🔬 50. AE ⊙ E VISA
Weihnachten - Anfang Jan. geschl. – **48 Z** 130/160.

🏠 Merkur garni, Borsigstr. 1, ⊠ 65205, ℰ (06122) 91 70, Fax (06122) 917300 – 🛗 ⁂
📺 ☎ 🚗 🅟 – 🔬 50. AE E VISA
80 Z 130/160.

Gute Küchen

haben wir durch

Menu ❀, ✿, ✿✿ oder ✿✿✿ kenntlich gemacht.

WIESENSTEIG Baden-Württemberg **419** U 12, **987** ㊳ – 2 500 Ew – Höhe 592 m – Erholungsort
– Wintersport : 370/750 m ✠3, ✠2.
Ausflugsziel : Reußenstein : Lage★★ der Burgruine ≤★, W : 5 km.
Berlin 614 – Stuttgart 61 – Göppingen 27 – Ulm (Donau) 45.

In Mühlhausen im Täle NO : 3 km :

🏨 **Bodoni,** Bahnhofstr. 4, ⊠ 73347, 𝒫 (07335) 50 73, Fax (07335) 5076, ⇐s – 📺 ☎ ℗
– 🔥 20. 🝙 **E** 𝘝𝘐𝘚𝘈
Menu (Samstag - Sonntag geschl.) (nur Abendessen) à la carte 25/51 – **15 Z** 100/150.

WIESENTTAL Bayern **420** Q 17, **987** ㉘ – 2 800 Ew – Höhe 320 m – Luftkurort.
🚩 Verkehrsamt, Forchheimer Str. 8, (Rathaus in Muggendorf), ⊠ 91346,
𝒫 (09196) 1 94 33, Fax (09196) 929930.
Berlin 409 – München 226 – Nürnberg 58 – Bayreuth 53 – Bamberg 38.

Im Ortsteil Muggendorf :

🏨 **Feiler,** Oberer Markt 4, ⊠ 91346, 𝒫 (09196) 9 29 50, Fax (09196) 362,
🌲 « Innenhofterrasse » – ✠ Rest, 📺 ☎ 🖘 ℗. 🝙 ⓞ **E** 𝘝𝘐𝘚𝘈
Anfang Jan. 1 Woche geschl. – **Menu** (April - Okt. Montagmittag, Nov. - März Montag -
Dienstag geschl.) à la carte 69/95 – **15 Z** 120/195 – ½ P 55
Spez. Pilz- und Wildgerichte. Fränkischer Bachsaibling im Strudelteig. Eberreschenparfait mit
seinem Kompott.

🏨 **Goldener Stern,** Marktplatz 6, ⊠ 91346, 𝒫 (09196) 9 29 80, Fax (09196) 1402, 🌤,
⇐s – 📺 ☎ ℗
Jan. geschl. – **Menu** (Nov. - April Mittwoch geschl.) à la carte 26/50 ⅄ – **24 Z** 65/150 –
½ P 25.

Im Ortsteil Streitberg :

✕✕ **Altes Kurhaus** mit Zim, ⊠ 91346, 𝒫 (09196) 7 36, Fax (09196) 1668, 🚗 – ☎ 🖘
℗
Jan. - Anfang Feb. geschl. – **Menu** (Montag - Dienstagmittag geschl.) à la carte 34/58 –
6 Z 85/135.

WIESLOCH Baden-Württemberg **417 419** S 10, **987** ㉗ – 22 500 Ew – Höhe 128 m.
🏌 Wiesloch-Baiertal, Hohenhardter Hof, 𝒫 (06222) 7 20 81 ; 🏌 🏌 St.Leon-Rot, Opelstr. 30
(SW : 7 km), 𝒫 (06227) 8 60 80.
Berlin 633 – Stuttgart 102 – Heidelberg 14 – Heilbronn 49 – Karlsruhe 48 –
Mannheim 36.

🏨 **Palatin,** Ringstr. 17, ⊠ 69168, 𝒫 (06222) 5 82 01, Fax (06222) 582555, ⇐s – 🛗,
✠ Zim, 📺 ☎ ⅄ 🖘 – 🔥 1100. 🝙 ⓞ **E** 𝘝𝘐𝘚𝘈 ᴊᴄʙ. ✦ Rest
Menu à la carte 45/68 – **115 Z** 185/375.

🏨 **Mondial,** Schwetzinger Str. 123, ⊠ 69168, 𝒫 (06222) 57 60, Fax (06222) 576333, 🌤,
🖘, ✠ Zim, 🍽 Rest, 📺 ☎ ℗. 🝙 ⓞ **E** 𝘝𝘐𝘚𝘈 ᴊᴄʙ.
1. - 6. Jan. geschl. – **Menu** siehe Rest. **La Chandelle** separat erwähnt **Brasserie** (Sonn-
und Feiertage geschl.) **Menu** à la carte 42/60 – **43 Z** 139/249.

✕✕✕ **La Chandelle** - Hotel Mondial, Schwetzinger Str. 123, ⊠ 69168, 𝒫 (06222) 57 60,
🌲 Fax (06222) 576333, 🌤 – ℗. 🝙 ⓞ **E** 𝘝𝘐𝘚𝘈 ᴊᴄʙ.
Sonn- und Feiertage, 1. - 18. Jan. und 28. Juli - 10. Aug. geschl. – **Menu** (nur Abendessen)
bemerkenswerte Weinkarte 89/149 und à la carte 76/107
Spez. Mosaik von Gänsestopfleber und Trüffel. Loup de mer in der Salzkruste mit Safransud.
Rehfilet auf Artischockenboden mit Kartoffelkruste.

✕✕ **Freihof** (historisches Weinrestaurant), Freihofstr. 2, ⊠ 69168, 𝒫 (06222) 25 17,
Fax (06222) 51634, 🌤 – 🝙 ⓞ **E** 𝘝𝘐𝘚𝘈
Dienstag geschl. – **Menu** à la carte 57/90.

✕✕ **Roberto,** Schloßstr. 8, ⊠ 69168, 𝒫 (06222) 9 21 50, Fax (06222) 921515 – 🝙 ⓞ **E**
𝘝𝘐𝘚𝘈
Dienstag, Jan. 2 Wochen und Juli - Aug. 3 Wochen geschl. – **Menu** (italienische Küche)
à la carte 43/73 ⅄.

✕ **Langen's Turmstuben,** Höllgasse 32, ⊠ 69168, 𝒫 (06222) 10 00, Fax (06222) 2032,
🌤 – ℗. 🝙 **E** 𝘝𝘐𝘚𝘈
Mittwoch geschl. – **Menu** à la carte 27/61 ⅄.

WIESMOOR Niedersachsen **415** F 7, **987** ⑮ – 11 500 Ew – Höhe 10 m – Luftkurort.
🏌 Wiesmoor-Hinrichsfehn, Fliederstr. 1 (S : 4,5 km), 𝒫 (04944) 30 40.
🚩 Tourist-Information, Hauptstr. 199, ⊠ 26639, 𝒫 (04944) 9 19 80, Fax (04944)
919899.
Berlin 493 – Hannover 222 – Emden 47 – Oldenburg 51 – Wilhelmshaven 36.

🏨 **Friesengeist,** Am Rathaus 1, ⊠ 26639, ℰ (04944) 10 44, *Fax (04944) 5369*, 壽, ≘s, ◨, ✈ – 劇, ⇔ Zim, �📺 ☎ 🅿 – 益 60. 🖭 ◉ ⴹ 𝗩𝗜𝗦𝗔, ⨯ Rest
Menu à la carte 33/70 – **36 Z** 87/195 – ½ P 32.

🏠 **Zur Post** ⊚ (mit Gästehaus), Am Rathaus 6, ⊠ 26639, ℰ (04944) 9 10 60, *Fax (04944) 910666* – ⏁ ☎ ⇐ 🅿
Menu à la carte 28/54 *(auch vegetarische Gerichte)* – **20 Z** 60/120.

In Wiesmoor-Hinrichsfehn *S : 4,5 km, ca. 3,5 km über die Straße nach Remels, dann rechts ab :*

🏨 **Blauer Fasan** ⊚, Fliederstr. 1, ⊠ 26639, ℰ (04944) 10 47, *Fax (04944) 3858*, 壽, « Gaststuben im ostfriesischen Stil, Blumengarten », ≘s, ◨ – ⏁ ☎ 🅿 – 益 60. 🖭 ⴹ 𝗩𝗜𝗦𝗔
4. Jan. - Feb. geschl. – **Menu** *(Nov. - Dez. Montag geschl.)* à la carte 46/74 – **26 Z** 114/202.

WIESSEE, BAD Bayern 𝟜𝟙𝟡 𝟜𝟚𝟘 W 19, 𝟡𝟠𝟟 ⑩ – 5 000 Ew – Höhe 730 m – Heilbad – Wintersport : 730/880 m ⩲2 ⩲2.
◨ Bad Wiessee, Robognerhof, ℰ (08022) 87 69.
🛈 Kuramt, Adrian-Stoop-Str. 20, ⊠ 83707, ℰ (08022) 8 60 30, Fax (08022) 860330.
Berlin 643 – München 54 – Garmisch-Partenkirchen 76 – Bad Tölz 18 – Miesbach 19.

🏨 **Lederer am See** ⊚, Bodenschneidstr. 9, ⊠ 83707, ℰ (08022) 82 90, *Fax (08022) 829261*, ≤, 壽, « Park », ≘s, ◨, ⚓, ⨯ – 劇 ⏁ ☎ 🅿 – 益 30. 🖭 ◉ ⴹ 𝗩𝗜𝗦𝗔 ᴊᴄʙ. ⨯ Rest
Anfang Jan. - Anfang Feb. und Nov. - Mitte Dez. geschl. – **Menu** à la carte 36/68 – **93 Z** 110/360 – ½ P 35.

🏨 **Terrassenhof** (mit Gästehaus), Adrian-Stoop-Str. 50, ⊠ 83707, ℰ (08022) 86 30, *Fax (08022) 81794*, ≤, « Gartenterrasse », Massage, 𝓕⌀, ≘s, ◨, ⇆ – 劇, ⇔ Rest, ⏁ ☎ ⇐ 🅿 – 益 150
Menu à la carte 33/67 – **90 Z** 105/340, 4 Suiten – ½ P 35.

🏨 **Romantik Hotel Landhaus Wilhelmy** ⊚, Freihausstr. 15, ⊠ 83707, ℰ (08022) 9 86 80, *Fax (08022) 9868233*, ⇆ – ⇔ Zim, ⏁ ☎ 🅿. 🖭 ◉ ⴹ 𝗩𝗜𝗦𝗔 ᴊᴄʙ. ⨯ Rest
Anfang Nov. - Mitte Dez. geschl. – (Restaurant nur für Hausgäste) – **22 Z** 130/280 – ½ P 35.

🏨 **Toscana** ⊚, Freihausstr. 27, ⊠ 83707, ℰ (00022) 9 83 60, *Fax (08022) 983650*, ≘s, ⇆ – ⇐ ☎ ⇐ 🅿 – 益 20. ⴹ. ⨯ Rest
1. - 20. Dez. geschl. – (nur Abendessen für Hausgäste) – **18 Z** 79/290 – ½ P 30.

🏨 **Landhaus Midas** ⊚ garni, Setzbergstr. 12, ⊠ 83707, ℰ (08022) 8 11 50, *Fax (08022) 99577*, ⇆ – ⏁ ☎ & ⇐ 🅿
9. - 31. Jan. und 1. - 22. Dez. geschl. – **11 Z** 90/210.

🏨 **Rex,** Münchner Str. 25, ⊠ 83704, ℰ (08022) 8 62 00, *Fax (08022) 8620100*, « Park », ⇆ – 劇 ⏁ ☎ 🅿. ⨯
Mitte April - Okt. – **Menu** à la carte 34/52 – **57 Z** 92/224 – ½ P 23.

🏠 **Parkhotel-Resi von der Post** ⊚, Zilcherstr. 14, ⊠ 83707, ℰ (08022) 9 86 50, *Fax (08022) 986565*, 壽, 𝓕⌀, ≘s, ⇆ – 劇, ⇔ Zim, ⏁ ☎ ⇐ 🅿 – 益 30. 🖭 ◉ ⴹ 𝗩𝗜𝗦𝗔 ᴊᴄʙ
Menu à la carte 27/49 – **30 Z** 90/196, 4 Suiten – ½ P 19.

🏠 **Marina** ⊚, Furtwänglerstr. 9, ⊠ 83707, ℰ (08022) 8 60 10, *Fax (08022) 860140*, ≘s, ◨ – 劇 ⏁ ☎ 🅿. 🖭 ⴹ 𝗩𝗜𝗦𝗔
Mitte - Ende Nov. geschl. – **Menu** à la carte 33/51 – **32 Z** 98/226 – ½ P 35.

🏠 **Bellevue-Weinstube Weinbauer,** Hirschbergstr. 22, ⊠ 83707, ℰ (08022) 9 87 60, *Fax (08022) 987654*, ≘s, ⇆ – 劇 ⏁ ☎ ⇐ 🅿. 🖭 ◉ ⴹ 𝗩𝗜𝗦𝗔
Nov. - 21. Dez. geschl. – **Menu** (nur Abendessen) à la carte 30/62 ⅜ – **24 Z** 120/210 – ½ P 25.

🏠 **Jägerheim** ⊚ garni, Freihausstr. 12, ⊠ 83707, ℰ (08022) 8 60 70, *Fax (08022) 83127*, ≘s, ◨, ⇆ – 🅿. ⨯
März - Okt. – **23 Z** 68/170.

🗙🗙 **Freihaus Brenner,** Freihaus 4, ⊠ 83707, ℰ (08022) 8 20 04, *Fax (08022) 83807*, ≤ Tegernsee und Berge, 壽, « Rustikales Berggasthaus » – 🅿. ⴹ
Menu (Tischbestellung erforderlich) 34 und à la carte 60/88.

WIGGENSBACH Bayern 𝟜𝟙𝟡 𝟜𝟚𝟘 W 14 – 3 800 Ew – Höhe 857 m – Erholungsort – Wintersport : 857/1 077 m ⩲1 ⩲3.
◨ Wiggensbach, Hof Waldegg, ℰ (08370) 9 30 73.
🛈 Verkehrsamt, Kempter Str. 3, ⊠ 87487, ℰ (08370) 84 35, Fax (08370) 379.
Berlin 698 – München 133 – Augsburg 112 – Kempten (Allgäu) 10 – Ulm (Donau) 87.

🏨 **Goldenes Kreuz,** Marktplatz 1, ⊠ 87487, ℰ (08370) 80 90, *Fax (08370) 80949*, ≘s – 劇 ⏁ ☎ & ⇐ 🅿 – 益 120. 🖭 ◉ ⴹ 𝗩𝗜𝗦𝗔
Menu *(Montag geschl.)* à la carte 42/74 *(auch vegetarische Gerichte)* – **23 Z** 125/280 – ½ P 35.

WILDBAD IM SCHWARZWALD, BAD Baden-Württemberg 419 T 9, 987 38 – 10 500 Ew
– Höhe 426 m – Heilbad – Luftkurort – Wintersport : 685/769 m ≰2 ≰4.

🛈 Verkehrsbüro, König-Karl-Str. 7, ⊠ 75323, ℰ (07081) 1 02 80, Fax (07081) 10290.
🛈 Verkehrsbüro in Calmbach, Lindenplatz 5, ⊠ 75323, ℰ (07081) 1 02 88, Fax (07081) 78746.

Berlin 681 – Stuttgart 76 – Karlsruhe 52 – Pforzheim 26 – Freudenstadt 39.

🏨 **Badhotel**, Kurplatz 5, ⊠ 75323, ℰ (07081) 17 60, Fax (07081) 176170, 🌤, direkter
Zugang zum "Palais Thermal" und Kurmittelhaus – |≋|, 🐾 Zim, 📺 ᰔ, ⇌ – 🔏 60. 🅰🅴
🆊 🅴 𝘝𝘐𝘚𝘈
Menu à la carte 45/78 – **80 Z** 145/290, 8 Suiten – ½ P 38.

🏨 **Valsana am Kurpark** 🐾, Kernerstr. 182, ⊠ 75323, ℰ (07081) 15 10,
Fax (07081) 15199, ✈, 🔥, ⇌, 🔲 – |≋| 📺 🕿 ᰔ, ⇌ 🅿 – 🔏 30. 🆊 🅴 𝘝𝘐𝘚𝘈
15. Nov. - 20. Dez. geschl. – **Menu** (Montag geschl.) à la carte 33/53 – **35 Z** 102/210 –
½ P 30.

🏨 **Bären**, Kurplatz 4, ⊠ 75323, ℰ (07081) 30 10, Fax (07081) 301166, 🌤 – |≋|, 🐾 Zim,
📺 🕿 ᰔ, ⇌ – 🔏 35. 🕸 Rest
Menu à la carte 42/74 – **44 Z** 95/245 – ½ P 35.

🏨 **Alte Linde**, Wilhelmstr. 74, ⊠ 75323, ℰ (07081) 92 60, Fax (07081) 926250 – |≋|,
🐾 Rest, 📺 🕿 ᰔ, ⇌ 🅿. 🕸 Zim
Ende Okt. - Mitte Dez. geschl. – **Menu** (Montag geschl.) à la carte 26/48 ♨ – **29 Z** 70/140
– ½ P 20.

🏨 **Sonne**, Wilhelmstr. 29, ⊠ 75323, ℰ (07081) 9 25 70, Fax (07081) 925749 – |≋| 📺 🕿
🅿
Anfang Jan. - Anfang Feb. geschl. – **Menu** (Mittwoch geschl.) à la carte 26/55 – **22 Z** 71/160
– ½ P 23.

🏨 **Gästehaus Rothfuß** 🐾 garni, Olgastr. 47, ⊠ 75323, ℰ (07081) 9 24 80,
Fax (07081) 924810, ≤, ⇌, ⇆ – |≋|, 🐾 Zim, 📺 🕿 ⇌ 🅿. 🕸
Ende Nov. - 20. Dez. geschl. – **30 Z** 75/160.

Auf dem Sommerberg W : 3 km (auch mit Bergbahn zu erreichen) :

🏨 **Sommerberghotel** 🐾, ⊠ 75323 Bad Wildbad, ℰ (07081) 17 40,
Fax (07081) 174612, ≤ Wildbad und Enztal, 🌤, « Hirschgehege », ⇌, 🔲, 🕸 – |≋| 📺
🕿 ⇌ 🅿 – 🔏 25. 🅰🅴 🅴 𝘝𝘐𝘚𝘈
Menu (Montag - Dienstag geschl.) à la carte 63/85 – **92 Z** 149/348, 4 Suiten –
½ P 39.

In Bad Wildbad-Calmbach N : 4 km – Luftkurort :

🏨 **Sonne**, Höfener Str. 15, ⊠ 75323, ℰ (07081) 64 27, Fax (07081) 78775 – ⇌
🅿
Nov. geschl. – **Menu** (Montag geschl.) à la carte 27/42 ♨ – **36 Z** 50/108 – ½ P 20.

*Die im **Michelin-Führer** erwähnten Orte sind auf den **Karten** Nr. 415-420*
rot unterstrichen.

WILDBERG Baden-Württemberg 419 U 10 – 8 400 Ew – Höhe 395 m – Luftkurort.
Berlin 674 – Stuttgart 52 – Karlsruhe 69 – Nagold 12 – Calw 15.

🏨 **Krone** (mit Gästehaus), Talstr. 68 (B 463), ⊠ 72218, ℰ (07054) 52 71, Fax (07054) 393
– 📺 ⇌ 🅿 – 🔏 40. 🅴
Jan. 3 Wochen geschl. – **Menu** à la carte 29/49 ♨ – **21 Z** 60/145 – ½ P 20.

In Wildberg-Schönbronn W : 5 km – Erholungsort :

🏨 **Löwen**, Eschbachstr. 1, ⊠ 72218, ℰ (07054) 9 26 10, Fax (07054) 5021, ⇌, ⇆ – |≋|
📺 🕿 🅿 – 🔏 60
Menu à la carte 29/59 ♨ – **38 Z** 70/160 – ½ P 25.

WILDEMANN Niedersachsen 418 K 14 – 1 400 Ew – Höhe 420 m – Kneippkurort – Wintersport :
≰3.
🛈 Kurverwaltung, Bohlweg 5, ⊠ 38709, ℰ (05323) 61 11, Fax (05323) 6112.
Berlin 274 – Hannover 97 – Braunschweig 82 – Goslar 28.

🏨 **Waldgarten** 🐾, Schützenstr. 31, ⊠ 38709, ℰ (05323) 9 68 00, Fax (05323) 968050,
🔲, ⇆ – 📺 🕿 🅿. 🕸
Nov. 3 Wochen geschl. – (nur Abendessen für Hausgäste) – **34 Z** 78/145 – ½ P 13.

🏨 **Sonneck**, Im Spiegeltal 41, ⊠ 38709, ℰ (05323) 61 93, Fax (05323) 6224, ⇆ – 🅿.
🕸
(nur Abendessen für Hausgäste) – **11 Z** 45/90 – ½ P 12.

WILDESHAUSEN *Niedersachsen* 𝟜𝟙𝟝 *H 9,* 𝟿𝟾𝟩 ⑮ *– 15 000 Ew – Höhe 20 m – Luftkurort.*

Sehenswert : Alexanderkirche (Lage★).

Ausflugsziel : Visbeker Steindenkmäler★ : Visbeker Braut★, Visbeker Bräutigam★ (4 km von Visbeker Braut entfernt) SW : 11 km.

🛦 *Wildeshausen, Spasche 5 (NW : 6 km),* 𝒫 *(04431) 12 32.*

🚩 *Verkehrsbüro, Am Markt 1,* ✉ *27793,* 𝒫 *(04431) 65 64, Fax (04431) 6564.*

Berlin 417 – Hannover 149 – Bremen 37 – Oldenburg 37 – Osnabrück 84.

🏨 **Huntetal,** Im Hagen 3, ✉ 27793, 𝒫 (04431) 94 00, Fax (04431) 94050, 🍴 – ⇔ Zim, 📺 ☎ 💐 🅿 – 🔬 40. ஊ ⓞ Ɛ 𝘝𝘐𝘚𝘈
Menu *(Samstagmittag geschl.)* à la carte 33/60 – **32 Z** 100/160 – ½ P 20.

🏠 **Landhaus Thurm-Meyer** ⚘ (mit Gästehaus), Dr.-Klingenberg-Str. 15, ✉ 27793, 𝒫 (04431) 9 90 20, Fax (04431) 990299, 🍴 – 📺 ☎ 🅿. ஊ ⓞ Ɛ 𝘝𝘐𝘚𝘈
(nur Abendessen für Hausgäste) – **25 Z** 80/130.

🏠 **Am Rathaus** garni, Kleine Str. 4, ✉ 27793, 𝒫 (04431) 43 56, Fax (04431) 2161 – 📺 ☎. ஊ Ɛ 𝘝𝘐𝘚𝘈
21 Z 75/130.

🏠 **Lindenau** garni, Dr.-Klingenberg-Str. 1a, ✉ 27793, 𝒫 (04431) 94 00, Fax (04431) 94050, 🍴 – 📺 ☎ 🕭 🅿. ⓞ Ɛ 𝘝𝘐𝘚𝘈
11 Z 75/130.

An der Straße nach Oldenburg *N : 1,5 km :*

🏨 **Gut Altona** (mit Gästehäusern), Wildeshauser Str. 34, ✉ 27801 Dötlingen, 𝒫 (04431) 95 00, Fax (04431) 1652, 🍴, ☞, 🎱, ⇔ Zim, 📺 ☎ ⇌ 🅿 – 🔬 50. ஊ ⓞ Ɛ 𝘝𝘐𝘚𝘈
Menu à la carte 29/60 – **51 Z** 90/190 – ½ P 25.

WILDUNGEN, BAD *Hessen* 𝟜𝟙𝟩 *M 11,* 𝟿𝟾𝟩 ㉗ *– 16 000 Ew – Höhe 300 m – Heilbad.*

Sehenswert : Evangelische Stadtkirche (Wildunger Altar★★).

🛦 *Wildungen, Talquellenweg,* 𝒫 *(05621) 37 67.*

🚩 *Kurverwaltung, Langemarckstr. 2,* ✉ *34537,* 𝒫 *(05621) 7 04 01, Fax (05621) 704107.*

Berlin 422 – Wiesbaden 185 – Kassel 40 – Marburg 65 – Paderborn 108.

🏩 **Maritim Badehotel** Ⓜ ⚘, Dr.-Marc-Str. 4, ✉ 34537, 𝒫 (05621) 79 99, Fax (05621) 799799, 🍴, Massage, ♨, 𝐼𝑠, 🎱, ☞, 🔲, 🔫 – 🛗, ⇔ Zim, 🔲 Rest, 📺 ⇌ 🅿 – 🔬 500. ஊ ⓞ Ɛ 𝘝𝘐𝘚𝘈 ⌡꜀ʙ. 🍴 Rest
Menu à la carte 51/79 – **245 Z** 193/378, 15 Suiten – ½ P 40.

🏩 **Treff Hotel Quellenhof** Ⓜ, Brunnenallee 54, ✉ 34537, 𝒫 (05621) 80 70, Fax (05621) 807500, 🍴, Massage, 𝐼𝑠, ☞ – 🛗, ⇔ Zim, 📺 ☎ 🕭 ⇌ 🅿 – 🔬 100. ஊ ⓞ Ɛ 𝘝𝘐𝘚𝘈 🍴 Rest
Menu à la carte 36/52 – **114 Z** 153/264 – ½ P 30.

🏠 **Wildquelle** ⚘ garni, Hufelandstr. 9, ✉ 34537, 𝒫 (05621) 50 61, Fax (05621) 74507, ☞, 🍴 – 🛗 📺 ☎ ⇌. ஊ Ɛ 𝘝𝘐𝘚𝘈
26 Z 85/150.

🏠 **Wildunger Hof** garni, Langemarckstr. 23, ✉ 34537, 𝒫 (05621) 50 71, Fax (05621) 2914 – 📺 ☎ 🅿
26 Z 78/188.

🏠 **Bellevue** ⚘ garni, Am Unterscheid 10, ✉ 34537, 𝒫 (05621) 20 18, Fax (05621) 72091, ≼, 🍴 – ⇔ 📺 ☎ 🅿. Ɛ 𝘝𝘐𝘚𝘈
März - Nov. – **21 Z** 78/150.

🏠 **Birkenstern,** Goeckestr. 5, ✉ 34537, 𝒫 (05621) 60 66, Fax (05621) 74611, ☞ – 📺 ☎ ⇌. ஊ ⓞ Ɛ 𝘝𝘐𝘚𝘈 🍴
(Restaurant nur für Hausgäste) – **20 Z** 72/156 – ½ P 15.

🏠 **Villa Heilquell** ⚘ garni, Hufelandstr. 15, ✉ 34537, 𝒫 (05621) 23 92, Fax (05621) 4776 – ⇔ 📺 ☎ 🅿. Ɛ. 🍴
18 Z 83/155, 3 Suiten.

In Bad Wildungen-Reinhardshausen *SW : 4 km über die B 253 :*

🏨 **Schwanenteich,** Hauptstr. 4, ✉ 34537, 𝒫 (05621) 78 60, Fax (05621) 786160, 🍴, direkter Zugang zum Kurmittelhaus, ☞ – 🛗 📺 ☎ 💐 🕭 🅿 – 🔬 130. ஊ ⓞ Ɛ 𝘝𝘐𝘚𝘈
Menu à la carte 37/65 – **54 Z** 95/230 – ½ P 25.

🏠 **Haus Orchidee und Haus Mozart** garni, Masurenallee 13, ✉ 34537, 𝒫 (05621) 7 09 80, Fax (05621) 709833, 🍴 – 📺 ☎ 🅿
20 Z 65/95.

WILGARTSWIESEN Rheinland-Pfalz **417 419** S 7 – 1 200 Ew – Höhe 200 m – Erholungsort.
Berlin 682 – Mainz 122 – Kaiserslautern 60 – Landau 22 – Pirmasens 24.

🏠 **Am Hirschhorn,** Am Hirschhorn 12, ⊠ 76848, ℰ (06392) 5 81, Fax (06392) 3578, 🏡 ,
⇔, 🔲 – 🕿 ⇔ 🅿
   Menu (Nov. - April Montag geschl.) à la carte 30/68 ♨ – **20 Z** 75/250 – ½ P 28.

🏠 **Wasgauperle,** Bahnhofstr. 1, ⊠ 76848, ℰ (06392) 12 37, Fax (06392) 2727 – 📺 🅿
⇔ ⅍ Zim
   Ende Feb. - Anfang März geschl. – **Menu** (Mittwoch geschl.) à la carte 23/45 ♨ – **9 Z** 65/110
   – ½ P 25.

WILHELMSFELD Baden-Württemberg **417 419** R 10 – 3 200 Ew – Höhe 433 m – Luftkurort –
Wintersport : ⚹ 4.
   🛈 Verkehrsamt, Rathaus, ⊠ 69259, ℰ (06220) 50 90, Fax (06220) 50935.
   Berlin 626 – Stuttgart 117 – Heidelberg 17 – Heilbronn 66 – Mannheim 27.

✗ **Talblick** ⅍ mit Zim, Bergstr. 38, ⊠ 69259, ℰ (06220) 16 26, Fax (06220) 5564, ≤, 🏡 ,
🛋 – ⇔ 🅿 🖻
   11. Nov. - 11. Dez. geschl. – **Menu** (Montag geschl.) à la carte 43/55 ♨ – **2 Z** 90.

Dans la plupart des hôtels, les chambres non réservées par écrit,
ne sont plus disponibles après 18 h.
Si l'on doit arriver après 18 h, il convient de préciser
l'heure d'arrivée – mieux – d'effectuer une réservation par écrit.

In most hotels telephone reservations will be respected only until 6pm,
unless you have come to an agreement with the proprietor.
Written confirmation is strongly recommended
should you expect to be arriving later.

WILHELMSHAVEN Niedersachsen **415** F 8, **987** ④ ⑮ – 94 000 Ew.
   🔓 An der Raffineriestraße, ℰ (04425) 13 22.
   🛈 Wilhelmshaven-Information, Bahnhofplatz 7, ⊠ 26382, ℰ (04421) 1 94 33,
   Fax (04421) 91 30 10.
   ADAC, Börsenstr. 55, ⊠ 26382, ℰ (04421) 1 32 22, Fax (04421) 27672.
   Berlin 485 ① – Hannover 228 ① – Bremerhaven 70 ① – Oldenburg 58 ①

Stadtplan siehe gegenüberliegende Seite

🏛 **Am Stadtpark,** Friedrich-Paffrath-Str. 116, ⊠ 26389, ℰ (04421) 98 60,
   Fax (04421) 986186, 🛌, ⇔, 🔲 – 📳, ⅍ Zim, 📺 📞 ♨ 🅿 – 🔏 50. 🖭 ⓪ 🖻
   VISA   über Friedrich-Paffrath-Straße   A
   Menu (nur Abendessen) à la carte 40/75 – **62 Z** 149/199.

🏠 **Keil** garni, Marktstr.23, ⊠ 26382, ℰ (04421) 9 47 80, Fax (04421) 941355 – ⅍ 📺 🕿
   ⇔, 🖭 ⓪ 🖻 **VISA**   B b
   17 Z 70/180.

🏠 **Maris,** Werftstr. 54, ⊠ 26382, ℰ (04421) 1 51 10, Fax (04421) 151160 – 📺 🕿 🅿. 🖭
   ⓪ 🖻 **VISA**. ⅍   A c
   20. Dez. - 4. Jan. geschl. – **Menu** (nur Abendessen) à la carte 25/56 – **42 Z**
   70/125.

✗✗ **Ratskeller,** Rathausplatz 1, ⊠ 26382, ℰ (04421) 2 19 64, Fax (04421) 136017, 🏡 ,
⊛ 🔏 20   B
   Dienstag und Ende Juli - Mitte Aug. geschl. – **Menu** à la carte 35/62.

In Wilhelmshaven-Fedderwarden NW : 4 km über ① :

✗✗ **Burgschenke,** (in Burg Kniphausen), ⊠ 26388, ℰ (04423) 13 72, Fax (04423) 2833,
   🏡 – 🅿 – 🔏 20
   Menu à la carte 43/73.

Am Ölhafen NO : 5 km über Ölhafendamm C :

🏛 **Nordsee-Hotel Wilhelmshaven** ⅍, Zum Ölhafen 205, ⊠ 26384 Wilhelmshaven,
   ℰ (04421) 96 50, Fax (04421) 965280, ≤, ⇔ – ⅍ Zim, 📺 🕿 🅿 – 🔏 50. 🖭 ⓪ 🖻
   VISA. ⅍
   Menu à la carte 29/70 – **52 Z** 80/240.

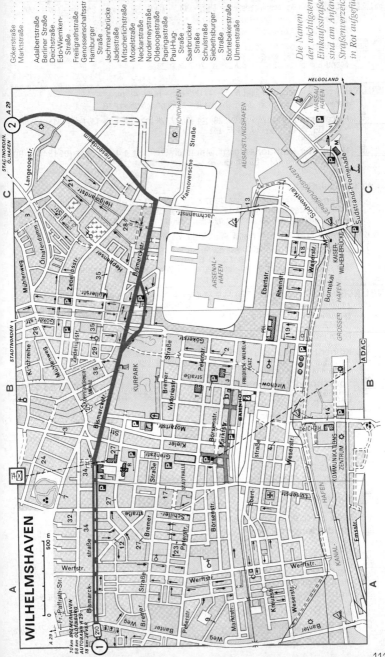

WILHELMSHAVEN

1119

WILLANZHEIM Bayern siehe Iphofen.

WILLEBADESSEN Nordrhein-Westfalen **417** L 11 – 9 000 Ew – Höhe 250 m – Luftkurort.
🖼 Tourist-Information, Haus des Gastes, ✉ 34439, 𝒫 (05646) 5 95.
Berlin 408 – Düsseldorf 199 – Kassel 67 – Bad Driburg 17 – Paderborn 27.

🏠 **Der Jägerhof,** Am Jägerpfad 2, ✉ 34439, 𝒫 (05646) 80 10, Fax (05646) 80121, ≤,
🍴, 🐎 – 🛗 📺 ☎ 🅿 – 🔏 30. ❄ Rest
Menu à la carte 32/57 – **49 Z** 85/170 – ½ P 25.

WILLICH Nordrhein-Westfalen **417** M 3 – 41 000 Ew – Höhe 48 m.
Berlin 583 – Düsseldorf 24 – Krefeld 8 – Mönchengladbach 16.

🏠 **Hotel am Park** garni, Parkstr. 28, ✉ 47877, 𝒫 (02154) 4 01 13, Fax (02154) 428861
– ↔ 📺 ☎ 🅿 – 🔏 20. 🆎 🅴 VISA
50 Z 98/250.

🏠 **Hubertus Hamacher** garni, Anrather Str. 4, ✉ 47877, 𝒫 (02154) 91 80,
Fax (02154) 918100 – 📺 ☎ 🅿. ❄
28 Z 95/180.

In Willich-Schiefbahn S : 3 km :

🍴 **Stieger,** Unterbruch 8, ✉ 47877, 𝒫 (02154) 57 65, Fax (02154) 7418, 🍴,
« Restauriertes Bauernhaus a.d.J. 1765 » – 🅿. 🆎 🅴
Samstagmittag und Donnerstag geschl. – **Menu** à la carte 48/78.

An der Straße von Anrath nach St. Tönis NW : 9 km :

🍴🍴 **Landhaus Hochbend,** Düsseldorfer Str. 11, ✉ 47918 Tönisvorst, 𝒫 (02156) 32 17,
Fax (02156) 40585, 🍴 – 🅿. 🆎 🅾 🅴 VISA
Samstagmittag, Montag und über Karneval 2 Wochen geschl. – **Menu** à la carte 67/96.

WILLINGEN (Upland) Hessen **417** M 9, **987** ⑯ – 8 500 Ew – Höhe 550 m – Kneippheilbad
- Heilklimatischer Kurort – Wintersport : 560/843 m ⭤7 ⭤18.
🖼 Kurverwaltung, Rathaus, Waldecker Str. 12, ✉ 34508, 𝒫 (05632) 40 11 80, Fax
(05632) 401150.
Berlin 467 – Wiesbaden 208 – Kassel 81 – Lippstadt 62 – Marburg 88 – Paderborn 64.

🏠 **Kölner Hof,** Briloner Str. 48 (B 251), ✉ 34508, 𝒫 (05632) 98 70, Fax (05632) 987198,
≘s, 🔲, 🐎 – 🛗 📺 ☎ 📞 🅿 – 🔏 60. 🆎 🅾 🅴 VISA
Menu à la carte 32/65 – **76 Z** 118/220 – ½ P 24.

🏠 **Sporthotel Zum hohen Eimberg** ⬙, Zum hohen Eimberg 3a, ✉ 34508,
𝒫 (05632) 40 90, Fax (05632) 409333, 🍴, ≘s, 🔲, 🐎 – 🛗 📺 ☎ 📞 🅿 – 🔏 90. ❄ Rest
Menu à la carte 40/59 – **70 Z** 104/238.

🏠 **Fürst von Waldeck,** Briloner Str. 1 (B 251), ✉ 34508, 𝒫 (05632) 9 88 99,
Fax (05632) 988988, ≘s, 🔲, 🐎 – 🛗 📺 ☎ 🚗 🅿. ❄ Zim
26. Nov. - 15. Dez. geschl. – **Menu** (Donnerstag geschl.) à la carte 26/55 – **29 Z** 99/195
– ½ P 20.

🏠 **Göbel,** Waldecker Str. 5 (B 251), ✉ 34508, 𝒫 (05632) 4 00 90, Fax (05632) 6884, ≘s,
🔲 – 🛗 📺 ☎ 🚗 🅿. ❄ Rest
26. Nov. - 18. Dez. geschl. – **Menu** (Donnerstag geschl.) à la carte 30/57 – **37 Z** 95/230
– ½ P 19.

🏠 **Rüters Parkhotel,** Bergstr. 3a, ✉ 34508, 𝒫 (05632) 98 40, Fax (05632) 984200, 🍴,
≘s, 🔲, 🐎 – 🛗 📺 ☎ 📞 🚗 🅿 – 🔏 35. ❄ Rest
Menu à la carte 35/63 – **44 Z** 94/238 – ½ P 13.

🏠 **Waldecker Hof,** Waldecker Str. 28 (B 251), ✉ 34508, 𝒫 (05632) 98 80,
Fax (05632) 988360, ≘s, 🔲, 🐎 – 🛗 📺 ☎ 🚗 🅿. 🆎 🅾 🅴 VISA
Ende Nov. - Anfang Dez. geschl. – **Menu** à la carte 32/61 – **39 Z** 80/200 – ½ P 17.

🏠 **Central,** Waldecker Str. 14, ✉ 34508, 𝒫 (05632) 9 89 00, Fax (05632) 989098, ≘s, 🔲
– 🛗 📺 ☎ 🅿 – 🔏 20. 🆎 🅴 VISA. ❄ Zim
Menu à la carte 31/55 – **29 Z** 90/180 – ½ P 17.

🏠 **Waldhotel Willingen** ⬙, Am Köhlerhagen 3 (W : 2,5 km), ✉ 34508,
𝒫 (05632) 98 20, Fax (05632) 982222, ≤, 🍴, ≘s, 🔲, 🐎, ❊ (Halle) – 📺 ☎ 🅿
Menu à la carte 35/80 – **38 Z** 90/228 – ½ P 22.

🏠 **Hof Elsenmann,** Zur Hoppecke 1, ✉ 34508, 𝒫 (05632) 6 90 07, Fax (05632) 6480,
🍴, 🐎 – 📺 ☎ 🅿. 🆎 🅾 🅴 VISA
Mitte Nov. - Mitte Dez. geschl. – **Menu** à la carte 28/55 – **20 Z** 55/140 – ½ P 17.

In Willingen-Schwalefeld *NO : 3,5 km :*

🏠 **Upländer Hof,** Uplandstr. 2, ✉ 34508, 𝒫 (05632) 9 81 23, Fax (05632) 69052, 斧,
⇌s, 🌺 – ▌ 📺 ☎ ⇐ 🅿 – 🏛 20. 🅴 𝘝𝘐𝘚𝘈. 🛏 Zim
Mitte Nov. - Mitte Dez. geschl. – **Menu** *(Nov. - April Montag geschl.)* à la carte 28/63 –
30 Z 75/200 – ½ P 22.

In Willingen-Stryck *SO : 3,5 km :*

🏨 **Romantik Hotel Stryckhaus** ⌘, Mühlenkopfstr. 12, ✉ 34508, 𝒫 (05632) 98 60,
Fax (05632) 69961, 斧, « Garten », Massage, ⇌s, ⌇ (geheizt), 🔲, 🌺 – ▌ 📺 ✔ ⇐
🅿 – 🏛 35. 🅰🅴 ① 🅴 𝘝𝘐𝘚𝘈. 🛏 Rest
Menu à la carte 44/80 – **61 Z** 115/290 – ½ P 45.

🏨 **Friederike,** Mühlenkopfstr. 4, ✉ 34508, 𝒫 (05632) 9 89 70, Fax (05632) 69056, 斧,
Massage, 🌿, ⇌s, 🔲 – ▌ 📺 ☎ ⇐ 🅿
Mitte Nov. - Mitte Dez. geschl. – **Menu** *(Montag geschl.)* à la carte 30/56 – **33 Z** 98/230.

In Willingen-Usseln *SO : 4,5 km :*

🏨 **Post-Hotel Usseln,** Korbacher Str. 14 (B 251), ✉ 34508, 𝒫 (05632) 9 49 50,
Fax (05632) 949596, 斧, ⇌s, 🔲, 🌺 – ▌, 🛏 Zim, 📺 ☎ ✔ ⇐ 🅿 – 🏛 30. 🅰🅴 ①
🅴 𝘝𝘐𝘚𝘈. 🛏 Zim
Menu à la carte 29/68 – **32 Z** 93/220 – ½ P 22.

🏠 **Berghof** ⌘, Am Schneppelnberg 14, ✉ 34508, 𝒫 (05632) 94 98 98,
Fax (05632) 949894, 斧, ⇌s, 🔲, 🌺 – ▌ 📺 ☎ ⇐ 🅿. 🅰🅴 🅴 𝘝𝘐𝘚𝘈
Menu à la carte 36/56 – **28 Z** 88/198, 6 Suiten – ½ P 25.

🏠 **Henkenhof,** Hochsauerlandstr. 23 (B 251), ✉ 34508, 𝒫 (05632) 18 17,
Fax (05632) 7748, ⇌s, 🔲, 🌺 – ▌ 📺 ⇐ 🅿. 🛏 Rest
Mitte Nov. - 20. Dez. geschl. – (Restaurant nur für Hausgäste) – **45 Z** 70/132 –
½ P 15.

WILNSDORF *Nordrhein-Westfalen siehe Siegen.*

WILSDRUFF *Sachsen* 🄸🄸🄸 *M 24,* 🄿🄿🄿 *㉔,* 🄿🄿🄿 *⑲ – 3 800 Ew – Höhe 275 m.*
📂 *Herzogswalde (SW : 8 km)* 𝒫 (0172) 3 5/ 68 88.
Berlin 203 – *Dresden 17* – *Chemnitz 55* – *Meißen 16.*

In Sora *NW : 4 km :*

🏨 **Zur Ausspanne,** An der Silberstr. 2, ✉ 01665, 𝒫 (035204) 52 06, Fax (035204) 5209,
斧 – ▌ 📺 ☎ 🅿 – 🏛 40. 🅰🅴 ① 🅴 𝘝𝘐𝘚𝘈
Menu à la carte 28/43 – **30 Z** 120/150.

WILSNACK, BAD *Brandenburg* 🄰🄰🄰 *H 19,* 🄿🄿🄿 *⑪,* 🄿🄿🄿 *⑰ – 2 800 Ew – Höhe 30 m.*
🅱 *Stadtinformation, Am Markt 5,* ✉ 19336, 𝒫 (038791) 26 20.
Berlin 132 – *Potsdam 117* – *Schwerin 95* – *Perleberg 23.*

🏨 **Ambiente** Ⓜ, Dr.-Wilhelm-Külz-Str. 5a, ✉ 19336, 𝒫 (038791) 7 60,
Fax (038791) 76400, 斧, ⇌s, 🌺 – ▌, 🛏 Zim, 📺 ☎ ✔ 🔥 ⇐ 🅿 – 🏛 120. 🅰🅴 ①
🅴 𝘝𝘐𝘚𝘈 🄹🄲🄱
Menu à la carte 38/53 – **45 Z** 125/175, 13 Suiten.

In Bad Wilsnack-Groß Lüben *W : 2 km :*

🏠 **Erbkrug** ⌘, Dorfstr. 36, ✉ 19336, 𝒫 (038791) 27 32, Fax (038791) 2586, 斧 – 📺
☎ ✔ 🔥 🅿. 🅴
Menu *(Montagmittag geschl.)* à la carte 27/50 – **20 Z** 70/120 – ½ P 20.

WILTHEN *Sachsen* 🄸🄸🄸 *M 27 – 8 200 Ew – Höhe 300 m.*
🅱 *Fremdenverkehrsamt, Bahnhofstr. 8,* ✉ 02681, 𝒫 (03592) 38 54 16, Fax (03592)
385499.
Berlin 216 – *Dresden 81* – *Bautzen 13* – *Görlitz 41.*

In Wilthen-Tautewalde *W : 2 km :*

🏨 **Landhotel Erbgericht,** Tautewalde 61, ✉ 02681, 𝒫 (03592) 3 83 00,
Fax (03592) 383299, 斧, Biergarten, ⇌s, 🌺, 🍽 – 🛏 Zim, 📺 ☎ 🅿 – 🏛 40. ① 🅴
𝘝𝘐𝘚𝘈
Menu à la carte 33/54 – **32 Z** 130/220.

WIMPFEN, BAD Baden-Württemberg 🔢🔢 S 11, 🔢 ㉗ – 6 000 Ew – Höhe 202 m – Heilbad.
Sehenswert : Wimpfen am Berg★★ : Hauptstraße★ – Wimpfen im Tal : Stiftskirche St. Peter (Kreuzgang★★).
Ausflugsziel : Burg Guttenberg★ – Greifvogelschutzstation N : 8 km.
🛈 Tourist-Information, Carl-Ulrich-Str. 1, (Gästezentrum im Alten Bahnhof), ✉ 74206, 𝒫 (07063) 9 72 00, Fax (07063) 972020.
Berlin 598 – Stuttgart 69 – Heilbronn 16 – Mannheim 73 – Würzburg 113.

🏠 **Am Rosengarten** 🦢, Osterbergstr. 16, ✉ 74206, 𝒫 (07063) 99 10, Fax (07063) 9918008, 🍴, Massage, ♨, 🛋s, ⬛, 🔲, 🌳 – 🛗, 🛌 Zim, 📺 ☎ 📞 🅿 🚗
🅿 – 🔬 200. 🎴 🕦 🗲 VISA 🛇 Rest
Menu à la carte 39/70 – **60 Z** 159/218 – ½ P 28.

🏠 **Am Kurpark** 🦢 garni, Kirschenweg 16, ✉ 74206, 𝒫 (07063) 9 77 70, Fax (07063) 977721, 🛋s, 🌳 – 📺 ☎ 📞 🅿 🗲 VISA
13. Dez. - 20. Jan. geschl. – **8 Z** 95/190.

🏡 **Sonne** (mit Gästehaus), Hauptstr. 87, ✉ 74206, 𝒫 (07063) 2 45, Fax (07063) 6591, 🍴 – 📺 ☎ 🗲 VISA
21. Dez. - 15. Jan. geschl. – **Menu** (Sonntagabend und Donnerstag geschl.) à la carte 46/70 – **18 Z** 90/150.

🍴 **Alt-Wimpfener Stuben,** Carl-Ulrich-Str. 1, ✉ 74206, 𝒫 (07063) 97 21 12, Fax (07063) 972020 – 🅿. 🗲 VISA
Montagmittag und Dienstagmittag geschl. – **Menu** à la carte 30/60.

WIMSHEIM Baden-Württemberg siehe Pforzheim.

WINCHERINGEN Rheinland-Pfalz 🔢 R 3 – 1 400 Ew – Höhe 220 m.
Ausflugsziel : Nennig (Mosaikfußboden★★ der ehem. Römischen Villa) S : 12 km.
Berlin 751 – Mainz 189 – Luxembourg 34 – Saarburg 13 – Trier 32.

🍴🍴 **Haus Moselblick** mit Zim, Am Mühlenberg 1, ✉ 54457, 𝒫 (06583) 2 88, Fax (06583) 1538, ≼ Moseltal, 🍴 – ☎ 🅿 🗲 VISA
Jan. geschl. – **Menu** (Dienstag geschl.) à la carte 34/65 ♨ – **5 Z** 48/90.

WINDECK Nordrhein-Westfalen 🔢 N 6, 🔢 ㉘ – 20 100 Ew – Höhe 95 m.
🛈 Verkehrsverein, Rathausstr. 10 (Rosbach), ✉ 51570, 𝒫 (02292) 1 94 33, Fax (02292) 601300.
Berlin 592 – Düsseldorf 114 – Bonn 62 – Limburg an der Lahn 71 – Koblenz 77.

In Windeck-Mauel :

🏡 **Gasthof Willmeroth,** Preschlinallee 11, ✉ 51570, 𝒫 (02292) 9 13 30, Fax (02292) 913333, Biergarten, 🛋s – 📺 ☎ 📞 🅿 🗲
Okt. geschl. – **Menu** (Mittwoch geschl.) à la carte 33/50 – **26 Z** 55/130.

In Windeck-Rosbach :

🍴 **Zur Post,** Hauptstr. 13, ✉ 51570, 𝒫 (02292) 51 51, Fax (02292) 67203 – 🅿. 🛇
Montag - Dienstag und Juli - Aug. 3 Wochen geschl. – **Menu** à la carte 45/79.

In Windeck-Schladern :

🏡 **Bergischer Hof,** Elmoresstr. 8, ✉ 51570, 𝒫 (02292) 22 83, Fax (02292) 930535, 🌳 – 📺 ☎ 🚗 🅿 – 🔬 40. 🎴 🗲 VISA. 🛇 Zim
Juli geschl. – **Menu** (Sonntagabend - Montag geschl.) à la carte 26/55 – **19 Z** 68/140 – ½ P 25.

WINDELSBACH Bayern siehe Rothenburg ob der Tauber.

WINDEN Baden-Württemberg 🔢 V 8 – 2 700 Ew – Höhe 320 m – Erholungsort.
🛈 Verkehrsamt, Bahnhofstr. 1, ✉ 79297, 𝒫 (07682) 63 95, Fax (07682) 6399.
Berlin 771 – Stuttgart 192 – Freiburg im Breisgau 35 – Offenburg 46.

In Winden-Oberwinden :

🏠🏠 **Elztal-Hotel Schwarzbauernhof** 🦢, Rüttlersberg 5 (S : 2 km, über Bahnhofstr.), ✉ 79297, 𝒫 (07682) 9 11 40, Fax (07682) 911499, ≼, « Freizeit- und Außenanlagen », Massage, 🍴, 🛋s, 🔲, 🌳, 🍴 – 🛗 📺 🏊 🚗 🅿 – 🔬 25. 🛇 Rest
Mitte Nov. - Mitte Dez. geschl. – (Restaurant nur für Hausgäste) – **60 Z** 115/310 – ½ P 25.

🏠 **Lindenhof,** Bahnhofstr. 14, ⊠ 79297, ℰ (07682) 3 69, Fax (07682) 544, 斎, ⇔, ◩
– 📺 ☎ ⇔ ℗. 🄴 *VISA*
Menu *(Dienstag geschl.)* à la carte 37/72 ⅃ – **20 Z** 70/140 – ½ P 20.

🏠 **Waldhorn,** Hauptstr. 27 (B 294), ⊠ 79297, ℰ (07682) 91 82 10, Fax (07682) 6635, 斎
– ⇔ ℗. *VISA*. ⅍ Rest
16. - 25. Feb. geschl. – **Menu** *(Mittwochabend - Donnerstag geschl.)* à la carte 36/62 ⅃
– **27 Z** 58/115 – ½ P 18.

WINDHAGEN *Nordrhein-Westfalen siehe Honnef, Bad.*

WINDISCHESCHENBACH *Bayern* 🄰🄴🄾 *Q 20,* 🄹🄸🄾 ㉙ – *6 200 Ew – Höhe 428 m.*
🄱 *Verkehrsamt, Hauptstr. 34,* ⊠ *92670,* ℰ *(09681) 40 12 40, Fax (09681) 401100.*
Berlin 392 – München 261 – Bayreuth 49 – Nürnberg 115.

🏠 **Weißer Schwan,** Pfarrplatz 1, ⊠ 92670, ℰ (09681) 12 30, Fax (09681) 1466, ⇔ –
☎
⇔ Menu *(20. Dez. - 7. Jan., Sonntagabend und Samstag geschl.)* à la carte 21/45 – **20 Z** 50/85.

In Windischeschenbach-Neuhaus *O : 1 km :*

🏠 **Zum Waldnaabtal** (mit Gästehaus), Marktplatz 1, ⊠ 92670, ℰ (09681) 37 11,
⇔ Fax (09681) 3903, ⇔, ⌂ – 📺 ☎ ⇔ ℗. 🄰🄴 ⓞ 🄴 *VISA*
Feb. 2 Wochen geschl. – **Menu** *(Freitag geschl.)* à la carte 19/37 – **21 Z** 44/78.

WINDORF *Bayern* 🄰🄴🄾 *U 23 – 4 300 Ew – Höhe 306 m.*
Berlin 587 – München 181 – Passau 20 – Regensburg 104 – Straubing 72.

In Windorf-Rathsmannsdorf *NO : 4,5 km :*

🏠 **Zur Alten Post,** Schloßplatz 5, ⊠ 94565, ℰ (08546) 10 37, Fax (08546) 2483, 斎 –
⇔ ℗ – ⚖ 60. 🄰🄴 🄴. ⅍ Zim
Menu *(Montag geschl.)* à la carte 24/54 – **32 Z** 50/162.

WINDSHEIM, BAD *Bayern* 🄰🄹🄾 🄰🄴🄾 *R 15,* 🄹🄸🄾 ㉘ – *12 500 Ew – Höhe 321 m – Heilbad.*
🄸 *Am Weinturm 2,* ℰ *50 27.*
🄱 *Tourist-Information, Rathaus, Marktplatz,* ⊠ *91438,* ℰ *(09841) 40 20, Fax (09841)*
40299.
Berlin 475 – München 236 – Nürnberg 68 – Bamberg 72 – Ansbach 33 – Würzburg 57.

🏨 **Reichsstadt,** Pfarrgasse 20, ⊠ 91438, ℰ (09841) 90 70, Fax (09841) 7447, 斎, ⇔
– 🛗, ⅍ Zim, 📺 ☎ ⅋ ⇔ – ⚖ 50. 🄰🄴 ⓞ 🄴 *VISA* *JCB*
Menu à la carte 38/64 – **47 Z** 105/250 – ½ P 35.

🏨 **Kurhotel Residenz** ⑊, Erkenbrechtallee 33, ⊠ 91438, ℰ (09841) 9 10,
Fax (09841) 912663, 斎, Massage, ♨, ⇔, ◩, ⌂ – 🛗 ⅍ 📺 ☎ ⅋ ℗ – ⚖ 300. 🄰🄴
ⓞ 🄴 *VISA*
Menu à la carte 41/63 – **119 Z** 132/228 – ½ P 26.

🏨 Reichel's Parkhotel ⑊, Am Stauchbrunnen 7, ⊠ 91438, ℰ (09841) 40 50,
Fax (09841) 405350, ⌂ – 🛗 📺 ☎ ℗. ⅍ Rest
(Restaurant nur für Hausgäste) – **32 Z**.

🏠 **Goldener Schwan,** Rothenburger Str. 5, ⊠ 91438, ℰ (09841) 50 61,
Fax (09841) 79440 – 📺 ☎. 🄴
Menu *(Mittwoch und 27. Dez.- 25. Jan. geschl.)* à la carte 26/58 – **22 Z** 70/120 – ½ P 27.

🏠 **Zum Storchen,** Weinmarkt 6, ⊠ 91438, ℰ (09841) 20 11, Fax (09841) 7140, 斎 –
📺 ☎. 🄰🄴 ⓞ 🄴 *VISA*
Menu *(Montag geschl.)* à la carte 29/50 – **20 Z** 67/130 – ½ P 24.

WINGERODE *Thüringen* 🄰🄹🄸 *L 14 – 1 200 Ew – Höhe 290 m.*
Berlin 305 – Erfurt 90 – Göttingen 47 – Nordhausen 43 – Mühlausen 47.

🏠 **Keppler's Ecke,** Hauptstr. 52, ⊠ 37327, ℰ (03605) 50 16 66, Fax (03605) 501668 –
⇔ 📺 ☎. 🄴
Menu à la carte 23/40 – **15 Z** 70/110.

WINGST *Niedersachsen* 🄰🄹🄵 *E 11 – 3 500 Ew – Höhe 25 m – Luftkurort.*
🄱 *Kurverwaltung, Dorfgemeinschaftshaus Dobrock,* ⊠ *21789,* ℰ *(04778) 8 12 00,*
Fax (04778) 812029.
Berlin 383 – Hannover 218 – Bremerhaven 54 – Cuxhaven 39 – Hamburg 97.

🏛 **Waldschlößchen Dobrock** ⑤, Wassermühle 7, ☒ 21789, ℰ (04778) 8 00 80, Fax (04778) 800888, 🍴, « Park », ≘s, 🔲, 🐾, 🍽 – 🔲 ☎ 🚗 🄿 – 🛔 180. 🅰🅴 ⓞ
E VISA
Menu à la carte 37/61 – **44 Z** 99/220 – ½ P 25.

🏠 **Peter** (mit Gästehaus), Bahnhofstr. 1 (B 73), ☒ 21789, ℰ (04778) 2 79, Fax (04778) 7474, 🐾 – 🄿
Jan. geschl. – **Menu** (Mittwoch - Donnerstag geschl.) (wochentags nur Abendessen) à la carte 28/54 – **29 Z** 75/150.

WINKLARN Bayern siehe Rötz.

WINNENDEN Baden-Württemberg 419 T 12, 987 ㊳ – 21 600 Ew – Höhe 292 m.
Berlin 599 – Stuttgart 26 – Schwäbisch Gmünd 44 – Schwäbisch Hall 48.

In Winnenden-Birkmannsweiler SO : 3 km :

🏠 **Heubach-Krone,** Hauptstr. 99, ☒ 71364, ℰ (07195) 78 53, Fax (07195) 71359 – 🔲
☎ 🚗 🄿
Aug. 3 Wochen geschl. – **Menu** (Dienstag - Mittwoch geschl.) à la carte 32/62 – **12 Z** 68/95.

In Winnenden-Bürg NO : 4,5 km :

🏛 **Schöne Aussicht** ⑤, Neuffenstr. 18, ☒ 71364, ℰ (07195) 7 11 67, Fax (07195) 75751, ≤ Winnenden und Umgebung, 🍴 – 🔲 ☎ 🄿. 🅰🅴 E VISA. ⚒ Rest
Menu (Montag geschl.) à la carte 30/69 ⚑ – **16 Z** 105/155.

In Winnenden-Hanweiler S : 3 km :

🍴 **Traube** mit Zim, Weinstr. 59, ☒ 71364, ℰ (07195) 33 10, 🍴 – 🔲 🄿
über Fasching 2 Wochen und Juli - Aug. 3 Wochen geschl. – **Menu** (Dienstag - Mittwoch geschl.) à la carte 34/57 ⚑ – **6 Z** 70/120.

In Berglen-Lehnenberg SO : 6 km :

🏛 **Blessings Landhotel,** Lessingstr. 13, ☒ 73663, ℰ (07195) 78 11, Fax (07195) 74099, ≤, 🍴 – 🔲 ☎ 🄿 – 🛔 40. 🅰🅴 E VISA
Menu (Donnerstag geschl.) à la carte 32/68 ⚑ – **25 Z** 98/158.

WINNINGEN Rheinland-Pfalz 417 P 6 – 2 700 Ew – Höhe 75 m.
🄴 Verkehrsverein, Rathaus, August-Horch-Str. 3, ☒ 56333, ℰ (02606) 22 14, Fax (02606) 347.
Berlin 612 – Mainz 111 – Koblenz 13 – Cochem 38.

🏛 **Moselblick,** an der B 416, ☒ 56333, ℰ (02606) 22 75, Fax (02606) 1343, ≤, Biergarten – 📶, ⚒ Zim, 🔲 ☎ 🄿 – 🛔 40. 🅰🅴 ⓞ E VISA
Menu à la carte 32/65 – **34 Z** 110/200.

WINTERBACH Baden-Württemberg siehe Schorndorf.

WINTERBERG Nordrhein-Westfalen 417 M 9, 987 ㉗ – 15 000 Ew – Höhe 700 m – Heilklimatischer Kurort – Wintersport : 672/841 m ⚓51 ⚓20.
🏌 Winterberg, In der Büre (NW : 3 km), ℰ (02981) 17 70.
🄴 Kurverwaltung, Hauptstr. 1, ☒ 59955, ℰ (02981) 9 25 00, Fax (02981) 925024.
Berlin 482 – Düsseldorf 186 – Marburg 60 – Paderborn 79 – Siegen 69.

🏛 **Leisse** 🅼, Am Waltenberg 2, ☒ 59955, ℰ (02981) 73 64, Fax (02981) 3199, 🍴 – 🔲 ☎ 🄿. E
Menu à la carte 33/65 – **18 Z** 80/240, 3 Suiten.

🏛 **Waldhaus** ⑤, Kiefernweg 12, ☒ 59955, ℰ (02981) 20 42, Fax (02981) 3670, ≤, 🍴, ≘s, 🔲, 🐾 – 📶, ⚒ Zim, 🔲 ☎ 🄿. 🅰🅴 E VISA
Menu à la carte 50/73 – **20 Z** 90/240 – ½ P 38.

🏠 **Engemann-Kurve,** Haarfelder Str. 10 (B 480), ☒ 59955, ℰ (02981) 4 14, Fax (02981) 3504, ≘s, 🔲 – 🔲 ☎ 🚗 🄿
Mai 3 Wochen geschl. – (Restaurant nur für Hausgäste) – **18 Z** 85/170 – ½ P 25.

🏠 **Zur Sonne,** Schneilstr. 1, ☒ 59955, ℰ (02981) 14 68, Fax (02981) 3568, 🍴 – 🔲 🄿. ⚒ Rest
15. - 30. April geschl. – **Menu** (Dienstag geschl.) à la carte 33/55 – **14 Z** 70/150 – ½ P 20.

🏠 **Steymann,** Schneilstr. 4, ☒ 59955, ℰ (02981) 70 05, Fax (02981) 3619, ≘s, 🔲, 🐾 – ☎ 🄿. 🅰🅴 ⓞ E VISA. ⚒ Rest
Menu à la carte 37/65 – **35 Z** 75/150 – ½ P 25.

In Winterberg-Altastenberg *W : 5 km :*

🏨🏨🏨 **Berghotel Astenkrone** Ⓜ ⚘, Astenstr 24, ✉ 59955, ℰ (02981) 80 90, *Fax (02981) 809198*, ≤, 🏠, Massage, 🛁, ≋, 🔲 – 🛗 📺 ⅙ ⇔ Ⓟ – 🏛 100. 🆎 ⓞ
🗜 *VISA*. ⅙ Rest
Menu à la carte 51/80 – **40 Z** 148/300.

🏨 **Sporthotel Kirchmeier** ⚘, Renauweg 54, ✉ 59955, ℰ (02981) 80 50, *Fax (02981) 805111*, ≤, 🏠, Biergarten, ≋, 🔲, ⚐ (Halle) – 🛗 📺 ☎ Ⓟ – 🏛 200. 🆎
ⓞ 🗜 *VISA* 🇯🇨🇧. ⅙ Rest
Juli geschl. – **Menu** à la carte 33/68 – **108 Z** 97/198 – ½ P 35.

🏨 **Haus Clemens** ⚘, Renauweg 48, ✉ 59955, ℰ (02981) 9 24 10, *Fax (02981) 924150*,
≋, 🔲, 🚿 – 📺 ☎ ⇔ Ⓟ. 🗜
12. Nov. - 25. Dez. geschl. – **Menu** *(Montag geschl.)* à la carte 30/75 – **15 Z** 60/160 –
½ P 22.

In Winterberg-Hildfeld *NO : 7 km :*

🏨 **Heidehotel** ⚘, Am Ufer 13, ✉ 59955, ℰ (02985) 80 30, *Fax (02985) 345*, ≤, 🏠, ≋,
🔲, 🚿 – ⅙ Zim, 📺 ☎ Ⓟ – 🏛 50. 🆎 🗜 *VISA*. ⅙ Rest
Menu à la carte 33/60 – **44 Z** 97/210 – ½ P 25.

In Winterberg-Niedersfeld *N : 8,5 km :*

🏨 **Cramer,** Ruhrstr. 50 (B 480), ✉ 59955, ℰ (02985) 4 71, *Fax (02985) 1528*, 🏠, ≋,
🔲, 🚿 – 📺 ☎ ⇔ Ⓟ – 🏛 20. 🆎 ⓞ 🗜 *VISA*. ⅙ Rest
18. Juli - 4. Aug. und 21. - 25. Dez. geschl. – **Menu** *(Montag geschl.)* à la carte 35/66 –
26 Z 90/200 – ½ P 25.

In Winterberg-Siedlinghausen *NW : 10 km :*

🏨 **Schulte-Werneke** ⚘, Alter Hagen 1, ✉ 59955, ℰ (02983) 82 66, *Fax (02983) 1221*,
🏠, Biergarten, « Garten mit Teich » – ⇔ Ⓟ. ⅙ Rest
März und Nov. jeweils 2 Wochen geschl. – **Menu** *(Montag geschl.)* (nur Abendessen)
à la carte 34/53 – **23 Z** 75/190 – ½ P 25.

In Winterberg-Silbach *NW : 7 km :*

🏨 **Büker,** Bergfreiheit 56, ✉ 59955, ℰ (02983) 3 87, *Fax (02983) 540*, ≋, 🔲 – ☎ Ⓟ
– 🏛 25. 🆎 ⓞ 🗜 *VISA*
6. - 30. April und 23. Nov. - 25. Dez. geschl. – **Menu** *(Mittwoch geschl.)* à la carte 29/50
– **19 Z** 83/165 – ½ P 21/23.

Unsere Hotel-, Reiseführer und Straßenkarten ergänzen sich.
Benutzen Sie sie zusammen.

WINTERSTEIN *Thüringen* 🔢🔢🔢 *N 15 – 950 Ew – Höhe 360 m.*
Berlin 347 – Erfurt 56 – Eisenach 21 – Schmalkalden 30.

🏨 **Wintersteiner Hof,** Liebensteiner Str. 1, ✉ 99891, ℰ (036259) 56 10,
⇔ *Fax (036259) 56110*, 🏠, ≋, 🚿 – 📺 ☎ Ⓟ – 🏛 35. 🆎 ⓞ 🗜 *VISA* 🇯🇨🇧
Menu à la carte 24/46 – **24 Z** 80/130.

WINTZINGERODE *Thüringen siehe Worbis.*

WIPPERFÜRTH *Nordrhein-Westfalen* 🔢🔢🔢 *M 6,* 🔢🔢🔢 ㉖ *– 21 700 Ew – Höhe 275 m.*
Berlin 550 – Düsseldorf 72 – Köln 50 – Lüdenscheid 27 – Remscheid 20.

In Wipperfürth-Neye *NW : 1 km :*

🍴🍴 **Landhaus Alte Mühle** ⚘ mit Zim, Neyetal 2, ✉ 51688, ℰ (02267) 8 86 90,
Fax (02267) 886950, ≤, 🏠, « Rustikale Einrichtung » – 📺 ☎ Ⓟ – 🏛 30. 🆎 ⓞ 🗜
VISA
Menu *(Donnerstag geschl.)* à la carte 44/65 – **6 Z** 100/150.

In Wipperfürth-Wasserfuhr *NO : 4 km Richtung Halver :*

🏨 **Haus Koppelberg,** ✉ 51688, ℰ (02267) 50 51, *Fax (02267) 2842*,
« Gartenterrasse », 🚿 – ☎ Ⓟ. 🆎 🗜 *VISA*
Menu *(Montag geschl.)* à la carte 30/58 – **15 Z** 65/100.

WIRGES *Rheinland-Pfalz siehe Montabaur.*

WIRSBERG Bayern 🔢🔢 P 18 – 2 000 Ew – Höhe 355 m – Luftkurort.

🔢 Kurverwaltung, Rathaus, Sessenreuther Str. 2, ✉95339, ✆ (09227) 9 32 20, Fax (09227) 93290.

Berlin 341 – München 250 – Coburg 60 – Hof 41 – Bayreuth 21.

🏨 **Reiterhof Wirsberg** ⌖, Sessenreuther Str. 50 (SO : 1 km), ✉ 95339, ✆ (09227) 20 40, Fax (09227) 7058, ≤, ⌂, Massage, ₤₆, ≘s, 🔲, ⌖, ⌖, ⌖ (Halle) – 🔣 🔲 ⌖ ❶ – 🔏 60. 🔲 ⑩ 🔳 𝘝𝘐𝘚𝘈
Menu à la carte 36/70 – **51 Z** 134/255 – ½ P 40.

🏨 **Hermann's Romantik Posthotel,** Marktplatz 11, ✉ 95339, ✆ (09227) 20 80, Fax (09227) 5860, ⌂, ₤₆, ≘s, 🔲 – 🔣, ⌖ Zim, 🔲 ❶ – 🔏 35. 🔲 ⑩ 🔳 𝘝𝘐𝘚𝘈
Menu 39/78 und à la carte 51/76 – **47 Z** 118/338, 6 Suiten – ½ P 45.

🏠 **Hereth,** Hauptstr. 15, ✉ 95339, ✆ (09227) 9 41 90, Fax (09227) 941919, Biergarten
🔲 – 🔲 ☎ ❶
Jan. 2 Wochen geschl. – **Menu** (Mittwoch geschl.) à la carte 23/35 – **15 Z** 60/110.

WISMAR Mecklenburg-Vorpommern 🔢🔢 E 18, 🔢 ⑥ – 52 000 Ew – Höhe 14 m.

Sehenswert : Marktplatz★ – Nikolaikirche★ (Altar der Krämergilde★) – Wasserkunst★ – Schabbelhaus★.

Ausflugsziel : Neukloster★ SO : 18 Km.

🔢 Hohen Wieschendorf (NW : 14 km), ✆ (038428) 4 82.

🔢 Tourist-Information, Stadthaus, Am Markt 11, ✉ 23966, ✆ (03841) 1 94 33, Fax (03841) 251819.

Berlin 234 – Schwerin 32 – Rostock 52 – Lübeck 59.

🏨 **Stadt Hamburg** 🅼, Am Markt 24, ✉ 23966, ✆ (03841) 23 90, Fax (03841) 239239, ⌂, ≘s – 🔣, 🔲 🔲 ☎ ⌖ ❶ – 🔏 90. 🔲 ⑩ 🔳 𝘝𝘐𝘚𝘈. ⌖ Rest
Menu à la carte 40/62 – **104 Z** 145/245.

🏨 **Alter Speicher,** Bohrstr. 12, ✉ 23966, ✆ (03841) 21 17 46, Fax (03841) 211747, ⌂, ≘s – 🔣, ⌖ Zim, 🔲 ☎ ⌖ ❶ – 🔏 50. ⑩ 🔳 𝘝𝘐𝘚𝘈 𝘑𝘊𝘉. ⌖ Rest
23.- 27. Dez. geschl. – **Menu** à la carte 31/76 – **75 Z** 130/250.

🏨 **Willert** garni, Schweriner Str. 9, ✉ 23970, ✆ (03841) 2 61 20, Fax (03841) 210059 – 🔲 ☎ ❶. 🔲 🔳 𝘝𝘐𝘚𝘈
15 Z 90/160.

🏨 **Am Alten Hafen** 🅼 garni, Spiegelberg 61, ✉ 23966, ✆ (03841) 42 60, Fax (03841) 426666 – 🔣 ⌖ 🔲 ☎ ⌖ ❶ – 🔏 15. 🔲
40 Z 85/155.

🏠 **Altes Brauhaus** garni, Lübsche Str. 37, ✉ 23966, ✆ (03841) 21 14 16, Fax (03841) 283223 – 🔲 ☎ ♿. 🔲 🔳 𝘝𝘐𝘚𝘈
16 Z 95/160.

🏠 **Reingard,** Weberstr. 18, ✉ 23966, ✆ (03841) 28 49 72, Fax (03841) 213497, « Individuelle Einrichtung » – 🔲 ☎ ❶. 🔲 🔳 𝘝𝘐𝘚𝘈
(Restaurant nur für Hausgäste) – **13 Z** 120/185.

in Wismar-Wendorf, Bad NO : 2 km :

🏨 **Seeblick** ⌖, Ernst-Scheel-Str. 27, ✉ 23968, ✆ (03841) 6 27 40, Fax (03841) 6274666, ⌂ – ⌖ Zim, 🔲 ☎ ⌖ ❶ – 🔏 100. 🔲 🔳 𝘝𝘐𝘚𝘈. ⌖
Menu à la carte 27/41 – **18 Z** 110/180.

In Gägelow NW : 7 km :

🏨 **Treff Hotel Wismar** 🅼, Bellvue 15 (Industriegebiet), ✉ 23968, ✆ (03841) 66 00, Fax (03841) 660500, ⌂, ≘s, 🔲 – 🔣, ⌖ Zim, 🔲 🔲 ⌖ ♿ ❶ – 🔏 280. 🔲 ⑩ 🔳 𝘝𝘐𝘚𝘈. ⌖ Rest
Menu à la carte 31/59 – **180 Z** 125/220.

In Rüggow NO : 6 km :

🏨 **Aridus** garni, Rüggower Weg 17, ✉ 23970, ✆ (03841) 23 20, Fax (03841) 232200, ₤₆, ≘s – 🔲 ☎ ♿ ❶ – 🔏 60. 🔲 🔳 𝘝𝘐𝘚𝘈
39 Z 99/135.

🏠 **Landhaus Streeck,** An der B 105, ✉ 23970, ✆ (03841) 21 39 62, Fax (03841) 282200, ⌂ – 🔲 ☎ ❶ – 🔏 40. 🔲 ⑩ 🔳 𝘝𝘐𝘚𝘈
Menu à la carte 26/59 – **18 Z** 80/130.

In Groß Strömkendorf NO : 10 km :

🏨 **Schäfer Eck,** ✉ 23974, ✆ (038427) 29 10, Fax (038427) 263, ⌂, ≘s – ⌖ Zim, 🔲 ☎ ❶ – 🔏 50. 🔲 🔳 𝘝𝘐𝘚𝘈
Menu à la carte 33/45 – **36 Z** 85/185.

WISSEN Rheinland-Pfalz **417** N 7, **987** ⑳ – 9 000 Ew – Höhe 155 m – Luftkurort.
Berlin 588 – Mainz 127 – Bonn 69 – Limburg an der Lahn 67 – Siegen 39 – Köln 82.

🏠 **Nassauer Hof**, Nassauer Str. 2, ⊠ 57537, ℘ (02742) 9 34 00, Fax (02742) 934099,
Biergarten – ⇔ Zim, 📺 ☎ ✆ ⇔ ℗. 🆔 ⑩ 🅴 *VISA*
Menu *(Samstagmittag und Sonntagabend - Montagmittag geschl.)* à la carte 29/60 – **16 Z**
85/130.

🏠 **Ambiente** garni, Hockelbachstr. 2, ⊠ 57537, ℘ (02742) 9 32 40, Fax (02742) 932417
– 📺 ☎ ℗. 🆔 ⑩ 🅴 *VISA*
8 **Z** 95/140.

WITTDÜN Schleswig-Holstein siehe Amrum (Insel).

WITTEN Nordrhein-Westfalen **417** L 6, **987** ⑮ – 107 000 Ew – Höhe 80 m.
🛈 Verkehrsverein, Ruhrstr. 43, ⊠58452, ℘ (02302) 5 81 13 08, Fax (02302) 12236.
Berlin 510 – Düsseldorf 59 – Bochum 10 – Dortmund 21 – Hagen 17.

🏠🏠 **Parkhotel**, Bergerstr. 23, ⊠ 58452, ℘ (02302) 58 80, Fax (02302) 588555, 🈞,
Massage, ♨, ⇌, 🔲 – ⧈ 📺 ☎ ℗ – 🔏 70. 🆔 ⑩ 🅴 *VISA*
Menu à la carte 35/64 – **73 Z** 167/210.

In Witten-Annen :

☂ **Specht**, Westfalenstr. 104, ⊠ 58453, ℘ (02302) 67 13, Fax (02302) 60041, Biergarten
⊗ – 📺 ☎ ⇔ ℗. ⅏ 7im
Menu *(Sonn- und Feiertage sowie Mitte Juli - Mitte Aug. geschl.)* *(nur Abendessen)* à la carte
24/40 – **17 Z** 65/140.

WITTENBECK Mecklenburg-Vorpommern siehe Kühlungsborn.

WITTENBERG (LUTHERSTADT) Sachsen-Anhalt **418** K 21, **984** ⑲, **987** ⑱ – 55 000 Ew –
Höhe 65 m.
Sehenswert : Markt★ – Lutherhalle★ – Schloßkirche★ – Stadtkirche *(Reformations-
Altar★)*.
Ausflugsziel : Wörlitz : Wörlitzer Park★★, Schloß Wörlitz★, Gotisches Haus★ *(Schweizer
Glasmalereien★)* *(W : 20 km)*.
🛈 Wittenberg-Information, Schloßplatz 2, ⊠06886, ℘ (03491) 49 86 10, Fax (03491)
498611
Berlin 108 – Magdeburg 87 – Leipzig 66 – Dresden 151 – Dessau 36.

🏠🏠 **Park Inn** Ⓜ, Neustr. 7, ⊠ 06886, ℘ (03491) 46 10, Fax (03491) 461200 – ⧈, ⇔ Zim,
📺 ☎ ✆ ♿ ⇔ – 🔏 90. 🆔 ⑩ 🅴 *VISA* *JCB*
Menu à la carte 34/53 – **170 Z** 155/230.

In Wittenberg-Apollensdorf W : 6 km :

🏠🏠 **Sorat**, Braunsdorfer Str. 19, ⊠ 06886, ℘ (03491) 64 00, Fax (03491) 640640, 🈞, ⇌
– ⧈, ⇔ Zim, 📺 ☎ ✆ ℗ – 🔏 70. 🆔 ⑩ 🅴 *VISA* *JCB*. ⅏ Rest
Menu à la carte 29/50 – **80 Z** 120/190.

In Wittenberg-Piesteritz W : 3 Km :

❌ **Klabautermann** mit Zim, Dessauerstr. 93, ⊠ 06886, ℘ (03491) 66 21 49,
Fax (03491) 662149 – 📺 ☎ ℗. 🆔 ⑩ 🅴 *VISA*
Menu *(Sonntagabend geschl.)* *(überwiegend Fischgerichte)* à la carte 36/75 – **7 Z** 85/120.

In Wittenberg-Reinsdorf NW : 4 km :

🏠 **Grüne Tanne** ⤳, Am Teich 1 *(im OT Braunsdorf W : 2 km)*, ⊠ 06896, ℘ (03491) 62 90,
Fax (03491) 629250, 🈞, ⇌, ⇌ – ⇔ Zim, 📺 ☎ ℗ – 🔏 20. 🆔 ⑩ 🅴 *VISA*
Menu *(Montag - Freitag nur Abendessen)* à la carte 27/44 – **40 Z** 78/180.

WITTENBERGE Brandenburg **416** G 19, **984** ⑪, **987** ⑰ – 25 000 Ew – Höhe 24 m.
Berlin 150 – Potsdam 138 – Schwerin 89 – Stendal 51.

🏠🏠 **Am Stern** garni, Turmstr. 14, ⊠ 19322, ℘ (03877) 98 90, Fax (03877) 989100 – ⧈,
⇔ Zim, 📺 ☎ ✆ ♿ ℗ – 🔏 15. 🆔 ⑩ 🅴 *VISA*
33 Z 110/170.

🏠 **Prignitz** garni, Bismarckplatz 2, ⊠ 19322, ℘ (03877) 9 28 70, Fax (03877) 928777 –
⧈ ⇔ 📺 ☎ ℗. 🅴
30 Z 70/134.

WITTINGEN Niedersachsen 🔲🔲 H 16, 🔲🔲 ⑰ – 12 000 Ew – Höhe 80 m.

Berlin 265 – Hannover 93 – Schwerin 149 – Celle 50 – Lüneburg 64 – Braunschweig 65.

🏠 **Nöhre,** Bahnhofstr. 2 (B 244), ✉ 29378, 🖋 (05831) 2 92 50, Fax (05831) 292530 – 📺
☎ 🅿. ℡ ⬛ 📠. 🦐
Menu (Sonntag geschl.) (nur Abendessen) à la carte 30/55 – **14 Z** 86/130.

🍴 **Stadthalle,** Schützenstr. 21, ✉ 29378, 🖋 (05831) 3 46, Fax (05831) 7189, ☂ – 🅿
🦐 – 🏛 80
Mittwoch geschl. – **Menu** à la carte 24/55.

WITTLICH Rheinland-Pfalz 🔲🔲 Q 4, 🔲🔲 ㉕ ㉖ – 17 300 Ew – Höhe 155 m.

🛈 Tourist-Information, Neustr. 6, ✉ 54516, 🖋 (06571) 40 86, Fax (06571) 6417.

Berlin 681 – Mainz 129 – Koblenz 91 – Trier 37.

🏨 **Lindenhof** 🦐, Am Mundwald (S : 2 km), ✉ 54516, 🖋 (06571) 69 20, Fax (06571)
692502, ≤, ☂, ⛴, 🔲 – 🛗 📺 ☎ 🅿 – 🏛 250. ℡ ⬛ ⬛ 📠
Menu à la carte 36/74 – **37 Z** 124/194.

🏠 **Wittlicher Hof,** Trierer Str. 29, ✉ 54518, 🖋 (06571) 9 77 70, Fax (06571) 977777 –
📺 ☎ 📞 🅿. ℡ ⬛ ⬛ 📠
Menu à la carte 28/59 – **11 Z** 98/168.

🏠 **Well** garni, Marktplatz 5, ✉ 54516, 🖋 (06571) 9 11 90, Fax (06571) 911950 – 🛗 📺 ☎
🚗, ℡ ⬛ ⬛ 📠
20 Z 75/150.

In Dreis SW : 8 km :

🍴🍴 **Waldhotel Sonnora** 🦐 mit Zim, Auf dem Eichelfeld, ✉ 54518, 🖋 (06578) 4 06,
❀❀ Fax (06578) 1402, ≤, « Garten » – 📺 ☎ 🅿. ℡ ⬛ 📠. 🦐
Jan. geschl. – **Menu** (Montag - Dienstag geschl.) (Tischbestellung ratsam) 145/175 und à
la carte 100/145 – **20 Z** 100/300
Spez. Hummermedaillons in gelierter Tomatenessenz. Kaisergranat im Kartoffelmantel fri-
tiert. Stubenkükenroulade mit Trüffel gespickt.

WITTMUND Niedersachsen 🔲🔲 F 7, 🔲🔲 ④ – 19 500 Ew – Höhe 8 m.

🛈 Tourist-Information, Am Markt 15 ✉ 26409, 🖋 (04462) 21 81, Fax (04462) 2182.

Berlin 496 – Hannover 237 – Emden 51 – Oldenburg 67 – Wilhelmshaven 26.

🏨 **Residenz am Schloßpark,** Am Markt 13, ✉ 26409, 🖋 (04462) 88 60,
Fax (04462) 886123, ☂, ⛴ – 🛗, ✥ Zim, 📺 ☎ 🚗 🅿 – 🏛 200. ℡ ⬛ ⬛ 📠
🦐 Rest
Menu à la carte 35/79 – **50 Z** 105/220.

WITTSTOCK Brandenburg 🔲🔲 G 21, 🔲🔲 ⑪, 🔲🔲 ⑱ – 14 000 Ew – Höhe 66 m.

🛈 Fremdenverkehrsbüro, Markt 1 (Rathaus), ✉ 16909, 🖋 (03394) 43 34 42, Fax (03394)
433620.

Berlin 108 – Potsdam 116 – Neubrandenburg 95 – Rostock 115 – Brandenburg 110.

🏨 **Stadt Hamburg,** Röbeler Str. 25, ✉ 16909, 🖋 (03394) 44 45 66, Fax (03394) 444566
🦐 – 🛗, ✥ Zim, 📺 ☎ 🅿 – 🏛 90. ℡ ⬛ ⬛ 📠
Menu à la carte 24/48 – **44 Z** 90/130.

🏠 **Am Röbler Thor,** Am Dosseteich 1, ✉ 16909, 🖋 (03394) 44 38 22,
Fax (03394) 443822, ☂ – 📺 ☎ 📞 🅿 – 🏛 30. ⬛ 📠
Menu à la carte 26/39 – **14 Z** 95/130.

🏠 **Deutsches Haus,** Kirchgasse 1 (Marktplatz), ✉ 16909, 🖋 (03394) 44 43 63,
🦐 Fax (03394) 444365 – ✥ Zim, 📺 ☎ 🅿
Menu à la carte 21/43 – **18 Z** 80/120.

In Sewekow NO : 17 km :

🏠 **Seehotel Ichlim** 🦐, Am Nebelsee, ✉ 16909, 🖋 (033966) 6 02 53,
Fax (033966) 60253, ☂, Massage, ♨, ⛴, 🐾, 🌳 – 📺 ☎ 🅿 – 🏛 15. ℡ ⬛ ⬛
📠
Menu à la carte 29/48 – **28 Z** 90/187.

CARTE STRADALI MICHELIN per la **Germania** : n° 🔲🔲 in scala 1/750 000

n° 🔲🔲 in scala 1/1 000 000

n° 🔲🔲-🔲🔲 in scala 1/300 000

WITZENHAUSEN Hessen 🔢🔢 L 13, 🔢🔢 ⑯ – 18 700 Ew – Höhe 140 m.

🄸 Städt. Verkehrsamt, Steinstr. 2, ✉ 37213, 𝄞 (05542) 5 08 13, Fax (05542) 50822.

Berlin 365 – Wiesbaden 248 – *Kassel 36* – Göttingen 26.

🏛 **Stadt Witzenhausen** 🅂 garni, Am Sande 8, ✉ 37213, 𝄞 (05542) 9 34 50, Fax (05542) 9345147 – |🛗| 📺 ☎ ⇔ 🅿 🅴 𝘝𝘐𝘚𝘈
32 Z 75/110.

🏛 **Zur Burg** garni, Oberburgstr. 10, ✉ 37213, 𝄞 (05542) 25 06, Fax (05542) 3200 – 📺 ☎ 🅿 🄰🄴 ⓞ 🅴 𝘝𝘐𝘚𝘈
22 Z 73/150.

In Witzenhausen-Dohrenbach *S : 4 km – Luftkurort :*

🏛 **Zur Warte** 🅂, Warteweg 1, ✉ 37216, 𝄞 (05542) 30 90, Fax (05542) 6681, 🍴, ⇔s,
⇔s 🔲, 🌫 – 📺 ☎ ⇔ 🅿 – 🕍 40
Menu *(Donnerstag geschl.)* à la carte 24/49 – **20 Z** 68/116.

WITZHAVE Schleswig-Holstein 🔢🔢 F 15 – 1 200 Ew – Höhe 45 m.

Berlin 260 – Kiel 98 – *Hamburg 29* – Lübeck 51.

🏛 **Pünjer,** Möllner Landstraße 9, ✉ 22969, 𝄞 (04104) 9 77 70, Fax (04104) 977755, 🍴,
🌫 – 📺 ☎ 🅿 🅴
Menu *(Samstag geschl.)* (nur Abendessen) à la carte 29/41 – **37 Z** 80/135.

WITZWORT Schleswig-Holstein *siehe Husum.*

WÖRISHOFEN, BAD Bayern 🔢🔢 V 15, 🔢🔢 ㊴ – 14 500 Ew – Höhe 626 m – Kneippheilbad.

🏌 Rieden, Schlingener Str. 27 (SO : 8 km), 𝄞 (08346) 7 77 ; 🏌 Türkheim, Augsburger Str. 51 (N : 9 km), 𝄞 (08245) 33 22.

🄸 Städt. Kurdirektion im Kurhaus, Hauptstr. 16, ✉ 86825, 𝄞 (08247) 96 90 55, Fax (08247) 32323.

Berlin 612 – München 80 – Augsburg 50 – Kempten (Allgäu) 55 – Memmingen 43.

🏨 **Kurhotel Residenz,** Bahnhofstr. 8, ✉ 86825, 𝄞 (08247) 35 20, Fax (08247) 352214, Massage, ♨, 🌡, ⇔s, 🔲 (geheizt), 🔲, 🌫 – |🛗| 📺 ⇔ 🅿 – 🕍 60. 🎉
Ende Nov. - Mitte Dez. geschl. – **Menu** à la carte 44/84 – **113 Z** 150/550, 13 Suiten – ½ P 25.

🏨 **Kneipp-Kurhotel Fontenay** 🅂, Eichwaldstr. 10, ✉ 86825, 𝄞 (08247) 30 60, Fax (08247) 306185, Massage, ♨, 🌡, ⇔s, 🔲, 🔲, 🌫 – |🛗| 🛁 📺 🅚 ⇔ 🄰🄴 🅴
🎉
(Restaurant nur für Hausgäste) – **60 Z** 140/480, 3 Suiten – ½ P 15.

🏨 **Kurhotel Tanneck** 🅂, Hartenthaler Str. 29, ✉ 86825, 𝄞 (08247) 30 70, Fax (08247) 307280, Massage, ♨, 🌡, 🌡, ⇔s, 🔲 (geheizt), 🔲, 🌫, 🎾 – |🛗| 🛁 📺 🅚 ♿ 🏌 ⇔ – 🕍 60. 🎉
(Restaurant nur für Hausgäste) – **110 Z** 115/400, 7 Suiten.

🏨 **Der Sonnenhof** 🄼 🅂, Hermann-Aust-Str. 11, ✉ 86825, 𝄞 (08247) 40 21, Fax (08247) 8938, Massage, ♨, 🌡, ⇔s, 🔲, 🌫 – |🛗| 📺 ⇔ 🅿 – 🕍 50. 🄰🄴 🅴.
🎉
Anfang Nov. - 20. Dez. geschl. – **Menu** à la carte 63/94 *(auch Diät)* – **96 Z** 115/305, 8 Suiten.

🏨 **Kurhotel Sonnengarten** 🅂, Adolf-Scholz-Allee 5, ✉ 86825, 𝄞 (08247) 30 90, Fax (08247) 1068, 🍴, Massage, ♨, 🌡, ⇔s, 🔲, 🌫 – |🛗| 🛁 Zim, 📺 ☎ ♿ ⇔ 🅿 – 🕍 100. 🄰🄴 🅴 𝘝𝘐𝘚𝘈. 🎉 Rest
Menu à la carte 39/75 – **78 Z** 110/355 – ½ P 33.

🏨 **Kurhotel Kreuzer** 🅂, F.-Kreuzer-Str. 1a, ✉ 86825, 𝄞 (08247) 35 30, Fax (08247) 353138, 🍴, Massage, ♨, 🌡, ⇔s, 🔲, 🌫 – |🛗| 📺 ☎ ♿ ⇔ 🅿. 🄰🄴 🅴 𝘝𝘐𝘚𝘈. 🎉 Rest
Ende Nov. - Ende Jan. geschl. – **Menu** à la carte 33/65 *(auch Diät und veget. Gerichte)* – **90 Z** 120/300, 6 Suiten – ½ P 30.

🏨 **Kurhotel Edelweiß** 🅂, Bürgermeister-Singer-Str. 11, ✉ 86825, 𝄞 (08247) 3 50 10, Fax (08247) 350175, 🌡, ♨, Massage, 🌡, ⇔s, 🔲, 🌫 – |🛗| 🅚 ☎ ⇔ 🅿. 🎉
Ende Nov. - Anfang Jan. geschl. – *(Restaurant nur für Hausgäste)* – **52 Z** 90/190 – ½ P 20.

🏨 **Kurhotel Eichinger** 🅂, Hartenthaler Str. 22, ✉ 86825, 𝄞 (08247) 3 90 30, Fax (08247) 390388, Massage, 🌡, ⇔s, 🔲, 🌫 – |🛗| ☎ ⇔ 🅿. 🎉 Rest
Mitte Nov. - Mitte Dez. geschl. – *(Restaurant nur für Hausgäste)* – **40 Z** 75/170 – ½ P 25.

🏨 **Kurhotel Eichwald** ♨, Eichwaldstr. 20, ✉ 86825, 🖉 (08247) 60 94, Fax (08247) 6679, ㈜, Massage, ▲, ⇔s, 🖵, 🖙 – 🕸 📺 ☎ ⇐ 🅿. ⚄ Rest
15. Nov. - 22. Dez. geschl. – **Menu** à la carte 32/66 (auch Diät) – **53 Z** 90/200.

🏨 **Kurhotel Brandl** ♨, Hildegardstr. 3, ✉ 86825, 🖉 (08247) 3 90 90, Fax (08247) 390990, Massage, ⚕, ▲, ⇔s, 🖵 – 🕸 📺 ☎ ✆ 🅿. ⚄ Rest
Ende Nov. - 20. Dez.geschl. – (Restaurant nur für Hausgäste) – **22 Z** 98/252 – ½ P 31.

🏨 **Brauereigasthof Löwenbräu,** Hermann-Aust-Str. 2, ✉ 86825, 🖉 (08247) 9 68 40, Fax (08247) 32051, ㈜ – 🕸, ⇔ Zim, 📺 ☎ ⇐ 🅿
15. Dez. - 7. Jan. geschl. – **Menu** (Montag - Dienstagmittag geschl.) à la carte 28/62 (auch Diät) – **31 Z** 72/168.

🏨 **Allgäuer Hof,** Türkheimer Str. 2, ✉ 86825, 🖉 (08247) 9 69 90(Hotel) 96 99 45(Rest.), Fax (08247) 969960, ㈜ – 🕸 📺 ☎ 🅿. ⚄ ① 🇪 𝘝𝘐𝘚𝘈. ⚄
Menu (Donnerstag geschl.) à la carte 27/68 – **32 Z** 78/148.

🏨 **Alpenhof,** Gammenrieder Str. 6, ✉ 86825, 🖉 (08247) 3 00 50, Fax (08247) 300568, Massage, ▲, ⇔s, 🖵, 🖙 – 🕸 📺 ☎ 🅿. ⚄
Mitte Nov. - Mitte Jan. geschl. – (Restaurant nur für Hausgäste) – **25 Z** 82/196 – ½ P 14/20.

🏨 **Adler,** Hauptstr. 40, ✉ 86825, 🖉 (08247) 20 91, Fax (08247) 2095, ㈜ – 🕸 📺 ☎ ⇐ ⇐ 🅿. ⚄ ① 🇪 𝘝𝘐𝘚𝘈
Menu (Freitag geschl.) à la carte 21/48 ⚖ – **48 Z** 50/140.

✂ **Sonnenbüchl** ♨ mit Zim, Sonnenbüchl 1, ✉ 86825, 🖉 (08247) 95 99 00, ⊜ Fax (08247) 959909, ㈜ – 🕸 📺 ☎ 🅿. ⚄ 🇪
Menu (Sonntagabend - Montag, Dienstagabend und Jan. geschl.) à la carte 37/72 (auch vegetarische Gerichte) – **4 Z** 80/150.

In Bad Wörishofen-Schlingen SO : 4 km :

XX **Jagdhof,** Allgäuer Str.1, ✉ 86825, 🖉 (08247) 48 79, Fax (08247) 2534, ㈜ – 🅿. ⚄ 🇪
Montag - Dienstag und Jan. geschl. – **Menu** à la carte 36/79.

WÖRLITZ Sachsen-Anhalt **418** K 21, **984** ⑲, **987** ⑱ – 1 900 Ew – Höhe 63 m.
Sehenswert : Schloß und Park ★★.
🛈 Wörlitz-Information, Neuer Wall 103, ✉ 06786, 🖉 (034905) 2 02 16, Fax (034905) 20216.
Berlin 114 – Magdeburg 78 – Leipzig 75 – Wittenberg 21 – Dessau 36.

🏨 **Zum Stein,** Erdmannsdorffstr. 228, ✉ 06786, 🖉 (034905) 5 00, Fax (034905) 50199, ⇔s, 🖵, 🖙 – 🕸 📺 ☎ 🅿 – 🔬 100. ⚄ ① 🇪 𝘝𝘐𝘚𝘈 𝗝𝗖𝗕
Menu à la carte 31/56 – **55 Z** 125/196.

🏨 **Wörlitzer Hof,** Markt 96, ✉ 06786, 🖉 (034905) 2 02 42, Fax (034905) 21134, Biergarten – 🕸, ⇔ Zim, 📺 ☎ ⬥ 🅿 – 🔬 35. ⚄ 🇪 𝘝𝘐𝘚𝘈
Menu à la carte 30/60 – **34 Z** 125/200.

🏨 **Parkhotel,** Erdmannsdorffstr. 62, ✉ 06786, 🖉 (034905) 2 03 22, Fax (034905) 21143, Biergarten – 📺 ☎ 🅿 – 🔬 40. ⚄ ① 🇪 𝘝𝘐𝘚𝘈
Menu à la carte 25/54 – **16 Z** 115/160.

WÖRTH AN DER ISAR Bayern **420** U 21 – 2 200 Ew – Höhe 360 m.
Berlin 596 – München 94 – Regensburg 75 – Landshut 22 – Straubing 56 – Deggendorf 62.

🏨 **Wörth** 🅼 garni, Luitpoldpark 1 (nahe der BAB, im Autohof), ✉ 84109, 🖉 (08702) 92 00, Fax (08702) 920400 – 🕸, ⇔ Zim, 📺 ☎ ✆ ⇐ 🅿 – 🔬 20. ⚄ ① 🇪 𝘝𝘐𝘚𝘈
76 Z 85/150.

WÖRTHSEE Bayern **419 420** V 17 – 4 000 Ew – Höhe 590 m.
🏌 Gut Schluifeld, 🖉 (08153) 38 72.
Berlin 622 – München 37 – Augsburg 55 – Garmisch-Partenkirchen 75.

In Wörthsee-Etterschlag :

🏨 **Geierhof** garni, Inninger Str. 4, ✉ 82237, 🖉 (08153) 88 40, Fax (08153) 88488 – 📺 ☎ ✆ 🅿. 🇪 𝘝𝘐𝘚𝘈
Weihnachten - Neujahr geschl. – **34 Z** 70/100.

WOHLENBERG Mecklenburg-Vorpommern siehe Klütz.

WOLFACH *Baden-Württemberg* 419 *V 8,* 987 ㊲ ㊳ *– 6 000 Ew – Höhe 262 m – Luftkurort.*

Sehenswert : *Dorotheen-Glashütte★.*

Kur- und Verkehrsamt, Rathaus, Hauptstr. 41, ✉ 77709, ✆ (07834) 9 75 34, Fax (07834) 97536.

Berlin 750 – Stuttgart 137 – Freiburg im Breisgau 57 – Freudenstadt 38 – Offenburg 40.

Kreuz, Hauptstr. 18, ✉ 77709, ✆ (07834) 3 20, *Fax (07834) 47615,* – ☎. E VISA
Nov. 2 Wochen geschl. – **Menu** *(Mittwochabend - Donnerstag geschl.)* à la carte 32/52 – **21 Z** 75/160 – ½ P 25.

Hecht, Hauptstr. 51, ✉ 77709, ✆ (07834) 8 35 10, *Fax (07834) 47223* – ☎ P. AE E VISA. Zim
5. - 31. Jan. geschl. – **Menu** *(Montag - Dienstagmittag geschl.)* à la carte 32/63 – **17 Z** 70/140 – ½ P 25.

Schwarzwaldhotel garni, Kreuzbergstr. 26, ✉ 77709, ✆ (07834) 40 11, *Fax (07834) 4011,* – TV P
Dez. - Jan. geschl. – **10 Z** 68/150.

In Wolfach-Kirnbach *S : 5 km :*

Sonne , Talstr. 103, ✉ 77709, ✆ (07834) 69 55, *Fax (07834) 4696,* , Wildgehege – TV ☎ P. AE E VISA
Menu *(Montag geschl.)* à la carte 26/58 – **23 Z** 80/180 – ½ P 25.

In Wolfach-St. Roman *NO : 12 km – Höhe 673 m*

Adler (mit Gästehaus), ✉ 77709, ✆ (07836) 9 37 80, *Fax (07836) 7434,* , Wildgehege, , , , – TV ☎ P – 35. AE E VISA
Jan. 2 Wochen geschl. – **Menu** *(Montag geschl.)* à la carte 30/59 – **29 Z** 84/156 – ½ P 21.

WOLFEGG *Baden-Württemberg* 419 *W 13,* 987 ㊴ *– 3 000 Ew – Höhe 673 m – Luftkurort.*

Verkehrsamt, Rathaus, Rötenbacher Str. 13, ✉ 88364, ✆ (07527) 5 00 70, Fax (07527) 50054.

Berlin 689 – Stuttgart 167 – Konstanz 108 – Ravensburg 17 – Ulm (Donau) 76 – Bregenz 46.

Zur Post, Rötenbacher Str. 5, ✉ 88364, ✆ (07527) 68 52, *Fax (07527) 5116,* , – TV ☎ P. E
Menu *(Dienstag geschl.)* à la carte 24/45 – **15 Z** 68/126 – ½ P 20.

WOLFEN *Sachsen-Anhalt* 418 *L 20,* 984 ⑲, 987 ⑱ *– 45 000 Ew – Höhe 65 m.*

Berlin 138 – Magdeburg 82 – Leipzig 55 – Dessau 28.

Rema-Hotel Excelsior garni, Straße der Republik 4, ✉ 06766, ✆ (03494) 3 31 42, *Fax (03494) 22388* – TV ☎ P – 40. AE E VISA JCB
132 Z 170/240.

Deutsches Haus, Leipziger Str. 94, ✉ 06766, ✆ (03494) 4 50 25, *Fax (03494) 44166,* Biergarten – Rest, TV ☎ P
Menu à la carte 24/42 – **25 Z** 100/150.

Benutzen Sie auf Ihren Reisen in EUROPA :

die **Michelin-Länderkarten** (1:400 000 bis 1:1 000 000) ;

die **Michelin-Abschnittskarten** (1:200 000) ;

die Roten **Michelin-Führer** (Hotels und Restaurants) :
Benelux, España Portugal, France, Great Britain and Ireland, Italia, Schweiz, Europe, Deutschland

die Grünen **Michelin-Führer** (Sehenswürdigkeiten und interessante Reisegebiete) :
Deutschland, Frankreich, Italien, Österreich, Schweiz, Spanien

die Grünen Regionalführer von Frankreich
(Sehenswürdigkeiten und interessante Reisegebiete) :
Paris, Atlantikküste, Auvergne Périgord, Bretagne, Burgund Jura, Côte d'Azur (Französische Riviera) Elsaß Vogesen Champagne, Korsika, Provence, Schlösser an der Loire, Oberrhein, Pyrenäen, Roussillon, Gorges du Tarn

Sehenswert : *Stadtbild*★★ – *Fachwerkhäuser*★★. ABYZ – *Stadtmarkt*★. AZ – *Schloß*
(Turm★*)* AZ.

🛈 *Tourist-Information, Stadtmarkt 9,* ✉ 38300, ℰ (05331) 8 64 87, Fax (05331) 86442.
Berlin 240 ① – *Hannover 74* ① – *Braunschweig 12* ① – *Goslar 31* ③

WOLFENBÜTTEL

Breite Herzogstraße	**BYZ**	Am Herzogtore	**BY** 2	Kleine Kirchstraße ...... **ABZ** 21
Großer Zimmerhof ...... **AZ** 13		Anna-Vorwerk-Str. ...... **AY** 3		Klosterstraße .... **AZ** 23
Kommißstraße .... **AZ** 24		Bahnhofstraße .... **AZ** 5		Landeshuter-Platz ...... **BZ** 29
Kornmarkt .... **AZ** 26		Brauergildenstraße ..... **BZ** 6		Leopoldstraße .... **BY** 32
Krambuden .... **AZ** 27		Dr.-Heinrich-		Löwenstraße .... **AZ** 33
Lange Herzogstraße .... **ABYZ**		Jasper-Str. .... **AZ** 8		Marktstraße .... **BZ** 35
Lange Str. .... **BZ**		Enge Str. .... **BZ** 9		Reichsstraße .... **BZ** 36
Okerstraße .... **BYZ**		Große Kirchstraße ..... **BZ** 12		Schiffwall .... **AYZ** 37
Stadtmarkt .... **AZ**		Holzmarkt .... **BZ** 15		Schloßplatz .... **AZ** 39
		Jägermeisterstraße ..... **BY** 16		Sophienstraße .... **AY** 40
		Jägerstraße .... **AZ** 17		Stobenstraße .... **AYZ** 42
		Kanzleistraße .... **AZ** 19		Ziegenmarkt .... **BYZ** 43

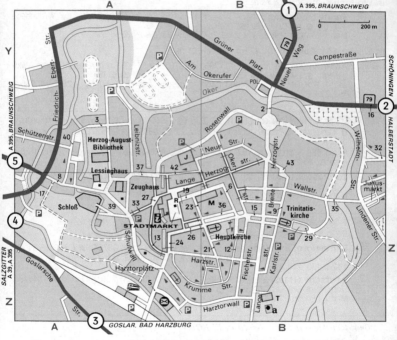

🏨 **Parkhotel Altes Kaffeehaus,** Harztorwall 18, ✉ 38300, ℰ (05331) 88 80,
Fax (05331) 888100, 🏛, ↧ẞ, ⇔ – ⃒⃒, ⇝ Zim, 📺 ☎ 🅿 – 🔬 60. 🆎 ⓞ 🅴
🆅🅸🆂🅰
Menu (wochentags nur Abendessen) à la carte 30/62 – **75 Z** 130/250. Z a

🏨 **Waldhaus,** Adersheimer Str. 75, ✉ 38304, ℰ (05331) 4 20 21, Fax (05331) 904150,
🏛 – ⇝ Zim, 📺 ☎ 🅿. 🆎 ⓞ 🅴 🆅🅸🆂🅰 über ④
Menu à la carte 35/62 – **35 Z** 95/170.

🏨 **Landhaus Dürkop** ⌂ garni, Alter Weg 47, ✉ 38302, ℰ (05331) 70 53,
Fax (05331) 72638, ⇔ẞ – 📺 ☎ ⇔ 🅿. 🆎 🅴 🆅🅸🆂🅰 über ①
30 Z 99/150.

In this guide,
*a symbol or a character, printed in red or **black**, in **bold** or light type,*
does not have the same meaning.
*Please read the explanatory pages carefully.***B**

WOLFERODE Sachsen-Anhalt siehe Eisleben (Lutherstadt).

WOLFERSDORF Thüringen siehe Neustadt an der Orla.

WOLFHAGEN Hessen 🔲🔲🔲 M 11, 🔲🔲🔲 ⑯ – 13 000 Ew – Höhe 280 m.
Berlin 415 – Wiesbaden 238 – Kassel 32 – Paderborn 68.

🏨 **Das Alte Rathaus,** Kirchplatz 1, ✉ 34466, ℰ (05692) 80 82, Fax (05692) 5953,
« Restauriertes Fachwerkhaus a.d. 17. Jh. », Massage – 🔲 🔲 ☎ ᕔ. 🅰🅴 ⓞ 🄴
𝑉𝐼𝑆𝐴
Feb. 2 Wochen geschl. – **Menu** (Dienstag - Mittwochmittag geschl.) à la carte 44/70 – **12 Z**
80/130.

🍴 **Zum Schiffchen** (Fachwerkhaus a.d. 16. Jh.), Hans-Staden-Str. 27, ✉ 34466,
ℰ (05692) 9 87 50, Fax (05692) 987511 – 🔲 ☎ ⟵. 🅰🅴 ⓞ 🄴 𝑉𝐼𝑆𝐴
Anfang - Mitte Jan. geschl. – **Menu** (Sonntagabend - Montagmittag geschl.) à la carte 24/50
– **16 Z** 60/120.

WOLFRAMS-ESCHENBACH Bayern 🔲🔲🔲 🔲🔲🔲 S 16 – 2 500 Ew – Höhe 445 m.
Berlin 473 – München 177 – Nürnberg 49 – Nördlingen 54 – Ansbach 16.

🏨 **Alte Vogtei** (mit Gästehaus), Hauptstr. 21, ✉ 91639, ℰ (09875) 9 70 00,
Fax (09875) 970070, « Haus a.d. 14. Jh. » – 🔲 ☎ ℗ – 🔬 20
24. - 30. Dez. geschl. – **Menu** (Montag geschl.) à la carte 24/52 – **27 Z**
60/120.

🏠 **Sonne,** Richard-Wagner-Str. 2, ✉ 91639, ℰ (09875) 9 79 70, Fax (09875) 979777, 🌿
– 🔲 ☎ ℗
Menu (Mittwochabend geschl.) à la carte 18/30 ⚲ – **19 Z** 56/100.

🏠 **Pension Seitz** ◈, Duchselgasse 1, ✉ 91639, ℰ (09875) 9 79 00, Fax (09875) 979040,
🍴, 🅹 (geheizt), 🌳 – 🔲 Zim, 🔲 ☎ ⟵ ℗ – 🔬 30
(nur Abendessen für Hausgäste) – **20 Z** 60/100.

WOLFRATSHAUSEN Bayern 🔲🔲🔲 🔲🔲🔲 W 18, 🔲🔲🔲 ⑳ – 16 000 Ew – Höhe 577 m.
🏌 Wolfratshausen, Bergkramerhof 8 (W : 2 km), ℰ (08171) 43 26 30 ; 🏌 Eyling-Riedhof
(O : 3 km), ℰ (08171) 70 65.
Berlin 622 – München 39 – Garmisch-Partenkirchen 57 – Bad Tölz 23 – Weilheim 31.

🏨 **Thalhammer** garni, Sauerlacher Str. 47d, ✉ 82515, ℰ (08171) 4 21 90,
Fax (08171) 421950, 🍴 – 🔲 ☎ ⟵ ℗. 🅰🅴 🄴 𝑉𝐼𝑆𝐴
23 Z 100/180.

🏠 **Märchenwald** ◈ garni, Kräuterstr. 39, ✉ 82515, ℰ (08171) 2 90 96,
Fax (08171) 22236 – ⟵ 🔲 ☎ ℗. 🄴. 🌿
Weihnachten - Anfang Jan. geschl. – **14 Z** 80/130.

🍴 **Humplbräu,** Obermarkt 2, ✉ 82515, ℰ (08171) 71 15, Fax (08171) 76291 – 🔲 ☎ ⟵
℗. 🅰🅴 ⓞ 🄴 𝑉𝐼𝑆𝐴
Menu (Sonntagabend - Montag, Mitte Mai - Mitte Juni und 24. - 31. Dez. geschl.) à la carte
23/48 – **32 Z** 68/135.

🍴🍴 **Patrizierhof,** Untermarkt 17, ✉ 82515, ℰ (08171) 2 25 33, Fax (08171) 22438, 🌿
❀ – 🅰🅴 ⓞ 🄴 𝑉𝐼𝑆𝐴
Montag geschl. – **Menu** 32 (mittags) und à la carte 48/81
Spez. Gratinierte Jakobsmuscheln auf Blattspinat. Taubenbrust mit Kohlrabigemüse und
Trüffeljus. Topfenmousse mit Erdbeeren.

WOLFSBURG Niedersachsen 🔲🔲🔲 🔲🔲🔲 🔲🔲🔲 I 16, 🔲🔲🔲 ⑰ – 130 000 Ew – Höhe 60 m.
🄱 Tourist-Information, Pavillon, Rathausplatz, ✉ 38440, ℰ (05361) 28 28 28, Fax
(05361) 282550.
ADAC, Am Mühlengraben 22, ✉ 38440, ℰ (05361) 2 50 84, Fax (05361) 15033.
Berlin 222 ③ – Hannover 91 ③ – Magdeburg 83 ③ – Celle 80 ③ – Braunschweig 33 ③

Stadtplan siehe nächste Seite

🏨 **Holiday-Inn,** Rathausstr. 1, ✉ 38440, ℰ (05361) 20 70, Fax (05361) 207981, 🌿, 🍴,
🅹 – 🔲, ⟵ Zim, 🔲 ☎ ⟵ – 🔬 120. 🅰🅴 ⓞ 🄴 𝑉𝐼𝑆𝐴 🄹🄲🄱   Y a
Menu à la carte 37/72 – **207 Z** 289/428.

🏠 **Alter Wolf** ◈, Schloßstr. 21, ✉ 38448, ℰ (05361) 8 65 60, Fax (05361) 64264,
« Gartenterrasse » – 🔲 ☎ ℗ – 🔬 100. 🅰🅴 ⓞ 🄴 𝑉𝐼𝑆𝐴   X s
Menu (Sonntagabend geschl.) à la carte 36/68 – **28 Z** 95/150.

WOLFSBURG

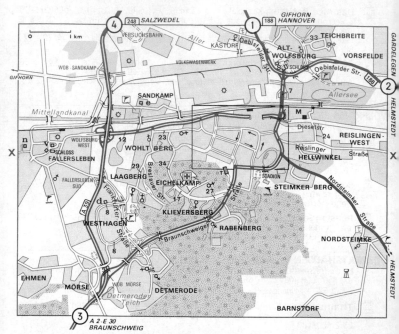

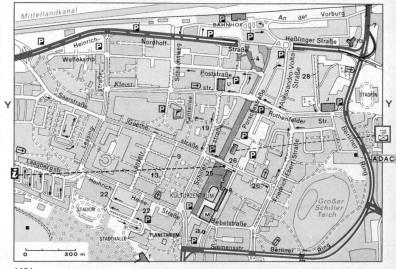

In Wolfsburg-Brackstedt *NW : 8 km über ① :*

🏠 **Brackstedter Mühle,** Zum Kühlen Grunde 2 (N : 1 km), ⊠ 38448, ℘ (05366) 9 00, *Fax (05366) 9050,* 🌳, « Ehemalige Mühle a.d. 16. Jh. » – 🔆 Zim, 📺 ☎ 📞 ⟵ 🅿 – 🔬 90. 🆎 ⓞ 🄴 🆅🅸🆂🅰
Menu à la carte 38/72 – **48 Z** 90/190.

In Wolfsburg-Fallersleben

🏨 **Ludwig im Park,** Gifhorner Str. 25, ⊠ 38442, ℘ (05362) 94 00, *Fax (05362) 940400,*
❀ « Stilvolle Einrichtung » – 🛗 📺 ☎ 🅿 – 🔬 30. 🆎 ⓞ 🄴 🆅🅸🆂🅰 X n
La Fontaine (Sonntag geschl., nur Abendessen) **Menu** à la carte 68/97 – **40 Z** 170/310
Spez. Hummer mit grünem Spargel und Limonen-Ingwermarinade. Steinbutt mit Kartof-felkruste und geschmorten Artischocken. Gebrannte Crème mit Zitrusfrüchten und Man-deleis.

🏨 **Fallersleber Spieker** garni, Am Spieker 6, ⊠ 38442, ℘ (05362) 93 10, *Fax (05362) 931400* – 🔆 📺 ☎ ⟵ 🅿 – 🔬 20. 🆎 🄴 🆅🅸🆂🅰 X v
48 Z 125/180.

🏠 **Neue Stuben,** Bahnhofstr. 13, ⊠ 38442, ℘ (05362) 9 69 00, *Fax (05362) 969030,* 🌳
⊛ – 🔆 Zim, 📺 ☎. 🄴 🆅🅸🆂🅰. 🍴 X v
Menu *(Samstagmittag geschl.)* à la carte 38/55 – **12 Z** 115/180.

In Wolfsburg-Hattorf *SW : 10 km über ③ :*

🏠 **Landhaus Dieterichs** (mit Gästehaus), Krugstr. 31, ⊠ 38444, ℘ (05308) 40 80, *Fax (05308) 408104* – 📺 ☎ ⟵ 🅿. 🍴
23. Dez. - 1. Jan. geschl. – (nur Abendessen für Hausgäste) – **47 Z** 70/150.

In Wolfsburg-Neuhaus *O : 5 km über Dieselstr.* X :

🏠 **An der Wasserburg** ⊛, An der Wasserburg 2, ⊠ 38446, ℘ (05363) 94 00, *Fax (05363) 71574* – 🔆 Zim, 📺 ☎ 🅿 – 🔬 80. 🆎 🄴 🆅🅸🆂🅰. 🍴 Rest
Menu (wochentags nur Abendessen) à la carte 40/75 – **33 Z** 125/165.

In Wolfsburg-Sandkamp :

🏨 **Jäger** ⊛ garni, Eulenweg 3, ⊠ 38442, ℘ (05362) 3 90 90, *Fax (05362) 31015,* 🌳 –
📺 ☎ 🅿. 🄴 🆅🅸🆂🅰 X e
24. Dez. - 2. Jan. geschl. – **29 Z** 105/170.

In Wolfsburg-Westhagen :

🏠 **Strijewski,** Rostocker Str.2, ⊠ 38444, ℘ (05361) 7 20 13, *Fax (05361) 75015,* 🌳 –
🛗, 🔆 Zim, 📺 ☎ 🅿. 🄴 🆅🅸🆂🅰 X d
Menu *(Samstagmittag und Sonntagabend geschl.)* à la carte 30/61 – **51 Z** 110/160.

In Weyhausen *NW : 9 km über ① :*

🏨 **Alte Mühle,** Wolfsburger Str. 72 (B 188), ⊠ 38554, ℘ (05362) 6 20 21, *Fax (05362) 7710,* 🌳, « Rustikales Restaurant », ⊜, 🎴 – 🛗, 🔆 Zim, 📺 ☎ 🅿 – 🔬 50.
🆎 ⓞ 🄴 🆅🅸🆂🅰
Menu à la carte 57/84 – **50 Z** 190/260.

WOLFSCHLUGEN Baden-Württemberg siehe Nürtingen.

WOLFSTEIN *Rheinland-Pfalz* 🗺️🗺️ *R 6 – 2 500 Ew – Höhe 188 m.*
Berlin 658 – Mainz 83 – Saarbrücken 90 – Bad Kreuznach 47 – Kaiserslautern 23.

In Wolfstein-Reckweilerhof *N : 3 km :*

🏠 **Reckweilerhof,** an der B 270, ⊠ 67752, ℘ (06304) 6 18, *Fax (06304) 1533,* ⊜, 🌳
⊛ – 📺 ☎ ⟵ 🅿. 🆎 ⓞ 🄴 🆅🅸🆂🅰
Menu *(Montagabend geschl.)* à la carte 23/51 ⚓ – **20 Z** 55/110.

WOLGAST *Mecklenburg-Vorpommern* [416] *D 25,* [984] *⑦ ⑧,* [987] *⑦ – 16 000 Ew – Höhe 5 m.*

ℹ Wolgast-Information, Rathausplatz 6, ✉ 17438, ☎ (03836) 60 01 18, Fax (03836) 600118.

Berlin 210 – Schwerin 193 – Rügen (Bergen) 90 – Greiswald 34.

🏨 **Kirschstein,** Schützenstr. 25, ✉ 17438, ☎ (03836) 2 72 20, *Fax (03836) 272250* – [TV] ☎. [E]. 🚫🐕 Rest
Menu (nur Abendessen) à la carte 22/37 – **17 Z** 90/120.

In Wolgast-Mahlzow *O : 2 km :*

🏨 **Zur Insel,** Drosselweg 6, ✉ 17438, ☎ (03836) 20 10 77, *Fax (03836) 202075,* ♨ – [TV]
∞ ☎ [P]. [AE] [E] [VISA]
Menu (nur Abendessen) à la carte 22/35 – **25 Z** 90/150.

WOLMIRSTEDT *Sachsen-Anhalt* [416] [418] *J 18,* [984] *⑮,* [987] *⑰ – 12 000 Ew – Höhe 50 m.*

Berlin 152 – Magdeburg 14 – Gardelegen 50 – Stendal 47 – Wolfsburg 84.

🏨 **Landhaus Auerbachs Mühle,** An der Mühle 2, ✉ 39326, ☎ (039201) 5 55 55, *Fax (039201) 55518,* Biergarten – [TV] ☎ [P] – 👥 15. [AE] [E] [VISA]
Menu à la carte 28/46 – **18 Z** 100/160.

🏨 **Wolmirstedter Hof** garni, August-Bebel-Str. 1, ✉ 39326, ☎ (039201) 2 27 27, *Fax (039201) 22728* – [TV] ☎ [P]. [E] [VISA]
22 Z 85/150.

🏨 **Ambiente** garni, Damaschkestr. 25, ✉ 39326, ☎ (039201) 5 61 30, *Fax (039201) 56134* – [TV] ☎ [P]. [AE] [E] [VISA]
10 Z 75/120.

WOLPERTSHAUSEN *Baden-Württemberg* [419] [420] *S 13 – 1 300 Ew – Höhe 400 m.*

Berlin 540 – Stuttgart 97 – Crailsheim 21 – Schwäbisch Hall 12.

In Wolpertshausen-Cröffelbach *SW : 2,5 km :*

🏨 **Ochsen,** Hauptstr. 4, ✉ 74549, ☎ (07906) 93 00, *Fax (07906) 930200,* ♨ – ⇅,
∞ 🚭 Zim, [TV] ☎ 📞 ♿ [P] – 👥 80. [AE] ◑ [E] [VISA] [JCB]. 🚫🐕 Rest
Menu *(Montag geschl.)* à la carte 24/47 🧒 – **28 Z** 89/139.

WOLPERTSWENDE *Baden-Württemberg siehe Weingarten.*

WOLTERSDORF *Brandenburg* [416] [418] *I 25 – 5 000 Ew – Höhe 40 m.*

Berlin 31 – Potsdam 80 – Eberswalde 65 – Frankfurt an der Oder 75.

🏨 **Kranichsberg,** An der Schleuse 3, ✉ 15569, ☎ (03362) 79 40, *Fax (03362) 794122,* ☂, Massage, ♨ – ⇅ [TV] ☎ 📞 [P] – 👥 35. [AE] [E] [VISA]
Menu à la carte 28/52 – **38 Z** 106/198.

WORBIS *Thüringen* [418] *L 15,* [987] *⑰ – 4 000 Ew – Höhe 420 m.*

ℹ Informationszentrum, Kirchstr. 19, ☎ (036074) 9 48 56, Fax (036074) 94858.

Berlin 295 – Erfurt 83 – Göttingen 45 – Nordhausen 35.

🏨 **Drei Rosen,** Bergstr. 1, ✉ 37339, ☎ (036074) 97 60, *Fax (036074) 97666,* ☂, ♨ – ⇅, 🚭 Zim, [TV] ☎ ♿ [P]. [AE] ◑ [E] [VISA]
Menu à la carte 25/55 – **42 Z** 95/180.

🏨 Zur Wipper, Nordhäuser Str. 14a (B 80), ✉ 37339, ☎ (036074) 3 12 12, *Fax (036074) 31116,* ☂ – [TV] ☎ [P]
15 Z.

In Kirchworbis *SO : 3 km :*

🏨 **Zur Alten Schänke,** Hauptstr. 38 (B 80), ✉ 37339, ☎ (036074) 3 12 41, *Fax (036074) 31242,* ☂, ♨ – [TV] ☎ [P] – 👥 50. [AE] ◑ [E] [VISA]
Menu à la carte 27/45 – **16 Z** 64/120.

In Wintzingerode *NW : 4 km :*

🏨 **Waldhotel Katharinenquell** 🔇, Schloßstr. 9, ✉ 37339, ☎ (036074) 3 50, *Fax (036074) 35199,* « Gartenterrasse », 🪑 – ⇅, 🚭 Zim, [TV] ☎ [P] – 👥 45. [AE] [E] [VISA]
5. - 25. Jan. geschl. – **Menu** (wochentags nur Abendessen) à la carte 28/50 – **49 Z** 105/148.

WORMS Rheinland-Pfalz 417 419 R 9, 987 26 27 – 82 000 Ew – Höhe 100 m.
Sehenswert : Dom★★ (Westchor★★, Reliefs aus dem Leben Christi★) A – Judenfriedhof★
A – Kunsthaus Heylshof★ Gemäldesammlung★ A M1.

🛈 Verkehrsverein, Neumarkt 14, ⊠ 67547, ℰ (06241) 2 50 45, Fax (06241) 26328.
ADAC, Friedrich-Ebert-Str. 84, ⊠ 67549, ℰ (06241) 59 30 21, Fax (06241) 594848.
Berlin 607 ② – Mainz 45 ① – Darmstadt 43 ② – Kaiserslautern 53 ③ – Mannheim 22 ③

WORMS

		Petersstraße	**A** 32	Friedrich-Ebert-Str.	**A** 14
		Stephansgasse	**A** 38	Heinrichstraße	**B** 16
		Wilhelm-Leuschner-Str.	**A** 40	Herzogenstraße	**B** 18
Adenauerring	**A** 2			Karolingerstraße	**B** 22
Am Römischen Kaiser	**A** 5	Allmendgasse	**B** 3	Mähgasse	**A** 26
Hardtgasse	**A** 15	Bärengasse	**B** 6	Martinsgasse	**A** 34
Kämmererstraße	**A** 20	Bauhofgasse	**B** 8	Pfauenpforte	**A** 35
Ludwigsplatz	**A** 23	Fischmarkt	**A** 9	Pfauentorstraße	**B** 36
Marktplatz	**A** 26	Folzstraße	**A** 12	Remeyerhofstraße	**B** 36
Neumarkt	**A** 30	Friedrichstraße	**A** 13	Valckenbergstraße	**A** 39

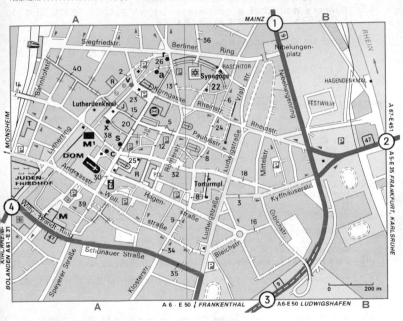

🏨 **Asgard** Ⓜ garni, Gutleutstr. 4, ⊠ 67547, ℰ (06241) 8 60 80, Fax (06241) 8608100, ≦s
– ฿ ⇔ 🆃🆅 ☎ ✆ ♿ ⇔ – 🔬 40. 🆎 ① 🅴 💳 über Speyerer Str.   A
64 **Z** 135/180.

🏨 **Nibelungen,** Martinsgasse 16, ⊠ 67547, ℰ (06241) 92 02 50, Fax (06241) 92025505 –
฿ 🆃🆅 ☎ ✆ ♿ ♿ – 🔬 80. 🆎 🅴 💳 🃏   A a
Menu à la carte 26/54 – **46 Z** 110/180.

🏨 **Dom-Hotel**, Obermarkt 10, ⊠ 67547, ℰ (06241) 90 70, Fax (06241) 23515 – ฿ 🆃🆅 ☎
⇔ ♿ – 🔬 80. 🆎 ① 🅴 💳   A x
Menu (Samstagmittag sowie Sonn- und Feiertage geschl.) à la carte 45/64 – **56 Z** 115/220.

🏨 **Faber,** Martinspforte 7, ⊠ 67547, ℰ (06241) 92 09 00 (Hotel) 90 00 99 (Rest.),
Fax (06241) 920909, 🈂 – ฿ 🆃🆅 ☎ ♿. 🆎 ① 🅴 💳   A r
Menu (Mittwoch geschl.) à la carte 32/59 – **17 Z** 85/140.

🏨 **Kriemhilde,** Hofgasse 2, ⊠ 67547, ℰ (06241) 62 78, Fax (06241) 6277, 🈂 – 🆃🆅 ☎.
① 🅴 💳 – **Menu** (Samstag geschl.) à la carte 30/65 – **18 Z** 80/130.   A c

🏨 **Central** garni, Kämmererstr. 5, ⊠ 67547, ℰ (06241) 6 45 70, Fax (06241) 27439 – ฿
⇔ 🆃🆅 ☎ ⇔. 🆎 ① 🅴 💳   A s
23. Dez. - 11. Jan. geschl. – **19 Z** 95/155.

🍴🍴 **Tivoli,** Adenauer-Ring 4b, ⊠ 67547, ℰ (06241) 2 84 85, Fax (06241) 46104, 🈂 – 🆎
🅴 💳. 🍴   A v
Dienstag und Juli - Aug. 4 Wochen geschl. – **Menu** (italienische Küche) à la carte 41/71.

In Worms-Rheindürkheim ① : *9 km :*

✕✕ **Rôtisserie Dubs,** Kirchstr. 6, ⊠ 67550, ℰ (06242) 20 23, Fax (06242) 2024 – *Samstagmittag, Dienstag sowie Jan. und Juli - Aug. jeweils 2 Wochen geschl.* – **Menu** (Tischbestellung erforderlich, bemerkenswerte Weinkarte) à la carte 66/91.

WORPSWEDE *Niedersachsen* **415** *G 10 – 9 100 Ew – Höhe 50 m – Erholungsort.*

🚠 *Vollersode, Giehlermühlen (N : 18 km),* ℰ (04763) 73 13.

🛈 *Fremdenverkehrsbüro, Bergstr. 13,* ⊠ 27726, ℰ (04792) 95 01 21, Fax (04792) 950123.

Berlin 383 – Hannover 142 – Bremen 26 – Bremerhaven 59.

🏨 **Eichenhof** ⌂, Ostendorfer Str. 13, ⊠ 27726, ℰ (04792) 26 76, Fax (04792) 4427, ⇌s, ⇱ – �📺 ☎ 🅿. 🆎 ① 🅴 *VISA*. ⚡ Rest
Menu *(Montag geschl.)* (nur Abendessen) à la carte 63/85 – **18 Z** 170/295 – ½ P 45.

🏠 **Bonner's Waldhotel** ⌂ garni, Hinterm Berg 24, ⊠ 27726, ℰ (04792) 12 73, Fax (04792) 3426, ⇌s – �📺 ☎ 🅿. 🆎 ① 🅴 *VISA*
9 Z 120/188.

🏠 **Hotel am Kunstcentrum** ⌂ (mit Gästehaus), Hans-am-Ende-Weg 4, ⊠ 27726, ℰ (04792) 94 00, Fax (04792) 3878, 🌳, ⇌s, ⇱ – �📺 ☎ 🚗 🅿 – 🔬 20. 🆎 🅴 *VISA*
⚡ Zim
22. Dez. - 6. Jan. geschl. – **Menu** *(Dienstag geschl.)* à la carte 32/50 – **30 Z** 130/180 – ½ P 25.

WREMEN *Niedersachsen* **415** *F 9 – 1 600 Ew – Höhe 2 m – Seebad.*

🛈 *Verkehrsverein, Dorfplatz,* ⊠ 27638, ℰ (04705) 2 10, Fax (04705) 1384.

Berlin 428 – Hannover 195 – Bremerhaven 18 – Cuxhaven 32.

✂ **Zur Börse,** Lange Str. 22, ⊠ 27638, ℰ (04705) 4 24, Fax (04705) 414 – 🆎 ①
🅴 *VISA*
Dienstag - Mittwoch und Mitte Jan. - Mitte Feb. geschl. – **Menu** à la carte 32/71.

WÜNNENBERG *Nordrhein-Westfalen* **417** *L 10,* **987** ⑯ *– 11 500 Ew – Höhe 271 m – Kneippund Luftkurort.*

🛈 *Touristik-Service, Im Aatal 3,* ⊠ 33181, ℰ (02953) 80 01, Fax (02953) 7430.

Berlin 449 – Düsseldorf 169 – Brilon 20 – Kassel 84 – Paderborn 28.

🏨 **Jagdhaus** ⌂, Schützenstr. 58, ⊠ 33181, ℰ (02953) 70 80, Fax (02953) 70858, 🌳, ⇌s, 🗖, ⇱ – �📺 ☎ 🚗 🅿 – 🔬 50. 🆎 ① 🅴 *VISA*
Menu à la carte 28/68 – **40 Z** 98/196 – ½ P 21.

🏠 **Park-Hotel** Ⓜ ⌂, Hoppenberg 2, ⊠ 33181, ℰ (02953) 83 49, Fax (02953) 7774 – 📺 ☎ ⚡ 🅿. 🅴 *VISA*
Stilleben *(Montag und Jan. 3 Wochen geschl.)* **Menu** à la carte 39/64 – **12 Z** 63/184 – ½ P 19.

In Wünnenberg-Bleiwäsche *S : 8 km :*

🏨 **Waldwinkel** Ⓜ ⌂ (mit Gästehaus), Roter Landweg 3, ⊠ 33181, ℰ (02953) 70 70, Fax (02953) 707222, ⇐, « Gartenterrasse », Massage, ♨, 🎣, ♨, ⇌s, 🗖, ⇱ – 📶, ⚡ Zim, 📺 ☎ 🅿 – 🔬 40. 🆎 ① 🅴 *VISA*. ⚡ Rest
Menu à la carte 33/58 – **68 Z** 135/300 – ½ P 35.

WÜNSCHENDORF *Thüringen siehe Weida.*

WÜRSELEN *Nordrhein-Westfalen* **417** *N 2 – 33 600 Ew – Höhe 180 m.*

Berlin 635 – Düsseldorf 80 – Aachen 6,5 – Mönchengladbach 47.

🏠 **Park-Hotel,** Aachener Str. 2 (B 57), ⊠ 52146, ℰ (02405) 8 25 36, Fax (02405) 88742 – 📶 📺 ☎ 🚗 🅿. 🆎 🅴 *VISA*. ⚡ Rest
Menu *(Samstagmittag und Sonntagabend geschl.)* à la carte 26/54 – **40 Z** 80/150.

✕✕ **Rathaus-Restaurant,** Morlaix-Platz 3, ⊠ 52146, ℰ (02405) 51 30, Fax (02405) 18540 – 🅿. 🆎 ① 🅴 *VISA*
Montag geschl. – **Menu** à la carte 41/75.

In Würselen-Bardenberg *NW : 2,5 km :*

✕✕ **Alte Mühle** ⌂ mit Zim, Alte Mühle 1, ⊠ 52146, ℰ (02405) 8 00 90, Fax (02405) 800910, 🌳, ⇌s, 🗖, ⇱ – 📺 ☎ 🅿 – 🔬 75. 🆎 ① 🅴 *VISA*
Menu à la carte 35/68 – **20 Z** 105/150.

WÜRZBURG Bayern **417 419 420** Q 13, **987** ㉗ ㉘ – 129 000 Ew – Höhe 182 m.

Sehenswert : Residenz★★ (Kaisersaal★★, Hofkirche★★, Treppenhaus★★, Hofgarten★, Martin-von Wagner-Museum★ : Antikensammlung★ mit griechischen Vasen★★) Z – Haus zum Falken★ Y **D** – Mainbrücke★ Z – St.-Kilian-Dom : Apostelaltar mit Riemenschneider-Skulpturen★, Grabmale★ der Fürst-Bischöfe Z – Festung Marienberg★ X : Mainfränkisches Museum★★ X **M1**, Fürstengarten ≤★ X – Käppele (Terrasse ≤★★) X.

Ausflugsziele : Romantische Straße★★ (von Würzburg bis Füssen) – Bocksbeutelstraße★ (Maintal).

🛈 Verkehrsamt, Pavillon vor dem Hauptbahnhof, ℰ (0931) 37 34 36 und Marktplatz (Haus zum Falken), ✉ 97070, ℰ 37 33 98.

🛈 Tourismus Zentrale im Würtzburg-Palais, am Congress-Centrum, ✉ 97070, ℰ (0931) 37 33 35, Fax (0931) 373652.

ADAC, Sterngasse 1, ✉ 97070, ℰ (0931) 5 23 26, Fax (0931) 59705.

Berlin 500 ① – München 281 ① – Darmstadt 123 ② – Frankfurt am Main 119 ② – Heilbronn 105 ② – Nürnberg 110 ①

WÜRZBURG

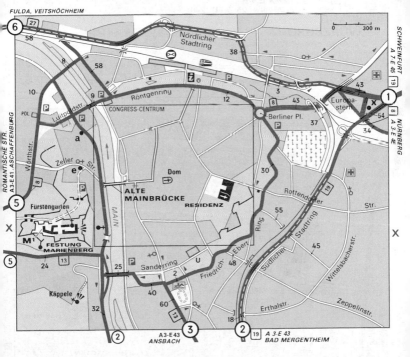

Maritim Ⓜ, Pleichertorstr. 5, ✉ 97070, ℰ (0931) 3 05 30, Fax (0931) 3053900, ≦s, ◻ – ♨, ⇌ Zim, ▤ 📺 ⅙ ⟷ – 🔏 800. AE ⓞ E VISA JCB. 🛠 Rest   Y k
Palais (nur Abendessen, Sonntag geschl.) **Menu** à la carte 58/78 – **Weinstube** (nur Abendessen, Montag geschl.) **Menu** à la carte 34/68 – **293 Z** 235/376, 4 Suiten.

Rebstock (Rokokofassade a.d.J. 1737), Neubaustr. 7, ✉ 97070, ℰ (0931) 3 09 30, Fax (0931) 3093100 – ♨, ⇌ Zim, ▤ Rest, 📺 ☎ – 🔏 70. AE ⓞ E VISA JCB   Z v
Menu (Sonn- und Feiertage geschl.) à la carte 50/78 – **Fränkische Weinstube** (regionale Küche) (ab 16.30 Uhr geöffnet, Montag geschl.) **Menu** à la carte 36/57 – **82 Z** 182/350.

Dorint-Hotel, Ludwigstr./Ecke Eichstr., ⊠ 97070, ℘ (0931) 3 05 40, Fax (0931) 3054423, 佘, Massage, 龠, ☒ – 園, ⇥ Zim, ≣ Rest, ☑ ☎ ೬ ⇔ – 益 110. 歴 ① Ε VISA JCB. ※ Rest
Menu à la carte 39/70 – **158 Z** 220/328.
Y f

Pannonia Hotel am Mainufer Ⓜ, Dreikronenstr. 27, ⊠ 97082, ℘ (0931) 4 19 30, Fax (0931) 4193460 – 園, ⇥ Zim, ☑ ☎ ೬ ⇔ ℗ – 益 70. 歴 ① Ε VISA JCB. ※ Rest
Menu à la carte 32/58 – **129 Z** 170/230.
X a

Walfisch ⬚, Am Pleidenturm 5, ⊠ 97070, ℘ (0931) 3 52 00, Fax (0931) 3520500, ⩽ Main und Festung – 園 ≣ ☑ ☎ 龠 – 益 35. 歴 ① Ε VISA. ※
Menu (Sonntagabend und 23. Dez. - 2. Jan. geschl.) à la carte 36/68 – **40 Z** 165/285.
Z b

Amberger, Ludwigstr. 17, ⊠ 97070, ℘ (0931) 3 51 00, Fax (0931) 3510800 – 園 ☑ ☎ ⇔ – 益 40. 歴 ① Ε VISA JCB
Menu (Sonntag - Montagmittag geschl.) à la carte 35/61 – **70 Z** 163/316.
Y t

Würzburger Hof garni, Barbarossaplatz 2, ⊠ 97070, ℘ (0931) 5 38 14, Fax (0931) 58324 – 園 ☑ ☎ ⇔ 龠. 歴 ① Ε VISA
22. Dez. - 7. Jan. geschl. – **34 Z** 115/250.
Y r

Residence garni, Juliuspromenade 1, ⊠ 97070, ℘ (0931) 5 35 46, Fax (0931) 12597 – 園 ☑ ☎ – 益 20. 歴 ① Ε VISA
52 Z 130/240.
Y v

Grüner Baum garni, Zeller Str. 35, ⊠ 97082, ℘ (0931) 45 06 80, Fax (0931) 4506888 – ☑ ☎ 龠. 歴 ① Ε VISA
24. Dez. - 2. Jan. geschl. – **23 Z** 145/240.
X e

WÜRZBURG

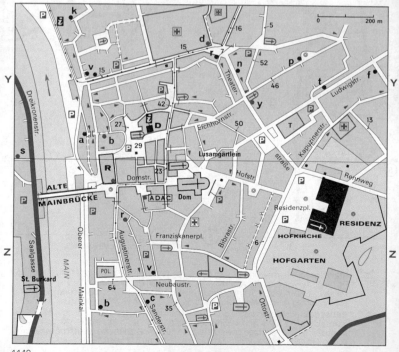

🏛 **Till Eulenspiegel,** Sanderstr. 1 a, ⊠ 97070, ℰ (0931) 35 58 40, *Fax (0931) 3558430*
— ✎ 📺 ☎ **℗.** 🆎 ⓪ **ᴇ** *VISA* Z c
Weinstube *(nur Abendessen)* Menu à la carte 29/38 – **17 Z** 111/219.

🏛 **Strauss,** Juliuspromenade 5, ⊠ 97070, ℰ (0931) 3 05 70, *Fax (0931) 3057555* – ⃞ 📺
☎ ⇔ **℗** – 🏊 40. 🆎 ⓪ **ᴇ** *VISA* Y v
22. Dez. - 12. Jan. geschl. – **Menu** *(Dienstag geschl.)* à la carte 29/55 ♨ – **78 Z**
100/160.

🏛 **Zur Stadt Mainz,** Semmelstr. 39, ⊠ 97070, ℰ (0931) 5 31 55, *Fax (0931) 58510,*
« Altfränkische Gaststuben » – 📺 ☎ ⇔. 🆎 *VISA* ᴊᴄʙ Y p
20. Dez. - 20. Jan. geschl. - **Menu** *(Sonntagabend geschl.)* (Tischbestellung ratsam) à la carte
30/67 – **15 Z** 130/190.

🏛 **Alter Kranen** garni, Kärrnergasse 11, ⊠ 97070, ℰ (0931) 3 51 80, *Fax (0931) 50010*
– ⃞ 📺 ☎. 🆎 ⓪ **ᴇ** *VISA* Y a
15 Z 115/150.

🏛 **Schönleber** garni, Theaterstr. 5, ⊠ 97070, ℰ (0931) 1 20 68, *Fax (0931) 16012* – ⃞
📺 ☎. 🆎 ⓪ **ᴇ** *VISA*. ✎ Y n
22. Dez. - 6. Jan. geschl. – **32 Z** 95/170.

✗ **Ratskeller,** Langgasse 1, ⊠ 97070, ℰ (0931) 1 30 21, *Fax (0931) 13022,* 🌫 – 🆎 ⓪
ᴇ *VISA* Z R
Menu à la carte 28/63.

✗ **Backöfle,** Ursulinergasse 2, ⊠ 97070, ℰ (0931) 5 90 59, *Fax (0931) 50274* – 🆎 ⓪ **ᴇ**
VISA Z r
Menu à la carte 32/70.

✗ **Schiffbäuerin,** Katzengasse 7, ⊠ 97082, ℰ (0931) 4 24 87, *Fax (0931) 42485* Y s
⇔ *Sonntagabend - Montag und Mitte Juli - Mitte Aug. geschl.* – **Menu** (vorwiegend Fischgerichte) à la carte 39/55.

Fränkische Weinstuben :

✗ **Weinhaus zum Stachel,** Gressengasse 1, ⊠ 97070, ℰ (0931) 5 27 70,
Fax (0931) 52777, « Innenhof "Stachelhof" » – **ᴇ** Y b
Sonntagabend - **Menu** (Tischbestellung ratsam) à la carte 30/68.

✗ **Bürgerspital,** Theaterstr. 19, ⊠ 97070, ℰ (0931) 35 28 80, *Fax (0931) 3528888,* 🌫
Dienstag und Aug. 3 Wochen geschl. – **Menu** à la carte 28/56 ♨. Y y

✗ **Juliusspital,** Juliuspromenade 19, ⊠ 97070, ℰ (0931) 5 40 80, *Fax (0931)*
571723
Mittwoch und Juli 3 Wochen geschl. – **Menu** à la carte 28/56 ♨. Y d

In Würzburg-Grombühl :

🏨 **Am Europastern** garni, Urlaubstr. 6, ⊠ 97076, ℰ (0931) 25 04 00,
Fax (0931) 2504077 – ⃞ 📺 ☎ ℃ ⇔. 🆎 ⓪ **�** *VISA* X x
24 Z 130/220.

In Würzburg-Heidingsfeld ② : *3 km :*

🏛 **Post Hotel,** Mergentheimer Str. 162, ⊠ 97084, ℰ (0931) 6 15 10, *Fax (0931) 65850,*
🌫 – ⃞ 📺 ☎ ⇔ **℗** – 🏊 70. 🆎 ⓪ **ᴇ** *VISA*
Menu *(Sonn- und Feiertage geschl.)* à la carte 26/48 – **66 Z** 109/219.

In Würzburg-Zellerau ⑤ : *2 km :*

🏨 **Wittelsbacher Höh** ♨, Hexenbruchweg 10, ⊠ 97082, ℰ (0931) 4 20 85,
Fax (0931) 415458, ≤ Würzburg, « Gartenterrasse », ⇔ – 📺 ☎ **℗** – 🏊 65. 🆎 ⓪ **ᴇ**
VISA
Menu à la carte 37/67 – **72 Z** 165/320.

Im Steinbachtal *SW : 5 km über Mergentheimer Str. X :*

✗✗ **Waldesruh,** Steinbachtal 82, ⊠ 97082 Würzburg, ℰ (0931) 8 76 25,
Fax (0931) 781731, 🌫 – **℗**
Montagmittag, Mittwoch und Mitte - Ende Jan. geschl. – **Menu** à la carte
32/56.

Auf dem Steinberg ⑥ : *6,5 km, schmale Zufahrt ab Unterdürrbach :*

🏨 **Schloß Steinburg** ♨, ⊠ 97080 Würzburg, ℰ (0931) 9 70 20, *Fax (0931) 97121,*
≤ Würzburg und Marienberg, « Gartenterrasse », ⇔, 🏊 – 📺 ☎ ⇔ **℗** – 🏊 80. 🆎
⓪ **ᴇ** *VISA* ᴊᴄʙ
Menu à la carte 51/77 – **52 Z** 150/260.

In Höchberg ⑤ : *4 km* :

🏠 **Zum Lamm,** Hauptstr. 76, ✉ 97204, ℰ *(0931) 40 90 94, Fax (0931) 408973,* 😎 – |📶|
📺 ☎ 🚗 – 🦾 40. ⑩ 🗉 *VISA*
27. Dez. - 12. Jan. geschl. – **Menu** *(Mittwoch geschl.)* à la carte 29/56 – **38 Z**
85/170.

In Rottendorf ① : *6 km* :

XX **Waldhaus,** nahe der B 8, ✉ 97228, ℰ *(09302) 9 22 90, Fax (09302) 922930,* 😎 – 🅿
*Donnerstag, Feb. - März 2 Wochen und Aug. - Sept. 3 Wochen sowie über Weihnachten
1 Woche geschl.* – **Menu** à la carte 32/60.

In Margetshöchheim ⑥ : *9 km* :

🏠 **Eckert** 🐾, Friedenstr. 41, ✉ 97276, ℰ *(0931) 4 68 50, Fax (0931) 4685100,* 😎 – |📶|,
🌭 Zim, 📺 ☎ 🚗 – 🦾 30. 🗉 🗉 *VISA* 🗉🗉. 🍽 Rest
24. Dez. - 6. Jan. geschl. – *(Restaurant nur für Hausgäste)* – **36 Z** 109/165.

In Biebelried ① : *12 km, nahe der Autobahnausfahrt A 3 und A 7* :

🏰 **Leicht,** Würzburger Str. 3 (B 8), ✉ 97318, ℰ *(09302) 8 14, Fax (09302) 3163,* 😎,
« Altfränkische Gaststuben » – |📶| 📺 🚗 🅿 – 🦾 35. 🗉 🗉 *VISA*
Ende Dez. - Anfang Jan. geschl. – **Menu** *(Sonntagmittag geschl.)* à la carte 39/62 – **70 Z**
110/240.

In Erlabrunn ⑥ : *12 km* :

🏠 **Weinhaus Flach** 🐾 (Gästehaus mit |📶|), Würzburger Str. 16, ✉ 97250,
ℰ *(09364) 13 19, Fax (09364) 5310,* 😎, 🌮 – ☎ 📞 🅿 – 🦾 40
13. Jan. - 7. Feb. und 24. Aug. - 3. Sept. geschl. – **Menu** *(Dienstag geschl.)* à la carte 25/58
🍺 – **38 Z** 70/140.

🏠 **Gästehaus Tenne** garni, Würzburger Str. 4, ✉ 97250, ℰ *(09364) 93 84,
Fax (09364) 79201,* « Bäuerliche Einrichtung » – 🅿. 🍽
11 Z 50/90.

WÜSTENROT Baden-Württemberg 419 S 12 – *5 900 Ew* – *Höhe 485 m* – *Erholungsort.*
Berlin 573 – Stuttgart 67 – Heilbronn 27 – Schwäbisch Hall 24.

🏠 **Waldhotel Raitelberg** 🐾, Schönblickstr. 39, ✉ 71543, ℰ *(07945) 93 00,
Fax (07945) 930100,* 😎, 😎, 🌮 – 🌭 Zim, 📺 ☎ 🅿 – 🦾 100. 🗉 ⑩ 🗉 *VISA* 🗉🗉
Menu à la carte 37/57 – **40 Z** 98/178.

WULKOW (BEI SEELOW) Brandenburg siehe Müncheberg.

WUNSIEDEL Bayern 420 P 20, 987 ㉙ – *10 000 Ew* – *Höhe 537 m.*
Ausflugsziel : Luisenburg : Felsenlabyrinth★★ *S : 3 km.*
🄱 Verkehrsamt, Jean-Paul-Str. 5 (Fichtelgebirgshalle), ✉ 95632, ℰ *(09232) 60 21 62,
Fax (09232) 602169.*
Berlin 353 – München 280 – Bayreuth 48 – Hof 36.

🏠 **Wunsiedler Hof,** Jean-Paul-Str. 1, ✉ 95632, ℰ *(09232) 9 98 80, Fax (09232) 2462,*
😎 – |📶| 📺 ☎ 🚗 – 🦾 350. 🗉 ⑩ 🗉 *VISA* 🗉🗉
Menu à la carte 27/59 – **35 Z** 80/140.

🏠 **Kronprinz von Bayern,** Maximilianstr. 27, ✉ 95632, ℰ *(09232) 35 09,
Fax (09232) 7640* – 📺 ☎ 🅿 🗉
Menu *(Montag geschl.)* à la carte 27/59 – **25 Z** 72/129.

In Wunsiedel-Juliushammer O : *3,5 km Richtung Arzberg* :

🏠 **Juliushammer** 🐾, ✉ 95632, ℰ *(09232) 97 50, Fax (09232) 8147,* 😎, 🔲, 🌮, 🍽
– 📺 ☎ 🅿 – 🦾 30. 🗉 ⑩ 🗉 *VISA*
Menu à la carte 35/62 – **30 Z** 95/145.

Bei der Luisenburg SW : *2 km* :

XX **Jägerstueberl** 🐾 mit Zim, Luisenburg 5, ✉ 95632 Wunsiedel, ℰ *(09232) 21 03*(Hotel)
44 34(Rest.), *Fax (09232) 1556,* 😎, « Geschmackvolle Zimmereinrichtung » – 📺 ☎ 🅿.
🗉 ⑩ 🗉 *VISA*
Sept. 2 Wochen und Feb. 1 Woche geschl. – **Menu** *(Sonntagabend - Montag geschl.)*
(wochentags nur Abendessen, Tischbestellung ratsam) à la carte 68/76 – **7 Z**
85/170.

WUNSTORF Niedersachsen 415 417 418 I 12, 987 ⑯ – 40 000 Ew – Höhe 50 m.

🛈 Städt. Verkehrsamt, Steinhude, Meerstr. 2, (Strandterrassen), ✉ 31515, ℰ (05033) 9 50 10, Fax (05033) 950120.

Berlin 306 – Hannover 24 – Bielefeld 94 – Bremen 99 – Osnabrück 124.

🏠 **Wehrmann-Blume,** Kolenfelder Str. 86, ✉ 31515, ℰ (05031) 1 21 63, Fax (05031) 4231 – 🛗 📺 ☎ 🅿. 🆎 Ε 𝖵𝖨𝖲𝖠. ⌘ Zim
Juli - Aug. 3 Wochen und 23. Dez. - 2. Jan. geschl. – **Menu** *(Sonn- und Feiertage geschl.)* *(nur Abendessen)* à la carte 30/44 – **25 Z** 85/140.

In Wunstorf-Großenheidorn : *NW : 8 km :*

🏠 **Landhaus Burgdorf** ⟋, Strandallee 1a, ✉ 31515, ℰ (05033) 83 65, Fax (05033) 2483, ☆ – ⇥ Zim, 📺 ☎ 🅿. ⌘ Zim
Menu *(Montag geschl.)* *(wochentags nur Abendessen)* à la carte 39/65 – **6 Z** 130/180.

In Wunstorf-Steinhude *NW : 8 km – Erholungsort*

🏠 **Haus am Meer** ⟋, Uferstr. 3, ✉ 31515, ℰ (05033) 10 22, Fax (05033) 1023, ≤, Bootssteg, « Gartenterrasse » – 📺 ☎ 🅿. 🆎 ⓪ Ε 𝖵𝖨𝖲𝖠
Menu à la carte 37/69 – **13 Z** 110/205.

✕ **Schweers-Harms-Fischerhus,** Graf-Wilhelm-Str. 9, ✉ 31515, ℰ (05033) 52 28, Fax (05033) 1784, ☆, « Altes niedersächsisches Bauernhaus » – 🅿. 🆎 Ε 𝖵𝖨𝖲𝖠 𝖩𝖢𝖡
Nov. - März Montag und 9. Jan. - 13. Feb. geschl. – **Menu** à la carte 35/70.

WUPPERTAL Nordrhein-Westfalen 417 M 5, 987 ⑮ ㉖ – 390 000 Ew – Höhe 167 m.

Sehenswert : *Von-der-Heydt-Museum*★ Z **M1**.

🏌 *Siebeneickerstr. 386 (AX), ℰ (02053) 71 77 ;* 🏌 *Frielinghausen 1, ℰ (0202) 64 82 20 (NO : 11 km).*

🛈 Informationszentrum, Wuppertal-Elberfeld, Pavillon Döppersberg, ✉ 42103, ℰ (0202) 5 63 21 80, Fax (0202) 5638052.

ADAC, Bundesallee 237 (Elberfeld), ✉ 42103, ℰ (0221) 47 27 47, Fax (0202) 2452399.

Berlin 522 ② – Düsseldorf 40 ⑦ – Dortmund 48 ② – Duisburg 55 ⑦ – Essen 35 ⑨ – Köln 56 ④

Stadtpläne siehe nächste Seiten

In Wuppertal-Barmen :

🏨 **Lindner Golfhotel Juliana,** Mollenkotten 195, ✉ 42279, ℰ (0202) 6 47 50, Fax (0202) 6475777, « Terrasse mit ≤ », 🏋, ≘s, 🔲, 🐎 – 🛗 ⇥ Zim, 📺 🅿 – 🕍 140. 🆎 ⓪ Ε 𝖵𝖨𝖲𝖠 𝖩𝖢𝖡. ⌘ Rest   BX u
Menu à la carte 57/72 – **132 Z** 191/315.

🏠 **Zur Krone** garni, Gemarker Ufer 19, ✉ 42275, ℰ (0202) 59 50 20, Fax (0202) 559769 – 🛗 📺 ☎. ⓪ Ε 𝖵𝖨𝖲𝖠   DZ a
17 Z 85/155.

✕✕ **Schmitz Jägerhaus,** Jägerhaus 87, ✉ 42287, ℰ (0202) 46 46 02, Fax (0202) 4604519, ☆ – 🅿. 🆎 ⓪ Ε 𝖵𝖨𝖲𝖠. ⌘   BY t
Dienstag geschl. – **Menu** à la carte 48/80.

✕✕ **Jagdhaus Mollenkotten,** Mollenkotten 144, ✉ 42279, ℰ (0202) 52 26 43, Fax (0202) 524431, ☆ – 🅿. 🆎 ⓪ Ε 𝖵𝖨𝖲𝖠   BX e
Montag - Dienstag, Jan. 2 Wochen und Mitte Juli - Mitte Aug. geschl. – **Menu** à la carte 37/62.

✕✕ **Zum Futterplatz,** Obere Lichtenplatzer Str. 102, ✉ 42287, ℰ (0202) 55 63 49, Fax (0202) 555759, ☆ – 🅿. 🆎 ⓪ Ε 𝖵𝖨𝖲𝖠   BY a
Menu à la carte 35/70.

In Wuppertal-Elberfeld :

🏨 **InterCityHotel,** Döppersberg 50, ✉ 42103, ℰ (0202) 4 30 60, Fax (0202) 456959, ≘s – 🛗, ⇥ Zim, 📖 📺 ⅙ ⇔ – 🕍 90. 🆎 ⓪ Ε 𝖵𝖨𝖲𝖠. ⌘ Rest   CZ a
Menu *(Freitagabend - Sonntag geschl.)* à la carte 42/74 – **156 Z** 208/360.

🏠 **Zur Post** ⟋ garni, Poststr. 4, ✉ 42103, ℰ (0202) 45 01 31, Fax (0202) 451791, ≘s – 🛗 ⇥ 📺 ☎. 🆎 ⓪ Ε 𝖵𝖨𝖲𝖠   CZ p
Weihnachten - 6. Jan. geschl. – **55 Z** 125/195.

🏠 **Rathaus-Hotel** ⟋ garni, Wilhelmstr. 7, ✉ 42105, ℰ (0202) 45 01 48, Fax (0202) 451284 – 🛗 📺 ☎ ⇔. Ε 𝖵𝖨𝖲𝖠   CZ s
33 Z 136/245.

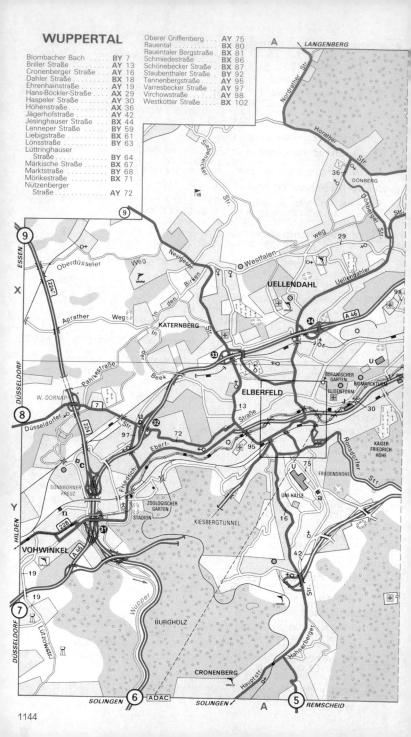

WUPPERTAL

1144

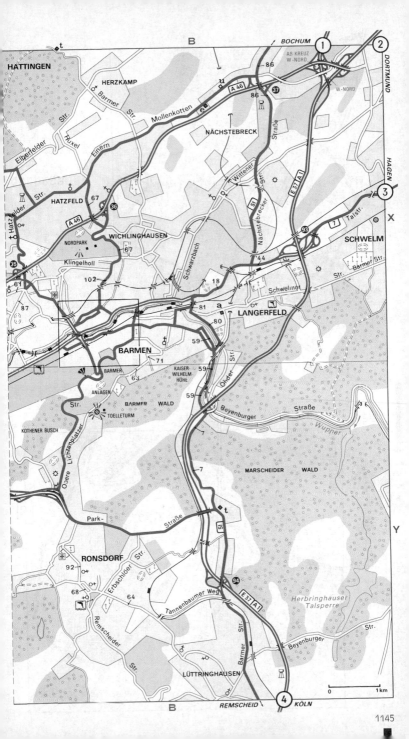

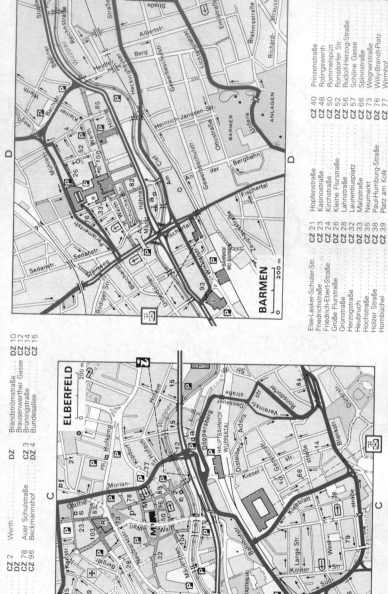

ELBERFELD

BARMEN

🏠 **Rubin** garni, Paradestr. 59, ⊠ 42107, ℰ (0202) 24 83 80, Fax (0202) 2483810, « Sammlung alter Werkzeuge » – |❄| 📺 ☎. 🖭 ⑩ ⴹ 𝘝𝘐𝘚𝘈　　　　CZ f
16 Z 115/165.

🏠 **Astor** garni, Schloßbleiche 4, ⊠ 42103, ℰ (0202) 45 05 11, Fax (0202) 453844 – |❄| 📺 ☎. 🖭 ⑩ ⴹ 𝘝𝘐𝘚𝘈　　　　CZ e
Weihnachten - Neujahr geschl. – **45 Z** 120/195.

XX **Am Husar,** Jägerhofstr. 2, ⊠ 42119, ℰ (0202) 42 48 28, Fax (0202) 437986, 🏠 – ⓟ
Mittwoch geschl. – **Menu** (nur Abendessen) à la carte 43/68.　　　　AY a

In Wuppertal - Langerfeld :

X **Il Giardino,** Langerfelder Str. 110, ⊠ 42389, ℰ (0202) 60 12 49, Fax (0202) 601249
⚛ – ⴹ　　　　BX a
Dienstag und Juli - Aug. 3 Wochen geschl. – **Menu** (italienische Küche) 45/96 und à la carte 45/83.

In Wuppertal-Varresbeck :

🏠 **Waldhotel Eskeshof** 🏖, Krummacher Str. 251, ⊠ 42115, ℰ (0202) 2 71 80, Fax (0202) 2718199, 🏠, 🍴s, 🖭, – 🛏 Zim, 📺 ☎ 📧 ⓟ – 🔌 80. 🖭 ⑩ ⴹ 𝘝𝘐𝘚𝘈 𝐽𝐶𝐵　　AY c
Menu à la carte 29/64 – **60 Z** 140/185.

🏠 **Novotel,** Otto-Hausmann-Ring 203, ⊠ 42115, ℰ (0202) 7 19 00, Fax (0202) 7190333, 🍴s, 🖭, – |❄|, 🛏 Zim, 📺 ☎ 📧 ⓟ – 🔌 250. 🖭 ⑩ ⴹ 𝘝𝘐𝘚𝘈　　　　AY u
Menu à la carte 40/55 – **128 Z** 175/280.

In Wuppertal-Vohwinkel :

XXX **Scarpati** mit Zim, Scheffelstr. 41, ⊠ 42327, ℰ (0202) 78 40 74, Fax (0202) /89828, 🏠, « Jugendstilvilla mit mod. Restaurant-Anbau » – 📺 ☎ ⓟ. 🖭 ⑩ ⴹ 𝘝𝘐𝘚𝘈. 🍴
Menu (italienische Küche) à la carte 74/90 – **Trattoria** : **Menu** à la carte 54/72 – **7 Z** 140/190.　　　　AY n

---

WURMLINGEN Baden-Württemberg siehe Tuttlingen.

WURZACH, BAD Baden-Württemberg 𝟜𝟙𝟡 𝟜𝟚𝟘 W 13, 𝟗𝟖𝟕 ㊴ – 13 000 Ew – Höhe 652 m – Moorheilbad.

🅱 Kurverwaltung, Mühltorstr. 1, ⊠ 88410, ℰ (07564) 30 21 50, Fax (07564) 302154.
Berlin 681 – Stuttgart 159 – Konstanz 121 – Kempten (Allgäu) 47 – Ulm (Donau) 68 – Bregenz 66.

🏠 **Rößle,** Schulstr. 12, ⊠ 88410, ℰ (07564) 9 34 90, Fax (07564) 934916, 🏠 – 📺 ☎ – 🔌 35. 🖭 ⑩ ⴹ 𝘝𝘐𝘚𝘈
Menu à la carte 40/62 – **21 Z** 79/150.

🏠 **Adler,** Schloßstr. 8, ⊠ 88410, ℰ (07564) 9 30 30, Fax (07564) 930340 – 📺 ☎ 🚗 ⓟ. ⴹ 𝘝𝘐𝘚𝘈. 🍴 Zim
Aug. 2 Wochen geschl. – **Menu** (Donnerstagabend und Montag geschl.) à la carte 26/55 – **18 Z** 70/120.

WUSTERHAUSEN Brandenburg 𝟜𝟙𝟞 H 21 – 4 500 Ew – Höhe 50 m.
Berlin 90 – Potsdam 77 – Schwerin 121 – Brandenburg 67.

🏠 **Mühlenhof,** Kyritzer Str. 31, ⊠ 16868, ℰ (033979) 1 47 06, Fax (033979) 14731, 🏠, « ehem. Mühlengebäude » – 📺 ☎ 📧 ⓟ – 🔌 25. 🖭 ⴹ 𝘝𝘐𝘚𝘈
Menu à la carte 28/48 – **27 Z** 78/158.

WUSTROW Mecklenburg-Vorpommern 𝟜𝟙𝟞 G 22 – 750 Ew – Höhe 50 m.
Berlin 108 – Schwerin 135 – Neubrandenburg 50.

In Wustrow-Grünplan SW : 7 km :

🏠 **Heidekrug** 🏖, Dorfstr. 14, ⊠ 17255, ℰ (039828) 6 00, Fax (039828) 20266, 🏠, 🍴s, 🍴 – |❄|, 🛏 Zim, 📺 ☎ ⓟ – 🔌 25. 🖭 ⴹ 𝘝𝘐𝘚𝘈
Menu à la carte 27/58 – **34 Z** 105/170.

In Strasen SO : 3 km :

🏠 **Zum Löwen** 🏖, Dorfstr. 41, ⊠ 17255, ℰ (039828) 2 02 85, Fax (039828) 20391, 🏠, 🍴s – 📺 ☎ ⓟ – 🔌 25. 🖭 ⴹ 𝘝𝘐𝘚𝘈
Menu à la carte 19/30 – **23 Z** 70/120.

WYK Schleswig-Holstein siehe Föhr (Insel).

XANTEN Nordrhein-Westfalen 🔢🔢🔢 L 3, 🔢🔢🔢 ⑭ – 19 000 Ew – Höhe 26 m – Erholungsort.
Sehenswert : Dom St. Viktor★.
🅱 Verkehrsamt, Rathaus, Karthaus 2, ⊠ 46509, 𝒫 (02801) 77 22 38, Fax (02801) 772209.
Berlin 574 – Düsseldorf 68 – Duisburg 42 – Kleve 26 – Wesel 16.

🏨 **Van Bebber,** Klever Str. 12, ⊠ 46509, 𝒫 (02801) 66 23, Fax (02801) 5914, Biergarten, « Stilvoll eingerichtetes Restaurant » – |💲|, ⤵ Zim, 📺 ☎ 🅿 – 🔬 100. 🆎 🅴 𝘝𝘐𝘚𝘈
Menu (Sonntagabend - Montag und 2. - 29. Jan. geschl.) à la carte 43/78 – **34 Z** 99/255 – ½ P 30.

🏠 **Hövelmann** garni, Markt 31, ⊠ 46509, 𝒫 (02801) 40 81, Fax (02801) 4085 – |💲| 📺 ☎ 🅿. 🆎 ⑩ 🅴 𝘝𝘐𝘚𝘈
23 Z 90/160.

In Xanten-Obermörmter NW : 15 km über die B 57 :

🍴🍴🍴 **Landhaus Köpp,** Husenweg 147, ⊠ 46509, 𝒫 (02804) 16 26 – 🅿. 🆎
❀ Samstagmittag, Sonntagabend - Montag und 2. - 30. Jan. geschl. – **Menu** (Tischbestellung erforderlich) 75/125 und à la carte
Spez. Langostinos mit Ratatouillesauce. Gefülltes Kalbsfilet mit Rotweinjus. Variation von Belgischer Schokolade.

ZARRENTIN Mecklenburg-Vorpommern 🔢🔢🔢🔢🔢🔢 F 16, 🔢🔢🔢 ⑥ – 2 500 Ew – Höhe 18 m.
Berlin 220 – Schwerin 53 – Hamburg 67 – Lübeck 44 – Ratzeburg 21.

🏠 **Zum Maiwirth** garni, Bahnhofstr. 11, ⊠ 19246, 𝒫 (038851) 8 09 62, Fax (038851) 80962 – 📺 ☎ 🅿. 🅴
14 Z 80/120.

ZEHNA Mecklenburg-Vorpommern 🔢🔢🔢 E 20 – 500 Ew – Höhe 45 m.
Berlin 186 – Schwerin 66 – Güstrow 10 – Rostock 54 – Wismar 75.

🏠 **Motel Zehna,** Ganschower Str. 18, ⊠ 18276, 𝒫 (038458) 30 30, Fax (038458) 30311 – 📺 ☎ 🕭 🅿 – 🔬 30. 🅴. 🍴
(nur Abendessen für Hausgäste) – **15 Z** 70/95.

ZEIL AM MAIN Bayern 🔢🔢🔢 P 15 – 5 300 Ew – Höhe 237 m.
Berlin 428 – München 270 – Coburg 70 – Schweinfurt 27 – Bamberg 29.

🏠 **Kolb,** Krumer Str. 1, ⊠ 97475, 𝒫 (09524) 90 11, Fax (09524) 6676, 🏡 – 📺 ☎ 🚗
🍴 🅿 – 🔬 40. 🅴
Jan. 2 Wochen und Ende Aug. 1 Woche geschl. – **Menu** à la carte 22/51 🍷 – **20 Z** 60/125.

ZEISKAM Rheinland-Pfalz siehe Bellheim.

ZEITLARN Bayern siehe Regensburg.

ZEITZ Sachsen-Anhalt 🔢🔢🔢 M 20, 🔢🔢🔢 ㉓, 🔢🔢🔢 ⑱ – 38 000 Ew – Höhe 200 m.
🅱 Zeitz-Information, Altmarkt 16, (Gewandhaus), ⊠ 06712, 𝒫 (03441) 8 32 92.
Berlin 216 – Magdeburg 136 – Gera 21.

🏨 **Am Wasserturm** Ⓜ, Geußnitzer Str. 73, ⊠ 06712, 𝒫 (03441) 6 17 20, Fax (03441) 617212, 🏡, « Individuelle Zimmereinrichtung » – 📺 ☎ 🅿 – 🔬 25. 🆎 ⑩ 🅴 𝘝𝘐𝘚𝘈
Menu (Sonntagabend geschl.) à la carte 27/54 – **20 Z** 98/150.

🏠 **Drei Schwäne,** Altmarkt 6, ⊠ 06712, 𝒫 (03441) 21 26 86, Fax (03441) 712286 – 📺
🍴 ☎ – 🔬 40. 🆎 🅴 𝘝𝘐𝘚𝘈. 🍴
Menu à la carte 24/47 – **36 Z** 90/200.

🏠 **Weisse Elster** Ⓜ garni, Albrechtstr. 37, ⊠ 06712, 𝒫 (03441) 8 61 00, Fax (03441) 86110 – 📺 ☎ 🅿. 🅴 𝘝𝘐𝘚𝘈
23 Z 95/150.

🏠 **Gasthaus am Neumarkt,** Neumarkt 15, ⊠ 06712, 𝒫 (03441) 6 16 60, Fax (03441) 616626, 🏡 – 📺 ☎ 🅿. 🅴
Menu à la carte 25/55 – **10 Z** 95/160.

ZELL AM HARMERSBACH Baden-Württemberg **419** U 8 – 7 600 Ew – Höhe 223 m – Erholungsort.

🛈 Verkehrsbüro, Alte Kanzlei 2, ✉ 77736, ℘ (07835) 63 69 47, Fax (07835) 636950.

Berlin 769 – Stuttgart 168 – Karlsruhe 99 – Freudenstadt 43 – Offenburg 22 – Freiburg im Breisgau 55.

🏠 **Sonne,** Hauptstr. 5, ✉ 77736, ℘ (07835) 6 37 30, Fax (07835) 637313, 🏠 – 📺 ☎ 🗫 🅿. ㏌ 🝢 𝘝𝘐𝘚𝘈
Mitte Jan. - Mitte Feb. und Mitte Juli - Mitte Aug. geschl. – **Menu** (Donnerstag - Freitagmittag geschl.) à la carte 28/58 – **19 Z** 75/160 – ½ P 25.

🏠 **Zum Schwarzen Bären,** Kirchstr. 5, ✉ 77736, ℘ (07835) 2 51, Fax (07835) 5251, Biergarten, 🔟 – 📲 📺 ☎ 🗫 🅿 – 🔬 60. ㏌ 🝢 𝘝𝘐𝘚𝘈
Menu (Montagmittag und Mittwoch geschl.) à la carte 26/61 (auch vegetarische Gerichte) 🍷 – **35 Z** 74/150 – ½ P 20.

🌣 **Kleebad** 🗫, Jahnstr. 8, ✉ 77736, ℘ (07835) 33 15, Fax (07835) 5187, 🈝 – 🕭 🅿. 🌿 Zim
Mitte Nov. - Mitte Dez. geschl. – (Restaurant nur für Hausgäste) – **21 Z** 57/110 – ½ P 17.

In Zell-Unterharmersbach :

🏠 **Rebstock,** Hauptstr. 104, ✉ 77736, ℘ (07835) 39 13, Fax (07835) 3734, 🈝 – 📺 🅿. ㏌ 🝢 𝘝𝘐𝘚𝘈
12. Jan. - 6. Feb. geschl. – **Menu** (Dienstag geschl.) à la carte 26/57 – **17 Z** 62/104 – ½ P 17.

ZELL AM WALDSTEIN Bayern siehe Münchberg.

ZELL AN DER MOSEL Rheinland-Pfalz **417** P 5, **987** ㉖ – 5 000 Ew – Höhe 94 m.

🛈 Tourist-Information, Rathaus, Balduinstr. 44, ✉ 56856, ℘ (06542) 7 01 22, Fax (06542) 5600.

Berlin 665 – Mainz 105 – Cochem 39 – Trier 69.

🏠 **Zum grünen Kranz,** Balduinstr. 13, ✉ 56856, ℘ (06542) 9 86 10, Fax (06542) 986180, ≤, 🏠, ⭐s, 🔟 – 📺 ☎ 🗫 ㏌ 🝢 𝘝𝘐𝘚𝘈
Menu (Jan. geschl.) à la carte 29/63 🍷 – **22 Z** 85/180.

🏠 **Zur Post,** Schloßstr. 25, ✉ 56856, ℘ (06542) 42 17, Fax (06542) 41693, 🏠 – 📲 📺 🅿. ㏌ ㏌ 🝢 𝘝𝘐𝘚𝘈, 🌿 Zim
Feb. geschl. – **Menu** (Montag geschl.) à la carte 26/50 🍷 – **16 Z** 70/130.

ZELL IM WIESENTAL Baden-Württemberg **419** W 7 – 6 700 Ew – Höhe 444 m – Erholungsort.

🛈 Verkehrsbüro, Schopfheimer Str. 3, ✉ 79669, ℘ (07625) 1 33 15, Fax (07625) 13315.

Berlin 819 – Stuttgart 196 – Freiburg im Breisgau 50 – Donaueschingen 73 – Basel 32.

🏠 **Löwen,** Schopfheimer Str. 2, ✉ 79669, ℘ (07625) 9 25 40, Fax (07625) 8086, Biergarten – 📺 ☎ 📞 🗫 🅿. ㏌ 🝢 𝘝𝘐𝘚𝘈
Menu (Donnerstagabend - Samstagmittag geschl.) à la carte 30/73 🍷 – **36 Z** 68/125 – ½ P 25.

In Zell-Pfaffenberg N : 5,5 km – Höhe 700 m

🏠 **Berggasthof Schlüssel** 🗫, Pfaffenberg 2, ✉ 79669, ℘ (07625) 3 75, Fax (07625) 9632, ≤, « Terrasse » – 📺. 🌿 Zim
Mitte Jan. - Mitte Feb. geschl. – **Menu** (Montag - Dienstag geschl.) à la carte 29/68 (auch vegetarische Gerichte) 🍷 – **12 Z** 53/94 – ½ P 25.

ZELLA-MEHLIS Thüringen **418** O 16, **984** ㉓ ㉗, **987** ㉘ – 13 500 Ew – Höhe 500 m.

🛈 Fremdenverkehrsamt, Louis-Anschütz-Str. 28, ✉ 98544, ℘ (03682) 48 28 40, Fax (03682) 487143.

Berlin 346 – Erfurt 55 – Coburg 58 – Suhl 6.

🏠 **Waldmühle,** Lubenbachstr. 2, ✉ 98544, ℘ (03682) 48 71 93, Fax (03682) 487347, 🗫 🏠, 🈝 – 📺 ☎ 🅿. 🝢. 🌿
Menu à la carte 23/47 – **36 Z** 80/140.

🏠 **Stadt Suhl,** Bahnhofstr. 7, ✉ 98544, ℘ (03682) 4 02 21, Fax (03682) 41931, 🗫 Biergarten – 📺 ☎ 🗫 🅿. ㏌ 🝢 𝘝𝘐𝘚𝘈
Menu (Sonntagabend geschl.) à la carte 23/38 – **13 Z** 79/132.

ZELLINGEN Bayern **417 419 420** Q 13 – 5 800 Ew – Höhe 166 m.
  Berlin 507 – München 296 – Aschaffenburg 60 – Bad Kissingen 53 – Würzburg 16.

In Zellingen-Retzbach :

🏠 **Vogelsang,** Untere Hauptstr. 9, ✉ 97225, ℘ (09364) 80 50, Fax (09364) 805222, 🌣,
  ⇔, 🔲 – 📺 ☎ 🅿 – 🛦 130. 🆎 ⓞ ⴺ 🆅🆂🅰
  Menu à la carte 25/47 – **33 Z** 85/148.

ZELTINGEN-RACHTIG Rheinland-Pfalz **417** Q 5 – 2 500 Ew – Höhe 105 m – Erholungsort.
  🛈 Verkehrbüro, Zeltingen, Uferallee 13, ✉ 54492, ℘ (06532) 24 04, Fax (06532) 3847.
  Berlin 688 – Mainz 121 – Bernkastel-Kues 8 – Koblenz 99 – Trier 43 – Wittlich 10.

Im Ortsteil Zeltingen :

🏛 **St. Stephanus,** Uferallee 9, ✉ 54492, ℘ (06532) 6 80, Fax (06532) 68420, ≤, 🌣,
  ⇔, 🔲 – 📲 📺 ☎ 🅿 – 🛦 80. 🆎 ⓞ ⴺ 🆅🆂🅰
  Jan. - Feb. geschl. – **Menu** à la carte 34/64 – **46 Z** 129/280 – ½ P 35.

🏠 **Nicolay zur Post,** Uferallee 7, ✉ 54492, ℘ (06532) 9 39 10, Fax (06532) 2306, ≤,
  🌣, ⇔, 🔲 – 📲 📺 ☎ ⇆ 🅿 – 🛦 60. 🆎 ⓞ ⴺ 🆅🆂🅰 ✸ Rest
  6. Jan. - Karneval geschl. – **Menu** (Nov. - April Montag geschl.) à la carte 38/75 – **37 Z**
  85/190 – ½ P 25.

🏠 **Zeltinger Hof,** Kurfürstenstr. 76, ✉ 54492, ℘ (06532) 9 38 20, Fax (06532) 938282,
  🌣 – ☎ 🅿. 🆎 ⴺ 🆅🆂🅰
  Menu à la carte 25/53 – **9 Z** 65/140 – ½ P 25.

🏠 **Winzerverein,** Burgstr. 7, ✉ 54492, ℘ (06532) 23 21, Fax (06532) 1748, ≤, 🌣 – ☎
  🅿. 🆎 ⓞ ⴺ 🆅🆂🅰
  Mitte März - Mitte Nov. – **Menu** à la carte 28/61 – **42 Z** 70/130 – ½ P 20.

Im Ortsteil Rachtig :

🏠 **Deutschherrenhof,** Deutschherrenstr. 23, ✉ 54492, ℘ (06532) 93 50,
  Fax (06532) 935199, ≤, 🌣 – 📲 ☎ 🅿. ⴺ 🆅🆂🅰 ✸ Rest
  2. - 22. Jan. geschl. – **Menu** (Nov. - März wochentags nur Abendessen, Dienstag geschl.)
  à la carte 29/53 🍴 – **39 Z** 75/190 – ½ P 35.

ZEMMER Rheinland-Pfalz siehe Kordel.

ZEMPIN Mecklenburg-Vorpommern siehe Usedom (Insel).

ZENTING Bayern **420** T 23 – 1 300 Ew – Höhe 450 m – Wintersport : 600/1 000 m ⚐ 4.
  🛈 Verkehrsamt, Schulstraße 4, ✉ 94579, ℘ (09907) 2 82, Fax (09907) 1093.
  Berlin 596 – München 172 – Cham 89 – Deggendorf 30 – Passau 33.

Im Ortsteil Ranfels S : 4 km :

🏠 **Zur Post** 🦢 (mit Gästehaus), Schloßbergweg 4, ✉ 94579, ℘ (09907) 2 30,
  ⇆ Fax (09907) 1209, Biergarten, ⇔ – 📺 🅿
  Nov. - 20. Dez. geschl. – **Menu** (außer Saison Mittwoch geschl.) à la carte 24/33 – **17 Z**
  48/90.

ZERBST Sachsen-Anhalt **418** K 20, **984** ⑲, **987** ⑱ – 18 000 Ew – Höhe 68 m.
  🛈 Fremdenverkehrsbüro, Schloßfreiheit 12, ✉ 39261, ℘ (03923) 23 51, Fax (03923)
  2351.
  Berlin 133 – Magdeburg 43 – Dessau 30.

🏛 **von Rephuns Garten,** Rephunstr. 2, ✉ 39261, ℘ (03923) 6 16 05,
  ⇆ Fax (03923) 61607, 🌣 – 📺 ☎ 🅿 – 🛦 20. 🆎 ⴺ 🆅🆂🅰
  Menu à la carte 40/56 – **16 Z** 90/160.

🏠 **Park-Hotel** (ehemalige Villa), Karl-Marx-Str. 7, ✉ 39261, ℘ (03923) 78 02 13,
  ⇆ Fax (03923) 780215, 🌣 – 📺 ☎ 🅿. 🆎 ⴺ
  Menu à la carte 23/40 – **16 Z** 75/95.

XX **Park-Restaurant Vogelherd,** Lindauer Str. 78 (N : 2,5 km), ✉ 39261,
  ⇆ ℘ (03923) 78 04 44, Fax (03923) 2203, 🌣, « Kleiner Teich und Pavillon mit Grill » – 🅿.
  🆎 ⴺ 🆅🆂🅰
  Montagmittag und Dienstag geschl. – **Menu** à la carte 34/64.

ZERF Rheinland-Pfalz 🅰🅸🅸 R 4 – 1 500 Ew – Höhe 400 m.
　　Berlin 722 – Mainz 160 – Saarbrücken 61 – Trier 22.

In Greimerath S : 7 km :

　　🏠 **Dohm - Zur Post**, Hauptstr. 73, ⊠ 54298, ℰ (06587) 8 57 – ☎ 🅿
　　🗫 Dez. - Jan. 2 Wochen geschl. – **Menu** (Dienstag geschl.) à la carte 23/47 🌡 – **12 Z** 45/90.

ZEULENRODA Thüringen 🅰🅸🅸 O 19, 🅂🅂🅂 ㉓, 🅂🅂🅂 ㉙ – 14 400 Ew – Höhe 425 m.
　　🯄 Fremdenverkehrsverein, Greizer Str. 19, ⊠ 07937, ℰ (036628) 8 24 41, Fax (036628) 82441.
　　Berlin 267 – Erfurt 109 – Gera 31 – Greiz 20.

　　🏠 **Goldener Löwe** 🅼, Kirchstr. 15, ⊠ 07937, ℰ (036628) 6 01 44, Fax (036628) 60145,
　　☂ – ⇔ Zim, 📺 ☎ 🖐 ⇦ 🅿 – 🔏 30. 🆎 🅴 𝘝𝘐𝘚𝘈
　　Menu à la carte 30/58 – **32 Z** 100/160.

ZEUTHEN Brandenburg 🅰🅸🆅 I 24 – 8 000 Ew – Höhe 50 m.
　　Berlin 32 – Potsdam 57 – Frankfurt (Oder) 74.

　　🏨 **Pannonia Seehotel**, Fontaneallee 27, ⊠ 15738, ℰ (033762) 8 90, Fax (033762)
　　89408, ☂, Massage, ⩳ – 🗐, ⇔ Zim, 🍴 Rest, 📺 🖐 🅿 – 🔏 180. 🆎 🅾 🅴 𝘝𝘐𝘚𝘈 🅹🅲🅱
　　Menu à la carte 38/60 – **142 Z** 175/275, 4 Suiten.

ZEVEN Niedersachsen 🅰🅸🅴 G 11, 🅂🅂🅂 ⑯ – 13 700 Ew – Höhe 30 m.
　　Berlin 350 – Hannover 147 – Bremen 58 – Bremerhaven 60 – Hamburg 74.

　　🏨 **Paulsen**, Meyerstr. 22, ⊠ 27404, ℰ (04281) 50 51, Fax (04281) 8340 – ⇔ Zim, 📺
　　☎ 🅿 – 🔏 50. 🆎 🅾 🅴 𝘝𝘐𝘚𝘈
　　Menu (Sonn- und Feiertage geschl.) à la carte 34/63 – **38 Z** 95/170.

　　🏠 **Central**, Poststr. 20, ⊠ 27404, ℰ (04281) 9 39 10, Fax (04281) 8414, ☞ – 📺 ☎ ⇦
　　🅿. 🆎 🅴
　　21 Z 75/125.

　　🏠 **Spreckels**, Bremer Str. 2, ⊠ 27404, ℰ (04281) 9 37 20, Fax (04281) 6537 – 📺 ⇦
　　🅿. 🅴 ⌖
　　Menu à la carte 25/53 – **23 Z** 80/130.

　　🏠 **Landhaus Radler** garni, Kastanienweg 17, ⊠ 27404, ℰ (04281) 30 22,
　　Fax (04281) 3411, ☞ – 📺 ☎ 🅿. 🆎 🅴 𝘝𝘐𝘚𝘈. ⌖ – **16 Z** 80/118.

In Gyhum-Sick S : 10 km :

　　🏠 **Niedersachsen-Hof**, Sick 13 (an der B 71), ⊠ 27404, ℰ (04286) 94 00,
　　Fax (04286) 1400 – 📺 ☎ ⇦ 🅿 – 🔏 25. 🆎 🅾 🅴 𝘝𝘐𝘚𝘈
　　Menu (Freitag und 23. - 30. Dez. geschl.) à la carte 31/51 – **29 Z** 68/115.

ZINGST Mecklenburg-Vorpommern 🅰🅸🅴 C 22, 🅂🅂🅂 ③, 🅂🅂🅂 ⑦ – 3 500 Ew – Seebad.
　　🯄 Kurverwaltung, Klosterstr.21, ⊠ 18374, ℰ (038232) 81 50, Fax (038232) 81525.
　　Berlin 284 – Schwerin 143 – Rostock 71 – Stralsund 42.

　　🏨 **Seebrücke** 🅼, Seestr. 2, ⊠ 18374, ℰ (038232) 8 40, Fax (038232) 15787, ☂, ⩳s
　　– ⇔ Zim, 📺 ☎ 🅿 – 🔏 25. 🆎 🅴 𝘝𝘐𝘚𝘈
　　Menu (5. Jan. - 15. Feb. geschl.) 42/78 und à la carte – **35 Z** 150/250 – ½ P 30.

　　🏠 **Am Strand** 🗫, Birkenstr. 21, ⊠ 18374, ℰ (038232) 1 56 00, Fax (038232) 15603, ☂,
　　⩳s – 📺 ☎ 🅿. ⌖
　　Menu à la carte 25/51 – **19 Z** 130/180, 6 Suiten – ½ P 25.

　　🏠 **Boddenhus** 🗫, Hafenstr. 9, ⊠ 18374, ℰ (038232) 1 57 13, Fax (038232) 15629, ☂
　　– 📺 ☎ 🅿. 🆎 🅴 𝘝𝘐𝘚𝘈
　　Menu (Dez. - März Montag - Freitag nur Abendessen) à la carte 25/56 – **19 Z** 113/173
　　– ½ P 19.

In Zingst-Sundische Wiese *O : 9,5 km :*

🏨 **Schlößchen** ⚭, ✉ 18374, ✆ (038232) 81 80, *Fax (038232) 81838,* 🌳, 🍴, 🍴 –
📺 ☎ 🅿. ⓘ E *VISA*
Jan. geschl. – **Menu** à la carte 36/60 – **Hohe Düne** *(Montag - Dienstag geschl., nur Abend-
essen, Tischbestellung erforderlich)* **Menu** 99 – **15 Z** 130/250 – ½ P 40.

ZINNOWITZ *Mecklenburg-Vorpommern siehe Usedom (Insel).*

ZIRNDORF *Bayern* 🔢🔢 *R 16,* 🔢 ㉘ *– 21 000 Ew – Höhe 290 m.*
Siehe Stadtplan Nürnberg (Umgebungsplan).
Berlin 452 – München 175 – Nürnberg 16 – Ansbach 35.

🏨 **Rangau,** Banderbacher Str. 27, ✉ 90513, ✆ (0911) 9 60 10, *Fax (0911) 9601100,* 🌳,
🍴 – 🛗, ❄ Zim, 📺 ☎ 🅰 🅿 – 🔧 40. AE ⓘ E *VISA.* ❄ Rest   AS c
Menu *(Sonn- und Feiertage abends und Montag geschl.)* à la carte 38/61 – **20 Z** 128/245.

🏨 **Kneippkurhotel** ⚭, Achterplätzchen 5, ✉ 90513, ✆ (0911) 60 90 03,
Fax (0911) 603001, 🌳 – 📺 ☎ 🚗 🅿   AS m
Menu *(Sonntag - Montagmittag geschl.)* à la carte 26/49 – **19 Z** 75/110.

In Zirndorf-Wintersdorf *SW : 5 km über Rothenburger Straße AS :*

🏨 **Landgasthof Lämmermann,** Ansbacher Str. 28, ✉ 90513, ✆ (09127) 88 19,
🍴 *Fax (09127) 5649,* Biergarten – 📺 ☎ 🚗 🅿
23. Dez. - 6. Jan. geschl. – **Menu** *(Sonntag - Montagmittag und 23. Aug. - 6. Sept. geschl.)*
à la carte 23/46 – **21 Z** 75/110.

ZITTAU *Sachsen* 🔢 *N 28,* 🔢 ㉔, 🔢 ⑲ *– 30 000 Ew – Höhe 242 m.*
Sehenswert : Grüner Born★ *– Oybin :* Bergkirche★, Burg- und Klosteranlage★ ≼★ *SW :
8 km – Großschönau :* Deutsches Damast- und Frottiermuseum★ *W : 12 km.*
🅱 *Tourist-Information, im Rathaus, Markt 1,* ✉ 02763, ✆ (03583) 75 21 37, Fax (03583)
752161.
Berlin 246 – Dresden 99 – Görlitz 35.

🏨 **Schwarzer Bär,** Ottokarplatz 12, ✉ 02763, ✆ (03583) 55 10, *Fax (03583) 551111* – 📺
☎
18 Z.

🏨 **Dresdner Hof** *(mit Gästehaus),* Äußere Oybiner Str. 9, ✉ 02763, ✆ (03583) 5 73 00,
🍴 *Fax (03583) 573050,* 🌳, 🍴 – 🛗 📺 ☎ 🅿. E
Menu à la carte 21/41 ⚓ – **37 Z** 95/130.

🏨 **Zum Weberhof,** Äußere Weberstr. 46, ✉ 02763, ✆ (03583) 5 73 70,
🍴 *Fax (03583) 573750* – 📺 ☎ 🚗. E *VISA.* ❄ Zim
Menu à la carte 23/35 – **30 Z** 85/110.

In Hörnitz *W : 4 km :*

🏨 **Schloßhotel Althörnitz** ⚭, Zittauer Str. 9, ✉ 02763, ✆ (03583) 55 00,
Fax (03583) 550200, 🌳, « Schloß a. d. 17. Jh. mit Park und Hotelanlage », Massage, 🍴,
🍴 – 🛗, ❄ Zim, 📺 ☎ 🅲 🅰 🅿 – 🔧 60. AE E *VISA* JCB. ❄ Rest
Menu à la carte 31/54 – **78 Z** 110/220.

In Oybin *SW : 9 km – Höhe 450 m – Luftkurort :*

🏨 **Oybiner Hof** ⚭, Hauptstr. 5, ✉ 02797, ✆ (035844) 7 70, Fax (035844) 77499, 🌳
🍴 – 📺 ☎ 🅿 – 🔧 40. AE ⓘ E *VISA*
Menu à la carte 23/48 – **50 Z** 80/126 – ½ P 22.

In Waltersdorf *SW : 16 km – Höhe 590 m – Erholungsort :*

🏨 **Grenzbauden** ⚭ *(mit Gästehaus),* Hauptstr. 165, ✉ 02799, ✆ (035841) 33 90,
🍴 *Fax (035841) 33999,* ≼, 🍴, 🍴, 🌊, 🄽, 🍴 – 📺 ☎ 🅿. AE E
Menu à la carte 24/41 – **22 Z** 70/96 – ½ P 18.

ZORGE *Niedersachsen* 🔢 *L 15 – 1 800 Ew – Höhe 340 m – Luftkurort.*
🅱 *Kurverwaltung, Am Kurpark 4,* ✉ 37449, ✆ (05586) 2 51, Fax (05586) 8344.
Berlin 262 – Hannover 137 – Erfurt 98 – Göttingen 70 – Braunlage 15.

🏨 **Wolfsbach,** Hohegeißer Str. 25, ✉ 37449, ✆ (05586) 4 26, 🍴 – 📺 🅿. ❄ Zim
19. März - 8. April und 1. Nov. - 14. Dez. geschl. – (Restaurant nur für Hausgäste) – **16 Z**
52/105 – ½ P 14.

ZORNEDING Bayern 420 V 19 – 7 500 Ew – Höhe 560 m.
Berlin 599 – München 24 – Wasserburg am Inn 34.

🏨 **Eschenhof** garni, Anton-Grandauer-Str. 17, ✉ 85604, ℰ (08106) 28 82, Fax (08106) 22075, « Ehemaliger Bauernhof », ⇔s – 📺 ☎ ⇐ ℗. ፴ ⓪ Ε 𝘝𝘐𝘚𝘈
Weihnachten - Anfang Jan. geschl. – **29 Z** 125/190.

🏠 **Neuwirt,** Münchner Str. 4 (B 304), ✉ 85604, ℰ (08106) 2 42 60, Fax (08106) 2426166, � – 📺 ☎ ⇐ ℗. ፴ ⓪ Ε 𝘝𝘐𝘚𝘈
Menu à la carte 27/61 – **30 Z** 110/145.

ZOSSEN Brandenburg 416 418 J 24, 984 ⑯, 987 ⑱ – 8 000 Ew – Höhe 40 m.
Berlin 34 – Potsdam 55 – Königs Wusterhausen 17.

🏨 **Berlin** garni, Bahnhofstr. 28 (B 96), ✉ 15806, ℰ (03377) 32 50, Fax (03377) 325100 – 📱 ⇔ 📺 ☎ ℃ ℗ – ⚒ 40. ፴ ⓪ Ε 𝘝𝘐𝘚𝘈
50 Z 90/130.

🏨 **Reuner,** Machnower Chaussee 1a (B 96), ✉ 15806, ℰ (03377) 3 05 90, 📧 Fax (03377) 301371, 🌫, 🌿 – 📺 ☎ ℃ ℥ ℗. ፴ ⓪ Ε 𝘝𝘐𝘚𝘈
Menu à la carte 24/43 – **17 Z** 90/150.

In Nächst-Neuendorf W : 1,5 km :

🏠 **Zum Kleeblatt,** Zossener Str. 49, ✉ 15806, ℰ (03377) 3 41 80, Fax (03377) 341844, 📧 🌫 – 📺 ☎ ℃ ℥ ℗. ፴ Ε 𝘝𝘐𝘚𝘈
Menu à la carte 20/44 – **20 Z** 80/150.

ZÜTZEN Brandenburg siehe Schwedt.

ZUSMARSHAUSEN Bayern 419 420 U 15, 987 ㉟ – 4 700 Ew – Höhe 466 m.
Berlin 575 – München 98 – Augsburg 25.

🏨 **Die Post,** Augsburger Str. 2, ✉ 86441, ℰ (08291) 1 88 00, Fax (08291) 8363, 🌫, ℱ₅, Massage, ⇔s, 🖳, – 📱, ℄ Zim, 📺 ☎ ℃ ⇐ ℗ – ⚒ 60. ⓪ Ε 𝘝𝘐𝘚𝘈
Menu à la carte 55/84 – **25 Z** 85/185.

ZWEIBRÜCKEN Rheinland-Pfalz 417 S 6, 987 ㉖ – 37 500 Ew – Höhe 226 m.
🛈 Büro für Fremdenverkehr, Herzogstr. 1, ✉ 66482, ℰ° (06332) 87 11 23, Fax (06332) 871100.
ADAC, Poststr. 14, ✉ 66482, ℰ (06332) 1 58 48, Fax (06332) 72745.
Berlin 691 – Mainz 139 – Saarbrücken 40 – Pirmasens 25.

🏨 **Europas Rosengarten** ⚘, Rosengartenstr. 60, ✉ 66482, ℰ (06332) 97 70, Fax (06332) 977222, 🌫 – 📱, ℄ Zim, 📺 ☎ ℥ ℗ – ⚒ 40. ፴ ⓪ Ε 𝘝𝘐𝘚𝘈
Menu à la carte 36/55 – **48 Z** 118/160.

🍴 **Hitschler,** Fruchtmarktstr. 8, ✉ 66482, ℰ (06332) 7 55 74 – Ε 𝘝𝘐𝘚𝘈
Samstagmittag, Donnerstag und Juli 2 Wochen geschl. – **Menu** à la carte 28/55.

Außerhalb O : 3 km :

🏰 **Romantik Hotel Fasanerie** ⚘, Fasanerie 1, ✉ 66482 Zweibrücken, ℰ (06332) 97 30, Fax (06332) 973111, Biergarten, « Park, Terrasse mit ≤ », ⇔s, 🖳 – ℄ Zim, 📺 ☎ ℗ – ⚒ 100. ፴ ⓪ Ε 𝘝𝘐𝘚𝘈
Menu (Sonntagabend geschl.) 40 (mittags) und à la carte 58/80 – **Landhaus** (wochentags nur Abendessen) **Menu** à la carte 36/51 – **50 Z** 148/285.

ZWESTEN, BAD Hessen 417 M 11 – 4 100 Ew – Höhe 215 m – Heilbad – Luftkurort.
🛈 Kurverwaltung, Rathaus, ✉ 34596, ℰ (05626) 7 73, Fax (05626) 999333.
Berlin 424 – Wiesbaden 171 – Kassel 40 – Bad Wildungen 11 – Marburg 50 – Paderborn 115.

🏠 **Landhotel Kern,** Brunnenstr. 10, ✉ 34596, ℰ (05626) 99 70, Fax (05626) 997222, 🌫, ⇔s, 🖳, 🌿 – 📱 ☎ ℗ – ⚒ 30. ፴ ⓪ Ε 𝘝𝘐𝘚𝘈. ℀ Rest
10. Jan. - 17. März geschl. – **Menu** (Dienstag - Mittwoch geschl.) à la carte 36/62 – **58 Z** 83/150 – ½ P 18.

🏠 **Altenburg,** Hardtstr. 1a, ✉ 34596, ℰ (05626) 8 00 90, Fax (05626) 800939, 🌫, ℱ₅, ⇔s, 🌿 – ℄ Zim, ☎ ℥ ℗ – ⚒ 60. ፴ ⓪ Ε 𝘝𝘐𝘚𝘈
Menu (Sonntagabend, Montag und Freitag geschl., Nov. - Mitte Dez. und Anfang Jan. - März garni) à la carte 27/60 – **46 Z** 65/190 – ½ P 19.

🍴 **Zum kleinen König** mit Zim, Hauptstr. 4, ✉ 34596, ℰ (05626) 84 11, Fax (05626) 8360, 🌫 – 📺 ☎. ፴ ⓪ Ε 𝘝𝘐𝘚𝘈
Menu (Montag geschl.) à la carte 29/57 – **7 Z** 83/170 – ½ P 19.

ZWICKAU *Sachsen* 418 N 21, 984 ㉓, 987 ㉙ – *107 000 Ew – Höhe 434 m.*

Sehenswert : *Dom St. Marien★ DZ (Hauptaltar★★, Beweinung Christi★, Heiliges Grab★, Kanzel★).*

🛈 *Tourist-Information, Hauptstr. 6,* ✉ *08056,* ✆ *(0375) 29 37 13, Fax (0375) 293715.*

ADAC, *Leipziger Str. 16,* ✉ *08056,* ✆ *(0375) 29 23 14, Fax (0375) 293230.*
Berlin 263 ① – *Dresden 105* ① – *Chemnitz 42* ② – *Leipzig 80* ①

ZWICKAU

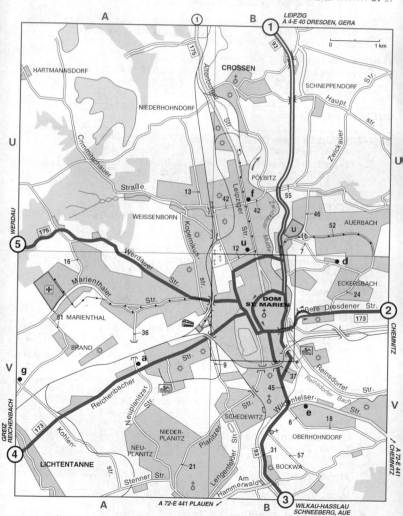

Die Stadtpläne sind eingenordet (Norden = oben).

ZWICKAU

🏨 **Holiday Inn** Ⓜ, Kornmarkt 9, ⊠ 08056, ℰ (0375) 2 79 20, Fax (0375) 2792666, 🛒,
⇌s – 🛗, 🔄 Zim, 🍴 Rest, 📺 ☎ ✓ ⟵ 🅿 – 🔔 100. 🄰🄴 ① 🄴 𝑉𝐼𝑆𝐴 🄹🄲🄱 DZ s
Pavillon *(Sonntag - Montag geschl., nur Abendessen)* **Menu** à la carte 43/58 – ***Confetti*** :
Menu à la carte 36/55 – **120 Z** 155/250, 3 Suiten.

🏨 **Airport Hotel** Ⓜ, Olzmannstr. 57, ⊠ 08060, ℰ (0375) 5 60 20, Fax (0375) 5602151,
⇌s – 🛗, 🔄 Zim, 🍴 Rest, 📺 ☎ ✓ ⟵ 🅿 – 🔔 120. 🄰🄴 ① 🄴 𝑉𝐼𝑆𝐴 AV a
Menu à la carte 34/60 – **124 Z** 149/180.

🏨 **Merkur** Ⓜ garni, Bahnhofstr. 58, ⊠ 08056, ℰ (0375) 29 42 86, Fax (0375) 294288 📺
☎ 🅿 🄰🄴 ① 🄴 𝑉𝐼𝑆𝐴. ⚗ – **28 Z** 99/160. CZ b

🍴 **Drei Schwäne,** Heinrich-Heine-Str. 69, ⊠ 08058, ℰ (0375) 2 04 76 50,
Fax (0375) 2047650, 🛒 – 🄰🄴 ① 🄴 𝑉𝐼𝑆𝐴 BU r
Sonntagabend - Montag geschl. – **Menu** à la carte 42/84.

1155

In Zwickau-Eckersbach *NO : 3 km :*

🏛 **Park Eckersbach,** Trillerplatz 1, ✉ 08066, ✆ (0375) 47 55 72, *Fax (0375) 475801,*
🍴 Biergarten – 📺 ☎ 🅿. 𝖠𝖤 𝖤 *VISA* BV **d**
Menu *(Montag - Freitag nur Abendessen)* à la carte 22/51 – **16 Z** 95/155.

In Zwickau-Oberhohndorf *SO : 4 km :*

🏛 **Gerisch** garni, Wildenfelser Str. 20a, ✉ 08056, ✆ (0375) 21 29 40, *Fax (0375) 294451*
– 📺 ☎ 🅿. ⚡ BV **e**
15 Z 95/140.

In Zwickau-Pölbitz *N : 2,5 km :*

🏨 **Achat** Ⓜ, Leipziger Str. 180, ✉ 08058, ✆ (0375) 87 20 (Hotel), 30 20 37 (Rest.),
Fax (0375) 872999, 😊 – 🛗, ✻ Zim, 📺 ☎ 📞 ⟷ 🅿 – 🔬 30. 𝖠𝖤 𝖤 *VISA* BU **f**
Menu à la carte 29/49 – **146 Z** 140/190, 4 Suiten.

In Lichtentanne *SW : 5,5 km :*

🏨 **Am Weisenbrunner Park** Ⓜ, Kohlenstrasse 33, ✉ 08115, ✆ (0375) 5 67 30,
Fax (0375) 5673400, 😊, 🍴 – 🛗, ✻ Zim, 📺 ☎ 📞 ♿ 🅿 – 🔬 50. 𝖠𝖤 ⓞ 𝖤 *VISA* AV **g**
Menu à la carte 27/46 – **120 Z** 135/160.

In Schönfels *SW : 6 km über ④ :*

🏛 **Landgasthaus zum Löwen** 🦢, Zwickauer Str.25, ✉ 08115, ✆ (037600) 7 01 45,
🍴 *Fax (037600) 70152,* 😊 – 📺 ☎ ⟷ 🅿 – 🔬 100
Menu à la carte 21/37 – **13 Z** 90/130.

ZWIEFALTEN Baden-Württemberg **419** V 12, **987** ㊳ – 2 300 Ew – Höhe 540 m – Erholungsort.
Sehenswert : Ehemalige Klosterkirche★★.
Berlin 669 – Stuttgart 84 – Konstanz 105 – Reutlingen 43 – Ulm (Donau) 50 –
Ravensburg 63.

🛶 **Zur Post,** Hauptstr. 44 (B 312), ✉ 88529, ✆ (07373) 3 02, *Fax (07373) 2360,* 😊, 🍴
– 😊 ⟷ 🅿
Menu *(Dienstag geschl.)* à la carte 26/46 🍴 – **18 Z** 55/100 – ½ P 25.

ZWIESEL Bayern **420** S 23, **987** ㉚ – 10 500 Ew – Höhe 585 m – Luftkurort – Wintersport :
600/700 m ≰1 ⵣ10.
🔟 Lindberg, Zwiesel Winkel (SO : 3 km), ✆ (09922) 23 67.
🅱 *Verkehrsamt, Stadtplatz 27 (Rathaus),* ✉ 94227, ✆ (09922) 13 08, *Fax (09922) 5655.*
Berlin 476 – München 179 – Cham 59 – Deggendorf 36 – Passau 63.

🏨 **Zur Waldbahn,** Bahnhofplatz 2, ✉ 94221, ✆ (09922) 85 70, *Fax (09922) 857222,* 😊,
« Garten », 🍴, 🏊 – 📺 ☎ 🅿. ✻ Zim
14. - 30. April geschl. – **Menu** à la carte 25/45 – **28 Z** 80/170 – ½ P 25.

🛶 **Kapfhammer,** Holzweberstr. 6, ✉ 94227, ✆ (09922) 8 43 10, *Fax (09922) 6546,* 🍴
🍴 – 📺 ☎ 🅿. ✻
Nov. - Mitte Dez. geschl. – **Menu** à la carte 22/46 – **46 Z** 70/130 – ½ P 15.

🛶 **Bergfeld,** Hochstr. 45, ✉ 94227, ✆ (09922) 85 40, *Fax (09922) 854100,* ≤, Massage,
♨, 🍴, 🏊, 🍴 – ⟷ 🅿. ✻
Mitte Nov. - 20. Dez. geschl. – (Restaurant nur für Hausgäste) – **23 Z** 75/150 –
½ P 18.

In Lindberg-Zwieslerwaldhaus *N : 10 km – Höhe 700 m – Wintersport : ⵣ4 :*

🛶 **Waldhotel Naturpark** 🦢, ✉ 94227, ✆ (09925) 9 41 10, *Fax (09925) 941149,* 😊,
🍴 🍴, 🏊, 🍴 – 📺 🅿
19. - 30. April geschl. – **Menu** à la carte 23/44 – **17 Z** 60/120 – ½ P 15.

Besonders angenehme Hotels oder Restaurants
sind im Führer rot gekennzeichnet.

Sie können uns helfen, wenn Sie uns die Häuser angeben,   🏨 ... 🏠
in denen Sie sich besonders wohl gefühlt haben.

Jährlich erscheint eine komplett überarbeitete Ausgabe   ⵣⵣⵣⵣⵣ ... ⵣ
aller Roten **Michelin-Führer**.

ZWINGENBERG Hessen **417 419** Q 9 – 6 300 Ew – Höhe 97 m.

Berlin 586 – Wiesbaden 61 – Darmstadt 23 – Heidelberg 45 – Mainz 62 – Mannheim 37.

🏨 **Zur Bergstraße** garni, Bahnhofstr. 10, ⌧ 64673, ℰ (06251) 7 60 35, Fax (06251) 72275 – 📶 📺 ☎ 🅿. 🆎 ⓞ 🗲 *VISA*
24. Dez. - 5. Jan. geschl. – **21 Z** 130/200.

🍴 **Freihof** mit Zim, Marktplatz 8, ⌧ 64673, ℰ (06251) 7 95 59, Fax (06251) 76712, 🍽
– 📺 ☎ 🅿. 🆎 🗲 *VISA*. 🛇
Menu (Sonntag geschl.) (italienische Küche) à la carte 48/80 – **10 Z** 95/140.

Check-in :
Nicht schriftlich reservierte Zimmer werden in den meisten Hotels
nur bis 18 Uhr freigehalten.
Bei späterer Anreise ist daher der ausdrückliche Hinweis
auf die Ankunftzeit oder - besser noch - schriftliche Zimmerreservierung
ratsam.

ZWISCHENAHN, BAD Niedersachsen **415** G 8, **987** ⑮ – 24 500 Ew – Höhe 11 m – Moorheilbad.
Sehenswert : Parkanlagen★.
🛈 Kurverwaltung, Auf dem Hohen Ufer 24, ⌧ 26160, ℰ (04403) 5 90 81, Fax (04403) 61158.
Berlin 453 – Hannover 185 – Bremen 67 – Oldenburg 17 – Wilhelmshaven 53 – Groningen 121.

🏨 **Am Kurgarten** 🐾, Unter den Eichen 30, ⌧ 26160, ℰ (04403) 9 36 50, Fax (04403) 59620, 🌡, 🔲, 🐎 – 📺 ☎ 🚗 – 🔺 15. 🆎 🗲 *VISA* **JCB**. 🛇
(Restaurant nur für Hausgäste) – **17 Z** 145/320.

🏨 **Seehotel Fährhaus** 🐾, Auf dem Hohen Ufer 8, ⌧ 26160, ℰ (04403) 60 00, Fax (04403) 600500, ≤, « Terrasse am See », Massage, 🌡, 🔲, 🐎 Bootssteg – 📶 📺 ☎ 🚗 🅿 – 🔺 150. 🆎 ⓞ 🗲 *VISA*
Menu à la carte 38/64 – **56 Z** 110/280 – ½ P 35.

🏨 **Bad Zwischenahn** 🐾, Am Badepark 5, ⌧ 26160, ℰ (04403) 69 60, Fax (04403) 696500, (direkter Zugang zum Badepark), 🌡 – 📶 📺 ☎ 🅿 – 🔺 40. ⓞ 🗲 *VISA*
(Restaurant nur für Hausgäste) **50 Z** 98/195, 3 Suiten – ½ P 35.

🏨 **Burg-Hotel** 🐾, Zum Rosenteich 14, ⌧ 26160, ℰ (04403) 92 30 00, Fax (04403) 923100, 🍽, 🌡 – 📶, 🛏 Zim, 📺 ☎ 🅿 – 🔺 35. 🆎 ⓞ 🗲 *VISA*
Menu à la carte 40/69 – **46 Z** 120/195 – ½ P 30.

🏨 **Kopenhagen**, Brunnenweg 8, ⌧ 26160, ℰ (04403) 5 90 88, Fax (04403) 64010, 🍽, 🌡 – 📺 ☎ 🅿. 🆎 ⓞ 🗲 *VISA*
Menu à la carte 31/63 – **14 Z** 95/230 – ½ P 29.

🏨 **Chalet**, Brunnenweg 10, ⌧ 26160, ℰ (04403) 92 10, Fax (04403) 92155 – 📺 ☎ 🅿. 🆎 ⓞ 🗲 *VISA*
(Restaurant nur für Hausgäste) – **11 Z** 95/260 – ½ P 27.

🏠 **Haus Ammerland** 🐾, Rosmarinweg 24, ⌧ 26160, ℰ (04403) 92 83 00, Fax (04403) 928383, 🐎 – 📺 ☎ 🅿. 🗲
(nur Abendessen für Hausgäste) – **32 Z** 75/190, 3 Suiten – ½ P 17.

🏠 **Rosenhof** 🐾 garni, Zum Rosenteich 12, ⌧ 26160, ℰ (04403) 92 32 22, Fax (04403) 923200, Massage, 🌡, 🐎 – 🛏 Zim, 📺 ☎ 🅿 – 🔺 30. 🆎 ⓞ 🗲 *VISA*
29 Z 110/195.

🍴 **Der Ahrenshof**, Oldenburger Straße, ⌧ 26160, ℰ (04403) 39 89, Fax (04403) 64027, « Einrichtung eines Ammerländer Bauernhauses, Gartenterrasse » – 🅿. ⓞ 🗲 *VISA*
Menu à la carte 36/74.

In Bad Zwischenahn-Aschhauserfeld NO : 4 km Richtung Wiefelstede :

🏨 **Romantik Hotel Jagdhaus Eiden** 🐾, ⌧ 26160, ℰ (04403) 69 80 00, Fax (04403) 698398, Spielcasino im Hause, « Gartenterrasse », 🌡, 🔲, 🔥, 🐎 – 📶, 🛏 Zim, 📺 🅿 – 🔺 60. 🆎 ⓞ 🗲 *VISA*. 🛇 Zim
Menu siehe Rest. *Apicius* separat erwähnt **Jäger- und Fischerstube** : Menu à la carte 45/73 – **67 Z** 121/300 – ½ P 36.

🏨 **Amsterdam**, Wiefelsteder Str. 18, ⌧ 26160, ℰ (04403) 93 40, Fax (04403) 934234, 🍽, 🌡, 🐎 – 📶, 🛏 Zim, 📺 ☎ ✆ 🔥 🅿 – 🔺 25. 🆎 ⓞ 🗲 *VISA* **JCB**. 🛇 Rest
Menu (nur Abendessen) à la carte 35/49 – **40 Z** 99/190 – ½ P 29.

🏠 **Pension Andrea** garni, Wiefelsteder Str. 43, ⌧ 26160, ℰ (04403) 47 41, Fax (04403) 4745, 🐎 – 🛏 📺 ☎ 🔥 🅿. 🆎 ⓞ 🗲 *VISA*
14 Z 85/170.

XXX **Apicius** - im Romantik Hotel Jagdhaus Eiden, ⊠ 26160, ℰ (04403) 69 84 16,
😣 *Fax (04403) 698398* – **℗** 🄰🄴 ⑩ 🄴 *VISA* 😾
Sonntag - Montag, 4. - 26. Jan. und 26. Juli - 11. Aug. geschl. – **Menu** (nur Abendessen,
Tischbestellung ratsam, bemerkenswerte Weinkarte) 87/115 und à la carte
72/95
Spez. Trüffel auf Kartoffelchips. Gratinierter Steinbutt mit Koriandervinaigrette. Deich-
lamm mit Linsenrösti.

XX **Goldener Adler,** Wiefelsteder Str. 47, ⊠ 26160, ℰ (04403) 26 97, *Fax (04403) 58152*,
🍴, « Ammerländer Bauernhaus a. d. Jahre 1705 mit gemütlich eingerichteten Stuben »
– **℗**. 🄰🄴 ⑩ 🄴 *VISA* 🄹🄲🄱
Okt.- April Montag geschl. – **Menu** (wochentags nur Abendessen) à la carte 49/73.

In Bad Zwischenahn-Aue *NO : 6 km Richtung Wiefelstede :*

X **Klosterhof** mit Zim, Wiefelsteder Str. 67, ⊠ 26160, ℰ (04403) 87 10,
Fax (04403) 8860, 🍴, « Ammerländer Bauernhaus » – 🆃🆅 ☎ ℗ 🄰🄴 ⑩ 🄴 *VISA*
Montag geschl. – **Menu** à la carte 34/62 – **6 Z** 59/98 – ½ P 26.

In Bad Zwischenahn-Dreibergen *N : 7 km Richtung Wiefelstede :*

🏨 **Seeschlößchen Dreibergen** 🄼, Dreiberger Straße 21, ⊠ 26160, ℰ (04403) 98 70,
Fax (04403) 987155, ≼, 🍴, « Lage am See », Massage, ♨, 🎰, ≋, 🐎 – 🔄 ⇆ 🆃🆅 ☎
📞 ℗ – 🔏 70. 🄰🄴 🄴 *VISA* 😾 Rest
Menu à la carte 35/70 – **62 Z** 120/240 – ½ P 35.

ZWOENITZ *Sachsen* 🄸🄸🄸 *O 22 – 10 000 Ew – Höhe 525 m.*
Berlin 289 – Dresden 110 – Chemnitz 30 – Chomutov 79 – Karlovy Vary 63 – Zwickau 29.

🏨 **Stadt Zwönitz** 🄼, Am Mühlengraben 10, ⊠ 08297, ℰ (037754) 7 20,
😞 *Fax (037754) 72404*, 🍴, 🎰, ≋ – 🔄 🆃🆅 ☎ ℗ – 🔏 30. 🄰🄴 🄴 *VISA*
Menu à la carte 21/47 ♨ – **39 Z** 89/147.

🏠 **Roß,** Markt 1, ⊠ 08297, ℰ (037754) 22 52, *Fax (037754) 2252*, Biergarten – 🆃🆅 ☎ ℗.
😞 🄴 *VISA*
Menu à la carte 22/42 – **22 Z** 80/130.

ZWOTA *Sachsen siehe Klingenthal.*

Entfernungen

Einige Erklärungen

In jedem Ortstext finden Sie Entfernungen zur Landeshauptstadt und zu den nächstgrößeren Städten in der Umgebung.

Die Kilometerangaben der Tabelle ergänzen somit die Angaben des Ortstextes.

Da die Entfernung von einer Stadt zu einer anderen nicht immer unter beiden Städten zugleich aufgeführt ist, sehen Sie bitte unter beiden entsprechenden Ortstexten nach. Eine weitere Hilfe sind auch die am Rande der Stadtpläne erwähnten Kilometerangaben.

Die Entfernungen gelten ab Stadtmitte unter Berücksichtigung der günstigsten (nicht immer kürzesten) Strecke.

Distances

Quelques précisions

Au texte de chaque localité vous trouverez la distance de la capitale du « Land » et des villes environnantes. Les distances intervilles du tableau les complètent.

La distance d'une localité à une autre n'est pas toujours répétée en sens inverse : voyez au texte de l'une ou l'autre.

Utilisez aussi les distances portées en bordure des plans.

Les distances sont comptées à partir du centre-ville et par la route la plus pratique, c'est-à-dire celle qui offre les meilleures conditions de roulage, mais qui n'est pas nécessairement la plus courte.

Distances

Commentary

The text on each town includes its distances to the "land" capital and to its neighbours.

The distances in the table complete those given under individual town headings for calculating total distances.

To avoid excessive repetition some distances have only been quoted once, you may, therefore, have to look under both town headings.

Note also that some distances appear in the margins of the town plans.

Distances are calculated from centres and along the best roads from a motoring point of view – not necessarily the shortest.

Distanze

Qualche chiarimento

Nel testo di ciascuna località troverete la distanza dalla capitale del « land » e dalle città circostanti. Le distanze tra le città della tabella le completano.

La distanza da una località ad un'altra non è sempre ripetuta in senso inverso : vedete al testo dell'una o dell'altra.

Utilizzate anche le distanze riportate a margine delle piante.

Le distanze sono calcolate a partire dal centro delle città e seguendo la strada più pratica, ossia quella che offre le migliori condizioni di viaggio, ma che non è necessariamente la più breve.

Entfernungen zwischen den größeren Städten
Distances entre principales villes
Distances between major towns
Distanze tra le principali città

Karlsruhe – Stuttgart **76 km**

Diagonale Städteliste (Spalten- und Zeilenköpfe):

Aachen · Augsburg · Bamberg · Berlin · Bonn · Braunschweig · Bremen · Darmstadt · Dresden · Düsseldorf · Essen · Frankfurt am Main · Frankfurt an der Oder · Freiburg · Hamburg · Hannover · Karlsruhe · Kassel · Kiel · Koblenz · Köln · Konstanz · Leipzig · Lübeck · Mannheim · München · Nürnberg · Osnabrück · Regensburg · Rostock · Saarbrücken · Stuttgart · Trier · Ulm · Wiesbaden · Würzburg

Entfernungstabelle (Dreiecksmatrix – Entfernungen in km zwischen den oben genannten Städten):

Stadt	Distanzen zu den vorangehenden Städten (Aachen, Augsburg, …)
Aachen	—
Augsburg	575
Bamberg	468 201
Berlin	636 562 404
Bonn	93 482 373 595
Braunschweig	413 556 393 229 170
Bremen	378 686 523 393 337 372
Darmstadt	272 327 215 569 178 559 362
Dresden	641 440 282 193 559 314 304 469
Düsseldorf	80 556 434 557 71 334 249 239 598
Essen	116 580 445 526 96 304 215 263 559 34
Frankfurt am Main	262 313 214 537 167 331 362 36 456 228 246
Frankfurt an der Oder	702 629 470 101 661 295 470 635 180 624 494 604
Freiburg	480 280 408 802 408 573 704 242 624 360 470 271 869
Hamburg	489 713 550 284 550 123 121 520 480 396 345 412 180 755
Hannover	354 570 407 286 313 63 134 377 372 276 245 269 377 612 161
Karlsruhe	353 226 278 672 262 467 573 355 564 339 345 191 630 134 624 321
Kassel	310 410 247 384 269 152 282 217 355 232 208 191 355 738 134 166 404
Kiel	575 808 645 346 600 185 83 615 482 446 583 542 217 850 96 252 719 591
Koblenz	154 426 333 534 58 394 292 152 564 209 127 128 615 445 309 206 404 441 435
Köln	70 518 397 571 33 348 202 191 564 58 83 152 637 505 398 234 222 277 928 90
Konstanz	562 226 410 759 480 676 798 336 637 481 373 252 833 67 811 512 245 500 500 527 486
Leipzig	582 403 244 185 409 211 375 373 564 336 363 269 214 377 567 269 302 78 928 441 600 418
Lübeck	226 770 607 263 508 183 111 519 481 394 419 419 214 881 84 366 564 366 147 484 456 456 816
Mannheim	403 294 268 607 202 408 516 138 459 311 306 127 682 88 645 366 68 424 510 244 293 424 682 623
München	562 67 231 583 557 630 760 355 461 468 637 355 650 230 787 357 435 315 489 581 412 166 757 816 355
Nürnberg	548 138 62 433 388 460 591 229 311 311 398 127 618 229 713 248 348 274 882 251 330 424 718 346 274 166
Osnabrück	294 577 414 422 226 199 119 328 507 138 83 326 416 500 283 141 412 335 500 335 412 290 316 238 283 651 651
Regensburg	636 160 161 491 583 486 630 355 329 358 565 322 652 558 757 462 510 474 672 366 510 332 109 405 366 123 103 581
Rostock	483 753 594 221 596 291 188 563 527 355 416 320 527 717 175 359 672 184 131 592 592 375 184 118 510 512 293 299 774
Saarbrücken	267 370 388 711 236 505 572 163 630 330 286 170 684 211 778 788 359 660 719 76 211 662 788 431 118 757 431 221 778 826
Stuttgart	581 160 235 629 388 486 754 191 414 389 414 211 666 145 754 76 79 357 715 260 352 178 452 131 76 205 205 512 293 820 220
Trier	656 370 388 719 235 505 504 191 635 330 289 191 637 216 356 355 356 336 752 175 178 516 715 221 221 516 205 205 473 754 96 287
Ulm	248 160 235 629 388 486 630 229 630 414 414 229 684 191 785 212 159 666 640 260 405 130 640 175 156 187 187 499 205 666 748 96 496
Wiesbaden	407 218 245 632 145 501 507 45 436 205 229 276 630 145 613 145 140 215 752 79 167 375 575 218 145 216 187 358 187 790 820 220 559 359
Würzburg	372 207 101 499 364 377 495 118 377 357 338 119 565 378 617 184 237 301 617 237 301 339 578 174 282 386 113 386 212 617 220 212 287 141 212

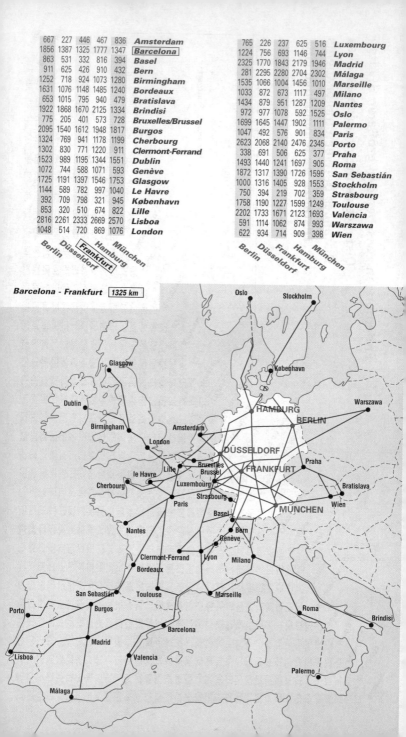

	Berlin	Düsseldorf	Frankfurt	Hamburg	München	
Amsterdam	667	227	446	467	836	
Barcelona	1856	1387	1325	1777	1347	
Basel	863	531	332	816	394	
Bern	911	625	426	910	432	
Birmingham	1252	718	924	1073	1280	
Bordeaux	1631	1076	1148	1485	1240	
Bratislava	653	1015	795	940	479	
Brindisi	1922	1868	1670	2125	1334	
Bruxelles/Brussel	775	205	401	573	728	
Burgos	2095	1540	1612	1948	1817	
Cherbourg	1324	769	941	1178	1199	
Clermont-Ferrand	1302	830	771	1220	911	
Dublin	1523	989	1195	1344	1551	
Genève	1072	744	588	1071	593	
Glasgow	1725	1191	1397	1546	1753	
Le Havre	1144	589	782	997	1040	
København	392	709	798	321	945	
Lille	853	320	510	674	822	
Lisboa	2816	2261	2333	2669	2570	
London	1048	514	720	869	1076	

	Berlin	Düsseldorf	Frankfurt	Hamburg	München	
Luxembourg	765	226	237	625	516	
Lyon	1224	756	693	1146	744	
Madrid	2325	1770	1843	2179	1946	
Málaga	281	2295	2280	2704	2302	
Marseille	1535	1066	1004	1456	1010	
Milano	1033	872	673	1117	497	
Nantes	1434	879	951	1287	1209	
Oslo	972	977	1078	592	1525	
Palermo	1699	1645	1447	1902	1111	
Paris	1047	492	576	901	834	
Porto	2623	2068	2140	2476	2345	
Praha	338	691	506	625	377	
Roma	1493	1440	1241	1697	905	
San Sebastián	1872	1317	1390	1726	1595	
Stockholm	1000	1316	1405	928	1553	
Strasbourg	750	394	219	702	359	
Toulouse	1758	1190	1227	1599	1249	
Valencia	2202	1733	1671	2123	1693	
Warszawa	591	1114	1062	874	993	
Wien	622	934	714	909	398	

Barcelona - Frankfurt | 1325 km

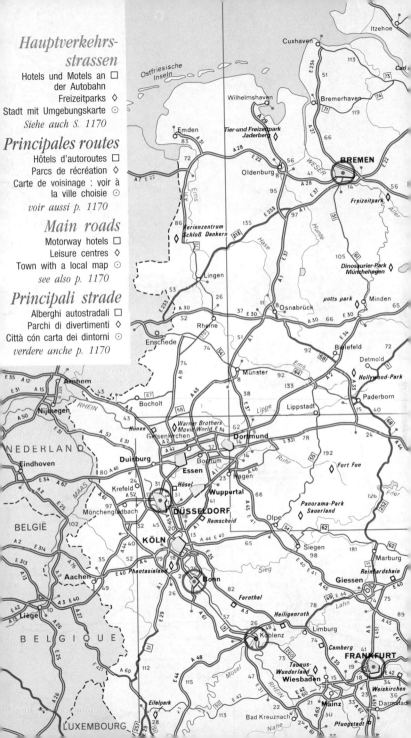

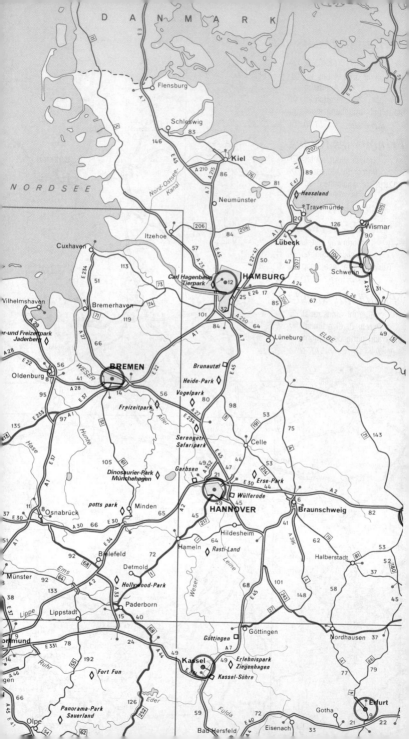

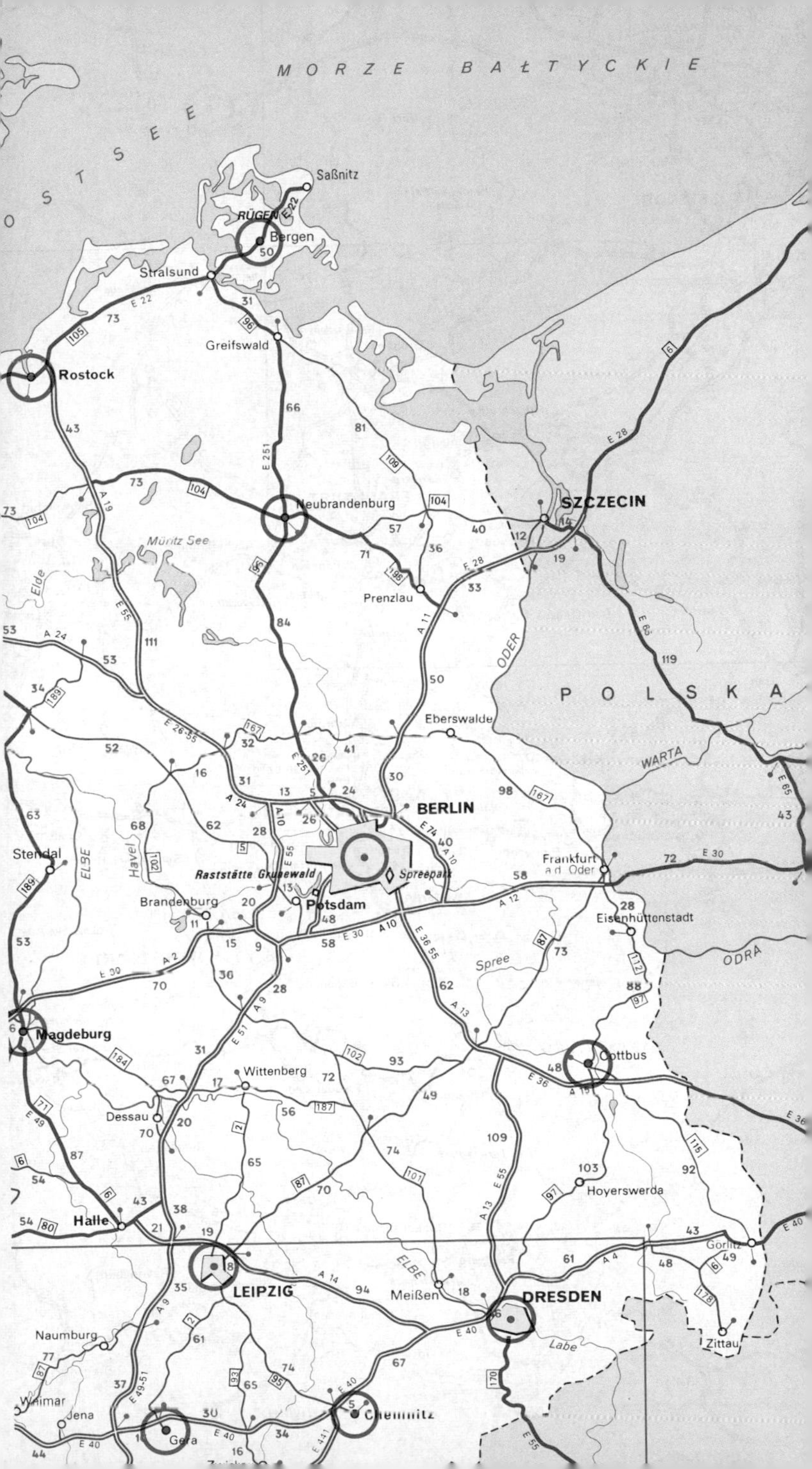

MORZE BAŁTYCKIE

OSTSEE

Saßnitz

RÜGEN

Bergen
50

Stralsund

E 22

105   73

Greifswald

96

31

66

81

E 251

104

73

A 19

104

Müritz See

95

Neubrandenburg   104

57   40

71   36

196

Prenzlau   33

84

E 28

SZCZECIN
15

19

112

E 28

A 11

73   E 55   111

53   A 24

53

34   189

ODER

119

POLSKA

50

Eberswalde

WARTA

E 26-55   32

52   16   31   5   24   30   41   98   187

E 65

43

68   62   28   26   BERLIN

Stendal   189   A 24   A10   26

63   ELBE   Havel   102   5   E 74   40   A 10

Raststätte Grunewald   13

Brandenburg   20   Potsdam   58   Frankfurt   72   E 30

11   48   a d. Oder

15   9   58   E 30   A 10   E 36-55   Eisenhüttenstadt

53   E 30   A 2   36   Spree   73   ODRA

70   28   62   88

A 13

Magdeburg   31   102   93   Cottbus

184   67   17   Wittenberg   72   48   A 15

77   Dessau   56   187   49   E 36

6   20   7   109   116

54   87   65   74   103   92

43   38   87   101   E 13   97   Hoyerswerda

80   Halle   21   19   A 13   E 55   43   Görlitz

E 40

A 14   94   Meißen   18   61   48   49

18   LEIPZIG   DRESDEN

35   Naumburg   61   ELBE   Labe   Zittau

77   74   170

37   65   65   67   E 40

Weimar   30   34   5   Chemnitz

Jena   Gera   16

44   E 40

Auszug aus dem Messe- und Veranstaltungskalender

Extrait du calendrier des foires et autres manifestations

Excerpt from the calendar of fairs and other events

Estratto del calendario delle fiere ed altre manifestazioni

Messe- und Ausstellungsgelände sind im Ortstext angegeben.

Baden-Baden	Frühjahrsmeeting	16. 5. - 24. 5.
	Karajan Pfingstfestspiele	29. 5. - 13. 6.
	Große Woche	28. 8. - 6. 9.
Bayreuth	Wagner-Festspiele	25. 7. - 28. 8.
Berlin	Internationale Grüne Woche	16. 1. - 25. 1.
	Internationale Tourismus-Börse (ITB)	7. 3. - 11. 3.
	Auto-Auststellung Berlin	17.10. - 25.10.
Bielefeld	Touristik	20.11. - 22.11.
Bregenz (A)	Festspiele	17. 7. - 18. 8.
Dortmund	Mottorräder	4. 3. - 8. 3.
	Dortmunder Herbst	2.10. - 11.10.
Dresden	Dresdner Reisemarkt	30. 1. - 1. 2.
	Frühjahrsmesse	4. 4. - 13. 4.
	Dixieland-Festival	6. 5. - 10. 5.
	Musikfestspiele	29. 5. - 1. 6.
	Herbstmesse	26. 9. - 4.10.
Dürkheim, Bad	Dürkheimer Wurstmarkt	11. 9. - 21. 9.
Düsseldorf	Internationale Bootsausstellung	17. 1. - 25. 1.
	IGEDO - Internationale Modemesse	1. 2. - 3. 2.
	IGEDO - Internationale Modemesse	8.11. - 10.11.
Essen	Reisemarkt Ruhr	18. 3. - 22. 3.
	Motor-Show	27.11. - 6.12.
Frankfurt	Ambiente Internationale Frankfurter Messe	14. 2. - 18. 2.
	Tendence Internationale Frankfurter Herbstmesse	29. 8. - 2. 9.
	Frankfurter Buchmesse	7.10. - 12.10.
Freiburg	Camping- und Freizeitausstellung	14. 3. - 22. 3.
Friedrichshafen	IBO - Messe	14. 3. - 22. 3.
	Internationale Wassersportausstellung (INTERBOOT)	19. 9. - 27. 9.
Furth im Wald	Der Drachenstich	7. 8. - 17. 8.
Hamburg	REISEN - Hamburg	7. 2. - 15. 2.
	INTERNORGA	13. 3. - 18. 3.
	Hanseboot	24.10. - 1.11.
Hannover	ABF (Ausstellung Auto-Boot-Freizeit)	14. 2. - 22. 2.
	Hannover Messe CeBIT	19. 3. - 25. 3.
	Hannover Messe INDUSTRIE	20. 4. - 25. 4.
IAA	Nutsfahrzeuge	5. 9. - 13. 9.
Heidelberg	Schloß-Spiele	7. 8. - 30. 8.
Hersfeld, Bad	Festspiele und Opern	10. 6. - 19. 8.
Kempten i.A.	Allgäuer Festwoche	14. 8. - 23. 8.

Kiel	Kieler Woche	20. 6. - 28. 6.
Köln	Internationale Möbelmesse	19. 1. - 25. 1.
	Photokina	16. 9 – 21. 9.
Leipzig	Buchmesse	26. 3. - 29. 3.
	Haus-Garten-Treizeit	21. 2. - 1. 3.
	Auto Mobil International	18. 4. - 26. 4.
	TC - Touristik + Caravaning	18.11. - 22.11.
Mannheim	Maimarkt	25. 4. - 5. 5.
München	ISPO-Winter	1. 2. - 4. 2.
	C - B - R (Caravan - Boot - Reisemarkt)	14. 2. - 22. 2.
	Internationale Handwerkmesse	7. 3. - 15. 3.
	Bauma	30. 3. - 5. 4.
	ISPO-Sommer	2. 8 – 5. 8
	Oktoberfest	19. 9. - 4.10.
Nürnberg	Internationale Spielwarenmesse	5. 2. - 11. 2.
	Freizeit -Touristik	21. 2. - 1. 3.
	Consumenta	24.10. - 1.11.
	Christkindlesmarkt	27.11. - 24.12.
Offenburg	Oberrhein-Messe	25. 9. - 4.10.
Sarrbrücken	Internationale Saarmesse	18. 4. - 26. 4.
Salzburg (A)	Osterfestspiele	4. 4. - 13. 4.
	Barockfestival	29. 5. - 1. 6.
	Sommerfestspiele	24. 7. - 31. 8.
Stuttgart	CMT -Ausstellung für Caravan, Motor, Touristik	17. 1. - 25. 1.
	Cannstatter Volksfest	26. 9. - 11.10.
Ulm	Leben-Wohnen-Freizeit	28. 3. - 5. 4.
Villingen - Schwenningen	Südwest-Messe	27. 5. - 25. 8.
Wunsiedel	Luisenburg Festspiele	27. 5. - 25. 8.

MICHELIN REIFENWERKE KGaA
Michelinstraße 4, 76185 KARLSRUHE
Tel. 0721/5 30 13 33 – Fax 0721/5 30 12 35

1169

Freizeitparks
Parcs de récréation
Leisure centres
Parchi di divertimenti

Ort	Freizeitpark		Autobahn-Ausfahrt nächste
Berlin-Treptow	Spreewald-Park	Berlin-Zentrum	A 113
Bestwig	Fort Fun	Erwitte/Anröchte	A 44
Bottrop-Kirchhellen	Warner Brothers Movie World	Kirchhellen	A 31
Brühl	Phantasialand	Brühl -Süd	A 553
Cham	Churpfalzpark Loifling	Straubing	A 3
Cleebronn	Altweibermühle Tripsdrill	Ilsfeld	A 81
Geiselwind	Freizeit-Land	Geiselwind	A 3
Gondorf	Eifelpark	Wittlich	A 1/48
Hamburg-Stellingen	Carl-Hagenbecks-Tierpark	Hamburg-Stellingen	A 7
Haren/Ems	Ferienzentrum Schloß Dankerm	Cloppenburg	A 1
Haßloch/Pfalz	Holiday-Park	Haßloch	A 61
Heroldsbach	Schloß Thurn	Baiersdorf-Nord	A 73
Hodenhagen	Serengeti-Safaripark	Westenholz	A 7
Jaderberg	Tier- und Freizeitpark	Jaderberg	A 29
Kaisersbach	Schwaben-Park	Aichelberg	A 8
Kirchhundem	Panorama-Park Sauerland	Olpe	A 45
Mergentheim, Bad	Wildpark	Tauberbischofsheim	A 81
Minden-Dützen	potts park	Porta Westfalica	A 2
Oberried	Bergwildpark Steinwasen	Freiburg-Mitte	A 5
Plech	Fränkisches Wunderland	Plech	A 9
Rehberg-Loccum	Dinosaurier-Park Münchhagen	Wunstorf	A 2
Rust/Baden	Europa-Park	Ettenheim	A 5
Salzhemmendorf	Rasdi-Land	Hildesheim	A 7
Schlangenbad	Taunus-Wunderland	Wiesbaden-Frauenstein	A 66
Schloß Holte-Stukenbrock	Hollywood-Park	Bielefeld-Sennestadt	A 2
Sierksdorf	Hansapark	Eutin	A 1
Soltau	Heide-Park	Soltau-Ost	A 7
Uetze	Erse-Park	Peine	A 2
Verden/Aller	Freizeitpark	Verden -Ost	A 27
Wachenheim	Kurpfalz-Park	Feuerberg	A 650
Walsrode	Vogelpark	Walsrode -Süd	A 27
Witzenhausen	Erlebnispark Ziegenhagen	Hann. Münden/Werratal	A 7

Ferientermine
(Angegeben ist jeweils der erste und letzte Tag der Sommerferien)

Vacances scolaires
(Premier et dernier jour des vacances d'été)

School holidays
(Dates of summer holidays)

Vacanze scolastiche
(Primo ed ultimo giorno di vacanza dell' estate)

Land	1998
Baden-Württemberg	30.7. – 12.9.
Bayern	30.7. – 14.9.
Berlin	9.7. – 22.8.
Brandenburg	9.7. – 22.8.
Bremen	23.7. – 2.9.
Hamburg	9.7. – 19.8.
Hessen	16.7. – 28.8.
Mecklenburg-Vorpom.	9.7. – 19.8.

Land	1998
Niedersachsen	23.7. – 2.9.
Nordrhein-Westfalen	25.6. – 8.8.
Rheinland-Pfalz	16.7. – 28.8.
Saarland	16.7. – 26.8.
Sachsen	23.7. – 2.9.
Sachsen-Anhalt	23.7. – 2.9.
Schleswig-Holstein	9.7. – 19.8.
Thüringen	23.7. – 2.9.

Telefon-Vorwahlnummern international

Wichtig : Bei Auslandsgesprächen nach Deutschland darf die Null (0) der Ortsnetzkennzahl nicht gewählt werden.

Indicatifs Téléphoniques Internationaux

Important : Pour les communications d'un pays étranger vers l'Allemagne le zéro (0) initial de l'indicatif interurbain allemand n'est pas à composer.

von \ nach	A	B	CH	CZ	D	DK	E	FIN	F	GB	GR
A Österreich		0032	0041	00420	0049	0045	0034	00358	0033	0044	0030
B Belgien	0043		0041	00420	0049	0045	0034	00358	0033	0044	0030
CH Schweiz	0043	0032		00420	0049	0045	0034	00358	0033	0044	0030
CZ Tschechische Rep.	0043	0032	0041		0049	0045	0034	00358	0033	0044	0030
D Deutschland	0043	0032	0041	00420		0045	0034	00358	0033	0044	0030
DK Dänemark	0043	0032	0041	00420	0049		0034	00358	0033	0044	0030
E Spanien	0043	0032	0041	00420	0049	0045		00358	0033	0044	0030
FIN Finnland	0043	0032	0041	00420	0049	0045	0034		0033	0044	0030
F Frankreich	0043	0032	0041	00420	0049	0045	99034	00358		0044	0030
GB Großbritannien	0043	0032	0041	00420	0049	0045	0034	00358	0033	044	0030
GR Griechenland	0043	0032	0041	00420	0049	0045	0034	00358	0033	0044	
H Ungarn	0043	0032	0041	00420	0049	0045	0034	00358	0033	0044	0030
I Italien	0043	0032	0041	00420	0049	0045	0034	00358	0033	0044	0030
IRL Irland	0043	0032	0041	00420	0049	0045	0034	00358	0033	0044	0030
J Japan	00143	00132	00141	00142	0149	00145	00134	001358	00133	00130	0030
L Luxemburg	0043	0032	0041	00420	0049	0045	0034	00358	0033	0044	0030
N Norwegen	0043	0032	0041	00420	0049	0045	0034	00358	0033	0044	0030
NL Niederlande	0043	0032	0041	00420	0049	0045	0034	00358	0033	0044	0030
PL Polen	0043	0032	0041	00420	0049	0045	0034	00358	0033	0044	0030
P Portugal	0043	0032	0041	00420	0049	0045	0034	00358	0033	0044	0030
RUS Russ. Föderation	81043	81032	81041	6420	81049	81045	*	009358	81033	81044	*
S Schweden	0043	0032	0041	00420	0049	0045	00934	00358	0033	0044	0030
USA	1143	01132	01141	011420	01149	01145	01134	1358	01133	01144	01130

Automatische Vorwahl nicht möglich   *Pas de sélection automatique*

International Dialling Codes

Note : When making an internationall call to Germany do not dial the first 0" of the city codes.

Indicativi Telefonici Internazionale

Importante : per comunicare con la Germania da un paese straniero non bisogno comporre lo zero (0) iniziale dell'indicativo interurbano tedesco

(H)	(I)	(IRL)	(J)	(I)	(N)	(NL)	(PL)	(P)	(RUS)	(S)	(USA)	
0036	0039	00353	0081	00352	0047	0031	0048	00351	007	0046	001	**A Österreich**
0036	0039	00353	0081	00352	0047	0031	0048	00351	007	0046	001	**B Belgien**
0036	0039	00353	0081	00352	0047	0031	0048	00351	007	0046	001	**CH Schweiz**
0036	0039	00353	0081	00352	0047	0031	0048	00351	007	0046	001	**CZ Tschechis-che Rep.**
0036	0039	00353	0081	00352	0047	0031	0048	00351	007	0046	001	**D Deutschland**
0036	0039	00353	0081	00352	0047	0031	0048	00351	007	0046	001	**DK Dänemark**
0036	0039	00353	0781	00352	0047	0031	0048	00351	077	0046	071	**E Spanien**
0036	0039	00353	0081	00352	0047	0031	0048	00351	9907	0046	001	**FIN Finnland**
0036	0039	00353	0081	00352	0047	0031	0048	00351	007	0046	001	**F Frankreich**
0036	0039	00353	0081	00352	0047	0031	0048	00351	007	0046	001	**GB Großbritannien**
0036	0039	00353	0081	00352	0047	0031	0048	00351	007	0046	001	**GR Griechenland**
	0039	00353	0081	00352	0047	0031	0048	00351	007	0046	001	**H Ungarn**
0036		00353	0081	00352	0047	0031	0048	00351	*	0046	001	**I Italien**
0036	0039		0081	00352	0047	0031	0048	00351	007	0046	001	**IRL Irland**
00136	00139	001353		01352	00147	00131	00148	01351	*	01146	0011	**J Japan**
0036	0039	00353	0081		0047	0031	0048	00351	007	0046	001	**L Luxemburg**
0036	0039	00353	0081	00352		0031	0048	00351	007	0046	001	**N Norwegen**
0036	0039	00353	0081	00352	0047		0048	00351	007	0046	001	**NL Niederlande**
0036	0039	00353	0081	00352	0047	0031		00351	007	0046	001	**PL Polen**
0036	0039	00353	0081	00352	0047	0031	0048		007	0046	001	**P Portugal**
636	*	*	*	*	*	81031	648	*		*	*	**RUS Russ. Föderation**
0036	0039	00353	00981	00352	0047	0031	0048	00935	097		0091	**S Schweden**
01136	01139	011353	01181	011352	01147	01131	01148	*	011351	01146		**USA**

* Direct dialing not possible   * Selezione automatica impossibile

Notizen
  Notes
    Appunti

Notizen
Notes
Appunti

Notizen
Notes
Appunti